GREAT BRITAIN AND IRELAND
dom
SCOTLAND
Inverness
Aberdeen
Dundee
Perth
Glasgow
Edinburgh
North Sea
ORTHERN
RELAND
STER)
Belfast
Tyne
Newcastle-upon-Tyne
York
Leeds
Hull
Irish Sea
Dublin
D
Liverpool
Manchester
Sheffield
Trent
Nottingham
Leicester
Norwich
Birmingham
Severn
Cambridge
WALES
Stratford-upon-Avon
Swansea
Oxford
ENGLAND
OCEAN
London
Bristol
Bath
Cardiff
Thames
Canterbury
Channel
Tunnel
Dover
BELGIQUE
Southampton
Portsmouth
Calais
Brighton
Boulogne-sur-Mer
Plymouth
Isle of Wight
FRANCE
The English Channel

le Robert
& Collins

COLLÈGE
ANGLAIS

le Robert & Collins

COLLÈGE ANGLAIS

le Robert

PRÉFACE

Comment dit-on cela en anglais ? Qu'est-ce que cela veut dire en anglais ?

Voilà les deux questions que se pose légitimement tout apprenant.

▸ Le COLLÈGE ANGLAIS y répond clairement, en accord avec les objectifs fixés par les programmes scolaires de la 6e à la 3e (cadre européen A1, A2, B1) : pouvoir communiquer sur des sujets familiers, parler de son quotidien et comprendre des textes simples.

▸ Le DICTIONNAIRE présente tout le vocabulaire fondamental pour raconter, décrire, s'expliquer, échanger des informations.

Des exemples courts, faciles à retenir et à réutiliser, illustrent l'usage des mots et les tournures grammaticales de base.

Dans les articles, des remarques alertent sur les petits pièges tendus par l'anglais au jeune francophone : prononciation inattendue, orthographe ou construction différente du français, pluriels et verbes irréguliers, faux amis.

▸ Le supplément KEYS TO SUCCESS présente les 20 points essentiels à retenir pour former des phrases correctes. En comparant l'usage anglais à l'usage français, il montre clairement les différences et permet d'éviter confusions et erreurs.

▸ La CONJUGAISON DES VERBES IRRÉGULIERS ANGLAIS donne les prétérits et participes passés dans des exemples traduits, qui permettent de les assimiler.

▸ Cette NOUVELLE ÉDITION se veut aussi une ouverture sur le monde anglo-saxon et la variété de ses cultures.

Dans les articles du dictionnaire, les différences entre anglais britannique et anglais américain sont signalées.

▸ Un SUPPLÉMENT ILLUSTRÉ est consacré aux cultures anglo-saxonnes : il informe aussi bien sur l'école que sur les fêtes et les sports les plus populaires. Car pouvoir échanger avec ses pairs suppose de comprendre leurs activités, leurs loisirs et leurs cultures.

Du côté pratique, les monnaies britannique, américaine et australienne, ainsi que les nombres et l'expression de l'heure complètent ce supplément.

▸ Avec sa présentation en couleurs claire et aérée, le COLLÈGE ANGLAIS est le complément naturel du manuel scolaire. Il permet au collégien de consolider ce qui est appris en classe et d'approfondir ses connaissances.

À tous ceux qui ont envie d'aller plus loin, des planches thématiques et des activités vous attendent sur www.lerobert.com !

SYMBOLES EMPLOYÉS DANS CE DICTIONNAIRE

▷	exemple illustrant le mot en contexte
►	structure ou locution figée
i	information importante sur l'usage
🔊	prononciation inattendue ou difficile
🌵	attention ! faux ami ou piège
	différence entre anglais britannique et américain

L'ALPHABET PHONÉTIQUE

Chaque lettre de l'alphabet phonétique représente un **son.** Les lettres **phonétiques** et les lettres de **l'orthographe** ne correspondent pas toujours. Ainsi, le son /f/ apparaît dans le mot « raffiné », mais aussi dans le mot « éléphant ». Le son /z/ apparaît dans le mot « zèbre » mais aussi dans le mot « rasoir ».

Bien connaître la phonétique est très important car la prononciation anglaise est souvent très éloignée de ce que l'on imagine en lisant les mots.

/iː/	see, bean, Steve
/ɑː/	park, farm
/ɔː/	born, storm
/uː/	moon, June
/ɜː/	burn, work, learn
/ɪ/	sit, miss
/æ/	apple, fat, Sally
/ʌ/	duck, butter
/ɒ/	dog, wash
/ʊ/	pull, book
/ə/	about, teacher, Fiona
/eɪ/	make, stay
/aɪ/	white, why
/ɔɪ/	join, voice, Joyce
/əʊ/	going, soap, Joe
/aʊ/	cow, brown
/ɪə/	ear, beer
/ɛə/	where, care, air
/ʊə/	tour
/θ/	thing, thunder, mouth
/ð/	this, then, other
/ʃ/	ship, rush, sugar
/ʒ/	measure (se prononce comme le *j* de *jeu* en français)
/dʒ/	just, bridge
/ŋ/	ring, hanging, finger
/j/	yet, you (attention ! ne se prononce pas comme la lettre *j* mais comme la lettre *y* dans *yoyo*)
/ʳ/	Indique qu'on prononce le *r* quand le mot suivant commence par une voyelle (liaison) : *a better idea, smaller eyes.*
/ˈ/	La syllabe qui suit porte l'accent tonique (c'est-à-dire qu'elle est prononcée avec un peu plus de force que les autres).
/ˌ/	La syllabe qui suit porte l'accent secondaire (c'est-à-dire qu'elle est prononcée avec moins de force que celle qui porte l'accent tonique mais un peu plus de force que les autres).

français
anglais

Aa

à

1 ▷ Nous avons passé une semaine à York.
We spent a week in York.
▷ Mike est malade, il est à l'hôpital.
Mike's ill, he's in hospital.
▷ Pourquoi tu n'étais pas au travail aujourd'hui ?
Why weren't you at work today?

(pour parler du lieu où on est) **in** /ɪn/ *ou* **at** /æt/

ℹ *On dit par exemple :* ***in Paris*** (à Paris), ***in bed*** (au lit), ***in hospital*** (à l'hôpital), ***in the countryside*** (à la campagne).
Mais on dit : ***at school*** (à l'école), ***at home*** (chez soi), ***at the swimming pool*** (à la piscine), ***at the supermarket*** (au supermarché).

2 ▷ Cet après-midi, on va au centre commercial.
This afternoon we're going to the shopping centre.
▷ Nous allons à Paris la semaine prochaine.
We're going to Paris next week.
▷ Je dois retourner au travail.
I have to go back to work.

(pour parler du lieu où on va) **to** /tuː/

Ne confondez pas ***in*** *et* ***to*** *quand vous employez un verbe de mouvement. On ne dit pas * we're going in Paris, par exemple.*

3 ▷ Je serai devant le cinéma à cinq heures.
I'll be in front of the cinema at five.

(pour parler de l'heure) **at**

4 ▷ Au vingtième siècle.
In the twentieth century.

(pour parler d'une époque) **in**

5 ▷ J'ai un bleu au bras.
I've got a bruise on my arm.

(pour parler d'une partie du corps) **on** /ɒn/

6 ▷ Je travaille de neuf heures à cinq heures.
I work from nine to five.

► **de... à... : from... to...**

7 ▷ Ces lunettes sont à moi.
These glasses are mine.
▷ Il est à toi, ce stylo ?
Is this pen yours?
▷ Je ne sais pas si les lunettes sont à elle.
I don't know if the glasses are hers.
▷ Je crois que cette montre est à Karim.
I think this watch is Karim's.

7 (pour dire que quelque chose appartient à quelqu'un) :
- avec le pronom personnel : **à moi** : ***mine*** /maɪn/; **à toi** : ***yours*** /jɔːz/; **à lui** : ***his*** /hɪz/; **à elle** : ***hers*** /hɜːz/; **à nous** : ***ours*** /aʊəz/; **à vous** : ***yours*** /jɔːz/; **à eux, à elles** : ***theirs*** /ðeəz/
- avec un nom de personne, on emploie le cas possessif (avec 's)

8 ▷ À qui sont ces gants ?
Whose gloves are these?

8 *Pour demander* **à qui** *appartient* quelque chose, *on emploie* ***whose...?*** /huːz/.

9 ▷ C'est à lui de m'appeler.
It's up to him to call me.

9 *Quand* **c'est à lui / elle** *signifie « c'est lui / elle qui devrait le faire », cela se traduit par* ***it's up to him / her.***

abandonner

1 ▷ Notre voisin a abandonné sa famille.
Our neighbour abandoned his family.

1 (une personne, un lieu) **abandon** /ə'bændən/

2 ▷ C'est trop dur, j'abandonne !
It's too difficult, I give up!

2 (= renoncer) **give up** /gɪv 'ʌp/ (**gave up** /geɪv 'ʌp/, **given up** /ˌgɪvən 'ʌp/)

abattre

1 ▷ Les ouvriers vont abattre le chêne.
The workmen are going to cut the oak tree down.

1 (un arbre) **cut down** /kʌt 'daʊn/ (**cut down, cut down**)

2 ▷ Nous avons abattu le mur.
We knocked the wall down.

2 (un mur) **knock down** /nok 'daʊn/

3 ▷ Les terroristes ont abattu le ministre.
The terrorists shot the minister.

3 (= tuer quelqu'un) **shoot** /ʃuːt/ (**shot, shot** /ʃɒt/)

abeille

▷ Une abeille a piqué Élise au bras.
A bee stung Élise on the arm.

bee /biː/

abîmer

▷ N'abîme pas mes CD !
Don't damage my CDs!

damage /'dæmɪdʒ/

Le deuxième ***a*** *de* ***damage*** *se prononce comme un* ***i***. ***Damage*** *rime avec* ***bridge***.

abolir

▷ Ils ont aboli la peine de mort en 1981.
They abolished the death penalty in 1981.

abolish /ə'bɒlɪʃ/

abolition

▷ Ils réclamaient l'abolition de l'esclavage.
They demanded the abolition of slavery.

abolition /ˌæbəʊˈlɪʃən/

abominable

▷ Il a fait un temps abominable.
The weather was appalling.

appalling /əˈpɔːlɪŋ/ (**plus abominable** more appalling, **le plus abominable** the most appalling)

abonné, abonnée

1 ▷ Je suis abonnée à trois magazines.
I subscribe to three magazines.

► **être abonné à** (un magazine, une revue) : **subscribe** /səbˈskraɪb/ to

2 ▷ Les abonnés ont droit à des réductions.
Subscribers are entitled to reductions.

► **un abonné, une abonnée :** a **subscriber** /səbˈskraɪbəʳ/.

abonnement

▷ Je dois renouveler mon abonnement.
I must renew my subscription.

(à un magazine) **subscription** /səbˈskrɪpʃən/

s'abonner

▷ Je vais m'abonner à *Marianne*.
I'm going to take out a subscription to *Marianne*.

► **s'abonner à** (un magazine, une revue) : **take out a subscription** /səbˈskrɪpʃən/ to (took out, taken out)

d'abord

▷ D'abord, nous allons sauvegarder le document.
First we're going to save the document.

first /fɜːst/

aborigène

▷ Le didgeridoo a été inventé par les aborigènes.
The didgeridoo was invented by the Aborigines.

(autochtone d'Australie) **Aborigine** /ˌæbəˈrɪdʒɪnɪ/

aboyer

▷ Les chiens ont aboyé toute la nuit.
The dogs barked all night.

bark /bɑːk/

abréviation

▷ « PC » est l'abréviation de « personal computer ».
"PC" is the abbreviation of "personal computer".

abbreviation /əˌbriːvɪˈeɪʃən/

Attention à l'orthographe en anglais : il y a deux ***b****.*

abri

1 ▷ Nous avons trouvé un abri sous un arbre.
We found shelter under a tree.

(= refuge) **shelter** /ˈʃeltəʳ/

2 ▷ L'abri à vélos est derrière le gymnase.
The bicycle stand is behind the gym.

► **abri à vélos :** bicycle stand /ˈbaɪsɪkl ˌstænd/ (pluriel bicycle stands)

3 ▷ Vite, mettez-vous à l'abri !
Quick, take cover!

► **se mettre à l'abri :** take cover /'kʌvəʳ/ (took cover, taken cover)

4 ▷ Nous étions à l'abri de la pluie.
We were sheltered from the rain.

► **être à l'abri de** quelque chose : be sheltered /'ʃeltəd/ from something

abribus

▷ Je t'attendrai à l'abribus.
I'll wait for you at the bus shelter.

bus shelter /'bʌs ʃeltəʳ/ (pluriel bus shelters)

abricot

▷ J'adore les abricots.
I love apricots.

apricot /'eɪprɪkɒt/

*Le **a** de **apricot** se prononce comme le **a** de **make**.*

Attention à l'orthographe du mot anglais.

s'abriter

▷ Nous ne savions pas où nous abriter de la pluie.
We didn't know where to shelter from the rain.

shelter /'ʃeltəʳ/
► **s'abriter de** quelque chose : shelter from something

abrupt, abrupte

▷ La pente est très abrupte.
The slope is very steep.

(= escarpé) steep /sti:p/ (**plus abrupt** steeper /'sti:pəʳ/, **le plus abrupt** the steepest /'sti:pəst/)

abruti, abrutie

▷ Charles est un vrai abruti !
Charles is a real idiot!

idiot /'ɪdɪət/

*Prononcez bien le **t** du mot anglais **idiot**.*

absent, absente

▷ Olivia est absente aujourd'hui.
Olivia is absent today.

absent /'æbsənt/

*Prononcez bien le **t**.*

absolument

▷ Tu es d'accord ? – Absolument !
Do you agree? – Absolutely!
▷ C'est absolument incroyable.
It's absolutely unbelievable.

absolutely /ˌæbsə'lu:tlɪ/

*L'accent tonique est sur la troisième syllabe **-lute-**.*

absurde

▷ Tes arguments sont absurdes !
Your arguments are absurd!

absurd /əb'sɜ:d/ (**plus absurde** more absurd, **le plus absurde** the most absurd)

abuser

1 ▷ N'abuse pas du café.
Don't drink too much coffee.
▷ Il ne faut pas abuser de sucreries.
One shouldn't eat too many sweets.

Lorsque **abuser de** *signifie « consommer trop de », on utilise en anglais le verbe qui convient +* ***too much*** *ou* ***too many****.*

2 ▷ Vraiment, il abuse !
Really, he's going too far!

(= exagérer) go too far (went too far, gone too far)
Attention ! **Abuser** *ne se traduit pas par* ***abuse****.*

accélérateur

▷ Appuie sur l'accélérateur.
Step on the accelerator.

accelerator /æk'seləreɪtəʳ/

accélérer

1 ▷ La route est droite ici, tu peux accélérer.
The road is straight here, you can accelerate.

(en voiture) accelerate /æk'seləreɪt/

2 ▷ Accélère, le train part dans dix minutes !
Hurry up, the train leaves in ten minutes!

(= se dépêcher) hurry up /ˌhʌrɪ 'ʌp/
Le ***y*** *de* ***hurry*** *devient* ***ie*** *à la troisième personne du singulier du présent de l'indicatif* (hurries /'hʌrɪz/), *au prétérit et au participe passé* (hurried /'hʌrɪd/).

accent

1 ▷ Stéphane a un très bon accent en anglais.
Stéphane has a very good accent in English.
▷ Elle a l'accent anglais.
She has an English accent.
▷ Est-ce qu'il y a un accent sur le e ?
Is there an accent on the e?

(= intonation, signe) accent /'æksənt/
Remarquez : avoir l'accent anglais = ***to have an English accent****.*
Prononcez bien le ***t*** *de* ***accent*** *en anglais.*

2 ▷ L'accent tonique est sur la dernière syllabe.
The stress is on the last syllable.

► **accent tonique :** stress /stres/

accepter

▷ Ils ont accepté notre offre.
They accepted our offer.
▷ Marc n'acceptera jamais de m'aider.
Marc will never agree to help me.

accept /æk'sept/

► **accepter de** + *infinitif* **:** agree to + *base verbale.*
Attention ! On ne dit pas *accept to do something.

accessoire

▷ Ils vendent des accessoires de mode.
They sell fashion accessories.

accessory /æk'sesərɪ/ (pluriel accessories /æk'sesəriːz/)

accident

▷ C'était un accident.
It was an accident.

▷ La sœur de Yann a eu un accident de voiture.
Yann's sister had a car accident.

▷ Le nombre d'accidents de la route est en hausse.
The number of road accidents is rising.

accident /'æksɪdənt/

► **accident de voiture :** car accident (pluriel car accidents)

► **accident de la route :** road accident (pluriel road accidents)

accompagner

1 ▷ Tu m'accompagnes jusqu'au village ?
Are you coming with me to the village?

(= venir avec) come with (came with, come with)

2 ▷ J'ai accompagné Charlotte à l'arrêt de bus.
I went with Charlotte to the bus stop.

(= aller avec) go with (went with, gone with)

3 ▷ Il accompagne la chanteuse au piano.
He accompanies the singer on the piano.

(en musique) accompany /ə'kʌmpənɪ/

ℹ *Remarquez que* y *devient* ie *à la troisième personne du singulier du présent de l'indicatif* (accompanies /ə'kʌmpənɪz/)*, au prétérit et au participe passé* (accompanied /ə'kʌmpənɪd/)*.*

accomplir

▷ Mission accomplie !
Mission accomplished!

accomplish /ə'kʌmplɪʃ/

accord

1 ▷ Les deux pays ont signé un accord.
The two countries signed an agreement.

(= accord écrit) agreement /ə'griːmənt/

2 ▷ Je ne suis pas d'accord.
I don't agree.

► **être d'accord :** agree /ə'griː/

▷ Tu es d'accord pour que je vienne dimanche ?
Is it OK if I come on Sunday?

On ne dit pas ***Are you OK?*** *qui signifie « Tu vas bien ? »*

▷ Elle n'est pas d'accord avec Julien.
She doesn't agree with Julien.

► **être d'accord avec** quelqu'un **:** agree with somebody

Attention ! N'employez pas l'auxiliaire ***be*** *avec* ***agree****. On ne dit pas * I am not agree !*

▷ Nous nous sommes mis d'accord.
We agreed.

► **se mettre d'accord :** agree

3 ▷ D'accord, je viens avec toi !
OK, I'm coming with you!

► **d'accord ! :** OK!

accordéon

▷ L'accordéon est un instrument à vent.
The accordion is a wind instrument.

accordion /ə'kɔːdɪən/

Attention à l'orthographe du mot anglais.

▷ Pedro apprend à jouer de l'accordéon.
Pedro is learning to play the accordion.

► **jouer de l'accordéon : play the accordion**

accorder

▷ Ils m'ont accordé deux jours de plus pour terminer.
They gave me two more days to finish.
▷ Tu peux m'accorder trois minutes ?
Can you give me three minutes?

(= donner) **give** /gɪv/ **(gave** /geɪv/, **given** /'gɪvən/**)**
► **accorder** quelque chose **à** quelqu'un (= donner) : **give** somebody something

accoucher

▷ Elle a accouché hier soir.
She had her baby last night.

have a baby /'beɪbɪ/ **(had, had)**
ℹ *Remarquez l'emploi de l'adjectif possessif* ***her*** *dans l'exemple.*

▷ Sandra a accouché d'un petit garçon.
Sandra gave birth to a little boy.

► **accoucher de : give birth** /bɜːθ/ **to (gave birth, given birth)**

accro

▷ Elle est accro à l'héroïne.
She's hooked on heroin.
▷ Ils sont accros au deltaplane.
They are hooked on hang-gliding.

► **accro à : hooked on** /'hʊkt ɒn/

accrocher

▷ Où vas-tu accrocher le tableau ?
Where are you going to hang the painting?

(= suspendre) **hang** /hæŋ/ **(hung, hung** /hʌŋ/**)**

accueil

1 ▷ Merci de votre accueil.
Thank you for your welcome.

(= manière d'accueillir quelqu'un) **welcome** /'welkəm/

2 ▷ Demandez à l'accueil si vous voulez des renseignements.
Ask at reception if you want some information.

(= endroit où on peut se renseigner) **reception** /rɪ'sepʃən/
ℹ *Notez l'absence d'article dans l'expression* ***at reception*** (= à l'accueil).

accueillant, accueillante

▷ Ce sont des gens très accueillants.
They are very welcoming people.

welcoming /'welkəmɪŋ/

accueillir

1 ▷ Helen est venue m'accueillir à l'aéroport.
Helen came to meet me at the airport.

(= chercher) **meet** /miːt/ **(met, met** /met/**)**

2 ▷ On se connaissait à peine mais ils m'ont très bien accueilli.
We hardly knew each other but they made me feel very welcome.

► **bien accueillir** quelqu'un (= recevoir) : **make** somebody **feel welcome** /'welkəm/ **(made, made)**

accusation

▷ Ce sont de fausses accusations.
These are false accusations.

accusation /ˌækjʊˈzeɪʃən/

accuser

▷ Ils ont accusé Louis d'avoir triché.
They accused Louis of cheating.

accuse /əˈkjuːz/
► **accuser** quelqu'un **de** + *infinitif* : **accuse** somebody **of** + *-ing*

achats

▷ Nous avons mis nos achats dans la voiture.
We put our shopping in the car.

▷ Nous irons faire des achats en ville.
We'll go shopping in town.

shopping /ˈʃɒpɪŋ/
► **faire des achats : go shopping (went, gone / been)**

acheter

▷ Où est-ce que tu as acheté ton lecteur de DVD ?
Where did you buy your DVD player?

▷ Je vais lui acheter un livre pour son anniversaire.
I'm going to buy him a book for his birthday.

▷ Luc s'est acheté un nouveau tee-shirt.
Luc bought himself a new T-shirt.

▷ Je voudrais m'acheter un scooter.
I'd like to buy myself a scooter.

buy /baɪ/ **(bought, bought** /bɔːt/**)**
► **acheter** quelque chose **à** quelqu'un (un cadeau) : **buy** somebody something
► **s'acheter** quelque chose : **buy oneself** something

ℹ *Le pronom possessif fonctionne de la façon suivante en anglais (exemples au présent) :* ***I buy myself something, he buys himself something, she buys herself something, you buy yourself something, we buy ourselves something, you buy yourselves something, they buy themselves something.***

acide

▷ Cette orange est très acide.
This orange is very sour.

sour /ˈsaʊəʳ/
ℹ ***Sour*** *est un adjectif. Le nom* **acide** *(= la substance chimique) se traduit par* ***acid***.

acier

▷ Le professeur a expliqué comment l'acier est fabriqué.
The teacher explained how steel is made.

▷ Cette montre est en acier.
This watch is made of steel.

▷ Un portail en acier.
A steel gate.

▷ Ces couverts sont en acier inoxydable.
This cutlery is made of stainless steel.

steel /stiːl/
► **être en acier : be made of steel**
► **en acier : steel**
► **acier inoxydable : stainless steel**

acné

▷ Il a de l'acné.
He has acne.

acne /'æknɪ/

acte

1 ▷ C'est un acte de bravoure.
It's an act of bravery.

(= action) **act** /ækt/

2 ▷ *Le Roi Lear* est une tragédie en 5 actes.
King Lear is a 5-act tragedy.

(de pièce de théâtre) **act** /ækt/

acteur

▷ C'est mon acteur préféré.
He's my favourite actor.

actor /'æktəʳ/

actif, active

▷ Il est très actif pour son âge.
He's very active for his age.

active /'æktɪv/ (**plus actif** more active, **le plus actif** the most active)

action

1 ▷ Tu dois être responsable de tes actions.
You must be responsible for your actions.

(= ce qu'on fait) **action** /'ækʃən/

2 ▷ Allez, fais une bonne action, aide-les !
Come on, do a good deed and help them!

► **faire une bonne action :** do a good deed /gʊd 'di:d/ (did, done)

3 ▷ Il est temps de passer à l'action !
It's time to take action!

► **passer à l'action :** take action (took action /tʊk/, taken action /'teɪkən/)

4 ▷ J'ai acheté des actions.
I bought some shares.

(en parlant de la Bourse) **share** /ʃɛəʳ/

activité

▷ Il y aura beaucoup d'activités pendant notre séjour.
There will be a lot of activities during our stay.

activity /æk'tɪvɪtɪ/ (pluriel activities /æk'tɪvɪtɪz/)

Attention : le y devient ***ie*** *au pluriel.*

actrice

▷ C'est une très bonne actrice.
She's a very good actress.

actress /'æktrəs/ (pluriel actresses /'æktrəsɪz/)

actualités

▷ Je l'ai entendu aux actualités.
I heard it on the news.

news /nju:z/

actuel, actuelle

1 ▷ C'est un problème très actuel.
It's a very topical issue.

(problème, sujet qui est important aujourd'hui) **topical** /'tɒpɪkəl/ (**plus actuel** more topical, **le plus actuel** the most topical)

2 ▷ La situation actuelle est alarmante.
The present situation is alarming.

2 (en parlant d'un état présent) **present** /'prezənt/

3 ▷ À l'époque actuelle, il est important de connaître l'informatique.
Nowadays it's important to know about computing.

3 ► **à l'époque actuelle :** **nowadays** /'naʊədeɪz/

Attention ! **Actuel** *ne se traduit pas par* ***actual***.

actuellement

▷ Actuellement, j'habite à Courbevoie.
At present I live in Courbevoie.

at present /æt 'preznt/

Attention ! **Actuellement** *ne se traduit pas par* ***actually***.

adaptateur

▷ J'achèterai un adaptateur avant d'aller en Angleterre.
I'll buy an adaptor before going to England.

(de prise électrique) **adaptor** /ə'dæptəʳ/

addition

1 ▷ Je me suis trompé en faisant l'addition.
I made a mistake when I was adding up.

1 ► **faire l'addition** (= calcul) : **add up** /'ædʌp/

2 ▷ L'addition, s'il vous plaît !
The bill, please!

2 ► **l'addition** (au restaurant) : **the bill** /bɪl/

En anglais américain, on dit ***the check*** */tʃek/.*

admettre

▷ J'admets que j'ai eu tort.
I admit that I was wrong.

admit /əd'mɪt/

Il y a deux ***t*** *au gérondif* **(admitting)**, *au prétérit et au participe passé* **(admitted)**.

▷ Paul a été admis au concours.
Paul passed the exam.

► **être admis à** (un concours) : **pass**

admirer

▷ J'admire son courage.
I admire his courage.

admire /əd'maɪəʳ/

Le ***i*** *de* ***admire*** *se prononce comme le* ***i*** *de* ***like***.

adolescent, adolescente

▷ Il n'y a pas beaucoup d'activités pour adolescents.
There aren't many activities for teenagers.

teenager /'tiːneɪdʒəʳ/

adopter

▷ Caro et Bruno ont adopté un petit Péruvien.
Caro and Bruno adopted a little Peruvian boy.

adopt /ə'dɒpt/

adorable

▷ Leur petite sœur est adorable.
Their little sister is adorable.

adorable /ə'dɔːrəbl/
L'accent tonique est sur la deuxième syllabe ***-dor-****.*

adorer

▷ J'adore les bandes dessinées.
I love comics.

love /lʌv/

adresse

1 ▷ J'ai oublié l'adresse de Valérie.
I forgot Valérie's address.

(= coordonnées) **address** /ə'dres/ (pluriel **addresses**) /ə'dresɪz/
Attention à l'orthographe du mot anglais, qui a deux ***d****.*

▷ Quelle est ton adresse électronique ?
What's your e-mail address?

► **adresse électronique : e-mail address** /'iːmeɪl əˌdres/
E-mail *est la contraction de* ***electronic mail*** (courrier électronique).

2 ▷ C'est un jeu d'adresse.
It's a game of skill.

(= habileté) **skill** /skɪl/

adresser

1 ▷ La lettre ne m'était pas adressée.
The letter wasn't addressed to me.

(du courrier) **address** /ə'dres/

2 ▷ Il ne nous a pas adressé la parole.
He didn't speak to us.

► **adresser la parole à** quelqu'un : **speak** /spiːk/ **to** somebody (**spoke** /spəʊk/ **to, spoken** /'spəʊkən/ **to**)

3 ▷ Adressez-vous au gardien.
Ask the caretaker.

► **s'adresser à** quelqu'un (= demander des informations) : **ask** /ɑːsk/ somebody

adroit, adroite

▷ Hilary est très adroite.
Hilary is very skilful.

skilful /'skɪlfʊl/ (**plus adroit more skilful, le plus adroit the most skilful**)

adulte

1 ▷ C'est une bande dessinée pour adultes.
It's a cartoon for adults.

► **un adulte, une adulte : an adult** /'ædʌlt/

2 ▷ Notre chat n'est pas encore adulte.
Our cat isn't fully grown yet.

► **adulte** (en parlant d'un animal) : **fully grown** /ˌfʊlɪ 'grəʊn/

adversaire

▷ Il ne faut pas sous-estimer l'adversaire.
You shouldn't underestimate your opponent.

opponent /ə'pəʊnənt/
Attention ! **Adversaire** *se traduit rarement par* ***adversary****.*

aéroport

▷ Nous avons pris un taxi pour aller à l'aéroport.
We took a taxi to go to the airport.

airport /'ɛəpɔːt/

affaire

1 ▷ Six euros pour un pull ? Tu as fait une bonne affaire !
Six euros for a jumper? You got a bargain!

► **une bonne affaire :** a bargain /'bɑːgən/

2 ▷ Range tes affaires !
Put your things away!

► **affaires** (= objets personnels) : things /θɪŋs/

3 ▷ Qu'est-ce qu'il fait comme métier ? – Il est dans les affaires.
What's his job? – He's in business.

► **les affaires** (= le commerce) : business /'bɪznɪs/

4 ▷ L'affaire du sang contaminé.
The contaminated blood scandal.

(= scandale) scandal /'skændl/

5 ▷ Occupe-toi de tes affaires !
Mind your own business!

► **s'occuper de** ses **affaires :** mind one's own business

ℹ *L'adjectif possessif fonctionne de la façon suivante en anglais : **I mind my own business, you mind your own business, he minds his own business, she minds her own business, we mind our own business, they mind their own business.***

affamé, affamée

▷ Les enfants étaient vraiment affamés.
The children were really starving.

starving /'stɑːvɪŋ/

affection

▷ Il ne sait pas exprimer son affection.
He doesn't know how to express his affection.

affection /ə'fekʃən/

▷ Elle a beaucoup d'affection pour sa grand-mère.
She is very fond of her grandmother.

► **avoir de l'affection pour** quelqu'un **:** be fond /fɒnd/ of somebody

affectueux, affectueuse

▷ Les chats ne sont pas des animaux très affectueux.
Cats aren't very affectionate animals.

affectionate /ə'fekʃənɪt/ (plus affectueux more affectionate, le plus affectueux the most affectionate)

affiche

▷ J'ai trop d'affiches dans ma chambre.
I have too many posters in my bedroom.

poster /'pəʊstəʳ/

afficher

▷ Les prix sont affichés en euros.
Prices are displayed in euros.

display /dɪs'pleɪ/

s'affoler

▷ Ne vous affolez pas, ce n'est pas grave !
Don't panic, it's nothing serious!

panic /'pænɪk/
ℹ *On ajoute un* k *au gérondif* (panicking /'pænɪkɪŋ/), *au prétérit et au participe passé* (panicked /'pænɪkt/).

affreux, affreuse

1 ▷ Ce bâtiment est affreux.
That building is hideous.

(= très laid) hideous /'hɪdɪəs/ (**plus affreux** more hideous, **le plus affreux** the most hideous)

2 ▷ Il fait un temps affreux.
The weather's dreadful.

(= très mauvais) dreadful /'dredfʊl/ (**plus affreux** more dreadful, **le plus affreux** the most dreadful)

affronter

▷ La France affrontera l'Angleterre en demi-finale.
France will play against England in the semifinal.

► **affronter** quelqu'un (en sport) : play against /ə'genst/ somebody

afin de, afin que

▷ Je viendrai en voiture afin de gagner du temps.
I'll come in the car in order to save time.

► **afin de :** in order to /ɪn 'ɔːdə tʊː/

▷ Il parlait lentement afin que nous comprenions.
He spoke slowly so that we would understand.

► **afin que :** so that /'səʊ ðæt/

africain, africaine

▷ J'aime bien la musique africaine.
I like African music.
▷ Elle a épousé un Africain.
She married an African.

African /'æfrɪkən/
ℹ *S'écrit toujours avec une majuscule, comme tous les adjectifs et noms de nationalité en anglais.*

Afrique

▷ Je m'intéresse beaucoup à l'Afrique.
I'm very interested in Africa.

Africa /'æfrɪkə/
► **l'Afrique :** Africa
ℹ *Ne prend jamais d'article.*

▷ Ali voudrait retourner vivre en Afrique.
Ali would like to go back and live in Africa.

► **en Afrique** (= sur le continent) : in Africa

▷ Il va souvent en Afrique pour son travail.
He often goes to Africa for his work.

► **en Afrique** (= vers le continent) : to Africa

▷ Plusieurs élèves viennent d'Afrique du Nord.
Several pupils come from North Africa.

► **l'Afrique du Nord :** North Africa /nɔːθ 'æfrɪkə/

▷ Mike est né en Afrique du Sud.
Mike was born in South Africa.

► **l'Afrique du Sud :** South Africa /saʊθ 'æfrɪkə/

agaçant, agaçante

▷ Arrête de poser des questions, c'est vraiment agaçant !
Stop asking questions, it's really irritating!

irritating /ˈɪrɪteɪtɪŋ/ (plus agaçant more irritating, le plus agaçant the most irritating)

agacer

▷ Cette émission m'agace, éteins la télé.
This programme is irritating me, turn off the TV.

irritate /ˈɪrɪteɪt/

âge

▷ L'âge n'est pas important.
Age isn't important.

▷ Quel âge as-tu ?
How old are you?

▷ Elle a quel âge, ta sœur ?
How old is your sister?

age /eɪdʒ/

ℹ *Pour demander l'âge de quelqu'un, on utilise l'expression **how old...** + **be**. Notez les différentes formes : **How old are you?*** (Quel âge as-tu ? Quel âge avez-vous ?) ***How old is he?*** (Quel âge a-t-il ?) ***How old is she?*** (Quel âge a-t-elle ?) ***How old are they?*** (Quel âge ont-ils ?)

âgé, âgée

1 ▷ Ma grand-mère est très âgée.
My grandmother is very old.

(= vieux) **old** /əʊld/ (plus âgé older /ˈəʊldəʳ/, le plus âgé the oldest /ˈəʊldɪst/)

2 ▷ Les jumeaux sont âgés de dix-huit ans.
The twins are eighteen.

*Pour dire l'âge de quelqu'un, on utilise le verbe **be** suivi du nombre d'années.*

ℹ *On peut ajouter **... years old: the twins are eighteen years old**.*

agence

1 ▷ Thomas travaille dans une agence de publicité.
Thomas works in an advertising agency.

(= organisme) **agency** /ˈeɪdʒənsɪ/

2 ▷ Je te conseille d'aller dans une agence de voyages.
I advise you to go to a travel agent's.

► **agence de voyages : travel agent's** /trævlˈeɪdʒənts/

agenda

▷ Je vais noter ton adresse dans mon agenda.
I'm going to write your address in my diary.

diary /ˈdaɪərɪ/ (pluriel diaries /ˈdaɪəriz/)

⚠ Agenda *en français ne se traduit pas par le mot anglais **agenda**, qui signifie « planning » ou « ordre du jour (d'une réunion) ».*

agent (de police)

▷ Il y a un agent (de police) devant la mairie.
There's a policeman in front of the town hall.

policeman /pəˈliːsmən/ (pluriel **policemen** /pəˈliːsmen/)

ℹ *Si l'agent est une femme, on dit **policewoman** /pəˈliːswʊmən/ (pluriel **policewomen** /pəˈliːswɪmɪn/).*

s'aggraver

▷ Son cancer s'est aggravé.
His cancer has got worse.

get worse /ˈwɜːs/ (**got worse, got worse**)

ℹ *Il y a deux **t** au gérondif : **getting worse**.*

agile

▷ Les écureuils sont des animaux très agiles.
Squirrels are very agile animals.

agile /ˈædʒaɪl/ (**plus agile more agile, le plus agile the most agile**)

🔊 *Le **i** de **agile** se prononce comme le **i** de **like**.*

agir

1 ▷ Réfléchis avant d'agir !
Think before you act!

1 (= faire quelque chose) **act** /ækt/

2 ▷ De quoi s'agit-il ?
What is it about?

2 ► **s'agir de** (= être au sujet de) : **be about** /bɪ əˈbaʊt/

agité, agitée

1 ▷ C'est un enfant très agité.
He is a very restless child.

1 (personne) **restless** /ˈrestləs/ (**plus agité more restless, le plus agité the most restless**)

2 ▷ La mer est très agitée depuis hier.
The sea has been very rough since yesterday.

2 (mer) **rough** /rʌf/ (**plus agité rougher** /ˈrʌfəʳ/, **le plus agité the roughest** /ˈrʌfɪst/)

agiter

1 ▷ Bien agiter le flacon avant d'ouvrir.
Shake well before opening.

1 (une bouteille) **shake** /ʃeɪk/ (**shook** /ʃʊk/, **shaken** /ʃeɪkən/)

2 ▷ Samia agitait les bras pour attirer notre attention.
Samia was waving her arms to attract our attention.

2 (le bras) **wave** /weɪv/

🔊 *Le **a** de **wave** se prononce comme le **a** de **make**.*

3 ▷ Arrête de t'agiter, Ludovic !
Stop fidgeting, Ludovic!

3 ► **s'agiter** : **fidget** /ˈfɪdʒɪt/

agneau

▷ Il y avait trois agneaux dans le champ.
There were three lambs in the field.

▷ Hier soir nous avons mangé de l'agneau.
We had lamb last night.

lamb /læm/

*Le **b** de **lamb** ne se prononce pas. **Lamb** rime avec **ham** et **tram**.*

agrafe

▷ Je n'ai pas d'agrafes, tu peux m'en donner ?
I haven't got any staples, can you give me some?

staple /'steɪpl/

*Le **a** de **staple** se prononce comme le **a** de **make**.*

agrafer

1 ▷ Elle a agrafé les deux feuilles de papier.
She stapled together the two sheets of paper.

(des papiers) **staple** /'steɪpl/ **together**

*Le **a** de **staple** se prononce comme le **a** de **make**.*

2 ▷ Je n'arrive pas à agrafer ma jupe.
I can't fasten my skirt.

(un vêtement) **fasten** /'fɑːsn/

*Le **t** de **fasten** ne se prononce pas.*

agrafeuse

▷ Mon agrafeuse est cassée.
My stapler is broken.

stapler /'steɪpləʳ/

*Le **a** de **stapler** se prononce comme le **a** de **make**.*

agrandir

1 ▷ On voudrait agrandir la terrasse.
We'd like to make the terrace bigger.

(un espace) **make bigger** /'bɪgəʳ/ **(made bigger, made bigger)**

2 ▷ Pouvez-vous agrandir cette photo ?
Can you enlarge this photograph?

(une photo) **enlarge** /ɪn'lɑːdʒ/

3 ▷ Le trou s'est agrandi.
The hole has got bigger.

► **s'agrandir** (ouverture) **get bigger (got bigger, got bigger)**

*Il y a deux **t** au gérondif : **getting bigger**.*

agréable

▷ J'ai passé un séjour très agréable en Angleterre.
I had a very nice stay in England.

▷ Il n'a pas été très agréable avec moi.
He wasn't very nice to me.

nice /naɪs/ **(plus agréable nicer** /'naɪsəʳ/, **le plus agréable the nicest** /'naɪsɪst/)

*Notez la préposition employée en anglais : agréable avec = **nice to**.*

agresser

▷ Un homme a agressé mon frère.
A man attacked my brother.

attack /ə'tæk/

▷ Lin s'est fait agresser dans la rue.
Lin was attacked in the street.

► **se faire agresser : be attacked** /ə'tækt/

agressif, agressive

▷ Ne sois pas si agressif !
Don't be so aggressive!

aggressive /ə'gresɪv/ (**plus agressif** more aggressive, **le plus agressif** the most aggressive)

Attention à l'orthographe du mot anglais !

agricole

▷ Ils exportent surtout des produits agricoles.
They export mostly agricultural products.

agricultural /ˌægrɪ'kʌltʃərəl/

agriculteur, agricultrice

▷ Les agriculteurs ont manifesté dans Paris.
Farmers demonstrated in Paris.

▷ Mon oncle est agriculteur.
My uncle is a farmer.

farmer /'fɑːmər/

N'oubliez pas l'article devant le nom du métier lorsqu'il suit les verbes ***be*** *ou* ***become****.*

agriculture

▷ L'agriculture est la principale activité de ce pays.
Agriculture is the main activity of this country.

agriculture /'ægrɪkʌltʃər/

On dit aussi ***farming*** /'fɑːmɪŋ/.

agrume

▷ Les agrumes contiennent de la vitamine C.
Citrus fruits contain vitamin C.

citrus fruit /'sɪtrəs ˌfruːt/

aide

▷ Est-ce que tu as besoin d'aide ?
Do you need help?

▷ Il marche maintenant à l'aide d'une canne.
He can walk now with a stick.

help /help/

► **à l'aide de** (= en se servant de) : **with** /wɪð/

aider

▷ Paula a refusé de m'aider.
Paula refused to help me.

▷ Tu peux m'aider à faire la vaisselle ?
Can you help me to do the washing-up?

help /help/

► **aider** quelqu'un **à** + *infinitif* : **help** somebody **to** + *base verbale*

aïe

▷ Aïe ! Tu me fais mal !
Ouch! You're hurting me!

ouch! /aʊtʃ/

aigle

▷ Il reste peu d'aigles en Europe.
There aren't many eagles left in Europe.

eagle /'iːgl/

aigu, aiguë

▷ Sylvie a une voix très aiguë.
Sylvie has a very high-pitched voice.

(son, voix) **high-pitched** /haɪ'pɪtʃt/ (**plus aigu** more high-pitched, **le plus aigu** the most high-pitched)

aiguille

1 ▷ Est-ce que tu aurais du fil et une aiguille ?
Have you got a needle and thread?

1 (pour coudre ou tricoter) **needle** /'niːdl/

2 ▷ La grande aiguille de ma montre est cassée.
The minute hand on my watch is broken.

▷ La petite aiguille indique l'heure.
The hour hand indicates the hour.

2 (d'une montre) **hand** /hænd/
► **la grande aiguille :** the minute hand /'mɪnɪt hænd/
► **la petite aiguille :** the hour hand /'aʊə hænd/

ail

▷ Il y a trop d'ail dans cette sauce.
There's too much garlic in this sauce.

garlic /'gɑːlɪk/

aile

▷ L'oiseau a une aile cassée.
The bird has got a broken wing.
▷ J'étais assise près de l'aile de l'avion.
I was sitting near the wing of the plane.

wing /wɪŋ/

ailleurs

1 ▷ Je n'aime pas ce restaurant, allons ailleurs.
I don't like this restaurant, let's go somewhere else.

1 (= autre part) **somewhere else** /ˌsʌmwɛə'rels/

2 ▷ Je n'ai pas faim, et d'ailleurs je n'aime pas ça.
I'm not hungry, and besides I don't like it.

2 ► **d'ailleurs :** besides /bɪ'saɪdz/

aimable

▷ Merci, vous êtes très aimable.
Thank you, you're very kind.

▷ Elle a été très aimable avec nous.
She was very kind to us.

kind /kaɪnd/ (**plus aimable** kinder /kaɪndə^{r}/, **le plus aimable** the kindest /kaɪndɪst/)
► **être aimable avec** quelqu'un **:** be kind to somebody

aimant

▷ J'ai mis des aimants sur le frigo.
I put magnets on the fridge.

magnet /'mægnɪt/

*Prononcez séparément le **g** et le **n** en anglais : dites **mag** + **nit**.*

aimer

1 ▷ Est-ce que tu aimes le chocolat blanc ?
Do you like white chocolate?

1 **like** /laɪk/

ℹ ***Like** est toujours suivi d'un complément. On ne peut pas dire : **No, I don't like**.*

▷ J'aime jouer aux échecs.
I like playing chess.

► **aimer faire** quelque chose : **like doing** something

2 ▷ La jupe bleue n'est pas mal, mais j'aime mieux la verte.
The blue skirt isn't bad, but I prefer the green one.

► **aimer mieux** quelque chose : **prefer** something /prɪ'fɜːʳ/
ℹ *Il y a deux* r *au gérondif* (**preferring** /prɪ'fɜːrɪŋ/)*, au prétérit et au participe passé* (**preferred** /prɪ'fɜːd/).

3 ▷ J'aimerais acheter des rollers.
I'd like to buy some roller-skates.
▷ Est-ce que tu aimerais venir aussi ?
Would you like to come too?

Pour dire ce qu'on **aimerait faire** *en anglais, on utilise l'expression* ***would like****, souvent contractée en* ***'d like*** *:* ***I'd like...****,* *you****'d like...****, Stéphane* ***would like...****, suivie de* ***to*** *+ base verbale.*

4 ▷ Francesca aime encore Kevin.
Francesca still loves Kevin.

(quand on parle d'amour) **love** /lʌv/

aîné, aînée

1 ▷ C'est mon frère aîné.
He's my older brother.
▷ Comment s'appelle ta sœur aînée ?
What's your older sister called?

► **frère aîné** : **older brother** /ˌəʊldə 'brʌðəʳ/
► **sœur aînée** : **older sister** /ˌəʊldə 'sɪstəʳ/

2 ▷ L'aînée a quinze ans.
The eldest is fifteen.

► **l'aîné, l'aînée** : **the eldest** /'eldɪst/

ainsi

1 ▷ Vous devez faire ainsi.
You have to do it like this.

(= de cette façon) **like this** /laɪk 'ðɪs/

2 ▷ Faites l'exercice 21 ainsi que l'exercice 22.
Do exercise 21 as well as exercise 22.

► **ainsi que** : **as well as** /əz 'wel əz/

air

1 ▷ L'air est très pollué à Paris.
The air is very polluted in Paris.

(= l'atmosphère) **air** /ɛəʳ/

2 ▷ J'ai oublié les paroles, mais je me souviens de l'air.
I've forgotten the words but I remember the tune.

(d'une chanson) **tune** /tjʊːn/

3 ▷ Tu as l'air content.
You look happy.

► **avoir l'air** + *adjectif* : **look** /lʊk/ + *adjectif*

4 ▷ Elle a l'air d'une actrice.
She looks like an actress.

► **avoir l'air de** + *nom* : **look like** /laik/ + *nom*

aise

▷ Je suis très à l'aise ici.
I'm very comfortable here.

► **à l'aise :** comfortable /'kʌmfətəbl/ (**plus à l'aise** more comfortable, **le plus à l'aise** the most comfortable)

▷ Il se sentait mal à l'aise devant tous ces gens.
He felt uncomfortable in front of all those people.

► **mal à l'aise :** uncomfortable /ʌn'kʌmfətəbl/ (**plus mal à l'aise** more uncomfortable, **le plus mal à l'aise** the most uncomfortable)

ajouter

▷ Ajouter du sel et du poivre et bien mélanger.
Add salt and pepper and mix well.

add /æd/

alarme

▷ Heureusement, l'alarme de la voiture s'est déclenchée.
Fortunately, the car alarm went off.

alarm /ə'lɑːm/

album

1 ▷ Montre-nous tes albums photos.
Show us your photo albums.

► **album photo :** photo album /'fəʊtəʊ ˌælbʌm/ (pluriel photo albums)

2 ▷ J'ai beaucoup d'albums de bandes dessinées.
I have a lot of comics.

► **album de bandes dessinées :** comic /'kɒmɪk/

alcool

1 ▷ Je n'aime pas beaucoup l'alcool.
I don't really like alcohol.

(vin, whisky, etc.) alcohol /'ælkəhɒl/

2 ▷ Il faut toujours désinfecter avec de l'alcool.
You should always use surgical spirit as a disinfectant.

(pour désinfecter) surgical spirit /ˌsɜːdʒɪkəl 'spɪrɪt/

alcoolique

▷ C'est un alcoolique.
He's an alcoholic.

alcoholic /ˌælkə'hɒlɪk/

alcoolisé, alcoolisée

▷ Il est interdit de vendre des boissons alcoolisées aux mineurs.
It's forbidden to sell alcoholic drinks to minors.

alcoholic /ˌælkə'hɒlɪk/

▷ Ils ne vendent que des boissons non alcoolisées.
They only sell soft drinks.

► **boisson non alcoolisée :** soft drink /'sɔft drɪŋk/

alentours

▷ Il y a plusieurs magasins aux alentours du parc.
There are several shops around the park.

► **aux alentours de :** around /ə'raʊnd/

Algérie

▷ Il y a une émission sur l'Algérie.
There is a programme on Algeria.

▷ Mes grands-parents habitent en Algérie.
My grandparents live in Algeria.

▷ Il voudrait retourner en Algérie.
He'd like to go back to Algeria.

Algeria /æl'dʒiːrɪə/
► **l'Algérie :** Algeria
ℹ *Ne prend jamais d'article.*
► **en Algérie** (= dans le pays) : in Algeria
► **en Algérie** (= vers le pays) : to Algeria

algérien, algérienne

▷ C'est un chanteur algérien connu.
He's a famous Algerian singer.

▷ Il y a deux Algériens dans sa classe.
There are two Algerians in his class.

Algerian /æl'dʒiːrɪən/
ℹ *S'écrit toujours avec une majuscule, comme tous les adjectifs et noms de nationalité en anglais.*

algues

▷ Les rochers sont couverts d'algues.
The rocks are covered with seaweed.

seaweed /'siːwiːd/
ℹ *S'emploie toujours avec un verbe au singulier :* ***seaweed is used in cooking*** (les algues sont utilisées en cuisine).

aliment

▷ Le pain est un aliment très important en France.
Bread is a very important food in France.

food /fuːd/

alimentation

▷ Il y a un magasin d'alimentation au coin de la rue.
There's a grocer's on the corner of the street.

► **magasin d'alimentation :** grocer's /'grəʊsəz/

allée

1 ▷ Prenez la première allée à gauche.
Take the first path on the left.

(dans un parc) **path** /pɑːθ/

2 ▷ Au cinéma, je m'assieds toujours près de l'allée.
At the cinema, I always sit near the aisle.

(au cinéma, dans un avion) **aisle** /aɪl/
🔊 ***Aisle*** *rime avec* ***smile****.*

allégé, allégée

▷ J'achète généralement des yaourts allégés.
I usually buy low-fat yoghurts.

low-fat /ləʊ'fæt/

Allemagne

▷ L'Allemagne fait partie de la zone euro.
Germany is part of the euro area.

▷ Elle habite en Allemagne.
She lives in Germany.

Germany /'dʒɜːmənɪ/
► **l'Allemagne :** Germany
ℹ *Ne prend jamais d'article.*
► **en Allemagne** (= dans le pays) : in Germany

▷ Mon mari a dû aller en Allemagne pour son travail.
My husband had to go to Germany for his work.

► **en Allemagne** (= vers le pays) : to Germany

allemand, allemande

▷ Son copain est allemand.
Her boyfriend is German.
▷ Les Allemands aiment aller en vacances au Portugal.
The Germans like to go on holiday to Portugal.
▷ L'allemand est une langue difficile.
German is a difficult language.

German /'dʒɜːmən/

ℹ *S'écrit toujours avec une majuscule, comme tous les adjectifs et noms de nationalité en anglais.*

aller VERBE

1 ▷ Nous allons en vacances en mai.
We go on holiday in May.
▷ Est-ce que tu es déjà allé à Chambord ?
Have you ever been to Chambord?
▷ Elle est allée au Portugal trois fois.
She has been to Portugal three times.

go /gəʊ/ (went /went/, gone /gɒn/)

ℹ *Pour demander si quelqu'un* **est déjà allé quelque part**, *ou pour dire qu'on* **est déjà allé quelque part**, *on emploie l'expression* ***have... been***.

2 ▷ Je vais très bien !
I'm very well!
▷ Comment vas-tu ?, Comment ça va ?
How are you?
▷ Comment vont tes parents ?
How are your parents?

Pour parler de la santé, on emploie le verbe ***be***.

ℹ *Notez l'expression utilisée pour demander si quelqu'un* **va bien** *:* ***how are you?*** **(comment vas-tu, comment allez-vous ?)** *;* ***how is he?*** **(comment va-t-il ?)** *;* ***how is she?*** **(comment va-t-elle ?)** *;* ***how are they?*** **(comment vont-ils ?)**

3 ▷ Ce pantalon te va vraiment bien.
Those trousers really suit you.

(pour parler d'un vêtement qui va / ne va pas à quelqu'un) suit /suːt/

🔊 ***Suit*** *rime avec* ***boot***.

4 ▷ Allez, dépêche-toi !
Come on, hurry up!

► **Allez ! :** come on!

5 ▷ Je vais préparer le dîner.
I'm going to make dinner.
▷ Attention, tu vas tomber !
Be careful, you're going to fall!

Quand **aller** *sert à exprimer le futur, on emploie en anglais* ***be + going to*** *+ base verbale.*

6 ▷ Bon, c'est l'heure, je m'en vais.
OK, it's time, I'm leaving.

► **s'en aller :** leave /liːv/ (left, left /left/)

aller NOM

1 ▷ Le retour m'a semblé plus court que l'aller.
The return journey seemed shorter than the outward journey.

(= trajet) **outward journey** /'aʊtwəd ˌdʒɜːnɪ/ (pluriel **outward journeys**)

2 ▷ Un aller simple pour Meaux, s'il vous plaît.
A single to Meaux please.

(= billet de transport) **single** /'sɪŋgl/

allergie

▷ C'est une allergie à la poussière.
It's an allergy to dust.

allergy /'ælədʒɪ/

ℹ *Notez la préposition employée en anglais :* allergie à = ***allergy to***.

allergique

▷ Je suis allergique au lait.
I'm allergic to milk.

► **être allergique à** quelque chose : **be allergic** /ə'lɜːdʒɪk/ **to** something

ℹ *Notez la préposition employée en anglais :* allergique à = ***allergic to***.

aller-retour

▷ Je voudrais un aller-retour pour Bath, s'il vous plaît.
I'd like a return ticket to Bath, please.

(= billet de transport) **return ticket** /rɪ'tɜːn'tɪkɪt/

allô

▷ Allô, Claire ? C'est Thomas.
Hello, Claire? It's Thomas.

hello /he'ləʊ/

allongé, allongée

▷ Ils étaient allongés dans l'herbe.
They were lying down on the grass.

(= couché) **lying down** /ˌlaɪɪŋ'daʊn/

s'allonger

▷ Allonge-toi si tu es fatigué.
Lie down if you're tired.

lie down /laɪ 'daun/ (**lay down** /leɪ 'daʊn/, **lain down** /leɪn 'daʊn/)

ℹ *Le gérondif s'écrit* ***lying down***.

allumer

1 ▷ Allume la lumière, s'il te plaît.
Turn the light on please.

(une lumière, un appareil électrique) **turn on** /tɜːn 'ɒn/

ℹ *On peut aussi dire* ***switch on*** /swɪtʃ 'ɒn/.

2 ▷ Si tu allumes le feu maintenant, il va faire trop chaud.
If you light the fire now, it's going to be too hot.
▷ Nous avons allumé un feu pour nous réchauffer.
We lit a fire to warm ourselves up.

(un feu) **light** /laɪt/ (**lit, lit** /lɪt/)

allumette

▷ Il va falloir racheter des allumettes.
We'll have to buy some more matches.

match /mætʃ/ (pluriel **matches** /'mætʃɪz/)

allure

1 ▷ Elle a une drôle d'allure !
She looks strange!

► **avoir une drôle d'allure : look strange** /'streɪndʒ/

2 ▷ Il conduit toujours à toute allure.
He always drives at top speed.

► **à toute allure : at top speed** /ət tɒp 'spiːd/

alors

1 ▷ Il fait beau, alors je vais aller faire du vélo.
The weather's nice, so I'm going to go for a bike ride.
▷ Alors, qu'est-ce qui se passe ?
So what's happening?

(= par conséquent) **so** /səʊ/

2 ▷ Anaïs n'est pas venue alors qu'elle avait promis !
Anaïs didn't come even though she had promised to!

► **alors que : even though** /'iːvən ðəʊ/

Though rime avec so et go.

Alpes

▷ J'ai appris à skier dans les Alpes.
I learned to ski in the Alps.

► **les Alpes : the Alps** /ælps/

alphabet

▷ J'ai appris à dire l'alphabet en anglais.
I've learnt to say the alphabet in English.

alphabet /'ælfəbet/

Alphabet rime avec set et get.

alphabétique

▷ Classez les noms par ordre alphabétique.
Put the names in alphabetical order.

alphabetical /ˌælfə'betɪkəl/
► **par ordre alphabétique : in alphabetical order**

alpinisme

▷ L'alpinisme est un sport dangereux.
Mountaineering is a dangerous sport.

► **l'alpinisme : mountaineering** /ˌmaʊntɪ'nɪərɪŋ/

altitude

▷ Nous étions à une altitude de 3 000 mètres.
We were at an altitude of 3,000 metres.

altitude /'æltɪtjuːd/

amande

▷ J'ai acheté des amandes salées.
I bought some salted almonds.

almond /'ɑːmənd/

Le l de almond ne se prononce pas.

ambassade

▷ Où se trouve l'ambassade de France à Londres ?
Where is the French embassy in London?

embassy /'embəsɪ/ (pluriel **embassies** /'embəsɪz/)

ambiance

▷ Il y a de l'ambiance ici !
There's a great atmosphere here!
▷ Il y avait une très bonne ambiance à la soirée.
There was a very good atmosphere at the party.

atmosphere /'ætməsfɪəʳ/

ambitieux, ambitieuse

▷ C'est un projet très ambitieux.
It's a very ambitious project.

ambitious /æm'bɪʃəs/ (plus ambitieux more ambitious, le plus ambitieux the most ambitious)

ambition

▷ Il a de grandes ambitions.
He has great ambitions.

ambition /æm'bɪʃən/

ambulance

▷ Il a fallu appeler une ambulance.
We had to call an ambulance.

ambulance /'æmbjʊləns/

améliorer

1 ▷ Fatima s'entraîne pour améliorer son service au tennis.
Fatima is training to improve her service at tennis.

improve /ɪm'pruːv/

2 ▷ Ta prononciation en anglais s'est améliorée.
Your pronunciation in English has improved.

► **s'améliorer** : improve

amende

▷ Il a eu une amende de soixante euros.
He got a sixty-euro fine.

fine /faɪn/

amener

▷ Tu peux amener un ami si tu veux.
You can bring a friend if you want.

bring /brɪŋ/ (brought, brought /brɔːt/)

🔊 ***Brought*** *rime avec* ***sort*** *et* ***caught****.*

amer, amère

▷ Ce café est vraiment amer.
This coffee is really bitter.

bitter /'bɪtə/ (plus amer more bitter, le plus amer the most bitter)

américain, américaine

▷ Les grands-parents d'Ariel sont américains.
Ariel's grandparents are American.
▷ J'ai rencontré un Américain dans le train.
I met an American on the train.

American /ə'merɪkən/

ℹ *S'écrit toujours avec une majuscule, comme tous les adjectifs et noms de nationalité en anglais.*

Amérique

▷ L'Amérique est un immense continent.
America is a huge continent.

America /ə'merɪkə/

► **l'Amérique** : America

ℹ *Ne prend jamais d'article.*

▷ Elle a vécu en Amérique pendant deux ans.
She lived in America for two years.

▷ Mon frère va en Amérique pour faire un stage.
My brother is going to America to do a work placement.

▷ Ils ont fait un grand voyage en Amérique du Nord.
They went on a long trip round North America.

▷ Cette musique vient d'Amérique du Sud.
This music comes from South America.

▷ J'ai lu un livre très intéressant sur l'Amérique centrale.
I read a very interesting book on Central America.

▷ Je voudrais aller en vacances en Amérique latine.
I'd like to go to Latin America on holiday.

► **en Amérique** (= sur le continent) : in America

► **en Amérique** (= vers le continent) : to America

► **l'Amérique du Nord :** North America /ˌnɔːθ əˈmerikə/

► **l'Amérique du Sud :** South America /ˌsaʊθ əˈmerɪkə/

► **l'Amérique centrale :** Central America /ˈsentrəl əˈmerɪkə/

► **l'Amérique latine :** Latin America /ˈlætɪn əˈmerɪkə/

ami, amie

1 ▷ Amandine est ma meilleure amie.
Amandine is my best friend.

1 (= camarade) **friend** /frend/

2 ▷ Mon père a une nouvelle amie.
My father has got a new girlfriend.

2 (= petite amie) **girlfriend** /ˈgɜːlfrend/

3 ▷ Léo est son ami, ils ne sont pas mariés.
Léo is her boyfriend, they're not married.

3 (= petit ami) **boyfriend** /ˈbɔɪfrend/

amical, amicale

▷ C'est un match amical.
It's a friendly match.

friendly /ˈfrendlɪ/ **(plus amical friendlier** /ˈfrendlɪəʳ/, **le plus amical the friendliest** /ˈfrendlɪɪst/)

amitié

▷ L'amitié est une chose très importante.
Friendship is a very important thing.

▷ « Amitiés, Nicolas. »
"Kind regards, Nicolas."

friendship /ˈfrendʃɪp/

ℹ *À la fin d'une lettre en anglais, on met* ***kind regards****.*

amour

▷ Toutes ses chansons parlent d'amour.
All his songs are about love.

▷ Le slogan disait « Faites l'amour, pas la guerre ».
The slogan said "Make love, not war".

love /lʌv/

► **faire l'amour :** make love (made love, made love)

amoureux, amoureuse

1 ▷ Fabrice est amoureux de Lucille.
Fabrice is in love with Lucille.

► **être amoureux de** quelqu'un : **be in love** /ɪn 'lʌv/ **with** somebody

2 ▷ Il y a un couple d'amoureux sur le banc.
There's a couple of lovers on the bench.

► **des amoureux :** lovers /'lʌvəz/

amplificateur

▷ J'ai acheté un nouvel amplificateur.
I've bought a new amplifier.

amplifier /'æmplɪfaɪə^{r}/

ampoule

1 ▷ Je vais changer l'ampoule dans la salle de bains.
I'm going to change the bulb in the bathroom.

(électrique) bulb /bʌlb/

2 ▷ J'ai des ampoules aux pieds.
I've got blisters on my feet.

(aux pieds, aux mains) blister /'blɪstə^{r}/

amusant, amusante

1 ▷ Je ne trouve pas ses blagues très amusantes.
I don't find his jokes very funny.

(= qui fait rire) funny /'fʌnɪ/ **(plus amusant** funnier /'fʌnɪə^{r}/**, le plus amusant** the funniest /'fʌnɪɪst/**)**

2 ▷ C'est amusant d'apprendre l'anglais.
Learning English is fun.

*Pour exprimer l'idée de divertissement, on emploie l'expression **be fun**.*

ℹ ***Fun** est un nom, pas un adjectif, il n'a pas de vrai équivalent en français.*

s'amuser

1 ▷ On s'est bien amusés chez Mahmoud.
We had a great time at Mahmoud's place.

► **bien s'amuser :** have a great time /greɪt taɪm/ (had, had)

2 ▷ Arrêtez de vous amuser et travaillez !
Stop playing and work!

(= jouer) play /pleɪ/

an

1 ▷ Nous habitons ici depuis trois ans.
We've lived here for three years.

year /jɪə^{r}/

2 ▷ Olivier a treize ans.
Olivier is thirteen.

*Pour dire l'âge de quelqu'un, on utilise le verbe **be** suivi du nombre.*

ℹ *On peut ajouter **... years old: Olivier is thirteen years old.***

ananas

▷ Cet ananas n'est pas mûr.
This pineapple isn't ripe.

pineapple /'paɪnæpl/

anchois

▷ Tu aimes les pizzas avec des anchois ?
Do you like pizzas with anchovies?

anchovy /'æntʃəvɪ/ (pluriel anchovies /'æntʃəvɪz/)

ancien, ancienne

1 ▷ Cette broche est ancienne, elle appartenait à ma grand-mère.
This brooch is old, it belonged to my grandmother.

(= vieux) old /əʊld/ (**plus ancien** older /'əʊldəʳ/, **le plus ancien** the oldest /'əʊldɪst/)

2 ▷ J'ai rencontré mon ancien prof de maths.
I met my old maths teacher.

(= d'avant) old

ℹ *Quand* ancien *signifie « d'avant », on peut aussi le traduire par* **former** /'fɔːməʳ/.

âne

▷ Il y a beaucoup d'ânes en Grèce.
There are a lot of donkeys in Greece.

(= animal) donkey /'dɒŋkɪ/

ange

▷ Merci, tu es un ange.
Thank you, you're an angel.

angel /'eɪndʒəl/

angine

▷ Je n'ai pas pu venir parce que j'avais une angine.
I couldn't come because I had a sore throat.

sore throat /sɔː 'θrəʊt/

► **avoir une angine :** have a sore throat (had, had)

anglais, anglaise

1 ▷ Je crois que la petite amie de Frédo est anglaise.
I think Frédo's girlfriend is English.

(adjectif) English /'ɪŋglɪʃ/

ℹ *S'écrit toujours avec une majuscule, comme tous les adjectifs de nationalité en anglais.*

2 ▷ Yoshi parle très bien anglais.
Yoshi speaks English very well.

(= langue) English

3 ▷ Un Anglais et une Anglaise.
An Englishman and an Englishwoman.

(= personne) Englishman /'ɪŋglɪʃmən/ (pluriel Englishmen /'ɪŋglɪʃmen/) , *féminin* Englishwoman /'ɪŋglɪʃwʊmən/ (pluriel Englishwomen /'ɪŋglɪʃwɪmɪn/)

ℹ *Pour les jeunes Anglais, on dit* **English boy** *(pour un garçon) et* **English girl** *(pour une fille).*

▷ Nous avons un Anglais dans notre service.
We've got an English boy in our department.

▷ Une Anglaise m'a envoyé un e-mail.
An English girl sent me an e-mail.

▷ Les Anglais aiment beaucoup le sud de la France.
The English love the south of France.

► **Les Anglais :** the English

angle

▷ Elle s'est cognée contre l'angle du bureau.
She banged herself on the corner of the desk.
▷ Il y a une pharmacie à l'angle.
There's a chemist on the corner.

(de la rue, d'une table) **corner** /'kɔːnəʳ/
► **à l'angle** (de la rue) : on the corner
ℹ *En géométrie,* angle *se dit* ***angle*** /'æŋgl/.

Angleterre

▷ L'Angleterre est l'un des pays du Royaume-Uni.
England is one of the countries of the United Kingdom.
▷ J'ai passé trois semaines en Angleterre.
I spent three weeks in England.
▷ Quand irez-vous en Angleterre ?
When will you go to England?

England /'ɪŋglənd/
► **l'Angleterre** : England
ℹ *Ne prend jamais d'article.*
► **en Angleterre** (= dans le pays) : in England
► **en Angleterre** (= vers le pays) : to England

angoissé, angoissée

▷ Benjamin est très angoissé en ce moment.
Benjamin is very anxious at the moment.

anxious /'æŋkʃəs/ (**plus angoissé** more anxious, **le plus angoissé** the most anxious)

animal

▷ J'adore les animaux.
I love animals.
▷ Est-ce que tu as des animaux domestiques ?
Do you have any pets?

animal /'ænɪməl/
► **animal domestique** : pet /pet/

animateur, animatrice

1 ▷ J'adore cet animateur !
I love this host!

(d'émission de jeux) **host** /həʊst/

2 ▷ Je voudrais être animatrice dans un camp de vacances.
I'd like to be an activity leader in a summer camp.

(de camp de vacances) **activity leader** /æk'tɪvɪtɪ 'liːdəʳ/

animé, animée

1 ▷ Soho est un quartier très animé.
Soho is a very lively area.

(= plein de vie) **lively** /'laɪvlɪ/ (**plus animé** livelier /'laɪvlɪəʳ/, **le plus animé** the liveliest /'laɪvlɪɪst/)
ℹ *Attention : le* ***y*** *devient* ***ie*** *au comparatif et au superlatif.*

2 ▷ J'adore les dessins animés.
I love cartoons.

► **dessin animé** : cartoon /kɑː'tuːn/

anneau

▷ Marion a un anneau dans le nez.
Marion has got a ring in her nose.
▷ Est-ce que tu as lu *Le Seigneur des Anneaux* ?
Have you read the *Lord of the Rings*?

ring /rɪŋ/

année

▷ Cette année, Clara a un nouveau prof d'anglais.
This year Clara has a new English teacher.
▷ L'année scolaire commence en septembre.
The school year starts in September.
▷ Bonne année !
Happy New Year!

year /jɪəʳ/

► **l'année scolaire : the school year** /sku:l jɪəʳ/

Pour souhaiter bonne année *à quelqu'un en anglais, on dit* ***Happy New Year!*** /ˌhæpɪ nju: 'jɪəʳ/.

anniversaire

1 ▷ Bon anniversaire, Kate !
Happy birthday, Kate!

(d'une personne) **birthday** /'bɜ:θdeɪ/

2 ▷ C'est l'anniversaire de mariage de mes parents.
It's my parents' wedding anniversary.

(d'un mariage, d'un événement) **anniversary** /ˌænɪ'vɜ:sərɪ/ (pluriel **anniversaries** /ˌænɪ'vɜ:sərɪz/)

Remarquez que ***anniversary*** *est la traduction du deuxième sens seulement. Le sens le plus courant est traduit par* ***birthday***.

annonce

▷ Tu as vu l'annonce pour l'appartement ?
Have you seen the advertisement for the flat?
▷ Lucas a trouvé son vélo dans les petites annonces.
Lucas found his bike in the classified advertisements.

(dans un journal) **advertisement** /əd'vɜ:tɪsmənt/

► **les petites annonces : the classified** /'klæsɪfaɪd/ **advertisements**

Attention : ***advertisement*** *ne se traduit jamais par* avertissement.

annoncer

▷ Les résultats seront annoncés demain.
The results will be announced tomorrow.
▷ Il m'a annoncé son départ.
He told me he was leaving.

(= dire en public) **announce** /ə'naʊns/

► **annoncer** quelque chose **à** quelqu'un **: tell** /tel/ somebody something **(told, told** /təʊld/**)**

annuaire

▷ Je n'ai pas trouvé leur numéro dans l'annuaire.
I couldn't find their number in the phone book.

phone book /'fəʊnbʊk/ (pluriel **phone books**)

annuler

▷ Le vol de 18h30 est annulé.
The 18.30 flight is cancelled.

cancel /'kænsəl/
ℹ *Il y a deux **l** au gérondif* (**cancelling** /'kænsəlɪŋ/), *au prétérit et au participe passé* (**cancelled** /'kænsəld/).

anorak

▷ J'ai un nouvel anorak.
I have a new anorak.

anorak /'ænəræk/

antarctique

▷ C'est dans l'océan Antarctique.
It's in the Antarctic Ocean.

Antarctic /ænt'ɑːktɪk/

antenne

▷ L'antenne de la radio est cassée.
The radio aerial is broken.
▷ Il y a une antenne parabolique sur le mur.
There's a satellite dish on the wall.

(de radio, de télévision) **aerial** /'ɛərɪəl/
► **antenne parabolique : satellite dish** /'sætəlaɪt dɪʃ/ (pluriel **satellite dishes** /dɪʃɪz/)

antibiotique

▷ Le docteur m'a donné des antibiotiques.
The doctor gave me some antibiotics.
▷ Je suis sous antibiotiques depuis une semaine.
I've been on antibiotics for a week.

antibiotic /'æntɪbaɪ'ɒtɪk/
► **être sous antibiotiques : be on antibiotics**
🔊 *Le deuxième **i** de **antibiotic** se prononce comme le **i** de **like**.*

antillais, antillaise

▷ Nous avons mangé dans un restaurant antillais.
We ate in a West Indian restaurant.
▷ Elle a épousé un Antillais.
She married a West Indian.

West Indian /west 'ɪndɪən/
ℹ *S'écrit toujours avec deux majuscules.*

Antilles

▷ Est-ce que tu aimerais aller aux Antilles ?
Would you like to go to the West Indies?

► **les Antilles : the West Indies** /west 'ɪndiːz/

antipathique

▷ La copine d'Hervé est vraiment antipathique.
Hervé's girlfriend is really unpleasant.

unpleasant /ʌn'pleznt/
🔊 *Le **ea** de **unpleasant** se prononce comme le **e** de **bed**.*

antivirus

▷ J'ai téléchargé un nouvel antivirus.
I've downloaded a new antivirus.

(pour ordinateur) **antivirus** /ˌæntɪ'vaɪrəs/ (pluriel **antiviruses** /æntɪ'vaɪrəsɪz/)

antivol

▷ N'oublie pas de mettre l'antivol sur ton vélo.
Don't forget to put the lock on your bike.

lock /lɒk/

anxieux, anxieuse

▷ Elle est très anxieuse.
She's very anxious.

anxious /'ækʃəs/ (**plus anxieux** more anxious, **le plus anxieux** the most anxious)

août

▷ Il fait souvent très chaud en août.
It's often very hot in August.

▷ Nous partons le 15 août.
We're leaving on the fifteenth of August.

August /'ɔːgəst/

ℹ *S'écrit toujours avec une majuscule, comme tous les noms de mois en anglais.*

ℹ *Notez l'emploi de **on** et **of** en anglais lorsqu'on dit la date.*

ℹ *On écrit aussi **15 August**.*

apartheid

▷ Ce sont des victimes de l'apartheid.
They are victims of apartheid.

apartheid /ə'pɑːteɪt/

apercevoir

1 ▷ J'ai aperçu le maire en ville.
I caught sight of the mayor in town.

(= voir brièvement) **catch sight of** /kætʃ 'saɪt ɒv/ (caught sight of, caught sight of /kɔːt 'saɪt ɒv/)

2 ▷ Je ne m'étais pas aperçu de la différence.
I hadn't noticed the difference.

▷ Tu t'es aperçue que Simon n'était pas là ?
Did you notice that Simon wasn't there?

► **s'apercevoir de** quelque chose : **notice** something /'nəʊtɪs/

► **s'apercevoir (que) : notice (that)**

apéritif

▷ Voulez-vous un apéritif ?
Would you like an aperitif?

▷ Venez prendre l'apéritif.
Come for drinks.

(= boisson) **aperitif** /ə'perətiːf/

ℹ *Quand il s'agit d'une invitation chez quelqu'un, on emploie plutôt le mot **drinks** /drɪŋks/ en anglais.*

s'apitoyer

▷ Arrête de t'apitoyer sur ton sort !
Stop feeling sorry for yourself!

► **s'apitoyer sur : feel sorry for** felt, felt /felt/

aplati, aplatie

▷ Les gâteaux sont tout aplatis.
The cakes are completely flat.

flat /flæt/ (**plus aplati** flatter /flætəʳ/, **le plus aplati** the flattest /flætɪst/)

apparaître

▷ Un aigle est apparu dans le ciel.
An eagle appeared in the sky.

appear /ə'pɪəʳ/

appareil

1 ▷ Elle a eu un appareil photo pour Noël.
She got a camera for Christmas.

► **appareil photo :** camera /'kæmərə/

2 ▷ Les robots ménagers sont des appareils très utiles.
Food processors are very useful appliances.

(électrique) **appliance** /ə'plaɪəns/

3 ▷ Bonjour ! Jérôme à l'appareil.
Hello! Jérôme speaking.
▷ Qui est à l'appareil ?
Who's speaking?

*Pour dire son nom quand on parle au téléphone, on utilise l'expression ... **speaking** /'spiːkɪŋ/.*

apparemment

▷ Apparemment, ils sont arrivés à l'heure.
Apparently they arrived on time.

apparently /ə'pærəntlɪ/

appartement

▷ Ils ont acheté un appartement en banlieue.
They have bought a flat in the suburbs.

flat /flæt/
*En anglais américain, on dit **apartment** /ə'pɑːtmənt/.*

appartenir à

▷ Cette voiture appartient à mon frère.
This car belongs to my brother.
▷ À qui appartient ce livre ?
Who does this book belong to?

► **appartenir à** quelqu'un **:** belong /bɪ'lɒŋ/ to somebody
*Remarquez la position de **who** et de **to** quand on pose une question : **who does this book belong to?***

appel

1 ▷ Il y a eu trois appels pour toi cet après-midi.
There were three calls for you this afternoon.

(au téléphone) **call** /kɔːl/

2 ▷ Le prof fait toujours l'appel au début du cours.
The teacher always calls the register at the start of the class.

► **faire l'appel :** call the register /redʒɪstəʳ/

appeler

1 ▷ Nous allons appeler le bébé Thomas.
We'll call the baby Thomas.
▷ Tu peux m'appeler ce soir, je serai chez moi.
You can call me tonight, I'll be at home.

call /kɔːl/

▷ Cet outil s'appelle un tournevis.
This tool is called a screwdriver.
▷ Comment ça s'appelle en anglais ?
What's this called in English?

► **s'appeler** (pour dire le nom d'une chose) **:** be called /kɔːld/

2 ▷ Comment tu t'appelles ?
What's your name?
▷ Je m'appelle Gabriel.
My name's Gabriel.

2 *Pour demander son nom à quelqu'un, on dit **what's your name?**, et pour donner son nom on dit **my name is...***

appendicite

▷ Carole a eu une crise d'appendicite.
Carole had appendicitis.

appendicitis /əˌpendɪˈsaɪtɪs/
*Attention à la prononciation de **appendicitis** !*

appétit

▷ Tu as bon appétit !
You have a good appetite!
▷ Bon appétit !
Bon appétit!

appetite /ˈæpɪtaɪt/
ℹ *Pour souhaiter* **bon appétit** *à quelqu'un en anglais, on utilise l'expression française.*

applaudir

1 ▷ Tout le monde l'a applaudi.
Everyone applauded.

1 ► **applaudir** quelqu'un : **applaud** somebody /əˈplɔːd/

2 ▷ Elles ont applaudi très fort.
They clapped very loudly.

2 (= taper dans les mains) **clap** /klæp/
ℹ *Il y a deux **p** au gérondif* (**clapping** /ˈklæpɪŋ/)*, au prétérit et au participe passé* (**clapped** /klæpt/).

application

▷ J'ai téléchargé une nouvelle application.
I've downloaded a new application.

(informatique) **application** /ˌæplɪˈkeɪʃən/

s'appliquer

▷ Je ne m'applique pas assez quand j'écris !
I don't make enough effort when I write!

make an effort /ˈefət/ (**made, made**)

apporter

1 ▷ Apporte-moi le journal, s'il te plaît.
Bring me the newspaper, please.

1 **bring** /brɪŋ/ *ou* **take** /teɪk/
► **apporter** quelque chose à quelqu'un (lorsque le mouvement s'effectue vers la personne qui parle) **bring** somebody something (**brought, brought** /brɔːt/)

2 ▷ Je lui ai apporté son petit-déjeuner au lit.
I took him his breakfast in bed.

2 ► **apporter** quelque chose à quelqu'un (lorsque le mouvement part de la personne qui parle) **take** somebody something (**took** /tʊk/, **taken** /ˈteɪkən/).

apprécier

▷ Je n'apprécie pas beaucoup Laure.
I don't like Laure very much.

like /laɪk/

apprendre

1 ▷ J'apprends le russe.
I'm learning Russian.

(= étudier) **learn** /lɜːn/ (**learned** /lɜːnd/ *ou* **learnt** /lɜːnt/, **learned** *ou* **learnt**)

▷ Elle aimerait apprendre à skier.
She would like to learn to ski.

► **apprendre à faire** quelque chose : **learn to do** something

2 ▷ Pedro nous apprend l'espagnol.
Pedro is teaching us Spanish.

▷ Ma tante m'a appris à coudre.
My aunt taught me to sew.

(= enseigner) **teach** /tiːtʃ/ (**taught**, **taught** /tɔːt/)

► **apprendre à** quelqu'un **à faire** quelque chose : **teach** somebody **to do** something

3 ▷ Nous avons appris que tu étais malade.
We heard that you were ill.

(quand on parle d'une nouvelle) **hear** /hɪəʳ/ (**heard**, **heard** /hɜːd/)

apprivoisé, apprivoisée

▷ C'est un lion apprivoisé.
It's a tame lion.

tame /teɪm/ (**plus apprivoisé** **tamer** /teɪməʳ/, **le plus apprivoisé** **the tamest** /teɪmɪst/)

approcher

1 ▷ Approchez vos chaises.
Move your chairs closer.

▷ Approche la lampe du fauteuil.
Move the lamp closer to the armchair.

► **approcher** quelque chose : **move** something **closer** /kləʊsəʳ/

*Le **s** de **closer** se prononce comme le **s** de **sea**.*

2 ▷ Approche-toi, je ne te vois pas très bien.
Come closer, I can't see you very well.

▷ Les bateaux s'approchaient de la côte.
The boats were coming closer to the coast.

► **s'approcher** : **come closer** (**came closer**, **come closer**)

approuver

▷ Je n'approuve pas leur choix.
I don't approve of their choice.

approve of /əˈpruːv ɒv/

*N'oubliez pas la préposition **of** !*

appuyer

1 ▷ Appuie sur la sonnette.
Press the bell.

► **appuyer sur** quelque chose (avec le doigt) : **press** something

2 ▷ Ne vous appuyez pas sur le portail, la peinture est fraîche.
Don't lean on the gate, the paint is wet.

► **s'appuyer sur** quelque chose : **lean on** something (**leaned on** /liːnd/ *ou* **leant on** /lent/, **leaned on** *ou* **leant on**)

après

1 ▷ Je viendrai chez toi après le travail.
I'll come to your house after work.

(= à la suite de) **after** /'ɑːftəʳ/

2 ▷ Je serai en réunion jusqu'à onze heures, mais téléphone-moi après.
I'll be in a meeting until eleven o'clock, but phone me afterwards.

(= ensuite) **afterwards** /'ɑːftəwədz/

3 ▷ Et après, qu'est-ce qui s'est passé ?
And then what happened?

(dans un ordre, une suite) **then** /ðen/

4 ▷ D'après Isa, c'est un très bon film.
According to Isa, it's a very good film.
▷ D'après moi, c'est Bernard qui a raison.
In my opinion Bernard is right.

► **d'après... : according to...** /ə'kɔːdɪŋ tuː/

ℹ **D'après moi** *et* **d'après nous** *se traduisent par* ***in my opinion*** *et* ***in our opinion****.*

après-demain

▷ Nous allons au théâtre après-demain.
We're going to the theatre the day after tomorrow.

the day after tomorrow /θə 'deɪ ɑːftə tə'mɒrəʊ/

après-midi

▷ Je viendrai dans l'après-midi.
I'll come in the afternoon.
▷ Je reviens mercredi après-midi.
I'll be back on Wednesday afternoon.
▷ À trois heures de l'après-midi.
At three in the afternoon *ou* at 3 p.m.

afternoon /ˌɑːftə'nuːn/

ℹ *Notez l'emploi de* ***on*** *en anglais lorsqu'on dit la date.*

ℹ *Pour dire l'heure, on fait suivre le chiffre de* ***in the afternoon*** *ou de* ***p.m.*** /piː'em/*, qui est l'abréviation de* ***post meridiem*** *(« après midi » en latin).*

aquarium

▷ J'ai deux poissons rouges dans un aquarium.
I have two goldfish in an aquarium.

aquarium /ə'kwɛərɪəm/

arabe

1 ▷ C'est le pays arabe qui produit le plus de pétrole.
It's the Arab country that produces the most oil.
▷ Ma tante a épousé un Arabe.
My aunt married an Arab.

Arab /'ærəb/

ℹ *S'écrit toujours avec une majuscule, comme tous les adjectifs et noms de nationalité en anglais.*

2 ▷ Elle apprend l'arabe.
She is learning Arabic.

(= langue) **Arabic** /'ærəbɪk/

araignée

▷ Ben a peur des araignées.
Ben is scared of spiders.

spider /ˈspaɪdəʳ/

*Le **i** de **spider** se prononce comme le **i** de **like**.*

arbre

▷ Il y a beaucoup d'arbres dans le jardin.
There are a lot of trees in the garden.

▷ Les enfants ont décoré l'arbre de Noël.
The children decorated the Christmas tree.

tree /triː/

► **arbre de Noël : Christmas tree** /ˈkrɪsməs triː/ (pluriel **Christmas trees**)

arc

▷ Les Indiens chassaient avec des arcs et des flèches.
The Indians hunted with bows and arrows.

bow /bəʊ/

*Rime avec **go** et **Joe**.*

arc-en-ciel

▷ Regarde, un arc-en-ciel !
Look, a rainbow!

rainbow /ˈreɪnbəʊ/

*Rime avec **go** et **Joe**.*

architecte

▷ Ma mère est architecte.
My mother is an architect.

architect /ˈɑːkɪtekt/

ℹ *N'oubliez pas l'article devant le nom du métier lorsqu'il suit les verbes **be** ou **become**.*

*Le **ch** de **architect** se prononce comme un **k**.*

architecture

▷ J'aime surtout l'architecture gothique.
I especially like Gothic architecture.

architecture /ˌɑːkɪˈtektʃəʳ/

*Le **ch** de **architecture** se prononce comme un **k**.*

arctique

▷ C'est dans l'océan Arctique.
It's in the Arctic Ocean.

Arctic /ɑːˈtɪk/

arête

▷ Ce poisson est plein d'arêtes.
This fish is full of bones.

bone /bəʊn/

ℹ ***Bone** veut aussi dire « os ».*

argent

▷ Monsieur Perret gagne beaucoup d'argent.
Mr Perret earns a lot of money.

▷ Je donne sept euros d'argent de poche par semaine aux enfants.
I give the children seven euros pocket money a week.

► **l'argent** (= monnaie) : **money** /ˈmʌnɪ/

► **argent de poche : pocket money** /ˈpɒkɪt mʌnɪ/

2 ▷ L'argent est moins cher que l'or.
Silver is less expensive than gold.
▷ Ce bracelet est en argent.
This bracelet is made of silver.
▷ Elle a une belle bague en argent.
She has a beautiful silver ring.

(= métal) **silver** /'sɪlvəʳ/

► **être en argent :** be made of silver

► **en argent :** silver

argot

▷ C'est un mot d'argot.
It's a slang word.

slang /slæŋ/

arme

▷ La police a trouvé des armes chez lui.
The police found weapons in his house.

weapon /'wepən/

Le ***ea*** *de* ***weapon*** *se prononce comme le* ***e*** *de* ***bed****.*

armée

▷ Raoul est dans l'armée.
Raoul is in the army.

army /ɑːmɪ/ (pluriel **armies** /ɑːmɪz/)

Attention : le ***y*** *devient* ***ie*** *au pluriel.*

armoire

1 ▷ Ton tee-shirt est dans l'armoire.
Your T-shirt is in the wardrobe.

(pour les vêtements) **wardrobe** /'wɔːdrəʊb/

2 ▷ J'ai une armoire pour les dossiers dans mon bureau.
I have a cupboard for files in my office.

(dans un bureau) **cupboard** /'kʌbəd/

Attention à la prononciation de ***cupboard*** *!*

arobase

▷ Mon adresse électronique c'est «paul arobase pilou point fr».
My e-mail address is "paul at pilou dot fr".

at sign /'æt saɪn/ (pluriel **at signs**)

arracher

1 ▷ Sonia a arraché trois pages de son agenda.
Sonia tore three pages out of her diary.

(une page, une feuille) **tear out** (tore out, torn out)

Tear /tɛəʳ/ *rime avec* ***there*** *et* ***fair****.*

2 ▷ Le jardinier a arraché les mauvaises herbes.
The gardener pulled out the weeds.
▷ Le dentiste m'a arraché une dent.
The dentist pulled out one of my teeth.

(des plantes, une dent) **pull out** /pʊl 'aʊt/

3 ▷ J'ai vu le voleur arracher son sac à la dame.
I saw the thief snatch the lady's bag from her.

► **arracher** quelque chose **à** quelqu'un **:** **snatch** /snætʃ/ something **from** somebody

arranger

1 ▷ Pas de problème, Guillaume a tout arrangé.
No problem, Guillaume has sorted everything out.

(= résoudre) **sort out** /sɔːt 'aʊt/

2 ▷ Ta montre est cassée ? Donne-la-moi, je vais l'arranger.
Is your watch broken? Give it to me, I'll fix it.

(= réparer) **fix** /fɪks/

3 ▷ Ça ne m'arrange pas de venir à six heures.
It doesn't suit me to come at six o'clock.

(= convenir) **suit** /suːt/

Suit rime avec boot.

4 ▷ Ne t'inquiète pas, tout va s'arranger.
Don't worry, everything will work out.

► **s'arranger** (= se résoudre, s'améliorer) : **work out** /wɜːk 'aʊt/

arrêt

1 ▷ Je descends au prochain arrêt.
I'm getting off at the next stop.

(dans les transports) **stop** /stɒp/

▷ Où est l'arrêt d'autobus le plus proche ?
Where is the nearest bus stop?

► **arrêt d'autobus : bus stop** /'bʌs stɒp/ (pluriel **bus stops**)

2 ▷ Le bébé pleure sans arrêt.
The baby cries constantly.

► **sans arrêt** (= constamment) : **constantly** /'kɒnstəntlɪ/

arrêter

1 ▷ Arrêtez cette voiture !
Stop that car!

stop /stɒp/

ℹ *Il y a deux p au gérondif* (**stopping** /'stɒpɪŋ/), *au prétérit et au participe passé* (**stopped** /stɒpt/).

▷ Arrêtez de vous agiter !
Stop fidgeting!

► **arrêter de faire** quelque chose : **stop doing** something

▷ La voiture s'est arrêtée devant la poste.
The car stopped in front of the post office.

► **s'arrêter : stop**

▷ Il s'est arrêté de rire quand il a vu ma tête.
He stopped laughing when he saw my face.

► **s'arrêter de faire** quelque chose : **stop doing** something

2 ▷ La police a arrêté le voleur.
The police arrested the thief.

(un coupable, un voleur) **arrest** /ə'rest/

arrière

▷ L'arrière de la voiture est abîmé.
The back of the car is damaged.

back /bæk/

▷ Asseyez-vous à l'arrière.
Sit in the back.

► **à l'arrière : in the back**

▷ Ne te penche pas en arrière, tu vas tomber.
Don't lean back, you'll fall.

▷ J'ai dû revenir en arrière.
I had to go back.

▷ Le siège arrière est tout sale.
The back seat is all dirty.

► **se pencher en arrière :** lean back (leaned back *ou* leant back, leaned back *ou* leant back)
► **revenir en arrière :** go back (went back, gone back)
► **le siège arrière :** the back seat /siːt/

arrivée

▷ Contactez-nous à votre arrivée à l'aéroport.
Contact us on your arrival at the airport.

arrival /ə'raɪvəl/

arriver

1 ▷ Le train arrive à Fécamp à 15h30.
The train arrives at Fécamp at 3.30.

(en parlant de la destination) arrive /ə'raɪv/

2 ▷ J'arrive !
I'm coming!

(= approcher) come /kʌm/ (came /keɪm/, come)

3 ▷ Ses cheveux lui arrivent aux épaules.
His hair comes down to his shoulders.
▷ L'eau nous arrivait aux genoux.
The water came up to our knees.

Pour parler de **la hauteur atteinte**, *on utilise* ***come down to*** *ou* ***come up to*** *selon que la chose en question descend (**come down**) ou monte (**come up**).*

4 ▷ Qu'est-ce qui est arrivé ?
What happened?
▷ Je ne comprends pas ce qui m'arrive.
I don't understand what's happening to me.

(= se passer) happen /'hæpən/

5 ▷ Il m'arrive d'oublier de prendre mon petit-déjeuner.
Sometimes I forget to have breakfast.

Pour parler de quelque chose qui se produit occasionnellement, on utilise le mot ***sometimes*** */'sʌmtaɪmz/, qui veut dire « parfois ».*

6 ▷ Julie est arrivée à les convaincre.
Julie managed to convince them.

▷ Je n'arrive pas à joindre le directeur.
I can't get in touch with the manager.

► **arriver à faire** quelque chose (= réussir à le faire) : manage /'mænɪdʒ/ to do something
ℹ *À la forme négative du présent, on utilise* ***can't*** */kɑːnt/.*

arroser

▷ N'oublie pas d'arroser les plantes.
Don't forget to water the plants.

(une plante, la terre) water /'wɔːtə^r/

art

▷ Nous sommes allés au musée d'art moderne.
We went to the museum of modern art.
▷ J'aimerais pratiquer un art martial.
I'd like to practise a martial art.

art /ɑːt/

Prononcez bien le ***t*** *du mot anglais* ***art****.*

artichaut

▷ On a mangé des artichauts avec de la vinaigrette.
We ate artichokes with vinaigrette.

artichoke /'ɑːtɪtʃəʊk/

article

1 ▷ Tu as lu l'article sur Grenoble ?
Have you read the article on Grenoble?

(dans un journal) **article** /'ɑːtɪkl/

2 ▷ Trois articles pour quatorze euros, ce n'est pas cher.
Three items for fourteen euros is not expensive.

(= marchandise) **item** /'aɪtəm/

artiste

▷ Picasso est un artiste très célèbre.
Picasso is a very famous artist.

artist /'ɑːtɪst/

ascenseur

▷ Prends l'ascenseur jusqu'au dixième étage.
Take the lift to the tenth floor.

lift /lɪft/

En anglais américain, on dit ***elevator*** /'elɪveɪtəʳ/.

asiatique

▷ Un livre de recettes asiatiques.
A book of Asian recipes.
▷ Le restaurant est tenu par des Asiatiques.
The restaurant is run by Asians.

Asian /'eɪʒən/

S'écrit toujours avec une majuscule, comme tous les adjectifs et noms de nationalité en anglais.

Attention à l'emploi du mot ***Asian*** *au Royaume-Uni : il désigne le plus souvent les personnes originaires de l'Inde, du Pakistan et du Bangladesh.*

Le ***a*** *initial se prononce comme la* ***a*** *de* ***make****.*

Asie

▷ Nous avons vu une émission sur l'Asie.
We saw a programme about Asia.

▷ J'ai travaillé pendant deux ans en Asie.
I worked in Asia for two years.

Asia /'eɪʒə/

► **l'Asie :** Asia

Ne prend jamais d'article.

► **en Asie** (= sur le continent) **:** in Asia

▷ J'aimerais aller en Asie.
I'd like to go to Asia.

► **en Asie** (= vers le continent) : to Asia

*Le **a** initial se prononce comme la **a** de **make**.*

aspect

1 ▷ L'aspect n'est pas important.
Appearance isn't important.

1 (= apparence) **appearance** /ə'pɪərəns/

2 ▷ C'est un des aspects les plus intéressants de mon travail.
It's one of the most interesting aspects of my work.

2 (= côté) **aspect** /'æspekt/

*Prononcez bien le **c** et le **t**.*

asperge

▷ Est-ce que tu aimes les asperges ?
Do you like asparagus?
▷ Ces asperges ne sont pas cuites.
This asparagus isn't cooked.

asparagus /ə'spærəgəs/

ℹ *S'emploie toujours avec un verbe au singulier : on dit par exemple **this asparagus is delicious*** (ces asperges sont délicieuses).

aspirateur

▷ Cet aspirateur ne marche pas bien.
This vacuum cleaner isn't working well.
▷ Je n'ai pas eu le temps de passer l'aspirateur.
I didn't have time to vacuum.

vacuum cleaner /'vækju:m ˌkli:nə^r/ (pluriel vacuum cleaners)
► **passer l'aspirateur :** vacuum /'vækju:m/

aspirine

▷ Tu as de l'aspirine ? J'ai mal à la tête.
Have you got some aspirin? I have a headache.

aspirin /'æsprɪn/

*Le premier **i** de **aspirin** ne se prononce pas.*

assaisonner

1 ▷ La sauce est bien assaisonnée.
The sauce is well seasoned.

1 (un plat, une sauce) **season** /'si:zn/

2 ▷ Tu as oublié d'assaisonner la salade.
You forgot to dress the salad

2 (de la salade) **dress** /dres/

assassinat

▷ Il pourrait s'agir d'un assassinat.
It could be murder.

murder /'mɜ:də^r/

ℹ *Le nom **assassination** existe en anglais, mais on l'emploie seulement pour parler de l'assassinat de personnes célèbres.*

assassiner

▷ Il a assassiné plusieurs personnes.
He murdered several people.

murder /'mɜ:də^r/

ℹ *Le verbe **assassinate** existe en anglais, mais on l'emploie seulement pour parler de l'assassinat de personnes célèbres.*

s'asseoir

sit down /sɪt 'daʊn/ (**sat down, sat down** /sæt 'daʊn/)

▷ Asseyez-vous, s'il vous plaît.
Sit down, please.

▷ Les enfants se sont assis par terre.
The children sat down on the floor.

assez

1 (= suffisamment) **enough** /ɪ'nʌf/

▷ As-tu assez mangé ?
Have you eaten enough?

▷ Il est assez grand pour décider tout seul.
He's old enough to decide on his own.

*Notez que **enough** est toujours placé après le verbe ou l'adjectif qu'il accompagne.*

2 ► **assez de : enough**

▷ Il n'y a pas assez d'argent.
There isn't enough money.

*Notez qu'en anglais, il n'y a pas de préposition entre **enough** et le nom.*

3 ► **en avoir assez : have had enough**

▷ J'en ai assez !
I've had enough!

4 (= plutôt) **quite** /kwaɪt/

▷ Ce film est assez rigolo.
This film is quite funny.

assiette

plate /pleɪt/

▷ Mélanie a encore cassé une assiette !
Mélanie has broken a plate again!

assis, assise

sitting /'sɪtɪŋ/

▷ Elle était assise par terre.
She was sitting on the floor.

*Regardez aussi **s'asseoir**, plus haut.*

assister à

attend /ə'tend/

▷ Tout le monde doit assister à la réunion.
Everyone must attend the meeting.

*Attention ! Assister à ne se traduit pas par *assist at.*

assorti, assortie

(= qui va avec) **matching** /'mætʃɪŋ/

▷ J'ai acheté une chemise bleue et une cravate assortie.
I bought a blue shirt and a matching tie.

assurance

1 (contre les accidents) **insurance** /ɪn'ʃʊərəns/

▷ Pour des raisons de sécurité, l'assurance est obligatoire.
For security reasons, insurance is obligatory.

*Le **s** se prononce comme le **sh** de **shop**.*

2 (= confiance en soi) **confidence** /'kɒnfɪdəns/

▷ Elle manque d'assurance.
She lacks confidence.

asthmatique
▷ Son petit ami est asthmatique.
Her boyfriend is asthmatic.

asthmatic /æs'mætɪk/

asthme
▷ Elle a eu une crise d'asthme.
She had an asthma attack.

asthma /'æsmə/

astrologie
▷ Tu crois à l'astrologie ?
Do you believe in astrology?

astrology /əs'trɒlədʒɪ/

astrologue
▷ Elle est allée voir un astrologue.
She went to see an astrologer.

astrologer /əs'trɒlədʒəʳ/

astronaute
▷ Elle rêve de devenir astronaute.
She dreams of becoming an astronaut.

astronaut /'æstrənɔːt/
ℹ *N'oubliez pas l'article devant le nom du métier lorsqu'il suit les verbes **be** ou **become**.*

astronomie
▷ Je n'y connais rien en astronomie.
I don't know anything about astronomy.

astronomy /əs'trɒnəmɪ/

atelier
▷ Les élèves travaillent en ateliers.
The pupils are grouped in workshops.

workshop /'wɜːkʃɒp/

athée
▷ Je suis athée.
I'm an atheist.

atheist /'eɪθɪɪst/
ℹ *Notez la présence de l'article en anglais : **an atheist**.*

athlète
▷ Tous les grands athlètes européens étaient là.
All the great European athletes were there.

athlete /'æθliːt/

athlétisme
▷ Les championnats du monde d'athlétisme.
The world athletics championships.

athletics /æθ'letɪks/
ℹ *S'emploie toujours avec un verbe au singulier : **athletics is my favourite sport**.*

atlantique
▷ C'est dans l'océan Atlantique.
It's in the Atlantic ocean.

Atlantic /ət'læntɪk/

atlas
▷ Je vais vérifier dans l'atlas.
I'll check in the atlas.

atlas /'ætləs/ (pluriel **atlases** /'ætləsɪz/)

atomique

▷ Peu de pays possèdent la bombe atomique.
Few countries have the atomic bomb.

atomic /ə'tɒmɪk/

atroce

▷ J'ai une douleur atroce dans le pied.
I've got a terrible pain in my foot.

terrible /'terəbl/

attacher

1 ▷ Ils ont attaché le chien avec une corde.
They tied up the dog with a rope.

(un chien, un prisonnier) **tie up** /taɪ ʌp/ (tied up, tied up /taɪd ʌp/)
ℹ *Le gérondif s'écrit **tying**.*

2 ▷ Attends, je dois attacher mes lacets.
Wait, I've got to tie my laces.

(ses lacets) **tie** (tied, tied)
ℹ *Le gérondif s'écrit **tying**.*

3 ▷ N'oublie pas d'attacher ta ceinture de sécurité.
Don't forget to fasten your seatbelt.

(une ceinture) **fasten** /fɑːsən/
🔈 *Le **t** de **fasten** ne se prononce pas.*

4 ▷ Adèle s'est beaucoup attachée à son poney.
Adèle became very attached to her pony.

► **s'attacher à** (= avoir de l'affection) : **become attached** /ə'tætʃt/ **to** (became, become)

attaquer

1 ▷ Des voleurs nous ont attaqués.
We were attacked by thieves.

(= agresser) **attack** /ə'tæk/

2 ▷ Demain, j'attaque le nouveau projet.
Tomorrow, I'm starting work on the new project.

(un travail) **start work** /wɜːk/ **on**

3 ▷ C'est injuste de s'attaquer aux enfants.
It's unfair to attack children.

► **s'attaquer à** quelqu'un : **attack** somebody

atteindre

▷ Je n'arrive pas à atteindre le haut de l'étagère.
I can't reach the top of the shelf.

reach /riːtʃ/
🔈 *Faites bien la différence entre la prononciation de **reach** et **rich**.*

attendre

1 ▷ Attends-moi, j'arrive !
Wait for me, I'm coming!
▷ Sandrine a attendu qu'il l'appelle.
Sandrine waited for him to call.
▷ J'attends que la peinture sèche.
I'm waiting for the paint to dry.

(une personne, un événement) **wait for** /'weɪt fɔːʳ/
► **attendre que** quelqu'un **fasse** quelque chose : **wait for** somebody **to do** something

2 ▷ Attends, Loïc, j'ai presque fini.
Wait, Loïc, I've almost finished.

(sans complément) wait /weɪt/

3 ▷ Ma belle-sœur attend un bébé.
My sister-in-law is expecting a baby.

► **attendre un bébé :** be expecting /eks'pektɪŋ/ a baby /'beɪbɪ/

4 ▷ Je ne m'attendais pas à gagner.
I didn't expect to win.

► **s'attendre à faire** quelque chose **:** expect /eks'pekt/ to do something

attentat

▷ Il y a eu un attentat en Irlande.
There has been a terrorist attack in Ireland.

terrorist attack /'terərɪst əˌtæk/ (pluriel terrorist attacks)

attente

▷ Il y a deux heures d'attente.
There's a two-hour wait.

wait /weɪt/

attentif, attentive

1 ▷ Le public était très attentif.
The audience was very attentive.

(= vigilant) attentive /ə'tentɪv/ (plus attentif more attentive, le plus attentif the most attentive)

2 ▷ Sois attentif !
Pay attention!

► **être attentif :** pay attention /ə'tenʃən/ to (paid attention to, paid attention to)

attention

1 ▷ Attention, tu vas tomber !
Watch out, you're going to fall!

(exclamation) watch out! /wɒtʃ 'aʊt/

2 ▷ Fais attention, ça glisse.
Be careful, it's slippery.

► **faire attention** (= se méfier) **:** be careful /'kɛəfʊl/

3 ▷ Fais attention aux pickpockets.
Watch out for pickpockets.

► **faire attention à** quelque chose (= se méfier) **:** watch out for something

4 ▷ Ne faites pas attention à lui, il boude.
Don't pay attention to him, he's sulking.

► **faire attention à** (= remarquer) **:** pay attention /ə'tenʃən/ to (paid attention to, paid attention to)

atterrir

▷ L'avion a atterri dans le brouillard.
The plane landed in the fog.

land /lænd/

attirant, attirante

▷ C'est un homme très attirant.
He's a very attractive man.

attractive /ə'træktɪv/ (**plus attirant** more attractive, **le plus attirant** the most attractive)

attirer

▷ Les choses sucrées attirent les guêpes.
Sweet things attract wasps.

▷ J'essayais d'attirer l'attention de Luc, mais il ne m'a pas vu.
I tried to attract Luc's attention but he didn't see me.

attract /ə'trækt/

► **attirer l'attention de** quelqu'un : **attract** somebody**'s attention** /ə'tenʃən/

attitude

▷ Tu as eu une attitude ridicule !
Your attitude was ridiculous!

attitude /'ætɪtjuːd/

attractions

▷ Il y a de nouvelles attractions au parc.
There are new attractions at the park.

attractions /ə'trækʃənz/

attraper

▷ Je n'ai pas réussi à attraper la balle.
I did'nt manage to catch the ball.
▷ Paul est absent parce qu'il a attrapé un rhume.
Paul is absent because he caught a cold.

catch /kætʃ/ (caught, caught /kɔːt/)

Caught rime avec sort et bought.

au

Regardez le mot à.

aube

▷ Nous partirons à l'aube.
We'll leave at dawn.

► **l'aube : dawn** /dɔːn/

Le aw de dawn se prononce comme le mot français au.

auberge

▷ On a dormi dans une auberge de jeunesse.
We slept in a youth hostel.

► **auberge de jeunesse : youth hostel** /'juːθ hɒstəl/

aubergine

▷ La moussaka contient des aubergines.
Moussaka contains aubergines.

aubergine /'əʊbəʒiːn/

En anglais américain, on dit eggplant /'egplɑːnt/.

aucun, aucune

1 ▷ Il n'a aucune chance de gagner.
He has no chance of winning *ou* he doesn't have any chance of winning.
▷ Il n'y a aucune raison de s'inquiéter.
There's no reason to worry *ou* There isn't any reason to worry.

(= pas un, pas une) **no** *ou* **not any**
ℹ *Remarquez comment fonctionne la traduction* ***not any*** *avec les auxiliaires* ***have*** *et* ***be*** *:* ***he doesn't have any chance of winning; there isn't any reason to worry****.*

2 ▷ Aucun des candidats ne connaissait la réponse.
None of the candidates knew the answer.
▷ Combien de glaces as-tu mangé ? – Aucune !
How many ice creams did you eat? – None!

(= pas une personne, pas une chose) **none** /nʌn/

3 ▷ Lequel (des deux) tu veux ? – Aucun.
Which one do you want? – Neither.
▷ Aucun de mes (deux) frères n'est marié.
Neither of my brothers is married.

*Lorsque l'on parle d'****aucun*** *de deux choses ou de deux personnes, on emploie* ***neither*** */'naɪðəʳ, 'niːðəʳ/.*

augmentation

1 ▷ Il y a eu une augmentation du nombre de chômeurs cette année.
There has been an increase in the number of unemployed this year.

increase /'ɪnkriːs/
ℹ *Remarquez la préposition utilisée en anglais :* une augmentation de quelque chose = ***an increase in*** *something.*

2 ▷ Les camionneurs sont en grève, ils veulent une augmentation de salaire.
The lorry drivers are on strike, they want a pay rise.

► **augmentation de salaire : pay rise** /'peɪraɪz/ (pluriel **pay rises**)

augmenter

▷ Le prix de l'essence a augmenté de cinq centimes d'euro.
The price of petrol has increased by five cents of a euro.

increase /ɪn'kriːs/
ℹ *Remarquez la préposition utilisée en anglais :* augmenter de = ***increase by****.*

aujourd'hui

▷ Aujourd'hui, c'est l'anniversaire de Cyril.
Today it's Cyril's birthday.

today /tə'deɪ/

au revoir

▷ Au revoir ! À bientôt !
Goodbye! See you soon!

goodbye /gʊd'baɪ/

aurore

▷ Il est parti avant l'aurore.
He left before dawn.

dawn /dɔːn/

aussi

1 ▷ Tu viens aussi à la soirée ?
Are you coming to the party too?

1 (= également) **too** /tuː/
ℹ *Remarquez la position de* ***too****, placé en fin de phrase.*

2 ▷ La Grande-Bretagne n'est pas aussi grande que la France.
Great Britain isn't as big as France.

2 *Dans les comparaisons, on utilise l'expression* ***as*** *+ adjectif +* ***as.***

aussitôt

▷ Je l'ai appelé aussitôt.
I called him straight away.

straight away /'streɪt ə'weɪ/

Australie

▷ Samuel nous parle souvent de l'Australie.
Samuel often tells us about Australia.

Australia /ɒs'treɪlɪə/
► **l'Australie :** Australia
ℹ *Ne prend jamais d'article.*

▷ Les kangourous vivent en Australie.
Kangaroos live in Australia.
▷ Ils vont en Australie pour voir leur fille.
They're going to Australia to see their daughter.

► **en Australie** (= dans le pays) : **in Australia**
► **en Australie** (= vers le pays) : **to Australia**

australien, australienne

▷ Comment s'appelle la monnaie australienne ?
What's the Australian currency called?
▷ Il y avait des Australiens dans le car.
There were some Australians in the coach.

Australian /ɒs'treɪlɪən/
ℹ *S'écrit toujours avec une majuscule, comme tous les adjectifs et noms de nationalité en anglais.*

autant

1 ▷ Il n'y a pas autant de touristes que l'année dernière.
There aren't as many tourists as last year.
▷ J'ai autant de travail que l'année dernière.
I have as much work as last year.

1 *Dans les comparaisons, on utilise l'expression* ***as many*** /'menɪ/ *+ nom +* ***as.***
ℹ *Avec un nom au singulier, on emploie* ***as much*** /mʌtʃ/ *+ nom +* ***as.***

2 ▷ Je n'avais jamais vu autant de gens.
I had never seen so many people.
▷ Si j'avais su qu'il y avait autant de travail...
If I had known that there was so much work...
▷ Ne mange pas autant, tu vas être malade.
Don't eat so much, you're going to be sick.

2 *Pour insister sur une grande quantité, on emploie l'expression* ***so many****, ou avec un nom au singulier* ***so much****. Avec un verbe, on emploie* ***so much****.*

auteur

▷ Nous étudions un texte écrit par un auteur américain.
We're studying a text written by an American author.

author /'ɔːθə^r/
🔊 *Le* ***th*** *est celui de* ***thing****.*

autobus

▷ L'autobus s'arrête devant l'église.
The bus stops in front of the church.

▷ Beaucoup de gens vont au travail en autobus.
A lot of people go to work by bus.

bus /bʌs/ (pluriel **buses** /'bʌsɪz/)

► **en autobus :** by bus

autocar

▷ À quelle heure part l'autocar pour Nice ?
What time does the coach to Nice leave?

coach /kəʊtʃ/ (pluriel **coaches** /'kəʊtʃɪz/)

En anglais américain, on dit ***bus*** /bʌs/ (pluriel **buses** /'bʌsɪz/).

▷ Nous sommes allés en Italie en autocar.
We went to Italy by coach.

► **en autocar :** by coach

En anglais américain, on dit ***by bus.***

autocollant

▷ Il y a un autocollant gratuit dans chaque paquet de céréales.
There is a free sticker in each packet of cereal.

sticker /'stɪkə^r/

autographe

▷ Elle collectionne les autographes.
She collects autographs.

autograph /'ɔːtəgrɑːf/

automatique

▷ Je n'avais jamais conduit une voiture automatique avant.
I had never driven an automatic car before.

automatic /ɔːtə'mætɪk/

automne

▷ L'automne est arrivé !
Autumn has arrived!

▷ J'aime beaucoup les bois en automne.
I love the woods in autumn *ou* I love the woods in the autumn.

autumn /'ɔːtəm/

Le ***n*** *de* ***autumn*** *ne se prononce pas.*

En anglais américain, on dit ***fall*** /fɔːl/.

Fall *rime avec* ***ball.***

▷ Je le ferai en automne.
I'll do it in autumn.

► **en automne :** in autumn *ou* in the autumn.

automobiliste

▷ Gilles dit toujours que les autres automobilistes conduisent mal !
Gilles always says that the other drivers drive badly!

driver /'draɪvə^r/

Le ***i*** *est celui de* ***like.***

autorisation

▷ Il faut une autorisation spéciale pour prendre des photos.
You need special permission to take photographs.

permission /pə'mɪʃən/

▷ Ils n'avaient pas l'autorisation de jouer sur ce terrain.
Theyn didn't have permission to play on that field.

► **avoir l'autorisation de faire** quelque chose : **have permission to do** something

autoriser

▷ Mes parents ne m'autorisaient pas à regarder la télé.
My parents didn't let me watch television.

► **autoriser** quelqu'un **à faire** quelque chose : **let** /let/ somebody **do** something **(let, let)**

autoritaire

▷ Elle est très autoritaire.
She is very bossy.

bossy /'bɒsɪ/ **(plus autoritaire** bossier /'bɒsɪəʳ/, **le plus autoritaire** the bossiest /'bɒsɪɪst/)

autoroute

▷ Nous prenons toujours l'autoroute quand nous allons à Strasbourg.
We always take the motorway when we go to Strasbourg.

motorway /'məʊtəweɪ/

En anglais américain, on dit ***freeway*** */'fri:weɪ/.*

autostop

▷ Je suis habitué à faire de l'autostop.
I'm used to hitch-hiking.

▷ Nous avons pris un jeune homme en autostop.
We gave a young man a lift.

► **faire de l'autostop : hitch-hike** /'hɪtʃhaɪk/ **(hitch-hiked, hitch-hiked** /'hɪtʃhaɪkt/)

► **prendre** quelqu'un **en autostop : give** somebody **a lift (gave, given)**

autour de

▷ Il y a une clôture autour du jardin.
There is a fence around the garden.
▷ Nous arriverons autour de trois heures.
We'll arrive around three o'clock.

around /ə'raʊnd/

autre

1 ▷ L'autre film était mieux que celui-ci.
The other film was better than this one.
▷ Ses autres films étaient meilleurs.
His other films were better.
▷ Ce tee-shirt n'est pas mal, mais je préfère l'autre.
This T-shirt isn't bad, but I prefer the other one.

Quand **l'autre** *est suivi d'un nom (dans l'exemple suivant, le mot* **film***), la traduction est* ***the other****... /'ʌðəʳ/. Dans ce cas,* ***other*** *reste invariable.*

ℹ *Quand il remplace le nom (dans l'exemple suivant,* **l'autre** *veut dire « l'autre tee-shirt »), la traduction est* ***the other one****.*

2 ▷ Les autres musiciens sont déjà partis.
The other musicians have already left.

▷ J'étais toute seule, les autres avaient disparu.
I was alone, the others had disappeared.

Quand **les autres** *est suivi d'un nom (dans l'exemple suivant, le mot* **musiciens***), il se traduit par* ***the other...***

ℹ *Quand* **les autres** *veut dire « les autres personnes, les autres voitures, etc. », on dit* ***the others*** *en anglais.*

3 ▷ Je pourrais avoir un autre café, s'il vous plaît ?
Could I have another coffee please?

▷ Ce thé était très bon, j'en voudrais un autre, s'il vous plaît.
This tea was very good, I'd like another one please.

3 *Quand* **un autre** *est suivi d'un nom (dans l'exemple suivant, le mot* **café***), la traduction est* ***another...*** /ə'nʌðəʳ/.

ℹ *Quand* **un autre** *veut dire « un autre thé, un autre garçon, etc. », la traduction est* ***another one****.*

4 ▷ Il y a d'autres Français dans l'hôtel.
There are other French people in the hotel.

▷ Ce n'est pas la seule piscine, il y en a d'autres.
It isn't the only swimming pool, there are others.

4 *Quand* **d'autres** *est suivi d'un nom (dans l'exemple suivant, le mot* **Français***), on dit* ***other...*** *en anglais.*

ℹ *Quand* **d'autres** *veut dire « d'autres piscines, d'autres filles, etc. », il se traduit par* ***others****.*

autrefois

▷ Il me semble qu'autrefois, les enfants étaient plus polis.
It seems to me that in the past children were more polite.

in the past /pɑːst/

autrement

1 ▷ Je vais essayer autrement.
I'll try another way.

1 (= d'une manière différente) **another way** /ə'nʌðə weɪ/

2 ▷ Arrête, autrement je m'en vais !
Stop it, otherwise I'm going!

2 (= sinon) **otherwise** /'ʌðəwaɪz/

Autriche

▷ L'Autriche est voisine de l'Allemagne.
Austria is a neighbour of Germany.

▷ Mes cousins sont en Autriche depuis deux mois.
My cousins have been in Austria for two months.
▷ Je ne suis jamais allée en Autriche.
I have never been to Austria.

Austria /'ɒstrɪə/
► **l'Autriche :** Austria

ℹ *Ne prend jamais d'article.*

► **en Autriche** (= dans le pays) : in Austria
► **en Autriche** (= vers le pays) : to Austria

autrichien, autrichienne

▷ C'est un peintre autrichien.
He is an Austrian painter.
▷ Les Autrichiens parlent allemand.
The Austrians speak German.

Austrian /'ɒstrɪən/

ℹ *S'écrit toujours avec une majuscule, comme tous les adjectifs et noms de nationalité en anglais.*

autruche

▷ Il y a plusieurs autruches au zoo.
There are several ostriches in the zoo.

ostrich /'ɒstrɪtʃ/ (pluriel ostriches /'ɒstrɪtʃɪz/)

avalanche

▷ Deux skieurs sont morts dans une avalanche.
Two skiers died in an avalanche.

avalanche /'ævəlɑːntʃ/ (pluriel **avalanches** /'avəlɑːntʃɪz/)

avaler

1 ▷ Je crois que j'ai avalé une arête !
I think I've swallowed a bone!

(= faire descendre dans la bouche) **swallow** /'swɒləʊ/

2 ▷ Juliette n'a rien avalé depuis deux jours.
Juliette hasn't eaten anything for two days.

(= manger) **eat** /iːt/ (**ate** /eɪt/, **eaten** /'iːtn/)

avance

1 ▷ L'équipe de Craig avait de l'avance sur nous.
Craig's team was ahead of us.

► **avoir de l'avance sur** quelqu'un (dans un concours ou une compétition) : **be ahead** /ə'hed/ **of** somebody

2 ▷ Je suis arrivée à la fête avec une demi-heure d'avance.
I arrived at the party half an hour early.
▷ Je préfère arriver en avance.
I prefer to arrive early.
▷ Tu as vingt minutes d'avance *ou* Tu es en avance de vingt minutes.
You're twenty minutes early.

Quand on parle d'avance sur un horaire prévu, on emploie l'adjectif ***early*** */'ɜːlɪ/.*

► **avoir dix minutes d'avance** *ou* **être en avance de dix minutes : be ten minutes early**

3 ▷ Nous réserverons les billets à l'avance.
We'll book the tickets in advance.

► **à l'avance : in advance** /ˌɪn əd'vɑːns/

avancer

1 ▷ Avance un peu, tu verras beaucoup mieux.
Move forward a bit, you'll be able to see better.

(= se déplacer en avant) **move forward** /'fɔːwəd/

2 ▷ Ma thèse avance bien.
My thesis is progressing nicely.

(= progresser) **progress** /'prəʊgres/

3 ▷ Ta montre avance de dix minutes.
Your watch is ten minutes fast.

(montre) **be fast** /fɑːst/

4 ▷ Avancez votre chaise, vous verrez mieux.
Move your chair forward, you'll see better.

(un objet) **move forward** /muːv 'fɔːwəd/

5 ▷ Le directeur a avancé la date de la réunion.
The manager has brought the date of the meeting forward.

(une date) **bring forward** /brɪŋ 'fɔːwəd/ (**brought**, **brought** /brɔːt/)

6 ▷ Si nous nous avançons, nous entendrons mieux.
If we move forward, we'll hear better.

► **s'avancer : move forward**

avant

1 ▷ Pour une fois, j'ai fini mon travail avant tous les autres !
For once I've finished my work before everyone else!

before /bɪ'fɔːʳ/

2 ▷ Allons-y, mais avant, achetons quelque chose à manger.
Let's go, but first let's buy something to eat.

(= d'abord) **first** /fɜːst/

3 ▷ N'oublie pas de fermer le gaz avant de partir.
Don't forget to turn the gas off before you leave *ou* before leaving.

► **avant de faire** quelque chose : **before** + *sujet* + *présent de l'indicatif ou* **before** + *-ing*

4 ▷ Je dois montrer quelque chose à Vincent avant qu'il ne parte.
I must show Vincent something before he leaves.

► **avant que** + *sujet* + **ne** + *subjonctif* : **before** + *sujet* + *présent de l'indicatif*

5 ▷ L'avant de la voiture est abîmé.
The front of the car is damaged.
▷ Asseyez-vous à l'avant.
Sit in the front.

(= partie antérieure) **front** /frʌnt/

► **à l'avant** : in the front

6 ▷ Penche-toi en avant si tu veux la voir.
Lean forward if you want to see her.

► **en avant** : **forward** /fɔːwəd/

7 ▷ Les sièges avant sont sales.
The front seats are dirty.

► **siège avant** : **front seat** /frʌnt 'siːt/

avantage

▷ La vie à la campagne a des avantages et des inconvénients.
Life in the countryside has advantages and drawbacks.

advantage /əd'vɑːntɪdʒ/

Advantage rime avec ***bridge***.

avant-hier

▷ J'ai appelé François avant-hier mais il n'était pas chez lui.
I called François the day before yesterday but he wasn't at home.

the day before yesterday /θə ˌdeɪ bɪfɔː 'jestədeɪ/

avec

1 ▷ Martin est venu avec ses beaux-parents.
Martin came with his parents-in-law.
▷ Coupe la ficelle avec des ciseaux.
Cut the string with scissors.

La traduction la plus courante de **avec** *est* ***with*** /wɪð/.

2 ▷ Ils ont tous été très gentils avec moi.
They were all very nice to me.
▷ Sois gentille avec ta sœur !
Be nice to your sister!

2 *Attention ! Quand* **avec** *signifie «* **envers** *», la traduction est parfois* ***to*** *: cela dépend de l'adjectif qui précède. Les exemples les plus courants sont* ***be nice*** /naɪs/ *to somebody* **(être gentil avec quelqu'un)** *et* ***be nasty*** /nɑːstɪ/ *to somebody* **(être méchant avec quelqu'un).**

avenir

▷ Comment est-ce que tu vois ton avenir ?
How do you see your future?

future /'fjuːtʃəʳ/

La première syllabe se prononce comme le mot ***few****, et la deuxième comme la fin du mot* ***teacher****.*

aventure

▷ Sophie a décrit ses aventures en Écosse.
Sophie described her adventures in Scotland.
▷ Nous sommes allés voir un film d'aventures.
We went to see an adventure film.

adventure /əd'ventʃəʳ/

► **film d'aventures :** adventure film (pluriel adventure films)

avenue

▷ Les Wilson habitent sur une grande avenue.
The Wilsons live on a big avenue.

avenue /'ævənjuː/

avertir

1 ▷ Personne ne m'a averti que la fête était annulée.
Nobody let me know that the party was cancelled.

1 ► **avertir** quelqu'un **que...** (= informer) : let somebody know /nəʊ/ that... (let... know, let... know)

Il y a deux ***t*** *au gérondif* (letting).

Remarquez la position du complément (ici, ***me****), entre* ***let*** *et* ***know****.*

2 ▷ Je t'avertis, si tu n'arrêtes pas je m'en vais !
I'm warning you, if you don't stop I'm going!

2 (pour menacer) : **warn** /wɔːn/

aveugle

▷ Ma voisine est aveugle.
My neighbour is blind.

blind /blaɪnd/

Le ***i*** *de* ***blind*** *se prononce comme le* ***i*** *de* ***like****.*

avion

▷ J'aime bien regarder les avions décoller.
I like to watch planes take off.
▷ Sandra a pris l'avion pour venir ici.
Sandra took the plane to come here.

plane /pleɪn/

► **prendre un avion :** take a plane

▷ Nous irons à Manchester en avion.
We'll go to Manchester by plane *ou* we'll fly to Manchester.

Pour dire en anglais **aller quelque part en avion**, *on peut dire* ***go by plane*** (went, gone) *ou* ***fly*** /flaɪ/ (flew /fluː/, flown /fləʊn/).

▷ « Par avion ».
"Airmail".

Pour dire en anglais qu'on envoie une lettre par avion, on indique ***airmail*** /'ɜəmeɪl/.

avis

1 ▷ Je ne t'ai pas demandé ton avis !
I didn't ask you for your opinion!
▷ À mon avis, c'est la faute de Caro.
In my opinion, it's Caro's fault.

opinion /ə'pɪnjən/

► **à mon avis :** in my opinion

De la même façon, **à son avis** *se traduit par* ***in his opinion*** *ou* ***in her opinion*** *selon qu'il s'agit d'un homme ou d'une femme,* **à votre avis** *se traduit par* ***in your opinion*** *et* **à leur avis** *par* ***in their opinion***.

▷ À ton avis, qui dit la vérité ?
In your opinion, who is telling the truth?

► **à ton avis :** in your opinion

2 ▷ Appelle-moi si tu changes d'avis.
Call me if you change your mind.

► **changer d'avis :** change one's mind

L'adjectif possessif fonctionne de la façon suivante en anglais : ***I change my mind, you change your mind, he changes his mind, she changes her mind, we change our minds, they change their minds***.

avocat, avocate NOM

▷ La femme de Léo est avocate.
Léo's wife is a lawyer.

(= la personne) lawyer /'lɔːjəʳ/

N'oubliez pas l'article devant le nom du métier lorsqu'il suit les verbes ***be*** *ou* ***become***.

avocat NOM MASCULIN

▷ Je prépare une salade d'avocat et de pamplemousse.
I'm preparing an avocado and grapefruit salad.

(= le fruit) avocado /ˌævə'kɑːdəʊ/

avoine

1 ▷ J'ai mis de l'avoine dans le gâteau.
I put oats in the cake.

oats /əʊts/

2 ▷ Je prends des flocons d'avoine au petit déjeuner.
I have oatflakes for breakfast.

► **flocons d'avoine :** oatflakes /'əʊtfleɪkz/

avoir

1 ▷ J'ai un frère et une sœur.
I have one brother and one sister *ou* I've got one brother and one sister.

(= posséder) **have** /hæv/ **(had, had** /hæd/**)**

ℹ *Quand* ***have*** *signifie posséder, les Anglais remplacent souvent* ***I have****,* ***you have****,* ***he has****, etc. par* ***I've got****,* ***you've got****,* ***he's got****, etc., c'est-à-dire par la forme contractée de* ***have*** *suivie de* ***got****.*

▷ Tania n'a pas d'ordinateur chez elle.
Tania doesn't have a computer at home *ou* Tania hasn't got a computer at home.

ℹ *À la forme négative, cela donne* ***I haven't got****,* ***you haven't got****,* ***he hasn't got****, etc.*

2 ▷ Raoul avait un pantalon kaki et un T-shirt noir.
Raoul was wearing khaki trousers and a black T-shirt.

(= porter) **wear** /wɛəʳ/ **(wore** /wɔːʳ/**, worn** /wɔːn/**)**

3 ▷ La prof de yoga a à peu près trente ans.
The yoga teacher is about thirty years old.

Pour dire l'âge, on utilise le verbe ***be*** **(was, been)**.

4 ▷ Nous avons eu un rabais sur les places de concert.
We got a discount on the concert tickets.

(= obtenir) **get (got, got)**

5 ▷ Ma sœur a eu sa licence de maths.
My sister passed her maths degree.

(= réussir) **pass** /pɑːs/

6 ▷ Nous avons acheté la maison en 1988.
We bought the house in 1988.
▷ J'ai vu ce film la semaine dernière.
I saw that film last week.

Lorsque **avoir** *est auxiliaire et qu'il sert à former le passé composé, il y a deux traductions possibles en anglais : - le prétérit,* ***(we bought the house in 1988)*** *qui s'emploie lorsque l'action dont on parle est complètement terminée.*

▷ J'ai décidé de faire plus de sport.
I have decided to do more sport.
▷ J'ai vu ce film trois fois.
I've seen that film three times.

- le present perfect, qui décrit une action qui a encore des répercussions dans le présent.

avortement

▷ L'avortement est interdit dans ce pays.
Abortion is forbidden in that country.

abortion /ə'bɔːʃən/

avorter

▷ Elle a décidé d'avorter.
She decided to have an abortion.

have an abortion /ə'bɔːʃən/ **(had, had)**

avril

▷ Nous sommes allés en Angleterre en avril.
We went to England in April.

▷ Benji est né le trois avril.
Benji was born on the third of April.

April /'eɪprəl/

Le ***a*** *de* ***April*** *se prononce comme le* ***a*** *de* ***make****.*

S'écrit toujours avec une majuscule, comme tous les noms de mois en anglais.

Notez l'emploi de ***on*** *et* ***of*** *en anglais lorsqu'on dit la date.*

On écrit aussi ***3 April****.*

Bb

baby-sitter

▷ La nouvelle baby-sitter de Théo est très bien.
Théo's new babysitter is very good.

baby-sitter /beɪbɪ'sɪtəʳ/

baby-sitting

▷ Le baby-sitting est mieux payé qu'avant.
Babysitting is better paid than before.

▷ Je faisais du baby-sitting pour eux.
I baby-sat for them.

baby-sitting /beɪbɪ'sɪtɪŋ/

► **faire du baby-sitting :** baby-sit /beɪbɪ'sɪt/ (baby-sat, baby-sat /beɪbɪ'sæt/)

bac

▷ Samir a eu son bac.
Samir passed his baccalauréat.

▷ J'ai passé le bac en 2002.
I took the baccalauréat in 2002.

(= examen) baccalauréat

► **passer le bac :** take the baccalauréat (took, taken)

Se prononce comme en français.

baccalauréat

▷ Sophie a eu son baccalauréat.
Sophie passed her baccalauréat.

▷ Ivan va passer le baccalauréat cette année.
Ivan is going to take the baccalauréat this year.

baccalauréat

► **passer le baccalauréat :** take the baccalauréat (took, taken)

Se prononce comme en français.

badge

▷ Il faut un badge pour entrer.
You need a badge to get in.

badge /bædʒ/

badminton

▷ Romain joue au badminton tous les samedis.
Romain plays badminton every Saturday.

badminton /'bædmɪntən/

► **jouer au badminton :** play badminton

baffe

▷ Si tu continues, je te donne une baffe !
If you go on, I'll give you a slap!

slap /slæp/

ℹ Baffe est familier, mais slap ne l'est pas.

bagages

▷ Martin a beaucoup de bagages.
Martin has lots of luggage.

luggage /'lʌgɪdʒ/

▷ Mes bagages sont lourds.
My luggage is heavy.

🔊 Le a de luggage se prononce comme le i de big. Luggage rime avec bridge.

ℹ Luggage est un nom indénombrable : il ne se met pas au pluriel et s'emploie toujours avec un verbe au singulier.

▷ Un bagage à main est permis à bord.
One piece of hand luggage is allowed on board.

ℹ Pour parler d'un seul bagage, on emploie l'expression piece /piːs/ of luggage.

▷ Je n'ai pas encore fait mes bagages.
I haven't packed my bags yet.

► **faire ses bagages :** pack /pæk/ one's bags

ℹ L'adjectif possessif s'emploie de la façon suivante en anglais (exemples au présent) : I pack <u>my</u> bags, you pack <u>your</u> bags, she packs <u>her</u> bags.

bagarre

▷ Il y a eu une bagarre devant le pub.
There was a fight in front of the pub.

fight /faɪt/

se bagarrer

▷ Abdul et Rémi se bagarrent souvent.
Abdul and Rémi often fight.

fight /faɪt/ (fought, fought /fɔːt/)

▷ Abdul s'est bagarré avec Rémi.
Abdul fought with Rémi.

► **se bagarrer avec** quelqu'un : fight with somebody

bague

▷ Elle porte une bague.
She wears a ring.

ring /rɪŋ/

baguette

▷ Une baguette et deux croissants, s'il vous plaît.
A baguette and two croissants, please.

(= pain) **baguette**

🔊 Se prononce comme en français.

baie

▷ Notre hôtel est tout près de la baie.
Our hotel is very close to the bay.

(= partie de la côte) **bay** /beɪ/

se baigner

▷ Nous nous sommes baignés dans la rivière.
We went swimming in the river.

(dans la mer, dans un lac) **go swimming** /'swɪmɪŋ/ (went, gone / been)

baignoire

▻ Il n'y a pas de baignoire, il y a seulement une douche.
There isn't a bath, there's only a shower.

bath /bɑːθ/

bâiller

▻ Tu bâilles beaucoup, tu es fatigué ?
You're yawning a lot, are you tired?

yawn /jɔːn/

*Le **aw** de **yawn** se prononce comme le mot anglais **or**. **Yawn** rime avec **born**.*

bain

▻ Un bain te fera du bien.
A bath will do you good.

bath /bɑːθ/

▻ Tu devrais prendre un bain pour te détendre !
You should have a bath to relax!

► **prendre un bain :** have a bath

baiser

▻ Donne-moi un baiser.
Give me a kiss.

(= bisou) **kiss** /kɪs/ (pluriel **kisses** /'kɪsɪz/)

baisse

▻ C'est grâce à la baisse du nombre de chômeurs.
It's because of the fall in the number of unemployed.

fall /fɔːl/

Remarquez la préposition utilisée en anglais : une baisse de quelque chose *a fall in something.*

▻ Le nombre de membres est en baisse.
The number of members is falling.

► **être en baisse :** be falling

baisser

1 ▻ Pouvez-vous baisser la vitre, s'il vous plaît ?
Can you lower the window, please?

(une vitre, un store) **lower** /'ləʊəʳ/

2 ▻ Peter ne veut pas baisser le son.
Peter doesn't want to turn the sound down.

(le son, la télé, la radio) **turn down** /tɜːn 'daʊn/

3 ▻ Le prix des billets de cinéma a baissé.
The price of cinema tickets has fallen.

(= diminuer) **fall** /fɔːl/ (**fell** /fel/, **fallen** /'fɔːlən/)

4 ▻ Barbara s'est baissée pour ramasser son livre.
Barbara bent down to pick her book up.

► **se baisser :** bend down /bend 'daʊn/ (**bent down**, **bent down** /bent 'daʊn/)

bal

▻ Toute la famille est allée au bal du Quatorze Juillet.
All the family went to the fourteenth of July dance.

dance /dɑːns/

Pour un bal *très chic où les gens mettent des habits de soirée, on peut aussi utiliser le mot **ball** /bɔːl/ en anglais.*

balade

▷ Nous faisons une balade tous les après-midi.
We go for a walk every afternoon.

walk /wɔːk/
► **faire une balade :** go for a walk (went, gone / been)

se balader

▷ Nous allons nous balader ce matin.
We're going for a walk this morning.

go for a walk /wɔːk/ (went, gone / been)

baladeur

▷ J'ai jeté mon vieux baladeur.
I threw away my old walkman®.

walkman® /ˈwɔːkmən/
ℹ *Le ® indique que* ***walkman*** *est le nom d'une marque. Vous n'avez pas besoin d'écrire ce symbole.*

balai

▷ Je cherche un balai pour nettoyer ma chambre.
I'm looking for a broom to clean my bedroom.

broom /bruːm/

balance

1 ▷ Cette balance ne marche pas, je ne pèse pas cinquante kilos !
These scales don't work, I don't weigh fifty kilos!
▷ Cette balance est cassée.
These scales are broken.

scales /skeɪlz/
ℹ *Notez bien que* ***scales*** *est un nom pluriel.*

2 ▷ Sam est Balance.
Sam is Libra.

► **Balance** (= signe astrologique) : **Libra** /ˈliːbrə/
Le mot anglais ***balance*** *existe mais il signifie « équilibre ».*

se balancer

▷ L'acrobate se balançait au-dessus de nos têtes.
The acrobat was swinging above our heads.

swing /swɪŋ/ (swung, swung /swʌŋ/)
ℹ *Notez que le verbe pronominal français* **se balancer** *ne correspond pas à un verbe pronominal en anglais.*

balançoire

▷ Il y a des balançoires dans le parc.
There are swings in the park.
▷ Tu veux faire de la balançoire ?
Do you want to have a go on the swing?

swing /swɪŋ/
► **faire de la balançoire :** have a go on the swing (had, had)

balayer

▷ Marie m'a demandé de balayer la cuisine.
Marie asked me to sweep the kitchen.

sweep /swiːp/ (swept, swept /swept/)

balcon

▷ J'ai beaucoup de plantes sur le balcon.
I have a lot of plants on my balcony.

balcony /ˈbælkənɪ/ (pluriel **balconies** /ˈbælkənɪz/)

baleine

▷ Nous avons vu des baleines à la télévision.
We saw some whales on television.

whale /weɪl/

Whale rime avec *tail* et *nail*.

balle

1 ▷ John a passé la balle à Sean, qui a marqué un but.
John passed the ball to Sean, who scored a goal.

(= ballon) **ball** /bɔːl/

2 ▷ Il n'y avait pas de balles dans son fusil.
There weren't any bullets in his rifle.

(pour une arme) **bullet** /ˈbʊlɪt/

ballon

1 ▷ Passe-moi le ballon !
Pass me the ball!

▷ J'ai un nouveau ballon de foot.
I've got a new football.

▷ Où est ton ballon de rugby ?
Where is your rugby ball?

▷ J'ai retrouvé mon vieux ballon de basket.
I found my old basketball.

(pour jouer) **ball** /bɔːl/

► **ballon de foot :** football /ˈfʊtbɔːl/

► **ballon de rugby :** rugby ball /ˈrʌgbɪ bɔːl/ (pluriel rugby balls)

► **ballon de basket :** basketball /ˈbɑːskɪtbɔːl/

2 ▷ Léo avait décoré la salle avec des ballons pour la fête.
Léo had decorated the room with balloons for the party.

(de baudruche) **balloon** /bəˈluːn/

banane

1 ▷ Un kilo de bananes, s'il vous plaît.
A kilo of bananas, please.

(= fruit) **banana** /bəˈnɑːnə/

2 ▷ Quand je voyage, je mets mon argent dans une banane.
When I travel, I put my money in a bumbag.

(= sac) **bumbag** /ˈbʌmbæg/

banc

▷ Assieds-toi sur ce banc si tu es fatigué.
Sit on this bench if you are tired.

bench /bentʃ/ (pluriel **benches** /ˈbentʃɪz/)

bande

1 ▷ Samedi, je vais au cinéma avec une bande de copines.
On Saturday I'm going to the cinema with a group of friends.

(= groupe) **group** /gruːp/

2 ▷ Le docteur a mis une bande autour de ma cheville.
The doctor put a bandage around my ankle.

2 (= pansement) bandage /ˈbændɪdʒ/ (pluriel bandages /ˈbændɪdʒɪz/)

3 ▷ Dorothée a un pull bleu avec des bandes blanches.
Dorothée has got a blue pullover with white stripes.

3 (= raie) stripe /straɪp/

4 ▷ J'adore les bandes dessinées.
I love comic books.

4 ► **bande dessinée :** comic book /ˈkɒmɪkbʊk/ (pluriel comic books)

bandeau

1 ▷ Lola porte un bandeau rose.
Lola is wearing a pink hairband.

1 (pour faire joli) hairband /ˈhɛəbænd/

2 ▷ Je porte un bandeau quand je joue au tennis.
I wear a headband when I play tennis.

2 (pour le sport) headband /ˈhedbænd/

bandit

▷ C'est un jeu vidéo avec des bandits et des policiers.
It's a video game with bandits and policemen.

bandit /ˈbændɪt/

*Le **t** du mot anglais **bandit** se prononce.*

banlieue

▷ Ce train dessert la banlieue de Paris.
This train serves the suburbs of Paris.

▷ Geoffrey habite en banlieue.
Geoffrey lives in the suburbs.

suburb /ˈsʌbɜːb/

► **la banlieue :** the suburbs

► **en banlieue** (= dans la banlieue) : in the suburbs

banque

▷ Djamila travaille dans une banque.
Djamila works in a bank.

bank /bæŋk/

banquette

▷ J'ai dormi sur la banquette arrière de la voiture.
I slept on the back seat of the car.

seat /siːt/

baptême

▷ Dimanche, c'est le baptême de mon petit-cousin.
On Sunday it's my little cousin's christening.

christening /ˈkrɪsnɪŋ/

*Le **te** ne se prononce pas. On prononce **chris -ning**.*

bar

▷ On se retrouvera devant le bar.
We'll meet in front of the bar.

bar /bɑːʳ/

barbe

1 ▷ Cyril avait une barbe quand je l'ai connu.
Cyril had a beard when I knew him.

beard /bɪəd/

2 ▷ J'adore la barbe à papa.
I love candy floss.

► **barbe à papa :** candy floss /'kændɪ flɒs/ (pluriel candy flosses /'kændɪ flɒsɪz/)

En anglais américain, on dit ***cotton candy*** /'kɒtn kændɪ/ (pluriel cotton candies /'kɒtn kændi:s/).

barbecue

▷ J'ai acheté des saucisses pour le barbecue.
I bought sausages for the barbecue.

barbecue /'bɑ:bɪkju:/

barque

▷ Ces barques sont à louer.
These boats are for hire.

boat /bəʊt/

▷ On a fait de la barque sur la rivière.
We went boating on the river.

► **faire de la barque :** go boating (went, gone / been)

barrage

▷ Il y a un barrage sur la rivière.
There is a dam on the river.

(pour retenir l'eau) **dam** /dæm/

barre

▷ Je ne sais pas à quoi sert cette barre de fer.
I don't know what this iron bar is for.

bar /bɑ:ʳ/

▷ Les barres chocolatées ne sont pas chères.
Chocolate bars aren't expensive.

► **barre chocolatée :** chocolate bar (pluriel chocolate bars)

barrer

▷ Barre ton nom si tu ne veux pas être sur la liste.
Cross out your name if you don't want to be on the list.

(= rayer) **cross out** /krɒs 'aʊt/ (crossed out /krɒst 'aʊt/)

barrette

▷ J'ai perdu ma barrette au cinéma.
I lost my hair slide at the cinema.

(pour les cheveux) **hair slide** /'hεəslaɪd/

barrière

▷ Il y a une barrière autour du champ.
There is a fence around the field.

(autour d'un champ) **fence** /fens/ (pluriel fences /'fensɪz/)

bas NOM MASCULIN

▷ Je porte souvent des bas noirs.
I often wear black stockings.

(= collants) **stockings** /ˈstɒkɪŋz/

bas, basse ADJECTIF, NOM MASCULIN, ADVERBE

1 ▷ Tu peux sauter par-dessus le mur, il est assez bas.
You can jump over the wall, it's quite low.
▷ Les prix sont bas ici.
Prices are low here.

1 (mur, altitude, prix, quantité) **low** /ləʊ/ (**plus bas** lower /ˈləʊəʳ/, **le plus bas** the lowest /ˈləʊɪst/)

2 ▷ Parle plus bas, Cécile dort encore.
Speak more quietly, Cécile is still sleeping.

2 (= doucement) **quietly** /ˈkwaɪətlɪ/

3 ▷ Le bas de mon pantalon est mouillé.
The bottom of my trousers is wet.

3 ► **le bas :** the bottom /ˈbɒtəm/

4 ▷ Je t'attendrai en bas de l'escalier.
I'll wait for you at the bottom of the stairs.

4 ► **en bas de :** at the bottom of

5 ▷ Le salon est en bas.
The living room is downstairs.

5 ► **en bas** (= à l'étage du dessous) : downstairs /ˌdaʊnˈstɛəz/

base

1 ▷ La base de la colonne est fissurée.
The column's base is cracked.

1 (= socle) **base**

2 ▷ C'est près de la base aérienne.
It's close to the air base.

2 (= lieu) **base**

3 ▷ Ce sont les bases de l'accord.
This is the basis of the agreement.

3 (= fondements) **basis**

4 ▷ Je ne connais que le vocabulaire de base en anglais.
I only know the basic vocabulary in English.

4 ► **de base :** basic /ˈbeɪzɪk/

5 ▷ Le whisky est à base de malt.
Whisky is made from malt.

5 ► **à base de :** made from /frɒm/

6 ▷ J'ai trouvé l'information dans cette base de données.
I found the information in this database.

6 ► **base de données :** database /ˈdeɪtəbeɪz/

basilic

▷ C'est encore meilleur avec un peu de basilic.
It's even better with a bit of basil.

basil /ˈbæzl/

Attention à la prononciation !

basket

1 ▷ Le basket est mon sport préféré.
Basketball is my favourite sport.

▷ Zoé joue au basket dans notre équipe.
Zoé plays basketball in our school.

► **le basket** (= sport) : basketball /'bɑːskɪtbɔːl/

*Le mot anglais **basket** signifie « panier ».*

► **jouer au basket :** play basketball

2 ▷ Il portait des baskets.
He was wearing trainers.
▷ Tes baskets sont super !
Your trainers are great!

► **des baskets** (= des chaussures) : trainers /'treɪnəz/

*En anglais américain, on dit aussi **sneakers** /'sniːkəz/.*

basse NOM FÉMININ

▷ Il a acheté une basse.
He has bought a bass.
▷ Elle joue très bien de la basse.
She plays the bass very well.

(= guitare) bass /beɪs/

► **jouer de la basse :** play the bass

bassin

▷ Il y a un grand bassin au milieu du parc.
There is a big pond in the middle of the park.

(= lac) pond /pɒnd/

bataille

1 ▷ La France a gagné la bataille.
France won the battle.

(= combat militaire) battle /'bætl/

2 ▷ Nous avons fait une bataille de boules de neige.
We had a snowball fight.

► **faire une bataille de boules de neige :** have a snowball fight /'snəʊbɔːl faɪt/ (had, had)

bateau

▷ Le port est plein de vieux bateaux.
The harbour is full of old boats.
▷ Nous irons en Corse en bateau.
We'll go to Corsica by boat.
▷ Laura veut faire du bateau ce week-end.
Laura wants to go boating this weekend.

boat /bəʊt/

► **faire du bateau :** go boating /'bəʊtɪŋ/ (went, gone / been)

bâtiment

▷ Ce bâtiment est vraiment très laid.
That building is really very ugly.

building /'bɪldɪŋ/

*Le **u** ne se prononce pas.*

bâtir

▷ La nouvelle école a été bâtie en un an.
The new school was built in a year.

build /bɪld/ (built, built /bɪlt/)

*Le **u** ne se prononce pas. **Build** rime avec **killed**.*

bâton

▷ J'aime bien avoir un bâton quand je pars en randonnée.
I like to have a stick when I go hiking.

stick /stɪk/

batterie

1 ▷ La batterie est mon instrument préféré.
The drums are my favourite instrument.

(= instrument de musique) **drums** /drʌmz/

ℹ *Drums est un nom pluriel. On dit par exemple my drums are broken* (ma batterie est cassée).

▷ Paolo joue de la batterie.
Paolo plays the drums.

► **jouer de la batterie : play the drums**

2 ▷ Je n'ai presque plus de batterie.
I'm nearly out of battery.

(de téléphone portable) **battery** /'bætərɪ/

battre

1 ▷ Je n'aime pas les gens qui battent les chiens.
I don't like people who beat dogs.
▷ L'équipe de Lucien nous a battus.
Lucien's team beat us.

(= frapper, vaincre) **beat** /biːt/ (beat, beaten /'biːtən/)

2 ▷ Lucien et Marie se battent tout le temps !
Lucien and Marie fight all the time!
▷ Arrêtez de vous battre !
Stop fighting!

► **se battre : fight** /faɪt/ (fought, fought /fɔːt/)

ℹ *Notez que le verbe pronominal français* se battre *ne correspond pas à un verbe pronominal en anglais.*

bavard, bavarde

▷ Hugo est très bavard.
Hugo is very talkative.

talkative /'tɔːkətɪv/

🔊 *Le l de talkative ne se prononce pas.*

bavarder

▷ On a bavardé toute la soirée.
We chatted all evening.

chat /tʃæt/

ℹ *Il y a deux t au gérondif* (chatting /'tʃætɪŋ/), *au prétérit et au participe passé* (chatted /'tʃætɪd/).

bazar

▷ Quel bazar dans cette chambre !
What a mess in this bedroom!

(= désordre) **mess** /mes/

BD

▷ Tu peux me prêter tes BD ?
Can you lend me your comic books?

comic book /'kɒmɪk bʊk/ (pluriel comic books)

beau, bel, belle

1 ▷ Ce tableau est très beau.
This painting is very beautiful.

(objet, bébé, fille, femme) **beautiful** /'bjuːtɪfʊl/ (**plus beau** more beautiful, **le plus beau** the most beautiful)

2 ▷ Je trouve que Paul est vraiment beau.
I think Paul is really good-looking.

(garçon, homme) **good-looking** /gʊd'lʊkɪŋ/ (**plus beau** better-looking, **le plus beau** the best-looking)

3 ▷ Il fait beau aujourd'hui.
The weather is nice today.

► **il fait beau :** the weather /'weðəʳ/ is nice

beaucoup

▷ Jasmine travaille beaucoup.
Jasmine works a lot.

a lot /ə'lɒt/

▷ Tu ne manges pas beaucoup, tu es malade ?
You're not eating a lot, are you ill?

ℹ *On peut dire aussi* ***you're not eating much****.*

▷ Je me sens beaucoup mieux maintenant.
I feel a lot better now.

ℹ *On peut dire aussi* ***I feel much better****.*

▷ Il y a eu beaucoup de problèmes.
There were a lot of problems.

► **beaucoup de :** a lot of

▷ Beaucoup de gens n'aiment pas la corrida.
Many people dislike bullfights.

ℹ *Avec des noms dénombrables, on peut aussi employer* ***many****.*

▷ Merci beaucoup pour les fleurs.
Thank you very much for the flowers.

► **merci beaucoup :** thank you very much

beau-frère

▷ Nous sommes invités chez ma sœur et mon beau-frère.
We've been invited to my sister and brother-in-law's house.

(= le mari de la sœur, le frère du mari ou de la femme) **brother-in-law** /'brʌðəʳɪnlɔː/ (pluriel brothers-in-law)

beau-père

1 ▷ Marina habite avec sa mère et son beau-père.
Marina lives with her mother and her stepfather.

(= le mari de la mère) **stepfather** /'stepfɑːðəʳ/

2 ▷ Marc s'entend très bien avec son beau-père.
Marc gets on well with his father-in-law.

(= le père du mari ou de la femme) **father-in-law** /'fɑːðərɪnlɔː/ (pluriel fathers-in-law)

beauté

▷ Cléopâtre était célèbre pour sa beauté.
Cleopatra was famous for her beauty.

beauty /'bjuːtɪ/
ℹ ***Beauty*** *rime avec* ***duty****.*

bébé

▷ Tom est encore un bébé.
Tom is still a baby.

baby /ˈbeɪbɪ/ (pluriel **babies** /ˈbeɪbɪz/)

*Le **a** de **baby** se prononce comme le **a** de **make**.*

bec

▷ Le toucan a un long bec jaune.
The toucan has a long yellow beak.

beak /biːk/

bégayer

▷ Il bégaie lorsqu'il est énervé.
He stammers when he's nervous.

stammer /ˈstæməʳ/

beige

▷ Marc portait un pantalon beige.
Marc was wearing beige trousers.

▷ Le beige ne me va pas.
Beige doesn't suit me.

beige /beɪʒ/

► **le beige** (= couleur) : **beige**

beignet

▷ On a mangé des beignets.
We ate some doughnuts.

doughnut /ˈdəʊnʌt/

*Dans ce mot, les lettres **ough** se prononcent comme le **o** de **bone**.*

belge

▷ J'adore les chocolats belges.
I love Belgian chocolates.

▷ Je connais plusieurs Belges.
I know several Belgians.

Belgian /ˈbeldʒən/

ℹ *S'écrit toujours avec une majuscule, comme tous les adjectifs et noms de nationalité en anglais.*

Belgique

▷ La Belgique est une monarchie.
Belgium is a monarchy.

▷ Il n'y a pas de montagnes en Belgique.
There are no mountains in Belgium.

▷ Elle est allée en Belgique pour son travail.
She went to Belgium for her work.

Belgium /ˈbeldʒəm/

► **la Belgique : Belgium**

ℹ *Ne prend jamais d'article.*

► **en Belgique** (= dans le pays) **in Belgium**

► **en Belgique** (= vers le pays) **to Belgium**

Bélier

▷ Samuel est Bélier.
Samuel is Aries.

(= signe astrologique) **Aries** /ˈɛəriːz/

belle

*Regardez le mot **beau**.*

belle-mère

1 ▷ Coralie habite avec son père et sa belle-mère.
Coralie lives with her father and her stepmother.

1 (= la femme du père) **stepmother** /ˈstepmʌðəʳ/

2 ▷ David ne s'entend pas bien avec sa belle-mère.
David doesn't get on well with his mother-in-law.

(= la mère du mari ou de la femme) **mother-in-law** /'mʌðərɪnlɔː/ (pluriel **mothers-in-law**)

belle-sœur

▷ Nous sommes invités chez mon frère et ma belle-sœur.
We have been invited to my brother and sister-in-law's house.

(= la femme du frère, la sœur du mari ou de la femme) **sister-in-law** /'sɪstəʳɪnlɔː/ (pluriel **sisters-in-law**)

bénéfice

▷ L'entreprise a fait de gros bénéfices.
The company made big profits.

(financier) **profit** /'prɒfɪt/

bénévole

▷ Je travaille pour une organisation bénévole.
I work for a voluntary organisation.

(aide, travail) **voluntary** /'vɒləntərɪ/

▷ Nous cherchons des bénévoles pour nous aider.
We're looking for volunteers to help us.

► **un bénévole, une bénévole : a volunteer** /ˌvɒlən'tɪəʳ/

béquilles

▷ J'ai dû utiliser des béquilles après l'opération.
I had to use crutches after the operation.

crutches /'krʌtʃɪz/

▷ Marcel doit marcher avec des béquilles.
Marcel has to walk on crutches.

► **marcher avec des béquilles : walk on crutches**

berceau

▷ Le bébé dort dans son berceau.
The baby is sleeping in his cradle.

cradle /'kreɪdl/

*Le **a** de **cradle** se prononce comme le **a** de **make**.*

berceuse

▷ Ma mère me chantait des berceuses.
My mother used to sing lullabies to me.

lullaby /'lʌləbaɪ/ (pluriel **lullabies** /'lʌləbaɪz/)

berge

▷ Bruno fait souvent du roller sur les berges de la Seine.
Bruno often roller-skates on the banks of the Seine.

(d'une rivière) **bank** /bæŋk/

berger

▷ Il n'y a plus beaucoup de bergers.
There aren't many shepherds left.

shepherd /'ʃepəd/

*Le **h** de **ph** ne se prononce pas.*

besoin

▷ J'ai besoin d'un nouveau maillot de bain pour aller à la plage.
I need a new swimming costume to go to the beach.

▷ Est-ce que tu as besoin de moi pour monter la tente ?
Do you need me to put the tent up?

► **avoir besoin de** quelque chose : need /niːd/ something

► **avoir besoin de** quelqu'un : need somebody

bête

1 ▷ Il y a beaucoup de bêtes sauvages dans cette région.
There are a lot of wild animals in this region.

(= animal) animal /'ænɪməl/

2 ▷ Il est bête, il ne comprend rien.
He's stupid, he doesn't understand anything.

(= idiot) stupid /'stjuːpɪd/ (**plus bête** more stupid, **le plus bête** the most stupid)

bêtise

1 ▷ Arrête de dire des bêtises !
Stop talking nonsense!

► **dire des bêtises :** talk nonsense /'nɒnsəns/

2 ▷ J'ai fait une bêtise et l'ordinateur a planté.
I did something stupid and the computer crashed.

► **faire une bêtise :** do something stupid

3 ▷ David et Lambert ont encore fait des bêtises.
David and Lambert have been naughty again.

► **faire des bêtises** (enfant) : be naughty /nɔːtɪ/

betterave

▷ J'ai fait une salade avec des betteraves et des endives.
I made a salad with beetroot and endives.

beetroot /'biːtruːt/

ℹ *Le nom anglais **beetroot** est le plus souvent employé au singulier. On dit par exemple **beetroot is red*** **(les betteraves sont rouges).**

beurk !

▷ Beurk ! je déteste les betteraves !
Yuck! I hate beetroot!

yuck! /jʌk/

beurre

▷ Il faut que j'aille acheter du beurre.
I have to go and buy some butter.

butter /'bʌtəʳ/

biberon

▷ Il a jeté son biberon par terre.
He threw his bottle on the floor.

bottle /'bɒtl/

Bible

▷ Elle lit beaucoup la Bible.
She reads the Bible a lot.

Bible /'baɪbl/
Le ***i*** *est celui de* ***like****.*

bibliothécaire

▷ Ma mère est bibliothécaire.
My mother is a librarian.

librarian /laɪ'brɛərɪən/
N'oubliez pas l'article ***a*** *ou* ***an*** *devant le nom du métier lorsqu'il suit les verbes* ***be*** *ou* ***become****.*

bibliothèque

1 ▷ J'aime bien travailler à la bibliothèque.
I like working in the library.

(= bâtiment) **library** /'laɪbrərɪ/ (pluriel **libraries** /'laɪbrərɪz/)

2 ▷ Violaine a une bibliothèque avec des centaines de livres.
Violaine has a bookcase with hundreds of books.

(= meuble) **bookcase** /'bʊkkeɪs/

bicyclette

▷ Ma bicyclette est cassée.
My bicycle is broken.

▷ Tu vas toujours au travail à bicyclette ?
Do you always cycle to work?

▷ Emmanuel fait de la bicyclette tous les dimanches.
Emmanuel goes cycling every Sunday.

bicycle /'baɪsɪkl/
On dit aussi ***bike*** */baɪk/.*

► **aller à bicyclette : cycle** /'saɪkl/

► **faire de la bicyclette : go cycling** /'saɪklɪŋ/ **(went, gone / been)**

bidonville

▷ Ils vivent dans des bidonvilles.
They live in shanty towns.

shanty town /'ʃæntɪ taʊn/ (pluriel **shanty towns**)

bien

1 ▷ Bonjour ! Tu as bien dormi ?
Good morning! Did you sleep well?

▷ Je ne me sens pas bien, est-ce que tu aurais une aspirine ?
I don't feel well, have you got an aspirin?

(= de façon satisfaisante, en forme) **well** /wel/
En français, bien *peut venir entre l'auxiliaire et le participe passé. En anglais,* ***well*** *vient toujours à la fin.*

2 ▷ Tu as l'air bien gai aujourd'hui !
You look very cheerful today!

(= très) **very** /'verɪ/

3 ▷ Regarde bien la photo : est-ce que tu me reconnais ?
Look at the photograph carefully: do you recognize me?

(= avec attention) **carefully** /'kɛəfəlɪ/

4 ▷ Paul dit que cet auteur est très bien.
Paul says that this author is very good.
▷ Ton dessin est très bien.
Your drawing is very good.
▷ J'ai fini. – Très bien ! Maintenant, on peut partir.
I've finished. – Very good! Now we can leave.

4 (= bon) **good** /gʊd/

ℹ *Good s'utilise aussi comme exclamation.*

5 ▷ Je trouve qu'Amélie est vraiment bien.
I think Amélie is really pretty.

5 (= jolie, en parlant d'une fille, d'une femme) **pretty** /'prɪtɪ/

6 ▷ François est bien, mais je préfère Simon.
François is good-looking, but I prefer Simon.

6 (= beau, en parlant d'un garçon, d'un homme) **good-looking** /gʊd'lʊkɪŋ/

7 ▷ Vous êtes bien dans ce fauteuil ?
Are you comfortable in that armchair?

7 (= à l'aise) **comfortable** /'kʌmfətəbl/

Attention à l'orthographe de ***comfortable****.*

8 ▷ Ce n'est pas bien de se moquer des gens.
It's not nice to laugh at people.

8 (= convenable, poli) **nice** /'naɪs/

9 ▷ Un bain chaud te fera du bien.
A hot bath will do you good.

9 ► **faire du bien à** quelqu'un (bain, voyage, etc.) : **do** somebody **good (did, done)**

10 ▷ Geoffroy travaille beaucoup bien qu'il soit malade.
Geoffroy works a lot although he is ill.

10 ► **bien que : although** /ɔːl'ðəʊ/

Although rime avec ***go*** *et* ***low****.*

11 ▷ Je peux prendre du jus d'orange ? – Bien sûr, sers-toi !
Can I take some orange juice? – Of course, help yourself!

11 ► **bien sûr : of course** /əv 'kɔːs/

bientôt

▷ Gilles aura bientôt quarante ans.
Gilles will soon be forty.
▷ À bientôt, Stéphane !
See you soon, Stéphane!

soon /suːn/

► **à bientôt ! : see you soon!**

bienvenue

▷ Bienvenue à Paris, Kevin !
Welcome to Paris, Kevin!

welcome /'welkəm/

*Attention ! On ne dit pas * welcome in mais* ***welcome to****, par exemple* ***welcome to our house****,* ***welcome to the exhibition****, etc.*

bière

▷ Deux bières, s'il vous plaît !
Two beers, please!

beer /bɪəʳ/

bifteck

▷ On a mangé du bifteck pour dîner.
We ate steak for dinner.

steak /steɪk/

🔊 ***Steak*** *rime avec* ***make****.*

bijou

▷ Anouchka porte toujours beaucoup de bijoux.
Anouchka always wears a lot of jewels.

▷ Dans ce magasin, ils vendent de très beaux bijoux.
In this shop, they sell beautiful jewellery.

jewel /'dʒuːələz/

ℹ *Pour parler des* **bijoux**, *on peut dire soit* ***jewels****, soit* ***jewellery*** /'dʒuːəlrɪ/.

ℹ ***Jewellery*** *s'emploie toujours avec un verbe au singulier. On dit par exemple :* ***this jewellery is beautiful*** (ces bijoux sont très beaux).

bijouterie

▷ Il y a une bijouterie au coin de la rue.
There is a jeweller's on the corner of the street.

(= magasin) **jeweller's** /'dʒuːələz/

bille

▷ Thomas a perdu une bille sous le fauteuil.
Thomas lost a marble under the armchair.

marble /'mɑːbl/

▷ Je jouais souvent aux billes quand j'étais petit.
I often played marbles when I was small.

► **jouer aux billes :** play marbles

billet

1 ▷ Je n'ai que des billets et pas de pièces.
I only have notes and no coins.

▷ Donne-moi un billet de dix euros.
Give me a ten-euro note.

(de banque) **note** /nəʊt/

ℹ *Aux États-Unis, on dit* ***bill*** *:* ***a ten-dollar bill*** (un billet de dix dollars).

2 ▷ Tu as acheté les billets pour le théâtre ?
Did you buy the tickets for the theatre?

▷ Les billets de train coûtent soixante euros.
The train tickets cost sixty euros.

(pour le train, pour un spectacle) **ticket** /'tɪkɪt/

► **billet de train :** train ticket (pluriel train tickets)

► **billet de cinéma :** cinema ticket (pluriel cinema tickets)

bio

▷ Nous mangeons beaucoup de produits bio.
We eat a lot of organic food.

(aliments) **organic** /ɔː'gænɪk/

biocarburant

▷ Cette voiture roule au biocarburant.
This car uses biofuel.

biofuel /'baɪəʊfjʊəl/

biodégradable

▷ C'est du plastique biodégradable.
It's biodegradable plastic.

biodegradable /ˈbaɪəʊdɪˈɡreɪdəbl/

biodiversité

▷ Il est important de préserver la biodiversité.
It's important to conserve biodiversity.

biodiversity /ˌbaɪəʊdaɪˈvɜːsətɪ/

biologie

▷ Anna a fait des études de biologie.
Anna studied biology.

biology /baɪˈɒlədʒɪ/

biologique

1 ▷ C'est dû à une réaction biologique.
It's a biological reaction.

(relatif à la biologie) **biological** /ˌbaɪəˈlɒdʒɪkəl/

2 ▷ Ils ne vendent que des produits biologiques.
They only sell organic products.

(aliments, produits ménagers) **organic** /ɔːˈɡænɪk/

biscotte

▷ Au petit déjeuner, je mange des biscottes avec du beurre.
For breakfast I have toasted bread with butter.

toasted bread /ˌtəʊstɪd ˈbred/

ℹ *C'est une traduction approximative : les biscottes ne sont pas très courantes en Grande-Bretagne. Il n'y a donc pas de mot exact.*

biscuit

▷ Nous avons pris du thé et des biscuits.
We had tea and biscuits.

biscuit /ˈbɪskɪt/

La deuxième syllabe du mot anglais ***biscuit*** *se prononce comme le mot* ***kit****.*

En anglais américain, on dit ***cookie*** /ˈkʊkɪ/.

bise

▷ Les gens ne se font pas souvent la bise en Grande-Bretagne.
People don't often kiss each other on both cheeks in Britain.

▷ À bientôt, j'espère. Grosses bises, Wahid.
See you soon, I hope. Lots of love, Wahid.

► **faire la bise à** quelqu'un : **kiss** /kɪs/ somebody **on both cheeks**

► **grosses bises** (dans une lettre) : **lots of love**

bison

▷ J'ai vu des bisons dans le parc.
I saw buffaloes in the park.

buffalo /ˈbʌfələʊ/ (pluriel **buffaloes** /ˈbʌfələʊz/)

bisou

▷ Fais-moi un bisou.
Give me a kiss.

kiss /kɪs/ (pluriel **kisses** /ˈkɪsɪz/)

bizarre

▷ C'est bizarre, il n'y a personne ici.
That's strange, there is nobody here.

strange /streɪndʒ/ (**plus bizarre** stranger, **le plus bizarre** the strangest)

blague

▷ Pamela raconte toujours des blagues très drôles.
Pamela always tells very funny jokes.

joke /dʒəʊk/

► **raconter une blague :** tell a joke (told, told)

▷ Les enfants ont fait une blague au prof.
The children played a joke on the teacher.

► **faire une blague à** quelqu'un **:** play a joke on somebody

blaguer

▷ On ne blague pas avec ça.
You shouldn't joke about that.

joke /dʒəʊk/

ℹ *Remarquez la préposition utilisée en anglais :* **blaguer** **avec** quelque chose ***joke about*** *something.*

blanc, blanche

1 ▷ Je me suis acheté une écharpe blanche.
I bought myself a white scarf.

(couleur) **white** /waɪt/ (**plus blanc** whiter /'waɪtə^r/, **le plus blanc** the whitest /'waɪtɪst/)

▷ Le blanc est une couleur qui va avec tout.
White is a colour that goes with everything.

► **le blanc** (= couleur) **:** white

2 ▷ Tu peux me donner une feuille blanche ?
Can you give me a blank sheet of paper?

(feuille, formulaire) **blank** /blæŋk/

3 ▷ Laisse un blanc là.
Leave a blank there.

► **un blanc** (= un espace vide) **:** a blank /blæŋk/

4 ▷ Il te faut quatre blancs d'œuf pour cette recette.
You need four egg whites for this recipe.

► **blanc d'œuf :** egg white /'egwaɪt/ (pluriel egg whites)

blé

▷ Les agriculteurs cultivent du blé ici.
Farmers grow wheat here.

wheat /wiːt/

blessé

1 ▷ Nous avons trouvé un oiseau blessé sur la route.
We found an injured bird on the road.

(physiquement) **injured** /'ɪndʒəd/

2 ▷ Combien de blessés y a-t-il ?
How many casualties are there?

► **un blessé, une blessée :** a casualty /'kæʒjʊltɪ/ (pluriel casualties /'kæʒjʊltiz/)

blesser

1 ▷ Léon a été blessé dans l'accident.
Léon was injured in the accident.

(= faire mal à) **injure** /'ɪndʒə^r/

2 ▷ Ta remarque a blessé Carole.
Your remark hurt Carole.

(= vexer) **hurt** /hɜːt/ (hurt, hurt)

3 ▷ Je me suis blessé avec le marteau.
I hurt myself with the hammer.
▷ Attention ! Tu vas te blesser !
Careful, you'll hurt yourself!

► se **blesser** : hurt oneself
ℹ *Le pronom possessif fonctionne de la façon suivante en anglais* (exemples au prétérit) : *I hurt myself, you hurt yourself, he hurt himself, she hurt herself, we hurt ourselves, you hurt yourselves, they hurt themselves.*

blessure

▷ Ta blessure n'est pas très grave.
Your injury isn't very serious.

injury /'ɪndʒərɪ/ (pluriel injuries /'ɪndʒərɪz/)

bleu, bleue

1 ▷ Karim portait un joli pull bleu.
Karim was wearing a nice blue jumper.
▷ Le bleu va bien avec tes yeux.
Blue goes well with your eyes.
▷ Les policiers portent un uniforme bleu marine.
Policemen wear navy blue uniforms.
▷ Le bleu ciel est ma couleur préférée.
Sky blue is my favourite colour.

(couleur) **blue** /bluː/
► **le bleu** (= couleur) : blue
► **bleu marine** : navy blue /ˌneɪvɪ 'bluː/
► **bleu ciel** : sky blue /skaɪ 'bluː/

2 ▷ Gégé a un bleu au bras.
Gégé has a bruise on his arm.

(= hématome) **bruise** /bruːz/

bloc

1 ▷ Un iceberg est un énorme bloc de glace.
An iceberg is a huge block of ice.

(= gros morceau) **block** /blɒk/

2 ▷ J'ai pris quelques notes sur un bloc.
I took some notes in a pad.

(pour écrire) **pad** /pæd/

blog

▷ Il a ouvert un blog sur mon site.
He has opened a blog on my site.

blog /blɒg/

bloguer

▷ J'adore bloguer.
I love blogging.

blog /blɒg/
ℹ *Il y a deux g au gérondif* (blogging /blɒgɪŋ/), *au prétérit et au participe passé* (blogged /blɒgd/).

blogueur, blogueuse

▷ Certains blogueurs sont des journalistes.
Some bloggers are journalists.

blogger /blɒgəʳ/

blond, blonde

1 ▷ C'est une grande fille blonde.
She's a tall, fair-haired girl.

1 (personne) **fair-haired** /fɛəˈhɛəd/

2 ▷ Jérémie a les cheveux blonds.
Jérémie has fair hair.

2 (cheveux) **fair** /fɛəʳ/

ℹ *On peut aussi dire* ***blond*** /blɒnd/ *dans les deux cas.*

bloqué, bloquée

1 ▷ La porte est bloquée.
The door's jammed.

1 (porte, tiroir) **jammed** /dʒæmd/

2 ▷ La rue est bloquée parce qu'il y a une manifestation.
The street is blocked because there is a demonstration.

2 (rue, route) **blocked** /blɒkt/

blouse

▷ Nous portions des blouses blanches pour les cours de chimie.
We used to wear white lab coats for chemistry classes.

(dans un laboratoire, un cours de chimie) **lab coat** /ˈlæb kəʊt/ (pluriel **lab coats**)

Attention ! Le mot anglais ***blouse*** *signifie « chemisier ».*

blouson

▷ J'aime beaucoup ce blouson en cuir marron.
I really like that brown leather jacket.

jacket /ˈdʒækɪt/

bocal

1 ▷ Je n'arrive pas à ouvrir le bocal.
I can't open the jar.

1 **jar** /dʒɑːʳ/

2 ▷ J'ai besoin d'un bocal pour mes poissons rouges.
I need a goldfish bowl.

2 (pour poissons) **goldfish bowl** (pluriel **goldfish bowls**)

bœuf

▷ Qu'est-ce que tu prépares pour le dîner ? – Du bœuf avec des pommes de terre.
What are you cooking for dinner? – Beef with potatoes.

► **le bœuf** (= la viande) : **beef** /biːf/

ℹ Un bœuf *(l'animal) se dit* ***an ox*** /ɒks/ (pluriel **oxen** /ˈɒksən/).

boire

▷ Qu'est-ce que tu veux boire ?
What do you want to drink?

▷ On pourrait aller boire un verre quelque part.
We could go and have a drink somewhere.

drink /drɪŋk/ (**drank** /dræŋk/, **drunk** /drʌŋk/)

► **boire un verre** : **have a drink** (**had, had**)

bois

▷ Nous avons cherché des champignons dans le bois.
We looked for mushrooms in the wood.
▷ J'ai besoin de bois pour allumer un feu.
I need wood to light a fire.

wood /wʊd/

▷ Cette sculpture est en bois.
This sculpture is made of wood.

► être en bois : be made of wood

▷ Une chaise en bois.
A wooden chair.

► en bois : wooden /'wʊdn/

boisson

▷ Les boissons sont gratuites dans l'avion.
The drinks are free on the plane.

drink /drɪŋk/

▷ Les boissons gazeuses sont souvent très sucrées.
Fizzy drinks are often very sweet.

► boisson gazeuse : fizzy /'fɪzɪ/ drink (pluriel fizzy drinks)

*En anglais américain, on dit **soda** /'səʊdə/.*

boîte

1 ▷ Qu'est-ce que tu as mis dans cette boîte ?
What did you put in that box?

(pour ranger des choses) box /bɒks/ (pluriel boxes /'bɒksɪz/)

2 ▷ C'est la boîte de nuit la plus célèbre de Londres.
It's the most famous nightclub in London.

► boîte (de nuit) : nightclub /'naɪtklʌb/

▷ Ils vont en boîte le samedi soir.
They go to a nightclub on Saturday evenings.

► aller en boîte : go to a nightclub (went, gone)

3 ▷ Il reste deux boîtes de conserve.
There are two cans left.

► boîte (de conserve) : can *ou* tin /kæn/

▷ Je n'aime pas les haricots en boîte.
I don't like canned beans.

► en boîte (= en conserve) : canned /kænd/

*On dit aussi **tinned** /tɪnd/.*

4 ▷ Il y a une boîte aux lettres de l'autre côté de la rue.
There's a post box on the other side of the road.

► boîte aux lettres : post box /'pəʊst bɒks/ (pluriel post boxes /'pəʊst bɒksɪz/)

*En anglais américain, on dit **mailbox** /'meɪlbɒks/.*

boiter

▷ Pourquoi tu boites ? Tu t'es fait mal ?
Why are you limping? Have you hurt yourself?

limp /lɪmp/

bol

1 ▷ Tu préfères une tasse ou un bol ?
Do you prefer a cup or a bowl?

(= coupe) bowl /bəʊl/

*Dans les pays anglo-saxons, le café et le chocolat ne se boivent jamais dans un bol mais toujours dans une tasse (**a cup** ou **a mug**).*

2 ▷ Suzanne a du bol, elle a gagné un voyage en Amérique.
Suzanne is lucky, she won a trip to America.

► **avoir du bol** (sens familier) : **be lucky** /ˈlʌkɪ/

bombe

1 ▷ Une bombe a explosé dans le centre commercial.
A bomb exploded in the shopping centre.

(= explosif) **bomb** /bɒm/

Le **b** *final ne se prononce pas.* ***Bomb*** *rime avec* ***Tom***.

2 ▷ Du déodorant en bombe.
A deodorant spray.

Pour traduire en bombe *(en aérosol), on utilise en anglais le nom* ***spray*** /spreɪ/, *précédé du nom du produit dont on parle.*

bon, bonne

1 ▷ Ce gâteau est vraiment bon !
This cake is really good!
▷ Ma prononciation en anglais n'est pas très bonne.
My pronunciation in English isn't very good.
▷ Boris est très bon en géographie.
Boris is very good at geography.

(= savoureux, compétent, de qualité) **good** /gʊd/

► **être bon en** quelque chose : **be good at** something

ℹ *Remarquez la préposition utilisée en anglais :* bon <u>en</u> = ***good*** ***<u>at</u>***.

2 ▷ Tu as besoin d'un bon bain chaud.
You need a nice hot bath.
▷ Il fait bon ce matin.
The weather's nice this morning.

(= agréable) **nice** /naɪs/

► **il fait bon** : **the weather's nice**

3 ▷ Ma carte de bus n'est plus bonne.
My bus card isn't valid anymore.

(= valable) **valid** /ˈvælɪd/

4 ▷ Bravo, c'est la bonne réponse !
Well done, it's the right answer!

(= correct) **right** /raɪt/

5 ▷ Bon, on s'en va !
Right, we're leaving!

(exclamation) **right!** /raɪt/

6 ▷ Bonne chance !
Good luck!
Bon anniversaire !
Happy Birthday!

Quand on veut exprimer un souhait, la traduction anglaise varie. Reportez-vous au mot qui va avec bon *(par exemple, pour* bonne année !, *regardez le mot* année*).*

bonbon

▷ Leurs enfants mangent trop de bonbons.
Their children eat too many sweets.

sweet /swiːt/

En anglais américain, bonbons *se dit* ***candy*** /ˈkændɪ/.

▷ Un paquet de bonbons à la fraise.
A packet of strawberry-flavoured sweets.
▷ Est-ce que tu aimes les bonbons à la menthe ?
Do you like mints?

ℹ *Pour parler du parfum des bonbons* (bonbons au... *ou* bonbons à la...), *on utilise en anglais le nom du parfum suivi de* ***-flavoured*** /'fleɪvəd/. *Ainsi,* des bonbons au café = ***coffee-flavoured sweets****. Il y a une exception :* des bonbons à la menthe = ***mints*** /mɪnts/.

bond

▷ Alain a fait un bond quand il l'a reconnue.
Alain jumped when he recognized her.

► **faire un bond : jump** /dʒʌmp/

bondé, bondée

▷ Le bus était bondé aujourd'hui !
The bus was crowded today!

(= plein) **crowded** /'kraʊdɪd/ (plus bondé more crowded, le plus bondé the most crowded)

bonheur

▷ Le bonheur est parfois difficile à trouver.
Happiness is sometimes difficult to find.

happiness /'hæpɪnɪs/

bonhomme

▷ Il y a un bonhomme qui veut te parler.
There's a man that wants to talk to you.

man /mæn/

▷ On a fait un bonhomme de neige.
We made a snowman.

► **bonhomme de neige : snowman** /'snəʊmæn/ (pluriel snowmen /'snəʊmen/)

bonjour

▷ Bonjour tout le monde !
Hello everybody!

hello /he'ləʊ/

▷ Bonjour ! Tu as bien dormi ?
Good morning! Did you sleep well?

ℹ *Le matin, on dit aussi* ***good morning!*** /gʊd 'mɔːnɪŋ/.
ℹ *L'après-midi, on peut dire* ***good afternoon!*** /ˌgʊd ɑːftə'nuːn/.

▷ Samir ne m'a même pas dit bonjour !
Samir didn't even say hello to me!

► **dire bonjour à** quelqu'un **: say hello to** somebody **(said, said)**

bonnet

1 ▷ N'oublie pas ton bonnet, il fait froid dehors.
Don't forget your hat, it's cold outside.

1 **hat** /hæt/

2 ▷ Le bonnet de bain est obligatoire à la piscine.
It is obligatory to wear a bathing cap at the pool.

2 ► **bonnet de bain : bathing cap** /beɪðɪŋ'kæp/

bonsoir

▷ Bonsoir ! Comment ça va ?
Good evening! How are you?

(en arrivant, en rencontrant quelqu'un) **good evening!** /gʊd 'iːvnɪŋ/

▷ Bonsoir tout le monde, je rentre chez moi !
Good night everybody, I'm going home!
▷ J'ai oublié de dire bonsoir à Marc.
I forgot to say good evening to Marc *ou* I forgot to say good night to Marc.

(en partant) **good night!** /gʊd 'naɪt/

► **dire bonsoir à** quelqu'un (en arrivant, en rencontrant quelqu'un) : **say good evening to** somebody

► **dire bonsoir** (en partant) **say good night to** somebody **(said, said** /sed/**)**

bord

1 ▷ Le bord de la table est abîmé.
The edge of the table is damaged.

(de la table, d'un vêtement) **edge** /edʒ/

2 ▷ Il y a du rouge à lèvres sur le bord du verre.
There's lipstick on the rim of the glass.

(d'un verre, d'une assiette) **rim** /rɪm/

3 ▷ Nous avons vu un petit chien au bord de la route.
We saw a little dog at the side of the road.

► **au bord de la route : at the side** /saɪd/ **of the road** /rəʊd/

4 ▷ Bob et sa famille ont une maison au bord de la mer.
Bob and his family have a house at the seaside.

► **au bord de la mer : at the seaside** /'siːsaɪd/

5 ▷ Je vais me promener au bord du lac.
I'm going for a walk by the lake.

► **au bord du lac : by the lake** /leɪk/

bosse

1 ▷ Je me suis fait une bosse sur le front.
I've got a bump on my forehead.
▷ Cette route a beaucoup de bosses.
This road has lots of bumps.

(sur le front, sur la route) **bump** /bʌmp/

2 ▷ Combien de bosses un chameau a-t-il ?
How many humps has a camel got?

(dans le dos) **hump** /hʌmp/

botte

▷ Où sont mes bottes noires ?
Where are my black boots?
▷ Il y avait une paire de bottes en caoutchouc devant la porte.
There was a pair of wellingtons in front of the door.
▷ J'ai acheté des bottes de cheval en cuir.
I've bought leather riding boots.

boot /buːt/

► **bottes en caoutchouc : wellingtons** /'welɪŋtənz/

► **bottes de cheval : riding boots** /'raɪdɪŋ buːts/

bouche

1 ▷ Ne parle pas la bouche pleine.
Don't speak with your mouth full.

mouth /maʊθ/

2 ▷ On peut se retrouver devant la bouche de métro.
We can meet in front of the underground entrance.

► **bouche de métro :** underground entrance /ˈʌndəgraʊnd ˌentrəns/

bouché, bouchée

▷ L'évier est bouché.
The sink is blocked.
▷ J'ai le nez bouché.
My nose is blocked.

blocked /blɒkt/

Attention à la prononciation : une seule syllabe.

*Remarquez l'emploi de l'adjectif possessif en anglais : **my nose is blocked, your nose is blocked, his** ou **her nose is blocked**.*

bouchée

▷ Je peux prendre une bouchée de ton couscous ?
Can I have a mouthful of your couscous?

(= morceau de nourriture) mouthful /ˈmaʊθfʊl/

boucher VERBE

1 ▷ Je ne sais pas comment boucher ce trou.
I don't know how to fill in this hole.

(un trou, une fente) fill in /fɪl ˈɪn/

2 ▷ L'évier s'est encore bouché.
The sink has got blocked again.

► **se boucher** (évier, tuyau) : get blocked /blɒkt/ (got, got)

3 ▷ Bouche-toi les oreilles si tu ne veux pas entendre.
Put your hands over your ears if you don't want to hear.

► se **boucher les oreilles :** put one's hands over one's ears (put, put)

*Attention au prénom possessif : **I put my hands over my ears, he puts his hands over his ears**, etc.*

boucher, bouchère NOM

▷ Le boucher m'a donné un gros steak.
The butcher gave me a big steak.
▷ La tante d'Erika est bouchère.
Erika's aunt is a butcher.

butcher /ˈbʊtʃəʳ/

*N'oubliez pas l'article devant le nom du métier lorsqu'il suit les verbes **be** ou **become**.*

▷ André est chez le boucher.
André is at the butcher's.
▷ Elle m'a envoyé chez le boucher.
She sent me to the butcher's.

► **chez le boucher** (= dans le magasin) : at the butcher's
► **chez le boucher** (= vers le magasin) : to the butcher's

boucherie

▷ Où est la boucherie ?
Where's the butcher's shop?

butcher's shop /'bʊtʃəz ʃɒp/ (pluriel **butcher's shops**)

bouchon

1 ▷ Garde le bouchon, la bouteille de vin n'est pas finie.
Keep the cork, the bottle of wine isn't finished.

(en liège) **cork** /kɔːk/

2 ▷ Il n'y a pas de bouchon sur cette bouteille d'eau minérale.
There is no cap on this bottle of mineral water.

(d'une bouteille en plastique) **cap** /kæp/

3 ▷ Prenons l'autoroute pour éviter les bouchons.
Let's take the motorway to avoid the traffic jams.

(= embouteillage) **traffic jam** /'træfɪk dʒæm/ (pluriel **traffic jams**)

boucle

1 ▷ Mon frère a des boucles blondes.
My brother has blond curls.

(de cheveux) **curl** /kɜːl/

2 ▷ Ma boucle de ceinture est cassée.
My belt buckle is broken.

(de ceinture) **buckle** /bʌkl/

3 ▷ Tim porte une petite boucle d'oreille.
Tim wears a little earring.

► **boucle d'oreille : earring** /'ɪərɪŋ/

bouclé, bouclée

▷ Alimata a les cheveux bouclés.
Alimata has curly hair.

curly /'kɜːlɪ/

boucler

▷ Il faut boucler sa ceinture avant le décollage.
You have to fasten your seat belt before takeoff.

(sa ceinture de sécurité) **fasten** /'fɑːsn/

*Le t de **fasten** ne se prononce pas..*

bouclier

▷ Son bouclier le protège contre les attaques.
His shield protects him against attacks.

shield /ʃiːld/

bouddhiste

▷ Un temple bouddhiste.
A Buddhist temple.

Buddhist /bʊdɪst/

ℹ *S'écrit toujours avec une majuscule, comme tous les adjectifs et noms de religion en anglais.*

bouder

▷ Arrête de bouder, tu n'es plus un bébé !
Stop sulking, you're not a baby any more!

sulk /sʌlk/

boue

▷ Le jean d'Arnaud est couvert de boue.
Arnaud's jeans are covered in mud.

mud /mʌd/

bouée

▷ Noémie nage avec une bouée.
Noémie swims with a rubber ring.

(pour nager) **rubber ring** /ˌrʌbə 'rɪŋ/ (pluriel rubber rings)

boueux, boueuse

▷ Tes bottes sont boueuses.
Your boots are muddy.

muddy /'mʌdɪ/ (plus boueux muddier /'mʌdɪəʳ/ , le plus boueux the muddiest /'mʌdɪəst/)

bouger

▷ Qui a bougé ma radio ?
Who moved my radio?

▷ Ne bouge pas, je vais prendre une photo.
Don't move, I'm going to take a photograph.

move /mu:v/

ℹ *La forme en -ing est moving.*

bougie

▷ Allez, tu dois souffler toutes les bougies sur ton gâteau !
Come on, you have to blow out all the candles on your cake!

candle /'kændl/

Le a de candle se prononce comme le a de man et de hat.

bouillir

▷ L'eau commence à bouillir.
The water is starting to boil.

▷ Déborah fait bouillir de l'eau pour le thé.
Déborah is boiling some water for tea.

boil /bɔɪl/

► **faire bouillir** quelque chose : boil something

boulanger, boulangère

▷ Habib veut être boulanger.
Habib wants to be a baker.

▷ La boulangère est une dame très sympathique.
The baker is a very nice lady.

▷ André est chez le boulanger.
André is at the baker's.

▷ Je vais chez le boulanger.
I'm going to the baker's.

baker /'beɪkəʳ/

ℹ *N'oubliez pas l'article a devant le nom du métier lorsqu'il suit les verbes be ou become.*

► **chez le boulanger** (= dans le magasin) : at the baker's

► **chez le boulanger** (= vers le magasin) : to the baker's

boulangerie

▷ Est-ce qu'il y a une boulangerie dans le village ?
Is there a bakery in the village?

bakery /beɪkərɪ/ (pluriel bakeries /'beɪkərɪz/)

boule

1 ▷ Faire une boule avec la pâte puis l'étaler.
Make a ball with the dough and then roll it out.

1 **ball** /bɔ:l/

2 ▷ Tu veux une boule de glace ou deux ?
Do you want one scoop of ice cream or two?

(de glace) **scoop** /skuːp/

3 ▷ On joue aux boules sur la plage tous les après-midi.
We play boules on the beach every afternoon.

► **jouer aux boules** (= à la pétanque) : **play boules** /buːlz/

boulevard

▷ Il habite sur le boulevard Carnot.
He lives on boulevard Carnot.

(= grande rue) **boulevard** /'buːləvɑːd/

*Le **d** du mot anglais **boulevard** se prononce.*

bouleversé, bouleversée

▷ Leurs parents étaient complètement bouleversés.
Their parents were very upset.

upset /ʌp'set/

boulot

1 ▷ Je ne peux pas sortir, j'ai trop de boulot.
I can't go out, I have too much work.
▷ Il va au boulot en bus.
He goes to work by bus.

(= travail) **work** /wɜːk/

► **aller au boulot** : **go to work**

*ℹ **Boulot** est familier, mais **work** ne l'est pas.*

2 ▷ Stéphanie a trouvé un boulot à la mairie.
Stéphanie found a job at the town hall.

(= poste) **job** /dʒɒb/

*ℹ **Boulot** est familier, mais **job** ne l'est pas.*

boum

1 ▷ Tu vas à la boum de Youssouf ?
Are you going to Youssouf's party?

► **une boum** (= une soirée) : **a party** /'pɑːtɪ/ (pluriel **parties** /'pɑːtɪz/)

2 ▷ Il y a eu un grand boum et tout a explosé.
There was a big bang and everything exploded.

► **un boum** (= un bruit d'explosion ou de chute) : **a bang** /bæŋ/

bouquet

▷ Il m'a offert un beau bouquet de roses pour mon anniversaire.
He gave me a beautiful bunch of roses for my birthday.

bunch /bʌntʃ/ (pluriel **bunches** /'bʌntʃɪz/)

*ℹ Le mot **bouquet** existe aussi en anglais, mais seulement pour les très gros bouquets de fleurs.*

bouquin

▷ Lis ce bouquin, il est super !
Read this book, it's great!

book /bʊk/

*ℹ **Bouquin** est familier, mais **book** ne l'est pas.*

bourse

1 ▷ Fred a obtenu une bourse pour faire sa thèse.
Fred got a grant to do his thesis.

(d'études) **grant** /grɑːnt/

2 ▷ Il travaille à la Bourse de Paris.
He works at the Paris Stock Exchange.

► **la Bourse :** **the Stock Exchange** /'stɒk ɪks'tʃeɪndʒ/

bousculer

▷ Il m'a bousculé et il ne s'est même pas excusé !
He bumped into me and he didn't even apologise!

► **bousculer** quelqu'un (= lui rentrer dedans) : **bump** /bʌmp/ **into** somebody

boussole

▷ Nous avons retrouvé notre chemin grâce à la boussole.
We found our way thanks to the compass.

compass /'kʌmpəs/ (pluriel **compasses** /'kʌmpəsɪz/)

*Le **o** de **compass** se prononce comme le **u** de **duck**.*

bout

▷ Le bout de la table est trop près de la porte.
The end of the table is too close to the door.

end /end/

▷ L'arrêt de bus est au bout de la rue.
The bus stop is at the end of the street.

► **au bout de** (dans l'espace) : **at the end of**

▷ Au bout de trois heures, tout le monde était fatigué.
After three hours, everybody was tired.

► **au bout de** (une période de temps) : **after** /'ɑːftə^r/

bouteille

▷ Nous recyclons les bouteilles vides.
We recycle empty bottles.

bottle /'bɒtl/

boutique

▷ Élodie a acheté sa montre dans une boutique à New York.
Élodie bought her watch in a shop in New York.

shop /ʃɒp/

bouton

1 ▷ J'ai perdu un bouton.
I've lost a button.

▷ Appuie sur le bouton de gauche.
Press the button on the left.

(sur un vêtement, un appareil) **button** /'bʌtn/

2 ▷ J'ai plein de boutons en ce moment.
I have a lot of spots at the moment.

(sur le visage, sur le corps) **spot** /spɒt/

boxe

▷ Serge aime bien regarder la boxe à la télévision.
Serge likes watching boxing on television.

► **la boxe :** **boxing** /'bɒksɪŋ/

▷ Nous sommes allés voir un match de boxe.
We went to see a boxing match.

► **match de boxe :** boxing match (pluriel boxing matches /'mætʃɪz/)

bracelet

1 ▷ Elle a un joli bracelet en argent.
She has a pretty silver bracelet.

(= bijou) **bracelet** /'breɪslət/

2 ▷ Le bracelet de ma montre est cassé.
The strap of my watch is broken.

(d'une montre) **strap** /stræp/

braguette

▷ Ta braguette est ouverte.
Your flies are undone.

flies /flaɪz/

ℹ *Flies est un nom pluriel.*

En anglais américain, on dit zipper /'zɪpəʳ/.

branche

▷ Il y avait des branches sur la route après la tempête.
There were branches on the road after the storm.

(d'un arbre) **branch** /brɑːntʃ/ (pluriel branches /'brɑːntʃɪz/)

branché, branchée

▷ Il y a beaucoup de bars branchés à Londres.
There are a lot of trendy bars in London.

(= à la mode) **trendy** /'trendɪ/ (plus branché trendier /'trendɪəʳ/, le plus branché the trendiest /'trendɪɪst/)

brancher

▷ Peux-tu brancher le lecteur DVD, s'il te plaît ?
Can you plug in the DVD player, please?

(un appareil électrique) **plug** /plʌg/ **in**

ℹ *Il y a deux g au gérondif (plugging /'plʌgɪŋ/ in), au prétérit et au participe passé (plugged /plʌgd/ in).*

bras

▷ Matthieu a pris Anne par le bras.
Matthieu took Anne by the arm.

arm /ɑːm/

▷ Elle m'a serré dans ses bras avant de partir.
She hugged me before leaving.

► **serrer** quelqu'un **dans ses bras :** hug /hʌg/ somebody

ℹ *Il y a deux g au gérondif (hugging /'hʌgɪŋ/), au prétérit et au participe passé (hugged /hʌgd/).*

brasse

▷ Je ne sais nager que la brasse.
I can only do the breast-stroke.

breast-stroke /'breststrəʊk/

► **nager la brasse :** do the breast-stroke

bravo

1 ▷ Les spectateurs criaient « bravo ! ».
The spectators shouted "bravo!".

(au spectacle) **bravo!** /brɑː'vəʊ/

2 ▷ Bravo, tu as tout fini à temps.
Well done, you've finished everything on time.

2 (pour féliciter quelqu'un) **well done!** /wel 'dʌn/

brebis

▷ Il a quarante brebis.
He has forty ewes.

ewe /ju:/

Ewe se prononce comme you.

Brésil

▷ Le Brésil est un pays immense.
Brazil is a huge country.

Brazil /brə'zɪl/

► **le Brésil : Brazil**

Ne prend jamais d'article.

▷ Il a travaillé pendant deux mois au Brésil.
He worked in Brazil for two months.

▷ Maud voudrait aller au Brésil cet hiver.
Maud would like to go to Brazil this winter.

► **au Brésil** (= dans le pays) : **in Brazil**

► **au Brésil** (= vers le pays) : **to Brazil**

Bretagne

▷ Stan n'a jamais voulu quitter la Bretagne.
Stan has never wanted to leave Brittany.

Brittany /'brɪtənɪ/

► **la Bretagne : Brittany**

Ne prend jamais d'article.

▷ Il y a des paysages sauvages en Bretagne.
There are wild landscapes in Brittany.

▷ On pourrait aller en Bretagne pour le week-end.
We could go to Brittany for the weekend.

► **en Bretagne** (= dans la région) : **in Brittany**

► **en Bretagne** (= vers la région) : **to Brittany**

bretelle

1 ▷ J'ai vu une robe avec de fines bretelles qui te plaira sûrement.
I saw a dress with thin straps which I'm sure you'll like.

1 (de robe, de soutien-gorge) **strap** /stræp/

2 ▷ Peu de gens portent encore des bretelles.
Not many people wear braces.

2 ► **des bretelles** (pour tenir un pantalon) : **braces** /'breɪsɪz/

*En anglais américain, on dit **suspenders** /səs'pendəʳs/.*

breton, bretonne

▷ Loïc est breton.
Loïc is Breton.

▷ Il y a beaucoup de Bretons qui travaillent à Paris.
There are a lot of Bretons who work in Paris.

Breton /'bretən/

S'écrit toujours avec une majuscule, comme tous les adjectifs et noms de région en anglais.

bricolage

▷ C'est au rayon bricolage.
It's in the do-it-yourself department.

(petits travaux) **do-it-yourself** /'du:ɪtjə'self/

bricoler

▷ Martin a passé tout le week-end à bricoler.
Martin spent all weekend doing odd jobs.

do odd jobs /ɒd 'dʒɒbz/ (did, done)

brillant, brillante

▷ Leïla est une élève brillante.
Leïla is a brilliant pupil.

(= remarquable **brilliant** /'brɪljənt/ (**plus brillant** more brilliant, **le plus brillant** the most brilliant)

briller

▷ Elle avait les yeux qui brillaient.
Her eyes were shining.

shine /ʃaɪn/ (shone, shone /ʃɒn/)

▷ J'ai utilisé un chiffon pour faire briller mes chaussures.
I used a cloth to polish my shoes.

► **faire briller** quelque chose **:** polish /'pɒlɪʃ/ something

brioche

▷ J'aime manger de la brioche au petit déjeuner.
I like eating brioche for breakfast.

brioche /bri'ɒʃ/

Les Anglo-Saxons ne mangent pas souvent de la brioche : c'est une spécialité française.

brique

1 ▷ Nous avons acheté des briques pour construire un mur dans le jardin.
We bought some bricks to build a wall in the garden.

(pour la construction) **brick** /brɪk/

▷ Ils construisent un mur en briques.
They are building a brick wall.

► **en briques :** brick

2 ▷ Achète deux briques de lait et du pain.
Buy two cartons of milk and some bread.

(de lait, de jus de fruit) **carton** /'kɑːtən/

briquet

▷ Tu peux me prêter ton briquet ?
Can you lend me your lighter?

lighter /'laɪtəʳ/

britannique

1 ▷ Voici une photo de la famille royale britannique.
Here is a photo of the British royal family.

(adjectif) **British** /'brɪtɪʃ/

2 ▷ Un Britannique a gagné la course.
A Briton won the race.

► **un Britannique :** a Briton /'brɪtən/

3 ▷ Les Britanniques dînent souvent plus tôt que les Français.
The British often have dinner earlier than the French.

► **les Britanniques :** the British

ℹ *Briton et British s'écrivent toujours avec une majuscule, comme tous les adjectifs et noms de nationalité en anglais.*

broche

▷ Cette broche appartenait à mon arrière-grand-mère.
This brooch belonged to my great-grandmother.

(= bijou) **brooch** /brəʊtʃ/

🔊 *Le* ***oo*** *de* ***brooch*** *se prononce comme le* ***o*** *de* ***rope*** *et le* ***oa*** *de* ***boat****.*

brochette

▷ Nous avons commandé des brochettes au restaurant.
We ordered kebabs at the restaurant.

kebab /kə'bæb/

brochure

▷ Il y a des choses intéressantes dans cette brochure.
There are some interesting things in this brochure.

brochure /'brəʊʃəʳ/

brocolis

▷ Je n'aime pas beaucoup les brocolis.
I don't like broccoli much.

broccoli /'brɒkəlɪ/

ℹ *Broccoli est un nom indénombrable : il ne se met pas au pluriel, et s'emploie toujours avec un verbe au singulier.*

bronze

▷ C'est une statue en bronze.
It's a bronze statue.

bronze /brɒnz/

► **en bronze :** bronze

bronzé, bronzée

▷ Tu es très bronzée ! Tu es allée à la plage ?
You're very tanned! Have you been to the beach?

tanned /tænd/ (**plus bronzé** more tanned, **le plus bronzé** the most tanned)

🔊 ***Tanned*** *rime avec* ***hand****.*

bronzer

▷ Je bronze facilement.
I tan easily.

tan /tæn/

ℹ *Il y a deux* ***n*** *au gérondif* (tanning /'tænɪŋ/), *au prétérit et au participe passé* (tanned /tænd/).

brosse

▷ Je vais nettoyer mes chaussures avec une brosse.
I'm going to clean my shoes with a brush.

▷ Qui a pris ma brosse à dents ?
Who took my toothbrush?

▷ J'ai besoin d'une nouvelle brosse (à cheveux).
I need a new hairbrush.

brush /brʌʃ/ (pluriel brushes /'brʌʃɪz/)

► **brosse à dents :** toothbrush /'tʊ:θbrʌʃ/ (pluriel toothbrushes /'tu:θbrʌʃɪz/)

► **brosse (à cheveux) :** hairbrush /'hɛəbrʌʃ/ (pluriel hairbrushes /'hɛəbrʌʃɪz/)

brosser

▷ Je vais brosser le chien même s'il n'aime pas ça !
I'm going to brush the dog even if he doesn't like it!
▷ N'oublie pas de te brosser les dents.
Don't forget to brush your teeth.
▷ Je me brosse les dents deux fois par jour.
I brush my teeth twice a day.
▷ Sylvie est en train de se brosser les cheveux.
Sylvie is brushing her hair.

brush /brʌʃ/

► se **brosser les dents :** brush one's teeth

ℹ *Remarquez l'emploi de l'adjectif possessif en anglais là où le français utilise* les... : ***I brush my teeth, you brush your teeth, he brushes his teeth, she brushes her teeth, we brush our teeth, they brush their teeth.***.

ℹ *De même pour* se brosser les cheveux : ***I brush my hair, you brush your hair,*** *etc.*

brouette

▷ Dan a mis toutes les feuilles mortes dans la brouette.
Dan put all the dead leaves in the wheelbarrow.

wheelbarrow /'wiːlbærəʊ/

brouillard

▷ Le brouillard est très épais aujourd'hui.
The fog is very thick today.
▷ Il y a du brouillard aujourd'hui.
It's foggy today.

fog /fɒg/

► **il y a du brouillard :** it's foggy /'fɒgɪ/

brouillon

▷ Je fais toujours un brouillon.
I always make a rough draft.
▷ Tu as vu mon cahier de brouillon ?
Have you seen my rough book?

rough draft /rʌf 'drɑːft/ (pluriel rough drafts)

► **cahier de brouillon :** rough book /'rʌf bʊk/ (pluriel rough books)

bruit

▷ J'ai entendu le bruit d'une porte qui s'ouvrait.
I heard the sound of a door opening.
▷ Je ne peux pas travailler ici, il y a trop de bruit.
I can't work here, there's too much noise.
▷ On entend les bruits de la rue.
You can hear the street noises.

noise /nɔɪz/ *ou* **sound** /saʊnd/

ℹ *En anglais, on utilise* ***sound*** *pour les bruits en général (comme le bruit des pas ou le bruit du vent dans les arbres), et* ***noise*** *pour le bruit qui est trop fort ou qui nous dérange.*

brûlant, brûlante

▷ Attention, l'assiette est brûlante.
Be careful, the plate is very hot.

very hot /ˌverɪ 'hɒt/

brûler

1 ▷ Jerry est en train de brûler des branches dans le jardin.
Jerry is burning branches in the garden.

1 ► **brûler** quelque chose : **burn something** /bɜːn/ **(burnt, burnt** /bɜːnt/**)**

2 ▷ Regarde, cette voiture a brûlé un feu rouge !
Look, that car went through a red light!

2 ► **brûler un feu rouge : go through** /θruː/ **a red light** /red ˈlaɪt/ **(went, gone)**

3 ▷ Tout l'immeuble a brûlé.
The whole building burnt down.

3 ► **brûler** (= être détruit) : **burn down**

4 ▷ Ne touche pas ça, ça brûle !
Don't touch that, it's very hot!

4 ► **ça brûle** (= c'est très chaud) : **it's very hot**

brume

▷ Je ne vois rien dans cette brume.
I can't see anything in this mist.

▷ Il y a de la brume ce matin.
It's misty this morning.

mist /mɪst/

► **il y a de la brume : it's misty** /ˈmɪstɪ/

brun, brune

1 ▷ Olivier a les cheveux bruns.
Olivier has dark hair.

1 (cheveux, peau) **dark** /dɑːk/

2 ▷ C'est une petite dame brune.
She's a small, dark-haired lady.

2 (personne) **dark-haired** /dɑːkˈhɛəd/

brut

▷ Je gagne un salaire brut de 2 000 euros.
I earn a salary of 2,000 euros gross.

(salaire, somme) **gross** /grəʊs/

Bruxelles

▷ Bruxelles est la capitale de la Belgique.
Brussels is the capital of Belgium.

Brussels /ˈbrʌslz/

bruyant, bruyante

▷ Les nouveaux voisins sont très bruyants.
The new neighbours are very noisy.

noisy /ˈnɔɪzɪ/ **(plus bruyant noisier** /ˈnɔɪzɪəʳ/**, le plus bruyant the noisiest** /ˈnɔɪzɪɪst/**)**

bûche

▷ Il a mis une grosse bûche dans la cheminée.
He put a big log on the fire.

log /lɒg/

ℹ *Une* bûche de Noël *s'appelle* ***a Yule log*** /ˈjuːl lɒg/ *en anglais ; cette tradition est moins courante dans les pays anglo-saxons qu'en France.*

buée

▷ Il y a de la buée sur la vitre.
There's mist on the window.

mist /mɪst/

buffet

1 ▷ Il y avait un très bon buffet au mariage de Christine.
There was a very good buffet at Christine's wedding.

(= repas) **buffet** /ˈbʌfeɪ/

Comme en français, le ***t*** *de* ***buffet*** *ne se prononce pas.*

2 ▷ Les clés sont sur le buffet.
The keys are on the sideboard.

(= meuble) **sideboard** /ˈsaɪdbɔːd/

buisson

▷ Les enfants se sont cachés dans les buissons.
The children hid in the bushes.

bush /bʊʃ/ (pluriel **bushes** /ˈbʊʃɪz/)

buissonnière

▷ Les enfants faisaient parfois l'école buissonnière.
The children sometimes played truant.

► **faire l'école buissonnière : play truant** /pleɪ ˈtrʊənt/

bulle

▷ Des bulles de savon flottaient dans l'air.
Soap bubbles were floating in the air.

bubble /ˈbʌbl/

▷ Clique sur la bulle d'aide.
Click on the help bubble.

► **bulle d'aide : help bubble** /ˈhelpbʌbl/

bulletin

1 ▷ Tu as oublié de remplir le bulletin de commande.
You forgot to fill in the order form.

(= formulaire) **form** /fɔːm/

2 ▷ Ton bulletin n'est pas très bon ce trimestre.
Your report isn't very good this term.

(= notes à l'école) **report** /rɪˈpɔːt/

3 ▷ Je n'ai pas encore reçu mon bulletin de salaire.
I haven't had my payslip yet.

► **bulletin de salaire : payslip** /ˈpeɪslɪp/

4 ▷ Ils ont dû recompter tous les bulletins de vote.
They had to recount all the ballot papers.

► **bulletin de vote : ballot paper** /ˈbælətpeɪpəʳ/ (pluriel **ballot papers**)

bureau

1 ▷ Lucille travaille dans un bureau près de la gare.
Lucille works in an office near the station.

(= lieu de travail) **office** /ˈɒfɪs/

2 ▷ Ils vont transformer le grenier en bureau.
They're going to turn the attic into a study.

(= pièce dans une maison) **study** /ˈstʌdɪ/ (pluriel **studies** /ˈstʌdɪz/)

3 ▷ Le bureau est trop grand pour cette chambre.
The desk is too big for this bedroom.

(= meuble) **desk** /desk/

4 ▷ Est-ce qu'il y a un bureau de tabac dans le village ?
Is there a tobacconist's in the village?

► **bureau de tabac :** tobacconist's /tə'bækənɪsts/

bus

▷ Est-ce que le bus est déjà parti ?
Has the bus already left?

▷ Elle va au travail en bus.
She goes to work by bus.

bus /bʌs/ (pluriel buses /'bʌsɪz/)

► **en bus :** by bus

but

1 ▷ Le premier but était fantastique.
The first goal was fantastic.

▷ Qui a marqué le but ?
Who scored the goal?

(en sport) **goal** /gəʊl/

► **marquer un but :** score a goal

2 ▷ Le but de la visite était de rencontrer de jeunes Américains.
The aim of the visit was to meet young Americans.

(= objectif) **aim** /eɪm/

Cc

ça

1 ▷ Ça sent bon ici.
It smells nice here.
▷ Ça dépend !
It depends!

*Très souvent, ça se traduit par **it** /ɪt/.*

2 ▷ Ça, c'est un gâteau au café. Tu en veux un morceau ?
This is a coffee cake. Do you want a piece?
▷ Qu'est-ce que c'est que ça, là-bas ?
What's that, over there?
▷ Ça y est, j'ai fini !
That's it, I've finished!
▷ On part lundi et on revient mercredi ? – Oui, c'est ça.
We're leaving on Monday and we're coming back on Wednesday? – Yes, that's right.

*Quand on désigne un objet ou une personne, ça peut se traduire par **this** /ðɪs/ ou **that** /ðæt/. Si l'objet ou la personne est assez proche de soi, on dit **this**. Si l'objet ou la personne est plus éloigné, on dit **that**.*

► **ça y est ! :** that's it! /ðæts 'ɪt/

► **c'est ça** (= c'est exact) **:** that's right /ˌðæts 'raɪt/

cabane

▷ Les enfants ont construit une cabane dans la forêt.
The children have built a hut in the forest.

hut /hʌt/

cabillaud

▷ Le cabillaud est mon poisson préféré.
Cod is my favourite fish.

cod /kɒd/

cabine

1 ▷ Les cabines de la piscine sont toutes occupées.
The swimming pool cubicles are all occupied.

(à la piscine) cubicle /'kjuːbɪkəl/

2 ▷ Est-ce qu'il y a une cabine téléphonique dans cette rue ?
Is there a telephone box in this street?

2 ► **cabine téléphonique :** telephone box /'telɪfəʊn bɒks/ (pluriel telephone boxes /'telɪfəʊn ˌbɒksɪz/)

ℹ *On peut aussi dire* ***phone box*** /'fəʊn bɒks/ (pluriel phone boxes /'fəʊn ˌbɒksɪz/).

3 ▷ Où sont les cabines d'essayage, s'il vous plaît ?
Where are the fitting rooms, please?

3 ► **cabine d'essayage :** fitting room /'fɪtɪŋ ruːm/ (pluriel fitting rooms)

cabinets

▷ Où sont les cabinets, s'il vous plaît ?
Where is the toilet please?

toilet /'tɔɪlət/

En anglais américain, on dit ***bathroom*** /'bɑːθrʊm/.

câble

▷ Il y a le câble dans les chambres de l'hôtel.
There is cable TV in the hotel rooms.

cable /'keɪbl/

► **le câble** (= la télévision par câble) : cable TV /tiː'viː/

cacahuète

▷ Deux jus d'orange et un paquet de cacahuètes, s'il vous plaît.
Two orange juices and a packet of peanuts, please.

peanut /'piːnʌt/

cacao

▷ Je prends du cacao au petit déjeuner.
I have cocoa for breakfast.

cocoa /'kəʊkəʊ/

cache-cache

▷ Ils ont joué à cache-cache pendant des heures.
They played hide-and-seek for hours.

► **jouer à cache-cache :** play hide-and-seek /ˌhaɪdən'siːk/

cacher

1 ▷ Où est-ce que je peux cacher les cadeaux ?
Where can I hide the presents?

1 hide /haɪd/ (hid /hɪd/, hidden /hɪdn/)

2 ▷ Le chat s'est caché sous le lit.
The cat is hiding under the bed.

2 ► **se cacher :** hide (hid, hidden)

cachet

▷ Prends un cachet si tu as mal à la tête.
Take a tablet if you have a headache.

(= médicament) tablet /'tæblɪt/

cachette

▷ J'ai trouvé ta cachette !
I found your hiding place!

hiding place /'haɪdɪŋpleɪs/ (pluriel hiding places /'haɪdɪŋpleɪsɪz/)

▷ Elle fume en cachette.
She smokes in secret.

► **en cachette :** in secret /ˈsiːkrət/

cactus

▷ Ce cactus est couvert d'épines.
This cactus is covered in thorns.

cactus /ˈkæktəs/ (pluriel cactuses /ˈkæktəsɪz/)

cadavre

▷ Ils ont trouvé un cadavre dans l'armoire.
They found a corpse in the wardrobe.

corpse /kɔːps/ (pluriel corpses /ˈkɔːpsɪz/)

caddie

▷ David a rempli le caddie de boîtes de conserve.
David filled the shopping trolley with cans.

shopping trolley /ˈʃɒpɪŋ ˌtrɒlɪ/ (pluriel shopping trolleys)

En anglais, le mot ***caddie*** *désigne exclusivement une personne qui accompagne les joueurs de golf.*

cadeau

▷ C'est un cadeau magnifique !
It's a lovely present!

▷ Nous voudrions faire un cadeau à la secrétaire.
We would like to give the secretary a present.

▷ Il a eu beaucoup de cadeaux de Noël.
He got a lot of Christmas presents.

present /ˈpreznt/

On peut aussi dire ***gift*** */gɪft/.*

► **faire un cadeau à** quelqu'un **:** give somebody a present (gave, given)

► **cadeau de Noël :** Christmas present /ˈkrɪsməs ˌpreznt/ (pluriel Christmas presents)

cadenas

▷ Je vais mettre un cadenas sur ma valise.
I'm going to put a padlock on my suitcase.

padlock /ˈpædlɒk/

cadre

1 ▷ Je voudrais mettre cette photo dans un cadre.
I would like to put this photo in a frame.

(pour un tableau, une photo) frame /freɪm/

2 ▷ Quel cadre magnifique !
What a magnificent setting!

▷ Je voudrais changer de cadre de vie.
I'd like a new living environment.

(= décor) setting /ˈsetɪŋ/

► **cadre de vie** living environment /ˈlɪvɪŋ ɪnˈvaɪərənmənt/

3 ▷ Elle est passée cadre.
She's been made an executive.

(= responsable) executive /ɪgˈzekjʊtɪv/

cafard

1 ▷ Il y a des cafards dans la cuisine.
There are cockroaches in the kitchen.

(= insecte) cockroach /ˈkɒkrəʊtʃ/ (pluriel cockroaches /ˈkɒkrəʊtʃɪz/)

2 ▷ Il a le cafard depuis qu'il est rentré de vacances.
He has been feeling down since he came back from holiday.

► **avoir le cafard :** be feeling down /daʊn/

café

1 ▷ Un café et une limonade, s'il vous plaît.
One coffee and one lemonade, please.

(= boisson) coffee /'kɒfɪ/

▷ Je bois toujours du café au lait au petit déjeuner.
I always drink white coffee for breakfast.

► **café au lait :** white /waɪt/ coffee (pluriel white coffees)

▷ Un café crème et un verre d'eau, s'il vous plaît.
A white coffee and a glass of water, please.

► **café crème :** white /waɪt/ coffee

▷ Je n'ai que du café instantané, ça ira ?
I only have instant coffee, will that do?

► **café instantané :** instant /'ɪnstənt/ coffee (pluriel instant coffees)

▷ J'adore la glace au café.
I love coffee ice cream.

ℹ *Pour dire* au café *(c'est-à-dire, parfumé au café), on emploie le mot* ***coffee*** *avant le nom.*

2 ▷ On s'est donné rendez-vous au café.
We arranged to meet at the café.

(= bar) café /'kæfeɪ/

cafétéria

▷ Je déjeune à la cafétéria tous les jours.
I have lunch at the cafeteria every day.

cafeteria /ˌkæfɪ'tɪərɪə/

Attention à l'orthographe du mot anglais ***cafeteria*** *: il n'y a pas d'accents.*

cafetière

1 ▷ Nous avons une nouvelle cafetière électrique.
We have a new electric coffee-maker.

(pour faire le café) coffee-maker /'kɒfɪmeɪkə'/ (pluriel coffee-makers)

2 ▷ C'est plus élégant de servir le café dans une cafetière.
It's more elegant to serve coffee in a coffeepot.

(pour servir le café) coffeepot /'kɒfɪpɒt/

cage

▷ Je n'aime pas voir les animaux dans des cages.
I don't like seeing animals in cages.

cage /keɪdʒ/

Le ***a*** *du mot anglais* ***cage*** *se prononce comme le* ***a*** *de* ***make****.*

cagoule

▷ Il fait très froid, n'oublie pas ta cagoule.
It's very cold, don't forget your balaclava.

balaclava /ˌbælə'klɑːvə/

L'accent tonique est sur la troisième syllabe ***-cla-****.*

L'anglais ***cagoule*** *signifie « coupe-vent ».*

cahier

▷ J'ai un cahier où je note des expressions anglaises.
I have an exercise book where I write down English idioms.

▷ J'utilise simplement un cahier de brouillon.
I just use a roughbook.

exercise book /ˈeksəsaɪz ˌbʊk/ (pluriel **exercise books**)

Attention : il y a un s dans le mot anglais exercise !

► **cahier de brouillon : roughbook** /ˈrʌfbʊk/

caillou

▷ J'ai un caillou dans ma chaussure.
I have a stone in my shoe.

stone /stəʊn/

caisse

1 ▷ J'ai besoin d'une grande caisse en carton.
I need a big cardboard box.

(= boîte) **box** /bɒks/ (pluriel **boxes** /bɒksɪz/)

2 ▷ C'est la caisse pour moins de dix articles.
It's the check-out for less than ten items.

(au supermarché) **check-out** /ˈtʃekaʊt/

3 ▷ J'ai un compte à la caisse d'épargne.
I have an account at the savings bank.

► **caisse d'épargne : savings bank** /ˈseɪvɪŋz ˌbæŋk/

caissier, caissière

▷ Le caissier m'a aidé à mettre les courses dans des sacs.
The check-out assistant helped me to put the shopping in bags.

▷ La mère de Bob est caissière au supermarché.
Bob's mother is a check-out assistant at the supermarket.

check-out assistant /ˈtʃekaʊt əˌsɪstənt/ (pluriel **check-out assistants**)

ℹ *N'oubliez pas l'article **a** ou **an** devant le nom du métier lorsqu'il suit les verbes **be** ou **become**.*

calamar

▷ On a mangé des calamars farcis en entrée.
We had stuffed squid as a starter.

squid /skwɪd/

ℹ *Squid s'emploie le plus souvent au singulier.*

calcul

1 ▷ Je ne suis pas très bon en calcul.
I'm not very good at sums.

► **le calcul : sums** /sʌmz/

2 ▷ Nous avons fait des calculs pour voir si nous avions assez d'argent.
We did some calculations to see if we had enough money.

► **faire des calculs : do some calculations** /ˌkælkjəˈleɪʃənz/ (did, done)

calculatrice

▷ Les calculatrices sont interdites pendant l'examen.
Calculators are not allowed during the exam.

calculator /ˈkælkjəleɪtəʳ/

calculer

▷ Calculons combien ça va coûter.
Let's calculate how much it's going to cost.

calculate /'kælkjəleɪt/
ℹ *On peut aussi dire* ***work out*** /wɜːk 'aʊt/ *:* ***let's work out how much it's going to cost.***

calculette

▷ Les calculettes sont interdites pendant l'examen.
Calculators are not allowed during the exam.

calculator /'kælkjəleɪtəʳ/

caleçon

▷ Ce caleçon est beaucoup trop grand pour moi !
These boxer shorts are much too big for me!
▷ Je dois m'acheter un nouveau caleçon.
I must buy myself some new boxer shorts.

(= sous-vêtement) **boxer shorts** /'bɒksə ʃɔːts/
ℹ *Comme tous les vêtements qui ont deux jambes,* ***boxer shorts*** *est un nom pluriel.*

calendrier

▷ Le facteur nous a vendu un calendrier.
The postman sold us a calendar.

calendar /'kæləndəʳ/

câlin

▷ Fais-moi un petit câlin.
Give me a little cuddle.

cuddle /'kʌdl/
► **faire un câlin à** quelqu'un **: give** somebody **a cuddle. gave** /geɪv/, **given**

calmant

▷ Prends un calmant, ça te soulagera.
Take a painkiller, it will ease the pain.

painkiller /'peɪnkɪləʳ/

calme

1 ▷ Cyril est très calme à l'école.
Cyril is very quiet at school.
▷ C'est une rue très calme.
It's a very quiet street.

1 (personne, endroit) **quiet** /'kwaɪət/ **(plus calme** quieter /'kwaɪətəʳ/, **le plus calme** the quietest /'kwaɪətɪst/**)**

2 ▷ J'aime le calme de la campagne.
I like the peace and quiet of the country.

2 ► **le calme** (= le silence) **: peace and quiet** /ˌpiːsn'kwaɪət/

3 ▷ Du calme ! Il y en a assez pour tout le monde !
Calm down! There is enough for everyone!

3 ► **du calme ! : calm** /kaːm/ **down!**
🔊 *Le* ***l*** *de* ***calm*** *ne se prononce pas.* ***Calm*** *rime avec* ***farm.***

calmement

▷ Si tu lui parles calmement, je suis sûr qu'il comprendra.
If you speak to him calmly, I'm sure he'll understand.

calmly /'kɑːmlɪ/
🔊 *Le premier* ***l*** *de* ***calmly*** *ne se prononce pas, et le* ***a*** *est long.* ***Calm*** *rime avec* ***farm.***

calmer

1 ▷ Personne n'a réussi à calmer Daphné.
Nobody managed to calm Daphné down.

► **calmer** quelqu'un : **calm** /kɑːm/ somebody **down**

🔊 *Le **l** de **calm** ne se prononce pas. **Calm** rime avec **farm**.*

2 ▷ Calme-toi, ce n'est pas grave !
Calm down, it doesn't matter!

► **se calmer** (personne) : **calm down** /kɑːm 'daʊn/

3 ▷ Finalement la tempête s'est calmée.
In the end the storm died down.

► **se calmer** (tempête, vent) : **die down** /daɪ 'daʊn/

cambrioler

▷ La police a arrêté les hommes qui ont cambriolé la maison.
The police arrested the men who burgled the house.

burgle /'bɜːgl/

▷ On s'est fait cambrioler.
We were burgled.

► **se faire cambrioler** : **be burgled**

cambrioleur

▷ Les cambrioleurs ont pris notre télé.
The burglars took our TV.

burglar /'bɜːgləʳ/

camembert

▷ Tu préfères du camembert ou du gruyère ?
Do you prefer camembert or gruyère?

camembert /'kæməmbɛəʳ/

🔊 *En anglais comme en français, le **t** ne se prononce pas.*

caméra

▷ Regardez la caméra et souriez !
Look at the camera and smile!

camera /'kæmərə/

ℹ *Le mot anglais **camera** veut aussi dire « appareil photo ».*

▷ Il existe de très petites caméras vidéo de nos jours.
There are tiny video cameras nowadays.

► **caméra vidéo** : **video** /'vɪdɪəʊ/ **camera** (pluriel **video cameras**)

Caméscope®

▷ Est-ce que tu vas emporter ton Caméscope® pour les vacances ?
Are you going to take your camcorder on holiday?

camcorder /'kæm,kɔːdəʳ/

camion

▷ Il y a un énorme camion qui bloque la rue.
There's a huge lorry blocking the street.

lorry /lɒrɪ/ (pluriel **lorries** /lɒrɪz/)

ℹ *On dit aussi **truck** /trʌk/, surtout en anglais américain.*

camionnette

▷ Nous avons loué une camionnette pour transporter les meubles.
We hired a van to transport the furniture.

van /væn/

camp

1 ▷ Cet été, Thomas fait un camp en Auvergne.
This summer Thomas is going on a summer camp in Auvergne.

► **faire un camp** (pour les vacances) : **go on a summer camp** /'sʌmə kæmp/ (went, gone / been)

2 ▷ Il y a une émission sur les camps de concentration ce soir.
There's a programme about the concentration camps tonight.

► **camp de concentration** : **concentration** /kɒnsəntreɪʃən/ **camp** (pluriel **concentration camps**)

campagne

1 ▷ Ils veulent vivre à la campagne.
They want to live in the country.

► **la campagne** (par opposition à la « ville ») : **the country** /'kʌntrɪ/

2 ▷ La campagne anglaise est très jolie.
The English countryside is very pretty.

► **la campagne** (= les paysages) : **the countryside** /'kʌntrɪsaɪd/

*Le **ou** de **country** et **countryside** se prononce comme le **u** de **duck**.*

3 ▷ La campagne électorale a commencé.
The election campaign has started.

► **campagne électorale** : **election campaign** /ɪ'lekʃən kæm,peɪn/ (pluriel **election campaigns**)

camper

▷ Manu et ses copains ont campé près de Tours.
Manu and his friends camped near Tours.

camp /kæmp/

*Prononcez bien le **m** et le **p**. Le **a** est celui de **apple**.*

camping

1 ▷ Le camping est interdit ici.
Camping is not allowed here.

► **le camping** (= le fait de camper) : **camping** /'kæmpɪŋ/

*Le **a** se prononce comme le **a** de **apple**.*

2 ▷ J'aimerais faire du camping cet été.
I'd like to go camping this summer.

► **faire du camping** : **go camping** (went, gone / been)

3 ▷ Savez-vous où est le camping ?
Do you know where the campsite is?

► **un camping** (= un lieu où on campe) : **a campsite** /'kæmpsaɪt/

camping-car

▷ Il y avait beaucoup de camping-cars sur la route.
There were a lot of campers on the road.

camper /ˈkæmpəʳ/

Camping-Gaz®

▷ On a juste un petit Camping-Gaz®.
We just have a little camping stove.

camping stove /kæmpɪŋ ˈstəʊv/
(pluriel **camping stoves**)

Canada

▷ Le Canada est le deuxième plus grand pays du monde.
Canada is the second biggest country in the world.

▷ Il y a des paysages magnifiques au Canada.
There is some beautiful landscape in Canada.

▷ Ils sont allés au Canada pour chercher du travail.
They went to Canada to look for work.

Canada /ˈkænədə/

► **le Canada :** Canada

ℹ *Ne prend jamais d'article.*

► **au Canada** (= dans le pays) **:** in Canada

► **au Canada** (= vers le pays) **:** to Canada

canadien, canadienne

▷ David a des origines canadiennes.
David has Canadian origins.

▷ Les Canadiens ont un accent qui est différent du nôtre.
Canadians have an accent that is different from ours.

Canadian /kəˈneɪdɪən/

ℹ *S'écrit toujours avec une majuscule, comme tous les adjectifs et noms de nationalité en anglais.*

🔊 *Le deuxième **a** se prononce comme le **a** de **make**.*

canapé

▷ Ça ne me dérange pas de dormir sur le canapé.
I don't mind sleeping on the sofa.

(pour dormir) **sofa** /ˈsəʊfə/

ℹ Canapé-lit *se dit* ***sofa-bed*** /ˈsəʊfəbed/ *en anglais.*

canard

▷ J'ai donné du pain aux canards dans le parc.
I gave some bread to the ducks in the park.

(= oiseau) **duck** /dʌk/

cancer

▷ Le cancer est une maladie grave.
Cancer is a serious illness.

▷ Sa cousine a un cancer.
Her cousin has cancer.

▷ Le cancer du sein se guérit bien de nos jours.
Breast cancer can be cured easily these days.

► **le cancer :** cancer /ˈkænsəʳ/

⚠ *Attention : pas d'article en anglais.*

► **avoir un cancer :** have cancer

► **le cancer du sein :** breast /brest/ cancer

candidat, candidate

▷ Il y a beaucoup de candidats à cet examen.
There are many candidates for this exam.

candidate /ˈkændɪdət/

ℹ *Notez la préposition utilisée en anglais :* candidat à = *candidate for*.

canette

▷ Est-ce que tu veux une canette de bière ?
Do you want a can of beer?

(= boîte métallique pour boissons) **can** /kæn/

canne

1 ▷ Papy marche avec une canne.
Granddad walks with a stick.

1 (pour s'appuyer) **stick** /stɪk/

2 ▷ Laurent m'a prêté sa canne à pêche.
Laurent lent me his fishing rod.

2 ► **canne à pêche : fishing rod** /ˈfɪʃɪŋ rɒd/ (pluriel fishing rods)

cannelle

▷ Il y a de la cannelle dans le crumble aux pommes.
There's cinnamon in the apple crumble.

cinnamon /ˈsɪnəmən/

canoë

▷ Le canoë est un sport très à la mode.
Canoeing is a very popular sport.

▷ J'ai fait du canoë pour la première fois de ma vie.
I went canoeing for the first time in my life.

(activité) **canoeing** /kəˈnuːɪŋ/

► **faire du canoë : go canoeing**

Attention à la prononciation !

canon

▷ Il y a des canons anciens à la Tour de Londres.
There are some very old cannons at the Tower of London.

(= arme ancienne) **cannon** /ˈkænən/

*Le dernier **n** se prononce, et l'accent tonique est sur la première syllabe **ca-**.*

cantine

▷ Je mange à la cantine tous les jours.
I have lunch at the canteen every day.

▷ La cantine était presque vide aujourd'hui.
The canteen was almost empty today.

(= salle où on mange) **canteen** /kænˈtiːn/

ℹ *La cantine à l'école se dit **dining hall*** /ˈdaɪnɪŋ hɔːl/ (pluriel dining halls).

caoutchouc

▷ Le caoutchouc est produit par un arbre.
Rubber is produced by a tree.

▷ Les semelles de mes chaussures sont en caoutchouc.
The soles of my shoes are made of rubber.

▷ Je mets des gants en caoutchouc pour faire la vaisselle.
I wear rubber gloves to do the dishes.

rubber /ˈrʌbəʳ/

► **être en caoutchouc : be made of rubber**

► **en caoutchouc : rubber**

ℹ *Ici, **rubber** est un adjectif. Il se met avant le nom.*

capable

▷ Elle est capable de nager très longtemps.
She is capable of swimming for a long time.

► **être capable de faire** quelque chose : **be capable** /'keɪpəbl/ **of doing** something

capitaine

▷ Qui est le capitaine de votre équipe de foot ?
Who's the captain of your football team?

▷ Son père était capitaine dans la Marine.
Her father was a captain in the Navy.

captain /'kæptɪn/

*Attention à l'orthographe du mot anglais **captain**.*

*N'oubliez pas l'article **a** ou **an** devant le nom du métier lorsqu'il suit les verbes **be** ou **become**.*

capitale

▷ Édimbourg est la capitale de l'Écosse.
Edinburgh is the capital of Scotland.

capital /'kæpɪtl/

*Attention à l'orthographe du mot anglais **capital** : il n'y a pas de **e** à la fin.*

capot

▷ Regarde sous le capot, il y a peut-être un problème.
Look under the bonnet, maybe there's a problem.

bonnet /'bɒnɪt/

*En anglais américain, on dit **hood** /hʊd/.*

caprice

▷ Sa fille a encore fait un caprice.
Her daughter threw a tantrum again.

► **faire un caprice : throw a tantrum** /θrəʊ a 'tæntrəm/ (**threw** /θruː/, **thrown** /θrəʊn/)

Capricorne

▷ Alice est Capricorne.
Alice is Capricorn.

(= signe astrologique) **Capricorn** /'kæprɪkɔːn/

capuche

▷ Je voudrais une veste avec une capuche.
I'd like a jacket with a hood.

hood /hʊd/

car NOM

▷ Nous avons pris le car pour aller à Bristol.
We took the coach to go to Bristol.

▷ Margot est allée en Italie en car.
Margot went to Italy by coach.

(= autobus) **coach** /kəʊtʃ/ (pluriel **coaches** /'kəʊtʃɪz/)

*Le mot anglais **car** signifie « voiture ».*

► **en car : by coach**

*En anglais américain, on ne dit pas **coach** mais **bus** /bʌs/.*

car CONJONCTION

▷ Je ne l'ai pas attendu car il était très en retard.
I didn't wait for him because he was very late.

because /bɪ'kɒz/

caractère

▷ Mon frère a bon caractère.
My brother is good-tempered.

► **avoir bon caractère : be good-tempered** /gud'tempəd/

▷ Tu as vraiment mauvais caractère !
You're really bad-tempered!

► **avoir mauvais caractère :** be bad-tempered /bæd'tempəd/

carafe

▷ Une bouteille de vin et une carafe d'eau, s'il vous plaît.
A bottle of wine and a jug of water, please.

(pour l'eau) jug /dʒʌg/

caramel

1 ▷ Il y a du caramel sur le gâteau.
There's caramel on the cake.

► **du caramel** (= du sucre cuit) : caramel /'kærəməl/

2 ▷ J'ai acheté un paquet de caramels pour le voyage.
I bought a packet of toffees for the trip.

► **un caramel** (= un bonbon) : a toffee /'tɒfɪ/

carapace

▷ La carapace est très dure.
The shell is very hard.

shell /ʃel/

caravane

▷ Ils ont acheté une grosse caravane pour partir en vacances.
They have bought a big caravan to go on holiday.

caravan /'kærəvæn/

L'accent tonique est sur la première syllabe ***ca****, et le* ***n*** *final se prononce.*

carburant

▷ Le prix du carburant a augmenté.
The fuel price has risen.

fuel /fjʊəl/

cardiaque

▷ Monsieur Lopez est très malade, il est cardiaque.
Mister Lopez is very ill, he has a heart condition.

► **être cardiaque :** have a heart condition /'hɑːt kən,dɪʃən/ (had, had)

caresser

▷ Le chat ronronne quand on le caresse.
The cat purrs when you stroke him.

stroke /strəʊk/

Notez la forme en ***ing*** *:* ***stroking****.*

carie

▷ Je crois que j'ai une carie.
I think I have a cavity.

► **avoir une carie :** have a cavity /'kævɪtɪ/ (had, had)

carnaval

▷ Peu de gens se déguisent pour le carnaval.
Few people dress up for the carnival.

carnival /'kɑːnɪvəl/

Attention à l'orthographe du mot anglais ***carnival****.*

carnet

▷ J'ai un carnet où j'écris tous les mots anglais que j'apprends.
I have a notebook where I write all the English words that I learn.

(= pour écrire) **notebook** /ˈnəʊtbʊk/

▷ J'ai perdu mon carnet d'adresses !
I've lost my address book!

► **carnet d'adresses : address book** /əˈdres bʊk/ (pluriel **address books**)

▷ Deux carnets de timbres, s'il vous plaît.
Two books of stamps, please.

► **carnet de timbres : book of stamps** /ˌbʊk əv ˈstæmps/ (pluriel **books of stamps**)

▷ C'est moins cher si tu achètes un carnet de dix tickets.
It's cheaper if you buy a book of ten tickets.

► **carnet de tickets : book of tickets** /bʊk əvˈtɪkets/ (pluriel **books of tickets**)

carotte

▷ Je voudrais un kilo de carottes s'il vous plaît.
I'd like a kilo of carrots please.

carrot /ˈkærət/

Attention à l'orthographe du mot anglais : il y a deux ***r*** *et un seul* ***t****.*

carré, carrée

▷ Je cherche un foulard carré.
I'm looking for a square scarf.

▷ Dessine un carré et un rond.
Draw a square and a circle.

square /skwɛəʳ/

Square *rime avec* ***hair*** *et* ***where****.*

carreau

1 ▷ Il y a des carreaux bleus sur le sol de la cuisine.
There are blue tiles on the kitchen floor.

(au sol, sur les murs) **tile** /taɪl/

2 ▷ Je me suis acheté un pantalon à carreaux.
I bought some checked trousers.

► **à carreaux : checked** /tʃekt/

carrefour

▷ Il y a eu un accident au carrefour.
There was an accident at the crossroads.

▷ Ce carrefour est très dangereux.
This crossroads is very dangerous.

crossroads /ˈkrɒsrəʊdz/

Bien qu'il se termine par un ***s****, le mot* ***crossroads*** *est singulier.*

carrelage

▷ Ils vont mettre du carrelage dans la cuisine.
They're going to put tiles in the kitchen.

▷ Ce carrelage est cher.
These tiles are expensive.

tiles /taɪlz/

Tiles *est un pluriel.*

carrément

1 ▷ Je trouve le film carrément décevant.
I think the film is really disappointing.

(très) really /'rɪəli/

2 ▷ Il m'a carrément dit que j'étais bête !
He told me straight out that I was stupid!

(avec le verbe *dire*) straight out /streɪt'aʊt/

cartable

▷ Le livre est dans mon cartable.
The book is in my schoolbag.

schoolbag /'sku:lbæg/

carte

1 ▷ Je vais envoyer une carte à Laura pour son anniversaire.
I'm going to send Laura a card for her birthday.

(de vœux, à jouer) card /kɑ:d/

▷ J'ai écrit plus de vingt cartes postales aujourd'hui.
I've written more than twenty postcards today.

► **carte postale :** postcard /'pəʊstkɑ:d/

▷ On a passé la soirée à jouer aux cartes.
We spent the evening playing cards.

► **jouer aux cartes :** play cards

2 ▷ Je vais acheter une carte de la région.
I'll buy a map of the area.

(routière, d'une région) map /mæp/

3 ▷ Regarde la carte et choisis ce que tu veux manger.
Look at the menu and choose what you want to eat.

(dans un restaurant) menu /'menju:/

4 ▷ Est-ce que vous acceptez les cartes bancaires ?
Do you accept bank cards?

(d'identification, de paiement) card /kɑ:d/

► **carte bancaire :** bank /bænk/ card (pluriel bank cards)

▷ Est-ce que vous avez une carte d'étudiant ?
Do you have a student card?

► **carte d'étudiant :** student /'stju:dənt/ card (pluriel student cards)

▷ N'oublie pas d'emporter ta carte d'identité.
Don't forget to take your identity card.

► **carte d'identité :** identity card /aɪ'dentɪtɪ ˌkɑ:d/ (pluriel identity cards)

▷ Où est-ce que je peux acheter une carte de téléphone ?
Where can I buy a phonecard?

► **carte de téléphone :** phonecard /'fəʊnkɑ:d/

▷ J'ai perdu ma carte SIM.
I've lost my SIM card.

► **carte SIM :** SIM card /'sɪmkɑ:d/

carton

1 ▷ Colle le poster sur ce bout de carton, ce sera plus solide.
Stick the poster on that piece of cardboard, it will be stronger.

▷ Est-ce que cette boîte est en carton ?
Is this box made of cardboard?
▷ J'ai fabriqué un cadre en carton.
I made a cardboard frame.

1 (= matériau) **cardboard** /ˈkɑːdbɔːd/

Le ***oar*** *de* ***cardboard*** *se prononce comme le* ***or*** *de* ***fork***.

► **être en carton :** be made of cardboard
► **en carton :** cardboard

ℹ *Ici,* ***cardboard*** *est un adjectif. Il se met avant le nom.*

2 ▷ Nous avons tout mis dans des cartons avant de déménager.
We put everything in cardboard boxes before moving.

2 (= boîte) **cardboard box** (pluriel cardboard boxes /ˈbɒksɪz/)

cartouche

▷ Je n'ai plus que des cartouches d'encre noire.
I only have cartridges with black ink.

(de fusil, d'encre) **cartridge** /ˈkɑːtrɪdʒ/

ℹ *Une* cartouche de cigarettes *se dit* ***a carton of cigarettes*** *en anglais.*

cas

1 ▷ C'est un cas particulier.
It's a special case.

1 (= situation) **case** /keɪs/

2 ▷ Prends ton parapluie au cas où il pleuvrait.
Take your umbrella in case it rains.

2 ► **au cas où** *+ conditionnel :* in case *+ indicatif*

3 ▷ Je ne sais pas ce que vous allez faire, mais moi en tout cas je pars !
I don't know what you're going to do, but I'm leaving anyway!

3 ► **en tout cas :** anyway /ˈenɪweɪ/

case

1 ▷ J'ai oublié de remplir la dernière case du questionnaire.
I forgot to fill in the last box of the questionnaire.

1 (dans un questionnaire) **box** /bɒks/ (pluriel boxes /ˈbɒksɪz/)

ℹ *Notez la traduction de* **remplir** *dans ce cas :* ***fill in***.

2 ▷ Tu sautes une case et tu marques un point.
You jump one square and you score a point.

2 (dans un jeu de société) **square** /skwɛəʳ/

casque

1 ▷ Il est fou de faire de la moto sans casque !
He's mad to ride a motorbike without a crash helmet!

1 (pour faire de la moto) **crash helmet** /ˈkræʃ ˌhelmɪt/ (pluriel crash helmets)

2 ▷ Lou aime écouter de la musique avec un casque.
Lou likes listening to music with headphones.
▷ Le casque ne marche pas.
The headphones don't work.

(pour écouter de la musique) **headphones** /'hedfəʊnz/
ℹ *Headphones est un nom pluriel.*

casquette

▷ Les casquettes de baseball sont à la mode.
Baseball caps are fashionable.

cap /kæp/

cassé, cassée

1 ▷ Le vase est cassé.
The vase is broken.

(= brisé) **broken** /'brəʊkən/

2 ▷ J'ai tondu la pelouse, je suis cassé !
I've mown the lawn, I'm dead beat.

(= fatigué) **dead beat** /dedbiːt/

casse-croûte

▷ On a des casse-croûtes pour midi.
We have snacks for lunch.

snack /snæk/

casse-pieds

▷ Qu'est-ce qu'il peut être casse-pieds des fois !
He can be such a pain in the neck sometimes!

► **être casse-pieds : be a pain in the neck** /'peɪn ɪn ðə 'nek/

casser

1 ▷ Attention, tu vas casser l'assiette !
Be careful, you're going to break the plate!

(= briser) **break** /breɪk/ (**broke** /brəʊk/, **broken** /brəʊkən/)

2 ▷ Ces verres se cassent facilement.
These glasses break easily.
▷ Elle s'est cassé la jambe en skiant.
She broke her leg skiing.

► **se casser : break (broke, broken)**
► **se casser la jambe, se casser le bras : break one's leg, break one's arm**
ℹ *L'adjectif possessif s'emploie de la façon suivante en anglais (exemples au prétérit) : **I broke my leg, you broke your leg, he broke his leg, she broke her leg.***

casserole

▷ Les oignons ont brûlé dans la casserole.
The onions burnt in the saucepan.

saucepan /'sɔːspən/

cassette

▷ Pendant le cours d'anglais, nous écoutons des cassettes.
During the English lesson, we listen to cassettes.
▷ J'ai besoin d'une cassette vidéo pour enregistrer le film.
I need a video tape to record the film.

cassette /kə'set/
ℹ *On peut aussi dire **tape** /teɪp/.*

► **cassette vidéo : video tape** /'vɪdɪəʊ teɪp/ (pluriel **video tapes**)

cassis

▷ J'adore la confiture de cassis.
I love blackcurrant jam.

blackcurrant /ˌblæk'kʌrənt/

castor

▷ J'ai vu des castors au Canada.
I saw beavers in Canada.

beaver /'biːvəʳ/

catalogue

▷ Quelqu'un a vu le catalogue de l'exposition ?
Has anybody seen the exhibition catalogue?

catalogue /'kætəlɒg/

catastrophe

▷ Quelle catastrophe ! J'ai perdu mes clés !
What a disaster! I've lost my keys!

disaster /dɪ'zɑːstəʳ/

catch

▷ Mon père adore regarder le catch à la télé.
My father loves watching wrestling on the TV.

► **le catch : wrestling** /'reslɪŋ/

*Le **t** ne se prononce pas.*

catégorie

▷ Il y a plusieurs catégories de verbes.
There are several types of verbs.

(= sorte) **type** /taɪp/

*Le **y** du mot anglais **type** se prononce comme le **i** de **like**.*

cathédrale

▷ La cathédrale de Salisbury est magnifique.
Salisbury cathedral is beautiful.

cathedral /kə'θiːdrəl/

*Attention à l'orthographe du mot anglais **cathedral**.*

catholique

▷ La majorité des Irlandais sont catholiques.
Most Irish people are Catholics.

Catholic /'kæθəlɪk/

S'écrit toujours avec une majuscule, comme tous les adjectifs et noms de religion en anglais.

cauchemar

▷ Tout le voyage a été un véritable cauchemar.
The whole trip was a real nightmare.

nightmare /'naɪtmɛəʳ/

***Nightmare** rime avec **hair** et **where**.*

▷ J'ai fait un cauchemar horrible la nuit dernière.
I had a horrible nightmare last night.

► **faire un cauchemar : have a nightmare (had, had)**

cause

1 ▷ Personne ne connaît la cause de l'accident.
Nobody knows the cause of the accident.

(= raison) **cause** /kɔːz/

***Cause** rime avec **doors**.*

2 ▷ À cause de toi, j'ai raté le bus !
Because of you, I missed the bus!

► **à cause de : because of** /bɪ'kɒzəv/

caution

▷ J'ai versé une caution de cent euros.
I payed a deposit of one hundred euros.

(= somme versée, pour une location) **deposit** /dɪ'pɒzɪt/

cavalier, cavalière

▷ Tu as vu les cavaliers ?
Did you see the horse riders?

(= personne à cheval) **horse rider** /'hɔːsraɪdəʳ/

cave

▷ Il fait noir dans la cave.
It's dark in the cellar.

(= pièce au sous-sol) **cellar** /'seləʳ/

*Le mot anglais **cave** signifie « caverne, grotte ».*

caverne

▷ Les hommes préhistoriques vivaient dans des cavernes.
Prehistoric men lived in caves.

cave /keɪv/

CD

▷ J'ai offert un CD à Juliette pour son anniversaire.
I gave Juliette a CD for her birthday.

▷ Mon père a des centaines de CD de musique classique.
My father has hundreds of classical music CDs.

CD /siː'diː/

Attention à la prononciation !

*En anglais, on forme le pluriel de CD en ajoutant un **s** minuscule à la fin : **CDs** /siː'diːz/.*

CDD

▷ Mon CDD va être renouvelé.
My fixed-term contract is going to be renewed.

fixed-term contract /ˌfɪksd tɜːm'kɒntrækt/

CDI

▷ Je suis en CDI.
I'm on a permanent contract.

permanent contract /'pɜːmənənt 'kɒntrækt/

CD-ROM

▷ Ali a une encyclopédie sur CD-ROM, c'est vraiment bien.
Ali has got an encyclopedia on CD-ROM, it's really good.

CD-ROM /ˌsiːdiː'rɔm/

*En anglais, on forme le pluriel de **CD-ROM** en ajoutant un **s** minuscule à la fin : **CD-ROMs**.*

ce

1 ▷ Ce n'est pas vrai.
It's not true.
▷ C'est moi !
It's me!

1 (= cela) **it** /ɪt/

2 ▷ Ce sont des roses.
They are roses.

2 (au pluriel) **they** /ðeɪ/

3 ▷ Je ne sais pas ce que je dois faire.
I don't know what I have to do.

► **ce que** : what /wɒt/

4 ▷ Personne ne comprend ce qui se passe.
Nobody understands what's happening.

► **ce qui** : what /wɒt/

ce, cet, cette DÉMONSTRATIF

1 ▷ Ce blouson est trop petit pour moi.
This jacket is too small for me.

(pour désigner une chose ou une personne proche) this /ðɪs/

2 ▷ Ça sera à votre droite après cette maison au bout de la rue.
It will be on your right after that house at the end of the street.

(pour désigner une chose ou une personne plus éloignée) that /ðæt/

3 ▷ Cet après-midi, je vais faire des courses.
This afternoon I'm going shopping.

(en parlant d'un jour, d'un moment de la journée à venir) this /ðɪs/

4 ▷ Il va faire froid cette nuit.
It's going to be cold tonight.

► **cette nuit** (= la nuit qui vient) : tonight /tə'naɪt/

5 ▷ Je n'ai pas bien dormi cette nuit.
I didn't sleep well last night.

► **cette nuit** (= la nuit passée) : last night /lɑːst 'naɪt/

céder

▷ Mon patron a finalement cédé.
My boss finally gave in.

(personne) give in /gɪv 'ɪn/ (gave in /geɪv 'ɪn/, given in /ˌgɪvən 'ɪn/)

cédille

▷ En français il n'y a jamais de cédille avant e ou i.
In French there is never a cedilla before e or i.

cedilla /sɪ'dɪlə/

ceinture

▷ Mets une ceinture si ton pantalon est trop grand.
Put a belt on if your trousers are too big.

belt /belt/

▷ Attache ta ceinture de sécurité.
Fasten your seat belt.

► **ceinture de sécurité** : seat belt /'siːt belt/ (pluriel seat belts)

célèbre

▷ Matisse est un peintre très célèbre.
Matisse is a very famous painter.

famous /'feɪməs/ (**plus célèbre** more famous, **le plus célèbre** the most famous)

céleri

▷ Je déteste le céleri.
I hate celery.

celery /'selərɪ/

Attention à l'orthographe du mot anglais celery ; il s'écrit avec un y.

célibataire

▷ Mon frère est encore célibataire.
My brother is still single.

single /'sɪŋgl/

ℹ *Un* célibataire *se dit* **a** __**single man**__ *en anglais. Une* célibataire *se dit* **a** __**single woman**__.

celle, celle-ci, celle-là

Regardez ***celui, celui-ci, celui-là***.

celles, celles-ci, celles-là

Regardez ***ceux, ceux-ci, ceux-là***.

celtique

▷ J'aime beaucoup la musique celtique.
I really like Celtic music.

Celtic /'keltɪk/

ℹ *S'écrit toujours avec une majuscule.*

🔊 *Les deux* **c** *de* **Celtic** *se prononcent comme un* **k**.

celui, celle

▷ Le pull bleu est celui que je préfère.
The blue pull-over is the one I prefer.

▷ Cette fille est celle qui m'a indiqué le chemin.
That girl is the one who showed me the way.

▷ Cette télé n'est pas mal, mais celle que j'ai vue hier est encore mieux.
This TV isn't bad, but the one I saw yesterday is even better.

the one /ðə 'wɒn/

celui-ci, celle-ci

▷ Ce tee-shirt n'est pas mal, mais je préfère celui-ci.
That T-shirt isn't bad, but I prefer this one.

this one /'ðɪs wɒn/

celui-là, celle-là

▷ Je n'aime pas cette couleur. – Et celle-là ?
I don't like this colour. – What about that one?

that one /'ðæt wɒn/

cendre

▷ La cheminée est pleine de cendres.
The fireplace is full of ashes.

ash /æʃ/ (pluriel **ashes** /'æʃɪz/)

censé, censée

▷ Tu étais censé être là à dix heures !
You were supposed to be there at ten!

► **être censé faire** quelque chose : **be supposed** /sə'pəʊzd/ **to do** something

cent

1 ▷ L'arrière-grand-mère de Lucien a cent ans.
Lucien's great-grandmother is a hundred years old.

a hundred /ə 'hʌndrəd/

▷ Il y a sept cent vingt habitants en hiver.
There are seven hundred and twenty inhabitants in winter.

*Lorsque **hundred** est associé à d'autres chiffres, il est suivi de **and**. Dans ce cas, **hundred** est invariable.*

▷ Les prix ont augmenté de trois pour cent.
Prices have increased by three per cent.

► **pour cent :** per cent /pə'sent/

centaine

▷ Il y avait une centaine de personnes en tout.
There were about a hundred people in all.

▷ Il a des centaines de BD.
He has hundreds of comic books.

► **une centaine de... :** about a hundred... /əˌbaʊt ə 'hʌndrəd/

► **des centaines de... :** hundreds of... /'hʌndrədz əv/

centime

▷ Tu peux me prêter vingt centimes ?
Can you lend me twenty centimes?

centime

Se prononce comme en français.

centimètre

▷ Le format standard est de dix centimètres sur quinze.
The standard size is ten centimetres by fifteen.

centimetre /'sentɪmiːtə^r/

*Attention à l'orthographe du mot anglais **centimetre** : il n'y a pas d'accent.*

centre

▷ L'exposition s'intitule « Voyage au centre de l'univers ».
The exhibition is called "Journey to the centre of the universe".

centre /'sentə^r/

▷ Ils construisent un centre commercial près de la gare.
They're building a shopping centre near the station.

► **centre commercial :** shopping centre /'ʃɒpɪŋ ˌsentə^r/ (pluriel shopping centres)

*En anglais américain, on dit **shopping mall** /'ʃɒpɪŋ mɔːl/.*

▷ Les enfants vont au centre aéré le mercredi.
The children go to the day centre on Wednesday.

► **centre aéré :** day centre /'deɪ ˌsentə^r/

centre-ville

▷ Le centre-ville est plein de rues piétonnes.
The town centre is full of pedestrian streets.

town centre /taʊn 'sentə^r/

▷ Elle habite au centre-ville.
She lives in the town centre.

► **au centre-ville** (= dans le centre) : in the town centre

▷ Je vais au centre-ville faire des courses.
I'm going shopping to the town centre.

► **au centre-ville** (= vers le centre) : to the town centre

cependant

▷ C'est bien, cependant je crois qu'il manque quelque chose.
It's good, however, I think there's something missing.

however /haʊ'evə^r/

cercle

▷ Fais un cercle avec ton compas.
Make a circle with your compasses.

circle /'sɜːkl/
Attention à l'orthographe du mot anglais *circle*.

▷ Je ne sais pas comment sortir de cette situation, c'est un cercle vicieux.
I don't know how to get out of this situation, it's a vicious circle.

► **cercle vicieux :** vicious /'vɪʃəs/ circle

céréales

▷ Je mange des céréales tous les matins.
I eat cereal every morning.

(qu'on mange au petit déjeuner) **cereal** /'sɪərɪəl/
Au sens de céréales pour le petit déjeuner, ***cereal*** *est indénombrable : on dit par exemple* ***this cereal is very good*** (ces céréales sont très bonnes).

cerf

▷ Nous avons vu des cerfs dans la forêt.
We saw some stags in the forest.

stag /stæg/

cerf-volant

▷ Il veut un cerf-volant pour son anniversaire.
He wants a kite for his birthday.

kite /kaɪt/

▷ Il n'y a pas assez de vent pour faire du cerf-volant.
There's not enough wind to fly a kite.

► **faire du cerf-volant :** fly /flaɪ/ a kite (flew /fluː/, flown /fləʊn/)

cerise

▷ Ce que j'aime dans ce gâteau, c'est la cerise sur le dessus !
What I like about this cake is the cherry on the top!

cherry /'tʃerɪ/ (pluriel cherries /'tʃerɪz/)

certain, certaine, certains

1 ▷ Tu es certain que ton vélo a été volé ?
Are you sure that your bike has been stolen?
▷ Je suis certaine que c'était Andrew.
I'm sure that it was Andrew.

1 (= sûr) **sure** /ʃʊəʳ/

2 ▷ Certains voisins se plaignent du bruit.
Some neighbours complain about the noise.

2 ► **certains** (= quelques) **:** some /sʌm/

certainement

▷ Charlotte ira certainement à la soirée chez Cyril.
Charlotte will probably go to the party at Cyril's house.

(= probablement) **probably** /'prɒbablɪ/

certificat

▷ J'ai besoin d'un certificat pour l'école.
I need a certificate for school.

certificate /sə'tɪfɪkɪt/

cerveau

▷ Nous avons regardé une émission sur le cerveau humain.
We watched a programme about the human brain.

brain /breɪn/

ces

1 ▷ Regarde ces photos : elles sont bien, non ?
Look at these photographs: they're good, aren't they?

(pour désigner des choses ou des personnes proches) **these** /ðiːz/

2 ▷ Tu vois ces deux femmes là-bas ?
Can you see those two women over there?

(pour désigner des choses ou des personnes éloignées) **those** /ðəʊz/

c'est-à-dire

▷ Ma famille, c'est-à-dire mes parents et mes grands-parents.
My family, that is my parents and my grandparents.

(pour donner une explication) **that is** /ðæt 'ɪz/

cet, cette

Regardez le mot **ce.**

ceux, celles

▷ Les boucles d'oreilles bleues sont celles que je préfère.
The blue earrings are the ones I prefer.
▷ Ces filles sont celles qui m'ont indiqué le chemin.
Those girls are the ones who showed me the way.

the ones /ðə 'wɒnz/

ceux-ci, celles-ci

▷ Je n'aime pas ces verres-là, ceux-ci sont plus jolis.
I don't like those glasses, these are nicer.
▷ Ces boucles d'oreilles ne sont pas mal, mais je préfère celles-ci.
Those earrings aren't bad, but I prefer these.

these /ðiːz/

ceux-là, celles-là

▷ Je n'aime pas ces pulls. – Et ceux-là ?
I don't like these sweaters. – What about those?

those /ðəʊz/

chacun, chacune

1 ▷ Ça fait dix euros chacun.
That's ten euros each.

(= chaque personne) **each** /iːtʃ/

2 ▷ Chacun doit apporter quelque chose à boire.
Everybody *ou* everyone must bring something to drink.

(= tout le monde) **everybody** /'evrɪbɒdɪ/ *ou* **everyone** /'evrɪwʌn/

chagrin

▷ J'ai eu beaucoup de chagrin en apprenant sa mort.
I was very upset when I heard about his death.

► **avoir du chagrin : be upset** /ʌp'set/

chaîne

1 ▷ Quelle jolie chaîne ! Elle est en or ?
What a pretty chain! Is it made of gold?

(= bijou) **chain** /tʃeɪn/

2 ▷ Est-ce qu'il y a un film sur une autre chaîne ?
Is there a film on another channel?

(de télévision) **channel** /'tʃænl/

3 ▷ On m'a offert une super chaîne avec un lecteur de CD.
I was given a great stereo with a CD player.

(pour écouter de la musique) **stereo** /'sterɪəʊ/

4 ▷ Je vais devoir changer la chaîne de mon vélo.
I'll need to change my bicycle chain.

► **chaîne de vélo : bicycle chain** /'baɪsɪkəl tʃeɪn/ (pluriel **bicycle chains**)

5 ▷ L'Himalaya est une grande chaîne de montagnes.
The Himalaya is a big mountain range.

► **chaîne de montagnes : mountain range** /'maʊntɪnreɪndʒ/ (pluriel **mountain ranges**)

chaise

▷ Assieds-toi sur cette chaise.
Sit down on that chair.

chair /tʃɛəʳ/

▷ J'ai passé la journée dans une chaise longue.
I spent the day in a deckchair.

► **chaise longue : deckchair** /'dektʃɛəʳ/

chalet

▷ Tous les hivers, nous louons un chalet dans les Vosges.
Every winter we rent a chalet in the Vosges.

chalet /'ʃæleɪ/

*Comme en français le **t** ne se prononce pas.*

chaleur

▷ Cette chaleur est vraiment insupportable !
This heat is really unbearable!

heat /hiːt/

*Prononcez bien le **h**, pour bien faire la différence entre **heat** et **eat**.*

chaleureux, chaleureuse

▷ C'était un accueil très chaleureux.
It was a very warm welcome.

warm /wɔːm/ (**plus chaleureux** warmer /ˈwɔːməʳ/, **le plus chaleureux** the warmest /ˈwɔːməst/)

chambre

▷ Tu dormiras dans cette chambre.
You will sleep in this bedroom.

(chez soi) **bedroom** /ˈbedruːm/

▷ Une chambre pour une personne, s'il vous plaît.
A single room, please.

(dans un hôtel) **room** /ruːm/

▷ J'ai dormi dans la chambre d'amis.
I slept in the guest room.

► **chambre d'amis :** guest room /ˈgestruːm/ (pluriel guest rooms)

chameau

▷ Les chameaux ont deux bosses.
Camels have two humps.

camel /ˈkæməl/

champ

▷ Je me suis promenée dans les champs.
I went for a walk in the fields.

field /fiːld/

champagne

▷ On a ouvert une bouteille de champagne pour mon anniversaire.
We opened a bottle of champagne for my birthday.

champagne /ʃæmˈpeɪn/

En anglais, ***champagne*** *rime avec* ***stain*** *et* ***lane****.*

champignon

▷ On peut utiliser ces champignons pour faire une omelette.
We can use these mushrooms to make an omelette.

mushroom /ˈmʌʃruːm/

champion, championne

▷ Muhammad Ali était un grand champion.
Muhammad Ali was a great champion.

champion /ˈtʃæmpjən/

▷ Qui est la championne du monde d'athlétisme ?
Who is the world athletics champion?

► **champion** *ou* **championne du monde :** world /wɜːld/ champion (pluriel world champions)

▷ Il est champion d'Europe de saut en hauteur.
He's the European high jump champion.

► **champion** *ou* **championne d'Europe :** European /ˌjʊərəˈpɪən/ champion (pluriel European champions)

championnat

▷ Cette année, notre équipe ne participe pas au championnat.
This year our team isn't taking part in the championship.

championship /ˈtʃæmpjənʃɪp/

▷ Il a gagné le championnat du monde de judo.
He won the world judo championship.
▷ Le championnat d'Europe d'athlétisme est terminé.
The European athletics championship is finished.

► **championnat du monde :** world /wɜːld/ championship
► **championnat d'Europe :** European /ˌjʊərəˈpɪən/ championship

chance

1 ▷ Tu vas à New York ? Tu as de la chance !
You're going to New York? You're lucky!
▷ Tu n'as pas eu de chance, mais ce sera mieux la prochaine fois.
You were unlucky, but it will be better next time.
▷ Bonne chance pour ton entretien !
Good luck for your interview!

1 ► **avoir de la chance :** be lucky /ˈlʌkɪ/
► **ne pas avoir de chance :** be unlucky /ʌnˈlʌkɪ/
► **bonne chance ! :** good luck! /gʊd ˈlʌk/

2 ▷ Paola a des chances de gagner.
Paola stands a good chance of winning.

2 ► **avoir des chances de** + *infinitif :* stand a good chance of + *-ing* (stood, stood)

changement

▷ Je vois qu'il y a eu des changements ici.
I see that there have been some changes here.
▷ C'est dû au changement climatique.
It's because of the climate change.

(= modification) change /tʃeɪndʒ/

changer

▷ Tu devrais changer le titre.
You should change the title.
▷ Je voudrais changer cent euros en livres.
I'd like to change a hundred euros into pounds.
▷ Je vais changer de chaussures.
I'm going to change my shoes.
▷ Tu veux changer de compartiment ?
Do you want to change compartments?
▷ J'ai changé d'avis : je viens avec vous.
I've changed my mind: I'm coming with you.

change /tʃeɪndʒ/

ℹ *Notez la préposition utilisée en anglais :* changer en = *change into.*

ℹ Changer de *se traduit par* ***change*** *+ adjectif possessif lorsqu'on parle de quelque chose que l'on possède ou que l'on porte sur soi.*

ℹ *Quand on parle d'un lieu, on emploie en anglais* ***change*** *+ nom au pluriel.*

► **changer d'avis :** change one's mind

ℹ *L'adjectif possessif s'emploie de la façon suivante en anglais (exemples au present perfect) :* ***I've changed my mind, you've changed your mind, he's changed his mind, she's changed her mind, we've changed our mind, they've changed their mind.***

▷ Je vais me changer, je suis trempé !
I'm going to get changed, I'm soaked!

► **se changer** (= changer de vêtements) : get changed /tʃeɪndʒd/ (got changed, got changed)

chanson

▷ Chante-nous une chanson !
Sing us a song!

song /sɒŋ/

chant

▷ Serge prend des cours de chant.
Serge takes singing lessons.

► **le chant :** singing /ˈsɪŋɪŋ/

chantage

▷ C'est du chantage affectif.
It's emotional blackmail.

▷ Ils ont fait du chantage pour obtenir le document.
They used blackmail to get the document.

blackmail /ˈblækmeɪl/

► **faire du chantage :** use blackmail

chanter

▷ Chante-nous quelque chose !
Sing us something!

sing /sɪŋ/ (sang /sæŋ/, sung /sʌŋ/)

chanteur, chanteuse

▷ Qui est ton chanteur préféré ?
Who is your favourite singer?

singer /ˈsɪŋəʳ/

chapeau

1 ▷ Les chapeaux reviennent à la mode.
Hats are coming back into fashion.

(que l'on porte sur la tête) hat /hæt/

2 ▷ Chapeau ! Ce que tu as fait était formidable !
Well done! What you did was great!

(pour féliciter quelqu'un) well done! /wel ˈdʌn/

chapiteau

▷ Le cirque a monté un chapiteau sur la place.
The circus put up a big top on the square.

big top /bɪg ˈtɒp/ (pluriel big tops)

ℹ *Notez la traduction de* monter un chapiteau : *put up a big top (put up, put up).*

chapitre

▷ Le premier chapitre du livre n'est pas très intéressant.
The first chapter of the book isn't very interesting.

chapter /ˈtʃæptəʳ/

chaque

▷ Nous allons en vacances en Espagne chaque année.
We go on holiday to Spain every year.

every /ˈevrɪ/

▷ Je ne savais pas quelle chemise choisir, alors j'en ai pris une de chaque.
I didn't know which shirt to choose, so I took one of each.
▷ Il avait un livre dans chaque main.
He had a book in each hand.

► **un de chaque, une de chaque :** one of each /ˌwɒn əv ˈiːtʃ/

ℹ *Quand il n'y a que deux éléments,* ***every*** *est impossible et on doit employer* ***each****.*

charcuterie

1 ▷ Il y a une charcuterie près d'ici.
There's a butcher's shop near here.

(= magasin) butcher's shop /ˈbʊtʃəz ʃɒp/ (pluriel butcher's shops)

2 ▷ J'ai commandé une assiette de charcuterie.
I ordered a plate of cold meat.

(= viandes) cold meat /kəuld ˈmiːt/

charcutier, charcutière

▷ Je connais un très bon charcutier.
I know a very good butcher.
▷ Le père d'Hubert est charcutier.
Hubert's father is a butcher.

butcher /ˈbʊtʃəʳ/

ℹ *N'oubliez pas l'article* ***a*** *ou* ***an*** *devant le nom du métier lorsqu'il suit les verbes* ***be*** *ou* ***become****.*

chardon

▷ Le chardon est l'emblème de l'Écosse.
The thistle is Scotland's emblem.

thistle /ˈθɪsl/

chargement

▷ Un camion a renversé son chargement sur la route.
A lorry has shed its load.

(marchandises) load /ləʊd/

charger

1 ▷ Chargez la voiture, c'est l'heure de partir.
Load the car, it's time to leave.

► **charger** quelque chose (= mettre un poids sur ou dans quelque chose) **:** load something /ləʊd/

2 ▷ Noémie m'a chargé de téléphoner à Louis.
Noémie asked me to phone Louis.

► **charger** quelqu'un **de faire** quelque chose **:** ask /ɑːsk/ somebody to do something

chargeur

▷ J'ai perdu mon chargeur de téléphone.
I've lost my phone charger.

charger /ˈtʃɑːdʒəʳ/

chariot

▷ Prends un chariot, on a beaucoup de courses à faire.
Take a trolley, we have a lot of shopping to do.

(de supermarché) trolley /ˈtrɒlɪ/

charmant, charmante

▷ Je trouve Jean-Luc vraiment charmant.
I find Jean-Luc really charming.

charming /tʃaːmɪŋ/

charme

▷ Je trouve que Loïc a beaucoup de charme.
I think Loïc has a lot of charm.

► **avoir du charme :** have charm /tʃɑːm/ (had, had)

chasse

1 ▷ Les Verts sont contre la chasse.
The Greens are against hunting.

(= fait de chasser) **hunting** /'hʌntɪŋ/

Attention, pas d'article en anglais.

▷ Mon père va à la chasse tous les dimanches.
My father goes hunting every Sunday.

► **aller à la chasse :** go hunting (went, gone / been)

▷ Ils ont organisé une chasse au trésor dans le parc.
They have organised a treasure hunt in the park.

► **chasse au trésor :** treasure hunt

2 ▷ La chasse d'eau ne marche pas bien.
The flush doesn't work properly.

► **chasse d'eau :** flush /flʌʃ/

▷ J'ai entendu quelqu'un tirer la chasse.
I heard somebody flushing the toilet.

► **tirer la chasse (d'eau) :** flush the toilet /tɔɪlɪt/

chasser

▷ En Angleterre, ils chassent les renards avec des chiens.
In England, they hunt foxes with dogs.

(= chasser des animaux) **hunt** /hʌnt/

chasseur

▷ Nous avons rencontré un groupe de chasseurs dans la forêt.
We met a group of hunters in the forest.

hunter /'hʌntəʳ/

chat

▷ Elle a quatre chats.
She has four cats.

cat /kæt/

châtaigne

▷ J'ai ramassé des châtaignes avec Madeleine.
I gathered chestnuts with Madeleine.

chestnut /'tʃesnʌt/

ℹ *Notez la traduction de* ramasser des châtaignes : *gather* /'gæðəʳ/ *chestnuts*.

châtain

▷ Guillaume a les cheveux châtain *ou* Guillaume est châtain.
Guillaume has brown hair.

(cheveux) **brown** /braʊn/

► **être châtain :** have brown hair (had, had)

château

▷ Nous sommes allés au château de Blois.
We went to Blois castle.

castle /'kɑːsl/

ℹ *Mais attention : on dit* ***the palace of Versailles*** (= le château de Versailles).

chaton

▷ Caro m'a donné un chaton.
Caro has given me a kitten.

kitten /'kɪtn/

chatouiller

▷ Jérôme déteste qu'on le chatouille.
Jérôme hates being tickled.

tickle /'tɪkl/

chaud, chaude

▷ Cette soupe est trop chaude !
This soup is too hot!

▷ Tu te sens mieux ? Tu as chaud maintenant ?
Are you feeling better? Are you warm now?

▷ J'ai chaud, j'enlève ma veste.
I'm hot, I'm taking my jacket off.

▷ Ah, au moins ici il fait chaud !
Ah, at least here it's warm!

▷ Il fait trop chaud, est-ce que tu peux ouvrir la fenêtre ?
It's too hot, can you open the window?

hot /hɒt/ (plus chaud **hotter** /'hɒtəʳ/, le plus chaud **the hottest** /'hɒtɪst/)

► **avoir chaud** (= se sentir bien) : **be warm** /wɔːm/

► **avoir chaud** (= ne pas se sentir bien) : **be hot**

► **il fait chaud** (= c'est agréable) : **it's warm**

► **il fait chaud** (= c'est désagréable) : **it's hot**

ℹ *En anglais il y a deux mots pour dire* chaud *:* ***warm*** (pour la chaleur douce ou agréable) *et* ***hot*** (pour la chaleur forte ou désagréable).

chauffage

▷ Le chauffage ne marche pas dans notre maison.
The heating doesn't work in our house.

▷ Le chauffage central ne marche pas.
The central heating doesn't work.

heating /'hiːtɪŋ/

► **chauffage central : central heating** /ˌsentrəl 'hiːtɪŋ/

chauffer

▷ On n'a qu'à faire un feu pour chauffer la pièce.
Let's make a fire to heat the room.

▷ Je vais faire chauffer de la soupe.
I'm going to heat up some soup.

▷ Viens te chauffer au soleil.
Come and warm yourself in the sun.

(= rendre chaud) **heat** /hiːt/

► **faire chauffer :** (un aliment) **heat up**

► **se chauffer** (= se réchauffer) : **warm** /wɔːm/ **oneself**

ℹ *Le pronom personnel réfléchi s'emploie de la façon suivante en anglais (exemples au présent) :* ***I warm myself, you warm yourself, he warms himself, she warms herself, we warm ourselves, you warm yourselves, they warm themselves.***

chauffeur

▷ Demande au chauffeur d'éteindre la radio.
Ask the driver to turn off the radio.

▷ Les chauffeurs de camion sont en grève.
The lorry drivers are on strike.

▷ Mon frère est chauffeur de taxi.
My brother is a taxi driver.

(d'autobus, de camion, de taxi) **driver** /'draɪvəʳ/

► **chauffeur de camion : lorry driver** /'lɒrɪ ˌdraɪvəʳ/ (pluriel **lorry drivers**)

► **chauffeur de taxi : taxi driver** /'tæksɪ ˌdraɪvəʳ/ (pluriel **taxi drivers**)

ℹ *N'oubliez pas l'article* ***a*** *ou* ***an*** *devant le nom du métier lorsqu'il suit les verbes* ***be*** *ou* ***become****.*

chausser

▷ Je chausse du 37.
I take size 4 in shoes.

▷ Tu chausses du combien ?
What size shoes do you take?

► **chausser du... : take size... in shoes**

ℹ *Notez bien la forme de la question en anglais. Le mot* ***size*** /saɪz/ *signifie soit la taille, soit la pointure.* ***Shoes*** *se prononce* /ʃuːz/.

chaussette

▷ Toutes mes chaussettes ont des trous.
All my socks have got holes in them.

sock /sɒk/

chausson

1 ▷ À la maison, je porte toujours des chaussons.
At home, I always wear slippers.

(= chaussure d'intérieur) **slipper** /'slɪpəʳ/

2 ▷ Deux croissants et deux chaussons aux pommes, s'il vous plaît.
Two croissants and two apple turnovers, please.

► **chausson aux pommes : apple turnover** /ˌæpl 'tɜːnəʊvəʳ/ (pluriel **apple turnovers**)

chaussure

▷ Il a au moins dix paires de chaussures.
He has got at least ten pairs of shoes.

shoe /ʃuː/

▷ J'emporte mes chaussures de marche pour les vacances.
I'm taking my walking boots for the holidays.

► **chaussures de marche : walking boots** /'wɔːkɪŋ buːts/

▷ Tu peux louer des chaussures de ski pour la journée.
You can hire ski boots for the day.

► **chaussures de ski : ski boots** /'skiː buːts/

chauve

▷ James est chauve.
James's bald.

bald /bɔːld/

chauve-souris

▷ Les chauves-souris sortent seulement la nuit.
Bats only come out at night.

bat /bæt/

chef

1 ▷ Qui est le chef ici ?
Who is the boss here?

(= celui ou celle qui commande) **boss** /bɒs/ (pluriel **bosses** /'bɒsɪz/)

2 ▷ C'est un célèbre chef d'orchestre.
He is a famous conductor.

► **chef d'orchestre : conductor** /kən'dʌktəʳ/

chef-d'œuvre

▷ Je trouve que ce film est un chef-d'œuvre.
I think this film is a masterpiece.

masterpiece /'mɑːstəpiːs/

chemin

1 ▷ Prenez le chemin à gauche après l'église.
Take the path on the left after the church.

(= sentier) **path** /pɑːθ/

2 ▷ Des touristes m'ont demandé leur chemin.
Some tourists asked me the way.

► **demander son chemin à** quelqu'un : **ask** /ɑːsk/ somebody **the way**

Attention à la prononciation de ***asked*** *: /ɑːskt/.*

▷ Je vais vous montrer le chemin.
I'm going to show you the way.

► **montrer le chemin à** quelqu'un : **show** /ʃəʊ/ somebody **the way**

3 ▷ On s'est arrêtés en chemin pour acheter des cartes postales.
We stopped on the way to buy postcards.

► **en chemin : on the way** /ɒn ðə 'weɪ/

cheminée

1 ▷ Il fait trop chaud près de la cheminée.
It's too hot near the fireplace.

(à l'intérieur) **fireplace** /'faɪəpleɪs/

2 ▷ Les cheminées de l'usine sont en briques.
The factory chimneys are made of brick.

(à l'extérieur) **chimney** /'tʃɪmnɪ/

chemise

1 ▷ Je n'aime pas beaucoup cette chemise à carreaux.
I don't really like that checked shirt.

(= vêtement) **shirt** /ʃɜːt/

Ne confondez pas ***shirt*** *avec* ***skirt****, qui signifie « jupe ».*

2 ▷ J'ai mis toutes les photocopies dans une chemise.
I put all the photocopies in a folder.

(= dossier) **folder** /'fəʊldəʳ/

3 ▷ Cette chemise de nuit est trop épaisse.
This nightdress is too thick.

► **chemise de nuit :** nightdress /ˈnaɪtdres/ (pluriel nightdresses /ˈnaɪtdresɪz/)

chemisier

▷ Quelqu'un a vu mon chemisier bleu ?
Has anybody seen my blue blouse?

blouse /blaʊz/

Le mot anglais ***blouse*** *rime avec* ***cows****.*

chêne

▷ Il y a un très vieux chêne dans le parc.
There is a very old oak in the park.

oak /əʊk/

On dit aussi ***oak tree*** (pluriel oak trees).

▷ Cette table est en chêne.
This table is made of oak.

► **être en chêne :** be made of oak

▷ Nous voudrions une armoire en chêne pour la chambre.
We would like an oak wardrobe for the bedroom.

► **en chêne :** oak

chenille

▷ Regarde, il y a une petite chenille dans la salade !
Look, there's a little caterpillar in the salad!

caterpillar /ˈkætəpɪləʳ/

chèque

▷ Est-ce que vous acceptez les chèques ?
Do you accept cheques?

cheque /tʃek/

Il n'y pas d'accent dans le mot anglais ***cheque****.*

En anglais américain, on écrit ***check****.*

▷ Renaud m'a fait un chèque de cinquante euros.
Renaud wrote me a cheque for fifty euros.

► **un chèque de... :** a cheque for...

chéquier

▷ Je cherche mon chéquier.
I'm looking for my chequebook.

chequebook /ˈtʃekbʊk/

En anglais américain, on écrit ***checkbook****.*

cher, chère

1 ▷ Deux livres pour un café, c'est cher !
Two pounds for a coffee is expensive!

(= qui coûte beaucoup d'argent)
expensive /eksˈpensɪv/ (plus cher more expensive, le plus cher the most expensive)

▷ Je me suis acheté un pull pas cher.
I bought myself a cheap pullover.

► **pas cher, pas chère :** cheap /tʃiːp/

▷ Ça coûte cher d'aller au Mexique en avion.
It costs a lot to go to Mexico by plane.

► **coûter cher :** cost /kɒst/ a lot (cost, cost)

2 ▷ Chère Barbara,...
Dear Barbara,...

(= chéri) **dear** /dɪəʳ/

chercher

1 ▷ Je cherche mon stylo.
I'm looking for my pen.

1 (= essayer de trouver) : **look** /lʊk/ **for** somebody *ou* something

2 ▷ Il faudra que je cherche le mot dans le dictionnaire.
I'll have to look up the word in the dictionary.

2 (dans un dictionnaire, un annuaire) **look up**

3 ▷ Va chercher le journal, il est sur la table.
Fetch the newspaper, it's on the table.
▷ Nous irons chercher Paul à l'aéroport.
We'll meet Paul at the airport.
▷ Je viendrai te chercher à la gare.
I'll pick you up at the station.

3 ► **aller chercher** quelque chose : **fetch** /fetʃ/ something
► **aller chercher** quelqu'un : **meet** /miːt/ somebody (**met, met** /met/)
► **venir chercher** quelqu'un : **pick** /pɪk/ somebody **up**

4 ▷ Ce bus a cherché à me doubler.
That bus tried to overtake me.

4 ► **chercher à faire** quelque chose : **try** /traɪ/ **to do** something (**tried, tried** /traɪd/)

cheval

▷ C'est un cheval très affectueux.
It's a very affectionate horse.
▷ Claire fait du cheval le dimanche.
Claire goes horse-riding on Sundays.

horse /hɔːs/

► **faire du cheval** : **go horse-riding** /'hɔːsraɪdɪŋ/ (**went, gone / been**)

chevet

▷ Mets le verre sur ma table de chevet, s'il te plaît.
Put the glass on my bedside table, please.

► **table de chevet** : **bedside table** /ˌbedsaɪd 'teɪbl/ (pluriel **bedside tables**)

cheveu, cheveux

▷ Il y a un cheveu sur mon assiette !
There's a hair on my plate!
▷ Ses cheveux sont très longs.
His hair is very long.
▷ Mes cheveux sont sales !
My hair is dirty!
▷ Gilda a les cheveux roux.
Gilda has red hair.

hair /hɛəʳ/
► **un cheveu** : **a hair**

ℹ *Lorsqu'on parle des* ***cheveux****, on emploie le mot anglais* ***hair****, au singulier.*

ℹ *Remarquez l'absence d'article en anglais dans l'exemple ci-contre.*

cheville

▷ Il s'est cassé la cheville.
He broke his ankle.

ankle /'æŋkl/

chèvre

▷ J'adore le fromage de chèvre.
I love goat's cheese.

goat /gəʊt/

chewing-gum

▷ Tu veux un chewing-gum ?
Do you want a piece of gum?
▷ J'ai acheté des chewing-gums.
I bought some gum.

► **un chewing-gum : a piece /piːs/ of gum /gʌm/**
► **du chewing-gum** *ou* **des chewing-gums : some gum**

chez

1 ▷ Chez moi nous n'avons pas de télé.
At home we don't have a TV.

► **être chez moi, chez toi, chez nous, chez vous, chez eux** (= être à la maison) : **be at home** /ət 'həʊm/

2 ▷ Est-ce que tu veux rentrer chez toi ?
Do you want to go home?

► **aller** *ou* **rentrer chez moi, chez toi, chez nous, chez vous, chez eux** (= aller à la maison) : **go home (went home, gone home)**

3 ▷ Je vais manger chez Clarisse ce soir.
I'm going to eat at Clarisse's house tonight.
▷ Clara veut dormir chez Peter.
Clara wants to sleep at Peter's house.
▷ Pour aller chez David, tu tournes à gauche avant le garage.
To go to David's house, you turn left before the garage.

Pour parler de la maison de quelqu'un d'autre, on emploie l'expression ***at*** *+ cas possessif +* ***house****.*

ℹ *Quand* **chez** *suit un verbe qui exprime un déplacement, comme* **venir, aller** *ou* **rentrer**, *on emploie l'expression* ***to*** *+ cas possessif +* ***house****, par exemple* ***I'll come to your house****,* ***we went to Sonia's house****.*

▷ Je viendrai chez toi vers trois heures.
I'll come to your place at around three o'clock.

ℹ *On peut aussi employer le mot* ***place*** /pleɪs/ *au lieu de* ***house*** *:* ***my place****,* ***David's place****.*

4 ▷ Elle est chez le coiffeur.
She is at the hairdresser's.
▷ Anaïs doit aller chez le médecin.
Anaïs has to go to the doctor's.

Pour parler d'un magasin, du médecin, du dentiste, on emploie le cas possessif **('s)**.

chic

▷ Tu es très chic aujourd'hui, tu vas à une soirée ?
You're very smart today, are you going to a party?

(= élégant) **smart** /smɑːt/ (**plus chic the smarter** /'smɑːtəʳ/, **le plus chic the smartest** /'smɑːtɪst/)

chien, chienne

▷ Le chien de Baptiste est très gentil.
Baptiste's dog is very friendly.

dog /dɒg/

chiffon

▷ Donne-moi un chiffon, je vais nettoyer la table.
Give me a cloth, I'm going to clean the table.

cloth /klɒθ/

chiffre

▷ Pense à un chiffre entre un et neuf.
Think of a number between one and nine.

number /ˈnʌmbəʳ/

chignon

▷ Ton chignon n'est pas droit.
Your bun isn't straight.

▷ Elle porte un chignon.
She wears her hair in a bun.

bun /bʌn/

► **porter un chignon :** wear one's hair in a bun (wore, worn)

ℹ *L'adjectif possessif s'emploie de la façon suivante en anglais (exemples au présent) : **I wear my hair in a bun, you wear your hair in a bun, she wears her hair in a bun**.*

chimie

▷ La chimie est ma matière préférée.
Chemistry is my favourite subject.

chemistry /ˈkemɪstrɪ/

🔊 *Le **ch** de **chemistry** se prononce comme un **k**.*

Chine

▷ La Chine est le pays le plus peuplé du monde.
China is the most populated country in the world.

▷ Nous avons passé trois semaines en Chine.
We spent three weeks in China.

▷ Si je vais en Chine, j'aimerais avoir un interprète.
If I go to China, I'd like to have an interpreter.

China /ˈtʃaɪnə/

► **la Chine :** China

ℹ *Ne prend jamais d'article.*

► **en Chine** (= dans le pays) **:** in China

► **en Chine** (= vers le pays) **:** to China

chinois, chinoise

▷ Il y a un bon restaurant chinois dans cette rue.
There's a good Chinese restaurant in this street.

Chinese /tʃaɪˈniːz/

ℹ *S'écrit toujours avec une majuscule, comme tous les adjectifs et noms de nationalité en anglais.*

▷ Une Chinoise nous a accueillis.
A Chinese woman welcomed us.

ℹ *Pour dire* **un Chinois, une Chinoise** *en anglais, on dit **a Chinese man, a Chinese woman, a Chinese boy, a Chinese girl**.*

▷ Les Chinois mangent beaucoup de riz.
The Chinese eat a lot of rice.

► **les Chinois :** the Chinese

chips

▷ J'ai acheté un paquet de chips au vinaigre.
I bought a packet of vinegar-flavoured crisps.

crisps /krɪsps/

Attention : le mot anglais ***chips*** *veut dire « frites » en Grande-Bretagne.*

Aux États-Unis, on dit ***chips****, comme en français, mais il faut bien prononcer le* ***ch*** *comme le* ***tch*** *de* ***match*** *pour faire la différence avec* ***ships****.*

chirurgie

▷ Il veut se spécialiser en chirurgie.
He wants to specialize in surgery.

surgery /'sɜːdʒərɪ/

chirurgien, chirurgienne

▷ Le chirurgien a dit que je devais me reposer.
The surgeon said I had to rest.

surgeon /'sɜːdʒən/

▷ Ophélie est chirurgienne esthétique.
Ophélie is a plastic surgeon.

► **chirurgien esthétique : plastic** /'plæstɪk/ **surgeon**

N'oubliez pas l'article ***a*** *ou* ***an*** *devant le nom du métier lorsqu'il suit les verbes* ***be*** *ou* ***become****.*

choc

▷ J'ai eu un choc quand j'ai vu Cédric.
I got a shock when I saw Cédric.

shock /ʃɒk/

chocolat

1 ▷ J'adore le chocolat.
I love chocolate.

(à manger) **chocolate** /'tʃɒklət/

▷ Tu préfères le chocolat noir ou le chocolat au lait ?
Do you prefer dark chocolate or milk chocolate?

► **chocolat noir : dark chocolate**

► **chocolat au lait : milk chocolate**

2 ▷ Un café et un chocolat chaud, s'il vous plaît.
One coffee and one hot chocolate, please.

► **chocolat chaud : hot chocolate** (pluriel **hot chocolates**)

3 ▷ Il y a de la crème au chocolat comme dessert.
There is chocolate cream for dessert.

► **au chocolat : chocolate**

chœur

▷ Elle chante dans un chœur.
She sings in a choir.

choir /'kwaɪəʳ/

choisir

▷ Je dois choisir un cadeau pour Aurélie.
I must choose a present for Aurélie.

choose /tʃuːz/ (**chose** /tʃəʊz/, **chosen** /'tʃəʊzn/)

choix

▷ Il n'y a pas beaucoup de choix ici.
There isn't much choice here.

▷ Tu n'as pas le choix : tu dois le faire.
You have no choice: you must do it.

choice /tʃɔɪs/

► ne pas avoir le choix : have no choice (had, had)

chômage

▷ Le chômage est en baisse.
Unemployment is falling.

▷ Kevin est au chômage.
Kevin is unemployed.

► le chômage : unemployment /ˌʌnɪm'plɔɪmənt/

► être au chômage : be unemployed /ˌʌnɪm'plɔɪd/

chômeur, chômeuse

▷ Mon frère est chômeur.
My brother is unemployed.

▷ Combien y a-t-il de chômeurs en France ?
How many unemployed people are there in France?

▷ Ils veulent aider les chômeurs.
They want to help the unemployed.

► être chômeur : be unemployed /ˌʌnɪm'plɔɪd/

► un chômeur : an unemployed person (pluriel unemployed people)

► les chômeurs : the unemployed

choquant, choquante

▷ Est-ce que tu trouves ça choquant ?
Do you find it shocking?

shocking /ʃɒkɪŋ/ (plus choquant more shocking, le plus choquant the most shocking)

chorale

▷ Dorothée chante dans la chorale de l'école.
Dorothée sings in the school choir.

choir /'kwaɪəʳ/

Choir rime avec fire et hire.

chose

▷ J'ai beaucoup de choses à faire.
I have a lot of things to do.

thing /θɪŋ/

chou

1 ▷ Je n'aime pas beaucoup le chou.
I don't like cabbage very much.

(= légume) cabbage /'kæbɪdʒ/

Cabbage rime avec bridge.

2 ▷ Un kilo de choux de Bruxelles, s'il vous plaît.
A kilo of Brussels sprouts, please.

► chou de Bruxelles : Brussels sprout /ˌbrʌsl'spraʊt/ (pluriel Brussels sprouts)

3 ▷ J'ai acheté des choux à la crème comme dessert.
I bought some cream-puffs for dessert.

► chou à la crème : cream-puff /'kriːmpʌf/

chouchou, chouchoute

▷ Antoine est le chouchou du prof.
Antoine is the teacher's pet.

► le chouchou du prof : the teacher's pet /ˌtiːtʃəz 'pet/

chouette

1 ▷ Les chouettes dorment pendant la journée.
Owls sleep during the day.

(= oiseau) **owl** /aʊl/

2 ▷ Ta montre est chouette ; elle est neuve ?
Your watch is great; is it new?

(= bien, beau) **great** /greɪt/

chou-fleur

▷ J'ai préparé du poisson et du chou-fleur pour dîner.
I have prepared fish and cauliflower for dinner.

cauliflower /'kɒlɪflaʊəʳ/

chrétien, chrétienne

▷ C'est une tradition chrétienne.
It's a Christian tradition.
▷ Je suis chrétien.
I'm a Christian.

Christian /'krɪstɪən/

ℹ *S'écrit toujours avec une majuscule, comme tous les adjectifs et noms de religion en anglais.*

chuchoter

▷ Judith m'a chuchoté quelque chose, mais je n'ai pas compris.
Judith whispered something to me, but I didn't understand.

► **chuchoter** quelque chose **à** quelqu'un : **whisper** /'wɪspəʳ/ something **to** somebody

chut !

▷ Chut ! Amélie dort encore !
Sh! Amélie is still asleep!

sh! /ʃ/

ℹ *On dit aussi* ***shush!*** */ʃʊʃ/.*

chute

▷ Après sa chute, Antoine a remis ses skis.
After his fall, Antoine put his skis back on.

(quand on tombe) **fall** /fɔːl/

▷ Il y a une très belle chute d'eau ici.
There is a very beautiful waterfall here.
▷ Nous sommes allés voir les chutes du Niagara.
We went to see Niagara Falls.

► **chute d'eau : waterfall** /'wɔːtəfɔːl/

ℹ *Dans les noms propres en anglais, on dit* ***Falls*** */fɔːlz/, et on l'écrit avec une majuscule.*

cible

▷ Diane a raté la cible.
Diane missed the target.

target /'tɑːgɪt/

🔊 *Attention : le* ***g*** *de* ***target*** *se prononce comme le* ***g*** *de* ***go****.*

ciboulette

▷ J'ai un peu de ciboulette sur le balcon.
I have some chives on the balcony.
▷ La ciboulette est très bonne dans la salade.
Chives are very good in salad.

chives /'tʃaɪvz/

ℹ ***Chives*** *est un nom pluriel.*

cicatrice

▷ Il a une cicatrice sur le front.
He has got a scar on his forehead.

scar /skɑːʳ/

cicatriser

▷ Sa jambe est cicatrisée.
His leg has healed.

heal /hiːl/

cidre

▷ Tu veux un verre de cidre ?
Do you want a glass of cider?

cider /ˈsaɪdəʳ/

*Attention à l'orthographe du mot anglais **cider**.*

*Le **i** se prononce comme le **i** de **like**.*

ciel

▷ Le ciel est très bleu aujourd'hui.
The sky is very blue today.

sky /skaɪ/

*Quand on parle du Ciel au sens de paradis, on dit **Heaven** en anglais.*

cigare

▷ Je n'aime pas l'odeur du cigare.
I don't like the smell of cigars.

cigar /sɪˈgɑːʳ/

*Attention à l'orthographe du mot anglais **cigar**.*

*L'accent tonique est sur la deuxième syllabe **-gar**.*

cigarette

▷ Je vais acheter des cigarettes.
I'm going to buy some cigarettes.

cigarette /ˌsɪgəˈret/

ci-joint

▷ Veuillez trouver ci-joint les copies demandées.
Please find enclosed the copies requested.

enclosed /ɪnˈkləʊzd/

cil

▷ Je crois que j'ai un cil dans l'œil.
I think I have an eyelash in my eye.

eyelash /ˈaɪlæʃ/ (pluriel **eyelashes** /ˈaɪlæʃɪz/)

ciment

▷ C'est un escalier en ciment.
It's a cement staircase.

cement /səˈment/

*Attention à l'orthographe du mot anglais **cement**.*

cimetière

▷ J'habite en face du cimetière.
I live opposite the cemetery.

cemetery /ˈsemɪtrɪ/ (pluriel **cemeteries** /ˈsemɪtrɪz/)

cinéma

1 ▷ Il y a trois cinémas dans la ville.
There are three cinemas in the town.
▷ Je vais au cinéma toutes les semaines.
I go to the cinema every week.

cinema /ˈsɪnəmə/
En anglais américain, on dit ***movie theater*** /ˈmuːvɪ ˈθɪətəʳ/ (pluriel **movie theaters**) *pour parler de la salle de cinéma.*

2 ▷ Arrête de faire du cinéma !
Stop making a fuss!

► **faire du cinéma** (sens familier) : **make a fuss (made, made)**

cinq

1 ▷ Il a cinq paires de tennis.
He has five pairs of trainers.

five /faɪv/

2 ▷ Nous partirons le cinq décembre.
We'll leave on the fifth of December.

► **le cinq** (pour dire la date) : **the fifth** /fɪfθ/
Notez l'emploi de ***on*** *et* ***of*** *en anglais lorsqu'on dit la date.*
On écrit ***5 December****.*

cinquante

1 ▷ Il y avait environ cinquante personnes.
There were about fifty people there.
▷ Julien va avoir cinquante ans demain.
Julien is fifty years old tomorrow.

fifty /ˈfɪftɪ/

2 ▷ C'était un groupe très connu dans les années cinquante.
They were a very well-known group in the fifties.

► **les années cinquante** : **the fifties** /ˈfɪftɪz/

cinquième

▷ C'est la cinquième fois que je vois ce film.
That's the fifth time I've seen that film.

fifth /ˈfɪfθ/

cintre

▷ Mets ta veste sur un cintre.
Put your jacket on a coathanger.

(pour les vêtements) **coathanger** /ˈkəʊthæŋəʳ/

cirage

▷ Il me faut du cirage noir.
I need some black shoe polish.

shoe polish /ˈʃuːpɒlɪʃ/

circuit

1 ▷ Nous avons fait un beau circuit dans la région des lacs.
We did a lovely tour in the Lake District.

(= trajet) **tour** /tʊəʳ/

2 ▷ Le circuit automobile du Mans est très célèbre.
Le Mans race circuit is very famous.

► **circuit automobile :** race circuit /ˈreɪs ˌsɜːkɪt/ (pluriel race circuits)

*En anglais, **circuit** se prononce comme **sir + kit**.*

circulation

▷ Il y a beaucoup de circulation dans cette rue.
There is a lot of traffic in this street.

(de voitures) **traffic** /ˈtræfɪk/

*Attention à l'orthographe du mot anglais **traffic** : il y a deux f.*

circuler

1 ▷ Il est très difficile de circuler à Paris.
It's very difficult to drive in Paris.

(= conduire) **drive** /draɪv/ (drove /drəʊv/, driven /ˈdrɪvn/)

2 ▷ Est-ce que les bus circulent le dimanche ?
Do buses run on Sundays?

(transports en commun) **run** /rʌn/ (ran /ræn/, run)

3 ▷ Faites circuler le plat !
Pass the plate round!

► **faire circuler** quelque chose : pass /pɑːs/ something round

cirer

▷ Je pense rarement à cirer mes chaussures.
I rarely think of polishing my shoes.

polish /ˈpɒlɪʃ/

cirque

▷ Ils sont allés au cirque hier.
They went to the circus yesterday.

(= spectacle) **circus** /ˈsɜːkəs/ (pluriel circuses /ˈsɜːkəsɪz/)

ciseaux

▷ Ces ciseaux coupent mal.
These scissors don't cut very well.
▷ Tu peux me prêter une paire de ciseaux ?
Can you lend me a pair of scissors?

scissors /ˈsɪzəz/

*Attention : On ne dit pas * a scissors !*

► **une paire de ciseaux :** a pair of scissors

citation

▷ C'est une citation de Shakespeare.
It's a quotation from Shakespeare.

quotation /kwəʊˈteɪʃən/

*Notez la préposition employée en anglais : une citation **de** = a quotation **from**.*

cité

1 ▷ Les Dutoit habitent dans une cité en banlieue.
The Dutoits live in a housing estate in the suburbs.

(= immeubles) **housing estate** /ˈhaʊzɪŋ əˌsteɪt/ (pluriel housing estates)

2 ▷ J'ai habité pendant deux ans dans une cité universitaire.
I lived in a hall of residence for two years.

► **cité universitaire :** hall of residence /ˌhɔːl əv ˈrezɪdəns/

*En anglais américain, on dit **dormitory** /ˈdɔːmɪtrɪ/.*

citer

1 ▷ Il a cité un passage de son roman.
He quoted a passage from his novel.

(= donner un extrait d'un texte, d'un auteur) **quote** /kwəʊt/

2 ▷ Peux-tu me citer deux pièces de Shakespeare ?
Can you name two plays by Shakespeare?

(= nommer) **name** /neɪm/

citoyen, citoyenne

▷ Nous sommes des citoyens du monde.
We are citizens of the world.

citizen /'sɪtɪzn/

citron

1 ▷ Deux citrons, s'il vous plaît.
Two lemons, please.

▷ Cette tarte au citron est délicieuse.
This lemon tart is delicious.

lemon /'lemən/

► **au citron : lemon**

2 ▷ Il y a du citron vert dans cette recette.
There's lime in this recipe.

► **citron vert : lime** /laɪm/

citrouille

▷ Cette citrouille est énorme !
That pumpkin is huge!

pumpkin /'pʌmpkɪn/

civil, civile

▷ La guerre civile a duré deux ans.
The civil war lasted two years.

civil /'sɪvl/

civilisation

▷ La civilisation maya le passionne.
The Mayan civilization fascinates him.

civilization /ˌsɪvɪlaɪ'zeɪʃən/

Attention à l'orthographe du mot anglais !

*Le troisième **i** de **civilization** se prononce comme le **i** de **like**.*

clair, claire

1 ▷ C'est la pièce la plus claire de la maison.
It's the brightest room in the house.

(lumière) **bright** /braɪt/ (**plus clair** brighter /'braɪtə'/, **le plus clair** the brightest /'braɪtɪst/)

2 ▷ Les couleurs claires sont à la mode.
Light colours are fashionable.

▷ Il portait des chaussettes bleu clair.
He was wearing light blue socks.

(couleur) **light** /laɪt/ (**plus clair** lighter /'laɪtə'/, **le plus clair** the lightest /'laɪtɪst/)

3 ▷ L'explication de Benjamin n'était pas très claire.
Benjamin's explanation wasn't very clear.

(= compréhensible) **clear** /klɪə'/ (**plus clair** clearer /'klɪərə'/, **le plus clair** the clearest /'klɪərɪst/)

claque

▷ J'ai failli lui donner une claque.
I nearly gave him a slap.

► **donner une claque à** quelqu'un : give /gɪv/ somebody a slap /slæp/ (gave /geɪv/, given /'gɪvən/)

claquer

1 ▷ L'élastique a claqué.
The rubber band snapped.

(= casser) snap /snæp/

ℹ *Il y a deux* ***p*** *au gérondif* (snapping /'snæpɪŋ/), *au prétérit et au participe passé* (snapped /snæpt/).

2 ▷ Il fait tellement froid qu'elle claque des dents.
It's so cold that her teeth are chattering.

► *Pour dire qu'* **on claque des dents,** *on emploie l'expression* my / your / his / her / our / their teeth are chattering /'tʃætərɪŋ/.

3 ▷ C'est impoli de claquer des doigts pour appeler le serveur.
It's rude to snap your fingers to call the waiter.

► **claquer des doigts :** snap one's fingers

ℹ *L'adjectif possessif s'utilise de la façon suivante en anglais (exemples au présent) :* ***I snap my fingers, you snap your fingers, he snaps his fingers, she snaps her fingers, we snap our fingers, they snap their fingers.***

4 ▷ Il est parti en claquant la porte.
He slammed the door and left.

► **claquer la porte :** slam /slæm/ the door /dɔːʳ/

ℹ ***Slam*** *prend deux* ***m*** *au gérondif* (slamming /'slæmɪŋ/), *au prétérit et au participe passé* (slammed /slæmd/).

clarinette

▷ J'ai oublié ma clarinette à la maison.
I left my clarinet at home.
▷ Léon joue de la clarinette.
Léon plays the clarinet.

clarinet /ˌklærɪ'net/

Attention à l'orthographe du mot anglais.

► **jouer de la clarinette :** play the clarinet

classe

1 ▷ Il y a vingt-cinq élèves dans leur classe.
There are twenty-five pupils in their class.

(= groupe d'élèves) class /klɑːs/ (pluriel classes /'klɑːsɪz/)

2 ▷ La classe était vide quand nous sommes arrivés.
The classroom was empty when we arrived.

(= salle) classroom /'klɑːsruːm/

3 ▷ Tu es dans quelle classe ?
What form are you in?

(= année d'études) form /fɔːm/

4 ▷ Léo ne va pas en classe, il est malade.
Léo doesn't go to school, he's ill.

► **aller en classe :** go to school /skuːl/ (went, gone / been)

5 ▷ Les enfants sortent de classe à trois heures.
The children finish school at three o'clock.

► **sortir de classe :** finish school

classer

1 ▷ Il s'agit de les classer en trois catégories.
You have to classify them in three categories.

(= mettre en catégories) classify /ˈklæsɪfaɪ/

ℹ *Le y devient i à la troisième personne du présent* (classifies /ˈklæsɪfaɪz/), *au prétérit et au participe passé* (classified /ˈklæsɪfaɪd/).

2 ▷ Si tu classais tes papiers un peu mieux, tu les trouverais tout de suite !
If you filed your papers a bit better, you would find them straight away!

(= ranger) file /faɪl/

classeur

▷ Est-ce que quelqu'un a vu mon classeur vert ?
Has anybody seen my green folder?

folder /ˈfəʊldəʳ/

classique

▷ J'écoute surtout de la musique classique.
I mostly listen to classical music.

classical /ˈklæsɪkl/

clavicule

▷ Jean s'est cassé la clavicule.
Jean broke his collarbone.

collarbone /ˈkɒləbəʊn/

clavier

1 ▷ Le clavier de mon ordinateur est très sale.
My computer keyboard is very dirty.

(d'un piano, d'un ordinateur) keyboard /ˈkiːbɔːd/

2 ▷ C'est la touche avec une étoile sur le clavier de ton téléphone.
It's the key with a star on your telephone keypad.

(d'un téléphone, d'une télécommande) keypad /ˈkiːpæd/

clé *ou* clef

1 ▷ Il a perdu sa clé, il ne peut pas rentrer chez lui.
He lost his key, he can't get into his house.

(pour fermer) key /ˈkiː/

🔊 *Key rime avec me, bee et sea.*

▷ Ce n'est pas la peine de fermer la porte à clé.
There's no point locking the door.

► **fermer** quelque chose **à clé :** to lock /lɒk/ something

2 ▷ Je l'ai copié sur ma clé USB.
I copied it on my USB key.

► **clé USB :** USB /juːesˈbiː/ key

clémentine

▷ Deux kilos de clémentines, s'il vous plaît.
Two kilos of clementines, please.

clementine /'kleməntaɪn/
*Attention : le mot anglais **clementine** s'écrit sans accent.*

clic

▷ Le menu s'ouvre d'un seul clic.
The menu opens with one click.

(sur souris d'ordinateur) **click** /klɪk/

cliché

▷ Le film est plein de clichés sur les Anglais.
The film is full of clichés about the English.

(= idée reçue) **cliché** /'kliːʃeɪ/
On emploie le mot français en anglais.

client, cliente

1 ▷ Tous les clients sont partis.
All the customers have left.

(d'un magasin, d'un restaurant) **customer** /'kʌstəmə^r/

2 ▷ Les clients de l'hôtel se sont plaints.
The hotel guests complained.

(d'un hôtel) **guest** /gest/
*Le **u** de **guest** ne se prononce pas.*

cligner

▷ Boris a un tic, il cligne tout le temps des yeux.
Boris has a nervous tic, he blinks all the time.

► **cligner des yeux : blink** /blɪŋk/

clignotant

▷ Le clignotant gauche ne marche pas.
The left indicator doesn't work.

indicator /'ɪndɪkeɪtə^r/
*En anglais américain, on dit **turn signal** /'tɜːnsɪgnl/.*

▷ N'oublie pas de mettre ton clignotant.
Don't forget to indicate.

► **mettre son clignotant : indicate** /'ɪndɪkeɪt/
*En anglais américain, on dit **put one's turn signal** /'tɜːnsɪgnl/.*

clignoter

▷ Il y a une petite lumière qui clignote, c'est normal ?
There's a little light that's flashing, is that normal?

flash /flæʃ/

climat

▷ Le climat français est plus doux que le climat anglais.
The French climate is milder than the English climate.

climate /'klaɪmɪt/
*Le **i** du mot anglais **climate** se prononce comme le **i** de **like**.*

climatisation

▷ Elle voudrait une voiture avec la climatisation.
She would like a car with air conditioning.

air conditioning /'ɛə kən,dɪʃənɪŋ/

climatisé, climatisée

▷ Le train est climatisé.
The train is air-conditioned.

air-conditioned /ˈɛəʳkənˌdɪʃənd/

climatiseur

▷ Le climatiseur ne fonctionne pas.
The air conditioner doesn't work.

air conditioner /ˈɛə kənˌdɪʃənəʳ/

clin d'œil

▷ Barry m'a fait un clin d'œil.
Barry winked at me.

► **faire un clin d'œil à** quelqu'un : **wink** /wɪŋk/ **at** somebody

clinique

▷ Aujourd'hui nous allons voir mamie à la clinique.
Today we're going to see granny at the hospital.

(= hôpital) **hospital** /ˈhɒspɪtəl/

clip

▷ Tu as vu le clip de Madonna ?
Have you seen Madonna's video?

video /ˈvɪdɪəʊ/

clique

▷ Tu voudrais faire partie de ma clique ?
Would you like to join my clique?

(= amis sur réseau social) **clique** /kliːk/

cliquer

▷ Clique sur l'icône.
Click on the icon.

click /klɪk/

clochard, clocharde

▷ Des clochards dormaient dans la station de métro.
Some tramps were sleeping in the metro station.

tramp /træmp/

cloche

▷ J'aime bien le son des cloches de l'église.
I love the sound of church bells.

bell /bel/

clocher

1 ▷ Je vois le clocher de l'église de ma fenêtre.
I can see the church tower from my window.

► **un clocher : a church tower** /tʃɜːtʃ ˈtaʊəʳ/ (pluriel **church towers**)

2 ▷ Il y a quelque chose qui cloche.
There is something wrong.
▷ Qu'est-ce qui cloche ?
What's wrong?

Notez les expressions qu'on emploie en anglais pour dire que quelque chose ***cloche*** (= ne va pas comme il faut).

cloque

▷ Latifa s'est brûlée, elle a des cloques sur la main.
Latifa burned herself, she has blisters on her hand.

blister /ˈblɪstəʳ/

clôture

▷ Il y a une clôture tout autour du champ.
There is a fence all around the field.

(= barrière) **fence** /fens/

clou

1 ▷ Cet outil sert à arracher les clous.
This tool is for pulling nails out.

(= pointe) **nail** /neɪl/

2 ▷ Il y a des clous de girofle dans ce plat.
There are cloves in this dish.

► **clou de girofle : clove** /kləʊv/

clouer

▷ Ils ont cloué des planches en travers de la fenêtre.
They nailed some planks across the window.

nail /neɪl/

clown

▷ Les clowns au cirque n'étaient pas très amusants.
The clowns at the circus weren't very funny.

(au cirque) **clown** /klaʊn/

Le ***ow*** *du mot anglais* ***clown*** *se prononce comme le* ***ow*** *de* ***cow****.*

▷ Arrête un peu de faire le clown !
Stop fooling around!

► **faire le clown : fool around** /fuːl əˈraʊnd/

club

▷ Tu viens au club de tennis samedi ?
Are you coming to the tennis club on Saturday?

club /klʌb/

coca®

▷ J'ai commandé un coca, tu en veux un aussi ?
I've ordered a Coke, do you want one as well?

(= boisson) **Coke®** /kəʊk/

Le ® signifie que le mot est le nom d'une marque. Vous n'avez pas besoin d'écrire ce symbole.

coccinelle

▷ Il y a beaucoup de coccinelles dans le jardin.
There are a lot of ladybirds in the garden.

(= insecte) **ladybird** /ˈleɪdɪbɜːd/

En anglais américain, on dit ***ladybug*** */leɪdɪbʌg/.*

cocher

▷ Cocher une seule case par question.
Tick only one box per question.

tick /tɪk/

cochon

▷ Ils élèvent principalement des cochons.
They mainly raise pigs.

(= animal) **pig** /pɪg/

En anglais américain, on dit ***hog*** */hɒg/.*

cochonneries

1 ▷ Tu manges trop de cochonneries.
You eat too much junk food.

(= mauvaise nourriture) **junk food** /ˈdʒʌnk fuːd/

2 ▷ Alex a fait des cochonneries partout avec ses peintures.
Alex made a mess everywhere with his paints.

► **faire des cochonneries** (= faire des saletés) : make a mess /mes/ (made, made)

cocktail

▷ C'est un cocktail fait avec du whisky et du jus d'orange.
It's a cocktail made with whisky and orange juice.

(= boisson) cocktail /ˈkɒkteɪl/

coco

Regardez le mot ***noix.***

code

▷ Tu connais le code pour entrer dans l'immeuble ?
Do you know the code to get into the building?

(= série de chiffres) code /kəʊd/

▷ Il a oublié son code confidentiel et il n'a pas pu retirer d'argent.
He forgot his PIN number and couldn't withdraw any money.

► **code confidentiel** (d'une carte bancaire) : PIN number /ˈpɪnnʌmbəʳ/ (pluriel PIN numbers)

ℹ ***PIN*** *est l'abréviation de* ***personal identification number*** (numéro d'identification personnel).

▷ Quel est le code postal de Marseille ?
What's the postcode for Marseille?

► **code postal :** postcode /ˈpəʊstkəʊd/

Aux États-Unis, on dit ***zipcode*** /ˈzɪpkəʊd/.

▷ Marc apprend le code de la route.
Marc is learning the highway code.

► **le code de la route :** the highway /ˈhaɪweɪ/ code

cœur

1 ▷ C'est une pâtisserie en forme de cœur.
It's a cake in the shape of a heart.
▷ Mon père a des problèmes de cœur.
My father has heart problems.

(partie du corps, objet en forme de cœur) heart /hɑːt/

2 ▷ J'ai souvent mal au cœur quand je prends le bateau.
I often feel sick when I take the boat.

► **avoir mal au cœur** (= avoir la nausée) : feel sick /sɪk/ (felt, felt)

3 ▷ Il faudrait que j'apprenne les verbes irréguliers par cœur.
I should learn the irregular verbs by heart.

► **par cœur :** by heart /baɪ ˈhɑːt/

coffre

▷ Les valises sont dans le coffre.
The suitcases are in the boot.

(de la voiture) boot /buːt/

Aux États-Unis, on dit ***trunk*** /trʌŋk/.

coffre-fort

▷ Elle a mis ses bijoux dans un coffre-fort.
She has put her jewels in a safe.

safe /seɪf/

cogner

1 ▷ Je me suis cognée contre la table.
I banged into the table.

1 ► **se cogner contre** quelque chose : **bang** /bæŋ/ **into** something

ℹ *Notez la préposition employée en anglais :* se cogner contre = ***bang into***.

2 ▷ Peter s'est cogné la tête contre la chaise.
Peter banged his head on the chair.

▷ Je me suis cogné le genou contre la table.
I banged my knee on the table.

2 ► **se cogner la tête** *ou* **le genou** *etc.* **contre** quelque chose : **bang one's head** *ou* **one's knee** *etc.* **on** something

ℹ *Notez la préposition* ***on*** *employée en anglais quand on se cogne une partie du corps* contre *quelque chose.*

ℹ *Notez l'adjectif possessif :* ***I banged my head, you banged your head, he banged his head, she banged her head, we banged our heads, they banged their heads.***

coiffé, coiffée

▷ Tu es vraiment bien coiffée aujourd'hui.
Your hair looks really nice today.

▷ Romain était mal coiffé.
Romain's hair looked a mess.

ℹ *Pour dire que quelqu'un est bien coiffé, on dit :* ***his / her hair*** /hɛəʳ/ ***looks nice*** (il / elle est bien coiffé(e)).

ℹ *Pour dire que quelqu'un est mal coiffé, on dit :* ***his / her hair looks a mess*** (il / elle est mal coiffé(e)).

coiffer

1 ▷ Viens ici, je vais te coiffer.
Come here, I'm going to comb your hair.

1 ► **coiffer** quelqu'un (= le peigner) : **comb** /kəʊm/ somebody**'s hair** /hɛəʳ/

🔊 *Le* ***b*** *de* ***comb*** *ne se prononce pas.* ***Comb*** *rime avec* ***home***.

2 ▷ Qui vous coiffe d'habitude ?
Who usually does your hair?

2 ► **coiffer** quelqu'un (= s'occuper de ses cheveux) : **do** somebody**'s hair (did, done)**

3 ▷ Elle passe des heures à se coiffer avant de sortir.
She spends hours doing her hair before going out.

3 ► **se coiffer** (= arranger ses cheveux) : **do one's hair (did, done)**

ℹ *L'adjectif possessif s'emploie de la façon suivante en anglais (exemples au présent) :* ***I do my hair, you do your hair, he does his hair, she does her hair, we do our hair, they do their hair.***

coiffeur, coiffeuse

▷ La coiffeuse m'a lavé les cheveux.
The hairdresser washed my hair.

▷ Erika est coiffeuse.
Erika is a hairdresser.

▷ André est chez le coiffeur.
André is at the hairdresser's.
▷ Je vais chez le coiffeur une fois par mois.
I go to the hairdresser's once a month.

hairdresser /'hɛədresəʳ/

*Pour bien prononcer ce mot, décomposez-le : **hair-dress-er**.*

*N'oubliez pas l'article **a** ou **an** devant le nom du métier lorsqu'il suit les verbes **be** ou **become**.*

► **chez le coiffeur** (= dans le magasin) : at the hairdresser's
► **chez le coiffeur** (= vers le magasin) : to the hairdresser's

coiffure

▷ J'adore ta nouvelle coiffure.
I love your new hairstyle.

hairstyle /'hɛəstaɪl/

coin

1 ▷ Les coins de mon livre sont abîmés.
The corners of my book are damaged.

(= angle) **corner** /kɔːnəʳ/

2 ▷ Le magasin est au coin de la rue.
The shop is on the corner of the street.

► **au coin de la rue** : on the corner of the street

3 ▷ Venez vous asseoir au coin du feu.
Come and sit down by the fire.

► **au coin du feu** : by the fire /ˌbaɪ ðə 'faɪəʳ/

4 ▷ Est-ce qu'il y a un supermarché dans le coin ?
Is there a supermarket round here?

► **dans le coin** (= dans les environs) : round here /raʊnd hɪəʳ/

coincé, coincée

▷ Le tiroir est coincé.
The drawer is stuck.
▷ Nous étions coincés dans l'ascenseur.
We were stuck in the lift.

(tiroir, porte, personne) **stuck** /stʌk/

coincer

1 ▷ Nous avons coincé la porte avec un bout de bois.
We wedged the door with a piece of wood.

(pour empêcher quelque chose de se fermer, de s'ouvrir, etc.) **wedge** /wedʒ/

2 ▷ La porte de l'armoire coince.
The wardrobe door sticks.

(= être bloqué) **stick** /stɪk/ (stuck, stuck /stʌk/)

3 ▷ Ma fermeture s'est coincée !
My zip is stuck!

► **se coincer** : be stuck /stʌk/

4 ▷ Renaud s'est coincé le doigt dans la portière.
Renaud caught his finger in the door.

► **se coincer le doigt** *ou* **la main,** *etc.* **dans** quelque chose **:** catch one's finger *ou* hand, *etc* in something (caught, caught /kɔːt/)

ℹ *L'adjectif possessif s'emploie de la façon suivante en anglais (exemples au prétérit) : **I caught my hand, you caught your hand, he caught his hand, she caught her hand**.*

col

▷ Le col de ton manteau est déchiré.
The collar of your coat is torn.

(d'un vêtement) collar /ˈkɒlə^{r}/

colère

▷ J'étais très en colère.
I was very angry.

► **être en colère :** be angry /ˈæŋgrɪ/ (**plus en colère** angrier /ˈæŋgrɪə^{r}/, **le plus en colère** the angriest /ˈæŋgrɪɪst/)

▷ Es-tu en colère contre moi ?
Are you angry with me?

► **être en colère contre** quelqu'un **:** be angry with somebody

▷ Ne te mets pas en colère, ce n'est pas ma faute !
Don't get angry, it's not my fault!

► **se mettre en colère :** get angry (got, got)

colis

▷ Il y a un colis pour toi.
There's a parcel for you.

parcel /ˈpɑːsəl/

*L'accent tonique est sur la première syllabe **par-**.*

collant, collante ADJECTIF

▷ Mes mains sont collantes, je vais les laver.
My hands are sticky, I'm going to wash them.

(= poisseux) sticky /ˈstɪki/ (**plus collant** stickier /ˈstɪkɪə^{r}/, **le plus collant** the stickiest /ˈstɪkɪɪst/)

collant NOM

▷ Ce collant est trop petit.
These tights are too small.

(= vêtement) tights /taɪts/

*En anglais américain, on dit **pantyhose*** /ˈpæntɪhəʊz/.

ℹ *Comme tous les noms de vêtements qui ont deux jambes, **tights** et **pantyhose** sont des pluriels.*

▷ C'est quatre euros pour trois paires de collants.
It's four euros for three pairs of tights.

► **un collant, une paire de collants :** a pair of tights (pluriel pairs of tights)

*En anglais américain, on dit **a pair of pantyhose*** (pluriel pairs of pantyhose).

colle

▷ Tu peux facilement réparer ça avec de la colle.
You can easily repair that with glue.

(= adhésif) **glue** /gluː/

collection

▷ Ils ont une belle collection de sculptures.
They have got a beautiful collection of sculptures.

(de timbres, d'objets d'art, etc.) **collection** /kəˈlekʃən/

▷ Elle fait collection de vieilles cartes postales.
She collects old postcards.

► **faire collection de** quelque chose : **collect** something /kəˈlekt/

collectionner

▷ Je collectionne les timbres.
I collect stamps.

collect /kəˈlekt/

collège

▷ On s'est connus au collège.
We met at school.

school /skuːl/

ℹ *Les* **collèges** *et les* **lycées** *n'existent pas dans le monde anglophone. En Grande-Bretagne, les élèves vont à la* ***secondary school*** /ˈsekəndərɪˌskuːl/ *entre 11 ans et 16 ou 18 ans. Pour parler de votre collège en anglais, vous pouvez employer soit le mot* ***school*** *tout court, soit le mot* ***collège*** *que vous mettrez entre guillemets.*

collègue

▷ Je m'entends très bien avec tous mes collègues.
I get on very well with all my colleagues.

colleague /ˈkɒliːg/

Attention à l'orthographe du mot anglais.

coller

1 ▷ J'ai simplement collé cette photo sur un bout de carton.
I just stuck this photo on a piece of cardboard.

► **coller** quelque chose (un timbre, du papier, etc.) : **stick** /stɪk/ something (stuck, stuck /stʌk/)

2 ▷ Ce timbre ne colle pas.
This stamp doesn't stick.

(= adhérer) **stick** (stuck, stuck)

3 ▷ J'ai les mains qui collent, je vais les laver.
My hands are sticky, I'm going to wash them.

(= être poisseux) **be sticky** /ˈstɪkɪ/

collier

▷ Jane a un joli collier en argent.
Jane has a pretty silver necklace.

(= bijou) **necklace** /ˈnekləs/

colline

▷ Nous sommes allés nous balader sur la colline.
We went for a walk up the hill.

hill /ˈhɪl/

colocataire

▷ Marie est ma colocataire.
Marie is my flatmate.

flatmate /ˈflætmeɪt/

colombe

▷ Kevin a vu une colombe dans le jardin.
Kevin saw a dove in the garden.

dove /dʌv/

*Le **o** de **dove** se prononce comme le **u** de **duck**.*

colonie

1 ▷ Le Nigeria est une ancienne colonie britannique.
Nigeria is a former British colony.

1 **colony** /ˈkɒlənɪ/

2 ▷ On s'est connus en colonie de vacances.
We met at summer camp.

▷ Michaël va en colonie de vacances en Camargue.
Michaël is going to summer camp in the Camargue.

2 ► **colonie de vacances :** summer camp /ˈsʌmə kæmp/
► **aller en colonie de vacances :** go to summer camp (went, gone / been)

colonne

1 ▷ C'est plus clair si tu les sépares en deux colonnes.
It's clearer if you separate them into two columns.

1 **column** /ˈkɒləm/

*Le **n** de **column** ne se prononce pas.*

2 ▷ J'ai mal à la colonne vertébrale.
My spine hurts.

2 ► **colonne vertébrale :** spine /spaɪn/

coloré, colorée

▷ Ses tableaux sont très colorés.
His paintings are very colourful.

(= aux couleurs vives) **colourful** /ˈkʌləfʊl/

colorier

▷ Tu devrais colorier ton dessin.
You should colour in your drawing.

colour in /ˌkʌlər ˈɪn/

coma

▷ Le mari de Lucile a eu un accident, il est dans le coma.
Lucile's husband had an accident, he's in a coma.

coma /ˈkəʊmə/
► **être dans le coma :** be in a coma

combat

1 ▷ Il y a eu de violents combats de rue.
There were some violent street battles.

1 (= lutte armée) **battle** /ˈbætl/

2 ▷ Je suis allé voir un combat de boxe.
I went to see a boxing match.

2 (en sport) **match** /mætʃ/ (pluriel **matches** /ˈmætʃɪz/)

combattre

▷ Nous combattrons toujours la discrimination.
We'll always fight discrimination.

fight /faɪt/ (fought, fought /fɔːt/)

combien

1 ▷ C'est combien un café ici ?
How much is a coffee here?
▷ Combien tu pèses ?
How much do you weigh?
▷ Ça fait combien ?
How much is it?

(en parlant d'un prix, d'une mesure) **how much** /haʊ 'mʌtʃ/

2 ▷ Je ne sais pas combien de beurre il y a dans ce gâteau.
I don't know how much butter there is in this cake.
▷ Combien de profs sont en grève ?
How many teachers are on strike?

Combien de... *se traduit par* ***how much*** *lorsque le nom qui suit est au singulier (**butter** dans notre exemple).*

ℹ **Combien de...** *se traduit par* ***how many*** /haʊ 'menɪ/ *lorsque le nom qui suit est au pluriel (**teachers** dans notre exemple).*

3 ▷ Combien de temps ça prend de marcher jusqu'à l'arrêt de bus ?
How long does it take to walk to the bus stop?

► **combien de temps :** how long /haʊ 'lɒŋ/

4 ▷ Tu chausses du combien ?
What size shoes do you take?

Notez comment on demande la pointure de quelqu'un.

combinaison

1 ▷ J'ai oublié la combinaison du cadenas !
I forgot the combination of the padlock!

(= suite de chiffres) **combination** /ˌkɒmbɪ'neɪʃən/

2 ▷ Je vais m'acheter une combinaison de ski.
Im' going to buy myself a ski-suit.

► **combinaison de ski :** ski-suit /'skiːsuːt/

3 ▷ Heureusement qu'on a des combinaisons de plongée, l'eau est glaciale !
Thank goodness we have wet suits, the water is freezing!

► **combinaison de plongée :** wet suit (pluriel wet suits)

comédie

1 ▷ Ce film est une comédie très drôle.
This film is a very funny comedy.

(= film, pièce de théâtre) **comedy** /'kɒmɪdɪ/ (pluriel comedies /'kɒmɪdɪz/)

2 ▷ « Cats » est une comédie musicale célèbre.
"Cats" is a well-known musical.

► **comédie musicale :** musical /'mjuːzɪkəl/

comédien

▷ Gérard Depardieu est un comédien célèbre dans le monde entier.
Gérard Depardieu is a world famous actor.

(= acteur) **actor** /'æktəʳ/

*Attention : le mot anglais **comedian** ne signifie pas « comédien » mais « acteur comique ».*

comédienne

▷ Catherine Deneuve est une comédienne très célèbre.
Catherine Deneuve is a very famous actress.

(= actrice) **actress** /'æktrəs/ (pluriel **actresses** /'æktrəsɪz/)

comique

1 ▷ C'est surtout un acteur comique.
He's mainly a comic actor.

(acteur, rôle, film) **comic** /'kɒmɪk/ (**plus comique** more comic, **le plus comique** the most comic)

2 ▷ La situation était plutôt comique !
The situation was rather funny!

(drôle) **funny** /fʌnɪ/ (**plus comique** funnier /fʌnɪəʳ/, **le plus comique** the funniest /fʌnɪɪst/)

commande

1 ▷ Votre commande sera livrée demain.
Your order will be delivered tomorrow.

(= achat) **order** /'ɔːdəʳ/

▷ J'ai passé la commande par téléphone.
I placed the order by telephone.

► **passer une commande :** place /pleɪs/ an order

2 ▷ Le pilote m'a montré les commandes de l'avion.
The pilot showed me the controls of the plane.

► **les commandes** (d'un avion, d'une machine) : **the controls** /kən'trəʊlz/

commander

1 ▷ Qu'est-ce que tu as commandé pour le dessert ?
What did you order for dessert?

(au restaurant, par catalogue) **order** /'ɔːdəʳ/

▷ Sophie a commandé un jeu vidéo.
Sophie ordered a video game.

*Attention à la prononciation de **ordered** /'ɔːdəd/.*

2 ▷ David a toujours aimé commander.
David has always liked to be in charge.

(= être le chef) **be in charge** /'tʃɑːdʒ/

comme

1 ▷ Arthur est comme moi, il n'aime pas le lait.
Arthur is like me, he doesn't like milk.

(pour comparer) **like** /laɪk/

2 ▷ Comme on était en retard, on a couru.
As we were late, we ran.

(= puisque) **as** /æz/

3 ▷ Tiens la corde comme ça.
Hold the rope like this.
▷ Je n'ai jamais vu une maison comme ça.
I've never seen a house like that.

► **comme ça** (= de cette façon) : like this *ou* like that

ℹ *Si ce qu'on montre est près de soi, ou si c'est quelque chose qu'on est en train de faire soi-même, on dit* ***like this*** /laɪk 'ðɪs/. *Si ce qu'on montre est un peu éloigné de soi, ou si c'est quelque chose qu'une autre personne est en train de faire, on dit* ***like that*** /laɪk 'ðæt/.

4 ▷ J'ai du mal à prononcer le « th » anglais comme il faut.
I have trouble pronouncing the "th" in English properly.

► **faire** quelque chose **comme il faut** (= correctement) : do something properly /'prɒpəlɪ/

5 ▷ Tristan se conduit comme s'il était chez lui.
Tristan behaves as if he was at home.

► **comme si** : as if /əz 'ɪf/

commencer

▷ Mike a commencé le livre hier et il l'a déjà fini !
Mike started the book yesterday and he's already finished it!
▷ Le spectacle commence à huit heures.
The show starts at eight o'clock.

▷ Emma commence à s'inquiéter.
Emma is starting to worry.

start /stɑːt/

ℹ *Le verbe anglais* ***begin*** /bɪ'gɪn/ *signifie la même chose que* ***start****, mais il est irrégulier :* (began /bɪ'gæn/, begun /bɪ'gʌn/).

► **commencer à faire** quelque chose : start to do something

comment

1 ▷ Comment allons-nous décider ?
How are we going to decide?
▷ Il m'a montré comment utiliser ce logiciel.
He showed me how to use this software.

(en parlant de la manière dont on fait quelque chose) how /haʊ/

2 ▷ Comment vas-tu ?
How are you?

Notez bien cette manière de demander si quelqu'un va bien : ***how are you?*** (comment vas-tu ?), ***how is he / she?*** (comment va-t-il / elle ?), ***how are they?*** (comment vont-ils / elles ?).

3 ▷ Il est comment, le prof de tango ?
What is the tango teacher like?
▷ C'était comment, tes vacances ?
What were your holidays like?

Pour demander comment est quelque chose *ou* quelqu'un, *on emploie* ***what + be + sujet + like?*** *Regardez bien les exemples donnés ci-contre.*

commentaire

▷ Capucine n'a pas arrêté de faire des commentaires.
Capucine didn't stop making comments.

(= remarque) **comment** /'kɒment/
► **faire des commentaires : make comments (made, made)**

commenter

1 ▷ Je préfère ne pas commenter son attitude.
I'd rather not comment his attitude.

1 (= faire des remarques sur) **comment on** /'kɒmentɒn/

2 ▷ La rencontre sera commentée par Luc Amy.
The match will be commented by Luc Amy.

2 (un match) **commentate** /'kɒmenteɪt/

commérages

▷ Ce ne sont que des commérages.
It's only gossip.

gossip /'gɒsɪp/
ℹ *Le mot **gossip** est toujours singulier.*

commerçant, commerçante

▷ Les commerçants sont contre l'ouverture du supermarché.
The shopkeepers are against the opening of the supermarket.

▷ Leur mère est commerçante.
Their mother is a shopkeeper.

(= personne qui tient un magasin) **shopkeeper** /'ʃɒpkiːpə^r/

ℹ *N'oubliez pas l'article **a** ou **an** devant le nom du métier lorsqu'il suit les verbes **be** ou **become**.*

commerce

1 ▷ Il y a beaucoup de commerces dans notre quartier.
There are a lot of shops in our area.

1 (= magasin) **shop** /ʃɒp/

2 ▷ L'Europe fait du commerce avec les États-Unis.
Europe trades with the United States.

2 ► **faire du commerce avec : trade** /treɪd/ **with**

3 ▷ Roland veut aller dans une école de commerce.
Roland wants to go to a business school.

3 ► **école de commerce : business school** /'bɪznɪs skuːl/ (pluriel **business schools**)

commissariat

▷ Ils l'ont emmené au commissariat.
They took him to the police station.

police station /pə'liːs,steɪʃən/ (pluriel **police stations** /pə'liːs,steɪʃəns/)

commode

1 ▷ Ce n'est pas commode d'habiter à l'autre bout de la ville.
It's not convenient to live at the other end of the town.

1 (= pratique) **convenient** /kən'viːnɪənt/

2 ▷ Les serviettes sont dans la commode.
The towels are in the chest of drawers.

► **une commode** (= des tiroirs) : a chest of drawers /ˌtʃest əv ˈdrɔːz/ (pluriel chests of drawers)

commun, commune

1 ▷ Il y a une salle de bains commune dans l'auberge de jeunesse.
There is a shared bathroom in the youth hostel.

(pièce, jardin) shared /ʃeəd/

2 ▷ Ces deux événements n'ont rien en commun.
These two events have nothing in common.

► **en commun** (pour comparer des choses ou des gens) : in common /ɪn ˈkɒmən/

communauté

▷ Mon permis de conduire est valable dans toute la Communauté européenne.
My driving licence is valid throughout the European Community.

community /kəˈmjuːnɪtɪ/ (pluriel communities /kəˈmjuːnɪtiːz/)
► **la Communauté européenne :** the European Community /ˌjʊərəpiːən kəˈmjuːnɪtɪ/

communication

1 ▷ Il faut améliorer les moyens de communication.
Means of communication have to be improved.

(= liaison) communication /kəˌmjuːnɪˈkeɪʃən/

2 ▷ Tu connais le prix de la communication ?
Do you know the price for the call?

► **communication (téléphonique) :** (phone) call /(fəʊn) kɔːl/

3 ▷ Elle travaille pour une agence de communication.
She works for a communication agency.

(= relations publiques) communication /kəˌmjuːnɪˈkeɪʃən/

communion

▷ Sophie vient de faire sa communion.
Sophie has just made her communion.

communion /kəˈmjuːnɪən/
► **faire sa communion :** make one's communion (made, made)

communiquer

▷ Elles communiquent par e-mails.
They communicate by emails.

(correspondre) communicate /kəˈmjuːnɪkeɪt/

compagne

Regardez le mot compagnon

compagnie

1 ▷ Elle m'a tenu compagnie tout l'après-midi.
She kept me company all afternoon.

company /ˈkʌmpənɪ/
► **tenir compagnie à** quelqu'un **:** keep somebody company (kept, kept)

2 ▻ Samuel travaille pour une compagnie d'assurances.
Samuel works for an insurance company.

(= société) **company** (pluriel **companies** /'kʌmpənɪz/)
Attention : il n'y a pas de **g** *dans le mot anglais* **company** *!*

3 ▻ Vous voyagez avec quelle compagnie aérienne ?
Which airline do you travel with?

► **compagnie aérienne : airline** /'ɛəlaɪn/

compagnon, compagne

▻ Il est venu avec sa compagne.
He came with his partner.

(= concubin) **partner** /'pɑːtnəʳ/

comparaison

▻ Pour demain je dois faire une comparaison entre deux produits.
For tomorrow I have to compare the two products.

comparison /kəm'pærɪsn/
► **faire une comparaison entre... : compare...** /kəm'peəʳ/

▻ Tania mesure un mètre cinquante ; moi je suis une géante en comparaison !
Tania is one metre fifty tall; I'm a giant in comparison!

► **en comparaison : in comparison** /ɪn kəm'pærɪsn/

comparé à

▻ Comparé à Juan, Clément est tout petit.
Compared with Juan, Clément is really small.

compared with /kəm'pɛəd wɪð/

comparer

▻ On ne peut pas les comparer, ils sont très différents.
You can't compare them, they're very different.

compare /kəm'pɛəʳ/

▻ Léo m'a comparée à sa sœur.
Léo compared me with his sister.

► **comparer à** *ou* **avec : compare with**

compartiment

▻ C'est dommage, nous ne sommes pas dans le même compartiment.
It's a shame, we aren't in the same compartment.

compartment /kəm'pɑːtmənt/
Attention : il n'y a pas de **i** *dans le mot anglais* **compartment***.*

▻ Tu es dans un compartiment fumeurs ou non-fumeurs ?
Are you in a smoking or non-smoking compartment?

► **compartiment fumeurs : smoking** /'sməʊkɪŋ/ **compartment**
► **compartiment non-fumeurs : non-smoking compartment**

compétence

▻ Je mets toujours une section « compétences » dans mon CV.
I always put a "skills" section in my CV.

skill /skɪl/

compétent, compétente

▻ C'est quelqu'un de très compétent.
He's very competent.

competent /'kɒmpɪtənt/

compétition

▷ Il y a une compétition d'athlétisme ce week-end.
There's an athletics competition this weekend.

▷ Qui participe à cette compétition ?
Who's taking part in this competition?

competition /ˌkɒmpɪ'tɪʃən/

ℹ *Attention : le mot anglais* ***competition*** *s'écrit sans accent.*

► **participer à une compétition :** take part in a competition (took, taken)

complet, complète

1 ▷ Cédric a une série complète de bandes dessinées.
Cédric has a complete series of comic books.

(= sans rien qui manque) **complete** /kəm'pliːt/

2 ▷ Malheureusement, le parking était complet.
Unfortunately, the car park was full.

(hôtel, train, parking) **full** /fʊl/

3 ▷ Je préfère le pain complet.
I prefer brown bread.

(pain, pâtes, farine) **brown** /braʊn/

complètement

▷ Mais il est complètement idiot !
But he's completely stupid!

completely /kəm'pliːtlɪ/

Attention à l'orthographe du mot anglais !

compléter

1 ▷ Je dois compléter ces dix phrases avec un verbe de mouvement.
I have to complete these ten sentences with a verb of movement.

(quelque chose qui n'est pas terminé) **complete** /kəm'pliːt/

2 ▷ Quelqu'un devra compléter la somme, il n'y a pas assez d'argent.
Somebody will have to make up the sum, there isn't enough money.

(une somme) **make up** (made, made)

complexe

▷ Il a un complexe d'infériorité.
He has an inferiority complex.

complex /'kɒmpleks/

complexé, complexée

▷ Il est très complexé.
He has a lot of hang-ups.

► **être complexé :** have hang-ups /'hæŋʌps/ (had, had)

compliment

▷ J'étais content, ma chef m'a fait un compliment.
I was happy, my boss paid me a compliment.

compliment /'kɒmplɪmənt/

► **faire un compliment à quelqu'un :** pay somebody a compliment (paid, paid)

compliqué, compliquée

▻ Finalement je ne vais pas le faire, c'est trop compliqué.
I'm not going to do it after all, it's too complicated!

complicated /'kɒmplɪkeɪtɪd/ (**plus compliqué** more complicated, **le plus compliqué** the most complicated)

comportement

▻ Je ne comprends pas leur comportement.
I don't understand their behaviour.

behaviour /bɪ'heɪvjəʳ/

se comporter

▻ Tu te comportes comme un enfant !
You behave like a child!

behave /bɪ'heɪv/

composer

1 ▻ Joël compose de la musique sur son ordinateur.
Joël composes music on his computer.

(de la musique, une chanson) **compose** /kəm'pəʊz/

2 ▻ D'abord tu composes le numéro de l'opérateur, ensuite tu dis que tu veux la France.
First you dial the operator's number, then you say you want France.

(un numéro de téléphone) **dial** /'daɪəl/

ℹ *Il y a deux* ***l*** *au gérondif* (dialling /'daɪəlɪŋ/), *au prétérit et au participe passé* (dialled /'daɪəld/).

3 ▻ Le groupe se compose de dix garçons et treize filles.
The group is made up of ten boys and thirteen girls.

► **se composer de** quelque chose : **be made up of** something

composter

▻ En Angleterre on ne composte pas les billets de train.
In England you don't punch train tickets.

punch /pʌntʃ/

compote

▻ Il y a de la compote de pommes comme dessert.
There are stewed apples for dessert.

▻ Cette compote est trop sucrée.
These stewed apples are too sweet.

▻ Tu aimes cette compote de poires ?
Do you like these stewed pears?

ℹ *En anglais, on emploie* ***stewed*** /stju:d/ *suivi du nom du fruit au pluriel.*

ℹ ***Stewed apples, stewed pears****, etc. sont des pluriels.*

compréhensible

1 ▻ Il était en colère, c'est compréhensible.
He was angrry, that's understandable.

(= concevable) **understandable** /ˌʌndə'stændəbl/ (**plus compréhensible** more understandable, **le plus compréhensible** the most understandable)

2 ▷ Ta lettre n'est pas compréhensible.
Your letter is not comprehensible.

(= clair) **comprehensible** /ˌkɒmprɪ'hensəbl/ (**plus compréhensible** more comprehensible, **le plus compréhensible** the most comprehensible)

compréhensif, compréhensive

▷ Il a été très compréhensif.
He was very understanding.

understanding /ˌʌndə'stændɪŋ/ (**plus compréhensif** more understanding, **le plus compréhensif** the most understanding)

Attention ! Le mot anglais ***comprehensive*** *signifie « complet ».*

comprendre

1 ▷ Tu comprends ce que je veux dire ?
Do you understand what I mean?

▷ Oh pardon, j'ai mal compris.
Oh sorry, I misunderstood.

(= saisir) **understand** /ˌʌndə'stænd/ (understood, understood /ˌʌndə'stʊd/)

► **mal comprendre :** misunderstand /'mɪsʌndə'stænd/ (misunderstood, misunderstood /'mɪsʌndə'stʊd/)

2 ▷ Le livre comprend trois parties.
The book is made up of three parts.

(= se composer de) **be made up of**

comprimé

▷ Le médecin m'a dit de prendre deux comprimés le matin.
The doctor told me to take two tablets in the morning.

tablet /'tæblɪt/

compris, comprise

1 ▷ Est-ce que le petit déjeuner est compris dans le prix ?
Is breakfast included in the price?

► **être compris dans** quelque chose (= être inclus dans) : be included /ɪn'klu:dɪd/ in something

2 ▷ Ça fait cinquante euros tout compris.
It's fifty euros all in.

► **tout compris :** all in /ɔ:l 'ɪn/

3 ▷ Il y a dix joueurs y compris mon frère.
There are ten players including my brother.

► **y compris :** including /ɪn'klu:dɪŋ/

Regardez aussi le mot ***comprendre***.

comptable

▷ Nous recherchons un nouveau comptable.
We're looking for a new accountant.

accountant /ə'kaʊntənt/

▻ Cécilia est comptable.
Cécilia is an accountant.

ℹ *N'oubliez pas l'article **a** ou **an** devant le nom du métier lorsqu'il suit les verbes **be** ou **become**.*

compte

1 ▻ On va faire les comptes pour voir si on a assez d'argent.
We're going to do the accounts to see if we have enough money.

► **faire les comptes :** do the accounts /ə'kaʊnts/ (did, done)

2 ▻ Jane a un compte dans une caisse d'épargne.
Jane has an account in a savings bank.

(dans une banque) account /ə'kaʊnt/

3 ▻ Tu te rends compte de ce que tu as fait ?
Do you realize what you have done?

▻ Alice ne se rend pas compte qu'elle est trop agressive.
Alice doesn't realize that she is too aggressive.

► **se rendre compte de** quelque chose **:** realize something /'rɪəlaɪz/
► **se rendre compte que... :** realize that...

compter

1 ▻ Est-ce que tu as compté le nombre de tickets ?
Did you count the number of tickets?

(= calculer) count /kaʊnt/

2 ▻ Ils comptent partir demain.
They intend to leave tomorrow.

► **compter faire** quelque chose (= avoir l'intention de faire) **:** intend /ɪn'tend/ to do something

3 ▻ Tu peux compter sur moi !
You can count on me!

► **compter sur** quelqu'un **:** count on somebody

comptine

▻ Jeanne connaît plusieurs comptines.
Jeanne knows several nursery rhymes.

nursery rhyme /'nɜːsərɪraɪm/

comptoir

▻ C'est moins cher de boire au comptoir.
It's less expensive to drink at the bar.

(dans un café) bar /bɑːʳ/

se concentrer

▻ Essaie de te concentrer !
Try to concentrate!

concentrate /'kɒnsəntreɪt/

concerner

▻ Le nouveau règlement nous concerne aussi.
The new rules concern us too.

concern /kən'sɜːn/

concert

▻ Il y a un concert en ville ce soir.
There's a concert in town tonight.

concert /'kɒnsət/

▷ Est-ce que le concert de rock était bien ?
Was the rock concert good?

► **concert de rock** : rock concert
/'rɒk kɒnsət/

ℹ *On dit* ***a jazz concert*** (un concert de jazz), ***a classical music concert*** (un concert de musique classique).

concierge

▷ Demande au concierge s'il l'a vu sortir.
Ask the caretaker if he saw him go out.

caretaker /'kɛəˌteɪkəʳ/

conclure

▷ Et pour conclure, merci à tous !
And to conclude, thank you all!

conclude /kən'kluːd/

conclusion

▷ Je ne sais pas quoi mettre dans la conclusion de mon rapport.
I don't know what to put in the conclusion of my report.

conclusion /kən'kluːʒən/

🔊 *Le* ***s*** *du mot anglais* ***conclusion*** *se prononce comme le* ***j*** *du mot français* ***jeune***.

concombre

▷ Est-ce que tu aimes le concombre ?
Do you like cucumber?

cucumber /'kjuːkʌmbəʳ/

🔊 *Attention à la prononciation !*

concours

1 ▷ Il y a un concours pour entrer dans certaines écoles.
There is a competitive examination to get into some schools.

(pour entrer dans une école) **competitive examination** /kəmˌpetɪtɪv egˈzæmɪ'neɪʃən/ (pluriel competitive examinations)

2 ▷ Paul a gagné une montre dans un concours à la radio.
Paul won a watch in a competition on the radio.

(= jeu) **competition** /kɒmpɪ'tɪʃən/

concret, concrète

▷ Donne-moi un exemple concret.
Give me a concrete example.

concrete /'kɒnkriːt/

🔊 ***Concrete*** *rime avec* ***beat*** *et* ***seat***.

concurrence

▷ Il y a beaucoup de concurrence entre les magasins ici.
There is a lot of competition between the shops here.

competition /kɒmpɪ'tɪʃən/

🔊 *L'accent tonique est sur la troisième syllabe* ***-ti***.

concurrent, concurrente

▷ L'entreprise a beaucoup de concurrents.
The company has a lot of competitors.

competitor /kəm'petɪtəʳ/

🔊 *L'accent tonique est sur la deuxième syllabe* ***-pe-***.

condamnation

▷ C'est une condamnation à mort.
It's a death sentence.

(= peine) **sentence** /'sentəns/

condamner

1 ▷ Nous condamnons de telles actions.
We condemn such actions.

1 (= blâmer) **condemn** /kən'dem/

2 ▷ Le tribunal l'a condamné à un an de prison.
The court sentenced him to one year's imprisonment.

2 ► **condamner** quelqu'un **à** quelque chose : **sentence** /'sentəns/ somebody **to** something

condition

1 ▷ Ils vivent dans des conditions atroces.
They live in terrible conditions.

▷ Je le ferai, mais à une condition : tu dois m'aider.
I'll do it, but on one condition: you must help me.

1 **condition** /kən'dɪʃən/

► **à une condition : on one condition**

2 ▷ Je te le prête à condition que tu y fasses bien attention.
I'll lend it to you on condition that you're careful.

▷ Nous mangerons dehors à condition qu'il fasse beau.
We'll eat outside on condition that the weather is good.

2 ► **à condition que : on condition that** /ɒn kən'dɪʃən ðæt/

conducteur, conductrice

▷ La conductrice de la voiture était ivre.
The driver of the car was drunk.

driver /'draɪvəʳ/

conduire

1 ▷ En Angleterre, on conduit à gauche.
In England, they drive on the left.

1 (un véhicule) **drive** /draɪv/ (**drove** /drəʊv/, **driven** /'drɪvən/)

2 ▷ Fred m'a conduit à la gare.
Fred took me to the station.

2 ► **conduire** quelqu'un quelque part (= l'emmener) : **take** /teɪk/ somebody somewhere (**took** /tʊk/, **taken** /'teɪkən/)

3 ▷ Tu t'es conduit comme un imbécile !
You behaved like an idiot!

3 ► **se conduire : behave** /bɪ'heɪv/

conduite

1 ▷ Je trouve sa conduite inacceptable.
I find his behaviour unacceptable.

1 (= comportement) **behaviour** /bɪ'heɪvjəʳ/

2 ▷ Sarah prend des leçons de conduite.
Sarah is taking driving lessons.

► **leçon de conduite :** driving lesson /'draɪvɪŋ lesn/ (pluriel driving lessons)

cône

▷ Je voudrais un cône à la vanille, s'il vous plaît.
I'd like a vanilla cone, please.

cone /kəʊn/

conférence

1 ▷ Il y a une conférence sur la Chine à la mairie.
There's a lecture on China at the town hall.

(= discours, exposé) lecture /'lektʃəʳ/

2 ▷ Je dois assister à une conférence sur le réchauffement climatique.
I have to attend a conference on global warming.

(= colloque) conference /'kɒnfərəns/

3 ▷ La conférence de presse se tiendra dans une heure.
The press conference will be held in one hour.

► **conférence de presse :** press conference

ℹ *Attention : le mot anglais s'écrit sans accent.*

confettis

▷ Tout le monde a jeté des confettis sur les mariés.
Everybody threw confetti at the newly-weds.

confetti /kən'fetɪ/

ℹ *Confetti est singulier. On dit par exemple : the confetti is blue and red* (les confettis sont bleus et rouges).

confiance

▷ Je te fais confiance *ou* j'ai confiance en toi.
I trust you.

► **faire confiance à** quelqu'un *ou* **avoir confiance en** quelqu'un **:** trust somebody /trʌst/

confidence

▷ Elle a fait des confidences à Myriam.
She confided in Myriam.

► **faire des confidences à** quelqu'un **:** confide /kən'faɪd/ in somebody

Attention ! Confidence *ne se traduit pas par le mot anglais* confidence*, qui signifie « confiance ».*

confirmer

▷ Ils ont confirmé qu'il n'y aura pas de licenciements.
They confirmed that there wouldn't be any redundancies.

confirm /kən'fɜːm/

confiserie

1 ▷ Où as-tu acheté ces caramels ? – À la confiserie.
Where did you buy those toffees? – At the sweet shop.

(= magasin) sweet shop /'swiːtʃɒp/ (pluriel sweet shops)

2 ▻ Clémentine mange trop de confiseries.
Clémentine eats too many sweets.

(= bonbon) : **sweet** /swiːt/

Aux États-Unis, confiseries *se dit* ***candy*** /'kændɪ/.

confisquer

▻ J'ai dû lui confisquer son téléphone portable.
I had to confiscate his mobile phone.

confiscate /'kɒnfɪskeɪt/

confiture

▻ Je mange toujours du pain et de la confiture au petit déjeuner.
I always eat bread and jam for breakfast.

▻ Ma confiture préférée est la confiture d'abricots.
My favourite jam is apricot jam.

▻ Tu veux du pain grillé avec de la confiture d'orange ?
Would you like some toast and marmalade?

jam /dʒæm/

Aux États-Unis, on dit ***jelly*** /'dʒelɪ/.

Notez comment on parle du type de confiture : ***apricot jam*** (confiture d'abricots) *;* ***strawberry jam*** (confiture de fraises) *;* ***raspberry jam*** (confiture de framboises)*, etc.*

Pour les confitures d'agrumes*, notamment d'oranges, on n'emploie pas* ***jam*** *mais* ***marmalade****.*

confondre

▻ Ils se ressemblent tellement que je les confonds toujours.
They look so alike that I always get them mixed up.

▻ Je confonds toujours Marie avec sa sœur.
I always mistake Marie for her sister.

► **confondre** quelque chose : **get** something **mixed up** /mɪkst 'ʌp/ **(got, got)**

► **confondre... avec : mistake** /mɪs'teɪk/ **... for (mistook** /mɪs'tʊk/, **mistaken** /mɪs'teɪkən/**)**

confort

▻ Ils ne vont jamais en camping parce qu'ils aiment le confort.
They never go camping because they like comfort.

comfort /'kʌmfət/

Attention à l'orthographe du mot anglais ***comfort****.*

confortable

▻ L'hôtel était assez confortable.
The hotel was quite comfortable.

comfortable /'kʌmfətəbl/

Attention à l'orthographe du mot anglais ***comfortable****.*

L'accent tonique tombe sur la première syllabe ***com-****.*

confus, confuse

1 ▻ La situation est assez confuse.
The situation is rather confused.

(= peu clair) **confused** /kən'fjuːzd/ **(plus confus** more confused**, le plus confus** the most confused**)**

2 ▷ Il était confus d'avoir fait cela.
He was embarrassed at having done that.

(= honteux) embarrassed /ɪm'bærəst/ (plus confus more embarrassed, le plus confus the most embarrassed)

congé

▷ Je serai en congé jusqu'à la fin du mois.
I'll be on holiday until the end of the month.

holiday /'hɒlɪdeɪ/
► **être en congé :** be on holiday
En anglais américain, on dit be on vacation /və'keɪʃən/.

▷ Je vais prendre un jour de congé.
I'm going to take a day off.

► **jour de congé :** day off /deɪ 'ɒf/ (pluriel days off)

▷ Hervé a deux semaines de congé.
Hervé has two weeks off.

► **semaine de congé :** week off /wiːk 'ɒf/ (pluriel weeks off)

congélateur

▷ Le congélateur ne marche pas.
The freezer doesn't work.

freezer /'friːzəʳ/

▷ Est-ce que tu as mis le pain au congélateur ?
Did you put the bread in the freezer?

► **au congélateur :** in the freezer

congeler

▷ Tu ne dois pas congeler cette viande.
You mustn't freeze this meat.

freeze /friːz/ (froze /frəʊz/, frozen /'frəʊzən/)

▷ Je crois qu'il me reste du pain congelé dans le congélateur.
I think I still have some frozen bread in the freezer.

ℹ *Congelé se dit frozen en anglais : frozen foods, ce sont des aliments congelés.*

connaissance

1 ▷ Justine a de bonnes connaissances en anglais.
Justine has a good knowledge of English.

► **avoir de bonnes connaissances en :** have a good knowledge /'nɒlɪdʒ/ of (had, had)
ℹ *Attention : knowledge ne se met jamais au pluriel.*

2 ▷ Où as-tu fait la connaissance de Stuart ?
Where did you meet Stuart?

► **faire la connaissance de quelqu'un :** meet /miːt/ somebody (met, met /met/)

3 ▷ C'est une vieille connaissance.
He's an old acquaintance.

(= personne) acquaintance /ə'kweɪntəns/

connaître

1 ▷ Est-ce que vous connaissez Liam ?
Do you know Liam?

▷ Je connais un bon restaurant dans le quartier.
I know a good restaurant in the area.

(connaître une personne, un endroit, un mot) know /nəʊ/ (knew /njuː/, known /nəʊn/)

▷ Je connais Mary depuis dix ans.
I've known Mary for ten years.

Le k de know ne se prononce pas.

Pour dire qu'on connaît quelqu'un depuis..., *on emploie le present perfect en anglais : I've known him / her / them...*

2 ▷ Isabelle a connu Sébastien à Biarritz.
Isabelle met Sébastien in Biarritz.

(= rencontrer) meet /miːt/ (met, met /met/)

3 ▷ Ils se sont connus il y a trois ans.
They met three years ago.

► **se connaître** (= se rencontrer) : meet (met, met)

4 ▷ Demande à Sylvain, il s'y connaît en informatique.
Ask Sylvain, he knows all about computers.

► **s'y connaître en** quelque chose (être expert en) : know all about something

se connecter

1 ▷ J'essaie de me connecter, mais il y a un problème.
I'm trying to log on, but there's a problem.

(sur Internet) log on /lɒg'ɒn/

2 ▷ Nous ne sommes pas encore connectés à Internet.
We're not connected to Internet yet.

► **être connecté à Internet :** be connected /kə'nektɪd/ to Internet

Remarquez la préposition en anglais : connecté à = *connected to.*

connexion

▷ Il me faut une connexion Internet.
I need an Internet connection.

(= raccordement) connection /kə'nekʃən/

Attention à l'orthographe du mot anglais connection.

connu, connue

▷ C'est une chanteuse très connue.
She's a very famous singer.

▷ Cette marque n'est pas très connue.
This brand isn't very well-known.

(= célèbre) famous /'feɪməs/ (**plus connu** more famous, **le plus connu** the most famous)

On peut également dire well-known /wel'nəʊn/ (**plus connu** better-known, **le plus connu** the best-known).

consciencieux, consciencieuse

▷ Il n'est pas très consciencieux.
He's not very conscientious.

conscientious /ˌkɒnʃɪ'enʃəs/ (**plus consciencieux** more conscientious, **le plus consciencieux** the most conscientious)

conscient, consciente

1 ▷ Le conducteur de la voiture était encore conscient.
The driver of the car was still conscious.

(= éveillé) **conscious** /ˈkɒnʃəs/

2 ▷ J'espère que tu es consciente de ce que tu as fait !
I hope you're aware of what you have done!

► **être conscient de** quelque chose : **be aware** /əˈweəʳ/ **of** something

conseil

▷ Merci pour ce conseil !
Thanks for that piece of advice!
▷ Tes conseils ont été très utiles.
Your advice was very useful.
▷ Je vais te donner un conseil.
I'm going to give you some advice.

► **un conseil : a piece of advice** /ədˈvaɪs/
► **des conseils : advice**
ℹ *Le mot **advice** est un nom indénombrable : on ne le met pas au pluriel et il ne s'emploie pas avec l'article **an**. On dit par exemple **his advice wasn't very good*** (ses conseils n'étaient pas très bons).

▷ Le médecin m'a donné des conseils.
The doctor gave me some advice.

► **donner des conseils à** quelqu'un : **give** somebody **some advice (gave, given)**

▷ Demande conseil à Romain.
Ask Romain for advice.

► **demander conseil à** quelqu'un : **ask** /ɑːsk/ somebody **for advice**

conseiller VERBE

1 ▷ Pouvez-vous nous conseiller un bon restaurant ?
Can you recommend a good restaurant?

► **conseiller** quelque chose : **recommend** /ˌrekəˈmend/ something

2 ▷ Je vous conseille de partir tout de suite.
I advise you to leave at once.

► **conseiller à** quelqu'un **de faire** quelque chose : **advise** /ədˈvaɪz/ somebody **to do** something

conseiller, conseillère

▷ Leur père est conseiller financier.
Their father is a financial adviser.

(= expert) **adviser** /ədˈvaɪzəʳ/

▷ J'ai rendez-vous avec le conseiller d'orientation.
I have an appointment with the careers adviser.

► **conseiller d'orientation : careers adviser** /kəˈrɪəʳsədˈvaɪzəʳ/
*En anglais américain, on dit **school counselor*** /ˈskuːlkaʊnsləʳ/ (pluriel **school counselors**).

conséquence

▷ L' accident a eu de graves conséquences.
The accident had serious consequences.

consequence /ˈkɒnsɪkwəns/

par conséquent

▷ L'avion était en retard et, par conséquent, ils ont raté la correspondance.
The plane was late and, consequently, they missed the connection.

consequently /'kɒnsɪkwəntlɪ/

conservateur, conservatrice

▷ Leurs parents sont très conservateurs.
Their parents are very conservative.

conservative /kən'sɜːvətɪv/ (plus conservateur more conservative, le plus conservateur the most conservative)

conservatoire

▷ Le conservatoire (de théâtre) est dans la rue de Richelieu.
The drama school is in rue de Richelieu.

▷ Samantha veut aller au conservatoire (de musique).
Samantha wants to go to music school.

school /skuːl/

ℹ *Pour préciser de quel type de conservatoire il s'agit, on emploie en anglais* ***school*** *précédé du nom de la discipline (****drama school*** *pour le théâtre,* ***music school*** *pour la musique).*

conserve

1 ▷ Je n'achète jamais de conserves.
I never buy tinned food.

► **des conserves :** tinned food /tɪnd 'fuːd/

ℹ *On peut dire aussi* ***canned food*** /kænd 'fuːd/.

2 ▷ Tu peux utiliser des tomates en conserve.
You can use tinned tomatoes.

► **en conserve :** tinned /tɪnd/

ℹ *On peut aussi dire* ***canned*** /kænd/.

conserver

1 ▷ On ne peut pas conserver le lait très longtemps.
You can't keep milk for very long.

(des aliments) **keep** /kiːp/ (kept, kept /kept/)

2 ▷ Ces sauces se conservent bien au congélateur.
These sauces keep well in the freezer.

► **se conserver :** keep (kept, kept)

considérer

1 ▷ Tout bien considéré, c'est trop cher.
All things considered, it's too expensive.

consider /kən'sɪdə^r/

2 ▷ Je considère que c'est à Franck de le lui dire.
I think that it's up to Franck to tell her.

► **considérer que** (= penser que) : think /θɪŋk/ that (thought, thought /θɔːt/)

ℹ *On peut omettre le mot* ***that****. On dit par exemple* ***I think he is right*** (je considère qu'il a raison).

consigne

1 ▷ On pourrait laisser nos bagages à la consigne.
We could leave our luggage at the left-luggage office.

(= bureau où l'on laisse ses bagages) **left-luggage office** /left 'lʌgɪdʒ ˌɒfɪs/

2 ▷ Je n'ai pas bien compris les consignes.
I didn't really understand the instructions.

(= instruction) **instruction** /ɪn'strʌkʃən/

consister

▷ En quoi ça consiste ?
What does it consist of?

▷ Le jeu consiste à se débarrasser du maximum de cartes.
The game consists in getting rid of the maximum number of cards.

► **consister en** quelque chose : **consist of** /kən'sɪst əv/ something

► **consister à faire** quelque chose : **consist in doing** something

console de jeux

▷ Damien voudrait une console de jeux pour son anniversaire.
Damien would like a games console for his birthday.

games console /'geɪmz ˌkɒnsəʊl/ (pluriel **games consoles**)

*Ici, l'accent tonique est sur la première syllabe de **console** : **con-**.*

consoler

▷ Elle pleurait, alors j'ai essayé de la consoler.
She was crying, so I tried to console her.

console /kən'səʊl/

*L'accent tonique est sur la deuxième syllabe **-sole**.*

consommer

1 ▷ Cette voiture consomme beaucoup d'essence.
This car uses a lot of petrol.

(de l'énergie, de l'essence) **use** /juːz/

2 ▷ Les Japonais consomment beaucoup de poisson.
The Japanese eat a lot of fish.

(= manger) **eat** /iːt/ (**ate** /eɪt/, **eaten** /'iːtən/)

3 ▷ Il consomme trop de bière.
He drinks too much beer.

(= boire) **drink** /drɪŋk/ (**drank** /dræŋk/, **drunk** /drʌnk/)

consonne

▷ Le *p* est une consonne.
P is a consonant.

consonant /'kɒnsənənt/

constipé, constipée

▷ Chaque fois que je pars en voyage, je suis constipé.
Every time I go on a trip, I get constipated.

constipated /'kɒnstɪpeɪtɪd/

construction

▷ La construction de la nouvelle bibliothèque a commencé il y a un an.
The construction of the new library started a year ago.

▷ Le nouveau cinéma est encore en construction.
The new cinema is still under construction.

(= travaux) **construction** /kən'strʌkʃən/

► **en construction : under construction**

construire

▷ Les Préjean veulent construire un garage dans leur jardin.
The Préjeans want to build a garage in their garden.

build /bɪld/ (built, built /bɪlt/)

*Le **u** de **build** ne se prononce pas. **Build** rime avec **filled** et **built** rime avec **kilt**.*

consulat

▷ Où se trouve le consulat de France à New York ?
Where is the French Consulate in New York?

consulate /'kɒns'jʊlɪt/

consulter

1 ▷ J'ai consulté un spécialiste.
I consulted a specialist.

1 (un médecin, un expert) **consult** /kən'sʌlt/

2 ▷ Tu as consulté ta messagerie ?
Have you checked your mail?

2 (sa messagerie) **check** /tʃek/

contact

1 ▷ Il a mis le contact mais le moteur n'a pas démarré.
He switched on the ignition but the engine didn't start.

▷ Tu peux couper le contact maintenant.
You can switch off the ignition now.

1 ► **mettre le contact** (dans une voiture) : **switch on the ignition** /ɪg'nɪʃən/

► **couper le contact : switch off the ignition**

2 ▷ Nous ne sommes pas restés en contact, c'est dommage.
We didn't keep in touch, it's a shame.

2 ► **rester en contact : keep in touch** /tʌtʃ/ (kept, kept)

contagieux, contagieuse

▷ J'espère que ce rhume n'est pas contagieux !
I hope this cold isn't contagious!

contagious /kən'teɪdʒəs/

*Le **a** de **contagious** se prononce comme le **a** de **make**.*

contaminer

▷ L'eau est contaminée par des pesticides.
The water is contaminated by pesticides.

(= infecter) **contaminate** /kən'tæmɪneɪt/

conte

▷ Charles a un livre de contes africains.
Charles has got a book of African stories.

story /'stɔːrɪ/ (pluriel **stories** /'stɔːrɪz/)

▷ Quand j'étais petite, j'adorais les contes de fées.
When I was small, I loved fairy tales.

► **conte de fées :** fairy tale /ˈfɛərɪ teɪl/ (pluriel fairy tales)

contemporain, contemporaine

▷ Il y a une exposition d'art contemporain à la mairie.
There's an exhibition of contemporary art at the town hall.

contemporary /kənˈtempərərɪ/

L'accent tonique est sur la syllabe ***-tem-****.*

contenir

1 ▷ Est-ce que tu sais ce que contient cette boîte ?
Do you know what this box contains?

(= renfermer) contain /kənˈteɪn/

2 ▷ Ce seau contient au moins dix litres.
This bucket holds at least ten litres.

(en parlant de la capacité) hold /həʊld/ (held, held /held/)

content, contente

▷ Tu n'as pas l'air content, qu'est-ce qu'il y a ?
You don't look happy, what's the matter?

happy /hæpɪ/ **(plus content** happier /hæpɪəʳ/, **le plus content** the happiest /hæpɪɪst/)

ℹ *On peut aussi dire* ***pleased*** /pliːzd/ **(plus content** more pleased**, le plus content** the most pleased**).**

▷ Il est content de son nouveau travail.
He is happy with his new job.

► **être content de** quelque chose **:** be happy with something

ℹ *On peut aussi dire* ***be pleased with*** *something.*

▷ Ta sœur a l'air très contente d'elle.
Your sister looks very pleased with herself.

► **être content de soi :** be pleased with oneself

▷ Je suis très contente d'aller à l'opéra.
I'm very pleased to be going to the opera.

► **être content de faire** quelque chose **:** be pleased to do something

ℹ *On peut aussi dire* ***be glad*** /glæd/ ***to do*** *something.*

contenu

▷ Le prix des timbres dépend du contenu du paquet.
The price of the stamps depends on the contents of the parcel.

▷ Le contenu pèse un kilo.
The contents weigh one kilo.

(d'une boîte, d'un paquet) contents /ˈkɒntents/

ℹ ***Contents*** *est un pluriel.*

continent

▷ L'Afrique est un continent immense.
Africa is a huge continent.

continent /ˈkɒntɪnənt/

L'accent tonique est sur la première syllabe ***con-****, et le* ***t*** *final se prononce.*

continuellement

▷ Il a plu continuellement pendant une semaine !
It rained continuously for a week!

(= sans interruption) continuously /kən'tɪnjʊəslɪ/

continuer

1 ▷ J'ai continué mon exposé sans faire attention à lui.
I continued my presentation without paying attention to him.

► **continuer** quelque chose : continue /kən'tɪnjuː/ something

2 ▷ Continue, c'est très bien.
Carry on, it's very good.

▷ Continuez jusqu'à l'église.
Carry on to the church.

(= poursuivre ce que l'on faisait) carry on /kærɪ 'on/

ℹ *Le y de carry /'kærɪ/ devient ie à la troisième personne du singulier (carries /'kærɪz/), au prétérit et au participe passé (carried /'kærɪd/).*

3 ▷ Si tu continues à m'interrompre, je m'en vais !
If you carry on interrupting me, I'm leaving!

► **continuer à faire** quelque chose : carry on doing something

ℹ *On peut aussi dire keep on doing something (kept, kept).*

contour

▷ Le contour est flou.
The outline is fuzzy.

outline /'aʊtlaɪn/

contraire

▷ « Chaud » est le contraire de « froid ».
"Hot" is the opposite of "cold".

opposite /'ɒpəzɪt/

🔊 *Opposite rime avec hit et bit.*

▷ Ça ne me dérange pas, au contraire.
I don't mind, quite the opposite.

► **au contraire** (= pas du tout) : quite the opposite

contrairement à

▷ Contrairement à son frère, elle est très sympathique.
Unlike her brother, she is very nice.

unlike /ʌn'laɪk/

contrarier

▷ J'espère que je ne t'ai pas contrarié.
I hope I didn't annoy you.

annoy /ə'nɔɪ/

contrat

▷ Je n'ai pas encore reçu le contrat.
I haven't received the contract yet.

contract /'kɒntrækt/

▷ La plupart des employés sont en contrat à durée déterminée.
Most of the employees are on fixed-term contracts.

► **contrat à durée déterminée** : fixed-term /'fɪkst tɜːm/ contract

▷ Isabelle a obtenu un contrat à durée indéterminée.
Isabelle got a permanent contract.

► **contrat à durée indéterminée :** permanent /'pɜːmənənt/ contract

contravention

▷ Il a encore eu une contravention.
He got another parking ticket.

► **avoir une contravention :** get a parking ticket /'pɑːkɪŋ ˌtɪkɪt/ (got, got)

contre

1 ▷ Ne t'appuie pas contre le mur, je viens de le peindre !
Don't lean against the wall, I've just painted it!
▷ Manchester United joue contre Lazio ce week-end.
Manchester United is playing against Lazio this weekend.

against /ə'genst/

▷ Tu es d'accord avec notre décision ? – Non, je suis contre !
Do you agree with our decision? – No, I'm against it!

► **je suis contre :** I'm against it

2 ▷ Kevin n'aime pas le poisson, mais par contre il adore les frites.
Kevin doesn't like fish, but on the other hand he loves chips.

► **par contre :** on the other hand /ˌɒn ðɪ 'əðə hænd/

contrebande

▷ Ils passent des cigarettes en contrebande.
They smuggle cigarettes.

smuggling /'smʌglɪŋ/
► **passer** quelque chose **en contrebande :** smuggle something

contrebandier, contrebandière

▷ La police a arrêté les contrebandiers.
The police has arrested the smugglers.

smuggler /'smʌgləʳ/

contredire

▷ Tu me contredis tout le temps !
You always contradict me!

contradict /ˌkɒntrə'dɪkt/

contribuer à

▷ Vous pouvez aussi contribuer à la discussion.
You can also contribute to the conversation.

contribute /kən'trɪbjuːt/ to

contrôle

1 ▷ Il a eu douze au contrôle de géo.
He got twelve in the geography test.

(= interrogation) test /test/

▷ Elle a eu de bonnes notes en contrôle continu.
She had good marks in the continuous assessment.

► **contrôle continu (des connaissances) :** continuous assessment /kən'tɪnjʊəs ə'sesmənt/

2 ▷ Il n'y a pas de contrôle des passeports à la frontière.
There is no passport control at the border.

► **contrôle des passeports :** passport control /'pɑːspɔːt kən,trəʊl/

▷ La police peut faire des contrôles d'identité n'importe où.
The police can do identity checks anywhere.

► **contrôle d'identité :** identity check /aɪ'dentɪtɪ ,tʃek/ (pluriel identity checks)

contrôler

▷ Est-ce que tu as contrôlé le moteur ?
Did you check the engine?

(= vérifier) check /tʃek/

▷ Nos billets n'ont pas été contrôlés.
Our tickets weren't checked.

Checked se prononce /tʃekt/.

contrôleur, contrôleuse

▷ Le contrôleur est venu dans notre compartiment.
The ticket inspector came into our compartment.

(dans le train, dans le métro) ticket inspector /'tɪkɪt ɪn,spektəʳ/ (pluriel ticket inspectors)

convaincre

▷ On a essayé de convaincre Lucie, mais ça n'a pas marché.
We tried to convince Lucie, but it didn't work.

convince /kən'vɪns/

▷ Je n'ai pas réussi à convaincre Fred de venir.
I didn't manage to persuade Fred to come.

► **convaincre** quelqu'un **de faire** quelque chose **:** persuade /pə'sweɪd/ somebody **to do** something

convenir

1 ▷ Est-ce que l'heure te convient ?
Does the time suit you?

► **convenir à** quelqu'un **:** suit somebody /suːt/

*Suit rime avec **boot** et **flute**.*

2 ▷ Je n'ai pas le logiciel qui convient.
I haven't got the proper software.

*Pour dire que quelque chose est approprié, on utilise l'adjectif **proper** /'prɒpəʳ/.*

conversation

▷ Nous avons eu une conversation très intéressante.
We had a very interesting conversation.

conversation /,kɒnvə'seɪʃən/

convoquer

▷ Le directeur a convoqué Victorien dans son bureau.
The manager summoned Victorien into his office.

(pour un entretien) **summon** /'sʌmən/

coordonnées

▷ Je n'ai pas ses nouvelles coordonnées.
I haven't got his new address and phone number.

address /ə'dres/ **and phone number** /fəʊn 'nʌmbəʳ/

copain

1 ▷ Je suis parti en vacances avec des copains.
I went on holiday with some friends.

(= ami) **friend** /frend/

2 ▷ Elle a un nouveau copain.
She has a new boyfriend.

(= petit ami) **boyfriend** /'bɔɪfrend/

copie

1 ▷ Je vais faire une copie de cet article.
I'm going to make a copy of this article.

(d'un texte, d'une cassette) **copy** /'kɒpɪ/ (pluriel **copies** /'kɒpɪz/)

2 ▷ C'est l'heure de rendre les copies.
It's time to hand in the papers.

(= devoir) **paper** /'peɪpəʳ/

copier

▷ J'ai essayé de copier ce dessin mais ce n'est pas très réussi.
I tried to copy this drawing but it's not very good.

copy /'kɒpɪ/

ℹ *Le y de **copy** devient **ie** à la troisième personne du singulier* (**copies** /'kɒpɪz/) *au prétérit et au participe passé* (**copied** /'kɒpɪd/).

▷ Judith a tout copié sur moi !
Judith copied everything from me!

► **copier sur** quelqu'un : **copy from** somebody

ℹ *Notez la préposition utilisée en anglais :* copier sur = ***copy from***.

copieux, copieuse

▷ Les repas sont très copieux à l'hôtel.
Meals are very large at the hotel.

large /lɑːdʒ/ (**plus copieux** larger /'lɑːdʒəʳ/, **le plus copieux** the largest /'lɑːdʒɪst/)

copine

1 ▷ Anne est une copine de Judith.
Anne is a friend of Judith.

(= amie) **friend** /frend/

2 ▷ Il a une nouvelle copine.
He has a new girlfriend.

(= petite amie) **girlfriend** /'gɜːlfrend/

coq

▷ Le coq chante tous les matins à cinq heures.
The cockerel crows every morning at five o'clock.

cockerel /'kɒkrəl/

ℹ *Notez comment on dit* **chanter** *quand c'est le coq qui chante :* ***crow*** /krəʊ/.

coque

Regardez le mot ***œuf***

coquelicot

▷ Il y a des coquelicots dans le jardin.
There are poppies in the garden.

poppy /'pɒpɪ/ (pluriel **poppies** /'pɒpɪz/)

coquet, coquette

▷ Étienne est très coquet.
Étienne likes to look nice.

► **être coquet :** like to look nice /naɪs/

coquillage

1 ▷ On va ramasser des coquillages sur la plage.
We're going to collect shells on the beach.

(= coquille vide) **shell** /ʃel/

2 ▷ J'aime les coquillages, surtout les huîtres.
I like shellfish, especially oysters.

Lorsqu'on parle des coquillages avec un animal dedans (par exemple, les huîtres), on dit ***shellfish*** /'ʃelfɪʃ/ (pluriel **shellfish**) en anglais.

coquille

1 ▷ Il a cassé la coquille de l'œuf avec sa cuillère.
He broke the shell of the egg with his spoon.

(d'un œuf, d'un escargot, d'une noix) **shell** /ʃel/

2 ▷ J'adore les coquilles Saint-Jacques.
I love scallops.

► **coquille Saint-Jacques** (= l'animal qu'on mange) : **scallop** /'skɒləp/

coquin, coquine

▷ Mon petit frère est très coquin.
My little brother is very mischievous.

(enfant) **mischievous** /'mɪstʃɪvəs/ (**plus coquin** more mischievous, **le plus coquin** the most mischievous)

Coran

▷ C'est une citation du Coran.
It's a quotation from the Koran.

► **le Coran :** the Koran /kɒ'rɑːn/

Attention à l'orthographe du mot anglais.

corbeau

▷ Il y a des corbeaux dans l'arbre près de l'église.
There are some crows in the tree near the church.

crow /krəʊ/

Crow *rime avec* ***go*** *et* ***Joe****.*

corbeille

▷ Il doit rester une orange dans la corbeille de fruits.
There must be an orange left in the fruit basket.

▷ Vide la corbeille de ton ordinateur.
Empty the basket on your computer.

(panier, d'ordinateur) **basket** /'bɑːskɪt/

▷ Jette ça dans la corbeille à papier.
Throw this into the wastepaper basket.

► **corbeille à papier :** wastepaper basket /weɪst'peɪpə ˌbɑːskɪt/ (pluriel wastepaper baskets)

corde

1 ▷ La corde s'est cassée.
The rope broke.

rope /rəʊp/

2 ▷ Il faut que je remplace deux cordes de ma guitare.
I have to change two strings on my guitar.

(d'un instrument de musique) string /'strɪŋ/

cordonnerie

▷ Mes chaussures sont à la cordonnerie.
My shoes are at the cobbler's.

► **la cordonnerie :** the cobbler's /'kɒbləz/

cordonnier

▷ Le cordonnier va réparer mes chaussures.
The cobbler will repair my shoes.

cobbler /'kɒbləʳ/

▷ Marianne est chez le cordonnier.
Marianne is at the cobbler's.

► **chez le cordonnier** (= dans le magasin) : at the cobbler's /'kɒbləz/

▷ Ils m'ont envoyé chez le cordonnier.
They sent me to the cobbler's.

► **chez le cordonnier** (= vers le magasin) : to the cobbler's

▷ Mon grand-père était cordonnier.
My grandfather was a cobbler.

ℹ *N'oubliez pas l'article* ***a*** *ou* ***an*** *devant le nom du métier lorsqu'il suit les verbes* ***be*** *ou* ***become****.*

corne

▷ Ces vaches ont de longues cornes.
These cows have long horns.

(d'un animal) horn /hɔːn/

cornemuse

▷ Cette cornemuse appartient à mon grand-père.
These bagpipes belong to my grandfather.

bagpipes /'bægpaɪps/

ℹ *Notez bien que* ***bagpipes*** *est un pluriel.*

▷ Il sait jouer de la cornemuse.
He can play the bagpipes.

► **jouer de la cornemuse :** play /pleɪ/ the bagpipes

cornet

1 ▷ Un cornet avec deux boules, s'il vous plaît.
A cone with two scoops, please.

(de glace) cone /kəʊn/

2 ▷ Les cornets de frites valent un euro.
Bags of chips cost one euro.

► **cornet de frites :** bag of chips /tʃɪps/ (pluriel bags of chips)

cornichon

▷ J'aime les cornichons avec le pâté.
I like gherkins with pâté.

gherkin /'gɜːkɪn/

corps

▷ Xavier a un corps très musclé.
Xavier has a very muscular body.

body /bɒdɪ/ (pluriel **bodies** /'bɒdɪz/)

correct, correcte

1 ▷ Le calcul n'était pas correct, nous avons dû le refaire.
The calculation wasn't correct, we had to do it again.

1 (= exact) **correct** /kə'rekt/

2 ▷ Les repas sont corrects mais pas excellents.
The meals are acceptable but not excellent.

2 (= pas mal) **acceptable** /ək'septəbl/

correctement

1 ▷ Si tu ne parles pas correctement, personne ne te comprendra !
If you don't speak properly, nobody will understand you!

1 (= comme il faut) **properly** /'prɒpəlɪ/

2 ▷ On a mangé correctement pour cinq livres.
We ate reasonably well for five pounds.

2 (= pas mal) **reasonably well** /'ri:znəblɪ wel/

correction

1 ▷ Les corrections de la prof ne sont pas claires.
The teacher's corrections aren't clear.

1 (sur un texte, un devoir) **correction** /kə'rekʃən/

2 ▷ Ludovic a reçu une bonne correction.
Ludovic got a good hiding.

2 ► **recevoir une correction** (= être battu) : **get a hiding** /'haɪdɪŋ/ (got, got)

correspondance

1 ▷ Dépêche-toi, nous allons rater la correspondance !
Hurry up, we're going to miss the connection!

1 (dans les transports) **connection** /kə'nekʃən/

2 ▷ J'ai lu la correspondance de Flaubert.
I read Flaubert's correspondence.

▷ Il a appris le chinois par correspondance.
He learned Chinese through a correspondence course.

2 (= lettres) **correspondence** /kɒrɪs'pɒndens/
► **cours par correspondance** : **correspondence course**

correspondant, correspondante

1 ▷ De notre correspondant à Alger.
From our correspondent in Algiers.

1 (= journaliste) **correspondent** /kɒrɪs'pɒndent/

2 ▷ Il va chez son correspondant cet été.
He's going to his pen friend's this summer.

2 (d'élève) **pen friend** /'pen frend/

correspondre

1 ▷ Un yard correspond à environ un mètre.
A yard corresponds to about a metre.

► **correspondre à** quelque chose (= être équivalent) : **correspond** /ˌkɒrɪsˈpɒnd/ **to** something

2 ▷ Alban correspond avec un garçon américain.
Alban writes to an American boy.

► **correspondre avec** quelqu'un (= lui écrire) : **write** /raɪt/ **to** somebody (**wrote** /rəʊt/, **written** /ˈrɪtn/)

corriger

1 ▷ Tu as oublié de corriger cette faute.
You forgot to correct this mistake.

(une faute) **correct** /kəˈrekt/

2 ▷ Corriger des copies prend beaucoup de temps.
Marking exam papers takes a long time.

(des copies) **mark** /mɑːk/

En anglais américain, on dit ***grade*** */ˈgreɪd/.*

corse, Corse

1 ▷ Il a l'accent corse.
He has a Corsican accent.

▷ Il y a des Corses dans mon village.
There are some Corsicans in my village.

(adjectif, personne) **Corsican** /kɔːsɪkən/

S'écrit toujours avec une majuscule en anglais.

2 ▷ La Corse est une île magnifique.
Corsica is a beautiful island.

▷ Il y a des paysages magnifiques en Corse.
There are beautiful landscapes in Corsica.

▷ Nous avons décidé d'aller en Corse en août.
We've decided to go to Corsica in August.

► **la Corse : Corsica** /ˈkɔːsɪkə/

Ne prend jamais d'article.

► **en Corse** (= dans la région) : **in Corsica**

► **en Corse** (= vers la région) : **to Corsica**

corvée

▷ Quelle corvée !
What a chore!

chore /tʃɔːʳ/

costaud

▷ Paul est très costaud.
Paul is very strong.

strong /strɒŋ/ (**plus costaud stronger** /ˈstrɒŋgəʳ/, **le plus costaud the strongest** /ˈstrɒŋgɪst/)

Costaud est un mot familier, mais ***strong*** *ne l'est pas.*

costume

1 ▷ Je dois porter un costume pour aller travailler.
I have to wear a suit to go to work.

(= pantalon et veste) **suit** /suːt/

Suit *rime avec* ***boot*** *et* ***flute****.*

2 ▷ Les acteurs portaient des costumes splendides.
The actors were wearing lovely costumes.

(= habit de théâtre, déguisement) **costume** /'kɒstjuːm/

🔊 *Attention à la prononciation !*

côte

1 ▷ Nous avons conduit le long de la côte.
We drove along the coast.

(au bord de la mer) **coast** /kəʊst/

2 ▷ Je vous attendrai en haut de la côte.
I will wait for you at the top of the hill.

(= pente) **hill** /hɪl/

3 ▷ Moussa s'est cassé une côte.
Moussa broke a rib.

(= partie du corps) **rib** /rɪb/

4 ▷ Il y a des côtes de porc pour dîner.
There are pork chops for dinner.

(de porc, d'agneau) **chop** /tʃɒp/

côté

1 ▷ Les deux côtés de la feuille sont remplis.
Both sides of the sheet are full.

side /saɪd/

▷ Je t'attendrai de l'autre côté de la rue.
I'll wait for you on the other side of the street.

► **de l'autre côté de :** on the other side of

2 ▷ Le supermarché est à côté du stade.
The supermarket is next to the stadium.

► **à côté de** (= près de) **:** next to /'nekst tuː/

3 ▷ À côté de sa sœur, Constance est minuscule !
Compared to her sister, Constance is tiny!

► **à côté de** (= comparé à) **:** compared to /kəm'pɛəd tuː/

4 ▷ Tu devrais mettre du chocolat de côté pour tout à l'heure.
You should put some chocolate aside for later.

► **mettre** quelque chose **de côté :** put something aside /ə'saɪd/ (put, put)

côtelette

▷ Deux côtelettes d'agneau, s'il vous plaît.
Two lamb chops, please.

chop /tʃɒp/

coton

1 ▷ Le coton est agréable à porter en été.
Cotton is pleasant to wear in summer.

► **le coton** (= le tissu) **cotton** /'kɒtn/

Attention à l'orthographe (deux t *en anglais).*

▷ Ce tee-shirt est en coton.
This T-shirt is made of cotton.

► **être en coton :** be made of cotton

▷ Les chaussettes en coton sont plus chères.
Cotton socks are more expensive.

► **en coton :** cotton

2 ▷ Vite, du coton ! Je saigne du nez !
Quick, some cotton wool! I've got a nosebleed!

► **le coton** (pour nettoyer une blessure, etc.) : cotton wool /ˌkɒtn ˈwʊl/

coton-tige®

▷ Les cotons-tiges sont au-dessus du lavabo.
The cotton buds are above the sink.

cotton bud /ˈkɒtn bʌd/ (pluriel cotton buds)

cou

▷ J'ai mal au cou.
My neck is aching.

neck /nek/

couche

1 ▷ Le gâteau est fait de trois couches de chocolat et de crème.
The cake is made of three layers of chocolate and cream.

(d'un gâteau, de vêtements, de neige) layer /ˈleɪəʳ/

▷ La couche d'ozone est plus mince qu'avant.
The ozone layer is thinner than before.

► **la couche d'ozone** : the ozone layer /ˈəʊzəʊn ˌleɪəʳ/

2 ▷ La première couche de peinture est sèche.
The first coat of paint is dry.

(de peinture) coat /kəʊt/

3 ▷ Tu as changé la couche du bébé ?
Have you changed the baby's nappy?

(pour bébé) nappy /ˈnæpɪ/ (pluriel nappies /ˈnæpɪz/)

En anglais américain, on dit ***diaper*** */ˈdaɪəpəʳ/.*

couché, couchée

1 ▷ Est-ce que les enfants sont déjà couchés ?
Are the children already in bed?

► **être couché** (= être au lit) : be in bed /ɪn ˈbed/

2 ▷ Louis était couché dans l'herbe.
Louis was lying down in the grass.

► **être couché** (= être étendu) : be lying down /ˌlaɪɪŋ ˈdaʊn/

coucher

1 ▷ On ne sait pas où on va coucher ce soir.
We don't know where we're going to sleep tonight.

(= dormir) sleep /sliːp/ (slept, slept /slept/)

2 ▷ Je ne veux pas me coucher, je ne suis pas fatiguée !
I don't want to go to bed, I'm not tired!

► **se coucher** (= aller au lit) : go to bed (went, gone)

3 ▷ J'ai envie de me coucher dans l'herbe.
I feel like lying down in the grass.

► **se coucher** (= s'étendre) : lie down /laɪ ˈdaʊn/ (lay down /leɪ ˈdaʊn/ lain down /leɪn ˈdaʊn/)

4 ▷ Le soleil se couche tôt en hiver.
The sun sets early in winter.

► **se coucher** (soleil, lune) **set** /set/ (set, set)

5 ▷ Quel beau coucher de soleil !
What a beautiful sunset!

► **coucher de soleil : sunset** /'sʌnset/

couchette

▷ J'ai réservé deux couchettes.
I booked two couchettes.

(dans un train, un bateau) **couchette** /kuː'ʃet/

coucou

1 ▷ Coucou, c'est moi ! Comment ça va ?
Hello, it's me! How are you?

(= bonjour !) **hello!** /'heləʊ/

2 ▷ Il y a des coucous dans la forêt.
There are cuckoos in the forest.

(= oiseau) **cuckoo** /'kʊkuː/

coude

▷ Je me suis cogné le coude sur la table.
I banged my elbow on the table.

elbow /'elbəʊ/

Elbow rime avec go et Joe. Elbows rime avec rose et nose.

coudre

▷ Ma mère m'a appris à coudre.
My mother taught me to sew.

(= faire de la couture) **sew** /səʊ/ (sewed, sewn /səʊn/)

Le mot sew se prononce exactement comme le mot so. Sewed rime avec road, et sewn rime avec stone.

▷ Juan ne sait même pas coudre un bouton !
Juan can't even sew a button on!

► **coudre** quelque chose (un bouton par exemple) : **sew** /səʊ/ **something on**

couette

1 ▷ Cette couette n'est pas assez chaude.
This duvet isn't warm enough.

(sur le lit) **duvet** /'duːveɪ/

En anglais comme en français, le t de duvet ne se prononce pas.

2 ▷ Bérénice se fait des couettes.
Bérénice wears bunches.

► **se faire** *ou* **porter des couettes : wear bunches** /'bʌntʃɪz/ (wore /wɔːʳ/, worn /wɔːn/)

couler

1 ▷ L'eau coule sur le mur.
The water is running down the wall.

(liquide, larmes) **run** /rʌn/ (ran /ræn/, run /rʌn/)

Dans notre exemple, la traduction de sur est down car l'eau coule vers le bas.

2 ▷ Noémie est enrhumée, elle a le nez qui coule.
Noémie has a cold, she has a runny nose.

► **avoir le nez qui coule : have a runny nose** /ˌrʌnɪ 'nəʊz/ (had, had)

3 ▷ Le bateau a coulé dans la tempête.
The boat sank in the storm.

(bateau) **sink** /sɪŋk/ (**sank** /sæŋk/, **sunk** /sʌŋk/)

couleur

1 ▷ La couleur préférée de Guillaume est le rouge.
Guillaume's favourite colour is red.
▷ De quelle couleur est ta voiture ?
What colour is your car?

colour
*En anglais américain, on écrit **color**.*
► **de quelle couleur... ? : what colour...?**

2 ▷ C'est l'un des premiers films en couleur.
It's one of the first colour films.

► **en couleur** (film, photo, télé) : **colour** /'kʌlə^r/

couleuvre

▷ J'ai vu une couleuvre.
I saw a grass snake.

grass snake /'grɑːssneɪk/ (pluriel **grass snakes**)

couloir

1 ▷ Attends-nous dans le couloir.
Wait for us in the corridor.

(dans une maison) **corridor** /'kɒrɪdɔː^r/

2 ▷ Je préfère un siège près du couloir.
I prefer a seat near the aisle.

(dans le train, dans l'avion) **aisle** /aɪl/
__Aisle__ rime avec __mile__ et __while__.

coup

1 ▷ Yann a donné un coup sur la tête de Marc.
Yann hit Marc on the head.

► **donner un coup** *ou* **des coups à** quelqu'un **: hit** somebody (**hit, hit**)

2 ▷ Les garçons lui ont donné des coups de pied.
The boys kicked him.

► **donner un coup de pied** *ou* **des coups de pied à** quelqu'un **: kick** somebody /kɪk/

3 ▷ Pauline a voulu lui donner un coup de poing.
Pauline wanted to punch him.

► **donner un coup** *ou* **des coups de poing à** quelqu'un **: punch** somebody /pʌntʃ/

4 ▷ On a entendu un coup à la porte.
We heard a knock at the door.

(à la porte, sur une table) **knock** /nɒk/

5 ▷ On a bu un coup chez Sandrine.
We had a drink at Sandrine's place.

► **boire un coup : have a drink** /drɪnk/ (**had, had**)

6 ▷ Bravo, tu as réussi du premier coup !
Well done, you managed first time!

► **du premier coup : first time** /fɜːst 'taɪm/

7 ▷ Fabrice a tout avalé d'un seul coup.
Fabrice swallowed everything in one go.

► **d'un seul coup** (= en une seule fois) : **in one go** /ˌɪn wʌn 'gəʊ/

8 ▷ Et tout à coup *ou* tout d'un coup, la lumière s'est éteinte.
And all of a sudden the light went off.

► **tout à coup** *ou* **tout d'un coup :** all of a sudden /ˌɔːl əv ə ˈsʌdn/

9 ▷ Vous avez entendu les coups de feu ?
Did you hear the shots?

► **coup de feu :** shot /ʃɒt/

10 ▷ Je dois passer un coup de fil.
I have to make a phone call.

► **passer un coup de fil :** make a phone call /ˈfəʊn kɔːl/ (made, made)

11 ▷ Je crois que j'ai pris un coup de soleil hier.
I think I caught the sun yesterday.

► **prendre un coup de soleil :** catch the sun /ˌkætʃ ðə ˈsʌn/ (caught, caught /kɔːt/)

coupable

1 ▷ Tout le monde pense qu'elle est coupable.
Everybody thinks that she is guilty.

▷ Je me sens coupable.
I feel guilty.

(quand quelqu'un a fait quelque chose de mal) guilty /ˈgɪltɪ/

*Le **u** de **guilty** ne se prononce pas.*

2 ▷ La coupable a été arrêtée par la police.
The culprit was arrested by the police.

► **le coupable** *ou* **la coupable** (= la personne qui a fait quelque chose de mal) : the culprit /ˈkʌlprɪt/

coupe

1 ▷ Sam a des billets pour la coupe d'Europe de foot.
Sam has tickets for the European football cup.

(en parlant de sport) cup /kʌp/

2 ▷ Je n'ai bu qu'une coupe de champagne mais j'étais un peu soûle.
I only drank one glass of champagne but I was a bit drunk.

(= verre) glass /glɑːs/ (pluriel glasses /ˈglɑːsɪz/)

3 ▷ Tu as une très jolie coupe de cheveux.
You have a very nice haircut.

► **coupe (de cheveux) :** haircut /ˈhɛəkʌt/

couper

1 ▷ Je coupe le gâteau, qui veut un morceau ?
I'm cutting the cake, who wants a piece?

▷ Coupe la feuille en deux.
Cut the sheet in two.

▷ Couper le poulet en six morceaux.
Cut the chicken into six pieces.

(un aliment, du papier, un fil) cut /kʌt/ (cut, cut)

► **couper** quelque chose **en deux :** cut something in two

► **couper** quelque chose **en morceaux :** cut something into pieces

2 ▷ Il a fallu couper l'arbre parce que les racines étaient trop longues.
They had to cut the tree down because the roots were too long.

(un arbre) cut down (cut down, cut down)

3 ▷ Le téléphone est coupé à cause des orages.
The phone is cut off because of the storms.

(l'eau, le téléphone) cut off (cut off, cut off)

4 ▷ Cette histoire m'a coupé l'appétit !
That story spoiled my appetite!

► **couper l'appétit à** quelqu'un **:** spoil /spɒɪl/ somebody's appetite /'æpɪtaɪt/

5 ▷ Ce couteau ne coupe pas très bien.
This knife doesn't cut very well.

(couteau, instrument) cut (cut, cut)

6 ▷ Attention, tu vas te couper !
Be careful, you're going to cut yourself!

▷ Je me suis coupé sur un morceau de verre.
I cut myself on a piece of glass.

► **se couper :** cut oneself (cut, cut)

ℹ *Le pronom personnel réfléchi s'emploie de la façon suivante en anglais (exemples au prétérit) : I cut myself, you cut yourself, he cut himself, she cut herself, we cut ourselves, you cut yourselves, they cut themselves.*

7 ▷ Elle se coupe les cheveux elle-même.
She cuts her hair herself.

► **se couper les cheveux :** cut one's hair

ℹ *L'adjectif possessif s'emploie de la façon suivante en anglais (exemples au présent) : I cut my hair, you cut your hair, he cuts his hair, she cuts her hair, etc.*

8 ▷ Je dois me faire couper les cheveux.
I must have my hair cut.

► **se faire couper les cheveux :** have one's hair cut (had, had)

ℹ *I have my hair cut, you have your hair cut, etc.*

couple

▷ Il y avait un jeune couple en face de nous dans le train.
There was a young couple opposite us on the train.

couple /'kʌpl/

🔊 *Le ou du mot anglais couple se prononce comme le u de duck.*

coupure

▷ Daniel a une petite coupure au doigt.
Daniel has got a little cut on his finger.

▷ Il y a tout le temps des coupures de courant.
There are power cuts all the time.

cut /kʌt/

► **coupure de courant :** power cut /'paʊə kʌt/ (pluriel power cuts)

cour

1 ▷ Nous avons pris des photos dans la cour du château.
We took some photos in the courtyard of the castle.

1 (d'un bâtiment) **courtyard** /ˈkɔːtjɑːd/

2 ▷ La cour de récréation est vide.
The playground is empty.

2 ► **cour de récréation :** playground /ˈpleɪgraʊnd/

courage

1 ▷ Il faut du courage pour faire ça.
You need courage to do that.

1 (= bravoure) **courage** /ˈkʌrɪdʒ/

Rime avec bridge.

2 ▷ Je t'admire, tu as beaucoup de courage.
I admire you, you're very brave.

2 ► **avoir du courage :** be brave /breɪv/

3 ▷ Bon courage, Harry !
Good luck, Harry!

3 ► **bon courage ! :** good luck! /gʊd ˈlʌk/

courageux, courageuse

▷ Julie est très courageuse, elle n'a peur de rien.
Julie is very brave, she isn't afraid of anything.

brave /breɪv/ (**plus courageux** braver /ˈbreɪvəʳ/, **le plus courageux** the bravest /ˈbreɪvɪst/)

couramment

▷ Il parle anglais couramment.
He speaks English fluently.

(quand on parle très bien une langue) **fluently** /ˈfluːəntlɪ/

courant, courante ADJECTIF

▷ Ce mot n'est pas très courant.
This word isn't very common.

(= fréquent) **common** /ˈkɒmən/ (**plus courant** more common, **le plus courant** the most common)

courant NOM

1 ▷ La casquette a été emportée par le courant.
The cap was carried along by the current.

1 (d'une rivière) **current** /ˈkʌrənt/

2 ▷ Le courant électrique n'est pas le même en Angleterre qu'en France.
The electric current isn't the same in England as in France.

2 ► **courant électrique :** (electric) current

► **couper le courant** cut off the power /ˈpaʊəʳ/

3 ▷ Vous êtes au courant de ce qui est arrivé à Toshi ?
Do you know about what happened to Toshi?

▷ Je n'étais pas au courant.
I didn't know about it.

3 ► **être au courant de** quelque chose **:** know /nəʊ/ about something (knew about /njuː/, known about /nəʊn/)

4 ▷ Un courant d'air a éteint la bougie.
A draught blew out the candle.

► **courant d'air :** draught /drɑːft/

En anglais américain, on écrit **draft**.

Draught *se prononce comme* **draft**.

courbature

▷ J'ai des courbatures partout.
I'm stiff all over.

► **avoir des courbatures :** be stiff /stɪf/

coureur, coureuse

1 ▷ Les coureurs américains sont les meilleurs du monde.
American runners are the best in the world.

(= athlète) runner /ˈrʌnəʳ/

Attention à l'orthographe (deux **n**).

2 ▷ C'était un célèbre coureur automobile.
He was a famous racing driver.

► **coureur automobile :** racing driver /ˈreɪsɪŋ ˌdraɪvəʳ/ (pluriel racing drivers)

3 ▷ C'est un grand coureur cycliste.
He's a great racing cyclist.

► **coureur cycliste :** racing cyclist /ˈreɪsɪŋ ˌsaɪklɪst/ (pluriel racing cyclists)

courgette

▷ Un kilo de courgettes, s'il vous plaît.
A kilo of courgettes, please.

courgette /kɔːˈʒet/

En anglais américain, on dit **zucchini** /zuːˈkiːnɪ/ (pluriel zucchini).

courir

▷ Elle court très vite.
She runs very fast.

▷ Ils sont partis en courant.
They ran off.

▷ Pam est entrée en courant.
Pam ran in.

▷ Le voleur est sorti en courant.
The thief ran out.

run /rʌn/ (ran /ræn/, run /rʌn/)

Pour dire que l'on fait quelque chose **en courant**, *on emploie en anglais le verbe* **run** *suivi de la particule qui convient :* **run off** *pour indiquer que l'on s'éloigne,* **run in** *pour indiquer que l'on entre,* **run out** *pour indiquer que l'on sort.*

▷ Nous savons que nous courons un risque énorme.
We know that we run a huge risk.

► **courir un risque :** run a risk

couronne

▷ Le roi portait une couronne en or.
The king wore a gold crown.

crown /kraʊn/

courrier

▷ Est-ce qu'il y a du courrier pour moi aujourd'hui ?
Is there any mail for me today?

mail /meɪl/

▷ Nous avons le courrier électronique à la maison.
We have e-mail at home.

► **courrier électronique :** e-mail /ˈiːmeɪl/

ℹ *E-mail est la contraction de electronic mail.*

▷ Tu peux me l'envoyer par courrier électronique.
You can e-mail it to me.

► **envoyer** quelque chose **par courrier électronique à** quelqu'un : e-mail something to somebody

Le mot anglais courier existe mais c'est un faux ami ; il signifie « coursier ».

cours

1 ▷ Le cours d'informatique commence à onze heures trente.
The computer class *ou* the computer lesson starts at eleven thirty.

(= leçon) class /klɑːs/ (pluriel classes /ˈklɑːsɪz/) *ou* lesson /ˈlesn/

2 ▷ Il suit des cours d'anglais.
He's doing an English course.

(= ensemble de cours) course /kɔːs/

▷ Les enfants ont cours le samedi matin.
The children have classes *ou* the children have lessons on Saturday morning.

► **avoir cours** (= aller à l'école) : have classes *ou* have lessons (had, had)

▷ Qui vous fait cours en allemand ?
Who takes you for German?

► **faire cours à** quelqu'un **de... :** take somebody for... (took, taken)

▷ Elle prend des cours particuliers de chinois.
She takes private Chinese lessons.

► **prendre des cours particuliers :** take private /ˈpraɪvɪt/ lessons (took, taken)

course

1 ▷ La course est un sport très difficile.
Running is a very difficult sport.

► **la course** (à pied) : running /ˈrʌnɪŋ/

Attention à l'orthographe (deux n).

2 ▷ Il y a une course ce week-end à Chantilly.
There's a race this weekend in Chantilly.

► **une course** (= une compétition) : a race /reɪs/

3 ▷ Tu veux faire la course avec moi ?
Do you want to race me?

► **faire la course avec** quelqu'un : race /reɪs/ somebody

4 ▷ Je fais les courses deux fois par semaine.
I do the shopping twice a week.

► **faire les courses** (= faire des achats) : do the shopping /ˈʃɒpɪŋ/ (did, done)

court, courte ADJECTIF

▷ Les jupes courtes sont à la mode.
Short skirts are fashionable.

short /ʃɔːt/

▷

▷ Il y a un festival de courts métrages cette semaine.
There's a festival of short films this week.

► **court métrage :** short film /fɪlm/ (pluriel short films)

court NOM

▷ Il y a des courts de tennis près de la piscine.
There are tennis courts near the swimming pool.

(de tennis, de squash, de badminton) court /kɔːt/

Le mot anglais ***court*** *rime avec les mots anglais* ***short*** *et* ***thought****.*

couscous

▷ Nous avons mangé un excellent couscous dans ce restaurant.
We ate an excellent couscous in that restaurant.

couscous

Se prononce comme en français.

cousin, cousine

▷ Ma cousine s'appelle Danielle.
My cousin's name is Danielle.

cousin /'kʌzn/

Le ***ou*** *du mot anglais* ***cousin*** *se prononce comme le* ***u*** *de* ***duck****.*

coussin

▷ Les coussins du canapé sont très confortables.
The sofa cushions are very comfortable.

cushion /'kʊʃən/

Le ***u*** *de* ***cushion*** *se prononce comme le* ***oo*** *de* ***book*** *et* ***look****.*

couteau

▷ Attention, ne te coupe pas avec ce couteau !
Be careful, don't cut yourself with that knife!

knife /naɪf/ (pluriel knives /naɪvz/)

Le ***k*** *ne se prononce pas.*

coûter

1 ▷ Le repas a coûté dix euros.
The meal cost ten euros.

cost /kɒst/ (cost, cost)

2 ▷ Combien ça coûte ?
How much is it?

Pour demander **combien coûte quelque chose**, *il est plus courant de dire* ***how much is it?*** *que d'employer le verbe* ***cost****.*

3 ▷ Ces lunettes de soleil coûtent cher.
These sunglasses are expensive.

► **coûter cher :** be expensive /ek'spensɪv/

coutume

▷ C'est une coutume anglaise très ancienne.
It's a very old English custom.

(= tradition) custom /'kʌstəm/

couture

1 ▷ Autrefois il y avait des cours de couture à l'école.
In the past there were sewing lessons at school.

► **la couture** (= activité) **:** sewing /'səʊɪŋ/

Sewing *rime avec* ***going****.*

2 ▷ La couture de ta veste est déchirée.
The seam of your jacket is torn.

► **une couture** (= sur un tissu qu'on a cousu) : a **seam** /siːm/

couvercle

▷ Je n'arrive pas à enlever le couvercle du bocal.
I can't take the lid off the jar.

lid /lɪd/

couvert, couverte ADJECTIF

1 ▷ Il y a une piscine couverte près d'ici.
There is a covered swimming pool near here.

(piscine, court de tennis) **covered** /'kʌvəd/

2 ▷ Mon pantalon est couvert de boue.
My trousers are covered in mud.

► **couvert de... : covered in...**

3 ▷ Le ciel est couvert aujourd'hui.
The sky is overcast today.

(ciel, temps) **overcast** /ˌəʊvə'kɑːst/

couverts NOM

▷ Pour le pique-nique on va utiliser les couverts en plastique.
For the picnic we're going to use the plastic knives and forks.

(pour manger) : **knives and forks** /ˌnaɪvz ən 'fɔːks/

*Le **k** de **knives** ne se prononce pas.*

couverture

1 ▷ Si tu as froid, prends cette couverture.
If you are cold, take this blanket.

(pour le lit) **blanket** /'blæŋkɪt/

2 ▷ La couverture du livre est abîmée.
The cover of the book is damaged.

(d'un cahier, d'un livre) **cover** /'kʌvəʳ/

couvrir

1 ▷ Elle a couvert le bébé avec son manteau.
She covered the baby with her coat.

(pour protéger) **cover** /'kʌvəʳ/

2 ▷ Ils ont couvert les murs de graffitis.
They've covered the walls with graffiti.

► **couvrir** quelque chose **de** (= le remplir) : **cover** something **with**

ℹ *Notez la préposition employée en anglais ici :* couvrir de = *cover with*.

3 ▷ Couvre-toi bien, il fait froid dehors.
Wrap up well, it's cold outside.

► **se couvrir** (= s'habiller chaudement) : **wrap up** /ræp 'ʌp/

ℹ *Il y a deux **p** au gérondif* (**wrapping up** /ræpɪŋ ʌp/), *au prétérit et au participe passé* (**wrapped up** /ræpt 'ʌp/).

4 ▷ Le temps se couvre.
It's clouding over.

► **se couvrir** (ciel) **cloud over** /klaʊd 'əʊvəʳ/

crabe

▷ J'ai attrapé un petit crabe sur la plage.
I caught a small crab on the beach.

crab /kræb/

cracher

▷ C'est dégoûtant de cracher par terre !
It's disgusting to spit on the floor!

spit /spɪt/ (spat, spat /spæt/)

craie

▷ On utilise plus souvent des feutres que de la craie.
We use felt-tips more often than chalk.

chalk /tʃɔːk/

*Le **l** de **chalk** ne se prononce pas. **Chalk** rime avec **fork**.*

cramer

▷ J'ai cramé le dîner !
I burnt the dinner!

burn /bɜːn/

*Le prétérit et le participe passé de **burn** peuvent être soit **burned** /bɜːnd/, soit **burnt** /bɜːnt/.*

▷ Oh non, le gâteau a cramé !
Oh no, the cake has burnt!

Le mot français cramer *est familier, mais le verbe anglais **burn** ne l'est pas.*

crampe

▷ J'ai une crampe à la jambe.
I have cramp in my leg.

► **avoir une crampe :** have cramp /kræmp/ (had, had)

Notez la préposition employée en anglais : à la jambe = ***in** my leg*.

crâne

▷ Nous avons trouvé un crâne de mouton dans le champ.
We found a sheep's skull in the field.

skull /skʌl/

crapaud

▷ Lucy a trouvé un crapaud au bord du ruisseau.
Lucy found a toad by the stream.

toad /təʊd/

craquer

1 ▷ Le parquet craque chez moi.
The floor creaks in my house.

(= grincer) **creak** /kriːk/

2 ▷ La couture de mon pantalon a craqué.
The seam of my trousers split.

(= se déchirer) **split** /splɪt/ (split, split)

3 ▷ Je craque !
I'm cracking up!

(psychologiquement) **crack up** /kræk'ʌp/

4 ▷ Mélodie a craqué pour Nicolas.
Mélodie fell in love with Nicolas.

► **craquer pour** quelqu'un / quelque chose **:** fall /fɔːl/ in love with somebody / something (fell /fel/, fallen /'fɔːlən/)

cravate

▷ C'est la première fois que je vois Fabien avec une cravate.
It's the first time I've seen Fabien with a tie.

tie /taɪ/

Tie rime avec fly et high.

crawl

▷ Erika nage vraiment bien le crawl.
Erika does the crawl really well.

crawl /krɔːl/
► **nager le crawl :** do the crawl

crayon

▷ Est-ce que c'est ton crayon ?
Is this your pencil?

(à papier) **pencil** /ˈpensl/
Attention : le mot crayon existe en anglais, mais il veut dire « crayon de couleur ».

▷ Je préfère écrire d'abord au crayon.
I prefer to write in pencil first.

► **écrire au crayon :** write /raɪt/ in pencil (wrote /raʊt/, written /ˈrɪtn/)
Notez la préposition employée en anglais : au crayon = in pencil.

▷ J'ai acheté des crayons de couleur pour les enfants.
I bought some crayons for the children.

► **crayon de couleur :** crayon /ˈkreɪən/

crèche

1 ▷ La petite sœur de Lola va à la crèche.
Lola's little sister goes to the crèche.

(= garderie) **crèche** /kreʃ/

2 ▷ Il y avait une crèche à l'église pour Noël.
There was a crib in the church for Christmas.

(de Noël) **crib** /krɪb/

crédit

1 ▷ La banque a refusé de leur donner un crédit.
The bank refused to give them a loan.

(= prêt) **loan** /ləʊn/

2 ▷ Nous avons acheté une voiture à crédit.
We bought a car on credit.

► **acheter** quelque chose **à crédit :** buy /baɪ/ something on credit (bought, bought /bɔːt/)

3 ▷ Je n'ai plus de crédit.
I have no credit left.

(de téléphone portable) **credit** /ˈkredɪt/

créer

▷ Ça a créé pas mal de problèmes.
It created quite a lot of problems.

create /kriːˈeɪt/

crème

▷ Ces gâteaux sont pleins de crème.
Those cakes are full of cream.

▷ Je me mets de la crème sur le visage tous les matins.
I put cream on my face every morning.

cream /kriːm/

▷ Il y a beaucoup de crème fraîche dans cette recette.
There's a lot of crème fraîche in this recipe.

► **crème fraîche :** crème fraîche

ℹ *On emploie le mot français en anglais.*

crêpe

▷ On va faire des crêpes cet après-midi.
We are going to make pancakes this afternoon.

pancake /'pænkeɪk/

crêpu, crêpue

▷ Malik a les cheveux crépus.
Malik has frizzy hair.

frizzy /'frɪzɪ/ **(plus crêpu** frizzier, **le plus crêpu** the frizziest**)**

crépuscule

▷ Il est parti au crépuscule.
He left at dusk.

dusk /dʌsk/

crétin, crétine

▷ Quel crétin ! Il a oublié le plan à la maison !
What an idiot! He left the map at home!

idiot /'ɪdɪət/

creuser

1 ▷ J'ai creusé un trou dans le jardin pour y planter un arbre.
I dug a hole in the garden to plant a tree.

(un trou, une tranchée) dig /dɪg/ (dug, dug /dʌg/)

ℹ *Il y a deux g au gérondif* (digging /'dɪgɪŋ/).

2 ▷ Les ouvriers creusent le trottoir.
The workmen are digging holes in the pavement.

(le sol, la roche) dig holes /həʊlz/ in

creux, creuse

1 ▷ Le tronc de l'arbre est creux.
The tree trunk is hollow.

(= vide) hollow /'hɒləʊ/

2 ▷ Il y a des creux et des bosses sur cette route.
There are hollows and bumps on this road.

► **un creux** (= un trou) **:** a hollow

3 ▷ J'ai un creux, quand est-ce qu'on mange ?
I'm feeling hungry, when are we eating?

► **avoir un creux** (= avoir faim) **:** feel hungry /hʌŋgrɪ/ (felt, felt)

4 ▷ J'ai un creux entre deux et trois.
I'm free between two and three.

► **avoir un creux** (= un moment libre) **:** be free /friː/

crevant, crevante

▷ Cette balade était crevante !
That walk was exhausting!

(fatigant) exhausting /eg'zɔːstɪŋ/ **(plus crevant** more exhausting, **le plus crevant** the most exhausting**)**

ℹ *Le mot français* ***crevant*** *est familier, mais le mot anglais* ***exhausting*** *ne l'est pas.*

crevé, crevée

1 ▷ Le pneu est crevé et nous n'avons pas de pneu de rechange.
The tyre is punctured and we don't have a spare.
▷ Karim a eu un pneu crevé sur l'autoroute.
Karim had a puncture on the motorway.

(pneu) punctured /ˈpʌŋktʃəd/

► **avoir un pneu crevé :** have a puncture /ˈpʌŋktʃəʳ/ (had, had)

2 ▷ Flora était crevée, elle est allée se coucher.
Flora was exhausted, she went to bed.

(= fatigué) exhausted /ɪgˈzɔːstɪd/ (**plus crevé** more exhausted, **le plus crevé** the most exhausted)

ℹ *Le mot français* **crevé** *au sens de fatigué est familier, mais le mot anglais* ***exhausted*** *ne l'est pas.*

crever

1 ▷ Noémie a crevé le ballon.
Noémie burst the balloon.

(= faire exploser) burst /bɜːst/ (burst, burst)

2 ▷ Ce type de ballon crève facilement.
This type of balloon bursts very easily.

(= exploser) burst /bɜːst/ (burst, burst)

3 ▷ On a crevé sur l'autoroute.
We had a puncture on the motorway.

(= avoir un pneu crevé) have a puncture /ˈpʌŋktʃəʳ/ (had, had)

4 ▷ Je crève de faim ! Quand est-ce qu'on mange ?
I'm starving! When are we eating?

► **crever de faim** (= avoir très faim) : be starving /ˈstɑːvɪŋ/

5 ▷ Nous crevions de chaud dans la voiture.
We were boiling hot in the car.

► **crever de chaud** (= avoir très chaud) : be boiling hot /ˌbɒɪlɪŋ ˈhɒt/

6 ▷ Paul a crevé de froid pendant ses vacances au Canada.
Paul was frozen stiff during his holidays in Canada.

► **crever de froid** (= avoir très froid) : be frozen stiff /ˌfrəʊzn ˈstɪf/

crevette

▷ Il y a des crevettes dans ce curry.
There are prawns in this curry.
▷ J'adore les crevettes grises.
I love shrimps.

► **crevette rose :** prawn /prɔːn/

► **crevette grise :** shrimp /ʃrɪmp/

cri

▷ J'ai entendu des cris et je suis sortie pour voir ce qui se passait.
I heard shouts and I came out to see what was happening.

(d'une personne) shout /ʃaʊt/

crier

▷ Ne crie pas, je ne suis pas sourd !
Don't shout, I'm not deaf!

shout /ʃaʊt/

▷ Dan criait de douleur.
Dan was crying out in pain.

► **crier de douleur :** cry /kraɪ/ out in pain (cried, cried /kraɪd/)

crime

1 ▷ Le film raconte l'histoire d'un crime horrible.
The film tells the story of a horrible murder.

(= meurtre) murder /mɜːdəʳ/

2 ▷ Il est arrivé en retard ? Eh bien, ce n'est pas un crime !
He was late? Well, it's not a crime!

(= quelque chose de mal) crime /kraɪm/

Le mot anglais crime rime avec time.

criminel

▷ Le criminel s'est échappé après avoir tué le ministre.
The criminal escaped after killing the minister.

criminal /'krɪmɪnəl/

Attention à l'orthographe du mot anglais criminal.

crinière

▷ Le cheval a une belle crinière blanche.
The horse has got a beautiful white mane.

mane /meɪn/

Le a de mane se prononce comme le a de make.

criquet

▷ Les criquets mangent leurs récoltes.
Locusts eat their crops.

locust /'ləʊkəst/

crise

1 ▷ Hubert a souvent des crises d'asthme.
Hubert often has asthma attacks.

(d'asthme, d'appendicite) attack /ə'tæk/

2 ▷ Mon grand-père a eu une crise cardiaque.
My grandfather had a heart attack.

► **avoir une crise cardiaque :** have a heart attack /'hɑːt əˌtæk/ (had, had)

3 ▷ Il y a une crise économique au Japon.
There is an economic crisis in Japan.

(= situation difficile) crisis /'kraɪsɪs/ (pluriel crises /'kraɪsiːz/)

4 ▷ J'ai piqué une crise quand ils m'ont dit qu'il manquait encore un document.
I threw a fit when they told me that another document was missing.

► **piquer une crise :** throw /θrəʊ/ a fit (threw /θruː/, thrown /θrəʊn/)

crispé, crispée

▷ Ne sois pas si crispé, ce n'est pas difficile.
Don't be so tense, it isn't difficult.

(= nerveux) tense /tens/ (**plus crispé** tenser /'tensəʳ/, **le plus crispé** the tensest /'tensɪst/)

cristal

▷ Le cristal se casse facilement.
Crystal breaks easily.

▷ Ce vase est en cristal.
This vase is made of crystal.

▷ On va sortir les verres en cristal.
We'll get the crystal glasses out.

crystal /'krɪstl/

Attention à l'orthographe du mot anglais crystal.

► **être en cristal :** be made of crystal

► **en cristal :** crystal

critique

1 ▷ J'en ai marre de tes critiques !
I've had enough of your criticism!

▷ Je n'ai qu'une critique à faire.
I have only one criticism to make.

▷ Ses critiques étaient très dures.
His criticism was very harsh.

criticism /'krɪtɪsɪzəm/

► **faire une critique :** make a criticism (made, made)

Le mot criticism est toujours singulier.

2 ▷ Son dernier film a eu de très bonnes critiques.
His latest film has had very good reviews.

(= article de journal) **review** /rɪ'vjuː/

critiquer

▷ Arrête de nous critiquer et fais quelque chose !
Stop criticizing us and do something!

criticize /'krɪtɪsaɪz/

croche-pied

▷ He m'a fait un croche-pied !
He tripped me up.

► **faire un croche-pied à quelqu'un :** trip /trɪp/ somebody up

Il y a deux p au gérondif (tripping /'trɪpɪŋ/), au prétérit et au participe passé (tripped /trɪpt/).

crochet

▷ J'ai besoin d'un crochet pour suspendre le tableau.
I need a hook to hang up the painting.

(pour accrocher) **hook** /hʊk/

crocodile

▷ Il y a d'énormes crocodiles au zoo.
There are huge crocodiles at the zoo.

crocodile /'krɒkədaɪl/

Le i du mot anglais crocodile se prononce comme le i de like. Crocodile rime avec mile et while.

croire

1 ▷ Je ne te crois pas !
I don't believe you!

(= faire confiance à une personne, une histoire, etc.) **believe** /bɪ'liːv/

Believe ne s'emploie jamais à la forme -ing. Ne dites pas I am believing.

2 ▷ Je crois que le film est à huit heures.
I think the film is at eight o'clock.
▷ Tu crois que c'est vrai ?
Do you think it's true?

► **croire que...** (= penser) : think /θɪŋk/ that... (thought, thought /θɔːt/)

Le mot ***that*** *est souvent omis.*

3 ▷ Ils croient en Dieu.
They believe in God.

► **croire en :** believe in

4 ▷ Tu te crois malin !
You think you are clever!

► **se croire** + *adjectif* **:** think + *pronom personnel* + be + *adjectif* (thought, thought)

croiser

1 ▷ Il a croisé les bras.
He crossed his arms.

(les bras, les jambes) cross /krɒs/

2 ▷ J'ai croisé Alban dans la rue.
I passed Alban in the street.

(= rencontrer) pass /pɑːs/

3 ▷ On s'est croisées mais elle ne m'a pas reconnue.
We passed each other but she didn't recognize me.

► **se croiser** (= se rencontrer) : pass each other /iːtʃ ˈʌðəʳ/

croisière

▷ Ils sont partis en croisière aux Bahamas.
They went on a cruise to the Bahamas.

cruise /kruːz/

► **partir en croisière** *ou* **faire une croisière :** go on a cruise (went, gone / been)

Cruise rime avec ***lose***, ***news*** *et* ***blues***.

croissant

▷ Je voudrais deux croissants, s'il vous plaît.
I'd like two croissants, please.

(= pâtisserie) croissant

Se prononce comme en français.

croix

▷ Mettez une croix en face de la bonne réponse.
Put a cross opposite the right answer.

cross /krɒs/ (pluriel crosses /ˈkrɒsɪz/)

croquant, croquante

▷ Cette pomme est très croquante.
This apple is very crunchy.

crunchy /ˈkrʌntʃɪ/ (**plus croquant** crunchier /ˈkrʌntʃɪəʳ/, **le plus croquant** the crunchiest /ˈkrʌntʃɪɪst/)

croque-monsieur

▷ Suzie a fait des croque-monsieur pour le déjeuner.
Suzie made toasted ham and cheese sandwiches for lunch.

toasted ham and cheese sandwich (pluriel sandwiches)

Prononciation : ***toasted*** */ˈtəʊstɪd/ ;* ***sandwich*** */sæmwɪdʒ/ ;* ***sandwiches*** */ˈsæmwɪdʒɪz/.*

croquer

1 ▷ Nathan s'est cassé une dent en croquant un bonbon.
Nathan broke a tooth crunching a sweet.

(= mordre dans) **crunch** /krʌntʃ/

2 ▷ Ces pommes croquent, elles sont délicieuses.
These apples are crunchy, they're delicious.

(= être croquant) **be crunchy** /'krʌntʃi/

3 ▷ Elle a croqué dans la pomme et a fait une grimace horrible.
She bit into the apple and made a horrible face.

► **croquer dans** quelque chose : **bite** /baɪt/ **into** something **(bit, bit** /bɪt/**)**

croquette

1 ▷ Je vais faire des croquettes de poisson.
I'm going to make some fish croquettes.

croquette /krə'ket/

2 ▷ N'oubliez pas d'acheter des croquettes pour chats.
Don't forget to buy some dry cat food.

► **croquettes pour chats / pour chiens : dry cat / dog food**

croquis

▷ Je fais un croquis, ça t'aidera à comprendre.
I'm making a sketch, it will help you to understand.

sketch /sketʃ/ (pluriel **sketches** /sketʃɪz/)

crotte

▷ Il y a des crottes de brebis partout dans les champs.
There are sheep droppings everywhere in the fields.

▷ Il y a beaucoup de crottes de chien dans cette rue.
There is a lot of dog mess in this street.

dropping /'drɒpɪŋ/

ℹ *Mais pour les chiens on dit* ***dog mess*** */'dɒg mes/.*

ℹ ***Dog mess*** *est indénombrable. L'expression ne peut pas être employée avec l'article* ***a****, et elle ne se met pas au pluriel.*

croustillant, croustillante

1 ▷ J'aime le bon pain croustillant.
I like good crusty bread.

(pain) **crusty** /'krʌstɪ/ **(plus croustillant crustier** /'krʌstɪəʳ/**, le plus croustillant the crustiest** /'krʌstɪɪst/**)**

2 ▷ Les frites étaient vraiment croustillantes.
The chips were really crispy.

(frites, biscuit, etc.) **crispy** /'krɪspɪ/ **(plus croustillant crispier** /'krɪspɪəʳ/**, le plus croustillant the crispiest** /'krɪspɪɪst/**)**

croûte

1 ▷ La croûte du pain est un peu brûlée.
The crust of the bread is a bit burnt.

(du pain) **crust** /krʌst/

2 ▷ Elle mange même la croûte du fromage !
She even eats the rind of the cheese!

(du fromage) **rind** /raɪnd/
🔊 *Rind rime avec find et behind.*

3 ▷ La plaie est sèche, maintenant il y a une croûte.
The wound is dry, now there's a scab.

(sur une plaie) **scab** /skæb/

croûton

1 ▷ Est-ce que je peux avoir le croûton du pain ?
Can I have the end of the bread?

(= l'extrémité de la baguette) **end** /end/

2 ▷ Faire frire des croûtons pour accompagner la soupe à l'oignon.
Fry some croutons to go with the onion soup.

(= petit morceau de pain frit) **crouton** /'kruːtɒn/
ℹ *Il n'y a pas d'accent circonflexe dans le mot anglais crouton.*

croyance

▷ Cette pratique va à l'encontre de leurs croyances religieuses.
This practice goes against their religious beliefs.

belief /bɪ'liːf/

croyant, croyante

▷ Mon grand-père est croyant.
My grandfather believes in God.

► être croyant : **believe** /bɪ'liːv/ **in God** /gɒd/

cru, crue

▷ Les Japonais mangent beaucoup de poisson cru.
The Japanese eat a lot of raw fish.

(= pas cuit) **raw** /rɔː/
🔊 *Raw rime avec door.*

cruauté

▷ Les animaux sont traités avec cruauté.
The animals are treated with cruelty.

cruelty /'krʊəltɪ/

cruche

▷ Mets l'eau dans cette cruche.
Put the water in this jug.

(pour mettre de l'eau) **jug** /dʒʌg/

crudités

▷ Je n'aime pas les crudités.
I don't like raw vegetables.

raw vegetables /rɔː 'vedʒtəblz/
🔊 *Raw rime avec for et door.*

cruel, cruelle

▷ Ne sois pas cruel !
Don't be cruel!

cruel /krʊəl/ (plus cruel **crueller** /'krʊələʳ/, le plus cruel **the cruellest** /'krʊələst/)

crustacés

▷ Il est allergique aux crustacés.
He is allergic to seafood.

(qu'on mange) **seafood** /'siːfuːd/

▷ Ces crustacés sont excellents.
This seafood is excellent.

ℹ *Seafood ne se met pas au pluriel.*

cube

1 ▷ Le bâtiment ressemble à un gros cube.
The building looks like a big cube.

cube /kjuːb/

2 ▷ Mon frère adore jouer avec ses cubes.
My brother loves to play with his building blocks.

(de jeu de construction) building block /'bɪldɪŋblɒk/ (pluriel building blocks)

cueillir

▷ Cet après-midi, on va cueillir des mûres.
This afternoon we're going to pick blackberries.

pick /pɪk/

cuillère *ou* cuiller

▷ Les cuillères sont dans le tiroir.
The spoons are in the drawer.

spoon /spuːn/

▷ Je dois prendre une cuillère de sirop tous les matins.
I have to take one spoonful of syrup every morning.

ℹ *Quand il s'agit du contenu d'une cuillère, on dit* ***spoonful*** /'spuːnfʊl/.

▷ Ces cuillères à café sont en argent.
These teaspoons are made of silver.

▷ Mets une cuillère à café de vanille dans la pâte.
Put one teaspoonful of vanilla in the dough.

► **cuillère à café :** teaspoon /'tiːspuːn/

ℹ *Quand il s'agit du contenu d'une cuillère à café, on dit* ***teaspoonful*** /'tiːspuːnfʊl/.

▷ Je n'ai pas de cuillère à soupe.
I haven't got a tablespoon.

▷ Il y a trois cuillères à soupe de farine dans la recette.
There are three tablespoonfuls of flour in the recipe.

► **cuillère à soupe :** tablespoon /'teɪblspuːn/

ℹ *Quand il s'agit du contenu d'une cuillère à soupe, on dit* ***tablespoonful*** /'teɪblspuːnfʊl/.

cuillerée

▷ Je dois prendre une cuillerée de sirop tous les matins.
I have to take one spoonful of syrup every morning.

spoonful /'spuːnfʊl/

cuir

▷ Le cuir est à la mode cette année.
Leather is fashionable this year.

leather /'leðə^r/

🔊 *Le* ***ea*** *de* ***leather*** *se prononce comme le* ***e*** *de* ***bed***.

▷ Le blouson de Basile est en cuir.
Basile's jacket is made of leather.

▷ Camille porte une jupe en cuir.
Camille is wearing a leather skirt.

► **être en cuir :** be made of leather

► **en cuir :** leather

cuire

▷ Le ragoût est en train de cuire.
The stew is cooking.
▷ Cuire les légumes pendant dix minutes.
Cook the vegetables for ten minutes.
▷ D'abord tu fais cuire les oignons.
First you cook the onions.

cook /kʊk/

ℹ *Le verbe* **cook** *correspond au verbe français* **cuire** *et à l'expression* **faire cuire**.

cuisine

1 ▷ Joël est dans la cuisine.
Joël is in the kitchen.

(= pièce) **kitchen** /'kɪtʃɪn/

2 ▷ La cuisine ne m'intéresse pas beaucoup.
I'm not really interested in cooking.

(= préparation) **cooking** /'kʊkɪŋ/

3 ▷ Mon père fait la cuisine le week-end.
My father cooks at weekends.

► **faire la cuisine : cook** /kʊk/

4 ▷ J'adore la cuisine indienne.
I love Indian food.

(= nourriture) **food** /fuːd/

cuisiner

▷ Ne le dérange pas quand il cuisine.
Don't bother him when he's cooking.

cook /kʊk/

cuisinier, cuisinière

1 ▷ Le cuisinier de la cantine est très gentil.
The cook in the canteen is very nice.
▷ Élodie est une excellente cuisinière.
Élodie is an excellent cook.

(= personne) **cook** /kʊk/

ℹ *N'oubliez pas l'article* **a** *ou* **an** *devant le nom du métier lorsqu'il suit les verbes* **be** *ou* **become**.

2 ▷ Vous avez une cuisinière à gaz ou électrique ?
Do you have a gas or an electric cooker?

(= appareil ménager) **cooker** /'kʊkəʳ/

Attention : **cooker** *ne signifie pas* **cuisinière** *au sens de personne qui fait la cuisine !*

cuisse

1 ▷ J'ai pris un coup de soleil sur les cuisses.
I caught the sun on my thighs.

(d'une personne) **thigh** /θaɪ/

Thigh *rime avec* **tie**, **eye** *et* **goodbye**.

2 ▷ Tu préfères l'aile ou la cuisse ?
Do you prefer the wing or the leg?

(d'un animal) **leg** /leg/

cuit, cuite

▷ On peut manger les pommes crues ou cuites.
You can eat apples raw or cooked.

(= pas cru) **cooked** /kʊkt/

▻ Ces légumes sont trop cuits.
These vegetables are overcooked.
▻ Les courgettes n'étaient pas assez cuites.
The courgettes were undercooked.

► **trop cuit :** overcooked /ˌəʊvəˈkʊkt/
► **pas assez cuit :** undercooked /ˌʌndəˈkʊkt/

cuivre

▻ Le cuivre coûte cher.
Copper is expensive.
▻ Ton bracelet est en cuivre ?
Is your bracelet made of copper?
▻ J'ai acheté des casseroles en cuivre.
I bought copper saucepans.
▻ C'est une mine de cuivre.
It's a copper mine.

copper /ˈkɒpəʳ/
► **être en cuivre :** be made of copper
► **en cuivre, de cuivre :** copper

culot

▻ Son culot m'étonne toujours.
His nerve always surprises me.
▻ Douglas a du culot !
Douglas has got a nerve!

nerve /nɜːv/
ℹ *Nerve signifie aussi « nerf ».*
► **avoir du culot :** have a nerve (had, had)

culotte

▻ On voit ta culotte sous ta jupe.
You can see your knickers under your skirt.
▻ Cette culotte est trop petite.
These knickers are too small.

(= sous-vêtement) knickers /ˈnɪkəz/
ℹ *Knickers est un nom pluriel.*
Le k de knickers n'est pas prononcé.

cultivé, cultivée

▻ Elle est très cultivée.
She is very well-educated.

(personne) well-educated /welˈedjukeɪtɪd/ (**plus cultivé** better-educated, **le plus cultivé** the best-educated)

cultiver

▻ Dans cette région, les agriculteurs cultivent du blé.
In this region, farmers grow wheat.

(des céréales, des légumes) grow /grəʊ/ (grew /gruː/, grown /grəʊn/)

culture

1 ▻ Quelles sont les principales cultures dans cette région ?
What are the main crops in this region?

(= plantes cultivées) crop /krɒp/

2 ▻ C'est un magazine sur l'art et la culture.
It's a magazine about art and culture.
▻ Bastien a une bonne culture générale.
Bastien has good general knowledge.

(= savoir, connaissances) culture /ˈkʌltʃəʳ/
► **culture générale :** general knowledge /ˌdʒenrəl ˈnɒlɪdʒ/

curé

▷ C'est le curé du village.
He is the village priest.

priest /priːst/
Priest rime avec east.

cure-dent

▷ Il y a une boîte de cure-dents sur la table.
There's a box of toothpicks on the table.

toothpick /'tuːθpɪk/

curieux, curieuse

1 ▷ Ne sois pas si curieuse !
Don't be so curious!

(= indiscret) **curious** /ˌkjʊərɪəs/ (**plus curieux** more curious, **le plus curieux** the most curious)

2 ▷ C'est curieux, je pensais que la porte était fermée.
That's strange, I thought the door was shut.

(= bizarre) **strange** /streɪndʒ/ (**plus curieux** stranger /'streɪndʒəʳ/, **le plus curieux** the strangest /'streɪndʒɪst/)

curiosité

▷ Sa curiosité énerve beaucoup de gens.
His curiosity irritates a lot of people.

(= indiscrétion) **curiosity** /ˌkjʊərɪ'ɒsɪtɪ/

curriculum vitae

▷ Je vais leur envoyer mon curriculum vitae.
I'm going to send them my curriculum vitae.

curriculum vitae /kə'rɪjʊlem vɪte/
*En anglais américain, on dit **résumé** /'reɪzjuːmeɪ/.*

curry

▷ Amandine a préparé un curry d'agneau *ou* de l'agneau au curry.
Amandine has prepared a lamb curry.
▷ En Angleterre, il y a beaucoup de restaurants indiens qui servent des currys.
In England, there are a lot of Indian restaurants that serve curries.

(= plat épicé) **curry** /'kʌrɪ/ (pluriel curries /'kʌrɪz/)

*Le **u** de **curry** se prononce comme le **u** de duck. **Curry** rime avec **hurry**.*

curseur

▷ Ces touches servent à déplacer le curseur.
These keys are used for moving the cursor.

(sur l'écran de l'ordinateur) **cursor** /'kɜːsəʳ/

cutter

▷ Tu peux me prêter ton cutter pour couper ce morceau de carton ?
Can you lend me your Stanley® knife to cut this piece of card?

Stanley® knife /'stænlɪ naɪf/ (pluriel Stanley® knives /'stænlɪ naɪvz/)
*Le ® signifie que **Stanley** est le nom d'une marque. Vous n'avez pas besoin d'écrire ce symbole.*

CV

▷ Est-ce que tu peux m'aider à traduire mon CV en anglais ?
Can you help me translate my CV into English?

CV /siːˈviː/
*En anglais américain, on dit **résumé** /ˈreɪzjuːmeɪ/.*

cybercafé

▷ Gildas va au cybercafé parce qu'il n'a pas d'ordinateur chez lui.
Gildas goes to the cybercafé because he hasn't got a computer at home.

cybercafé /ˈsaɪbəˌkæfeɪ/
*Le **y** du mot anglais **cybercafé** se prononce comme le **i** de **like**.*

cyberespace

▷ Cela n'existe que dans le cyberespace.
It only exists in the cyberspace.

cyberspace /ˈsaɪbəspeɪs/

cybernaute

▷ Les cybernautes explorent le cyberespace.
Cybernauts explore the cyberspace.

cybernaut /ˈsaɪbənɔːt/

cyborg

▷ C'est une planète peuplée de cyborgs.
It's a planet inhabited by cyborgs.

cyborg /ˈsaɪbɔːg/

cyclisme

▷ Le cyclisme est un sport très courant en France.
Cycling is a very common sport in France.

cycling /ˈsaɪklɪŋ/
*Le **y** du mot anglais **cycling** se prononce comme le **i** de **like**.*

cycliste

▷ Nous avons doublé un groupe de cyclistes.
We overtook a group of cyclists.

cyclist /ˈsaɪklɪst/
*Le **y** de **cyclist** se prononce comme le **i** de **like**.*

cyclomoteur

▷ Il est arrivé en cyclomoteur.
He arrived on his moped.

moped /ˈməʊped/

cyclone

▷ Il y a eu un cyclone aux États-Unis.
There was a cyclone in the United States.

cyclone /ˈsaɪkləʊn/
*Le **y** du mot anglais **cyclone** se prononce comme le **i** de **like**.*

cygne

▷ Il y a des canards et des cygnes sur le lac.
There are ducks and swans on the lake.

swan /swɒn/
***Swan** rime avec **gone** et **John**.*

cylindre

▷ C'est un cylindre en verre avec des bulles à l'intérieur.
It's a glass cylinder with bubbles inside.

(= tube) **cylinder** /'sɪlɪndəʳ/

Attention à l'orthographe du mot anglais.

*Le y de **cylinder** se prononce comme le **i** de **big** et **will**.*

cymbale

▷ J'ai acheté des cymbales.
I bought cymbals.

▷ Il sait jouer de la cymbale.
He can play the cymbal.

cymbal /'sɪmbəl/

► **jouer de la cymbale :** play /pleɪ/ the cymbal

Dd

daim

1 ▷ Nous avons vu des daims dans la forêt.
We saw some deer in the forest.

(= animal) **deer** /dɪəʳ/
ℹ *Deer est invariable au pluriel : one deer, two deer.*

2 ▷ Je me suis acheté des chaussures en daim.
I bought myself some suede shoes.

(= matière) **suede** /sweɪd/
► **en daim :** suede

dame

1 ▷ Une dame t'a demandé au téléphone ce matin.
A lady asked for you on the phone this morning.

(= femme) **lady** /'leɪdɪ/ (pluriel ladies /'leɪdɪz/)

2 ▷ Je joue souvent aux dames avec Lucie.
I often play draughts with Lucie.

► **jouer aux dames :** play draughts /drɑːfts/

Danemark

▷ Ils sont partis pour le Danemark ce matin.
They left for Denmark this morning.

▷ Martha voulait rester au Danemark.
Martha wanted to stay in Denmark.

▷ J'aimerais bien aller au Danemark.
I'd like to go to Denmark.

Denmark /'denmɑːk/
► **le Danemark :** Denmark
ℹ *Ne prend jamais d'article.*
► **au Danemark** (= dans le pays) **:** in Denmark
► **au Danemark** (= vers le pays) **:** to Denmark

danger

▷ C'est un documentaire sur les dangers du tabac.
It's a documentary on the dangers of smoking.

▷ Sa vie est en danger.
His life is in danger.

▷ Allez-y, c'est sans danger.
Go ahead, it's safe.

danger /'deɪndʒəʳ/
► **être en danger :** be in danger
► **sans danger :** safe /seɪf/

dangereux, dangereuse

▷ C'est dangereux de traverser la route ici.
It's dangerous to cross the road here.

dangerous /'deɪndʒərəs/ (**plus dangereux** more dangerous, **le plus dangereux** the most dangerous)

danois, danoise

1 ▷ Notre voisine est danoise.
Our neighbour is Danish.

▷ Le danois est une langue scandinave.
Danish is a Scandinavian language.

▷ Les Danois sont souvent blonds.
The Danish are often fair-haired.

Danish /'deɪnɪʃ/

S'écrit toujours avec une majuscule, comme tous les adjectifs de nationalité en anglais.

► **les Danois :** the Danish

2 ▷ Il y avait un groupe de Danois à l'auberge de jeunesse.
There was a group of Danes at the youth hostel.

► **un Danois, une Danoise :** a Dane /deɪn/

dans

1 ▷ Les agrafes sont dans le tiroir.
The staples are in the drawer.

(en parlant d'un endroit, quand il n'y a pas de déplacement) **in** /ɪn/

2 ▷ Cédric a sauté dans l'eau.
Cédric jumped into the water.

▷ Nous sommes entrés dans un café parce qu'il pleuvait.
We went into a café because it was raining.

(en parlant d'un endroit, quand il y a un déplacement) **into** /'ɪntuː/

3 ▷ Le film commence dans cinq minutes.
The film starts in five minutes.

(en parlant d'un moment, d'un délai) **in**

danse

▷ La valse est une danse démodée.
The waltz is an old-fashioned dance.

dance /dɑːns/

Attention à l'orthographe du mot anglais dance.

▷ Clémence fait de la danse classique.
Clémence does ballet.

► **la danse classique :** ballet /'bæleɪ/

*Attention à la prononciation de **ballet** en anglais : comme en français, le **t** ne se prononce pas.*

danser

▷ On a dansé toute la soirée.
We danced all evening.

dance /dɑːns/

Attention à l'orthographe du mot anglais dance.

danseur, danseuse

▷ C'est une danseuse très connue.
She's a very well-known dancer.

dancer /'dɑːnsəʳ/

Attention à l'orthographe du mot anglais dancer.

▷ Lucas veut être danseur.
Lucas wants to be a dancer.

ℹ *N'oubliez pas l'article* **a** *ou* **an** *devant le nom du métier quand il suit les verbes* **be** *ou* **become***.*

date

▷ Je ne me souviens plus de la date de la réunion.
I can't remember the date of the meeting.

date /deɪt/
ℹ *Le mot anglais* **date** *rime avec* **eight** *et* **state***.*

▷ À quelle date devez-vous partir ?
When do you have to leave?

► **à quelle date... ? :** when...? /wen/

dater

▷ La chapelle date du XIIe siècle.
The chapel dates from the 12th century.

► **dater de :** date from /deɪt frɒm/
ℹ *Notez la préposition employée en anglais : dater* de = **date from***.*

datte

▷ Nous avons acheté des dattes fraîches au marché.
We bought some fresh dates at the market.

date /deɪt/
🔊 *Le mot anglais* **date** *rime avec* **eight** *et* **state***.*

dauphin

▷ Des dauphins nageaient près du bateau.
Some dolphins were swimming near the boat.

dolphin /'dɒlfɪn/

davantage

▷ Tu devrais sortir davantage.
You should go out more.

(= plus) **more** /mɔːʳ/

▷ Ils vont construire davantage d'immeubles.
They are going to build more blocks of flats.

► **davantage de... :** more...

de, des, du

1 ▷ J'aime beaucoup la nouvelle robe de Carla.
I really like Carla's new dress.
▷ Le collier du chien est en cuir.
The dog's collar is made of leather.
▷ La portière de la voiture était cassée.
The car door was broken.

*Quand on parle de quelque chose qui appartient à une personne ou à un animal, on emploie le cas possessif (***'s***) en anglais.*
ℹ *S'il s'agit d'un objet ou d'un lieu, on met souvent le nom de cet objet devant la chose qui lui appartient. Ainsi* **the car door, the bedroom window, the kitchen floor***, etc.*

2 ▷ Une bouteille d'eau minérale, s'il vous plaît.
A bottle of mineral water, please.
▷ J'ai mangé deux paquets de biscuits cet après-midi.
I ate two packets of biscuits this afternoon.

Quand on parle du contenu de quelque chose, on emploie **of** */əv/.*

3 ▷ L'avion de Londres arrive à trois heures.
The plane from London arrives at three o'clock.

Quand on parle du lieu d'où vient quelqu'un ou quelque chose, on emploie **from** */frəm/.*

4 ▷ C'est un film de Blake Edwards.
It's a film by Blake Edwards.

Quand on parle de l'auteur d'un film, d'un livre, d'une chanson, etc., on emploie **by** /baɪ/.

5 ▷ La surface de la table est toute rayée.
The surface of the table is all scratched.
▷ Ils habitent dans le centre de Paris.
They live in the centre of Paris.

Quand on parle de quelque chose qui "appartient" à un objet ou un lieu (pas à une personne), on emploie **of**.

6 ▷ Marina a une fille de cinq ans.
Marina has a five-year-old daughter.
▷ Ils ont fait un voyage de trois semaines en Amérique du Sud.
They went on a three-week trip to South America.

Quand on parle des dimensions, de l'âge, de la durée, etc., on met cette mesure devant le nom auquel elle se rapporte, avec des traits d'union entre les mots.

7 ▷ Sandra sera en vacances du 8 au 25 juillet.
Sandra will be on holiday from 8 to 25 of July.
▷ J'ai fait le voyage de Paris à Rome en train.
I made the journey from Paris to Rome by train.

de... à *se traduit par* **from... to**, *qu'il s'agisse d'une distance, d'une durée, d'un nombre.*

8 ▷ Nous avons vu de belles sculptures à Florence.
We saw some beautiful sculptures in Florence.
▷ Voulez-vous du thé ?
Would you like some tea?
▷ Achète des timbres, je te rembourserai.
Buy some stamps, I'll pay you back.
▷ J'ai des amis à Toulouse.
I have friends in Toulouse.
▷ Il porte des lunettes de soleil.
He's wearing sunglasses.
▷ Ce sont des amis à moi.
They are friends of mine.

Quand de *est article, c'est-à-dire quand il est employé pour désigner un certain nombre de choses ou de personnes, ou une certaine quantité de quelque chose (*de *belles maisons,* du *poulet,* des *voitures, etc.), il peut se traduire par* **some** /sʌm/ *en anglais.*

ℹ *Quand on ne parle pas de la quantité,* **some** *n'est pas employé.*

ℹ *L'emploi de* **some** *est assez difficile à apprendre. Pour y arriver, observez comment* **some** *est employé dans les exemples que vous rencontrez.*

dé

1 ▷ C'est ton tour de lancer le dé.
It's your turn to throw the dice.

(pour jouer) **dice** /daɪs/

ℹ **Dice** *est invariable au pluriel :* **one dice, two dice**.

2 ▷ Est-ce que tu aurais un dé à coudre ?
Have you got a thimble?

► **dé à coudre : thimble** /'θɪmbl/

déballer

▷ Nous avons déballé nos affaires quand nous sommes arrivés à l'hôtel.
We unpacked our things when we arrived at the hotel.

unpack /ʌn'pæk/

débardeur

▷ J'aime beaucoup ton débardeur bleu.
I really like your blue singlet.

singlet /'sɪŋglɪt/

débarquer

1 ▷ Nous n'avons pas pu débarquer tout de suite, la porte de l'avion était coincée.
We couldn't disembark straight away, the plane door was jammed.

(passagers d'un avion, d'un bateau) **disembark** /ˌdɪsem'bɑːk/

2 ▷ Ludo a débarqué chez nous à minuit !
Ludo turned up at our place at midnight!

(= arriver, au sens familier) **turn up** /tɜːn 'ʌp/

débarras

1 ▷ Il y a un débarras sous l'escalier.
There's a cupboard under the stairs.

(= placard) **cupboard** /'kʌbəd/

2 ▷ Il est parti ? Bon débarras !
He left? Good riddance!

► **bon débarras ! : good riddance!** /gʊd 'rɪdəns/

débarrasser

1 ▷ Débarrasse ma chambre de tout ce bazar !
Clear my bedroom of all this mess!
▷ C'est toujours moi qui débarrasse la table !
It's always me who clear the table!

(enlever ce qui encombre) **clear** /klɪəʳ/

2 ▷ Nous n'arrivions pas à nous débarrasser de Martial.
We couldn't get rid of Martial.
▷ Je vais me débarrasser de ce vieux manteau et en acheter un autre.
I'm going to get rid of this old coat and buy another one.

► **se débarrasser de : get rid of** /get 'rɪd əv/ (got rid of, got rid of)

débat

▷ Il y a eu un débat après le film.
There was a debate after the film.

debate /dɪ'beɪt/

se débattre

▷ Les quatre garçons tenaient Terence, qui se débattait.
The four boys were holding Terence, who was struggling.

struggle /'strʌgl/

ℹ *Le* ***e*** *disparaît à la forme en* ***-ing*** *:* ***struggling****.*

débile

1 ▷ Ce film est complètement débile.
This film is completely stupid.

(= idiot, au sens familier) **stupid** /'stjuːpɪd/ (**plus débile** more stupid, **le plus débile** the most stupid)

2 ▷ Quelle débile !
What an idiot!

► **un débile, une débile :** an idiot /ˈɪdɪət/

débloquer

▷ C'est impossible de débloquer le tiroir.
It's impossible to unjam the drawer.

(quelque chose qui était coincé) **unjam** /ʌnˈdʒæm/

ℹ *Il y a deux* m *au gérondif* (unjamming /ʌnˈdʒæmɪŋ/), *au prétérit et au participe passé* (unjammed /ʌnˈdʒæmd/).

déboisement

▷ Ils veulent stopper le déboisement.
They want to stop deforestation.

deforestation /diːˌfɒrɪstˈeɪʃən/

débordé, débordée

▷ Je suis débordée en ce moment.
I've got too much work at the moment.

► **être débordé** (de travail) : have too much work /wɜːk/ (had, had)

déboucher

1 ▷ Nous avons débouché une bouteille de champagne pour mon anniversaire.
We opened a bottle of champagne for my birthday.

(une bouteille) **open** /ˈəʊpən/

2 ▷ J'essaie de déboucher le lavabo.
I'm trying to unblock the sink.

(un lavabo, un tuyau) **unblock** /ʌnˈblɒk/

3 ▷ Cette rue débouche sur la place.
This street comes out onto the square.

► **déboucher sur** (rue) : come out onto (came out, come out)

debout

1 ▷ Colin était debout près de la porte.
Colin was standing near the door.
▷ Nous sommes restés debout pendant tout le voyage.
We stood for the whole journey.

► **être debout** (= ne pas être assis) : be standing /ˈstændɪŋ/
► **rester debout :** stand /stænd/ (stood, stood /stʊd/)

2 ▷ Il est onze heures et elle n'est pas encore debout !
It's eleven and she isn't up yet!
▷ Allez, debout, c'est l'heure !
Come on, get up, it's time!

► **être debout** (= être sorti du lit) : be up /ʌp/
► **debout !** (pour dire à quelqu'un de se lever) : get up!

3 ▷ Mets la bouteille debout.
Stand the bottle up.

► **mettre** quelque chose **debout** : **stand** something **up (stood, stood)**

débrancher

▷ Je vais débrancher l'ordinateur.
I'm going to unplug the computer.

unplug /ʌn'plʌg/

ℹ *Il y a deux* g *au gérondif* (unplugging /ʌn'plʌgɪŋ/), *au prétérit et au participe passé* (unplugged /ʌn'plʌgd/).

se débrouiller

▷ Non merci, je peux me débrouiller toute seule.
No thanks, I can manage by myself.

manage /'mænɪdʒ/

🔊 *Le deuxième* **a** *de* **manage** *se prononce comme un* **i**. **Manage** *rime avec* **bridge**.

▷ Karine s'est débrouillée pour avoir des billets.
Karine managed to get some tickets.

► **se débrouiller pour faire** quelque chose : **manage to do** something

début

▷ Le début du roman n'est pas très bon.
The beginning of the novel isn't very good.

beginning /bɪ'gɪnɪŋ/

ℹ *On peut aussi dire* **start** /stɑːt/.

▷ Au début de l'automne, il fait parfois chaud.
At the beginning of the autumn, it's sometimes warm.

► **au début de :** at the beginning of

▷ Au début, je n'aimais pas Denis.
At first, I didn't like Denis.

► **au début** (= d'abord) : **at first** /ət 'fɜːst/

débutant, débutante

▷ Elle enseigne l'anglais à des débutants.
She teaches English to beginners.

beginner /bɪ'gɪnəʳ/

déca

▷ Un déca, s'il vous plaît.
A decaf, please.

decaf /'diːkæf/

décalage

1 ▷ Il y a un décalage énorme entre ce qu'il dit et ce qu'il fait.
There's a huge gap between what he says and what he does.

(= différence) **gap** /'gæp/

2 ▷ Il y a un décalage horaire d'une heure entre Paris et Londres.
There's a time difference of one hour between Paris and London.

► **décalage horaire :** **time difference** /'taɪm dɪfrəns/

décapsuleur

▷ Je ne trouve plus le décapsuleur.
I can't find the bottle opener.

bottle opener /'bɒtl əʊpnəʳ/

décembre

▷ En décembre il fait très froid ici.
In December it's very cold here.

▷ Nous partirons le vingt-six décembre.
We'll leave on the twenty-sixth of December.

December /dɪ'sembəʳ/

ℹ *S'écrit toujours avec une majuscule, comme tous les noms de mois en anglais.*

ℹ *Notez l'emploi de* **on** *et* **of** *en anglais quand on dit la date.*

ℹ *On écrit* **26 December**.

déception

▷ Ingrid ne peut pas venir. Quelle déception !
Ingrid can't come. What a disappointment!

disappointment /ˌdɪsə'pɔɪntmənt/

Attention : le mot anglais **deception** *signifie « tromperie ».*

décevant, décevante

▷ L'équipe de basket a eu des résultats décevants cette année.
The basketball team got disappointing results this year.

disappointing /ˌdɪsə'pɔɪntɪŋ/ (plus décevant **more disappointing**, le plus décevant **the most disappointing**)

décevoir

▷ Je ne veux pas te décevoir, mais...
I don't want to disappoint you, but...

disappoint /ˌdɪsə'pɔɪnt/

Le verbe anglais **deceive** *signifie tromper.*

décharge

▷ Je vais emporter tout cela à la décharge.
I'll take all that to the rubbish tip.

(d'ordures) **rubbish tip** /'rʌbɪʃtɪp/ (pluriel **rubbish tips** /'rʌbɪʃtɪps/)

En anglais américain, on dit **garbage dump**.

décharger

▷ Aide-moi à décharger la voiture.
Help me to unload the car.

(une voiture, des bagages) **unload** /ʌn'ləʊd/

se déchausser

▷ Il faut se déchausser avant d'entrer dans les maisons japonaises.
You must take your shoes off before going into Japanese houses.

take one's **shoes** /ʃuːz/ **off** (took, taken)

ℹ *L'adjectif possessif s'emploie de la façon suivante en anglais :* ***I take my shoes off, you take your shoes off, he takes his shoes off, she takes her shoes off, we take our shoes off, they take their shoes off.***

déchets

▷ Nous recyclons les déchets.
We recycle waste.

(= ordures) **waste** /weɪst/

déchirer

1 ▷ Attention, tu vas déchirer ton pantalon !
Be careful, you'll tear your trousers!

(un vêtement) **tear** /tɛəʳ/ (tore /tɔːʳ/, torn /tɔːn/)

Au sens de **déchirer**, *tear rime avec hair.*

2 ▷ Je crois que j'ai déchiré la facture par erreur.
I think I tore up the bill by mistake.

(un papier) **tear up** (tore up, torn up)

décidément

▷ Décidément, tu n'as pas de chance !
You're really unlucky!

really /'rɪəlɪ/

décider

1 ▷ Marc a décidé qu'on partirait tous ensemble.
Marc decided that we should all leave together.

decide /dɪ'saɪd/

2 ▷ Paul a décidé de peindre la cuisine.
Paul decided to paint the kitchen.

► **décider de faire** quelque chose : **decide to do** something

3 ▷ Décide-toi, je suis pressé !
Make up your mind, I'm in a hurry!

▷ Finalement, Ben s'est décidé à partir.
In the end, Ben made up his mind to leave.

▷ Je n'arrive pas à me décider.
I can't make up my mind.

► se **décider** : **make up** one's **mind** /maɪnd/ (made up one's mind, made up one's mind)

► **se décider à faire** quelque chose : **make up one's mind to do** something

*L'adjectif possessif s'emploie de la façon suivante en anglais : **I make up my mind, you make up your mind, he makes up his mind, she makes up her mind, we make up our minds, they make up their minds**.*

décision

▷ C'est une décision très injuste.
It's a very unfair decision.

▷ Nous avons pris la décision ensemble.
We made the decision together.

decision /dɪ'sɪʒən/

► **prendre une décision** : **make a decision** (made, made)

déclarer

▷ Comme nous n'avons rien à déclarer, ça ne prendra pas beaucoup de temps à la douane.
As we don't have anything to declare, it won't take much time at customs.

declare /dɪ'klɛəʳ/

***Declare** rime avec **hair, bear** et **care**.*

déclencher

1 ▷ Myriam a déclenché l'alarme par erreur.
Myriam set off the alarm by mistake.

(une alarme, une sonnerie) : **set off** /set 'ɒf/ (set off, set off)

2 ▷ L'alarme de la voiture s'est déclenchée pendant la nuit.
The car alarm went off during the night.

► **se déclencher** (alarme, sonnerie) : go off /gəʊ 'ɒf/ (went off /went 'ɒf/, gone off /gɒn 'ɒf/)

décodeur

▷ Le décodeur est sur la télé.
The decoder is on the TV.

decoder /dɪː'kəʊdəʳ/

décollage

▷ Le décollage a été retardé.
The takeoff was delayed.

(d'un avion) takeoff /'teɪkɒf/

décoller

1 ▷ L'avion décollera à trois heures cinq.
The plane will take off at five past three.

(avion) take off /teɪk 'ɒf/ (took off /tʊk 'ɒf/, taken off /'teɪkən 'ɒf/)

2 ▷ J'ai une méthode pour décoller les timbres sans les abîmer.
I know a way to unstick stamps without damaging them.

► **décoller** quelque chose : unstick /ʌn'stɪk/ something (unstuck, unstuck /ʌn'stʌk/)

3 ▷ Le papier peint se décolle dans le couloir.
The wallpaper is coming off in the corridor.

► **se décoller** : come off /kʌm 'ɒf/ (came off /keɪm 'ɒf/, come off)

décolleté, décolletée

▷ La robe de Sarah est très décolletée.
Sarah's dress is very low-cut.

low-cut /ləʊ'kʌt/

décoloré, décolorée

1 ▷ Cédric porte toujours des jeans décolorés.
Cédric always wears faded jeans.

(en parlant d'un tissu, d'un jean) faded /'feɪdɪd/

2 ▷ Ma sœur a les cheveux décolorés.
My sister has bleached hair.

(en parlant des cheveux) bleached /bliːtʃt/

décongeler

▷ Les crevettes ont décongelé en deux heures.
The prawns defrosted in two hours.

▷ Fais décongeler les fraises.
Defrost the strawberries.

defrost /diː'frɒst/

ℹ *Le verbe* defrost *correspond au verbe français* **décongeler** *et à l'expression* **faire décongeler**.

se déconnecter

1 ▷ Je dois me déconnecter dans cinq minutes.
I have to log off in five minutes.

log off /lɒg'ɒf/

ℹ *Il y a deux* g *au gérondif* (logging off /lɒgɪŋ'ɒf/), *au prétérit et au participe passé* (logged off /lɒgd'ɒf/).

2 ▷ Ils sont complètement déconnectés de la réalité.
They are completely out of touch with reality.

► **être déconnecté de la réalité :** be out of touch with reality /aʊtəv'tʌtʃ/

déconseiller

▷ Nos amis nous ont déconseillé ce camping.
Our friends advised us against this campsite.

▷ Je te déconseille d'aller voir ce film.
I advise you against going to see this film.

► **déconseiller** quelque chose **à** quelqu'un **:** **advise** /əd'vaɪz/ somebody **against** something
► **déconseiller à** quelqu'un **de** + *infinitif* **:** **advise** somebody **against** + *-ing*

décontracté, décontractée

1 ▷ L'ambiance est très décontractée dans ce bar.
The atmosphere is very relaxed in this bar.
▷ Jules avait l'air très décontracté.
Jules looked very relaxed.

(ambiance, personne) **relaxed** /rɪ'lækst/ **(plus décontracté** more relaxed**, le plus décontracté** the most relaxed**)**

2 ▷ Le week-end, j'aime bien porter des vêtements décontractés.
At weekends, I like to wear casual clothes.

(vêtements) **casual** /'kæʒjʊl/ **(plus décontracté** more casual**, le plus décontracté** the most casual**)**

décor

1 ▷ Les décors sont vraiment beaux dans ce film.
The sets are really beautiful in this film.

(d'une pièce de théâtre, d'un film) **set** /set/

2 ▷ Le décor est magnifique dans ce restaurant.
The décor is beautiful in this restaurant.

(d'une maison, d'un restaurant) **décor** /'deɪkɔːʳ/

décoration

▷ Nous sommes allés acheter des décorations de Noël.
We went to buy some Christmas decorations.

decoration /ˌdekə'reɪʃən/

décorer

▷ Je n'aime pas la façon dont ils ont décoré leur maison.
I don't like the way they decorated their house.
▷ Le sapin de Noël est décoré de guirlandes.
The Christmas tree is decorated with tinsel.

decorate /'dekəreɪt/

ℹ *Notez la préposition employée en anglais : décorer* **de** *= decorate* **with***.*

décortiquer

▷ Ces crevettes sont difficiles à décortiquer.
These prawns are difficult to shell.

(des crevettes, des amandes) **shell** /ʃel/

découper

1 ▷ J'ai découpé un article pour toi, ça va t'intéresser.
I've cut out an article for you, you'll find it interesting.

(dans un journal, un magazine) **cut out** /kʌt 'aʊt/ (cut out, cut out)

2 ▷ Tu découpes le papier comme ça, puis tu le colles sur du carton.
You cut up the paper like this, then you stick it on some cardboard.

(du papier, du tissu) **cut up** /kʌt 'ʌp/ (cut up, cut up)

3 ▷ Qui va découper le poulet ?
Who is going to carve the chicken?

(un poulet, un rôti) **carve** /kɑːv/

décourageant, décourageante

▷ Cyril ne fait aucun progrès, c'est vraiment décourageant !
Cyril isn't making any progress, it's very disheartening!

disheartening /dɪs'hɑːtnɪŋ/ (**plus décourageant** more disheartening, **le plus décourageant** the most disheartening)

décourager

1 ▷ Je ne veux pas te décourager, mais...
I don't want to discourage you, but...

discourage /dɪs'kʌrɪdʒ/

🔊 *Discourage rime avec bridge.*

2 ▷ Ne te décourage pas, essaie encore.
Don't lose heart, try again.

► **se décourager :** lose heart /luːz 'hɑːt/ (lost heart, lost heart)

découverte

▷ C'est une découverte extraordinaire.
It's an extraordinary discovery.

▷ Des savants américains ont fait une découverte très importante.
Some American scientists have made a very important discovery.

discovery /dɪs'kʌvərɪ/ (pluriel discoveries /dɪs'kʌvərɪz/)

► **faire une découverte :** make a discovery (made, made)

découvrir

▷ Une statue a été découverte au fond de l'océan.
A statue has been discovered at the bottom of the ocean.

▷ Il était trop tard quand j'ai découvert que j'avais perdu mon sac.
It was too late when I discovered that I had lost my bag.

(= trouver) **discover** /dɪs'kʌvəʳ/

🔊 *L'accent tonique est sur la deuxième syllabe -co-.*

décrire

▷ Décris-le, je le connais peut-être.
Describe him, perhaps I know him.

describe /dɪs'kraɪb/

▷ Tu peux lui décrire ce que tu as vu ?
Can you describe to him what you saw?

► **décrire** quelque chose **à** quelqu'un : **describe** something **to** somebody

*Le **i** de **describe** se prononce comme le **i** de **like**.*

décrocher

1 ▷ On va décrocher ce tableau.
We're going to take this painting down.

(quelque chose qui était en hauteur) **take down** /teɪk 'daʊn/ (**took down** /tʊk 'daʊn/, **taken down** /ˌteɪkən 'daʊn/)

2 ▷ C'est toujours Martin qui décroche le téléphone.
It's always Martin who picks up the phone.

► **décrocher le téléphone** : **pick up** /pɪk 'ʌp/ **the phone**

3 ▷ Les rideaux se sont encore décrochés.
The curtains have fallen down again.

► **se décrocher** (quelque chose qui était en hauteur) : **fall down** /fɔːl 'daʊn/ (**fell down, fallen down**)

déçu, déçue

▷ Tu n'es pas trop déçu, j'espère ?
You're not too disappointed, I hope?

disappointed /ˌdɪsə'pɔɪntɪd/ (**plus déçu** more disappointed, **le plus déçu** the most disappointed)
*Regardez aussi le verbe **décevoir***

dedans

1 ▷ Reste dedans, il fait trop froid dehors.
Stay inside, it's too cold outside.

(par opposition à « dehors ») **inside** /ɪn'saɪd/

2 ▷ Elle a apporté des gâteaux avec des amandes dedans.
She brought some cakes with almonds in them.
▷ C'est une boîte avec des bonbons dedans.
It's a box with sweets in it.

*Quand **dedans** reprend un nom qui précède, il se traduit par **in it** si ce nom est singulier et par **in them** si le nom est pluriel.*

dédicacé, dédicacée

▷ Hubert a des photos dédicacées de plusieurs footballeurs célèbres.
Hubert has got signed photographs of several famous football players.

signed /saɪnd/

*__Signed__ rime avec **mind** et **find**.*

déduire

▷ N'oubliez pas de déduire le prix du billet de train.
Don't forget to deduct the price of the train ticket.

(= soustraire) **deduct** /dɪ'dʌkt/

▷ Si on déduit le loyer du total, ce n'est pas très cher.
If you deduct the rent from the total, it's not very expensive.

► **déduire** quelque chose **de** quelque chose : **deduct** something **from** something

défaire

1 ▷ Lulu a défait le nœud très soigneusement.
Lulu untied the knot very carefully.

(un nœud) : **untie** /ʌn'taɪ/

2 ▷ Je déferai ma valise plus tard.
I'll unpack my suitcase later.

(une valise, ses bagages) **unpack** /ʌn'pæk/

3 ▷ Le nœud s'est défait.
The knot came undone.

► **se défaire** (nœud) : **come undone** /ʌn'dʌn/ (came undone, come undone)

défaut

1 ▷ Il y a un défaut dans ce tissu.
There's a defect in this material.

(d'un tissu, d'une machine) **defect** /'diːfekt/

2 ▷ Tout le monde a des défauts.
Everybody has faults.

(d'une personne) **fault** /fɔːlt/

défendre

1 ▷ Pourquoi est-ce que tu le défends toujours ?
Why do you always defend him?
▷ Ne la laisse pas te critiquer, défends-toi !
Don't let her criticize you, defend yourself!
▷ Il ne sait pas se défendre.
He can't defend himself.

(= protéger, soutenir) **defend** /dɪ'fend/
► **se défendre** : **defend** /dɪ'fend/ **oneself**
ℹ *Note : I defend myself, he defends himself, she defends herself, you defend yourself, you defend yourselves, we defend ourselves, they defend themselves.*

2 ▷ Christine m'a défendu d'ouvrir mon cadeau avant mardi.
Christine told me I mustn't open my present before Tuesday.

Pour exprimer l'interdiction en anglais, on emploie souvent une expression avec ***mustn't*** /'mʌsnt/.

défendu

▷ Ne fais pas ça, c'est défendu.
Don't do that, it's not allowed.

not allowed /nɒt ə'laʊd/
🔊 *Allowed rime avec crowd et loud.*
ℹ *On dit aussi forbidden /fə'bɪdən/.*

défense

1 ▷ Le gouvernement dépense beaucoup d'argent pour la défense.
The government spends a lot of money on defence.

► **la défense** (= protection) : **defence** /dɪ'fens/

2 ▷ Les chasseurs tuent les éléphants pour prendre leurs défenses.
The hunters kill the elephants to take their tusks.

(d'éléphant) **tusk** /tʌsk/

3 ▷ Sylvia a pris la défense de Yann.
Sylvia stood up for Yann.

► **prendre la défense de** quelqu'un : stand up for somebody (stood up for, stood up for)

4 ▷ Il y avait un écriteau qui disait « défense de fumer ».
There was a notice that said "no smoking".

▷ Le panneau dit « défense d'entrer ».
The sign says "no entry".

► **défense de fumer :** no smoking /nəʊ 'sməʊkɪŋ/

► **défense d'entrer :** no entry /nəʊ 'entrɪ/

défilé

1 ▷ Nous sommes allés voir le défilé du Quatorze Juillet.
We went to see the fourteenth of July parade.

(= marche) parade /pə'reɪd/

*Le mot anglais **parade** rime avec **made** et **aid**.*

2 ▷ Marine a été invitée à un défilé de mode.
Marine has been invited to a fashion show.

► **défilé de mode :** fashion show /'fæʃn ʃəʊ/ (pluriel fashion shows)

défiler

▷ Les militaires défilaient dans la rue.
The soldiers were marching in the street.

(soldats, manifestants) march /mɑːtʃ/

définir

▷ C'est un mot qui est difficile à définir.
It's a word that is difficult to define.

define /dɪ'faɪn/

définitif, définitive

▷ Est-ce que c'est définitif ?
Is it permanent?

(= pour de bon) permanent /'pɜːmənənt/

*L'accent tonique est sur la première syllabe **per-**, et le **n** et le **t** se prononcent.*

définition

▷ Voici la définition que j'ai trouvée dans le dictionnaire.
Here is the definition I found in the dictionary.

definition /ˌdefɪ'nɪʃən/

*L'accent tonique est sur la troisième syllabe **-ni-**.*

définitivement

▷ Il est parti définitivement.
He left for good.

(= pour de bon) for good /fə 'gʊd/

défoncé, défoncée

▷ La portière était complètement défoncée.
The door was completely smashed in.

(= abîmé) smashed in /smæʃt'in/

défoncer

▷ Les voleurs ont défoncé la porte.
The burglars smashed the door in.

(une porte) smash in /smæʃ 'ɪn/

déformé, déformée

1 ▷ Ces chaussures sont déformées.
These shoes are stretched.

(chaussures, vêtements) **stretched** /stretʃt/

2 ▷ Le métal est déformé à cause de la chaleur.
The metal is bent because of the heat.

(barre, métal) **bent** /bent/

se défouler

1 ▷ Tu devrais faire du karaté pour te défouler.
You should do karate to let off steam.

(= dépenser son énergie) **let off steam** /ˌlet ɒf 'stiːm/ (let off, let off)

2 ▷ Tu n'as pas besoin de te défouler sur moi !
You don't need to take it out on me!

► **se défouler sur** quelqu'un : **take** /teɪk/ **it out on** somebody (took /tʊk/, taken /'teɪkən/)

se dégager

▷ Emmanuel s'est débattu et a réussi à se dégager.
Emmanuel struggled and managed to get free.

(= se libérer) **get free** /get 'friː/ (got free, got free /gɔt 'friː/)

dégâts

▷ Il y a eu des dégâts dans l'école.
There was some damage in the school.

▷ Les dégâts sont très graves.
The damage is very serious.

▷ Le tremblement de terre a fait beaucoup de dégâts.
The earthquake caused a lot of damage.

damage /'dæmɪdʒ/

ℹ *Damage est indénombrable : il ne se met pas au pluriel et ne s'emploie pas avec l'article a.*

► **faire des dégâts** : **cause** /kɔːz/ **damage**

🔊 *Damage rime avec bridge.*

se dégonfler

1 ▷ Le pneu s'est dégonflé.
The tyre has deflated.

(ballon, pneu) **deflate** /diː'fleit/

2 ▷ Luigi s'est dégonflé au dernier moment.
Luigi chickened out at the last moment.

(= renoncer, au sens familier) **chicken out** /ˌtʃɪkɪn 'aʊt/

dégouliner

1 ▷ Fais attention, la peinture dégouline sur tes chaussures !
Be careful, the paint is dripping on your shoes!

(quelque chose qui tombe goutte à goutte) **drip** /drɪp/

ℹ *Il y a deux p au gérondif (dripping /'drɪpɪŋ/), au prétérit et au participe passé (dripped /drɪpt/).*

2 ▷ Les larmes dégoulinaient sur sa figure.
The tears were trickling down her face.

(larmes, sang) **trickle** /'trɪkl/

ℹ *Notez la préposition employée :* dégouliner <u>sur</u> = *trickle <u>down</u>*.

dégourdi, dégourdie

▷ Martha n'est pas très dégourdie.
Martha isn't very smart.

smart /smɑːt/ (plus dégourdi smarter /'smɑːtəʳ/, le plus dégourdi the smartest /'smɑːtɪst/)

dégoût

▷ J'ai essayé de cacher mon dégoût.
I tried to hide my disgust.

disgust /dɪs'gʌst/

dégoûtant, dégoûtante

▷ Il y avait des ordures partout, c'était dégoûtant !
There was rubbish everywhere, it was disgusting!

disgusting /dɪs'gʌstɪŋ/ (plus dégoûtant more disgusting, le plus dégoûtant the most disgusting)

dégoûter

▷ Ça ne te dégoûte pas de manger ça ?
Doesn't it disgust you to eat that?

▷ J'étais vraiment dégoûté quand j'ai vu ça !
I was really disgusted when I saw that!

disgust /dɪs'gʌst/

► **être dégoûté :** be disgusted /dɪs'gʌstɪd/

L'accent tonique est sur la deuxième syllabe ***-gust-****.*

degré

▷ Il fait au moins trente degrés aujourd'hui.
It's at least thirty degrees today.

degree /dɪ'griː/

dégueulasse

1 ▷ Le repas était vraiment dégueulasse.
The meal was really disgusting.

(= mauvais, sale) **disgusting** /dɪs'gʌstɪŋ/ (plus dégueulasse more disgusting, le plus dégueulasse the most disgusting)

2 ▷ Tu es dégueulasse avec elle.
You're rotten to her.

(= injuste) **rotten** /'rɒtn/

ℹ *Notez la préposition employée en anglais :* dégueulasse avec quelqu'un = *rotten to somebody*.

ℹ Dégueulasse *est un mot vulgaire, mais* *disgusting* *et* *rotten* *ne le sont pas.*

déguisement

▷ Lambert portait son déguisement de Batman.
Lambert was wearing his Batman costume.

(= habits) **costume** /'kɒstjuːm/

se déguiser

1 ▷ Est-ce que tu vas te déguiser pour la soirée de Cyril ?
Are you going to dress up for Cyril's party?

▷ Anne veut se déguiser en infirmière.
Anne wants to dress up as a nurse.

(pour s'amuser) **dress up** /dres 'ʌp/

► **se déguiser en... :** dress up as...

2 ▷ Les terroristes se sont déguisés pour tromper la police.
The terrorists disguised themselves to deceive the police.

(= pour tromper quelqu'un) **disguise** /dɪs'gaɪz/ **oneself**

ℹ *Le pronom personnel réfléchi s'emploie de la façon suivante en anglais (exemples au prétérit) : **I disguised myself, you disguised yourself, he disguised himself, she disguised herself, we disguised ourselves, you disguised yourselves, they disguised themselves.***

dehors

1 ▷ Est-ce qu'il fait froid dehors ?
Is it cold outside?

(= à l'extérieur) : **outside** /aʊt'saɪd/

2 ▷ En dehors de Pat et Laurent, personne n'est venu.
Apart from Pat and Laurent, nobody came.

► **en dehors de** (= sauf) : **apart from** /ə'pɑːt frəm/

déjà

1 ▷ Tu as déjà fini ?
Have you already finished?

(= déjà maintenant) **already** /ɔːl'redɪ/

2 ▷ Est-ce que vous avez déjà mangé du poisson cru ?
Have you ever eaten raw fish?
▷ Es-tu déjà allé à Paris ?
Have you ever been to Paris?

*Quand on demande à quelqu'un s'il a **déjà** fait quelque chose dans sa vie, on emploie le mot **ever** /'evəʳ/ avec le present perfect.*

déjeuner

1 ▷ Le déjeuner est prêt !
Lunch is ready!

▷ À quelle heure les Anglais prennent-ils leur déjeuner ?
At what time do the English have lunch?

► **le déjeuner** (= le repas de midi) : **lunch** /lʌntʃ/ (pluriel **lunches** /'lʌntʃɪz/)
► **prendre son déjeuner : have lunch (had, had)**

2 ▷ Nous déjeunerons à midi.
We'll have lunch at twelve o'clock.

► **déjeuner** (verbe = manger) : **have lunch (had, had)**

délai

1 ▷ Mon chef m'a donné un délai de deux semaines pour préparer le rapport annuel.
My boss gave me a time limit of two weeks to write the annual report.

(= temps accordé) **time limit** /'taɪm lɪmɪt/

2 ▷ J'ai demandé un délai parce que je n'aurai pas fini à temps.
I've asked for an extension because I won't have finished in time.

(= temps supplémentaire) **extension** /ek'stenʃən/

⚠ *Attention : **délai** ne se traduit pas par **delay**, qui signifie « retard ».*

délavé, délavée

▷ Les jeans délavés sont de nouveau à la mode.
Faded jeans are back in fashion.

(couleur, tissu) **faded** /'feɪdɪd/

délégué, déléguée

▷ J'ai été délégué de classe pendant plusieurs années.
I was class representative for several years.

▷ Ils ont élu leurs délégués syndicaux.
They elected their union representatives.

► **délégué de classe** *ou* **déléguée de classe :** class representative /ˌklɑːs reprɪ'zentətɪv/ (pluriel class representatives)
► **délégué syndical** *ou* **déléguée syndicale :** union representative

délicat, délicate

1 ▷ La soie est un tissu délicat.
Silk is a delicate material.
▷ C'est une question délicate, je ne sais pas si je dois la poser.
It's a delicate question, I don't know if I should ask it.

(tissu, santé, problème, question) **delicate** /'delɪkət/ (**plus délicat** more delicate, **le plus délicat** the most delicate)

Attention, le **a** *de* **delicate** *se prononce comme le* e *du mot français* de.

2 ▷ Ne sois pas si délicat, mange-le !
Don't be so fussy, eat it!

(= difficile, en parlant d'une personne) **fussy** /'fʌsɪ/ (**plus délicat** fussier /fʌsɪəʳ/, **le plus délicat** the fussiest /fʌsɪɪst/)

délicieux, délicieuse

▷ Le repas était délicieux, merci.
The meal was delicious, thank you.

(nourriture) **delicious** /dɪ'lɪʃəs/ (**plus délicieux** more delicious, **le plus délicieux** the most delicious)

délinquant, déliquante

▷ Leurs enfants sont devenus des délinquants.
Their children became delinquents.

delinquent /dɪ'lɪŋkwənt/

délirer

1 ▷ Il est très malade, il délire.
He's very ill, he's delirious.

(malade fiévreux) **be delirious** /dɪ'lɪrɪəs/

2 ▷ Tu délires ! Tu ne penses pas sérieusement que je vais faire ça ?
You're out of your mind! You don't seriously think I'm going to do that!

(= être fou) **be out of one's mind** /maɪnd/

délivrer

▷ Ils ont promis de délivrer les prisonniers bientôt.
They have promised to set the prisoners free soon.

(un prisonnier) **set free** /set 'friː/ (set free, set free)

Attention : **délivrer** *ne se traduit pas par* **deliver***, qui signifie « livrer ».*

demain

▷ Demain, c'est l'anniversaire de Rose.
Tomorrow is Rose's birthday.
▷ Je dois partir. À demain !
I must leave. See you tomorrow!

tomorrow /tə'mɒrəʊ/
► **à demain ! : see you tomorrow!**

demande

1 ▷ Je n'ai pas compris leur demande.
I didn't understand their request.

request /rɪ'kwest/

2 ▷ Lionel a fait une demande de bourse.
Lionel applied for a grant.

► **faire une demande de... :** **apply** /ə'plaɪ/ **for...**
ℹ *Le y de **apply** devient **ie** à la troisième personne du singulier (**applies** /ə'plaɪz/), au prétérit et au participe passé (**applied** /ə'plaɪd/).*

demander

1 ▷ Il m'a demandé un CD.
He asked me for a CD.

► **demander** quelque chose **à** quelqu'un (= réclamer) : **ask** /ɑːsk/ somebody **for** something

2 ▷ Elle m'a demandé d'enregistrer l'émission sur Londres.
She asked me to record the programme on London.

► **demander à** quelqu'un **de faire** quelque chose : **ask** somebody **to do** something
🔊 *Notez la prononciation de **asked** : /ɑːskt/.*

3 ▷ Quelqu'un te demande au téléphone.
Somebody is asking for you on the phone.

► **demander** quelqu'un (quand on veut le voir ou lui parler) : **ask for** somebody

4 ▷ Je me demande pourquoi il n'est pas venu.
I wonder why he didn't come.
▷ Je me demande si Céline a démissionné.
I wonder if Celine resigned.

► **se demander... : wonder...** /'wʌndəʳ/
🔊 *Le **o** de **wonder** se prononce comme le **u** de **duck**.*

démanger

▷ Ça me démange !
It itches!
▷ Est-ce que ta piqûre de moustique te démange ?
Does your mosquito bite itch?

► **ça me / le / la / les démange : it itches** /ɪt 'ɪtʃɪz/

se démaquiller

▷ Nous nous sommes démaquillés après la pièce de théâtre.
We took our make-up off after the play.

take one's **make-up** /'meɪkʌp/ **off** (took off, taken off)

▷ Où est Sophie ? Elle se démaquille.
Where is Sophie? She's taking her make-up off.

ℹ *L'adjectif possessif fonctionne de la façon suivante en anglais :* ***I take my make-up off, you take your make-up off, he takes his make-up off, she takes her make-up off, we take our make-up off, they take their make-up off***.

démarrer

▷ La voiture a démarré sans aucun problème.
The car started without any problem.

start /stɑːt/

déménager

▷ Samir et sa famille vont déménager.
Samir and his family are going to move.

(= changer de maison) **move** /muːv/

ℹ *La forme en* ***-ing*** *s'écrit* ***moving***.

ℹ *Le verbe* ***move*** *signifie aussi* **bouger**.

dément, démente

▷ Ils vendent ces vêtements à des prix déments.
They're selling those clothes at incredible prices.

(= incroyable) **incredible** /ɪn'kredɪbl/

demi

▷ Donne-moi juste un demi-verre de vin.
Give me just half a glass of wine.

▷ Un demi-litre de lait.
Half a litre of milk.

ℹ *Pour dire la moitié de quelque chose en anglais, on emploie l'expression* ***half a...*** /hɑːf ə/.

🔊 *Le* ***l*** *de* ***half*** *n'est pas prononcé.*

▷ Le vol dure deux heures et demie.
The flight lasts two and a half hours.

ℹ *L'expression anglaise qui correspond au français* **et demi, et demie** (en parlant d'une durée ou d'une mesure) est ***and a half***.

▷ Trois kilos et demi de pommes de terre, s'il vous plaît.
Three and a half kilos of potatoes, please.

ℹ *En anglais,* ***and a half*** *vient juste après le chiffre (****two, three****) et avant le nom (****hours, kilos****).*

▷ Le train arrive à deux heures et demie.
The train arrives at half past two.

ℹ *Pour dire l'heure, on emploie* ***half past*** /hɑːf 'pɑːst/ *en anglais.*

▷ Je n'ai bu qu'un demi.
I only drank one glass of beer.

► **un demi** (de bière) : **a glass of beer** /ˌglɑːs əv 'bɪəʳ/ (pluriel **glasses** /'glɑːsɪz/ **of beer**)

ℹ *Vous trouverez des mots qui commencent par* **demi-** *(comme* **demi-heure** *et* **demi-tour***) à leur place alphabétique dans ce dictionnaire.*

demi-finale

▷ La demi-finale se jouera à Wembley.
The semifinal will be played at Wembley.

semifinal /ˌsemɪ'faɪnəl/

▷ Notre équipe est en demi-finale.
Our team is in the semifinals.

► **être en demi-finale : be in the semifinals**

demi-frère

▷ Roland a une sœur et un demi-frère.
Roland has a sister and a half-brother.

half-brother /ˌhɑːfˈbrʌðəʳ/ (pluriel half-brothers)

Le l de half n'est pas prononcé.

demi-heure

▷ Ça m'a pris une demi-heure.
It took me half an hour.

▷ Il y a un bus toutes les demi-heures.
There's a bus every half-hour.

► **une demi-heure :** half an hour /ˌhɑːf ən ˈaʊəʳ/

► **toutes les demi-heures :** every half-hour /ˌevrɪ hɑːf ˈaʊəʳ/

Le l de half n'est pas prononcé. Le h de half est aspiré, mais celui de hour ne l'est pas. Entraînez-vous à bien prononcer half an hour.

demi-pensionnaire

▷ La plupart des élèves de ma classe sont demi-pensionnaires.
Most pupils in my class take school lunches.

► **être demi-pensionnaire** take school lunches /ˈskuːl ˌlʌntʃɪz/ (took, taken)

demi-sœur

▷ Je m'entends très bien avec ma demi-sœur.
I get on very well with my half-sister.

half-sister /hɑːfˈsɪstəʳ/ (pluriel half-sisters)

Le l de half n'est pas prononcé.

démission

▷ Ils réclament la démission du ministre.
They demand the resignation of the minister.

▷ Elle a donné sa démission hier.
She handed in her resignation yesterday.

(d'un poste) **resignation** /ˌrezɪgˈneɪʃən/

► **donner sa démission :** hand in /hændˈɪn/ one's resignation

démissionner

▷ Tristan a démissionné.
Tristan resigned.

resign /rɪˈzaɪn/

Resign rime avec line et shine. Le s se prononce comme le z de zoo.

demi-tarif

▷ Un demi-tarif pour « Le Seigneur des anneaux », s'il vous plaît.
A half-price ticket for "Lord of the Rings", please.

(= un billet) **half-price ticket** /ˌhɑːfpraɪs ˈtɪkɪt/ (pluriel half-price tickets)

Le l de half n'est pas prononcé.

demi-tour

▷ Quand nous avons vu que le parc était fermé, nous avons fait demi-tour.
When we saw that the park was closed, we turned back.

► **faire demi-tour** (= revenir) **:** turn back /tɜːn ˈbæk/

démocratie

▷ Ils veulent plus de démocratie dans leur pays.
They want more democracy in their country.

democracy /dɪˈmɒkrəsɪ/

démocratique

▷ C'est un droit dans les sociétés démocratiques.
It's a right in democratic societies.

democratic /ˌdeməˈkrætɪk/ (**plus démocratique** more democratic, **le plus démocratique** the most democratic)

démodé, démodée

▷ Ce genre de jupe est plutôt démodé.
This kind of skirt is rather old-fashioned.

old-fashioned /ˌəʊldˈfæʃənd/ (**plus démodé** more old-fashioned, **le plus démodé** the most old-fashioned)

démolir

▷ Ils ont démoli le vieux cinéma.
They've demolished the old cinema.

(un bâtiment, un mur) **demolish** /dɪˈmɒlɪʃ/

ℹ *L'accent tonique est sur la deuxième syllabe* ***-mo-****.*

démonstration

▷ C'est un modèle de démonstration.
It's a demonstration model.

▷ Le vendeur a fait une démonstration.
The salesman gave a demonstration.

(d'un appareil, d'un fonctionnement) **demonstration** /ˌdemənˈstreɪʃən/

► **faire une démonstration :** give a demonstration (gave, given)

ℹ *Le mot anglais* ***demonstration*** *signifie aussi « manifestation ».*

démonter

1 ▷ Georges a dû démonter le vélo pour le réparer.
Georges had to take the bike to pieces to repair it.

(un appareil, un vélo) **take to pieces** /ˈpiːsɪz/ (took, taken)

2 ▷ On a démonté la tente en dix minutes.
We took the tent down in ten minutes.

(une tente) **take down** (took down, taken down)

démontrer

▷ Si tu me démontres que c'est possible, je le ferai.
If you prove to me that it's possible, I'll do it.

(= prouver) **prove** /pruːv/

🔊 *Le* ***o*** *de* ***prove*** *se prononce comme le* ***oo*** *de* ***too****.*

démoralisé, démoralisée

▷ Suzie est démoralisée parce qu'elle ne fait pas beaucoup de progrès.
Suzie is demoralized because she isn't making much progress.

demoralized /dɪˈmɒrəlaɪzd/

ℹ *L'accent tonique est sur la deuxième syllabe* ***-mo-****.*

dénoncer

1 ▷ Qui l'a dénoncé ?
Who denounced him?

► **dénoncer** quelqu'un : denounce somebody /dɪ'naʊns/

2 ▷ Finalement le coupable s'est dénoncé.
In the end the culprit gave himself up.

► **se dénoncer :** give /gɪv/ oneself up (gave /geɪv/ up, given /'gɪvən/ up)

ℹ *Le pronom réfléchi fonctionne de la façon suivante en anglais (exemples au prétérit : I gave myself up, you gave yourself up, he gave himself up, she gave herself up, we gave ourselves up, you gave yourselves up, they gave themselves up).*

dent

▷ Il s'est cassé une dent.
He broke a tooth.

▷ J'ai mal aux dents.
I've got toothache.

tooth /tu:θ/ (pluriel teeth /ti:θ/)

► **avoir mal aux dents :** have toothache /'tu:θeɪk/

🔊 *Toothache rime avec make et break.*

▷ Le dentiste m'a arraché une dent de sagesse.
The dentist took one of my wisdom teeth out.

► **dent de sagesse :** wisdom tooth /'wɪzdəm tu:θ/

dentelle

▷ La robe a de la dentelle sur le devant.
The dress has got lace on the front.

lace /leɪs/

🔊 *Le a de lace se prononce comme le a de make.*

▷ On leur a offert une nappe en dentelle.
They were given a lace tablecloth.

► **en dentelle :** lace

dentier

▷ Je ne savais pas qu'il portait un dentier.
I didn't know he wore dentures.

▷ Son dentier est dans la salle de bains.
His dentures are in the bathroom.

dentures /'dentʃəz/

ℹ *Dentures est pluriel.*

dentifrice

▷ Zut, j'ai oublié le dentifrice !
Damn, I forgot the toothpaste!

toothpaste /'tu:θpeɪst/

🔊 *Le a de toothpaste se prononce comme le a de make.*

dentiste

▷ Le dentiste est très gentil.
The dentist is very kind.

▷ Marcel est chez le dentiste.
Marcel is at the dentist's.

dentist /'dentɪst/

► **chez le dentiste** (= dans son cabinet) : at the dentist's

▷ Je dois aller chez le dentiste.
I have to go to the dentist's.

▷ Sa femme est dentiste.
His wife is a dentist.

► **chez le dentiste** (= vers son cabinet) : to the dentist's

ℹ *N'oubliez pas l'article* **a** *ou* **an** *devant le nom du métier quand il suit les verbes* **be** *ou* **become**.

déodorant

▷ J'ai oublié d''acheter du déodorant.
I forgot to buy deodorant.

deodorant /dɪ'əʊdərənt/

dépanner

1 ▷ Quelqu'un est venu dépanner la machine à laver.
Somebody came to repair the washing machine.

► **dépanner** quelque chose (= le réparer) : **repair** something /rɪ'peəʳ/

ℹ *On peut aussi dire* **fix** /fɪks/ *something*.

2 ▷ Un mécanicien est venu nous dépanner sur l'autoroute.
A mechanic came to repair our car on the motorway.

► **dépanner** quelqu'un (= réparer sa voiture) : **repair** somebody's **car**

3 ▷ Est-ce que tu pourrais me dépanner ? J'ai oublié mon porte-monnaie.
Could you help me out? I've forgotten my purse.

► **dépanner** quelqu'un (= l'aider) : **help** /help/ somebody **out**

départ

1 ▷ Le départ est prévu pour onze heures.
The departure is planned for eleven o'clock.

(en parlant d'un voyage) **departure** /dɪ'pɑːtʃəʳ/

2 ▷ Après le départ de Darren, tout le monde était triste.
After Darren left, everybody was sad.

▷ Je t'écrirai avant mon départ.
I will write to you before I leave.

Quand on parle du départ de quelqu'un, on emploie généralement en anglais une expression avec le verbe **leave** /liːv/ (**left**, **left** /left/).

3 ▷ Nous avons raté le départ de la course.
We missed the start of the race.

(en parlant d'une course) **start** /stɑːt/

4 ▷ Au départ, Laure pensait que ce serait facile.
At first, Laure thought that it would be easy.

► **au départ** (= d'abord) : **at first** /ət 'fɜːst/

département

▷ L'université a plusieurs départements.
The university has several departments.

department /dɪ'pɑːtmənt/

dépasser

1 ▷ C'était Luc dans la voiture qui nous a dépassés !
It was Luc in the car that passed us!

(= doubler, en voiture ou à pied)
pass /pɑːs/
ℹ *Pour une voiture, on peut aussi employer le mot* ***overtake*** /ˌəʊvəˈteɪk/ (overtook /ˌəʊvəˈtʊk/, overtaken /ˌəʊvəˈteɪkən/).

2 ▷ Nous avons dépassé l'hôtel et nous avons dû faire demi-tour.
We passed the hotel and we had to turn back.

(= aller plus loin que) **pass** /pɑːs/

3 ▷ Mon frère me dépasse de dix centimètres.
My brother is ten centimetres taller than me.

Pour dire que quelqu'un dépasse quelqu'un d'autre en taille, on emploie l'expression ***be taller*** /ˈtɔːlə/ ***than***.

4 ▷ Si ça dépasse dix euros, je ne l'achète pas.
If it costs more than ten euros, I'm not buying it.

Pour dire qu'un prix dépasse un certain montant, on emploie l'expression ***cost*** /kɒst/ ***more than*** (cost, cost).

5 ▷ L'exposé ne doit pas dépasser une demi-heure.
The presentation mustn't last longer than half an hour.

Pour dire que quelque chose dépasse une certaine durée, on emploie l'expression ***last longer*** /ˈlɒŋgə/ ***than***.

se dépêcher

▷ Je dois me dépêcher si je veux attraper le bus.
I must hurry if I want to catch the bus.

▷ Dépêche-toi, on est en retard !
Hurry up, we're late!

hurry /ˈhʌrɪ/

► **dépêche-toi ! :** hurry up!
ℹ *Le* ***y*** *de* ***hurry*** *devient* ***ie*** *à la troisième personne du singulier* (hurries /ˈhʌrɪz/), *au prétérit et au participe passé* (hurried /ˈhʌrɪd/).

dépendre

▷ Le prix dépendra du nombre de participants.
The price will depend on the number of people taking part.

► **dépendre de** quelque chose **:** depend /dɪˈpend/ on something
ℹ *Attention à la préposition :* **dépendre de** = ***depend on***.

▷ Est-ce que tu vas aller à la soirée ? – Ça dépend.
Are you going to go to the party? – It depends.

► **ça dépend :** it depends

dépense

▷ C'est une grosse dépense pour moi.
It's a big expense for me.

expense /ekˈspens/

dépenser

1 ▷ J'ai dépensé beaucoup d'argent le mois dernier.
I spent a lot of money last month.

(de l'argent) **spend** /spend/ (spent, spent /spent/)

2 ▷ Cette machine à laver dépense beaucoup d'électricité.
This washing machine uses a lot of electricity.

(de l'énergie) **use** /juːz/

3 ▷ J'ai besoin de me dépenser après le travail.
I need to let off steam after work.

► **se dépenser :** let off steam /ˌlet ɒf ˈstiːm/ (let off steam, let off steam)

déplacé, déplacée

▷ C'était vraiment une remarque déplacée.
That was a very inappropriate remark.

(= qui ne convient pas) **inappropriate** /ˌɪnəˈprəʊprɪət/

déplacer

1 ▷ Si on déplace les tables et les chaises, il y aura plus de place au milieu.
If we move the tables and the chairs, there will be more space in the middle.

(un objet) **move** /muːv/

2 ▷ Le monsieur s'est très gentiment déplacé.
The gentleman very kindly moved.

► **se déplacer** (= bouger) : move

3 ▷ Rita se déplace souvent pour son travail.
Rita often travels for her work.

► **se déplacer** (= voyager) : travel /ˈtrævl/

ℹ *En anglais britannique il y a deux* **l** *au gérondif* (travelling /ˈtrævlɪŋ/)*, au prétérit et au participe passé* (travelled /ˈtrævld/).

déplaire

1 ▷ Leur attitude me déplaît.
I don't like their attitude.
▷ Ça lui a déplu.
He did'nt like it.

Pour dire que quelque chose nous déplaît en anglais, on emploie la forme négative de ***like*** /ˈlaɪk/ .

2 ▷ Ça ne me déplairait pas d'aller au Canada.
I wouldn't mind going to Canada.

Pour dire que quelque chose **ne nous déplairait pas** *en anglais, on emploie* ***wouldn't mind*** /wʊdnt ˈmaɪnd/ + *-ing*.

dépliant

▷ L'office du tourisme nous a envoyé des dépliants sur la région.
The tourist office sent us some brochures on the region.

brochure /ˈbrəʊʃəʳ/

déplier

▷ La carte s'est envolée quand je l'ai dépliée.
The map blew away when I unfolded it.

unfold /ʌn'fəʊld/

déposer

1 ▷ Anita a déposé ses bagages dans le couloir.
Anita put her luggage down in the corridor.

1 (= poser) **put down** /pʊt 'daʊn/ **(put down, put down)**

2 ▷ Tu veux que je te dépose à la gare ?
Do you want me to drop you at the station?

2 ► **déposer** quelqu'un (en voiture) : **drop** somebody /drɒp/

ℹ *Drop prend deux* ***p*** *au gérondif* **(dropping** /'drɒpɪŋ/**)**, *au prétérit et au participe passé* **(dropped** /drɒpt/**)**.

3 ▷ Je dois déposer un chèque sur mon compte.
I have to deposit a cheque in my account.

3 (un chèque) **deposit** /dɪ'pɒzɪt/

ℹ *Notez la préposition employée en anglais :* sur un compte = *in an account*.

dépression

1 ▷ La dépression est une maladie qui peut être grave.
Depression is an illness that can be serious.

▷ Ma collègue faisait de la dépression.
My colleague was suffering from depression.

1 ► **la dépression** (= maladie) : **depression** /dɪ'preʃən/

► **faire de la dépression : suffer** /'sʌfəʳ/ **from depression**

2 ▷ Ma mère a fait une dépression nerveuse.
My mother had a nervous breakdown.

2 ► **faire une dépression nerveuse : have a nervous breakdown** /ˌnɜːvəs 'breɪkdaʊn/ **(had, had)**

déprimant, déprimante

▷ Ce temps est déprimant.
This weather is depressing.

depressing /dɪ'presɪŋ/ **(plus déprimant more depressing, le plus déprimant the most depressing)**

déprimé, déprimée

▷ Gabriel a l'air déprimé.
Gabriel looks depressed.

depressed /dɪ'prest/ **(plus déprimé more depressed, le plus déprimé the most depressed)**

déprimer

1 ▷ Joël déprime depuis que Christine l'a quitté.
Joël has been depressed since Christine left him.

1 (= être démoralisé) **be depressed** /dɪ'prest/

2 ▷ Ce temps me déprime complètement.
This weather is really depressing me.

► **déprimer** quelqu'un : **depress somebody** /dɪˈpres/

depuis

1 ▷ Nous sommes en vacances depuis vendredi.
We have been on holiday since Friday.
▷ J'habite ici depuis 1999.
I have lived here since 1999.
▷ Je suis malade depuis hier.
I've been ill since yesterday.

Quand **depuis** *est suivi d'un mot ou d'une expression qui exprime une date ou un moment donné dans le temps (par exemple* **depuis jeudi, depuis ce matin, depuis le mois dernier***), l'équivalent en anglais est* ***since*** /sɪns/ *(**since Thursday, since this morning, since last month**).*

ℹ *Dans ces expressions avec* **since**, *en anglais on emploie le perfect (dans nos exemples* ***we have been, I have lived****) là où en français on emploie le présent (*nous sommes, j'habite*).*

▷ Depuis quand est-ce que tu le connais ?
How long have you known him?

► **depuis quand... ? : how long...?** /haʊ ˈlɒŋ/

ℹ *Notez encore l'emploi du perfect (dans notre exemple,* ***have known****) avec* ***how long?***

2 ▷ Nous habitons ici depuis deux ans.
We have lived here for two years.

Quand **depuis** *est suivi d'un mot ou d'une expression qui exprime une durée (par exemple* **depuis trois jours, depuis une heure, depuis trente ans***), l'équivalent en anglais est* ***for*** *(**for three days**, **for an hour**, **for thirty years**).*

▷ Je connais Paul depuis trois mois.
I have known Paul for three months.

ℹ *Dans ces expressions avec* **for**, *en anglais on emploie le perfect (dans nos exemples* ***we have lived****,* ***I have known****) là où en français on emploie le présent (*nous habitons, je connais*).*

▷ Depuis combien de temps est-ce que tu la connais ?
How long have you known her?
▷ Depuis combien de temps habitez-vous à Londres ?
How long have you lived in London?

► **depuis combien de temps... ? : how long...?**

ℹ *Notez encore l'emploi du perfect (dans notre exemple,* ***have known****) avec* ***how long?***

ℹ *Pour former le perfect, on prend l'auxiliaire* ***have*** *et on ajoute le participe passé du verbe qu'on veut employer. Par exemple, le present perfect du verbe* ***walk*** *est* ***have walked*** *(à la troisième personne :* ***has walked*** *) et le present perfect du verbe* ***catch*** *est* ***have caught*** *(à la troisième personne :* ***has caught****).*

déranger

1 ▻ Je ne veux pas vous déranger.
I don't want to disturb you.

(= gêner) **disturb** /dɪs'tɜːb/

2 ▻ Ça vous dérange si j'ouvre la fenêtre ?
Do you mind if I open the window?

▻ Ça te dérangerait de t'arrêter au supermarché ?
Would you mind stopping at the supermarket?

Dans les formules de politesse, on emploie une expression avec ***mind*** /maɪnd/.
ℹ *Notez l'emploi du gérondif* (stopping) *dans l'exemple suivant.*

déraper

1 ▻ La voiture a dérapé.
The car skidded.

(véhicule) **skid** /skɪd/
ℹ *Il y a deux* ***d*** *au gérondif* (skidding /'skɪdɪŋ/), *au prétérit et au participe passé* (skidded /'skɪdɪd/).

2 ▻ J'ai dérapé sur le trottoir et je suis tombé.
I slipped on the pavement and I fell.

(personne) **slip** /slɪp/
ℹ *Il y a deux* ***p*** *au gérondif* (slipping /'slɪpɪŋ/), *au prétérit et au participe passé* (slipped /slɪpt/).

dériver

1 ▻ Ils ont dérivé pendant plusieurs jours.
They drifted for several days.

(bateau) **drift** /drɪft/

2 ▻ Ce mot dérive du latin.
This word derives from Latin.

► **dériver de :** derive from /dɪ'raɪvfrɒm/

dériveur

▻ Mon père a acheté un dériveur.
My father bought a dinghy.

dinghy /'dɪŋgɪ/ (pluriel **dinghies** /'dɪŋgiːz/)

dermatologue

▻ Adeline est chez le dermatologue.
Adeline is at the dermatologist's.

▻ Léon va chez le dermatologue à cause de ses boutons.
Léon goes to the dermatologist's because of his spots.

▻ Je voudrais être dermatologue.
I'd like to be a dermatologist.

dermatologist /ˌdɜːmə'tɒlədʒɪst/
► **chez le dermatologue** (= dans son cabinet) : at the dermatologist's
► **chez le dermatologue** (= vers son cabinet) : to the dermatologist's

ℹ *N'oubliez pas l'article* ***a*** *ou* ***an*** *devant le nom du métier, quand il suit les verbes* ***be*** *ou* ***become****.*

dernier, dernière

1 ▻ C'est le dernier bonbon, tu le veux ?
It's the last sweet, do you want it?

(= après tous les autres) **last** /lɑːst/

▷ Les trois dernières questions étaient les plus difficiles.
The last three questions were the most difficult.

ℹ *Last* précède toujours les chiffres.

2 ▷ Nous étions à Dijon lundi dernier.
We were in Dijon last Monday.
▷ Le mois dernier il a beaucoup plu.
Last month it rained a lot.

(dans le temps) **last**
ℹ *Notez bien qu'on n'emploie pas d'article :* l'année dernière *last year*, la semaine dernière *last week*.

3 ▷ As-tu vu son dernier film ?
Have you seen his latest film?

(= dernier en date et qui peut être suivi par d'autres) **latest** /'leɪtəst/

4 ▷ Ils habitent au dernier étage.
They live on the top floor.

(= le plus haut) **top** /tɒp/

5 ▷ Les couteaux sont dans le dernier tiroir.
The knives are in the bottom drawer.

(= le plus bas) **bottom** /'bɒtəm/

6 ▷ Il n'y aura plus de yaourts, celui-ci est le dernier.
There won't be any more yoghurts, this one is the last one.

► **le dernier, la dernière :** the last one (pluriel the last ones)

7 ▷ Ursula et Jack sont arrivés les derniers.
Ursula and Jack arrived last.

► **le dernier, la dernière** (employé avec arriver, partir) : last

8 ▷ Il est arrivé en dernier.
He came last.

► **en dernier :** last

dernièrement

▷ Est-ce que tu as vu Adèle dernièrement ?
Have you seen Adèle recently?

recently /'riːsəntlɪ/

dérouler

1 ▷ Aide-moi à dérouler le tuyau d'arrosage.
Help me to unwind the hosepipe.

(un tuyau, une corde, une bobine) **unwind** /ʌn'waɪnd/ (unwound, unwound /ʌn'waʊnd/)

🔊 *Le* ***i*** *de* ***unwind*** *se prononce comme le* ***i*** *de* ***like***.

2 ▷ Le tapis est trop lourd, je n'arrive pas à le dérouler.
The carpet is too heavy, I can't unroll it.

(un tapis) **unroll** /ʌn'rəʊl/

3 ▷ L'histoire se déroule au Kansas.
The story takes place in Kansas.

► **se dérouler** (= avoir lieu) : take place /teɪk 'pleɪs/ (took place /tʊk 'pleɪs/, taken place /ˌteɪkən 'pleɪs/)

derrière

1 ▷ Regarde derrière toi !
Look behind you!

► **derrière** quelqu'un *ou* quelque chose : behind /bɪ'haɪnd/ somebody *ou* something

2 ▷ Tu ne m'as pas vu parce que j'étais derrière.
You couldn't see me because I was at the back.
▷ Assieds-toi derrière avec le bébé.
Sit at the back with the baby.

(= au fond, sur une photo, dans une classe, dans une voiture) at the back /ˌət θə 'bæk/

3 ▷ Il m'a pincé le derrière !
He pinched my bottom!

(= les fesses) : bottom /'bɒtəm/

des

Regardez le mot de.

dès

1 ▷ Tout le monde était prêt dès huit heures.
Everybody was ready by eight o'clock.

(suivi d'une heure) by /baɪ/

ℹ *Ne confondez pas* dès *et* des *!*

2 ▷ Dès le début, j'ai su que ça serait difficile.
From the start, I knew it would be difficult.

► **dès le début :** from the start /ˌfrəm ðə 'stɑːt/

3 ▷ Téléphonez dès que vous arriverez.
Phone as soon as you arrive.
▷ Je le ferai dès que possible.
I'll do it as soon as possible.

► **dès que :** as soon as /əz 'suːn əz/
► **dès que possible :** as soon as possible

désaccord

▷ Il a exprimé son désaccord.
He expressed his disagreement.
▷ Nous sommes en désaccord sur tout.
We disagree on everything.

(= divergence de points de vue) disagreement /ˌdɪsə'griːmənt/
► **être en désaccord :** disagree /ˌdɪsə'griː/

désagréable

▷ C'est très désagréable d'avoir des crampes.
It's very unpleasant to have cramp.
▷ Léa a été désagréable avec la vendeuse.
Léa was unpleasant to the saleswoman.

unpleasant /ʌn'pleznt/ (**plus désagréable** more unpleasant, **le plus désagréable** the most unpleasant)

ℹ *Notez la préposition employée en anglais : désagréable* avec *= unpleasant* to.

désapprouver

▷ Ils désapprouvent ces méthodes.
They disapprove of these methods.

disapprove of /ˌdɪsə'pruːv/

ℹ *Notez la préposition employée en anglais :* ***disapprove of.***

désastre

▷ Ils ont prévu de la pluie tout le week-end ! Quel désastre !
They have forecast rain all weekend! What a disaster!

disaster /dɪˈzɑːstəʳ/

désastreux, désastreuse

▷ Le résultat a été désastreux.
The result was disastrous.

disastrous /dɪˈzɑːstrəs/ (**plus désastreux** more disastrous, **le plus désastreux** the most disastrous)

descendre

1 ▷ L'ascenseur descend, on va le prendre.
The lift is coming down, we're going to take it.

▷ Tu peux descendre, s'il te plaît ? J'ai quelque chose à te dire.
Can you come downstairs, please? I've got something to tell you.

(= venir vers le bas, quand la personne qui parle est déjà en bas) **come down** /kʌm ˈdaʊn/ (came down /keɪm ˈdaʊn/, come down)
ℹ *Quand on est dans une maison, on dit* ***come downstairs*** /daʊnˈstɛəz/ (came downstairs, come downstairs).

2 ▷ J'ai envie de descendre à Marseille.
I want to go down to Marseille.

▷ Est-ce que tu peux fermer les volets quand tu descendras ?
Can you shut the shutters when you go downstairs?

(= aller vers le bas, quand la personne qui parle est en haut) **go down** /gəʊ ˈdaʊn/ (went down /went ˈdaʊn/, gone down /gɒn ˈdaʊn/)
ℹ *Quand on est dans une maison, on dit* ***go downstairs*** /daʊnˈstɛəz/ (went, gone).

3 ▷ On descend au prochain arrêt.
We get off at the next stop.

(du train, du métro, du bus) **get off** /get ˈɒf/ (got off, got off /gɒt ˈɒf/)

4 ▷ Descends du toit, tu vas te tuer !
Come down from the roof, you're going to kill yourself!

▷ Nous sommes descendus du train les premiers.
We got off the train first.

▷ Elle était très pâle quand elle est descendue de voiture.
She was very pale when she got out of the car.

► **descendre de** (d'une échelle, d'un mur, d'un toit) : **come down from** (came down, come down)
► **descendre de** (d'un train, d'un bus, du métro) : **get off** /get ˈɒf/ (got off, got off /gɒt ˈɒf/)
► **descendre de voiture** : **get out of the car** (got out, got out)

5 ▷ Il a descendu la pente à toute vitesse.
He went down the slope at full speed.

(= suivre vers le bas, en parlant d'une pente, d'une rue) **go down** (went down, gone down)

6 ▷ Est-ce que tu peux m'aider à descendre les valises ?
Can you help me to take the suitcases down?

► **descendre** quelque chose (= porter quelque chose en bas) : take /teik/ something down (took /tʊk/, taken /'teikən/)

descente

▷ La descente est très raide.
The slope is very steep.

(= pente) slope /sləʊp/

description

▷ Sa description du voyage était très drôle.
His description of the trip was very funny.

description /dɪs'krɪpʃən/

désemparé, désemparée

▷ Il était complètement désemparé.
He was quite helpless.

helpless /'helplɪs/ (**plus désemparé** more helpless, **le plus désemparé** the most helpless)

désert

▷ Ils ont passé trois jours dans le désert en Tunisie.
They spent three days in the desert in Tunisia.

desert /'dezət/

L'accent est sur la première syllabe ***-des-****. Attention à ne pas confondre avec la prononciation de* **dessert** (= dessert)*, où l'accent tonique est sur la deuxième syllabe* ***-ssert****.*

désert, déserte

▷ Les rues sont désertes à partir de onze heures.
The streets are deserted from eleven o'clock.

(= abandonné) deserted /dɪ'zɜːtɪd/

L'accent est sur la deuxième syllabe ***-ser-****.*

désespéré, désespérée

▷ Olivia était désespérée quand on lui a volé son portefeuille.
Olivia was desperate when she had her purse stolen.

desperate /'desprət/ (**plus désespéré** more desperate, **le plus désespéré** the most desperate)

désespoir

▷ Le poème exprime son désespoir.
The poem expresses his despair.

despair /dɪs'pɛəʳ/

déshabiller

1 ▷ Il a déshabillé le bébé pour le laver.
He undressed the baby to wash him.

► **déshabiller** quelqu'un : undress somebody /ʌn'dres/

2 ▷ Je n'aime pas me déshabiller devant les autres.
I don't like to undress in front of the others.

► **se déshabiller** : undress

désherber

▷ J'ai aidé Marianne à désherber le jardin.
I helped Marianne to weed the garden.

weed /wiːd/

désigner

1 ▷ La flèche désigne la sortie.
The arrow shows the exit.

(= montrer) **show** /ʃəʊ/ (showed, shown)

2 ▷ Nous désignerons les gagnants demain.
We'll choose the winners tomorrow.

(= élire, nommer) **choose** /tʃuːz/ (chose /tʃəʊr/, chosen /'tʃəʊzən/)

3 ▷ C'est un mot qui désigne un certain type d'oiseau.
It's a word that refers to a certain type of bird.

(= s'appliquer à, en parlant d'un mot) **refer to** /rɪ'fɜː tuː/

ℹ *Il y a deux **r** au gérondif (**referring** /rɪ'fɜːrɪŋ/), au prétérit et au participe passé (**referred** /rɪ'fɜːd/).*

désinfecter

▷ Tu devrais désinfecter ton doigt.
You should disinfect your finger.

disinfect /ˌdɪsɪn'fekt/

Attention à l'orthographe du mot anglais.

désirer

▷ Je désire parler à Madame Kington, s'il vous plaît.
I would like to speak to Mrs Kington, please.

► **je désire... : I would like...** /aɪ wʊd laɪk/

ℹ ***Would like** est souvent contracté en **'d like**.*

désobéir

1 ▷ Mon petit frère a encore désobéi et il s'est fait gronder.
My little brother was disobedient again and he got told off.

(= être désobéissant) **be disobedient** /ˌdɪsə'biːdɪənt/

2 ▷ Je n'ose pas lui désobéir.
I daren't disobey him.

► **désobéir à** quelqu'un **: disobey** somebody /ˌdɪsə'beɪ/

désobéissant, désobéissante

▷ Lionel est très désobéissant.
Lionel is very disobedient.

disobedient /ˌdɪsə'biːdɪənt/ (**plus désobéissant** more disobedient, **le plus désobéissant** the most disobedient)

🔊 *Le **e** de **disobedient** se prononce comme le **ee** de **speed**.*

désolé, désolée

▷ Je suis désolé de vous déranger.
I'm sorry to disturb you.
▷ Désolé, c'est trop tard !
Sorry, it's too late!

sorry /'sɒrɪ/

désordonné, désordonnée

▷ C'est toujours désordonné chez eux.
It's always messy at their place.

▷ C'est quelqu'un de très désordonné.
He's very messy.

(pièce, personne) **messy** /ˈmesɪ/ (**plus désordonné** messier /ˈmesɪəʳ/, **le plus désordonné** the messiest /ˈmesɪɪst/)

désordre

1 ▷ Quel désordre dans cette chambre !
What a mess in this bedroom!

1 (dans une pièce ou une maison) **mess** /mes/

2 ▷ Désolé, ma chambre est un peu en désordre.
I'm sorry, my room's a bit untidy.

2 ► **en désordre :** untidy /ʌnˈtaɪdɪ/

désorganisé, désorganisée

▷ C'est quelqu'un de très désorganisé.
He's very disorganized.

disorganized /dɪsˈɔːgənaɪzd/ (**plus désorganisé** more disorganized, **le plus désorganisé** the most disorganized)

désormais

▷ Désormais, j'irai à la piscine à vélo.
From now on, I'll cycle to the pool.

from now on /ˌfrəm naʊ ˈɒn/

dessécher

▷ Le vent dessèche la peau.
The wind dries the skin.

dry /draɪ/

ℹ *Le* y *de* **dry** *devient* ie *à la troisième personne du singulier* (dries /draɪz/), *au prétérit et au participe passé* (dried /draɪd/).

dessert

▷ Qu'est-ce qu'il y a pour le dessert ?
What is there for dessert?

▷ Le glace est mon dessert préféré.
Ice cream is my favourite dessert.

dessert /dɪˈzɜːt/

Le **ss** *du mot anglais* **dessert** *se prononce comme le* **z** *de* **zoo**. *L'accent tonique est sur la deuxième syllabe* **-ssert**. *Attention à ne pas confondre avec* **desert** *qui se prononce* /ˈdezət/ (= désert), *avec l'accent tonique sur la première syllabe* **des-**.

dessin

▷ Il y a des dessins sur les murs.
There are drawings on the walls.

▷ Qui a fait ce dessin ? Il est très joli.
Who did this drawing? It's very nice.

▷ Lola regarde des dessins animés à la télé.
Lola is watching cartoons on TV.

drawing /ˈdrɔːɪŋ/

► **faire un dessin :** do a drawing

► **dessin animé :** cartoon /kɑːˈtuːn/

dessiner

▷ Aurélien dessine très bien.
Aurélien draws very well.

draw /drɔː/ (drew /druː/, drawn /drɔːn/)

▷ Je ne sais pas dessiner les êtres humains.
I can't draw people.

Draw rime avec *more*. *Drew* rime avec *two*. *Drawn* rime avec *corn*.

dessous

1 ▷ Le journal est là et le programme de télévision est dessous.
The newspaper is over there and the TV guide is underneath.

underneath /ˌʌndəˈniːθ/

2 ▷ Le dessous de la table était très sale.
The bottom of the table was very dirty.

► **le dessous de** quelque chose : **the bottom** /ˈbɒtəm/ **of** something

3 ▷ Regarde ce tas de livres, ton agenda est en-dessous.
You see that pile of books, your diary is underneath.

► **en-dessous** (= sous un objet) : **underneath** /ˌʌndəˈniːθ/

4 ▷ Les gens qui habitent en-dessous sont très sympas.
The people who live downstairs are very nice.

► **en-dessous** (= à l'étage inférieur) : **downstairs** /daʊnˈstɛəz/

5 ▷ En-dessous de dix euros, ce n'est vraiment pas cher.
Below ten euros, it's really not expensive.

► **en-dessous de** : **below** /bɪˈləʊ/

dessus

1 ▷ J'ai posté la lettre sans mettre l'adresse dessus.
I posted the letter without putting the address on it.
▷ Les chaises sont solides, tu peux poser les cartons dessus.
The chairs are strong, you can put the cardboard boxes on them.

On emploie ***on it*** */ɒn ɪt/ si la chose concernée est un singulier ou* ***on them*** */ɒn ðəm/ si c'est un pluriel.*

ℹ *Quand on parle de la partie supérieure de quelque chose, on peut aussi dire* ***on top*** */ɒn ˈtɒp/ en anglais.*

2 ▷ Le dessus de l'armoire est couvert de poussière.
The top of the cupboard is covered in dust.

► **le dessus de** quelque chose : **the top** /tɒp/ **of** something

3 ▷ La valise est au-dessus de l'armoire.
The suitcase is on top of the wardrobe.

► **au-dessus de** quelque chose : (sur) **on top** /tɒp/ **of** something

destination

▷ Quelle est votre destination ?
What is your destination?
▷ De quel quai part le train à destination de Durham ?
From which platform does the train to Durham leave?

destination /ˌdestɪˈneɪʃn/

► **à destination de :** (en parlant d'un train, d'un vol) **to**

détacher

1 ▷ Quelqu'un a détaché le chien et il s'est échappé.
Somebody untied the dog and he ran away.

1 (un prisonnier, un animal) **untie** /ʌn'taɪ/

2 ▷ Ne détache pas ta ceinture de sécurité.
Don't unfasten your safety belt.

2 (une ceinture) **unfasten** /ʌn'fɑːsn/

🔊 *Le **t** de **unfasten** n'est pas prononcé.*

3 ▷ Les chèques sont difficiles à détacher du chéquier.
The cheques are difficult to tear out of the chequebook.

3 (un chèque, un ticket, un timbre) **tear** /tɛəʳ/ **out** (tore /tɔːʳ/ out, torn /tɔːn/ out)

🔊 ***Tear** rime avec **hair**.*

détail

▷ Il y a un détail que je n'ai pas compris.
There's one detail that I didn't understand.

▷ Il nous a tout raconté en détail.
He told us everything in detail.

detail /'diːteɪl/

► **en détail :** in detail

détaillé, détaillée

▷ C'est un rapport très détaillé.
It's a very detailed report.

detailed /'diːteɪld/ (**plus détaillé** more detailed, **le plus détaillé** the most detailed)

détecter

▷ Ils ont détecté plusieurs erreurs.
They detected several mistakes.

detect /dɪ'tekt/

détective

▷ Sherlock Holmes est un célèbre détective privé.
Sherlock Holmes is a famous private detective.

detective /dɪ'tektɪv/

déteindre

1 ▷ Mon jean a déteint, il est presque blanc maintenant.
My jeans have faded, they're almost white now.

1 (= perdre sa couleur) **fade** /feɪd/

2 ▷ La chemise rouge a déteint sur tous les autres vêtements !
The red has come out of the shirt onto all the other clothes!

2 *Pour dire qu'un vêtement a déteint sur un autre, on parle en anglais de la couleur plutôt que du vêtement, et on emploie le verbe **come out**.*

se détendre

▷ Détends-toi, le dentiste ne te fera pas mal.
Relax, the dentist won't hurt you.

(= se décontracter) **relax** /rɪ'læks/

🔊 *L'accent tonique est sur la deuxième syllabe **-lax**.*

détendu, détendue

▷ J'ai trouvé Karim très détendu.
I found Karim very relaxed.

(= décontracté) relaxed /rɪ'lækst/ **(plus détendu** more relaxed**, le plus détendu** the most relaxed**)**

L'accent tonique est sur la deuxième syllabe ***-laxed****.*

déterminé, déterminée

▷ Il est déterminé à le faire.
He's determined to do it.

(= décidé) determined /dɪ'tɜːmɪnd/ **(plus déterminé** more determined**, le plus déterminé** the most determined**)**

détester

▷ Je déteste le melon.
I hate melon.

▷ Ma mère déteste faire la cuisine.
My mother hates cooking.

hate /heɪt/

► **détester** *+ verbe* **:** hate *+ verbe + -ing*

détonation

▷ On a entendu une détonation et de la fumée est sortie de la voiture.
We heard a bang and some smoke came out of the car.

(= bruit) bang /bæŋ/

détour

▷ Nous avons dû faire un détour parce que la rue était bloquée.
We had to make a detour because the street was blocked.

detour /'diːtʊəʳ/
► **faire un détour :** make a detour (made, made)

ℹ *Pas d'accent sur le* **e** *du mot anglais* ***detour****.*

détourner

1 ▷ J'ai essayé de détourner l'attention de Lalia, mais ça n'a pas marché.
I tried to distract Lalia's attention but it didn't work..

► **détourner l'attention de** quelqu'un **:** distract /dɪs'trækt/ somebody's attention

2 ▷ N'essaie pas de détourner la conversation !
Don't try to change the subject!

► **détourner la conversation :** change the subject /ˌtʃeɪndʒ ðə 'sʌbdʒekt/

détraqué, détraquée

1 ▷ La radio est détraquée.
The radio is broken.

(machine, appareil) broken /'brəʊkən/

2 ▷ Ce mec est complètement détraqué !
That guy's completely crazy!

(= fou, au sens familier) crazy /'kreɪzɪ/

détritus

▷ Les rues sont pleines de détritus.
The streets are full of litter.

▷ Ces détritus sont un vrai problème.
This litter is a real problem.

litter /'lɪtəʳ/

Litter ne se met jamais au pluriel.

détruire

▷ La bombe a détruit tout l'immeuble.
The bomb destroyed the whole building.

destroy /dɪs'trɒɪ/

dette

▷ Il a beaucoup de dettes.
He has a lot of debts.

debt /det/

Le b de debt n'est pas prononcé : debt rime avec let et set.

deuil

▷ Ils ont déclaré 3 jours de deuil national.
They declared 3 days of national mourning.

▷ Tout le pays est en deuil.
The whole country is in mourning.

mourning /'mɔːnɪŋ/

► **en deuil :** in mourning

deux

▷ Saïd a deux VTT.
Saïd has two mountain bikes.

▷ Aujourd'hui, c'est le deux avril.
Today is the second of April.

▷ Ivan est né le deux mars.
Ivan was born on the second of March.

two /tuː/

Quand on dit la date, on emploie le mot second /'sekənd/ en anglais.

Notez l'emploi de on et of en anglais quand on dit la date.

On écrit 2 April, 2 March, etc.

▷ Les deux écoles sont dans le même village.
Both schools are in the same village.

▷ Je vais prendre les deux.
I'll take both.

► **les deux :** both /bəʊθ/

▷ Nous sommes d'accord tous les deux.
Both of us agree.

▷ Vous allez partir toutes les deux ?
Are both of you going to leave?

▷ Ils sont venus tous les deux.
Both of them came.

► **tous les deux, toutes les deux :** (= nous deux) both of us (= vous deux) both of you (= eux deux, elles deux) both of them

Remarquez la position de both of dans la phrase.

deuxième

▷ Son deuxième roman était meilleur.
His second novel was better.

second /'sekənd/

*Le c du mot anglais **second** se prononce comme un **k**, et l'accent tonique est sur la première syllabe **se-**.*

dévaliser

▷ La banque a été dévalisée.
The bank has been robbed.

rob /rɒb/

*Il y a deux **b** au gérondif (**robbing** /'rɒbɪŋ/), au prétérit et au participe passé (**robbed** /rɒbd/).*

devant

1 ▷ On s'est garés devant la boulangerie.
We parked in front of the bakery.
▷ Il y avait dix personnes devant moi dans la file d'attente.
There were ten people in front of me in the queue.
▷ Ne dis pas ça devant Sabrina !
Don't say that in front of Sabrina!

(= situé devant un objet, un endroit ou une personne) **in front of** /ɪn 'frʌnt əv/

***Front** rime avec **hunt**.*

2 ▷ Ils sont loin devant nous.
They're a long way ahead of us.

(= devant quelqu'un qui marche ou qui court) **ahead of** /ə'hed əv/

3 ▷ Les débutants doivent se mettre devant.
The beginners have to stand at the front.

(= à l'avant, sur une photo ou dans une salle) **at the front** /ˌət θə 'frʌnt/

4 ▷ Tu veux t'asseoir devant ?
Do you want to sit in the front?

(= à l'avant, en voiture) **in the front** /ˌɪn θə 'frʌnt/

développement

▷ Le développement économique est lent.
The economic development is slow.
▷ Il veut promouvoir le développement durable dans la région.
He wants to promote sustainable development in the region.

development /dɪ'veləpmənt/

► **développement durable : sustainable development** /səs'teɪnəbəl dɪ'veləpmənt/

*Attention à l'orthographe du mot anglais ; **development** ne prend qu'un seul p.*

développer

▷ Victor prend des cours pour apprendre à développer les photos.
Victor takes classes to learn how to develop photographs.
▷ Où est-ce que tu fais développer tes photos ?
Where do you have your photographs developed?

develop /dɪ'veləp/

*Attention : **develop** ne prend jamais deux **p** (on écrit **developing** et **developed**).*

► **faire développer des photos : have photographs developed (had, had)**

devenir

1 ▷ Personne ne sait comment ils sont devenus riches.
Nobody knows how they became rich.

▷ Elle voudrait devenir chanteuse.
She would like to become a singer.

(= se transformer) **become** /bɪ'kʌm/ (**became** /bɪ'keɪm/, **become**)

N'oubliez pas l'article **a** *ou* **an** *devant le nom du métier avec le verbe* **become**.

2 ▷ Elle est devenue toute rouge.
She went all red.

▷ Je vais devenir fou avec tout ce travail !
I'm going to go mad with all this work!

Avec certains adjectifs, par exemple rouge, pâle *ou* fou, *la traduction anglaise est* **go** /gəʊ/ + *adjectif* (**went** /went/, **gone** /gɒn/).

3 ▷ Tiens, bonjour ! Qu'est-ce que tu deviens ?
Oh, hello! How are you getting on?

► **qu'est-ce que tu deviens ? : how are you getting on?** /ˌhaʊ ə juː getɪŋ 'ɒn/

déviation

▷ Nous avons perdu du temps à cause de la déviation.
We lost time because of the diversion.

(sur route) **diversion** /daɪ'vɜːʃən/

En anglais américain, on dit **detour** /'diːˌtʊəʳ/.

deviner

▷ Devine qui m'a appelé !
Guess who called me!

▷ Lucie a deviné que je n'avais pas envie d'aller avec elle.
Lucie guessed that I didn't feel like going with her.

guess /ges/

Le **u** *de* **guess** *ne se prononce pas.*

Guessed *se prononce exactement comme* **guest** /gest/.

devinette

▷ Vous connaissez cette devinette ?
Do you know this riddle?

▷ On a joué aux devinettes dans la voiture.
We played at riddles in the car.

riddle /'rɪdl/

► **jouer aux devinettes : play at riddles**

dévisager

▷ Pourquoi est-ce qu'il me dévisage comme ça ?
Why is he staring at me like that?

► **dévisager** quelqu'un **: stare** /stɛəʳ/ **at** somebody

le devoir, les devoirs

1 ▷ Ils ont un devoir sur table d'anglais la semaine prochaine.
They have an English test next week.

► **devoir sur table : test** /test/

Pour dire dans quelle matière est le devoir, on place le nom de la matière avant **test** *(***a geography test** = un devoir de géographie*).*

2 ▷ Les enfants n'ont pas de devoirs pour les vacances.
The children don't have any homework for the holidays.
▷ Ces devoirs sont faciles.
This homework is easy.

► **devoirs** (à faire à la maison) : **homework** /ˈhəʊmwɜːk/

ℹ ***Homework*** *est indénombrable : il ne se met jamais au pluriel, et on ne dit pas *a homework.*

▷ Cécile ne fait pas ses devoirs.
Cécile doesn't do her homework.

► **faire** ses **devoirs :** do one's **homework**

ℹ *L'adjectif possessif s'emploie de la façon suivante en anglais :* ***I do my homework, you do your homework, he does his homework, she does her homework, we do our homework, they do their homework****.*

3 ▷ Il n'a fait que son devoir.
He only did his duty.

(= obligation) **duty** /djuːtɪ/

devoir faire quelque chose

1 ▷ Je ne peux pas sortir, je dois travailler.
I can't go out, I have to work.

*Pour dire qu'***on est obligé de** *faire quelque chose, on emploie l'expression* ***have to*** /ˈhæftə/ (had to, had to /ˈhædtə/).

2 ▷ Si tu veux la convaincre, tu dois être patient.
If you want to convince her, you must be patient.

Pour dire que **c'est bien** *ou* **utile** *de faire quelque chose, on emploie le mot* ***must*** /mʌst/ *suivi de la base verbale.*

3 ▷ Loïc devrait faire plus de sport.
Loïc should do more sport.
▷ Tu aurais dû le dire avant !
You should have said it before!

Pour donner un conseil ou une opinion, on emploie le mot ***should*** /ʃʊd/ *+ base verbale.*

ℹ *Au passé on emploie* ***should have*** *+ participe passé.*

🔊 *Le* ***l*** *de* ***should*** *n'est pas prononcé.* ***Should*** *rime avec* ***good****.*

4 ▷ Tu dois être contente de partir en vacances.
You must be glad to go on holiday.

Pour dire que quelque chose est probable, au présent, on emploie ***must*** /mʌst/ *+ base verbale.*

Attention : ***must*** *et* ***should*** *ne sont jamais suivis du mot* ***to*** *!*

5 ▷ Vous ne devez pas accepter ça.
You mustn't accept this.

Mustn't *indique ce qu'il ne faut pas faire, il exprime l'interdiction.*

6 ▷ Il ne doit pas encore être minuit.
It can't be midnight yet.

Pour dire **ce qui ne doit pas être le cas**, *on emploie* ***can't*** *(attention,* ***mustn't*** *exprime l'interdiction).*

devoir (de l'argent)

▻ N'oublie pas que tu me dois cinq euros !
Don't forget that you owe me five euros!

owe /əʊ/
► **devoir** quelque chose **à** quelqu'un (de l'argent) : **owe** /əʊ/ somebody something

Owe rime avec go. Le prétérit owed rime avec road.

dévorer

▻ Il a dévoré le gâteau en dix minutes.
He devoured the cake in ten minutes.

(nourriture, un livre) **devour** /dɪ'vaʊə'/

dévoué, dévouée

▻ C'est un ami très dévoué.
He's a very devoted friend.

devoted /dɪ'vəʊtɪd/ (**plus dévoué** more devoted, **le plus dévoué** the most devoted)

dézipper

▻ Tu as dézippé le fichier ?
Did you unzip the file?

(en informatique) **unzip** /'ʌn'zɪp/

Il y a deux p au gérondif (unzipping /'ʌn'zɪpɪŋ/), au prétérit et au participe passé (unzipped /'ʌn'zɪpt/)

diabète

▻ Mon père a du diabète.
My father has diabetes.

► **avoir du diabète** : have diabetes /,daɪə'bi:ti:z/ (had, had)

Les deux e de diabetes se prononcent comme le ee de week.

diable

▻ Petit diable !
Little devil!

devil /'devl/

dialogue

▻ Les dialogues du film sont très drôles.
The film's dialogues are very funny.

dialogue /'daɪəlɒg/

Le i du mot anglais dialogue se prononce comme le i de like.

diamant

▻ Elle a une bague avec un diamant.
She has a ring with a diamond.

diamond /'daɪmənd/

Le i de diamond se prononce comme le i de like.

▻ Le mannequin portait un collier de diamants.
The model wore a diamond necklace.

► **de diamants** : diamond

diapositive

▷ Lionel nous a montré des diapositives de ses vacances en Thaïlande.
Lionel showed us some slides of his holiday in Thailand.

slide /slaɪd/

diarrhée

▷ Plusieurs personnes ont eu la diarrhée pendant le voyage.
Several people had diarrhea during the trip.

► **avoir la diarrhée :** have diarrhea /ˌdaɪə'rɪə/ (had, had)

ℹ *Notez qu'il n'y a pas d'article en anglais.*

dictateur

▷ Ce dictateur a gouverné le pays pendant 30 ans.
This dictator ruled the country for 30 years.

dictator /dɪk'teɪtəʳ/

dictature

▷ Le pays était alors une dictature.
The country was a dictatorship at that time.

dictatorship /dɪk'teɪtəʃɪp/

dictée

▷ La dictée était vraiment difficile.
The dictation was really difficult.

dictation /dɪk'teɪʃən/

▷ On a fait une dictée ce matin.
We did a dictation this morning.

► **faire une dictée :** do a dictation (did, done)

dicter

▷ Le prof nous a dicté deux paragraphes.
The teacher dictated two paragraphs to us.

► **dicter** quelque chose **à** quelqu'un : dictate /dɪk'teɪt/ something **to** somebody

dictionnaire

▷ Regarde dans le dictionnaire.
Look in the dictionary.

dictionary /'dɪkʃənrɪ/ (pluriel dictionaries /'dɪkʃənrɪz/)

ℹ *Un seul **n** en anglais !*

diesel

▷ Léo a mis vingt litres de diesel dans la voiture.
Léo put twenty litres of diesel in the car.

diesel /'diːzəl/

*Le **ie** du mot anglais **diesel** se prononce comme le **ee** de **week**.*

diététique

▷ Elle ne mange que des produits diététiques.
She only eats health food.

► **produits diététiques :** health food /'helθ fuːd/

dieu

▷ Mars est le dieu de la guerre dans la mythologie romaine.
Mars is the god of war in Roman mythology.

▷ Est-ce que tu crois en Dieu ?
Do you believe in God?

god /gɒd/

différence

▷ Il y a une grosse différence entre les deux prix.
There's a big difference between the two prices.

difference /'dɪfrəns/

différencier

▷ C'est ce qui différencie les deux méthodes.
That's what differentiates the two methods.

differentiate /ˌdɪfə'renʃɪeɪt/

différent, différente

▷ Marcel et son frère sont très différents.
Marcel and his brother are very different.

▷ Le climat écossais est différent du climat anglais.
The Scottish climate is different from the English climate.

different /'dɪfrənt/

► **différent de :** different from

difficile

1 ▷ Est-ce que tu as trouvé le devoir sur table difficile ?
Did you think the test was difficult?

▷ Ce tiroir est difficile à ouvrir.
This drawer is difficult to open.

(= compliqué) difficult /'dɪfɪkəlt/ (**plus difficile** more difficult, **le plus difficile** the most difficult)

► **difficile à... :** difficult to...

2 ▷ Ne sois pas si difficile, mange !
Don't be so fussy, eat!

(quelqu'un qui a des goûts particuliers) fussy /'fʌsɪ/ (**plus difficile** fussier /'fʌsɪəʳ/, **le plus difficile** the fussiest /'fʌsɪɪst/)

difficulté

▷ Nous avons eu des difficultés pour trouver l'adresse.
We had difficulty finding the address.

difficulty /'dɪfɪkəltɪ/

► **avoir des difficultés pour** *+ verbe* **:** have difficulty *+ -ing*

diffuser

▷ Le match est diffusé en direct.
The match is broadcast live.

(à la télévision, à la radio) broadcast /'brɔːdkɑːst/ (broadcast, broadcast)

digérer

1 ▷ C'est un plat qui est difficile à digérer.
It's a dish that's difficult to digest.

(de la nourriture) digest /daɪ'dʒest/

2 ▷ Je n'ai pas digéré ce qu'il m'a fait.
I haven't forgiven him for what he did to me.

Pour dire qu'on n'arrive pas à **digérer** *ce que quelqu'un a fait, on emploie le verbe* ***forgive*** *(« pardonner »).*

digestif, digestive

1 ▷ Ce sont des comprimés pour les problèmes digestifs.
These are tablets for digestive problems.

(adjectif = qui concerne la digestion) digestive /dɪ'dʒestɪv/

2 ▷ Voulez-vous un digestif ?
Would you like a liqueur?

► **un digestif** (= un alcool) : a liqueur /lɪ'kjʊəʳ/

digicode

▷ J'ai oublié le digicode, on ne peut pas entrer !
I've forgotten the door code, we can't go in!

door code /'dɔːkəʊd/ (pluriel door codes)

diluer

▷ Marie dilue toujours son vin avec de l'eau.
Marie always dilutes her wine with water.

(un liquide, une boisson) dilute /daɪ'luːt/

dimanche

▷ Aujourd'hui c'est dimanche.
Today is Sunday.

Sunday /'sʌndeɪ/

ℹ *Comme tous les jours de la semaine en anglais, **Sunday** prend toujours une majuscule.*

▷ Nous partirons dimanche.
We'll leave on Sunday.

▷ Ils sont venus dimanche.
They came on Sunday.

► **faire** quelque chose **dimanche :** do something on Sunday

▷ Nous irons au cinéma dimanche prochain.
We'll go to the cinema next Sunday.

ℹ *Lorsque **Sunday** est précédé de **next** ou **last**, on omet **on**.*

▷ Le dimanche toute la famille va à l'église.
On Sundays all the family goes to church.

► **le dimanche** (= tous les dimanches) : on Sundays

dimensions

▷ Je ne connais pas les dimensions de la table.
I don't know the dimensions of the table.

dimensions /daɪ'menʃənz/

▷ Nous allons prendre les dimensions de la pièce.
We're going to measure the room.

► **prendre les dimensions de** quelque chose **:** measure something /'meʒəʳ/

🔊 *Le **ea** de **measure** se prononce comme le **e** de **bed**.*

diminuer

1 ▷ Ils ont diminué le prix.
They have reduced the price.

► **diminuer** quelque chose (= le faire baisser) : reduce something /rɪ'djuːs/

2 ▷ Le nombre de naissances a diminué cette année.
The number of births has decreased this year.

► **diminuer** (nombre, volume) : decrease /dɪ'kriːs/

3 ▷ Les températures vont encore diminuer.
Temperatures are going to fall again.

► **diminuer** (prix, températures) : fall /fɔːl/ (fell /fel/, fallen /fɔːlən/)

diminution

▷ Il y a eu une diminution du nombre de chômeurs.
There has been a decrease in the number of unemployed.

(= baisse) **decrease** /ˈdiːkriːs/

Notez la préposition employée en anglais : une diminution de quelque chose = *a decrease in something.*

Le s de **decrease** *se prononce comme le s de* **sea**.

dinde

▷ À Noël, les Anglais mangent de la dinde farcie.
At Christmas, the English eat stuffed turkey.

turkey /ˈtɜːkɪ/

dîner

1 ▷ Le dîner est prêt.
Dinner is ready.
▷ À quelle heure est-ce que les Anglais prennent leur dîner ?
What time do the English have dinner?

► **le dîner** (= le repas du soir) : dinner /ˈdɪnəʳ/
► **prendre son dîner :** have dinner (had, had)

2 ▷ Nous dînerons à huit heures.
We'll have dinner at eight o'clock.

(= manger) **have dinner** (had, had)

dingue

▷ Il est complètement dingue !
He's completely crazy!

crazy /ˈkreɪzɪ/ (**plus dingue** crazier /kreɪzɪəʳ/, **le plus dingue** the craziest /ˈkreɪzɪɪst/)

dinosaure

▷ Il y a un squelette de dinosaure au musée.
There's a dinosaur skeleton in the museum.

dinosaur /ˈdaɪnəsɔːʳ/

Le i de **dinosaur** *se prononce comme le i de* **like**.

diplôme

1 ▷ Est-ce qu'il faut des diplômes pour faire ce métier ?
Do you need qualifications to do this job?

(en général) **qualification** /ˌkwɒlɪfɪˈkeɪʃən/

2 ▷ Mon frère a un diplôme d'ingénieur.
My brother has got an engineering degree.

(= titre universitaire) **degree** /dɪˈgriː/

diplômé, diplômée

1 ▷ C'est une infirmière diplômée.
She's a qualified nurse.

(en général) **qualified** /ˈkwɒlɪfaɪd/

2 ▷ Ils recrutent de jeunes diplômés.
They recruit young graduates.

► **un diplômé, une diplômée** (après un cursus universitaire) : a graduate /ˈgrædjʊɪt/

dire

1 ▷ Pardon ? Qu'est-ce que tu as dit ?
Sorry? What did you say?
▷ Comment dit-on « soldat » en anglais ?
How do you say "soldat" in English?
▷ Clara m'a dit qu'elle n'était pas contente.
Clara said to me *ou* Clara told me that she wasn't happy.

say /seɪ/ (said, said /sed/)

Said rime avec ***bed*** *et* ***head****.*

► **dire à** quelqu'un **que... :** say to somebody that... *ou* **tell** /tel/ somebody that... (told, told /təʊld/)

2 ▷ Il a dit à ses enfants de se dépêcher.
He told his children to hurry up.

► **dire à** quelqu'un **de faire** quelque chose **:** tell somebody to do something (told, told)

3 ▷ Est-ce que ça te dit d'aller à la piscine ?
Do you feel like going to the swimming pool?
▷ Tu veux regarder le film ? – Non, ça ne me dit rien.
Do you want to watch the film? – No, I don't feel like it.

Pour parler de ce qu'on a envie de faire, on emploie l'expression ***feel like*** /'fiːl laɪk/ *+* ***-ing****.*

4 ▷ On dirait Paul.
It looks like Paul.
▷ On dirait qu'elle pleure.
It looks like she's crying.

► **on dirait...** (en parlant de ce qu'on voit) : it looks like... /'lʊks laɪk/

5 ▷ On dirait de la cerise, mais je n'en suis pas sûre.
It tastes like cherry, but I'm not sure.

► **on dirait...** (en parlant d'un goût) : it tastes like... /'teɪsts laɪk/

6 ▷ Tu entends cette musique ? On dirait de la musique écossaise.
Can you hear that music? It sounds like Scottish music.

► **on dirait...** (en parlant d'un son ou d'une musique) : it sounds like... /'saʊndz laɪk/

7 ▷ Ça sent bon, qu'est-ce que c'est ? On dirait de la menthe.
That smells nice, what is it? It smells like mint.

► **on dirait...** (en parlant d'une odeur) : it smells like /'smelz laɪk/

8 ▷ On dirait de la soie, c'est tellement doux.
It feels like silk, it's so soft.

► **on dirait...** (en parlant de la sensation au toucher) : it feels like /'fiːlz laɪk/

direct, directe

1 ▷ Nous avons pris un vol direct pour Lomé.
We took a direct flight to Lomé.

(transports) direct /dɪ'rekt/

2 ▷ Le concert a été diffusé en direct.
The concert was broadcast live.

► **en direct :** live /laɪv/

Le ***i*** *de l'adjectif* ***live*** *se prononce comme le* ***i*** *de* ***like****.*

directement

1 ▷ Nous sommes rentrés à la maison directement.
We went straight home.

▷ Je vais directement à Paris, sans passer par Lille.
I'm going straight to Paris, without going through Lille.

(= sans faire de détour) **straight** /streɪt/

🔊 *Straight rime avec gate et late.*

2 ▷ Tu dois t'adresser directement à M. Ogier.
You have to ask Mr Ogier directly.

(= sans intermédiaire) **directly** /dɪ'rektlɪ/

directeur

1 ▷ Je voudrais parler au directeur du restaurant.
I would like to speak to the restaurant manager.

(d'une entreprise, d'un magasin, d'un restaurant) **manager** /'mænɪdʒəʳ/

2 ▷ Le directeur a dit à tous les parents de venir.
The headmaster told all the parents to come.

(d'une école) **headmaster** /hed'mɑːstəʳ/

direction

1 ▷ Ils sont partis dans la mauvaise direction.
They went in the wrong direction.

▷ Dans quelle direction est-ce qu'il est parti ?
Which way did he go?

(= sens) **direction** /dɪ'rekʃən/

► **dans quelle direction... ? : which way...?** /wɪtʃ 'weɪ/

2 ▷ Prenez la direction Porte de Clignancourt.
Take the Porte de Clignancourt line.

(dans le métro) **line** /laɪn/

3 ▷ Ils ont une nouvelle direction.
They have a new management.

(= dirigeants d'une entreprise) **management** /'mænɪdʒmənt/

directrice

1 ▷ La directrice du magasin est venue s'excuser.
The manager of the shop came to apologize.

(d'une entreprise, d'un magasin, d'un restaurant) **manager** /'mænɪdʒəʳ/

2 ▷ La directrice a dit que tous les parents devaient venir.
The headmistress said that all the parents had to come.

(d'une école) **headmistress** /hed'mɪstrɪs/ (pluriel **headmistresses**)

diriger

1 ▷ Monsieur Perry dirige le centre de loisirs.
Mr. Perry runs the leisure centre.

(une entreprise, un magasin) **run** /ræn/ (**ran, run**)

2 ▷ Clémence a appris à diriger un voilier.
Clémence learned to steer a sailing boat.

(un bateau, une voiture) **steer** /stɪəʳ/

3 ▷ C'est très compliqué de diriger un avion.
It's very complicated to pilot a plane.

(en parlant d'un avion) **pilot** /'paɪlət/

4 ▷ Il se dirigeait vers la porte mais Delphine l'a arrêté.
He was heading for the door but Delphine stopped him.

► **se diriger vers :** head /hed/ for

discipline

1 ▷ Apparemment, la discipline n'est pas très bonne dans cette école.
Apparently, discipline isn't very good in that school.

(= ordre) discipline /'dɪsɪplɪn/

*L'accent tonique est sur la première syllabe **dis-**.*

2 ▷ L'histoire est ma discipline préférée.
History is my favourite subject.

(= matière) subject /'sʌbdʒɪkt/

discothèque

▷ Et si on allait à la discothèque ce soir ?
How about going to a nightclub this evening?

(= salle de danse) nightclub /'naɪtklʌb/

discours

▷ M. Samiro a fait un très long discours.
Mr Samiro made a very long speech.

speech (pluriel speeches /'spiːtʃɪz/)
► **faire un discours :** make /meɪk/ a speech (made, made /meɪd/)

discret, discrète

▷ Il est très discret, il ne pose jamais de questions.
He is very discreet, he never asks any questions.

discreet /dɪs'kriːt/ (**plus discret** more discreet, **le plus discret** the most discreet)

discrètement

▷ Est-ce que tu peux donner ce mot à Muriel discrètement ?
Can you give this note to Muriel discreetly?

discreetly /dɪs'kriːtlɪ/

discussion

▷ Nous avons eu une discussion très intéressante.
We had a very interesting discussion.

discussion /dɪs'kʌʃən/

*Le **ss** du mot anglais **discussion** se prononce comme le **sh** de **shirt**.*

discuter

▷ Chris a discuté avec Anna pendant longtemps.
Chris talked to Anna for a long time.

► **discuter avec** quelqu'un **:** talk /tɔːk/ to somebody

*Le **l** de **talk** n'est pas prononcé.*

▷ Nous avons discuté de la fête.
We discussed the party.

► **discuter de** quelque chose **:** discuss something /dɪs'kʌs/

*On peut aussi dire **talk about** something, mais on ne dit pas * discuss about something !*

disparaître

▷ Mes lunettes ont disparu.
My glasses have disappeared.

disappear /ˌdɪsəˈpɪəʳ/

L'accent tonique est sur la dernière syllabe ***-pear****.*

disparition

▷ Ils enquêtent sur la disparition de la jeune fille.
They are investigating the young girl's disappearance.

disappearance /ˌdɪsəˈpɪərəns/

dispensé, dispensée

▷ Sophie est dispensée de gym aujourd'hui.
Sophie is excused from gym today.

► **être dispensé de** quelque chose : **be excused** /ekˈskjuːzd/ **from** something

disponible

1 ▷ Est-ce que la salle de réunion est disponible entre deux heures et quatre heures ?
Is the meeting room available between two and four o'clock?

1 (salle, place) **available** /əˈveɪləbl/

2 ▷ Désolée, je ne suis pas disponible ce soir.
Sorry, I'm not free tonight.

2 (personne) **free** /friː/

dispute

▷ Il y a souvent des disputes entre eux.
There are often arguments between them.

argument /ˈɑːgjəmənt/

ℹ *Le mot anglais* ***argument*** *signifie aussi* argument.

se disputer

▷ Mes frères se disputent tout le temps.
My brothers argue all the time.

▷ Arrêtez de vous disputer !
Stop arguing!

argue /ˈɑːgjuː/

disque

1 ▷ Romain a une énorme collection de disques.
Romain has a huge record collection.

1 (= vinyl) **record** /ˈrekɔːd/

2 ▷ On lui a offert un disque compact pour son anniversaire.
We gave him a compact disc for his birthday.

2 ► **disque compact : compact disc** (pluriel **compact discs**)

ℹ *On dit aussi* ***CD*** */siːˈdiː/.*

3 ▷ Le disque dur est presque plein.
The hard disk is almost full.

3 ► **disque dur : hard disk** /hɑːd dɪsk/ (pluriel **hard disks**)

disquette

▷ Est-ce que tu peux me prêter une disquette vierge ?
Can you lend me a blank floppy disk?

floppy disk /'flɒpɪ dɪsk/ (pluriel floppy disks)

dissertation

▷ Ma sœur a passé tout le week-end à préparer sa dissertation.
My sister spent the whole weekend preparing her essay.

essay /'eseɪ/

▷ Au lycée, nous faisions régulièrement des dissertations.
At school, we had to write essays regularly.

► **faire une dissertation :** write /raɪt/ an essay (wrote /rəʊt/, written /'rɪtn/)

dissipé, dissipée

▷ La prof a grondé Lucien parce qu'il était dissipé.
The teacher told Lucien off because he wasn't paying attention.

ℹ *Pour dire que quelqu'un est* **dissipé** *en anglais, on emploie l'expression* ***pay attention*** /ə'tenʃən/, *au négatif.*

dissolvant

▷ Est-ce que tu as du dissolvant ? J'ai oublié le mien.
Have you got some nail polish remover? I forgot mine.

(pour les ongles) nail polish remover /'neɪl pɒlɪʃ rɪˌmuːvəʳ/

dissoudre

1 ▷ Tu dissous la poudre dans un verre d'eau et tu la bois lentement.
You dissolve the powder in a glass of water and you drink it slowly.

(= faire fondre) dissolve /dɪ'zɒlv/

2 ▷ Cette poudre ne se dissout pas bien dans l'eau.
This powder doesn't dissolve properly in water.

► **se dissoudre :** dissolve

🔊 *Le* ***ss*** *de* ***dissolve*** *se prononce comme le* ***z*** *de* ***zoo***.

distance

▷ La distance est indiquée sur la carte.
The distance is indicated on the map.

distance /'dɪstəns/

▷ À quelle distance de Paris est Orléans ?
How far from Paris is Orléans?

ℹ *Pour demander la distance, on emploie l'expression* ***how far?*** /haʊ 'fɑː/.

distingué, distinguée

▷ Je trouve qu'elle a l'air très distingué.
I think that she looks very distinguished.

distinguished /dɪs'tɪŋgwɪʃt/ (**plus distingué** more distinguished, **le plus distingué** the most distinguished)

distinguer

▷ J'ai du mal à le distinguer de son frère jumeau.
I have trouble telling him from his twin brother.

► **distinguer** quelqu'un *ou* quelque chose **de... :** tell /tel/ somebody *ou* something **from...**

distraire

1 ▷ J'essaie de distraire mon petit frère.
I try to entertain my little brother.

(= amuser) entertain /ˌentəˈteɪn/

2 ▷ Elle travaille, ne la distrayez pas.
She is working, don't distract her.

(= dissiper) distract /dɪsˈtrækt/

3 ▷ Tu devrais te distraire, tu travailles trop.
You should have fun, you work too much.

► **se distraire** (= s'amuser) **:** have fun /fʌn/ (had, had)

distrait, distraite

▷ Elle est très distraite, elle ne sait jamais où elle met ses affaires.
She is very absent-minded, she never knows where she puts her things.

absent-minded /ˌæbsəntˈmaɪndɪd/ (**plus distrait** more absent-minded, **le plus distrait** the most absent-minded)

distribuer

1 ▷ Est-ce que tu peux distribuer des formulaires à tous les participants ?
Can you distribute forms to all the participants?

► **distribuer** quelque chose **à** quelqu'un **:** distribute /dɪsˈtrɪbjuːt/ something **to** somebody

2 ▷ C'est ton tour de distribuer les cartes.
It's your turn to deal.

► **distribuer les cartes :** deal /diːl/ (dealt, dealt /delt/)

distributeur

1 ▷ J'ai envie de chocolat, je vais en prendre au distributeur.
I feel like some chocolate, I'm going to get some from the vending machine.

(= machine) vending machine /ˈvendɪŋ məʃiːn/ (pluriel vending machines)

2 ▷ Le distributeur de boissons est en panne.
The drinks machine is out of order.

► **distributeur de boissons :** drinks machine /ˈdrɪŋks məʃiːn/ (pluriel drinks machines)

3 ▷ Est-ce qu'on peut s'arrêter au distributeur automatique ?
Can we stop at the cashpoint?

► **distributeur automatique (de billets) :** cashpoint /ˈkæʃpɔɪnt/

divan

▷ Si tu ne te sens pas bien, allonge-toi un moment sur le divan.
If you don't feel well, lie on the sofa for a moment.

sofa /ˈsəʊfə/

divertir

▷ Les clowns étaient là pour nous divertir.
The clowns were there to entertain us.

entertain /ˌentəˈteɪn/

diviser

▷ Si on divise le total par quatre, on doit à peu près dix euros chacun.
If we divide the total by four, we owe about ten euros each.

divide /dɪˈvaɪd/
► **diviser... par... :** divide... by...

division

▷ Je n'arrive pas à faire cette division sans calculatrice.
I can't do this division without a calculator.

division /dɪˈvɪʒən/
► **faire une division :** do a division (did, done)

divorce

▷ Ils ne se revoient plus depuis leur divorce.
They don't see each other since their divorce.

divorce /dɪvˈɔːs/

divorcé, divorcée

▷ Les parents de Julie sont divorcés.
Julie's parents are divorced.

divorced /dɪˈvɔːst/

divorcer

▷ Julie et Marco ont divorcé l'année dernière.
Julie and Marco got divorced last year.

get divorced /dɪˈvɔːst/ (got divorced, got divorced)

dix

▷ Annie a dix cousins.
Annie has ten cousins.

▷ Aujourd'hui c'est le dix avril.
Today is the tenth of April.

▷ Il est né le dix décembre.
He was born on the tenth of December.

ten /ten/

ℹ *Quand on dit la date, on emploie* **tenth** *en anglais.*

ℹ *Notez l'emploi de* **on** *et* **of** *en anglais quand on dit la date.*

ℹ *On écrit* ***10 April***, ***10 December***, *etc.*

dix-huit

▷ Nous avons dix-huit invités.
We have eighteen guests.

▷ Aujourd'hui, c'est le dix-huit juillet.
Today is the eighteenth of July.

▷ Je suis allé à Paris le dix-huit mars.
I went to Paris on the eighteenth of March.

eighteen /eɪˈtiːn/

ℹ *Quand on dit la date, on emploie* ***eighteenth*** /eɪˈtiːnθ/ *en anglais.*

ℹ *Notez l'emploi de* **on** *et* **of** *en anglais quand on dit la date.*

ℹ *On écrit* ***18 July***, ***18 March***, *etc.*

dixième

▷ Le dixième concurrent n'a eu que deux points.
The tenth candidate got only two points.

tenth /tenθ/

dix-neuf

▷ Il y a dix-neuf employés dans mon entreprise.
There are nineteen employees in my company.

▷ Aujourd'hui, c'est le dix-neuf novembre.
Today is the nineteenth of November.

▷ Nous allons en Grèce le dix-neuf mai.
We're going to Greece on the nineteenth of May.

nineteen /naɪn'tiːn/

ℹ *Quand on dit la date, on emploie **nineteenth** /naɪn'tiːnθ/ en anglais.*

ℹ *Notez l'emploi de **on** et **of** en anglais quand on dit la date.*

ℹ *On écrit **19 November**, **19 May**, etc.*

dix-sept

▷ Il reste dix-sept bonbons.
There are seventeen sweets left.

▷ Aujourd'hui, c'est le dix-sept janvier.
Today is the seventeenth of January.

▷ Le dix-sept juin, nos amis anglais viennent nous rendre visite.
On the seventeenth of June, our English friends are coming to visit us.

seventeen /ˌsevn'tiːn/

ℹ *Quand on dit la date, on emploie **seventeenth** /ˌsevn'tiːnθ/ en anglais.*

ℹ *Notez l'emploi de **on** et **of** en anglais quand on dit la date.*

ℹ *On écrit **17 January, 17 June**, etc.*

dizaine

▷ Il y avait une dizaine de personnes à la réunion.
There were about ten people at the meeting.

▷ Elle doit avoir des dizaines de robes.
She must have dozens of dresses.

► **une dizaine de... :** about ten... /əˌbaʊt 'ten/

► **des dizaines de... :** dozens of... /'dʌznz əv/

docteur

▷ Le docteur a dit que je devais me reposer.
The doctor said that I should rest.

▷ Sandra est chez le docteur.
Sandra is at the doctor's.

▷ Je n'aime pas aller chez le docteur.
I don't like going to the doctor's.

▷ François est docteur.
François is a doctor.

doctor /'dɒktəʳ/

► **chez le docteur** (= dans son cabinet) : at the doctor's

► **chez le docteur** (= vers son cabinet) : to the doctor's

ℹ *N'oubliez pas l'article **a** ou **an** devant le nom du métier quand il suit les verbes **be** ou **become**.*

document

1 ▷ Il y a certains documents qu'on ne peut pas emprunter à la bibliothèque.
There are certain documents that you can't borrow from the library.

(= papier) **document** /'dɒkjʊmənt/

2 ▷ Sous quel nom est-ce que tu as enregistré le document ?
Under what name did you save the file?

(= fichier informatique) **file** /faɪl/

documentaire

▷ Est-ce que tu as vu le documentaire sur les dinosaures hier soir ?
Did you see the documentary on dinosaurs last night?

documentary /ˌdɒkjʊˈmentərɪ/ (pluriel documentaries) /ˌdɒkjʊˈmentərɪz/

documentaliste

1 ▷ La documentaliste de l'école est très aimable.
The school librarian is very nice.

(dans une école) librarian /laɪˈbrɛərɪən/

2 ▷ Elle travaille comme documentaliste dans une banque.
She works as an archivist in a bank.

(dans une entreprise) archivist /ˈɑːkaɪvɪst/

doigt

1 ▷ Elle s'est tordu le doigt en jouant au volley.
She twisted her finger playing volley-ball.

(= partie de la main) finger /ˈfɪŋgə^r/

2 ▷ J'ai des ampoules sur les doigts de pied.
I have blisters on my toes.

► **doigt de pied :** toe /təʊ/

dominer

1 ▷ Ils se sont fait dominer par l'équipe adverse.
They were outclassed by the opposing team.

(un adversaire, un concurrent) outclass /aʊtˈklɑːs/

2 ▷ La tour domine la ville.
The tower dominates the town.

(= surplomber) dominate /ˈdɒmɪneɪt/

dominos

▷ Je joue souvent aux dominos avec ma grand-mère.
I often play dominoes with my grandmother.

dominoes /ˈdɒmɪnəʊz/
► **jouer aux dominos :** play dominoes
Attention à l'orthographe.

dommage

▷ L'excursion est annulée à cause de la pluie. – Quel dommage !
The trip is cancelled because of the rain. – What a pity!

► **quel dommage ! :** what a pity! /ˌwɒt ə ˈpɪtɪ/

▷ C'est dommage que tu ne puisses pas venir avec nous.
It's a pity you can't come with us.

► **c'est dommage que... :** it's a pity... /ɪts ə ˈpɪtɪ/

don

▷ Elle a un don pour la musique.
She has a gift for music.

(aptitude, cadeau) gift /gɪft/

donc

▷ Tu ne fais pas partie de l'équipe, donc tu ne peux pas venir.
You're not part of the team, so you can't come.

so /səʊ/

données

▷ Que révèlent ces données ?
What does this data reveal?

data /ˈdeɪtə/
ℹ *Data s'emploie le plus souvent au singulier.*

donner

1 ▷ Elle a donné des vieux disques à Malik.
She gave some old records to Malik.
▷ Donne-moi ça !
Give me that!

give /gɪv/ (**gave** /geɪv/, **given** /ˈgɪvən/)
► **donner** quelque chose **à** quelqu'un : **give** something **to** somebody *ou* **give** somebody something.

2 ▷ Est-ce que quelqu'un a donné à manger au chien ?
Did somebody feed the dog?

► **donner à manger à** quelqu'un : **feed** /fiːd/ somebody (**fed, fed** /fed/)

3 ▷ Donne-moi à boire, s'il te plaît, j'ai très soif.
Give me a drink, please, I'm very thirsty.

► **donner à boire à** quelqu'un : **give** somebody **a drink** (**gave, given**)

4 ▷ Cette promenade m'a donné faim.
That walk has made me hungry.

► **donner faim à** quelqu'un : **make** somebody **hungry** /ˈhʌŋgrɪ/ (**made, made**)

▷ Ça ne te donne pas soif de manger toutes ces cacahuètes ?
Doesn't eating all those peanuts make you thirsty?

► **donner soif à** quelqu'un : **make** somebody **thirsty** /ˈθɜːstɪ/ (**made, made**)

5 ▷ Notre chambre donne sur la mer.
Our room overlooks the sea.

► **donner sur** (= surplomber) : **overlook** /ˌəʊvəˈlʊk/
ℹ *Pour des expressions comme* donner une claque à quelqu'un, donner un coup à quelqu'un, *etc., regardez* claque, coup, *etc.*

dont

1 ▷ C'est le garçon dont le frère est en prison.
He's the boy whose brother is in prison.

(en parlant de l'appartenance) **whose** /huːz/

2 ▷ Il y a douze personnes dans notre équipe, dont deux sont coréens.
There are twelve people in our team, two of whom are Korean.

(= parmi lesquels) **of whom** /əv ˈhʊːm/

3 ▷ C'est la fille dont je te parlais hier.
She's the girl I told you about yesterday.

▷ La règle dont je me servais est cassée.
The ruler I used is broken.

Quand **dont** *introduit le complément du verbe, la traduction dépend du verbe. Par exemple,* **parler à quelqu'un de** *se traduit par* ***tell somebody about***.
Se servir de *se traduisant par* **use**, *la traduction de* **la règle dont je me servais** *est* ***the ruler I used***.

doré, dorée

▷ Le gâteau a une jolie couleur dorée.
The cake is a nice golden colour.

golden /ˈgəʊldən/

dorénavant

▷ Dorénavant, essayez d'arriver à l'heure !
From now on, try to arrive on time!

from now on /ˌfrəm naʊ ˈɒn/

dormir

▷ Est-ce que tu as bien dormi ?
Did you sleep well?

sleep /sliːp/ (slept, slept /slept/)

dortoir

▷ Il y a deux dortoirs dans l'auberge de jeunesse.
There are two dormitories in the youth hostel.

dormitory /ˈdɔːmɪtrɪ/ (pluriel dormitories /ˈdɔːmɪtrɪz/)

dos

1 ▷ Marie s'est couchée sur le dos.
Marie lay down on her back.

back /bæk/

▷ J'ai un gros bouton dans le dos.
I have a big spot on my back.

▷ André a des brûlures sur le dos de la main.
André has burns on the back of his hand.

► **sur le dos de :** on the back of

▷ Écris ton adresse au dos de l'enveloppe.
Write your address on the back of the envelope.

► **au dos de :** on the back of

2 ▷ Je ne t'avais pas reconnue de dos.
I didn't recognize you from behind.

► **de dos :** from behind /frəm bɪˈhaɪnd/

dose

▷ Elle a pris une grosse dose d'aspirine.
She took a big dose of aspirin.

(d'un médicament) dose /dəʊs/

Le **s** *du mot anglais* **dose** *se prononce comme le* **s** *de* **sea**.

dossard

▷ Il porte le dossard numéro trois.
He is wearing number three.

number /'nʌmbəʳ/

ℹ *En anglais, on parle du numéro (= **number**) inscrit sur le dossard plutôt que du dossard lui-même.*

dossier

1 ▷ Ne t'appuie pas sur le dossier de la chaise, il est cassé.
Don't lean on the back of the chair, it's broken.

(d'une chaise, d'une banquette) **back** /bæk/

2 ▷ Elle a tout un dossier sur les problèmes d'environnement.
She has a whole file on environmental problems.

▷ Il met ses magazines dans des dossiers avec des étiquettes.
He puts his magazines in files with labels.

(= classeur, ensemble de documents) **file** /faɪl/

ℹ *Le mot **file** s'emploie aussi pour désigner un dossier au sens informatique.*

🔊 *Le **i** de **file** se prononce comme le **i** de **like**.*

douane

▷ Il y avait une longue file de voitures à la douane.
There was a long line of cars at customs.

► **à la douane : at customs** /'kʌstəmz/

douanier, douanière

▷ Les douaniers nous ont demandé d'ouvrir le coffre de la voiture.
The customs officers asked us to open the car boot.

▷ Sylvain était douanier.
Sylvain was a customs officer.

customs officer /'kʌstəmz ˌɒfɪsəʳ/ (pluriel **customs officers**)

ℹ *N'oubliez pas l'article **a** ou **an** devant le nom du métier quand il suit les verbes **be** ou **become**.*

double

1 ▷ Est-ce que tu peux me donner une feuille double ?
Can you give me a double sheet of paper?

▷ Nous voudrions une chambre double, s'il vous plaît.
We'd like a double room, please.

(quelque chose qui est fait de deux parties, ou qui est deux fois plus grand) **double** /'dʌbl/

🔊 *Le **ou** du mot anglais **double** se prononce comme le **u** de **duck**.*

2 ▷ Le repas a coûté le double de ce que nous avions prévu.
The meal cost twice as much as what we had planned.

► **le double de... : twice as much** /ˌtwaɪs əz 'mʌtʃ/ **as...**

3 ▷ Est-ce que tu as gardé un double du certificat ?
Did you keep a copy of the certificate?

(= deuxième exemplaire) **copy** /kɒpɪ/ (pluriel **copies** /kɒpɪz/)

doubler

1 ▷ Cette voiture nous a doublés à plus de cent quarante à l'heure !
That car overtook us at more than one hundred and forty kilometres per hour!

(= dépasser) overtake /ˌəʊvəˈteɪk/ (overtook /ˌəʊvəˈtʊk/ , overtaken /ˌəʊvəˈteɪkən/)

2 ▷ En Angleterre, les films étrangers ne sont jamais doublés.
In Britain, foreign films are never dubbed.

(la voix des acteurs dans un film) dub /dʌb/

ℹ *Il y a deux **b** au gérondif* (dubbing /dʌbɪŋ/), *au prétérit et au participe passé* (dubbed /dʌbd/).

3 ▷ Le nombre de chômeurs a doublé en dix ans.
The number of unemployed has doubled in ten years.

(= être multiplié par deux) double /ˈdʌbl/

douce

*Regardez le mot **doux**.*

doucement

1 ▷ Parle doucement, le bébé dort.
Speak quietly, the baby is sleeping.

(= à voix basse) quietly /ˈkwaɪətlɪ/

2 ▷ Appuyez plus doucement sur les touches !
Press the keys more gently!

(= délicatement) gently /ˈdʒentlɪ/

3 ▷ Est-ce qu'on peut marcher plus doucement ?
Can we walk more slowly?

(= lentement) slowly /ˈsləʊlɪ/

douche

▷ Je vais prendre une douche.
I'm going to have a shower.

shower /ˈʃaʊəʳ/

► **prendre une douche :** have a shower (had, had)

ℹ *On peut aussi dire **take a shower*** (took, taken).

se doucher

▷ Je me douche tous les matins.
I have a shower every morning.

have a shower /ˈʃaʊəʳ/ (had, had)

ℹ *On peut aussi dire **take a shower*** (took, taken).

doué, douée

▷ Serge est un garçon très doué.
Serge is a very talented boy.

talented /ˈtæləntɪd/

▷ Séréna est douée en anglais.
Séréna is good at English.

► **être doué en... :** be good /gʊd/ at...

ℹ *Notez la préposition employée en anglais :* doué <u>en</u> = ***good <u>at</u>***.

douillet, douillette

▷ Ne sois pas si douillet, ce n'est qu'une petite piqûre !
Don't be so soft, it's only a little injection!

(personne) soft /sɒft/

douleur

▷ J'ai une douleur dans le dos.
I've got a pain in my back.

pain /peɪn/

douloureux, douloureuse

▷ Apparemment, c'est une opération assez douloureuse.
Apparently, it's quite a painful operation.

painful /'peɪnfʊl/ (plus douloureux more painful, le plus douloureux the most painful)

doute

1 ▷ J'ai des doutes sur lui, je ne sais pas si je peux lui faire confiance.
I have doubts about him, I don't know if I can trust him.

doubt /daʊt/

Le b ne se prononce pas. Doubt rime avec out et about.

2 ▷ Patrice viendra sans doute avec sa nouvelle copine.
Patrice will probably come with his new girlfriend.

► **sans doute :** probably /'prɒbəblɪ/

douter

1 ▷ Je doute que ça marche.
I doubt if it will work.

▷ Je doute qu'ils viennent.
I doubt if they'll come.

► **douter que** + *subjonctif* **:** doubt /daʊt/ if + *futur*

Le b de doubt ne se prononce pas. Doubt rime avec out et about.

2 ▷ Isa se doutait de quelque chose, mais elle n'en était pas sûre.
Isa suspected something, but she wasn't sure.

▷ Je me doutais que ce serait difficile.
I suspected that it would be difficult.

► **se douter de** quelque chose **:** suspect something /sʌs'pekt/

► **se douter que :** suspect that

Douvres

▷ Nous prendrons le ferry à Douvres.
We'll take the ferry in Dover.

▷ Harry va à Douvres.
Harry is going to Dover.

Dover /'dəʊvəʳ/

doux, douce

1 ▷ Ce tissu est très doux.
This material is very soft.

(tissu, peau) soft /sɒft/ (plus doux softer /'sɒftəʳ/, le plus doux the softest /'sɒftɪst/)

2 ▷ La prof de yoga est très douce et très patiente.
The yoga teacher is very gentle and very patient.

(personne) **gentle** /'dʒentl/ **(plus doux** gentler /'dʒentləʳ/, **le plus doux** the gentlest /'dʒentlɪst/)

3 ▷ Il fait doux aujourd'hui.
It's mild today.

► **il fait doux :** it's mild /maɪld/ (**il fait plus doux** *it's milder* /'maɪldəʳ/)

douzaine

1 ▷ Une douzaine d'œufs, s'il vous plaît.
A dozen eggs, please.

► **une douzaine de...** (= douze exactement) : a dozen... /'dʌzn/

2 ▷ Il y avait une douzaine de personnes à la réunion.
There were about twelve people at the meeting.

► **une douzaine de...** (= environ douze) : about twelve... /twelv/

douze

▷ Mon arrière-grand-mère avait douze frères.
My great-grandmother had twelve brothers.

▷ Aujourd'hui c'est le douze avril.
Today is the twelfth of April.

▷ Lara est née le douze novembre.
Lara was born on the twelfth of November.

twelve /twelv/

ℹ *Quand on dit la date, on emploie* ***twelfth*** /twelfθ/ *en anglais.*

ℹ *Notez l'emploi de* ***on*** *et* ***of*** *en anglais quand on dit la date.*

ℹ *On écrit* ***12 April, 12 November****, etc.*

dragée

▷ Léna nous a donné des dragées après le baptême de son fils.
Léna gave us some sugared almonds after her son's christening.

sugared almond /ʃugəd 'aːmənd/ (pluriel sugared almonds)

🔊 *Le* ***l*** *de* ***almond*** *ne se prononce pas.*

draguer

▷ Il a dragué Céline toute la soirée.
He flirted with Céline all evening.

► **draguer** quelqu'un **:** flirt /flɜːt/ with somebody

drap

▷ Les draps à l'hôtel n'étaient pas très propres.
The sheets at the hotel weren't very clean.

(de lit) **sheet** /ʃiːt/

drapeau

▷ S'il y a un drapeau à Buckingham Palace, ça veut dire que la reine est là.
If there is a flag at Buckingham Palace, it means that the Queen is there.

flag /flæg/

dresser

1 ▷ Nous avons essayé de dresser notre chien, mais il ne veut pas obéir !
We tried to train our dog, but he doesn't want to obey!

(un chien, un animal de cirque) **train** /treɪn/

2 ▷ Carlos a dressé la tête quand il a entendu la voix de Carole.
Carlos raised his head when he heard Carole's voice.

► **dresser la tête :** raise /reɪz/ one's **head**

ℹ *L'adjectif possessif fonctionne de la façon suivante en anglais : **I raised my head, you raised your head, he raised his head, she raised her head, we raised our heads, they raised their heads**.*

3 ▷ Le chien dresse les oreilles dès qu'il entend un bruit.
The dog pricks up its ears as soon as it hears a noise.

► **dresser les oreilles :** prick /prɪk/ **up its ears**

4 ▷ Si tu te dresses sur la pointe des pieds, tu verras mieux.
If you stand on tiptoe, you'll see better.

► **se dresser sur la pointe des pieds :** stand /stænd/ **on tiptoe** (stood, stood /stʊd/)

Attention : **dresser** *ne se traduit jamais par* **dress***, qui veut dire « habiller ».*

drogue

▷ Le cannabis est une drogue.
Cannabis is a drug.

▷ La police a arrêté un garçon qui vendait de la drogue.
The police arrested a boy who was selling drugs.

drug /drʌg/

ℹ *Quand on parle de* **la drogue** *en général, on dit* **drugs** *en anglais.*

se droguer

▷ La sœur de mon copain se drogue.
My friend's sister takes drugs.

take drugs /drʌgz/ (took, taken)

droit

1 ▷ Vous avez le droit de marcher sur la pelouse.
You're allowed to walk on the grass.
▷ Nous n'avons pas le droit de faire ça.
We're no allowed to do that.

► **avoir le droit de faire** quelque chose (= avoir la permission) : **be allowed** /a'laʊd/ **to do** something

2 ▷ David a droit à une bourse.
David is entitled to a grant.

► **avoir droit à** quelque chose **:** **be entitled** /ɪn'taɪtld/ **to** something

3 ▷ Cette carte te donne droit à un billet gratuit.
This card entitles you to a free ticket.

► **donner droit à** quelqu'un **à** quelque chose **:** **entitle** /ɪn'taɪtl/ somebody **to** something

4 ▷ Ma sœur fait des études de droit.
My sister is studying law.

► **le droit** (= les lois) : **law** /lɔː/

*🔊 **Law** rime avec **bore** et **more**. Faites bien la distinction avec la prononciation de **low**, qui rime avec **Joe** et **so**.*

droit, droite

1 ▷ Ce trait n'est pas droit.
This line isn't straight.
▷ Il ne marche pas droit, il doit être soûl.
He isn't walking straight, he must be drunk.
▷ Tiens-toi droit quand tu écris.
Sit up straight when you're writing.
▷ La gare ? Vous tournez à gauche et après c'est tout droit.
The station? You turn left and then it's straight on.

(= non dévié, non penché) **straight** /streɪt/ **(plus droit** straighter /'streɪtəʳ/, **le plus droit** the straightest /'streɪtɪst/)

► **se tenir droit :** sit up straight

► **tout droit** (pour indiquer le chemin) : **straight on**

2 ▷ J'ai mal à la main droite.
My right hand hurts.

(par opposition à « gauche ») **right** /raɪt/

droite

1 ▷ Muriel ne sait pas reconnaître sa droite de sa gauche.
Muriel can't tell her right from her left.
▷ Le théâtre est à droite après la station-service.
The theatre is on the right after the petrol station.
▷ Tournez à droite aux feux.
Turn right at the traffic lights.
▷ À droite du cinéma il y a un restaurant chinois.
To the right of the cinema there's a Chinese restaurant.
▷ Les couverts sont dans le tiroir de droite.
The knives and forks are in the right-hand drawer.

(= le côté droit) **right** /raɪt/

► **à droite** (= situé à droite) : **on the right**

► **tourner à droite :** turn right

*Attention ! On ne dit pas * turn on the right en anglais !*

► **à droite de :** to the right of

► **de droite** (= situé à droite) : **right-hand** /'raɪthænd/

2 ▷ Beaucoup de gens ont voté pour la droite.
A lot of people voted for the right.
▷ Ils sont de droite.
They're right-wing.

► **la droite** (en politique) : **the right**
► **de droite** (politiquement) : **right-wing** /raɪt'wɪŋ/

droitier, droitière

▷ Tu es droitier ou gaucher ?
Are you right-handed or left-handed?

► **être droitier :** be right-handed /raɪt'hændɪd/

drôle

▷ C'est un film très drôle.
It's a very funny film.
▷ C'est drôle, je pensais que j'avais fermé la porte.
That's funny, I thought I'd shut the door.

funny /fʌni/ **(plus drôle** funnier /'fʌnɪəʳ/, **le plus drôle** the funniest /'fʌnɪɪst/)

▷ Il a une drôle de tête.
He's got a funny face.

► **un(e) drôle de** + *nom* **:** a funny + *nom*

drôlement

▷ Yang était drôlement content de nous voir.
Yang was very happy to see us.

(= très) very /ˈverɪ/

du

Regardez le mot **de**.

dune

▷ La plage est juste après les dunes.
The beach is just after the dunes.

dune /djuːn/

dur, dure

1 ▷ Cette table est faite dans un bois très dur.
This table is made of very hard wood.

(matériau, lit) hard /hɑːd/ **(plus dur** harder /ˈhɑːdə^{r}/, **le plus dur** the hardest /ˈhɑːdɪst/)

2 ▷ Le repas était bon, mais la viande était un peu dure.
The meal was good, but the meat was a bit tough.

(viande) tough /tʌf/ **(plus dur** tougher /ˈtʌfə^{r}/, **le plus dur** the toughest /ˈtʌfɪst/)

Tough rime avec ***stuff***.

3 ▷ Les questions étaient très dures.
The questions were really hard.

(= difficile) hard /hɑːd/ **(plus dur** harder /hɑːdə^{r}/, **le plus dur** the hardest /hɑːdɪst/)

4 ▷ Les parents de Francis sont très durs avec lui.
Francis's parents are really hard on him.

► **dur avec** quelqu'un **:** hard on somebody

durée

▷ Est-ce que tu connais la durée du film ?
Do you know the length of the film?

length /leŋθ/

durer

1 ▷ Ce beau temps ne va pas durer.
This nice weather won't last.

(= continuer) last /lɑːst/

2 ▷ Le voyage en avion dure deux heures.
The plane trip takes two hours.

(= prendre) take /teɪk/ (took /tʊk/, taken /ˈteɪkən/)

duvet

▷ Il n'y a pas de couvertures, alors on doit emporter notre propre duvet.
There aren't any blankets, so we must take our own sleeping bags.

(= sac de couchage) sleeping bag /ˈsliːpɪŋ bæg/ (pluriel sleeping bags)

Attention : le mot français duvet *ne se traduit pas par le mot anglais* ***duvet***, *qui veut dire « couette ».*

DVD

▷ Lulu a eu un DVD pour son anniversaire.
Lulu got a DVD for her birthday.

▷ J'ai plus de cinquante DVD.
I have more than fifty DVDs.

DVD /ˌdiːviːˈdiː/

Attention à la prononciation !

En anglais, on forme le pluriel de **DVD** *en ajoutant un* **s** *minuscule à la fin :* **DVDs** /ˌdiːviːˈdiːz/.

dynamique

▷ Mes parents sont très dynamiques pour leur âge.
My parents are very dynamic for their age.

dynamic /daɪˈnæmɪk/ (**plus dynamique** more dynamic, **le plus dynamique** the most dynamic)

Le y de **dynamic** *se prononce comme le* **i** *de* **like**.

dyslexique

▷ Ali est dyslexique, il a du mal à lire.
Ali is dyslexic, he has trouble reading.

dyslexic /dɪsˈleksɪk/

Ee

eau

▷ L'eau est bonne, on peut se baigner.
The water is nice, we can go swimming.

▷ Une bouteille d'eau minérale, s'il vous plaît.
A bottle of mineral water, please.

▷ Juste un verre d'eau du robinet, merci.
Just a glass of tap water, thank you.

▷ Je préfère de l'eau gazeuse.
I prefer sparkling water.

water /ˈwɔːtəʳ/

► **eau minérale :** mineral water /ˈmɪnərəl ˌwɔːtəʳ/

► **eau du robinet :** tap water /ˈtæp wɔːtəʳ/

► **eau gazeuse :** sparkling water /ˈspɑːklɪŋ wɔːtəʳ/

éblouir

▷ Les phares de la voiture nous ont éblouis.
The lights of the car dazzled us.

dazzle /ˈdæzl/

éboueur

▷ Est-ce que les éboueurs sont passés ?
Have the binmen been?

binman /ˈbɪnmæn/ (pluriel binmen /ˈbɪnmen/)

Binman est un mot britannique. Aux États-Unis, on dit garbage man /ˈgɑːbɪdʒ mæn/ (pluriel garbage men /ˈgɑːbɪdʒ men/).

s'ébouillanter

▷ J'ai failli m'ébouillanter avec la soupe.
I almost scalded myself with the soup.

scald /skɔːld/ oneself

ℹ *Le pronom personnel réfléchi fonctionne de la façon suivante en anglais (exemples au prétérit) : **I scalded myself, you scalded yourself, he scalded himself, she scalded herself, we scalded ourselves, you scalded yourselves, they scalded themselves.***

ébouriffé, ébouriffée

▷ Alexis avait les cheveux tout ébouriffés.
Alexis's hair was in a mess.

▷ J'ai les cheveux tout ébouriffés !
My hair is in a mess!

▷ Tu es tout ébouriffée !
Your hair is in a mess!

(cheveux) **in a mess** /ɪn ə 'mes/

ℹ **Être ébouriffé** *et* **avoir les cheveux ébouriffés** *se disent de la même manière en anglais, avec comme sujet* **hair** *(regardez les exemples ci-contre).*

écaille

▷ Le poissonnier a gratté les écailles du poisson avec un couteau.
The fishmonger scraped the scales of the fish with a knife.

(d'un poisson) **scale** /skeɪl/

🔊 *Le* **a** *de* **scale** *se prononce comme le* **a** *de* **make**.

écart

1 ▷ Il y a un gros écart entre la meilleure note et la plus mauvaise.
There is a big difference between the best mark and the worst.

(= différence) **difference** /'dɪfrəns/

2 ▷ Le camion a fait un écart pour éviter la moto.
The lorry swerved to avoid the motorbike.

► **faire un écart** (véhicule) : **swerve** /swɜːv/

écarter

1 ▷ Écartez les bras et redressez le dos.
Spread your arms and straighten your back.

(les bras, les jambes) **spread** /spred/ (spread, spread)

🔊 ***Spread*** *rime avec* ***bed***.

2 ▷ Écarte ta chaise du feu, c'est dangereux.
Move your chair away from the fire, it's dangerous.

► **écarter** quelque chose **de :** **move** /muːv/ something **away from**

3 ▷ Les gens se sont écartés pour nous laisser passer.
People stepped back to let us through.

► **s'écarter** (= s'éloigner) : **step** /step/ **back**

ℹ *Il y a deux* **p** *au gérondif* (stepping /'stepɪŋ/)*, au prétérit et au participe passé* (stepped /stept/).

▷ Écarte-toi du chien, il peut te mordre !
Move away from the dog, he might bite you!

► **s'écarter de :** **move** /muːv/ **away from**

échafaudage

▷ La façade de la mairie est couverte d'échafaudages.
The front of the town hall is covered in scaffolding.

scaffolding /'skæfəldɪŋ/

ℹ ***Scaffolding*** *est indénombrable : il ne se met jamais au pluriel, et n'est jamais précédé de l'article indéfini* **a**.

échalote

▷ J'ai mis beaucoup d'échalotes dans la sauce.
I put a lot of shallots in the sauce.

shallot /ʃə'lɒt/

échange

▷ Il y a eu un échange entre leur école et une école anglaise.
There was an exchange between their school and an English school.

exchange /eks'tʃeɪndʒ/

▷ Je lui ai prêté un foulard et, en échange, elle m'a prêté sa casquette.
I lent her a scarf and in exchange she lent me her cap.

► **en échange :** in exchange

échanger

▷ Martin a échangé des timbres contre un billet de cinéma.
Martin exchanged some stamps for a cinema ticket.

► **échanger** quelque chose **:** exchange something

ℹ *Notez bien la préposition employée en anglais :* échanger contre = *exchange for*.

échantillon

▷ La vendeuse m'a donné trois échantillons gratuits.
The assistant gave me three free samples.

sample /'sɑːmpl/

s'échapper

▷ Le chat s'est à nouveau échappé.
The cat has escaped again.

escape /es'keɪp/

▷ Ils se sont échappés de la prison en hélicoptère.
They escaped from jail in a helicopter.

ℹ *Notez bien la préposition employée en anglais :* s'échapper de = *escape from*.

écharde

▷ J'ai une écharde dans le pied.
I have a splinter in my foot.

splinter /'splɪntər/

écharpe

1 ▷ N'oublie pas ton écharpe, il fait froid dehors.
Don't forget your scarf, it's cold outside.

(= cache-nez) scarf /skɑːf/ (pluriel scarves /skɑːvz/)

2 ▷ Leïla a le bras en écharpe, il doit être cassé.
Leïla has her arm in a sling, it must be broken.

► **avoir le bras en écharpe :** have one's arm in a sling /slɪŋ/

ℹ *L'adjectif possessif fonctionne de la façon suivante en anglais : I have my arm in a sling, you have your arm in a sling, he has his arm in a sling, she has her arm in a sling.*

échec

▷ Il n'a pas été accepté ; c'est un grave échec pour lui.
He wasn't accepted; it's a serious failure for him.

(= manque de succès) **failure** /'feɪljəʳ/

échecs

▷ Il a passé toute la soirée à jouer aux échecs.
He spent all evening playing chess.

(= jeu) **chess** /tʃes/
► **jouer aux échecs :** play chess

échelle

1 ▷ Bérénice est tombée de l'échelle.
Bérénice fell off the ladder.

(pour monter) **ladder** /'lædəʳ/

2 ▷ Quelle est l'échelle de cette carte ?
What's the scale of this map?

(d'une carte, d'un plan) **scale** /skeɪl/

échiquier

▷ Amélie a un très bel échiquier en bois.
Amélie has got a beautiful wooden chessboard.

chessboard /'tʃesbɔːd/

écho

▷ Il y a de l'écho dans cette grotte.
There's an echo in this cave.

echo /'ekəʊ/ (pluriel echoes /'ekəʊz/)

échouer

▷ Ils ont fait un gros effort mais ils ont échoué.
They made a big effort but they failed.

(= ne pas réussir) **fail** /feɪl/

▷ Il a échoué à son permis de conduire.
He failed his driving test.

► **échouer à** quelque chose (un examen, au permis de conduire) : fail something

éclabousser

▷ Arrête de m'éclabousser !
Stop splashing me!

splash /splæʃ/

éclair

1 ▷ Il y a des éclairs dans le ciel.
There are flashes of lightning in the sky.

(= foudre) **flash of lightning** /'laɪtnɪŋ/ (pluriel flashes /'flæʃɪz/ of lightning)

2 ▷ Tu peux m'acheter un éclair au café ?
Can you buy me a coffee éclair?

(= gâteau) **éclair**

éclairage

▷ L'éclairage n'est pas très bon dans cette salle.
The lighting isn't very good in this room.

(= lumière artificielle) **lighting** /'laɪtɪŋ/

éclaircie

▷ Il devrait y avoir des éclaircies cet après-midi.
There should be some sunny spells this afternoon.

sunny spell /'sʌnɪ spel/ (pluriel sunny spells)

éclaircir

1 ▷ Tu pourrais peindre ta chambre en jaune pour l'éclaircir.
You could paint your bedroom yellow to brighten it up.

► **éclaircir** quelque chose (une pièce) : brighten /'braɪtn/ something up

2 ▷ Ah, enfin le temps s'éclaircit !
Ah, at last the weather is clearing up!

► **s'éclaircir** (temps) : clear up /klɪəʳ 'ʌp/

éclairer

▷ La pièce est éclairée par plusieurs lampes.
The room is lit by several lamps.

(lampe) light /laɪt/ (lit, lit /lɪt/)

éclat

1 ▷ Il s'est coupé avec un éclat de verre.
He cut himself with a fragment of glass.

(= petit morceau) fragment /'frægmənt/

2 ▷ Nous avons entendu des éclats de rire dehors.
We heard roars of laughter outside.

► **éclats de rire :** roars /rɔːz/ of laughter /'lɑːftəʳ/

3 ▷ La blague de Marie nous a fait rire aux éclats.
Marie's joke made us roar with laughter.

► **rire aux éclats :** roar /rɔː/ with laughter /'lɑːftəʳ/

Roar rime avec door. Le prétérit roared /rɔːd/ rime avec lord.

éclatant, éclatante

▷ Elle porte toujours des couleurs éclatantes.
She always wears bright colours.

bright /braɪt/ (**plus éclatant** brighter /braɪtəʳ/, **le plus éclatant** the brightest /'braɪtɪst/)

éclater

1 ▷ Tout le monde a sursauté quand le ballon a éclaté.
Everybody jumped when the balloon burst.

(ballon, pneu) burst /bɜːst/ (burst, burst)

2 ▷ Le verre va éclater si tu verses de l'eau brûlante dedans.
The glass will shatter if you pour boiling hot water into it.

(verre, vase) shatter /'ʃætəʳ/

3 ▷ La guerre a éclaté suite à l'assassinat du roi.
The war broke out after the assassination of the king.

(guerre, scandale) break out /breɪk aʊt/ (broke /brəʊk/ out, broken /brəʊkən/ out)

4 ▷ Sonia a éclaté de rire quand Cédric lui a raconté ce qui lui était arrivé.
Sonia burst out laughing when Cédric told her what had happened to him.

► **éclater de rire :** burst out laughing /'bɜːst aʊt 'lɑːfɪŋ/ (burst out, burst out)

5 ▷ On s'est bien éclatés à la soirée de Hassan.
We had a great time at Hassan's party.

► **s'éclater** (= s'amuser) : have a great /greɪt/ time (had, had)

éclipse

▷ Est-ce que vous avez vu l'éclipse hier soir ?
Did you see the eclipse last night?

eclipse /ɪ'klɪps/

ℹ *Pas d'accent sur le e en anglais.*

écœurant, écœurante

1 ▷ Ce gâteau est tellement sucré qu'il est écœurant.
This cake is so sweet that it's sickly.

(aliment) sickly /'sɪklɪ/ (**plus écœurant** more sickly, **le plus écœurant** the most sickly)

2 ▷ La façon dont Suzanne a traité Matthieu est écœurante.
The way Suzanne treated Matthieu is disgusting.

(= injuste, révoltant) disgusting /dɪs'gʌstɪŋ/ (**plus écœurant** more disgusting, **le plus écœurant** the most disgusting)

écœurer

▷ Ça m'écœure.
It makes me feel sick.

► **écœurer** quelqu'un : make somebody feel sick /sɪk/ (made, made)

école

▷ L'école est tout près de l'église.
The school is very near the church.

school /sku:l/

▷ L'école maternelle et l'école primaire sont dans le même bâtiment.
The nursery school and the primary school are in the same building.

► **école maternelle :** nursery school /'nɜ:srɪ sku:l/ (pluriel nursery schools)

► **école primaire :** primary school /'praɪmrɪ sku:l/ (pluriel primary schools)

▷ Quel jour est-ce que l'école finit ?
What day does school finish?

► **l'école** (= les cours) : school /sku:l/

▷ Marek ira à l'école en septembre.
Marek will go to school next September.

► **aller à l'école :** go to school (went, gone / been)

écologie

▷ Comment s'appellent les spécialistes de l'écologie ?
What do you call specialists in ecology?

ecology /ɪ'kɒlədʒɪ/

écologique

1 ▷ Beaucoup de gens pensent que les problèmes écologiques sont très importants.
A lot of people think that ecological problems are very important.

(= lié à l'environnement) ecological /,i:kə'lɒdʒɪkəl/

2 ▷ J'utilise des produits de nettoyage écologiques.
I use eco-friendly cleaning products.

(= qui respecte l'environnement) **eco-friendly** /ˈiːkəʊˌfrendlɪ/ (**plus écologique** more eco-friendly, **le plus écologique** the most eco-friendly)

écologiste

1 ▷ Les écologistes sont contre la construction de l'autoroute.
Environmentalists are against the building of the motorway.

(= défenseur de l'environnement) **environmentalist** /ɪnˌvaɪərənˈmentəlɪst/
ℹ *L'accent tonique principal est sur la quatrième syllabe* ***-men-****.*

2 ▷ Les écologistes ont eu beaucoup de voix aux élections.
The Greens got a lot of votes in the election.

(en politique) **Green** /griːn/

économie

1 ▷ J'ai suivi des cours d'économie pendant quelques mois.
I took economics classes for a few months.

▷ L'économie est sa matière préférée.
Economics is his favourite subject.

(= matière, science) **economics** /ˌiːkəˈnɒmɪks/
ℹ *Bien qu'il s'écrive avec un* ***s****, le mot* ***economics*** *est singulier.*

2 ▷ L'économie française va mieux.
The French economy is doing better.

(d'un pays) **economy** /ɪˈkɒnəmɪ/

3 ▷ Lucille a mis ses économies à la banque.
Lucille put her savings in the bank.

► **économies** (= argent mis de côté) : **savings** /ˈseɪvɪŋz/

4 ▷ Nous faisons des économies pour payer les vacances.
We are saving up to pay for the holidays.

► **faire des économies :** **save up** /seɪv ˈʌp/

économique

1 ▷ Le Japon a de gros problèmes économiques.
Japan has big economic problems.

(= lié à l'économie d'un pays) **economic** /ˌiːkəˈnɒmɪk/

2 ▷ C'est plus économique d'acheter un grand paquet.
It's more economical to buy a big packet.

(= meilleur marché) **economical** /ˌiːkəˈnɒmɪkəl/ (**plus économique** more economical, **le plus économique** the most economical)

économiser

1 ▷ Il faut économiser l'énergie.
We must save energy.

(de l'argent, de l'énergie, de l'électricité) **save** /seɪv/

2 ▷ Il a réussi à économiser mille euros.
He managed to save up a thousand euros.
▷ Je voudrais économiser pour m'acheter un lecteur de CD.
I'd like to save up to buy a CD player.

(argent qu'on met de côté) **save up**

économiseur d'écran

▷ Il est super, ton économiseur d'écran ! Tu l'as trouvé sur Internet ?
Your screen saver is great! Did you find it on the Internet?

screen saver /ˈskriːn seɪvəʳ/ (pluriel **screen savers**)

économiste

▷ C'est ce que les économistes avaient prédit.
That's what the economists had predicted.

economist /ɪˈkɒnəmɪst/

écorce

1 ▷ Elle a écrit son nom avec un couteau sur l'écorce de l'arbre.
She wrote her name with a knife on the bark of the tree.

(d'un arbre) **bark** /bɑːk/

2 ▷ Tu peux mettre un peu d'écorce d'orange dans la pâte.
You can put a bit of orange peel in the dough.

(d'un citron, d'une orange) **peel** /piːl/

écorcher

▷ Je suis tombé de vélo et je me suis écorché le genou.
I fell off my bike and I scratched my knee.
▷ Marco s'est écorché le bras.
Marco scratched his arm.

► **s'écorcher le genou, le bras,** *etc.* : **scratch** /skrætʃ/ one's **knee,** one's **arm, etc.**

ℹ *Le pronom personnel réfléchi fonctionne de la façon suivante en anglais (exemples au prétérit) : **I scratched my knee, you scratched your knee, he scratched his knee, she scratched her knee, we scratched our knees, you scratched your knees, they scratched their knees.***

écossais, écossaise

1 ▷ Eulalie portait une jupe écossaise.
Eulalie was wearing a tartan skirt.

(= à carreaux) **tartan** /ˈtɑːtən/

2 ▷ Les îles écossaises sont très sauvages.
The Scottish islands are very wild.

(= d'Écosse) **Scottish** /ˈskɒtɪʃ/

ℹ *S'écrit toujours avec une majuscule, comme tous les adjectifs de région en anglais.*

3 ▷ Il y a trois Écossais qui travaillent ici.
There are three Scots who work here.

► **Écossais, Écossaise** (= personne) : **Scot** /skɒt/

Écosse

▷ L'Écosse fait partie de la Grande-Bretagne.
Scotland is part of Great Britain.

▷ Il ne fait pas toujours froid en Écosse.
It's not always cold in Scotland.

▷ Sabine doit aller en Écosse pour son travail.
Sabine has to go to Scotland for her work.

Scotland /'skɒtlənd/

► **l'Écosse : Scotland**

ℹ *Ne prend jamais d'article.*

► **en Écosse** (= dans la région) : **in Scotland**

► **en Écosse** (= vers la région) : **to Scotland**

écouter

▷ J'écoute cette émission de radio tous les dimanches.
I listen to this radio programme every Sunday.

▷ Je lui avais conseillé d'y aller, mais il ne m'a pas écoutée.
I had advised him to go, but he didn't listen to me.

▷ Bon, écoute, il faut partir maintenant.
Right, listen, we must leave now.

listen /'lɪsn/ to

ℹ *N'oubliez pas la préposition **to** quand il y a un complément d'objet.*

ℹ *Quand il n'y a pas de complément, on dit **listen** tout court (par exemple, **I am listening** : j'écoute).*

écouteurs

▷ Mes écouteurs ne marchent plus.
My earphones aren't working any more.

(= casque) earphones /'ɪəfəʊnz/

écran

1 ▷ Elle a acheté une télé à écran plat.
She bought a flat screen TV.

(d'un téléviseur, au cinéma, d'un ordinateur) screen /skriːn/

2 ▷ N'oublie pas d'emporter de l'écran total pour la plage.
Don't forget to take some sunblock for the beach.

► **écran total** (= crème) : **sunblock** /'sʌnblɒk/

écraser

1 ▷ Il faut écraser les canettes avant de les recycler.
You have to crush cans before recycling them.

(= aplatir) crush /krʌʃ/

2 ▷ Tu écrases les pommes de terre et tu les mélanges avec du beurre.
You mash the potatoes and you mix them with butter.

(= réduire en purée) mash /mæʃ/

3 ▷ Tu n'as pas besoin d'écraser l'araignée, tu peux la mettre dehors.
You don't need to squash the spider, you can put it outside.

(une mouche, une araignée) squash /skwɒʃ/

🔊 *Le **a** de **squash** se prononce comme le **o** de **dog**.*

4 ▷ Je lui ai écrasé le pied en dansant.
I stood on his foot while we were dancing.

(le pied de quelqu'un) **stand** /stænd/ **on** (**stood, stood** /stʊd/)

5 ▷ Elle s'est fait écraser par une voiture.
She was run over by a car.

► **se faire écraser** (par un véhicule) : **be run over** /rʌn 'əʊvəʳ/

6 ▷ L'avion s'est écrasé dans un champ.
The plane crashed in a field.

► **s'écraser** : **crash** /kræʃ/

écrémé, écrémée

▷ Laura boit du lait écrémé.
Laura drinks skimmed milk.

skimmed /skɪmd/

écrire

1 ▷ N'oubliez pas d'écrire votre nom en haut.
Don't forget to write your name at the top.

▷ J'espère que tu m'écriras.
I hope that you'll write to me.

▷ Marc et Valérie s'écrivent tous les jours.
Marc and Valérie write to each other every day.

write /raɪt/ (**wrote** /rəʊt/, **written** /'rɪtn/)

► **écrire à** quelqu'un : **write to** somebody

► **s'écrire** (deux personnes) : **write to each other** /iːtʃ 'ʌðəʳ/ (**wrote, written**)

2 ▷ Est-ce que tu sais écrire « through » ?
Do you know how to spell "through"?

▷ Comment est-ce que ça s'écrit ?
How do you spell it?

(= orthographier) **spell** /spel/

ℹ *Le prétérit et le participe passé peuvent être soit* ***spelled*** /speld/, *soit* ***spelt*** /spelt/.

ℹ *Pour demander comment s'orthographie un mot, on dit* ***how do you spell it?***

écrit, écrite

▷ L'épreuve écrite était plus facile que l'épreuve orale.
The written test was easier than the oral test.

written /'rɪtn/

🔊 *Attention : le* ***i*** *se prononce comme le* ***i*** *de* ***big***.

écriteau

▷ Il y a un écriteau qui dit « interdit de fumer ».
There's a notice that says "no smoking".

notice /'nəʊtɪs/

🔊 *Le* ***i*** *est celui de* ***big***.

écriture

▷ Son écriture est illisible.
His handwriting is illegible.

(= manière de former les lettres) **handwriting** /'hændraɪtɪŋ/

écrivain, écrivaine

▷ Qui est ton écrivain préféré ?
Who is your favourite writer?

writer /'raɪtəʳ/

s'écrouler

▷ Une partie de l'immeuble s'est écroulée.
A part of the building collapsed.

collapse /kə'læps/

écume

▷ Il y a de l'écume sur la plage.
There is foam on the beach.

foam /fəʊm/

écureuil

▷ Nous avons donné des noisettes aux écureuils dans le parc.
We gave hazelnuts to the squirrels in the park.

squirrel /'skwɪrəl/

écurie

▷ Fanny est allée voir le cheval dans l'écurie.
Fanny went to see the horse in the stable.

stable /'steɪbl/

*Le **a** de **stable** se prononce comme le **a** de **make**.*

eczéma

▷ L'eczéma peut être provoqué par une allergie.
Eczema can be caused by an allergy.

► **l'eczéma :** eczema /'eksɪmə/

Il n'y a pas d'article en anglais.

L'accent tombe sur la première syllabe.

▷ Étienne a de l'eczéma.
Étienne has eczema.

► **avoir de l'eczéma :** have eczema (had, had)

édredon

▷ J'ai trop chaud sous cet édredon.
I'm too hot under this eiderdown.

eiderdown /'aɪdədaʊn/

*Le **ei** de **eiderdown** se prononce comme le **i** de **like**.*

éducation

▷ L'éducation est quelque chose de très important.
Education is very important.

education /ˌedjʊ'keɪʃən/

éduqué, éduquée

▷ Les gens bien éduqués ne lisent pas pendant les repas.
Well brought-up people don't read during meals.

► **bien éduqué, bien éduquée :** well brought up /ˌwel brɔːt 'ʌp/

▷ Ce garçon est vraiment mal éduqué !
This boy is really badly brought up!

► **mal éduqué, mal éduquée :** badly brought up /ˌbædlɪ brɔːt 'ʌp/

effacer

1 ▷ Efface cette faute et réécris le mot.
Rub this mistake out and write the word again.

(avec une gomme) rub /rʌb/ out

*Il y a deux **b** au gérondif (rubbing /'rʌbɪŋ/), au prétérit et au participe passé (rubbed /rʌbd/).*

2 ▷ Est-ce que je peux effacer le tableau ?
Can I wipe the board?

(un tableau) wipe /waɪp/

3 ▷ Zut, j'ai effacé le mauvais fichier !
Damn, I've deleted the wrong file!

(en parlant d'un document informatique) delete /dɪ'liːt/

effectivement

▷ Effectivement, Sandra elle-même m'a dit que c'était vrai.
Yes, Sandra herself told me that it was true.

▷ Tu as fait une faute là. – Effectivement, tu as raison.
You made a mistake there. – Yes, you're right.

(= en effet) yes /jes/

*Attention ! **effectivement** ne se traduit pas par effectively, qui signifie « efficacement ».*

effet

1 ▷ Notre plaisanterie n'a pas eu l'effet que nous avions prévu.
Our joke didn't have the effect that we planned.

▷ L'aspirine ne m'a fait aucun effet.
The aspirin didn't have any effect on me.

▷ Les effets spéciaux sont impressionnants dans ce film.
The special effects are impressive in that film.

(= résultat) effect /ɪ'fekt/

► **faire de l'effet à** quelqu'un **:** have an effect on somebody

► **effets spéciaux :** special effects /ˌspeʃəl ɪ'fekts/

2 ▷ Tu as fait une faute là. – En effet, tu as raison.
You've made a mistake there. – Yes, you're right.

► **en effet** (= oui) : yes /jes/

efficace

1 ▷ Bravo, tu as été très efficace !
Well done, you were very efficient!

(personne) efficient /ɪ'fɪʃənt/ (**plus efficace** more efficient, **le plus efficace** the most efficient)

2 ▷ Ces cachets ne sont pas très efficaces.
Those tablets aren't very effective.

(médicament, mesure) effective /ɪ'fektɪv/ (**plus efficace** more effective, **le plus efficace** the most effective)

s'effondrer

▷ Tout l'immeuble s'est effondré.
The whole building collapsed.

collapse /kə'læps/

s'efforcer

▷ Elle s'efforce de travailler plus, mais elle n'arrive pas à se concentrer.
She tries hard to work more, but she can't concentrate.

► **s'efforcer de** + *infinitif :* try hard /traɪ 'hɑːd/ to + *base verbale*

ℹ *Le y de try devient ie à la troisième personne du présent de l'indicatif* (tries /traɪz/)*, au prétérit et au participe passé* (tried /traɪd/).

effort

▷ Allez, fais un effort !
Come on, make an effort!

effort /'efət/

► **faire un effort :** make an effort (made, made)

▷ Idriss fait des efforts pour bien prononcer.
Idriss tries hard to pronounce words properly.

► **faire un effort** *ou* **faire des efforts pour** + *infinitif* : try /traɪ/ hard to + *base verbale*

ℹ *Le* y *de* try *devient* ie *à la troisième personne du présent de l'indicatif* (tries /traɪz/), *au prétérit et au participe passé* (tried /traɪd/).

effrayant, effrayante

▷ C'est effrayant tout ce que la science peut faire de nos jours.
It's frightening all that science can do these days.

frightening /ˈfraɪtnɪŋ/ (**plus effrayant** more frightening, **le plus effrayant** the most frightening)

effrayé, effrayée

▷ Ils avaient l'air vraiment effrayés.
They looked really frightened.

frightened /ˈfraɪtnd/ (**plus effrayé** more frightened, **le plus effrayé** the most frightened)

égal, égale

1 ▷ Les deux dimensions sont égales.
The two dimensions are equal.

(= pareil) equal /ˈiːkwəl/

2 ▷ Huit et cinq est égal à treize.
Eight and five equals thirteen.

► **être égal à** : equal /ˈiːkwəl/

3 ▷ Tu veux aller au cinéma ou au théâtre ? – Ça m'est égal.
Do you want to go to the cinema or to the theatre? – I don't mind.

► **ça m'est égal** (= je n'ai pas de préférence) : I don't mind /ˌaɪ dəʊnt' maɪnd/

4 ▷ Hervé dit des choses sur toi. – Ça m'est égal, on ne s'est jamais aimés de toute façon !
Hervé is saying things about you. – I don't care, we never liked each other anyway!

► **ça m'est égal** (= je m'en fiche) : I don't care /ˌaɪ dəʊnt 'kɛə/

égaler

▷ Huit et cinq égalent treize.
Eight and five equals thirteen.

equal /ˈiːkwəl/

égalité

▷ Ils sont pour l'égalité des sexes.
They are in favour of sexual equality.

equality /ɪˈkwɒlɪtɪ/

🔊 *Le* a *de* equality *se prononce comme le* o *de* dog.

▷ Maintenant les deux équipes sont à égalité.
Now the two teams are equal.

► **être à égalité** (deux équipes, deux concurrents) : be equal /ˈiːkwəl/

égarer

▷ J'ai égaré mes clés.
I've mislaid my keys.

▷ Elle s'est égarée dans la forêt.
She got lost in the forest.

(un objet) **mislay** /ˌmɪsˈleɪ/ (**mislaid, mislaid** /ˌmɪsˈleɪd/)

► **s'égarer : get lost (got lost, got lost** /gɒt lɒst/)

église

▷ Il y a une belle église tout près d'ici.
There's a beautiful church very near here.

▷ Sylvaine et sa famille vont à l'église tous les dimanches.
Sylvaine and her family go to church every Sunday.

church /tʃɜːtʃ/ (pluriel **churches** /ˈtʃɜːtʃɪz/)

► **aller à l'église** (= aller à la messe) : **go to church (went, gone / been)**

égoïste

▷ Ne sois pas si égoïste, prête-moi ton livre !
Don't be so selfish, lend me your book!

selfish /ˈselfɪʃ/ (**plus égoïste more selfish, le plus égoïste the most selfish**)

égout

▷ L'égout est bouché.
The sewer is blocked.

sewer /sʊəʳ/

égoutter

▷ Bien égoutter les légumes.
Strain the vegetables properly.

strain /ˈstreɪn/

égratigner

▷ Je me suis égratigné les jambes en marchant dans les ronces.
I scratched my legs walking in the brambles.

▷ Sophie s'est égratigné le bras.
Sophie scratched her arm.

► **s'égratigner les jambes, le bras, etc. : scratch** /skrætʃ/ **one's legs, one's arm, etc.**

ℹ *Notez que l'anglais emploie le possessif (**my arm, your arm, his arm**, etc.) là où le français emploie l'article (**le bras, les bras**).*

égratignure

▷ Ce n'est rien de grave, juste une égratignure.
It's nothing serious, just a scratch.

scratch /ˈskrætʃ/ (pluriel **scratches** /ˈskrætʃɪz/)

élargir

1 ▷ La rue Rousseau va être élargie.
The rue Rousseau is going to be widened.

(une rue, un trou) **widen** /ˈwaɪdn/

2 ▷ J'espère que ce jean va s'élargir, il est trop serré.
I hope that these jeans are going to stretch, they're too tight.

► **s'élargir** (vêtement, chaussures) : **stretch** /stretʃ/

3 ▷ La route s'élargit après ce tournant.
The road widens after this turning.

► **s'élargir** (rue, trou) : widen /'waɪdn/

élastique

1 ▷ Ce tissu est élastique.
This material is elastic.

(= extensible) elastic /ɪ'læstɪk/ (**plus élastique** more elastic, **le plus élastique** the most elastic)

2 ▷ Elle attache ses cheveux avec un élastique.
She ties her hair up with an elastic band.

► **un élastique :** an elastic band /ɪˌlæstɪk 'bænd/ (pluriel elastic bands)

*Attention : on ne dit pas * an elastic.*

3 ▷ Je n'oserais jamais faire du saut à l'élastique.
I'd never dare go bungee-jumping.

► **faire du saut à l'élastique :** go bungee-jumping /'bʌndʒiːˌdʒʌmpɪŋ/ (went, gone / been)

électeur, électrice

▷ Beaucoup d'électeurs n'ont pas encore décidé pour qui voter.
A lot of voters haven't decided yet who to vote for.

voter /vəʊtəʳ/

élection

▷ Il s'est présenté aux élections.
He stood for election.

election /ɪ'lekʃən/

► **se présenter à une élection :** stand for an election (stood, stood)

électricien, électricienne

▷ L'électricien est venu réparer le radiateur.
The electrician came to repair the heater.

▷ Léa étudie pour devenir électricienne.
Léa is studying to become an electrician.

electrician /ɪlek'trɪʃən/

*N'oubliez pas l'article **a** ou **an** devant le nom du métier lorsqu'il suit les verbes **be** ou **become**.*

électricité

▷ Les ouvriers ont coupé l'électricité.
The workers cut off the electricity.

electricity /ɪlek'trɪsətɪ/

*L'accent tonique est sur la troisième syllabe **-tri-**.*

électrique

▷ Il y a le chauffage électrique dans la maison.
There's electric heating in the house.

electric /ɪ'lektrɪk/

*L'accent tonique est sur la deuxième syllabe **-lec-**.*

s'électrocuter

▷ Andreas a failli s'électrocuter avec un sèche-cheveux.
Andreas almost electrocuted himself with a hairdryer.
▷ Attention à ne pas t'électrocuter !
Careful not to electrocute yourself!

electrocute /ɪ'lektrəkjuːt/ oneself

ℹ *Le pronom personnel réfléchi fonctionne de la façon suivante en anglais (exemples au prétérit) : **I electrocuted myself, you electrocuted yourself, he electrocuted himself, she electrocuted herself, we electrocuted ourselves, you electrocuted yourselves, they electrocuted themselves**.*

électronique

1 ▷ Ce jeu électronique fait un bruit agaçant.
This electronic game makes an irritating noise.

(jeu, composant, microscope, etc.) **electronic** /ɪlek'trɒnɪk/

2 ▷ Le copain de Priscilla fait des études d'électronique.
Priscilla's boyfriend is studying electronics.
▷ L'électronique est une matière passionnante.
Electronics is a fascinating subject.

► **l'électronique** (= la science) : **electronics** /ɪlek'trɒnɪks/

ℹ *Bien qu'il se termine par un **s**, le mot **electronics** est singulier.*

élégant, élégante

▷ Elle est toujours très élégante.
She is always very elegant.

elegant /'elɪgənt/ (**plus élégant** more elegant, **le plus élégant** the most elegant)

🔊 *Le **t** se prononce en anglais.*

éléphant

▷ Les éléphants d'Asie sont plus petits que les éléphants d'Afrique.
Asian elephants are smaller than African elephants.

elephant /'elɪfənt/

🔊 *Le **t** se prononce en anglais.*

ℹ *Attention à l'orthographe : pas d'accent en anglais.*

élevage

▷ Il y a beaucoup d'élevages de moutons dans la région.
There are a lot of sheep farms in the region.

(= ferme) **farm** /fɑːm/

élève

▷ Claudie est la meilleure élève de la classe.
Claudie is the best student in the class.

student /'stjuːdənt/

ℹ *Pour les élèves très jeunes, on peut aussi dire **pupil** /'pjuːpl/.*

élevé, élevée

1 ▷ Cette colline n'est pas très élevée.
This hill isn't very high.
▷ La température est très élevée pour le mois de mars.
The temperature is very high for March.

(= haut) **high** /haɪ/ **(plus élevé** higher /ˈhaɪəʳ/, **le plus élevé** the highest /ˈhaɪɪst/)

2 ▷ C'est un garçon très bien élevé.
He's a very well-mannered boy.

► **bien élevé, bien élevée :** well-mannered /welˈ mænəd/ **(mieux élevé** more well-mannered, **le mieux élevé** the most well-mannered)

3 ▷ Leur fille est très mal élevée.
Their daughter is very bad-mannered.

► **mal élevé, mal élevée :** bad-mannered /bædˈ mænəd/ **(plus mal élevé** more bad-mannered, **le plus mal élevé** the most bad-mannered)

élever

1 ▷ Martin a été élevé en Angleterre.
Martin was brought up in England.

(un enfant) **bring up** /ˈbrɪŋ ʌp/ (brought up, brought up /brɔːt ʌp/)

2 ▷ Ils élèvent principalement des poules.
They mainly keep chickens.

(des animaux) **keep** /kiːp/ (kept, kept /kept/)

éliminer

▷ Ils ont été éliminés en demi-finale.
They were eliminated in the semifinals.

(d'un jeu, d'une compétition) **eliminate** /ɪˈlɪmɪneɪt/

Le ***ate*** *de* ***eliminate*** *se prononce comme le mot* ***eight***. ***Eliminate*** *rime avec* ***gate***.

élire

▷ Demain nous élirons le président de la République.
Tomorrow we'll elect the president of the Republic.
▷ Qui a été élu ?
Who was elected?

elect /ɪˈlekt/

L'accent tonique est sur la deuxième syllabe ***-lect***.

elle

1 ▷ Elle habite près de la piscine.
She lives near the swimming pool.
▷ J'ai emmené ma chienne chez le vétérinaire ; elle va mieux maintenant.
I took my dog to the vet's; she's better now.

Quand elle *est sujet, en parlant d'une personne ou d'un animal familier femelle, l'équivalent en anglais est* she /ʃiː/.

2 ▷ Quelle jolie robe ! – Elle était chère, mais je n'ai pas pu résister.
What a nice dress! – It was expensive, but I couldn't resist it.
▷ La panthère s'approche, puis soudain elle saute.
The panther comes closer, then it suddenly jumps.

Quand **elle** *est sujet, en parlant d'une chose ou d'un animal non familier, l'équivalent en anglais est* it /ɪt/.

3 ▷ J'ai acheté ce CD pour elle.
I bought this CD for her.

Quand **elle** *est complément, en parlant d'une personne ou d'un animal familier femelle, l'équivalent en anglais est* her /hɜːʳ/.

4 ▷ Le chat a attrapé une souris et s'est mis à jouer avec elle.
The cat caught a mouse and started playing with it.

Quand **elle** *est complément, en parlant d'une chose ou d'un animal non familier, l'équivalent en anglais est* it.

elle-même

1 ▷ Elle me l'a dit elle-même, alors ça doit être vrai !
She told me herself, so it must be true!

(personne, animal familier femelle) herself /hɜː'self/

2 ▷ L'antenne est un peu tordue, mais la radio elle-même n'est pas abîmée.
The aerial is a bit bent, but the radio itself isn't damaged.

(chose, animal non familier) itself /ɪt'self/

elles

1 ▷ Elles sont arrivées en même temps.
They arrived at the same time.

(sujet) they /ðeɪ/

2 ▷ Ce cadeau est pour elles.
This present is for them.

(complément) them /ðem/

elles-mêmes

▷ Elles l'ont fabriqué elles-mêmes.
They made it themselves.

themselves /ðəm'selvz/

éloigné, éloignée

1 ▷ Ils habitent dans un village éloigné.
They live in a remote village.

(= loin de tout) remote /rɪ'məʊt/ (plus éloigné more remote, le plus éloigné the most remote)

2 ▷ Est-ce que c'est très éloigné d'ici ?
Is it very far from here?

► **éloigné de :** far /fɑːʳ/ from (plus éloigné de further /'fɜːðəʳ/ from, le plus éloigné de the furthest /'fɜːðɪst/ from)

éloigner

1 ▷ Éloigne tes affaires du feu.
Move your things away from the fire.

► **éloigner** quelque chose : move /muːv/ something away

2 ▷ Ne t'éloigne pas, on part maintenant.
Don't go away, we're leaving now.

► **s'éloigner :** go away (went away, gone away)

3 ▷ James s'est éloigné du feu parce qu'il avait trop chaud.
James moved away from the fire because he was too hot.

► **s'éloigner de :** move away from

emballage

1 ▷ Quand le colis est arrivé, l'emballage était déchiré.
When the parcel arrived, the wrapping was torn.

(= papier) wrapping /ˈræpɪŋ/

Le w de wrapping n'est pas prononcé.

2 ▷ Le chemin était plein de détritus et d'emballages vides.
The path was covered in litter and empty cardboard boxes.

(= boîte, carton) cardboard box /ˌkɑːdbɔːd ˈbɒks/ (pluriel cardboard boxes /ˌkɑːdbɔːd ˈbɒksɪz/)

emballer

▷ Marina a emballé le cadeau dans du joli papier.
Marina wrapped the present in some pretty paper.

(= envelopper) wrap /ræp/

Il y a deux p au gérondif (wrapping /ˈræpɪŋ/), au prétérit et au participe passé (wrapped /ræpt/).

Le w de wrap n'est pas prononcé.

embarquement

▷ L'embarquement se fait porte 9.
Boarding is at gate 9.

boarding /ˈbɔːdɪŋ/

▷ J'ai perdu ma carte d'embarquement.
I've lost my boarding card.

► **carte d'embarquement :** boarding card /ˈbɔːdɪŋkɑːd/ (pluriel boarding cards /ˈbɔːdɪŋkɑːdz/)

embarquer

▷ Nous avons embarqué à trois heures.
We boarded at three o'clock.

(dans un avion, un bateau) board /bɔːd/

Board rime avec ford.

embarrassé, embarrassée

▷ Tania a eu l'air très embarrassé quand j'ai dit ça.
Tania looked very embarrassed when I said that.

embarrassed /ɪmˈbærəst/ (**plus embarrassé** more embarrassed, **le plus embarrassé** the most embarrassed)

embarrasser

1 ▷ Il m'a embarrassée en me posant cette question.
He embarrassed me by asking me that question.

(= mettre mal à l'aise) embarrass /ɪem'bærəs/

2 ▷ Si mes affaires t'embarrassent, déplace-les.
If my things are in your way, move them.

► **embarrasser** quelqu'un (= encombrer) : be in somebody's way /weɪ/

embaucher

▷ Il a été embauché dans une agence de pub.
He was hired by an advertising agency.

(pour un poste) hire /'haɪəʳ/

embêtant, embêtante

▷ C'est embêtant de devoir prendre le bus.
It's annoying to have to take the bus.

▷ Tu es vraiment embêtante avec tes questions !
You're really annoying with your questions!

(= agaçant) annoying /ə'nɔɪɪŋ/ (**plus embêtant** more annoying, **le plus embêtant** the most annoying)

embêtements

▷ J'ai eu plein d'embêtements dernièrement.
I've had lots of trouble recently.

trouble /'trʌbl/

Le ou de trouble se prononce comme le u de duck. Trouble rime avec bubble.

embêter

1 ▷ Arrête d'embêter Lucas !
Stop bothering Lucas!

▷ Ça m'embête de lui demander ça.
It bothers me to ask him that.

(= agacer, gêner) bother /'bɒðəʳ/

2 ▷ Je me suis embêtée à la soirée.
I got bored at the party.

► **s'embêter** (= s'ennuyer) : get bored /'bɔːd/ (got bored, got bored)

emblème

▷ Quel est l'emblème de cette équipe de basket ?
What's the emblem of that basketball team?

emblem /'embləm/

Attention à l'orthographe.

embouteillage

▷ Nous sommes en retard à cause des embouteillages.
We're late because of the traffic jams.

traffic jam /'træfɪk ˌdʒæm/ (pluriel traffic jams)

embranchement

▷ Tournez à droite à l'embranchement.
Turn right at the junction.

junction /'dʒʌŋkʃən/

embrasser

▷ Je n'ai pas osé l'embrasser.
I didn't dare kiss her.

▷ Dany et Paula se sont embrassés.
Dany and Paula kissed.

kiss /kɪs/

► **s'embrasser :** kiss

Kissed rime avec list.

embrouiller

▻ Je m'embrouille dans tous ces calculs !
I'm getting muddled up in all these calculations!

get muddled up /ˌmʌdld ˈʌp/ (got, got)

éméché, éméchée

▻ J'étais un peu éméché hier soir.
I was a bit tipsy last night.

tipsy /ˈtɪpsɪ/ (plus éméché tipsier, le plus éméché the tipsiest)

émeraude

▻ Le lac est vert émeraude.
The lake is emerald green.

emerald /ˈemərəld/

émeute

▻ Cela pourrait provoquer une émeute.
It might provoke a riot.

riot /ˈraɪət/

émigrer

▻ Ils ont émigré aux États-Unis.
They emigrated to the United States.

emigrate /ˈemɪgreɪt/

émission

▻ C'était une émission très intéressante.
It was a very interesting programme.

programme /ˈprəʊgræm/

▻ Quelle est ton émission de télé préférée ?
What's your favourite TV programme?

▻ J'ai écouté l'émission de radio dont tu m'as parlé.
I listened to the radio programme you told me about.

► **émission de télé :** TV programme (pluriel TV programmes)

► **émission de radio :** radio programme (pluriel radio programmes)

emmêlé, emmêlée

▻ La corde est tout emmêlée.
The string is all tangled up.

(cheveux, corde, fil) **tangled up** /ˌt'ŋgld ˈʌp/

emménager

▻ Nous avons emménagé ici le mois dernier.
We moved in here last month.

move in /muːv ˈɪn/

Le o de move se prononce comme le oo de food.

emmener

▻ Est-ce que tu vas emmener ton frère avec toi ?
Are you going to take your brother with you?

▻ Je peux t'emmener à la gare si tu veux.
I can take you to the station if you like.

take /teɪk/ (took /tʊk/, taken /ˈteɪkən/)

émotif, émotive

▻ Sa mère est très émotive.
Her mother is very emotional.

emotional /ɪˈməʊʃənl/ (plus émotif more emotional, le plus émotif the most emotional)

émotion

▷ Il a du mal à contrôler ses émotions.
He finds it hard to control his emotions.

emotion /ɪˈməʊʃən/

émouvant, émouvante

▷ J'ai trouvé la fin du film très émouvante.
I found the end of the film very moving.

moving /ˈmuːvɪŋ/ (**plus émouvant** more moving, **le plus émouvant** the most moving)

Le o de moving se prononce comme le oo de food.

émouvoir

▷ Ça m'a émue de voir ces photos.
It moved me to see those photographs.

move /muːv/

Le o de move se prononce comme le oo de food.

empêcher

1 ▷ On a voulu les empêcher de se battre, mais ils ne nous ont pas écoutés.
We wanted to prevent them from fighting, but they didn't listen to us.

► **empêcher de** + *infinitif* : **prevent** /prɪˈvent/ **from** + *-ing*

L'accent tonique est sur la deuxième syllabe -vent.

2 ▷ Elle ne peut pas s'empêcher de s'inquiéter.
She can't help worrying.

Quand on veut dire qu'on ne peut pas s'empêcher de faire quelque chose en anglais, on emploie l'expression ***can't*** /ˈkɑːnt/ ***help*** *+ -ing.*

empereur

▷ Quel est le nom du dernier empereur de Chine ?
What's the name of the last emperor of China?

emperor /ˈempərəʳ/

empester

1 ▷ Ça empeste dans cette pièce !
It stinks in this room!

(= sentir mauvais) **stink** /stɪŋk/ (**stank** /stæŋk/, **stunk** /stʌŋk/)

2 ▷ Toute la maison empestait le poisson.
The whole house stank of fish.

► **empester le...** *ou* **la...** : **stink of...**

s'empiffrer

▷ Ne t'empiffre pas, on va bientôt dîner.
Don't stuff yourself, we're going to have dinner soon.

stuff /stʌf/ **oneself**

ℹ *Le pronom personnel réfléchi fonctionne de la façon suivante en anglais (exemples au présent) :* ***I stuff myself, you stuff yourself, he stuffs himself, she stuffs herself, we stuff ourselves, you stuff yourselves, they stuff themselves.***

▷ On s'est empiffrés de gâteaux tout l'après-midi.
We stuffed ourselves with cakes all afternoon.

► **s'empiffrer de... :** stuff oneself with...

Stuffed se prononce /stʌft/.

empiler

▷ Ludovic a empilé les assiettes sales dans l'évier.
Ludovic piled up the dirty plates in the sink.

pile up /paɪl 'ʌp/

Le i du mot anglais pile se prononce comme le i de like.

empire

▷ Le pays faisait partie de l'Empire britannique.
The country was part of the British Empire.

empire /'empaɪəʳ/

empirer

▷ La situation au Nigeria a encore empiré.
The situation in Nigeria has got even worse.

get worse /wɜːs/ (got, got)

emplacement

1 ▷ On a cherché un emplacement libre pendant une demi-heure.
We looked for a parking space for half an hour.

(= place de parking) parking space /'pɑːkɪŋ ˌspeɪs/ (pluriel parking spaces /'speɪsɪz/)

2 ▷ Ils vont construire un centre commercial sur l'emplacement de l'ancienne usine.
They're going to build a shopping centre on the site of the old factory.

(= site) site /saɪt/

Le i du mot anglais site se prononce comme le i de like. Site rime avec light.

emploi

1 ▷ Ma sœur a trouvé un emploi au supermarché.
My sister found a job at the supermarket.

(= travail) job /dʒɒb/

2 ▷ J'ai un emploi du temps très chargé cette semaine.
I have a very busy schedule this week.

► **emploi du temps :** schedule /'ʃedjuːl/

employé, employée

▷ L'entreprise a plusieurs centaines d'employés.
The company has several hundred employees.

employee /em'plɔɪiː/

L'accent tonique est sur la deuxième syllabe -ploy-.

employer

1 ▷ Il a employé un mot que je ne connaissais pas.
He used a word that I didn't know.

(= utiliser) use /juːz/

2 ▷ Personne ne veut l'employer parce qu'il n'a pas d'expérience.
Nobody wants to employ him because he hasn't got any experience.

(un travailleur) employ /ɪm'plɔɪ/

employeur, employeuse

▷ J'ai changé d'employeur.
I have a new employer.

employer /em'plɔɪəʳ/

empoisonner

▷ Les voleurs ont empoisonné le chien.
The burglars poisoned the dog.

poison /'pɔɪzn/

*Le **oi** du mot anglais **poison** se prononce comme le **oy** de **boy**.*

emporter

1 ▷ N'oublie pas d'emporter des sandwiches pour la randonnée.
Don't forget to take sandwiches for the hike.

(= prendre avec soi) **take** /teɪk/ (**took** /tʊk/, **taken** /'teɪkən/)

2 ▷ Le boucher vend aussi des plats à emporter.
The butcher also sells takeaway dishes.

► **à emporter** (nourriture) : **takeaway** /'teɪkəweɪ/

*En anglais américain, on dit **takeout** /'teɪkaʊt/.*

3 ▷ Le vent a emporté le toit.
The wind blew the roof off.

(= arracher, en parlant du vent) **blow off** /bləʊ 'ɒf/ (**blew off** /bluː 'ɒf/, **blown off** /bləʊn 'ɒf/)

4 ▷ Ils ont été emportés par le courant.
They were carried along by the current.

(= entraîner) **carry** /'karɪ/ **along**

*Le **y** de **carry** devient **ie** à la troisième personne du présent de l'indicatif (**carries** /'kærɪz/), au prétérit et au participe passé (**carried** /'kærɪd/).*

empreinte

1 ▷ Ils ont laissé des empreintes dans le sable.
They left footprints in the sand.

▷ C'est une application qui calcule ton empreinte écologique.
It's an application which calculates your ecological footprint.

(= trace de pas) **footprint** /'fʊtprɪnt/

► **empreinte écologique** : **ecological footprint**

2 ▷ La police a pris ses empreintes digitales.
The police took his fingerprints.

► **empreinte digitale** : **fingerprint** /'fɪŋgəprɪnt/

emprunt

▷ Ils ne peuvent pas rembourser l'emprunt.
They can't repay the loan.

▷ Nous avons fait un emprunt pour acheter une nouvelle voiture.
We took out a loan to buy a new car.

loan /ləʊn/

► **faire un emprunt** : **take out a loan** (**took out, taken out**)

emprunter

▷ Idriss m'a emprunté dix euros hier.
Idriss borrowed ten euros from me yesterday.

► **emprunter** quelque chose à quelqu'un : **borrow** /'bɒrəʊ/ something **from** somebody

ému, émue

▷ Il était très ému quand nous lui avons donné son cadeau.
He was very moved when we gave him his present.

moved /muːvd/ (**plus ému** more moved, **le plus ému** the most moved)

*Le **o** de **moved** se prononce comme le **oo** de **food**.*

en

1 ▷ Lise et sa famille ont vécu en Amérique.
Lise and her family lived in America.
▷ Il fait très froid ici en hiver.
It's very cold here in winter.
▷ J'ai rencontré Samir en mars 2009.
I met Samir in March 2009.
▷ Tu crois que tu peux le faire en une heure ?
Do you think you can do it in an hour?
▷ Il était midi et Claire était encore en pyjama.
It was midday and Claire was still in her pyjamas.

(= dans) **in** /ɪn/

2 ▷ Nous allons en Espagne pour les vacances.
We're going to Spain for the holidays.
▷ Nous allons en Espagne pour les vacances.
We're going to Spain for the holidays.
▷ Mes cousins viennent en France pour deux semaines.
My cousins are coming to France for two weeks.

► **aller en** + *nom de pays* : **go to** + *nom de pays*
► **venir en** + *nom de pays* : **come to** + *nom de pays*

*Attention ! Ne confondez pas **in** et **to**. **To** est employé avec les verbes de mouvement (**come**, **go**, etc.).*

3 ▷ On peut y aller en taxi ou en bus.
We can go there by taxi or by bus.

(en parlant d'un moyen de transport) **by** /baɪ/

4 ▷ Hervé est tombé en courant.
Hervé fell while he was running.
▷ Ce n'est pas poli de parler en mangeant.
It's bad manners to talk while you're eating.

► **en** + *gérondif (pour dire que deux choses se passent en même temps)* : **while** /waɪl/ + *-ing*

5 ▷ Si le café est chaud, donne-m'en, s'il te plaît.
If the coffee is hot, give me some, please.
▷ Et des bonbons ? Tu en as ?
What about sweets? Do you have any?
▷ J'avais du chocolat, mais il n'en reste plus.
I had some chocolate, but there isn't any left.

(quand *en* indique quelque chose dont on parle) **some** /sʌm/ *ou* **any** /eni/

*On emploie généralement **some** quand on sait que la chose dont on parle existe et **any** quand on ignore si la chose existe ou quand elle n'existe pas.*

encadrer

1 ▷ Elle a encadré une photo des chutes du Niagara.
She has framed a photograph of Niagara Falls.

(= mettre dans un cadre) **frame** /freɪm/

2 ▷ Elle encadre une grosse équipe.
She manages a big team.

(une équipe) **manage** /'mænɪdʒ/

enceinte

1 ▷ Ma cousine est enceinte.
My cousin is pregnant.

(= qui attend un bébé) **pregnant** /'pregnənt/

*Dites **preg** + **nant**.*

▷ Elle n'avait que quinze ans quand elle est tombée enceinte.
She was only fifteen when she got pregnant.

► **tomber enceinte :** get pregnant (got, got)

2 ▷ Paul a une nouvelle chaîne avec des enceintes très puissantes.
Paul has a new hi-fi with very powerful speakers.

(= haut-parleur) **speaker** /'spiːkə'/

encercler

▷ La police a encerclé le quartier.
The police surrounded the area.

surround /sə'raʊnd/

*L'accent tonique est sur la deuxième syllabe **-round**.*

enchanté, enchantée

1 ▷ Ils sont enchantés de leurs vacances.
They are delighted with their holiday.

► **être enchanté de** quelque chose : **be delighted** /dɪ'laɪtɪd/ **with** something

2 ▷ Bonsoir, je m'appelle Béatrice. – Enchanté !
Good evening, my name's Béatrice. – Pleased to meet you!

*Quand on est présenté à quelqu'un, on dit **pleased** /pliːzd/ **to meet you!***

enchères

▷ Nous sommes allés à une vente aux enchères dimanche dernier.
We went to an auction last Sunday.

► **vente aux enchères :** **auction** /'ɔːkʃən/

enclos

▷ Les agneaux étaient dans un enclos.
The lambs were in a pen.

(pour les animaux) **pen** /pen/

encombrer

1 ▷ Si mes affaires t'encombrent, déplace-les.
If my things are in your way, move them.

► **encombrer** quelqu'un (= le gêner) : **be in** somebody's **way** /weɪ/

2 ▷ Les valises encombrent le couloir.
The suitcases are blocking the corridor.

(un couloir, une route) **block** /blɒk/

encore

1 ▷ Il est encore en retard !
He's late again!

(= de nouveau) **again** /ə'gen/

2 ▷ Est-ce que Paola est encore chez elle ?
Is Paola still at home?

(= toujours) **still** /stɪl/

3 ▷ Je voudrais encore de la glace, s'il te plaît.
I'd like some more ice cream, please.

(= plus de) **more** /mɔː'/

4 ▷ Tu veux encore un yaourt ?
Do you want another yoghurt?

► **encore un...** *ou* **encore une... :** another... /ə'nʌðə'/

5 ▷ Elle est encore plus douée que son frère.
She's even more gifted than her brother.

(avec un comparatif) **even** /'iːvən/

6 ▷ C'est prêt ? – Pas encore !
Is it ready? Not yet!

▷ Les invités ne sont pas encore arrivés.
The guests haven't arrived yet.

► **pas encore :** not yet /nɒt 'jet/

ℹ *Notez la position de **yet** quand il est associé à **not** pour signifier pas encore : il est placé en fin de phrase.*

encourager

1 ▷ La prof d'anglais est sympa, elle nous encourage toujours.
The English teacher is nice, she always encourages us.

(= donner du courage) **encourage** /en'kʌrɪdʒ/

▷ Il m'a encouragé à faire du judo.
He encouraged me to do judo.

► **encourager** quelqu'un **à... :** encourage somebody to...

2 ▷ Les spectateurs nous encourageaient.
The spectators cheered us.

(une équipe, un sportif) **cheer** /tʃɪə'/

encre

▷ Il n'y a plus d'encre dans mon stylo.
There isn't any ink left in my pen.

ink /ɪŋk/

▷ Ces liseuses utilisent de l'encre électronique.
These readers use e-ink.

► **encre électronique :** e-ink

encyclopédie

▷ Je vais regarder dans l'encyclopédie.
I'm going to look in the encyclopedia.

encyclopedia /ɪnˌsaɪklə'piːdɪə/

🔊 *Le deuxième **e** de **encyclopedia** se prononce comme le **ee** de **week**.*

endives

▷ Je n'aime pas les endives.
I don't like chicory.

▷ Ces endives sont amères.
This chicory is bitter.

chicory /'tʃɪkərɪ/

ℹ *Le mot chicory est indénombrable : il ne se met pas au pluriel, et ne s'emploie pas avec l'article indéfini a.*

endormi, endormie

▷ Tu crois qu'il est endormi ?
Do you think he's asleep?

(personne, animal) asleep /ə'sli:p/

s'endormir

▷ J'ai mis du temps à m'endormir.
It took me a long time to fall asleep.

fall asleep /fɔ:l ə'sli:p/ (fell /fel/, fallen /fɔ:lən/)

endroit

1 ▷ Essayons de trouver un endroit pour pique-niquer.
Let's try to find a place to have a picnic.

(= lieu) place /pleɪs/

🔊 *Le a de place se prononce comme le a de make.*

2 ▷ Mets ton pull à l'endroit.
Put your pullover on the right way round.

► **à l'endroit** (= le bon côté devant) : the right way round /ˌraɪt weɪ 'raʊnd/

3 ▷ Si tu regardes le tableau à l'endroit, tu verras que la tête du personnage est là.
If you look at the painting the right way up, you'll see that the character's head is there.

► **à l'endroit** (= le bon côté en haut) : the right way up /ˌraɪt weɪ 'ʌp/

endurance

▷ Elle a de l'endurance.
She's got stamina.

(= résistance physique) stamina /'stæmɪnə/

▷ Il a gagné la course d'endurance.
He won the endurance race.

► **course d'endurance :** endurance race

énergie

▷ Je n'ai plus d'énergie, j'abandonne !
I have no energy left, I give up!

▷ Il faut économiser l'énergie.
We must save energy.

energy /'enədʒɪ/

🔊 *L'accent tonique est sur la première syllabe en-.*

énergique

▷ Sois un peu plus énergique !
Be a bit more energetic!

energetic /ˌenə'dʒetɪk/ (**plus énergique** more energetic, **le plus énergique** the most energetic)

énervant, énervante

▷ Tu es vraiment énervante avec tes plaisanteries !
You're really irritating with your jokes!

irritating /'ɪrɪteɪtɪŋ/ (**plus énervant** more irritating, **le plus énervant** the most irritating)

énervé, énervée

▷ Le prof était très énervé ce matin.
The teacher was very irritated this morning.

(= agacé) **irritated** /ˈɪrɪteɪtɪd/ (**plus énervé** more irritated, **le plus énervé** the most irritated)

énerver

1 ▷ Il m'énerve avec son sourire idiot !
He's getting on my nerves with his stupid smile!

► **énerver** quelqu'un (= l'irriter) : **get on** somebody's **nerves** /nɜːvz/ (got, got)

2 ▷ N'énerve pas le bébé juste avant qu'il aille au lit.
Don't excite the baby just before he goes to bed.

► **énerver** quelqu'un (= l'exciter) : **excite** /ekˈsaɪt/ somebody

3 ▷ Julie s'énerve parce qu'elle ne comprend rien au mode d'emploi.
Julie is getting worked up because she can't understand the instructions.

► **s'énerver** : **get worked up** /wɒːkt ˈʌp/ (got, got)

enfance

▷ J'ai passé toute mon enfance en Algérie.
I spent all my childhood in Algeria.

childhood /ˈtʃaɪldhʊd/

enfant

▷ Ils ont un enfant de deux ans.
They have a two-year-old child.

▷ Les enfants sont partis.
The children have left.

child /tʃaɪld/ (pluriel **children** /ˈtʃɪldrən/)

*Le **i** de **child** est celui de **like**, mais le **i** de **children** est celui de **big**.*

enfer

1 ▷ Tu penses que l'enfer existe ?
Do you think hell exists?

hell /hel/

2 ▷ J'ai une idée d'enfer !
I have a great idea!

► **d'enfer** (= génial) : **great** /greɪt/

enfermer

1 ▷ Elle a enfermé son chien dans le garage.
She shut her dog in the garage.

► **enfermer... dans** (une personne, un animal) : **shut** /ʃʌt/... **in** (shut... in, shut... in)

2 ▷ Il s'est encore enfermé dans sa chambre !
He has shut himself in his bedroom again!

► **s'enfermer dans** : **shut oneself in**

ℹ *Le pronom personnel réfléchi fonctionne de la façon suivante en anglais (exemples au prétérit) : **I shut <u>myself</u> in, you shut <u>yourself</u> in, he shut <u>himself</u> in, she shut <u>herself</u> in, we shut <u>ourselves</u> in, you shut <u>yourselves</u> in, they shut <u>themselves</u> in.***

enfiler

▷ Il a enfilé son blouson.
He put his jacket on.

(un vêtement) **put** /pʊt/ **on** (put on, put on)

enfin

1 ▷ Vous voilà enfin ! Où étiez-vous ?
Here you are at last! Where were you?

(= finalement) **at last** /ət 'lɑːst/

2 ▷ ... et enfin, je voudrais remercier mes parents.
... and finally, I would like to thank my parents.

(= en dernier) **finally** /'faɪnəlɪ/

*Le **i** de finally se prononce comme celui de **like**.*

enflé, enflée

▷ Ma cheville est enflée et elle me fait mal.
My ankle is swollen and it hurts.

swollen /'swəʊlən/ (**plus enflé** more swollen, **le plus enflé** the most swollen)

enfoncer

1 ▷ Les clous sont difficiles à enfoncer dans ce mur.
The nails are difficult to drive into the wall.

► **enfoncer** quelque chose **dans** (clous, pieux) : **drive** /draɪv/ something **into** (**drove** /drəʊv/, **driven** /'drɪvn/)

2 ▷ Je me suis fait mal en essayant d'enfoncer une punaise dans le mur.
I hurt myself trying to stick a drawing pin into the wall.

► **enfoncer** quelque chose **dans** (aiguille, punaise) : **stick** /stɪk/ something **into** (**stuck**, **stuck** /stʌk/)

3 ▷ Les voleurs ont enfoncé la porte.
The burglars broke down the door.

(une porte, un mur) **break down** /breɪk 'daʊn/ (**broke down** /brəʊk 'daʊn/, **broken down** /'brəʊkən 'daʊn/)

4 ▷ Nous avons vu le bateau s'enfoncer dans l'eau.
We saw the boat sink into the water.

► **s'enfoncer dans** (l'eau, la boue, la neige) : **sink** /sɪŋk/ **into** (**sank** /sæŋk/, **sunk** /sʌŋk/)

enfuir

▷ Ils ont réussi à s'enfuir.
They managed to run away.

▷ La police a arrêté les hommes qui se sont enfuis de la prison.
The police arrested the men who ran away from the prison.

run away /rʌn ə'weɪ/ (**ran away** /ræn ə'weɪ/, **run away**)

Notez la préposition employée en anglais : s'enfuir <u>de</u> = *run away <u>from</u>*.

engin

▷ Il y avait des ouvriers et de gros engins au milieu de la route.
There were workers and big machines in the middle of the road.

(= machine, appareil) **machine** /məˈʃiːn/

L'accent tonique est sur la deuxième syllabe ***-chine****.*

ℹ *Le mot anglais* ***engine*** *signifie moteur.*

engrais

▷ L'agriculture biologique utilise des engrais naturels.
Organic agriculture uses natural fertilizers.

fertilizer /ˈfɜːtɪlaɪzəʳ/

L'accent tonique est sur la première syllabe ***fer-****.*

engueuler

1 ▷ Je ne sais pas pourquoi il l'a engueulée comme ça.
I don't know why he shouted at her like that.

▷ Je vais me faire engueuler si j'arrive encore en retard.
I'll get shouted at if I arrive late again.

shout /ʃaʊt/ **at**

► **se faire engueuler : get shouted** /ˈʃaʊtɪd/ **at (got, got)**

2 ▷ Arrêtez de vous engueuler !
Stop fighting!

▷ Ils s'engueulent tout le temps.
They're always fighting.

► **s'engueuler : fight** /faɪt/ **(fought, fought** /fɔːt/**)**

ℹ *Le mot* **engueuler** *est très familier, mais les traductions données ici ne le sont pas.*

énigme

▷ Tous les jours il y a une énigme dans les pages jeux du journal.
Every day there's a riddle in the games pages of the newspaper.

(= devinette) **riddle** /ˈrɪdl/

enjamber

▷ Nous avons dû enjamber le chien pour rentrer dans le café.
We had to step over the dog to get into the café.

(un obstacle) **step** /step/ **over**

ℹ *Il y a deux* ***p*** *au gérondif* **(stepping** /ˈstepɪŋ/**)***, au prétérit et au participe passé* **(stepped** /stept/**)**.

enlacer

▷ Il a enlacé Nathalie et ils se sont mis à danser.
He put his arm round Nathalie and they started dancing.

▷ Ils se sont enlacés.
They put their arms round each other.

► **enlacer** quelqu'un **: put** one's **arm** /ɑːm/ **round** somebody **(put, put)**

ℹ *L'adjectif possessif fonctionne de la façon suivante en anglais (exemples au prétérit) :* ***I put my arm round..., you put your arm round..., he put his arm round..., she put her arm round..., we put our arms round..., they put their arms round...***

enlèvement

▷ La police n'a pas trouvé les personnes responsables de l'enlèvement.
The police haven't found the people responsible for the kidnapping.

(= le fait de kidnapper quelqu'un) **kidnapping** /'kɪdnæpɪŋ/

enlever

1 ▷ Enlève tes affaires, elles m'encombrent.
Take your things away, they're in my way.

(= ôter) **take away** /ˌteɪk ə'weɪ/ (**took away** /tʊk ə'weɪ/, **taken away** /ˌteɪkən ə'weɪ/)

2 ▷ Je n'arrive pas à enlever cette tache.
I can't remove this stain.

(= effacer, faire disparaître) **remove** /rɪ'muːv/

3 ▷ Sacha m'a enlevé mon journal pendant que j'étais en train de lire !
Sacha took my newspaper away from me while I was reading!

► **enlever** quelque chose **à** quelqu'un : **take** something **away from** somebody

4 ▷ Les terroristes ont enlevé la fille d'un homme politique.
The terrorists kidnapped a politician's daughter.

(= kidnapper) **kidnap** /'kɪdnæp/

ℹ *Il y a deux* ***p*** *au gérondif* (**kidnapping** /'kɪdnæpɪŋ/), *au prétérit et au participe passé* (**kidnapped** /'kɪdnæpt/).

ennemi, ennemie

▷ Il est devenu l'ennemi public numéro un.
He has become public enemy number one.

enemy /'enəmɪ/ (pluriel **enemies** /'enəmɪz/)

ℹ *Il n'y a qu'un* ***n*** *dans le mot anglais* ***enemy***.

ennui

▷ Elle a eu beaucoup d'ennuis dernièrement.
She has had lots of problems recently.

(= problème) **problem** /'prɒbləm/

ennuyer

1 ▷ Ça m'ennuie de devoir lui demander ça.
It bothers me to have to ask him that.

(= contrarier) **bother** /'bɒðəʳ/

2 ▷ Est-ce que ça t'ennuie si j'ouvre la fenêtre ?
Do you mind if I open the window?

Pour demander la permission à quelqu'un de faire quelque chose, on emploie l'expression anglaise ***do you mind...?*** /ˌduː juː 'maɪnd/.

3 ▷ Je me suis ennuyé toute la soirée.
I was bored all evening.

► **s'ennuyer** : **be bored** /bɔːd/

ennuyeux, ennuyeuse

1 ▷ C'est l'homme le plus ennuyeux que je connaisse.
He's the most boring man I know.

(= rasoir) boring /'bɔːrɪŋ/ **(plus ennuyeux** more boring, **le plus ennuyeux** the most boring**)**

2 ▷ C'est ennuyeux que tes cousins ne puissent pas venir.
It's annoying that your cousins can't come.

(= contrariant) annoying /ə'nɔɪɪŋ/ **(plus ennuyeux** more annoying, **le plus ennuyeux** the most annoying**)**

énorme

▷ Il y a un énorme tas d'assiettes à laver.
There's an enormous pile of dishes to wash.

enormous /ɪ'nɔːməs/ **(plus énorme** more enormous, **le plus énorme** the most enormous**)**

Attention à la prononciation ! Le ***ou*** *de* ***enormous*** *se prononce comme le e du mot français de.*

énormément

1 ▷ Tout le monde l'admire énormément.
Everybody admires him enormously.

(= beaucoup) enormously /ɪ'nɔːməslɪ/

2 ▷ C'est une fille qui a énormément de problèmes.
She's a girl who has a lot of problems.
▷ Il faut énormément de patience pour faire ça.
You need a lot of patience to do this.

► **énormément de :** a lot of /ə 'lɒt əv/

enquête

1 ▷ L'enquête de la police n'avance pas.
The police investigation isn't making any progress.

(sur un crime, un vol) investigation /ɪnˌvestɪ'geɪʃən/

2 ▷ Une jeune femme m'a arrêté dans la rue ; c'était pour une enquête.
A young woman stopped me in the street; it was for a survey.

(= sondage) survey /'sɜːveɪ/

enquêter

▷ Ils enquêtent sur sa disparition.
They're investigating his disappearance.

► **enquêter sur :** investigate /ɪn'vestɪgeɪt/

enrager

▷ Il adore faire enrager sa sœur.
He loves to tease his sister.

► **faire enrager** quelqu'un (= taquiner) : tease /tiːz/ somebody

enregistrement

1 ▷ C'est un vieil enregistrement.
It's an old recording.

(d'un disque) recording /rɪ'kɔːdɪŋ/

2 ▷ Il ne s'est pas présenté à l'enregistrement.
He didn't go to the check-in desk.

(des bagages) **check-in** /'tʃekɪn/
► **se présenter à l'enregistrement** (à l'aéroport) : go to the check-in desk /'tʃekɪndesk/ (went, gone / been)

enregistrer

1 ▷ J'ai enregistré le film d'hier soir.
I recorded last night's film.

(de la musique, un film) **record** /rɪ'kɔːd/

*Quand **record** est un verbe, l'accent tonique est sur la deuxième syllabe **-cord**.*

2 ▷ Où doit-on enregistrer les bagages ?
Where must we check in the luggage?

(des bagages) **check in** /'tʃek ɪn/

enrhumé, enrhumée

▷ Elle est enrhumée.
She has a cold.

► **être enrhumé :** have a cold /kəʊld/ (had, had)

enrhumer

▷ Tu vas t'enrhumer si tu ne mets pas ton manteau.
You're going to catch a cold if you don't put your coat on.

catch /kætʃ/ **a cold** /kəʊld/ (caught, caught /kɔːt/)

s'enrichir

▷ Personne ne sait comment ils se sont enrichis.
Nobody knows how they became rich.

become rich /rɪtʃ/ (became, become)

enrichissant, enrichissante

▷ C'est très enrichissant de voyager.
Travelling is very enriching.

enriching /ɪn'rɪtʃɪŋ/ (**plus enrichissant** more enriching, **le plus enrichissant** the most enriching)

enroué, enrouée

▷ Je suis enroué après avoir autant chanté.
I'm hoarse after singing so much.

hoarse /hɔːs/

__Hoarse__ et __horse__ se prononcent de la même façon.

enrouler

▷ Il a enroulé la corde autour du piquet.
He wound the rope round the post.

wind /waɪnd/ (wound, wound /waʊnd/)

Le __i__ du verbe __wind__ se prononce comme le __i__ de __like__. Le verbe __wind__ rime avec __find__, et __wound__ rime avec __round__.

enseignant, enseignante

▷ Les enseignants sont en grève aujourd'hui.
Teachers are on strike today.

▷ Quels diplômes faut-il pour devenir enseignant ?
What qualifications do you need to become a teacher?

teacher /'tiːtʃəʳ/

ℹ *N'oubliez pas l'article* ***a*** *ou* ***an*** *devant le nom du métier lorsqu'il suit les verbes* ***be*** *ou* ***become****.*

enseignement

1 ▷ L'enseignement est gratuit et obligatoire.
Education is free and compulsory.

► **l'enseignement** (= l'éducation) : education /ˌedjʊ'keɪʃən/

2 ▷ Marina veut travailler dans l'enseignement.
Marina wants to work in teaching.

► **l'enseignement** (= le métier d'enseignant) : teaching /'tiːtʃɪŋ/

enseigner

▷ Elle enseigne dans une école primaire.
She teaches at a primary school.

teach /tiːtʃ/ (taught, taught /tɔːt/)

🔊 *Taught rime avec le mot anglais sport.*

▷ J'aimerais enseigner à de jeunes enfants.
I would like to teach young children.

► **enseigner à** quelqu'un **:** teach somebody

ensemble

1 ▷ On peut y aller ensemble si tu veux.
We can go together if you want.

(= à plusieurs, en même temps)
together /tə'geðəʳ/

2 ▷ Dans l'ensemble, le film n'était pas mal.
On the whole, the film wasn't bad.

► **dans l'ensemble :** on the whole /ˌɒnðə'həʊl/

3 ▷ Julie portait un joli ensemble bleu.
Julie was wearing a nice blue outfit.

► **un ensemble** (= des vêtements) : an outfit /'aʊtfɪt/

ensoleillé, ensoleillée

▷ C'était une journée chaude et ensoleillée.
It was a warm, sunny day.

sunny /'sʌnɪ/ (**plus ensoleillé** sunnier, **le plus ensoleillé** the sunniest)

ensuite

▷ On pourrait aller au cinéma et ensuite au restaurant.
We could go to the cinema and then to the restaurant.

then /ðen/

entaille

▷ Je me suis fait une entaille au front.
I cut my forehead.
▷ Paul s'est fait une entaille au genou.
Paul cut his knee.

► se **faire une entaille au front** *ou* **au genou,** *etc.* **:** cut /kʌt/ one's forehead *ou* one's **knee,** *etc* (cut, cut)

ℹ *L'adjectif possessif fonctionne de la façon suivante en anglais (exemples au prétérit) : I cut my forehead, you cut your forehead, he cut his forehead, she cut her forehead.*

entamer

1 ▷ Qui a entamé le paquet de biscuits ?
Who opened the packet of biscuits?

(un paquet, une boîte de conserve, une bouteille) open /əʊpən/

2 ▷ Qui a entamé le pain ?
Who started the bread?

(un pain, un morceau de fromage) start /stɑːt/

entasser

1 ▷ Il a entassé toutes ses affaires dans le placard.
He piled all his things into the cupboard.

► **entasser** quelque chose **dans :** pile /paɪl/ something into

2 ▷ Ils se sont tous entassés dans la voiture.
They all piled into the car.

► **s'entasser dans :** pile /paɪl/ into

entendre

1 ▷ J'ai entendu un bruit dehors.
I heard a noise outside.

(une voix, un bruit, etc.) hear /hɪəʳ/ (heard, heard /hɜːd/)

🔊 *Heard rime avec bird.*

2 ▷ Je n'entends rien, parle plus fort !
I can't hear anything, speak louder!

Quand il s'agit de la capacité à entendre, on emploie en anglais can hear (au prétérit, could hear).

▷ On entendait quelqu'un parler.
We could hear somebody talking.

ℹ *Notez l'emploi de la forme en -ing dans l'exemple suivant.*

▷ Est-ce que tu as entendu parler de ce film ?
Have you heard about this film?

► **entendre parler de :** hear about (heard about, heard about)

▷ J'ai entendu dire qu'ils allaient construire un cinéma.
I heard that they were going to build a cinema.

► **entendre dire que... :** hear that...

3 ▷ Ils ne s'entendent pas du tout.
They don't get on at all.

► **s'entendre (bien)** (deux ou plusieurs personnes) **:** get on (got on, got on)

▷ Marie s'entend très bien avec son demi-frère.
Marie gets on very well with her half-brother.

► **s'entendre (bien) avec** quelqu'un **:** get on well with somebody (got on, got on)

enterrement

▷ Demain, c'est l'enterrement du grand-père de Jack.
Tomorrow is Jack's grandfather's funeral.

funeral /'fjuːnərəl/

enterrer

▷ Le chien enterre des os dans le jardin.
The dog buries bones in the garden.

▷ Où est-ce qu'il est enterré ?
Where is he buried?

bury /'berɪ/

ℹ *Le y de **bury** devient **ie** à la troisième personne du singulier du présent de l'indicatif (**buries** /'berɪz/), au prétérit et au participe passé (**buried** /'berɪd/).*

🔊 *Le **u** de **bury** se prononce comme le **e** de **bed**. **Bury** et **berry** se prononcent de la même façon.*

entêté, entêtée

▷ Camille est très entêtée, c'est impossible de la faire changer d'avis.
Camille is very stubborn, it's impossible to get her to change her mind.

stubborn /'stʌbən/ (**plus entêté** more stubborn, **le plus entêté** the most stubborn)

enthousiaste

▷ Élie n'a pas eu l'air très enthousiaste quand j'ai proposé d'aller à la piscine.
Élie didn't look very enthusiastic when I suggested going to the swimming pool.

enthusiastic /ɪnˌθuːzɪ'æstɪk/ (**plus enthousiaste** more enthusiastic, **le plus enthousiaste** the most enthusiastic)

✋ *Attention : il n'y a pas de **o** dans le mot anglais **enthusiastic**.*

entier, entière

1 ▷ À nous trois, nous avons mangé un poulet entier !
Between the three of us, we ate a whole chicken!

(= complet) **whole** /həʊl/

2 ▷ Il est célèbre dans le monde entier.
He's famous all over the world.

► **dans le monde entier** : all over the world

3 ▷ Je n'ai jamais réussi à voir le film en entier.
I never managed to see the whole film.

► **en entier** : whole

ℹ *Notez que **whole** est placé avant le nom.*

4 ▷ N'oublie pas d'acheter deux litres de lait entier.
Don't forget to buy two litres of whole milk.

(lait) **whole full-fat** /fʊl'fæt/

entièrement

▷ La maison a été entièrement détruite.
The house was entirely destroyed.

entirely /ɪn'taɪəlɪ/

entonnoir

▷ Kevin a rempli la bouteille avec un entonnoir.
Kevin filled the bottle with a funnel.

funnel /'fʌnl/

entorse

▷ Cécile s'est fait une entorse à la cheville.
Cécile sprained her ankle.

▷ Je crois que je me suis fait une entorse.
I think I've sprained my ankle.

► se **faire une entorse à la cheville :** sprain /spreɪn/ one's ankle /'æŋkl/

ℹ *L'adjectif possessif fonctionne de la façon suivante en anglais (exemples au prétérit) : **I sprained my ankle, you sprained your ankle, he sprained his ankle, she sprained her ankle**.*

entourer

1 ▷ Entourez la bonne réponse en rouge.
Circle the right answer in red.

(= mettre un trait autour de) circle /'sɜːkl/

2 ▷ Le mur qui entoure le jardin est en mauvais état.
The wall that surrounds the garden is in bad condition.

▷ J'ai entouré le sapin de Noël de cadeaux.
I surrounded the Christmas tree with presents.

(= être ou mettre quelque chose autour de) surround /sə'raʊnd/

ℹ *Notez la préposition employée en anglais :* entourer de = ***surround with***.

entracte

▷ Il y a un entracte au bout d'une heure.
There's an interval after one hour.

interval /'ɪntəvəl/

*En anglais américain, on dit **intermission** /ˌɪntə'mɪʃən/.*

entraînement

1 ▷ Avec un peu d'entraînement, tu y arriveras facilement.
With a bit of practice, you'll manage easily.

(= habitude) practice /'præktɪs/

2 ▷ Nous avons deux entraînements de rugby par semaine.
We have two rugby training sessions a week.

(= séance) training session /'treɪnɪŋ ˌseʃən/ (pluriel training sessions)

entraîner

1 ▷ C'est Monsieur Legrand qui nous entraîne le samedi.
It's Mr Legrand who trains us on Saturdays.

(en sport) train /treɪn/

2 ▷ Nous devons nous entraîner plus si nous voulons battre l'équipe de Lens.
We must train more if we want to beat the Lens team.

► **s'entraîner** (en sport) : train

3 ▷ Je m'entraîne tous les soirs, mais je suis toujours aussi mauvais.
I practise every evening, but I'm still as bad.
▷ Entraîne-toi à rattraper le ballon.
Practise catching the ball.

► **s'entraîner** (= s'habituer) : **practise** /'præktɪs/

► **s'entraîner à** + *infinitif* : **practise** + *-ing*

*Le **i** de **practise** se prononce comme le **i** de **big**.*

4 ▷ Le courant entraîne les branches mortes.
The current carries dead branches along.

(= emporter) **carry** /'kærɪ/ **along**
*Le **y** de **carry** devient **ie** à la troisième personne du présent de l'indicatif (**carries** /'kærɪz/), au prétérit et au participe passé (**carried** /'kærɪd/).*

entraîneur, entraîneuse

▷ Il est devenu entraîneur national.
He became a national coach.

(en sport) **coach** /kəʊtʃ/ (pluriel **coaches** /kəʊtʃɪz/)
*N'oubliez pas l'article **a** ou **an** devant le nom du métier lorsqu'il suit les verbes **be** ou **become**.*

entre

1 ▷ Luc est assis entre Gilles et Aïcha.
Luc is sitting between Gilles and Aïcha.
▷ Je les ai vus deux fois entre lundi et vendredi.
I saw them twice between Monday and Friday.

between /bɪ'twi:n/

2 ▷ Il y avait, entre autres, Mike et sa femme.
There were, among others, Mike and his wife.

► **entre autres** (en parlant de personnes) : **among others** /ə,mʌŋ 'əðəz/

3 ▷ J'ai acheté, entre autres, du pain et du fromage.
I bought bread and cheese, among other things.

► **entre autres** (en parlant de choses) : **among other things** /ə'mʌŋ 'əðə θɪŋz/

entrée

1 ▷ Pose ta valise dans l'entrée.
Put your suitcase down in the entrance.

(d'une maison, d'un bâtiment) **entrance** /'entrəns/

2 ▷ Simon m'a vendu son entrée au spectacle parce qu'il ne pouvait pas y aller.
Simon sold me his ticket to the show because he couldn't go.

(= billet) **ticket** /'tɪkɪt/

3 ▷ Je ne prendrai pas d'entrée, juste un plat principal.
I won't have a starter, just a main course.

(= premier plat) **starter** /'stɑ:təʳ/
*On peut aussi dire **first course** /fɜ:st 'kɔ:s/.*

▷ Qu'est-ce que vous prenez en entrée ?
What are you having as a starter?

► **en entrée :** as a starter

entrepôt

▷ Les entrepôts du supermarché sont en face.
The supermarket warehouses are opposite.

warehouse /'wɛəhaʊs/

entreprise

▷ Leurs parents possèdent une entreprise.
Their parents own a company.

company /'kʌmpənɪ/

On peut aussi dire ***business*** /'bɪznɪs/ (pluriel **businesses** /'bɪznɪsɪz/) ou ***firm*** /fɜːm/.

entrer

1 ▷ Entrez, c'est ouvert !
Come in, it's open!

▷ Entre dans mon bureau, je vais te montrer mon ordinateur.
Come into my office, I'm going to show you my computer.

1 (= venir dedans) **come in (came in, come in)**

► **entrer dans :** come into

2 ▷ Entre d'abord, je t'en prie.
Go in first, please.

▷ Nous sommes entrés dans un café parce qu'il pleuvait.
We went into a café because it was raining.

2 (= aller dedans) **go in (went in, gone in)**

► **entrer dans :** go into

3 ▷ Sarah entre à l'université en octobre.
Sarah is going to university in October.

3 ► **entrer à** (l'école, l'université) **:** go to (went to, gone to)

4 ▷ On a tous réussi à entrer dans la voiture.
We all managed to get into the car.

4 ► **entrer dans** (= tenir dans) **:** get into (got into, got into)

5 ▷ La voiture est entrée dans un mur.
The car crashed into a wall.

5 ► **entrer dans** (= heurter) **:** crash /kræʃ/ into

entre-temps

▷ Céline était chez le coiffeur ; entre-temps je suis allé au supermarché.
Céline was at the hairdresser's; meanwhile I went to the supermarket.

meanwhile /'miːnwaɪl/

entretenir

▷ Quand on a une voiture, il faut l'entretenir.
When you have a car, you have to maintain it.

(= s'occuper de) **maintain** /meɪn'teɪn/

entretien

1 ▷ L'entretien de la voiture coûte cher.
The maintenance of the car is expensive.

(= soins) **maintenance** /'meɪntɪnəns/

2 ▷ Lucas a eu un entretien avec le directeur.
Lucas had an interview with the manager.

(= réunion) **interview** /'ɪntəvjuː/

entrevue

1 ▷ J'ai un rendez-vous pour une entrevue.
I have an appointment for an interview.

(= audience) **interview** /'ɪntəvjuː/

2 ▷ L'entrevue a duré plus de deux heures.
The meeting lasted more than two hours.

(= réunion) **meeting** /'miːtɪŋ/

énumérer

▷ Anita a énuméré tous les pays où elle a voyagé.
Anita listed all the countries she has travelled to.

list /lɪst/

envahir

▷ Les touristes envahissent le village chaque été.
Tourists invade the village every summer.

invade /ɪn'veɪd/

envahisseur

▷ Ils ont essayé de repousser les envahisseurs.
They tried to push back the invaders.

invader /ɪn'veɪdə^r/

enveloppe

▷ N'oublie pas de mettre ton adresse au dos de l'enveloppe.
Don't forget to put your address on the back of the envelope.

envelope /'envələʊp/

Attention : il n'y a qu'un **p** *dans le mot anglais* **envelope**.

envelopper

▷ Le cadeau est enveloppé dans du joli papier.
The present is wrapped in some nice paper.

(= emballer) **wrap** /ræp/

Il y a deux **p** *au gérondif* (**wrapping** /'ræpɪŋ/), *au prétérit et au participe passé* (**wrapped** /ræpt/).

envers

1 ▷ Il y a quelque chose d'écrit sur l'envers de la feuille.
There's something written on the other side of the sheet.

► **l'envers** (= l'autre côté) : **the other side** /ˌəðə 'saɪd/

2 ▷ Tu as mis ton tee-shirt à l'envers, normalement le motif est devant.
You've put your T-shirt on the wrong way round, normally the pattern is at the front.

► **à l'envers** (= devant derrière) : **the wrong way round** /ˌrɒŋ weɪ 'raʊnd/

On peut aussi dire **back to front** /ˌbæk tə 'frʌnt/.

3 ▷ Les gens ont la tête en bas, l'image est à l'envers.
The people's heads are at the bottom, the picture is the wrong way up.

► **à l'envers** (= avec le bas en haut) : the wrong way up /ˌrɒŋ weɪ ˈʌp/

ℹ *On peut aussi dire* **upside down** /ˌʌpsaɪd ˈdaʊn/.

4 ▷ Je crois que j'ai mis mes chaussettes à l'envers.
I think I've put my socks on inside out.

► **à l'envers** (= avec l'extérieur à l'intérieur) : inside out /ˌɪnsaɪd ˈaʊt/

envie

▷ J'ai envie d'une glace.
I feel like an ice cream.

▷ Parfois j'ai envie de le frapper !
Sometimes I feel like hitting him!

▷ David voulait m'emmener au cinéma, mais je n'avais pas envie.
David wanted to take me to the cinema, but I didn't feel like it.

► **avoir envie de** quelque chose : feel /fiːl/ like something (felt /felt/ like, felt like)

► **avoir envie de** + *infinitif* : feel like + *-ing*

ℹ *Notez l'emploi de* **feel like it** *lorsqu'on dit qu'on n'a pas envie, qu'on n'avait pas envie.*

envier

▷ Tu pars en vacances en Floride ? Je t'envie !
You're going on holiday to Florida? I envy you!

envy /ˈenvɪ/

ℹ *Le* **y** *de* **envy** *devient* **ie** *à la troisième personne du singulier du présent de l'indicatif* (envies /ˈenvɪz/), *au prétérit et au participe passé* (envied /ˈenvɪd/).

environ

▷ Il y a environ cinq cents ouvriers dans l'usine.
There are about five hundred workers in the factory.

(= à peu près) about /əˈbaʊt/

environnement

▷ Certains engrais sont mauvais pour l'environnement.
Some fertilizers are bad for the environment.

environment /ɪnˈvaɪərənmənt/

Attention à l'orthographe du mot anglais **environment**.

environs

▷ Ils habitent dans les environs de Reims.
They live near Reims.

► **dans les environs de :** near /nɪəʳ/

envisager

▷ Ils envisagent d'acheter une caravane.
They are thinking of buying a caravan.

► **envisager de** + *infinitif* : be thinking /ˈθɪŋkɪŋ/ of + *-ing*

s'envoler

1 ▷ Les oiseaux se sont envolés dès qu'ils nous ont entendus.
The birds flew away as soon as they heard us.

(oiseau) fly /flaɪ/ away (flew /fluː/ away, flown /fləʊn/ away)

2 ▷ La casquette de Yannick s'est envolée.
Yannick's baseball cap blew away.

(papiers, chapeau) blow /bləʊ/ away (blew /bluː/ away, blown /bləʊn/ away)

envoyer

1 ▷ Tu n'as pas oublié d'envoyer ma lettre ?
You haven't forgotten to send my letter?

▷ Muriel m'a envoyée acheter du pain.
Muriel sent me to buy some bread.

(du courrier, une personne) send /send/ (sent, sent /sent/)

2 ▷ Envoie-moi le ballon.
Throw me the ball.

(= lancer) throw /θrəʊ/ (threw /θruː/, thrown /θrəʊn/)

éolien, éolienne

1 ▷ Ils veulent développer l'énergie éolienne.
They want to develop wind power.

► **énergie éolienne :** wind power /'wɪndpaʊə^{r}/

2 ▷ Les éoliennes produisent de l'électricité.
Wind turbines produce electricity.

► **une éolienne :** a wind turbine /'wɪndtɜːbaɪn/

épais, épaisse

▷ Ton pull n'est pas très épais, tu vas avoir froid.
Your pullover isn't very thick, you're going to be cold.

thick /θɪk/ (**plus épais** thicker /θɪkə^{r}/, **le plus épais** the thickest /'θɪkɪst/)

épaisseur

1 ▷ Cela dépend de l'épaisseur du papier.
It depends on the thickness of the paper.

▷ Ce livre fait au moins dix centimètres d'épaisseur.
This book is at least ten centimetres thick.

(= grosseur) thickness /'θɪknəs/

ℹ *Pour dire l'épaisseur de quelque chose en anglais, on emploie l'expression* ***be... thick*** /θɪk/.

2 ▷ Quand il fait très froid, je porte plusieurs épaisseurs de vêtements.
When it's very cold, I wear several layers of clothes.

(= couche) layer /'leɪə^{r}/

épargner

1 ▷ Il a épargné son adversaire.
He spared his opponent.

(une personne, un ennemi) spare /speə^{r}/

2 ▷ Je vous épargne les détails.
I'll spare you the details.

► **épargner** quelque chose **à** quelqu'un : spare somebody something

éparpillé, éparpillée

▷ Les papiers étaient éparpillés sur le bureau.
The papers were scattered over the desk.

scattered /'skætəd/

ℹ *Notez la préposition employée en anglais :* éparpillé <u>sur</u> = *scattered <u>over</u>*.

épaule

▷ J'ai mal à l'épaule.
My shoulder hurts.

shoulder /'ʃəʊldəʳ/

🔊 *Le* ***ou*** *de* ***shoulder*** *se prononce comme le* ***o*** *de* ***hold****.* ***Shoulder*** *rime avec* ***colder****.*

épave

▷ Des plongeurs ont exploré l'épave.
Divers have explored the wreck.

(de bateau, de voiture) **wreck** /rek/

épée

▷ C'est un art martial où on utilise une épée.
It's a martial art where you use a sword.

sword /sɔːd/

🔊 *Le* ***w*** *de* ***sword*** *ne se prononce pas.*

épeler

▷ Est-ce que vous pouvez épeler votre nom, s'il vous plaît ?
Can you spell your name, please?

spell /spel/

ℹ *Le prétérit et le participe passé de* ***spell*** *peuvent être soit* ***spelled*** /speld/, *soit* ***spelt*** /spelt/.

épice

▷ Il y a beaucoup d'épices dans cette recette.
There are a lot of spices in this recipe.

spice /'spaɪs/

épicé, épicée

▷ Ce curry est trop épicé.
This curry is too spicy.

spicy /'spaɪsɪ/ **(plus épicé** spicier **/'spaɪsɪəʳ/, le plus épicé** the spiciest **/'spaɪsɪɪst/)**

épicerie

▷ Est-ce qu'il y a une épicerie par ici ?
Is there a grocery shop around here?

(= magasin) **grocery shop** /'grɒʊsərɪ ʃɒp/ (pluriel grocery shops)

épicier, épicière

▷ L'épicier a choisi un melon pour moi.
The grocer chose a melon for me.

▷ Leur père est épicier depuis vingt ans.
Their father has been a grocer for twenty years.

▷ Léa est chez l'épicier.
Léa is at the grocer's.

▷ Ils m'ont envoyé chez l'épicier.
They sent me to the grocer's.

grocer /'grəʊsəʳ/

ℹ *N'oubliez pas l'article* ***a*** *ou* ***an*** *devant le nom du métier lorsqu'il suit les verbes* ***be*** *ou* ***become****.*

► **chez l'épicier** (= dans le magasin) : at the grocer's

► **chez l'épicier** (= vers le magasin) : to the grocer's

épidémie

▷ Il y a une épidémie de grippe dans toute la France.
There's a flu epidemic all over France.

epidemic /ˌepɪ'demɪk/

🔊 *L'accent tonique est sur la troisième syllabe* ***-dem-****.*

épinards

▷ Il y avait encore des épinards au déjeuner.
There was spinach for lunch again.
▷ Les épinards sont bons pour la santé.
Spinach is good for you.

spinach /'spɪnɪtʃ/

*Le mot **spinach** ne se met pas au pluriel.*

*Le **a** se prononce comme le **i** de **pig**.*

épine

▷ Ces roses sont pleines d'épines.
These roses are covered in thorns.

thorn /θɔːn/

épingle

▷ Il reste des épingles sur la robe.
There are pins left on the dress.
▷ Tu as perdu une épingle à cheveux.
You've lost a hairpin.
▷ Élodie a perdu un bouton, alors elle a mis une épingle à nourrice à la place.
Élodie lost a button, so she put a safety pin instead.

pin /pɪn/

► **épingle à cheveux :** hairpin /'hɛəpɪn/
► **épingle à nourrice :** safety pin /'seɪftɪ pɪn/ (pluriel safety pins)

épisode

▷ J'ai raté le dernier épisode du feuilleton !
I missed the last episode of the series!

episode /'epɪsəʊd/

Attention à l'orthographe : pas d'accent en anglais.

*Le **s** est celui de **sea**.*

éplucher

▷ Est-ce que tu peux éplucher les pommes de terre ?
Can you peel the potatoes?

(des fruits, des légumes) **peel** /piːl/

épluchures

▷ Il y avait des épluchures par terre.
There were peelings on the floor.

peelings /'piːlɪŋz/

éponge

1 ▷ Passe-moi l'éponge, je vais nettoyer la table.
Pass me the sponge, I'm going to clean the table.

(pour nettoyer) **sponge** /spʌndʒ/

*Le **o** de **sponge** se prononce comme le **u** de **duck**.*

2 ▷ Laurie portait un short en éponge.
Laurie was wearing towelling shorts.

► **en éponge** (en parlant du tissu) : **towelling** /'taʊəlɪŋ/

époque

▷ C'était une époque difficile.
It was a difficult time.

(= période) **time** /taɪm/

▷ À cette époque, les enfants n'avaient pas autant de liberté.
At that time, children didn't have as much freedom.

► **à cette époque :** at that time

▷ À l'époque, mes grands-parents vivaient à la campagne.
At the time, my grandparents lived in the country.

► **à l'époque :** at the time

épouser

▷ Mon père a épousé ma mère en 1965.
My father married my mother in 1965.

(= se marier avec) **marry** /'mærɪ/

Le y de marry devient ie à la troisième personne du singulier du présent de l'indicatif (marries /'mærɪz/), au prétérit et au participe passé (married /'mærɪd/).

épouvantable

▷ Ça a du être un choc épouvantable.
It must have been a dreadful shock.

dreadful /'dredfʊl/ (plus épouvantable more dreadful, le plus épouvantable the most dreadful)

épouvantail

▷ Ils ont mis des épouvantails dans le champ.
They put scarecrows in the field.

scarecrow /'skɛəkrəʊ/

épreuve

1 ▷ L'examen se compose de trois épreuves différentes.
The exam is made up of three different tests.

(à l'école ou à l'université) **test** /test/

▷ L'épreuve orale était plus facile que l'épreuve écrite.
The oral test was easier than the written test.

► **épreuve orale :** oral /'ɔːrəl/ test (pluriel oral tests)
► **épreuve écrite :** written /'rɪtn/ test (pluriel written tests)

2 ▷ Leur équipe a été la meilleure dans toutes les épreuves.
Their team was the best in all the events.

(en sport) **event** /ɪ'vent/

L'accent tonique est sur la deuxième syllabe -vent.

épuisant, épuisante

▷ Cette randonnée était épuisante.
That hike was exhausting.

exhausting /eg'zɔːstɪŋ/ (plus épuisant more exhausting, le plus épuisant the most exhausting)

épuisé, épuisée

1 ▷ Je veux m'asseoir, je suis épuisé !
I want to sit down, I'm exhausted!

(= très fatigué) **exhausted** /eg'zɔːstɪd/ (plus épuisé more exhausted, le plus épuisé the most exhausted)

2 ▷ Le livre est épuisé.
The book is sold out.

(en parlant d'un article dans un magasin) **sold out** /səʊld 'aʊt/

épuiser

▷ Ça m'épuise d'aller à la piscine.
It exhausts me going to the swimming pool.

exhaust /eg'zɔːst/

équateur

▷ Est-ce que le Japon est au nord de l'équateur ?
Is Japan north of the equator?

equator /ɪ'kweɪtəʳ/

équilibre

1 ▷ Elle a perdu l'équilibre et elle est tombée.
She lost her balance and she fell.

► **perdre l'équilibre : lose** /luːz/ **one's balance** /'baləns/ (lost, lost /lɒst/)

2 ▷ Je suis arrivé à garder l'équilibre en m'appuyant sur Robert.
I managed to keep my balance by leaning on Robert.

► **garder l'équilibre : keep** /kiːp/ **one's balance** (kept, kept /kept/)

ℹ *L'adjectif possessif fonctionne de la façon suivante en anglais : **I keep my balance, you keep your balance, he keeps his balance, she keeps her balance, we keep our balance, they keep their balance.***

3 ▷ Le clown est en équilibre sur les épaules de l'autre.
The clown is balancing on the other one's shoulders.

► **être en équilibre** (personne) : **balance** /'bæləns/

4 ▷ La pile de livres est en équilibre sur la table.
The pile of books is balanced on the table.

► **être en équilibre** (objet) : **be balanced** /'bælənst/

équilibré, équilibrée

▷ Les repas de la cantine sont équilibrés.
The meals in the canteen are well-balanced.

(alimentation) **well-balanced** /wel'bælənst/ (plus équilibré more well-balanced, le plus équilibré the most well-balanced)

équipage

▷ Un membre de l'équipage m'a aidé.
A crew member helped me.

crew /kruː/

équipe

▷ Notre équipe a gagné tous les matchs cette saison.
Our team won all the matches this season.

team /tiːm/

▷ Je peux faire équipe avec toi ?
Can I team up with you?

► **faire équipe avec** quelqu'un : **team up with** somebody /tiːm ʌp wɪð/

équipé, équipée

▷ L'école est équipée d'ordinateurs.
The school is equipped with computers.

equipped /ɪ'kwɪpt/ (plus équipé **more equipped**, le plus équipé **the most equipped**)

Notez la préposition employée en anglais : équipé **de** *=* ***equipped with***.

Attention à l'orthographe du mot anglais ***equipped****, qui prend deux* p.

équipement

▷ J'emporte mon équipement de ski en vacances.
I'm taking my ski equipment on holiday.

equipment /ɪ'kwɪpmənt/

Attention à l'orthographe du mot anglais ***equipment***.

équitable

▷ Il n'a pas eu un procès équitable.
He didn't get a fair trial.

▷ Ils ne vendent que des produits équitables.
They only sell fair-trade products.

fair /feəʳ/ (plus équitable **fairer**, le plus équitable **the fairest**)

► **produits équitables** : **fair-trade products**

équitation

▷ Il fait de l'équitation tous les mercredis.
He goes horse-riding every Wednesday.

► **faire de l'équitation** : **go horse-riding** /'hɔːsraɪdɪŋ/ (**went, gone / been**)

équivaloir

▷ Un euro équivalait à soixante-cinq pence environ.
One euro was equivalent to about sixty-five pence.

► **équivaloir à** : **be equivalent** /ɪ'kwɪvələnt/ **to**

érable

▷ J'adore le sirop d'érable.
I love maple syrup.

maple /'meɪpl/

érafler

▷ Ça n'a fait qu'érafler la surface.
It only scratched the surface.

scratch /skrætʃ/

éraflure

▷ Il y a des éraflures sur le CD.
There are some scratches on the CD.

scratch /skrætʃ/ (pluriel **scratches** /'skrætʃɪz/)

erreur

1 ▷ Il y a plusieurs erreurs dans les calculs.
There are several mistakes in the calculations.

(= faute) **mistake** /mɪs'teɪk/

▷ Tu as fait une grosse erreur.
You've made a big mistake.

► **faire une erreur :** make a mistake (made, made)

2 ▷ J'ai emporté le parapluie de Malika par erreur.
I took Malika's umbrella by mistake.

► **par erreur :** by mistake /ˌbaɪ mɪsˈteɪk/

éruption

▷ Le volcan est entré en éruption la semaine dernière.
The volcano erupted last week.

(de volcan) **eruption** /ɪˈrʌpʃən/
► **entrer en éruption :** erupt

escabeau

▷ Cyril est monté sur un escabeau pour atteindre l'étagère du haut.
Cyril climbed onto a stepladder to reach the top shelf.

stepladder /ˈstepˌlædəʳ/

escalade

▷ J'aimerais faire de l'escalade dans les Alpes.
I'd like to go rock-climbing in the Alps.

► **faire de l'escalade :** go rock-climbing /rɒk klaɪmɪŋ/ (went, gone / been)

Le ***b*** *de* ***climbing*** *n'est pas prononcé.* ***Climbing*** *rime avec* ***timing****.*

escalader

▷ Ils ont escaladé le mur et se sont échappés.
They climbed the wall and escaped.

climb /klaɪm/

Le ***b*** *de* ***climb*** *ne se prononce pas.* ***Climb*** *rime avec* ***time****.*

escalator

▷ Tu prends l'escalator et c'est au troisième étage.
You take the escalator and it's on the third floor.

escalator /ˈeskəleɪtəʳ/

Le deuxième ***a*** *de* ***escalator*** *se prononce comme le* ***a*** *de* ***make****.*

escale

▷ Nous avons pris un vol Paris-Montréal avec une escale à Londres.
We took a Paris-Montreal flight with a stop in London.

(= arrêt) **stop** /stɒp/

▷ C'est un vol sans escale.
It's a nonstop flight.

► **sans escale :** nonstop /nɒnˈstɒp/

▷ L'avion fera escale à Rio.
The plane will stop over at Rio.

► **faire escale :** stop over /stɒp ˈəʊvəʳ/

ℹ *Il y a deux* ***p*** *au gérondif* (stopping /ˈstɒpɪŋ/ over)*, au prétérit et au participe passé* (stopped /stɒpt/ over)*.*

escalier

▷ Barnabé a monté l'escalier à toute vitesse.
Barnabé went up the stairs at full speed.

▷ L'escalier est sale.
The stairs are dirty.

▷ Prends l'escalier roulant, ça sera plus rapide.
Take the escalator, it will be quicker.

stairs /stɛəz/

ℹ *Stairs est pluriel.*

► **escalier roulant** *ou* **mécanique :** escalator /'eskəleɪtə^r/

escalope

▷ Trois escalopes de veau, s'il vous plaît.
Three veal escalopes, please.

escalope /'eskələʊp/

escargot

▷ Certains Britanniques pensent que c'est dégoûtant de manger des escargots.
Some British people think that it's disgusting to eat snails.

snail /sneɪl/

esclavage

▷ Il était l'un des principaux opposants à l'esclavage.
He was one of the main opponents of slavery.

slavery /'sleɪvərɪ/

esclave

▷ Fais-le toi-même, je ne suis pas ton esclave !
Do it yourself, I'm not your slave!

slave /sleɪv/

escrime

▷ L'escrime est mon sport préféré.
Fencing is my favourite sport.

▷ Michaël fait de l'escrime chaque week-end.
Michaël does fencing every weekend.

► **l'escrime :** fencing /'fensɪŋ/

► **faire de l'escrime :** do fencing (did, done)

escroc

▷ Ce vendeur est un escroc.
This salesman is a crook.

crook /krʊk/

espace

▷ La Russie a envoyé une fusée dans l'espace.
Russia sent a rocket into space.

▷ Il n'y a pas assez d'espace ici.
There isn't enough space here.

▷ Ils ont aménagé plusieurs espaces verts dans la ville.
They have created several parks in the city.

space /speɪs/

► **espace vert :** park /pɑːk/

espadrilles

▷ En été j'aime porter des espadrilles.
In summer I like to wear espadrilles.

espadrilles /'espədrɪlz/

🔊 *En anglais,* ***espadrilles*** *rime avec* ***pills****.*

Espagne

▷ L'Espagne et la France sont voisines.
Spain and France are neighbours.

▷ En Espagne les gens dînent tard.
In Spain people have dinner late.

▷ Nous allons régulièrement en Espagne.
We go to Spain regularly.

Spain /speɪn/

► **l'Espagne :** Spain

Ne prend jamais d'article.

► **en Espagne** (= dans le pays) : in Spain

► **en Espagne** (= vers le pays) : to Spain

espagnol, espagnole

1 ▷ Pablo est espagnol.
Pablo is Spanish.

▷ Je ne connais que quelques mots en espagnol.
I only know a few words in Spanish.

▷ Les Espagnols ont adopté l'euro.
The Spanish have adopted the euro.

Spanish /'spænɪʃ/

S'écrit toujours avec une majuscule, comme tous les adjectifs de nationalité en anglais.

► **les Espagnols :** the Spanish

2 ▷ J'ai rencontré une Espagnole dans le train.
I met a Spanish girl on the train.

► **un Espagnol, une Espagnole :** a Spanish man / boy / woman / girl

On dit aussi Spaniard /'spænjəd/.

espèce

1 ▷ Cet arbre n'est pas de la même espèce.
This tree is not the same species.

▷ Il y a beaucoup d'espèces de canard.
There are many species of duck.

(= variété dans la nature) **species** /'spiːʃiːz/

Le mot ***species*** *est invariable au pluriel.*

2 ▷ C'est une espèce d'outil avec deux pointes.
It's a sort of tool with two points.

► **une espèce de...** (pour décrire un objet) : a sort /sɔːt/ of...

3 ▷ Espèce d'imbécile !
You idiot!

Pour insulter quelqu'un en anglais, on dit couramment ***you...!*** *suivi d'un nom.*

4 ▷ Vous paierez par carte ou en espèces ?
Will you pay by card or in cash?

► **en espèces** (= en argent liquide) : in cash /kæʃ/

espérer

▷ J'espère que vous allez bien.
I hope you're well.

▷ Lise espère réussir son examen.
Lise hopes to pass her exam.

▷ Il vient ? – J'espère !
Is he coming? – I hope so!

hope /həʊp/

► **espérer que... :** hope that...

Le mot ***that*** *est le plus souvent omis.*

► **espérer** *+ infinitif* **:** hope to *+ base verbale*

► **j'espère !** *ou* **je l'espère ! :** I hope so!

espion, espionne

▷ James Bond est un espion anglais.
James Bond is an English spy.

spy /spaɪ/ (pluriel spies /spaɪz/)

espionner

▷ Arrête de nous espionner !
Stop spying on us!

spy /spaɪ/ on

ℹ *Le y de spy devient ie à la troisième personne du singulier du présent de l'indicatif (spies /spaɪz/), au prétérit et au participe passé (spied /spaɪd/).*

espoir

▷ Il n'y a pas beaucoup d'espoir.
There isn't much hope.

hope /həʊp/

esprit

1 ▷ L'esprit humain est très complexe.
The human mind is very complex.

(= pensée) mind /maɪnd/

2 ▷ Oscar Wilde était connu pour son esprit.
Oscar Wilde was known for his wit.

(= humour) wit /wɪt/

▷ Elle a beaucoup d'esprit.
She's very witty.

► **avoir de l'esprit :** be witty /'wɪtɪ/

esquimau®

▷ Un esquimau à la vanille, s'il vous plaît.
A vanilla choc-ice, please.

(= glace) choc-ice /'tʃɒk,aɪs/ (pluriel choc-ices)

Esquimau, Esquimaude

▷ Les Esquimaux habitent dans l'Arctique.
Eskimos live in the Arctic.

Eskimo /'eskɪməʊ/

essai

▷ Joël a réussi et pourtant c'était son premier essai.
Joël succeeded and yet it was his first try.

(= tentative) try /traɪ/ (pluriel tries /traɪz/)

▷ J'ai fait trois essais mais je n'y suis pas arrivé.
I had three tries but I couldn't do it.

► **faire un essai :** have a try (had, had)

▷ La France a marqué un très bel essai.
France scored a beautiful try.

► **marquer un essai** (au rugby) : score /skɔːʳ/ a try

essayer

1 ▷ Pam a essayé une nouvelle teinture et maintenant elle a les cheveux orange !
Pam tried a new dye and now she has orange hair!

(une nouvelle chose, un nouveau restaurant, etc.) try /traɪ/

▷ J'ai essayé de la convaincre, mais elle n'a pas voulu m'écouter.
I tried to convince her, but she didn't want to listen to me.

► **essayer de** + *infinitif* : **try to** + *base verbale*

2 ▷ Est-ce que je peux essayer ces deux jupes ?
Can I try these two skirts on?
▷ Essaie-le pour voir s'il te va.
Try it on to see if it fits you.

(en parlant d'un vêtement) **try on**
Le **y** *de* **try** *devient* **ie** *à la troisième personne du singulier du présent de l'indicatif* **(tries)**, *au prétérit et au participe passé* **(tried)**.

essence

▷ Le prix de l'essence a encore augmenté.
The price of petrol has increased again.
▷ L'essence sans plomb n'est pas aussi mauvaise pour l'environnement.
Unleaded petrol isn't as bad for the environment.
▷ On va prendre de l'essence en chemin.
We're going to get petrol on the way.

(= carburant) **petrol** /'petrəl/
En anglais américain, on dit **gas** /gæs/.
► **essence sans plomb** : **unleaded** /ʌn'ledɪd/ **petrol**
► **prendre de l'essence** : **get petrol (got, got)**

essentiel, essentielle

1 ▷ Le prof a dit que ce n'était pas essentiel de faire cet exercice.
The teacher said that it wasn't essential to do this exercise.

(= indispensable) **essential** /ɪ'senʃəl/
Attention à l'orthographe.

2 ▷ L'essentiel, c'est que vous ne soyez pas blessés.
The main thing is that you're not injured.

► **l'essentiel** (= le plus important) : **the main thing** /ðə 'meɪn θɪŋ/

essoufflé, essoufflée

▷ Il était essoufflé quand il a atteint le sommet.
He was out of breath when he reached the summit.

out of breath /ˌaʊ təv 'breθ/
Le **ea** *de* **breath** *se prononce comme le* **e** *de* **bed**.

essuie-glace

▷ L'essuie-glace arrière ne marche pas.
The back windscreen wiper isn't working.

windscreen wiper /'wɪndskriːn ˌwaɪpəʳ/ (pluriel **windscreen wipers**)

essuyer

1 ▷ Passe-moi l'éponge, je vais essuyer la table.
Pass me the sponge, I'm going to wipe the table.

(= nettoyer) **wipe** /waɪp/

2 ▷ Donne-moi une serviette pour essuyer mes cheveux.
Give me a towel to dry my hair.

(= sécher) **dry** /draɪ/
Le **y** *de* **dry** *devient* **ie** *à la troisième personne du présent de l'indicatif* **(dries** /draɪz/**)**, *au prétérit et au participe passé* **(dried** /draɪd/**)**.

3 ▷ Je n'ai pas eu le temps de m'essuyer après mon bain.
I didn't have time to dry myself after my bath.

► s'essuyer (= se sécher) : dry oneself

ℹ *Le pronom personnel réfléchi fonctionne de la façon suivante en anglais (exemples au présent) : **I dry myself, you dry yourself, he dries himself, she dries herself, we dry ourselves, you dry yourselves, they dry themselves**.*

▷ Attends, je m'essuie les mains.
Wait, I'm drying my hands.

► s'essuyer + *partie du corps* : dry one's + *partie du corps*

ℹ *L'adjectif possessif fonctionne de la façon suivante en anglais : **I dry my..., you dry your..., he dries his..., she dries her..., we dry our..., they dry** their...*

4 ▷ Essuie-toi les pieds avant d'entrer.
Wipe your feet before coming in.

► **s'essuyer les pieds :** wipe /waɪp/ one's feet

est

▷ Ils habitent dans l'est.
They live in the east.

(= la direction) east /iːst/

▷ Mon village est à l'est de Joinville.
My village is east of Joinville.

► **à l'est de... :** east of...

est-ce que

▷ Est-ce que tu le connais ?
Do you know him?

▷ Est-ce que James aime le café ?
Does James like coffee?

ℹ *Employez la forme interrogative qui convient en anglais. Pour la plupart des verbes : **do** + sujet + base verbale.*

▷ Est-ce que James est fatigué ?
Is James tired?

▷ Est-ce qu'ils sont sympas ?
Are they nice?

▷ Est-ce que vous pouvez le faire ?
Can you do it?

▷ Est-ce qu'ils iront ?
Will they go?

ℹ *Pour le verbe **be** et les modaux (**can, must, should, will**, etc.) : **be / can / must**, etc. + sujet. Dans les questions **they are** devient **are they?**, **you can** devient **can you?**, etc.*

▷ Est-ce que tu as assez d'argent ?
Have you got enough money? *ou* Do you have enough money?

ℹ *Quand **have** signifie « posséder », deux possibilités : **have** + sujet + **got** ou **do** + sujet + **have**.*

▷ Est-ce qu'elle a éteint la lumière ?
Has she turned the light off?

▷ Est-ce qu'ils sont partis ?
Have they left?

ℹ *Quand **have** est auxiliaire : **have** + sujet.*

estime

▷ J'ai beaucoup d'estime pour lui.
I have a lot of respect for him.

respect /rɪ'spekt/

L'accent tonique est sur la deuxième syllabe ***-spect****. Le* ***c*** *et le* ***t*** *se prononcent.*

estimer

▷ J'estime que tu as eu tort et que tu devrais t'excuser.
I consider that you were wrong and that you should apologize.

► **estimer que...** (= juger que) : **consider** /kən'sɪdəʳ/ **that...**

estomac

▷ Bruno a l'estomac fragile.
Bruno has a delicate stomach.

stomach /'stʌmək/

Le ***ch*** *de* ***stomach*** *se prononce comme un* ***k****.*

▷ J'ai mal à l'estomac.
I have a stomach ache.

► **avoir mal à l'estomac : have a stomach ache** /'stʌmək eɪk/

Ache *rime avec* ***make****.*

estrade

▷ Le bureau du prof est sur une estrade.
The teacher's desk is on a platform.

platform /'plætfɔːm/

L'accent tonique est sur la première syllabe ***plat-****.*

estragon

▷ C'est encore meilleur si tu ajoutes un peu d'estragon.
It's even better if you add a bit of tarragon.

tarragon /'tærəgən/

et

1 ▷ Lise et André sont partis les premiers.
Lise and André left first.

Dans la plupart des cas, **et** *se traduit par* ***and****.*

2 ▷ C'est une maison grande et claire.
It's a big, bright house.

Là où deux adjectifs épithètes sont reliés par **et** *en français, il y a une virgule en anglais.*

3 ▷ Je me suis bien amusé, et toi ?
I had a good time, what about you?
▷ Et ce café, il est prêt ?
What about that coffee? Is it ready?

Lorsque **et** *est employé en début de question, pour demander l'avis de quelqu'un ou des nouvelles de quelque chose, la traduction anglaise est* ***what about...?*** /'wɒt əbaʊt/.

étable

▷ Nous avons visité l'écurie et l'étable.
We visited the stable and the cowshed.

cowshed /'kaʊʃed/

Vient de ***cow*** (= vache) *et* ***shed*** (= hangar *ou* cabane).

établissement

▷ Le lycée Carnot est le plus grand établissement de la région.
Lycée Carnot is the biggest school in the region.

(= école) **school** /skuːl/

étage

▷ Ce grand magasin a cinq étages.
This department store has five floors.

(d'un bâtiment) **floor** /flɔːʳ/

Floor rime avec ***more****.*

▷ Mes amis habitent au troisième étage.
My friends live on the third floor.

Notez la préposition employée en anglais : au troisième étage = ***on the third floor****.*

On peut dire aussi ***storey*** *en anglais et* ***story*** *en anglais américain.*

étagère

1 ▷ Le sel est sur l'étagère du haut.
The salt is on the top shelf.

1 (= tablette) **shelf** /ʃelf/ (pluriel **shelves** /ʃelvz/)

2 ▷ J'ai acheté une nouvelle étagère pour mettre toutes mes BD.
I bought a new set of shelves for my comics.

2 (= meuble) **set of shelves**

étalage

▷ L'étalage du marchand de légumes est magnifique.
The greengrocer's stall is beautiful.

(dans un marché) **stall** /stɔːl/

Stall rime avec ***ball*** *et* ***call****.*

étaler

1 ▷ Il a étalé une demi-plaque de beurre sur son pain !
He spread half a pack of butter on his bread!

1 (du beurre, de la confiture, de la colle) **spread** /spred/ (**spread, spread**)

Spread rime avec ***red****.*

2 ▷ Tu étales la pâte, puis tu la recouvres de tranches de pomme.
You roll out the pastry, then you cover it with slices of apple.

2 (la pâte à gâteaux) **roll** /rəʊl/ **out**

3 ▷ Il a étalé son journal sur ses genoux.
He spread out his newspaper on his knees.

3 (un journal, une carte routière) **spread** /'spred/ **out** (**spread out, spread out**)

4 ▷ Il faut toujours qu'elle étale ses connaissances.
She always has to show off her knowledge.

4 (= montrer fièrement) **show off** /ʃəʊ 'ɒf/ (**showed off** /ʃəʊd 'ɒf/, **shown off** /ʃəʊn 'ɒf/)

étanche

▷ Heureusement, ma montre était étanche !
Fortunately, my watch was waterproof!

waterproof /'wɔːtəpruːf/

étang

▷ L'étang est gelé.
The pond is frozen.

pond /pɒnd/

🔈 *Ne confondez pas* ***a pond*** (un étang) *et* ***a pound*** (une livre).

étant donné

▷ Étant donné la situation, que peut-on faire ?
Given the situation, what can we do?

given /'ɡɪvn/

étape

1 ▷ Nous allons faire ce travail en trois étapes.
We are going to do this work in three stages.

(= phase) **stage** /steɪdʒ/

2 ▷ Notre première étape sera Carcassonne.
Our first stop will be Carcassonne.

(= lieu où l'on s'arrête) **stop** /stɒp/

état

1 ▷ Il était dans un état lamentable.
He was in a terrible state.

(d'une personne) **state** /steɪt/

2 ▷ La petite annonce disait que la moto était en bon état.
The advertisement said that the motorbike was in good condition.

► **en bon état : in good condition** /ˌɡʊd kən'dɪʃn/

▷ Le toit est en mauvais état, Julien va le réparer.
The roof is in poor condition, Julien is going to repair it.

► **en mauvais état : in poor condition** /pɔː kən'dɪʃn/

3 ▷ Les retraites sont versées par l'État.
Pensions are paid by the state.

► **État** (= pays, nation) **: state**

États-Unis

▷ Les États-Unis sont un pays très puissant.
The United States is a very powerful country.

► **les États-Unis : the United States** /jʊˌnaɪtɪd 'steɪts/

ℹ *Notez l'emploi du singulier :* ***the United States is...***

▷ Aux États-Unis, les gens fument moins qu'ici.
In the United States people smoke less than here.

► **aux États-Unis** (= dans le pays) **: in the United States**

▷ Tu es déjà allée aux États-Unis ?
Have you ever been to the United States?

► **aux États-Unis** (= vers le pays) **: to the United States**

été

▷ L'été sera chaud.
The summer will be hot.

summer /'sʌməʳ/

▷ C'est mieux de venir en été.
It's better to come in summer *ou* in the summer.

► **en été : in summer** *ou* **in the summer**

éteindre

1 ▷ Éteins la lumière, s'il te plaît.
Switch off the light, please.

(la lumière, un appareil électrique) **switch** /swɪtʃ/ **off**

ℹ *On peut aussi dire* ***turn*** /tɜːn/ ***off.***

2 ▷ Les pompiers ont réussi à éteindre le feu.
The firemen managed to put out the fire.

(un incendie, une bougie, une cigarette) **put** /pʊt/ **out** (put out, put out)

3 ▷ Tout d'un coup, les lumières se sont éteintes.
All of a sudden, the lights went out.

► **s'éteindre** (lampe, feu, bougie) : **go** /gəʊ/ **out** (went /went/ out, gone /gɒn/ out)

4 ▷ La radio s'est éteinte au bout de dix minutes.
The radio went off after ten minutes.

(radio, télévision) **go off** (went off, gone off)

étendre

1 ▷ Elle a étendu une couverture par terre et s'est couchée dessus.
She spread a blanket out on the floor and lay down on it.

(= étaler) **spread** /spred/ **out** (spread out, spread out)

🔊 ***Spread*** *rime avec* ***red.***

2 ▷ Il n'y a pas de place pour étendre ses jambes dans ce cinéma.
There isn't any room to stretch your legs in this cinema.

(ses bras, ses jambes) **stretch** /stretʃ/

3 ▷ J'ai oublié d'étendre le linge.
I forgot to hang out the washing.

► **étendre le linge : hang** /hæŋ/ **out the washing** /'wɒʃɪŋ/ (hung /hʌŋ/ out, hung out)

4 ▷ Étends-toi deux minutes, tu te sentiras mieux.
Lie down for a couple a minutes, you'll feel better.

► **s'étendre** (= s'allonger) : **lie** /laɪ/ **down** (lay /leɪ/ down, lain /leɪn/ down)

ℹ *La forme en* ***-ing*** *est* ***lying down.***

5 ▷ La plage s'étend sur plusieurs kilomètres.
The beach stretches over several kilometres.

► **s'étendre** (en parlant d'une ville, d'un espace) : **stretch** /stretʃ/

ℹ *Notez la préposition employée en anglais :* s'étendre sur = ***stretch over.***

étendu, étendue

1 ▷ La banlieue où nous habitons est très étendue.
The suburb where we live is very big.

(= vaste) **big** /bɪg/ (plus étendu bigger /bɪgəʳ/, le plus étendu the biggest /'bɪgɪst/)

2 ▷ Allongez-vous, les bras étendus au-dessus de la tête.
Lie down with your arms stretched out above your head.

(bras, jambes) **stretched out** /stretʃt ˈaʊt/

3 ▷ Je les ai trouvés étendus dans l'herbe.
I found them lying down in the grass.

(= couché) **lying down** /laɪɪŋ ˈdaʊn/

éternel, éternelle

▷ C'est l'éternel problème !
It's the eternal problem!

eternal /ɪˈtɜːnl/

éternuement

▷ On dit « à tes souhaits ! » après un éternuement.
You say "bless you!" after a sneeze.

sneeze /sniːz/

éternuer

▷ Il n'arrête pas d'éternuer.
He can't stop sneezing.

sneeze /sniːz/

ethnique

▷ Ils appartiennent à différentes minorités ethniques.
They belong to different ethnic minorities.

ethnic /ˈeθnɪk/

étincelle

▷ L'incendie a été provoqué par une étincelle.
The fire was caused by a spark.

spark /spɑːk/

étiquette

1 ▷ C'est le classeur avec l'étiquette bleue.
It's the folder with the blue label.

(qui porte une marque, un nom, etc.) **label** /ˈleɪbl/

2 ▷ Zut, j'ai oublié d'enlever l'étiquette sur le cadeau de Pierrot !
Damn, I forgot to remove the price tag on Pierrot's present!

(qui porte le prix) **price tag** /ˈpraɪs tag/ (pluriel **price tags**)

étirer

▷ N'étire pas l'élastique, tu vas le casser !
Don't stretch the elastic band, you're going to break it!

stretch /stretʃ/

▷ Le chat s'est étiré et a bâillé.
The cat stretched and yawned.

► **s'étirer** (personne, animal, vêtement) : **stretch**

étoile

▷ Il y a beaucoup d'étoiles ce soir.
There are lots of stars tonight.

star /stɑːʳ/

▷ Tu as vu l'étoile filante ?
Did you see the shooting star?

► **étoile filante** : **shooting star** /ˈʃuːtɪŋstɑːʳ/

▷ Myriam a trouvé une étoile de mer sur la plage.
Myriam found a starfish on the beach.

► **étoile de mer :** starfish /'stɑːfɪʃ/

ℹ *starfish est un nom invariable.*

étonnant, étonnante

▷ C'est étonnant que Saïd ne soit pas là.
It's surprising that Saïd isn't here.

surprising /sə'praɪzɪŋ/ **(plus étonnant** more surprising, **le plus étonnant** the most surprising**)**

étonné, étonnée

▷ Il a eu l'air étonné quand il m'a vue.
He looked surprised when he saw me.

surprised /sə'praɪzd/ **(plus étonné** more surprised, **le plus étonné** the most surprised**)**

étonnement

▷ Imagine mon étonnement quand je les ai vus.
Imagine my surprise when I saw them.

surprise /sə'praɪz/

étonner

▷ Les progrès d'Aurore en anglais ont étonné tout le monde.
Aurore's progress in English surprised everybody.

surprise /sə'praɪz/

▷ Ça m'étonne qu'il ne soit pas là.
I'm surprised that he isn't here.

► **ça m'étonne que... :** I'm surprised that...

étouffer

1 ▷ Ne me serre pas comme ça, tu m'étouffes !
Don't squeeze me like that, you're suffocating me!

► **étouffer** quelqu'un (= lui couper la respiration) : **suffocate** somebody /'sʌfəkeɪt/

2 ▷ Qu'est-ce qu'il y a ? – J'ai de l'asthme, j'étouffe !
What's the matter? – I've got asthma, I'm suffocating!

(= ne pas pouvoir respirer) suffocate

3 ▷ On étouffe ici.
It's stifling in here.

► **on étouffe** (= il fait très chaud) : it's stifling /'staɪflɪŋ/

4 ▷ Je me suis étouffé avec une arête.
I choked on a bone.

► **s'étouffer** (en mangeant) : choke /tʃəʊk/

ℹ *Notez la préposition employée en anglais :* s'étouffer avec quelque chose = *choke on something.*

étourderie

▷ Il a fait deux fautes d'étourderie dans sa dictée.
He made two careless mistakes in his dictation.

► **faute d'étourderie :** careless mistake /ˌkeələs mɪ'steɪk/ (pluriel careless mistakes)

étourdi, étourdie

▷ Céline est très étourdie, elle oublie tout le temps ses clés.
Céline is very absent-minded, she always forgets her keys.

absent-minded /æ'bsənt'maɪndɪd/ (plus étourdi more absent-minded, le plus étourdi the most absent-minded)

étrange

▷ Il y a une ambiance étrange ici.
There's a strange atmosphere here.

strange /streɪndʒ/ (plus étrange stranger /'streɪndʒəʳ/, le plus étrange the strangest /'streɪndʒɪst/)

étranger, étrangère

1 ▷ Il y a un groupe de touristes étrangers à l'hôtel.
There's a group of foreign tourists at the hotel.

(adjectif = qui vient d'un autre pays) **foreign** /'fɒrən/

*Le **gn** de **foreign** se prononce comme un **n** : le **g** ne se prononce pas.*

2 ▷ Les étrangers n'ont pas le droit de voter.
Foreigners are not allowed to vote.

► **un étranger, une étrangère** (= une personne qui vient d'un autre pays) : **a foreigner** /'fɒrənəʳ/

*Le **gn** de **foreigner** se prononce comme un **n** : le **g** ne se prononce pas.*

3 ▷ Mes parents ont vécu à l'étranger il y a longtemps.
My parents lived abroad a long time ago.

► **à l'étranger : abroad** /ə'brɔːd/

étrangler

1 ▷ Le criminel a étranglé sa victime.
The murderer strangled his victim.

(= tuer) **strangle** /'stræŋgl/

2 ▷ J'ai failli m'étrangler avec une arête.
I almost choked on a bone.

► **s'étrangler** (par accident) : **choke** /tʃəʊk/

ℹ *Notez la préposition employée en anglais :* s'étrangler avec quelque chose *= **choke on something**.*

être

1 ▷ Le boulanger est sympa.
The baker is nice.
▷ Ils sont cassés.
They are broken.
▷ Qui étaient-elles ?
Who were they?

La traduction la plus fréquente du verbe être *est le verbe* ***be*** */biː/.*

ℹ *Au présent : **I am** /æm/, **he / she is** /ɪz/, **we / you / they are** /ɑːʳ/. Au prétérit : **I / he / she was** /wɒz/, **we / you / they were** /wɜːʳ/. Au participe passé : **been** /biːn/.*

2 ▷ Mes cousins sont restés toute la journée.
My cousins stayed all day.
▷ Ils sont déjà partis.
They have already left.

Là où le verbe être sert d'auxiliaire dans le passé composé en français, on emploie soit un prétérit, soit un present perfect en anglais.

3 ▷ Ils ne les considéraient même pas comme des êtres humains.
They didn't even think of them as human beings.

► **un être humain :** a human being /ˌhjuːmən ˈbiːɪŋ/ (pluriel human beings)

étroit, étroite

▷ Ce chemin est trop étroit pour deux voitures.
This path is too narrow for two cars.

narrow /ˈnærəʊ/ (**plus étroit** narrower /ˈnærəʊəʳ/, **le plus étroit** the narrowest /ˈnærəʊɪst/)

étude

1 ▷ Ils ont fait une étude sur la violence dans les écoles.
They've done a study of violence in schools.

(= enquête) study /ˈstʌdɪ/ (pluriel studies /ˈstʌdɪz/)

2 ▷ Il y a quatre salles d'étude dans l'école.
There are four study rooms in the school.

► **salle d'étude** (*ou* étude) **:** study room /ˈstʌdɪ rʊːm/ (pluriel study rooms)

3 ▷ Laïla n'a pas fait d'études.
Laïla didn't go to university.

► **faire des études :** go to university /ˌjuːnɪˈvɜːsɪtɪ/ (went, gone / been)

*La première syllabe de **university** se prononce comme le mot **you**.*

4 ▷ Mon frère fait des études de droit.
My brother is studying law.

► **faire des études de... :** study /ˈstʌdɪ/

*Le y de **study** devient **ie** à la troisième personne du présent de l'indicatif* (studies /ˈstʌdɪz/)*, au prétérit et au participe passé* (studied /ˈstʌdɪd/).

étudiant, étudiante

▷ Il y avait un groupe d'étudiants qui fêtaient la fin de l'année.
There was a group of students who were celebrating the end of the year.

student /ˈstjuːdənt/

étudier

▷ Laura étudie le russe.
Laura is studying Russian.

study /ˈstʌdɪ/

*Le y de **study** devient **ie** à la troisième personne du présent de l'indicatif* (studies /ˈstʌdɪz/)*, au prétérit et au participe passé* (studied /ˈstʌdɪd/).

étui

▷ Range tes lunettes dans l'étui.
Put your glasses in the case.

▷ Mon père met ses cigarettes dans un étui.
My father puts his cigarettes in a case.

▷ J'ai perdu mon étui à lunettes.
I lost my glasses case.

(pour les lunettes, les cigarettes) **case** /keɪs/

► **étui à lunettes :** glasses case /'glɑːsɪz ˌkeɪs/ (pluriel spectacle cases)

euro

▷ Je voudrais changer cent euros en livres.
I'd like to change a hundred euros into pounds.

euro /'jʊərəʊ/

*Attention à la prononciation (un peu comme **you** + **ro**).*

Europe

▷ Il y a beaucoup d'échanges entre l'Europe et l'Afrique.
There's a lot of trade between Europe and Africa.

▷ Miho voudrait vivre en Europe.
Miho would like to live in Europe.

▷ Beaucoup d'Américains viennent en Europe pour faire leurs études.
A lot of Americans come to Europe to study.

▷ Plusieurs pays d'Europe de l'Est souhaitent rentrer dans la Communauté européenne.
Several Eastern European countries want to join the European Community.

Europe /'jʊərʌp/

► **l'Europe :** Europe

ℹ *Ne prend jamais d'article.*

► **en Europe** (= dans le pays) **:** in Europe

► **en Europe** (= vers le pays) **:** to Europe

► **l'Europe de l'Est :** Eastern /'iːstən/ Europe

*Attention à la prononciation (un peu comme **you** + **rup**).*

européen, européenne

▷ J'ai un passeport européen.
I have a European passport.

▷ Les Européens ont un niveau de vie élevé.
Europeans have a high standard of living.

European /ˌjʊərə'pɪən/

ℹ *S'écrit toujours avec une majuscule, comme tous les adjectifs et substantifs de nationalité.*

*Attention à la prononciation (un peu comme **you** + **rup** + **ian**).*

eux

1 ▷ Tu as acheté ces fleurs pour eux ?
Did you buy these flowers for them?

(complément) **them** /ðem/

2 ▷ Nous avons dit oui, mais eux ont refusé.
We said yes, but they refused.

(sujet) **they** /ðeɪ/

eux-mêmes

▷ Ils l'ont fabriqué eux-mêmes.
They made it themselves.

themselves /ðəm'selvz/

évacuer

▷ Les pompiers ont évacué les élèves.
The firemen evacuated the pupils.

evacuate /ɪ'vækjʊeɪt/

s'évader

▷ Deux prisonniers se sont évadés de la prison.
Two prisoners escaped from the prison.

escape /es'keɪp/

évaluer

▷ J'ai du mal à évaluer la quantité de nourriture qu'il nous faut.
I find it difficult to evaluate the quantity of food we need.

evaluate /ɪ'væljʊeɪt/

s'évanouir

▷ J'ai failli m'évanouir quand j'ai vu tout ce sang.
I almost fainted when I saw all that blood.

(= se sentir mal) **faint** /feɪnt/

s'évaporer

▷ Toute l'eau s'est évaporée.
All the water has evaporated.

(= se transformer en vapeur) **evaporate** /ɪ'væpəreɪt/

événement

▷ La visite du ministre est un événement très important.
The minister's visit is a very important event.

event /ɪ'vent/

L'accent tonique est sur la deuxième syllabe **-vent**.

éventail

▷ Sarah a rapporté un éventail d'Espagne.
Sarah brought back a fan from Spain.

(pour faire de l'air) **fan** /fæn/

éventuellement

▷ On pourrait éventuellement prendre un taxi.
We could possibly take a taxi.

▷ Tu pourras nous aider ? Oui, éventuellement.
Will you be able to help us? Yes, possibly.

possibly /'pɒsəblɪ/

Attention ! **Éventuellement** *n'est jamais traduit par* **eventually**, *qui signifie « finalement ».*

évidemment

▷ Tu crois que c'est vrai ? – Évidemment !
Do you think it's true? – Of course!

(= bien sûr) **of course** /əv' kɔːs/

évident, évidente

1 ▷ C'est évident qu'elle est coupable.
It's obvious that she's guilty.

1 (= clair) **obvious** /'ɒbvɪəs/ (**plus évident more obvious**, **le plus évident the most obvious**)

2 ▷ Cet exercice n'est pas évident.
This exercise is not easy.

2 ► **pas évident** (= pas facile) : **not easy** /nɒt 'iːzɪ/

Attention ! Ne traduisez pas le mot français **évident** *par le mot anglais* **evident** *!*

évier

▷ L'évier est encore bouché.
The sink is blocked again.

sink /sɪŋk/

éviter

▷ Le camion a fait un écart pour éviter la moto.
The lorry swerved to avoid the motorbike.

▷ Évite de manger trop de chocolat.
Avoid eating too much chocolate.

avoid /ə'vɔɪd/

► **éviter de** + *infinitif* : **avoid** + *-ing*

évoluer

▷ La situation n'a pas évolué depuis le mois dernier.
The situation hasn't changed since last month.

(= changer) **change** /tʃeɪndʒ/

Attention ! Le verbe anglais ***evolve*** *ne correspond pas au sens le plus courant du mot français* **évoluer** *!*

évolution

▷ Ils étudient l'évolution de l'univers.
They study the evolution of the universe.

evolution /ˌiːvə'luːʃən, ˌevə'luːʃən/

exact, exacte

1 ▷ Le résultat de l'addition est exact.
The result of the sum is correct.

▷ Oui, c'est exact.
Yes, that's correct.

(= correct, sans faute) **correct** /kə'rekt/

2 ▷ Est-ce que vous avez l'heure exacte ?
Do you have the exact time?

(= précis) **exact** /eg'zækt/

exactement

▷ Ces deux tee-shirts sont exactement pareils.
These two T-shirts are exactly the same.

exactly /eg'zæktlɪ/

exagération

▷ On peut parler sans exagération de massacre.
We can without exaggeration speak of slaughter

exaggeration /ɪgˌzædʒə'reɪʃən/

Attention à l'orthographe du mot anglais, qui s'écrit avec deux g : ***exaggeration***.

exagérer

1 ▷ Elle exagère toujours.
She always exaggerates.

(= amplifier) **exaggerate** /eg'zædʒəreɪt/

Attention à l'orthographe du mot anglais.

2 ▷ Tu exagères ! Tu aurais pu au moins lui dire bonjour !
Really! You could at least have said hello to him!

Quand on veut dire que quelqu'un **exagère**, *c'est-à-dire qu'« il va trop loin », qu'« il a du culot », on dit simplement* ***really!*** /'rɪəlɪ/ *en anglais.*

examen

1 ▷ Benoît passe son examen de chimie demain.
Benoît is taking his chemistry exam tomorrow.

▷ Tu as réussi ton examen ?
Did you pass your exam?

(= épreuve) **exam** /eg'zæm/
► **passer un examen : take an exam (took, taken)**
Faites bien la différence entre ***take an exam*** (passer un examen) *et* ***pass an exam*** (réussir un examen).

2 ▷ Tout le monde doit passer un examen médical au début de l'année.
Everybody must have a medical examination at the beginning of the year.

► **examen médical : medical examination** /'medɪkl egzæmɪˌneɪʃn/ (pluriel medical examinations)
Notez la traduction de passer *dans ce cas :* ***have*** (had, had).

examiner

▷ Le docteur m'a examiné et a dit qu'il n'y avait pas de problème.
The doctor examined me and said that there was no problem.

examine /eg'zæmɪn/
Le ***i*** *de* ***examine*** *se prononce comme le* ***i*** *de* ***pig***.

exaspérant, exaspérante

▷ C'est l'homme le plus exaspérant que j'aie jamais rencontré.
He is the most exasperating man I've ever met.

exasperating /ɪg'zɑːspəreɪtɪŋ/ (**plus exaspérant** more exasperating, **le plus exaspérant** the most exasperating)

excellent, excellente

▷ Ce fromage est excellent !
This cheese is excellent!

excellent /'eksələnt/
Le ***t*** *se prononce en anglais.*

excentrique

▷ Leur père est très excentrique.
Their father is very eccentric.

eccentric /ik'sentrik/ (**plus excentrique** more eccentric, **le plus excentrique** the most eccentric)

exception

▷ En général, je trouve ses films intéressants mais il y a des exceptions.
In general I find his films interesting but there are exceptions.

exception /ek'sepʃən/

▷ Tu pourrais faire une exception pour moi !
You could make an exception for me!

► **faire une exception : make an exception (made, made)**

exceptionnel, exceptionnelle

▷ C'est un garçon assez exceptionnel.
He's quite an exceptional boy.

exceptional /ek'sepʃənl/ (**plus exceptionnel** more exceptional, **le plus exceptionnel** the most exceptional)
Attention : un seul ***n***.

exceptionnellement

▷ Cette fille est exceptionnellement intelligente.
This girl is exceptionally intelligent.

(= très) **exceptionally** /ek'sepʃənəlɪ/
Attention : il n'y a qu'un ***n*** *dans le mot anglais* ***exceptionally****.*

excessif, excessive

▷ Le documentaire parlait de la consommation excessive d'alcool.
The documentary was about excessive alcohol consumption.

excessive /ɪk'sesɪv/ (**plus excessif** more excessive, **le plus excessif** the most excessive)

excitant, excitante

▷ Ce n'est pas très excitant !
It's not very exciting!

(idée, livre, projet) **exciting** /ɪk'saɪtɪŋ/ (**plus excitant** more exciting, **le plus excitant** the most exciting)

excitation

▷ Il était dans un état de grande excitation.
He was in a state of great excitement.

excitement /ɪk'saɪtmənt/

excité, excitée

▷ Elle était tout excitée à l'idée de le revoir.
She was very excited at the thought of seeing him again.

(= enthousiasmé) **excited** /ɪk'saɪtɪd/ (**plus excité** more excited, **le plus excité** the most excited)

exciter

1 ▷ Arrête d'exciter ce chien, il va te mordre.
Stop getting that dog excited, he'll bite you.

► **exciter quelqu'un** (= l'énerver) : **get** somebody **excited** /ek'saɪtɪd/ (got, got)

2 ▷ Ne t'excite pas trop, ce n'est pas encore sûr.
Don't get too excited, it's not certain yet.

► **s'exciter** (= s'enthousiasmer) : **get excited** (got, got)

exclure

▷ Il a été exclu de l'équipe de foot.
He was expelled from the football team.

(d'une équipe) **expel** /eks'pel/
Il y a deux ***l*** *au gérondif* (**expelling** /eks'pelɪŋ/)*, au prétérit et au participe passé* (**expelled** /eks'peld/).

excursion

▷ L'excursion n'a duré qu'une demi-journée.
The excursion only lasted half a day.

▷ J'ai fait une excursion à la mer avec mes amis.
I went on an excursion to the seaside with my friends.

excursion /eks'kɜːʃən/
On peut aussi dire ***trip*** /trɪp/.
► **faire une excursion** : **go on an excursion** (went, gone / been)
On peut aussi dire ***go on a trip****.*

excuse

1 ▷ Tu n'as aucune excuse !
You have no excuse!

(= prétexte) **excuse** /eks'kjuːs/
Le ***s*** *est celui de* ***sea****.*

2 ▷ Mélanie a dû faire des excuses à Daniel.
Mélanie had to apologize to Daniel.

► **faire des excuses :** apologize /əˈpɒlədʒaɪz/

excuser

1 ▷ Pourquoi est-ce que je devrais l'excuser ?
Why should I forgive him?

(= pardonner, en parlant d'une personne ou d'une action) forgive /fəˈgɪv/ (forgave /fəˈgeɪv/, forgiven /fəˈgɪvn/)

2 ▷ Oh ! excusez-moi ! Je vous ai fait mal ?
Oh! I'm sorry! Did I hurt you?

► **excusez-moi** (= je suis désolé) : I'm sorry /aɪm ˈsɒrɪ/

3 ▷ Excusez-moi, est-ce que vous avez l'heure, s'il vous plaît ?
Excuse me, have you got the time, please?

► **excusez-moi** (pour demander un renseignement) : excuse me /eksˈkjuːz miː/

Le s du verbe excuse se prononce comme le z de zoo.

4 ▷ Il a refusé de s'excuser.
He refused to apologize.

▷ Mouna s'est excusée d'être en retard.
Mouna apologized for being late.

► **s'excuser :** apologize /əˈpɒlədʒaɪz/

► **s'excuser de** + *infinitif* **:** apologize for + *-ing*

exemplaire

▷ J'ai un autre exemplaire de la facture.
I have another copy of the bill.

(= double) copy /ˈkɒpɪ/ (pluriel copies /ˈkɒpɪz/)

exemple

▷ Peux-tu me donner un exemple ?
Can you give me an example?

▷ Les fauves, par exemple le lion, ...
The big cats, for example the lion, ...

example /egˈzɑːmpl/

Attention : le mot anglais s'écrit avec un a.

► **par exemple :** for example

On peut aussi dire for instance /fərˈɪnstəns/.

exercer

▷ Si tu veux t'améliorer, tu devrais t'exercer.
If you want to improve, you should practise.

practise /ˈpræktɪs/

Le i de practise se prononce comme le i de big, et le s est celui de sea.

▷ Anna s'exerce à rester sous l'eau.
Anna is practising staying under water.

► **s'exercer à** + *infinitif* **:** practise + *-ing*

exercice

▷ Le premier exercice est très dur.
The first exercise is very hard.

▷ Le médecin m'a conseillé de faire de l'exercice.
The doctor advised me to do some exercise.

exercise /ˈeksəsaɪz/

Attention : le mot anglais s'écrit avec un s.

► **faire de l'exercice :** do some exercise did, done

exigeant, exigeante

▷ C'est un entraîneur très exigeant.
He's a very demanding trainer.

(= pointilleux) **demanding** /dɪ'mɑːndɪŋ/ (**plus exigeant** more demanding, **le plus exigeant** the most demanding)

exigence

▷ Quelles sont les exigences des employés ?
What are the employees' demands?

(= demande) **demand** /dɪ'mɑːnd/

exiger

▷ Ils exigent du jus d'orange frais au petit déjeuner.
They insist on fresh orange juice at breakfast.

(= réclamer) **insist** /ɪn'sɪst/ **on**

▷ Elle a exigé que je lui fasse des excuses.
She insisted that I apologize to her.

► **exiger que... :** insist that...

exister

1 ▷ Crois-tu que les ovnis existent ?
Do you believe that UFOs exist?

(= être réel) **exist** /eg'zɪst/

2 ▷ Il existe une exception.
There is one exception.

► **il existe** + *nom au singulier* : **there is** /ðɛər 'iz/

3 ▷ Il existe des téléphones avec courrier électronique.
There are phones with e-mail.

► **il existe** + *nom au pluriel* : **there are** /ðɛər'ɑː/

expédier

1 ▷ Je vais à la poste pour expédier ce paquet.
I'm going to the post office to send this parcel.

(= envoyer) **send** /send/ (**sent, sent** /sent/)

2 ▷ Il expédie toujours son travail.
He always does his work very fast.

► **expédier** quelque chose (= le faire vite) : **do** something **fast** (**did, done**)

expérience

1 ▷ Il y a eu une explosion pendant l'expérience de chimie.
There was an explosion during the chemistry experiment.

(= essai scientifique) **experiment** /ek'sperɪmənt/

2 ▷ C'est un prof qui a beaucoup d'expérience.
He's a teacher who has a lot of experience.

(= habitude, pratique) **experience** /ek'spɪərɪəns/

▷ J'ai deux ans d'expérience professionnelle.
I have two years' work experience.

► **expérience professionnelle :** work experience

Ne confondez pas ***experiment*** *et* ***experience*** *en anglais !*

expert, experte

▷ Je te donne mon avis, mais je ne suis pas une experte.
I'll give you my opinion, but I'm not an expert.

expert /'ekspɜːt/
L'accent tonique est sur la première syllabe ***ex-****. Le* ***t*** *se prononce, et* ***expert*** *rime avec* ***hurt*** *et* ***dirt****.*

expirer

1 ▷ Inspirez ! Expirez !
Breathe in! Breathe out!

1 (= souffler) **breathe out** /briːð 'aʊt/

2 ▷ Mon passeport expire en juin.
My passport expires in June.

2 (= ne plus être valable) **expire** /ek'spaɪəʳ/

explication

1 ▷ Est-ce que tu as compris l'explication ?
Did you understand the explanation?

1 (= éclaircissements) **explanation** /ˌekspləˈneɪʃən/

2 ▷ Denis et Béa ont eu une explication.
Denis and Béa had an argument.

2 ► **avoir une explication** (= une dispute) : **have an argument** /'ɑːgjʊmənt/

expliquer

1 ▷ Tu peux m'expliquer pourquoi tu as fait ça ?
Can you explain to me why you did that?

1 **explain** /ek'spleɪn/
Notez qu'on dit ***explain to*** *somebody : n'oubliez pas la préposition* ***to*** *!*

2 ▷ Je ne me suis pas expliqué clairement.
I didn't explain myself clearly.

2 ► **s'expliquer** (= donner des précisions) : **explain** oneself
Le pronom personnel réfléchi fonctionne de la façon suivante en anglais : ***I explain myself, you explain yourself, he explains himself, she explains herself, we explain ourselves, you explain yourselves, they explain themselves****.*

exploit

▷ Sergio nous a raconté ses exploits en Angleterre.
Sergio told us about his exploits in England.

exploit /'eksplɔɪt/
Le ***oi*** *du mot anglais* ***exploit*** *se prononce comme le* ***oy*** *de* ***boy****.*

exploration

▷ L'exploration spatiale n'a jamais cessé.
Space exploration never stopped.

exploration /ˌekspləˈreɪʃən/

explorer

▷ Hier, on a exploré le nord de la ville.
Yesterday we explored the north of the city.

explore /ek'splɔː/

exploser

▷ La bombe a explosé tout près du marché.
The bomb exploded very near the market.

explode /ek'spləʊd/

explosion

▷ Est-ce que vous avez entendu l'explosion ?
Did you hear the explosion?

explosion /ek'spləʊʒən/

exposé

1 ▷ Le prof a noté nos exposés.
The teacher has marked our written papers.

(= devoir écrit) written paper /'rɪtn'peɪpə^r/

2 ▷ J'ai fait un exposé sur les volcans.
I did a presentation on volcanoes.

(= devoir oral) presentation /ˌprezən'teɪʃən/

exposition

▷ L'exposition Cézanne est magnifique.
The Cézanne exhibition is beautiful.

(de tableaux, de photos) exhibition /ˌeksɪ'bɪʃən/

exprès

1 ▷ Je suis venu exprès pour te voir.
I came specially to see you.

(= spécialement) specially /'speʃəlɪ/

2 ▷ Sammy dit qu'il ne l'a pas fait exprès.
Sammy says that he didn't do it on purpose.

(= délibérément) on purpose /ɒn 'pɜːpəs/

expression

▷ C'est une expression que je ne connaissais pas.
It's an expression that I didn't know.

expression /ek'spreʃən/

exprimer

▷ Léo a du mal à exprimer ses sentiments.
Léo has difficulty expressing his feelings.
▷ Elle s'exprime très bien.
She expresses herself very well.

express /ek'spres/

► **s'exprimer** (= parler) : express oneself

ℹ *Le pronom personnel réfléchi fonctionne de la façon suivante en anglais : **I express <u>myself</u>, you express <u>yourself</u>, he expresses <u>himself</u>**, etc.*

expulser

1 ▷ Plusieurs familles ont été expulsées de cet immeuble.
Several families have been evicted from this building.

(d'un logement) evict /ɪ'vɪkt/

2 ▷ Il a été expulsé du terrain parce qu'il a donné un coup de pied à un joueur.
He was sent off because he kicked a player.

► **être expulsé du terrain** (en sport) : be sent off /sent 'ɒf/

extérieur

▷ L'extérieur de la maison n'est pas très bien entretenu.
The outside of the house isn't very well maintained.

▷ Je vous attendrai à l'extérieur.
I'll wait for you outside.

▷ Vous pouvez fumer à l'extérieur du bâtiment, mais pas à l'intérieur.
You can smoke outside the building, but not inside.

► **l'extérieur** (= la partie qui est dehors) : **the outside** /aʊt'saɪd/

► **à l'extérieur :** **outside**

► **à l'extérieur de :** **outside**

externe

▷ Les externes peuvent partir à trois heures.
Day pupils can leave at three.

(= élève) **day pupil** /'deɪ pjʊ:pl/ (pluriel **day pupils**)

extrait

▷ Il nous a lu un extrait de « Hamlet ».
He read us a passage from "Hamlet".

(= passage) **passage** /'pæsɪdʒ/

ℹ *Notez la préposition employée en anglais :* un extrait de = ***a passage from***.

extraordinaire

▷ Il nous est arrivé quelque chose d'extraordinaire.
Something extraordinary happened to us.

▷ Comment était le film ? – Pas extraordinaire.
What was the film like? – Not brilliant.

extraordinary /ek'strɔ:dnri/

► **pas extraordinaire** (= pas terrible) : **not brilliant** /nɒt 'brɪljənt/

extraterrestre

▷ Tu crois que les extraterrestres existent ?
Do you think that aliens exist?

alien /'eɪlɪən/

🔊 *Le* ***a*** *du mot anglais* ***alien*** *se prononce comme le* ***a*** *de* ***baby***.

ℹ *On peut aussi dire* ***extraterrestrial*** /ˌekstrətɪ'restrɪəl/.

extrême

1 ▷ Ils travaillent dans des conditions extrêmes.
They work in extreme conditions.

1 (= très difficile) **extreme** /ek'stri:m/

2 ▷ L'extrême droite a eu très peu de voix aux élections.
The far right got very few votes in the election.

▷ L'extrême gauche est moins puissante qu'avant.
The far left is less powerful than before.

2 ► **l'extrême droite :** **the far right** /fɑ: 'raɪt/

► **l'extrême gauche :** **the far left** /fɑ: 'left/

▷ Luc a vécu plusieurs années en Extrême-Orient.
Luc lived in the Far East for several years.

► **l'Extrême-Orient :** the Far East /fɑːr'iːst/

extrêmement

▷ Il a été extrêmement déçu.
He was extremely disappointed.

extremely /ek'striːmlɪ/

L'accent tonique est sur la deuxième syllabe ***-treme-***.

Ff

fabricant, fabricante

▷ Quel est le nom du fabricant ?
What is the manufacturer's name?

manufacturer /ˌmænjʊˈfæktʃərəʳ/

fabriquer

1 ▷ Il est en train de fabriquer un porte-clés.
He is making a key ring.

▷ C'est une usine qui fabrique des chaussures.
It's a factory that manufactures shoes.

(= faire ou construire) **make** /meɪk/ (made, made /meɪd/)

Quand on parle d'une usine, on peut aussi employer le verbe ***manufacture*** */ˌmænjʊˈfæktʃəʳ/.*

2 ▷ Qu'est-ce que tu fabriques ? C'est l'heure de partir !
What are you doing? It's time to leave!

(= faire, au sens familier) **do** /duː/ (did /dɪd/, done /dʌn/)

fabuleux, fabuleuse

▷ Il y a des centaines de cadeaux fabuleux à gagner !
There are thousands of fabulous gifts to win!

fabulous /ˈfæbjʊləs/ (**plus fabuleux** more fabulous, **le plus fabuleux** the most fabulous)

fac

▷ Ils vont construire une nouvelle fac.
They're going to build a new university.

university /juːnɪˈvɜːsɪtɪ/ (pluriel universities)

La première syllabe de ***university*** *se prononce comme le mot* ***you****.*

▷ Je suis allé en fac à Reims.
I went to Reims university.

▷ On s'est rencontrés en fac.
We met at university.

► **aller en fac :** go to university (went, gone / been)

► **être en fac :** be at university

façade

▷ On voudrait repeindre la façade.
We'd like to repaint the front of the house.

ℹ *Pour parler de la façade d'une maison, on dit généralement* ***the front of the house****. Pour la façade d'un immeuble, on dit* ***the front of the building****.*

face

1 ▷ On a déjà écouté les deux faces du disque.
We've already listened to both sides of the record.

1 (= le côté d'un disque) side /saɪd/

2 ▷ Il y a une boulangerie en face.
There's a bakery on the other side of the street.

2 ► **en face** (= de l'autre côté de la rue) : on the other side of the street

3 ▷ Rachid s'est assis en face de moi.
Rachid sat opposite me.

3 ► **en face de :** opposite /'ɒpəzɪt/

ℹ *Attention : on ne dit pas* ***opposite of me*** *!*

🔊 *Le* ***i*** *de* ***opposite*** *se prononce comme le* ***i*** *de* ***pig****.*

fâché, fâchée

▷ Elle est fâchée parce que Marc lui a menti.
She is angry because Marc lied to her.

(= pas content) angry /'æŋgrɪ/ **(plus fâché** angrier /'æŋgrɪə^r/, **le plus fâché** the angriest /'æŋgrɪɪst/)

se fâcher

▷ Ne te fâche pas, je vais le réparer !
Don't get angry, I'm going to repair it!

(= se mettre en colère) get angry /'æŋgrɪ/ (got angry, got angry)

facile

▷ Cette recette est facile.
This recipe is easy.

▷ Son nouveau roman est très facile à lire.
His new novel is very easy to read.

easy /'i:zɪ/ **(plus facile** easier /'i:zɪə^r/, **le plus facile** the easiest /'i:zɪɪst/)

► **facile à** + *infinitif* **:** easy to + *base verbale*

facilement

▷ Aurélien y est arrivé facilement.
Aurélien managed easily.

easily /'i:zɪlɪ/

façon

1 ▷ Il y a plusieurs façons de le faire.
There are several ways to do it.

1 (= manière, méthode) way /weɪ/

▷ Il se comporte d'une façon bizarre.
He behaves in a strange way.

► **d'une façon... :** in a... way

▷ De toute façon, ça m'est égal.
I don't care anyway.

► **de toute façon :** anyway /'enɪweɪ/

2 ▷ De quelle façon est-ce que tu vas le faire ?
How are you going to do it?

► **de quelle façon... ? : how...?** /haʊ/

facteur

▷ Est-ce que le facteur est passé ?
Has the postman been?

(= employé de la poste) **postman** /ˈpəʊstmən/ (pluriel **postmen** /ˈpəʊstmen/)

En anglais américain, on dit ***mailman*** /ˈmeɪlmæn/ (pluriel **mailmen**) /ˈmeɪlmen/).

factrice

▷ La factrice est très aimable.
The postwoman is very kind.

(= employé de la poste) **postwoman** /ˈpəʊstˌwʊmən/ (pluriel **postwomen** /ˈpəʊstˌwɪmɪn/)

En anglais américain, on dit ***mailwoman*** /ˈmeɪlˌwʊmən/ (pluriel **mailwomen**) /ˈmeɪlˌwɪmɪn/).

facture

1 ▷ Est-ce que tu as payé la facture de téléphone ?
Have you paid the phone bill?

(pour le téléphone, le gaz, l'électricité) **bill** /bɪl/

2 ▷ N'oublie pas de demander une facture.
Don't forget to ask for a receipt.

(pour des achats) **receipt** /riˈsiːt/

Le ***p*** *de* ***receipt*** *n'est pas prononcé.* ***Receipt*** *rime avec* ***eat***.

facultatif, facultative

▷ Le cours de civilisation est facultatif.
The civilization class is optional.

optional /ˈɒpʃənl/

fade

▷ Cette soupe est un peu fade.
This soup is a bit tasteless.

(nourriture) **tasteless** /ˈteistləs/ (**plus fade more tasteless, le plus fade the most tasteless**)

faible

1 ▷ Je me sens faible aujourd'hui.
I feel weak today.
▷ Elle est trop faible en maths pour faire une section scientifique.
She is too weak in maths to do a science course.

(= pas fort) **weak** /wiːk/ >(**plus faible weaker** /ˈwiːkəʳ/, **le plus faible the weakest** /ˈwiːkɪst/)

2 ▷ Je crois que Suzie a un faible pour Pedro.
I think that Suzie has a soft spot for Pedro.

► **avoir un faible pour quelqu'un : have a soft spot** /ˈsɒft spɒt/ **for** somebody **(had, had)**

3 ▷ J'ai un faible pour le chocolat.
I have a weakness for chocolate.

► **avoir un faible pour** quelque chose : have a weakness /'wiːknəs/ for something (had, had)

faillir

▷ J'ai failli rater le train.
I almost missed the train.

▷ Il a failli tomber.
He almost fell over.

ℹ *Quand on veut dire qu'on a* **failli** *faire quelque chose en anglais, on emploie une expression avec le mot* ***almost*** /'ɔːlməʊst/ *suivi du prétérit.*

faillite

▷ L'entreprise a finalement fait faillite.
The company eventually went bankrupt.

► **faire faillite :** go bankrupt /gəʊ'bæŋkrʌpt/ (went, gone)

faim

▷ J'ai faim ! Quand est-ce qu'on mange ?
I'm hungry! When are we eating?

▷ Cette promenade m'a donné faim.
This walk has made me hungry.

► **avoir faim :** be hungry /'hʌŋgrɪ/

► **donner faim à** quelqu'un **:** make somebody hungry (made, made)

ℹ *Attention,* ***hungry*** *est un adjectif.*

fainéant, fainéante

1 ▷ Serge a toujours été un peu fainéant.
Serge has always been a bit lazy.

lazy /'leɪzɪ/ (**plus fainéant** lazier /'leɪzɪəʳ/, **le plus fainéant** the laziest /'leɪzɪɪst/)

2 ▷ C'est une fainéante qui passe ses journées à regarder la télé.
She's a lazy girl who spends her days watching TV.

► **un fainéant :** a lazy boy
► **une fainéante :** a lazy girl

ℹ *Pour des adultes, on dit* ***lazy man*** *et* ***lazy woman****.*

faire

1 ▷ J'ai beaucoup de choses à faire.
I have a lot of things to do.

▷ C'est fait !
It's done!

Quand **faire** *n'est pas synonyme de fabriquer, construire, il se traduit généralement par* ***do*** /duː/ (did /dɪd/, done /dʌn/).

2 ▷ J'ai fait un gâteau pour l'anniversaire de Simon.
I've made a cake for Simon's birthday.

Quand **faire** *signifie « fabriquer », il se traduit généralement par* ***make*** /meɪk/ (made, made /meɪd/).

3 ▷ Mon frère fait du violon.
My brother plays the violin.

Quand on parle d'un instrument de musique, on emploie le verbe ***play*** /pleɪ/.

4 ▷ La salle fait dix mètres de long.
The room is ten metres long.

▷ Ça fait combien ?
How much is it?

▷ Ça fait vingt euros.
That's twenty euros.

Pour donner des mesures ou des prix, on emploie le verbe **be**.

5 ▷ Le copain de Lucille fait vieux.
Lucille's boyfriend looks old.

(= paraître) **look** /lʊk/

6 ▷ Cyril nous a fait rire avec ses blagues.
Cyril made us laugh with his jokes.

► **faire** + *infinitif + complément de personne (= provoquer)* : **make** + *base verbale* **(made, made)**

7 ▷ Ils se sont fait arrêter par la police.
They were arrested by the police.

► **se faire** + *infinitif* : **be** + *participe passé*

8 ▷ Il ferait bien de dire la vérité.
He'd better tell the truth.

▷ Tu ferais bien de ne rien dire.
You'd better not say anything.

Pour parler de ce que quelqu'un ferait bien de faire, *on emploie* ***had better****, qui se contracte en* ***'d better*** *après les pronoms sauf* ***it****.*

ℹ *La forme négative (pour parler de ce que quelqu'un* ferait bien de ne pas faire*) est* ***had better not*** *(et non* ***hadn't better****).*

ℹ *Attention ! Le verbe* faire *a des traductions différentes selon les mots auquel il est associé. Regardez sous l'autre mot (par exemple, pour savoir comment on dit* faire un cadeau*, regardez sous* cadeau*).*

fait

1 ▷ C'est un fait.
It's a fact.

▷ Le fait qu'il se sente coupable ne change rien.
The fact that he feels guilty doesn't change anything.

(= chose réelle) **fact** /fækt/

▷ En fait, je pensais qu'elle serait là.
In fact, I thought she would be here.

► **en fait** : **in fact**

2 ▷ Au fait, est-ce que tu as vu Cyril récemment ?
By the way, have you seen Cyril recently?

► **au fait** : **by the way** /ˌbaɪ ðə ˈweɪ/

Regardez aussi le mot **faire**.

falaise

▷ Ne va pas sur la falaise, c'est dangereux.
Don't go on the cliff, it's dangerous.

cliff /klɪf/

falloir

1 ▷ Il faut du courage pour faire ça.
You need courage to do that.
▷ Il nous faut au moins cent euros.
We need at least a hundred euros.

Quand on veut dire qu'on a « besoin » de quelque chose, on emploie en anglais une expression avec le verbe ***need*** /niːd/.

2 ▷ Il faut deux heures pour aller jusqu'à Bayonne.
It takes two hours to go to Bayonne.
▷ Il m'a fallu une semaine pour repeindre toute la maison.
It took me a week to repaint the whole house.

Quand on veut parler du **temps nécessaire** *pour faire quelque chose, on emploie en anglais une expression avec le verbe* ***take*** /teɪk/ (took /tʊk/, taken /ˈteɪkən/).

3 ▷ Il faut réserver à l'avance.
You have to book in advance.
▷ Il faut qu'il parte tout de suite.
He has to leave straightaway.

Quand on veut dire qu'on « est obligé de faire » quelque chose, on emploie l'expression ***have to****, suivie de la base verbale.*

Have to *se prononce* /ˈhæftuː/, *et* ***has to*** *se prononce* /ˈhæstuː/.

4 ▷ Il ne faut pas t'inquiéter.
You mustn't worry.
▷ Il ne faut pas que nous oublions de fermer le gaz en partant.
We mustn't forget to turn the gas off when we go.

Pour parler de quelque chose qu'il **ne faut pas** *faire, on emploie l'expression* ***must not****, généralement contractée en* ***mustn't*** /ˈmʌsnt/, *suivie de la base verbale.*

familial, familiale

▷ Elle a des problèmes familiaux.
She has family problems.

family /ˈfæmɪlɪ/

familier, familière

1 ▷ Son visage m'est familier.
His face is familiar to me.

(= bien connu) familiar /fəˈmɪljəʳ/ (**plus familier** more familiar, **le plus familier** the most familiar)

2 ▷ C'est un mot très familier.
It's a very informal word.

(mot, langage) informal /ɪnˈfɔːməl/

famille

▷ Les familles avec des enfants peuvent avoir une réduction.
Families with children can have a reduction.

family /ˈfæmɪlɪ/ (pluriel families /ˈfæmɪlɪz/)

fan

▷ C'est un fan des Stones.
He's a fan of the Stones.

fan /fæn/

se faner

▷ Toutes les fleurs se sont fanées.
All the flowers have wilted.

(fleur) **wilt** /wɪlt/

fantastique

1 ▷ Tu as gagné des vacances gratuites ? C'est fantastique !
You've won a free holiday? That's fantastic!

(= super) **fantastic** /fæn'tæstɪk/

2 ▷ Il adore les films fantastiques.
He loves fantasy films.

(= surnaturel) **fantasy** /'fæntəsɪ/

fantôme

▷ Les gens disent qu'il y a un fantôme dans ce château.
People say that there is a ghost in that castle.

ghost /gəʊst/

*Le **h** de **ghost** ne se prononce pas.*

farce

1 ▷ Nous avons voulu faire une farce à Nathalie.
We wanted to play a practical joke on Nathalie.

► **faire une farce à** quelqu'un : **play a practical joke** /ˌpræktɪkl 'dʒəʊk/ **on** somebody

2 ▷ Nous avons préparé de la farce pour la dinde.
We made some stuffing for the turkey.

(= hachis) **stuffing** /'stʌfɪŋ/

farci, farcie

▷ À Noël, les Anglais mangent de la dinde farcie.
At Christmas, the English eat stuffed turkey.

stuffed /stʌft/

Attention à la prononciation : c'est exactement comme si le mot s'écrivait 'stuft'.

fard

▷ Tu as mis trop de fard à paupières.
You've put too much eye shadow on.

▷ Je n'ai plus de fard à joues.
I have no blusher left.

► **fard à paupières : eye shadow**

► **fard à joues : blusher**

farine

▷ Il faut deux cents grammes de farine.
You need two hundred grammes of flour.

flour /'flaʊəʳ/

*La prononciation de **flour** est la même que celle de **flower*** (= fleur).

fascinant, fascinante

▷ J'ai trouvé la visite guidée fascinante.
I found the guided tour fascinating.

fascinating /'fæsɪneɪtɪŋ/ (**plus fascinant** more fascinating, **le plus fascinant** the most fascinating)

fasciner

▷ L'histoire de l'Égypte me fascine.
The history of Egypt fascinates me.

▷ J'étais fasciné par sa voix.
I was fascinated by his voice.

fascinate /'fæsɪneɪt/

être fasciné par quelque chose : *be fascinated by* something.

fast-food

▷ On pourrait aller dans un fast-food.
We could go to a fast-food restaurant.

(= restaurant) **fast-food restaurant** /'fɑːstfuːd ˌrestrɒnt/ (pluriel fast-food restaurants)

fatigant, fatigante

▷ C'est un métier très fatigant.
It's a very tiring job.

tiring /'taɪərɪŋ/

fatigué, fatiguée

▷ Elle est souvent fatiguée.
She is often tired.

tired /'taɪəd/ (plus fatigué more tired, le plus fatigué the most tired)

fatiguer

1 ▷ La randonnée nous a tous fatigués.
The hike made us all tired.

► **fatiguer** quelqu'un : **make** somebody **tired** /'taɪəd/ (made, made)

2 ▷ Le travail sur écran me fatigue les yeux.
Working on screen strains my eyes.

(les yeux, le cœur) **strain** /streɪn/

3 ▷ Le médecin a dit que je ne devais pas me fatiguer.
The doctor said that I shouldn't get tired.

► **se fatiguer : get tired** /'taɪəd/ (got, got)

fauché, fauchée

▷ Je suis complètement fauché.
I'm completely broke.

(= sans argent) **broke** /brəʊk/

faucon

▷ Il a un faucon apprivoisé.
He has a tame falcon.

falcon /'fɔːlkən/

faune

▷ Elle s'intéresse à la faune et la flore d'Australie.
She's interested in the Australian wildlife.

► **la faune et la flore : wildlife**

faut

Regardez le mot **falloir**.

faute

1 ▷ Il y a très peu de fautes d'anglais dans ton e-mail.
There are very few English mistakes in your e-mail.

(= erreur) **mistake** /mɪs'teɪk/

▷ Tu as fait une faute là.
You've made a mistake there.

► **faire une faute : make a mistake** (made, made)

▷ Il y a des fautes d'orthographe dans cet article.
There are spelling mistakes in this article.

► **faute d'orthographe : spelling** /'spelɪŋ/ **mistake** (pluriel spelling mistakes)

2 ▷ Ce n'est pas ma faute !
It's not my fault!

(= la responsabilité de quelqu'un) fault /fɔːlt/

fauteuil

1 ▷ Assieds-toi dans ce fauteuil.
Sit in this armchair.
▷ Il y a deux fauteuils dans le salon.
There are two armchairs in the living room.

(dans une maison) armchair /ˈɑːmtʃɛəʳ/

2 ▷ Les fauteuils du cinéma ne sont pas confortables.
The cinema seats aren't comfortable.

(au théâtre, au cinéma) seat /siːt/

3 ▷ Il est en fauteuil roulant.
He's in a wheelchair.

► **fauteuil roulant :** wheelchair /ˈwiːltʃəʳ/

fauve

▷ Tu as vu l'émission sur les fauves ?
Did you see the programme about big cats?

big cat /bɪg ˈkæt/ (pluriel big cats)

faux, fausse

1 ▷ Ton calcul est faux.
Your calculation is wrong.

(= inexact) wrong /rɒŋ/

2 ▷ Ce qu'il dit est complètement faux.
What he's saying is completely false.

(= pas vrai) false /fɒls/

3 ▷ Quelqu'un m'a donné un faux billet de dix euros.
Somebody gave me a forged ten-euro note.

(billets, signature) forged /fɔːdʒd/

4 ▷ La fausse fourrure est à la mode.
Fake fur is fashionable.

(bijoux, marbre, fourrure) fake /feɪk/

5 ▷ Je chante faux.
I sing out of tune.

► **chanter faux :** sing out of tune /sɪŋ aʊt əv ˈtjuːn/ (sang /sæŋ/, sung /sʌŋ/)

favori, favorite

▷ C'est mon chanteur favori.
He's my favourite singer.

favourite /ˈfeɪvərɪt/

En anglais américain, on écrit favorite.

fax

1 ▷ Il m'a envoyé un fax.
He sent me a fax.

(= document) fax /fæks/ (pluriel faxes /ˈfæksɪz/)

2 ▷ Nous avons un fax et une photocopieuse au bureau.
We have a fax machine and a photocopier in the office.

(= machine) fax machine (pluriel fax machines)

faxer

▷ Tu peux me faxer la lettre si tu veux.
You can fax me the letter if you want.

fax /fæks/

fée

▷ C'est une bonne fée.
She's a good fairy.

fairy /'fɛərɪ/ (pluriel fairies /'fɛəri:z/)

fêlé, fêlée

1 ▷ Le verre est fêlé.
The glass is cracked.

(= fissuré) cracked /krækt/ (**plus fêlé** more cracked, **le plus fêlé** the most cracked)

2 ▷ Tu es complètement fêlé !
You're completely crazy!

(= fou) crazy /'kreɪzɪ/ (**plus fêlé** crazier, **le plus fêlé** the craziest)

félicitations

▷ Tu as eu ton permis ? Félicitations !
You got your driving licence? Congratulations!

congratulations /kən,grætjʊ'leɪʃənz/

féliciter

▷ Je vais appeler Marco pour le féliciter.
I'm going to call Marco to congratulate him.

congratulate /kən'grætjʊleɪt/

femelle

▷ Les femelles ont la tête noire et les mâles ont la tête blanche.
Females have a black head and males have a white head.

▷ C'est une souris femelle.
It's a female mouse.

female /'fi:meɪl/

*Le premier **e** se prononce comme le **ee** de **week**, et le **a** est celui de **make**.*

féminin, féminine

1 ▷ Elle porte des vêtements très féminins.
She wears very feminine clothes.

(fille, femme, vêtements) feminine /'femɪnɪn/ (**plus féminin** more feminine, **le plus féminin** the most feminine)

2 ▷ Elle est abonnée à trois magazines féminins.
She subscribes to three women's magazines.

(presse, équipe) women's /'wɪmɪnz/

femme

1 ▷ Il y a plus de femmes que d'hommes dans cette association.
There are more women than men in this association.

▷ C'est une femme très brillante.
She's a very brilliant woman.

(= une personne de sexe féminin) woman /'wʊmən/ (pluriel women /'wɪmɪn/)

*Attention à la prononciation du pluriel : le **o** et le **e** se prononcent comme le **i** de **big**. C'est comme si **women** s'écrivait 'wimin'.*

2 ▷ C'est la femme de monsieur Carré.
She's Mr Carré's wife.

▷ Qu'est-ce qu'elle fait comme métier ? – Elle est femme au foyer.
What's her job? – She's a housewife.

(= une épouse) **wife** /waɪf/ (pluriel **wives** /waɪvz/)

► **femme au foyer : housewife** /ˈhaʊsˌwaɪf/ (pluriel **housewives** /ˈhaʊsˌwaɪvz/)

ℹ *Notez l'emploi de l'article **a** : be **a** housewife.*

3 ▷ Il y a une nouvelle femme de ménage au bureau.
There's a new cleaner at the office.

► **femme de ménage : cleaner** /ˈkliːnəʳ/

fenêtre

▷ J'ai regardé par la fenêtre et j'ai vu que les voisins partaient.
I looked out of the window and I saw that the neighbours were leaving.

window /ˈwɪndəʊ/

ℹ *Notez la préposition employée en anglais :* regarder par la fenêtre = ***look out of the window***.

fente

1 ▷ Il y a une fente au plafond.
There's a crack in the ceiling.

(= fissure) **crack** /kræk/

2 ▷ Tu dois mettre la pièce dans la fente.
You have to put the coin in the slot.

(d'un distributeur, d'une cabine téléphonique) **slot** /slɒt/

3 ▷ Elle portait une jupe avec une fente.
She was wearing a skirt with a slit.

(d'une jupe, d'une robe) **slit** /slɪt/

fer

▷ Il y a un peu de fer dans les épinards.
There is some iron in spinach.

iron /ˈaɪən/

🔊 *Le **r** de **iron** ne se prononce pas. **Iron** rime avec le mot anglais **lion** et le nom anglais **Brian**.*

▷ Cette grille est en fer.
These railings are made of iron.

► **être en fer : be made of iron**

▷ Ils ont ouvert la porte avec une barre en fer.
They opened the door with an iron bar.

► **en fer : iron**

▷ Le fer à repasser ne marche plus.
The iron isn't working anymore.

► **fer à repasser : iron**

férié

▷ Le huit mai est un jour férié en France.
The eighth of May is a bank holiday in France.

▷ Demain est férié.
Tomorrow is a bank holiday.

► **jour férié : bank holiday** /bæŋk ˈhɒlɪdeɪ/ (pluriel **bank holidays**)

ℹ *On dit aussi **public** /ˈpʌblɪk/ **holiday**.*

ferme

▷ Ce matelas est ferme.
This mattress is firm.

(= compact) firm /fɜːm/ (**plus ferme** firmer /fɜːməʳ/, **le plus ferme** the firmest /fɜːmɪst/)

ferme

▷ Ils vivent dans une ferme en Dordogne.
They live in a farm in Dordogne.

► **une ferme** (= une exploitation agricole) : a farm /fɑːm/

fermé, fermée

▷ Tous les magasins sont fermés.
All the shops are closed.

closed /kləʊzd/

ℹ *On dit aussi* ***shut*** */ʃʌt/.*

fermer

1 ▷ Ferme les yeux et pense à quelque chose d'agréable.
Close your eyes and think of something nice.

La traduction la plus courante de **fermer** *est* close */kləʊz/. Le verbe* ***shut*** */ʃʌt/* (shut, shut) *est aussi employé.*

▷ J'ai fermé la porte parce qu'il y avait trop de bruit.
I closed the door because there was too much noise.

▷ Ce tiroir ne ferme pas bien.
This drawer doesn't close properly.

Le ***s*** *du verbe* ***close*** *se prononce comme un* ***z****.*

▷ La porte s'est fermée toute seule.
The door closed on its own.

► **se fermer :** close /kləʊz/

2 ▷ Ferme ton manteau, il fait froid dehors.
Do your coat up, it's cold outside.

(= boutonner) do up /duː 'ʌp/ (did up /dɪd 'ʌp/, done up /dʌn 'ʌp/)

3 ▷ N'oubliez pas de fermer l'eau.
Don't forget to turn the water off.

(= éteindre, couper) turn off /tɜːn 'ɒf/

fermeture

1 ▷ J'espère que nous arriverons avant la fermeture du magasin.
I hope we will arrive before the shop closes.

Notez l'emploi du verbe ***close*** *dans l'exemple suivant.*

2 ▷ La fermeture éclair® est coincée.
The zip is jammed.

► **fermeture éclair® :** zip /zɪp/

En anglais américain, on dit ***zipper*** */'zɪpəʳ/.*

fermier, fermière

▷ Le fermier nous a vendu du lait.
The farmer sold us some milk.

(= agriculteur) farmer /'fɑːməʳ/

▷ Mon grand-père était fermier.
My grandfather was a farmer.

ℹ *N'oubliez pas l'article* ***a*** *ou* ***an*** *devant le nom du métier lorsqu'il suit les verbes* ***be*** *ou* ***become****.*

féroce

▷ Il y a une concurrence féroce.
There is fierce competition.

fierce /fɪəs/ (**plus féroce** fiercer, **le plus féroce** the fiercest)

ferry

▷ Nous avons pris le ferry de Calais à Douvres.
We took the ferry from Calais to Dover.

ferry /'ferɪ/ (pluriel **ferries** /'ferɪz/)

fesse

▷ Le médecin m'a fait une piqûre dans la fesse droite.
The doctor gave me an injection in my right buttock.

buttock /'bʌtək/

▷ Elle m'a dit que j'avais de grosses fesses.
She told me I've got a fat bottom.

► **les fesses** (= le derrière) : **bottom** /'bɒtəm/

fessée

▷ Mes parents me donnaient parfois des fessées.
Sometimes my parents smacked my bottom.
▷ Tu vas avoir une fessée !
I'm going to smack your bottom!

ℹ *Quand on parle de donner une fessée à quelqu'un en anglais, on emploie l'expression **smack** /smæk/ + possessif + **bottom** /'bɒtəm/.*

festival

▷ Il y a un festival de cinéma au mois de juin.
There is a cinema festival in June.

festival /'festɪvəl/

*L'accent tonique est sur la première syllabe **fes-**.*

fête

1 ▷ Est-ce que tu vas à la fête de John ?
Are you going to John's party?

(= soirée) **party** /'pɑːtɪ/ (pluriel **parties** /'pɑːtɪz/)

▷ J'ai envie de faire une fête pour mon anniversaire.
I feel like having a party for my birthday.

► **faire une fête** : **have a party**

2 ▷ Aujourd'hui c'est la fête de Catherine.
Today is Catherine's saint's day.

(= jour du prénom) **saint's day** /'seɪnts deɪ/

Dans les pays anglophones, on ne souhaite pas leur fête aux gens.

3 ▷ Toute la famille était à la fête du village.
The whole family was at the village fair.

(= kermesse) **fair** /fɛəʳ/

▷ La fête foraine se termine dimanche.
The funfair ends on Sunday.

► **fête foraine** : **funfair** /'fʌnfɛəʳ/

4 ▷ Ils ont fait la fête toute la nuit.
They partied all night.
▷ J'aime faire la fête.
I love to party.

► **faire la fête :** party /ˈpɑːtɪ/

Le y du verbe **party** *devient* **ie** *à la troisième personne du présent de l'indicatif* (parties /ˈpɑːtɪz/)*, au prétérit et au participe passé* (partied /ˈpɑːtɪd/).

5 ▷ N'oublie pas la fête des Mères !
Don't forget Mother's Day!
▷ Dimanche, c'est la fête des Pères.
Sunday is Father's Day.

► **la fête des Mères :** Mother's Day /ˈmʌðəz deɪ/
► **la fête des Pères :** Father's Day /ˈfɑːðəz deɪ/

ℹ *Notez l'absence de l'article* **the** *en anglais.*

fêter

▷ Nous avons fêté l'anniversaire de Joanne.
We celebrated Joanne's birthday.

(un événement) **celebrate** /ˈselɪbreɪt/

feu

1 ▷ Les pompiers ont réussi à éteindre le feu.
The firemen managed to put out the fire.

(= incendie, flammes) **fire** /faɪəʳ/

▷ Faisons un feu pour nous réchauffer.
Let's make a fire to warm ourselves up.

► **faire un feu :** make a fire (made, made)

▷ Quelqu'un a mis le feu à l'immeuble.
Somebody set fire to the building.

► **mettre le feu à :** set fire to (set, set)

▷ Les rideaux ont pris feu tout de suite.
The curtains caught fire straight away.

► **prendre feu :** catch /kætʃ/ fire (caught, caught /kɔːt/)

2 ▷ Est-ce que vous avez du feu, s'il vous plaît ?
Have you got a light, please?

► **du feu** (pour allumer une cigarette) : a light /laɪt/

3 ▷ Tournez à gauche au feu rouge.
Turn left at the traffic lights.
▷ La voiture ne s'est pas arrêtée aux feux.
The car didn't stop at the traffic lights.

► **feu rouge** *ou* **feux :** traffic lights /ˈtræfɪk ˌlaɪts/

4 ▷ Je ne veux pas manquer le feu d'artifice du quatorze Juillet.
I don't want to miss the firework display on the fourteenth of July.

► **feu d'artifice :** firework display /ˈfaɪəwɜːk dɪsˌpleɪ/ (pluriel firework displays)

ℹ *On dit aussi* **fireworks** /ˈfaɪəwɜːks/.

feuille

1 ▷ Les feuilles commencent à tomber.
The leaves are beginning to fall.

(d'un arbre) **leaf** /liːf/ (pluriel leaves /liːvz/)

2 ▷ Est-ce que tu peux me donner une feuille de papier ?
Can you give me a sheet of paper?

(de papier) **sheet** /ʃiːt/

feuilleton

▷ Lionel ne rate jamais un épisode de son feuilleton préféré.
Lionel never misses an episode of his favourite serial.

serial /ˈsɪərɪəl/

feutre

▷ Est-ce que tu aurais un feutre rouge ?
Have you got a red felt-tip pen?

(= stylo) **felt-tip pen** /ˌfelttɪp ˈpen/ (pluriel **felt-tip pens**)

fève

1 ▷ Nous avons mangé des fèves en entrée.
We had broad beans as a starter.

(= haricot) **broad bean** /brɔːd ˈbiːn/

2 ▷ La personne qui trouve la fève doit acheter une autre galette !
The person who finds the charm has to buy another 'galette'!

(= la figurine de la galette des Rois) **charm** /tʃɑːm/

ℹ *Charm est une traduction approximative, car la tradition de la galette des Rois n'existe pas au Royaume-Uni.*

février

▷ Il fait souvent froid en février.
It's often cold in February.

▷ Stéphanie est née le trois février.
Stéphanie was born on the third of February.

February /ˈfebrʊərɪ/

ℹ *S'écrit toujours avec une majuscule, comme tous les noms de mois en anglais.*

ℹ *Notez l'emploi de **on** et **of** en anglais lorsqu'on dit la date.*

ℹ *On écrit **3 February**.*

fiable

▷ Jacques est très fiable.
Jacques is very reliable.

reliable /rɪˈlaiəbl/

🔊 *Le i est celui de **like**.*

fiancé

▷ Le fiancé d'Isabelle est très sympa.
Isabelle's fiancé is very nice.

fiancé

🔊 *Se prononce comme en français.*

fiancée

▷ Éric est venu avec sa fiancée.
Éric came with his fiancée.

fiancée

🔊 *Se prononce comme en français.*

ficelle

▷ As-tu un peu de ficelle ?
Have you got some string?

string /ˈstrɪŋ/

fiche

▷ J'ai des fiches de cuisine.
I have recipe cards.

(= carte) **card** /kɑːd/

ficher

1 ▷ Il n'a rien fichu pendant les vacances.
He didn't do anything during the holidays.

(= faire) **do** /duː/ (**did** /dɪd/, **done** /dʌn/)

2 ▷ Où est-ce que tu as fichu le journal ?
Where did you put the newspaper?

(= mettre) **put** /pʊt/ (**put, put**)

3 ▷ Elle lui a fichu une claque.
She gave him a slap.

(= donner) **give** /gɪv/ (**gave** /geɪv/, **given** /'gɪvən/)

4 ▷ Arrêtez de vous ficher de moi !
Stop making fun of me!

► **se ficher de** quelqu'un (= se moquer, sens familier) : **make fun** /fʌn/ **of** somebody (**made fun of, made fun of**)

5 ▷ Tu peux dire ce que tu veux, je m'en fiche !
You can say what you want, I don't care!

► **je m'en fiche :** **I don't care** /ˌaɪ dəʊnt 'kɛəʳ/

fichier

▷ Je l'ai classé dans le fichier « Factures ».
I filed it in the "Invoices" file.

▷ Il a effacé deux fichiers par erreur.
He deleted two files by mistake.

file /faɪl/

Le ***i*** *du mot anglais* ***file*** *se prononce comme le* ***i*** *de* ***like****.*

fictif, fictive

▷ Ce sont des personnages fictifs.
They are fictitious characters.

(= imaginaire) **fictitious** /fɪk'tɪʃəs/

fidèle

▷ Il lui est resté fidèle.
He remained faithful to her.

(= loyal) **faithful** /'feɪθfʊl/ (**plus fidèle more faithful, le plus fidèle the most faithful**)

fier, fière

▷ Emmanuelle est très fière de sa nouvelle montre.
Emmanuelle is very proud of her new watch.

proud /praʊd/ (**plus fier prouder** /'praʊdəʳ/, **le plus fier the proudest** /'praʊdɪst/)

fierté

▷ Je n'ai pas accepté son aide, j'ai ma fierté !
I didn't accept his help, I have my pride!

pride /praɪd/

fièvre

▷ Je crois que j'ai de la fièvre.
I think I've got a temperature.

► **avoir de la fièvre :** **have a temperature** /'temprɪtʃəʳ/

▷ Elle avait 39 de fièvre.
She had a temperature of 39.

ℹ *Quand on exprime la température du corps en parlant de la fièvre, en anglais, on emploie l'expression* ***have a temperature of...***

ℹ *Le mot* ***fever*** /ˈfiːvəʳ/ *existe en anglais, mais il est moins courant que* ***temperature*** *quand on parle d'une personne qui a de la fièvre.*

figue

▷ Il y a des figues dans cette salade de fruits.
There are figs in this fruit salad.

fig /fɪg/

figure

▷ J'ai encore des boutons sur la figure !
I've got spots on my face again!

(= visage) face /feɪs/

Attention : notez que le mot anglais ***figure*** *signifie « silhouette », « ligne (du corps) » ou encore « chiffre ».*

figurer

1 ▷ Apparemment, mon nom ne figure pas sur la liste.
Apparently, my name doesn't appear on the list.

(= être mentionné) appear /əˈpɪəʳ/

2 ▷ Elle se figure que ça va être facile !
She thinks it's going to be easy!

► **se figurer que...** (= croire que) : think /θɪŋk/ that... (thought, thought /θɔːt/)

ℹ *Le mot* ***that*** *est souvent omis, comme dans l'exemple ci-dessus.*

fil

1 ▷ J'ai besoin de fil pour coudre ce bouton.
I need some thread to sew this button on.

(pour coudre) thread /θred/

Thread *rime avec* ***bed***.

2 ▷ Le fil du fer à repasser est tout emmêlé.
The cord of the iron is all tangled up.

(d'un appareil électrique) cord /kɔːd/

3 ▷ Le fil de fer de la clôture est rouillé.
The wire of the fence is rusty.

► **fil de fer :** wire /ˈwaɪəʳ/

file

1 ▷ Il y a une file de voitures devant la station-service.
There's a line of cars in front of the petrol station.

(= rangée) line /laɪn/

2 ▷ Nous sommes restés dans la file de droite.
We stayed in the right-hand lane.

(= la partie de la route) lane /leɪn/

3 ▷ Il y a une file d'attente d'au moins deux cents personnes !
There's a queue of at least two hundred people!

► **file d'attente :** queue /kjuː/

Le mot anglais ***queue*** *rime avec* ***few*** *et* ***you****.*

En anglais américain on dit ***line*** */laɪn/.*

4 ▷ On a regardé deux films à la file.
We watched two films in a row.

► **à la file :** in a row /ɪn ə 'rəʊ/

filer

1 ▷ La voiture filait à toute vitesse.
The car was going very fast.

(= aller vite) **go very fast** /fɑːst/

2 ▷ Il faut que je file !
I must go!

(= partir, sens familier) **go** /gəʊ/ (**went** /went/, **gone** /gɒn/)

3 ▷ Tu peux me filer un timbre ?
Can you give me a stamp?

(= donner, sens familier) : **give** /gɪv/ (**gave** /geɪv/, **given** /'gɪvən/)

filet

1 ▷ Ils pêchent avec d'immenses filets.
They fish with huge nets.

(pour pêcher) **net** /net/

2 ▷ Je vais prendre le filet de porc.
I'm going to have the pork fillet.

(de viande, de poisson) **fillet** /'fɪlɪt/

Attention à l'orthographe et la prononciation du mot anglais ***fillet****. C'est comme si on disait* ***fill it****.*

fille

1 ▷ Sylvie est une fille bizarre.
Sylvie is a strange girl.

(par opposition à « garçon ») **girl** /gɜːl/

2 ▷ Ils ont un fils et deux filles.
They have one son and two daughters.

(= l'enfant de quelqu'un) **daughter** /'dɔːtəʳ/

filleul

▷ Il fait souvent des cadeaux à son filleul.
He often gives presents to his godson.

godson /'gɒdsʌn/

filleule

▷ Mélissa est la filleule de ma mère.
Mélissa is my mother's goddaughter.

goddaughter /'gɒddɔːtəʳ/

film

▷ Est-ce que vous avez vu son dernier film ?
Did you see his last film?

film /fɪlm/

On dit aussi ***movie*** */'muːvɪ/, surtout en anglais américain.*

filmer

▷ Ils sont en train de filmer un documentaire.
They're filming a documentary.

film /fɪlm/

fils

▷ Comment s'appelle votre fils ?
What's your son's name?

son /sʌn/

Le mot anglais *son* se prononce de la même façon que *sun* (= soleil).

filtre

▷ Zut, il n'y a plus de filtres à café !
Damn, there aren't any coffee filters left!

filter /ˈfɪltəʳ/

Attention à l'orthographe.

fin NOM

▷ J'ai trouvé la fin du film très triste.
I found the end of the film very sad.

(= conclusion) **end** /end/

▷ Ils partiront fin septembre.
They will leave at the end of September.

Lorsque fin est suivi directement d'un nom de mois, on emploie en anglais l'expression *at the end of*.

▷ On peut se retrouver en fin d'après-midi.
We can meet up at the end of the afternoon.

► **en fin de :** at the end of

▷ En fin de compte, c'était une réussite.
In the end, it was a success.

► **en fin de compte :** in the end

fin, fine ADJECTIF

1 ▷ Il y a une fine couche de confiture dans le gâteau.
There's a thin layer of jam in the cake.

(= mince) **thin** /θɪn/ (plus fin thinner /ˈθɪnəʳ/, le plus fin the thinnest /ˈθɪnɪst/)

2 ▷ Elle a des cheveux très fins.
She's got very fine hair.

(cheveux, sable, etc.) **fine** /faɪn/ (plus fin finer /ˈfaɪnəʳ/, le plus fin the finest /ˈfaɪnɪst/)

3 ▷ Il n'est vraiment pas très fin !
He really isn't very clever!

(= intelligent) **clever** /ˈklevəʳ/ (plus fin cleverer /ˈklevərəʳ/, le plus fin the cleverest /ˈklevərɪst/)

finale

▷ Qui a gagné la finale du championnat ?
Who won the championship final?

(= match) **final** /ˈfaɪnl/

Le *i* de *final* se prononce comme le *i* de *like*.

▷ Notre équipe est en finale.
Our team is in the final.

► **être en finale :** be in the final

finalement

1 ▷ Qu'est-ce qui s'est passé finalement ?
What happened in the end?

(= à la fin) **in the end** /ˌɪn ðɪ ˈend/

2 ▷ Finalement, ce n'est pas mal.
After all it's not bad.

(= après tout) **after all** /ˌɑːftərˈɔːl/

Attention ! Finalement ne se traduit pas par *finally*, qui signifie « enfin ».

finir

▷ Je n'ai pas encore fini mon rapport.
I haven't finished my report yet.

▷ La pièce de théâtre a fini à dix heures.
The play finished at ten o'clock.

▷ Si tu as fini de faire tes valises, est-ce que tu peux m'aider ?
If you have finished packing your bags, can you help me?

▷ Il a fini par accepter.
He eventually accepted.

finish /'fɪnɪʃ/

Attention à la prononciation de ***finished*** *:* /'fɪnɪʃt/.

► **finir de** + *infinitif* **: finish** + *-ing*

Pour dire en anglais qu'on **finit par faire quelque chose**, *on emploie* ***eventually*** /ɪ'ventʃʊəlɪ/ *avant le verbe.*

Le mot ***eventually*** *ne signifie pas « éventuellement ».*

fissure

▷ Il y a des fissures dans les murs.
There are cracks in the walls.

crack /kræk/

fixe

▷ C'est un taux fixe.
It's a fixed rate.

fixed /fɪkst/

fixer

1 ▷ Je ne sais pas comment fixer cette carte au mur.
I don't know how to hang this map on the wall.

(= accrocher) **hang** /hæŋ/ (hung, hung /hʌŋ/)

2 ▷ J'ai fixé l'aile sur ma maquette d'avion.
I stuck the wing on my model plane.

(= coller) **stick** /stɪk/ (stuck, stuck /stʌk/)

3 ▷ On doit fixer une date pour la soirée.
We have to set a date for the party.

(= décider, établir) **set** /set/ (set, set)

4 ▷ Pourquoi est-ce qu'il me fixe comme ça ?
Why is he staring at me like that?

(= regarder fixement) **stare** /stεə'/ **at**

flacon

▷ À qui est ce flacon de parfum ?
Whose perfume bottle is this?

bottle /'bɒtl/

flamber

1 ▷ Le bois flambe dans la cheminée.
The wood is burning in the fireplace.

(= brûler) **burn** /bɜːn/

Le prétérit et le participe passé de ***burn*** *peuvent être soit* ***burned*** /bɜːnd/, *soit* ***burnt*** /bɜːnt/.

2 ▷ On pourrait faire flamber les crêpes.
We could flambé the pancakes.

(quelque chose qu'on mange)
flambé /'flɒmbeɪ/ (flambéed, flambéed /'flɒmbeɪd/)

flamme

▷ Les flammes sont très hautes.
The flames are very high.

▷ L'immeuble était en flammes.
The building was in flames.

flame /fleɪm/
Attention à l'orthographe : un seul ***m*** *en anglais.*
► **en flammes :** in flames /ɪn 'fleɪmz/

flan

▷ Il y a du flan comme dessert.
There's custard tart for dessert.

custard tart /ˌkʌstəd 'tɑːt/

flâner

▷ J'adore flâner dans les rues.
I love strolling in the streets.

stroll /strəʊl/

flanquer

▷ Elle a flanqué une claque à Georges.
She gave Georges a slap.

(= donner) **give** /gɪv/ (gave /geɪv/, given /'gɪvən/)

flaque

▷ Je me suis salie en marchant dans une flaque d'eau.
I got dirty when I stepped in a puddle of water.

puddle /'pʌdl/

flash

▷ Le flash n'a pas fonctionné.
The flash didn't work.

flash /flæʃ/ (pluriel flashes /'flæʃɪz/)

flèche

▷ Ils utilisent des flèches empoisonnées pour chasser.
They use poisoned arrows to hunt.

▷ Suis la flèche et tu trouveras la sortie.
Follow the arrow and you'll find the exit.

arrow /'ærəʊ/

Arrow rime avec ***go*** *et* ***Joe****.*

fléchette

▷ Les Anglais jouent parfois aux fléchettes dans les pubs.
The English sometimes play darts in pubs.

dart /dɑːt/
► **jouer aux fléchettes :** play darts

flemme

▷ J'ai la flemme de cuisiner.
I can't be bothered to cook.
▷ J'avais la flemme !
I couldn't be bothered!

ℹ *Pour dire qu'on* a la flemme de faire quelque chose *en anglais, on emploie l'expression* ***can't be bothered*** /ˌkɑːnt bɪ ˈbɒðəd/ *+* ***to*** *+ base verbale. Au passé :* ***couldn't be bothered*** /ˌkʊdnt bɪ ˈbɒðəd/.

fleur

▷ Il y a de jolies fleurs bleues dans le jardin.
There are some pretty blue flowers in the garden.
▷ Les rosiers sont en fleurs.
The roses are in flower.

flower /ˈflaʊəʳ/

► **en fleur(s) : in flower**

ℹ *Pour un arbre qui est en fleurs, on peut aussi dire* ***in blossom*** /ˈblɒsəm/.

fleurir

▷ Les roses n'ont pas encore fleuri.
The roses haven't flowered yet.

flower /ˈflaʊəʳ/

fleuriste

▷ La fleuriste est très sympa.
The florist is very nice.
▷ Où est Luc ? – Chez le fleuriste.
Where's Luc? – At the florist's.
▷ J'ai couru chez le fleuriste.
I ran to the florist's.
▷ Ma sœur est fleuriste.
My sister is a florist.

florist /flɒrɪst/

► **chez le fleuriste** (= dans le magasin) : **at the florist's**

► **chez le fleuriste** (= vers le magasin) : **to the florist's**

ℹ *N'oubliez pas l'article* ***a*** *ou* ***an*** *devant le nom du métier lorsqu'il suit les verbes* ***be*** *ou* ***become***.

fleuve

▷ La Tamise est un fleuve immense.
The Thames is a huge river.

river /ˈrɪvəʳ/

ℹ *En anglais, on ne fait pas de distinction entre un fleuve et une rivière ; tous deux se traduisent par* ***river***.

flic

▷ Il y avait des flics partout !
There were cops everywhere!

cop /kɒp/

ℹ ***Cop****, comme* flic*, est un mot familier.*

flipper

▷ Est-ce qu'il y a un flipper dans ce café ?
Is there a pinball machine in that café?
▷ Tu veux jouer au flipper avec moi ?
Do you want to play pinball with me?

(= jeu) **pinball machine** /ˈpɪnbɔːl məʃiːn/

► **jouer au flipper : play pinball**

flirter

▷ Il a flirté plusieurs mois avec ma sœur.
He went around for several months with my sister.

► **flirter avec** quelqu'un **:** go around with somebody (went /went/, gone /gɒn/)

flocon de neige

▷ Tu as un flocon de neige sur le nez.
You've got a snowflake on your nose.

snowflake /'snəʊfleɪk/

flotter

▷ Des feuilles mortes flottent sur la rivière.
Dead leaves are floating on the river.

(sur l'eau, dans l'air) float /fləʊt/

flou, floue

1 ▷ La photo est très floue.
The photograph is very blurred.

(photographie) blurred /blɜːd/ (**plus flou** more blurred, **le plus flou** the most blurred)

Blurred rime avec third et bird.

2 ▷ J'ai des souvenirs assez flous de ce week-end.
My memories of the weekend are quite vague.

(souvenir, idée) vague /veɪg/ (**plus flou** vaguer /veɪgəʳ/, **le plus flou** the vaguest /veɪgəst/)

fluo

▷ Pat porte des chaussettes fluo.
Pat is wearing fluorescent socks.

fluorescent /flʊə'resnt/

flûte

1 ▷ Gérard joue de la flûte dans un orchestre.
Gérard plays the flute in an orchestra.

(traversière) flute /fluːt/
► **jouer de la flûte :** play the flute

2 ▷ Aurélien joue bien de la flûte.
Aurélien plays the recorder well.

(à bec) recorder /rɪ'kɔːdəʳ/
► **jouer de la flûte :** play the recorder

3 ▷ Où sont les flûtes à champagne ?
Where are the champagne glasses?

► **flûte à champagne :** champagne glass /ʃæm'peɪn glɑːs/ (pluriel champagne glasses)

foie

▷ C'est mauvais pour le foie de manger trop de chocolat.
It's bad for the liver to eat too much chocolate.

liver /'lɪvəʳ/

Le i de liver se prononce comme le i de big.

foin

▷ Nous avons donné du foin au cheval.
We gave some hay to the horse.

hay /heɪ/

foire

▷ Est-ce que tu es allé à la foire du livre cette année ?
Have you been to the book fair this year?

fair /fɛəʳ/

fois

▷ C'est la première fois que je vois ça.
It's the first time I've seen this.

time /taɪm/

▷ C'est arrivé une fois seulement.
It happened only once.

► **une fois : once** /wʌns/

▷ Pour une fois, tu pourrais me prêter ton vélo.
For once, you could lend me your bike.

► **pour une fois : for once** /fə 'wʌns/

▷ Appelle-moi une fois qu'il sera parti.
Call me once he has left.

► **une fois que** + *futur antérieur* **:** once /wʌns/ + *present perfect*

▷ Je te l'ai déjà dit deux fois !
I've already told you twice!

► **deux fois : twice** /twaɪs/

▷ Quatre fois cinq égale vingt.
Four times five equals twenty.

ℹ *Au-delà de deux, on dit* ***three times*** (trois fois), ***four times*** (quatre fois), *etc.*

▷ Ne parlez pas tous à la fois !
Don't all talk at the same time!

► **à la fois : at the same time** /ˌət ðə seɪm 'taɪm/

▷ Des fois je me dis qu'il est fou.
Sometimes I think he's mad.

► **des fois** (= parfois) **: sometimes** /'sʌmtaɪmz/

folie

▷ Il veut partir tout seul ? C'est de la folie !
He wants to leave on his own? It's madness!

madness /'mædnɪs/

folklorique

▷ Il y a un festival de musique folklorique à Lorient.
There's a folk music festival in Lorient.

folk /fəʊk/

🔊 *Le* ***l*** *ne se prononce pas en anglais.* ***Folk*** *rime avec* ***joke***.

folle

Regardez le mot ***fou***.

foncé, foncée

▷ Les couleurs foncées me vont mieux que les couleurs claires.
Dark colours suit me better than light colours.

dark /dɑːk/ (**plus foncé** darker /'dɑːkəʳ/, **le plus foncé** the darkest /'dɑːkɪst/)

foncer

1 ▷ Il a foncé sur moi.
He charged at me.

(= se précipiter) charge /tʃɑːdʒ/

ℹ *Notez la préposition employée en anglais :* foncer <u>sur</u> = ***charge <u>at</u>***.

2 ▷ Nous avons foncé pour essayer d'attraper le train.
We went fast to try and catch the train.

(= aller, rouler très vite) go fast /fɑːst/ (went, gone)

fonction

1 ▷ Cette montre a des fonctions intéressantes.
This watch has some interesting functions.

function /ˈfʌŋkʃən/

2 ▷ Le prix varie en fonction du poids.
The price varies according to the weight.

► **en fonction de :** according to /əˈkɔːdɪŋ tuː/

3 ▷ Cela ne fait pas partie de mes fonctions.
It's not part of my duties.

► **fonctions** (d'un employé) : duties /ˈdjuːtiːz/

fonctionnaire

▷ De nombreux fonctionnaires étaient en grève.
Many civil servants were on strike.

civil servant /sɪvəlˈsɜːvənt/ (pluriel civil servants)

fonctionner

▷ Ce réveil ne fonctionne pas.
This alarm clock doesn't work.

work /wɜːk/

fond

1 ▷ Son portefeuille est tombé au fond de l'eau.
His wallet fell to the bottom of the water.

▷ Ces poissons vivent au fond de la mer.
These fish live at the bottom of the sea.

(= la partie profonde) bottom /ˈbɒtəm/

ℹ *Faites bien la différence entre* ***at the bottom*** (quand on dit que quelque chose se situe au fond) et ***to the bottom*** (quand il y a un déplacement vers le fond).

2 ▷ Il s'assied toujours au fond de la classe.
He always sits at the back of the classroom.

▷ Va au fond de la pièce !
Go to the back of the room!

(= l'arrière) back /bæk/

ℹ *Faites bien la différence entre* ***at the back*** (quand on dit que quelque chose se situe au fond) et ***to the back*** (quand il y a un déplacement vers le fond).

3 ▷ Au fond, il a peut-être raison.
In fact, maybe he's right.

► **au fond** (= finalement) : in fact /ɪn ˈfækt/

4 ▷ Ce fond de teint est trop foncé.
This foundation is too dark.

► **fond de teint :** foundation /faʊnˈdeɪʃən/

fondamental, fondamentale

▷ C'est un problème fondamental.
It's a fundamental problem.

fundamental /ˌfʌndəˈmentl/ (**plus fondamental** more fundamental, **le plus fondamental** the most fundamental)

Attention à l'orthographe du mot anglais, qui s'écrit avec un ***u*** *:* ***fundamental****.*

fondre

1 ▷ La neige est en train de fondre.
The snow is melting.

(= se transformer en liquide) **melt** /melt/

2 ▷ Attends que le sucre fonde dans le café.
Wait for the the sugar to dissolve in the coffee.

(= se dissoudre) **dissolve** /dɪ'zɒlv/

Le ***ss*** *du mot anglais* ***dissolve*** *se prononce comme le* ***z*** *de* ***zoo****.*

3 ▷ Elle a fondu en larmes.
She burst into tears.

► **fondre en larmes :** burst /bɜːst/ into tears /'tɪəz/ (burst, burst)

fontaine

▷ On pourrait se retrouver dans le parc, près de la fontaine.
We could meet in the park, near the fountain.

fountain /'faʊntɪn/

Attention à l'orthographe et la prononciation du mot ***fountain****.*

foot

▷ Le foot est un sport passionnant.
Football is a fascinating sport.

football /'fʊtbɔːl/

Il n'y a pas d'abréviation anglaise équivalente à **foot** *; il faut employer le mot* ***football*** *en entier.*

En anglais américain, on dit soccer /'sɒkəʳ/.

▷ Elle joue au foot tous les samedis.
She plays football every Saturday.

► **jouer au foot :** play football

football

▷ Le football est un sport passionnant.
Football is a fascinating sport.

▷ Il joue au football tous les samedis.
He plays football every Saturday.

football /'fʊtbɔːl/

► **jouer au football :** play football

En anglais américain, on dit soccer /'sɒkəʳ/.

footballeur, footballeuse

▷ Certains footballeurs gagnent des millions.
Some footballers earn millions.

footballer /'fʊtbɔːləʳ/

On peut aussi dire ***football player*** /'fʊtbɔːl ˌpleɪəʳ/ (pluriel football players).

force

1 ▷ Il faut de la force pour faire ce métier.
You need strength to do this job.

▷ Il a beaucoup de force.
He is very strong.

(= force physique) **strength** /streŋθ/

► **avoir de la force :** be strong /strɒŋ/

2 ▷ Il va se faire mal à force de faire l'imbécile.
He's going to hurt himself if he keeps fooling around.

Pour dire que l'on **refait quelque chose sans arrêt**, *on emploie une expression avec le verbe* ***keep*** *+ -ing.*

forcément

1 ▷ Ça devait forcément arriver.
It was bound to happen.

Pour dire que quelque chose est inévitable, on emploie l'expression ***be bound to*** /'baʊnd tuː/ *+ base verbale.*

2 ▷ Il faut avoir au moins seize ans. – Non, pas forcément.
You must be at least sixteen. – No, not necessarily.

► **pas forcément :** not necessarily /ˌnɒt nesɪ'serəlɪ/

forcer

1 ▷ On a dû le forcer à s'excuser.
We had to force him to apologize.

► **forcer** quelqu'un **à** + *infinitif* **:** force /fɔːs/ somebody to + *base verbale*

2 ▷ Les voleurs ont forcé la porte du musée.
The burglars forced open the gallery door.

(= enfoncer) force open

3 ▷ Je me suis forcé à manger ce truc dégoûtant.
I forced myself to eat that disgusting thing.
▷ Ne te force pas !
Don't force yourself!

► **se forcer à** + *infinitif* **:** force oneself to + *base verbale*

ℹ *Le pronom personnel réfléchi fonctionne de la façon suivante (exemples au prétérit) : I forced* ***myself****, you forced* ***yourself****, he forced* ***himself****, she forced* ***herself****, we forced* ***ourselves****, you forced* ***yourselves****, they forced* ***themselves****.*

forêt

▷ C'est plus court de passer par la forêt.
It's shorter to go through the forest.
▷ Cette plante pousse dans la forêt vierge.
This plant grows in virgin forests.

forest /'fɒrɪst/

► **forêt vierge :** virgin forest

format

1 ▷ Ce sac a un format idéal.
This bag is an ideal size.

(= taille) size /saɪz/

🔊 *Le* ***i*** *de* ***size*** *se prononce comme le* ***i*** *de* ***like****.*

2 ▷ Envoie-moi le document en format RTF.
Send me the document in RTF format.

(d'un livre, d'un document informatique) format /'fɔːˈmæt/

🔊 *Le* ***t*** *du mot anglais* ***format*** *se prononce.*

formation

▷ Je vais suivre une formation en anglais commercial.
I'm going to take a course in business English.

(= stage) **course** /kɔːs/

forme

1 ▷ Ce vase a une drôle de forme.
This vase is a strange shape.
▷ Ça avait quelle forme ?
What shape was it?
▷ Elle a un réveil en forme de grenouille.
She has an alarm clock in the shape of a frog.

(= silhouette) **shape** /ʃeɪp/
ℹ *Notez qu'en anglais on emploie le verbe* ***be*** *avec* ***shape,*** *alors qu'en français on emploie le verbe* **avoir** *avec* **forme**.
► **en forme de :** in the shape of

2 ▷ On voit que Charles est en forme.
You can see that Charles is in good form.

► **être en forme :** be in good form

formidable

▷ C'est une fille formidable.
She's a great girl.

(= génial) **great** /greɪt/
🔊 ***Great*** *rime avec* ***late*** *et* ***hate***.

formulaire

▷ Est-ce que tu as rempli le formulaire ?
Have you filled in the form?

form /fɔːm/

fort, forte

1 ▷ Il est très fort, il peut soulever cent kilos.
He's very strong, he can lift a hundred kilos.
▷ Ce piment est trop fort pour moi.
This chilli is too strong for me.

(= costaud, piquant) **strong** /strɒŋ/ **(plus fort** stronger /'strɒŋgəʳ/, **le plus fort** the strongest /'strɒŋgɪst/**)**

2 ▷ Elle est forte en judo.
She is good at judo.

► **être fort en :** be good at /'gʊd æt/

3 ▷ Il a une voix forte.
He has a loud voice.
▷ Vous parlez trop fort, vous allez réveiller le bébé !
You're speaking too loud, you're going to wake the baby up!

(= bruyant, bruyamment) **loud** /laʊd/ **(plus fort** louder /'laʊdəʳ/, **le plus fort** the loudest /'laʊdɪst/**)**

4 ▷ J'ai dû taper trop fort sur le clou.
I must have hit the nail too hard.

(= avec force) **hard** /hɑːd/

fortune

▷ Ils ont une immense fortune.
They have a huge fortune.

fortune /'fɔːtʃuːn/

▷ Il a fait fortune en vendant des télés d'occasion.
He made his fortune by selling second-hand TVs.

► **faire fortune :** make one's fortune (made, made)

ℹ *L'adjectif possessif fonctionne de la façon suivante en anglais (exemples au prétérit) : I made* ***my*** *fortune, you made* ***your*** *fortune, he made* ***his*** *fortune, she made* ***her*** *fortune, we made* ***our*** *fortune, they made* ***their*** *fortune.*

forum

▷ J'ai ouvert un forum sur mon site.
I opened a chat room on my site.

(sur Internet) chat room /'tʃætru:m/ (pluriel chat rooms /'tʃætru:mz/)

fossé

▷ La voiture s'est retrouvée dans le fossé.
The car ended up in the ditch.

ditch /dɪtʃ/ (pluriel ditches /'dɪtʃɪz/)

fossette

▷ Elle a de jolies fossettes.
She has nice dimples.

dimple /'dɪmpl/

fou, folle

1 ▷ Tu es fou ! Arrête !
You're mad! Stop it!

(= malade) mad /mæd/ (**plus fou** madder /'mædəʳ/, **le plus fou** the maddest /mædɪst/)

ℹ *On peut aussi dire* crazy /kreɪzɪ/ (**plus fou** crazier /'kreɪzɪəʳ/, **le plus fou** craziest /'kreɪzɪɪst/).

2 ▷ Ce chanteur a eu un succès fou.
This singer has had a tremendous success.

(= énorme) tremendous /trə'mendəs/

3 ▷ Il a encore perdu ses clés ; c'est fou !
He has lost his keys again; it's incredible!

(= incroyable) incredible /ɪn'kredəbl/

foudre

▷ La mairie a été frappée par la foudre.
The town hall was struck by lightning.

lightning /'laɪtnɪŋ/

fouet

1 ▷ Le tigre a peur du fouet.
The tiger is frightened of the whip.

(pour frapper) whip /wɪp/

2 ▷ C'est plus facile de mélanger les ingrédients avec un fouet électrique.
It's easier to mix the ingredients with an electric whisk.

(pour faire la cuisine) whisk /wɪsk/

fouetter

1 ▷ Autrefois les criminels étaient parfois fouettés.
In the past criminals were sometimes whipped.

1 (= frapper) **whip** /wɪp/

🔊 *Il y a deux* **p** *au gérondif* (**whipping** /ˈwɪpɪŋ/), *au prétérit et au participe passé* (**whipped** /wɪpt/).

2 ▷ Fouette les œufs, puis ajoute-les à la pâte.
Whisk the eggs, then add them to the mixture.

2 (= battre des ingrédients) **whisk** /wɪsk/

fougère

▷ Je lui ai acheté une fougère.
I bought her a fern.

fern /fɜːn/

fouiller

1 ▷ Ils ont été fouillés à la frontière.
They were searched at the frontier.

1 ► **fouiller quelqu'un : search** /sɜːtʃ/ somebody

2 ▷ Qui t'a permis de fouiller dans mes affaires ?
Who allowed you to go through my things?

2 ► **fouiller dans** quelque chose : **go through** /θruː/ something (**went through, gone through**)

foulard

▷ Je vais lui offrir un foulard.
I'm going to give her a scarf.

scarf /skɑːf/ (pluriel **scarves** /skɑːvz/)

foule

▷ J'ai perdu mes copains dans la foule.
I lost my friends in the crowd.

crowd /kraʊd/

fouler

▷ Il s'est foulé la cheville en jouant au rugby.
He sprained his ankle while playing rugby.

► se **fouler la cheville : sprain** /spreɪn/ one's **ankle** /ˈæŋkl/

ℹ *L'adjectif possessif fonctionne de la façon suivante en anglais (exemples au prétérit) : I sprained* ***my*** *ankle, you sprained* ***your*** *ankle, he sprained* ***his*** *ankle, she sprained* ***her*** *ankle.*

foulure

▷ Il s'est fait une foulure à la cheville.
He sprained his ankle.

sprain /spreɪn/
► **se faire une foulure à : sprain** /spreɪn/

four

▷ Allume le four, puis prépare les ingrédients.
Switch the oven on, then prepare the ingredients.

oven /ˈʌvn/

🔊 *Le* **o** *de* **oven** *se prononce comme le* **u** *de* **duck**.

▷ Je vais cuire ce poisson au four.
I'm going to cook this fish in the oven.

► **cuire** quelque chose **au four :** cook something **in the oven**

fourchette

▷ Il manque une fourchette.
There's one fork missing.

(pour manger) **fork** /fɔːk/

fourmi

1 ▷ Les fourmis sont attirées par les miettes.
The ants are attracted by the crumbs.

(= insecte) **ant** /ænt/

2 ▷ Je suis restée assise par terre trop longtemps, maintenant j'ai des fourmis dans les jambes.
I sat on the floor for too long, now I've got pins and needles.

► **avoir des fourmis dans les jambes : have pins and needles** /ˌpɪnzn'nɪːdlz/

ℹ *Cette expression signifie littéralement « avoir des épingles et des aiguilles ».*

fournir

▷ L'institut nous fournit les livres.
The institute provides us with books.

provide /prə'vaɪd/

► **fournir** quelque chose **à** quelqu'un **: provide** somebody **with** something

fournisseur

▷ Quel est ton fournisseur d'accès ?
What's your service provider?

► **fournisseur d'accès (Internet) : (Internet) service provider**/ ('ɪntəˌnet) 'sɜːvɪs prə'vaɪdə^r/

fournitures (de bureau)

▷ J'achète mes fournitures au supermarché.
I buy my stationery in a supermarket.

stationery /'steɪʃənərɪ/

fourrure

▷ La fausse fourrure était à la mode l'hiver dernier.
Fake fur was fashionable last winter.

fur /fɜː^r/

▷ Elle portait un manteau en fourrure.
She was wearing a fur coat.

► **en** ou **de fourrure : fur**

▷ La fausse fourrure était à la mode l'hiver dernier.
Fake fur was fashionable last winter.

foutre

1 ▷ Il n'a rien foutu pendant les vacances.
He didn't do anything during the holidays.

(= faire) **do** /duː/ (**did** /dɪd/, **done** /dʌn/)

2 ▷ Où est-ce que tu as foutu le journal ?
Where did you put the newspaper?

(= mettre) **put** /pʊt/ (**put, put**)

3 ▷ Elle lui a foutu une claque.
She gave him a slap.

(= donner) **give** /gɪv/ (**gave** /geɪv/, **given** /'gɪvən/)

4 ▷ Arrêtez de vous foutre de moi !
Stop making fun of me!

► **se foutre de** quelqu'un (= se moquer) : **make fun** /fʌn/ **of** somebody (**made fun of, made fun of**)

5 ▷ Tu peux dire ce que tu veux, je m'en fous !
You can say what you want, I don't care!

► **je m'en fous :** I don't care /ˌaɪ dəʊnt 'kɛəʳ/

foyer

▷ Elle vit dans un foyer.
She lives in a hostel.

(de jeunes, d'étudiants) **hostel** /'hɒstəl/

fracture

1 ▷ Il a des fractures multiples.
He has multiple fractures.

(d'os) **fracture** /'fræktʃəʳ/

2 ▷ La fracture sociale ne cesse de s'agrandir.
The gap between the haves and the have-nots keeps widening.

► **la fracture sociale :** the gap between the haves and the have-nots

3 ▷ Ce sont des mesures destinées à réduire la fracture numérique.
These measures aim to reduce the digital divide.

► **la fracture numérique :** the digital divide

fragile

▷ Attention, ce vase est très fragile !
Be careful, that vase is very fragile!

fragile /'frædʒaɪl/ (**plus fragile** more fragile, **le plus fragile** the most fragile)

*Le **i** du mot anglais **fragile** se prononce comme le **i** de **like**.*

frais NOM

1 ▷ N'oubliez pas les frais de transport.
Don't forget transport costs.

(= dépenses) ***costs*** /kɒsts/

2 ▷ Les frais de scolarité ont augmenté.
School fees have increased.

► **frais de scolarité :** school fees /'sku:l fi:z/

frais, fraîche ADJECTIF

1 ▷ Ce jus de fruit est meilleur quand il est frais.
This fruit juice is better when it's chilled.

(quelque chose qu'on a mis au frais) **chilled** /tʃɪld/

2 ▷ Est-ce que vous voulez une boisson fraîche ?
Do you want a cold drink?

► **boisson fraîche :** cold drink /ˌkəʊld 'drɪŋk/

3 ▷ Ces moules n'ont pas l'air très fraîches.
These mussels don't look very fresh.

(= récent, en parlant d'un aliment) **fresh** /freʃ/ (**plus frais** fresher /'freʃəʳ/, **le plus frais** the freshest /'freʃɪst/)

4 ▷ Il fait frais ce soir, je vais mettre un pull.
It's cold tonight, I'm going to put a pullover on.

► **il fait frais** (= il fait trop froid) : it's cold /kəʊld/ **(il fait plus frais** it's colder /ˈkəʊldə^{r}/**)**

5 ▷ Ah, enfin il fait plus frais !
Ah, at last it's cooler!

► **il fait frais** (= c'est agréable) : it's cool /kuːl/ **(il fait plus frais** it's cooler /ˈkuːlə^{r}/**)**

6 ▷ Tu devrais mettre les restes au frais.
You should put the leftovers in a cool place.

► **au frais :** in a cool place /ˌɪn ə kuːl ˈpleɪs/

fraise

▷ Il y a des fraises dans la salade de fruits.
There are strawberries in the fruit salad.

▷ Tu veux de la glace à la fraise ?
Do you want some strawberry ice cream?

strawberry /ˈstrɔːbərɪ/ (pluriel strawberries /ˈstrɔːbərɪz/)

framboise

▷ Les framboises ne sont pas encore mûres.
The raspberries aren't ripe yet.

▷ Lionel a préparé une tarte à la framboise.
Lionel has made a raspberry tart.

raspberry /ˈrɑːzbərɪ/ (pluriel raspberries /ˈrɑːzbərɪz/)

*Le **p** ne se prononce pas. Dites **raz** + **bri**.*

franc, franche

▷ C'est une fille très franche.
She's a very frank girl.

frank /fræŋk/ **(plus franc** franker /ˈfræŋkə^{r}/, **le plus franc** the frankest /ˈfræŋkɪst/**)**

français, française

1 ▷ La cuisine française est réputée.
French cooking is famous.

(adjectif) **French** /frentʃ/

S'écrit toujours avec une majuscule, comme tous les adjectifs de nationalité en anglais.

2 ▷ C'est un Français qui habite en Californie.
He's a Frenchman who lives in California.

▷ Une Française s'occupe de nos enfants.
A Frenchwoman looks after our children.

▷ Les Français aiment le vin.
The French like wine.

► **un Français :** a Frenchman /ˈfrentʃmən/ (pluriel Frenchmen /ˈfrentʃmen/)

► **une Française :** a Frenchwoman /ˈfrentʃwʊmən/ (pluriel Frenchwomen /ˈfrentʃwɪmɪn/)

► **les Français :** the French

3 ▷ Je pense que tu parles très bien français.
I think you speak very good French.

(= langue) **French**

S'écrit avec une majuscule, comme tous les noms de langues en anglais.

France

▷ La France est réputée pour ses fromages.
France is famous for its cheeses.

France /frɑːns/
► **la France** : France
ℹ *Ne prend jamais d'article.*

▷ En France les gens dînent plus tard qu'en Angleterre.
In France people have dinner later than in Britain.

► **en France** (= dans le pays) : in France

▷ Tu devrais venir en France.
You should come to France.

► **en France** (= vers le pays) : to France

franchement

1 ▷ Dis-moi franchement ce que tu en penses.
Tell me frankly what you think of it.

(= sans mentir) **frankly** /ˈfræŋklɪ/

2 ▷ Franchement, tu exagères !
Honestly, you're going too far!

(pour dire qu'on est indigné) **honestly** /ˈɒnɪstlɪ/
🔊 *Le **h** de **honestly** ne se prononce pas.*

3 ▷ Ses blagues sont franchement mauvaises.
His jokes are really bad.

(= vraiment) **really** /ˈrɪəlɪ/

frange

▷ Elle coupe sa frange elle-même.
She cuts her fringe herself.

fringe /frɪndʒ/

frapper

1 ▷ Je l'ai vu frapper son chien.
I saw him hit his dog.

(= battre) **hit** /hɪt/ (hit, hit)

2 ▷ Quelqu'un a frappé, va ouvrir.
Somebody knocked at the door, go and open it.

(= cogner à la porte) **knock** /nɒk/ **at the door**
🔊 *Le premier **k** de **knock** ne se prononce pas.*

3 ▷ Il a frappé dans ses mains pour appeler son chien.
He clapped his hands to call his dog.

► **frapper dans ses mains** : clap /klæp/ one's hands
🔊 *Il y a deux **p** au gérondif* (clapping /klæpɪŋ/)*, au prétérit et au participe passé* (clapped /klæpt/).

freezer

▷ Les glaçons sont dans le freezer.
The ice cubes are in the freezer compartment.

freezer compartment /ˈfriːzə kəm,pɑːtmənt/
ℹ ***Freezer** tout seul signifie « congélateur » en anglais.*

frein

▷ Le mécanicien a dit que c'était un problème de freins.
The mechanic said that it was a problem with the brakes.

brake /breɪk/

▷ N'oublie pas de mettre le frein à main.
Don't forget to put the handbrake on.

► **frein à main : handbrake** /'hændbreɪk/

freiner

▷ Tout d'un coup, la voiture devant nous a freiné.
Suddenly, the car in front of us braked.

brake /breɪk/

fréquemment

▷ Nos cousins viennent fréquemment nous voir.
Our cousins frequently come to see us.

frequently /'friːkwəntlɪ/

fréquenter

1 ▷ Est-ce que vous fréquentez beaucoup vos cousins ?
Do you see your cousins a lot?

(= voir souvent) **see** /siː/ (**saw** /sɔː/, **seen** /siːn/)

2 ▷ Je fréquente peu les musées.
I don't go to museums very often.

(une école, un musée) **go to** /gəʊ tuː/

Attention à la prononciation de ***saw****, qui rime avec* ***more*** *et* ***or****.*

frère

▷ Je ne connais pas leur frère.
I don't know their brother.

brother /'brʌðəʳ/

Le ***o*** *de* ***brother*** *se prononce comme le* ***u*** *de* ***duck****.*

friandises

▷ Tu manges trop de friandises, c'est mauvais pour les dents.
You eat too many sweet things, it's bad for your teeth.

sweet things /'swiːt θɪŋz/

Sweet things *signifie littéralement choses sucrées.*

fric

▷ Est-ce qu'il te reste du fric ?
Do you have any money left?

money /'mʌnɪ/

Le ***o*** *de* ***money*** *se prononce comme le* ***u*** *de* ***duck****.* ***Money*** *rime avec* ***funny****.*

ℹ *Fric est un mot familier, mais* ***money*** *ne l'est pas.*

frigo

▷ Les carottes sont dans le frigo.
The carrots are in the fridge.

fridge /frɪdʒ/

ℹ *Frigo est un mot familier, mais* ***fridge*** *ne l'est pas.*

frileux, frileuse

▷ Je vais mettre le chauffage, elle est frileuse.
I'm going to put the heating on, she feels the cold.

► **être frileux :** feel /fiːl/ the cold /kəʊld/ (felt, felt /felt/)

frimer

▷ Arrête de frimer avec ton nouveau portable !
Stop showing off with your new mobile!

show off /ʃəʊ 'ɒf/ (showed off /ʃəʊd 'ɒf/, shown off /ʃəʊn 'ɒf/)

ℹ Frimer *est un mot familier, mais* ***show off*** *ne l'est pas.*

fringues

▷ Julie a toujours des fringues incroyables.
Julie always has incredible clothes.

clothes /kləʊðz/

🔊 *Attention à la prononciation : une seule syllabe.*

ℹ Fringues *est un mot familier, mais* ***clothes*** *ne l'est pas.*

frire

▷ D'abord tu fais frire les oignons.
First you fry the onions.

► **faire frire :** fry /fraɪ/

🔊 *Le* ***y*** *de* ***fry*** *devient* ***ie*** *à la troisième personne du singulier du présent de l'indicatif* (fries /fraɪz/)*, au prétérit et au participe passé* (fried /fraɪd/).

frisé, frisée

▷ J'aimerais avoir les cheveux frisés.
I'd like to have curly hair.

▷ Elle est frisée.
She has curly hair.

ℹ Avoir les cheveux frisés *et* être frisé *se traduisent de la même façon en anglais :* ***have curly hair*** /ˌkɜːlɪ 'hɛəʳ/ (had, had).

ℹ *Le comparatif de* ***curly*** *est* *curlier* /'kɜːlɪəʳ/ *et le superlatif est* *curliest* /'kɜːlɪɪst/.

frisson

▷ Simon a des frissons parce qu'il a la grippe.
Simon is shivering because he has flu.

► **avoir des frissons :** shiver /'ʃɪvəʳ/

🔊 *Le* ***i*** *de* ***shiver*** *se prononce comme le* ***i*** *de* ***pig***.

frissonner

▷ Le vent l'a fait frissonner.
The wind made him shiver.

shiver /'ʃɪvəʳ/

frit, frite

▷ Tu préfères du poisson frit ou du poisson cuit au four ?
Do you prefer fried fish or fish cooked in the oven?

fried /fraɪd/

🔊 ***Fried*** *rime avec* ***side***.

frites

▷ Je voudrais des frites avec mon steak.
I'd like some chips with my steak.

chips /tʃɪps/

Faites bien la différence entre **chips** *(***ch** *de* **church***) et* **ships** *(***sh** *de* **short***).*

En anglais américain on dit **fries** /fraɪz/.

Fries *rime avec* **wise** *et* **size**.

froid, froide

▷ Cette soupe est froide, c'est dégoûtant.
This soup is cold, it's disgusting.

▷ Je trouve son mari très froid.
I find her husband very cold.

▷ Je peux te prêter un pull si tu as froid.
I can lend you a pullover if you're cold.

▷ Il fait vraiment froid ce soir.
It's really cold tonight.

▷ J'ai attrapé froid hier.
I caught cold yesterday.

cold /kəʊld/ **(plus froid** colder /'kəʊldəʳ/, **le plus froid** the coldest /'kəʊldɪst/)

► **avoir froid :** be cold **(avoir plus froid** be colder**)**

► **il fait froid :** it's cold **(il fait plus froid** it's colder**)**

► **prendre** *ou* **attraper (un coup de) froid :** catch cold (caught, caught /kɔːt/)

froissé, froissée

▷ Mes vêtements étaient froissés quand je les ai sortis de la valise.
My clothes were crumpled when I took them out of the suitcase.

(= avec des plis) **crumpled** /'krʌmpld/ **(plus froissé** more crumpled, **le plus froissé** the most crumpled**)**

fromage

▷ On peut choisir un dessert ou du fromage.
We can choose a dessert or some cheese.

▷ Je voudrais du fromage blanc avec du sucre.
I'd like some fromage frais with sugar.

cheese /tʃiːz/

► **fromage blanc :** fromage frais

C'est assez surprenant, mais fromage blanc *se dit bien* **fromage frais** *en anglais !*

froncer

▷ Pourquoi est-ce que tu fronces les sourcils ?
Why are you frowning?

► **froncer les sourcils :** frown /fraʊn/

front

▷ Il a une cicatrice sur le front.
He has a scar on his forehead.

(= partie du visage) **forehead** /'fɒrɪd/

Attention à la prononciation.

frontière

▷ Il n'y a pas de contrôle des passeports à la frontière.
There is no passport control at the border.

border /'bɔːdəʳ/

ℹ *On peut aussi dire* ***frontier*** /'frʌntɪəʳ/.

frotter

1 ▷ Mélanie frottait le bébé avec une serviette.
Mélanie was rubbing the baby with a towel.

(pour sécher, pour faire pénétrer la crème) **rub** /rʌb/

Il y a deux ***b*** *au gérondif* (**rubbing** /'rʌbɪŋ/), *au prétérit et au participe passé* (**rubbed** /rʌbd/).

2 ▷ Frotte bien la casserole, elle est sale.
Scrub the saucepan well, it's dirty.

(pour nettoyer) **scrub** /skrʌb/

Il y a deux ***b*** *au gérondif* (**scrubbing** /'skrʌbɪŋ/), *au prétérit et au participe passé* (**scrubbed** /skrʌbd/).

3 ▷ Le chat se frottait contre moi.
The cat rubbed itself against me.

► se **frotter** : **rub** oneself

ℹ *Le pronom personnel réfléchi fonctionne de la façon suivante en anglais (exemples au prétérit) :* ***I rubbed myself, you rubbed yourself, he rubbed himself, it rubbed itself, she rubbed herself, we rubbed ourselves, you rubbed yourselves, they rubbed themselves.***

4 ▷ Ne te frotte pas les yeux si tu viens de toucher du piment !
Don't rub your eyes if you've just touched some chilli!

► se **frotter les yeux** : **rub** one's **eyes**

5 ▷ Marc se frottait les mains pour se réchauffer.
Marc was rubbing his hands to get warm.

► se **frotter les mains** : **rub** one's **hands**

ℹ *L'adjectif possessif fonctionne de la façon suivante en anglais (exemples au présent) :* ***I rub my eyes / hands, you rub your eyes / hands, he rubs his eyes / hands, she rubs her eyes / hands, we rub our eyes / hands, they rub their eyes / hands.***

fruit

1 ▷ Donne-moi un fruit, s'il te plaît.
Give me a piece of fruit, please.
▷ Je mange au moins deux fruits par jour.
I eat at least two pieces of fruit a day.
▷ Les fruits sont chers ici.
Fruit is expensive here.

fruit /fruːt/

ℹ *En anglais, quand on parle de fruits qu'on achète ou qu'on va manger, on dit* ***fruit****, mais dans ce cas le mot est indénombrable. Cela veut dire qu'il ne se met pas au pluriel et ne prend pas l'article* ***a****. Un* fruit *se dit* ***a piece of fruit****.*

2 ▷ Les fruits de mer sont très bons dans ce restaurant.
The seafood is very good in this restaurant.

► **fruits de mer : seafood** /'siːfuːd/

Seafood est un nom indénombrable : il ne se met pas au pluriel, et s'emploie toujours avec un verbe au singulier.

frustré, frustrée

▷ Il s'est senti frustré de ne pas pouvoir aller à la fête.
He felt frustrated for not being able to go to the party.

frustrated /frʌs'treɪtɪd/ (**plus frustré** more frustrated, **le plus frustré** the most frustrated)

fugue

▷ Apparemment, Léo a fait une fugue.
Apparently, Léo ran away.

► **faire une fugue : run away** /ˌrʌn ə'weɪ/ (ran away /ˌræn ə'weɪ/, run away)

fuir

1 ▷ Ils ont essayé de fuir mais la police les a rattrapés.
They tried to run away but the police caught them.

(= se sauver) **run away** /ˌrʌn ə'weɪ/ (ran away /ˌræn ə'weɪ/, run away)

2 ▷ Le robinet fuit toujours.
The tap is still leaking.

(= couler) **leak** /liːk/

fuite

▷ Il y a une fuite quelque part : le plafond est mouillé.
There's a leak somewhere: the ceiling is wet.

(d'eau, de gaz) **leak** /liːk/

fumé, fumée

▷ Je vais prendre le saumon fumé en entrée.
I'm going to have the smoked salmon as a starter.

smoked /sməʊkt/

*Attention à la prononciation : la fin du mot se prononce **kt**.*

fumée

▷ Il y a trop de fumée dans ce bar.
There's too much smoke in this bar.

smoke /sməʊk/

fumer

▷ J'ai arrêté de fumer.
I've stopped smoking.

▷ Je fumais un paquet par jour.
I smoked a packet a day.

smoke /sməʊk/

*Attention à la prononciation de **smoked** /sməʊkt/ : la fin du mot se prononce **kt**.*

fumeur, fumeuse

▻ C'est un gros fumeur.
He's a heavy smoker.

▻ Il y de moins en moins de fumeurs en Grande-Bretagne.
There are fewer and fewer smokers in Great Britain.

smoker /'sməʊkəʳ/

furieux, furieuse

▻ Il était furieux quand je lui ai raconté.
He was furious when I told him.

furious /'fjʊərɪəs/ (**plus furieux** more furious, **le plus furieux** the most furious)

*Attention à la prononciation : comme **few** + **ri** + **us**.*

fusée

▻ La fusée a explosé dans l'espace.
The rocket exploded in space.

rocket /'rɒkɪt/

*Le **e** de **rocket** se prononce comme le **i** de **pig**.*

fusil

1 ▻ Nous avons vu des chasseurs avec des fusils.
We saw some hunters with shotguns.

(pour la chasse) **shotgun** /'ʃɒtgʌn/

2 ▻ Le soldat a fait tomber son fusil par terre.
The soldier dropped his rifle on the ground.

(de guerre) **rifle** /'raɪfl/

*Le **i** de **rifle** se prononce comme le **i** de **like**.*

futur, future

▻ Mon cousin nous a présenté sa future femme.
My cousin introduced us to his future wife.

▻ Ça arrivera peut-être dans le futur.
It might happen in the future.

▻ Mettez tous les verbes au futur.
Put all the verbs in the future.

future /'fjuːtʃəʳ/

*Attention à la prononciation : le début se prononce comme **few**, et la fin se prononce comme la fin de **teacher**.*

Gg

gâcher

1 ▷ Tu as tout gâché !
You spoiled everything!

(= rendre moins agréable) **spoil** /spɔɪl/

Le prétérit et le participe passé peuvent être soit ***spoiled*** */spɔɪld/, soit* ***spoilt*** */spɔɪlt/.*

2 ▷ Tu as déjà gâché trois feuilles de papier !
You've already wasted three sheets of paper!

(= gaspiller) **waste** /weɪst/

Le ***a*** *de* ***waste*** *est celui de* ***make****.*

gâchis

▷ C'est du gâchis de laisser toute cette viande !
It's a waste to leave all that meat!

▷ Quel gâchis !
What a waste!

waste /weɪst/

gadget

▷ C'est un gadget très utile dans la cuisine.
It's a very useful gadget in the kitchen.

gadget /'gædʒɪt/

gaffe

1 ▷ Je crois que tu as fait une gaffe !
I think you put your foot in it!

► **faire une gaffe :** **put** one's **foot in it**

L'adjectif possessif fonctionne de la façon suivante en anglais (exemples au prétérit) : I put ***my*** *foot in it, you put* ***your*** *foot in it, he put* ***his*** *foot in it, she put* ***her*** *foot in it, we put* ***our*** *foot in it, they put* ***their*** *foot in it.*

2 ▷ Fais gaffe, ça risque de tomber !
Watch out, it might fall!

► **faire gaffe** (= faire attention, sens familier) : **watch out** /wɒtʃ 'aʊt/

gagnant, gagnante

1 ▷ J'ai le numéro gagnant !
I have the winning number!

(numéro, équipe, point) winning /'wɪnɪŋ/

2 ▷ Et le gagnant est... Julien !
And the winner is... Julien!

► **un gagnant, une gagnante** (= personne, équipe) winner /'wɪnə^r/

gagner

1 ▷ À ton avis, qui va gagner ?
Who do you think will win?
▷ Il a gagné mille euros à la loterie.
He won a thousand euros on the lottery.

(en jouant) win /wɪn/ (won, won /wʌn/)

2 ▷ Elle gagne plus d'argent que Stéphane.
She earns more money than Stéphane.
▷ Il gagne sa vie en travaillant dans des fermes.
He earns a living working on farms.
▷ Combien gagnez-vous ?
How much do you earn?

(en travaillant) earn /ɜːn/

► **gagner sa vie :** earn a living /'ɜːnə'lɪvɪŋ/

Earn rime avec burn.

Ne confondez pas win et earn !

gai, gaie

▷ Tu as l'air bien gai aujourd'hui !
You look very cheerful today!

cheerful /'tʃɪəfʊl/ (**plus gai** more cheerful, **le plus gai** the most cheerful)

galant

▷ Sois galant, ouvre-lui la porte.
Be a gentleman, open the door for her.

► **être galant** (= poli avec les dames) **:** be a gentleman /'dʒentlmən/

galaxie

▷ Y a-t-il de la vie dans d'autres galaxies ?
Is there life in other galaxies?

galaxy /'gæləksɪ/ (pluriel galaxies /gæləksɪs/)

galerie

1 ▷ Il y a une galerie d'art dans cette rue.
There's an art gallery in this street.

► **galerie d'art :** art gallery /'ɑːt ˌgælərɪ/ (pluriel art galleries)

2 ▷ Je vais faire du shopping tous les samedis dans la galerie marchande.
I go shopping in the shopping mall every Saturday.

► **galerie marchande :** shopping mall /'ʃɒpɪŋ mæl/ (pluriel shopping malls)

galet

▷ Ils lancent des galets dans l'eau.
They are throwing pebbles into the water.

pebble /'pebl/

galette

1 ▷ Nous avons mangé des galettes dans un restaurant breton.
We ate pancakes in a Breton restaurant.

(= crêpe) **pancake** /'pænkeɪk/

2 ▷ Cette galette des Rois est excellente.
This 'galette des Rois' is excellent.

La tradition de la galette des Rois n'existe pas dans les pays anglophones, et l'expression ne se traduit pas.

gallois, galloise

1 ▷ La petite amie de Ronan est galloise.
Ronan's girlfriend is Welsh.

(adjectif) **Welsh** /welʃ/
ℹ *S'écrit toujours avec une majuscule, comme tous les adjectifs de nationalité en anglais.*

2 ▷ Ian parle aussi gallois.
Ian speaks Welsh as well.

(= langue) **Welsh**

3 ▷ Un Gallois et une Galloise.
A Welshman and a Welshwoman.

▷ J'ai connu des Gallois à Londres.
I met some Welshmen in London.

(= personne) **Welshman** /'welʃmən/ (pluriel **Welshmen**) /'welʃmen/, *féminin* **Welshwoman** /'welʃwʊmən/ (pluriel **Welshwomen**) /'welʃwɪmɪn/
ℹ *Pour les jeunes Gallois, on dit* ***Welshboy*** *(pour un garçon) et* ***Welshgirl*** *(pour une fille).*
► **Les Gallois :** the Welsh

galoper

▷ Les chevaux galopaient dans le champ.
The horses were galloping in the field.

gallop /'gæləp/
🔊 *Attention : il y a deux* ***l*** *à* ***gallop****.*

gamin, gamine

▷ Tous les gamins criaient et chantaient.
All the kids were shouting and singing.

kid /kɪd/

gamme

▷ Il nous a présenté sa nouvelle gamme de produits.
He showed us his new range of products.

(de couleurs, de produits, de prix) **range** /reɪndʒ/

gant

1 ▷ J'ai pris les gants de Mathieu par erreur.
I took Mathieu's gloves by mistake.

glove /glʌv/
🔊 *Le* ***o*** *de* ***glove*** *se prononce comme le* ***u*** *de* ***duck****.*

2 ▷ Cette serviette et ce gant de toilette sont pour toi.
This towel and facecloth are for you.

► **gant de toilette :** facecloth /'feɪsklɒθ/

garage

▷ Ils ont acheté une maison avec un garage.
They bought a house with a garage.

garage /'gærɑːʒ/

garagiste

▷ Le garagiste a dit qu'il ne pouvait pas réparer les freins.
The mechanic said that he couldn't repair the brakes.

(= mécanicien) mechanic /mɪ'kænɪk/

garantie

▷ Est-ce que tu as gardé la garantie du sèche-cheveux ?
Did you keep the guarantee for the hairdryer?

guarantee /ˌgærən'tiː/

*Le u de **guarantee** ne se prononce pas.*

▷ La télé est encore sous garantie.
The TV is still under guarantee.

► **être sous garantie :** be under guarantee

garantir

▷ L'ordinateur est garanti un an.
The computer is guaranteed for one year.

guarantee /ˌgærən'tiː/

ℹ *Notez l'emploi de la préposition for.*

garçon

1 ▷ Son fils est un garçon adorable.
Her son is a lovely boy.

(par opposition à « fille ») boy /bɔɪ/

2 ▷ Je vais appeler le garçon et commander un café.
I'm going to call the waiter and order a coffee.

(= serveur) waiter /'weɪtə^r/

garde

▷ Il y a des gardes devant le palais de l'Élysée.
There are guards in front of the Élysée palace.

guard /gɑːd/

Le u ne se prononce pas.

▷ Il doit toujours avoir un garde du corps avec lui.
He has to have a bodyguard with him all the time.

► **garde du corps :** bodyguard /'bɒdɪgɑːd/

garder

1 ▷ Tu peux garder mon stylo, je n'en ai pas besoin.
You can keep my pen, I don't need it.

(= conserver, ne pas rendre) keep /kiːp/ (kept, kept /kept/)

2 ▷ Étienne a dû garder son petit frère hier soir.
Étienne had to look after his little brother last night.

(= s'occuper de) look after /lʊk 'ɑːftə^r/

3 ▷ Le chien garde la maison.
The dog guards the house.

(= surveiller, monter la garde) **guard** /ɡɑːd/

*Le **u** de **guard** ne se prononce pas.*

garderie

▷ Éloïse laisse ses enfants à la garderie le mercredi.
Éloïse leaves her children at the day nursery on Wednesdays.

day nursery /ˌdeɪ ˈnɜːsərɪ/ (pluriel **day nurseries**)

gardien, gardienne

1 ▷ Il y a un gardien dans notre immeuble.
There's a caretaker in our building.

(d'immeuble) **caretaker** /ˈkeəʳˌteɪkəʳ/

2 ▷ Le gardien de but a été formidable !
The goalkeeper was great!

► **gardien de but : goalkeeper** /ˈɡəʊlkiːpəʳ/

3 ▷ Le gardien de musée les a renseignés.
The museum attendant gave them some information.

► **gardien de musée : museum attendant** /mjuːˈzɪəm əˌtendənt/ (pluriel **museum attendants**)

4 ▷ Léon est gardien de nuit.
Léon is a night watchman.

► **gardien de nuit : night watchman** /naɪt ˈwɒtʃmən/ (pluriel **night watchmen** /naɪt ˈwɒtʃmen/)

5 ▷ Il a été gardien de prison pendant plusieurs années.
He was a prison officer for a few years.

► **gardien de prison : prison officer** /ˈprɪzn ˌɒfɪsəʳ/ (pluriel **prison officers**)

*N'oubliez pas l'article **a** ou **an** devant le nom du métier lorsqu'il suit les verbes **be** ou **become**.*

gare

1 ▷ Tu peux m'emmener à la gare ?
Can you take me to the station?

(pour les trains) **station** /ˈsteɪʃən/

2 ▷ La gare routière est en plein centre-ville.
The bus station is right in the middle of town.

► **gare routière : bus station** /ˈbʌs steɪʃən/

3 ▷ Gare à toi ! Je vais me fâcher !
Watch it! I'm going to get angry!

► **gare à toi ! : watch it!** /ˈwɒtʃ ɪt/

garer

▷ Où as-tu garé la voiture ?
Where did you park the car?

park /pɑːk/

▷ Nous n'avons pas trouvé de place pour nous garer.
We didn't find room to park.

► **se garer : park**

garniture

1 ▷ Qu'y a-t-il comme garniture avec le steak ?
What vegetables come with the steak?

1 (de plat) **vegetables** /'vedʒtəbls/

2 ▷ Il n'a mangé que la garniture.
He only ate the topping.

2 (de pizza) **topping** /'tɒpɪŋ/

gaspillage

▷ Tu as utilisé dix feuilles de papier ? Quel gaspillage !
You've used ten sheets of paper? What a waste!

waste /weɪst/

*Le **a** est celui de **make**.*

gaspiller

▷ Je n'aime pas les gens qui gaspillent la nourriture.
I don't like people who waste food.

waste /weɪst/

*Le **a** est celui de **make**.*

gâteau

1 ▷ Pour dessert il y a un gâteau au café.
For dessert there's a coffee cake.

1 (= pâtisserie) **cake** /keɪk/

2 ▷ Il a mangé tout le paquet de gâteaux !
He has eaten the whole packet of biscuits!

2 (= biscuit) **biscuit** /'bɪskɪt/

En anglais américain, on dit cookie /'kʊkɪ/.

*La deuxième syllabe du mot anglais se prononce comme le mot **kit**. **Biscuit** rime avec **fit** et **hit**.*

gâter

▷ Ses grands-parents la gâtent.
Her grandparents spoil her.

(= être très gentil avec quelqu'un) **spoil** /spɔɪl/

*Le prétérit et le participe passé peuvent être soit **spoiled** /spɔɪld/, soit **spoilt** /spɔɪlt/.*

gauche

▷ J'ai mal à la main gauche.
My left hand hurts.

▷ Le côté droit est plus abîmé que le côté gauche.
The right-hand side is more damaged than the left-hand side.

▷ La boulangerie est à gauche après la station-service.
The baker's is on the left after the petrol station.

▷ Tournez à gauche aux feux.
Turn left at the traffic lights.

left /left/

► **le côté gauche :** the left-hand side /ˌlefthænd 'saɪd/

► **à gauche** (= situé à gauche) **:** on the left

► **tourner à gauche :** turn left

*Attention ! On ne dit pas * turn on the left en anglais !*

▷ À gauche du cinéma il y a un restaurant chinois.
To the left of the cinema there's a Chinese restaurant.

► **à gauche de :** to the left of

▷ Les couverts sont dans le tiroir de gauche.
The cutlery is in the left-hand drawer.

► **de gauche** (= quand on parle d'un objet situé à gauche) : left-hand /left'hænd/

▷ Beaucoup de gens ont voté pour la gauche.
A lot of people voted for the left.

► **la gauche** (en politique) : the left

▷ Ils sont de gauche.
They're left-wing.

► **de gauche** (politiquement) : left-wing /left'wɪŋ/

gaucher, gauchère

▷ Tu es droitier ou gaucher ?
Are you right-handed or left-handed?

left-handed /left'hændɪd/

gaufre

▷ Les gaufres belges sont délicieuses.
Belgian waffles are delicious.

waffle /'wɒfl/

*Le **a** de **waffle** se prononce comme le **o** de **dog**.*

gaufrette

▷ J'ai mangé tout un paquet de gaufrettes à la vanille.
I ate a whole packet of vanilla wafers.

wafer /'weɪfə/

*Le **a** de **wafer** se prononce comme le **a** de **make**.*

gaver

▷ Ne vous gavez pas de cacahuètes, on va dîner dans une minute.
Don't stuff yourselves with peanuts, we're going to have dinner in a minute.

► **se gaver de** quelque chose **:** stuff /stʌf/ oneself **with** something

*Le pronom personnel réfléchi fonctionne de la façon suivante en anglais (exemples au présent) : I stuff **myself**, you stuff **yourself**, he stuffs **himself**, she stuffs **herself**, we stuff **ourselves**, you stuff **yourselves**, they stuff **themselves**.*

gaz

▷ Ça sent le gaz. J'espère qu'il n'y a pas de fuite !
It smells of gas. I hope that there isn't a leak!

gas /gæs/ (pluriel gases /'gæsɪz/)

▷ Les gaz à effet de serre sont dangereux.
Greenhouse gases are dangerous.

► **gaz à effet de serre :** greenhouse gas/'griːnhaʊsgæs/

▷ On sent les gaz d'échappement.
You can smell exhaust gases.

► **gaz d'échappement :** exhaust gas/ɪg'zɔːstgæs/

gazeux, gazeuse

▷ Les boissons gazeuses sont souvent très sucrées.
Fizzy drinks are often very sweet.

► **boisson gazeuse :** fizzy drink /ˌfɪzɪ 'drɪŋk/ (pluriel fizzy drinks)

gazon

▷ Il y a du gazon devant la maison.
There's a lawn in front of the house.

lawn /lɔːn/
► **du gazon :** a lawn

*Le **aw** de **lawn** se prononce comme le **or** de **morning**.*

▷ Il tondait le gazon.
He was mowing the lawn.

► **tondre le gazon :** mow /məʊ/ the lawn (mowed /məʊd/, mown /məʊn/)

gazouiller

▷ J'entendais les oiseaux gazouiller.
I could hear the birds chirp.

(oiseau) chirp /tʃɜːp/

géant, géante

▷ Il a un écran de télé géant.
He has got a giant TV screen.

▷ Ce garçon est un géant !
That boy is a giant!

giant /'dʒaɪənt/

*Le **i** de **giant** se prononce comme le **i** de **like**.*

gel

1 ▷ Il y a encore du gel sur les arbres.
There's still frost on the trees.

(= glace) frost /frɒst/

2 ▷ Je mets du gel sur mes cheveux tous les matins.
I put gel on my hair every morning.

▷ N'oublie pas d'acheter du gel douche.
Don't forget to buy some shower gel.

(= produit cosmétique) gel /dʒel/

► **gel douche :** shower gel /'ʃaʊə dʒel/

gelé, gelée

▷ Le lac est gelé, on peut patiner dessus.
The lake is frozen, you can skate on it.

▷ Je suis gelé, mets le chauffage !
I'm frozen, put the heating on!

frozen /'frəʊzn/

gelée

1 ▷ Les branches sont couvertes de gelée.
The branches are covered in frost.

(= gel) frost /frɒst/

2 ▷ Annabelle fait de la gelée avec les pommes du jardin.
Annabelle makes jelly with the apples from the garden.

► **la gelée** (qu'on mange) **:** jelly /'dʒelɪ/

geler

▷ La météo dit qu'il va geler cette nuit.
The weather forecast says that it's going to freeze tonight.

▷ Les tuyaux ont gelé pendant que nous étions en vacances.
The pipes froze while we were on holiday.

freeze /friːz/ (**froze** /frəʊz/, **frozen** /ˈfrəʊzn/)

gélule

▷ Je dois prendre une gélule tous les matins.
I have to take one capsule every morning.

capsule /ˈkæpsjuːl/

Gémeaux

▷ Il est Gémeaux.
He's Gemini.

Gemini /ˈdʒemɪnaɪ/

gémir

▷ Arrête de gémir !
Stop groaning!

groan /grəʊn/

gênant, gênante

▷ C'est gênant de lui demander ça.
It's embarrassing to ask him that.

(= embarrassant) **embarrassing** /ɪmˈbærəsɪŋ/ (**plus gênant** more embarrassing, **le plus gênant** the most embarrassing)

▷ Je lui ai dit que ce n'était pas gênant.
I told him it wasn't a problem.

ℹ *Pour dire que quelque chose* **n'est pas gênant** *en anglais, on emploie l'expression* ***not a problem****.*

gencives

▷ Ce dentifrice est bon pour les gencives.
This toothpaste is good for your gums.

gums /gʌmz/

gendarme

▷ Voilà un gendarme, allons lui demander.
There's a policeman, let's go and ask him.

▷ Julien est gendarme.
Julien is a policeman.

policeman /pəˈliːsmən/ (pluriel **policemen** /pəˈliːsmen/)

ℹ *N'oubliez pas l'article* ***a*** *ou* ***an*** *devant le nom du metier lorsqu'il suit les verbes* ***be*** *ou* ***become****.*

gendre

▷ Les Murat aiment beaucoup leur gendre.
The Murats like their son-in-law very much.

son-in-law /ˈsʌnɪnˌlɔː/ (pluriel **sons-in-law**)

gêné, gênée

▷ Elle avait l'air gêné.
She looked embarrassed.

(= embarrassé) **embarrassed** /ɪmˈbærəst/ (**plus gêné** more embarrassed, **le plus gêné** the most embarrassed)

gêner

1 ▷ Je ne veux pas te gêner.
I don't want to bother you.

1 (= déranger) **bother** /'bɒðə'/

2 ▷ Est-ce que ça te gêne si j'ouvre la fenêtre ?
Do you mind if I open the window?
▷ Ça te gênerait de t'arrêter au supermarché ?
Would you mind stopping at the supermarket?

2 *Dans les formules de politesse, on emploie l'expression* ***do you mind?*** */ˌduː juː 'maɪnd/ ou* ***would you mind?*** */ˌwʊd juː 'maɪnd/.*

3 ▷ Ça me gêne de lui demander.
I'm embarrassed to ask him.

3 (= embarrasser) **embarrass** /ɪm'bærəs/

général, générale

▷ Mon impression générale, c'est que le film était un peu lent.
My general impression is that the film was a bit slow.
▷ En général, j'arrive au travail vers neuf heures et quart.
Generally, I arrive at work around quarter past nine.
▷ Le général a donné l'ordre d'attaquer.
The general gave the order to attack.

general /'dʒenərəl/ (**plus général** more general, **le plus général** the most general)

► **en général** (= d'habitude) : generally /'dʒenərəlɪ/

► **un général** (dans l'armée) : a general /'dʒenərəl/

généralement

▷ Généralement, nous partons en vacances en août.
Generally, we go on holiday in August.

generally /'dʒenərəlɪ/

généraliste

▷ Est-ce que tu connais un bon généraliste dans le quartier ?
Do you know a good GP in the area?

(= médecin) **GP** /dʒiː'piː/

ℹ *GP est l'abréviation de* ***general practitioner.***

génération

▷ Il y a trois générations différentes qui vivent dans la même maison.
There are three different generations who live in the same house.

generation /ˌdʒenə'reɪʃən/

🔊 *Le* ***a*** *est celui de* ***make****, et l'accent tonique est sur la troisième syllabe* ***-ra-****.*

générer

▷ Les réacteurs génèrent de l'électricité.
The reactors generate electricity.

generate /'dʒenəreɪt/

généreux, généreuse

▷ C'est une fille très généreuse.
She is a very generous girl.

generous /ˈdʒenərəs/ (plus généreux more generous, le plus généreux the most generous)

*Le **ou** de **generous** se prononce comme le **e** du mot français **de**.*

génétique

▷ Cela pourrait provoquer des mutations génétiques.
This could cause genetic mutations.

genetic /dʒɪˈnetɪk/

génial, géniale

▷ Ce livre est génial !
This book is great!

(= super) **great** /greɪt/

*Le **ea** de **great** se prononce comme le **a** de **make**.*

*Le mot anglais **genial** est littéraire et signifie « sympathique ».*

genou

▷ Ali s'est fait mal au genou.
Ali hurt his knee.

knee /niː/

*Le **k** de **knee** ne se prononce pas.*

▷ Ne te mets pas à genoux, tu vas te salir.
Don't kneel down, you'll get dirty.

► **se mettre à genoux : kneel down** /niːl ˈdaʊn/

*Le prétérit et le participe passé de **kneel** peuvent être soit **kneeled** /niːld/, soit **knelt** /nelt/.*

▷ Viens t'asseoir sur mes genoux.
Come and sit on my knee.

► **sur les genoux de** quelqu'un **: on** somebody**'s knee**

*On peut aussi dire **on** somebody**'s lap** /læp/.*

genre

▷ Quel genre de musique est-ce que tu préfères ?
What kind of music do you prefer?

(= sorte, catégorie) **kind** /kaɪnd/

*On peut aussi dire **sort** /sɔːt/ ou **type** /taɪp/.*

▷ C'est un genre de vélo, mais avec une roue beaucoup plus grande que l'autre.
It's a kind of bike, but with one wheel much bigger than the other one.

► **un genre de...** (= une espèce de) **: a kind of...**

*On peut aussi dire **a sort of...** ou **a type of...***

gens

▷ Il y a des gens qui aiment ça.
There are people who like that.

people /ˈpiːpl/

gentil, gentille

▷ Mon frère est très gentil avec moi.
My brother is very nice to me.
▷ Tu n'as pas été gentil avec elle.
You weren't nice to her.
▷ Sois gentille avec moi !
Be nice to me!

nice /naɪs/ (plus gentil **nicer** /'naɪsəʳ/, le plus gentil **the nicest** /'naɪsɪst/)
ℹ *On peut aussi dire* ***kind*** /kaɪnd/ (plus gentil **kinder** /'kaɪndəʳ/, le plus gentil **kindest** /'kaɪndɪst/).
ℹ *Notez la préposition employée en anglais :* gentil avec = ***nice to*** *ou* ***kind to***.

gentiment

▷ Ils m'ont très gentiment aidée.
They very kindly helped me.

kindly /'kaɪndlɪ/
🔊 *Le* ***i*** *est celui de* ***like***.

géo, géographie

▷ Je ne suis pas très bon en géographie.
I'm not very good at geography.

geography /dʒɪ'ɒgrəfɪ/
🔊 *L'accent tonique est sur le* ***o***.

géométrie

▷ J'ai toujours beaucoup aimé la géométrie.
I've always liked geometry.

geometry /dʒɪ'ɒmɪtrɪ/
🔊 *L'accent tonique est sur le* ***o***.

gérer

▷ Son mari gère une agence de publicité.
Her husband manages an advertising agency.

manage /'mænɪdʒ/
🔊 *Le deuxième* ***a*** *de* ***manage*** *se prononce comme un* ***i***. *Les mots* ***bridge*** *et* ***fridge*** *riment avec* ***manage***.

geste

1 ▷ Leurs gestes sont maladroits.
Their movements are clumsy.

(= un mouvement en général) **movement** /'muːvmənt/

2 ▷ Raoul a fait un geste grossier.
Raoul made a rude gesture.

(pour dire quelque chose, pour attirer l'attention) **gesture** /'dʒestʃəʳ/

gestion

▷ Charlotte a fait des études de gestion.
Charlotte did management studies.

management /'mænɪdʒmənt/

gibier

▷ Il y a beaucoup de gibier dans cette région.
There is a lot of game in this region.

game /geɪm/
ℹ *Au sens de* gibier, *le mot* ***game*** *ne se met pas au pluriel et ne s'emploie pas avec l'article* ***a***.

gifle

▷ Si tu continues, je vais te donner une gifle !
If you carry on, I'm going to give you a slap!

► **donner une gifle à** quelqu'un : **give** somebody **a slap** /slæp/ (gave, given)

gifler

▷ Laure a giflé Frédéric devant tout le monde.
Laure slapped Frédéric in front of everybody.

slap /slæp/
ℹ *Il y a deux* **p** *au gérondif* (**slapping** /slæpɪŋ/), *au prétérit et au participe passé* (**slapped** /slæpt/).

gigantesque

▷ À Hong Kong, il y a des immeubles gigantesques.
In Hong Kong, there are some huge buildings.

huge /hjuːdʒ/

gigot

▷ Ce gigot d'agneau est délicieux.
This leg of lamb is delicious.
▷ On a mangé du gigot.
We ate leg of lamb.

leg of lamb /ˌleg əv ˈlæm/
Le **b** *de* **lamb** *ne se prononce pas.* **Lamb** *rime avec* **ham**.

gigoter

▷ Arrête de gigoter !
Stop fidgeting!

fidget /ˈfɪdʒɪt/

gilet

1 ▷ Mets un gilet par-dessus ta robe si tu as froid.
Put a cardigan over your dress if you're cold.

(= pull ouvert devant) **cardigan** /ˈkɑːdɪgən/

2 ▷ Il portait un costume avec un gilet rouge.
He was wearing a suit with a red waistcoat.

(= vêtement sans manches) **waistcoat** /ˈweɪstkəʊt/

3 ▷ Le gilet de sauvetage est obligatoire.
It is obligatory to wear a life jacket.

► **gilet de sauvetage : life jacket** /laɪfˈdʒækɪt/

gingembre

▷ Il y a du gingembre dans cette recette.
There's some ginger in this recipe.

ginger /ˈdʒɪndʒə^r/

girafe

▷ As-tu vu des girafes en Afrique ?
Did you see any giraffes in Africa?

giraffe /dʒɪˈrɑːf/
Attention : le mot anglais prend deux **f**.

girouette

▷ Il y a une girouette sur le clocher de l'église.
There's a weather vane on the church tower.

weather vane /ˈweðə veɪn/ (pluriel **weather vanes**)

gitan, gitane

▷ J'ai vu une émission sur les gitans de Roumanie.
I saw a programme about Rumanian gipsies.

gipsy /ˈdʒɪpsɪ/ (pluriel **gipsies** /ˈdʒɪpsɪz/)

gîte

▷ Nous avons loué un gîte dans les Vosges pour les vacances.
We've rented a gîte in the Vosges for the holidays.

(= gîte rural) **gîte**

Se prononce comme en français.

givre

▷ Les feuilles étaient couvertes de givre.
The leaves were covered in frost.

frost /frɒst/

glace

1 ▷ Il y a de la glace sur le pare-brise.
There's ice on the windscreen.

1 (= eau gelée) **ice** /aɪs/

2 ▷ J'adore la glace au chocolat.
I love chocolate ice cream.

2 (= crème glacée) **ice cream** /'aɪs kriːm/ (pluriel **ice creams**)

3 ▷ Il y a deux glaces dans la salle de bains.
There are two mirrors in the bathroom.

3 (= miroir) **mirror** /'mɪrəʳ/

glacé, glacée

1 ▷ Nous avons patiné sur le lac glacé.
We skated on the frozen lake.

1 (= transformé en glace) **frozen** /'frəʊzn/

2 ▷ Il faut servir cet apéritif glacé.
You must serve this aperitif ice-cold.

2 (boisson) **ice-cold** /aɪs'kəʊld/

3 ▷ Mes mains sont glacées !
My hands are frozen!

3 (personne, mains, pieds) **frozen**

glacial, glaciale

▷ Il y a un vent glacial ce soir.
There's an icy wind tonight.

(= très froid) **icy** /'aɪsɪ/

glacier

▷ Les glaciers des Alpes sont très impressionnants.
The glaciers in the Alps are very impressive.

(= étendue de glace) **glacier** /'glæsɪəʳ/

glacière

▷ Est-ce qu'on emporte la glacière pour le pique-nique ?
Are we taking the cool box for the picnic?

cool box /'kuːl bɒks/ (pluriel **cool boxes** /'kuːl bɒksɪz/)

glaçon

▷ Les glaçons sont dans le freezer.
The ice cubes are in the freezer compartment.

▷ Tu veux des glaçons dans ton jus d'orange ?
Do you want ice in your orange juice?

ice cube /'aɪs kjʊːb/ (pluriel **ice cubes**)

ℹ *On peut dire aussi tout simplement* **ice** */aɪs/ c'est-à-dire « de la glace ».*

glissant, glissante

▷ Fais attention, la route est glissante.
Be careful, the road is slippery.

slippery /'slɪpərɪ/ (**plus glissant** more slippery, **le plus glissant** the most slippery)

glisser

1 ▷ J'ai glissé et je suis tombée.
I slipped and fell.

(personne) **slip** /slɪp/
ℹ *Il y a deux* **p** *au gérondif* (slipping /slɪpɪŋ/), *au prétérit et au participe passé* (slipped /slɪpt/).

2 ▷ La voiture a glissé sur du verglas.
The car skidded on some black ice.

(véhicule) **skid** /skɪd/
ℹ *Il y a deux* **d** *au gérondif* (skidding /skɪdɪŋ/), *au prétérit et au participe passé* (skidded /skɪdɪd/).

3 ▷ Attention, ça glisse !
Be careful, it's slippery!

(= être glissant) **be slippery** /'slɪpərɪ/

global, globale

▷ Quel est le coût global ?
What's the total cost?

(somme) **total** /'təʊtl/

globalement

▷ L'entretien s'est globalement bien passé.
The interview went well on the whole.

on the whole /ˌon ðə 'həʊl/

globe

▷ Simon a un globe terrestre dans sa chambre.
Simon has a globe in his bedroom.

globe /gləʊb/
► **globe terrestre** (= mappemonde) : globe

gluant, gluante

▷ Le riz est trop cuit, il est gluant.
The rice is overcooked, it's sticky.

sticky /'stɪkɪ/ (**plus gluant** stickier /'stɪkɪəʳ/, **le plus gluant** the stickiest /'stɪkɪɪst/)

goal

▷ Mehmet est goal dans notre équipe.
Mehmet is the goalkeeper in our team.

(= gardien de but) **goalkeeper** /'gəʊlkiːpəʳ/
Attention ! Le mot anglais ***goal*** *signifie but.*

gobelet

▷ Il faudra cent gobelets en plastique pour la fête.
We'll need a hundred plastic cups for the party.

(= verre en carton, en plastique) **cup** /kʌp/

goéland

▷ Il y avait des goélands qui volaient autour du bateau.
There were seagulls flying round the boat.

seagull /'siːgʌl/

goinfre

▷ Sally est une vraie goinfre !
Sally is really greedy!

► **être (un) goinfre : be greedy** /'gri:dɪ/

golf

1 ▷ Le golf n'est pas un sport très fatigant.
Golf isn't a very tiring sport.
▷ Elle joue souvent au golf le samedi.
She often plays golf on Saturdays.

(= sport) **golf** /gɒlf/

► **jouer au golf : play golf**

2 ▷ Il y a un grand golf près de la plage.
There's a big golf course near the beach.

(= terrain) **golf course** /'gɒlfkɔ:s/ (pluriel **golf courses** /'gɔlfkɔ:sɪz/)

Attention à ne jamais traduire le sens de terrain *par* ***golf*** *tout court. Il faut dire* ***golf course****.*

golfe

▷ D'ici on voit tout le golfe.
From here we can see the whole gulf.

(= partie de la mer) **gulf**

gomme

▷ Tu peux me prêter ta gomme, s'il te plaît ?
Can you lend me your rubber, please?

(pour effacer) **rubber** /'rʌbəʳ/

En anglais américain, on dit ***eraser*** /ɪ'reɪzəʳ/.

gonflable

▷ C'est un jouet gonflable.
It's an inflatable toy.

inflatable /ɪn'fleɪtɪbl/

gonflé, gonflée

▷ Il t'a demandé de l'argent ? Il est gonflé !
He asked you for money? He's got a nerve!
▷ Tu es gonflée, dis-donc !
You've got a nerve!

ℹ *Pour dire que quelqu'un est* gonflé (= culotté) en anglais, on emploie l'expression ***have a nerve*** /nɜ:v/.

gonfler

1 ▷ Avec une pompe, c'est très facile de gonfler ce matelas.
With a pump it's really quick to blow up this mattress.

(= envoyer de l'air dans) **blow up** /bləʊ 'ʌp/ (**blew up** /blu: 'ʌp/, **blown up** /bləʊn 'ʌp/)

2 ▷ Ma cheville a commencé à gonfler.
My ankle started to swell.

(= enfler) **swell** (**swelled** /sweld/, **swollen** /'swəʊlən/)

gorge

1 ▷ Ma gorge me faisait mal, alors le médecin m'a donné des médicaments.
My throat hurt, so the doctor gave me some medicine.

(= fond de la bouche) **throat** /θrəʊt/

▷ J'ai mal à la gorge depuis hier.
I've had a sore throat since yesterday.

► **avoir mal à la gorge** : have a sore throat /sɔː 'θrəʊt/ (had, had)

2 ▷ Nous avons traversé des gorges et des vallées.
We went through gorges and valleys.

(= passage étroit) gorge /gɔːdʒ/

gorgée

▷ Je prendrai juste une gorgée de whisky.
I'll just have a mouthful of whisky.

mouthful /'maʊθfʊl/

gorille

▷ Les gorilles vivent dans la forêt africaine.
Gorillas live in the African forest.

gorilla /gə'rɪlə/

ℹ *L'accent tonique est sur la deuxième syllabe* ***-ri-****.*

goudron

▷ Les cigarettes contiennent du goudron.
Cigarettes contain tar.

tar /tɑːʳ/

goulot

▷ Le goulot de cette bouteille est très étroit.
The neck of this bottle is very narrow.

neck /nek/

▷ Ne bois pas au goulot, c'est dégoûtant !
Don't drink out of the bottle, it's disgusting!

► **boire au goulot** : drink /drɪŋk/ out of the bottle /bɒtl/ (drank /dræŋk/, drunk /drʌŋk/)

gourde

▷ Nous emportons toujours une gourde quand nous faisons une randonnée.
We always take a water bottle when we go on a hike.

(= bouteille) water bottle /'wɔːtə bɒtl/ (pluriel water bottles)

gourmand, gourmande

▷ Élisa est gourmande, elle adore le chocolat.
Élisa is greedy, she loves chocolate.

greedy /griːdɪ/ (**plus gourmand** greedier /'griːdɪəʳ/, **le plus gourmand** the greediest /'griːdɪɪst/)

gourmandise

▷ Je n'ai pas faim, c'est seulement de la gourmandise.
I'm not hungry, it's only greed.

greed /griːd/

gousse d'ail

▷ Il faut deux gousses d'ail pour cette recette.
You need two cloves of garlic for this recipe.

clove of garlic /ˌkləʊv əv 'gɑːlɪk/ (pluriel cloves of garlic)

goût

1 ▷ Le sel améliore le goût.
Salt improves the taste.

(= saveur) taste /teɪst/

ℹ *On dit aussi* ***flavour*** */'fleɪvəʳ/.*

2 ▷ Tu trouves que ça a bon goût ?
Do you think it tastes nice?
▷ Ça a vraiment mauvais goût.
It tastes really nasty.
▷ Cette tisane a un goût de citron.
This herbal tea tastes of lemon.

2 ► **avoir bon goût :** taste nice /naɪs/
► **avoir mauvais goût :** taste nasty /'nɑːstɪ/
► **avoir un goût de... :** taste of...

3 ▷ Cyril et Catherine ont du goût, leur maison est très jolie.
Cyril and Catherine have good taste, their house is very nice.

3 ► **avoir du goût** (= savoir ce qui est joli) : have good taste /gʊd 'teɪst/

goûter

1 ▷ Goûte ça, je l'ai fait moi-même.
Taste this, I made it myself.

1 (= essayer) taste /teɪst/

2 ▷ Je prends souvent un goûter vers cinq heures.
I often have an afternoon snack around five o'clock.

2 (= repas de l'après-midi) afternoon snack /ˌɑːftənuːn 'snæk/ (pluriel afternoon snacks)

goutte

▷ Des gouttes d'eau tombaient du toit.
Drops of water were falling from the roof.

drop /drɒp/

gouttière

▷ Les gouttières sont pleines de feuilles mortes.
The gutters are full of dead leaves.

(sous le toit) gutter /'gʌtəʳ/

gouvernement

▷ Le gouvernement a décidé d'augmenter les impôts.
The government has decided to increase taxes.

government /'gʌvənmənt/
Attention à l'orthographe du mot government !

gouverner

▷ Ils ont gouverné le pays pendant 20 ans.
They governed the country for 20 years.

govern /'gʌvən/

grâce à

▷ Grâce à Manu, on a pu aller au concert sans payer.
Thanks to Manu, we could go to the concert without paying.

thanks to /'θæŋks tuː/

gradins

▷ Il y avait des milliers de spectateurs sur les gradins.
There were thousands of spectators on the terraces.

(dans un stade) terraces /'terəsɪz/

graffitis

▷ Les murs sont couverts de graffitis.
The walls are covered in graffiti.
▷ Ces graffitis sont très vilains.
That graffiti is very ugly.

graffiti /grəˈfiːtɪ/

ℹ *En anglais,* ***graffiti*** *est un mot indénombrable : il ne se met pas au pluriel et ne s'emploie pas avec l'article indéfini* ***a****.*

grain

1 ▷ J'ai des grains de sable entre les doigts de pied.
I have grains of sand between my toes.

1 (de sable, de maïs, de blé) **grain** /greɪn/

2 ▷ Ne mets pas tous ces grains de raisin dans ta bouche, tu vas t'étouffer !
Don't put all those grapes in your mouth, you'll choke!

2 ► **grain de raisin : grape** /greɪp/

3 ▷ Je préfère acheter du café en grains.
I prefer to buy coffee beans.

3 ► **café en grains : coffee beans** /ˈkɒfɪ biːnz/

4 ▷ J'ai plusieurs grains de beauté sur le dos.
I have several moles on my back.

4 ► **grain de beauté : mole** /məʊl/

graine

▷ J'ai semé des graines de laitue.
I sowed some lettuce seeds.

seed /siːd/

graisse

▷ Il y avait beaucoup de graisse dans ce canard.
There was a lot of fat in that duck.

(dans ce qu'on mange, dans le corps) **fat** /fæt/

ℹ *Quand la graisse est liquide, on peut aussi dire* ***grease*** /griːs/.

grammaire

▷ La grammaire espagnole est plus compliquée que la grammaire anglaise.
Spanish grammar is more complicated than English grammar.

grammar /ˈgræməʳ/

gramme

▷ Il faut à peu près cent grammes par personne.
You need about a hundred grammes per person.

gramme /græm/

En anglais américain, ce mot s'écrit ***gram****.*

grand, grande

1 ▷ Il est grand pour son âge.
He is tall for his age.

1 (= haut, de grande taille) **tall** /tɔːl/ (plus grand **taller** /ˈtɔːləʳ/, le plus grand **the tallest** /ˈtɔːlɪst/)

2 ▷ C'est la plus grande pièce de la maison.
It's the biggest room in the house.

(= de grandes dimensions) **big** /bɪg/ (plus grand **bigger** /ˈbɪgəʳ/, le plus grand **the biggest** /ˈbɪgɪst/)

3 ▷ Je suis assez grand pour décider tout seul !
I'm old enough to decide on my own!

(= vieux) **old** /əʊld/ (plus grand **older** /ˈəʊldəʳ/, le plus grand **the oldest** /ˈəʊldɪst/)

4 ▷ Mon grand frère s'appelle Jean-Luc.
My big brother's name is Jean-Luc.

(avec *frère*, *sœur*) **big**

ℹ *On peut aussi dire* ***older***.

5 ▷ Il y a eu un grand bruit et tout s'est écroulé.
There was a loud noise and everything collapsed.

(= fort, en parlant du bruit) **loud** /laʊd/ (plus grand **louder** /ˈlaʊdəʳ/, le plus grand **the loudest** /ˈlaʊdɪst/)

6 ▷ Mozart était un grand musicien.
Mozart was a great musician.

▷ Un grand café, s'il vous plaît.
A large coffee, please.

(= remarquable) **great** /greɪt/ (plus grand **greater** /ˈgreɪtəʳ/, le plus grand **the greatest** /ˈgreɪtɪst/)
(en quantité) **large** /lɑːdʒ/ (plus grand **larger** /ˈlɑːdʒəʳ/, le plus grand **the largest** /ˈlɑːdʒɪst/)

grand-chose

▷ Tu n'as pas mangé grand-chose, tu es malade ?
You haven't eaten much, are you ill?

► **pas grand-chose : not much** /nɒt ˈmʌtʃ/

Grande-Bretagne

▷ La Grande-Bretagne comprend l'Angleterre, l'Écosse et le Pays de Galles.
Great Britain includes England, Scotland and Wales.
▷ Il y a beaucoup de Français en Grande-Bretagne.
There are a lot of French people in Great Britain.
▷ Martine va souvent en Grande-Bretagne.
Martine often goes to Great Britain.

Great Britain /greɪt ˈbrɪtən/
► **la Grande-Bretagne : Great Britain**

ℹ *Ne prend jamais d'article.*

► **en Grande-Bretagne** (= dans le pays) **: in Great Britain**
► **en Grande-Bretagne** (= vers le pays) **: to Great Britain**

ℹ *On dit aussi* ***Britain*** *tout court.*

grandeur

▷ C'est de la grandeur d'une pomme.
It's the size of an apple.
▷ Ils sont de la même grandeur.
They are the same size.

(= taille) **size** /saɪz/

ℹ *Notez qu'on ne met pas de préposition avant* ***the size of*** *en anglais.*

ℹ *Notez qu'on ne met pas de préposition avant* ***the same size*** *en anglais.*

grandir

▷ Si Thomas continue de grandir, ça va être un géant !
If Thomas keeps growing, he's going to be a giant!

grow /grəʊ/ (**grew** /gruː/, **grown** /grəʊn/)

grand-mère

▷ Quel âge a ta grand-mère ?
How old is your grandmother?

grandmother /ˈgrændmʌðəʳ/

grand-père

▷ Mon grand-père était chauffeur de taxi.
My grandfather was a taxi driver.

grandfather /ˈgrændfɑːðəʳ/

grands-parents

▷ Je vais chez mes grands-parents ce week-end.
I'm going to my grandparents' place this weekend.

grandparents /ˈgrændpɛərənts/

grange

▷ Le foin est dans la grange.
The hay is in the barn.

barn /bɑːn/

graphique

▷ Que montre le graphique ?
What does the graph show?

(= dessin) **graph** /grɑːf/

grappe de raisin

▷ Il a cueilli trois grappes de raisin.
He picked three bunches of grapes.

bunch of grapes /ˌbʌntʃ əv ˈgreɪps/ (pluriel **bunches of grapes** /ˌbʌntʃɪz əv ˈgreɪps/)

gras, grasse

1 ▷ Ce plat est trop gras.
This dish is too fatty.

(= plein de matière grasse) **fatty** /ˈfætɪ/ (**plus gras** fattier /ˈfætɪəʳ/, **le plus gras** the fattiest /ˈfætɪɪst/)

2 ▷ C'est un shampoing pour cheveux gras.
It's a shampoo for greasy hair.

(= huileux) **greasy** /ˈgriːsɪ/ (**plus gras** greasier /ˈgriːsɪəʳ/, **le plus gras** the greasiest /ˈgriːsɪɪst/)

3 ▷ Il y a beaucoup de gras dans ce jambon.
There's a lot of fat in this ham.

► **le gras** (= la partie grasse de la viande) : **fat** /fæt/

4 ▷ La traduction apparaît en gras.
The translation is in bold.

► **en gras** (= en caractères gras) : **in bold** /bəʊld/

gratin

▷ Il y avait un gratin de poisson, c'était délicieux.
There was a fish gratin, it was delicious.

(= plat) **gratin**
Se prononce comme en français.

gratte-ciel

▷ Il y a beaucoup de gratte-ciel dans mon quartier.
There are a lot of skyscrapers in my area.

skyscraper /'skaɪskreɪpəʳ/

gratter

1 ▷ Le chien grattait la terre avec sa patte.
The dog was scratching the ground with its paw.

1 (avec ses ongles, avec ses griffes) **scratch** /skrætʃ/

2 ▷ Ça me gratte, ce doit être une piqûre de moustique.
It's itchy, it must be a mosquito bite.

2 ► **ça me gratte : it's itchy** /'ɪtʃɪ/

3 ▷ Le chien se gratte parce qu'il a des puces.
The dog scratches itself because it has fleas.

3 ► se **gratter : scratch** oneself

ℹ *Le pronom personnel réfléchi fonctionne de la façon suivante en anglais (exemples au présent) : **I scratch myself, you scratch yourself, he scratches himself, she scratches herself, it scratches itself, we scratch ourselves, you scratch yourselves, they scratch themselves**.*

▷ Ne te gratte pas le bras, tu vas te faire mal.
Don't scratch your arm, you'll hurt yourself.
▷ Le singe se grattait la tête.
The monkey was scratching its head.

► se **gratter le bras** *ou* **la jambe**, *etc.* : **scratch** one's **arm** *ou* one's **leg**, *etc.*

ℹ *L'adjectif possessif fonctionne de la façon suivante en anglais (exemples au présent) : **I scratch my leg, you scratch your leg, he scratches his leg, she scratches her leg, it scratches its leg, we scratch our legs, they scratch their legs**.*

gratuit, gratuite

▷ Elle a eu des billets gratuits.
She got some free tickets.

free /friː/

gratuitement

1 ▷ Il a fait le travail gratuitement.
He did the work for nothing.

1 (= sans être payé) **for nothing** /fə 'nʌθɪŋ/

2 ▷ Il nous a dit que nous pouvions entrer gratuitement.
He told us that we could go in free.

2 (= sans payer) **free** /friː/

grave

1 ▷ Apparemment c'est une blessure grave.
Apparently it's a serious injury.

1 (= préoccupant) **serious** /'sɪərɪəs/ (plus grave **more serious**, le plus grave **the most serious**)

2 ▷ Je suis désolée ! – Ne vous inquiétez pas, ce n'est pas grave.
I'm sorry! – Don't worry, it doesn't matter.

Pour dire que quelque chose **n'a pas d'importance**, *on emploie l'expression* ***it doesn't matter*** /ɪt ˌdʌznt 'mætəʳ/.

3 ▷ Karim a la voix très grave.
Karim has a very deep voice.

(voix, son) **deep** /diːp/ (**plus grave deeper** /'diːpəʳ/, **le plus grave the deepest** /'diːpɪst/)

gravement

▷ Le grand-père de Luc est gravement malade.
Luc's grandfather is seriously ill.

seriously /'sɪərɪəslɪ/

graver

▷ Quelqu'un a gravé ses initiales dans le tronc de l'arbre.
Somebody engraved their initials in the trunk of the tree.

(= inscrire) **engrave** /ɪn'greɪv/

gravier

▷ Il y a du gravier dans l'allée.
There is gravel on the path.

gravel /'grævl/

gravillons

▷ Des gravillons ont cassé le pare-brise.
Some gravel broke the windscreen.

▷ Ces gravillons sont très fins.
This gravel is very fine.

gravel /'grævl/

ℹ *Le mot* ***gravel*** *est indénombrable : il ne se met pas au pluriel, et ne prend pas l'article indéfini* ***a***.

grec, grecque

▷ La cuisine grecque est très bonne.
Greek cuisine is very good.

▷ J'ai trouvé les Grecs très accueillants.
I found the Greeks very welcoming.

▷ Mélanie parle le grec.
Mélanie speaks Greek.

Greek /griːk/

ℹ *S'écrit toujours avec une majuscule, comme tous les adjectifs et noms de nationalité en anglais.*

Grèce

▷ La Grèce est un pays riche en histoire.
Greece is a country rich in history.

▷ Qu'est-ce que vous avez visité en Grèce ?
What did you visit in Greece?

▷ J'aimerais aller en Grèce.
I'd like to go to Greece.

Greece /griːs/

► **la Grèce** : **Greece**

ℹ *Ne prend jamais d'article.*

► **en Grèce** (= dans le pays) : **in Greece**

► **en Grèce** (= vers le pays) : **to Greece**

grêle

▷ La grêle cognait contre les vitres.
The hail was banging against the windows.

hail /heɪl/

grêler

▷ Il a grêlé toute l'après-midi.
It hailed all afternoon.

hail /heɪl/

grelotter

▷ Nous grelottions tous dans l'église.
We were all shivering in the church.

shiver /'ʃɪvəʳ/

ℹ *Le **i** de **shiver** se prononce comme le **i** de sit.*

grenier

▷ Les Dutoit ont fait une chambre d'amis dans le grenier.
The Dutoits made a guest room in the attic.

attic /'ætɪk/

grenouille

▷ Il y a plein de grenouilles dans l'étang.
There are lots of frogs in the pond.

frog /frɒg/

grève

▷ Il y a une grève aujourd'hui dans le métro.
There's a strike today on the underground.

▷ Les profs sont en grève depuis hier.
The teachers have been on strike since yesterday.

(= arrêt du travail) **strike** /straɪk/

► **être en grève :** be on strike

gribouiller

▷ Qu'est-ce que tu gribouilles ?
What are you scribbling?

scribble /'skrɪbl/

griffe

▷ Le chat a sorti ses griffes.
The cat showed its claws.

claw /klɔː/

► **sortir ses griffes** (chat) **:** show its claws

griffer

▷ Le chat a encore essayé de me griffer.
The cat tried to scratch me again.

scratch /skrætʃ/

grignoter

1 ▷ Il faut éviter de grignoter entre les repas.
You should avoid snacking between meals.

(= manger un peu) **snack** /snæk/

2 ▷ La souris grignotait un morceau de fromage.
The mouse was nibbling a piece of cheese.

► **grignoter** quelque chose (= mordre dedans) **:** **nibble** /'nɪbl/ something

gril

▷ On a fait cuire les saucisses au grill.
We grilled the sausages.

grill pan /'grɪlpæn/ (pluriel **grill pans** /'grɪlpænz/)

► **faire cuire** quelque chose **au gril :** **grill** something

grillage

▷ Il y a du grillage autour du jardin.
There's a wire fence around the garden.

► **du grillage** (= une clôture) : a wire fence /ˌwaɪə ˈfens/

grille

▷ Lionel a escaladé la grille du parc.
Lionel climbed the park railings.

▷ La grille est rouillée.
The railings are rusty.

(= clôture) railings /ˈreɪlɪŋz/

ℹ *Railings est un nom pluriel.*

grille-pain

▷ Le grille-pain est cassé.
The toaster is broken.

toaster /ˈtəʊstəʳ/

griller

1 ▷ Tu vas griller le poisson ou le cuire au four ?
Are you going to grill the fish or cook it in the oven?

(de la viande, du poisson) grill /grɪl/

ℹ *La traduction est la même si on dit* faire griller *au lieu de* griller.

2 ▷ Je vais faire griller du pain pour le petit déjeuner.
I'm going to toast some bread for breakfast.

(du pain) toast /təʊst/

3 ▷ La voiture devant nous a grillé le feu rouge.
The car in front of us went through the red light.

► **griller un feu rouge** : go through /θruː/ a red light /red ˈlaɪt/ (went, gone / been)

grillon

▷ Tu entends les grillons dans le champ ?
Can you hear the crickets in the field?

cricket /ˈkrɪkɪt/

grimace

▷ Le petit garçon nous faisait des grimaces derrière la vitre.
The little boy was making faces at us behind the window.

► **faire des grimaces à** quelqu'un : make faces /ˈfeɪsɪz/ at somebody (made faces, made faces)

grimper

1 ▷ Les prix ont encore grimpé ce mois-ci.
Prices have risen again this month.

(= augmenter) rise /raɪz/ (rose /rəʊs/, risen /ˈrɪzn/)

2 ▷ Cette côte est difficile à grimper.
This slope is difficult to climb.

► **grimper** quelque chose : climb /klaɪm/ something

3 ▷ Il a grimpé sur le tabouret pour atteindre le placard.
He climbed on the stool to reach the cupboard.

► **grimper sur** quelque chose : climb on something

🔊 *Le* b *de* climb *ne se prononce pas.* Climb *rime avec* time.

grincer

▷ La porte grince, c'est très agaçant.
The door creaks, it's very irritating.

creak /kriːk/

grippe

▷ La grippe peut être une maladie grave.
Flu can be a serious illness.

▷ Matteo n'est pas venu au travail, il a la grippe.
Matteo didn't come to work, he's got flu.

flu /fluː/

► **avoir la grippe :** have flu (had, had)

gris, grise

▷ Je veux acheter une veste grise.
I want to buy a grey jacket.

grey /greɪ/

*En anglais américain, ce mot s'écrit **gray**.*

grogner

▷ Le chien a commencé à grogner quand nous nous sommes approchés.
The dog started growling when we came closer.

(animal) **growl** /graʊl/

*Le **ow** de **growl** se prononce comme dans **brown** et **how**.*

grognon

▷ Il est très grognon quand il se réveille.
He's very grumpy when he wakes up.

grumpy /ˈgrʌmpɪ/ (plus grognon grumpier /ˈgrʌmpɪəʳ/, le plus grognon the grumpiest /ˈgrʌmpɪɪst/)

gronder

▷ Les parents d'Adeline l'ont grondée.
Adeline's parents told her off.

▷ Il va se faire gronder !
He's going to get told off!

(= réprimander) **tell off** /tel ˈɒf/ (told off, told off /təʊld ˈɒf/)

► **se faire gronder :** get told off (got told off, got told off)

gros, grosse

1 ▷ Elle se trouve trop grosse.
She thinks she's too fat.

1 (= gras) **fat** /fæt/ (plus gros fatter /ˈfætəʳ/, le plus gros the fattest /ˈfætɪst/)

2 ▷ Emporte un gros pull, il fait froid là-bas.
Take a thick pullover, it's cold there.

2 (= épais) **thick** /θɪk/ (plus gros thicker /ˈθɪkəʳ/, le plus gros the thickest /ˈθɪkɪst/)

3 ▷ Tu as reçu un gros colis.
You've got a big parcel.
▷ J'ai un gros problème, il faut que tu m'aides.
I've got a big problem, you must help me.

3 (= grand) **big** /bɪg/ (plus gros bigger /ˈbɪgəʳ/, le plus gros the biggest /ˈbɪgɪst/)

4 ▷ Ça coûtera en gros dix euros par personne.
It will cost roughly ten euros per person.

4 ► **en gros** (= à peu près) **:** roughly /ˈrʌflɪ/

5 ▷ Ne dis pas ça, c'est un gros mot !
Don't say that, it's a swearword!
▷ Il dit toujours des gros mots.
He always swears.

5 ► **gros mot : swearword** /'swɛəwɜːd/
► **dire des gros mots : swear** /swɛəʳ/ **(swore** /swɔːʳ/, **sworn** /swɔːn/)

groseille

▷ On a ramassé des groseilles pour faire une tarte.
We gathered some redcurrants to make a tart.

redcurrant /red'kʌrənt/

grosseur

▷ C'est de la grosseur d'une pomme.
It's the size of an apple.
▷ Ils sont de la même grosseur.
They are the same size.

(= taille) **size** /saɪz/

ℹ *Notez qu'on ne met pas de préposition avant* ***the size of****.*

ℹ *Notez qu'on ne met pas de préposition avant* ***the same size****.*

grossier, grossière

▷ Ne sois pas si grossière !
Don't be so rude!

(= vulgaire) **rude** /ruːd/ (**plus grossier ruder** /'ruːdəʳ/, **le plus grossier the rudest** /'ruːdɪst/)

grossir

1 ▷ Oh non, j'ai encore grossi !
Oh no, I've put on weight again!
▷ J'ai grossi de deux kilos en une semaine.
I put on two kilos in a week.

1 (= prendre du poids) **put on weight** /weɪt/ (**put on, put on**)
► **grossir de... : put on...** (**put on, put on**)

2 ▷ Les pommes grossissent sur l'arbre.
The apples are getting bigger on the tree.

2 (= grandir) **get bigger** /'bɪgəʳ/ (**got bigger, got bigger**)

3 ▷ Ils utilisent un microscope pour grossir les objets.
They use a microscope to magnify objects.

3 ► **grossir** quelque chose (loupe, microscope) : **magnify** /'mægnɪfaɪ/ **something**

🔊 *Le* ***y*** *de* ***magnify*** *devient* ***ic*** *à la troisième personne du singulier du présent de l'indicatif* (**magnifies** /'mægnɪfaɪz/)*, au prétérit et au participe passé* (**magnified** /'mægnɪfaɪd/)*.*

grotte

▷ Nous avons visité des grottes préhistoriques.
We visited some prehistoric caves.

cave /keɪv/

🔊 *Le* ***a*** *du mot anglais* ***cave*** *se prononce comme le* ***a*** *de* ***make****.* ***Cave*** *rime avec* ***Dave*** *et* ***wave****.*

groupe

1 ▷ Il y avait un groupe de jeunes devant le cinéma.
There was a group of youngsters in front of the cinema.
▷ On travaille souvent en groupe.
We often work in a group.

group /gruːp/
Attention à l'orthographe : pas de **e** en anglais.
► **en groupe : in a group**

2 ▷ Stan joue dans un groupe de rock.
Stan plays in a rock band.

(de musiciens) **band** /bænd/

grue

▷ Il y a des grues immenses derrière la place.
There are huge cranes behind the square.

crane /kreɪn/
*Le **a** de **crane** se prononce comme le **a** de **make**. **Crane** rime avec **Jane** et **stain**.*

guépard

▷ Le guépard est un animal extrêmement rapide.
The cheetah is an extremely fast animal.

cheetah /'tʃiːtə/
***Cheetah** rime avec **heater** et **Peter**.*

guêpe

▷ Il s'est fait piquer par une guêpe.
He was stung by a wasp.

wasp /wɒsp/
*Le **a** de **wasp** se prononce comme le **o** de **dog**.*

guérir

▷ Elle a guéri en une semaine.
She got better in a week.
▷ Je suis presque guéri.
I'm almost better.

(= aller mieux) **get better** /'betəʳ/ (got better, got better)
*On peut aussi dire **recover** /rɪ'kʌvəʳ/.*
► **être guéri : be better**

guérison

▷ Marie est en voie de guérison.
Marie is getting better.

recovery /rɪ'kʌvərɪ/
► **être en voie de guérison : be getting better**

guerre

▷ On a vu des images de la guerre à la télé.
We saw pictures of the war on TV.
▷ Il est né au début de la Première Guerre mondiale.
He was born at the beginning of the First World War.
▷ Lucien est mort pendant la Seconde Guerre mondiale.
Lucien died during the Second World War.

war /wɔːʳ/
***War** rime avec **more** et **door**.*
► **la Première Guerre mondiale : the First World War** /ˌfɜːst wɜːld'wɔːʳ/
► **la Seconde Guerre mondiale : the Second World War** /ˌsekənd wɜːld'wɔːʳ/

gueule

1 ▷ Le chien a pris l'os dans sa gueule.
The dog took the bone in its mouth.

(= bouche d'un animal) **mouth** /maʊθ/

2 ▷ Arrête de faire la gueule !
Stop sulking!

► **faire la gueule : sulk** /sʌlk/
ℹ **Faire la gueule** *est un une expression très familière, mais* ***sulk*** *ne l'est pas.*

3 ▷ Paul me fait la gueule.
Paul isn't talking to me.
▷ Tu me fait la gueule ?
Aren't you talking to me?

Pour dire qu'on **fait la gueule à** *quelqu'un, on emploie l'expression* ***not talking to.***

4 ▷ Je me suis réveillé avec la gueule de bois.
I woke up with a hangover.

► **gueule de bois : hangover** /ˈhæŋəʊvəʳ/

gueuler

▷ Ne gueule pas, je ne suis pas sourd !
Don't shout, I'm not deaf!

(= crier) **shout** /ʃaʊt/
ℹ **Gueuler** *est un mot familier, mais* ***shout*** *ne l'est pas.*

gui

▷ En France, on s'embrasse sous le gui au nouvel an.
In France, we kiss under the mistletoe for New Year's Day.

mistletoe /ˈmɪsltəʊ/

guichet

1 ▷ Va demander au guichet.
Go and ask at the window.

(à la poste, à la banque) **window** /ˈwɪndəʊ/

2 ▷ Il y avait la queue au guichet du cinéma.
There was a queue at the cinema ticket office.

(au cinéma, au théâtre) **ticket office** /ˈtɪkɪt ˌɒfɪs/

3 ▷ Est-ce qu'il y a un guichet automatique par ici ?
Is there a cashpoint around here?

► **guichet automatique** (pour retirer de l'argent) : **cashpoint** /ˈkæʃpɔɪnt/

guide

1 ▷ Le guide a expliqué comment le château a été construit.
The guide explained how the castle was built.

(= accompagnateur) **guide** /gaɪd/
🔈 ***Guide*** *rime avec* ***side.***

2 ▷ On a acheté un guide avant de partir pour l'Italie.
We bought a guidebook before leaving for Italy.

(= livre) **guidebook** /ˈgaɪdbʊk/

guider

▷ Quelqu'un nous a guidés vers la sortie.
Somebody guided us towards the exit.

guide /gaɪd/
Guide rime avec ***side****.*

guidon

▷ Il fait du vélo sans tenir le guidon.
He can cycle without holding the handlebars.

handlebars /'hændlbɑːz/
Handlebars est pluriel. On dit par exemple ***the handlebars are broken*** (le guidon est cassé).

guillemets

▷ C'est un dialogue, il faut employer des guillemets.
It's a dialogue, you have to use quotation marks.

▷ Le mot était entre guillemets.
The word was in quotation marks.

quotation marks /ˌkwəʊ'teɪʃən mɑːks/

► **entre guillemets : in quotation marks**

guirlande

1 ▷ Les enfants ont fabriqué des guirlandes en papier.
The children made paper garlands.

1 (= fleurs, papier) **garland** /gɑːlənd/

2 ▷ Le sapin de Noël est couvert de guirlandes.
The Christmas tree is covered in tinsel.

▷ Les guirlandes sont rouges.
The tinsel is red.

2 (pour Noël) **tinsel** /'tɪnsəl/
Tinsel est indénombrable : il ne se met pas au pluriel et ne s'emploie jamais avec l'article indéfini ***a****.*

guitare

▷ Serge a apporté sa guitare électrique.
Serge brought his electric guitar.

▷ J'apprends à jouer de la guitare.
I'm learning to play the guitar.

guitar /gɪ'tɑːʳ/
Attention à l'orthographe : pas de ***e*** *en anglais.*

► **jouer de la guitare : play** /pleɪ/ **the guitar**

gym

1 ▷ Ils ont gym le mardi matin.
They have PE on Tuesday mornings.

1 (à l'école) **PE** /'piː'iː/
PE est l'abréviation de ***physical education*** (éducation physique).

2 ▷ Annick fait de la gym à la maison.
Annick does exercises at home.

2 ► **faire de la gym : do exercises** /'eksəsaɪzɪz/ **(did, done)**
Attention : le mot anglais ***gym*** *signifie « gymnase ».*

gymnase

▷ Le gymnase est ouvert même le dimanche.
The gym is open even on Sundays.

gym /dʒɪm/

*Le mot anglais **gym** se prononce exactement comme le nom **Jim**.*

gymnastique

▷ Tu as regardé le championnat de gymnastique à la télé ?
Did you watch the gymnastics championship on TV?

gymnastics /dʒɪm'næstɪks/

gynécologue

▷ Je peux te conseiller un bon gynécologue.
I can recommend a good gynaecologist.

gynaecologist /gaɪnɪ'kɒlədʒɪst/

*En anglais américain, ce mot s'écrit **gynecologist**.*

▷ J'ai rendez-vous chez le gynécologue mardi.
I have an appointment at the gynaecologist's on Tuesday.

► **chez le gynécologue** (= dans son cabinet) : **at the gynaecologist's**

▷ Je dois aller chez le gynécologue tous les ans.
I have to go to the gynaecologist's every year.

► **chez le gynécologue** (= vers son cabinet) : **to the gynaecologist's**

▷ Sylvie est gynécologue.
Sylvie is a gynaecologist.

*N'oubliez pas l'article **a** ou **an** devant le nom du métier quand il suit les verbes **be** ou **become**.*

Hh

habile

▷ Il est très habile, il fabrique beaucoup de choses lui-même.
He is very skilful, he makes a lot of things himself.

skilful /'skɪlfʊl/ (**plus habile** more skilful, **le plus habile** the most skilful)

habiller

1 ▷ Est-ce que tu peux habiller Julie ?
Can you dress Julie?

► **habiller** quelqu'un **:** **dress** /dres/ somebody

2 ▷ Je me suis habillé à toute vitesse.
I got dressed very quickly.

► **s'habiller :** **get dressed** /drest/ (got dressed, got dressed)

habit

1 ▷ Quel habit vas-tu mettre pour la soirée déguisée ?
What outfit are you going to wear for the fancy-dress party?

(= une panoplie pour jouer, un déguisement) **outfit** /'aʊtfɪt/

2 ▷ Mes habits d'hiver sont au grenier.
My winter clothes are in the attic.

(= vêtements) **clothes** /kləʊðz/

*Attention à la prononciation de **clothes** : une seule syllabe !*

habitant, habitante

▷ Il y a vingt mille habitants dans cette ville.
There are twenty thousand inhabitants in this town.

(d'une ville, d'un pays) **inhabitant** /ɪn'hæbɪtənt/

*L'accent tonique est sur la deuxième syllabe **-ha-**.*

habiter

▷ Où est-ce que tu habites ?
Where do you live?

(= vivre) **live** /lɪv/

*Le verbe **live** rime avec **give**. Ne pas confondre avec l'adjectif **live**, qui rime avec **drive**.*

habitude

1 ▷ C'est une mauvaise habitude que j'aimerais perdre.
It's a bad habit that I'd like to lose.

1 (= chose que l'on fait souvent) **habit** /'hæbɪt/

2 ▷ J'ai l'habitude de me lever tôt.
I'm used to getting up early.

2 ► **avoir l'habitude de** + *infinitif* : **be used to** /'ju:st tu:/ + *-ing*

*Ici, le mot **used** se prononce comme s'il y avait un **t** à la fin. **Used** rime avec **boost**.*

3 ▷ D'habitude, Thomas arrive à l'heure.
Thomas usually arrives on time.
▷ Le feuilleton était moins intéressant que d'habitude.
The serial was less interesting than usual.
▷ Comme d'habitude, il était en retard.
As usual, he was late.

3 ► **d'habitude** : **usually** /'ju:ʒʊəlɪ/

► **...que d'habitude** : **...than usual** /ðən 'ju:ʒʊəl/

► **comme d'habitude** : **as usual** /əz 'ju:ʒʊəl/

habitué, habituée

▷ Lise est habituée à travailler en équipe.
Lise is used to working in a team.

► **être habitué à** + *infinitif* : **be used to** /'ju:st tu:/ + *-ing*

*Ici, le mot **used** se prononce comme s'il y avait un **t** à la fin. **Used** rime avec **boost**.*

habituel, habituelle

▷ Ce n'est pas la méthode habituelle.
This is not the usual method.

usual /'ju:ʒʊəl/

habituellement

▷ Habituellement, je vais à l'école en bus.
I usually go to school by bus.

usually /'ju:ʒʊəlɪ/

habituer

▷ Il ne s'est pas habitué à son nouveau travail.
He hasn't got used to his new job.

▷ Tu devrais t'habituer à faire plus d'exercice.
You should get used to doing more exercise.

► **s'habituer à** quelque chose : **get used** /ju:st/ **to** something (**got used to, got used to**)
► **s'habituer à** + *infinitif* : **get used** /ju:st/ **to** + *-ing* (**got used to, got used to**)

*Ici, le mot **used** se prononce comme s'il y avait un **t** à la fin. **Used** rime avec **boost**.*

hache

▷ J'ai besoin d'une hache pour couper du bois.
I need an axe to cut some wood.

axe /æks/

*En anglais américain, ce mot s'écrit **ax**.*

hacher

▷ D'abord, tu haches l'oignon, puis tu le fais frire.
First you chop the onion, then you fry it.

chop /tʃɒp/
ℹ *Il y a deux* **p** *au gérondif* (**chopping** /'tʃɒpɪŋ/), *au prétérit et au participe passé* (**chopped** /tʃɒpt/).

haie

1 ▷ Les garçons ont sauté par-dessus la haie.
The boys jumped over the hedge.

1 (d'un champ, d'un jardin) **hedge** /hedʒ/

2 ▷ Le coureur est tombé sur la première haie.
The runner fell at the first hurdle.

2 (= obstacle dans une course) **hurdle** /'hɜːdl/

haine

▷ Certains jeunes ont la haine.
Some youngsters are full of hatred.

hatred /'heɪtrɪd/
► **avoir la haine : be full of hatred**

haïr

▷ Je hais l'art contemporain.
I hate contemporary art.

hate /heɪt/
🔊 *Prononcez bien le* **h**, *pour faire la différence avec* ***I ate...*** (= j'ai mangé !).

haleine

▷ Ce spray vous donne l'haleine fraîche.
This spray gives you fresh breath.

breath /breθ/
🔊 *Le* **ea** *de* **breath** *se prononce comme le* **e** *de* **bed**.

▷ Notre chien a mauvaise haleine.
Our dog has bad breath.
▷ Ils étaient hors d'haleine quand ils sont arrivés.
They were out of breath when they arrived.

► **avoir mauvaise haleine : have bad breath**
► **hors d'haleine : out of breath**

haleter

▷ Le vieux chien haletait dans la côte.
The old dog was panting on the hill.

pant /pænt/

hall

▷ Je t'attendrai dans le hall de l'hôtel.
I'll wait for you in the hotel lobby.

(= l'entrée d'un hôtel, d'un cinéma, ou d'un théâtre) **lobby** /'lɒbɪ/

haltère

▷ J'ai des haltères pour mon cours de gym.
I have some weights for my exercise class.

weight /weɪt/
🔊 ***Weight*** *se prononce exactement comme* ***wait***.

▷ Il fait des haltères pour rester en forme.
He does weight lifting to keep in good shape.

► **faire des haltères : do weight lifting** /'weɪt ˌlɪftɪŋ/ **(did, done)**

hamburger

▷ Je vais prendre un hamburger et des frites.
I'm going to have a hamburger and some chips.

hamburger /'hæmbɜːgəʳ/

L'accent tonique est sur la première syllabe **ham-**.

hameçon

▷ Le poisson a avalé l'hameçon.
The fish swallowed the hook.

hook /hʊk/

hamster

▷ Leur hamster s'appelle Titus.
Their hamster's name is Titus.

hamster /'hæmstəʳ/

L'accent tonique est sur la première syllabe **ham-**.

hanche

▷ Ma grand-mère a des problèmes avec sa hanche.
My grandmother has got problems with her hip.

hip /hɪp/

handball

▷ Le handball est mon sport préféré.
Handball is my favourite sport.

handball /'hændbɔːl/

L'accent tonique est sur la première syllabe **hand-**.

▷ Elle joue au handball le samedi.
She plays handball on Saturdays.

► **jouer au handball : play handball**

handicap

▷ Il arrive à surmonter son handicap.
He manages to overcome his handicap.

handicap /'hændɪkæp/

handicapé, handicapée

1 ▷ Son frère est handicapé.
Her brother is disabled.

(= infirme) **disabled** /dɪs'eɪbld/

2 ▷ Les handicapés peuvent utiliser ces toilettes.
The disabled can use these toilets.

► **les handicapés : the disabled**

Pour dire **un handicapé, une handicapée** *en anglais, on emploie l'expression* ***a disabled person***.

hangar

▷ Le tracteur est dans ce hangar.
The tractor is in that shed.

shed /ʃed/

hanter

▷ Il y a plein de châteaux hantés en Écosse.
There are lots of haunted castles in Scotland.

haunt /hɔːnt/

harceler

▷ Il n'a pas arrêté de l'harceler avec des questions idiotes.
He kept pestering him with silly questions.

(de questions) **pester** /'pestəʳ/

▷ Elle s'est fait harceler par son patron.
She was harassed by her boss.

(sexuellement) **harass** /hə'ræs/

hareng

▷ J'ai acheté deux harengs.
I bought two herrings.

herring /'herɪŋ/

haricot

▷ Il y a de l'agneau et des haricots pour déjeuner.
There is lamb and beans for lunch.

▷ Les haricots blancs sont difficiles à digérer.
Haricot beans are difficult to digest.

▷ Il y a des haricots verts dans la salade.
There are green beans in the salad.

bean /biːn/

► **haricots blancs : haricot beans** /'hærɪkəʊ ˌbiːnz/

► **haricots verts : green beans** /griːn 'biːnz/

harmonica

▷ Nous avons acheté un harmonica pour Simon.
We bought a harmonica for Simon.

▷ Elle joue très bien de l'harmonica.
She plays the harmonica very well.

harmonica /hɑː'mɒnɪkə/

ℹ *On peut aussi dire* ***mouth organ*** /'mauθ ˌɔːgən/ (pluriel **mouth organs**).

► **jouer de l'harmonica : play the harmonica**

harpe

▷ C'est une harpe celtique.
It's a Celtic harp.

▷ J'apprends à jouer de la harpe.
I'm learning to play the harp.

harp /hɑːp/

Attention à l'orthographe : pas de ***e*** *en anglais.*

► **jouer de la harpe : play** /pleɪ/ **the harp**

hasard

1 ▷ Il n'a pas gagné parce qu'il est doué, c'était seulement le hasard.
He didn't win because he's good, it was just luck.

► **le hasard** (= la chance) **: luck** /lʌk/

2 ▷ J'ai choisi une couleur au hasard.
I chose a colour at random.

► **au hasard : at random** /ət 'rændəm/

3 ▷ Si par hasard tu vois Joe, dis-lui de m'appeler.
If by any chance you see Joe, tell him to call me.

► **si par hasard... : if by any chance...** /ˌɪf baɪ enɪ 'tʃɑːns/

4 ▷ J'ai rencontré Matthieu par hasard au centre commercial.
I bumped into Matthieu at the shopping centre.

► **rencontrer** quelqu'un **par hasard : bump into** somebody /bʌmp 'intuː/

hâte

▷ J'ai hâte de le revoir.
I can't wait to see him again.

► **avoir hâte de faire** quelque chose **: can't wait to do** something

hausse

▷ Il y a eu une hausse du prix de l'essence.
There was a rise in the price of petrol.

rise /raɪz/
ℹ *Notez la préposition utilisée en anglais :* une hausse de quelque chose = *a rise in something.*

▷ Les prix sont en hausse.
Prices are going up.

► **être en hausse : be going up** /ˌgəʊɪŋ ˈʌp/

haut, haute

1 ▷ L'étagère est trop haute pour moi.
The shelf is too high for me.
▷ L'oiseau vole haut dans le ciel.
The bird is flying high in the sky.

1 (= à une grande altitude) **high** /haɪ/ (plus haut **higher** /ˈhaɪəʳ/, le plus haut **the highest** /ˈhaɪɪst/)
🔊 ***High*** *rime avec* ***sky*** *et* ***dry.***

2 ▷ Le haut du mur est peint en bleu.
The top of the wall is painted blue.

2 ► **le haut de** quelque chose **: the top** /tɒp/ **of** something

3 ▷ Lisa nous attendait en haut de l'escalier.
Lisa was waiting for us at the top of the stairs.

3 ► **en haut de : at the top of**

4 ▷ Ce sont les voisins qui habitent en haut.
They're the neighbours who live upstairs.

4 ► **en haut** (= à l'étage du dessus) **: upstairs** /ʌpˈstɛəz/

5 ▷ La tour Eiffel fait plus de trois cents mètres de haut.
The Eiffel Tower is over three hundred metres tall.

5 *Quand on veut dire la taille de quelque chose en anglais, on utilise l'expression* ***be + tall*** /tɔːl/.

6 ▷ Éloïse portait un joli haut blanc.
Éloïse was wearing a pretty white top.

6 ► **un haut** (= chemisier, tee-shirt) **: a top** /tɒp/

hautbois

▷ Elle joue très bien du hautbois.
She plays the oboe very well.

oboe /ˈəʊbəʊ/
► **jouer du hautbois : play** /pleɪ/ **the oboe**

hauteur

▷ Ils ont mesuré la hauteur du mur.
They measured the height of the wall.

▷ Ces arbustes font trois mètres de hauteur.
These bushes are three metres high.

▷ Quelle est la hauteur de cette tour ?
How high is this tower?

(= dimension) **height** /haɪt/
🔊 ***Height*** *rime avec* ***night*** *et* ***quite.***
ℹ *Quand on veut dire la hauteur de quelque chose en anglais, on emploie l'expression* ***be + high*** /haɪ/.
ℹ *Pour demander la hauteur de quelque chose, on emploie l'expression* ***how high?***

haut-parleur

▷ Il y a deux haut-parleurs à l'arrière de la voiture.
There are two speakers in the back of the car.

speaker /'spiːkəʳ/
ℹ *On peut aussi dire* ***loudspeaker*** /ˌlaʊd'spiːkəʳ/.

hebdomadaire

▷ Nous sommes abonnés à deux hebdomadaires.
We subscribe to two weeklies.

(= magazine) **weekly** /'wiːklɪ/ (pluriel **weeklies** /'wiːklɪz/)

héberger

▷ Des amis nous ont hébergés.
Some friends put us up.

► **héberger** quelqu'un (= loger quelqu'un temporairement) : **put** /pʊt/ somebody **up (put up, put up)**

hein ?

▷ Hein ? Je t'entends mal.
What? I can't hear you very well.

(pour faire répéter) **what?** /wɒt/

hélas

▷ Hélas, nous n'avons pas pu avoir de billets.
Unfortunately we couldn't get any tickets.

unfortunately /ʌn'fɔːtʃənɪtlɪ/
🔊 *L'accent tonique est sur la deuxième syllabe* ***-for-***.

hélice

▷ L'hélice du bateau était cassée.
The propeller of the boat was broken.

(d'un hélicoptère, d'un bateau) **propeller** /prə'peləʳ/

hélicoptère

▷ L'hélicoptère a atterri dans le champ.
The helicopter landed in the field.

helicopter /'helɪkɒptəʳ/
🔊 *L'accent tonique est sur la première syllabe* ***he-***.

hennir

▷ Tu entends le cheval hennir ?
Can you hear the horse neigh?

neigh /neɪ/

herbe

1 ▷ L'herbe est trop longue, tu devrais la couper.
The grass is too long, you should cut it.

(= gazon) **grass** /grɑːs/

2 ▷ Il y a des mauvaises herbes partout dans le jardin.
There are weeds everywhere in the garden.

► **mauvaise herbe : weed** /wiːd/

3 ▷ Elle met toujours beaucoup d'herbes dans sa ratatouille.
She always puts a lot of herbs in her ratatouille.

► **(fines) herbes** (pour faire la cuisine) : **herbs** /hɜːbz/

héréditaire

▷ Il a une maladie héréditaire.
He has a hereditary disease.

hereditary /hɪ'redɪtrɪ/

🔊 *L'accent tonique est sur la deuxième syllabe* ***-re-****.*

hérisson

▷ Il y avait un hérisson mort sur la route.
There was a dead hedgehog on the road.

hedgehog /'hedʒhɒg/

héritage

1 ▷ Les deux frères ont partagé l'héritage.
The two brothers divided the inheritance.

(d'argent, de biens) **inheritance** /ɪn'herɪtəns/

2 ▷ C'est l'héritage du passé.
It's the heritage of the past.

(de traditions) **heritage** /'herɪtɪdʒ/

hériter

▷ Mes parents ont hérité une maison de mes grands-parents.
My parents inherited a house from my grandparents.

► **hériter** quelque chose **de** quelqu'un **: inherit** /ɪn'herɪt/ something **from** somebody

héroïne

1 ▷ L'héroïne du livre est une avocate anglaise.
The heroine of the book is an English lawyer.

(= personnage principal) **heroine** /'herəʊɪn/

2 ▷ La police a trouvé deux kilos d'héroïne chez lui.
The police found two kilos of heroin at his home.

(= drogue) **heroin** /'herəʊɪn/

héros

▷ Le héros du film s'appelle Conan.
The hero of the film is called Conan.

hero /'hɪərəʊ/ (pluriel **heroes** /'hiərəʊz/)

hésiter

▷ Serge a répondu oui sans hésiter.
Serge said yes without hesitating.

hesitate /'hezɪteɪt/

🔊 *L'accent tonique est sur la première syllabe* ***he-****.*

hétérosexuel, hétérosexuelle

▷ Les hétérosexuels et les homosexuels ont les mêmes droits en France.
Heterosexuals and homosexuals have the same rights in France.

heterosexual /ˌhetərə'seksjʊəl/

ℹ *Le mot* ***heterosexual*** *peut être un adjectif ou un nom.*

heure

1 ▷ Ça nous a pris trois heures.
It took us three hours.

(= période de 60 minutes) **hour** /'aʊə^r/

🔊 *Le* ***h*** *du mot* ***hour*** *est muet.*

2 ▷ Vous avez l'heure, s'il vous plaît ?
Do you have the time, please?
▷ Quelle heure est-il ?
What time is it?
▷ C'est l'heure de se lever !
It's time to get up!
▷ À quelle heure partez-vous ?
What time are you leaving?
▷ Il est cinq heures.
It's five o'clock.
▷ Sara est arrivée à trois heures.
Sara arrived at three.
▷ Il est arrivé à huit heures vingt.
He arrived at twenty past eight.

► **l'heure** (= moment précis de la journée) : the time /taɪm/

► **c'est l'heure de... :** it's time to...

*Attention ! On ne dit pas * at what time...? mais* ***what time...?***

Pour dire l'heure exacte, on utilise l'expression ***o'clock*** /ə'klɒk/.

Dans la conversation courante, ***o'clock*** *est souvent omis.*

Pour dire l'heure jusqu'à la demie, on utilise le mot ***past*** /pɑːst/.

En anglais américain, on utilise le mot ***after*** *:* ***He arrived at twenty after eight.***

▷ Je t'appellerai à sept heures et demie.
I'll call you at half past seven.
▷ Il était une heure moins le quart.
It was a quarter to one.

► **...et demie :** half past... /'hɑːf pɑːst/

Pour dire l'heure après la demie, c'est-à-dire lorsqu'on utilise **moins** *en français, on utilise* ***to*** *en anglais.*

En anglais américain, on utilise le mot ***of*** *:* ***It was a quarter of one.***

3 ▷ Éric n'est jamais à l'heure.
Éric is never on time.

► **à l'heure :** on time /ɒn 'taɪm/

4 ▷ Je déteste me lever de bonne heure.
I hate getting up early.

► **de bonne heure :** early /'ɜːlɪ/

5 ▷ Je reviendrai tout à l'heure.
I'll come back later.
▷ À tout à l'heure !
See you later!

► **tout à l'heure** (= plus tard) : later /'leɪtəʳ/

Pour dire qu'on se reverra plus tard, on dit : ***See you later!***

6 ▷ Elle a appelé tout à l'heure.
She called earlier.

► **tout à l'heure** (= plus tôt) : earlier /'ɜːlɪəʳ/

heureusement

▷ Heureusement, il ne pleuvait pas.
Fortunately, it wasn't raining.

fortunately /'fɔːtʃənɪtlɪ/

heureux, heureuse

▷ Lionel n'a pas l'air heureux en ce moment.
Lionel doesn't look happy at the moment.

(= content) happy /'hæpɪ/ **(plus heureux** happier **/'hæpɪəʳ/, le plus heureux** the happiest **/'hæpɪɪst/)**

hibou

▷ Tu entends le hibou ?
Can you hear the owl?

owl /aʊl/

hideux, hideuse

▷ Cet immeuble est hideux !
That building is hideous!

hideous /'hɪdɪəs/ (**plus hideux** more hideous, **le plus hideux** the most hideous)

*Le **i** de **hideous** se prononce comme le **i** de **sit**.*

hier

▷ Nous sommes allés au musée hier.
We went to the museum yesterday.

yesterday /'jestədeɪ/

hilarant, hilarante

▷ Ce film est vraiment hilarant.
This film is really hilarious.

hilarious /hɪ'lɛərɪəs/ (**plus hilarant** more hilarious, **le plus hilarant** the most hilarious)

hindou, hindoue

▷ Son père est hindou.
His father is a Hindu.

Hindu /'hɪndu:/

S'écrit toujours avec une majuscule, comme tous les adjectifs et noms de religion en anglais.

hippopotame

▷ Les hippopotames aiment la boue.
Hippopotamuses like mud.

hippopotamus /ˌhɪpə'pɒtəməs/ (pluriel **hippopotamuses** /ˌhɪpə'pɒtəməsɪz/)

*On dit aussi **hippo** /'hɪpəʊ/.*

hirondelle

▷ Les hirondelles reviennent au printemps.
Swallows come back in the spring.

swallow /'swɒləʊ/

*Le **a** de **swallow** se prononce comme un **o**. **Swallow** rime avec **follow**.*

hirsute

▷ Il a de longs cheveux hirsutes.
He has long shaggy hair.

shaggy /'ʃægɪ/ (**plus hirsute** shaggier, **le plus hirsute** the shaggiest)

histoire

1 ▷ Elle nous a raconté une histoire incroyable.
She told us an incredible story.

1 (qu'on raconte) **story** /s'tɔ:rɪ/ (pluriel **stories** /'stɔ:rɪz/)

2 ▷ Fred connaît beaucoup d'histoires drôles.
Fred knows a lot of jokes.

2 ► **histoire drôle : joke** /dʒəʊk/

3 ▷ Arrête de faire des histoires !
Stop making a fuss!

3 ► **faire des histoires** (= faire des complications, faire des chichis) : **make a fuss** /fʌs/ **(made, made)**

4 ▷ J'ai vu une émission sur l'histoire du Japon.
I saw a programme on the history of Japan.

4 ► **l'histoire** (= le passé) : **history** /'hɪstərɪ/

historique

1 ▷ Notre ville a beaucoup de bâtiments historiques.
Our town has a lot of historic buildings.

1 (personnage, événement, monument) **historic** /hɪ'stɒrɪk/

2 ▷ Il faut se remettre dans le contexte historique.
You have to put yourself in the historical context.

2 (roman) **historical** /hɪ'stɒrɪkəl/

hiver

▷ Il peut faire très froid en hiver.
It can be very cold in winter.

winter /'wɪntəʳ/

hocher la tête

1 ▷ Il a hoché la tête pour montrer qu'il était d'accord.
He nodded to show that he agreed.

1 (pour dire oui) : **nod** /nɒd/

ℹ *Il a deux* ***d*** *au gérondif* **(nodding** /'nɒdɪŋ/**)**, *au prétérit et au participe passé* **(nodded** /'nɒdɪd/**)**.

2 ▷ Elle a hoché la tête pour montrer qu'elle n'était pas d'accord.
She shook her head to show that she didn't agree.

2 (pour dire non) **shake** /ʃeɪk/ **one's head (shook** /ʃʊk/, **shaken** /'ʃeɪkən/**)**

ℹ *L'adjectif possessif fonctionne de la façon suivante en anglais (exemples au prétérit) : I shook* ***my*** *head, you shook* ***your*** *head, he shook* ***his*** *head, she shook* ***her*** *head.*

hockey

▷ Il y a deux sortes de hockey : le hockey sur gazon et le hockey sur glace.
There are two sorts of hockey: field hockey and ice hockey.

hockey /'hɒkɪ/

▷ Je n'ai jamais joué au hockey.
I've never played hockey.

► **jouer au hockey** : **play hockey**

hollandais, hollandaise

1 ▷ Un touriste hollandais m'a demandé son chemin.
A Dutch tourist asked me the way.

1 (adjectif) **Dutch** /dʌtʃ/

2 ▷ Mon frère sort avec une jeune Hollandaise.
My brother is going out with a Dutch girl.

2 ► (= homme) **Dutch man** /mæn/ (pluriel **Dutch men** /men/)
► (=femme) **Dutch woman** /wʊmən/ (pluriel **Dutch women** /wɪmɪn/)

▷ Les Hollandais aiment le football.
The Dutch like football.

► **Les Hollandais :** the Dutch

ℹ *S'écrit toujours avec une majuscule, comme tous les adjectifs de nationalité en anglais.*

Hollande

▷ La Hollande est un pays très plat.
Holland is a very flat country.

▷ Sarah vit maintenant en Hollande.
Sarah lives in Holland now.

▷ Est-ce que tu es déjà allé en Hollande ?
Have you ever been to Holland?

Holland /'hɒlənd/

► **la Hollande :** Holland

► **en Hollande** (= dans le pays) **:** in Holland

► **en Hollande** (= vers le pays) **:** to Holland

ℹ *Ne prend jamais d'article.*

homard

▷ Nous avons mangé du homard en entrée.
We ate lobster for starters.

lobster /'lɒbstəʳ/

homéopathie

▷ L'homéopathie marche très bien.
Homeopathy works very well.

homeopathy /ˌhɒʊmɪ'ɒpəθɪ/

hommage

▷ C'était un hommage émouvant.
It was a moving tribute.

▷ Il a rendu hommage à son prédécesseur.
He paid tribute to his predecessor.

tribute /'trɪbjuːt/

► **rendre hommage à :** pay /peɪ/ tribute to (paid, paid)

homme

▷ Un homme te cherchait tout à l'heure.
A man was looking for you earlier.

▷ C'est un puissant homme d'affaires.
He's a powerful business man.

man /mæn/ (pluriel men /men/)

► **homme d'affaires :** businessman (pluriel businessmen)

homosexuel, homosexuelle

▷ Les couples homosexuels peuvent parfois adopter des enfants.
Homosexual couples can sometimes adopt children.

▷ Les homosexuels veulent avoir les mêmes droits que les hétérosexuels.
Homosexuals want to have the same rights as heterosexuals.

homosexual /ˌhəʊmə'seksjʊəl/

ℹ *Le mot **homosexual** peut être un adjectif (comme dans le premier exemple) ou un nom (deuxième exemple).*

ℹ *On peut aussi dire **gay** /geɪ/ (adjectif et nom).*

honnête

1 ▷ Sois honnête avec moi, est-ce que tu sais quelque chose ?
Be honest with me, do you know anything?

(= probe) **honest** /'ɒnɪst/ (**plus honnête** more honest, **le plus honnête** the most honest)

Le h de honest est muet.

2 ▷ Le repas était honnête, mais pas formidable.
The meal was decent but not great.

(= pas mal) **decent** /'diːsənt/

honnêtement

1 ▷ Honnêtement, ça m'est égal.
Honestly, I don't care.

(= franchement, avec probité) **honestly** /'ɒnɪstlɪ/

2 ▷ C'est honnêtement payé.
It's reasonably paid.

(= correctement) **reasonably** /'riːznəblɪ/

honneur

▷ L'honneur est sauf.
Our honour is intact.

▷ Elle a mis un point d'honneur à m'aider.
She made it a point of honour to help me.

(= réputation) **honour** /'ɒnə^r/

► **mettre un point d'honneur à faire** quelque chose **:** make it a point of honour to do something

En anglais américain, on écrit honor.

honte

1 ▷ Ils vont démolir cette belle maison, c'est une honte !
They're going to demolish that beautiful house, it's a disgrace!

▷ Les gens jettent leurs ordures ici ! Quelle honte !
People throw their rubbish here! What a disgrace!

► **c'est une honte ! :** it's a disgrace! /dɪs'greɪs/

► **quelle honte ! :** what a disgrace!

2 ▷ Je n'aurais pas dû faire ça, j'ai honte.
I shouldn't have done that, I'm ashamed.

▷ J'avais honte de ce que j'avais fait
I was ashamed of what I had done.

► **avoir honte :** be ashamed /ə'ʃeɪmd/

Notez la préposition utilisée en anglais : avoir honte <u>de</u> quelque chose – *be ashamed <u>of</u> something.*

honteux, honteuse

▷ C'est honteux de traiter les gens comme ça !
It's disgraceful to treat people like that!

(= scandaleux) **disgraceful** /dɪs'greɪsfʊl/

hôpital

▷ L'hôpital est sur le boulevard Pereire.
The hospital is on boulevard Pereire.

▷ Elle est à l'hôpital, elle doit se faire opérer.
She is in hospital, she has to have an operation.

hospital /'hɒspɪtəl/

► **être à l'hôpital** (parce qu'on est malade) **:** be in hospital

▷ Lise est à l'hôpital, elle rend visite à sa sœur.
Lise is at the hospital, she's visiting her sister.
▷ Nous devons emmener Luc à l'hôpital parce qu'il a eu un accident.
We must take Luc to hospital because he has had an accident.

► **être à l'hôpital** (pour visiter un malade) : be at the hospital
► **emmener** quelqu'un **à l'hôpital** : take somebody to hospital (took, taken)
*Attention ! N'oubliez pas le **s** en anglais.*

hoquet

▷ Marina a eu le hoquet tout l'après-midi.
Marina had hiccups all afternoon.

► **avoir le hoquet** : have hiccups /'hɪkʌps/ (had, had)

horaire

1 ▷ Nous avons un horaire très lourd.
We've got a very heavy timetable.

1 (= emploi du temps) timetable /'taɪmteɪbl/

2 ▷ Est-ce que tu as l'horaire des trains ?
Have you got the train timetable?

2 (des trains, des bus) timetable

3 ▷ Ils ont des horaires flexibles dans cette entreprise.
They have flexible working hours in that company.

3 ► **les horaires** (= les heures de travail d'un employé) : working hours /'wɜːkɪŋ aʊəz/

4 ▷ J'irai pendant les horaires de bureau.
I'll go during office hours.

4 ► **horaires de bureau** : office hours /'wɜːkɪŋ aʊəz/
*Le **h** de **hours** est muet.*

horizon

▷ Ça lui a ouvert de nouveaux horizons.
It opened up new horizons for him.
▷ Je vois un bateau à l'horizon.
I can see a boat on the horizon.

horizon /hə'raɪzn/
► **à l'horizon** : on the horizon
*Le **i** du mot anglais **horizon** se prononce comme le **i** de **like**.*

horizontal, horizontale

▷ Trace une ligne horizontale.
Draw a horizontal line.

horizontal /ˌhɒrɪ'zɒntl/

horloge

▷ Il y a une horloge dans la gare.
There's a clock in the station.

clock /klɒk/

horoscope

▷ Que dit ton horoscope cette semaine ?
What does your horoscope say this week?

horoscope /'hɒrəskəʊp/
*L'accent tonique est sur la première syllabe **ho-**.*

horreur

1 ▷ J'ai horreur des épinards.
I hate spinach.

► **avoir horreur de** quelque chose : hate something /heɪt/

2 ▷ Il y avait une limace dans la salade. – Quelle horreur !
There was a slug in the salad. – How horrible!

Pour dire qu'on trouve quelque chose « horrible » ou « choquant » en anglais, on dit : ***how horrible!*** /ˌhaʊ 'hɒrəbl/.

3 ▷ Cédric adore les films d'horreur.
Cédric loves horror films.

► **film d'horreur :** horror film /'hɒrə fɪlm/ (pluriel horror films)

horrible

▷ Elle portait un blouson en cuir vraiment horrible.
She was wearing a really horrible leather jacket.

horrible /'hɒrəbl/ (**plus horrible** more horrible, **le plus horrible** the most horrible)

hors-bord

▷ Il s'est acheté un hors-bord.
He bought a speedboat.

speedboat /'spiːdbəʊt/

hors-d'œuvre

▷ Je ne prendrai pas de hors-d'œuvre, juste un plat principal.
I won't have a starter, just a main course.

starter /stɑːtəʳ/

hors-la-loi

▷ Jesse James était un célèbre hors-la-loi.
Jesse James was a famous outlaw.

outlaw /'aʊtlɔː/

hors service

▷ Cet ascenseur est hors service, nous devons prendre l'escalier.
This lift is out of order, we have to take the stairs.

out of order /ˌaʊt əv 'ɔːdə/

hospitaliser

▷ Elle a été hospitalisée hier.
She was taken to hospital yesterday.

► **être hospitalisé** *ou* **se faire hospitaliser :** be taken to hospital /'hɔspɪtəl/

hospitalité

▷ Encore merci pour votre hospitalité.
Thanks again for your hospitality.

hospitality /hɒspɪ'tælɪtɪ/

hôtel

1 ▷ Nous avons trouvé un hôtel bon marché près de la plage.
We found a cheap hotel near the beach.

(pour loger) hotel /həʊ'tel/

▷ Nous avons dormi à l'hôtel quand nous étions en Espagne.
We slept in a hotel when we were in Spain.

► **dormir à l'hôtel :** sleep in a hotel

2 ▷ L'hôtel de ville est juste à côté de la gare.
The town hall is just by the station.

► **hôtel de ville :** town hall /taʊn 'hɔːl/

hôtesse

▷ Une hôtesse nous a aidés à trouver le stand.
A hostess helped us to find the stand.
▷ Il faut être en bonne santé pour être hôtesse de l'air.
You have to be in good health to be an air hostess.

hostess /'həʊstes/ (pluriel hostesses /'həʊstesɪz/)
► **hôtesse de l'air :** air hostess /'ɛə ˌhəʊstes/ (pluriel air hostesses /'ɛə ˌhəʊstesɪz/)
ℹ *N'oubliez pas l'article* ***a*** *ou* ***an*** *devant le nom du métier lorsqu'il suit les verbes* ***be*** *ou* ***become****.*

hourra

▷ Hourra ! On a gagné !
Hurrah, we've won!
▷ La foule a poussé des hourras quand il est apparu.
The crowd cheered when he appeared.

hurrah /hʊ'rɑː/
► **pousser des hourras :** cheer /tʃɪəʳ/

housse

▷ Il y a des housses sur les meubles pour les protéger.
There are covers on the furniture to protect it.
▷ La housse de couette bleue est dans le panier à linge.
The blue quilt cover is in the washing basket.

cover /'kʌvəʳ/
► **housse de couette :** duvet cover /'duːveɪ kʌvəʳ/ (pluriel duvet covers)

houx

▷ Les baies du houx sont rouges.
Holly berries are red.

holly /'hɒlɪ/

hublot

1 ▷ Je voudrais un siège près du hublot.
I'd like a seat near the window.

(d'un avion) window /'wɪndəʊ/

2 ▷ J'ai regardé les autres bateaux par le hublot.
I looked at the other boats through the porthole.

(d'un bateau) porthole /'pɔːthəʊl/

huées

▷ Il est sorti sous les huées.
He was booed off the stage.

boos /buːs/
► **sortir de scène sous les huées :** be booed /buːd/ off the stage

huer

▷ Ils se sont fait huer par la foule.
They were booed by the crowd.

► se faire huer : be booed /buːd/

Booed rime avec *food*.

huile

▷ Ne mets pas trop d'huile dans la poêle.
Don't put too much oil in the frying pan.
▷ Je préfère l'huile d'olive à l'huile d'arachide.
I prefer olive oil to sunflower oil.

oil /ɔɪl/

ℹ *Pour dire de quelle sorte d'huile on parle, on place le nom du fruit ou de la graine avant le mot* ***oil*** *:* ***sunflower oil*** (huile de tournesol), ***walnut oil*** (huile de noix), *etc.*

▷ N'oublie pas d'emporter l'huile solaire.
Don't forget to take the suntan oil.

► huile solaire : suntan oil /'sʌntæn ɔɪl/

huit

▷ Il a huit frères et sœurs.
He has eight brothers and sisters.
▷ Elle n'a que huit ans.
She is only eight years old.

eight /eɪt/

▷ Aujourd'hui, c'est le huit mai.
Today is the eighth of May.
▷ Nous partons au Maroc le huit avril.
We're going to Morocco on the eighth of April.

ℹ *Quand on dit la date, on utilise* ***the eighth*** /eɪtθ/ *en anglais.*

ℹ *Notez l'emploi de* ***on*** *et* ***of*** *en anglais lorsqu'on dit la date.*

ℹ *On écrit* ***8 May, 8 April,*** *etc.*

huitième

▷ C'est la huitième fois que je vais à Londres.
That's the eighth time I've been to London.

eighth /eɪtθ/

huître

▷ Deux douzaines d'huîtres, s'il vous plaît.
Two dozen oysters, please.

oyster /'ɔɪstəʳ/

humain, humaine

▷ Dans le film, les extraterrestres attaquent les humains.
In the film, the aliens attack the humans.

human /'hjuːmən/

ℹ ***Human*** *peut être soit un adjectif, soit un nom.*

humanitaire

▷ Il travaille pour une organisation humanitaire.
He works for a humanitarian organization.

humanitarian /hjuːˌmænɪ'teərɪən/

humble

▷ À mon humble avis, ce n'est pas sérieux.
In my humble opinion, this is not serious.

humble /'hʌmbl/ (plus humble humbler, le plus humble the humblest)

humeur

▷ J'étais de bonne humeur et puis il m'a énervée !
I was in a good mood and then he got on my nerves!

▷ Tu es de mauvaise humeur aujourd'hui, qu'est-ce qui se passe ?
You're in a bad mood today, what's going on?

mood /muːd/
► **être de bonne humeur : be in a good mood**
► **être de mauvaise humeur : be in a bad mood**

humide

▷ Utilise une éponge humide.
Use a damp sponge.

damp /dæmp/ (**plus humide** damper /ˈdæmpəʳ/, **le plus humide** the dampest /ˈdæmpɪst/)

humiliant, humiliante

▷ Ce que lui a dit Jenny était humiliant.
What Jenny said to him was humiliating.

humiliating /hjuːˈmɪlɪeɪtɪŋ/ (**plus humiliant** more humiliating, **le plus humiliant** the most humiliating)

L'accent tonique est sur la deuxième syllabe ***-mil-****.*

humoristique

▷ Il l'a dit sur un ton humoristique.
He said that in a humorous tone.

▷ L'article de journal est suivi d'un dessin humoristique.
The newspaper article is followed by a cartoon.

humorous /ˈhjuːmərəs/ (**plus humoristique** more humorous, **le plus humoristique** the most humorous)
► **dessin humoristique : cartoon** /kɑːˈtuːn/

humour

▷ C'est un film plein d'humour.
It's a film full of humour.

▷ Heureusement que j'ai de l'humour !
Fortunately I have a sense of humour!

humour /ˈhjuːməʳ/

En anglais américain, ce mot s'écrit ***humor****.*

► **avoir de l'humour : have a sense of humour**

L'accent tonique est sur la première syllabe ***hu-****.*

hurlement

1 ▷ On a entendu des hurlements de douleur.
We heard screams of pain.

1 (d'une personne) **scream** /skriːm/

2 ▷ Les hurlements des loups nous ont fait peur.
The howls of the wolves frightened us.

2 (d'un chien, d'un loup) **howl** /haʊl/

hurler

1 ▷ J'ai eu tellement peur que j'ai hurlé.
I was so frightened that I screamed.

1 (personne) **scream** /skriːm/

2 ▷ Le chien a hurlé toute la nuit.
The dog howled all night.

2 (chien, loup) **howl** /haʊl/

3 ▷ Charlie nous a fait hurler de rire avec ses histoires.
Charlie made us roar with laughter with his stories.

3 ► **hurler de rire : roar with laughter** /ˌrɔː wɪð ˈlɑːftəʳ/

hydratant, hydratante

▷ Je te conseille cette crème hydratante, elle est très bien.
I recommend this moisturizing cream, it's very good.

moisturizing /ˈmɔɪstʃəraɪzɪŋ/

hygiénique

▷ Ne mange pas avec tes doigts, ce n'est pas hygiénique.
Don't eat with your fingers, it's not hygienic.

hygienic /haɪˈdʒiːnɪk/ (plus hygiénique more hygienic, le plus hygiénique the most hygienic)
*Regardez aussi le mot **papier**.*

hymne

▷ L'hymne national britannique s'appelle « God Save The Queen ».
The British national anthem is called "God Save The Queen".

► **hymne national : national anthem** /ˌnæʃnəl ˈænθəm/

hyper

▷ Céline est hyper sympa.
Céline is really nice.

(= très) **really** /ˈrɪəlɪ/

hypermarché

▷ Il y a un hypermarché dans le centre commercial.
There's a hypermarket in the shopping centre.

hypermarket /ˈhaɪpəmɑːkɪt/
*Le **y** de **hypermarket** se prononce comme le **i** de **like**.*

hypocrite

1 ▷ Je la trouve très hypocrite.
I find her very hypocritical.

1 (= pas franc) **hypocritical** /ˌhɪpəˈkrɪtɪkəl/ (plus hypocrite more hypocritical, le plus hypocrite the most hypocritical)

2 ▷ Ne lui fais pas confiance, c'est un hypocrite.
Don't trust him, he's a hypocrite.

2 ► **un hypocrite, une hypocrite : a hypocrite** /ˈhɪpəkrɪt/
*Le **y** de **hypocrite** se prononce comme le **i** de **sit**.*

hypothèse

▷ Je n'en suis pas sûr, c'est seulement une hypothèse.
I'm not sure, it's only a hypothesis.

hypothesis /ˌhaɪˈpɒθɪsɪs/ (pluriel **hypotheses** /haɪˈpɒθɪsiːz/)

*Le **y** de **hypothesis** se prononce comme le **i** de **like**, et l'accent tonique est sur la deuxième syllabe **-po-**.*

Ii

ici

1 ▷ Assieds-toi ici.
Sit down here.
▷ La poste n'est pas loin d'ici.
The post office is not far from here.

(= à cet endroit) **here** /hɪəʳ/

2 ▷ Je terminerai mon travail d'ici lundi.
I will finish my work by Monday.

► **d'ici...** (dans le temps) : **by...** /baɪ/

3 ▷ Jusqu'ici, nous n'avons pas eu de problèmes.
Until now we haven't had any problems.

► **jusqu'ici** (dans le temps) : **until now** /əntɪl 'naʊ/

icône

▷ Cliquer sur l'icône qui se trouve en haut à droite de l'écran.
Click on the icon that is at the top right of the screen.

icon /aɪkɒn/

*Le **i** de **icon** se prononce comme le **i** de **like**.*

idéal, idéale

1 ▷ C'est l'endroit idéal pour un pique-nique.
It's the ideal place for a picnic.

(= meilleur) **ideal** /aɪ'dɪəl/

*Le **i** de **ideal** se prononce comme le **i** de **like**.*

2 ▷ L'idéal, ça serait que tu le fasses toi-même.
The best thing would be to do it yourself.

► **l'idéal** (= la solution idéale) : **the best thing** /ðə 'best θɪŋ/

*Notez l'emploi de l'infinitif (**to do it**) là où en français on emploie le subjonctif* (que tu le fasses).

idée

▷ C'est une très bonne idée !
That's a very good idea!

idea /aɪ'dɪə/

*Attention à la prononciation : **idea** rime avec **ear** et **near**.*

identique

▷ Les deux chapeaux sont identiques.
The two hats are identical.

identical /aɪ'dentɪkəl/

L'accent tonique est sur la deuxième syllabe ***-den-***.

identité

▷ La police fait souvent des contrôles d'identité.
The police often do identity checks.

identity /aɪ'dentɪtɪ/

L'accent tonique est sur la deuxième syllabe ***-den-***.

▷ J'ai oublié ma carte d'identité à la maison.
I've left my ID card at home.

► **carte d'identité : ID card** /aɪ'diː kɑːd/

En Grande-Bretagne, la carte d'identité n'est pas obligatoire.

idiot, idiote

1 ▷ C'est complètement idiot !
That's completely stupid!

1 (= bête) **stupid** /'stjuːpɪd/ (**plus idiot** more stupid, **le plus idiot** the most stupid)

2 ▷ C'est une idiote, ne fais pas attention à elle.
She's an idiot, don't pay attention to her.

2 (= personne bête) **idiot** /'ɪdɪət/

En anglais, le mot ***idiot*** *n'est jamais un adjectif.*

3 ▷ Arrête de faire l'idiot !
Stop fooling around!

3 ► **faire l'idiot : fool around** /fuːl ə'raʊnd/

idole

▷ Mandela est son idole.
Mandela is his idol.

idol /'aɪdl/

Attention : le ***i*** *de* ***idol*** *se prononce comme le* ***i*** *de* ***like***.

igloo

▷ Nous avons appris à construire des igloos.
We learned to build igloos.

igloo /'ɪgluː/

ignorant, ignorante

▷ Steve est très ignorant.
Steve is very ignorant.

ignorant /'ɪgnərənt/

Prononcez bien le ***g*** *et le* ***n*** *en anglais : dites* ***ig-*** *+* ***-norant***.

ignorer

1 ▷ Je lui ai dit bonjour, mais il m'a ignorée.
I said hello to him, but he ignored me.

1 (= faire semblant de ne pas voir) **ignore** /ɪg'nɔːʳ/

Prononcez bien le ***g*** *et le* ***n*** *en anglais : dites* ***ig-*** *+* ***-nore***.

2 ▷ J'ignore pourquoi il m'a dit ça.
I don't know why he said that to me.

Quand ignorer *veut dire « ne pas savoir », on le traduit par la forme négative du verbe* **know** *(I don't know, he doesn't know, they don't know, etc.).*

il

1 ▷ Tu as vu Martial ? – Oui, il arrive.
Have you seen Martial? – Yes, he's coming.

Quand il *est sujet, en parlant d'une personne ou d'un animal familier, il se traduit par* **he** /hiː/.

2 ▷ J'aime bien ce manteau, mais il est un peu long.
I like this coat, but it's a bit long.

Quand il *est sujet, en parlant d'une chose ou d'un animal non familier, il se traduit par* **it** /ɪt/.

3 ▷ Oh non, il pleut !
Oh no, it's raining!
▷ Il neige aujourd'hui.
It's snowing today.

Quand il *est le sujet d'un verbe impersonnel, il se traduit généralement par* **it**.

i *L'expression* il y a *est présentée plus loin, à l'ordre alphabétique.*

île

▷ Ils sont en vacances sur une île grecque.
They're on holiday on a Greek island.

island /ˈaɪlənd/

Le **s** *de* **island** *ne se prononce pas, et le* **i** *se prononce comme le* **i** *de* **like**.

illégal, illégale

▷ C'est illégal de voyager sans billet.
It's illegal to travel without a ticket.

illegal /ɪˈliːɡəl/

Le **e** *de* **illegal** *se prononce comme le* **ee** *de* **week** *et* **meeting**.

illimité, illimitée

▷ La carte donne un accès illimité à tous les parcs.
The card gives unlimited access to all the parks.

unlimited /ʌnˈlɪmɪtɪd/

illisible

▷ L'écriture de Noémie est illisible.
Noémie's handwriting is illegible.

illegible /ɪˈledʒəbl/

L'accent tonique est sur la deuxième syllabe **-le-**.

illuminé, illuminée

▷ Les rues sont déjà illuminées pour la période de Noël.
The streets are already lit up for the Christmas period.

(= éclairé) **lit up** /lɪt ˈʌp/

illusion

▷ Ce n'est qu'une illusion d'optique.
It's just an optical illusion.

illusion /ɪˈluːʒən/

illustration

▷ Le livre est plein d'illustrations magnifiques.
The book is full of beautiful illustrations.

illustration /ˌɪləs'treɪʃən/

L'accent tonique est sur la troisième syllabe ***-tra-****.*

ils

▷ Ils se sont moqués de moi.
They laughed at me.

they /ðeɪ/

il y a, il y avait, il y aura

1 ▷ Il y a une pharmacie au coin de la rue.
There is a chemist's on the corner of the street.
▷ Il y a une tache sur ta chemise.
There's a stain on your shirt.
▷ Il y a beaucoup de pigeons sur la statue.
There are a lot of pigeons on the statue.

▷ Il y aura une soirée chez Laura samedi.
There will be a party at Laura's place on Saturday.
▷ Il y avait beaucoup de monde au concert.
There were a lot of people at the concert.

Pour désigner quelque chose, ou pour dire que quelque chose existe, on emploie les expressions ***there is*** */ðɛər'ɪz/ (si on parle d'une seule chose ou d'une seule personne), et* ***there are*** */ðɛər'ɑː/ (si on parle de plusieurs choses ou personnes).* ***There is*** *est souvent contracté en* ***there's*** */ðɛəz/.*

ℹ *Pour mettre l'expression* ***there is / there are*** *à un autre temps que le présent, on modifie* ***is*** *et* ***are****. Au futur, cela donne* ***there will be*** (il y aura). *Au passé, cela donne* ***there was*** *(singulier) ou* ***there were*** *(pluriel), qui correspondent à* il y avait.

2 ▷ Il n'y a pas de lait, je vais en acheter.
There's no milk, I'm going to buy some.
▷ Il n'y a pas de filles dans mon groupe.
There are no girls in my group.

*Pour dire que quelque chose n'existe pas, qu'*il n'y en a pas*, on emploie* ***there is no...*** *au singulier et* ***there are no...*** *au pluriel.*

3 ▷ Il n'y a plus de biscuits dans le placard.
There are no biscuits left in the cupboard.
▷ Zut ! Il n'y a plus de pain !
Damn, there's no bread left!

*Pour dire que quelque chose n'existe plus, qu'*il n'y en a plus*, on ajoute le mot* ***left****.*

4 ▷ J'ai rencontré Samir il y a deux ans.
I met Samir two years ago.
▷ Ça s'est passé il y a une semaine.
It happened a week ago.

*Quand on parle du temps écoulé depuis un événement (*il y a cinq minutes, il y a deux ans...*), on emploie le mot* ***ago*** */ə'gəʊ/ en anglais. Notez que le verbe est au prétérit (dans notre exemple,* ***met*** *est le prétérit de* ***meet****).*

5 ▷ Il y a trois heures que j'attends.
I've been waiting for three hours.
▷ Il y a combien de temps que tu es là ?
How long have you been there?

L'expression il y a... que *se traduit par le present perfect +* ***for*** *en anglais.*

ℹ *Pour demander* depuis combien de temps *on fait quelque chose, on emploie l'expression* ***how long*** *+ present perfect.*

image

1 ▷ Il y a une très belle image sur la couverture du livre.
There's a very nice picture on the front of the book.

(= une photo, un dessin, etc.) **picture** /'pɪktʃəʳ/

2 ▷ Cet homme ne pense qu'à son image.
That man only thinks about his image.

(= l'apparence de quelqu'un) **image** /'ɪmɪdʒ/

3 ▷ Il s'exprime souvent par images.
He often expresses himself in images.

(= métaphore) **image** /'ɪmɪdʒ/

Attention ! Ne confondez pas ***picture*** *et* ***image*** *en anglais.*

imagination

▷ Dan a beaucoup d'imagination.
Dan has a lot of imagination.

imagination /ɪˌmædʒɪ'neɪʃən/

Le second ***a*** *du mot anglais* ***imagination*** *se prononce comme le* ***a*** *de* ***make****.*

imaginer

▷ Imagine que tu es sur une île déserte.
Imagine that you are on a desert island.

▷ Il s'imagine que ça va être facile.
He imagines that it's going to be easy.

imagine /ɪ'mædʒɪn/

► **s'imaginer que... :** imagine that...

imbécile

1 ▷ Espèce d'imbécile !
You idiot!

(= idiot) **idiot** /'ɪdɪət/

2 ▷ Arrête de faire l'imbécile !
Stop fooling around!

► **faire l'imbécile :** fool around /fuːl ə'raʊnd/

imitation

1 ▷ Il fait de très bonnes imitations d'hommes politiques.
He does very good impersonations of politicians.

(d'une personne célèbre) **impersonation** /ɪmˌpɜːsə'neɪʃən/

Attention : il n'y a qu'un ***n*** *au mot* ***impersonation****.*

2 ▷ Ce n'est pas de l'or, c'est de l'imitation.
It's not gold, it's imitation.

(= matière) **imitation** /ˌɪmɪ'teɪʃən/

imiter

1 ▷ Bill imite très bien son chef.
Bill imitates his boss very well.

(une personne) **imitate** /'ɪmɪteɪt/

2 ▷ Comme tu n'étais pas là, j'ai imité ta signature.
As you weren't there, I forged your signature.

(une signature) **forge** /fɔːdʒ/

3 ▷ C'est du métal qui imite l'or.
It's metal that looks like gold.

(= ressembler à) **look like** /'lʊk laɪk/

immatriculation

▷ Est-ce que tu as eu le temps de voir l'immatriculation ?
Did you have time to see the registration number?

(= numéro) **registration number** /redʒɪs'treɪʃən'nʌmbəʳ/

*En anglais américain, on dit **license** /'laɪsəns/ **number**.*

immédiat, immédiate

▷ Sa réaction a été immédiate.
His reaction was immediate.

immediate /ɪ'miːdɪət/ (**plus immédiat** more immediate, **le plus immédiat** the most immediate)

immédiatement

▷ Rends-moi ça immédiatement !
Give that back to me immediately!

immediately /ɪ'miːdɪətlɪ/

*L'accent tonique est sur la deuxième syllabe **-me-**.*

immense

▷ Le nouvel hypermarché est immense.
The new hypermarket is huge.

huge /hjuːdʒ/

*On peut aussi dire **immense** /ɪ'mens/ en anglais, mais c'est moins courant que **huge**.*

immeuble

1 ▷ Les immeubles de Chicago sont immenses.
The buildings in Chicago are huge.

(= bâtiment en général) **building** /'bɪldɪŋ/

*Attention ! Le **u** ne se prononce pas.*

2 ▷ Elle habite dans un immeuble en banlieue.
She lives in a block of flats in the suburbs.

(= appartements) **block of flats** /blɒk əv 'flæts/ (pluriel blocks of flats)

immigré, immigrée

▷ Le magasin appartient à une famille d'immigrés.
The shop belongs to a family of immigrants.

immigrant /'ɪmɪgrənt/

immobile

▷ Le serpent était parfaitement immobile.
The snake was perfectly still.

▷ Voyons si tu peux rester immobile pendant une minute.
Let's see if you can keep still for a minute.

still /stɪl/

► **rester immobile : keep still** /kiːp 'stɪl/ (kept still, kept still /kept 'stɪl/)

immonde

▷ La nourriture est vraiment immonde.
The food is really disgusting.

(= dégoûtant) **disgusting** /dɪs'gʌstɪŋ/ (**plus immonde** more disgusting, **le plus immonde** the most disgusting)

immortel, immortelle

▷ Sur leur planète, certains êtres sont immortels.
On their planet, some beings are immortal.

immortal /ɪ'mɔːtl/

immunisé, immunisée

▷ Ils sont immunisés contre cette maladie.
They are immune to this disease.

► **être immunisé contre : be immune to** /ɪ'mjuːn/

impair

▷ Les numéros impairs sont du côté gauche de la rue.
Odd numbers are on the left-hand side of the street.

(chiffre) **odd** /ɒd/

imparfait

▷ Mettez tous les verbes à l'imparfait.
Put all the verbs in the imperfect.

► **l'imparfait : the imperfect**
► **mettre un verbe à l'imparfait : put a verb in the imperfect**

impasse

▷ Fais demi-tour, c'est une impasse.
Turn back, it's a dead end.

dead end /ded 'end/ (pluriel **dead ends**)

impatient, impatiente

▷ Ne sois pas si impatient !
Don't be so impatient!

impatient /ɪm'peɪʃənt/ (**plus impatient more impatient, le plus impatient the most impatient**)

impeccable

1 ▷ Raphaël est toujours impeccable.
Raphaël is always impeccable.

(= très soigné) **impeccable** /ɪm'pekəbl/

2 ▷ Alors on se retrouve mardi ? – Impeccable !
So we're meeting on Tuesday? – Great!

(= super) **great** /greɪt/

imper

▷ Mets ton imper, il pleut.
Put your raincoat on, it's raining.

raincoat /'reɪnkəʊt/

impératrice

▷ Comment s'appelle l'impératrice dans cette saga ?
What's the name of the empress in this saga?

empress /'emprɪs/

imperméable

1 ▷ Emporte ton imperméable, il va pleuvoir.
Take your raincoat, it's going to rain.

(= vêtement) **raincoat** /'reɪnkəʊt/

2 ▷ Ce tissu est imperméable.
This material is waterproof.

(= étanche) **waterproof** /'wɔːtəpruːf/

impertinent, impertinente

▷ Leur fille a été très impertinente avec tout le monde.
Their daughter was rude to everybody.

rude /ruːd/ (**plus impertinent** ruder /ˈruːdəʳ/, **le plus impertinent** the rudest /ˈruːdɪst/)

ℹ *Notez la préposition employée en anglais :* impertinent avec quelqu'un = *rude to somebody*.

s'impliquer

▷ Elle s'est beaucoup impliquée dans ce projet.
She got very involved in the project.

► **s'impliquer dans :** get involved /ɪnˈvɒlvd/ in (got, got)

impoli, impolie

▷ Elle a été très impolie avec moi.
She was very rude to me.

rude /ruːd/ (**plus impoli** ruder /ˈruːdəʳ/, **le plus impoli** the rudest /ˈruːdɪst/)

ℹ *Notez la préposition employée en anglais :* impoli avec quelqu'un = *rude to somebody*.

impopulaire

▷ Il est très impopulaire auprès des jeunes.
He's very unpopular with young people.

unpopular /ˈʌnˈpɒpjʊləʳ/ (**plus impopulaire** more unpopular, **le plus impopulaire** the most unpopular)

ℹ *Notez la préposition employée en anglais :* ***impopulaire*** auprès de = *unpopular with*.

importance

▷ Ça a beaucoup d'importance pour moi.
It's very important to me.

► **avoir de l'importance :** be important /ɪmˈpɔːtənt/

ℹ *Notez la préposition employée en anglais :* avoir de l'importance pour quelqu'un = *be important to somebody*.

▷ Ne t'inquiète pas, ça n'a pas d'importance.
Don't worry, it doesn't matter.

► **ça n'a pas d'importance** (= ce n'est pas grave) **:** it doesn't matter /ɪt ˌdʌznt ˈmætəʳ/

important, importante

1 ▷ C'est important de bien prononcer le « h ».
It's important to pronounce the "h" well.
▷ À mon avis, ce n'est pas important.
In my opinion, it's not important.
▷ L'important, c'est de participer.
The important thing is to take part.

(= qui compte beaucoup)
important /ɪmˈpɔːtənt/ (**plus important** more important, **le plus important** the most important)

► **l'important :** the important thing

2 ▷ Il y a une différence importante entre les deux pays.
There's a big difference between the two countries.
▷ Marseille est une ville très importante.
Marseille is a very big city.

(= gros, de taille importante) **big** /bɪg/ (**plus important** bigger /'bɪgəʳ/, **le plus important** the biggest /'bɪgɪst/)

Attention ! Ne confondez pas ces deux sens du mot **important** *en français. Ils ont chacun une traduction différente en anglais.*

importateur, importatrice

▷ Ils travaillent avec des importateurs de bambou.
They work with bamboo importers.

importer /ɪm'pɔːtəʳ/

importer

▷ Ils importent du riz de Chine.
They import rice from China.

(des marchandises) **import** /ɪm'pɔːt/

impossible

▷ Tu peux le faire pour mardi ? – Non, c'est impossible.
Can you do it for Tuesday? – No, it's impossible.

impossible /ɪm'pɒsəbl/

L'accent tonique est sur la deuxième syllabe ***-poss-****.*

impôts

▷ Ils ont oublié de payer leurs impôts.
They forgot to pay their income tax.
▷ Les impôts sont plus élevés dans ce pays.
Income tax is higher in this country.

(= la taxe sur le revenu) **income tax** /'ɪŋkʌm tæks/

ℹ ***Income tax*** *ne se met pas au pluriel.*

impression

1 ▷ Ça m'a fait une impression bizarre.
It made a strange impression on me.

► **faire une impression à quelqu'un : make an impression** /ɪm'preʃən/ **on** somebody **(made, made)**

2 ▷ J'ai l'impression qu'il ne dit pas la vérité.
I have a feeling that he isn't telling the truth.

► **avoir l'impression que... : have a feeling** /'fiːlɪŋ/ **that...**

impressionnant

▷ J'ai vu leur spectacle, c'était très impressionnant.
I saw their show, it was very impressive.

(= qui fait beaucoup d'effet) **impressive** /ɪm'presɪv/ (**plus impressionnant** more impressive, **le plus impressionnant** the most impressive)

impressionner

1 ▷ Je suis impressionné par son talent.
I'm impressed by his talent.

(= faire beaucoup d'effet) **impress** /ɪm'pres/

2 ▷ Ça l'a beaucoup impressionnée de voir cet accident.
It upset her a lot to see that accident.

(= bouleverser) **upset** /ʌp'set/ **(upset, upset)**

imprévisible

▷ Cela pourrait avoir des conséquences imprévisibles.
This could have unforeseeable consequences.

(événement, réaction) **unforeseeable** /'ʌnfɔː'siːəbl/ (**plus imprévisible** more unforeseeable, **le plus imprévisible** the most unforeseeable)

imprimante

▷ Il a une imprimante laser.
He has got a laser printer.

printer /'prɪntə^r/

imprimé, imprimée

1 ▷ Elle portait une jolie robe imprimée.
She was wearing a pretty printed dress.

1 (= avec des motifs) **printed** /'prɪntɪd/

2 ▷ Il y avait encore des imprimés au courrier ce matin.
There were leaflets in the mail again this morning.

2 ► **un imprimé** (= une brochure) : **a leaflet** /'liːflət/

imprimer

▷ Est-ce que tu peux imprimer ce document, s'il te plaît ?
Can you print this document, please?

print /prɪnt/

improbable

▷ Il viendra ? – C'est très improbable.
Will he come? – That's very unlikely.

unlikely /ʌn'laɪklɪ/ (**plus improbable** more unlikely, **le plus improbable** the most unlikely)

impulsif, impulsive

▷ Mon frère est très impulsif.
My bother is very impulsive.

impulsive /ɪm'pʌlsɪv/ (**plus impulsif** more impulsive, **le plus impulsif** the most impulsive)

inattendu, inattendue

▷ La décision du directeur était très inattendue.
The manager's decision was very unexpected.

unexpected /ˌʌneks'pektɪd/ (**plus inattendu** more unexpected, **le plus inattendu** the most unexpected)

inattention

▷ Il a fait plusieurs fautes d'inattention.
He made several careless mistakes.

► **faute d'inattention** : **careless mistake** /ˌkɛələs mɪs'teɪk/ (pluriel careless mistakes)

inaugurer

1 ▷ Le nouveau musée a été inauguré par le maire.
The new museum was opened by the mayor.

1 (un bâtiment) **open** /'əʊpən/

2 ▷ La statue a été inaugurée samedi dernier.
The statue was unveiled last Saturday.

2 (une statue) **unveil** /ʌn'veɪl/

incapable

1 ▷ Il est incapable de faire cuire un œuf.
He's incapable of cooking an egg.

1 ► **être incapable de** + *infinitif* **: be incapable** /ɪn'keɪpəbl/ **of** + *-ing*

*Le **a** de **incapable** se prononce comme le **a** de **make**.*

2 ▷ Tu es un incapable !
You're useless!
▷ Ce sont des incapables !
They're useless!

2 ► **être un** *ou* **une incapable : be useless** /'juːsləs/

*Le premier **s** de **useless** se prononce comme le **s** de **sea**.*

incassable

▷ Mes lunettes sont incassables.
My glasses are unbreakable.

unbreakable /'ʌn'breɪkəbl/

incendie

▷ Il y a eu un incendie au stade.
There was a fire at the stadium.

fire /faɪəʳ/

incertain, incertaine

▷ Notre futur est incertain.
Our future is uncertain.

uncertain /ʌn'sɜːtn/ (**plus incertain more uncertain, le plus incertain the most uncertain**)

incident

▷ Le match s'est déroulé sans incident.
The match took place without incident.

incident /'ɪnsɪdənt/

*Attention à la prononciation : les deux premières lettres se prononcent comme le mot anglais **in**.*

incliner

▷ Inclinez légèrement votre siège.
Tilt your seat slightly.

(un siège, une bouteille) **tilt** /tɪlt/

inclure

1 ▷ La taxe n'est pas incluse dans le prix.
The tax is not included in the price.

(= mettre avec) **include** /ɪn'kluːd/

2 ▷ N'oubliez pas d'inclure le chèque.
Don't forget to enclose the cheque.

(= joindre à un envoi) **enclose** /ɪn'kləʊz/

inclus, incluse

▷ J'ai jusqu'au 10 avril inclus pour l'envoyer.
I have until April 10 inclusive to send it.

(avec une date) **inclusive** /ɪn'kluːsɪv/

incolore

▷ Sophie porte du vernis à ongles incolore.
Sophie wears clear nail varnish.

(vernis, verre) **clear** /'klɪəʳ/

ℹ *Pour un liquide, on dit **colourless** /'kʌləlәs/.*

incompréhensible

▷ Ce qu'il disait était incompréhensible.
What he said was incomprehensible.

incomprehensible /ɪnˌkɒmprɪˈhensəbl/

L'accent tonique est sur la quatrième syllabe ***-hen-****.*

inconfortable

▷ Ce fauteuil est très inconfortable.
This armchair is very uncomfortable.

uncomfortable /ʌnˈkʌmfətəbl/ (**plus inconfortable** more uncomfortable, **le plus inconfortable** the most uncomfortable)

inconnu, inconnue

1 ▷ C'est un roman d'un écrivain inconnu.
It's a novel by an unknown writer.

(= qui n'est pas connu) **unknown** /ʌnˈnəʊn/

Le ***k*** *de* ***unknown*** *ne se prononce pas.*

2 ▷ Un inconnu m'a demandé mon nom dans la rue.
A stranger asked me my name in the street.

► **un inconnu, une inconnue : a stranger** /ˈstreɪndʒəʳ/

inconscient, inconsciente

1 ▷ Tu es complètement inconsciente !
You're very thoughtless!

(= qui ne réfléchit pas) **thoughtless** /ˈθɔːtləs/ (**plus inconscient** more thoughtless, **le plus inconscient** the most thoughtless)

2 ▷ Nous l'avons trouvé inconscient en bas de l'escalier.
We found him unconscious at the bottom of the stairs.
▷ C'était une réaction inconsciente.
It was an unconscious reaction.

(= pas conscient) **unconscious** /ʌnˈkɒnʃəs/

incontrôlable

▷ Sa colère était incontrôlable.
His anger was uncontrollable.

(un sentiment, une personne) **uncontrollable** /ˈʌnkənˈtrəʊləbl/ (**plus incontrôlable** more uncontrollable, **le plus incontrôlable** the most uncontrollable)

inconvénient

▷ L'inconvénient, c'est que ça coûte cher.
The drawback is that it's expensive.

(= problème) **drawback** /ˈdrɔːbæk/

Attention ! Le mot anglais ***inconvenient*** *est un adjectif qui veut dire « pas pratique ».*

incorrect, incorrecte

▷ Au bout de deux réponses incorrectes, tu es éliminé.
After two incorrect answers, you're eliminated.

(= faux) **incorrect** /ˌɪnkəˈrekt/

Le ***i*** *est celui de* ***by****.*

incroyable

▷ Noëlle nous a raconté une histoire incroyable.
Noëlle told us an incredible story.

incredible /ɪn'kredəbl/ (plus incroyable more incredible, le plus incroyable the most incredible)

incroyablement

▷ C'est incroyablement difficile.
It's incredibly difficult.

incredibly /ɪn'kredəblɪ/

Inde

▷ L'Inde est l'un de mes pays préférés.
India is one of my favourite countries.

▷ Ma tante habite en Inde.
My aunt lives in India.

▷ Je pars en Inde le mois prochain.
I'm going to India next month.

India /'ɪndɪə/

► **l'Inde** : India

Ne prend jamais d'article.

► **en Inde** (= dans le pays) : in India

► **en Inde** (= vers le pays) : to India

indéfini, indéfinie

▷ C'est un pronom indéfini.
It's an indefinite pronoun.

(= indéterminé) **indefinite** /ɪn'defɪnɪt/

indépendance

▷ Le pays a obtenu son indépendance en 1970.
The country got its independence in 1970.

independence /ˌɪndɪ'pendəns/

Attention à l'orthographe du mot anglais.

indépendant, indépendante

▷ Julien est très indépendant.
Julien is very independent.

independent /ˌɪndɪ'pendənt/ (plus indépendant more independent, le plus indépendant the most independent)

Attention à l'orthographe du mot anglais.

index

1 ▷ Il y a un index à la fin du catalogue.
There's an index at the end of the catalogue.

(= liste alphabétique) **index** /'ɪndeks/ (pluriel indexes /'ɪndeksɪz/)

2 ▷ Ariel porte une bague à l'index.
Ariel wears a ring on his index finger.

(= doigt) **index finger** /'ɪndeks ˌfɪŋgəʳ/

Notez la préposition employée : à l'index = on my / your / his, etc. index finger.

indication

▷ Les indications du prof n'étaient pas très claires.
The teacher's instructions were not very clear.

(= recommandation) **instruction** /ɪn'strʌkʃən/

indice

▷ Plusieurs indices montrent qu'il était ici ce matin.
Several clues show that he was here this morning.

(= signe) **clue** /kluː/

Rime avec ***do*** *et* ***you****.*

Indien, Indienne

▷ Les enfants ont joué aux cow-boys et aux Indiens.
The children played cowboys and Indians.

▷ Il ne reste pas beaucoup d'Indiens aux États-Unis.
There aren't many Native Americans left in the United States.

▷ Ramesh est indien.
Ramesh is Indian.

Quand on parle de westerns ou de jeux, on dit ***Indian*** /ˈɪndɪən/ *pour désigner les Indiens du Nord de l'Amérique.*

Quand on parle des **Indiens d'Amérique** *d'aujourd'hui, on dit* ***Native Americans*** /ˌneɪtɪv əˈmerɪkənz/.

Pour quelqu'un qui vient de l'Inde, on dit ***Indian****.*

N'oubliez pas les majuscules en anglais !

indifférent, indifférente

▷ Il a toujours l'air indifférent, rien ne l'intéresse.
He always looks indifferent, he isn't interested in anything.

(= froid) **indifferent** /ɪnˈdɪfərənt/ **(plus indifférent** more indifferent**, le plus indifférent** the most indifferent**)**

L'accent tonique est sur la deuxième syllabe ***-diff-****.*

indigène

▷ C'est une tribu indigène d'Amérique du Nord.
It's a native tribe of North America.

native /ˈneɪtɪv/

indigestion

▷ J'ai eu une indigestion.
I had indigestion.

indigestion /ˌɪndɪˈdʒestʃən/

Notez l'absence d'article en anglais : avoir une indigestion = ***have indigestion****.*

indigné, indignée

▷ Ils étaient indignés de ne pas avoir été consultés.
They were indignant that they were not consulted.

indignant /ɪnˈdɪgnənt/ **(plus indigné** more indignant**, le plus indigné** the most indignant**)**

indiquer

1 ▷ Un monsieur nous a indiqué la pharmacie la plus proche.
A man told us where the nearest chemist's was.

▷ Est-ce que vous pouvez m'indiquer la poste ?
Can you tell me where the post office is?

Pour parler de quelqu'un qui indique le chemin, ou pour demander son chemin, on emploie en anglais une expression avec ***tell*** /tel/ (told, told /təʊld/).

2 ▷ L'horloge indique midi et demi.
The clock says half past twelve.

2 (horloge, pancarte) **say** /seɪ/ (**said, said** /sed/)

3 ▷ Elle m'a indiqué le directeur du doigt.
She pointed to the manager.

3 ► **indiquer du doigt : point to** /'pɔɪnt tuː/

indispensable

▷ C'est indispensable d'avoir un ordinateur.
It's essential to have a computer.

essential /ɪ'senʃəl/

individu

▷ Il y a un individu louche qui a essayé d'entrer dans l'immeuble.
A shady individual tried to get into the building.

individual /ˌɪndɪ'vɪdjʊəl/

individuel, individuelle

1 ▷ J'achète de la soupe en sachets individuels.
I buy soup in individual packets.

1 (= pour une personne) **individual** /ˌɪndɪ'vɪdjʊəl/

2 ▷ Il y a un supplément pour les chambres individuelles.
There's an additional charge for single rooms.

2 ► **chambre individuelle : single room** /ˌsɪŋgl 'ruːm/ (pluriel **single rooms**)

3 ▷ Chaque chambre a une douche individuelle.
Each room has a private shower.

3 (= privé) **private** /'praɪvɪt/

*Le **ate** de **private** se prononce comme le mot **it**.*

Indonésie

▷ J'ai acheté un livre sur l'Indonésie.
I've bought a book on Indonesia.

▷ Il travaille en Indonésie.
He works in Indonesia.

▷ Tu es déjà allé en Indonésie ?
Have you ever been to Indonesia?

Indonesia /ˌɪndəʊ'niːzɪə/

► **L'Indonésie : Indonesia**

Ne prend jamais d'article.

► **en Indonésie** (= dans le pays) **: in Indonesia**

► **en Indonésie** (= vers le pays) **: to Indonesia**

induire

▷ Ses explications m'ont induit en erreur.
His explanations mislead me.

► **induire** quelqu'un **en erreur : mislead** somebody /ˌmɪs'liːd/ (**misled, misled** /ˌmɪs'led/)

indulgent, indulgente

▷ Ils sont trop indulgents avec leur fille.
They are too lenient with their daughter.

lenient /'liːnɪənt/ (**plus indulgent more lenient, le plus indulgent the most lenient**)

*Le premier **e** se prononce comme le **ee** de **week**.*

industrie

▷ Quelle est la principale industrie de la région ?
What's the main industry in the region?

industry /'ɪndʌstrɪ/ (pluriel **industries** /'ɪndʌstrɪz/)

industriel, industrielle

1 ▷ C'est une région très industrielle.
It's a very industrial region.

(= qui concerne l'industrie, où il y a des industries) **industrial** /ɪn'dʌstrɪəl/ (**plus industriel** more industrial, **le plus industriel** the most industrial)

2 ▷ Son père est un riche industriel.
His father is a rich industrialist.

(= personne) **industrialist** /ɪn'dʌstrɪəlɪst/

inefficace

▷ Le produit est inefficace contre les insectes.
The product is ineffective against insects.

(appareil, remède) **ineffective** /ˌɪnɪ'fektɪv/ (**plus inefficace** more ineffective, **le plus inefficace** the most ineffective)

inégalité

▷ Ils luttent contre les inégalités sociales.
They fight against social inequalities.

(= différence) **inequality** /ˌɪnɪ'kwɒlɪtɪ/

inévitable

▷ Ça devait arriver, c'était inévitable.
It had to happen, it was inevitable.

inevitable /ɪn'evɪtəbl/

L'accent tonique est sur la deuxième syllabe ***-ev-****.*

inexpérimenté, inexpérimentée

▷ Le personnel était jeune et inexpérimenté.
The staff was young and inexperienced.

inexperienced /ˌɪnɪks'pɪərɪənst/ (**plus inexpérimenté** more inexperienced, **le plus inexpérimenté** the most inexperienced)

inexplicable

▷ L'absence de Marc est inexplicable.
Marc's absence is inexplicable.

inexplicable /ˌɪneks'plɪkəbl/

L'accent tonique est sur la troisième syllabe ***-pli-****.*

infarctus

▷ Robin a eu un infarctus.
Robin had a coronary.

coronary /'kɒrənrɪ/ (pluriel **coronaries** /'kɒrənrɪz/)

infect, infecte

▷ Ce sandwich est infect !
This sandwich is revolting!

(= très mauvais) **revolting** /rɪ'vɒltɪŋ/ (**plus infect** more revolting, **le plus infect** the most revolting)

s'infecter

▷ La blessure s'est infectée.
The injury became infected.

become infected /ɪn'fektɪd/ (became, become)

infection

▷ Il a une infection, il faut qu'il prenne des antibiotiques.
He has an infection, he must take antibiotics.

infection /ɪn'fekʃən/

inférieur, inférieure

1 ▷ Il se sent inférieur à sa sœur.
He feels inferior to his sister.

(= moins bon) **inferior** /ɪn'fɪərɪəʳ/
ℹ *Notez la préposition employée en anglais :* inférieur à = ***inferior to***.

2 ▷ Le nombre de gagnants est inférieur à celui de l'année dernière.
The number of winners is lower than last year.

(= plus réduit, plus petit) **lower** /'ləʊəʳ/
ℹ *Notez la préposition employée en anglais :* inférieur à = ***lower than***.

infernal, infernale

▷ Leur fils a été infernal !
Their son was unbearable!

(enfant) **unbearable** /ʌn'bɛərəbl/

infidèle

▷ Son mari lui a été infidèle.
Her husband was unfaithful to her.

unfaithful /'ʌn'feɪθfʊl/

infini, infinie

▷ Sylvia a une patience infinie.
Sylvia has infinite patience.

infinite /'ɪnfɪnɪt/
🔊 *L'accent tonique est sur la première syllabe* ***in-***.

infiniment

▷ C'est infiniment mieux.
It's infinitely better.

infinitely /'ɪnfɪnɪtlɪ/

infirme

▷ Leur mère est infirme.
Their mother is disabled.

(= handicapé) **disabled** /dɪs'eɪbld/

▷ Ces sièges sont réservés aux infirmes.
These seats are reserved for the disabled.

► **les infirmes :** the disabled

infirmerie

▷ Paul est allé à l'infirmerie pour demander de l'aspirine.
Paul went to the sickroom to ask for some aspirin.

(dans une école) **sickroom** /'sɪkruːm/

infirmier, infirmière

▷ L'infirmière a pris ma température.
The nurse took my temperature.

nurse /nɜːs/

▷ Quand j'étais jeune, je voulais être infirmier.
When I was young I wanted to be a nurse.

ℹ *N'oubliez pas l'article* ***a*** *ou* ***an*** *devant le nom du métier lorsqu'il suit les verbes* ***be*** *ou* ***become****.*

influence

influence /ˈɪnflʊəns/

▷ Elle a eu une mauvaise influence sur lui.
She has a bad influence on him.

influencer

influence /ˈɪnflʊəns/

▷ Je ne veux pas t'influencer, mais je pense que tu as tort.
I don't want to influence you, but I think you are wrong.

informaticien, informaticienne

computer scientist /kəmˈpjuːtəʳ ˈsaɪəntɪst/ (pluriel **computer scientists**)

ℹ *N'oubliez pas l'article* ***a*** *ou* ***an*** *devant le nom du métier lorsqu'il suit les verbes* ***be*** *ou* ***become****.*

▷ Les informaticiens trouvent facilement du travail.
Computer scientists find work easily.

▷ Lalia est informaticienne.
Lalia is a computer scientist.

information

1 ► **une information** (= renseignement) : **a piece of information** /piːs əv ɪnfəˈmeɪʃən/

ℹ *Le mot* ***information*** *est indénombrable en anglais. Il ne se met pas au pluriel, et on ne dit pas *an information mais* ***a piece of information****.*

1 ▷ Il m'a donné une information très intéressante.
He gave me a very interesting piece of information.

▷ Ces informations sont très utiles.
This information is very useful.

2 ► **les informations** (= les actualités) : **the news** /njuːz/

ℹ *Bien qu'il ait un* ***s****, le mot* ***news*** *est singulier. N'employez* jamais *un verbe au pluriel avec le mot* ***news****.*

2 ▷ Nous regardons les informations tous les soirs.
We watch the news every evening.

▷ Les informations sont à huit heures.
The news is at eight.

informatique

computing /kəmˈpjuːtɪŋ/

🔊 *Le* ***u*** *de* ***computing*** *et* ***computer*** *se prononce comme le mot* ***you****.*

▷ Il veut faire des études d'informatique.
He wants to study computing.

► **magasin d'informatique** : **computer store** /kəmˈpjuːtə stɔːʳ/

▷ Rémi travaille dans un magasin d'informatique.
Rémi works in a computer store.

informer

1 **inform** /ɪnˈfɔːm/

1 ▷ J'ai préféré ne pas l'informer de cet incident.
I preferred not to inform him of this incident.

► **s'informer** : **keep oneself informed** /ˈkiːpɪnˈfɔːmt/ (**kept, kept**)

2 ▷ Ils s'informent par Internet.
They keep themselves informed via Internet.

▷ Où puis-je m'informer sur le cours ?
Where can I inquire about the course?

► **s'informer de** *ou* **sur** quelque chose **:** inquire /ɪn'kwaɪəʳ/ about something

infos

▷ Est-ce que tu as regardé les infos hier soir ?
Did you watch the news last night?
▷ Les infos sont à quelle heure ?
What time is the news?

► **les infos** (= les actualités) : the news /njuːz/

Bien qu'il ait un ***s****, le mot* ***news*** *est singulier. N'employez* **jamais** *un verbe au pluriel avec le mot* ***news****.*

infuser

▷ Laisse infuser le thé quelques minutes.
Leave the tea to brew a few minutes.

brew /bruː/

infusion

▷ Qui veut une infusion ?
Who wants a herbal tea?

herbal tea /ˌhɜbəl tiː/

ingénieur

▷ Mon mari est ingénieur.
My husband is an engineer.
▷ Elle aimerait devenir ingénieur.
She would like to become an engineer.

engineer /ˌendʒɪ'nɪəʳ/

N'oubliez pas l'article ***a*** *ou* ***an*** *devant le nom du métier lorsqu'il suit les verbes* ***be*** *ou* ***become****.*

ingrédient

▷ Vérifie que tu as tous les ingrédients avant de commencer.
Check that you have all the ingredients before starting.

ingredient /ɪn'griːdɪənt/

Le premier ***e*** *se prononce comme le* ***ee*** *de* ***week****.*

initiales

▷ Tu n'as pas besoin de signer, mets simplement tes initiales.
You don't need to sign, just put your initials.

initials /ɪ'nɪʃəlz/

initiation

▷ Je suis un cours d'initiation au chinois.
I'm doing an introductory course in Chinese.

► **stage** *ou* **cours d'initiation :** introductory course /ˌɪntrə'dʌktərɪ kɔːs/ (pluriel introductory courses /kɔːsɪz/)

injection

▷ Il a besoin d'une injection d'insuline.
He needs an insulin injection.

injection /ɪn'dʒekʃən/

injurier

▷ Il a été arrêté pour avoir injurié un policier.
He was arrested for insulting a police officer.

insult /ɪn'sʌlt/

L'accent tonique est sur la deuxième syllabe ***-sult****.*

Attention ! Le verbe anglais ***injure*** *signifie « blesser ».*

injuste

▷ Ce que tu as dit était injuste.
What you said was unfair.

unfair /ʌn'fɛəʳ/ (**plus injuste** more unfair, **le plus injuste** the most unfair)

innocent, innocente

▷ Tout le monde savait qu'il était innocent.
Everybody knew that he was innocent.

innocent /'ɪnəsənt/

L'accent tonique est sur la première syllabe ***inn-****.*

inoffensif, inoffensive

▷ Elle aboie beaucoup, mais elle est inoffensive.
She barks a lot, but she's harmless.

harmless /'hɑːmləs/ (**plus inoffensif** more harmless, **le plus inoffensif** the most harmless)

inondation

▷ Il y a eu des inondations dans la région.
There were floods in the region.

flood /flʌd/

Flood *rime avec* ***mud*** *et* ***bud****.*

inonder

▷ Qui a encore inondé la salle de bains ?
Who flooded the bathroom again?

► **inonder** quelque chose **:** **flood** /flʌd/ something

Flood *rime avec* ***mud*** *et* ***bud****.*

inoubliable

▷ Nous avons passé des vacances inoubliables en Écosse.
We had an unforgettable holiday in Scotland.

unforgettable /ʌnfə'getəbl/

L'accent tonique principal est sur la troisième syllabe ***-gett-****.*

inquiet, inquiète

▷ Ils ne sont pas rentrés, je suis inquiète.
They haven't come back, I'm worried.

worried /'wʌrɪd/ (**plus inquiet** more worried, **le plus inquiet** the most worried)

inquiétant, inquiétante

▷ Ces nouvelles sont très inquiétantes.
This news is very worrying.

worrying /'wʌrɪɪŋ/ (**plus inquiétant** more worrying, **le plus inquiétant** the most worrying)

inquiéter

▷ Ça m'inquiète qu'il ne soit pas arrivé.
It worries me that he hasn't arrived.

worry /'wʌrɪ/

ℹ *Le y de worry devient ie à la troisième personne du singulier du présent de l'indicatif (worries /'wʌrɪz/), au prétérit et au participe passé (worried /'wʌrɪd/).*

▷ Ne t'inquiète pas, c'est normal.
Don't worry, it's normal.

► **s'inquiéter :** worry /'wʌrɪ/

inscription

1 ▷ Les inscriptions au cours intensif d'été se terminent vendredi.
Registration for the summer crash course finishes on Friday.

1 (à un cours, dans une école) registration /ˌredʒɪ'streɪʃən/

2 ▷ L'inscription au club coûte trente euros.
Enrolment at the club costs thirty euros.

2 (à un club) enrolment /ɪn'rəʊlmənt/

3 ▷ Le mur est couvert d'inscriptions.
The wall is covered in writing.

3 ► **inscriptions** (= choses écrites) : writing /'raɪtɪŋ/

s'inscrire

1 ▷ Il faut que j'aille m'inscrire à la fac cet après-midi.
I have to go and register at the university this afternoon.

1 (à l'université, dans une école) : register /'redʒɪstəʳ/

2 ▷ Combien ça coûte de s'inscrire au club de sport ?
How much does it cost to join the sports club?

2 ► **s'inscrire à un club :** join /dʒɔɪn/ a club

insecte

▷ Il y avait des insectes partout dans l'herbe.
There were insects everywhere in the grass.

insect /'ɪnsekt/

inséparable

▷ Ils sont inséparables.
They are inseparable.

inseparable /ɪn'seprəbl/

🔈 *L'accent tonique est sur la deuxième syllabe -se-.*

insérer

▷ Insérer la clé USB sans forcer.
Insert the USB key without forcing it.

insert /ɪn'sɜːʳt/

insigne

▷ Il porte l'insigne de l'équipe de foot sur son pull.
He wears the emblem of the football team on his pullover.

emblem /'embləm/

insistance

▷ Il l'a dit avec insistance.
He said it with insistence.

insistence /ɪn'sɪstəns/
Attention à l'orthographe du mot anglais.

insister

1 ▷ N'insiste pas, j'ai dit non !
Don't insist, I said no!

1 (= répéter) **insist** /ɪn'sɪst/

2 ▷ Ça ne répond pas. – Insiste !
There's no answer. – Keep trying!

2 (= s'obstiner au téléphone, en frappant à la porte, etc.) **keep trying** /kiːp 'traɪɪŋ/ (kept, kept /kept/)

3 ▷ Sandra a insisté sur ce point en particulier.
Sandra stressed this point in particular.

3 ► **insister sur** quelque chose : **stress** /stres/ something

insolation

▷ Ne reste pas au soleil, tu vas attraper une insolation.
Don't stay in the sun, you're going to get sunstroke.

► **attraper une insolation** : **get sunstroke** /'sʌnstrəʊk/ (got, got)

insolent, insolente

▷ Étienne a été insolent avec elle.
Étienne was rude to her.

rude /ruːd/
Notez la préposition employée en anglais : insolent avec quelqu'un = ***rude to somebody***.

insomnie

▷ J'ai quelquefois des insomnies.
I sometimes suffer from insomnia.

► **avoir des insomnies** : **suffer from insomnia** /ɪn'sɒmnɪə/

insonorisé, insonorisée

▷ La pièce n'est pas insonorisée.
The room is not soundproof.

soundproof /'saʊndpruːf/

inspecter

▷ Les écoles sont régulièrement inspectées.
Schools are regularly inspected.

inspect /ɪn'spekt/

inspecteur, inspectrice

▷ Un inspecteur va venir dans leur classe demain.
An inspector is going to come into their classroom tomorrow.

inspector /ɪn'spektəʳ/

inspirer

1 ▷ Inspirez ! Expirez !
Breathe in! Breathe out!

1 (= aspirer de l'air) **breathe in** /briːð 'ɪn/

2 ▷ Le sujet du film ne m'inspire pas vraiment.
I don't find the subject of the film very inspiring.

Pour dire que quelque chose nous **inspire** *(ou* **ne nous inspire pas***) en anglais, on emploie l'expression* ***find*** *something* ***inspiring*** /ɪn'spaɪərɪŋ/ **(found, found)**.

installer

1 ▷ Quelqu'un est venu installer l'ordinateur.
Somebody came to install the computer.

1 (= mettre en service) : **install** /ɪn'stɔːl/

2 ▷ Ils se sont installés à Nîmes.
They settled in Nîmes.

2 ► **s'installer** (= déménager) : **settle** /'setl/

3 ▷ Installe-toi dans le canapé.
Sit on the sofa.

3 ► **s'installer** (= s'asseoir) : **sit** /sɪt/ **(sat, sat** /sæt/**)**

instant

▷ Pendant un instant, j'ai cru que c'était Sophie.
For a moment, I thought it was Sophie.

▷ Un instant, j'arrive !
Just a moment, I'm coming!

moment /'məʊmənt/

► **un instant ! : just a moment!**

instantané, instantanée

1 ▷ La réaction de Shelley a été instantanée.
Shelley's reaction was instantaneous.

1 (réponse, effet) **instantaneous** /ˌɪnstən'teɪnɪəs/

2 ▷ Je ne bois que du café instantané.
I only drink instant coffee.

2 (café) **instant** /'ɪnstənt/

instituteur, institutrice

▷ Damien a un nouvel instituteur.
Damien has a new primary school teacher.

▷ Laurie est institutrice.
Laurie is a primary school teacher.

primary school teacher /'praɪmərɪ skuːl ˌtiːtʃəʳ/ (pluriel **primary school teachers**)

ℹ *N'oubliez pas l'article* ***a*** *ou* ***an*** *devant le nom du métier lorsqu'il suit les verbes* ***be*** *ou* ***become****.*

instruction

▷ Si tu suis mes instructions, tu n'auras pas de problèmes.
If you follow my instructions, you won't have any trouble.

(= ordre ou conseil) **instruction** /ɪn'strʌkʃən/

s'instruire

▷ Avec ce jeu, on s'amuse et on s'instruit en même temps.
With this game, you play and you learn at the same time.

learn /lɜːn/ **(learnt, learnt** /lɜːnt/**)**

🔊 ***Learn*** *rime avec* ***turn****.*

instrument

▷ Est-ce que tu joues d'un instrument de musique ?
Do you play a musical instrument?

instrument /ˈɪnstrʌmənt/

insuffisant, insuffisante

1 ▷ La quantité de farine est insuffisante.
The quantity of flour is insufficient.

1 (= pas assez grand) **insufficient** /ˌɪnsəˈfɪʃənt/

2 ▷ Le prof a dit que ses résultats étaient insuffisants.
The teacher said that his results were not good enough.

2 (résultats scolaires) **not good enough** /nɒt ˈgʊd ɪnʌf/

insuline

▷ L'insuline est utilisée pour traiter le diabète.
Insulin is used to treat diabetes.

insulin /ˈɪnsjʊlɪn/
Attention à l'orthographe du mot anglais.

insulte

▷ Ils ont échangé des insultes.
They exchanged insults.

insult /ˈɪnsʌlt/
Attention à l'orthographe du mot anglais.

insulter

▷ Qui a insulté l'autre le premier ?
Who insulted the other first?

insult /ɪnˈsʌlt/
L'accent tonique est sur la deuxième syllabe ***-sult****.*

▷ Elles se sont insultées pendant une demi-heure.
They insulted each other for half an hour.

► **s'insulter : insult** /ɪnˈsʌlt/ **each other**

insupportable

▷ Ce bruit est insupportable !
That noise is unbearable!

unbearable /ʌnˈbɛərəbl/ (**plus insupportable** more unbearable, **le plus insupportable** the most unbearable)

intégration

▷ Ils réclament leur intégration dans la Communauté européenne.
They ask for their integration in the European community.

integration /ˌɪntɪˈgreɪʃən/

s'intégrer

▷ Ils ont du mal à s'intégrer dans notre société.
They find it hard to become integrated in our society.

become integrated /bɪˈkʌmˈɪntɪgreɪtɪd/ (became /bɪˈkeɪm/, become /bɪˈkʌm/)

intégrisme

▷ Il y a différentes sortes d'intégrisme.
There are different kinds of fundamentalism.

fundamentalism /ˌfʌndəˈmentəlɪzəm/

intégriste

▷ Ils ont arrêté des intégristes.
They have arrested fundamentalists.

fundamentalist /ˌfʌndəˈmentəlɪst/

intelligent, intelligente

▷ Lucie est très intelligente.
Lucie is very intelligent.
▷ Il croit qu'il est plus intelligent que moi.
He thinks he's more intelligent than me.

intelligent /ɪnˈtelɪdʒənt/ (**plus intelligent** more intelligent, **le plus intelligent** the most intelligent)
ℹ *On peut aussi dire* ***clever*** /ˈklevəʳ/ (**plus intelligent** cleverer /ˈklevərəʳ/, **le plus intelligent** the cleverest /ˈklevərɪst/).

intensif, intensive

▷ Je suis un cours intensif de russe.
I attend an intensive course in Russian.

intensive /ɪnˈtensɪv/ (**plus intensif** more intensive, **le plus intensif** the most intensive)

intention

▷ Quelles sont ses intentions ?
What are his intentions?
▷ Qu'est-ce que tu as l'intention de faire ?
What do you intend to do?

intention /ɪnˈtenʃən/

► **avoir l'intention de** + *infinitif* :
intend /ɪnˈtend/ **to** + *base verbale*

interactif, interactive

▷ J'adore les jeux interactifs.
I love interactive games.

interactive /ˌɪntərˈæktɪv/ (**plus interactif** more interactive, **le plus interactif** the most interactive)

interclasse

▷ On a un interclasse d'un quart d'heure.
We have a break of a quarter of an hour.

break /breɪk/
🔊 ***Break*** *rime avec* ***make***.

interdire

1 ▷ Elle m'a interdit d'entrer dans la cuisine.
She said I mustn't go into the kitchen.
▷ Je t'interdis de me parler comme ça !
You mustn't speak to me like that!

Pour exprimer l'interdiction en anglais, on emploie souvent une expression avec ***mustn't*** /ˈmʌsnt/.

2 ▷ Cette publicité a été interdite en Angleterre.
This advertisement was banned in England.

Quand l'interdiction est officielle, on emploie le verbe ***ban*** /bæn/.
ℹ *Il y a deux* ***n*** *au gérondif* (banning /bænɪŋ/), *au prétérit et au participe passé* (banned /bænd/).

interdit, interdite

▷ Il est interdit de fumer dans les bureaux.
It's forbidden to smoke in the offices.

(= défendu) **forbidden** /fəˈbɪdn/
ℹ *On peut aussi dire* ***smoking isn't allowed*** /əˈlaʊd/ ***in the office***.

intéressant, intéressante

1 ▷ J'ai trouvé le débat après le film très intéressant.
I found the debate after the film very interesting.

1 (= passionnant) **interesting** /'ɪntərestɪŋ/ (**plus intéressant** more interesting, **le plus intéressant** the most interesting)

2 ▷ C'est vendu à un prix très intéressant.
It's sold at a very attractive price.

2 (= avantageux) **attractive** /ə'træktɪv/ (**plus intéressant** more attractive, **le plus intéressant** the most attractive)

intéresser

▷ La politique ne m'intéresse pas.
I'm not interested in politics.

ℹ *Pour dire que quelque chose* nous intéresse *(ou* ne nous intéresse pas*), on emploie en anglais l'expression* ***be interested*** /'ɪntərestɪd/ ***in*** *something.*

▷ Thomas s'intéresse beaucoup aux animaux.
Thomas is very interested in animals.

► **s'intéresser à** quelque chose : **be interested in** something

intérêt

1 ▷ Ce film est sans intérêt.
This film is uninteresting.

1 ► **sans intérêt** : **uninteresting** /ʌn'ɪntərestɪŋ/

2 ▷ Tu as intérêt à te taire !
You'd better shut up!

2 ► **tu as intérêt à...** : **you'd better...** /juːd 'betə^r/

3 ▷ Les taux d'intérêt sont très élevés en ce moment.
Interest rates are very high at the moment.

3 (= rémunération) **interest**

intérieur

▷ L'intérieur de la maison est plus joli que l'extérieur.
The inside of the house is nicer than the outside.
▷ Je vous attendrai à l'intérieur.
I'll wait for you inside.
▷ Vous ne pouvez pas fumer à l'intérieur du bâtiment.
You can't smoke inside the building.

► **l'intérieur** (= la partie qui est dedans) : **the inside** /ɪn'saɪd/

► **à l'intérieur** : **inside**

► **à l'intérieur de** : **inside**

intermédiaire

1 ▷ C'est une étape intermédiaire.
It's an intermediate stage.

1 (= moyen) **intermediate** /ˌɪntə'miːdɪət/

2 ▷ Je l'ai connu par l'intermédiaire de Maya.
I got to know him through Maya.

2 ► **par l'intermédiaire de** : **through** /θruː/

internat

▷ Ses parents veulent l'envoyer dans un internat.
His parents want to send him to a boarding school.

(= école) **boarding school** /'bɔːdɪŋ skuːl/ (pluriel **boarding schools**)

*Le **oar** de **boarding** se prononce comme le mot anglais **or**.*

international, internationale

▷ C'est un comité international.
It's an international committee.

international /ˌɪntə'næʃnəl/

*L'accent tonique principal est sur la troisième syllabe **-na-**.*

internaute

▷ Beaucoup d'internautes achètent en ligne.
A lot of Internet users buy things on line.

Internet user /'ɪntəˌnetˌjuːzəʳ/ (pluriel **Internet users** /'ɪntəˌnetˌjuːzəʳz/)

interne

▷ Les internes n'ont pas le droit de sortir après dix-huit heures.
Boarders aren't allowed to go out after six o'clock.

(= l'élève qui dort à l'école) **boarder** /'bɔːdəʳ/

*Le **oar** de **boarder** se prononce comme le mot anglais **or**. **Boarder** rime avec **order**.*

Internet

▷ Tu le trouveras sur (l')Internet.
You'll find it on the Internet.

▷ Je me suis connecté à Internet pour réserver des places pour le concert.
I logged on to Internet to book seats for the concert.

Internet /'ɪntəˌnet/

► **se connecter à (l')Internet : log on** /lɒg 'ɒn/ **to Internet**

interphone

▷ J'ai appuyé sur le bouton de l'interphone, mais personne n'a répondu.
I pressed the button on the entry phone but nobody answered.

entry phone /'entrɪ fəʊn/ (pluriel **entry phones**)

interprète

1 ▷ Je connais la chanson mais pas l'interprète.
I know the song but I don't know the singer.

(d'une chanson) **singer** /'sɪŋəʳ/

2 ▷ Elle veut devenir interprète.
She wants to become an interpreter.

(= traducteur) **interpreter** /ɪn'tɜːprɪtəʳ/

interpréter

1 ▷ Il y a plusieurs façons d'interpréter ce texte.
There are several ways to interpret this text.

(= comprendre) **interpret** /ɪn'tɜːprɪt/

*L'accent tonique est sur la deuxième syllabe **-ter-**.*

2 ▷ Le pianiste a interprété un morceau de Mozart.
The pianist played a piece by Mozart.
(= jouer de la musique ou jouer un rôle) **play** /pleɪ/

3 ▷ La chanteuse a interprété des chansons anciennes.
The singer sang some old songs.
(= chanter) **sing** /sɪŋ/ (**sang** /sæŋ/, **sung** /sʌŋ/)

interrogation

▷ On a une interrogation d'anglais mardi.
We've got an English test on Tuesday.
(à l'école) **test** /test/

interroger

1 ▷ La police a interrogé plusieurs personnes.
The police questioned several people.
(= poser des questions à) **question** /'kwestʃən/

2 ▷ 80% des personnes interrogées ont répondu « oui ».
80% of the people polled answered "yes".
(= sonder) **poll** /pəʊl/

3 ▷ Le prof nous interroge régulièrement.
The teacher tests us regularly.
(= tester les connaissances de) **test** /test/

interrompre

▷ Ne m'interromps pas sans arrêt !
Don't interrupt me all the time!
(= couper) **interrupt** /ˌɪntə'rʌpt/

interrupteur

▷ L'interrupteur est à gauche de la porte.
The switch is to the left of the door.
switch /swɪtʃ/ (pluriel **switches** /'swɪtʃɪz/)

intervalle

1 ▷ Il y a un petit intervalle entre les deux murs.
There is a small space between the two walls.
(dans l'espace) **space** /speɪs/

2 ▷ Il faut vérifier à intervalles réguliers.
It has to be checked at regular intervals.
(dans le temps) **interval** /'ɪntəvəl/

intervenir

▷ Serge a dû intervenir et les séparer.
Serge had to intervene and separate them.
(= agir) **intervene** /ˌɪntə'viːn/

intervertir

▷ J'ai interverti les mots.
I reversed the order of the words.
reverse the order of /rɪ'vɜːsðɪ'ɔːdə'əv/

interview

▷ Avez-vous vu l'interview du Premier ministre hier soir ?
Did you see the Prime Minister's interview last night?

► **une interview :** an interview /ˈɪntəvjuː/

L'accent tonique est sur la première syllabe ***in-****.*

interviewer

▷ La journaliste a interviewé des agriculteurs.
The journalist interviewed some farmers.

► **interviewer** quelqu'un **:** interview /ˈɪntəvjuː/ somebody

L'accent tonique est sur la première syllabe ***in-****.*

intime

▷ Elle m'a dit des choses très intimes.
She told me some very personal things.

personal /ˈpɜːsənəl/

▷ Julie et Nathan sont amis intimes.
Julie and Nathan are close friends.

► **ami intime :** close friend /kləʊs ˈfrend/ (pluriel close friends)

intimider

▷ Son mari m'intimide.
Her husband intimidates me.

intimidate /ɪnˈtɪmɪdeɪt/

L'accent tonique est sur la deuxième syllabe ***-ti-****.*

intituler

1 ▷ Comment vas-tu intituler ton exposé ?
What are you going to call your presentation?

(= appeler) call /kɔːl/

2 ▷ Le chapitre s'intitule « Londres ».
The chapter is entitled "London".

► **s'intituler :** be entitled /enˈtaɪtld/

intoxication alimentaire

▷ Il a attrapé une intoxication alimentaire.
He got food poisoning.

food poisoning /ˈfuːd pɔɪznɪŋ/

Notez qu'on n'emploie pas d'article devant ***food poisoning****.*

intrigue

▷ L'intrigue est assez compliquée.
The plot is fairly complicated.

(de film, de roman) plot /plɒt/

introduction

▷ Je n'ai écrit que l'introduction de mon rapport.
I've only written the introduction of my report.

introduction /ˌɪntrəˈdʌkʃən/

Le ***u*** *du mot anglais* ***introduction*** *se prononce comme le* ***u*** *de* ***duck****.*

inutile

1 ▷ Le grenier est plein d'objets inutiles.
The attic is full of useless objects.

1 (= qui ne sert à rien) **useless** /'juːsləs/ (**plus inutile** more useless, **le plus inutile** the most useless)

*Le premier **s** de **useless** se prononce comme le **s** de **sea**.*

2 ▷ Ces précautions sont inutiles.
These precautions are unnecessary.

2 (= qui n'est pas nécessaire) **unnecessary** /ʌn'nesɪsərɪ/ (**plus inutile** more unnecessary, **le plus inutile** the most unnecessary)

3 ▷ Inutile d'insister, j'ai dit non !
It's no use insisting, I said no!

3 ► **inutile de** + *infinitif* : **it's no use** + *-ing*

*Le **s** de **no use** se prononce comme le **s** de **sea**.*

invalide

▷ Ma grand-mère est invalide.
My grandmother is disabled.

▷ Ces sièges sont réservés aux invalides.
These seats are reserved for the disabled.

(= handicapé) **disabled** /dɪs'eɪbld/

► **les invalides** : **the disabled**

invasion

▷ En été, il y a une invasion de touristes sur les plages.
In summer there's an invasion of tourists on the beaches.

invasion /ɪn'veɪʒən/

*Le **a** du mot anglais **invasion** se prononce comme le **a** de **make**.*

inventer

▷ Qui a inventé le téléphone ?
Who invented the telephone?

invent /ɪn'vent/

inventeur, inventrice

▷ Karl Benz est un célèbre inventeur allemand.
Karl Benz is a famous German inventor.

inventor /ɪn'ventəʳ/

invention

▷ Ce gadget est une drôle d'invention !
This gadget is a strange invention!

invention /ɪn'venʃən/

inverse

1 ▷ Non, c'est l'inverse.
No, it's the opposite.

1 ► **l'inverse** : **the opposite** /'ɒpəzɪt/

2 ▷ Ils arrivaient en sens inverse.
They were coming the other way.

2 ► **en sens inverse** : **the other way** /ˌθɪ ʌðə 'weɪ/

3 ▷ Il faut tourner dans le sens inverse des aiguilles d'une montre.
You must turn anticlockwise.

► **dans le sens inverse des aiguilles d'une montre :** anticlockwise /ˌæntɪˈklɒkwaɪz/
En anglais américain, on dit ***counterclockwise*** /ˌkaʊntəˈklɒkwaɪz/.

inverser

▷ Il suffit d'inverser l'ordre des mots.
You just have to reverse the order of the words.

reverse /rɪˈvɜːs/
L'accent tonique est sur la deuxième syllabe ***-verse****.*

investir

▷ Ils ont investi tout leur argent dans le magasin.
They invested all their money in the shop.

(= placer de l'argent) invest /ɪnˈvest/
L'accent tonique est sur la deuxième syllabe ***-vest****.*

investissement

▷ Ils ont fait de gros investissements.
They made big investments.
▷ C'est un investissement sûr.
It's a safe investment.

investment /ɪnˈvestmənt/
Attention à l'orthographe du mot anglais.
L'accent tonique est sur la deuxième syllabe ***-vest-****.*

invisible

▷ Les microbes sont invisibles.
Germs are invisible.

invisible /ɪnˈvɪzəbl/
L'accent tonique est sur la deuxième syllabe ***-vis-****.*

invitation

▷ Est-ce que tu as reçu une invitation pour la soirée de Michaël ?
Did you receive an invitation for Michaël's party?

invitation /ˌɪnvɪˈteɪʃən/
L'accent tonique est sur la troisième syllabe ***-ta-****.*

invité, invitée

▷ Nous avions huit invités hier soir.
We had eight guests last night.

(= personne qu'on a invitée) guest /gest/
Le ***u*** *de* ***guest*** *ne se prononce pas.*

inviter

1 ▷ Est-ce que tu as invité Bertrand aussi ?
Have you invited Bertrand as well?

(= demander à quelqu'un de venir) invite /ɪnˈvaɪt/

2 ▷ Mon père nous a invités au restaurant samedi dernier.
My father took us to a restaurant last Saturday.

(= emmener quelqu'un au restaurant) take /teɪk/ (took /tʊk/, taken /ˈteɪkən/)

3 ▷ Qu'est-ce que tu veux boire ? Je t'invite !
What do you want to drink? It's on me!

► **je t'invite !** *ou* **je vous invite !** (= c'est moi qui paie !) : it's on me! /ɪts ɒn ˈmiː/

invraisemblable

▷ Il nous a raconté une histoire invraisemblable.
He told us an incredible story.

(= incroyable) **incredible** /ɪn'kredəbl/ (**plus invraisemblable** more incredible, **le plus invraisemblable** the most incredible)

irlandais, irlandaise

1 ▷ La campagne irlandaise est très jolie.
The Irish countryside is very pretty.

(adjectif) **Irish** /'aɪrɪʃ/

ℹ *S'écrit toujours avec une majuscule, comme tous les adjectifs de nationalité en anglais.*

2 ▷ Il y a un Irlandais qui habite à côté de chez nous.
There's an Irishman who lives near us.

▷ Une Irlandaise me donne des cours.
An Irishwoman is giving me classes.

▷ Que sais-tu sur les Irlandais ?
What do you know about the Irish?

► **un Irlandais :** an Irishman /'aɪrɪʃmən/ (pluriel Irishmen /'aɪrɪʃmen/)

► **une Irlandaise :** an Irishwoman /'aɪrɪʃwʊmən/ (pluriel Irishwomen /'aɪrɪʃwɪmɪn/)

► **les Irlandais :** the Irish

Irlande

▷ L'Irlande est une île magnifique.
Ireland is a beautiful island.

▷ Ils vivent en Irlande depuis trois ans.
They've lived in Ireland for three years.

▷ Beaucoup de Français vont en Irlande en vacances.
A lot of French people go to Ireland on holiday.

▷ L'Irlande du Nord fait partie du Royaume-Uni.
Northern Ireland is part of the United Kingdom.

Ireland /'aɪələnd/

► **l'Irlande :** Ireland

ℹ *Ne prend jamais d'article.*

► **en Irlande** (= dans le pays) **:** in Ireland

► **en Irlande** (= vers le pays) **:** to Ireland

► **l'Irlande du Nord :** Northern Ireland /ˌnɔːðən 'aɪələnd/

ironique

▷ Il nous regardait avec un sourire ironique.
He was watching us with an ironic smile.

ironic /aɪ'rɒnɪk/ (**plus ironique** more ironic, **le plus ironique** the most ironic)

🔊 *Le premier **i** de **ironic** se prononce comme le **i** de **like**.*

irréel, irréelle

▷ Ils vivent dans un monde irréel.
They live in an unreal world.

unreal /'ʌn'rɪəl/ (**plus irréel** more unreal, **le plus irréel** the most unreal)

irrégulier, irrégulière

1 ▷ Son pouls est irrégulier.
His pulse is irregular.

(rythme) **irregular** /ɪ'regjʊlə^r/ (**plus irrégulier** more irregular, **le plus irrégulier** the most irregular)

2 ▷ Votre travail est trop irrégulier.
Your work is too uneven.

(travail, résultats) **uneven** /ʌn'iːvən/ (plus irrégulier more uneven, le plus irrégulier the most uneven)

irriter

▷ Il m'irrite avec ses plaisanteries idiotes.
He irritates me with his stupid jokes.

irritate /'ɪrɪteɪt/

islam

▷ Il s'est converti à l'islam.
He converted to Islam.

▷ Quel est le statut de la femme en Islam ?
What's the woman's status in Islam?

Islam /'ɪzlɑːm/

► **l'Islam**(= peuple) : **Islam**

ℹ *Ne prend jamais d'article.*

islamique

▷ Le Pakistan est une république islamique.
Pakistan is an Islamic republic.

Islamic /ɪz'læmɪk/

isolé, isolée

▷ Ils vivent dans une ferme isolée.
They live on an isolated farm.

▷ C'était un incident isolé.
It was an isolated incident.

(= éloigné, seul) **isolated** /'aɪsəleɪtɪd/ (plus isolé more isolated, le plus isolé the most isolated)

🔊 *Le* ***i*** *de* ***isolated*** *se prononce comme le* ***i*** *de* ***like****, et le* ***s*** *comme le* ***s*** *de* ***sea****.*

issue de secours

▷ Il y a deux issues de secours dans l'avion.
There are two emergency exits in the plane.

emergency exit /ɪ'mɜːdʒənsɪ ˌegzɪt/ (pluriel emergency exits)

Italie

▷ L'Italie est l'un des pays les plus visités du monde.
Italy is one of the most visited countries in the world.

▷ Notre séjour en Italie s'est très bien passé.
Our stay in Italy went very well.

▷ Marc compte aller en Italie en juillet.
Marc intends to go to Italy in July.

Italy /'ɪtəlɪ/

► **l'Italie** : **Italy**

ℹ *Ne prend jamais d'article.*

► **en Italie** (= dans le pays) : **in Italy**

► **en Italie** (= vers le pays) : **to Italy**

italien, italienne

▷ Sienne est l'une des plus belles villes italiennes.
Siena is one of the most beautiful Italian cities.

▷ Il y avait beaucoup d'Italiens dans le train.
There were a lot of Italians in the train.

▷ Ludo est bon en italien.
Ludo is good at Italian.

Italian /ɪ'tæljən/

ℹ *S'écrit toujours avec une majuscule, comme tous les adjectifs et noms de nationalité en anglais.*

italique

▷ Traduisez les mots en italique.
Translate the words in italics.

► **en italique :** in italics /ɪn ɪ'tælɪks/

itinéraire

▷ Nous avons pris un itinéraire plus court que d'habitude.
We took a shorter route than usual.

route /ruːt/

ivoire

▷ L'ivoire vient des défenses d'éléphant.
Ivory comes from elephants' tusks.

ivory /'aɪvərɪ/

*Le **i** de **ivory** se prononce comme le **i** de **like**.*

▷ Les touches du piano sont en ivoire.
The piano keys are made of ivory.

▷ C'est un bracelet en ivoire.
It's an ivory bracelet.

► **être en ivoire :** be made of ivory

► **en ivoire :** ivory

ivre

▷ Je pense que Marc était un peu ivre.
I think Marc was a bit drunk.

drunk /drʌŋk/

ℹ ***Drunk** est un adjectif* (= ivre) *et un nom* (= ivrogne).

ivrogne

▷ Ce bar est plein d'ivrognes.
That bar is full of drunks.

drunk /drʌŋk/

ℹ ***Drunk** est un adjectif* (= ivre) *et un nom* (= ivrogne).

Jj

jalousie

▷ Il y a beaucoup de jalousie entre elle et sa sœur.
There's a lot of jealousy between her and her sister.

jealousy /'dʒeləsɪ/

*L'accent tonique est sur la première syllabe **jea-**. Le **ea** se prononce comme le **e** de **bed**.*

jaloux, jalouse

▷ Elle dit ça parce qu'elle est jalouse.
She's saying that because she's jealous.

▷ Lionel est jaloux de son petit frère.
Lionel is jealous of his little brother.

jealous /'dʒeləs/ (**plus jaloux** more jealous, **le plus jaloux** the most jealous)

Notez la préposition employée en anglais : jaloux de = ***jealous of***.

*Le **ea** se prononce comme le **e** de **bed**.*

jamais

1 ▷ Je n'ai jamais rencontré les parents de Suzie.
I've never met Suzie's parents.
▷ On ne s'est plus jamais revus.
We never saw each other again.
▷ Il ne peut jamais dire les choses simplement.
He can never say things simply.

*Quand la phrase a une valeur négative, on emploie **never** /'nevəʳ/.*

► **plus jamais : never... again** /ə'gen/

*Notez que **never** est toujours précédé du sujet et suivi du verbe. Exception : avec le verbe **be** et les modaux, **never** vient après.*

2 ▷ C'est la plus belle ville que j'aie jamais vue.
It's the most beautiful city that I have ever seen.

*Quand la phrase n'a pas de valeur négative, on emploie **ever** /'evəʳ/.*

3 ▷ Je ne pense pas y être jamais allé.
I don't think I've ever been there.

► **ne... jamais : not... ever**

*Ne confondez pas **not... ever** et **never**.*

jambe

▷ Il s'est fait mal à la jambe quand il est tombé.
He hurt his leg when he fell over.

leg /leg/

*Notez l'emploi du possessif (**my leg, your leg, his leg,** etc.) avec les parties du corps.*

jambon

▷ Un sandwich au jambon, s'il vous plaît.
A ham sandwich, please.

ham /hæm/
Prononcez bien le ***h*** *de* ***ham****.*

janvier

▷ En janvier, il fait très froid ici.
In January it's very cold here.

▷ Nous partirons le vingt-six janvier.
We'll leave on the twenty-sixth of January.

January /'dʒænjʊərɪ/
S'écrit toujours avec une majuscule, comme tous les noms de mois en anglais.
Notez l'emploi de ***on*** *et* ***of*** *en anglais quand on dit la date.*
On écrit ***26 January****.*

Japon

▷ Ma mère revient du Japon aujourd'hui.
My mother is coming back from Japan today.

▷ Ils ont vécu au Japon pendant dix ans.
They lived in Japan for ten years.

▷ Nous sommes passés par Amsterdam pour aller au Japon.
We went via Amsterdam to go to Japan.

Japan /dʒə'pæn/
► **le Japon : Japan** /dʒə'pæn/
Ne prend jamais d'article.
L'accent tonique est sur la deuxième syllabe ***-pan****.*
Attention à l'orthographe du mot anglais ***Japan*** *(****-pan*** *et non* ***-pon****).*
► **au Japon** (= dans le pays) **: in Japan**
► **au Japon** (= vers le pays) **: to Japan**

japonais, japonaise

▷ J'adore la cuisine japonaise.
I love Japanese cuisine.

▷ Un groupe de Japonais visitait l'église en même temps que nous.
A group of Japanese were visiting the church at the same time as us.

▷ Il faut connaître le japonais pour travailler dans cette société.
You must know Japanese to work in this company.

Japanese /ˌdʒæpə'niːz/
Attention à l'orthographe du mot anglais ***Japan*** *(****-pan*** *et non* ***-pon****).*
S'écrit toujours avec une majuscule, comme tous les adjectifs et noms de nationalité en anglais. Pour dire **un Japonais, une Japonaise,** *vous pouvez dire soit* ***a Japanese****, soit* ***a Japanese boy / man / girl / woman****.*
L'accent tonique est sur la troisième syllabe ***-nese****.*

jardin

▷ Léon est dans le jardin.
Léon is in the garden.

▷ J'ai emmené les enfants au jardin public.
I took the children to the park.

garden /gɑːdn/

► **jardin public : park** /pɑːk/

jardinage

▷ J'ai fait un peu de jardinage ce week-end.
I did a bit of gardening this weekend.

gardening /'gɑːdnɪŋ/

jardinier, jardinière

▷ Ils ont un jardinier.
They have got a gardener.
▷ Marc est jardinier.
Marc is a gardener.

(= personne qui travaille dans les jardins) gardener /'gɑːdnəʳ/

ℹ *N'oubliez pas l'article* ***a*** *ou* ***an*** *devant le nom du métier lorsqu'il suit les verbes* ***be*** *ou* ***become****.*

jaune

1 ▷ Passe-moi le surligneur jaune.
Pass me the yellow highlighter.

(= couleur) yellow /'jeləʊ/

2 ▷ Le jaune est une couleur gaie.
Yellow is a cheerful colour.

► **le jaune** (= la couleur jaune) : yellow

ℹ *Remarquez qu'il n'y a pas d'article en anglais.*

3 ▷ J'ai besoin de trois jaunes d'œufs pour cette recette.
I need three egg yolks for this recipe.

► **jaune d'œuf :** egg yolk /'eg jəʊk/ (pluriel egg yolks)

🔊 *Le* ***l*** *de* ***yolk*** *ne se prononce pas.* ***Yolk*** *rime avec* ***spoke*** *et* ***oak****.*

Javel

▷ L'eau de Javel a laissé une marque blanche sur mon jean.
The bleach left a white mark on my jeans.

► **eau de Javel :** bleach /bliːtʃ/

jazz

▷ J'écoute souvent du jazz.
I often listen to jazz.

jazz /dʒæz/

je

▷ Je préfère le chocolat noir.
I prefer dark chocolate.
▷ J'étais sûr que c'était elle.
I was sure that it was her.

I /aɪ/

ℹ *Toujours majuscule en anglais !*

jean

▷ Ce jean est trop petit pour moi.
These jeans are too small for me.

jeans /dʒiːnz/

ℹ ***Jeans*** *est un nom pluriel, comme* ***trousers, pants, swimming trunks*** *et* ***shorts****. Il s'emploie avec un verbe au pluriel.*

▷ Je vais m'acheter un nouveau jean.
I'm going to buy myself a new pair of jeans.

ℹ Un jean *se dit* ***a pair of jeans****.*

jetable

▷ Est-ce que tu as essayé les lentilles jetables ?
Have you tried disposable lenses?

disposable /dɪsˈpəʊzəbl/

L'accent tonique est sur la deuxième syllabe ***-po-***.

jet d'eau

▷ Les jets d'eau dans le jardin public ne marchent pas.
The fountains in the park aren't working.

(= fontaine) : **fountain** /ˈfaʊntɪn/

Le ***ain*** *de* ***fountain*** *se prononce comme le mot* ***in***.

jetée

▷ On s'est promenés sur la jetée.
We went for a walk on the pier.

pier /pɪəʳ/

Pier *rime avec* ***ear*** *et* ***here***.

jeter

1 ▷ Bill a jeté la balle contre le mur.
Bill threw the ball against the wall.
▷ Jette-moi la balle.
Throw the ball to me.
▷ Ils m'ont jeté des cailloux.
They threw stones at me.

(= lancer) **throw** /θrəʊ/ (**threw** /θruː/, **thrown** /θrəʊn/)

Pour dire **jeter quelque chose à quelqu'un**, *on emploie en anglais la préposition* ***to*** *si l'autre personne est censée rattraper la chose, et* ***at*** *s'il s'agit d'une agression.*

2 ▷ Je vais jeter ces vieilles affaires.
I'm going to throw these old things away.

► **jeter** quelque chose (= le mettre à la poubelle) : **throw** something **away** (**threw, thrown**)

3 ▷ Qui sera le premier à se jeter à l'eau ?
Who'll be the first to jump into the water?
▷ J'ai décidé de me jeter à l'eau et je lui ai tout dit.
I decided to take the plunge and I told him everything.

► **se jeter à l'eau : jump** /dʒʌmp/ **into the water**

Quand **se jeter à l'eau** *signifie « oser faire quelque chose », la traduction est* ***take the plunge*** /teɪk ðə ˈplʌndʒ/ (**took** /tʊk/, **taken** /ˈteɪkən/).

4 ▷ Le voleur s'est jeté sur moi.
The thief grabbed me.

► **se jeter sur** (= saisir avec violence) : **grab** /græbd/

Il y a deux ***b*** *au gérondif* (**grabbing** /græbɪŋ/), *au préterit et au participe passé* (**grabbed** /græbd/).

jeton

▷ Tu as encore des jetons pour la machine à sous ?
Do you still have tokens for the slot machine?

(pour les jeux) **token** /ˈtəʊkən/

jeu

1 ▷ Nous avons inventé un nouveau jeu.
We've invented a new game.

(pour jouer) **game** /geɪm/

▷ On pourrait faire un jeu.
We could play a game.
▷ Tu connais ce jeu de cartes ?
Do you know this card game?
▷ Mathias passe ses journées à jouer à des jeux électroniques.
Mathias spends his days playing computer games.
▷ Les jeux Olympiques ont lieu tous les quatre ans.
The Olympic Games take place every four years.
▷ C'est mon jeu de société préféré.
It's my favourite board game.
▷ C'est un jeu vidéo avec des extraterrestres.
It's a video game with aliens.

► **faire un jeu :** play a game
► **jeu de cartes :** card game /ˈkɑːd geɪm/ (pluriel card games)
► **jeu électronique :** computer game /kʌmˈpjuːtə geɪm/ (pluriel computer games)
► **les jeux Olympiques :** the Olympic Games /əˌlɪmpɪk ˈgeɪmz/
► **jeu de société :** board game /ˈbɔːd geɪm/ (pluriel board games)
► **jeu vidéo :** video game /ˈvɪdɪəʊ geɪm/ (pluriel video games)

2 ▷ Il nous faut un jeu de cinquante-deux cartes.
We need a pack of fifty-two cards.

(= paquet de cartes) **pack** /pæk/

3 ▷ Tu peux garder un jeu de clés.
You can keep one set of keys.

(= ensemble de clés) **set** /set/

4 ▷ J'en ai assez de tes jeux de mots idiots !
I've had enough of your stupid puns!

► **jeu de mots :** pun /pʌn/

jeudi

▷ Aujourd'hui, c'est jeudi.
Today is Thursday.

Thursday /ˈθɜːzdeɪ/
ℹ *S'écrit avec une majuscule, comme tous les jours de la semaine en anglais.*

▷ Nous partirons jeudi.
We'll leave on Thursday.
▷ Mes parents sont venus jeudi.
My parents came on Thursday.
▷ Elle organise une fête jeudi prochain.
She's having a party next Thursday.

(= jeudi prochain ou jeudi dernier) **on Thursday**
ℹ *Lorsque **Thursday** est précédé de **next** ou **last**, on omet **on**.*

▷ Le jeudi, Sandra va à son cours de piano.
On Thursdays Sandra goes to her piano lesson.

► **le jeudi** (= tous les jeudis) **:** on Thursdays

jeune

1 ▷ Quand elle était jeune, ma grand-mère aimait danser.
When she was young, my grandmother liked dancing.

(= qui n'est pas âgé) **young** /jʌŋ/ (**plus jeune** younger /ˈjʌŋgəʳ/, **le plus jeune** the youngest /ˈjʌŋgɪst/)
🔊 *Le **ou** de **young** se prononce comme le **u** de **duck**.*

2 ▷ Trois jeunes sont venus demander si tu étais là.
Three boys came to ask if you were here.

► **un jeune** (= un garçon) **:** a boy /bɔɪ/

3 ▷ C'est une jeune qui m'a renseigné.
It's a girl who gave me the information.
▷ Quelqu'un a appelé pour toi. – C'était une jeune ou une dame ?
Somebody called for you. – Was it a girl or a lady?

► **une jeune : a girl** /gɜːl/

4 ▷ Les jeunes aujourd'hui savent tous utiliser Internet.
Young people today all know how to use Internet.

► **les jeunes** (= les jeunes en général) : **young people** /jʌŋ 'piːpl/

jeûne

▷ C'est un jour de jeûne.
It's a fast day.

fast /fɑːst/

jeûner

▷ Ils ont jeuné pendant cinq jours.
They fasted during five days.

fast /fɑːst/

jeunesse

▷ Dans sa jeunesse, mon père a beaucoup voyagé.
In his youth, my father travelled a lot.

youth /juːθ/

*Le **ou** de **youth** se prononce comme le **oo** de **food**.*

jogging

1 ▷ Le jogging est un sport que tout le monde peut pratiquer.
Jogging is a sport that everybody can do.
▷ Il fait du jogging avec sa copine.
He goes jogging with his girlfriend.

► **le jogging** (= le sport) : **jogging** /'dʒɒgɪŋ/

Notez qu'il n'y a pas d'article en anglais.

► **faire du jogging : go jogging (went, gone / been)**

2 ▷ Elle a un jogging tout neuf.
She has a brand new tracksuit.

(= survêtement) **tracksuit** /'træksuːt/

joie

▷ Il était fou de joie de la revoir.
He was thrilled to see her again.

► **fou** *ou* **folle de joie : thrilled** /θrɪld/

***Thrilled** rime avec **build**.*

joindre

▷ Je n'arrive pas à joindre Stéphanie, elle doit être en vacances.
I can't contact Stéphanie, she must be on holiday.

► **joindre** quelqu'un (= lui parler au téléphone) : **contact** /'kɒntækt/ somebody

joli, jolie

pretty, lovely, nice

ℹ *Pretty* /ˈprɪtɪ/ *s'emploie par exemple pour une fille, des fleurs, une robe. Employez* ***lovely*** /ˈlʌvlɪ/ *ou* ***nice*** /naɪs/ *dans d'autres contextes.* (plus joli **prettier** /ˈprɪtɪəʳ/ / **lovelier** /ˈlʌvlɪəʳ/ / **nicer** /naɪsəʳ/, le plus joli **the prettiest** /ˈprɪtɪɪst/ / **the loveliest** /ˈlʌvlɪɪst/ / **the nicest** /naɪsɪst/).

▷ C'est une très jolie fille.
She's a very pretty girl.
▷ Ils ont un très joli appartement.
They've got a lovely flat.
▷ Quelle jolie voiture !
What a nice car!

jongler

juggle /ˈdʒʌgl/

▷ Il sait jongler avec quatre balles.
He can juggle with four balls.

jongleur, jongleuse

juggler /ˈdʒʌgləʳ/

ℹ *N'oublierz pas l'article* ***a*** *ou* ***an*** *devant le nom du métier lorsqu'il suit les verbes* ***be*** *ou* ***become***.

▷ Il y a des jongleurs devant la cathédrale.
There are jugglers in front of the cathedral.
▷ Ma cousine est jongleuse dans un cirque.
My cousin is a juggler in a circus.

jonquille

daffodil /ˈdæfədɪl/

🔊 *L'accent tonique est sur la première syllabe* ***da-***.

▷ Il y a des jonquilles partout.
There are daffodils everywhere.

joue

cheek /tʃiːk/

▷ Le bébé a de jolies joues roses.
The baby has got lovely pink cheeks.

jouer

1 (= s'amuser, tenir un rôle, interpréter) **play** /pleɪ/

▷ Viens jouer avec nous !
Come and play with us!
▷ Cette actrice jouait dans « Titanic ».
This actress played in "Titanic".

► **jouer à** (un sport, un jeu) : **play**

▷ Jérôme joue au foot dans l'équipe du village.
Jerome plays football in the village team.
▷ Vous voulez jouer aux cartes ?
Would you like to play cards?

► **jouer de** (en parlant d'un instrument de musique) : **play**

▷ Est-ce que tu sais jouer de la guitare ?
Can you play the guitar?

2 (des jeux d'argent) **gamble** /ˈgæmbl/

▷ Il joue souvent au casino.
He often gambles at the casino.

jouet

toy /tɔɪ/

▷ La chambre est remplie de jouets.
The bedroom is full of toys.

joueur, joueuse

▷ C'est un jeu pour quatre joueurs.
It's a game for four players.

player /pleiəʳ/

jour

1 ▷ Le voyage en train dure deux jours.
The train journey takes two days.

▷ Quel jour sommes-nous ?
What day is it today?

▷ Isa va à la piscine tous les jours.
Isa goes to the swimming pool every day.

▷ Un jour, il comprendra qu'il a tort.
One day he'll understand that he's wrong.

▷ Nous avons passé le nouvel an chez Catherine.
We spent New Year's Day at Catherine's.

1 (= durée de vingt-quatre heures) **day** /deɪ/

ℹ *Pour demander la date, on dit* ***what day is it today?***

► **tous les jours : every day** /ˌevrɪ ˈdeɪ/

► **un jour : one day** /wʌn ˈdeɪ/

► **le jour de l'an : New Year's Day** /ˌnjuː jɪəz ˈdeɪ/

Attention : majuscules en anglais.

2 ▷ Le jour entre dans la chambre.
The light comes into the bedroom.

▷ Il fait jour déjà.
It's already light.

2 (= la lumière) **light** /laɪt/

► **faire jour : be light** /laɪt/

3 ▷ Cette liste n'est pas à jour.
This list isn't up to date.

▷ Je dois mettre mon journal à jour.
I must update my diary.

3 ► **être à jour : be up to date** /ˌʌp tə ˈdeɪt/

► **mettre** quelque chose **à jour : update** something /ʌpˈdeɪt/

journal

1 ▷ Anne achète le journal tous les jours.
Anne buys the newspaper every day.

1 (= quotidien) **newspaper** /ˈnjuːzˌpeɪpəʳ/

2 ▷ Est-ce que tu tiens un journal ?
Do you keep a diary?

2 (= journal intime) **diary** /ˈdaɪərɪ/ (pluriel **diaries** /ˈdaɪərɪz/)

Le ***i*** *de* ***diary*** *se prononce comme le* ***i*** *de* ***like***.

3 ▷ Ils ne manquent jamais le journal de vingt heures.
They never miss the eight o'clock news.

3 (= informations à la télévision ou à la radio) **news** /njuːz/

ℹ *Bien qu'il ait un* ***s****, le mot* ***news*** *est singulier. On dit par exemple* ***the news is at eight*** (le journal est à huit heures). *N'employez jamais un verbe au pluriel avec le mot* ***news***.

Le mot anglais ***journal*** *désigne une « revue spécialisée ».*

journaliste

▷ Les journalistes posaient des questions au Premier ministre.
The journalists were asking the Prime Minister some questions.
▷ He veut devenir journaliste.
He wants to become a journalist.

journalist /'dʒɜːnəlɪst/

*Le **our** de **journalist** se prononce comme le **ir** de **bird** et le **ur** de **turn**.*

*N'oubliez pas l'article **a** ou **an** devant le nom du métier lorsqu'il suit les verbes **be** ou **become**.*

journée

▷ On a passé une journée très agréable.
We had a very nice day.
▷ Je t'appellerai dans la journée.
I'll call you during the day.
▷ Elle passe toute la journée au téléphone.
She spends all day on the telephone.

day /deɪ/

► **dans la journée :** during /'djʊərɪŋ/ the day
► **toute la journée :** all /ɔːl/ day

joyeux, joyeuse

1 ▷ Tu as l'air bien joyeux aujourd'hui !
You look very cheerful today!

(= gai) **cheerful** /'tʃɪəfʊl/ (**plus joyeux** more cheerful, **le plus joyeux** the most cheerful)

2 ▷ Joyeux anniversaire !
Happy birthday!
▷ Joyeux Noël !
Happy Christmas!

*Pour souhaiter à quelqu'un un joyeux anniversaire ou de joyeuses fêtes, on emploie le mot **happy** /'hæpɪ/.*

judo

▷ Le judo est un sport japonais.
Judo is a Japanese sport.
▷ Elle fait du judo tous les jeudis.
She does judo every Thursday.

judo /'dʒuːdəʊ/
► **le judo :** judo
► **faire du judo :** do judo (did, done)

juge

▷ Le juge a décidé que le voleur irait en prison.
The judge decided that the thief would go to prison.

judge /dʒʌdʒ/
*Attention à l'orthographe du mot anglais **judge**.*

jugement

▷ Je ne peux pas porter de jugement.
I can't pass judgment.

(= opinion) **judgment** /'dʒʌdʒmənt/
► **porter un jugement (sur) :** pass /pɑːs/ judgment (on)

juger

1 ▷ Tu ne devrais pas juger les gens aussi vite.
You shouldn't judge people so quickly.

(= avoir une opinion) **judge** /dʒʌdʒ/
*Attention à l'orthographe du mot anglais **judge**.*

2 ▷ Elle a jugé que deux kilos suffiraient pour nous tous.
She decided that two kilos would be enough for all of us.

► **juger que... :** decide /dɪ'saɪd/ that...

juif, juive

1 ▷ Paul ne mange pas de porc parce qu'il est juif.
Paul doesn't eat pork because he's Jewish.

(adjectif = de religion juive) **Jewish** /'dʒuːɪʃ/

2 ▷ Beaucoup de juifs émigrèrent aux États-Unis.
A lot of Jews emigrated to the United States.

(= personne de religion juive) **Jew** /dʒuː/

ℹ *En anglais il y a toujours une majuscule aux mots qui se rapportent à la religion.*

juillet

▷ Nous allons en Grèce en juillet.
We're going to Greece in July.

▷ Qu'est-ce que vous faites le 14 Juillet ?
What are you doing on the fourteenth of July?

July /dʒə'laɪ/

ℹ *S'écrit toujours avec une majuscule, comme tous les noms de mois en anglais.*

ℹ *Notez l'emploi de* ***on*** *et* ***of*** *en anglais lorsqu'on dit la date.*

ℹ *On écrit* ***14 July***.

juin

▷ Les cours de salsa finissent en juin.
The salsa classes finish in June.

▷ Nous partons le 15 juin.
We're leaving on the fifteenth of June.

June /dʒuːn/

ℹ *S'écrit toujours avec une majuscule, comme tous les noms de mois en anglais.*

ℹ *Notez l'emploi de* ***on*** *et* ***of*** *en anglais lorsqu'on dit la date.*

ℹ *On écrit* ***15 June***.

jumeau, jumelle

▷ Ma cousine a eu des jumeaux.
My cousin had twins.

▷ C'est Charles, mon frère jumeau.
This is Charles, my twin brother.

▷ La sœur jumelle d'Ève est secrétaire.
Ève's twin sister is a secretary.

twin /twɪn/

► **jumeaux, jumelles** (= personnes) : twins

► **frère jumeau :** twin brother /twɪn 'brʌðəʳ/ (pluriel twin brothers)

► **sœur jumelle :** twin sister /twɪn 'sɪstəʳ/ (pluriel twin sisters)

jumelles

▷ Nous avons regardé les bateaux avec nos jumelles.
We looked at the boats with our binoculars.

(pour regarder loin) **binoculars** /bɪ'nɒkjʊləz/

🔊 *L'accent tonique est sur la deuxième syllabe* ***-noc-***.

jument

▷ Il y a une jument et un poulain dans le champ.
There's a mare and a colt in the field.

mare /mɛəʳ/

🔊 *Rime avec* ***hair*** *et* ***where***.

jungle

▷ Ces oiseaux vivent dans la jungle.
These birds live in the jungle.

jungle /'dʒʌŋgl/

🔊 *Attention à la prononciation du mot anglais **jungle** : il a deux syllabes **jun-** + **-gle**.*

jupe

▷ Elle portait une jolie jupe rouge.
She was wearing a pretty red skirt.

skirt /skɜːt/

⚠ *Ne confondez pas **skirt** avec **shirt** qui signifie « chemise ».*

jurer

▷ Je te jure que c'est vrai !
I swear it's true!

swear /sweəʳ/ (swore /swɔːʳ/, sworn /swɔːn/)

🔊 ***Swear** rime avec **hair** et **where**.*

jus

▷ Ces oranges donnent beaucoup de jus.
These oranges give a lot of juice.

juice /dʒuːs/

🔊 ***Juice** rime avec **goose** et **mousse**.*

▷ Il y a du vin et du jus de fruit.
There is wine and fruit juice.
▷ Ils prennent du jus d'orange le matin.
They have orange juice in the morning.

► **jus de fruit :** fruit juice /'fruːt dʒuːs/ (pluriel fruit juices)
► **jus d'orange :** orange juice /'ɒrɪndʒ dʒuːs/

ℹ *De même, **apple juice** (jus de pomme), **grape juice** (jus de raisin), etc.*

jusque

1 ▷ Allez jusqu'à l'église et tournez à droite.
Go up to the church and turn right.
▷ Ne va pas jusqu'au bord.
Don't go up to the edge.

► **jusqu'à** (dans l'espace) **:** up to /'ʌp tuː/

2 ▷ Jusqu'où est-ce que je dois aller ?
How far do I have to go?

► **jusqu'où... ? :** how far...? /haʊ 'fɑː/

3 ▷ J'ai habité là jusqu'en 2008.
I lived there until 2008.
▷ Jusqu'ici il n'y a pas eu de problèmes.
Until now there haven't been any problems.
▷ Marche jusqu'à ce que tu voies un grand immeuble en briques.
Walk until you see a tall brick building.

*Quand on parle d'un moment donné dans le temps, on emploie le mot **until** /ʌn'tɪl/.*

► **jusqu'ici** (= jusqu'à maintenant) **:** until now /ʌntɪl 'naʊ/
► **jusqu'à ce que :** until

juste

1 ▷ Ce n'est pas juste ! Je n'ai rien fait !
It isn't fair! I haven't done anything!

(= équitable) **fair** /feəʳ/ (plus juste fairer /'feərəʳ/, le plus juste the fairest /'feərɪst/)

2 ▷ Est-ce que mon calcul est juste ?
Is my calculation right?

(= exact) **right** /raɪt/

3 ▷ Ce jean est un peu juste.
These jeans are a bit tight.

(= étroit) **tight** /taɪt/ (plus juste **tighter** /'taɪtəʳ/, le plus juste **the tightest** /'taɪtɪst/)

4 ▷ 200 euros, c'est trop juste.
200 euros isn't enough.
▷ Trois heures pour faire ce travail, c'est un peu juste.
Three hours isn't really enough to do this work.

Quand juste *signifie « pas assez », on peut le traduire par l'expression* ***not enough*** /nɒt ɪ'nʌf/.

5 ▷ Elle chante juste.
She sings in tune.

► **chanter juste : sing in tune** /sɪŋ ɪn 'tjuːn/ (**sang** /sæŋ/, **sung** /sʌŋ/)

6 ▷ On est arrivés juste quand le film commençait.
We arrived just when the film was starting.

(= presque à l'instant) **just** /dʒʌst/

7 ▷ Je veux juste te parler deux minutes.
I just want to talk to you for two minutes.
▷ C'est juste un petit cadeau pour te dire merci.
It's just a little present to say thank you.

(= seulement) **just** /dʒʌst/
ℹ *Quand* ***just*** *signifie « seulement », il se met généralement avant le verbe, sauf avec le verbe* ***be*** *et les modaux.*

8 ▷ Qu'est-ce qu'elle a dit au juste ?
What did she say exactly?

► **au juste : exactly** /eg'zæktlɪ/

justement

1 ▷ J'étais justement en train de lui parler de toi.
I was just talking to him about you.

(= précisément) **just** /dʒʌst/

2 ▷ Justement, je ne voulais pas l'inquiéter encore plus.
That's just it, I didn't want to worry him any more.

(= à plus forte raison) **that's just it** /θæts dʒʌst'ɪt/

de justesse

▷ On a évité le camion de justesse.
We only just avoided the lorry.

only just /ˌəʊnlɪ 'dʒʌst/
ℹ *Notez la place de* ***only just****, entre le sujet et le verbe.*

justifier

▷ Tu dois justifier ce que tu dis.
You must justify what you're saying.

justify /'dʒʌstɪfaɪ/
ℹ *Le* ***y*** *de* ***justify*** *devient* ***ie*** *à la troisième personne du singulier du présent de l'indicatif* (**justifies** /'dʒʌstɪfaɪz/)*, au prétérit et au participe passé* (**justified** /'dʒʌstɪfaɪd/).

▷ N'essaie pas de te justifier !

Don't try to justify yourself!

▷ Ils essayaient de se justifier en disant qu'ils n'étaient pas au courant.

They tried to justify themselves by saying they didn't know about it.

► se **justifier :** justify /'dʒʌstɪfaɪ/ oneself

ℹ *Le pronom personnel réfléchi fonctionne de la façon suivante en anglais :* ***I justify myself, you justify yourself, he justifies himself, she justifies herself, we justify ourselves, you justify yourselves, they justify themselves.***

juteux, juteuse

▷ Ces oranges sont très juteuses.

These oranges are very juicy.

(fruit) **juicy** /'dʒuːsɪ/ (**plus juteux** juicier /'dʒuːsɪəʳ/, **le plus juteux** the juiciest /'dʒuːsɪɪst/)

Kk

kaki

▷ Les pantalons kaki sont à la mode cet été.
Khaki trousers are fashionable this summer.

khaki /'kɑːkɪ/

*Attention à l'orthographe du mot anglais **khaki**.*

kangourou

▷ Est-ce que tu as vu des kangourous quand tu étais en Australie ?
Did you see any kangaroos when you were in Australia?

kangaroo /ˌkæŋgə'ruː/

*Attention à l'orthographe du mot anglais **kangaroo**.*

karaoké

▷ Il y a parfois du karaoké dans les pubs.
There is sometimes karaoke in pubs.

karaoke /ˌkærɪ'əʊkɪ/

*En anglais, **karaoke** se prononce comme s'il s'écrivait karioki.*

karaté

▷ Le karaté est un art martial japonais.
Karate is a Japanese martial art.

▷ Bob fait du karaté tous les mercredis.
Bob does karate every Wednesday.

karate /kə'rɑːtɪ/

► **le karaté :** karate

► **faire du karaté :** do karate (did, done)

kayak

▷ Le kayak est un sport à la mode.
Canoeing is a popular sport.

▷ J'ai fait du kayak pour la première fois.
I went canoeing for the first time.

canoe /kə'nuː/

► **le kayak :** canoeing /kə'nuːɪŋ/

► **faire du kayak :** go canoeing

kermesse

▷ La kermesse de l'école a eu beaucoup de succès.
The school fête was a great success.

(= fête) **fête** /feɪt/

*Attention, il y a un accent circonflexe au mot **fête**, comme en français.*

*Le mot anglais **fête** rime avec **gate** et **eight**.*

ketchup

▷ Est-ce que je peux avoir du ketchup avec mes frites ?
Can I have some ketchup with my chips?

ketchup /ˈketʃʌp/

kilo

▷ Un kilo de carottes, s'il vous plaît.
A kilo of carrots, please.

kilo /ˈkiːləʊ/

*Bien que le système métrique soit utilisé au Royaume-Uni, il est toujours plus courant de compter en livres (**pounds**) qu'en kilos.*

kilomètre

▷ Le village est à trois kilomètres d'ici.
The village is three kilometres from here.

kilometre /kɪˈlɒmɪtəʳ/

*Bien que le système métrique soit utilisé au Royaume-Uni, il est toujours plus courant de compter en **miles**. 1 **mile** = 1,6 km environ.*

kiosque

▷ J'ai acheté un magazine au kiosque à journaux.
I bought a magazine at the newspaper stand.

▷ On peut se retrouver dans le parc, devant le kiosque à musique.
We can meet in the park, in front of the bandstand.

► **kiosque à journaux : newspaper stand** /ˈnjuːzpeɪpə stænd/ (pluriel **newspaper stands**)
► **kiosque à musique : bandstand** /ˈbændstænd/

kiwi

▷ Les kiwis sont pleins de vitamine C.
Kiwi fruits are full of vitamin C.

(= fruit) **kiwi fruit** /ˈkiːwiː fruːt/ (pluriel **kiwi fruits**)

klaxon®

▷ Où est le klaxon dans cette voiture ?
Where's the horn in this car?

horn /hɔːn/

klaxonner

▷ Il y a des gens qui klaxonnent tout le temps.
There are people who hoot their horns all the time.
▷ Je lui ai dit de klaxonner.
I told him to hoot his horn.

hoot /huːt/ one's **horn** /hɔːn/

*L'adjectif possessif fonctionne de la façon suivante en anglais : **I hoot my horn, you hoot your horn, he hoots his horn, she hoots her horn, we hoot our horns, they hoot their horns**.*

kleenex®

▷ Tu as un kleenex, s'il te plaît ? J'ai le nez qui coule.
Do you have a tissue, please? I've got a runny nose.

tissue /ˈtɪʃuː/

*Attention à la prononciation. Le **ss** se prononce comme le **sh** de **shop**.*

Ll

la *ou* l'

1 ▷ C'est la copine de Frédéric. Tu la connais ?
She's Frédéric's girlfriend. Do you know her?
▷ Ma chienne est malade, je l'emmène chez le vétérinaire.
My dog is ill, I'm taking her to the vet.

Quand la *représente une fille, une femme, ou un animal familier femelle, il se traduit par* ***her*** /hɜːʳ/.

2 ▷ Si cette bague te plaît, tu peux la garder.
If you like this ring, you can keep it.
▷ Une guêpe ! Tue-la !
A wasp! Kill it!

Quand la *représente une chose ou un animal non familier, il se traduit par* ***it*** /ɪt/.

ℹ *Seul le pronom personnel* la *est traité ici. Pour l'article défini, allez à l'entrée* le.

là

1 ▷ Ta montre est là, sur la cheminée.
Your watch is there, on the mantelpiece.

(= à cet endroit-là) **there** /ðɛəʳ/

2 ▷ C'est là que nous travaillons.
That's where we work.

► **c'est là que... : that's where...** /ðæts wɛəʳ/

3 ▷ Je suis là si tu as besoin de moi.
I'm here if you need me.

(= ici) **here** /hɪəʳ/

4 ▷ Tu préfères cette couleur-là ?
Do you prefer that colour?

▷ Ces gens-là sont venus nous voir hier.
Those people came to see us yesterday.

Quand là *est relié à un nom par un tiret et que ce nom est singulier, la traduction est* ***that*** /ðæt/.
Pour le pluriel, on dit ***those*** /ðəʊz/.

là-bas

▷ Il est là-bas, au bout de la rue.
He is over there, at the end of the street.

over there /ˌəʊvə ˈðɛəʳ/

laboratoire

▷ Je vais chercher les résultats au laboratoire.
I'm going to fetch the results from the laboratory.

laboratory /ləˈbɒrətərɪ/ (pluriel **laboratories** /ləˈbɒrətərɪz/)

L'accent tonique est sur la deuxième syllabe ***-bo-****.*

labyrinthe

▷ Il y a un labyrinthe dans le parc du château.
There's a maze in the grounds of the castle.

maze /meɪz/

Maze *rime avec* ***days****.*

lac

▷ Le lac était complètement gelé.
The lake was completely frozen.

lake /leɪk/

lacet

▷ Tes lacets sont défaits.
Your laces are undone.

(de chaussure) **lace** /leɪs/

Le ***a*** *de* ***lace*** *se prononce comme le* ***a*** *de* ***make****.*

lâche

▷ C'est lâche, il n'a rien fait pour m'aider.
He is a coward, he did nothing to help me.

► **être (un) lâche : be a coward** /ˈkaʊəd/

lâcher

1 ▷ Ne me lâche pas, je vais tomber !
Don't let go of me, I'm going to fall!

(= arrêter de tenir) **let go of** /let ˈgəʊ əv/ (**let go of, let go of**)

ℹ ***Let*** *prend deux* ***t*** *au gérondif* (**letting**).

2 ▷ Elle a lâché le verre et il s'est cassé.
She dropped the glass and it broke.

(= laisser tomber) **drop** /drɒp/

ℹ *Il y a deux* ***p*** *au gérondif* (**dropping** /ˈdrɒpɪŋ/)*, au prétérit et au participe passé* (**dropped** /drɒpt/).

3 ▷ J'espère que la corde ne va pas lâcher.
I hope the rope won't break.

(= se casser) **break** /breɪk/ (**broke** /brəʊk/, **broken** /ˈbrəʊkən/)

là-dedans

▷ Tes affaires sont là-dedans.
Your things are in there.

(= dans cet endroit) **in there** /ɪn ˈðɛəʳ/

là-dessous

▷ Je l'ai trouvé là-dessous.
I found it under there.

(= sous cette chose) **under there** /ˌʌndə ˈðɛəʳ/

là-dessus

▷ Monte là-dessus, tu verras mieux.
Climb on there, you will see better.

(= sur cette chose) **on there** /ɒn ˈðɛəʳ/

là-haut

1 ▷ Tu vois le livre, là-haut sur l'étagère ?
Can you see the book, up there on the shelf?

(= en hauteur) **up there** /ʌp 'ðɛəʳ/

2 ▷ Il est là-haut, il travaille à l'ordinateur.
He is upstairs, he's working on the computer.

(= à l'étage) **upstairs** /ʌp'stɛəz/

laid, laide

▷ Ce tableau est vraiment laid.
This painting is really ugly.

ugly /'ʌglɪ/ (**plus laid** uglier /ʌglɪəʳ/, **le plus laid** the ugliest /ʌglɪɪst/)

laine

▷ Je suis allergique à la laine.
I'm allergic to wool.

wool /wʊl/

▷ Est-ce que ce pull est en laine ?
Is this pullover made of wool?

► **être en laine :** be made of wool

▷ Les chaussettes en laine sont très chaudes.
Woollen socks are very warm.

► **en laine :** woollen /'wʊlən/

laisse

▷ Le chien a cassé sa laisse.
The dog broke its lead.

lead /li:d/

Au sens de laisse, ***lead*** *rime avec* ***seed****.*

laisser

1 ▷ Je dois vous laisser, j'ai une réunion.
I must leave you, I have a meeting.
▷ Je t'ai laissé de la soupe dans le frigo.
I've left you some soup in the fridge.

(= abandonner ou mettre de côté)
leave /li:v/ (left, left /left/)

2 ▷ Ses parents la laissent faire tout ce qu'elle veut.
Her parents let her do whatever she wants.

► **laisser** quelqu'un + *infinitif* (= autoriser) : **let** /let/ somebody + *base verbale* (let, let)

laissez-passer

▷ Le journaliste a un laissez-passer.
The journalist has a pass.

pass /pa:s/ (pluriel passes /pa:sɪz/)

lait

1 ▷ Je bois du lait tous les matins.
I drink milk every morning.

(qu'on boit) **milk** /mɪlk/

2 ▷ Je n'ai plus de lait démaquillant.
I haven't got any cleansing milk left.

► **lait démaquillant :** cleansing milk /'klenzɪŋ mɪlk/

3 ▷ Mets ce lait solaire, sinon tu attraperas un coup de soleil.
Put this sun lotion on, otherwise you'll get sunburned.

► **lait solaire :** sun lotion /'sʌn ləʊʃən/

laitue

▷ Il a planté des laitues dans le jardin.
He planted some lettuces in the garden.

lettuce /ˈletɪs/ (pluriel **lettuces** /ˈletɪsɪz/)

Le ***u*** *de* ***lettuce*** *se prononce comme le* ***i*** *de* ***pig****.* ***Lettuce*** *rime avec* ***this*** *et* ***miss****.*

lame

▷ Attention, ce couteau a une lame très pointue.
Be careful, this knife has a very sharp blade.

(d'un couteau, d'un rasoir) **blade** /bleɪd/

lampadaire

▷ La voiture est rentrée dans un lampadaire.
The car crashed into a street lamp.

(dans la rue) **street lamp** /ˈstriːt læmp/ (pluriel **street lamps**)

lampe

▷ Est-ce que tu as éteint la lampe dans le couloir ?
Did you switch off the lamp in the corridor?

▷ Ma lampe de chevet ne marche plus.
My bedside lamp doesn't work any more.

▷ Il a utilisé sa lampe de poche pour trouver ses clés.
He used his torch to find his keys.

lamp /læmp/

Attention, pas de ***e*** *en anglais.*

► **lampe de chevet : bedside** /ˈbedsaɪd læmp/ **lamp** (pluriel **bedside lamps**)

► **lampe de poche : torch** /tɔːtʃ/ (pluriel **torches** /ˈtɔːtʃɪz/)

En anglais américain on dit ***flashlight*** /ˈflæʃlaɪt/.

lancer

▷ Lance-moi la balle !
Throw the ball to me!

▷ Ils lui ont lancé des cailloux.
They threw stones at him.

(= jeter) **throw** /θrəʊ/ (**threw** /θruː/, **thrown** /θrəʊn/)

Pour dire lancer quelque chose à quelqu'un*, on emploie en anglais la préposition* ***to*** *si l'autre personne est censée rattraper la chose, et* ***at*** *s'il s'agit d'une agression.*

landau

▷ Il y avait un bébé dans son landau devant le supermarché.
There was a baby in its pram in front of the supermarket.

pram /præm/

lande

▷ Je me suis promené sur la lande.
I had a walk on the moor.

moor /mʊəʳ/

langage

▷ Ce n'est pas un mot utilisé dans le langage courant.
It's not a word used in everyday language.

language /ˈlæŋgwɪdʒ/

Attention à l'orthographe du mot anglais.

langouste

▷ Nous avons mangé de la langouste au restaurant.
We ate lobster in the restaurant.

lobster /'lɒbstəʳ/

langue

1 ▷ Pour bien prononcer ce mot, il faut que la langue touche le palais.
To pronounce this word well, your tongue must touch the roof of your mouth.

1 (= la partie de la bouche) **tongue** /tʌŋ/

▷ Mon petit frère me tire tout le temps la langue.
My little brother sticks his tongue out at me all the time.

▷ Les filles leur ont tiré la langue.
The girls stuck their tongues out at them.

► **tirer la langue à** quelqu'un **: stick** one's **tongue out at** somebody **(stuck, stuck)**

▷ Tu donnes ta langue au chat ?
Do you give up?

► **donner sa langue au chat : give up** /gɪv 'ʌp/ **(gave up** /geɪv 'ʌp/, **given up** /ˌgɪvən 'ʌp/**)**

2 ▷ Elle parle quatre langues.
She speaks four languages.

2 (= la langue qu'on parle) **language** /'læŋgwɪdʒ/

▷ Il faut parler au moins deux langues étrangères pour ce poste.
You have to speak at least two foreign languages for this post.

► **langue étrangère : foreign** /'fɒrən/ **language** (pluriel **foreign languages**)

▷ L'anglais est sa langue maternelle.
English is his mother tongue.

► **langue maternelle : mother tongue** /'mʌðə tʌŋ/

lanière

▷ La lanière de ma sandale est cassée.
The strap on my sandal is broken.

strap /stræp/

lapin

▷ Nous avons mangé du lapin au déjeuner.
We ate rabbit for lunch.

rabbit /'ræbɪt/

laque

▷ J'ai mis de la laque sur mes cheveux.
I put hairspray on my hair.

(pour les cheveux) **hairspray** /'hɛəspreɪ/

laquelle

*Regardez le mot **lequel**.*

large

1 ▷ La rue n'est pas très large, il n'y a pas assez de place pour deux voitures.
The street isn't very wide, there isn't enough room for two cars.

(= grand) **wide** /waɪd/ (plus large **wider** /'waɪdəʳ/, le plus large **the widest** /'waɪdɪst/)

Ne confondez pas ***wide*** (= large) *avec le mot anglais* ***large*** (= grand).

2 ▷ Matthieu a les épaules larges.
Matthieu has got broad shoulders.

(partie du corps) **broad** /brɔːd/ (plus large **broader** /'brɔːdəʳ/, le plus large **the broadest** /'brɔːdɪst/)

3 ▷ Le salon fait six mètres de large.
The living room is six metres wide.

Quand on veut parler de la largeur exacte de quelque chose, on emploie l'expression ***be... wide***.

largement

▷ Ne te presse pas, tu as largement le temps.
Don't hurry, you have plenty of time.

▷ Il y en a largement assez pour tout le monde.
There's more than enough for everybody.

► **avoir largement le temps : have plenty of time** /'plentɪ əv ˌtaɪm/ (had, had)

► **largement assez : more than enough** /'mɔː ðən ɪˌnʌf/

largeur

▷ Nous avons mesuré la largeur du bureau.
We measured the width of the study.

▷ La rivière fait trente mètres de largeur.
The river is thirty metres wide.

▷ Quelle est la largeur de la table ?
How wide is the table?

(= dimension) **width** /wɪdθ/

ℹ *Quand on veut parler de la largeur exacte de quelque chose, on emploie l'expression* ***be... wide*** /waɪd/.

ℹ *Pour demander la largeur de quelque chose, on dit* ***how wide*** /haʊ 'waɪd/ ***...?***

larme

▷ Les larmes coulaient sur ses joues.
Tears were running down her cheeks.

▷ J'ai retenu mes larmes.
I held back my tears.

▷ J'avais les larmes aux yeux à la fin du film.
I had tears in my eyes at the end of the film.

▷ Elle riait tellement qu'elle avait les larmes aux yeux.
She laughed so hard, she had tears in her eyes.

tear /tɪəʳ/

Rime avec ***here*** *et* ***beer***. *Le mot* ***tear*** */tɛəʳ/, qui rime avec* ***hair*** *et* ***where***, *veut dire « déchirer » ou « déchirure ».*

► **avoir les larmes aux yeux : have tears in one's eyes** (had, had)

ℹ *L'adjectif possessif fonctionne de la façon suivante en anglais (exemples au prétérit) :* ***I had tears in my eyes, you had tears in your eyes, he had tears in his eyes, she had tears in her eyes, we had tears in our eyes, they had tears in their eyes.***

▷ On l'a trouvé en larmes à l'entrée du centre commercial.
We found him in tears at the entrance of the shopping centre.

► **en larmes :** in tears

lasagnes

▷ Il a fait des lasagnes pour dîner.
He has made some lasagna for dinner.
▷ J'adore les lasagnes.
I love lasagna.
▷ Ces lasagnes sont délicieuses.
This lasagna is delicious.

lasagna /lə'zænjə/

ℹ *__Lasagna__ ne se met pas au pluriel.*

latin

▷ Nous apprenions le latin à l'école.
We learnt Latin at school.

(= langue) **Latin** /'lætɪn/

ℹ *__Latin__ s'écrit toujours avec une majuscule en anglais, comme tous les noms de langues.*

lavabo

▷ Il y a deux lavabos dans la salle de bains.
There are two washbasins in the bathroom.

washbasin /'wɒʃbeɪsn/

🔊 *Le premier **a** se prononce comme le **o** de **dog**, et le deuxième comme le **a** de **make**.*

lavande

▷ Il y a de la lavande dans le jardin.
There is lavender in the garden.

lavender /'lævɪndəʳ/

🔊 *L'accent tonique est sur la première syllabe **la-**.*

lave-linge

▷ Notre lave-linge est tombé en panne.
Our washing machine has broken down.

washing machine /'wɒʃɪŋ mə'ʃiːn/ (pluriel **washing machines**)

laver

▷ Nos voisins lavent leur voiture tous les dimanches.
Our neighbours wash their car every Sunday.
▷ Je n'ai pas eu le temps de me laver.
I didn't have time to wash.
▷ N'oublie pas de te laver les mains.
Don't forget to wash your hands.
▷ Je me suis lavé les cheveux avant de sortir.
I washed my hair before going out.

(= nettoyer) **wash** /wɒʃ/

► **se laver :** wash

ℹ *Quand on parle de* se laver *une partie du corps en anglais, on emploie l'expression __wash one's__ **hands**, __wash one's__ **face**, __wash one's__ **feet**, etc.*

ℹ *L'adjectif possessif fonctionne de la façon suivante en anglais (exemples au présent) : **I wash __my__ hands, you wash __your__ hands, he washes __his__ hands, she washes __her__ hands, we wash __our__ hands, they wash __their__ hands** .*

laverie

▷ Est-ce qu'il y a une laverie près d'ici ?
Is there a launderette near here?

launderette /lɔːn'dret/
En anglais américain on dit ***Laundromat***® /'lɔːndrəmæt/.

lave-vaisselle

▷ C'est très pratique d'avoir un lave-vaisselle.
It's very handy to have a dishwasher.

dishwasher /'dɪʃwɒʃə^r/

le, la, les ARTICLE

1 ▷ Le boulanger prend sa retraite.
The baker is retiring.
▷ La voisine du dessus fait beaucoup de bruit.
The upstairs neighbour makes a lot of noise.
▷ Les vacances sont presque finies.
The holidays are almost finished.
▷ J'adore le chocolat.
I love chocolate.
▷ Le chocolat que j'ai acheté n'est pas très bon.
The chocolate I bought isn't very good.
▷ Les gens sont parfois méchants.
People are sometimes nasty.
▷ Les gens à la fête étaient sympas.
The people at the party were nice.

1 (pour parler d'une chose ou d'une personne précise) **the** (/ðə/ *avant consonne,* /ðiː/ *avant voyelle)*

ℹ *Les noms anglais n'ont pas de genre (ils ne sont ni masculins, ni féminins). Le mot* ***the*** *correspond à* ***le, la*** *et* ***les****.*

ℹ *Quand on parle d'une chose ou d'une personne* **en général**, *on ne met pas d'article en anglais. Quand on parle de quelque chose* **en particulier**, *on met l'article* ***the****.*

2 ▷ Ferme les yeux, c'est une surprise !
Close your eyes, it's a surprise!
▷ Il m'a serré la main.
He shook my hand.
▷ Le lapin s'est fait mal à la patte.
The rabbit has hurt its leg.

2 *Avec les parties du corps, là où le français emploie* **le** *ou* **la** *ou* **les**, *l'anglais emploie l'adjectif possessif (****my, your, his, her, its, our, their****).*

ℹ *Seul l'article défini* **le** *est traité ici. Pour le pronom* **le**, *allez à l'entrée suivante.*

le, l' PRONOM

1 ▷ C'est son frère. Tu le connais ?
He's his brother. Do you know him?
▷ Mon chien est malade, je l'emmène chez le vétérinaire.
My dog is ill, I'm taking him to the vet's.

1 *Quand* **le** *représente un garçon, un homme, ou un animal familier, il se traduit par* ***him*** /hɪm/.

2 ▷ Si tu aimes ce stylo, tu peux le garder.
If you like this pen you can keep it.
▷ Un crapaud ! Attrape-le !
A toad! Catch it!

2 *Quand* **le** *représente une chose ou un animal non familier, il se traduit par* ***it*** /ɪt/.

ℹ *Seul le pronom* **le** *est traité ici. Pour l'article défini* **le**, *allez à l'entrée précédente.*

lécher

▷ Le chien m'a léché la figure.
The dog licked my face.

lick /lɪk/

lèche-vitrines

▷ Mercredi, j'ai fait du lèche-vitrines avec une copine.
On Wednesday I went window-shopping with a friend.

► **faire du lèche-vitrines : go window-shopping** /ˈwɪndəʊʃɒpɪŋ/ **(went, gone / been)**

leçon

▷ Kenji prend des leçons de violon.
Kenji is taking violin lessons.

(= cours, devoirs) **lesson** /ˈlesn/

ℹ *Notez que* leçon de violon = ***violin lesson***. *De même,* leçon d'anglais = ***English lesson***, *etc.*

lecteur, lectrice

1 ▷ Ce livre est pour les jeunes lecteurs.
This book is for young readers.

(= personne qui lit) **reader** /riːdəʳ/

2 ▷ Mon lecteur de CD ne marche pas.
My CD player isn't working.

► **lecteur de CD : CD player** /siːˈdiː pleɪəʳ/

3 ▷ J'ai un nouveau lecteur MP3.
I have a new MP3 player.

► **lecteur de MP3 : MP3 player** /ˌempiːˈθriː pleɪəʳ/

4 ▷ Le lecteur « C » ne fonctionne pas.
Drive 'C' isn't working.
▷ Est-ce qu'il y a un lecteur de CD-ROM sur ton ordinateur ?
Is there a CD-ROM drive on your computer?

► **lecteur** (sur un ordinateur) : **drive** /draɪv/
► **lecteur de CD-ROM : CD-ROM drive** /ˌsiːdiːˈrɒm draɪv/ (pluriel **CD-ROM drives**)

lecture

1 ▷ Je n'ai jamais été très intéressé par la lecture.
I've never been very interested in reading.

(= le fait de lire) **reading** /ˈriːdɪŋ/

*Attention ! Le mot anglais **lecture** signifie « conférence » ou « cours ».*

2 ▷ J'emporte toujours de la lecture en vacances.
I always take something to read on holiday.

► **de la lecture** (= des livres) : **something to read** /riːd/

légal, légale

▷ Est-ce que c'est légal de faire ça ?
Is it legal to do that?

legal /ˈliːgəl/

*Le **e** de **legal** se prononce comme le **ee** de **week**.*

légendaire

▷ Robin des bois est un héros légendaire.
Robin Hood is a legendary hero.

legendary /ˈledʒəndərɪ/

légende

▷ Tu connais la légende du roi Arthur ?
Do you know the legend of King Arthur?

legend /ˈledʒənd/

léger, légère

1 ▷ Emporte des vêtements légers, il va faire chaud.
Take some light clothes, it's going to be hot.

(= qui ne pèse pas beaucoup, qui est fin) **light** /laɪt/ (**plus léger** lighter /ˈlaɪtəʳ/, **le plus léger** the lightest /ˈlaɪtɪst/)

2 ▷ Il y a une légère différence.
There's a slight difference.

(différence, accent, etc.) **slight** /slaɪt/ (**plus léger** slighter /ˈslaɪtəʳ/, **le plus léger** the slightest /ˈslaɪtɪst/)

légèrement

▷ Celui-ci est légèrement plus grand que l'autre.
This one is slightly bigger than the other one.

(= un peu) **slightly** /ˈslaɪtlɪ/

légitime

▷ Il l'a fait pour des raisons parfaitement légitimes.
He did it for perfectly legitimate reasons.

legitimate /lɪˈdʒɪtɪmɪt/ (**plus légitime** more legitimate, **le plus légitime** the most legitimate)

légume

▷ Tu devrais manger plus de légumes.
You should eat more vegetables.

vegetable /ˈvedʒtəbl/

L'accent tonique est sur la première syllabe ***veg-***.

lendemain

▷ Jules est arrivé le lendemain.
Jules arrived the next day.
▷ Le lendemain de la fête on est allés à la plage.
The day after the party we went to the beach.
▷ Elle m'a téléphoné le lendemain matin.
She phoned me the next morning.

► **le lendemain :** the next day /ðə nekst ˈdeɪ/
► **le lendemain de... :** the day after... /ðə deɪ ˈɑːftəʳ/
► **le lendemain matin :** the next morning /ðə nekst ˈmɔːnɪŋ/

ℹ *De même,* le lendemain soir = ***the next evening*** /ðə nekst ˈiːvnɪŋ/.

lent, lente

▷ Ce film est un peu lent.
This film is a bit slow.

slow /sləʊ/ (**plus lent** slower /ˈsləʊəʳ/, **le plus lent** the slowest /ˈsləʊɪst/)

lentement

▷ Tu marches trop lentement.
You're walking too slowly.

slowly /ˈsləʊlɪ/

lentilles

1 ▷ J'ai préparé des lentilles avec des saucisses.
I prepared lentils with sausages.

(= graines) **lentils** /ˈlentlz/

2 ▷ Rachel porte des lentilles de contact.
Rachel wears contact lenses.

► **lentilles de contact :** contact lenses /'kɒntækt ˌlenzɪz/

léopard

▷ Les léopards grimpent très bien aux arbres.
Leopards climb trees very well.

leopard /'lepəd/

*Le o de **leopard** ne se prononce pas.*

lequel, laquelle

1 ▷ Lequel est-ce que tu préfères ?
Which one do you prefer?

▷ Je ne sais pas laquelle des deux maisons ils vont acheter.
I don't know which of the two houses they're going to buy.

(quand il y a un choix) which one /wɪtʃ 'wʌn/

► **lequel des..., laquelle des... :** which /wɪtʃ/ of...

2 ▷ C'est la fille avec laquelle sort Sammy.
She's the girl Sammy is going out with.

▷ Ce sont les amies avec lesquelles je suis partie en vacances.
They're the friends I went on holiday with.

Quand **lequel** *suit une préposition, l'équivalent anglais le plus courant se forme de la manière suivante : sujet + complément d'objet + verbe + préposition.*

les PRONOM

▷ Carole et Pierre m'ont invité. – Je ne savais pas que tu les connaissais.
Carole et Pierre have invited me. – I didn't know you knew them.

them /ðem/

ℹ *Seul le pronom* **les** *est traité ici. Pour l'article défini, allez à l'entrée* ***le***.

lesquels, lesquelles

*Regardez les mots **lequel, laquelle**.*

lessive

1 ▷ Il y a de la lessive dans le placard.
There is some washing powder in the cupboard.

(= poudre) washing powder /'wɒʃɪŋ ˌpaʊdəʳ/ (pluriel washing powders)

ℹ *S'il s'agit de liquide, on dit **washing liquid** /'wɒʃɪŋˌlɪkwɪd/.*

2 ▷ Est-ce que tu as fait la lessive ?
Have you done the washing?

▷ La lessive est en train de sécher.
The washing is drying.

(= le linge qu'on lave) washing /'wɒʃɪŋ/

lettre

▷ Les lettres ne sont pas dans le même ordre sur le clavier anglais.
The letters aren't in the same order on the English keyboard.

▷ Il m'a écrit une lettre le mois dernier.
He wrote me a letter last month.

letter /'letəʳ/

*Regardez aussi le mot **papier**.*

leur, leurs

1 ▷ C'est leur voiture.
This is their car.
▷ Leurs enfants sont très gentils.
Their children are very nice.

► **leur** *ou* **leurs** (= possessif) : **their** /ðɛəʳ/

2 ▷ Notre maison n'est pas mal, mais je préfère la leur.
Our house isn't bad, but I prefer theirs.

► **le leur** *ou* **la leur** *ou* **les leurs** : **theirs** /ðɛəz/

3 ▷ Est-ce que tu leur as écrit ?
Did you write to them?

► **leur** (= à eux) : **to them** /tə ðəm/

lever

1 ▷ Le douanier m'a fait lever les bras pour me fouiller.
The customs officer made me raise my arms to search me.

(les bras, la main, la tête) **raise** /reɪz/

2 ▷ Lève tes pieds, je passe l'aspirateur.
Lift your feet, I'm vacuuming.

(= soulever) **lift** /lɪft/

3 ▷ Tout le monde s'est levé pour applaudir à la fin du spectacle.
Everybody stood up to clap at the end of the show.

► **se lever** (= se mettre debout) : **stand up** /stænd 'ʌp/ (**stood up, stood up** /stuːd 'ʌp/)

4 ▷ Il est onze heures, lève-toi !
It's eleven o'clock, get up!

► **se lever** (= sortir du lit) : **get up** /get 'ʌp/ (**got up, got up** /gɒt 'ʌp/)

5 ▷ Le soleil se lève très tôt.
The sun rises very early.

► **se lever** (en parlant du soleil) : **rise** /raɪz/ (**rose** /rəʊz/, **risen** /'rɪzn/)

6 ▷ Le jour se lève.
Day is breaking.

► **se lever** (en parlant du jour) : **break** /breɪk/ (**broke** /brəʊk/, **broken** /'brəʊkən/)

levier

▷ Le levier de vitesse est bloqué.
The gear lever is jammed.

lever /'liːvəʳ/

🔊 *Le premier* ***e*** *du mot anglais* ***lever*** *se prononce comme le* ***ee*** *de* ***week****.*

lèvre

▷ Qu'est-ce que tu as sur les lèvres ?
What have you got on your lips?

lip /lɪp/

ℹ *Notez l'emploi du possessif avec les parties du corps.*

levure

▷ Tu as mis de la levure dans le gâteau ?
Have you put yeast in the cake?
▷ Peux-tu me passer un sachet de levure chimique ?
Could you hand me a sachet of baking powder?

yeast /jiːst/

► **levure chimique : baking powder** /ˈbeɪkɪŋˈpaʊdəʳ/

lézard

▷ Il y a des lézards dans notre jardin.
There are lizards in our garden.

lizard /ˈlɪzəd/

libellule

▷ Regarde cette libellule sur l'eau.
Look at that dragonfly on the water.

dragonfly /ˈdrægənflaɪ/ (pluriel **dragonflies** /ˈdrægənflaɪz/)

libérer

1 ▷ Ils ont finalement libéré les otages.
They finally released the hostages.

(= relâcher) **release** /rɪˈliːs/

*Le **s** se prononce comme le **s** de **sea**.*

2 ▷ Le prisonnier a réussi à se libérer.
The prisoner managed to get away.
▷ Je vais voir si je peux me libérer.
I'm going to see if I can get away.

► **se libérer : get away** /get əˈweɪ/ (**got away, got away** /gɒt əˈweɪ/)

liberté

▷ Ses parents lui laissent beaucoup de liberté.
His parents give him a lot of freedom.
▷ Nous avons visité la Statue de la Liberté à New York.
We visited the Statue of Liberty in New York.
▷ Il a passé un an en prison, mais il est maintenant en liberté.
He spent a year in prison, but now he is free.
▷ Les animaux sont en liberté dans ce parc.
The animals roam free in the park.

freedom /ˈfriːdəm/

ℹ *Le mot **liberty** /ˈlɪbətɪ/ existe en anglais, mais il est moins courant que **freedom**.*

► **être en liberté** (personne) : **be free** /friː/

► **être en liberté** (animal sauvage) : **roam free** /rəʊm ˈfriː/

libraire

▷ Elle veut devenir libraire.
She wants to become a bookseller.

bookseller /ˈbʊkˌseləʳ/

ℹ *N'oubliez pas l'article **a** ou **an** devant le nom du métier lorsqu'il suit les verbes **be** ou **become**.*

librairie

▷ Il y a une nouvelle librairie près de chez moi.
There's a new bookshop near my home.

bookshop /'bʊkʃɒp/
En anglais américain on dit ***bookstore*** /'bʊkstɔːʳ/.
Attention ! Le mot anglais ***library*** *signifie « bibliothèque ».*

libre

▷ Tu peux faire ce que tu veux, tu es libre.
You can do what you want, you're free.
▷ Est-ce que tu es libre ce soir ?
Are you free tonight?

free /friː/ (plus libre **freer** /'frɪəʳ/, le plus libre **the freest** /'frɪɪst/)

librement

▷ Ils peuvent s'exprimer librement.
They can express themselves freely.

freely /'friːlɪ/

licence

▷ Ma sœur a une licence de maths.
My sister has got a degree in maths.

(= diplôme) **degree** /dɪ'griː/
Notez la préposition employée en anglais : une licence de = ***a degree in***.
Le mot anglais ***licence*** *signifie* permis.

licencier

▷ Ils ont licencié trois cents personnes.
They made three hundred people redundant.
▷ Mon copain a été licencié.
My boyfriend was made redundant.

► **licencier** quelqu'un **: make** somebody **redundant (made, made)**
► **être licencié : be made redundant** /rɪ'dʌndənt/

lié, liée

▷ Les deux incidents ne sont pas liés.
The two incidents are not linked.

linked /lɪŋkt/
Regardez aussi le verbe lier, *plus bas.*

liège

▷ J'ai posé des carreaux en liège sur le mur.
I put cork tiles on the wall.

cork /kɔːk/
► **de** *ou* **en liège : cork**

lien

▷ Il n'y aucun lien entre ces deux histoires.
There is no link between these two stories.
▷ Envoie-moi le lien Internet.
Send me the Internet link.

(= relation) **link** /lɪŋk/

lier

1 ▷ Aucun indice ne nous permettait de lier les deux événements.
No clue allowed us to link the two events.
▷ Les deux incidents ne sont pas liés.
The two incidents are not linked.

(= établir un lien) **link** /lɪŋk/

2 ▷ On a lié conversation dans le train.
We struck up a conversation on the train.

► **lier conversation : strike up a conversation** /straɪk ʌp ə ˌkɒnvəˈseɪʃən/ **(struck, struck** /strʌk/**)**

Regardez aussi lié, *plus haut.*

lierre

▷ Le lierre pousse très vite.
Ivy grows very quickly.

ivy /ˈaɪvɪ/

*Le **i** de **ivy** se prononce comme le **i** de **like**.*

lieu

1 ▷ Ce bar est un lieu très populaire.
This bar is a very popular place.

(= endroit) **place** /pleɪs/

2 ▷ Tu peux utiliser une tasse au lieu d'un bol.
You can use a cup instead of a bowl.
▷ Aide-moi au lieu de regarder la télé !
Help me instead of watching TV!

► **au lieu de : instead of** /ɪnˈsted əv/
► **au lieu de** + *infinitif* **: instead of** + *-ing*

3 ▷ Le match aura lieu samedi.
The match will take place on Saturday.
▷ Quand est-ce que ça a eu lieu ?
When did it take place?

► **avoir lieu** (= se passer) **: take place** /teɪk ˈpleɪs/ **(took place** /tʊk ˈpleɪs/, **taken place** /ˌteɪkən ˈpleɪs/**)**

lièvre

▷ Nous avons vu un lièvre courir dans le champ.
We saw a hare running in the field.

hare /hɛəʳ/

***Hare** rime avec **there** et **fair**.*

lifting

▷ Combien coûte un lifting ?
How much is a face-lift?

▷ Il s'est fait faire un lifting l'année dernière.
He had a face-lift last year.

face-lift /ˈfeɪslɪft/

*Le mot anglais **lifting** ne signifie pas* lifting.

► **se faire faire un lifting : have a face-lift**

light

1 ▷ Il mange des yaourts light pour maigrir.
He eats low-fat yogurts to lose weight.

(= sans matières grasses) **low-fat** /ləʊˈfæt/

2 ▷ Je voudrais une limonade light s'il vous plaît.
I'd like a diet lemonade please.

(= sans sucre) **diet** (avant le nom) /ˈdaɪət/

Le mot français light *est d'origine anglaise, mais il ne se traduit pas par **light**, qui signifie « léger ».*

ligne

1 ▷ La première ligne du texte est illisible.
The first line of the text is illegible.

(= trait, rangée, mots) **line** /laɪn/

▷ On s'est tous mis en ligne pour commencer le jeu.
We all lined up to start the game.

► **se mettre en ligne :** line up /laɪn 'ʌp/

2 ▷ Il y a deux vols par jour sur la ligne Londres-Biarritz.
There are two flights a day on the London-Biarritz route.

2 (= service aérien) **route** /ruːt/

3 ▷ Les lignes de banlieue ne fonctionnent pas très bien en ce moment.
Suburban lines aren't working very well at the moment.

3 (= service de chemin de fer ou de métro) **line** /laɪn/

4 ▷ Pour aller au centre, tu dois prendre la ligne 20.
To go to the centre, you have to take the number 20 bus.

4 *En anglais, quand on parle d'une ligne d'autobus, on emploie le mot* ***bus*** */bʌs/.*

lilas

▷ Ça sent le lilas.
It smells of lilac.

lilac /'laɪlək/

limace

▷ Les limaces ont mangé les laitues.
The slugs have eaten the lettuces.

slug /slʌg/

lime

▷ J'utilise une lime pour mes ongles.
I use a file for my nails.

(= outil) **file** /faɪl/

limitation de vitesse

▷ La limitation de vitesse est à 80.
The speed limit is 80.

speed limit /'spiːd lɪmɪt/ (pluriel **speed limits**)

limite

1 ▷ Il y a une limite de trois places par personne.
There's a limit of three seats per person.

1 (= maximum ou minimum) **limit** /lɪmɪt/

2 ▷ La limite entre les deux quartiers est ici.
The boundary between the two districts is here.

2 (= frontière) **boundary** /'baʊndərɪ/ (pluriel **boundaries** /'baʊndərɪz/)

3 ▷ À la limite, on pourrait prendre un taxi.
If it comes to it, we could take a taxi.

3 ► **à la limite** (= s'il le faut vraiment) **:** **if it comes to it** /ɪf ɪt 'kʌmz tuː ɪt/

limiter

▷ On a réussi à limiter les dégâts.
We managed to limit the damage.

limit /'lɪmɪt/

limonade

▷ Deux limonades, s'il vous plaît.
Two lemonades, please.

lemonade /ˌleməˈneɪd/
Attention à l'orthographe du mot anglais.

lin

▷ Le lin est très agréable à porter en été.
Linen is very nice to wear in the summer.

linen /ˈlɪnɪn/

▷ Je me suis acheté une veste en lin.
I bought myself a linen jacket.

► **en lin :** linen

linge

1 ▷ Est-ce que tu peux étendre le linge ?
Can you hang the washing out?

(= lessive) **washing** /wɒʃɪŋ/

2 ▷ On doit emporter notre propre linge au chalet.
We have to take our own linen to the chalet.

(= draps, torchons, etc.) **linen** /ˈlɪnɪn/

lion

1 ▷ Elle a photographié des lions au Kenya.
She took some photographs of lions in Kenya.

lion /ˈlaɪən/
*Attention à la prononciation : le **i** se prononce comme le **i** de **like**.*

2 ▷ Elle est Lion.
She's Leo.

► **Lion** (= signe du zodiaque) **:** Leo

liquide

1 ▷ Achète du savon liquide.
Buy some liquid soap.

(= non solide) **liquid** /ˈlɪkwɪd/

2 ▷ Il n'y a presque plus de liquide vaisselle.
There's hardly any washing-up liquid left.

► **liquide vaisselle :** washing-up liquid /ˌwɒʃɪŋˈʌp lɪkwɪd/

3 ▷ Je n'avais pas de liquide pour payer le pain.
I didn't have any cash to pay for the bread.

(= argent) **cash** /kæʃ/

lire

▷ David lisait le journal quand je suis arrivée.
David was reading the newspaper when I arrived.

read /riːd/ (read /red/, read /red/)
*Le prétérit et le participe passé se prononcent exactement comme le mot **red**.*

liseuse

▷ Ma mère a acheté une liseuse.
My mother has bought an e-reader.

(de livres électroniques) **e-reader** /ˈiːˈriːdəʳ/ (pluriel e-readers /ˈiːˈriːdəʳz/)

lisible

▷ Son écriture est tout à fait lisible.
His handwriting is quite legible.

legible /ˈledʒəbl/ (plus lisible more legible, le plus lisible the most legible)

lisse

▷ Paula a la peau très lisse.
Paula has very smooth skin.

smooth /smuːð/ (plus lisse **smoother** /'smuːðəʳ/, le plus lisse **the smoothest** /'smuːðɪst/)

liste

▷ Zut, j'ai perdu la liste des courses !
Damn, I've lost the shopping list!

▷ Fais une liste, sinon tu vas oublier quelque chose.
Make a list, otherwise you'll to forget something.

▷ Il est sur liste d'attente pour le vol Paris-New York.
He is on a waiting list for the Paris-New York flight.

list /lɪst/

Attention : pas de ***e*** *en anglais.*

► **faire une liste :** make a list (made, made)

► **liste d'attente :** waiting list /'weɪtɪŋ lɪst/

lit

▷ Ce lit est très dur.
This bed is very hard.

▷ Je voudrais une chambre avec un lit de deux personnes et un lit d'une personne.
I'd like a bedroom with a double bed and a single bed.

▷ Il est midi et il est encore au lit !
It's midday and he is still in bed!

▷ À quelle heure est-ce que tu vas au lit d'habitude ?
What time do you usually go to bed?

▷ Je n'ai même pas eu le temps de faire mon lit.
I didn't even have time to make my bed.

bed /bed/

► **lit de deux personnes :** double bed /dʌbl ˌbed/ (pluriel double beds)

► **lit d'une personne :** single bed /ˌsɪŋgl 'bed/ (pluriel single beds)

► **être au lit :** be in bed

► **aller au lit :** go to bed (went to bed, gone to bed)

► **faire son lit :** make one's bed (made, made)

L'adjectif possessif fonctionne de la façon suivante en anglais : ***I make my bed, you make your bed, he makes his bed, she makes her bed, we make our beds, they make their beds*** .

litière

▷ J'ai nettoyé la litière de Mimi.
I've cleaned Mimi's litter.

(pour chats) **litter** /'lɪtəʳ/

litre

▷ J'ai emporté deux litres d'eau pour la randonnée.
I took two litres of water for the hike.

litre /'liːtəʳ/

En anglais américain, on écrit ***liter****.*

Litre *rime avec le prénom anglais* ***Peter****.*

littéral, littérale

▷ C'est une traduction littérale.
It's a literal translation.

literal /'lɪtərəl/ (**plus littéral** more literal, **le plus littéral** the most literal)

*Attention à l'orthographe du mot anglais, qui ne prend qu'un seul t : **literal**.*

littéralement

▷ Il ne faut pas prendre cette expression littéralement.
You shouldn't take this expression literally.

literally /'lɪtərəlɪ/

*Attention à l'orthographe du mot anglais, qui prend un seul t mais deux l : **literally**.*

littérature

▷ Je m'intéresse surtout à la littérature du dix-neuvième siècle.
I'm especially interested in nineteenth-century literature.

literature /'lɪtrɪtʃə^r/

Attention à l'orthographe du mot anglais.

*L'accent tonique est sur la première syllabe **lit-**.*

livraison

▷ La livraison est comprise dans le prix.
The price includes delivery.

delivery /dɪ'lɪvərɪ/ (pluriel **deliveries** /dɪ'lɪvəri:z/)

livre

1 ▷ Tu as lu ce livre ? Il est génial.
Have you read this book? It's great.

▷ Quelqu'un a vu mon livre d'anglais ?
Has anybody seen my English book?

(= ouvrage) **book** /bʊk/

*Pour dire sur quelle matière scolaire porte un livre, on place le nom de la matière devant **book**.*

▷ Les livres de classe pèsent très lourd.
Schoolbooks are very heavy.

► **livre de classe : schoolbook** /'sku:lbʊk/

▷ Il a beaucoup de livres de cuisine.
He has a lot of cookbooks.

► **livre de cuisine : cookbook** /'kʊkbʊk/

▷ Je n'achète que des livres de poche, c'est moins cher.
I only buy paperbacks, it's less expensive.

► **livre de poche : paperback** /'peɪpəbæk/

2 ▷ Une livre vaut environ un euro.
A pound is worth about one euro.

(= devise) **pound** /paʊnd/

livrer

▷ Le facteur nous a livré un colis.
The postman delivered a parcel to us.

► **livrer** quelque chose **à** quelqu'un : **deliver** /dɪ'lɪvə^r/ something **to** somebody

▷ Anaïs s'est fait livrer des vêtements.
Anaïs had some clothes delivered.

► **se faire livrer** quelque chose : **have** something **delivered** (**had, had**)

livret

1 ▷ J'ai perdu mon livret de caisse d'épargne.
I've lost my savings book.

► **livret de caisse d'épargne :** savings book /'seɪvɪŋz bʊk/ (pluriel savings books)

2 ▷ Vous avez besoin de votre livret de famille pour obtenir un passeport.
You need your family record book to get a passport.

► **livret de famille :** family record book /ˌfæmɪlɪ 'rekɔːd bʊk/

Cette traduction est approximative car les livrets de famille n'existent pas au Royaume-Uni.

3 ▷ Elle a un très bon livret scolaire.
She has got a very good school report.

► **livret scolaire :** school report /'skuːl rɪˌpɔːt/ (pluriel school reports)

local, locale

▷ Nous achetons des produits locaux.
We buy local produce.

local /'ləʊkəl/ (plus local more local, le plus local the most local)

locataire

▷ Les locataires du troisième étage sont très sympas.
The tenants on the third floor are very nice.

tenant /'tenənt/

location

▷ Combien coûte la location des skis ?
How much does ski hire cost?

(de matériel, de véhicule) hire /'haɪəʳ/

*En anglais américain on dit **rental** /'rentəl/.*

*Attention ! Le mot anglais **location** signifie « lieu ».*

locaux

▷ Les locaux de la société sont au deuxième étage.
The company's premises are on the second floor.

premises /'premɪsɪz/

locomotive

▷ La locomotive est tombée en panne dix minutes après le départ.
The locomotive broke down ten minutes after departure.

locomotive /ˌləʊkə'məʊtɪv/

*L'accent tonique principal est sur la troisième syllabe **-mo-**.*

logement

1 ▷ C'est difficile de trouver un logement.
It's difficult to find accommodation.

▷ Les logements sont chers ici.
Accommodation is expensive here.

▷ Nous cherchons un nouveau logement.
We're looking for new accommodation.

(= endroit où vivre en général) accommodation /əˌkɒmə'deɪʃən/

*ℹ **Accommodation** est non dénombrable en anglais britannique. Il ne se met pas au pluriel, et il ne s'emploie pas avec l'article indéfini **an**.*

2 ▷ Ils ont un logement de soixante mètres carrés.
They have a sixty square metre flat.

(= appartement) **flat** /flæt/
En anglais américain on dit ***apartment*** /ə'pɑːʳtmənt/.

loger

1 ▷ Quand nous allons en vacances, nous logeons à l'hôtel.
When we go on holiday, we stay in hotels.

(= habiter temporairement) **stay** /steɪ/

2 ▷ Nous pouvons loger trois personnes.
We can put three people up.

► **loger** quelqu'un (= accueillir quelqu'un chez soi) : **put** somebody **up (put, put)**

logiciel

▷ Ce logiciel est très bien pour travailler sur des photos.
This piece of software is very good for working on photographs.
▷ Ces logiciels ne sont pas très efficaces.
This software isn't very efficient.
▷ Ils vendent des logiciels.
They sell software.

► **un logiciel : a piece** /piːs/ **of software** /'sɒftwɛəʳ/

Software est indénombrable. Il ne se met pas au pluriel, et il ne s'emploie pas avec l'article indéfini ***a***.

logique ADJECTIF

▷ Cet argument est très logique.
That argument is very logical.

logical /'lɒdʒɪkəl/
Logical *est un adjectif. Le nom qui correspond est* ***logic*** /'lɒdʒɪk/ (= la logique).

loi

▷ Le Parlement a voté une nouvelle loi.
Parliament has voted for a new law.

law /lɔː/
Ne confondez pas la prononciation de ***law****, qui rime avec* ***more****, et* ***low****, qui rime avec* ***go****. Le pluriel,* ***laws****, rime avec* ***doors****.*

loin

1 ▷ Est-ce que c'est loin ?
Is it far?
▷ Ce n'est pas loin.
It's not far.
▷ 200 kilomètres ? C'est loin !
200 kilometres? That's a long way!
▷ La piscine n'est pas loin d'ici.
The swimming pool isn't far from here.
▷ Les autres sont encore loin derrière.
The others are still far behind.

▷ Élise est loin devant.
Élise is far ahead.

(= loin dans l'espace) **far** /fɑːʳ/ (plus loin **farther** /'fɑːðəʳ/ ou **further** /'fɜːðəʳ/, le plus loin **the farthest** /'fɑːðɪst/ ou **the furthest** /'fɜːðɪst/)
*Notez qu'on ne dit pas * that's far, mais* ***that's a long way*** /ə lɒŋ 'weɪ/.

► **pas loin de : not far from**

► **loin derrière : far behind** /fɑː bɪ'haɪnd/
On peut aussi dire ***a long way behind****.*

► **loin devant : far ahead** /ə'hed/
On peut aussi dire ***a long way ahead****.*

2 ▷ Les vacances sont encore loin.
The holidays are still a long way off.

(= loin dans l'avenir) a long way off

3 ▷ Je vois mal de loin.
I can't see well from a distance.

► **de loin** (= depuis une certaine distance) : from a distance /ˌfrəm ə 'dɪstəns/

4 ▷ Thomas est de loin le plus doué.
Thomas is by far the most gifted.

► **de loin** (= de beaucoup) : by far /baɪ 'fɑːʳ/

loisirs

1 ▷ Qu'est-ce que tu fais pendant tes loisirs ?
What do you do in your spare time?

(= temps libre) spare time /ˌspɛə 'taɪm/

2 ▷ Ce centre propose des loisirs très variés.
This centre offers very varied leisure activities.

(= activités) leisure activities /'leʒəʳ æk'tɪvɪtɪz/

Londres

▷ Je vais à Londres pour Pâques.
I'm going to London for Easter.
▷ Nous sommes restés trois jours à Londres.
We stayed three days in London.

London /'lʌndən/

long, longue

▷ Ce jean est un peu long pour toi.
These jeans are a bit long for you.

long /lɒŋ/ (**plus long** longer /'lɒŋgəʳ/, **le plus long** the longest /'lɒŋgɪst/)

▷ La pièce fait dix mètres de long.
The room is ten metres long.

ℹ *Quand on veut préciser la longueur de quelque chose en anglais, on emploie l'expression* ***be... long***

▷ Il y a des arbres le long de la rivière.
There are trees along the river.

► **le long de :** along /ə'lɒŋ/

longtemps

▷ J'ai dû attendre longtemps.
I had to wait a long time.
▷ Ça a pris longtemps.
It took a long time.

a long time /ə lɒŋ 'taɪm/

▷ Sonia a été malade pendant longtemps.
Sonia was ill for a long time.

► **pendant longtemps :** for a long time

▷ Il y a longtemps que je connais Cédric.
I've known Cédric for a long time.

► **il y a longtemps que** + *présent : present perfect* + for a long time

▷ Il y a longtemps que Martin a fini.
Martin finished a long time ago.

► **il y a longtemps que** + *passé composé : prétérit* + a long time ago /ə'gəʊ/

▷ J'habite ici depuis longtemps.
I've lived here for a long time.

► *présent* + **depuis longtemps :** *present perfect* + for a long time

▷ Elle a terminé ce travail depuis longtemps.
She finished this work a long time ago.

▷ Nous sommes restés beaucoup trop longtemps.
We stayed much too long.

► *passé composé +* **depuis longtemps :** *prétérit +* **a long time ago**
► **trop longtemps :** **too long**

longueur

▷ Nous avons mesuré la longueur de la pièce.
We measured the length of the room.

▷ La pièce fait dix mètres de longueur.
The room is ten metres long.

▷ Quelle est la longueur de la table ?
How long is the table?

(= dimension) **length** /leŋθ/

ℹ *Pour préciser la longueur de quelque chose, on emploie l'expression* ***be... long*** /lɒŋ/.
ℹ *Pour demander la longueur de quelque chose, on dit* ***how long*** /haʊ 'lɒŋ/ ***is...?***

look

▷ Il soigne son look.
He pays great attention to his look.

look /lʊk/

lot

▷ C'est Lucile qui a gagné le plus beau lot.
Lucile won the nicest prize.

▷ Il a gagné le gros lot.
He won the jackpot.

(= prix) **prize** /praɪz/

► **le gros lot : the jackpot** /'dʒækpɒt/

loterie

1 ▷ Les commerçants ont donné des lots pour la loterie de l'école.
Shopkeepers gave prizes for the school raffle.

(dans une kermesse) **raffle** /'ræfl/

2 ▷ On peut gagner des millions à la loterie nationale britannique.
You can win millions on the British national lottery.

► **la loterie nationale : the national lottery** /'lɒtərɪ/
Attention à l'orthographe du mot anglais ***lottery***.

lotion

▷ Cette lotion est bonne pour la peau.
This lotion is good for the skin.

▷ Ta lotion après-rasage sent bon.
Your aftershave lotion smells nice.

lotion /'ləʊʃən/

► **lotion après-rasage : aftershave lotion** /ˌɑːftəʃeɪv 'ləʊʃən/

lotissement

▷ Elle habite dans un lotissement en banlieue.
She lives on a housing estate in the suburbs.

(= un ensemble de maisons) **housing estate** /ˌhaʊzɪŋ e'steɪt/ (pluriel **housing estates**)

ℹ *Notez la préposition employée en anglais :* dans un lotissement = ***on a housing estate***.

loto

▷ Ils ont gagné un million au loto.
They've won a million on the lottery.

► **le loto : the lottery** /ˈlɒtərɪ/

ℹ *Notez la préposition employée en anglais :* au loto = ***on the lottery***.

louanges

▷ Les pompiers méritent des louanges.
The firemen deserve praise.

praise /preɪz/

louche

1 ▷ J'ai laissé tomber la louche dans la casserole.
I dropped the ladle into the saucepan.

(= ustensile de cuisine) **ladle** /ˈleɪdl/

🔊 *Le* ***a*** *de* ***ladle*** *se prononce comme le* ***a*** *de* ***make***.

2 ▷ Il y a un homme louche qui cherche Roland.
There's a suspicious-looking man looking for Roland.

(personne suspecte) **suspicious-looking** /səˈspɪʃəs ˌlʊkɪŋ/ (plus louche more suspicious-looking, le plus louche the most suspicious-looking)

3 ▷ Je trouve ce bar un peu louche.
I find this bar a bit seedy.

(endroit) **seedy** /ˈsiːdɪ/ (plus louche seedier /ˈsiːdɪəʳ/, le plus louche the seediest /ˈsiːdɪɪst/)

loucher

▷ Il louche un peu.
He has a slight squint.

(= avoir un problème aux yeux) **have a squint** /skwɪnt/ (had, had)

louer

1 ▷ On pourrait louer une villa pour les vacances.
We could rent a villa for the holidays.

(= prendre en location, en parlant d'un logement) **rent** /rent/

2 ▷ J'ai loué un vélo pour la semaine.
I hired a bike for the week.

(= prendre en location, en parlant d'un véhicule, de matériel) **hire** /ˈhaɪəʳ/

3 ▷ Nous louons notre maison de campagne pendant l'hiver.
We rent out our house in the country during the winter.

(= donner en location, en parlant d'un logement) **rent out**

loueur

▷ Tu pourrais appeler le loueur pour confirmer la réservation ?
Could you call the rental company to confirm the booking?

(= entreprise) **rental company** /ˈrentl ˌkʌmpənɪ/ (pluriel rental companies /ˈrentl ˌkʌmpəniːz/)

En anglais britannique, on dit aussi ***hire company*** /ˈhaɪəʳ ˌkʌmpənɪ/.

loup

▷ Il y a encore des loups en Roumanie.
There are still wolves in Romania.

wolf /wʊlf/ (pluriel **wolves** /wʊlvz/)

*Le **o** de **wolf** se prononce comme le **oo** de **look** et **book**.*

loupe

▷ Ma grand-mère a besoin d'une loupe pour lire le journal.
My grandmother needs a magnifying glass to read the paper.
▷ On a regardé l'insecte à la loupe.
We looked at the insect through a magnifying glass.

magnifying glass /ˈmægnɪfaɪɪŋ ˌglɑːs/ (pluriel **magnifying glasses**)

*Notez la préposition employée en anglais : à la loupe = **through a magnifying glass**.*

louper

1 ▷ Dépêchez-vous, vous allez louper le train !
Hurry up, you're going to miss the train!

(un train, un rendez-vous, une balle) **miss** /mɪs/

2 ▷ J'ai loupé ma tarte au citron.
I made a mess of my lemon tart.

(= mal faire, en parlant d'un gâteau ou d'un dessin) **make a mess of** /mes/ (made, made)

3 ▷ Il a loupé son examen.
He's failed his exam.

(= rater, en parlant d'un examen) **fail** /feɪl/

4 ▷ On se loupe à chaque fois qu'il vient à Paris.
We miss each other every time he comes to Paris.

► **se louper** (= ne pas se voir) : **miss each other** /iːtʃ ˈʌðəʳ/

lourd, lourde

1 ▷ Ta valise est vraiment lourde !
Your suitcase is really heavy!
▷ Ça pèse lourd !
It's heavy!

(= qui pèse beaucoup) **heavy** /ˈhevɪ/ (plus lourd **heavier** /ˈhevɪəʳ/, le plus lourd **the heaviest** /ˈhevɪɪst/)

2 ▷ Arrête, tu es vraiment lourd !
Stop it, you're really not funny!

(= agaçant) **not funny** /nɒt ˈfʌnɪ/

3 ▷ Il fait lourd aujourd'hui.
The weather is close today.

► **il fait lourd : the weather** /ˈweðəʳ/ **is close** /kləʊs/

loutre

▷ On a vu des loutres dans la rivière.
We saw otters in the river.

otter /ˈɒtəʳ/

loyer

▷ As-tu payé ton loyer ce mois-ci ?
Have you paid your rent this month?

rent /rent/

luge

▷ Mes parents lui ont acheté une luge.
My parents bought him a sledge.

▷ Ils ont fait de la luge chez mon cousin.
They went sledging at my cousin's place.

sledge /sledʒ/

► **faire de la luge : go sledging** /'sledʒɪŋ/ **(went, gone / been)**

lui

1 ▷ Elle m'avait déjà parlé de lui.
She had already spoken to me about him.
▷ Mon chien est malade, j'ai acheté ce médicament pour lui.
My dog is ill, I bought this medicine for him.

Quand **lui** *vient après une préposition ou une conjonction, en parlant d'une personne ou d'un animal familier mâle, il se traduit par* ***him*** /hɪm/.

2 ▷ Le chat a attrapé un rat et s'est mis à jouer avec lui.
The cat caught a rat and started playing with it.

Quand **lui** *vient après une préposition ou une conjonction, en parlant d'un animal non familier, il se traduit par* ***it*** /ɪt/.

3 ▷ Raoul était là mais je ne lui ai pas parlé.
Raoul was there but I didn't talk to him.

Quand **lui** *est complément d'objet indirect, en parlant d'une personne ou d'un animal familier mâle, l'équivalent anglais est* ***to him*** /tə hɪm/.

4 ▷ J'ai vu Mélanie hier. – Et tu lui as parlé ?
I saw Mélanie yesterday. – And did you talk to her?

Quand **lui** *est complément d'objet indirect, en parlant d'une personne ou d'un animal familier femelle, l'équivalent anglais est* ***to her*** /tə hɜːʳ/.

5 ▷ Le chien avait l'air perdu, alors on lui a parlé gentiment.
The dog looked lost, so we talked to it kindly.

Quand **lui** *est complément d'objet indirect, en parlant d'un animal inconnu, l'équivalent anglais est* ***to it*** /tuː ɪt/.

6 ▷ C'est lui qui me l'a dit.
He told me.

Notez que l'équivalent de l'expression **c'est lui qui...** *ou* **c'est lui que...** *est tout simplement* ***he*** /hiː/ ***...***

7 ▷ Elle a accepté mais lui a refusé.
She accepted but he refused.

Quand **lui** *est sujet, l'équivalent anglais est* ***he***.

lui-même

1 ▷ C'est Jean-Paul lui-même qui me l'a dit.
It was Jean-Paul himself who told me.

(personne, animal familier mâle) **himself** /hɪm'self/

2 ▷ L'antenne est un peu tordue, mais le poste lui-même n'est pas abîmé.
The aerial is a bit bent, but the radio itself isn't damaged.

(chose, animal non familier) **itself** /ɪt'self/

lumière

▷ Il y a beaucoup de lumière dans ce bureau.
There's a lot of light in this office.
▷ Éteins la lumière, s'il te plaît.
Turn the light off, please.

light /laɪt/

lundi

▷ Aujourd'hui c'est lundi.
Today is Monday.
▷ Nous partirons lundi.
We'll leave on Monday.
▷ Mes grands-parents sont venus lundi.
My grandparents came on Monday.
▷ Qu'est-ce que tu fais lundi prochain ?
What are you doing next Monday?
▷ Le lundi j'ai un cours de violon.
On Mondays I have a violin lesson.

Monday /'mʌndeɪ/

(= lundi prochain, lundi dernier) ***on Monday***

ℹ *S'écrit avec une majuscule, comme tous les jours de la semaine en anglais.*

ℹ *Lorsque **Monday** est précédé de **next** ou **last**, on omet **on**.*

► **le lundi** (= tous les lundis) : on Mondays

lune

▷ On voyait très bien la lune hier soir.
You could see the moon really well last night.
▷ Nous allons au Maroc pour notre lune de miel.
We're going to Morocco for our honeymoon.

moon /mu:n/

► **lune de miel :** honeymoon /'hʌnɪ'mu:n/

lunettes

▷ Martial doit porter des lunettes.
Martial has to wear glasses.
▷ À qui sont ces lunettes de soleil ?
Whose sunglasses are these?

glasses /glɑ:sɪz/

► **lunettes de soleil :** sunglasses /'sʌn͵glɑ:sɪz/

lutte

1 ▷ La lutte contre le sida continue.
The fight against Aids goes on.

(= combat) fight /faɪt/

2 ▷ Tu as déjà fait de la lutte ?
Have you wrestled before?

(= sport) wrestling /'reslɪŋ/

► **faire de la lutte :** wrestle /'resl/

lutter

1 ▷ Ils luttent pour leurs droits.
They're fighting for their rights.

(= se battre) fight /faɪt/ (fought, fought /fɔ:t/)

2 ▷ Où as-tu appris à lutter ?
Where did you learn how to wrestle?

(en sport) wrestle /'resl/

luxe

▷ Ils sont habitués au luxe.
They are used to luxury.

luxury /'lʌkʃərɪ/

▷ Il y a plusieurs hôtels de luxe dans ce quartier.
There are several luxury hotels in this area.

► **de luxe** : luxury

luxueux, luxueuse

▷ L'hôtel était très luxueux.
The hotel was very luxurious.

luxurious /lʌg'zjʊərɪəs/

L'accent tonique est sur la deuxième syllabe.

lycée

▷ C'est là que j'allais au lycée.
That's where I went to secondary school.

▷ Paul n'était pas dans le même lycée.
Paul didn't go to the same school.

▷ Tu es au lycée ou au collège ?
Are you at the 'lycée' or the 'collège'?

secondary school /'sekəndərɪ sku:l/ (pluriel secondary schools)

Les collèges et les lycées n'existent pas dans le monde anglophone. En Grande-Bretagne, les élèves vont à la ***secondary school*** *entre 11 ans et 16 ou 18 ans. Pour parler de lycée en anglais, vous pouvez employer soit le mot* ***school*** *tout court, soit le mot* ***lycée*** *que vous mettrez entre guillemets.*

Aux États-Unis, l'équivalent du lycée est la ***high school*** /'haɪ sku:l/ (pluriel high schools).

lys

▷ J'adore les lys blancs.
I love white lilies.

lily /'lɪlɪ/ (pluriel lilies /'lɪli:z/)

Mm

ma

▷ Ma sœur s'appelle Rosalie.
My sister's name is Rosalie.

my /maɪ/

ℹ *My correspond à **mon**, **ma**, et **mes**.*

mâcher

▷ Mâche avant d'avaler !
Chew before you swallow!

chew /tʃuː/

🔊 *Notez la prononciation du prétérit et du participe passé **chewed** /tʃuːd/, qui rime avec **food**.*

machin

▷ Qu'est-ce que c'est que ce machin ?
What's that thing?

(= objet) **thing** /θɪŋ/

machinal, machinale

▷ C'est un geste machinal.
It's an automatic gesture.

automatic /ˌɔːtəˈmætɪk/ (**plus machinal** more automatic, **le plus machinal** the most automatic)

machinalement

▷ J'ai fait ça machinalement.
I did it automatically.

automatically /ˌɔːtəˈmætɪklɪ/

🔊 *L'accent tonique est sur la troisième syllabe **-ma-**.*

machine

▷ C'est une machine qui sert à couper le papier.
It's a machine that's used for cutting paper.

machine /məˈʃiːn/

🔊 *L'accent tonique est sur la deuxième syllabe **-chine**.*

▷ Tu as mis la machine à laver en marche ?
Did you turn the washing machine on?

► **machine à laver :** washing machine /ˈwɒʃɪŋ məʃiːn/ (pluriel washing machines)

▷ Il a gagné cinquante euros aux machines à sous.
He won fifty euros on the slot machines.

► **machine à sous :** slot machine /ˈslɒt məʃiːn/ (pluriel slot machines)

mâchoire

▷ Il lui a donné un coup sur la mâchoire.
He hit him on the jaw.

jaw /dʒɔː/

*Jaw rime avec **more** et **saw**.*

maçon

▷ Le maçon a fini de construire le mur.
The bricklayer has finished building the wall.

▷ Il est maçon, comme son père.
He is a bricklayer like his father.

bricklayer /ˈbrɪkˌleɪəʳ/

*N'oubliez pas l'article **a** ou **an** devant le nom du métier lorsqu'il suit les verbes **be** ou **become**.*

madame

1 ▷ Bonjour madame, je voudrais un kilo de pommes, s'il vous plaît.
Hello, I'd like a kilo of apples, please.
▷ Madame, je peux sortir un instant ?
Miss, can I go out for a moment?

Quand on s'adresse directement à quelqu'un, il n'y a pas d'équivalent de **madame** *en anglais, sauf si on s'adresse à son professeur : dans ce cas, on dit **Miss** /mɪs/.*

2 ▷ Madame Collins est venue nous chercher à la gare.
Mrs Collins picked us up from the station.

Quand on parle de quelqu'un en l'appelant par son nom de famille, **madame** *se traduit par **Mrs** /ˈmɪsɪz/.*

*Attention, on n'emploie jamais le mot **Mrs** tout seul.*

Mademoiselle

1 ▷ Bonjour mademoiselle, je voudrais un kilo de poires, s'il vous plaît.
Hello, I'd like a kilo of pears, please.
▷ Mademoiselle, je peux sortir une minute ?
Miss, can I go out for a minute?

Quand on s'adresse directement à quelqu'un, il n'y a pas d'équivalent de **mademoiselle** *en anglais, sauf si on s'adresse à son professeur : dans ce cas, on dit **Miss** /mɪs/.*

2 ▷ Mademoiselle Barker est venue nous chercher à l'aéroport.
Miss Barker picked us up from the airport.

Quand on parle de quelqu'un en l'appelant par son nom de famille, **mademoiselle** *se traduit par **Miss**.*

magasin

▷ Il n'y a pas de magasins près de l'hôtel.
There are no shops near the hotel.

▷ Hier j'ai fait les magasins avec Judith.
Yesterday I went shopping with Judith.
▷ On peut tout trouver dans les grands magasins.
You can find everything in department stores.

shop /ʃɒp/

*En anglais américain, on dit le plus souvent **store** /stɔːʳ/.*

► **faire les magasins : go shopping** /ˈʃɒpɪŋ/ (went, gone)

► **grand magasin : department store** /dɪˈpɑːtmənt stɔːʳ/ (pluriel **department stores**)

magazine

▷ J'ai lu ça dans un magazine.
I read it in a magazine.

magazine /ˌmægəˈziːn/

Maghreb

▷ La France a beaucoup de relations avec le Maghreb.
France has many ties with North Africa.
▷ J'ai passé plusieurs années au Maghreb.
I spent several years in North Africa.
▷ J'ai voyagé plusieurs fois au Maghreb.
I've travelled to North Africa several times.

North Africa /nɔːʳˈθæfrɪkə/
► **le Maghreb : North Africa**
ℹ *Ne prend jamais d'article.*
► **au Maghreb** (= dans la région) : **in North Africa**
► **au Maghreb** (= vers la région) : **to North Africa**

maghrébin, maghrébine

▷ Nabila est d'origine maghrébine.
Nabila has North African origins.
▷ Beaucoup de Maghrébins ont participé à la manifestation.
A lot of North Africans took part in the demonstration.

North African /nɔːθˈæfrɪkən/

ℹ *N'oubliez pas les majuscules en anglais.*

magicien, magicienne

▷ C'est un magicien très célèbre.
He's a famous magician.

magician /məˈdʒɪʃən/
🔊 *L'accent tonique est sur la deuxième syllabe* ***-gi-****. Le* ***g*** *se prononce comme le* ***g*** *de* ***gin****.*

▷ Pour devenir magicien, il faut être très habile.
To become a magician, you have to be very skilful.

ℹ *N'oubliez pas l'article* ***a*** *ou* ***an*** *devant le nom du métier lorsqu'il suit les verbes* ***be*** *ou* ***become****.*

magie

▷ Comment est-ce qu'il a deviné ? C'est de la magie !
How did he guess? It's magic!

magic /ˈmædʒɪk/
► **la magie : magic**

magique

1 ▷ Elle dit qu'elle a des pouvoirs magiques.
She says that she has magic powers.

(= surnaturel) **magic** /ˈmædʒɪk/

2 ▷ C'est un endroit magique.
It's a magical place.

(= merveilleux, enchanteur) **magical** /ˈmædʒɪkəl/

magnétique

▷ J'ai une carte magnétique pour entrer dans mon bureau.
I have a magnetic card to get into my office.

magnetic /mægˈnetɪk/
🔊 *Dans le mot anglais* ***magnetic****, le* ***g*** *et le* ***n*** *se prononcent séparément : dites* ***mag*** *+* ***netic****.*

magnétophone

▷ Mon magnétophone ne marche plus.
My tape recorder doesn't work any more.

tape recorder /ˈteɪp rɪˌkɔːdəʳ/ (pluriel **tape recorders**)

magnétoscope

▷ Nous nous sommes acheté un magnétoscope.
We bought ourselves a video recorder.

video /ˈvɪdɪəʊ/
ℹ *On peut aussi dire* ***video recorder*** /ˈvɪdɪəʊ rɪˌkɔːdəʳ/ (pluriel **video recorders**).

magnifique

▷ Ce garçon a des yeux magnifiques.
That boy has got beautiful eyes.

beautiful /ˈbjuːtɪfʊl/
ℹ *Le mot anglais* ***magnificent*** *signifie la même chose, mais* ***beautiful*** *est plus courant.*

mai

▷ Il fait souvent doux en mai.
It's often mild in May.

▷ Stéphanie est née le trois mai.
Stéphanie was born on the third of May.

May /meɪ/
ℹ *S'écrit toujours avec une majuscule, comme tous les noms de mois en anglais.*
ℹ *Notez l'emploi de* ***on*** *et* ***of*** *en anglais lorsqu'on dit la date.*
ℹ *On écrit* ***3 May***.

maigre

1 ▷ Sandra est très maigre.
Sandra is very thin.

(= très mince) **thin** /θɪn/ (**plus maigre** thinner /ˈθɪnəʳ/, **le plus maigre** the thinnest /ˈθɪnɪst/)

2 ▷ Il mange des yaourts maigres.
He eats low-fat yogurts.

(yaourt, fromage) **low-fat** /ləʊ ˈfæt/

maigrir

▷ Si tu veux maigrir, fais du sport !
If you want to lose weight, do some sport!

▷ Il a déjà maigri de trois kilos.
He has already lost three kilos.

lose weight /weɪt/ (lost, lost)

► **maigrir de :** lose (lost, lost)

mail

▷ Je t'enverrai un mail pour t'avertir.
I'll send you an e-mail to warn you.

e-mail /ˈiːmeɪl/
ℹ ***E-mail*** *est la contraction de* ***electronic mail*** (= courrier électronique).

maillot

1 ▷ Il portait un maillot du Paris St-Germain.
He was wearing a Paris St-Germain shirt.

(de foot) **shirt** /ʃɜːt/

2 ▷ Qui porte le maillot jaune ?
Who is wearing the yellow jersey?

(de cyclisme) **jersey** /ˈdʒɜːzɪ/

3 ▷ Mélissa a un joli maillot de bain.
Mélissa has a nice swimsuit.

► **maillot de bain** (de femme) : swimsuit /'swɪmsuːt/

4 ▷ Christophe a oublié son maillot de bain.
Christophe has forgotten his swimming trunks.
▷ Mon maillot de bain est trop petit pour lui.
My swimming trunks are too small for him.

► **maillot de bain** (d'homme) : swimming trunks /'swɪmɪŋ trʌnks/

ℹ *Swimming trunks est un nom pluriel, comme trousers, pants, jeans et shorts. Il s'emploie avec un verbe au pluriel.*

main

▷ Tes mains sont glacées.
Your hands are frozen.
▷ Je les ai vus ensemble, ils se tenaient par la main.
I saw them together, they were holding hands.
▷ Jérôme m'a donné un coup de main pour déplacer l'armoire.
Jérôme gave me a hand to move the wardrobe.
▷ Ce pull est fait à la main.
This pullover is hand-made.

hand /hænd/

► **se tenir par la main :** hold hands /həʊld 'hændz/ (held hands /held 'hændz/, held hands)
► **donner un coup de main à** quelqu'un **:** give somebody a hand (gave, given)
► **fait à la main** *ou* **fait main :** hand-made /hænd'meɪd/

main-d'œuvre

1 ▷ La main-d'œuvre coûte cher.
Labour is expensive.

(= travail) labour /'leɪbəʳ/

En anglais américain, on écrit labor.

2 ▷ La main-d'œuvre du pays est éduquée.
The country's workforce is well educated.

(= personnes) workforce /'wɜːkfɔːs/

maintenant

▷ Et maintenant, qu'est-ce que tu vas faire ?
And now what are you going to do?
▷ Maintenant que j'ai un peu d'argent, j'aimerais aller en Angleterre.
Now that I've got a bit of money, I'd like to go to England.

now /naʊ/

► **maintenant que... :** now that... /'naʊ ðət/

maintenir

▷ Jean maintient que ce n'est pas de sa faute.
Jean maintains that it's not his fault.

► **maintenir que...** (= dire, soutenir) : maintain /meɪn'teɪn/ that...

maire

▷ Le maire a inauguré le nouveau cinéma.
The mayor opened the new cinema.

mayor /mɛəʳ/

🔊 *Mayor rime avec hair et where.*

mairie

▷ L'office du tourisme est dans la mairie.
The tourist office is in the town hall.

town hall /taʊn 'hɔːl/ (pluriel **town halls**)

ℹ *Pour les grandes villes, on dit* ***city hall*** /ˌsɪtɪ'hɔːl/ (pluriel **city halls**).

mais

▷ Je savais la réponse mais je n'ai pas osé la dire.
I knew the answer but I didn't dare to say it.

but /bʌt/

maïs

1 ▷ Les agriculteurs de cette région cultivent du maïs.
The farmers in this region grow maize.

(= plante) **maize** /meɪz/

En anglais américain, on dit ***corn****.*

2 ▷ Il y avait une salade avec du maïs et des poivrons.
There was a salad with sweetcorn and peppers.

(= grains en boîte) **sweetcorn** /'swiːtkɔːn/

maison

1 ▷ Ta maison est magnifique.
Your house is beautiful.

▷ Ils ont une maison de campagne.
They have a house in the country.

(= bâtiment) **house** /haʊs/ (pluriel **houses** /'haʊzɪz/)

► **maison de campagne :** **house in the country** /'kʌntrɪ/

2 ▷ Je suis resté à la maison hier.
I stayed at home yesterday.

▷ Je rentre à la maison.
I'm going home.

► **à la maison** (= dans la maison) : **at home** /ət 'həʊm/

► **à la maison** (= vers la maison) : **home** /həʊm/

3 ▷ Mon grand-père est dans une maison de retraite.
My grandfather is in an old people's home.

► **maison de retraite :** **old people's home** /əʊld 'piːplz həʊm/ (pluriel **old people's homes**)

maître

1 ▷ Ce chien est perdu, où est son maître ?
This dog is lost, where is its master?

(= propriétaire d'un animal) **master** /mɑːstəʳ/

2 ▷ Elle adore son maître.
She loves her teacher.

(= instituteur) **teacher** /'tiːtʃəʳ/

3 ▷ Le maître nageur nous a dit de ne pas plonger.
The pool attendant told us not to dive.

► **maître nageur** (qui surveille la piscine) : **pool attendant** /'puːl ə'tendənt/ (pluriel **pool attendants**)

▷ Hubert prend des cours avec un maître nageur.
Hubert takes lessons with a swimming instructor.

► **maître nageur** (qui enseigne la natation) : swimming instructor /ˈswɪmɪŋ ɪnˌstrʌktəʳ/ (pluriel swimming instructors)

4 ▷ Julie voulait être maître nageur.
Julie wanted to be a swimming instructor.

ℹ *N'oubliez pas l'article **a** ou **an** devant le nom du métier lorsqu'il suit les verbes **be** ou **become**.*

maîtresse

▷ Catherine est maîtresse en maternelle.
Catherine is a nursery school teacher.

(= institutrice) teacher /ˈtiːtʃəʳ/

ℹ *N'oubliez pas l'article **a** ou **an** devant le nom du métier lorsqu'il suit les verbes **be** ou **become**.*

maîtrise

▷ Elle a une maîtrise d'histoire.
She has a masters in history.

(= diplôme) masters /ˈmɑːstəz/

ℹ *Cette traduction est approximative car la maîtrise n'existe pas dans le système éducatif anglophone.*

majeur, majeure

1 ▷ Tu pourras t'acheter une voiture quand tu seras majeur.
You can buy yourself a car when you come of age.

► **être majeur** (= devenir majeur) : come of age /kʌm əv ˈeɪdʒ/ (came of age, come of age)

▷ Ceux qui sont majeurs n'ont pas besoin de la permission des parents.
Those who are of age don't need their parents' permission.

► **être majeur** (= avoir dix-huit ans ou plus) : be of age

2 ▷ La majeure partie des acteurs du film étaient là.
The majority of the actors in the film were there.

► **la majeure partie de... :** the majority of ... /məˈdʒɒrɪtɪ/

3 ▷ Elle porte une bague au majeur.
She wears a ring on her middle finger.

► **majeur** (= doigt) : middle finger /ˌmɪdl ˈfɪŋgəʳ/

majorité

▷ La majorité des gens est d'accord.
The majority of people agree.

majority /məˈdʒɒrɪtɪ/

ℹ ***Majority** signifie aussi la majorité au sens de l'âge où on est majeur.*

majuscule

▷ Il a tout écrit en majuscules.
He wrote everything in capitals.

▷ C'est un N majuscule.
It's a capital N.

(= lettre) capital /ˈkæpɪtl/

▷ N'oublie pas de mettre une majuscule à « English ».
Don't forget to write "English" with a capital.

► **mettre une majuscule à** quelque chose : **write** /raɪt/ something **with a capital (wrote** /rəʊt/, **written** /'rɪtn/**)**

mal

1 ▷ Tu as mal écrit mon nom.
You haven't written my name properly.
▷ La porte est mal fermée.
The door isn't properly closed.

Quand **mal** *est adverbe et veut dire « pas comme il faut », on le traduit généralement par l'expression* ***not... properly*** /'prɒpəlɪ/.

2 ▷ C'est mal ce que tu as fait !
What you did is wrong!

Quand **mal** *est adjectif et veut dire « pas bien moralement », on le traduit par* ***wrong*** /rɒŋ/.

3 ▷ Ils ne savent pas ce que c'est que le bien et le mal.
They don't know what good and evil are.

► **le mal** (= la méchanceté) : **evil** /'ɪːvl/

4 ▷ Tu as mal ?
Does it hurt?
▷ J'ai mal au bras.
My arm hurts.

Pour dire qu'on **a mal** *en anglais, on emploie le verbe* ***hurt*** /hɜːt/ **(hurt, hurt)**.

ℹ *Pour certaines parties du corps, il existe un mot anglais particulier pour désigner la douleur :*

▷ J'ai mal au dos depuis quelques jours.
I've had a backache for a few days.
▷ Elle avait très mal à la tête.
She had a bad headache.
▷ J'ai terriblement mal aux dents.
I've got terrible toothache.

► **avoir mal au dos : have a backache**
► **avoir mal à la tête : have a headache**
► **avoir mal aux dents : have toothache**

🔊 *Notez la prononciation de* ***-ache****, qui rime avec* ***cake****.*

▷ J'ai un peu mal au cœur en voiture.
I feel a bit sick in the car.

► **avoir mal au cœur : feel sick** /fiːl sɪk/ **(felt, felt** /felt/**)**

5 ▷ Je lui ai fait mal au bras.
I hurt his arm.
▷ Ne lui faites pas de mal !
Don't hurt him!
▷ Elle s'est fait mal au genou.
She hurt her knee.

► **faire mal à : hurt** /hɜːt/ **(hurt, hurt)**
► **faire du mal à** quelqu'un : **hurt** somebody /hɜːt/ **(hurt, hurt)**
► **se faire mal à : hurt** /hɜːt/ **(hurt, hurt)**

ℹ *Notez l'emploi du possessif (****her*** *knee) pour les parties du corps en anglais.*

6 ▷ Nous avons eu du mal à déplacer le piano.
We had trouble moving the piano.

► **avoir du mal à** + *infinitif* : **have trouble** /'trʌbl/ + *-ing* **(had, had)**

7 ▷ Il dit toujours du mal des gens.
He always says nasty things about people.

► **dire du mal de** quelqu'un : say nasty things /ˌnɑːstɪ ˈθɪŋs/ about somebody **(said, said)**

8 ▷ Comment était le film ? – Pas mal.
What was the film like? – Not bad.

► **pas mal** (= pas mauvais) : not bad /nɒt ˈbæd/

9 ▷ Il ne chante pas mal.
He sings quite well.

► **pas mal** (= assez bien) : quite well /kwaɪt ˈwel/

10 ▷ Ils gagnent pas mal d'argent.
They earn quite a lot of money.

► **pas mal de :** quite a lot of /kwaɪt ə ˈlɒt əv/

malade

1 ▷ Il n'est pas venu travailler aujourd'hui parce qu'il est malade.
He didn't come to work today because he's ill.

► **être malade** (= être souffrant) : be ill /ɪl/ **(plus malade** more ill, **le plus malade** the most ill**)**

2 ▷ J'ai été malade sur le bateau.
I was sick on the boat.

► **être malade** (= vomir) : be sick /sɪk/

3 ▷ Il veut plonger de là ? Il est malade !
He wants to dive from there? He's crazy!

(= fou) crazy /ˈkreɪzɪ/ **(plus malade** crazier /ˈkreɪʒɪəʳ/, **le plus malade** the craziest /ˈkreɪʒɪɪst/**)**

4 ▷ Les infirmiers s'occupent bien des malades.
The nurses look after the patients well.

► **un malade :** a patient /ˈpeɪʃənt/

maladie

▷ C'est une maladie très grave.
It's a very serious illness.

illness /ˈɪlnəs/

maladroit, maladroite

▷ Elle est maladroite, elle casse tout.
She is clumsy, she breaks everything.

clumsy /klʌmzɪ/ **(plus maladroit** clumsier /ˈklʌmzɪəʳ/, **le plus maladroit** the clumsiest /ˈklʌmzɪɪst/**)**

malaise

▷ J'ai eu un malaise pendant la réunion.
I felt faint during the meeting.

► **avoir un malaise :** feel faint /feint/ **(felt, felt)**

malchance

▷ Il a eu beaucoup de malchance.
He's had a lot of bad luck.

bad luck /ˈbædˈlʌk/

malchanceux, malchanceuse

▷ Elle a été très malchanceuse.
She was very unlucky.

unlucky /ʌnˈlʌkɪ/ **(plus malchanceux** unluckier, **le plus malchanceux** the unluckiest**)**

mâle

▷ J'ai un nouveau chat. – Un mâle ou une femelle ?
I've got a new cat. – A male or a female?

male /meɪl/

🔊 *Le **a** de **male** se prononce comme le **a** de **make**. **Male** rime avec **tail** et **nail**.*

malentendu

▷ Ne te fâche pas, c'est juste un malentendu.
Don't get angry, it's just a misunderstanding.

misunderstanding /ˌmɪsʌndəˈstændɪŋ/

malgré

▷ Ils sont partis malgré la pluie.
They left in spite of the rain.

in spite of /ɪn ˈspaɪt əv/

ℹ *On peut aussi dire **despite** /dɪsˈpaɪt/.*

malheur

1 ▷ Leur maison a brûlé. – Quel malheur !
Their house burned down. – What a tragedy!

(= catastrophe) **tragedy** /ˈtrædʒɪdɪ/ (pluriel **tragedies** /ˈtrædʒɪdɪz/)

2 ▷ J'espère qu'il ne leur est pas arrivé de malheur.
I hope they haven't had an accident.

(= accident) **accident** /ˈæksɪdənt/

3 ▷ Tu me portes malheur !
You bring me bad luck!

► **porter malheur à** quelqu'un : **bring** /brɪŋ/ somebody **bad luck** /bæd ˈlʌk/ (**brought** /brɔːt/, **brought**)

malheureusement

▷ Malheureusement, mes cousins n'ont pas pu venir.
Unfortunately, my cousins couldn't come.

unfortunately /ʌnˈfɔːtʃənətlɪ/

🔊 *L'accent tonique est sur la deuxième syllabe **-for-**.*

malheureux, malheureuse

▷ Elle avait l'air malheureux.
She looked unhappy.

(= triste) **unhappy** /ʌnˈhæpɪ/ (**plus malheureux** more unhappy, **le plus malheureux** the most unhappy)

malhonnête

▷ Il est malhonnête, il ne veut pas rembourser ce qu'il a emprunté.
He is dishonest, he doesn't want to repay what he borrowed.

dishonest /dɪsˈɒnɪst/ (**plus malhonnête** more dishonest, **le plus malhonnête** the most dishonest)

🔊 *Pour bien prononcer ce mot, découpez-le : **dis + honest**. Le **h** ne se prononce pas.*

malicieux, malicieuse

▷ Elle avait un sourire malicieux.
She had a mischievous smile.

mischievous /ˈmɪstʃɪvəs/ (**plus malicieux** more mischievous, **le plus malicieux** the most mischievous)

⚠ *Attention, l'adjectif anglais **malicious** signifie « malveillant ».*

malin, maligne

1 ▷ Il est malin, il trouvera un moyen.
He's clever, he'll find a way.

(= rusé, intelligent) **clever** /ˈklevəʳ/ (**plus malin** clever**er** /ˈklevərəʳ/, **le plus malin** the clever**est** /ˈklevərɪst/)

2 ▷ Arrête de faire le malin !
Stop showing off!

► **faire le malin** *ou* **faire la maligne :** show off /ʃəʊ ˈɒf/ (showed, shown /ʃəʊn/)

malle

▷ Ils sont partis en voyage avec plusieurs malles.
They went on a trip with several trunks.

(= valise) **trunk** /trʌŋk/

mallette

▷ Un homme a oublié sa mallette sur le banc.
A man left his briefcase on the bench.

(= porte-documents) **briefcase** /ˈbriːfkeɪs/

malsain, malsaine

▷ C'est un environnement très malsain.
It's a very unhealthy environment.

unhealthy /ʌnˈhelθɪ/ (**plus malsain** more unhealthy, **le plus malsain** the most unhealthy)

maltraiter

▷ Il maltraite ses employés.
He ill-treats his employees.

ill-treat /ˈɪltriːt/

malveillant, malveillante

▷ Ils font circuler des rumeurs malveillantes.
They spread malicious rumours.

malicious /məˈlɪʃəs/ (**plus malveillant** more malicious, **le plus malveillant** the most malicious)

maman

▷ La maman de Suzanne est malade.
Suzanne's mum is ill.

mum /mʌm/
En anglais américain on dit ***mom*** */mɒm/.*

mamie

▷ La mamie de Loïc a soixante ans.
Loïc's granny is sixty years old.

granny /ˈgrænɪ/

mammifère

▷ Quel est le plus gros mammifère ?
What's the biggest mammal?

mammal /ˈmæməl/

manche

1 ▷ Tu as taché ta manche.
You've stained your sleeve.

▷ Tu aurais moins chaud avec une chemise à manches courtes.
You'd be less hot with a short-sleeved shirt.

▷ Anne porte un tee-shirt à manches longues.
Anne is wearing a long-sleeved T-shirt.

► **une manche** (d'un vêtement) **:** a sleeve /sliːv/

► **à manches courtes :** short-sleeved /ʃɔːtˈsliːvd/

► **à manches longues :** long-sleeved /lɒŋˈsliːvd/

▷ J'aime bien ce tee-shirt sans manches.
I like this sleeveless T-shirt.

► **sans manches : sleeveless** /'sliːvləs/

2 ▷ Simon a gagné la première manche.
Simon won the first round.

(= la partie d'un jeu) **round** /raʊnd/

3 ▷ On a pris le ferry pour traverser la Manche.
We took the ferry to cross the Channel.

► **la Manche** (= la mer) : **the Channel** /'tʃænl/

4 ▷ Le manche de la casserole est très chaud.
The saucepan handle is very hot.

► **un manche** (d'un objet) : **a handle** /'hændl/

mandarine

▷ Ces mandarines sont délicieuses.
These satsumas are delicious.

satsuma /ˌsæt'suːmə/

manège

▷ Les enfants ont fait plusieurs tours de manège.
The children had several rides on the merry-go-round.

(pour les enfants) **merry-go-round** /'merɪgəʊraʊnd/ (pluriel **merry-go-rounds** /'merɪgəʊraʊndz/)
► **faire un tour de manège : have a ride** /raɪd/ **on a merry-go-round (had, had)**

manette

▷ J'ai cassé une manette.
I've broken a joystick.

(de jeu vidéo) **joystick** /'dʒɔɪstɪk/

manger

▷ On a bien mangé au restaurant.
We ate well at the restaurant.

eat /iːt/ **(ate** /eɪt/, **eaten** /'iːtən/**)**

▷ Est-ce que tu as donné à manger au chien ?
Did you feed the dog?

► **donner à manger à : feed** /fiːd/ **(fed, fed** /fed/**)**

mangue

▷ Est-ce que ces mangues sont mûres ?
Are these mangoes ripe?

mango /'mæŋgəʊ/ (pluriel **mangoes** /'mæŋgəʊz/)

manie

▷ Il a la manie de laisser toutes les lumières allumées.
He has a habit of leaving all the lights on.

habit /hæbɪt/

manière

1 ▷ Il y a plusieurs manières de faire ça.
There are several ways of doing this.

▷ Il se comporte d'une manière bizarre.
He behaves in a strange way.

(= façon) **way** /weɪ/

ℹ *Notez la préposition employée en anglais :* d'une manière... = *in a... way.*

2 ▷ Je n'aime pas ses manières.
I don't like his manners.

► **manières** (= attitude) : **manners** /'mænəz/

manifestant, manifestante

▷ Des milliers de manifestants ont défilé à Rome.
Thousands of demonstrators marched in Rome.

demonstrator /'demənstreɪtəʳ/

manifestation

▷ Il y avait une manifestation d'étudiants dans les rues.
There was a student demonstration in the streets.

(= marche de protestation) **demonstration** /ˌdemən'streɪʃən/

manifester

▷ Ils manifestent contre la réforme.
They're demonstrating against the reform.

(= protester) **demonstrate** /'demənstreɪt/

manipuler

1 ▷ C'est un produit dangereux à manipuler.
It's a dangerous product to handle.

(= utiliser) **handle** /'hændl/

2 ▷ Ils ont manipulé toutes les données.
They manipulated all the data.

(des personnes, l'information) **manipulate** /mə'nɪpjʊleɪt/

mannequin

1 ▷ Le mannequin dans la vitrine était très réaliste.
The dummy in the window was very realistic.

(= statue) **dummy** /'dʌmɪ/ (pluriel **dummies** /dʌmɪz/)

2 ▷ Les mannequins les plus célèbres gagnent beaucoup d'argent.
The most famous models earn a lot of money.

▷ Pedro veut être mannequin.
Pedro wants to be a model.

(= personne) **model** /'mɒdl/

ℹ *N'oubliez pas l'article **a** ou **an** devant le nom du métier lorsqu'il suit les verbes **be** ou **become**.*

manœuvre

▷ C'était une manœuvre tactique.
It was a tactical manoeuvre.

(= action) **manoeuvre** /mə'nuːvəʳ/

*En anglais américain, on écrit **maneuver**.*

manœuvrer

▷ Le fauteuil roulant est facile à manœuvrer.
The wheelchair is easy to manoeuvre.

manoeuvre /mə'nuːvəʳ/

*En anglais américain, on écrit **maneuver**.*

manoir

▷ Elle vit dans un grand manoir.
She lives in a big manor.

manor /'mænəʳ/

manque

▷ Notre plus gros problème, c'est le manque de temps.
Our biggest problem is lack of time.

lack /læk/

manquer

1 ▷ Chris a manqué son train.
Chris missed his train.

(= rater) **miss** /mɪs/

2 ▷ Eulalie manque d'initiative.
Eulalie lacks initiative.

► **manquer de** quelque chose (en parlant d'une qualité) : **lack** /læk/

3 ▷ On va manquer de boissons.
We're going to be short of drinks.

► **manquer de** quelque chose (en parlant d'argent, de nourriture, etc.) : **be short of** /ˈʃɔːt əv/ something

4 ▷ Il manque une assiette.
There's a plate missing.
▷ Il manque trois fourchettes.
There are three forks missing.

Pour dire qu'il **manque quelque chose** *en anglais, on emploie l'expression* ***there's*** *ou* ***there are... missing*** /ˈmɪsɪŋ/.

ℹ *On emploie* ***there's*** *si le nom qui suit est au singulier, et* ***there are*** *s'il est au pluriel.*

5 ▷ Tu me manques !
I miss you!
▷ Il m'a dit que tu lui as beaucoup manqué.
He told me that he missed you a lot.

Attention à la place du sujet et du complément dans la phrase anglaise lorsqu'on dit que quelqu'un nous manque.

manteau

▷ Mets ton manteau, il fait froid.
Put your coat on, it's cold.

coat /kəʊt/

manucure

▷ Combien coûte une manucure ?
How much is a manicure?

(= soins) **manicure** /ˈmænɪˌkjʊəʳ/

Attention à l'orthographe du mot anglais.

manuel, manuelle

1 ▷ Il préférerait faire un métier manuel.
He would prefer to do a manual job.

(adjectif = non intellectuel) **manual** /ˈmænjʊəl/

2 ▷ J'ai perdu le manuel du lecteur de DVD.
I lost the DVD manual.

► **un manuel** (= un mode d'emploi) : **a manual**

3 ▷ L'école nous prête des manuels scolaires.
The school lends us textbooks.

► **un manuel scolaire : a textbook** /ˈtekstbʊk/

maquette

▷ Ce n'est pas la taille normale, c'est une maquette.
It's not the normal size, it's a model.

(= modèle réduit) **model** /ˈmɒdl/

▷ Il fait des maquettes d'avion.
He makes model aeroplanes.

► **maquette d'avion : model aeroplane** /ˌmɒdl ˈɛərəpleɪn/ (pluriel **model aeroplanes**)

maquillage

▷ Ce maquillage a l'air très naturel.
This make-up looks very natural.

make-up /ˈmeɪkʌp/

se maquiller

1 ▷ Elle est en train de se maquiller.
She is putting on make-up.

(= mettre du maquillage) **put on make-up** /ˈmeɪkʌp/ (put on, put on)

2 ▷ Je ne me maquille pas souvent.
I don't wear make-up often.

(= porter du maquillage) **wear** /wɛəʳ/ **make-up** (wore /wɔːʳ/, worn /wɔːn/)

marbre

▷ Le marbre est un matériau de luxe.
Marble is a luxury material.

▷ L'escalier est en marbre.
The stairs are made of marble.

▷ Ils ont une salle de bains en marbre.
They have got a marble bathroom.

marble /ˈmɑːbl/

► **être en marbre :** be made of marble
► **en marbre :** marble

marchand, marchande

1 ▷ Le marchand ne m'a pas vu entrer dans le magasin.
The shopkeeper didn't see me come into the shop.

(dans un magasin) **shopkeeper** /ˈʃɒpkiːpəʳ/

En anglais américain, on dit ***storekeeper****.*

2 ▷ Les marchands ont posé leurs produits sur des tables.
The stallholders have put their products on tables.

(sur un marché) **stallholder** /ˈstɔːlhəʊldəʳ/

3 ▷ Je vais chez le marchand de journaux.
I'm going to the newsagent's.

► **marchand de journaux :** newsagent /ˈnjuːz eɪdʒənt/

4 ▷ La marchande de fruits et légumes est très aimable.
The greengrocer is very friendly.

► **marchand de fruits et légumes :** greengrocer /ˈgriːngrəʊsəʳ/

marchander

▷ Je n'aime pas marchander.
I don't like to haggle.

haggle /ˈhægl/

marchandises

▷ Il livrera les marchandises demain.
He'll deliver the goods tomorrow.

goods /gʊdz/

marche

1 ▷ La marche est bonne pour la santé.
Walking is good for your health.

► **la marche** (= l'activité) : **walking** /ˈwɔːkɪŋ/

*Le **l** ne se prononce pas.*

▷ Ils aiment faire de la marche.
They like to go walking.

► **faire de la marche : go walking (went, gone)**

2 ▷ Attention, la dernière marche est plus haute.
Be careful, the last step is higher.

(d'un escalier) **step** /step/

3 ▷ La machine à laver est en marche.
The washing machine is on.

► **être en marche** (appareil) : **be on** /ɒn/

4 ▷ Le moteur est en marche, tu peux démarrer.
The engine is running, you can start.

► **être en marche** (moteur) : **be running** /ˈrʌnɪŋ/

5 ▷ Qui a mis la radio en marche ?
Who switched the radio on?

► **mettre en marche** (un appareil) : **switch on** /swɪtʃ ˈɒn/

6 ▷ D'abord mets le moteur en marche.
First start the engine.

► **mettre en marche** (un moteur) : **start** /stɑːt/

7 ▷ Fais marche arrière, il n'y a pas de place libre.
Reverse, there aren't any free spaces.

► **faire marche arrière** (en voiture) : **reverse** /rɪˈvɜːs/

marché

1 ▷ Je préfère acheter le poisson au marché.
I prefer to buy fish at the market.

market /ˈmɑːkɪt/

2 ▷ Ces fleurs sont bon marché.
These flowers are cheap.

► **bon marché : cheap** /tʃiːp/ (**meilleur marché cheaper** /tʃiːpəʳ/, **le meilleur marché the cheapest** /ˈtʃiːpɪst/)

marcher

1 ▷ On a marché jusqu'au village.
We walked as far as the village.

(= aller à pied) **walk** /wɔːk/

*Attention à la prononciation : le **al** de **walk** se prononce comme le mot anglais **or**. **Walk** rime avec **fork**.*

2 ▷ Oh non, j'ai marché dans une crotte !
Oh no, I've stepped in some dog mess!

► **marcher dans** quelque chose : **step** /step/ **in** something

*Il y a deux **p** au gérondif (**stepping** /ˈstepɪŋ/), au prétérit et au participe passé (**stepped** /stept/).*

3 ▻ L'ordinateur ne marche pas très bien.
The computer doesn't work very well.

(= fonctionner) **work** /wɜːk/

4 ▻ Tu me fais marcher !
You're pulling my leg!

► **faire marcher** quelqu'un (= taquiner quelqu'un) : **pull** somebody**'s leg**

*Le verbe anglais **march** signifie « marcher au pas » (comme les militaires).*

marcheur, marcheuse

▻ J'ai rencontré un groupe de marcheurs.
I met a group of walkers.

walker /'wɔːkəʳ/

mardi

▻ Aujourd'hui c'est mardi.
Today is Tuesday.

Tuesday /'tjuːzdeɪ/

▻ Nous partirons mardi.
We'll leave on Tuesday.

▻ Mes grands-parents sont venus mardi.
My grandparents came on Tuesday.

(= mardi prochain, mardi dernier) **on Tuesday**

S'écrit toujours avec une majuscule, comme tous les jours de la semaine en anglais.

▻ Elle a fait une fête mardi dernier.
She had a party last Tuesday.

*Lorsque **Tuesday** est précédé de **next** ou **last**, on omet **on**.*

▻ Le mardi Sandra va à son cours de piano.
On Tuesdays Sandra goes to her piano lesson.

► **le mardi** (= tous les mardis) : **on Tuesdays**

mare

▻ Il y a une mare avec des canards à côté de l'église.
There's a pond with ducks by the church.

pond /pɒnd/

marécage

▻ Le chien a disparu dans le marécage.
The dog disappeared in the swamp.

swamp /swɒmp/

marée

▻ La marée monte ou descend ?
Is the tide coming in or going out?

(= mouvement de la mer) **tide** /taɪd/

Notez la traduction de monter *et* descendre *quand on parle de la marée :* ***come in*** *et* ***go out****.*

▻ Nous pourrons ramasser des coquillages à marée basse.
We'll be able to collect shells at low tide.

► **à marée basse : at low tide** /ləʊ 'taɪd/

▻ À marée haute, la route est sous l'eau.
At high tide, the road is under water.

► **à marée haute : at high tide** /haɪ 'taɪd/

margarine

▷ Je préfère la margarine au beurre.
I prefer margarine to butter.

margarine /ˌmɑːdʒəˈriːn/

*Le **g** du mot anglais **margarine** se prononce comme le **J** de **Jack**.*

marge

▷ N'oublie pas de laisser une marge pour les corrections.
Don't forget to leave a margin for corrections.

margin /ˈmɑːdʒɪn/

*Le **g** de **margin** se prononce comme le **J** de **Jack**.*

marguerite

▷ J'ai planté des marguerites dans le jardin.
I planted some daisies in the garden.

daisy /ˈdeɪzɪ/ (pluriel **daisies** /ˈdeɪzɪz/)

mari

▷ Le mari de Solange est très drôle.
Solange's husband is very funny.

husband /hʌsbənd/

mariage

1 ▷ Lucas nous a invités à son mariage.
Lucas invited us to his wedding.

(= fête, cérémonie) **wedding** /ˈwedɪŋ/

2 ▷ Leur mariage a duré cinq ans.
Their marriage lasted five years.

(= vie de couple, l'institution du mariage) **marriage** /ˈmærɪdʒ/

Attention à l'orthographe du mot anglais.

marié, mariée

1 ▷ Ils vivent ensemble mais ils ne sont pas mariés.
They live together but they aren't married.

► **être marié : be married** /ˈmærɪd/

2 ▷ Le marié est arrivé en retard à l'église.
The groom arrived late in church.

► **le marié : the groom** /gruːm/

3 ▷ Le père de la mariée a fait un discours.
The bride's father made a speech.

► **la mariée : the bride** /braɪd/

4 ▷ Les mariés ont reçu beaucoup de cadeaux.
The bride and groom got a lot of presents.

► **les mariés : the bride and groom**

se marier

▷ Ils se marieront cet été.
They will get married this summer.
▷ Céline va se marier avec Anthony.
Céline is going to marry Anthony.

get married /ˈmærɪd/ (**got married, got married**)

► **se marier avec** quelqu'un **: marry** /ˈmærɪ/ somebody

*Le **y** de **marry** devient **ie** à la troisième personne du singulier du présent de l'indicatif (**marries** /ˈmærɪz/), au prétérit et au participe passé (**married** /ˈmærɪd/).*

marin

▷ Il y avait un groupe de marins dans le bar.
There was a group of sailors in the bar.

sailor /'seɪlə^r/

*Le **or** de **sailor** se prononce comme le* e *du mot français* de.

marine

▷ Mon frère est dans la marine.
My brother is in the navy.

► **la marine : the navy** /'neɪvɪ/

marionnette

▷ Il y avait un spectacle de marionnettes dans le parc.
There was a puppet show in the park.

puppet /'pʌpɪt/

marmelade

▷ La marmelade d'oranges est très courante en Grande-Bretagne.
Orange marmalade is very common in Britain.

► **marmelade d'oranges : orange marmalade** /ˌɒrɪndʒ 'mɑːməleɪd/

*Le mot anglais **marmalade** ne s'applique qu'aux confitures faites avec des oranges, des citrons ou des pamplemousses.*

Attention : le mot anglais s'écrit avec trois **a**.

marmite

▷ Il reste de la soupe dans la grande marmite.
There's some soup left in the big pot.

pot /pɒt/

*Il faut bien prononcer le **t** en anglais.*

marmonner

▷ Arrête de marmonner !
Stop mumbling!

mumble /'mʌmbl/

Maroc

▷ Le Maroc est un pays passionnant.
Morocco is a fascinating country.

▷ La famille de Lalia vit au Maroc.
Lalia's family lives in Morocco.

▷ Nous sommes allés au Maroc en ferry.
We went to Morocco by ferry.

Morocco /mə'rɒkəʊ/

► **le Maroc : Morocco** /mə'rɒkəʊ/

► **au Maroc** (= dans le pays) **: in Morocco**

Ne prend jamais d'article.

► **au Maroc** (= vers le pays) **: to Morocco**

marocain, marocaine

▷ Ce restaurant marocain fait d'excellents couscous.
This Moroccan restaurant makes excellent couscous.

▷ Beaucoup de Marocains parlent français.
Lots of Moroccans speak French.

Moroccan /mə'rɒkən/

S'écrit toujours avec une majuscule, comme tous les adjectifs et noms de nationalité en anglais.

marque

1 ▷ Fais une marque sur tes CDs pour montrer que ce sont les tiens.
Make a mark on your CDs to show that they're yours.
▷ C'est une marque de confiance.
It's a mark of confidence.
▷ Il y a des marques de doigts sur la vitre.
There are some fingermarks on the window.

1 (= trace) **mark** /mɑːk/

2 ▷ C'est une marque de jean célèbre.
It's a famous make of jeans.

2 (= nom de produits manufacturés) **make** /meɪk/
ℹ *Pour la nourriture et les cigarettes, on dit* ***brand*** /brænd/.

marquer

1 ▷ Marque ton adresse sur ce papier.
Write your address on this piece of paper.

1 (= écrire) **write** /raɪt/ **(wrote** /rəʊt/, **written** /ˈrɪtn/**)**

2 ▷ Marque l'endroit sur la carte.
Mark the place on the map.

2 (= faire une marque) **mark** /mɑːk/

3 ▷ Nous avons marqué deux points.
We scored two points.

3 (un score) **score** /skɔːʳ/

marqueur

▷ Prête-moi ton marqueur noir.
Lend me your black marker pen.

(= feutre) **marker pen** /ˈmɑːkə pen/ (pluriel **marker pens**)

marraine

▷ Julie est ma marraine.
Julie is my godmother.

godmother /ˈgɒdmʌðəʳ/

marrant, marrante

▷ Ton frère est très marrant.
Your brother is very funny.

funny /ˈfʌnɪ/ (**plus marrant** **funnier** /fʌnɪəʳ/, **le plus marrant** **the funniest** /ˈfʌnɪɪst/)

marre

▷ Tu n'en as pas marre de cette musique ?
Aren't you fed up with this music?
▷ J'en ai marre d'attendre.
I'm fed up with waiting.

► **en avoir marre de** quelque chose : **be fed up** /fed ˈʌp/ **with** something
► **en avoir marre de** + *infinitif* : **be fed up with** + *-ing*

se marrer

1 ▷ Ils se sont marrés quand ils l'ont vu.
They laughed when they saw him.

1 (= rire) **laugh** /lɑːf/

2 ▷ On s'est bien marrés à la fête de Sylvain.
We had fun at Sylvain's party.

(= s'amuser) **have fun** /fʌn/ **(had, had)**

marron

1 ▷ Elle portait une robe marron.
She was wearing a brown dress.
▷ Le marron est une couleur triste.
Brown is a sad colour.

(adjectif = couleur) **brown** /braʊn/

► **le marron :** brown

Attention : pas d'article en anglais.

2 ▷ Nous avons acheté des marrons chauds dans la rue.
We bought some roast chestnuts in the street.

► **un marron** (= une châtaigne) **:** a chestnut /ˈtʃesnut/

► **marrons chauds :** roast chestnuts

mars

▷ Nous allons déménager en mars.
We're going to move house in March.

▷ Elle est née le quinze mars.
She was born on the fifteenth of March.

March /mɑːtʃ/

S'écrit toujours avec une majuscule, comme tous les noms de mois en anglais.

Notez l'emploi de **on** *et* **of** *en anglais lorsqu'on dit la date.*

On écrit **15 March**.

marteau

▷ Je dois acheter un marteau et des clous.
I must buy a hammer and some nails.

hammer /ˈhæməʳ/

Martien

▷ Il y a des gens qui croient aux Martiens.
There are people who believe in Martians.

Martian /ˈmɑːʃən/

S'écrit toujours avec une majuscule.

mascotte

▷ Notre mascotte est un lion.
Our mascot is a lion.

mascot /ˈmæskət/

masculin, masculine

1 ▷ Ce mot est masculin en français.
This word is masculine in French.

(en grammaire) **masculine** /ˈmæskjʊlɪn/

2 ▷ Les voix masculines sont plus graves que les voix féminines.
Male voices are deeper than female voices.

(= d'homme) **male** /meɪl/

masque

▷ Il portait un masque de plongée.
He was wearing a diving mask.

mask /mɑːsk/

massacre

1 ▷ Il y a eu un terrible massacre.
There has been a terrible massacre.

(= tuerie) **massacre** /ˈmæsəkəʳ/

2 ▷ Regarde ce que tu as fait ! Quel massacre !
Look what you've done! What a mess!

(= gâchis) **mess** /mes/

massacrer

▷ Les soldats ont massacré une famille entière.
The soldiers massacred a whole family.

(= tuer) **massacre** /'mæsəkəʳ/

massage

▷ Les massages me font beaucoup de bien.
Massages do me a lot of good.

massage /'mæsɑːʒ/

Se prononce comme en français. Le pluriel se prononce /'mæsɑːʒɪz/.

▷ Fais-moi un massage.
Give me a massage.

► **faire un massage à** quelqu'un **:** **give** somebody **a massage (gave, given)**

masse

1 ▷ Il y a une masse de choses à faire.
There are a lot of things to do.

► **une masse de** (= beaucoup de) : **a lot of** /ə 'lɒt əv/

2 ▷ Ils sont venus en masse.
They came en masse.

► **en masse : en masse**

On emploie l'expression française en anglais.

masser

▷ Elle m'a massé la nuque.
She massaged my neck.

massage /'mæsɑːʒ/

Se prononce comme le mot ***massage*** *en français.*

massif, massive

▷ C'est de l'or massif.
It's solid gold.

(bois, métal, meuble) **solid** /'sɒlɪd/

master

▷ Il a un master en économie.
He has a master's degree in economics.

master's degree /'mɑstəʳz dɪ'griː/

mat, mate

1 ▷ Pedro bronze vite parce qu'il a la peau mate.
Pedro tans easily because he has dark skin.

► (peau) : **dark** /dɑːk/ **(plus mat darker** /'dɑːkəʳ/, **le plus mat the darkest** /'dɑːkɪst/)

2 ▷ Vous voulez vos photos en mat ou en brillant ?
Do you want your photos in matt or gloss?

(papier de photo) **matt** /mæt/

mât

▷ Le mât s'est brisé.
The mast broke.

(de bateau) **mast** /mɑːst/

match

▷ Ce n'était pas un très bon match.
It wasn't a very good match.

▷ Lyon et Strasbourg ont fait match nul.
Lyon and Strasbourg drew.

match /mætʃ/ (pluriel **matches** /'mætʃɪz/)
► **faire match nul : draw** /drɔː/ (**drew** /druː/, **drawn** /drɔːn/)

matelas

▷ Ce matelas est très confortable.
This mattress is very comfortable.

▷ As-tu un matelas pneumatique ?
Have you got an air bed?

mattress /'mætrəs/ (pluriel **mattresses** /'mætrəsɪz/)
► **matelas pneumatique : air bed** /'ɛəbed/ (pluriel **air beds**)

matériau

▷ Ils ont utilisé des matériaux de construction.
They used building materials.

material /mə'tɪərɪəl/

matériel

▷ Ils vendent du matériel de camping.
They sell camping equipment.

equipment /ɪ'kwɪpmənt/
Attention à l'orthographe du mot anglais.

maternelle

▷ Son fils est encore à la maternelle.
His son is still at nursery school.

nursery school /'nɜːsrɪ skuːl/ (pluriel **nursery schools**)

mathématiques

▷ Je n'aime pas beaucoup les mathématiques.
I don't like mathematics much.

▷ Les mathématiques sont une matière difficile.
Mathematics is a difficult subject.

mathematics /ˌmæθə'mætɪks/
Mathematics est un nom singulier.

maths

▷ Raoul est très bon en maths.
Raoul is very good at maths.

▷ Les maths sont ma matière préférée.
Maths is my favourite subject.

maths /mæθs/
Maths est un nom singulier.
En anglais américain on dit math /mæθ/.

matière

1 ▷ L'anglais était ma matière préférée.
English was my favourite subject.

(= sujet que l'on étudie) **subject** /'sʌbdʒekt/

2 ▷ Ce yaourt contient 40% de matières grasses.
This yogurt contains 40% fat.

► **matières grasses : fat** /fæt/

matin

▷ Le matin est le moment de la journée que je préfère.
Morning is the time of day I prefer.

▷ Viens demain matin.
Come tomorrow morning.

morning /'mɔːnɪŋ/

▷ Nous sommes arrivés samedi matin.

We arrived on Wednesday morning.

▷ Le facteur passe tous les matins.

The postman comes every morning.

▷ Tu veux que je vienne le matin ?

Do you want me to come in the morning?

▷ À trois heures du matin.

At three in the morning *ou* at 3 a.m.

Notez l'emploi de ***on*** *en anglais lorsqu'on dit la date.*

► **tous les matins :** every /'evrɪ/ morning

► **le matin** (= dans la matinée) **:** in the morning

Pour dire l'heure, on fait suivre le chiffre de ***in the morning*** *ou de* ***a.m.*** */eɪ'em/, qui est l'abréviation de* ***ante meridiem*** *(« avant midi » en latin).*

matinée

▷ J'ai passé la matinée à faire le ménage.

I spent the morning doing the housework.

▷ Je t'appellerai dans la matinée.

I'll call you this morning.

▷ Le plombier vient demain dans la matinée.

The plumber is coming tomorrow morning.

▷ Le dimanche, je fais la grasse matinée.

On Sundays I have a lie-in.

morning /'mɔːnɪŋ/

► **dans la matinée :** this morning

► **demain dans la matinée :** tomorrow /tə'mɒrəʊ/ morning

► **faire la grasse matinée :** have a lie-in /laɪ 'ɪn/ **(had, had)**

mauvais, mauvaise

1 ▷ Ce sandwich est vraiment mauvais.

This sandwich is really bad.

▷ Je suis mauvais en maths.

I'm bad at maths.

▷ Il a fait mauvais toute la semaine.

The weather has been bad all week.

(= pas bon) bad /bæd/ **(plus mauvais** worse **/wɜːs/, le plus mauvais** the worst **/wɜːst/)**

► **être mauvais en... :** be bad at...

► **faire mauvais** (en parlant du temps) **:** be bad

2 ▷ C'était la mauvaise réponse.

It was the wrong answer.

(= incorrect) wrong /rɒŋ/

mauve

▷ Elle portait un foulard mauve.

She was wearing a mauve scarf.

▷ Le mauve te va bien.

Mauve suits you.

mauve /məʊv/

► **le mauve :** mauve

Attention : pas d'article en anglais.

maximum

▷ Le maximum est cent euros.

The maximum is a hundred euros.

▷ Quelle est la vitesse maximum autorisée ?

What's the maximum speed allowed?

maximum /'mæksɪməm/

L'accent tonique est sur la première syllabe ***max-****.*

mayonnaise

▷ En entrée il y avait des œufs durs avec de la mayonnaise.
As a starter there were boiled eggs with mayonnaise.

mayonnaise /ˌmeɪə'neɪz/

*Le premier **a** du mot anglais se prononce comme le **e** de **bed**.*

me ou m'

1 ▷ Est-ce que tu m'entends ?
Can you hear me?

1 (complément d'objet direct) **me** /miː/

2 ▷ David m'a prêté des chaises pour la fête.
David lent me some chairs for the party.
▷ Robert me l'a montré.
Robert showed it to me.

2 *En fonction du verbe employé, le complément d'objet direct* me *est traduit soit par **me**, soit par **to me**.*

3 ▷ Je me gratte parce que j'ai des piqûres de moustique.
I'm scratching myself because I have mosquito bites.

3 *Le pronom réfléchi* me *est parfois traduit par **myself** /maɪ'self/, (notamment si l'action est vraiment effectuée sur soi.*

4 ▷ Je me suis trompé.
I made a mistake.
▷ Je me lève à sept heures.
I get up at seven.

4 *Mais, quand le verbe n'est pas vraiment réfléchi, c'est-à-dire s'il n'y a pas d'action effectuée sur soi, le pronom* me *n'est souvent pas traduit.*

mec

1 ▷ Ce mec est vraiment idiot !
This guy is really stupid!

1 (= garçon, homme) **guy** /gaɪ/

i *__Guy__, comme* mec*, est un mot familier.*

2 ▷ Vous connaissez le nouveau mec d'Élodie ?
Do you know Élodie's new boyfriend?

2 (= copain) **boyfriend** /'bɔɪfrend/

mécanicien, mécanicienne

▷ Le mécanicien du garage a dit que la panne n'était pas grave.
The garage mechanic said that the breakdown wasn't serious.
▷ Mon cousin est mécanicien.
My cousin is a mechanic.

(qui répare les voitures) **mechanic** /mɪ'kænɪk/

*Le **ch** se prononce comme un **k**.*

i *N'oubliez pas l'article **a** ou **an** devant le nom du métier lorsqu'il suit les verbes **be** ou **become**.*

mécanique

▷ Ludovic fait des études de mécanique.
Ludovic is studying mechanical engineering.

(= matière, technique) **mechanical engineering** /mɪ'kænɪkəl ˌendʒɪ'nɪərɪŋ/

mécanisme

▷ Ces mécanismes économiques sont complexes.
These economic mechanisms are complex.

mechanism /'mekənɪzəm/

méchamment

▷ Déborah m'a répondu méchamment.
Déborah answered me nastily.

nastily /'nɑːstɪlɪ/

méchanceté

▷ Il l'a fait par méchanceté.
He did it out of spite.

(d'une action, d'une personne) **spite** /spaɪt/
► **par méchanceté : out of spite** /aʊtəv'spaɪt/

méchant, méchante

1 ▷ Aurélien est méchant avec sa sœur.
Aurélien is nasty to his sister.

(= désagréable) **nasty** /nɑːstɪ/ **(plus méchant nastier** /'nɑːstɪəʳ/, **le plus méchant the nastiest** /'nɑːstɪɪst/)

ℹ *Notez la préposition employée en anglais :* méchant avec = ***nasty to***.

2 ▷ Ils ont deux gros chiens méchants.
They've got two big fierce dogs.

(= féroce) **fierce** /fɪəs/ **(plus méchant fiercer** /'fɪəsəʳ/, **le plus méchant the fiercest** /'fɪəsɪst/)

mèche

1 ▷ Il a coupé une mèche par accident.
He accidentally cut of a lock of hair.

(= touffe de cheveux) **lock of hair** /ˌlɒk əv 'hɛəʳ/

2 ▷ Joan s'est fait faire des mèches.
Joan has had highlights put in.

► **se faire faire des mèches : have highlights** /'haɪlaɪts/ **put in (had, had)**

mécontent, mécontente

▷ Il avait l'air très mécontent.
He looked very displeased.

displeased /dɪs'pliːzd/ **(plus mécontent more displeased, le plus mécontent the most displeased)**

médaille

1 ▷ Les Français ont remporté la médaille d'or.
The French won the gold medal.

(= décoration, prix) **medal** /'medl/

2 ▷ Il porte une médaille en or autour du cou.
He wears a gold medallion round her neck.

(= bijou) **medallion** /mɪ'dæljən/

médecin

▷ Le médecin a dit que je devais me reposer.
The doctor said that I should rest.

doctor /'dɒktəʳ/

🔊 *Le* ***or*** *de* ***doctor*** *se prononce comme le* e *du mot français* de.

▷ Les études sont très longues pour devenir médecin.
It takes many years of study to become a doctor.

ℹ *N'oubliez pas l'article* ***a*** *ou* ***an*** *devant le nom du métier lorsqu'il suit les verbes* ***be*** *ou* ***become***.

médecine

▷ Loïc fait des études de médecine.
Loïc studies medicine.

medicine /'medsn/

ℹ ***Medicine*** *signifie aussi « médicament ».*

Attention à l'orthographe du mot anglais.

médias

▷ Les médias ont de plus en plus de pouvoir.
The media has more and more power.

media /miːdɪə/

ℹ *Le mot* ***media*** *est indénombrable : on ne le met pas au pluriel et il ne s'emploie pas avec l'article* ***an***. *On dit par exemple* ***the media*** *(les médias).*

médicament

▷ Il prend des médicaments pour l'estomac.
He takes medicine for his stomach.

medicine /'medsn/

ℹ *Le mot anglais* ***medicine*** *s'emploie le plus souvent au singulier.*

ℹ ***Medicine*** *signifie aussi « médecine ».*

médiéval

▷ Nous avons visité une ville médiévale.
We visited a medieval city.

medieval /ˌmedɪ'iːvəl/

médiocre

▷ Leurs résultats sont très médiocres.
Their results are very poor.

poor /pʊəʳ/ (plus médiocre poorer, le plus médiocre the poorest)

médire

▷ Arrête de médire !
Stop criticizing!

▷ Elle n'arrête pas de médire de ses collègues.
She doesn't stop criticizing her colleagues.

criticize /'krɪtɪsaɪz/

► **médire de** quelqu'un : criticize somebody

méditer

▷ Il médite plusieurs heures par jour.
He meditates several hours per day.

meditate /'medɪteɪt/

Méditerranée

▷ C'est plus facile de nager dans la Méditerranée que dans l'océan.
It's easier to swim in the Mediterranean than in the ocean.

► **la Méditerranée** : the Mediterranean /ˌmedɪtə'reɪnɪən/

L'accent tonique principal est sur la quatrième syllabe ***-ra-***.

méditerranéen, méditerranéenne

▷ Le village est sur la côte méditerranéenne.
The village is on the Mediterranean coast.

Mediterranean /ˌmedɪtə'reɪnɪən/

méduse

▷ Il y avait des méduses mortes sur la plage.
There were some dead jellyfish on the beach.

jellyfish /ˈdʒelɪfɪʃ/
ℹ *Le pluriel de* ***jellyfish*** *est invariable : one* ***jellyfish****, two* ***jellyfish****.*

se méfier

1 ▷ Méfie-toi, ça glisse.
Be careful, it's slippery.

1 (= faire attention) **be careful** /ˈkɛəfʊl/

2 ▷ Je me méfie de lui, je crois qu'il est malhonnête.
I don't trust him, I think he's dishonest.

2 *Pour dire qu'« on ne fait pas confiance à quelqu'un », on emploie en anglais la forme négative du verbe* ***trust*** /trʌst/.

mégot

▷ Il y avait plein de mégots par terre.
There were lots of cigarette butts on the ground.

cigarette butt /sɪgəˈret bʌt/ (pluriel cigarette butts)

meilleur, meilleure

1 ▷ Paul est meilleur que moi en natation.
Paul is better than me at swimming.

1 (= plus doué, plus savoureux, etc.) **better** /ˈbetəʳ/

2 ▷ Latifa a toujours été la meilleure élève de la classe.
Latifa has always been the best pupil in the class.

2 ► **le meilleur** *ou* **la meilleure** : **the best** /best/

3 ▷ Il fait meilleur qu'hier.
The weather's better than yesterday.

3 ► **il fait meilleur** : **the weather's better**

mélange

▷ C'est un mélange d'eau et de lait.
It's a mixture of water and milk.

mixture /ˈmɪkstʃəʳ/

mélanger

1 ▷ Bien mélanger les ingrédients.
Mix the ingredients well.

1 (= combiner) **mix** /mɪks/

2 ▷ Ma grand-mère mélange les dates.
My grandmother confuses dates.

2 (= confondre) **confuse** /kənˈfjuːz/

mêlée

▷ La mêlée s'est effondrée.
The scrum collapsed.

(au rugby) **scrum** /skrʌm/

se mêler

1 ▷ Ne te mêle pas des affaires des autres !
Don't interfere in other people's business!

1 ► **se mêler de** quelque chose : **interfere** /ˌɪntəˈfɪəʳ/ **in** something

2 ▷ Mêle-toi de ce qui te regarde !
Mind your own business!

Pour dire à quelqu'un de s'occuper de ses affaires, *on emploie l'expression* ***mind your own business!*** /ˌmaɪnd jər əʊn ˈbɪznɪs/.

mélodie

▷ Je ne me souviens plus de la mélodie.
I can't remember the tune.

tune /tjuːn/

melon

▷ Ce melon est délicieux.
This melon is delicious.

melon /ˈmelən/

Le ***e*** *du mot anglais* ***melon*** *se prononce comme le* ***e*** *de* ***bed****.*

membre

▷ Tous les membres du club étaient là.
All the members of the club were there.

member /ˈmembəʳ/

même

1 ▷ Les deux sont de la même couleur.
They are both the same colour.
▷ Tu crois que c'est la même ?
Do you think it's the same one?
▷ Je ne crois pas que ce soient les mêmes.
I don't think they are the same ones.
▷ J'ai le même tee-shirt que toi.
I've got the same T-shirt as you.

(= identique) **same** /seɪm/

► **le même** *ou* **la même :** the same one

► **les mêmes :** the same ones

► **le même** *ou* **la même... que :** the same... as

2 ▷ Même Sarah est venue à la soirée.
Even Sarah came to the party.
▷ Il n'a même pas voulu me parler.
He didn't even want to talk to me.

(= y compris) **even** /ˈiːvən/

► **même pas... :** not even...

mémé

▷ La mémé de Claire a soixante ans.
Claire's granny is sixty years old.

granny /ˈgrænɪ/ (pluriel **grannies** /ˈgrænɪz/)

mémoire

▷ Je n'ai pas une très bonne mémoire.
I haven't got a very good memory.
▷ Lionel a beaucoup de mémoire.
Lionel has a very good memory.

(d'une personne, d'un ordinateur) **memory** /ˈmemərɪ/

► **avoir de la mémoire :** have a good memory

menace

▷ Il a reçu des menaces de mort.
He received death threats.

threat /θret/

Le ***ea*** *de* ***threat*** *se prononce comme le* ***e*** *de* ***red****.*

menacer

▻ L'homme m'a menacé avec un couteau.

The man threatened me with a knife.

threaten /'θretn/

Le ***ea*** *de* ***threaten*** *se prononce comme le* ***e*** *de* ***bed****.*

ménage

▻ C'est presque toujours moi qui fais le ménage.

It's nearly always me that does the housework.

► **faire le ménage :** do the housework /'haʊswɜːk/

Ne confondez pas avec ***homework****, qui signifie « devoir(s) (scolaires) ».*

mendiant, mendiante

▻ J'ai donné de l'argent à un mendiant.

I gave some money to a beggar.

beggar /'begəʳ/

mendier

▻ Il y a des gens qui mendient dans le métro.

There are people who beg on the underground.

beg /beg/

Il y a deux ***g*** *au gérondif* (**begging** /'begɪŋ/), *au prétérit et au participe passé* (**begged** /begd/).

mener

▻ Marseille mène deux à un.

Marseille is leading two to one.

▻ Ce chemin mène à la rivière.

This path leads to the river.

lead /liːd/ (led, led /led/)

► **mener à** (= déboucher sur) **:** lead to

Notez la préposition employée en anglais : mener à *=* ***lead to****.*

menottes

▻ Le policier lui a passé les menottes.

The police officer handcuffed him.

handcuffs /'hændkʌfs/

► **mettre** *ou* **passer les menottes à** quelqu'un **:** handcuff somebody

mensonge

▻ Je ne te crois pas, c'est un mensonge !

I don't believe you, it's a lie!

▻ Arrête de dire des mensonges.

Stop telling lies.

lie /laɪ/

► **dire des mensonges :** tell lies /'laɪz/ (told, told)

mensuel, mensuelle

▻ C'est une revue mensuelle.

It's a monthly magazine.

monthly /'mʌnθlɪ/

mentalité

▻ Il a la mentalité d'un enfant de cinq ans.

He has the mentality of a five-year-old child.

mentality /men'tælɪtɪ/ (pluriel **mentalities** /men'tælɪtɪz/)

menteur, menteuse

▷ Méfie-toi d'elle, c'est une menteuse.
Don't trust her, she's a liar.

liar /'laɪəʳ/

🔊 *Liar rime avec **fire** et **higher**.*

menthe

▷ J'ai planté de la menthe dans le jardin.
I planted some mint in the garden.

▷ C'est du dentifrice à la menthe.
It's mint toothpaste.

▷ Je prends des bonbons à la menthe pour le voyage.
I'm taking some mints for the journey.

mint /mɪnt/

► **à la menthe :** mint

► **un bonbon à la menthe :** a mint

mentir

▷ Je sais que tu mens.
I know that you're lying.

▷ Thierry m'a menti.
Thierry lied to me.

lie /laɪ/

ℹ *Le **ie** de **lie** devient **y** à la forme en **-ing** (lying /'laɪɪŋ/).*

► **mentir à** quelqu'un **:** lie to somebody

menton

▷ Tu as de la tomate sur le menton.
You've got some tomato on your chin.

chin /tʃɪn/

🔊 *Prononcez bien le **ch** (comme le **tch** de **match**).*

menu

▷ Qu'y a-t-il au menu ?
What's on the menu?

▷ Passe-moi le menu, s'il te plaît.
Pass me the menu, please.

menu /'menjuː/

🔊 *Se prononce comme **men you**.*

menuisier

▷ Le menuisier est venu réparer l'escalier.
The joiner came to repair the stairs.

▷ Mon père est menuisier.
My father is a joiner.

joiner /'dʒɔɪnəʳ/

ℹ *N'oubliez pas l'article **a** ou **an** devant le nom du métier lorsqu'il suit les verbes **be** ou **become**.*

mépris

▷ Je n'éprouve que du mépris pour lui.
I only feel contempt for him.

contempt /kən'tempt/

méprisant, méprisante

▷ Je le trouve vraiment méprisant.
I find him really contemptuous.

contemptuous /kən'temptjʊəs/
(plus méprisant more contemptuous, **le plus méprisant** the most contemptuous**)**

mer

▷ La mer est calme aujourd'hui.
The sea is calm today.

▷ Nous allons à la mer chaque été.
We go to the seaside every summer.

sea /siː/

► **la mer** (= la côte) : **the seaside** /'siːsaɪd/

merci

▷ Merci, c'était très bon.
Thank you, it was very good.

▷ Merci beaucoup pour le cadeau.
Thank you very much for the present.

▷ Merci de m'avoir aidée.
Thank you for helping me.

▷ Merci d'être venu.
Thank you for coming.

▷ Reprends du gâteau. – Non merci, je n'ai plus faim.
Have some more cake. – No thank you, I'm not hungry anymore.

▷ Tu veux du chocolat ? – Oui, merci.
Do you want some chocolate? – Yes, please.

thank you /'θæŋk juː/

ℹ *On peut aussi dire* ***thanks*** /θæŋks/ *si on s'adresse à quelqu'un qu'on connaît bien.*

► **merci beaucoup : thank you very much**

ℹ *On peut aussi dire* ***thanks very much*** *si on s'adresse à quelqu'un qu'on connaît bien.*

► **merci de** + *infinitif passé* **: thank you for** + *-ing*

ℹ *On peut aussi dire* ***thanks for*** + *-ing si on s'adresse à quelqu'un qu'on connaît bien.*

► **non merci : no thank you**

ℹ *On peut aussi dire* ***no thanks*** *si on s'adresse à quelqu'un qu'on connaît bien.*

► **oui, merci : yes, please** /jes 'pliːz/

mercredi

▷ Aujourd'hui c'est mercredi.
Today is Wednesday.

▷ Nous partirons mercredi.
We'll leave on Wednesday.

▷ Peter est venu mercredi.
Peter came on Wednesday.

▷ Mon frère est venu mercredi dernier.
My brother came last Wednesday.

▷ Le mercredi, Sandra va à son cours de tennis.
On Wednesdays Sandra goes to her tennis lesson.

Wednesday /'wenzdeɪ/

ℹ *Comme tous les jours de la semaine en anglais,* ***Wednesday*** *prend toujours une majuscule.*

(= mercredi prochain *ou* mercredi dernier) **on Wednesday**

ℹ *Lorsque* ***Wednesday*** *est précédé de* ***next*** *ou* ***last****, on omet* ***on****.*

► **le mercredi** (= tous les mercredis) **: on Wednesdays**

mère

▷ Leur mère est infirmière.
Their mother is a nurse.

mother /'mʌðəʳ/

mériter

▷ Je crois que j'ai bien mérité ces vacances !
I think I deserved this holiday!

deserve /dɪ'zɜːv/

🔊 *Le* ***s*** *du mot* ***deserve*** *se prononce comme le* ***z*** *de* ***zoo****.*

merveilleux, merveilleuse

▷ Il y a des paysages merveilleux en Irlande.
There are some marvellous landscapes in Ireland.

marvellous /'mɑːvələs/

mes

▷ Mes parents sont tous les deux médecins.
My parents are both doctors.

my /maɪ/
ℹ *My correspond à* **mon, ma** *et* **mes**.

mesdames

▷ Bonjour mesdames, comment allez-vous ?
Hello, how are you?

ℹ *Quand on s'adresse directement à quelqu'un, il n'y a pas d'équivalent de* **mesdames** *en anglais.*

mesdemoiselles

▷ Bonjour mesdemoiselles, comment allez-vous ?
Hello, how are you?

ℹ *Quand on s'adresse directement à quelqu'un, il n'y a pas d'équivalent de* **mesdemoiselles** *en anglais.*

mesquin, mesquine

▷ Comme c'est mesquin !
It's so mean!

mean /miːn/ **(plus mesquin** meaner, **le plus mesquin** the meanest**)**

message

▷ Quand je suis rentré, il y avait un message sur le répondeur.
When I came back, there was a message on the answering machine.

message /'mesɪdʒ/

Le ***a*** *de* ***message*** *se prononce comme le* ***i*** *de* ***big***. ***Message*** *rime avec* ***bridge***.

messagerie

▷ J'ai consulté ma messagerie (électronique).
I've checked my e-mail.

▷ Utilise la messagerie instantanée, c'est plus rapide.
Use instant messaging, it's quicker.

▷ Il était sur messagerie vocale.
He was on voice mail.

► **messagerie (électronique) :** e-mail /'iːmeɪl/
► **messagerie instantanée :** instant messaging /'ɪnstənt'mesɪdʒɪŋ/
► **messagerie vocale :** voice mail /'vɔɪsmeɪl/

messe

▷ La messe commence à dix heures.
Mass starts at ten o'clock.

▷ Ils vont à la messe tous les dimanches.
They go to mass every Sunday.

mass /mæs/ (pluriel **masses** /'mæsɪz/)
► **aller à la messe :** go to mass (went, gone / been)

Attention : ne confondez pas avec le mot ***mess****, qui signifie « désordre, pagaille ».*

messieurs

▷ Bonjour messieurs, comment allez-vous ?
Hello, how are you?

Quand on s'adresse directement à quelqu'un, il n'y a pas d'équivalent de **messieurs** *en anglais.*

2 ▷ Il y a deux messieurs qui t'attendent.
There are two gentlemen waiting for you.

(= hommes) **gentlemen** /'dʒentlmen/

mesurer

1 ▷ David mesure un mètre quatre-vingts.
David is one metre eighty tall *ou* David is six feet tall.

▷ Combien est-ce que tu mesures ?
How tall are you?
▷ Combien est-ce qu'elle mesure ?
How tall is she ?

Pour donner la taille d'une chose ou d'une personne, on emploie en anglais l'expression ***be... tall*** */tɔːl/.*

*Au Royaume-Uni, le système métrique est officiellement employé mais la taille des gens se donne généralement en pieds (****feet*** */fiːt/) et pouces (****inches*** */'ɪntʃɪz/).* ***A foot*** *= environ 30 centimètres ;* ***an inch*** *= environ 2,5 centimètres.*

Pour demander combien mesure quelqu'un, on utilise ***how tall*** */haʊ 'tɔːl/.*

2 ▷ On va mesurer la pièce pour voir si le canapé rentre.
We're going to measure the room to see if the sofa fits.

(= prendre les dimensions de) **measure** /'meʒəʳ/

métal

▷ Le plomb est un métal très lourd.
Lead is a very heavy metal.
▷ Ces chaises sont en métal.
These chairs are made of metal.
▷ Ce sont des tasses en métal.
These are metal cups.

metal /'metl/

► **être en métal : be made** /meɪd/ **of metal**

► **en métal : metal**

métallique

▷ Ils l'ont frappé avec une barre métallique.
They hit him with a metal bar.

(= en métal) **metal** /'metl/

météo

▷ Que dit la météo pour demain ?
What does the weather forecast say for tomorrow?

► **la météo** (= le bulletin météorologique) : **the weather forecast** /'weðə fɔːˌkɑːst/

méthode

▷ Ses méthodes sont très intéressantes.
His methods are very interesting.

(= moyen) **method** /'meθəd/

méthodique

▷ C'est un élève très méthodique.
He's a very methodical pupil.

methodical /mɪ'θɒdɪkəl/ (plus méthodique more methodical, le plus méthodique the most methodical)

métier

▷ Quel métier faites-vous ?
What job do you do?

job /dʒɒb/

mètre

▷ Il y a deux mètres d'eau ici.
There are two metres of water here.

metre /'miːtəʳ/

*En anglais, **metre** rime avec **heater** et **litre**.*

*En anglais américain, on écrit **meter**.*

▷ La cuisine fait quinze mètres carrés.
The kitchen measures fifteen square metres.

► **mètre carré : square metre** /ˌskwɛə 'miːtəʳ/ (pluriel square metres)

métro

▷ On prend le métro ou le bus ?
Are we taking the underground or the bus?
▷ J'irai en métro.
I'll go by underground.

underground /'ʌndəgraʊnd/

*En anglais américain, on dit **subway** /'sʌbweɪ/.*

metteur en scène, metteuse en scène

▷ C'est une metteuse en scène très connue en France.
She's a very well-known director in France.
▷ Il est à la fois comédien et metteur en scène.
He is both an actor and a director.

director /daɪrektəʳ/

*N'oubliez pas l'article **a** ou **an** devant le nom du métier lorsqu'il suit les verbes **be** ou **become**.*

mettre

1 ▷ Mets tes affaires sur le lit.
Put your things on the bed.

(= poser, placer) **put** /pʊt/ (put, put)

2 ▷ J'ai mis mes lunettes de soleil.
I put my sunglasses on.

(un vêtement, des lunettes, du maquillage) **put on** (put on, put on)

3 ▷ Est-ce que tu mets souvent ta veste noire ?
Do you often wear your black jacket?

(= porter) **wear** /wɛəʳ/ (wore /wɔːʳ/, worn /wɔːn/)

4 ▷ Lucie a mis deux heures pour faire son CV.
Lucie took two hours to do her CV.

(pour parler du temps qu'il faut pour faire quelque chose) **take** /teɪk/ (took /tʊk/, taken /'teɪkən/)

5 ▷ Je peux mettre la radio ?
Can I put the radio on?

(= allumer) **put on** (put on, put on)

6 ▷ Il s'est mis au premier rang pour mieux entendre.
He sat in the first row to hear better.

► **se mettre** (= s'asseoir) : **sit** /sɪt/ (**sat, sat** /sæt/)

7 ▷ Mets-toi près de la porte pour l'empêcher de sortir.
Stand near the door to prevent him from going out.

► **se mettre** (= se tenir debout) : **stand** /stænd/ (**stood, stood** /stʊd/)

8 ▷ Il s'est mis à pleuvoir dès qu'on est sortis.
It started raining as soon as we went out.

► **se mettre à** + *infinitif* : **start** /stɑːt/ + *-ing*

meuble

▷ C'est un meuble très ancien.
It's a very old piece of furniture.

▷ Les meubles seront livrés demain.
The furniture will be delivered tomorrow.

▷ Il y a des meubles dans le garage.
There's some furniture in the garage.

▷ Ces meubles sont très lourds.
This furniture is very heavy.

► **un meuble : a piece of furniture** /ˈfɜːnɪtʃə^{r}/
► **des meubles : furniture**

ℹ *Le mot* ***furniture*** *est indénombrable : il ne se met pas au pluriel, et ne s'emploie pas avec l'article* ***a****.*

meugler

▷ Les vaches meuglaient.
The cows were mooing.

moo /muː/

🔈 *Les deux* ***o*** *se prononcent comme le* ***o*** *de* ***do****.*

meurtre

▷ Il y a eu un meurtre hier soir.
There was a murder last night.

murder /ˈmɜːdə^{r}/

meurtrier, meurtrière

▷ La police cherche le meurtrier.
The police are looking for the murderer.

murderer /ˈməːdərə^{r}/

mexicain, mexicaine

▷ Nous sommes allés voir un groupe de musiciens mexicains.
We went to see a group of Mexican musicians.

▷ Il y a beaucoup de Mexicains qui vivent aux États-Unis.
There are a lot of Mexicans who live in the United States.

Mexican /ˈmeksɪkən/

ℹ *S'écrit toujours avec une majuscule, comme tous les adjectifs et noms de nationalité en anglais.*

Mexique

▷ Le Mexique produit du pétrole.
Mexico produces oil.

Mexico /ˈmeksɪkəʊ/
► **le Mexique : Mexico**

▷ Il y a des ruines incas au Mexique.
There are Inca ruins in Mexico.

► **au Mexique** (= dans le pays) : **in Mexico**

ℹ *Ne prend jamais d'article.*

▷ Ils sont allés au Mexique.
They went to Mexico.

► **au Mexique** (= vers le pays) : **to Mexico**

ℹ *En anglais, la ville de* Mexico *s'appelle* ***Mexico City****.*

miauler

▷ Je ne sais pas pourquoi le chat miaule comme ça.
I don't know why the cat is miaowing like that.

miaow /miːˈaʊ/

micro

▷ Parle dans le micro, on n'entend rien !
Speak into the microphone, we can't hear anything!

(= microphone) **microphone** /ˈmaɪkrəfəʊn/

ℹ *Notez la préposition employée : parler* dans *un micro = speak* ***into*** *a microphone.*

microbe

▷ Tu vas me passer tous tes microbes si tu continues à tousser comme ça !
You're going to give me all your germs if you carry on coughing like that!

germ /dʒɜːm/

🔊 *Le* g *de* ***germ*** *se prononce comme le* ***J*** *de* ***Jack****.* ***Germ*** *rime avec* ***firm****.*

micro-ondes

▷ J'utilise très souvent le micro-ondes.
I often use the microwave.

microwave /ˈmaɪkrɒʊweɪv/

microscope

▷ Le microscope du laboratoire est cassé.
The laboratory microscope is broken.

microscope /ˈmaɪkrəskəʊp/

🔊 *Le* ***i*** *de* ***microscope*** *se prononce comme le* ***i*** *de* ***like****.*

▷ Nous avons observé l'insecte au microscope.
We examined the insect under a microscope.

► **au microscope** : **under a microscope**

midi

1 ▷ Il est midi et demi.
It's half past twelve.

▷ Il est midi.
It's twelve o'clock.

(pour dire l'heure) **twelve** /twelv/

ℹ *Quand il est midi pile, on peut aussi dire* ***midday*** /mɪdˈdeɪ/.

2 ▷ À midi je vais généralement au restaurant avec mes collègues.
At lunchtime I usually go to the restaurant with my colleagues.

Quand midi *veut dire « l'heure du déjeuner », on le traduit par* ***lunchtime*** /ˈlʌntʃtaɪm/.

3 ▷ Est-ce que vous connaissez le Midi ?
Do you know the south of France?

► **le Midi** (de la France) : **the south of France** /saʊθ əv ˈfrɑːns/

miel

▷ Pour le petit-déjeuner, il y avait du pain grillé, du beurre et du miel.
For breakfast there was toast, butter and honey.

honey /'hʌnɪ/

*Le **o** de **honey** se prononce comme le **u** de **duck**.*

mien, mienne

▷ Ses parents sont plus jeunes que les miens.
His parents are younger than mine.
▷ Tu ne trouves pas tes lunettes de soleil ? Prends les miennes.
You can't find your sunglasses? Take mine.

► **le mien** *ou* **la mienne** *ou* **les miens** *ou* **les miennes : mine** /maɪn/

*Attention : on ne dit pas **the mine**.*

miette

▷ Il y a plein de miettes sous la table.
There are lots of crumbs under the table.

(de pain) **crumb** /krʌm/

*Le **b** de **crumb** ne se prononce pas. **Crumb** rime avec **Mum** et **drum**.*

mieux

1 ▷ Tu te sens mieux ?
Are you feeling better?

(= plus en forme, de meilleure qualité, de façon plus satisfaisante) **better** /'betəʳ/

▷ Ce CD est mieux que le précédent.
This CD is better than the previous one.

► **mieux que : better than**

2 ▷ Je trouve que Michaël est mieux que son frère.
I think Michaël is better-looking than his brother.

(= plus séduisant) **better-looking** /betə 'lʊkɪŋ/

3 ▷ Celle-ci est la mieux de toutes.
This one is the best of all.

► **le mieux** *ou* **la mieux : the best** /best/

4 ▷ C'est Amélie qui chante le mieux.
Amélie is the one who sings best.

► **le mieux** (après un verbe) : **best**

5 ▷ Tu ferais mieux de te dépêcher.
You had better hurry up.

*Pour donner un conseil à quelqu'un, on emploie en anglais **had better** + base verbale.*

6 ▷ Les choses vont de mieux en mieux.
Things are going better and better.

► **de mieux en mieux : better and better** /ˌbetərən'betəʳ/

mignon, mignonne

▷ Ce petit chien est vraiment mignon.
That little dog is really cute.

(= joli, séduisant) **cute** /kjuːt/ (plus mignon **cuter** /'kjuːtəʳ/, le plus mignon **the cutest** /'kjuːtɪst/)

migraine

▷ J'ai la migraine depuis ce matin.
I've had a headache since this morning.

► **avoir la migraine** (= avoir mal à la tête) : have a headache /ˈhedeɪk/

Headache rime avec lake.

milieu

1 ▷ Le milieu de la piscine est ici.
The middle of the swimming pool is here.

▷ Je préfère celui du milieu.
I prefer the one in the middle.

▷ Mets-toi au milieu, tu verras mieux.
Sit in the middle, you'll see better.

▷ Il s'est mis à danser au milieu de la chambre.
He started dancing in the middle of the room.

(= centre) middle /ˈmɪdl/

► **... du milieu :** ... in the middle

► **au milieu :** in the middle

► **au milieu de :** in the middle of

2 ▷ Elle vient d'un milieu riche.
She comes from a rich background.

(= origine familiale) background /ˈbækgraʊnd/

militaire

1 ▷ Les militaires défilaient dans la rue.
The soldiers were marching in the street.

► **un militaire** (= un soldat) : a soldier /ˈsəʊldʒəʳ/

2 ▷ L'intervention militaire n'est pas nécessaire.
Military intervention is not necessary.

(adjectif = relatif à l'armée) military /ˈmɪlɪtərɪ/

*Attention ! Le mot **military** est seulement adjectif en anglais.*

mille

▷ Il y avait plus de mille spectateurs.
There were more than a thousand spectators.

▷ Ça vaut cinq mille euros.
It costs five thousand euros.

▷ Je suis allé en Angleterre en deux mille six.
I went to England in two thousand and six.

a thousand /ˈθaʊzənd/

ℹ *Thousand ne prend jamais de s quand il veut dire « mille » :* deux mille *se dit two thousand,* trois mille *three thousand, etc.*

ℹ *Quand thousand est suivi d'un chiffre de 1 à 99, il faut employer and.*

milliard

▷ Ça vaut un milliard de dollars.
It costs a billion dollars.

▷ Il y a plus de cinq milliards de personnes dans le monde.
There are more than five billion people in the world.

► **un milliard :** a billion /ˈbɪljən/

ℹ *Quand billion est précédé d'un chiffre, il ne prend pas de s.*

ℹ *Remarquez l'absence de préposition en anglais :* cinq milliards de... *= five billion...*

▷ Il y a des milliards d'insectes dans ce champ.
There are billions of insects in this field.

► **des milliards de... :** billions of...

millier

▷ Il y avait un millier de personnes dans le stade.
There were about a thousand people in the stadium.
▷ Des milliers de gens ont téléphoné.
Thousands of people phoned.

► **un millier de... : about a thousand...** /əˌbaʊt ə 'θaʊzənd/

► **des milliers de... : thousands of...** /θaʊzəndz əv/

millimètre

▷ Le métal fait deux millimètres d'épaisseur.
The metal is two millimetres thick.

millimetre /'mɪlɪˌmiːtəʳ/
*Aux États-Unis, on écrit **millimeter**.*

million

▷ Ils ont gagné un million au Loto.
They won a million on the Lottery.
▷ La France a plus de soixante millions d'habitants.
France has over sixty million inhabitants.

► **un million : a million** /'mɪljən/

ℹ *Quand **million** est précédé d'un multiple, il ne prend pas de **s**.*

ℹ *Remarquez l'absence de préposition en anglais :* soixante millions de... = ***sixty million...***

▷ Il y a des millions de fleurs dans ce champ !
There are millions of flowers in this field!

► **des millions de... : millions of...**

mimer

▷ Tu mimes un titre de film et on essaie de deviner, d'accord ?
You mime a film title and we try to guess, OK?

mime /maɪm/

*Le mot anglais **mime** rime avec **time**.*

mince

1 ▷ Sylviane est très mince.
Sylviane is very slim.

(= svelte) **slim** /slɪm/ (**plus mince slimmer** /'slɪməʳ/, **le plus mince the slimmest** /'slɪmɪst/)

2 ▷ Coupe-moi une tranche mince.
Cut me a thin slice.

(= fin) **thin** /θɪn/ (**plus mince thinner** /'θɪnəʳ/, **le plus mince the thinnest** /'θɪnɪst/)

3 ▷ Mince, j'ai oublié le lait !
Damn, I forgot the milk!

► **mince ! : damn!** /dæm/
ℹ *Le mot **damn** est très familier.*

mine

1 ▷ La mine de mon crayon est cassée.
The lead of my pencil is broken.

(= bout d'un crayon) **lead** /led/

*__Lead__ au sens de mine de crayon rime avec **bed**.*

2 ▷ Le travail dans les mines était très dur.
Work in the mines was very hard.

(d'où on extrait les métaux, le charbon) **mine** /maɪn/

*Le **i** de **mine** se prononce comme le **i** de **like**.*

3 ▷ Tu as bonne mine aujourd'hui.
You look well today.
▷ Il a mauvaise mine, peut-être qu'il a la grippe.
He doesn't look well, perhaps he has flu.

► **avoir bonne mine** (= avoir l'air en bonne santé) : **look well** /lʊk wel/

*Pour dire le contraire, on emploie la forme négative de **look well**.*

minerai

▷ C'est du minerai de fer.
It's iron ore.

ore /ɔːʳ/

minéral

▷ Cette boisson contient des minéraux.
This drink contains minerals.

mineral /ˈmɪnərəl/

mineur, mineure

1 ▷ Les mineurs n'ont pas le droit d'acheter d'alcool.
Minors aren't allowed to buy alcohol.

► **un mineur** *ou* **une mineure** (= une jeune personne) : **a minor** /ˈmaɪnəʳ/

2 ▷ Quand on est mineur, il faut l'autorisation des parents.
When you're under age, you need your parents' permission.

► **être mineur** (avoir moins de 18 ans) : **be under age** /ˌʌndərˈeɪdʒ/

3 ▷ Les mineurs sont en grève.
The miners are on strike.

► **un mineur** (= une personne qui travaille dans une mine) : **a miner** /ˈmaɪnəʳ/

minijupe

▷ Elle portait une minijupe noire.
She was wearing a black miniskirt.

miniskirt /ˈmɪnɪˌskɜːt/

minimum

▷ Le minimum est cent euros.
The minimum is a hundred euros.

minimum /ˈmɪnɪməm/

▷ Ça coûte au minimum 100 euros.
It costs at least 100 euros.

► **au minimum : at least** /ət liːst/

ministère

▷ Il travaille pour quel ministère ?
Which ministry does he work for?

ministry /ˈmɪnɪstrɪ/

ministre

▷ La ministre de l'Éducation est très jeune.
The Education minister is very young.

minister /ˈmɪnɪstəʳ/

*En anglais américain, on dit **secretary** /ˈsekrəterɪ/.*

▷ Le Premier ministre a parlé à la télé.
The Prime Minister's spoke on TV.

► **Premier ministre :** Prime Minister /ˌpraɪm ˈmɪnɪstəʳ/ (pluriel Prime Ministers)

minorité

▷ Ils appartiennent à différentes minorités ethniques.
They belong to different ethnic minorities.

(= petit nombre) minority /maɪˈnɒrɪtɪ/

minuit

▷ Les filles sont rentrées après minuit.
The girls came back after midnight.
▷ Il est minuit vingt.
It's twenty past midnight.

midnight /ˈmɪdnaɪt/

minuscule

1 ▷ Ton écriture est minuscule, je n'y vois rien.
Your handwriting is tiny, I can't see anything.

(= tout petit) tiny /ˈtaɪnɪ/ (**plus minuscule** tinier /ˈtaɪnɪəʳ/, **le plus minuscule** the tiniest /ˈtaɪnɪɪst/)

*Le **i** de **tiny** se prononce comme le **i** de **like**.*

2 ▷ Je mets un A majuscule ou un A minuscule ?
Do I put a capital A or a small A?
▷ L'adresse électronique est tout en minuscules.
The e-mail address is all in small letters.

(par opposition à « majuscule ») small /smɔːl/
► **une minuscule :** a small letter /smɔːl ˈletəʳ/

minute

▷ Le documentaire dure quarante minutes.
The documentary lasts forty minutes.

minute /ˈmɪnɪt/

*La deuxième syllabe du mot anglais **minute** se prononce exactement comme le mot **it**. **Minute** rime avec **win it**.*

▷ Une minute, j'arrive !
Just a minute, I'm coming!

► **une minute !** (pour faire patienter quelqu'un) : just a minute!

miracle

▷ Personne n'a été blessé, c'est un miracle.
Nobody was injured, it's a miracle.

miracle /ˈmɪrəkl/

miroir

▷ Le miroir de la salle de bains est très sale.
The mirror in the bathroom is very dirty.

mirror /ˈmɪrəʳ/

La deuxième syllabe se prononce comme le e du mot français **de**.

mise en scène

▷ J'ai beaucoup aimé la mise en scène.
I really liked the production.

production /prəˈdʌkʃən/

miser

▷ J'ai tout misé sur le numéro 9.
I bet everything on number 9.

(= parier) **bet** /bet/ (bet, bet /bet/)

misère

▷ Ils ont vécu dans la misère.
They lived in poverty.

(= pauvreté) **poverty** /'pɒvətɪ/

mite

▷ L'armoire est pleine de mites.
The wardrobe is full of moths.

moth /mɒθ/ (pluriel **moths** /mɒθs/)

mi-temps

1 ▷ La seconde mi-temps était plus intéressante que la première.
The second half was more interesting than the first.

(= moitié d'un match) **half** /hɑːf/ (pluriel **halves** /hɑːvz/)

*Le **l** ne se prononce pas.*

2 ▷ On se retrouvera à la mi-temps.
We'll meet up at half-time.

(= repos) **half-time** /hɑːf'taɪm/

3 ▷ Il travaille à mi-temps.
He works part-time.

► **travailler à mi-temps : work** /wɜːk/ **part-time** /pɑːt'taɪm/

mixte

1 ▷ Le nombre de couples mixtes a augmenté.
The number of mixed couples has risen.

(en parlant d'un couple) **mixed** /mikst/

2 ▷ Certaines écoles anglaises ne sont pas mixtes.
Some British schools aren't coeducational.

(en parlant d'une école) **coeducational** /ˌkəʊedjʊ'keɪʃənl/

mobile

1 ▷ Quel était le mobile du crime ?
What was the motive for the crime?

(= motif) **motive** /'məʊtɪv/

2 ▷ Appelle-moi sur mon mobile.
Call me on my mobile.

(= téléphone) **mobile** /'məʊbaɪl/

mobylette

▷ C'est plus rapide en mobylette qu'en métro.
It's much faster by moped than by metro.

moped /'məʊped/

moche

▷ Ce bâtiment est vraiment moche.
That building is really ugly.

ugly /'ʌglɪ/ (plus moche **uglier** /ʌglɪə'/, le plus moche **the ugliest** /'ʌglɪɪst/)

*ℹ **Moche** est familier, mais **ugly** ne l'est pas.*

mode

▷ Je ne suis pas spécialement la mode.
I don't especially follow fashion.

▷ Le rose est à la mode.
Pink is fashionable.

fashion /'fæʃən/
► **la mode : fashion**
► **à la mode : fashionable** /'fæʃnəbl/

mode d'emploi

▷ Le mode d'emploi est en anglais.
The instructions are in English.

instructions /ɪnstrʌkʃəns/
Attention : le mot anglais est pluriel.

modèle

▷ Ce modèle est plus petit que la vraie statue.
This model is smaller than the real statue.

model /'mɒdl/
L'accent tonique est sur la première syllabe ***mo-****.*

modéré, modérée

▷ Leurs prix sont très modérés.
Their prices are very moderate.

moderate /'mɒdərɪt/ **(plus modéré more moderate, le plus modéré the most moderate)**

moderne

▷ Je préfère les meubles modernes.
I prefer modern furniture.

modern /'mɒdən/ **(plus moderne more modern, le plus moderne the most modern)**

moderniser

▷ Ils veulent moderniser leur agriculture.
They want to modernize their agriculture.

modernize /'mɒdənaɪz/

modeste

▷ Tu es trop modeste !
You're too modest!

modest /'mɒdɪst/ **(plus modeste more modest, le plus modeste the most modest)**

modestie

▷ C'est de la fausse modestie.
It's false modesty.

modesty /'mɒdɪstɪ/

modifier

▷ Tu devrais modifier un peu l'introduction.
You should change the introduction a bit.

change /tʃeɪndʒ/
Le ***a*** *de* ***change*** *se prononce comme le* ***a*** *de* ***make****.*

moi

1 ▷ Ces cadeaux sont pour moi ?
Are these presents for me?

1 *Quand* moi *est complément, il se traduit par* ***me*** /miː/.

2 ▷ Moi je trouve que ce n'est pas juste.
I think it isn't fair.
▷ Qui veut du café ? – Moi !
Who wants some coffee? – Me!

Quand **moi** *est sujet, il ne se traduit pas quand il sert à insister, mais il se traduit par* ***me*** *quand il s'agit d'une réponse à une question.*

moi-même

▷ Puisque tu ne veux pas m'aider, je vais le faire moi-même.
Since you don't want to help me, I'm going to do it myself.

myself /maɪˈself/

moineau

▷ Ces miettes sont pour les moineaux.
These crumbs are for the sparrows.

sparrow /ˈspærəʊ/

moins

1 ▷ J'aime moins celui-ci.
I like this one less.
▷ Adrien est moins sympa que son frère.
Adrien is less friendly than his brother.

(avec un verbe, un adjectif, un adverbe) **less** /les/
► **moins que** : less than

2 ▷ C'est la personne la moins timide que je connaisse !
She's the least shy person I know!
▷ C'est celui qui travaille le moins.
He's the one who works the least.

► **le moins...** *ou* **la moins...** : the least... /liːst/

3 ▷ Il y a moins d'élèves cette année.
There are fewer students this year.

► **moins de** + *nom au pluriel* : fewer /ˈfjuːəʳ/

4 ▷ Tu devrais boire moins de café.
You should drink less coffee.

► **moins de** + *nom au singulier* : less /les/

5 ▷ Ça coûte moins de dix euros.
It costs less than ten euros.

► **moins de** + *prix, dimension, etc.* : less than

6 ▷ Il y a trois profs de moins que l'année dernière.
There are three fewer teachers than last year.
▷ Celui-ci coûte un euro de moins que celui-là.
This one costs one euro less than that one.
▷ Yann a un an de moins que moi.
Yann is a year younger than me.

Quand **de moins** *s'applique à un nom pluriel, il se traduit par* ***fewer*** /ˈfjuːəʳ/.
ℹ *Remarquez l'ordre des mots dans la phrase anglaise :* ***fewer*** *vient avant le nom.*
ℹ *Quand* **de moins** *s'applique à un prix, il se traduit par* ***less***.
ℹ *Quand* **de moins** *s'applique à l'âge, on emploie le comparatif* ***younger*** /ˈjʌŋgəʳ/.

7 ▷ Moins on mange, moins on a envie de manger.
The less you eat, the less you feel like eating.

► **moins... moins...** : the less... the less...

▷ Moins tu feras d'exercice, plus tu auras de problèmes.
The less exercise you do, the more problems you'll have.

► **moins... plus... :** the less... the more...

8 ▷ Il fait au moins trente degrés.
It's at least thirty degrees.

8 ► **au moins :** at least /ət 'liːst/

9 ▷ Alban devrait venir, à moins qu'il ait changé d'avis.
Alban should come, unless he has changed his mind.

9 ► **à moins que :** unless /ʌn'les/

10 ▷ Douze moins cinq égale sept.
Twelve minus five equals seven.
▷ Il faisait moins cinq degrés.
It was minus five degrees.

10 (dans une opération, avant une température) **minus** /'maɪnəs/

11 ▷ Il est huit heures moins dix.
It's ten to eight.

11 (pour dire l'heure) **to** /tuː/
ℹ *N'oubliez pas que l'ordre des chiffres est inversé en anglais par rapport au français quand on dit l'heure.*

mois

▷ Adèle aura trente ans dans deux mois.
Adèle will be thirty in two months.

month /mʌnθ/
*Le **o** de **month** se prononce comme le **u** de **duck**.*

▷ Je suis beaucoup sorti au mois de mars.
I went out a lot in March.

► **au mois de** + *nom du mois* **:** in + *nom du mois*

moisi, moisie

▷ Le gâteau est moisi.
The cake is mouldy.

mouldy /'məʊldɪ/
*En anglais américain, on écrit **moldy**.*

moisson

▷ La moisson est-elle bonne ?
Is it a good harvest?

harvest /'hɑːvɪst/

moissonner

▷ Ils moissonneront en juillet.
They'll harvest in July.

harvest /'hɑːvɪst/

moite

▷ J'ai les mains moites.
I have sweaty hands.

(= en sueur) **sweaty** /'swetɪ/ (plus moite **sweatier**, le plus moite **the sweatiest**)

moitié

▷ Il y a plus d'olives sur cette moitié.
There are more olives on this half.

▷ Elle est à moitié française, à moitié australienne.
She is half French, half Australian.

▷ La moitié des joueurs étaient là.
Half the players were there.

▷ Tu veux faire moitié-moitié ?
Do you want to go halves?

half /hɑːf/ (pluriel **halves** /hɑːvz/)

*Le **l** de **half** et **halves** ne se prononce pas.*

► **la moitié de... : half...**

► **faire moitié-moitié : go halves (went, gone)**

molle

*Regardez le mot **mou**.*

mollet

▷ J'ai trop marché, j'ai mal aux mollets.
I've walked too much, my calves hurt.

calf /kɑːf/ (pluriel **calves** /kɑːvz/)

*Le **l** de **calf** et **calves** ne se prononce pas.*

moment

1 ▷ J'ai passé un moment avec eux.
I spent some time with them.
▷ Ça fait un moment que j'attends.
I've been waiting for some time.

► **un moment** (= un peu de temps) : **some time** /sʌm 'taɪm/

2 ▷ Un moment, j'arrive !
Just a moment, I'm coming!

► **un moment !** (pour faire patienter quelqu'un) : **just a moment!** /dʒʌst ə 'məʊmənt/

3 ▷ C'est le bon moment pour lui parler.
It's the right time to speak to him.
▷ Lise est arrivée juste à ce moment-là.
Lise arrived just at that time.

(= heure, occasion) **time** /taɪm/

► **à ce moment-là : at that time** /ət ðæt 'taɪm/

4 ▷ Il est parti au moment où j'allais lui poser une question.
He left just as I was going to ask him a question.

► **au moment où... : just as...** /'dʒʌst əz/

5 ▷ Nicolas ne va pas très bien en ce moment.
Nicolas isn't very well at the moment.

► **en ce moment : at the moment** /ət ðə 'məʊmənt/

6 ▷ Par moments je me demande pourquoi je fais ça.
Sometimes I wonder why I'm doing this.

► **par moments : sometimes** /'sʌmtaɪmz/

7 ▷ Pour le moment tout le monde est content.
For the moment everybody is happy.

► **pour le moment : for the moment** /fə ðə 'məʊmənt/

momie

▷ J'ai vu des momies égyptiennes.
I saw Egyptian mummies.

mummy /'mʌmɪ/ (pluriel **mummies** /'mʌmi:z/)

mon

▷ Mon vélo est cassé.
My bike is broken.

my /maɪ/

ℹ *My correspond à* mon, ma, *et* mes.

monde

1 ▷ Il ne reste plus beaucoup d'éléphants dans le monde.
There aren't many elephants left in the world.

(= Terre) **world** /wɜ:ld/

Attention : la prononciation est différente de celle de ***word*** /wɜ:d/.

▷ C'est le coureur le plus rapide du monde.
He's the fastest runner in the world.

► **... du monde : ... in the world**

2 ▷ Il y avait beaucoup de monde à la fête.
There were a lot of people at the party.

(= gens) **people** /'pi:pl/

mondial, mondiale

1 ▷ L'équipe a participé à un tournoi mondial.
The team took part in a world tournament.

(guerre, compétition, population) **world** /wɜ:ld/

2 ▷ C'est un phénomène mondial.
It's a worldwide phenomenon.

(= qui s'étend au monde entier) **worldwide** /wɜ:ld'waɪd/

mondialisation

▷ Beaucoup de gens sont contre la mondialisation.
A lot of people are against globalization.

globalization /ˌgləʊbəlaɪ'zeɪʃən/

moniteur, monitrice

1 ▷ Est-ce que les moniteurs étaient sympas au camp ?
Were the supervisors friendly at the camp?

(en colonie de vacances, en camp) **supervisor** /'su:pəvaɪzəʳ/

2 ▷ Le moniteur de ski est très gentil !
The ski instructor is very nice!

(= enseignant) **instructor** /ɪn'strʌktəʳ/

Le mot anglais ***monitor*** *désigne un écran relié à un appareil.*

monnaie

1 ▷ La monnaie britannique est la livre.
The British currency is the pound.

(= devise) **currency** /'kʌrənsɪ/ (pluriel **currencies** /'kʌrənsɪz/)

2 ▷ Est-ce que tu as de la monnaie ?
Have you got some change?

(= pièces) **change** /tʃeɪndʒ/

▷ Passe-moi le billet, je vais faire de la monnaie.
Pass me the note, I'm going to get some change.

► **faire de la monnaie : get some change (got, got)**

▷ Vous avez la monnaie de cinquante euros ?
Do you have change for fifty euros?

ℹ *Notez la préposition employée en anglais :* la monnaie de = ***change for***.

monopole

▷ L'entreprise a perdu son monopole.
The company lost its monopoly.

monopoly /mə'nɒpəlɪ/

monotone

▷ Les cours de grammaire sont un peu monotones.
The grammar classes are a bit monotonous.

monotonous /mə'nɒtənəs/ (**plus monotone** more monotonous, **le plus monotone** the most monotonous)

🔊 *L'accent tonique est sur la deuxième syllabe* ***-no-***.

monsieur

1 ▷ Bonjour monsieur, je voudrais un kilo de bananes, s'il vous plaît.
Hello, I'd like a kilo of bananas, please.

Quand on s'adresse directement à quelqu'un, il n'y a pas d'équivalent couramment employé de monsieur *en anglais.*

2 ▷ Monsieur Collins est venu nous chercher à la gare.
Mr Collins picked us up from the station.

Quand on parle de quelqu'un en l'appelant par son nom de famille, Monsieur *se traduit par* ***Mr*** /'mɪstəʳ/.

3 ▷ Ce monsieur dit qu'il te connaît.
This gentleman says that he knows you.

(= homme) **gentleman** /'dʒentlmən/ (pluriel **gentlemen** /'dʒentlmən/)

monstre

▷ Petit monstre !
You little monster!
▷ J'ai rêvé d'un monstre horrible qui me poursuivait.
I dreamt about a horrible monster that was chasing me.

monster /'mɒnstəʳ/

montagne

1 ▷ Cette montagne est très haute.
That mountain is very high.

(= sommet) **mountain** /'maʊntɪn/

🔊 ***Mountain*** *rime avec* ***tin*** *et* ***chin***.

▷ J'aimerais vivre à la montagne.
I'd like to live in the mountains.

► **à la montagne :** in the mountains

2 ▷ J'ai eu peur sur les montagnes russes.
I was scared on the roller-coaster.

► **montagnes russes :** roller-coaster /'rəʊlə,kəʊstə/

Attention : ***roller-coaster*** *est singulier.*

monter

1 ▷ L'ascenseur est monté jusqu'au sixième étage.
The lift went up to the sixth floor.
▷ Je me suis endormie pendant que l'avion montait.
I fell asleep while the plane was going up.
▷ Est-ce que tu peux fermer les volets quand tu monteras ?
Can you shut the shutters when you go upstairs?

(= aller vers le haut) **go up (went up, gone up)**
(dans une maison) **go upstairs** /ʌp'stɛəz/

2 ▷ L'ascenseur monte, on va le prendre.
The lift is coming up, we're going to take it.
▷ Tu peux monter, s'il te plaît ? J'ai quelque chose à te dire.
Can you come upstairs, please? I have something to tell you.

(= venir vers le haut) **come up (came up, come up)**
(dans une maison) **come upstairs** /ʌp'stɛəz/

3 ▷ Ils sont montés à la station Saint-Paul.
They got on at Saint-Paul station.
▷ Il est monté en voiture et a démarré.
He got in and started the engine.

(dans un train, un métro, un bus) **get on (got on, got on)**
► **monter en voiture :** get in (got in, got in)

4 ▷ La route monte après le tournant.
The road goes up after the turning.

(route, chemin) **go up (went up, gone up)**

5 ▷ Ne restez pas sur la plage, la marée monte.
Don't stay on the beach, the tide is coming in.

(marée) **come in (came in, come in)**

6 ▷ Monte sur le mur, tu verras mieux.
Climb onto the wall, you'll see better.

► **monter sur** quelque chose (= grimper sur) : **climb** /klaɪm/ **onto** something

*Le b de **climb** n'est pas prononcé. **Climb** rime avec **time**.*

7 ▷ Elle est montée sur son vélo et elle est partie.
She got on her bike and left.

► **monter sur** (un vélo, un cheval) : get on (got on, got on)

8 ▷ Jean-Loup a monté la pente à toute vitesse.
Jean-Loup went up the slope at full speed.

(= suivre vers le haut, en parlant d'une pente, d'une rue) **go up (went up, gone up)**

9 ▷ Est-ce que tu peux m'aider à monter les valises ?
Can you help me to take the suitcases up?

(= porter en haut) **take up (took up, taken up)**

10 ▷ Tu peux monter le son, s'il te plaît ?
Can you turn the sound up, please?

(= augmenter) **turn up**

11 ▷ On a monté la tente en cinq minutes.
We put the tent up in five minutes.

(une tente) **put up (put up, put up)**

12 ▷ Cette armoire est difficile à monter.
This wardrobe is difficult to assemble.

(un meuble en kit) **assemble** /ə'sembl/

montgolfière

▷ Ils organisent des voyages en montgolfière.
They organize hot-air balloon trips.

hot-air balloon /hɒt'ɛəˈbəˌluːn/ (pluriel **hot-air balloons**)

montre

▷ Ma montre retarde.
My watch is slow.

watch /wɒtʃ/ (pluriel **watches** /'wɒtʃɪz/)

*Le **a** de **watch** se prononce comme le **o** de **dog**.*

montrer

▷ Le marin nous a montré comment faire des nœuds.
The sailor showed us how to tie knots.

▷ Montre-le-moi.
Show it to me.

▷ Montre ta nouvelle voiture à Steve.
Show Steve your new car.

show /ʃəʊ/ (**showed** /ʃəʊd/, **shown** /ʃəʊn/)

► **montrer** quelque chose **à** quelqu'un : **show** something **to** somebody *ou* **show** somebody something

monument

▷ Nous avons visité les monuments de Londres.
We visited London's monuments.

monument /'mɒnjʊmənt/

*Prononcez bien le **n** et le **t** en anglais.*

se moquer

▷ Tous mes copains se sont moqués de moi.
All my friends laughed at me.

► **se moquer de** quelqu'un : **laugh** /lɑːf/ **at** somebody

*Notez la prononciation du prétérit et du participe passé **laughed** : /lɑːft/, qui rime avec **raft**.*

moquette

▷ J'ai de la moquette grise dans ma chambre.
I have grey carpet in my bedroom.

carpet /'kɑːpɪt/

moral

▷ Je vois que tu as le moral, Pierre !
I see that you're in good spirits, Pierre!

▷ Adeline n'a pas le moral en ce moment.
Adeline is feeling down at the moment.

► **avoir le moral** : **be in good spirits** /ɪn gʊd 'spɪrɪts/

► **ne pas avoir le moral** : **feel down** /fiːl 'daʊn/ (**felt, felt** /felt/)

morale

▷ Quelle est la morale de l'histoire ?
What is the moral of the story?

(d'une histoire) **moral** /'mɒrəl/

Attention à l'orthographe du mot anglais.

morceau

▷ Tu veux un morceau de fromage ?
Do you want a piece of cheese?

▷ Je vais vous jouer un morceau de Bach.
I'm going to play a piece by Bach.

▷ Antoine prend trois morceaux de sucre dans son café !
Antoine takes three lumps of sugar in his coffee!

piece /piːs/

Attention à la prononciation du pluriel ***pieces*** *: /ˈpiːsɪz/.*

► **morceau de sucre : lump of sugar** /lʌmp əv ˈʃʊgəʳ/ (pluriel **lumps of sugar**)

mordre

▷ Un chien l'a mordu à la jambe.
A dog bit him on the leg.

▷ Il s'est cassé une dent en mordant dans une pomme.
He broke a tooth biting into an apple.

bite /baɪt/ (**bit** /bɪt/, **bitten** /ˈbɪtən/)

► **mordre dans** quelque chose **: bite into** something

morsure

▷ C'est une vilaine morsure.
It's a nasty bite.

bite /baɪt/

mort, morte

1 ▷ Il ne bougeait plus, on a cru qu'il était mort.
He wasn't moving, we thought he was dead.

1 (= sans vie) **dead** /ded/

Le ***ea*** *de* ***dead*** *se prononce comme le* ***e*** *de* ***bed****.*

2 ▷ On était morts de rire !
We were in stitches!

2 ► **mort de rire : in stitches** /ˈstɪtʃɪz/

3 ▷ Je suis morte de faim.
I'm starving.

3 ► **mort de faim : starving** /ˈstɑːvɪŋ/

4 ▷ Elle était morte de peur.
She was frightened to death.

4 ► **mort de peur : frightened to death** /ˌfraɪtnd tə ˈdəθ/

mort

▷ Il n'est plus pareil depuis la mort de son père.
He hasn't been the same since his father's death.

death /deθ/

Le ***ea*** *de* ***death*** *se prononce comme le* ***e*** *de* ***bed****.*

mortel, mortelle

▷ Il y a beaucoup d'accidents mortels sur la route.
There are a lot of fatal accidents on the road.

(= qui tue) **fatal** /ˈfeɪtl/

Le premier ***a*** *de* ***fatal*** *se prononce comme le* ***a*** *de* ***make****.*

Le mot anglais ***mortal*** *veut dire « qui n'est pas immortel ».*

morue

▷ J'adore la morue salée.
I love salted cod.

cod /kɒd/

mosquée

▷ Il va à la mosquée tous les jours.
He goes to the mosque every day.
▷ La mosquée est près de notre immeuble.
The mosque is near our building.

mosque /mɒsk/

mot

1 ▷ Que veut dire ce mot ?
What does this word mean?

(= terme, parole) **word** /wɜːd/

2 ▷ Il y avait un mot sur la porte.
There was a note on the door.

(= message) **note** /nəʊt/

3 ▷ J'ai oublié mon mot de passe.
I've forgotten my pass word.

► **mot de passe : password** /'pɑːswɜːd/

4 ▷ Je fais des mots croisés dans le bus.
I do crosswords on the bus.

► **les mots croisés** (= grille de mots croisés) : **the crossword** /'krɒswɜːd/

moteur

▷ Le mécanicien a sorti le moteur pour le réparer.
The mechanic took the engine out to repair it.
▷ C'est un moteur de recherche très puissant.
It's a very powerful search engine.

engine /'endʒɪn/

► **moteur de recherche : search engine**

*Le **i** de **engine** se prononce comme le **i** de **big**. **Engine** rime avec **win**.*

motif

▷ Le tissu avait un très joli motif.
The material had a very pretty pattern.
▷ Elle portait une robe bleue à motifs.
She was wearing a blue patterned dress.

pattern /'pætən/

► **à motifs : patterned** /'pætənd/

motivation

▷ Il manque de motivation.
He lacks motivation.

motivation /ˌməʊtɪ'veɪʃən/

motivé, motivée

▷ Je ne suis pas très motivé en ce moment.
I'm not very motivated at the moment.

motivated /'məʊtɪveɪtɪd/

moto

▷ Nous irons en moto.
We'll go by motorbike.
▷ La moto nous a doublés.
The motorbike overtook us.
▷ Mon frère fait de la moto.
My brother rides a motorbike.

motorbike /ˈməʊtəbaɪk/

► **faire de la moto :** ride /raɪd/ a motorbike (rode /rəʊd/, ridden /ˈrɪdən/)

mou, molle

▷ Ce lit est trop mou.
This bed is too soft.

(= moelleux) **soft** /sɒft/ (**plus mou** softer /sɒftəʳ/, **le plus mou** the softest /ˈsɒftɪst/)

mouche

▷ Il y a des mouches partout parce qu'il fait chaud.
There are flies everywhere because it's hot.

fly /flaɪ/ (pluriel flies /flaɪz/)

se moucher

▷ Tu pourrais être plus discret quand tu te mouches.
You could be a bit more discreet when you blow your nose.
▷ Il se mouche sans arrêt.
He continually blows his nose.

blow /bləʊ/ one's **nose** /nəʊz/ (blew, blown)

ℹ *L'adjectif possessif fonctionne de la façon suivante en anglais : **I blow my nose, you blow your nose, he blows his nose, she blows her nose, we blow our noses, they blow their noses**.*

mouchoir

▷ J'ai prêté un mouchoir à Mathias.
I lent Mathias a handkerchief.

(en tissu) **handkerchief** /ˈhæŋkətʃɪf/ (pluriel handkerchieves)

ℹ *On dit aussi* **hanky** /ˈhæŋkɪ/ (pluriel hankies /ˈhæŋkɪz/).

▷ Est-ce que tu as un mouchoir en papier ?
Have you got a tissue?

► **mouchoir en papier :** tissue /ˈtɪʃuː/

🔊 *Le **ss** de **tissue** se prononce comme le **sh** de **shop**.*

moue

▷ Helen a fait la moue quand j'ai proposé d'aller au cinéma.
Helen pulled a face when I suggested we go to the cinema.

► **faire la moue** (quand on est déçu) : pull a face /pʊl ə ˈfeɪs/

mouette

▷ Une mouette s'est posée près de nous.
A seagull landed near us.

seagull /ˈsiːgʌl/

moufles

▷ Les moufles, c'est moins pratique que les gants.
Mittens are less practical than gloves.

mittens /'mɪtnz/

mouillé, mouillée

▷ Je n'aime pas sortir avec les cheveux mouillés.
I don't like to go out with wet hair.

wet /wet/ (**plus mouillé** wetter /wetəʳ/, **le plus mouillé** the wettest /'wetɪst/)

mouiller

1 ▷ Attention, tu vas mouiller tes chaussures.
Be careful, you're going to get your shoes wet.

► **mouiller** quelque chose (par accident) : **get** something **wet** /wet/ (got, got)

2 ▷ Mouille l'éponge et frotte doucement.
Dampen the sponge and rub gently.

(volontairement) **dampen** /'dæmpən/

3 ▷ J'emporte un parapluie, je déteste me mouiller.
I'm taking an umbrella, I hate getting wet.

► **se mouiller : get wet** (got, got)

4 ▷ Elle nage sans se mouiller les cheveux.
She swims without getting her hair wet.

► **se mouiller** quelque chose **: get** something **wet** (got, got)

moulant, moulante

▷ Elle porte un pantalon moulant.
She is wearing tight trousers.

tight /taɪt/ (**plus moulant** tighter /'taɪtəʳ/, **le plus moulant** the tightest /'taɪtɪst/)

moule

1 ▷ Ils ont utilisé un moule pour faire la statue.
They used a mould to make the statue.

► **un moule** (pour fabriquer des objets) : **a mould** /məʊld/

Mould rime avec cold.

2 ▷ Ce moule à gâteau est trop petit.
This cake tin is too small.

► **un moule à gâteau : a cake tin** /'keɪk tɪn/ (pluriel cake tins)

3 ▷ Il y avait plusieurs moules qui n'étaient pas fraîches.
There were several mussels that weren't fresh.

► **une moule** (= un coquillage) : **a mussel** /'mʌsl/

moulin

1 ▷ Ils habitent dans un vieux moulin.
They live in an old mill.

(= moulin à eau) **mill** /mɪl/

2 ▷ Il y a beaucoup de moulins à vent en Hollande.
There are a lot of windmills in Holland.

► **moulin à vent : windmill** /'wɪnmɪl/

3 ▷ Le moulin à poivre est cassé.
The pepper grinder is broken.

► **moulin à poivre :** pepper grinder /'pepə graɪndəʳ/

mourir

1 ▷ Elle est morte hier.
She died yesterday.

die /daɪ/

Notez la prononciation du prétérit et du participe passé ***died*** */daɪd/, qui rime avec* ***side****.*

▷ De quoi est-ce qu'il est mort ?
What did he die of?

► **mourir de** quelque chose **:** die of something

2 ▷ Les prisonniers sont morts de faim.
The prisoners starved.
▷ Quand est-ce qu'on mange ? Je meurs de faim !
When are we eating? I'm starving!

► **mourir de faim :** starve /stɑːv/

3 ▷ Je meurs de soif !
I'm dying of thirst!

► **mourir de soif :** die of thirst /θɜːst/

mousse

1 ▷ Ce matelas n'est qu'un gros morceau de mousse.
This mattress is just a big piece of foam.

(= matière) foam /fəʊm/

▷ Il n'y a plus de mousse à raser.
There's no shaving foam left.

► **mousse à raser :** shaving foam /'ʃeɪvɪŋ fəʊm/

2 ▷ J'adore la mousse au chocolat.
I love chocolate mousse.

(= entremets) mousse /muːs/

mousseux

▷ On a bu du mousseux pour fêter ça.
We drank sparkling wine to celebrate.

(= vin) sparkling wine /ˌspɑːklɪŋ 'waɪn/ (pluriel sparkling wines /ˌspɑːklɪŋ 'waɪnz/)

moustache

1 ▷ Il se laisse pousser la moustache.
He is growing a moustache.

(d'un homme) moustache /məs'tɑːʃ/

2 ▷ Les moustaches du chat sont très sensibles.
The cat's whiskers are very sensitive.

► **moustaches** (d'un animal) **:** whiskers /'wɪskəz/

moustique

▷ Je me suis fait piquer par un moustique.
I got bitten by a mosquito.

mosquito /mɒs'kiːtəʊ/ (pluriel mosquitoes)

L'accent tonique est sur la deuxième syllabe ***-qui-****.*

moutarde

▷ J'ai mis trop de moutarde.
I've put too much mustard on.

mustard /'mʌstəd/

mouton

1 ▷ Un troupeau de moutons traversait la route.
A flock of sheep was crossing the road.

(= animal) **sheep** /ʃiːp/

ℹ *Sheep est invariable au pluriel : **one sheep, two sheep**.*

2 ▷ Nous avons mangé du mouton avec des haricots.
We ate mutton with beans.

(= viande) **mutton** /'mʌtn/

mouvement

▷ Il a fait un mouvement brusque.
He made an abrupt movement.

movement /'muːvmənt/

🔊 *Le **o** de **movement** se prononce comme le **oo** de **too** et **soon**.*

moyen, moyenne

▷ Marie est de taille moyenne.
Marie is of average height.
▷ Je suis moyen en anglais.
I'm average at English.

average /'ævrɪdʒ/

🔊 *Le deuxième **a** de **average** se prononce comme le **i** de **big**. **Average** rime avec **bridge**.*

moyen

1 ▷ Stéphane a trouvé un moyen pour avoir des billets gratuits.
Stéphane found a way of getting free tickets.

(= méthode) **way** /weɪ/

ℹ *Notez la structure anglaise : **a way of** + **-ing**.*

2 ▷ Ils n'ont pas les moyens d'acheter une voiture neuve.
They can't afford a new car.
▷ As-tu les moyens d'acheter ça ?
Can you afford that?

*Quand on parle des moyens qu'on a d'acheter quelque chose en anglais, on emploie l'expression **can afford...** /ə'fɔːd/ (au négatif, **can't afford...** ; au prétérit **couldn't afford...**) + complément.*

moyenne

1 ▷ Ce n'est pas le maximum, c'est juste une moyenne.
It's not the maximum, it's just an average.

(= chiffre ou note intermédiaire) **average** /'ævrɪdʒ/

🔊 *Rime avec **bridge**.*

2 ▷ Il a eu la moyenne en géo.
He got fifty percent in geography.

► **avoir la moyenne : get fifty per cent** /ˌfɪftɪ pə'sənt/ **(got, got)**

Moyen-Orient

▷ Le Moyen-Orient me fascine.
The Middle East fascinates me.
▷ Il a travaillé deux ans au Moyen-Orient.
He worked in the Middle East for two years.

► **le Moyen-Orient : the Middle East** /mɪdl 'iːst/

► **au Moyen-Orient** (= dans la région) **: in the Middle East**

▷ Beaucoup de touristes ont peur d'aller au Moyen-Orient.
A lot of tourists are afraid to go to the Middle East.

► **au Moyen-Orient** (= vers la région) : to the Middle East

MP3

▷ C'est un fichier MP3.
It's an MP3 file.

MP3 /ˌempiːˈθriː/

muet, muette

1 ▷ Leur fils est muet.
Their son is mute.

(personne) mute /mjuːt/

2 ▷ Nous avons vu un film muet au ciné-club.
We saw a silent film at the cinema club.

(film, cinéma) silent /ˈsaɪlənt/

multimédia

▷ C'est une messagerie multimédia.
It's a multimedia messaging service.

multimedia /ˈmʌltɪˈmiːdɪə/

multiplication

▷ Ta multiplication est fausse.
Your multiplication is wrong.

multiplication /ˌmʌltɪplɪˈkeɪʃən/

multiplier

▷ Sept multiplié par huit égale cinquante-six.
Seven multiplied by eight equals fifty-six.

multiply /ˈmʌltɪplaɪ/

ℹ *Le y de* ***multiply*** *devient* ***ie*** *à la troisième personne du présent de l'indicatif* (multiplies /ˈmʌltɪplaɪz/)*, au prétérit et au participe passé* (multiplied /ˈmʌltɪplaɪd/).

mur

▷ Il y a un haut mur autour du jardin.
There's a high wall around the garden.
▷ J'ai posté un message sur ton mur.
I've posted a message on your wall.

(= cloison, sur Internet) wall /wɔːl/

mûr, mûre ADJECTIF

1 ▷ Choisis un melon mûr.
Choose a ripe melon.

(fruit, légume) ripe /raɪp/ (**plus mûr** riper /raɪpəʳ/, **le plus mûr** the ripest /ˈraɪpɪst/)

2 ▷ Elle n'est pas très mûre pour son âge.
She isn't very mature for her age.

(personne) mature /məˈtjʊəʳ/ (**plus mûr** more mature, **le plus mûr** the most mature)

mûre NOM

▻ Nous avons ramassé des mûres pour faire de la confiture.
We gathered blackberries to make jam.

blackberry /ˈblækbərɪ/ (pluriel **blackberries** /ˈblækbərɪz/)

mûrir

▻ Attends que les pêches mûrissent.
Wait for the peaches to ripen.

(fruit) **ripen** /ˈraɪpən/

*Le **i** de **ripen** se prononce comme le **i** de **like**.*

muscade

▻ J'ai ajouté un peu de muscade pour donner plus de goût.
I added a bit of nutmeg to give it more taste.

(= noix de muscade) **nutmeg** /nʌtmeg/

musclé, musclée

▻ Elle a des mollets très musclés.
She has very muscular calves.

muscular /ˈmʌskjʊləʳ/ (plus musclé more muscular, le plus musclé the most muscular)

*Le premier **u** de **muscular** se prononce comme le **u** de **duck**.*

musculation

▻ Elle fait de la musculation.
She does bodybuilding.

► **faire de la musculation : do bodybuilding** /ˈbɒdɪbɪldɪŋ/ (did, done)

museau

1 ▻ Le chien poussait la balle avec son museau.
The dog was pushing the ball with its muzzle.

(de chien, de vache) **muzzle** /ˈmʌzl/

2 ▻ J'ai vu le petit museau d'une souris apparaître de sous l'armoire.
I saw the tiny nose of a mouse appear from under the wardrobe.

(de souris) **nose** /nəʊz/

musée

▻ Nous avons visité le musée d'art moderne.
We visited the modern art gallery.
▻ Le musée d'histoire naturelle est très intéressant.
The natural history museum is very interesting.

*Pour les musées d'art, on dit **gallery*** /ˈgælərɪ/ (pluriel **galleries** /ˈgælərɪz/), *tandis que pour les sciences et les techniques on dit **museum*** /mjuːˈzɪəm/.

muselière

▻ Le chien avait une muselière.
The dog had a muzzle.

muzzle /ˈmʌzl/

musical, musicale

▷ L'œuvre musicale de Debussy.
Debussy's musical works.

▷ J'adore les comédies musicales.
I love musicals.

musical /'mjuːzɪkəl/ (plus musical more musical, le plus musical the most musical)
► **comédie musicale : musical** /'mjuːzɪkəl/

musicien, musicienne

▷ Ce sont d'excellents musiciens.
They're excellent musicians.

musician /mjuː'zɪʃən/

musique

▷ On a écouté de la musique toute la soirée.
We listened to music all evening.

▷ Je n'aime pas tellement la musique classique.
I don't really like classical music.

▷ Qui a composé la musique du film ?
Who wrote the film score?

music /'mjuːzɪk/
ℹ *Music est indénombrable : il ne se met pas au pluriel et ne s'emploie pas avec l'article **a**.*
► **musique classique : classical music** /ˌklæsɪkl 'mjuːzɪk/
► **musique de film : film score** /'fɪlm skɔːʳ/

musulman, musulmane

▷ Il ne peut pas manger de porc parce qu'il est musulman.
He can't eat pork because he's Muslim.

▷ Il y a beaucoup de musulmans dans mon quartier.
There are a lot of Muslims in my area.

Muslim /'mʊzlɪm/
ℹ *Le mot **Muslim** s'écrit toujours avec une majuscule.*

myope

▷ Elle porte des lunettes parce qu'elle est myope.
She wears glasses because she's short-sighted.

short-sighted /ʃɔːtsaɪtɪd/ (plus myope more short-sighted, le plus myope the most short-sighted)

myrtille

▷ Cette tarte aux myrtilles est délicieuse.
This bilberry tart is delicious.

bilberry /'bɪlbərɪ/ (pluriel bilberries /'bɪlbərɪz/)

mystère

▷ Personne ne sait où il est, c'est un mystère.
Nobody knows where he is, it's a mystery.

mystery /'mɪstərɪ/ (pluriel mysteries /'mɪstərɪz/)

mystérieux, mystérieuse

▷ Il a disparu dans des circonstances mystérieuses.
He disappeared in mysterious circumstances.

mysterious /mɪs'tɪərɪəs/ (plus mystérieux more mysterious, le plus mystérieux the most mysterious)

mythe

▷ C'est un mythe qui explique la création du monde.
It's a myth which explains the creation of the world.

myth /mɪθ/

mythique

▷ Ce sont des créatures mythiques.
They are mythical creatures.

mythical /ˈmɪθɪkəl/ (**plus mythique** more mythical, **le plus mythique** the most mythical)

Nn

nage

1 ▷ La nage est un sport que tout le monde peut pratiquer.
Swimming is a sport that everybody can do.

(= natation) **swimming** /'swɪmɪŋ/

2 ▷ Ma nage préférée est le crawl.
My favourite stroke is the crawl.

(= style) **stroke** /strəʊk/

3 ▷ Ils étaient en nage quand ils sont arrivés en haut de la côte.
They were dripping with sweat when they got to the top of the hill.

► **être en nage : be dripping with sweat** /'drɪpɪŋ wɪð swet/

Sweat rime avec get.

nager

1 ▷ Loïc nage très bien.
Loïc swims really well.

(dans l'eau) **swim** /swɪm/ (**swam** /swæm/, **swum** /swʌm/)

Il y a deux m au gérondif (**swimming** /'swɪmɪŋ/).

2 ▷ Elle a maigri, elle nage dans son jean.
She has lost weight, her jeans are too big for her.

Pour dire qu'on **nage dans ses vêtements** *en anglais, on dit simplement que le vêtement en question est trop grand (**too big** /tuː 'bɪg/).*

naïf, naïve

▷ Il est vraiment naïf, il croit tout ce qu'on lui dit.
He is really naïve, he believes everything people tell him.

naïve /naɪ'iːv/ (**plus naïf** more naïve, **le plus naïf** the most naïve)

*Attention : un seul mot anglais **naïve** (pas de masculin ni de féminin).*

nain, naine

▷ Comment s'appelaient les sept nains de Blanche-Neige ?
What were Snow White's seven dwarves called?

(= personne toute petite) **dwarf** /dwɔːf/ (pluriel **dwarves** /dwɔːvz/)

naissance

▷ Est-ce que tu donnes ta date de naissance sur ton CV ?
Do you give your date of birth on your CV?

birth /bɜːθ/

naître

▷ Elle est née au Canada, mais elle vit en France.
She was born in Canada but she lives in France.

▷ Où es-tu né ?
Where were you born?

be born /bɔːn/

ℹ *Notez bien :* je suis né ***I was born*** ; tu es né ***you were born*** ; il est né ***he was born*** ; elle est née ***she was born*** ; nous sommes né(e)s ***we were born*** ; vous êtes né(e)s ***you were born*** ; ils sont nés / elles sont nées ***they were born***.

nappe

▷ La nappe est toute tachée.
The tablecloth is all stained.

(sur la table) tablecloth /ˈteɪblklɒθ/

narine

▷ Elle a un piercing à la narine.
She has a nostril piercing.

nostril /ˈnɒstrəl/

natal, natale

▷ Il veut retourner dans son pays natal.
He wants to go back to his native country.

native /ˈneɪtɪv/

natation

▷ La natation est un excellent sport.
Swimming is an excellent sport.

swimming /ˈswɪmɪŋ/

▷ Je fais de la natation le mercredi.
I swim on Wednesdays.

► **faire de la natation :** swim /swɪm/ (swam /swæm/, swum /swʌm/)

nation

▷ Les Nations unies siègent à New York.
The United Nations have their headquarters in New York.

nation /ˈneɪʃən/

national, nationale

1 ▷ Il a été sélectionné pour l'équipe nationale.
He was selected for the national team.

(= du pays) national /ˈnæʃənl/

2 ▷ On va prendre la nationale plutôt que l'autoroute.
We're going to take the A road instead of the motorway.

► **une nationale** *ou* **une route nationale : an** A road /ˈeɪrəʊd/ (pluriel A roads)

En anglais américain on dit ***state highway*** /steɪt ˈhaɪweɪ/ (pluriel state highways)).

nationalité

▷ Il est de nationalité française.
He has French nationality.
▷ De quelle nationalité sont-ils ?
What nationality are they?

nationality /ˌnæʃəˈnælɪtɪ/ (pluriel **nationalities** /ˌnæʃəˈnælɪtɪz/)

natte

▷ Elle porte des nattes.
She wears plaits.

(= tresse) **plait** /plæt/

🔊 ***Plait*** *rime avec* ***cat*** *(le* ***i*** *ne se prononce pas).*

▷ Parfois, je me fais des nattes.
Sometimes I plait my hair.

► se **faire des nattes : plait** one's **hair**

ℹ *L'adjectif possessif fonctionne de la façon suivante en anglais : I plait* ***my*** *hair, you plait* ***your*** *hair, he plaits* ***his*** *hair, she plaits* ***her*** *hair, we plait* ***our*** *hair, they plait* ***their*** *hair.*

nature

1 ▷ Ces couleurs n'existent pas dans la nature.
These colours don't exist in nature.

► **la nature** (= le monde naturel) : **nature** /ˈneɪtʃə^{r}/

2 ▷ Je n'aime pas vivre en ville, la nature me manque.
I don't like living in the city, I miss the countryside.

► **la nature** (= la campagne) : **the countryside** /ˈkʌntrɪsaɪd/

3 ▷ Tu veux un yaourt nature ou un yaourt aux fruits ?
Do you want a natural yoghurt or a fruit yoghurt?

(adjectif : en parlant d'un yaourt) **natural** /ˈnætʃrəl/

4 ▷ Elle prend son thé nature.
She has her tea without milk.

(en parlant du thé) **without milk** /wɪðaʊt mɪlk/

naturel, naturelle

▷ Est-ce que c'est ta couleur de cheveux naturelle ?
Is that your natural hair colour?

natural /ˈnætʃrəl/ (**plus naturel more natural**, **le plus naturel the most natural**)

naturellement

▷ Elle frise naturellement.
Her hair is naturally curly.

naturally /ˈnætʃrəlɪ/

naufrage

▷ Ils ont fait naufrage sur une île déserte.
They were shipwrecked on a desert island.

(de bateau) **shipwreck** /ˈʃɪprek/
► **faire naufrage : be shipwrecked** /ˈʃɪprekt/

nausée

1 ▷ C'est un médicament contre la nausée.
It's a medicine for nausea.

► **la nausée :** nausea /'nɔːzɪə/

2 ▷ J'ai la nausée, je veux rentrer.
I feel sick, I want to go home.

► **avoir la nausée :** feel sick /sɪk/ (felt sick, felt sick)

navet

1 ▷ Il y a des navets dans la soupe.
There are turnips in the soup.

(= légume) turnip /'tɜːnɪp/

2 ▷ Ce film est un navet.
This film is rubbish.

*Pour dire qu'un film est très mauvais, on peut employer l'adjectif familier **rubbish** /'rʌbɪʃ/.*

navette

1 ▷ Nous avons pris la navette pour l'aéroport.
We took the shuttle to the airport.

(= autobus) shuttle /'ʃʌtl/

2 ▷ Je fais la navette entre Paris et Orléans.
I commute between Paris and Orléans.

► **faire la navette** (pour son travail) **:** commute /kə'mjuːt/

navigateur, navigatrice

1 ▷ C'est une excellente navigatrice.
She's a very good sailor.

(= marin) sailor /'seɪlə'/

2 ▷ Quel navigateur utilises-tu ?
Which browser do you use?

(sur Internet) browser /'braʊzə'/

naviguer

▷ Il passe des heures à naviguer sur Internet.
He spends hours surfing the Web.

► **naviguer sur Internet :** surf /sɜːf/ the Web /web/

*Le verbe **navigate** existe en anglais, mais il est seulement employé pour la navigation en bateau.*

navré, navrée

▷ Je suis vraiment navrée.
I'm really sorry.

sorry /'sɒrɪ/

ne

1 ▷ Je ne sais pas.
I don't know.

*En général, on forme le négatif en anglais à partir de l'auxiliaire **do** suivi de **not** (souvent contracté en **n't**).*

2 ▷ Tu n'es pas très sympa.
You aren't very nice.
▷ Il n'a pas pu le faire.
He couldn't do it.

▷ Je ne peux pas venir.
I can't come.

Après le verbe **be** *ou un modal (***can, might, should,** *etc.), on ajoute* **not** *(***is not, cannot, might not, should not**...*), souvent contracté (***isn't, can't, mightn't, shouldn't**...*).*

ℹ *Pour* ne *en corrélation avec* aucun, jamais, pas, personne, plus, rien, *regardez ces mots.*

3 ▷ Je n'ai que du café instantané.
I only have instant coffee.

► **ne... que** (= seulement) : **only** /ˈəʊnlɪ/

né, née

Regardez le mot ***naître****.*

nécessaire

▷ Ne prends pas ton sac, ce n'est pas nécessaire.
Don't take your bag, it's not necessary.

necessary /ˈnesɪsərɪ/

nécessairement

▷ Passeras-tu par Londres ? – Non, pas nécessairement.
Will you go via London? – No, not necessarily.

necessarily /ˈnesɪsərɪlɪ/

nectarine

▷ Un kilo de nectarines, s'il vous plaît.
A kilo of nectarines, please.

nectarine /ˈnektəriːn/

néerlandais, néerlandaise

1 ▷ L'ancienne monnaie néerlandaise était le florin.
The former Dutch currency was the florin.

Dutch /dʌtʃ/

2 ▷ On a parlé à un Néerlandais dans l'avion.
We spoke to a Dutchman on the plane.

▷ Éric s'est marié avec une Néerlandaise.
Éric married a Dutchwoman.

▷ Les Néerlandais ont gagné trois à un.
The Dutch won three-one.

► **un Néerlandais : a Dutchman** /ˈdʌtʃmən/ (pluriel **Dutchmen** /ˈdʌtʃmen/)
► **une Néerlandaise : a Dutchwoman** /ˈdʌtʃwʊmən/ (pluriel **Dutchwomen** /ˈdʌtʃwɪmɪn/)
► **les Néerlandais : the Dutch**

3 ▷ La langue maternelle de Mark est le néerlandais.
Mark's native language is Dutch.

► **le néerlandais** (= langue) : **Dutch**

ℹ *S'écrit toujours avec une majuscule, comme tous les adjectifs de nationalité en anglais.*

négatif, négative

1 ▷ Ne sois pas si négatif !
Don't be so negative!

1 (= contraire de positif) **negative** /'negətɪv/ **(plus négatif** more negative, **le plus négatif** the most negative**)**

2 ▷ Je voulais un autre exemplaire des photos, mais j'ai perdu les négatifs.
I wanted another copy of the photos, but I've lost the negatives.

2 ► **un négatif** (= photo) : a negative

négligé, négligée

▷ Ça fait très négligé.
It looks really untidy.

(personne, tenue) **untidy** /ʌn'taɪdɪ/ **(plus négligé** untidier, **le plus négligé** the untidiest**)**

négligent, négligente

▷ J'ai été très négligent.
It was very careless of me.

careless /'kɛəlɪs/ **(plus négligent** more careless, **le plus négligent** the most careless**)**

négociation

▷ Les négociations débuteront la semaine prochaine.
The negotiations will start next week.

negotiation /nɪˌgəʊʃɪ'eɪʃən/

Attention à l'orthographe du mot anglais.

négocier

▷ Ils ont négocié un accord.
They negotiated an agreement.

negotiate /nɪ'gəʊʃɪeɪt/

Attention à l'orthographe du mot anglais.

neige

1 ▷ La neige commence à fondre.
The snow is starting to melt.

1 **snow** /snəʊ/

2 ▷ Il va à la neige en février.
He's going skiing in February.

2 ► **aller à la neige** (= au ski) : go skiing /'skiːɪŋ/ (went, gone / been)

neiger

▷ Il neige souvent ici.
It often snows here.

snow /snəʊ/
► **il neige** (en ce moment) : it's snowing /'snəʊɪŋ/

néon

▷ Le soir, les néons de Piccadilly Circus s'allument.
In the evening, the neon lights of Piccadilly Circus come on.

(= enseigne lumineuse) **neon light** /ˌnɪɒn 'laɪt/ (pluriel neon lights)

néo-zélandais, néo-zélandaise

1 ▷ Wellington est la capitale néo-zélandaise.
Wellington is the capital of New Zealand.

1 (adjectif = qui appartient à la Nouvelle-Zélande) **of New Zealand** /njuː 'ziːlənd/

▷ Mathilda est néo-zélandaise.
Mathilda is from New Zealand.

(= originaire de Nouvelle-Zélande)
from New Zealand

2 ▷ Je trouve les Néo-Zélandais très sympathiques.
I find New Zealanders very nice.

► **un(e) Néo-Zélandais(e)**
(= personne) : a New Zealander /njuː ˈziːləndəʳ/

nerf

1 ▷ C'est une inflammation du nerf.
It's an inflammation of the nerve.

(dans le corps) nerve /nɜːv/

2 ▷ Il y a beaucoup de nerfs dans cette viande.
There is a lot of gristle in this meat.

► **nerfs** (dans la viande) : gristle /ˈgrɪsl/

*Le mot **gristle** ne se met jamais au pluriel.*

nerveux, nerveuse

1 ▷ C'est un garçon très nerveux.
He's a very highly-strung boy.

(= émotif de nature)
highly-strung /ˌhaɪlɪˈstrʌŋ/ (**plus nerveux** more highly-strung, **le plus nerveux** the most highly-strung)

2 ▷ Je suis toujours nerveuse avant un entretien.
I'm always nervous before an interview.

(= inquiet) nervous /ˈnɜːvəs/ (**plus nerveux** more nervous, **le plus nerveux** the most nervous)

n'est-ce pas

▷ Elle est gentille, n'est-ce pas ?
She's nice, isn't she?
▷ Vous êtes d'accord, n'est-ce pas ?
You agree, don't you?
▷ Tu viendras, n'est-ce pas ?
You will come, won't you?

La traduction de n'est-ce pas *varie selon la phrase anglaise, mais le principe est toujours le même : on prend l'auxiliaire ou le modal et on le met à la forme interro-négative.*

net, nette

1 ▷ L'image n'est pas très nette.
The picture isn't very clear.

(= clair, évident) clear /klɪəʳ/ (**plus clair** clearer /ˈklɪərəʳ/, **le plus clair** the clearest /ˈklɪərɪst/)

2 ▷ Ces draps ne sont pas très nets.
These sheets aren't very clean.

(= propre) clean /kliːn/ (**plus net** cleaner /ˈkliːnəʳ/, **le plus net** the cleanest /ˈkliːnɪst/)

3 ▷ Il s'est arrêté net quand il m'a vue.
He stopped dead when he saw me.

► **s'arrêter net** : stop dead /stɒp ˈded/

***Stop** prend deux **p** au gérondif (**stopping** /ˈstɒpɪŋ/), au prétérit et au participe passé (**stopped** /stɒpt/).*

4 ▷ Je gagne un salaire net de 1 500 euros.
I earn a salary of 1,500 euros net.

(salaire, somme) **net** /net/

nettement

▷ Bruno est nettement plus sympa que son frère.
Bruno is much nicer than his brother.

(= beaucoup) **much** /mʌtʃ/

nettoyer

▷ Tu devrais nettoyer tes chaussures.
You should clean your shoes.

clean /kliːn/

neuf, neuve ADJECTIF

▷ Elle a un manteau neuf.
She has got a new coat.
▷ L'écran est tout neuf.
The screen is brand new.
▷ Alors, quoi de neuf ?
So, what's new?

new /njuː/ (**plus neuf** newer /'njuːəʳ/, **le plus neuf** the newest /'njuːɪst/)
► **tout neuf :** brand new /bræn 'njuː/
► **quoi de neuf ? :** what's new? /wɒts 'njuː/

neuf NUMÉRAL

1 ▷ Il reste neuf jours avant les vacances.
There are nine days left before the holidays.

nine /naɪn/

2 ▷ Nous partirons le neuf septembre.
We'll leave on the ninth of September.

Quand on dit la date, on emploie ***ninth*** */naɪnθ/ en anglais.*

ℹ *Notez l'emploi de* ***on*** *et* ***of*** *en anglais lorsqu'on dit la date.*

ℹ *On écrit* ***9 September****.*

neutre

▷ La Suisse est un pays neutre.
Switzerland is a neutral country.

neutral /'njuːtrəl/ (**plus neutre** more neutral, **le plus neutre** the most neutral)

neuvième

▷ C'est le neuvième match que gagne leur équipe.
It's the ninth match that their team has won.

ninth /naɪnθ/

🔊 *Le* ***i*** *de* ***ninth*** *se prononce comme le* ***i*** *de* ***like****.*

neveu

▷ Anthony est le neveu de Steve.
Anthony is Steve's nephew.

nephew /'nefjuː/

🔊 *Dites* ***nef*** *+* ***you****.*

nez

▷ Je n'aime pas mon nez.
I don't like my nose.

nose /nəʊz/

niche

▻ Le chien ne veut pas rentrer dans sa niche.
The dog doesn't want to go back to its kennel.

(pour un chien) **kennel** /kenl/

nid

▻ L'oiseau est tombé de son nid.
The bird fell out of its nest.

nest /nest/

nièce

▻ Leur nièce est chanteuse d'opéra.
Their niece is an opera singer.

niece /niːs/

🔊 *Niece rime avec peace et geese.*

nier

▻ Ils nient toute responsabilité.
They denied all responsibility.

deny /dɪ'naɪ/

ℹ *Le y de deny devient ie à la troisième personne du singulier du présent de l'indicatif* (denies /dɪ'naɪz/)*, et ied au prétérit et au participe passé* (denied /dɪ'naɪd/).

ni... ni

▻ Je ne connais ni sa sœur ni son frère.
I know neither his sister nor his brother.
▻ Elle n'est ni grande ni petite.
She's neither tall nor small.

neither... nor /'naɪðəʳ... nɔːʳ/

n'importe

1 ▻ Tu as fait ça n'importe comment !
You've done this any old how!

► **n'importe comment** (= mal) : any old how /'enɪ əʊld haʊ/

2 ▻ Prends n'importe lequel, ça m'est égal.
Take any of them, I don't mind.

► **n'importe lequel, n'importe laquelle :** any of them /'enɪ əv ðəm/

ℹ *S'il n'y a que deux objets ou personnes, on dit either of them* /'aɪðər əv ðəm/.

3 ▻ Tu peux aller n'importe où, tout le monde te dira la même chose.
You can go anywhere, everybody will tell you the same thing.

► **n'importe où :** anywhere /'enɪwεəʳ/

4 ▻ Achète n'importe quelle marque.
Buy any brand.

► **n'importe quel, n'importe quelle :** any /'enɪ/

5 ▻ N'importe qui pourrait faire ça.
Anybody could do that.

► **n'importe qui :** anybody /'enɪbɒdɪ/

6 ▷ Raconte-lui n'importe quoi, mais ne lui dis pas la vérité !
Tell him anything, but don't tell him the truth!

► **n'importe quoi** : anything /'enɪθɪŋ/

7 ▷ Je crois que tu lui plais. – N'importe quoi !
I think he likes you. – Rubbish!

Pour exprimer son mépris pour ce que vient de dire l'autre personne, on peut dire ***rubbish!*** /'rʌbɪʃ/.

8 ▷ Tu peux venir n'importe quand.
You can come anytime.

► **n'importe quand** : anytime /'enɪtaɪm/

niveau

1 ▷ C'est juste au-dessus du niveau de la mer.
It's just above sea level.

level /'levl/

2 ▷ Suzie a un bon niveau en anglais.
Suzie is good at English.

► **avoir un bon niveau en...** : be good at... /'gʊd ət/

noce

1 ▷ Tu t'es bien amusé à la noce ?
Did you have a good time at the wedding?

(= fête) wedding /'wedɪŋ/

2 ▷ Dimanche, on a fêté les noces d'argent de mes parents.
On Sunday we celebrated my parents' silver wedding.

► **noces d'argent** : silver wedding /ˌsɪlvə 'wedɪŋ/

ℹ *De même,* noces d'or = ***gold wedding***.

nocif, nocive

▷ C'est nocif pour la couche d'ozone.
It's harmful to the ozone layer.

harmful /'hɑːmfʊl/ (**plus nocif** more harmful, **le plus nocif** the most harmful)

ℹ *Notez la préposition employée en anglais :* nocif pour = ***harmful to***.

Noël

▷ Qu'est-ce que tu as eu pour Noël ?
What did you get for Christmas?

Christmas /'krɪsməs/

🔊 *Le* ***t*** *ne se prononce pas.*

▷ Joyeux Noël tout le monde !
Merry Christmas everybody!

► **Joyeux Noël !** : Merry Christmas! /ˌmerɪ 'krɪsməs/

ℹ *On peut aussi dire* ***Happy Christmas!*** /ˌhæpɪ 'krɪsməs/.

nœud

1 ▷ Le nœud n'était pas assez serré.
The knot wasn't tight enough.

(= lien) knot /nɒt/

🔊 *Le* ***k*** *de* ***knot*** *ne se prononce pas.*

2 ▷ Elle avait un nœud dans les cheveux.
She had a bow in her hair.

(pour faire joli) **bow** /bəʊ/

Au sens de nœud, ***bow*** *rime avec* ***go*** *et* ***Joe****.*

▷ J'ai dû porter un nœud papillon.
I had to wear a bow tie.

► **nœud papillon : bow tie** /bəʊ 'taɪ/ (pluriel **bow ties**)

noir, noire

1 ▷ Ce pantalon noir te va bien.
Those black trousers suit you.

(= couleur) **black** /blæk/

2 ▷ Il fait noir dans ta chambre.
It's dark in your bedroom.

► **il fait noir : it's dark** /dɑːk/

3 ▷ Ma grand-mère ne porte que du noir.
My grandmother only wears black.

► **le noir** (= la couleur noire) **: black**

Remarquez qu'il n'y a pas d'article en anglais.

4 ▷ Il a peur du noir.
He is afraid of the dark.

► **le noir** (= l'obscurité) **: the dark** /dɑːk/

5 ▷ Julien prend des photos en noir et blanc.
Julien takes black and white photographs.

► **en noir et blanc : black and white** /ˌblækn'waɪt/

6 ▷ Les Noirs et les Blancs en Afrique.
Black people and white people in Africa.

► **un Noir, une Noire** (= une personne) **: a black person** /'blæk ˌpɜːsn/ (pluriel **black people** /'blæk ˌpiːpl/)

noisette

1 ▷ Est-ce qu'il y a des noisettes dans ce chocolat ?
Are there hazelnuts in this chocolate?

(= fruit) **hazelnut** /'heɪzlnʌt/

2 ▷ Elle a les yeux noisette.
She has got hazel eyes.

(= couleur) **hazel** /'heɪzl/

Le ***a*** *se prononce comme le* ***a*** *de* ***make****.*

noix

1 ▷ J'ai acheté un mélange de noix et de noisettes.
I bought a mixture of walnuts and hazelnuts.

(= fruit) **walnut** /'wɔːlnʌt/

2 ▷ Il a fait un gâteau à la noix de coco.
He has made a coconut cake.

► **noix de coco : coconut** /'kəʊkənʌt/

3 ▷ Ces noix de cajou sont trop salées.
These cashew nuts are too salty.

► **noix de cajou : cashew nut** /kæʃuː'nʌt/

Cashew *rime avec* ***shoe****.*

4 ▷ Ajoute un peu de noix de muscade dans la soupe.
Add some nutmeg to the soup.

► **noix de muscade : nutmeg** /ˈnʌtmeg/

5 ▷ J'adore la glace à la noix de pécan.
I love pecan ice cream.

► **noix de pécan : pecan nut** /pɪˈkænnʌt/

nom

▷ Rodolphe, c'est un drôle de nom pour un chien !
Rodolphe is a funny name for a dog!
▷ Quel est ton nom ?
What's your name?

name /neɪm/

▷ Je la connais de nom seulement.
I know her by name only.
▷ Ils m'ont demandé mon nom de famille.
They asked for my last name.

► **connaître** quelqu'un **de nom : know** /nəʊ/ somebody **by name**
► **nom de famille : last name** /lɑːst ˈneɪm/
ℹ *On dit aussi* ***surname*** */ˈsɜːʳneɪm/.*

▷ Quel est le nom de jeune fille de votre mère ?
What's your mother's maiden name?

► **nom de jeune fille : maiden name** /ˈmeɪdn neɪm/

nombre

▷ Choisis un nombre au hasard.
Choose a number at random.

number /ˈnʌmbəʳ/

nombreux, nombreuses

1 ▷ Il y a eu de nombreux accidents ici.
There have been a lot of accidents here.

► **de nombreux...** (= beaucoup de) **: a lot of...** /ə ˈlɒt əv/

2 ▷ Ils sont trop nombreux pour s'asseoir autour de la table.
There are too many of them to sit round the table.

Pour exprimer l'idée qu'il y a un grand nombre de personnes dans un endroit, on utilise l'expression ***there are / there were*** *suivie du mot qui exprime la quantité* **(many, more, fewer, etc.)**.

▷ Nous étions plus nombreux que l'année dernière.
There were more of us than last year.
▷ Les mineurs sont moins nombreux qu'avant.
There are fewer miners than before.
▷ Vous étiez nombreux ?
Were there many of you?

ℹ *Notez l'emploi de* ***of*** *avant le pronom personnel* ***(too many of them, more of us,*** *etc.).*
ℹ *Dans les questions,* ***there are*** *et* ***there were*** *deviennent* ***are there...?*** *et* ***were there...?***

nombril

▷ Sarah a un anneau dans le nombril.
Sarah has a ring in her navel.

navel /ˈneɪvəl/
🔊 *Le* ***a*** *se prononce comme le* ***a*** *de* ***make****.*

nommer

1 ▷ Il a été nommé directeur.
He was appointed manager.

(= désigner à un poste) **appoint** /ə'pɔɪnt/

L'accent tonique est sur la deuxième syllabe ***-point****.*

2 ▷ Un garçon nommé Hugo.
A boy named Hugo.

(= appeler) **name** /neɪm/

non

1 ▷ Tu as faim ? – Non, pas encore.
Are you hungry? – No, not yet.

(pour refuser) **no** /nəʊ/

2 ▷ Tu aimes ça ? Moi non.
Do you like it? I don't.
▷ Moi je suis prête, mais lui non.
I'm ready, but he isn't.
▷ Ils m'ont demandé si je pouvais le faire, j'ai dit que non.
They asked me if I could do it, I said I couldn't.

Quand non *remplace une proposition, on traduit en anglais en reprenant l'auxiliaire ou le modal correspondant et en le mettant à la forme négative.*

3 ▷ Tu viens ou non ?
Are you coming or not?

► **...ou non ? : ...or not?** /ɔː 'nɒt/

4 ▷ C'est joli, non ?
It's nice, isn't it?
▷ Elle chante bien, non ?
She sings well, doesn't she?

Quand non ? *équivaut à* n'est-ce pas ?*, la traduction varie selon la phrase anglaise, mais le principe est toujours le même : on prend l'auxiliaire ou le modal et on le met à la forme interro-négative.*

5 ▷ Ambre n'est pas venue non plus.
Ambre didn't come either.
▷ Je ne veux pas ! – Lui non plus !
I don't want to! – Neither does he!
▷ Je n'ai pas soif. – Moi non plus.
I'm not thirsty. – Neither am I.

► **non plus : either** /'aɪðəʳ/

ℹ *Quand* non plus *vient après un pronom personnel, la traduction est* ***neither*** /'naɪðəʳ/ *+ auxiliaire + pronom.*

non-fumeurs

▷ Nous voudrions une table non-fumeurs.
We'd like a non-smoking table.

(endroit où l'on ne fume pas)
non-smoking /ˌnɒn 'sməʊkɪŋ/

nord

▷ Le nord est dans cette direction.
The north is in this direction.
▷ Ils habitent dans le Nord.
They live in the north.

north /nɔːθ/

▷ Mon village est au nord de Joinville.
My village is north of Joinville.

► **au nord de... : north of...**

normal, normale

1 ▷ Est-ce normal que ce soit ouvert ?
It is normal that it's open?

(= sans incidents) **normal** /'nɔːməl/

2 ▷ Il n'y a pas de lumière dans la maison, ce n'est pas normal.
There's no light in the house, there's something wrong.

► **ce n'est pas normal** (= il y a un problème) : **there's something wrong** /ðɛəz ˌsʌmθɪŋ 'rɒŋ/

3 ▷ Ah non ! Ce n'est pas normal !
No! It's not fair!

► **ce n'est pas normal** (= ce n'est pas juste) : **it's not fair** *ou* **it's not right** /ɪts nɒt 'fɛəʳ, ɪts nɒt raɪt/

4 ▷ C'est normal de vouloir réussir dans la vie.
It's natural to want to succeed in life.

(= compréhensible) **natural** /'nætʃrəl/ (**plus normal** more natural, **le plus normal** the most natural)

normalement

1 ▷ Normalement, je me couche à onze heures.
Normally I go to bed at eleven.

(= d'habitude) **normally** /'nɔːməlɪ/

2 ▷ Normalement, on devrait arriver vers sept heures.
If all goes well we should arrive around seven.

(= s'il n'y a pas de problème) **if all goes well** /ɪf ˌɔːl gəʊz 'wel/

Normand, Normande

▷ Il y a beaucoup de Normands dans sa famille.
There are a lot of people from Normandy in his family.

(= de Normandie) **person from Normandy** /'nɔːməndɪ/

ℹ *S'écrit toujours avec une majuscule, comme tous les adjectifs et noms de région en anglais.*

*Le mot anglais **Normans** existe mais il désigne surtout les Scandinaves qui ont envahi l'Europe au IXᵉ siècle.*

Normandie

▷ Elle n'a jamais voulu quitter la Normandie.
She has never wanted to leave Normandy.

Normandy /'nɔːməndɪ/

► **la Normandie : Normandy**

ℹ *Ne prend jamais d'article.*

▷ Il a une maison en Normandie.
He has a house in Normandy.

► **en Normandie** (= dans la région) : **in Normandy**

▷ On pourrait aller en Normandie demain.
We could go to Normandy tomorrow.

► **en Normandie** (= vers la région) : **to Normandy**

Norvège

▷ La Norvège ne fait pas partie de l'Union européenne.
Norway isn't part of the European Union.
▷ Nous avons vu des fjords magnifiques en Norvège.
We saw some beautiful fjords in Norway.
▷ Elle est allée en Norvège pour voir son fils.
She went to Norway to see her son.

Norway /'nɔːweɪ/
► **la Norvège : Norway**
ℹ *Ne prend jamais d'article.*
► **en Norvège** (= dans le pays) **: in Norway**
► **en Norvège** (= vers le pays) **: to Norway**

norvégien, norvégienne

▷ Monika est norvégienne.
Monika is Norwegian.
▷ Aurélie sort avec un Norvégien.
Aurélie is going out with a Norwegian.

Norwegian /nɔː'wiːdʒən/
ℹ *S'écrit toujours avec une majuscule, comme tous les adjectifs et noms de nationalité en anglais.*
🔊 *Le* ***e*** *se prononce comme le* ***ee*** *de* ***week****.*

nos

▷ Nos trois enfants habitent à l'étranger.
Our three children live abroad.

our /'aʊə^r/
🔊 ***Our*** *rime avec* ***flower****.*

nostalgique

▷ Les nostalgiques des années 60.
Those who feel nostalgic for the 1960s.

nostalgic /nɒs'tældʒɪk/ (**plus nostalgique** more nostalgic, **le plus nostalgique** the most nostalgic)
ℹ *Notez la préposition employée en anglais :* nostalgique de = ***nostalgic for****.*

notamment

▷ J'ai beaucoup aimé le livre, notamment le début.
I really liked the book, in particular the beginning.

in particular /ɪn pə'tɪkjʊlə^r/

note

1 ▷ Nous avons demandé la note et nous avons quitté l'hôtel.
We asked for the bill and we left the hotel.

(= facture) **bill** /bɪl/
En anglais américain on dit ***check*** */tʃek/.*

2 ▷ Tu prends des notes, j'espère ?
You're taking notes, I hope?

► **prendre des notes : take notes (took, taken)**

3 ▷ Avant de jouer, il faut savoir lire les notes.
Before playing, you have to know how to read the notes.

(de musique) **note** /nəʊt/

4 ▷ J'avais toujours de mauvaises notes en français.
I always got bad marks in French.

(à l'école) **mark** /mɑːk/

En anglais américain on dit ***grade*** /greɪd/.

noter

1 ▷ Note l'adresse sur ce bout de papier.
Write the address down on this piece of paper.

(= écrire) **write down** /raɪt daʊn/ (**wrote down** /rəʊt daʊn/, **written down** /'rɪtən daʊn/)

2 ▷ Les devoirs sont notés sur vingt.
The tests are marked out of twenty.

(= mettre une note à un devoir) **mark** /mɑːk/

notice

▷ As-tu lu la notice ?
Have you read the instructions?

(= mode d'emploi) **instructions** /ɪn'strʌkʃənz/

Notice *en français ne se traduit pas par le mot anglais* ***notice****, qui signifie « affiche » ou « préavis ».*

notre

▷ Notre voyage en Cornouailles s'est bien passé.
Our trip to Cornwall went well.

our /'aʊə^r/

Our *rime avec* ***flower****.*

le nôtre, la nôtre, les nôtres

▷ Leur maison est plus grande que la nôtre.
Their house is bigger than ours.

▷ Je crois que ces places sont les nôtres.
I think these seats are ours.

ours /'aʊəz/

Ours *rime avec* ***flowers****.*

nouer

▷ Alix a mal noué sa cravate.
Alix hasn't tied his tie properly.

tie /taɪ/

Le ***ie*** *de* ***tie*** *devient* ***y*** *au gérondif* (tying).

nouilles

▷ Encore des nouilles ? On pourrait manger autre chose pour changer !
Pasta again? We could eat something else for a change!

▷ Ces nouilles sont délicieuses.
This pasta is delicious.

▷ Tu aimes les nouilles chinoises ?
Do you like Chinese noodles?

(= pâtes) **pasta** /'pæstə/

Pasta *est indénombrable : il ne se met pas au pluriel et on ne dit pas* * *a pasta.*

S'il s'agit de nouilles chinoises, on dit ***noodles*** /'nuːdlz/. ***Noodles*** *est pluriel.*

nounours

▷ Il a perdu son nounours.
He's lost his teddy bear.

teddy bear /'tedɪbeə^r/ (pluriel **teddy bears** /'tedɪbeə^r z/)

nourrice

▷ Julia est nourrice.
Julia is a childminder.

▷ Il adore sa nourrice.
He loves his nanny.

childminder /'tʃaɪld,maɪndəʳ/ *ou* **nanny** /'nænɪ/ (pluriel **nannies** /'næniːz/)

ℹ *N'oubliez pas l'article* ***a*** *ou* ***an*** *devant le nom du métier lorsqu'il suit les verbes* ***be*** *ou* ***become****.*

nourrir

1 ▷ Ils ont plusieurs chiens à nourrir.
They have several dogs to feed.

(= donner à manger à) **feed** /fiːd/ (fed, fed /fed/)

2 ▷ Il refuse de se nourrir.
He refuses to eat.

▷ Elle ne se nourrit que de chips et de chocolat.
She eats only crisps and chocolate.

► **se nourrir :** eat /iːt/ (ate /eɪt/, eaten /'iːtən/)

► **se nourrir de** quelque chose **:** eat something (ate, eaten)

nourrissant, nourrissante

▷ C'est une crème très nourrissante.
It's a very nourishing cream.

nourishing /'nʌrɪʃɪŋ/ (**plus nourrissant** more nourishing, **le plus nourrissant** the most nourishing)

nourriture

▷ Nous n'avons pas préparé assez de nourriture.
We haven't prepared enough food.

food /fuːd/

🔈 *Le* ***oo*** *de* ***food*** *se prononce comme le* ***oo*** *de* ***soon*** *et* ***too****.*

nous

1 ▷ Nous avons décidé d'accepter.
We decided to accept.

(sujet) **we** /wiː/

2 ▷ Ne nous attends pas.
Don't wait for us.

▷ Il nous a donné son vieux canapé.
He gave us his old sofa.

▷ Elle nous l'a montré.
She showed it to us.

(complément) **us** /ʌs/

3 ▷ Nous nous sommes fait mal en jouant au foot.
We hurt ourselves playing football.

▷ Nous nous sommes trompés.
We made a mistake.

▷ Nous nous levons à sept heures.
We get up at seven.

Le pronom réfléchi **nous** *est parfois traduit par* ***ourselves*** */ˌaʊə'selvz/, notamment si l'action est vraiment effectuée sur soi.*
Mais dans certains cas, il faut utiliser une expression particulière où le pronom réfléchi **nous** *n'a pas d'équivalent.*

nous-mêmes

▷ Nous pourrions lui parler nous-mêmes.
We could speak to him ourselves.

ourselves /ˌaʊəˈselvz/

nouveau, nouvel, nouvelle

1 ▷ Nous avons une nouvelle secrétaire.
We have a new secretary.

new /njuː/

▷ Ce sera bientôt le nouvel an.
It will soon be New Year.

► **le nouvel an : New Year** /njuː ˈjɪəʳ/

2 ▷ Le chien s'est de nouveau échappé.
The dog has escaped again.

► **de** *ou* **à nouveau : again** /əˈgen/

nouvelle

1 ▷ C'est Cédric qui nous a annoncé la nouvelle.
It was Cédric who told us the news.
▷ C'est une bonne nouvelle.
That's good news.
▷ Les nouvelles sont plutôt bonnes.
The news is quite good.

(= événement) **news** /njuːz/

ℹ *News est indénombrable : il n'est jamais précédé de l'article* ***a*** *et il est toujours suivi d'un verbe au singulier.* **Une nouvelle** *se dit soit* ***a piece of news,*** *soit* ***some news.***

2 ▷ Je préfère écouter les nouvelles à la radio.
I prefer to listen to the news on the radio.

► **les nouvelles** (= le journal) **: the news**

3 ▷ Est-ce que tu as des nouvelles de Charlotte ?
Have you heard from Charlotte?

► **avoir des nouvelles de** quelqu'un **: have heard** /hɜːd/ **from** somebody

4 ▷ J'aime beaucoup les nouvelles d'Edgar Poe.
I really like Edgar Poe's short stories.

(= roman court) **short story** /ʃɔːtˈstɔːrɪ/ (pluriel **short stories**)

Nouvelle-Zélande

▷ La Nouvelle-Zélande a environ 4 millions d'habitants.
New Zealand has around 4 million inhabitants.

New Zealand
► **La Nouvelle-Zélande : New Zealand**
ℹ *Ne prend jamais d'article.*

▷ Cette plante ne pousse qu'en Nouvelle-Zélande.
This plant only grows in New Zealand.
▷ Tu devrais aller en Nouvelle-Zélande.
You should go to New Zealand.

► **en Nouvelle-Zélande** (= dans le pays) **: in New Zealand**
► **en Nouvelle-Zélande** (= vers le pays) **: to New Zealand**

novembre

▷ Nous allons déménager en novembre.
We're going to move house in November.

November /nəʊˈvembəʳ/
ℹ *S'écrit toujours avec une majuscule, comme tous les noms de mois en anglais.*

▷ Mireille est née le quinze novembre.
Mireille was born on the fifteenth of November.

ℹ *Notez l'emploi de* ***on*** *et* ***of*** *en anglais lorsqu'on dit la date.*

ℹ *On écrit* ***15 November****.*

noyau

▷ Il reste des noyaux d'olives dans la pizza.
There are some olive stones left in the pizza.

(d'un fruit) **stone** /stəʊn/

noyer

▷ Il y a plein de noyers dans la région.
There are a lot of walnuts in the region.

walnut /ˈwɔːlnʌt/

se noyer

▷ Quelqu'un s'est noyé hier à Biarritz.
Somebody drowned yesterday in Biarritz.

drown /draʊn/

🔊 *Le* ***ow*** *se prononce comme le* ***ou*** *de* ***house****.* ***Drown*** *rime avec* ***town****.*

nu, nue

1 ▷ Ça me gêne d'être nue devant le médecin.
It embarrasses me to be naked in front of the doctor.

naked /ˈneɪkɪd/

🔊 ***Naked*** *rime avec* ***kid****.*

▷ Je dors généralement tout nu.
I usually sleep stark naked.

► **tout nu : stark naked** /stɑːk ˈneɪkɪd/

2 ▷ Les enfants couraient pieds nus sur la plage.
The children were running barefoot on the beach.

► **pieds nus : barefoot** /ˈbɛəfʊt/

nuage

▷ Regarde ces nuages noirs, il va y avoir un orage.
Look at those black clouds, there's going to be a thunderstorm.

cloud /klaʊd/

nuageux, nuageuse

▷ Le temps est très nuageux.
The weather is very cloudy.

cloudy /ˈklaʊdɪ/ (plus nuageux **cloudier** /ˈklaʊdɪəʳ/, le plus nuageux **the cloudiest** /ˈklaʊdɪəst/)

nucléaire

▷ Il y a une centrale nucléaire près de chez eux.
There's a nuclear power station near their house.

nuclear /ˈnjuːklɪəʳ/

🔊 *Le* ***nu*** *de* ***nuclear*** *se prononce comme le mot* ***new****.*

nuisible

▷ Ces produits sont nuisibles pour la santé.
These products are harmful to the health.

harmful /ˈhɑːmfʊl/ (plus nuisible **more harmful**, le plus nuisible **the most harmful**)

ℹ *Notez la préposition employée en anglais :* nuisible <u>pour</u> = ***harmful*** ***<u>to</u>***.

▷ Le renard est-il un animal nuisible ?
Is the fox a pest?

► **animal nuisible :** pest /pest/

nuit

1 ▷ On a passé la nuit à jouer de la guitare et à chanter.
We spent the night playing the guitar and singing.

(= période où il fait noir) night /naɪt/

▷ J'ai entendu du bruit cette nuit.
I heard some noise last night.

► **cette nuit** (= la nuit dernière) : last night /lɑːst 'naɪt/

▷ J'espère que tu dormiras mieux cette nuit.
I hope you'll sleep better tonight.

► **cette nuit** (= la nuit prochaine) : tonight /tə'naɪt/

▷ Leur père travaille la nuit.
Their father works at night.

► **la nuit** (= pendant la nuit) : at night

▷ Bonne nuit tout le monde !
Goodnight everybody!

► **bonne nuit ! :** goodnight! /gʊd'naɪt/

2 ▷ Il fait déjà nuit.
It's already dark.

► **il fait nuit** (= la nuit est déjà tombée) : it's dark /dɑːk/

nul, nulle

1 ▷ Cette chanson est nulle.
This song is rubbish.

(= très mauvais) rubbish /'rʌbɪʃ/

2 ▷ Je suis nul en maths.
I'm useless at maths.

► **être nul en... :** be useless /'juːsləs/ at...

nulle part

▷ Où es-tu allé ? – Nulle part !
Where have you been? – Nowhere!

nowhere /'nəʊwɛəʳ/

▷ Je ne trouve mes lunettes nulle part.
I can't find my glasses anywhere.

► **ne... nulle part :** not... anywhere /'enɪweəʳ/

numérique

▷ C'est un appareil photo numérique.
It's a digital camera.

digital /'dɪdʒɪtəl/

*Le **g** se prononce comme le **J** de **Jackson**.*

numéro

1 ▷ Je joue toujours les mêmes numéros au loto.
I always play the same numbers on the lottery.

(= chiffre) number /'nʌmbəʳ/

▷ Je vais noter ton numéro de téléphone.
I'm going to write your phone number down.

► **numéro de téléphone :** phone number /'fəʊn nʌmbəʳ/ (pluriel phone numbers)

2 ▷ Le premier numéro du magazine était super.
The first issue of the magazine was great.

(= exemplaire) issue /'ɪʃuː/

Dites 'ishou'.

3 ▷ J'ai adoré le numéro de magie.
I loved the magic act.

(= numéro dans un spectacle) **act** /ækt/

nuque

▷ J'ai mal à la nuque.
The back of my neck hurts.

En anglais, on emploie l'expression ***the back of*** *my / your / his / her* ***neck*** *pour parler de la nuque.*

Oo

obéir

▷ Il n'obéit jamais à sa mère.
He never obeys his mother.

► **obéir à** quelqu'un **:** obey /ə'beɪ/ somebody

i Obey n'est pas suivi d'une préposition, on ne dit pas obey to.

▷ Elle refuse d'obéir.
She refuses to do as she's told.

▷ J'ai obéi.
I did as I was told.

i Quand obéir *n'est suivi de rien, il se traduit par* do as *one* is told */təʊld/.*

i Le pronom personnel fonctionne de la façon suivante en anglais : I do as I'm told, you do as you're told, he does as he's told, she does as she's told, we do as we're told, they do as they're told.

obéissant, obéissante

▷ Ce petit garçon n'est pas très obéissant.
That little boy isn't very obedient.

obedient /ə'biːdɪənt/ **(plus obéissant** more obedient**, le plus obéissant** the most obedient**)**

Le premier e se prononce comme le ee de week, et l'accent est sur la deuxième syllabe -be-.

obèse

1 ▷ Tu vas devenir obèse si tu continues à manger comme ça !
You're going to become obese if you keep eating like that!

obese /ə'biːs/

2 ▷ Il y a de plus en plus d'obèses en France.
There are more and more obese people in France.

► **un obèse, une obèse :** an obese person (pluriel obese people)

Obese rime avec peace.

objectif, objective ADJECTIF

▷ Tu n'es pas très objectif.
You're not very objective.

(= impartial) objective /əb'dʒektɪv/ **(plus objectif** more objective**, le plus objectif** the most objective**)**

objectif NOM MASCULIN

1 ▷ Quels sont vos objectifs ?
What are your objectives?

(= but, cible) **objective** /əb'dʒektɪv/

2 ▷ J'ai acheté un nouvel objectif.
I bought a new lens.

(d'appareil photo) **lens** /lenz/ (pluriel **lenses** /lenzɪz/)

objet

▷ Attention, ces objets sont fragiles.
Be careful, these objects are fragile.

▷ Je suis allé aux objets trouvés, mais mon portefeuille n'y était pas.
I went to the lost property office but my wallet wasn't there.

object /'ɒbdʒekt/

ℹ *N'oubliez pas le* ***c*** *de* ***object****.*

► **objets trouvés** (= bureau) : **lost property office** /lɒst 'prɒpətɪ ɒfɪs/

obligatoire

▷ La visite médicale est obligatoire.
The medical examination is compulsory.

compulsory /kəm'pʌlsərɪ/

🔊 *L'accent tonique est sur la deuxième syllabe* ***-pul-****.*

obliger

▷ Ils m'ont obligé à leur donner de l'argent.
They forced me to give them some money.

▷ Tu n'es pas obligé de venir.
You don't have to come.

► **obliger** quelqu'un **à** + *infinitif* : **force** /fɔːs/ somebody **to** + *base verbale*

► **être obligé de** + *infinitif* : **have to** + *base verbale* **(prétérit : had to)**

obscur, obscure

▷ Cette pièce est trop obscure.
This room is too dark.

(= foncé) **dark** /dɑːk/ **(plus obscure darker** /'dɑːkə^r/, **le plus obscur the darkest** /'dɑːkɪst/)

ℹ *Le mot anglais* ***obscure*** *ne s'emploie qu'au sens de « peu connu ».*

obscurité

▷ Les chats voient bien dans l'obscurité.
Cats can see well in the dark.

► **l'obscurité : the dark** /dɑːk/

obséder

▷ Il est obsédé par cette idée.
He's obsessed by this idea.

obsess /əb'ses/

observateur, observatrice

▷ Tu es très observateur !
You're very observant!

observant /əb'zɜːvənt/ **(plus observateur more observant, le plus observateur the most observant)**

observation

▷ Les observations du prof sont dans la marge.
The teacher's comments are in the margin.

(= remarque) **comment** /'kɒment/

▷ Personne n'a fait d'observations sur les résultats.
Nobody made any comments on the results.

► **faire des observations sur** quelque chose : make comments on something (made, made)

observatoire

▷ Nous sommes allés à l'observatoire astronomique.
We went to the astronomical observatory.

observatory /əb'zɜːvətrɪ/ (pluriel observatories /əb'zɜːvətriːz/)

observer

1 ▷ On a observé un échantillon au microscope.
We examined a sample under a microscope.

(= examiner) examine /eg'zæmɪn/

2 ▷ Pourquoi est-ce qu'il nous observe comme ça ?
Why is he watching us like that?

(= regarder avec attention) watch /wɒtʃ/

obstacle

1 ▷ Je ne vois pas d'obstacle à son projet.
I can't see any obstacle to his plan.

(= problème, chose qui empêche de passer) obstacle /'ɒbstəkl/

2 ▷ Le cheval a refusé de sauter par-dessus l'obstacle.
The horse refused to jump over the fence.

(dans les courses de chevaux) fence /fens/

obstiné, obstinée

▷ Ne sois pas si obstiné !
Don't be so obstinate!

obstinate /'ɒbstɪnɪt/ (**plus obstiné** more obstinate, **le plus obstiné** the most obstinate)

obtenir

▷ Tu n'obtiendras rien si tu ne dis rien !
You won't get anything if you don't say anything!

get /get/ (got, got /gɒt/)

occasion

1 ▷ Tu as manqué une bonne occasion.
You've missed a good opportunity.

▷ Je n'ai pas eu l'occasion de lui parler.
I didn't have the opportunity to talk to him.

(= possibilité) opportunity /ˌɒpə'tjuːnɪtɪ/ (pluriel opportunities)

► **avoir l'occasion de** + *infinitif* : have the opportunity to + *base verbale*

2 ▷ C'est une robe que je garde pour les grandes occasions.
It's a dress I keep for special occasions.

(= événement) occasion /ə'keɪʒən/

ℹ *Notez la traduction de* **grande occasion** *: en anglais, on dit* ***special occasion***.

3 ▷ Elle a acheté un blouson en cuir d'occasion.
She bought a secondhand leather jacket.

► **d'occasion** : secondhand /ˌsekənd'hænd/

occidental, occidentale

1 ▷ La partie occidentale du pays.
The western part of the country.

(géographiquement) **western** /'westən/

2 ▷ Les pays occidentaux.
Western countries.

(politiquement) **Western** /'westən/

3 ▷ C'est une coutume étrange pour les Occidentaux.
It's a strange custom for Westerners.

► **un Occidental, une Occidentale :** a Westerner /'westənə^r/

occupation

▷ La lecture est mon occupation préférée.
Reading is my favourite pastime.

(= passe-temps) **pastime** /'pɑːstaɪm/

occupé, occupée

1 ▷ Désolée, je suis occupée, je ne peux pas vous parler.
Sorry, I'm busy, I can't talk to you.

(= qui a beaucoup à faire) **busy** /'bɪzɪ/ (**plus occupé** busier /'bɪzɪə^r/, **le plus occupé** the busiest /'bɪzɪɪst/)

*Le **u** de **busy** se prononce comme le **i** de **big**.*

2 ▷ Les toilettes sont occupées.
The toilets are engaged.

▷ Ça sonne occupé.
It's engaged.

(toilettes, téléphone) **engaged** /ɪn'geɪdʒd/

*En anglais américain on dit **busy** /'bɪzɪ/.*

► **sonner occupé :** be engaged

3 ▷ Est-ce que cette place est occupée ?
Is this seat taken?

(place) **taken** /'teɪkən/

4 ▷ Cela fait partie des territoires occupés.
This is part of the occupied territories.
▷ La région est occupée par un groupe de rebelles.
The region is occupied by a group of rebels.

(= envahi) **occupied** /'ɒkjʊpaɪd/

occuper

1 ▷ Ils occupent le nord du pays.
They're occupying the north of the country.

(= occuper militairement) **occupy** /'ɒkjʊpaɪ/

*Le **y** de **occupy** devient **ie** à la troisième personne du singulier du présent de l'indicatif (occupies /'ɒkjʊpaɪz/), au prétérit et au participe passé (occupied /'ɒkjʊpaɪd/).*

2 ▷ Ça occupe trop de place.
It takes up too much room.

(= prendre de la place ou du temps) **take up** /teɪk 'ʌp/ **(took up** /tʊk 'ʌp/, **taken up** /ˌteɪkən 'ʌp/)

3 ▷ Elle a un travail qui l'occupe beaucoup.
She has a job which keeps her very busy.

(= donner une activité à) **keep busy** /kiːp 'bɪzɪ/ **(kept, kept** /kept/)

4 ▷ Il faut que je m'occupe, sinon je ne me sens pas bien.
I must keep myself busy, otherwise I don't feel good.

► **s'occuper** (= s'activer) : **keep** oneself **busy (kept, kept)**

ℹ *Le pronom personnel réfléchi fonctionne de la façon suivante en anglais :* ***I keep myself busy, you keep yourself busy, he keeps himself busy****, etc.*

5 ▷ Je m'en occuperai demain.
I'll take care of it tomorrow.

► **s'occuper de** quelque chose (une tâche ou un dossier, par exemple) : **take care** /teɪk 'kɛəʳ/ **of** something **(took care** /tʊk 'kɛəʳ/ **of, taken care** /ˌteɪkən 'kɛəʳ/ **of)**

6 ▷ Occupe-toi de tes affaires !
Mind your own business!

Pour dire à quelqu'un de « ne pas se mêler de quelque chose, » on emploie en anglais l'expression ***mind your own business!*** /ˌmaɪnd jər əʊn 'bɪznɪs/.

7 ▷ Qui s'occupe des réclamations ici ?
Who is in charge of complaints here?

► **s'occuper de** quelque chose (= en être responsable) : **be in charge** /ɪn 'tʃɑːdʒ/ **of** something

8 ▷ Adrien s'occupe très bien de sa petite sœur.
Adrien looks after his little sister very well.

► **s'occuper de** quelqu'un (= le surveiller ou le soigner) : **look after** /lʊk 'ɑːftəʳ/ somebody

océan

▷ Il a traversé l'océan seul sur son bateau.
He crossed the ocean alone in his boat.

▷ Nous voulons aller en vacances au bord de l'ocean Atlantique.
We want to go on holiday by the Atlantic Ocean.

▷ C'est une île de l'océan Pacifique.
It's an island in the Pacific Ocean.

ocean /'əʊʃən/

► **l'océan Atlantique : the Atlantic Ocean** /ətˌlæntɪk 'əʊʃən/

► **l'océan Pacifique : the Pacific Ocean** /pəˌsɪfɪk 'əʊʃən/

octobre

▷ Nous allons déménager en octobre.
We're going to move house in October.

October /ɒk'təʊbəʳ/

ℹ *S'écrit toujours avec une majuscule, comme tous les noms de mois en anglais.*

▷ Mireille est née le quinze octobre.
Mireille was born on the fifteenth of October.

ℹ *Notez l'emploi de **on** et **of** en anglais lorsqu'on dit la date.*

ℹ *On écrit **15 October**.*

oculiste

▷ L'oculiste a dit que je devais porter des lunettes.
The eye specialist said that I should wear glasses.

▷ Mon oncle est oculiste.
My uncle is an eye specialist.

▷ André est encore chez l'oculiste.
André is still at the eye specialist's.

▷ Je dois aller chez l'oculiste.
I have to go to the eye specialist's.

eye specialist /'aɪ ˌspeʃəlɪst/ (pluriel eye specialists)

ℹ *N'oubliez pas l'article **a** ou **an** devant le nom du métier lorsqu'il suit les verbes **be** ou **become**.*

► **chez l'oculiste** (= dans son cabinet) : at the eye specialist's

► **chez l'oculiste** (= vers son cabinet) : to the eye specialist's

odeur

▷ Il y a une mauvaise odeur ici.
There's a bad smell here.

smell /smel/

odieux, odieuse

▷ Camille a été odieuse avec Raoul.
Camille was horrible to Raoul.

(= très désagréable) horrible /'hɒrəbl/ (**plus odieux** more horrible, **le plus odieux** the most horrible)

ℹ *Notez la préposition utilisée en anglais :* odieux avec quelqu'un = ***horrible to somebody***.

œil

1 ▷ Il a les yeux bleus.
He has got blue eyes.

eye /aɪ/

🔊 *Rime avec **my**, **tie**, **high**.*

2 ▷ Est-ce que tu pourrais jeter un coup d'œil à mon CV ?
Could you have a look at my CV?

► **jeter un coup d'œil à :** have a look /lʊk/ at (had, had)

œuf

▷ Achète une douzaine d'œufs.
Buy a dozen eggs.

egg /eg/

▷ Elle nous a servi des œufs brouillés au petit déjeuner.
She served us scrambled eggs for breakfast.

► **œufs brouillés :** scrambled eggs /ˌskræmbld 'egz/

▷ Tu préfères un œuf à la coque ou un œuf au plat ?
Do you prefer a boiled egg or a fried egg?

► **œuf à la coque :** boiled egg /ˌbɔɪld 'eg/ (pluriel boiled eggs)

► **œuf au plat :** fried egg /ˌfraɪd 'eg/ (pluriel fried eggs)

▷ Nous avons emporté des œufs durs et des sandwiches.
We took hard-boiled eggs and sandwiches.

► **œuf dur :** hard-boiled egg /ˌhɑːdbɔɪld 'eg/ (pluriel hard-boiled eggs)

▷ J'ai offert un œuf de Pâques à mon neveu.
I gave my nephew an Easter egg.

► **œuf de Pâques :** Easter egg /ˈiːstəreg/ (pluriel Easter eggs)

offenser

▷ Je n'ai pas voulu t'offenser.
I didn't mean to offend you.
▷ Elle ne s'est pas offensée.
She didn't take offence.

offend /əˈfend/

► **s'offenser :** take offence /teɪk əˈfens/ (took /tʊk/, taken /ˈteɪkn/)

ℹ *Notez que le verbe pronominal français* s'offenser *ne correspond pas à un verbe pronominal en anglais.*

offensif, offensive

1 ▷ Leurs adversaires sont plus offensifs.
Their opponents are more offensive.

offensive /əˈfensɪv/ (**plus offensif** more offensive, **le plus offensif** the most offensive)

2 ▷ Ils ont décidé de passer à l'offensive.
They decided to take offensive action.

► **passer à l'offensive :** take offensive action (took /tʊk/, taken /ˈteɪkn/)

office du tourisme

▷ J'ai trouvé cette carte à l'office du tourisme.
I found this map at the tourist office.

tourist office /ˈtʊərɪst ˌɒfɪs/

officiel, officielle

▷ Ce document a l'air officiel.
This document looks official.

official /əˈfɪʃəl/

officier

▷ Tous les officiers ont défilé dans la rue.
All the officers marched in the street.
▷ Mon cousin est officier dans la marine.
My cousin is an officer in the navy.

officer /ˈɒfɪsəʳ/

ℹ *N'oubliez pas l'article* **a** *ou* **an** *devant le nom du métier lorsqu'il suit les verbes* **be** *ou* **become**.

offre

▷ C'est une offre intéressante.
It's an interesting offer.
▷ Il y a une offre spéciale sur le chocolat.
There's a special offer on chocolate.
▷ Regarde les offres d'emploi dans le journal.
Look at the job advertisements in the paper.

offer /ˈɒfəʳ/

► **offre spéciale :** special offer /ˌspeʃəl ˈɒfəʳ/ (pluriel special offers)
► **offres d'emploi** (= petite annonce) **:** job advertisements /ˈdʒɒb ədˌvɜːtɪsmənts/

offrir

1 ▷ On pourrait offrir un CD à Kamal pour son anniversaire.
We could give Kamal a CD for his birthday.

► **offrir** quelque chose **à** quelqu'un (= lui faire un cadeau) **:** give /gɪv/ somebody something (gave /geɪv/, given /ˈgɪvn/)

2 ▷ Je t'offre un verre.
I'll buy you a drink.

► **offrir** quelque chose **à** quelqu'un (= payer) : **buy** /baɪ/ somebody something **(bought, bought** /bɔːt/)

ℹ *Le verbe* ***offer*** *existe en anglais, mais il signifie généralement « proposer » et non « offrir ».*

OGM

▷ Les OGM ont un gros impact sur l'environnement.
GMOs have a big impact on the environment.

GMO /ˌdʒiːem'əʊ/

ℹ ***GMO*** *signifie* ***genetically modified organism****.*

ℹ *En anglais, on forme le pluriel de* ***GMO*** *en ajoutant un* ***s*** *minuscule à la fin :* ***GMOs*** /ˌdʒiːem'əʊz/.

oie

▷ Une oie sauvage est venue dans notre jardin.
A wild goose came into our garden.

▷ Tu as vu les oies dans la cour de la ferme ?
Did you see the geese in the farmyard?

goose /guːs/ (pluriel **geese** /giːs/)

🔊 *Le* ***s*** *de* ***goose*** *et* ***geese*** *se prononce comme le* ***s*** *de* ***sea****.*

oignon

▷ Ne mets pas d'oignon dans la salade, je n'aime pas ça.
Don't put any onion in the salad, I don't like it.

onion /'ʌnjən/

🔊 *Le premier* ***o*** *de* ***onion*** *se prononce comme le* ***u*** *de* ***duck****.*

oiseau

▷ Un oiseau s'est posé juste au-dessus de nous.
A bird landed just above us.

▷ Un oiseau de proie planait haut dans le ciel.
A bird of prey was gliding high in the sky.

bird /bɜːd/

► **oiseau de proie** : **bird of prey** /ˌbɜːd əv 'preɪ/ (pluriel **birds of prey**)

OK

▷ OK, j'arrive !
OK, I'm coming!

OK /əʊ'keɪ/

olive

▷ Je préfère les olives noires aux olives vertes.
I prefer black olives to green olives.

olive /'ɒlɪv/

🔊 *Le* ***i*** *de* ***olive*** *se prononce comme le* ***i*** *de* ***big****.*

olympique

▷ La ville se prépare pour les jeux Olympiques.
The city is preparing for the Olympic Games.

► **les jeux Olympiques** : **the Olympic Games** /əˌlɪmpɪk 'geɪmz/

ombragé, ombragée

▷ Essayons de trouver un endroit plus ombragé.
Let's try and find a shadier place.

shady /'ʃeɪdɪ/ (**plus ombragé shadier** /'ʃeɪdɪəʳ/, **le plus ombragé the shadiest** /'ʃeɪdɪəst/)

ombre

1 ▷ Regarde, le chien a peur de son ombre !
Look, the dog is frightened of its own shadow!

(= ombre projetée) **shadow** /'ʃædəʊ/

2 ▷ Restons à l'ombre, il fait trop chaud.
Let's stay in the shade, it's too hot.

► **à l'ombre : in the shade** /ʃeɪd/

3 ▷ J'ai acheté de l'ombre à paupières bleue.
I bought some blue eye shadow.

► **ombre à paupières : eye shadow** /'aɪʃædəʊ/

omelette

▷ Je vais te faire une omelette aux champignons.
I'm going to make a mushroom omelette for you.

omelette /'ɒmlɪt/

En anglais, ***omelette*** *rime avec* ***hit****.*

on

1 ▷ On m'a demandé de venir à huit heures.
I was asked to come at eight o'clock.

Quand on *représente une personne indéterminée, la façon la plus courante de le traduire en anglais est d'utiliser une tournure passive avec* ***be*** *+ participe passé.*

2 ▷ En Grande-Bretagne, on dîne tôt.
In Britain people have dinner early.

Quand on *signifie les gens, il se traduit généralement par* ***people*** /'pi:pl/.

3 ▷ C'est plus facile de voyager quand on n'a pas d'enfants.
It's easier to travel when you don't have children.

Quand on *a un sens très général, il se traduit généralement par* ***you*** /ju:/.

4 ▷ On s'est bien amusés chez Sébastien.
We had a great time at Sébastien's.

Quand on *signifie nous, il se traduit généralement par* ***we*** /wi:/.

oncle

▷ Mon oncle est chauffeur de taxi.
My uncle is a taxi driver.

uncle /'ʌŋkl/

onctueux, onctueuse

▷ On obtient un mélange très onctueux.
You get a very smooth mixture.

smooth /smu:ð/ (**plus onctueux smoother** /smu:ðəʳ/, **le plus onctueux the smoothest** /smu:ðəst/)

ONG

▷ Elle travaille pour une ONG.
She works for a NGO.

NGO /ˌendʒi:'əʊ/

ℹ *En anglais, on forme le pluriel de* ***NGO*** *en ajoutant un* ***s*** *minuscule à la fin :* ***NGOs*** /ˌendʒi:'əʊz/.

ℹ ***NGO*** *signifie* ***non-governmental organization****.*

ongle

▷ Elle a les ongles très longs.
She has very long nails.
▷ Je vais me faire les ongles avant de sortir.
I'm going to do my nails before going out.

nail /neɪl/

► se **faire les ongles :** do one's nails (did, done)

ℹ *L'adjectif possessif fonctionne de la façon suivante en anglais : I do **my** nails, you do **your** nails, he does **his** nails, she does **her** nails, we do **our** nails, they do **their** nails.*

onglet

▷ Clique sur l'onglet.
Click on the tab.

(sur Internet) **tab** /tæb/

ONU

▷ Les forces de l'ONU sont intervenues.
The UN forces intervened.

► **l'ONU :** the UN /juː'en/
ℹ *UN signifie United Nations.*

onze

▷ Il y a onze joueurs dans chaque équipe.
There are eleven players in each team.
▷ Aujourd'hui, c'est le onze juin.
Today is the eleventh of June.
▷ On se verra le onze juillet.
We'll see each other on the eleventh of July.

eleven /ɪ'levn/

ℹ *Quand on dit la date, on emploie **eleventh** /ɪ'levnθ/ en anglais.*

ℹ *Notez l'emploi de **on** et **of** en anglais lorsqu'on dit la date.*
ℹ *On écrit **11 June**.*

onzième

▷ Je ne connaissais pas la réponse à la onzième question.
I didn't know the answer to the eleventh question.

eleventh /ɪ'levnθ/

opéra

▷ Je ne suis jamais allé à l'opéra.
I've never been to the opera.

opera /'ɒpərə/

opérateur

▷ Je vais changer d'opérateur.
I'm going to change my network provider.

(de téléccommunications) **network provider** /'netwɜːk prə'vaɪdə'/

opération

1 ▷ L'opération a duré deux heures.
The operation lasted two hours.

(= intervention chirurgicale) **operation** /ˌɒpə'reɪʃən/

2 ▷ Le résultat de l'opération est faux.
The result of the calculation is wrong.

(= calcul) **calculation** /ˌkælkjʊ'leɪʃən/

opérer

▷ Elle s'est fait opérer hier.
She had an operation yesterday.
▷ Il s'est fait opérer du cœur.
He had an operation on his heart.

► **se faire opérer :** have an operation /ˌɒpəˈreɪʃən/ (had, had)
► **se faire opérer de... :** have an operation on...

opinion

▷ Personne ne t'a demandé ton opinion !
Nobody asked for your opinion!

opinion /əˈpɪnjən/

▷ Je suis assez grand pour me faire une opinion !
I'm old enough to form an opinion!

► **se faire une opinion :** form an opinion

opposé, opposée

▷ Il venait en sens opposé.
He was coming in the opposite direction.

(= inverse) opposite /ˈɒpəzɪt/
Opposite rime avec hit.

opticien, opticienne

▷ L'opticien a changé mes lunettes.
The optician changed my glasses.

optician /ɒpˈtɪʃən/

▷ Je suis resté une heure chez l'opticien.
I stayed for an hour at the optician's.

► **chez l'opticien** (= dans le magasin) : at the optician's

▷ Elle est allée chez l'opticien pour récupérer ses lunettes.
She went to the optician's to collect her glasses.

► **chez l'opticien** (= vers le magasin) : to the optician's

▷ Elle était opticienne.
She was an optician.

ℹ *N'oubliez pas l'article **a** ou **an** devant le nom du métier lorsqu'il suit les verbes **be** ou **become**.*

optimiste

1 ▷ Tu pourrais être un peu plus optimiste !
You could be a bit more optimistic!

(adjectif) optimistic /ˌɒptɪˈmɪstɪk/ (**plus optimiste** more optimistic, **le plus optimiste** the most optimistic)

2 ▷ C'est une grande optimiste.
She's a great optimist.

► **un** *ou* **une optimiste :** an optimist /ˈɒptɪmɪst/
ℹ *Optimist n'est pas un adjectif.*

option

1 ▷ Tu as plusieurs options.
You have several options.

(= choix) option /ˈɒpʃən/

2 ▷ Il a choisi civilisation comme option.
He chose civilization as an optional subject.

(= matière) optional subject /ˌɒpʃənl ˈsʌbdʒekt/ (pluriel optional subjects)

or

▷ L'or coûte cher.
Gold is expensive.

(= métal) gold /gəʊld/

▷ Est-ce que ton bracelet est en or ?
Is your bracelet made of gold?
▷ Il m'a offert des boucles d'oreille en or.
He gave me some gold earrings.

► **être en or :** be made of gold

► **en or :** gold

orage

▷ Il y a eu un orage terrible hier soir.
There was a terrible thunderstorm last night.

thunderstorm /'θʌndəstɔːm/

oral

▷ Il a eu la meilleure note à l'oral.
He got the best mark for oral work.

► **l'oral** (= examen) : oral work /'ɔːrəl wɜːk/

oralement

▷ Je lui ai demandé oralement, pas par écrit.
I asked him orally, not in writing.

orally /'ɔːrəlɪ/

orange

1 ▷ Tu veux une orange ?
Do you want an orange?
▷ Le jus d'orange est bon pour la santé.
Orange juice is good for you.

(= fruit) orange /'ɒrɪndʒ/

*Le **a** de **orange** se prononce comme le **i** de **big**, et l'accent tonique est sur la première syllabe **o-**.*

*Attention à la prononciation du pluriel **oranges** : /'ɒrɪndʒiz/.*

2 ▷ L'orange est une couleur gaie.
Orange is a cheerful colour.

► **l'orange** (= la couleur orange) : orange /'ɒrɪndʒ/

Notez qu'il n'y a pas d'article en anglais.

3 ▷ Le ballon de basket est orange.
The basketball is orange.
▷ Le feu était orange.
The traffic light was amber.

(= de couleur orange) orange /'ɒrɪndʒ/

*Mais on dit **amber** /'æmbəʳ/ quand il s'agit des feux de signalisation.*

orangeade

▷ Une orangeade et un café, s'il vous plaît.
One orangeade and one coffee, please.

orangeade /'ɒrɪndʒeɪd/

*Le premier **a** se prononce comme le **i** de **big**, et le deuxième comme le **a** de **make**.*

orchestre

▷ L'orchestre était excellent.
The orchestra was excellent.
▷ Il y a un super orchestre de jazz à la fête.
There's a great jazz band at the fair.

*On dit **orchestra** /'ɔːkɪstrə/ pour les orchestres classiques et de bal, et **band** /bænd/ pour les orchestres de jazz.*

ordinaire

▷ Prends du vin ordinaire, ça suffira.
Buy some ordinary wine, it'll be enough.

(= de qualité courante) ordinary /'ɒːdənrɪ/

ordinateur

▷ Il a acheté un ordinateur d'occasion.
He bought a second-hand computer.

▷ Je dois recharger mon ordinateur portable.
I must recharge my laptop.

computer /kəm'pjuːtəʳ/

L'accent tonique est sur la deuxième syllabe ***-pu-****.*

► **ordinateur portable : laptop (computer)** /'læptɒp(kəm'pjuːtəʳ)/

ordonnance

▷ J'ai perdu l'ordonnance.
I've lost the prescription.

▷ Le médecin m'a fait une ordonnance.
The doctor gave me a prescription.

▷ Tu peux acheter de l'aspirine sans ordonnance.
You can buy aspirin over the counter.

prescription /prɪs'krɪpʃən/

► **faire une ordonnance à** quelqu'un **: give** /gɪv/ somebody **a prescription (gave** /geɪv/, **given** /'gɪvn/)

► **acheter** quelque chose **sans ordonnance : to buy** something **over the counter** /'əʊvəʳ ðə 'kaʊntəʳ/

ordonné, ordonnée

▷ C'est un garçon très ordonné.
He is a very tidy boy.

(= qui range bien) **tidy** /'taɪdɪ/ **(plus ordonné tidier** /'taɪdɪəʳ/, **le plus ordonné tidiest** /'taɪdɪɪst/)

ordonner

▷ Je leur ai ordonné de se calmer.
I ordered them to calm down.

► **ordonner à** quelqu'un **de** *+ infinitif* **: order** /'ɔːdəʳ/ somebody **to** *+ base verbale*

ordre

▷ Elle aime donner des ordres aux gens.
She likes giving people orders.

▷ Dans quel ordre est-ce que tu as classé les documents ?
In what order have you filed the documents?

▷ Les chanteurs sont classés par ordre alphabétique.
Singers are filed in alphabetical order.

▷ J'ai passé la journée à mettre de l'ordre dans mes affaires.
I spent the day tidying my things up.

order /'ɔːdəʳ/

► **par ordre alphabétique : in alphabetical** /ˌælfəb'etɪkəl/ **order**

► **mettre de l'ordre dans** quelque chose **: tidy** /'taɪdɪ/ something **up**

ℹ *Le* ***y*** *de* ***tidy*** *devient* ***ie*** *à la troisième personne du singulier du présent de l'indicatif* **(tidies** /'taɪdɪz/**)**, *au prétérit et au participe passé* **(tidied** /'taɪdɪd/**)**.

ordures

▷ Il y a des gens qui jettent leurs ordures dans la rue !
There are people who throw their rubbish out on the street!
▷ Il y avait des ordures partout.
There was rubbish everywhere.

(= déchets) **rubbish** /'rʌbɪʃ/

ℹ *Rubbish est un nom indénombrable : il ne se met pas au pluriel, et on n'emploie pas d'article indéfini.*
ℹ *En anglais américain, on dit* ***trash*** */træʃ/ ou* ***garbage*** */'gɑːbɪdʒ/.*

oreille

▷ Ce vent froid me fait mal aux oreilles.
This cold wind hurts my ears.

ear /ɪəʳ/

🔈 *Ne confondez pas avec* ***hear*** /hɪəʳ/ (= entendre).

oreiller

▷ L'oreiller est trop mou.
The pillow is too soft.

pillow /'pɪləʊ/

oreillons

▷ Mario a les oreillons.
Mario has mumps.
▷ Les oreillons sont une maladie très contagieuse.
Mumps is very contagious.

mumps /mʌmps/

ℹ *Mumps est un singulier.*

organisateur, organisatrice

▷ C'est un excellent organisateur.
He's an excellent organizer.

organizer /'ɔːgənaɪzəʳ/

organisation

▷ C'est une organisation assez complexe.
It's a fairly complex organization.

organization /,ɔːgənaɪ'zeɪʃən/

organisé, organisée

▷ Elle n'est pas du tout organisée.
She isn't at all well-organized.

(= méthodique) **well-organized** /wel'ɔːgənaɪzd/ (**plus organisé** better-organized, **le plus organisé** the best-organized)

organiser

▷ Alex organise une fête samedi.
Alex is organizing a party on Saturday.
▷ Tu pourrais t'organiser un peu mieux !
You could organize yourself a bit better!

(= préparer) **organize** /'ɔːgənaɪz/

► **s'organiser** (= organiser ses activités) : **organize** oneself

▷ Il va falloir qu'elles s'organisent.
They'll have to organize themselves.

ℹ *Le pronom personnel réfléchi fonctionne de la façon suivante en anglais : I organize* ***myself****, you organize* ***yourself****, he organizes* ***himself****, she organizes* ***herself****, we organize* ***ourselves****, you organize* ***yourselves****, they organize* ***themselves****.*

organisme

1 ▷ C'est un organisme qui aide les pays pauvres.
It's an organization that helps poor countries.

(= association) **organization** /ˌɔːɡənaɪˈzeɪʃən/

2 ▷ Fumer est mauvais pour l'organisme.
Smoking is bad for your body.

(= corps) **body** /ˈbɒdɪ/

orgue

▷ L'orgue de la cathédrale est magnifique.
The cathedral organ is beautiful.

organ /ˈɔːɡən/

orgueilleux, orgueilleuse

▷ Elle est très orgueilleuse.
She is very proud.

proud /praʊd/ **(plus orgueilleux prouder** /ˈpraʊdəʳ/, **le plus orgueilleux the proudest** /ˈpraʊdɪst/)

oriental, orientale

1 ▷ La partie orientale du pays.
The eastern part of the country.

(géographiquement) **eastern** /ˈiːstən/

2 ▷ Il a de magnifiques tapis orientaux.
He has superb oriental rugs.

(cuisine, coutumes, langue) **oriental** /ˌɔːrɪˈentəl/

orientation

▷ Tu as le sens de l'orientation !
You have a good sense of direction!
▷ Je n'ai aucun sens de l'orientation.
I have no sense of direction.

► **avoir le sens de l'orientation : have a good sense of direction** /dɪˈrekʃən/ **(has, had)**

s'orienter

▷ Je n'arrive pas à m'orienter dans cette ville.
I can't find my bearings in this city.

► **s'orienter** (= se repérer) : **find** /faɪnd/ **one's bearings** /ˈbɛərɪŋz/ **(found, found** /faʊnd/**)**

ℹ *L'adjectif possessif fonctionne de la façon suivante en anglais :* ***I find my bearings, you find your bearings, he finds his bearings****, etc.*

original, originale

▷ Cette musique est très originale.
This music is very original.
▷ Garde l'original du document sur toi.
Keep the original of the document on you.

original /əˈrɪdʒɪnl/

origine

1 ▷ Personne ne connaît l'origine de ce mot.
Nobody knows the origin of this word.
▷ Ils sont d'origine danoise.
They are of Danish origin.

(= provenance) **origin** /'ɒrɪdʒɪn/

► **d'origine** + *adjectif de nationalité* : **of** + *adjectif de nationalité* + **origin**

2 ▷ À l'origine, on devait rester quatre jours.
Originally, we were supposed to stay for four days.

► **à l'origine** (= au départ) : **originally** /ə'rɪdʒənəlɪ/

orphelin, orpheline

1 ▷ Il est orphelin.
He is an orphan.

► **être orphelin** : **be an orphan** /'ɔːfən/

ℹ *Notez la présence de l'article* ***an*** *en anglais.*

2 ▷ Ils ont adopté une orpheline.
They adopted an orphan.

► **un orphelin, une orpheline** : **an orphan**

orteil

▷ Je me suis cassé un orteil.
I broke a toe.
▷ Mon gros orteil est gonflé.
My big toe is swollen.
▷ Louise s'est cogné le petit orteil contre le pied du lit.
Louise banged her little toe against the foot of the bed.

toe /təʊ/

► **gros orteil** : **big toe** /bɪg 'təʊ/

► **petit orteil** : **little toe** /ˌlɪtl 'təʊ/

🔊 ***Toe*** *rime avec* ***no***.

orthographe

▷ Elle est nulle en orthographe.
She is useless at spelling.

spelling /'spelɪŋ/

ortie

▷ Il y a beaucoup d'orties par ici.
There are a lot of nettles round here.

nettle /'netl/

os

▷ Le chien a enterré un os dans le jardin.
The dog buried a bone in the garden.

bone /bəʊn/

oser

▷ Je n'ose pas leur en parler.
I don't dare to speak to them about it.
▷ Comment oses-tu !
How dare you!

dare /dɛəʳ/

► **oser** + *infinitif* : **dare to** + *base verbale*

otage

▷ Les otages ont été relâchés.
The hostages have been released.
▷ Il a pris l'enfant en otage.
He took the child hostage.

hostage /ˈhɒstɪdʒ/

► **prendre** quelqu'un **en otage :** **take** somebody **hostage (took** /tʊk/, **taken** /ˈteɪkn/)

Le a se prononce i.

ôter

▷ Tu peux ôter ton manteau maintenant.
You can take your coat off now.
▷ Ôte tes pieds de la table !
Take your feet off the table!

(= enlever) **take off** /teɪk ˈɒf/ (**took off** /tʊk ˈɒf/, **taken off** /ˌteɪkən ˈɒf/)

ou

1 ▷ Tu veux le bleu ou le vert ?
Do you want the blue one or the green one?
▷ Arrête ou je crie !
Stop it or I'll scream!
▷ Je peux venir lundi ou bien mardi.
I can come on Monday or on Tuesday.

(pour exprimer un choix, une menace) **or** /ɔːʳ/

► **ou bien :** or

2 ▷ Ou tu viens ou tu restes, tu ne peux pas faire les deux !
Either you come or you stay, you can't do both!

► **ou... ou :** either... /ˈaɪðəʳ/ or

où

1 ▷ Où étais-tu ?
Where were you?
▷ Je ne sais pas où ils habitent.
I don't know where they live.
▷ La plage où nous nous baignons est tout près.
The beach where we go swimming is very near.
▷ On va acheter une nouvelle maison. – Où ça ?
We're going to buy a new house. – Where?
▷ D'où vient cette carte postale ?
Where does this postcard come from?

(lieu) **where** /wɛəʳ/

► **où ça ? :** where?

► **d'où... ? :** where... from?

ℹ *Notez la position de* ***from*** *à la fin de la phrase interrogative.*

2 ▷ Tu te souviens du jour où on s'est rencontrés ?
Do you remember the day we met?

ℹ *Lorsqu'il s'agit d'un moment,* où *ne se traduit pas.*

oublier

1 ▷ J'ai oublié son nom.
I forgot his name.
▷ N'oublie pas de fermer la porte à clé.
Don't forget to lock the door.

(= ne pas se souvenir de) **forget** /fəˈget/ (**forgot** /fəˈgɒt/, **forgotten** /fəˈgɒtn/)

2 ▷ Lionel a oublié son blouson dans le train.
Lionel left his jacket on the train.

(= laisser) leave /liːv/ (left, left /left/)

ouest

▷ L'ouest est dans cette direction.
The west is in this direction.
▷ Ils habitent dans l'Ouest.
They live in the west.
▷ Mon village est à l'ouest de Lunéville.
My village is west of Lunéville.

► **l'ouest :** the west /west/

► **dans l'Ouest :** in the west

► **à l'ouest de... :** west of...

oui

▷ Tu veux du riz ? – Oui, s'il te plaît.
Do you want some rice? – Yes, please.
▷ Je pense que oui.
I think so.

yes /jes/

ℹ *Notez l'expression **I think so** /aɪ 'θɪŋk səʊ/.*

ouragan

▷ L'ouragan a détruit le toit de plusieurs maisons.
The hurricane destroyed the roofs of several houses.

hurricane /'hʌrɪkən/

ours

▷ Les ours aiment le miel.
Bears like honey.

bear /bɛəʳ/

🔊 ***Bear** rime avec **hair** et **where**.*

outil

▷ Il a prêté ses outils au voisin.
He lent his tools to the neighbour.

tool /tuːl/

outre-mer

▷ Les départements d'outre-mer.
Overseas departments.

overseas /'əʊvə'siːz/

ouvert, ouverte

▷ Est-ce que le musée est ouvert le mardi ?
Is the museum open on Tuesdays?
▷ Elle est beaucoup plus ouverte depuis qu'elle a vécu à l'étranger.
She's a lot more open since she lived abroad.

open /'əʊpən/

ouvertement

▷ Il a critiqué ouvertement leurs méthodes.
He openly criticized their methods.

openly /'əʊpənlɪ/

ouverture

▷ Il y a une ouverture sur le côté de la boîte.
There's an opening on the side of the box.

opening /'əʊpnɪŋ/

▷ Les heures d'ouverture sont affichées sur la porte.
Opening hours are displayed on the door.

► **heures d'ouverture :** opening hours /ˈəʊpnɪŋ ˌaʊəz/

ouvrage

1 ▷ Il est temps de se mettre à l'ouvrage.
It's time to get to work.

(= œuvre) **work** /wɜːk/

2 ▷ J'ai emprunté quelques ouvrages à la bibliothèque.
I've borrowed a few books from the library.

(= livre) **book** /bʊk/

ouvre-boîtes

▷ Cet ouvre-boîtes ne marche pas.
This can opener doesn't work.

can opener /ˈkæn ˌəʊpənəʳ/ (pluriel can openers)

En anglais britannique, on dit aussi ***tin opener****.*

ouvre-bouteilles

▷ Où est-ce que tu ranges l'ouvre-bouteilles ?
Where do you keep the bottle opener?

bottle opener /ˈbɒtl əʊpənəʳ/ (pluriel bottle openers)

ouvrier, ouvrière

▷ Les ouvriers sont en grève.
The workers are on strike.

worker /ˈwɜːkəʳ/

Ne confondez pas la prononciation de ***worker*** *et* ***walker*** */ˈwɔːkəʳ/.*

ouvrir

1 ▷ Ouvre la fenêtre, il fait chaud.
Open the window, it's hot.
▷ Clique sur l'icône pour ouvrir le fichier.
Click on the icon to open the file.

La traduction la plus courante de **ouvrir** *est* ***open*** */ˈəʊpən/.*

2 ▷ J'ai ouvert le robinet, mais l'eau ne coule pas.
I turned the tap on but the water isn't running.

(un robinet, un radiateur) **turn on** /tɜːn ˈɒn/

3 ▷ Tout d'un coup, la porte s'est ouverte.
All of a sudden, the door opened.

► **s'ouvrir :** open /ˈəʊpən/

4 ▷ Léa s'est ouvert le front.
Léa cut her forehead.

(= se blesser) **cut** /kʌt/ (cut, cut)

ovale

▷ Apporte-moi un plat ovale.
Bring me an oval dish.

oval /ˈəʊvəl/

L'accent tonique est sur la première syllabe ***o-****.*

ovni

▷ Il dit qu'il a vu plusieurs ovnis.
He says he saw several UFOs.

UFO /ˈjuːfəʊ/

ℹ *En anglais, on forme le pluriel de* ***UFO*** *en ajoutant un* ***s*** *minuscule à la fin :* ***UFOs*** /ˈjuːfəʊz/.

ℹ ***UFO*** *signifie* ***unidentified flying object****.*

oxygène

▷ On ne peut pas vivre sans oxygène.
You can't live without oxygen.

oxygen /ˈɒksɪdʒən/

ozone

▷ La couche d'ozone devient de plus en plus mince.
The ozone layer is becoming thinner and thinner.

ozone /ˈəʊzəʊn/

L'accent tonique est sur la première syllabe ***o-****.*

Pp

Pacifique

*Regardez le mot **océan**.*

se pacser

▷ Ils se sont pacsés l'année dernière.
They signed a civil partnership contract last year.

sign a civil partnership /'pɑːtnəʃɪp/ **contract**

pagaie

▷ On a perdu une pagaie.
We lost a paddle.

paddle /'pædl/

pagaille

▷ Quelle pagaille ! J'espère que tu vas ranger !
What a mess! I hope you're going to tidy up!

(= désordre) **mess** /mes/

pagayer

▷ J'ai pagayé jusqu'à l'île.
I paddled up to the island.

paddle /'pædl/

page

▷ Le livre fait trois cents pages.
The book is three hundred pages long.

▷ J'ai changé ma page d'accueil.
I changed my homepage.

page /peɪdʒ/

► **page d'accueil** *(Internet)* : **homepage**

*Le **a** de **page** se prononce comme le **a** de **make**.*

paiement

▷ Qui a fait le paiement ?
Who made the payment?

payment /'peɪmənt/

paillasson

▷ Je laisserai la clé sous le paillasson.
I'll leave the key under the doormat.

doormat /'dɔːmæt/

paille

▷ Tu as de la paille dans les cheveux.
You have straw in your hair.

straw /strɔː/

🔊 *Straw rime avec **more** et **door**.*

▷ J'aime bien boire avec une paille.
I like drinking through a straw.

► **une paille : a straw**

ℹ *Notez la préposition utilisée en anglais :*
avec une paille = ***through a straw.***

paillettes

1 ▷ Il y a des paillettes dans cette ombre à paupières.
There is glitter in this eye shadow.

(= poudre d'or) **glitter** /'glɪtəʳ/

ℹ ***Glitter** est indénombrable : il ne se met pas au pluriel et ne s'emploie jamais avec l'article **a**.*

2 ▷ La chanteuse portait une robe à paillettes.
The singer wore a glittery dress.

► **à paillettes** (vêtement) : **glittery** /'glɪtərɪ/

pain

▷ Il ne reste plus de pain, je vais en acheter.
There isn't any bread left, I'm going to buy some.

► **le pain : bread** /bred/

*Attention ! on ne dit pas * a bread.* Un pain *se dit **a loaf*** /ləʊf/ (pluriel **loaves** /ləʊvz/).

▷ Je préfère le pain complet.
I prefer wholemeal bread.

► **pain complet : wholemeal bread** /ˌhəʊlmiːl 'bred/

▷ Il y avait des biscuits et du pain d'épices.
There were biscuits and gingerbread.

► **pain d'épices : gingerbread** /'dʒɪndʒəbred/

▷ Tu prends du pain grillé au petit déjeuner ?
Do you have toast for breakfast?

► **pain grillé : toast** /təʊst/

▷ Les Britanniques mangent surtout du pain de mie.
The British mostly eat sandwich bread.

► **pain de mie : sandwich bread** /'sæmwɪdʒ ˌbred/

pair

▷ Les numéros pairs sont de ce côté de la rue.
Even numbers are on this side of the street.

(chiffre, numéro) **even** /'iːvən/

🔊 *Le premier **e** de **even** se prononce comme le **ee** de **week**.*

paire

▷ Il a au moins vingt paires de chaussettes !
He's got at least twenty pairs of socks!

pair /pɛəʳ/

paisible

▷ C'est vraiment très paisible ici.
It's really peaceful in here.

peaceful /'piːsfʊl/ (**plus paisible more peaceful, le plus paisible the most peaceful**)

paix

1 ▷ Il y a eu une manifestation pour la paix.
There was a demonstration for peace.

peace /piːs/

2 ▷ Fiche-moi la paix !
Leave me alone!

► **ficher la paix à** quelqu'un : leave somebody alone /ə'ləʊn/ (left, left /left/)

palais

1 ▷ Nous avons visité le palais de la reine.
We visited the Queen's palace.

(= château) palace /'pælɪs/

*Attention : le mot anglais **palace** ne signifie pas « palace », qui se traduit par **luxury hotel**.*

2 ▷ Le concert aura lieu au palais des sports.
The concert will take place at the sports stadium.

► **palais des sports** : sports stadium /'spɔːts ˌsteɪdɪəm/ (pluriel sports stadiums)

3 ▷ Je me suis brûlé le palais avec du café.
I burnt my palate with some coffee.

(dans la bouche) palate /'pælɪt/

pâle

▷ Tu es pâle ; tu ne te sens pas bien ?
You're pale; aren't you feeling well?

pale /peɪl/ (**plus pâle** paler /'peɪləʳ/, **le plus pâle** the palest /'peɪlɪst/)

*Le **a** de **pale** se prononce comme le **a** de **make**.*

▷ Sylvain est devenu tout pâle.
Sylvain went all pale.

► **devenir pâle** : go pale (went, gone)

palier

▷ J'ai rencontré le voisin sur le palier.
I met the neighbour on the landing.

landing /'lændɪŋ/

pâlir

▷ Tout d'un coup il a pâli.
All of a sudden he went pale.

go pale /'peɪl/ (went, gone)

*Le **a** de **pale** se prononce comme le **a** de **make**.*

palme

▷ On nage beaucoup plus vite avec des palmes.
You can swim a lot faster with flippers.

(pour nager) flipper /'flɪpəʳ/

palmier

▷ Il y a des palmiers partout en Floride.
There are palm trees everywhere in Florida.

(= arbre) palm tree /'pɑːmtriː/ (pluriel palm trees)

*Le **l** de **palm** ne se prononce pas. **Palm** rime avec **arm**.*

pamplemousse

▷ Il y avait des céréales et un demi-pamplemousse au petit déjeuner.
There was cereal and half a grapefruit for breakfast.

grapefruit /'greɪpfruːt/

***Grapefruit** rime avec **boot**.*

panaché

▷ Je prendrai un panaché, s'il vous plaît.
I'll have a shandy, please.

(= bière avec de la limonade) **shandy** /'ʃændɪ/ (pluriel **shandies** /'ʃændɪz/)

pancarte

▷ Il y avait une pancarte qui disait « Fermé ».
There was a sign that said "Closed".

sign /saɪn/
Sign rime avec wine.

pané, panée

▷ Le poisson pané n'était pas bon du tout.
The fish in breadcrumbs wasn't good at all.

in breadcrumbs /'bredkrʌmz/
Breadcrumbs signifie « chapelure ».
Le deuxième b ne se prononce pas.

panier

▷ Est-ce que tu peux mettre les courses dans le panier ?
Can you put the shopping into the basket?
▷ Il a marqué un panier magnifique.
He scored a beautiful basket.

basket /'bɑːskɪt/
Attention ! Le mot anglais basket ne signifie pas « basket » !
► **marquer un panier** (au basket) : **score** /skɔːʳ/ **a basket**

panique

▷ C'était la panique générale.
It was panic all round.

panic /'pænɪk/

paniquer

▷ Ne paniquez pas, j'ai appelé la police !
Don't panic, I've called the police!

panic /'pænɪk/
Le c de panic devient ck au gérondif (**panicking** /'pænɪkɪŋ/), *au prétérit et au participe passé* (**panicked** /'pænɪkt/).

panne

1 ▷ La machine à laver est en panne.
The washing machine has broken down.
▷ On est tombés en panne sur l'autoroute.
We broke down on the motorway.

► **être en panne, tomber en panne : break down** /breɪk 'daʊn/ (**broke down** /brəʊk 'daʊn/, **broken down** /ˌbrəʊkən 'daʊn/)

2 ▷ Ils sont tombés en panne d'essence.
They ran out of petrol.

► **tomber en panne d'essence : run out of petrol** /ˌrʌn aʊt əv 'petrəl/ (**ran out, run out**)

3 ▷ Il y a eu une panne de courant pendant l'orage.
There was a power cut during the thunderstorm.

► **panne de courant** *ou* **panne d'électricité : power cut** /'paʊə kʌt/ (pluriel **power cuts**)

panneau

1 ▷ On a raté le panneau « Toulouse ».
We missed the "Toulouse" sign.

(= pancarte, direction sur la route) **sign** /saɪn/
Sign rime avec wine.

2 ▷ Les résultats sont sur le panneau d'affichage.
The results are on the notice board.

► **panneau d'affichage :** notice board /ˈnəʊtɪs ˌbɔːd/ (pluriel notice boards)

3 ▷ Ils ont des panneaux solaires sur leur toit.
They have solar panels on their roof.

► **panneau solaire :** solar panel /ˈsəʊləʳ ˈpænəl/ (pluriel solar panels)

panoplie

▷ Rémi a eu une panoplie de cow-boy pour Noël.
Rémi got a cowboy outfit for Christmas.

outfit /ˈaʊtfɪt/

pansement

▷ Est-ce que tu as des pansements ? Je me suis fait mal au pied.
Have you got some plasters? I've hurt my foot.

(= sparadrap) plaster /ˈplɑːstəʳ/
En anglais américain on dit ***Band-Aid®*** /ˈbænd eɪd/.

pantalon

▷ Elle a un nouveau pantalon.
She's got some new trousers.
▷ Je n'aime pas ce pantalon – il est trop court.
I don't like these trousers – they are too short.

trousers /ˈtraʊzəz/

ℹ ***Trousers*** *est un nom* **pluriel**, *comme* ***swimming trunks, pants, jeans*** *et* ***shorts***. *Il s'emploie avec un verbe au pluriel.*
En anglais américain on dit ***pants*** /pænts/.

panthère

▷ Nous avons vu des panthères au zoo.
We saw panthers at the zoo.

panther /ˈpænθəʳ/
Le ***th*** *de* ***panther*** *se prononce comme le* ***th*** *de* ***thing***.

pantoufles

▷ J'ai mis mes pantoufles.
I put my slippers on.

slippers /ˈslɪpəz/

paon

▷ Il y a de magnifiques paons dans le parc.
There are some beautiful peacocks in the park.

peacock /ˈpiːkɒk/

papa

▷ Le papa de Ludovic est agriculteur.
Ludovic's dad is a farmer.

dad /dæd/

pape

▷ Le pape a fait un voyage au Mexique.
The Pope went on a trip to Mexico.

pope /pəʊp/

papeterie

▷ La papeterie est près de la mairie.
The stationer's is near the town hall.

(= magasin) stationer's /ˈsteɪʃənəz/

papier

1 ▷ Je dois acheter du papier pour l'imprimante.
I must buy some paper for the printer.

(= la matière) paper /'peɪpəʳ/

▷ Cet éventail est en papier.
This fan is made of paper.

► être en papier : be made /meɪd/ of paper

▷ Je mettrai une nappe en papier.
I'll put a paper tablecloth on.

► en papier : paper

▷ Je vais l'emballer dans du papier alu.
I'm going to wrap it in foil.

► papier alu : foil /fɔɪl/

▷ Ce papier cadeau est très joli.
This wrapping paper is very nice.

► papier cadeau : wrapping paper /'ræpɪŋˌ peɪpəʳ/

▷ Il n'y a plus de papier toilette.
There isn't any toilet paper left.

► papier toilette : toilet paper /'tɔɪlɪt ˌpeɪpəʳ/

▷ Utilise du papier journal pour boucher le trou.
Use some newspaper to fill in the hole.

► papier journal : newspaper /'njuːzˌpeɪpəʳ/

▷ Elle m'a écrit sur du papier à lettres bleu.
She wrote to me on blue writing paper.

► papier à lettres : writing paper /'raɪtɪŋ ˌpeɪpəʳ/

▷ Ce papier peint est affreux.
This wallpaper is horrible.

► papier peint : wallpaper /'wɔːlpeɪpəʳ/

2 ▷ Passe-moi un papier, je vais noter l'adresse.
Pass me a piece of paper, I'm going to write the address down.

(= morceau de papier) piece /piːs/ of paper (pluriel pieces /'piːsɪz/ of paper)

3 ▷ Le policier voulait voir nos papiers.
The policeman wanted to see our papers.

► papiers (d'identité) : papers /'peɪpəz/

papillon

▷ Quel joli papillon !
What a pretty butterfly!

butterfly /'bʌtəflaɪ/ (pluriel butterflies /'bʌtəflaɪz/)

▷ Il y a des papillons de nuit dans ma chambre.
There are moths in my bedroom.

► papillon de nuit : moth /mɒθ/

papoter

▷ On a papoté pendant une heure au téléphone.
We chatted on the phone for an hour.

chat /tʃæt/

pâquerette

▷ J'ai cueilli quelques pâquerettes.
I picked up a few daisies.

daisy /'deɪzɪ/ (pluriel daisies /'deɪziːz/)

Pâques

▷ Nous sommes allés en Normandie à Pâques.
We went to Normandy at Easter.

Easter /'iːstəʳ/

paquet

1 ▷ Achète deux paquets de café.
Buy two packets of coffee.

(= emballage) packet /'pækɪt/

2 ▷ Elle a reçu un paquet du Canada.
She got a parcel from Canada.

(= colis) parcel /'pɑːsəl/

par

1 ▷ Ce roman a été écrit par Victor Hugo.
This novel was written by Victor Hugo.

(= complément d'agent) by /baɪ/

2 ▷ Vous êtes venus par la rue du Moulin ?
Did you come by rue du Moulin?

(= en passant par) by

3 ▷ On a dû passer par la forêt.
We had to go through the forest.

(= à travers) through /θruː/

4 ▷ C'est plus rapide par Asnières.
It's quicker via Asnières.

(avant un nom de ville ou de pays) via /'vaɪə/

5 ▷ Ils voyagent souvent par bateau.
They often travel by boat.
▷ Est-ce que je peux payer par chèque ?
Can I pay by cheque?

(pour indiquer le moyen par lequel on fait quelque chose) by

6 ▷ Il a fait ça par jalousie.
He did that out of jealousy.

(pour indiquer le motif d'une action) out of /'aʊt əv/

7 ▷ Ils gagnent deux mille euros par mois.
They earn two thousand euros a month.

(= chaque) a /ə/

8 ▷ Il n'y a pas de magasins par ici.
There aren't any shops round here.

► **par ici** (= dans ce coin) : round here /raʊnd 'hɪə'/

9 ▷ Passez par ici, c'est plus court.
Come this way, it's shorter.

► **par ici** (= par ce chemin) : this way /ðɪs weɪ/

10 ▷ C'est quelque part par là.
It's somewhere round there.

► **par là** (= dans ce coin) : round there /raʊnd 'ðɛə'/

11 ▷ On est passés par là.
We came that way.

► **par là** (= par ce chemin) : that way /ðæt weɪ/

parachute

▷ Le parachute ne s'est pas ouvert.
The parachute didn't open.

parachute /'pærəʃuːt/

*Le **u** de **parachute** se prononce comme le **oo** de **too**.*

▷ C'était la première fois que je sautais en parachute.
It was my first parachute jump.

► **sauter en parachute** *ou* **faire un saut en parachute :** make a parachute jump /dʒʌmp/ (made, made

parachutisme

▷ J'ai fait du parachutisme cet été.
I went parachuting this summer.

parachuting /'pærəʃuːtɪŋ/
► **faire du parachutisme : go parachuting (went, gone / been)**

paradis

▷ La plage, les palmiers : c'est le paradis !
The beach, the palm trees: it's paradise!

paradise /'pærədaɪs/
*Le **i** de **paradise** se prononce comme le **i** de **like**, et le **s** comme le **s** de **sea**.*

paragraphe

▷ Le troisième paragraphe est très compliqué.
The third paragraph is very complicated.

paragraph /'pærəgrɑːf/
*L'accent tonique est sur la première syllabe **pa-**.*

paraître

1 ▷ Ça paraît simple, mais en fait c'est assez difficile.
It seems easy, but in fact it's quite difficult.
▷ Il paraît que Lise sort avec Matthieu.
Apparently Lise is going out with Matthieu.

1 (= sembler) **seem** /siːm/
► **il paraît que... : apparently...** /ə'pærəntlɪ/

2 ▷ Le dernier tome vient de paraître.
The latest volume has just come out.

2 (livre) **come out** /kʌm aʊt/ (came out /keɪm/, come out

parallèle

▷ Les deux rues sont parallèles.
The two streets are parallel.
▷ L'avenue est parallèle à la rivière.
The avenue is parallel to the river.

parallel /'pærəlel/
Attention à l'orthographe !
Notez la préposition utilisée en anglais : parallèle à = ***parallel to***.

paralysé, paralysée

▷ Elle est paralysée depuis l'accident.
She has been paralyzed since the accident.

paralyzed /'pærəlaɪzd/

parapente

1 ▷ Il y a un club de parapente dans ma ville.
There's a paragliding club in the town.
▷ J'ai fait du parapente dans les Alpes.
I went paragliding in the Alps.

1 (= activité) **paragliding** /'pærəˌglaɪdɪŋ/
► **faire du parapente : go paragliding (went, gone / been)**

2 ▷ Il y avait plusieurs parapentes au-dessus de nous.
There were several paragliders above us.

2 (= engin) **paraglider** /'pærəˌglaɪdə^r/

paranoïaque

▷ Tu es complètement paranoïaque !
You're totally paranoid!

paranoid /'pærənɔɪd/ (plus paranoïaque more paranoid, le plus paranoïaque the most paranoid)

parapluie

▷ Zut, j'ai laissé mon parapluie dans le train !
Damn, I've left my umbrella on the train!

umbrella /ʌm'brelə/

parasites

▷ C'est un appareil qui supprime les parasites.
It's a device which suppresses interference.

(= bruits dans radio, télévision) **interference** /ˌɪntə'fɪərəns/

ℹ *Interference est un singulier.*

parasol

▷ On va avoir besoin d'un parasol parce qu'il fait très chaud.
We'll need a parasol because it's very hot.

parasol /'pærəsɒl/

paravent

▷ J'ai acheté un joli paravent chinois.
I bought a nice Chinese screen.

screen /skriːn/

parc

1 ▷ Il promène son chien dans le parc tous les soirs.
He walks his dog in the park every evening.

(= jardin public) **park** /pɑːk/

2 ▷ Le parc du château est fermé en hiver.
The palace grounds are closed in winter.

(= jardin privé) **grounds** /graʊndz/

ℹ *Grounds est un nom pluriel.*

3 ▷ On s'est bien amusés au parc d'attractions.
We had fun at the amusement park.

► **parc d'attractions :** amusement park /ə'mjuːzmənt ˌpɑːk/ (pluriel amusement parks)

4 ▷ Ils ont ouvert un nouveau parc à thème.
They have opened a new theme park.

► **parc à thème :** theme park /'θiːm ˌpɑːk/ (pluriel theme parks)

parce que

▷ Léna est absente parce qu'elle a la grippe.
Léna is absent because she has flu.

because /bɪ'kɒz/

parcmètre

▷ Tu as de la monnaie pour le parcmètre ?
Do you have change for the parking meter?

parking meter /'pɑːkɪŋ ˌmiːtəʳ/ (pluriel parking meters)

parcours

1 ▷ Le bus suit un parcours compliqué.
The bus follows a complicated route.

(= itinéraire) **route** /ruːt/

2 ▷ On a fait le parcours en deux heures.
We did the journey in two hours.

(= voyage) **journey** /'dʒɜːnɪ/

3 ▷ Il y a un parcours de golf près d'ici.
There is a golf course near here.

► **parcours de golf :** golf course /'gɒlf kɔːs/ (pluriel golf courses)

par-derrière

1 ▷ On va passer par-derrière pour qu'ils ne nous voient pas.
We're going to go round the back so that they don't see us.

1 (= derrière quelque chose) **round the back** /ˌraʊnd ðə 'bæk/

2 ▷ Elle critique les gens par-derrière.
She criticizes people behind their backs.

2 (= sournoisement) **behind** /bi'haɪnd/ somebody**'s back** /bæk/

ℹ *L'adjectif possessif fonctionne de la façon suivante en anglais : **behind my back, behind your back, behind his back, behind her back, behind our backs, behind your backs, behind their backs**.*

par-dessous

▷ Passez par-dessous la clôture.
Go underneath the fence.

underneath /ˌʌndə'ni:θ/

par-dessus

▷ Il est passé par-dessus la grille.
He went over the railings.

► **par-dessus** quelque chose : **over** /'əʊvəʳ/ something

pardon

1 ▷ Pardon, je ne vous avais pas vu.
Sorry, I didn't see you.

1 (pour s'excuser) **sorry** /'sɒrɪ/

2 ▷ Pardon ? Vous pouvez répéter ?
Pardon? Can you say that again?

2 (quand on a mal entendu) **pardon?** /'pɑ:dən/

ℹ *On peut aussi dire **sorry?***

3 ▷ Il devrait te demander pardon.
He should apologize to you.

3 ► **demander pardon à** quelqu'un : **apologize** /ə'pɒlədʒaɪz/ **to** somebody

pardonner

▷ Je ne te pardonnerai jamais !
I will never forgive you!

▷ Elle ne m'a jamais pardonné ce que j'avais dit.
She has never forgiven me for what I said.

▷ Tu me pardonnes de m'être moqué de toi ?
Do you forgive me for making fun of you?

forgive /fə'gɪv/ (**forgave** /fə'geɪv/, **forgiven** /fə'gɪvn/)

ℹ *Notez l'emploi de la préposition **for** en anglais.*

pare-brise

▷ Le pare-brise est tout sale.
The windscreen is very dirty.

windscreen /'wɪndskri:n/

*En anglais américain on dit **windshield** /'wɪndʃi:ld/.*

pare-chocs

▷ Seul le pare-chocs a été touché.
Only the bumper has been hit.

bumper /ˈbʌmpəʳ/

pare-feu

▷ Je n'ai pas pu télécharger l'application à cause du pare-feu.
I couldn't download the application because of the firewall.

(Internet) **firewall** /ˈfaɪəwɔːl/

pareil, pareille

▷ Nos téléphones portables sont pareils.
Our mobile phones are the same.
▷ Ta méthode marche bien, je vais faire pareil.
Your method works well, I'm going to do the same.
▷ Ta jupe est pareille à la mienne.
Your skirt is the same as mine.

the same /ðə ˈseɪm/

ℹ *Notez la préposition utilisée en anglais :* pareil à = ***the same as***.

parent

1 ▷ Leurs parents sont Algériens.
Their parents are Algerian.

► **parents** (= père et mère) : **parents** /ˈpɛərənts/

2 ▷ Tous les parents de la mariée étaient là.
All the bride's relatives were there.

(= membre de la famille) **relative** /ˈrelətɪv/

parenthèse

▷ La date est entre parenthèses.
The date is in brackets.

► **entre parenthèses : in brackets** /ˈbrækɪts/

paresseux, paresseuse

▷ Tu es vraiment paresseuse ! Lève-toi !
You're really lazy! Get up!

lazy /ˈleɪzɪ/ (**plus paresseux** lazier /ˈleɪzɪəʳ/, **le plus paresseux** the laziest /ˈleɪzɪɪst/)

parfait, parfaite

▷ Il se croit parfait.
He thinks he's perfect.

perfect /ˈpɜːfekt/ (**plus parfait** more perfect, **le plus parfait** the most perfect)

parfaitement

1 ▷ Je comprends parfaitement.
I understand perfectly.

(= très bien) **perfectly** /ˈpɜːfɪktlɪ/

2 ▷ Tu l'as fait tout seul ? – Parfaitement !
You did it all on your own? – I certainly did!

(= certainement, oui) **certainly** /ˈsɜːtənlɪ/

parfois

▷ Il travaille parfois le week-end.
He sometimes works at weekends.

sometimes /ˈsʌmtaɪmz/

parfum

1 ▷ J'ai offert du parfum à ma mère pour Noël.
I bought my mother some perfume for Christmas.

1 (= eau de toilette) **perfume** /'pɜːfjuːm/

2 ▷ Ces roses ont un parfum merveilleux.
These roses have a marvellous scent.

2 (d'une fleur, d'un fruit) **scent** /sent/

3 ▷ Tu veux une glace à quel parfum ?
What flavour ice cream do you want?

3 (d'une glace) **flavour** /'fleɪvəʳ/

parfumé, parfumée

1 ▷ Tes roses sont très parfumées.
Your roses are very fragrant.

1 (naturellement) **fragrant** /'freɪgrənt/ (**plus parfumé** more fragrant, **le plus parfumé** the most fragrant)

2 ▷ Je lui ai acheté des savons parfumés.
I bought scented bars of soap for her.

2 (artificiellement) **scented** /'sentɪd/ (**plus parfumé** more scented, **le plus parfumé** the most scented)

pari

▷ Il a gagné son pari.
He won his bet.
▷ Ils ont fait un pari et elle a perdu.
They made a bet and she lost.

bet /bet/

► **faire un pari :** make /ˌmeɪk/ a bet (made, made)

parier

▷ On a parié dix euros.
We bet ten euros.
▷ Je parie qu'elle va encore arriver en retard.
I bet she's going to be late again.

bet /bet/ (bet, bet)

ℹ *Il y a deux* ***t*** *au gérondif* (betting).

Paris

▷ J'habite à Paris depuis quatre ans.
I've lived in Paris for four years.
▷ Pierre va à Paris mardi.
Pierre is going to Paris on Tuesday.

Paris /'pærɪs/

🔊 *En anglais,* ***Paris*** *rime avec* ***kiss***.

parisien, parisienne

▷ Mes amies parisiennes sont venues me voir.
My Parisian friends came to see me.
▷ C'est un vrai Parisien.
He's a real Parisian.

Parisian /pæ'rɪzɪən/

ℹ *Notez la majuscule.*

parking

▷ Le parking est plein.
The car park is full.

car park /'kɑːpɑːk/ (pluriel **car parks**)
En anglais américain on dit ***parking lot*** /'pɑːʳkɪŋ lɒt/ (pluriel **parking lots**).

parlement

▷ Le Parlement britannique se trouve à Westminster.
The British parliament is in Westminster.

parliament /pɑːʳləmənt/

parler

1 ▷ Tu devrais parler à Marielle.
You should speak to Marielle.
▷ J'ai parlé à Mathilde de mon problème.
I spoke to Mathilde about my problem.

(= s'exprimer) **speak** /spiːk/ (**spoke** /spəʊk/, **spoken** /'spəʊkən/)
On peut aussi dire ***talk*** /tɔːk/.

2 ▷ On a parlé pendant une heure au téléphone.
We talked for an hour on the phone.
▷ On peut en parler si tu veux.
We can talk about it if you want.

(= discuter) **talk** /tɔːk/
Le ***l*** *de* ***talk*** *ne se prononce pas.* ***Talk*** *rime avec* ***fork***.

3 ▷ C'est un livre qui parle de la guerre.
It's a book about war.

► **parler de** quelque chose (= avoir pour sujet) : **be about** /ə'baʊt/ something

4 ▷ Ian parle très bien français.
Ian speaks French very well.

► **parler une langue** : **speak** /spiːk/ **a language** (**spoke** /spəʊk/, **spoken** /'spəʊkən/)

5 ▷ Ils ne se parlent plus.
They don't talk to each other any more.

► **se parler** : **talk to each other** /iːtʃ 'ʌðəʳ/

parmi

▷ Il y a plusieurs femmes parmi les candidats.
There are several women among the candidates.

among /ə'mʌŋ/
Le ***o*** *de* ***among*** *se prononce comme le* ***u*** *de* ***duck***.

paroi

▷ Éloignez-vous de la paroi.
Move away from the wall.

wall /wɔːl/

parole

1 ▷ Tu connais les paroles de cette chanson ?
Do you know the words of this song?

(= mot) **word** /wɜːd/

2 ▷ Il tient toujours parole.
He always keeps his word.

► **tenir parole :** keep /kiːp/ one's word (kept, kept)

ℹ *L'adjectif possessif fonctionne de la façon suivante en anglais : **I keep my word, you keep your word, he keeps his word, she keeps her word, we keep our word, they keep their word .***

3 ▷ Arrête de me couper la parole !
Stop interrupting me!

► **couper la parole à** quelqu'un : interrupt /ˌɪntəˈrʌpt/ somebody

4 ▷ Il a donné la parole à Djamel.
He let Djamel speak.

► **donner la parole à** quelqu'un : let somebody speak /ˈspiːk/ (let, let)

5 ▷ Il a pris la parole pour dire qu'il n'était pas d'accord.
He spoke to say he didn't agree.

► **prendre la parole :** speak /spiːk/ (spoke /spəʊk/, spoken /ˈspəʊkən/)

parquet

▷ Le parquet est vraiment sale.
The wooden floor is really dirty.

wooden floor /ˌwʊdn ˈflɔːʳ/

parrain

▷ Je vais en vacances avec mon parrain.
I'm going on holiday with my godfather.

godfather /ˈgɒdfɑːðəʳ/

part

1 ▷ Il reste deux parts de gâteau.
There are two pieces of cake left.

(= morceau) piece /piːs/

2 ▷ Chacun doit payer sa part.
Everyone must pay their share.

(dans un partage) share /ʃɛəʳ/

3 ▷ J'ai traité ce cas à part.
I treated this case separately.

► **à part** (= séparément) : separately /ˈseprətlɪ/

4 ▷ Qui est venu à part Charlie ?
Who came apart from Charlie?

► **à part** (= en dehors de) : apart from /əˈpɑːt frɒm/

5 ▷ Donne-lui ce mot de ma part.
Give her this note from me.

► **de la part de** (= au nom de) : from /frɒm/

6 ▷ C'est de la part de qui ?
Who's calling?

*Pour demander qui est au téléphone, on dit **who's calling?*** /huːz ˈkɔːlɪŋ/.

7 ▷ Les personnes qui ont pris part à l'enquête recevront un livre.
The people who took part in the survey will get a book.

► **prendre part à :** take part in /teɪk 'pɑːt ɪn/ (took /tʊk/, taken /'teɪkən/)

partager

▷ J'ai partagé l'argent entre tous.
I shared the money between everybody.
▷ J'ai dû partager une chambre avec mon frère.
I had to share a bedroom with my brother.
▷ On s'est partagé le travail.
We shared the work.

share /ʃɛəʳ/

Share rime avec hair et where.

Le e disparaît au gérondif : sharing.

► **se partager** quelque chose **:** share something

partenaire

▷ Jean est mon partenaire de tennis.
Jean is my tennis partner.

partner /'pɑːtnəʳ/

parti

▷ Chaque parti a un candidat.
Each party has a candidate.

(= organisation politique) party /'pɑːtɪ/ (pluriel parties /'pɑːtɪz/)

participer

1 ▷ Est-ce que tu veux participer au concours ?
Do you want to take part in the competition?

► **participer à** (= prendre part à) **:** take part in /teɪk 'pɑːt ɪn/ (took /'tʊk/, taken /'teɪkən/)

2 ▷ Qui veut participer au cadeau ?
Who wants to contribute to the present?

► **participer à** (financièrement) **:** contribute to /kən'trɪbjuːt tuː/

particularité

▷ C'est l'une des particularités de notre appareil.
It's one of the features of our device.

feature /'fiːtʃəʳ/

particule

▷ Il y a de fines particules dans l'air.
There are fine particles in the air.

particle /'pɑːtɪkl/

Attention à l'orthographe du mot anglais particle, qui s'écrit sans u.
Allez voir aussi sous le mot verbe.

particulier, particulière

1 ▷ C'est un cas très particulier.
It's a very special case.

(= exceptionnel) special /'speʃəl/

2 ▷ Est-ce que tu pensais à un problème particulier ?
Were you thinking of a particular problem?
▷ C'est vrai, en particulier en France.
It's true, in particular in France.

(= précis) particular /pə'tɪkjʊləʳ/

► **en particulier :** in particular

3 ▷ Il a des habitudes assez particulières.
He has some rather odd habits.

(= bizarre) odd /ɒd/

particulièrement

▷ Elle a été particulièrement désagréable.
She was particularly unpleasant.
▷ Tu as aimé le film ? – Pas particulièrement.
Did you like the film? – Not particularly.

particularly /pəˈtɪkjʊləlɪ/

► **pas particulièrement** : not particularly

L'accent tonique est sur la deuxième syllabe ***-ti-***.

partie

1 ▷ Vous voulez faire une autre partie ?
Do you want to have another game?

(= jeu) **game** /geɪm/
Notez la traduction de faire une partie : ***have a game***.

2 ▷ La première partie du film est un peu lente.
The first part of the film is a bit slow.

(= section, élément) **part** /pɑːt/

3 ▷ Ce jardin fait partie du musée.
This garden is part of the museum.

► **faire partie de** (= être une partie de) : be part of

4 ▷ Je fais partie du club de voile.
I belong to the sailing club.

► **faire partie de** (= être membre de) : belong /bɪˈlɒŋ/ to

5 ▷ C'est en partie de ma faute.
It's partly my fault.

► **en partie** : partly /ˈpɑːtlɪ/

partir

1 ▷ Je dois partir, il est tard.
I must leave, it's late.
▷ On est partis de la maison à huit heures.
We left the house at eight.

(= s'en aller) **leave** /liːv/ (left, left /left/)
► **partir de** + *lieu* : leave

2 ▷ Cédric part en Espagne en août.
Cédric is going to Spain in August.

► **partir à** *ou* **partir en** + *lieu* : go to

3 ▷ Le moteur ne veut pas partir.
The engine doesn't want to start.

(= démarrer, en parlant d'une machine, d'un moteur) **start** /stɑːt/

4 ▷ La tache a fini par partir.
The stain came out eventually.

(= disparaître, en parlant d'une tache) **come out** /kʌm ˈaʊt/ (came out /keɪm ˈaʊt/, come out)

5 ▷ Je serai libre à partir de mardi.
I'll be free from Tuesday.

► **à partir de** : from /frɒm/

partition

▷ J'ai téléchargé des partitions des Beatles.
I've dowloaded some Beatles scores.

(musicale) **score** /skɔːʳ/

partout

▷ On t'a cherché partout !
We've looked for you everywhere!

everywhere /'evrɪwɛəʳ/

pas

1 ▷ Il fait de grands pas.
He takes big steps.

(= enjambée) **step** /step/

ℹ *Notez la traduction de* faire *un pas :* ***take*** /teɪk/ ***a step*** (took /tʊk/, taken /'teɪkən/).

2 ▷ On entendait des pas dans la nuit.
We could hear footsteps in the night.

(= bruit) **footstep** /'fʊtstep/

3 ▷ Je ne suis pas content.
I'm not happy.
▷ Il n'a pas de frères et sœurs.
He doesn't have any brothers and sisters.
▷ Elle ne viendra pas à la soirée.
She won't come to the party.
▷ Je t'avais dit de ne pas jouer avec ça !
I told you not to play with this!

Pour mettre un verbe à la forme négative en anglais, on emploie ***not*** /nɒt/*, ou sa forme abrégée* ***-n't****, après l'auxiliaire correspondant au verbe* (be, do, will).

ℹ *Notez que la contraction de* ***will not*** *est* ***won't*** /wəʊnt/.

ℹ *Avant un infinitif, la traduction est* ***not****. Notez l'ordre des mots dans la phrase anglaise :* ***not + to*** *+ verbe.*

4 ▷ Tu viens ou pas ?
Are you coming or not?
▷ Qui veut faire la vaisselle ? – Pas moi !
Who wants to do the dishes? – Not me!
▷ Ça te dérange ? – Non, pas du tout.
Do you mind? – No, not at all.
▷ Je n'aime pas du tout ce tableau.
I don't like this painting at all.

(employé sans *ne*) **not** /nɒt/

► **pas du tout :** not at all /nɒt ət 'ɔːl/

ℹ *Notez bien l'ordre des mots.*

passable

▷ Le prof a dit que mon devoir était passable.
The teacher said that my test was average.

(= moyen) **average** /'ævərɪdʒ/

🔊 ***Average*** *rime avec* ***bridge****.*

passage

1 ▷ Il y a un passage difficile dans ce morceau.
There's a difficult passage in this piece.

(= partie d'un morceau, d'un texte, etc.) **passage** /'pæsɪdʒ/

🔊 ***Passage*** *rime avec* ***bridge****.*

2 ▷ On pourrait s'arrêter à Lascaux au passage.
We could stop at Lascaux on the way.

► **au passage** (= en route) **:** on the way /ɒn ðə 'weɪ/

3 ▷ Je traverse toujours aux passages cloutés.
I always cross at pedestrian crossings.

► **passage clouté** *ou* **passage piétons :** pedestrian crossing /pɪˌdestrɪən 'krɒsɪŋ/ (pluriel pedestrian crossings) *ou* zebra crossing /'ziːbrə ˌkrɒsɪŋ/ (pluriel zebra crossings)

4 ▷ On a dû s'arrêter à un passage à niveau.
We had to stop at a level crossing.

► **passage à niveau :** level crossing /ˌlevl 'krɒsɪŋ/ (pluriel level crossings)

5 ▷ Prenez le passage souterrain.
Take the underpass.

► **passage souterrain :** underpass /'ʌndəpɑːs/
En anglais britannique, on dit aussi ***subway*** /'sʌbweɪ/.

6 ▷ Nous sommes seulement de passage à Paris.
We're just passing through Paris.

► **être de passage :** be passing through /pɑːsɪŋ'θruː/

passager, passagère

▷ Tous les passagers sont descendus.
All the passengers got off.

passenger /'pæsɪndʒəʳ/

passant, passante

▷ Plusieurs passants se sont arrêtés pour regarder.
Several passers-by stopped to watch.

(= personne dans la rue) passer-by /ˌpɑːsə'baɪ/ (pluriel passers-by)

passe

▷ Quelle belle passe !
What a beautiful pass!

▷ Luc a fait une passe à Nouredine.
Luc passed to Nouredine.

(dans les jeux de ballon) pass /pɑːs/ (pluriel passes /'pɑːsɪz/)
► **faire une passe à** quelqu'un **:** pass to somebody

passé, passée

▷ Ça a commencé l'année passée.
It started last year.

(= dernier, écoulé) past /pɑːst/

▷ Ne pense pas au passé.
Don't think about the past.

► **le passé** (= ce qui est fini) **:** the past

passeport

▷ Tu dois présenter ton passeport à la douane.
You must show your passport at customs.

passport /'pɑːspɔːt/
Attention à l'orthographe !

passer

1 ▷ J'ai vu passer Lise et sa fille.
I saw Lise and her daughter go past.

(= aller d'un endroit à l'autre) go past /gəʊ 'pɑːst/ (went, gone)

2 ▷ Je passe toujours par le jardin public.
I always go through the park.
▷ Par où êtes-vous passés ?
Which way did you go?
▷ Passe par-dessus la clôture.
Go over the fence.

Quand passer *est suivi d'une préposition comme par, sur, par-dessous, etc., la traduction anglaise est* ***go*** /gəʊ/ **(went** /went/, **gone** /gɒn/**)**.

3 ▷ Je passerai ce soir si tu veux.
I'll call in tonight if you want.

(= faire une visite rapide) **call in** /kɔːl 'ɪn/

4 ▷ Le facteur n'est pas encore passé.
The postman hasn't been yet.

► **être passé** (en parlant du facteur) : **have been** /'biːn/

5 ▷ Laissez-moi passer !
Let me through!

► **laisser passer** quelqu'un : **let** somebody **through** /θruː/ **(let, let)**

6 ▷ Le temps est passé très vite.
Time went by very quickly.

(en parlant du temps) **go by** /gəʊ 'baɪ/ **(went by** /went 'baɪ/, **gone by** /gɒn 'baɪ/**)**

7 ▷ Sacha passera en cinquième en septembre.
Sacha will move up to the second year in September.

(= aller dans la classe supérieure, la division supérieure, etc.) **move up** /muːv 'ʌp/

8 ▷ Ce film est déjà passé à la télé.
This film has already been on TV.

► **passer à la télé : be on TV**

9 ▷ Ce n'est qu'un mal de tête, ça passera.
It's only a headache, it'll pass.

(douleur) **pass** /pɑːs/

10 ▷ Personne ne nous a arrêtés quand nous avons passé la frontière.
Nobody stopped us when we crossed the border.

(une frontière) **cross** /krɒs/

11 ▷ Passe-moi un bonbon, s'il te plaît.
Give me a sweet, please.

(= donner) **give** /gɪv/ **(gave** /geɪv/, **given** /'gɪvn/**)**

12 ▷ Tu peux me passer Érika ?
Can you put Érika on?

Quand on parle de passer quelqu'un au téléphone, on utilise l'expression ***put*** /pʊt/ somebody *on* **(put on, put on)**.

13 ▷ Passe la balle !
Pass the ball!

(un ballon) **pass** /pɑːs/

14 ▷ Elle a passé son permis de conduire.
She took her driving test.

(un examen, le permis de conduire) **take** /teɪk/ **(took** /tʊk/, **taken** /'teɪkən/**)**

Attention ! ***pass an exam*** *veut dire « réussir un examen ».*

15 ▷ On a passé l'après-midi à discuter.
We spent the afternoon talking.

15 (période de temps) **spend** /spend/ (**spent, spent** /spent/)

16 ▷ Qu'est-ce qui s'est passé ?
What happened?
▷ Qu'est-ce qui se passe ? Il y a un problème ?
What's the matter? Is there a problem?

16 ► **se passer** (= se produire) : **happen** /'hæpən/
ℹ *Quand on s'inquiète d'une situation, on dit* ***what's the matter?*** /ˌwɒts ðə 'mætəʳ/.

17 ▷ Comment se sont passées tes vacances ?
How did your holidays go?
▷ Ça s'est très bien passé.
It went very well.

17 ► **se passer** (= se dérouler) : **go** /gəʊ/ (**went** /went/, **gone** /gɒn/)

18 ▷ Tu devras te passer de douche pendant quelque temps.
You'll have to do without a shower for a while.

18 ► **se passer de** quelque chose : **do without** /wɪð'aʊt/ something (**did, done**)

passe-temps

▷ Quel est ton passe-temps préféré ?
What's your favourite pastime?

pastime /'pɑːstaɪm/
ℹ *On peut aussi dire* ***hobby*** /'hɒbɪ/ (pluriel **hobbies** /'hɒbɪz/).

passion

▷ Elle a une passion pour les motos.
She has a passion for motorbikes.

passion /'pæʃən/

passionnant, passionnante

▷ J'ai trouvé ce livre passionnant.
I found this book fascinating.

fascinating /'fæsɪneɪtɪŋ/ (**plus passionnant more fascinating, le plus passionnant the most fascinating**)

passionné, passionnée

▷ Il est passionné de voitures de course.
He has a passion for race cars.

▷ Ce spectacle ravira les passionnés d'aviation.
This show will delight aviation enthusiasts.

► **être passionné de** quelque chose : **have a passion** /'pæʃən/ **for** something (**had, had**)
► **être un passionné de jazz / de rugby,** etc. : **be a jazz / rugby,** etc **enthusiast** /ɪn'θuːzɪæst/ (**was / were, been**)

passoire

1 ▷ Où est la passoire ? J'en ai besoin pour les pommes de terre.
Where's the colander? I need it for the potatoes.

1 (pour les légumes) **colander** /'kʌləndəʳ/

2 ▷ Je vais acheter une passoire à thé.
I'm going to buy a tea strainer.

2 ► **passoire à thé** : **tea strainer** /'tiː ˌstreɪnəʳ/ (pluriel **tea strainers**)

pastèque

▷ On a mangé de la pastèque en dessert.
We had watermelon for dessert.

watermelon /'wɔːtəmelən/

pasteur

▷ Le pasteur a fait un très bon sermon.
The minister gave a very good sermon.

minister /'mɪnɪstəʳ/

ℹ *Pour désigner un pasteur de l'Église anglicane, on emploie* ***vicar*** */'vɪkəʳ/ en anglais.*

pastille

▷ Je voudrais des pastilles pour la gorge, s'il vous plaît.
I'd like some throat lozenges, please.

(= médicament) **lozenge** /'lɒzɪndʒ/

🔊 *Le* ***e*** *de* ***lozenge*** *se prononce comme le* ***i*** *de* ***big****.*

patate

▷ Il y a du poulet et des patates pour le déjeuner.
There's chicken and potatoes for lunch.

potato /pə'teɪtəʊ/ (pluriel **potatoes** /pə'teɪtəʊz/)

🔊 *L'accent tonique est sur la deuxième syllabe* ***-ta-****.*

patauger

▷ Arrête de patauger dans les flaques !
Stop splashing about in the puddles!

splash about /splæʃə'baʊt/

pâte

1 ▷ La pâte est trop liquide.
The mixture is too liquid.

(= mélange pour gâteaux) **mixture** /'mɪkstʃəʳ/

2 ▷ Je ne sais pas si la pâte est assez cuite.
I don't know whether the pastry is cooked enough.

(= croûte d'une tarte) **pastry** /'peɪstrɪ/

3 ▷ C'est du poisson recouvert de pâte et frit.
It's fish covered in batter and fried.

(pour friture) **batter** /'bætəʳ/

4 ▷ Elle a fait des pâtes au fromage.
She made pasta with cheese.

▷ Ces pâtes sont délicieuses.
This pasta is delicious.

► **pâtes** (= nouilles) : **pasta** /'pæstə/

ℹ ***Pasta*** *ne se met pas au pluriel.*

5 ▷ J'ai acheté des petits animaux en pâte d'amandes.
I bought little marzipan animals.

► **pâte d'amandes** : **marzipan** /'mɑːzɪˌpæn/

6 ▷ Il adore jouer avec la pâte à modeler.
He loves playing with modelling clay.

► **pâte à modeler** : **modelling clay** /'mɒdlɪŋ ˌkleɪ/

pâté

1 ▷ J'ai mangé un sandwich au pâté.
I ate a pâté sandwich.

(= charcuterie) pâté /'pæteɪ/

2 ▷ On a fait trois fois le tour du pâté de maisons mais on ne l'a pas trouvé.
We went round the block three times but we didn't find him.

► **pâté de maisons :** block /blɒk/

patiemment

▷ Le prof a patiemment expliqué l'exercice.
The teacher patiently explained the exercise.

patiently /'peɪʃəntlɪ/

patience

▷ Tu n'as aucune patience !
You have no patience!

patience /'peɪʃəns/

*Le **a** de **patience** se prononce comme le **a** de **make**.*

patient, patiente

1 ▷ Sois patient, ça sera bientôt ton tour.
Be patient, it will soon be your turn.

patient /'peɪʃənt/ (**plus patient** more patient, **le plus patient** the most patient)

*Le **a** de **patient** se prononce comme le **a** de **make**.*

2 ▷ C'est une patiente du Docteur Simon.
She's one of Doctor Simon's patients.

► **un patient, une patiente :** a patient

patin

▷ Un de mes patins est cassé.
One of my skates is broken.

(pour glisser ou rouler) skate /skeɪt/

▷ Elle a des patins à roulettes.
She has got some roller skates.

► **patins à roulettes :** roller skates /'rəʊləskeɪts/

▷ Tu sais faire du patin à roulettes ?
Can you roller-skate?

► **faire du patin à roulettes :** roller-skate /'rəʊləskeɪt/

*Le **e** final du verbe **roller-skate** disparaît au gérondif : **roller-skating**.*

patinage

▷ Elle fait du patinage artistique.
She does figure skating.

skating /'skeɪtɪŋ/

► **patinage artistique :** figure skating /'fɪgə ˌskeɪtɪŋ/

▷ Je n'aime pas le patinage sur glace.
I don't like ice skating.

► **patinage sur glace :** ice skating /'aɪs ˌskeɪtɪŋ/

patinoire

▷ Tu viens avec nous à la patinoire ?
Are you coming with us to the ice rink?

ice rink /'aɪs rɪŋk/ (pluriel **ice rinks**)
ℹ *On peut aussi dire **skating rink*** /'skeɪtɪŋ rɪŋk/ (pluriel **skating rinks**).

pâtisserie

1 ▷ Est-ce qu'il y a une bonne pâtisserie dans ce quartier ?
Is there a good cake shop in this area?

(= magasin) **cake shop** /'keɪk ʃɒp/ (pluriel **cake shops**)

2 ▷ Tu manges trop de pâtisseries.
You eat too many cakes.

(= gâteau) **cake** /keɪk/

patron, patronne

1 ▷ Le patron du bar est venu voir ce qui se passait.
The bar owner came to see what was happening.

(= propriétaire) **owner** /'əʊnəʳ/

2 ▷ Le patron et les ouvriers ont discuté pendant une heure.
The boss and the workers talked for an hour.

(= employeur) **boss** /bɒs/

patrouille

▷ Leur patrouille a été attaquée.
Their patrol was attacked.

patrol /pə'trəʊl/

patte

▷ Le chat a une patte cassée.
The cat has got a broken leg.

(d'un animal) **leg** /leg/
ℹ *En anglais on dit **leg** pour la jambe d'une personne et la patte d'un animal.*

paume

▷ Il cachait quelque chose dans la paume de sa main.
He was hiding something in the palm of his hand.

(de la main) **palm** /pɑːm/

🔊 *Le **l** de **palm** ne se prononce pas. **Palm** rime avec **arm**.*

paupière

▷ Mes paupières sont vraiment lourdes !
My eyelids are really heavy!

eyelid /'aɪlɪd/

pause

▷ On a pris un café pendant la pause.
We had a coffee during the break.

(= repos) **break** /breɪk/
🔊 ***Break** rime avec **make**.*

▷ Bon, faisons une petite pause !
Right, let's have a short break!

► **faire une pause : have a break (had, had)**

pauvre

▷ Ce sont des gens très pauvres.
They're very poor people.
▷ Pauvre Jean, il s'est fait voler son vélo !
Poor Jean, someone stole his bicycle!
▷ La pauvre, elle a dû avoir très peur !
Poor thing, she must have been very scared!

poor /pɔːʳ/ (plus pauvre **poorer** /ˈpɔːrəʳ/, le plus pauvre **the poorest** /ˈpɔːrɪst/)

► **le pauvre !** *ou* **la pauvre ! : poor thing!** /pɔː ˈθɪŋ/ (pluriel **poor things!**)

pauvreté

▷ Il y a beaucoup de pauvreté là-bas.
There's a lot of poverty over there.

poverty /ˈpɒvətɪ/

*Le **r** de **poverty** ne se prononce pas et l'accent tonique est sur la première syllabe **po-**.*

pavillon

▷ Ils habitent dans un pavillon en banlieue.
They live in a house in the suburbs.

(= maison) **house** /ˈhaʊs/ (pluriel **houses** /ˈhaʊzɪz/)

*Au pluriel, le **s** se prononce comme un **z**.*

payant, payante

▷ Est-ce que le concert est payant ?
Do you have to pay for the concert?

Pour dire que quelque chose est **payant** *en anglais, on emploie l'expression **you have to pay**.*

payer

1 ▷ C'est Sandrine qui a payé les places.
It was Sandrine who paid for the tickets.
▷ Je vais payer le vin.
I'll pay for the wine.

1 (= acheter) **pay for** /ˈpeɪ fɔːʳ/ (**paid for, paid for** /ˈpeɪd fɔːʳ/)

Notez bien : **payer quelque chose** = ***pay for something***.

2 ▷ J'ai payé ce livre dix euros.
I paid ten euros for this book.
▷ Elle est mieux payée que son mari.
She is better paid than her husband.

2 (une somme, une personne) **pay** /peɪ/ (**paid, paid** /peɪd/)

Notez bien : **payer quelqu'un** = ***pay somebody***.

3 ▷ Viens avec moi, je te paie un café.
Come with me, I'll buy you a coffee.

3 ► **payer** quelque chose **à** quelqu'un : **buy** /baɪ/ somebody something (**bought, bought** /bɔːt/)

pays

▷ Elle voudrait vivre dans un autre pays.
She would like to live in another country.

country /ˈkʌntrɪ/ (pluriel **countries** /ˈkʌntrɪz/)

paysage

▷ Quel beau paysage !
What a beautiful landscape!

landscape /ˈlændskeɪp/

paysan, paysanne

▷ Les paysans français ne sont pas contents.
French farmers are not happy.

(= agriculteur) **farmer** /ˈfɑːməʳ/

Pays-Bas

▷ Les Pays-Bas sont en demi-finale.
The Netherlands are in the semifinals.

▷ On voit des champs de fleurs aux Pays-Bas.
You can see fields of flowers in the Netherlands.

▷ Ils sont allés aux Pays-Bas.
They went to the Netherlands.

► **les Pays-Bas** : the Netherlands /ˈneðələndz/

► **aux Pays-Bas** (= dans le pays) : in the Netherlands

► **aux Pays-Bas** (= vers le pays) : to the Netherlands

pays de Galles

▷ Le pays de Galles fait partie de la Grande-Bretagne.
Wales is part of Great Britain.

▷ Mon cousin vit au pays de Galles.
My cousin lives in Wales.

▷ Nous allons au pays de Galles.
We're going to Wales.

Wales /weɪlz/

► **le pays de Galles** : Wales

ℹ *Ne prend jamais d'article.*

► **au pays de Galles** (= dans la région) : in Wales

► **au pays de Galles** (= vers la région) : to Wales

PC

▷ Je travaille sur PC.
I work on a PC.

(= ordinateur) **PC** /piːˈsiː/

ℹ ***PC*** *signifie* ***personal computer****.*

PCV

▷ Comment fait-on pour appeler en PCV ?
How do you make a reverse-charge call?

► **appeler en PCV** : make a reverse-charge call /rɪvɜːs tʃɑːdʒ kɔːl/

En anglais américain on dit ***collect call*** kəˈlekt kɔːl.

PDG

▷ Son mari est PDG d'une grande entreprise.
Her husband is a managing director of a big company.

managing director /mænɪdʒɪŋ daɪˈrektər/

ℹ *N'oubliez pas l'article* ***a*** *ou* ***an*** *devant le nom du métier lorsqu'il suit les verbes* ***be*** *ou* ***become****.*

En anglais américain on dit ***CEO*** /siː iː əʊ/ *qui est l'abréviation de* ***chief executive officer****.*

péage

▷ On ne paie pas de péage sur les autoroutes britanniques.
You don't pay tolls on British motorways.

(= somme d'argent) **toll** /tɒl/

2 ▷ Le péage est juste après Bayonne.
The tollgate is just after Bayonne.

(= endroit où on paie) **tollgate** /'tɒlgeɪt/

peau

1 ▷ Elle a une jolie peau.
She has nice skin.

(d'une personne, d'un fruit, d'un légume) **skin** /skɪn/

2 ▷ Les jupes en peau sont à la mode.
Leather skirts are fashionable.

► **en peau** (= en cuir) : leather /'leðə^r/

pêche

1 ▷ Cette pêche est délicieuse.
This peach is delicious.

(= fruit) **peach** /piːtʃ/ (pluriel peaches /'piːtʃɪz/)

2 ▷ Marc lit un magazine sur la pêche.
Marc is reading a magazine about fishing.
▷ Je vais souvent à la pêche avec mon père.
I often go fishing with my father.

(pour attraper des poissons) **fishing** /'fɪʃɪŋ/
► **aller à la pêche** : go fishing (went, gone / been)

3 ▷ J'ai la pêche aujourd'hui !
I'm feeling great today!

► **avoir la pêche** (= être en forme) : feel great /greɪt/ (felt, felt)

pêcher

1 ▷ J'ai appris à pêcher avec mon grand-père.
I learned to fish with my grandfather.

(= essayer d'attraper des poissons) **fish** /fɪʃ/

2 ▷ Il a pêché trois truites.
He caught three trout.

► **pêcher** quelque chose (= l'attraper) : catch /kætʃ/ something (caught, caught /kɔːt/)

3 ▷ Ils pêchent le thon dans cette région.
They fish for tuna in this region.

► **pêcher** quelque chose (= essayer de l'attraper) : fish /fɪʃ/ for something

pêcheur

1 ▷ Il y avait des pêcheurs au bord de la rivière.
There were some anglers by the river.

(d'eau douce) **angler** /'æŋglə^r/

2 ▷ Les pêcheurs rapportent des crabes et des homards.
The fishermen bring back crabs and lobsters.

(en mer) **fisherman** /'fɪʃəmən/ (pluriel fishermen /'fɪʃəmen/)

pédale

▷ La pédale gauche de mon vélo est cassée.
The left pedal on my bike is broken.

pedal /'pedl/

pédaler

▷ Allez, pédale plus vite !
Come on, pedal faster!

pedal /'pedl/
ℹ *Il y a deux **l** au gérondif* **(pedalling** /'pedlɪŋ/**)**, *au prétérit et au participe passé* **(pedalled** /'pedld/**)**.

peigne

▷ Qui a laissé des cheveux sur mon peigne ?
Who left hair on my comb?

comb /kəʊm/
🔊 *Le **b** de **comb** ne se prononce pas. **Comb** rime avec **home**.*

peigner

1 ▷ Elle ne veut pas que sa mère la peigne.
She doesn't want her mother to comb her hair.

► **peigner** quelqu'un **: comb** /kəʊm/ somebody**'s hair** /hɛəʳ/

2 ▷ Je me suis lavé et peigné en deux minutes.
I washed and combed my hair in two minutes.

► se **peigner : comb** one's **hair**
ℹ *L'adjectif possessif fonctionne de la façon suivante en anglais : **I comb my hair, you comb your hair, he combs his hair, she combs her hair, we comb our hair, they comb their hair**.*
🔊 *Le **b** final de **comb** ne se prononce pas. **Comb** rime avec **home**.*

peignoir

1 ▷ Elle était encore en peignoir quand je suis arrivée.
She was still in her dressing gown when I arrived.

(= robe de chambre) **dressing gown** /'dresɪŋ gaʊn/ (pluriel **dressing gowns**)

2 ▷ Sèche-toi, mets ton peignoir et descends.
Dry yourself, put your bathrobe on and come downstairs.

(en éponge) **bathrobe** /'bɑːθrəʊb/

peindre

▷ J'ai peint la cuisine en jaune.
I painted the kitchen yellow.
▷ Émile peint très bien.
Émile paints very well.

paint /peɪnt/

peine

1 ▷ Elle a eu beaucoup de peine quand son chien est mort.
She was very sad when her dog died.

► **avoir de la peine : be sad** /'sæd/

▷ Je crois que tu lui as fait de la peine.
I think you've upset him.

► **faire de la peine à** quelqu'un **: upset** /ʌp'set/ somebody **(upset, upset)**

2 ▷ Est-ce que ça vaut la peine d'aller voir ce film ?
Is it worth going to see this film?

2 ► **valoir la peine de** + *infinitif* : be worth /wɜːθ/ + *-ing*

3 ▷ Tu veux que je t'aide ? – Non, ce n'est pas la peine.
Do you want me to help you? – No, it's OK.

3 *Pour dire à quelqu'un de ne pas se déranger, on emploie l'expression* ***it's OK*** /əʊ'keɪ/.

4 ▷ Ce n'est pas la peine de se presser.
There's no point hurrying up.

4 ► **ce n'est pas la peine de** + *infinitif* (= ce n'est pas nécessaire) : there's no point /ðɛəz nəʊ 'pɔɪnt/ + *-ing*

5 ▷ Elle a à peine mangé, elle doit être malade.
She hardly ate anything, she must be ill.

5 ► **à peine** (= presque pas) : hardly /'hɑːdlɪ/

6 ▷ La peine de mort existe dans plusieurs États américains.
The death penalty exists in several American states.

6 ► **peine de mort** : death penalty /deθ'penəltɪ/ (pluriel death penalties)

peintre

▷ C'est un peintre assez connu dans son pays.
He's a well-known painter in his country.

▷ C'est un peintre en bâtiment.
He's a house painter.

▷ Un ami qui est peintre a repeint toute la maison.
A friend who is a painter repainted the whole house.

painter /'peɪntə^r/

ℹ *N'oubliez pas l'article* ***a*** *ou* ***an*** *devant le nom du métier lorsqu'il suit les verbes* ***be*** *ou* ***become***.

peinture

1 ▷ Cette peinture est du dix-septième siècle.
This painting is from the seventeenth century.

1 (= tableau) painting /'peɪntɪŋ/

2 ▷ Je voudrais une boîte de peinture pour mon anniversaire.
I'd like a box of paints for my birthday.

2 (= substance) paint /peɪnt/

3 ▷ Je fais souvent de la peinture.
I often paint.

3 ► **faire de la peinture** : paint /peɪnt/

pelage

▷ Le léopard a un beau pelage.
Leopards have a beautiful coat.

coat /kəʊt/

peler

1 ▷ Je mange les pêches sans les peler.
I eat peaches without peeling them.

1 (= enlever la peau de) peel /piːl/

2 ▷ J'ai le nez qui pèle.
My nose is peeling.

(après un coup de soleil) **peel**

Notez la structure de la phrase anglaise.

pelle

▷ L'ouvrier enlève le sable avec une pelle.
The worker removes the sand with a shovel.

(= outil) **shovel** /'ʃʌvl/

*Le **o** de **shovel** se prononce comme le **u** de **duck**.*

pellicule

1 ▷ J'ai utilisé six pellicules pendant les vacances !
I used six rolls of film during the holidays!

(= rouleau d'appareil photo) **roll of film** /ˌrəʊl əv 'fɪlm/ (pluriel **rolls of film**)

2 ▷ Il a des pellicules.
He's got dandruff.

► **avoir des pellicules** (dans les cheveux) : **have dandruff** /'dændrəf/

pelouse

▷ Il tond sa pelouse tous les samedis.
He mows his lawn every Saturday.

lawn /lɔːn/

*Le **aw** de **lawn** se prononce comme le mot anglais **or**.*

peluche

1 ▷ Son lit est couvert de peluches.
His bed is covered in cuddly toys.
▷ Ce canard en peluche est adorable !
This cuddly duck is adorable!

(= jouet) **cuddly toy** /ˌkʌdlɪ 'tɔɪ/ (pluriel **cuddly toys**)

2 ▷ J'ai cet ours en peluche depuis des années.
I've had this teddy bear for years.

► **ours en peluche** : **teddy bear** /'tedɪ bɛə^r/ (pluriel **teddy bears**)

pénalty

▷ Il a marqué sur pénalty.
He scored a penalty goal.

penalty /'penəltɪ/ (pluriel **penalties** /'penəltiːz/)
► **marquer sur pénalty** : **score a penalty goal** /skɔː^r ə 'penəltɪ gəʊl/

pencher

1 ▷ Il a penché le verre pour servir la bière.
He tilted the glass to serve the beer.

(= incliner, en parlant d'un objet) **tilt** /tɪlt/

2 ▷ Cet arbre penche, on dirait qu'il va tomber.
This tree is leaning, it looks like it's going to fall.

(= être incliné) **lean** /liːn/

*Le prétérit et le participe passé du verbe **lean** peuvent être soit **leaned** /liːnd/, soit **leant** /lent/.*

3 ▷ Ne te penche pas trop, c'est dangereux.
Don't lean over too far, it's dangerous.

► **se pencher** (= s'incliner) : **lean over** /liːn 'əʊvə^r/

4 ▷ Loïc s'est penché pour ramasser son crayon.
Loïc bent down to pick up his pencil.

► **se pencher** (= se baisser) : **bend down** /bend 'daʊn/ (**bent down, bent down** /bent 'daʊn/)

pendant

1 ▷ Il a rencontré Adeline pendant les vacances.
He met Adeline during the holidays.

Quand **pendant** *est suivi du nom d'une activité ou d'un événement* (**pendant la réunion, pendant le festival**, *etc.) il se traduit par* ***during*** /'djʊərɪŋ/.

2 ▷ Nous sommes restés à Chester pendant trois jours.
We stayed in Chester for three days.

Quand **pendant** *est suivi d'une expression de durée* (**pendant deux semaines, pendant une heure**, *etc.) il se traduit par* ***for*** /fɔːʳ/.

3 ▷ J'irai à la bibliothèque pendant que tu feras les courses.
I'll go to the library while you do the shopping.

► **pendant que : while** /waɪl/

penderie

▷ J'ai trop de vêtements dans ma penderie.
I have too many clothes in my wardrobe.

wardrobe /'wɔːdrəʊb/

pendre

1 ▷ Ta veste pend au portemanteau.
Your jacket is hanging on the coat rack.

(= être accroché) **hang** /hæng/ (**hung, hung** /hʌŋ/)

ℹ *Notez la préposition utilisée en anglais :* pendre à = ***hang on***.

2 ▷ Le voisin s'est pendu.
The neighbour hanged himself.

► se **pendre** (= se suicider) : **hang** /hæŋ/ **oneself** (**hanged, hanged** /hæŋd/)

ℹ *Notez que le verbe* ***hang*** *au sens de tuer a un prétérit et un participe passé réguliers* (**hanged**), *tandis que dans tous les autres sens il a un prétérit et un participe passé irréguliers* (**hung**).

pendule

▷ Cette pendule ne marche pas.
This clock doesn't work.

clock /klɒk/

pénible

1 ▷ C'est un métier très pénible.
It's a very hard job.

(= fatigant) **hard** /hɑːd/ (**plus pénible harder** /'hɑːdəʳ/, **le plus pénible the hardest** /'hɑːdɪst/)

2 ▷ Tu es vraiment pénible !
You're a real nuisance!

► **être pénible** (personne) : be a nuisance /'nju:sns/

La première syllabe de ***nuisance*** *se prononce exactement comme le mot* ***new****.*

péniche

▷ Aimerais-tu faire une croisière en péniche ?
Would you like to go on a barge cruise?

barge /bɑ:dʒ/

penser

▷ Je pense que c'est possible.
I think that it's possible *ou* I think it's possible.

▷ Je pense que oui.
I think so.

▷ Je pense que non.
I don't think so.

▷ Nous pensons partir demain.
We're thinking of leaving tomorrow.

▷ Je pense souvent à lui.
I often think of him.

▷ Je n'avais pas pensé à cette possibilité.
I hadn't thought of that possibility.

think /θɪŋk/ (thought, thought /θɔ:t/)

On peut dire en anglais soit ***think that...****, soit simplement* ***think...*** *(par exemple,* ***I think it's possible, I don't think it's true****).*

Notez qu'on n'utilise pas ***yes*** *et* ***no*** *pour traduire* **penser que oui** *et* **penser que non**.

► **penser** + *infinitif* (= envisager) : think of + *-ing*

► **penser à** : think of

pension

▷ Leur fils est en pension à Reims.
Their son is at boarding school in Reims.

▷ On est restés dans une pension de famille pendant quelques jours.
We stayed at a guesthouse for a few days.

► **être en pension** : be at boarding school /bɪ æt 'bɔ:ʳdɪŋ sku:l/

► **pension de famille** : guesthouse /'gesthaʊs/ (pluriel guesthouses /'gesthaʊsɪz/)

pensionnaire

▷ Je suis pensionnaire parce que j'habite trop loin de l'école.
I'm a boarder because I live too far from school.

(d'une école) boarder /'bɔ:dəʳ/

pensionnat

▷ Mes parents veulent m'envoyer en pensionnat.
My parents want to send me to boarding school.

boarding school /'bɔ:dɪŋsku:l/ (pluriel boarding schools /'bɔ:dɪŋsku:lz/)

pente

▷ On a eu du mal à monter la pente.
We had trouble going up the slope.

(= montée) slope /sləʊp/

▷ La route est en pente.
The road is sloping.

► **être en pente** : be sloping /'sləʊpɪŋ/

Pentecôte

▷ Qu'est-ce que vous faites pour la Pentecôte ?
What are you doing for Whitsun?

► **la Pentecôte :** Whitsun /ˈwɪtsən/

pépin

1 ▷ Ces mandarines sont pleines de pépins.
These satsumas are full of pips.

1 (= graine) **pip** /pɪp/

2 ▷ On a eu un pépin avec la voiture, c'est pour ça qu'on est en retard.
We had a problem with the car, that's why we're late.

2 (= ennui) **problem** /ˈprɒbləm/

pépite

▷ Il a trouvé des pépites d'or.
He found gold nuggets.

nugget /ˈnʌgɪt/

percer

1 ▷ Est-ce que tu as les oreilles percées ?
Have you got pierced ears?

1 (= perforer) **pierce** /pɪəs/

2 ▷ On va percer un trou dans le mur.
We're going to make a hole in the wall.

2 ► **percer un trou :** make a hole /həʊl/ (made, made)

perceuse

▷ Nous avons emprunté la perceuse du voisin.
We borrowed the neighbour's drill.

drill /drɪl/

percussion

▷ Alex joue de plusieurs instruments de percussion.
Alex plays several percussion instruments.

► **instrument de percussion :** percussion instrument /pəˈkʌʃən ˈɪnstrəmənt/

perdant, perdante

▷ Il est mauvais perdant.
He's a bad loser.

loser /ˈluːzəʳ/

perdre

1 ▷ Je suis sûr qu'ils vont perdre.
I'm sure they will lose.

1 (= être vaincu) **lose** /luːz/ (lost, lost /lɒst/)

Attention : ne confondez pas avec l'adjectif ***loose****.*

2 ▷ J'ai perdu mon portefeuille.
I lost my wallet.

2 ► **perdre** quelque chose **:** lose /luːz/ something (lost, lost /lɒst/)

3 ▷ On a perdu du temps pour rien.
We wasted time for nothing.

3 ► **perdre du temps :** waste time /weɪst ˈtaɪm/

4 ▷ C'est facile de se perdre dans Londres.
It's easy to get lost in London.

► **se perdre** (= s'égarer) : **get lost** /get 'lɒst/ (**got lost, got lost** /gɒt 'lɒst/)

père

▷ Comment s'appelle ton père ?
What's your father's name?
▷ Elle croit encore au père Noël !
She still believes in Father Christmas!

father /'fɑːðəʳ/

► **le père Noël** : **Father Christmas** /ˌfɑːðə 'krɪsməs/

Il n'y a jamais d'article devant le nom ***Father Christmas****.*

En anglais américain on dit ***Santa Claus*** */'sæntə klɔːz/.*

périmé, périmée

▷ Apparemment, ma carte était périmée.
Apparently, my card was out of date.

(= plus valable) **out of date** /ˌaʊt əv 'deɪt/

période

▷ C'est une période difficile pour elle.
It's a difficult period for her.

period /'pɪərɪəd/

perle

1 ▷ Elle a fait un collier avec des perles en verre.
She made a necklace with glass beads.

1 (= bille) **bead** /biːd/

2 ▷ Elle a un beau collier de perles.
She has a beautiful pearl necklace.

2 (= perle d'huître) **pearl** /pɜːl/

permanent, permanente

▷ L'entrée pour l'exposition permanente coûte six euros.
Admission to the permanent exhibition costs six euros.

permanent /'pɜːmənənt/

permettre

1 ▷ J'espère que ses parents lui permettront d'aller à la soirée.
I hope his parents will allow him to go to the party.
▷ Ce n'est pas permis.
It's not allowed.

1 ► **permettre à** quelqu'un **de** + *infinitif* (= autoriser) : **allow** /ə'laʊ/ somebody **to** + *base verbale*

2 ▷ Ses études lui ont permis de trouver un bon poste.
His studies enabled him to find a good job.

2 ► **permettre à** quelqu'un **de** + *infinitif* (quand le sujet est une chose) : **enable** /ɪ'neɪbl/ somebody **to** + *base verbale*

3 ▷ Ils peuvent se permettre d'aller en vacances aux Antilles.
They can afford to go on holiday to the West Indies.
▷ Je ne peux pas me le permettre en ce moment.
I can't afford it at the moment.

Pour parler des moyens financiers de quelqu'un en anglais, on utilise le verbe ***afford*** /ə'fɔːd/ *avec l'auxiliaire modal* ***can****.*

permis

▷ Il faut un permis pour pêcher ici.
You need a licence to fish here.
▷ J'ai perdu mon permis de conduire.
I've lost my driving licence.
▷ J'ai hâte de passer mon permis de conduire.
I'm looking forward to taking my driving test.

(= document) licence /'laɪsəns/

► **permis de conduire** (= document) **:** driving licence /'draɪvɪŋ ˌlaɪsəns/

En anglais américain on dit ***driver's*** /'draɪvəʳs/ ***license****.*

► **passer son permis de conduire :** take one's driving test /'draɪvɪŋ test/ (took, taken)

ℹ *Dans certains cas, on dit* ***permit*** /'pɜːmɪt/ *au lieu de* ***licence****. Par exemple,* ***work permit*** = permis de travail ; ***residence permit*** = permis de séjour.

ℹ *Pour* **ce n'est pas permis**, *regardez le mot* **permettre**, *page précédente.*

permission

▷ C'est moi qui lui ai donné la permission.
I gave him permission.
▷ Elle ne m'a même pas demandé la permission !
She didn't even ask for my permission!

(= autorisation) permission /pə'mɪʃən/

► **donner la permission à** quelqu'un **de faire** quelque chose **:** give somebody permission to do something (gave, given)

► **demander la permission à** quelqu'un de faire quelque chose **:** ask for somebody's permission to do something

perpendiculaire à

▷ C'est une rue perpendiculaire à celle-ci.
It's a street perpendicular to this one.

perpendicular to /ˌpɜːpən'dɪkjʊlə tuː/

perplexe

▷ Je suis un peu perplexe.
I'm a bit puzzled.

puzzled /'pʌzld/ (**plus perplexe** more puzzled, **le plus perplexe** the most puzzled)

perroquet

▷ Il a un perroquet vert.
He has got a green parrot.

parrot /'pærət/

perruque

▷ Alain a mis une perruque rousse pour la fête.
Alain put on a red wig for the party.

wig /wɪg/

persil

▷ Il y a trop de persil dans cette salade.
There's too much parsley in this salad.

parsley /'pɑːslɪ/

persister

▷ Il persiste à prononcer « hungry » et « angry » de la même manière.
He keeps pronouncing "hungry" and "angry" in the same way.

► **persister à faire** quelque chose : **keep** /kiːp/ **doing** something **(kept, kept** /kept/**)**

personnage

▷ Le personnage principal du film est un docteur.
The main character in the film is a doctor.

(dans un livre, un film, une pièce) **character** /'kærɪktəʳ/

personnalité

▷ Elle a beaucoup de personnalité.
She has a lot of personality.

personality /ˌpɜːsə'nælɪtɪ/

Attention à l'orthographe !

personne

1 ▷ Une seule personne est venue.
Only one person came.
▷ Plusieurs personnes sont parties avant la fin.
Several people left before the end.
▷ C'est gratuit pour les personnes âgées.
It's free for elderly people.

(= être humain) **person** /'pɜːsn/ (pluriel **people** /'piːpl/)

► **personne âgée : elderly person** /'eldəlɪ ˌpɜːsn/ (pluriel **elderly people** /'eldəlɪ ˌpiːpl/)

2 ▷ Les enfants doivent être accompagnés d'une grande personne.
Children must be accompanied by an adult.

► **grande personne : adult** /'ædʌlt/

3 ▷ Personne n'a voulu m'aider.
Nobody wanted to help me.
▷ Il n'y avait personne dans la salle.
There was nobody in the room.
▷ Je ne connais personne ici.
I don't know anybody here.

(= aucun) **nobody** /'nəʊbədɪ/

Quand personne *est complément, la traduction est* ***not... anybody*** */'enɪbɒdɪ/.*

personnel, personnelle

1 ▷ C'est un problème personnel.
It's a personal problem.

(= privé) **personal** /'pɜːsnl/

Attention à l'orthographe de ce mot : un seul ***n*** *!*

2 ▷ L'entreprise n'a pas assez de personnel.
The company doesn't have enough staff.

2 ► **le personnel** (= les employés) : **the staff** /stɑːf/

personnellement

▷ Personnellement, je préférerais mardi.
Personally, I'd prefer Tuesday.

personally /ˈpɜːsnəlɪ/

🔊 *Attention à l'orthographe de ce mot : un seul* ***n*** *!*

perspective

▷ Quelle perspective !
What a prospect!

▷ Dans ce pays, les jeunes n'ont pas de perspectives d'avenir.
In that country, young people have no prospects.

(= éventualité) **prospect** /ˈprɒspekt/

► **perspectives d'avenir** : **prospects** /ˈprɒspekts/

perspicace

▷ C'est un observateur très perspicace.
He's a very shrewd observer.

shrewd /ʃruːd/ (**plus perspicace shrewder** /ʃruːdəʳ/, **le plus perspicace the shrewdest** /ʃruːdɪst/)

persuader

▷ On l'a persuadée de venir au cinéma avec nous.
We persuaded her to come to the cinema with us.

► **persuader** quelqu'un **de** + *infinitif* : **persuade** /pəˈsweɪd/ somebody **to** + *base verbale*

perte

▷ Ce n'est pas une grosse perte !
It's not a serious loss!

loss /lɒs/ (pluriel **losses** /lɒsɪz/)

pertinent, pertinente

▷ Cette remarque est tout à fait pertinente.
This remark is quite relevant.

relevant /ˈreləvənt/ (**plus pertinent more relevant**, **le plus pertinent the most relevant**)

perturbé, perturbée

1 ▷ Il est encore un peu perturbé.
He's still a bit upset.

1 (personne) **upset** /ʌpˈset/ (**plus perturbé more upset**, **le plus perturbé the most upset**)

2 ▷ Le trafic reste très perturbé.
Traffic is still severely disrupted.

2 (circulation, services) **disrupted** /dɪsˈrʌptɪd/ (**plus perturbé more disrupted**, **le plus perturbé the most disrupted**)

peser

1 ▷ Le médecin m'a pesé et mesuré.
The doctor weighed and measured me.
▷ Elle pèse cinquante-cinq kilos.
She weighs fifty-five kilos.

1 **weigh** /weɪ/

🔊 ***Weigh*** *rime avec* ***day***. ***Weighed*** *rime avec* ***made***.

▷ Il se pèse tous les matins.
He weighs himself every morning.

► se **peser** : **weigh** oneself
ℹ *Le pronom personnel réfléchi fonctionne de la façon suivante en anglais :* ***I weigh*** ***myself****,* ***you weigh*** ***yourself****,* ***he weighs*** ***himself****,* ***she weighs*** ***herself****,* ***we weigh*** ***ourselves****,* ***you weigh*** ***yourselves****,* ***they weigh*** ***themselves****.*

2 ▷ Cette valise ne pèse pas trop lourd.
This case isn't too heavy.

► **peser lourd** : **be heavy** /bɪ ˈhevɪ/

pessimiste

1 ▷ Ne sois pas si pessimiste !
Don't be so pessimistic!

(adjectif) **pessimistic** /ˌpesɪˈmɪstɪk/ (**plus pessimiste** more pessimistic, **le plus pessimiste** the most pessimistic)

2 ▷ C'est une pessimiste, elle voit des problèmes partout.
She's a pessimist, she sees problems everywhere.

► **un** *ou* **une pessimiste** : **a pessimist** /ˈpesɪmɪst/
ℹ ***Pessimist*** *n'est pas un adjectif.*

pétale

▷ Les fleurs perdent leurs pétales.
The flowers are losing their petals.

petal /ˈpetl/

pétard

▷ Ils lançaient des pétards dans la rue.
They were letting off firecrackers in the street.

(= feu d'artifice) **firecracker** /ˈfaɪəkrækəʳ/
ℹ *Notez la traduction de* lancer *dans ce cas :* ***let off*** /let ˈɒf/ (>let off, let off).

péter

1 ▷ Qui a pété ? !
Who farted?!

(= avoir des gaz) **fart** /fɑːt/
ℹ ***Fart*** *est un mot vulgaire.*

2 ▷ Tous les ballons ont pété.
All the balloons burst.

(= exploser) **burst** /bɜːst/ (burst, burst)

3 ▷ La corde a pété et tout s'est écroulé.
The rope snapped and everything collapsed.

(= casser) **snap** /snæp/
ℹ *Il y a deux* **p** *au gérondif* (snapping /ˈsnæpɪŋ/)*, au prétérit et au participe passé* (snapped /snæpt/).

pétillant, pétillante

▷ Je n'aime pas l'eau pétillante.
I don't like sparkling water.

sparkling /ˈspɑːklɪŋ/

petit, petite

1 ▷ Lucas est petit pour son âge.
Lucas is small for his age.

(= de taille réduite) **small** /smɔːl/ (plus petit **smaller** /ˈsmɔːlə[r]/, le plus petit **the smallest** /ˈsmɔːlɪst/)

ℹ *On peut aussi dire **little** /ˈlɪtl/.*

▷ C'est un joli petit parc.
It's a pretty little park.

2 ▷ Quand j'étais petite, je jouais à la poupée.
When I was little, I played with dolls.

(= jeune) **little**

ℹ *On peut aussi dire **small**.*

3 ▷ Ma petite sœur s'appelle Barbara.
My little sister's name is Barbara.

(= plus jeune) **little**

4 ▷ Cette cour est pour les petits.
This playground is for the juniors.

► **les petits** (= élèves des petites classes) : **the juniors** /ˈdʒuːnɪəz/

5 ▷ La chatte a eu des petits.
The cat had kittens.

*Pour parler d'un jeune animal, il faut utiliser le mot qui correspond à chaque espèce. Pour les chats : **kitten** /ˈkɪtn/ ; pour les chiens : **puppy** /ˈpʌpɪ/ (pluriel **puppies** /ˈpʌpɪz/), etc.*

6 ▷ Je m'y suis habitué petit à petit.
I got used to it little by little.

► **petit à petit : little by little** /ˌlɪtl baɪˈ lɪtl/

7 ▷ On a mangé des crêpes au petit déjeuner.
We had pancakes for breakfast.

► **petit déjeuner : breakfast** /ˈbrekfəst/

ℹ *Notez la préposition en anglais : au petit déjeuner = **for breakfast**.*

8 ▷ Il y a des petits pois avec le steak.
There are peas with the steak.

► **petits pois : peas** /piːz/

petite-fille

▷ Leur petite-fille a le même âge que moi.
Their grand-daughter is the same age as me.

grand-daughter /ˈgrændɔːtə[r]/ (pluriel **grand-daughters**)

petit-fils

▷ Mes voisins gardent souvent leur petit-fils.
My neighbours often look after their grandson.

grandson /ˈgrænsʌn/

petits-enfants

▷ Ils passent beaucoup de temps avec leurs petits-enfants.
They spend a lot of time with their grandchildren.

grandchildren /ˈgræntʃɪldrən/

pétrole

▷ Le pays produit moins de pétrole qu'avant.
The country produces less oil than before.

oil /ɔɪl/
Attention : ne traduisez pas **pétrole** *par* ***petrol****, qui signifie « essence ».*

peu

1 ▷ Elle mange peu, c'est pour ça qu'elle est mince.
She doesn't eat much, that's why she's thin.
▷ Il pleut assez peu dans cette région.
It doesn't rain very much in this region.
▷ Il parle très peu.
He speaks very little.

(= pas beaucoup) not much /nɒt ˈmʌtʃ/
► **assez peu :** not very much /nɒt ˌverɪ ˈmʌtʃ/
► **très peu :** very little /ˌverɪ ˈlɪtl/

2 ▷ Je les vois peu.
I don't see them very often.

(= pas souvent) not very often /nɒt ˌverɪ ˈɒfən/

3 ▷ Ils ont peu d'argent mais ils se débrouillent.
They don't have much money but they manage.
▷ Peu de gens savent que ça existe.
Not many people know that it exists.

► **peu de** *+ nom singulier* **:** not much *+ nom singulier*
► **peu de** *+ nom pluriel* **:** not many /nɒt ˈmenɪ/ *+ nom pluriel*

4 ▷ Il faut à peu près une heure.
It takes about an hour.

► **à peu près :** about /əˈbaʊt/

5 ▷ Je m'y suis habituée peu à peu.
I got used to it little by little.

► **peu à peu :** little by little /ˌlɪtl baɪ ˈlɪtl/

6 ▷ Mange un peu avant de partir.
Eat a little before you go.
▷ Elle est un peu bizarre.
She's a little strange.

► **un peu :** a little /ə ˈlɪtl/
On peut aussi dire ***a bit*** */ə ˈbɪt/, qui est une expression plus familière.*

7 ▷ Il reste un peu de lait.
There's a little milk left.

► **un peu de** *+ nom* **:** a little /ə ˈlɪtl/ *+ nom*
On peut aussi dire ***a bit of*** */ə ˈbɪt əv/ + nom, qui est une expression plus familière.*

8 ▷ Je voudrais un petit peu de gâteau.
I'd like a little bit of cake.

► **un petit peu de :** a little bit of

peuple

▷ Les peuples d'Europe sont unis.
The peoples of Europe are united.
▷ Ils veulent donner le pouvoir au peuple.
They want to give power to the people.

people /ˈpiːpl/

peur

1 ▷ C'est la peur qui lui a fait faire ça.
It was fear that made him do that.

► **la peur :** fear /fɪəʳ/

2 ▷ N'aie pas peur, ce n'est rien.
Don't be afraid, it's nothing.

► **avoir peur :** be afraid /ə'freɪd/

ℹ *On peut aussi dire* ***be frightened*** */'fraɪtnd/ ou* ***be scared*** */'skɛəd/.* ***Afraid, frightened*** *et* ***scared*** *sont des adjectifs.*

▷ Il a peur des chiens.
He is afraid of dogs.

► **avoir peur de :** be afraid of

ℹ *On peut aussi dire* ***be frightened of*** *ou* ***be scared of. Afraid, frightened*** *et* ***scared*** *sont des adjectifs.*

3 ▷ Je ne t'avais pas vu, tu m'as fait peur !
I didn't see you, you scared me!

► **faire peur à** quelqu'un **:** scare somebody

ℹ *On peut aussi dire* ***frighten*** *somebody.*

peut-être

▷ Tu vas aller à la fête ? – Peut-être.
Are you going to go to the party? – Maybe.
▷ Ils sont peut-être déjà arrivés.
Maybe they've already arrived.
▷ Peut-être qu'il est sympa.
Maybe he's nice.

maybe /'meɪbiː/

ℹ *On peut aussi dire* ***perhaps*** */pə'hæps/.*

ℹ ***Maybe*** *et* ***perhaps*** *sont toujours placés en tête de phrase ou de proposition.*

► **peut-être que... :** maybe... *ou* perhaps...

phare

1 ▷ Ici les phares des voitures sont jaunes.
Here car headlights are yellow.

(sur une voiture) **headlight** /'hedlaɪt/

2 ▷ Nous avons marché jusqu'au phare.
We walked as far as the lighthouse.

(pour les bateaux) **lighthouse** /'laɪthaʊs/

pharmacie

▷ Où est la pharmacie la plus proche ?
Where is the nearest chemist's?

(= magasin) **chemist's** /'kemɪsts/

En anglais américain on dit ***drugstore*** */'drʌgstəːʳ/.*

pharmacien, pharmacienne

▷ La pharmacienne a désinfecté ma plaie.
The chemist disinfected my wound.

▷ Il faut faire beaucoup d'études pour devenir pharmacien.
You have to study a lot to become a chemist.

chemist /'kemɪst/

ℹ *En anglais américain on dit* ***pharmacist*** */'fɑːrməsɪst/.*

ℹ *N'oubliez pas l'article* ***a*** *ou* ***an*** *devant le nom du métier lorsqu'il suit les verbes* ***be*** *ou* ***become.***

phénomène

▷ Comment expliquez-vous ce phénomène ?
How do you explain this phenomenon?

phenomenon /fɪ'nɒmɪnən/ (pluriel **phenomena** /fɪ'nɒmɪnə/)

philosophe

▻ John Locke est un philosophe anglais.
John Locke is an English philosopher.

philosopher /fɪ'lɒsəfəʳ/

philosophie

▻ Je m'intéresse beaucoup à la philosophie.
I'm very interested in philosophy.

philosophy /fɪ'lɒsəfɪ/

phoque

▻ Nous avons vu des phoques en Écosse.
We saw seals in Scotland.

seal /siːl/

photo

1 ▻ Montre-moi les photos de tes vacances.
Show me your holiday photos.

▻ Est-ce que vous avez fait des photos ?
Did you take any photos?

▻ Est-ce que vous pouvez nous prendre en photo ?
Can you take a photo of us?

1 (= image) **photo** /'fəʊtəʊ/

► **faire une photo** *ou* **prendre une photo : take** /teɪk/ **a photo (took** /tʊk/, **taken** /'teɪkən/**)**
► **prendre** quelqu'un **en photo : take a photo of** somebody

2 ▻ Lucie prend des cours de photo.
Lucie takes photography classes.

2 (= activité) **photography** /fə'tɒgrəfɪ/

Dans le mot ***photography****, l'accent tonique est sur la deuxième syllabe* ***-to-****.*

photocopie

▻ Cette photocopie n'est pas très claire.
This photocopy isn't very clear.

photocopy /'fəʊtəˌkɒpɪ/ (pluriel **photocopies** /'fəʊtəˌkɒpɪz/)

L'accent tonique est sur la première syllabe ***pho-****.*

photocopier

▻ Tu peux me photocopier l'article ?
Can you photocopy the article for me?

photocopy /'fəʊtəˌkɒpɪ/

L'accent tonique est sur la première syllabe ***pho-****.*

photocopieuse

▻ La photocopieuse est encore en panne.
The photocopier has broken down again.

photocopier /'fəʊtəˌkɒpɪəʳ/

L'accent tonique est sur la première syllabe ***pho-****.*

photographe

▻ C'est le photographe qui a pris les photos du mariage.
That's the photographer that took the wedding photos.

(= personne qui prend des photos) **photographer** /fə'tɒgrəfəʳ/

L'accent tonique est sur la deuxième syllabe ***-to-****.*

photographie

▷ J'aimerais faire un stage de photographie cet été.
I'd like to do a photography course this summer.

(= activité) **photography** /fə'tɒgrəfɪ/

*L'accent tonique est sur la deuxième syllabe **-to-**.*

photographier

▷ On a tous photographié la cathédrale.
We all took a photo of the cathedral.

take a photo /ˌteɪk ə 'fəʊtəʊ/ **of** (**took** /tʊk/, **taken** /'teɪkən/)

photomaton®

▷ Ce photomaton ne fait que des photos en noir et blanc.
This photo booth only does black and white photos.

photo booth /'fəʊtəʊ buːð/

phrase

▷ Il manque le verbe dans cette phrase.
The verb is missing from this sentence.

sentence /'sentəns/

physique

1 ▷ Lalia a toujours aimé la physique.
Lalia has always liked physics.
▷ La physique est passionnante.
Physics is fascinating.

(= matière) **physics** /'fɪzɪks/

*i **Physics** est un nom singulier.*

*L'accent tonique est sur la première syllabe **phys-**.*

2 ▷ Ce garçon a un physique impressionnant.
That boy has an impressive physique.

(= corps) **physique** /fɪ'ziːk/

*L'accent tonique est sur la deuxième syllabe **-sique**.*

pianiste

▷ Elle veut être pianiste.
She want's to be a pianist.
▷ La pianiste portait une longue robe noire.
The pianist was wearing a long black dress.

pianist /'pɪənɪst/

piano

▷ J'aime beaucoup le son du piano.
I like the sound of the piano very much.

piano /pɪ'ænəʊ/

*L'accent tonique est sur le **a**.*

▷ Elle joue très bien du piano.
She plays the piano very well.

► **jouer du piano : play** /pleɪ/ **the piano**

▷ Il n'y a pas assez de place pour un piano à queue.
There isn't enough room for a grand piano.

► **piano à queue : grand piano** /ˌgrænd pɪ'ænəʊ/ (pluriel **grand pianos**)

pic

1 ▷ C'est le plus haut pic des Pyrénées.
It's the highest peak in the Pyrenees.

(= sommet) **peak** /piːk/

2 ▷ Tu tombes à pic, j'avais besoin de ton aide.
You've come just at the right moment, I needed your help.

► **tomber à pic** (= au bon moment) : **come just at the right moment**

pièce

1 ▷ Le salon est la plus grande pièce de la maison.
The living room is the biggest room in the house.

(dans une maison) **room** /ruːm/

2 ▷ Est-ce que tu as des pièces pour le distributeur de boissons ?
Do you have coins for the drinks machine?

(= monnaie) **coin** /kɔɪn/

3 ▷ Le garagiste a changé une pièce dans le moteur.
The mechanic changed a part in the engine.

(= composant) **part** /pɑːt/

4 ▷ J'ai vu une très bonne pièce de théâtre hier.
I saw a very good play yesterday.

► **pièce de théâtre** : **play** /pleɪ/

pied

1 ▷ Esther a de grands pieds.
Esther has got big feet.
▷ On vous attendra au pied de la colline.
We'll wait for you at the foot of the hill.

(d'une personne, d'un escalier, d'un lit, d'une colline) **foot** /fʊt/ (pluriel **feet** /fiːt/)

2 ▷ Les pieds de la table sont tordus.
The table legs are bent.

(d'une table, d'une chaise) **leg** /leg/

3 ▷ Je vais au travail à pied avec Lise.
I walk to work with Lise.

► **aller à pied** : **walk** /wɔːk/

4 ▷ Samuel a donné un coup de pied à Hubert.
Samuel kicked Hubert.

► **donner un coup de pied à** quelqu'un *ou* **dans** quelque chose : **kick** /kɪk/ somebody *ou* something

piège

▷ Attention, c'est un piège !
Be careful, it's a trap!

trap /træp/

pierre

▷ Nous avons ramassé des pierres sur le chemin.
We picked some stones up off the road.

stone /stəʊn/

▷ La mairie est en pierre.
The town hall is made of stone.

► **être en pierre(s)** : **be made** /meɪd/ **of stone**

▷ Il y a un mur en pierres autour du champ.
There's a stone wall around the field.

► **en pierre(s) : stone**

piétiner

▷ Ils ont piétiné mes fleurs.
They trampled on my flowers.

(= marcher sur) **trample on** /'træmpl/

piéton, piétonne

▷ Il y a un passage souterrain pour les piétons.
There's a subway for pedestrians.

▷ La rue Lecourbe est désormais piétonne.
Rue Lecourbe is a pedestrian street now.

pedestrian /pɪ'destrɪən/

pieuvre

▷ J'ai vu une pieuvre à l'aquarium.
I saw an octopus at the aquarium.

octopus /'ɒktəpəs/ (pluriel **octopuses** /'ɒktəpəsɪz/)

pigeon

▷ Elle donnait du pain aux pigeons.
She was giving bread to the pigeons.

pigeon /'pɪdʒɪn/

La fin de ce mot se prononce comme le mot ***in*** *en anglais.*

pile

1 ▷ Je dois changer les piles de la radio.
I have to change the batteries on the radio.

1 (électrique) **battery** /'bætərɪ/ (pluriel **batteries** /'bætərɪz/)

2 ▷ Cette pile de livres va s'écrouler.
That pile of books is going to collapse.

2 (= tas) **pile** /paɪl/

3 ▷ D'accord, on parie trois euros. Pile ou face ?
OK, le'ts bet three euros. Heads or tails?

3 ► **pile ou face ? : heads or tails?** /ˌhedz ɔː 'teɪlz/

4 ▷ Il est trois heures pile.
It's exactly three o'clock.

4 (= exactement, en disant l'heure) **exactly** /eg'zæktlɪ/

5 ▷ Tu es pile à l'heure.
You're right on time.

5 ► **être pile à l'heure : be right on time** /'raɪt ɒn taɪm/

pilier

▷ Il s'était caché derrière le pilier.
He was hiding behind the pillar.

(= colonne) **pillar** /'pɪləʳ/

pilote

1 ▷ Le pilote m'a montré les commandes.
The pilot showed me the controls.

1 (d'avion, de bateau) **pilot** /'paɪlət/

2 ▷ C'est un célèbre pilote automobile.
He's a famous racing driver.

2 ► **pilote automobile : racing driver** /'reɪsɪŋ ˌdraɪvəʳ/ (pluriel **racing drivers**)

piloter

1 ▷ Il adore piloter les voitures de course.
He loves driving race cars.

1 (une voiture) **drive** /draɪv/ (**drove** /drəʊv/, **driven** /ˈdrɪvn/)

2 ▷ C'était l'une des premières femmes à piloter un avion.
She was one of the first women to fly a plane.

2 (un avion) **fly** /flaɪ/ (**flew** /fluː/, **flown** /fləʊn/)

pilule

▷ Je dois prendre trois sortes différentes de pilules.
I have to take three different kinds of pills.

pill /pɪl/

▷ Elle prend la pilule.
She is on the pill.

► **prendre la pilule** (= contraceptif) : **be on the pill**

piment

▷ Il y a trop de piment dans ce plat.
There's too much chilli in this dish.

chilli /ˈtʃɪlɪ/

pimenté, pimentée

▷ Je n'aime pas les plats trop pimentés.
I don't like dishes that are too spicy.

spicy /spaɪsɪ/ (plus pimenté **spicier** /ˈspaɪsɪəʳ/, le plus pimenté **the spiciest** /ˈspaɪsɪɪst/)

pin

1 ▷ Il y a beaucoup de pins dans les Landes.
There are a lot of pine trees in the Landes.

1 (= arbre) **pine tree** /ˈpaɪn triː/ (pluriel **pine trees**)

2 ▷ Nous avons acheté une armoire en pin.
We bought a pine wardrobe.

2 (= bois) **pine** /paɪn/

pince

1 ▷ Ils ont coupé le fil de fer avec une pince.
They cut the wire with some pliers.

1 (= outil) **pliers** /ˈplaɪəz/

▷ Cette pince est à moi.
These pliers are mine.

ℹ *Pliers est un nom pluriel.*

2 ▷ J'ai acheté une pince à cheveux.
I bought a hairgrip.

2 ► **pince à cheveux** : **hair grip** /ˈhɛəʳgrɪp/

3 ▷ Tu peux me prêter ta pince à épiler ?
Can you lend me your tweezers?

3 ► **pince à épiler** : **tweezers** /ˈtwiːzəz/

▷ Cette pince à épiler est à moi.
These tweezers are mine.

ℹ *Tweezers est un nom pluriel.*

4 ▷ Je ne trouve pas les pinces à linge.
I can't find the clothes pegs.

4 ► **pince à linge** : **clothes peg** /ˈkləʊðz peg/ (pluriel **clothes pegs**)

pinceau

▷ J'ai besoin d'un plus gros pinceau pour peindre le ciel.
I need a bigger paintbrush to paint the sky.

paintbrush /'peɪntbrʌʃ/ (pluriel **paintbrushes** /'peɪntbrʌʃɪz/)

pincée

▷ Mets juste une pincée de sel dans la sauce.
Put just a pinch of salt in the sauce.

pinch /pɪntʃ/ (pluriel **pinches** /pɪntʃɪz/)

pincer

1 ▷ Il l'a pincé.
He pinched him.

(= serrer la peau) **pinch** /pɪntʃ/

2 ▷ Je me suis pincé le doigt dans la portière, ça fait vraiment mal.
I caught my finger in the car door, it really hurts.

► se **pincer le doigt** : **catch** /kætʃ/ one's **finger** (**caught**, **caught** /kɔːt/)

ℹ *L'adjectif possessif fonctionne de la façon suivante en anglais (exemples au prétérit) : **I caught my finger, you caught your finger, he caught his finger, she caught her finger** .*

pingouin

▷ Les pingouins marchent d'une drôle de façon.
Penguins walk in a funny way.

penguin /'peŋgwɪn/

ping-pong

▷ Elle participe à des compétitions de ping-pong.
She takes part in table tennis competitions.

table tennis /'teɪbl ˌtenɪs/

ℹ *On peut aussi dire **ping-pong** /'pɪŋpɒŋ/ en anglais.*

▷ On pourrait jouer au ping-pong.
We could play table tennis.

► **jouer au ping-pong** : **play** /pleɪ/ **table tennis**

ℹ *On peut aussi dire **play ping-pong**.*

pion

1 ▷ Je joue avec les pions blancs.
I'm playing with the white draughts.

(au jeu de dames) **draught** /drɑːft/

2 ▷ Il lui reste cinq pions.
He has five pawns left.

(aux échecs) **pawn** /pɔːn/

pionnier, pionnière

▷ As-tu vu le documentaire sur les pionniers américains ?
Did you see the documentary about the American pioneers?

▷ Les frères Wright furent des pionniers de l'aviation.
The Wright brothers were aviation pioneers.

pioneer /ˌpaɪə'nɪəʳ/

⚠ *Attention à l'orthographe du mot anglais **pioneer**, qui ne prend qu'un seul **n** mais deux **e**.*

pipe

▷ Le tabac qu'il met dans sa pipe sent très bon.
The tobacco he puts in his pipe smells very nice.

▷ Le patron du café fume la pipe.
The café owner smokes a pipe.

pipe /paɪp/

*Le **i** se prononce comme le **i** de **like**.*

► **fumer la pipe :** smoke /sməʊk/ a pipe

pipi

▷ On peut s'arrêter ? Je veux faire pipi.
Can we stop? I want to have a pee.

► **faire pipi :** have a pee /ˈpiː/ (had, had)

Cette expression anglaise est familière.

piquant, piquante

▷ Cette sauce est trop piquante.
This sauce is too hot.

(= épicé) **hot** /hɒt/ (**plus piquant** hotter /ˈhɒtəʳ/, **le plus piquant** the hottest /ˈhɒtɪst/)

*Le mot anglais **hot** signifie « chaud et piquant ».*

pique-nique

▷ Dimanche, s'il fait beau, on fera un pique-nique.
On Sunday, if the weather's nice, we'll have a picnic.

picnic /ˈpɪknɪk/

► **faire un pique-nique :** have a picnic (had, had)

pique-niquer

▷ Cherchons un endroit pour pique-niquer.
Let's look for a place to have a picnic.

have a picnic /ˈpɪknɪk/ (had, had)

piquer

1 ▷ Cette moutarde pique !
This mustard is hot!

(= être épicé) **be hot** /hɒt/

2 ▷ J'ai les yeux qui piquent.
My eyes are stinging.
▷ Ça pique !
That stings!

(les yeux, la peau) **sting** /stɪŋ/ (stang, stung)

▷ Il s'est fait piquer par une guêpe.
He got stung by a wasp.

► **se faire piquer** (par une guêpe ou une abeille) : get stung /ˈstʌŋ/ (got, got)

3 ▷ Je me fais toujours piquer par les moustiques.
I always get bitten by mosquitoes.

► **se faire piquer** (par un moustique) : get bitten /ˈbɪtn/ (got, got)

4 ▷ Elle m'a piqué avec une aiguille.
She pricked me with a needle.

(= blesser avec un objet pointu) **prick** /prɪk/

▷ Aïe ! Je me suis piqué avec l'aiguille !
Ouch! I've pricked myself with the needle!

► se **piquer** (= se faire mal) : **prick** /prɪk/ oneself

*Le pronom personnel réfléchi fonctionne de la façon suivante en anglais (exemples au prétérit) : **I pricked myself, you pricked yourself, he pricked himself, she pricked herself**, etc.*

5 ▷ Quelqu'un m'a piqué mon stylo !
Somebody pinched my pen!

5 (= voler) **pinch** /pɪntʃ/

*Dans ce sens, le verbe **pinch** est familier.*

piqûre

1 ▷ Les piqûres de moustique ne sont pas dangereuses.
Mosquito bites aren't dangerous.

1 (de moustique, d'insecte) **bite** /baɪt/

*Le verbe **bite** signifie aussi « mordre ».*

2 ▷ Les piqûres de guêpe peuvent être très douloureuses.
Wasp stings can be very painful.

2 (de guêpe, d'abeille) **sting** /stɪŋ/

3 ▷ Le médecin m'a fait une piqûre dans l'épaule.
The doctor gave me an injection in my shoulder.

3 ► **faire une piqûre à** quelqu'un : **give** somebody **an injection** /ɪn'dʒekʃən/ (gave, given)

piratage

▷ Le piratage reste un gros problème.
Piracy remains a big problem.

▷ C'est une loi contre le piratage.
It's a law against hacking.

(de film, de logiciel, etc.) **piracy** /'paɪərəsɪ/

► **piratage (informatique) : (computer) hacking** /(kəm'pjuːtəʳ) 'hækɪŋ/

pirate

▷ C'est une radio pirate.
It's a pirate radio station.

▷ Les pirates ont été poursuivis en justice.
The hackers were prosecuted.

▷ Les pirates de l'air se sont rendus.
The hijackers surrendered.

pirate /'paɪərɪt/

► **pirate (informatique) : (computer) hacker** /(kəm'pjuːtəʳ) 'hækəʳ/

► **pirate de l'air : hijacker** /'haɪdʒækəʳ/

*La première syllabe de **pirate** rime avec le pronom **I**.*

pirater

1 ▷ Ils ont piraté des centaines de films.
They've pirated hundreds of films.

1 (un film, un logiciel, etc.) **pirate** /'paɪərɪt/

2 ▷ Mon ordinateur a été piraté.
My computer was hacked into.

(un ordinateur) **hack into** /hæk'ɪntʊ/

pire

1 ▷ Il est encore pire que son frère !
He's even worse than his brother!

▷ Ils ne s'entendent pas du tout, c'est de pire en pire.
They don't get on at all, it's getting worse and worse.

(= plus mauvais) **worse** /wɜːs/

► **c'est de pire en pire : it's getting worse and worse**

2 ▷ C'est les pires vacances que j'aie jamais passées.
That was the worst holiday I have ever had.

▷ Le pire c'est que Jérémie n'est pas au courant.
The worst of it is that Jérémie doesn't know about it.

► **le pire, la pire, les pires : the worst** /'wɜːst/

► **le pire c'est... : the worst of it is...**

piscine

▷ Tu viens à la piscine avec nous ?
Are you coming to the swimming pool with us?

swimming pool /'swɪmɪŋ puːl/ (pluriel **swimming pools**)

pistache

▷ J'ai acheté des pistaches salées pour l'apéritif.
I bought some salted pistachios for the aperitif.

▷ Une glace à la pistache, s'il vous plaît.
A pistachio ice cream, please.

pistachio /pɪs'tæʃɪəʊ/

L'accent tonique est sur la deuxième syllabe ***-ta-****.*

piste

1 ▷ La piste noire est la plus difficile.
The black slope is the most difficult one.

(= parcours de ski) **slope** /sləʊp/

2 ▷ Elle court sur la piste du stade.
She runs on the stadium track.

(pour l'athlétisme ou la course automobile) **track** /træk/

3 ▷ L'avion a dû attendre un quart d'heure sur la piste.
The plane had to wait for a quarter of an hour on the runway.

▷ Le pilote a manqué la piste d'atterrissage.
The pilot missed the landing strip.

(dans un aéroport) **runway** /'rʌnweɪ/

► **piste d'atterrissage : landing strip** /'lændɪŋ strɪp/ (pluriel **landing strips**)

4 ▷ Reste sur la piste cyclable.
Stay on the cycle path.

► **piste cyclable : cycle path** /'saɪkl pɑːθ/ (pluriel **cycle paths**)

5 ▷ Il n'y avait personne sur la piste de danse.
There was nobody on the dance floor.

► **piste de danse : dance floor** /'dɑːns flɔː'/ (pluriel **dance floors**)

pistolet

gun /gʌn/

▷ Le cambrioleur avait un pistolet.
The burglar had a gun.

pitié

▷ J'ai eu pitié de lui et je lui ai donné de l'argent.
I felt sorry for him and I gave him some money.

▷ Ces pauvres enfants me font pitié.
I feel sorry for these poor children.

ℹ *Pour parler de la pitié qu'on ressent pour quelqu'un en anglais, on utilise l'expression* ***feel sorry for*** /fiːl 'sɒrɪ fɔːʳ/ ***somebody*** (felt, felt /felt/).

pitoyable

pathetic /pə'θetɪk/ (**plus pitoyable** more pathetic, **le plus pitoyable** the most pathetic)

▷ Tout cela est assez pitoyable.
This is all rather pathetic.

pizza

pizza /'piːtsə/

▷ Je voudrais une pizza aux champignons.
I'd like a mushroom pizza.

pizzéria

pizzeria /ˌpiːtsə'rɪə/

▷ Il y a une très bonne pizzeria près du métro.
There's a very good pizzeria near the metro.

placard

cupboard /'kʌbəd/

▷ L'aspirateur est dans le placard.
The vacuum cleaner is in the cupboard.

Attention à la prononciation ! Le ***p*** *ne se prononce pas et le* ***-oar-*** *se prononce comme le* ***e*** *du mot français* ***je****.*

place

1 (= esplanade) **square** /skwɛəʳ/

▷ Il y a une belle statue sur la place.
There's a beautiful statue in the square.

2 (= siège) **seat** /siːt/

▷ Est-ce que cette place est libre ?
Is this seat free?

3 ► **place de parking** : parking space /'pɑːkɪŋ ˌspeɪs/ (pluriel parking spaces /'speɪsɪs/)

▷ On a fini par trouver une place de parking.
We eventually found a parking space.

4 (= billet de spectacle) **ticket** /'tɪkɪt/

▷ On a eu deux places gratuites.
We got two free tickets.

5 ► **changer** quelque chose **de place** : move /muːv/ something

▷ Qui a changé mes CD de place ?
Who moved my CDs?

► **remettre** quelque chose **à sa place** : put /pʊt/ something back (put, put)

▷ Remets ce livre à sa place !
Put that book back!

6 ▷ Il n'y a pas assez de place pour tout le monde dans la voiture.
There isn't enough room for everybody in the car.

(= espace) **room** /ruːm/

7 ▷ J'ai rapporté le roman et j'ai pris un CD à la place.
I took the novel back and I bought a CD instead.

► **à la place** (= en remplacement) : **instead** /ɪn'sted/

8 ▷ À ta place, je dirais non.
If I were you, I would say no.

► **à ta place** (= si j'étais toi) : **if I were you** /ɪf ˌaɪ wə 'juː/

ℹ *De même, à sa place se dit **if I were him** ou **if I were her**.*

placer

1 ▷ Ce n'est pas bon de placer les plantes près du radiateur.
It's not good to put the plants near the heater.

(= mettre) **put** /pʊt/ (put, put)

2 ▷ Vous pouvez vous placer comme vous voulez autour de la table.
You can sit where you want around the table.

► **se placer** (= s'asseoir) : **sit** /sɪt/ (sat, sat /sæt/)

3 ▷ Ils se sont placés près de la porte pour empêcher les gens d'entrer.
They stood by the door to prevent people from coming in.

► **se placer** (= se mettre debout) : **stand** /stænd/ (stood, stood /stʊd/)

plafond

▷ Le plafond est très haut.
The ceiling is very high.

ceiling /'siːlɪŋ/

🔈 *Le **ei** de **ceiling** se prononce comme le **ee** de **week**.*

plage

1 ▷ La plage est à cinq minutes d'ici.
The beach is five minutes from here.

(au bord de la mer) **beach** /biːtʃ/

2 ▷ Mets les vestes sur la plage arrière.
Put the jackets on the back shelf.

► **plage arrière** (d'une voiture) : **back shelf** /bæk 'ʃelf/

plaie

1 ▷ La plaie s'est infectée.
The wound became infected.

(= blessure) **wound** /wuːnd/

🔈 *Le **ou** de **wound** se prononce comme le **oo** de **soon**.*

2 ▷ Quelle plaie, ce garçon !
That boy is such a pain!

(= personne ou chose pénible) **pain** /peɪn/

plaindre

1 ▷ Je la plains, elle n'a vraiment pas de chance.
I feel sorry for her, she's very unlucky.

1 ► **plaindre** quelqu'un (= avoir pitié) : **feel sorry for** /fiːl 'sɒrɪ fɔːʳ/ somebody **(felt, felt** /felt/**)**

2 ▷ Arrête de te plaindre !
Stop complaining!
▷ Elle se plaint souvent de son chef.
She often complains about her boss.
▷ Il s'est plaint à la mairie.
He complained to the town council.

2 ► **se plaindre : complain** /kəm'pleɪn/

ℹ *Notez les prépositions utilisées en anglais :* se plaindre de quelque chose = ***complain about something*** ; se plaindre à quelqu'un = ***complain to somebody***.

plaine

▷ Le village est au milieu d'une plaine.
The village is in the middle of a plain.

plain /pleɪn/

plaire

1 ▷ Je pense que tu lui plais.
I think he likes you.

1 *En anglais on emploie l'équivalent du verbe* aimer *(**like** /laɪk/).*

2 ▷ Tu t'es plu en Écosse ?
Did you like it in Scotland?

2 ► **se plaire** (dans un endroit) : **like it**

3 ▷ Prête-moi ton stylo, s'il te plaît.
Lend me your pen, please.

3 ► **s'il te plaît** *ou* **s'il vous plaît : please** /pliːz/

plaisanter

▷ Je crois qu'il plaisantait quand il a dit qu'il n'allait pas payer.
I think he was joking when he said he wasn't going to pay.
▷ Deux cents euros ? Tu plaisantes !
Two hundred euros? You must be joking!

be joking /'dʒəʊkɪŋ/

► **tu plaisantes !** (quand on ne croit pas quelqu'un) : **you must be joking!**

plaisanterie

▷ Je n'ai pas trouvé sa plaisanterie très drôle.
I didn't find his joke very funny.
▷ Il a fait une plaisanterie que personne n'a comprise.
He made a joke that nobody understood.

joke /dʒəʊk/

► **faire une plaisanterie : make** /meɪk/ **a joke (made, made** /meɪd/**)**

plaisir

1 ▷ Ça me fait plaisir que tu puisses venir.
I'm pleased that you can come.

1 ► **ça me fait plaisir : I'm pleased** /'pliːzd/

ℹ *De même :* ça te fait plaisir = ***you're pleased*** ; ça lui fait plaisir = ***he's pleased***, *etc.*

2 ▷ Je fais de la natation pour le plaisir.
I swim for fun.

► **pour le plaisir :** for fun /fə 'fʌn/

plan

1 ▷ Sur le plan de la maison, on voit les dimensions des pièces.
On the plan of the house, you can see the dimensions of the rooms.

(= dessin d'architecte) **plan** /plæn/

2 ▷ On devrait acheter un plan de la ville, sinon on va se perdre.
We should buy a map of the city, otherwise we're going to get lost.

(= carte) **map** /mæp/

3 ▷ J'ai un super plan pour avoir des places moins chères.
I have a great idea to get cheaper tickets.

(= idée) **idea** /aɪ'dɪə/

Idea rime avec ear.

planche

1 ▷ Ils ont construit une cabane avec des vieilles planches.
They built a hut with some old planks.

(= bout de bois) **plank** /plæŋk/

2 ▷ La planche à repasser est très lourde.
The ironing board is very heavy.

► **planche à repasser :** ironing board /'aɪənɪŋ ˌbɔːd/ (pluriel ironing boards)

3 ▷ Luc a une planche de surf bleue et blanche.
Luc has got a blue and white surfboard.

► **planche de surf :** surfboard /'sɜːfbɔːd/

4 ▷ C'est difficile de rester debout sur une planche à voile.
It's difficult to stay standing on a windsurfing board.
▷ Lise fait de la planche à voile à Biarritz.
Lise goes windsurfing in Biarritz

► **planche à voile** (= la planche elle-même) : windsurfing board /'wɪndsɜːfɪŋ ˌbɔːd/ (pluriel windsurfing boards)
► **faire de la planche à voile :** go windsurfing /'wɪndsɜːfɪŋ/ (went, gone / been)

plancher

▷ Elle cire le plancher une fois par mois.
She polishes the floor once a month.

floor /flɔːʳ/

planer

▷ L'aigle planait dans le ciel.
The eagle was gliding in the sky.

(= flotter dans l'air) **glide** /glaɪd/

planète

▷ Il connaît le nom de toutes les planètes en anglais.
He knows the names of all the planets in English.

▷ Ils ont voyagé sur toute la planète.
They travelled all over the world.

planet /'plænɪt/

► **la planète** (= la Terre) : **the world** /wɜːld/

planeur

▷ J'ai fait du planeur en Ardèche.
I went gliding in Ardèche.

glider /'glaɪdəʳ/
► **faire du planeur : go gliding (went, gone / been)**

planning

▷ J'ai un planning très chargé toute cette semaine.
I have a very busy schedule this week.

schedule /ʃedjuːl/
En anglais américain on prononce : /skedʒuːl/.

planquer

▷ Je ne sais pas où il a planqué mon livre.
I don't know where he's hidden my book.

▷ Planquez-vous, elle arrive !
Hide, she's coming!

(= cacher) **hide** /haɪd/ (**hid** /hɪd/, **hidden** /'hɪdn/)
► **se planquer : hide (hid, hidden)**
ℹ ***Hide*** *n'est pas familier en anglais.*

plante

1 ▷ C'est une plante qui pousse très vite.
It's a plant that grows very fast.

▷ Je vais lui acheter une plante verte.
I'm going to buy her a green plant.

(= végétal) **plant** /plɑːnt/

► **plante verte : green plant** /griːn plɑːnt/

2 ▷ J'ai mal à la plante des pieds.
The soles of my feet hurt.

► **la plante des pieds : the sole** /səʊl/ **of my / your / his / her feet**

planter

1 ▷ Thierry a planté des arbres dans le jardin.
Thierry planted some trees in the garden.

(des arbres, des fleurs, etc.) **plant** /plɑːnt/

2 ▷ J'ai aidé Simon en plantant des clous.
I helped Simon by hammering in some nails.

(un clou) **hammer** /'hæməʳ/ **in**

3 ▷ Les piquets de la tente sont difficiles à planter.
The tent pegs are difficult to drive in.

(un piquet, un pieu) **drive** /'draɪv/ **in** (**drove** /'drəʊv/, **driven** /'drɪvn/)

4 ▷ L'ordinateur a encore planté.
The computer has crashed again.

(ordinateur) **crash** /kræʃ/

5 ▷ Zut, je me suis encore planté !
Damn, I got it wrong again!

► **se planter** (= se tromper) : **get it wrong** /'rɒŋ/ **(got, got)**

6 ▷ Il s'est planté une épine dans le doigt.
He got a thorn stuck in his finger.

► **se planter** quelque chose **dans le doigt** *ou* **dans le pied : get** something **stuck** /'stʌk/ **in my / your / his / her finger** *ou* **foot**

plaque

1 ▷ Les murs du musée sont couverts de plaques de métal.
The walls of the gallery are covered in metal sheets.

(de métal, de verre) **sheet** /ʃiːt/

2 ▷ Bénédicte a mangé toute la plaque de chocolat !
Bénédicte ate the whole bar of chocolate!

(de chocolat) **bar** /bɑːʳ/

3 ▷ Je croyais que j'avais acheté deux plaques de beurre.
I thought I had bought two packs of butter.

(de beurre) **pack** /pæk/

4 ▷ Est-ce que tu as vu la plaque d'immatriculation de la voiture ?
Did you see the car number plate?

► **plaque d'immatriculation : number plate** /'nʌmbə ˌpleɪt/ (pluriel **number plates**)

En anglais américain on dit ***license plate*** /'laɪsəns pleɪt/ (pluriel **license plates**).

plaqué

▷ C'est en or ? – Non, c'est en plaqué or.
Is it gold? – No, it's gold-plated.

► **en plaqué or : gold-plated** /gəʊld'pleɪtɪd/

plaquette

1 ▷ Elle a mangé toute la plaquette de chocolat !
She ate the whole bar of chocolate!

(de chocolat) **bar** /bɑːʳ/

2 ▷ J'avais acheté deux plaquettes de beurre.
I had bought two packs of butter.

(de beurre) **pack** /pæk/

plastique

▷ C'est du plastique très dur.
It's very hard plastic.

plastic /'plæstɪk/

▷ Cette chaise est en plastique.
This chair is made of plastic.

► **être en plastique : be made of plastic**

▷ Je préférerais des lunettes en plastique.
I'd prefer plastic glasses.

► **en plastique : plastic**

plat, plate ADJECTIF

▷ La surface n'est pas tout à fait plate.
The surface isn't quite flat.

(= sans bosses) **flat** /flæt/ (**plus plat flatter** /flætəʳ/, **le plus plat the flattest** /'flætɪst/)

▷ Mets la carte à plat sur la table.
Lay the map down flat on the table.

► **mettre** quelque chose **à plat :** lay /leɪ/ something down flat (laid, laid /leɪd/)

▷ Les quatre pneus étaient à plat.
The four tyres were flat.

► **être à plat** (= dégonflé) : be flat

plat NOM

1 ▷ Mets la viande dans le plat blanc.
Put the meat in the white dish.
▷ La ratatouille est un de mes plats préférés.
Ratatouille is one of my favourite dishes.

1 (= assiette, nourriture) **dish** /dɪʃ/ (pluriel dishes /ˈdɪʃɪz/)

2 ▷ Comme plat principal, je prendrai le poisson.
As a main course, I'll have the fish.

2 ► **plat principal** (au restaurant) : main course /meɪn ˈkɔːs/

platane

▷ Il y a des platanes tout au long de la route.
There are plane trees all along the road.

plane tree /ˈpleɪn triː/ (pluriel plane trees)

plateau

1 ▷ À l'hôtel, on nous a servi le petit déjeuner au lit, sur un plateau.
At the hotel, they served us breakfast in bed, on a tray.

1 (pour servir) **tray** /treɪ/

2 ▷ Après, il y a soit de la tarte, soit un plateau de fromages.
Afterwards, there is either tart or a cheeseboard.

2 ► **plateau de fromages :** cheeseboard /ˈtʃiːzbɔːd/

3 ▷ Nous avons mangé un excellent plateau de fruits de mer.
We ate an excellent seafood platter.

3 ► **plateau de fruits de mer :** seafood platter /ˈsiːfuːd ˌplætəʳ/ (pluriel seafood platters)

4 ▷ Qui était sur le plateau de l'émission ?
Who was on the set?

4 (de cinéma, de télévision) **set** /set/

plateforme

1 ▷ On peut voir les phoques depuis une plateforme au bord de la falaise.
You can see the seals from a platform at the cliff's edge.

1 **platform** /ˈplætfɔːm/

2 ▷ Il a travaillé plusieurs années sur une plateforme pétrolière.
He worked several years on the oil rig.

2 ► **plateforme pétrolière :** oil rig /ˈɔɪlrɪg/ (pluriel oil rigs)

platine

▷ J'ai acheté une nouvelle platine laser.
I bought a new CD player.

► **platine laser :** CD player /siːˈdiː ˌpleɪəʳ/ (pluriel CD players)

plâtre

1 ▷ Le plâtre n'est pas encore sec.
The plaster isn't dry yet.

1 (= matériau) **plaster** /'plɑːstə^{r}/

2 ▷ Tous ses copains ont signé sur son plâtre.
All his friends signed his plaster cast.

2 (= moulage autour d'un membre cassé) **plaster cast** /'plɑːstə kɑːst/ (pluriel **plaster casts**)

plein, pleine

1 ▷ Le placard est plein, on va mettre le reste dans le garage.
The cupboard is full, we're going to put the rest in the garage.

▷ Ses e-mails sont pleins de fautes.
His e-mails are full of mistakes.

▷ Mon pantalon est plein de boue.
My trousers are covered in mud.

1 (= rempli) **full** /fʊl/

ℹ *Quand* **plein de** *signifie « rempli de », il se traduit par* ***full of***.

ℹ *Quand* **plein de** *signifie « couvert de », il se traduit par* ***covered in*** /'kʌvəd ɪn/.

2 ▷ On s'est arrêtés pour faire le plein.
We stopped to fill up.

2 ► **faire le plein** (d'essence) : **fill up** /fɪl 'ʌp/

3 ▷ Elle a plein de copains anglais.
She has lots of English friends.

3 ► **plein de** (= beaucoup de) : **lots of** /'lɒts əv/

4 ▷ Il a frappé à la porte en pleine nuit.
He knocked on the door in the middle of the night.

▷ Nous avons été à un concert en plein air.
We went to an open-air concert.

▷ Ils ont cambriolé la maison en plein jour.
They burgled the house in broad daylight.

▷ Il y a une tache en plein milieu de la nappe.
There's a stain right in the middle of the tablecloth.

4 ► **en plein...** (+ nuit, hiver, été, réunion, etc.) : **in the middle** /'mɪdl/ **of the...**

► **en plein air** : **open-air** /'əʊpən eə^{r}/

► **en plein jour** : **in broad daylight** /brɔːd 'deɪlaɪt/

► **en plein milieu** : **right** /raɪt/ **in the middle**

pleurer

▷ Ne pleure pas, ce n'est pas grave.
Don't cry, it doesn't matter.

cry /kraɪ/

ℹ *Le* **y** *de* **cry** *devient* ***ie*** *à la troisième personne du singulier du présent de l'indicatif* (**cries** /kraɪz/), *au prétérit et au participe passé* (**cried** /kraɪd/).

▷ Ils ont pleuré de joie quand ils se sont vus.
They cried for joy when they saw each other.

► **pleurer de joie** : **cry for joy** /dʒɔɪ/

pleuvoir

▷ Il a plu pendant toutes les vacances.
It rained for the whole holiday.

rain /reɪn/
► **il pleut** (en ce moment) : **it's raining**

pli

▷ Ma robe est pleine de plis.
My dress is full of creases.

(= froissure) **crease** /kriːs/
Le pluriel ***creases*** *se prononce* /ˈkriːsɪz/.

pliant, pliante

▷ Il dormira sur le lit pliant.
He will sleep on the folding bed.

folding /ˈfəʊldɪŋ/

plier

1 ▷ Aide-moi à plier les draps.
Help me to fold the sheets.

(= mettre en plusieurs épaisseurs) **fold** /fəʊld/

2 ▷ Plie les genoux ou tu vas te faire mal au dos.
Bend your knees or you'll hurt your back.

(une partie du corps) **bend** /bend/ (**bent, bent** /bent/)

3 ▷ On était pliés de rire !
We were doubled up with laughter!

► **plié de rire : doubled up with laughter** /ˌdʌbld ʌp wɪð ˈlɑːftəʳ/

plissé, plissée

▷ Les filles portent un uniforme avec une jupe plissée.
The girls wear a uniform with a pleated skirt.

(vêtement) **pleated** /ˈpliːtɪd/

plomb

1 ▷ Le plomb est un métal très lourd.
Lead is a very heavy metal.

(= métal) **lead** /led/
Ne pas confondre la prononciation de ce mot avec celle du verbe ***lead*** /liːd/, *qui signifie entre autres « mener ».*

▷ Les gouttières sont en plomb.
The gutters are made of lead.
▷ Les ouvriers ont posé des tuyaux en plomb.
The workmen laid some lead pipes.

► **être en plomb : be made** /ˈmeɪd/ **of lead**
► **en plomb : lead**

2 ▷ Les plombs ont encore sauté.
The fuses have blown again.

(= fusible) **fuse** /fjuːz/

plombage

▷ J'ai perdu mon plombage.
I lost my filling.

(sur une dent) **filling** /ˈfɪlɪŋ/

plombier

▷ Le plombier a dit que la fuite n'était pas grave.
The plumber said that the leak wasn't serious.

▷ Mon voisin est plombier.
My neighbour is a plumber.

plumber /'plʌmə^r/

🔊 *Le* ***b*** *de* ***plumber*** *ne se prononce pas.* ***Plumber*** *rime avec* ***summer****.*

ℹ *N'oubliez pas l'article* ***a*** *ou* ***an*** *devant le nom du métier lorsqu'il suit les verbes* ***be*** *ou* ***become****.*

plongée

▷ Éric a fait de la plongée pendant ses vacances.
Éric went diving during his holidays.

► **faire de la plongée :** go diving /'daɪvɪŋ/ (went, gone / been)

plongeoir

▷ Ce plongeoir est trop haut pour moi.
This diving board is too high for me.

diving board /'daɪvɪŋ ˌbɔːd/ (pluriel diving boards)

plonger

▷ Elle a plongé du rocher.
She dived off the rock.

dive /daɪv/

ℹ *Notez la préposition employée en anglais :* plonger de = ***dive off****.*

plongeur, plongeuse

▷ Les plongeurs ont exploré l'épave.
The divers explored the wreck.

diver /'daɪvə^r/

pluie

▷ La pluie est bonne pour les cultures.
The rain is good for the crops.

rain /reɪn/

plume

▷ J'ai trouvé une belle plume dans la forêt.
I found a beautiful feather in the forest.

(= plume d'oiseau) **feather** /'feðə^r/

plumer

▷ Je ne sais pas comment plumer un poulet.
I don't know how to pluck a chicken.

pluck /plʌk/

plupart

▷ La plupart de mes collègues sont sympas.
Most of my colleagues are nice.

▷ La plupart des gens n'aiment pas ça.
Most people don't like that.

▷ La plupart du temps ça se passe bien.
Most of the time it goes well.

► **la plupart de :** most of /'məʊst əv/

► **la plupart des gens :** most people /'məʊst ˌpiːpl/

► **la plupart du temps :** most of the time /'məʊst əv ðə taɪm/

pluriel

▷ Quel est le pluriel de « knife » ?
What's the plural of "knife"?

▷ Cet adjectif est au pluriel.
This adjective is in the plural.

plural /'pluːrəl/

► **au pluriel :** in the plural

plus

1 ▷ Je travaille plus que Lucille.
I work more than Lucille.

(avec un verbe) **more** /mɔːʳ/

2 ▷ Ce pull est plus cher que l'autre.
This jumper is more expensive than the other one.
▷ Je l'ai trouvé plus déprimé qu'avant.
I found him more depressed than before.

*Quand un adjectif ou un adverbe a plus de deux syllabes, le comparatif se forme avec **more**.*

ℹ *Quand un adjectif ou un adverbe courts finissent par **ing**, **ed**, **s** ou **ly**, le comparatif se forme aussi avec **more**.*

3 ▷ Marchez plus vite !
Walk faster!

▷ Elle est plus jolie que sa sœur.
She is prettier than her sister.

*Quand l'adjectif ou l'adverbe ont une ou deux syllabes, le comparatif se forme généralement avec la terminaison **-er**.*

ℹ *Le **y** final se transforme en **i**.*

4 ▷ C'est Jean qui mange le plus.
It's Jean who eats the most.

► **le plus** (avec un verbe) : **the most** /məʊst/

5 ▷ C'est le plus agréable.
He's the most pleasant.

▷ C'est le film le plus ennuyeux que j'aie jamais vu !
It's the most boring film I've ever seen!

*Quand un adjectif ou un adverbe a plus de deux syllabes, le superlatif se forme avec **the most**.*

ℹ *Quand un adjectif ou un adverbe courts finissent par **ing**, **ed**, **s** ou **ly**, le superlatif se forme aussi avec **the most**.*

6 ▷ Suzanne est la plus sympa de tous.
Suzanne is the nicest of all.

▷ C'est le garçon le plus bête que je connaisse.
He's the silliest boy I know.

*Quand l'adjectif ou l'adverbe ont une ou deux syllabes, le superlatif se forme généralement avec la terminaison **-est**.*

ℹ *Le **y** final se transforme en **i**.*

7 ▷ Il nous faut plus d'argent.
We need more money.
▷ Il y avait plus de cent personnes.
There were more than a hundred people.

► **plus de** (= davantage de) : **more** /mɔːʳ/

► **plus de** (avec un prix, une dimension, etc.) : **more than**

8 ▷ Il y a trois profs de plus que l'année dernière.
There are three more teachers than last year.

► **de plus** (= supplémentaire) : **more** /mɔːʳ/

9 ▷ Elle travaille de plus en plus.
She works more and more.
▷ C'est de plus en plus difficile.
It's more and more difficult.
▷ Je trouve ça de plus en plus facile.
I find it easier and easier.

► **de plus en plus** (avec un verbe, un adjectif ou un adverbe de plus de deux syllabes) : **more and more** /ˌmɔːr ən ˈmɔːʳ/

ℹ *Quand l'adjectif ou l'adverbe ont une ou deux syllabes, on utilise le comparatif en **-er**.*

10 ▷ Tu mens et en plus tu trouves ça drôle !
You lie and on top of that you find it funny!

► **en plus** (= par-dessus le marché) : on top of that

11 ▷ Plus je mange, plus j'ai envie de manger.
The more I eat, the more I feel like eating.
▷ Plus tu réfléchiras, moins tu y arriveras.
The more you think, the less you'll manage to do it.

► **plus... plus** : the more... the more...
► **plus... moins** : the more... the less...

12 ▷ Je ne veux plus le voir.
I don't want to see him any more.

► **ne... plus** : not... any more

13 ▷ Tu ne veux plus de gâteau ?
Don't you want any more cake?
▷ Il n'y a plus de lait.
There isn't any milk left.
▷ Il n'y a plus de tasses.
There aren't any cups left.

► **ne... plus de** (= pas d'autre...) : not... any more
► **il n'y a plus de** + *nom au singulier* : there isn't any... left
► **il n'y a plus de** + *nom au pluriel* : there aren't any... left

14 ▷ Dix plus trois égale treize.
Ten plus three equals thirteen.

(dans une opération) **plus** /plʌs/

*Le **u** de **plus** se prononce comme le **u** de **duck**.*

plusieurs

▷ Il a plusieurs copains anglais.
He has several English friends.
▷ On était plusieurs.
There were several of us.

several /'sevrəl/

Notez bien la construction dans le dernier exemple. De même, pour dire vous étiez plusieurs, *on dira **there were several of you** et pour dire* ils / elles étaient plusieurs, ***there were several of them**.*

plutôt

1 ▷ Viens plutôt mardi.
Come Tuesday instead.
▷ Aide-moi plutôt que de me regarder !
Help me instead of watching me!

(= à la place) **instead** /ɪn'sted/

► **plutôt que de** + *infinitif* : instead of + *-ing*

2 ▷ C'est un ami, ou plutôt une connaissance.
He's a friend, or rather an acquaintance.

► **ou plutôt** (pour rectifier ce qu'on vient de dire) : or rather /'rɑːðəʳ/

3 ▷ C'est plutôt agréable.
It's quite nice.

(= assez) **quite** /kwaɪt/

pneu

▷ On a dû utiliser le pneu de rechange.
We had to use the spare tyre.

tyre /'taɪər/

*En anglais américain on écrit **tire**.*

poche

▷ J'ai regardé dans toutes mes poches.
I looked in all my pockets.

(dans un vêtement) **pocket** /ˈpɒkɪt/

pochette

1 ▷ Tu aurais une pochette en plastique pour moi ?
Would you have plastic holder for me?

(pour documents) **holder** /ˈhəʊldəʳ/

2 ▷ J'ai perdu la pochette du CD.
I've lost the CD sleeve.

(de disque) **sleeve** /sliːv/

poêle

1 ▷ Mets un peu plus d'huile dans la poêle.
Put a bit more oil in the frying pan.

► **une poêle** (à frire) : **a frying pan** /ˈfraɪɪŋ ˌpæn/ (pluriel **frying pans**)

2 ▷ Il n'y a plus de bois dans le poêle.
There isn't any wood left in the stove.

► **un poêle** (= un radiateur) : **a stove** /stəʊv/

poème

▷ Je connais ce poème par cœur.
I know this poem by heart.

poem /ˈpəʊɪm/

poésie

1 ▷ J'aime particulièrement la poésie du dix-neuvième siècle.
I particularly like nineteenth-century poetry.

► **la poésie** (= les œuvres) : **poetry** /ˈpəʊɪtrɪ/

2 ▷ C'est une jolie poésie de Prévert.
It's a nice poem by Prévert.

► **une poésie** (= un poème) : **a poem** /ˈpəʊɪm/

poète

▷ Qui est ton poète préféré ?
Who's your favourite poet?

poet /ˈpəʊɪt/

poids

1 ▷ Il parle tout le temps de ses problèmes de poids.
He is always talking about his weight problems.

(= masse) **weight** /weɪt/

🔊 *Weight rime avec late.*

▷ J'ai encore pris du poids.
I've put on weight again.

► **prendre du poids : put on weight (put on weight, put on weight)**

▷ Elle a perdu beaucoup de poids.
She's lost a lot of weight.

► **perdre du poids : lose** /luːs/ **weight (lost, lost** /lɒst/**)**

2 ▷ Il y a beaucoup de poids lourds sur l'autoroute.
There are a lot of heavy goods vehicles on the motorway.

► **poids lourd** (= camion) : **heavy goods vehicle** /ˌhevɪ ˈgʊdz ˌviːɪkl/ (pluriel **heavy goods vehicles**)

poignarder

▷ Il a été poignardé dans la rue.
He was stabbed in the street.

stab /stæb/
ℹ *Il y a deux* **b** *au gérondif* (**stabbing** /'stæbɪŋ/), *au prétérit et au participe passé* (**stabbed** /stæbd/).

poignée

1 ▷ La poignée de la porte est coincée.
The door handle is jammed.

(d'une porte, d'une valise, etc.) **handle** /'hændl/

2 ▷ Je n'ai mangé qu'une poignée de cacahuètes.
I only ate a handful of peanuts.

(= contenu d'une main) **handful** /'hændfʊl/

poignet

1 ▷ Aurélie s'est cassé le poignet.
Aurélie broke her wrist.

(= partie du bras) **wrist** /rɪst/

2 ▷ Les poignets de ta chemise sont sales.
The cuffs of your shirt are dirty.

(= partie d'un vêtement) **cuff** /kʌf/

poil

▷ Il y a des poils de chat partout sur le canapé.
There are cat hairs all over the sofa.

(sur le corps des gens ou des animaux) **hair** /hɛəʳ/
ℹ *En anglais, on utilise le même mot,* ***hair****, pour* poil *et pour* cheveu.

poilu, poilue

▷ Il a les bras très poilus.
He has very hairy arms.

hairy /'hɛərɪ/ (**plus poilu** hairier /'hɛərɪəʳ/, **le plus poilu** the hairiest /'hɛərɪɪst/)

poinçonner

▷ Le contrôleur a poinçonné nos billets.
The ticket inspector punched our tickets.

(un billet) **punch** /pʌntʃ/

poinçonneuse

▷ Je n'ai pas trouvé la poinçonneuse à la gare.
I couldn't find the punch at the station.

punch /pʌntʃ/ (pluriel punches /'pʌntʃɪz/)

poing

▷ Il s'est mis à taper du poing sur la table.
He started banging his fists on the table.

fist /fɪst/

▷ Elle m'a donné un coup de poing dans la figure.
She punched me in the face.

► **coup de poing : punch** /pʌntʃ/
► **donner un coup de poing à quelqu'un : punch** somebody

point

1 ▷ Tu as oublié le point sur le i.
You've forgotten the dot on the i.

(= marque) **dot** /dɒt/

▷ C'est la fin de la phrase, mets un point.
It's the end of the sentence, put a full stop.

(en fin de phrase) **full stop** /fʊl 'stɒp/
En anglais américain on dit ***period*** /'pɪərɪəd/.

2 ▷ L'équipe de Mons a marqué cinquante points.
The Mons team scored fifty points.

(dans un score) **point** /pɔɪnt/

3 ▷ Le prof enlève deux points pour chaque faute d'orthographe.
The teacher takes off two marks for each spelling mistake.

(dans un devoir) **mark** /mɑːk/

4 ▷ Le docteur m'a fait trois points.
The doctor gave me three stitches.

(= point de suture) **stitch** /stɪtʃ/ (pluriel **stitches** /'stɪtʃɪz/)
Notez la traduction de faire des points à quelqu'un *:* ***give somebody stitches*** (gave, given).

5 ▷ On était sur le point de partir quand Luc a appelé.
We were about to leave when Luc called.

► **être sur le point de** + *infinitif* : **be about** /ə'baʊt/ **to** + *-ing*

6 ▷ On a beaucoup de points communs.
We have a lot of things in common.

► **avoir des points communs :** **have things in common** /'kɒmən/

7 ▷ Il y a trois points d'exclamation pour exprimer la surprise.
There are three exclamation marks to express surprise.

► **point d'exclamation :** **exclamation mark** /ˌekskləˈmeɪʃən mɑːk/ (pluriel **exclamation marks**)

8 ▷ Tu as oublié le point d'interrogation.
You've forgotten the question mark.

► **point d'interrogation :** **question mark** /'kwestʃən mɑːk/ (pluriel **question marks**)

9 ▷ La grammaire est son point faible.
Grammar is his weak point.
▷ Louise a plusieurs points forts.
Louise has several strong points.

► **point faible :** **weak point** /'wiːk pɔɪnt/ (pluriel **weak points**)
► **point fort :** **strong point** /'strɒŋ pɔɪnt/ (pluriel **strong points**)

10 ▷ C'est mon point de vue.
That's my point of view.

► **point de vue** (= opinion) : **point of view** /ˌpɔɪnt əv' vjuː/ (pluriel **points of view**)

11 ▷ Du point de vue des résultats, c'est moyen.
As far as results are concerned, it's average.

► **du point de vue de... :** **as far as... is** *ou* **are concerned** /kən'sɜːnd/

pointe

1 ▷ Raoul s'est piqué avec la pointe du couteau.
Raoul pricked himself with the tip of the knife.

1 (= bout) **tip** /tɪp/

2 ▷ Ils sont entrés sur la pointe des pieds.
They tiptoed in.

2 ► **entrer sur la pointe des pieds : tiptoe** /ˈtɪptəʊ/ **in**

ℹ *De même,* **sortir sur la pointe des pieds** *:* ***tiptoe out***.

pointillé

▷ Écrivez votre nom sur le pointillé.
Write your name on the dotted line.

(= série de points) **dotted line** /ˌdɒtɪd ˈlaɪn/

pointu, pointue

1 ▷ Le toit de la maison est pointu.
The roof of the house is pointed.

1 (= en forme de pointe) **pointed** /ˈpɔɪntɪd/

2 ▷ Attention avec ce bâton, il est pointu.
Be careful with that stick, it's sharp.

2 (en parlant de quelque chose qui peut faire mal) **sharp** /ʃɑːp/ (**plus pointu sharper** /ˈʃɑːpəʳ/, **le plus pointu the sharpest** /ˈʃɑːpɪst/)

pointure

▷ Les pointures sont différentes en Grande-Bretagne.
Shoe sizes are different in Britain.
▷ Quelle est ta pointure ?
What size do you take?

shoe size /ˈʃuː saɪz/ (pluriel **shoe sizes** /ˈʃuː saɪzɪz/)

ℹ *Pour demander à quelqu'un du combien il chausse, on dit* ***what size*** /saɪz/ ***do you take?***

poire

▷ Cette poire était délicieuse.
That pear was delicious.

(= fruit) **pear** /pɛəʳ/

▷ Une glace à la poire, s'il vous plaît.
A pear ice cream, please.

🔊 ***Pear*** *rime avec* ***hair***.

poireau

▷ J'espère qu'il n'y a pas de poireaux dans la soupe.
I hope there aren't any leeks in the soup.

leek /liːk/

ℹ *Ne pas confondre avec* ***leak****, qui se prononce de la même façon mais qui signifie « fuite ».*

pois

▷ J'aime bien ce foulard à pois.
I like that spotted scarf.

► **à pois : spotted** /ˈspɒtɪd/

pois chiches

▷ Il y a des pois chiches dans le couscous.
There are chickpeas in the couscous.

chickpeas /ˈtʃɪkpiːz/

poison

▷ Les voleurs ont mis du poison dans la nourriture du chien.
The burglars put poison in the dog's food.

poison /'pɔɪzn/

🔊 *Le **oi** du mot anglais **poison** se prononce comme le **oy** de **boy**.*

poisson

1 ▷ On mange du poisson une fois par semaine.
We eat fish once a week.

▷ Il a attrapé deux gros poissons.
He caught two big fish.

▷ Mathias a plus de vingt poissons rouges.
Mathias has more than twenty goldfish.

fish /fɪʃ/

ℹ *Le pluriel est invariable : **two fish**.*

► **poisson rouge : goldfish** /'gəʊldfɪʃ/

ℹ *Le pluriel de **goldfish** est invariable : **twenty goldfish**.*

2 ▷ Jean est Poissons.
Jean is Pisces.

► **les Poissons** *(= signe du zodiaque)* : **Pisces** /'paɪsiːz/

3 ▷ Poisson d'avril !
April fool!

Le premier avril, *en Grande-Bretagne on dit **April fool!** /ˌeɪprəl 'fuːl/.*

poissonnerie

▷ La poissonnerie est fermée le lundi.
The fish shop is closed on Mondays.

fish shop /'fɪʃ ʃɒp/ (pluriel **fish shops**)

poitrine

▷ Il a une cicatrice sur la poitrine.
He has a scar on his chest.

chest /tʃest/

poivre

▷ Le poivre me fait éternuer.
Pepper makes me sneeze.

pepper /'pepəʳ/

poivron

▷ Il y a des poivrons rouges et des poivrons verts dans cette recette.
There are red peppers and green peppers in this recipe.

pepper /'pepəʳ/

ℹ *Notez que* poivron *et* poivre *se disent de la même façon en anglais.*

poker

▷ Il joue au poker sur Internet.
He plays poker on the Internet.

poker /'pəʊkəʳ/

► **jouer au poker : play poker**

polaire

1 ▷ As-tu déjà vu un ours polaire ?
Have you ever seen a polar bear?

(= du Pôle) **polar** /'pəʊləʳ/

2 ▷ Il fait froid, mets ta polaire.
It's cold, put your fleece jacket on.

► **une polaire** *(= vêtement)* **: fleece jacket** /'fli:sdʒækɪt/ *ou* **sweatshirt** /'swetʃɜ:t/

polar

▷ J'adore les polars.
I love detective novels.

detective novel /dɪ'tektɪv,nɒvəl/ (pluriel **detective novels**)

pôle

▷ Ils ont fini par atteindre le pôle Nord.
They finally reached the North Pole.

pole /pəʊl/
► **le pôle Nord : the North Pole** /nɔ:θ 'pəʊl/
ℹ *S'écrit avec deux majuscules.*

▷ Personne n'habite au pôle Sud sauf les scientifiques.
Nobody lives at the South Pole except scientists.

► **le pôle Sud : the South Pole** /saʊθ 'pəʊl/
ℹ *S'écrit avec deux majuscules.*

poli, polie

1 ▷ Il est toujours très poli avec tout le monde.
He's always very polite with everybody.

(= bien élevé) **polite** /pə'laɪt/ (**plus poli** more polite, **le plus poli** the most polite)
ℹ *Notez la préposition utilisée en anglais :* poli avec quelqu'un = ***polite to somebody****.*

2 ▷ Ce n'est pas poli de regarder les gens comme ça.
It's rude to look at people like that.

► **pas poli : rude** /ru:d/

police

▷ La police est arrivée tout de suite.
The police arrived straight away.
▷ La police est efficace.
The police are efficient.

police /pə'li:s/
ℹ ***Police*** *est un nom pluriel.*

policier

1 ▷ Il y avait des policiers partout.
There were police officers everywhere.

(= gendarme) **police officer** /pə'li:s ,ɒfɪsə'/ (pluriel **police officers**)
ℹ *Si on veut distinguer les hommes des femmes, on peut dire* ***policeman*** /pə'li:smən/ (pluriel **policemen** /pə'li:smen/) *pour un homme et* ***policewoman*** /pə'li:s,wʊmən/ (pluriel **policewomen** /pə'li:swɪmɪn/) *pour une femme.*

2 ▷ C'est un très bon film policier.
It's a very good detective film.

(adjectif : en parlant d'un film ou d'un roman) **detective** /dɪ'tektɪv/

poliment

▷ Le garçon a répondu très poliment.
The boy answered very politely.

politely /pə'laɪtlɪ/

politique

1 ▷ Je ne m'intéresse pas à la politique.
I'm not interested in politics.
▷ La politique est intéressante.
Politics is interesting.

1 (= affaires publiques) **politics** /'pɒlɪtɪks/
ℹ *Politics est un nom singulier.*

2 ▷ Certains ne sont pas d'accord avec la politique européenne du gouvernement.
Some people don't agree with the government's European policy.

2 (= mesures) **policy** /'pɒlɪsɪ/ (pluriel **policies** /'pɒlɪsɪz/)

3 ▷ C'est un problème politique.
It's a political problem.

3 (adjectif = qui se rapporte à la politique) **political** /pə'lɪtɪkəl/

polluant, polluante

▷ C'est une industrie très polluante .
It's a highly polluting industry.

polluting /pə'luːtɪŋ/ (**plus polluant** more polluting, **le plus polluant** the most polluting)

polluer

▷ La rivière était polluée par des produits chimiques.
The river was polluted with chemicals.

pollute /pə'luːt/

pollution

▷ La pollution est un grand problème dans les villes.
Pollution is a big problem in cities.

pollution /pə'luːʃən/

Pologne

▷ La Pologne est un pays très intéressant.
Poland is a very interesting country.

Poland /'pəʊlənd/
► **la Pologne** : Poland
ℹ *Ne prend jamais d'article.*

▷ Le président est en visite officielle en Pologne.
The President is on an official visit in Poland.
▷ Ils sont passés par l'Allemagne pour aller en Pologne.
They went through Germany to go to Poland.

► **en Pologne** (= dans le pays) : in Poland
► **en Pologne** (= vers le pays) : to Poland

polonais, polonaise

1 ▷ C'est un grand réalisateur de cinéma polonais.
He's a great Polish cinema director.

1 (adjectif) **Polish** /'pəʊlɪʃ/
ℹ *S'écrit toujours avec une majuscule, comme tous les adjectifs de nationalité en anglais.*

2 ▷ Les Polonais ont voté en faveur de cette mesure.
The Poles voted in favour of the measure.

(= personne) **Pole** /pəʊl/

pommade

▷ Cette pommade te fera du bien.
This ointment will do you good.

ointment /'ɔɪntmənt/

pomme

▷ Nous avons ramassé des pommes dans le jardin.
We picked some apples in the garden.
▷ Elle a fait une tarte aux pommes.
She's made an apple tart.

(= fruit) **apple** /'æpl/

pomme de terre

▷ On va manger des pommes de terre bouillies avec la viande.
We're going to eat boiled potatoes with the meat.

potato /pə'teɪtəʊ/ (pluriel **potatoes**)

pommier

▷ J'ai de vieux pommiers dans mon jardin.
I have old apple trees in my garden.

apple tree /'æpltriː/ (pluriel **apple trees** /'æpltriːz/)

pompe

1 ▷ Ma pompe à vélo ne marche plus.
My bicycle pump doesn't work any more.

(pour aspirer ou souffler) **pump** /pʌmp/

2 ▷ Il fait cinquante pompes tous les matins.
He does fifty press-ups every morning.

► **faire des pompes : do press-ups** /'presʌps/ **(did, done)**

pompier

▷ Il rêve de devenir pompier.
He dreams of becoming a fireman.

fireman /'faɪəmən/ (pluriel **firemen** /'faɪəmen/).

ℹ *N'oubliez pas l'article* ***a*** *ou* ***an*** *devant le nom du métier lorsqu'il suit les verbes* ***be*** *ou* ***become****.*

▷ Les pompiers sont arrivés tout de suite.
The fire brigade arrived straight away.

► **les pompiers : the fire brigade** /'faɪə brɪ,geɪd/

En anglais américain on dit ***fire department*** /'faɪəʳ dɪ,pɑːtmənt/.

pompon

▷ Mélanie a un bonnet avec un pompon.
Mélanie's got a hat with a pompom.

pompom /'pɒmpɒm/

ℹ *Attention à l'orthographe.*

ponctuation

▷ Il manque la ponctuation.
The punctuation is missing.

punctuation /,pʌŋktjʊ'eɪʃən/

pondre

▷ La poule pond un œuf tous les matins.
The hen lays one egg every morning.

(des œufs) **lay** /leɪ/ (laid, laid /leɪd/)

poney

▷ Les poneys galopaient dans le champ.
The ponies were galloping in the field.

pony /'pəʊnɪ/ (pluriel ponies /'pəʊnɪz/)

Attention à l'orthographe.

▷ Sarah fait du poney le samedi.
Sarah goes pony-riding on Saturdays.

► **faire du poney :** go pony-riding /'pəʊnɪˌraɪdɪŋ/ (went, gone / been)

pont

1 ▷ L'école est de l'autre côté du pont.
The school is on the other side of the bridge.

(sur une rivière) **bridge** /brɪdʒ/

2 ▷ Est-ce que vous faites le pont pour l'Ascension ?
Are you having a long weekend for Ascension Day?

► **faire le pont :** have a long weekend /lɒŋ 'wɪkend/ (had, had)

pop-corn

▷ J'adore manger du pop-corn quand je vais au cinéma.
I love eating popcorn when I go to the cinema.

popcorn /'pɒpkɔːn/

Le mot anglais s'écrit sans trait d'union.

populaire

1 ▷ Cette chanson est très populaire chez les jeunes.
This song is very popular with young people.

(= qui a du succès) **popular** /'pɒpjʊlə'/ (**plus populaire** more popular, **le plus populaire** the most popular)

Notez la préposition utilisée en anglais : populaire chez = ***popular with***.

2 ▷ C'est un quartier populaire.
It's a working-class area.

(= ouvrier) **working-class** /ˌwɜːkɪŋ 'klɑːs/ (**plus populaire** more working-class, **le plus populaire** the most working-class)

porc

1 ▷ Mes parents élèvent des porcs.
My parents breed pigs.

(= animal) **pig** /pɪg/

2 ▷ Les musulmans ne mangent pas de porc.
Muslims don't eat pork.

(= viande) **pork** /pɔːk/

porcelaine

▷ La porcelaine est très fragile.
China is very fragile.

china /'tʃaɪnə/

On dit aussi ***porcelain*** */'pɔːsəlɪn/.*

▷ Est-ce que c'est en porcelaine ?
Is it made of china?

► **être en porcelaine :** be made /meɪd/ of china

▷ Elle a beaucoup d'objets en porcelaine dans son salon.
She has a lot of china objects in her living room.

► **en porcelaine : china**

port

1 ▷ Nous allons souvent au port regarder les bateaux.
We often go to the harbour to look at the boats.

(= bassin) **harbour** /'hɑːbəʳ/

2 ▷ Marseille est un grand port.
Marseille is a big port.

(= ville) **port** /pɔːt/

portable

1 ▷ Il travaille sur son portable quand nous sommes en vacances.
He works on his laptop when we are on holiday.

(= ordinateur) **laptop** /'læptɒp/

2 ▷ Je t'appellerai sur ton portable.
I'll call you on your mobile.

(= téléphone) **mobile** /'məʊbaɪl/

Le ***i*** *de* ***mobile*** *se prononce comme le* ***i*** *de* ***like****.*

En anglais américain on dit ***cellphone*** /'selfəʊn/.

portail

1 ▷ Le portail était ouvert, alors je suis entré.
The gate was open, so I went in.

(= porte) **gate** /geɪt/

2 ▷ Tu trouveras plein d'applications sur ce portail.
You'll find lots of applications on this portal.

(sur Internet) **portal** /'pɔːtl/

porte

1 ▷ Ferme la porte à clé.
Lock the door.

▷ La porte d'entrée est restée ouverte.
The front door stayed open.

(d'une maison, d'une voiture, du frigo) **door** /dɔːʳ/

► **porte d'entrée : front door** /frʌnt 'dɔːʳ/

2 ▷ Elle a fini par le mettre à la porte.
She ended up throwing him out.

► **mettre** quelqu'un **à la porte : throw** /θrəʊ/ somebody **out** (**threw** /θruː/, **thrown** /θrəʊn/)

3 ▷ Nous devons aller à la porte d'embarquement numéro trois.
We have to go to departure gate number three.

► **porte d'embarquement : departure gate** /dɪ'pɑːtʃə geɪt/ (pluriel **departure gates**)

porte-bagages

▷ Mon vélo n'a pas de porte-bagages.
My bike hasn't got a luggage rack.

luggage rack /'lʌgɪdʒ ræk/ (pluriel **luggage racks**)

porte-bonheur

▷ Alix porte toujours une médaille, c'est son porte-bonheur.
Alix always wears a medallion, it's her lucky charm.

lucky charm /ˌlʌkɪ ˈtʃɑːm/ (pluriel **lucky charms**)

porte-clés

▷ Il a un porte-clés en forme de pyramide.
He has a pyramid-shaped key ring.

key ring /ˈkiːrɪŋ/ (pluriel **key rings**)

porte-fenêtre

▷ Ouvre les porte-fenêtres.
Open the French windows.

French window /frentʃˈwɪndəʊ/ (pluriel **French windows**)

En anglais américain, on dit ***French door*** */frentʃˈdɔːʳ/.*

portefeuille

▷ Elle n'a jamais retrouvé son portefeuille.
She never found her wallet.

(= porte-monnaie) **wallet** /ˈwɒlɪt/

Le ***a*** *de* ***wallet*** *se prononce comme le* ***o*** *de* ***dog****.*

portemanteau

1 ▷ Accroche ta veste au portemanteau.
Hang your jacket on the coat rack.

(sur le mur) **coat rack** /ˈkəʊt ræk/ (pluriel **coat racks**)

2 ▷ Ce portemanteau prend trop de place dans le couloir.
This coat stand takes up too much space in the corridor.

(sur pied) **coat stand** /ˈkəʊt stænd/ (pluriel **coat stands**)

porte-monnaie

▷ Prends mon porte-monnaie, mais ne le perds pas.
Take my purse, but don't lose it.

purse /pɜːs/

porter

1 ▷ J'arrive à peine à porter cette valise.
I can hardly carry this suitcase.

(= transporter) **carry** /ˈkærɪ/

Le ***y*** *de* ***carry*** *devient* ***ie*** *à la troisième personne du singulier du présent de l'indicatif* (**carries** /ˈkarɪz/)*, au prétérit et au participe passé* (**carried** /ˈkærɪd/).

2 ▷ Il portait un jean noir.
He was wearing black jeans.

(un vêtement, du maquillage) **wear** /wɛəʳ/ (**wore** /wɔːʳ/, **worn** /wɔːn/)

3 ▷ Porte-lui ce plateau.
Take him this tray.

(= apporter) **take** /teɪk/ (**took** /tʊk/, **taken** /ˈteɪkən/)

4 ▷ Le texte porte sur l'histoire de l'Angleterre.
The text is about English history.

► **porter sur** quelque chose (= avoir pour thème) : **be about** /ə'baʊt/ something

5 ▷ Laure se porte très bien maintenant.
Laure is very well now.

► **se porter bien** (= aller bien) : **be well** /wel/

portière

▷ La portière est mal fermée.
The door isn't closed properly.

(de voiture) **door** /dɔːʳ/

ℹ *En anglais, on emploie le même mot,* ***door****, pour la porte et la portière.*

portillon

▷ Il est passé par-dessus le portillon parce qu'il n'avait pas de ticket.
He went over the barrier because he didn't have a ticket.

(dans le métro) **barrier** /'bærɪəʳ/

portion

▷ Ils servent toujours des portions très copieuses.
They always serve very big portions.

portion /'pɔːʃən/

portrait

▷ Il a fait de beaux portraits de ses amis.
He did beautiful portraits of his friends.

(= peinture, dessin, photo) **portrait** /'pɔːtrɪt/

ℹ *Notez la traduction de* faire *dans ce cas :* ***paint*** (= peindre) *; s'il s'agissait d'un dessin on dirait* ***draw*** (= dessiner), *et d'une photo* ***take*** (= prendre).

portugais, portugaise

1 ▷ La cuisine portugaise est délicieuse.
Portuguese cooking is delicious.

▷ C'est un Portugais qui a remporté le mille mètres.
It was a Portuguese who won the thousand metres.

▷ Les Portugais mangent beaucoup de poisson.
The Portuguese eat a lot of fish.

Portuguese /ˌpɔːtjʊ'giːz/

ℹ *Quand on parle d'une personne, on peut dire aussi* ***a Portuguese man****, a* ***Portuguese woman****,* ***a Portuguese boy****, a* ***Portuguese girl****.*

ℹ *S'écrit toujours avec une majuscule, comme tous les adjectifs et noms de nationalité en anglais.*

2 ▷ Le portugais est une langue proche de l'espagnol.
Portuguese is a language that is close to Spanish.

(= langue) **Portuguese**

ℹ *S'écrit avec une majuscule, comme tous les noms de langues en anglais.*

Portugal

▷ Le Portugal est un pays magnifique.
Portugal is a beautiful country.

▷ Sarah est au Portugal.
Sarah is in Portugal.
▷ Tu es déjà allé au Portugal ?
Have you ever been to Portugal?

Portugal /ˈpɔːtjʊgəl/
► **le Portugal : Portugal**
Ne prend jamais d'article.
► **au Portugal** (= dans le pays) : **in Portugal**
► **au Portugal** (= vers le pays) : **to Portugal**

poser

1 ▷ Pose tes valises là.
Put your suitcases there.

(= placer) **put** /pʊt/ **(put, put)**

2 ▷ Tu me poses une question difficile !
You're asking me a difficult question!

► **poser une question à quelqu'un : ask** /ɑːsk/ somebody a **question** /ˈkwestʃən/

3 ▷ Quelqu'un est venu poser de la moquette dans les chambres.
Somebody came to lay carpet in the bedrooms.

(du carrelage, de la moquette) **lay** /leɪ/ **(laid, laid** /leɪd/**)**

4 ▷ Sylvie nous a demandé de poser pour la photo.
Sylvie asked us to pose for the photograph.

(= prendre la pose) **pose** /pəʊz/

5 ▷ L'avion s'est posé à Birmingham au lieu de Leeds.
The plane landed in Birmingham instead of Leeds.

► **se poser** (= atterrir) : **land** /lænd/

positif, positive

▷ Estelle est quelqu'un de très positif.
Estelle is a very positive person.

positive /ˈpɒzɪtɪv/

position

▷ J'ai dormi dans une position bizarre, maintenant j'ai mal au cou.
I slept in a strange position, now my neck hurts.
▷ On est en troisième position dans le championnat.
We're in third position in the championship.

(= situation, posture) **position** /pəˈzɪʃən/

▷ Qui est arrivé en première position ?
Who came first?

► **arriver en première position : come first** /ˈfɜːst/ **(came first, come first)**

▷ Elle est arrivée en dernière position.
She came last.

► **arriver en dernière position : come last** /ˈlɑːst/ **(came last, come last)**

posséder

1 ▷ Je ne possède rien.
I don't own anything.

(un bien, une maison, une fortune)
own /əʊn/

2 ▷ La maison possède un grand jardin.
The house has a big garden.

(une caractéristique, une qualité)
have /hæv/ (had, had /hæd/)

possessif, possessive

▷ Ma mère est très possessive.
My mother is very possessive.
▷ « Mon » est un adjectif possessif.
"Mon" is a possessive adjective.

possessive /pə'zesɪv/ (**plus possessif** more possessive, **le plus possessif** the most possessive)

possibilité

▷ Il y a plusieurs possibilités.
There are several possibilities.
▷ Vous avez la possibilité d'y aller demain.
You can go tomorrow.

possibility /ˌpɒsə'bɪlɪtɪ/ (pluriel possibilities)
ℹ *Pour exprimer la possibilité en anglais, on utilise souvent l'auxiliaire modal* ***can****.*

possible

▷ Je ne crois pas que ce soit possible.
I don't think it's possible.

possible /'pɒsəbl/

▷ Viens si possible un peu plus tôt.
Come a bit earlier if possible.

► **si possible** : **if possible** /ɪf pɒsɪbl/

▷ Apporte le plus de disques possible.
Bring as many discs as possible.
▷ Il faut boire le plus d'eau possible avant de faire du sport.
You should drink as much water as possible before doing sport.
▷ Prends le moins de vêtements possible.
Take as few clothes as possible.
▷ Emporte le moins d'argent possible sur toi.
Bring as little money as possible.

ℹ *Pour dire* **le plus de ... possible**, *on utilise l'expression* ***as many*** /æz menɪ/ *+ nom +* ***as possible****.*
ℹ *Avec un nom au singulier on emploie* ***as much*** /æz mʌtʃ/ *+ nom +* ***as possible****.*
ℹ *Pour dire* **le moins de ... possible**, *on utilise l'expression* ***as few*** /æz fjuː/ *+ nom +* ***as possible****.*
ℹ *Avec un nom au singulier on emploie* ***as little*** /æz lɪtl/ *+ nom +* ***as possible****.*

▷ C'est pas possible ! J'ai encore oublié ma clé !
I don't believe it! I've forgotten my key again!

► **c'est pas possible !** (pour exprimer l'étonnement ou l'agacement) : **I don't believe it!** /aɪ dəʊnt bɪ'liːv ɪt/

post

▷ Je lui ai envoyé un post.
I sent him a post.

(Internet) **post** /pəʊst/

poste

1 ▷ La poste est fermée le samedi après-midi.
The post office is closed on Saturday afternoon.

► **la poste** (= l'endroit où on achète des timbres) : **the post office** /'pəʊst ɒfɪs/

2 ▷ N'envoie jamais d'argent par la poste.
Never send money by post.

2 ► **par la poste** (= par courrier) : **by post** /pəʊst/
En anglais américain on dit ***mail*** /meɪl/.

▷ Tu peux mettre cette lettre à la poste pour moi ?
Can you post this letter for me?

► **mettre** quelque chose **à la poste :** **post** something

3 ▷ La femme de Pascal a un très bon poste.
Pascal's wife has got a very good job.

3 ► **un poste** (= un emploi) : **a job** /dʒɒb/

4 ▷ Ils réparent les postes de télé.
They repair television sets.

4 ► **poste de télé : television set** /'telɪˌvɪʒən set/

5 ▷ Mon poste de radio ne marche pas.
My radio isn't working.

5 ► **poste de radio : radio** /'reɪdɪəʊ/

6 ▷ Ils l'ont emmené au poste de police.
They took him to the police station.

6 ► **poste de police : police station** /pə'liːs ˌsteɪʃən/

poster VERBE

▷ Donne-moi ta lettre, je vais la poster.
Give me your letter, I'll post it.
▷ J'ai posté plusieurs commentaires sur le site.
I posted several comments on the site.

(= mettre dans la boîte aux lettres, sur un blog) **post** /pəʊst/
En anglais américain on dit ***mail*** /meɪl/ *dans le sens de « poster un courrier ».*

poster NOM

▷ Les murs sont couverts de posters.
The walls are covered in posters.

(= affiche) **poster** /'pəʊstəʳ/

postuler

▷ Tu as postulé ?
Did you apply?

► **postuler à** *ou* **pour un emploi : apply for a job**

pot

1 ▷ Ma mère garde les pots vides pour y mettre de la confiture.
My mother keeps empty jars to put jam in.

1 (= récipient en verre) **jar** /dʒɑːʳ/

2 ▷ Tu peux mettre la plante dans un pot ou directement dans le sol.
You can put the plant in a pot or directly in the ground.

2 (= récipient en terre ou en céramique) **pot** /pɒt/

▷ On pourrait lui offrir un pot de fleurs.
We could give her a potted plant.

► **pot de fleurs** (= ensemble pot et fleurs) : **potted plant** /ˌpɒtɪd 'plɑːnt/ (pluriel **potted plants**)

3 ▷ Tu veux boire un pot ?
Do you want to have a drink?

3 ► **boire** *ou* **prendre un pot : have a drink** /'drɪŋk/ **(had, had)**

4 ▷ Tu as vraiment eu du pot !
You were really lucky!

► **avoir du pot** (= avoir de la chance) : **be lucky** /'lʌkɪ/

5 ▷ Le pot d'échappement est rouillé.
The exhaust pipe is rusty.

► **pot d'échappement : exhaust pipe** /eg'zɔːst paɪp/ (pluriel **exhaust pipes**)

En anglais américain on dit ***tail*** /teɪl/ ***pipe*** (pluriel **tail pipes**)).

potable

▷ L'eau dans le train n'est pas potable.
The water on the train isn't drinkable.

▷ Il n'y a pas d'eau potable ici.
There is no drinking water here.

(= bon à boire) **drinkable** /'drɪŋkəbl/

► **eau potable : drinking water** /'drɪŋkɪŋ ˌwɔːtəʳ/

potage

▷ Il y a du potage à la tomate en entrée.
There is tomato soup as a starter.

soup /suːp/

ℹ *En anglais, on emploie le même mot,* ***soup****, pour la soupe et le potage.*

poteau

1 ▷ La voiture est rentrée dans un poteau électrique.
The car crashed into an electricity pole.

► **poteau électrique : electricity pole** /ɪlek'trɪsətɪ ˌpəʊl/ (pluriel **electricity poles**)

2 ▷ Nous n'avons pas vu le poteau indicateur.
We didn't see the signpost.

► **poteau indicateur : signpost** /'saɪnpəʊst/

poterie

▷ C'est une poterie très ancienne.
It's a very old piece of pottery.

▷ Cette région est célèbre pour ses poteries.
This region is famous for its pottery.

► **une poterie** (= un objet en terre) : **a piece of pottery** /ˌpiːs əv 'pɒtərɪ/

► **des poteries** (= des objets) : **pottery** /'pɒtərɪ/

ℹ ***Pottery*** *est un nom indénombrable : il ne se met pas au pluriel et ne prend pas d'article.*

potiron

▷ Il a fait de la soupe au potiron.
He made some pumpkin soup.

pumpkin /pʌmpkɪn/

pou

▷ Elle a des poux.
She has got lice.

louse /laʊs/ (pluriel **lice** /laɪs/)

poubelle

▷ La poubelle est pleine.
The dustbin is full.

dustbin /'dʌstbɪn/

ℹ *En anglais américain on dit* ***trashcan*** /'træʃkæn/ *ou* ***garbage can*** /'gɑːbɪdʒ kæn/ (pluriel **garbage cans**).

▷ Jette ça à la poubelle.
Throw this in the dustbin.

► **jeter** quelque chose **à la poubelle** : throw /θrəʊ/ something in the dustbin (threw /θruː/, thrown /θrəʊn/)

pouce

1 ▷ Il s'est cassé le pouce en jouant au volley.
He broke his thumb playing volley-ball.

(= doigt) **thumb** /θʌm/

*Le **b** de **thumb** ne se prononce pas. **Thumb** rime avec **Mum** et **come**.*

2 ▷ C'est un écran 16 pouces.
It's a 16-inch screen.

(= mesure) **inch** /ɪntʃ/ (pluriel inches /ɪntʃɪz/)

poudre

▷ C'est une poudre que tu prends avec de l'eau.
It's a powder that you take with water.

powder /ˈpaʊdəʳ/

poulain

▷ La jument et son poulain galopaient.
The mare and her colt were galloping.

(= jeune cheval) **colt** /kɒlt/

poule

▷ Les poules pondent des œufs tous les matins.
The hens lay eggs every morning.

hen /hen/

poulet

▷ J'aime bien le poulet avec des frites.
I like chicken with chips.

chicken /ˈtʃɪkɪn/

poulpe

▷ Tu as déjà mangé du poulpe ?
Have you ever eaten octopus?

octopus /ˈɒktəpəs/ (pluriel octopuses /ˈɒktəpəsɪz/)

pouls

▷ Le médecin a pris mon pouls.
The doctor took my pulse.

pulse /pʌls/

► **prendre le pouls de** quelqu'un : take somebody's pulse (took, taken)

poumon

▷ Paul a une infection dans les poumons.
Paul has an infection in his lungs.

lung /lʌŋ/

poupée

▷ C'est une poupée qui parle et qui pleure.
It's a doll that talks and cries.

(= jouet) **doll** /dɒl/

▷ Elle est petite, elle joue encore à la poupée.
She's small, she still plays with dolls.

► **jouer à la poupée** : play /pleɪ/ with dolls

pour

1 ▷ C'est pour moi ?
Is it for me?
▷ Nous partons demain pour Londres.
We're leaving for London tomorrow.
▷ Ils sont partis pour une semaine.
They left for a week.
▷ Pour qui est cette lettre ?
Who is this letter for?

La traduction la plus courante de **pour** *est* ***for*** *(/fɔːʳ/ ou /fəʳ/), notamment pour exprimer l'attribution, la destination, la durée.*

ℹ *Notez la position de* ***for*** *en fin de phrase lorsque l'on pose la question* **Pour qui ?**

2 ▷ Elle a poussé pour ouvrir la porte.
She pushed to open the door.

► **pour** + *infinitif* **:** to + *base verbale*

3 ▷ J'ai acheté une carte pour ne pas me perdre.
I bought a map so as not to get lost.

► **pour ne pas** + *infinitif* **:** so as not to /ˌsəʊ əz ˈnɒt tuː/ + *base verbale*

4 ▷ Il a fait ça pour que tu le remarques.
He did that so that you would notice him.

► **pour que :** so that /səʊ ˈðæt/

5 ▷ C'est pour ça que je suis fâchée.
That's why I'm angry.

► **c'est pour ça que... :** that's why... /ðæts waɪ/

6 ▷ Je propose qu'on aille au cinéma. Qui est pour ?
I suggest we go to the cinema. Who's in favour?

► **être pour** (= être d'accord) : be in favour /ˈfeɪvəʳ/

7 ▷ Il y a du pour et du contre.
There are arguments for and against.

► **le pour et le contre :** the arguments for and against

pourboire

▷ D'habitude je laisse un pourboire.
I usually leave a tip.

tip /tɪp/

pourcentage

▷ Le chiffre est donné en pourcentage.
The figure is expressed as a percentage.

percentage /pəˈsentɪdʒ/

🔊 *La fin de* ***percentage*** *rime avec* ***bridge***.

pourquoi

▷ Pourquoi tu ne veux pas venir ?
Why don't you want to come?
▷ Je ne comprends pas pourquoi.
I don't understand why.

why /waɪ/

▷ Ça te dit de venir ? – Pourquoi pas !
Do you feel like coming? – Why not!

► **pourquoi pas :** why not /waɪ ˈnɒt/

pourri, pourrie

▷ Le bois était pourri, c'est pour ça que la maison s'est effondrée.
The wood was rotten, that's why the house collapsed.
▷ Quel temps pourri !
What rotten weather!

rotten /'rɒtn/ (**plus pourri** more rotten, **le plus pourri** the most rotten)

pourrir

▷ Toute la récolte a pourri.
The whole harvest rotted.

rot /rɒt/
Il y a deux t au gérondif (rotting /'rɒtɪŋ/), *au prétérit et au participe passé* (rotted /'rɒtɪd/).

poursuite

1 ▷ Elle s'est lancée à la poursuite du voleur.
She chased after the thief.

(de voiture, de voleur) **chase** /tʃeɪs/
► **se lancer à la poursuite de** quelqu'un : **chase after** somebody

2 ▷ Il a engagé des poursuites judiciaires contre son employeur.
He took legal proceedings against his employer.

► **poursuites judiciaires** : **legal proceedings**

poursuivre

1 ▷ Sylvain poursuivait Benoît dans la cour.
Sylvain was chasing Benoît in the playground.

(= courir après) **chase** /tʃeɪs/

2 ▷ Poursuivez !
Please go on!

(= continuer) **go on** /gəʊ ɒn/

3 ▷ Il a été poursuivi pour vol.
He was prosecuted for theft.

► **poursuivre** quelqu'un **en justice** : (au pénal) **prosecute** /'prɒsɪkjuːt/ somebody ; (au civil) **sue** /suː/ somebody

pourtant

▷ Le travail avait l'air intéressant, et pourtant elle l'a refusé.
The work looked interesting, and yet she turned it down.

(= malgré tout) **yet** /jet/

pourvu que

1 ▷ Je viendrai pourvu qu'il y ait encore des métros.
I'll come provided that there are still metros running.

(= à condition que) **provided that** /prə'vaɪdɪd ðæt/
On peut aussi dire ***as long as*** /əz 'lɒŋ əz/.

2 ▷ Pourvu qu'il reste encore des places !
Let's hope that there are still seats left!

(= espérons que) **let's hope that** /lets həʊp ðæt/

pousser

1 ▷ Ne me pousse pas !
Don't push me!

(= appuyer sur) **push** /pʊʃ/

2 ▷ Les parents de Marina l'ont poussée à se marier.
Marina's parents pushed her into getting married.

► **pousser** quelqu'un **à** + *infinitif* : **push** somebody **into** + *-ing*

ℹ *Notez la préposition utilisée en anglais :* pousser à = *push into*.

3 ▷ Il a poussé un cri.
He cried out.

► **pousser un cri : cry out** /kraɪ 'aʊt/ **(cried, cried** /kraɪd/**)**

4 ▷ Il a dit « d'accord » et il a poussé un grand soupir.
He said "OK" and heaved a big sigh.

► **pousser un soupir : heave** /hiːv/ **a sigh** /saɪ/

5 ▷ Cette plante pousse bien.
This plant is growing well.

(= grandir) **grow** /grəʊ/ **(grew** /gruː/, **grown** /grəʊn/**)**

▷ Je fais pousser de la menthe sur mon balcon.
I grow mint on my balcony.

► **faire pousser** (une plante) : **grow**

▷ Tu te laisses pousser les cheveux ?
Are you letting your hair grow?

► se **laisser pousser les cheveux : let** one's **hair grow (let, let)**

ℹ *L'adjectif possessif fonctionne de la façon suivante en anglais : **I let my hair grow, you let your hair grow, he lets his hair grow, she lets her hair grow, we let our hair grow, they let their hair grow** .*

poussette

▷ La petite fille s'est endormie dans sa poussette.
The little girl fell asleep in her pushchair.

pushchair /'pʊʃtʃeəʳ/

*En anglais américain on dit **stroller** /'strəʊlər/.*

poussière

▷ Il y a beaucoup de poussière dans cette pièce.
There's a lot of dust in this room.

dust /dʌst/

▷ Je ne fais jamais la poussière dans ma chambre.
I never dust my bedroom.

► **faire la poussière : dust**

poussiéreux, poussiéreuse

▷ Le canapé est très poussiéreux.
The sofa is very dusty.

dusty /'dʌstɪ/ **(plus poussiéreux dustier, le plus poussiéreux the dustiest)**

poussin

▷ Ces petits poussins sont très mignons.
These little chicks are very cute.

(= jeune poulet) **chick** /tʃɪk/

poutre

▷ Il y a des poutres en bois dans le salon.
There are wooden beams in the living room.

beam /biːm/

pouvoir VERBE

1 ▷ Est-ce que tu peux m'aider ?
Can you help me?
▷ Est-ce que je pourrais vous parler, s'il vous plaît ?
Could I speak to you, please?
▷ Je ne pourrai pas venir demain.
I won't be able to come tomorrow.
▷ Tu aurais pu m'en parler d'abord !
You could have told me about it first!

Pouvoir *est presque toujours traduit par l'auxiliaire modal* ***can*** /kæn/.
ℹ *Au conditionnel et au prétérit,* ***can*** *devient* ***could*** /kʊd/.
ℹ *Au futur, il faut employer* ***be able to****.*
ℹ *Pour le conditionnel passé, on utilise* ***could have + participe passé*** *en anglais.*

2 ▷ Il se peut qu'elle vienne demain.
She may come tomorrow.

Pour dire que quelque chose « va peut-être arriver », on emploie en anglais le modal ***may****.*

3 ▷ Cette randonnée était difficile, je n'en peux plus !
That hike was difficult, I'm exhausted!

*Pour dire qu'***on n'en peut plus***, qu'« on est épuisé », on emploie l'expression* ***be exhausted*** /eg'zɔːstɪd/.

pouvoir NOM

▷ La potion a des pouvoirs magiques.
The potion has magical powers.
▷ Ces gens ont beaucoup de pouvoir.
These people have a lot of power.

power /'paʊə^r/

▷ Leur parti est au pouvoir depuis 2001.
Their party has been in office since 2001.

► **être au pouvoir : be in office (was / were, been)**

prairie

▷ Nous avons cueilli des fleurs dans la prairie.
We picked some flowers in the meadow.

meadow /'medəʊ/
🔊 *Le* ***ea*** *de* ***meadow*** *se prononce comme le* ***e*** *de* ***bed****.*

pratique ADJECTIF

1 ▷ Je peux aller à pied au travail, c'est très pratique.
I can walk to work, it's very convenient.

(= commode) **convenient** /kən'viːnɪənt/ (**plus pratique** more convenient, **le plus pratique** the most convenient)

2 ▷ C'est un ustensile de cuisine bien pratique.
It's a very handy kitchen utensil.

(= utile, en parlant d'un outil ou d'une machine) **handy** /'hændɪ/ (**plus pratique** handier /'hændɪə^r/, **le plus pratique** the handiest /'hændɪɪst/)

pratique NOM

1 ▷ Ils ont des pratiques religieuses différentes.
They have different religious practices.

(= coutume, procédé) **practice** /'præktɪs/

2 ▷ Il manque de pratique.
He lacks practical experience.

(= expérience) **practical experience** /'præktɪkəl ɪk'spɪərɪəns/

3 ▷ Il faut mettre la théorie en pratique maintenant.
We must put theory into practice now.

► **mettre** quelque chose **en pratique : put** something **into practice**

pratiquement

▷ Il a pratiquement tout mangé.
He ate practically everything.

(= presque) **practically** /'præktɪklɪ/

pratiquer

▷ Quels sports est-ce que tu pratiques ?
Which sports do you do?

(un sport) **do** /duː/ (**did** /dɪd/, **done** /dɒn/)

pré

▷ Nous avons fait un pique-nique dans le pré.
We had a picnic in the meadow.

meadow /'medəʊ/

Le ***ea*** *de* ***meadow*** *se prononce comme le* ***e*** *de* ***bed****.*

préau

▷ Les enfants jouent sous le préau quand il pleut.
The children play in the covered playground when it rains.

covered playground /ˌkʌvəd 'pleɪgraʊnd/

Notez bien : sous le préau = in the covered playground.

précaution

1 ▷ Vous devriez prendre des précautions et réserver avant de partir.
You should take precautions and book before leaving.

(= mesure préventive) **precaution** /prɪ'kɔːʃən/

2 ▷ Il a ouvert la porte avec précaution.
He opened the door with caution.

(= prudence) **caution** /'kɔːʃən/

précédent, précédente

▷ L'année précédente nous étions allés en Italie.
The previous year we'd been to Italy.

previous /'priːvɪəs/

précieux, précieuse

▷ C'est un métal très précieux.
It's a very precious metal.

precious /'preʃəs/ (**plus précieux** more precious, **le plus précieux** the most precious)

précipitation

1 ▷ Dans ma précipitation, je l'ai laissé chez moi.
In my haste, I left it at home.

(= hâte) **haste** /heɪst/

2 ▷ Il y a eu de fortes précipitations.
There was heavy rainfall.

► **précipitations : rainfall** /'reɪnfɔːl/

se précipiter

▷ Elle s'est précipitée dans la maison.
She rushed into the house.
▷ Tout le monde s'est précipité sur lui pour lui demander son autographe.
Everybody rushed at him to ask him for his autograph.
▷ Marc s'est précipité vers sa mère.
Marc rushed towards his mother.

rush /rʌʃ/

ℹ *Notez les prépositions utilisées en anglais :* se précipiter dans = ***rush into*** ; se précipiter sur = ***rush at*** ; se précipiter vers = ***rush towards*** /tə'wɔːdz/.

précis, précise

1 ▷ Je voudrais une réponse précise.
I'd like a precise answer.

(= détaillé) **precise** /prɪ'saɪs/ (plus précis more precise, le plus précis the most precise)

2 ▷ Cette balance n'est pas très précise.
These scales aren't very accurate.

(= fiable) **accurate** /'ækjʊrɪt/ (plus précis more accurate, le plus précis the most accurate)

3 ▷ Je n'ai pas de raison précise, j'ai juste envie de le faire.
I don't have any particular reason, I just feel like doing it.

(= particulier) **particular** /pə'tɪkjʊləʳ/

précisément

▷ Il faut mesurer la pièce précisément.
The room has to be measured precisely.

precisely /prɪ'saɪslɪ/

préciser

▷ Elle n'a pas précisé à quelle heure on devait venir.
She didn't specify what time we should come.

(= dire clairement) **specify** /'spesɪfaɪ/

ℹ *Le* ***y*** *de* ***specify*** *devient* ***ie*** *à la troisième personne du singulier du présent de l'indicatif (****specifies*** /'spesɪfaɪz/*), au prétérit et au participe passé (****specified*** /'spesɪfaɪd/*).*

Attention ! Le mot ***precise*** *n'est jamais un verbe en anglais !*

prédire

▷ Je ne peux pas prédire l'avenir !
I can't predict the future!
▷ Elle m'a prédit beaucoup de bonheur.
She predicted a lot of happiness for me.

predict /prɪ'dɪkt/

► **prédire** quelque chose **à** quelqu'un **:** **predict** something **for** somebody

préface

▷ Il faut toujours lire la préface d'un dictionnaire.
You should always read the preface of a dictionary.

preface /'prefɪs/

préféré, préférée

▷ Qui est ton chanteur préféré ?
Who's your favourite singer?

favourite /'feɪvərɪt/
En anglais américain, on écrit ***favorite****.*

préférence

▷ Est-ce que tu as une préférence ?
Do you have a preference?

▷ Soyez là de préférence avant huit heures.
Be there preferably before eight o'clock.

preference /'prefərəns/

► **de préférence :** preferably /'prefərəblɪ/

préférer

▷ Je préfère le théâtre au cinéma.
I prefer theatre to cinema.

prefer /prɪ'fɜːʳ/
ℹ *Prefer prend deux* ***r*** *au gérondif* (preferring /prɪ'fɜːrɪŋ/), *au prétérit et au participe passé* (preferred /prɪ'fɜːd/).

préhistorique

▷ Ils ont découvert le squelette d'un animal préhistorique.
They have found the skeleton of a prehistoric animal.

prehistoric /ˌpriːhɪs'tɒrɪk/
L'accent tonique est sur la troisième syllabe ***-to-****.*

préjugé

▷ Tu dois le traiter sans aucun préjugé.
You must treat him without any prejudice.

▷ Ils ont beaucoup de préjugés.
They are very prejudiced.

prejudice /'predʒʊdɪs/

► **avoir des préjugés :** be prejudiced /'predʒʊdɪst/

prématuré, prématurée

▷ Il serait prématuré de décider maintenant.
It would be premature to decide now.

premature /'premətʃʊəʳ/

premier, première

1 ▷ J'ai seulement eu le temps de lire les premières pages.
I only had time to read the first pages.

▷ Les trois premiers jours étaient les plus difficiles.
The first three days were the most difficult.

(= qui vient d'abord) **first** /fɜːst/

ℹ *First précède toujours les chiffres.*

2 ▷ On est partis les premiers.
We left first.

► **partir le premier :** leave first (left, left)

ℹ *De même,* **arriver le premier** = ***arrive first****.*

3 ▷ Les invités sont toujours servis en premier.
Guests are always served first.

► **en premier** (= avant les autres) : first

4 ▷ Qu'est-ce que vous faites le premier de l'an ?
What are you doing on New Year's Day?

► **le premier de l'an** : New Year's Day /ˌnjuː jɪəz 'deɪ/

premièrement

▷ Premièrement, je n'ai jamais dit ça.
First, I never said that.

first /fɜːst/

prendre

1 ▷ Prends mon stylo, j'en ai un autre.
Take my pen, I've got another one.
▷ Tu prends le train pour aller à Bristol ?
Are you taking the train to Bristol?
▷ Ça nous a pris trois heures.
It took us three hours.
▷ J'ai essayé de prendre la balle au chien.
I tried to take the ball from the dog.

La traduction la plus courante de **prendre** *est* ***take*** /teɪk/ (took /tʊk/, taken /'teɪkən/), *mais attention aux autres traductions présentées plus bas.*

► **prendre** quelque chose **à** quelqu'un : take something from somebody

2 ▷ Nous avons pris le thé.
We had tea.

(= manger, boire) have /hæv/ (had, had)

3 ▷ Prends une baguette et deux croissants.
Buy a baguette and two croissants.

(= acheter) buy /baɪ/ (bought, bought /bɔːt/)

4 ▷ Tu me prends pour un imbécile ?
Do you think I'm an idiot?

► **prendre** + *sujet* + **pour...** (= considérer comme...) : think /θɪŋk/ + *sujet* + be... (thought, thought /θɔːt/)

5 ▷ Il m'a prise pour ma sœur.
He mistook me for my sister.

► **prendre** + *sujet* + **pour...** (= se tromper) : mistake /mɪs'teɪk/ somebody for... (mistook /mɪs'tʊk/, mistaken /mɪs'teɪkən/)

6 ▷ Il se prend pour un grand intellectuel.
He thinks he's a great intellectual.
▷ Pour qui elle se prend ?
Who does she think she is?

► **se prendre pour...** : think /θɪŋk/ + *sujet* + be (thought, thought /θɔːt/)

7 ▷ Je ne sais pas comment m'y prendre.
I don't know how to go about it.

► **s'y prendre** (= faire quelque chose) : go about it /ˌgəʊ ə'baʊt ɪt/ (went, gone)

prénom

▷ Quel est ton prénom ?
What's your first name?

first name /fɜːst 'neɪm/ (pluriel first names)

préoccupé, préoccupée

▷ Tu as l'air préoccupé.
You look worried.

worried /'wʌrɪd/ (**plus préoccupé** more worried, **le plus préoccupé** the most worried)

préoccuper

1 ▷ On dirait que quelque chose te préoccupe.
It looks like something is worrying you.

(= inquiéter) **worry** /'wʌrɪ/

ℹ *Le y de **worry** devient **ie** à la troisième personne du singulier du présent de l'indicatif* (worries /'wʌrɪz/), *au prétérit et au participe passé* (worried /'wʌrɪd/).

2 ▷ Il ne se préoccupe pas beaucoup de nous.
He doesn't think about us very much.

► **se préoccuper de** (= penser à) : **think about** /'θɪŋk əˌbaʊt/ (thought, thought /θɔːt/)

préparation

▷ Cette recette réclame peu de préparation.
This recipe requires little preparation.

preparation /ˌprepə'reɪʃən/

préparer

1 ▷ Je vais préparer le dîner.
I'm going to prepare dinner.

prepare /prɪ'pɛəʳ/

2 ▷ Prépare-toi vite, on est en retard !
Get ready quick, we're late!

► **se préparer** (= s'habiller, se maquiller, etc.) : **get ready** /get 'redɪ/ (got ready, got ready /gɒt 'redɪ/)

3 ▷ On se préparait à manger quand Raphaël est arrivé.
We were about to eat when Raphaël arrived.

► **se préparer à** + *infinitif* (= être sur le point de) : **be about to** /ə'baʊt tuː/ + *base verbale*

près

▷ J'habite tout près.
I live very near.

near /nɪəʳ/ (**plus près** nearer /'nɪərəʳ/, **le plus près** the nearest /'nɪərɪst/)

ℹ *On peut aussi dire **close*** /kləʊs/ (**plus près** closer /'kləʊsəʳ/, **le plus près** the closest /'kləsɪst/).

▷ La station de métro est près de la mairie.
The metro station is near the town hall.

► **près de : near** /nɪəʳ/

ℹ *On peut aussi dire **close to**.*

prescrire

▷ Le médecin m'a prescrit des antibiotiques.
The doctor prescribed some antibiotics to me.

prescribe /prɪs'kraɪb/

présent, présente

1 ▷ Le passé, le présent et le futur.
The past, the present and the future.

► **le présent :** the present /'preznt/

2 ▷ Tout le monde était présent.
Everybody was present.

► **être présent :** be present

3 ▷ On peut partir à présent.
We can go now.

► **à présent :** now /naʊ/

présentateur, présentatrice

1 ▷ Le présentateur a remercié la chanteuse.
The host thanked the singer.

(dans un jeu ou une émission de variétés) **host** /həʊst/

2 ▷ Le présentateur a fait un résumé des nouvelles.
The newscaster summed up the news.

(aux informations) **newscaster** /'nju:zkɑ:stəʳ/

présentation

1 ▷ J'ai trouvé ta présentation très intéressante.
I found your presentation very interesting.

(= exposé, manière de présenter) **presentation** /ˌprezən'teɪʃən/

2 ▷ Bon, je vais faire les présentations.
OK, I'm going to make the introductions.

► **faire les présentations :** make the introductions /ˌɪntrə'dʌkʃənz/ (made, made)

présenter

1 ▷ Je lui ai présenté Sandrine.
I introduced Sandrine to him.

▷ Je vous présente ma sœur, Amélie.
This is my sister, Amélie.

▷ Je vous présente mes parents.
These are my parents.

► **présenter** quelqu'un **à** quelqu'un (= annoncer son nom) : **introduce** /ˌɪntrə'dju:s/ somebody **to** somebody

ℹ *Pour présenter quelqu'un en anglais, on dit **this is...** ou **these are...** selon qu'il s'agit d'une ou plusieurs personnes.*

2 ▷ Tu dois présenter ton passeport à la douane.
You must show your passport at customs.

(= montrer) **show** /ʃəʊ/ (showed /ʃəʊd/, shown /ʃəʊn/)

3 ▷ Je n'aime pas le journaliste qui présente les informations.
I don't like the journalist who reads the news.

(à la télé, à la radio, en parlant des informations) **read** /ri:d/ (read, read /red/)

4 ▷ Loïc est entré et s'est présenté.
Loïc came in and introduced himself.

► se **présenter** (= annoncer son nom) : **introduce** /ˌɪntrə'dju:s/ oneself

▷ Je vous laisse vous présenter.
I'll let you introduce yourself.
▷ Je me présente : je m'appelle Steve.
Let me introduce myself: my name is Steve.

ℹ *Le pronom personnel réfléchi fonctionne de la façon suivante en anglais :* ***I introduce myself, you introduce yourself, he introduces himself, she introduces herself, we introduce ourselves, you introduce yourselves, they introduce themselves.***

5 ▷ Il se présente au bac en juin.
He is taking the baccalauréat in June.
▷ Tu vas te présenter au concours ?
Are you going to enter the competition?

5 ► **se présenter à** (un examen) : take /teɪk/ (took /tʊk/, taken /'teɪkən/)
► **se présenter à** (un concours) : enter /'entəʳ/

préservatif

▷ Il faut prendre ses précautions et utiliser un préservatif.
You must take precautions and use a condom.

condom /'kɒndəm/
Le mot anglais ***preservative*** *signifie « agent de conservation » (d'un aliment).*

président, présidente

▷ Le président de la République a fait un discours.
The President of the Republic made a speech.

president /'prezɪdənt/
► **le président de la République :** the President of the Republic

presque

1 ▷ J'ai presque fini.
I've almost finished.

1 (= pas tout à fait) almost /'ɔːlməʊst/
ℹ *On peut aussi dire* ***nearly*** */'nɪəlɪ/.*

2 ▷ Elle n'a presque pas dormi.
She hardly slept.
▷ Il ne reste presque pas de pain.
There's hardly any bread left.
▷ Je ne les vois presque plus.
I hardly see them any more.

2 ► **presque pas :** hardly /'hɑːdlɪ/

presse

▷ La presse a critiqué la décision.
The press has criticized the decision.

(= journaux) press /pres/

pressé, pressée

1 ▷ Tu es pressé ? Tu ne peux pas rester ?
Are you in a hurry? Can't you stay?
▷ Elle est pressée de rentrer chez elle.
She is in a hurry to go home.

1 ► **être pressé :** be in a hurry /ɪn ə 'hʌrɪ/
► **être pressé de** + *infinitif* **:** be in a hurry to + *base verbale*

2 ▷ Est-ce que tu peux m'aider ? – C'est pressé ?
Can you help me? – Is it urgent?

2 (= urgent) urgent /'ɜːdʒənt/ (plus pressé more urgent, le plus pressé the most urgent)

3 ▷ Un citron pressé, s'il vous plaît.
A lemon juice, please.

► **un citron pressé :** a lemon juice /'lemən dʒuːs/

presser

1 ▷ Je presse deux oranges tous les matins.
I squeeze two oranges every morning.

(des fruits, une éponge) **squeeze** /skwiːz/

2 ▷ Ce n'est pas la peine de se presser, le film commence à neuf heures.
There's no point hurrying, the film starts at nine.

► **se presser :** hurry /'hʌrɪ/

Le ***y*** *de* ***hurry*** *devient* ***ie*** *à la troisième personne du singulier du présent de l'indicatif* (hurries /'hʌrɪz/), *au prétérit et au participe passé* (hurried /'hʌrɪd/).

pressing

▷ J'ai apporté ma veste au pressing.
I took my jacket to the dry-cleaner's.

(= magasin) **dry cleaner's** /draɪ'kliːnəz/

pression

▷ Deux pressions, s'il vous plaît.
Two draught beers, please.

(= bière à la pression) **draught beer** /draːft bɪər/ (pluriel **draught beers**)

En anglais américain on écrit ***draft beer.***

prestidigitateur

▷ Il y avait un prestidigitateur à l'anniversaire d'Anne.
There was a conjurer at Anne's birthday party.

conjurer /'kʌndʒərəʳ/

prêt, prête

▷ Tu es prêt ? C'est l'heure de partir.
Are you ready? It's time to leave.

ready /'redɪ/

Ready *rime avec* ***teddy.***

prêt

▷ Ils ont demandé un prêt.
They asked for a loan.

(= chose ou somme prêtée) **loan** /ləʊn/

prétentieux, prétentieuse

▷ Elle est vraiment prétentieuse.
She is really pretentious.

pretentious /prɪ'tenʃəs/ (**plus prétentieux** more pretentious, **le plus prétentieux** the most pretentious)

prêter

▷ Tu peux me prêter dix euros ?
Can you lend me ten euros?

► **prêter** quelque chose **à** quelqu'un **:** **lend** /lend/ somebody something (lent, lent /lent/)

prétexte

▷ Il n'est pas vraiment malade, c'est seulement un prétexte.
He's not really ill, it's just a pretext.

pretext /'priːtekst/

On peut aussi dire ***excuse*** /eks'kjuːs/.

▷ Charlotte est sortie sous prétexte de promener le chien.
Charlotte went out on the pretext of walking the dog.

► **sous prétexte de** + *infinitif* **:** on the pretext of + *-ing*

prêtre

priest /priːst/

▷ Je connais bien le prêtre.
I know the priest well.

▷ Il voudrait être prêtre.
He would like to be a priest.

ℹ *N'oubliez pas l'article **a** ou **an** devant le nom du métier lorsqu'il suit les verbes **be** ou **become**.*

preuve

proof /pruːf/

▷ Tu dis ça, mais tu n'as pas de preuves.
You say this, but you don't have any proof.

▷ Donne-moi des preuves.
Give me some proof.

▷ Les preuves sont insuffisantes.
The proof is insufficient.

▷ J'ai besoin d'une preuve.
I need proof.

ℹ *Au sens de preuve, **proof** est un nom indénombrable : il ne se met pas au pluriel et ne s'emploie pas avec l'article indéfini **a**.*

prévenir

1 (= avertir) warn /wɔːn/

▷ Heureusement, Michaël nous a prévenus qu'il y avait une grève.
Fortunately, Michaël warned us that there was a strike.

2 (= informer) inform /ɪn'fɔːm/

▷ Personne ne nous a prévenus que la réunion était annulée.
Nobody informed us that the meeting was cancelled.

3 (= appeler le médecin ou la police) call /kɔːl/

▷ Va prévenir le médecin, vite !
Go and call the doctor, quick!

prévisible

predictable /prɪ'dɪktəbl/ (plus prévisible more predictable, le plus prévisible the most predictable)

▷ Leur réaction était prévisible.
Their reaction was predictable.

prévisions

forecast /'fɔːʳkɑːst/

ℹ ***Forecast** est un nom singulier.*

▷ Les prévisions ne sont pas bonnes.
The forecast is not good.

► **prévisions météo :** weather forecast /weðəʳ 'fɔːʳkɑːst/

▷ Quelles sont les prévisions météo pour demain ?
What is the weather forecast for tomorrow?

prévoir

1 ▷ Personne n'a prévu ce problème.
Nobody has foreseen this problem.

1 (= prédire) **foresee** /fɔːˈsiː/ (**foresaw** /fɔːˈsɔː/, **foreseen** /fɔːˈsiːn/)

2 ▷ Un orage est prévu pour ce soir.
A thunderstorm is forecast for tonight.

2 (météo) **forecast** /ˈfɔːkɑːst/ (**forecast, forecast**)

3 ▷ Qu'est-ce que vous avez prévu pour ce week-end ?
What have you planned for this weekend?
▷ Caro est arrivée plus tôt que prévu.
Caro arrived earlier than planned.
▷ Tout s'est passé comme prévu.
Everything went as planned.
▷ On avait prévu de pique-niquer, mais il s'est mis à pleuvoir.
We had planned to have a picnic, but it started raining.

3 (= projeter) **plan** /plæn/
ℹ *Il y a deux* ***n*** *à la troisième personne du singulier du présent de l'indicatif* (**planning** /plænɪŋ/), *au prétérit et au participe passé* (**planned** /plænd/).
► **comme prévu : as planned** /æz ˈplænd/
► **prévoir de** + *infinitif* : **plan to** + *base verbale*

4 ▷ Prévoyez cinquante euros par jour.
Allow fifty euros a day.

4 (= préparer) **allow** /əˈlaʊ/

prier

1 ▷ Elle prie tous les soirs avant de se coucher.
She prays every night before going to bed.

1 (= faire une prière) **pray** /preɪ/

2 ▷ Merci. – Je t'en prie.
Thank you. – You're welcome.

2 ► **je t'en prie** *ou* **je vous en prie : you're welcome** /jʊə ˈwelkəm/

prière

▷ Je ne sais pas cette prière en anglais.
I don't know this prayer in English.

▷ Elle fait sa prière tous les soirs.
She says her prayers every night.

prayer /prɛəʳ/
► **faire** sa **prière : say** one's **prayers** (**said, said**)
ℹ *L'adjectif possessif fonctionne de la façon suivante en anglais :* ***I say my prayers, you say your prayers, he says his prayers, she says her prayers, we say our prayers, they say their prayers*** .

primaire

▷ C'est plus difficile au collège qu'à l'école primaire.
It's more difficult at secondary school than at primary school.
▷ Elle enseigne dans le primaire.
She teaches at primary school.

► **l'école primaire, le primaire : primary school** /ˈpraɪmərɪ ˌskuːl/

► **dans le primaire : at primary school**

primevère

▷ Les primevères sentent bon.
Primroses smell nice.

primrose /ˈprɪmrəʊz/

primitif, primitive

▷ Il a étudié les sociétés primitives.
He studied primitive societies.

primitive /ˈprɪmɪtɪv/ (**plus primitif** more primitive, **le plus primitif** the most primitive)

prince

▷ Elle attend son prince charmant.
She's waiting for her Prince Charming.

prince /prɪns/

principal, principale

1 ▷ Le foot est leur activité principale.
Football is their main activity.

1 (= le plus important) **main** /meɪn/

2 ▷ Le principal, c'est que tu ne sois pas blessé.
The most important thing is that you're not hurt.

2 ► **le principal** (= l'essentiel) : the most important /ɪmˈpɔːtənt/ thing

3 ▷ Le principal l'a convoqué dans son bureau.
The headmaster summoned him into his office.
▷ Comment s'appelle la principale ?
What's the headmistress' name?

3 ► **un principal** (= un directeur d'école) : a headmaster /hedˈmɑːstəʳ/
► **une principale** (= une directrice d'école) : a headmistress /hedˈmɪstrɪs/ (pluriel headmistresses)

principalement

▷ Je fais principalement de la natation.
I mainly go swimming.

mainly /ˈmeɪnlɪ/

principe

1 ▷ C'est une fille qui a des principes.
She's a girl who has got principles.

1 (= règle, loi) **principle** /ˈprɪnsəpl/

2 ▷ En principe, je devrais venir avec Luc.
In principle, I should come with Luc.

2 ► **en principe** (= théoriquement) : in principle

3 ▷ En principe, je me couche à neuf heures.
Usually, I go to bed at nine o'clock.

3 ► **en principe** (= normalement) : usually /ˈjuːʒʊəlɪ/

printemps

▷ Le printemps est ma saison préférée.
Spring is my favourite season.
▷ Je n'ai que quelques jours de vacances au printemps.
I only have a few days holiday in the spring.

spring /sprɪŋ/

► **au printemps** : in spring *ou* in the spring

priorité

1 ▷ Il donne la priorité aux problèmes des jeunes.
He gives priority to the problems of young people.

1 (= ce qui est important) **priority** /praɪˈɒrɪtɪ/

2 ▷ Qui a la priorité aux ronds-points ?
Who has right of way at roundabouts?

2 (sur la route) **right of way** /ˌraɪt əv ˈweɪ/

pris, prise

1 ▷ Est-ce que ce siège est pris ?
Is this seat taken?

1 (= occupé par quelqu'un d'autre) **taken** /ˈteɪkən/

2 ▷ Lundi je ne peux pas, je suis pris.
I can't on Monday, I'm busy.

2 (= qui a beaucoup à faire) **busy** /ˈbɪzɪ/ (plus pris **busier** /ˈbɪzɪəʳ/, le plus pris **the busiest** /ˈbɪzɪɪst/)
Regardez aussi le mot ***prendre****.*

prise

1 ▷ Ne joue pas avec la prise, c'est dangereux !
Don't play with the plug, it's dangerous!

1 (au bout d'un fil électrique) **plug** /plʌg/

2 ▷ Branche l'aspirateur sur cette prise.
Plug the vacuum cleaner into this socket.

2 (au mur) **socket** /ˈsɒkɪt/
ℹ *Notez la préposition utilisée en anglais :* brancher quelque chose sur une prise = ***plug something into a socket****.*

3 ▷ Le médecin m'a fait une prise de sang.
The doctor took a blood sample from me.

3 ► **faire une prise de sang à quelqu'un : take a blood sample** /ˈblʌd ˌsɑːmpl/ **from** somebody **(took, taken)**

prison

▷ Elle habite près de la prison.
She lives near the prison.

▷ Leur frère est en prison.
Their brother is in prison.

prison /ˈprɪzn/
ℹ *On peut aussi dire* ***jail*** */dʒeɪl/, mais c'est moins courant que* ***prison*** *en anglais.*
► **être en prison : be in prison**

prisonnier, prisonnière

▷ Deux prisonniers se sont évadés.
Two prisoners escaped.

prisoner /ˈprɪznəʳ/
Attention : le mot anglais n'a qu'un seul ***n****.*

privé, privée

▷ Nous avions une chambre avec salle de bains privée.
We had a room with a private bathroom.

private /ˈpraɪvɪt/

priver

▷ Les médecins m'ont privé de sucreries.
The doctors didn't allow me any sweets.
▷ Les parents de Marc l'ont privé de sorties.
Marc's parents didn't allow him to go out.

*Pour dire qu'on interdit quelque chose à quelqu'un, on emploie en anglais une phrase négative avec **allow** /ə'laʊ/.*

privilège

▷ J'ai eu le privilège d'assister à la cérémonie.
I had the privilege of attending the ceremony.

privilege /'prɪvɪlɪdʒ/

prix

1 ▷ Les prix sont bas ici.
Prices are low here.

(= coût) price /praɪs/

2 ▷ Il a gagné le premier prix.
He won the first prize.

(= lot ou récompense) prize /praɪz/
Attention à l'orthographe de ces deux mots !

3 ▷ Elle veut à tout prix être hôtesse de l'air.
She wants to be an air hostess at all costs.

► **à tout prix :** at all costs /æt 'ɔːl kɒsts/

4 ▷ Cette robe est hors de prix !
This dress is outrageously expensive!

► **hors de prix :** outrageously expensive /aʊt'reɪdʒəslɪ ek'spensɪv/

probable

▷ Tu crois qu'il sera là ? – C'est probable.
Do you think that he'll be there? – Probably.

probable /'prɒbəbl/
► **c'est probable :** probably /'prɒbəblɪ/

probablement

▷ Ils sont probablement partis.
They've probably left.

probably /'prɒbəblɪ/

problème

▷ Il a eu beaucoup de problèmes.
He had a lot of problems.

problem /'prɒbləm/

▷ Tu peux m'aider ? – Pas de problème !
Can you help me? – No problem!

► **pas de problème ! :** no problem!

procédé

▷ C'est un très vieux procédé.
It's a very old process.

(= méthode) process /'prəʊses/ (pluriel processes /'prəʊsesɪz/)

procès

▷ Le procès a duré plusieurs semaines.
The trial lasted several weeks.

(au tribunal) trial /'traɪəl/
*Le **i** de **trial** se prononce comme le **i** de **like**.*

▷ Il a gagné son procès.
He won his case.

► **gagner son procès :** win /wɪn/ one's case /keɪs/ (won, won /wʌn/)

▷ Je pense qu'il va perdre son procès.
I think he will lose his case.
▷ Ils ont fait un procès à leurs voisins.
They took their neighbours to court.

► **perdre son procès :** lose /luːz/ one's case (lost, lost /lɒst/)
► **faire un procès à** quelqu'un **:** take /teɪk/ somebody to court /kɔːt/ (took /tʊk/, taken /ˈteɪkən/)

prochain, prochaine

1 ▷ On descend à la prochaine station.
We're getting off at the next station.
▷ Nous avons une autre réunion la semaine prochaine.
We have another meeting next week.
▷ Les deux prochains jours sont très importants.
The next two days are very important.

next /nekst/

ℹ *Next précède toujours les chiffres.*

2 ▷ Bon, je m'en vais. À la prochaine !
Right, I'm going. See you!

► **à la prochaine ! :** see you! /ˈsiː juː/

proche

▷ Anne et Valérie sont très proches.
Anne and Valérie are very close.

close /kləʊs/ (**plus proche** closer /ˈkləʊsəʳ/, **le plus proche** the closest /ˈkləʊsɪst/)

*Le s de l'adjectif **close** se prononce comme le s de **sea**.*

Proche-Orient

▷ As-tu vu l'émission sur le Proche-Orient ?
Did you see the programme on the Near East?
▷ Alexis travaille au Proche-Orient comme journaliste.
Alexis works in the Near East as a journalist.
▷ Je prévois de faire un grand voyage au Proche-Orient l'été prochain.
I'm planning to go on a trip to the Near East next summer.

► **le Proche-Orient :** the Near East /nɪər ˈiːst/
► **au Proche-Orient** (= dans la région) **:** in the Near East
► **au Proche-Orient** (= vers la région) **:** to the Near East

procurer

▷ Je peux vous procurer des billets si vous voulez.
I can get tickets for you if you want.
▷ Où est-ce que tu t'es procuré ça ?
Where did you get this?

► **procurer** quelque chose à quelqu'un **:** get /get/ something for somebody (got, got /gɒt/)
► **se procurer** quelque chose **:** get something (got, got)

producteur, productrice

▷ Ces légumes vont directement du producteur au consommateur.
These vegetables go directly from the producer to the consumer.

producer /prə'djuːsəʳ/

produire

▷ Cette région produit du vin.
This region produces wine.

produce /prə'djuːs/

produit

1 ▷ Certains produits sont plus chers ici.
Some products are more expensive here.

product /'prɒdʌkt/

2 ▷ Elles utilisent beaucoup de produits de beauté.
They use a lot of cosmetics.

► **produit de beauté** : cosmetic /kɒz'metɪk/

3 ▷ C'est un produit d'entretien efficace.
It's an efficient cleaning product.

► **produit d'entretien** : cleaning product /'kliːnɪŋ ˌprɒdʌkt/ (pluriel cleaning products)

prof, professeur

1 ▷ Les professeurs sont en grève.
Teachers are on strike.
▷ Elle aimerait être professeur.
She would like to be a teacher.

teacher /'tiːtʃəʳ/

ℹ *N'oubliez pas l'article* ***a*** *ou* ***an*** *devant le nom du métier lorsqu'il suit le verbe* ***be*** *ou* ***become****.*

2 ▷ Ma sœur est professeur de fac.
My sister is a university lecturer.

(à l'université) **lecturer** /'lektʃərəʳ/

En anglais, ***professor*** *désigne un professeur d'université titulaire d'une chaire.*

profession

▷ Quelle est votre profession ?
What is your occupation?

occupation /ˌɒkjʊ'peɪʃən/

professionnel, professionnelle

▷ Les footballeurs professionnels gagnent beaucoup d'argent.
Professional footballers earn a lot of money.
▷ On a besoin d'un professionnel pour réparer ça.
We need a professional to repair this.

professional /prə'feʃənl/

► **un professionnel, une professionnelle** : a professional

Attention à l'orthographe.

profil

▷ J'ai créé mon profil sur Facebook®.
I created my profile on Facebook®.
▷ Je te voyais de profil.
I could see you in profile.

profile /'prəʊfaɪl/

► **de profil** : in profile

profit

▷ Ils ont augmenté leurs profits.
They increased their profits.

(= bénéfice) **profit** /'prɒfɪt/

profiter de

1 ▷ On a bien profité des vacances.
We made the most of the holidays.
▷ Profites-en !
Make the most of it!

(= tirer le meilleur parti de) **make the most** /məʊst/ **of** (made, made)

2 ▷ J'ai profité de l'occasion pour lui parler.
I took advantage of the opportunity to talk to him.
▷ Ils ont profité de ma gentillesse.
They took advantage of my kindness.

(= utiliser) **take advantage** /əd'vɑːntɪdʒ/ **of** (took, taken)

*Advantage rime avec **bridge**.*

profond, profonde

▷ L'eau est trop profonde, c'est dangereux.
The water is too deep, it's dangerous.

▷ Le puits est profond de dix mètres.
The well is ten metres deep.

deep /diːp/ (plus profond deeper /'diːpəʳ/, le plus profond the deepest /'diːpɪst/)

*Notez comment on emploie le mot **deep** pour donner la profondeur de quelque chose.*

profondément

▷ Je suis profondément désolé.
I'm deeply sorry.

deeply /'diːplɪ/

profondeur

▷ La profondeur du lac varie.
The depth of the lake varies.
▷ Quelle est la profondeur de l'étang ?
How deep is the pond?
▷ La rivière a deux mètres de profondeur ici.
The river is two metres deep here.

depth /depθ/

Pour demander **la profondeur de quelque chose**, *on utilise l'expression **how deep...?** /haʊ 'diːp/.*

*Notez comment on emploie le mot **deep** pour donner la profondeur de quelque chose.*

programme

1 ▷ Je veux acheter le programme du concert.
I want to buy the concert programme.
▷ Ce programme te permet de faire du dessin avec ton ordinateur.
This programme enables you to draw with your computer.

(= spectacles, activités programmées, programme d'ordinateur) **programme** /'prəʊgræm/

2 ▷ Quelqu'un a vu le programme de télé ?
Has anybody seen the TV guide?

(= brochure de télévision ou de radio) **guide** /gaɪd/

*Guide rime avec **side**.*

3 ▷ Le programme de français est dur cette année.
The French syllabus is hard this year.

▷ Est-ce que Molière est au programme ?
Is Molière on the syllabus?

(= choses à étudier dans une matière) **syllabus** /'sɪləbəs/

ℹ *Notez la préposition en anglais : au programme = **on the syllabus**.*

programmer

1 ▷ J'apprends à programmer dans mon cours d'informatique.
I'm learning to programme on my computer course.

(= avec un ordinateur) **programme** /'prəʊgræm/

2 ▷ Tu as pensé à programmer l'enregistreur ?
Did you remember to set the recorder?

(un enregistreur) **set** /set/ (set, set)

progrès

▷ Il a fait de gros progrès en anglais.
He has made great progress in English.

▷ C'est un progrès par rapport à la dernière fois.
It's better than last time.

progress /'prəʊgres/
► **faire des progrès :** make progress (made, made)
► **c'est un progrès :** it's better /'betə^r/

ℹ *Le mot **progress** est indénombrable : il ne se met pas au pluriel et ne prend pas d'article indéfini.*

progresser

1 ▷ J'ai l'impression de ne pas progresser en anglais.
I have the impression that I'm not making progress in English.

(= s'améliorer) **make progress** /'prəʊgres/ (made, made)

2 ▷ Le chômage continue à progresser.
Unemployment is still rising.

(= augmenter) **rise** /raɪz/ (rose /rəʊz/, risen /'rɪzən/)

progressif, progressive

▷ C'est un déclin progressif.
It's a progressive decline.

progressive /prə'gresɪv/ (plus progressif more progressive, le plus progressif the most progressive)

proie

▷ Le lion a dévoré sa proie.
The lion devoured its prey.

prey /preɪ/

projecteur

1 ▷ J'ai besoin d'un projecteur pour te montrer mes diapositives.
I need a projector to show you my slides.

(= appareil pour montrer des diapos ou des films) **projector** /prə'dʒektə^r/

2 ▷ Les projecteurs se sont éteints et les spectateurs sont partis.
The spotlights went out and the spectators left.

(= lumière) **spotlight** /'spɒtlaɪt/

projet

▷ Vous avez des projets pour les vacances ?
Do you have plans for the holidays?

(= intention) **plan** /plæn/

▷ Olivia est toujours en train de faire des projets.
Olivia is always making plans.

► **faire des projets : make plans (made, made)**

prolongations

▷ Ils ont joué les prolongations.
They played extra time.

(en sport) **extra time** /'ekstrətaɪm/

*En anglais américain, on dit **overtime** /'əʊvətaɪm/.*

prolonger

▷ On aurait aimé prolonger nos vacances.
We would have liked to extend our holidays.

extend /ek'stend/

promenade

1 ▷ On a fait une promenade au bord de la rivière.
We went for a walk by the river.

1 ► **faire une promenade** (à pied) **: go for a walk** /wɔːk/ **(went, gone / been)**

2 ▷ Tu veux faire une promenade en voiture ?
Do you want to go for a drive?

2 ► **faire une promenade en voiture : go for a drive** /draɪv/ **(went, gone / been)**

3 ▷ Je fais une promenade à vélo ce matin.
I'm going for a bike ride this morning.

3 ► **faire une promenade à vélo : go for a bike ride** /'baɪk raɪd/ **(went, gone / been)**

promener

1 ▷ Je promène souvent ma petite sœur.
I often take my little sister for a walk.

1 ► **promener** quelqu'un **: take** somebody **for a walk** /wɔːk/ **(took, taken)**

*Notez la prononciation de **walk** : le **l** ne se prononce pas, et **walk** rime avec **fork**.*

2 ▷ Qui va promener le chien ?
Who's going to walk the dog?

2 ► **promener le chien : walk the dog**

3 ▷ On pourrait se promener dans la campagne.
We could go for a walk in the countryside.

3 ► **se promener** (à pied) **: go for a walk (went, gone / been)**

4 ▷ Ils se promènent en voiture tous les dimanches.
They go for a drive every Sunday.

4 ► **se promener en voiture : go for a drive** /draɪv/ **(went, gone / been)**

5 ▷ Elle est partie se promener à vélo.
She went for a bike ride.

5 ► **se promener à vélo : go for a bike ride** /'baɪk ˌraɪd/ **(went, gone / been)**

promeneur, promeneuse

▷ J'ai croisé deux promeneurs.
I passed two walkers.

walker /'wɔːkəʳ/

promesse

▷ Tu fais des promesses mais tu ne les tiens jamais !
You make promises but you never keep them!

promise /'prɒmɪs/

*Le **i** se prononce comme le **i** de **big**, et le **s** comme le **s** de **sea**.*

prometteur, prometteuse

▷ C'est un début prometteur.
It's a promising start.

promising /'prɒmɪsɪŋ/ (plus prometteur more promising, le plus prometteur the most promising)

promettre

▷ Nathan a promis de nous aider.
Nathan promised to help us.
▷ Je te promets de faire un effort.
I promise to make an effort.

promise /'prɒmɪs/

*Le **i** se prononce comme le **i** de **big**, et le **s** comme le **s** de **sea**.*

promotion

1 ▷ On a fêté sa promotion.
We celebrated his promotion.

(au travail) **promotion** /prə'məʊʃən/

2 ▷ Les pêches sont en promotion.
Peaches are on special offer.

(commerciale) **special offer** /'speʃəl'ɒfəʳ/ (pluriel special offers)
► **être en promotion : be on special offer**

promouvoir

▷ Il a été promu directeur.
He was promoted to manager.

promote /prə'məʊt/

*Notez la préposition utilisée en anglais : **promoted to**.*

prononcer

▷ Je n'arrive pas à prononcer ce mot.
I can't pronounce this word.
▷ Comment ça se prononce ?
How is it pronounced?

pronounce /prə'naʊns/

► **se prononcer** (= être prononcé) : **be pronounced** /prə'naʊnst/

*Attention à l'orthographe du mot anglais **pronounce**.*

prononciation

▷ La prononciation anglaise est assez difficile.
English pronunciation is quite difficult.

pronunciation /prə͵nʌnsɪ'eɪʃən/

*Attention à l'orthographe du mot anglais **pronunciation**.*

se propager

▷ L'incendie s'est rapidement propagé.
The fire spread rapidly.

spread /spred/ (spread, spread /spred/)

***Spread** rime avec **head**.*

proportion

▷ Quelle est la proportion de filles dans ta classe ?
What's the proportion of girls in your class?

proportion /prə'pɔːʃən/

propos

1 ▷ À propos, qu'est-ce qu'il devient ?
By the way, how is he?

► **à propos** (= au fait) : by the way /baɪ ðə weɪ/

2 ▷ Je voulais te voir à propos des vacances.
I wanted to see you about the holidays.

► **à propos de** (= au sujet de) : about /əbaʊt/

proposer

1 ▷ Qu'est-ce que tu proposes ?
What do you suggest?

(= suggérer) **suggest** /sə'dʒest/

2 ▷ Elle m'a proposé son stylo parce que le mien ne marchait pas.
She offered me her pen because mine wasn't working.

(= offrir) **offer** /'ɒfər/

proposition

1 ▷ J'ai une proposition à faire.
I have a suggestion to make.

(= suggestion) **suggestion** /sə'dʒestʃən/

2 ▷ C'est une proposition intéressante, tu ne peux pas la refuser.
It's an interesting offer, you can't refuse it.

(= offre) **offer** /'ɒfər/

propre

1 ▷ Vérifie que la table est propre.
Check that the table is clean.

(= pas sale) **clean** /kliːn/ (**plus propre** cleaner /'kliːnər/, **le plus propre** the cleanest /'kliːnɪst/)

2 ▷ Vous devez apporter votre propre repas.
You must bring your own meal.

(= à soi) **own** /əʊn/

3 ▷ Au sens propre, ça veut dire...
In the literal sense, it means...

► **au sens propre :** in the literal sense /ɪn ðə 'lɪtərəl sens/

propriétaire

▷ Où est le propriétaire de ce chien ?
Where's the owner of this dog?

owner /'əʊnər/

propriété

▷ Ils ont une belle propriété avec vue sur le lac.
They have a fine property with views over the lake.

property /'prɒpətɪ/ (pluriel properties /'prɒpətiːz/)

prospectus

▷ Il y a toujours plein de prospectus dans ma boîte aux lettres.
There are always lots of leaflets in my letter box.

leaflet /'li:flət/

protection

▷ La protection de l'environnement devrait être considérée comme une priorité.
Environmental protection should be regarded as a priority.

protection /prə'tekʃən/

protéger

▷ Il protège toujours sa petite sœur.
He always protects his little sister.

protect /prə'tekt/

L'accent tonique est sur la deuxième syllabe ***-tect****.*

protestation

▷ Le mouvement de protestation était mené par les étudiants.
The protest movement was led by students.

protest /'prəʊtest/

protester

▷ Ne proteste pas, fais-le !
Don't protest, do it!

protest /prə'test/

L'accent tonique est sur la deuxième syllabe ***-test****.*

prouver

▷ Tu dois prouver ce que tu dis.
You must prove what you say.

prove /pru:v/

Le ***o*** *de* ***prove*** *se prononce comme le* ***oo*** *de* ***soon****.*

proverbe

▷ C'est un vieux proverbe anglais.
It's an old English proverb.

proverb /'prɒvɜ:b/

province

▷ Il y a des différences entre Paris et la province.
There are differences between Paris and the provinces.

▷ Mes parents veulent aller vivre en province.
My parents want to go and live in the provinces.

► **la province** (= régions hors de Paris) : the provinces /'prɒvɪnsɪz/

► **en province** : in the provinces

proviseur

▷ Le proviseur est venu dans notre classe.
The headmaster came into our classroom.

ℹ *On dit* ***headmaster*** /hed'mɑ:stə^r/ *si le proviseur est un homme, et* ***headmistress*** /hed'mɪstrɪs/ *si c'est une femme.*

provision

1 ▷ Elle a une provision de bonbons dans son tiroir.
She has a supply of sweets in her drawer.

(= stock) **supply** /sə'plaɪ/ (pluriel **supplies** /sə'plaɪz/)

2 ▷ Nous avons fait nos provisions au supermarché.
We went shopping at the supermarket.

► **faire ses provisions** (= acheter de la nourriture) : **go shopping** /'ʃɒpɪŋ/ **(went, gone / been)**

provisoire

▷ Tu dormiras sur le canapé, mais c'est provisoire.
You'll sleep on the sofa, but it's temporary.

temporary /'tempərərɪ/

provoquer

1 ▷ La tempête a provoqué des accidents.
The storm caused some accidents.

(= causer) **cause** /kɔːz/

Le ***au*** *de* ***cause*** *se prononce comme le mot anglais* ***or****.*

2 ▷ C'est Ben qui m'a provoqué !
It was Ben who provoked me!

(= inciter) **provoke** /prə'vəʊk/

prudemment

▷ Léna a traversé la route très prudemment.
Léna crossed the road very cautiously.
▷ Conduisez prudemment.
Drive carefully.

La traduction la plus courante de prudemment *est* ***cautiously*** /'kɔːʃəslɪ/, *mais avec le verbe* ***drive*** *on emploie* ***carefully*** /'kɛəfəlɪ/.

prudence

▷ Ils avançaient avec la plus grande prudence.
They were advancing with the greatest caution.

caution /'kɔːʃən/

prudent, prudente

▷ Sois prudent, regarde avant de traverser.
Be careful, look before you cross.

careful /'kɛəfʊl/ (**plus prudent** more careful, **le plus prudent** the most careful)

prune

▷ J'ai fait de la confiture avec les prunes du jardin.
I made jam with plums from the garden.

plum /plʌm/

Attention ! Le mot anglais ***prune*** *existe, mais il signifie « pruneau ».*

pruneau

▷ Il y a des pruneaux dans ce gâteau.
There are prunes in this cake.

prune /pruːn/

Attention ! Le mot anglais ***prune*** *ne signifie pas « prune ».*

psychanalyste

▷ Je lui ai conseillé d'aller voir un psychanalyste.
I advised him to go and see a psychoanalyst.

psychoanalyst /ˌsaɪkəʊ'ænəlɪst/

Le ***psy*** *de* ***psychoanalyst*** *se prononce comme le* ***si*** *de* ***side*** *(le* ***p*** *ne se prononce pas).*

▷ Son frère est psychanalyste.
Her brother is a psychoanalyst.

N'oubliez pas l'article ***a*** *ou* ***an*** *devant le nom du métier lorsqu'il suit les verbes* ***be*** *ou* ***become****.*

psychiatre

▷ Martin a été chez le psychiatre pendant plusieurs années.
Martin saw a psychiatrist for several years.

▷ Yves est psychiatre à l'hôpital St Paul.
Yves is a psychiatrist at the St Paul hospital.

psychiatrist /saɪˈkaɪətrɪst/

*Le **psy** de **psychiatrist** se prononce comme le **si** de **side** (le **p** ne se prononce pas).*

*N'oubliez pas l'article **a** ou **an** devant le nom du métier lorsqu'il suit les verbes **be** ou **become**.*

psychologique

▷ C'est une réaction psychologique courante.
It's a common psychological reaction.

psychological /saɪkəˈlɒdʒɪkəl/

*Le **psy** de **psychological** se prononce comme le **si** de **side** (le **p** ne se prononce pas).*

psychologue

▷ Tu devrais aller voir un psychologue.
You should go and see a psychologist.

▷ Elle est psychologue pour enfants.
She is a child psychologist.

psychologist /saɪˈkɒlədʒɪst/

*Le **psy** de **psychologist** se prononce comme le **si** de **side** (le **p** ne se prononce pas).*

*N'oubliez pas l'article **a** ou **an** devant le nom du métier lorsqu'il suit les verbes **be** ou **become**.*

pub

1 ▷ Mon père travaille dans la pub.
My father works in advertising.
▷ Ils font beaucoup de pub pour ce spectacle à la radio.
They're advertising this show a lot on the radio.

► **la pub** (= l'activité) : advertising /ˈædvətaɪzɪŋ/
► **faire de la pub pour** quelque chose : advertise /ˈædvətaɪz/ something

2 ▷ La musique dans cette pub est super.
The music in this ad is great.

► **une pub** (= une annonce) : an ad /æd/

*Attention ! En anglais, **a pub** est un endroit où on prend un verre !*

public, publique

1 ▷ Il est interdit de fumer dans les endroits publics.
Smoking isn't allowed in public places.

(= qui appartient à tous) **public** /ˈpʌblɪk/

2 ▷ La plupart des gens vont dans une école publique.
Most people go to a state school.

(= géré par l'État, en parlant d'une école) **state** /steɪt/

*Attention à ne pas dire **public school** dans ce contexte, car c'est un faux ami : au Royaume-Uni, les **public schools** sont des écoles privées !*

3 ▷ Le public a applaudi.
The audience clapped.

► **le public** (= les spectateurs) : the audience /ˈɔːdɪəns/

publicité

1 ▷ Mon père travaille dans la publicité.
My father works in advertising.
▷ Ils font beaucoup de publicité pour ce spectacle à la radio.
They're advertising this show a lot on the radio.

► **la publicité** (= l'activité) : advertising /ˈædvətaɪzɪŋ/
► **faire de la publicité pour** quelque chose : advertise /ˈædvətaɪz/ something

2 ▷ La musique dans cette publicité est super.
The music in this ad is great.

(= annonce) ad /æd/

puce

1 ▷ Le chien a des puces.
The dog has got fleas.

(= insecte) flea /fliː/

2 ▷ Cette carte fonctionne avec une puce.
This card works with a chip.

(électronique) chip /tʃɪp/

puer

▷ Ce fromage pue !
This cheese stinks!
▷ Ça pue l'ail.
It stinks of garlic.

stink /stɪŋk/ (stank /stæŋk/, stunk /stʌŋk/)
► **puer** quelque chose : stink of something

puis

▷ Vous tournez à gauche, puis à droite.
You turn left, then right.

then /ðen/

puisque

▷ Puisque tu n'es pas pressé, tu pourrais faire la vaisselle.
Since you're not in a hurry, you could do the dishes.

since /sɪns/

ℹ *Since signifie aussi « depuis ».*

puissance

▷ Leur pays est une grande puissance.
Their country is a major power.

power /ˈpaʊəʳ/

puissant, puissante

▷ Cette moto a un moteur très puissant.
This motorbike has a very powerful engine.

powerful /ˈpaʊəfʊl/ (plus puissant more powerful, le plus puissant the most powerful)

puits

▷ Le puits est très profond.
The well is very deep.

well /wel/

pull

▷ J'ai froid, tu peux me prêter ton pull ?
I'm cold, can you lend me your pullover?

pullover /'pʊləʊvəʳ/
En anglais britannique on dit aussi ***jumper*** /'dʒʌmpər/ *et en anglais américain* ***sweater*** /'swetəʳ/.

punaise

▷ J'ai accroché le poster avec quatre punaises.
I put the poster up with four drawing pins.

(= clou) **drawing pin** /'drɔːɪŋ pɪn/ (pluriel drawing pins)

punir

▷ J'ai puni Guénolé.
I punished Guénolé.

punish /'pʌnɪʃ/
Le ***u*** *est celui de* ***duck***.

punition

▷ Son prof lui a donné une punition.
His teacher gave him a punishment.

punishment /'pʌnɪʃmənt/
Le ***u*** *est celui de* ***duck***.

pur, pure

▷ L'air est très pur ici.
The air is very pure here.

pure /pjʊəʳ/ (plus pur purer /'pjʊərəʳ/, le plus pur the purest /'pjʊərɪst/)

purée

1 ▷ Je vais mettre de la purée de tomates dans la sauce.
I'm going to put some tomato purée in the sauce.

(de fruits ou de légumes, sauf la pomme de terre) **purée** /'pjʊəreɪ/

2 ▷ J'aimerais de la purée avec mon poisson.
I'd like some mashed potato with my fish.

(= pommes de terre écrasées) **mashed potato** /ˌmæʃt pə'teɪtəʊ/

puzzle

▷ Ça m'a pris une journée de faire ce puzzle.
It took me a day to do this jigsaw.

jigsaw /'dʒɪgsɔː/

P.-V.

▷ Mon frère a eu un P.-V.
My brother got a parking ticket.

parking ticket /'pɑːkɪŋ ˌtɪkɪt/ (pluriel parking tickets)

pyjama

▷ Ce pyjama est joli.
These pyjamas are nice.

pyjamas /pɪ'dʒɑːməz/

▷ J'ai dû dormir en tee-shirt parce que j'avais oublié mon pyjama.
I had to sleep in a T-shirt because I'd forgotten my pyjamas.

Le mot ***pyjamas*** *est un nom pluriel.*

▷ Elle était encore en pyjama.
She was still in her pyjamas.

► **en pyjama** : in my / your / his / her / our / their pyjamas

pylône

▷ La voiture est rentrée dans un pylône.
The car crashed into a pylon.

pylon /'paɪlən/

🔊 *Le y de **pylon** se prononce comme le **i** de **like**.*

pyramide

▷ Est-ce que tu as vu la pyramide du Louvre ?
Have you seen the Louvre pyramid?

pyramid /'pɪrəmɪd/

🔊 *Le y de **pyramid** se prononce comme le **i** de **big**.*

Pyrénées

▷ Nous avons passé nos vacances dans les Pyrénées.
We spent our holidays in the Pyrenees.

► **Les Pyrénées : the Pyrenees** /pɪrə'ni:z/

🔊 ***Pyrenees** rime avec **knees**.*

Qq

quai

1 ▷ Le train part du quai douze.
The train leaves from platform twelve.

(dans une gare) **platform** /'plætfɔːm/

2 ▷ Le bateau est à quai.
The boats is alongside the quay.

(dans un port) **quay** /kiː/

*La prononciation de **quay** est la même que celle de **key**. **Quay** rime avec **tea** et **see**.*

qualifié, qualifiée

1 ▷ Il n'est pas qualifié pour ce poste.
He isn't qualified for this post.

(= compétent) **qualified** /'kwɒlɪfaɪd/ (**plus qualifié** more qualified, **le plus qualifié** the most qualified)

2 ▷ Ils emploient des ouvriers très qualifiés.
They employ highly skilled workers.

(emploi, main-d'œuvre, ouvrier) **skilled** /skɪld/ (**plus qualifié** more skilled, **le plus qualifié** the most skilled)

se qualifier

▷ On s'est qualifié pour la demi-finale.
We qualified for the semi-final.

(en sport) **qualify** /kwɒlɪfaɪ/

*Le **y** de **qualify** devient **ie** à la troisième personne du singulier* (qualifies /kwɒlɪfaɪz/)*, au prétérit et au participe passé* (qualified /kwɒlɪfaɪd/).

qualité

▷ La qualité est plus importante que la quantité.
Quality is more important than quantity.

▷ C'est un produit de bonne qualité.
It's a good quality product.

▷ C'est vraiment de mauvaise qualité.
It's really poor quality.

quality /'kwɒlɪtɪ/ (pluriel qualities /'kwɒlɪtɪz/)

► **de bonne qualité :** good quality

► **de mauvaise qualité :** poor quality

quand

▷ Quand est-ce que vous partez ?
When are you leaving?
▷ Quand tu auras terminé ce livre, je t'en prêterai un autre.
When you finish this book, I'll lend you another one.

when /wen/

Attention : là où le français emploie le futur avec **quand**, *l'anglais emploie le présent avec* **when**.

quand même

▷ On m'a conseillé de ne pas y aller, mais j'irai quand même.
I was told not to go, but I'll go anyway.

(= de toute façon) **anyway** /ˈenɪweɪ/

quantité

▷ La quantité est moins importante que la qualité.
Quantity is less important than quality.
▷ On a acheté une grande quantité de boissons.
We bought a lot of drinks.

quantity /ˈkwɒntɪtɪ/ (pluriel **quantities** /ˈkwɒntɪtɪz/)
► **une grande quantité de : a lot of** /ə ˈlɒt əv/

quarante

▷ Il y a quarante parfums différents.
There are forty differents flavours.
▷ Mathieu a quarante ans.
Mathieu is forty years old.

forty /ˈfɔːtɪ/

quart

▷ Un quart de cinquante, ça fait combien ?
How much is a quarter of fifty?
▷ Ça me prendra un quart d'heure.
It will take me a quarter of an hour.
▷ Julie est revenue trois quarts d'heure plus tard.
Julie came back three quarters of an hour later.
▷ Il est cinq heures moins le quart.
It's a quarter to five.
▷ Le rendez-vous est à deux heures et quart.
The meeting is at a quarter past two.

quarter /ˈkwɔːtəʳ/
► **un quart d'heure : a quarter of an hour** /əˌkwɔːtər əv ən ˈaʊəʳ/
► **trois quarts d'heure : three quarters of an hour** /θriː ˌkwɔːtəz əv ən ˈaʊəʳ/
► **...moins le quart : a quarter to...** /ə ˌkwɔːtə tuː/
► **...et quart : a quarter past...** /ə ˌkwɔːtə pɑːst/

quartier

1 ▷ C'est un quartier très calme.
It's a very quiet area.

1 (= partie d'une ville) **area** /ˈɛərɪə/

2 ▷ Tu veux un quartier d'orange ?
Do you want a piece of orange?

2 (= morceau d'orange) **piece** /piːs/

quatorze

▷ On doit répondre aux quatorze questions.
We have to answer the fourteen questions.
▷ Jean-Marc a quatorze ans.
Jean-Marc is fourteen years old.
▷ C'est quand ton anniversaire ? – Le quatorze décembre.
When is your birthday? – On the fourteenth of December.

fourteen /fɔː'tiːn/

ℹ *Quand on dit la date, on utilise* ***fourteenth*** /fɔː'tiːnθ/ *en anglais.*
ℹ *Notez l'emploi de* ***on*** *et* ***of*** *en anglais lorsqu'on dit la date.*
ℹ *On écrit* ***14 December****.*

quatre

▷ J'ai quatre paires de tennis.
I've got four pairs of trainers.
▷ Le fils de Thomas a quatre ans.
Thomas's son is four years old.
▷ Nous partons le quatre juin.
We're leaving on the fourth of June.

four /fɔːʳ/

ℹ *Quand on dit la date, on utilise* ***fourth*** /fɔːθ/ *en anglais.*
ℹ *Notez l'emploi de* ***on*** *et* ***of*** *en anglais lorsqu'on dit la date.*
ℹ *On écrit* ***4 June****.*

▷ Le bébé marche à quatre pattes.
The baby walks on all fours.

► **à quatre pattes :** on all fours /ɒn 'ɔːl 'fɔːz/

quatre-quatre

▷ Ils ont traversé le désert en quatre-quatre.
They crossed the desert in a four-wheel drive.

(= véhicule) **four-wheel drive** /fɔːwiː'l 'draɪv/

quatre-vingt ou quatre-vingts

▷ Ça coûte quatre-vingts euros.
It costs eighty euros.
▷ C'était en dix-neuf cent quatre-vingt-deux.
It was in nineteen eighty-two.

eighty /'eɪtɪ/

quatre-vingt-dix

▷ Ma grand-mère a quatre-vingt-dix ans.
My grandmother is ninety years old.

ninety /'naɪntɪ/

quatrième

1 ▷ C'est la quatrième fois que je t'appelle.
It's the fourth time I've called you.

(pour compter) **fourth** /fɔːθ/

2 ▷ Les Pérez habitent au quatrième.
The Pérezes live on the fourth floor.

(= quatrième étage) **fourth floor** /fɔːθ 'flɔː/

3 ▷ J'ai commencé à faire du latin en quatrième.
I started to do Latin in the third year.

(= niveau scolaire) **third year** /'θɜːd jɪəʳ/

Aux États-Unis, cette classe s'appelle ***ninth grade*** /naɪnθ'greɪd/.

que

1 ▷ Tu crois qu'il sera là ?
Do you think (that) he'll be there?

1 (introduit un complément) **that** /ðæt/
ℹ *Il est courant d'omettre **that**.*

2 ▷ Lise voulait que je l'aide.
Lise wanted me to help her.
▷ J'aimerais que Cyril vienne aussi.
I'd like Cyril to come as well.

2 *Notez la structure anglaise utilisée pour exprimer la volonté ou le souhait (dans les exemples donnés ici,* **vouloir que...** *et* **j'aimerais que...***).*

3 ▷ C'est un garçon que je connais.
He's a boy I know.

3 *Le pronom relatif* **que** *s'appliquant à une personne n'est généralement pas traduit en anglais.*

4 ▷ La robe que Sarah a choisie est rouge.
The dress (that *ou* which) Sarah chose is red.

4 *Le pronom relatif* **que** *s'appliquant à une chose n'est généralement pas traduit en anglais. Sinon, on peut dire **that** /ðæt/ ou **which** /wɪtʃ/.*

5 ▷ Que tu es bête !
You're so silly!

5 *Dans les exclamations, on met **so** devant l'adjectif en anglais.*

6 ▷ Que s'est-il passé ?
What happened?

6 (interrogatif) **what** /wɒt/

Québec

▷ Le Québec est une province canadienne.
Quebec is a Canadian province.
▷ Elle a passé deux mois au Québec.
She spent two months in Quebec.
▷ J'aimerais aller au Québec un jour.
I'd like to go to Quebec one day.

Quebec /kwɪ'bek/
► **le Québec** : **Quebec**
► **au Québec** (= dans la province) : **in Quebec**
► **au Québec** (= vers la province) : **to Quebec**
ℹ *Ne prend jamais d'article.*

québécois, québécoise

1 ▷ Il travaille pour le gouvernement québécois.
He works for the government of Quebec.
▷ J'ai une amie québécoise.
I have a friend from Quebec.

1 (= qui appartient au Québec) **of Quebec** /kwɪ'bek/
(= originaire du Québec) **from Quebec**

2 ▷ Les Québécois parlent français.
The Québécois speak French.

2 (= personne) **Québecois** /ˌkebek'wɑː/

quel, quelle

1 ▷ Quelle couleur est-ce que tu préfères ?
Which colour do you prefer?

1 (dans les choix) **which** /wɪtʃ/

2 ▷ Quel imbécile ! | (dans les exclamations) **what** /wɒt/
What an idiot!
▷ Quelle belle maison !
What a beautiful house!

quelque chose

▷ Viens ici, j'ai quelque chose à te dire.
Come here, I've got something to tell you.
▷ Je cherche quelque chose de plus grand.
I'm looking for something bigger.

something /'sʌmθɪŋ/

quelquefois

▷ Tu le vois ? – Quelquefois.
Do you see him? – Sometimes.

sometimes /'sʌmtaɪmz/

quelque part

▷ Ces lunettes doivent bien être quelque part !
Those glasses must be somewhere!

somewhere /'sʌmwɛəʳ/

quelques

▷ On a eu quelques problèmes au début.
We had a few problems at the beginning.

a few /ə 'fju:/
ℹ *Attention : notez que le mot* ***few*** *seul signifie « peu de... ».*

quelques-uns

▷ Il en restait quelques-uns.
There were some left.

some /sʌm/

quelqu'un

▷ Quelqu'un va venir réparer le toit.
Somebody is going to come and repair the roof.

somebody /'sʌmbədɪ/
ℹ *On peut aussi dire* ***someone*** /'sʌmwʌn/.

▷ C'est quelqu'un de très patient.
She's a very patient person.

► **quelqu'un de** + *adjectif* **: a** + *adjectif* + **person**

qu'est-ce que

▷ Qu'est-ce que tu veux ?
What do you want?

what /wɒt/

qu'est-ce qui

▷ Qu'est-ce qui s'est passé ?
What happened?

what /wɒt/

question

▷ Il m'a posé une question gênante.
He asked me an embarrassing question.
▷ C'est une question de temps.
It's a question of time.

(= demande, problème) **question** /'kwestʃən/

questionnaire

▷ Est-ce que tu as rempli le questionnaire ?
Have you filled in the questionnaire?

questionnaire /ˌkwestʃə'nɛəʳ/

questionner

▷ Nous l'avons questionné sur le film.
We questioned him on the film.

question /ˈkwestʃən/

queue

1 ▷ Le chien essaie de se mordre la queue.
The dog is trying to bite its tail.

(d'un animal, d'un avion) **tail** /teɪl/

2 ▷ Attention, la queue de la casserole est brûlante.
Be careful, the handle of the pan is very hot.

(d'une poêle, d'une casserole) **handle** /ˈhændl/

3 ▷ Tu peux laver les cerises sans enlever les queues.
You can wash the cherries without removing the stalks.

(d'un fruit) **stalk** /stɔːk/

4 ▷ Il y a une queue d'une centaine de personnes.
There's a queue of about a hundred people.

(= file d'attente) **queue** /kjuː/

*En anglais, **queue** rime avec **you**.*

*En anglais américain, on dit **line** /laɪn/.*

▷ Les gens font la queue pour prendre le bus.
People queue up to take the bus.

► **faire la queue : queue up**

*En anglais américain, on dit **line up**.*

5 ▷ Il a une queue de cheval.
He has a ponytail.

► **queue de cheval** (= cheveux) : **ponytail** /ˈpəʊnɪteɪl/

qui

1 ▷ Qui a dit que c'était fini ?
Who said it was finished?
▷ Je ne sais pas qui c'était.
I don't know who it was.
▷ Qui est-ce que tu vas inviter ?
Who are you going to invite?
▷ La fille qui t'a parlé est ma cousine.
The girl who spoke to you is my cousin.
▷ À qui parlais-tu ?
Who were you talking to?
▷ De qui est-ce que vous parlez ?
Who are you talking about?

(quand il s'agit d'une personne) **who** /huː/

Dans les phrases interrogatives, les prépositions sont renvoyées en fin de phrase pour l'anglais.

2 ▷ Les livres qui sont sur la table sont pour toi.
The books that are on the table are for you.

(quand il s'agit d'une chose) **that** /ðæt/

*On peut aussi dire **which** /wɪtʃ/.*

quiche

▷ Cette quiche aux poireaux est délicieuse.
This leek quiche is delicious.

quiche /kiːʃ/

quincaillerie

▷ Va à la quincaillerie acheter des clous.
Go to the hardware shop and buy some nails.

(= magasin) **hardware shop** /'hɑːdwɛə ʃɒp/ (pluriel hardware shops)

quinzaine

▷ Il y avait une quinzaine de livres.
There were about fifteen books.

▷ Il est parti il y a une quinzaine de jours.
He left two weeks ago.

about fifteen /ə'baʊt fɪf'tiːn/

► **une quinzaine de jours** : two weeks

quinze

▷ Il y a quinze joueurs dans une équipe de rugby.
There are fifteen players in a rugby team.

▷ Elle a quinze ans.
She is fifteen years old.

▷ Le concert est dans quinze jours.
The concert is in two weeks.

▷ Nous partons le quinze juin.
We're leaving on the fifteenth of June.

fifteen /fɪf'tiːn/

► **quinze jours** (= deux semaines) : two weeks /tuː 'wiːks/

ℹ *Quand on dit la date, on utilise **fifteenth** /fɪf'tiːnθ/ en anglais.*

ℹ *Notez l'emploi de **on** et **of** en anglais lorsqu'on dit la date.*

ℹ *On écrit **15 June**.*

quitter

▷ Il a quitté sa femme.
He has left his wife.

▷ Ne quittez pas s'il vous plaît, je vais voir s'il est là.
Hold the line please, I'll go and see if he's here.

leave /liːv/ (left, left /left/)

► **ne quittez pas** (au téléphone) : hold the line /həʊld ðə 'laɪn/

quiz

▷ Il a gagné beaucoup d'argent à un quiz télévisé.
He won a lot of money on a TV quiz show.

quiz /kwɪz/ (pluriel quizzes /kwɪzɪz/)

quoi

1 ▷ Quoi ? Qu'est-ce que tu as dit ?
What? What did you say?

▷ Je ne sais pas quoi lui offrir.
I don't know what to give him.

(pour poser une question directe ou indirecte) **what** /wɒt/

2 ▷ Quoi que tu dises, je la trouve sympa.
Whatever you say, I think she's nice.

► **quoi que...** : whatever... /wɒt'evəʳ/

3 ▷ Merci ! – Il n'y a pas de quoi !
Thank you! – Don't mention it!

► **il n'y a pas de quoi** (en réponse à un remerciement) : don't mention it /dəʊnt 'menʃən ɪt/

quoique

▷ Elle est généreuse quoiqu'elle n'ait pas beaucoup d'argent.
She's generous although she hasn't got much money.

although /ɔːl'ðəʊ/

*Attention à la prononciation : l'accent tonique est sur la deuxième syllabe **-though**. **Although** rime avec **go**.*

quotidien, quotidienne

▷ Cela fait partie des tâches quotidiennes.
That's part of the daily tasks.

▷ Tous les quotidiens en parlent.
All the daily newspapers talk about it.

daily /'deɪlɪ/

► **un quotidien** (= journal) **a daily newspaper** /'deɪlɪ 'njuːz,peɪpəʳ/ (pluriel **daily newspapers**)

Rr

rabais

▷ Il nous a fait un rabais de dix pour cent.
He gave us a ten per cent discount.

discount /ˈdɪskaʊnt/
► **faire un rabais à** quelqu'un : **give** somebody **a discount (gave, given)**

raccompagner

1 ▷ Je peux te raccompagner si tu veux.
I can take you back if you want.

► **raccompagner** quelqu'un : **take** /teɪk/ somebody **back (took** /tʊk/, **taken** /ˈteɪkən/**)**

2 ▷ Elle nous a raccompagnées en voiture.
She drove us back.

► **raccompagner** quelqu'un **en voiture : drive** /draɪv/ somebody **back (drove** /drəʊv/, **driven** /ˈdrɪvən/**)**

raccourci

▷ On a pris un raccourci à travers les bois.
We took a shortcut through the woods.

shortcut /ˈʃɔːtkʌt/

raccourcir

1 ▷ Cette jupe est trop longue, je vais la raccourcir.
This skirt is too long, I'm going to shorten it.

(= couper) **shorten** /ˈʃɔːtən/

2 ▷ Les jours raccourcissent.
The days are getting shorter.

(= devenir plus court) **get shorter** /ˈʃɔːtəʳ/ **(got, got)**

raccrocher

▷ Il a raccroché dès qu'il a entendu la voix de Karine.
He hung up as soon as he heard Karine's voice.

(au téléphone) **hang up** /hæŋ ˈʌp/ **(hung up, hung up** /hʌŋ ˈʌp/**)**

▷ Elle m'a raccroché au nez !
She hung up on me!

► **raccrocher au nez à** quelqu'un : **hang up on** somebody **(hung up on, hung up on)**

race

1 ▷ De quelle race est ton chien ?
What breed is your dog?

(pour les animaux) **breed** /briːd/

2 ▷ Ils croient appartenir à une race supérieure.
They think they belong to a superior race.
▷ Il y a des gens de races différentes ici.
There are people of different races here.

(pour les gens) **race** /reɪs/

*Le **a** de **race** est celui de **make**.*

racine

▷ La plante a pris racine.
The plant has taken root.
▷ L'arbre a des racines immenses.
The tree has huge roots.

root /ruːt/

racisme

▷ Ce soir il y a une émission sur le racisme en Angleterre.
There's a programme on racism in England this evening.

racism /'reɪsɪzəm/

*Le **a** de **racism** est celui de **make**.*

raciste

▷ Il a fait une remarque raciste.
He made a racist remark.

racist /'reɪsɪst/ (**plus raciste** more racist, **le plus raciste** the most racist)

*Le **a** de **racist** est celui de **make**.*

racler

▷ Ne racle pas la poêle, tu vas l'abîmer.
Don't scrape the frying pan, you'll damage it.

(= gratter) **scrape** /skreɪp/

*Le **a** de **scrape** est celui de **make**.*

raconter

1 ▷ Il raconte des blagues très drôles.
He tells very funny jokes.

(une histoire, une blague) **tell** /tel/ (told, told /təʊld/)

2 ▷ Raconte-nous tes vacances !
Tell us about your holidays!

*Quand **raconter** signifie « décrire », il se traduit par **tell** + **about**.*

radeau

▷ Ils ont dérivé sur un radeau pendant trois jours.
They drifted on a raft for three days.

raft /rɑːft/

radiateur

▷ On s'est assis près du radiateur.
We sat near the heater.

heater /'hiːtəʳ/

ℹ *On peut aussi dire **radiator** /'reɪdɪeɪtəʳ/ pour les radiateurs à eau ou à gaz.*

radical, radicale

▷ Ils ont fait des changements radicaux.
They made some drastic changes.

(changement, mesures) **drastic** /ˈdræstɪk/ (**plus radical** more drastic, **le plus radical** the most drastic)

radin, radine

▷ Il est radin, il achète toujours des cadeaux bon marché.
He's stingy, he always buys cheap presents.
▷ Ton cousin est un vrai radin !
Your cousin is really stingy!

► **être (un) radin :** be stingy /ˈstɪndʒɪ/ (**plus radin** stingier /ˈstɪndʒɪəʳ/, **le plus radin** the stingiest /ˈstɪndʒɪɪst/)

*Le **g** de **stingy** se prononce comme le **J** de **Jack**.*

radio

1 ▷ Ma radio ne marche pas.
My radio isn't working.
▷ Elle l'a entendu à la radio.
She heard it on the radio.

(= appareil) **radio** /ˈreɪdɪəʊ/

► **à la radio :** on the radio

2 ▷ Quelle radio est-ce que tu écoutes ?
Which radio station do you listen to?

(= station) **radio station** /ˈreɪdɪəʊ ˌsteɪʃən/ (pluriel radio stations)

3 ▷ On voit bien l'os cassé sur la radio.
You can see the broken bone well on the X-ray.

(= examen médical) **X-ray** /ˈeksreɪ/

*X rime avec **sex** et **necks**.*

▷ Il a dû passer une radio pour son dos.
He had to have an X-ray for his back.

► **passer une radio :** have an X-ray (had, had)

radio-réveil

▷ Il y avait un radio-réveil dans la chambre d'hôtel.
There was a clock-radio in the hotel room.

clock-radio /ˈklɒk ˌreɪdɪəʊ/ (pluriel clock-radios)

*Le **a** de **radio** est celui de **make**.*

radis

▷ J'aime les radis avec du sel et du beurre.
I like radishes with salt and butter.

radish /ˈrædɪʃ/ (pluriel radishes /ˈrædɪʃɪz/)

*Le **a** de **radish** est celui de **bad**.*

rafale

▷ Le vent soufflait en rafales.
The wind was blowing in gusts.

(de vent) **gust** /gʌst/

raffiné, raffinée

▷ Jean est quelqu'un de très raffiné.
Jean is a very refined person.

refined /rɪˈfaɪnd/ (**plus raffiné** more refined, **le plus raffiné** the most refined)

raffoler

▷ Le chocolat, j'en raffole !
I'm mad about chocolate!

► **raffoler de** quelque chose : **be mad about** something

ℹ *Notez la préposition utilisée en anglais :* raffoler de = ***be mad about***.

rafraîchir

1 ▷ Mets la limonade au frigo pour la rafraîchir.
Put the lemonade in the fridge to cool it.

(une boisson) **cool** /kuːl/

2 ▷ Cette douche m'a rafraîchi.
That shower cooled me down.

► **rafraîchir quelqu'un : cool** somebody **down**

3 ▷ Tu as rafraîchi ton écran ?
Did you refresh your screen?

(un écran d'ordinateur) **refresh** /rɪ'freʃ/

4 ▷ Je vais me rafraîchir avant le dîner.
I'm going to freshen up before dinner.

► **se rafraîchir** (= se laver) : **freshen up** /ˌfreʃn 'ʌp/

rafraîchissement

▷ Voulez-vous un rafraîchissement ?
Would you like a cold drink?

(= boisson) **cold drink** /kəʊld drɪŋk/ (pluriel **cold drinks**)

rafting

▷ J'ai fait du rafting en Ardèche.
I went rafting in Ardèche.

rafting /'rɑːftɪŋ/
► **faire du rafting : go rafting (went, gone)**

rage

1 ▷ Rémi était en rage.
Rémi was in a rage.

(= fureur) **rage** /reɪdʒ/
► **être en rage, avoir la rage : be in a rage (was / were, been)**

2 ▷ Le renard avait la rage.
The fox had rabies.

(= maladie) **rabies** /'reɪbiːz/

ℹ *Malgré le **s** à la fin, ce mot est singulier.*

3 ▷ J'ai une rage de dents.
I have a raging toothache.

► **rage de dents : raging toothache** /'reɪdʒɪŋ 'tuːθeɪk/

ragots

▷ N'écoute pas ces ragots.
Don't listen to this gossip.

gossip /'gɒsɪp/

ragoût

▷ Il fait un délicieux ragoût d'agneau.
He makes a delicious lamb stew.

stew /stjuː/

🔊 ***Stew*** *rime avec* ***you***.

raide

1 ▷ Je suis un peu raide, il faudrait que je fasse du sport.
I'm a bit stiff, I should do some sport.

1 (personne, membre) **stiff** /stɪf/ (**plus raide** stiffer /ˈstɪfəʳ/, **le plus raide** the stiffest /ˈstɪfɪst/)

2 ▷ Louis a les cheveux très raides.
Louis has got very straight hair.

2 (cheveux) **straight** /streɪt/ (**plus raide** straighter /ˈstreɪtəʳ/, **le plus raide** the straightest /ˈstreɪtɪst/)

3 ▷ Cette pente est vraiment raide !
This slope is really steep!

3 (= très incliné) **steep** /stiːp/ (**plus raide** steeper /ˈstiːpəʳ/, **le plus raide** the steepest /ˈstiːpɪst/)

raie

1 ▷ Marc a choisi un pull avec des raies bleues et blanches.
Marc chose a pullover with blue and white stripes.

1 (= rayure) **stripe** /straɪp/

*Le **i** de **stripe** se prononce comme le **i** de **like**.*

2 ▷ Il a une raie au milieu.
He has a middle parting.

▷ Elle a une raie sur le côté.
She has a side parting.

2 (dans les cheveux) : **parting** /ˈpɑːtɪŋ/
► **une raie au milieu :** a middle /ˈmɪdl/ parting
► **une raie sur le côté :** a side /ˈsaɪd/ parting

rail

▷ C'est dangereux de marcher sur les rails.
It's dangerous to walk on the rails.

rail /reɪl/

raisin

1 ▷ Tu préfères du raisin blanc ou du noir ?
Do you prefer white or black grapes?
▷ Je vais acheter du raisin.
I'm going to buy some grapes.
▷ Ce raisin est délicieux.
These grapes are delicious.

1 (= fruit) **grapes** /greɪps/

*Le **a** de **grapes** est celui de **make**.*

*i **Grapes** est pluriel.*

2 ▷ Il y a trop de raisins secs dans ce gâteau.
There are too many raisins in this cake.

2 ► **raisin sec :** raisin /ˈreɪzən/

raison

1 ▷ Il n'y a pas de raison de leur dire.
There's no reason to tell them.

1 (= motif) **reason** /ˈriːzn/

2 ▷ Tu as entièrement raison !
You're absolutely right!

2 ► **avoir raison :** be right /ˈraɪt/

raisonnable

1 ▷ Samir n'est pas très raisonnable pour son âge.
Samir isn't very sensible for his age.

1 (= qui a du bon sens) **sensible** /'sensəbl/ (**plus raisonnable** more sensible, **le plus raisonnable** the most sensible)

2 ▷ C'est un salaire raisonnable.
It's a reasonable salary.

2 (= acceptable) **reasonable** /'riːznəbl/ (**plus raisonnable** more reasonable, **le plus raisonnable** the most reasonable)

raisonnement

▷ Je ne comprends pas ton raisonnement.
I don't understand your reasoning.

(= arguments) **reasoning** /'riːznɪŋ/

rajouter

▷ Rajoute un peu de sel.
Add a bit of salt.

add /æd/

ralenti

▷ La balle est filmée au ralenti.
The bullet is filmed in slow motion.

slow motion /sləʊ 'məʊʃən/

ralentir

▷ La voiture n'a pas ralenti.
The car didn't slow down.
▷ Cela va ralentir la production.
It will slow down production.

slow down /sləʊ 'daʊn/

râler

▷ Arrête de râler !
Stop moaning!

moan /məʊn/

*Moan rime avec **bone**.*

rallonge

▷ J'ai besoin d'une rallonge pour brancher mon ordinateur.
I need an extension lead to plug in my computer.

(électrique) **extension lead** /eks'tenʃən liːd/

rallonger

1 ▷ On a rallongé nos vacances de trois jours.
We extended our holidays by three days.

1 (une durée) **extend** /ek'stend/

Notez la préposition utilisée en anglais : rallonger de = *extend by*.

2 ▷ Ma mère a rallongé ma jupe.
My mother let my skirt down.

2 (un vêtement) **let down** /let 'daʊn/ (let down, let down)

rallumer

▷ J'ai froid, est-ce que je peux rallumer le chauffage ?
I'm cold, can I turn the heating on again?

► **rallumer** quelque chose **:** **turn something on again** /tɜːn 'ɒn əˌgen/

ramasser

1 ▷ Est-ce que tu pourrais ramasser la gomme qui est sous la table ?
Can you pick up the rubber under the table?

(= prendre quelque chose qui est tombé) **pick up** /pɪk 'ʌp/

Picked se prononce /pɪkt/.

2 ▷ On est allés ramasser des champignons dans la forêt.
We went to gather mushrooms in the forest.

(= cueillir) **gather** /'gæðəʳ/

3 ▷ Le prof va ramasser les copies.
The teacher is going to collect the papers.

(des copies d'élèves) **collect** /kə'lekt/

rame

1 ▷ Paul a laissé tomber la rame dans l'eau.
Paul dropped the oar in the water.

(= aviron) **oar** /ɔːʳ/

*Rime avec **door**.*

2 ▷ La rame de métro est passée sans s'arrêter.
The underground train went past without stopping.

► **rame de métro : underground train** /'ʌndəgraʊnd treɪn/ (pluriel **underground trains**)

ramener

1 ▷ Il a ramené un copain pour dîner.
He brought back a friend for dinner.

(= amener avec soi) **bring back** /brɪŋ 'bæk/ (**brought, brought** /brɔːt/)

2 ▷ Luc nous a ramenés à la gare.
Luc took us back to the station.

(= emmener ailleurs) **take back** /teɪk 'bæk/ (**took** /'tʊk/, **taken** /'teɪkən/)

ramer

▷ J'ai appris à ramer sur le lac.
I learned to row on the lake.

(sur un bateau) **row** /rəʊ/

*Au sens de ramer, **row** rime avec **go** et **Joe**.*

(se) ramollir

▷ Laisse le beurre se ramollir.
Let the butter go soft.

(aliment) **go soft** /sɒft/ (**went soft, gone soft**)

rampe

1 ▷ Tiens bien la rampe, les marches sont glissantes.
Hold the banister, the steps are slippery.

(= main courante d'un escalier) **banister** /'bænɪstəʳ/

2 ▷ Il y a une rampe d'accès pour les personnes en fauteuils roulants.
There is an access ramp for people in wheelchairs.

(= plan incliné) **ramp** /ræmp/

ramper

▷ On a dû ramper sous la clôture.
We had to crawl under the fence.

(= avancer sur le ventre) **crawl** /krɔːl/

🔊 *Crawl rime avec **ball** et **fall**.*

rançon

▷ Les ravisseurs réclament une rançon.
The kidnappers are asking for a ransom.

ransom /'rænsəm/

rancune

▷ Ce sont de vieilles rancunes.
These are old grudges.

▷ Allez, sans rancune !
Come on, no hard feelings!

grudge /grʌdʒ/

► **sans rancune ! : no hard feelings!**

randonnée

1 ▷ J'aime beaucoup la randonnée.
I love hiking.

▷ Rose fait de la randonnée dans un club.
Rose goes hiking with a club.

1 ► **la randonnée : hiking** /'haɪkɪŋ/

► **faire de la randonnée : go hiking** /'haɪkɪŋ/ **(went, gone / been)**

2 ▷ Hier on a fait une longue randonnée.
Yesterday we went on a long hike.

2 ► **une randonnée : a hike** /haɪk/

ℹ *Notez la traduction de* faire une randonnée *:* ***go on a hike*** **(went, gone / been)**.

randonneur, randonneuse

▷ J'ai croisé plusieurs randonneurs.
I walked past several hikers.

hiker /'haɪkə^r/

rang

1 ▷ On a des places au premier rang.
We have seats in the front row.

1 (= rangée) **row** /rəʊ/

🔊 *Au sens de rang, **row** rime avec **Joe** et **go**.*

2 ▷ Les élèves se sont mis en rang.
The pupils lined up.

2 ► **se mettre en rang : line up** /laɪn 'ʌp/

rangé, rangée ADJECTIF

▷ Ma chambre est bien rangée.
My bedroom is tidy.

▷ Ce bureau n'est pas bien rangé.
This office is untidy.

ℹ *Pour dire qu'un endroit est* bien rangé*, on emploie le mot* ***tidy*** /'taɪdɪ/*. Pour dire le contraire, on emploie le mot* ***untidy*** /ʌn'taɪdɪ/.

rangée NOM

▷ Il y avait au moins dix rangées de CD.
There were at least ten rows of CDs.

row /rəʊ/

🔊 ***Row** rime avec **Joe** et **go**.*

rangement

▷ J'ai fait du rangement dans ma chambre.
I tidied up in my bedroom.

► **faire du rangement : tidy up** /ˌtaɪdɪ 'ʌp/

*Le y de **tidy** devient **ie** à la troisième personne du singulier du présent de l'indicatif* (tidies /'taɪdiːz/), *au prétérit et au participe passé* (tidied /'taɪdiːd/).

ranger

1 ▷ Je n'ai pas rangé ma chambre depuis des mois.
I haven't tidied up my bedroom for months.

(= mettre de l'ordre dans) **tidy up** /ˌtaɪdɪ 'ʌp/

*Le y de **tidy** devient **ie** à la troisième personne du singulier du présent de l'indicatif* (tidies /'taɪdɪz/), *au prétérit et au participe passé* (tidied /'taɪdɪd/).

2 ▷ Tu ranges mes affaires et je ne retrouve rien !
You put my things away and I can't find anything!

(= mettre à sa place) **put away** /put ə'weɪ/ (put away, put away)

rap

▷ J'adore le rap.
I love rap music.

rap music /'ræpmjuːzɪk/

râpé, râpée

▷ Il y a deux cents grammes de fromage râpé dans la recette.
There are two hundred grammes of grated cheese in the recipe.

(= coupé très fin) **grated** /'greɪtɪd/

*Le **a** est celui de **make**.*

rapide

1 ▷ On a pris un repas rapide avant de partir.
We had a quick meal before leaving.

(= qui prend peu de temps) **quick** /kwɪk/ (plus rapide quicker /'kwɪkəʳ/, le plus rapide the quickest /'kwɪkɪst/)

2 ▷ C'est un coureur très rapide.
He's a very fast runner.

(athlète, voiture) **fast** /fɑːst/ (plus rapide faster /'fɑːstəʳ/, le plus rapide the fastest /'fɑːstɪst/)

rapidement

▷ Les pompiers sont arrivés très rapidement.
The fire brigade arrived very quickly.

quickly /'kwɪklɪ/

rapidité

▷ La rapidité de sa réaction m'a étonné.
I was surprised by the speed of his reaction.

speed /spiːd/

*Le mot anglais **rapidity** existe mais il est très rare.*

rappeler

1 ▷ Il n'est pas là ? Tant pis, je le rappellerai.
He isn't in? Never mind, I'll call him back.

(= appeler) **call back** /kɔːl 'bæk/

2 ▷ Rappelle-moi d'acheter du pain.
Remind me to buy bread.

▷ Ça me rappelle mes vacances en Espagne.
It reminds me of my holidays in Spain.

► **rappeler à** quelqu'un **de faire** quelque chose : **remind** /rɪ'maɪnd/ somebody **to do** something
► **rappeler** quelque chose **à** quelqu'un : **remind** somebody **of** something

3 ▷ Je ne me rappelle plus son nom.
I don't remember his name.

► **se rappeler** quelque chose : **remember** /rɪ'membəʳ/ something

rappeur, rappeuse

▷ MC Solar est un célèbre rappeur.
MC Solar is a famous rapper.

rapper /'ræpəʳ/

rapport

1 ▷ Il n'y aucun rapport entre les deux.
There is no connection between the two.

(= lien) **connection** /kə'nekʃən/

▷ Cela n'a aucun rapport avec moi.
It has nothing to do with me.

► **ça n'a aucun rapport ! : it has nothing to do with it!**

2 ▷ Elles ont de bons rapports avec leur mère.
They have a good relationship with their mother.

*Quand on parle des relations personnelles, on emploie le mot **relationship** /rɪ'leɪʃənʃɪp/ au singulier.*

3 ▷ Les jeunes commencent à avoir des rapports sexuels de plus en plus tôt.
Young people start having sex earlier and earlier.

► **avoir des rapports sexuels : have sex** /'seks/ **(had, had)**

4 ▷ Sue est grande par rapport à sa sœur.
Sue is tall compared with her sister.

► **par rapport à** (= comparé à) : **compared with** /kəm'pɛəd wɪð/

rapporter

1 ▷ Nous avons rapporté des souvenirs de Grèce.
We brought back some souvenirs from Greece.

► **rapporter** quelque chose (= l'apporter avec soi) : **bring** /'brɪŋ/ something **back (brought, brought** /'brɔːt/**)**

2 ▷ Je vais rapporter cette jupe au magasin, elle a un défaut.
I'm going to take this skirt back to the shop, it's got a defect.

► **rapporter** quelque chose (= l'emporter, le rendre) : **take** /teɪk/ something **back (took** /'tʊk/**, taken** /'teɪkən/**)**

3 ▷ Ce n'est pas bien de rapporter.
It's not nice to tell tales.

► **rapporter** (= dénoncer quelqu'un) : tell tales /tel 'teɪlz/ (told, told /təʊld/)

rapprocher

1 ▷ Rapproche ton fauteuil de la lampe.
Bring your armchair closer to the lamp.

(= mettre plus près) bring closer /brɪŋ 'kləʊsəʳ/ (brought, brought /'brɔːt/)

2 ▷ Le bateau se rapprochait lentement de la côte.
The boat was slowly getting closer to the coast.

► **se rapprocher** (= se mettre plus près) : get closer /'kləʊsəʳ/ (got, got)

ℹ *Notez la préposition utilisée en anglais :* se rapprocher <u>de</u> = ***get closer <u>to</u>***.

raquette

1 ▷ J'ai besoin d'une nouvelle raquette de tennis.
I need a new tennis racket.

(de tennis, squash, badminton) racket /'rækɪt/

2 ▷ N'oublie pas les raquettes de ping-pong.
Don't forget the ping-pong bats.

(de ping-pong) bat /bæt/

3 ▷ Il y a beaucoup de neige, il nous faut les raquettes.
There is a lot of snow, we need snowshoes.

(pour la neige) snowshoe /'snəʊʃuː/

rare

▷ Elle collectionne les timbres rares.
She collects rare stamps.

rare /rɛəʳ/ (**plus rare** rarer /'rɛərəʳ/ **le plus rare** the rarest /'rɛərɪst/)

🔊 ***Rare*** *rime avec* ***hair****.*

rarement

▷ Nous allons rarement au cinéma.
We rarely go to the cinema.

rarely /'rɛəlɪ/

se raser

▷ Je ne me rase pas le week-end.
I don't shave at the weekend.
▷ Elle est folle, elle veut se raser la tête !
She's mad, she wants to shave her head!

shave /ʃeɪv/

ℹ *L'adjectif possessif fonctionne de la façon suivante en anglais :* ***I shave <u>my</u> head, you shave <u>your</u> head, he shaves <u>his</u> head, she shaves <u>her</u> head,*** etc.

ℹ *Notez que le verbe pronominal français* se raser *ne correspond pas à un verbe pronominal en anglais.*

rasoir NOM

▷ Est-ce que tu as un rasoir jetable ?
Have you got a disposable razor?

razor /'reɪzəʳ/

▷ J'utilise un rasoir électrique.
I use an electric shaver.

► **un rasoir électrique :** an electric shaver /ɪˌlektrɪk ˈʃeɪvəʳ/

rasoir ADJECTIF

▷ La conférence était vraiment rasoir !
The conference was really boring!

(= ennuyeux) **boring** /ˈbɔːrɪŋ/ (**plus rasoir** more boring, **le plus rasoir** the most boring)

rassembler

1 ▷ J'ai rassemblé toutes mes notes sur le sujet.
I gathered together all my notes on the subject.

1 (documents, objets épars) **gather together** /ˈgæðəʳ təˈgeðəʳ/

2 ▷ Ils se sont rassemblés devant l'entrée du théâtre.
They gathered in front of the entrance to the theatre.

2 ► **se rassembler :** gather /ˈgæðəʳ/

se rasseoir

▷ Vous pouvez vous rasseoir.
You can sit down again.

sit down again /sɪt ˈdaʊn əˌgen/ (sat, sat)

rassis, rassise

▷ On peut faire un gâteau avec le pain rassis.
We can make a cake with the stale bread.

(pain, gâteau) **stale** /steɪl/ (**plus rassis** staler, **le plus rassis** the stalest)

rassurer

1 ▷ J'ai essayé de la rassurer.
I tried to reassure her.

1 **reassure** /ˌriːəˈʃʊəʳ/

2 ▷ Rassure-toi, je ferai attention.
Don't worry, I'll be careful.

2 *Pour dire à quelqu'un de ne pas s'inquiéter, on dit **don't worry** /dəʊnt ˈwʌrɪ/.*

rat

▷ J'ai vu un énorme rat noir !
I saw a huge black rat!

(= animal) **rat** /ræt/

râteau

▷ Est-ce que tu aurais un râteau pour enlever les feuilles ?
Do you have a rake to remove the leaves?

rake /reɪk/

rater

1 ▷ Dépêche-toi, on va rater le train !
Hurry up, we're going to miss the train!

1 (= manquer) **miss** /mɪs/

2 ▷ J'ai raté le gâteau.
I made a mess of the cake.

2 (= mal faire) **make** /meɪk/ **a mess of** (made, made /meɪd/)

3 ▷ Il a encore raté son permis de conduire.
He failed his driving test again.

3 (un examen) **fail** /feɪl/

rattrapage

▷ Il y a des cours de rattrapage en anglais le mardi.
There are remedial classes in English on Tuesdays.

► **cours de rattrapage :** remedial class /rɪ'mi:dɪəl klɑ:s/ (pluriel remedial classes)

rattraper

1 ▷ Heureusement que j'ai rattrapé le vase avant qu'il ne se casse !
Fortunately I caught the vase before it broke!

(= saisir) **catch** /kætʃ/ (caught, caught /kɔ:t/)

2 ▷ Je pars, vous pouvez me rattraper.
I'm leaving, you can catch me up.

► **rattraper quelqu'un** (= le rejoindre) : **catch** somebody **up** (caught, caught)

3 ▷ Il faut d'abord que je rattrape mon retard en grammaire.
I must first catch up in grammar.

► **rattraper son retard** (dans une matière) : **catch up** (caught up, caught up)

rature

▷ Sa lettre était pleine de ratures.
His letter was full of deletions.

deletion /dɪ'li:ʃən/

*Le deuxième **e** se prononce comme le **ee** de **week**.*

ravissant, ravissante

▷ Tu es ravissante dans cette robe.
You look lovely in that dress.

lovely /'lʌvlɪ/ (**plus ravissant** lovelier, **le plus ravissant** the loveliest)

rayé, rayée

1 ▷ Adam portait une cravate rayée.
Adam was wearing a striped tie.

(= avec des bandes) **striped** /straɪpt/

2 ▷ Mes lunettes sont rayées.
My glasses are scratched.

(= éraflé) **scratched** /skrætʃt/

rayon

1 ▷ Enfin un rayon de soleil !
At last a ray of sunshine!

(= lumière) **ray** /reɪ/

► **rayon de soleil :** ray of sunshine /'sʌnʃaɪn/

2 ▷ Le vendeur nous a envoyés au rayon disques.
The sales assistant sent us to the record department.

(= partie d'un magasin) **department** /dɪ'pɑ:tmənt/

rayure

1 ▷ Il portait une chemise avec des rayures très fines.
He was wearing a shirt with very thin stripes.

(= bande) **stripe** /straɪp/

▷ Loïc portait un pull à rayures.
Loïc was wearing a striped pullover.

► **à rayures :** striped /straɪpt/

2 ▷ Il y a une grande rayure sur la portière.
There's a big scratch on the door.

(= éraflure) **scratch** /skrætʃ/ (pluriel **scratches** /skrætʃɪz/)

réaction

▷ Je n'ai pas compris sa réaction.
I didn't understand his reaction.

reaction /riːˈækʃən/

réagir

▷ Pourquoi tu as réagi si violemment ?
Why did you react so violently?

react /riːˈækt/

réalisateur, réalisatrice

▷ Qui est le réalisateur de ce film ?
Who is the director of this film?

director /daɪˈrektəʳ/

réaliser

1 ▷ Tout d'un coup j'ai réalisé que c'était impossible.
All of a sudden I realized that it was impossible.

(= se rendre compte) **realize** /ˈrɪəlaɪz/

2 ▷ Qui a réalisé ce film ?
Who made this film?

(= faire) **make** /meɪk/ (**made, made** /meɪd/)

réalité

▷ Parfois la réalité est dure à accepter.
Sometimes reality is hard to accept.

▷ Ça a l'air difficile, mais en réalité ça ne l'est pas.
It looks difficult, but in reality it isn't.

▷ J'ai acheté un livre en réalité augmentée.
I bought an augmented reality book.

▷ C'est un jeu en réalité virtuelle.
It's a virtual reality game.

► **la réalité : reality** /rɪˈælɪtɪ/
► **en réalité : in reality**
► **réalité augmentée : augmented reality**
► **réalité virtuelle : virtual reality**

rebelle

▷ Ils ont emprisonné les rebelles.
They put the rebels in prison.

rebel /ˈrebl/

rebondir

▷ Le ballon a rebondi contre le mur.
The ball bounced off the wall.

bounce /baʊns/

ℹ *Notez bien la préposition utilisée en anglais :* rebondir contre = ***bounce off***.

rebord

▷ Elle a mis des pots de fleurs sur le rebord de la fenêtre.
She's put flower pots on the windowsill.

► **le rebord de la fenêtre : the windowsill** /ˈwɪndəʊsɪl/

récemment

▷ Je ne l'ai pas vu récemment.
I haven't seen him recently.

recently /ˈriːsntlɪ/

récent, récente

▷ C'est un changement récent.
It's a recent change.

recent /ˈriːsnt/ (**plus récent** more recent, **le plus récent** the most recent)

réception

▷ On doit laisser les clés de la chambre à la réception.
You must leave the room keys at reception.

(= bureau d'information) **reception** /rɪˈsepʃən/

recette

▷ Cette recette est très facile à suivre.
This recipe is very easy to follow.

recipe /ˈresɪpɪ/

Trois syllabes : re + ci + pe.

recevoir

1 ▷ Est-ce que tu as reçu ton cadeau ?
Did you receive your present?

(une lettre, un cadeau) **receive** /rɪˈsiːv/

On peut aussi dire **get** /get/ (got, got /gɒt/).

2 ▷ Alex a reçu un coup sur la tête en essayant de les séparer.
Alex got hit on the head trying to separate them.

► **recevoir un coup : get hit** /hɪt/ (got, got)

3 ▷ David a reçu un coup de pied pendant le match.
David got kicked during the match.

► **recevoir un coup de pied : get kicked** /kɪkt/ (got, got)

4 ▷ Les Smith nous ont très bien reçus.
The Smiths made us feel very welcome.

► **bien recevoir** quelqu'un **: make** somebody **feel welcome** /ˈwelkʌm/ (made, made)

Pour ***être reçu à un examen****, regarder le mot* ***reçu****, plus loin.*

de rechange

▷ Emporte des habits de rechange au cas où il pleuvrait.
Take some spare clothes in case it rains.

spare /speəʳ/

Spare *rime avec* ***hair****.*

recharger

▷ Il faut que je recharge mon portable.
I must recharge my mobile.

(une batterie) **recharge** /riːˈtʃɑːdʒ/

réchauffement

▷ On note déjà les effets du réchauffement climatique.
You can already notice the effects of global warming.

► **le réchauffement climatique** *ou* **de la planète : global warming** /ˈgləʊbl ˈwɔːmɪŋ/

réchauffer

1 ▷ On pourrait juste réchauffer des restes.
We could just reheat some leftovers.

(de la nourriture) **reheat** /rɪˈhiːt/

2 ▷ Bois ça, ça te réchauffera.
Drink this, it will warm you up.

(une personne) **warm up** /wɔːm ˈʌp/

3 ▷ Sacha courait pour se réchauffer.
Sacha was running to warm himself up.
▷ Ils essayaient de se réchauffer.
They were trying to warm themselves up.

► se **réchauffer** (soi-même) : **warm** oneself **up**

ℹ *Le pronom personnel réfléchi fonctionne de la façon suivante en anglais :* ***I warm myself up, you warm yourself up, he warms himself up, she warms herself up, we warm ourselves up, you warm yourselves up, they warm themselves up.***

4 ▷ Notre planète se réchauffe.
Our planet is getting warmer.

► **se réchauffer** (= devenir plus chaud) : **get warmer** /ˈwɔːmə^{r}/ **(got warmer, got warmer)**

recherche

1 ▷ Ma sœur fait de la recherche en physique.
My sister does research in physics.

► **la recherche** (= activité scientifique) : **research** /rɪˈsɜːtʃ/

2 ▷ La police a fait des recherches mais n'a pas retrouvé l'enfant.
The police made some investigations but didn't find the child.

► **faire des recherches** (= faire une enquête) : **make investigations** /ɪnˌvestɪˈgeɪʃənz/ **(made, made)**

3 ▷ Je dois aller faire des recherches à la bibliothèque.
I must go and do some research at the library.

► **faire des recherches** (pour un travail) : **do research (did, did)**

rechercher

1 ▷ Loïc veut rechercher son vrai père.
Loïc wants to search for his real father.

(un objet, une personne qu'on a perdu) **search for** /ˈsɜːtʃ fɔː^{r}/

2 ▷ Apparemment il est recherché par la police.
Apparently he's wanted by the police.

► **recherché** (criminel) : **wanted** /ˈwɒntɪd/

récipient

▷ Utilise n'importe quel récipient.
Use any container.

container /kənˈteɪnə^{r}/

réciproque

▷ Je ne l'aime pas et c'est réciproque.
I don't like him and the feeling is mutual.

mutual /ˈmjuːtjʊəl/

récitation

▷ Autrefois, on apprenait plus de récitations à l'école.
In the past, people had to learn more texts at school.

(= texte) **text** /tekst/

réciter

▷ Samuel peut réciter des dizaines de poèmes de William Blake.
Samuel can recite dozens of poems by William Blake.

recite /rɪ'saɪt/

🔊 *Le* ***i*** *est celui de* ***like****.*

réclamation

▷ Nous avons fait une réclamation parce que la chambre d'hôtel était sale.
We made a complaint because the hotel room was dirty.

(= plainte) **complaint** /kəm'pleɪnt/

réclamer

▷ Cet enfant a réclamé sa mère toute la soirée.
That child asked for his mother all evening.

(= demander) **ask for** /'ɑːsk fɔːʳ/

🔊 *Attention à la prononciation de* ***asked*** *:* /ɑːskt/.

▷ J'ai réclamé mon livre à Sandra mais elle n'a pas voulu me le rendre.
I asked Sandra for my book but she didn't want to give it back to me.

► **réclamer** quelque chose **à** quelqu'un **:** **ask** somebody **for** something

récolte

▷ La récolte est très bonne cette année.
The harvest is very good this year.

harvest /'hɑːvɪst/

récolter

▷ Nous avons aidé notre voisin à récolter les pommes de terre.
We helped our neighbour to harvest the potatoes.

(= ramasser) **harvest** /'hɑːvɪst/

en recommandé

▷ C'est plus sûr si tu l'envoies en recommandé.
It's safer if you send it registered.

registered /'redʒɪstəʳd/

recommander

1 ▷ Elle nous a recommandé un bon restaurant.
She recommended a good restaurant to us.

(= conseiller) **recommend** /ˌrekə'mend/

2 ▷ Le médecin a recommandé à Paul de se reposer.
The doctor advised Paul to rest.

► **recommander à** quelqu'un **de** + *infinitif* **: advise** /əd'vaɪz/ somebody **to** + *base verbale*

recommencer

1 ▷ L'école recommence en septembre.
School starts again in September.

(= reprendre) **start again** /stɑːt əˈgen/

2 ▷ Ne recommence pas ou je me fâche !
Don't do it again or I'll get angry!

(= faire la même chose) **do it again**

récompense

▷ Je l'aide et voilà ma récompense.
I help him and that's all the reward I get.

reward /rɪˈwɔːd/

récompenser

▷ Les meilleurs élèves ont été récompensés.
The best pupils were rewarded.

reward /rɪˈwɔːd/

*Le **ar** de **reward** se prononce comme le mot anglais **or**. **Reward** rime avec **lord**.*

se réconcilier

▷ Gilles et Mathieu se sont réconciliés.
Gilles et Mathieu made up.

make up /meɪk ˈʌp/ (made up, made up /meɪd ˈʌp/)

réconfort

▷ Ta présence est d'un grand réconfort pour moi.
Your presence is a great comfort to me.

comfort /ˈkʌmfət/

*Attention à l'orthographe du mot anglais **comfort**, qui s'écrit avec un **m**.*

reconnaissant, reconnaissante

▷ Je vous serais reconnaissant de me répondre rapidement.
I would be grateful if you would reply quickly.

grateful /ˈgreɪtfʊl/ (**plus reconnaissant** more grateful, **le plus reconnaissant** the most grateful)

reconnaître

1 ▷ Oh ! pardon, je ne t'avais pas reconnu !
Oh! sorry, I didn't recognize you!

(= identifier) **recognize** /ˈrekəgnaɪz/

2 ▷ Reconnais que tu as eu tort.
Admit that you were wrong.

(= admettre) **admit** /ədˈmɪt/

*Il y a deux **t** au gérondif (admitting /ədˈmɪtɪŋ/), au prétérit et au participe passé (admitted /ədˈmɪtɪd/).*

recopier

▷ Si je recopie les verbes irréguliers, je m'en souviendrai mieux.
If I copy out the irregular verbs, I'll remember them better.

copy out /ˌkɒpɪ ˈaʊt/

*Le **y** de **copy** devient **ie** à la troisième personne du singulier du présent de l'indicatif (copies /ˈkɒpɪz/), au prétérit et au participe passé (copied /ˈkɒpɪd/).*

record

▷ L'athlète allemande a battu le record de saut en hauteur.
The German athlete broke the record for the high jump.

record /'rekɔːd/

Notez la traduction de battre un record : ***break*** /breɪk/ ***a record*** (broke /brəʊk/, broken /'brəʊkən/).

se recoucher

▷ Recouche-toi, il fait encore nuit.
Go back to bed, it's still dark.

go back to bed /gəʊ 'bæk/ (went back /went 'bæk/, gone back /gɒn 'bæk/)

recouvert de

▷ Le mur est recouvert de lierre.
The wall is covered in ivy.

covered in /'kʌvəd ɪn/

Notez la préposition utilisée en anglais : recouvert de = ***covered in***.

récréation

▷ Il y a une récréation le matin et une l'après-midi.
There's one break in the morning and one in the afternoon.

break /breɪk/

Break *rime avec* ***make***.

En anglais américain on dit ***recess*** /'riːses/.

rectangle

▷ La boîte a la forme d'un rectangle.
The box is in the shape of a rectangle.

rectangle /'rektæŋgl/

Trois syllabes : ***rec*** + ***tan*** + ***gle***.

rectifier

▷ Il n'y a que deux ou trois petites choses à rectifier.
There are just two or three little things to correct.

correct /kə'rekt/

L'accent tonique est sur la deuxième syllabe ***-rect***.

reçu, reçue

1 ▷ Nicolas a été reçu à son examen.
Nicolas passed his exam.

► **être reçu** (à un examen) : **pass** /pɑːs/

2 ▷ Est-ce que tu as gardé le reçu ?
Did you keep the receipt?

► **un reçu** (= une preuve d'achat) : **a receipt** /rɪ'siːt/

Attention à la prononciation : le ***p*** *ne se prononce pas, et* ***receipt*** *rime avec* ***eat***.

reculer

1 ▷ Recule, tu es trop près pour la photo.
Move back, you're too close for the photograph.

(= s'éloigner) **move back** /muːv 'bæk/

2 ▷ La voiture a reculé pour nous laisser passer.
The car reversed to let us pass.

(véhicule) **reverse** /rɪ'vɜːs/

3 ▷ Recule un peu ta chaise.
Move your chair back a bit.

► **reculer** quelque chose (= le mettre plus loin) : **move** something **back**

à reculons

▷ Ils marchaient à reculons.
They were walking backwards.

(= en arrière) **backwards** /'bækwədz/

récupérer

1 ▷ Si tu ne réclames pas ton livre, tu ne le récupéreras jamais.
If you don't ask for your book, you'll never get it back.

► **récupérer** quelque chose (= le retrouver) : **get** /get/ something **back** (**got, got** /gɒt/)

2 ▷ J'irai récupérer les enfants à six heures.
I'll go and collect the children at six o'clock.

► **récupérer** quelqu'un (= aller le chercher) : **collect** /kə'lekt/ somebody

3 ▷ Ça va mieux ? Tu as récupéré ?
Are you better? Have you recovered?

(= se remettre d'une maladie, de la fatigue) **recover** /rɪ'kʌvəʳ/

recyclage

▷ Il y a un conteneur spécial pour le recyclage du verre.
There's a special bin for glass recycling.

(de déchets) **recycling** /ˌriː'saɪklɪŋ/

recycler

▷ J'espère que tu recycles les bouteilles en plastique.
I hope you recycle plastic bottles.

recycle /ˌriː'saɪkl/

*Le y de **recycle** se prononce comme le **i** de **like**.*

rédaction

▷ Sabine a eu une bonne note pour sa rédaction.
Sabine got a good mark for her essay.

(= devoir de français) **essay** /'eseɪ/

redémarrer

▷ L'ordinateur a planté, il faut redémarrer.
The computer has crashed, you have to restart.

(un ordinateur) **restart** /ˌriː'stɑːt/

rédiger

▷ Ton rapport est vraiment mal rédigé.
Your report is very badly written.

write /raɪt/ (**wrote** /rəʊt/, **written** /'rɪtn/)

redoubler

▷ Beaucoup de parents ne veulent pas que leur enfant redouble.
A lot of parents don't want their children to repeat a year.

(élève) **repeat a year** /rɪ'piːt ə jɪəʳ/

redresser

1 ▷ Je portais un appareil pour redresser mes dents.
I wore a brace to straighten my teeth.

1 (= remettre droit quelque chose de tordu) **straighten** /'streɪtən/

2 ▷ Il a redressé la tête quand on est entrés.
He looked up when we came in.

► **redresser la tête :** look up /lʊk ˈʌp/

3 ▷ Redresse-toi, tu es presque couché sur la table !
Sit up straight, you're almost lying on the table!

► **se redresser** (quand on est assis) : sit up straight /ˌsɪt ʌp ˈstreɪt/ (sat, sat)

4 ▷ Ma grand-mère a du mal à se redresser après s'être penchée.
My grandmother has trouble straightening up after bending down.

► **se redresser** (quand on est debout) : straighten up /ˌstreɪtən ˈʌp/

réduction

▷ Est-ce que tu as eu une réduction sur les billets ?
Did you get a discount on the tickets?

(= rabais) discount /ˈdɪskaʊnt/

réduire

▷ Nous devons réduire les émissions toxiques.
We have to reduce toxic emissions.

reduce /rɪˈdjuːs/

réel, réelle

▷ Cela n'arrive jamais dans la vie réelle.
It never happens in real life.

real /rɪəl/ (**plus réel** more real, **le plus réel** the most real)

réellement

▷ Je suis réellement désolé.
I'm really sorry.

really /ˈrɪəlɪ/

refaire

1 ▷ Si tu refais ça, je ne te parle plus !
If you do that again, I'm not talking to you any more!

(= recommencer) do again /duː əˈgen/ (did /dɪd/, done /dʌn/)

2 ▷ Le toit de la maison a été refait.
The roof of the house has been redone.

(= réparer) redo /riːˈduː/ (redid /riːˈdɪd/, redone /riːˈdʌn/)

réfectoire

▷ Ils sont partis au réfectoire.
They've gone to the dining hall.

dining hall /ˈdaɪnɪŋ hɔːl/ (pluriel dining halls)

référence

▷ C'est une référence à l'un de ses romans.
It's a reference to one of his novels.

▷ J'ai besoin d'une lettre de référence pour le poste.
I need a letter of reference for the post.

reference /ˈrefrəns/

réfléchir

1 ▷ Réfléchis avant de parler !
Think before you speak!
▷ Réfléchis à ce que tu vas faire.
Think about what you're going to do.

(= penser) **think** /θɪŋk/ (**thought, thought** /θɔːt/)
► **réfléchir à** quelque chose : **think about** something

2 ▷ Le blanc réfléchit la lumière du soleil.
White reflects sunlight.

(= refléter) **reflect** /rɪ'flekt/

refléter

▷ La mer reflète la couleur du ciel.
The sea reflects the colour of the sky.

reflect /rɪ'flekt/

réflexe

1 ▷ Il faut avoir de bons réflexes pour conduire.
You need good reflexes to drive.

(= mouvement) **reflex** /'riːfleks/ (pluriel **reflexes** /'riːfleksɪz/)

2 ▷ Mon premier réflexe a été d'appeler mon père.
My first reaction was to call my father.

(= réaction) **reaction** /riː'ækʃən/

réflexion

▷ Suzie a fait une réflexion sur ma façon de parler.
Suzie made a comment about the way I speak.

(= remarque) **comment** /'kɒment/

réforme

▷ Ils ont manifesté contre la réforme.
They demonstrated against the reform.

reform /rɪ'fɔːm/

refrain

▷ Je ne connais que le refrain de cette chanson.
I only know the chorus of this song.

(d'une chanson) **chorus** /'kɔːrəs/
*Le **ch** se prononce comme un **k**.*

réfrigérateur

▷ Qui a oublié de mettre le beurre au réfrigérateur ?
Who forgot to put the butter in the fridge?

fridge /frɪdʒ/

refroidir

1 ▷ Attends que la soupe refroidisse.
Wait for the soup to cool down.

(quelque chose qui était trop chaud) **cool down** /kuːl 'daʊn/

2 ▷ Mangez ou ça va refroidir.
Eat or it'll get cold.

(= devenir trop froid) **get cold** /get 'kəʊld/ (**got cold, got cold** /gɒt 'kəʊld/)

3 ▷ Le temps s'est encore refroidi.
The weather has got cooler again.

► **se refroidir** (en parlant du temps) : **get cooler** /get 'kuːlə^r/ (**got cooler, got cooler** /gɒt 'kuːlə^r/)

réfugié, réfugiée

▷ J'ai écouté une émission sur les réfugiés croates en France.
I listened to a programme about Croatian refugees in France.

refugee /ˌrefjʊ'dʒiː/

se réfugier

▷ Elle s'est réfugiée dans sa chambre.
She took refuge in her bedroom.

take refuge /'teɪk 'refjuːdʒ/ (took /tʊk/, taken /'teɪkən/)

refuser

1 ▷ Il a refusé de nous aider.
He refused to help us.

► **refuser de faire** quelque chose : **refuse** /rɪ'fjuːz/ **to do** something

2 ▷ Anaïs voulait entrer au conservatoire, mais elle a été refusée.
Anaïs wanted to go to music school, but she was turned down.

► **être refusé** (à une école ou pour un poste) : **be turned down** /tɜːnd 'daʊn/

se régaler

▷ Ce repas était délicieux, je me suis vraiment régalé.
That meal was delicious, I really enjoyed it.

ℹ *Pour dire qu'on se régale en anglais, on emploie le verbe* ***enjoy*** /en'dʒɔɪ/ *+ complément d'objet.*

regard

▷ Toby m'a lancé un regard furieux.
Toby gave me a furious look.

(= expression, coup d'œil) **look** /lʊk/
► **lancer un regard à** quelqu'un : **give** somebody **a look (gave, given)**

regarder

1 ▷ Regarde ce bel arc-en-ciel !
Look at that beautiful rainbow!

► **regarder** quelque chose (paysage, scène) : **look at** /'lʊk ət/ something
N'oubliez pas la préposition ***at*** *!*

2 ▷ Est-ce que tu regardes souvent la télévision ?
Do you often watch television?

► **regarder** quelque chose (action, film, télévision) : **watch** /wɒtʃ/ something
Attention ! Ne confondez pas ***look at*** *et* ***watch*** *!*

3 ▷ Est-ce que tu as regardé dans les pages jaunes ?
Did you look in the yellow pages?

► **regarder** (= chercher) : **look** /lʊk/

4 ▷ Ils se sont regardés et ils ont éclaté de rire.
They looked at each other and burst out laughing.

► **se regarder** (l'un l'autre) : **look at each other** /iːtʃ 'ʌðəʳ/

5 ▷ Je me suis regardée dans la glace.
I looked at myself in the mirror.

► se **regarder** (soi-même) : **look at** oneself

▷ Regarde-toi ! Tu es couvert de boue !
Look at yourself! You're covered in mud!

ℹ *Le pronom personnel réfléchi fonctionne de la façon suivante en anglais : **I look at myself, you look at yourself, he looks at himself, she looks at herself, we look at ourselves, you look at yourselves, they look at themselves**.*

6 ▷ Mêle-toi de ce qui te regarde.
Mind your own business.

6 ► **Cela ne te regarde pas ! :** This is none of your business!

régime

▷ Paul est au régime, il veut maigrir.
Paul is on a diet, he wants to lose weight.

diet /'daɪət/
► **être au régime :** be on a diet

*Le **i** de **diet** se prononce comme le **i** de **like**.*

région

1 ▷ Nous avons visité une région de montagne.
We visited a mountain region.

1 **region** /'riːdʒən/

*Le **e** de **region** se prononce comme le **ee** de **week**.*

2 ▷ Ils habitent dans la région parisienne.
They live in the Paris area.

2 ► **la région parisienne :** the Paris area /ðə 'pærɪs ˌɛərɪə/

règle

1 ▷ Utilise une règle pour tracer les traits.
Use a ruler to draw the lines.

1 (= instrument) **ruler** /'ruːləʳ/

2 ▷ C'est un jeu facile ; je vais t'expliquer les règles.
It's an easy game; I'm going to explain the rules to you.

2 (= loi) **rule** /ruːl/

3 ▷ Je vais bientôt avoir mes règles.
My period is due soon.

3 ► **règles** (= menstruation) : **period** /'pɪərɪəd/
► **avoir ses règles :** be having /bɪ 'hævɪŋ/ one's period

ℹ *Notez bien que le mot **règles** est traduit par un singulier.*

règlement

▷ Le règlement dit qu'il est interdit de fumer dans le bâtiment.
The rules say that it's forbidden to smoke in the building.

(= lois) **rules** /ruːlz/

ℹ *Notez bien que le mot **règlement** est traduit par un pluriel.*

régler

1 ▷ Il a rapidement réglé le problème.
He solved the problem quickly.

1 (= résoudre) **solve** /sɒlv/

2 ▷ Peux-tu régler le son, je n'entends rien.
Can you adjust the sound, I can't hear anything.

(= mettre au point, moduler) **adjust** /ə'dʒʌst/

réglisse

▷ J'adore les bonbons à la réglisse.
I love liquorice sweets.

liquorice /'lɪkərɪs/

régner

▷ Ce roi a régné plus de quarante ans.
This king reigned for more than forty years.

reign /reɪn/

regret

▷ Je n'ai aucun regret.
I have no regrets.

regret /rɪ'gret/

regretter

1 ▷ Je regrette, je ne peux pas t'aider.
I'm sorry, I can't help you.

Quand on veut exprimer son regret en anglais, on dit ***I'm sorry*** /aɪm 'sɒrɪ/.

2 ▷ Personne ne l'a regrettée quand elle est partie.
Nobody missed her when she left.

(une personne, un endroit qui nous manque) **miss** /mɪs/

Le prétérit ***missed*** *se prononce* /mɪst/.

régulier, régulière

▷ Les bus ne sont pas très réguliers.
Buses aren't very regular.

(dans le temps, dans l'espace) **regular** /'regjʊlə^r/ (**plus régulier** more regular, **le plus régulier** the most regular)

régulièrement

▷ Il vient régulièrement nous voir.
He comes to see us regularly.

regularly /'regjʊləlɪ/

rein

1 ▷ Mon oncle s'est fait opérer d'un rein.
My uncle had a kidney operation.

(= organe) **kidney** /'kɪdnɪ/

2 ▷ J'ai mal aux reins.
I've got backache.

► **avoir mal aux reins** (= au dos) : **have backache** /'bækeɪk/

Backache *rime avec* ***make***.

reine

▷ La reine d'Angleterre habite au palais de Buckingham.
The queen of England lives in Buckingham Palace.

queen /kwiːn/

rejeter

▷ La machine a rejeté ma pièce.
The machine has rejected my coin.

(= refuser) **reject** /rɪ'dʒekt/

rejoindre

1 ▷ Rejoins-nous après le film.
Meet us after the film.

(= se joindre à) **meet** /miːt/ (met, met /met/)

2 ▷ Pascal a couru tellement vite qu'il nous a rejoints.
Pascal ran so fast that he caught up with us.

(= rattraper) **catch up with** /kætʃ 'ʌp wɪð/ (caught, caught /kɔːt/)

relatif, relative

▷ Tout est relatif.
Everything is relative.

relative /'relətɪv/

▷ « Qui » est un pronom relatif.
"Qui" is a relative pronoun.

► **pronom relatif : relative pronoun** /'relətɪv 'prəʊnaʊn/

relation

1 ▷ Il n'y aucune relation entre les deux idées.
There is no connection between the two ideas.

(= lien) **connection** /kə'nekʃən/

2 ▷ Ils ont de très bonnes relations.
They have a very good relationship.

► **relations** (= rapports personnels) : **relationship** /rɪ'leɪʃənʃɪp/

3 ▷ Les jeunes commencent à avoir des relations sexuelles de plus en plus tôt.
Young people start having sex earlier and earlier.

► **relations sexuelles : sex** /seks/

relaxant, relaxante

▷ C'était un massage très relaxant.
It was a very relaxing massage.

relaxing /rɪ'læksɪŋ/ (**plus relaxant** more relaxing, **le plus relaxant** the most relaxing)

se relayer

▷ On s'est relayés pour aller la voir à l'hôpital.
We took it in turns to go and see her in hospital.

► **se relayer pour** + *infinitif* : **take it in turns** /ˌteɪk ɪt ɪn 'tɜːnz/ **to** + *base verbale* (took /tʊk/, taken /'teɪkən/)

relever

1 ▷ Relève tes manches pour ne pas les salir.
Roll up your sleeves so as not to get them dirty.

(manches, bas du pantalon) **roll up** /rəʊl 'ʌp/

2 ▷ Anna a dû relever sa jupe pour passer par-dessus la clôture.
Anna had to lift up her skirt to get over the fence.

(une jupe) **lift up** /lɪft 'ʌp/

3 ▷ Le prof va relever les copies dans cinq minutes.
The teacher is going to collect the papers in five minutes.

(= ramasser) **collect** /kə'lekt/

4 ▷ Elle s'est relevée très vite.
She got up very quickly.

► **se relever** (= se remettre debout) : **get up** /get 'ʌp/ (**got up**, **got up** /gɒt 'ʌp/)

relier

▷ C'est la route qui relie les deux villages.
That's the road that links the two villages.

(= réunir, mettre en relation) **link** /lɪŋk/

religieux, religieuse

▷ Ils n'ont pas les mêmes croyances religieuses.
They don't have the same religious beliefs.

religious /rɪ'lɪdʒəs/ (**plus religieux** more religious, **le plus religieux** the most religious)

religion

▷ Pour lui la religion est très importante.
For him religion is very important.

religion /rɪ'lɪdʒən/
► **la religion** : religion

relire

1 ▷ Est-ce que tu pourrais relire mon CV pour voir s'il y a des fautes ?
Could you read through my CV to see if there are any mistakes?

(= lire pour corriger) **read through** /riːd 'θruː/ (**read** /red/, **read** /red/)

2 ▷ Je suis en train de relire mon roman préféré.
I'm re-reading my favourite novel.

(= lire à nouveau) **re-read** /rɪ'riːd/ (**re-read** /rɪ'red/, **re-read** /rɪ'red/)

*Le prétérit et le participe passé **read** se prononcent comme l'adjectif **red**.*

remarquable

▷ Elle a fait des progrès remarquables en tennis.
She has made some remarkable progress in tennis.

remarkable /rɪ'mɑːkəbl/ (**plus remarquable** more remarkable, **le plus remarquable** the most remarkable)

remarque

1 ▷ Tes remarques m'ont été très utiles.
Your remarks were very useful to me.

(= commentaire) **remark** /rɪ'mɑːk/
ℹ *On peut aussi dire **comment** /'kɒment/.*

2 ▷ Il me fait sans arrêt des remarques !
He's always criticizing me!

► **faire des remarques à quelqu'un** (= le critiquer) : **criticize** /'krɪtɪsaɪz/ somebody

remarquer

1 ▷ Je n'avais pas remarqué qu'elle s'était teint les cheveux.
I hadn't noticed that she had dyed her hair.

(= se rendre compte de) **notice** /'nəʊtɪs/

2 ▷ Ce n'est pas un problème, remarque !
It's not a problem, mind you!

► **remarque** (en fin ou en début de phrase) : **mind you** /maɪnd 'juː/
Le verbe anglais ***remark*** *signifie « faire remarquer ».*

rembourser

▷ Bob a oublié de me rembourser.
Bob forgot to pay me back.
▷ Ils n'arrivent pas à rembourser leur emprunt.
They can't pay back their loan.

pay back /peɪ 'bæk/ **(paid, paid** /peɪd/**)**

remède

▷ C'est un remède très efficace.
It's a very efficient cure.

cure /kjʊəʳ/

remercier

▷ Il aurait pu nous remercier !
He could have thanked us!

(= dire merci à) **thank** /θæŋk/

▷ C'est très gentil, je vous remercie.
That's very kind, thank you.

► **je vous remercie** *ou* **je te remercie : thank you** /'θæŋk juː/

remettre

1 ▷ Remets ce livre sur l'étagère.
Put this book back on the shelf.

(= replacer) **put back** /pʊt 'bæk/ **(put, put)**

2 ▷ Je remets ma veste, j'ai froid.
I'm putting my jacket back on, I'm cold.

(= renfiler un vêtement) **put back on (put, put)**

3 ▷ Je n'ai pas envie de remettre le même jean.
I don't want to wear the same jeans again.

(= porter de nouveau) **wear** /wɛəʳ/ **again (wore** /wɔːʳ/, **worn** /wɔːn/**)**

4 ▷ Tu peux remettre la radio si tu veux.
You can put the radio back on if you want.

(= faire à nouveau fonctionner) **put back on (put, put)**

5 ▷ Je lui ai remis une photocopie de mon passeport.
I gave him a photocopy of my passport.

► **remettre** quelque chose **à** quelqu'un : **give** /gɪv/ somebody something **(gave** /geɪv/, **given** /'gɪvn/**)**

6 ▷ La réunion a été remise à lundi.
The meeting was postponed until Monday.

(= reporter) **postpone** /pəʊst'pəʊn/
Notez la préposition utilisée en anglais : remettre à = ***postpone until***.

7 ▷ Je ne sais pas si Bruno va se remettre de son accident.
I don't know if Bruno is going to recover from his accident.

► **se remettre de** quelque chose : **recover** /rɪ'kʌvəʳ/ **from** something

8 ▷ Elle s'est remise à pleurer dès qu'il est parti.
She started crying again as soon as he left.

8 ► **se remettre à** + *infinitif* **: start** + *-ing* + **again**

remonter

1 ▷ On est remontés jusqu'en haut de la colline.
We went back up to the top of the hill.

1 ► **remonter** (= aller vers le haut) : **go back up** /gəʊ bæk 'ʌp/ (**went** /'went/, **gone** /'gɒn/)

2 ▷ L'ascenseur remonte.
The lift is coming back up.

2 ► **remonter** (= venir vers le haut) : **come back up** /kʌm bæk 'ʌp/ (**came** /'keɪm/, **come** /kʌm/)

3 ▷ Il a remonté la pente.
He went back up the slope.

3 (une pente, une rue) **go back up** (**went, gone**)

4 ▷ N'oublie pas de remonter la pendule.
Don't forget to wind the clock up.

4 (une montre, une horloge) **wind** /waɪnd/ **up** (**wound, wound** /'waʊnd/)

remords

▷ Lucas a eu des remords quand il a vu qu'elle était triste.
Lucas was sorry when he saw that she was sad.

► **avoir des remords : be sorry** /'sɒrɪ/

remorquer

▷ Le garagiste a remorqué la voiture.
The mechanic towed the car.

tow /təʊ/

*Tow rime avec **Joe** et **go**. **Towed** rime avec **road**.*

remplaçant, remplaçante

1 ▷ On a eu une remplaçante parce que la prof d'anglais était malade.
We had a supply teacher because the English teacher was ill.

1 (= professeur) **supply teacher** /sə'plaɪ tiːtʃə^{r}/ (pluriel **supply teachers**)

*En anglais américain, on dit **substitute teacher*** /'sʌbstɪtjuːt 'tiːtʃə^{r}/.

2 ▷ Je ne sais pas si je vais jouer dimanche, je suis remplaçant.
I don't know if I'm going to play on Sunday, I'm a substitute.

2 (en sport) **substitute** /'sʌbstɪtjuːt/

3 ▷ Le docteur n'était pas là, c'est son remplaçant qui m'a examiné.
The doctor wasn't there, it was his replacement who examined me.

3 (= médecin ou autre profession) **replacement** /rɪ'pleɪsmənt/

remplacer

1 ▷ Tu peux me remplacer deux minutes ?
Can you take over from me for two minutes?

(= prendre le relais de) **take over from** /teɪk 'əʊvə frɒm/ (took /'tʊk/, taken /'teɪkən/)

2 ▷ Je l'ai remplacé à la deuxième mi-temps.
I substituted him during the second half.

(un joueur) **substitute** /'sʌbstɪtjuːt/

3 ▷ Je vais remplacer l'ampoule.
I'm going to replace the bulb.

(= changer) **replace** /rɪ'pleɪs/

rempli, remplie

▷ La bouteille est remplie.
The bottle is full.
▷ Ce CV est rempli de fautes !
This CV is full of mistakes!

(= plein) **full** /fʊl/

remplir

1 ▷ Ne remplis pas le verre.
Don't fill the glass.
▷ Remplissez la casserole d'eau froide.
Fill the pan with cold water.

(= combler) **fill** /fɪl/

ℹ *Notez la préposition utilisée en anglais :* remplir de = *fill with*.

2 ▷ Est-ce que tu as rempli tout le questionnaire ?
Have you filled in the whole questionnaire?

(un formulaire) **fill in**

remporter

1 ▷ L'équipe de Dijon a remporté la compétition.
The Dijon team won the competition.

(= gagner) **win** /wɪn/ (won, won /wʌn/)

2 ▷ Tu peux remporter tous tes gâteaux.
You can take all your cakes away.

(= reprendre) **take away** /'teɪk ə'weɪ/ (took /tʊk/, taken /'teɪkn/)

remuer

1 ▷ Arrête de remuer !
Stop fidgeting!

► **remuer** (= s'agiter) : **fidget** /'fɪdʒɪt/

2 ▷ Ajoutez le lait et remuez bien.
Add the milk and stir well.

► **remuer** quelque chose (un liquide) : **stir** /stɜːʳ/ something

ℹ *Il y a deux **r** au prétérit et au participe passé* (stirred /stɜːd/).

3 ▷ Est-ce que quelqu'un a remué la salade ?
Has anybody tossed the salad?

► **remuer une salade : toss** /tɒs/ **a salad**

4 ▷ Le chien remue la queue quand il est content.
The dog wags its tail when it's happy.

► **remuer la queue** (chien) : **wag its tail** /wæg ɪts 'teɪl/

renard

▷ Un renard a traversé la route juste devant la voiture.
A fox crossed the road just in front of the car.

fox /fɒks/ (pluriel **foxes** /'fɒksɪz/)

rencontrer

▷ J'ai rencontré Alex l'année dernière.
I met Alex last year.
▷ Aïda et Léo se sont rencontrés en Espagne.
Aïda and Léo met in Spain.

(= faire la connaissance de) **meet** /mi:t/ (**met, met** /met/)
► **se rencontrer : meet** /mi:t/ (**met, met** /met/)

rendez-vous

1 ▷ Cyril a manqué son rendez-vous chez l'oculiste.
Cyril missed his appointment at the eye specialist's.
▷ Elle est absente parce qu'elle a rendez-vous chez le docteur.
She is absent because she has an appointment at the doctor's.
▷ J'ai pris rendez-vous chez le dentiste pour lundi.
I made an appointment at the dentist's for Monday.

(chez le médecin, le dentiste, le coiffeur) **appointment** /ə'pɔɪntmənt/
► **avoir rendez-vous : have an appointment (had, had)**
► **prendre rendez-vous : make** /meɪk/ **an appointment (made, made** /meɪd/)

2 ▷ J'ai rendez-vous avec Pierre à 15 heures.
I'm meeting Pierre at 3 o'clock.
Rendez-vous à 11 heures devant la gare.
Let's meet at 11 o'clock outside the station.
▷ J'ai donné rendez-vous à Sylvain à neuf heures.
I arranged to meet Sylvain at nine o'clock.

*Quand il s'agit d'un rendez-vous avec un ami, on emploie le verbe **meet** /mi:t/.*
*N'employez pas **appointment** dans ce contexte !*
► **donner rendez-vous à** quelqu'un **: arrange** /ə'reɪndʒ/ **to meet** somebody

3 ▷ Mathias est nerveux parce que c'est son premier rendez-vous avec Aurélie.
Mathias is nervous because it's his first date with Aurélie.

(d'amoureux) **date** /deɪt/

se rendormir

▷ Le bébé s'est rendormi.
The baby went back to sleep.

go back to sleep /gəʊ 'bæk tə 'sli:p/ (**went back** /went 'bæk/, **gone back** /gɒn 'bæk/)

rendre

1 ▷ Est-ce que tu peux me rendre le CD que je t'ai prêté ?
Can you give me back the CD that I lent you?

► **rendre** quelque chose **à** quelqu'un **: give** /gɪv/ something **back to** somebody (**gave** /'geɪv/, **given** /'gɪvn/)

2 ▷ Vous devez rendre les copies maintenant.
You must hand the papers in now.

2 ► **rendre** quelque chose (devoir sur table) : **hand** /'hænd/ something **in**

3 ▷ Ça me rend triste !
It makes me sad!

3 *Au sens de faire devenir, rendre se traduit par **make** /meɪk/ **(made, made** /meɪd/**).***

4 ▷ Il a rendu sur le bateau.
He was sick on the boat.

4 (= vomir) **be sick** /'sɪk/

rêne

▷ Tiens les rênes.
Hold the reins.

rein /reɪn/

renifler

▷ Quelqu'un à côté de moi a reniflé pendant tout le spectacle.
Somebody next to me sniffed throughout the whole show.

sniff /snɪf/

renne

▷ Ils élèvent des rennes.
They breed reindeers.

reindeer /'reɪndɪəʳ/

renommé, renommée

▷ Notre région est renommée pour son fromage.
Our region is renowned for its cheese .

renowned /rɪ'naʊnd/ **(plus renommé more renowned, le plus renommé the most renowned)**

renoncer

▷ Non, c'est trop dur, je renonce !
No, it's too difficult, I give up!

(= abandonner) **give up** /gɪv 'ʌp/ **(gave up** /geɪv 'ʌp/**, given up** /gɪvn 'ʌp/**)**

renouvelable

▷ Ils investissent dans les énergies renouvelables.
They are investing in renewable energies.

renewable /rɪ'nju:əbl/

renouveler

▷ As-tu renouvelé ton abonnement ?
Did you renew your subscription?

renew /rɪ'nju:/

rénover

▷ Ils vont rénover la mairie.
They're going to renovate the town hall.

renovate /'renəveɪt/

renseignement

▷ Ces renseignements sont très utiles.
This information is very useful.

▷ On a demandé des renseignements à l'office de tourisme.
We asked for some information at the tourist office.

▷ Quelqu'un m'a demandé un renseignement dans la rue.
Someone asked me for some information in the street.

▷ Quel est le numéro des renseignements ?
What's the number for directory inquiries?

ℹ *Le mot* renseignement *se traduit par* ***information*** /ˌɪnfəˈmeɪʃən/, *mais attention ! En anglais,* ***information*** *est un mot indénombrable : il ne se met pas au pluriel, et il ne s'emploie jamais avec l'article* ***an****.*

ℹ *Notez l'emploi de* ***some information*** *pour traduire* un renseignement *ou* des renseignements.

► **renseignements téléphoniques :** directory inquiries /dɪˌrektərɪ ɪnˈkwaɪəriːz/

renseigner

1 ▷ J'ai été mal renseigné.
I was given the wrong information.

(une personne) give /gɪv/ some information /ˌɪnfəˈmeɪʃən/ to

2 ▷ Je vais me renseigner sur les horaires de train.
I'm going to ask for some information on train timetables.

► **se renseigner :** ask /ɑːsk/ for some information /ˌɪnfəˈmeɪʃən/

rentable

▷ C'est une affaire très rentable.
This is a very profitable business.

profitable /ˈprɒfɪtəbl/ (plus rentable more profitable, le plus rentable the most profitable)

rentrée

▷ La rentrée est le 6 septembre.
The start of the school year is on 6 September.

► **la rentrée (des classes) :** the start /stɑːt/ of the school year /skuːl ˈjɪəʳ/

rentrer

1 ▷ Rentrez, il fait froid dehors.
Come in, it's cold outside.

▷ Ils sont rentrés dans le salon.
They came into the living room.

► **rentrer** (= venir dedans) : come in /kʌm ˈɪn/ (came in /keɪm ˈɪn/, come in)

► **rentrer dans** (= venir dans) : come into (came into, come into)

2 ▷ Rentrons vite, il commence à pleuvoir.
Let's go in quick, it's starting to rain.

▷ On est rentrés dans un bar pour boire un verre.
We went into a bar to have a drink.

► **rentrer** (= aller dedans) : go in /gəʊ ˈɪn/ (went in /went ˈɪn/, gone in /gɒn ˈɪn/)

► **rentrer dans** (= aller dans) : go into

▷ Tu crois qu'on va tous rentrer dans la voiture ?
Do you think we'll all get into the car?
▷ Je ne rentre plus dans ce jean.
I can't get into these jeans any more.

► **rentrer dans** (= tenir dans un espace ou mettre un vêtement) : **get into (got, got)**

3 ▷ Je suis fatigué, je rentre.
I'm tired, I'm going home.
▷ Tu veux rentrer ?
Do you want to go home?

(= aller chez soi) **go home** /gəʊ 'həʊm/ (**went home** /went 'həʊm/, **gone home** /gɒn 'həʊm/)

4 ▷ J'étais déjà au lit quand elle est rentrée.
I was already in bed when she got home.

(= arriver chez soi) **get home** /get 'həʊm/ (**got home, got home** /gɒt 'həʊm/)

5 ▷ La voiture est rentrée dans un arbre.
The car crashed into a tree.

► **rentrer dans** quelque chose (= heurter) : **crash** /kræʃ/ **into** something

6 ▷ Je vais rentrer le linge, il commence à pleuvoir.
I'm going to bring the washing in, it's starting to rain.

► **rentrer** quelque chose (= le mettre à l'intérieur) : **bring** /brɪŋ/ something **in** (**brought, brought** /'brɔːt/)

renverser

1 ▷ Attention, ne renverse pas la bouteille.
Be careful, don't knock the bottle over.

(= faire tomber) **knock over** /nɒk 'əʊvəʳ/

🔊 *Le* ***k*** *de* ***knock*** *ne se prononce pas.*

2 ▷ Benoît a renversé son café.
Benoît spilled his coffee.

(= répandre) **spill** /spɪl/ (**spilled, spilt**)

3 ▷ Elle s'est fait renverser par une voiture.
She was run over by a car.

► **se faire renverser** (piéton) : **be run over** /rʌn 'əʊvəʳ/

renvoyer

1 ▷ Matthieu a été renvoyé du lycée.
Matthieu was expelled from the school.

(= expulser définitivement) **expel** /ek'spel/

ℹ *Il y a deux* ***l*** *au gérondif* (**expelling** /ek'spelɪŋ/), *au prétérit et au participe passé* (**expelled** /ek'speld/).

2 ▷ Anne a été renvoyée trois jours.
Anne was suspended for three days.

(= expulser provisoirement) **suspend** /səs'pend/

3 ▷ Renvoie-moi la balle !
Throw the ball back to me!

(= lancer) **throw back** /θrəʊ 'bæk/ (**threw** /θruː/, **thrown** /θrəʊn/)

réparation

▷ On va faire faire des réparations dans la maison.
We're going to have some repairs done in the house.

repair /rɪ'pɛəʳ/

réparer

▷ Quelqu'un est venu réparer la télé.
Somebody came to repair the TV.

repair /rɪ'pɛəʳ/

▷ Il faut que je fasse réparer ma machine à laver.
I must get my washing machine repaired.

► **faire réparer** quelque chose : get something repaired

repartir

▷ On est repartis après une pause d'une heure.
We set off again after a one-hour break.

(= reprendre la route) set off again /set 'ɒf əˌgen/ (set off again, set off again)

répartir

▷ Nous allons répartir le travail entre trois équipes.
We're going to share out the work between three teams.

(= partager) share out /ʃɛər 'aʊt/

Attention à la prononciation de ***shared*** *:* /ʃɛəd/.

repas

▷ Les repas de l'hôtel sont excellents.
The hotel meals are excellent.

▷ Nous prenons nos repas dans la cuisine.
We have our meals in the kitchen.

meal /miːl/

Notez la traduction de prendre *un repas :* ***have a meal*** (had, had).

repassage

▷ Je déteste faire le repassage.
I hate doing the ironing.

ironing /'aɪənɪŋ/

Le ***r*** *ne se prononce pas.*

repasser

1 ▷ Je vais repasser ma chemise.
I'm going to iron my shirt.

(avec un fer à repasser) iron /'aɪən/

Le ***r*** *ne se prononce pas.*

2 ▷ Pierre a dû repasser son permis de conduire.
Pierre had to retake his driving test.

(un examen, le permis de conduire) retake /riː'teɪk/ (retook /riː'tʊk/, retaken /riː'teɪkən/)

3 ▷ J'ai vu repasser Lise et Marine.
I saw Lise and Marine go past again.

(= aller de nouveau d'un lieu à un autre) go past again /gəʊ 'pɑːst əˌgen/ (went /'went/, gone /'gɒn/)

4 ▷ Marc a dit qu'il repasserait ce soir.
Marc said he would come back tonight.

(= revenir) come back /kʌm 'bæk/ (came back /keɪm 'bæk/, come back)

repeindre

▷ Rémi repeint la maison avec un copain.
Rémi is repainting the house with a friend.

repaint /riː'peɪnt/

repérer

1 ▷ Ils sont sur la plage, essaie de les repérer.
They're on the beach, try and spot them.

1 (= trouver, remarquer) **spot** /spɒt/
ℹ *Il y a deux **t** au gérondif (**spotting** /'spɒtɪŋ/), au prétérit et au participe passé (**spotted** /'spɒtɪd/).*

2 ▷ On devrait repérer le village sur la carte avant de partir.
We should locate the village on the map before leaving.

2 (= situer) **locate** /ləʊ'keɪt/

répertoire

1 ▷ Mets ton fichier dans un autre répertoire.
Put your file in another directory.

1 (en informatique) **directory** /daɪ'rektərɪ/ (pluriel **directories** /daɪ'rektəriːz/)

2 ▷ Elle n'a que deux chansons à son répertoire.
She's only got two songs in her repertoire.

2 (de chanteur) **repertoire** /'repətwɑːʳ/

répéter

1 ▷ Tu peux répéter, s'il te plaît ? Je n'ai pas compris.
Can you repeat that, please? I didn't understand.

1 (= redire) **repeat** /rɪ'piːt/

2 ▷ On répète tous les mardis.
We rehearse every Tuesday.

2 (= s'entraîner) **rehearse** /rɪ'hɜːs/
🔊 ***Rehearse** rime avec **nurse**.*

répétition

1 ▷ Il y a trop de répétitions dans ton CV.
There is too much repetition in your CV.

1 (= mot ou phrase répétée) **repetition** /ˌrepɪ'tɪʃən/
ℹ *Le mot anglais **repetition** est généralement employé au singulier.*

2 ▷ N'oublie pas que la répétition est à six heures.
Don't forget that the rehearsal is at six.

2 (= séance d'entraînement) **rehearsal** /rɪ'hɜːsəl/
🔊 *Dans le mot **rehearsal**, **-hear-** se prononce exactement comme le mot **her**.*

répondeur

▷ Il y a trois messages sur le répondeur.
There are three messages on the answering machine.

answering machine /'ɑːnsərɪŋ məʃiːn/ (pluriel **answering machines**)
🔊 *Le **w** ne se prononce pas.*

répondre

▷ J'ai posé une question à Pascal mais il ne m'a pas répondu.
I asked Pascal a question but he didn't answer me.

answer /'ɑːnsəʳ/
🔊 *Le **w** de **answer** ne se prononce pas. **Answer** rime avec **dancer**.*

▷ Je ne veux pas répondre à cette question.
I don't want to answer that question.
▷ Ça ne répond pas, ils doivent être déjà partis.
There's no answer, they must have left already.

► **répondre à :** answer

► **ça ne répond pas :** there's no answer

Attention à la prononciation de ***answered*** *:* /'ɑːnsəd/.

réponse

▷ Ce n'était pas la bonne réponse.
It wasn't the right answer.

answer /'ɑːnsəʳ/

Le ***w*** *de* ***answer*** *ne se prononce pas.*

reportage

▷ Vous avez vu le reportage sur le Tour de France ?
Did you see the report on the Tour de France?

(= émission) **report** /rɪ'pɔːt/

Report *rime avec* ***bought*** *et* ***caught****.*

reporter

▷ La réunion est reportée à mardi.
The meeting is postponed until Tuesday.

(= remettre à plus tard) **postpone** /pəʊst'pəʊn/

Notez la préposition utilisée en anglais : reporter à = ***postpone until****.*

Le verbe anglais ***report*** *signifie « déclarer », « dénoncer », « signaler ».*

repos

▷ Le médecin a dit qu'il avait besoin de repos.
The doctor said that he needed rest.

(= détente) **rest** /rest/

se reposer

▷ Tu devrais te reposer avant de partir.
You should rest before leaving.

rest /rest/

repousser

1 ▷ Elle a repoussé la chaise.
She pushed the chair away.

(une chose, une personne gênante) **push away** /pʊʃ ə'weɪ/

2 ▷ La date de l'examen a été repoussée à lundi.
The exam has been postponed till Monday.

(un rendez-vous) **postpone** /pəʊst'pəʊn/

3 ▷ Tes cheveux repousseront vite.
Your hair will quickly grow back.

(végétation, cheveux) **grow back** /grəʊ 'bæk/ (**grew back** /gruː/, **grown back** /grəʊn/)

reprendre

1 ▷ Reprends du gâteau si tu veux.
Have some more cake if you want.

Reprendre *au sens de prendre encore se traduit par* ***have some more...*** (**had, had**).

2 ▷ Ils ont repris leur conversation.
They resumed their conversation.

(= poursuivre) **resume** /rɪ'zjuːm/

3 ▷ Quand est-ce que vous reprenez le travail ?
When do you go back to work?

► **reprendre le travail :** go back to work (went, went)

4 ▷ Le prof nous reprend patiemment.
The teacher corrects us patiently.

► **reprendre** quelqu'un (= le corriger) : **correct** /kə'rekt/ somebody

5 ▷ Les cours reprennent le 6 septembre.
School starts again on 6 September.

(= recommencer) **start again** /stɑːt ə'gen/

représentant, représentante

▷ Son père est représentant de commerce.
His father is a sales representative.
▷ On devrait choisir un représentant pour parler au directeur.
We should choose a representative to talk to the manager.

(= délégué) **representative** /ˌreprɪ'zentətɪv/

représentatif, représentative

▷ C'est un échantillon représentatif de la population.
It's a representative sample of the population.

representative /ˌreprɪ'zentətɪv/ **(plus représentatif** more representative, **le plus représentatif** the most representative**)**

représentation

▷ La représentation commence à huit heures.
The performance starts at eight o'clock.

(= pièce de théâtre) **performance** /pə'fɔːməns/

L'accent tonique est sur la deuxième syllabe ***-for-****.*

représenter

▷ Que représente ce tableau ?
What does this painting represent?
▷ Elle représentera l'ensemble des employés.
She will represent all the employees.

represent /ˌreprɪ'zent/

L'accent tonique est sur la dernière syllabe ***-sent****.*

reproche

▷ Ce n'est pas un reproche !
It's not a criticism!

criticism /'krɪtɪsɪzəm/

▷ Daniel me fait tout le temps des reproches.
Daniel criticizes me all the time.

► **faire des reproches à** quelqu'un **:** **criticize** /'krɪtɪsaɪz/ somebody

reprocher

▷ Il m'a reproché d'arriver toujours en retard.
He criticized me for always arriving late.

► **reprocher à** quelqu'un **de** + *infinitif* : **criticize** /'krɪtɪsaɪz/ somebody **for** + *-ing*

reptile

▷ Il y a un bâtiment spécial pour les reptiles au zoo.
There's a special building for reptiles at the zoo.

reptile /'reptaɪl/

🔊 *Le **i** du mot anglais se prononce comme le **i** de **like**.*

république

▷ Notre pays est une république.
Our country is a republic.

republic /rɪ'pʌblɪk/

réputation

▷ Ce restaurant a une très bonne réputation.
This restaurant has a very good reputation.

reputation /ˌrepjʊ'teɪʃən/

🔊 *L'accent tonique est sur la troisième syllabe **-ta-**.*

réputé, réputée

▷ C'est un écrivain très réputé.
He's a very famous writer.

famous /'feɪməs/ (**plus réputé** more famous, **le plus réputé** the most famous)

🔊 *Le **a** se prononce comme le **a** de **make**, et le **ou** comme le **e** du mot français **de**.*

requête

▷ Il faut changer la requête.
You have to change the query.

(en informatique) **query** /'kwɪərɪ/ (pluriel **queries** /'kwɪəriːz/)

requin

▷ Il y a des requins près de cette plage.
There are sharks near this beach.

shark /ʃɑːk/

réseau

▷ C'est le nom d'un réseau social.
It's the name of a social network.

(Internet) **network** /'netwɜːk/

▷ On peut jouer en réseau.
We can play on a network.

► **en réseau :** on a network

réseauter

▷ J'adore réseauter sur Internet.
I love networking on the internet.

network /'netwɜːk/

réservation

▷ J'ai fait une réservation dans un hôtel.
I made a reservation in a hotel.

reservation /ˌrezə'veɪʃən/

ℹ *On dit aussi **booking** /'bʊkɪŋ/ en anglais britannique.*

réserve

1 ▷ Nous avons une réserve de bougies en cas de coupure de courant.
We have a stock of candles in case there's a power cut.

(= provision) **stock** /stɒk/

2 ▷ Le village est dans une réserve naturelle.
The village is in a natural reserve.

2 (= endroit protégé) **reserve** /rɪˈzɜːv/

réserver

1 ▷ Les billets sont moins chers si tu réserves en avance.
The tickets are cheaper if you book in advance.

1 (= retenir à l'avance) **book** /bʊk/

ℹ *On peut aussi dire **reserve** /rɪˈzɜːv/.*

2 ▷ On te réservera une place à côté de nous.
We'll keep a seat for you next to us.

2 (= garder) **keep** /kiːp/ (kept, kept /kept/)

réservoir

▷ Le réservoir contient combien de litres d'essence ?
How many litres of fuel does the tank hold?

(de véhicule) **tank** /tæŋk/

résidence

1 ▷ Sa résidence officielle est à Paris.
His official residence is in Paris.

1 (= maison) **residence** /ˈrezɪdəns/

2 ▷ Elle habite dans une résidence près de l'école.
She lives in a block of flats close to school.

2 (= immeuble) **block of flats** /blɒk əv ˈflæts/

3 ▷ Mon frère a une chambre dans une résidence universitaire.
My brother has a room in a hall of residence.

3 ► **résidence universitaire : hall of residence**

*En anglais américain, on dit **dormitory*** /ˈdɔːmɪtrɪ/, (pluriel **dormitories** /ˈdɔːmɪtriːz/)

résistant, résistante

1 ▷ Célia est très résistante, elle n'est jamais malade.
Célia is very tough, she's never ill.

1 (personne) **tough** /tʌf/ (plus résistant tougher /ˈtʌfəʳ/, le plus résistant the toughest /ˈtʌfɪst/)

🔊 ***Tough** rime avec **stuff**.*

2 ▷ Ce tissu est très résistant.
This material is very hard-wearing.

2 (matériau) **hard-wearing** /hɑːd ˈwɛərɪŋ/ (plus résistant more hard-wearing, le plus résistant the most hard-wearing)

résister à

▷ Je n'ai pas pu résister à la tentation, j'en ai acheté quatre !
I couldn't resist the temptation, I bought four of them!

(= ne pas céder à) **resist** /rɪˈzɪst/

ℹ *Notez l'absence de préposition en anglais (on ne dit pas * resist to).*

résoudre

▷ Je n'ai pas encore résolu ce problème.
I haven't solved this problem yet.

solve /sɒlv/

respect

▷ J'ai beaucoup de respect pour lui.
I have a lot of respect for him.

respect /rɪ'spekt/

respecter

1 ▷ Il ne respecte personne.
He doesn't respect anyone.

(une personne, des droits, l'environnement) respect /rɪ'spekt/

2 ▷ Vont-ils respecter le cessez-le-feu ?
Will they observe the ceasefire?

(une interdiction) observe /əb'zɜːv/

respectueux, respectueuse

▷ Ils sont très respectueux de la loi.
They are very respectful of the law.

respectful /rɪ'spektfʊl/ (plus respectueux more respectful, le plus respectueux the most respectful)

respiration

▷ Linda a retenu sa respiration avant de plonger.
Linda held her breath before diving.

(= souffle) breath /breθ/

*Le **ea** de **breath** se prononce comme le **e** de **bed**.*

respirer

▷ Il a du mal à respirer.
He has trouble breathing.

breathe /briːð/

*Le **ea** de **breathe** se prononce comme le **ee** de **week** et **see**.*

responsabilité

▷ Elle a beaucoup de responsabilités dans son travail.
She has a lot of responsibilities in her job.

responsibility /rɪsˌpɒnsɪ'bɪlɪtɪ/ (pluriel responsibilities /rɪsˌpɒnsɪ'bɪlɪtɪz/)

responsable

1 ▷ Chaque équipe est responsable d'une partie du travail.
Each team is responsible for a part of the work.

► **responsable de :** responsible /rɪ'spɒnsəbl/ for

Attention à l'orthographe.

2 ▷ Le responsable sera puni.
The person responsible will be punished.
▷ On cherche les responsables.
We're looking for the people responsible.

► **le responsable** *ou* **la responsable** (= la personne coupable) : the person /'pɜːsn/ responsible (pluriel the people /piːpl/ responsible)

*Attention : **responsible** est un adjectif, jamais un nom.*

3 ▷ Je voudrais parler au responsable.
I'd like to speak to the person in charge.

► **le responsable** *ou* **la responsable** (= la personne qui dirige) : the person in charge /ɪn 'tʃɑːdʒ/ (pluriel the people in charge)

ressemblant, ressemblante

▷ Ce portrait est très ressemblant.
This portrait is a very good likeness.

► **être ressemblant :** be a good likeness /gʊd 'laɪknəs/

ressembler

1 ▷ Joël ressemble à sa mère.
Joël looks like his mother.

► **ressembler à** quelqu'un **:** look like /'lʊk laɪk/ somebody

2 ▷ Les deux frères ne se ressemblent pas beaucoup.
The two brothers don't look very much alike.

► **se ressembler :** look alike /lʊk ə'laɪk/

ressort

▷ Il y a un ressort cassé dans le canapé.
There's a broken spring in the sofa.

(= pièce de métal) spring /sprɪŋ/

ressortir

1 ▷ Lucas est ressorti pour me parler.
Lucas came back out to talk to me.

(= venir dehors) come back out /kʌm bæk 'aʊt/ (came back out /keɪm bæk 'aʊt/, come back out)

2 ▷ Il est tard, je n'ai pas envie de ressortir.
It's late, I don't feel like going back out.

(= aller dehors) go back out /gəʊ bæk 'aʊt/ (went back out /went bæk 'aʊt/, gone back out /gɒn bæk 'aʊt/)

3 ▷ La photo ressortira mieux sur fond noir.
The photo will stand out better against a black background.

(= se détacher) stand out /stænd'aʊt/ (stood out, stood out /stʊd'aʊt/)

ressources

▷ Leur pays a d'énormes ressources naturelles.
Their country has huge natural resources.

(= moyens matériels, personnel) resources /rɪ'sɔːsɪz/

*Attention à l'orthographe du mot anglais **resource**, qui ne prend qu'un seul **s**.*

restaurant

▷ Jean nous a conseillé un restaurant indien.
Jean recommended an Indian restaurant.
▷ Nous allons au restaurant tous les samedis.
We go to the restaurant every Saturday.

restaurant /'restərɒnt/

reste

1 ▷ Le reste de la famille viendra plus tard.
The rest of the family will come later.

► **le reste** (= la partie restante) **:** the rest /rest/

2 ▷ On a mangé des restes au dîner.
We ate leftovers for dinner.

► **restes** (de nourriture) : leftovers /ˈleftəʊvəz/

rester

1 ▷ Reste avec moi.
Stay with me.

(dans un endroit, dans une position) **stay** /steɪ/

2 ▷ Vous pouvez emporter la nourriture qui reste.
You can take the food that's left.
▷ Il reste du gâteau, qui en veut ?
There is some cake left, who wants some?
▷ Il reste trois euros.
There are three euros left.
▷ Est-ce qu'il reste des pommes ?
Are there any apples left?
▷ Est-ce qu'il reste du fromage ?
Is there any cheese left?
▷ Il nous reste cinquante euros.
We have fifty euros left.

(= subsister) **be left** /left/

ℹ *Pour traduire la tournure impersonnelle* **il reste**, *on emploie en anglais* ***there is*** *(+ nom au singulier) ou* ***there are ...*** *(+ nom au pluriel)* ***left****.*

ℹ ***There is*** *+ nom au singulier.* ***There are*** *+ nom au pluriel.*

ℹ *À l'interrogatif,* ***is there?*** *(+ singulier) ou* ***are there?*** *(+ pluriel).*

ℹ *Lorsqu'il y a un complément d'objet indirect (***nous*** dans notre exemple), on emploie en anglais* ***have... left*** (had, had).

résultat

▷ Nous avons eu de très bons résultats.
We had very good results.

result /rɪˈzʌlt/

🔊 *L'accent tonique est sur la deuxième syllabe* ***-sult****.*

résumé

▷ Je n'ai lu que le résumé de l'article.
I only read the summary of the article.

summary /ˈsʌmərɪ/ (pluriel **summaries** /ˈsʌmərɪz/)

⚠ *Le mot américain* ***résumé*** *existe mais il signifie « CV ».*

résumer

▷ C'est un film qui est difficile à résumer.
It's a film that's difficult to sum up.
▷ Il a résumé le texte en quelques phrases.
He summed up the text in a few sentences.

sum up /sʌm ˈʌp/

ℹ *Il y a deux* ***m*** *au gérondif* (>summing up /ˌsʌmɪŋ ˈʌp/), *au prétérit et au participe passé* (summed up /sʌmd ˈʌp/).

⚠ *Attention ! Le verbe anglais* ***resume*** *ne signifie pas « résumer » mais « reprendre ».*

se rétablir

▷ Il s'est vite rétabli.
He soon recovered.

recover /rɪˈkʌvəʳ/

retard

▷ Il y a un retard de deux heures.
There is a two-hour delay.

▷ Le train avait du retard.
The train was late.

▷ Vous avez une demi-heure de retard.
You're half an hour late.

▷ Charles arrive toujours en retard.
Charles always arrives late.

(dans un horaire, un programme) **delay** /dɪ'leɪ/

► **avoir du retard : be late** /leɪt/

► **en retard : late** /leɪt/

retarder

1 ▷ Ils ont dû retarder leur départ de deux jours.
They had to delay their departure by two days.

(= remettre à plus tard) **delay** /dɪ'leɪ/

2 ▷ Je crois que ta montre retarde.
I think your watch is slow.
▷ L'horloge retarde de trois minutes.
The clock is three minutes slow.

(montre) **be slow** /sləʊ/

retenir

1 ▷ Il allait sauter, mais on l'a retenu.
He was going to jump, but we held him back.

(= maintenir) **hold back** /həʊld 'bæk/ **(held, held** /held/**)**

2 ▷ Est-ce que cette table est retenue ?
Is this table reserved?

(= réserver) **reserve** /rɪ'zɜːv/

3 ▷ J'ai du mal à retenir les verbes irréguliers.
I have trouble remembering irregular verbs.

(= se rappeler) **remember** /rɪ'membə^r/

4 ▷ Lydie peut retenir sa respiration pendant trois minutes.
Lydie can hold her breath for three minutes.

► **retenir sa respiration : hold one's breath** /breθ/ **(held, held)**

ℹ *L'adjectif possessif fonctionne de la façon suivante en anglais : **I hold my breath, you hold your breath, he holds his breath, she holds her breath.***

retenue

▷ Le prof a donné deux heures de retenue à Raphaëlle.
The teacher gave Raphaëlle two hours' detention.

(= colle) **detention** /dɪ'tenʃən/

🔊 *L'accent tonique est sur la deuxième syllabe **-ten-**.*

retirer

1 ▷ Tu peux retirer ton manteau, il fait chaud.
You can take your coat off, it's hot.

(un vêtement) **take off** /teɪk 'ɒf/ **(took** /tʊk/, **taken** /'teɪkən/**)**

2 ▷ J'ai retiré les allumettes à mon petit frère.
I took the matches away from my little brother.

2 ► **retirer** quelque chose **à** quelqu'un : **take** something **away from** somebody **(took, taken)**

3 ▷ Siri s'est brûlée en retirant le plat du four.
Siri burnt herself while she was taking the dish out of the oven.

3 ► **retirer** quelque chose (= le sortir) : **take** something **out (took, taken)**

4 ▷ Je vais retirer de l'argent à la banque.
I'm going to withdraw some money at the bank.

4 (de l'argent) **withdraw** /wɪθ'drɔː/ **(withdrew** /wɪθ'druː/, **withdrawn** /wɪθ'drɔːn/)

retomber

▷ Le ballon est retombé sur le toit.
The ball landed on the roof.

(= atterrir) **land** /lænd/

retour

1 ▷ Le retour m'a semblé plus court que l'aller.
The return journey seemed shorter than the outward journey.

1 (= trajet) **return journey** /rɪˌtɜːn 'dʒɜːnɪ/

2 ▷ C'est Maria qui a conduit au retour.
It was Maria who drove on the way back.

2 ► **au retour : on the way back** /ˌɒn ðə weɪ 'bæk/

3 ▷ Appelle-moi à ton retour.
Call me when you get back.
▷ À notre retour nous avons trouvé la maison ouverte.
When we got back we found the house open.

3 *Pour parler du moment où l'on rentre, on emploie en anglais* ***when*** *+ pronom sujet +* ***get back****, au présent ou au passé selon le sens de la phrase.*

4 ▷ Mes voisins ne sont pas encore de retour de vacances.
My neighbours aren't back from holiday yet.

4 ► **être de retour : be back**

retourner

1 ▷ Retourne les pommes de terre pour qu'elles cuisent des deux côtés.
Turn the potatoes over so that they cook on both sides.

1 ► **retourner** quelque chose (= le mettre de l'autre côté) : **turn** /tɜːn/ something **over** /'əʊvəʳ/

2 ▷ Il retourne en Italie chaque été.
He goes back to Italy every summer.

2 (= repartir) **go back** /gəʊ 'bæk/ **(went back** /went 'bæk/, **gone back** /gɒn 'bæk/)

3 ▷ Ne te retourne pas, il est juste derrière toi !
Don't turn round, he's just behind you!

3 ► **se retourner** (= faire volte-face) : **turn round** /tɜːn 'raʊnd/

retraite

▷ Mes parents sont à la retraite.
My parents are retired.
▷ Michel veut prendre sa retraite à cinquante ans.
Michel wants to retire at fifty.

► **être à la retraite :** be retired /rɪ'taɪəd/
► **prendre sa retraite :** retire /rɪ'taɪəʳ/

*Le i de **retire** est celui de **like**.*

retraité, retraitée

▷ Il y a beaucoup de retraités dans l'association.
There are a lot of retired people in the association.

retired person /rɪ'taɪəd 'pɜːsn/
► **les retraités :** retired people /rɪ'taɪəd 'piːpl/

*En anglais américain, on dit **retiree** /rɪtaɪ'riː/.*

rétrécir

▷ Mon pull a rétréci au lavage !
My pullover has shrunk in the wash!

(vêtement) shrink /ʃrɪŋk/ (shrank /ʃræŋk/, shrunk /ʃrʌŋk/)

retrousser

1 ▷ Il a retroussé ses manches.
He rolled his sleeves up.

(des manches, un pantalon) roll up /rəʊl ʌp/

2 ▷ Elle a dû retrousser sa jupe pour monter sur la moto.
She had to hitch up her skirt to get on the motorbike.

(une jupe) hitch up /hɪtʃ 'ʌp/

retrouver

1 ▷ Emmanuelle n'a jamais retrouvé son porte-monnaie.
Emmanuelle never found her purse.

(= trouver quelque chose qu'on avait égaré) find /faɪnd/ (found, found /faʊnd/)

2 ▷ Allez-y, je vous retrouverai au restaurant.
Go on, I'll meet you at the restaurant.

(= rejoindre quelqu'un) meet /miːt/ (met, met /met/)

3 ▷ On peut se retrouver devant le cinéma si tu veux.
We can meet in front of the cinema if you want.

► **se retrouver** (= se rejoindre) **:** meet /miːt/ (met, met /met/)

4 ▷ On s'est perdus et on s'est retrouvés au milieu de la forêt.
We got lost and we ended up in the middle of the forest.

► **se retrouver** (= finir) **:** end up /end 'ʌp/

rétroviseur

1 ▷ Le rétroviseur est trop haut, on ne voit rien.
The wing mirror is too high, you can't see anything.

(sur le côté) wing mirror /'wɪŋ ˌmɪrəʳ/ (pluriel wing mirrors)

2 ▷ Il nous regardait dans le rétroviseur.
He was watching us in the rear-view mirror.

(au milieu) **rear-view mirror** /'rɪəvju: 'mɪrəʳ/

réunion

▷ Fanny est à une réunion pour son travail.
Fanny is at a meeting for her work.

meeting /'mi:tɪŋ/

réunir

1 ▷ J'ai réuni tous les documents.
I collected all the documents.

(des papiers, des objets) **collect** /kə'lekt/

2 ▷ Il a réuni tous ses amis.
He got all his friends together.

(des personnes) **get together** /get tə'geðəʳ/ (got, got /gɒt/

3 ▷ Mes amis et moi nous réunissons tous les mercredis après-midi.
My friends and I meet every Wednesday afternoon.

► **se réunir** (= se retrouver) : **meet** /mi:t/ (met, met /met/)

réussi, réussie

▷ Merci pour la soirée, c'était très réussi.
Thank you for the party, it was very good.

(= bien) **good** /gʊd/ (**plus réussi** better /'betəʳ/, **le plus réussi** the best /best/)

réussir

1 ▷ Pour réussir dans la vie, il faut travailler.
To succeed in life, you must work.

(= avoir du succès) **succeed** /sək'si:d/

2 ▷ Est-ce que tu as réussi à le convaincre ?
Did you manage to convince him?

► **réussir à** + *infinitif* : **manage** /'mænɪdʒ/ **to** + *base verbale*

*Manage rime avec **bridge**.*

3 ▷ Il a réussi à son examen.
He passed his exam.

► **réussir (à) un examen : pass** /pɑ:s/ **an exam**

*Attention à la prononciation de **passed** : /pɑ:st/.*

réussite

▷ La fête était une grande réussite.
The party was a big success.

success /sʌk'ses/

*L'accent tonique est sur la deuxième syllabe **-cess**.*

revanche

1 ▷ Puisque tu as gagné la première partie, on va faire la revanche.
Since you won the first game, we're going to have a return game.

(= deuxième partie) **return game** /rɪ'tɜ:n ˌgeɪm/

2 ▷ Émile veut prendre sa revanche sur Mathieu.
Émile wants to take his revenge on Mathieu.

▷ Ils vont prendre leur revanche.
They're going to take their revenge.

2 ► **prendre** sa **revanche sur** quelqu'un : **take** one's **revenge** /rɪ'vendʒ/ **on** somebody

ℹ *L'adjectif possessif fonctionne de la façon suivante en anglais :* ***I take my revenge, you take your revenge, he takes his revenge, she takes her revenge, we take our revenge, they take their revenge.***

rêve

▷ J'ai fait un rêve merveilleux.
I had a marvellous dream.

dream /driːm/

ℹ *Notez la traduction de* faire **un rêve** *:* ***have a dream.***

réveil

▷ Le réveil a sonné à sept heures.
The alarm (clock) rang at seven o'clock.

▷ J'ai mis le réveil à huit heures.
I set the alarm for eight o'clock.

(= horloge) **alarm (clock)** /ə'lɑːm klɒk/ (pluriel **alarm clocks**)

ℹ *On peut aussi dire simplement* ***alarm.***

► **mettre le réveil à** + *heure* : **set** /set/ **the alarm for** + *heure* **(set, set)**

réveiller

1 ▷ Les cloches de l'église m'ont réveillé.
The church bells woke me up.

1 ► **réveiller** quelqu'un : **wake** /weɪk/ somebody **up (woke** /'wəʊk/, **woken** /'wəʊkən/)

2 ▷ Il s'est réveillé de mauvaise humeur.
He woke up in a bad mood.

2 ► **se réveiller** : **wake up** /weɪk 'ʌp/ **(woke up** /wəʊk 'ʌp/, **woken up** /ˌwəʊkən 'ʌp/)

réveillon

▷ Le réveillon du nouvel an était très sympa.
The New Year's Eve party was very nice.
▷ On a fêté le réveillon de Noël chez mes grands-parents.
We had our Christmas Eve party at my grandparents' house.
▷ On a mangé du foie gras pour le réveillon de Noël.
We ate foie gras for Christmas Eve dinner.

ℹ *Si on parle de la soirée, on dit en anglais* ***Christmas Eve party*** /ˌkrɪsməs 'iːv ˌpɑːtɪ/ *s'il s'agit de Noël, et* ***New Year's Eve party*** /ˌnjuː jɪəz 'iːv ˌpɑːtɪ/ *s'il s'agit du nouvel an.*

ℹ *Pour parler du repas, on dit soit* ***Christmas Eve dinner*** /'dɪnə'/, *soit* ***New Year's Eve dinner.***

revendre

▷ Il a revendu son vélo pour s'acheter une console de jeux.
He sold his bike to buy a games console.

sell /sel/ **(sold, sold** /səʊld/)

revenir

1 ▷ Notre chien n'est jamais revenu.
Our dog never came back.
▷ Reviens nous voir bientôt.
Come back and see us soon.

(= venir de nouveau) **come back** /kʌm 'bæk/ (came back /keɪm 'bæk/, come back)

2 ▷ Ça revient cher d'aller à l'hôtel.
It's expensive to go to hotels.

► **revenir cher : be expensive** /ek'spensɪv/

revenu

▷ Ils veulent augmenter l'impôt sur le revenu.
They want to increase the income tax.

income /'ɪnkʌm/

rêver

▷ J'ai rêvé que tu te mariais !
I dreamt that you were getting married!

dream /driːm/
ℹ *Le prétérit et le participe passé peuvent être soit* dreamed /driːmd/, *soit* dreamt /dremt/.

▷ Je rêve souvent de cet endroit.
I often dream about this place.

► **rêver de : dream about**

réverbère

▷ La voiture est rentrée dans un réverbère.
The car crashed into a streetlamp.

streetlamp /'striːtˌlæmp/

réviser

1 ▷ On pourrait réviser notre anglais ensemble.
We could revise our English together.

(une matière, une estimation) **revise** /rɪ'vaɪz/
🔊 *Le* ***i*** *de* ***revise*** *est celui de* ***like***.
En anglais américain, on dit ***review*** /rɪ'vjuː/.

2 ▷ Je fais réviser ma voiture tous les ans.
I have my car serviced every year.

► **faire réviser sa voiture : to have one's car serviced** /'sɜːvɪst/

révision

▷ Tu as fini tes révisions ?
Have you finished your revisions?

(à l'école) **revision** /rɪ'vɪʒən/
En anglais américain, on dit ***review*** /rɪ'vjuː/.

revoir

1 ▷ Est-ce que tu as revu Lulu depuis la dernière fois ?
Have you seen Lulu again since last time?

(= rencontrer de nouveau) **see** /siː/ **again** (saw /'sɔː/, seen /'siːn/)

▷ Ils se sont revus.
They have seen each other again.

► **se revoir : see each other** /iːtʃ 'ʌðəʳ/ **again** (saw, seen)

2 ▷ Je dois revoir les temps du passé en anglais.
I have to revise the past tenses in English.

(= réviser) **revise** /rɪ'vaɪz/

*Le **i** de **revise** est celui de **like**.*

*En anglais américain, on dit **review** /rɪ'vjuː/.*

3 ▷ Au revoir ! À bientôt !
Goodbye! See you soon!

► **au revoir : goodbye** /gʊd'baɪ/

révolte

▷ Ils ont écrasé la révolte des paysans.
They crushed the peasant revolt.

revolt /rɪ'vəʊlt/

se révolter

▷ Le peuple s'est révolté contre le dictateur.
The people revolted against the dictator.

revolt /rɪ'vəʊlt/

révolution

▷ C'est une révolution technologique.
It's a technological revolution.

revolution /ˌrevə'luːʃən/

révolutionner

▷ Cette invention a révolutionné la médecine.
This invention has revolutionized medicine.

revolutionize /ˌrevə'luːʃənaɪz/

revolver

▷ J'ai entendu plusieurs coups de revolver.
I heard several gunshots.
▷ La police a trouvé un revolver sur lui.
The police found a revolver on him.

gun /gʌn/
► **coup de revolver : gunshot** /'gʌnʃɒt/

*L'accent tonique est sur la deuxième syllabe **-vol-**.*

revue

▷ Il est abonné à une revue d'architecture.
He subscribes to an architecture magazine.

(= magazine) **magazine** /ˌmægə'ziːn/

*L'accent tonique est sur la troisième syllabe **-zine**.*

rez-de-chaussée

▷ Leur appartement est au rez-de-chaussée.
Their flat is on the ground floor.

ground floor /graʊnd 'flɔːʳ/

Notez la préposition utilisée en anglais : au rez-de-chaussée = ***on the ground floor***.

*En anglais américain, on dit **first** /fɜːst/ **floor**.*

se rhabiller

▷ On s'est rhabillés à toute vitesse.
We put our clothes back on very quickly.

put one's **clothes** /'kləʊðz/ **back on** (put, put)

▷ Rhabillez-vous ! On s'en va.
Put your clothes back on! We're leaving.

*L'adjectif possessif fonctionne de la façon suivante en anglais : **I put my clothes back on, you put your clothes back on, he puts his clothes back on, she puts her clothes back on, we put our clothes back on, they put their clothes back on.***

rhinocéros

▷ Nous avons vu des rhinocéros en Afrique.
We saw rhinos in Africa.

rhino /'raɪnəʊ/

*Le **i** de **rhino** se prononce comme le **i** de **like**.*

*On dit aussi **rhinoceros** /raɪn'ɒsərəs/.*

rhum

▷ Est-ce que tu aimes le rhum ?
Do you like rum?

rum /rʌm/

Attention à l'orthographe du mot anglais.

rhumatismes

▷ J'ai des rhumatismes au genou.
I have rheumatism in my knee.

▷ Ses rhumatismes sont douloureux.
His rheumatism is painful.

rheumatism /'ruːmətɪzəm/

***Rheumatism** est un nom singulier.*

rhume

▷ Mets une veste, sinon tu vas attraper un rhume.
Put a jacket on, otherwise you'll catch a cold.

▷ Élodie a le rhume des foins.
Élodie has hay fever.

cold /kəʊld/

► **rhume des foins : hay fever** /'heɪ ˌfiːvə/

ricaner

▷ Arrêtez de ricaner ! Ce n'est pas drôle !
Stop giggling! It's not funny!

(= rire bêtement) **giggle** /'gɪgl/

riche

▷ La famille de Luc est très riche.
Luc's family is very rich.

▷ Les riches devraient payer plus d'impôts.
The rich should pay more tax.

(= qui a beaucoup d'argent) **rich** /rɪtʃ/ (plus riche richer /'rɪtʃəʳ/, le plus riche the richest /'rɪtʃɪst/)

► **les riches : the rich**

richesse

▷ Ils devraient redistribuer les richesses.
They should redistribute wealth.

(d'un pays, d'une personne) **wealth** /welθ/

*Le **ea** de **wealth** se prononce comme le **e** de **red**.*

ride

▷ Je commence à avoir des rides.
I'm beginning to get wrinkles.

wrinkle /'rɪŋkl/

🔊 *Le **w** de **wrinkle** ne se prononce pas.*

ridé, ridée

▷ Il a le front ridé.
His forehead is wrinkled.

wrinkled /'rɪŋkld/

🔊 *Le **w** de **wrinkled** ne se prononce pas.*

rideau

▷ Le chat a déchiré les rideaux avec ses griffes.
The cat tore the curtains with its claws.

curtain /'kɜːtn/

ridicule

▷ Il a l'air ridicule avec cette coupe de cheveux !
He looks ridiculous with that haircut!

ridiculous /rɪ'dɪkjʊləs/ (**plus ridicule** more ridiculous, **le plus ridicule** the most ridiculous)

rien

1 ▷ Qu'est-ce que tu fais ? – Rien.
What are you doing? – Nothing.
▷ Il n'y a rien de nouveau.
There's nothing new.
▷ Je n'ai rien compris.
I didn't understand anything.
▷ Tu ne veux rien manger ?
Don't you want to eat anything?
▷ Tu as mal ? – Non, ce n'est rien.
Does it hurt? – No, it's nothing.

1 **nothing** /'nʌθɪŋ/

► **rien de** + *adjectif* : nothing + *adjectif*

ℹ *Pour traduire* **ne** + **rien** + *verbe, on emploie l'expression* ***not*** + *verbe* + ***anything***. *Le mot* ***not*** *est très souvent contracté en* ***-n't***.

► **ce n'est rien** (= ce n'est pas grave) : it's nothing

2 ▷ Il ne veut pas venir ? Ça ne fait rien, on n'a pas besoin de lui.
He doesn't want to come? It doesn't matter, we don't need him.

2 ► **ça ne fait rien** (= tant pis) : it doesn't matter /ɪt ˌdʌznt 'mætəʳ/

3 ▷ Merci. – De rien !
Thank you. – You're welcome!

3 ► **de rien** (en réponse à *merci*) : you're welcome /jɔː 'welkəm/

rigoler

▷ J'ai tellement rigolé que j'avais mal aux côtes.
I laughed so much that my ribs hurt.
▷ Il rigole tout le temps.
He laughs all the time.

(= rire) **laugh** /lɑːf/

🔊 ***Laugh*** *rime avec* ***staff***. ***Laughed*** *rime avec* ***raft***.

rigolo, rigolote

▷ Linda raconte des blagues très rigolotes.
Linda tells very funny jokes.

(= drôle) **funny** /'fʌnɪ/ (**plus rigolo** funnier /'fʌnɪəʳ/, **le plus rigolo** the funniest /'fʌnɪɪst/)

rime

▷ Trouvez les rimes du poème.
Find the rhymes in the poem.

rhyme /raɪm/
*Attention à l'orthographe du mot anglais **rhyme**, qui s'écrit avec **rh**.*

rimer

▷ « Bread » rime avec « head ».
"Bread" rhymes with "head".

(mots, vers) **rhyme** /raɪm/
*🔊 **Rhyme** rime avec **time**.*

rincer

▷ Rince bien les assiettes.
Rinse the plates well.

rinse /rɪns/
*🔊 **Rinsed** se prononce /rɪnst/.*

rire

1 ▷ Tu vas rire quand je te raconterai ce qui s'est passé.
You'll laugh when I tell you what happened.

(verbe) **laugh** /lɑːf/
*🔊 Le prétérit et participe passé **laughed** rime avec **raft**.*

2 ▷ Annie a un rire contagieux.
Annie has an infectious laugh.

► **un rire : a laugh** /lɑːf/

3 ▷ On entendait des rires dans la salle.
We could hear laughter in the room.

► **des rires : laughter** /'lɑːftəʳ/
*🔊 **Laughter** rime avec **after**.*

4 ▷ Ils ont tous les deux éclaté de rire en même temps.
They both burst out laughing at the same time.

► **éclater de rire : burst out laughing** /bɜː'st aʊt lɑːfɪŋ/ **(burst out, burst out)**

5 ▷ Je ne sais pas pourquoi, j'ai tout à coup eu le fou rire.
I don't know why, I suddenly got the giggles.

► **avoir le fou rire : get the giggles** /get ðə'gɪg lz/ **(got, got** /gɒt/**)**

risque

▷ Ne le fais pas, il y a trop de risques.
Don't do it, there are too many risks.

risk /rɪsk/

▷ Je ne peux pas prendre le risque d'être en retard.
I can't risk being late.

► **prendre le risque de... : risk** *+ verbe + -ing*

risqué, risquée

▷ N'y va pas, c'est trop risqué.
Don't go, it's too risky.

risky /'rɪskɪ/ (plus risqué **riskier** /'rɪskɪəʳ/, le plus risqué **the riskiest** /'rɪskɪɪst/)

risquer

1 ▷ Il a risqué sa vie pour me sauver.
He risked his life to save me.

(= mettre en danger) **risk** /rɪsk/

2 ▷ Ça risque de la décourager.
It might discourage her.

Pour dire que quelque chose **risque d'arriver**, *en anglais, on emploie l'auxiliaire modal* ***might*** */maɪt/.*

rivage

▷ Je me suis promené le long du rivage.
I walked along the shore.

shore /ʃɔːʳ/

rive

1 ▷ Il y a une piste cyclable sur la rive.
There's a cycle path on the bank.

(d'une rivière) bank /bæŋk/

2 ▷ On s'est promené sur la rive.
We walked on the shore.

(d'un lac) shore /ʃɔːʳ/

rivière

▷ La rivière est très sale.
The river is very dirty.

river /ˈrɪvəʳ/

riz

▷ On pourrait faire du riz avec le poisson.
We could do some rice with the fish.
▷ Il y a du riz au lait pour dessert.
There's rice pudding for dessert.

rice /raɪs/

► **riz au lait :** rice pudding /ˌraɪs ˈpʊdɪŋ/

robe

▷ Elle porte une robe rouge.
She is wearing a red dress.
▷ Loïc était encore en robe de chambre.
Loïc was still in his dressing gown.
▷ Samedi nous allons choisir ma robe de mariée.
On Saturday we're going to choose my wedding dress.
▷ Est-ce que tu vas porter une robe du soir pour la fête ?
Are you going to wear an evening dress for the party?

dress /dres/ (pluriel dresses /ˈdresɪz/)

► **robe de chambre :** dressing gown /ˈdresɪŋ ˌgaʊn/ (pluriel dressing gowns)
► **robe de mariée :** wedding dress /ˈwedɪŋ ˌdres/ (pluriel wedding dresses)
► **robe du soir :** evening dress /ˈiːvnɪŋ ˌdres/ (pluriel evening dresses)

robinet

▷ Le robinet d'eau chaude ne marche pas.
The hot water tap isn't working.

tap /tæp/

En anglais américain, on dit ***faucet*** */ˈfɔːsɪt/.*

robot

1 ▷ C'est un jeu vidéo avec des robots qu'il faut détruire.
It's a video game with robots that you have to destroy.

robot /'rəʊbɒt/

*Le premier **o** se prononce comme le **o** de **go**, et on prononce le **t**.*

2 ▷ Les robots ménagers sont très pratiques.
Food processors are very handy.

► **robot ménager :** food processor /'fuːd ˌprəʊsesəʳ/ (pluriel food processors)

rocher

▷ Il a plongé depuis un rocher.
He dived from a rock.

(= grosse pierre) **rock** /rɒk/

rock

▷ Lise a des places pour un concert de rock.
Lise has got tickets for a rock concert.

(= musique) **rock** /rɒk/

rôder

▷ Il y a une bande de garçons qui rôdent autour de l'immeuble.
There's a gang of boys hanging around the building.

hang around /hæŋ ə'raʊnd/ (hung around, hung around /hʌŋ ə'raʊnd/)

roi

▷ Le roi d'Espagne a rencontré le président français la semaine dernière.
The king of Spain met the French president last week.

king /kɪŋ/

rôle

1 ▷ Il joue le rôle du détective.
He plays the part of the detective.

(dans un film, une pièce) **part** /pɑːt/

2 ▷ Le rôle du chef d'orchestre est essentiel.
The role of the conductor is essential.

(= fonction, travail) **role** /rəʊl/

▷ J'adore les jeux de rôles.
I love role games.

► **jeu de rôles :** role game

roller

▷ Elle m'a prêté ses rollers.
She lent me her rollerblades.

► **rollers :** rollerblades /'rəʊləbleɪdz/

▷ On fait du roller chaque vendredi.
We go rollerblading every Friday.

► **faire du roller :** go rollerblading /'rəʊləbleɪdɪŋ/ (went, gone / been)

roman

▷ Son dernier roman est très réussi.
His last novel is very good.

(= livre) **novel** /'nɒvəl/

▷ Loïc ne lit que des romans d'aventures.
Loïc only reads adventure stories.

▷ Mon père adore les romans policiers.
My father loves detective novels.

► **roman d'aventures :** adventure story /əd'ventʃə ˌstɔːrɪ/ (pluriel adventure stories /ˌstɔːrɪz/)
► **roman policier :** detective novel /dɪ'tektɪv ˌnɒvəl/ (pluriel detective novels)

romancier, romancière

▷ C'est mon romancier préféré.
He's my favourite novelist.

novelist /'nɒvəlɪst/

romantique

▷ Il m'a offert des roses. – Qu'est-ce qu'il est romantique !
He gave me some roses. – He's so romantic!

romantic /rəʊ'mæntɪk/ (**plus romantique** more romantic, **le plus romantique** the most romantic)

rompre

▷ Ils ont rompu au bout d'un mois seulement.
They split up after only one month.

(= se séparer) split up /splɪt 'ʌp/ (split up, split up)

rond, ronde

1 ▷ La table de la salle à manger est ronde.
The dining room table is round.

1 (= circulaire) round /raʊnd/

2 ▷ J'étais plus ronde avant.
I was plumper before.

2 (= enrobé) plump /plʌmp/ (**plus rond** plumper /'plʌmpəʳ/, **le plus rond** the plumpest /'plʌmpɪst/)

3 ▷ Commence par dessiner un rond.
Start by drawing a circle.

▷ Nous sommes tous assis en rond.
We all sat in a circle.

3 ► **un rond** (= un cercle) **:** a circle /'sɜːkl/
► **en rond :** in a circle

rondelle

▷ Tu peux me couper quelques rondelles de saucisson ?
Can you cut me a few slices of sausage?

slice /slaɪs/ (pluriel slices /'slaɪsɪz/)

rond-point

▷ Qui a la priorité aux ronds-points ?
Who has right of way at roundabouts?

roundabout /'raʊndəbaʊt/
En anglais américain, on dit ***traffic circle*** /'træfɪk sɜːkl/ (pluriel traffic circles).

ronfler

▷ Je ne veux pas dormir dans la même chambre que Christophe, il ronfle !
I don't want to sleep in the same room as Christophe, he snores!

(en dormant) snore /snɔːʳ/

ronger

1 ▷ Le chien est en train de ronger son os.
The dog is gnawing his bone.

1 (chien, souris) **gnaw** /nɔː/

🔊 *Le g de* ***gnaw*** *ne se prononce pas.* ***Gnaw*** *rime avec* ***or****.*

2 ▷ Arrête de te ronger les ongles !
Stop biting your nails!

▷ Vincent se ronge les ongles.
Vincent bites his nails.

2 ► se **ronger les ongles** : **bite** /baɪt/ one's **nails** /neɪlz/ (**bit** /bɪt/, **bitten** /bɪtn/)

ℹ *L'adjectif possessif fonctionne de la façon suivante en anglais :* ***I bite my nails, you bite your nails, he bites his nails, she bites her nails, we bite our nails, they bite their nails****.*

ronronner

▷ Le chat ronronne quand on le caresse.
The cat purrs when you stroke him.

purr /pɜːʳ/

🔊 ***Purr*** *rime avec* ***her****.* ***Purred*** *rime avec* ***bird****.*

rose

1 ▷ Le bébé portait un tee-shirt rose.
The baby was wearing a pink T-shirt.
▷ Je n'aime pas le rose.
I don't like pink.

1 (= couleur) **pink** /pɪŋk/

► **le rose** : **pink**

ℹ *Notez qu'il n'y a pas d'article en anglais.*

2 ▷ Ces roses sentent bon.
Those roses smell nice.

2 ► **une rose** (= une fleur) : **a rose** /rəʊz/

🔊 ***Roses*** *se prononce /'rəʊzɪz/.*

rosée

▷ Il y a encore de la rosée sur les feuilles.
There is still dew on the leaves.

dew /djuː/

🔊 ***Dew*** *rime avec* ***you****.*

roter

▷ Je ne supporte pas les gens qui rotent !
I can't stand people that burp!

burp /bɜːp/

🔊 ***Burped*** *se prononce /bɜːpt/.*

rôti

▷ J'aime beaucoup le poulet rôti.
I love roast chicken.
▷ Il y a du rôti de bœuf pour dîner.
There's roast beef for dinner.

(= cuit au four) **roast** /rəʊst/

► **du rôti de bœuf** : **roast beef** /rəʊst 'biːf/

roue

▷ La roue de mon vélo est cassée.
The wheel of my bike is broken.

wheel /wiːl/

▷ J'ai eu vraiment peur sur la grande roue.
I was really scared on the big wheel.

► **la grande roue** (à la fête foraine) : the big wheel /bɪg 'wiːl/

rouge

1 ▷ Cette écharpe rouge te va très bien.
That red scarf really suits you.

(= couleur) red /red/

▷ Le rouge est ma couleur préférée.
Red is my favourite colour.

► **le rouge : red**

ℹ *Notez qu'il n'y a pas d'article en anglais.*

2 ▷ J'aime bien mettre du rouge à lèvres.
I like wearing lipstick.

► **rouge à lèvres : lipstick** /'lɪpstɪk/

rougeole

▷ Elle est au lit, elle a la rougeole.
She is in bed, she's got measles.

► **la rougeole : measles** /'miːzlz/

ℹ *Malgré le **s** à la fin, ce mot est singulier.*

rougir

1 ▷ Lydie a rougi quand Victor lui a souri.
Lydie blushed when Victor smiled at her.

(de honte) blush /blʌʃ/

🔊 ***Blushed** se prononce /blʌʃt/.*

2 ▷ D'abord je rougis, puis je pèle.
First I go red, then I peel.

(après un coup de soleil ou parce qu'on a chaud) go red /gəʊ 'red/ (went red /went 'red/, gone red /gɒn 'red/)

rouillé, rouillée

▷ Mon vélo est tout rouillé.
My bike is all rusty.

rusty /'rʌstɪ/ (**plus rouillé** rustier /'rʌstɪəʳ/, **le plus rouillé** the rustiest /'rʌstɪɪst/)

rouleau

1 ▷ C'est le dernier rouleau de papier toilette.
It's the last roll of toilet paper.

(de papier, de pellicule) roll /rəʊl/

2 ▷ As-tu un rouleau à pâtisserie ?
Have you got a rolling pin?

► **rouleau à pâtisserie : rolling pin** /'rəʊlɪŋ pɪn/ (pluriel rolling pins)

roulement

1 ▷ On a un roulement pour la vaisselle.
We have a rota for washing up.

(= tour de rôle) rota /'rəʊtə/

2 ▷ On a entendu un roulement de tonnerre.
We heard a rumble of thunder.

► **roulement de tonnerre : rumble of thunder** /ˌrʌmbl əv 'θʌndəʳ/

rouler

1 ▷ Les voitures roulent trop vite dans le village.
Cars drive too fast through the village.

(véhicule) drive /draɪv/ (drove /drəʊv/, driven /'drɪvn/)

2 ▷ La moto roulait au moins à cent cinquante.
The motorbike was doing at least a hundred and fifty.

► **rouler à** + *vitesse* **:** do + *vitesse*

3 ▷ Le ballon a roulé dans la pente.
The ball rolled down the slope.

(objet rond) **roll** /rəʊl/

ℹ *Notez la préposition utilisée en anglais :* rouler <u>dans</u> une pente = ***roll*** ***<u>down</u>*** ***a slope***.

4 ▷ On va rouler le tapis.
We're going to roll up the rug.

(= mettre en rouleau) **roll up** /rəʊl 'ʌp/

roulette

1 ▷ Le piano est sur roulettes.
The piano is on casters.

(= petite roue) **caster** /'kɑːstəʳ/

2 ▷ J'ai peur de la roulette du dentiste.
I'm scared of the dentist's drill.

(= instrument dentaire) **drill** /drɪl/

3 ▷ Le père de Lucas joue parfois à la roulette.
Lucas's father sometimes plays roulette.

(au casino) **roulette** /ruː'let/

roumain, roumaine

▷ Mes amis sont roumains.
My friends are Romanian.
▷ Les Roumains sont forts en football.
The Romanians are very good at football.
▷ Le roumain est une langue difficile.
Romanian is a difficult language.

Romanian /rəʊ'meɪnɪən/

ℹ *S'écrit toujours avec une majuscule, comme tous les adjectifs et noms de nationalité en anglais.*

Roumanie

▷ J'ai vu un reportage sur la Roumanie.
I saw a programme about Romania.

▷ Il vit en Roumanie.
He lives in Romania.
▷ Tu devrais aller en Roumanie.
You should go to Romania.

Romania
► **La Roumanie :** Romania
ℹ *Ne prend jamais d'article.*
► **en Roumanie** (= dans le pays) **:** in Romania
► **en Roumanie** (= vers le pays) **:** to Romania

rouspéter

▷ Arrête de rouspéter !
Stop moaning!

moan /məʊn/
🔊 ***Moan*** *rime avec* ***bone***.

route

1 ▷ Fais attention en traversant la route.
Be careful when you cross the road.

(= voie de circulation) **road** /rəʊd/

2 ▷ Je ne sais pas quelle route prendre.
I don't know which way to go.

(= itinéraire) **way** /weɪ/

▷ Ils ont pris une autre route.
They went another way.
▷ On s'est arrêtés plusieurs fois en route.
We stopped several times on the way.
▷ Allez, en route !
Come on, let's go!

ℹ *Notez l'emploi de **go** avec **way** dans les exemples.*

► **en route** (= sur le chemin) : **on the way** /ɒn ðə 'weɪ/
► **en route !** (= allons-y !) : **let's go!** /lets 'gəʊ/

3 ▷ Il y a au moins trois heures de route.
It's at least a three-hour journey.

3 (= trajet) **journey** /'dʒɜːnɪ/

4 ▷ La tondeuse est difficile à mettre en route.
The lawnmower is difficult to start.

4 ► **mettre en route** (une machine, un moteur) : **start** /stɑːt/

roux, rousse

1 ▷ Arnaud, c'est le garçon roux là-bas.
Arnaud is the red-haired boy over there.

1 (personne) **red-haired** /red'hɛəd/
ℹ *Si la couleur est plus claire, on dit **ginger-haired** /ˌdʒɪndʒə'hɛəd/.*

2 ▷ Elle aimerait avoir les cheveux roux.
She would like to have red hair.

2 (cheveux) **red** /red/
ℹ *Si la couleur est plus claire, on dit **ginger** /'dʒɪndʒəʳ/.*

royal, royale

▷ La famille royale anglaise est très célèbre.
The English royal family is very famous.

royal /'rɔɪəl/

royaume

▷ Autrefois, la France était un royaume.
Before, France was a kingdom.

kingdom /'kɪŋdəm/

Royaume-Uni

▷ L'Écosse fait partie du Royaume-Uni.
Scotland is part of the United Kingdom.

► **Le Royaume-Uni : the United Kingdom** /juːˌnaɪtɪd 'kɪŋdəm/
ℹ *On dit aussi **the UK** /juː'keɪ/.*

ruban

▷ Elle porte un ruban noir dans ses cheveux.
She wears a black ribbon in her hair.

ribbon /'rɪbən/

rubéole

▷ La fille d'Anne est absente, elle a la rubéole.
Anne's daughter is absent, she's got German measles.

► **la rubéole : German measles** /ˌdʒɜːmən 'miːzlz/
ℹ *Malgré le **s** à la fin, ce mot est singulier.*

rubis

▷ Ce sont de vrais rubis ?
Are those real rubies?

ruby /'ruːbɪ/ (pluriel **rubies** /'ruːbɪz/)

ruche

▷ Notre voisin a des ruches dans son jardin.
Our neighbour has got beehives in his garden.

beehive /ˈbiːhaɪv/

rue

▷ Prenez la deuxième rue à droite.
Take the second street on the right.

street /striːt/

ruer

▷ Le cheval a rué et Antoine est tombé.
The horse kicked and Antoine fell off.

(= donner un coup de pied) **kick** /kɪk/

rugby

▷ Le rugby est un sport assez violent.
Rugby is quite a violent sport.

rugby /ˈrʌgbɪ/

*Attention ! En anglais, le **u** de **rugby** se prononce comme le **u** de **duck**.*

▷ Marc joue au rugby depuis plusieurs années.
Marc has been playing rugby for several years.

► **jouer au rugby : play rugby**

rugbyman

▷ Il veut devenir rugbyman professionnel.
He wants to become a professional rugby player.

rugby player /ˈrʌgbɪ ˌpleɪəʳ/ (pluriel **rugby players**)

*Le mot **rugbyman** n'existe pas en anglais.*

rugir

▷ Le lion a rugi quand on s'est approchés de sa cage.
The lion roared when we got closer to its cage.

roar /rɔːʳ/

***Roar** rime avec **more** et **door**. **Roared** rime avec **lord**.*

rugueux, rugueuse

▷ L'écorce de l'arbre est rugueuse.
The bark of the tree is rough.

rough /rʌf/ (plus rugueux **rougher** /ˈrʌfəʳ/, le plus rugueux **the roughest** /ˈrʌfɪst/)

***Rough** rime avec **puff** et **stuff**.*

ruine

▷ Nous avons visité les ruines romaines.
We visited the Roman ruins.

ruin /ˈruːɪn/

▷ L'église du village est en ruines.
The village church is in ruins.

► **en ruines : in ruins** /ˈruːɪnz/

ruiné, ruinée

▷ L'entreprise sera ruinée si elle perd le procès.
The company will be ruined if it loses the court case.

(= sans argent) **ruined** /ˈruːɪnd/

***Ruined** rime avec **wind** (au sens de vent).*

ruisseau

▷ On a enlevé nos chaussures pour traverser le ruisseau.
We took our shoes off to cross the stream.

stream /striːm/

rumeur

▷ N'écoute pas les rumeurs.
Don't listen to rumours.

(= bruit qui court) **rumour** /'ruːməʳ/

*Le **-our** de **rumour** se prononce comme le **e** du mot français **de**.*

rusé, rusée

▷ Le renard est un animal très rusé.
The fox is a very clever animal.

clever /'klevəʳ/ (plus rusé cleverer /'klevərəʳ/, le plus rusé the cleverest /'klevərɪst/)

russe

▷ Connais-tu un bon restaurant russe ?
Do you know a good Russian restaurant?
▷ Les Russes sont très bons en athlétisme.
The Russians are very good at athletics.
▷ Adeline apprend le russe.
Adeline is learning Russian.

Russian /'rʌʃən/

*Le **u** est celui de **duck**.*

S'écrit toujours avec une majuscule, comme tous les adjectifs et noms de nationalité en anglais.

Russie

▷ La Russie est un pays immense.
Russia is a huge country.

Russia /'rʌʃə/
► **la Russie :** Russia

*Le **u** est celui de **duck**.*

Ne prend jamais d'article.

▷ Mes grands-parents sont nés en Russie.
My grandparents were born in Russia.
▷ J'aimerais aller en Russie un jour.
I'd like to go to Russia one day.

► **en Russie** (= dans le pays) **:** in Russia
► **en Russie** (= vers le pays) **:** to Russia

rythme

1 ▷ Le rythme de ce morceau est très lent.
The rhythm of this piece is very slow.

(d'une musique) **rhythm** /'rɪðəm/

Attention à l'orthographe du mot anglais.

*Le **th** se prononce comme le **th** de **the** et **them**.*

2 ▷ Chacun travaille à son propre rythme.
Everyone works at his own pace.

(= allure à laquelle on fait quelque chose) **pace** /peɪs/

Ss

sa

▷ Hubert est fier de sa moto.
Hubert is proud of his motorbike.
▷ Elle est aussi sympa que sa sœur.
She is as nice as her sister.

ℹ *En anglais, l'adjectif possessif varie en fonction du sexe du possesseur et non du genre de la chose possédée : quand le possesseur est masculin,* **son**, **sa** *et* **ses** *se traduisent par* ***his*** /hɪz/ *; quand le possesseur est féminin,* **son**, **sa** *et* **ses** *se traduisent par* ***her*** /hɜːʳ/.

sable

▷ J'aime bien marcher sur le sable.
I like walking in the sand.

sand /sænd/

sablé

▷ J'ai acheté des sablés.
I bought shortbread biscuits.

shortbread biscuit /'ʃɔːtbred 'bɪskɪt/ (pluriel **shortbread biscuits**)
En anglais américain, on dit ***shortbread cookie*** /'ʃɔːtbred 'kʊkɪ/.

sabot

1 ▷ Tu as nettoyé les sabots du cheval ?
Did you clean the horse's hooves?

(de cheval) **hoof** /huːf/ (pluriel **hooves** /huːvz/, **hoofs**)

2 ▷ Je n'arrive pas à marcher avec des sabots.
I can't walk with clogs on.

(= chaussure) **clog** /klɒg/

sac

▷ J'ai mis mes affaires dans un sac pour aller à la piscine.
I put my things in a bag to go to the swimming pool.

bag /bæg/

▷ Emportez un sac de couchage chacun.
Take a sleeping bag each.
▷ Ton sac à dos est très lourd.
Your backpack is very heavy.
▷ Élodie a perdu son sac à main.
Élodie has lost her handbag.

► **sac de couchage :** sleeping bag /'sliːpɪŋ ˌbæg/ (pluriel sleeping bags)
► **sac à dos :** backpack /'bækpæk/
► **sac à main :** handbag /'hændbæg/
En anglais américain, on utilise ***purse*** /pɜːs/.

sachet

1 ▷ Lucien a acheté un sachet de bonbons.
Lucien bought a bag of sweets.
▷ J'utilise un sachet de thé par personne.
I use one teabag per person.

1 (= petit sac) bag /bæg/
► **sachet de thé :** teabag /'tiːbæg/

2 ▷ Il y a six sachets de soupe dans chaque boîte.
There are six sachets of soup in each box.

2 (= dose individuelle de soupe, de sucre, etc.) sachet /'sæʃeɪ/

sacrifice

▷ Ses parents ont fait beaucoup de sacrifices pour lui.
His parents have made a lot of sacrifices for him.

sacrifice /'sækrɪfaɪs/

sacrifier

1 ▷ Il a sacrifié son week-end pour m'aider.
He gave up his weekend to help me.

1 (= renoncer à) give up /gɪv 'ʌp/ (gave up /geɪv 'ʌp/, given up /ˌgɪvn 'ʌp/)

2 ▷ Ses parents se sont sacrifiés pour elle.
Her parents made sacrifices for her.
▷ Je sais que mes parents se sacrifient pour moi.
I know that my parents make sacrifices for me.

2 ► **se sacrifier :** make sacrifices /meɪk 'sækrɪfaɪsɪz/ (made, made /meɪd/)

sage

1 ▷ Il serait plus sage de le faire maintenant.
It would be wiser to do it now.

1 (= avisé) wise /waɪz/ (**plus sage** wiser /waɪzəʳ/, **le plus sage** the wisest /waɪzɪst/)

2 ▷ J'ai gardé mon neveu et il a été très sage.
I looked after my nephew and he was very good.

2 (= obéissant) good /gʊd/
Pour le comparatif et le superlatif, on emploie l'adjectif ***well-behaved*** /ˌwelbɪ'heɪvd/ *:* **plus sage** = ***better behaved*** /ˌbetə bɪ'heɪvd/, **le plus sage** = ***the best behaved*** /ˌbest bɪ'heɪvd/.

sage-femme

▷ Elle est sage-femme dans une clinique privée.
She is a midwife in a private clinic.

midwife /'mɪdwaɪf/ (pluriel **midwives** /'mɪdwaɪvz/)

*N'oubliez pas l'article **a** ou **an** devant le nom du métier après les verbes **be** ou **become**.*

sagesse

▷ Elle a eu la sagesse d'attendre.
She had the wisdom to wait.

wisdom /'wɪzdəm/

Sagittaire

▷ Elle est Sagittaire.
She is Sagittarius.

Sagittarius /ˌsædʒɪ'tɛərɪəs/

saignant, saignante

▷ Un steak saignant s'il vous plaît.
A rare steak please.

(steak) **rare** /reər/ (plus saignant **rarer** /'reərəʳ/, le plus saignant **the rarest** /'reərɪst/)

Rare rime avec hair.

saigner

▷ Elle s'est coupée, elle saigne.
She cut herself, she's bleeding.

▷ Je saigne souvent du nez.
I often have a nosebleed.

bleed /bliːd/ (**bled, bled** /bled/)

► **saigner du nez : have a nosebleed** /'nəʊzbliːd/

sain, saine

1 ▷ L'air de la mer est plus sain que celui de la ville.
The sea air is healthier than the city air.

(= bon pour la santé) **healthy** /'helθɪ/ (plus sain **healthier** /'helθɪəʳ/, le plus sain **the healthiest** /'helθɪɪst/)

2 ▷ Tout le monde est arrivé sain et sauf.
Everybody arrived safe and sound.

► **sain et sauf : safe and sound** /ˌseɪt ən 'saʊnd/

saint, sainte

1 ▷ C'est une guerre sainte.
It's a holy war.

(= sacré) **holy** /'həʊlɪ/

2 ▷ Il y a une statue de saint Pierre.
There is a Saint Peter statue.

(devant un prénom) **Saint** /sənt/

3 ▷ Ce n'est pas un saint !
He's no saint!

► **un saint, une sainte : a saint** /seɪnt/

saisir

1 ▷ Il m'a saisi par le bras.
He grabbed my arm.
▷ Saisis ta chance !
Grab your chance!

(= attraper) **grab** /græb/

Il y a deux ***b*** *au gérondif* **(grabbing** /græbɪŋ/**)**, *au prétérit et au participe passé* **(grabbed** /græbd/**)**.

2 ▷ Je n'ai pas bien saisi ce qu'elle a dit.
I didn't quite understand what she said.

(= comprendre) **understand** /ˌʌndə'stænd/ **(understood, understood** /ˌʌndə'stʊd/**)**

3 ▷ Je n'ai pas saisi votre nom.
I didn't catch your name.

(= entendre) **catch** /kætʃ/ **(caught, caught** /kɔːt/**)**

4 ▷ Tu as saisi ton mot de passe ?
Did you key your password?

(sur ordinateur) **key** /kiː/

saison

▷ L'automne est ma saison préférée.
Autumn is my favourite season.

season /'siːzn/

salade

1 ▷ Achète une salade et des oignons.
Buy a lettuce and some onions.

(= laitue) **lettuce** /'letɪs/ (pluriel **lettuces** /'letɪzɪz/)

Lettuce *rime avec* ***kiss***.

2 ▷ Il y avait un buffet avec des salades et des quiches.
There was a buffet with salads and quiches.
▷ Il a fait une salade de betteraves.
He made a beetroot salad.

(= plat) **salad** /'sæləd/

▷ J'adore la salade de fruits.
I love fruit salad.

► **salade de fruits : fruit salad** /fruːt 'sæləd/

saladier

▷ Est-ce que tu as un grand saladier pour mettre les pommes de terre ?
Do you have a big salad bowl to put the potatoes in?

salad bowl /'sæləd bəʊl/ (pluriel **salad bowls**)

salaire

▷ Marc est informaticien, il a un bon salaire.
Marc is a computer programmer, he earns a good salary.

salary /'sælərɪ/ (pluriel **salaries** /'sælərɪz/)

salarié, salariée

▷ Elle est salariée dans une agence de publicité.
She is a salaried employee in an advertising agency.
▷ C'est une entreprise de dix salariés.
There are ten salaried employees in the company.

salaried employee /ˌsælərɪd ɪmˈplɔːiː/ (pluriel salaried employees)

sale

1 ▷ Ton pantalon est tout sale, qu'est-ce qui t'est arrivé ?
Your trousers are all dirty, what happened to you?

(= pas propre) dirty /ˈdɜːtɪ/ (plus sale dirtier /ˈdɜːtɪəʳ/, le plus sale the dirtiest /ˈdɜːtɪɪst/)

2 ▷ Mon tee-shirt préféré est au sale.
My favourite T-shirt is in the wash.

► **au sale** (= à la lessive) : in the wash /ɪn ðə ˈwɒʃ/

salé, salée

1 ▷ Cette sauce est trop salée.
This sauce is too salty.

(= qui contient du sel, qui a un goût de sel) salty /ˈsɒltɪ/ (plus salé saltier /ˈsɒltɪəʳ/, le plus salé the saltiest /ˈsɒltɪɪst/)

2 ▷ Tu veux des cacahuètes salées ?
Do you want some salted peanuts?

(= où on a ajouté du sel) salted /ˈsɒltɪd/

3 ▷ Il n'aime que les choses salées.
He only likes savoury things.

(par opposition à « sucré ») savoury /ˈseɪvərɪ/

saleté

1 ▷ J'ai une saleté dans l'œil, ça me fait mal.
I have some dirt in my eye, it hurts.

► **une saleté** (= une impureté) : some dirt /dɜːt/

2 ▷ Attention avec ces peintures, tu vas faire des saletés.
Be careful with those paints, you're going to make a mess.

► **faire des saletés** : make /meɪk/ a mess (made, made /meɪd/)

salir

1 ▷ J'ai sali mon tee-shirt.
I've got my T-shirt dirty.

► **salir** quelque chose : get something dirty /ˈdɜːtɪ/ (got, got)

2 ▷ Je me suis sali en jouant au rugby.
I got dirty playing rugby.

► **se salir** : get dirty (got, got)

salissant, salissante

1 ▷ Le blanc est très salissant.
White shows the dirt a lot.

► **être salissant** (= se salir facilement) : show the dirt /ʃəʊ ðə ˈdɜːt/

2 ▷ Il ne veut pas faire ce travail parce que c'est salissant.
He doesn't want to do this job because it's dirty.

2 (travail) **dirty** /'dɜːtɪ/ (plus salissant **dirtier** /dɜːtɪəʳ/, le plus salissant **the dirtiest** /'dɜːtɪɪst/)

salive

▷ Le bébé a de la salive sur le menton.
The baby has some saliva on his chin.

saliva /sə'laɪvə/

*Le **i** se prononce comme le **i** de **like**, et l'accent tonique est sur la deuxième syllabe **-li-**.*

salle

1 ▷ On a visité toutes les salles du musée.
We visited all the rooms in the museum.

▷ J'ai rencontré Sylvain dans la salle d'attente du dentiste.
I met Sylvain in the dentist's waiting room.

▷ Il passe des heures dans la salle de bains.
He spends hours in the bathroom.

▷ La salle de classe a été changée.
The classroom has been changed.

▷ On mange dans la salle à manger quand il y a des invités.
We eat in the dining room when there are guests.

1 (= pièce) **room** /ruːm/

► **salle d'attente : waiting room** /'weɪtɪŋ ruːm/ (pluriel **waiting rooms**)

► **salle de bains : bathroom** /'bɑːθruːm/

► **salle de classe : classroom** /'klɑːsruːm/

► **salle à manger : dining room** /'daɪnɪŋ ruːm/

2 ▷ Elle est encore en salle d'opération.
She is still in the operating theatre.

2 ► **salle d'opération : operating theatre** /'ɒpəreɪtɪŋ ˌθɪətəʳ/ (pluriel **operating theatres**)

3 ▷ Il y avait plus de cinq cents spectateurs dans la salle.
There were more than five hundred spectators in the auditorium.

3 (pour les spectacles) **auditorium** /ˌɔːdɪ'tɔːrɪəm/

4 ▷ Où est la salle d'embarquement pour le vol 332 ?
Where is the departure lounge for flight 332?

4 ► **salle d'embarquement : departure lounge** /dɪ'pɑːtʃə laʊndʒ/

salon

1 ▷ Ils ont un très grand salon et une petite cuisine.
They have a very big living room and a small kitchen.

1 (dans une maison) **living room** /'lɪvɪŋ ruːm/

2 ▷ Tu vas au Salon du livre ce week-end ?
Are you going to the book fair this weekend?

2 (= exposition) **fair** /fɛəʳ/

3 ▷ Elle travaille dans un salon de beauté.
She works in a beauty salon.

▷ Il a travaillé dans un salon de coiffure.
He worked in a hairdressing salon.

► **salon de beauté : beauty salon** /'bjuːtɪ ˌsælɒn/ (pluriel **beauty salons**)
► **salon de coiffure : hairdressing salon** /'hɛədresɪŋ ˌsælɒn/ (pluriel **hairdressing salons**)

4 ▷ Elle m'a emmenée dans un salon de thé très élégant.
She took me to a very elegant tearoom.

► **salon de thé : tearoom** /'tiːruːm/

salopette

▷ Les salopettes ne sont plus à la mode.
Dungarees aren't fashionable any more.
▷ Cette salopette est trop grande.
These dungarees are too big.
▷ Ma mère m'a acheté une salopette.
My mother bought me some dungarees.

(= pantalon à bretelles) **dungarees** /ˌdʌŋgə'riːz/
ℹ *Dungarees est un nom pluriel.*

saluer

1 ▷ Simon a salué tout le monde en entrant.
Simon greeted everybody when he came in.

(= dire bonjour à) **greet** /griːt/

2 ▷ Elle m'a salué de la main dans la rue.
She waved at me in the street.

► **saluer** quelqu'un **de la main : wave** /weɪv/ **at** somebody

3 ▷ Les acteurs sont venus saluer le public.
The actors came to bow to the audience.

► **saluer le public** (à la fin d'un spectacle) : **bow** /baʊ/ **to the audience**
🔊 *Au sens de « saluer », **bow** rime avec **how** et **now**.*

salut !

1 ▷ Salut ! Ça va ?
Hi! How are you?

(= bonjour) **hi!** /haɪ/

2 ▷ Bon, je m'en vais, salut tout le monde !
Right, I'm going, bye everybody!

(= au revoir) **bye!** /baɪ/

samedi

▷ Aujourd'hui c'est samedi.
Today is Saturday.

Saturday /'sætədeɪ/
ℹ *Comme tous les jours de la semaine, **Saturday** s'écrit toujours avec une majuscule.*

▷ Nous partirons samedi.
We'll leave on Saturday.
▷ Mes grands-parents sont venus samedi.
My grandparents came on Saturday.
▷ Elle organise une fête samedi prochain.
She's having a party next Saturday.
▷ Le samedi Sandra va à son cours de piano.
On Saturdays Sandra goes to her piano lesson.

(= samedi prochain, samedi dernier) on Saturday

ℹ *Lorsque **Saturday** est précédé de **next** ou **last**, on omet **on**.*

► **le samedi** (= tous les samedis) : on Saturdays

sandale

▷ En été je préfère porter des sandales.
In summer I prefer wearing sandals.

sandal /'sændl/

sandwich

▷ On va préparer des sandwiches pour le pique-nique.
We're going to prepare sandwiches for the picnic.
▷ Lucas a choisi un sandwich au pâté.
Lucas chose a pâté sandwich.

sandwich /'sæmwɪdʒ/ (pluriel sandwiches /'sæmwɪdʒɪz/)

ℹ *Notez l'ordre des mots quand on dit à quoi est le sandwich.*

sang

▷ Tu as du sang sur le genou.
You have blood on your knee.

blood /blʌd/

🔊 *Le **oo** de **blood** se prononce comme le **u** de **duck**. **Blood** rime avec **mud** et **bud**.*

sang-froid

▷ Il a gardé son sang-froid.
He kept his nerve.

nerve /nɜːv/

sanglant, sanglante

▷ Ça a été une répression sanglante.
It was a bloody repression.

bloody /'blʌdɪ/ (**plus sanglant** bloodier /'blʌdɪəʳ/, **le plus sanglant** the bloodiest /'blʌdɪəst/)

sanglot

▷ On entendait des sanglots qui venaient du salon.
We could hear sobs coming from the living room.
▷ Tout d'un coup elle a éclaté en sanglots.
All of a sudden she burst into tears.

sob /sɒb/

► **éclater en sanglots :** burst into tears /'bɜːst ˌɪntə 'tɪəz/ (burst, burst)

sangloter

▷ Le pauvre Jérémie sanglotait dans un coin.
Poor Jérémie was sobbing in a corner.

sob /sɒb/

ℹ *Il y a deux **b** au gérondif* (sobbing /'sɒbɪŋ/)*, au prétérit et au participe passé* (sobbed /sɒbd/).

sans

▷ Anaïs ne va nulle part sans son parapluie.
Anaïs doesn't go anywhere without her umbrella.

without /wɪð'aʊt/

▷ Ils sont partis sans dire au revoir.
They left without saying goodbye.

► **sans** + *infinitif* : without + *-ing*

sans-abri

▷ Il y a de plus en plus de sans-abri.
There are more and more homeless people.

homeless person /ˈhəʊmlɪs ˌpɜːsn/ (pluriel homeless people /piːpl/)

santé

1 ▷ La santé est plus importante que tout.
Health is more important than anything.

1 health /helθ/

▷ Ils sont en bonne santé.
They are in good health.

► **en bonne santé :** in good health /ˌɪn gʊd ˈhelθ/

2 ▷ Le tabac est mauvais pour la santé.
Tobacco is bad for you.

2 ► **mauvais pour la santé :** bad for you /ˈbæd fɔː ˌjuː/

▷ Le lait est bon pour la santé.
Milk is good for you.

► **bon pour la santé :** good for you /ˈgʊd fɔː ˌjuː/

3 ▷ Santé !
Cheers!

3 ► **santé !** (quand on trinque) cheers! /tʃɪəz/

saoul, saoule

Regardez le mot ***soûl****.*

se saouler

Regardez le mot ***soûler****.*

sapin

1 ▷ Nous avons traversé une forêt de sapins.
We crossed a forest of fir trees.

1 (= arbre) fir tree /ˈfɜː triː/ (pluriel fir trees)

▷ Le sapin de Noël est magnifique.
The Christmas tree is beautiful.

► **sapin de Noël :** Christmas tree /ˈkrɪsməs ˌtriː/ (pluriel Christmas trees)

2 ▷ La table du salon est en sapin.
The living room table is made of fir.

2 (= bois) fir /fɜːʳ/

sardine

▷ Il ne reste plus qu'une boîte de sardines.
There's only one tin of sardines left.

(= poisson) sardine /sɑːˈdiːn/

L'accent tonique est sur la deuxième syllabe ***-dine****.* ***Sardine*** *rime avec* ***been****.*

satisfait, satisfaite

▷ Elle est revenue très satisfaite de son entretien.
She came back very satisfied with her interview.

satisfied /ˈsætɪsfaɪd/ (**plus satisfait** more satisfied, **le plus satisfait** the most satisfied)

ℹ *Notez la préposition utilisée en anglais :* satisfait de = ***satisfied with****.*

sauce

▷ Il y a trop de crème dans cette sauce.
There's too much cream in this sauce.
▷ J'adore les pâtes à la sauce tomate.
I love pasta with tomato sauce.

sauce /sɔːs/

► **sauce tomate : tomato sauce** /təˌmɑːtəʊ 'sɔːs/

Sauce rime avec horse.

saucisse

▷ Pour dîner, il y a des saucisses et de la purée.
For dinner there are sausages and mashed potatoes.

sausage /'sɒsɪdʒ/

Sausage rime avec bridge.

Le pluriel sausages se prononce /'sɒsɪdʒɪz/.

saucisson

▷ Coupe-moi deux rondelles de saucisson.
Cut me two slices of sausage.

sausage /'sɒsɪdʒ/

Le saucisson n'est pas une spécialité anglaise, et la traduction est la même pour saucisse et saucisson.

sauf

▷ Tout le monde est venu, sauf Romane.
Everybody came, except Romane.
▷ Tu peux tout me demander sauf ça.
You can ask me anything but that.

(= excepté) **except** /ek'sept/

*Une autre traduction fréquemment employée est **but*** /bʌt/.

saule

▷ J'ai un saule pleureur dans mon jardin.
I have a weeping willow in my garden.

willow /'wɪləʊ/

saumon

▷ Ce saumon fumé est excellent.
This smoked salmon is excellent.

salmon /'sæmən/

*Le **l** de **salmon** ne se prononce pas.*

saut

▷ Il a fait un saut quand je suis entré.
He jumped when I came in.
▷ Alex est bon en saut en hauteur.
Alex is good at the high jump.
▷ Élise fait du saut en longueur.
Élise does the long jump.
▷ Le saut à la perche est un sport difficile.
Pole vaulting is a difficult sport.

► **faire un saut : jump** /dʒʌmp/

► **saut en hauteur : high jump** /'haɪ dʒʌmp/

► **saut en longueur : long jump** /'lɒŋ dʒʌmp/

► **saut à la perche : pole vaulting** /'pəʊl ˌvɔːltɪŋ/

▷ As-tu déjà fait du saut à l'élastique ?
Have you ever been bungee-jumping?

► **faire du saut à l'élastique :** go bungee-jumping /'bʌndʒɪˌʒʌmpɪŋ/ (went, gone / been)

sauté, sautée

▷ J'aime beaucoup les pommes de terre sautées.
I love sautéed potatoes.

(= cuit à feu vif) **sautéed** /'səʊteɪd/

saute-mouton

▷ Ivan et Jeanne jouent à saute-mouton.
Ivan and Jeanne are playing leapfrog.

► **jouer à saute-mouton :** play leapfrog /'liːpfrɒg/

ℹ *Regardez aussi* sauter, *ci-dessous.*

sauter

1 ▷ Nathan a sauté du mur et s'est foulé la cheville.
Nathan jumped off the wall and sprained his ankle.

1 (= faire un bond) **jump** /dʒʌmp/

ℹ *Notez la préposition utilisée en anglais :* sauter de = *jump off.*

2 ▷ L'homme a sauté sur Natacha pour lui voler son sac.
The man pounced on Natacha to steal her bag.

2 ► **sauter sur** quelqu'un **:** pounce /paʊns/ **on** somebody

3 ▷ Tout l'immeuble a sauté.
The whole building blew up.

▷ Les terroristes ont fait sauter l'immeuble.
The terrorists blew up the building.

3 (= exploser) **blow up** /bləʊ 'ʌp/ (**blew up** /bluː 'ʌp/, **blown up** /bləʊn 'ʌp/)

► **faire sauter** quelque chose **:** blow something **up**

4 ▷ Tu as sauté une ligne.
You've skipped a line.

4 (= oublier, ignorer) **skip** /skɪp/

ℹ *Il y a deux* **p** *au gérondif* (**skipping** /'skɪpɪŋ/), *au prétérit et au participe passé* (**skipped** /skɪpt/).

sauterelle

▷ Il a attrapé une sauterelle.
He caught a grasshopper.

grasshopper /'grɑːshɒpəʳ/

sauvage

1 ▷ Nous avons vu des animaux sauvages au Kenya.
We saw wild animals in Kenya.

1 (= à l'état naturel) **wild** /waɪld/ (**plus sauvage** wilder /'waɪldəʳ/, **le plus sauvage** the wildest /'waɪldɪst/)

2 ▷ Karine n'est pas timide, elle est sauvage.
Karine isn't shy, she's unsociable.

2 (= farouche, en parlant d'une personne) **unsociable** /ʌn'səʊʃəbl/ (**plus sauvage** more unsociable, **le plus sauvage** the most unsociable)

sauvegarder

▷ N'oublie pas de sauvegarder sur disquette.
Don't forget to save on a floppy disk.
▷ C'est l'une des façons de sauvegarder l'environnement.
It's one of the ways to save the environment.

save /seɪv/

sauver

1 ▷ Loïc a plongé pour sauver son petit frère qui allait se noyer.
Loïc dived to rescue his little brother who was going to drown.

1 (= aider quelqu'un qui est en danger) **rescue** /'reskjuː/

2 ▷ Le voleur s'est sauvé dès qu'il a vu la police.
The thief ran away as soon as he saw the police.

2 ► **se sauver** (= s'échapper) : **run away** /ˌrʌn ə'weɪ/ (**ran away** /ˌræn ə'weɪ/, **run away**)

savant, savante

1 ▷ Elle se croit très savante.
She thinks she's very knowledgeable.

1 (= qui sait beaucoup de choses) **knowledgeable** /'nɒlɪdʒəbl/ (**plus savant** more knowledgeable, **le plus savant** the most knowledgeable)

2 ▷ Les savants cherchent un vaccin contre le sida.
Scientists are looking for a vaccine against AIDS.

2 ► **un savant** (= scientifique) : **a scientist** /'saɪəntɪst/

savoir

1 ▷ Est-ce que tu sais comment il s'appelle ?
Do you know what his name is?
▷ Quel âge a-t-elle ? – Je n'en sais rien.
How old is she? – I don't know.

1 **know** /nəʊ/ (**knew** /njuː/, **known** /nəʊn/)
► **je n'en sais rien** : **I don't know** /ˌaɪ dəʊnt 'nəʊ/

*Le **k** de **know** ne se prononce pas.*

2 ▷ Elle ne sait pas parler espagnol.
She can't speak Spanish.
▷ Est-ce que tu sais utiliser un ordinateur ?
Can you use a computer?

2 *Pour dire qu'on* **sait faire** *quelque chose en anglais, on emploie le modal* **can** /kæn/ *+ base verbale. Pour dire qu'on* **ne sait pas faire** *quelque chose, on emploie* **can't** /kɑːnt/ *+ base verbale.*

savon

1 ▷ Je n'aime pas le gel douche, je préfère le savon.
I don't like shower gel, I prefer soap.

1 (= produit) **soap** /səʊp/

2 ▷ Il y a deux savons dans ce paquet.
There are two bars of soap in this packet.

2 (= morceau) **bar of soap** /ˌbɑːr əv 'səʊp/ (pluriel **bars of soap**)

saxophone

▷ Le saxophone est surtout utilisé pour le jazz.
The saxophone is used especially for jazz.
▷ Elle joue très bien du saxophone.
She plays the saxophone very well.

saxophone /'sæksəfəʊn/

► **jouer du saxophone :** play the saxophone

L'accent tonique est sur la première syllabe ***sax-****.*

scandale

1 ▷ C'est un scandale !
It's outrageous!

Pour exprimer son indignation en anglais, on emploie l'adjectif ***outrageous*** */aʊt'reɪdʒəs/.*

▷ Les révélations du ministre ont fait scandale.
The minister's revelations caused a scandal.

► **faire scandale :** cause /kɔːz/ a scandal

2 ▷ Pierre a fait un scandale parce qu'il y avait un cheveu dans sa soupe.
Pierre made a fuss because there was a hair in his soup.

► **faire un scandale** (= se plaindre) : make /meɪk/ a fuss /'fʌs/ (made, made /meɪd/)

scanner NOM

1 ▷ J'ai acheté le scanner en même temps que l'ordinateur.
I bought the scanner at the same time as the computer.

(= appareil de numérisation) scanner /skænəʳ/

2 ▷ Fabien attend les résultats du scanner.
Fabien is waiting for the results of the scan.

(= test) scan /skæn/

scanner VERBE

▷ J'ai scanné quelques photos pour toi.
I scanned some photos for you.

scan /skæn/

scénario

▷ Tu as lu le scénario ?
Did you read the screenplay?

(= script de film, de pièce de théâtre) screenplay /'skriːnpleɪ/

scène

1 ▷ Nicolas avait peur quand il est monté sur scène.
Nicolas was scared when he went on the stage.

(= estrade) stage /steɪdʒ/

2 ▷ On a répété la première scène de la pièce.
We rehearsed the first scene of the play.

(= partie d'une pièce de théâtre) scene /siːn/

Scene *rime avec* ***been****.*

schéma

▷ Tu comprendras mieux avec un schéma.
You'll understand better with a diagram.

diagram /'daɪəgræm/

scie

▷ Est-ce que tu as une scie chez toi ?
Do you have a saw at home?

saw /sɔː/

*Saw est aussi le prétérit du verbe **see**.*

*Saw rime avec **door**.*

science

▷ Sylvie a une passion pour les sciences.
Sylvie has a passion for science.

science /'saɪəns/

*Le **i** de **science** se prononce comme le **i** de **like**.*

Science s'emploie le plus souvent au singulier en anglais.

▷ J'ai toujours beaucoup aimé les sciences naturelles.
I've always really liked biology.

► **sciences naturelles** (= matière) : **biology** /baɪ'ɒlədʒɪ/

*Le **i** de **biology** se prononce comme le **i** de **like**.*

science-fiction

▷ Il adore les films de science-fiction.
He loves science fiction films.

science fiction /ˌsaɪəns 'fɪkʃən/

*Le **i** de **science** se prononce comme le **i** de **like**.*

*On emploie aussi souvent l'abréviation **sci-fi** /'saɪfaɪ/.*

scientifique

1 ▷ Ce n'est pas une méthode très scientifique.
It's not a very scientific method.

1 (= qui se rapporte à la science) **scientific** /ˌsaɪən'tɪfɪk/

*Attention : **scientific** est un adjectif, jamais un nom.*

2 ▷ Les scientifiques américains ont fait une découverte importante.
American scientists have made an important discovery.

2 (= personne) **scientist** /'saɪəntɪst/

*Le premier **i** de **scientific** et **scientist** se prononce comme le **i** de **like**.*

scier

▷ J'ai scié les pieds de la table.
I sawed the table legs.

saw /sɔː/

*Saw est aussi le prétérit du verbe **see**.*

*Saw rime avec **door**. **Sawed** rime avec **lord**.*

scolaire

1 ▷ Les vacances scolaires commencent le 29 juin.
The school holidays start on 29 June.

1 (= qui se rapporte à l'école) **school** /skuːl/

2 ▷ Le niveau scolaire de Martial n'est pas très bon.
Martial's academic level isn't very good.

2 (= qui se rapporte aux résultats) **academic** /ˌækə'demɪk/

scooter

▷ Elle roule en scooter.
She drives a scooter.

scooter /ˈskuːtəʳ/

ℹ *En anglais, **scooter** signifie aussi « trottinette ».*

score

▷ Est-ce que quelqu'un connaît le score ?
Does anybody know the score?

▷ À la mi-temps, ils menaient au score.
They were in the lead at half-time.

score /skɔːʳ/

► **mener au score : be in the lead** /liːd/

scotch®

▷ Lise a fermé l'enveloppe avec du scotch.
Lise closed the envelope with sellotape.

(= ruban adhésif) **sellotape®** /ˈseləteɪp/

*En anglais américain on dit **Scotch® tape** /ˈskɒtʃ teɪp/.*

scout

▷ On a rencontré un groupe de scouts dans la forêt.
We met a group of scouts in the forest.

scout /skaʊt/

*Le **ou** de **scout** se prononce comme le **ou** de **pound**. **Scout** rime avec **out** et **about**.*

sculpter

1 ▷ Capucine apprend à sculpter le bois.
Capucine is learning to carve wood.

(du bois) **carve** /kɑːv/

2 ▷ Il y a des fleurs sculptées dans la pierre.
There are flowers sculpted in the stone.

(de la pierre) **sculpt** /skʌlpt/

sculpteur, sculptrice

▷ Son frère est sculpteur.
His brother is a sculptor.

sculptor /ˈskʌlptəʳ/

ℹ *N'oubliez pas l'article **a** ou **an** devant le nom du métier lorsqu'il suit les verbes **be** ou **become**.*

sculpture

▷ Les sculptures de Rodin sont magnifiques.
Rodin's sculptures are beautiful.

sculpture /ˈskʌlptʃəʳ/

*Le premier **u** du mot anglais **sculpture** se prononce comme le **u** de **duck**.*

SDF

▷ Un SDF mendiait devant la station de métro.
A homeless person was begging in front of the underground station.

homeless person /ˈhəʊmləs ˌpɜːsn/ (pluriel **homeless people** /ˈhəʊmləs ˌpiːpl/)

se ou s'

1 ▷ Benoît se gratte parce qu'il des piqûres de moustique.
Benoît is scratching himself because he has mosquito bites.
▷ Maria s'est coupée avec un couteau.
Maria cut herself with a knife.
▷ Il s'est trompé.
He made a mistake.
▷ Arielle se lève à sept heures.
Arielle gets up at seven.

1 *Quand l'action est effectuée sur soi, le pronom réfléchi* se *est parfois traduit par* ***himself*** /hɪm'self/ *s'il s'agit d'un homme,* ***herself*** /hɜː'self/ *s'il s'agit d'une femme, et* ***themselves*** *s'il s'agit de plusieurs personnes.*

ℹ *Mais, quand le verbe n'est pas réfléchi, c'est-à-dire s'il n'y a pas d'action effectuée sur soi, le pronom* se *n'est souvent pas traduit.*

2 ▷ Ils ne se parlent plus.
They don't speak to each other anymore.

2 (réciproque) each other /iːtʃ 'ʌðəʳ/

séance

▷ Nous irons à la séance de huit heures.
We'll go to the eight o'clock showing.

(= projection d'un film) showing /'ʃəʊɪŋ/

seau

▷ Est-ce que tu aurais un seau ?
Do you have a bucket?

bucket /'bʌkɪt/

sec, sèche

▷ Attention, la peinture n'est pas sèche !
Be careful, the paint isn't dry!

(= pas mouillé) dry /draɪ/ (plus sec drier /'draɪəʳ/, le plus sec the driest /'draɪɪst/)

sèche-cheveux

▷ Tu peux brancher ton sèche-cheveux là.
You can plug in your hairdryer there.

hairdryer /'hɛədraɪəʳ/

séche-linge

1 ▷ Le sèche-linge est en panne.
The tumble-dryer has broken down.

1 (= machine) tumble-dryer /'tʌmbəl ˌdraɪəʳ/

2 ▷ Mets le sèche-linge dehors.
Put the clothes horse outside.

2 (= étendoir) clothes horse /'kləʊðz ˌhɔːs/

sécher

1 ▷ Sèche les assiettes avant de les mettre dans le placard.
Dry the plates before putting them into the cupboard.
▷ Le linge n'a pas séché.
The washing hasn't dried.
▷ J'ai mis le linge à sécher sur le balcon.
I put the washing out to dry on the balcony.

1 (= rendre sec, devenir sec) dry /draɪ/

ℹ *Le* y *de* dry *devient* ie *à la troisième personne du singulier du présent de l'indicatif* (dries /draɪz/)*, au prétérit et au participe passé* (dried /draɪd/).

► **mettre le linge à sécher :** put the washing /'wɒʃɪŋ/ out to dry (put, put)

► se **sécher** : dry /draɪ/ oneself

▷ Sèche-toi bien après ton bain.
Dry yourself well after your bath.
▷ Les enfants se séchaient sur la plage.
The children were drying themselves on the beach.

ℹ *Le pronom personnel réfléchi fonctionne de la façon suivante en anglais :* ***I dry myself, you dry yourself, he dries himself, she dries herself, we dry ourselves, you dry yourselves, they dry themselves.***

► **se sécher** + *partie du corps* : dry + *adjectif possessif* + *partie du corps*

▷ Je voudrais une serviette pour me sécher les mains.
I'd like a towel to dry my hands with.

2 (= se déshydrater) **dry out** /draɪ ˈaʊt/

▷ Les plantes ont séché parce qu'on ne les a pas arrosées.
The plants dried out because we didn't water them.

3 (= manquer, en parlant de l'école) **skip** /skɪp/

▷ Loïc a séché le cours de maths.
Loïc skipped the maths lesson.

ℹ *Il y a deux* ***p*** *au gérondif* (skipping /ˈskɪpɪŋ/), *au prétérit et au participe passé* (skipped /skɪpt/).

sécheresse

(= absence de pluie) **drought** /draʊt/

▷ Les agriculteurs sont inquiets à cause de la sécheresse.
Farmers are worried because of the drought.

🔊 ***Drought*** *rime avec* ***about.***

séchoir

1 (= machine) **tumble-dryer** /ˈtʌmbəlˈdraɪəʳ/

▷ Le séchoir prend trop de place.
The tumbledryer takes up too much room.

2 (= étendoir) **clothes horse** /ˈkləʊðz hɔːs/

▷ Ton pull est sur le séchoir.
Your jumper is on the clothes horse.

second, seconde

1 (= deuxième) **second** /ˈsekənd/

▷ L'équipe française a terminé seconde.
The French team finished second.

2 (= deuxième étage) **second floor** /ˌsekənd ˈflɔːʳ/

▷ Ils habitent au second.
They live on the second floor.

secondaire

► **le secondaire** (= le collège et le lycée) : **secondary school** /ˈsekəndərɪ ˌskuːl/

▷ Teresa enseigne dans le secondaire.
Teresa teaches at secondary school.

seconde

▷ Ça va me prendre deux secondes.
It will take me two seconds.

(= unité de temps) **second** /'sekənd/

secouer

1 ▷ Est-ce que tu peux m'aider à secouer le tapis ?
Can you help me shake the rug?

1 (= agiter) **shake** /ʃeɪk/ (**shook** /ʃʊk/, **shaken** /'ʃeɪkən/)

2 ▷ Secoue-toi, fainéant !
Get moving, you lazy thing!

2 ► **se secouer** (= se bouger) : **get moving** /get 'muːvɪŋ/ (**got moving, got moving** /gɒt 'muːvɪŋ/)

secours

1 ▷ On a entendu quelqu'un qui appelait au secours.
We heard somebody who was shouting for help.
▷ Au secours ! Au secours !
Help! Help!

1 ► **appeler** *ou* **crier au secours :** **shout for help** /ʃaʊt fə 'help/

2 ▷ Les secours sont arrivés.
The rescue party has arrived.

2 ► **les secours** (= équipe de secours) : **rescue party** /'reskjuː 'pɑːtɪ/

secret, secrète

▷ Ils se rencontrent dans un endroit secret.
They meet in a secret place.

▷ Ne le répète à personne, c'est un secret.
Don't tell anybody, it's a secret.

(= caché) **secret** /'siːkrət/ (**plus secret** more secret, **le plus secret** the most secret)
► **un secret :** a secret

secrétaire

▷ La secrétaire est très gentille.
The secretary is very nice.
▷ Alice est secrétaire.
Alice is a secretary.

(= métier) **secretary** /'sekrətrɪ/

ℹ *N'oubliez pas l'article **a** ou **an** devant le nom du métier lorsqu'il suit les verbes **be** ou **become**.*

secte

▷ Il appartient à une secte.
He belongs to a sect.
▷ J'ai vu une émission sur les sectes au Japon.
I saw a programme on sects in Japan.

sect /sekt/

secteur

▷ C'est un secteur économique important.
It's an important economic sector.

sector /'sektəʳ/

section

▷ Noémie ne sait pas si elle veut choisir une section littéraire ou scientifique.
Noémie doesn't know whether she wants to choose a literary or a scientific option.

(au lycée) **option** /'ɒpʃən/

sécurité

1 ▷ Il y a des problèmes de sécurité dans ce quartier.
There are security problems in this area.

(= absence de criminalité) **security** /sɪ'kjʊərɪtɪ/

2 ▷ Je me sentais en sécurité avec Joël.
I felt safe with Joël.

► **en sécurité : safe** /seɪf/ (**plus en sécurité** safer /'seɪfə^{r}/, **le plus en sécurité** the safest /'seɪfɪst/)

3 ▷ Le système de Sécurité sociale est différent en France et en Grande-Bretagne.
The social security system is different in France and in Great-Britain.

► **la Sécurité sociale : social** /səʊʃəl/ **security**

séduisant, séduisante

▷ Je trouve son frère très séduisant.
I find his brother very attractive.

(personne, idée, solution) **attractive** /ə'træktɪv/ (**plus séduisant** more attractive, **le plus séduisant** the most attractive)

L'adjectif **séduisant** *ne se traduit pas par le mot anglais* ***seducing***.

seigle

▷ J'adore le pain de seigle.
I love rye bread.

rye /raɪ/

sein

1 ▷ Elle a eu un cancer du sein.
She had breast cancer.

breast /brest/

Breast *rime avec* ***rest***.

2 ▷ Je n'ai donné le sein que pendant un mois.
I only breast-fed for a month.

► **donner le sein à** (= allaiter) : **breast-feed** /'brestfiːd/ (**breast-fed, breast-fed** /'brestfed/)

seize

▷ Il y a seize élèves dans la classe.
There are sixteen pupils in the class.
▷ Mon neveu Sylvain a seize ans.
My nephew Sylvain is sixteen years old.
▷ Le concert aura lieu le seize janvier.
The concert will take place on the sixteenth of January.

sixteen /sɪks'tiːn/

Quand on dit la date, on utilise ***sixteenth*** /sɪks'tiːnθ/ *en anglais.*

Notez l'emploi de ***on*** *et* ***of*** *en anglais lorsqu'on dit la date.*

On écrit ***16 January***.

séjour

1 ▷ Merci beaucoup, nous avons passé un séjour très agréable.
Thank you very much, we had a very pleasant stay.

(= visite) **stay** /steɪ/

2 ▷ Elle va faire un séjour linguistique en Irlande cet été.
She is going on a language study holiday in Ireland this summer.

► **séjour linguistique : language study holiday** /ˈlæŋgwɪdʒ ˌstʌdɪ ˌhɒlɪdeɪ/ (pluriel **language study holidays**)

sel

▷ Il n'y a pas assez de sel dans la soupe.
There isn't enough salt in the soup.

salt /sɒlt/

*Le **a** se prononce comme le **o** de **dog**.*

sélection

▷ Tu as fait une sélection parmi tes livres ?
Did you make a selection among your books?

selection /sɪˈlekʃən/

sélectionner

▷ Il a été sélectionné trois fois en équipe nationale.
He has been selected three times for the national team.

select /sɪˈlekt/

self-service

▷ On a mangé dans un self-service sur l'autoroute.
We ate in a self-service restaurant on the motorway.

(= restaurant) **self-service restaurant** /ˌself sɜːvɪs ˈrestərɒnt/ (pluriel **self-service restaurants**)

selle

▷ La selle de ce vélo est très dure.
The saddle on this bike is very hard.

saddle /ˈsædl/

selon

▷ Le prix change selon la période de l'année.
The price changes according to the time of year.

▷ Selon les journaux, c'est le ministre qui est responsable.
According to the newspapers, the minister is responsible.

according to /əˈkɔːdɪŋ tuː/

▷ Selon moi, ce n'est pas vrai.
In my opinion, it isn't true.

*Exception : à la première personne, on dit **in my opinion** /ɪn maɪ əˈpɪnjən/.*

semaine

▷ J'ai vu Suzanne la semaine dernière.
I saw Suzanne last week.

week /wiːk/

▷ Il est toujours très occupé en semaine.
He is always very busy during the week.

► **en semaine : during** /ˈdjʊərɪŋ/ **the week**

semblable

▷ J'ai été confronté à une situation semblable.
I was faced with a similar situation.

similar /ˈsɪmɪləʳ/

sembler

1 ▷ Elle semblait calme, mais je pense qu'elle était inquiète.
She seemed calm, but I think she was worried.

(= avoir l'air) **seem** /siːm/

2 ▷ Il me semble que je vous connais.
I think I know you.

► **il me semble que... : I think...** /aɪ 'θɪŋk/

semelle

▷ Les semelles de ces sandales sont en cuir.
The soles of these sandals are made of leather.

(de chaussures) **sole** /səʊl/

semer

▷ J'ai semé des graines mais les oiseaux les ont mangées.
I sowed some seeds but the birds ate them.

sow /səʊ/

Le participe passé de ***sow*** *peut être soit* ***sowed*** /səʊd/, *soit* ***sown*** /səʊn/.

Sow *et* ***so*** *se prononcent de la même façon.* ***Sowed*** *rime avec* ***road***, *et* ***sown*** *rime avec* ***bone***.

sens

1 ▷ Je crois qu'on va dans le mauvais sens.
I think we're going in the wrong direction.

(= direction) **direction** /dɪ'rekʃən/

2 ▷ Ce jeu se joue dans le sens des aiguilles d'une montre.
This game is played clockwise.
▷ Tourne la roue dans le sens inverse des aiguilles d'une montre.
Turn the wheel anticlockwise.

► **dans le sens des aiguilles d'une montre : clockwise** /'klɒkwaɪz/
► **dans le sens inverse des aiguilles d'une montre : anticlockwise** /æntɪ'klɒkwaɪz/

En anglais américain on dit ***counterclockwise*** /kaʊntə 'klɒkwaɪz/.

3 ▷ Quel est le sens de ce mot ?
What's the meaning of this word?

(= signification) **meaning** /'miːnɪŋ/

4 ▷ Il n'a aucun sens de l'humour.
He has no sense of humour.

(= notion instinctive) **sense** /sens/

5 ▷ Il est plein de bon sens.
He has lots of common sense.

► **bon sens : common sense** /ˌkɒmən 'sens/

6 ▷ Je n'avais pas vu le sens interdit.
I didn't see the one-way street.

► **sens interdit : one-way street** /wʌn weɪ striːt/

7 ▷ La rue est en sens unique.
The street is one-way.

► **sens unique : one-way**

sensation

1 ▷ C'est une sensation bizarre d'être suspendu dans les airs.
It's a strange feeling to be hanging in the air.

1 (= impression) **feeling** /'fi:lɪŋ/
On peut aussi dire ***sensation*** /sen'seɪʃən/.

2 ▷ La nouvelle a fait sensation dans le village.
The news caused a sensation in the village.

2 ► **faire sensation : cause** /kɔ:z/ **a sensation**
Cause *rime avec* ***yours*** *et* ***doors***.

sensible

▷ Marine est quelqu'un de très sensible.
Marine is a very sensitive person.

(= émotif) **sensitive** /'sensɪtɪv/ (**plus sensible** more sensitive, **le plus sensible** the most sensitive)
Attention ! L'adjectif anglais ***sensible*** *ne signifie pas « sensible » mais « raisonnable ».*

sentier

▷ Prenez ce sentier à gauche.
Take this footpath on the left.

footpath /'fʊtpɑ:θ/

sentiment

▷ Il n'aime pas parler de ses sentiments.
He doesn't like talking about his feelings.

(= émotion) **feeling** /'fi:lɪŋ/

sentimental, sentimentale

▷ Ce film est trop sentimental.
This film is too sentimental.

sentimental /ˌsentɪ'mentl/ (**plus sentimental** more sentimental, **le plus sentimental** the most sentimental)

sentir

1 ▷ Est-ce que tu sens cette odeur bizarre ?
Can you smell that strange smell?

1 (= percevoir par le nez) **smell** /smel/
Le prétérit et le participe passé peuvent être soit ***smelled*** /smeld/, *soit* ***smelt*** /smelt/.

2 ▷ Miam-miam, ça sent bon !
Yum, it smells good!
▷ Ça sent la menthe.
It smells of mint.

2 (= avoir une odeur) **smell** /smel/
Notez l'emploi de ***of*** *en anglais.*

3 ▷ J'ai senti une main dans mon dos.
I felt a hand on my back.

3 (= percevoir par le toucher) **feel** /fi:l/ (**felt, felt** /felt/)

4 ▷ J'ai senti que Matthieu n'était pas content.
I felt that Matthieu wasn't happy.
▷ Je sens qu'il va y avoir des problèmes.
I have a feeling that there are going to be problems.

4 ► **sentir que** (= avoir l'impression) : **feel** /fi:l/ **that**
► **sentir que** (= pressentir) : **have a feeling** /hæv ə 'fi:lɪŋ/ **that** (**had, had**)

5 ▷ Comment tu te sens ?
How are you feeling?
▷ Je me sens mal tout d'un coup.
I feel ill all of a sudden.
▷ Elle s'est sentie mal, on a dû appeler un médecin.
She felt faint, we had to call a doctor.

► **se sentir** (= se porter) : **feel** /fi:l/
► **se sentir mal** (= malade) : **feel ill** /fi:l 'ɪl/
► **se sentir mal** (= s'évanouir) : **feel faint** /fi:l 'feɪnt/

séparer

1 ▷ Séparez les blancs des jaunes.
Separate the whites from the yolks.
▷ Jeanne et Étienne se sont séparés.
Jeanne and Étienne have split up.

(= mettre à part) **separate** /'sepəreɪt/
► **se séparer** (= cesser de vivre ensemble) : **split up** /splɪt ʌp/

2 ▷ Le bureau est séparé en deux par un écran.
The office is divided in two by a screen.

(= diviser) **divide** /dɪ'vaɪd/

sept

▷ Le voyage en train dure sept heures.
The train journey takes seven hours.
▷ Le bébé est né le sept mars.
The baby was born on the seventh of March.

seven /'sevn/
ℹ *Notez l'emploi de* ***on*** *et* ***of*** *quand on dit la date.*
ℹ *On écrit* ***7 March****.*

septembre

▷ Nous allons déménager en septembre.
We're going to move in September.
▷ Mireille est née le quinze septembre.
Mireille was born on the fifteenth of September.

September /sep'tembəʳ/
ℹ *S'écrit toujours avec une majuscule, comme tous les noms de mois en anglais.*
ℹ *Notez l'emploi de* ***on*** *et* ***of*** *en anglais lorsqu'on dit la date.*
ℹ *On écrit aussi* ***15 September****.*

septième

▷ Le septième jour, nous avons visité Florence.
On the seventh day, we visited Florence.

seventh /'sevnθ/

série

▷ J'ai eu une série de problèmes.
I had a series of problems.
▷ Elle regarde toutes les séries américaines.
She watches all the American series.

series /'sɪəri:z/
ℹ ***Series*** *est invariable au pluriel : one* ***series****, two* ***series****.*
*Attention ! Le mot *serie n'existe pas en anglais !*

sérieusement

1 ▷ Tu ne parles pas sérieusement ?
You're not talking seriously?

(= sans plaisanter) **seriously** /'sɪərɪəslɪ/

2 ▷ Le stagiaire fait son travail sérieusement.
The trainee does his work conscientiously.

(= consciencieusement) **conscientiously** /ˌkɒnʃɪ'enʃəslɪ/

sérieux, sérieuse

1 ▷ Il avait l'air très sérieux.
He looked very serious.

(= qui ne plaisante pas) **serious** /'seərɪəs/ (plus sérieux more serious, le plus sérieux the most serious)

2 ▷ Caro est une étudiante sérieuse.
Caro is a conscientious student.

(= consciencieux) **conscientious** /ˌkɒnʃɪ'enʃəs/ (plus sérieux more conscientious, le plus sérieux the most conscientious)

3 ▷ On a parlé de choses sérieuses.
We talked about serious things.

(= important) **serious** /'sɪərɪəs/

4 ▷ Au début, je ne l'ai pas prise au sérieux.
At first, I didn't take her seriously.

► **prendre au sérieux : take seriously** /teɪk sɪərɪəslɪ/ (took /tʊk/, taken /'teikən/)

seringue

▷ Toutes les seringues sont stérilisées.
All the syringes are sterilized.

syringe /sɪ'rɪndʒ/

*Le **y** se prononce comme le **i** de **big**.*

séropositif, séropositive

▷ Le nombre de séropositifs dans le monde continue d'augmenter.
The number of people who are HIV-positive in the world is still increasing.

HIV-positive /eɪtʃ aɪ viː pɒsɪtɪv/

serpent

▷ Elle a vu un serpent dans l'herbe.
She saw a snake in the grass.

snake /sneɪk/

serré, serrée

1 ▷ Ma jupe est très serrée, j'ai trop mangé !
My skirt is very tight, I've eaten too much!

(= étroit) **tight** /taɪt/ (plus serré tighter /'taɪtə'/, le plus serré the tightest /'taɪtɪst/)

2 ▷ On était serrés comme des sardines.
We were packed like sardines.

(= collés les uns contre les autres) **packed** /pækt/

serrer

1 ▷ Je serrais la lettre dans ma main parce que j'avais peur de la perdre.
I was clutching the letter because I was afraid I would lose it.

(= tenir pressé) **clutch** /klʌtʃ/

2 ▷ Il m'a serrée dans ses bras en me disant au revoir.
He hugged me while he was saying goodbye to me.

► **serrer** quelqu'un **dans ses bras : hug** /hʌg/ somebody
ℹ *Il y a deux* g *au gérondif* (hugging /ˈhʌgɪŋ/), *au prétérit et au participe passé* (hugged /hʌgd/).

3 ▷ Ce jean me serre.
These jeans are too tight for me.

(= être trop étroit pour) **be too tight** /taɪt/ **for**

4 ▷ Serre bien tes lacets.
Tighten your laces well.

(= tirer sur) **tighten** /ˈtaɪtn/

5 ▷ Serrez-vous un peu, sinon on ne rentrera pas tous.
Squeeze up a bit, otherwise we won't all get in.

► **se serrer** (= se comprimer) : **squeeze up** /skwiːz ˈʌp/

6 ▷ On s'est serré la main.
We shook hands.

► **se serrer la main : shake hands** /ʃeɪk ˈhændz/ (**shook** /ˈʃʊk/, **shaken** /ˈʃeɪkn/)

serrure

▷ On a dû changer les serrures après le cambriolage.
We had to change the locks after the burglary.

lock /lɒk/

serveur

1 ▷ Demande au serveur de nous apporter du pain.
Ask the waiter to bring us some bread.

(dans un restaurant) **waiter** /ˈweɪtəʳ/

2 ▷ Le serveur du pub n'était pas très aimable.
The pub barman wasn't very nice.

(dans un pub) **barman** /ˈbɑːmən/ (pluriel **barmen** /ˈbɑːmen/)

3 ▷ Le serveur a planté.
The server has crashed.

(= ordinateur) **server** /ˈsɜːvəʳ/

serveuse

1 ▷ Demande à la serveuse de nous apporter du pain.
Ask the waitress to bring us some bread.

(dans un restaurant) **waitress** /ˈweɪtrəs/ (pluriel **waitresses** /ˈweɪtrəsɪz/)

2 ▷ Elle est serveuse dans un café à Paris.
She is a barmaid in a café in Paris.

(dans un pub) **barmaid** /ˈbɑːmeɪd/

serviable

▷ Elle est très serviable.
She is very helpful.

helpful /ˈhelpfʊl/ (**plus serviable** more helpful, **le plus serviable** the most helpful)

service

1 ▷ Est-ce que je peux te demander un service ?
Can I ask you a favour?

▷ Elle m'a rendu un grand service.
She did me a big favour.

1 (= aide) **favour** /'feɪvəʳ/

► **rendre service à** quelqu'un **: do** somebody **a favour (did, done)**

2 ▷ On m'a dit de demander au service des réclamations.
I was told to ask the complaints department.

2 (dans une société, une administration) **department** /dɪ'pɑːtmənt/

3 ▷ Est-ce que le service est compris ?
Is service included?

3 (au restaurant) **service** /'sɜːvɪs/

4 ▷ Il a un joli service à café.
He has a nice coffee set.

4 (= vaisselle) **set** /set/

5 ▷ Elle a un service très puissant.
She has a very powerful service.

5 (au tennis, au volley, etc.) **service** /'sɜːvɪs/

serviette

1 ▷ Il manque les petites cuillères et les serviettes.
The teaspoons and the napkins are missing.

1 (= serviette de table) **napkin** /'næpkɪn/

2 ▷ Les serviettes sont changées tous les jours à l'hôtel.
The towels are changed every day at the hotel.

2 (= serviette de toilette) **towel** /'taʊəl/

3 ▷ Est-ce que tu peux me passer une serviette hygiénique ?
Can you pass me a sanitary towel?

3 ► **serviette hygiénique : sanitary towel** /'sænɪtərɪ ˌtaʊəl/ (pluriel **sanitary towels**)

servir

1 ▷ Une dame blonde nous a servis.
A fair-haired lady served us.

1 (à table, dans un magasin) **serve** /sɜːv/

2 ▷ À quoi sert cet outil ?
What is this tool (used) for?

2 ► **servir à** quelque chose (en parlant d'un objet) : **be (used)** /'juːzd/ **for** something

3 ▷ Ça ne sert à rien de pleurer.
It's no use crying.

3 ► **ça ne sert à rien de** + *infinitif* : **it's no use** /ɪts nəʊ 'juːs/ + *-ing*

4 ▷ Cette pièce sert de bureau.
This room is used as an office.

4 ► **servir de : be used as** /'juːzd æz/

5 ▷ Vas-y, sers-toi.
Go on, help yourself.
▷ Servez-vous les enfants !
Help yourselves, children!

► **se servir** (à table) : **help** /help/ **oneself**

6 ▷ Tu sais te servir d'un arc ?
Do you know how to use a bow?

► **se servir de** quelque chose : **use** /juːz/ something

ses

▷ Pierre s'entend bien avec ses voisins.
Pierre gets on well with his neighbours.
▷ J'ai vu Anne et ses enfants.
I saw Anne and her children.

ℹ *En anglais, l'adjectif possessif varie en fonction du sexe du possesseur et non de la chose possédée : quand le possesseur est masculin,* son, sa *et* ses *se traduisent par* ***his*** /hɪz/ *; quand le possesseur est féminin,* son, sa *et* ses *se traduisent par* ***her*** /hɜːʳ/.

set

1 ▷ Qui a gagné le premier set ?
Who won the first set?

(au tennis) **set** /set/

2 ▷ On lui a offert des sets de table.
She was given some tablemats.

► **set de table** : **tablemat** /'teɪblmæt/

seuil

▷ Ne reste pas sur le seuil de la porte, entre !
Don't stay on the doorstep, come in!

(= entrée) **doorstep** /'dɔːstep/

seul, seule

1 ▷ Nous étions seuls dans le restaurant.
We were alone in the restaurant.

(= sans personne d'autre) **alone** /ə'ləʊn/

2 ▷ Il se sent très seul.
He feels very lonely.

(= solitaire) **lonely** /'ləʊnlɪ/ (plus seul **lonelier** /'ləʊnlɪəʳ/, le plus seul **the loneliest** /'ləʊnlɪɪst/)

3 ▷ J'ai un seul ami : il s'appelle Rachid.
I've got only one friend: his name is Rachid.

► **un seul...** *ou* **une seule...** : **only one** /ˌəʊnlɪ 'wʌn/

4 ▷ Claire a fixé ces étagères toute seule.
Claire put the shelves up by herself.
▷ Je l'ai fait tout seul.
I did it myself.

► **tout seul** : **by myself / by yourself / by himself / by herself / by ourselves / by yourselves / by themselves**

seulement

▷ On a seulement cinq jours de vacances.
We only have five days holiday.

(= uniquement) **only** /'əʊnlɪ/

▷ Si seulement tu m'en avais parlé avant !
If only you had told me before!

► **si seulement...** : **if only...** /ɪf 'əʊnlɪ/

sévère

▷ Mon patron est très sévère.
My boss is very strict.

strict /strɪkt/ (**plus sévère** stricter /'strɪktəʳ/, **le plus sévère** the strictest /'strɪktɪst/)

sexe

▷ Ils ne veulent pas connaître le sexe de leur bébé.
They don't want to know their baby's sex.

sex /seks/ (pluriel **sexes** /'seksɪz/)

sexiste

▷ Je ne supporte pas les remarques sexistes.
I can't stand sexist remarks.

sexist /'seksɪst/ (**plus sexiste** more sexist, **le plus sexiste** the most sexist)

shampoing ou shampooing

▷ J'ai oublié d'acheter du shampoing.
I forgot to buy shampoo.

shampoo /ʃæm'puː/

▷ La coiffeuse m'a d'abord fait un shampoing.
The hairdresser gave me a shampoo first.

► **faire un shampoing à** quelqu'un : **give** somebody **a shampoo** (**gave, given**)

shooter

1 ▷ J'ai appris à shooter à mon petit frère.
I taught my little brother how to shoot.

(= taper dans un ballon) **shoot** /ʃuːt/ (**shot, shot** /ʃɒt/)

2 ▷ Il se shoote à l'héroïne.
He shoots up with heroin.

► **se shooter : shoot up** (**shot up, shot up**)

short

▷ Je n'aime pas ce short, il est trop petit.
I don't like these shorts, they are too small.

▷ Je vais acheter un nouveau short.
I'm going to buy some new shorts.

shorts /ʃɔːts/

ℹ *__Shorts__ est un nom pluriel, comme __trousers__, __jeans__, et __swimming trunks__. Il s'emploie avec un verbe au pluriel.*

si

1 ▷ On pourrait faire un pique-nique s'il fait beau.
We could have a picnic if the weather's good.

(pour exprimer une hypothèse) **if** /ɪf/

2 ▷ Je ne sais pas si Amélie sera là.
I don't know if Amélie will be there.

(dans les interrogations indirectes) **if**

ℹ *On peut aussi dire __whether__ /'weðəʳ/.*

3 ▷ Tu n'es pas contente ? – Si !
Aren't you happy? – Yes I am!

(= oui) **yes** /jes/

ℹ *Notez qu'en anglais, on peut reprendre le sujet et l'auxiliaire après __yes__.*

4 ▷ Arthur est si malade qu'il ne peut pas se lever.
Arthur is so ill he can't get up.

(= tellement, avec un attribut ou un adverbe) **so** /səʊ/

5 ▷ C'est un si beau tableau !
It's such a beautiful painting!

(= tellement, avec un épithète) **such** /sʌtʃ/

6 ▷ Si on allait prendre un verre ?
How about a drink?
▷ Et si on allait au cinéma ?
How about going to the cinema?

Pour lancer une idée, proposer de faire *quelque chose, on emploie l'expression* ***how about...?*** *suivie soit d'un nom, soit d'un verbe en* ***-ing***.

sida

▷ Il a le sida.
He has AIDS.

AIDS /eɪdz/

ℹ *AIDS est l'abréviation de* ***Acquired Immune Deficiency Syndrome***.

siècle

▷ C'est un des plus grands artistes du vingtième siècle.
He is one of the greatest artists of the twentieth century.
▷ Il a vécu au seizième siècle.
He lived in the sixteenth century.

century /'sentjʊrɪ/ (pluriel centuries /'sentjʊrɪz/)

ℹ *Notez la préposition* ***in*** *et l'article dans le deuxième exemple.*

siège

1 ▷ Est-ce que ce siège est libre ?
Is this seat free?

(= chaise, fauteuil) seat /siːt/

2 ▷ Elle travaille au siège, à Lyon.
She works at the head office in Lyon.

(d'une entreprise) head office /hed 'ɒfɪs/

sien, sienne

1 ▷ Il dit que ce CD est le sien.
He says that this CD is his.

► **le sien** *ou* **la sienne** *ou* **les siens** *ou* **les siennes** (si le possesseur est du sexe masculin) : his /hɪz/

2 ▷ Elle aime bien ma voiture, mais elle préfère la sienne.
She likes my car, but she prefers hers.

► **le sien** *ou* **la sienne** *ou* **les siens** *ou* **les siennes** (si le possesseur est du sexe féminin) : hers /hɜːz/

sieste

▷ Où est Lionel ? – Il fait la sieste.
Where's Lionel? – He's having a nap.

► **faire la sieste :** have a nap /næp/ (had, had)

sifflement

▷ Tu entends le sifflement du vent ?
Can you hear the whistling of the wind?
▷ J'ai entendu un sifflement : c'était Benoîte qui appelait son chien.
I heard a whistle: it was Benoîte calling her dog.

whistling /'wɪslɪŋ/

► **un sifflement :** a whistle /'wɪsl/

🔊 *Le* ***t*** *de* ***whistle*** *et* ***whistling*** *ne se prononce pas.*

siffler

1 ▷ Sylvian sifflait, il avait l'air heureux.
Sylvian was whistling, he looked happy.

whistle /'wɪsl/

🔊 *Le* ***t*** *de* ***whistle*** *ne se prononce pas.*

▷ Siffle Médor, il va revenir.
Whistle for Médor, he'll come back.

► siffler un chien : whistle for a dog

2 ▷ Les acteurs se sont fait siffler.
The actors got booed.

2 ► se faire siffler (= huer) : get booed /buːd/ (got, got)

sifflet

▷ Le berger se sert d'un sifflet pour appeler son chien.
The shepherd uses a whistle to call his dog.

whistle /'wɪsl/

▷ L'arbitre a donné un coup de sifflet.
The referee blew the whistle.

► donner un coup de sifflet : blow the whistle /bləʊ ðə 'wɪsl/ (blew /bluː/, blown /bləʊn/)

Le t de whistle ne se prononce pas.

signal

▷ Je donnerai le signal du début de la course.
I'll give the signal for the start of the race.

signal /'sɪgnəl/

Prononcez bien le g et le n : dites sig + nal.

▷ Quelqu'un a tiré le signal d'alarme.
Somebody pulled the alarm.

► signal d'alarme : alarm /ə'lɑːm/

▷ Laissez votre message après le signal sonore.
Leave your message after the beep.

► signal sonore (de répondeur) : beep /biːp/

signaler

1 ▷ Bruno m'a signalé qu'il y avait une faute au début de mon CV.
Bruno pointed out to me that there was a mistake in the beginning of my CV.

1 (= faire remarquer) point out /pɔɪnt 'aʊt/

2 ▷ Nous avons signalé le vol à la police.
We reported the theft to the police.

2 (= déclarer à la police) report /rɪ'pɔːt/

signature

▷ Ta signature est illisible.
Your signature is illegible.

signature /'sɪgnətʃəʳ/

Prononcez bien le g et le n.

signe

▷ Elle sourit, c'est bon signe.
She's smiling, it's a good sign.

sign /saɪn/

Sign rime avec wine.

signer

▷ Signez en bas du formulaire.
Sign at the bottom of the form.

(= écrire son nom) sign /saɪn/

Sign rime avec wine. Le prétérit et participe passé signed rime avec mind et find.

signet

▷ J'ai mis un signet à cette page.
I put a bookmark on that page.

(de livre, sur Internet) **bookmark** /'bʊkmɑːk/

signification

▷ Quelle est la signification de ce mot ?
What's the meaning of this word?

meaning /'miːnɪŋ/

signifier

▷ Que signifie exactement ce mot ?
What does this word mean exactly?

▷ Qu'est-ce que ça signifie ?
What does it mean?

mean /miːn/ (meant, meant /ment/)

*N'oubliez pas l'auxiliaire **do** dans la question. On ne dit pas * what means...?.*

silence

▷ Les manifestants ont défilé en silence.
The demonstrators marched in silence.

silence /'saɪləns/

*Le **i** est celui de **like**.*

silencieux, silencieuse

▷ Les élèves sont restés silencieux.
The pupils stayed quiet.

(= qui ne fait pas de bruit) **quiet** /'kwaɪət/ (**plus silencieux** quieter /'kwaɪətəʳ/, **le plus silencieux** the quietest /'kwaɪətɪst/)

*Attention à la prononciation de **quiet**, différente de celle de **quite*** (quiet a deux syllabes).

silhouette

▷ On ne voyait que des silhouettes dans le brouillard.
We could only see shapes in the fog.

(= vague forme) **shape** /ʃeɪp/

s'il te plaît, s'il vous plaît

▷ Ouvre la porte, s'il te plaît.
Open the door, please.
▷ Un kilo de pommes, s'il vous plaît.
A kilo of apples, please.

please /pliːz/

simple

▷ Les règles du jeu sont très simples.
The rules of the game are very simple.

simple /'sɪmpl/ (**plus simple** simpler /'sɪmplə/, **le plus simple** the simplest /'sɪmplɪst/)

simplement

1 ▷ Leur maison est meublée très simplement.
Their house is very simply furnished.

(= sans complication) **simply** /'sɪmplɪ/

2 ▷ Je voudrais simplement que tu m'aides.
I would just like you to help me.

(= seulement) **just** /dʒʌst/

simplifier

simplify /'sɪmplɪfaɪ/

▷ Cela simplifierait beaucoup le processus.
That would greatly simplify the process.

sincère

sincere /sɪn'sɪəʳ/ (**plus sincère** more sincere, **le plus sincère** the most sincere)

▷ Elle souriait, mais ce n'était pas sincère.
She was smiling, but it wasn't sincere.

L'accent tonique est sur la deuxième syllabe ***-cere****.* ***Sincere*** *rime avec* ***ear****.*

singe

1 **monkey** /'mʌŋkɪ/

1 ▷ Il est interdit de donner des cacahuètes aux singes.
You're not allowed to give peanuts to the monkeys.

La deuxième syllabe se prononce comme le mot français ***qui****.*

2 ► **faire le singe :** fool around /fuːl ə'raʊnd/

2 ▷ Arrête de faire le singe et travaille !
Stop fooling around and work!

singulier

singular /'sɪŋgjələʳ/

▷ Le singulier et le pluriel sont les mêmes.
The singular and the plural are the same.

► **au singulier :** in the singular

▷ Cet adjectif est au singulier.
This adjective is in the singular.

sinistre

horrible /'hɒrəbl/

▷ Ils habitent dans un quartier sinistre.
They live in a horrible area.

sinon

(= autrement) **otherwise** /'ʌðəwaɪz/

▷ Appelle Charlie, sinon il sera fâché.
Call Charlie, otherwise he'll be angry.

sirène

1 (= alarme) **siren** /'saɪərən/

1 ▷ Tu as entendu la sirène des pompiers ?
Did you hear the fire siren?

2 (= femme avec une queue de poisson) **mermaid** /'mɜːmeɪd/

2 ▷ On a vu la Petite Sirène à Copenhague.
We saw the Little Mermaid in Copenhagen.

sirop

syrup /'sɪrəp/

Attention à l'orthographe.

▷ J'ai un très bon sirop contre la toux si tu veux.
I have some very good cough syrup if you want.

site

1 (= décor) **setting** /'setɪŋ/

1 ▷ La ville est dans un très beau site.
The town is in a beautiful setting.

2 ▷ Nous avons visité plusieurs sites archéologiques.
We visited several archeological sites.

► **site archéologique :** archeological site /ˌɑːkɪəˈlɒdʒɪkəl ˌsaɪt/ (pluriel archeological sites)

3 ▷ Il y a plein de sites touristiques dans cette région.
There are lots of tourist spots in this region.

► **site touristique :** tourist spot /ˈtʊərɪst ˌspɒt/ (pluriel tourist spots)

4 ▷ C'est le site officiel de mon chanteur préféré.
It's the official site of my favourite singer.

(sur Internet) site /saɪt/

situation

▷ La situation est compliquée.
The situation is complicated.

(= circonstances) situation /ˌsɪtjʊˈeɪʃən/

situé, située

▷ Le château est situé sur une colline.
The castle is situated on a hill.

situated /ˈsɪtjʊeɪtɪd/

six

▷ Mon fils a six ans.
My son is six years old.

▷ Les cours reprennent le six septembre.
Classes start again on the sixth of September.

six /sɪks/

ℹ *Quand on dit la date, on emploie* ***sixth*** */sɪksθ/ en anglais. Notez aussi l'emploi de* ***on*** *et* ***of*** *en anglais.*

ℹ *On écrit* ***6 September****.*

sixième

1 ▷ Le sixième morceau du CD est mon préféré.
The sixth track on the CD is my favourite.

sixth /sɪksθ/

2 ▷ Ils habitent au sixième sans ascenseur.
They live on the sixth floor without a lift.

(= sixième étage) sixth floor /sɪksθ ˈflɔːʳ/

skate-board

▷ Elle fait du skate-board tous les jours.
She goes skateboarding every day.

skateboard /ˈskeɪtbɔːd/
► **faire du skate-board :** go skateboarding /ˈskeɪtbɔːdɪŋ/ (went, gone / been)

sketch

▷ Il y avait un sketch particulièrement drôle.
There was a particularly funny sketch.

sketch /sketʃ/ (pluriel sketches /ˈsketʃɪz/)

ski

▷ On pourra louer des skis là-bas.
We'll be able to hire skis there.

(= planche) ski /skiː/

▷ Le ski est mon sport préféré.
Skiing is my favorite sport.

► **le ski :** skiing /ˈskiːɪŋ/

▷ J'ai appris à faire du ski dans les Alpes.
I learned to ski in the Alps.
▷ Elle va au ski en janvier.
She is going skiing in January.
▷ Je préfère le ski de fond au ski de descente.
I prefer cross-country skiing to downhill skiing.
▷ As-tu déjà essayé le ski nautique ?
Have you ever tried water-skiing?

► **faire du ski : ski** /skiː/

► **aller au ski : go skiing** /skiːɪŋ/ (went, gone / been)

► **ski de fond : cross-country skiing** /ˌkrɒskʌntrɪ ˈskiːɪŋ/

► **ski nautique : water-skiing** /ˈwɔːtəʳˌskiːɪŋ/

skier

▷ Est-ce que tu sais skier ?
Can you ski?
▷ On a skié toute la semaine.
We skied all week.

ski /skiː/

ℹ *Prétérit et participe passé :* ***skied*** /skiːd/.

🔊 ***Skied*** *rime avec* ***feed***.

slip

1 ▷ On voit son slip sous sa jupe.
You can see her knickers under her skirt.

1 (= sous-vêtement féminin) **knickers** /ˈnɪkəz/

🔊 *Le* ***k*** *initial ne se prononce pas.*

2 ▷ Ludovic préfère porter un slip.
Ludovic prefers wearing briefs.

2 (= sous-vêtement masculin) **briefs** /briːfs/

3 ▷ Il porte un slip de bain bleu.
He is wearing blue swimming trunks.

3 ► **slip de bain : swimming trunks** /ˈswɪmɪŋ ˌtrʌŋks/

ℹ ***Knickers***, ***briefs*** *et* ***swimming trunks*** *sont des noms pluriels.*

smoking

▷ Il faut y aller en smoking.
You have to go in a dinner jacket.

dinner jacket /ˈdɪnə ˌdʒækɪt/

En anglais américain, on dit ***tuxedo*** /tʌkˈsiːdəʊ/.

SMS

▷ Envoie-moi un SMS.
Send me a text message.

text message /ˈtekst ˌmesɪdʒ/

sociable

▷ Nathalie est quelqu'un de très sociable.
Nathalie is a very sociable person.

sociable /ˈsəʊʃəbəl/ (**plus sociable** more sociable, **le plus sociable** the most sociable)

social, sociale

▷ La situation économique crée de graves problèmes sociaux.
The economic situation creates serious social problems.

social /ˈsəʊʃəl/

socialiste

▷ Nous avons voté pour le parti socialiste.
We voted for the socialist party.

socialist /'səʊʃəlɪst/

société

1 ▷ Sa femme travaille pour une grosse société.
His wife works for a big company.

1 (= entreprise) **company** /'kʌmpənɪ/ (pluriel **companies** /'kʌmpənɪz/)

2 ▷ Nous vivons dans une société multiculturelle.
We live in a multicultural society.

2 (= civilisation) **society** /sə'saɪətɪ/ (pluriel **societies** /sə'saɪətɪz/)

socquettes

▷ Trois paires de socquettes pour dix euros, ce n'est pas cher.
Three pairs of ankle socks for ten euros, that's cheap.

ankle socks /'æŋkl,sɒks/

sœur

▷ Ma sœur s'appelle Camille.
My sister's name is Camille.

sister /'sɪstəʳ/

sofa

▷ Tu pourras dormir sur le sofa.
You can sleep on the sofa.

sofa /'səʊfə/

soi-disant

▷ Elle est soi-disant malade.
She is supposedly ill.

(utilisé comme adverbe) **supposedly** /sə'pəʊzɪdlɪ/

soie

▷ La soie est un tissu agréable à porter.
Silk is a material that's pleasant to wear.

silk /sɪlk/

▷ Ce foulard est en soie.
This scarf is made of silk.

► **être en soie : be made** /meɪd/ **of silk**

▷ Il a un pyjama en soie rouge.
He has got some red silk pyjamas.

► **en soie : silk**

soif

▷ Tu as soif ? Tu veux de l'eau ?
Are you thirsty? Would you like some water?

► **avoir soif : be thirsty** /'θɜːstɪ/

▷ Cette promenade m'a donné soif.
That walk made me thirsty.

► **donner soif à** quelqu'un **: make** /meɪk/ somebody **thirsty (made, made** /meɪd/)

soigné, soignée

▷ Leur travail est toujours très soigné.
Their work is always very neat.

(= fait ou tenu avec soin) **neat** /niːt/ (plus soigné **neater** /'niːtəʳ/, le plus soigné **the neatest** /'niːtɪst/)

soigner

1 ▷ Le docteur qui me soigne est très gentil.
The doctor who treats me is very nice.

(= s'occuper de) **treat** /triːt/

2 ▷ Tu devrais soigner la présentation.
You should take care over presentation.

(= être attentif à) **take care over** /teɪk 'kɛə ˌəʊvəʳ/ (took /tʊk/, taken /'teɪkən/)

3 ▷ J'espère que tu te soignes pour ce rhume.
I hope you're taking something for that cold.

► **se soigner** (= prendre des médicaments) : **take something** /'teɪk ˌsʌmθɪŋ/ (took, taken)

soigneux, soigneuse

▷ Marc n'est pas soigneux, il écrit n'importe comment.
Marc isn't careful, he writes any old how.

(= qui s'applique, qui est propre) **careful** /'kɛəfʊl/ (**plus soigneux** more careful, **le plus soigneux** the most careful)

soi-même

▷ Il faut le faire soi-même.
One must do it oneself.

oneself /wʌn'self/

soin

1 ▷ Léa classe ses notes avec soin.
Léa carefully files her notes.

► **avec soin :** carefully /'kɛəfəlɪ/

2 ▷ Les soins médicaux sont gratuits ici.
Medical care is free here.

► **soins** (= traitement) : **care** /kɛəʳ/

soir

▷ J'y suis allé un soir de la semaine dernière.
I went there one evening last week.

evening /'iːvnɪŋ/

▷ Nous sommes arrivés samedi soir.
We arrived on Saturday evening.

ℹ *Notez l'emploi de* **on** *en anglais lorsqu'on dit la date.*

▷ Le soir je suis trop fatigué pour lire.
In the evening I'm too tired to read.

► **le soir :** in the evening

▷ Qu'est-ce que tu as fait hier soir ?
What did you do last night?

► **hier soir :** last night /lɑːst 'naɪt/

▷ À huit heures du soir.
At eight in the evening *ou* at 8 p.m.

ℹ *Pour dire l'heure, on fait suivre le chiffre de* ***in the evening*** *ou de* ***p.m.****, qui est l'abréviation de post meridiem (« après-midi » en latin).*

soirée

1 ▷ On a passé la soirée à raconter des blagues.
We spent the evening telling jokes.
▷ Bonne soirée !
Have a nice evening!

(= partie de la journée) **evening** /'iːvnɪŋ/

2 ▷ La soirée chez Patricia était très réussie.
The party at Patricia was very good.

(= fête) **party** /'pɑːtɪ/ (pluriel **parties** /'pɑːtɪz/)

soit

▷ Soit tu viens tout de suite, soit tu restes.
Either you come straight away, or you stay.

► **soit... soit :** either /aɪðəʳ/... or /ɔːʳ/

soixante

▷ Il y avait soixante personnes dans le car.
There were sixty people on the coach.

sixty /'sɪkstɪ/

▷ Ma mère a soixante ans.
My mother is sixty years old.

▷ Elle est née dans les années soixante.
She was born in the sixties.

► **les années soixante :** the sixties /'sɪkstɪz/

soixante-dix

▷ La vitesse est limitée à soixante-dix.
The speed limit is seventy.

seventy /'sevntɪ/

▷ Il a soixante-dix ans.
He is seventy years old.

▷ Elle est née dans les années soixante-dix.
She was born in the seventies.

► **les années soixante-dix :** the seventies /'sevntɪz/

soja

▷ Les végétariens mangent du soja pour remplacer la viande.
Vegetarians eat soya to replace meat.

soya /'sɔɪə/

ℹ *Attention à l'orthographe.*

sol

1 ▷ Il n'a pas plu depuis longtemps, le sol est très sec.
It hasn't rained for a long time, the ground is very dry.

(à l'extérieur) **ground** /graʊnd/

2 ▷ J'étais en train de laver le sol de la cuisine.
I was cleaning the kitchen floor.

(à l'intérieur) **floor** /flɔːʳ/

solaire

1 ▷ Il y a des panneaux solaires sur le toit.
There are solar panels on the roof.

solar /'səʊləʳ/

2 ▷ N'oublie pas de mettre de la crème solaire.
Don't forget to put sun cream on.

► **crème solaire :** sun cream /'sʌnkriːm/

soldat

▷ Les soldats défilent ici le Quatorze Juillet.
Soldiers march here on the fourteenth of July.

soldier /'səʊldʒəʳ/

solde

1 ▷ J'ai acheté ce tee-shirt en solde.
I bought this T-shirt in the sales.

▷ La jupe était en solde.
The skirt was reduced.

► **acheter** quelque chose **en solde :** buy /baɪ/ something in the sales /seɪlz/ (bought, bought /bɔːt/)
► **être en solde :** be reduced /rɪˈdjuːst/

2 ▷ Les soldes commencent en juin.
The sales start in June.

▷ On pourrait faire les soldes samedi.
We could go to the sales on Saturday.

► **les soldes :** the sales /ˈseɪlz/
► **faire les soldes :** go to the sales (went, gone / been)

sole

▷ J'ai pris une sole au déjeuner.
I had sole for lunch.

sole /səʊl/

soleil

▷ Ah, le soleil sort enfin !
Ah, at last the sun is coming out!

▷ Il y a du soleil aujourd'hui.
It's sunny today.

▷ Ne reste pas trop au soleil.
Don't stay in the sun too much.

▷ Tu vas attraper un coup de soleil.
You're going to get sunburnt.

sun /sʌn/
► **il y a du soleil :** it's sunny /ˈsʌnɪ/
► **au soleil :** in the sun
► **attraper un coup de soleil :** get sunburnt /ˈsʌnbɜːnt/ (got, got)

solfège

▷ Capucine apprend le solfège et la guitare.
Capucine is learning music theory and guitar.

(= règles de la musique) music theory /ˈmjuːzɪk ˌθɪərɪ/

solidaire

▷ Pendant la grève, les ouvriers ont été solidaires.
During the strike, workers showed solidarity.

▷ Ils sont solidaires du gouvernement.
They stand by the government.

► **être solidaires :** show solidarity /ʃəʊ ˌsɒlɪˈdærɪtɪ/ (showed /ʃəʊd/, showed *ou* shown /ʃəʊn/)
► **être solidaire de** quelqu'un **:** stand by /stænd baɪ/ somebody (stood, stood /stʊd/)

solidarité

▷ Ils ont cessé le travail par solidarité avec les grévistes.
They stopped work in solidarity with the strikers.

solidarity /ˌsɒlɪˈdærɪtɪ/
ℹ *Notez la préposition employée en anglais :* par solidarité avec = ***in solidarity with***.

solide

▷ Ce tissu est très solide, il ne se déchirera pas.
This material is very strong, it won't tear.
▷ Il n'a pas le cœur très solide.
He hasn't got a very strong heart.

(= fort) **strong** /strɒŋ/ (**plus solide** stronger /ˈstrɒŋgəʳ/, **le plus solide** the strongest /ˈstrɒŋgɪst/)

solitaire

▷ Il a une vie assez solitaire.
He lives a rather solitary life.

solitary /ˈsɒlɪtərɪ/ (**plus solitaire** more solitary, **le plus solitaire** the most solitary)

solitude

1 ▷ Elle a besoin de solitude pour écrire.
She needs solitude to write.

1 (choisie) **solitude** /ˈsɒlɪtjuːd/

2 ▷ Il décrit sa solitude après la mort de sa femme.
He describes his loneliness after his wife's death.

2 (subie) **loneliness** /ˈləʊnlɪnɪs/

solution

▷ Est-ce que tu as trouvé la solution du problème ?
Did you find the solution to the problem?

solution /səˈluːʃən/
ℹ *Notez la préposition utilisée en anglais :* la solution de = *the solution to*.

sombre

▷ Cette pièce est très sombre.
This room is very dark.

(= obscur, foncé) **dark** /dɑːk/ (**plus sombre** darker /ˈdɑːkəʳ/, **le plus sombre** the darkest /ˈdɑːkɪst/)

somme

1 ▷ Mille euros, c'est une grosse somme.
A thousand euros is a big sum.

1 (= argent) **sum** /sʌm/

2 ▷ Lucie a fait la somme de toutes les dépenses.
Lucie added up all the expenses.

2 ► **faire la somme de :** add up /æd ˈʌp/

sommeil

▷ Il a parlé dans son sommeil.
He talked in his sleep.
▷ J'ai sommeil, je vais me coucher.
I'm sleepy, I'm going to bed.

sleep /sliːp/

► **avoir sommeil :** be sleepy /ˈsliːpɪ/

sommet

1 ▷ On a presque atteint le sommet.
We've almost reached the summit.
▷ C'est une réunion au sommet.
It's a summit meeting.

1 (= montagne, conférence) **summit** /ˈsʌmɪt/

2 ▷ Ils sont au sommet de l'échelle sociale.
They are at the top of the social ladder.

2 (d'un arbre, d'une tour, d'une hiérarchie) **top** /tɒp/

somnambule

▷ J'ai trouvé Michaël en pyjama sur le balcon : il est somnambule !
I found Michaël in his pyjamas on the balcony: he sleepwalks!

► **être somnambule : sleepwalk** /'sli:pwɔ:k/

*Le deuxième **l** ne se prononce pas.*

somnifère

▷ Il prend des somnifères.
He takes sleeping pills.

sleeping pill /'sli:pɪŋ ˌpɪl/ (pluriel sleeping pills)

somnoler

▷ Il a somnolé dans la voiture.
He dozed in the car.

doze /dəʊz/

son NOM

▷ Ce piano a un très beau son.
This piano has a beautiful sound.

sound /saʊnd/

son, sa, ses ADJECTIF POSSESSIF

▷ Patrice va venir avec son frère et Maud avec sa mère.
Patrice is going to come with his brother and Maud with her mother.

▷ Charlotte arrive ! Où est son cadeau ?
Charlotte is coming! Where's her present?

his *ou* **her**

En anglais, l'adjectif possessif varie en fonction du sexe du possesseur et non de la chose possédée. Quand le possesseur est masculin, son, sa *et* ses *se traduisent par* **his** /hɪz/ *; quand le possesseur est féminin,* son, sa *et* ses *se traduisent par* **her** /hɜ:ʳ/.

sondage

▷ Il remonte dans les sondages.
He is going up in the polls.

(= enquête) **poll** /pəʊl/

sonner

1 ▷ Les cloches sonnent.
The bells are ringing.

(cloches, téléphone) **ring** /rɪŋ/ (rang /ræŋ/, rung /rʌŋ/)

2 ▷ Je me suis réveillé en sursaut quand le réveil a sonné.
I woke up with a jump when the alarm went off.

(réveil) **go off** /gəʊ 'ɒf/ (went off /went 'ɒf/, gone off /gɒn 'ɒf/)

3 ▷ J'ai sonné plusieurs fois, mais il n'y avait personne.
I rang the doorbell several times, but there was nobody there.

(= actionner la sonnette) **ring the doorbell** /rɪŋ ðə 'dɔ:bel/ (rang /ræŋ/, rung /rʌŋ/)

sonnerie

1 ▷ Tu n'as pas entendu la sonnerie du téléphone ?
Didn't you hear the phone?

▷ Je vais changer la sonnerie de mon portable.
I'm going to change the ringtone on my mobile.

1 *Quand on parle de la sonnerie d'un téléphone fixe, on dit simplement* ***the phone*** /fəʊn/.
Quand on parle de la sonnerie d'un téléphone portable, on dit ***ringtone*** /'rɪŋtəʊn/.

2 ▷ Les élèves sont toujours prêts à partir avant la sonnerie.
The pupils are always ready to leave before the bell.

2 (de l'école) **bell** /bel/

sonnette

▷ La sonnette ne marche pas, il faut frapper.
The doorbell doesn't work, you have to knock.

doorbell /'dɔːbel/

sorbet

▷ Comme dessert, il y a du sorbet à la poire.
For dessert there's some pear sorbet.

sorbet /'sɔːbeɪ/

sorcière

▷ Julia s'est déguisée en sorcière pour Halloween.
Julia disguised herself as a witch for Halloween.

witch /wɪtʃ/ (pluriel **witches** /'wɪtʃɪz/)

sort

▷ On a tiré au sort pour savoir qui ferait la vaisselle.
We drew lots to decide who would do the dishes.

► **tirer au sort : draw lots** /drɔː 'lɒts/ (**drew** /druː/, **drawn** /drɔːn/)

sorte

▷ Il y a plusieurs sortes de desserts.
There are several kinds of dessert.

(= type, genre) **kind** /kaɪnd/

ℹ *On peut aussi dire* ***sort*** /sɔːt/.

▷ C'est une sorte d'écharpe très large.
It's a kind of very wide scarf.

► **une sorte de** (= une espèce de) : **a kind of**

ℹ *On peut aussi dire* ***a sort of***.

sortie

1 ▷ Où est la sortie ?
Where is the exit?

1 (= endroit par où on sort) **exit** /'eksɪt/

2 ▷ Sa mère l'attend tous les jours à la sortie de l'école.
His mother waits for him every day after school.

2 ► **à la sortie de l'école** (à la fin des cours) : **after school**

3 ▷ On a fait une sortie avec l'école.
We had a school outing.

3 (= excursion) **outing** /'aʊtɪŋ/

sortir

1 ▷ Sors te promener avec nous !
Come out and walk with us!
▷ J'ai vu Caro sortir de chez Fahrid.
I saw Caro come out of Fahrid's house.

1 ► **sortir** (= venir dehors) : come out /kʌm 'aʊt/ (came out /keɪm 'aʊt/, come out)
► **sortir de :** come out of

2 ▷ Sors si tu veux, moi je reste ici.
Go out if you like, I'm staying here.
▷ Il est sorti de la salle avant la fin du spectacle.
He went out of the theatre before the end of the show.
▷ Lise sort avec Charles.
Lise is going out with Charles.

2 ► **sortir** (= aller dehors) : go out /gəʊ 'aʊt/ (went out /went 'aʊt/, gone out /gɒn 'aʊt/)
► **sortir de :** go out of
► **sortir avec** quelqu'un (= le fréquenter) : go out with /gəʊ 'aʊt wɪð/ somebody

3 ▷ Est-ce que Lalia est là ? – Non, elle est sortie.
Is Lalia in? – No, she's out.

3 ► **être sorti :** be out /aʊt/

4 ▷ À quelle heure est-ce que vous sortez du travail ?
What time do you finish work?

4 ► **sortir de** (de l'école, du travail) : finish /'fɪnɪʃ/

5 ▷ Son dernier film vient de sortir.
His last film has just come out.

5 ► **sortir** (= être publié ou montré pour la première fois) : come out

6 ▷ Sors ton vélo du garage.
Take your bike out of the garage.

6 ► **sortir** quelque chose (= le mettre dehors) : take /teɪk/ something out (took out /tʊk 'aʊt/, taken out /ˌteɪkən 'aʊt/)

7 ▷ Ne t'inquiète pas, on va s'en sortir.
Don't worry, we'll manage.

7 ► **s'en sortir** (= réussir) : manage /'mænɪdʒ/

sottise

1 ▷ J'ai dit une sottise ?
Did I say something silly?
▷ Arrête de dire des sottises !
Stop saying silly things!

1 ► **dire une sottise :** say something silly /seɪ ˌsʌmθɪŋ 'sɪlɪ/ (said, said /sed/)
► **dire des sottises :** say silly things /seɪ ˌsɪlɪ 'θɪŋz/ (said, said /sed/)

2 ▷ Zut, j'ai fait une sottise.
Damn, I've done something silly.
▷ Mon petit frère adore faire des sottises.
My little brother loves being naughty.

2 ► **faire une sottise :** do something silly /duː ˌsʌmθɪŋ 'sɪlɪ/ (did /dɪd/, done /dʌn/)
► **faire des sottises** (enfant) : be naughty /'nɔːtɪ/

sou

▷ Tu as des sous pour acheter une glace ?
Have you got some money to buy an ice cream?
▷ Je n'ai plus de sous.
I haven't got any money left.

► **des sous** (= de l'argent) : money /'mʌnɪ/

souci

▷ Elle a beaucoup de soucis.
She has a lot of worries.
▷ Ne te fais pas de souci.
Don't worry.

(= inquiétude) worry /'wʌrɪ/ (pluriel worries /'wʌrɪz/)

► **se faire du souci :** worry /'wʌrɪ/

ℹ *Le **y** de **worry** devient **ie** à la troisième personne du singulier du présent de l'indicatif (worries /'wʌrɪz/), au prétérit et au participe passé (worried /'wʌrɪd/).*

soucoupe

▷ Je ne trouve pas la soucoupe pour cette tasse.
I can't find the saucer for this cup.

saucer /'sɔːsə^r/

*Le **au** se prononce comme le mot anglais **or**.*

▷ Tu crois aux soucoupes volantes ?
Do you believe in flying saucers?

► **soucoupe volante :** flying saucer /ˌflaɪɪŋ 'sɔːsə^r/ (pluriel flying saucers)

soudain

▷ Soudain, je me suis souvenu que j'avais un rendez-vous à 4 heures.
I suddenly remembered I had a meeting at 4 o'clock.

suddenly /'sʌdnlɪ/

souffle

1 ▷ Éric est un athlète, il a du souffle.
Éric is an athlete, he has good lungs.

► **avoir du souffle :** have good lungs /gʊd 'lʌŋz/

2 ▷ On était à bout de souffle quand on est arrivés en haut de la côte.
We were out of breath when we got to the top of the hill.

► **être à bout de souffle :** be out of breath /ˌaʊt əv 'breθ/

▷ Les enfants retenaient leur souffle.
The children were holding their breath.
▷ Clarisse peut retenir son souffle pendant vingt secondes.
Clarisse can hold her breath for twenty seconds.
▷ Je m'entraîne à retenir mon souffle dans l'eau.
I'm practising holding my breath under water.

► **retenir son souffle :** hold /həʊld/ one's breath (held, held /held/)

ℹ *Le pronom personnel fonctionne de la façon suivante en anglais : **I hold my breath, you hold your breath, he holds his breath, she holds her breath,** etc.*

souffler

1 ▷ Le vent souffle fort aujourd'hui.
The wind is blowing hard today.

► **souffler** (vent, personne) : blow /bləʊ/ (blew /bluː/, blown /bləʊn/)

2 ▷ Elle a soufflé toutes les bougies d'un seul coup.
She blew all the candles out in one go.

► **souffler une bougie** : blow a candle out (blew, blown)

souffrance

▷ Il y a eu beaucoup de souffrance pendant la guerre.
There was a lot of suffering during the war.

suffering /'sʌfərɪŋ/

souffrir

▷ Karim a beaucoup souffert après son accident.
Karim suffered a lot after his accident.

▷ Il souffre de rhumatismes.
He suffers from rheumatism.

suffer /'sʌfəʳ/

Notez l'emploi de la préposition en anglais : souffrir de *suffer from*.

souhait

▷ Tous nos souhaits de réussite !
Our best wishes for your success!

▷ Atchoum ! – À tes souhaits !
Atishoo! – Bless you!

wish /wɪʃ/

► **à tes souhaits !** *ou* **à vos souhaits !** (quand on éternue) : bless you! /'bles juː/

souhaiter

▷ Nos voisins nous ont souhaité la bonne année.
Our neighbours wished us a happy New Year.

► **souhaiter** quelque chose **à** quelqu'un **:** wish /wɪʃ/ somebody something

soûl, soûle

▷ Elle est complètement soûle.
She's completely drunk.

drunk /drʌŋk/

soulagement

▷ J'ai éprouvé un immense soulagement.
I felt an immense sense of relief.

relief /rɪ'liːf/

soulager

▷ Le médecin lui a fait une piqûre pour soulager la douleur.
The doctor gave him an injection to relieve the pain.

▷ Je suis soulagé de savoir qu'ils vont bien.
I'm relieved to know they're well.

relieve /rɪ'liːv/

Le ie *se prononce comme le* ee *de* week.

► **être soulagé :** be relieved /rɪ'liːvd/

se soûler

▷ Il s'est soûlé à la fête.
He got drunk at the party.

get drunk /get 'drʌŋk/ (got drunk, got drunk /gɒt 'drʌŋk/)

soulever

▷ Aide-moi à soulever le canapé.
Help me to lift the sofa.

lift /lɪft/

soulier

▷ Sophie a mis ses souliers neufs.
Sophie put her new shoes on.

shoe /ʃuː/

souligner

▷ Je souligne les mots que je ne connais pas.
I underline the words that I don't know.

underline /ˌʌndəˈlaɪn/

soupçon

▷ La police a des soupçons.
The police have suspicions.

(= doute) **suspicion** /səsˈpɪʃən/

soupçonner

▷ Tout le monde soupçonne Matthieu.
Everybody suspects Matthieu.

suspect /səsˈpekt/

▷ Je soupçonne Amandine d'avoir menti.
I suspect Amandine of lying.

► **soupçonner** quelqu'un **de** + *infinitif* : **suspect** somebody **of** + *-ing*

soupe

▷ Cette soupe aux légumes est très bonne.
This vegetable soup is very good.

soup /suːp/

soupir

▷ Bruno a poussé un grand soupir quand je lui ai demandé de m'aider.
Bruno heaved a big sigh when I asked him to help me.

sigh /saɪ/
► **pousser un soupir : heave** /hiːv/ **a sigh**

Sigh rime avec buy, lie et fly.

soupirer

▷ Alex soupire tout le temps.
Alex sighs all the time.

sigh /saɪ/

Sigh rime avec buy, lie et fly. Le prétérit, sighed, se prononce exactement comme le mot side.

souple

1 ▷ Sophie est plus souple depuis qu'elle fait du yoga.
Sophie is more supple since she's been doing yoga.

(= pas raide, en parlant d'une personne) **supple** /ˈsʌpl/ (**plus souple** more supple, **le plus souple** the most supple)

2 ▷ C'est un cuir très souple.
It's very soft leather.

(= doux, en parlant des cheveux, d'une matière, du linge) **soft** /sɒft/ (**plus souple** softer /sɒftəʳ/, **le plus souple** the softest /ˈsɒftɪst/)

source

1 ▷ On est allés chercher de l'eau à la source.
We went to get water from the spring.

1 (= eau) **spring** /sprɪŋ/

2 ▷ Quelle est la source du problème ?
What is the source of the problem?

2 (= origine) **source** /sɔːs/

sourcil

▷ Elle se teint les cheveux et les sourcils.
She dyes her hair and her eyebrows.

eyebrow /ˈaɪbraʊ/

Eyebrow rime avec now.

sourd, sourde

▷ Ne crie pas, je ne suis pas sourde !
Don't shout, I'm not deaf!

deaf /def/

Le ea de deaf se prononce comme le e de bed.

▷ Il y a des sous-titres pour les sourds.
There are subtitles for deaf people.

► **les sourds : deaf people** /ˈdef ˌpiːpl/

sourire

1 ▷ Coralie a un beau sourire.
Coralie has a beautiful smile.

▷ Allez, fais-moi un sourire !
Come on, give me a smile!

1 (= mouvement) **smile** /smaɪl/

► **faire un sourire à** quelqu'un : **give** somebody **a smile (gave, given)**

2 ▷ Il ne sourit pas souvent.
He doesn't smile very often.

2 (= faire un sourire) **smile** /smaɪl/

souris

▷ Le chat court après les souris.
The cat chases mice.

▷ Je ne peux pas utiliser mon ordinateur parce que la souris ne marche pas.
I can't use my computer because the mouse doesn't work.

mouse /maʊs/ (pluriel **mice** /maɪs/)

sous

1 ▷ Ta serviette est tombée sous ta chaise.
Your napkin has fallen under your chair.

1 (= au-dessous de) **under** /ˈʌndəʳ/

2 ▷ Carole est sous antibiotiques.
Carole is on antibiotics.

2 (en parlant de médicaments) **on** /ɒn/

sous-marin

▷ Nous avons visité un sous-marin à Toulon.
We visited a submarine in Toulon.

submarine /ˌsʌbməˈriːn/

sous-sol

▷ On a transformé le sous-sol en chambre.
We converted the basement into a bedroom.

(d'une maison) **basement** /ˈbeɪsmənt/

sous-titre

▷ Je préfère les films avec des sous-titres.
I prefer films with subtitles.

subtitle /'sʌbˌtaɪtl/

sous-titré, sous-titrée

▷ Le film est en version originale sous-titrée.
The film is subtitled in the original version.

subtitled /'sʌbtaɪtəld/

soustraction

▷ Ma fille apprend à faire les soustractions.
My daughter is learning to do subtractions.

subtraction /səb'trækʃən/

soustraire

▷ Tu dois soustraire le prix du repas du total.
You have to subtract the price of the meal from the total.

► **soustraire** quelque chose **de... :** **subtract** /səb'trækt/ something from...

sous-vêtements

▷ Ces sous-vêtements sont en soie.
This underwear is made of silk.
▷ Où est le rayon sous-vêtements ?
Where is the underwear department?
▷ Je dois acheter des sous-vêtements chauds.
I must buy some warm underwear.

underwear /'ʌndəwɛəʳ/

ℹ *Underwear est indénombrable : il ne se met pas au pluriel, et ne s'emploie jamais avec l'article* ***an****.*

soute

▷ Ma planche de surf est en soute.
My surfboard is in the hold.

(de bateau, d'avion) **hold** /həʊld/

soutenir

1 ▷ Personne ne m'a soutenue quand je me suis plainte au patron.
Nobody supported me when I complained to the boss.

1 (= appuyer physiquement ou moralement) **support** /sə'pɔːt/

2 ▷ Simon soutient que ce n'est pas sa faute.
Simon says that it isn't his fault.

2 (= dire, prétendre) **say** /seɪ/ (**said, said** /sed/)

souterrain, souterraine ADJECTIF

▷ Nous nous sommes garés dans un parking souterrain.
We parked in an underground car park.

(= qui est en sous-sol) **underground** /'ʌndəgraʊnd/

souterrain NOM

1 ▷ Il y a un souterrain sous le château.
There's an underground passage under the castle.

1 (= galerie) **underground passage** /'pæsɪdʒ/ (pluriel **underground passages** /'pæsɪdʒɪz/)

2 ▷ Il faut passer par le souterrain pour arriver à la bibliothèque.
You have to go through the subway to get to the library.

(= passage pour piétons) **subway** /'sʌbweɪ/

soutien-gorge

▷ Je me suis acheté un nouveau soutien-gorge.
I bought myself a new bra.

bra /brɑː/

souvenir

1 ▷ J'ai de très bons souvenirs de mon séjour en Écosse.
I have very good memories of my stay in Scotland.

(= impression du passé) **memory** /'memərɪ/ (pluriel **memories** /'memərɪz/)

2 ▷ Mes parents m'ont rapporté un souvenir du Maroc.
My parents brought me back a souvenir from Morocco.

(= objet touristique) **souvenir** /ˌsuːvə'nɪəʳ/

3 ▷ Tu te souviens de Rémi ?
Do you remember Rémi?
▷ Je ne me souviens pas de l'avoir rencontré.
I don't remember meeting him.

► **se souvenir de :** remember /rɪ'membəʳ/
► **se souvenir de** + *infinitif* **:** remember + *-ing*

souvent

▷ Je vais souvent voir mes grands-parents.
I often go and see my grandparents.

▷ Il est souvent en retard.
He's often late.

often /'ɒfən/
ℹ *Remarquez la position de* ***often*** *dans la phrase, entre le sujet et le verbe.*
ℹ *Exception : avec le verbe* ***be*** *et les modaux,* ***often*** *vient après.*

spacieux, spacieuse

▷ Nos chambres sont très spacieuses.
Our rooms are very spacious.

spacious /'speɪʃəs/ (**plus spacieux** more spacious, **le plus spacieux** the most spacious)

spaghettis

▷ On a mangé des spaghettis à la tomate.
We ate spaghetti with tomato sauce.
▷ Achète des spaghettis.
Buy some spaghetti.
▷ Ces spaghettis sont délicieux.
This sphaghetti is delicious.

spaghetti /spə'getɪ/

ℹ *En anglais,* ***spaghetti*** *est indénombrable : il ne se met pas au pluriel et ne prend jamais l'article* ***a***.

sparadrap

▷ Il a mis du sparadrap sur son doigt.
He put a plaster on his finger.

► **du sparadrap : a plaster** /'plɑːstəʳ/

En anglais américain on dit ***Band-Aid®*** /bænd 'eɪd/.

spatial, spatiale

▷ La navette spatiale est revenue sur Terre.
The space shuttle came back to Earth.

space /speɪs/

*Ici, **space** est employé comme adjectif.*

spécial, spéciale

1 ▷ Je n'ai rien fait de spécial hier.
I didn't do anything special yesterday.

(= exceptionnel) special /'speʃəl/

2 ▷ Il est un peu spécial, mais il est gentil.
He is a bit odd, but he's nice.

(= bizarre) odd /ɒd/

*Ne confondez pas les deux sens en anglais : **special** ne signifie jamais « spécial » au sens de « bizarre ».*

spécialement

1 ▷ Éric est venu spécialement pour nous voir.
Éric came specially to see us.

(= exprès) specially /'speʃəlɪ/

2 ▷ L'exposition t'a plu ? – Pas spécialement.
Did you like the exhibition? – Not particularly.

► **pas spécialement : not particularly** /nɒt pə'tɪkjʊləlɪ/

spécialiste

▷ On va appeler un spécialiste pour réparer l'ordinateur.
We're going to call a specialist to repair the computer.

specialist /'speʃəlɪst/

spécialité

▷ Quelles sont les spécialités de la région ?
What are the specialities of the region?

speciality /ˌspeʃɪ'ælɪtɪ/ (pluriel specialities /ˌspeʃɪ'ælɪtɪz/)

spécifique

▷ Il n'y a pas de raison spécifique.
There is no specific reason.

specific /spə'sɪfɪk/ (**plus spécifique** more specific, **le plus spécifique** the most specific)

spectacle

▷ J'ai vu un spectacle formidable hier.
I saw a great show yesterday.

(= théâtre, chanson, etc.) show /ʃəʊ/

spectaculaire

▷ Le paysage était spectaculaire.
The scenery was spectacular.

spectacular /spek'tækjʊləʳ/ (**plus spectaculaire** more spectacular, **le plus spectaculaire** the most spectacular)

spectateur, spectatrice

1 ▷ Un spectateur a posé une question au chanteur.
A member of the audience asked the singer a question.
▷ Les spectateurs ont beaucoup applaudi.
The audience applauded a lot.

1 (au spectacle) **member of the audience** /ˈmembər əv ðiː ˈɔːdɪəns/

► **les spectateurs : the audience** /ˈɔːdɪəns/

2 ▷ Les spectateurs faisaient beaucoup de bruit à chaque fois qu'on marquait un point.
The spectators made a lot of noise every time they scored a point.

2 (d'un événement sportif) **spectator** /spekˈteɪtəʳ/

*Le **a** est celui de **make**.*

sphère

▷ La Terre est une sphère.
The Earth is a sphere.

sphere /sfɪəʳ/

***Sphere** rime avec **ear**.*

spirale

▷ On voyait monter une spirale de fumée.
We could see a spiral of smoke going up.

spiral /ˈspaɪərəl/

*Le **i** de **spiral** se prononce comme le **i** de **like**.*

splendide

▷ Le paysage est splendide.
The landscape is very beautiful.

(= très beau) **very beautiful** /bjuːtɪfʊl/

*Le mot **splendid** existe en anglais, mais il est démodé.*

spontané, spontanée

▷ Je l'aime bien parce qu'elle est très spontanée.
I like her because she's very spontaneous.

spontaneous /spɒnˈteɪnɪəs/ (**plus spontané** more spontaneous, **le plus spontané** the most spontaneous)

sport

▷ Je préfère les sports d'équipe aux sports individuels.
I prefer team sports to individual sports.

sport /spɔːt/

*N'oubliez pas de prononcer le **t** en anglais.*

▷ Tu devrais faire du sport.
You should do some sport.
▷ Est-ce que tu pratiques un sport ?
Do you play a sport?

► **faire du sport : do some sport**

► **pratiquer un sport : play a sport**

sportif, sportive

1 ▷ Aurélie n'est pas très sportive.
Aurélie isn't very fond of sports.

1 ► **sportif, sportive** (adjectif = qui aime le sport) : **fond of sports** /fɒnd əv ˈspɔːts/

2 ▷ Les footballeurs sont les sportifs les mieux payés.
Football players are the best-paid sportsmen.

► **un sportif : a** sportsman /'spɔːtsmən/ (pluriel sportsmen /'spɔːtsmen/)
► **une sportive : a** sportswoman /'spɔːtswʊmən/ (pluriel sportswomen /'spɔːtswɪmɪn/)

spot

1 ▷ Leur chambre est éclairée par des spots.
Their bedroom is lit by spotlights.

1 (= lampe) spotlight /'spɒtlaɪt/

2 ▷ Il y a un spot publicitaire toutes les dix minutes.
There's a commercial every ten minutes.

2 ► **spot publicitaire :** commercial /kə'mɜːʃəl/

square

▷ Les enfants jouent dans le square.
The children are playing in the public garden.

public garden /ˌpʌblɪk 'gɑːdn/ (pluriel public gardens)

squash

▷ Le squash est un sport très énergique.
Squash is a very energetic sport.

squash /skwɒʃ/

▷ Il joue au squash tous les jeudis.
He plays squash on Thursdays.

► **jouer au squash :** play /pleɪ/ squash

squatter

▷ Ils ont squatté l'ambassade pendant plusieurs mois.
They squatted in the embassy for several months.

(un lieu) squat in /'skwɒt 'ɪn/

ℹ *Il y a deux **t** au gérondif* (squatting in /'skwɒtɪŋ 'ɪn/), *au prétérit et au participe passé* (squatted in /'skwɒtɪd 'ɪn/).

squelette

▷ Il y a un squelette de dinosaure au musée.
There's a dinosaur skeleton in the museum.

skeleton /'skelɪtən/

stable

▷ Cette pile de livres n'est pas très stable.
That pile of books is not very stable.

stable /'steɪbl/ (**plus stable** more stable, **le plus stable** the most stable)

🔊 *Le **a** est celui de **make**.*

stade

▷ Nous sommes allés voir un match de foot dans le nouveau stade.
We went to see a football match in the new stadium.

(= terrain de sport) stadium /'steɪdɪəm/

🔊 *Le **a** est celui de **make**.*

stage

1 ▷ Fred fait un stage dans un grand magasin.
Fred is doing a work placement in a department store.

(en entreprise) **work placement** /'wɜːk ˌpleɪsmənt/ (pluriel **work placements**)

En anglais américain, on dit ***internship*** */'ɪntɜːnʃɪp/.*

2 ▷ Cyril fait un stage d'informatique de trois mois.
Cyril is doing a three-month computing course.

(= cours) **course** /kɔːs/

Attention ! Le mot anglais ***stage*** *signifie « scène » ou « étape ».*

stagiaire

▷ Je m'entends bien avec la nouvelle stagiaire.
I get on well with the new trainee.

trainee /treɪ'niː/

stand

▷ J'ai passé beaucoup de temps au stand de la Jamaïque.
I spent a long time at the Jamaican stand.

(dans une fête, dans une foire) **stand** /stænd/

standard

1 ▷ Appelle le standard et demande à parler à Madame Lancel.
Call the switchboard and ask to speak to Mrs Lancel.

(téléphonique) **switchboard** /'switʃbɔːd/

Rime avec ***lord****.*

2 ▷ C'est la taille standard.
It's the standard size.

(= normalisé) **standard** /'stændəd/

star

▷ Toutes les grandes stars sont à Cannes.
All the big stars are in Cannes.

star /stɑːʳ/

station

1 ▷ L'hôtel est près de la station Vauxhall.
The hotel is near Vauxhall station.

(= station de métro) **station** /'steɪʃən/

2 ▷ Quelle est ta station de radio préférée ?
What's your favourite radio station?

► **station de radio : radio station** /'reɪdɪəʊ ˌsteɪʃən/ (pluriel **radio stations**)

3 ▷ Elle va toujours à la même station de sports d'hiver.
She always goes to the same ski resort.

► **station de sports d'hiver : ski resort** /'skiː rɪˌzɔːt/ (pluriel **ski resorts**)

4 ▷ Il y a une station de taxis tout près.
There's a taxi rank nearby.

► **station de taxis : taxi rank** /'tæksɪ ræŋk/

stationnement

▷ Le stationnement est réglementé ici.
Parking is restricted here.

▷ Il y avait quatre voitures en stationnement.
There were four parked cars.

parking /'pɑːkɪŋ/

► **« stationnement interdit » :** "no parking"

► **en stationnement :** parked

stationner

▷ Tu ne peux pas stationner ici.
You can't park here.

park /pɑːk/

station-service

▷ Où est la station-service la plus proche ?
Where is the nearest petrol station?

petrol station /'petrəl ˌsteɪʃən/ (pluriel petrol stations)

En anglais américain, on dit ***gas station*** /'gæs ˌsteɪʃən/.

statistiques

▷ Ils font des statistiques toute la journée.
They do statistics all day long.

statistics /stə'tɪstɪks/

statue

▷ Il y a une statue de Napoléon sur la place.
There's a statue of Napoleon in the square.

statue /'stætjuː/

Prononcez ***stat*** *+* ***you****.*

statut

▷ Il a obtenu le statut de réfugié politique.
He has been given political refugee status.

status /'steɪtəs/

steak

▷ Mon plat préféré, c'est le steak frites.
My favourite dish is steak and chips.

▷ Tu veux un steak haché ?
Do you want a hamburger?

steak /steɪk/

Steak *rime avec* ***make****.*

► **un steak haché :** a hamburger /'hæmbɜːgəʳ/

stéréo

▷ C'est en stéréo.
It's in stereo.

stereo /'stɪərɪəʊ/

stimuler

▷ Ils veulent stimuler la croissance économique.
They want to stimulate economic growth.

stimulate /'stɪmjʊleɪt/

stock

▷ Tu peux prendre un crayon, j'en ai tout un stock.
You can take a pencil, I have a whole stock of them.

stock /stɒk/

stocker

▷ Toutes les données sont stockées sur mon ordinateur.
All the data is stored on my computer.

(sur ordinateur) **store** /stɔːʳ/

stop

1 ▷ La voiture ne s'est pas arrêtée au stop.
The car didn't stop at the stop sign.

1 (= panneau) **stop sign** /ˈstɒp saɪn/ (pluriel **stop signs**)

Sign rime avec wine.

2 ▷ Nous avons fait du stop en Angleterre.
We hitchhiked in England.
▷ Nous irons au Portugal en stop.
We'll hitchhike to Portugal.

2 ► **faire du stop, aller en stop :** **hitchhike** /ˈhɪtʃhaɪk/

store

▷ Baisse le store, il y a trop de soleil.
Lower the blind, there's too much sun.

blind /blaɪnd/

*Attention ! Le mot anglais **store** signifie « magasin ».*

stratégie

▷ Je ne comprends pas leur stratégie.
I don't understand their strategy.

strategy /ˈstrætɪdʒɪ/

stress

▷ C'est à cause du stress.
It's because of stress.

stress /stres/

stressant, stressante

▷ C'était très stressant.
It was very stressful.

stressful /ˈstresfʊl/ (**plus stressant** more stressful, **le plus stressant** the most stressful)

stressé, stressée

▷ Elle est très stressée en ce moment.
She is very stressed at the moment.

stressed /strest/ (**plus stressé** more stressed, **le plus stressé** the most stressed)

strict, stricte

▷ Le règlement est très strict.
The rules are very strict.

(= sévère) **strict** /strɪkt/ (**plus strict** stricter /strɪktəʳ/, **le plus strict** the strictest /strˈɪktɪst/)

strictement

▷ C'est strictement interdit.
It's strictly forbidden.

strictly /ˈstrɪktlɪ/

studio

1 ▷ Il habite dans un studio.
He lives in a studio flat.

(= appartement) **studio flat** /'stjuːdɪəʊ flæt/ (pluriel **studio flats**)
En anglais américain, on dit ***studio apartment*** /a'pɑːtmənt/ *(*(pluriel **studio apartments**)*).*

2 ▷ Nous avons visité les studios de télévision.
We visited the TV studios.

(= lieu où l'on filme, où l'on enregistre) **studio** /'stjuːdɪəʊ/

stupéfait, stupéfaite

▷ Elle était stupéfaite de voir Luc à cet endroit.
She was amazed to see Luc there.

amazed /ə'meɪzd/ (**plus stupéfait** more amazed, **le plus stupéfait** the most amazed)

stupide

▷ Arrête de raconter des blagues stupides !
Stop telling stupid jokes!

stupid /'stjuːpɪd/ (**plus stupide** more stupid, **le plus stupide** the most stupid)

style

▷ Je n'aime pas son style.
I don't like his style.

style /staɪl/
Style *rime avec* ***while*** *et* ***smile****.*

stylo

▷ Tu peux me prêter ton stylo rouge ?
Can you lend me your red pen?

▷ Je préfère écrire avec un stylo plume.
I prefer to write with an ink pen.

pen /pen/

► **stylo plume :** ink pen /ɪŋk pen/

substance

▷ Il y a des substances toxiques dans l'environnement.
There are toxic substances in the environment.

substance /'sʌbstəns/

subtil, subtile

▷ Il y a une différence subtile entre les deux.
There's a subtle difference between the two.

subtle /'sʌtl/ (**plus subtil** subtler /'sʌtləʳ/, **le plus subtil** the subtlest /'sʌtlɪst/)
Le ***b*** *ne se prononce pas en anglais.*

subvention

▷ Ils reçoivent des subventions publiques.
They receive public subsidies.

subsidy /'sʌbsɪdɪ/ (pluriel **subsidies** /'sʌbsɪdiːz/)

succès

▷ Sa nouvelle chanson a beaucoup de succès.
His new song is a great success.

success /sək'ses/
► **avoir du succès :** be a success
On peut aussi dire ***be successful*** /bɪ sək'sesfʊl/.

sucer

▷ Elle suce encore son pouce.
She still sucks her thumb.

suck /sʌk/

sucette

▷ J'ai acheté des sucettes à la fraise.
I bought strawberry lollipops.

lollipop /ˈlɒlɪpɒp/

sucre

▷ Est-ce que vous prenez du sucre dans votre café ?
Do you take sugar in your coffee?
▷ Achète du sucre en morceaux.
Buy some lump sugar.
▷ Il te faudra cent grammes de sucre en poudre.
You'll need a hundred grammes of granulated sugar.

sugar /ˈʃʊgəʳ/

Le s se prononce comme le sh de shop.

► **sucre en morceaux :** lump sugar /ˈlʌmp ʃʊgəʳ/

► **sucre en poudre :** granulated sugar /ˌgrænjʊleɪtɪd ˈʃʊgəʳ/

sucré, sucrée

1 ▷ Ce gâteau est trop sucré pour moi.
This cake is too sweet for me.

(= qui contient du sucre) **sweet** /swiːt/ (**plus sucré** sweeter /swiːtəʳ/, **le plus sucré** the sweetest /ˈswiːtɪst/)

2 ▷ Suzanne aime le lait concentré sucré.
Suzanne likes sweetened condensed milk.

(= où on a ajouté du sucre) **sweetened** /ˈswiːtnd/

sucreries

▷ Il mange trop de sucreries.
He eats too many sweet things.

sweet things /swiːt θɪŋs/

sud

▷ Le sud est dans cette direction.
The south is in this direction.
▷ Ils habitent dans le Sud.
They live in the south.
▷ Mon village est au sud de Joinville.
My village is south of Joinville.

► **le sud :** the south /saʊθ/

► **dans le Sud :** in the south

► **au sud de... :** south of...

Suède

▷ Ils sont partis pour la Suède hier.
They left for Sweden yesterday.
▷ Mon père travaille en Suède.
My father works in Sweden.
▷ Ma sœur veut aller en Suède avec des copains.
My sister wants to go to Sweden with some friends.

Sweden /ˈswiːdən/

► **la Suède :** Sweden

Ne prend jamais d'article.

► **en Suède** (= dans le pays) **:** in Sweden

► **en Suède** (= vers le pays) **:** to Sweden

suédois, suédoise

▷ C'est un grand écrivain suédois.
He's a great Swedish writer.
▷ Est-ce que tu parles suédois ?
Do you speak Swedish?
▷ Sylvain a rencontré une Suédoise.
Sylvain has met a Swedish girl.
▷ Les Suédois ont gagné le match.
The Swedish won the match.

Swedish /'swi:dɪʃ/

S'écrit toujours avec une majuscule, comme tous les adjectifs de nationalité en anglais.

Pour dire un Suédois, une Suédoise, *on emploie l'expression* ***a Swedish man*** *(ou* ***boy), a Swedish woman*** *(ou* ***girl****).*

suer

▷ J'ai beaucoup sué en montant la côte.
I sweated a lot when I was going up the hill.

(= transpirer) **sweat** /swet/

Attention ! Le ***ea*** *de* ***sweat*** *se prononce comme le* ***e*** *de* ***bed***. ***Sweat*** *rime avec* ***get***.

sueur

▷ Il a épongé la sueur sur son front.
He wiped the sweat from his forehead.
▷ J'étais en sueur après la course.
I was sweating after the race.

sweat /swet/

► **être en sueur :** be sweating /'swetɪŋ/

suffire

1 ▷ Je ne sais pas si deux bouteilles suffiront.
I don't know whether two bottles will be enough.
▷ Dix euros, ça te suffit ?
Is ten euros enough for you?

(= être suffisant) **be enough** /ɪ'nʌf/

Notez la préposition utilisée en anglais : suffire à quelqu'un = ***be enough for somebody***.

2 ▷ Ça suffit maintenant ! Tu es pénible !
That's enough now! You're being a nuisance!

► **ça suffit !** (quand on est agacé) : that's enough!

3 ▷ Il suffit de téléphoner et de réserver.
All you have to do is phone and book.

► **il suffit de** + *infinitif* **:** all you have to do is + *base verbale*

suffisamment

▷ J'ai suffisamment de pommes.
I have enough apples.
▷ Il fait suffisamment chaud maintenant.
It's warm enough now.
▷ Est-ce qu'il y a suffisamment de nourriture pour tout le monde ?
Is there enough food for everybody?

enough /ɪ'nʌf/

Enough *rime avec* ***stuff***.

Notez que ***enough*** *vient toujours après le verbe, l'adjectif ou l'adverbe.*

► **suffisamment de** + *nom* **:** enough + *nom*

suffisant, suffisante

▷ Deux kilos, c'est suffisant.
Two kilos is enough.

(= assez) **enough** /ɪ'nʌf/

Enough *rime avec* ***stuff***.

suggérer

▷ Est-ce que quelqu'un a quelque chose à suggérer ?
Does anybody have anything to suggest?

suggest /sə'dʒest/

suggestion

▷ Puis-je faire une suggestion ?
Can I make a suggestion?
▷ Ce n'était qu'une suggestion.
It was only a suggestion.

suggestion /sə'dʒestʃən/

suicide

▷ Le nombre de suicides a augmenté.
The number of suicides has risen.

suicide /'sʊɪsaɪd/

*La fin de **suicide** rime avec **side**.*

se suicider

▷ Il s'est suicidé en prison.
He committed suicide in prison.

commit suicide /kə'mɪt 'sʊɪsaɪd/

ℹ *__Commit__ prend deux __t__ au gérondif* (committing /kə'mɪtɪŋ/), *au prétérit et au participe passé* (committed /kə'mɪtɪd/).

suisse, Suisse

1 ▷ J'aime les montagnes suisses.
I like the Swiss mountains.

1 (adjectif) **Swiss** /swɪs/

ℹ *S'écrit toujours avec une majuscule, comme tous les adjectifs de nationalité en anglais.*

2 ▷ Certains Suisses parlent français.
Some Swiss people speak French.

2 (= personne) **Swiss person** (pluriel **Swiss people**)

ℹ *Pour dire* un Suisse, une Suisse, *on peut aussi employer l'expression* ***a Swiss man / boy / woman / girl.***

3 ▷ L'allemand est l'une des langues officielles de la Suisse.
German is one of the official languages of Switzerland.
▷ Mes parents vivaient en Suisse.
My parents lived in Switzerland.
▷ Nous irons en Suisse en train.
We'll go to Switzerland by train.

3 (= pays) **Switzerland** /'swɪtsələnd/

► **la Suisse : Switzerland**

ℹ *Ne prend jamais d'article.*

► **en Suisse** (= dans le pays) : **in Switzerland**

► **en Suisse** (= vers le pays) : **to Switzerland**

suite

1 ▷ Je te raconterai la suite de l'histoire demain.
I'll tell you the rest of the story tomorrow.

1 (= reste) **rest** /rest/

2 ▷ Je reviens tout de suite.
I'm coming back straight away.

2 ► **tout de suite : straight away** /streɪt ə'weɪ/

suivant, suivante

1 ▷ La solution est à la page suivante.
The solution is on the next page.

(= qui vient après) **next** /nekst/

2 ▷ On décidera suivant le temps qu'il fera.
We'll decide depending on the weather.

(= en fonction de) **depending on** /dɪ'pendɪŋ ɒn/

suiveur, suiveuse

▷ Tu as beaucoup de suiveurs ?
Do you have a lot of followers?

(sur réseau social) **follower** /'fɒləʊəʳ/

suivre

1 ▷ Le chien nous suit, dis-lui de partir.
The dog is following us, tell him to go away.
▷ Élodie n'a pas suivi nos conseils.
Élodie didn't follow our advice.

follow /'fɒləʊ/

2 ▷ Excuse-moi, je n'ai pas suivi ce que tu disais.
Excuse me, I didn't pay attention to what you were saying.

(= être attentif) **pay attention** /peɪ ə'tenʃən/ (**paid, paid** /peɪd/)

3 ▷ Je n'arrive pas à suivre en anglais.
I can't keep up in English.

(= se maintenir au niveau) **keep up** /kiːp 'ʌp/ (**kept up, kept up** /kept 'ʌp/)

sujet

1 ▷ J'ai trouvé le sujet du film très dur.
I found the subject of the film very hard.

(= thème) **subject** /'sʌbdʒekt/

2 ▷ Ils se sont disputés au sujet des vacances.
They argued about the holidays.

► **au sujet de : about** /ə'baʊt/

super

1 ▷ Tu viens avec nous ? Super !
Are you coming with us? Great!

(= génial) **great** /greɪt/

2 ▷ Le nouveau prof est super sympa.
The new teacher is really nice.

(= très) **really** /'rɪəlɪ/

3 ▷ Le prix du super a encore augmenté.
The price of four-star petrol has gone up again.

(= essence) **four-star petrol** /fɔː stɑː 'petrəl/

*En anglais américain on dit **extra** /'ekstrə/.*

superbe

▷ Il a fait un temps superbe.
The weather was beautiful.

beautiful /'bjuːtɪfʊl/

*Le mot **superb** exist en anglais, mais il est moins courant que **beautiful**.*

superficie

▷ Tu connais la superficie de la France ?
Do you know the surface area of France?

surface area /'sɜːfɪs 'ɛərɪə/ (pluriel surface areas)

superficiel, superficielle

▷ Ce ne sont que des blessures superficielles.
It's only superficial injuries.

superficial /ˌsuːpə'fɪʃəl/ (**plus superficiel** more superficial, **le plus superficiel** the most superficial)

supérieur, supérieure

1 ▷ Les prix sont supérieurs à ceux du supermarché.
Prices are higher than those in the supermarket.

► **supérieur à** (= plus grand que, en parlant d'un nombre, d'un prix) : **higher** /'haɪə/ **than**

2 ▷ Il se croit supérieur aux autres.
He thinks he's superior to the others.

(personne) **superior** /sʊ'pɪərɪə^r/

supermarché

▷ Je vais au supermarché tous les week-ends.
I go to the supermarket every weekend.

supermarket /'suːpəˌmɑːkɪt/

superposé

▷ Nous avons dormi dans des lits superposés.
We slept in bunk beds.

► **lits superposés** : **bunk beds** /'bʌŋk bedz/

superstitieux, superstitieuse

▷ Elle est superstitieuse, elle a peur des chats noirs !
She is superstitious, she's scared of black cats!

superstitious /ˌsuːpə'stɪʃəs/ (**plus superstitieux** more superstitious, **le plus superstitieux** the most superstitious)

supplément

▷ Il y a un supplément pour les chambres individuelles.
There's an additional charge for single rooms.

(= somme à payer en plus) **additional charge** /əˌdɪʃənl 'tʃɑːdʒ/ (pluriel additional charges /'tʃɑːdʒɪz/)

supplémentaire

1 ▷ Ajoute une assiette supplémentaire pour Cathy.
Add an extra plate for Cathy.

(= en plus) **extra** /'ekstrə/

2 ▷ Dany fait beaucoup d'heures supplémentaires.
Dany does a lot of overtime.

▷ Les heures supplémentaires sont bien payées.
Overtime is well paid.

▷ Je vais faire des heures supplémentaires.
I'm going to do some overtime.

► **heures supplémentaires** : **overtime** /'əʊvətaɪm/

ℹ *Overtime est un nom indénombrable. Il ne se met pas au pluriel, et ne s'emploie pas avec l'article **an**.*

supplier

▷ Il m'a supplié de lui prêter mon vélo.
He begged me to lend him my bike.
▷ Ne lui dis rien, je t'en supplie !
Don't tell him anything I beg you!

► **supplier** quelqu'un **de** + *infinitif* :
beg /beg/ somebody **to** + *base verbale*

ℹ *Beg prend deux g au gérondif* (begging /'begɪŋ/), *au prétérit et au participe passé* (begged /begd/).

Supplier *en français ne se traduit pas par le mot anglais* ***supply****, qui signifie « fournir ».*

support

▷ Tu as appelé le support technique ?
Did you call the technical support?

(= soutien) **support** /sə'pɔːt/

supporter VERBE

▷ Il est énervant, je ne peux pas le supporter !
He's irritating, I can't stand him!
▷ Le chat ne supporte pas le bruit de l'aspirateur.
The cat can't bear the noise of the vacuum cleaner.
▷ Elle ne supportait pas de vivre à la campagne.
She couldn't stand living in the country.

ℹ *Pour dire qu'on ne supporte pas quelque chose ou quelqu'un en anglais, on emploie l'expression* ***can't stand...*** /ˌkɑːnt 'stænd/.

ℹ *On peut aussi dire* ***can't bear...*** /ˌkɑːnt 'bɛəʳ/.

ℹ *Au passé, l'expression devient* ***couldn't stand...*** /ˌkʊdnt 'stænd/ *ou* ***couldn't bear...*** /ˌkʊdnt 'bɛəʳ/.

supporter NOM

▷ Les supporters de Toulouse criaient et chantaient.
The Toulouse supporters were shouting and singing.

(= personne qui encourage une équipe) **supporter** /sə'pɔːtəʳ/

L'accent tonique est sur la deuxième syllabe ***-por-****.*

supposer

▷ Je suppose que Clarisse ne viendra pas.
I suppose Clarisse won't come.

► **supposer que...** : **suppose...** /sə'pəʊz/

supposition

▷ On ne peut que faire des suppositions.
We can only make suppositions.

supposition /ˌsʌpə'zɪʃən/

supprimer

1 ▷ Mon nom a été supprimé de la liste.
My name has been deleted from the list.

(= effacer) **delete** /dɪ'liːt/

ℹ *Pensez à la touche* del *sur les claviers d'ordinateur.*

ℹ *Notez la préposition utilisée en anglais :* supprimer de = ***delete from****.*

2 ▷ L'entreprise va supprimer cent emplois.
The company is going to cut a hundred jobs.

(des emplois, des subventions) **cut** /kʌt/ (cut, cut)

3 ▷ Le train de treize heures a été supprimé.
The one o'clock train has been cancelled.

3 (= annuler) **cancel** /'kænsəl/
ℹ *Il y a deux l au gérondif* (**cancelling** /'kænsəlɪŋ/), *au prétérit et au participe passé* (**cancelled** /'kænsəld/).

sur

1 ▷ Tes lunettes sont sur le bureau.
Your glasses are on the desk.
▷ Paul a vu une exposition sur l'Italie.
Paul saw an exhibition on Italy.

1 (pour parler de la position ou du sujet de quelque chose) **on** /ɒn/

2 ▷ Deux emplois sur trois sont des contrats à durée déterminée.
Two jobs out of three are fixed-term contracts.
▷ Elle a eu dix-huit sur vingt.
She got eighteen out of twenty.

2 (pour parler d'une proportion, d'une note) **out of** /'aʊt əv/

sûr, sûre

1 ▷ Je suis sûre que je te l'ai rendu.
I'm sure I gave it back to you.

1 (= convaincu) **sure** /ʃʊəʳ/

2 ▷ Il y aura peut-être une fête, mais ce n'est pas sûr.
Maybe there will be a party, but it's not certain.

2 (= très probable) **certain** /'sɜːtən/

surchargé, surchargée

1 ▷ Toutes les classes de mon école sont surchargées.
All the classes at my school are overcrowded.

1 (classe, train) **overcrowded** /ˌəʊvə'kraʊdɪd/

2 ▷ Je n'ai pas le temps, je suis surchargé de travail.
I don't t have the time, I'm overloaded with work.

2 ► **être surchargé de travail** : be overloaded /ˌəʊvə'ləʊdɪd/ with work

sûrement

1 ▷ Chloé viendra sûrement demain.
Chloé will probably come tomorrow.

1 (= probablement) **probably** /'prɒbəblɪ/

2 ▷ Tu ne veux pas venir ? – Ah non, sûrement pas !
Do you not want to come? – No, certainly not!

2 ► **sûrement pas !** : certainly not! /ˌsɜːtənlɪ 'nɒt/

surf

▷ Le surf peut être un sport dangereux.
Surfing can be a dangerous sport.
▷ Il fait du surf à Biarritz.
He goes surfing in Biarritz.

(= sport) **surfing** /'sɜːfɪŋ/
► **faire du surf** : go surfing (went, gone / been)

surface

1 ▷ Il est remonté à la surface tout essoufflé.
He came back to the surface all out of breath.

1 (= dessus) **surface** /'sɜːfɪs/
*Le **a** se prononce comme le **i** de **big**. **Surface** rime avec **kiss**.*

2 ▷ Quelle est la surface de l'appartement ?
What's the surface area of the flat?

2 (= superficie) **surface area** /'sɜːfɪs ˌɛərɪə/

surfer

1 ▷ Tu viens surfer avec nous ?
Are you coming surfing with us?

1 (= faire du surf) **surf** /sɜːf/

2 ▷ À l'école, ils apprennent à surfer sur Internet.
At school they learn how to surf the Net.

2 ► **surfer sur Internet : surf the Net** /ˌsɜːf ðə 'net/

surfeur, surfeuse

▷ Les surfeurs attendaient une grosse vague.
The surfers were waiting for a big wave.

surfer /'sɜːfəʳ/

surgelé, surgelée

▷ Les frites surgelées ne sont pas mauvaises.
Frozen chips aren't bad.

(= congelé) **frozen** /'frəʊzn/

▷ Nous ne mangeons pas beaucoup de surgelés.
We don't eat much frozen food.

► **des surgelés : frozen food** /ˌfrəʊzn 'fuːd/

surgir

▷ Un homme a surgi de derrière la maison.
A man appeared from behind the house.

appear /ə'pɪəʳ/
Notez la préposition utilisée en anglais : surgir <u>de</u> = ***appear <u>from</u>***.

surligneur

▷ Tu peux me prêter ton surligneur jaune ?
Can you lend me your yellow highlighter?

highlighter /'haɪˌlaɪtəʳ/

surnom

▷ Je n'ai pas de surnom.
I have no nickname.

nickname /'nɪkneɪm/
Surnom *ne se traduit pas par le mot anglais **surname**, qui signifie « nom de famille ».*

surprenant, surprenante

▷ Leur réaction était assez surprenante.
Their reaction was quite surprising.

surprising /sə'praɪzɪŋ/ (plus surprenant **more surprising**, le plus surprenant **the most surprising**)

surprendre

▷ Elle a surpris tout le monde en arrivant première.
She surprised everybody when she came first.

(= étonner) **surprise** /sə'praɪz/
*Le **i** de **surprise** se prononce comme le **i** de **like**.*

surpris, surprise

▷ Loïc a eu l'air surpris quand je lui ai dit ça.
Loïc looked surprised when I told him that.
▷ Nous avons été surpris de sa réaction.
We were surprised at his reaction.

(= étonné) **surprised** /sə'praɪzd/ **(plus surpris** more surprised**, le plus surpris** the most surprised**)**

Notez la préposition utilisée en anglais : surpris de = *surprised at.*

surprise

▷ Isabelle ! Quelle bonne surprise !
Isabelle! What a pleasant surprise!

surprise /sə'praɪz/

*Le **i** de **surprise** se prononce comme le **i** de **like**.*

▷ Ne lui dis rien, je veux lui faire une surprise.
Don't tell him anything, I want to surprise him.

► **faire une surprise à** quelqu'un **:** surprise somebody

sursaut

▷ Il s'est réveillé en sursaut.
He woke up with a jump.

► **en sursaut :** with a jump /wɪð ə 'dʒʌmp/

sursauter

▷ Adèle m'a fait sursauter quand elle est entrée.
Adèle made me jump when she came in.

jump /dʒʌmp/

surtout

1 ▷ Il aime le sport, surtout le foot.
He likes sport, especially football.

1 (= en particulier) **especially** /ɪs'peʃəlɪ/

2 ▷ Surtout ne leur dis rien !
Whatever you do, don't say anything to them!

2 (avec un ordre) **whatever you do** /wɒt'evə juː duː/

surveillant, surveillante

▷ Les surveillants de l'école sont en grève.
The school supervisors are on strike.

(à l'école) **supervisor** /'suːpəvaɪzəʳ/

surveiller

1 ▷ Je dois surveiller le travail de la stagiaire.
I have to supervise the trainee's work.

1 (= contrôler) **supervise** /'suːpəvaɪz/

2 ▷ Je dois surveiller ma petite sœur.
I have to watch my little sister.

2 (= veiller sur) **watch** /wɒtʃ/

Surveiller *en français ne se traduit pas par le mot anglais **survey**, qui signifie « étudier, sonder ».*

survêtement

▷ Je porte un survêtement pour aller au yoga.
I wear a tracksuit to go to yoga.

tracksuit /'træksuːt/

***Tracksuit** rime avec **boot**.*

survivant, survivante

▷ Les survivants de l'accident nous ont raconté ce qui s'était passé.
The survivors of the accident told us what happened.

survivor /sə'vaɪvəʳ/

*Le **i** de **survivor** se prononce comme le **i** de **like**.*

survivre

▷ Les chatons n'ont pas survécu.
The kittens didn't survive.

▷ Quelques personnes ont survécu au tremblement de terre.
A few people survived the earthquake.

survive /sə'vaɪv/

► **survivre à** (un accident, un attentat, une maladie) : **survive**

susceptible

▷ Ne sois pas si susceptible !
Don't be so touchy!

(= qui se vexe facilement) **touchy** /'tʌtʃɪ/ (**plus susceptible** touchier /'tʌtʃɪəʳ/, **le plus susceptible** the touchiest /'tʌtʃɪɪst/)

suspect, suspecte

1 ▷ La police a arrêté un suspect.
The police arrested a suspect.

(= personne) **suspect** /'sʌspekt/

*Le **c** et le **t** se prononcent en anglais.*

2 ▷ Sa générosité me paraît suspecte.
His generosity seems suspicious to me.

(= louche) **suspicious** /səs'pɪʃəs/

suspendre

1 ▷ On a suspendu le mobile à un clou au-dessus du berceau.
We hung the mobile on a nail above the cot.

hang /hæŋ/ (**hung, hung** /hʌŋ/)

Notez la préposition utilisée en anglais : suspendre à = ***hang on***.

2 ▷ Il s'est suspendu à la branche par les pieds.
He hung from the branch by his feet.

► **se suspendre à** quelque chose : **hang from** something

suspense

▷ Il y a beaucoup de suspense dans ce film.
There's a lot of suspense in this film.

▷ C'est un film à suspense américain.
It's an American thriller.

suspense /səs'pens/

► **film à suspense : thriller** /'θrɪləʳ/

sweat-shirt

▷ Elle porte un sweat-shirt à capuche.
She is wearing a sweatshirt with a hood.

sweatshirt /'swetʃɜːt/

*Le **ea** de **sweatshirt** se prononce comme le **e** de **bed**.*

Attention : l'abréviation **sweat** *employée en français ne se dit pas en anglais.* ***Sweat*** *signifie « sueur ».*

syllabe

▷ La première syllabe est accentuée.

The first syllable is stressed.

syllable /'sɪləbl/

Attention à l'orthographe du mot anglais.

symbole

▷ La colombe est le symbole de la paix.

The dove is the symbol of peace.

symbol /'sɪmbəl/

*Le y de **symbol** se prononce comme le **i** de **pig**.*

sympa

▷ La copine de Charles est très sympa.

Charles's girlfriend is very nice.

▷ Ce café est plus sympa que l'autre.

This café is nicer than the other one.

nice /naɪs/ (**plus sympa** nicer /'naɪsəʳ/, **le plus sympa** the nicest /'naɪsɪst/)

*Attention ! Le mot anglais **sympathetic** signifie « compatissant » !*

sympathique

▷ Je ne le trouve pas très sympathique.

I don't find him very nice.

▷ Alice est plus sympathique que son frère.

Alice is nicer than her brother.

nice /naɪs/ (**plus sympathique** nicer /'naɪsəʳ/, **le plus sympathique** the nicest /'naɪsɪst/)

*Attention ! Le mot anglais **sympathetic** signifie « compatissant » !*

synagogue

▷ Il va à la synagogue tous les jours.

He goes to the synagogue every day.

synagogue /'sɪnəgɒg/

syndicat

▷ Les syndicats réclament de meilleures conditions de travail.

Trade unions are asking for better working conditions.

(= organisation de travailleurs) **trade union** /treɪd 'juːnjən/ (pluriel trade unions)

*Le **u** de **union** se prononce comme le mot **you**.*

synonyme

▷ « Fast » est un synonyme de « quickly ».

"Fast" is a synonym of "quickly".

synonym /'sɪnənɪm/

synthétique

▷ Le plastique est un matériau synthétique.

Plastic is a synthetic material.

synthetic /sɪn'θetɪk/

système

▷ Il va y avoir une réforme du système scolaire.

There's going to be a reform of the school system.

system /'sɪstəm/

Tt

ta

▷ Ta jupe est jolie ; elle est neuve ?
Your skirt is nice; is it new?

your /jʊəʳ/

tabac

1 ▷ Le tabac est la principale culture dans cette région.
Tobacco is the main crop in this region.

(= plante, produit) tobacco /tə'bækəʊ/

L'accent tonique est sur la deuxième syllabe ***-ba-***.

2 ▷ Est-ce qu'il y a un tabac ouvert le dimanche ici ?
Is there a tobacconist open on Sundays here?

(= magasin) tobacconist /tə'bækənɪst/
Regardez aussi le mot ***bureau***.

table

1 ▷ Pose le sac sur la table.
Put the bag on the table.
▷ Est-ce que tu peux mettre la table ?
Can you lay the table?
▷ Il y a toujours un verre d'eau sur sa table de chevet.
There's always a glass of water on his bedside table.
▷ Où est-ce que tu ranges la table à repasser ?
Where do you keep the ironing board?

(= meuble) table /'teɪbl/

► **mettre la table :** lay /leɪ/ the table (laid, laid /leɪd/)
► **table de chevet :** bedside table /ˌbedsaɪd 'teɪbl/ (pluriel bedside tables)
► **table à repasser :** ironing board /'aɪə nɪŋ bɔːd/

2 ▷ À table tout le monde !
It's ready everybody!
▷ Ils étaient encore à table à deux heures.
They were still eating at two o'clock.
▷ On s'est mis à table à midi.
We sat down to eat at twelve.

► **à table ! :** it's ready! /redɪ/
► **être à table :** be eating /'iːtɪŋ/
► **se mettre à table :** sit down to eat /ˌsɪt daʊn tuː 'iːt/ (sat, sat /'sæt/)

3 ▷ Regarde la table des matières.
Look at the table of contents.

3 ► **table des matières : table of contents** /ˌteɪbl əv ˈkɒntents/

tableau

1 ▷ C'est son tableau le plus célèbre.
It's his most famous painting.

1 (= œuvre d'art) **painting** /ˈpeɪntɪŋ/

2 ▷ Est-ce que tu sais comment faire un tableau sur Word ?
Do you know how to make a table in Word?

2 (= diagramme) **table** /ˈteɪbl/

3 ▷ Le prof d'anglais écrit très peu de choses au tableau.
The English teacher does'nt write many things on the board.

3 (= à l'école) **board** /bɔːd/

▷ On utilise le tableau blanc interactif en cours de géographie.
We use the interactive whiteboard in the geography class.

► **tableau blanc interactif : interactive whiteboard** /ˌɪntərˈæktɪv ˈwaɪtbɔːd/

tablette

1 ▷ Il a mangé toute la tablette de chocolat.
He ate the whole chocolate bar.

1 (= plaque de chocolat) **bar** /bɑːʳ/

2 ▷ Je te montrerai la vidéo sur ma tablette.
I'll show you the video on my tablet.

2 (= ordinateur) **tablet** /ˈtæblɪt/

tablier

▷ Alex met toujours un tablier quand il fait la cuisine.
Alex always wears an apron when he does the cooking.

apron /ˈeɪprən/

*Le **a** de **apron** se prononce comme le **a** de **make**.*

tabouret

▷ Elle est montée sur le tabouret pour ouvrir le placard du haut.
She climbed onto the stool to open the top cupboard.

stool /stuːl/

tache

1 ▷ Il y a des taches de vin sur la nappe.
There are wine stains on the tablecloth.

1 (= saleté) **stain** /steɪn/

▷ Tu as fait une tache sur ton tee-shirt.
You've stained your T-shirt.

► **faire une tache sur** quelque chose **: stain** something

2 ▷ Il a des taches de rousseur.
He has got freckles.

2 ► **tache de rousseur : freckle** /ˈfrekl/

tâche

▷ Nettoyer les W.-C. est une tâche désagréable.
Cleaning the toilet is an unpleasant task.

(= travail) **task** /tɑːsk/

tacher

▷ Attention, tu vas tacher ton pantalon.
Be careful, you're going to stain your trousers.

(= salir) **stain** /steɪn/

tâcher

▷ Tâche d'être à l'heure.
Try to be on time.

► **tâcher de** + *infinitif* : **try** /traɪ/ **to** + *base verbale*

ℹ *Le* **y** *de* **try** *devient* **ie** *à la troisième personne du singulier du présent de l'indicatif* (**tries** /traɪz/), *au prétérit et au participe passé* (**tried** /traɪd/).

tact

▷ Il faut avoir du tact pour faire ce métier.
You have to be tactful to do this job.
▷ Elle n'a aucun tact.
She is very tactless.

► **avoir du tact : be tactful** /'tæktfʊl/
► **ne pas avoir de tact : be tactless** /'tæktləs/

tag

▷ Les murs de la gare sont couverts de tags.
The walls of the station are covered in graffiti.
▷ Les tags sont difficiles à enlever.
Graffiti is difficult to remove.

graffiti /grə'fiːtɪ/

ℹ *Le mot anglais* **graffiti** *est indénombrable. Il ne se met pas au pluriel et ne s'emploie jamais avec l'article* **a**.

taguer

▷ Toutes les portes étaient taguées.
All the doors were tagged.

(un mur) **tag** /tæg/

ℹ *Il y a deux* **g** *au gérondif* (**tagging** /'tægɪŋ/), *au prétérit et au participe passé* (**tagged** /tægd/).

taie d'oreiller

▷ Les taies d'oreiller sont de la même couleur que les draps.
The pillowcases are the same colour as the sheets.

pillowcase /'pɪləʊkeɪs/

taille

1 ▷ Quentin et David sont à peu près de la même taille.
Quentin and David are about the same height.

(= hauteur d'une personne) **height** /haɪt/

🔊 ***Height*** *rime avec* ***light***.

2 ▷ Ça dépend de la taille du paquet.
It's depends on the size of the parcel.
▷ C'est un pull de taille 38.
It's a size 38 pullover.

(= format d'un objet, d'un vêtement) **size** /saɪz/

▷ Quelle est la taille de la pièce ?
How big is the room?

Pour demander la taille de quelque chose, on emploie l'expression ***how big?*** /haʊ'bɪg/.

3 ▷ Elle a la taille très fine.
She has a very slim waist.

3 (= partie du corps) **waist** /weɪst/

taille-crayon

▷ Tu peux me prêter ton taille-crayon ?
Can you lend me your pencil sharpener?

pencil sharpener /'pensl ʃɑːpnəʳ/ (pluriel **pencil sharpeners**)

tailler

1 ▷ Ce week-end, je taillerai la haie.
I'm going to trim the hedge this weekend.

1 (= couper) **trim** /trɪm/

Il y a deux ***m*** *au gérondif* (**trimming** /'trɪmɪŋ/), *au prétérit et au participe passé* (**trimmed** /trɪmd/).

2 ▷ Ce crayon n'est pas bien taillé.
This pencil isn't very well sharpened.

2 (= aiguiser) **sharpen** /'ʃɑːpən/

tailleur

1 ▷ Je suis obligée de porter un tailleur pour aller travailler.
I have to wear a suit to go to work.

1 (= costume) **suit** /suːt/

Suit *rime avec* ***boot***.

2 ▷ Ils étaient assis en tailleur autour du feu.
They were sitting cross-legged around the fire.

2 ► **s'asseoir en tailleur : sit cross-legged** /sɪt krɒs'legd/ (**sat, sat** /sæt/)

se taire

1 ▷ Tais-toi, je n'arrive pas à me concentrer !
Be quiet, I can't concentrate!

1 (= ne pas parler) **be quiet** /'kwaɪət/

2 ▷ Tout le monde s'est tu quand il est entré.
Everyone stopped talking when he came in.

2 (= arrêter de parler) **stop talking** /stɒp 'tɔːkɪŋ/

Stop *prend deux* ***p*** *au gérondif* (**stopping** /'stɒpɪŋ/), *au prétérit et au participe passé* (**stopped** /stɒpt/).

talent

▷ Cette chanteuse a beaucoup de talent.
This singer is very talented.

talent /'tælənt/
► **avoir du talent : be talented** /'tæləntɪd/

talon

▷ Ces chaussures me font mal aux talons.
These shoes hurt my heels.

▷ Les talons aiguilles sont à la mode.
Stiletto heels are fashionable.

(= partie du pied, d'une chaussure) **heel** /hiːl/
► **talons aiguilles : stiletto heels** /stɪˌletəʊ 'hiːlz/

▷ Je ne peux pas porter de talons hauts ni de talons aiguilles à cause de mon dos.
I can't wear high heels nor stiletto heels because of my back.

► **talons hauts :** high heels /haɪ ˈhiːlz/

tambour

▷ Il jouait du tambour.
He was playing the drum.

(= instrument) **drum** /drʌm/

Tamise

▷ Nous avons marché le long de la Tamise.
We walked along the Thames.

► **la Tamise :** the Thames

tampon

1 ▷ Il y a un tampon avec la date en haut de la page.
There's a stamp with the date at the top of the page.

1 (qu'on imprime sur du papier) **stamp** /stæmp/

2 ▷ Je dois acheter des tampons hygiéniques.
I have to buy some tampons.

2 ► **tampon hygiénique :** tampon /ˈtæmpɒn/

tandis que

1 ▷ Érika est timide tandis que son mari est très sociable.
Érika is shy whereas her husband is very sociable.

1 (pour opposer deux choses) **whereas** /wɛərˈæz/

2 ▷ Il prenait des notes tandis que je parlais.
He was taking notes while I was speaking.

2 (= pendant que) **while** /waɪl/

tank

▷ Les tanks de l'armée entrent dans la ville.
Army tanks are coming into the city.

tank /tæŋk/

Le ***a*** *est celui de* ***apple****.*

tant

1 ▷ Il a tant mangé qu'il a été malade.
He ate so much that he was sick.

▷ Il a tant d'argent qu'il ne sait pas quoi en faire.
He's got so much money that he doesn't know what to do with it.

▷ Elle a tant de vêtements qu'elle n'a plus de place dans son armoire.
She has so many clothes that she hasn't got any room left in her wardrobe.

1 (= tellement) **so much** /səʊ ˈmʌtʃ/

► **tant de** + *nom singulier* **:** so much + *nom*

► **tant de** + *nom pluriel* **:** so many /səʊ ˈmenɪ/ + *nom*

2 ▷ Tu n'as pas besoin d'être là avant deux heures. – Tant mieux !
You don't need to be there before two o'clock. – Good!

2 ► **tant mieux :** good /gʊd/

3 ▷ Il est sorti ? Tant pis, je rappellerai.
He's out? Never mind, I'll call back.

3 ► **tant pis :** never mind /ˈnevə ˌmaɪnd/

4 ▷ Elle ne veut pas venir ? Tant pis pour elle !
She doesn't want to come? Too bad for her!

4 ► **tant pis pour... :** too bad /tuː ˈbæd/ for...

tante

▷ L'actrice principale est la tante de Noémie.
The leading actress is Noémie's aunt.

aunt /ɑːnt/

Aunt rime avec can't.

tantôt

▷ Je vais à la piscine tantôt avec Bénédicte, tantôt avec Samuel.
I sometimes go to the swimming pool with Bénédicte, and sometimes with Samuel.

► **tantôt... tantôt :** sometimes... sometimes /ˈsʌmtaɪmz/

tape

▷ C'était une petite tape amicale.
It was a friendly little tap.

slap /slæp/

taper

1 ▷ Il tape les autres enfants.
He hits the other children.

1 (= frapper) hit /hɪt/ (hit, hit)

▷ Il tapait sur un clou avec un marteau.
He was hitting a nail with a hammer.

► **taper sur :** hit /hɪt/

2 ▷ Quelqu'un a tapé à la porte.
Somebody knocked at the door.

2 ► **taper à la porte :** knock /nɒk/ at the door

3 ▷ J'ai appris à taper toute seule.
I taught myself to type.

3 (= écrire sur un ordinateur) type /taɪp/

tapis

▷ Soulève le tapis, je vais passer l'aspirateur.
Lift the rug, I'm going to vacuum.

rug /rʌg/

tapisser

▷ Nous l'avons aidé à tapisser sa chambre.
We helped him to paper his bedroom.

(= couvrir de papier peint) paper /ˈpeɪpəʳ/

tapisserie

▷ Il y a des tapisseries magnifiques dans le château.
There are some beautiful tapestries in the castle.

(= tissu) tapestry /ˈtæpɪstrɪ/ (pluriel tapestries /ˈtæpɪstrɪz/)

taquiner

▷ Il adore taquiner ses cousines.
He loves teasing his cousins.

tease /tiːz/

tard

▷ Je me suis levée trop tard pour aller à la pêche.
I got up too late to go fishing.
▷ Je le ferai plus tard !
I'll do it later!
▷ À plus tard !
See you later!

late /leɪt/ (**plus tard** later /ˈleɪtəʳ/, **le plus tard** the latest /ˈleɪtɪst/)

► **à plus tard :** see you later! /ˈsiː juː ˈleɪtəʳ/

tarder

▷ Il me tarde de partir en vacances.
I can't wait to go on holiday.

► **il me tarde de** + *infinitif* **:** I can't wait /ˌaɪ kɑːnt ˈweɪt/ to + *base verbale*

tarif

1 ▷ C'est le tarif normal pour les cours particuliers.
It's the normal rate for private lessons.

(= prix) rate /reɪt/

2 ▷ Deux billets à tarif réduit, s'il vous plaît.
Two reduced-fare tickets, please.

(de transports) fare /fɛəʳ/

3 ▷ Deux pleins tarifs pour la séance de huit heures, s'il vous plaît.
Two full-price tickets for the eight o'clock performance, please.
▷ Est-ce qu'il y a un tarif réduit pour les étudiants ?
Is there a concession for students?

(d'un billet de spectacle) price /ˈpraɪs/
► **plein tarif :** full-price ticket /fʊl praɪs ˈtɪkɪt/
► **tarif réduit :** concession /kənˈseʃən/

4 ▷ Le tarif des boissons est affiché sur la porte du café.
The price list for drinks is displayed on the café door.

(= liste des prix) price list /ˈpraɪs ˌlɪst/ (pluriel price lists)

tarte

▷ Cette tarte aux pommes est délicieuse.
This apple tart is delicious.

(= gâteau) tart /tɑːt/

tartine

▷ Je veux seulement une tartine.
I only want one piece of bread and butter.

(= pain et beurre) piece /piːs/ of bread and butter /ˌbred n ˈbʌtəʳ/ (pluriel pieces /ˈpiːsɪz/ of bread and butter)

▷ Elle a mangé trois tartines de confiture.
She ate three pieces of bread and jam.

► **tartine de confiture :** piece of bread and jam /ˌbred n ˈdʒæm/ (pluriel pieces of bread and jam)

tas

1 ▷ Il y a un tas de livres sur la table.
There's a pile of books on the table.

(= pile) pile /paɪl/

2 ▷ Laurent a des tas d'amis.
Laurent has loads of friends.

► **des tas de** (= beaucoup de) : loads of /'ləʊdz əv/

tasse

▷ Tu veux une tasse de thé ?
Do you want a cup of tea?

▷ Ces tasses à café sont très jolies.
These coffee cups are very pretty.

▷ Ma grand-mère a de très jolies tasses à thé.
My grandmother has got some very pretty teacups.

cup /kʌp/

► **tasse à café** : coffee cup /'kɒfɪ kʌp/ (pluriel coffee cups)

► **tasse à thé** : teacup /'tiːkʌp/

tasser

▷ J'ai réussi à tasser tous mes vêtements dans la valise.
I managed to cram all my clothes into the suitcase.

(= entasser) cram /kræm/

ℹ *Il y a deux* **m** *au gérondif* (cramming /'kræmɪŋ/), *au prétérit et au participe passé* (crammed /kræmd/).

tâter

▷ Tâte les melons pour voir s'ils sont mûrs.
Feel the melons to see if they're ripe.

feel /fiːl/ (felt, felt /felt/)

tatouage

▷ Elle a un tatouage sur l'épaule.
She has a tattoo on her shoulder.

tattoo /tə'tuː/

tatouer

▷ Mon chat est tatoué à l'oreille.
My cat has a tattoo in its ear.

▷ Il s'est fait tatouer les deux bras.
He had both arms tattooed.

tattoo /tə'tuː/

► **se faire tatouer le dos / le bras,** *etc.* : have one's back / arm, *etc.* tattooed

taureau

▷ Le taureau nous a foncé dessus.
The bull charged at us.

bull /bʊl/

taux

▷ Le taux de natalité continue de baisser.
The birth rate continues to fall.

rate /reɪt/

taxe

▷ Est-ce que le prix du billet comprend la taxe d'aéroport ?
Does the price of the ticket include airport tax?

tax /tæks/ (pluriel taxes) /'tæksɪz/

taxi

▷ On prendra un taxi de l'aéroport.
We'll take a taxi from the airport.

taxi /'tæksɪ/

TBI

▷ On a un TBI en classe.
We have a IWB in the classroom.

(= tableau) **IWB** /ˌaɪˌdʌbljuː'biː/

tchèque

▷ Quelle est la capitale de la République tchèque ?
What's the capital of the Czech Republic?
▷ Les Tchèques vont jouer contre les Turcs.
The Czechs will play against the Turks.

Czech /tʃek/
ℹ *S'écrit toujours avec une majuscule, comme tous les adjectifs et noms de nationalité en anglais.*

te ou t'

1 ▷ Je ne t'entends pas bien.
I can't hear you very well.
▷ Combien est-ce qu'ils t'ont payé ?
How much did they pay you?
▷ Je te l'ai déjà montré.
I've already shown it to you.

(complément) **you** /juː/

En fonction du verbe employé, le complément te *est traduit soit par* ***you*** /juː/, *soit par* ***to you****.*

2 ▷ Tu te grattes ; est-ce que tu t'es fait piquer ?
You're scratching yourself; did you get bitten?

Le pronom réfléchi te *est parfois traduit par* ***yourself*** /jʊə'self/, *notamment si l'action est effectuée sur soi.*

3 ▷ Tu t'es trompé.
You made a mistake.
▷ À quelle heure est-ce que tu te lèves ?
What time do you get up?

ℹ *Quand le verbe n'est pas réfléchi, c'est-à-dire s'il n'y a pas d'action effectuée sur soi, le pronom* te *n'est souvent pas traduit.*

technicien, technicienne

▷ Son frère est technicien dans une petite entreprise.
His brother is a technician in a small company.

technician /tek'nɪʃən/
ℹ *N'oubliez pas l'article* ***a*** *ou* ***an*** *devant le nom du métier lorsqu'il suit les verbes* ***be*** *ou* ***become****.*

technique

1 ▷ Tout ça est beaucoup trop technique pour moi.
All that is much too technical for me.

(= qui se rapporte aux techniques) **technical** /'teknɪkəl/ (**plus technique** more technical, **le plus technique** the most technical)

2 ▷ C'est une nouvelle technique de fabrication.
It's a new manufacturing technique.

► **une technique** (= une méthode) : **a technique** /tek'niːk/

technologie

▷ Ils développent de nouvelles technologies.
They develop new technologies.

technology /tek'nɒlədʒɪ/

technologique

▷ C'est une révolution technologique.
It's a technological revolution.

technological /ˌteknəˈlɒdʒɪkəl/

tee-shirt

▷ Je n'ai plus de tee-shirts propres.
I haven't got any clean T-shirts left.

T-shirt /ˈtiːʃɜːt/ (pluriel **T-shirts**)

teindre

▷ Elle a teint son jean dans la machine à laver.
She dyed her jeans in the washing machine.

dye /daɪ/

Dye rime avec my, dyes rime avec size, et dyed rime avec side.

▷ Elle se teint les cheveux.
She dyes her hair.

▷ Tu t'es déjà teint les cheveux ?
Have you ever dyed your hair?

► se **teindre les cheveux** : **dye** one's **hair** /hɛəʳ/

*L'adjectif possessif fonctionne de la façon suivante en anglais : **I dye my hair, you dye your hair, he dyes his hair, she dyes her hair, we dye our hair, they dye their hair.***

teint

▷ Elle a un joli teint.
She has got a nice complexion.

(= couleur de la peau) **complexion** /kəmˈplekʃən/
*Regardez aussi le mot **teindre**.*

teinturerie

▷ Tu devrais porter ton manteau à la teinturerie.
You should take your coat to the dry cleaner's.

dry cleaner's /draɪ ˈkliːnəz/

tel, telle

▷ Il y avait un tel bruit dans le bar qu'on n'entendait pas le musicien.
There was such a noise in the bar that you couldn't hear the musician.

► **un tel** *ou* **une telle** + *nom* : **such a** /ˈsʌtʃ ə/ + *nom*

télé

▷ La télé ne marche pas bien.
The TV isn't working properly.

TV /tiːˈviː/

▷ Qu'est-ce qu'il y a à la télé ce soir ?
What's on TV tonight?

► **à la télé** : **on TV**

télécarte

▷ Il faut une télécarte pour appeler d'une cabine.
You need a phone card to call from a phone box.

phone card /ˈfəʊnˌkɑːd/ (pluriel **phone cards**)

téléchargement

▷ C'est du téléchargement illégal.
It's illegal downloading.

downloading /ˈdaʊnˌləʊdɪŋ/

télécharger

▷ J'ai téléchargé le film.
I downloaded the film.

download /'daʊn,ləʊd/

télécommande

▷ Où est la télécommande de la télé ?
Where's the remote control for the TV?

remote control /rɪ,məʊt kən'trəʊl/

téléfilm

▷ Vous avez regardé le téléfilm hier soir ?
Did you watch the TV film last night?

TV film /tiː'viː fɪlm/ (pluriel **TV films**)

téléphérique

▷ On a pris le téléphérique pour aller jusqu'au château.
We took the cable car to go to the castle.

cable car /'keɪbl kɑːʳ/ (pluriel **cable cars**)

téléphone

▷ Le téléphone est débranché.
The phone is unplugged.

phone /'fəʊn/
ℹ *On peut aussi dire **telephone** /'telɪfəʊn/.*

▷ Jean est au téléphone.
Jean is on the phone.

► **au téléphone :** on the phone

▷ Je te passerai un coup de téléphone ce soir.
I'll phone you tonight.

► **passer un coup de téléphone à** quelqu'un **:** phone somebody

▷ J'ai reçu un coup de téléphone de Marc.
I got a phone call from Marc.

► **recevoir un coup de téléphone :** **get a phone call** /'fəʊn kɔːl/ (**got, got**)

▷ Les téléphones portables sont très pratiques.
Mobile phones are very handy.

► **téléphone portable** *ou* **mobile :** **mobile phone** /,məʊbaɪl 'fəʊn/ (pluriel **mobile phones**)
*En anglais américain, on dit **cellphone** /'selfəʊn/.*

téléphoner

▷ Élisa m'a téléphoné pour m'inviter à sa soirée.
Élisa phoned me to invite me to her party.

► **téléphoner à** quelqu'un **:** **phone** /fəʊn/ somebody
ℹ *Attention, on ne dit pas **phone to** somebody.*

télésiège

▷ Il y a la queue aux télésièges.
There's a queue at the chairlifts.

chairlift /'tʃɛəlɪft/

téléski

▷ J'ai pris le téléski.
I took the ski lift.

ski lift /'skiː lɪft/

téléspectateur, téléspectatrice

▷ Des millions de téléspectateurs ont regardé le match.
Millions of television viewers watched the match.

television viewer /'telɪˌvɪʒən ˌvjuːə'/ (pluriel television viewers)

téléviseur

▷ Le téléviseur est en panne.
The television has broken down.

television /'telɪˌvɪʒən/
ℹ *On peut aussi dire TV /tiː'viː/.*

télévision

▷ Nous avons acheté une télévision à écran plat.
We bought a flat-screen television.

television /'telɪˌvɪʒən/

▷ Elle est passée à la télévision.
She was on television.

► **à la télévision :** on television

▷ Les Réno ont la télévision par câble.
The Rénos have got cable television.

► **télévision par câble :** cable /'keɪbl/ television

▷ Avec la télévision par satellite, on peut regarder des chaînes étrangères.
With satellite television you can watch foreign channels.

► **télévision par satellite :** satellite /'sætəlaɪt/ television
ℹ *Dans tous ces cas, on peut dire TV /tiː'viː/ au lieu de television.*

tellement

1 ▷ Il a tellement plu que la rivière a débordé.
It rained so much that the river burst its banks.

(avec un verbe) **so much** /səʊ 'mʌtʃ/

2 ▷ Il est tellement mignon !
He's so cute!

(avec un adjectif ou un adverbe) **so** /səʊ/

3 ▷ Il a tellement de travail qu'il ne sort pas le week-end.
He has so much work that he doesn't go out at weekends.

► **tellement de** + *nom singulier* **:** so much + *nom*

4 ▷ Elle a tellement de chaussures qu'elle ne sait pas où les mettre.
She has so many shoes that she doesn't know where to put them.

► **tellement de** + *nom pluriel* **:** so many /səʊ 'menɪ/ + *nom*

5 ▷ Tu aimes le bœuf ? – Pas tellement.
Do you like beef? – Not particularly.

► **pas tellement :** not particularly /nɒt pə'tɪkjʊləlɪ/

témoignage

▷ D'après le témoignage de M. Lebrun, elle était blonde.
According to Mr Lebrun's testimony, she was fair.

testimony /'testɪmənɪ/ (pluriel testimonies)

témoigner

▷ Elle a témoigné contre lui.
She testified against him.

testify /'testɪfaɪ/
ℹ *Le* ***y*** *de* ***testify*** *devient* ***ie*** *à la troisième personne du singulier du présent de l'indicatif* (**testifies** /'testɪfaɪz/), *au prétérit et au participe passé* (**testified** /'testɪfaɪd/).

témoin

▷ La police a interrogé les témoins.
The police interrogated the witnesses.

(= personne qui a assisté à quelque chose) **witness** /'wɪtnəs/ (pluriel **witnesses** /'wɪtnəsɪz/)

▷ Il a été témoin de l'accident.
He witnessed the accident.

► **être témoin de** (scène) : witness

tempe

▷ Masse-toi les tempes, ça relaxe.
Massage your temples, it's relaxing.

temple /'templ/

température

▷ Les températures sont basses pour la saison.
Temperatures are low for the season.

temperature /'temprɪtʃə^r/
🔊 *L'accent tonique est sur la première syllabe* ***tem-***.

▷ Thomas est au lit, il a de la température.
Thomas is in bed, he has a temperature.

► **avoir de la température :** have a temperature (had, had)
ℹ *Notez bien :* avoir de la température = ***have a temperature***.

tempête

▷ Le bateau a été pris dans une tempête.
The boat was caught in a storm.

storm /stɔːm/

▷ Il y a souvent des tempêtes de neige ici.
There are often snowstorms here.

► **tempête de neige :** snowstorm /'snəʊstɔːm/

temple

1 ▷ Il y a de magnifiques temples en Grèce.
There are beautiful temples in Greece.

(antique) **temple** /'templ/

2 ▷ Alain va au temple le dimanche.
Alain goes to church on Sundays.

(= église protestante) **church** /tʃɜːtʃ/

temporaire

▷ Cette solution est temporaire.
This solution is temporary.

temporary /'tempərərɪ/

temps

1 ▷ Je n'ai pas eu le temps de faire les courses.
I didn't have time to do the shopping.

► **le temps** (= durée) : **time** /taɪm/

▷ Il met beaucoup de temps à se préparer.
He takes a long time to get ready.

► **mettre du temps à** + *infinitif* : take time to + *base verbale* (took, taken)

▷ Elle n'a pas beaucoup de temps libre.
She hasn't got much spare time.

► **temps libre** : spare time /spɛə 'taɪm/

▷ Je fume une cigarette de temps en temps.
I smoke a cigarette from time to time.

► **de temps en temps** : from time to time /frəm ˌtaɪm tə 'taɪm/

▷ Nous sommes arrivés juste à temps.
We arrived just in time.

► **à temps** : in time /in'taɪm/

▷ Ne m'interromps pas tout le temps !
Don't interrupt me all the time!

► **tout le temps** : all the time /ˌɔːl ðə 'taɪm/

▷ Je ne travaille plus à temps complet depuis septembre.
I haven't been working full-time since September.

► **à temps complet** : full-time /fʊl taɪm/

▷ Elle travaille à temps partiel.
She works part-time.

► **à temps partiel** : part-time /pɑːt taɪm/

2 ▷ Il a fait un temps superbe.
The weather was beautiful.
▷ Quel temps fait-il en Angleterre ?
What's the weather like in England?
▷ Quel temps faisait-il ?
What was the weather like?

► **le temps** (= la météo) : the weather /'weðəʳ/

ℹ *Notez comment on demande quel temps il fait en anglais.*

tendance

1 ▷ Cette porte a tendance à se bloquer.
This door tends to get jammed.

(= prédisposition) tendency /'tendənsɪ/

► **avoir tendance à** + *infinitif* : tend /tend/ to + *base verbale*

2 ▷ Il y a une tendance à la hausse.
There's an upward trend.

(= orientation) trend /trend/

tendre ADJECTIF

▷ Ce steak est très tendre.
This steak is very tender.

(adjectif) tender /'tendəʳ/ (**plus tendre** more tender, **le plus tendre** the most tender)

tendre VERBE

1 ▷ Tu devrais tendre la corde un peu plus.
You should tighten the rope a bit more.

► **tendre** quelque chose (= étirer) : tighten /'taɪtn/ something

2 ▷ Je lui ai tendu la main mais il m'a ignoré.
I held out my hand to him but he ignored me.

► **tendre** quelque chose à quelqu'un : hold out /həʊld 'aʊt/ something to somebody (held out, held out /held 'aʊt/)

3 ▷ Ils m'ont tendu un piège.
They set a trap for me.

► **tendre un piège à** quelqu'un : set /set/ a trap /træp/ for somebody (set, set)

tendu, tendue

1 ▷ Je suis toujours un peu tendue avant un entretien.
I'm always a bit tense before an interview.

(= stressé) tense /tens/ (**plus tendu** more tense, **le plus tendu** the most tense)

2 ▷ La corde n'est pas assez tendue.
The rope isn't taut enough.

(= étiré) taut /tɔːt/ (**plus tendu** tauter /'tɔːtəʳ/, **le plus tendu** the tautest /'tɔːtɪst/)

tenir

1 ▷ Qu'est-ce que tu tiens à la main ?
What are you holding in your hand?

(= agripper) hold /həʊld/ (held, held /held/)

2 ▷ Ce nœud ne tiendra pas, il est trop lâche.
This knot won't hold, it's too loose.

(= être solide) hold /həʊld/ (held, held /held/)

3 ▷ Est-ce qu'on tiendra tous dans la voiture ?
Will we all fit in the car?

(= être contenu) fit /fɪt/

4 ▷ Leurs parents tiennent un café.
Their parents run a bar.

(= être gérant de) run /rʌn/ (ran /ræn/, run)

5 ▷ Elle tient beaucoup à son chat.
She is very fond of her cat.

► **tenir à** (= aimer) : be fond of /'fɒnd əv/

6 ▷ Tiens-toi à la rampe, ça glisse.
Hold on to the banister, it's slippery.

► **se tenir à** (= s'agripper à) : hold on to /həʊld 'ɒn tuː/ (held on to, held on to /held 'ɒn tuː/)

7 ▷ Tiens-toi droit !
Stand up straight!

► **se tenir** (debout) : stand up /stænd 'ʌp/ (stood up, stood up /stʊd 'ʌp/)

8 ▷ Ils se tenaient par la main.
They were holding hands.

► **se tenir par la main** : hold hands /həʊld 'hændz/ (held, held /held/)

tennis

1 ▷ J'aime bien regarder le tennis à la télé.
I like watching tennis on TV.
▷ Tu veux jouer au tennis avec moi ?
Do you want to play tennis with me?

► **le tennis** (= sport) : tennis /'tenɪs/
► **jouer au tennis** : play /pleɪ/ tennis

2 ▷ Ces tennis sont très confortables.
These trainers are very comfortable.

2 ► **des tennis** (= chaussures) : **trainers** /ˈtreɪnəz/
En anglais américain, on dit **sneakers** /ˈsniːkəʳs/.

tennisman, tenniswoman

▷ C'était un célèbre tennisman dans les années 80.
He was a famous tennis player in the 1980s.

tennis player /ˈtenɪs ˌpleɪəʳ/
Attention ! Les mots **tennisman** *et* **tenniswoman** *n'existent pas en anglais.*

tension

▷ Mon père prend des pilules pour sa tension.
My father takes pills for his blood pressure.

▷ Ma mère a de la tension.
My mother has high blood pressure.

(= pression du sang dans les veines) **blood pressure** /ˈblʌd ˌpreʃəʳ/
► **avoir de la tension : have high** /haɪ/ **blood pressure**

tentant, tentante

▷ C'est très tentant !
It's very tempting!

tempting /ˈtemptɪŋ/ (**plus tentant** more tempting, **le plus tentant** the most tempting)

tentative

▷ Elle a réussi à la deuxième tentative.
She succeeded at the second attempt.

▷ Son frère a fait plusieurs tentatives de suicide.
His brother attempted suicide several times.

attempt /əˈtempt/
► **faire une tentative de suicide : attempt suicide** /əˈtempt ˈsʊɪsaɪd/

tente

▷ C'est une tente pour trois personnes.
It's a tent for three people.

tent /tent/

tenter

1 ▷ Il va tenter de battre le record.
He is going to attempt to break the record.

1 ► **tenter de** + *infinitif* : **attempt** /əˈtempt/ **to** + *base verbale*

2 ▷ Je suis très tentée par ce chocolat !
I'm very tempted by that chocolate!

2 (= attirer) **tempt** /tempt/

tenue

1 ▷ Elle porte une tenue différente chaque jour.
She wears a different outfit every day.

1 (= habits) **outfit** /ˈaʊtfɪt/

2 ▷ Je donne une note à mes élèves pour la tenue en classe.
I give my students a mark for behaviour in class.

2 (= conduite) **behaviour** /bɪˈheɪvjəʳ/

terme

1 ▷ Je sais qu'il y a un terme pour ça, mais je ne le trouve pas.
I know there's a term for this, but I can't find it.

1 (= mot) **term** /tɜːm/

2 ▷ Ce sera rentable à long terme.
It will be profitable in the long term.

► **à court / moyen / long terme** in the short /ʃɔːt/ / medium /ˈmiːdɪəm/ / long /lɒŋ/ term

terminal

▷ Nous arriverons au terminal deux.
We'll arrive at terminal two.

(aérogare) **terminal** /ˈtɜːmɪnl/

terminale

▷ On s'est connus en terminale.
We met on the sixthform.

(= niveau scolaire) **sixth form** /sɪksθ fɔːm/

terminer

1 ▷ Viens quand tu auras terminé ton travail.
Come when you've finished your work.

finish /ˈfɪnɪʃ/

2 ▷ Le film s'est terminé à minuit.
The film ended at midnight.

► **se terminer :** end /end/

terminus

▷ Je descends au terminus.
I'm getting off at the terminus.

terminus /ˈtɜːmɪnəs/

L'accent tonique est sur la première syllabe ***ter-****.*

terne

▷ J'ai les cheveux ternes.
My hair is dull.

dull /dʌl/ (**plus terne** duller /dʌləʳ/, **le plus terne** the dullest /dʌləst/)

terrain

1 ▷ La maison est entourée d'un grand terrain.
The house is surrounded by a big plot of land.

(= parcelle de terre) **plot of land** /ˌplɒt əv ˈlænd/ (pluriel plots of land)

2 ▷ Il y a un terrain de camping près du village.
There's a campsite near the village.

► **terrain de camping :** campsite /ˈkæmpsaɪt/

3 ▷ Le terrain de foot est inondé.
The football field is flooded.

(pour jouer au foot ou au rugby) **field** /fiːld/

4 ▷ Il y a un terrain de basket dans le gymnase.
There's a basketball court in the gym.

(pour jouer au basket, au volley, au hand-ball) **court** /kɔːt/

5 ▷ Nous partageons le terrain de sport avec une autre école.
We share the sports ground with another school.

► **terrain de sport :** sports ground /ˈspɔːts graʊnd/ (pluriel sports grounds)

terrasse

▷ On a fait un barbecue sur la terrasse.
We had a barbecue on the terrace.

terrace /ˈterəs/

ℹ *Attention à l'orthographe.*

L'accent tonique est sur la première syllabe ***ter-****.*

terre

1 ▷ La Terre tourne autour du Soleil.
The Earth goes round the Sun.

► **la Terre** (= planète) : the Earth /ɜːθ/

2 ▷ Ici, la terre est bonne pour les cultures.
Here the soil is good for crops.

(= matière dont est fait le sol) soil /sɔɪl/

3 ▷ Je ne veux pas m'asseoir par terre, c'est mouillé.
I don't want to sit on the ground, it's wet.

► **par terre** (à l'extérieur) : on the ground /'graʊnd/

4 ▷ Il y a des miettes par terre.
There are crumbs on the floor.

► **par terre** (à l'intérieur) : on the floor /'flɔːʳ/

terreur

▷ Ils vivent dans la terreur d'être découverts.
They live in terror of being discovered.

terror /'terəʳ/

terrible

1 ▷ Il y a eu une tempête terrible.
There was a terrible storm.

(= horrible, insupportable) terrible /'terɪbl/ (**plus terrible** more terrible, **le plus terrible** the most terrible)

2 ▷ Sa dernière chanson n'est pas terrible.
His last song is nothing special.

► **pas terrible** (= pas très bon) : nothing special /ˌnʌθɪŋ 'speʃəl/

terrifiant, terrifiante

▷ C'est une expérience terrifiante.
It's a terrifying experience.

terrifying /'terɪfaɪɪŋ/ (**plus terrifiant** more terrifying, **le plus terrifiant** the most terrifying)

terrifié, terrifiée

▷ Il était tellement terrifié qu'il ne pouvait pas bouger.
He was so terrified he couldn't move.

terrified /'terɪfaɪd/ (**plus terrifié** more terrified, **le plus terrifié** the most terrified)

territoire

▷ Ils défendent leur territoire.
They defend their territory.

territory /'terɪtərɪ/ (pluriel territories)

terroriste

▷ Des terroristes ont fait sauter l'hôtel.
Some terrorists blew up the hotel.

terrorist /'terərɪst/

tes

▷ N'oublie pas tes chaussures de marche.
Don't forget your walking boots.

your /jʊəʳ/

test

▷ J'ai passé un test d'anglais pour évaluer mon niveau.
I took an English test to assess my level.

▷ Est-ce que tu as réussi le test ?
Did you pass the test?

test /test/
► **passer un test :** take /teɪk/ a test (took /tʊk/, taken /ˈteɪkən/)
► **réussir un test :** pass /pɑːs/ a test

testament

▷ Il n'a pas laissé de testament.
He didn't leave a will.

will /wɪl/

tête

1 ▷ Elle s'est cogné la tête.
She banged her head.
▷ J'ai mal à la tête.
I've got a headache.

(= partie du corps) **head** /hed/

► **avoir mal à la tête :** have a headache /ˈhedeɪk/

Headache rime avec make.

2 ▷ Cette fille a une tête sympathique.
That girl has a nice face.

(= visage, expression) **face** /feɪs/

3 ▷ Arrête de faire la tête !
Stop sulking!

► **faire la tête :** sulk /sʌlk/

4 ▷ Il est tête en l'air, il oublie toujours quelque chose.
He is a scatterbrain, he always forgets something.

► **être tête en l'air :** be a scatterbrain /ˈskætəbreɪn/

5 ▷ Le parti travailliste est en tête.
The Labour Party is in the lead.

► **être en tête** (dans un classement) : be in the lead /ˌɪn ðə ˈliːd/

6 ▷ On est montés en tête de rame.
We got on at the front of the train.

► **en tête de** (= à l'avant de) : at the front of /æt ðə ˈfrɒnt əv/

tétine

▷ Sa tétine a dû tomber quelque part.
His dummy must have fallen somewhere.

dummy /ˈdʌmɪ/

têtu, têtue

▷ Tu es vraiment têtu !
You're really stubborn!

stubborn /ˈstʌbən/ (**plus têtu** more stubborn, **le plus têtu** the most stubborn)

texte

▷ Le comédien a lu un texte de Jean Anouilh.
The actor read a text by Jean Anouilh.

text /tekst/
ℹ *Notez la préposition utilisée en anglais :* un texte de quelqu'un = ***a text by somebody.***

texto®

▷ J'ai reçu un texto de Manuel.
I received a text message from Manuel.

▷ Je t'enverrai un texto pour te donner la date.
I'll text you the date.

text message /'tekst 'mesɪdʒ/ (pluriel **text messages** /'tekst 'mesɪdʒɪz/)
► **envoyer un texto à** quelqu'un **:** **text** somebody

TGV ®

▷ Nous sommes allés à Bordeaux en TGV.
We went to Bordeaux by high-speed train.

high-speed train /ˌhaɪspiːd 'treɪn/
ℹ *Notez la préposition utilisée en anglais :* en TGV = ***by high-speed train.***
Attention à la prononciation !

thé

▷ Tu prendras une tasse de thé ?
Will you have a cup of tea?

▷ Deux thés au lait, s'il vous plaît.
Two teas with milk, please.
▷ Je préfère le thé nature.
I prefer black tea.

tea /tiː/
ℹ *Notez la traduction de* **prendre** *du thé* (= boire) *:* ***have*** *some tea.*
► **thé au lait :** **tea with milk** /wɪð 'mɪlk/
► **thé nature :** **black tea** /wɪðˌaʊt 'mɪlk/

théâtre

▷ Vendredi, nous allons au théâtre.
On Friday we're going to the theatre.

▷ J'ai fait du théâtre quand j'étais jeune.
I was an actor when I was young.

theatre /'θɪətəʳ/
En anglais américain, ce mot s'écrit ***theater.***
► **faire du théâtre** (comédien) **:** **be an actor**

théière

▷ Elle a rapporté une très jolie théière d'Angleterre.
She brought back a very pretty teapot from England.

teapot /'tiːpɒt/

thème

▷ Le thème de ce film est intéressant.
The subject of this film is interesting.

(= sujet) **subject** /'sʌbdʒekt/

théorie

▷ En théorie, c'est possible.
In theory, it's possible.

theory /'θɪərɪ/ (pluriel **theories**)

théorique

▷ Tout cela est purement théorique.
All this is purely theoretical.

theoretical /θɪə'retɪkəl/ (plus théorique **more theoretical**, le plus théorique **the most theoretical**)

thermomètre

▷ Le thermomètre est cassé.
The thermometer is broken.

thermometer /θə'mɒmɪtə^r/

*L'accent tonique est sur la deuxième syllabe **-mo-**, et le **th** est celui de **thing**.*

thermos®

▷ On prendra du café dans un thermos®.
We'll take some coffee in a Thermos® flask.

Thermos® flask /'θɜːməs flɑːsk/ (pluriel **Thermos® flasks**)

thèse

1 ▷ C'est une thèse absurde.
It's an absurd idea.

(= idée) **idea** /aɪ'diːə/

2 ▷ Elle a fait une thèse d'histoire.
She did a thesis in history.

(de doctorat) **thesis** /θiːsɪs/

thon

▷ Ce thon grillé est excellent.
This grilled tuna is excellent.

tuna /'tjuːnə/

thym

▷ Il y a du thym et du persil dans le jardin.
There's thyme and parsley in the garden.

thyme /taɪm/

***Thyme** et **time** se prononcent de la même façon.*

tibia

1 ▷ Il s'est cassé le tibia.
He broke his shinbone.

(= os) **shinbone** /'ʃɪnbəʊn/

2 ▷ Elle m'a donné un coup de pied dans le tibia.
She kicked me in the shin.

(= partie de la jambe) **shin** /ʃɪn/

tic

▷ Cédric a un tic : il se frotte tout le temps le menton.
Cédric has a nervous tic: he rubs his chin all the time.

nervous tic /ˌnɜːvəs 'tɪk/ (pluriel **nervous tics**)

TICE

▷ Il y a des TICE à ton école ?
Do you have ICT at your school?

ICT /ˌaɪsiː'tiː/

ℹ *ICT signifie **Information and Communications Technology**.*

ticket

▷ Tu peux acheter un carnet de dix tickets.
You can buy a book of ten tickets.

ticket /'tɪkɪt/

▷ Heureusement que j'ai gardé le ticket de caisse.
Fortunately I've kept the sales receipt.

► **ticket de caisse :** sales receipt /seɪlz rɪ'siːt/ (pluriel sales receipts)

Receipt rime avec eat (le p ne se prononce pas).

tiède

1 ▷ Il y a un bon vent tiède.
There's a nice warm wind.

(= agréablement chaud) warm /wɔːm/ (**plus tiède** warmer /'wɔːməʳ/, **le plus tiède** the warmest /'wɔːmɪst/)

2 ▷ Je n'aime pas la soupe tiède.
I don't like lukewarm soup.

(= pas assez chaud) lukewarm /'luːkwɔːm/

tien, tienne

1 ▷ Mon sac à dos est léger, mais le tien est plus solide.
My backpack is light, but yours is stronger.

► **le tien** *ou* **la tienne** *ou* **les tiens** *ou* **les tiennes :** yours /jʊəz/

2 ▷ À la tienne !
Cheers!

► **à la tienne !** (quand on trinque) : cheers! /tʃɪəz/

tiercé

▷ Simon joue au tiercé tous les samedis.
Simon bets on the horses every Saturday.

► **jouer au tiercé :** bet /bet/ on the horses /'hɔːsɪz/ (bet, bet)

tiers

▷ Je n'ai fait qu'un tiers du travail.
I've only done a third of the work.

(= fraction) third /θɜːd/

▷ Les deux tiers des propriétaires ont voté pour.
Two thirds of the owners voted in favour.

► **les deux tiers de :** two thirds of /tuː 'θɜːdz əv/

tige

▷ Ces fleurs ont une longue tige.
These flowers have a long stem.

(= queue) stem /stem/

On peut aussi dire ***stalk*** */stɔːk/.*

tigre

▷ On a vu des tigres au cirque.
We saw some tigers at the circus.

tiger /'taɪgəʳ/

timbre

▷ Combien coûte un timbre pour la Russie ?
How much is a stamp for Russia?

(pour le courrier) stamp /stæmp/

timide

▷ Anna rougit facilement, elle est très timide.
Anna blushes easily, she's very shy.

shy /ʃaɪ/ (**plus timide** shier /'ʃaɪəʳ/, **le plus timide** the shiest /'ʃaɪɪst/)

tir

1 ▷ Il a entendu des tirs dans la maison.
He heard gunshots in the house.

(= coup de feu) gunshot /'gʌnʃɒt/

2 ▷ Quel tir magnifique !
What a superb shot!
▷ Je m'entraîne au tir à l'arc tous les samedis.
I practise archery every Saturday.

(au football, au hockey) **shot** /ʃɒt/

► **tir à l'arc : archery**

tirage au sort

▷ Le tirage au sort pour les quarts de finale aura lieu ce matin.
The draw for the quarter-finals will take place this morning.

draw /drɔː/

tire-bouchon

▷ Je n'arrive pas à ouvrir la bouteille avec ce tire-bouchon.
I can't open the bottle with this corkscrew.

corkscrew /ˈkɔːkskruː/

tirelire

▷ J'avais gardé des francs dans une tirelire.
I had kept some francs in a moneybox.

moneybox /ˈmʌnɪbɒks/ (pluriel **moneyboxes** /ˈmʌnɪbɒksɪz/)

ℹ *Quand la tirelire est en forme de cochon, elle s'appelle* ***a piggybank*** */ˈpɪgɪbæŋk/ en anglais.*

tirer

1 ▷ Il faut une voiture puissante pour tirer une caravane.
You need a powerful car to pull a caravan.

► **tirer** quelque chose (= l'amener vers soi, le remorquer) : **pull** /pʊl/ something

2 ▷ Tu as pensé à tirer les rideaux ?
Did you remember to draw the curtains?

► **tirer les rideaux : draw** /drɔː/ **the curtains (drew** /druː/, **drawn** /drɔːn/)

3 ▷ Maintenant je vais tirer un numéro au hasard.
Now I'm going to draw a number at random.

► **tirer un numéro : draw** /drɔː/ **a number (drew** /druː/, **drawn** /drɔːn/)

4 ▷ Les policiers ont tiré sur les terroristes.
The policemen shot at the terrorists.

► **tirer sur** quelqu'un (avec une arme) : **shoot** /ʃuːt/ **at** somebody **(shot, shot** /ʃɒt/)

5 ▷ Elle a tiré et elle a marqué un but.
She shot and scored a goal.

► **tirer** (au foot, au hand-ball, etc.) : **shoot** /ʃuːt/ **(shot, shot** /ʃɒt/)

tiroir

▷ Je t'interdis de regarder dans mes tiroirs.
I forbid you to look in my drawers.

drawer /drɔː/

🔊 *Attention, il n'y a qu'une seule syllabe :* ***drawer*** *rime avec* ***more*** *et* ***law****.*

tisane

▷ Tu veux une tisane avant d'aller au lit ?
Do you want some herbal tea before going to bed?

herbal tea /ˌhɜːbl 'tiː/

tissu

▷ C'est un tissu très léger.
It's a very light material.

(= étoffe) **material** /mə'tɪərɪəl/

titre

▷ J'ai oublié le titre du film.
I've forgotten the title of the film.

title /'taɪtl/

*Le **i** de **title** se prononce comme le **i** de **like**.*

tituber

▷ Il est sorti de la cuisine en titubant.
He came staggering out of the kitchen.

stagger /'stægəʳ/

toboggan

▷ Tu es trop grand pour aller sur ce toboggan.
You're too big to go on that slide.

▷ Ma petite sœur adore faire du toboggan.
My little sister loves playing on the slide.

slide /slaɪd/

► **faire du toboggan :** play on the slide

*Attention ! Le mot anglais **toboggan** existe mais il signifie « luge ».*

toi

1 ▷ Loïc est jaloux de toi.
Loïc is jealous of you.

▷ Et toi ? Qu'est-ce que tu en penses ?
What about you? What do you think?

*La traduction la plus courante de **toi** est **you** /juː/.*

2 ▷ Achète-toi quelque chose si tu veux.
Buy yourself something if you want.

▷ Lève-toi !
Get up!

*Avec certains verbes pronominaux, la traduction est **yourself** /jʊə'self/ mais **toi** n'est souvent pas traduit.*

toile

1 ▷ La toile est facile à laver.
Cotton is easy to wash.

▷ Il porte un pantalon en toile.
He is wearing cotton trousers.

▷ Ce pantalon est en toile.
These trousers are made of cotton.

(= tissu de coton) **cotton** /'kɒtən/

► **en toile :** cotton

► **être en toile :** be made /'meɪd/ of cotton

2 ▷ L'araignée a pris une mouche dans sa toile.
The spider has caught a fly in its web.

▷ Le grenier est plein de toiles d'araignée.
The attic is full of cobwebs.

(d'une araignée) **web** /web/

► **toile d'araignée** (dans une maison) **:** cobweb /'kɒbweb/

3 ▷ J'ai fait la recherche sur la Toile.
I searched on the Web.

► **la Toile** (= Internet) : the Web

toilette

1 ▷ Où sont les toilettes, s'il vous plaît ?
Where is the toilet, please?

► **les toilettes** (= les W.-C.) : the toilet /'tɔɪlɪt/

ℹ *Ce mot est singulier en anglais.*

2 ▷ Où est le rayon des produits de toilette ?
Where's the toiletries department?

► **produits de toilette :** toiletries /'tɔɪlɪtrɪz/

3 ▷ Je fais ma toilette avant d'aller au lit.
I have a wash before going to bed.

► **faire sa toilette :** have a wash /wɒʃ/ (had, had)

toi-même

▷ Fais-le toi-même, paresseux !
Do it yourself, you lazy thing!

yourself /jʊə'self/

toit

▷ Il manque des tuiles sur le toit.
There are some tiles missing on the roof.

roof /ru:f/

tolérant, tolérante

▷ Arrête de critiquer les gens, sois tolérant !
Stop criticizing people, be tolerant!

tolerant /'tɒlərənt/ (**plus tolérant** more tolerant, **le plus tolérant** the most tolerant)

tolérer

▷ Il ne tolère pas qu'on le contredise.
He won't tolerate being contradicted.

tolerate /'tɒləreɪt/

tomate

▷ Achète des tomates bien mûres.
Buy some nice ripe tomatoes.

tomato /tə'mɑ:təʊ/ (pluriel tomatoes)

🔊 *L'accent tonique est sur la deuxième syllabe* ***-ma-****.*

tombe, tombeau

▷ Nous sommes allés mettre des fleurs sur la tombe de mon grand-père.
We went to put some flowers on my grandfather's grave.

grave /greɪv/

🔊 *Le* ***a*** *est celui de* ***make****.*

tomber

1 ▷ Attention, tu vas tomber !
Be careful, you're going to fall!
▷ Elle est tombée de cheval.
She fell off her horse.

fall /fɔ:l/ (fell /fel/, fallen /fɔ:lən/)

ℹ *Notez la préposition utilisée en anglais :* tomber <u>de</u> quelque chose = ***fall <u>off</u> something****.*

2 ▷ Le chien a fait tomber mon frère.
The dog knocked my brother over.

► **faire tomber** quelqu'un (en le bousculant) : **knock** /nɒk/ somebody **over** /ˈəʊvəʳ/

3 ▷ Ne fais pas tomber le vase, il est fragile.
Don't drop the vase, it's fragile.
▷ J'ai fait tomber un verre.
I dropped a glass.

► **faire tomber** quelque chose *ou* **laisser tomber** quelque chose (= le lâcher) : **drop** /drɒp/ something

ℹ *Il y a deux* ***p*** *au gérondif* (**dropping** /ˈdrɒpɪŋ/), *au prétérit et au participe passé* (**dropped** /drɒpt/).

4 ▷ La nuit tombe, rentrons.
It's getting dark, let's go home.

► **la nuit tombe : it's getting dark** /ɪts ˌgetɪŋ ˈdɑːk/

5 ▷ Devine sur qui je suis tombée ?
Guess who I ran into?

► **tomber sur** quelqu'un (= le rencontrer par hasard) : **run into** /ˌrʌn ˈɪntʊ/ somebody (**ran into** /ˌræn ˈɪntʊ/, **run into**)

6 ▷ Serge est tombé sur une photo de ses parents quand ils étaient jeunes.
Serge came across a photograph of his parents when they were young.

► **tomber sur** quelque chose (= le trouver par hasard) : **come across** /ˈkʌm əˌkrɒs/ something (**came across** /ˈkeɪm əˌkrɒs/, **come across**)

tombola

▷ L'école a organisé une tombola.
The school organized a tombola.

tombola /tɒmˈbəʊlə/

🔊 *L'accent tonique est sur la deuxième syllabe* ***-bo-***.

tome

▷ C'est un livre en plusieurs tomes.
It's a book in several volumes.

volume /ˈvɒljuːm/

🔊 *L'accent tonique est sur la première syllabe* ***vol-***.

ton, ta, tes ADJECTIF POSSESSIF

▷ Comment va ton frère ?
How is your brother?

(adjectif possessif = à toi) **your** /jʊəʳ/

ton NOM

▷ Ne me parle pas sur ce ton !
Don't speak to me in that tone!

(= une façon de parler) **tone** /təʊn/

ℹ *Notez :* sur *ce ton =* ***in that tone***.

tondeuse

▷ Je n'arrivais pas à faire démarrer la tondeuse.
I couldn't start the lawnmower.

(pour le gazon) **lawnmower** /ˈlɔːnməʊəʳ/

🔊 *Le* ***aw*** *se prononce comme* ***or***. *Le* ***ow*** *se prononce comme le* ***ow*** *de* ***show***.

tondre

1 ▷ Notre voisin tond sa pelouse tous les dimanches.
Our neighbour mows his lawn every Sunday.

(la pelouse) **mow** /məʊ/ (mowed /məʊd/, mown /məʊn/)

2 ▷ Thierry s'est fait tondre les cheveux.
Thierry had his hair cropped.

(les cheveux) **crop** /krɒp/
Il y a deux ***p*** *au gérondif* (cropping /ˈkrɒpɪŋ/)*, au prétérit et au participe passé* (cropped /krɒpt/).

tongs

▷ Je prends des tongs pour la plage.
I'm taking flip-flops for the beach.

flip-flops /ˈflɪpflɒps/
En anglais américain on dit ***thongs*** /θɔːŋs/.

tonne

▷ Ça pèse deux tonnes.
It weighs two tons.

ton /tʌn/

▷ Ils ont commandé plusieurs tonnes de terre pour le jardin.
They ordered several tons of soil for the garden.

Ton *rime avec* ***fun*** *et* ***sun***.

▷ J'ai des tonnes de travail à faire.
I've got tons of work to do.

► **des tonnes de** (= beaucoup de) : **tons of** /ˈtʌnz əv/

tonnerre

▷ Tu as entendu le tonnerre hier soir ?
Did you hear the thunder last night?

thunder /ˈθʌndəʳ/

▷ Il y a eu un coup de tonnerre énorme.
There was a huge clap of thunder.

► **coup de tonnerre :** clap /klæp/ of thunder (pluriel claps of thunder)

torche

▷ Ils ont allumé une torche dans la grotte.
They lit a torch in the cave.

torch /tɔːtʃ/
Le ***ch*** *est celui de* ***church***.

▷ Prends la torche électrique, il fait noir dehors.
Take the torch, it's dark outside.

► **torche électrique :** torch
En anglais américain on dit ***flashlight*** ˈflæʃlaɪt.

torchon

▷ Ce torchon est mouillé, il m'en faut un autre.
This tea towel is wet, I need another one.

(pour la vaisselle) **tea towel** /ˈtiːˌtaʊəl/

tordre

1 ▷ Il est si fort qu'il peut tordre une barre de fer avec ses mains.
He's so strong he can bend an iron bar with his hands.

(= déformer) **bend** /bend/ (bent, bent /bent/)

2 ▷ Je tords les serviettes avant de les étendre.
I wring the towels before hanging them out.

(= essorer) **wring** /rɪŋ/ (wrung, wrung /rʌŋ/)

Le w ne se prononce pas.

3 ▷ Elle s'est tordu la cheville.
She twisted her ankle.
▷ Je me suis tordu la cheville.
I twisted my ankle.

► se **tordre la cheville** : twist /twɪst/ one's **ankle** /'æŋkl/

*L'adjectif possessif fonctionne de la façon suivante en anglais (exemples au prétérit) : **I twisted my ankle, you twisted your ankle, he twisted his ankle, she twisted her ankle.***

tordu, tordue

▷ La barre est toute tordue.
The bar is all bent.

(= déformé) **bent** /bent/

torrent

▷ On a bu de l'eau dans un torrent.
We drank water from a stream.

stream /stri:m/

tort

▷ Reconnais que tu as tort.
Admit that you're wrong.
▷ Il a eu tort de faire ça.
He was wrong to do that.

► **avoir tort** : be wrong /'rɒŋ/

torticolis

▷ Tu vas attraper un torticolis si tu ne fais pas attention.
You're going to get a stiff neck if you're not careful.

► **attraper un torticolis** : get a stiff neck /stɪf 'nek/ (got, got)

▷ Marie a un torticolis depuis plusieurs jours.
Marie has had a stiff neck for a few days.

► **avoir un torticolis** : have a stiff neck (had, had)

tortue

1 ▷ Nicolas a une tortue dans son jardin.
Nicolas has a tortoise in his garden.

(terrestre) **tortoise** /'tɔ:təs/

2 ▷ Les tortues des Galapagos sont les plus grandes du monde.
Galapagos turtles are the biggest in the world.

(marine) **turtle** /'tɜ:tl/

tôt

▷ On devra se lever tôt lundi.
We'll have to get up early on Monday.

(= de bonne heure) **early** /'ɜ:lɪ/ (**plus tôt** earlier /'ɜ:lɪəʳ/, **le plus tôt** the earliest /'ɜ:lɪɪst/)

▷ Tôt ou tard il s'en rendra compte.
Sooner or later he will realize.

► **tôt ou tard** : sooner or later /ˌsu:nərɔ:'leɪtəʳ/

total, totale

1 ▷ La somme totale est de 102 euros.
The total sum is 102 euros.

(= global, complet) **total** /'təʊtl/

2 ▷ On a calculé le total.
We calculated the total.

► **le total** (= le chiffre global) : **the total**

totalement

▷ C'est totalement faux.
It's totally wrong.

totally /'təʊtəlɪ/

touche

▷ Pour effacer, appuie sur cette touche.
To delete, press this key.

(d'un ordinateur, d'un piano, d'un téléphone) **key** /kiː/

*Key rime avec **see**.*

toucher NOM

▷ C'est doux au toucher.
It's soft to the touch.

touch /tʌtʃ/

toucher VERBE

1 ▷ Ne me touche pas !
Don't touch me!

(= être en contact avec, palper) **touch** /tʌtʃ/

2 ▷ La balle l'a touché au bras.
The bullet hit him in the arm.

(= atteindre) **hit** /hɪt/ (hit, hit)

3 ▷ Il a touché mille euros pour ce travail.
He got one thousand euros for this work.

(= être payé) **get** /get/ (got, got /gɒt/)

4 ▷ Il a été très touché de notre cadeau.
He was very touched by our present.

(= émouvoir) **touch** /tʌtʃ/

5 ▷ Ne touchez à rien !
Don't touch anything!

► **toucher à** quelque chose : **touch** /tʌtʃ/ something

6 ▷ Nos maisons se touchent.
Our houses are next to each other.

► **se toucher** (= être contigus) : **be next to each other** /'nekst tuː ˌiːtʃ ˌʌðəʳ/

toujours

1 ▷ Je vais toujours au travail à pied.
I always walk to work.

▷ Tu es toujours en retard !
You're always late.

▷ I can always come back later.
Je peux toujours revenir plus tard.

(= tout le temps) **always** /'ɔːlweɪz/

ℹ ***Always** se met généralement entre le sujet et le verbe, sauf avec le verbe **be** et les auxiliaires (**have, can, will**, etc.).*

2 ▷ On voit toujours la marque.
The mark still shows.
▷ Béa n'a toujours pas appelé.
Béa still hasn't called.
▷ Il est quatre heures et il est toujours là.
It's four o'clock and he's still here.

(= encore) **still** /stɪl/

ℹ *Still se met entre le sujet et le verbe, sauf avec le verbe* ***be****.*

tour NOM FÉMININ

1 ▷ La tour Eiffel est le monument le plus célèbre de Paris.
The Eiffel Tower is the most famous monument in Paris.

(= bâtiment haut) **tower** /ˈtaʊəʳ/

2 ▷ José habite en banlieue, dans une tour.
José lives in the suburbs, in a tower block.

(= immeuble d'habitation) **tower block** /ˈtaʊə ˌblɒk/ (pluriel tower blocks)

tour NOM MASCULIN

1 ▷ Allons faire un tour dans le parc.
Let's go for a walk in the park.
▷ Jeanne et Lucas sont allés faire un tour à vélo.
Jeanne and Lucas went for a bicycle ride.

► **faire un tour** (à pied) : go for a walk /wɔːk/ (went, gone / been)
► **faire un tour** (à vélo) : go for a ride /raɪd/ (went, gone / been)

2 ▷ On pourrait faire le tour du lac.
We could go round the lake.

► **faire le tour de** quelque chose : go round /raʊnd/ something (went, gone / been)

3 ▷ C'est ton tour de faire la vaisselle.
It's your turn to do the dishes.

(= le tour de quelqu'un, dans une succession) **turn** /tɜːn/

4 ▷ On surveillera Noémie à tour de rôle.
We'll take it in turns to watch Noémie.

► **faire** quelque chose **à tour de rôle :** take it in turns to + *base verbale* (took it in turns, taken it in turns)

5 ▷ On voulait seulement lui jouer un tour.
We only wanted to play a trick on him.

► **jouer un tour à** quelqu'un : play a trick /pleɪ ə ˈtrɪk/ on somebody

tourisme

▷ Le tourisme rapporte beaucoup d'argent à notre région.
Tourism brings a lot of money to our region.

tourism /ˈtʊərɪzəm/

▷ Nous allons faire du tourisme à Londres.
We're going to go sightseeing in London.

► **faire du tourisme :** go sightseeing /ˈsaɪtsiːɪŋ/ (went, gone / been)

touriste

▷ Il y a beaucoup de touristes ici en juillet.
There are a lot of tourists here in July.

tourist /'tʊərɪst/

touristique

▷ Cette région est très touristique.
This region is very popular with tourists.

(= qui attire les touristes) **popular with tourists** /'pɒpjʊlə' wɪð tʊərɪsts/

*Le mot * touristic n'existe pas en anglais !*

tournant

1 ▷ C'est un tournant dangereux.
It's a dangerous bend.

(sur une route) **bend** /bend/

2 ▷ Elle arrive à un tournant de sa carrière.
She's reached a turning point in her career.

(dans une vie, une carrière) **turning point** /'tɜːnɪŋ pɔɪnt/ (pluriel **turning points**)

tournée

1 ▷ Le facteur fait sa tournée.
The postman is doing his rounds.

(du facteur, d'un livreur) **rounds** /raʊndz/

2 ▷ Le groupe est en tournée jusqu'en juin.
The band is on tour until June.

► **être en tournée** (artistes) : **be on tour** /ɒn 'tʊə'/

3 ▷ C'est ma tournée !
It's my round!

(au bar) **round** /raʊnd/

tourner

1 ▷ Tu n'as pas assez tourné le volant.
You didn't turn the wheel enough.

▷ Ce manège tourne très lentement.
That merry-go-round is turning very slowly.

► **tourner** quelque chose (= le faire pivoter) : **turn** /tɜːn/ something

► **tourner** (= faire des tours) : **turn** /tɜːn/

2 ▷ Alex s'est tourné vers nous en riant.
Alex turned towards us laughing.

▷ Tourne-toi pendant que je me change.
Turn round while I change.

► **se tourner** : **turn** /tɜːn/

(= faire volte-face) **turn round** /tɜːn 'raʊnd/

3 ▷ Ils tournent un film sur la place du village.
They're shooting a film on the village square.

► **tourner un film** : **shoot** /ʃuːt/ **a film** (**shot, shot** /ʃɒt/)

tournesol

▷ C'est de l'huile de tournesol.
It's sunflower oil.

▷ Regarde : un champ de tournesols.
Look, a field of sunflowers.

sunflower /'sʌn,flaʊə'/

tournevis

▷ Passe-moi un tournevis plus grand.
Pass me a bigger screwdriver.

screwdriver /'skruːˌdraɪvəʳ/

tournoi

▷ L'équipe de Lens a gagné le tournoi de handball.
The Lens team won the handball tournament.

tournament /'tɔːnəmənt/

Prononcez bien le ***n*** *et le* ***t*** *à la fin du mot.*

tous, toutes

1 ▷ Ils sont tous arrivés en même temps.
They all arrived at the same time.
▷ Toutes mes amies sont venues.
All my friends came.
▷ Tous les oiseaux ne volent pas.
Not all birds can fly.

1 (= l'ensemble des personnes) **all** /ɔːl/

Lorsque **tous / toutes** *est suivi d'une proposition négative, on emploie* ***not all...*** *suivi d'une proposition positive.*

2 ▷ Il a plu tous les jours.
It rained every day.
▷ J'arrose les plantes tous les trois jours.
I water the plants every three days.

2 ► **tous les** *ou* **toutes les...** (pour parler de la fréquence) : **every...** /'evrɪ/

la Toussaint

▷ Qu'est-ce que vous faites pour la Toussaint ?
What are you doing for All Saints' Day?

All Saints' Day /ɔːl 'seɪnts deɪ/

tousser

▷ Ludovic est enrhumé, il tousse.
Ludovic has a cold, he's coughing.

cough /kɒf/

Cough *rime avec* ***off.***

tout, toute

1 ▷ Tu as tout mangé ?
Did you eat everything?

1 (= toutes les choses) **everything** /'evrɪθɪŋ/

2 ▷ C'est tout ce que je sais.
That's all I know.
▷ Lise a bu toute la limonade.
Lise drank all the lemonade.
▷ C'est tout ?
Is that all?
▷ Il y a trente invités en tout.
There are thirty guests in all.

2 (= l'ensemble) **all** /ɔːl/

► **en tout** (= au total) : **in all** /ɪn 'ɔːl/

3 ▷ Il y a assez de nourriture pour tout le monde.
There's enough food for everybody.

3 ► **tout le monde : everybody** /'evrɪbɒdɪ/

4 ▷ Elle était toute contente.
She was very happy.

4 (= très) **very** /'verɪ/

5 ▷ Je suis tout à fait d'accord.
I quite agree.
▷ Je n'ai pas tout à fait fini.
I haven't quite finished.

► **tout à fait : quite** /kwaɪt/

tout-terrain

▷ C'est la première fois que je conduis une voiture tout-terrain.
That's the first time I've driven a four-wheel drive.

► **voiture tout-terrain : four-wheel drive** /ˌfɔːwiːl ˈdraɪv/ (pluriel **four-wheel drives**)
*Regardez aussi le mot **VTT**.*

toux

▷ J'aimerais me débarrasser de cette toux !
I'd like to get rid of this cough!

cough /kɒf/
🔊 ***Cough** rime avec **off**.*

▷ Tu devrais prendre du sirop contre la toux.
You should take some cough syrup.

► **sirop contre la toux : cough syrup** /ˈkɒf ˌsɪrəp/

toxique

▷ Ces champignons sont toxiques.
These mushrooms are toxic.

toxic /ˈtɒksɪk/ (**plus toxique more toxic**, **le plus toxique the most toxic**)

trac

1 ▷ Nous avions tous le trac avant d'entrer en scène.
We all had stage fright before going on the stage.

► **avoir le trac** (au théâtre) : **have stage fright** /ˈsteɪdʒ fraɪt/ (**had, had**)

2 ▷ Elle avait le trac avant son audition.
She was nervous before her audition.

► **avoir le trac** (avant de parler en public, avant un examen) : **be nervous** /ˈnɜːvəs/

tracasser

▷ Ce que tu m'as dit hier m'a tracassée.
What you told me yesterday worried me.

worry /ˈwʌrɪ/
ℹ *Le **y** de **worry** devient **ie** à la troisième personne du singulier du présent de l'indicatif (**worries** /ˈwʌrɪz/), au prétérit et au participe passé (**worried** /ˈwʌrɪd/).*

▷ Ne te tracasse pas pour ça.
Don't worry about that.

► **se tracasser : worry** /ˈwʌrɪ/
ℹ *Notez la préposition utilisée en anglais :* se tracasser pour = ***worry about***.

trace

1 ▷ Il y a des traces de peinture sur le sol.
There are paint marks on the floor.

(= marque) **mark** /mɑːk/

2 ▷ Les policiers ont suivi les traces de pneus.
The policemen followed the tyre tracks.

(= empreinte) **track** /træk/

3 ▷ Ces traces de pas sont celles de Quentin.
Those footprints are Quentin's.

► **trace de pas : footprint** /ˈfʊtprɪnt/

tracer

1 ▷ Trace d'abord un carré.
First draw a square.

(= dessiner) **draw** /drɔː/ (**drew** /druː/, **drawn** /drɔːn/)

2 ▷ Elle a tracé son nom sur le sable.
She wrote her name in the sand.

(= écrire) **write** /raɪt/ (**wrote** /rəʊt/, **written** /'rɪtn/)

tracteur

▷ Le fermier est sur son tracteur.
The farmer is on his tractor.

tractor /'træktəʳ/

tradition

▷ C'est une vieille tradition écossaise.
It's an old Scottish tradition.

tradition /trə'dɪʃən/

traditionnel, traditionnelle

▷ La dinde rôtie fait partie du repas traditionnel de Thanksgiving.
Roast turkey is part of the traditional Thanksgiving meal.

traditional /trə'dɪʃənl/

ℹ *Attention à l'orthographe du mot anglais, qui n'a qu'un seul **n**.*

traducteur, traductrice

▷ Son mari est traducteur.
Her husband is a translator.

translator /trænz'leɪtəʳ/

ℹ *N'oubliez pas l'article **a** ou **an** devant le nom du métier lorsqu'il suit les verbes **be** ou **become**.*

traduction

▷ Le poème perd à la traduction.
The poem loses in translation.

translation /trænz'leɪʃən/

traduire

▷ Est-ce que tu pourrais traduire ces deux lignes en anglais ?
Could you translate these two lines into English?

translate /trænz'leɪt/

trafic

1 ▷ Il y a beaucoup de trafic en ville.
There's a lot of traffic in town.

(= circulation de véhicules) **traffic** /'træfɪk/

Attention à l'orthographe du mot anglais.

2 ▷ Ils luttent contre le trafic de drogue.
They fight drug trafficking.

(= commerce illégal) **trafficking** /'træfɪkɪŋ/

Attention à l'orthographe du mot anglais.

tragédie

▷ *Le Roi Lear* est une tragédie en cinq actes.
King Lear is a five-act tragedy.
▷ La manifestation a tourné à la tragédie.
The demonstration ended in tragedy.

tragedy /'trædʒɪdɪ/

tragique

▷ Il est mort dans un tragique accident.
He died in a tragic accident.

tragic /'trædʒɪk/ (**plus tragique** more tragic, **le plus tragique** the most tragic)

trahir

▷ Il a trahi ma confiance.
He betrayed my confidence.

(ami, pays) **betray** /bɪ'treɪ/

train

1 ▷ Le train pour Limoges part du quai deux.
The train for Limoges leaves from platform two.
▷ Nous irons à Bristol en train.
We'll go to Bristol by train.

(= véhicule) **train** /treɪn/

► **en train :** by train

2 ▷ J'étais en train de me préparer quand Luc est arrivé.
I was getting ready when Luc arrived.
▷ Je suis en train d'écrire une lettre.
I'm writing a letter.

Pour dire qu'on est *(ou qu'on* était *)* en train de faire quelque chose *en anglais, on emploie la forme* **be** *+ -ing.*

traîner

1 ▷ Nathan traîne son cartable derrière lui.
Nathan is dragging his school bag behind him.

► **traîner** quelque chose (= le tirer derrière soi) : **drag** /dræg/ something

ℹ *Il y a deux* g *au gérondif* (dragging /'drægɪŋ/), *au prétérit et au participe passé* (dragged /drægd/).

2 ▷ Ne traînez pas, on est en retard !
Don't dawdle, we're late!

(= aller lentement) **dawdle** /'dɔːdl/

3 ▷ Ils s'ennuient, alors ils traînent dans les rues.
They're bored, so they hang around in the streets.

(= errer) **hang around** /ˌhæŋ ə'raʊnd/ (hung around, hung around /ˌhʌŋ ə'raʊnd/)

4 ▷ Ne laisse pas traîner tes affaires.
Don't leave your things lying about.

(= ne pas être rangé) **lie about** /ˌlaɪ ə'baʊt/

ℹ *Le* ie *de* lie *devient* y *au gérondif* (lying).

5 ▷ Attention, tes lacets traînent par terre.
Be careful, your laces are dragging on the ground.

(= pendre) **drag** /dræg/

6 ▷ Ma petite sœur adore se traîner par terre.
My little sister loves crawling on the ground.

► **se traîner** (= ramper) : **crawl** /krɔːl/

traire

▷ L'agriculteur trait ses vaches tous les matins.
The farmer milks his cows every morning.

milk /mɪlk/

trait

1 ▷ Ce trait est trop épais.
This line is too thick.

(= ligne) **line** /laɪn/

2 ▷ Il a les traits fins.
He has delicate features.

► **traits** (= visage) : **features** /ˈfiːtʃəz/

3 ▷ Elle a tout bu d'un trait.
She drank everything in one gulp.

► **boire** quelque chose **d'un trait** : **drink** something **in one gulp** /gʌlp/ **(drank, drunk)**

traité

▷ Ils ont signé un traité de paix.
They signed a peace treaty.

treaty /ˈtriːtɪ/

traitement

1 ▷ Ce traitement est très efficace.
This treatment is very effective.

(= médicaments) **treatment** /ˈtriːtmənt/

2 ▷ Qu'est-ce que tu utilises comme traitement de texte ?
Which word processor do you use?

► **traitement de texte** (= logiciel) : **word processor** /ˈwɜːd ˌprəʊsesəʳ/ (pluriel **word processors**)

traiter

1 ▷ Elle traite vraiment mal ses employés.
She treats her employees really badly.
▷ Le médecin a refusé de la traiter.
The doctor refused to treat her.

(= se comporter avec, soigner) **treat** /triːt/

2 ▷ Elle m'a traité d'égoïste.
She called me an egoist.

► **traiter** quelqu'un **de... : call** /kɔːl/ somebody **a...**

traître

▷ Les traîtres ont été exécutés.
The traitors were executed.

traitor /ˈtreɪtəʳ/

trajet

▷ Le trajet m'a semblé plus court au retour.
The journey seemed shorter on the way back.

(= voyage) **journey** /ˈdʒɜːnɪ/

*Le **our** se prononce comme le **ir** de **bird**.*

tram

▷ On va prendre le tram, ce sera plus rapide.
We'll take the tram, it'll be quicker.

tram /træm/
En anglais américain on dit ***streetcar*** */'striːtkɑːʳ/.*

trampoline

▷ Héloïse rebondit sur le trampoline.
Héloïse is bouncing on the trampoline.

trampoline /'træmpəliːn/

tramway

▷ Il y a un nouveau système de tramway à Nancy.
There's a new tram system in Nancy.

tram /træm/
En anglais américain on dit ***streetcar*** */'striːtkɑːʳ/.*

tranche

▷ Six tranches de jambon, s'il vous plaît.
Six slices of ham, please.

(= rondelle) **slice** /slaɪs/
Attention à la prononciation du pluriel : /'slaisɪz/.

▷ Elle a coupé le pain en tranches.
She sliced the bread.

► **couper** quelque chose **en tranches : slice** something

tranquille

1 ▷ C'est un quartier tranquille.
It's a quiet area.

(= calme) **quiet** /'kwaɪət/ (**plus tranquille quieter** /'kwaɪətəʳ/, **le plus tranquille the quietest** /'kwaɪətɪst/)
Faites bien la différence entre ***quiet*** */'kwaɪət/, qui a deux syllabes, et* ***quite*** */kwaɪt/, qui n'en a qu'une.*

▷ J'ai dit aux enfants de rester tranquilles.
I told the children to keep quiet.

► **rester tranquille : keep quiet** /ˌkiːp 'kwaɪət/ (**kept, kept** /kept/)

2 ▷ Laisse-moi tranquille !
Leave me alone!

► **laisser** quelqu'un **tranquille : leave** somebody **alone** /ə'ləʊn/ (**left, left**)

tranquillement

▷ J'ai pu lire tranquillement toute l'après-midi.
I was able to read quietly all afternoon.

(= calmement) **quietly** /'kwaɪətlɪ/

tranquillité

▷ J'ai besoin de tranquillité pour travailler.
I need peace to work.

peace /piːs/

transformer

1 ▷ Le nouvel éclairage a complètement transformé la place.
The new lighting has completely changed the square.

(= changer) **change** /tʃeɪndʒ/

2 ▷ Ils ont transformé la grange en studio.
They turned the barn into a studio.
▷ Le magicien a transformé le foulard en lapin.
The magician turned the scarf into a rabbit.
▷ Le dragon s'est transformé en souris.
The dragon turned into a mouse.

► **transformer** quelqu'un *ou* quelque chose **en...** (par magie) : **turn** /tɜːn/ somebody *ou* something **into...**

► **se transformer en : turn into**

transgénique

▷ Ils ont obtenu des souris transgéniques.
They obtained transgenic mice.

transgenic /trænz'dʒenɪk/

transmettre

1 ▷ Elle m'a transmis ton message.
She gave me your message.

► **transmettre** quelque chose **à** quelqu'un (= le communiquer) : **give** /gɪv/ somebody something **(gave** /geɪv/, **given** /'gɪvn/)

2 ▷ Cette maladie se transmet facilement.
This illness is easily transmitted.

► **se transmettre** (en parlant d'une maladie) : **be transmitted** /trænz'mɪtɪd/

transparent, transparente

▷ Ce chemisier est un peu trop transparent.
That blouse is a bit too transparent.

transparent /træns'pærənt/

*Prononcez bien le **n** et le **t** à la fin du mot.*

transpirer

▷ Il fait chaud, je transpire.
It's hot, I'm sweating.

sweat /swet/

***Sweat** rime avec **bet** et **net**.*

transport

▷ C'est le moyen de transport le plus rapide.
It's the fastest means of transport.
▷ L'État a promis d'améliorer les transports en commun.
The state promised to improve public transport.
▷ Les transports en commun sont efficaces.
Public transport is efficient.

transport /'trænspɔːt/

► **transports en commun : public** /'pʌblɪk/ **transport**

*Le mot anglais **transport** est indénombrable : il ne se met pas au pluriel et ne s'emploie pas avec l'article **a**.*

transporter

1 ▷ Les marchandises sont transportées en train.
The goods are transported by train.

(des objets) **transport** /træns'pɔːt/

2 ▷ Il a été transporté à l'hôpital.
He was taken to hospital.

(des personnes) **take** /teɪk/ **(took** /tʊk/, **taken** /'teɪkən/)

travail

1 ▷ J'ai trop de travail, je ne peux pas sortir.
I have got too much work, I can't go out.

(= tâches) **work** /wɜːk/

*Attention ! Au sens de « travail », **work** est indénombrable : il ne se met pas au pluriel et ne s'emploie pas avec l'article **a**.*

2 ▷ Luc a un travail intéressant.
Luc has an interesting job.

► **un travail : a job** /dʒɒb/

3 ▷ J'ai fait faire des travaux dans la maison.
I had some work done in the house.

► **travaux** (de réparation, de recherche) : **work**

4 ▷ Il y a des travaux entre les deux villages.
There are roadworks between the two villages.

► **travaux** (sur la route) : **roadworks** /'rəʊdwɜːks/

travailler

▷ Tu ne travailles pas assez.
You don't work enough.

▷ J'ai travaillé le week-end dernier.
I worked last weekend.

work /wɜːk/

*Attention à la prononciation de **worked** /wɜːkt/.*

travailleur, travailleuse

▷ C'est un garçon très travailleur.
He's a very hard-working boy.

(= consciencieux) **hard-working** /hɑːd'wɜːkɪŋ/ (**plus travailleur** more hard-working, **le plus travailleur** the most hard-working)

travers

1 ▷ L'eau passe à travers les fentes.
The water comes in through the cracks.

► **à travers : through** /θruː/

2 ▷ Le poster est de travers.
The poster is crooked.

► **de travers** (= tordu) : **crooked** /'krʊkɪd/

3 ▷ Le chien s'était couché en travers du lit.
The dog was lying across the bed.

► **en travers de : across** /ə'krɒs/

traversée

▷ La traversée dure deux heures.
The crossing takes two hours.

(= trajet en bateau) **crossing** /'krɒsɪŋ/

traverser

1 ▷ Regarde avant de traverser la route.
Look before crossing the road.

(= aller d'un côté à l'autre de) **cross** /krɒs/

2 ▷ On a dû traverser la forêt.
We had to go through the forest.

(= passer dans) **go through** /θruː/ (went, gone / been)

traversin

▷ Les Anglais n'utilisent pas de traversins.
The English don't use bolsters.

bolster /'bɒlstəʳ/

trébucher

▷ Elle a trébuché sur une branche.
She tripped on a branch.

trip /trɪp/

ℹ *Il y a deux* ***p*** *au gérondif* (**tripping** /'trɪpɪŋ/), *au prétérit et au participe passé* (**tripped** /trɪpt/).

trèfle

1 ▷ On cherche des trèfles à quatre feuilles.
We're looking for four-leaf clovers.

1 (= plante) **clover** /'kləʊvəʳ/

2 ▷ J'ai le roi de trèfle.
I have the king of clubs.

2 (aux cartes) **clubs** /klʌbz/

treize

▷ J'habite à Grenoble depuis treize ans.
I have lived in Grenoble for thirteen years.
▷ Leur fille a treize ans.
Their daughter is thirteen years old.
▷ Nous partirons le treize décembre.
We'll leave on the thirteenth of December.

thirteen /θɜː'tiːn/

ℹ *Quand on dit la date, on emploie* ***thirteenth*** /'θɜːtiːnθ/.

ℹ *Notez l'emploi de* ***on*** *et* ***of*** *en anglais quand on dit la date.*

ℹ *On écrit* ***13 December***.

tremblement de terre

▷ Il y a eu un tremblement de terre au Japon.
There has been an earthquake in Japan.

earthquake /'ɜːθkweɪk/

trembler

1 ▷ Le sol tremblait.
The ground was shaking.

1 (= être secoué) **shake** /ʃeɪk/ (**shook** /sʊk/, **shaken** /ʃeɪkən/)

2 ▷ Pourquoi tu trembles ? Tu as froid ?
Why are you shivering? Are you cold?

2 (= frissonner) **shiver** /'ʃɪvəʳ/

trempé, trempée

▷ Nous sommes revenus trempés de la promenade.
We came back soaked from the walk.

soaked /səʊkt/

tremper

▷ Trempe ta main dans l'eau pour voir si elle est froide.
Dip your hand in the water to see if it's cold.

(= mettre dans un liquide) **dip** /dɪp/

ℹ *Il y a deux* ***p*** *au gérondif* (**dipping** /'dɪpɪŋ/), *au prétérit et au participe passé* (**dipped** /dɪpt/).

tremplin

▷ Jonathan a plongé du tremplin.
Jonathan dived from the springboard.

(de piscine, de gymnastique) **springboard** /'sprɪŋbɔːd/

trente

▷ Il y avait trente personnes en tout.
There were thirty people altogether.
▷ J'aurai trente ans le mois prochain.
I'll be thirty next month.
▷ La fête aura lieu le trente juillet.
The party will take place on the thirtieth of July.

thirty /'θɜːtɪ/

ℹ *Quand on dit la date, on emploie* ***thirtieth*** */'θɜːtɪəθ/.*

ℹ *Notez l'emploi de* ***on*** *et* ***of*** *en anglais lorsqu'on dit la date.*

ℹ *On écrit* ***30 July****.*

très

▷ Cet exercice est très difficile.
This exercise is very difficult.

very /'verɪ/

trésor

▷ Les pirates avaient caché un trésor sur l'île.
The pirates had hidden some treasure on the island.

(= richesses) **treasure** /'treʒəʳ/

ℹ *Le mot* ***treasure*** *n'est généralement pas employé avec l'article* ***a****. On dit plus couramment* ***some treasure****, comme le montre l'exemple ci-dessus.*

tresse

▷ Elle porte des tresses.
She wears plaits.

(de cheveux) **plait** /plæt/

🔊 ***Plait*** *rime avec* ***hat****.*

ℹ *On peut aussi dire* ***braid*** */breɪd/.*

triangle

▷ Les trois côtés du triangle sont égaux.
The three sides of the triangle are equal.

triangle /'traɪæŋgl/

🔊 *Le* ***i*** *se prononce comme le* ***i*** *de* ***like****.*

tribu

▷ Il a vécu dans des tribus d'Amérique du Sud.
He lived among South American tribes.

tribe /traɪb/

tribunal

▷ Le tribunal a décidé qu'il était innocent.
The court decided that he was innocent.

court /kɔːt/

🔊 ***Court*** *rime avec* ***thought*** *et* ***sort****.*

tribunes

▷ Nous étions dans les tribunes.
We were in the stands.

(d'un stade) **stands** /stændz/

tricher

▷ Paul triche, je ne joue plus !
Paul is cheating, I'm not playing any more!

cheat /tʃiːt/

tricheur, tricheuse

▷ Espèce de petit tricheur !
You little cheat!

cheat /tʃiːt/

tricot

1 ▷ Ce tricot est fait à la main.
This sweater is hand-made.

(= pull) **sweater** /ˈswetəʳ/

🔊 *Sweater rime avec **better**.*

2 ▷ Elle passe ses soirées à faire du tricot.
She spends her evenings knitting.

► **faire du tricot : knit** /nɪt/

🔊 *Le **k** de **knit** ne se prononce pas.*

ℹ *Il y a deux **t** au gérondif* (knitting /ˈnɪtɪŋ/), *au prétérit et au participe passé* (knitted /ˈnɪtɪd/).

tricoter

▷ Ma grand-mère m'a appris à tricoter.
My grandmother taught me how to knit.
▷ Est-ce que tu sais tricoter ?
Can you knit?

knit /nɪt/

ℹ *Il y a deux **t** au gérondif* (knitting /ˈnɪtɪŋ/), *au prétérit et au participe passé* (knitted /ˈnɪtɪd/).

🔊 *Le **k** de **knit** ne se prononce pas.*

trier

▷ J'ai trié tous mes papiers le week-end dernier.
I sorted all my papers last weekend.
▷ Tous nos déchets sont triés.
All our waste is sorted.

sort /sɔːt/

trimestre

1 ▷ Je paie par trimestre.
I pay by the quarter.

(= trois mois) **quarter** /ˈkwɔːtəʳ/

2 ▷ Il a eu de bons résultats au premier trimestre.
He got good results in the first term.

(= période scolaire) **term** /tɜːm/

trimestriel, trimestrielle

▷ C'est un magazine trimestriel.
It's a quarterly magazine.

quarterly /ˈkwɔːtəlɪ/

trinquer

▷ Trinquons à ta réussite !
Let's drink to your success!

drink /drɪŋk/ (drank /dræŋk/, drunk /drʌŋk/)

triste

▷ Ne sois pas triste, il reviendra.
Don't be sad, he'll come back.
▷ Ça m'a rendu triste.
It made me sad.

sad /sæd/ (**plus triste** sadder /'sædəʳ/, **le plus triste** the saddest /'sædɪst/)

tristesse

▷ Il a ressenti une profonde tristesse quand ils sont partis.
He felt a deep sadness when they left.

sadness /'sædnɪs/

trois

▷ Je l'ai vu il y a trois jours.
I saw him three days ago.
▷ Lise est née le trois avril.
Lise was born on the third of April.

three /θriː/
ℹ *Quand on dit la date, on emploie* ***third*** /θɜːd/.
ℹ *Notez l'emploi de* ***on*** *et* ***of*** *en anglais lorsqu'on dit la date.*
ℹ *On écrit* ***3 April***.

troisième

1 ▷ C'est la troisième fois que je te le dis !
It's the third time I've told you!

third /θɜːd/

2 ▷ On s'est connus en troisième.
We met in the fourth form.

(= niveau scolaire) **fourth form** /'fɔːθ fɔːm/
En anglais américain, on dit ***ninth grade***.

trombone

1 ▷ Donne-moi un trombone pour attacher les feuilles.
Give me a paper clip to keep the sheets together.

(= agrafe) **paper clip** /'peɪpə klɪp/ (pluriel **paper clips**)

2 ▷ Le trombone est un instrument à vent.
The trombone is a wind instrument.
▷ Il joue très bien du trombone.
He plays the trombone very well.

(= instrument de musique) **trombone** /trɒm'bəʊn/
► **jouer du trombone :** play the trombone

se tromper

▷ Tu t'es trompé, il n'habite pas ici.
You've made a mistake, he doesn't live here.

make a mistake /ˌmeɪk ə mɪs'teɪk/ (**made, made** /meɪd/)

trompette

▷ La trompette est un instrument à vent.
The trumpet is a wind instrument.
▷ Louis Armstrong jouait de la trompette.
Louis Armstrong played the trumpet.

trumpet /'trʌmpɪt/
► **jouer de la trompette :** play /pleɪ/ the trumpet

tronc

▷ Il a écrit ses initiales sur le tronc de l'arbre.
He wrote his initials on the tree trunk.

(d'un arbre) **trunk** /trʌŋk/

trône

▷ La reine était sur le trône.
The queen was on the throne.

throne /θrəʊn/

trop

1 ▷ Ne mange pas trop, tu vas être malade.
Don't eat too much, you'll be sick.

(avec un verbe) **too much** /tuː 'mʌtʃ/

2 ▷ C'est trop difficile pour moi.
It's too difficult for me.
▷ Ne conduis pas trop vite.
Don't drive too fast.

(avec un adjectif ou un adverbe) **too** /tuː/

3 ▷ Il y a trop de sucre dans ce café.
There's too much sugar in this coffee.

► **trop de** + *nom singulier* **: too much...** /tuː 'mʌtʃ/

4 ▷ Il y avait trop de gens à l'exposition.
There were too many people at the exhibition.

► **trop de** + *nom pluriel* **: too many...** /tuː 'menɪ/

trottinette

▷ Les trottinettes sont de nouveau à la mode.
Scooters are fashionable again.

scooter /'skuːtəʳ/
► **faire de la trottinette : ride** /raɪd/ **a scooter**

ℹ *Le mot anglais **scooter** signifie aussi « scooter ».*

trottoir

▷ Le trottoir est très étroit ici.
The pavement is very narrow here.

pavement /'peɪvmənt/

*En anglais américain, on dit **sidewalk*** /'saɪdwɔːk/.

trou

1 ▷ Il y a un trou dans ton pantalon.
There's a hole in your trousers.

(= déchirure, creux) **hole** /həʊl/

2 ▷ J'ai un trou dans mon emploi du temps.
I've got a gap in my timetable.

(= moment libre) **gap** /gæp/

3 ▷ J'ai un trou de mémoire.
My mind has gone blank.

ℹ *Pour dire qu'on a un* **trou de mémoire** *en anglais, on emploie l'expression **my mind has gone blank**.*

troué, trouée

▷ Mon blouson est troué.
My jacket has got a hole in it.
▷ Ton pantalon est troué.
Your trousers have got a hole in them.
▷ Mes chaussettes sont trouées.
My socks have got holes in them.

► **être troué : have a hole** /həʊl/ **in it**

ℹ *Si le sujet est pluriel, on emploie le pronom pluriel.*

trouille

▷ J'ai eu la trouille quand je l'ai vu arriver.
I was scared when I saw him coming.

► **avoir la trouille : be scared** /skɛəd/

ℹ Avoir la trouille *est familier, mais* ***be scared*** *ne l'est pas.*

troupe

1 ▷ Ils ont retiré leurs troupes.
They withdrew their troops.

(de militaires) **troop** /truːp/

2 ▷ Je joue dans une petite troupe de théâtre.
I play in a small theatre company.

► **troupe de théâtre : theatre company** /ˈθɪətəʳ ˌkʌmpənɪ/ (pluriel **theatre companies** /ˈθɪətəʳ ˌkʌmpəniːz/)

troupeau

1 ▷ Il y avait un troupeau de vaches dans le champ.
There was a herd of cows in the field.

(de vaches) **herd** /hɜːd/

ℹ *Le mot employé varie selon les animaux : on dit* ***herd*** /hɜːd/ *pour les vaches et* ***flock*** /flɒk/ *pour les moutons et les chèvres.*

2 ▷ Un troupeau de moutons bloque la route.
A flock of sheep is blocking the road.

(de moutons, de chèvres) **flock** /flɒk/

trousse

1 ▷ Le surligneur est dans ma trousse.
The highlighter is in my pencil case.

(= étui à stylos) **pencil case** /ˈpensl̩keɪs/ (pluriel **pencil cases**)

2 ▷ Je ne trouve pas ma trousse de toilette.
I can't find my sponge bag.

► **trousse de toilette : sponge bag** /ˈspʌndʒbæg/ (pluriel **sponge bags**)

trouver

1 ▷ Je ne trouve pas mes clés.
I can't find my keys.
▷ Je trouve ça bizarre.
I find that strange.
▷ Je ne trouve pas ma montre.
I can't find my watch.

find /faɪnd/ **(found, found** /faʊnd/**)**

ℹ *Notez l'emploi de* ***can't find*** *quand on n'arrive pas à trouver quelque chose.*

2 ▷ Elle trouve que je travaille trop.
She thinks I work too much.

▷ Tu trouves qu'il est beau ?
Do you think he's good-looking?

► **trouver que...** (= penser que) : think /θɪŋk/ that... (thought, thought /θɔːt/)

ℹ *Le mot* ***that*** *est le plus souvent omis, comme dans les exemples ci-contre.*

3 ▷ Où se trouve la gare ?
Where is the station?

► **se trouver** (= être situé) : be /biː/

truc

▷ C'est quoi, ce truc ?
What's that thing?

(= chose) thing /θɪŋ/

ℹ *Truc est familier, mais* ***thing*** *ne l'est pas.*

truite

▷ Il a pêché deux grosses truites.
He caught two big trout.

trout /traʊt/ (pluriel trout)

ℹ ***Trout*** *ne prend pas de* ***s*** *au pluriel.*

t-shirt

▷ Elle porte un t-shirt rose.
She is wearing a pink T-shirt.

T-shirt /'tiːʃɜːt/ (pluriel T-shirts)

tu

▷ Est-ce que tu as faim ?
Are you hungry?

you /juː/

tuba

1 ▷ Je joue du tuba.
I play the tuba.

(= instrument de musique) tuba /'tjuːbə/

2 ▷ Mon tuba est cassé.
My snorkel is broken.

(pour plonger) snorkel /'snɔːkl/

tube

1 ▷ Le tube de dentifrice est presque vide.
The tube of toothpaste is almost empty.

(= cylindre) tube /tjuːb/

2 ▷ Cette chanson va être un tube.
This song is going to be a hit.

(= chanson à succès) hit /hɪt/

tuer

▷ Une guêpe ! Tue-la, vite !
A wasp! Kill it, quick!

kill /kɪl/

▷ Notre voisin s'est tué en voiture.
Our neighbour was killed in a car accident.

► **se tuer** (accidentellement) : be killed /kɪld/

▷ Elle a voulu se tuer.
She wanted to kill herself.

► **se tuer** (= se suicider) : kill oneself

tueur, tueuse

▷ Ils ont attrapé le tueur.
They caught the killer.

killer /'kɪləʳ/

▷ C'est un film sur un tueur en série.
It's a film about a serial killer.

► **tueur en série :** serial killer /'sɪərɪəl 'kɪlə^r/

tuile

▷ Plusieurs tuiles se sont envolées pendant la tempête.
Several tiles blew away during the storm.

(sur un toit) **tile** /taɪl/

*Le **i** est celui de **like**.*

tulipe

▷ Il y a d'immenses champs de tulipes en Hollande.
There are huge tulip fields in Holland.

tulip /'tju:lɪp/

tumeur

▷ Leur mère a une tumeur au cerveau.
Their mother has a brain tumour.

tumour /'tju:mə^r/

*En anglais américain, ce mot s'écrit **tumor**.*

Tunisie

▷ La Tunisie est voisine de l'Algérie.
Tunisia is a neighbour of Algeria.

▷ On a eu très chaud en Tunisie.
We were very hot in Tunisia.

▷ Son père veut retourner en Tunisie.
His father wants to go back to Tunisia.

Tunisia /tju:'nɪzɪə/

► **la Tunisie :** Tunisia

Ne prend jamais d'article.

► **en Tunisie** (= dans le pays) **:** in Tunisia

► **en Tunisie** (= vers le pays) **:** to Tunisia

tunisien, tunisienne

▷ Ce magasin vend des meubles tunisiens.
This shop sells Tunisian furniture.

▷ Ce sont les Tunisiens qui habitent au numéro douze.
They're the Tunisians who live at number twelve.

Tunisian /tju:'nɪzɪən/

S'écrit toujours avec une majuscule, comme tous les adjectifs et noms de nationalité en anglais.

tunnel

▷ Le tunnel passe sous la montagne.
The tunnel goes under the mountain.

▷ Est-ce que tu as déjà pris le tunnel sous la Manche ?
Have you ever taken the Channel Tunnel?

tunnel /'tʌnl/

► **le tunnel sous la Manche :** the Channel /'tʃænl/ Tunnel

turbulent, turbulente

▷ Il y a plusieurs élèves turbulents dans la classe.
There are several disruptive students in the class.

(élève) **disruptive** /dɪs'rʌptɪv/ (**plus turbulent** more disruptive, **le plus turbulent** the most disruptive)

turc, turque

1 ▷ On a mangé dans un restaurant turc.
We ate in a Turkish restaurant.

1 (adjectif) **Turkish** /'tɜːkɪʃ/

ℹ *S'écrit toujours avec une majuscule, comme tous les adjectifs de nationalité en anglais.*

2 ▷ Il y a deux Turcs dans notre classe.
There are two Turks in our class.

2 (= personne) **Turk** /tɜːk/

Turquie

▷ La Turquie veut entrer dans l'Union européenne.
Turkey wants to enter the European Union.

▷ Il y a des plages magnifiques en Turquie.
There are some beautiful beaches in Turkey.

▷ Nous irons en Turquie en avion.
We'll fly to Turkey.

Turkey /'tɜːkɪ/

► **la Turquie : Turkey**

ℹ *Ne prend jamais d'article.*

► **en Turquie** (= dans le pays) **: in Turkey**

► **en Turquie** (= vers le pays) **: to Turkey**

tutoyer

▷ Tu peux me tutoyer.
You can call me "tu".

► **tutoyer** quelqu'un **: call** /kɔːl/ somebody **« tu »**

tuyau

▷ Le plombier est venu déboucher le tuyau.
The plumber came to unblock the pipe.

(= conduite) **pipe** /paɪp/

🔊 *Le **i** est celui de **like**.*

▷ Où ranges-tu le tuyau d'arrosage ?
Where do you keep the hosepipe?

► **tuyau d'arrosage : hosepipe** /'haʊzpaɪp/

tympan

▷ Ça m'a fait mal aux tympans.
It hurt my eardrums.

(d'oreille) **eardrum** /'ɪədrʌm/

type

1 ▷ La vendeuse nous a montré plusieurs types d'imprimantes.
The shop assistant showed us several types of printers.

1 (= sorte) **type** /taɪp/

🔊 *Le **y** de **type** se prononce comme le **i** de **like**.*

2 ▷ Il y a un type qui t'attend dehors.
There's a guy waiting for you outside.

2 (= homme, au sens familier) **guy** /gaɪ/

🔊 ***Guy** rime avec **my** et **sky**.*

typique

▷ J'aimerais goûter un plat typique.
I'd like to taste a typical dish.

typical /'tɪpɪkəl/ (**plus typique** more typical, **le plus typique** the most typical)

🔊 *Le **y** de **typical** se prononce comme le **i** de **big**.*

Uu

un, une

1 ▷ Il y a un chat dans le jardin.
There's a cat in the garden.
▷ Est-ce que tu veux une glace ?
Do you want an ice cream?
▷ C'est un film intéressant.
It's an interesting film.

L'article indéfini en anglais est ***a*** */ə/ si le mot qui suit commence par une consonne (****a cat, a boy, a silly idea****), et* ***an*** */ən/ si le mot qui suit commence par une voyelle (****an ice cream, an apple, an interesting story****).*

2 ▷ Elle n'a mangé qu'un chocolat.
She only ate one chocolate.

(= chiffre) **one** /wʌn/

unanime

▷ La presse et les politiques sont unanimes.
The press and politicians are unanimous.

unanimous /juːˈnænɪməs/

uni, unie

1 ▷ Je voudrais un tissu uni plutôt qu'un tissu imprimé.
I'd like plain material rather than printed material.

(= sans motifs) **plain** /pleɪn/

2 ▷ Ils forment un couple très uni.
They're a very close couple.

(amis, famille) **close** /kləʊs/

uniforme

▷ Elles étaient en uniforme.
They were in uniform.

uniform /ˈjuːnɪfɔːm/

union

▷ Ils ont formé une union économique.
They formed an economic union.
▷ La Grèce est un membre de l'Union européenne.
Greece is a European Union member.

union /ˈjuːnjən/

► **l'Union européenne : the European Union** /ˌjʊərəˈpiːən ˈjuːnjən/

unique

(= seul) **only** /ˈəʊnlɪ/

▷ L'argent est son unique souci.
Money is his only worry.

► **être fils unique** *ou* **fille unique : be an only child** /əʊnlɪ ˈtʃaɪld/

▷ Aurélie est fille unique.
Aurélie is an only child.

uniquement

(= seulement) **only** /ˈəʊnlɪ/

▷ J'ai fait ça uniquement pour te faire plaisir.
I only did it to please you.

unir

1 (des pays, des fortunes) **unite** /juːˈnaɪt/

▷ Un sentiment de solidarité nous unit.
A feeling of solidarity unites us.

2 ► **s'unir : unite** /juːˈnaɪt/

▷ Les deux pays ont décidé de s'unir contre leur ennemi commun.
The two countries decided to unite against their common enemy.

unité

(pour mesurer) **unit** /ˈjuːnɪt/

La première syllabe se prononce comme le mot ***you****.*

▷ Le mile est l'unité de distance au Royaume-Uni.
The mile is the unit of distance in the United Kingdom.

univers

universe /ˈjuːnɪvɜːs/

La première syllabe se prononce comme le mot ***you****.*

▷ Les astronomes étudient l'univers.
Astronomers study the universe.

université

university /ˌjuːnɪˈvɜːsɪtɪ/

La première syllabe se prononce comme le mot ***you****.*

▷ Il fait ses études à l'université.
He is studying at university.

urgence

1 (= cas urgent) **emergency** /ɪˈmɜːdʒənsɪ/ (pluriel **emergencies** /ɪˈmɜːdʒənsɪz/)

▷ Voici mon numéro de téléphone en cas d'urgence.
Here is my phone number in case of emergency.

2 ► **les urgences** (de l'hôpital) : **casualty** /ˈkæʒjʊltɪ/ **(department)**

En anglais américain, on dit ***emergency room*** */ɪmˌɜːʳdʒənsɪˈruːm/.*

▷ Il a été transporté aux urgences.
He was taken to casualty.

urgent, urgente

urgent /ˈɜːdʒənt/ (**plus urgent** more urgent, **le plus urgent** the most urgent)

▷ Tu dois rappeler Samia, c'est urgent.
You must call Samia back, it's urgent.

usager, usagère

▷ Les usagers du téléphone vont être contents.
The telephone users will be pleased.

user /ˈjuːzəʳ/

usé, usée

▷ Cette veste est tout usée, je vais la jeter.
This jacket is all worn, I'm going to throw it away.

(= abîmé) **worn** /wɔːn/ (**plus usé** more worn, **le plus usé** the most worn)

user

▷ Tu vas user ton jean si tu fais ça.
You'll wear out your jeans if you do that.

(un vêtement) **wear out** /wɛər ˈaʊt/ (worn out, worn out /wɔːn ˈaʊt/)

usine

▷ Il travaille à l'usine de chaussures.
He works at the shoe factory.

factory /ˈfæktərɪ/ (pluriel factories /ˈfæktərɪz/)

ustensile

▷ J'ai acheté des ustensiles de cuisine.
I bought kitchen utensils.

utensil /juːˈtensl/
Attention à l'orthographe du mot anglais.

utile

▷ Merci, c'est un renseignement très utile.
Thank you, this is very useful information.

useful /ˈjuːsfʊl/ (**plus utile** more useful, **le plus utile** the most useful)

utilisateur, utilisatrice

▷ Le nombre d'utilisateurs d'Internet augmente très vite.
The number of Internet users is rising very quickly.

user /ˈjuːzəʳ/

utiliser

▷ Je peux utiliser votre téléphone ?
Can I use your phone?
▷ J'utilise toujours un stylo rouge pour souligner les mots nouveaux.
I always use a red pen to underline new words.

use /juːz/

Vv

vacances

▷ Les vacances commencent le trente juin.
The holidays start on the thirtieth of June.

holidays /ˈhɒlɪdeɪz/
*En anglais américain on dit **vacation** /veɪˈkeɪʃən/.*

▷ Elle est en vacances jusqu'à jeudi.
She is on holiday until Thursday.

► **en vacances : on holiday**
*Attention ! On ne dit pas * on holidays !*
*En anglais américain on dit **on vacation**.*

▷ Vivement les grandes vacances !
I can't wait for the summer holidays!

► **les grandes vacances, les vacances d'été : the summer holidays** /ˌsʌmə ˈhɒlɪdeɪz/

vacant, vacante

▷ Le poste est vacant depuis plusieurs mois.
The post has been vacant for several months.

vacant /ˈveɪkənt/

vacarme

▷ Quel vacarme ici !
What a racket in here!

racket /ˈrækɪt/

vaccin

▷ Il n'y a pas de vaccin contre cette maladie.
There is no vaccine against this illness.

vaccine /ˈvæksiːn/
*Vaccine rime avec **seen**.*

▷ Le docteur m'a fait un vaccin avant mon voyage en Afrique.
The doctor vaccinated me before my trip to Africa.

► **faire un vaccin à** quelqu'un : **vaccinate** /ˈvæksɪneɪt/ somebody

vacciner

▷ Le médecin m'a vacciné contre le tétanos.
The doctor vaccinated me against tetanus.

vaccinate /ˈvæksɪneɪt/

▷ Je vais me faire vacciner contre le tétanos.
I'm going to get vaccinated against tetanus.

► **se faire vacciner : get vaccinated** /ˈvæksɪneɪtɪd/ (got, got)

vache

▷ C'est du lait de vache.
It's cow's milk.

▷ Nous avons attendu que les vaches traversent la route.
We waited for the cows to cross the road.

(= animal) **cow** /kaʊ/

*Cow rime avec **now**.*

vachement

▷ La copine d'Alex est vachement sympa.
Alex's girlfriend is really nice.

really /'rɪəlɪ/

Vachement *est un mot familier, mais **really** ne l'est pas.*

vague NOM

▷ Les vagues sont très hautes aujourd'hui.
The waves are very high today.

▷ La météo a dit qu'il y aurait une vague de chaleur.
The weather forecast said that there would be a heatwave.

wave /weɪv/

► **une vague de chaleur : a heatwave** /'hiːtweɪv/

vague ADJECTIF

▷ Ta description est trop vague.
Your description is too vague.

vague /veɪg/ (**plus vague** vaguer /'veɪgəʳ/, **le plus vague** the vaguest /'veɪgɪst/)

*Le **a** de **vague** est celui de **make**.*

vaguement

▷ Elle m'en a vaguement parlé.
She vaguely mentioned it.

vaguely /'veɪglɪ/

en vain

▷ Je l'ai supplié de chanter, en vain.
I begged him to sing in vain.

in vain /ɪn 'veɪn/

vaincre

▷ Ils ont réussi à nous vaincre.
They managed to defeat us.

(un adversaire, une armée) **defeat** /dɪ'fiːt/

vainqueur

▷ Le vainqueur de la course recevra un prix.
The winner of the race will receive a prize.

(d'une course, d'un jeu, des élections) **winner** /'wɪnəʳ/

vaisseau

1 ▷ On voit les vaisseaux sanguins sous la peau.
You can see the blood vessels under the skin.

► **vaisseau sanguin blood vessel** /'blʌd vesl/ (pluriel blood vessels)

2 ▷ Au musée des Sciences, nous avons vu un vaisseau spatial américain.
At the Science Museum we saw an American spaceship.

► **vaisseau spatial spaceship** /'speɪsʃɪp/

vaisselle

1 ▷ Nous leur avons offert de la vaisselle pour leur mariage.
We bought them some crockery for their wedding.

(= plats, tasses, etc.) **crockery** /'krɒkərɪ/

2 ▷ C'est ton tour de faire la vaisselle.
It's your turn to do the dishes.

► **faire la vaisselle : do the dishes** /'dɪʃɪz/ **(did, done)**

ℹ *On peut aussi dire* ***do the washing-up*** /wɒʃɪŋ'ʌp/ **(did, done)**.

valable

▷ Cette carte est valable jusqu'à la fin du mois.
This card is valid until the end of the month.

▷ Elle n'a aucune raison valable de le faire.
She has no valid reason for doing it.

valid /'vælɪd/

valet

▷ J'ai joué le valet de cœur.
I played the jack of hearts.

(aux cartes) **jack** /dʒæk/

valeur

▷ Personne ne connaît la vraie valeur de ce tableau.
Nobody knows the real value of this painting.

value /'vælju:/

🔊 *Dites* ***val*** *+* ***you***.

▷ Il y a un coffre-fort dans la chambre pour les objets de valeur.
There's a safe in the room for valuables.

► **objets de valeur : valuables** /'væljʊəblz/

valide

▷ Cette carte n'est plus valide.
This card is not valid anymore.

(billet, passeport) **valid** /'vælɪd/

valise

▷ Cette valise est trop lourde pour moi.
This suitcase is too heavy for me.

suitcase /'su:tkeɪs/

🔊 ***Suit*** *rime avec* ***boot***. ***Case*** *rime avec* ***space***.

▷ Je n'ai pas encore fait ma valise.
I haven't packed yet.

► **faire sa valise : pack** /pæk/

vallée

▷ D'ici, on voit toute la vallée.
From here you can see the whole valley.

valley /'vælɪ/

🔊 ***Valley*** *rime avec* ***Sally***.

valoir

1 ▷ Ce tableau vaut plusieurs millions d'euros.
This painting is worth several million euros.

(suivi d'un prix) **be worth** /wɜ:θ/

2 ▷ Combien valent ces chaussures, s'il vous plaît ?
How much are these shoes, please?
▷ Combien ça vaut ?
How much is it?

Pour demander à un commerçant combien vaut quelque chose, *on dit* **how much is...?** /haʊ 'mʌtʃ ɪz/ *pour un seul article et* **how much are...?** /haʊ 'mʌtʃ ɑːʳ/ *pour plusieurs articles.*

3 ▷ Il vaut mieux le leur dire tout de suite.
It's better to tell them straight away.
▷ Il vaut mieux que tu en parles à Céline d'abord.
You'd better speak to Céline first.
▷ Il vaut mieux que Simon arrive plus tôt.
Simon had better arrive earlier.

► **il vaut mieux** + *infinitif* : **it's better to** /'betə tuː/ + *infinitif*

ℹ *Pour traduire* **il vaut mieux que...**, *on utilise en anglais le nom ou le pronom suivi de* **had better**, *souvent contracté en* **'d better** *après un pronom.*

4 ▷ Est-ce que ça vaut le coup d'aller voir ce film ?
Is it worth going to see this film?

► **valoir le coup de** + *infinitif* : **be worth** /wɜːθ/ + *-ing*

valse

▷ Ils ont dansé une valse.
They danced a waltz.

waltz /wɔːls/ (pluriel **waltzes** /wɔːlsɪz/)

vampire

▷ C'est une histoire de vampires.
It's a story about vampires.

vampire /'væmpaɪəʳ/

vandale

▷ Des vandales ont cassé l'abribus.
Some vandals broke the bus shelter.

vandal /'vændəl/

vanille

▷ Il y a de la vanille dans ce gâteau.
There's vanilla in this cake.

vanilla /və'nɪlə/

🔊 *L'accent tonique est sur la deuxième syllabe* **-ni-**.

▷ Deux boules de glace à la vanille, s'il vous plaît.
Two scoops of vanilla ice cream, please.

► **à la vanille : vanilla**

vaniteux, vaniteuse

▷ Malik est tellement vaniteux !
Malik is so vain!

vain /veɪn/ (**plus vaniteux vainer** /'veɪnəʳ/, **le plus vaniteux the vainest** /'veɪnɪst/)

se vanter

▷ Arrête de te vanter, ce n'était pas très difficile.
Stop boasting, it wasn't very difficult.

boast /bəʊst/

vapeur

▷ Il y a de la vapeur sur le miroir.
There's steam on the mirror.

(= eau condensée) **steam** /stiːm/

▷ J'aime les légumes cuits à la vapeur.
I like steamed vegetables.

► **cuit à la vapeur : steamed** /stiːmd/

vaporisateur

▷ Je lui ai acheté un parfum en vaporisateur.
I bought her a perfume in a spray bottle.

(de parfum) **spray bottle** /'spreɪbɒtl/ (pluriel spray bottles)

varappe

▷ Je fais de la varappe tous les dimanches.
I go rock-climbing every Sunday.

rock-climbing /'rɒk ˌklaɪmɪŋ/
► **faire de la varappe :** go rock-climbing (went, gone / been)

varicelle

▷ Il a la varicelle.
He has chickenpox.

chickenpox /'tʃɪkɪnpɒks/
Il n'y a pas d'article en anglais.

varié, variée

▷ Les repas n'y sont pas très variés.
The meals aren't very varied there.

varied /'vɛərɪd/ (**plus varié** more varied, **le plus varié** the most varied)

varier

▷ Les températures varient entre l'Angleterre et l'Écosse.
Temperatures vary between England and Scotland.

vary /'vɛərɪ/
Le y de vary devient ie à la troisième personne du singulier du présent de l'indicatif (varies /'vɛərɪz/), au prétérit et au participe passé (varied /'vɛərɪd/).

variété

▷ Cette variété de rose est très belle.
This variety of rose is very beautiful.

variety /və'raɪətɪ/

▷ Il y a un spectacle de variétés à la télé ce soir.
There's a variety show on TV tonight.

► **spectacle de variétés :** variety show /və'raɪətɪ ʃəʊ/ (pluriel variety shows)

▷ C'est un chanteur de variétés très célèbre.
He's a very famous popular singer.

► **chanteur de variétés :** popular singer /ˌpɒpjʊlə 'sɪŋəʳ/ (pluriel popular singers)

vase

1 ▷ Je vais mettre les fleurs dans un vase.
I'm going to put the flowers in a vase.

► **un vase** (= pour les fleurs) **:** vase /vɑːz/ (pluriel vases /'vɑːzɪz/)

2 ▷ Les oiseaux cherchent des vers dans la vase.
The birds are looking for worms in the mud.

► **la vase** (= la boue) **:** mud /mʌd/

vaut

Regardez le mot valoir.

vautour

▷ Les vautours attendent que l'animal meure.
The vultures are waiting for the animal to die.

vulture /'vʌltʃəʳ/

veau

1 ▷ Le petit veau suivait sa mère partout.
The little calf followed its mother everywhere.

(= animal) **calf** /kɑːf/ (pluriel **calves** /kɑːvz/)

2 ▷ Les Britanniques mangent rarement du veau.
The British rarely eat veal.

(= viande) **veal** /viːl/

vécu

Regardez le mot ***vivre****.*

vedette

1 ▷ Toutes les vedettes du cinéma français étaient là.
All the French film stars were there.

(= star) **star** /stɑːʳ/

2 ▷ La vedette a dépassé le voilier.
The motorboat overtook the sailing boat.

(= bateau) **motorboat** /ˈməʊtəbəʊt/

végétal

▷ Il étudie les végétaux qui poussent sur l'île.
He studies the vegetables which grow on the island.

vegetable /ˈvedʒtəbl/

végétarien, végétarienne

▷ Les végétariens peuvent manger des œufs.
Vegetarians can eat eggs.

vegetarian /ˌvedʒɪˈtɛərɪən/

L'accent tonique est sur la troisième syllabe ***-ta-****.*

végétation

▷ La végétation est très dense ici.
The vegetation is very dense here.

vegetation /ˌvedʒɪˈteɪʃən/

L'accent tonique est sur la troisième syllabe ***-ta-****.*

véhicule

▷ Les véhicules sont interdits sur l'île.
Vehicles are not allowed on the island.

vehicle /ˈviːɪkl/

Le ***h*** *ne se prononce pas.*

veille

▷ Ils sont arrivés la veille.
They arrived the day before.

▷ Je suis arrivé juste la veille de sa naissance.
I arrived just the day before he was born.

► **la veille (de) : the day before** /ðə ˌdeɪ bɪˈfɔːʳ/

veiller

1 ▷ Hier, j'ai veillé et aujourd'hui, je suis fatigué.
Yesterday I stayed up late and today I'm tired.

(= se coucher tard) **stay up late** /ˈsteɪ ʌp ˈleɪt/

Notez la prononciation de ***stayed*** */steɪd/.*

2 ▷ Veille sur ton petit frère.
Watch over your little brother.

► **veiller sur : watch over** /wɒtʃ ˈəʊvəʳ/

veine

1 ▷ L'infirmière ne trouvait pas la veine.
The nurse couldn't find the vein.

(= vaisseau sanguin) **vein** /veɪn/

2 ▷ Tu vas à Londres ? Tu as de la veine !
You're going to London? You're lucky!

► **avoir de la veine** : be lucky /'lʌkɪ/

vélo

▷ Le nouveau vélo de Martial est génial.
Martial's new bike is great.

bike /baɪk/

ℹ *Bike est l'abréviation de bicycle.*

▷ Tu vas au travail en vélo ?
Do you cycle to work?

► **aller en vélo** *ou* **à vélo** : cycle /'saɪkl/

▷ Ils font du vélo le dimanche.
They go cycling on Sundays.

► **faire du vélo** : go cycling /'saɪklɪŋ/ (went, gone / been)

vélomoteur

▷ Il était sur son vélomoteur.
He was on his moped.

moped /'məʊped/

velours

▷ Le velours est un tissu très doux.
Velvet is a very soft material.

velvet /'velvɪt/

▷ Ces rideaux sont en velours.
These curtains are made of velvet.

► **être en velours** : be made /meɪd/ of velvet

▷ Il y a des coussins en velours sur le canapé.
There are velvet cushions on the sofa.

► **en velours** : velvet

vendanges

▷ Les vendanges commencent en septembre.
The grape harvest starts in September.

grape harvest /'greɪp,hɑːvɪst/

▷ Il fait les vendanges chaque année.
He goes grape-picking every year.

► **faire les vendanges** (en tant qu'employé) : go grape-picking /'greɪppɪkɪŋ/ (went, gone / been)

vendeur, vendeuse

▷ La vendeuse m'a aidée à trouver la bonne taille.
The shop assistant helped me to find the right size.

(dans un magasin) **shop assistant** /'ʃɒp ə,sɪstənt/ (pluriel shop assistants)

vendre

▷ Elle veut vendre son vélo.
She wants to sell her bike.

sell /sel/ (sold, sold /səʊld/)

▷ Quentin a vendu ses CD à Camille.
Quentin sold Camille his CDs.

► **vendre** quelque chose **à** quelqu'un : sell somebody something

vendredi

▷ Aujourd'hui, c'est vendredi.
Today is Friday.

Friday /'fraɪdeɪ/

▷ Nous partirons vendredi.
We'll leave on Friday.
▷ Valentin et Fouzia sont venus vendredi.
Valentin and Fouzia came on Friday.
▷ Où étais-tu vendredi dernier ?
Where were you last Friday?
▷ Le vendredi, Sandra va à son cours de salsa.
On Fridays Sandra goes to her salsa class.

► **vendredi** (= vendredi prochain ou vendredi dernier) : on Friday

ℹ *Lorsque* ***Friday*** *est précédé de* ***next*** *ou* ***last****, on omet* ***on****.*

► **le vendredi** (= tous les vendredis) : on Fridays

vénéneux, vénéneuse

▷ Il sait reconnaître tous les champignons vénéneux.
He can recognise all the poisonous mushrooms.

poisonous /'pɔɪznəs/ (plus vénéneux more poisonous, le plus vénéneux the most poisonous)

🔊 *Le* ***oi*** *se prononce comme la fin du mot* ***boy****.*

se venger

▷ Thomas a voulu se venger de ce que lui avait fait Malik.
Thomas wanted to take revenge for what Malik had done to him.

take revenge /ˌteɪk rɪ'vendʒ/ (took /tʊk/, taken /ˌteɪkən/)

ℹ *Notez la préposition utilisée en anglais :* se venger de quelque chose = ***take revenge for something****.*

venimeux, venimeuse

▷ Il y a des serpents venimeux dans cette région.
There are poisonous snakes in this region.

(= toxique) poisonous /'pɔɪznəs/ (plus venimeux more poisonous, le plus venimeux the most poisonous)

ℹ *On peut aussi dire* ***venomous*** /'venəməs/.

🔊 *Le* ***oi*** *se prononce comme la fin du mot* ***boy****.*

venin

▷ Le venin de ce serpent est mortel.
The venom of this snake is lethal.

venom /'venəm/

venir

1 ▷ Tu viens avec moi ?
Are you coming with me?
▷ Viens m'aider, s'il te plaît.
Come and help me, please.

1 (= aller) come /kʌm/ (came /keɪm/, come)

ℹ *Lorsque* **venir** *est suivi d'un infinitif en français, on dit en anglais* ***come and*** *+ base verbale.*

2 ▷ Ce car vient de Newcastle.
This coach comes from Newcastle.

► **venir de** (= arriver de, provenir de) : come from

3 ▷ Nous avons fait venir le docteur tout de suite.
We called the doctor straight away.

► **faire venir** (= appeler) : call /kɔːl/

4 ▷ Nathalie vient d'appeler.
Nathalie has just phoned.
▷ Je venais de manger.
I had just eaten.

► **venir de** + *infinitif* : **have just** /dʒʌst/ + *participe passé*

vent

▷ Le vent souffle fort aujourd'hui.
The wind is blowing hard today.

wind /wɪnd/

▷ Il y a du vent.
It's windy.

► **il y a du vent** : **it's windy** /'wɪndɪ/

▷ Est-ce qu'il y avait du vent ?
Was it windy?

► **il y avait du vent** : **it was windy**

vente

▷ Il y a eu une vente de tableaux.
There was a sale of paintings.

sale /seɪl/

▷ La maison est en vente.
The house is for sale.

► **en vente** : **for sale** /fə 'seɪl/

ventre

1 ▷ Il dort toujours sur le ventre.
He always sleeps on his stomach.

(d'une personne) **stomach** /'stʌmək/

*Le **ch** de **stomach** se prononce comme un **k**.*

▷ J'ai mal au ventre.
I've got stomach ache.

► **avoir mal au ventre** : **have stomach ache** /'stʌməkeɪk/ **(had, had)**

***Ache** rime avec **make**.*

2 ▷ Le ventre du chien est tout gonflé.
The dog's belly is all swollen.

(d'un animal) **belly** /'belɪ/

ver

▷ Il y a un ver dans cette pomme.
There's a worm in this apple.

worm /wɜːm/

*Le **or** de **worm** se prononce comme le **ir** de **bird** et le **ur** de **turn**.*

▷ La poule cherche des vers de terre dans le sol.
The hen is looking for earthworms in the ground.

► **ver de terre** : **earthworm** /'ɜːθwɜːm/

verbe

▷ Le verbe est au présent.
The verb is in the present tense.

verb /vɜːb/

verglas

▷ La voiture a dérapé sur le verglas.
The car skidded on the black ice.

black ice /blæk 'aɪs/

vérifier

▷ Vérifie que la porte est fermée à clé.
Check that the door is locked.

(= contrôler) **check** /tʃek/

vérité

▷ Je ne suis pas convaincu qu'il dise la vérité.
I'm not convinced he's telling the truth.

truth /tru:θ/
► **dire la vérité :** tell the truth (told, told)

vernis

1 ▷ Le vernis de la table est abîmé.
The varnish on the table is damaged.

(sur du bois, sur un tableau) **varnish** /ˈvɑ:nɪʃ/

2 ▷ Elle a mis du vernis (à ongles) bleu.
She's put blue nail varnish on.

► **vernis (à ongles) :** nail varnish /ˈneɪl ˌvɑ:nɪʃ/

verre

1 ▷ Il y avait des morceaux de verre par terre.
There were pieces of glass on the ground.

(= matériau) **glass** /glɑ:s/

▷ La porte du bureau est en verre.
The office door is made of glass.

► **être en verre :** be made of glass

▷ J'ai acheté des perles en verre bleu.
I bought some blue glass beads.

► **en verre :** glass

2 ▷ Un verre de lait, s'il vous plaît.
A glass of milk, please.

(= récipient pour boire) **glass** /glɑ:s/ (pluriel glasses /glɑ:sɪz/)

▷ Venez prendre un verre avec nous.
Come and have a drink with us.

► **prendre un verre** (= boire) **:** have a drink /drɪŋk/ (had, had)

3 ▷ Elle porte des verres épais.
She wears thick lenses.

(de lunettes) **lens** /lenz/ (pluriel lenses /ˈlenzɪz/)

▷ Je préfère les verres de contact aux lunettes.
I prefer contact lenses to glasses.

► **verres de contact :** contact lenses /ˈkɒntækt ˌlenzɪz/

verrouiller

▷ Ses parents ont verrouillé la télé.
His parents have locked the TV.

(une porte, des données, une TV) **lock** /lɒk/

verrue

▷ Elle a des verrues aux mains.
She has warts on her hands.

wart /wɔ:t/

▷ Cette verrue plantaire me fait très mal.
This verruca is very painful.

► **verrue plantaire :** verruca /vəˈru:kə/

vers

1 ▷ Allez vers l'église, puis tournez à gauche.
Go towards the church, then turn left.

(= en direction de) **towards** /təˈwɔ:dz/

2 ▷ Ils habitent vers Angers.
They live near Angers.

(= aux environs de, dans l'espace) **near** /nɪəʳ/

3 ▷ On sera là vers huit heures.
We will be there around eight o'clock.

(= aux environs de, dans le temps) **around** /ə'raʊnd/

verser

1 ▷ Verse-moi de l'eau, s'il te plaît.
Pour me some water, please.

(= servir, transvaser) **pour** /pɔːʳ/

Notez la prononciation de ***poured*** */pɔːd/, qui rime avec* ***lord****.*

2 ▷ Je verse tous les mois de l'argent sur un compte d'épargne.
I pay money into a savings account every month.

(= payer) **pay** /peɪ/ **(paid, paid** /peɪd/**)**

Notez la préposition utilisée en anglais : verser sur un compte = *pay into an account.*

version

▷ Chacun a raconté sa version de l'histoire.
Everybody told their version of the story.
▷ Le film est en version originale.
The film is in the original version.

(= interprétation) **version** /'vɜːʃən/

vert, verte

▷ L'herbe du jardin est très verte.
The grass in the garden is very green.
▷ Le vert ne me va pas.
Green doesn't suit me.

(= couleur) **green** /griːn/

► **le vert : green**

Notez qu'il n'y a pas d'article en anglais.

vertical, verticale

▷ Trace un trait vertical au milieu de la page.
Draw a vertical line in the middle of the page.

vertical /'vɜːtɪkəl/

vertige

▷ Je ne peux pas monter à l'échelle, j'ai le vertige.
I can't climb the ladder, I get dizzy.
▷ L'altitude me donne le vertige.
Altitude makes me dizzy.

► **avoir le vertige : get dizzy** /'dɪzɪ/ **(got, got)**

► **donner le vertige à** quelqu'un : **make** somebody **dizzy (made, made)**

veste

▷ Elle portait une veste bleue.
She was wearing a blue jacket.
▷ Tu peux accrocher ta veste derrière la porte.
You can hang your jacket behind the door.

jacket /'dʒækɪt/

vestiaire

1 ▷ Les vestiaires sont à côté de l'entrée du gymnase.
The changing rooms are next to the entrance to the gymnasium.

(dans un stade, une piscine) **changing room** /'tʃeɪndʒɪŋ ˌrʊm/ (pluriel **changing rooms**)

2 ▷ Tu peux laisser ton sac au vestiaire.
You can leave your bag in the cloakroom.

2 (au théâtre, au musée) **cloakroom** /'kləʊkrʊm/

vêtements

▷ Elle porte toujours de jolis vêtements.
She always wears nice clothes.
▷ Céline adore acheter des vêtements.
Céline loves buying clothes.

clothes /kləʊðz/

*Le mot **clothes** n'a qu'une seule syllabe. Il se prononce comme le verbe **close** avec le **th** de **the** après le **o**.*

vétérinaire

▷ Le vétérinaire a dit que ce n'était pas grave.
The vet said that it wasn't serious.

vet /vet/

▷ Chez le vétérinaire, il y a des photos d'animaux partout.
At the vet's, there are photos of animals everywhere.

► **chez le vétérinaire** (= dans son cabinet) : at the vet's

▷ Karim a emmené le chat chez le vétérinaire.
Karim took the cat to the vet's.

► **chez le vétérinaire** (= vers son cabinet) : to the vet's

▷ Nicolas a toujours voulu devenir vétérinaire.
Nicolas always wanted to become a vet.

*N'oubliez pas l'article **a** ou **an** devant le nom du métier lorsqu'il suit les verbes **be** ou **become**.*

veuf

▷ Notre voisin est veuf.
Our neighbour is a widower.

► **être veuf :** be a widower /'wɪdəʊə^r/

veuve

▷ Mme Pommier est veuve.
Mrs Pommier is a widow.

► **être veuve :** be a widow /'wɪdəʊ/

vexer

▷ La remarque de Daniel a vexé Suzanne.
Daniel's remark offended Suzanne.

offend /ə'fend/

▷ Ne te vexe pas, c'était pour rire.
Don't take offence, I was joking.

► **se vexer :** take offence /teɪk ə'fens/ (took /tʊk/, taken /'teɪkən/)

viande

▷ Cette viande est très tendre.
This meat is very tender.

meat /miːt/

vibrer

▷ Le frigo vibre et fait beaucoup de bruit.
The fridge vibrates and makes a lot of noise.

vibrate /vaɪ'breɪt/

*Le **i** est celui de **like**.*

victime

▷ Plusieurs des victimes de l'attentat ont été interviewées.
Several victims of the terrorist attack were interviewed.

victim /'vɪktɪm/

*L'accent tonique est sur la première syllabe **vic-**.*

▷ Le tremblement de terre a fait beaucoup de victimes.
The earthquake claimed many victims.

► **faire des victimes : claim** /kleɪm/ **victims**

victoire

1 ▷ L'armée a fêté sa victoire en défilant dans les rues.
The army celebrated its victory by marching in the streets.

(militaire) **victory** /'vɪktərɪ/ (pluriel **victories** /'vɪktərɪz/)

2 ▷ C'est la troisième victoire de l'équipe ce mois-ci.
It's the team's third win this month.

(sportive) **win** /wɪn/

▷ Bordeaux a facilement remporté la victoire.
Bordeaux won easily.

► **remporter la victoire : win** /wɪn/ (**won, won** /wʌn/)

vide

1 ▷ La carafe est vide, je vais la remplir.
The jug is empty, I'm going to fill it.

(adjectif, contraire de *plein*) **empty** /'emptɪ/ (**plus vide emptier, le plus vide the emptiest**)

2 ▷ Il s'est jeté dans le vide.
He jumped.

► **se jeter dans le vide : jump** /dʒʌmp/

vidéo

▷ On a loué une vidéo.
We hired a video.

► **(cassette) vidéo : video** /'vɪdɪəʊ/

vider

1 ▷ Aide-moi à vider la poubelle.
Help me to empty the bin.

(= enlever le contenu de) **empty** /'emptɪ/

ℹ *Le **y** de **empty** devient **ie** à la troisième personne du singulier du présent de l'indicatif* (**empties** /'emptɪz/), *au prétérit et au participe passé* (**emptied** /'emptɪd/).

2 ▷ Je déteste vider le poisson.
I hate gutting fish.

(= enlever les tripes de) **gut** /gʌt/

ℹ ***Gut** prend deux **t** au gérondif* (**gutting** /'gʌtɪŋ/), *au prétérit et au participe passé* (**gutted** /'gʌtɪd/).

3 ▷ La baignoire se vide très lentement.
The bath empties very slowly.

► **se vider : empty** /'emptɪ/

vie

▷ Elle a eu une vie difficile.
She has had a difficult life.

life /laɪf/

▷ Heureusement, le chien était encore en vie.
Fortunately, the dog was still alive.

► **en vie : alive** /ə'laɪv/

Le ***i*** *de* ***alive*** *se prononce comme le* ***i*** *de* ***like****.*

▷ J'ai hâte d'entrer dans la vie active.
I'm eager to begin my working life.

► **la vie active : working life** /'wɜːkɪŋ ˌlaɪf/

vieil

Regardez le mot ***vieux****.*

vieillard

▷ J'ai aidé un vieillard à traverser la rue.
I helped an old man to cross the street.

old man /əʊld 'mæn/ (pluriel **old men** /əʊld 'men/)

vieille

Regardez le mot ***vieux****.*

vieillesse

▷ Ma grand-mère est morte de vieillesse.
My grandmother died of old age.

old age /əʊld 'eɪdʒ/

vieillir

1 ▷ Ma mère a peur de vieillir.
My mother is afraid of growing old.

(= devenir plus vieux) **grow old** /ˌgrəʊ 'əʊld/ (**grew** /gruː/, **grown** /ˌgrəʊn/)

2 ▷ Je trouve qu'il a beaucoup vieilli.
I think he's aged a lot.

(= paraître plus vieux) **age** /eɪdʒ/

Notez la prononciation de ***aged*** /eɪdʒd/.

3 ▷ Cette robe la vieillit.
This dress makes her look older.

► **vieillir** quelqu'un (= le faire paraître plus vieux) : **make** somebody **look older** /'əʊldəʳ/ (**made, made**)

vierge

▷ Est-ce que tu aurais une cassette vierge ?
Have you got a blank tape?

(en parlant d'une cassette) **blank** /blænk/

vieux, vieil, vieille

▷ Je porte un vieux jean quand je fais du jardinage.
I wear an old pair of jeans when I do the gardening.
▷ Lucas est plus vieux que toi.
Lucas is older than you.

old /əʊld/ (**plus vieux older** /'əʊldəʳ/, **le plus vieux the oldest** /'əʊldɪst/)

Attention ! Un vieux = *an* ***old man****,* une vieille = *an* ***old woman****,* les vieux = ***old people****.*

vif, vive

1 ▷ Les chambres sont peintes de couleurs vives.
The bedrooms are painted in bright colours.

(= brillant) **bright** /braɪt/ (**plus vif brighter** /'braɪtəʳ/, **le plus vif the brightest** /'braɪtɪst/)

2 ▷ Hocine est un garçon très vif.
Hocine is a very lively boy.

(= dynamique) **lively** /'laɪvlɪ/ (plus vif livelier /'laɪvlɪəʳ/, le plus vif the liveliest /laɪvlɪɪst/)

vignoble

▷ La maison est entourée de vignobles.
The house is surrounded by vineyards.

(= terrain) **vineyard** /'vɪnjəd/

*Le **i** de **vineyard** se prononce comme le **i** de **big**.*

vilain, vilaine

1 ▷ Cet immeuble est vraiment vilain.
That building is really ugly.

(= laid) **ugly** /'ʌglɪ/ (plus vilain uglier /'ʌglɪəʳ/, le plus vilain the ugliest /'ʌglɪɪst/)

2 ▷ C'est vilain de mentir.
It's wrong to lie.

(= mal) **wrong** /rɒŋ/

3 ▷ Vilain garçon !
Naughty boy!

(= méchant) **naughty** /'nɔːtɪ/ (plus vilain naughtier /nɔːtɪəʳ/, le plus vilain the naughtiest /'nɔːtɪɪst/)

villa

▷ Nos amis ont une villa en Provence.
Our friends have a villa in Provence.

(= maison de vacances) **villa** /'vɪlə/

village

▷ Laure habite dans un tout petit village.
Laure lives in a very small village.

village /'vɪlɪdʒ/

*Le **a** de **village** se prononce comme le **i** de **big**. **Village** rime avec **bridge**.*

ville

▷ La ville la plus proche est à dix kilomètres.
The nearest town is ten kilometres away.
▷ Marseille est une des plus grandes villes de France.
Marseille is one of the biggest French cities.
▷ On pourrait aller en ville cet après-midi.
We could go into town this afternoon.

town /taʊn/

*Pour une très grande ville, on peut dire **city*** /'sɪtɪ/ (pluriel cities /'sɪtɪz/).

► **aller en ville :** go into town (went, gone / been)

vin

▷ Les invités ont apporté une bouteille de vin rouge.
The guests brought a bottle of red wine.

wine /waɪn/

vinaigre

▷ Il y a trop de vinaigre dans cette vinaigrette.
There's too much vinegar in this vinaigrette.

vinegar /'vɪnɪgəʳ/

vinaigrette

▷ Lise ne met pas de vinaigrette sur sa salade.
Lise doesn't put any vinaigrette on her salad.

vinaigrette /ˌvɪnɪ'gret/

vingt

▷ Il y a vingt personnes dans l'immeuble.
There are twenty people in the building.
▷ Nadia va avoir vingt ans.
Nadia is going to be twenty years old.
▷ L'anniversaire de Julie est le vingt septembre.
Julie's birthday is on the twentieth of September.

twenty /'twentɪ/

ℹ *Quand on dit la date, on utilise* ***twentieth*** /'twentɪəθ/ *en anglais. Notez l'emploi de* ***on*** *et* ***of*** *en anglais lorsqu'on dit la date. On écrit* ***20 September****.*

vingtaine

▷ Il y avait une vingtaine de spectateurs.
There were about twenty spectators.

► **une vingtaine de... : about twenty...** /əˌbaʊt 'twentɪ/

violence

▷ Il y a beaucoup de violence à la télé.
There's a lot of violence on TV.

violence /'vaɪələns/

🔊 *Le* ***i*** *du mot anglais* ***violence*** *se prononce comme le* ***i*** *de* ***like****.*

violent, violente

▷ J'ai trouvé ce film beaucoup trop violent.
I found the film much too violent.

violent /'vaɪələnt/ (**plus violent** more violent, **le plus violent** the most violent)

🔊 *Le* ***i*** *du mot anglais* ***violent*** *se prononce comme le* ***i*** *de* ***like****.*

violer

1 ▷ Il est accusé d'avoir violé plusieurs femmes.
He's accused of having raped several women.
▷ Elle s'est fait violer dans un parc.
She was raped in a park.

1 (= abuser sexuellement de) **rape** /reɪp/
► **se faire violer : be raped** /reɪpt/

2 ▷ Ils ont violé le traité.
They've violated the treaty.

2 (une loi, un cessez-le-feu) **violate** /'vaɪəleɪt/

violet, violette

▷ Je porte rarement ce pull violet.
I hardly ever wear this purple pullover.
▷ Le violet est ma couleur préférée.
Purple is my favourite colour.

(= couleur) **purple** /'pɜːpl/

► **le violet : purple**

ℹ *Notez qu'il n'y a pas d'article en anglais.*

ℹ La violette *(= la fleur) se dit* ***violet*** /'vaɪəlɪt/ *en anglais.*

violon

▷ Les musiciens sont arrivés avec leurs violons.
The musicians arrived with their violins.

violin /ˌvaɪəˈlɪn/

ℹ *Attention à l'orthographe du mot anglais.*

🔊 *Le premier **i** du mot **violin** se prononce comme le **i** de **like**, et l'accent tonique est sur la dernière syllabe **-lin**.*

▷ Elle joue très bien du violon.
She plays the violin very well.

► **jouer du violon : play** /pleɪ/ **the violin**

violoncelle

▷ Le son du violoncelle est magnifique.
The sound of the cello is beautiful.

cello /ˈtʃeləʊ/

🔊 *Le **c** de **cello** se prononce comme le **ch** de **church**.*

▷ J'aimerais savoir jouer du violoncelle.
I'd like to be able to play the cello.

► **jouer du violoncelle : play** /pleɪ/ **the cello**

violoniste

▷ Les violonistes ont salué le public.
The violonists bowed to the audience.

violinist /ˌvaɪəˈlɪnɪst/

🔊 *Le premier **i** est celui de **like**.*

ℹ *Attention à l'orthographe du mot anglais.*

vipère

▷ Les vipères sont des serpents venimeux.
Adders are poisonous snakes.

adder /ˈædəʳ/

virage

▷ Il a pris le virage trop vite.
He took the bend too fast.
▷ Ce virage est très dangereux.
This bend is very dangerous.

(sur une route) **bend** /bend/

virer

1 ▷ Je voudrais virer 200 euros sur mon compte courant.
I'd like to transfer 200 euros to my current account.

(de l'argent) **transfer** /trænsˈfɜːʳ/

2 ▷ Plusieurs employés se sont fait virer.
Several employees were fired.

► **se faire virer** (= être licencié) **be fired**

virgule

▷ Tu as oublié une virgule, là.
You've forgotten a comma there.

comma /ˈkɒmə/

virus

▷ Il a attrapé un virus.
He caught a virus.

virus /'vaɪərəs/ (pluriel **viruses** /'vaɪərəsɪz/)

*Le **i** du mot anglais **virus** se prononce comme le **i** de **like**.*

visa

▷ Il faut un visa pour aller en Chine.
You need a visa to go to China.

(sur un passeport) **visa** /'viːzə/

*Le **i** du mot anglais **visa** se prononce comme le **ee** de **week**.*

visage

▷ J'ai des boutons sur le visage.
I've got spots on my face.

face /feɪs/ (pluriel **faces** /'feɪsɪz/)

*Le **a** est celui de **make**.*

viser

▷ Prends ton temps pour viser.
Take your time to aim.

▷ Benoît m'a visé mais, heureusement, il m'a raté.
Benoît aimed at me but, fortunately, he missed me.

aim /eɪm/

► **viser** quelqu'un *ou* quelque chose : **aim at** somebody *ou* something

visible

▷ C'est visible à l'œil nu.
It's visible to the naked eye.

visible /'vɪzəbl/ (**plus visible** more visible, **le plus visible** the most visible)

visière

1 ▷ Il porte sa casquette avec la visière à l'arrière.
He wears his cap with the peak at the back.

(de casquette) **peak** /piːk/

2 ▷ J'ai cassé la visière.
I broke the visor.

(de casque) **visor** /'vaɪzə^r/

*Le i de **visor** se prononce comme le pronom **I**.*

vision

1 ▷ Je porte des lunettes pour la vision de loin.
I wear glasses for distance vision.

(= vue) **sight** /saɪt/

***Sight** rime avec **white**.*

2 ▷ C'est une conception idéaliste du monde.
It's an idealistic view of the world.

(= conception) **view** /vjuː/

visite

1 ▷ Nous rendons souvent visite à mes grands-parents.
We often visit my grandparents.

► **rendre visite à** quelqu'un : **visit** /'vɪzɪt/ somebody

2 ▷ Nous avons fait une visite guidée du château.
We went on a guided tour of the castle.

► **visite guidée : guided tour** /ˌgaɪdɪd ˈtʊəʳ/

ℹ *Notez la traduction de* faire une visite guidée *:* ***go on** a guided tour* (went, gone).

3 ▷ Nous passons une visite médicale chaque année au travail.
We have a medical every year at work.

► **visite médicale : medical** /ˈmedɪkəl/

ℹ *Notez la traduction de* passer une visite médicale *:* ***have** a medical* (had, had).

visiter

▷ J'ai visité le musée Picasso samedi.
I visited the Picasso museum on Saturday.

visit /ˈvɪzɪt/

visiteur, visiteuse

▷ Il y a beaucoup de visiteurs sur le site ?
Are there a lot of visitors on the site?

visitor /ˈvɪzɪtəʳ/

vital, vitale

▷ Cette information est d'une importance vitale.
This information is of vital importance.

vital /ˈvaɪtl/ (plus vital more vital, le plus vital the most vital)

vitamine

▷ Les oranges sont pleines de vitamines.
Oranges are full of vitamins.

vitamin /ˈvɪtəmɪn/

vite

▷ Ne marche pas si vite !
Don't walk so fast!

▷ Il conduit trop vite.
He drives too fast.

ℹ *Quand* vite *signifie « rapidement », il se traduit généralement par* ***fast*** /fɑːst/ *s'il s'agit d'un verbe de mouvement (**walk, drive, swim,** etc.),* (plus vite faster / more quickly, le plus vite the fastest / the most quickly)

▷ On va manger vite pour pouvoir partir tôt.
We're going to eat quickly so that we can leave early.

▷ Ça s'est passé trop vite.
It happened too quickly.

ℹ *Avec tous les autres verbes, on peut dire **fast**, mais **quickly** /ˈkwɪklɪ/ est souvent plus courant.*

vitesse

1 ▷ Quelle est la vitesse maximum en ville ?
What is the maximum speed in town?

(= rapidité) **speed** /spiːd/

2 ▷ Mon vélo a dix vitesses.
My bike has ten gears.

(= mécanisme d'une voiture ou d'un vélo) **gear** /gɪəʳ/

🔊 *Le **g** de **gear** se prononce comme celui de **game** et **gas**.*

▷ Change de vitesse, la côte est très raide.
Change gear, the slope is very steep.

► changer de vitesse : change gear

3 ▷ Isa a fait ses bagages en vitesse.
Isa packed quickly.
▷ Je me suis changé à toute vitesse avant d'aller au cinéma.
I got changed very quickly before going to the cinema.

► en vitesse : quickly /'kwɪklɪ/

► à toute vitesse : very quickly

vitrail

▷ Il y a de beaux vitraux dans l'église.
There're beautiful stained glass windows in the church.

stained glass window /steɪnd glɑːs 'wɪndəʊ/ (pluriel stained glass windows)

vitre

1 ▷ On a dû changer la vitre cassée.
We had to change the broken window pane.

(d'une fenêtre) window pane /'wɪndəʊ ˌpeɪn/ (pluriel window panes)

▷ Je ne pense pas souvent à faire les vitres.
I don't often think of cleaning the windows.

► faire les vitres : clean the windows /ˌkliːn ðə 'wɪndəʊz/

2 ▷ Ouvre la vitre, il fait chaud.
Open the window, it's hot.

(d'une voiture, d'un train) window /'wɪndəʊ/

vitrine

▷ Il y a des œufs en chocolat dans la vitrine de la pâtisserie.
There are chocolate eggs in the cake shop window.

(d'une boutique) window /'wɪndəʊ/

▷ J'ai fait les vitrines avec Clémentine.
I went window-shopping with Clémentine.

► faire les vitrines : go window-shopping /'wɪndəʊ ʃɒpɪŋ/ (went, gone)

vivant, vivante

1 ▷ Il est blessé, mais encore vivant.
He's injured but still alive.

(= en vie) alive /ə'laɪv/

*Le **i** du mot **alive** se prononce comme le **i** de **like**.*

2 ▷ Ce quartier est très vivant.
This area is very lively.

(= animé) lively /'laivli/ (plus vivant livelier /'laivliə^r/, le plus vivant the liveliest /'leivliist/)

vivement...

▷ Vivement les vacances !
I can't wait for the holidays!

(pour exprimer son impatience) I can't wait /kɑːnt 'weɪt/ for...

vivre

1 ▷ Notre chien a vécu longtemps.
Our dog lived for a long time.
▷ Où est-ce que tu vis ?
Where do you live?

(= être en vie, habiter) **live** /lɪv/

🔊 *Ne pas confondre avec* ***leave*** /liːv/ (= quitter, partir), *où le* ***i*** *est long. Le verbe* ***live*** *rime avec* ***give****.*

2 ▷ Elle a vécu une période difficile.
She lived through a difficult time.

(= faire l'expérience de) **live through** /ˈlɪv θruː/

vocabulaire

▷ Je dois réviser mon vocabulaire anglais.
I have to revise my English vocabulary.

vocabulary /vəʊˈkæbjʊlərɪ/

🔊 *L'accent tonique est sur la deuxième syllabe* ***-ca-****.*

vœu

1 ▷ Ferme les yeux et fais un vœu.
Close your eyes and make a wish.

► **faire un vœu : make a wish** /meɪk ə ˈwɪʃ/ (made, made /meɪd/)

2 ▷ J'ai envoyé mes vœux à tous mes amis.
I sent New Year's greetings to all my friends.

► **vœux** (pour le nouvel an) : **New Year's greetings** /ˌnjuː ˌjɪəz ˈgriːtɪŋz/

voici

1 ▷ Voici la clé que tu cherchais.
Here is the key you were looking for.
▷ Voici les garçons, juste à l'heure.
Here are the boys, just on time.

Pour **désigner** *quelque chose ou quelqu'un de proche, on emploie en anglais* ***here is*** /ˈhɪərɪz/ *si le nom est singulier, et* ***here are*** /ˈhɪərɑːʳ/ *s'il est pluriel.*

2 ▷ Voici ta chambre.
This is your bedroom.
▷ Voici mes cousins, Paul et Karine.
These are my cousins, Paul and Karine.

Pour **présenter** *quelque chose ou quelqu'un, on emploie en anglais* ***this is*** /ˈðɪsɪz/ *si le nom est singulier, et* ***these are*** /ˈðiːzɑːʳ/ *s'il est pluriel.*

voie

1 ▷ Reste sur la voie de gauche.
Stay in the left-hand lane.

(= couloir d'une route) **lane** /leɪn/

2 ▷ C'est dangereux de traverser les voies.
It's dangerous to cross the tracks.
▷ La voie ferrée est juste derrière chez eux.
The railway line is just behind their house.

(= rails) **track** /træk/

► **voie ferrée : railway line** /ˈreɪlweɪ ˌlaɪn/ (pluriel **railway lines**)

3 ▷ N'y va pas, c'est une voie sans issue.
Don't go there, it's a dead end.

► **voie sans issue : dead end** /ded ˈend/ (pluriel **dead ends**)

voilà

1 ▷ Voilà ton livre, sur le bureau.
There's your book, on the desk.
▷ Voilà Marc et Valérie. – Où ça ?
There are Marc and Valérie. – Where?

Pour désigner quelque chose ou quelqu'un d'un peu éloigné, on emploie en anglais ***there is*** */ðɛər'ɪz/ si le nom est singulier, et* ***there are*** */ðɛər'ɑːʳ/ s'il est pluriel.* ***There is*** *est souvent contracté en* ***there's*** */'ðɛəz/.*

2 ▷ Voilà ta clé, mets-la dans ta poche.
Here's your key, put it in your pocket.
▷ Voilà mes lunettes, tu veux les essayer ?
Here are my glasses, do you want to try them on?

Pour **désigner** *quelque chose ou quelqu'un de* **proche**, *on emploie en anglais* ***here is*** */'hɪərɪz/ si le nom est singulier, et* ***here are*** */'hɪərɑːʳ/ s'il est pluriel.* ***Here is*** *est souvent contracté en* ***here's*** */'hɪəz/.*

3 ▷ Voilà votre chambre, au bout du couloir.
This is your bedroom, at the end of the corridor.
▷ Voilà mes frères, je crois que tu ne les connais pas.
These are my brothers, I don't think you know them.

Pour **présenter** *quelque chose ou quelqu'un, on emploie en anglais* ***this is*** */'ðɪsɪz/ si le nom est singulier, et* ***these are*** */'ðiːzɑːʳ/ s'il est pluriel.*

4 ▷ Et voilà ! C'est fini !
There! It's finished!

► **et voilà !** (pour conclure) : there! /'ðɛəʳ/

voile NOM MASCULIN

▷ La mariée portait un voile.
The bride wore a veil.

(= tissu léger) veil /veɪl/

voile NOM FÉMININ

1 ▷ L'une des voiles s'est déchirée.
One of the sails got torn.

(de bateau) sail /seɪl/

2 ▷ Mon père adore la voile.
My father loves sailing.
▷ Ils font de la voile tous les week-ends.
They go sailing every weekend.

► **la voile** (= la navigation) : sailing /'seɪlɪŋ/
► **faire de la voile :** go sailing (went, gone / been)

voilier

▷ Ils sont allés en Corse sur leur voilier.
They went to Corsica on their sailing boat.

sailing boat /'seɪlɪŋ bəʊt/ (pluriel sailing boats)

voir

1 ▷ J'ai vu la prof d'anglais en ville.
I saw the English teacher in town.
▷ Élise voit souvent Nicolas.
Élise often sees Nicolas.
▷ Je ne vois rien.
I can't see anything.

(= apercevoir, fréquenter) see /siː/ (saw /sɔː/, seen /siːn/)

🔊 ***Saw*** *rime avec* ***or*** *et* ***more.***

Quand on décrit ce qu'on voit au moment où on parle, on emploie l'expression ***can see.***

▷ Tout d'un coup, j'ai vu un lapin traverser le jardin.
Suddenly I saw a rabbit cross the garden.
▷ Il faisait si noir que je ne voyais rien.
It was so dark I couldn't see a thing.

*La différence entre **I saw** et **I could see** est la même que celle entre* **j'ai vu** *(tout d'un coup) et* **je voyais** *(je décris une scène).*

2 ▷ Je vais voir mes grands-parents tous les dimanches.
I go to see my grandparents every Sunday.
▷ Raoul est venu me voir hier.
Raoul came to see me yesterday.

► **aller voir :** go to see (went, gone)

► **venir voir :** come to see (came, come)

3 ▷ Fais-moi voir ta nouvelle casquette.
Show me your new cap.

► **faire voir** quelque chose **à** quelqu'un **:** show /ʃəʊ/ somebody something (showed /ʃəʊd/, shown /ʃəʊn/)

4 ▷ Ils se voient pendant les vacances.
They see each other during the holidays.

► **se voir** (= se fréquenter) **:** see each other /iːtʃ 'ʌðəʳ/

voisin, voisine

▷ Nous avons des voisins très sympathiques.
We have very nice neighbours.

(= personne) **neighbour** /'neɪbəʳ/

*Le **our** se prononce comme le **e** du mot français **de**.*

*En anglais américain ce mot s'écrit **neighbor**.*

voiture

1 ▷ La voiture est dans le garage.
The car is in the garage.
▷ Vous êtes venus en voiture ?
Did you come by car?
▷ Éric rêve d'avoir une voiture de sport.
Éric dreams of having a sports car.

(= automobile) **car** /kɑːʳ/

► **en voiture :** by car

► **voiture de sport :** sports car /'spɔːts kɑːʳ/ (pluriel sports cars)

2 ▷ Nos places sont dans la voiture quarante-deux.
Our seats are in carriage number forty-two.

(= wagon d'un train) **carriage** /'kærɪdʒ/

***Carriage** rime avec **bridge**.*

voix

1 ▷ Samuel a une belle voix grave.
Samuel has a beautiful deep voice.
▷ Pourquoi vous parlez à voix basse ?
Why are you talking in a low voice?
▷ Il n'ose pas le dire à voix haute.
He daren't say it aloud.

(quand on parle) **voice** /vɔɪs/

► **à voix basse :** in a low voice /ɪn ə ləʊ 'vɔɪs/

► **à voix haute :** aloud /ə'laʊd/

2 ▷ Émilie a eu vingt voix et Jacques dix.
Émilie got twenty votes and Jacques ten.

(dans une élection) **vote** /vəʊt/

vol

1 ▷ Le vol pour Londres est annulé.
The flight to London is cancelled.

(= trajet en avion) **flight** /flaɪt/

2 ▷ Il y a souvent des vols dans ce quartier.
There are often thefts in this area.

(= acte criminel) **theft** /θeft/

volaille

▷ Le fermier élève de la volaille.
The farmer breeds chickens.
▷ Elle plumait une volaille dans la cour.
She was plucking a chicken in the courtyard.

► **la volaille** (= des poulets) : chickens /'tʃɪkɪnz/
► **une volaille** (= un poulet) : a chicken /'tʃɪkɪn/

volant

1 ▷ C'est un système qui bloque le volant.
It's a system that blocks the steering wheel.

(de voiture) **steering wheel** /'stɪərɪŋ wiːl/

2 ▷ Zut, j'ai envoyé le volant dans le jardin des voisins !
Damn, I've sent the shuttlecock into the neighbours' garden!

(de badminton) **shuttlecock** /'ʃʌtlkɒk/

volcan

▷ Ce volcan est toujours actif.
This volcano is still active.

volcano /vɒl'keɪnəʊ/

Le a de **volcano** *se prononce comme le* **a** *de* **make***.*

voler

1 ▷ J'aime regarder les oiseaux voler.
I like to watch birds fly.

(= se déplacer dans l'air) **fly** /flaɪ/ (flew /fluː/, flown /fləʊn/)

2 ▷ Apparemment, il a déjà volé deux voitures.
Apparently, he's already stolen two cars.
▷ Quelqu'un m'a volé mon sac à dos !
Somebody has stolen my backpack!

(= dérober) **steal** /stiːl/ (stole /stəʊl/, stolen /'stəʊlən/)
► **voler** quelque chose **à** quelqu'un : steal + *possessif* + *nom*

volet

▷ Est-ce que tu as fermé les volets ?
Have you closed the shutters?

shutter /'ʃʌtəʳ/

voleur, voleuse

▷ Le voleur s'est échappé par la fenêtre.
The thief escaped through the window.

thief /θiːf/ (pluriel thieves /θiːvz/)

volley

▷ Le volley est mon sport préféré.
Volleyball is my favourite sport.

volleyball /'vɒlɪbɔːl/

▷ On a joué au volley tout l'après-midi.
We played volleyball all afternoon.

► **jouer au volley :** play /pleɪ/ volleyball

volontaire

▷ L'association emploie beaucoup de volontaires.
The association employs a lot of volunteers.

volunteer /ˌvɒlən'tɪəʳ/

volontairement

▷ Je l'ai fait volontairement.
I did it on purpose.

(= exprès) on purpose /ɒn 'pɜːpəs/

volonté

▷ Avec un peu de volonté, tu devrais arriver à maigrir.
With a bit of willpower, you should manage to lose weight.

(= force de caractère) willpower /'wɪlpaʊəʳ/

volontiers

▷ Est-ce que tu veux rester pour dîner ? – Volontiers.
Do you want to stay for dinner? – Yes, please.

(pour accepter une offre) yes, please /jes 'pliːz/

volume

▷ Comment calculer le volume d'un cylindre ?
How do you calculate the volume of a cylinder?

▷ C'est un dictionnaire en deux volumes.
It's a dictionary in two volumes.

▷ Monte un peu le volume, je n'entends pas.
Turn the volume up a bit, I can't hear.

volume /'vɒljuːm/

Attention à la prononciation du mot anglais ***volume*** *: dites* ***vol*** *+* ***yoom****.*

vomir

▷ Je ne me sens pas bien, je crois que je vais vomir.
I'm not feeling well, I think I'm going to be sick.

▷ Mon frère a vomi dans l'avion.
My brother was sick on the plane.

be sick /'sɪk/

vos

▷ Vos arguments sont ridicules.
Your arguments are ridiculous.

your /juəʳ/

voter

▷ En France on peut voter à partir de dix-huit ans.
In France you can vote from the age of eighteen.

vote /vəʊt/

Vote *rime avec* ***coat****.*

votre

▷ Je crois que c'est votre stylo.
I think this is your pen.

your /jʊəʳ/

le vôtre, la vôtre, les vôtres

▷ Notre maison est grande, mais la vôtre est plus jolie.
Our house is big, but yours is nicer.
▷ Est-ce que ces places sont les vôtres ?
Are these seats yours?

yours /jʊəz/

▷ À la vôtre !
Cheers!

► **à la vôtre !** (quand on trinque) : cheers! /tʃɪəz/

vouloir

1 ▷ Tu veux un fruit ?
Do you want a piece of fruit?

(= désirer) want /wɒnt/

Le a de want se prononce comme le o de dog.

▷ Il veut être pilote d'avion.
He wants to be a pilot.
▷ Elle veut que je vienne plus tôt.
She wants me to come earlier.

► **vouloir** + *infinitif* **:** want to + *base verbale*
► **vouloir que** quelqu'un + *subjonctif* **:** want somebody to + *base verbale*

2 ▷ Je voudrais un café, s'il vous plaît.
I would like a coffee, please.
▷ Je voudrais vous voir.
I'd like to see you.

(au conditionnel, pour demander quelque chose) would like /wʊd 'laɪk/

Would like est souvent contracté en 'd like.

3 ▷ Je veux bien aller avec toi, mais je dois rentrer tôt.
I don't mind going with you, but I must get home early.

► **je veux bien** + *infinitif* (= ça ne me dérange pas) : I don't mind /aɪ dəʊnt 'maɪnd/ + *-ing*

4 ▷ J'espère que tu ne m'en veux pas.
I hope that you're not angry with me.
▷ Sabine m'en veut de ne pas l'avoir invitée.
Sabine is angry with me for not inviting her.

► **en vouloir à** quelqu'un **:** be angry /'æŋgrɪ/ with somebody
► **en vouloir à** quelqu'un **de** + *infinitif passé* **:** be angry with somebody for + *-ing*

5 ▷ Que veut dire ce mot ?
What does this word mean?
▷ Je ne savais pas ce que ça voulait dire.
I didn't know what it meant.

► **vouloir dire** (= signifier) : mean /miːn/ (meant, meant /ment/)

*N'oubliez pas l'auxiliaire do dans les questions : on ne dit pas * what means....*

6 ▷ Je l'ai fait sans le vouloir.
I did it unintentionally.

► **sans le vouloir :** unintentionally /ˌʌnɪn'tenʃnəlɪ/

vous

1 ▷ Est-ce que vous pourriez m'aider ?
Could you help me?

(sujet ou complément) you /juː/

▷ Est-ce qu'ils vous ont donné des cadeaux ?
Did they give you presents?
▷ Je vais vous le montrer.
I'm going to show it to you.

En fonction du verbe employé, le complément **vous** *est traduit soit par* ***you***, *soit par* ***to you***.

2 ▷ Vous vous êtes fait mal, monsieur ?
Did you hurt yourself?
▷ Servez-vous, les enfants.
Help yourselves, children.

Le pronom réfléchi **vous** *est parfois traduit par* ***yourself*** /jʊə'self/ *(s'il s'agit d'une seule personne) ou* ***yourselves*** /jʊə'selvz/ *(s'il s'agit de plusieurs personnes). C'est notamment le cas quand l'action est effectuée sur soi.*

▷ Vous vous êtes trompé.
You made a mistake.
▷ À quelle heure vous levez-vous ?
What time do you get up?

Quand le verbe n'est pas réfléchi, c'est-à-dire s'il n'y a pas d'action effectuée sur soi, le pronom réfléchi n'est souvent pas traduit.

3 ▷ Est-ce que vous vous connaissez ?
Do you know each other?

(= réciproque) **each other** /iːtʃ 'ʌðəʳ/

vous-même

▷ Faites-le vous-même, je n'ai pas le temps.
Do it yourself, I haven't got time.

yourself /jʊə'self/

vous-mêmes

▷ Est-ce que vous avez peint la maison vous-mêmes ?
Did you paint the house yourselves?

yourselves /jʊə'selvz/

vouvoyer

▷ Je ne sais pas si je dois le vouvoyer.
I don't know whether I should call him "vous".

► **vouvoyer** quelqu'un : **call** /kɔːl/ somebody **« vous »**

voyage

1 ▷ Le voyage en Espagne s'est bien passé.
The trip to Spain went well.

(= séjour) **trip** /trɪp/

▷ Ils ont fait un voyage en Irlande.
They went on a trip to Ireland
▷ Nos voisins partent en voyage ce soir.
Our neighbours are going on a trip tonight.

► **faire un voyage : go on a trip** (went, gone / been)
► **partir en voyage : go on a trip** (went, gone / been)

▷ Nous sommes partis en voyage de noces à Naples.
We went to Naples for our honeymoon.

► **voyage de noces : honeymoon** /'hʌnɪmuːn/

▷ Je n'aime pas les voyages organisés.
I don't like package tours.

► **voyage organisé : package tour** /'pækɪdʒ ˌtʊəʳ/ (pluriel **package tours**)

▷ Je suis allé pour la première fois en Écosse en voyage scolaire.
The first time I went to Scotland was on a school trip.

► **voyage scolaire : school trip** /'skuːl ˌtrɪp/ (pluriel **school trips**)

2 ▷ J'ai trouvé le voyage très long.
I found the journey very long.

2 (= trajet) **journey** /'dʒɜːnɪ/

ℹ *Le mot anglais* ***voyage*** *désigne un voyage très long, notamment en mer ou dans l'espace.*

voyager

▷ Karim a beaucoup voyagé.
Karim has travelled a lot.

▷ J'adore voyager.
I love travelling.

travel /'trævl/

ℹ ***Travel*** *prend deux* ***l*** *au gérondif* **(travelling** /'trævlɪŋ/**)**, *au prétérit et au participe passé* **(travelled** /'trævld/**)**.

voyant, voyante

▷ Elle porte souvent des couleurs voyantes.
She often wears loud colours.

(couleur) **loud** /laʊd/ **(plus voyant louder** /'laʊdəʳ/**, le plus voyant the loudest** /'laʊdɪst/**)**

voyelle

▷ Il y a des voyelles longues et des voyelles brèves en anglais.
There are long and short vowels in English.

vowel /'vaʊəl/

voyou

▷ Il y a une bande de voyous qui traîne sur la place.
There's a gang of louts hanging around in the square.

lout /laʊt/

🔊 ***Lout*** *rime avec* ***about***.

vrai, vraie

1 ▷ Ce n'est pas vrai, tu mens !
It isn't true, you're lying!

▷ C'est pas vrai, j'ai encore oublié mes clés !
I don't believe it, I've forgotten my keys again!

1 (= exact, réel) **true** /truː/

► **c'est pas vrai !** (quand on est agacé) : **I don't believe it!** /aɪ ˌdəʊnt bɪ'liːv ɪt/

2 ▷ Est-ce que ce sont de vraies perles ?
Are these real pearls?

2 (= authentique) **real** /rɪəl/

vraiment

▷ Anne est vraiment sympa.
Anne is really nice.

▷ Est-ce qu'il t'a vraiment dit ça ?
Did he really say that to you?

really /'rɪəlɪ/

VTT

▷ Aurélien a un VTT tout neuf.
Aurélien has a brand new mountain bike.

▷ Je fais du VTT le dimanche.
I go mountain biking on Sundays.

mountain bike /'maʊntɪn ˌbaɪk/

► **faire du VTT : go mountain biking** /'maʊntɪn ˌbaɪkɪŋ/ **(went, gone / been)**

vue

1 ▷ Érika a des problèmes de vue.
Érika has problems with her sight.
▷ J'ai une très bonne vue.
I have a very good sight.

1 (= vision) **sight** /saɪt/

► **avoir une bonne vue : have a good eyesight** /'aɪsaɪt/

2 ▷ Ils ont une vue magnifique depuis leur maison.
They have a beautiful view from their house.

2 (= panorama) **view** /vjuː/

View *rime avec* ***you*** *et* ***new****.*

Regardez aussi le mot ***point****.*

vulgaire

▷ Ne sois pas si vulgaire !
Don't be so vulgar!

vulgar /'vʌlgəʳ/ (**plus vulgaire** more vulgar, **le plus vulgaire** the most vulgar)

Ww

wagon

▷ Nos places sont dans le dernier wagon.
Our seats are in the last carriage.

(pour les passagers) **carriage** /'kærɪdʒ/

Carriage rime avec *bridge*.

walkman®

▷ Mon walkman ne marche plus.
My Walkman doesn't work any more.

Walkman /'wɔːkmən/

W.-C.

▷ Où sont les W.-C., s'il vous plaît ?
Where is the toilet, please?

toilet /'tɔɪlət/

Toilet est le plus souvent employé au singulier, comme dans l'exemple ci-dessus.

le Web

▷ J'ai trouvé l'information sur le Web.
I found the information on the Web.

the Web /web/

webzine

▷ Je l'ai lu dans un webzine.
I read it in a webzine.

webzine /'webziːn/

week-end

▷ Qu'est-ce que tu as fait le week-end dernier ?
What did you do last weekend?
▷ Bon week-end !
Have a nice weekend!

weekend /'wiːkend/

Notez l'absence de trait d'union en anglais.

western

▷ Mon père regarde tous les westerns à la télévision.
My father watches all the westerns on TV.

western /'westən/

whisky

▷ Il nous a rapporté du whisky d'Écosse.
He brought us some whisky back from Scotland.

whisky /'wɪskɪ/

wifi

▷ Il y a le wifi dans l'avion.

There is wifi on the plane.

▷ Il faut que je trouve une borne wifi.

I have to find a wifi hotspot.

wifi /'waɪfaɪ/

► **borne wifi :** wifi hotspot /'waɪfaɪ 'hɒtspɒt/

Xx

X

▷ Son nom commence par un X.
His name begins with an X.

X
/eks / /

xénophobe

1 ▷ Ces gens ont des idées xénophobes.
These people have xenophobic ideas.

(adjectif) xenophobic
/ˌzenəˈfəʊbik/

2 ▷ Ce sont des xénophobes.
They are xenophobes.

► **un xénophobe, une xénophobe :** a xenophobe
/ˈzenəfəʊb/

Yy

y

1 ▷ J'ai beaucoup aimé l'Irlande et j'aimerais y retourner.
I liked Ireland very much and I'd like to go back there.

(= là-bas) **there** /ðɛəʳ/

2 ▷ N'y pense pas.
Don't think about it.

▷ On lui a dit que les fantômes n'existaient pas, mais il y croit quand même.
We told him that ghosts didn't exist, but he believes in them anyway.

Quand y *remplace un nom, sa traduction en anglais dépend du verbe :* penser à *=* ***think about****,* y penser *=* ***think about it*** *(au singulier) ou* ***think about them*** *(au pluriel).*
De même : croire à *=* ***believe in****,* y croire *=* ***believe in it*** *(au singulier) ou* ***believe in them*** *(au pluriel).*

yaourt

▷ Tu veux un yaourt à la fraise ou à l'abricot ?
Do you want a strawberry or an apricot yogurt?

yogurt /'jɒgət/
ℹ *On peut aussi écrire* ***yoghurt****.*

yeux

Regardez le mot ***œil****.*

yoga

▷ Le yoga est très à la mode.
Yoga is very popular.

▷ De plus en plus de gens font du yoga.
More and more people do yoga.

yoga /'jəʊgə/

► **faire du yoga :** do yoga

yo-yo®

▷ Rebecca a un yo-yo fluo.
Rebecca has a fluorescent yo-yo.

▷ Tu sais faire du yo-yo ?
Do you know how to play with a yo-yo?

yo-yo /'jəʊjəʊ/

► **faire du yo-yo :** play with a yo-yo

Zz

zapper

▷ Arrête de zapper, c'est très énervant !
Stop channel-hopping, it's very irritating!

channel-hop /'tʃænlhɒp/
ℹ *Il y a deux* ***p*** *au gérondif (****channel-hopping****), au prétérit et au participe passé (****channel-hopped****).*

zèbre

▷ Les lions ont attaqué le zèbre.
The lions attacked the zebra.

zebra /'zebrə/
L'accent tonique est sur la première syllabe ***ze-***.

zéro

1 ▷ Tu as oublié un zéro à la fin.
You've forgotten a zero at the end.

(dans les nombres, les températures) **zero** /'zɪərəʊ/

2 ▷ Manchester a gagné deux à zéro.
Manchester won two nil.

(dans les scores de football ou de rugby) **nil** /nɪl/

3 ▷ Federer mène trente à zéro dans le deuxième jeu.
Federer is leading thirty love in the second game.

(dans les scores de tennis) **love** /lʌv/

4 ▷ Mon numéro est le 01 27 45 43 22.
My number is 0127454322.

Quand on dit un numéro de téléphone en anglais, le zéro se dit comme la lettre ***O*** /əʊ/.

zigzaguer

▷ Il a zigzagué entre les voitures.
He zigzagged between the cars.

zigzag /'zɪgzæg/
ℹ *Il y a deux g au gérondif* (**zigzagging** /'zɪgzægɪŋ/), *au prétérit et au participe passé* (**zigzagged** /'zɪgzægd/).

zodiaque

▷ Tu es de quel signe du zodiaque ?
What sign of the zodiac are you?

► **signe du zodiaque : sign of the zodiac** /ˌsaɪn əv ðə 'zəʊdɪæk/ (pluriel **signs of the zodiac**)

zone

1 ▷ Le Royaume-Uni n'est pas dans la zone euro.
The United Kingdom isn't in the euro zone.

(= espace déterminé) zone /'zəʊn/

2 ▷ Vous préférez la zone fumeurs ou non-fumeurs ?
Do you prefer the smoking or non-smoking area?

► zone fumeurs / non-fumeurs : smoking / non-smoking area /'ɛəriə/

3 ▷ Ils habitent à côté de la zone industrielle.
They live next to the industrial estate.

► zone industrielle : industrial estate /ɪn'dʌstrɪəl ɪs'teɪt/ (pluriel industrial estates)

zoo

▷ Il y a un célèbre zoo tout près.
There is a well-known zoo nearby.

zoo /zuː/

Zoo rime avec too.

zut

▷ Zut, j'ai oublié mon portefeuille !
Damn, I've forgotten my wallet!

damn /dæm/

ANNEXES

LA CONJUGAISON DES VERBES IRRÉGULIERS ANGLAIS

VERBES	PRÉTÉRIT	PARTICIPE PASSÉ
be	**was, were** It was summer. C'était l'été. We were in the garden. Nous étions dans le jardin.	**been** He has been here since May. Il est là depuis mai. Have you been to India? Es-tu allé en Inde?
beat	**beat** She beat the drum. Elle a battu le tambour.	**beaten** He has beaten the world record. Il a battu le record mondial.
become	**became** He became famous. Il est devenu célèbre.	**become** She has become a doctor. Elle est devenue médecin.
begin	**began** They began singing. Ils se sont mis à chanter.	**begun** Has the film begun? Est-ce que le film a commencé ?
bend	**bent** He bent the wire. Il a plié le fil.	**bent** I have bent the pipe. J'ai tordu le tuyau.

VERBES	PRÉTÉRIT	PARTICIPE PASSÉ
bet	**bet** She bet on the winning horse. Elle a misé sur le cheval gagnant.	**bet** I've bet on the second race J'ai parié sur la deuxième course.
bite	**bit** The dog bit him. Le chien l'a mordu.	**bitten** I've been bitten by mosquitoes. Les moustiques m'ont piqué.
bleed	**bled** The cut bled. La coupure a saigné.	**bled** The wound hasn't bled. La blessure n'a pas saigné.
blow	**blew** He blew on his soup to cool it down. Il a soufflé sur son potage pour le refroidir.	**blown** The tree has blown down. L'arbre a été abattu par le vent.
break	**broke** She broke the glass. Elle a cassé le verre.	**broken** I've broken my ankle. Je me suis cassé la cheville.
bring	**brought** I brought my map with me. J'ai apporté ma carte.	**brought** Have you brought a friend? As-tu amené un ami ?
build	**built** I built a sandcastle. J'ai fait un château de sable.	**built** They have built a new car park. Ils ont construit un nouveau parking

VERBES	PRÉTÉRIT	PARTICIPE PASSÉ
burn	**burned** ou **burnt** He burnt the cakes. Il a brûlé les gâteaux.	**burned** ou **burnt** I've burnt myself. Je me suis brûlé.
burst	**burst** The balloon burst. Le ballon a éclaté.	**burst** The tyre has burst. Le pneu a crevé.
buy	**bought** She bought me a watch. Elle m'a acheté une montre.	**bought** I have bought a new computer. J'ai acheté un nouvel ordinateur.
catch	**caught** I caught the bus. J'ai attrapé le bus.	**caught** Fred has caught two big fish. Fred a attrapé deux gros poissons.
choose	**chose** He chose the red shirt. Il a choisi la chemise rouge.	**chosen** I've chosen a present for my father. J'ai choisi un cadeau pour mon père.
come	**came** The family came from Ireland. La famille venait d'Irlande.	**come** You've come at a bad time. Tu es venu au mauvais moment
cost	**cost** The scanner cost £50. Le scanner a coûté 50 livres.	**cost** The theme park has cost a lot of money. Le parc à thème a coûté cher.

VERBES	PRÉTÉRIT	PARTICIPE PASSÉ
creep	**crept** The cat crept in. Le chat est entré tout doucement.	**crept** She had crept out of the room. Elle était sortie tout doucement de la pièce.
cut	**cut** He cut the cake into four pieces. Il a coupé le gâteau en quatre parts.	**cut** I've cut my finger. Je me suis coupé le doigt.
deal	**dealt** She dealt with the bookings. Elle s'est occupée des réservations.	**dealt** You haven't dealt with the real problem. Tu n'as pas traité le vrai problème.
dig	**dug** I dug a big hole. J'ai creusé un grand trou.	**dug** The dog has dug a hole in the garden. Le chien a fait un trou dans le jardin.
do	**did** I did the ironing last night. J'ai fait le repassage hier soir.	**done** What have you done? Qu'est-ce que tu as fait ?
draw	**drew** She drew a picture of a horse. Elle a dessiné un cheval.	**drawn** Show me what you've drawn. Montre-moi ce que tu as dessiné.
dream	**dreamed** ou **dreamt** He dreamt about aliens. Il a rêvé d'extraterrestres.	**dreamed** ou **dreamt** I have never dreamt about school. Je n'ai jamais rêvé de l'école.

	PRÉTERIT	PARTICIPE PASSÉ
drink		
	drank She drank a glass of milk. Elle a bu un verre de lait.	**drunk** Have you ever drunk saki? As-tu déjà bu du saké ?
drive		
	drove His aunt drove him home. Sa tante l'a ramené en voiture.	**driven** Have you ever driven a car? As-tu déjà conduit une voiture ?
eat		
	ate We ate our sandwiches in the park. Nous avons mangé nos sandwichs dans le parc.	**eaten** Harry has eaten all the cake. Harry a mangé tout le gâteau.
fall		
	fell The boy fell off his bike. Le garçon est tombé de son vélo.	**fallen** The photo has fallen off the shelf. La photo est tombée de l'étagère.
feed		
	fed He fed the baby. Il a donné à manger au bébé.	**fed** I've fed the dog. J'ai donné à manger au chien.
feel		
	felt She felt tired. Elle se sentait fatiguée.	**felt** I have never felt better. Je ne me suis jamais senti aussi bien.
fight		
	fought They fought for hours. Ils se sont battus pendant des heures.	**fought** He has fought in two wars. Il a fait deux guerres.

	PRÉTÉRIT	PARTICIPE PASSÉ
find		
	found	**found**
	The police found the thief. La police a trouvé le voleur.	I've found the address. J'ai trouvé l'adresse.
fly		
	flew	**flown**
	The eagle flew away. L'aigle s'est envolé.	I've never flown on Concorde. Je n'ai jamais voyagé en Concorde.
forbid		
	forbad ou **forbade**	**forbidden**
	His father forbade the marriage. Son père a interdit le mariage.	His doctor has forbidden him sugar. Son médecin lui a interdit le sucre.
forget		
	forgot	**forgotten**
	I forgot to shut the door. J'ai oublié de fermer la porte.	I have forgotten his name. J'ai oublié son nom.
freeze		
	froze	**frozen**
	The lake froze last winter. Le lac a gelé l'hiver dernier.	The lake has frozen. Le lac a gelé.
get		
	got	**got**
	She got a kitten for her birthday. Elle a eu un chaton pour son anniversaire.	*en anglais américain* gotten He's got fatter. Il a grossi.
give		
	gave	**given**
	My aunt gave me a jacket. Ma tante m'a donné une veste.	I've given him my old car. Je lui ai donné ma vieille voiture.

	PRÉTÉRIT	PARTICIPE PASSÉ
go	**went** We went to India last year. Nous sommes allés en Inde l'année dernière.	**gone** She's gone on holiday. Elle est partie en vacances.
grind	**ground** He ground the spices. Il a pilé les épices.	**ground** Have you ground the coffee? As-tu moulu le café?
grow	**grew** I grew up in the country. J'ai grandi à la campagne.	**grown** Your hair has grown a lot. Tes cheveux ont beaucoup poussé.
hang	**hung** She hung the hammock between the trees. Elle a accroché le hamac entre les arbres.	**hung** I've hung out the washing. J'ai étendu le linge.
have	**had** I had a dog when I was little. J'avais un chien quand j'étais petit.	**had** I've had a good idea. J'ai eu une bonne idée.
hear	**heard** They heard a loud noise. Ils ont entendu un grand bruit.	**heard** Have you heard their new album? As-tu entendu leur dernier album ?
hide	**hid** The pirates hid the treasure. Les pirates ont caché le trésor.	**hidden** I've hidden your present in the garden. J'ai caché ton cadeau dans le jardin.

	PRÉTÉRIT	PARTICIPE PASSÉ
hit	**hit** She hit him on the nose. Elle l'a frappé sur le nez.	**hit** He has hit his head. Il s'est cogné la tête.
hold	**held** He held her tight. Il l'a serrée très fort.	**held** They have held two meetings. Ils ont eu deux réunions.
hurt	**hurt** I hurt my leg. Je me suis fait mal à la jambe.	**hurt** Have you hurt yourself? Est-ce que tu t'es fait mal ?
keep	**kept** She kept the ticket as a souvenir. Elle a gardé le billet en souvenir.	**kept** I have kept all his letters. J'ai gardé toutes ses lettres.
kneel	**knelt** He knelt down to pray. Il s'est agenouillé pour prier.	**knelt** He had knelt down to clean the floor. Il s'était mis à genoux pour nettoyer le sol.
know	**knew** I knew she was lying. Je savais qu'elle mentait.	**known** We've known each other for a long time. On se connaît depuis longtemps.
lay	**laid** She laid her head on the pillow. Elle a posé sa tête sur l'oreiller.	**laid** The hen has laid two eggs. La poule a pondu deux œufs.

	PRÉTÉRIT	PARTICIPE PASSÉ
lead	**led** The guide led them to the museum. Le guide les a conduits au musée.	**led** He has led an interesting life. Il a mené une vie intéressante.
lean	**leaned** ou **leant** I leaned out of the window. Je me suis penché par la fenêtre.	**leaned** ou **leant** She has leaned the ladder against the wall. Elle a appuyé l'échelle contre le mur.
leap	**leaped** ou **leapt** The horse leapt over the ditch. Le cheval a sauté par-dessus le fossé.	**leaped** ou **leapt** Prices have leapt up. Les prix ont fait un bond.
learn	**learned** ou **learnt** She learnt to play the piano. Elle a appris à jouer du piano.	**learned** ou **learn** Have you learnt the poem? As-tu appris le poème ?
leave	**left** He left early. Il est parti tôt.	**left** They have left a message. Ils ont laissé un message.
lend	**lent** My sister lent me some money Ma sœur m'a prêté de l'argent.	**lent** He has lent me his camera. Il m'a prêté son appareil-photo.
let	**let** Her parents let her go out. Ses parents l'ont laissée sortir.	**let** He has never let me drive his car. Il ne m'a jamais laissé conduire sa voiture.

VERBES	PRÉTÉRIT	PARTICIPE PASSÉ
lie	**lay** He lay down on the bed. Il s'est allongé sur le lit.	**lain** She has lain in bed all day. Elle est restée au lit toute la journée.
light	**lit** He lit his pipe. Il a allumé sa pipe.	**lit** I've lit the fire. J'ai allumé le feu.
lose	**lost** France lost the match. La France a perdu le match.	**lost** I've lost my keys. J'ai perdu mes clés.
make	**made** You made me laugh. Tu m'as fait rire.	**made** She has already made dinner. Elle a déjà préparé le dîner.
mean	**meant** I meant to come earlier. J'avais l'intention de venir avant.	**meant** He was meant to come yesterday. Il était censé venir hier.
meet	**met** We met yesterday. Nous nous sommes rencontrés hier.	**met** Have you met my brother? Avez-vous rencontré mon frère ?
pay	**paid** I paid by cheque. J'ai payé par chèque.	**paid** I haven't paid yet. Je n'ai pas encore payé.
put	**put** He put the radio on. Il a mis la radio.	**put** She has put her coat on. Elle a mis son manteau.

	PRÉTÉRIT	PARTICIPE PASSÉ
quit	**quit** She quit her job. Elle a démissionné.	**quit** I've quit smoking. J'ai arrêté de fumer.
read [rɪːd]	**read [red]** He read the paper every day. Il lisait le journal tous les jours.	**read [red]** Have you read her latest book? As-tu lu son dernier livre ?
ride	**rode** We rode in the mountains. Nous avons fait du cheval en montagne.	**ridden** I have never ridden a horse. Je ne suis jamais monté à cheval.
ring	**rang** I rang him last night. Je lui ai téléphoné hier soir.	**rung** Have you rung your mother? Est-ce que tu as téléphoné à ta mère ?
rise	**rose** Prices rose last month. Les prix ont augmenté le mois dernier.	**risen** The sun hasn't risen yet. Le soleil ne s'est pas encore levé.
run	**ran** They ran down the road. Ils ont descendu la rue en courant.	**run** He has run in five races. Il a couru dans cinq courses.
say	**said** Simon said he was sorry. Simon a dit qu'il était désolé.	**said** You've said that before. Tu l'as déjà dit.
see	**saw** She saw the accident. Elle a vu l'accident.	**seen** I haven't seen that film. Je n'ai pas vu ce film.

	PRÉTÉRIT	PARTICIPE PASSÉ
seek		
	sought	**sought**
	He sought shelter. Il a cherché un abri.	I've sought high and low. J'ai cherché partout.
sell		
	sold	**sold**
	They sold their house. Ils ont vendu leur maison.	He has already sold the car. Il a déjà vendu la voiture.
send		
	sent	**sent**
	She sent the letter back. Elle a renvoyé la lettre.	They have sent him a present. Ils lui ont envoyé un cadeau.
set		
	set	**set**
	She set the table. Elle a mis la table.	I've set the alarm. J'ai mis le réveil.
shake		
	shook	**shaken**
	We shook hands. Nous nous sommes serré la main.	Have you shaken the bottle? As-tu secoué la bouteille ?
shine		
	shone	**shone**
	The light shone on the statue. La lumière éclairait la statue.	The sun hasn't shone for days. Il n'a pas fait soleil depuis des jours.
shoot		
	shot	**shot**
	He shot the rabbit. Il a tiré sur le lapin.	He has been shot. On lui a tiré dessus.

	PRÉTÉRIT	PARTICIPE PASSÉ
show	**showed** She showed me a photo of her parents. Elle m'a montré une photo de ses parents.	**shown** Have you shown your work to your teacher? As-tu montré ton travail au professeur ?
shrink	**shrank** My jumper shrank in the wash. Mon pull a rétréci au lavage.	**shrunk** His trousers have shrunk. Son pantalon a rétréci.
shut	**shut** I shut the window. J'ai fermé la fenêtre.	**shut** Have you shut the door? Est-ce que tu as fermé la porte ?
sing	**sang** Everyone sang together. Tout le monde a chanté ensemble.	**sung** I have never sung in public. Je n'ai jamais chanté en public.
sink	**sank** The Titanic sank in 1912. Le Titanic a coulé en 1912.	**sunk** The boat has sunk. Le bateau a coulé.
sit	**sat** She sat in the armchair. Elle s'est assise dans le fauteuil.	**sat** I've just sat down. Je viens de m'asseoir.
sleep	**slept** I slept like a log. J'ai dormi comme une souche.	**slept** He has slept all day. Il a dormi toute la journée.

	PRÉTÉRIT	PARTICIPE PASSÉ
slide	**slid**	**slid**
	The book slid off the table. Le livre a glissé de la table.	A tile has slid off the roof. Une tuile a glissé du toit.
smell	**smelled ou smelt**	**smelled ou smelt**
	The room smelled of coffee. La pièce sentait le café.	The dog has smelt something. Le chien a senti quelque chose.
speak	**spoke**	**spoken**
	I spoke to him last night. Je lui ai parlé hier soir.	Have you spoken to the manager? As-tu parlé au gérant ?
speed	**sped**	**speeded ou sped**
	She sped down the street. Elle a descendu la rue à toute vitesse.	The train has speeded up. Le train a accéléré.
spell	**spelled ou spelt**	**spelled ou spelt**
	The teacher spelt the word out. Le professeur a épelé le mot.	You've spelt my name wrong. Vous avez mal écrit mon nom.
spend	**spent**	**spent**
	He spent the night at a friend's house. Il a passé la nuit chez un ami. I spent £20 today. J'ai dépensé 20 livres aujourd'hui.	We have spent all weekend at home. Nous avons passé tout le week-end chez nous. I have spent all my money. J'ai dépensé tout mon argent.

VERBES	PRÉTÉRIT	PARTICIPE PASSÉ
spill	**spilled** ou **spilt** The waiter spilt the soup. Le serveur a renversé la soupe.	**spilled** ou **spilt** I've spilt the milk. J'ai renversé le lait.
spit	**spat** He spat the pill out. Il a recraché la pilule.	**spat** Have you spat your chewing gum out? As-tu recraché ton chewing-gum ?
spoil	**spoiled** ou **spoilt** He spoiled his children. Il gâtait ses enfants.	**spoiled** ou **spoilt** You've spoilt my new dress Tu as abîmé ma nouvelle robe.
spread	**spread** She spread the map on the table. Elle a étendu la carte sur la table.	**spread** The rumour has spread. La rumeur s'est propagée.
spring	**sprang** She sprang to her feet. Elle s'est levée d'un bond.	**sprung** Something has sprung up. Quelque chose a surgi.
stand	**stood** I stood up. Je me suis levé.	**stood** He has stood the ladder against the wall. Il a mis l'échelle contre le mur.
steal	**stole** The burglar stole all her jewellery. Le cambrioleur a volé tous ses bijoux.	**stolen** Somebody has stolen my bicycle. Quelqu'un a volé mon vélo.

VERBES	PRÉTÉRIT	PARTICIPE PASSÉ
stick	**stuck** He stuck the handle back on. Il a recollé la poignée.	**stuck** She has stuck the photos in an album. Elle a collé les photos dans un album.
sting	**stung** My eyes stung. Mes yeux me piquaient.	**stung** He was stung by a jellyfish. Une méduse l'a piqué.
stink	**stank** ou **stunk** The drains stank. Les égouts sentaient très mauvais.	**stunk** It has always stunk in here. Ça a toujours senti mauvais ici.
strike	**struck** The clock struck midnight. L'horloge a sonné minuit.	**struck** The tree was struck by lightning. L'arbre a été frappé par la foudre.
swear	**swore** She swore on the Bible. Elle a juré sur la Bible.	**sworn** He has sworn to tell the truth. Il a juré de dire la vérité.
sweep	**swept** He swept the floor. Il a balayé par terre.	**swept** Have you swept the yard? As-tu balayé la cour ?
swell	**swelled** His hand swelled up. Sa main a enflé.	**swollen** ou **swelled** My ankles have swollen. Mes chevilles ont enflé.

	PRÉTÉRIT	PARTICIPE PASSÉ
swim		
	swam	**swum**
	They swam in the sea. Ils ont nagé dans la mer.	She has swum across the lake. Elle a traversé le lac à la nage.
swing		
	swung	**swung**
	The monkey swung from branch to branch. Le singe se balançait de branche en branche.	I have swung the hammock over the branch. J'ai balancé le hamac sur la branche.
take		
	took	**taken**
	I took a photo of the queen. J'ai pris la reine en photo.	Have you taken your medicine? Est-ce que tu as pris ton médicament ?
teach		
	taught	**taught**
	My father taught me to whistle. Mon père m'a appris à siffler.	He has taught me many things. Il m'a appris plein de choses.
tear		
	tore	**torn**
	I tore the letter up. J'ai déchiré la lettre.	You've torn the curtain. Tu as déchiré le rideau.
tell		
	told	**told**
	She told me the truth. Elle m'a dit la vérité.	I have already told him to come. Je lui ai déjà dit de venir.
think		
	thought	**thought**
	I thought it would be a good idea. Je pensais que ce serait une bonne idée.	I have often thought about you. J'ai souvent pensé à toi.

VERBES	PRÉTÉRIT	PARTICIPE PASSÉ
throw	**threw** He threw the ball in the air. Il a lancé le ballon en l'air.	**thrown** She has thrown the leftovers away. Elle a jeté les restes.
wake	**woke** I woke up early. Je me suis réveillé de bonne heure.	**woken** You've woken the baby. Tu as réveillé le bébé.
wear	**wore** My grandfather always wore a hat. Mon grand-père portait toujours un chapeau.	**worn** She has always worn gloves to do the gardening. Elle a toujours porté des gants pour faire le jardinage.
weep	**wept** She wept when she saw him. Elle a pleuré quand elle l'a vu.	**wept** I could have wept. J'aurais pu pleurer.
win	**won** Our team won the match. Notre équipe a gagné le match.	**won** We have won the lottery. Nous avons gagné la loterie.
wind	**wound** He wound his watch up. Il a remonté sa montre.	**wound** Have you wound your watch up? As-tu remonté ta montre ?
write	**wrote** I wrote you a letter. Je t'ai écrit une lettre.	**written** He has written a lot of books. Il a écrit beaucoup de livres.

KEYS TO SUCCESS

Les clés de la réussite en anglais

1 TERMINAISONS

N'oubliez **jamais** le **-s** à la fin du verbe à la troisième personne du singulier au présent :

Ben like**s** sweets.
Ben aime les bonbons.

➤ Dans les questions et à la forme négative, le **s** se voit au niveau de **l'auxiliaire** (have, be, do → ha**s**, i**s**, doe**s**)

Doe**s** Harry live here?
Est-ce que Harry habite ici ?

My mother doe**s**n't like flying.
Ma mère n'aime pas prendre l'avion.

Ha**s** your brother been to Paris?
Est-ce que ton frère est allé à Paris ?

I**s** Cardiff in England?
Est-ce que Cardiff est en Angleterre ?

N'oubliez **jamais** la terminaison **-ed** à la fin des verbes réguliers lorsque vous les mettez au passé (au prétérit) :

I walk**ed** to the village.
J'ai marché jusqu'au village.

➤ Dans les questions et à la forme négative, l'auxiliaire **do** devient **"did"**

Did you enjoy the film?
Tu as aimé le film ?

My cousins **did**n't arrive in time.
Mes cousins ne sont pas arrivés à temps.

Les terminaisons **-er** et **-est** servent à former le comparatif et le superlatif de supériorité des adjectifs courts :

- adjectifs à **une syllabe**
- adjectifs à **deux syllabes terminés par -y**
- les adjectifs **narrow** et **clever**

une syllabe		
fast	faster	the fastest

deux syllabes		
pretty	prettier	the prettiest
clever	cleverer	the cleverest
narrow	narrower	the narrowest

➤ Pour les adjectifs longs, il faut employer **more** pour le comparatif et **the most** **pour le superlatif.**

adjectifs longs		
beautiful	more beautiful	the most beautiful

2 POSER DES QUESTIONS : la forme interrogative

En français, on peut poser une question de plusieurs façons :

As-tu fini ?
Tu as fini ?
Est-ce que tu as fini ?

Est-ce que Paul aime le café ?
Paul aime-t-il le café ?
Paul aime le café ?
Il aime le café, Paul ?

➤ En anglais, l'ordre des mots quand on pose une question est **toujours le même :**

auxiliaire	sujet	verbe
Have	you	finished?
Does	Paul	like coffee?

En anglais, la forme interrogative se construit soit avec **do/does/did**, soit avec **be** conjugué, soit avec **have/has/had**, soit avec un **modal** :

Where **does** Martin live? (auxiliaire **do**)
Où habite Martin ?

What **is** your mother's name? (**be** conjugué)
Quel est le nom de ta mère ?

Have you finished? (auxiliaire **have**)
Tu as fini ?

Can I help you? (modal **can**)
Je peux t'aider ?

➤ Une question en anglais contient **toujours** soit une forme de **be/have/do**, soit un **modal.**

3 LES ADJECTIFS

En français, les adjectifs épithètes se placent souvent après le nom :

C'était une expérience **intéressante.**
David a trois chiens très **intelligents.**
C'est un garçon **poli.**

➤ En anglais, les adjectifs épithètes se placent toujours **avant le nom :**

It was an **interesting** experience.
David has three very **intelligent** dogs.
He's a **polite** boy.

En français, les adjectifs s'accordent en nombre :

*J'ai d'autre***s** *idées.*
*Trois énorme***s** *camions.*
*Des couleurs différente***s**.

➤ En anglais, les adjectifs **ne s'accordent pas**. Autrement dit, vous ne devez jamais ajouter de **s** à un adjectif anglais.

I've got some **other** ideas.
Three **huge** lorries.
Different colours.

■ Faites particulièrement attention aux adjectifs **different** et **other**. Beaucoup d'élèves sont tentés d'ajouter un **s** à ces mots quand le nom est au pluriel !

4 LES TEMPS ET LES MODES

En français, certains verbes prennent l'auxiliaire « être » pour former le passé composé (je **suis** arrivé, ils **sont** rentrés...)

➤ En anglais, le verbe **be** n'est **jamais** employé pour former le « present perfect ». On **ne dit pas** *I am arrived, *we are come back mais I **have** arrived, we **have** come back.

En français, on emploie le **futur** après le mot *quand* dans les énoncés suivants :

Quand tu **auras** *terminé, appelle-moi.*
Je voudrais être médecin quand je **serai** *grand.*
Nous sortirons quand il **arrêtera** *de pleuvoir.*

➤ En anglais, dans ce type de phrases (qui ne sont pas des questions), on emploie le **présent** après le mot **when** :

When you **have** finished, call me.
I'd like to be a doctor when I **am** older.
We'll go out when it **stops** raining.

■ Attention ! Dans les **questions** qui commencent par **when** on peut employer **will** :

When **will** you come?
Quand est-ce que tu viendras ?

En français, on emploie couramment le **présent** pour parler de l'avenir :

Des amis **viennent** *chez moi ce week-end.*

➤ En anglais, dans le même type de situation, on emploie également le présent. Mais on emploie presque toujours le **présent en be + -ing** :

Some friends **are coming** to my house this weekend.

Le **present perfect** (auxiliaire **have** + participe passé du verbe) ressemble au passé composé, mais il n'a **pas du tout les mêmes emplois !**

➤ Quand un élément de la phrase la situe clairement dans le **passé**, employez le **prétérit**, jamais le present perfect :

I **saw** Kenny **on Saturday**.
J'ai vu Kenny samedi.

We **went** to Italy **last Christmas**.
On est allé en Italie à Noël l'année dernière.

I **cleaned** the car **yesterday**.
J'ai nettoyé la voiture hier.

5 LA STRUCTURE "X de Y" : le complément du nom

En français, la structure suivante est très courante :

nom	de	pluriel
un magasin	de	chaussures
une salade	de	tomates
un livre	d'	images
une collection	de	timbres

L'élément qui décrit le « type » de chose dont on parle (le type de magasin, le type de salade, etc.) est au **pluriel** dans ces expressions françaises.

➤ En anglais, le mot qui correspond à cet élément « descriptif » est **toujours au singulier** :

a **shoe** shop
a **tomato** salad
a **picture** book
a **stamp** collection

■ Notez comment la structure est « inversée » par rapport au français : l'élément « descriptif » vient en premier, comme un adjectif.

■ Ne confondez pas cette structure avec le **génitif** (**'s**) qui exprime le fait que quelque chose **appartient à quelqu'un**. Comparez :

This is a shoe shop.
C'est un magasin de chaussures.

This is my Dad**'s** shop.
C'est le magasin de mon père.

6 HIS et HER ; HE, SHE, IT

En français, **son** et **sa** se rapportent au **genre de la chose possédée** (**son** manteau, **sa** robe)

➤ En anglais, **his** et **her** se rapportent au **sexe du possesseur** :

his coat: son manteau (à lui)
her coat: son manteau (à elle)

autrement dit **son** peut correspondre à **his** et **her**
mais **sa** peut **aussi** correspondre à **his** et **her**.

Les noms (les substantifs) anglais **n'ont pas de genre grammatical**, et les pronoms **he** et **she** s'emploient généralement pour parler des **personnes**, pas des objets. Autrement dit, **il** et **elle** ne se traduisent pas toujours par **he** et **she** !

➤ Pour les **objets**, employez toujours **it** :

I can't lift your bag, **it**'s too heavy.
Je ne peux pas soulever ton sac, il est trop lourd.

Take that jacket off, **it**'s dirty!
Enlève cette veste, elle est sale !

➤ Employez **it** quand vous parlez d'un animal sauvage :

Look at that giraffe, I think **it**'s injured.
Regarde cette girafe, je pense qu'elle est blessée.

➤ Pour les **animaux domestiques**, on emploie **it** quand on ne connaît pas le sexe de l'animal, et **he/she** quand on connaît son sexe. L'emploi de **he/she** reflète une relation affective avec l'animal :

Have you seen the dog? **He**'s disappeared.
Tu as vu le chien ? Il a disparu.

Have you seen the dog? **She**'s disappeared.
Tu as vu la chienne ? Elle a disparu.

7 "ASK", "ANSWER"

En français, on dit **demander à quelqu'un** et **demander quelque chose**.

➤ En anglais, on dit **ask somebody**...

Ask your mother! (**jamais** *ask to your mother)
Demande à ta mère !

➤ ...et on dit **ask for something**, **sauf** quand il s'agit de demander l'heure (**ask the time**) et de demander son chemin (**ask the way**) :

Ask for a bigger size!
Demande une plus grande taille !

He **asked** me the time.
Il m'a demandé l'heure.

She **asked** us the way.
Elle nous a demandé le chemin.

En français, on dit **répondre à une question** et **répondre à quelqu'un**.

➤ En anglais, on dit **answer a question** et **answer somebody** :

Did you answer all the questions?
Est-ce que tu as répondu à toutes les questions ?

Answer your mother!
Réponds à ta mère !

8 MODAUX

Les **modaux** (can, could, may, might, must, should, will) ne sont **jamais** suivis de **to** :

You **must** leave now.
Il faut que tu partes maintenant.

I **can** hear you clearly.
Je vous entends bien.

It **might** rain later.
Il va peut-être pleuvoir tout à l'heure.

9 DÉNOMBRABLE ET INDÉNOMBRABLE

Attention aux noms qui sont **dénombrables** en français et **indénombrables** en anglais, surtout les mots **advice, information, furniture, luggage** et **news**.

ON NE DIT PAS
**an advice, *an information, *a news, *a luggage, *a furniture*

MAIS
some information/advice/news/luggage/furniture

OU ALORS
a piece of advice/information/news/luggage/furniture

Can I give you **some** advice?
Can I give you **a piece of** advice?
Je peux te donner un conseil ?

I need **some** information.
J'ai besoin d'une information/d'un renseignement.

It's an essential **piece of** information.
C'est une information essentielle.

I've lost a **piece of** luggage.
J'ai perdu un bagage.

Some luggage was damaged.
Des bagages ont été abîmés.

I'm going to buy **some** furniture.
Je vais acheter des meubles.

This is a lovely **piece of** furniture.
C'est un très beau meuble.

10 TRADUIRE "QUI" PRONOM RELATIF

Quand vous voulez traduire le pronom relatif **qui** , employez **who** ou **that** pour une personne, et **which** ou **that** pour une chose :

I'm sure he's the guy **who** hit me.
I'm sure he's the guy **that** hit me.
Je suis sûr que c'est le type **qui** *m'a frappé.*

It's a poem **which** has no meaning.
It's a poem **that** has no meaning.
C'est un poème **qui** *n'a pas de sens.*

11 TRADUIRE "LE/LA/LES"

Ne traduisez pas systématiquement **le/la/les** par **the**. Quand **le/la/les** désignent quelque chose **en général** (un thème, un domaine, un groupe...), on ne les traduit pas par **the** :

*J'aime **la nature.** (en général)*
I like **nature.**
*J'aime **la musique classique.** (en général)*
I'm fond of **classical music.**
*Je n'aime pas **les gros chiens.** (en général)*
I don't like **big dogs.**

12 IN, AT, TO

N'employez pas le mot **in** ou **at** pour traduire **à** quand il y a l'idée d'un **changement de lieu**. Quand il y a changement de lieu, employez **to** :

Let's go **to** the Louvre.
Allons au Louvre.

On va se déplacer pour y aller donc il y a **changement de lieu.**

I'm going **to** Paris tomorrow.
Je vais à Paris demain.

Je vais voyager donc il y a **changement de lieu**.

Welcome **to** France!
Bienvenue en France !

La personne à qui on souhaite la bienvenue a voyagé donc il y a **changement de lieu**.

13 "THEMSELVES" ET "EACH OTHER"

Ne confondez pas **themselves** et **each other** :

They looked at **themselves** in the mirror.
Ils se sont regardés dans la glace.

They looked at **each other**.
Ils se sont regardés (l'un l'autre).

➤ **Themselves** est « réflexif » (pronom réfléchi) : on se regarde soi-même. **Each other** est « réciproque » : chacun regarde l'autre.

14 MOTS ET EXPRESSIONS À NE PAS CONFONDRE

Ne confondez pas **there are** et **they are**

➤ **there are** = *il y a* (suivi d'un pluriel)

There are some children playing outside.
Il y a des enfants qui jouent dehors.

➤ **they are** = *ils sont, elles sont, ce sont...*

They are the neighbours' children.
Ce sont les enfants des voisins.

Ne confondez pas **who's** et **whose**

➤ **who's** = la contraction de **who has** ou de **who is**

Who's taken my pen? (= Who has taken my pen ?)
Qui a pris mon stylo ?

Who's that? (= Who is that ?)
C'est qui ?

➤ **whose** correspond à « dont » ou pose la question « à qui ? »

That's the woman **whose** car was stolen.
C'est la femme dont on a volé la voiture.

Whose bag is this?
À qui est ce sac ?

Ne confondez pas **were** et **where**

➤ **were** est une forme du verbe **be**

We **were** lost.
Nous étions perdus.

➤ **where** = où

Where is the dog?
Où est le chien ?

Ne confondez pas **-teen** et **-ty**

➤ Pensez au mot **teen**ager : c'est une personne qui a **moins de vingt** ans. Les mots en **-teen** sont **inférieurs à vingt** :
sixteen, seventeen, eighteen... 16, 17, 18
sixty, seventy, eighty... 60, 70, 80

Ne confondez pas **there is/there are** avec les expressions **ago** et **for** :

➤ **there is/there are** = « il y a » au sens de « il existe »

There is a hole in your trousers.
Il y a un trou dans ton pantalon.

➤ **ago** et **for** correspondent à « il y a » au sens **temporel**

I met Andrew five years **ago**.
J'ai rencontré Andrew il y a cinq ans.

I've known him **for** five years.
Il y a 5 ans que je le connais.

Ne confondez pas **have been** et **have gone**

➤ **have been** = parti et revenu

My Dad **has been** to Rome.
Mon père est allé à Rome.

➤ **have gone** = parti mais pas encore revenu

My Dad **has gone** to Rome.
Mon père est parti à Rome.

Ne confondez pas **during** et **for** :

➤ **during** + période **nommée**

What did you do **during** the holidays?
Qu'est-ce que tu as fait pendant les vacances ?

- **for** + période **mesurée**

What waited **for** three hours.
On a attendu trois heures.

Ne confondez pas **say** et **tell**. Devant un complément **personnel** (un mot qui désigne une personne, ou les pronoms personnels **me**, **you**, **him**, **her**, **us**, **them**) on emploie **tell**, jamais *say :

Please **tell** us your name.
Veuillez nous dire votre nom.

Tell the police where you were last night.
Dites à la police où vous étiez cette nuit.

Ne confondez pas les mots suivants :

- **teach** = apprendre **aux** autres, comme **prof,** donc enseigner
- **learn** = apprendre **des** autres, comme **élève**

- **smell** = sentir une odeur
- **feel** = sentir en touchant, ou ressentir

- a **word** = un mot
- the **world** = le monde

Ne confondez pas **white** (blanc), **with** (avec), **which** (pronom relatif / mot interrogatif), **witch** (une sorcière) !

Which witch has got a **white** coat **with** pink stripes?
Quelle sorcière a un manteau blanc avec des rayures roses ?

15 "AGREE", "AFRAID"

Ne dites jamais ***I am agree!** Ne dites jamais ***I don't afraid!**

I **agree**, he **agrees**, she **agrees**, we **agree**, you **agree**, they **agree**... everybody **agrees**!
Je suis d'accord, il est d'accord, elle est d'accord, nous sommes d'accord, ils sont d'accord... tout le monde est d'accord !

I**'m afraid** of the dark, but I**'m not afraid** of spiders!
J'ai peur du noir, mais je n'ai pas peur des araignées !

16 "BORN", "DEAD"

N'employez pas le présent avec le mot **born**. Ne dites jamais ***I am born!**

I **was born** in Toulouse.
Je suis né à Toulouse.

Dead est un **adjectif,** pas un verbe !

He's **dead.**
Il est mort.

Ici, **mort** est un adjectif.

He **died** in 1990.
Il est mort en 1990.

Ici, **mort** est une forme du verbe mourir.

L'HEURE — THE TIME

Quelle heure est-il ? — *What's the time?*

il est midi	it's midday it's noon
il est douze heures	it's twelve (o'clock)
il est minuit	it's midnight

il est neuf heures	it's nine (o'clock)
il est neuf heures du matin	it's nine am it's nine in the morning
il est neuf heures du soir	it's nine pm it's nine in the evening
il est vingt et une heures	it's twenty-one (1)

il est six heures et quart	it's a quarter past (Brit) *ou* after (Am) six
il est six heures quinze	it's six fifteen
il est dix-huit heures quinze	it's eighteen fifteen (1)

il est neuf heures et demie	it's half past (Brit) *ou* after (Am) nine
il est vingt et une heures trente	it's half past (Brit) *ou* after (Am) nine pm it's twenty-one thirty (1)

il est quatre heures moins dix	it's ten to (Brit) *ou* of (Am) four
il est quinze heures cinquante	it's fifteen fifty (1)

il est sept heures cinq	it's five past (Brit) *ou* after (Am) seven it's seven o five* (2)

il est huit heures (zéro) deux — **it's two minutes past** (Brit) *ou* **after** (Am) **eight** (3)

il est deux heures moins le quart — **it's a quarter to** (Brit) *ou* **of** (Am) **two**

il est treize heures quarante-cinq — **it's thirteen forty-five** (1)

(1) En anglais, l'horloge de 24 heures n'est utilisée que pour les horaires officiels (train, avion, etc).

(2) **o** se prononce comme la lettre **o** [əʊ].

(3) Le mot *minutes* ne peut être omis en anglais qu'avec les multiples de 5.

am est l'abréviation de *ante meridiem* qui signifie « avant midi ».
pm est l'abréviation de *post meridiem* qui signifie « après midi ».

Quelques expressions utiles

il est exactement cinq heures	**it's exactly five o'clock**
à dix heures précises *ou* **pile**	**at ten sharp** *ou* **at ten on the dot**
il est presque six heures	**it's almost six**
il est environ six heures	**it's about** *ou* **around six**
aux environs de cinq heures	**at around five**
un peu après midi	**shortly after noon**
de neuf heures à onze heures	**from nine till eleven**
c'est fermé de 13 h à 14 h	**it's closed from 1 to 2 pm**
à sept heures au plus tard	**at seven at the latest**
à sept heures au plus tôt	**at seven at the earliest**
il sera là jusqu'à huit heures	**he'll be there until eight**
ce doit être fini avant dix heures	**it must be finished by ten**

→ **Regardez aussi l'article heure.**

LA MONNAIE ········· CURRENCY

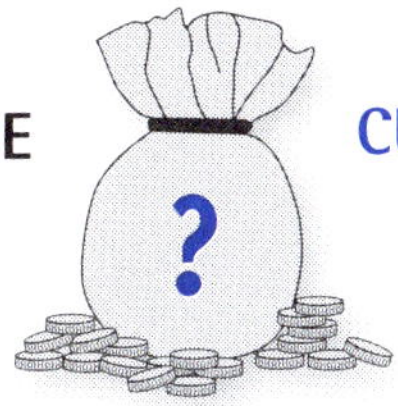

La monnaie britannique

pièces ······· coins

1p	one penny
2p	two pence
5p	five pence
10p	ten pence
50p	fifty pence
£1	one pound (= 100 pence)

billets ······· banknotes

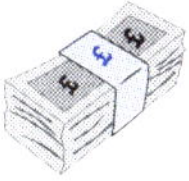

£5	five pounds
£10	ten pounds
£20	twenty pounds
£50	fifty pounds

La monnaie américaine

pièces ······· coins

1 cent	one cent
5 cents	five cents (a nickel)
10 cents	ten cents (a dime)
25 cents	twenty five cents (a quarter)

billets ······· banknotes

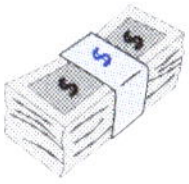

$1	one dollar (= 100 cents)
$5	five dollars
$10	ten dollars
$20	twenty dollars
$50	fifty dollars
$100	one hundred dollars

La monnaie australienne

pièces ······· coins

1 cent	one cent
5 cents	five cents (a nickel)
10 cents	ten cents (a dime)
25 cents	twenty five cents (a quarter)

billets ······· banknotes

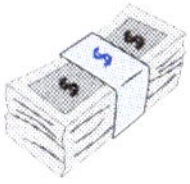

$1	one dollar (= 100 cents)
$5	five dollars
$10	ten dollars
$20	twenty dollars
$50	fifty dollars
$100	one hundred dollars

LES NOMBRES / NUMBERS

nombres cardinaux
cardinal numbers

1	one
2	two
3	three
4	four
5	five
6	six
7	seven
8	eight
9	nine
10	ten
11	eleven
12	twelve
13	thirteen
14	fourteen
15	fifteen
16	sixteen
17	seventeen
18	eighteen
19	nineteen
20	twenty
21	twenty-one
22	twenty-two
30	thirty
40	forty
50	fifty
60	sixty
70	seventy
80	eighty
90	ninety
100	one hundred
101	one hundred and one
200	two hundred
300	three hundred
458	four hundred and fifty-eight
1,000	one thousand

nombres ordinaux
ordinal numbers

1st	first
2nd	second
3rd	third
4th	fourth
5th	fifth
6th	sixth
7th	seventh
8th	eighth
9th	ninth
10th	tenth
11th	eleventh
12th	twelfth
13th	thirteenth
14th	fourteenth
15th	fifteenth
16th	sixteenth
17th	seventeenth
18th	eighteenth
19th	nineteenth
20th	twentieth
21	twenty-first
22	twenty-second
30	thirtieth
40	fortieth
50	fiftieth
60	sixtieth
70	seventieth
80	eightieth
90	ninetieth
100	(one) hundredth
101	hundred and first
200	two hundredth
300	three hundredth
458	four hundred and fifty-eighth
1,000	(one) thousandth

1,512	one thousand five hundred and twelve
2,000	two thousand
2,009	two thousand and nine
1,000,000	one million
2,000,000	two million
1,000,000,000	one billion
2,000,000,000	two billion

1,512	one thousand five hundred and twelth
2,000	two thousandth
2,009	two thousand and ninth
1,000,000	one millionth
2,000,000	two millionth
1,000,000,000	(one) billionth
2,000,000,000	two billionth

remarques

ooo « Zéro » se dit **zero** en anglais américain, mais en anglais britannique ce mot est réservé aux sciences et aux mathématiques (notamment pour exprimer les températures et les graduations).

Le terme **nought** s'utilise en Grande-Bretagne dans les nombres décimaux, par exemple *nought point nought seven* pour dire « 0,07 », mais aussi dans les notations : *nought out of ten* veut dire « 0 sur 10 ».

Les Américains comme les Britanniques disent **o** pour indiquer des numéros de carte de crédit ou de téléphone : par exemple, *o one four one* pour « 0141 ».

Dans les scores de matchs en Grande-Bretagne, on dit **nil.** « Liverpool a gagné par cinq buts à zéro » se dit *Liverpool won five nil.* L'équivalent américain est **nothing** (mot qui est parfois employé familièrement par les Britanniques) ou, dans un registre plus familier, **zip** : « nous avons gagné par sept buts à zéro » se dit *we won seven-zip.*

ooo Pour les numéros de téléphone, on donne les chiffres séparément en anglais, et non groupés comme en français. « 06 24 87 21 96 » se dit *0 six two four eight seven two one nine six.* Si un chiffre est doublé, on dit **double** en anglais britannique mais on répète le chiffre en anglais américain.

ooo **Hundred, thousand, million** et **billion** sont invariables, sauf dans les expressions *hundreds of, thousands of, millions of, billions of.*

ooo On utilise **and** entre les centaines et les dizaines (« 350 » *three hundred and fifty*) et entre les milliers et les dizaines s'il n'y a pas de centaines (« 2012 » *two thousand and twelve ;* « 5389 » *five thousand three hundred and eighty nine*).

ooo Attention ! Là où le français met un espace ou un point pour séparer les milliers et les centaines, les millions et les milliers, les milliards et les millions, l'anglais met une virgule ; « cinq mille » s'écrit « 5 000 » ou « 5.000 » en français mais *5,000* en anglais.

L'ENSEIGNEMENT PRIMAIRE et SECONDAIRE des PAYS ANGLO-SAXONS

Le numéro d'ordre des classes est croissant dans la plupart des pays anglo-saxons, contrairement au système français qui suit une sorte de compte à rebours.

En règle générale, les Anglo-Saxons donnent plus de place à l'évaluation par le contrôle continu (devoir sur table ou à la maison, dossiers, etc.) qu'aux examens de fin d'année.

Voici maintenant quelques informations sur les principaux systèmes éducatifs des niveaux primaires et secondaires.

en Angleterre et au pays de Galles

L'enseignement est obligatoire de 5 à 16 ans.

ooo L'enseignement primaire *(primary school)* est divisé en 2 étapes, de l'âge de 5 ans à l'âge de 10 ans.

Key stage 1 couvre les 2 premières années (years 1, 2) qui équivalent au cours préparatoire et à la première année de cours élémentaire en France. Les jeunes enfants sont dans des **infant schools.**

Key stage 2 couvre les 4 années suivantes (years 3, 4, 5, 6). Les jeunes enfants sont dans des **junior schools.**

Au programme : anglais, mathématiques, sciences, histoire, géographie, dessin, technologie, TICE, musique, éducation physique, instruction religieuse.

On entend souvent parler de l'importance de maîtriser les **three Rs** que sont la lecture **(reading),** l'écriture **(writing)** et le calcul **(arithmetic),** considérés comme les piliers de l'enseignement. L'expression vient de l'orthographe fantaisiste **reading, riting and rithmetic.**

ooo L'enseignement secondaire *(secondary school)* est divisé en 2 étapes, de l'âge de 11 ans à l'âge de 16 ans.

Key stage 3 couvre 3 années (years 7, 8, 9). Aux matières déjà étudiées en primaire s'ajoutent une ou plusieurs langues vivantes étrangères, l'éducation sexuelle et l'orientation professionnelle.

Key stage 4 couvre les 2 années suivantes (years 10, 11). Les élèves suivent des cours obligatoires (maths, anglais, sciences, éducation physique, TICE, éducation civique) et peuvent choisir des options (arts, dessin, histoire, géographie, langues vivantes étrangères).

À la fin de l'année 11 (qui correspond à la 2nde), les élèves passent un examen équivalent au brevet des collèges : le **GCSE** *(General Certificate of Secondary Education).*

Les deux sujets obligatoires au GCSE sont l'anglais et les mathématiques. La liste des options est extrêmement large et va, selon les établissements, de l'électronique aux sports nautiques en passant par l'hindouisme.

Les élèves voulant entrer rapidement dans la vie active peuvent s'orienter vers un diplôme professionnel et technique (dans les secteurs du commerce, de la santé, de la restauration, du bâtiment, etc.), tel que le **NVQ** *(National Vocational Qualification).* Ce diplôme est décerné sur appréciation de leur travail et de leur formation en entreprise.

ooo À l'issue du GCSE, l'élève peut soit quitter l'école, soit préparer en deux ans les **A levels,** qui correspondent à peu près au baccalauréat français et permettent d'accéder à l'enseignement supérieur.

Ces deux années non obligatoires (years 12, 13) se déroulent dans les **secondary schools** avec **sixth form** ou dans des instituts de préparation à l'enseignement supérieur appelés **further education colleges** ou **sixth form colleges.**

La première année de la **sixth form** *(lower sixth form)* correspond à la classe de première française et la seconde *(upper sixth form)* à la classe de terminale française.

Contrairement au baccalauréat français, dont le résultat est global, les **A levels** sont des examens passés séparément dans un nombre limité de matières (trois en moyenne) choisies par le candidat. Le système d'inscription dans l'enseignement supérieur étant sélectif, les élèves cherchent à obtenir les meilleures mentions possibles afin de pouvoir choisir plus facilement leur université.

en Écosse

L'enseignement est obligatoire de 5 à 16 ans.

Les classes s'échelonnent de **P1** à **P7** en primaire et de **S1** à **S6** en secondaire.

Les matières enseignées sont sensiblement les mêmes qu'en Angleterre.

L'équivalent écossais du **GCSE** s'appelle **Standard Grades.** L'équivalent des **A levels** s'appelle le **Higher Grade.** Il se prépare en un an et porte sur cinq matières au maximum.

Toutefois, une réorganisation des programmes et des examens est prévue pour 2013/2014.

en Irlande du Nord

L'enseignement est obligatoire de 4 à 16 ans.

Il y a un décalage d'un an dans les noms des niveaux par rapport à l'Angleterre (**year 14** en Irlande du Nord correspond à **year 13** en Angleterre).

en République d'Irlande

L'enseignement est obligatoire de 6 à 16 ans.

L'enseignement primaire commence en **1st class** et se termine en **6th class.**

Le secondaire commence en **1st year** et se termine en **3rd year,** année qui clôt le **Junior Cycle.** Les élèves passent alors le **Junior Leaving Certificate.**

L'équivalent des **A levels** s'appelle le **Leaving Certificate,** qui peut être généraliste ou professionnel.

aux États-Unis

L'enseignement n'est pas réglementé au niveau fédéral. Les programmes et les années d'enseignement obligatoires varient beaucoup d'État à État. Selon l'État et le secteur scolaire, l'enseignement est obligatoire de 5, 6 ou 7 ans à 16, 17 ou 18 ans.

De 5 ans à 10 ans, les élèves passent du **kindergarten** au **1st grade** (équivalent du cours préparatoire français), **2nd, 3rd, 4th** puis **5th grade** dans des **elementary schools.**

De 11 à 13 ans, ils passent du **6th** au **8th grade** dans des **middle** ou **junior high schools.** De 14 à 17 ans, ils passent du **9th** (la première année du deuxième cycle du secondaire) au **12th grade** (équivalent de la terminale) dans des **(senior) high schools.**

La 9e année, les élèves préparent le **High School Diploma,** qui comprend un tronc commun à tous les États mais aussi de nombreuses options variables selon les États.

Les élèves des 4 dernières années ont des surnoms : **freshman** (« petit nouveau ») en 9e année, **sophomore** en 10e, **junior** en 11e et **senior** en 12e.

au Canada (hors Québec)

Le système éducatif ressemble beaucoup à celui des États-Unis, avec 12 niveaux échelonnés de la maternelle **(kindergarten)** à l'âge de 17 ans. L'enseignement est obligatoire jusqu'à 16 ans dans toutes les provinces, sauf au Nouveau-Brunswick et en Ontario, où il est obligatoire jusqu'à 18 ans.

Les élèves en **12th grade** (équivalent de la terminale) passent le **Secondary Diploma** (équivalent du **High School Diploma** américain et du baccalauréat français) qui sanctionne la fin des études dans une **high school** (couvrant la dernière année du collège et les années de lycée français). Le système repose sur des « crédits » ou « unités de valeur », qui varient selon les provinces.

en Australie

Le système éducatif ressemble beaucoup au système anglais. Cependant, l'enseignement n'y est pas obligatoire avant l'âge de 6 ans et il n'y a pas de programme national, d'où les variations entre les États et les territoires.

À l'âge de 14 ans **(year 9),** les élèves optent soit pour une préparation au **year 10 Certificate,** soit pour une formation professionnelle et technique. Ces diplômes équivalent aux **GCSEs** au Royaume-Uni (brevet français) et permettent à l'élève de passer en **senior secondary school** (équivalent du lycée français). L'enseignement n'est pas obligatoire au-delà.

Cependant, ceux qui le souhaitent peuvent étudier deux années supplémentaires et passer le **Senior Secondary Certificate of Education** qui ouvre l'accès à l'université.

en Nouvelle-Zélande

Le système éducatif est calqué sur le système anglais, avec cependant des différences en dernière année d'enseignement obligatoire. Depuis 2011, les élèves doivent rester dans le système scolaire jusqu'à l'âge de 17 ans, et à partir de 2014, ils devront y rester jusqu'à 18 ans.

À 15 ans **(year 11),** les élèves préparent le **National Certificate of Educational Achievement (NCEA) level 1,** diplôme équivalent des **GCSEs** du Royaume-Uni et basé sur des « crédits » ou « unités de valeur ». Les élèves peuvent ensuite soit sortir du système scolaire soit continuer leurs études jusqu'au **NCEA level 2** puis **level 3.** Ces trois diplômes sont nécessaires pour entrer à l'université.

FÊTES et CÉLÉBRATIONS

Réjouissez-vous et sortez les déguisements !

Un jour férié se dit **public holiday** ou encore **bank holiday** en anglais britannique, car historiquement c'était un jour de fermeture des banques.

Les cultures et civilisations françaises et anglo-saxonnes étant très proches, beaucoup de fêtes sont communes. Mais on relève quelques spécificités, dont certaines très cocasses vues de France.

Quelques fêtes religieuses et païennes

ooo Easter

À Pâques, ce sont les **bunny rabbits** et non les cloches qui déposent les œufs et autres friandises dans les jardins britanniques, américains, canadiens et australiens.

Mais en Australie, le lapin prolifère tellement qu'il n'a plus bonne presse, et certains essaient de le remplacer par le **bilby,** petit marsupial aux grandes oreilles en voie de disparition.

La **Easter Bonnet Parade** est une tradition en Australie, au Royaume-Uni et aux États-Unis. Les enfants défilent dans les rues coiffés de chapeaux extravagants ou déguisés en poules.

Le Vendredi saint, on mange des **hot cross buns,** petites brioches à la cannelle et aux raisins, décorées d'une croix de sucre.

ooo Halloween

Ce mot est une contraction de **All Hallows Eve** et désigne la veille de la Toussaint. Elle est célébrée le 31 octobre, jour où les morts sont censés rendre visite aux vivants.

Cette ancienne tradition d'origine celte est arrivée en France à la fin des années 90, où les magasins ont commencé à regorger de citrouilles, de déguisements et de bibelots en tout genre dans les tons orange et noir. Cela changeait des traditionnels chrysanthèmes !

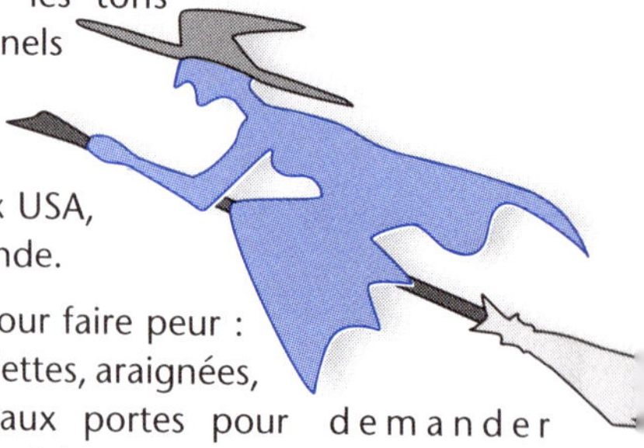

Mais la tradition est beaucoup plus vivace dans les pays anglo-saxons, notamment aux USA, au Canada, en Australie et en Nouvelle-Zélande.

À cette occasion, les enfants se déguisent pour faire peur : sorcières, monstres, fantômes, momies, squelettes, araignées, chauve-souris ou vampires. Ils frappent aux portes pour demander des bonbons et de l'argent avec la formule « trick or treat », qui menace les voisins d'un mauvais tour **(trick)** si on ne leur donne pas un petit cadeau **(treat),** en général des friandises.

La soupe à la citrouille **(pumpkin pie)** est au menu.

Parmi les jeux traditionnels ce jour-là, le **apple bobbing** consiste à attraper des pommes flottantes avec la bouche, les mains dans le dos.

La **Jack-o'-lantern** est un élément incontournable de cette fête. Cette citrouille découpée en un visage grimaçant est éclairée de l'intérieur par une bougie. Elle rappelle un vieux conte irlandais dans lequel un maréchal-ferrant, refusé au paradis à cause de son ivrognerie et de son avarice et interdit d'enfer pour avoir piégé le diable à plusieurs reprises, est condamné à errer avec un navet évidé contenant une braise lui servant de lanterne.

ooo Noël

L'arbre de Noël n'est pas toujours un sapin dans les pays anglo-saxons ! En Australie par exemple, il est concurrencé par le **Christmas bush,** un arbre à feuilles persistantes et fleurs rouges.

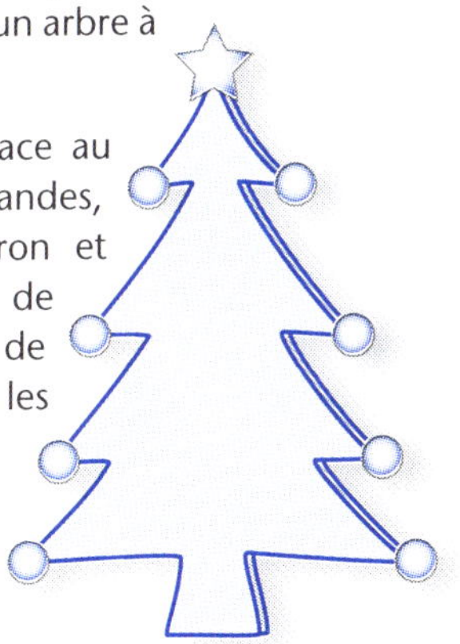

Notre fameuse bûche de Noël ne fait pas le poids face au **Christmas pudding** britannique qui, avec ses raisins, amandes, mélasse, graisse de rognon, cassonade, orange, citron et pruneaux, fruits confits et mie de pain, le tout arrosé de brandy, n'est pas un modèle de légèreté. Le temps de préparation, de marinade et de cuisson peut avoisiner les 20 heures mais le tout peut se conserver un an !

En Australie, Noël tombant en pleines vacances d'été, les festivités se déroulent généralement en plein air. Si la plupart des cartes de vœux reprennent les thèmes des pays plus froids, on trouve parfois le **Father Christmas** en maillot de bain sur la plage ou sur une planche de surf. Les kangourous prennent le relais des rennes pour tirer son chariot.

La **Pantomime** (abrégée en **panto**) est un spectacle de théâtre joué à la période de Noël. Les contes de fées et les histoires populaires sont alors à l'honneur ; parmi les classiques, on trouve *Cendrillon, Aladin, Blanche-Neige et les sept nains, Jack et le haricot géant.* Ces histoires sont présentées sous forme de comédies bouffonnes qui mêlent chansons, costumes fantaisistes et décors féeriques. Les principaux rôles masculins et féminins sont souvent interprétés par des comédiens du sexe opposé pour ajouter à la drôlerie. Les personnages-types, dont les *principal boy* et *girl,* **la panto dame** et **le villain,** ont des répliques connues du public, toujours appelé à participer. Ces spectacles, très populaires non seulement en Grande-Bretagne mais aussi en Australie, au Canada, en Irlande et même en Inde et en Jamaïque, ne sont pas destinés qu'aux enfants !

ooo Thanksgiving

Thanksgiving signifie « action de grâce ». Chaque année, le quatrième jeudi de novembre, les Américains commémorent la fête organisée en 1621 par les Pères pèlerins **(Pilgrim Fathers)** pour remercier Dieu de leurs premières récoltes sur le sol américain. C'est l'occasion de se rendre dans la famille, de manger de la soupe au maïs, de la dinde et de la tarte au potiron.

Quelques personnages à l'honneur

ooo Bloomsday

Le 16 juin, les Irlandais fêtent le célèbre écrivain James Joyce à travers le personnage principal de son roman *Ulysses* (1922), **Mr Bloom.** Cette œuvre est réputée très difficile car pleine de références classiques et d'argot dublinois. Mais ce jour-là, les admirateurs de Joyce s'habillent en costume d'époque et parcourent la ville de Dublin sur les traces de Bloom en récitant des extraits du roman. Les restaurants et les pubs proposent des menus à thème, d'où la Guinness est rarement absente.

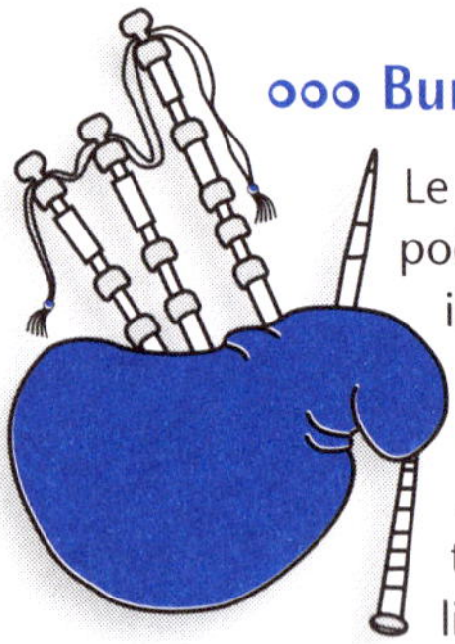

ooo Burn's Night

Le 25 janvier, les Écossais commémorent la naissance de leur poète national Robert Burns (1759-1796). À cette occasion, ils se réunissent pour un dîner **(Burns' supper)** qui comprend traditionnellement du **haggis.** Apportée au son de la cornemuse, cette panse de brebis farcie se mange accompagnée d'une purée de rutabagas et de pommes de terre **(neeps and tatties).** Après les toasts d'usage, l'assistance lit des poèmes et chante des chansons de Burns.

ooo Guy Fawkes Night

En Grande-Bretagne, **Guy Fawkes Night,** aussi appelée **Bonfire Night,** se fête le 5 novembre en mémoire de l'échec de la Conspiration des poudres en 1605. Le *Gunpowder Plot* est une tentative d'attentat menée par un groupe de catholiques anglais contre le roi Jacques Ier d'Angleterre et le parlement britannique. Guy Fawkes est chargé des explosifs censés réduire en cendres la Chambre des lords. Le complot éventé, les conspirateurs sont condamnés à mort.

Cette fête est prétexte à des feux d'artifice et à des feux de joie **(bonfires)** sur lesquels on brûle une poupée de chiffon **'the guy'** figurant Guy Fawkes. Dans les jours qui précèdent, les enfants promènent cette effigie dans les rues et abordent les passants pour leur demander « a penny for the guy ».

ooo Groundhog Day

Le 2 février, tous les regards des Américains sont braqués sur le terrier d'une marmotte à Punxsutawney, petit bourg de Pennsylvanie.

Selon la tradition, si le soleil brille ce jour-là, la marmotte est tellement effrayée par son ombre lorsqu'elle sort de son terrier qu'elle y retourne et prolonge son hibernation de six semaines. L'hiver se prolongera d'autant. Si le temps est couvert, elle restera à l'extérieur et annoncera ainsi un printemps précoce.

La sortie de la marmotte est filmée chaque année et l'événement est diffusé à l'échelle nationale. C'est l'occasion de nombreuses festivités. Si la marmotte de Punxsutawney, prénommée Phil, est la plus célèbre du pays, elle ne manque pas de concurrentes dans d'autres villes des États-Unis.

Le film *Groundhog Day* (*Un jour sans fin,* 1993) de Harold Ramis met en scène un présentateur météo chargé de faire un reportage sur cet événement et qui se retrouve condamné à revivre indéfiniment ce jour jusqu'à trouver un sens à sa vie.

ooo Roal Dahl Day

Roal Dahl est un écrivain né en 1916 au pays de Galles de parents norvégiens. Il a écrit de nombreux livres pour enfants, dont *Gremlins, Bizarre, Bizarre, James et la Grosse Pêche, Sacrées sorcières, Matilda, Charlie et la Chocolaterie* (Roal Dahl avait fait une partie de ses études près de la ville de Cadbury !). La plupart de ses livres furent des best-sellers mondiaux et certains ont été adaptés au cinéma ou à la télévision.

Le 13 septembre, jour de l'anniversaire de Roal Dahl, de nombreuses manifestations célèbrent l'auteur : on lit des extraits de ses livres, les écoles organisent des fêtes avec des jeux et des quiz et les élèves se déguisent en l'un de ses personnages.

ooo Le **Queen's Official Birthday** est le jour de célébration officiel du monarque à la tête du Commonwealth. Ce jour varie selon les pays du Commonwealth (mai au Canada, juin en Australie, en Nouvelle-Zélande et au Royaume-Uni, avril aux Malouines, etc.) et il est parfois férié. Il ne coïncide pas avec l'anniversaire réel de la reine. **Trooping the Colour** (« le salut au drapeau ») est la cérémonie phare de ce jour.

ooo **Lincoln, Washington** et **Martin Luther King** ont aussi leurs jours de célébration aux États-Unis.

Les fêtes nationales

Il n'y a pas à proprement parler de fête nationale britannique, hormis le **Queen's Official Birthday.** En revanche, chaque pays constitutif du royaume s'autocélèbre.

ooo Saint Patrick's Day

Le 17 mars, les Irlandais fêtent leur saint patron, **saint Patrick.** Ce jour-là, le vert est partout de rigueur et les Irlandais portent une feuille de trèfle **(shamrock)** à la boutonnière en référence au trèfle qu'aurait utilisé saint Patrick pour expliquer le concept de la sainte Trinité au peuple qu'il évangélisait. C'est toute la culture irlandaise, et plus largement la culture celtique, qui est à l'honneur, ce qui explique le succès de cette fête dans le monde entier.

ooo Saint Andrew's Day

La Saint-André tombe le 30 novembre, mais le jour férié en Écosse est le lundi suivant. C'est l'occasion de faire la fête et de danser le **ceilidh** en rond ou en groupe de 8. La croix de saint André (en X), appelée **Saint Andrew's cross** ou **Saltire,** figure sur le drapeau écossais. Le chardon **(thistle),** emblème de l'Écosse, n'est pas lié à ce saint et l'origine de son caractère emblématique est mal connue.

ooo Saint David's Day

Saint David est le saint patron du pays de Galles, fêté le 1er mars. Les Gallois paradent en arborant fièrement le poireau **(leek)** et la jonquille **(daffodil)** et se couvrent du drapeau de saint David. C'est aussi l'occasion de célébrer la langue galloise à travers des **eisteddfodau,** festivals de littérature, de théâtre et de musique avec compétitions et remises de prix.

ooo Saint George's Day

De nos jours, saint Georges est assez peu fêté en Angleterre, bien qu'il en soit le saint patron et que sa victoire sur le dragon y soit représentée un peu partout. Cependant, le 23 avril étant également le jour de la mort de Shakespeare et de Cervantès, l'UNESCO a choisi cette date pour la Journée internationale du Livre, ce qui assure quelques festivités. La **rose,** référence à la guerre des Deux-Roses entre les York et les Lancastre, fleurit à quelques boutonnières ce jour-là.

ooo Independence Day

Le « jour de l'indépendance » est la grande fête nationale des États-Unis. On célèbre le 4 juillet la signature, en 1776, de la déclaration d'indépendance et, par conséquent, la naissance du pays. C'est l'occasion de manifestations patriotiques diverses : feux d'artifice, défilés, etc.

ooo Australia Day

Le 26 janvier, le pays commémore l'arrivée du bateau du capitaine Arthur Phillip transportant les bagnards qui devaient coloniser le continent. La scène du débarquement est rejouée chaque année dans le port de Sydney au son des salves de canons. Le 26 janvier étant en plein été dans l'hémisphère Sud, c'est un jour idéal pour les pique-niques, les jeux de plein air et les feux d'artifice.

ooo Canada Day

Au Canada, le 1er juillet, on fête la promulgation de l'acte qui, en 1867, réunit trois colonies britanniques (Nouvelle-Écosse, Nouveau-Brunswick et la province du Canada) en un seul pays, le Canada. Parades, festivals, feux d'artifice, concerts fleurissent partout ce jour-là. C'est également à cette date que se tiennent bon nombre de cérémonies où les candidats à la citoyenneté canadienne prêtent serment d'allégeance à leur pays d'adoption et à son monarque.

SPORTS et ACTIVITÉS SPORTIVES

Le sport tient une grande place dans la vie des collégiens anglo-saxons. Les établissements scolaires disposent généralement d'excellentes infrastructures sportives.

Voici quelques mini-lexiques pour vous permettre de parler de certaines de vos activités sportives avec vos amis et correspondants.

Beaucoup de sports ayant été inventés par les Anglo-Saxons, le vocabulaire utilisé en français contient beaucoup d'emprunts directs à l'anglais. Ils vous sont signalés par ⚐. Mais attention aux faux amis et aux petites différences orthographiques !

Le football

attaquant : attacker
défenseur : defender
ailier : winger
avant-centre : centre forward
milieu de terrain : midfield player
arrière : fullback
gardien de but : goalkeeper
arbitre : referee
juge de touche : linesman
cage, buts : goal
but : goal
marquer un but : score a goal
coup de pied de pénalité, penalty : penalty kick
tirer un penalty : take a penalty
marquer sur penalty : score a penalty goal
coup de pied de coin, corner : corner kick
tirer un corner : take a corner kick
sortir [balle] : go out of play
tacle : tackle
remise en jeu : throw-in
mettre la balle en touche : kick the ball into touch
score, marque : score
mener au score ou **à la marque** : be in the lead
mener 3 buts à 1 : lead by 3 goals to 1
faire match nul : draw
banc de touche : (substitutes') bench
hors jeu : offside
première / seconde mi-temps : first / second half
à la mi-temps : at half-time
arrêts de jeu : injury time
prolongations : extra time *(Brit)* ou overtime *(Am)*

Le rugby

avant : forward
arrière : back
ailier : flanker ou wing-forward
trois-quarts aile : wing three-quarter
trois-quarts centre : centre three-quarter
ligne des trois-quarts : three-quarter line
demi de mêlée : scrum half

demi d'ouverture : fly half ou stand-off half
arbitre : referee
juge de touche : touch judge
mêlée : scrum
drop (coup de pied) : drop kick; (points) drop goal
essai : try
marquer un essai : score a try
transformer un essai : convert a try
dégager ou **botter en touche** : kick the ball into touch
enbut : in-goal area
ligne des 22 : 22-metre line
poteaux de but : goal posts
plaquer : bring down
arrêts de jeu : injury time
faute : foul

pack

Le tennis

court en terre battue / en gazon / en dur : clay / lawn / hard court
ligne de fond : base line
ligne de service : service line
arbitre de chaise : umpire
juge de ligne : line judge, linesman; (pour ligne de fond) foot-fault judge
juge de filet : net cord judge
ramasseur / ramasseuse de balles : ballboy / ballgirl
jeu décisif : tiebreak
volée : volley
faute : fault
jeu (partie du match) : game
40 à (rien) : forty love
lift : topspin
jouer en simple / en double : play singles / doubles
être au service : have the service
faire des échanges : rally
mener par 2 jeux / sets à zéro : lead by 2 games / sets to love

ace, smash, passing, shot, service, set, slice

• • • • • • • • • • •

Certains sports largement pratiqués dans les pays anglo-saxons sont peu connus en France. Voici les règles des plus importants, dans leurs grandes lignes, pour une petite entrée en matière.

Le cricket

Le cricket est très médiatisé en Angleterre et dans beaucoup de pays du Commonwealth. Ses règles sont difficilement compréhensibles pour le néophyte.

Le terrain ovale **(field)** a en son centre un rectangle **(pitch)** à chaque extrémité duquel se trouve le guichet **(wicket)**, composé de 3 piquets **(stumps)** sur lesquels sont posés en équilibre 2 petits bouts de bois **(bails)** qui les solidarisent.

Chacune des équipes est composée de 11 joueurs. L'une des équipes place ses 11 joueurs sur le terrain, dont un lanceur **(bowler)**. L'autre équipe place 2 joueurs sur le terrain, un devant chaque guichet : ce sont les batteurs **(batsmen)**.

Le lanceur s'élance du bout du pitch et lance la balle, bras tendu au-dessus de l'épaule, en visant les piquets.

Le batteur doit dévier la balle de sa trajectoire avec sa batte **(bat)** pour protéger son guichet. Il essaie de l'envoyer hors de portée des joueurs de champ **(fielders),** qui appartiennent à l'équipe adverse.

Si le batteur a envoyé la balle assez loin, il a le temps de courir jusqu'à l'autre guichet, et éventuellement de revenir au sien et de faire ainsi plusieurs allers-retours **(runs)** qui lui font gagner des points. Si l'un des piquets tombe ou si les joueurs de champ attrapent la balle pendant sa course, le batteur est éliminé.

Lorsque la balle sort du terrain en roulant sur l'herbe, le batteur marque 4 points. S'il envoie la balle directement hors du terrain sans qu'elle touche le sol, il marque 6 points.

Le lanceur fait une série de six lancers **(an over).** Lorsqu'un batteur est éliminé, l'un de ses coéquipiers vient le remplacer. Lors des grands matches, ce n'est que lorsque 10 batteurs d'une même équipe ont été éliminés que le tour de batte **(inning)** passe à l'équipe adverse. Les test-matches internationaux peuvent durer jusqu'à 5 jours et s'apparentent à une guerre d'usure.

Le jeu peut sembler lent et peu intéressant, ce qui justifie la vieille plaisanterie selon laquelle Dieu aurait donné le cricket aux Anglais pour leur faire comprendre le sens de l'éternité…

Cela leur a aussi donné l'expression **that's not cricket** qui a le sens figuré de « cela ne se fait pas, ce n'est pas correct », ce qui en dit long sur leur respect pour ce sport.

Le baseball

Le **baseball** est une sorte de cricket « version américaine ».

Le terrain est en forme d'éventail, à la pointe duquel se trouve un carré **(diamond).** Aux quatre coins de ce carré se trouvent des bases, dont l'une est la base de départ **(home base).**

Chaque équipe est composée de 9 joueurs.

L'équipe en défense **(fielding** ou **pitching team)** place ses 9 joueurs sur le terrain : un lanceur **(pitcher),** un receveur **(catcher),** quatre joueurs dans le champ intérieur **(infield)** divisé en 4 zones (bases 1, 2, 3, arrêt-court), et trois joueurs dans le champ extérieur **(outfield).**

L'équipe attaquante **(batting** ou **hitting team)** place son batteur sur le plateau de la base de départ.

Avec sa batte, le batteur doit frapper la balle envoyée par le lanceur pour gagner le droit de courir. Il essaie de l'envoyer hors de portée des défenseurs pour avoir le temps de courir de base en base. Il a le droit à 3 essais. Au troisième échec, il est sorti du jeu **(out).**

Il est éliminé si la balle qu'il a frappée a été reprise de volée ou si un défenseur l'attrape alors qu'il court entre deux bases, ou bien encore s'il est touché entre deux bases par un défenseur porteur de la balle. Il réussit un coup *simple, double* ou *triple* selon qu'il atteint la base 1, 2 ou 3. Réussir à regagner la base de départ, c'est gagner une course **(run).** La victoire revient à l'équipe qui comptabilise le plus de courses.

Une partie se joue en neuf manches **(innings).** Dans une manche, chaque équipe passe une fois en attaque et une fois en défense.

Le baseball est aussi appelé **hardball** par opposition au **softball.**

Le **softball,** directement dérivé du baseball, s'en différencie essentiellement par le type de lancer (la balle doit être frappée par dessous et non par dessus l'épaule), la taille de la balle (plus grande), celle de la batte (d'un diamètre inférieur) et celle du terrain (plus petit).

Le football américain

Le **football américain** met en présence deux équipes de 11 joueurs bardés de protections (casque grillagé, rembourrage au niveau des articulations). Un match dure une heure divisée en quatre périodes d'un quart d'heure.

Le terrain est divisé en bandes de 5 yards (soit 4,6 m) matérialisées par des traits blancs. À chaque extrémité se trouve la zone d'en-but **(end zone)** avec des poteaux en forme de Y.

Un peu comme au rugby, le ballon peut être porté, lancé ou botté. L'équipe porteuse du ballon progresse de 10 yards en 10 yards à partir de la ligne où a commencé la phase d'attaque **(line of scrimmage).** L'équipe attaquante a 4 tentatives **(downs)** pour parcourir au minimum 10 yards. Si elle échoue, le ballon passe à l'adversaire.

Les points sont marqués de différentes façons :

- soit en portant le ballon dans l'en-but adverse (**touchdown,** 6 points) ; la transformation **(conversion)** peut se faire au pied ou à la main
- soit par un coup de pied arrêté (**field gold,** 3 points)
- soit en plaquant un joueur adverse ayant le ballon dans son propre en-but (**safety,** 2 points).

La finale du championnat, **le Super Bowl,** est l'évènement sportif le plus regardé aux États-Unis.

Le lacrosse

Le **lacrosse** est un sport collectif pratiqué essentiellement au Canada et aux États-Unis mais qui commence à s'implanter en Europe et en Asie.

Un match dure une heure, divisée en quatre périodes d'un quart d'heure.

Il s'agit de mettre la balle dans le but adverse, défendu par un gardien, en la portant ou la frappant avec une crosse, sorte de fourche terminée par une poche en filet. Chaque but rapporte un point. Le placage est interdit mais l'obstruction poitrine contre poitrine est autorisée. Les contacts justifient l'usage de protections (casque, gants).

Le nombre de joueurs dépend de la variété de lacrosse : 10 pour le **field lacrosse** pratiqué en extérieur et 6 pour le **box lacrosse** pratiqué en salle, sur un terrain de hockey sur glace recouvert d'herbe. La version féminine **(women's lacrosse)** se différencie essentiellement par des contacts moins brutaux et un équipement plus léger.

Le hockey

Ce sport se pratique essentiellement soit sur gazon **(field hockey)**, soit sur glace **(ice hockey)**. Mais quelques variantes farfelues et acrobatiques existent : hockey subaquatique, hockey sur luge, etc.

Le **hockey sur gazon** met en présence deux équipes de 11 joueurs, armés d'une crosse **(stick)**, pendant deux mi-temps de 35 minutes. La balle doit être frappée depuis la zone de tir (demi-cercle devant le but) pour marquer un point.

Le **hockey sur glace** se pratique sur une patinoire. Les 6 joueurs de chaque équipe, chaussés de patins, s'affrontent pendant trois périodes de 20 minutes. Ils doivent envoyer un palet (ou disque, appelé **rondelle** en québécois, **puck** en anglais) dans la cage adverse, à l'aide d'une crosse. Les pénalités vont de l'avertissement à la « prison » (exclusion de 2 à 10 minutes selon la gravité de la faute).

Dans les deux types de hockey, les charges et contacts sont généralement très « virils » et les protections (casque, gants, rembourrage) loin d'être inutiles.

Le polo

Ce sport équestre est pratiqué principalement en Inde, en Angleterre et en Argentine.

Il oppose deux équipes de 4 joueurs à cheval, qui s'efforcent d'envoyer la balle entre les deux piquets verticaux du camp adverse à l'aide d'un maillet.

Tout joueur en possession de la balle a le droit de passage sur la ligne et dans la direction qu'il suit ; aucun autre joueur ne peut venir couper sa trajectoire sans se retrouver en faute. Le marquage d'un joueur se fait en accrochant son maillet ou en le poussant de l'épaule. Après chaque but, les équipes changent de côté.

Une partie comprend de 4 à 8 périodes de 7 minutes 30 **(chukka).** Les montures sont changées après deux périodes.

Ce sport réclame une grande maîtrise de l'équitation et beaucoup d'adresse ; il est aussi assez coûteux. Les princes William et Harry le pratiquent avec assiduité !

anglais
français

Aa

La lettre A se prononce /eɪ/ en anglais.
A rime avec day, stay et play.

a /eɪ, ə/ *a plusieurs sens :*

ℹ a est l'article indéfini en anglais. Devant un mot qui commence par une voyelle ou un h muet a devient an.

a *peut signifier* **un** *ou* **une**

▷ He gave her a book. Il lui a donné un livre.

▷ She ate a pear. Elle a mangé une poire.

ℹ L'article indéfini n'est pas toujours traduit en français :

▷ He's a doctor. Il est médecin.

▷ What a nice house! Quelle jolie maison !

ℹ a peut servir à parler des fréquences, des prix ou des taux :

▷ He comes three times a day. Il vient trois fois par jour.

▷ They cost 10 euros a kilo. Ils coûtent 10 euros le kilo.

▷ We were going at 50 kilometres an hour. Nous roulions à 50 kilomètres à l'heure.

abandon /ə'bændən/ **abandonner**

abbey /'æbɪ/ **abbaye**

abbreviation /əˌbriːvɪ'eɪʃən/ **abréviation**

ability /ə'bɪlɪtɪ/ **capacité**

able /'eɪbl/ **capable**

► **be able to do** something **pouvoir faire** quelque chose

▷ He wasn't able to come. Il n'a pas pu venir.

aboard /ə'bɔːd/ **à bord** *ou* **à bord de**

▷ Welcome aboard! Bienvenue à bord !

▷ We were aboard the train heading for London. Nous étions à bord du train pour Londres.

abolish /ə'bɒlɪʃ/ **abolir**

abolition /ˌæbəʊ'lɪʃən/ **abolition**

Aborigine /ˌæbə'rɪdʒɪnɪ/ **aborigène (d'Australie)**

abortion /ə'bɔːʃən/ **avortement**

► **have an abortion se faire avorter**

about /ə'baʊt/ *a plusieurs sens :*

1 about *peut signifier* **à peu près** *ou* **environ**

▷ There are about 12 books. Il y a à peu près 12 livres.

▷ It is about 10 o'clock. Il est environ 10 heures.

2 about *peut signifier* **au sujet de**

▷ What is it about? De quoi s'agit-il ?

▷ He talked about his family. Il a parlé de sa famille.

3 ► **be about to do** something **être sur le point de faire** quelque chose

above /ə'bʌv/ *a plusieurs catégories grammaticales et plusieurs sens :*

> Ce mot peut être un ADVERBE :

1 above *peut signifier* **au-dessus** *ou* **en haut**

▷ He lives in the apartment above. Il habite l'appartement d'au-dessus.

▷ The view from above is really nice. D'en haut, on a une très jolie vue.

2 above *peut signifier* **et plus**

▷ It's for children aged 10 and above. C'est pour les enfants de 10 ans et plus.

> Ce mot peut être une PRÉPOSITION :

1 above *peut signifier* **au-dessus de** *ou* **plus haut que**

▷ He put his hands above his head. Il a levé les mains au-dessus de sa tête.

2 ► **above all surtout**

abroad /ə'brɔːd/ **à l'étranger**

absent-minded /ˌæbsənt'maɪndɪd/ **distrait**

absolute /'æbsəluːt/ **absolu**

absolutely /ˌæbsə'luːtlɪ/ **absolument**

absorb /əb'sɔːb/ **absorber**

abstract /'æbstrækt/ **abstrait**

absurd /əb'sɜːd/ **absurde**

abuse *se prononce de deux façons et a des sens différents selon la prononciation :*

/ə'bjuːs/ (la fin se prononce comme le s de sea)

> C'est un NOM :

1 abuse *peut signifier* **injures** *ou* **insultes**

▷ They shouted abuse at her. Ils lui ont lancé des injures.

2 abuse *peut signifier* **mauvais traitements**

▷ She suffered abuse for several months. Elle a subi de mauvais traitements pendant plusieurs mois.

/ə'bjuːz/ (la fin se prononce comme le z de zoo)

> C'est un VERBE :

1 ► abuse somebody *peut signifier* **injurier** quelqu'un *ou* **insulter** quelqu'un

2 ► abuse somebody *peut signifier* **maltraiter** quelqu'un

academic /ˌækə'demɪk/ **universitaire** *ou* **scolaire**

accelerate /æk'seləreɪt/ **accélérer**

accelerator /æk'seləreɪtə^r/ **accélérateur**

accept /æk'sept/ **accepter**

access /'ækses/ **accès**

accessory /æk'sesərɪ/ **accessoire**

▷ They sell toilet accessories. Ils vendent des accessoires de toilette.

accident /'æksɪdənt/ **accident**

► by accident **par hasard** *ou* **accidentellement**

accommodate /ə'kɒmədeɪt/ **recevoir** (= avoir la place pour)

▷ The hall can accommodate 500 people. La salle peut recevoir 500 personnes.

accommodation /əˌkɒmə'deɪʃən/ **logement**

ℹ Accommodation est un mot non dénombrable : il ne peut ni se mettre au pluriel ni prendre l'article an.

accompany /ə'kʌmpənɪ/ **accompagner**

according to /ə'kɔːdɪŋtuː/ **selon**

accordion /ə'kɔːdɪən/ **accordéon**

account /ə'kaʊnt/ *a plusieurs sens :*

1 account *peut signifier* **compte (bancaire)**

2 ► take something into account **tenir compte de** quelque chose

accountant /ə'kaʊntənt/ **comptable**

accurate /'ækjʊrət/ **exact**

accusation /ˌækjʊ'zeɪʃən/ **accusation**

accuse /ə'kjuːz/ **accuser**

▷ She accused him of lying. Elle l'a accusé d'avoir menti.

accustomed to /ə'kʌstəmdtuː/ **habitué à**

► become accustomed to something **s'habituer à** quelque chose

ace /eɪs/ *a plusieurs sens :*

1 ace *peut signifier* **as**

▷ He played the ace of diamonds. Il a joué l'as de carreau.

2 ace *peut signifier* **ace** (au tennis)

ache /eɪk/ **faire mal** *ou* **être douloureux**

▷ I'm aching all over. J'ai mal partout.

achieve /ə'tʃiːv/ **accomplir**

achievement /ə'tʃiːvmənt/ **exploit** *ou* **réussite**

acid /'æsɪd/ **acide**

acknowledge /æk'nɒlɪdʒ/ **reconnaître**

acquaintance /ə'kweɪntəns/ **connaissance**

▷ David est une vieille connaissance. David is an old acquaintance.

▷ J'ai fait sa connaissance l'année dernière. I made his acquaintance last year.

acquire /ə'kwaɪə^r/ **acquérir**

across /ə'krɒs/ *a plusieurs sens :*

1 across *peut signifier* **d'un côté à l'autre de**

▷ He walked across the road. Il a traversé la rue.

2 across *peut signifier* **de l'autre côté de**

▷ He lives across the street. Il habite en face *ou* Il habite de l'autre côté de la rue.

act /ækt/ *a plusieurs catégories grammaticales et plusieurs sens :*

> Ce mot peut être un NOM :

act *signifie* **acte**

> Ce mot peut être un VERBE :

1 **act** *peut signifier* **agir**

2 **act** *peut signifier* **jouer** (au théâtre ou dans un film)

action /'ækʃən/ **action**

► **take action** **agir** *ou* **prendre des mesures**

active /'æktɪv/ **actif**

activity /æk'tɪvɪtɪ/ **activité**

actor /'æktəʳ/ **acteur**

actress /'æktrəs/ **actrice**

actual /'æktjʊəl/ **réel**

Actual ne signifie pas « actuel ».

actually /'æktjʊəlɪ/ **en fait, à vrai dire**

Actually ne signifie pas « actuellement ».

ad /æd/ *a plusieurs sens :*

1 **ad** *peut signifier* **publicité**

▷ It's an ad about mobile phones. C'est une publicité sur les téléphones portables.

2 **ad** *peut signifier* **petite annonce**

▷ I read it in the ads. J'ai lu cela dans les petites annonces.

adapt /ə'dæpt/ **adapter** *ou* **s'adapter**

▷ He adapted the novel for television . Il a adapté le roman pour la télévision.

▷ He finds it hard to adapt. Il a du mal à s'adapter.

adaptor /ə'dæptəʳ/ **adaptateur**

add /æd/ *a plusieurs sens :*

1 ► **add** something **to** something **ajouter** quelque chose **à** quelque chose

2 ► **add numbers together** *ou* **add numbers up** **additionner des chiffres**

adder /'ædəʳ/ **vipère**

addict /'ædɪkt/ *a plusieurs sens :*

1 **addict** *peut signifier* **toxicomane**

▷ He's a drug addict. C'est un toxicomane.

2 **addict** *peut signifier* **fan** *ou* **accro**

▷ She's a video game addict. C'est une fan *ou* une accro de jeux vidéo.

addiction /ə'dɪkʃən/ **dépendance** (= accoutumance)

▷ This drug causes addiction. Cette drogue crée une dépendance.

addition /ə'dɪʃən/ **addition** (= calcul)

► **in addition to** **en plus de**

address /ə'dres/ *a plusieurs catégories grammaticales :*

> Ce mot peut être un NOM :

address *signifie* **adresse** (où on habite)

> Ce mot peut être un VERBE :

► **address** somebody **s'adresser à** quelqu'un

Attention à l'orthographe du mot anglais address.

adequate /'ædɪkwət/ **suffisant** *ou* **convenable**

adjust /ə'dʒʌst/ **ajuster** *ou* **régler**

▷ You can adjust the seat to different heights. On peut ajuster *ou* régler le siège à des hauteurs différentes.

admire /əd'maɪəʳ/ **admirer**

admit /əd'mɪt/ **reconnaître** *ou* **admettre**

adopt /ə'dɒpt/ **adopter**

adore /ə'dɔːʳ/ **adorer**

adult /'ædʌlt/ **adulte**

advance /əd'vɑːns/ *a plusieurs catégories grammaticales et plusieurs sens :*

> Ce mot peut être un NOM :

1 **advance** *peut signifier* **progrès**

2 **advance** *peut signifier* **avance** *ou* **mouvement en avant**

3 ► **in advance** **à l'avance**

▷ You have to book long in advance. Il faut réserver longtemps à l'avance .

> Ce mot peut être un VERBE :

1 **advance** *peut signifier* **progresser** *ou* **faire des progrès**

2 **advance** *peut signifier* **avancer** *ou* **s'avancer**

▷ He advanced towards me. Il s'est avancé vers moi.

advantage /əd'vɑːntɪdʒ/ **avantage**

► **take advantage of** something **profiter de** quelque chose

► **take advantage of** somebody **exploiter** quelqu'un

adventure /əd'ventʃəʳ/ **aventure**

adventurous /əd'ventʃərəs/ **aventureux**

advert /'ædvɜːt/ **annonce** (dans un journal) *ou* **publicité** (à la télévision)

advertise /'ædvətaɪz/ **faire de la publicité**

advertisement /əd'vɜːtɪsmənt/ **annonce** (dans un journal) *ou* **publicité** (à la télévision)

advice /əd'vaɪs/ **conseils**

▷ a piece of advice un conseil

ℹ Advice est non dénombrable : il ne peut ni se mettre au pluriel, ni s'employer avec l'article an.

advise /əd'vaɪz/ **conseiller**

► advise somebody to do something **conseiller à** quelqu'un **de faire** quelque chose

adviser *ou* **advisor** /əd'vaɪzəʳ/ **conseiller** (= personne qui donne des conseils)

aerial /'ɛərɪəl/ **antenne** (pour la télévision ou la radio)

aerobics /ɛə'rəʊbɪks/ **aérobic**

aeroplane /'ɛərəpleɪn/ **avion**

Aeroplane n'est pas utilisé en anglais américain : aux États-Unis, on dit airplane /'ɛəpleɪn/.

affair /ə'fɛəʳ/ *a plusieurs sens :*

1 affair *peut signifier* **affaire**

2 ► have an affair with somebody **avoir une aventure avec** quelqu'un

affect /ə'fekt/ *a plusieurs sens :*

1 ► affect something *peut signifier* **avoir un effet sur** quelque chose

2 ► affect somebody *ou* something *peut signifier* **concerner** quelqu'un *ou* quelque chose

3 ► affect somebody *peut signifier* **affecter** quelqu'un *ou* **émouvoir** quelqu'un

affectionate /ə'fekʃənɪt/ **affectueux**

afford /ə'fɔːd/ *a plusieurs sens :*

1 ► be able to afford something *peut signifier* **avoir les moyens d'acheter** quelque chose

▷ I can't afford to buy a new car. Je n'ai pas les moyens de m'acheter une nouvelle voiture.

2 ► be able to afford something *peut signifier* **pouvoir se permettre** quelque chose

▷ He can't afford to make a mistake. Il ne peut pas se permettre de faire une erreur.

afraid /ə'freɪd/ *a plusieurs sens :*

1 ► be afraid *peut signifier* **avoir peur**

► be afraid of somebody *ou* something **avoir peur de** quelqu'un *ou* quelque chose

2 ► be afraid *peut servir à exprimer un regret*

▷ I'm afraid I can't come. Je suis désolé, mais je ne peux pas venir.

Africa /'æfrɪkə/ **Afrique**

ℹ En anglais, en général, on n'utilise pas d'article défini devant les noms de pays et de continents.

African /'æfrɪkən/ **africain** *ou* **Africain**

ℹ En anglais, les adjectifs de nationalité et d'appartenance à un continent s'écrivent avec une majuscule.

after /'ɑːftəʳ/ *a plusieurs catégories grammaticales et plusieurs sens :*

> Ce mot peut être une PRÉPOSITION :

1 after *peut signifier* **après**

▷ After breakfast they went for a walk. Après le petit déjeuner, ils sont allés se promener.

2 En anglais américain, after est utilisé pour dire l'heure

▷ It's twenty after five. Il est cinq heures vingt.

En anglais britannique, on dit past (twenty past five).

> Ce mot peut être une CONJONCTION :

after *signifie* **après que**

▷ After he had gone, I watched television. Après qu'il fut parti, j'ai regardé la télévision.

▷ After we had finished, we went to bed. Après avoir fini, nous sommes allés nous coucher.

afternoon /ˌɑːftə'nuːn/ **après-midi**

► Good afternoon! **Bonjour !**

aftershave /'ɑːftəʃeɪv/ **après-rasage**

afterwards /'ɑːftəwədz/ **après**

again /ə'gen/ *a plusieurs sens :*

1 again *peut signifier* **encore** *ou* **de nouveau**

▷ He lost again. Il a encore perdu.

► start again **recommencer**

2 *Dans une phrase négative,* again *signifie* **plus**

▷ I won't do it again. Je ne le ferai plus.

▷ He never saw her again. Il ne l'a plus jamais revue.

against /ə'genst/ **contre**

age /eɪdʒ/ *a plusieurs catégories grammaticales et plusieurs sens :*

> Ce mot peut être un NOM :

1 **age** *peut signifier* **âge**

2 **age** *peut signifier* **époque**

3 ► **ages une éternité**

▷ I haven't seen him for ages. Je ne l'ai pas vu depuis une éternité.

> Ce mot peut être un VERBE :

age *signifie* **vieillir**

agenda /ə'dʒendə/ **programme** *ou* **ordre du jour**

▷ What's on the agenda? Qu'y a-t-il au programme *ou* à l'ordre du jour ?

En anglais, agenda ne signifie pas « agenda ».

aggressive /ə'gresɪv/ **agressif**

En anglais, aggressive s'écrit avec deux g.

ago /ə'gəʊ/ *est utilisé dans les expressions de temps pour dire que quelque chose s'est passé il y a un certain temps :*

▷ He arrived a week ago. Il est arrivé il y a une semaine.

▷ That was a long time ago. C'était il y a longtemps.

agony /'ægənɪ/ **douleur atroce**

agree /ə'griː/ *a plusieurs sens :*

1 **agree** *peut signifier* **être d'accord**

▷ I agree. Je suis d'accord.

▷ I agree with him. Je suis d'accord avec lui.

2 **agree** *peut signifier* **se mettre d'accord**

▷ They agreed on a date. Ils se sont mis d'accord sur une date.

3 ► **agree to do** something **accepter de faire** quelque chose

4 ► **agree that... admettre que...**

agreement /ə'griːmənt/ **accord**

agricultural /ˌægrɪ'kʌltʃərəl/ **agricole**

ahead /ə'hed/ *a plusieurs sens :*

1 **ahead** *peut signifier* **devant**

▷ You stay here, I'll go on ahead. Reste ici, moi je pars devant.

▷ It's ahead of you. C'est devant vous.

▷ Go straight ahead. Allez tout droit.

2 ► **be ahead of** somebody **avoir de l'avance sur** quelqu'un

▷ He's 5 points ahead. Il a une avance de cinq points.

3 **ahead** *peut signifier* **à l'avance**

► **book ahead réserver à l'avance**

► **be ahead of schedule être en avance sur le planning**

aid /eɪd/ *a plusieurs catégories grammaticales :*

> Ce mot peut être un NOM :

aid *signifie* **aide**

> Ce mot peut être un VERBE :

► **aid** somebody **aider** quelqu'un

AIDS /eɪdz/ **sida**

aim /eɪm/ *a plusieurs catégories grammaticales et plusieurs sens :*

> Ce mot peut être un NOM :

1 **aim** *peut signifier* **but** *ou* **objectif**

2 ► **take aim at** something **viser** quelque chose

> Ce mot peut être un VERBE :

1 ► **aim a gun at** somebody **braquer un revolver sur** quelqu'un

2 ► **aim to do** something **viser à faire** quelque chose

air /ɛə^r/ **air**

► **throw** something **into the air jeter** quelque chose **en l'air**

► **by air par avion**

► **air conditioning climatisation**

► **air force armée de l'air**

► **air hostess hôtesse de l'air**

► **air rifle carabine à air comprimé**

► **air steward steward**

airfare /'ɛəfɛə^r/ **prix du billet d'avion**

airline /'ɛəlaɪn/ **compagnie aérienne**

airmail /'ɛəmeɪl/ **poste aérienne**

► **by airmail par avion**

airplane /'ɛəpleɪn/ **avion**

Airplane est un mot américain : en anglais britannique on dit aeroplane.

airport /'ɛəpɔːt/ **aéroport**

aisle /aɪl/ *a plusieurs sens :*

1 **aisle** *peut signifier* **allée** (dans une église ou un cinéma)

2 **aisle** *peut signifier* **couloir** (dans un avion ou un train)

alarm /ə'lɑːm/ *a plusieurs catégories grammaticales et plusieurs sens :*

> Ce mot peut être un NOM :

1 alarm *peut signifier* **alarme** *ou* **alerte**
▷ Who raised the alarm? Qui a donné l'alarme ?

2 ► alarm *ou* alarm clock **réveil**

> Ce mot peut être un VERBE :

► alarm somebody **alarmer** quelqu'un

alcohol /'ælkəhɒl/ **alcool**

alcoholic /ˌælkə'hɒlɪk/ *a plusieurs sens :*

1 alcoholic *peut signifier* **alcoolique**
▷ His father is an alcoholic. Son père est un alcoolique.

2 alcoholic *peut signifier* **alcoolisé**
▷ They don't sell alcoholic drinks. Ils ne vendent pas de boissons alcoolisées.

alert /ə'lɜːt/ *a plusieurs catégories grammaticales :*

> Ce mot peut être un ADJECTIF :

alert *signifie* **vigilant** *ou* **éveillé** *ou* **alerte**

> Ce mot peut être un NOM :

alert *signifie* **alerte**

> Ce mot peut être un VERBE :

► alert somebody **alerter** quelqu'un

Algeria /æl'dʒɪərɪə/ **Algérie**

i En anglais, en général, on n'utilise pas d'article défini devant les noms de pays et de continents.

Algerian /æl'dʒɪərɪən/ **algérien** *ou* **Algérien**

i En anglais, les adjectifs de nationalité commencent par une majuscule.

alien /'eɪlɪən/ *a plusieurs sens :*

1 alien *peut signifier* **extraterrestre**

2 alien *peut signifier* **étranger**

alike /ə'laɪk/ *a plusieurs catégories grammaticales :*

> Ce mot peut être un ADJECTIF :

► be alike *ou* look alike **se ressembler**
▷ They all look alike. Ils se ressemblent tous.

> Ce mot peut être un ADVERBE :

alike *signifie* **de la même façon**
▷ They dress alike. Ils s'habillent de la même façon.

alive /ə'laɪv/ *a plusieurs sens :*

1 alive *peut signifier* **vivant** *ou* **en vie**
▷ They buried him alive. Ils l'ont enterré vivant.
▷ She is still alive. Elle est encore en vie.

2 ► come alive **s'animer**

all /ɔːl/ **tout**

► all the time **tout le temps**
► all night **toute la nuit**
▷ The dog ate all the cakes. Le chien a mangé tous les gâteaux.
▷ He drank it all. Il a tout bu.
▷ All of them came. Ils sont tous venus.
▷ She's the tallest of all. Elle est la plus grande de tous.
▷ He went all red. Il est devenu tout rouge.
▷ She's all alone. Elle est toute seule.

i All est également utilisé dans les expressions suivantes :

► two / three / four all (dans un contexte sportif) **deux / trois / quatre partout**
► all over the world **dans le monde entier**

allergic /ə'lɜːdʒɪk/ **allergique**

allergy /'ælədʒɪ/ **allergie**

alley /'ælɪ/ **ruelle**

alleyway /'ælɪweɪ/ **ruelle**

allocate /'æləkeɪt/ **allouer** *ou* **donner**
▷ Each person was allocated a number. On a donné un numéro à chaque personne.

allow /ə'laʊ/ *a plusieurs sens :*

1 ► allow something *peut signifier* **permettre** quelque chose
► allow somebody to do something **permettre à** quelqu'un **de faire** quelque chose

2 ► allow something *peut signifier* **prévoir** quelque chose (de l'argent, du temps, de la place)

3 ► allow for something **tenir compte de** quelque chose

allowance /ə'laʊəns/ *a plusieurs sens :*

1 allowance *peut signifier* **indemnité** *ou* **allocation**

2 allowance *peut signifier* **argent de poche**

3 ► make allowances for something **tenir compte de** quelque chose
► make allowances for somebody **se montrer indulgent envers** quelqu'un

all right /ˌɔːl'raɪt/ *a plusieurs sens :*

1 all right *peut servir à donner son accord*
▷ All right! D'accord !

2 all right *peut servir à demander ou à dire si quelque chose est bon ou si quelque chose s'est bien passé*
▷ Is the meat all right? Ça va, la viande ?
▷ Did you get home all right? Est-ce que tu es bien rentré ?

3 all right *peut servir à demander ou à dire si quelqu'un va bien*
▷ Are you all right? Ça va ?

▷ I'm all right. Ça va bien.
▷ Will you be all right? Est-ce que ça va aller ?

4 **all right** *peut signifier* **passable**
▷ It was all right. Ce n'était pas mal.

5 **all right** *peut servir à demander ou à dire si quelque chose est* **acceptable**
▷ Is it all right if I leave early? Est-ce que ça vous dérange si je pars tôt ?
▷ That's all right with me. Ça ne me dérange pas.

6 **all right** *est utilisé dans les phrases suivantes :*
▷ Sorry! – That's all right! Désolé ! – Ce n'est pas grave !
▷ Thank you! – That's all right! Merci – Ce n'est rien du tout !

ally /'ælaɪ/ **allié**

almond /'ɑːmənd/ **amande**

almost /'ɔːlməʊst/ **presque**
▷ I've almost finished. J'ai presque fini.

alone /ə'ləʊn/ **seul**
▷ She was all alone. Elle était toute seule.
► **leave** something **alone** **ne pas toucher à** quelque chose
► **leave** somebody **alone** **laisser** quelqu'un **tranquille**

along /ə'lɒŋ/ *a plusieurs sens :*

1 **along** *peut signifier* **le long de**
► **all along the street** **tout le long de la rue**
▷ She ran along the beach. Elle courait le long de la plage.

2 **along** *peut être utilisé avec des verbes de mouvement avec une idée d'avancement ou d'accompagnement :*
▷ She was running along. Elle courait.
▷ I'll be along soon. J'arrive tout de suite.
▷ Do you want to come along? Tu veux venir ?
▷ Bring your friend along! Amène ton ami !

aloud /ə'laʊd/ **à haute voix** *ou* **à voix haute**

already /ɔːl'redɪ/ **déjà**
▷ He has already finished. Il a déjà fini.

alright /ɔːl'raɪt/ *est une autre façon d'écrire* all right.

Alsatian /æl'seɪʃən/ **berger allemand**

also /'ɔːlsəʊ/ **aussi**

altar /'ɒltəʳ/ **autel**

alter /'ɒltəʳ/ *a plusieurs sens :*

1 ► **alter** something *peut signifier* **changer** *ou* **modifier** quelque chose

2 ► **alter** something *peut signifier* **retoucher** quelque chose (un vêtement)

alteration /ˌɒltə'reɪʃən/ *a plusieurs sens :*

1 **alteration** *peut signifier* **changement** *ou* **modification**

2 **alteration** *peut signifier* **retouche** (à un vêtement)

alternate *se prononce de deux façons et a des catégories grammaticales et des sens différents selon la prononciation :*

/ɒl'tɜːnət/ (rime avec cut)

> C'est un ADJECTIF :

1 **alternate** *peut signifier* **alterné**

2 ► **on alternate days** **tous les deux jours** *ou* **un jour sur deux**

/'ɒltɜːneɪt/ (rime avec Kate)

> C'est un VERBE :

alternate *signifie* **alterner** *ou* **faire alterner**
▷ They alternate crops. Ils alternent les cultures.

alternative /ɒl'tɜːnətɪv/ *a plusieurs catégories grammaticales et plusieurs sens :*

> Ce mot peut être un NOM :

1 **alternative** *peut signifier* **possibilité**
▷ There are several alternatives. Il y a plusieurs possibilités.

2 **alternative** *peut signifier* **choix**
► **have no alternative** **ne pas avoir le choix**

> Ce mot peut être un ADJECTIF :

alternative *signifie* **autre**
▷ There is an alternative route. Il y a un autre chemin.

although /ɔːl'ðəʊ/ **bien que**

altogether /ˌɔːltə'geðəʳ/ *a plusieurs sens :*

1 **altogether** *peut signifier* **en tout**
▷ How much is it altogether? C'est combien en tout ?

2 **altogether** *peut signifier* **complètement** *ou* **tout à fait**
▷ He disappeared altogether. Il a complètement disparu.

always /'ɔːlweɪz/ **toujours**
▷ She's always hungry. Elle a toujours faim.

am /æm/ *est la première personne au singulier du présent du verbe* be.
▷ I am tired. Je suis fatigué.

a.m. /eɪ'em/ **du matin**
▷ It's 4 a.m. Il est quatre heures du matin.

amaze /ə'meɪz/ **étonner** *ou* **stupéfier**

amazed /ə'meɪzd/ **stupéfait**

ℹ Amazed est aussi le prétérit et le participe passé du verbe amaze :

▷ You amazed me. Tu m'as étonné.

amazing /ə'meɪzɪŋ/ incroyable

ambiguous /æm'bɪgjʊəs/ ambigu

ambitious /æm'bɪʃəs/ ambitieux

amend /ə'mend/ modifier

America /ə'merɪkə/ Amérique

ℹ En anglais, en général, on n'utilise pas d'article défini devant les noms de pays et de continents.

American /ə'merɪkən/ Américain *ou* américain

► American Indian Indien d'Amérique

ℹ En anglais, les adjectifs de nationalité et les noms de langues s'écrivent avec une majuscule.

amid /ə'mɪd/ *ou* **amidst** /ə'mɪdst/ parmi

ammunition /ˌæmjʊ'nɪʃən/ munitions

among /ə'mʌŋ/ *ou* **amongst** /ə'mʌŋst/ parmi *ou* entre

▷ She was among the audience. Elle était parmi les spectateurs.

▷ We are among friends. Nous sommes entre amis.

amount /ə'maʊnt/ *a plusieurs catégories grammaticales et plusieurs sens :*

> Ce mot peut être un NOM :

1 amount *peut signifier* quantité

► a large amount of... beaucoup de...

2 amount *peut signifier* somme

> Ce mot peut être un VERBE :

1 ► amount to... *peut signifier* s'élever à...

2 ► amount to... *peut signifier* revenir à... *ou* équivaloir à...

amplifier /'æmplɪfaɪəʳ/ amplificateur

amputate /'æmpjʊteɪt/ amputer

amuse /ə'mju:z/ amuser

amusement /ə'mju:zmənt/ *a plusieurs sens :*

1 amusement *peut signifier* amusement

2 amusement *peut signifier* distraction

► amusement park parc d'attractions

amusing /ə'mju:zɪŋ/ amusant

an /ən/ *a plusieurs sens :*

ℹ an est une forme de l'article indéfini a utilisée devant les mots qui commencent par une voyelle ou un h muet.

1 an *signifie* un *ou* une

▷ It's an elephant. C'est un éléphant.

▷ She ate an apple. Elle a mangé une pomme.

ℹ L'article indéfini n'est pas toujours traduit en français :

▷ He's an electrician. Il est électricien.

▷ What an awful film! Quel film affreux !

2 an *peut servir à parler des fréquences, des prix ou des taux :*

► three times an hour trois fois par heure

► ten euros an hour dix euros de l'heure

► 50 kilometres an hour 50 kilomètres à l'heure

analyse /'ænəlaɪz/ analyser

En anglais américain, ce mot s'écrit analyze.

analysis /ə'næləsɪs/ analyse

analyze /'ænəlaɪz/ *est l'orthographe américaine du verbe* analyse.

ancestor /'ænsestəʳ/ ancêtre

anchor /'æŋkəʳ/ ancre

anchovy /'æntʃəvɪ/ anchois

ancient /'eɪnʃənt/ ancien *ou* antique

▷ The region was inhabited in ancient days. La région était habitée dans les temps anciens.

▷ We saw temples of ancient Rome. Nous avons vu des temples de la Rome antique.

and /ænd, ənd/ *a plusieurs sens :*

1 and *peut signifier* et

▷ They were singing and dancing. Ils chantaient et dansaient.

▷ We have a cat and a dog. Nous avons un chat et un chien.

2 and *apparaît dans les chiffres :*

► two hundred and fifty deux cent cinquante

3 and *peut servir à introduire un verbe à l'infinitif :*

▷ Come and see me. Viens me voir.

4 and *est placé entre deux mots répétés pour signaler une répétition ou une continuation :*

▷ It's getting better and better. Ça va de mieux en mieux.

▷ It lasted hours and hours. Ça a duré des heures et des heures.
▷ We waited and waited. Nous avons attendu pendant des heures.

angel /'eɪndʒəl/ **ange**

anger /'æŋgəʳ/ **colère**

angle /'æŋgl/ **angle**
► **at an angle** **en biais**

angry /'æŋgrɪ/ *a plusieurs sens :*

1 ► **be angry** **être en colère**
▷ He's very angry with me. Il est très en colère contre moi.
► **get angry** **se mettre en colère**

2 **angry** *peut signifier* **furieux** (un regard furieux, une voix furieuse)

anguish /'æŋgwɪʃ/ **angoisse**

ankle /'æŋkl/ **cheville**

anniversary /ˌænɪ'vɜːsərɪ/ **anniversaire** (de mariage, d'un événement)

announce /ə'naʊns/ **annoncer**

announcement /ə'naʊnsmənt/ *a plusieurs sens :*

1 **announcement** *peut signifier* **annonce** (= l'action d'annoncer)

2 **announcement** *peut signifier* **avis** *ou* **faire-part**

annoy /ə'nɔɪ/ **agacer** *ou* **contrarier**

annoyance /ə'nɔɪəns/ *a plusieurs sens :*

1 **annoyance** *peut signifier* **mécontentement**

2 **annoyance** *peut signifier* **ennui** (= chose agaçante)

annoyed /ə'nɔɪd/ **agacé** *ou* **contrarié**
► **be annoyed with** somebody **être fâché contre** quelqu'un
► **be annoyed about** something **être contrarié par** quelque chose
► **get annoyed** **se fâcher**

ℹ Annoyed est aussi le prétérit et le participe passé du verbe annoy :

▷ He annoyed me. Il m'a agacé.

annoying /ə'nɔɪɪŋ/ **agaçant**

ℹ Annoying est aussi une forme du verbe annoy :

▷ He's annoying me. Il m'agace.

annual /'ænjʊəl/ *a plusieurs catégories grammaticales et plusieurs sens :*

> Ce mot peut être un ADJECTIF :

annual *signifie* **annuel**

> Ce mot peut être un NOM :

1 **annual** *peut signifier* **plante annuelle**

2 **annual** *peut signifier* **album** (= livre pour enfants)

anonymous /ə'nɒnɪməs/ **anonyme**

another /ə'nʌðəʳ/ *signifie* **un autre**
▷ They had another drink. Ils ont pris un autre verre.
► **one another** *sert à exprimer la réciprocité et équivaut à* **se** *ou* **l'un l'autre**
▷ They looked at one another. Ils se regardaient.

answer /'ɑːnsəʳ/ *a plusieurs catégories grammaticales et plusieurs sens :*

> Ce mot peut être un NOM :

answer *signifie* **réponse** *ou* **solution**

> Ce mot peut être un VERBE TRANSITIF :

► **answer** somebody *ou* something **répondre à** quelqu'un *ou* quelque chose
► **answer the door** **ouvrir la porte**

> Ce mot peut être un VERBE INTRANSITIF :

answer *signifie* **répondre**

answering machine /'ɑːnsərɪŋməˌʃiːn/ **répondeur**

ant /ænt/ **fourmi**

antenna /æn'tenə/ **antenne** (de radio, de télévision)

Ce mot est américain. En anglais, on dit aerial.

anthem /'ænθəm/ **hymne**

antibiotic /ˌæntɪbaɪ'ɒtɪk/ **antibiotique**
► **be on antibiotics** **être sous antibiotiques**

anticipate /æn'tɪsɪpeɪt/ *a plusieurs sens :*

1 ► **anticipate** something *peut signifier* **s'attendre à** quelque chose

2 ► **anticipate** something *peut signifier* **anticiper** quelque chose

anticlockwise /ˌæntɪ'klɒkwaɪz/ **dans le sens inverse des aiguilles d'une montre**

Anticlockwise n'est pas utilisé en anglais américain : aux États-Unis, on dit counterclockwise.

antique /æn'tiːk/ *a plusieurs catégories grammaticales :*

> Ce mot peut être un ADJECTIF :

antique *signifie* **ancien** (= vieux)

> Ce mot peut être un NOM :

antique *signifie* **objet ancien** *ou* **meuble ancien**

► **antique shop** **magasin d'antiquités**

antivirus /ˌæntɪ'vaɪrəs/ **antivirus**

anxious /'æŋkʃəs/ **anxieux**

► **be anxious to do** something **tenir à faire** quelque chose

any /'enɪ/ *a plusieurs sens :*

1 any *peut précéder les noms dans les phrases négatives ou dans les questions et correspond à* **de** *ou* **du** *:*

▷ I don't have any money. Je n'ai pas d'argent.

▷ There isn't any bread. Il n'y a pas de pain.

▷ Is there any milk? Est-ce qu'il y a du lait ?

▷ Has he got any children? Est-ce qu'il a des enfants ?

2 any *peut signifier* **en**

▷ I don't have any. Je n'en ai pas.

▷ Is there any left? Est-ce qu'il en reste ?

3 any *peut signifier* **n'importe quel** *ou* **n'importe lequel**

▷ You can come at any time. Tu peux passer à n'importe quelle heure.

▷ Any of those bags will do. N'importe lequel de ces sacs fera l'affaire.

4 any *peut précéder un comparatif :*

▷ I don't want any more. Je n'en veux plus.

▷ Do you want any more meat? Est-ce que tu veux encore de la viande ?

▷ I can't go any further. Je ne peux pas aller plus loin.

▷ She won't stay any longer. Elle ne va pas rester plus longtemps.

anybody /'enɪbɒdɪ/ *a plusieurs sens :*

1 *Dans les phrases négatives,* anybody *signifie* **personne**

▷ I don't want to see anybody. Je ne veux voir personne.

▷ There isn't anybody here. Il n'y a personne ici.

2 *Dans les questions,* anybody *signifie* **quelqu'un**

▷ Is there anybody there? Il y a quelqu'un ?

▷ Did you see anybody? Est-ce que tu as vu quelqu'un ?

3 anybody *peut signifier* **n'importe qui**

anyone /'enɪwʌn/ *a plusieurs sens :*

1 *Dans les phrases négatives,* anyone *signifie* **personne**

▷ I don't want to see anyone. Je ne veux voir personne.

▷ There isn't anyone here. Il n'y a personne ici.

2 *Dans les questions,* anyone *signifie* **quelqu'un**

▷ Is there anyone there? Il y a quelqu'un ?

▷ Did you see anyone? Est-ce que tu as vu quelqu'un ?

3 anyone *peut signifier* **n'importe qui**

anything /'enɪθɪŋ/ *a plusieurs sens :*

1 *Dans les phrases négatives,* anything *signifie* **rien**

▷ I don't want anything. Je ne veux rien.

▷ There wasn't anything in the fridge. Il n'y avait rien dans le frigo.

2 *Dans les questions,* anything *signifie* **quelque chose**

▷ Is there anything in the cupboard? Est-ce qu'il y a quelque chose dans le placard ?

▷ Did you see anything? Est-ce que tu as vu quelque chose ?

3 anything *peut signifier* **n'importe quoi** *ou* **tout**

▷ You can have anything you like. Tu peux avoir tout ce que tu veux.

anyway /'enɪweɪ/ *a plusieurs sens :*

1 anyway *peut signifier* **de toute façon**

2 anyway *peut signifier* **quand même**

3 anyway *peut signifier* **en tout cas**

anywhere /'enɪwɛəʳ/ *a plusieurs sens :*

1 *Dans les phrases négatives,* anywhere *signifie* **nulle part**

▷ I can't find it anywhere. Je ne le trouve nulle part.

2 *Dans les questions,* anywhere *signifie* **quelque part**

▷ Have you seen it anywhere? Tu l'as vu quelque part ?

3 anywhere *peut signifier* **n'importe où**

▷ We can go anywhere you like. Nous pouvons aller où tu veux.

apart /ə'pɑːt/ *a plusieurs sens :*

1 apart *sert à décrire un écart entre deux choses ou un éloignement :*

▷ The houses are a long way apart. Les maisons sont éloignées les unes des autres.

▷ He stood with his feet apart. Il se tenait debout les jambes écartées.

2 apart *peut signifier* **séparé**

▷ They don't like being apart. Ils n'aiment pas être séparés.

3 apart *peut signifier* **à part**

► **apart from...** **à part...**

apartment /ə'pɑːtmənt/ **appartement**

► **apartment block** **immeuble**

Attention à l'orthographe du mot anglais.

ape /eɪp/ **singe**

apologies *est le pluriel de* apology.

apologise *ou* **apologize** /ə'pɒlədʒaɪz/ **s'excuser**

apology /ə'pɒlədʒɪ/ **excuses**

> Apology ne signifie pas « apologie ».

appalling /ə'pɔːlɪŋ/ **abominable**

apparently /ə'pærəntlɪ/ **apparemment**

appeal /ə'piːl/ *a plusieurs catégories grammaticales et plusieurs sens :*

> Ce mot peut être un NOM :

1 appeal *peut signifier* **appel** (= une demande, ou un appel dans le contexte de la justice)

2 appeal *peut signifier* **attrait**

> Ce mot peut être un VERBE :

1 ► appeal to somebody *peut signifier* **faire appel à** quelqu'un

2 ► appeal to somebody *peut signifier* **plaire à** quelqu'un

3 ► appeal for something **lancer un appel à** quelque chose

4 appeal *peut signifier* **faire appel** (dans le contexte de la justice)

appear /ə'pɪəʳ/ *a plusieurs sens :*

1 appear *peut signifier* **apparaître**

▷ She appeared on TV several times. Elle est passée à la télé plusieurs fois.

2 appear *peut signifier* **sembler** *ou* **paraître**

▷ He appeared to find it interesting. Il a semblé trouver cela intéressant.

3 ► appear in something **jouer dans** quelque chose (un film, une pièce de théâtre)

appearance /ə'pɪərəns/ *a plusieurs sens :*

1 appearance *peut signifier* **apparition**

▷ He made a brief appearance at the meeting. Il a fait une brève apparition à la réunion.

2 appearance *peut signifier* **apparence**

▷ She did it to keep up appearances. Elle l'a fait pour sauver les apparences.

appendicitis /əˌpendɪ'saɪtɪs/ **appendicite**

► have appendicitis **avoir une crise d'appendicite**

appetite /'æpɪtaɪt/ **appétit**

▷ He has a good appetite. Il a bon appétit.

appetizer /'æpɪtaɪzəʳ/ **amuse-gueule**

applaud /ə'plɔːd/ **applaudir**

applause /ə'plɔːz/ **applaudissements**

apple /'æpl/ **pomme**

► apple pie **tarte aux pommes**

► apple tree **pommier**

appliance /ə'plaɪəns/ **appareil électroménager**

application /ˌæplɪ'keɪʃən/ *a plusieurs sens :*

1 application *peut signifier* **application**

2 application *peut signifier* **demande** (d'adhésion, de passeport, etc.) *ou* **candidature** (à un poste)

► application form **formulaire de demande** *ou* **formulaire de candidature**

3 *En informatique,* application *signifie* **application**

apply /ə'plaɪ/ *a plusieurs catégories grammaticales et plusieurs sens :*

> Ce mot peut être un VERBE TRANSITIF :

► apply something **appliquer** quelque chose

> Ce mot peut être un VERBE INTRANSITIF :

1 ► apply for something **faire une demande de** quelque chose

► apply for a job **poser sa candidature à un poste**

2 apply *peut signifier* **s'appliquer**

▷ This rule doesn't apply here. Cette règle ne s'applique pas ici.

appoint /ə'pɔɪnt/ **nommer** (à un poste)

▷ She was appointed manager. Elle a été nommée directrice.

appointment /ə'pɔɪntmənt/ *a plusieurs sens :*

1 appointment *peut signifier* **rendez-vous**

► make an appointment **prendre rendez-vous**

2 appointment *peut signifier* **nomination** (à un poste)

appreciate /ə'priːʃɪeɪt/ *a plusieurs sens :*

1 ► appreciate something *peut signifier* **apprécier** quelque chose

2 ► appreciate something *peut signifier* **être reconnaissant de** quelque chose

3 ► appreciate something *peut signifier* **se rendre compte de** quelque chose

appreciation /əˌpriːʃɪ'eɪʃən/ *a plusieurs sens :*

1 appreciation *peut signifier* **appréciation**

2 appreciation *peut signifier* **reconnaissance** (= gratitude)

apprentice /ə'prentɪs/ **apprenti**

approach /ə'prəʊtʃ/ *a plusieurs catégories grammaticales et plusieurs sens :*

> Ce mot peut être un NOM :

approach *signifie* **approche**

> Ce mot peut être un VERBE INTRANSITIF :

approach *signifie* **s'approcher** *ou* **approcher**

▷ Spring is approaching. Le printemps approche.

> Ce mot peut être un VERBE TRANSITIF :

1 ► approach somebody *ou* something *peut signifier* **s'approcher de** quelqu'un *ou* quelque chose

▷ I saw him approaching me. Je l'ai vu s'approcher de moi.

2 ► approach something *peut signifier* **aborder** quelque chose

appropriate /ə'prəʊprɪət/ **convenable**

approval /ə'pruːvəl/ **approbation**

approve /ə'pruːv/ **approuver**

approximate /ə'prɒksɪmət/ **approximatif**

approximately /ə'prɒksɪmətlɪ/ **approximativement** *ou* **plus ou moins**

▷ It lasts approximately 40 minutes. Cela dure approximativement 40 minutes.

▷ It's approximately true. C'est plus ou moins vrai.

apricot /'eɪprɪkɒt/ **abricot**

April /'eɪprəl/ **avril**

► April the second *ou* the second of April **le deux avril**

► April Fools' Day **le premier avril**

ℹ En anglais, les noms de mois s'écrivent avec une majuscule.

apron /'eɪprən/ **tablier**

Aquarius /ə'kwɛərɪəs/ **Verseau** (signe du zodiaque)

Arab /ærəb/ **arabe** *ou* **Arabe**

Arabic /'ærəbɪk/ **arabe** (adjectif et langue)

ℹ En anglais, les adjectifs de nationalité et les noms de langues s'écrivent avec une majuscule.

arch /ɑːtʃ/ **arc**

archery /'ɑːtʃərɪ/ **tir à l'arc**

are /ɑːʳ/ *est une forme du présent du verbe* be.

▷ You are late. Tu es en retard.

▷ We are in a hurry. Nous sommes pressés.

▷ They are on the table. Ils sont sur la table.

area /'ɛərɪə/ *a plusieurs sens :*

1 area *peut signifier* **région** *ou* **zone**

▷ They opened several shops in the area. Ils ont ouvert plusieurs magasins dans la région.

2 area *peut signifier* **superficie**

▷ The field has an area of 2 hectares. Le champ a une superficie de 2 hectares.

3 area *peut signifier* **domaine** (d'intérêt, de connaissances)

▷ I'm not competent in that area. Je ne suis pas compétent dans ce domaine.

arena /ə'riːnə/ **arène**

aren't /ɑːnt/ *est la contraction de* are not.

▷ You aren't late. Tu n'es pas en retard.

▷ We aren't in a hurry. Nous ne sommes pas pressés.

▷ Aren't you tired? Tu n'es pas fatigué ?

argue /'ɑːgjuː/ *a plusieurs sens :*

1 argue *peut signifier* **se disputer**

2 argue *peut signifier* **discuter**

3 argue *peut signifier* **argumenter**

argument /'ɑːgjʊmənt/ *a plusieurs sens :*

1 argument *peut signifier* **dispute**

► have an argument **se disputer**

2 argument *peut signifier* **discussion** (= débat)

3 argument *peut signifier* **argument**

Aries /'ɛəriːz/ **Bélier** (signe du zodiaque)

arise /ə'raɪz/ **surgir** *ou* **survenir**

► arise from... **résulter de...**

▷ These problems arise from unemployment. Ces problèmes résultent du chômage.

arisen *est le participe passé du verbe* arise.

▷ Some problems have arisen. Quelques problèmes sont survenus.

arm /ɑːm/ *a plusieurs sens :*

1 arm *peut signifier* **bras**

► arm in arm **bras dessus, bras dessous**

2 arm *peut signifier* **manche**

3 arm *peut signifier* **accoudoir**

4 ► arms *peut signifier* **armes**

armchair /'ɑːmtʃɛəʳ/ **fauteuil**

armor /'ɑːmə'/ *est l'orthographe américaine du mot* armour.

armour /'ɑːmə'/ armure

> En anglais américain, ce mot s'écrit armor.

armpit /'ɑːmpɪt/ aisselle

army /'ɑːmɪ/ armée

aroma /ə'rəʊmə/ arôme

arose /ə'rəʊz/ *est le prétérit du verbe* arise.

around /ə'raʊnd/ *a plusieurs catégories grammaticales et plusieurs sens :*

> Ce mot peut être un ADVERBE :

1 around *peut signifier* **autour**
2 around *peut signifier* **dans les parages**

> Ce mot peut être une PRÉPOSITION :

1 around *peut signifier* **autour de**
2 around *peut signifier* **environ**

arouse /ə'raʊz/ *a plusieurs sens :*

1 ► arouse something *peut signifier* **éveiller** quelque chose
2 ► arouse somebody *peut signifier* **exciter** quelqu'un
3 ► arouse somebody *peut signifier* **réveiller** quelqu'un

arrange /ə'reɪndʒ/ *a plusieurs sens :*

1 ► arrange something *peut signifier* **arranger** quelque chose *ou* **disposer** quelque chose
2 ► arrange something *peut signifier* **organiser** quelque chose *ou* **fixer** quelque chose
3 ► arrange to do something **s'arranger pour faire** quelque chose

arrest /ə'rest/ *a plusieurs catégories grammaticales :*

> Ce mot peut être un NOM :

arrest *signifie* **arrestation**
► under arrest **en état d'arrestation**

> Ce mot peut être un VERBE :

► arrest somebody **arrêter** quelqu'un

arrival /ə'raɪvəl/ *a plusieurs sens :*

1 arrival *peut signifier* **arrivée**
2 ► new arrival **nouveau venu** *ou* **nouveau-né**

arrive /ə'raɪv/ arriver

arrow /'ærəʊ/ flèche

art /ɑːt/ art
► art gallery **musée (d'art)** *ou* **galerie d'art**

artichoke /'ɑːtɪtʃəʊk/ artichaut

artificial /ˌɑːtɪ'fɪʃəl/ artificiel

artist /'ɑːtɪst/ artiste

as /æz, əz/ *a plusieurs sens :*

1 as *peut signifier* **comme**
▷ Do as you like. Fais comme tu veux.
▷ As you can see, I'm busy. Comme vous le voyez, je suis occupé.
▷ He works as a pilot. Il travaille comme pilote.
► as usual **comme d'habitude**
► as if... *ou* as though... **comme si...**

2 as *peut signifier* **puisque**
▷ As you were late, we started without you. Puisque tu étais en retard, nous avons commencé sans toi.

3 as *peut signifier* **alors que** *ou* **au moment où**
▷ He came in as she was leaving. Il est entré alors qu'elle partait.

4 as *peut signifier* **en tant que**
▷ As your friend, I must tell you the truth. En tant qu'ami, je dois te dire la vérité.

5 as *est utilisé dans les comparaisons :*
▷ He's as tall as you. Il est aussi grand que toi.
▷ It's three times as big as that. C'est trois fois plus grand que ça.
► as much as **autant que**
▷ You can have as much as you want. Tu peux en avoir autant que tu veux.

6 ► as for **quant à**

ash /æʃ/ *a plusieurs sens :*

1 ash *peut signifier* **cendre**
2 ash *peut signifier* **frêne** (= arbre)

ashamed /ə'ʃeɪmd/ honteux
► be ashamed **avoir honte**

ashtray /'æʃtreɪ/ cendrier

Asia /'eɪʒə/ Asie

Asian /'eɪʒn/ asiatique *ou* Asiatique

> En anglais britannique, Asian *peut signifier* **Indo-Pakistanais.**

> i En anglais, les adjectifs de nationalité et d'appartenance à un continent s'écrivent avec une majuscule.

aside /ə'saɪd/ à part

ask /ɑːsk/ *a plusieurs catégories grammaticales et plusieurs sens :*

> Ce mot peut être un VERBE TRANSITIF :

1 ► ask somebody *peut signifier* **demander à** quelqu'un

► ask somebody something **demander** quelque chose **à** quelqu'un

► ask somebody to do something **demander à** quelqu'un **de faire** quelque chose

2 ► ask a question **poser une question**

3 ► ask somebody *peut signifier* **inviter** quelqu'un

▷ She asked me to dinner. Elle m'a invité à dîner.

▷ He asked me out. Il m'a invité à sortir.

> Ce mot peut être un VERBE INTRANSITIF :

ask *signifie* **demander**

► ask after somebody **demander des nouvelles de** quelqu'un

► ask for something **demander** quelque chose

asleep /ə'sliːp/ **endormi**

► be asleep **dormir**

► fall asleep **s'endormir**

asparagus /ə'spærəgəs/ **asperge**

assassinate /ə'sæsɪneɪt/ **assassiner**

assassination /əˌsæsɪ'neɪʃən/ **assassinat**

assault /ə'sɔːlt/ *a plusieurs catégories grammaticales et plusieurs sens :*

> Ce mot peut être un NOM :

1 assault *peut signifier* **assaut**

▷ They made an assault on the prison. Ils se sont lancés à l'assaut de la prison.

2 assault *peut signifier* **agression**

> Ce mot peut être un VERBE :

► assault somebody **agresser** quelqu'un

assemble /ə'sembl/ *a plusieurs catégories grammaticales et plusieurs sens :*

> Ce mot peut être un VERBE TRANSITIF :

1 ► assemble things *peut signifier* **rassembler des choses**

2 ► assemble something *peut signifier* **assembler** quelque chose *ou* **monter** quelque chose

> Ce mot peut être un VERBE INTRANSITIF :

assemble *signifie* **se rassembler** *ou* **se réunir**

assembly /ə'semblɪ/ *a plusieurs sens :*

1 assembly *peut signifier* **assemblée**

ℹ Assembly désigne également le rassemblement quotidien de tous les élèves d'un établissement avant leur entrée en classe, pour la prière ou des annonces.

2 assembly *peut signifier* **assemblage** *ou* **montage**

► assembly line **chaîne de montage**

assess /ə'ses/ **évaluer**

assessment /ə'sesmənt/ **évaluation**

► continuous assessment **contrôle continu (des connaissances)**

asset /'æset/ *a plusieurs sens :*

1 asset *peut signifier* **atout**

2 assets *peut signifier* **biens** *ou* **actif** (d'une entreprise)

assignment /ə'saɪnmənt/ *a plusieurs sens :*

1 assignment *peut signifier* **mission**

2 assignment *peut signifier* **devoir** (à l'école)

assimilate /ə'sɪmɪleɪt/ **assimiler**

assist /ə'sɪst/ **aider**

assistance /ə'sɪstəns/ **aide**

► be of assistance to somebody **aider** quelqu'un

assistant /ə'sɪstənt/ *a plusieurs catégories grammaticales :*

> Ce mot peut être un NOM :

assistant *peut signifier* **assistant**

► shop assistant **vendeur**

> Ce mot peut être un ADJECTIF :

assistant *signifie* **adjoint**

associate *se prononce de deux façons et a des catégories grammaticales différentes selon la prononciation :*

🔊 /ə'səʊʃɪət/ (rime avec cut)

> C'est un NOM ou un ADJECTIF :

associate *signifie* **associé**

🔊 /ə'səʊʃɪeɪt/ (rime avec Kate)

> Ce mot peut être un VERBE TRANSITIF :

► associate something with something **associer** quelque chose **à** quelque chose

► be associated with something **être associé à** quelque chose

> Ce mot peut être un VERBE INTRANSITIF :

► associate with somebody **fréquenter** quelqu'un

assorted /ə'sɔːtɪd/ **varié**

assortment /ə'sɔːtmənt/ **assortiment** *ou* **mélange**

assume /ə'sjuːm/ *a plusieurs sens :*

1 ► assume that... **supposer que...**

2 ► assume something *peut signifier* **assumer** quelque chose (une responsabilité) *ou* **prendre** quelque chose (le pouvoir, le contrôle)

3 ► assume something *peut signifier* **affecter** quelque chose *ou* **adopter** quelque chose (un air, une attitude)

assurance /ə'ʃʊərəns/ *a plusieurs sens :*

1 assurance *peut signifier* **assurance**

2 assurance *peut signifier* **promesse**

assure /ə'ʃʊəʳ/ **assurer**

asthma /'æsmə/ **asthme**

astonish /ə'stɒnɪʃ/ **étonner**

astonishment /ə'stɒnɪʃmənt/ **étonnement**

astound /ə'staʊnd/ **stupéfier**

astray /ə'streɪ/ *est utilisé dans les expressions suivantes :*

► go astray **s'égarer**

► lead somebody astray **détourner** quelqu'un **du droit chemin**

astrologer /əs'trɒlədʒəʳ/ **astrologue**

astrology /əs'trɒlədʒɪ/ **astrologie**

astronaut /'æstrənɔːt/ **astronaute**

astronomer /əs'trɒnəməʳ/ **astronome**

astronomy /əs'trɒnəmɪ/ **astronomie**

asylum /ə'saɪləm/ **asile**

at /æt, ət/ *a plusieurs sens :*

1 at *peut indiquer une position ou un lieu :*

▷ He's at school. Il est à l'école.

▷ She's at work. Elle est au travail.

▷ She's at the hairdresser's. Elle est chez le coiffeur.

▷ I'm staying at my aunt's house. Je séjourne chez ma tante.

► at home **chez soi** *ou* **à la maison**

2 at *peut indiquer un moment :*

▷ We met at 8 o'clock. Nous nous sommes retrouvés à 8 heures.

▷ He went to bed at midnight. Il s'est couché à minuit.

▷ What do you do at the weekend? Qu'est-ce que tu fais le week-end ?

► at Christmas **à Noël**

► at Easter **à Pâques**

3 at *peut indiquer la vitesse, le prix ou l'âge :*

▷ He was driving at 120 km / h. Il roulait à 120 km / h.

▷ They sell them at 2 euros a kilo. Ils les vendent à 2 euros le kilo.

▷ He was still working at 70. Il travaillait encore à 70 ans.

4 at *peut indiquer la direction :*

▷ He threw a stone at him. Il lui a jeté un caillou.

5 ► nothing at all **rien du tout**

► not at all **pas du tout**

▷ Thank you! – Not at all. Merci ! – Je vous en prie.

6 ► at sign **arobase**

ate /eɪt/ *est le prétérit du verbe* eat.

▷ He ate all the cake. Il a mangé tout le gâteau.

atheist /'eɪθɪɪst/ **athée**

athletics /æθ'letɪks/ **athlétisme**

> En anglais américain, ce mot a le sens plus général de « sport ».

atom /'ætəm/ **atome**

► atom bomb **bombe atomique**

atomic /ə'tɒmɪk/ **atomique**

atrocious /ə'trəʊʃəs/ **atroce**

attach /ə'tætʃ/ *a plusieurs sens :*

1 ► attach something *peut signifier* **attacher** quelque chose

2 ► attach something *peut signifier* **joindre** quelque chose (une lettre, un fichier, etc.)

3 ► be attached to somebody *ou* something **être attaché à** quelqu'un *ou* quelque chose (= l'aimer)

attack /ə'tæk/ *a plusieurs catégories grammaticales et plusieurs sens :*

> Ce mot peut être un NOM :

1 attack *peut signifier* **attaque**

2 attack *peut signifier* **crise** (cardiaque, d'asthme)

> Ce mot peut être un VERBE TRANSITIF :

1 ► attack somebody *ou* something *peut signifier* **attaquer** quelqu'un *ou* quelque chose

2 ► attack something *peut signifier* **s'attaquer à** quelque chose (un problème, une tâche par exemple)

> Ce mot peut être un VERBE INTRANSITIF :

attack *signifie* **attaquer**

attacker /ə'tækəʳ/ *a plusieurs sens :*

1 attacker *peut signifier* **agresseur**

2 *En sport,* attacker *signifie* **attaquant**

attain /ə'teɪn/ **atteindre** *ou* **acquérir** *ou* **obtenir**

attempt /ə'tempt/ *a plusieurs catégories grammaticales et plusieurs sens :*

> Ce mot peut être un NOM :

1 **attempt** *peut signifier* **tentative**

► **make an attempt to do** something **essayer de faire** quelque chose

2 **attempt** *peut signifier* **attentat**

► **an attempt on** somebody's **life** **un attentat contre** quelqu'un

> Ce mot peut être un VERBE :

► **attempt to do** something **essayer de faire** quelque chose *ou* **tenter de faire** quelque chose

attend /ə'tend/ *a plusieurs catégories grammaticales et plusieurs sens :*

> Ce mot peut être un VERBE TRANSITIF :

1 ► **attend** something *peut signifier* **assister à** quelque chose (une réunion, des cours, une fête)

2 ► **attend** something *peut signifier* **aller à un endroit** (à l'école, à l'église)

> Ce mot peut être un VERBE INTRANSITIF :

1 **attend** *signifie* **être présent**

2 ► **attend to** something **s'occuper de** quelque chose

En anglais, **attend** ne signifie pas « attendre ».

attendant /ə'tendənt/ *a plusieurs sens :*

1 **attendant** *peut signifier* **gardien** (de musée, de vestiaire, de parc)

2 **attendant** *peut signifier* **pompiste**

attention /ə'tenʃən/ **attention**

► **pay attention to** something **faire attention à** quelque chose *ou* **prêter attention à** quelque chose

▷ Pay attention! Écoutez !

► **stand to attention** **se mettre au garde-à-vous**

▷ Attention! Garde-à-vous !

attic /'ætɪk/ **grenier**

attorney /ə'tɜːnɪ/ **avocat** (= juriste)

Attorney est un mot américain : en anglais britannique, on dit **lawyer**.

attract /ə'trækt/ **attirer**

attraction /ə'trækʃən/ *a plusieurs sens :*

1 **attraction** *peut signifier* **attraction**

▷ There are a lot of tourist attractions. Il y a beaucoup d'attractions touristiques.

2 **attraction** *peut signifier* **attrait**

▷ It's one of the attractions of camping holidays. C'est l'un des attraits du camping.

3 **attraction** *peut signifier* **attirance**

▷ It's not just a physical attraction. Ce n'est pas que de l'attirance physique.

attractive /ə'træktɪv/ **attirant** *ou* **séduisant**

auction /'ɔːkʃən/ **vente aux enchères**

audience /'ɔːdɪəns/ **public** (au cinéma, au théâtre) *ou* **téléspectateurs** *ou* **auditeurs**

audition /ɔː'dɪʃən/ *a plusieurs sens :*

1 **audition** *peut signifier* **audition**

2 **audition** *peut signifier* **essai** (pour un rôle dans un film)

August /'ɔːgəst/ **août**

► **August the second** *ou* **the second of August** **le deux août**

ℹ En anglais, les noms de mois s'écrivent avec une majuscule.

aunt /ɑːnt/ **tante**

auntie *ou* **aunty** /'ɑːntɪ/ **tante**

Australia /ɒs'treɪlɪə/ **Australie**

ℹ En anglais, en général, on n'utilise pas d'article défini devant les noms de pays et de continents.

Australian /ɒs'treɪlɪən/ **australien** *ou* **Australien**

ℹ En anglais, les adjectifs de nationalité s'écrivent avec une majuscule.

Austria /'ɒstrɪə/ **Autriche**

ℹ En général, en anglais, on n'utilise pas d'article défini devant les noms de pays et de continents.

Austrian /'ɒstrɪən/ **autrichien** *ou* **Autrichien**

ℹ En anglais, les adjectifs de nationalité s'écrivent avec une majuscule.

authentic /ɔː'θentɪk/ **authentique**

author /'ɔːθə^r/ **auteur**

authorise *ou* **authorize** /'ɔːθəraɪz/ **autoriser**

authority /ɔː'θɒrɪtɪ/ *a plusieurs sens :*

1 **authority** *peut signifier* **autorité**

► **the authorities** **les autorités**

2 **authority** *peut signifier* **autorisation**

3 ► **an authority on** something **un expert en** quelque chose

autograph /'ɔːtəgrɑːf/ *a plusieurs catégories grammaticales :*

> Ce mot peut être un NOM :

autograph *signifie* **autographe**

> Ce mot peut être un VERBE :

► **autograph** something **signer** quelque chose

automatic /ˌɔːtə'mætɪk/ *a plusieurs catégories grammaticales et plusieurs sens :*

> Ce mot peut être un ADJECTIF :

automatic *signifie* **automatique**

> Ce mot peut être un NOM :

1 **automatic** *peut signifier* **voiture automatique**

2 **automatic** *peut signifier* **lave-linge automatique**

3 **automatic** *peut signifier* **automatique** (= revolver)

automatically /ˌɔːtə'mætɪklɪ/ **automatiquement**

autumn /'ɔːtəm/ **automne**

► **in the autumn** *ou* **in autumn** **en automne**

Ce mot n'est pas utilisé en anglais américain : aux États-Unis, on dit fall.

availability /əˌveɪlə'bɪlɪtɪ/ **disponibilité**

available /ə'veɪləbl/ **disponible**

avenge /ə'vendʒ/ **venger**

average /'ævərɪdʒ/ *a plusieurs catégories grammaticales :*

> Ce mot peut être un NOM :

average *signifie* **moyenne**

► **on average** **en moyenne**

> Ce mot peut être un ADJECTIF :

average *signifie* **moyen**

avocado /ˌævə'kɑːdəʊ/ **avocat** (= fruit)

avoid /ə'vɔɪd/ **éviter**

► **avoid doing** something **éviter de faire** quelque chose

await /ə'weɪt/ **attendre**

awake /ə'weɪk/ *a plusieurs catégories grammaticales et plusieurs sens :*

> Ce mot peut être un ADJECTIF :

awake *signifie* **éveillé** *ou* **réveillé**

▷ The noise kept me awake. Le bruit m'a empêché de dormir.

▷ He was only half awake. Il n'était qu'à moitié réveillé.

> Ce mot peut être un VERBE TRANSITIF :

1 ► **awake** somebody **réveiller** quelqu'un

2 ► **awake** something **éveiller** quelque chose (les soupçons, l'espoir, la curiosité, par exemple)

> Ce mot peut être un VERBE INTRANSITIF :

awake *signifie* **se réveiller**

award /ə'wɔːd/ *a plusieurs catégories grammaticales et plusieurs sens :*

> Ce mot peut être un NOM :

award *signifie* **prix** (= récompense)

► **award ceremony** **cérémonie de remise des prix**

> Ce mot peut être un VERBE :

1 ► **award** somebody something *peut signifier* **décerner** quelque chose **à** quelqu'un

2 ► **award** somebody something *peut signifier* **accorder** quelque chose **à** quelqu'un (des points, un penalty, des dommages et intérêts par exemple)

aware /ə'wɛəʳ/ *a plusieurs sens :*

1 **aware** *peut signifier* **conscient** *ou* **au courant**

► **be aware of** something **être conscient de** quelque chose *ou* **être au courant de** quelque chose

▷ She was aware of the dangers. Elle était consciente des dangers.

2 **aware** *peut signifier* **informé** *ou* **averti**

awareness /ə'wɛənɪs/ **conscience**

away /ə'weɪ/ *a plusieurs sens :*

1 **away** *peut servir à indiquer les distances dans l'espace et dans le temps :*

▷ It's 5 kilometres away. C'est à 5 kilomètres d'ici.

▷ It's not far away. Ce n'est pas loin.

▷ London is an hour away. Londres est à une heure d'ici.

▷ The elections are a week away. Les élections auront lieu dans une semaine.

2 **away** *peut indiquer un mouvement dans un sens inverse :*

▷ She walked away. Elle s'est éloignée.

▷ He looked away. Il a détourné le regard.

3 **away** *peut signifier* **absent**

▷ He'll be away next week. Il sera absent la semaine prochaine.

▷ She's away on holiday. Elle est en vacances.

► **go away** **partir**

▷ He has gone away for the weekend. Il est parti pour le week-end.

▷ Go away! I don't want to see you! Va-t'en ! Je ne veux pas te voir !

4 *En sport,* **away** *signifie* **à l'extérieur** (= dans une autre ville)

▷ They're playing away. Ils jouent à l'extérieur.

awe /ɔː/ respect mêlé de crainte

► be in awe of somebody **être intimidé par** quelqu'un *ou* **être impressionné par** quelqu'un

awesome /'ɔːsəm/ **terrifiant** *ou* **impressionnant**

awful /'ɔːfəl/ **affreux**

► an awful lot of... **énormément de...**

awfully /'ɔːflɪ/ **extrêmement**

awkward /'ɔːkwəd/ *a plusieurs sens :*

1 awkward *peut signifier* **maladroit**

2 awkward *peut signifier* **gêné** *ou* **mal à l'aise**

3 awkward *peut signifier* **difficile** (personne, tâche, problème)

4 awkward *peut signifier* **encombrant** *ou* **peu commode**

awoke /ə'wəʊk/ *est le prétérit du verbe* awake.

▷ When I awoke it was dark. Lorsque je me suis réveillé, il faisait nuit.

awoken /ə'wəʊkən/ *est le participe passé du verbe* awake.

▷ Once they had awoken the children, they had breakfast. Après avoir réveillé les enfants, ils ont pris leur petit déjeuner.

ax /æks/ *est l'orthographe américaine du mot* axe.

axe /æks/ *a plusieurs catégories grammaticales :*

> Ce mot peut être un NOM :

axe *signifie* **hache**

> Ce mot peut être un VERBE :

► axe something **supprimer** quelque chose (des postes par exemple) *ou* **abandonner** quelque chose (des projets par exemple)

Bb

La lettre B se prononce /biː/ en anglais.
B rime avec free, knee et tea.

baby /'beɪbɪ/ **bébé**

babysit /'beɪbɪsɪt/ **faire du baby-sitting**

bachelor /'bætʃələʳ/ **célibataire**

back /bæk/ *a plusieurs catégories grammaticales et plusieurs sens :*

> Ce mot peut être un NOM :

1 back *peut signifier* **dos** (d'une personne ou d'un animal)

▷ He did it behind my back. Il l'a fait derrière mon dos.

▷ I've got a bad back. J'ai des problèmes de dos.

2 back *peut signifier* **arrière** (d'un bâtiment ou d'une voiture) *ou* **fond** (d'une pièce ou d'un placard)

▷ It's at the back of the house. C'est derrière la maison.

► back door **porte de derrière**

► back seat **siège arrière**

3 ► back to front **devant derrière**

▷ You've got your jumper on back to front. Tu as mis ton pull à l'envers (devant derrière).

> Ce mot peut être un ADVERBE :

1 back *est employé pour exprimer l'idée de retourner quelque part ou de rentrer à la maison :*

▷ She went back to the shop. Elle est retournée au magasin.

▷ He won't come back. Il ne va pas revenir.

▷ I'll be back at six. Je serai de retour à six heures.

2 back *sert à exprimer l'idée de remettre quelque chose à sa place ou de rendre quelque chose à quelqu'un :*

▷ He put it back in the cupboard. Il l'a remis dans le placard.

▷ He gave me my CD back. Il m'a rendu mon CD.

▷ I want my money back. Je veux récupérer mon argent.

3 back *peut décrire un mouvement vers l'arrière :*

▷ Stand back! Reculez !

> Ce mot peut être un VERBE :

1 ► back somebody *ou* back somebody up **soutenir** quelqu'un

2 ► back a project **financer un projet**

backache /'bækeɪk/ **mal de dos**

background /'bækgraʊnd/ *a plusieurs sens :*

1 background *peut signifier* **arrière-plan**

► in the background **à l'arrière-plan**

2 ► somebody's background **le milieu social** de quelqu'un

backing /'bækɪŋ/ **soutien**

backpack /'bækpæk/ **sac à dos**

backside /'bæksaɪd/ **derrière** (= les fesses)

backstroke /'bækstrəʊk/ **dos crawlé**

backward /'bækwəd/ **en arrière**

backwards /'bækwədz/ **en arrière** *ou* **à reculons**

► walk backwards and forwards **marcher de long en large**

backyard /ˌbæk'jɑːd/ *a plusieurs sens :*

1 *En anglais britannique,* backyard *signifie* **arrière-cour**

2 *En anglais américain,* backyard *signifie* **jardin** (de derrière)

bad /bæd/ *a plusieurs sens :*

1 bad *peut signifier* **mauvais**

▷ The weather's very bad. Il fait très mauvais.

▷ It's bad for your health. C'est mauvais pour la santé.

▷ He's bad at English. Il est mauvais en anglais.

▷ She's in a bad mood. Elle est de mauvaise humeur.

2 bad *peut signifier* **grave** (en parlant d'une erreur ou d'un accident)

▷ He has a bad cold. Il a un gros rhume.

3 bad *peut signifier* **pourri** *ou* **gâté** (en parlant de la nourriture)

► go bad **se gâter**

4 bad *est employé pour dire que quelque chose ou quelqu'un* **va mal**

▷ Business is bad. Les affaires vont mal.

▷ How is he? – He's not too bad. Comment va-t-il ? – Il ne va pas trop mal.

5 ► feel bad **se sentir mal**

6 ► feel bad about doing something **s'en vouloir d'avoir fait** quelque chose

▷ I felt bad about lying to her. Je m'en voulais de lui avoir menti.

Le comparatif de bad est worse et le superlatif est worst.

badge /bædʒ/ **badge**

badger /'bædʒəʳ/ **blaireau** (= animal)

badly /'bædlɪ/ *a plusieurs sens :*

1 badly *peut signifier* **mal**

▷ The project was badly managed. Le projet a été mal géré.

2 badly *peut signifier* **gravement**

▷ He was badly wounded. Il était gravement blessé.

3 badly *est employé pour dire qu'on a* **vraiment** *besoin de quelque chose*

▷ I badly need a haircut. J'ai vraiment besoin de me faire couper les cheveux.

bad-tempered /ˌbæd'tempəd/

► be bad-tempered **avoir mauvais caractère** *ou* **être de mauvaise humeur**

bag /bæg/ **sac**

baggage /'bægɪdʒ/ **bagages**

► baggage reclaim **livraison de bagages** (à l'aéroport)

baggy /'bægɪ/ **ample**

bagpipes /'bægpaɪps/ **cornemuse**

bake /beɪk/ **faire cuire au four**

► baked beans **haricots blancs à la sauce tomate**

► baked potato **pomme de terre en robe de chambre**

baker /'beɪkəʳ/ **boulanger** *ou* **boulangère**

► the baker's *ou* the baker's shop **la boulangerie**

bakery /'beɪkərɪ/ **boulangerie**

baking powder /'beɪkɪŋ 'paʊdəʳ/ **levure chimique**

balaclava /ˌbælə'klɑːvə/ **passe-montagne**

balance /'bæləns/ *a plusieurs catégories grammaticales :*

> Ce mot peut être un NOM :

balance *signifie* **équilibre**

▷ He lost his balance. Il a perdu l'équilibre.

> Ce mot peut être un VERBE TRANSITIF :

► balance something **équilibrer** quelque chose

> Ce mot peut être un VERBE INTRANSITIF :

balance *signifie* **se tenir en équilibre**

Le mot anglais balance ne signifie pas « balance ».

balcony /'bælkənɪ/ **balcon**

bald /bɔːld/ **chauve**

ball /bɔːl/ *a plusieurs sens :*

1 ball *peut signifier* **balle** *ou* **ballon**

2 ball *peut signifier* **bal**

ballerina /ˌbælə'riːnə/ **ballerine** (= danseuse)

ballet /'bæleɪ/ **ballet** *ou* **danse classique**

► ballet dancer **danseur classique** *ou* **danseuse classique**

balloon /bə'luːn/ **ballon** (qu'on gonfle et qu'on tient à la main par une ficelle)

ballpoint pen /ˌbɔlpɔɪnt'pen/ **stylo à bille**

ban /bæn/ *a plusieurs catégories grammaticales :*

> Ce mot peut être un NOM :

ban *signifie* **interdiction**

> Ce mot peut être un VERBE :

► ban something **interdire** quelque chose

banana /bə'nɑːnə/ **banane**

band /bænd/ *a plusieurs sens :*

1 band *peut signifier* **bande** (= ruban)

2 band *peut signifier* **groupe** (de rock) *ou* **orchestre** (de jazz)

bandage /'bændɪdʒ/ **pansement**

bandit /'bændɪt/ **bandit**

bang /bæŋ/ *a plusieurs catégories grammaticales et plusieurs sens :*

> Ce mot peut être un NOM :

1 **bang** *peut signifier* **détonation** (d'un fusil) *ou* **claquement** (d'une porte)

2 **bang** *peut signifier* **coup violent**

> Ce mot peut être une EXCLAMATION :

bang! *signifie* **pan !** *ou* **boum !**

> Ce mot peut être un VERBE TRANSITIF :

► **bang** something **frapper** quelque chose **violemment**

▷ She banged her head. Elle s'est cogné la tête.

▷ He banged the door. Il a claqué la porte.

> Ce mot peut être un VERBE INTRANSITIF :

bang *signifie* **claquer** (en parlant d'une porte) *ou* **détoner** (en parlant d'un fusil)

banger /'bæŋəʳ/ **pétard** (= feu d'artifice)

banister /'bænɪstəʳ/ **rampe (d'escalier)**

bank /bæŋk/ *a plusieurs sens :*

1 **bank** *peut signifier* **banque**

► **bank account** **compte bancaire**

2 ► **bank holiday** **jour férié**

3 **bank** *peut signifier* **rive**

banker /'bæŋkəʳ/ **banquier**

banknote /'bæŋknəʊt/ **billet de banque**

Le mot banknote n'est pas employé en anglais américain : aux États-Unis, on dit bill.

bankrupt /'bæŋkrʌpt/ **en faillite**

banner /'bænəʳ/ **bannière**

baptize /bæp'taɪz/ **baptiser**

bar /bɑːʳ/ *a plusieurs sens :*

1 **bar** *peut signifier* **bar**

2 **bar** *peut signifier* **barre** *ou* **barreau**

3 **bar** *peut signifier* **tablette** (de chocolat)

4 ► **a bar of soap** **un savon**

barber /'bɑːbəʳ/ **coiffeur** (pour hommes)

bare /bɛəʳ/ **nu**

barely /'bɛəlɪ/ **à peine**

bargain /'bɑːgɪn/ *a plusieurs catégories grammaticales :*

> Ce mot peut être un NOM :

bargain *signifie* **affaire** (= achat avantageux)

> Ce mot peut être un VERBE :

► **bargain with** somebody **for** something **négocier** quelque chose **avec** quelqu'un

barge /bɑːdʒ/ **péniche**

bark /bɑːk/ *a plusieurs catégories grammaticales et plusieurs sens :*

> Ce mot peut être un NOM :

1 **bark** *peut signifier* **écorce** (d'un arbre)

2 **bark** *peut signifier* **aboiement**

> Ce mot peut être un VERBE :

bark *signifie* **aboyer**

► **bark at** somebody **aboyer après** quelqu'un

barn /bɑːn/ **grange**

barrel /'bærəl/ **tonneau** (de vin ou de bière) *ou* **baril** (de pétrole)

barrier /'bærɪəʳ/ **barrière**

base /beɪs/ *a plusieurs catégories grammaticales et plusieurs sens :*

> Ce mot peut être un NOM :

base *signifie* **base**

> Ce mot peut être un VERBE :

► **base** something **on** something **fonder** quelque chose **sur** quelque chose

► **be based** **être basé**

▷ The company is based in York. L'entreprise est basée à York.

baseball /'beɪsbɔːl/ **baseball**

► **baseball cap** **casquette de baseball**

basement /'beɪsmənt/ **sous-sol**

basic /'beɪsɪk/ *a plusieurs catégories grammaticales :*

> Ce mot peut être un ADJECTIF :

basic *signifie* **fondamental**

> Ce mot peut être un NOM PLURIEL :

► **the basics** **l'essentiel** *ou* **les bases**

basically /'beɪsɪklɪ/ **au fond**

basil /'bæzl/ **basilic**

basin /'beɪsn/ *a plusieurs sens :*

1 **basin** *peut signifier* **cuvette**

2 **basin** *peut signifier* **lavabo**

3 **basin** *peut signifier* **bol**

basis /'beɪsɪs/ **base**

basket /'bɑːskɪt/ **corbeille** *ou* **panier**

Le mot anglais basket ne signifie pas « basket ».

basketball /ˈbɑːskɪtbɔːl/ **basket(-ball)**
► basketball player **basketteur** *ou* **basketteuse**

bass /beɪs/ **basse** (= instrument de musique)

bat /bæt/ *a plusieurs sens :*
1 bat *peut signifier* **chauve-souris**
2 bat *peut signifier* **batte** (de base-ball, de cricket) *ou* **raquette** (de ping-pong)

bath /bɑːθ/ **bain** *ou* **baignoire**
► have a bath **prendre un bain**
► swimming baths **piscine**
► bath towel **serviette de bain**

bathe /beɪð/
1 *En anglais britannique,* bathe *signifie* **baigner** *ou* **se baigner**
2 *En anglais américain,* bathe *signifie* **prendre un bain**

bathing costume **maillot de bain**

En anglais américain, on dit bathing suit.

bathroom /ˈbɑːθrʊm/ *a plusieurs sens :*
1 *En anglais britannique,* bathroom *signifie* **salle de bains**
2 *En anglais américain,* bathroom *signifie* **salle de bains** *ou* **toilettes**

bathtub /ˈbɑːθtʌb/ **baignoire**

batter /ˈbætəʳ/ **pâte à frire**

battery /ˈbætərɪ/ **pile** (d'une radio ou d'une torche, par exemple) *ou* **batterie** (d'une voiture)

battle /ˈbætl/ **bataille**

bay /beɪ/ *a plusieurs sens :*
1 bay *peut signifier* **baie** (= une partie de la côte)
2 bay *peut signifier* **laurier**
► bay leaf **feuille de laurier**

BC /biˈsiː/ **avant Jésus-Christ**
► in 1000 BC **en 1000 avant Jésus-Christ**

be /biː/ *a plusieurs sens :*

ℹ Le verbe be est irrégulier. Au présent, les formes sont : I am, you are, he / she / it is, we are, they are. Ces formes sont souvent abrégées : I'm, you're, he's, she's, it's, we're, they're. Au passé simple, les formes sont : I was, you were, he / she / it was, we were, they were. Le participe passé est been.

1 be *peut signifier* **être**
▷ I am French. Je suis français.
▷ She is pretty. Elle est jolie.
▷ Who is that? – It's me! Qui est-ce ? – C'est moi !
▷ They are very nice. Ils sont très sympas.
▷ He will be here tonight. Il sera là ce soir.
▷ He's a doctor. Il est médecin.
2 be *s'utilise pour parler de la santé de quelqu'un :*
▷ How are you? Comment vas-tu ?
▷ He's not very well. Il ne va pas très bien.
▷ I'm better now. Je vais mieux maintenant.
3 be *s'utilise pour décrire des sensations ou des attitudes :*
▷ I'm cold / hot. J'ai froid / chaud.
▷ He's hungry / thirsty. Il a faim / soif.
▷ You're right / wrong. Tu as raison / tort.
4 be *s'utilise pour dire quel âge on a :*
▷ How old are you? Quel âge as-tu ?
▷ He is 25 years old. Il a 25 ans.
5 be *s'utilise pour parler du temps qu'il fait ou de la température :*
▷ It's warm. Il fait chaud.
▷ It's 20 degrees. Il fait 20 degrés.

> be peut aussi être un VERBE **auxiliaire :**

1 be *s'utilise dans la formation des temps progressifs :*
▷ What is he doing? Qu'est-ce qu'il fait ?
▷ He's sleeping. Il dort.
▷ He was driving too fast. Il conduisait trop vite.
2 be *s'utilise dans les constructions passives :*
▷ I want to be told. Je veux qu'on me le dise.
▷ He was killed. Il a été tué.
▷ She was loved by everyone. Tout le monde l'aimait.
3 be *s'utilise aussi dans des petites phrases qui formulent des questions et des réponses :*
▷ He's always late, isn't he? – Yes, he is. Il est toujours en retard, n'est-ce pas ? – Oui.

beach /biːtʃ/ **plage**

bead /biːd/ **perle** (en verre ou en plastique)

beak /biːk/ **bec**

beam /biːm/ *a plusieurs sens :*
1 beam *peut signifier* **poutre**
2 beam *peut signifier* **rayon** (de lumière)

bean /biːn/ **haricot**

bear /bɛəʳ/ *a plusieurs catégories grammaticales et plusieurs sens :*

> Ce mot peut être un NOM **:**

bear *signifie* **ours**

> Ce mot peut être un VERBE TRANSITIF **:**

► bear something *peut signifier* **supporter** quelque chose
▷ I can't bear the heat. Je ne supporte pas la chaleur.

► bear something *peut signifier* **porter** quelque chose

beard /bɪəd/ **barbe**

beast /biːst/ **bête** (= animal)

beat /biːt/ *a plusieurs catégories grammaticales et plusieurs sens :*

> Ce mot peut être un NOM :

1 beat *peut signifier* **battement** (du cœur ou de tambour)

2 beat *peut signifier* **temps** *ou* **mesure** (d'une musique)

> Ce mot peut être un VERBE :

beat *signifie* **battre**

▷ She beat me at chess. Elle m'a battu aux échecs.

▷ The rain was beating against the window. La pluie battait contre la vitre.

beaten /ˈbiːtn/ *est le participe passé du verbe* beat.

▷ He has beaten the world champion. Il a battu le champion du monde.

beautiful /ˈbjuːtɪfʊl/ **beau**

beautifully /ˈbjuːtɪflɪ/ **magnifiquement**

beauty /ˈbjuːtɪ/ **beauté**

► beauty parlour **institut de beauté**

beaver /ˈbiːvəʳ/ **castor**

became /bɪˈkeɪm/ *est le prétérit de* become.

▷ He became violent. Il est devenu violent.

because /bɪˈkɒz/ **parce que**

► because of **à cause de**

become /bɪˈkʌm/ **devenir**

ℹ Become est la base verbale, mais aussi le participe passé :

▷ My mother has become a nurse. Ma mère est devenue infirmière.

bed /bed/ **lit**

► bed and breakfast **chambre d'hôte**

bedroom /ˈbedrʊm/ **chambre**

bedspread /ˈbedspred/ **dessus-de-lit**

bedtime /ˈbedtaɪm/ **l'heure d'aller se coucher**

bee /biː/ **abeille**

beef /biːf/ **bœuf** (= viande)

beefburger /ˈbiːfˌbɜːgəʳ/ **hamburger**

beehive /ˈbiːhaɪv/ **ruche**

been /biːn/ *est le participe passé du verbe* be.

ℹ have been et has been s'utilisent pour former le perfect :

▷ I've been here for three hours. Je suis ici depuis trois heures.

▷ It has been raining. Il a plu.

ℹ have been et has been s'utilisent pour dire qu'on est allé quelque part :

▷ I have been to London. Je suis allé à Londres.

▷ Where have you been? Où étais-tu passé ?

beep /biːp/ **signal sonore**

beer /bɪəʳ/ **bière**

beetle /ˈbiːtl/ **scarabée**

beetroot /ˈbiːtruːt/ **betterave rouge**

before /bɪˈfɔːʳ/ *a plusieurs catégories grammaticales et plusieurs sens :*

> Ce mot peut être une PRÉPOSITION :

1 before *peut signifier* **avant**

▷ He arrived before me. Il est arrivé avant moi.

▷ The day before yesterday. Avant-hier.

2 before *peut signifier* **devant**

▷ He was before me in the queue. Il était devant moi dans la file d'attente.

> Ce mot peut être un ADVERBE :

1 before *signifie* **avant**

▷ You should have told me before. Tu aurais dû me le dire avant.

▷ The week before. La semaine d'avant.

2 *On peut utiliser* before *pour dire qu'on a déjà fait quelque chose :*

▷ I have seen it before. Je l'ai déjà vu.

> Ce mot peut être une CONJONCTION :

before *signifie* **avant de** *ou* **avant que**

▷ I read the newspaper before I went out. J'ai lu le journal avant de sortir.

beforehand /bɪˈfɔːhænd/ **à l'avance**

beg /beg/ *a plusieurs sens :*

1 beg *peut signifier* **mendier**

2 beg *peut signifier* **supplier**

3 ► I beg your pardon **pardon ?** *ou* **je vous demande pardon**

began /bɪˈgæn/ *est le prétérit du verbe* begin.

▷ It began to rain. Il a commencé à pleuvoir.

beggar /ˈbegəʳ/ **mendiant**

begin /bɪ'gɪn/ **commencer**
► **begin to do** something *ou* **begin doing** something **commencer à faire** quelque chose

beginner /bɪ'gɪnəʳ/ **débutant**

beginning /bɪ'gɪnɪŋ/ **début**
► **in the beginning** **au début**

ℹ Beginning est aussi une forme du verbe begin :

▷ I'm beginning to understand. Je commence à comprendre.

begun /bɪ'gʌn/ *est le participe passé du verbe* begin.
▷ The concert has already begun. Le concert a déjà commencé.

behalf /bɪ'hɑːf/ *est employé pour dire qu'on fait quelque chose pour quelqu'un :*
▷ I'll do it on your behalf. Je le ferai pour toi.

En anglais américain, on dit in your behalf, in his behalf, etc.

behave /bɪ'heɪv/ **se conduire** *ou* **se comporter**
▷ He behaved badly. Il s'est mal conduit.
▷ He behaved well *ou* he behaved himself. Il s'est bien conduit.

behaviour /bɪ'heɪvjəʳ/ **conduite** *ou* **comportement**

En anglais américain, ce mot s'écrit behavior.

behind /bɪ'haɪnd/ *a plusieurs sens :*

1 **behind** *peut signifier* **derrière**

2 **behind** *peut signifier* **en retard**
► **be behind with** something **être en retard dans** quelque chose

3 ► **leave** something **behind** **oublier** quelque chose

Belgian /'beldʒən/ **belge** *ou* **Belge**

ℹ En anglais, les adjectifs de nationalité commencent par une majuscule.

Belgium /'beldʒəm/ **Belgique**

ℹ En général, en anglais, on n'utilise pas d'article défini devant les noms de pays et de continents.

belief /bɪ'liːf/ *a plusieurs sens :*

1 **belief** *peut signifier* **croyance**
▷ They respect all religious beliefs. Ils respectent toutes les croyances religieuses.

2 **belief** *peut signifier* **conviction**
▷ It's a matter of personal belief. C'est une question de conviction personnelle.

believe /bɪ'liːv/ **croire**
► **believe in God** **croire en Dieu**
► **believe in** something **croire à** quelque chose

bell /bel/ **cloche** *ou* **clochette** *ou* **sonnette**

belly /'belɪ/ **ventre**
► **belly button** **nombril**

belong /bɪ'lɒŋ/ *a plusieurs sens :*

1 ► **belong to** somebody **appartenir à** quelqu'un
▷ This belongs to me. Ceci m'appartient.

2 ► **belong to a club** **être membre d'un club**

3 **belong** *peut signifier* **être à sa place**
▷ Put it back where it belongs. Remets-le à sa place.

belongings /bɪ'lɒŋɪŋz/ **affaires** (= objets personnels)

below /bɪ'ləʊ/ *a plusieurs catégories grammaticales :*

> Ce mot peut être une PRÉPOSITION :

below *signifie* **sous** *ou* **au-dessous de**
▷ It was below the surface. C'était sous la surface.
▷ There's a lake below the village. Il y a un lac au-dessous du village.

> Ce mot peut être un ADVERBE :

below *signifie* **au-dessous** *ou* **en bas**

belt /belt/ **ceinture**

bench /bentʃ/ **banc**

bend /bend/ *a plusieurs catégories grammaticales :*

> Ce mot peut être un NOM :

bend *signifie* **virage** *ou* **coude** (dans une rivière ou un tuyau, par exemple)

> Ce mot peut être un VERBE TRANSITIF :

► **bend** something **plier, courber** *ou* **tordre** quelque chose

> Ce mot peut être un VERBE INTRANSITIF :

1 **bend** *signifie* **faire un coude** (en parlant d'une rivière ou une rue)

2 ► **bend down** **se baisser**

3 ► **bend over** **se pencher**

beneath /'bɪniːθ/ *a plusieurs catégories grammaticales :*

> Ce mot peut être un ADVERBE :

beneath *signifie* **dessous** *ou* **en dessous**
▷ The flat beneath was flooded. L'appartement en dessous a été inondé.

> Ce mot peut être une PRÉPOSITION :

beneath *signifie* **sous** *ou* **en-dessous de**

▷ It's beneath the table. C'est sous la table.

benefit /'benɪfɪt/ **bienfait**

Le mot anglais benefit ne signifie pas « bénéfice ».

bent /bent/ **tordu**

Bent est aussi le prétérit et le participe passé du verbe bend :

▷ You've bent it! Tu l'as tordu !

berry /'berɪ/ **baie** (= fruit)

beside /bɪ'saɪd/ **à côté de**

▷ She sat down beside him. Elle s'est assise à côté de lui.

besides /bɪ'saɪdz/ *a plusieurs catégories grammaticales :*

> Ce mot peut être un ADVERBE :

besides *signifie* **en plus**

▷ You'll earn money and gain experience besides. Tu gagneras de l'argent et en plus ça te donnera de l'expérience.

> Ce mot peut être une PRÉPOSITION :

besides *signifie* **en plus de**

▷ She has other qualities, besides intelligence. Elle a d'autres qualités en plus de l'intelligence.

best /best/ **mieux** *ou* **meilleur**

▷ It's the best wine in the world. C'est le meilleur vin du monde.

▷ She's the best dressed woman in Paris. C'est la femme la mieux habillée de Paris.

▷ It's for the best. C'est pour le mieux.

► do one's best **faire de son mieux**

► best man **garçon d'honneur**

bet /bet/ *a plusieurs catégories grammaticales :*

> Ce mot peut être un NOM :

bet *signifie* **pari**

> Ce mot peut être un VERBE :

bet *signifie* **parier** *ou* **miser**

betray /bɪ'treɪ/ **trahir**

better /'betəʳ/ *a plusieurs catégories grammaticales et plusieurs sens :*

> Ce mot peut être le comparatif de good :

better *signifie* **meilleur**

▷ His work is better than mine. Son travail est meilleur que le mien.

► get better **s'améliorer** *ou* **se remettre** (après une maladie)

▷ It's getting better and better. Ça va de mieux en mieux.

> Ce mot peut être le comparatif de well :

1 better *signifie* **mieux**

▷ She sings better than you. Elle chante mieux que toi.

2 ► had better *est une expression qui sert à donner un conseil, souvent contractée en 'd better :*

▷ You had better leave soon. Il vaut mieux que tu partes bientôt.

▷ I'd better speak to her. Il vaut mieux que je lui parle.

> Ce mot peut être un NOM :

► for better or for worse **pour le meilleur et pour le pire**

► get the better of somebody **triompher de** quelqu'un

between /bɪ'twiːn/ **entre**

► in between **au milieu** *ou* **au milieu de**

beware /bɪ'weəʳ/ **prendre garde** *ou* **faire attention**

▷ Beware of pickpockets. Attention aux pickpockets.

▷ Beware of the dog! Attention ! Chien méchant !

beyond /bɪ'jɒnd/ *a plusieurs catégories grammaticales :*

> Ce mot peut être un ADVERBE :

beyond *signifie* **au-delà**

▷ What lies beyond? Qu'y a-t-il au-delà ?

> Ce mot peut être une PRÉPOSITION :

beyond *signifie* **au-delà de** *ou* **après**

▷ You can't go beyond the barrier. Vous ne pouvez pas aller au-delà de la barrière.

▷ What's going to happen beyond next week? Que va-t-il se passer après la semaine prochaine ?

bias /'baɪəs/ **parti pris**

biased /'baɪəst/ **partial**

► be biased against somebody *ou* something **avoir un parti pris contre** quelqu'un *ou* quelque chose

bib /bɪb/ **bavoir**

bicycle /'baɪsɪkl/ **vélo**

► ride a bicycle **faire du vélo**

big /bɪg/ **grand** *ou* **gros**

bigger /'bɪgəʳ/ **plus grand** *ou* **plus gros**

► get bigger **grandir** *ou* **grossir**

biggest /'bɪgɪst/

► the biggest **le plus grand** *ou* **le plus gros**

bigheaded /ˌbɪg'hedɪd/

► **be bigheaded** avoir la grosse tête

bike /baɪk/ vélo *ou* moto

bilingual /baɪˈlɪŋgwəl/ bilingue

bill /bɪl/ *a plusieurs sens :*

1 **bill** *peut signifier* **facture** *ou* **addition** (dans un restaurant)

▷ I paid the electricity bill. J'ai payé la facture d'électricité.

▷ The bill, please! L'addition s'il vous plaît !

En anglais américain, on dit The check, please!

2 **bill** *peut signifier* **projet de loi**

3 *En anglais américain,* **bill** *signifie* **billet de banque**

billion /ˈbɪljən/ milliard

bin /bɪn/ poubelle

binman /ˈbɪnmæn/ éboueur

binoculars /bɪˈnɒkjʊləz/ jumelles (= instrument d'optique)

biodegradable /ˈbaɪəʊdɪˈgreɪdəbl/ biodégradable

biodiversity /ˌbaɪəʊdaɪˈvɜːsətɪ/ biodiversité

biological /ˌbaɪəˈlɒdʒɪkəl/ biologique

biology /baɪˈɒlədʒɪ/ biologie

bird /bɜːd/ oiseau

Biro® /ˈbaɪərəʊ/ stylo à bille

birth /bɜːθ/ naissance

birthday /ˈbɜːθdeɪ/ anniversaire

biscuit /ˈbɪskɪt/ gâteau sec

bishop /ˈbɪʃəp/ évêque

bit /bɪt/ *a plusieurs sens :*

1 **bit** *signifie* **morceau** *ou* **bout**

► **a bit of paper** un bout de papier

► **come to bits** tomber en morceaux

► **bit by bit** petit à petit

2 ► **a bit** *peut signifier* **un peu**

▷ I'm a bit tired. Je suis un peu fatigué.

▷ He's a little bit hungry. Il a un petit peu faim.

▷ Wait a bit! Attends un peu !

ℹ Bit est aussi le prétérit du verbe bite :

▷ The hamster bit my finger. Le hamster m'a mordu le doigt.

bite /baɪt/ *a plusieurs catégories grammaticales :*

> Ce mot peut être un NOM :

bite *signifie* **morsure** (d'un chien ou d'un serpent) *ou* **piqûre** (d'insecte)

► **take a bite out of something** croquer dans quelque chose

> Ce mot peut être un VERBE :

bite *signifie* **mordre** (en parlant d'une personne ou d'un animal) *ou* **piquer** (en parlant d'un insecte)

► **bite one's nails** se ronger les ongles

bitten /ˈbɪtn/ *est le participe passé de* bite.

▷ Have you ever been bitten by a snake? T'es-tu déjà fait mordre par un serpent ?

bitter /ˈbɪtə^{r}/ amer

black /blæk/ noir

► **black eye** œil au beurre noir

blackberry /ˈblækbərɪ/ mûre (= fruit)

blackbird /ˈblækbɜːd/ merle

blackboard /ˈblækbɔːd/ tableau noir

blackcurrant /ˌblækˈkʌrənt/ cassis

blackmail /ˈblækmeɪl/ *a plusieurs catégories grammaticales :*

> Ce mot peut être un NOM :

blackmail *signifie* **chantage**

> Ce mot peut être un VERBE :

blackmail *signifie* **faire du chantage à**

blade /bleɪd/ **lame** (de couteau ou de scie)

blame /bleɪm/ *a plusieurs catégories grammaticales :*

> Ce mot peut être un NOM :

blame *signifie* **responsabilité**

► **take the blame for something** assumer la responsabilité de quelque chose

> Ce mot peut être un VERBE :

► **blame something on somebody** rejeter la responsabilité de quelque chose sur quelqu'un

► **blame somebody for doing something** reprocher à quelqu'un de faire quelque chose

► **be to blame for something** être responsable de quelque chose

blank /blæŋk/ *a plusieurs catégories grammaticales :*

> Ce mot peut être un ADJECTIF :

blank *signifie* **blanc** (= vide)

▷ Write your name on a blank piece of paper. Écris ton nom sur une feuille blanche.

> Ce mot peut être un NOM :

► fill in the blanks remplir les blancs

blanket /'blæŋkɪt/ couverture

blast /blɑːst/ explosion

blaze /bleɪz/ incendie

bleach /bliːtʃ/ *a plusieurs catégories grammaticales et plusieurs sens :*

> Ce mot peut être un NOM :

bleach *signifie* eau de Javel *ou* décolorant

> Ce mot peut être un VERBE :

► bleach something blanchir quelque chose

► bleach one's hair se décolorer les cheveux

bleached /bliːtʃt/ décoloré

ℹ Bleached est aussi le prétérit et le participe passé du verbe bleach :

▷ He bleached his hair. Il s'est décoloré les cheveux.

bled /bled/ *est le prétérit et le participe passé du verbe* bleed.

▷ It bled a lot. Ça a beaucoup saigné.

bleed /bliːd/ saigner

blend /blend/ *a plusieurs catégories grammaticales :*

> Ce mot peut être un NOM :

blend *signifie* mélange

> Ce mot peut être un VERBE :

blend *signifie* mélanger *ou* se mélanger

bless /bles/ bénir

► bless you! à tes souhaits !

blew /bluː/ *est le prétérit du verbe* blow.

▷ Sally blew the candles out and made a wish. Sally a soufflé les bougies et a fait un vœu.

blind /blaɪnd/ *a plusieurs catégories grammaticales :*

> Ce mot peut être un ADJECTIF :

blind *signifie* aveugle

► go blind devenir aveugle

> Ce mot peut être un NOM COLLECTIF :

► the blind les aveugles

> Ce mot peut être un NOM :

blind *signifie* store *ou* volet

blink /blɪŋk/ cligner des yeux

blister /'blɪstəʳ/ ampoule (sur le pied, par exemple)

block /blɒk/ *a plusieurs catégories grammaticales et plusieurs sens :*

> Ce mot peut être un NOM :

1 block *peut signifier* bloc

2 block *peut signifier* pâté de maisons

► a block of flats un immeuble

▷ Let's walk around the block. Faisons le tour du pâté de maisons.

▷ They live three blocks from here. Ils habitent à trois rues d'ici.

> Ce mot peut être un VERBE :

► block something bloquer *ou* boucher quelque chose

blog /blɒg/ *a plusieurs catégories grammaticales :*

> Ce mot peut être un NOM :

blog *signifie* blog

> Ce mot peut être un VERBE :

blog *signifie* bloguer

blogger /blɒgəʳ/ blogueur

blood /blʌd/ sang

► blood test prise de sang

bloody /'blʌdɪ/ *a plusieurs catégories grammaticales :*

> Ce mot peut être un ADJECTIF :

bloody *signifie* sanglant

> Ce mot peut être un ADVERBE :

bloody *signifie* vachement

blossom /'blɒsəm/ fleurs (d'un arbre)

blouse /blaʊz/ chemisier

blow /bləʊ/ *a plusieurs catégories grammaticales et plusieurs sens :*

> Ce mot peut être un NOM :

blow *signifie* coup (= choc)

> Ce mot peut être un VERBE :

blow *signifie* souffler

► blow one's nose se moucher

► blow bubbles faire des bulles

► blow a whistle donner un coup de sifflet

Phrasal verbs

Le verbe blow *peut être suivi d'une préposition, telle que* down *ou* out, *et dans ce cas, il peut avoir un sens différent. C'est ce qu'on appelle, en anglais, un « phrasal verb ».*

BLOW DOWN

► blow something down **faire tomber** quelque chose (en parlant du vent)

▷ The tree blew down. L'arbre a été abattu par le vent.

BLOW OUT

► blow a candle out **souffler une bougie**

▷ The candle blew out. La bougie s'est éteinte.

BLOW UP

► blow a tyre up **gonfler un pneu**

► blow something up **faire sauter** quelque chose (un bâtiment, par exemple)

► blow up **exploser** (en parlant d'une bombe) *ou* **sauter** (en parlant de quelque chose qui est détruit par une bombe)

blow-dry /'bləʊdraɪ/ *a plusieurs catégories grammaticales :*

> Ce mot peut être un NOM :

blow-dry *signifie* **brushing**

> Ce mot peut être un VERBE :

► blow-dry somebody's hair **faire un brushing** à quelqu'un

blue /blu:/ **bleu**

blueberry /'blu:bərɪ/ **myrtille**

blunder /'blʌndəʳ/ *a plusieurs catégories grammaticales :*

> Ce mot peut être un NOM :

blunder *signifie* **gaffe**

> Ce mot peut être un VERBE :

blunder *signifie* **faire une gaffe**

blunt /blʌnt/ *a plusieurs sens :*

1 blunt *peut signifier* **qui ne coupe pas bien** *ou* **qui n'est pas tranchant**

2 blunt *peut signifier* **brusque** (en parlant d'une personne)

blurred /blɜ:d/ **flou**

blush /blʌʃ/ **rougir**

board /bɔ:d/ *a plusieurs sens :*

1 board *peut signifier* **planche**

2 board *peut signifier* **tableau** (= panneau ou tableau noir)

3 board *peut signifier* **plateau** (pour les jeux de société) *ou* **échiquier**

► board game **jeu de société** (qui se joue sur un plateau)

4 board *peut signifier* **conseil d'administration**

5 ► on board **à bord**

► get on board **monter à bord**

boarder /'bɔ:dəʳ/ **pensionnaire**

boarding pass /'bɔ:dɪŋpɑ:s/ **carte d'embarquement**

boarding school /'bɔ:dɪŋsku:l/ **pensionnat**

boast /bəʊst/ **se vanter**

► boast about something **se vanter de** quelque chose

boat /bəʊt/ **bateau**

body /'bɒdɪ/ **corps**

► body building **culturisme**

► body lotion **lait corporel**

bodyguard /'bɒdɪgɑ:d/ **garde du corps**

boil /bɔɪl/ **bouillir** *ou* **faire bouillir**

▷ The kettle is boiling. L'eau bout dans la bouilloire.

▷ I boiled some potatoes. J'ai fait bouillir des pommes de terre.

boiled /bɔɪld/ **bouilli**

► boiled egg **œuf à la coque**

► boiled potatoes **pommes de terre vapeur**

ℹ Boiled est aussi le prétérit et le participe passé du verbe boil :

▷ He boiled the water. Il a fait bouillir l'eau.

boiler /'bɔɪləʳ/ **chaudière**

boiling /'bɔɪlɪŋ/ **bouillant** *ou* **très chaud**

ℹ Boiling est aussi une forme du verbe boil :

▷ The water is boiling. L'eau bout.

bold /bəʊld/ *a plusieurs sens :*

1 bold *peut signifier* **audacieux**

2 bold *peut signifier* **vif** (en parlant d'une couleur)

bolster /'bəʊlstəʳ/ **traversin**

bolt /bəʊlt/ *a plusieurs catégories grammaticales et plusieurs sens :*

> Ce mot peut être un NOM :

1 bolt *peut signifier* **verrou**

2 bolt *peut signifier* **boulon**

3 ► a bolt of lightning **un éclair** (de foudre)

> Ce mot peut être un VERBE INTRANSITIF :

bolt *signifie* **s'emballer** (en parlant d'un cheval)

> Ce mot peut être un VERBE TRANSITIF :

bolt *signifie* **verrouiller** (une porte ou une fenêtre)

bomb /bɒm/ *a plusieurs catégories grammaticales :*

> Ce mot peut être un NOM :

bomb *signifie* **bombe**

> Ce mot peut être un VERBE :

► bomb something **bombarder** quelque chose

bond /bɒnd/ **lien**

bone /bəʊn/ **os** *ou* **arête**

bonfire /ˈbɒnfaɪəʳ/ **feu de joie** *ou* **feu de jardin**

bonnet /ˈbɒnɪt/ *a plusieurs sens :*

1 *En anglais britannique,* bonnet *peut signifier* **capot** (d'une voiture)

2 bonnet *peut signifier* **bonnet** (= chapeau que portaient autrefois les femmes)

Au sens moderne de « chapeau en laine », le mot français bonnet se traduit par woolly hat en anglais.

bonus /ˈbəʊnəs/ **prime**

boo /buː/ *a plusieurs catégories grammaticales :*

> Ce mot peut être une EXCLAMATION :

boo! *signifie* **hou !**

> Ce mot peut être un VERBE :

boo *signifie* **huer**

> Ce mot peut être un NOM :

boo *signifie* **huée**

book /bʊk/ *a plusieurs catégories grammaticales et plusieurs sens :*

> Ce mot peut être un NOM :

book *signifie* **livre** *ou* **cahier** *ou* **carnet**

> Ce mot peut être un VERBE :

book *signifie* **réserver**

bookcase /ˈbʊkkeɪs/ **bibliothèque** (= meuble où on range des livres)

booking /ˈbʊkɪŋ/ **réservation**

► make a booking **réserver**

booklet /ˈbʊklɪt/ **brochure**

bookmark /ˈbʊkmaːk/ *a plusieurs catégories grammaticales :*

> Ce mot peut être un NOM :

bookmark *signifie* **marque-page** *ou* **signet**

> Ce mot peut être un VERBE :

bookmark *signifie* **mettre un marque-page à** *ou* **mettre un signet à**

bookseller /ˈbʊkˌseləʳ/ **libraire**

bookshelf /ˈbʊkʃelf/ **étagère** (où on range les livres)

bookshop /ˈbʊkʃɒːp/ **librairie**

bookstore /ˈbʊkstɔːʳ/ **librairie**

boot /buːt/ *a plusieurs sens :*

1 boot *peut signifier* **botte** *ou* **bottine**

2 boot *peut signifier* **coffre** (de voiture)

Au sens de « coffre », le mot boot n'est pas employé en anglais américain. Aux États-Unis, on dit trunk.

border /ˈbɔːdəʳ/ **frontière**

bore /bɔːʳ/ **ennuyer** (= ne pas intéresser quelqu'un)

bored /bɔːd/

▷ be bored s'ennuyer.

Bored est aussi le prétérit et le participe passé du verbe bore :

▷ The film bored me. Je trouvais le film ennuyeux.

boredom /ˈbɔːdəm/ **ennui** (quand on ne s'intéresse à rien)

boring /ˈbɔːrɪŋ/ **ennuyeux** (= sans intérêt)

Boring est aussi une forme du verbe bore :

▷ Am I boring you with my questions? Je t'ennuie avec mes questions ?

born /bɔːn/ **né**

► be born **naître**

borrow /ˈbɒrəʊ/ **emprunter**

► borrow something from somebody **emprunter** quelque chose à quelqu'un

boss /bɒs/ *a plusieurs catégories grammaticales :*

> Ce mot peut être un NOM :

boss *signifie* **patron** *ou* **chef**

> Ce mot peut être un VERBE :

► boss somebody around **donner des ordres** à quelqu'un

bossy /ˈbɒsɪ/ **autoritaire**

both /bəʊθ/ *a plusieurs sens :*

1 both *peut signifier* **les deux** *ou* **tous les deux**

▷ Both books are mine. Les deux livres sont à moi.

▷ Both of them are tall. Ils sont grands tous les deux.

▷ Both his brother and his sister are ill. Son frère et sa sœur sont tous les deux malades.

2 both s'utilise pour dire que deux choses arrivent à la fois.

▷ He was both happy and tired. Il était content et heureux à la fois.

bother /'bɒðəʳ/ *a plusieurs catégories grammaticales et plusieurs sens :*

> Ce mot peut être un VERBE TRANSITIF :

1 ► bother somebody *peut signifier* **embêter** *ou* **déranger** quelqu'un

▷ I'm sorry to bother you. Excusez-moi de vous déranger.

2 ► bother somebody *peut signifier* **inquiéter** quelqu'un

▷ Didn't it bother you? Cela ne vous a pas inquiété ?

3 ► **I can't be bothered. Je n'ai pas envie.**

> Ce mot peut être un VERBE INTRANSITIF :

bother *signifie* **se donner la peine**

▷ Don't bother to get up! Ne vous donnez pas la peine de vous lever !

▷ I'll do it. – No, don't bother. Je vais le faire. – Non, ce n'est pas la peine.

> Ce mot peut être un NOM :

bother *signifie* **embêtement**

▷ It's no bother. Ça ne pose pas de problème.

bottle /'bɒtl/ **bouteille**

► bottle bank **conteneur à verre**

bottle-opener /'bɒtl əʊpnəʳ/ **décapsuleur**

bottom /'bɒtəm/ *a plusieurs catégories grammaticales et plusieurs sens :*

> Ce mot peut être un NOM :

1 bottom *peut signifier* **fond** (d'une bouteille, d'un lac, d'un jardin) *ou* **bas** (d'une page, d'une échelle, d'un tas) *ou* **pied** (d'une colline)

► at the bottom of **au fond de** *ou* **en bas de** *ou* **au pied de**

► be bottom of the class **être le dernier de la classe**

2 bottom *peut signifier* **derrière** (= les fesses)

> Ce mot peut être un ADJECTIF :

bottom *est employé pour décrire ce qui est* **en bas** *ou* **en position inférieure**

▷ It's on the bottom shelf. C'est sur l'étagère du bas.

▷ He was sitting on the bottom step. Il était assis sur la première marche.

▷ Look in the bottom right-hand corner. Regarde dans le coin en bas à droite.

bought /bɔːt/ *est le prétérit et le participe passé du verbe* buy.

▷ James bought me a puppy. James m'a acheté un petit chien.

▷ What have you bought? Qu'as-tu acheté ?

boulder /'bəʊldəʳ/ **rocher**

bounce /baʊns/ **rebondir**

boundary /'baʊndərɪ/ **frontière**

bound to /'baʊnd tuː/ *est employé pour dire que quelque chose* **va sûrement se passer** *ou que quelqu'un* **va sûrement faire** *quelque chose :*

▷ It's bound to rain. Il va sûrement pleuvoir.

▷ He's bound to come. Il va sûrement venir.

bow *se prononce de deux façons et a des sens différents selon la prononciation :*

/bəʊ/ (bow rime avec show)

> C'est un NOM :

1 bow *peut signifier* **nœud** (pour faire joli)

► bow tie **nœud papillon**

2 bow *peut signifier* **archet**

3 bow *peut signifier* **arc** (= arme pour lancer des flèches)

/baʊ/ (bow rime avec cow et now)

> Ce mot peut être un NOM :

1 bow *peut signifier* **révérence**

2 bow *peut signifier* **proue** (= partie avant d'un bateau)

> Ce mot peut être un VERBE :

► bow to somebody **saluer** quelqu'un **d'un signe de tête**

► bow one's head **courber la tête**

bowl /bəʊl/ *a plusieurs catégories grammaticales et plusieurs sens :*

> Ce mot peut être un NOM :

1 bowl *signifie* **bol** *ou* **cuvette**

2 ► play bowls **jouer aux boules**

> Ce mot peut être un VERBE :

bowl *signifie* **lancer la balle**

box /bɒks/ *a plusieurs catégories grammaticales :*

> Ce mot peut être un NOM :

box *signifie* **boîte** *ou* **carton**

> Ce mot peut être un VERBE :

box *signifie* **faire de la boxe**

boxer /'bɒksəʳ/ **boxeur**

boxing /'bɒksɪŋ/ **la boxe**

► Boxing Day **le lendemain de Noël**

boy /bɔɪ/ **garçon**

boyfriend /'bɔɪfrend/ **petit ami**

bra /brɑː/ **soutien-gorge**

braces /breɪsɪz/ *a plusieurs sens :*

1 **braces** *peut signifier* **appareil dentaire**

2 **braces** *peut signifier* **bretelles**

> Au sens de « bretelles », braces n'est pas employé en anglais américain. Aux États-Unis, on dit suspenders.

bracket /'brækɪt/ **parenthèse**

► **in brackets** **entre parenthèses**

braid /breɪd/ **natte**

brain /breɪn/ **cerveau**

brainy /'breɪnɪ/ **intelligent**

brake /breɪk/ *a plusieurs catégories grammaticales :*

> Ce mot peut être un NOM :

brake *signifie* **frein**

> Ce mot peut être un VERBE :

brake *signifie* **freiner**

branch /brɑːntʃ/ *a plusieurs sens :*

1 **branch** *peut signifier* **branche** (d'un arbre)

2 **branch** *peut signifier* **succursale** (d'un magasin ou d'une société) *ou* **agence** (d'une banque)

brand /brænd/ **marque** (= nom d'un produit)

brand-new /bræn'njuː/ **tout neuf**

brandy /'brændɪ/ **cognac**

brass /brɑːs/ **cuivre** (jaune)

► **brass band** **fanfare** (= orchestre)

brave /breɪv/ **courageux**

bravery /'breɪvərɪ/ **courage**

Brazil /brə'zɪl/ **Brésil**

> ℹ En général, en anglais, on n'utilise pas d'article défini devant les noms de pays et de continents.

Brazilian /brə'zɪlɪən/ **brésilien** *ou* **Brésilien**

> ℹ En anglais, les adjectifs de nationalité commencent par une majuscule.

bread /bred/ **pain**

breadcrumbs /'bredkrʌmz/ **chapelure**

► **in breadcrumbs** **pané**

breadth /bretθ/ **largeur**

break /breɪk/ *a plusieurs catégories grammaticales et plusieurs sens :*

> Ce mot peut être un NOM :

1 **break** *peut signifier* **pause** *ou* (à l'école) **récréation** *ou* **vacances**

▷ I'll do it during the Easter break. Je le ferai pendant les vacances de Pâques.

► **have** *ou* **take a break** **faire une pause** *ou* **prendre des vacances**

▷ They worked without a break. Ils ont travaillé sans interruption.

2 **break** *peut signifier* **fracture**

> Ce mot peut être un VERBE TRANSITIF :

► **break something** **casser** *ou* **briser** *ou* **rompre** quelque chose

▷ He broke his leg. Il s'est cassé la jambe.

► **break something in two** **casser** quelque chose **en deux**

► **break somebody's heart** **briser le cœur de** quelqu'un

► **break a record** **battre un record**

► **break a promise** **manquer à une promesse**

► **break the law** **enfreindre la loi**

> Ce mot peut être un VERBE INTRANSITIF :

1 **break** *signifie* **casser** *ou* **se casser**

► **break in two** **se casser en deux**

2 ► **break free** **se libérer**

Phrasal verbs

Le verbe **break** *peut être suivi d'une préposition, telle que* **down** *ou* **off**, *et dans ce cas, il peut avoir un sens différent. C'est ce qu'on appelle, en anglais, un « phrasal verb ».*

BREAK DOWN

► **break down** *peut signifier* **tomber en panne**

▷ My car broke down. Ma voiture est tombée en panne.

► **break down in tears** **fondre en larmes**

► **break a door down** **enfoncer une porte**

BREAK INTO

► **break into a house** **entrer dans une maison par effraction**

BREAK OFF

► **break off** **se casser net**

► **break something off** **casser** *ou* **rompre** quelque chose

BREAK OUT

► **break out** **éclater** (en parlant d'une guerre ou d'un incendie)

► **break out of prison** **s'échapper de prison**

BREAK UP

► **break something up** **casser quelque chose en morceaux**

► **break up with somebody** **rompre avec** quelqu'un

▷ They broke up. Ils se sont séparés.

breakdown /'breɪkdaʊn/ *a plusieurs sens :*

1 **breakdown** *peut signifier* **panne** (en voiture)

► **have a breakdown** **tomber en panne**

► **breakdown van** **dépanneuse**

2 **breakdown** *peut signifier* **dépression nerveuse**

► **have a breakdown** **faire une dépression nerveuse**

breakfast /'brekfəst/ **petit déjeuner**

► **have breakfast** **prendre le petit déjeuner**

breakthrough /'breɪkθruː/ **découverte importante**

breast /brest/ **sein** *ou* **poitrine**

► **chicken breast** **blanc de poulet**

breast-stroke /'breststrəʊk/ **brasse**

breath /breθ/ **haleine** *ou* **souffle**

► **out of breath** **essoufflé**

▷ He held his breath. Il a retenu son souffle.

breathe /briːð/ **respirer**

► **breathe in** **inspirer**

► **breathe out** **expirer**

breathless /'breθlɪs/ **essoufflé**

bred /bred/ *est le prétérit du verbe* breed.

▷ He bred sheep. Il élevait des moutons.

breed /briːd/ *a plusieurs catégories grammaticales :*

› Ce mot peut être un VERBE :

breed *signifie* **élever** (des animaux)

› Ce mot peut être un NOM :

breed *signifie* **race** *ou* **espèce**

breeze /briːz/ **brise**

brew /bruː/ **brasser** (en parlant de la bière) *ou* **infuser** (en parlant du thé)

▷ There's a storm brewing. Il y a un orage qui se prépare.

bribe /braɪb/ *a plusieurs catégories grammaticales :*

› Ce mot peut être un NOM :

bribe *signifie* **pot-de-vin** (= somme d'argent que l'on donne à quelqu'un pour obtenir quelque chose de façon illégale)

› Ce mot peut être un VERBE :

► **bribe somebody** **soudoyer quelqu'un** (= payer quelqu'un pour qu'il fasse quelque chose d'interdit)

brick /brɪk/ **brique**

bricklayer /'brɪkˌleɪəʳ/ **maçon**

bride /braɪd/ **jeune mariée** *ou* **future mariée**

bridegroom /'braɪdgruːm/ **jeune marié** *ou* **futur marié**

bridesmaid /'braɪdzmeɪd/ **demoiselle d'honneur**

bridge /brɪdʒ/ **pont**

brief /briːf/ **bref**

briefcase /'briːfkeɪs/ **mallette** (pour transporter ses papiers)

briefly /'briːflɪ/ **brièvement**

briefs /briːfs/ **slip** *ou* **caleçon**

► **a pair of briefs** **un slip** *ou* **un caleçon**

bright /braɪt/ *a plusieurs sens :*

1 **bright** *peut signifier* **vif** (en parlant des couleurs ou d'une lumière), **brillant** (en parlant d'une étoile ou des yeux), **clair** (en parlant d'une pièce) *ou* **éclatant** (en parlant du soleil)

▷ The weather's getting brighter. Le temps s'éclaircit.

▷ Let's look on the bright side. Prenons les choses du bon côté.

2 **bright** *peut signifier* **intelligent**

brilliant /'brɪljənt/ *a plusieurs sens :*

1 **brilliant** *peut signifier* **brillant** (en parlant d'une personne)

2 **brilliant** *peut signifier* **éclatant**

3 ► **brilliant!** **super !**

bring /brɪŋ/ *signifie* **amener** *ou* **apporter**

▷ I'll bring him to the house. Je l'amènerai à la maison.

▷ Bring it to me. Apporte-le-moi.

▷ It brings good luck. Ça porte bonheur.

Phrasal verbs

Le verbe bring *peut être suivi d'une* PRÉPOSITION, telle que back ou up, et dans ce cas, il peut avoir un sens différent. C'est ce qu'on appelle, en anglais, un « phrasal verb ».

BRING BACK

► bring somebody *ou* something back **ramener** quelqu'un *ou* **rapporter** quelque chose

BRING DOWN

► bring prices down **faire baisser les prix**

BRING OUT

► bring something out **lancer** quelque chose (un nouveau produit) *ou* **faire paraître** quelque chose (un livre) *ou* **mettre** quelque chose **en relief**

BRING UP

► bring somebody up **élever** quelqu'un

► bring something up **mentionner** quelque chose

Britain /'brɪtən/ **Grande-Bretagne**

British /'brɪtɪʃ/ **britannique**
► the British **les Britanniques**
► the British Isles **les îles Britanniques**
▷ He's British. Il est britannique.

ℹ En anglais, les adjectifs de nationalité commencent par une majuscule.

Briton /'brɪtən/ **Britannique**

Brittany /'brɪtənɪ/ **Bretagne**

broad /brɔːd/ **large**

broadcast /'brɔːdkɑːst/ *a plusieurs catégories grammaticales :*

> Ce mot peut être un NOM :

broadcast *signifie* **émission**

> Ce mot peut être un VERBE :

► broadcast something **diffuser** quelque chose

broccoli /'brɒkəlɪ/ **brocolis**

brochure /'brəʊʃəʳ/ **brochure** *ou* **prospectus**

broke /brəʊk/ *a plusieurs catégories grammaticales :*

> Ce mot peut être le prétérit du VERBE break :

▷ I broke a glass at Kevin's house. J'ai cassé un verre chez Kevin.

> Ce mot peut être un ADJECTIF :

broke *signifie* **fauché**

Dans ce sens, broke est un mot familier, c'est-à-dire un mot que l'on évite d'employer quand on parle à quelqu'un qu'on ne connaît pas bien ou quand on écrit.

broken /'brəʊkən/ **cassé** *ou* **brisé**

ℹ Broken est aussi le participe passé du verbe break :

▷ I've broken my watch. J'ai cassé ma montre.

brooch /brəʊtʃ/ **broche** (= bijou)

broom /brʊm/ **balai**

brother /'brʌðəʳ/ **frère**

brother-in-law /'brʌðərɪn,lɔː/ **beau-frère**

brought /brɔːt/ *est le prétérit et le participe passé du verbe* bring.
▷ Dad brought us some coffee. Papa nous a apporté du café.
▷ What have you brought me? Que m'as-tu apporté ?

brown /braʊn/ *a plusieurs sens :*

1 brown *peut signifier* **marron** *ou* **brun** *ou* (pour les cheveux) **châtain**

2 brown *peut signifier* **bronzé**
► go brown **bronzer**

3 ► brown bread **pain complet**
► brown paper **papier d'emballage**
► brown sugar **cassonade** (= sucre roux)

browser /'braʊzəʳ/ **navigateur** (pour l'internet)

bruise /bruːz/ **bleu** (= marque sur la peau)

brush /brʌʃ/ *a plusieurs catégories grammaticales et plusieurs sens :*

> Ce mot peut être un NOM :

brush *signifie* **brosse** *ou* **pinceau** *ou* **balai**

> Ce mot peut être un VERBE :

► brush something **brosser** quelque chose
► brush one's teeth **se brosser les dents**
► brush one's hair **se brosser les cheveux**
► brush against somebody *ou* something **effleurer** quelqu'un *ou* quelque chose

Brussels /'brʌslz/ **Bruxelles**
► Brussels sprouts **choux de Bruxelles**

bubble /'bʌbl/ **bulle**
► bubble bath **bain moussant**

bucket /'bʌkɪt/ **seau**

buckle /'bʌkl/ **boucle** (d'une ceinture)

bud /bʌd/ **bourgeon** *ou* (en parlant d'une fleur) **bouton**

Buddhist /'bʊdɪst/ **bouddhiste**

budgerigar /'bʌdʒərɪgɑːʳ/ *ou* **budgie** /'bʌdʒɪ/ **perruche**

bug /bʌg/ *a plusieurs sens :*

1 **bug** *peut signifier* **insecte**

2 **bug** *peut signifier* **bogue** (= défaut dans un ordinateur)

3 **bug** *peut signifier* **micro caché**

build /bɪld/ *a plusieurs catégories grammaticales :*

> Ce mot peut être un NOM :

build *signifie* **carrure**

▷ He has an athlete's build. Il a une carrure d'athlète.

> Ce mot peut être un VERBE :

build *signifie* **construire**

builder /'bɪldəʳ/ **ouvrier** (du bâtiment)

building /'bɪldɪŋ/ **bâtiment** *ou* **immeuble**

► **building site** **chantier de construction**

ℹ Building est aussi une forme du verbe build :

▷ They're building a new school. Ils construisent une nouvelle école.

built /bɪlt/ *est le prétérit et le participe passé du verbe* **build**.

▷ They've built a supermarket near our house. Ils ont construit un supermarché près de chez nous.

bulb /bʌlb/ *a plusieurs sens :*

1 **bulb** *peut signifier* **bulbe**

2 **bulb** *peut signifier* **ampoule** (électrique)

bull /bʊl/ **taureau**

bulldog /'bʊldɒg/ **bouledogue**

bullet /'bʊlɪt/ **balle** (d'une arme à feu)

bulletin /'bʊlɪtɪn/ **bulletin**

► **bulletin board** **tableau d'affichage** *ou* (en informatique) **messagerie électronique**

bully /'bʊlɪ/ *a plusieurs catégories grammaticales :*

> Ce mot peut être un NOM :

bully *signifie* **tyran**

> Ce mot peut être un VERBE :

► **bully** somebody **tyranniser** quelqu'un

bum /bʌm/ **derrière** (= les fesses)

Bum est un mot familier, c'est-à-dire un mot qu'on évite d'employer quand on parle à quelqu'un qu'on ne connaît pas bien ou quand on écrit.

bumbag /'bʌmbæg/ **(sac) banane**

bump /bʌmp/ *a plusieurs catégories grammaticales et plusieurs sens :*

> Ce mot peut être un NOM :

1 **bump** *peut signifier* **coup** (= choc)

2 **bump** *peut signifier* **bosse**

> Ce mot peut être un VERBE :

► **bump** something **heurter** quelque chose

► **bump one's head** **se cogner la tête**

► **bump into a car** **rentrer dans une voiture**

► **bump into** somebody **se cogner contre** quelqu'un *ou* **rencontrer** quelqu'un **par hasard**

bumper /'bʌmpəʳ/ **pare-chocs**

bumpy /'bʌmpɪ/ **cahoteux**

bun /bʌn/ *a plusieurs sens :*

1 **bun** *peut signifier* **petit pain au lait** *ou* **petit gâteau**

2 **bun** *peut signifier* **chignon**

bunch /bʌntʃ/ *a plusieurs sens :*

1 **bunch** *peut signifier* **bouquet** (de fleurs) *ou* **main** (de bananes) *ou* **grappe** (de raisin)

2 **bunch** *peut signifier* **trousseau** (de clés)

3 **bunch** *peut signifier* **groupe** (de personnes)

Au sens de « groupe », bunch est un mot familier, c'est-à-dire un mot qu'on évite d'employer quand on parle à quelqu'un qu'on ne connaît pas bien ou quand on écrit.

bundle /'bʌndl/ **paquet** (de vêtements) *ou* **liasse** (de lettres, de papiers) *ou* **fagot** (de bois)

bungee jumping /'bʌndʒɪ ˌdʒʌmpɪŋ/ **saut à l'élastique**

bunk beds /'bʌŋkbedz/ **lits superposés**

buoy /bɔɪ/ **bouée**

burger /'bɜːgəʳ/ **hamburger**

burglar /'bɜːgləʳ/ **cambrioleur**

► **burglar alarm** **alarme antivol**

burgle /'bɜːgl/ **cambrioler**

burn /bɜːn/ *a plusieurs catégories grammaticales et plusieurs sens :*

> Ce mot peut être un NOM :

burn *signifie* **brûlure**

> Ce mot peut être un VERBE :

burn *signifie* **brûler**

► **burn** something **down** **incendier** quelque chose

▷ The house burnt down. La maison a brûlé complètement.

burnt /bɜːnt/ **brûlé**

ℹ Burnt est aussi le prétérit et le participe passé du verbe burn :

▷ My father has burnt all his old newspapers. Mon père a brûlé tous ses vieux journaux.

burst /bɜːst/ *a plusieurs catégories grammaticales et plusieurs sens :*

> Ce mot peut être un VERBE INTRANSITIF :

1 burst *signifie* **crever** (en parlant d'un ballon ou d'une bulle, par exemple) *ou* **éclater**

▷ The balloon burst. Le ballon a éclaté.

2 ► burst into *peut signifier* **faire irruption dans**

▷ Kenny burst into the room. Kenny a fait irruption dans la pièce.

3 ► burst into tears **éclater en sanglots**

4 ► burst into flames **prendre feu**

5 ► burst out laughing **éclater de rire**

> Ce mot peut être un VERBE TRANSITIF :

► burst something **crever** quelque chose *ou* **faire éclater** quelque chose

bury /ˈberɪ/ **enterrer**

bus /bʌs/ **bus** *ou* **car**

► bus station **gare routière**

► bus stop **arrêt de bus**

bush /bʊʃ/ **buisson**

business /ˈbɪznɪs/ *a plusieurs sens :*

1 business *peut signifier* **affaires** (= activités commerciales)

► do business with somebody **faire des affaires avec** quelqu'un

► business meeting **réunion d'affaires**

2 business *peut signifier* **entreprise**

► small business **petite entreprise**

3 business *peut signifier* **affaire**

► that's my business! **c'est mon affaire !**

► mind your own business! **mêle-toi de tes affaires !**

Mind your own business est une expression familière, c'est-à-dire qu'on évite de l'employer quand on parle à quelqu'un qu'on ne connaît pas bien ou quand on écrit.

businessman /ˈbɪznɪsmæn/ **homme d'affaires**

businesswoman /ˈbɪznɪsˌwʊmən/ **femme d'affaires**

busker /ˈbʌskəʳ/ **musicien des rues**

bust /bʌst/ **poitrine**

busy /ˈbɪzɪ/ *a plusieurs sens :*

1 busy *peut signifier* **occupé** (en parlant d'une personne ou du téléphone)

► be busy doing something **être occupé à faire** quelque chose

2 busy *peut signifier* **chargé** (en parlant d'une journée ou d'une semaine chargée)

3 busy *peut signifier* **animé** (en parlant d'une ville ou d'une rue animée)

but /bʌt/ *a plusieurs sens :*

1 but *peut signifier* **mais**

2 but *peut signifier* **sauf**

▷ Everybody but Henry came to the party. Tout le monde sauf Henry est venu à la fête.

butcher /ˈbʊtʃəʳ/ **boucher**

► butcher's shop **boucherie**

butter /ˈbʌtəʳ/ **beurre**

butterfly /ˈbʌtəflaɪ/ **papillon**

button /ˈbʌtn/ *a plusieurs catégories grammaticales :*

> Ce mot peut être un NOM :

button *signifie* **bouton** (sur un vêtement)

> Ce mot peut être un VERBE :

► button something *ou* button something up **boutonner** quelque chose

buy /baɪ/ **acheter**

► buy something from somebody **acheter** quelque chose **à** quelqu'un

by /baɪ/ *a plusieurs sens :*

1 by *est employé pour indiquer le moyen ou la manière de faire quelque chose :*

▷ Can I pay by cheque? Est-ce que je peux payer par chèque ?

▷ He came in by the window. Il est entré par la fenêtre.

▷ I'll send it by post. Je l'enverrai par la poste.

▷ We travelled by land and by sea. Nous avons voyagé par terre et par mer.

▷ These clothes are made by hand. Ces vêtements sont faits à la main.

▷ I'm paid by the hour. Je suis payé à l'heure.

▷ I did that by mistake. J'ai fait ça par erreur.

ℹ By + -ing indique aussi la manière de faire quelque chose :

▷ He learnt English by listening to the radio. Il a appris l'anglais en écoutant la radio.

ℹ By indique le moyen de transport que l'on utilise :

► **by bus** en bus
► **by car** en voiture
► **by plane** en avion
► **by train** en train, par le train
► **by bicycle** à vélo, en vélo

ℹ By est employé dans les constructions passives pour indiquer l'agent, c'est-à-dire la personne ou la chose qui exécute une action :

▷ The window was broken by a child. Le carreau a été cassé par un enfant.

▷ He was killed by lightning. Il a été tué par la foudre.

ℹ By est employé pour parler de l'auteur d'une œuvre :

▷ Who is the book by? Qui est l'auteur du livre ?

▷ This is a painting by Picasso. C'est un tableau de Picasso.

▷ I'm reading a novel by Zola. Je lis un roman de Zola.

2 by *peut signifier* **à côté de**

▷ Come and sit by me. Viens t'asseoir à côté de moi.

▷ The house is by the church. La maison est à côté de l'église.

▷ We live by the sea. Nous habitons au bord de la mer.

3 by *est employé pour dire qu'on passe* **devant** *quelque chose ou quelqu'un :*

▷ We drove by the town hall. On est passé devant la mairie en voiture.

▷ He walked by me. Il est passé devant moi.

4 by *peut signifier* **avant**

▷ I'll be back by midnight. Je serai de retour pour minuit.

▷ The work must be finished by the end of August. Le travail doit être fini avant fin août.

5 by *est employé pour décrire les dimensions de quelque chose :*

▷ A room 3 metres by 4. Une pièce de trois mètres sur quatre.

6 by *+ pronom réfléchi est employé pour dire que quelqu'un a fait quelque chose tout seul :*

▷ I did it all by myself. Je l'ai fait tout seul.

▷ He was by himself. Il était tout seul.

7 by *est employé dans des expressions figées :*

► **by day le jour** *ou* **de jour**
► **by night la nuit** *ou* **de nuit**
► **day by day jour après jour**
► **one by one un par un**

bye /baɪ/ **au revoir !**

bypass /ˈbaɪpɑːs/ **rocade**

Cc

La lettre C se prononce /siː/ en anglais.
C rime avec free, knee et tea.

cab /kæb/ **taxi**

cabbage /'kæbɪdʒ/ **chou** (= légume)

cabin /'kæbɪn/ *a plusieurs sens :*

1 cabin *peut signifier* **cabane**

2 cabin *peut signifier* **cabine** (dans un bateau ou un avion)

cabinet /'kæbɪnɪt/ *a plusieurs sens :*

1 cabinet *peut signifier* **meuble** (de rangement)

2 *En Grande-Bretagne,* the Cabinet *désigne les ministres qui constituent le gouvernement*

cable /'keɪbl/ **câble**

► cable television **télévision par câble**

► cable car **téléphérique**

café /'kæfeɪ/ **café** (= lieu)

cagoule /kə'guːl/ **coupe-vent**

> Le mot anglais cagoule ne signifie pas « cagoule ».

cake /keɪk/ **gâteau**

► cake shop **pâtisserie**

> Le mot français « cake » se dit fruit cake en anglais.

calculate /'kælkjʊleɪt/ **calculer**

calculation /ˌkælkjʊ'leɪʃən/ **calcul**

calculator /'kælkjʊleɪtəʳ/ **calculatrice**

calendar /'kæləndəʳ/ **calendrier**

calf /kɑːf/ *a plusieurs sens :*

1 calf *peut signifier* **veau**

2 calf *peut signifier* **mollet**

call /kɔːl/ *a plusieurs catégories grammaticales et plusieurs sens :*

> Ce mot peut être un NOM :

1 call *peut signifier* **appel** *ou* **coup de téléphone**

► call box **cabine téléphonique**

2 call *peut signifier* **cri** (d'un oiseau)

3 call *peut signifier* **visite**

> Ce mot peut être un VERBE :

call *signifie* **appeler**

▷ What's that called? Comment ça s'appelle ?

▷ I'm called Marie. Je m'appelle Marie.

▷ Call the doctor! Appelez le médecin !

▷ Who's calling? C'est de la part de qui ?

Phrasal verbs

Le verbe call *peut être suivi d'une préposition, telle que* on *ou* off, *et dans ce cas, il peut avoir un sens différent. C'est ce qu'on appelle, en anglais, un « phrasal verb ».*

CALL IN

► call somebody in faire entrer quelqu'un

CALL OFF

► call something off annuler quelque chose

CALL ON

► call on somebody rendre visite à quelqu'un

CALL OUT

► call out pousser un cri

▷ He called out to me. Il m'a appelé.

CALL UP

► call up téléphoner à

calm /kɑːm/ *a plusieurs catégories grammaticales et plusieurs sens :*

> Ce mot peut être un ADJECTIF :

calm *signifie* **calme**

> Ce mot peut être un NOM :

calm *signifie* **calme**

► keep calm **garder son calme**

▷ Keep calm, everybody! Gardez votre calme !

> Ce mot peut être un VERBE :

1 calm *signifie* **calmer**

2 ► calm down **se calmer**

▷ Calm down, children! Calmez-vous, les enfants !

calves /kɑːvz/ *est le pluriel du mot* calf.

camcorder /ˈkæmˌkɔːdəʳ/ **caméscope®**

came /keɪm/ *est le prétérit du verbe* come.

▷ Jerry came to see us yesterday. Jerry est venu nous voir hier.

camel /ˈkæməl/ **chameau**

camera /ˈkæmərə/ **appareil photo** *ou* **caméra**

► film camera *ou* movie camera **caméra**

Le mot camera ne signifie pas toujours « caméra » ! Il signifie aussi « appareil photo ».

camp /kæmp/ *a plusieurs catégories grammaticales :*

> Ce mot peut être un NOM :

camp *signifie* **camp** *ou* **campement**

► a camp site **un camping**

> Ce mot peut être un VERBE :

camp *signifie* **camper**

campaign /kæmˈpeɪn/ **campagne** (électorale ou publicitaire, par exemple)

camper /ˈkæmpəʳ/ *a plusieurs sens :*

1 camper *peut signifier* **campeur**

2 camper *peut signifier* **camping-car**

camping /ˈkæmpɪŋ/ **camping** (= activité)

► go camping **faire du camping**

► a camping site **un camping**

► camping stove **Camping-Gaz®**

can /kæn/ *a plusieurs catégories grammaticales et plusieurs sens :*

> Ce mot peut être un VERBE :

i Can est un verbe modal.
Ces verbes s'utilisent avant la forme infinitive d'autres verbes (par exemple, she can speak French).
Ils ne prennent pas de -s final à la troisième personne du singulier (he can, she can, it can).
À la différence d'autres verbes, les formes négatives et interrogatives ne se construisent pas avec do (on dit, par exemple, can you swim? et he can't drive).
Ils n'ont ni forme infinitive ni participe présent ou passé.

1 can *est employé pour parler de la possibilité ou de la probabilité :*

▷ We can rent a car. On peut louer une voiture.

▷ I can help if you want. Je peux vous aider si vous voulez.

▷ Can you come tomorrow? Pouvez-vous venir demain ?

▷ I don't think it can be repaired. Je ne crois pas que ce soit possible de le réparer.

▷ It can't be as bad as that. Ça ne peut pas être aussi mauvais que ça.

▷ He can't have forgotten. Ce n'est pas possible qu'il ait oublié.

2 can *est employé pour dire qu'on est* **capable** *de faire quelque chose :*

▷ He will do what he can. Il fera ce qu'il pourra.

▷ This car can do 200 kilometres per hour. Cette voiture peut faire du 200 kilomètres-heure.

▷ I can't get to sleep. Je n'arrive pas à dormir.

▷ She can't lift the suitcase. Elle ne peut pas soulever la valise.

3 can *est employé pour dire qu'on* **sait faire** *quelque chose :*

▷ He can read and write. Il sait lire et écrire.

▷ She can't speak French. Elle ne sait pas parler français.

▷ Can she swim? Sait-elle nager ?

4 can *est employé avec les verbes de perception pour dire qu'on sent, qu'on entend ou qu'on voit quelque chose :*

▷ She can see him. Elle le voit.

▷ I can't hear you. Je ne t'entends pas.

▷ Can you smell it? Tu le sens ?

▷ I can feel my heart beating. Je sens mon cœur qui bat.

5 can *est employé pour formuler une demande ou pour demander ou accorder la permission :*

▷ Can you do me a favour? Est-ce que tu peux me rendre un service ?

▷ Can we park here? Est-ce qu'on peut se garer ici ?

▷ You can go. Vous pouvez partir.

▷ You can't go out. Tu n'as pas le droit de sortir.

6 can *est employé pour faire une proposition ou une suggestion :*

▷ Can I help you? Je peux vous aider ?

▷ You can phone later. Vous pouvez appeler plus tard.

> Ce mot peut être un NOM :

1 can *peut signifier* **boîte** (de conserve)

► can opener **ouvre-boîte**

2 **can** *peut signifier* **bidon** (d'eau ou d'essence, par exemple)

cancel /'kænsəl/ **annuler**

cancer /'kænsəʳ/ **cancer**

▷ She has breast cancer. Elle a un cancer du sein.

Cancer /'kænsəʳ/ **Cancer** (signe du zodiaque)

▷ He is Cancer. Il est Cancer.

candidate /'kændɪdət/ **candidat**

candle /'kændl/ **bougie**

candy /'kændɪ/ **bonbons**

> Le mot candy est employé seulement en anglais américain : en anglais britannique, on dit sweets.

► **candy floss** **barbe à papa**

> Le mot candy floss n'est pas employé en anglais américain : aux États-Unis, on dit cotton candy.

cannot /'kænɒt/ *est la forme négative du verbe* can.

▷ He cannot help you. Il ne peut pas vous aider.

canoe /kə'nu:/ **canoë** *ou* **kayak**

canoeing /kə'nu:ɪŋ/ **canoë-kayak**

► **go canoeing** **faire du canoë-kayak**

can't /kɑ:nt/ *est la contraction de* cannot, *la forme négative du verbe* can.

▷ He can't help you. Il ne peut pas vous aider.

canteen /kæn'ti:n/ **cantine**

canvas /'kænvəs/ **toile**

cap /kæp/ *a plusieurs sens :*

1 **cap** *peut signifier* **casquette**

2 **cap** *peut signifier* **capsule** (d'une bouteille) *ou* **capuchon** (d'un stylo)

capable /'keɪpəbl/ **capable**

► **be capable of doing** something **être capable de faire** quelque chose

capital /'kæpɪtl/ *a plusieurs catégories grammaticales et plusieurs sens :*

> Ce mot peut être un NOM :

1 **capital** *ou* **capital city** *signifie* **capitale** (d'une ville)

2 **capital** *ou* **capital letter** *signifie* **majuscule**

> Ce mot peut être un ADJECTIF :

capital *signifie* **majuscule**

▷ This word begins with a capital A. Ce mot commence par un A majuscule.

Capricorn /'kæprɪkɔ:n/ **capricorne**

capsize /kæp'saɪz/ **chavirer** *ou* **faire chavirer** (en parlant d'un bateau)

captain /'kæptɪn/ **capitaine**

car /kɑ:ʳ/ **voiture**

► **car-ferry** **ferry-boat**

► **car hire** **location de voitures**

► **car keys** **clés de voiture**

► **car park** **parking**

caravan /'kærəvæn/ **caravane**

card /kɑ:d/ **carte** (= carte de vœux, carte à jouer *ou* carte de visite)

► **a game of cards** **une partie de cartes**

► **play cards** **jouer aux cartes**

cardboard /'kɑ:dbɔ:d/ **carton** (= papier dur et épais)

► **cardboard box** **boîte en carton**

cardphone /'kɑ:dfəʊn/ **téléphone à carte**

care /kɛəʳ/ *a plusieurs catégories grammaticales et plusieurs sens :*

> Ce mot peut être un NOM :

1 **care** *peut signifier* **soin**

► **take care** **faire attention**

► **take care of** somebody *ou* something **s'occuper de** quelqu'un *ou* quelque chose

2 **care** *peut signifier* **souci**

> Ce mot peut être un VERBE :

1 ► **care about** something **s'intéresser à** quelque chose *ou* **se soucier de** quelque chose

▷ I don't care! Ça m'est égal !

2 ► **care for** somebody *ou* something *peut signifier* **aimer** quelqu'un *ou* quelque chose

3 ► **care for** somebody *peut signifier* **soigner** quelqu'un *ou* **s'occuper de** quelqu'un

career /kə'rɪəʳ/ **carrière** (professionnelle)

carefree /'kɛəfri:/ **insouciant**

careful /'kɛəfʊl/ *a plusieurs sens :*

1 **careful** *peut signifier* **soigné** (en parlant d'un travail) *ou* **soigneux** (en parlant de quelqu'un)

2 **careful** *peut signifier* **prudent**

► **be careful** **faire attention**

▷ Be careful, it's slippery! Faites attention, ça glisse !

carefully /ˈkɛəfəlɪ/ *a plusieurs sens :*

1 **carefully** *peut signifier* **prudemment**

▷ Drive carefully. Conduis prudemment.

2 **carefully** *peut signifier* **attentivement**

▷ Watch carefully! Regardez attentivement !

3 **carefully** *peut signifier* **soigneusement**

▷ He folded it carefully. Il l'a soigneusement plié.

careless /ˈkɛələs/ **négligent**

► a careless mistake **une faute d'inattention**

caretaker /ˈkɛəˌteɪkəʳ/ **concierge** *ou* **gardien** *ou* **gardienne**

cargo /ˈkɑːɡəʊ/ **cargaison**

Caribbean /ˌkærɪˈbiːən/

► the Caribbean **les Antilles**

carnival /ˈkɑːnɪvəl/ *a plusieurs sens :*

1 **carnival** *peut signifier* **carnaval**

2 *En anglais américain,* **carnival** *peut signifier* **fête foraine**

> Attention à l'orthographe du mot anglais carnival.

carol /ˈkærəl/ **chant de Noël**

carpenter /ˈkɑːpɪntəʳ/ **charpentier** *ou* **menuisier**

carpet /ˈkɑːpɪt/ **tapis** *ou* **moquette**

► fitted *ou* wall-to-wall carpet **moquette**

carriage /ˈkærɪdʒ/ **wagon** *ou* **voiture** (de voyageurs, dans un train)

carried /ˈkærɪd/ *est le prétérit et le participe passé du verbe* carry.

carrier bag /ˈkærɪəbæɡ/ **grand sac en plastique**

carries /ˈkærɪz/ *est la troisième personne du singulier du verbe* carry, *au présent de l'indicatif.*

carrot /ˈkærət/ **carotte**

> Attention à l'orthographe du mot anglais carrot.

carry /ˈkærɪ/ **porter** *ou* **transporter**

▷ Janet carried my suitcase for me. Janet a porté ma valise.

▷ These trucks carry cars to Italy. Ces camions transportent des voitures en Italie.

Phrasal verbs

Le verbe carry *peut être suivi d'une préposition, telle que* on *ou* out, *et dans ce cas, il peut avoir un sens différent. C'est ce qu'on appelle, en anglais, un « phrasal verb ».*

CARRY AWAY

► carry something away **emporter quelque chose**

► get carried away **s'emballer**

CARRY ON

► carry on **continuer**

► carry on doing something **continuer à faire quelque chose**

CARRY OUT

► carry something out **exécuter quelque chose** *ou* **faire quelque chose**

cart /kɑːt/ **charrette**

carton /ˈkɑːtən/ **pot** (de yaourt ou de crème) *ou* **brique** (de lait ou de jus de fruit) *ou* **cartouche** (de cigarettes)

> Le mot anglais carton ne signifie pas « carton ».

cartoon /kɑːˈtuːn/ **dessin humoristique** *ou* **bande dessinée** *ou* **dessin animé**

cartridge /ˈkɑːtrɪdʒ/ **cartouche**

carve /kɑːv/ **sculpter** (du bois ou de la pierre) *ou* **découper** (de la viande)

case /keɪs/ *a plusieurs sens :*

1 **case** *peut signifier* **cas**

► in that case **dans ce cas**

► in any case **en tout cas**

► in case **au cas où**

▷ Make lunch now, in case they come early. Prépare le déjeuner maintenant, au cas où ils arriveraient en avance.

► just in case **au cas où**

2 **case** *peut signifier* **affaire** (au tribunal)

3 **case** *peut signifier* **étui**

4 **case** *peut signifier* **valise**

> Le mot anglais case ne signifie pas « case ».

cash /kæʃ/ *a plusieurs catégories grammaticales :*

> Ce mot peut être un NOM :

cash *signifie* **argent** *ou* **argent liquide** *ou* **argent comptant**

► cash desk **caisse** (où on paie dans un magasin)

► cash machine **distributeur de billets**

> Ce mot peut être un VERBE :

► **cash a cheque** encaisser un chèque

cashew (nut) /kæ'ʃuː/ noix de cajou

cashier /kæ'ʃɪəʳ/ caissier *ou* caissière

casserole /'kæsərəʊl/ ragoût

> Le mot anglais casserole ne signifie pas « casserole ».

cassette /kæ'set/ cassette

► **cassette deck** platine cassettes

► **cassette player** lecteur de cassettes

► **cassette recorder** magnétophone

caster /'kɑːstəʳ/ roulette (de meuble)

► **caster sugar** sucre en poudre

castle /'kɑːsl/ château

casual /'kæʒjʊl/ *a plusieurs sens :*

1 casual *peut signifier* **désinvolte** (= insouciant)

2 casual *peut signifier* **décontracté** (en parlant de vêtements)

casualties /'kæʒjʊltɪz/ *est le pluriel de* casualty.

casualty /'kæʒjʊltɪ/ *a plusieurs sens :*

1 casualty *peut signifier* **victime**

2 casualty ward *ou* casualty department *signifie* service des urgences

▷ He's in casualty. Il est aux urgences.

cat /kæt/ chat

catch /kætʃ/ *a plusieurs sens :*

1 catch *signifie* **attraper**

▷ The dog tried to catch the ball. Le chien a essayé d'attraper le ballon.

▷ How many fish did you catch? Combien de poissons as-tu attrapé ?

2 ► **catch somebody's attention** attirer l'attention de quelqu'un

3 ► **catch somebody doing something** surprendre quelqu'un en train de faire quelque chose

4 ► **catch up with somebody** rattraper quelqu'un

categories /'kætɪgərɪz/ *est le pluriel de* category.

category /'kætɪgərɪ/ catégorie

caterpillar /'kætəpɪləʳ/ chenille

cathedral /kə'θiːdrəl/ cathédrale

Catholic /'kæθəlɪk/ catholique

cattle /'kætl/ bétail

caught /kɔːt/ *est le prétérit et le participe passé du verbe* catch.

▷ We caught two beautiful trout. On a attrapé deux belles truites.

cauliflower /'kɒlɪflaʊəʳ/ chou-fleur

► **cauliflower cheese** chou-fleur au gratin

cause /kɔːz/ *a plusieurs catégories grammaticales :*

> Ce mot peut être un NOM :

cause *signifie* **cause**

> Ce mot peut être un VERBE :

► **cause something** causer *ou* provoquer quelque chose

► **cause somebody to do something** faire faire quelque chose à quelqu'un

caution /'kɔːʃən/ prudence *ou* précaution

> Le mot anglais caution ne signifie pas « caution ».

cautious /'kɔːʃəs/ prudent

cave /keɪv/ grotte

> Le mot anglais cave ne signifie pas « cave ».

CD /siː'diː/ CD

► **CD player** lecteur de CD

CD-ROM /ˌsiːdiː'rɔm/ CD-ROM

► **CD-ROM drive** lecteur de CD-ROM

cease /siːs/ cesser

cedilla /sɪ'dɪlə/ cédille

ceiling /'siːlɪŋ/ plafond

celebrate /'selɪbreɪt/ *a plusieurs catégories grammaticales :*

> Ce mot peut être un VERBE TRANSITIF :

► **celebrate something** fêter quelque chose

> Ce mot peut être un VERBE INTRANSITIF :

celebrate *signifie* **faire la fête**

celebration /ˌselɪ'breɪʃən/ fête

▷ We must have a celebration! Il faut fêter ça !

celebrities /sɪ'lebrɪtɪz/ *est le pluriel de* celebrity.

celebrity /sɪ'lebrɪtɪ/ **célébrité**

celery /'selərɪ/ **céleri**

cell /sel/ **cellule**

cellar /'selə^r/ **cave**

cello /'tʃeləʊ/ **violoncelle**

Celtic /'keltɪk, 'seltɪk/ **celte** *ou* **celtique**

cement /sə'ment/ **ciment**

cemeteries /'semɪtrɪz/ *est le pluriel de* cemetery.

cemetery /'semɪtrɪ/ **cimetière**

cent /sent/ **cent** (= pièce de monnaie)
▷ It cost ten dollars and forty cents. Ça a coûté dix dollars et quarante cents.

center /'sentə^r/ *est l'orthographe américaine du mot* centre.

centimetre /'sentɪ,mi:tə^r/ **centimètre**

> En anglais américain, ce mot s'écrit centimeter.

central /'sentrəl/ **central**
► central heating **chauffage central**
► central London **le centre de Londres**

centre /'sentə^r/ **centre**
► in the centre **au centre** *ou* **dans le centre**

> En anglais américain, ce mot s'écrit center.

centuries /'sentjʊrɪz/ *est le pluriel de* century.

century /'sentjʊrɪ/ **siècle**
▷ We live in the 21st century. Nous vivons au XXIe siècle.

cereal /'sɪərɪəl/ **céréale** *ou* **céréales**
► breakfast cereal **céréales pour le petit déjeuner**

> Dans ce sens, cereal ne s'emploie jamais au pluriel.

ceremonies /'serɪmənɪz/ *est le pluriel de* ceremony.

ceremony /'serɪmənɪ/ **cérémonie**

certain /'sɜ:tən/ **certain**
► be certain about something *ou* be certain of something **être certain de** quelque chose
► make certain that... **s'assurer que...**

certainly /'sɜ:tənlɪ/ **certainement** *ou* **vraiment**
▷ Wouldn't you agree? – certainly! Vous ne croyez pas ? – si, bien sûr !

certificate /sə'tɪfɪkət/ **certificat**

chain /tʃeɪn/ **chaîne**

chair /tʃɛə^r/ **chaise** *ou* **fauteuil**

chairlift /'tʃɛəlɪft/ **télésiège**

chairman /'tʃɛəmən/ **président** (d'un comité ou d'une réunion)

chairwoman /'tʃɛəwʊmən/ **présidente** (d'un comité ou d'une réunion)

chalk /tʃɔ:k/ **craie**

challenge /'tʃæləndʒ/ *a plusieurs catégories grammaticales :*

> Ce mot peut être un NOM :

challenge *signifie* **défi**

> Ce mot peut être un VERBE :

► challenge somebody to do something **défier** quelqu'un **de faire** quelque chose

championship /'tʃæmpjənʃɪp/ **championnat**

chance /tʃɑ:ns/ *a plusieurs sens :*

1 chance *peut signifier* **hasard**
► by chance **par hasard**

2 chance *peut signifier* **chance** (= possibilité)
▷ He has no chance of winning. Il n'a aucune chance de gagner.

3 chance *peut signifier* **occasion** (= opportunité)
▷ I had the chance to go to China. J'ai eu l'occasion d'aller en Chine.

4 chance *peut signifier* **risque**
► take chances **prendre des risques**

change /tʃeɪndʒ/ *a plusieurs catégories grammaticales et plusieurs sens :*

> Ce mot peut être un NOM :

1 change *peut signifier* **changement**
► for a change **pour changer**

2 change *peut signifier* **monnaie**
▷ Keep the change! Gardez la monnaie !

> Ce mot peut être un VERBE TRANSITIF :

1 ► change something **changer** quelque chose *ou* **changer de** quelque chose
▷ This event changed his life. Cet événement a changé sa vie.
▷ He changed his euros into dollars. Il a changé ses euros contre des dollars.
▷ I'm going to change my shirt. Je vais changer de chemise.

▷ We have to change trains. Il faut changer de train.

▷ I've changed my mind. J'ai changé d'avis.

2 ► change something into something **changer** *ou* **transformer** quelque chose **en** quelque chose

▷ The witch changed him into a cat. La sorcière l'a changé en chat.

> Ce mot peut être un VERBE INTRANSITIF :

1 change *peut signifier* **changer**

▷ You'll never change! Tu ne changeras jamais !

► change into something **se changer en** quelque chose

▷ The prince changed into a frog. Le prince s'est changé en grenouille.

2 change *peut signifier* **se changer** (= mettre d'autres vêtements)

▷ She changed for dinner. Elle s'est changée pour le dîner.

▷ He changed into an old shirt. Il a mis une vieille chemise.

changing room /'tʃeɪndʒɪŋruːm/ **vestiaire** *ou* **cabine d'essayage**

channel /'tʃænl/ *a plusieurs sens :*

1 channel *peut signifier* **chaîne** (de télévision) *ou* **station** (de radio)

2 channel *peut signifier* **canal**

3 ► the Channel *ou* the English Channel **la Manche**

► the Channel tunnel **le tunnel sous la Manche**

channel-hop /'tʃænlhɒp/ **zapper** (= changer de chaîne de TV)

chapel /'tʃæpəl/ **chapelle**

chapter /'tʃæptəʳ/ **chapitre**

character /'kærɪktəʳ/ *a plusieurs sens :*

1 character *peut signifier* **caractère**

2 character *peut signifier* **personnage**

charcoal /'tʃɑːkəʊl/ **charbon de bois**

charge /tʃɑːdʒ/ *a plusieurs catégories grammaticales et plusieurs sens :*

> Ce mot peut être un NOM :

1 ► be in charge **être responsable**

► be in charge of something **être responsable de** quelque chose *ou* **s'occuper de** quelque chose

2 charge *peut signifier* **prix** (= le coût de quelque chose)

► free of charge **gratuit**

▷ Is there a charge? Est-ce que c'est payant ?

3 charge *peut signifier* **accusation** (devant un tribunal)

> Ce mot peut être un VERBE TRANSITIF :

1 ► charge somebody for something **faire payer** quelque chose **à** quelqu'un

▷ She charges 100 euros a day. Elle prend 100 euros par jour.

▷ How much do you charge? Vous prenez combien ?

2 ► charge somebody with doing something **accuser** quelqu'un **de faire** quelque chose

3 charge *peut signifier* **charger** (= attaquer quelque chose en se précipitant dessus)

▷ The police charged the demonstrators. La police a chargé les manifestants.

4 ► charge a battery **charger une batterie**

> Ce mot peut être un VERBE INTRANSITIF :

charge *signifie* **se précipiter**

▷ He charged into the room. Il s'est précipité dans la pièce.

charities /'tʃærɪtɪz/ *est le pluriel de* charity.

charity /'tʃærɪtɪ/ **association caritative**

► charity shop **magasin caritatif** (qui vend des articles d'occasion au bénéfice de l'association)

charm /tʃɑːm/ *a plusieurs catégories grammaticales :*

> Ce mot peut être un NOM :

charm *signifie* **charme**

> Ce mot peut être un VERBE :

charm *signifie* **charmer**

charming /'tʃɑːmɪŋ/ **charmant**

chart /tʃɑːt/ **graphique** *ou* **tableau** (de données)

► the charts **le hit-parade**

charter flight /'tʃɑːtəflaɪt/ **vol charter**

chase /tʃeɪs/ *a plusieurs catégories grammaticales et plusieurs sens :*

> Ce mot peut être un NOM :

chase *signifie* **poursuite**

> Ce mot peut être un VERBE :

1 ► chase somebody **poursuivre** quelqu'un

2 ► chase after somebody **courir après** quelqu'un

3 ► chase somebody away **chasser** quelqu'un

chat /tʃæt/ *a plusieurs catégories grammaticales et plusieurs sens :*

> Ce mot peut être un NOM :

chat *signifie* **conversation**

► **chat room** forum de discussion (sur Internet)

► **chat show** talk-show

> Ce mot peut être un VERBE :

1 **chat** *signifie* **bavarder**

2 ► **chat somebody up** **draguer** quelqu'un

> **chat up** est une expression familière, c'est-à-dire une expression qu'on évite d'employer quand on parle à quelqu'un qu'on ne connaît pas bien ou quand on écrit.

chatter /'tʃætəʳ/ **bavarder**

chatterbox /'tʃætəbɒks/ **moulin à paroles** (= quelqu'un qui parle tout le temps)

cheap /tʃiːp/ **bon marché**

cheaper /'tʃiːpəʳ/ **moins cher**

cheapest /'tʃiːpɪst/ **le moins cher**

cheat /tʃiːt/ *a plusieurs catégories grammaticales :*

> Ce mot peut être un NOM :

cheat *signifie* **tricheur**

> Ce mot peut être un VERBE :

cheat *signifie* **tricher**

check /tʃek/ *a plusieurs catégories grammaticales et plusieurs sens :*

> Ce mot peut être un NOM :

1 **check** *peut signifier* **contrôle** (= examen)

2 **checks** *peut signifier* **carreaux** (= petits carrés sur un tissu)

3 *En anglais américain,* **check** *peut signifier* **addition** (dans un café ou un restaurant) *ou* **chèque**

> Ce mot peut être un VERBE :

check *signifie* **vérifier**

Phrasal verbs

Le verbe **check** *peut être suivi d'une préposition, telle que* **in** *ou* **out**, *et dans ce cas, il peut avoir des sens différents. C'est ce qu'on appelle, en anglais, un « phrasal verb ».*

CHECK IN

► **check in** **signer le registre** (en arrivant dans un hôtel) *ou* **se présenter à l'enregistrement** (dans un aéroport)

CHECK ON

► **check on something** **vérifier** quelque chose

CHECK OUT

► **check out** **régler sa note** (dans un hôtel)

► **check something out** **vérifier** quelque chose

CHECK UP ON

► **check up on something** **vérifier** quelque chose

checkbook /'tʃekbʊk/ **chéquier**

> **Checkbook** est un mot américain. En anglais britannique, on dit **chequebook**.

checked /tʃekt/ **à carreaux**

> **Checked** est aussi le prétérit et le participe passé du verbe **check** :

▷ She checked the time. Elle a vérifié l'heure.

check-in /'tʃekɪn/ **enregistrement des bagages** (à l'aéroport)

check-out /'tʃekaʊt/ **caisse** (dans un supermarché)

► **check-out assistant** **caissier**

checkup /'tʃekʌp/ **bilan de santé**

cheek /tʃiːk/ *a plusieurs sens :*

1 **cheek** *peut signifier* **joue**

2 **cheek** *peut signifier* **culot**

cheeky /'tʃiːkɪ/ **insolent** *ou* **culotté**

cheer /tʃɪəʳ/ *a plusieurs catégories grammaticales et plusieurs sens :*

> Ce mot peut être un NOM :

cheer *signifie* **acclamation** *ou* **hourra**

> Ce mot peut être un VERBE INTRANSITIF :

1 **cheer** *signifie* **pousser des hourras**

▷ They all cheered when he came in. Ils ont tous poussé des hourras quand il est entré.

2 ► **cheer up** **reprendre courage**

▷ Cheer up, Steve! Courage, Steve !

> Ce mot peut être un VERBE TRANSITIF :

1 ► **cheer somebody** **acclamer** quelqu'un

2 ► **cheer somebody up** **remonter le moral** à quelqu'un

cheerful /'tʃɪəfʊl/ **joyeux** *ou* **gai**

cheerio! /'tʃɪərɪ'əʊ/ **salut !**

cheese /tʃiːz/ **fromage**

cheetah /'tʃiːtə/ **guépard**

chef /ʃef/ **chef** (= cuisinier)

chemical /'kemɪkəl/ *a plusieurs catégories grammaticales :*

> Ce mot peut être un NOM :

chemical *signifie* **produit chimique**

> Ce mot peut être un ADJECTIF :

chemical *signifie* **chimique**

chemist /'kemɪst/ *a plusieurs sens :*

1 **chemist** *peut signifier* **pharmacien** *ou* **pharmacienne**

► **the chemist's** **la pharmacie**

Dans ce sens du mot, chemist n'est pas employé en anglais américain : aux États-Unis, on dit pharmacist pour parler de la personne et pharmacy pour parler du magasin.

2 chemist *peut signifier* **chimiste**

chemistry /'kemɪstrɪ/ **chimie**

cheque /tʃek/ **chèque**

En anglais américain, ce mot s'écrit check.

chequebook /'tʃekbʊk/ **chéquier**

En anglais américain, ce mot s'écrit checkbook.

cherries /'tʃerɪz/ *est le pluriel de* cherry.

cherry /'tʃerɪ/ **cerise**
► cherry tree **cerisier**

chess /tʃes/ **échecs** (= jeu)

chessboard /'tʃesbɔːd/ **échiquier**

chest /tʃest/ *a plusieurs sens :*
1 chest *peut signifier* **poitrine**
2 chest *peut signifier* **coffre** (= caisse)
3 ► chest of drawers **commode** (= meuble à tiroirs)

chestnut /'tʃesnʌt/ **châtaigne** *ou* **marron**
► chestnut tree **châtaignier** *ou* **marronnier**

chew /tʃuː/ **mâcher**

chick /tʃɪk/ **poussin**

chicken /'tʃɪkɪn/ **poulet**
► chicken leg **cuisse de poulet**

chickenpox /'tʃɪkɪnpɒks/ **varicelle**

chickpea /'tʃɪkpiː/ **pois chiche**

chicory /'tʃɪkərɪ/ *a plusieurs sens :*
1 chicory *peut signifier* **chicorée**
2 chicory *peut signifier* **endives**
▷ I don't like chicory. Je n'aime pas les endives.

chief /tʃiːf/ *a plusieurs catégories grammaticales :*

> Ce mot peut être un NOM :

chief *signifie* **chef** (le chef d'une tribu par exemple)

> Ce mot peut être un ADJECTIF :

chief *signifie* **principal**

child /tʃaɪld/ **enfant**

childhood /'tʃaɪldhʊd/ **enfance**

childish /'tʃaɪldɪʃ/ **puéril**

childminder /'tʃaɪldˌmaɪndəʳ/ **nourrice**

children /'tʃɪldrən/ *est le pluriel du mot* child.

chili /'tʃɪlɪ/ **piment**

chilled /tʃɪld/ **frais** (en parlant d'une boisson)

chilli /'tʃɪlɪ/ **piment**

chilly /'tʃɪlɪ/ **frais** (en parlant du temps)

chimney /'tʃɪmnɪ/ **cheminée** (= tuyau sur le toit)

chin /tʃɪn/ **menton**

China /'tʃaɪnə/ **Chine**

En général, en anglais, on n'utilise pas d'article défini devant les noms de pays et de continents.

china /'tʃaɪnə/ **porcelaine**

Chinese /tʃaɪ'niːz/ **chinois**
► the Chinese **les Chinois**

En anglais, les adjectifs de nationalité et les noms de langues commencent tous par une majuscule.

chip /tʃɪp/ *a plusieurs sens :*
1 *En anglais britannique,* chips *peut signifier* **frites**
► chip shop **friterie** (= magasin où on achète des frites)
2 *En anglais américain,* chips *peut signifier* **chips**
3 chip *peut signifier* **puce électronique**

chirp /tʃɜːp/ **gazouiller**

chives /tʃaɪvz/ **ciboulette**

choc-ice /'tʃɒkaɪs/ **esquimau®**

chocolate /'tʃɒklɪt/ **chocolat**

choice /tʃɔɪs/ **choix**

choir /'kwaɪəʳ/ **chœur**

choke /tʃəʊk/ **étrangler** *ou* **s'étrangler**

choose /tʃuːz/ **choisir**

chop /tʃɒp/ *a plusieurs catégories grammaticales et plusieurs sens :*

> Ce mot peut être un NOM :

chop *signifie* **côtelette**

► pork chop **côtelette de porc**

> Ce mot peut être un VERBE :

1 ► chop wood **couper du bois**

2 ► chop vegetables **hacher des légumes**

3 ► chop down a tree **abattre un arbre**

chopsticks /'tʃɒpstɪks/ **baguettes chinoises**

chore /tʃɔːʳ/ **corvée**

► domestic chores **tâches ménagères**

chorus /'kɔːrəs/ **refrain**

chose /tʃəʊz/ *est le prétérit du verbe* choose.

▷ I chose some nice flowers for Sarah. J'ai choisi de jolies fleurs pour Sarah.

chosen /'tʃəʊzn/ *est le participe passé du verbe* choose.

▷ Have you chosen what you want to eat? Avez-vous choisi ce que vous voulez manger ?

christen /'krɪsn/ **baptiser**

christening /'krɪsnɪŋ/ **baptême**

Christian /'krɪstɪən/ **chrétien**

► Christian name **prénom**

ℹ En anglais, les adjectifs de religion commencent par une majuscule.

Christmas /'krɪsməs/ **Noël**

► Happy Christmas! **Joyeux Noël !**

► Christmas Day **le jour de Noël**

► Christmas Eve **la veille de Noël**

► Christmas present **cadeau de Noël**

► Christmas tree **arbre de Noël**

chubby /'tʃʌbɪ/ **potelé**

chunk /tʃʌŋk/ **gros morceau**

church /tʃɜːtʃ/ **église**

cider /'saɪdəʳ/ **cidre**

cinnamon /'sɪnəmən/ **cannelle**

circle /'sɜːkl/ **cercle**

circumstance /'sɜːkəmstəns/ **circonstance**

circus /'sɜːkəs/ **cirque**

cities /'sɪtɪz/ *est le pluriel de* city.

citizen /'sɪtɪzn/ **citoyen**

citrus fruit /'sɪtrəsfruːt/ **agrumes** (= citrons, oranges, etc.)

city /'sɪtɪ/ **ville**

► city centre **centre-ville**

civil /'sɪvl/ **civil** (adjectif)

► civil servant **fonctionnaire**

► civil war **guerre civile**

civilian /sɪ'vɪlɪən/ **civil** (= personne)

civilization /ˌsɪvɪlaɪ'zeɪʃən/ **civilisation**

claim /kleɪm/ *a plusieurs catégories grammaticales et plusieurs sens :*

> Ce mot peut être un NOM :

1 claim *peut signifier* **revendication** *ou* **réclamation** *ou* **demande**

2 claim *peut signifier* **affirmation**

> Ce mot peut être un VERBE :

1 ► claim something **revendiquer** *ou* **réclamer** quelque chose

2 ► claim that... **prétendre que...**

clap /klæp/ **applaudir**

► clap one's hands **taper dans les mains**

clarinet /ˌklærɪ'net/ **clarinette**

class /klɑːs/ **classe**

classic /'klæsɪk/ **classique**

classical /'klæsɪkəl/ **classique**

classify /'klæsɪfaɪ/ **classer**

classmate /'klɑːsmeɪt/ **camarade de classe**

classroom /'klɑːsrʊm/ **salle de classe**

claw /klɔː/ **griffe** (d'un animal) *ou* **pince** (d'un crabe ou d'un homard)

clay /kleɪ/ **argile**

clean /kliːn/ *a plusieurs catégories grammaticales et plusieurs sens :*

> Ce mot peut être un ADJECTIF :

clean *signifie* **propre** (= qui n'est pas sale)

- ► **keep** something **clean** **ne pas salir** quelque chose
- ► **a clean sheet of paper** **une feuille vierge**

> Ce mot peut être un NOM :

- ► **give** something **a clean** **nettoyer** quelque chose

> Ce mot peut être un VERBE :

1 ► **clean** something **nettoyer** quelque chose

2 ► **clean one's teeth** **se brosser les dents**

3 ► **clean** something **out** **nettoyer** quelque chose **à fond** (un tiroir ou un placard, par exemple)

4 ► **clean up** **tout nettoyer**

► **clean** something **up** **nettoyer** quelque chose

cleaner /ˈkliːnəʳ/ *a plusieurs sens :*

1 **cleaner** *peut signifier* **personne qui fait le ménage**

2 **cleaner** *peut signifier* **produit d'entretien**

3 ► **cleaner's** **pressing**

Cleaner est aussi le comparatif de l'adjectif **clean** :

▷ The floor is cleaner now. Le sol est plus propre maintenant.

clear /klɪəʳ/ *a plusieurs catégories grammaticales et plusieurs sens :*

> Ce mot peut être un ADJECTIF :

1 **clear** *peut signifier* **clair** (en parlant de l'eau, du temps, d'un son, des yeux) *ou* **transparent** (en parlant de verre ou de plastique)

2 **clear** *peut signifier* **clair** (en parlant de quelque chose qui est facile à comprendre)

- ► **make** something **clear** **bien faire comprendre** quelque chose
- ► **make oneself clear** **se faire bien comprendre**

3 **clear** *peut signifier* **libre** (en parlant d'une route) *ou* **dégagé** (en parlant d'une vue ou du ciel)

> Ce mot peut être un VERBE TRANSITIF :

- ► **clear** something **dégager** quelque chose (un chemin ou une rue, par exemple) *ou* **débarrasser** quelque chose (une pièce ou la table, par exemple)

> Ce mot peut être un VERBE INTRANSITIF :

clear *signifie* **se dégager** (en parlant du ciel) *ou* **s'éclaircir** (en parlant du temps) *ou* **se dissiper** (en parlant du brouillard ou de la fumée)

Phrasal verbs

Le verbe **clear** *peut être suivi d'une préposition, telle que* **away** *ou* **out**, *et dans ce cas, il peut avoir un sens différent. C'est ce qu'on appelle, en anglais, un « phrasal verb ».*

CLEAR AWAY

- ► **clear away** **débarrasser la table**
- ► **clear** something **away** **enlever** quelque chose

CLEAR OUT

- ► **clear** something **out** **vider** quelque chose (un placard, par exemple) *ou* **débarrasser** quelque chose (une pièce, par exemple) *ou* **jeter** quelque chose (des affaires qu'on ne veut plus, par exemple)

CLEAR UP

- ► **clear up** *peut signifier* **tout ranger**
- ► **clear** something **up** *peut signifier* **ranger** quelque chose
- ► **clear** something **up** *peut signifier* **résoudre** quelque chose (un mystère ou un problème)

clearly /ˈklɪəlɪ/ **clairement** *ou* **manifestement**

clerk /klɑːk/ *a plusieurs sens :*

1 **clerk** *peut signifier* **employé de bureau** *ou* **employée de bureau**

2 *En anglais américain,* **clerk** /klɜːrk/ *signifie* **vendeur** *ou* **vendeuse**

clever /ˈklevəʳ/ **intelligent** (en parlant d'une personne) *ou* **ingénieux** (en parlant d'une idée)

click /klɪk/ *a plusieurs catégories grammaticales et plusieurs sens :*

> Ce mot peut être un NOM :

1 **click** *peut signifier* **déclic** *ou* **petit bruit sec**

2 **click** *peut signifier* **clic** (de souris en informatique)

> Ce mot peut être un VERBE :

1 **click** *peut signifier* **faire un déclic** *ou* **faire un petit bruit sec**

2 **click** *peut signifier* **cliquer** (= appuyer sur la souris d'un ordinateur)

- ► **click on** something **cliquer sur** quelque chose

cliff /klɪf/ **falaise**

climate /ˈklaɪmɪt/ **climat**

climb /klaɪm/ *a plusieurs catégories grammaticales :*

> Ce mot peut être un NOM :

climb *signifie* **ascension** *ou* **montée**

> Ce mot peut être un VERBE TRANSITIF :

- ► **climb** something **monter** *ou* **grimper** *ou* **gravir** quelque chose

▷ She climbed the tree. Elle a grimpé dans l'arbre.

> Ce mot peut être un VERBE INTRANSITIF :

climb *signifie* **monter** *ou* **grimper**

▷ He climbed into the boat. Il est monté à bord du bateau.

▷ We climbed over the wall. Nous avons escaladé le mur.

clingfilm /'klɪŋfɪlm/ **film alimentaire**

clip /klɪp/ *a plusieurs catégories grammaticales et plusieurs sens :*

> Ce mot peut être un NOM :

1 clip *peut signifier* **barrette** (pour les cheveux)

2 clip *peut signifier* **clip** (à la télévision)

> Ce mot peut être un VERBE :

1 ► clip two things together **attacher deux choses**

2 ► clip something **couper** quelque chose (les ongles, par exemple)

cloak /kləʊk/ **grande cape**

cloakroom /'kləʊkrʊm/ **vestiaire**

clock /klɒk/ **horloge** *ou* **pendule** *ou* **réveil**

clock-radio /klɒk'reɪdɪəʊ/ **radio-réveil**

clockwise /'klɒkwaɪz/ **dans le sens des aiguilles d'une montre**

clog /klɒg/ **sabot** (= chaussure en bois)

close *se prononce de deux façons et a des catégories grammaticales et des sens différents selon la prononciation :*

/kləʊs/ (la fin se prononce comme le s de sea)

> Ce mot peut être un ADJECTIF :

1 close *peut signifier* **proche**

► close to **proche de** *ou* **près de**

2 close *peut signifier* **serré** (en parlant d'une course ou d'une compétition, par exemple)

> Ce mot peut être un ADVERBE :

close *signifie* **près**

▷ He sat close to me. Il s'est assis près de moi.

► get closer to somebody **se rapprocher de** quelqu'un

► hold somebody close **serrer** quelqu'un **dans ses bras**

/kləʊz/ (la fin se prononce comme le z de zoo)

> Ce mot peut être un NOM :

close *signifie* **fin** (= le moment où quelque chose se termine)

> Ce mot peut être un VERBE :

close *signifie* **fermer** *ou* **se fermer**

▷ Close the door. Fermez la porte.

▷ The door closed behind him. La porte s'est fermée derrière lui.

▷ The shop closes at 6 o'clock. Le magasin ferme à 18 heures.

► close down **fermer définitivement**

closed /kləʊzd/ **fermé**

ℹ Closed est aussi le prétérit et le participe passé du verbe close :

▷ The door closed behind him. La porte s'est fermée derrière lui.

closely /'kləʊslɪ/ **de près** (regarder, examiner) *ou* **attentivement** (écouter)

closer /'kləʊsəʳ/ *est le comparatif de* close.

▷ Come closer! Approche-toi !

closest /'kləʊsɪst/ *est le superlatif de* close.

▷ It's the house closest to the church. C'est la maison la plus proche de l'église.

closet /'klɒzɪt/ **placard**

Le mot closet est surtout employé aux États-Unis : en anglais britannique, on dit plutôt wardrobe.

cloth /klɒθ/ **tissu** *ou* **chiffon** *ou* **torchon** *ou* **nappe**

clothes /kləʊðz/ **vêtements**

► put one's clothes on **s'habiller**

► take one's clothes off **se déshabiller**

cloud /klaʊd/ **nuage**

► cloud computing **informatique en nuages**

cloudy /'klaʊdɪ/ **nuageux**

club /klʌb/ *a plusieurs sens :*

1 club *peut signifier* **club**

2 club *peut signifier* **boîte de nuit**

3 club *peut signifier* **massue**

4 ► golf club **club de golf**

5 club *peut signifier* **trèfle** (= une des quatre couleurs dans un jeu de cartes)

clue /kluː/ **indice** (d'un crime, par exemple) *ou* **définition** (dans des mots croisés)

► I haven't got a clue **je n'en ai pas la moindre idée**

clumsy /'klʌmzɪ/ **maladroit**

coach /kəʊtʃ/ *a plusieurs sens :*

1 coach *peut signifier* **car** (= autocar)

2 coach *peut signifier* **entraîneur** *ou* **entraîneuse**

coal /kəʊl/ **charbon**

coast /kəʊst/ **côte** (au bord de la mer)

coat /kəʊt/ *a plusieurs catégories grammaticales et plusieurs sens :*

> Ce mot peut être un NOM :

1 coat *peut signifier* **manteau**

2 coat *peut signifier* **pelage (d'un animal)**

3 coat *peut signifier* **couche** (de peinture, par exemple)

> Ce mot peut être un VERBE :

► **coat** something **with** something **recouvrir** quelque chose **de** quelque chose

coathanger /ˈkəʊthæŋəʳ/ **cintre**

cobweb /ˈkɒbweb/ **toile d'araignée**

cockerel /ˈkɒkərəl/ **coq**

cockroach /ˈkɒkrəʊtʃ/ **cafard** (= insecte)

cocoa /ˈkəʊkəʊ/ *a plusieurs sens :*

1 cocoa *peut signifier* **cacao**

2 cocoa *peut signifier* **chocolat** (= boisson chocolatée)

coconut /ˈkəʊkənʌt/ **noix de coco**

cod /kɒd/ **morue** *ou* **cabillaud**

code /kəʊd/ *a plusieurs sens :*

1 code *peut signifier* **code**

2 code *peut signifier* **indicatif** (= numéro de téléphone)

coeducational /ˈkəʊˌedjʊˈkeɪʃənl/ **mixte** (école, enseignement)

coffee /ˈkɒfɪ/ **café** (= boisson)

coffee-maker /ˈkɒfɪˌmeɪkəʳ/ **cafetière** (= machine)

coffeepot /ˈkɒfɪpɒt/ **cafetière** (= pot)

coffin /ˈkɒfɪn/ **cercueil**

coin /kɔɪn/ **pièce de monnaie**

Le mot anglais coin ne signifie pas « coin ».

colander /ˈkʌləndəʳ/ **passoire**

cold /kəʊld/ *a plusieurs catégories grammaticales :*

> Ce mot peut être un ADJECTIF :

cold *signifie* **froid**

▷ I'm cold. J'ai froid.

▷ It's cold today. Il fait froid aujourd'hui.

► **get cold se refroidir** (en parlant du temps) *ou* **refroidir** (en parlant d'un plat) *ou* **commencer à avoir froid** (en parlant d'une personne)

> Ce mot peut être un NOM :

cold *signifie* **rhume**

► **catch a cold s'enrhumer**

► **have a cold être enrhumé**

coleslaw /ˈkəʊlslɔː/ **salade de chou et de carottes à la mayonnaise**

collapse /kəˈlæps/ **s'écrouler** *ou* **s'effondrer**

collar /ˈkɒləʳ/ **col** (d'un vêtement) *ou* **collier** (pour un chien)

collarbone /ˈkɒləbəʊn/ **clavicule**

colleague /ˈkɒliːg/ **collègue**

collect /kəˈlekt/ *a plusieurs sens :*

1 ► **collect** something *peut signifier* **rassembler** *ou* **ramasser** quelque chose

2 ► **collect** something *peut signifier* **collectionner** quelque chose

3 ► **collect** somebody **aller chercher** *ou* **passer prendre** quelqu'un

collection /kəˈlekʃən/ *a plusieurs sens :*

1 collection *peut signifier* **collection**

2 collection *peut signifier* **collecte**

college /ˈkɒlɪdʒ/ **école d'enseignement supérieur** *ou* **université**

Le mot anglais college n'a pas le même sens que collège en français.

collide /kəˈlaɪd/ **entrer en collision**

colonies /ˈkɒlənɪz/ *est le pluriel de* colony.

colony /ˈkɒlənɪ/ **colonie**

colour /ˈkʌləʳ/ **couleur**

En anglais américain, ce mot s'écrit color.

colourful /'kʌləfʊl/ **coloré**

En anglais américain, ce mot s'écrit **colorful**.

colouring book /'kʌlərɪŋbʊk/ **album à colorier**

En anglais américain, ce mot s'écrit **coloring book**.

colourless /'kʌlələs/ **incolore**

En anglais américain, ce mot s'écrit **colorless**.

colt /kəʊlt/ *a plusieurs sens :*

1 colt *peut signifier* **poulain**

2 colt *peut signifier* **colt®**

column /'kɒləm/ **colonne**

comb /kəʊm/ *a plusieurs catégories grammaticales :*

> Ce mot peut être un NOM :

comb *signifie* **peigne**

> Ce mot peut être un VERBE :

► comb one's hair **se peigner**

combat /'kɒmbæt/ *a plusieurs catégories grammaticales :*

> Ce mot peut être un NOM :

combat *signifie* **combat**

> Ce mot peut être un VERBE :

combat *signifie* **combattre**

combination /ˌkɒmbɪ'neɪʃən/ **combinaison**

come /kʌm/ *a plusieurs sens :*

1 come *signifie* **venir**

▷ Come here! Viens ici !

▷ He has come to repair the television. Il est venu réparer la télévision.

▷ Where do you come from? D'où venez-vous ?

▷ I come from York. Je viens de York.

▷ She came with me. Elle est venue avec moi.

2 come *est employé dans des expressions :*

► come apart **tomber en morceaux**

► come home **rentrer**

► come true **se réaliser** (en parlant d'un rêve)

► come undone **se défaire**

Phrasal verbs

Le verbe come *peut être suivi d'une préposition, telle que* down *ou* out*, et dans ce cas il peut avoir un sens différent. C'est ce qu'on appelle, en anglais, un « phrasal verb ».*

COME ACROSS

► come across something **trouver quelque chose par hasard**

COME BACK

► come back **revenir**

COME DOWN

► come down *peut signifier* **descendre**

► come down *peut signifier* **baisser** (en parlant des prix, par exemple)

COME IN

► come in **entrer**

COME OFF

► come off **se détacher** (en parlant d'un bouton ou d'une étiquette, par exemple) *ou* **partir** (en parlant d'une tache)

COME ON

► come on *peut signifier* **s'allumer** (en parlant d'un appareil)

► come on! **allez !**

COME OUT

► come out *peut signifier* **sortir**

▷ He came out of the house. Il est sorti de la maison.

► come out *peut signifier* **apparaître** (en parlant du soleil ou des étoiles)

► come out *peut signifier* **partir** (en parlant d'une tache)

► come out well **être réussi** (en parlant d'une photo, par exemple)

COME ROUND

► come round *peut signifier* **revenir à soi**

► come round *peut signifier* **passer** (quand on passe voir quelqu'un chez lui)

▷ I'll come round this afternoon. Je passerai cet après-midi.

COME UP

► come up *peut signifier* **monter**

► come up *peut signifier* **se lever** (en parlant du soleil)

COME UP TO

► come up to *peut signifier* **arriver à**

▷ The water came up to his knees. L'eau lui arrivait aux genoux.

► come up to *peut signifier* **s'approcher de**

▷ He came up to me. Il s'est approché de moi.

comedian /kə'miːdɪən/ **comique** (= personne qui fait rire)

Le mot anglais comedian ne signifie pas « comédien ».

comedy /'kɒmɪdɪ/ comédie

comet /'kɒmɪt/ comète

comfort /'kʌmfət/ *a plusieurs catégories grammaticales et plusieurs sens :*

> Ce mot peut être un NOM :

1 **comfort** *peut signifier* **confort**

2 **comfort** *peut signifier* **réconfort**

> Ce mot peut être un VERBE :

► **comfort** somebody **consoler** quelqu'un

comfortable /'kʌmfətəbl/ confortable

comic /'kɒmɪk/ *a plusieurs sens :*

1 **comic** *peut signifier* **comique** (= personne qui fait rire)

2 **comic** *peut signifier* **bande dessinée**

► **comic strip** **bande dessinée**

comma /'kɒmə/ virgule

command /kə'mɑːnd/ *a plusieurs sens :*

1 **command** *peut signifier* **ordre**

2 *En informatique,* **command** *signifie* **commande**

comment /'kɒment/ *a plusieurs catégories grammaticales :*

> Ce mot peut être un NOM :

comment *signifie* **commentaire** *ou* **remarque**

> Ce mot peut être un VERBE :

► **comment on** something **faire des commentaires sur** quelque chose

commercial /kə'mɜːʃəl/ *a plusieurs catégories grammaticales :*

> Ce mot peut être un ADJECTIF :

commercial *signifie* **commercial**

> Ce mot peut être un NOM :

commercial *signifie* **publicité** (= spot publicitaire)

commit /kə'mɪt/ commettre (un crime)

► **commit suicide** **se suicider**

committee /kə'mɪtɪ/ comité

commodity /kə'mɒdətɪ/ produit de base

common /'kɒmən/ commun

► **common sense** **bon sens**

communicate /kə'mjuːnɪkeɪt/ communiquer

communication /kəˌmjuːnɪ'keɪʃən/ communication

► **communications satellite** **satellite de communication**

communities /kə'mjuːnɪtɪz/ *est le pluriel de* community.

community /kə'mjuːnɪtɪ/ communauté

compact /kəm'pækt/ compact

► **compact disc** **disque compact**

companies /'kʌmpənɪz/ *est le pluriel de* company.

companion /kəm'pænjən/ compagnon

company /'kʌmpənɪ/ *a plusieurs sens :*

1 **company** *peut signifier* **entreprise** *ou* **société**

2 **company** *peut signifier* **compagnie**

► **keep** somebody **company** **tenir compagnie à** quelqu'un

compare /kəm'pɛəʳ/ comparer

comparison /kəm'pærɪsn/ comparaison

compass /'kʌmpəs/ boussole

compensate /'kɒmpənseɪt/ compenser *ou* dédommager

compete /kəm'piːt/ concourir *ou* faire concurrence

► **compete in a race** **participer à une course**

► **compete for** something **se disputer** quelque chose

competent /'kɒmpɪtənt/ compétent

competition /ˌkɒmpɪ'tɪʃən/ *a plusieurs sens :*

1 **competition** *peut signifier* **concurrence**

▷ The two companies are in competition. Les deux entreprises sont en concurrence.

2 **competition** *peut signifier* **concours**

▷ I won it in a newspaper competition. Je l'ai gagné en faisant un concours dans le journal.

competitive /kəm'petɪtɪv/ *a plusieurs sens :*

1 **competitive** *peut signifier* **compétitif** *ou* **concurrentiel**

► **competitive examination** **concours**

2 **competitive** *peut signifier* **qui a l'esprit de compétition**

▷ She is a very competitive person. Elle a l'esprit de compétition très développé.

3 **competitive** *peut signifier* **de compétition** (sport, match)

competitor /kəm'petɪtəʳ/ concurrent

complain /kəm'pleɪn/ se plaindre

complaint /kəm'pleɪnt/ plainte

complement /'kɒmplɪmənt/ compléter

complete /kəm'pli:t/ *a plusieurs catégories grammaticales et plusieurs sens :*

> Ce mot peut être un ADJECTIF :

complete *signifie* **complet** *ou* **achevé**

> Ce mot peut être un VERBE :

► complete something **compléter** *ou* **achever** *ou* **terminer** quelque chose

► complete a form **remplir un formulaire**

completely /kəm'pli:tlɪ/ **complètement**

complexion /kəm'plekʃən/ **teint** (= couleur de la peau du visage)

complicated /'kɒmplɪkeɪtɪd/ **compliqué**

compliment /'kɒmplɪmənt/ **compliment**

► pay somebody a compliment **faire un compliment à** quelqu'un

component /kəm'pəʊnənt/ **composant**

composer /kəm'pəʊzə'/ **compositeur**

compound /'kɒmpaʊnd/ **composé**

comprehensive /ˌkɒmprɪ'hensɪv/ **complet**

comprehensive school /ˌkɒmprɪ'hensɪv sku:l/ **établissement d'enseignement secondaire**

compromise /'kɒmprəmaɪz/ *a plusieurs catégories grammaticales :*

> Ce mot peut être un NOM :

compromise *signifie* **compromis**

> Ce mot peut être un VERBE :

compromise *signifie* **accepter un compromis**

compulsory /kəm'pʌlsərɪ/ **obligatoire**

compute /kəm'pju:t/ **calculer**

computer /kəm'pju:tə'/ **ordinateur**

► computer game **jeu électronique**

► computer program **programme informatique**

► computer scientist **informaticien**

computing /kəm'pju:tɪŋ/ **informatique**

conceal /kən'si:l/ **cacher**

conceive /kən'si:v/ **concevoir**

concentrate /'kɒnsəntreɪt/ **concentrer** *ou* **se concentrer**

▷ I can't concentrate on my work. Je ne peux pas me concentrer sur mon travail.

concern /kən'sɜ:n/ *a plusieurs catégories grammaticales et plusieurs sens :*

> Ce mot peut être un NOM :

concern *signifie* **inquiétude** *ou* **préoccupation**

> Ce mot peut être un VERBE :

1 ► concern somebody *peut signifier* **concerner** quelqu'un

▷ As far as I am concerned. En ce qui me concerne.

2 ► concern somebody *peut signifier* **préoccuper** quelqu'un

concerned /kən'sɜ:nd/ **inquiet** *ou* **préoccupé**

► be concerned about something **s'inquiéter à propos de** quelque chose

ℹ Concerned est aussi le prétérit et le participe passé du verbe concern :

▷ It concerned all of us. Ça nous concernait tous.

conclude /kən'klu:d/ **conclure**

concrete /'kɒnkri:t/ *a plusieurs catégories grammaticales et plusieurs sens :*

> Ce mot peut être un NOM :

concrete *signifie* **béton**

> Ce mot peut être un ADJECTIF :

1 concrete *peut signifier* **en béton** *ou* **de béton**

2 concrete *peut signifier* **concret**

condition /kən'dɪʃən/ *a plusieurs sens :*

1 condition *peut signifier* **condition**

▷ I'll do it on one condition. Je le ferai à une seule condition.

2 condition *peut signifier* **état** (= condition physique)

▷ It's in good condition. C'est en bon état.

▷ He's out of condition. Il n'est pas en forme.

conditional /kən'dɪʃənl/ **conditionnel** (= temps de verbe)

▷ Put the verb in the conditional. Mettez le verbe au conditionnel.

conditioner /kən'dɪʃənə'/ **après-shampooing**

condom /'kɒndəm/ **préservatif**

conduct /'kən'dʌkt/ **mener** *ou* **diriger**

conductor /kən'dʌktə'/ **chef d'orchestre**

cone /kəʊn/ **cône**

► ice-cream cone **cornet de glace**

conference /'kɒnfərəns/ **colloque**

confess /kən'fes/ *a plusieurs sens :*

1 ► confess to something **avouer** quelque chose

2 ► confess that... **avouer que...**

3 confess *peut signifier* **se confesser** (= avouer ses péchés à un prêtre)

confession /kən'feʃən/ **aveu** *ou* **confession**

confide /kən'faɪd/ **confier**

► confide in somebody **se confier à** quelqu'un

confidence /'kɒnfɪdəns/ *a plusieurs sens :*

1 confidence *peut signifier* **confiance**

► have confidence in somebody *ou* something **avoir confiance en** quelqu'un *ou* quelque chose

2 confidence *peut signifier* **confiance en soi** *ou* **assurance**

3 ► tell somebody something in confidence **dire** quelque chose **à** quelqu'un **en confidence**

confident /'kɒnfɪdənt/ **sûr de soi** *ou* **assuré**

confine /kən'faɪn/ **limiter**

confirm /kən'fɜːm/ **confirmer**

conflict /'kɒnflɪkt/ **conflit**

conform /kən'fɔːm/ **se conformer**

confuse /kən'fjuːz/ *a plusieurs sens :*

1 ► confuse somebody **embrouiller** quelqu'un *ou* **rendre** quelqu'un **perplexe**

2 ► confuse somebody *ou* something with... **confondre** quelqu'un *ou* quelque chose **avec...**

confused /kən'fjuːzd/ *a plusieurs sens :*

1 confused *peut signifier* **désorienté** *ou* **déconcerté**

▷ I'm confused. Je n'y comprends rien.

2 confused *peut signifier* **confus** (= pas clair ou difficile à comprendre)

ℹ Confused est aussi le prétérit et le participe passé du verbe confuse :

▷ His explanation confused me. Ses explications m'ont embrouillé les idées.

confusing /kən'fjuːzɪŋ/ **déroutant** *ou* **peu clair**

ℹ Confusing est aussi une forme du verbe confuse :

▷ You're just confusing me! Tu ne fais que m'embrouiller !

congratulate /kən'grætjʊleɪt/ **féliciter**

congratulations /kən,grætjʊ'leɪʃənz/ **félicitations**

conjurer /'kʌndʒərə^r/ **prestidigitateur**

conjuring trick /'kʌndʒərɪŋ trɪk/ **tour de passe-passe**

connect /kə'nekt/ *a plusieurs sens :*

1 ► connect something to... **relier** *ou* **brancher** *ou* **connecter** quelque chose **à...**

2 ► connect somebody *ou* something with... **associer** quelqu'un *ou* quelque chose **à...**

connection /kə'nekʃən/ *a plusieurs sens :*

1 connection *peut signifier* **rapport** (= un lien entre deux choses)

2 connection *peut signifier* **correspondance** (= un train, un avion ou un car qu'on doit prendre pour continuer son voyage)

3 connection *peut signifier* **raccordement** *ou* **branchement**

4 connection *peut signifier* **connexion** (à Internet)

ℹ Attention à l'orthographe du mot anglais connection.

conscious /'kɒnʃəs/ **conscient**

consciousness /'kɒnʃəsnɪs/ **connaissance**

▷ He lost consciousness. Il a perdu connaissance.

consent /kən'sent/ *a plusieurs catégories grammaticales :*

> Ce mot peut être un NOM :

consent *signifie* **accord**

> Ce mot peut être un VERBE :

consent *signifie* **donner son accord**

conservation /,kɒnsə'veɪʃən/ **protection de la nature**

conservative /kən'sɜːvətɪv/ **conservateur**

consider /kən'sɪdə^r/ *a plusieurs sens :*

1 ► consider something *peut signifier* **examiner** quelque chose *ou* **réfléchir à** quelque chose

2 ► consider something *peut signifier* **prendre** quelque chose **en considération** *ou* **tenir compte de** quelque chose

3 ► consider that... **considérer que...**

considerate /kən'sɪdərɪt/ **prévenant**

considering /kən'sɪdərɪŋ/ **étant donné** *ou* **étant donné que**

ℹ Considering est aussi une forme du verbe consider :

▷ I was considering what I should do. Je réfléchissais à ce que je devais faire.

consist /kən'sɪst/

► consist of something **consister en** quelque chose *ou* **se composer de** quelque chose

console *se prononce de deux façons et a des catégories grammaticales et des sens différents selon la prononciation :*

/'kɒnsəʊl/ (l'accent est sur la première syllabe con-)

> C'est un NOM :

console *signifie* **console**

► games console **console de jeux**

/kən'səʊl/ (l'accent est sur la deuxième syllabe -sole)

> C'est un VERBE :

► console somebody **consoler** quelqu'un

consonant /'kɒnsənənt/ **consonne**

constant /'kɒnstənt/ **constant** *ou* **continuel**

constantly /'kɒnstəntlɪ/ **constamment**

constitute /'kɒnstɪtjuːt/ **constituer**

construct /kən'strʌkt/ **construire**

consulate /'kɒnsjʊlɪt/ **consulat**

consume /kən'sjuːm/ **consommer**

consumer /kən'sjuːmə'/ **consommateur**

► consumer goods **biens de consommation**

consumption /kən'sʌmpʃən/ **consommation**

contact /'kɒntækt/ *a plusieurs catégories grammaticales et plusieurs sens :*

> Ce mot peut être un NOM :

contact *signifie* **contact**

► be in contact with somebody **être en contact avec** quelqu'un

► contact lens **lentille de contact**

> Ce mot peut être un VERBE :

► contact somebody **contacter** quelqu'un

contagious /kən'teɪdʒəs/ **contagieux**

contain /kən'teɪn/ **contenir**

container /kən'teɪnə'/ *a plusieurs sens :*

1 container *peut signifier* **récipient**

2 container *peut signifier* **conteneur**

contemporary /kən'tempərərɪ/ **contemporain**

content *se prononce de deux façons et a des catégories grammaticales et des sens différents selon la prononciation :*

/kən'tent/ (l'accent est sur la deuxième syllabe -tent)

> Ce mot peut être un ADJECTIF :

content *signifie* **satisfait**

> Ce mot peut être un VERBE :

► content oneself with something **se contenter de** quelque chose

/'kɒntent/ (l'accent est sur la première syllabe con-)

> C'est un NOM :

content *signifie* **contenu**

► (table of) contents **table des matières**

contest /'kɒntest/ **concours**

contestant /kən'testənt/ **concurrent**

context /'kɒntekst/ **contexte**

continent /'kɒntɪnənt/ **continent**

► on the Continent (du point de vue britannique) **en Europe (continentale)**

continual /kən'tinjʊəl/ **continuel**

continually /kən'tɪnjʊəlɪ/ **continuellement**

continue /kən'tɪnjuː/ **continuer**

► continue doing something *ou* continue to do something **continuer à faire** quelque chose

continuous /kən'tɪnjʊəs/ **continu**

continuously /kən'tɪnjʊəslɪ/ **sans arrêt** *ou* **continuellement**

contract /'kɒntrækt/ **contrat**

contradict /ˌkɒntrə'dɪkt/ **contredire**

contrary /'kɒntrərɪ/ **contraire**

► contrary to **contrairement à**

► on the contrary **au contraire**

contrast *se prononce de deux façons et a des catégories grammaticales différentes selon la prononciation :*

/'kɒntrɑːst/ (l'accent est sur la première syllabe con-)

> C'est un NOM :

contrast *signifie* **contraste**

► in contrast to **en contraste avec**

/kən'trɑːst/ (l'accent est sur la deuxième syllabe -trast)

> C'est un VERBE :

► contrast with something **contraster avec** quelque chose

► contrast something **mettre** quelque chose **en contraste**

contribute /kən'trɪbjuːt/ **contribuer**

control /kən'trəʊl/ *a plusieurs sens :*

> Ce mot peut être un NOM :

1 control *signifie* **contrôle** (= maîtrise)

► lose control of something **perdre le contrôle de** quelque chose

► bring something under control **maîtriser** quelque chose

► be in control of something **être à la tête de** quelque chose (d'une entreprise, par exemple) *ou* **être maître de** quelque chose (d'un véhicule ou d'une situation, par exemple)

2 ► the controls **les commandes** (d'un véhicule ou d'un appareil)

> Ce mot peut être un VERBE :

1 ► control something *peut signifier* **diriger** quelque chose (une entreprise ou une organisation)

2 ► control something *peut signifier* **contrôler** quelque chose (ses émotions, une région, les prix) *ou* **maîtriser** quelque chose (un animal ou un incendie)

3 ► control somebody **se faire obéir de** quelqu'un *ou* **avoir de l'autorité sur** quelqu'un

4 ► control oneself **se contrôler**

convenient /kən'viːnɪənt/ **pratique**

conveyor belt /kən'veɪə belt/ **tapis roulant**

convict *se prononce de deux façons et a des catégories grammaticales et des sens différents selon la prononciation :*

/'kɒnvɪkt/ (l'accent est sur la première syllabe con-)

> C'est un NOM :

convict *signifie* **prisonnier** *ou* **prisonnière**

/kən'vɪkt/ (l'accent est sur la deuxième syllabe -vict)

> C'est un VERBE :

► convict somebody of a crime **reconnaître** quelqu'un **coupable d'un crime**

convince /kən'vɪns/ **convaincre**

convincing /kən'vɪnsɪŋ/ **convaincant**

ℹ Convincing est aussi une forme du verbe convince :

▷ Try convincing him! Essaie de le convaincre !

cook /kʊk/ *a plusieurs catégories grammaticales et plusieurs sens :*

> Ce mot peut être un NOM :

cook *signifie* **cuisinier** *ou* **cuisinière** (= personne qui fait la cuisine)

> Ce mot peut être un VERBE :

cook *signifie* **cuire** *ou* **faire cuire** *ou* **faire la cuisine**

► cook a meal **préparer un repas**

cookbook /'kʊkbʊk/ **livre de cuisine**

cooker /'kʊkəʳ/ **cuisinière** (= appareil pour faire la cuisine)

cookery /'kʊkərɪ/ **cuisine** (= préparation de la nourriture)

cookie /'kʊkɪ/ **petit gâteau sec**

Ce mot est surtout employé en anglais américain : en anglais britannique, on dit biscuit.

cooking /'kʊkɪŋ/ **cuisine** (= préparation de la nourriture)

ℹ Cooking est aussi une forme du verbe cook :

▷ He's cooking dinner. Il prépare le dîner.

cool /kuːl/ *a plusieurs catégories grammaticales et plusieurs sens :*

> Ce mot peut être un ADJECTIF :

1 cool *peut signifier* **frais** (= légèrement froid)

► cool box **glacière**

2 cool *peut signifier* **calme**

► keep cool **garder son calme**

3 cool *peut signifier* **froid** (en parlant d'une personne qui est distante ou peu enthousiaste)

4 cool *peut signifier* **cool** *ou* **super**

Dans ce dernier sens, cool est familier, c'est-à-dire qu'on évite de l'employer quand on parle à quelqu'un qu'on ne connaît pas bien ou quand on écrit.

> Ce mot peut être un VERBE :

1 ► cool something **rafraîchir** quelque chose

2 ► cool down **refroidir** (en parlant d'un liquide ou de l'air, par exemple) *ou* **se rafraîchir** (en parlant d'une personne qui a trop chaud)

cooperate /kəʊ'ɒpəreɪt/ **coopérer**

cooperation /kəʊˌɒpə'reɪʃən/ **coopération**

coordinate /kəʊ'ɔːdɪneɪt/ **coordonner**

cop /kɒp/ **flic**

cope /kəʊp/ **se débrouiller**

► **cope with** something **faire face à** quelque chose *ou* **s'occuper de** quelque chose

copied /'kɒpɪd/ *est le prétérit et le participe passé du verbe* **copy**.

▷ You copied me! Tu as copié sur moi !

copies /'kɒpɪz/ *est le pluriel de* **copy** *et la troisième personne du singulier du verbe* **copy**, *au présent de l'indicatif.*

▷ Make two copies. Fais deux copies.

▷ She always copies me! Elle copie toujours sur moi !

copper /'kɒpəʳ/ **cuivre**

copy /'kɒpɪ/ *a plusieurs catégories grammaticales et plusieurs sens :*

> Ce mot peut être un NOM :

1 **copy** *peut signifier* **copie** (= quelque chose qui a été reproduit)

2 **copy** *peut signifier* **exemplaire** (d'un livre) *ou* **numéro** (d'un magazine ou d'un journal)

> Ce mot peut être un VERBE :

► **copy** *signifie* **copier**

► **copy and paste** **copier-coller**

Le mot anglais **copy** ne signifie pas « copie » au sens de « travail écrit à l'école ».

coral /'kɒrəl/ **corail**

► **coral reef** **récif coralien**

cordless /'kɔːdlɪs/ **sans fil**

corduroy /'kɔːdərɔɪ/ **velours côtelé**

core /kɔːʳ/ **trognon** (d'une pomme)

cork /kɔːk/ **liège** *ou* **bouchon** (d'une bouteille de vin)

corkscrew /'kɔːkskruː/ **tire-bouchon**

corn /kɔːn/ *a plusieurs sens :*

1 **corn** *peut signifier* **blé** (en anglais britannique) *ou* **maïs** (en anglais américain)

► **corn on the cob** **épi de maïs**

2 **corn** *peut signifier* **cor** (au pied)

corner /'kɔːnəʳ/ *a plusieurs sens :*

1 **corner** *peut signifier* **coin**

► **turn the corner** **tourner au coin de la rue**

▷ It's just round the corner. C'est à deux pas d'ici.

2 **corner** *peut signifier* **virage**

3 *En football,* **corner** *signifie* **corner**

► **take a corner** **tirer un corner**

Cornwall /'kɔːnwəl/ **la Cornouailles**

corporate /'kɔːprət/ **d'entreprise**

corpse /kɔːps/ **cadavre**

correct /kə'rekt/ *a plusieurs catégories grammaticales :*

> Ce mot peut être un ADJECTIF :

correct *signifie* **correct** *ou* **exact**

▷ That's correct. C'est exact.

▷ You are quite correct. Tu as parfaitement raison.

> Ce mot peut être un VERBE :

correct *signifie* **corriger**

correction /kə'rekʃən/ **correction**

correspond /ˌkɒrɪs'pɒnd/ **correspondre**

correspondence /ˌkɒrɪs'pɒndəns/ **correspondance**

correspondent /ˌkɒrɪs'pɒndənt/ **correspondant**

corridor /'kɒrɪdɔːʳ/ **couloir**

corrupt /kə'rʌpt/ *a plusieurs catégories grammaticales :*

> Ce mot peut être un ADJECTIF :

corrupt *signifie* **corrompu**

> Ce mot peut être un VERBE :

corrupt *signifie* **corrompre**

Corsica /'kɔːsɪkə/ **Corse**

Corsican /'kɔːsɪkən/ **corse** *ou* **Corse**

cosmetics /kɒz'metɪks/ **produits de beauté**

cost /kɒst/ *a plusieurs catégories grammaticales et plusieurs sens :*

> Ce mot peut être un NOM :

cost *signifie* **coût** *ou* **prix**

► **at all costs** **à tout prix**

> Ce mot peut être un VERBE :

► **cost** *signifie* **coûter**

▷ How much does it cost? Combien ça coûte ?

▷ It cost me 10 euros. Ça m'a coûté 10 euros.

costume /'kɒstjuːm/ **costume** (= ensemble qu'on met pour se déguiser, ou vêtement typique d'un pays)

cosy /'kəʊzɪ/ **douillet** *ou* **intime**

▷ I feel nice and cosy. Je me sens bien au chaud.

cot /kɒt/ **lit de bébé** (en anglais britannique) *ou* **lit de camp** (en anglais américain)

cottage /'kɒtɪdʒ/ **petite maison à la campagne**

cotton /'kɒtn/ *a plusieurs sens :*

1 cotton *peut signifier* **coton**

▷ This is a cotton shirt. C'est une chemise en coton.

2 cotton *peut signifier* **fil de coton**

3 ► cotton candy **barbe à papa**

Cotton candy est employé seulement en anglais américain : en anglais britannique, on dit candy floss.

4 ► cotton wool **coton hydrophile**

Cotton wool n'est pas employé en anglais américain : aux États-Unis, on dit absorbent cotton.

couch /kaʊtʃ/ **canapé** *ou* **divan**

cough /kɒf/ *a plusieurs catégories grammaticales :*

> Ce mot peut être un NOM :

cough *signifie* **toux**

▷ He has a bad cough. Il tousse beaucoup.

> Ce mot peut être un VERBE :

cough *signifie* **tousser**

could /kʊd/ *a plusieurs sens :*

ℹ Could est ce qu'on appelle en anglais un « modal auxiliary verb ».Ces verbes s'utilisent avant la forme infinitive d'autres verbes (she could speak French).
Ils ne prennent pas de -s final à la troisième personne du singulier (he could, she could, it could).
À la différence d'autres verbes, les formes négatives et interrogatives ne se construisent pas avec do (could you help me? he couldn't drive).
Ils n'ont ni forme infinitive, ni participe présent ou passé.

1 could *est employé pour parler de la possibilité ou de la probabilité :*

▷ It could rain tomorrow. Il va peut-être pleuvoir demain.

▷ You could be right. Tu as peut-être raison.

▷ It could be true. Cela pourrait être vrai.

2 could have *est employé avec un participe passé pour dire que quelque chose* **aurait pu** *arriver :*

▷ You could have told me before. Tu aurais pu me le dire avant.

▷ The accident could have been more serious. L'accident aurait pu être plus grave.

3 could *est employé pour parler de ce qu'on* **pouvait faire** *dans le passé :*

▷ She could be very nice. Elle pouvait être très gentille.

▷ I couldn't phone because I didn't have any change. Je ne pouvais pas appeler parce que je n'avais pas de monnaie.

4 could *est employé pour dire qu'on* **savait faire** *quelque chose :*

▷ He could speak Italian. Il savait parler italien.

▷ I could ride a horse. Je savais monter à cheval.

5 could *est employé avec les verbes de perception pour dire qu'on sentait, qu'on entendait ou qu'on voyait quelque chose :*

▷ I could hear him singing. Je l'entendais chanter.

▷ She could see the sea. Elle voyait la mer.

6 could *est employé pour demander quelque chose poliment :*

▷ Could I ask you something? Est-ce que je pourrais vous demander quelque chose ?

▷ Could you pass me the salt, please? Pourriez-vous me passer le sel, s'il vous plaît ?

couldn't /'kʊdnt/ *est la contraction de* could not, *la forme négative de* could.

▷ I couldn't see anything. Je ne voyais rien.

council /'kaʊnsl/ **conseil municipal**

count /kaʊnt/ *a plusieurs catégories grammaticales et plusieurs sens :*

> Ce mot peut être un NOM :

1 ► keep count **compter**

2 count *peut signifier* **comte** (= homme de la noblesse)

> Ce mot peut être un VERBE :

count *signifie* **compter**

► count on somebody **compter sur** quelqu'un

counter /'kaʊntəʳ/ *a plusieurs sens :*

1 counter *peut signifier* **comptoir** *ou* **guichet**

2 counter *peut signifier* **jeton**

counterclockwise /ˌkaʊntə'klɒkˌwaɪz/ **dans le sens inverse des aiguilles d'une montre**

Ce mot est employé seulement en anglais américain : en anglais britannique, on dit anticlockwise.

counties /'kaʊntɪz/ *est le pluriel de* county.

countries /'kʌntrɪz/ *est le pluriel de* country.

country /'kʌntrɪ/ *a plusieurs sens :*

1 country *peut signifier* **pays**

2 country *peut signifier* **campagne**

▷ I love walking in the country. J'adore me promener à la campagne.

countryside /'kʌntrɪsaɪd/

► the countryside **la campagne**

► in the countryside **à la campagne**

county /'kaʊntɪ/ **comté**

couple /'kʌpl/ *a plusieurs sens :*

1 couple *peut signifier* **couple**

2 ► a couple... **deux ou trois...**

▷ I've been there a couple of times. J'y suis allé deux ou trois fois.

courier /'kʊrɪəʳ/ *a plusieurs sens :*

1 courier *peut signifier* **coursier**

2 courier *peut signifier* **guide** (qui accompagne des gens en vacances).

Le mot anglais courier ne signifie pas « courrier ».

course /kɔːs/ *a plusieurs sens :*

1 course *peut signifier* **cours** (d'une vie, des événements ou d'une rivière, par exemple).

► in the course of **au cours de**

2 course *peut signifier* **route** (d'un avion ou d'un navire)

► change course **changer de cap**

3 course *peut signifier* **cours** (= leçons)

▷ I'm doing a computing course. Je suis des cours d'informatique.

4 course *peut signifier* **plat** (= partie d'un repas)

► first course **entrée**

► main course **plat principal**

5 ► of course **bien sûr**

► of course not **bien sûr que non**

court /kɔːt/ *a plusieurs sens :*

1 court *peut signifier* **tribunal** *ou* **cour**

► take somebody to court **poursuivre** quelqu'un **en justice**

2 court *peut signifier* **court de tennis** *ou* **terrain** (de basket, par exemple)

courtyard /'kɔːtjɑːd/ **cour** (d'un immeuble, par exemple)

cousin /'kʌzn/ **cousin** *ou* **cousine**

cover /'kʌvəʳ/ *a plusieurs catégories grammaticales et plusieurs sens :*

> Ce mot peut être un NOM :

1 cover *peut signifier* **housse** *ou* **couverture**

2 cover *peut signifier* **couvercle**

3 cover *peut signifier* **abri**

► be under cover **être à l'abri**

► take cover **s'abriter**

> Ce mot peut être un VERBE :

► cover something **couvrir** quelque chose

▷ The walls were covered with posters. Les murs étaient couverts d'affiches.

cow /kaʊ/ **vache**

coward /'kaʊəd/ **lâche** (= une personne qui est lâche)

cowardly /'kaʊədlɪ/ **lâche** *(adjectif)*

cozy /'kəʊzɪ/ **douillet** *ou* **intime**

▷ I feel nice and cozy. Je me sens bien au chaud.

crab /kræb/ **crabe**

crack /kræk/ *a plusieurs catégories grammaticales et plusieurs sens :*

> Ce mot peut être un NOM :

1 crack *peut signifier* **fissure** *ou* **fêlure** *ou* **crevasse**

2 crack *peut signifier* **craquement** *ou* **claquement**

> Ce mot peut être un VERBE TRANSITIF :

1 ► crack something *peut signifier* **fêler** quelque chose

2 ► crack something *peut signifier* **casser** quelque chose (un œuf ou une noix, par exemple)

3 ► crack a whip **faire claquer un fouet**

4 ► crack a joke **raconter une blague**

5 ► crack a code **déchiffrer un code**

> Ce mot peut être un VERBE INTRANSITIF :

1 crack *peut signifier* **se fêler** *ou* **se fissurer**

2 crack *peut signifier* **claquer** (en parlant d'un fouet, par exemple)

3 crack *ou* crack up *signifie* **craquer** (en parlant d'une personne qui s'effondre)

cracked /krækt/ **fêlé** *ou* **craquelé** *ou* **crevassé**

ℹ Cracked est aussi le prétérit et le participe passé du verbe crack :

▷ He cracked up when his girlfriend left him. Il a craqué quand sa petite amie l'a quitté.
▷ He cracked the code. Il a déchiffré le code.

cracker /ˈkrækəʳ/ *a plusieurs sens :*

1 cracker *peut signifier* **cracker** (= biscuit)

2 cracker *peut signifier* **diablotin** (= pétard)

cradle /ˈkreɪdl/ **berceau**

craftsman /ˈkrɑːftsmən/ **artisan**

cramp /kræmp/ **crampe**

crane /kreɪn/ **grue**

En anglais, crane ne signifie pas « crâne ».

crash /kræʃ/ *a plusieurs catégories grammaticales et plusieurs sens :*

> Ce mot peut être un NOM :

1 crash *peut signifier* **accident** (de voiture ou d'avion, par exemple)
► crash helmet **casque**

2 crash *peut signifier* **fracas** (= bruit violent)

> Ce mot peut être un VERBE :

1 crash *peut signifier* **avoir un accident** (en parlant d'une personne dans un véhicule) *ou* **entrer en collision** (en parlant de deux véhicules) *ou* **s'écraser au sol** (en parlant d'un avion)
► crash into something **rentrer dans** quelque chose (un mur ou un arbre, par exemple)

2 ► crash a car **avoir un accident avec une voiture**

3 crash *peut signifier* **faire faillite** (en parlant d'une entreprise) *ou* **s'effondrer** (en parlant de la Bourse)

4 crash *peut signifier* **tomber en panne** (en parlant d'un ordinateur)

crate /kreɪt/ **caisse** (pour mettre des bouteilles) *ou* **cageot** (pour mettre des fruits)

cravat /krəˈvæt/ **foulard** (noué autour du cou, partie de l'uniforme des collégiennes)

crawl /krɔːl/ *a plusieurs catégories grammaticales et plusieurs sens :*

> Ce mot peut être un NOM :

crawl *signifie* **crawl** (= style de natation)

> Ce mot peut être un VERBE :

crawl *signifie* **ramper** *ou* **marcher à quatre pattes**
► crawl along **avancer très lentement**

crayon /ˈkreɪən/ **crayon de couleur**

craze /kreɪz/ **mode** (passagère)

crazier /ˈkreɪzɪəʳ/ *est le comparatif de* crazy.
▷ He's even crazier than you. Il est encore plus fou que toi.

craziest /ˈkreɪzɪɪst/ *est le superlatif de* crazy.
▷ She's the craziest of them all. C'est la plus folle de tous.

crazy /ˈkreɪzɪ/ **fou** *ou* **folle**

creak /kriːk/ **grincer**

cream /kriːm/ **crème**
► cream cake **gâteau à la crème**

crease /kriːs/ *a plusieurs catégories grammaticales :*

> Ce mot peut être un NOM :

crease *signifie* **pli** *ou* **faux pli**

> Ce mot peut être un VERBE :

crease *signifie* **froisser** *ou* **se froisser** (en parlant d'un tissu)

creased /kriːst/ **froissé**

ℹ Creased est aussi le prétérit et le participe passé du verbe crease :

▷ You've creased your shirt. Tu as froissé ta chemise.

create /kriːˈeɪt/ **créer**

creation /kriːˈeɪʃən/ **création**

credit /ˈkredɪt/ **crédit**
► give somebody credit for doing something **reconnaître que** quelqu'un **a fait** quelque chose
► take the credit for something **s'attribuer le mérite de** quelque chose

creep /kriːp/ **ramper** *ou* **se glisser**
► creep in **entrer à pas de loup** *ou* **entrer tout doucement**

creepy /ˈkriːpɪ/ **qui donne la chair de poule**
▷ It's really creepy! Ça donne vraiment la chair de poule !

crept /krept/ *est le prétérit et le participe passé du verbe* creep.
▷ He crept into the bedroom. Il est entré tout doucement dans la chambre.

cress /kres/ **cresson**

crew /kruː/ **équipage** *ou* **équipe**

crib /krɪb/ **crèche (de Noël)**

cricket /'krɪkɪt/ *a plusieurs sens :*

1 **cricket** *peut signifier* **grillon**

2 **cricket** *peut signifier* **cricket** (= l'animal ou le sport britannique)

cried /kraɪd/ *est le prétérit et le participe passé du verbe* cry.

▷ I cried all night. J'ai pleuré toute la nuit.

cries /kraɪz/ *est le pluriel du mot* cry *et la troisième personne du singulier du verbe* cry, *au présent de l'indicatif.*

▷ We heard cries. Nous avons entendu des cris.

▷ She cries a lot. Elle pleure beaucoup.

crime /kraɪm/ **crime**

> Le mot anglais crime est employé pour parler de toute faute grave punie par la loi, et n'a pas le sens précis d'assassinat ou de meurtre qu'a le mot français.

criminal /'krɪmɪnl/ **criminel** *ou* **criminelle**

cringe /krɪndʒ/ **avoir un mouvement de recul** (parce qu'on a peur ou parce qu'on est dégoûté par quelque chose)

crisis /'kraɪsɪs/ **crise**

crisp /krɪsp/ *a plusieurs catégories grammaticales et plusieurs sens :*

> Ce mot peut être un ADJECTIF :

crisp *signifie* **croquant** *ou* **croustillant** *ou* **craquant**

> Ce mot peut être un NOM :

► **crisps** *signifie* **chips**

> Le mot crisps ne s'emploie pas en anglais américain : aux États-Unis, on dit chips.

crispy /'krɪspɪ/ **croustillant**

criss-cross /'krɪskrɒs/ **entrecroiser** *ou* **s'entrecroiser**

criteria /kraɪ'tɪːrɪə/ **critères**

critic /'krɪtɪk/ **critique** (= personne dont le métier est de juger les livres et les spectacles)

> Attention à ne pas confondre a critic (un(e) critique, une personne), a criticism (une critique, une remarque) et critical (l'adjectif).

critical /'krɪtɪkəl/ **critique** *(adjectif)*

> Attention à ne pas confondre a critic (un critique, c'est-à-dire une personne), a criticism (une critique, c'est-à-dire une remarque) et critical (c'est-à-dire critique, l'adjectif).

criticism /'krɪtɪsɪzəm/ **critique** (= un jugement défavorable)

> Attention à ne pas confondre a critic (un critique, c'est-à-dire une personne), a criticism (une critique, c'est-à-dire une remarque) et critical (c'est-à-dire critique, l'adjectif).

criticize /'krɪtɪsaɪz/ **critiquer**

crockery /'krɒkərɪ/ **vaisselle** (= plats, tasses, etc.)

crook /krʊk/ **escroc**

crooked /'krʊkɪd/ **tordu** *ou* **de travers**

crop /krɒp/ **récolte**

cross /krɒs/ *a plusieurs catégories grammaticales et plusieurs sens :*

> Ce mot peut être un NOM :

cross *signifie* **croix**

> Ce mot peut être un ADJECTIF :

cross *signifie* **en colère**

► **get cross with** somebody **se mettre en colère contre** quelqu'un

> Ce mot peut être un VERBE INTRANSITIF :

cross *signifie* **se croiser** (en parlant de lignes ou de chemins qui se croisent)

> Ce mot peut être un VERBE TRANSITIF :

1 ► **cross** something **traverser** quelque chose

2 ► **cross one's arms** **croiser les bras**

3 ► **cross** something **out** **barrer** *ou* **rayer** quelque chose (= supprimer quelque chose dans un texte)

4 ► **cross over a road** **traverser une rue**

crossing /'krɒsɪŋ/ *a plusieurs sens :*

1 **crossing** *peut signifier* **traversée**

2 **crossing** *peut signifier* **passage clouté**

> Crossing est aussi une forme du verbe cross :

▷ He was crossing the road. Il traversait la rue.

crossroads /'krɒsrəʊdz/ **intersection** (de deux routes)

crossword /'krɒswɜːd/ **mots croisés**

crouch /kraʊtʃ/ **s'accroupir**

crow /krəʊ/ *a plusieurs catégories grammaticales :*

> Ce mot peut être un NOM :

crow *signifie* **corbeau**

> Ce mot peut être un VERBE :

crow *signifie* **chanter** (en parlant du coq)

crowd /kraʊd/ **foule**

crowded /'kraʊdɪd/ **bondé** *ou* **plein de gens**

▷ The hall was crowded with people. Il y avait beaucoup de monde dans la salle.

▷ It's too crowded. Il y a trop de monde.

crown /kraʊn/ **couronne**

cruel /'krʊəl/ **cruel**

▷ Elle est cruelle avec ses chats. She is cruel to her cats.

cruelty /'krʊəltɪ/ **cruauté**

cruise /kru:z/ **croisière**

crumb /krʌm/ **miette**

crumpet /'krʌmpɪt/ **petite crêpe épaisse**

crumpled /'krʌmplt/ **chiffonné**

crunchy /'krʌntʃɪ/ **croquant**

crush /krʌʃ/ *a plusieurs catégories grammaticales et a plusieurs sens :*

> Ce mot peut être un VERBE :

crush *signifie* **écraser** *ou* **froisser**

> Ce mot peut être un NOM :

► **have a crush on** somebody **être amoureux de** quelqu'un

crust /krʌst/ **croûte**

crusty /'krʌstɪ/ **croustillant**

crutch /krʌtʃ/ **béquille**

▷ J'ai du mal a marcher avec des béquilles. I find it hard to walk on crutches.

cry /kraɪ/ *a plusieurs catégories grammaticales et plusieurs sens :*

> Ce mot peut être un NOM :

cry *signifie* **cri**

> Ce mot peut être un VERBE :

1 cry *peut signifier* **pleurer**

2 cry *ou* cry out *signifie* **pousser un cri** *ou* **crier**

crystal /'krɪstl/ **cristal**

cubicle /'kju:bɪkəl/ **cabine**

cuckoo /'kʊku:/ **coucou**

cucumber /'kju:kʌmbəʳ/ **concombre**

cuddle /'kʌdl/ *a plusieurs catégories grammaticales et plusieurs sens :*

> Ce mot peut être un NOM :

cuddle *signifie* **câlin**

► **give** somebody **a cuddle faire un câlin à** quelqu'un

> Ce mot peut être un VERBE :

cuddle *signifie* **câliner**

► **cuddle each other se faire un câlin**

cuddly toy /'kʌdlɪ tɔɪ/ **(jouet en) peluche**

cuff /kʌf/ **poignet** (d'une manche)

culprit /'kʌlprɪt/ **personne coupable**

cultivate /'kʌltɪveɪt/ **cultiver**

cultural /'kʌltʃərəl/ **culturel**

culture /'kʌltʃəʳ/ **culture** (= les connaissances qu'on a ou les traditions d'un pays)

> Le mot anglais culture ne signifie pas « culture » au sens agricole.

cunning /'kʌnɪŋ/ **astucieux** *ou* **rusé**

cup /kʌp/ *a plusieurs sens :*

1 cup *peut signifier* **tasse**

2 cup *peut signifier* **coupe** (= récompense au vainqueur d'une compétition)

► **the cup final la finale de la coupe**

cupboard /'kʌbəd/ **placard**

cure /kjʊəʳ/ *a plusieurs catégories grammaticales :*

> Ce mot peut être un NOM :

cure *signifie* **remède**

> Ce mot peut être un VERBE :

► cure *signifie* **guérir**

curious /'kjʊərɪəs/ **curieux**

curl /kɜ:l/ *a plusieurs catégories grammaticales et plusieurs sens :*

> Ce mot peut être un NOM :

curl *signifie* **boucle de cheveux**

> Ce mot peut être un VERBE :

1 curl *signifie* **boucler** *ou* **friser** (en parlant des cheveux)

2 ► **curl up s'enrouler** *ou* **se pelotonner**

curler /'kɜ:ləʳ/ **bigoudi**

curly /'kɜ:lɪ/ **bouclé** *ou* **frisé**

currant /'kʌrənt/ **raisin sec**

> Ne pas confondre currant avec current (= courant).

currency /ˈkʌrənsɪ/ **monnaie**

current /ˈkʌrənt/ *a plusieurs catégories grammaticales :*

> Ce mot peut être un NOM :

current *signifie* **courant** (= courant d'eau ou courant électrique)

> Ce mot peut être un ADJECTIF :

current *signifie* **actuel**

► current affairs **l'actualité**

Ne pas confondre current avec currant (= raisin sec).

currently /ˈkʌrəntlɪ/ **actuellement**

cursor /ˈkɜːsəʳ/ **curseur**

curtain /ˈkɜːtn/ **rideau**

curve /kɜːv/ *a plusieurs catégories grammaticales :*

> Ce mot peut être un NOM :

curve *signifie* **courbe**

> Ce mot peut être un VERBE :

curve *signifie* **faire une courbe**

cushion /ˈkʊʃən/ **coussin**

custard /ˈkʌstəd/ **crème anglaise**

custom /ˈkʌstəm/ **coutume**

ℹ Regardez aussi le mot customs plus loin.

customary /ˈkʌstəmərɪ/ **habituel**

customer /ˈkʌstəməʳ/ **client**

customs /ˈkʌstəmz/ **douane**

► customs officer **douanier**

ℹ Regardez aussi le mot custom plus haut.

cut /kʌt/ *a plusieurs sens :*

> Ce mot peut être un NOM :

1 cut *peut signifier* **coupure** (dans la peau) *ou* **entaille** (dans un morceau de bois, par exemple)

2 cut *peut signifier* **réduction** (de prix, par exemple)

3 cut *peut signifier* **coupe** (= coupe de cheveux ou coupe d'un vêtement)

> Ce mot peut être un VERBE :

1 ► cut something *peut signifier* **couper** quelque chose

► cut something in half **couper** quelque chose **en deux**

► cut one's nails **se couper les ongles**

► have one's hair cut **se faire couper les cheveux**

► cut and paste **couper-coller**

► cut the grass **tondre le gazon**

2 ► cut something *peut signifier* **réduire** quelque chose (les prix ou les dépenses, par exemple)

Phrasal verbs

Le verbe cut peut être suivi d'une préposition, telle que down ou out, et dans ce cas, il peut avoir des sens différents. C'est ce qu'on appelle, en anglais, un « phrasal verb ».

CUT DOWN

► cut a tree down **couper un arbre**

► cut down on smoking **fumer moins**

► cut down on chocolate **manger moins de chocolat**

CUT OFF

► cut something off **couper** quelque chose *ou* **amputer** quelque chose

CUT OUT

► cut something out **découper** quelque chose (un article de journal, par exemple)

CUT UP

► cut something up **couper** quelque chose **en morceaux**

cute /kjuːt/ **mignon**

cutlery /ˈkʌtlərɪ/ **les couverts** (= couteaux, cuillères et fourchettes)

cybernaut /ˈsaɪbənɔːt/ **cybernaute**

cyberspace /ˈsaɪbəspeɪs/ **cyberespace**

cycle /ˈsaɪkl/ *a plusieurs catégories grammaticales et plusieurs sens :*

> Ce mot peut être un NOM :

1 cycle *peut signifier* **vélo**

► cycle path *ou* cycle track **piste cyclable**

2 cycle *peut signifier* **cycle**

> Ce mot peut être un VERBE :

cycle *signifie* **faire du vélo**

▷ I cycle to school. Je vais à l'école à vélo.

cycling /ˈsaɪklɪŋ/ **cyclisme**

cyclist /ˈsaɪklɪst/ **cycliste**

cylinder /ˈsɪlɪndəʳ/ **cylindre**

cymbal /ˈsɪmbəl/ **cymbale**

Cypriot /ˈsɪprɪət/ **chypriote** *ou* **Chypriote**

ℹ En anglais, les adjectifs de nationalité et les noms de langues commencent par une majuscule.

Cyprus /ˈsaɪprəs/ **Chypre**

ℹ En général, en anglais, on n'utilise pas d'article défini devant les noms de pays et de continents.

Czech /tʃek/ **tchèque** *ou* **Tchèque**

ℹ En anglais, les adjectifs de nationalité et les noms de langues commencent par une majuscule.

Dd

La lettre D se prononce /diː/ en anglais.
D rime avec free, knee et tea.

dad /dæd/ papa

daddy /ˈdædɪ/ papa

daffodil /ˈdæfədɪl/ jonquille

dagger /ˈdægəʳ/ poignard

daily /ˈdeɪlɪ/ *a plusieurs catégories grammaticales :*

> Ce mot peut être un ADVERBE :

daily *signifie* tous les jours

> Ce mot peut être un ADJECTIF et un NOM :

daily *signifie* quotidien

dainty /ˈdeɪntɪ/ délicat

dairy products /ˈdɛərɪ prɒdʌkts/ produits laitiers

daisies /ˈdeɪzɪz/ *est le pluriel de* daisy.

daisy /ˈdeɪzɪ/ pâquerette *ou* marguerite

dam /dæm/ barrage (sur une rivière)

damage /ˈdæmɪdʒ/ *a plusieurs catégories grammaticales et plusieurs sens :*

> Ce mot peut être un NOM :

damage *signifie* dégâts

> Ce mot peut être un VERBE :

► damage something abîmer quelque chose *ou* nuire à quelque chose

damp /dæmp/ *a plusieurs catégories grammaticales :*

> Ce mot peut être un ADJECTIF :

damp *signifie* humide *ou* moite

> Ce mot peut être un NOM :

damp *signifie* humidité

dampen /ˈdæmpən/ mouiller

dance /dɑːns/ *a plusieurs catégories grammaticales et plusieurs sens :*

> Ce mot peut être un NOM :

1 dance *peut signifier* danse

2 dance *peut signifier* bal

> Ce mot peut être un VERBE :

dance *signifie* danser

Attention à l'orthographe du mot anglais dance.

dancer /ˈdɑːnsəʳ/ danseur *ou* danseuse

dandelion /ˈdændɪlaɪən/ pissenlit

dandruff /ˈdændrəf/ pellicules (dans les cheveux)

Dane /deɪn/ Danois (= personne)

danger /ˈdeɪndʒəʳ/ danger

► be in danger être en danger

► be out of danger être hors de danger

dangerous /ˈdeɪndʒərəs/ dangereux

Danish /ˈdeɪnɪʃ/ danois

► the Danish les Danois

i En anglais, les adjectifs de nationalité et les noms de langues commencent par une majuscule.

dare /dɛəʳ/ *a plusieurs catégories grammaticales et plusieurs sens :*

> Ce mot peut être un VERBE :

1 dare *signifie* oser

▷ He daren't climb the tree. Il n'ose pas grimper à l'arbre.

2 ► dare somebody to do something mettre quelqu'un au défi de faire quelque chose

> Ce mot peut être un NOM :

dare *signifie* défi

daren't /dɛənt/ *est la contraction de* dare not.

▷ I daren't do it! Je n'ose pas le faire !

daring /'dɛərɪŋ/ **audacieux** *ou* **osé**

dark /dɑːk/ *a plusieurs catégories grammaticales et plusieurs sens :*

> Ce mot peut être un ADJECTIF :

1 **dark** *peut signifier* **sombre**

▷ It's dark. Il fait nuit.

▷ It's getting dark. Il commence à faire nuit.

2 **dark** *peut signifier* **foncé** (en parlant des couleurs ou de la peau)

▷ She was wearing a dark blue jumper. Elle portait un pull bleu foncé.

▷ She has dark hair. Elle a les cheveux bruns.

> Ce mot peut être un NOM :

► **the dark l'obscurité** *ou* **le noir**

▷ He's afraid of the dark. Il a peur du noir.

▷ Come after dark. Viens après la tombée de la nuit.

dark-haired /'dɑːkhɛə'd/ **brun**

darling /'dɑːlɪŋ/ **chéri** *ou* **chérie**

dart /dɑːt/ **fléchette**

► **play darts jouer aux fléchettes**

dash /dæʃ/ *a plusieurs catégories grammaticales et plusieurs sens :*

> Ce mot peut être un NOM :

1 **dash** *peut signifier* **goutte** (de lait ou de vin, par exemple) *ou* **pincée** (de sel) *ou* **touche** (de peinture ou de couleur)

2 **dash** *peut signifier* **tiret**

3 ► **make a dash for** something **se précipiter sur** quelque chose

> Ce mot peut être un VERBE :

dash *signifie* **se précipiter**

dashboard /'dæʃbɔːd/ **tableau de bord**

data /'deɪtə/ **données**

database /'deɪtəbeɪs/ **base de données**

date /deɪt/ *a plusieurs catégories grammaticales et plusieurs sens :*

> Ce mot peut être un NOM :

1 **date** *peut signifier* **date**

▷ What is today's date? Nous sommes le combien aujourd'hui ?

► **be out of date ne plus être à jour** *ou* **être périmé**

► **be up to date être à jour** *ou* **être moderne**

2 **date** *peut signifier* **rendez-vous**

► **have a date with** somebody **avoir rendez-vous avec** quelqu'un

3 **date** *peut signifier* **datte** (= fruit)

> Ce mot peut être un VERBE :

1 ► **date** something **dater** quelque chose

2 ► **date** somebody **sortir avec** quelqu'un

▷ Who is she dating? Avec qui sort-elle ?

daughter /'dɔːtə'/ **fille**

daughter-in-law /'dɔːtərɪnlɔː/ **belle-fille**

dawn /dɔːn/ **l'aube**

day /deɪ/ **jour** *ou* **journée**

► **every day tous les jours**

► **every other day tous les deux jours**

► **the day after le lendemain**

► **the day before yesterday avant-hier**

► **the day after tomorrow après-demain**

► **in the old days autrefois**

daydream /'deɪdriːm/ **rêvasser**

daylight /'deɪlaɪt/ **lumière du jour**

daytime /'deɪtaɪm/

► **in the daytime pendant la journée**

dazed /deɪzd/ **hébété** *ou* **étourdi** *ou* **stupéfait**

dazzling /'dæzlɪŋ/ **éblouissant**

dead /ded/ *a plusieurs catégories grammaticales et plusieurs sens :*

> Ce mot peut être un ADJECTIF :

1 **dead** *peut signifier* **mort**

2 **dead** *peut signifier* **à plat** (en parlant d'une batterie)

3 **dead** *peut signifier* **cassé** (en parlant d'une machine)

► **dead end impasse**

> Ce mot peut être un ADVERBE :

► **dead ahead droit devant**

► **dead on time pile à l'heure**

► **stop dead s'arrêter net**

deadline /'dedlaɪn/ **date limite**

▷ The deadline for sending the file is 19 September. La date limite pour l'envoi du dossier est le 19 septembre.

deaf /def/ **sourd**

deal /diːl/ *a plusieurs catégories grammaticales et plusieurs sens :*

> Ce mot peut être un NOM :

1 **deal** *signifie* **marché** (= accord ou affaire)

▷ It's a deal! Marché conclu !

2 ► **a good deal** *ou* **a great deal beaucoup**

▷ I learnt a great deal. J'ai beaucoup appris.

> Ce mot peut être un VERBE TRANSITIF :

1 ► **deal the cards distribuer les cartes**

2 ► **deal drugs** revendre de la drogue

> Ce mot peut être un VERBE INTRANSITIF :

1 ► **deal in** something **faire le commerce de** quelque chose

2 ► **deal with** somebody **avoir affaire à** quelqu'un *ou* **traiter avec** quelqu'un

3 ► **deal with** something **s'occuper de** quelque chose

4 ► **deal with a subject** **traiter d'un sujet** *ou* **parler d'un sujet**

dealt /delt/ *est le prétérit et le participe passé du verbe* deal.

▷ Who dealt with this problem? Qui s'est occupé de ce problème ?

dear /dɪəʳ/ **cher** *ou* **chère**

► **oh dear!** **oh là là !**

death /deθ/ **la mort**

► **be scared to death** **être mort de peur**

debate /dɪ'beɪt/ **discussion** *ou* **débat**

debt /det/ **dette**

► **be in debt** **être endetté**

decade /'dekeɪd/ **décennie**

decaf /'di:kæf/ **déca**

deceive /dɪ'si:v/ **tromper** *ou* **duper**

Deceive ne signifie pas « décevoir ».

December /dɪ'sembəʳ/ **décembre**

En anglais, les noms de mois commencent par une majuscule.

decent /'di:sənt/ **convenable** *ou* **décent**

▷ He's a very decent man. C'est quelqu'un de très bien.

decide /dɪ'saɪd/ **décider** *ou* **se décider**

► **decide to do** something **décider de faire** quelque chose

decision /dɪ'sɪʒən/ **décision**

► **make a decision** **prendre une décision**

deck /dek/ **pont** (d'un bateau)

► **deck chair** **chaise longue**

declare /dɪ'klɛəʳ/ **déclarer**

decline /dɪ'klaɪn/ *a plusieurs catégories grammaticales et plusieurs sens :*

> Ce mot peut être un NOM :

decline *signifie* **déclin**

> Ce mot peut être un VERBE :

1 decline *peut signifier* **refuser**

2 decline *peut signifier* **décliner**

decoder /di:'kəʊdəʳ/ **décodeur**

decorate /'dekəreɪt/ *a plusieurs catégories grammaticales :*

> Ce mot peut être un VERBE TRANSITIF :

► **decorate** something **décorer** quelque chose

> Ce mot peut être un VERBE INTRANSITIF :

decorate *signifie* **peindre et tapisser**

decrease *se prononce de deux façons et a des catégories grammaticales différentes selon la prononciation :*

/'dɪ:kri:s/ (l'accent est sur la première syllabe de-).

> C'est un NOM :

decrease *signifie* **baisse** *ou* **diminution**

/di:'kri:s/ (l'accent est sur la deuxième syllabe -crease).

> C'est un VERBE :

1 ► **decrease** something **diminuer** *ou* **réduire** quelque chose

2 decrease *signifie* **baisser**

dedicate /'dedɪkeɪt/ *a plusieurs sens :*

1 ► **dedicate one's life** *ou* **one's time to** something **consacrer sa vie** *ou* **son temps à** quelque chose

2 ► **dedicate a book to** somebody **dédier un livre à** quelqu'un

deduce /dɪ'dju:s/ **déduire**

deduct /dɪ'dʌkt/ **déduire** (une somme d'argent, par exemple) *ou* **soustraire** (un chiffre d'un autre)

deep /di:p/ *a plusieurs sens :*

1 deep *peut signifier* **profond**

2 deep *peut signifier* **grave** (en parlant d'une voix grave)

deep freeze /'di:pfri:z/ **congélateur**

En anglais américain, on dit deep freezer.

deeply /'di:plɪ/ **profondément**

deer /dɪəʳ/ **cerf** *ou* **daim** *ou* **chevreuil**

Deer est invariable au pluriel : one deer, two deer.

defeat /dɪ'fiːt/ *a plusieurs catégories grammaticales :*

> Ce mot peut être un NOM :

defeat *signifie* **défaite**

> Ce mot peut être un VERBE :

► defeat somebody **vaincre** *ou* **battre** quelqu'un

defect /'diːfekt/ **défaut**

defence /dɪ'fens/ **défense** (= protection contre une attaque)

En anglais américain, ce mot s'écrit defense.

defend /dɪ'fend/ **défendre**

► defend oneself **se défendre**

defense /dɪ'fens/ *est l'orthographe américaine du mot* defence.

define /dɪ'faɪn/ **définir**

definite /'defɪnɪt/ *a plusieurs sens :*

1 definite *peut signifier* **sûr** *ou* **certain**

▷ Is that definite? C'est sûr ?

2 definite *peut signifier* **net** (en parlant d'une amélioration ou d'une augmentation, par exemple)

definitely /'defɪnɪtlɪ/ *est un mot qui exprime la certitude :*

▷ Is he definitely coming? Est-il certain qu'il va venir ?

▷ She's definitely more intelligent than her brother. Elle est plus intelligente que son frère, c'est sûr.

► definitely not! **certainement pas !**

► definitely! **absolument !**

definition /ˌdefɪ'nɪʃən/ **définition**

deflate /diː'fleɪt/ **dégonfler** *ou* **se dégonfler**

deforestation /diːˌfɒrɪst'eɪʃən/ **déforestation**

defrost /diː'frɒst/ **décongeler**

degree /dɪ'griː/ *a plusieurs sens :*

1 degree *peut signifier* **degré**

2 degree *peut signifier* **diplôme universitaire**

delay /dɪ'leɪ/ *a plusieurs catégories grammaticales :*

> Ce mot peut être un NOM :

delay *signifie* **retard**

> Ce mot peut être un VERBE :

► delay something **retarder** quelque chose

► delay doing something **remettre** quelque chose **à plus tard**

delete /dɪ'liːt/ **effacer** *ou* **supprimer**

deletion /dɪ'liːʃən/ **effacement** *ou* **suppression**

deliberate /dɪ'lɪbərɪt/ **délibéré**

▷ It wasn't deliberate. Ce n'était pas fait exprès.

deliberately /dɪ'lɪbərɪtlɪ/ **délibérément** *ou* **exprès**

▷ He did it deliberately. Il l'a fait exprès.

delicate /'delɪkɪt/ **délicat**

delicatessen /ˌdelɪkə'tesn/ **épicerie fine** *ou* **traiteur**

delicious /dɪ'lɪʃəs/ **délicieux**

delighted /dɪ'laɪtɪd/ **ravi**

delightful /dɪ'laɪtfʊl/ **charmant**

deliver /dɪ'lɪvə[r]/ *a plusieurs sens :*

1 ► deliver something **distribuer** quelque chose (le courrier ou le journal, par exemple) *ou* **livrer** quelque chose (des marchandises) *ou* **remettre** quelque chose (un message)

2 ► deliver a speech **prononcer un discours**

3 ► deliver a baby **mettre un bébé au monde**

« Délivrer » n'est pas le sens le plus courant du mot anglais deliver.

deliveries /dɪ'lɪvərɪz/ *est le pluriel de* delivery.

delivery /dɪ'lɪvərɪ/ **livraison**

demand /dɪ'mɑːnd/ *a plusieurs catégories grammaticales et plusieurs sens :*

> Ce mot peut être un NOM :

1 demand *peut signifier* **exigence** *ou* **revendication**

2 demand *peut signifier* **demande** (pour un produit par exemple)

► be in demand **être très demandé**

> Ce mot peut être un VERBE :

► demand something **réclamer** *ou* **exiger** quelque chose

► demand to do something **exiger de faire** quelque chose

Le verbe anglais demand ne signifie pas « demander ».

demanding /dɪ'mɑːndɪŋ/ **exigeant**

democracy /dɪ'mɒkrəsɪ/ **démocratie**

democratic /ˌdemə'krætɪk/ **démocratique**

demolish /dɪ'mɒlɪʃ/ **démolir**

demonstrate /'demənstreɪt/ *a plusieurs catégories grammaticales et plusieurs sens :*

> Ce mot peut être un VERBE TRANSITIF :

1 ► demonstrate something **faire une démonstration de** quelque chose

2 ► demonstrate that... **prouver que...**

> Ce mot peut être un VERBE INTRANSITIF :

demonstrate *signifie* **manifester** (= défiler pour exprimer son opinion)

demonstration /ˌdemən'streɪʃən/ *a plusieurs sens :*

1 demonstration *peut signifier* **démonstration** (d'un appareil par un vendeur par exemple)

2 demonstration *peut signifier* **manifestation** (= défilé organisé pour exprimer son opinion)

denied /dɪ'naɪd/ *est le prétérit et le participe passé du verbe* deny.

▷ He denied everything. Il a tout nié.

denies /dɪ'naɪz/ *est la troisième personne du singulier du verbe* deny, *au présent de l'indicatif.*

▷ She denies having seen him. Elle nie l'avoir vu.

denim /'denɪm/ **toile de jean**

Denmark /'denmɑːk/ **Danemark**

ℹ En général, en anglais, on n'utilise pas d'article défini devant les noms de pays et de continents.

dent /dent/ *a plusieurs catégories grammaticales :*

> Ce mot peut être un NOM :

dent *signifie* **bosse** (à une voiture, par exemple)

> Ce mot peut être un VERBE :

► dent something **cabosser** quelque chose

En anglais, dent ne signifie pas « dent ».

dentist /'dentɪst/ **dentiste**

Attention à l'orthographe du mot anglais dentist.

dentures /'dentʃə^r^z/ **dentier**

deny /dɪ'naɪ/ **nier** *ou* **refuser**

deodorant /diː'əʊdərənt/ **déodorant**

depart /dɪ'pɑːt/ **partir**

department /dɪ'pɑːtmənt/ *a plusieurs sens :*

1 department *peut signifier* **service** (dans un bureau) *ou* **département** (dans une école) *ou* **rayon** (dans un magasin)

► department store **grand magasin**

2 department *peut signifier* **ministère**

departure /dɪ'pɑːtʃə^r^/ **départ**

depend /dɪ'pend/ *a plusieurs sens :*

1 depend *peut signifier* **dépendre**

▷ That depends. Ça dépend.

▷ It depends on what you want. Ça dépend de ce que tu veux.

2 ► depend on somebody **compter sur** quelqu'un *ou* **se reposer sur** quelqu'un

deposit /dɪ'pɒzɪt/ *a plusieurs catégories grammaticales et plusieurs sens :*

> Ce mot peut être un NOM :

deposit *signifie* **dépôt** (= somme d'argent déposée à la banque) *ou* **caution** *ou* **acompte**

> Ce mot peut être un VERBE :

► deposit something **déposer** quelque chose

depot /'depəʊ/ **dépôt** (au sens d'un entrepôt)

depress /dɪ'pres/ **déprimer**

depressed /dɪ'prest/ **déprimé**

► get depressed **déprimer**

ℹ Depressed est aussi le prétérit et le participe passé du verbe depress :

▷ The film depressed me. Le film m'a déprimé.

depressing /dɪ'presɪŋ/ **déprimant**

ℹ Depressing est aussi une forme du verbe depress :

▷ The rain was depressing me. La pluie me déprimait.

depression /dɪ'preʃən/ **dépression**

deprive /dɪ'praɪv/ **priver**

► deprive somebody of something **priver** quelqu'un **de** quelque chose

► be deprived of something **être privé de** quelque chose

depth /depθ/ **profondeur**

deputy /'depjʊtɪ/ **adjoint** *ou* **adjointe**

derive /dɪ'raɪv/ **dériver**

dermatologist /ˌdɜːmə'tɒlədʒɪst/ **dermatologue**

descend /dɪ'send/ **descendre**

describe /dɪs'kraɪb/ **décrire**

desert *se prononce de deux façons et a des catégories grammaticales et des sens différents selon la prononciation :*

/'dezət/ (l'accent est sur la première syllabe de-).

> C'est un NOM :

desert *signifie* **désert** (= région très sèche)

► desert island **île déserte**

/dɪ'zɜːt/ (l'accent est sur la deuxième syllabe -sert).

> C'est un VERBE :

1 ► desert something **déserter** quelque chose

2 ► desert somebody **abandonner** quelqu'un

deserted /dɪ'zɜːtɪd/ **désert** (= sans habitants ou sans occupants)

ℹ Deserted est aussi le prétérit et le participe passé du verbe desert :

▷ They deserted us. Ils nous ont abandonnés.

deserve /dɪ'zɜːv/ **mériter**

design /dɪ'zaɪn/ *a plusieurs catégories grammaticales et plusieurs sens :*

> Ce mot peut être un NOM :

1 design *peut signifier* **motif** (= dessin décoratif) *ou* **plan** (= dessin qui représente un bâtiment ou une voiture, par exemple)

2 design *peut signifier* **conception** (d'un nouveau produit, par exemple) *ou* **style** (d'un vêtement, par exemple)

3 design *peut signifier* **design**

> Ce mot peut être un VERBE :

► design something **concevoir** quelque chose

designer /dɪ'zaɪnə^r/ **styliste**

► designer clothes **vêtements griffés**

desire /dɪ'zaɪə^r/ *a plusieurs catégories grammaticales :*

> Ce mot peut être un NOM :

desire *signifie* **désir**

> Ce mot peut être un VERBE :

► desire something **désirer** quelque chose

desk /desk/ **bureau** (= table pour travailler)

► information desk **bureau de renseignements**

► reception desk **réception** (dans un hôtel ou un aéroport, par exemple)

desktop computer /ˌdesktɒpkəm'pjuːtə^r/ **ordinateur de bureau**

despair /dɪs'pɛə^r/ *a plusieurs catégories grammaticales :*

> Ce mot peut être un NOM :

despair *signifie* **désespoir**

> Ce mot peut être un VERBE :

despair *signifie* **désespérer**

desperate /'despərɪt/ **désespéré**

desperately /'despərɪtlɪ/ **désespérément**

► desperately ill **gravement malade**

desperation /ˌdespə'reɪʃən/ **désespoir**

despite /dɪs'paɪt/ **malgré**

dessert /dɪ'zɜːt/ **dessert**

▷ I had ice cream for dessert. J'ai pris de la glace comme dessert.

destiny /'destɪnɪ/ **destin**

destroy /dɪs'trɔɪ/ **détruire**

detached house /dɪ'tætʃt ˌhaʊs/ **maison individuelle**

detail /'diːteɪl/ *a plusieurs sens :*

1 detail *peut signifier* **détail**

► in detail **en détail**

2 ► take somebody's details **noter les coordonnées de** quelqu'un

3 ► send somebody details **envoyer des renseignements à** quelqu'un

detailed /'diːteɪld/ **détaillé**

detect /dɪ'tekt/ **détecter** *ou* **déceler**

detective /dɪ'tektɪv/ **détective** *ou* **inspecteur de police**

► detective novel *ou* story **roman policier**

detention /dɪ'tenʃən/ *a plusieurs sens :*

1 detention *peut signifier* **retenue** (= colle)

▷ He gave me two hours' detention. Il m'a donné deux heures de retenue.

2 detention *peut signifier* **détention** (= captivité)

determined /dɪ'tɜːmɪnd/ **déterminé**

► **be determined to do** something **être bien décidé à faire** quelque chose

detour /'diːˌtʊəʳ/ *a plusieurs sens :*

1 detour *peut signifier* **détour**

▷ We made a detour to visit the castle. On a fait un détour pour visiter le château.

2 detour *peut signifier* **déviation** (sur une route) *en anglais américain*

develop /dɪ'veləp/ *a plusieurs catégories grammaticales et plusieurs sens :*

> Ce mot peut être un VERBE TRANSITIF :

1 ► develop something *peut signifier* **développer** quelque chose

2 ► develop something *peut signifier* **aménager** quelque chose (une région ou un quartier, par exemple)

3 ► **develop an illness contracter une maladie**

> Ce mot peut être un VERBE INTRANSITIF :

develop *signifie* **se développer**

development /dɪ'veləpmənt/ *a plusieurs sens :*

1 development *peut signifier* **développement**

2 development *peut signifier* **zone aménagée**

Attention à l'orthographe du mot anglais development.

deviate /'diːvɪeɪt/ **dévier**

device /dɪ'vaɪs/ **appareil**

En anglais, device ne signifie pas « devis ».

devil /'devl/ **diable**

devious /'diːvɪəs/ **rusé**

devote /dɪ'vəʊt/ **consacrer**

▷ He devotes a lot of time to his dogs. Il consacre beaucoup de temps à ses chiens.

devoted /dɪ'vəʊtɪd/ **dévoué**

i Devoted est aussi le prétérit et le participe passé du verbe devote.

▷ He devoted his weekends to sailing. Il consacrait ses week-ends à la voile.

dew /djuː/ **rosée**

diagnose /'daɪəgnəʊz/ **diagnostiquer**

diagnosis /ˌdaɪəg'nəʊsɪs/ **diagnostic**

diagram /'daɪəgræm/ **diagramme**

Attention à l'orthographe du mot anglais diagram.

dial /'daɪəl/ *a plusieurs catégories grammaticales et plusieurs sens :*

> Ce mot peut être un NOM :

dial *signifie* **cadran** (= la face d'une montre ou d'un compteur)

> Ce mot peut être un VERBE :

► **dial a number composer un numéro**

dialog /'daɪəlɒg/ *est l'orthographe américaine du mot* dialogue.

dialogue /'daɪəlɒg/ **dialogue**

▷ Click on the dialogue box. Clique sur la boîte de dialogue.

diamond /'daɪəmənd/ *a plusieurs sens :*

1 diamond *peut signifier* **diamant**

▷ He gave me a diamond ring. Il m'a donné une bague de diamants.

2 diamond *peut signifier* **carreau** (= une des quatre couleurs dans un jeu de cartes)

diaper /'daɪpəʳ/ **couche de bébé**

Le mot diaper est américain : en anglais britannique, on dit nappy.

diary /'daɪərɪ/ *a plusieurs sens :*

1 diary *peut signifier* **journal intime**

▷ She keeps a diary. Elle tient un journal.

2 diary *peut signifier* **agenda**

▷ Her address is in my diary. Son adresse est dans mon agenda.

dice /daɪs/ **dé**

i Le mot dice est invariable au pluriel : two dice deux dés.

dictate /dɪk'teɪt/ **dicter**

dictation /dɪk'teɪʃən/ **dictée**

dictator /dɪk'teɪtəʳ/ **dictateur**

dictatorship /dɪk'teɪtəʃɪp/ **dictature**

dictionary /'dɪkʃənrɪ/ **dictionnaire**

En anglais, dictionary s'écrit avec un seul n.

did /dɪd/ *est le prétérit du verbe* do.

▷ I did my homework yesterday. J'ai fait mes devoirs hier.

didn't /'dɪdənt/ *est la contraction de* did not, *la négation du prétérit du verbe* do.

▷ I didn't go out last weekend. Je ne suis pas sorti le week-end dernier.

die /daɪ/ **mourir**

► die of hunger **mourir de faim**

► be dying to do something **mourir d'envie de faire** quelque chose

► be dying out **être en voie d'extinction** *ou* **être en train de disparaître**

diesel /'di:zəl/ **diesel**

diet /'daɪət/ *a plusieurs catégories grammaticales et plusieurs sens :*

> Ce mot peut être un NOM :

diet *signifie* **régime** (alimentaire)

► be on a diet **suivre un régime**

► go on a diet **se mettre au régime**

> Ce mot peut être un VERBE :

diet *signifie* **faire un régime**

difference /'dɪfrəns/ **différence**

▷ It makes no difference. Ça ne change rien.

different /'dɪfrənt/ **différent**

► different from *ou* different to **différent de**

differentiate /ˌdɪfə'renʃɪeɪt/ **différencier**

difficult /'dɪfɪkəlt/ **difficile**

difficulty /'dɪfɪkəltɪ/ **difficulté**

► have difficulty doing something **avoir du mal à faire** quelque chose

► have no difficulty doing something **n'avoir aucun mal à faire** quelque chose

dig /dɪg/ **creuser**

digest /daɪ'dʒest/ **digérer**

digit /'dɪdʒɪt/ **chiffre**

▷ 378 is a three-digit number. 378 est un numéro à trois chiffres.

digital /'dɪdʒɪtəl/ **numérique** (en parlant d'un téléviseur ou un appareil-photo, par exemple)

dilute /daɪ'lu:t/ **diluer**

dim /dɪm/ *a plusieurs catégories grammaticales et plusieurs sens :*

> Ce mot peut être un ADJECTIF :

dim *signifie* **faible** (en parlant d'une lumière) *ou* **sombre** (en parlant d'une pièce) *ou* **vague** (en parlant d'un souvenir ou d'une forme indistincte)

> Ce mot peut être un VERBE :

dim *signifie* **baisser** (en parlant de la lumière)

dime /daɪm/ **(pièce de) dix cents** (monnaie américaine)

diminish /dɪ'mɪnɪʃ/ **diminuer**

dimple /'dɪmpl/ **fossette**

dinghy /'dɪŋgɪ/ **petit canot** *ou* **dériveur**

dining hall /'daɪnɪŋ hɔ:l/ **réfectoire**

dining room /'daɪnɪŋ ru:m/ **salle à manger**

dinner /'dɪnə^{r}/ **dîner**

▷ It's dinner time. C'est l'heure de dîner.

Attention à l'orthographe du mot anglais dinner.

dinosaur /'daɪnəsɔ:^{r}/ **dinosaure**

dip /dɪp/ *a plusieurs catégories grammaticales et plusieurs sens :*

> Ce mot peut être un VERBE TRANSITIF :

1 ► dip something into something **tremper** *ou* **plonger** quelque chose **dans** quelque chose

2 ► dip one's headlights **se mettre en codes** (= mettre les phares de sa voiture en codes)

> Ce mot peut être un VERBE INTRANSITIF :

dip *signifie* **descendre** (en parlant d'une rue ou d'un terrain) *ou* **baisser** (en parlant de la température ou des prix)

> Ce mot peut être un NOM :

1 dip *peut signifier* **sauce froide** (dans laquelle on trempe des crudités ou des chips)

2 ► go for a dip **se baigner**

diploma /dɪ'pləʊmə/ **diplôme**

direct /dɪ'rekt/ *a plusieurs catégories grammaticales et plusieurs sens :*

> Ce mot peut être un ADJECTIF :

direct *signifie* **direct**

> Ce mot peut être un VERBE :

1 ► direct somebody to something **indiquer le chemin de** quelque chose **à** quelqu'un

2 ► direct something *peut signifier* **diriger** quelque chose (une entreprise ou un projet, par exemple)

3 ► direct something *peut signifier* **mettre** quelque chose **en scène** (une pièce de théâtre, par exemple) *ou* **réaliser** quelque chose (un film, par exemple)

4 ► direct somebody to do something **charger** quelqu'un **de faire** quelque chose

> Ce mot peut être un ADVERBE :

direct *signifie* **directement**

direction /dɪ'rekʃən/ *a plusieurs sens :*

1 direction *peut signifier* **direction**

2 ► directions for use **mode d'emploi**

3 ► ask for directions **demander son chemin**

► give somebody directions **indiquer le chemin à** quelqu'un

directly /dɪ'rektlɪ/ **directement**

director /dɪ'rektəʳ/ *a plusieurs sens :*

1 director *peut signifier* **directeur** *ou* **directrice** (d'une entreprise, par exemple)

2 director *peut signifier* **metteur en scène** (d'une pièce de théâtre) *ou* **réalisateur** *ou* **réalisatrice** (d'un film)

directory /dɪ'rektərɪ/ **annuaire** *ou* (en informatique) **répertoire**

dirt /dɜːt/ **saleté**

dirty /'dɜːtɪ/ *a plusieurs catégories grammaticales et plusieurs sens :*

> Ce mot peut être un ADJECTIF :

dirty *signifie* **sale**

► get something dirty **salir** quelque chose

> Ce mot peut être un VERBE :

► dirty something **salir** quelque chose

disabled /dɪs'eɪbld/ **handicapé**

disadvantage /ˌdɪsəd'vɑːntɪdʒ/ **désavantage** *ou* **inconvénient**

disagree /ˌdɪsə'griː/ **ne pas être d'accord**

▷ I disagree with you. Je ne suis pas d'accord avec toi.

disagreement /ˌdɪsə'griːmənt/ **désaccord**

disappear /ˌdɪsə'pɪəʳ/ **disparaître**

disappearance /ˌdɪsə'pɪərəns/ **disparition**

disappoint /ˌdɪsə'pɔɪnt/ **décevoir**

disappointed /ˌdɪsə'pɔɪntɪd/ **déçu**

ℹ Disappointed est aussi le prétérit et le participe passé du verbe disappoint :

▷ The new album disappointed her. Elle était déçue par le nouvel album.

disappointing /ˌdɪsə'pɔɪntɪŋ/ **décevant**

ℹ Disappointing est aussi une forme du verbe disappoint :

▷ I don't like disappointing you. Je n'aime pas vous décevoir.

disappointment /ˌdɪsə'pɔɪntmənt/ **déception**

disapprove /ˌdɪsə'pruːv/ **désapprouver**

► disapprove of somebody *ou* something **désapprouver** quelqu'un *ou* quelque chose

disaster /dɪ'zɑːstəʳ/ **désastre** *ou* **catastrophe**

disastrous /dɪ'zɑːstrəs/ **désastreux**

disc /dɪsk/ **disque**

disconnect /ˌdɪskə'nekt/ *a plusieurs sens :*

1 disconnect *peut signifier* **débrancher**

▷ I disconnected the washing machine by mistake. J'ai débranché la machine à laver par erreur.

2 disconnect *peut signifier* **couper** (en parlant du téléphone, du gaz, de l'électricité)

▷ Their phone has been disconnected. On leur a coupé le téléphone.

discount /'dɪskaʊnt/ **remise** (= diminution de prix)

discover /dɪs'kʌvəʳ/ **découvrir**

discovery /dɪs'kʌvərɪ/ **découverte**

discreet /dɪs'kriːt/ **discret**

discuss /dɪs'kʌs/ **discuter de** *ou* **parler de**

discussion /dɪs'kʌʃən/ **discussion**

▷ I took part in the discussion forum. J'ai participé au forum de discussion.

disease /dɪ'ziːz/ **maladie**

disembark /ˌdɪsɪm'bɑːk/ **débarquer**

disgraceful /dɪs'greɪsfʊl/ **honteux**

disguise /dɪs'gaɪz/ *a plusieurs catégories grammaticales et plusieurs sens :*

> Ce mot peut être un NOM :

disguise *signifie* **déguisement**

► be in disguise **être déguisé**

> Ce mot peut être un VERBE :

1 ► disguise somebody **déguiser** quelqu'un

2 ► disguise something **dissimuler** quelque chose

disgust /dɪs'gʌst/ *a plusieurs catégories grammaticales :*

> Ce mot peut être un NOM :

disgust *signifie* **dégoût**

> Ce mot peut être un VERBE :

disgust somebody *signifie* **dégoûter quelqu'un**

disgusted /dɪs'gʌstɪd/ **dégoûté**

ℹ Disgusted est aussi le prétérit et le participe passé du verbe disgust :

▷ The food disgusted him. La nourriture le dégoûtait.

disgusting /dɪs'gʌstɪŋ/ **dégoûtant**

ℹ Disgusting est aussi une forme du verbe disgust :

▷ It ended up disgusting me. Ça a fini par me dégoûter.

dish /dɪʃ/ **plat** (= assiette ou nourriture)
► do the dishes **faire la vaisselle**

dishcloth /'dɪʃklɒθ/ **lavette** *ou* **torchon**

disheartening /dɪs'hɑːtnɪŋ/ **décourageant**

dishonest /dɪs'ɒnɪst/ **malhonnête**

dishwasher /'dɪʃwɒʃəʳ/ **lave-vaisselle**

disk /dɪsk/ **disque**
► disk drive **lecteur de disques**

dislike /dɪs'laɪk/ **ne pas aimer**

dismiss /dɪs'mɪs/ *a plusieurs sens :*

1 ► dismiss somebody **renvoyer** quelqu'un (= le licencier)

2 ► dismiss something **écarter** quelque chose (une idée ou une suggestion, par exemple) *ou* **rejeter** quelque chose (une demande ou un projet)

disobedient /ˌdɪsə'biːdɪənt/ **désobéissant**

disobey /ˌdɪsə'beɪ/ **désobéir à**

disorganized /dɪs'ɔːgənaɪzd/ **désorganisé**

display /dɪs'pleɪ/ *a plusieurs catégories grammaticales et plusieurs sens :*

> Ce mot peut être un NOM :

1 display *peut signifier* **exposition** *ou* **étalage** (de marchandises ou d'œuvres d'art, par exemple)
► be on display **être exposé**

2 display *peut signifier* **spectacle** (de gymnastique ou de danse, par exemple)

3 display *peut signifier* **affichage** (sur un écran d'ordinateur, par exemple)

> Ce mot peut être un VERBE :

1 ► display something *peut signifier* **exposer** quelque chose *ou* **afficher** quelque chose

2 ► display something *peut signifier* **montrer** quelque chose *ou* **faire preuve de** quelque chose

displeased /dɪs'pliːzd/ **mécontent**

disposable /dɪs'pəʊzəbl/ **jetable**

dispose of /dɪs'pəʊz ɒv/ **se débarrasser de**

Le verbe anglais dispose of ne signifie pas « disposer de ».

disrupt /dɪs'rʌpt/ **perturber**

disruptive /dɪs'rʌptɪv/ **perturbateur**

dissatisfied /ˌdɪs'sætɪsfaɪd/ **mécontent**

dissolve /dɪ'zɒlv/ **dissoudre** *ou* **se dissoudre**

distance /'dɪstəns/ **distance**
► from a distance **de loin**
► in the distance **au loin**

distant /'dɪstənt/ *a plusieurs sens :*

1 distant *peut signifier* **lointain**

2 distant *peut signifier* **distant** (= froid ou réservé)

distinct /dɪs'tɪŋkt/ *a plusieurs sens :*

1 distinct *peut signifier* **net** (= clair et évident)

2 ► distinct from something **distinct de** *ou* **différent de** quelque chose

distinguish /dɪs'tɪŋgwɪʃ/ **distinguer**

distort /dɪs'tɔːt/ **déformer**

distress /dɪs'tres/ *a plusieurs catégories grammaticales :*

> Ce mot peut être un NOM :

distress *signifie* **détresse** *ou* **douleur** *ou* **souffrance**

> Ce mot peut être un VERBE :

► distress somebody **faire souffrir** quelqu'un

distribute /dɪs'trɪbjuːt/ **distribuer** *ou* **répartir**

distribution /dɪstrɪ'bjuːʃən/ **distribution** *ou* **répartition**

district /'dɪstrɪkt/ **région** *ou* **quartier**

distrust /dɪs'trʌst/ *a plusieurs catégories grammaticales :*

> Ce mot peut être un NOM :

distrust *signifie* **méfiance**

> Ce mot peut être un VERBE :

► distrust somebody *ou* something **se méfier de** quelqu'un *ou* **de** quelque chose

disturb /dɪs'tɜːb/ *a plusieurs sens :*

1 ► **disturb somebody** **déranger** *ou* **troubler** quelqu'un

▷ I'm sorry to disturb you. Excusez-moi de vous déranger.

▷ "Do not disturb". « Ne pas déranger ».

2 ► **disturb something** **troubler** quelque chose (le sommeil ou l'eau, par exemple)

ditch /dɪtʃ/ **fossé**

dive /daɪv/ *a plusieurs catégories grammaticales :*

> Ce mot peut être un NOM :

dive *signifie* **plongeon** *ou* **plongée**

> Ce mot peut être un VERBE :

dive *signifie* **plonger**

diver /'daɪvəʳ/ **plongeur**

divide /dɪ'vaɪd/ **diviser** *ou* **partager**

▷ She divided the class into 3 groups. Elle a divisé la classe en 3 groupes.

▷ They divided the cake amongst themselves. Ils se sont partagé le gâteau.

diving /'daɪvɪŋ/ **plongée**

► **go diving** **faire de la plongée**

► **diving board** **plongeoir**

divorce /dɪ'vɔːs/ *a plusieurs catégories grammaticales :*

> Ce mot peut être un NOM :

divorce *signifie* **divorce**

> Ce mot peut être un VERBE :

► **divorce somebody** **divorcer d'avec** quelqu'un

DIY /diːaɪ'waɪ/ **bricolage**

ℹ Le mot DIY est l'abréviation de do-it-yourself.

dizzy /'dɪzɪ/ **pris de vertige**

► **feel dizzy** **avoir la tête qui tourne**

► **make somebody dizzy** **donner le vertige à** quelqu'un

do /duː/ *a plusieurs sens et plusieurs catégories grammaticales :*

> Ce mot peut être un VERBE AUXILIAIRE :

1 do *est employé pour conjuguer les formes interrogatives et les formes négatives d'autres verbes :*

▷ Do you want an ice-cream? Est-ce que tu veux une glace ?

▷ Does he speak French? Est-ce qu'il parle français ?

▷ Did they phone you? Est-ce qu'ils t'ont appelé ?

▷ I don't like beetroot. Je n'aime pas la betterave.

▷ She doesn't understand English. Elle ne comprend pas l'anglais.

▷ We didn't finish our homework. Nous n'avons pas fini nos devoirs.

2 do *est employé pour remplacer un autre verbe afin de ne pas le répéter :*

▷ You drive faster than I do. Tu conduis plus vite que moi.

▷ I like swimming. – So do I. J'aime bien nager. – Moi aussi.

▷ Does he want to come? – Yes, he does. Est-ce qu'il veut venir ? – Oui.

3 do est employé à la fin d'une phrase pour dire « n'est-ce pas ? ». C'est ce qu'on appelle en anglais un « question tag » :

▷ You know him, don't you? Tu le connais, n'est-ce pas ?

▷ He didn't go, did he? Il n'y est pas allé, n'est-ce pas ?

4 do *est employé pour insister sur quelque chose :*

▷ I do want to come! Mais si je veux venir !

▷ He did tell you! Je t'assure qu'il te l'a dit !

> Ce mot peut être un VERBE TRANSITIF :

► **do something** **faire** quelque chose

▷ What are you doing? Qu'est-ce que tu fais ?

▷ What do you do? Qu'est-ce que vous faites dans la vie ?

▷ I'm doing the housework. Je fais le ménage.

▷ I'll do some pasta. Je vais faire des pâtes.

▷ He did it again. Il l'a refait.

▷ He can't do anything about it. Il ne peut rien y faire.

▷ What can I do for you? Qu'est-ce que je peux faire pour vous ?

▷ What have you done with my gloves? Qu'as-tu fait de mes gants ?

ℹ Lorsque do est employé avec certains NOMS en anglais, en français on utilise un VERBE seul pour exprimer la même chose :

► **do one's hair** **se coiffer**

► **do one's teeth** **se brosser les dents**

> Ce mot peut être un VERBE INTRANSITIF :

1 do *peut signifier* **faire**

▷ Do as I say. Fais ce que je dis.

▷ She did right. Elle a bien fait.

2 do *est employé pour dire comment quelqu'un va ou comment ça marche pour quelqu'un :*

▷ How are you doing? Comment ça va ?

▷ The patient is doing well. Le malade va bien.

▷ She's doing well at school. Elle a de bons résultats à l'école.

▷ Their business is doing well. Leurs affaires marchent bien.

▷ How did you do in the exam? Comment ça a marché à l'examen ?

▷ How do you do! Enchanté ! (= ce qu'on dit lorsqu'on est présenté à quelqu'un).

Notez que how do you do n'est pas une question mais une simple formule de politesse (comme hello et good afternoon).

3 do *peut signifier* **suffire** *ou* **convenir**

▷ Three bottles of wine should do. Trois bouteilles de vin devraient suffire.

▷ This room will do. Cette chambre fera l'affaire.

▷ That will do for now. Ça ira pour le moment.

Phrasal verbs

Le verbe do *peut être suivi d'une préposition, telle que* up *ou* without, *et dans ce cas, il peut avoir des sens différents. C'est ce qu'on appelle, en anglais, un « phrasal verb ».*

DO AWAY WITH

► do away with something **abolir** quelque chose *ou* **supprimer** quelque chose

DO UP

► do something up *peut signifier* **boutonner** quelque chose *ou* **fermer** quelque chose

► do one's shoes up lacer ses chaussures

► do something up *peut signifier* **refaire** quelque chose (une pièce ou une maison, par exemple)

► do up a parcel faire un paquet

DO WITH

► that has nothing to do with it ça n'a rien à voir

► I had nothing to do with it je n'y étais pour rien

DO WITHOUT

► do without something se passer de quelque chose

doctor /'dɒktəʳ/ **médecin** *ou* **docteur**

documentary /ˌdɒkjʊ'mentərɪ/ **documentaire**

dodgems /'dɒdʒəmz/ **autos tamponneuses**

does /dʌz/ *est la troisième personne du singulier du verbe* do.

▷ Does that torch work? Est-ce que cette lampe de poche fonctionne ?

doesn't /'dʌznt/ *est la contraction de* does not, *la négation de la troisième personne du singulier du verbe* do.

▷ Jerry doesn't like omelettes. Jerry n'aime pas les omelettes.

dog /dɒg/ **chien**

do-it-yourself /'duːɪtjə'self/ **bricolage**

doll /dɒl/ **poupée**

dolphin /'dɒlfɪn/ **dauphin**

domain /dəʊ'meɪn/ **domaine**

► domain name **nom de domaine**

domestic /də'mestɪk/ **domestique**

► domestic flight **vol intérieur**

dominate /'dɒmɪneɪt/ **dominer**

dominoes /'dɒmɪnəʊz/ **dominos** (= jeu)

▷ We played dominoes. On a joué aux dominos.

donate /dəʊ'neɪt/ **faire don de**

donation /dəʊ'neɪʃən/ **don** (= de l'argent ou une chose qu'on donne)

done /dʌn/ *a plusieurs sens :*

1 done est le participe passé du verbe do.

▷ I've done all the washing-up! J'ai fait toute la vaisselle !

2 done *peut signifier* **cuit**

▷ Is it done? Est-ce que c'est cuit ?

▷ I like my steak well done. J'aime mon steak bien cuit.

3 ► that's just not done **cela ne se fait pas.**

4 ► done! **marché conclu !**

5 ► well done! **bravo !**

donkey /'dɒŋkɪ/ **âne**

donor /'dəʊnəʳ/ **donateur** *ou* **donneur**

don't /dəʊnt/ *est la contraction de* do not, *la négation du verbe* do.

▷ I don't speak Spanish. Je ne parle pas espagnol.

donut /'dəʊnʌt/ *est l'orthographe américaine du mot* doughnut.

door /dɔːʳ/ **porte**

doorbell /'dɔːbel/ **sonnette**

doormat /'dɔːmæt/ **paillasson**

doorstep /'dɔːstep/ **pas de la porte**

▷ He was standing on my doorstep. Il était devant ma porte.

dormitory /'dɔːmɪtrɪ/ **dortoir**

dot /dɒt/ **point** (= petit signe rond)

dotted line /ˌdɒtɪd 'laɪn/ **ligne pointillée**

double /ˈdʌbl/ *a plusieurs catégories grammaticales et plusieurs sens :*

> Ce mot peut être un ADJECTIF ou un NOM :

1 **double** *signifie* **double**

2 ► **double bass** **contrebasse**

> Ce mot peut être un ADVERBE :

double *signifie* **deux fois plus**

▷ You'll pay double. Tu vas payer deux fois plus.

▷ He's double your age. Il a le double de ton âge.

► **bend double** **se plier en deux**

> Ce mot peut être un VERBE :

double *signifie* **doubler**

double-click /ˌdʌblˈklɪk/ **double-cliquer**

doubt /daʊt/ *a plusieurs catégories grammaticales :*

> Ce mot peut être un NOM :

doubt *signifie* **doute**

► **without a doubt** **sans aucun doute**

> Ce mot peut être un VERBE :

► **doubt** somebody *ou* something **douter de** quelqu'un *ou* quelque chose

► **doubt whether...** *ou* **doubt if...** *ou* **doubt that...** **douter que...**

doughnut /ˈdəʊnʌt/ **beignet**

dove /dʌv/ **colombe**

Dover /ˈdəʊvəʳ/ **Douvres**

down /daʊn/ *a plusieurs catégories grammaticales et plusieurs sens :*

> Ce mot peut être un ADVERBE :

1 **down** *est employé pour décrire un mouvement vers le bas :*

► **come down** *ou* **go down** **descendre**

► **fall down** **tomber par terre**

► **sit down** **s'asseoir**

► **pull the blinds down** **baisser les stores**

► **down there** **en bas** *ou* **là-bas**

► **down below** **en bas** *ou* **en contrebas**

2 **down** *est employé pour décrire une baisse ou une réduction :*

▷ His temperature has gone down. Sa température a baissé.

▷ Prices are coming down. Les prix baissent.

> Ce mot peut être une PRÉPOSITION :

down *est employé pour décrire un mouvement de haut en bas de quelque chose ou pour décrire ce qui est dans une position inférieure :*

▷ He ran down the hill. Il a dévalé la colline en courant.

▷ She lives down the street. Elle habite plus bas dans la rue.

▷ He was walking down the road. Il descendait la rue.

> Ce mot peut être un ADJECTIF :

► **be down** **avoir le cafard**

> Ce mot peut être un NOM :

down *signifie* **duvet** (= petites plumes)

downhill /ˈdaʊnˈhɪl/ *a plusieurs catégories grammaticales :*

> Ce mot peut être un ADJECTIF :

► **a downhill slope** **une pente**

> Ce mot peut être un ADVERBE :

► **go downhill** **descendre une pente** (en parlant d'une personne ou d'une voiture, par exemple) *ou* **descendre** (en parlant d'une route)

download /ˈdaʊnˌləʊd/ **télécharger**

downstairs /ˌdaʊnˈstɛəz/ **en bas** *ou* **à l'étage au-dessous**

► **go downstairs** **descendre l'escalier**

► **fall downstairs** **tomber dans les escaliers**

downtown /ˈdaʊnˈtaʊn/ **dans le centre-ville** *ou* **en ville**

▷ They went downtown. Ils sont descendus en ville.

▷ He lives downtown Chicago. Il habite dans le centre de Chicago.

Ce mot est américain.

downwards /ˈdaʊnwədz/ **vers le bas**

doze /dəʊz/ **sommeiller**

dozen /ˈdʌzn/ **douzaine**

► **half a dozen** **une demi-douzaine**

Dr /ˈdɒktəʳ/ *est l'abréviation du mot* doctor.

draft /drɑːft/ *a plusieurs catégories grammaticales et plusieurs sens :*

> Ce mot peut être un NOM :

1 **draft** *peut signifier* **brouillon** (d'une lettre, par exemple) *ou* **premier jet**

2 **draft** *est l'orthographe américaine du mot* draught.

> Ce mot peut être un VERBE :

► **draft** something **faire le brouillon de** quelque chose

drafty /ˈdræftɪ/ *est l'orthographe américaine du mot* draughty.

drag /dræg/ **traîner**

► **drag one's feet** **traîner les pieds**

dragonfly /ˈdrægənflaɪ/ **libellule**

drain /dreɪn/ *a plusieurs catégories grammaticales et plusieurs sens :*

> Ce mot peut être un NOM :

drain *signifie* **égout** *ou* **canalisation**

> Ce mot peut être un VERBE TRANSITIF :

► drain something **drainer** quelque chose (= l'assécher)

► drain vegetables **égoutter des légumes**

► drain somebody *ou* something **épuiser** quelqu'un *ou* quelque chose

drama /'drɑːmə/ *a plusieurs sens :*

1 drama *peut signifier* **drame**

2 drama *peut signifier* **le théâtre** (= art dramatique)

dramatic /drə'mætɪk/ *a plusieurs sens :*

1 dramatic *peut signifier* **spectaculaire**

▷ There has been a dramatic decline in prices. Il y a eu une baisse spectaculaire des prix.

2 dramatic *peut signifier* **théâtral** (en parlant d'un geste, d'un effet)

▷ She made a dramatic exit. Elle a fait une sortie théâtrale.

drank /dræŋk/ *est le prétérit du verbe* drink.

▷ Who drank all the cider? Qui a bu tout le cidre ?

drastic /'dræstɪk/ **drastique** *ou* **radical**

▷ That's a drastic change. C'est un changement radical.

draught /drɑːft/ *a plusieurs sens :*

1 draught *peut signifier* **courant d'air**

2 ► draughts *ou* game of draughts **jeu de dames**

Le mot draughts au sens de « jeu de dames » n'est pas employé en anglais américain : aux États-Unis, on dit checkers.

3 ► beer on draught *ou* draught beer **bière à la pression**

En anglais américain, ce mot s'écrit draft.

draughtboard /'drɑːftbɔːd/ **damier**

Ce mot ne s'utilise pas en anglais américain : aux États-Unis, on dit checkerboard.

draughty /'drɑːftɪ/ **plein de courants d'air**

▷ It's very draughty. Il y a plein de courants d'air.

En anglais américain, ce mot s'écrit drafty.

draw /drɔː/ *a plusieurs catégories grammaticales et plusieurs sens :*

> Ce mot peut être un NOM :

1 draw *peut signifier* **match nul**

2 draw *peut signifier* **loterie** *ou* **tirage au sort**

> Ce mot peut être un VERBE TRANSITIF :

1 ► draw something *peut signifier* **dessiner** quelque chose

► draw a picture **faire un dessin**

2 ► draw something *peut signifier* **tirer** quelque chose

▷ He drew a ticket out of the hat. Il a tiré un billet du chapeau.

► draw the curtains **tirer les rideaux**

3 ► draw near **s'approcher** (en parlant d'une personne, par exemple) *ou* **approcher** (en parlant d'une date, par exemple)

4 ► draw somebody *ou* something *peut signifier* **attirer** quelqu'un *ou* quelque chose (par exemple des clients, une foule ou l'attention de quelqu'un)

► feel drawn to somebody **se sentir attiré par** quelqu'un

> Ce mot peut être un VERBE INTRANSITIF :

En sport, draw *signifie* **faire match nul**

▷ Scotland drew with France. L'Écosse a fait match nul contre la France.

Phrasal verbs

Le verbe draw peut être suivi d'une préposition, telle que back ou up, et dans ce cas, il peut avoir des sens différents. C'est ce qu'on appelle, en anglais, un « phrasal verb ».

DRAW ASIDE

► draw somebody aside **prendre** quelqu'un **à part**

DRAW AWAY

► draw away **s'écarter** *ou* **s'éloigner**

DRAW BACK

► draw back **reculer**

DRAW UP

► draw up **s'arrêter** (en parlant d'une voiture, par exemple)

► draw something up **dresser** *ou* **établir** quelque chose (un contrat, un projet ou une liste, par exemple)

► draw up a chair **approcher une chaise**

drawback /'drɔːbæk/ **inconvénient** *ou* **désavantage**

drawer /drɔːʳ/ **tiroir**

drawing /'drɔːɪŋ/ **dessin**

► drawing pin **punaise**

ℹ Drawing est aussi une forme du verbe draw :

▷ She was drawing a house. Elle dessinait une maison.

drawn /drɔːn/ *est le participe passé du verbe* **draw**.

▷ I've drawn a picture for Sally. J'ai fait un dessin pour Sally.

dreadful /'dredfʊl/ **affreux** *ou* **épouvantable**

▷ I feel dreadful. Je ne me sens pas bien du tout.

▷ He feels dreadful about it. Il s'en veut terriblement.

dream /driːm/ *a plusieurs catégories grammaticales et plusieurs sens :*

> Ce mot peut être un NOM :

dream *signifie* **rêve**

> Ce mot peut être un ADJECTIF :

dream *signifie* **de rêve** *ou* **de ses rêves**

▷ It's my dream job. C'est le métier que je rêve de faire.

> Ce mot peut être un VERBE :

1 **dream** *signifie* **rêver**

► **dream of** something **rêver de** quelque chose

2 ► **dream of doing** something **songer à faire** quelque chose

▷ I wouldn't dream of telling her. Jamais il ne me viendrait à l'idée de lui dire cela.

dreamt /dremt/ *est le prétérit et le participe passé du verbe* **dream**.

▷ I dreamt about you last night. J'ai rêvé de toi cette nuit.

dreary /'drɪərɪ/ **morne** *ou* **monotone** *ou* **ennuyeux**

drench /drentʃ/ **tremper** (= mouiller complètement)

► **be drenched être trempé**

dress /dres/ *a plusieurs catégories grammaticales et plusieurs sens :*

> Ce mot peut être un NOM :

dress *signifie* **robe**

> Ce mot peut être un VERBE INTRANSITIF :

dress *signifie* **s'habiller**

► **dress up mettre ses plus beaux vêtements** *ou* **se déguiser**

> Ce mot peut être un VERBE TRANSITIF :

1 ► **dress** somebody **habiller** quelqu'un

2 ► **dress a salad assaisonner une salade**

3 ► **dress a wound panser une blessure**

dressing gown /'dresɪŋ gaʊn/ **robe de chambre**

dressing table /'dresɪŋ teɪbl/ **coiffeuse** (= meuble)

drew /druː/ *est le prétérit du verbe* **draw**.

▷ Kevin drew the curtains. Kevin a tiré les rideaux.

dribble /'drɪbl/ *a plusieurs sens :*

1 **dribble** *peut signifier* **baver** (en parlant d'un bébé, par exemple)

2 **dribble** *peut signifier* **tomber goutte à goutte** (en parlant d'un liquide)

3 *En sport,* **dribble** *signifie* **dribbler**

dried /draɪd/ *a plusieurs sens :*

1 **dried** *peut signifier* **séché** (en parlant de fleurs séchées, par exemple) *ou* **sec** (en parlant de fruits secs, par exemple)

2 **dried** *peut signifier* **en poudre** (en parlant du lait en poudre, par exemple)

ℹ **Dried est aussi le prétérit et le participe passé du verbe dry :**

▷ He dried his hair. Il s'est séché les cheveux.

drier /'draɪəʳ/ **sèche-mains** *ou* **sèche-linge** *ou* **sèche-cheveux**

ℹ **Drier est aussi le comparatif de l'adjectif dry :**

▷ The air is drier here. L'air est plus sec ici.

dries /draɪz/ *est la troisième personne du singulier du verbe* **dry**, *au présent de l'indicatif.*

▷ She dries her hair with a hairdrier. Elle se sèche les cheveux avec un sèche-cheveux.

drift /drɪft/ **dériver** (en parlant d'un bateau, d'un avion)

▷ They drifted for five days. Ils ont dérivé pendant cinq jours.

drill /drɪl/ *a plusieurs catégories grammaticales et plusieurs sens :*

> Ce mot peut être un NOM :

drill *signifie* **perceuse**

> Ce mot peut être un VERBE :

► **drill** something **percer** quelque chose (un trou ou du bois, par exemple)

► **drill a tooth fraiser une dent**

► **drill for oil forer à la recherche de pétrole**

drink /drɪŋk/ *a plusieurs catégories grammaticales et plusieurs sens :*

> Ce mot peut être un NOM :

1 **drink** *peut signifier* **boisson**

► **have a drink boire un verre**

2 **drink** *peut signifier* **alcool**

> Ce mot peut être un VERBE :

drink *signifie* **boire**

drinkable /'drɪŋkəbl/ **potable** *ou* **buvable**

drip /drɪp/ *a plusieurs catégories grammaticales et plusieurs sens :*

> Ce mot peut être un NOM :

1 **drip** *peut signifier* **goutte**

2 **drip** *peut signifier* **perfusion** (dans un hôpital)

► **be on a drip** **être sous perfusion**

> Ce mot peut être un VERBE :

drip *signifie* **dégouliner** *ou* **goutter** *ou* **s'égoutter**

drive /draɪv/ *a plusieurs catégories grammaticales et plusieurs sens :*

> Ce mot peut être un NOM :

1 **drive** *peut signifier* **promenade en voiture**

► **go for a drive** **faire une promenade en voiture**

2 **drive** *peut signifier* **allée** (= rue privée qui mène à une maison)

3 **drive** *peut signifier* **énergie** *ou* **dynamisme**

> Ce mot peut être un VERBE TRANSITIF :

1 ► **drive** something **conduire** quelque chose *ou* **piloter** quelque chose

2 ► **drive** somebody **home** **ramener** quelqu'un **en voiture**

3 ► **drive** somebody **to do** something **pousser** quelqu'un **à faire** quelque chose

4 ► **drive** somebody **mad** **rendre** quelqu'un **fou**

> Ce mot peut être un VERBE INTRANSITIF :

drive *signifie* **conduire** *ou* **aller en voiture**

▷ They drive on the left. Ils roulent à gauche.

driven /ˈdrɪvən/ *est le participe passé du verbe* drive.

▷ Have you ever driven in England? Avez-vous déjà conduit en Angleterre ?

driver /ˈdraɪvəʳ/ **conducteur** *ou* **chauffeur**

► **driver's license** **permis de conduire**

driving /ˈdraɪvɪŋ/ **conduite** (d'un véhicule)

► **driving lesson** **leçon de conduite**

► **driving licence** **permis de conduire**

En anglais américain, on dit driver's license.

► **take one's driving test** **passer son permis de conduire**

► **pass one's driving test** **avoir son permis de conduire**

Driving est aussi une forme du verbe drive :

▷ She was driving a sports car. Elle conduisait une voiture de sport.

drizzle /ˈdrɪzl/ *a plusieurs catégories grammaticales :*

> Ce mot peut être un NOM :

drizzle *signifie* **bruine**

> Ce mot peut être un VERBE :

drizzle *signifie* **bruiner**

drop /drɒp/ *a plusieurs catégories grammaticales et plusieurs sens :*

> Ce mot peut être un NOM :

1 **drop** *peut signifier* **goutte**

► **a drop of** something **une goutte de** quelque chose

2 **drop** *peut signifier* **baisse**

► **a drop in** something **une baisse de** quelque chose

> Ce mot peut être un VERBE TRANSITIF :

1 ► **drop** something *peut signifier* **laisser tomber** quelque chose *ou* **lâcher** quelque chose

2 ► **drop** something *peut signifier* **renoncer à** quelque chose *ou* **abandonner** quelque chose (une idée, un projet ou un travail, par exemple)

> Ce mot peut être un VERBE INTRANSITIF :

1 **drop** *peut signifier* **tomber** (en parlant d'un objet ou d'un liquide, par exemple)

2 **drop** *peut signifier* **baisser** (en parlant des températures ou des prix, par exemple)

drought /draʊt/ **sécheresse**

drove /drəʊv/ *est le prétérit du verbe* drive.

▷ Mark drove me to the doctor's. Mark m'a emmené chez le médecin en voiture.

drown /draʊn/ **noyer** *ou* **se noyer**

drowsy /ˈdraʊzɪ/ **somnolent**

drug /drʌg/ *a plusieurs catégories grammaticales et plusieurs sens :*

> Ce mot peut être un NOM :

1 **drug** *peut signifier* **drogue**

► **take drugs** *ou* **be on drugs** **se droguer**

► **drug addict** **toxicomane**

2 **drug** *peut signifier* **médicament**

► **the drug industry** **l'industrie pharmaceutique**

> Ce mot peut être un VERBE :

► **drug** somebody **droguer** quelqu'un

drum /drʌm/ *a plusieurs sens :*

1 **drum** *peut signifier* **tambour**

► **the drums** **la batterie** (dans un orchestre)

2 **drum** *peut signifier* **bidon**

► **oil drum** **bidon d'huile**

drummer /ˈdrʌməʳ/ **batteur** (= personne qui fait de la batterie)

drumstick /ˈdrʌmstɪk/ **baguette de tambour**

► **chicken drumstick** **pilon de poulet**

drunk /drʌŋk/ **ivre**

ℹ **Drunk** est aussi le participe passé du verbe **drink** :

▷ Have you drunk all the milk? As-tu bu tout le lait ?

dry /draɪ/ *a plusieurs catégories grammaticales et plusieurs sens :*

> Ce mot peut être un ADJECTIF :

dry *signifie* **sec**

► keep something **dry** **tenir** quelque chose **au sec**

> Ce mot peut être un VERBE :

► **dry** something **sécher** quelque chose

► **dry oneself** **se sécher**

► **dry the dishes** **essuyer la vaisselle**

dry-clean /draɪˈkliːn/ **nettoyer à sec**

dry cleaner's /draɪˈkliːnəz/ **pressing**

dryer /ˈdraɪəʳ/ **sèche-mains** *ou* **sèche-linge** *ou* **sèche-cheveux**

duchess /ˈdʌtʃɪs/ **duchesse**

duck /dʌk/ *a plusieurs catégories grammaticales :*

> Ce mot peut être un NOM :

duck *signifie* **canard**

> Ce mot peut être un VERBE :

duck *ou* **duck down** *signifie* **se baisser**

duckling /ˈdʌklɪŋ/ **caneton**

due /djuː/ *a plusieurs sens :*

1 **due** *est employé pour dire que quelque chose est* **attendu** *ou que quelque chose* **va arriver bientôt**

▷ The train is due at 10 o'clock. Le train doit arriver à 10 heures.

▷ His new CD is due out in May. Son nouveau CD doit sortir en mai.

▷ When is the baby due? Quand doit naître le bébé ?

▷ He's due back tomorrow. Il doit être de retour demain.

2 **due** *peut signifier* **dû** (en parlant d'une somme d'argent qui est due, par exemple)

3 ► **due to** **dû à** *ou* **en raison de** *ou* **grâce à**

duet /djuːˈet/ **duo**

dug /dʌg/ *est le prétérit et le participe passé du verbe* **dig**.

▷ The men dug a big hole. Les hommes ont creusé un gros trou.

duke /djuːk/ **duc**

dull /dʌl/ **morne** *ou* **maussade** *ou* **ennuyeux**

dumb /dʌm/ *a plusieurs sens :*

1 **dumb** *peut signifier* **muet** (= qui ne sait pas parler)

2 **dumb** *peut signifier* **stupide**

Au sens de « stupide », **dumb** est familier : c'est un mot qu'on évite d'employer quand on parle à quelqu'un qu'on ne connaît pas bien ou quand on écrit.

dummy /ˈdʌmɪ/ *a plusieurs sens :*

1 **dummy** *peut signifier* **mannequin**

2 **dummy** *peut signifier* **tétine** (de bébé)

3 **dummy** *peut signifier* **imbécile**

dump /dʌmp/ *a plusieurs catégories grammaticales et plusieurs sens :*

> Ce mot peut être un NOM :

dump *signifie* **décharge** (= terrain où on jette les ordures)

> Ce mot peut être un VERBE :

1 ► **dump** something *peut signifier* **déposer** quelque chose

2 ► **dump** something *peut signifier* **jeter** quelque chose (pour s'en débarrasser)

► **dump** somebody **laisser tomber** quelqu'un

Au sens de « laisser tomber », **dump** est familier : c'est un mot qu'on évite d'employer quand on parle à quelqu'un qu'on ne connaît pas bien ou quand on écrit.

dungarees /ˌdʌŋgəˈriːz/ **salopette**

► **a pair of dungarees** **une salopette**

duration /djʊːˈreɪʃən/ **durée**

during /ˈdjʊərɪŋ/ **pendant**

dusk /dʌsk/ **crépuscule**

dust /dʌst/ *a plusieurs catégories grammaticales et plusieurs sens :*

> Ce mot peut être un NOM :

dust *signifie* **poussière**

> Ce mot peut être un VERBE :

dust *signifie* **épousseter**

dustbin /ˈdʌstbɪn/ **poubelle**

► **dustbin man** **éboueur**

Le mot **dustbin** ne s'utilise pas en anglais américain : aux États-Unis, on dit **trash can**, et éboueur se dit **garbage man**.

dustman /ˈdʌstmən/ **éboueur**

Le mot **dustman** ne s'utilise pas en anglais américain : aux États-Unis, on dit **garbage man**.

dusty /ˈdʌstɪ/ **poussiéreux**

Dutch /dʌtʃ/ **néerlandais**

► the Dutch **les Néerlandais**

ℹ En anglais, les adjectifs de nationalité et les noms de langues commencent par une majuscule.

duties /ˈdjuːtɪz/ *est le pluriel du mot* duty.

duty /ˈdjuːtɪ/ *a plusieurs sens :*

1 duty *peut signifier* **devoir**

► do one's duty **faire son devoir**

2 ► be on duty **être de service** *ou* **être de garde**

► be off duty **ne pas être de service** *ou* **ne pas être de garde**

3 duty *peut signifier* **taxe**

4 duties *peut signifier* **fonctions** (= les responsabilités ou les activités de son travail)

duty-free /ˌdjuːtɪˈfriː/ **hors taxes**

► duty-free shop **boutique hors taxes**

duvet /ˈduːveɪ/ **couette** (pour dormir)

Le mot duvet ne s'emploie pas en anglais américain : aux États-Unis, on dit comforter.

Le mot anglais duvet ne signifie pas « duvet ».

dwarf /dwɔːf/ **nain**

dye /daɪ/ *a plusieurs catégories grammaticales :*

> Ce mot peut être un NOM :

dye *signifie* **teinture** *ou* **teinte**

> Ce mot peut être un VERBE :

► dye something **teindre** quelque chose

► dye one's hair **se teindre les cheveux**

dying /ˈdaɪɪŋ/ *est la forme en -ing du verbe* die.

▷ I'm dying to see you. Je meurs d'envie de te voir.

dynamic /daɪˈnæmɪk/ **dynamique**

dyslexic /dɪsˈleksɪk/ **dyslexique**

Ee

La lettre E se prononce /iː/ en anglais.
E rime avec free, knee et tea.

each /iːtʃ/ *a plusieurs catégories grammaticales et plusieurs sens :*

> Ce mot peut être un ADJECTIF :

each *signifie* **chaque**

▷ Each day was different. Chaque jour était différent.

> Ce mot peut être un PRONOM :

1 each *signifie* **chacun**

▷ I gave an apple to each of the boys. J'ai donné une pomme à chacun des garçons.

2 ► each other **l'un l'autre** *ou* **les uns les autres**

▷ They love each other. Ils s'aiment.

eager /ˈiːgəʳ/ **enthousiaste**

► be eager to do something **avoir très envie de faire** quelque chose

eagle /ˈiːgl/ **aigle**

ear /ɪəʳ/ **oreille**

earache /ˈɪəreɪk/ **mal à l'oreille** *ou* **mal aux oreilles**

► have earache **avoir mal à l'oreille** *ou* **avoir mal aux oreilles**

eardrum /ˈɪədrʌm/ **tympan** (d'oreille)

earlier /ˈɜːlɪəʳ/ *est le comparatif du mot* early.

▷ They arrived earlier in the evening. Ils sont arrivés plus tôt dans la soirée.

▷ Take an earlier train. Prenez un train plus tôt.

▷ It's one of his earlier films. C'est un de ses premiers films.

earliest /ˈɜːlɪɪst/ *est le superlatif du mot* early.

▷ The earliest I can come is Monday. Je ne peux pas venir avant lundi.

► at the earliest **au plus tôt**

early /ˈɜːlɪ/ *a plusieurs sens :*

1 early *peut signifier* **tôt** *ou* **de bonne heure**

▷ Come early in the morning. Viens tôt le matin.

▷ It's too early. Il est trop tôt.

▷ I'm getting up early tomorrow. Je me lève de bonne heure demain.

2 early *est employé dans les expressions de temps pour dire* **en début de** *ou* **au début de**

▷ It was in the early afternoon. C'était en début d'après-midi.

▷ Plant these flowers early in the year. Plantez ces fleurs au début de l'année.

3 early *peut signifier* **en avance**

▷ You're early! Tu es en avance !

▷ I was two hours early. J'étais deux heures en avance.

earn /ɜːn/ **gagner** (gagner de l'argent ou gagner sa vie)

earphone /ˈɪəfəʊn/ **écouteur**

earring /ˈɪərɪŋ/ **boucle d'oreille**

earth /ɜːθ/ **terre** (la planète et le sol)

earthquake /ˈɜːθkweɪk/ **tremblement de terre**

ease /iːz/ *a plusieurs catégories grammaticales et plusieurs sens :*

> Ce mot peut être un NOM :

1 ease *signifie* **facilité**

2 ► be at ease **être à l'aise**

> Ce mot peut être un VERBE TRANSITIF :

► ease something **soulager** quelque chose (la douleur, par exemple)

▷ These tablets will ease the pain. Ces comprimés soulageront la douleur.

> Ce mot peut être un VERBE INTRANSITIF :

ease *signifie* **diminuer** (en parlant de la douleur ou d'une pression, par exemple)

▷ The pressure has eased. La pression a diminué.

easier /ˈiːzɪəʳ/ *est le comparatif de* easy.

▷ It's easier now. C'est plus facile maintenant.

easiest /ˈiːzɪɪst/ *est le superlatif de* easy.

▷ This is the easiest question. C'est la question la plus facile.

easily /ˈiːzili/ *a plusieurs sens :*

1 easily *peut signifier* **facilement**

2 easily *peut signifier* **de loin**

▷ It's easily his best film. C'est de loin son meilleur film.

3 easily *s'utilise pour dire que quelque chose est* **très probable**

▷ He could easily change his mind. Il pourrait bien changer d'avis.

east /iːst/ **est**

▷ It's in the east of the country. C'est dans l'Est du pays.

▷ The east wind. Le vent d'est.

▷ Go east. Allez vers l'est.

▷ It's east of the city. C'est à l'est de la ville.

Easter /ˈiːstəʳ/ **Pâques**

► Easter egg **œuf de Pâques**

eastern /ˈiːstən/ **de l'Est**

easy /ˈiːzɪ/ **facile**

► be easy-going **être facile à vivre**

eat /iːt/ **manger**

eaten /ˈiːtən/ *est le participe passé du verbe* eat.

▷ Have you ever eaten snails? As-tu déjà mangé des escargots ?

EC /ˌiːˈsiː/ *est l'abréviation de* European Community.

eccentric /ekˈsentrik/ **excentrique**

echo /ˈekəʊ/ *a plusieurs catégories grammaticales :*

> Ce mot peut être un NOM :

echo *signifie* **écho**

> Ce mot peut être un VERBE :

echo *signifie* **retentir** *ou* **résonner**

eco-friendly /ˈiːkəʊˌfrendlɪ/ **écologique**

ecological /ˌɪkəˈlɒdʒɪkəl/ **écologique**

ecologist /ɪˈkɒlədʒɪst/ **écologiste**

ecology /ɪˈkɒlədʒɪ/ **écologie**

e-commerce /ˈiːˌkɒmɜːs/ **commerce électronique**

economic /ˌiːkəˈnɒmɪk/ **économique** (= qui a un rapport avec l'économie d'un pays)

economical /ˌiːkəˈnɒmɪkəl/ **économique** (= qui permet de faire des économies) *ou* **économe** (en parlant d'une personne)

economics /ˌiːkəˈnɒmɪks/ **sciences économiques**

economist /ɪˈkɒnəmɪst/ **économiste**

economize /ɪˈkɒnəmaɪz/ **économiser**

economy /ɪˈkɒnəmɪ/ **économie** (d'un pays)

edge /edʒ/ *a plusieurs catégories grammaticales et plusieurs sens :*

> Ce mot peut être un NOM :

1 edge *signifie* **bord** (d'une table, d'une assiette, d'une rivière, d'une rue, etc).

2 ► be on edge **être énervé**

> Ce mot peut être un VERBE INTRANSITIF :

edge *s'utilise pour décrire un mouvement lent ou furtif :*

▷ He edged forward. Il a avancé petit à petit.

▷ She edged up to him. Elle s'est approchée de lui tout doucement.

edible /ˈedɪbl/ **comestible**

Edinburgh /ˈedɪnbərə/ **Édimbourg**

edit /ˈedɪt/ *a plusieurs sens :*

1 ► edit something *peut signifier* **réviser** quelque chose (un texte qui va être publié, par exemple)

2 ► edit something *peut signifier* **éditer** quelque chose (un fichier informatique, par exemple)

educate /ˈedjʊkeɪt/ **instruire**

▷ He was educated in England. Il a fait ses études en Angleterre.

education /ˌedjʊˈkeɪʃən/ *a plusieurs sens :*

1 education *peut signifier* **éducation** *ou* **instruction**

▷ He had a good education. Il a reçu une bonne éducation.

2 education *peut signifier* **enseignement**

▷ He had a job in education. Il travaillait dans l'enseignement.

eel /iːl/ **anguille**

effect /ɪˈfekt/ **effet**

► have an effect on somebody *ou* something **avoir un effet sur** quelqu'un *ou* quelque chose

► have no effect **ne produire aucun effet**

► take effect **agir** (en parlant d'un médicament, par exemple) *ou* **prendre effet** (en parlant d'une loi, par exemple)

effective /ɪ'fektɪv/ **efficace**

efficient /ɪ'fɪʃənt/ **efficace**

effort /'efət/ **effort**

► make an effort to do something **faire un effort pour faire** quelque chose

e.g. /ˌiː'dʒiː/ **par exemple**

egg /eg/ **œuf**

► egg yolk **jaune d'œuf**

eggcup /'egkʌp/ **coquetier**

eggplant /'egplɑːnt/ **aubergine**

> Le mot eggplant est employé seulement en anglais américain : en anglais britannique, on dit aubergine.

eiderdown /'aɪdədaʊn/ **édredon**

Eiffel Tower /ˌaɪfəl'taʊə'/

► the Eiffel Tower **la tour Eiffel**

eight /eɪt/ **huit**

▷ He's eight. Il a huit ans.

▷ There are eight of us. Nous sommes huit.

▷ We arrived at eight. Nous sommes arrivés à huit heures.

eighteen /'eɪ'tiːn/ **dix-huit**

▷ He's eighteen. Il a dix-huit ans.

▷ There are eighteen of us. Nous sommes dix-huit.

eighteenth /'eɪ'tiːnθ/ **dix-huitième**

▷ The eighteenth of July *ou* July the eighteenth. Le dix-huit juillet.

eighth /eɪtθ/ **huitième**

▷ The eighth of July *ou* July the eighth. Le huit juillet.

eighties /'eɪtɪz/

► The eighties **les années quatre-vingt**

▷ She's in her eighties. Elle a plus de quatre-vingts ans.

eightieth /'eɪtɪəθ/ **quatre-vingtième**

eighty /'eɪtɪ/ **quatre-vingts**

▷ He is eighty. Il a quatre-vingts ans.

▷ Eighty-one. Quatre-vingt-un.

either /'aɪðə'/ *a plusieurs sens :*

1 either *peut signifier* **l'un ou l'autre**

▷ You can take either of them. Tu peux prendre l'un ou l'autre.

2 either *peut signifier* **n'importe lequel**

▷ You can use either of these towels. Tu peux utiliser n'importe laquelle de ces serviettes.

3 either *peut signifier* **chaque** *ou* **les deux**

▷ There were shops on either side of the house. Il y avait des magasins de chaque côté de la maison.

either est employé après une négation et a le sens de « non plus ».

4 ▷ She can't play tennis and she can't swim either. Elle ne sait pas jouer au tennis et elle ne sait pas nager non plus.

5 ► either... or... **ou..., ou... ; soit..., soit...**

▷ She's either English or Scottish. Elle est ou anglaise, ou écossaise.

▷ These vegetables can be either boiled or fried. Ces légumes peuvent être soit bouillis, soit frits.

elaborate *se prononce de deux façons différentes et a des catégories grammaticales et des sens différents selon la prononciation.*

/ɪ'læbərɪt/ (la fin se prononce comme le mot it)

> C'est un ADJECTIF :

elaborate *signifie* **complexe** *ou* **compliqué**

/ɪ'læbəreɪt/ (la fin se prononce comme le mot eight)

> C'est un VERBE INTRANSITIF :

► elaborate on something **donner des détails sur** quelque chose

elastic /ɪ'læstɪk/ **élastique**

► an elastic band **un élastique**

elbow /'elbəʊ/ **coude**

elder /'eldə'/ **aîné** (de deux personnes)

▷ She's my elder sister. C'est ma sœur aînée.

eldest /'eldɪst/ **aîné** (de plusieurs personnes)

▷ She's my eldest sister. C'est l'aînée de mes sœurs.

elect /ɪ'lekt/ **élire**

election /ɪ'lekʃən/ **élection**

► election campaign **campagne électorale**

electric /ɪ'lektrɪk/ **électrique**

electrician /ɪlek'trɪʃən/ **électricien**

electricity /ɪlek'trɪsətɪ/ **électricité**

electronic /ɪlek'trɒnɪk/ **électronique**

elementary /ˌelɪ'mentərɪ/ **élémentaire**

elephant /'elɪfənt/ **éléphant**

elevator /ˈelɪveɪtəʳ/ **ascenseur**

Elevator est un mot américain : en anglais britannique, on dit lift.

eleven /ɪˈlevn/ **onze**

▷ She is eleven. Elle a onze ans.
▷ There are eleven of us. Nous sommes onze.
▷ We arrived at eleven. Nous sommes arrivés à onze heures.

eleventh /ɪˈlevnθ/ **onzième**

eliminate /ɪˈlɪmɪneɪt/ **éliminer**

else /els/ *a plusieurs sens :*

1 else est employé avec des mots comme anything, something ou nothing et a le sens de « d'autre » ou « autre ».

▷ Is there anybody else there? Y a-t-il quelqu'un d'autre ?
▷ Would you like anything else? Est-ce que vous voulez autre chose ?
▷ Nobody else was there. Personne d'autre n'était là.
▷ He wants nothing else. Il ne veut rien d'autre.
▷ This belongs to somebody else. Ceci appartient à quelqu'un d'autre.
▷ I want something else. Je veux autre chose.
▷ Everybody else has gone. Tous les autres sont partis.
▷ They are somewhere else. Ils sont ailleurs.

2 else *est employé avec des mots interrogatifs :*

▷ What else? Quoi d'autre ?
▷ Who else? Qui d'autre ?
▷ Where else? À quel autre endroit ?

3 ► or else **sinon**

▷ Hurry up or else you'll be late. Dépêche-toi, sinon tu vas être en retard.

elsewhere /ˌelsˈwɛəʳ/ **ailleurs**

e-mail /ˈiːmeɪl/ *a plusieurs catégories grammaticales :*

> Ce mot peut être un NOM :

e-mail *signifie* **e-mail** (= courrier électronique)

> Ce mot peut être un VERBE :

► e-mail somebody **envoyer un e-mail à** quelqu'un
► e-mail something to somebody **envoyer** quelque chose **à** quelqu'un **par e-mail**

embarrass /ɪmˈbærəs/ **gêner** *ou* **embarrasser**

embarrassed /ɪmˈbærəst/ **gêné** *ou* **embarrassé**

► feel embarrassed **se sentir gêné**
► be embarrassed about doing something **trouver gênant de faire** quelque chose

ℹ Embarrassed est aussi le prétérit et le participe passé du verbe embarrass :

▷ The children embarrassed him. Les enfants l'ont gêné.

embarrassing /ɪmˈbærəsɪŋ/ **gênant**

ℹ Embarrassing est aussi une forme du verbe embarrass :

▷ She likes embarrassing him. Elle aime bien l'embarrasser.

embarrassment /ɪmˈbærəsmənt/ **embarras** *ou* **gêne**

► be an embarrassment **être gênant**

embassy /ˈembəsɪ/ **ambassade**

emblem /ˈembləm/ **emblème**

embrace /ɪmˈbreɪs/ **étreindre** *ou* **s'étreindre**

embroidery /ɪmˈbrɔɪdərɪ/ **broderie**

emerald /ˈemərəld/ **émeraude**

▷ She wore an emerald necklace. Elle portait un collier d'émeraudes.

emerge /ɪˈmɜːdʒ/ **émerger** *ou* **apparaître**

emergency /ɪˈmɜːdʒənsɪ/ **urgence**

► in case of emergency *ou* in an emergency **en cas d'urgence**
► state of emergency **état d'urgence**
► emergency exit **sortie de secours**
► emergency ward *ou* emergency room **salle des urgences**

emigrate /ˈemɪgreɪt/ **émigrer**

emotion /ɪˈməʊʃən/ **émotion** *ou* **sentiment**

emotional /ɪˈməʊʃənl/ *a plusieurs sens :*

1 emotional *peut signifier* **émotif**

▷ Flora is very emotional. Flora est très émotive.

2 emotional *peut signifier* **ému**

▷ I was very emotional. J'étais très émue.

3 **emotional** *peut signifier* **émouvant** *ou* **plein d'émotion**

▷ It was an emotional story. C'était une histoire émouvante.

4 **emotional** *peut signifier* **émotionnel**

ℹ Attention à l'orthographe du mot anglais **emotional**.

emperor /'empərəʳ/ **empereur**

emphasis /'emfəsɪs/ **accent** (= le fait d'insister sur quelque chose)

► **lay** *ou* **put emphasis on** something **insister sur** quelque chose *ou* **mettre l'accent sur** quelque chose

emphasize /'emfəsaɪz/ **insister sur**

▷ She emphasized the importance of arriving early. Elle a insisté sur l'importance d'arriver tôt.

employ /em'plɔɪ/ **employer**

employee /ˌemplɔɪ'iː/ **salarié**

employer /em'plɔɪəʳ/ **employeur**

employment /em'plɔɪmənt/ **emploi**

empress /'emprəs/ **impératrice**

empty /'emptɪ/ *a plusieurs catégories grammaticales et plusieurs sens :*

> Ce mot peut être un ADJECTIF :

empty *signifie* **vide**

> Ce mot peut être un VERBE TRANSITIF :

► **empty** something **vider** quelque chose

> Ce mot peut être un VERBE INTRANSITIF :

empty *signifie* **se vider**

enable /ɪ'neɪbl/ **permettre**

► **enable** somebody **to do** something **permettre à** quelqu'un **de faire** quelque chose

enclose /ɪn'kləʊz/ *a plusieurs sens :*

1 ► **enclose** something *peut signifier* **joindre** quelque chose (à une lettre)

▷ I enclose a cheque for £10. Je joins un chèque de 10 livres.

2 ► **enclose** something *peut signifier* **entourer** quelque chose

▷ The garden is enclosed by a fence. Le jardin est entouré d'une clôture.

encounter /en'kaʊntəʳ/ *a plusieurs catégories grammaticales :*

> Ce mot peut être un NOM :

encounter *signifie* **rencontre**

> Ce mot peut être un VERBE :

► **encounter** somebody *ou* something **rencontrer** quelqu'un *ou* quelque chose

encourage /en'kʌrɪdʒ/ **encourager**

► **encourage** somebody **to do** something **encourager** quelqu'un **à faire** quelque chose

encouragement /ɪn'kʌrɪdʒmənt/ **encouragement**

encyclopedia /ɪnˌsaɪkləʊ'piːdɪə/ **encyclopédie**

end /end/ *a plusieurs catégories grammaticales et plusieurs sens :*

> Ce mot peut être un NOM :

1 **end** *peut signifier* **fin** (= le moment où quelque chose se termine)

► **come to an end finir** *ou* **se terminer**

► **put an end to** something **mettre fin à** quelque chose

► **in the end finalement** *ou* **en fin de compte**

2 **end** *peut signifier* **bout** (= l'extrémité de quelque chose)

► **from end to end d'un bout à l'autre**

> Ce mot peut être un VERBE INTRANSITIF :

1 **end** *signifie* **finir** *ou* **se terminer**

▷ It's a words ending in an s. C'est un mot qui se termine par un s.

▷ It ended in a fight. Cela s'est terminé par une bagarre.

2 ► **end up doing** something **finir par faire** quelque chose

> Ce mot peut être un VERBE TRANSITIF :

► **end** something **mettre fin à** quelque chose *ou* **terminer** quelque chose

endanger /en'deɪndʒəʳ/ **mettre en danger**

► **endangered species espèce en voie de disparition**

ending /'endɪŋ/ **fin** (d'une histoire ou d'un film, par exemple)

endless /'endlɪs/ **sans fin**

enemies /'enəmɪz/ *est le pluriel de* **enemy**.

enemy /'enəmɪ/ **ennemi**

energetic /ˌenə'dʒetɪk/ **énergique** *ou* **plein d'énergie**

energy /'enədʒɪ/ **énergie**

▷ She has a lot of energy. Elle a beaucoup d'énergie.

► **energy crisis crise énergétique**

enforce /en'fɔːs/ **faire respecter** *ou* **mettre en application**

▷ These laws aren't usually enforced. Ces lois ne sont généralement pas mises en application.

engaged /en'geɪdʒd/ *a plusieurs sens :*

1 **engaged** *peut signifier* **occupé** (en parlant du téléphone ou des toilettes)

2 **engaged** *peut signifier* **fiancé**

► **get engaged** **se fiancer**

engagement /en'geɪdʒmənt/ *a plusieurs sens :*

1 **engagement** *peut signifier* **fiançailles**

► **engagement ring** **bague de fiançailles**

2 **engagement** *peut signifier* **rendez-vous**

engine /'endʒɪn/ *a plusieurs sens :*

1 **engine** *peut signifier* **moteur**

2 **engine** *peut signifier* **locomotive**

Le mot anglais engine ne signifie pas « engin ».

engineer /ˌendʒɪ'nɪəʳ/ **ingénieur** *ou* **technicien** *ou* **mécanicien**

England /'ɪŋglənd/ **Angleterre**

En général, en anglais, on n'emploie pas d'article défini devant les noms de pays et de continents.

English /'ɪŋglɪʃ/ **anglais**

► **the English** **les Anglais**

► **the English Channel** **la Manche**

En anglais, les adjectifs de nationalité et les noms de langues commencent par une majuscule.

Englishman /'ɪŋglɪʃmən/ **Anglais**

Englishwoman /'ɪŋglɪʃwʊmən/ **Anglaise**

engrave /ɪn'greɪv/ **graver**

enjoy /ɪn'dʒɔɪ/ *a plusieurs sens :*

1 ► **enjoy** something **aimer** quelque chose *ou* **apprécier** quelque chose *ou* **prendre plaisir à** quelque chose

2 ► **enjoy doing** something **aimer faire** quelque chose *ou* **trouver du plaisir à faire** quelque chose

3 ► **enjoy oneself** **s'amuser** *ou* **prendre du bon temps**

enjoyable /en'dʒɔɪəbl/ **agréable**

enjoyment /en'dʒɔɪmənt/ **plaisir**

enlarge /en'lɑːdʒ/ **agrandir**

enormous /ɪ'nɔːməs/ **énorme**

enough /ɪ'nʌf/ **assez** *ou* **assez de**

▷ He has enough money. Il a assez d'argent.

▷ I don't have enough clothes. Je n'ai pas assez de vêtements.

▷ Are you warm enough? As-tu assez chaud ?

▷ I've had enough to eat. J'en ai assez mangé.

▷ I've had enough! J'en ai assez !

▷ I've had enough of this book. J'en ai assez de ce livre.

enquire /en'kwaɪəʳ/ **demander**

► **enquire about** something **se renseigner sur** quelque chose

enrolment /ɪn'rəʊlmənt/ **inscription** (à un club)

ensure /en'ʃɔːʳ/ **assurer**

► **ensure that** something **is done** **faire en sorte que** quelque chose **soit fait**

enter /'entəʳ/ *a plusieurs catégories grammaticales et plusieurs sens :*

> Ce mot peut être un VERBE INTRANSITIF :

1 **enter** *signifie* **entrer**

2 ► **enter for** something **s'inscrire pour** quelque chose (une épreuve sportive, par exemple) *ou* **s'inscrire à** quelque chose (un examen, par exemple)

> Ce mot peut être un VERBE TRANSITIF :

1 ► **enter** something *peut signifier* **entrer dans** quelque chose (une pièce, un bâtiment)

2 ► **enter** something *peut signifier* **s'inscrire pour** quelque chose (une épreuve sportive, par exemple) *ou* **s'inscrire à** quelque chose (un examen, par exemple)

3 ► **enter** something *peut signifier* **inscrire** quelque chose (dans un cahier) *ou* (en informatique) **saisir** quelque chose

4 ► **enter** somebody **for** something **inscrire** quelqu'un **à** quelque chose

entertain /ˌentə'teɪn/ *a plusieurs sens :*

1 **entertain somebody** *peut signifier* **amuser quelqu'un** *ou* **divertir quelqu'un**

2 **entertain somebody** *peut signifier* **recevoir quelqu'un** (= l'accueillir chez soi)

Le mot anglais entertain ne signifie pas « entretenir ».

entertainer /ˌentəˈteɪnəʳ/ **artiste** (= une personne dont le métier est de jouer la comédie, de chanter ou de jouer de la musique)

entertainment /ˌentəˈteɪnmənt/ **divertissement** *ou* **spectacle**

enthusiasm /enˈθuːzɪæzəm/ **enthousiasme**

enthusiastic /enˌθuːzɪˈæstɪk/ **enthousiaste**

entire /enˈtaɪəʳ/ **entier**

entirely /enˈtaɪəlɪ/ **entièrement**

entrance /ˈentrəns/ **entrée**

entries /ˈentrɪz/ *est le pluriel de* entry.

entry /ˈentrɪ/ *a plusieurs sens :*

1 entry *peut signifier* **entrée**
▷ "No entry." « Défense d'entrer. »
► entry phone **interphone**

2 entry *peut signifier* **participation** *ou* **inscription** (dans un concours)
► entry form **feuille d'inscription**

envelope /ˈenvələʊp/ **enveloppe**

environment /enˈvaɪərənmənt/ *a plusieurs sens :*

1 environment *peut signifier* **milieu** (social ou culturel)

2 ► the environment **l'environnement**

environmentalist /ɪnˌvaɪərənˈmentəlɪst/ **écologiste**

envy /ˈenvɪ/ *a plusieurs catégories grammaticales :*

> Ce mot peut être un NOM :

envy *signifie* **envie** *ou* **jalousie**

> Ce mot peut être un VERBE :

► envy somebody **envier** quelqu'un

epidemic /ˌepɪˈdemɪk/ **épidémie**

episode /ˈepɪsəʊd/ **épisode**

equal /ˈiːkwəl/ *a plusieurs catégories grammaticales :*

> Ce mot peut être un ADJECTIF :

equal *signifie* **égal**
► be equal to something **être égal à** quelque chose

> Ce mot peut être un NOM :

► treat somebody as an equal **traiter** quelqu'un **d'égal à égal**

> Ce mot peut être un VERBE :

► equal something **égaler** quelque chose

equality /ɪˈkwɒlɪtɪ/ **égalité**

equally /ˈiːkwəlɪ/ *a plusieurs sens :*

1 equally *peut signifier* **en parts égales**
▷ We shared the cake out equally. Nous avons découpé le gâteau en parts égales.

2 equally *peut signifier* **de la même manière**
▷ You should treat your children equally. Vous devriez traiter vos enfants de la même manière.

3 equally + *adjectif signifie* **aussi** + *adjectif.*
▷ It was equally expensive. C'était aussi cher.

equator /ɪˈkweɪtəʳ/ **équateur**

equip /ɪˈkwɪp/ **équiper**
▷ They were equipped with special boots. Ils étaient équipés de bottes spéciales.

equipment /ɪˈkwɪpmənt/ **équipement** *ou* **matériel**

era /ˈɪərə/ **époque**

erase /ɪˈreɪz/ **gommer** *ou* **effacer**

eraser /ɪˈreɪzəʳ/ **gomme** (à effacer)

e-reader /ˈiːˌriːdəʳ/ **liseuse** (de livres électroniques)

error /ˈerəʳ/ **erreur**

eruption /ɪˈrʌpʃən/ **éruption**

escalator /ˈeskəleɪtəʳ/ **escalier roulant**

escape /esˈkeɪp/ *a plusieurs catégories grammaticales :*

> Ce mot peut être un NOM :

escape *signifie* **fuite** (d'une personne qui s'enfuit).

> Ce mot peut être un VERBE INTRANSITIF :

escape *signifie* **s'échapper** *ou* **s'évader**
► escape from somebody **échapper à** quelqu'un
► escape from a place **s'échapper d'un endroit**

> Ce mot peut être un VERBE TRANSITIF :

► escape something **échapper à** quelque chose

Eskimo /ˈeskɪməʊ/ **Esquimau** (Inuit)

especially /esˈpeʃəlɪ/ *a plusieurs sens :*

1 especially *peut signifier* **surtout**
▷ I love animals, especially dogs. J'aime les animaux, surtout les chiens.

2 especially *peut signifier* **spécialement**
▷ I came especially to see you. Je suis venue spécialement pour te voir.

essay /ˈeseɪ/ **dissertation**

essential /ɪ'senʃəl/ *a plusieurs catégories grammaticales :*

> Ce mot peut être un ADJECTIF :

essential *signifie* **essentiel**

► it is essential that... **il est indispensable que...**

> Ce mot peut être un NOM :

► the essentials **l'essentiel**

establish /ɪs'tæblɪʃ/ **établir**

establishment /ɪs'tæblɪʃmənt/ **établissement**

estate /es'teɪt/ *a plusieurs sens :*

1 estate *peut signifier* **propriété** *ou* **domaine**

2 estate *est employé dans des expressions :*

► housing estate **lotissement** *ou* **cité**

► industrial estate **zone industrielle**

► estate agency **agence immobilière**

► estate agent **agent immobilier**

► estate car **break** (= voiture)

estimate *se prononce de deux façons et a des catégories grammaticales et des sens différents selon la prononciation :*

/'estɪmɪt/ (la fin se prononce comme le mot it) :

> C'est un NOM :

estimate *signifie* **estimation**

/'estɪmeɪt/ (la fin se prononce comme le mot eight) :

> C'est un VERBE :

► estimate something **estimer** *ou* **évaluer** quelque chose

► estimate that... **estimer que...**

eternal /ɪ'tɜːnl/ **éternel**

eternity /ɪ'tɜːnɪtɪ/ **éternité**

ethical /'eθɪkəl/ **moralement défendable**

ethnic /'eθnɪk/ **ethnique**

EU /iː'juː/ *est l'abréviation de* European Union.

euro /'jʊərəʊ/ **euro**

Europe /'jʊərəp/ **Europe**

European /jʊərə'piːən/ **européen**

► the European Community **la Communauté européenne**

► the European Parliament **le Parlement européen**

► the European Union **l'Union européenne**

ℹ En anglais, les adjectifs de nationalité commencent tous par une majuscule.

evacuate /ɪ'vækjʊeɪt/ **évacuer**

evaluate /ɪ'væljʊeɪt/ **évaluer**

evaporate /ɪ'væpəreɪt/ **s'évaporer**

eve /iːv/ **veille** (= le jour qui précède celui dont on parle)

► Christmas Eve **la veille de Noël**

► New Year's Eve **la Saint-Sylvestre**

even /'iːvən/ *a plusieurs catégories grammaticales et plusieurs sens :*

> Ce mot peut être un ADJECTIF :

1 even *peut signifier* **égal** (en parlant de la température, d'une quantité, d'un rythme ou du tempérament de quelqu'un)

► be even **être à égalité** (dans une épreuve sportive, par exemple)

2 even *peut signifier* **plat** (en parlant du sol ou de la terre, par exemple)

3 even *peut signifier* **régulier** (en parlant des dents, par exemple)

4 ► an even number **un numéro pair**

> Ce mot peut être un ADVERBE :

1 even *est employé pour* **insister** *sur quelque chose ou pour* **montrer la surprise**

▷ You didn't even try. Tu n'as même pas essayé.

▷ Even in the holidays. Même pendant les vacances.

▷ Don't tell anyone, not even your brother. Ne dis rien à personne, pas même à ton frère.

▷ I can't even swim. Je ne sais même pas nager.

► even if... **même si...**

► even so **quand même**

► even though... **même si...**

2 ► even + *comparatif signifie* **encore**

▷ That's even better. C'est encore mieux.

▷ He did it even more easily. Il l'a fait encore plus facilement.

▷ It cost even less money. Ça a coûté encore moins.

> Ce mot peut être un VERBE :

► even something out *ou* even something up **égaliser** quelque chose

evening /'iːvnɪŋ/ **soir** *ou* **soirée**

▷ They came in the evening. Ils sont venus le soir.

▷ It happened at six o'clock in the evening. C'est arrivé à six heures du soir.

▷ Good evening! Bonsoir !

► evening class **cours du soir**

event /ɪ'vent/ *a plusieurs sens :*

1 event *peut signifier* **événement**

2 event *peut signifier* **épreuve sportive**

3 event *est employé dans des expressions :*
► in the event of... en cas de...
► in any event en tout cas

eventful /ɪ'ventfʊl/ mouvementé

eventual /ɪ'ventʃʊəl/ ultime *ou* final

> Eventual ne signifie pas « éventuel ».

eventually /ɪ'ventʃʊəlɪ/ finalement

> En anglais, eventually ne signifie pas « éventuellement ».

ever /'evəʳ/ *a plusieurs sens :*

1 ever *peut signifier* jamais
▷ Nothing ever happens here. Il ne se passe jamais rien ici.
▷ She's more beautiful than ever. Elle est plus belle que jamais.
▷ It's the best meal I have ever eaten. C'est le meilleur repas que j'aie jamais fait.
▷ If you ever see him... Si jamais tu le vois...

2 ever *peut signifier* déjà
▷ Have you ever been to Japan? Est-ce que tu es déjà allé au Japon ?

3 ever *peut signifier* toujours
▷ He's the same as ever. C'est toujours le même.
▷ She is as happy as ever. Elle est toujours aussi heureuse.

4 ► ever since depuis *ou* depuis que
▷ Ever since the war. Depuis la guerre.
▷ Ever since I have lived here. Depuis que j'habite ici.
▷ He has been careful ever since. Depuis ce moment-là, il fait attention.

5 ► ever so *est employé pour* insister *sur quelque chose :*
▷ He is ever so nice. Il est gentil comme tout.
▷ I'm ever so sorry. Je suis vraiment désolé.
▷ Thank you ever so much. Merci mille fois.

every /'evrɪ/ chaque *ou* tous les
▷ Every child had an apple. Chaque enfant avait une pomme.
▷ Every shop in the town was closed. Tous les magasins de la ville étaient fermés.
▷ Every time I see him. Chaque fois que je le vois.
► every day tous les jours
► every other day tous les deux jours
► every now and then de temps en temps

everybody /'evrɪbɒdɪ/ tout le monde

everyday /'evrɪdeɪ/ de tous les jours *ou* quotidien
► in everyday life dans la vie courante

everyone /'evrɪwʌn/ tout le monde

everything /'evrɪθɪŋ/ tout

everywhere /'evrɪwɛəʳ/ partout

evict /ɪ'vɪkt/ expulser

evidence /'evɪdəns/ preuve *ou* témoignage
► give evidence témoigner

> Le mot anglais evidence ne signifie pas « évidence ».

evil /'iːvl/ *a plusieurs catégories grammaticales :*

> Ce mot peut être un NOM :

evil *signifie* le mal

> Ce mot peut être un ADJECTIF :

evil *signifie* méchant

evolution /ˌiːvə'luːʃən, ˌevə'luːʃən/ évolution

evolve /ɪ'vɒlv/ évoluer

ewe /juː/ brebis

exact /eg'zækt/ exact *ou* précis

exactly /eg'zæktlɪ/ exactement

exaggerate /eg'zædʒəreɪt/ exagérer

> Attention à l'orthographe du mot anglais exaggerate.

exaggeration /egˌzædʒə'reɪʃən/ exagération

exam /eg'zæm/ examen
► take an exam passer un examen
► pass an exam réussir un examen

> ℹ Exam est l'abréviation du mot examination.

examination /egˌzæmɪ'neɪʃən/ examen

examine /eg'zæmɪn/ examiner

example /eg'zɑːmpl/ exemple
► for example par exemple

exasperating /ɪg'zɑːspəreɪtɪŋ/ exaspérant

exceed /ek'siːd/ dépasser *ou* excéder
▷ You shouldn't exceed the speed limit. Tu ne devrais pas dépasser la vitesse permise.

excellent /'eksələnt/ excellent

except /ek'sept/ sauf
▷ Everyone was happy except her. Tout le monde était content sauf elle.
► except if... sauf si...

► except that... sauf que...
► except for... à part *ou* à l'exception de...

exception /ɪk'sepʃən/ exception
▷ I'll make an exception for you. Je ferai une exception pour toi.

exceptional /ɪk'sepʃənl/ exceptionnel

exceptionally /ɪk'sepʃənəlɪ/ exceptionnellement

excess /ek'ses/ excès

excessive /ek'sesɪv/ excessif

exchange /eks'tʃeɪndʒ/ *a plusieurs catégories grammaticales et plusieurs sens :*

> Ce mot peut être un NOM :

exchange *signifie* échange
► in exchange for en échange de
► exchange rate taux de change

> Ce mot peut être un VERBE :

► exchange something échanger quelque chose
► exchange one thing for another échanger une chose contre une autre

excited /ek'saɪtɪd/ excité

excitement /ek'saɪtmənt/ excitation

exciting /ek'saɪtɪŋ/ excitant *ou* passionnant

exclaim /eks'kleɪm/ s'écrier *ou* s'exclamer

exclamation /ˌekskləˈmeɪʃən/ exclamation
► exclamation mark *ou* exclamation point point d'exclamation

Exclamation point n'est employé qu'en anglais américain.

exclude /eks'klu:d/ exclure

exclusive /eks'klu:sɪv/ exclusif

excuse *se prononce de deux façons et a des catégories grammaticales et des sens différents selon la prononciation :*

/eks'kju:s/ (la fin se prononce comme le s de sea)

> C'est un NOM :

excuse *signifie* excuse

/eks'kju:z/ (la fin se prononce comme le z de zoo)

> C'est un VERBE :

1 ► excuse somebody excuser quelqu'un
► excuse somebody for doing something excuser quelqu'un d'avoir fait quelque chose
► excuse me excusez-moi *ou* pardon

2 ► excuse somebody from something dispenser quelqu'un de quelque chose

executive /eg'zekjʊtɪv/ cadre (qui a des responsabilités dans une entreprise)

exercise /'eksəsaɪz/ *a plusieurs catégories grammaticales :*

> Ce mot peut être un NOM :

exercise *signifie* exercice
► exercise book cahier d'exercices *ou* livre d'exercices

> Ce mot peut être un VERBE INTRANSITIF :

exercise *signifie* faire de l'exercice

> Ce mot peut être un VERBE TRANSITIF :

► exercise something exercer quelque chose

exhale /eks'heɪl/ expirer

exhaust /eg'zɔ:st/ *a plusieurs catégories grammaticales et plusieurs sens :*

> Ce mot peut être un VERBE :

► exhaust somebody *ou* something épuiser quelqu'un *ou* quelque chose

> Ce mot peut être un NOM :

► exhaust pipe pot d'échappement
► exhaust fumes gaz d'échappement

exhausted /eg'zɔ:stɪd/ épuisé

ℹ Exhausted est aussi le prétérit et le participe passé du verbe exhaust :

▷ The climb exhausted me. L'ascension m'a épuisé.

exhausting /eg'zɔ:stɪŋ/ épuisant

ℹ Exhausting est aussi une forme du verbe exhaust :

▷ The work was exhausting her. Le travail l'épuisait.

exhaustion /eg'zɔ:stʃən/ épuisement

exhibit /eg'zɪbɪt/ *a plusieurs catégories grammaticales et plusieurs sens :*

> Ce mot peut être un NOM :

1 exhibit *peut signifier* pièce exposée (dans un musée, par exemple)

2 *En anglais américain,* exhibit *signifie* exposition (d'œuvres d'art)

> Ce mot peut être un VERBE :

1 ► exhibit something *peut signifier* exposer quelque chose

2 ► exhibit something *peut signifier* montrer quelque chose

exhibition /ˌeksɪˈbɪʃən/ **exposition** (d'œuvres d'art)

► **make an exhibition of oneself** **se donner en spectacle**

exist /egˈzɪst/ **exister**

existence /egˈzɪstəns/ **existence**

► **come into existence** **naître** *ou* **voir le jour**

exit /ˈeksɪt/ *a plusieurs catégories grammaticales :*

> Ce mot peut être un NOM :

exit *signifie* **sortie**

► **emergency exit** **sortie de secours**

> Ce mot peut être un VERBE :

exit *signifie* **sortir**

expand /ekˈspænd/ *a plusieurs catégories grammaticales et plusieurs sens :*

> Ce mot peut être un VERBE TRANSITIF :

► **expand** something **développer** quelque chose (les activités commerciales, par exemple) *ou* **étendre** quelque chose (son influence, par exemple)

> Ce mot peut être un VERBE INTRANSITIF :

1 **expand** *peut signifier* **se développer** *ou* **s'étendre**

▷ The market is expanding. Le marché se développe.

2 **expand** *peut signifier* **se dilater** (en parlant d'un gaz, d'un liquide ou d'un métal)

expect /ekˈspekt/ *a plusieurs sens :*

1 ► **expect** something *peut signifier* **s'attendre à** quelque chose *ou* **attendre** quelque chose

▷ We must expect the worst. Nous devons nous attendre au pire.

▷ I'm expecting a parcel. J'attends un colis.

▷ She's expecting a baby. Elle attend un bébé.

2 ► **expect** somebody **to do** something **s'attendre à ce que** quelqu'un **fasse** quelque chose

▷ Don't expect me to help you. Ne t'attends pas à ce que je t'aide.

3 ► **expect that...** **supposer que...**

▷ I expect they'll be late. Je suppose qu'ils seront en retard.

▷ I expect so. Je suppose que oui.

expectation /ˌekspekˈteɪʃən/ **attente** *ou* **espérance**

▷ It didn't come up to their expectations. Cela n'a pas répondu à leur attente.

expel /ekˈspel/ **expulser** *ou* **renvoyer**

▷ They've been expelled from school. Ils ont été renvoyés de l'école.

expense /ekˈspens/ **dépense** *ou* **frais**

► **at** somebody**'s expense** **aux frais de** quelqu'un *ou* **aux dépens de** quelqu'un

► **at the expense of** something **au détriment de** quelque chose

expensive /ekˈspensɪv/ **cher**

experience /ekˈspɪərɪəns/ *a plusieurs catégories grammaticales et plusieurs sens :*

> Ce mot peut être un NOM :

experience *signifie* **expérience** (= ce qu'on a vécu)

▷ In my experience. D'après mon expérience.

> Ce mot peut être un VERBE :

1 ► **experience** something *peut signifier* **connaître** quelque chose *ou* **subir** quelque chose (des difficultés, des malheurs ou une perte, par exemple)

2 ► **experience** something *peut signifier* **éprouver** quelque chose *ou* **ressentir** quelque chose

experiment /eksˈperɪmənt/ *a plusieurs catégories grammaticales :*

> Ce mot peut être un NOM :

experiment *signifie* **expérience** (= essai scientifique)

> Ce mot peut être un VERBE :

experiment *signifie* **faire une expérience**

expert /ˈekspɜːt/ **expert**

► **be an expert at** something *ou* **at doing** something **être expert en** quelque chose *ou* **à faire** quelque chose

expire /ɪkˈspaɪə[r]/ **expirer**

explain /ekˈspleɪn/ **expliquer**

explanation /ˌekspləˈneɪʃən/ **explication**

explode /ekˈspləʊd/ *a plusieurs catégories grammaticales :*

> Ce mot peut être un VERBE INTRANSITIF :

explode *signifie* **exploser**

> Ce mot peut être un VERBE TRANSITIF :

► **explode** something **faire exploser** quelque chose

exploit *a plusieurs catégories grammaticales :*

> Ce mot peut être un NOM; il se prononce alors /ˈeksplɔɪt/ :

exploit *signifie* **exploit**

> Ce mot peut être un VERBE ; il se prononce alors /eks'plɔɪt/ :

► **exploit** somebody *ou* something **exploiter** quelqu'un *ou* quelque chose

exploration /ˌeksplə'reɪʃən/ **exploration**

explore /ek'splɔːʳ/ **explorer**

explorer /ek'splɔːrəʳ/ **explorateur**

explosion /ɪk'spləʊʒən/ **explosion**

export *a plusieurs catégories grammaticales :*

> Ce mot peut être un NOM ; il se prononce alors /'ekspɔːt/ :

export *signifie* **exportation**

> Ce mot peut être un VERBE ; il se prononce alors /ek'spɔːt/ :

► **export** something **exporter** quelque chose

expose /ek'spəʊz/ *a plusieurs sens :*

1 ► **expose** something *peut signifier* **découvrir** *ou* **exposer** quelque chose (à la pluie ou au soleil, par exemple)

2 ► **expose** something *peut signifier* **révéler** quelque chose (un scandale ou un mensonge, par exemple)

3 ► **expose** somebody **démasquer** quelqu'un

express /ek'spres/ *a plusieurs catégories grammaticales :*

> Ce mot peut être un VERBE :

► **express** something **exprimer** quelque chose

> Ce mot peut être un ADJECTIF :

► **express train** **train express**

expression /ɪk'spreʃən/ **expression**

expressway /ek'spresweɪ/ **voie express**

Le mot expressway est américain : en anglais britannique, on dit motorway.

extend /ek'stend/ *a plusieurs catégories grammaticales et plusieurs sens :*

> Ce mot peut être un VERBE TRANSITIF :

1 ► **extend** something *peut signifier* **agrandir** quelque chose (une maison, par exemple)

2 ► **extend** something *peut signifier* **étendre** quelque chose (un commerce, des pouvoirs ou des limites, par exemple)

3 ► **extend** something *peut signifier* **prolonger** quelque chose (dans le temps)

> Ce mot peut être un VERBE INTRANSITIF :

1 **extend** *peut signifier* **s'étendre**

2 **extend** *peut signifier* **se prolonger**

extension /ek'stenʃən/ *a plusieurs sens :*

1 **extension** *peut signifier* **poste** (= une ligne téléphonique)

2 **extension** *peut signifier* **extension** (= le développement de quelque chose)

3 **extension** *peut signifier* **prolongation** (d'un délai, par exemple) *ou* **prolongement**

4 **extension** *peut signifier* **rallonge**

5 ► **have an extension built on a house** **faire agrandir une maison**

exterior /ek'stɪərɪəʳ/ **extérieur**

external /ek'stɜːnl/ **extérieur** *ou* **externe**

extinct /ek'stɪŋkt/ **disparu** (en parlant d'espèces animales qui ont disparu)

► **become extinct** **disparaître** (en parlant d'espèces animales qui disparaissent)

extinguisher /ek'stɪŋgwɪʃəʳ/

► **fire extinguisher** **extincteur**

extra /'ekstrə/ *a plusieurs catégories grammaticales et plusieurs sens :*

> Ce mot peut être un ADJECTIF :

1 **extra** *signifie* **supplémentaire**

2 *En sport,* **extra time** *signifie* **prolongations**

> Ce mot peut être un ADVERBE :

1 ► **pay extra** **payer un supplément**

► **charge extra** **faire payer un supplément**

2 **extra** *peut précéder certains adjectifs ou noms et sert d'intensif :*

► **extra large** **très grand** *ou* **très gros**

► **take extra care** **faire très attention**

> Ce mot peut être un NOM :

extra *signifie* **supplément**

extract /ek'strækt/ **extraire**

extraordinary /ek'strɔːdnrɪ/ **extraordinaire**

extravagant /ek'strævəgənt/ *a plusieurs sens :*

1 **extravagant** *peut signifier* **dépensier**

▷ She has extravagant tastes. Elle a des goûts de luxe.

▷ It was an extravagant gift. C'était un cadeau somptueux.

2 **extravagant** *peut signifier* **extravagant** (en parlant du comportement de quelqu'un ou de sa tenue)

extreme /ek'striːm/ **extrême**

extremely /ek'striːmlɪ/ **extrêmement**

eye /aɪ/ *a plusieurs catégories grammaticales et plusieurs sens :*

> Ce mot peut être un NOM :

eye *signifie* **œil**

- ► **catch** somebody's **eye** **attirer l'attention de** quelqu'un
- ► **keep an eye on** somebody *ou* something **surveiller** quelqu'un *ou* quelque chose
- ► **keep one's eyes open** **ouvrir l'œil**
- ► **keep one's eyes open for** something **essayer de repérer** quelque chose

> Ce mot peut être un VERBE :

- ► **eye** somebody *ou* something **regarder** quelqu'un *ou* quelque chose

eyebrow /'aɪbraʊ/ **sourcil**

eyedrops /'aɪdrɒps/ **gouttes pour les yeux**

eyelash /'aɪlæʃ/ **cil**

eyelid /'aɪlɪd/ **paupière**

eyeshadow /'aɪʃædəʊ/ **fard à paupières**

eyesight /'aɪsaɪt/ **vue** (= la manière de voir)

- ► **have good eyesight** **avoir une bonne vue**

Ff

La lettre **F** se prononce /ef/ en anglais comme en français.

fabric /ˈfæbrɪk/ **tissu**

fabulous /ˈfæbjʊləs/ **fabuleux**

face /feɪs/ *a plusieurs catégories grammaticales et plusieurs sens :*

> Ce mot peut être un NOM :

1 face *peut signifier* **visage**
► pull a face **faire une grimace**
► face to face **face à face**

2 face *peut signifier* **face** (d'une montagne)

> Ce mot peut être un VERBE :

1 ► face somebody *ou* something *peut signifier* **faire face à** quelqu'un *ou* quelque chose
▷ He was facing me. Il me faisait face.

2 ► face something *peut signifier* **donner sur** quelque chose
▷ The house faces the sea. La maison donne sur la mer.

3 ► face up to something **faire face à** quelque chose

face-lift /ˈfeɪslɪft/ **lifting**
► have a face-lift **se faire faire un lifting**

facilities /fəˈsɪlətɪz/ *est employé pour parler des installations dans un lieu public.*
▷ The school has very good facilities. L'école est bien équipée.
► sports facilities **installations sportives**

Le mot anglais facilities ne signifie pas « facilités ».

fact /fækt/ **fait** (= réalité)
► the fact is... **le fait est...**
► in fact **en fait**

factor /ˈfæktəʳ/ **facteur** (= élément)

factories /fæktərɪz/ *est le pluriel de* factory.

factory /ˈfæktərɪ/ **usine**

fade /feɪd/ *a plusieurs sens :*

1 fade *peut signifier* **se décolorer** (en parlant d'un tissu ou d'un vêtement) *ou* **passer** (en parlant d'une couleur)

2 fade *peut signifier* **baisser** (en parlant de la lumière) *ou* **s'affaiblir** (en parlant d'un son)

Le mot anglais fade ne signifie pas « fade ».

fail /feɪl/ *a plusieurs catégories grammaticales et plusieurs sens :*

> Ce mot peut être un VERBE INTRANSITIF :

1 fail *peut signifier* **ne pas réussir** *ou* **échouer**

2 fail *peut signifier* **tomber en panne** (en parlant d'un moteur) *ou* **lâcher** (en parlant des freins)

> Ce mot peut être un VERBE TRANSITIF :

1 ► fail an exam **échouer à un examen**

2 ► fail to do something **ne pas faire** quelque chose *ou* **manquer de faire** quelque chose

failure /ˈfeɪljəʳ/ **échec**

faint /feɪnt/ *a plusieurs catégories grammaticales et plusieurs sens :*

> Ce mot peut être un ADJECTIF :

1 faint *peut signifier* **léger** (en parlant d'une odeur, par exemple) *ou* **faible** (en parlant d'une voix ou de la lumière)

2 ► feel faint **se sentir mal**

> Ce mot peut être un VERBE :

faint *signifie* **s'évanouir**

fair /fɛəʳ/ *a plusieurs catégories grammaticales et plusieurs sens :*

> Ce mot peut être un NOM :

1 fair *peut signifier* **foire**
► book fair **foire du livre**

2 fair *peut signifier* **fête foraine**

> Au sens de « fête foraine », le mot fair n'est pas employé en anglais américain. Aux États-Unis, on dit carnival.

> Ce mot peut être un ADJECTIF :

1 **fair** *peut signifier* **juste** *ou* **équitable**

▷ It's not fair! Ce n'est pas juste !

2 **fair** *peut signifier* **passable** *ou* **assez bon**

3 **fair** *peut signifier* **considérable** (en parlant de quantités ou de dimensions)

▷ He earns a fair amount. Il gagne pas mal d'argent.

4 **fair** *peut signifier* **blond** (en parlant des cheveux) *ou* **clair** (en parlant du teint)

▷ She has fair hair. Elle est blonde.

5 **fair** *peut signifier* **beau** (en parlant du temps)

▷ The weather was fair. Il a fait beau.

> Ce mot peut être un ADVERBE :

► **play fair** jouer franc jeu

fairies /ˈfɛərɪz/ *est le pluriel de* fairy.

fairly /ˈfɛəlɪ/ *a plusieurs sens :*

1 **fairly** *peut signifier* **assez**

▷ He did fairly well in the exam. Il a assez bien réussi l'examen.

2 **fairly** *peut signifier* **équitablement**

▷ They treated us fairly. Ils nous ont traités équitablement.

fairy /ˈfɛərɪ/ **fée**

► **fairy story** *ou* **fairy tale** conte de fées

> Ne pas confondre fairy et ferry.

faith /feɪθ/ **foi**

faithful /ˈfeɪθfʊl/ **fidèle**

fake /feɪk/ **faux** (= pas authentique)

falcon /ˈfɔːlkən/ **faucon**

fall /fɔːl/ *a plusieurs catégories grammaticales et plusieurs sens :*

> Ce mot peut être un NOM :

1 **fall** *signifie* **chute**

2 *En anglais américain,* **fall** *signifie* **automne**

> En anglais britannique, 'automne' se dit autumn.

> Ce mot peut être un VERBE :

1 **fall** *peut signifier* **tomber**

▷ She fell into the river. Elle est tombée dans la rivière.

▷ He fell on the floor. Il est tombé par terre.

▷ The cat fell out of the tree. Le chat est tombé de l'arbre.

▷ The vase fell off the table. Le vase est tombé de la table.

2 **fall** *peut signifier* **baisser** (en parlant des prix ou de la température)

▷ Prices have fallen. Les prix ont baissé.

3 **fall** *est employé dans les expressions suivantes :*

► **fall asleep** s'endormir

► **fall ill** tomber malade

► **fall in love** tomber amoureux

Phrasal verbs

Le verbe fall peut être suivi d'une préposition, telle que down ou out, et dans ce cas il peut avoir un sens différent. C'est ce qu'on appelle, en anglais, un « phrasal verb ».

FALL APART

► **fall apart** se désintégrer

FALL DOWN

► **fall down** tomber *ou* tomber par terre

FALL OUT

► **fall out** *peut signifier* tomber (en parlant des cheveux ou des dents)

► **fall out** *peut signifier* se brouiller (= se fâcher)

FALL OVER

► **fall over** tomber par terre

fallen /ˈfɔːlən/ *est le participe passé du verbe* fall.

▷ My kite has fallen in the lake. Mon cerf-volant est tombé dans le lac.

false /fɔːls/ **faux**

► **false teeth** dentier

fame /feɪm/ **célébrité** (= la gloire)

familiar /fəˈmɪljəʳ/ **familier**

▷ It's familiar. Ça me dit quelque chose.

▷ His face is familiar. Son visage me dit quelque chose.

families /ˈfæmɪlɪz/ *est le pluriel de* family.

family /ˈfæmɪlɪ/ **famille**

famous /ˈfeɪməs/ **célèbre**

fan /fæn/ *a plusieurs sens :*

1 **fan** *peut signifier* **éventail** *ou* **ventilateur**

2 **fan** *peut signifier* **fan** *ou* **supporter**

▷ She's a rugby fan. C'est une fan de rugby.

fancy /ˈfænsɪ/ *a plusieurs catégories grammaticales et plusieurs sens :*

> Ce mot peut être un ADJECTIF :

1 **fancy** *peut signifier* **sophistiqué** *ou* **tape-à-l'œil**

2 **fancy** *peut signifier* **chic** *ou* **de luxe**

3 ► **fancy dress déguisement**

▷ They were in fancy dress. Ils étaient déguisés.

> Ce mot peut être un VERBE :

► **fancy** something **avoir envie de** quelque chose

► **fancy doing** something **avoir envie de faire** quelque chose

► **fancy** somebody **être attiré par** quelqu'un

fantastic /fæn'tæstɪk/ **fantastique**

far /fɑːʳ/ *a plusieurs catégories grammaticales et plusieurs sens :*

> Ce mot peut être un ADVERBE :

1 **far** *peut signifier* **loin**

▷ Is it far? Est-ce que c'est loin ?

▷ He doesn't live far away. Il n'habite pas loin.

▷ Far away in the distance. Au loin.

2 ► **how far?** *est employé pour demander la distance*

▷ How far is York from here? York se trouve à quelle distance d'ici ?

3 **far** *est employé dans les expressions suivantes :*

► **as far as jusqu'à**

▷ We went as far as the town. Nous sommes allés jusqu'à la ville.

► **as far as I know pour autant que je sache**

► **as far as I'm concerned en ce qui me concerne**

► **by far de loin**

► **far too... beaucoup trop...**

▷ It's far too expensive. C'est beaucoup trop cher.

► **so far jusqu'ici** *ou* **jusqu'à maintenant**

> Ce mot peut être un ADJECTIF :

1 *En politique,* **far** *signifie* **extrême**

► **the far right l'extrême droite**

2 ► **the Far East l'Extrême-Orient**

3 **far** *est employé pour décrire la position éloignée de quelque chose :*

▷ It's on the far side of the room. C'est de l'autre côté de la pièce.

▷ Take the door on the far right. Prenez la porte la plus à droite.

fare /fɛəʳ/ **prix** (d'un billet ou d'une course en taxi)

farm /fɑːm/ **ferme** (= exploitation agricole)

farmer /'fɑːməʳ/ **agriculteur** *ou* **fermier**

farmhouse /'fɑːmhaʊs/ **maison de ferme**

farming /'fɑːmɪŋ/ **agriculture**

farmyard /'fɑːmjɑːd/ **cour de ferme**

farther /'fɑːðəʳ/ *est le comparatif du mot* far.

▷ How much farther is it? C'est encore loin ?

▷ I can't walk any farther. Je ne peux pas aller plus loin.

farthest /'fɑːðɪst/ *est le superlatif du mot* far.

▷ The house farthest from the river. La maison la plus éloignée de la rivière.

▷ Who walked the farthest? Qui est allé le plus loin ?

fascinate /'fæsɪneɪt/ **fasciner**

fascinating /'fæsɪneɪtɪŋ/ **fascinant**

fashion /'fæʃən/ **mode**

► **be in fashion être à la mode**

► **go out of fashion se démoder**

► **fashion show défilé de mode**

fashionable /'fæʃnəbl/ **à la mode**

fast /fɑːst/ *a plusieurs catégories grammaticales et plusieurs sens :*

> Ce mot peut être un ADJECTIF :

1 **fast** *peut signifier* **rapide**

► **fast food restaurant fast-food**

2 **fast** *peut signifier* **en avance** (en parlant d'une montre ou d'une horloge)

▷ My watch is ten minutes fast. Ma montre avance de dix minutes.

> Ce mot peut être un ADVERBE :

1 **fast** *peut signifier* **vite**

▷ She can run very fast. Elle court très vite.

2 ► **how fast?** *est employé pour demander la vitesse*

▷ How fast was he driving? À quelle vitesse roulait-il ?

3 ► **be fast asleep dormir profondément**

> Ce mot peut être un NOM :

fast *signifie* **jeûne** (= période pendant laquelle on ne mange rien)

> Ce mot peut être un VERBE :

fast *signifie* **jeûner**

fasten /'fɑːsn/ **fermer** (un sac ou une veste) *ou* **attacher** (une ceinture)

faster /'fɑːstəʳ/ *est le comparatif du mot* fast.

▷ He can run faster than me. Il court plus vite que moi.

fastest /'fɑːstɪst/ *est le superlatif du mot* fast.

▷ It's the fastest car in the world. C'est la voiture la plus rapide du monde.

fat /fæt/ *a plusieurs catégories grammaticales :*

> Ce mot peut être un NOM :

fat *signifie* **graisse** *ou* **gras** *ou* **matière grasse**

> Ce mot peut être un ADJECTIF :

fat *signifie* **gros** *ou* **gras**

► **get fat** *ou* **grow fat** **grossir**

fatal /'feɪtl/ **mortel** *ou* **fatal**

fate /feɪt/ **destin** *ou* **sort**

father /'fɑːðəʳ/ **père**

► **Father Christmas** **le père Noël**

► **Father's Day** **la fête des Pères**

father-in-law /'fɑːðərɪnlɔː/ **beau-père**

fattening /'fætnɪŋ/ **qui fait grossir**

▷ Cream is fattening. La crème fait grossir.

fatter /'fætə/ *est le comparatif du mot* fat.

▷ You're fatter than me. Tu es plus gros que moi.

► **get fatter** **grossir**

fattest /'fætɪst/ *est le superlatif du mot* fat.

▷ That's the fattest dog I've ever seen. C'est le plus gros chien que j'aie jamais vu.

fatty /'fætɪ/ **gras**

faucet /'fɔːsɪt/ **robinet**

Faucet est un mot américain : en anglais britannique, on dit tap.

fault /fɔːlt/ **défaut** *ou* **faute**

▷ It's not his fault. Ce n'est pas de sa faute.

favor /'feɪvəʳ/ *est l'orthographe américaine du mot* favour.

favorite /'feɪvərɪt/ *est l'orthographe américaine du mot* favourite.

favour /'feɪvəʳ/ *a plusieurs catégories grammaticales et plusieurs sens :*

> Ce mot peut être un NOM :

1 **favour** *peut signifier* **service** *ou* **faveur**

► **do** somebody **a favour** **rendre service à** quelqu'un

2 ► **be in favour of** something **être en faveur de** quelque chose

> Ce mot peut être un VERBE :

1 ► **favour** somebody *ou* something *peut signifier* **préférer** quelque chose *ou* quelqu'un

2 ► **favour** somebody *ou* something *peut signifier* **favoriser** quelque chose *ou* quelqu'un

favourite /'feɪvərɪt/ **préféré** *ou* **favori**

fax /fæks/ *a plusieurs catégories grammaticales :*

> Ce mot peut être un NOM :

fax *signifie* **fax**

> Ce mot peut être un VERBE :

► **fax** something **faxer** quelque chose

fear /fɪəʳ/ *a plusieurs catégories grammaticales :*

> Ce mot peut être un NOM :

fear *signifie* **peur**

> Ce mot peut être un VERBE :

► **fear** something **craindre** quelque chose *ou* **avoir peur de** quelque chose

feast /fiːst/ **festin**

feat /fiːt/ **exploit**

feather /'feðəʳ/ **plume**

feature /'fiːtʃəʳ/ *a plusieurs sens :*

1 **feature** *peut signifier* **trait** (d'une personne ou d'un visage)

2 **feature** *peut signifier* **particularité** (d'un paysage ou d'un appareil)

3 ► **feature film** **long métrage**

February /'febrʊərɪ/ **février**

▷ I was born on February the first *ou* I was born on the first of February. Je suis né le premier février.

En anglais, les noms de mois commencent tous par une majuscule.

fed /fed/ *est le prétérit et le participe passé du verbe* feed.

▷ Have you fed the dog? As-tu donné à manger au chien ?

fed up /fed'ʌp/

► **be fed up** **en avoir marre**

► **be fed up with** somebody *ou* something **en avoir marre de** quelqu'un *ou* quelque chose

Fed up est une expression familière, c'est-à-dire une expression qu'on évite d'employer quand on parle à quelqu'un qu'on ne connaît pas ou quand on écrit.

fee /fiː/ **frais** (de scolarité) *ou* **honoraires** (d'un médecin ou d'un avocat)

feeble /'fiːbl/ **faible**

feed /fiːd/ *a plusieurs catégories grammaticales et plusieurs sens :*

> Ce mot peut être un VERBE TRANSITIF :

feed somebody *signifie* **nourrir quelqu'un**

► **feed an animal** **donner à manger à un animal**

▷ Don't forget to feed the cat. N'oublie pas de donner à manger au chat.

> Ce mot peut être un VERBE INTRANSITIF :

feed *signifie* **se nourrir** *ou* **manger**

▷ They feed on roots. Ils mangent des racines.

feel /fiːl/ *a plusieurs catégories grammaticales et plusieurs sens :*

> Ce mot peut être un VERBE TRANSITIF :

1 ► **feel** something *peut signifier* **toucher** quelque chose

2 ► **feel** something *peut signifier* **sentir** quelque chose *ou* **ressentir** quelque chose

3 ► **feel that...** **penser que...**

> Ce mot peut être un VERBE INTRANSITIF :

1 **feel** *peut signifier* **se sentir**

▷ How do you feel today? Comment te sens-tu aujourd'hui ?

▷ I feel better. Je me sens mieux.

2 **feel** *peut décrire une sensation physique, une émotion ou une impression*

▷ I feel hot. J'ai chaud.

▷ I feel ill. Je me sens malade.

▷ I feel hungry. J'ai faim.

▷ My hands feel cold. J'ai froid aux mains.

▷ He feels sad. Il est triste.

▷ Do you feel angry? Est-ce que tu es en colère ?

▷ It feels hard. C'est dur au toucher.

▷ It feels strange. Ça fait drôle.

3 ► **feel like** something **avoir envie de** quelque chose

▷ I feel like a drink of water. J'ai envie de boire un verre d'eau.

feeling /ˈfiːlɪŋ/ **sentiment** *ou* **sensation**

ℹ Feeling est aussi une forme du verbe feel :

▷ I was feeling ill. Je me sentais malade.

feet /fiːt/ *est le pluriel du mot* foot.

fell /fel/ *est le prétérit du verbe* fall.

▷ I fell over in front of the church. Je suis tombé devant l'église.

felt /felt/ **feutre** (= tissu)

► **felt-tip pen** **feutre** (= stylo)

ℹ Felt est aussi le prétérit et le participe passé du verbe feel :

▷ I felt ill. Je me suis senti malade.

female /ˈfiːmeɪl/ **femelle**

feminine /ˈfemɪnɪn/ **féminin**

fence /fens/ **clôture** (= palissade)

fencing /ˈfensɪŋ/ **escrime**

fern /fɜːn/ **fougère**

ferry /ˈferɪ/ **ferry-boat** *ou* **bac** (= bateau)

Ne pas confondre ferry avec fairy.

fertilizer /ˈfɜːtɪlaɪzəʳ/ **engrais**

festival /ˈfestɪvəl/ **fête religieuse** *ou* **festival**

fetch /fetʃ/ **aller chercher**

fête /feɪt/ **kermesse**

fever /ˈfiːvəʳ/ **fièvre**

few /fjuː/ *a plusieurs sens :*

1 **few** *peut signifier* **peu** *ou* **peu de**

▷ Few people came. Peu de gens sont venus.

▷ There are very few books here. Il y a très peu de livres ici.

2 ► **a few** **quelques** *ou* **quelques-uns**

▷ A few people came. Quelques personnes sont venues.

▷ I have read a few of these books. J'ai lu quelques-uns de ces livres.

► **quite a few** **pas mal de**

▷ There were quite a few mistakes. Il y avait pas mal d'erreurs.

Ne pas confondre few (peu ou peu de) et a few (quelques ou quelques-uns).

ℹ Few est employé devant les noms dénombrables (few people, few books). Devant les noms indénombrables (= les mots qui ne peuvent ni se mettre au pluriel, ni s'employer avec l'article a), il faut employer little ou a little (little money, a little milk).

fewer /ˈfjuːəʳ/ **moins** *ou* **moins de**

▷ Fewer people came this year. Moins de gens sont venus cette année.

ℹ Fewer est le comparatif de few.

fictional /ˈfɪkʃənl/ **fictif**

fictitious /fɪkˈtɪʃəs/ **fictif**

fidget /ˈfɪdʒɪt/ **gigoter** *ou* **remuer**

field /fiːld/ *a plusieurs sens :*

1 **field** *peut signifier* **champ** (à la campagne)

2 **field** *peut signifier* **terrain** (de sport)

► **field hockey** **hockey sur gazon**

► **rugby field** **terrain de rugby**

3 **field** *peut signifier* **domaine** (= d'activité ou de compétence)

fierce /fɪəs/ **féroce** *ou* **violent**

fifteen /fɪfˈtiːn/ **quinze**

▷ She is fifteen. Elle a quinze ans.

▷ There are fifteen of us. Nous sommes quinze.

fifteenth /fɪfˈtiːnθ/ **quinzième**

▷ Come on the fifteenth of June *ou* come on June the fifteenth. Viens le quinze juin.

fifth /fɪfθ/ **cinquième**

▷ It's the fifth of June *ou* It's June the fifth. Nous sommes le cinq juin.

fifties /ˈfɪftɪz/

► **the fifties** **les années cinquante**

▷ He's in his fifties. Il a entre cinquante et soixante ans.

fiftieth /ˈfɪftɪɪθ/ **cinquantième**

fifty /ˈfɪftɪ/ **cinquante**

▷ He is fifty. Il a cinquante ans.

▷ There are fifty of us. Nous sommes cinquante.

fig /fɪg/ **figue**

fight /faɪt/ *a plusieurs catégories grammaticales et plusieurs sens :*

> Ce mot peut être un NOM :

fight *signifie* **bagarre** *ou* **combat** *ou* **lutte** *ou* **dispute**

► **have a fight with** somebody **se battre avec** quelqu'un

> Ce mot peut être un VERBE INTRANSITIF :

fight *signifie* **se battre** *ou* **lutter** *ou* **se disputer**

> Ce mot peut être un VERBE TRANSITIF :

1 ► **fight** somebody **se battre contre** quelqu'un

2 ► **fight** something **lutter contre** quelque chose *ou* **combattre** quelque chose

fighting /ˈfaɪtɪŋ/ **bagarres** *ou* **combat**

ℹ Fighting est aussi une forme du verbe fight :

▷ They are always fighting. Ils se battent tout le temps.

figure /ˈfɪgəʳ/ *a plusieurs catégories grammaticales et plusieurs sens :*

> Ce mot peut être un NOM :

1 **figure** *peut signifier* **chiffre**

2 **figure** *peut signifier* **ligne** (du corps) *ou* **silhouette**

3 **figure** *peut signifier* **figure** (= diagramme)

4 **figure** *peut signifier* **personnage**

> Ce mot peut être un VERBE :

► **figure** something **out** **comprendre** quelque chose *ou* **calculer** quelque chose

▷ I can't figure it out. Je n'y comprends rien.

file /faɪl/ *a plusieurs catégories grammaticales et plusieurs sens :*

> Ce mot peut être un NOM :

1 **file** *peut signifier* **dossier**

2 **file** *peut signifier* **fichier** (informatique)

3 **file** *peut signifier* **lime** (= outil)

4 ► **in single file** **en file indienne**

> Ce mot peut être un VERBE :

1 ► **file** something *peut signifier* **classer** quelque chose (des papiers, par exemple)

2 ► **file** something *peut signifier* **limer** quelque chose

► **file one's nails** **se limer les ongles**

filename /ˈfaɪlneɪm/ **nom de fichier**

fill /fɪl/ *a plusieurs catégories grammaticales et plusieurs sens :*

> Ce mot peut être un VERBE TRANSITIF :

1 ► **fill** something *peut signifier* **remplir** quelque chose

▷ He filled the bottle with water. Il a rempli la bouteille d'eau.

2 ► **fill a hole** **boucher un trou**

3 ► **fill a tooth** **plomber une dent**

> Ce mot peut être un VERBE INTRANSITIF :

fill *signifie* **se remplir**

▷ The hole filled with water. Le trou s'est rempli d'eau.

Phrasal verbs

Le verbe fill *peut être suivi d'une préposition, telle que* in *ou* up*, et dans ce cas, il peut avoir des sens différents. C'est ce qu'on appelle, en anglais, un « phrasal verb ».*

FILL IN

► fill in a form remplir un formulaire
► fill in a hole boucher un trou

FILL OUT

► fill out a form remplir un formulaire

FILL UP

► fill up se remplir
► fill up with petrol faire le plein d'essence
► fill something up remplir quelque chose

filling /'fɪlɪŋ/ *a plusieurs catégories grammaticales et plusieurs sens :*

> Ce mot peut être un NOM :

1 filling *peut signifier* **plombage** (d'une dent)
2 filling *peut signifier* **garniture** (d'une tarte ou d'un sandwich)

> Ce mot peut être un ADJECTIF :

filling *signifie* **substantiel** (en parlant d'un plat)

Filling est aussi une forme du verbe fill :

▷ He was filling the bucket with water. Il remplissait le seau d'eau.

filling station /'fɪlɪŋˌsteɪʃən/ **station-service**

film /fɪlm/ *a plusieurs catégories grammaticales et plusieurs sens :*

> Ce mot peut être un NOM :

1 film *peut signifier* **film**
► film star **vedette de cinéma**

Film n'est pas souvent employé en anglais américain dans ce sens. Aux États-Unis, on dit movie.

2 film *peut signifier* **pellicule** (pour la photographie ou le cinéma)

> Ce mot peut être un VERBE :

► film something **filmer** quelque chose

filter /'fɪltəʳ/ *a plusieurs catégories grammaticales :*

> Ce mot peut être un NOM :

filter *signifie* **filtre**

> Ce mot peut être un VERBE :

filter *signifie* **filtrer**

filthy /'fɪlθɪ/ **crasseux** *ou* **dégoûtant**

fin /fɪn/ **nageoire** *ou* **aileron**

Le mot anglais fin ne signifie pas « fin ».

final /'faɪnl/ *a plusieurs catégories grammaticales et plusieurs sens :*

> Ce mot peut être un ADJECTIF :

1 final *peut signifier* **dernier**
2 final *peut signifier* **définitif**

> Ce mot peut être un NOM :

► the final *ou* the finals *signifie* **la finale** (en sport)

finally /'faɪnəlɪ/ **enfin**

finance /'faɪnæns/ *a plusieurs catégories grammaticales :*

> Ce mot peut être un NOM :

finance *signifie* **finance**

> Ce mot peut être un VERBE :

► finance something **financer** quelque chose

financial /faɪ'nænʃəl/ **financier**

find /faɪnd/ *a plusieurs sens :*

1 ► find somebody *ou* something **trouver** quelque chose *ou* quelqu'un
2 ► find that... **constater que...**
3 ► find somebody guilty **déclarer** quelqu'un **coupable**
4 ► find something out **découvrir** quelque chose *ou* **apprendre** quelque chose
► find out about somebody *ou* something **se renseigner sur** quelqu'un *ou* quelque chose

fine /faɪn/ *a plusieurs catégories grammaticales et plusieurs sens :*

> Ce mot peut être un ADJECTIF :

1 fine *peut signifier* **excellent** *ou* **beau**
2 fine *peut signifier* **fin** *ou* **délicat**
3 fine *est employé pour dire qu'on va bien :*
▷ How are you? – Fine thanks. Comment ça va ? – Bien, merci.
▷ He's fine. Il va bien.
4 fine *est employé pour donner son accord :*
▷ Fine! *ou* That's fine! D'accord !

> Ce mot peut être un ADVERBE :

fine *signifie* **bien**
▷ I'm doing fine. Je vais bien.

> Ce mot peut être un NOM :

fine *signifie* **amende** (à payer)

> Ce mot peut être un VERBE :

► fine somebody **condamner** quelqu'un **à une amende**
▷ I was fined £100. J'ai eu une amende de 100 livres.

finger /'fɪŋgəʳ/ **doigt**

fingernail /'fɪŋgəneɪl/ **ongle** (du doigt)

fingerprint /'fɪŋgəprɪnt/ **empreinte digitale**

finish /ˈfɪnɪʃ/ *a plusieurs catégories grammaticales et plusieurs sens :*

> Ce mot peut être un NOM :

1 **finish** *peut signifier* **fin**

2 **finish** *peut signifier* **finition**

3 *En sport,* **the finish** *signifie* **l'arrivée**

> Ce mot peut être un VERBE TRANSITIF :

► **finish** something **finir** quelque chose

> Ce mot peut être un VERBE INTRANSITIF :

finish *signifie* **se terminer** *ou* **prendre fin**

fir /fɜːʳ/ **sapin**

fire /faɪəʳ/ *a plusieurs catégories grammaticales et plusieurs sens :*

> Ce mot peut être un NOM :

1 **fire** *peut signifier* **feu** *ou* **incendie**

► **set fire to** something **mettre le feu à** quelque chose

► **catch fire prendre feu**

► **fire alarm alarme à incendie**

► **fire brigade** *ou* **fire department sapeurs-pompiers**

Fire department n'est employé qu'en anglais américain.

► **fire engine voiture de pompiers**

2 *En anglais britannique,* **fire** *peut signifier* **radiateur**

> Ce mot peut être un VERBE INTRANSITIF :

fire *signifie* **tirer** (avec une arme à feu)

► **fire at** somebody **tirer sur** quelqu'un

> Ce mot peut être un VERBE TRANSITIF :

1 ► **fire** something **tirer** quelque chose (un coup de fusil ou une balle)

2 ► **fire** somebody **licencier** quelqu'un

firecracker /ˈfaɪəˌkrækəʳ/ **pétard**

firefighter /ˈfaɪəʳfaɪtəʳ/ **pompier**

fireman /ˈfaɪəmən/ **pompier**

fireplace /ˈfaɪəpleɪs/ **cheminée** (= l'endroit où on fait du feu)

firewall /ˈfaɪəwɔːl/ **(mur) pare-feu**

fireworks /ˈfaɪəwɜːks/ **feux d'artifice**

► **fireworks display feu d'artifice**

firm /fɜːm/ *a plusieurs catégories grammaticales et plusieurs sens :*

> Ce mot peut être un NOM :

firm *signifie* **entreprise**

> Ce mot peut être un ADJECTIF :

firm *signifie* **ferme** *ou* **solide** *ou* **stable**

first /fɜːst/ *a plusieurs catégories grammaticales et plusieurs sens :*

> Ce mot peut être un ADJECTIF :

first *signifie* **premier**

▷ It's the first of May. Nous sommes le premier mai.

▷ The first six days were hard. Les six premiers jours ont été durs.

▷ They live on the first floor. Ils habitent au premier étage (en anglais britannique) *ou* au rez-de-chaussée (en anglais américain).

► **first aid premiers secours**

► **first class première classe**

► **first gear première vitesse**

► **first name prénom**

> Ce mot peut être un ADVERBE :

first *signifie* **d'abord** *ou* **premièrement** *ou* **au début**

► **first of all tout d'abord**

► **come first arriver en premier**

> Ce mot peut être un NOM :

► **the first le premier** *ou* **la première**

firstly /ˈfɜːstlɪ/ **premièrement**

fish /fɪʃ/ *a plusieurs catégories grammaticales :*

> Ce mot peut être un NOM :

fish *signifie* **poisson**

► **fish shop poissonnerie**

► **fish tank aquarium**

ℹ Fish est un nom invariable : one fish, two fish.

> Ce mot peut être un VERBE :

fish *signifie* **pêcher**

fisherman /ˈfɪʃəmən/ **pêcheur**

fishing /ˈfɪʃɪŋ/ **pêche** (aux poissons)

► **go fishing aller à la pêche**

► **fishing boat bateau de pêche**

► **fishing rod canne à pêche**

ℹ Fishing est aussi une forme du verbe fish :

▷ He was fishing. Il pêchait.

fishmonger /ˈfɪʃˌmʌŋgəʳ/ **poissonnier**

► **the fishmonger's** *ou* **the fishmonger's shop la poissonnerie**

fist /fɪst/ **poing**

fit /fɪt/ *a plusieurs catégories grammaticales et plusieurs sens :*

> Ce mot peut être un ADJECTIF :

1 **fit** *peut signifier* **en forme** *ou* **en bonne santé**

▷ You need to exercise to keep fit. Il faut faire de l'exercice pour se maintenir en forme.

2 ► **be fit to do** something **être capable de faire** quelque chose

3 ► **be fit to drink** **être potable** (en parlant de l'eau)

> Ce mot peut être un NOM :

1 **fit** *peut signifier* **crise** (d'épilepsie) *ou* **accès** (de colère)

2 **fit** *est employé pour parler de* **la coupe d'un vêtement**

▷ It's a good fit. C'est la bonne taille.

> Ce mot peut être un VERBE TRANSITIF :

1 ► **fit** somebody *peut signifier* **être à la taille de** quelqu'un (en parlant des vêtements)

▷ The dress doesn't fit her. La robe n'est pas à sa taille.

2 ► **fit** something **into** something *peut signifier* **faire entrer** quelque chose **dans** quelque chose *ou* **faire tenir** quelque chose **dans** quelque chose

3 ► **fit** something *peut signifier* **installer** quelque chose *ou* **fixer** quelque chose

> Ce mot peut être un VERBE INTRANSITIF :

fit *est employé pour dire si quelque chose est à la bonne taille ou si quelque chose tient dans un espace*

▷ I like the dress but it doesn't fit. J'aime bien la robe mais elle n'est pas à ma taille.

▷ It's too big to fit in the box. C'est trop grand pour tenir dans la boîte.

▷ Will we all fit in? Y aura-t-il assez de place pour nous tous ?

five /faɪv/ **cinq**

▷ He is five. Il a cinq ans.

▷ There are five of us. Nous sommes cinq.

▷ It's five o'clock. Il est cinq heures.

fix /fɪks/ *a plusieurs sens :*

1 ► **fix** something *peut signifier* **fixer** quelque chose

▷ Let's fix a date now. Fixons une date maintenant.

2 ► **fix** something *peut signifier* **réparer** quelque chose

▷ Dad tried to fix the TV. Papa a essayé de réparer la télé.

3 ► **fix** something *peut signifier* **préparer** quelque chose

▷ I fixed an omelette. J'ai préparé une omelette.

fixed /fɪkst/ **fixe**

► **fixed-term contract** **contrat à durée déterminée**

fizzy /'fɪzɪ/ **pétillant**

flag /flæg/ **drapeau**

flame /fleɪm/ **flamme**

► **burst into flames** **s'enflammer**

flan /flæn/ **tarte**

Le mot anglais flan ne signifie pas « flan ».

flannel /'flænl/ **gant de toilette**

flap /flæp/ *a plusieurs catégories grammaticales et plusieurs sens :*

> Ce mot peut être un NOM :

flap *signifie* **rabat**

> Ce mot peut être un VERBE :

▷ The bird flapped its wings. L'oiseau battait des ailes.

flash /flæʃ/ *a plusieurs catégories grammaticales et plusieurs sens :*

> Ce mot peut être un NOM :

1 **flash** *peut signifier* **éclat** (de lumière)

► **a flash of lightning** **un éclair**

2 **flash** *peut signifier* **flash** (en photographie)

3 *En anglais américain,* **flash** *peut signifier* **torche électrique**

> Ce mot peut être un VERBE INTRANSITIF :

1 **flash** *signifie* **clignoter**

2 ► **flash by** *ou* **flash past** **passer comme un éclair**

> Ce mot peut être un VERBE TRANSITIF :

► **flash one's headlights** **faire un appel de phares**

flashlight /'flæʃlaɪt/ **torche électrique**

flat /flæt/ *a plusieurs catégories grammaticales et plusieurs sens :*

> Ce mot peut être un NOM :

En anglais britannique, **flat** *signifie* **appartement**

Aux États-Unis, on dit apartment.

> Ce mot peut être un ADJECTIF :

1 **flat** *peut signifier* **plat**

2 **flat** *peut signifier* **crevé** *ou* **dégonflé** (en parlant d'un pneu)

3 **flat** *peut signifier* **à plat** (en parlant d'une batterie)

4 **flat** *peut signifier* **éventé** (en parlant d'une boisson gazeuse)

flatten /'flætn/ **aplanir** *ou* **aplatir**

flavour /'fleɪvəʳ/ *a plusieurs catégories grammaticales :*

> Ce mot peut être un NOM :

flavour *signifie* **goût** *ou* **parfum** (de quelque chose qu'on mange)

▷ It's got no flavour. Ça n'a pas de goût.

> Ce mot peut être un VERBE :

► **flavour** something **parfumer** quelque chose *ou* **assaisonner** quelque chose

En anglais américain, ce mot s'écrit flavor.

flavoured /'fleɪvəd/ **parfumé**

▷ These are pineapple-flavoured sweets. Ce sont des bonbons parfumés à l'ananas.

En anglais américain, ce mot s'écrit flavored.

flaw /flɔː/ **défaut**

flea /fliː/ **puce**

fled /fled/ *est le prétérit et le participe passé du verbe* flee.

▷ The children fled. Les enfants se sont enfuis.

flee /fliː/ **s'enfuir** *ou* **fuir**

fleece /fliːs/ *a plusieurs sens :*

1 **fleece** *peut signifier* **toison** (d'un mouton)

2 **fleece** *peut signifier* **polaire** (= vêtement) *ou* **laine polaire**

Flemish /'flemɪʃ/ **flamand**

ℹ En anglais, les adjectifs de nationalité et les noms de langues commencent par une majuscule.

flesh /fleʃ/ **chair**

flew /fluː/ *est le prétérit du verbe* fly.

▷ We flew to Glasgow. Nous sommes allés à Glasgow en avion.

flick /flɪk/ *a plusieurs sens :*

1 ► **flick** something *peut signifier* **donner un petit coup à** quelque chose

2 ► **flick through** something **feuilleter** quelque chose

flies /flaɪz/ **braguette**

▷ Your flies are undone. Ta braguette est ouverte.

ℹ Flies est aussi la troisième personne du singulier du verbe fly, et le pluriel du nom fly :

▷ David flies to London every week. David se rend à Londres en avion chaque semaine.

▷ There were a lot of flies in the kitchen. Il y avait beaucoup de mouches dans la cuisine.

flight /flaɪt/ *a plusieurs sens :*

1 **flight** *peut signifier* **vol** (d'un avion)

► **flight attendant** **steward** *ou* **hôtesse de l'air**

2 ► **a flight of stairs** **un escalier**

fling /flɪŋ/ **lancer** *ou* **jeter**

flip /flɪp/ *a plusieurs sens :*

1 ► **flip** something *peut signifier* **donner un petit coup à** quelque chose

2 ► **flip a coin** **tirer à pile ou face**

3 ► **flip through** something **feuilleter** quelque chose

flip-flops /'flɪpflɒp/ **tongs** (= chaussures)

flipper /'flɪpəʳ/ **nageoire** (d'un animal marin) *ou* **palme** (d'un nageur)

Le mot anglais flipper ne signifie pas « flipper ».

flirt /flɜːt/ **flirter**

float /fləʊt/ **flotter** *ou* **faire flotter**

flock /flɒk/

► **a flock of sheep** **un troupeau de moutons**

► **a flock of birds** **un vol d'oiseaux**

flood /flʌd/ *a plusieurs catégories grammaticales et plusieurs sens :*

> Ce mot peut être un NOM :

1 **flood** *peut signifier* **inondation**

2 **flood** *peut signifier* **déluge** (de plaintes ou de lettres, par exemple)

> Ce mot peut être un VERBE TRANSITIF :

► **flood** something **inonder** quelque chose

> Ce mot peut être un VERBE INTRANSITIF :

flood *signifie* **déborder** (en parlant d'une rivière) *ou* **être inondé**

floodlight /'flʌdlaɪt/ **projecteur** (pour illuminer)

floor /flɔːʳ/ *a plusieurs sens :*

1 **floor** *peut signifier* **sol** *ou* **plancher**

► **sit on the floor** **s'asseoir par terre**

► **dance floor** **piste de danse**

2 **floor** *peut signifier* **étage** (dans une maison ou un immeuble)

▷ On the third floor. Au troisième étage (en anglais britannique) *ou* au deuxième étage (en anglais américain).

floppy /'flɒpɪ/ **tombantes** (en parlant des oreilles d'un chien)

► floppy disk **disquette**

► floppy hat **grand chapeau aux bords tombants**

florist /'flɒrɪst/ **fleuriste**

► florist's shop *ou* florist's **fleuriste**

floss /flɒs/ **fil dentaire**

flour /'flaʊə^{r}/ **farine**

flourish /'flʌrɪʃ/ **prospérer**

flow /fləʊ/ *a plusieurs catégories grammaticales :*

> Ce mot peut être un NOM :

flow *signifie* **circulation** (de sang, d'électricité ou d'eau)

> Ce mot peut être un VERBE :

flow *signifie* **couler** *ou* **circuler**

flower /'flaʊə^{r}/ **fleur**

► flower bed **parterre**

flowerpot /'flaʊəpɒt/ **pot de fleurs**

flown /fləʊn/ *est le participe passé du verbe* fly.

▷ The bird has flown away. L'oiseau s'est envolé.

flu /fluː/ **grippe**

► have flu **avoir la grippe**

fluent /'fluːənt/ *est employé pour dire qu'on parle une langue couramment :*

▷ He's fluent in English *ou* He speaks fluent English. Il parle couramment l'anglais.

fluently /'fluːəntlɪ/ **couramment** (= parler couramment une langue étrangère)

fluffy /'flʌfɪ/ **duveteux**

► fluffy toy **peluche** (= jouet)

fluid /'fluːɪd/ **fluide**

flung /flʌŋ/ *est le prétérit et le participe passé du verbe* fling.

▷ He flung his coat on the ground. Il a jeté son manteau par terre.

flush /flʌʃ/ *a plusieurs catégories grammaticales et plusieurs sens :*

> Ce mot peut être un VERBE TRANSITIF :

► flush the toilet **tirer la chasse d'eau**

> Ce mot peut être un VERBE INTRANSITIF :

flush *signifie* **rougir**

fly /flaɪ/ *a plusieurs catégories grammaticales et plusieurs sens :*

> Ce mot peut être un NOM :

1 fly *peut signifier* **mouche**

2 fly *peut signifier* **braguette**

▷ Your fly is undone. Ta braguette est ouverte.

> Ce mot peut être un VERBE INTRANSITIF :

1 fly *peut signifier* **voler** (en parlant d'un oiseau, d'un insecte ou d'un avion)

► fly away **s'envoler**

2 fly *peut signifier* **prendre l'avion** *ou* **voyager en avion**

> Ce mot peut être un VERBE TRANSITIF :

► fly a plane **piloter un avion**

► fly a kite **faire voler un cerf-volant**

foal /fəʊl/ **poulain**

foam /fəʊm/ **mousse** (= bulles) *ou* **écume**

focus /'fəʊkəs/ *a plusieurs catégories grammaticales et plusieurs sens :*

> Ce mot peut être un VERBE TRANSITIF :

► focus something **mettre** quelque chose **au point** (un appareil-photo)

> Ce mot peut être un VERBE INTRANSITIF :

focus *signifie* **faire la mise au point** (avec un appareil-photo)

► focus on something **fixer son regard sur** quelque chose *ou* **se concentrer sur** quelque chose

> Ce mot peut être un NOM :

1 ► in focus *signifie* **net** (en photographie)

2 ► out of focus *signifie* **flou** (en photographie)

fog /fɒg/ **brouillard**

foggy /'fɒgɪ/ **brumeux**

▷ It's foggy. Il y a du brouillard.

foil /fɔɪl/ **papier aluminium**

fold /fəʊld/ *a plusieurs catégories grammaticales :*

> Ce mot peut être un NOM :

fold *signifie* **pli**

> Ce mot peut être un VERBE TRANSITIF :

► fold something **plier** quelque chose

► fold one's arms **croiser les bras**

folder /'fəʊldə^{r}/ *a plusieurs sens :*

1 folder *peut signifier* **chemise** (en carton) *ou* **classeur**

2 *En informatique,* folder *signifie* **répertoire**

folk /fəʊk/ *a plusieurs catégories grammaticales :*

> Ce mot peut être un ADJECTIF :

folk *signifie* **folklorique** *ou* **folk**

> Ce mot peut être un NOM :

folk *signifie* **gens**

► old folk **les personnes âgées**

follow /ˈfɒləʊ/ **suivre**

follower /ˈfɒləʊəʳ/ **suiveur**

fond /fɒnd/ **affectueux** *ou* **tendre**

► be fond of somebody *ou* something **aimer** quelque chose *ou* quelqu'un

food /fuːd/ **nourriture**

► food poisoning **intoxication alimentaire**

fool /fuːl/ *a plusieurs catégories grammaticales et plusieurs sens :*

> Ce mot peut être un NOM :

fool *signifie* **imbécile**

> Ce mot peut être un VERBE TRANSITIF :

► fool somebody **duper** quelqu'un

> Ce mot peut être un VERBE INTRANSITIF :

► fool about *ou* fool around **faire l'imbécile**

foolish /ˈfuːlɪʃ/ **bête** *ou* **stupide**

foot /fʊt/ *a plusieurs sens :*

1 foot *peut signifier* **pied**

► go on foot **aller à pied**

2 foot *est une unité de mesure équivalente à 30,48 cm*

football /ˈfʊtbɔːl/ **football** *ou* **ballon de football**

► American football **football américain**

footpath /ˈfʊtpɑːθ/ **sentier**

footstep /ˈfʊtstep/ **pas** (= bruit d'un pas)

▷ I can hear footsteps. J'entends des pas.

for /fɔːʳ/ *a plusieurs sens :*

1 for *peut signifier* **pour**

▷ This is for you. C'est pour toi.

▷ He bought it for me. Il l'a acheté pour moi.

2 for *est employé dans les expressions suivantes :*

► for sale **à vendre**

► what for? **pourquoi ?**

► it's time for... **c'est l'heure de...**

► go for a swim **aller nager**

▷ What is this for? À quoi ça sert ?

3 for *peut indiquer le* **prix** *de quelque chose :*

▷ I paid 5 euros for it. Je l'ai payé 5 euros.

▷ He sold it for 10 euros. Il l'a vendu 10 euros.

4 for *peut indiquer une* **distance**

▷ They walked for 2 km. Ils ont fait une marche de 2 km.

5 for *peut indiquer une* **durée**

▷ He'll be away for three days. Il sera absent trois jours.

▷ She worked there for five months. Elle y a travaillé pendant cinq mois.

▷ She has worked here for five months. Elle travaille ici depuis cinq mois.

▷ I have lived here for ten years. J'habite ici depuis dix ans.

ℹ Notez l'emploi du present perfect (she has worked, I have lived) lorsque for introduit une durée qui n'est pas encore terminée.

Ne pas confondre for et since : for sert à indiquer une durée (for ten years, for two weeks) et since introduit un point de départ, une date ou une heure précise (since 2001, since 2 o'clock).

forbad /fəˈbæd/ *ou* **forbade** /fəˈbeɪd/ *est le prétérit du verbe* forbid.

▷ His father forbade him to go. Son père lui a interdit de partir.

forbid /fəˈbɪd/ **interdire**

► forbid somebody to do something **interdire à** quelqu'un **de faire** quelque chose

forbidden /fəˈbɪdn/ **interdit**

ℹ Forbidden est aussi le participe passé du verbe forbid :

▷ His father has forbidden him to go out. Son père lui a interdit de sortir.

force /fɔːs/ *a plusieurs catégories grammaticales et plusieurs sens :*

> Ce mot peut être un NOM :

force *signifie* **force**

► by force **de force**

> Ce mot peut être un VERBE :

► force somebody to do something **forcer** quelqu'un **à faire** quelque chose

forecast /ˈfɔːkɑːst/ *a plusieurs catégories grammaticales :*

> Ce mot peut être un NOM :

forecast *signifie* **prévisions**

► weather forecast **bulletin météorologique**

> Ce mot peut être un VERBE :

► forecast something **prévoir** quelque chose

foreground /ˈfɔːgraʊnd/ **premier plan**

► in the foreground **au premier plan**

forehead /'fɒrɪd/ **front** (= partie du corps)

foreign /'fɒrən/ **étranger** *ou* **de l'étranger** *ou* **à l'étranger**

foreigner /'fɒrənəʳ/ **étranger** (= personne étrangère)

forename /'fɔːneɪm/ **prénom**

foresee /fɔː'siː/ **prévoir**

forest /'fɒrɪst/ **forêt**

forever /fər'evəʳ/ **toujours** *ou* **pour toujours**

forgave /fə'geɪv/ *est le prétérit du verbe* forgive.

▷ He never forgave me. Il ne m'a jamais pardonné.

forge /fɔːdʒ/ **contrefaire** *ou* **faire un faux de**

▷ He had a forged passport. Il avait un faux passeport.

forgery /'fɔːdʒərɪ/ **faux** (= copie qu'on fait passer pour vraie)

forget /fə'get/ **oublier**

► **forget to do** something **oublier de faire** quelque chose

► **forget about** something **oublier** quelque chose

forgive /fə'gɪv/ **pardonner**

► **forgive** somebody **for doing** something **pardonner à** quelqu'un **d'avoir fait** quelque chose

forgiven /fə'gɪvn/ *est le participe passé du verbe* forgive.

▷ Has he forgiven you? Est-ce qu'il t'a pardonné ?

forgot /fə'gɒt/ *est le prétérit du verbe* forget.

▷ I forgot to buy milk. J'ai oublié d'acheter du lait.

forgotten /fə'gɒtn/ *est le participe passé du verbe* forget.

▷ I'm sorry, I've forgotten your name. Je suis désolé, j'ai oublié votre nom.

fork /fɔːk/ **fourchette** *ou* **fourche**

form /fɔːm/ *a plusieurs catégories grammaticales et plusieurs sens :*

> Ce mot peut être un NOM :

1 **form** *peut signifier* **forme**

2 **form** *peut signifier* **formulaire**

3 *En anglais britannique,* **form** *peut signifier* **classe** (= niveau scolaire)

► **the sixth form classes de première et de terminale**

En anglais américain, pour dire « classe » au sens de « niveau scolaire », on dit grade.

> Ce mot peut être un VERBE TRANSITIF :

► **form** something **former** quelque chose (= constituer)

> Ce mot peut être un VERBE INTRANSITIF :

form *signifie* **se former** *ou* **prendre forme**

formal /'fɔːməl/ **officiel** *ou* **solennel** *ou* **cérémonieux**

former /'fɔːməʳ/ *a plusieurs sens :*

1 **former** *signifie* **ancien** (= ex-)

2 ► **the former le premier** (de deux choses dont on vient de parler)

formerly /'fɔːməlɪ/ **autrefois**

formula /'fɔːmjʊlə/ **formule**

forties /'fɔːtɪz/

► **the forties les années quarante**

▷ He's in his forties. Il a entre quarante et cinquante ans.

fortieth /'fɔːtɪɪθ/ **quarantième**

fortnight /'fɔːtnaɪt/ **quinzaine** (de jours)

▷ In a fortnight. Dans quinze jours.

Fortnight n'est pas employé en anglais américain : aux États-Unis, on dit two weeks.

fortunate /'fɔːtʃənɪt/ **heureux** (= chanceux)

► **be fortunate avoir de la chance**

fortunately /'fɔːtʃənɪtlɪ/ **heureusement**

fortune /'fɔːtʃən/ *a plusieurs sens :*

1 **fortune** *peut signifier* **chance** (= sort favorable)

2 **fortune** *peut signifier* **fortune**

► **make a fortune faire fortune**

forty /'fɔːtɪ/ **quarante**

▷ He is forty. Il a quarante ans.

▷ There were forty of them. Ils étaient quarante.

forward /'fɔːwəd/ *a plusieurs catégories grammaticales :*

> Ce mot peut être un ADVERBE :

forward *signifie* **en avant**

► **go forward avancer**

> Ce mot peut être un VERBE :

► **forward a letter faire suivre une lettre**

forwards /'fɔːwədz/ **en avant**

► **go backwards and forwards aller et venir**

fought /fɔːt/ *est le prétérit et le participe passé du verbe* fight.

▷ They fought for over an hour. Ils se sont battus pendant plus d'une heure.

foul /faʊl/ *a plusieurs catégories grammaticales et plusieurs sens :*

> Ce mot peut être un NOM :

En sport, foul *signifie* **faute**

> Ce mot peut être un ADJECTIF :

foul *signifie* **immonde** *ou* **infect** *ou* **grossier**

found /faʊnd/ **fonder**

▷ My grandfather founded this company. Mon grand-père a fondé cette entreprise.

ℹ Found est aussi le prétérit et le participe passé du verbe find :

▷ Have you found your wallet? As-tu trouvé ton portefeuille ?

foundation /faʊn'deɪʃən/ *a plusieurs sens :*

1 foundation *peut signifier* **fondation** *ou* **fondement**

2 foundation *peut signifier* **fond de teint**

fountain /'faʊntɪn/ **fontaine**

► fountain pen **stylo à plume**

four /fɔːʳ/ **quatre**

▷ He is four. Il a quatre ans.

▷ There are four of us. Nous sommes quatre.

▷ It's four o'clock. Il est quatre heures.

fourteen /'fɔː'tiːn/ **quatorze**

▷ She is fourteen. Elle a quatorze ans.

▷ There are fourteen of us. Nous sommes quatorze.

fourteenth /'fɔː'tiːnθ/ **quatorzième**

▷ The fourteenth of July *ou* July the fourteenth. Le quatorze juillet.

fourth /fɔːθ/ **quatrième**

▷ The fourth of July *ou* July the fourth. Le quatre juillet.

fox /fɒks/ **renard**

fracture /'fræktʃəʳ/ *a plusieurs catégories grammaticales :*

> Ce mot peut être un NOM :

fracture *signifie* **fracture**

> Ce mot peut être un VERBE :

fracture *signifie* **fracturer** *ou* **se fracturer**

fragrant /'freɪgrənt/ **parfumé**

frame /freɪm/ *a plusieurs catégories grammaticales et plusieurs sens :*

> Ce mot peut être un NOM :

frame *peut signifier* **cadre** (d'une photo, d'un tableau, d'un vélo) *ou* **monture** (d'une paire de lunettes)

> Ce mot peut être un VERBE :

► frame something **encadrer** quelque chose

framework /'freɪmwɜːk/ **cadre**

frank /fræŋk/ **franc** (= sincère)

freckle /'frekl/ **tache de rousseur**

free /friː/ *a plusieurs catégories grammaticales et plusieurs sens :*

> Ce mot peut être un ADJECTIF :

1 free *peut signifier* **libre**

► set somebody free **libérer** quelqu'un

2 free *peut signifier* **gratuit**

> Ce mot peut être un ADVERBE :

1 free *peut signifier* **gratuitement**

2 free *peut signifier* **librement**

> Ce mot peut être un VERBE :

► free somebody **libérer** quelqu'un

freedom /'friːdəm/ **liberté**

freely /'friːlɪ/ **librement**

free-range /'friːreɪndʒ/ **fermier** (poulet)

► free-range eggs **œufs de poules élevées en plein air**

freeway /'friːweɪ/ **autoroute**

Freeway est un mot américain : en anglais britannique, on dit motorway.

freeze /friːz/ *a plusieurs catégories grammaticales et plusieurs sens :*

> Ce mot peut être un VERBE TRANSITIF :

► freeze something **geler** quelque chose *ou* **congeler** quelque chose

> Ce mot peut être un VERBE INTRANSITIF :

1 freeze *peut signifier* **geler** *ou* **se congeler**

2 freeze *peut signifier* **se figer** (= être immobilisé)

freezer /'friːzəʳ/ **congélateur**

freezing /'friːzɪŋ/ *a plusieurs sens :*

1 freezing *peut signifier* **glacial**

▷ It's freezing. Il fait un froid glacial.

2 freezing *peut signifier* **gelé**

▷ My hands are freezing. J'ai les mains gelées.

French /frentʃ/ **français**

► **the French** **les Français**

► **French fries** **frites**

ℹ En anglais, les adjectifs de nationalité et les noms de langues s'écrivent avec une majuscule.

Frenchman /'frentʃmən/ **Français**

Frenchwoman /'frentʃwʊmən/ **Française**

frequently /'friːkwəntlɪ/ **fréquemment**

fresh /freʃ/ *a plusieurs sens :*

1 **fresh** *peut signifier* **frais** (en parlant de pain, de fruits, etc.)

► **fresh air** **air frais**

2 **fresh** *peut signifier* **nouveau**

▷ A fresh coat of paint. Une nouvelle couche de peinture.

► **make a fresh start** **prendre un nouveau départ**

3 ► **fresh water** **eau douce**

freshly /'freʃlɪ/ **fraîchement**

Friday /'fraɪd(e)ɪ/ **vendredi**

▷ On Friday. Vendredi.

▷ On Friday morning. Vendredi matin.

▷ On Fridays. Le vendredi.

ℹ En anglais, les noms de jours de la semaine commencent par une majuscule.

fridge /frɪdʒ/ **réfrigérateur**

fried /fraɪd/ **frit**

► **fried egg** **œuf au plat**

ℹ Fried est aussi le prétérit et le participe passé du verbe fry :

▷ He fried the fish. Il a fait frire le poisson.

friend /frend/ **ami**

► **make friends with** somebody **sympathiser avec** quelqu'un

friendly /'frendlɪ/ **amical** *ou* **gentil** *ou* **affectueux**

▷ That wasn't a very friendly thing to do. Ce n'était pas très gentil de faire cela.

friendship /'frendʃɪp/ **amitié**

fries /fraɪz/ **frites**

ℹ fries est aussi la troisième personne du singulier du verbe fry :

▷ Dad always fries fish in olive oil. Papa fait toujours frire le poisson dans l'huile d'olive.

fright /fraɪt/ **peur**

frighten /'fraɪtn/ **faire peur à**

frightened /'fraɪtnd/ **effrayé**

► **be frightened of** somebody *ou* something **avoir peur de** quelqu'un *ou* quelque chose

ℹ Frightened est aussi le prétérit et le participe passé du verbe frighten :

▷ The noise frightened me. Le bruit m'a fait peur.

frightening /'fraɪtnɪŋ/ **effrayant**

ℹ Frightening est aussi une forme du verbe frighten :

▷ Be quiet! You're frightening the cat! Tais-toi ! Tu fais peur au chat !

fringe /frɪndʒ/ **frange**

frizzy /'frɪzɪ/ **crépu**

frog /frɒg/ **grenouille**

► **have a frog in one's throat** **avoir un chat dans la gorge**

from /frɒm/ *a plusieurs sens :*

1 **from** *peut indiquer l'origine de quelqu'un ou de quelque chose :*

▷ Where are you from? D'où venez-vous ?

▷ I'm from London. Je viens de Londres.

▷ A train from Paris. Un train en provenance de Paris.

▷ The road from York to London. La route qui va de York à Londres.

▷ A present from my mother. Un cadeau de ma mère.

▷ She took a glass from the cupboard. Elle a pris un verre dans le placard.

2 **from** *peut indiquer une distance ou une position*

▷ It is 20 km from Dublin. C'est à 20 km de Dublin.

▷ You can see the island from here. On voit l'île d'ici.

3 **from** *peut indiquer le moment où quelque chose commence*

▷ From 9 am to 11 am. De 9 heures à 11 heures.

▷ From May to September. Du mois de mai au mois de septembre.

▷ From today. À partir d'aujourd'hui.

4 **from** *peut indiquer le fait d'enlever quelque chose :*

▷ He stole it from me. Il me l'a volé.

▷ 4 from 10 leaves 6. 10 moins 4 égalent 6.

5 **from** *peut indiquer la* **matière** *dont quelque chose est fait :*

▷ It's made from wood. C'est en bois.

front /frʌnt/ *a plusieurs catégories grammaticales et plusieurs sens :*

> Ce mot peut être un NOM :

1 the front *peut signifier* **l'avant** (d'une voiture ou d'un train, par exemple) *ou* **le devant** (d'un vêtement ou d'une maison, par exemple)

▷ He was sitting in the front of the car. Il était assis à l'avant de la voiture.

▷ The front of the house was damaged in the storm. Le devant de la maison a été endommagé pendant l'orage.

► in front **devant**

► in front of **devant**

▷ She was walking in front. Elle marchait devant.

▷ He was very rude in front of the teacher. Il a été très grossier devant le professeur.

2 the front *peut signifier* **le premier rang** (dans une salle de classe, par exemple)

▷ He was sitting at the front of the class. Il était assis au premier rang de la classe.

> Ce mot peut être un ADJECTIF :

1 front *peut signifier* **de devant**

▷ The dog is in the front garden. Le chien est dans le jardin de devant.

► front door **porte d'entrée**

2 front *peut signifier* **premier**

▷ Let's sit in the front row. Asseyons-nous au premier rang.

frontier /ˈfrʌntɪəʳ/ **frontière**

frost /frɒst/ **gel** *ou* **gelée**

frosty /ˈfrɒstɪ/

▷ It's frosty today. Il gèle aujourd'hui.

frown /fraʊn/ *a plusieurs catégories grammaticales :*

> Ce mot peut être un NOM :

frown *signifie* **froncement de sourcils**

> Ce mot peut être un VERBE :

frown *signifie* **froncer les sourcils**

froze /frəʊz/ *est le prétérit du verbe* freeze.

▷ The lake froze last winter. Le lac a gelé l'hiver dernier.

frozen /ˈfrəʊzən/ *a plusieurs sens :*

1 frozen *peut signifier* **gelé**

2 frozen *peut signifier* **congelé** *ou* **surgelé**

ℹ Frozen est aussi le participe passé du verbe freeze :

▷ I've frozen the vegetables. J'ai congelé les légumes.

fruit /fruːt/ **fruit**

► fruit cake **cake**

► fruit juice **jus de fruit**

frustrated /frʌsˈtreɪtɪd/ **frustré**

fry /fraɪ/ **frire** *ou* **faire frire**

frying pan /ˈfraɪɪŋpæn/ **poêle à frire**

fudge /fʌdʒ/ **caramel mou**

fuel /fjʊəl/ **combustible** *ou* **carburant**

fulfil /fʊlˈfɪl/ *a plusieurs sens :*

1 ► fulfil something *peut signifier* **réaliser** quelque chose (un projet ou une ambition)

2 ► fulfil something *peut signifier* **remplir** quelque chose (son devoir ou son rôle)

3 ► fulfil somebody **combler** quelqu'un (= le satisfaire)

full /fʊl/ *a plusieurs sens :*

1 full *peut signifier* **plein** *ou* **complet**

▷ The box was full of books. Le carton était plein de livres.

▷ The hotel is full *ou* The hotel is full up. L'hôtel est complet.

▷ I'm full *ou* I'm full up. J'ai assez mangé.

2 full *peut signifier* **chargé** (en parlant d'une journée ou d'un emploi du temps)

3 full *est employé dans les expressions suivantes :*

▷ Write your name in full. Écrivez votre nom en entier.

► full moon **pleine lune**

► full name **nom et prénom**

► at full speed **à toute vitesse**

► full stop **point** (= ponctuation)

Full stop n'est pas employé en anglais américain : aux États-Unis, on dit period.

full-time /fʊlˈtaɪm/ **à plein temps**

► a full-time job **un travail à plein temps**

fumes /fjuːmz/ **émanations** *ou* **fumées** *ou* **gaz d'échappement**

fun /fʌn/ **amusement** *ou* **plaisir**

► have fun **s'amuser**

▷ We had great fun. Nous nous sommes bien amusés.

▷ She's good fun. On s'amuse bien avec elle.

▷ Dancing is fun. C'est amusant de danser.

► make fun of somebody **se moquer de** quelqu'un

function /ˈfʌŋkʃən/ *a plusieurs catégories grammaticales :*

> Ce mot peut être un NOM :

function *signifie* **fonction**

> Ce mot peut être un VERBE :

function *signifie* **fonctionner**

fund /fʌnd/ *a plusieurs catégories grammaticales :*

> Ce mot peut être un NOM :

fund *signifie* **fonds** (= somme d'argent)

> Ce mot peut être un VERBE :

► fund something **financer** quelque chose

fundamental /ˌfʌndəˈmentl/ **fondamental**

fundamentalist /ˌfʌndəˈmentəlɪst/ **fondamentaliste**

funeral /ˈfjuːnərəl/ **enterrement** *ou* **funérailles**

funfair /ˈfʌnfɛəʳ/ **fête foraine**

Funfair n'est pas employé en anglais américain : aux États-Unis, on dit carnival.

funnier /ˈfʌnɪəʳ/ *est le comparatif de* funny.

▷ This programme is funnier than before. Cette émission est plus drôle qu'avant.

funniest /ˈfʌnɪɪst/ *est le superlatif de* funny.

▷ He's the funniest boy in the class. C'est le garçon le plus drôle de la classe.

funny /ˈfʌnɪ/ **drôle**

fur /fɜːʳ/ **pelage** *ou* **fourrure**

► fur coat **manteau de fourrure**

furious /ˈfjʊərɪəs/ *a plusieurs sens :*

1 furious *peut signifier* **furieux**

► be furious with somebody **être furieux contre** quelqu'un

2 furious *peut signifier* **violent** (en parlant d'une dispute) *ou* **acharné** (en parlant d'une lutte)

furniture /ˈfɜːnɪtʃəʳ/ **meubles**

► a piece of furniture **un meuble**

i Furniture est un nom indénombrable : il ne se met pas au pluriel et ne s'emploie pas avec l'article a.

Furniture ne signifie pas « fourniture ».

further /ˈfɜːðəʳ/ *est le comparatif du mot* far *et a plusieurs catégories grammaticales :*

> Ce mot peut être un ADVERBE :

further *signifie* **plus loin**

▷ How much further is it? C'est encore loin ?

▷ I can't walk any further. Je ne peux pas aller plus loin.

> Ce mot peut être un ADJECTIF :

further *signifie* **nouveau** *ou* **supplémentaire**

► until further notice **jusqu'à nouvel ordre**

furthermore /ˌfɜːðəˈmɔːʳ/ **de plus**

furthest /ˈfɜːðɪst/ *est le superlatif du mot* far.

▷ It's the house furthest from the river. C'est la maison la plus éloignée de la rivière.

▷ Who walked the furthest? Qui est allé le plus loin ?

fury /ˈfjʊərɪ/ **fureur**

fuse /fjuːz/ *a plusieurs sens :*

1 fuse *peut signifier* **fusible**

► fuse box **boîte à fusibles**

2 fuse *peut signifier* **détonateur** *ou* **amorce**

fuss /fʌs/ **agitation** *ou* **histoires**

► make a fuss **faire des histoires**

► make a fuss about something **protester à propos de** quelque chose *ou* **faire tout un plat de** quelque chose

► make a fuss of somebody **être aux petits soins pour** quelqu'un

fussy /ˈfʌsɪ/ **tatillon**

▷ He's a fussy eater. Il est difficile sur la nourriture.

future /ˈfjuːtʃəʳ/ *a plusieurs catégories grammaticales :*

> Ce mot peut être un NOM :

future *signifie* **avenir** *ou* **futur**

► in the future **à l'avenir** *ou* **au futur**

> Ce mot peut être un ADJECTIF :

future *signifie* **futur**

Gg

La lettre G se prononce /dʒiː/ en anglais.
G rime avec free, knee et tea.

gain /geɪn/ *a plusieurs catégories grammaticales et plusieurs sens :*

> Ce mot peut être un NOM :

1 gain *peut signifier* **gain**

2 gain *peut signifier* **augmentation**

> Ce mot peut être un VERBE TRANSITIF :

1 ► gain something *peut signifier* **gagner** quelque chose (= obtenir)

2 ► gain weight **prendre du poids**

► gain speed **prendre de la vitesse**

galaxies /ˈgæləksɪz/ *est le pluriel de* galaxy.

galaxy /ˈgæləksɪ/ **galaxie**

gale /geɪl/ **grand vent**

galleries /ˈgælərɪz/ *est le pluriel de* gallery.

gallery /ˈgælərɪ/ **galerie**

► art gallery **musée d'art** *ou* **galerie**

gallon /ˈgælən/ *est une unité de mesure équivalente à environ 4,5 litres au Royaume-Uni et à environ 3,8 litres aux États-Unis.*

gallop /ˈgæləp/ *a plusieurs catégories grammaticales :*

> Ce mot peut être un NOM :

gallop *signifie* **galop**

> Ce mot peut être un VERBE :

gallop *signifie* **galoper**

gamble /ˈgæmbl/ **jouer** (= risquer de l'argent aux jeux de hasard)

gambler /ˈgæmbləʳ/ **joueur** (qui risque de l'argent aux jeux de hasard)

game /geɪm/ *a plusieurs sens :*

1 game *peut signifier* **jeu**

► video game **jeu vidéo**

2 game *peut signifier* **partie** (de tennis, d'échecs, de cartes, par exemple) *ou* **match** (de football, de rugby, de cricket, par exemple)

3 game *peut signifier* **gibier**

► game park *ou* game reserve **réserve naturelle**

Au sens de « gibier », game est non dénombrable : il ne peut pas se mettre au pluriel, ni s'employer avec l'article a.

gang /gæŋ/ **bande** (d'amis) *ou* **gang**

gap /gæp/ *a plusieurs sens :*

1 gap *peut signifier* **trou** (dans un mur, par exemple) *ou* **espace** (entre deux choses)

2 gap *peut signifier* **blanc** (dans un formulaire)

▷ Fill in the gaps. Remplissez les blancs.

3 gap *peut signifier* **intervalle** (de temps)

garbage /ˈgɑːbɪdʒ/ *a plusieurs sens :*

1 garbage *peut signifier* **ordures**

► garbage can **poubelle**

Dans ce sens, garbage est surtout employé en anglais américain : en anglais britannique, on dit plutôt rubbish.

2 garbage *est employé pour dire que quelque chose est idiot ou très mauvais.*

▷ That's just garbage. Ce ne sont que des bêtises.

▷ The film was garbage. Le film était nul.

garden /ˈgɑːdn/ **jardin**

gardener /ˈgɑːdnəʳ/ **jardinier**

gardening /ˈgɑːdnɪŋ/ **jardinage**

garland /ˈgɑːlənd/ **guirlande**

garlic /ˈgɑːlɪk/ **ail**

gas /gæs/ *a plusieurs sens :*

1 **gas** *peut signifier* **gaz**

2 *En anglais américain,* **gas** *peut signifier* **essence** (= carburant)

> En anglais britannique, pour dire « essence », on dit petrol.

► **gas station** **station-service**

gash /gæʃ/ *a plusieurs catégories grammaticales :*

> Ce mot peut être un NOM :

gash *signifie* **entaille**

> Ce mot peut être un VERBE :

► **gash** something **entailler** quelque chose

gasmask /'gæsmæsk/ **masque à gaz**

gasoline /'gæsəli:n/ **essence** (= carburant)

> Gasoline est un mot américain : en anglais britannique on dit petrol.

gasp /gɑ:sp/ **haleter** *ou* **avoir le souffle coupé** (par la surprise ou par l'épouvante)

gate /geɪt/ **porte** (d'un jardin, d'une ville, d'une prison ou dans un aéroport) *ou* **portail** *ou* **barrière** (d'un champ ou d'un passage à niveau)

gather /'gæðəʳ/ *a plusieurs catégories grammaticales et plusieurs sens :*

> Ce mot peut être un VERBE TRANSITIF :

1 ► **gather** something *peut signifier* **cueillir** quelque chose (des fleurs, par exemple) *ou* **ramasser** quelque chose (du bois ou des champignons, par exemple)

2 ► **gather** something *peut signifier* **recueillir** quelque chose (des données ou des preuves, par exemple)

3 ► **gather people together** **rassembler des gens**

4 ► **gather one's strength** **rassembler ses forces**

5 ► **gather speed** **prendre de la vitesse**

6 ► **gather that...** **déduire que...** *ou* **comprendre que...**

> Ce mot peut être un VERBE INTRANSITIF :

► **gather** *ou* **gather together** **se rassembler**

gave /geɪv/ *est le prétérit du verbe* **give**.

▷ I gave him the book. Je lui ai donné le livre.

▷ He gave her a watch for her birthday. Il lui a offert une montre pour son anniversaire.

gay /geɪ/ **homosexuel**

gaze /geɪz/ *a plusieurs catégories grammaticales :*

> Ce mot peut être un NOM :

gaze *signifie* **regard**

> Ce mot peut être un VERBE :

► **gaze at** somebody *ou* something **regarder** quelqu'un *ou* quelque chose

gear /gɪəʳ/ *a plusieurs sens :*

1 **gear** *peut signifier* **matériel** *ou* **équipement**

► **fishing gear** **matériel de pêche**

2 **gear** *peut signifier* **vitesse** (d'une voiture ou d'un vélo)

► **first gear** **première vitesse**

► **change gear** **changer de vitesse**

geek /gi:k/ *a plusieurs sens :*

1 **geek** *peut signifier* **débile**

2 **geek** *peut signifier* **accro** (d'informatique, de jeux vidéo ou de nouvelles technologies)

▷ He's a mobile phone geek. Il est accro au téléphone portable.

> Geek est un mot familier, c'est-à-dire un mot qu'on évite d'employer quand on parle à quelqu'un qu'on ne connaît pas bien ou quand on écrit.

geese /gi:s/ *est le pluriel de* **goose**.

► **a flock of geese** **un troupeau d'oies**

gel /dʒel/ **gel**

► **hair gel** **gel coiffant**

gem /dʒem/ **pierre précieuse**

Gemini /'dʒemɪnaɪ/ **Gémeaux**

gender /'dʒendəʳ/ *a plusieurs sens :*

1 **gender** *peut signifier* **sexe** (= distinction entre mâle et femelle)

2 *En grammaire,* **gender** *signifie* **genre**

general /'dʒenərəl/ *a plusieurs catégories grammaticales :*

> Ce mot peut être un ADJECTIF :

general *signifie* **général**

► **general knowledge** **culture générale**

► **the general public** **le grand public**

► **in general** **en général**

> Ce mot peut être un NOM :

general *signifie* **général** (= officier dans l'armée)

generally /'dʒenərəlɪ/ **généralement**

generate /'dʒenəreɪt/ **produire** (l'électricité ou la chaleur) *ou* **générer**

generation /ˌdʒenəˈreɪʃən/ *a plusieurs sens :*

1 **generation** *peut signifier* **génération**

► **the generation gap** **le conflit des générations**

2 **generation** *peut signifier* **production** (d'électricité ou de chaleur)

generosity /ˌdʒenəˈrɒsɪtɪ/ **générosité**

generous /ˈdʒenərəs/ **généreux**

genetic /dʒɪˈnetɪk/ **génétique**

Geneva /dʒɪˈniːvə/ **Genève**

genius /ˈdʒiːnɪəs/ **génie**

gentle /ˈdʒentl/ **doux** *ou* **léger**

gentleman /ˈdʒentlmən/ *a plusieurs sens :*

1 **gentleman** *peut signifier* **monsieur**

▷ A gentleman wants to speak to you. Un monsieur veut te parler.

2 **gentleman** *peut signifier* **gentleman**

gently /ˈdʒentlɪ/ **doucement**

gents /dʒents/ **toilettes pour homme**

> Gents n'est pas employé en anglais américain : aux États-Unis, on dit mens' room.

genuine /ˈdʒenjʊɪn/ *a plusieurs sens :*

1 **genuine** *peut signifier* **authentique** *ou* **véritable**

▷ It's a genuine Persian rug. C'est un authentique tapis persan.

2 **genuine** *peut signifier* **sincère** *ou* **franc**

▷ His sorrow is genuine. Son chagrin est sincère.

geography /dʒɪˈɒgrəfɪ/ **géographie**

germ /dʒɜːm/ **microbe**

German /ˈdʒɜːmən/ **Allemand** *ou* **allemand**

> ℹ En anglais, les adjectifs de nationalité et les noms de langues commencent par une majuscule.

Germany /ˈdʒɜːmənɪ/ **Allemagne**

> ℹ En général, en anglais, on n'emploie pas d'article défini devant les noms de pays et de continents.

gesture /ˈdʒestʃəʳ/ *a plusieurs catégories grammaticales :*

> Ce mot peut être un NOM :

gesture *signifie* **geste**

> Ce mot peut être un VERBE :

► **gesture to** somebody **faire un signe à** quelqu'un

get /get/ *a plusieurs catégories grammaticales et plusieurs sens. Pour les expressions* have got *et* got to, *regardez le mot* got.

> Ce mot peut être un VERBE TRANSITIF :

1 ► **get** something *peut signifier* **avoir** quelque chose *ou* **recevoir** quelque chose *ou* **obtenir** quelque chose

▷ I got a letter from George. J'ai eu une lettre de George.

▷ What did you get for you birthday? Qu'est-ce que tu as eu pour ton anniversaire ?

▷ He got his father's permission. Il a obtenu la permission de son père.

► **get a job** **trouver du travail**

2 ► **get** something *peut signifier* **acheter** quelque chose

▷ He got a new car. Il a acheté une nouvelle voiture.

▷ She got me a pen. Elle m'a acheté un stylo.

3 ► **get** something *peut signifier* **aller chercher** quelque chose

▷ I'll go and get some bread. Je vais chercher du pain.

▷ Can you get my glasses? Est-ce que tu peux aller chercher mes lunettes ?

4 ► **get** something *peut signifier* **prendre** quelque chose (un moyen de transport)

▷ He got the bus. Il a pris le bus.

5 ► **get** something *peut signifier* **attraper** quelque chose (une maladie)

▷ She'll get a cold. Elle va attraper un rhume.

6 ► **get** somebody *peut signifier* **attraper** quelqu'un

▷ The police got the thief. La police a attrapé le voleur.

7 ► **get** something *peut signifier* **comprendre** quelque chose

▷ I didn't get what you said. Je n'ai pas compris ce que tu as dit.

8 ► **get** somebody **to do** something **faire faire** quelque chose à quelqu'un

▷ He got her to clean the windows. Il l'a fait nettoyer les vitres.

9 ► **get** something **done** **faire faire** quelque chose

▷ She got the car repaired. Elle a fait réparer la voiture.

▷ I got my hair cut. Je me suis fait couper les cheveux.

Phrasal verbs

Le verbe get *peut être suivi d'une préposition, telle que* down *ou* out*, et dans ce cas il peut avoir un sens différent. C'est ce qu'on appelle, en anglais, un « phrasal verb ».*

GET AWAY

► get away *peut signifier* s'échapper

► get away from somebody échapper à quelqu'un

GET BACK

► get back revenir *ou* rentrer chez soi

► get back to work reprendre le travail

► get something back récupérer quelque chose

► get one's money back se faire rembourser

GET DOWN

► get down descendre

► get something down descendre quelque chose

GET IN

► get in entrer *ou* arriver

GET INTO

► get into something entrer dans quelque chose *ou* monter dans quelque chose

GET OFF

► get off something descendre de quelque chose

▷ He got off his bike. Il est descendu de son vélo.

► get something off enlever quelque chose

▷ Go and get the mud off your shoes. Va enlever la boue de tes chaussures.

GET ON

► get on *peut signifier* monter (dans un bus ou un train)

► get on *peut signifier* avancer *ou* progresser

▷ How are you getting on? Comment ça va ?

► get on *peut signifier* s'entendre

▷ They get on very well. Ils s'entendent très bien.

GET OUT

► get out *peut signifier* sortir

► get out of a car descendre d'une voiture

► get out *peut signifier* s'échapper

► get out of something *peut signifier* échapper à quelque chose

► get something out *peut signifier* sortir quelque chose

▷ She got her pen out. Elle a sorti son stylo.

► get something out *peut signifier* enlever quelque chose (une tache, par exemple)

▷ I can't get this stain out. Je n'arrive pas à enlever cette tache.

GET OVER

► get over something *peut signifier* traverser quelque chose (une rue, une rivière, par exemple)

► get over something *peut signifier* surmonter quelque chose (un obstacle, des difficultés)

► get over something *peut signifier* se remettre de quelque chose (une maladie, un choc)

GET UP

► get up se lever

▷ What time do you get up? À quelle heure tu te lèves ?

> Ce mot peut être un VERBE INTRANSITIF :

1 ► **get somewhere aller quelque part** *ou* **arriver quelque part**

▷ Can you get there by train? Est-ce qu'on peut y aller en train ?

▷ He got to the office early. Il est arrivé de bonne heure au bureau.

► **get home rentrer**

▷ What time did you get home? À quelle heure es-tu rentré ?

2 get peut être suivi d'un adjectif et exprimer l'idée de « devenir » :

▷ She got rich. Elle est devenue riche.

▷ He's getting fat. Il grossit.

▷ I'm getting cold. Je commence à avoir froid.

3 get *peut être suivi d'un participe passé et avoir un sens passif ou réfléchi :*

▷ The window got broken. La fenêtre a été brisée.

▷ He got dressed. Il s'est habillé.

▷ They got married. Ils se sont mariés.

gherkin /ˈgɜːkɪn/ **cornichon**

ghost /gəʊst/ **fantôme**

► **ghost story histoire de fantômes**

giant /ˈdʒaɪənt/ *a plusieurs catégories grammaticales :*

> Ce mot peut être un NOM :

giant *signifie* **géant**

> Ce mot peut être un ADJECTIF :

giant *signifie* **gigantesque**

gift /gɪft/ *a plusieurs sens :*

1 gift *peut signifier* **cadeau**

► **gift shop boutique de cadeaux**

► **gift token** *ou* **gift voucher chèque-cadeau**

2 gift *peut signifier* **don**

▷ She has a gift for drawing. Elle a un don pour le dessin.

gigantic /dʒaɪˈgæntɪk/ **gigantesque**

giggle /'gɪgl/ *a plusieurs catégories grammaticales :*

> Ce mot peut être un NOM :

giggle *signifie* **petit rire**

► **have a fit of the giggles** *ou* **get the giggles** **avoir le fou rire**

> Ce mot peut être un VERBE :

giggle *signifie* **rire sottement** *ou* **glousser**

ginger /'dʒɪndʒə^{r}/ *a plusieurs catégories grammaticales et plusieurs sens :*

> Ce mot peut être un NOM :

ginger *signifie* **gingembre**

> Ce mot peut être un ADJECTIF :

1 ginger *peut signifier* **roux** (en parlant des cheveux de quelqu'un)

2 ginger *peut signifier* **au gingembre**

gingerbread /'dʒɪndʒəbred/ **pain d'épices**

gipsies /'dʒɪpsɪz/ *est le pluriel de* **gipsy**.

gipsy /'dʒɪpsɪ/ **bohémien** (= gitan, Tsigane)

giraffe /dʒɪ'rɑːf/ **girafe**

girl /gɜːl/ **fille**

► **girl guide** (en anglais britannique) *ou* **girl scout** (en anglais américain) **éclaireuse**

girlfriend /'gɜːlfrend/ **amie** *ou* **petite amie**

give /gɪv/ **donner**

► **give** something **to** somebody *ou* **give** somebody something **donner** quelque chose à quelqu'un *ou* **offrir** quelque chose à quelqu'un

▷ Give it to me! Donne-le-moi !

▷ He gave her a drink. Il lui a donné à boire.

▷ They gave him a watch for his birthday. Ils lui ont offert une montre pour son anniversaire.

Phrasal verbs

Le verbe **give** *peut être suivi d'une préposition, telle que* **back** *ou* **up**, *et dans ce cas il peut avoir un sens différent. C'est ce qu'on appelle, en anglais, un « phrasal verb ».*

GIVE AWAY

► **give** something **away** *peut signifier* **donner** quelque chose

► **give** something **away** *peut signifier* **révéler** quelque chose (un secret par exemple)

GIVE BACK

► **give** something **back** **rendre** quelque chose

GIVE IN

► **give in** **abandonner** (dans un jeu, par exemple).

► **give** something **in** **rendre** quelque chose *ou* **remettre** quelque chose

GIVE UP

► **give up** **abandonner** (dans un jeu, par exemple)

► **give** something **up** **renoncer à** quelque chose

► **give up smoking** **arrêter de fumer**

given /'gɪvən/ *est le participe passé du verbe* **give**.

▷ He has given me a ticket. Il m'a donné un billet.

glad /glæd/ **content**

▷ He was glad about the results. Il était content des résultats.

▷ I'm glad that he came. Je suis content qu'il soit venu.

▷ I would be glad to help. Je me ferais un plaisir de vous aider.

glamor /'glæmə^{r}/ *est l'orthographe américaine du mot* **glamour**.

glamorous /'glæmərəs/ **glamour** (adjectif) *ou* **chic** *ou* **prestigieux**

glamour /'glæmə^{r}/ **glamour** (nom)

En anglais, **glamour** n'est jamais un adjectif.

glance /glɑːns/ *a plusieurs catégories grammaticales :*

> Ce mot peut être un NOM :

glance *signifie* **regard** *ou* **coup d'œil**

> Ce mot peut être un VERBE :

► **glance at** somebody *ou* something **jeter un coup d'œil à** quelqu'un *ou* quelque chose

glare /gleə^{r}/ *a plusieurs catégories grammaticales et plusieurs sens :*

> Ce mot peut être un VERBE :

► **glare at** somebody **lancer un regard furieux à** quelqu'un

> Ce mot peut être un NOM :

1 glare *peut signifier* **regard furieux**

2 glare *peut signifier* **lumière éblouissante**

glass /glɑːs/ *a plusieurs catégories grammaticales :*

> Ce mot peut être un NOM :

glass *signifie* **verre** (la matière et le récipient)

► a glass of wine **un verre de vin**

► a wine glass **un verre à vin**

> Ce mot peut être un ADJECTIF :

glass *signifie* **en verre** *ou* **vitré**

glasses /glɑːsɪz/ **lunettes**

► a pair of glasses **une paire de lunettes**

ℹ Glasses est aussi le pluriel du mot glass.

gleam /gliːm/ *a plusieurs catégories grammaticales :*

> Ce mot peut être un NOM :

gleam *signifie* **lueur** *ou* **reflet**

> Ce mot peut être un VERBE :

gleam *signifie* **luire** *ou* **reluire**

glide /glaɪd/ **planer**

glider /ˈglaɪdəʳ/ **planeur**

glimmer /ˈglɪməʳ/ *a plusieurs catégories grammaticales :*

> Ce mot peut être un NOM :

glimmer *signifie* **lueur**

> Ce mot peut être un VERBE :

glimmer *signifie* **luire**

glimpse /glɪmps/ *a plusieurs catégories grammaticales :*

> Ce mot peut être un NOM :

glimpse *signifie* **aperçu**

> Ce mot peut être un VERBE :

► glimpse something *signifie* **entrevoir** quelque chose

glisten /ˈglɪsn/ **briller**

glitter /ˈglɪtəʳ/ *a plusieurs catégories grammaticales :*

> Ce mot peut être un NOM :

1 glitter *peut signifier* **paillettes** (= poudre brillante)

2 glitter *peut signifier* **scintillement**

> Ce mot peut être un VERBE :

glitter *signifie* **scintiller**

global /ˈgləʊbl/ **mondial** *ou* **global**

► global warming **le réchauffement de la planète**

gloomy /ˈgluːmɪ/ **sombre** *ou* **morose** *ou* **morne**

glorious /ˈglɔːrɪəs/ **magnifique** *ou* **merveilleux** *ou* **glorieux**

glory /ˈglɔːrɪ/ **gloire**

glossy /ˈglɒsɪ/ *a plusieurs sens :*

1 glossy *peut signifier* **luisant** *ou* **brillant**

2 glossy *peut signifier* **sur papier brillant** (en parlant de photos ou des pages d'un livre)

glove /glʌv/ **gant**

glow /gləʊ/ *a plusieurs catégories grammaticales et plusieurs sens :*

> Ce mot peut être un NOM :

glow *signifie* **rougeoiement** (d'un feu, du ciel au coucher du soleil) *ou* **lueur** (d'une lampe ou d'une bougie) *ou* **éclat** (du teint de quelqu'un)

> Ce mot peut être un VERBE :

glow *signifie* **rougeoyer** (en parlant d'un feu ou du ciel) *ou* **luire** (en parlant d'une lampe ou d'une bougie) *ou* **briller** (en parlant des yeux)

glue /gluː/ *a plusieurs catégories grammaticales :*

> Ce mot peut être un NOM :

glue *signifie* **colle**

> Ce mot peut être un VERBE :

► glue something to something **coller** quelque chose **à** quelque chose

▷ He glued the vase back together. Il a recollé le vase.

glum /glʌm/ **triste**

GMO /ˌdʒiːemˈəʊ/ **OGM**

ℹ GMO est l'abréviation de genetically modified organism.

gnaw /nɔː/ **ronger**

go /gəʊ/ *a plusieurs catégories grammaticales et plusieurs sens :*

ℹ Le prétérit de go est went et le participe passé est gone.

> Ce mot peut être un VERBE :

1 go *peut signifier* **aller**

▷ Where is he going? Où va-t-il ?

▷ He's going to Rome. Il va à Rome.

▷ She has gone for a walk. Elle est allée se promener.

ℹ Lorsqu'on parle d'activités sportives ou de passe-temps, il est fréquent d'employer go suivi d'un VERBE en -ing (go dancing, go jogging, go sailing).

▷ They went swimming. Ils sont allés se baigner.

2 **go** *peut signifier* **partir**

▷ I have to go. Il faut que je parte.

▷ They have gone on holiday. Ils sont partis en vacances.

▷ The bus has gone. Le bus est parti.

3 **go** *peut signifier* **marcher** (en parlant d'une machine, par exemple)

▷ It doesn't go. Ça ne marche pas.

▷ The car won't go. La voiture ne veut pas démarrer.

4 **go** *est employé pour dire que quelque chose* **se passe bien**

▷ The party went well. La soirée s'est bien passée.

▷ How is it going? Comment ça va ?

5 **go** *peut signifier* **devenir**

▷ She went mad. Elle est devenue folle.

▷ He went pale. Il est devenu pâle.

6 **go** *peut signifier* **passer** (en parlant du temps)

▷ Time goes quickly. Le temps passe vite.

Phrasal verbs

Le verbe go peut être suivi d'une préposition, telle que down ou out, et dans ce cas, il peut avoir des sens différents. C'est ce qu'on appelle, en anglais, un « phrasal verb ».

GO AWAY

► go away **partir**

GO BACK

► go back **retourner** *ou* **rentrer**

► go back to work **reprendre le travail**

GO DOWN

► go down *peut signifier* **descendre**

▷ He went down the stairs. Il a descendu l'escalier.

► go down *peut signifier* **se coucher** (en parlant du soleil)

► go down *peut signifier* **baisser** (en parlant des prix, de la température, etc.)

► go down *peut signifier* **se dégonfler** (en parlant d'un pneu ou d'un ballon)

GO IN

► go in **entrer**

GO OFF

► go off *peut signifier* **partir**

► go off *peut signifier* **sonner** (en parlant d'un réveil)

► go off *peut signifier* **se gâter** (en parlant de nourriture)

GO ON

► go on *peut signifier* **continuer**

► go on doing something **continuer à faire quelque chose**

► go on *peut signifier* **se passer**

▷ What's going on? Qu'est-ce qui se passe ?

GO OUT

► go out *peut signifier* **sortir**

▷ He went out of the room. Il est sorti de la pièce.

▷ They went out for a meal. Ils sont allés au restaurant.

► go out *peut signifier* **s'éteindre** (en parlant d'un feu ou d'une lumière)

▷ The fire has gone out. Le feu est éteint.

GO UP

► go up *peut signifier* **monter**

▷ He went up the stairs. Il a monté l'escalier.

► go up *peut signifier* **augmenter**

▷ Prices have gone up. Les prix ont augmenté.

7 **go** *est employé avec* **let** *dans les expressions suivantes :*

► let go **lâcher prise**

► let go of somebody *ou* something **lâcher quelqu'un** *ou* **quelque chose**

8 ► be going to *suivi de la base verbale est employé pour dire ce qu'on a* **l'intention de faire**

▷ I am going to buy a new dress. Je vais acheter une nouvelle robe.

▷ He's going to go on holiday. Il va partir en vacances.

▷ What are you going to do? Qu'est-ce que tu vas faire ?

> Ce mot peut être un NOM :

1 **go** *peut signifier* **tour** (de jouer)

▷ It's my go. C'est mon tour.

2 ► have a go **essayer**

goal /gəʊl/ **but**

Le mot anglais goal ne signifie pas « gardien de but » (= goalkeeper).

goalkeeper /'gəʊlkiːpə'/ **gardien de but**

goalpost /'gəʊlpəʊst/ **poteau de but**

goat /gəʊt/ **chèvre**

goblet /'gɒblɪt/ **coupe en métal** *ou* **verre à pied**

Le mot anglais goblet ne signifie pas « gobelet ».

goblin /'gɒblɪn/ **lutin**

god /gɒd/ **dieu**

► thank God! **Dieu merci !**

goddaughter /'gɒddɔːtəʳ/ **filleule**

godfather /'gɒdfɑːðəʳ/ **parrain**

godmother /'gɒdmʌðəʳ/ **marraine**

godson /'gɒdsʌn/ **filleul**

goes /gəʊz/ *a plusieurs sens :*

1 goes *est la troisième personne du singulier du verbe* go.

▷ She goes to work by bus. Elle va au travail en bus.

2 goes *est le pluriel du nom* go.

▷ I had two goes. J'ai essayé deux fois.

goggles /'gɒglz/ **lunettes protectrices** *ou* **lunettes de plongée** *ou* **lunettes de ski**

going /'gəʊɪŋ/ *est le participe présent et le gérondif du verbe* go.

▷ Where are you going? Où vas-tu ?

▷ She likes going out. Elle aime bien sortir.

► be going to *suivi de la base verbale est employé pour dire ce qu'on a* **l'intention de faire**

▷ I am going to buy a new bike. Je vais acheter un nouveau vélo.

▷ What are you going to do? Qu'est-ce que tu vas faire ?

gold /gəʊld/ *a plusieurs catégories grammaticales :*

> Ce mot peut être un NOM :

gold *signifie* **or** (le métal)

> Ce mot peut être un ADJECTIF :

gold *signifie* **en or** *ou* **d'or**

golden /'gəʊldən/ **doré** *ou* **en or**

goldfish /'gəʊldfɪʃ/ **poisson rouge**

► goldfish bowl **bocal** (à poissons)

golf /gɒlf/ **golf**

► golf course **terrain de golf**

gone /gɒn/ *est le participe passé du verbe* go.

▷ They have gone. Ils sont partis.

▷ The cake's all gone. Il n'y a plus de gâteau.

good /gʊd/ *a plusieurs catégories grammaticales et plusieurs sens :*

> Ce mot peut être un ADJECTIF :

1 good *peut signifier* **bon**

▷ He's good at history. Il est bon en histoire.

▷ It's good for you. C'est bon pour la santé.

▷ We had a good time. On s'est bien amusés.

▷ The weather was good. Il a fait beau.

2 good *est employé dans des salutations :*

► good morning **bonjour** (le matin)

► good afternoon **bonjour** (l'après-midi)

► good evening **bonsoir**

3 good *peut signifier* **sage** *ou* **gentil**

▷ Be good! Sois sage !

▷ That was very good of him. C'était très gentil de sa part.

> Ce mot peut être un NOM :

1 good *peut signifier* **bien**

► do somebody good **faire du bien à quelqu'un**

2 good *est employé pour parler de l'utilité de faire quelque chose :*

▷ It's no good. Cela ne sert à rien.

▷ It's no good crying. Cela ne sert à rien de pleurer.

goodbye /gʊd'baɪ/ **au revoir**

good-looking /gʊd'lʊkɪŋ/ **beau**

goodness /'gʊdnɪs/ *est employé dans des exclamations :*

▷ My goodness! Mon Dieu !

▷ Thank goodness! Dieu merci !

goodnight /gʊd'naɪt/ **bonne nuit**

goods /gʊdz/ **marchandises**

goose /guːs/ **oie**

► goose bumps *ou* goose flesh *ou* goose pimples **chair de poule**

gorgeous /'gɔːdʒəs/ **superbe**

gorilla /gə'rɪlə/ **gorille**

gory /'gɔːrɪ/ **sanglant**

gossip /'gɒsɪp/ *a plusieurs catégories grammaticales :*

> Ce mot peut être un NOM :

1 gossip *peut signifier* **commérages** *ou* **potins**

► have a gossip **papoter**

2 gossip *peut signifier* **commère**

> Ce mot peut être un VERBE :

gossip *signifie* **papoter** *ou* **faire des commérages**

got /gɒt/ *a plusieurs sens :*

1 got *est le prétérit et le participe passé du verbe* get.

▷ I got a camera for my birthday. J'ai eu un appareil photo pour mon anniversaire.

2 got *est souvent employé avec le verbe* have *au sens de* **« avoir, posséder ».** Have *est souvent contracté en* 've *dans ce cas.*

▷ I've got (= I have got) a headache. J'ai mal à la tête.

▷ Have you got any brothers and sisters? Est-ce que tu as des frères et sœurs ?

▷ She's got (= she has got) two dogs. Elle a deux chiens.

3 ► **got to** *exprime le* **devoir** *ou l'***obligation**

▷ I've got to go. Je dois partir.

▷ You've got to tell the truth. Il faut que tu dises la vérité.

gotten /'gɒtn/ *est le participe passé du verbe* **get** *en anglais américain.*

govern /'gʌvən/ **gouverner**

government /'gʌvənmənt/ **gouvernement**

GP /dʒiː'piː/ **médecin généraliste**

grab /græb/ **saisir**

► **grab hold of** somebody *ou* something **saisir** quelqu'un *ou* quelque chose

► **grab** something **from** somebody **arracher** quelque chose **à** quelqu'un

graceful /'greɪsfʊl/ **gracieux**

grade /greɪd/ *a plusieurs catégories grammaticales et plusieurs sens :*

> Ce mot peut être un NOM :

1 **grade** *peut signifier* **qualité** (d'un produit)

2 **grade** *peut signifier* **échelon** (dans une hiérarchie)

3 **grade** *peut signifier* **note** (pour un travail scolaire)

4 *En anglais américain,* **grade** *peut signifier* **classe** (= année scolaire)

> Ce mot peut être un VERBE :

1 **grade something** *peut signifier* **classer quelque chose**

2 **grade something** *peut signifier* **noter quelque chose** (= mettre une note aux devoirs)

gradual /'grædjʊəl/ **progressif**

gradually /'grædjʊəlɪ/ **progressivement**

graduate *a plusieurs catégories grammaticales et plusieurs sens :*

> Ce mot peut être un NOM qui se prononce /'grædjʊət/ :

graduate *signifie* **diplômé**

> Ce mot peut être un VERBE qui se prononce /'grædjʊeɪt/ :

graduate *signifie* **obtenir son diplôme**

grain /greɪn/ *a plusieurs sens :*

1 **grain** *peut signifier* **grain** (de sel, de sable, de sucre, etc.)

2 **grain** *peut signifier* **céréales**

> ℹ Au sens de « céréales », **grain** est non dénombrable : il ne peut ni se mettre au pluriel, ni s'employer avec l'article **a**.

gram /græm/ **gramme**

grammar /'græməʳ/ **grammaire**

► **grammar school** (au Royaume-Uni) **lycée** *ou* (aux États-Unis) **école primaire**

> En Grande-Bretagne, les **grammar schools** sont des sortes de lycées avec examen d'entrée. Ce type d'établissement n'est pas très courant, et la plupart des élèves font leurs études dans les **comprehensive schools**.

grand /grænd/ **grandiose** *ou* **majestueux**

► **grand piano** **piano à queue**

► **grand total** **total général**

> Le mot anglais **grand** ne signifie pas « grand ».

grandchild /'græntʃaɪld/ **petit-fils** *ou* **petite-fille**

grandchildren /'græntʃɪldrən/ **petits-enfants**

granddad /'grændæd/ **papy**

granddaughter /'grændɔːtəʳ/ **petite-fille**

grandfather /'grænfɑːðəʳ/ **grand-père**

grandma /'grænmɑː/ **mamie**

grandmother /'grænmʌðəʳ/ **grand-mère**

grandpa /'grænpɑː/ **papy**

grandparents /'grændpɛərənts/ **grands-parents**

grandson /'grænsʌn/ **petit-fils**

granny /'grænɪ/ **mamie**

grant /grɑːnt/ *a plusieurs catégories grammaticales et plusieurs sens :*

> Ce mot peut être un NOM :

grant *signifie* **subvention** *ou* **bourse** (pour faire des études)

> Ce mot peut être un VERBE :

► **grant** somebody something **accorder** quelque chose **à** quelqu'un

grape /greɪp/ **grain de raisin**

► **a bunch of grapes** **une grappe de raisin**

▷ She bought some grapes. Elle a acheté du raisin.

► **grape harvest** **vendange**

grapefruit /'greɪpfruːt/ **pamplemousse**

graph /grɑːf/ **graphique** (= dessin)

graphics /'græfɪks/ **images** *ou* **illustrations**

grasp /grɑːsp/ **saisir**

grass /grɑːs/ **herbe** *ou* **pelouse**
▷ "Keep off the grass." « Défense de marcher sur la pelouse. »
► **grass snake** couleuvre

grasshopper /'grɑːshɒpəʳ/ **sauterelle**

grate /greɪt/ *a plusieurs catégories grammaticales et plusieurs sens :*
> Ce mot peut être un NOM :
grate *signifie* **foyer** (d'une cheminée)
> Ce mot peut être un VERBE TRANSITIF :
► **grate something râper** quelque chose (du fromage ou des carottes, par exemple)

grateful /'greɪtfʊl/ **reconnaissant**

grater /'greɪtəʳ/ **râpe** (à fromage)

grave /greɪv/ *a plusieurs catégories grammaticales et plusieurs sens :*
> Ce mot peut être un NOM :
grave *signifie* **tombe**
> Ce mot peut être un ADJECTIF :
grave *signifie* **grave** (= sérieux)

gravel /'grævəl/ **gravier**

gravestone /'greɪvstəʊn/ **pierre tombale**

graveyard /'greɪvjɑːd/ **cimetière**

gravity /'grævɪtɪ/ **gravité**

gravy /'greɪvɪ/ **sauce** (au jus de viande)

gray /greɪ/ **gris**

Gray est l'orthographe américaine : en anglais britannique, ce mot s'écrit grey.

graze /greɪz/ *a plusieurs catégories grammaticales et plusieurs sens :*
> Ce mot peut être un VERBE INTRANSITIF :
graze *signifie* **brouter**
> Ce mot peut être un VERBE TRANSITIF :
► **graze something érafler** quelque chose
▷ He grazed his knee. Il s'est écorché le genou.

grease /griːs/ **graisse**

greasy /'griːsɪ/ **gras** (= enduit ou sali de graisse) *ou* **graisseux**

great /greɪt/ *a plusieurs sens :*
1 **great** *peut signifier* **grand**
► **a great many people** un grand nombre de gens
▷ They live in a great big house. Ils habitent une maison énorme.
2 **great** *peut signifier* **super** *ou* **génial**
▷ I feel great. Je me sens en pleine forme.
▷ They had a great time. Ils se sont beaucoup amusés.

Ne pas confondre great avec greet.

Great Britain /greɪt'brɪtn/ **Grande-Bretagne**

great-grandchild /greɪt'græntʃaɪld/ **arrière-petit-fils** *ou* **arrière-petite-fille**
► **great-grandchildren arrière-petits-enfants**

great-grandfather /greɪt'grænfɑːðə/ **arrière-grand-père**

great-grandmother /greɪt'grænmʌðəʳ/ **arrière-grand-mère**

Greece /griːs/ **Grèce**

greed /griːd/ **gourmandise** *ou* **avidité**

greedy /'griːdɪ/ **gourmand** *ou* **avide** (d'argent, de pouvoir)

Greek /griːk/ **Grec** *ou* **grec**

En anglais, les adjectifs de nationalité et les noms de langues commencent par une majuscule.

green /griːn/ **vert**

greengrocer /griːngrəʊsəʳ/ **marchand de fruits et légumes**
► **greengrocer's** *ou* **greengrocer's shop magasin de fruits et légumes**

greenhouse /'griːnhaʊs/ **serre** (pour les plantes)

greet /griːt/ **saluer** *ou* **accueillir**

Ne pas confondre greet avec great.

greeting /'griːtɪŋ/ **salutation** *ou* **accueil**
► **greetings card carte de vœux**

Greeting est aussi une forme du verbe greet :

▷ She was greeting the guests. Elle accueillait les invités.

grew /gruː/ *est le prétérit du verbe* grow.
▷ He grew some tomatoes. Il a fait pousser des tomates.

grey /greɪ/ **gris**

> En anglais américain, ce mot s'écrit **gray**.

grid /grɪd/ **grille**

grief /gri:f/ **chagrin**

grieve /gri:v/ **être en deuil**
► **grieve for** somebody **pleurer** quelqu'un

grill /grɪl/ *a plusieurs catégories grammaticales :*

> Ce mot peut être un NOM :

grill *signifie* **gril**

> Ce mot peut être un VERBE :

► **grill** something **griller** quelque chose *ou* **faire griller** quelque chose

grin /grɪn/ *a plusieurs catégories grammaticales :*

> Ce mot peut être un NOM :

grin *signifie* **large sourire**

> Ce mot peut être un VERBE :

grin *signifie* **avoir un large sourire**

grind /graɪnd/ **moudre** *ou* **piler**

grip /grɪp/ *a plusieurs catégories grammaticales et plusieurs sens :*

> Ce mot peut être un NOM :

1 **grip** *peut signifier* **prise** (= action de saisir ou de tenir saisi)
▷ He lost his grip. Il a lâché prise.

2 **grip** *peut signifier* **poignée** (= partie d'un objet qui sert à le tenir)

> Ce mot peut être un VERBE :

► **grip** something **saisir** quelque chose *ou* **tenir** quelque chose **serré**

groan /grəʊn/ *a plusieurs catégories grammaticales :*

> Ce mot peut être un NOM :

groan *peut signifier* **gémissement**

> Ce mot peut être un VERBE :

groan *peut signifier* **gémir**

grocer /'grəʊsəʳ/ **épicier**
► **grocer's** **épicerie**

groceries /'grəʊsərɪz/ **provisions**

grocery /'grəʊsərɪ/ **épicerie**

groin /grɔɪn/ **aine**

> En anglais, **groin** ne signifie pas « groin ».

groom /gru:m/ *a plusieurs catégories grammaticales et plusieurs sens :*

> Ce mot peut être un NOM :

1 **groom** *peut signifier* **palefrenier** (= personne qui s'occupe des chevaux)

2 **groom** *peut signifier* **futur marié** *ou* **jeune marié**

> Ce mot peut être un VERBE :

► **groom a horse** **brosser un cheval**

groove /gru:v/ **rainure** *ou* **sillon**

grope /grəʊp/ **tâtonner**
► **grope around for** something **chercher** quelque chose **à tâtons**

gross /grəʊs/ **brut** (par opposition à « net »)

ground /graʊnd/ *a plusieurs sens :*

1 **ground** *peut signifier* **terre** *ou* **sol**
▷ He was sitting on the ground. Il était assis par terre.
► **the ground floor** **le rez-de-chaussée**

2 **ground** *peut signifier* **terrain**
► **a sports ground** **un terrain de sport**

3 **grounds** *peut signifier* **parc** (autour d'un château ou d'un groupe de bâtiments)

4 **grounds** *peut signifier* **motifs** *ou* **raisons**

> **i** **Ground** est aussi le prétérit et le participe passé du verbe **grind** :

▷ He ground the coffee. Il a moulu le café.

group /gru:p/ **groupe**

grow /grəʊ/ *a plusieurs catégories grammaticales et plusieurs sens :*

> Ce mot peut être un VERBE INTRANSITIF :

1 **grow** *peut signifier* **pousser** (en parlant des plantes, des cheveux, des ongles) *ou* **grandir** (en parlant des gens ou des animaux)

2 **grow** *peut signifier* **augmenter**

3 **grow** *peut signifier* **devenir**
► **grow sad** **devenir triste**
► **grow old** **vieillir**

4 ► **grow up** *signifie* **grandir** *ou* **devenir adulte**
▷ When I grow up I want to be a teacher. Quand je serai grand je veux être professeur.
▷ Grow up! Ne fais pas l'enfant !

> Ce mot peut être un VERBE TRANSITIF :

1 **grow something** *peut signifier* **cultiver quelque chose** *ou* **faire pousser quelque chose**

2 **grow something** *peut signifier* **laisser pousser quelque chose** (les cheveux, la barbe, les ongles)

growl /graʊl/ *a plusieurs catégories grammaticales :*

> Ce mot peut être un NOM :

growl *signifie* **grognement** (d'un chien)

> Ce mot peut être un VERBE :

growl *signifie* **grogner** (en parlant d'un chien)

grown /grəʊn/ **adulte**

► **a grown man** **un adulte**

ℹ **Grown** est aussi le participe passé du verbe **grow** :

▷ She has grown a lot. Elle a beaucoup grandi.

grown-up /ˌgrəʊn'ʌp/ **adulte**

growth /grəʊθ/ **croissance**

grudge /grʌdʒ/ **rancune**

► **bear a grudge against** somebody **en vouloir à** quelqu'un

grumble /'grʌmbl/ **ronchonner**

grumpy /'grʌmpɪ/ **grognon**

grunt /grʌnt/ **grogner** (en parlant d'un cochon)

guarantee /ˌgærən'tiː/ *a plusieurs catégories grammaticales :*

> Ce mot peut être un NOM :

guarantee *signifie* **garantie**

> Ce mot peut être un VERBE :

► **guarantee** something **garantir** quelque chose

guard /gɑːd/ *a plusieurs catégories grammaticales et plusieurs sens :*

> Ce mot peut être un NOM :

1 **guard** *peut signifier* **gardien** *ou* **garde**

2 ► **be on guard** **être de garde**

3 ► **catch** somebody **off guard** **prendre** quelqu'un **au dépourvu**

> Ce mot peut être un VERBE :

guard *signifie* **garder** *ou* **surveiller**

guardian /'gɑːdɪən/ *a plusieurs sens :*

1 **guardian** *peut signifier* **gardien**

2 **guardian** *peut signifier* **tuteur** (qui s'occupe d'un enfant)

guerrilla /gə'rɪlə/ **guérillero**

guess /ges/ *a plusieurs catégories grammaticales et plusieurs sens :*

> Ce mot peut être un NOM :

guess *signifie* **supposition**

► **make a guess** *ou* **have a guess** **deviner**

> Ce mot peut être un VERBE TRANSITIF :

1 ► **guess** something **deviner** quelque chose

2 ► **guess that...** **supposer que...**

▷ I guess so. Je suppose.

> Ce mot peut être un VERBE INTRANSITIF :

guess *signifie* **deviner**

guest /gest/ *a plusieurs sens :*

1 **guest** *peut signifier* **invité**

► **guest room** **chambre d'amis**

2 **guest** *peut signifier* **client** (dans un hôtel)

guesthouse /'gesthaʊs/ **pension de famille**

guide /gaɪd/ *a plusieurs catégories grammaticales et plusieurs sens :*

> Ce mot peut être un NOM :

1 **guide** *peut signifier* **guide** (une personne ou un livre)

► **guide dog** **chien d'aveugle**

2 **guide** *peut signifier* **éclaireuse**

> Ce mot peut être un VERBE :

► **guide** somebody **guider** quelqu'un

guidebook /'gaɪdbʊk/ **guide** (= livre)

guidelines /'gaɪdlaɪnz/ **directives** *ou* **conseils**

guilt /gɪlt/ **culpabilité**

guilty /'gɪltɪ/ **coupable**

guinea-pig /'gɪnɪpɪg/ **cochon d'Inde** *ou* **cobaye**

guitar /gɪ'tɑːʳ/ **guitare**

► **play the guitar** **jouer de la guitare**

gulf /gʌlf/ *a plusieurs sens :*

1 **gulf** *peut signifier* **golfe**

2 **gulf** *peut signifier* **gouffre**

gull /gʌl/ **mouette**

gum /gʌm/ *a plusieurs sens :*

1 **gum** *peut signifier* **gencive**

2 **gum** *peut signifier* **colle**

3 **gum** *peut signifier* **chewing-gum**

gun /gʌn/ **revolver** *ou* **fusil** *ou* **pistolet**

gunfire /'gʌnfaɪəʳ/ **coups de feu**

gunshot /'gʌnʃɒt/ **coup de feu**

gurgle /'gɜːgl/ **gargouiller** *ou* **gazouiller**

gush /gʌʃ/ **jaillir**

gust /gʌst/ **rafale**

gut /gʌt/ *a plusieurs sens :*

1 gut *signifie* **intestin**

2 guts *signifie* **cran** (= courage)

▷ She's got guts. Elle a du cran.

gutter /ˈgʌtəʳ/ **gouttière** *ou* **caniveau**

guy /gaɪ/ **type** (= homme)

▷ He's a nice guy. C'est un type sympa.

gym /dʒɪm/ *a plusieurs sens :*

1 gym *peut signifier* **gymnase** *ou* **club de gym**

2 gym *peut signifier* **gymnastique**

► gym shoes **chaussures de gymnastique**

gymnasium /dʒɪmˈneɪzɪəm/ **gymnase**

gynaecologist /ˌgaɪnəˈkɒlədʒɪst/ **gynécologue**

gypsies /ˈdʒɪpsɪz/ *est le pluriel de* **gypsy.**

gypsy /ˈdʒɪpsɪ/ **bohémien** (= gitan, Tsigane)

Hh

La lettre H se prononce /eɪtʃ/ en anglais.
C'est comme le a de make suivi du ch de match.

habit /'hæbɪt/ **habitude**

► **have a habit of doing** something **avoir l'habitude de faire** quelque chose

hacker /'hækəʳ/ **pirate informatique**

had /hæd/ *est le prétérit et le participe passé du verbe* have.

▷ They had three dogs. Ils avaient trois chiens.

▷ He has had a lot of trouble. Il a eu beaucoup d'ennuis.

▷ She had eaten everything. Elle avait tout mangé.

► **had better** *est employé pour dire qu'il* **vaut mieux faire** quelque chose

▷ I had better leave. Il vaut mieux que je parte.

hadn't /'hædnt/ *est la contraction de* had not.

▷ He hadn't seen me. Il ne m'avait pas vu.

haggle /'hægl/ **marchander**

hail /heɪl/ *a plusieurs catégories grammaticales :*

> Ce mot peut être un NOM :

hail *signifie* **grêle**

> Ce mot peut être un VERBE INTRANSITIF :

hail *signifie* **grêler**

▷ It's hailing. Il grêle.

hair /hɛəʳ/ *a plusieurs sens :*

1 hair *peut signifier* **cheveux**

▷ She brushed her hair. Elle s'est brossé les cheveux.

▷ Her hair is black. Elle a les cheveux noirs.

► **do one's hair** **se coiffer**

► **hair gel** **gel coiffant**

► **hair slide** **barrette**

ℹ Hair au sens de « cheveux » est non dénombrable : il ne peut ni se mettre au pluriel, ni s'employer avec l'article a.

2 hair *peut signifier* **cheveu**

▷ He has a few grey hairs. Il a quelques cheveux blancs.

ℹ Hair au sens de « cheveu » est dénombrable : il peut se mettre au pluriel et on peut dire a hair (un cheveu).

3 hair *peut signifier* **poils** (sur le corps d'un être humain ou d'un animal)

▷ There's cat hair all over the armchair. Il y a des poils de chat partout sur le fauteuil.

ℹ Hair au sens de « poils » est non dénombrable : il ne peut ni se mettre au pluriel, ni s'employer avec l'article a.

4 hair *peut signifier* **poil**

▷ The leaf is covered in tiny hairs. La feuille est couverte de tout petits poils.

ℹ Hair au sens de « poil » est dénombrable : il peut se mettre au pluriel et on peut dire a hair (un poil).

hairband /'hɛəbænd/ **bandeau**

hairbrush /'hɛəbrʌʃ/ **brosse à cheveux**

haircut /'hɛəkʌt/ **coupe de cheveux**

▷ I need a haircut. Il faut que je me fasse couper les cheveux.

hairdresser /'hɛədresəʳ/ **coiffeur**

► **hairdresser's** **salon de coiffure**

hair-dryer /'hɛədraɪə/ **sèche-cheveux**

hairgrip /'hɛəgrɪp/ **pince à cheveux**

hairpin /hɛəpɪn/ **épingle à cheveux**

hairstyle /'hɛəstaɪl/ **coupe de cheveux** *ou* **coiffure**

hairy /'hɛərɪ/ **poilu**

half /hɑːf/ *a plusieurs catégories grammaticales et plusieurs sens :*

> Ce mot peut être un NOM :

1 **half** *peut signifier* **moitié**
▷ She ate half of the apple. Elle a mangé la moitié de la pomme.

2 ► **in half** **en deux**
▷ It broke in half. Il s'est cassé en deux.

3 **half** *peut signifier* **demi**
► **two and a half** **deux et demi**

4 *En sport,* **half** *signifie* **mi-temps**

> Ce mot peut être un ADJECTIF :

half *signifie* **demi**
► **half a dozen** **une demi-douzaine**
► **half an hour** **une demi-heure**

> Ce mot peut être un ADVERBE :

1 **half** *peut signifier* **à moitié**
▷ She was half asleep. Elle était à moitié endormie.

2 **half** *est employé pour dire* **l'heure**
► **half past ten** **dix heures et demie**

half-brother /ˈhɑːfˌbrʌðəʳ/ **demi-frère**

half-price /ˈhɑːfpraɪs/ **à moitié prix**

half-sister /ˈhɑːfˌsɪstəʳ/ **demi-sœur**

half-time /hɑːfˈtaɪm/ **mi-temps** (dans un match de football, par exemple)

halfway /hɑːfˈweɪ/ **à mi-chemin**
▷ They left halfway through the film. Ils sont partis au milieu du film.

hall /hɔːl/ *a plusieurs sens :*

1 **hall** *peut signifier* **entrée** (dans une maison)

2 **hall** *peut signifier* **grande salle**

hallo /həˈləʊ/ **bonjour**

hallway /ˈhɔːlweɪ/ **entrée** (dans une maison)

halt /hɔːlt/ *a plusieurs catégories grammaticales :*

> Ce mot peut être un NOM :

halt *signifie* **arrêt**
► **come to a halt** **s'arrêter**

> Ce mot peut être un VERBE :

halt *signifie* **s'arrêter**

halve /hɑːv/ **couper en deux** *ou* **réduire de moitié**
▷ Halve the tomatoes. Coupez les tomates en deux.
▷ Halve the quantities if cooking for one. Pour une personne, réduisez les quantités de moitié.

halves /hɑːvz/ *est le pluriel de* half.
► **go halves with somebody** **partager avec quelqu'un**

ham /hæm/ **jambon**

hammer /ˈhæməʳ/ **marteau**

hamster /ˈhæmstəʳ/ **hamster**

hand /hænd/ *a plusieurs catégories grammaticales et plusieurs sens :*

> Ce mot peut être un NOM :

1 **hand** *peut signifier* **main**
▷ They were holding hands. Ils se tenaient la main.
▷ They shook hands. Ils se sont serré la main.
► **by hand** **à la main**

2 **hand** *peut signifier* **coup de main**
▷ Can you give me a hand? Tu peux me donner un coup de main ?

3 **hand** *peut signifier* **aiguille** (d'une montre ou d'une horloge)

4 *Dans les jeux de cartes,* **hand** *signifie* **jeu** (= les cartes qu'on tient à la main)

> Ce mot peut être un VERBE :

► **hand something to somebody** **donner quelque chose à quelqu'un**

Phrasal verbs

Le verbe hand *peut être suivi d'une préposition, telle que* in *ou* out*, et dans ce cas, il peut avoir des sens différents. C'est ce qu'on appelle, en anglais, un « phrasal verb ».*

HAND IN
► **hand something in** **remettre** quelque chose

HAND OUT
► **hand something out** **distribuer** quelque chose

HAND OVER
► **hand something over** **remettre** quelque chose (un objet) *ou* **transmettre** quelque chose (pouvoirs ou responsabilité)

handbag /ˈhændbæg/ **sac à main**

handbook /ˈhændˌbʊk/ **manuel** (= livre)

handbrake /ˈhændˌbreɪk/ **frein à main**

handcuff /ˈhændkʌf/ *a plusieurs catégories grammaticales :*

> Ce mot peut être un NOM :

handcuff *signifie* **menotte**

> Ce mot peut être un VERBE :

► **handcuff** somebody **passer les menottes** à quelqu'un

handful /ˈhændfʊl/ **poignée** (= quantité de quelque chose qu'on peut tenir dans la main)

handicapped /ˈhændɪkæpt/ **handicapé**

handkerchief /ˈhæŋkətʃɪf/ **mouchoir**

handle /ˈhændl/ *a plusieurs catégories grammaticales et plusieurs sens :*

> Ce mot peut être un NOM :

handle *signifie* **poignée** (d'une porte, d'un tiroir, d'une valise) *ou* **manche** (d'un couteau, d'un balai) *ou* **anse** (d'un panier, d'une tasse)

> Ce mot peut être un VERBE :

1 ► handle something *peut signifier* **toucher à** quelque chose *ou* **manipuler** quelque chose

2 ► handle something *peut signifier* **s'occuper de** quelque chose *ou* **traiter** quelque chose

handlebars /ˈhændlbɑːz/ **guidon**

handmade /ˌhændˈmeɪd/ **fait à la main**

handsome /ˈhænsəm/ **beau**

handwriting /ˈhændraɪtɪŋ/ **écriture**

handy /ˈhændɪ/ **pratique**

► keep something handy **garder** quelque chose **à portée de main**

hang /hæŋ/ *a plusieurs catégories grammaticales et plusieurs sens :*

> Ce mot peut être un VERBE TRANSITIF :

1 ► hang something **accrocher** quelque chose *ou* **suspendre** quelque chose

▷ I hung your picture on the wall. J'ai accroché ton tableau au mur.

2 ► hang somebody **pendre** quelqu'un

> Ce mot peut être un VERBE INTRANSITIF :

1 hang *peut signifier* **pendre** *ou* **être accroché**

2 hang *peut signifier* **être pendu** (en parlant d'un criminel)

Phrasal verbs

Le verbe hang *peut être suivi d'une préposition, telle que* about *ou* up*, et dans ce cas, il peut avoir des sens différents. C'est ce qu'on appelle, en anglais, un « phrasal verb ».*

HANG ABOUT, HANG AROUND

► hang about *ou* hang around **traîner** (= s'attarder)

HANG ON

► hang on *peut signifier* **attendre**

► hang on to something **s'agripper à** quelque chose

HANG OUT

► hang the washing out **étendre le linge**

HANG OUT WITH

► hang out with somebody **fréquenter** quelqu'un

HANG UP

► hang up **raccrocher** (au téléphone)

► hang something up **accrocher** quelque chose

hanger /ˈhæŋəʳ/ **cintre**

hang-gliding /ˈhæŋglaɪdɪŋ/ **deltaplane®**

► go hang-gliding **faire du deltaplane®**

hangover /ˈhæŋəʊvə/ **gueule de bois**

hankie /ˈhæŋkɪ/ **mouchoir**

happen /ˈhæpən/ **arriver** *ou* **se passer**

▷ What happened? Qu'est-ce qui s'est passé ?

happier /ˈhæpɪəʳ/ *est le comparatif de* happy.

▷ I'm happier now. Je suis plus heureux maintenant.

happiest /ˈhæpɪɪst/ *est le superlatif de* happy.

▷ He's the happiest person I know. C'est la personne la plus heureuse que je connaisse.

happily /ˈhæpɪlɪ/ *a plusieurs sens :*

1 happily *peut signifier* **d'un air heureux**

▷ They lived happily ever after. Ils vécurent heureux.

2 happily *peut signifier* **volontiers** *ou* **de bon cœur**

3 happily *peut signifier* **heureusement**

happiness /ˈhæpɪnɪs/ **bonheur**

happy /ˈhæpɪ/ **heureux**

► Happy birthday! **Bon anniversaire !**

► Happy Christmas! **Joyeux Noël !**

► Happy Easter! **Joyeuses Pâques !**

► Happy New Year! **Bonne année !**

harass /'hærəs/ **harceler**

harbour /'hɑːbə^{r}/ **port** (pour les bateaux)

> En anglais américain, ce mot s'écrit harbor.

hard /hɑːd/ **dur**

- ► **be hard on** somebody **être dur avec** quelqu'un
- ► **work hard travailler dur**
- ► **find it hard to do** something **avoir du mal à faire** quelque chose
- ► **hit hard frapper fort**
- ► **think hard bien réfléchir**
- ► **listen hard écouter attentivement**
- ► **try hard faire un gros effort**
- ► **rain hard pleuvoir fort**

hard-boiled /'hɑːdbɔɪld/

- ► **hard-boiled egg œuf dur**

harden /hɑːdn/ **durcir**

hardly /'hɑːdlɪ/ **à peine**

- ▷ I can hardly see. Je vois à peine.
- ► **hardly anyone presque personne**
- ► **hardly anything presque rien**
- ► **hardly ever presque jamais**

hardware /'hɑːdwɛə^{r}/ *a plusieurs sens :*

1 **hardware** *peut signifier* **articles de quincaillerie**

- ► **hardware shop** *ou* **hardware store quincaillerie**

2 *En informatique,* **hardware** *signifie* **matériel**

hard-working /'hɑːdˌwɜːkɪŋ/ **travailleur**

hare /hɛə^{r}/ **lièvre**

harm /hɑːm/ *a plusieurs catégories grammaticales et plusieurs sens :*

> Ce mot peut être un NOM :

harm *signifie* **mal**

- ► **do** somebody **harm faire du mal à** quelqu'un

> Ce mot peut être un VERBE :

1 ► **harm** somebody **faire du mal à** quelqu'un

2 ► **harm** something **endommager** quelque chose

harmful /'hɑːmfʊl/ **nocif** *ou* **nuisible**

harmless /'hɑːmlɪs/ **inoffensif**

harmony /'hɑːmənɪ/ **harmonie**

harsh /hɑːʃ/ *a plusieurs sens :*

1 **harsh** *peut signifier* **dur** *ou* **sévère** (en parlant d'une personne, de la manière de traiter quelqu'un)

2 **harsh** *peut signifier* **rude** (en parlant de l'hiver, du climat)

3 **harsh** *peut signifier* **cru** (en parlant d'une lumière)

harvest /'hɑːvɪst/ *a plusieurs catégories grammaticales :*

> Ce mot peut être un NOM :

harvest *signifie* **récolte** *ou* **moisson** *ou* **vendange**

> Ce mot peut être un VERBE :

- ► **harvest** something **récolter** quelque chose *ou* **moissonner** quelque chose *ou* **vendanger** quelque chose

has /hæz/ *est la troisième personne du singulier du présent du verbe* **have**.

- ▷ She has many friends. Elle a beaucoup d'amis.
- ▷ He has cleaned all the windows. Il a lavé toutes les fenêtres.

hasn't /'hæznt/ *est la contraction de* **has not**.

- ▷ He hasn't finished yet. Il n'a pas encore fini.
- ▷ It hasn't stopped raining. Il n'a pas arrêté de pleuvoir.

haste /heɪst/ **hâte**

hat /hæt/ **chapeau**

hate /heɪt/ *a plusieurs catégories grammaticales :*

> Ce mot peut être un NOM :

hate *signifie* **haine**

> Ce mot peut être un VERBE :

hate *signifie* **détester** *ou* **haïr**

- ► **hate doing** something **détester faire** quelque chose

hatred /'heɪtrɪd/ **haine**

haunt /hɔːnt/ **hanter**

have /hæv/ *a plusieurs catégories grammaticales et plusieurs sens :*

> Ce mot peut être un VERBE AUXILIAIRE :

1 **have** *est employé pour former les temps composés :*

- ▷ I have seen that film. J'ai vu ce film.
- ▷ She has changed. Elle a changé.
- ▷ We have arrived. Nous sommes arrivés.
- ▷ They have gone out. Ils sont sortis.

2 **have** est employé dans de petites fins de phrases interrogatives et dans les réponses à

celles-ci. C'est ce qu'on appelle, en anglais, les « tags » :

▷ He has got a new car, hasn't he? Il a une nouvelle voiture, n'est-ce pas ?

▷ Yes, he has. Oui.

3 ► **have to** *indique l'*obligation *ou le* devoir

▷ I have to leave. Je dois partir *ou* Il faut que je parte.

▷ He has to wear glasses. Il doit porter des lunettes.

▷ You don't have to do it. Tu n'es pas obligé de le faire.

▷ She doesn't have to work. Elle n'a pas besoin de travailler.

> Ce mot peut être un VERBE TRANSITIF :

1 ► **have** something **avoir** quelque chose

▷ She has three brothers. Elle a trois frères.

▷ I don't have any time. Je n'ai pas le temps.

▷ Do you have any money? Est-ce que tu as de l'argent ?

En anglais britannique, on dit aussi have got : She has got three brothers, I haven't got any time, Have you got any money?

2 **have** se traduit parfois par un autre verbe en français :

► **have a sandwich** **manger un sandwich**

► **have a coffee** **boire un café**

► **have a cigarette** **fumer une cigarette**

► **have a shower** **prendre une douche**

► **have a swim** **nager**

► **have a party** **organiser une fête**

► **have an interview** **passer un entretien**

▷ I had a good evening. J'ai passé une bonne soirée.

▷ Did you have a nice holiday? Est-ce que tu as passé de bonnes vacances ?

3 ► **have** something **done** **faire faire** quelque chose

▷ I had my car repaired. J'ai fait réparer ma voiture.

▷ She had her hair cut. Elle s'est fait couper les cheveux.

haven't /ˈhævnt/ *est la contraction de* have not.

▷ I haven't got any time. Je n'ai pas de temps.

▷ We haven't finished yet. Nous n'avons pas encore fini.

▷ They haven't had anything to eat. Ils n'ont rien mangé.

hawk /hɔːk/ **faucon**

hay /heɪ/ **foin**

► **hay fever** **rhume des foins**

hazard /ˈhæzəd/ **risque**

hazardous /ˈhæzədəs/ **dangereux**

haze /heɪz/ **brume légère**

hazel /ˈheɪzl/ **noisette** (= couleur)

hazelnut /ˈheɪzlnʌt/ **noisette** (= fruit)

he /hiː/ **il** (pronom personnel masculin)

▷ He's a teacher. Il est professeur.

ℹ En anglais, le pronom personnel he est employé pour les personnes et les animaux familiers. Pour les objets et les animaux non familiers, on emploie le pronom neutre it.

head /hed/ *a plusieurs catégories grammaticales et plusieurs sens :*

> Ce mot peut être un NOM :

1 **head** *peut signifier* **tête**

► **from head to foot** **de la tête aux pieds**

2 **head** *peut signifier* **chef** (de famille, d'une entreprise)

3 **head** *peut signifier* **directeur d'école** *ou* **directrice d'école**

4 **heads** *signifie* **face** (d'une pièce de monnaie)

▷ Heads or tails? Pile ou face ?

> Ce mot peut être un VERBE :

► **head for** something **se diriger vers** quelque chose

headache /ˈhedeɪk/ **mal de tête**

► **have a headache** **avoir mal à la tête**

headband /ˈhedbænd/ **bandeau**

headlamp /ˈhedlæmp/ **phare** (d'un véhicule)

headlight /ˈhedlaɪt/ **phare** (d'un véhicule)

headline /ˈhedlaɪn/ **gros titre** (d'un journal)

headmaster /ˈhedmɑːstəʳ/ **directeur d'école**

headmistress /ˈhedmɪstrɪs/ **directrice d'école**

headphones /ˈhedfəʊnz/ **casque** (= écouteurs)

headquarters /ˈhedkwɔːtəz/ **siège** (d'une entreprise, d'un organisme) *ou* **quartier général** (des forces armées)

headteacher /hedˈtiːtʃəʳ/ **directeur d'école**

heal /hiːl/ *a plusieurs catégories grammaticales :*

> Ce mot peut être un VERBE INTRANSITIF :

heal *signifie* **se cicatriser**

> Ce mot peut être un VERBE TRANSITIF :

► **heal** somebody **guérir** quelqu'un

health /helθ/ **santé**

healthy /'helθɪ/ *signifie* **en bonne santé** *ou* **sain** *ou* **bon pour la santé**

▷ He is very healthy. Il est en très bonne santé.

▷ She has a healthy diet. Elle mange sainement.

heap /hi:p/ *a plusieurs catégories grammaticales :*

> Ce mot peut être un NOM :

heap *signifie* **tas**

► **heaps of des tas de**

> Ce mot peut être un VERBE :

► **heap** something **up empiler** quelque chose

hear /hɪəʳ/ **entendre**

▷ Can you hear me? Est-ce que tu m'entends ?

▷ I can't hear. Je n'entends rien.

► **hear about** *ou* **hear of entendre parler de**

▷ Have you heard about it? Est-ce que tu en as entendu parler ?

► **hear from avoir des nouvelles de**

▷ I haven't heard from him. Je n'ai pas eu de ses nouvelles.

heard /hɜ:d/ *est le prétérit et le participe passé du verbe* hear.

▷ I heard someone singing. J'ai entendu quelqu'un chanter.

▷ Have you heard of him? Est-ce que tu as entendu parler de lui ?

heart /hɑ:t/ **cœur**

► **heart attack crise cardiaque**

► **by heart par cœur**

heartbeat /'hɑ:tbi:t/ **battement du cœur**

heartbroken /'hɑ:tbrəʊkn/

► **be heartbroken avoir le cœur brisé** *ou* **avoir un gros chagrin**

heat /hi:t/ *a plusieurs catégories grammaticales :*

> Ce mot peut être un NOM :

heat *signifie* **chaleur**

> Ce mot peut être un VERBE :

► **heat** *ou* **heat up** *signifie* **chauffer** *ou* **faire chauffer**

heater /'hi:təʳ/ **radiateur**

heating /'hi:tɪŋ/ **chauffage**

ℹ Heating est aussi une forme du verbe heat :

▷ He was heating up some soup. Il réchauffait de la soupe.

heatwave /'hi:tweɪv/ **vague de chaleur**

heaven /'hevn/ **paradis**

heavier /'hevɪəʳ/ *est le comparatif de* heavy.

▷ My bag is heavier than yours. Mon sac est plus lourd que le tien.

heaviest /'hevɪɪst/ *est le superlatif de* heavy.

▷ This is the heaviest box. C'est la boîte la plus lourde.

heavy /'hevɪ/ *a plusieurs sens :*

1 **heavy** *peut signifier* **lourd**

▷ How heavy is it? Combien ça pèse ?

2 **heavy** *sert d'intensif :*

► **heavy traffic circulation dense**

► **heavy rain pluie battante**

► **heavy fighting combat intense**

► **heavy smoker gros fumeur**

► **heavy cold gros rhume**

hectic /'hektɪk/ **mouvementé** (en parlant d'une journée) *ou* **chargé** (en parlant d'un programme)

he'd /hi:d/ *est la contraction de* he had *et de* he would.

▷ He'd (= he had) finished his work. Il avait fini son travail.

▷ He'd (= he would) like to leave. Il aimerait partir.

hedge /hedʒ/ **haie**

hedgehog /'hedʒˌhɒg/ **hérisson**

heel /hi:l/ **talon**

► **high heels talons hauts**

height /haɪt/ **hauteur** (d'un bâtiment, d'une montagne) *ou* **taille** (d'une personne) *ou* **altitude**

heir /ɛəʳ/ **héritier**

held /held/ *est le prétérit et le participe passé du verbe* hold.

▷ I held it in my hand. Je le tenais dans la main.

helicopter /'helɪkɒptəʳ/ **hélicoptère**

he'll /hi:l/ *est la contraction de* he will.

▷ He'll be here soon. Il va bientôt arriver.

hell /hel/ **enfer**

hello /hə'ləʊ/ **bonjour** *ou* **allô**

helmet /'helmɪt/ **casque** (pour protéger la tête)

help /help/ *a plusieurs catégories grammaticales et plusieurs sens :*

> Ce mot peut être un NOM :

help *signifie* **aide** *ou* **secours**

▷ Help! Au secours !

> Ce mot peut être un VERBE :

1 ► **help** somebody **aider** quelqu'un

► **help** somebody **do** something **aider** quelqu'un **à faire** quelque chose

2 ► **help oneself se servir**

3 **help** est précédé de can't ou couldn't dans certaines expressions :

▷ It can't be helped. Tant pis.

▷ I can't help it. Je n'y peux rien *ou* C'est plus fort que moi.

▷ He can't help being clumsy. Ce n'est pas de sa faute s'il est maladroit.

▷ I couldn't help laughing. Je n'ai pas pu m'empêcher de rire.

helper /ˈhelpəʳ/ **aide** (= personne qui aide)

helpful /ˈhelpfʊl/ *a plusieurs sens :*

1 **helpful** *peut signifier* **serviable**

2 **helpful** *peut signifier* **utile** (en parlant d'un conseil, un livre par exemple)

helping /ˈhelpɪŋ/ **portion** *ou* **part** (d'un plat, de gâteau, par exemple)

► **have a second helping of** something **reprendre de** quelque chose

ℹ Helping est aussi une forme du verbe help :

▷ He was helping me. Il m'aidait.

hem /hem/ **ourlet**

hen /hen/ **poule**

her /hɜːʳ/ *a plusieurs sens :*

1 **her** *est le pronom personnel de la troisième personne du singulier féminin, complément d'objet direct ou indirect :*

▷ I can see her. Je la vois.

▷ He loves her. Il l'aime.

▷ I sent her a letter. Je lui ai envoyé une lettre.

▷ They spoke to her. Ils lui ont parlé.

▷ This is for her. Ceci est pour elle.

2 **her** *est la forme féminine de la troisième personne du singulier de l'adjectif possessif :*

▷ Her brother is a doctor. Son frère est médecin.

▷ Her mother lives in Italy. Sa mère habite en Italie.

▷ Her books are on the table. Ses livres sont sur la table.

▷ She washed her hair. Elle s'est lavé les cheveux.

herb /hɜːb/ **herbe** (qu'on utilise en cuisine)

herbal tea /ˈhɜːbəltiː/ **tisane**

herd /hɜːd/ **troupeau**

here /hɪəʳ/ *a plusieurs sens :*

1 **here** *peut signifier* **ici**

▷ She lives here. Elle habite ici.

▷ Come here. Viens ici.

▷ She's not here. Elle n'est pas là.

▷ I'm here. Je suis là.

► **here and there ça et là**

2 **here** *sert à désigner ou à présenter quelqu'un ou quelque chose et correspond à* **voici** *ou* **voilà**

▷ Here is your key. Voici votre clé.

▷ Here are the tickets. Voici les billets.

▷ Here I am! Me voilà !

En anglais, faites bien la différence entre here (ici, voici) et there (là, voilà).

hero /ˈhɪərəʊ/ **héros**

heroin /ˈherəʊɪn/ **héroïne** (= drogue)

Ne pas confondre heroin avec heroine.

heroine /ˈherəʊɪn/ **héroïne** (= femme héroïque)

Ne pas confondre heroine avec heroin.

herring /ˈherɪŋ/ **hareng**

hers /hɜːz/ *est le pronom possessif de la troisième personne du singulier féminin.* Hers *correspond à* **le sien** *ou* **à elle**

▷ Which book is hers? Lequel de ces livres est le sien ?

▷ This one is his and that one is hers. Celui-ci est à lui et celui-là est à elle.

▷ His car is old, hers is new. Sa voiture à lui est vieille, la sienne est neuve.

▷ I am a friend of hers. Je suis un ami à elle.

herself /hɜːˈself/ *a plusieurs sens :*

1 **herself** *est le pronom personnel de la troisième personne du singulier féminin, complément d'un verbe réfléchi :*

▷ She enjoyed herself. Elle s'est amusée.

▷ She cut herself. Elle s'est coupée.

2 **herself** *peut signifier* **elle-même**

▷ She did it herself. Elle l'a fait elle-même.

3 **herself** *peut suivre une préposition et correspond à* **elle**

▷ She's pleased with herself. Elle est contente d'elle.

4 ► by herself **toute seule**

he's /hiːz/ *est la contraction de* he is *ou* he has.

▷ He's (= he is) very tall. Il est très grand.

▷ He's (= he has) forgotten. Il a oublié.

hesitate /ˈhezɪteɪt/ **hésiter**

hi! /haɪ/ **salut !**

hiccup /ˈhɪkʌp/ **hoquet**

► have hiccups **avoir le hoquet**

hid /hɪd/ *est le prétérit du verbe* hide.

▷ He hid behind the curtain. Il s'est caché derrière le rideau.

hidden /ˈhɪdn/ *est le participe passé du verbe* hide.

▷ They've hidden the money. Ils ont caché l'argent.

hide /haɪd/ *a plusieurs catégories grammaticales et plusieurs sens :*

> Ce mot peut être un VERBE TRANSITIF :

► hide something **cacher** quelque chose

► hide something from somebody **cacher** quelque chose **à** quelqu'un

> Ce mot peut être un VERBE INTRANSITIF :

hide *signifie* **se cacher**

▷ Where are they hiding? Où se cachent-ils ?

> Ce mot peut être un NOM :

1 hide *peut signifier* **peau** (d'un animal)

2 hide *peut signifier* **cachette** (pour observer les oiseaux ou les animaux)

hide-and-seek /ˌhaɪdnˈsiːk/ **cache-cache**

hiding place /ˈhaɪdɪŋpleɪs/ **cachette**

high /haɪ/ *a plusieurs sens :*

1 high *peut signifier* **haut**

▷ How high is it? Cela fait combien de haut ?

▷ The tree is 4 metres high. L'arbre fait 4 mètres de haut.

► high jump **saut en hauteur**

► high school **lycée**

► high street **rue principale**

2 high *peut signifier* **élevé** (en parlant des prix, d'un chiffre, etc.)

3 high *peut signifier* **aigu** (en parlant d'une voix, d'un son)

high-class /haɪˈklɑːs/ **de luxe** *ou* **de première qualité** *ou* **de premier ordre**

higher /ˈhaɪəʳ/ *est le comparatif de* high.

▷ Throw the ball higher. Lance la balle plus haut.

► higher education **enseignement supérieur**

highest /ˈhaɪɪst/ *est le superlatif de* high.

▷ What's the highest mountain in France? Quelle est la montagne la plus haute de France ?

highlight /ˈhaɪlaɪt/ *a plusieurs catégories grammaticales et plusieurs sens :*

> Ce mot peut être un NOM :

1 highlight *peut signifier* **point fort** *ou* **moment fort** (d'un événement, de l'année)

2 highlights *peut signifier* **reflets** *ou* **mèches** (dans les cheveux)

> Ce mot peut être un VERBE :

1 ► highlight something *peut signifier* **souligner** quelque chose (= mettre l'accent sur)

2 ► highlight something *peut signifier* **surligner** quelque chose

highlighter /ˈhaɪlaɪtəʳ/ **surligneur**

high-tech /haɪˈtek/ **de haute technologie** *ou* **de pointe**

highway /ˈhaɪweɪ/ *a plusieurs sens :*

1 *En anglais américain,* highway *signifie* **autoroute**

2 *En anglais britannique,* highway *signifie* **voie publique**

hijack /ˈhaɪdʒæk/ **détourner** (un avion)

hijacker /ˈhaɪdʒækəʳ/ **pirate de l'air**

hike /haɪk/ *a plusieurs catégories grammaticales :*

> Ce mot peut être un NOM :

hike *signifie* **randonnée**

> Ce mot peut être un VERBE :

hike *signifie* **faire une randonnée** *ou* **de la randonnée**

hiker /ˈhaɪkəʳ/ **randonneur**

hiking /ˈhaɪkɪŋ/ **randonnée**

► go hiking **faire une randonnée** *ou* **faire des randonnées**

hilarious /hɪˈleərɪəs/ **hilarant**

hill /hɪl/ **colline** *ou* **côte** (= pente)

him /hɪm/ *est le pronom personnel de la troisième personne du singulier masculin, complément d'objet direct ou indirect :*

▷ I can see him. Je le vois.

▷ She loves him. Elle l'aime.

▷ I sent him a letter. Je lui ai envoyé une lettre.

▷ They spoke to him. Ils lui ont parlé.

▷ This is for him. Ceci est pour lui.

himself /hɪm'self/ *a plusieurs sens :*

1 **himself** *est le pronom personnel de la troisième personne du singulier masculin, complément d'un verbe réfléchi :*

▷ He enjoyed himself. Il s'est amusé.

▷ He cut himself. Il s'est coupé.

2 **himself** *peut signifier* **lui-même**

▷ He did it himself. Il l'a fait lui-même.

3 **himself** *peut suivre une préposition et correspond à* **lui**

▷ He's pleased with himself. Il est content de lui.

4 ► **by himself** **tout seul**

Hindu /'hɪndu:/ **hindou**

hint /hɪnt/ *a plusieurs catégories grammaticales et plusieurs sens :*

> Ce mot peut être un NOM :

1 **hint** *peut signifier* **allusion**

► **drop a hint** **faire une allusion**

2 **hint** *peut signifier* **conseil**

▷ They gave me a few hints. Ils m'ont donné quelques conseils.

3 ► **a hint of** something **un soupçon de** quelque chose *ou* **une touche de** quelque chose

> Ce mot peut être un VERBE :

1 ► **hint that...** **insinuer que...**

2 ► **hint at** something **faire allusion à** quelque chose

hip /hɪp/ **hanche**

hippo, hippopotamus /'hɪpəʊ, ˌhɪpə'pɒtəməs/ **hippopotame**

hire /'haɪə^r/ *a plusieurs catégories grammaticales et plusieurs sens :*

> Ce mot peut être un NOM :

hire *signifie* **location**

► **for hire** **à louer**

> Ce mot peut être un VERBE :

1 ► **hire** something **louer** quelque chose

2 ► **hire** somebody **embaucher** quelqu'un

his /hɪz/ *est la forme masculine de la troisième personne du singulier de l'adjectif possessif et du pronom possessif.*

▷ His brother is a doctor. Son frère est médecin.

▷ His mother lives in Italy. Sa mère habite en Italie.

▷ His books are on the table. Ses livres sont sur la table.

▷ He washed his hair. Il s'est lavé les cheveux.

▷ Which book is his? Lequel de ces livres est le sien ?

▷ Her car is old, his is new. Sa voiture à elle est vieille, la sienne est neuve.

▷ I am a friend of his. Je suis un ami à lui.

hiss /hɪs/ *a plusieurs catégories grammaticales :*

> Ce mot peut être un NOM :

hiss *signifie* **sifflement**

> Ce mot peut être un VERBE :

hiss *signifie* **siffler**

historic /hɪ'stɒrɪk/ **historique**

historical /hɪ'stɒrɪkəl/ **historique**

history /'hɪstərɪ/ **histoire** (= événements du passé)

hit /hɪt/ *a plusieurs catégories grammaticales et plusieurs sens :*

> Ce mot peut être un NOM :

1 **hit** *peut signifier* **coup**

2 **hit** *peut signifier* **succès** (une chanson ou un film, par exemple)

> Ce mot peut être un VERBE :

hit *signifie* **frapper** *ou* **heurter** *ou* **atteindre**

▷ She hits her brother all the time. Elle frappe son frère tout le temps.

▷ The car hit a tree. La voiture a heurté un arbre.

▷ I've hit my head. Je me suis cogné la tête.

▷ He hit the target. Il a atteint la cible.

ℹ Hit est la base verbale, mais aussi le prétérit et le participe passé, comme le montrent ces exemples.

hitch-hike /'hɪtʃhaɪk/ **faire de l'auto-stop**

hitch-hiker /'hɪtʃhaɪkə^r/ **auto-stoppeur**

hi-tech /'haɪ'tek/ **de haute technologie** *ou* **de pointe**

HIV /ˌeɪtʃaɪ'vi:/ **VIH**

► **HIV-positive** **séropositif**

hive /haɪv/ **ruche**

hoarse /hɔ:s/ **enroué**

hobbies /'hɒbɪz/ *est le pluriel de* hobby.

hobby /'hɒbɪ/ **passe-temps**

hold /həʊld/ *a plusieurs catégories grammaticales et plusieurs sens :*

> Ce mot peut être un NOM :

1 **hold** *peut signifier* **prise** (l'action ou le fait de tenir quelque chose)

► **catch hold of** something **attraper** quelque chose

2 ► get hold of something **se procurer** quelque chose

3 ► get hold of somebody **joindre** quelqu'un *ou* **trouver** quelqu'un

4 hold *peut signifier* **cale** (d'un navire) *ou* **soute** (d'un avion)

> Ce mot peut être un VERBE TRANSITIF :

1 ► hold something *peut signifier* **tenir** quelque chose

► hold something in place **maintenir** quelque chose **en place**

► hold one's breath **retenir son souffle**

▷ They were holding hands. Ils se tenaient par la main.

2 ► hold something *peut signifier* **contenir** quelque chose (en parlant d'un tiroir, d'un placard, d'une valise, par exemple)

3 ► hold something *peut signifier* **organiser** quelque chose (une réunion, une fête, une exposition, des élections)

4 ► hold somebody *peut signifier* **tenir** quelqu'un **dans ses bras**

5 ► hold somebody *peut signifier* **détenir** quelqu'un (en parlant de la police)

> Ce mot peut être un VERBE INTRANSITIF :

1 hold *peut signifier* **tenir**

2 *Au téléphone,* hold *signifie* **ne pas quitter**

► can you hold, please? **ne quittez pas**

Phrasal verbs

Le verbe hold *peut être suivi d'une préposition, telle que* on *ou* up*, et dans ce cas, il peut avoir des sens différents. C'est ce qu'on appelle, en anglais, un « phrasal verb ».*

HOLD ON

► hold on *peut signifier* **attendre** *ou* (au téléphone) **ne pas quitter**

► hold on *peut signifier* **tenir**

▷ Hold on tight! Tiens-toi bien !

HOLD ON TO

► hold on to something **s'accrocher à** quelque chose

HOLD OUT

► hold something out **tendre** quelque chose

HOLD UP

► hold something up *peut signifier* **lever** quelque chose (pour qu'on puisse le voir)

► hold somebody *ou* something up *peut signifier* **retarder** quelqu'un *ou* quelque chose

holdup /'həʊldʌp/ *a plusieurs sens :*

1 holdup *peut signifier* **attaque à main armée**

2 holdup *peut signifier* **retard**

hole /həʊl/ **trou**

holiday /'hɒlɪdeɪ/ *a plusieurs sens :*

1 holiday *peut signifier* **vacances**

► on holiday **en vacances**

2 holiday *peut signifier* **jour férié**

hollow /'hɒləʊ/ **creux**

holly /'hɒlɪ/ **houx**

Ne pas confondre holly avec holy.

holy /'həʊlɪ/ **saint**

Ne pas confondre holy avec holly.

home /həʊm/ *a plusieurs catégories grammaticales et plusieurs sens :*

> Ce mot peut être un NOM :

1 home *peut signifier* **maison**

► at home **chez soi** *ou* **à la maison**

▷ I'll be at home. Je serai chez moi.

▷ Make yourself at home! Faites comme chez vous !

2 home *peut signifier* **pays natal** *ou* **ville natale**

3 ► home address **adresse du domicile**

► home page **page d'accueil**

► home town **ville natale**

> Ce mot peut être un ADVERBE :

home *signifie* **chez soi** *ou* **à la maison**

▷ We went home. Nous sommes rentrés chez nous.

homeless /'həʊmlɪs/ **sans abri**

► the homeless **les sans-abri**

home-made /həʊm'meɪd/ **fait maison**

homeopathy /ˌhəʊmɪ'ɒpəθɪ/ **homéopathie**

homesick /'həʊmsɪk/

► be homesick **avoir le mal du pays**

homework /'həʊmwɜːk/ **devoirs** (pour l'école)

honest /'ɒnɪst/ **honnête**

honestly /'ɒnɪstlɪ/ **honnêtement**

honesty /'ɒnɪstɪ/ **honnêteté**

honey /'hʌnɪ/ **miel**

honeymoon /'hʌnɪˌmuːn/ **lune de miel**

honor /'ɒnəʳ/ *est l'orthographe américaine de* honour.

honour /ˈɒnəʳ/ *a plusieurs catégories grammaticales :*

> Ce mot peut être un NOM :

honour *signifie* **honneur**

► in honour of... **en l'honneur de...**

> Ce mot peut être un VERBE :

honour *signifie* **honorer**

En anglais américain, ce mot s'écrit honor.

hood /hʊd/ **capuchon** (d'un vêtement)

hoof /huːf/ **sabot** (d'un cheval, d'une vache, etc.)

hook /hʊk/ *a plusieurs catégories grammaticales et plusieurs sens :*

> Ce mot peut être un NOM :

hook *signifie* **crochet** *ou* **hameçon**

> Ce mot peut être un VERBE :

► hook something **accrocher** quelque chose

hooked /hʊkt/

► be hooked on something **être accro à** quelque chose

► be hooked on somebody **être dingue de** quelqu'un

hooray! /huːˈreɪ/ **hourra !**

hoot /huːt/ *a plusieurs sens :*

1 hoot *peut signifier* **hululer** (en parlant d'une chouette ou d'un hibou)

2 hoot *peut signifier* **klaxonner**

hooter /ˈhuːtəʳ/ **klaxon®**

hoover /ˈhuːvəʳ/ *a plusieurs catégories grammaticales :*

> Ce mot peut être un NOM :

Hoover® *signifie* **aspirateur**

> Ce mot peut être un VERBE :

► hoover a room **passer l'aspirateur dans une pièce**

Hoover® n'est pas employé en anglais américain : aux États-Unis, on dit vacuum cleaner pour le nom et vacuum pour le verbe.

hooves /huːvz/ *est le pluriel de* hoof.

hop /hɒp/ **sauter** *ou* **sauter à cloche-pied**

hope /həʊp/ *a plusieurs catégories grammaticales :*

> Ce mot peut être un NOM :

hope *signifie* **espoir**

> Ce mot peut être un VERBE :

hope *signifie* **espérer**

▷ I hope so. J'espère que oui.

▷ I hope not. J'espère que non.

hopeful /ˈhəʊpfʊl/ **plein d'espoir** *ou* **prometteur**

▷ I'm hopeful that she'll accept. J'ai bon espoir qu'elle accepte.

▷ This is a hopeful sign. C'est un signe prometteur.

hopefully /ˈhəʊpfəlɪ/ *a plusieurs sens :*

1 hopefully *peut signifier* **avec espoir**

2 hopefully *peut signifier* **avec un peu de chance**

hopeless /ˈhəʊplɪs/ *a plusieurs sens :*

1 hopeless *peut signifier* **désespéré**

2 hopeless *peut signifier* **nul** (= mauvais)

horn /hɔːn/ *a plusieurs sens :*

1 horn *peut signifier* **corne** (d'un animal)

2 horn *peut signifier* **cor** (= instrument de musique)

3 horn *peut signifier* **klaxon®**

horrid /ˈhɒrɪd/ **horrible**

horror /ˈhɒrəʳ/ **horreur**

► horror film **film d'épouvante**

horse /hɔːs/ **cheval**

► ride a horse **monter à cheval**

► horse-riding **équitation**

horseback /ˈhɔːsbæk/

► on horseback **à cheval**

horse racing /ˈhɔːsˌreɪsɪŋ/ **courses de chevaux**

horseshoe /ˈhɔːsʃuː/ **fer à cheval**

hose /həʊz/ **tuyau d'arrosage** *ou* **tuyau d'incendie**

hosepipe /ˈhəʊzpaɪp/ **tuyau d'arrosage** *ou* **tuyau d'incendie**

hospital /ˈhɒspɪtl/ **hôpital**

► in hospital **à l'hôpital**

host /həʊst/ *a plusieurs sens :*

1 host *peut signifier* **hôte**

2 host *peut signifier* **animateur** (d'une émission)

hostage /ˈhɒstɪdʒ/ **otage**

► take somebody hostage **prendre** quelqu'un **en otage**

hostel /ˈhɒstəl/ **foyer** (= établissement d'accueil)

► youth hostel **auberge de jeunesse**

hostess /ˈhəʊstɪs/ **hôtesse**

hot /hɒt/ *a plusieurs sens :*

1 hot *peut signifier* **chaud**

▷ It's hot today. Il fait chaud aujourd'hui.

▷ I'm hot. J'ai chaud.

2 hot *peut signifier* **épicé**

hot-air balloon /hɒt'ɛəbəluːn/ **montgolfière**

hotel /həʊ'tel/ **hôtel**

hot-water bottle /hɒt'wɔːtə bɒtl/ **bouillotte**

hour /'aʊəʳ/ **heure**

► half an hour **une demi-heure**

► 100 km an hour *ou* per hour **100 km à l'heure**

house /haʊs/ **maison**

housewife /'haʊsˌwaɪf/ **femme au foyer**

housewives /'haʊsˌwaɪvz/ *est le pluriel de* housewife.

housework /'haʊswɜːk/ **ménage** (= travaux ménagers)

housing estate /'haʊzɪŋ ɪs'teɪt/ *a plusieurs sens :*

1 housing estate *peut signifier* **cité (de logements sociaux)**

2 housing estate *peut signifier* **lotissement**

hover /'hɒvəʳ/ **planer**

hovercraft /'hɒvəkrɑːft/ **aéroglisseur**

how /haʊ/ *a plusieurs sens :*

1 how *peut signifier* **comment**

▷ How are you? Comment vas-tu ?

▷ How did he do it? Comment l'a-t-il fait ?

▷ I don't know how he did it. Je ne sais pas comment il l'a fait.

2 how *est employé avant un adjectif ou un adverbe pour poser des questions sur les quantités et les degrés*

▷ How big is the garden? De quelle taille est le jardin ?

▷ How tall is he? Combien mesure-t-il ?

▷ How long will it take? Combien de temps faudra-t-il ?

▷ How old is he? Quel âge a-t-il ?

▷ How much does it cost? Combien ça coûte ?

▷ How many people came? Combien de personnes sont venues ?

3 how *est employé dans les exclamations*

▷ How nice! C'est bien !

▷ How terrible! C'est affreux !

4 ► how about *est employé pour faire une suggestion*

▷ How about going for a walk? Et si on allait se promener ?

▷ How about a drink? Et si on prenait un verre ?

however /haʊ'evəʳ/ *a plusieurs sens :*

1 however *peut signifier* **cependant**

2 however *peut être suivi d'un adjectif :*

▷ However hard I try, I can't do it. J'ai beau essayer, je n'y arrive pas.

▷ However difficult it is, you mustn't give up. Aussi difficile que ce soit, tu ne dois pas abandonner.

▷ However many people there are, we will stay. Quel que soit le nombre de personnes présentes, nous resterons.

howl /haʊl/ **hurler**

hug /hʌg/ *a plusieurs catégories grammaticales :*

> Ce mot peut être un NOM :

hug *signifie* **étreinte**

► give somebody a hug **serrer** quelqu'un **dans ses bras**

> Ce mot peut être un VERBE :

► hug somebody **serrer** quelqu'un **dans ses bras**

huge /hjuːdʒ/ **énorme**

hum /hʌm/ **bourdonner** *ou* **fredonner**

human /'hjuːmən/ **humain**

► human being **être humain**

humanitarian /hjuːˌmænɪ'teərɪən/ **humanitaire**

humble /'hʌmbl/ **humble** *ou* **modeste**

humor /'hjuːməʳ/ *est l'orthographe américaine de* humour.

humorous /'hjuːmərəs/ **humoristique** *ou* **plein d'humour**

humour /'hjuːməʳ/ *a plusieurs catégories grammaticales et plusieurs sens :*

> Ce mot peut être un NOM :

humour *signifie* **humour**

> Ce mot peut être un VERBE :

► humour somebody **faire plaisir à** quelqu'un

En anglais américain, ce mot s'écrit humor.

hump /hʌmp/ **bosse**

hundred /'hʌndrəd/ **cent**
► **a hundred per cent** **cent pour cent**
► **hundreds of...** **des centaines de...**

hundredth /'hʌndrədθ/ **centième**

hung /hʌŋ/ *est le prétérit et le participe passé du verbe* **hang**.
▷ I hung the picture on the wall. J'ai accroché le tableau au mur.
▷ He has hung the washing out. Il a étendu le linge.

Hungarian /hʌŋ'gɛərɪən/ **Hongrois** *ou* **hongrois**

ℹ En anglais, les adjectifs de nationalité et les noms de langues commencent par une majuscule.

Hungary /'hʌŋgərɪ/ **Hongrie**

ℹ En général, en anglais, on n'emploie pas d'article défini devant les noms de pays et de continents.

hunger /'hʌŋgəʳ/ **faim**

hungry /'hʌŋgrɪ/ *a plusieurs sens :*
1 ► **be hungry** **avoir faim**
2 ► **be hungry for** something **être avide de** quelque chose

hunt /hʌnt/ **chasser**
► **hunt for** something **chercher** quelque chose

hunter /'hʌntəʳ/ **chasseur**

hunting /'hʌntɪŋ/ **chasse**
► **go hunting** **partir à la chasse**

ℹ **Hunting** est aussi une forme du verbe **hunt** :

▷ They were hunting for a photo. Ils cherchaient une photo.

hurl /hɜːl/ **jeter** *ou* **lancer**

hurricane /'hʌrɪkən/ **ouragan**

hurried /'hʌrɪd/ **précipité** *ou* **fait à la hâte**

ℹ **Hurried** est aussi le prétérit et le participe passé du verbe **hurry** :

▷ She hurried to the shop. Elle s'est dépêchée d'aller au magasin.

hurries /'hʌrɪz/ *est la troisième personne du singulier du verbe* **hurry** *au présent de l'indicatif.*
▷ She never hurries. Elle ne se dépêche jamais.

hurry /'hʌrɪ/ *a plusieurs catégories grammaticales :*

> Ce mot peut être un NOM :

hurry *signifie* **hâte**
► **be in a hurry** **être pressé**
► **do** something **in a hurry** **faire** quelque chose **à toute vitesse**

> Ce mot peut être un VERBE :

hurry *signifie* **se dépêcher**
▷ Hurry up! Dépêche-toi !
▷ She hurried home. Elle s'est dépêchée de rentrer.

hurt /hɜːt/ *a plusieurs catégories grammaticales et plusieurs sens :*

> Ce mot peut être un VERBE TRANSITIF :

► **hurt** somebody **blesser** quelqu'un *ou* **faire mal à** quelqu'un
▷ I've hurt myself. Je me suis fait mal.
▷ She hurt her arm. Elle s'est fait mal au bras.
▷ You're hurting me! Tu me fais mal !

ℹ **Hurt** est la base verbale, mais aussi le prétérit et le participe passé, comme le montrent les deux premiers exemples.

> Ce mot peut être un VERBE INTRANSITIF :

hurt *signifie* **faire mal**
▷ My leg hurts. Ma jambe me fait mal.

> Ce mot peut être un ADJECTIF :

hurt *signifie* **blessé**

husband /'hʌzbənd/ **mari**

hut /hʌt/ **cabane** *ou* **hutte**

hygienic /haɪ'dʒiːnɪk/ **hygiénique**

hypermarket /'haɪpəmɑːkɪt/ **hypermarché**

hyphen /'haɪfən/ **trait d'union**

hypothesis /ˌhaɪ'pɒθɪsɪs/ **hypothèse**

I i

La lettre **I** se prononce /aɪ/ en anglais.
I rime avec **my**, **fly** et **sky**.

I /aɪ/ **je**

▷ I am happy. Je suis content.

▷ I live in Rome. J'habite à Rome.

▷ I didn't do it! Ce n'est pas moi qui l'ai fait !

ℹ Le mot I s'écrit toujours avec une majuscule.

ice /aɪs/ *a plusieurs catégories grammaticales et plusieurs sens :*

> Ce mot peut être un NOM :

ice *signifie* **glace** *ou* **verglas** *ou* **glaçons**

► ice cream **glace** (= crème glacée)

► ice cube **glaçon**

► ice hockey **hockey sur glace**

► ice rink **patinoire**

> Ce mot peut être un VERBE :

1 ► ice a cake **glacer un gâteau**

2 ► ice up *ou* ice over **givrer** *ou* **geler**

▷ The river was icing over. La rivière était en train de geler.

icebox /ˈaɪsbɒks/ *a plusieurs sens :*

1 *En anglais britannique,* icebox *peut signifier* **freezer**

2 *En anglais américain,* icebox *peut signifier* **réfrigérateur**

3 icebox *peut signifier* **glacière**

ice-skate /ˈaɪsskeɪt/ **faire du patin à glace**

ice-skating /ˈaɪsskeɪtɪŋ/ **patinage sur glace**

► go ice-skating **faire du patin à glace**

icicle /ˈaɪsɪkl/ **glaçon naturel**

icing /ˈaɪsɪŋ/ **glaçage (sur un gâteau)**

ℹ Icing est aussi une forme du verbe ice :

icon /ˈaɪkɒn/ **icône**

ICT /ˌaɪsiːˈtiː/ **TICE**

ℹ ICT est l'abréviation de Information and Communications Technology.

icy /ˈaɪsɪ/ **glacial** *ou* **verglacé**

ID /aɪˈdiː/ **pièce d'identité**

► ID card **carte d'identité**

ℹ ID est l'abréviation du mot identity.

I'd /aɪd/ *est la contraction de* **I had** *ou* **I would.**

▷ I'd (= I had) already eaten. J'avais déjà mangé.

▷ I'd (= I would) go if I were you. J'irais si j'étais à ta place.

idea /aɪˈdɪə/ **idée**

▷ I have no idea. Je n'ai aucune idée.

ideal /aɪˈdɪəl/ **idéal**

identical /aɪˈdentɪkəl/ **identique**

► identical twins **vrais jumeaux**

identify /aɪˈdentɪfaɪ/ **identifier**

► identify with **s'identifier à**

identity /aɪˈdentɪtɪ/ **identité**

► identity card **carte d'identité**

idle /ˈaɪdl/ **paresseux**

idol /ˈaɪdl/ **idole**

if /ɪf/ **si**

▷ I'll go if you want. J'irai si tu veux.

▷ If I won the lottery, I would buy a big house. Si je gagnais à la loterie, j'achèterais une grande maison.

▷ If he had known, he would have told you. S'il l'avait su, il te l'aurait dit.

▷ If only I had known! Si seulement j'avais su !

▷ I wonder if he's there. Je me demande s'il est là.

► **if I were you...** à ta place... *ou* si j'étais toi...

► **as if** comme si

► **even if** même si

► **if only...** si seulement...

ignore /ɪg'nɔːʳ/ *a plusieurs sens :*

1 ► **ignore somebody** ignorer quelqu'un (= faire semblant de ne pas voir)

2 ► **ignore something** ne pas tenir compte de quelque chose (un conseil, des faits)

> Ignore ne signifie pas « ignorer » au sens de « ne pas savoir » (je l'ignore = I don't know).

I'll /aɪl/ *est la contraction de* **I will** *ou* **I shall.**

▷ I'll be at home. Je serai chez moi.

ill /ɪl/ *a plusieurs sens :*

1 **ill** *peut signifier* malade

▷ He is very ill. Il est très malade.

▷ It made her ill. Cela l'a rendue malade.

▷ I feel ill. Je ne me sens pas bien.

2 **ill** *peut signifier* mal *ou* mauvais

► **ill-at-ease** mal à l'aise

► **ill health** mauvaise santé

illegal /ɪ'liːgəl/ illégal

illegible /ɪ'ledʒəbl/ illisible

illness /'ɪlnəs/ maladie

ill-treat /ɪltriːt/ maltraiter

I'm /aɪm/ *est la contraction de* I am.

▷ I'm very angry. Je suis très en colère.

image /'ɪmɪdʒ/ image

imaginative /ɪ'mædʒɪnətɪv/ plein d'imagination

imagine /ɪ'mædʒɪn/ imaginer

imitate /'ɪmɪteɪt/ imiter

immediate /ɪ'miːdɪət/ immédiat

immediately /ɪ'miːdɪətlɪ/ immédiatement

immigrant /'ɪmɪgrənt/ immigrant *ou* immigré

immigrate /'ɪmɪgreɪt/ immigrer

immortal /ɪ'mɔːtl/ immortel

immune /ɪ'mjuːn/ immunisé

► **immune system** système immunitaire

impatient /ɪm'peɪʃənt/ impatient

► **get impatient** s'impatienter

imperfect /ɪm'pɜːfɪkt/ imparfait

impersonal /ɪm'pɜːsnl/ impersonnel

impersonation /ɪm,pɜːsə'neɪʃən/ imitation (d'une personne célèbre)

implicate /'ɪmplɪkeɪt/ impliquer

imply /ɪm'plaɪ/

► **imply that...** laisser entendre que... *ou* insinuer que...

impolite /,ɪmpə'laɪt/ impoli

import *a plusieurs catégories grammaticales :*

> Ce mot peut être un NOM, qui se prononce /'ɪmpɔːt/ :

import *signifie* importation

> Ce mot peut être un VERBE, qui se prononce /ɪm'pɔːt/ :

► **import something** importer quelque chose

importer /ɪm'pɔːtəʳ/ importateur

impose /ɪm'pəʊz/ *a plusieurs catégories grammaticales :*

> Ce mot peut être un VERBE TRANSITIF :

► **impose something on somebody** imposer quelque chose à quelqu'un

> Ce mot peut être un VERBE INTRANSITIF :

► **impose on somebody** abuser de la gentillesse de quelqu'un

impractical /ɪm'præktɪkəl/ peu pratique

impress /ɪm'pres/ impressionner

► **be impressed by something** être impressionné par quelque chose

impression /ɪm'preʃən/ *a plusieurs sens :*

1 **impression** *peut signifier* impression

► **make a good impression on somebody** faire bonne impression à quelqu'un

2 **impression** *peut signifier* imitation

► **do an impression of somebody** imiter quelqu'un

impressive /ɪm'presɪv/ impressionnant

improve /ɪm'pruːv/ *a plusieurs catégories grammaticales et plusieurs sens :*

> Ce mot peut être un VERBE TRANSITIF :

► improve something **améliorer** quelque chose

> Ce mot peut être un VERBE INTRANSITIF :

1 improve *peut signifier* **s'améliorer**

2 improve *peut signifier* **faire des progrès** (en parlant d'un élève ou d'un malade)

improvement /ɪm'pruːvmənt/ **amélioration**

▷ That's a great improvement. C'est beaucoup mieux.

impulse /'ɪmpʌls/ **impulsion**

impulsive /ɪm'pʌlsɪv/ **impulsif**

in /ɪn/ *a plusieurs sens :*

1 in *peut correspondre à* **dans**

▷ Put your toys in a box. Mets tes jouets dans une boîte.

▷ She'll be here in two weeks. Elle sera là dans deux semaines.

2 in *peut correspondre à* **en**

▷ Mark is in England. Mark est en Angleterre.

▷ The work will be finished in May. Le travail sera terminé en mai.

▷ We go skiing in the winter. On fait du ski en hiver.

▷ This dictionary was published in 2002. Ce dictionnaire a été publié en 2002.

▷ They were in shorts. Ils étaient en short.

▷ Say it in English. Dis-le en anglais.

▷ He did it in two hours. Il l'a fait en deux heures.

3 in *peut correspondre à* **à**

▷ They live in Canada. Ils habitent au Canada.

▷ We have friends in London. Nous avons des amis à Londres.

▷ David is in hospital. David est à l'hôpital.

4 *Notez aussi les emplois suivants de* in *: la préposition est différente en français :*

▷ He spoke in a loud voice. Il parlait d'une voix forte.

▷ Write in pencil. Écris au crayon.

▷ It's the biggest dog in the world. C'est le plus grand chien du monde.

5 *Quand il suit un verbe,* in *a souvent le sens de* **à l'intérieur** *ou* **dedans**

▷ They all rushed in. Ils se sont tous précipités à l'intérieur.

▷ Come in! Entrez !

6 in *est aussi employé pour dire que quelqu'un est* **à la maison**

▷ Is Mary in? Est-ce que Mary est là ?

▷ He's always in at the weekend. Il est toujours chez lui les week-ends.

inability /ˌɪnə'bɪlɪtɪ/ **incapacité**

inaccurate /ɪn'ækjʊrɪt/ **inexact** *ou* **imprécis**

inadequate /ɪn'ædɪkwɪt/ **insuffisant**

inappropriate /ˌɪnə'prəʊprɪɪt/ **inopportun** *ou* **impropre** *ou* **peu approprié**

incentive /ɪn'sentɪv/ **motivation** *ou* **incitation**

▷ There is no incentive to work hard. Rien ne vous incite à travailler dur.

inch /ɪntʃ/ **pouce** (= unité de mesure correspondant à 2,54 cm)

inclined /ɪn'klaɪnd/ *a plusieurs sens :*

1 ► be inclined to do something *peut signifier* **avoir tendance à faire** quelque chose

2 ► be inclined to do something *peut signifier* **avoir envie de faire** quelque chose

3 inclined *peut signifier* **incliné**

include /ɪn'kluːd/ **inclure** *ou* **comprendre** (= comporter)

▷ Service is not included. Le service n'est pas compris.

including /ɪn'kluːdɪŋ/ **y compris**

ℹ Including est aussi une forme du verbe include :

▷ I'm not including the tickets. Je n'inclus pas les billets.

inclusive /ɪn'kluːsɪv/ **inclus** *ou* **tout compris**

▷ You have to read up to page 50 inclusive. Il faut lire jusqu'à la page 50 incluse.

▷ Is the price inclusive of VAT? Le prix comprend-il la TVA ?

income /'ɪnkʌm/ **revenu**

► income tax **impôt sur le revenu**

inconsiderate /ˌɪnkən'sɪdərɪt/ **pas très gentil**

▷ He's very inconsiderate to his mother. Il n'est pas très gentil avec sa mère.

inconvenient /ˌɪnkən'viːnɪənt/ **inopportun** *ou* **peu pratique**

incorrect /ˌɪnkə'rekt/ **incorrect**

▷ You are incorrect. Vous vous trompez.

increase *a plusieurs catégories grammaticales :*

> Ce mot peut être un NOM, qui se prononce /'ɪnkriːs/ :

increase *signifie* **augmentation**

► be on the increase **augmenter**

> Ce mot peut être un VERBE, qui se prononce /ɪn'kriːs/ :

increase *signifie* **augmenter**

increasingly /ɪn'kriːsɪŋlɪ/ **de plus en plus**

incredible /ɪn'kredəbl/ **incroyable**

incredibly /ɪn'kredəblɪ/ **incroyablement**

indeed /ɪn'diːd/ *a plusieurs sens :*

1 indeed *peut signifier* **en effet** *ou* **effectivement**

▷ The hotel was indeed excellent. L'hôtel était en effet excellent.

2 indeed *peut signifier* **bien sûr**

▷ Are you coming? – Yes, indeed! Est-ce que tu viens ? – Bien sûr !

3 indeed *peut signifier* **vraiment**

▷ He is very clever indeed. Il est vraiment intelligent.

▷ Thank you very much indeed. Merci mille fois.

indefinite /ɪn'defɪnɪt/ **indéfini**

indefinitely /ɪn'defɪnɪtlɪ/ **indéfiniment**

independence /ˌɪndɪ'pendəns/ **indépendance**

► Independence Day **fête de l'Indépendance américaine** (le 4 juillet)

ℹ Notez la différence d'orthographe entre l'anglais et le français.

independent /ˌɪndɪ'pendənt/ **indépendant**

ℹ Notez la différence d'orthographe entre l'anglais et le français.

index /'ɪndeks/ **index**

► index finger **index** (doigt)

India /'ɪndɪə/ **Inde**

ℹ En général, en anglais, on ne met pas d'article défini devant les noms de pays et de continents.

Indian /'ɪndɪən/ **Indien** *ou* **indien**

ℹ En anglais, les adjectifs de nationalité s'écrivent avec une majuscule.

indicate /'ɪndɪkeɪt/ *a plusieurs catégories grammaticales :*

> Ce mot peut être un VERBE TRANSITIF :

► indicate something **indiquer** quelque chose

> Ce mot peut être un VERBE INTRANSITIF :

indicate *signifie* **mettre son clignotant**

Au sens de « mettre son clignotant », indicate n'est pas employé en anglais américain : aux États-Unis, on dit signal.

indicator /'ɪndɪkeɪtəʳ/ *a plusieurs sens :*

1 indicator *peut signifier* **indicateur**

2 indicator *peut signifier* **clignotant**

Au sens de « clignotant », indicator n'est pas employé en anglais américain : aux États-Unis, on dit signal light.

indifferent /ɪn'dɪfrənt/ *a plusieurs sens :*

1 indifferent *peut signifier* **indifférent**

▷ He's not indifferent to her. Elle ne le laisse pas indifférent.

2 indifferent *peut signifier* **quelconque**

▷ He's a rather indifferent player. C'est un joueur assez quelconque.

indirectly /ˌɪndɪ'rektlɪ/ **indirectement**

individual /ˌɪndɪ'vɪdjʊəl/ *a plusieurs catégories grammaticales et plusieurs sens :*

> Ce mot peut être un NOM :

individual *signifie* **individu**

> Ce mot peut être un ADJECTIF :

1 individual *peut signifier* **individuel**

2 individual *peut signifier* **personnel**

Indonesia /ˌɪndəʊ'niːzɪə/ **Indonésie**

ℹ En général, en anglais, on ne met pas d'article défini devant les noms de pays et de continents.

Indonesian /ˌɪndəʊ'niːzɪən/ **Indonésien** *ou* **indonésien**

ℹ En anglais, les adjectifs de nationalité s'écrivent avec une majuscule.

indoor /'ɪndɔːʳ/ *a plusieurs sens :*

1 indoor *peut signifier* **d'intérieur**

2 indoor *peut signifier* **couvert** (en parlant d'une piscine ou d'un court de tennis)

► indoor sport **sport en salle**

indoors /ɪn'dɔːz/ **à l'intérieur**

industrial /ɪn'dʌstrɪəl/ **industriel**

industry /'ɪndəstrɪ/ **industrie**

ineffective /ˌɪnɪ'fektɪv/ **inefficace**

inefficient /ˌɪnɪ'fɪʃənt/ **inefficace**

inequality /ˌɪnɪ'kwɒlɪtɪ/ **inégalité**

inexperienced /ˌɪnɪks'pɪərɪənst/ **inexpérimenté**

infant /'ɪnfənt/ **nouveau-né** *ou* **nourrisson** *ou* **enfant en bas âge**

► **infant school** **école maternelle** (pour enfants de 4 à 7 ans)

infect /ɪn'fekt/ **infecter**

infection /ɪn'fekʃən/ **infection**

infectious /ɪn'fekʃəs/ **infectieux** *ou* **contagieux**

inferior /ɪn'fɪərɪə^r/ *a plusieurs catégories grammaticales et plusieurs sens :*

> Ce mot peut être un NOM :

inferior *signifie* **inférieur** *ou* **subalterne**

> Ce mot peut être un ADJECTIF :

inferior *signifie* **inférieur** *ou* **de qualité inférieure**

infinite /'ɪnfɪnɪt/ **infini**

infinitely /'ɪnfɪnɪtlɪ/ **infiniment**

infirmary /ɪn'fɜːmərɪ/ **hôpital**

inflatable /ɪn'fleɪtɪbl/ **gonflable**

inflate /ɪn'fleɪt/ **gonfler**

influence /'ɪnflʊəns/ *a plusieurs catégories grammaticales :*

> Ce mot peut être un NOM :

influence *signifie* **influence**

> Ce mot peut être un VERBE :

influence *signifie* **influencer**

inform /ɪn'fɔːm/ **informer**

► **keep somebody informed** **tenir** quelqu'un **au courant**

informal /ɪn'fɔːməl/ *a plusieurs sens :*

1 **informal** *peut signifier* **simple** *ou* **sans cérémonie** *ou* **décontracté**

2 **informal** *peut signifier* **familier** (en parlant d'une expression ou d'un mot)

information /ˌɪnfə'meɪʃən/ **renseignements** *ou* **informations**

► **a piece of information** **un renseignement** *ou* **une information**

▷ I need some information. J'ai besoin d'information.

ℹ Information est non dénombrable : il ne peut pas se mettre au pluriel, ni s'employer avec l'article an.

infrared /'ɪnfrə'red/ **infrarouge**

infuriating /ɪn'fjʊərɪeɪtɪŋ/ **exaspérant**

ingredient /ɪn'griːdɪənt/ **ingrédient**

inhabit /ɪn'hæbɪt/ **habiter** *ou* **habiter dans**

inhabitant /ɪn'hæbɪtənt/ **habitant**

inhabited /ɪn'hæbɪtid/ **habité**

Le mot anglais inhabited ne signifie pas « inhabité ».

inhale /ɪn'heɪl/ *a plusieurs catégories grammaticales et plusieurs sens :*

> Ce mot peut être un VERBE TRANSITIF :

► **inhale something** **inhaler** quelque chose

> Ce mot peut être un VERBE INTRANSITIF :

1 **inhale** *peut signifier* **inspirer** (= respirer)

2 **inhale** *peut signifier* **avaler la fumée** (en parlant d'un fumeur)

inhaler /ɪn'heɪlə^r/ **inhalateur**

inherit /ɪn'herɪt/ **hériter** *ou* **hériter de**

inheritance /ɪn'herɪtəns/ **héritage**

initial /ɪ'nɪʃəl/ *a plusieurs catégories grammaticales :*

> Ce mot peut être un NOM :

initials *signifie* **initiales**

> Ce mot peut être un ADJECTIF :

initial *signifie* **initial**

> Ce mot peut être un VERBE :

► **initial something** **mettre ses initiales sur** quelque chose

initially /ɪ'nɪʃəlɪ/ **au début**

injection /ɪn'dʒekʃən/ **injection** *ou* **piqûre**

injure /'ɪndʒə^r/ **blesser**

injuries /'ɪndʒərɪz/ *est le pluriel de* injury.

injury /'ɪndʒərɪ/ **blessure**

ink /ɪŋk/ **encre**

inn /ɪn/ **auberge**

inner /'ɪnəʳ/ *a plusieurs sens :*

1 **inner** *peut signifier* **intérieur**

► **inner city** **quartiers déshérités** (à l'intérieur de la ville)

2 **inner** *peut signifier* **intime** (en parlant de sentiments ou de pensées intimes)

innocent /'ɪnəsnt/ **innocent**

innovative /'ɪnə,veɪtɪv/ **novateur**

inquire /ɪn'kwaɪəʳ/ **demander**

► **inquire about** something **se renseigner sur** quelque chose

inquiries /ɪŋ'kwaɪərɪz/ *est le pluriel de* inquiry.

inquiry /ɪŋ'kwaɪərɪ/ *a plusieurs sens :*

1 **inquiry** *peut signifier* **demande de renseignements**

► **make inquiries** **demander des renseignements**

2 **inquiry** *peut signifier* **enquête** (sur un meurtre, par exemple)

inquisitive /ɪn'kwɪzɪtɪv/ **curieux** (= qui cherche à savoir)

insane /ɪn'seɪn/ **fou**

insanity /ɪn'sænɪtɪ/ **folie**

insect /'ɪnsekt/ **insecte**

insecure /,ɪnsɪ'kjʊəʳ/ **mal dans sa peau**

insensitive /ɪn'sensɪtɪv/ **insensible**

insert /ɪn'sɜːt/ **insérer**

inside /'ɪn'saɪd/ *a plusieurs catégories grammaticales et plusieurs sens :*

> Ce mot peut être une PRÉPOSITION :

1 **inside** *peut signifier* **à l'intérieur de** *ou* **dans**

▷ It's inside the box. C'est à l'intérieur de la boîte.

2 **inside** *peut signifier* **en moins de**

▷ The work was finished inside a year. On a fini le travail en moins d'un an.

> Ce mot peut être un ADVERBE :

inside *signifie* **à l'intérieur** *ou* **dedans**

▷ She's inside. Elle est à l'intérieur.

▷ Look inside! Regarde dedans !

▷ Come inside! Entrez !

> Ce mot peut être un ADJECTIF :

inside *signifie* **intérieur**

> Ce mot peut être un NOM :

inside *signifie* **intérieur**

► **on the inside** **à l'intérieur**

▷ Your socks are inside out. Tes chaussettes sont à l'envers.

▷ She turned the bag inside out. Elle a retourné le sac.

▷ I know him inside out. Je le connais à fond.

insight /'ɪnsaɪt/ **aperçu**

insignificant /,ɪnsɪg'nɪfɪkənt/ **insignifiant**

insincere /,ɪnsɪn'sɪəʳ/

► **be insincere** **manquer de sincérité**

insist /ɪn'sɪst/ **insister**

► **insist on doing** something **insister pour faire** quelque chose

inspect /ɪn'spekt/ **inspecter** *ou* **examiner**

inspector /ɪn'spektəʳ/ **inspecteur**

inspire /ɪn'spaɪəʳ/ **inspirer**

► **inspire** somebody **to do** something **donner envie à** quelqu'un **de faire** quelque chose

install /ɪn'stɔːl/ **installer**

instalment /ɪn'stɔːlmənt/ *a plusieurs sens :*

1 **instalment** *peut signifier* **acompte** *ou* **versement**

► **pay in instalments** **payer en plusieurs versements**

2 **instalment** *peut signifier* **épisode** (d'un feuilleton)

> En anglais américain, ce mot s'écrit installment.

instance /'ɪnstəns/ **cas** *ou* **exemple**

► **for instance** **par exemple**

instant /'ɪnstənt/ *a plusieurs catégories grammaticales et plusieurs sens :*

> Ce mot peut être un ADJECTIF :

instant *signifie* **instantané** *ou* **immédiat**

► **instant coffee** **café soluble**

> Ce mot peut être un NOM :

instant *signifie* **instant**

▷ Come here this instant! Viens ici tout de suite !

instantly /'ɪnstəntlɪ/ **immédiatement**

instead /ɪn'sted/ **au lieu de cela**

▷ I didn't go home, I went to the park instead. Au lieu de rentrer, je suis allé au parc.

▷ If you don't want wine, have some water instead. Si vous ne voulez pas boire de vin, prenez plutôt de l'eau.

► **instead of** **au lieu de** *ou* **à la place de**

▷ She stayed at home instead of going to the office. Elle est restée à la maison au lieu d'aller au bureau.

▷ He came at 9 instead of 10. Il est arrivé à 9 heures au lieu de 10 heures.

▷ John came instead of Peter. John est venu à la place de Peter.

institute /ˈɪnstɪtjuːt/ **institut**

instruct /ɪnˈstrʌkt/ *a plusieurs sens :*

1 ► instruct somebody **instruire** quelqu'un

2 ► instruct somebody to do something **charger** quelqu'un **de faire** quelque chose

instruction /ɪnˈstrʌkʃən/ **instruction**

► instructions (pour une machine) **mode d'emploi**

instructor /ɪnˈstrʌktəʳ/ **moniteur** (d'auto-école, de ski)

instrument /ˈɪnstrʊmənt/ **instrument**

► play an instrument **jouer d'un instrument**

insufficient /ˌɪnsəˈfɪʃənt/ **insuffisant**

insulin /ˈɪnsjʊlɪn/ **insuline**

insult *a plusieurs catégories grammaticales :*

> Ce mot peut être un NOM, qui se prononce /ˈɪnsʌlt/ :

insult *signifie* **insulte**

> Ce mot peut être un VERBE, qui se prononce /ɪnˈsʌlt/ :

► insult somebody **insulter** quelqu'un

insurance /ɪnˈʃʊərəns/ **assurance** (contre le vol, l'incendie, etc.)

integrate /ˈɪntɪgreɪt/ **intégrer** *ou* **s'intégrer**

integration /ˌɪntɪˈgreɪʃən/ **intégration**

intelligence /ɪnˈtelɪdʒəns/ *a plusieurs sens :*

1 intelligence *peut signifier* **intelligence**

▷ She showed intelligence. Elle a fait preuve d'intelligence.

2 Intelligence *peut signifier* **services de renseignements**

▷ He was in Intelligence during the war. Il était dans les services de renseignements pendant la guerre.

intelligent /ɪnˈtelɪdʒənt/ **intelligent**

intend /ɪnˈtend/ *a plusieurs sens :*

1 ► intend to do something *ou* intend doing something **avoir l'intention de faire** quelque chose

2 ► be intended for... **être destiné à...**

► be intended to do something **être destiné à faire** quelque chose

intensive /ɪnˈtensɪv/ **intensif**

► intensive care unit **unité de soins intensifs**

intention /inˈtenʃən/ **intention**

intentional /ɪnˈtenʃənl/ **intentionnel**

intentionally /ɪnˈtenʃnəlɪ/ **exprès**

interact /ˌɪntərˈækt/ **agir l'un sur l'autre** *ou* **dialoguer**

interactive /ˌɪntərˈæktɪv/ **interactif**

intercom /ˈɪntəkɒm/ **interphone**

intercourse /ˈɪntəkɔːs/ **rapports sexuels**

interest /ˈɪntərest/ *a plusieurs catégories grammaticales et plusieurs sens :*

> Ce mot peut être un NOM :

interest *signifie* **intérêt**

► lose interest in something **se désintéresser de** quelque chose

> Ce mot peut être un VERBE :

► interest somebody **intéresser** quelqu'un

► be interested in... **s'intéresser à...**

▷ He's not interested. Cela ne l'intéresse pas.

interesting /ˈɪntərestɪŋ/ **intéressant**

interfere /ˌɪntəˈfɪəʳ/ *a plusieurs sens :*

1 ► interfere in something **se mêler de** quelque chose

2 ► interfere with something **gêner** quelque chose (les projets de quelqu'un) *ou* **déranger** quelque chose (la routine, le sommeil de quelqu'un)

interference /ˌɪntəˈfɪərəns/ *a plusieurs sens :*

1 interference *peut signifier* **ingérence**

2 interference *peut signifier* **parasites** (à la radio)

interior /ɪnˈtɪərɪəʳ/ **intérieur**

intermediate /ˌɪntəˈmiːdɪət/ *a plusieurs sens :*

1 intermediate *peut signifier* **intermédiaire**

2 intermediate *peut signifier* **moyen** *ou* **de niveau moyen**

internal /ɪnˈtɜːnl/ **interne**

Internet /ˈɪntəˌnet/ **Internet**

▷ I was on (the) Internet. J'étais sur Internet.

► Internet café **cybercafé**

► Internet service provider **fournisseur d'accès à Internet**

► Internet user **internaute**

interpreter /ɪnˈtɜːprɪtəʳ/ **interprète**

interrupt /ˌɪntəˈrʌpt/ **interrompre**

interval /ˈɪntəvəl/ *a plusieurs sens :*

1 **interval** *peut signifier* **intervalle**

2 **interval** *peut signifier* **entracte**

interview /ˈɪntəvjuː/ *a plusieurs catégories grammaticales :*

> Ce mot peut être un NOM :

interview *signifie* **entretien** *ou* **entrevue** *ou* **interview**

> Ce mot peut être un VERBE :

► **interview** somebody **faire passer un entretien à** quelqu'un *ou* **interviewer** quelqu'un

intimate /ˈɪntɪmɪt/ **intime**

intimidate /ɪnˈtɪmɪdeɪt/ **intimider**

into /ˈɪntʊ/ *a plusieurs sens :*

1 **into** *indique un* **changement de position ou d'endroit**

▷ He came into the kitchen. Il est entré dans la cuisine.

▷ She went into town. Elle est allée en ville.

▷ I got into the car. Je suis monté dans la voiture.

▷ He poured the milk into the bowl. Il a versé le lait dans le bol.

2 **into** *indique un* **changement d'état**

▷ He translated it into Spanish. Il l'a traduit en espagnol.

▷ She changed dollars into euros. Elle a changé des dollars en euros.

▷ Cut it into triangles. Coupez-le en triangles.

3 ► **be into** something **être fan de** quelque chose

intricate /ˈɪntrɪkɪt/ **complexe** *(adjectif)*

intrigue /ɪnˈtriːg/ *a plusieurs catégories grammaticales :*

> Ce mot peut être un NOM :

intrigue *signifie* **intrigue**

> Ce mot peut être un VERBE :

► **intrigue** somebody **intriguer** quelqu'un

introduce /ˌɪntrəˈdjuːs/ *a plusieurs sens :*

1 ► **introduce** somebody **présenter** quelqu'un

▷ She introduced him to her father. Elle l'a présenté à son père.

2 ► **introduce** somebody **to** something **initier** quelqu'un **à** quelque chose

3 ► **introduce** something **introduire** quelque chose

Introduce ne signifie pas toujours « introduire ».

introduction /ˌɪntrəˈdʌkʃən/ *a plusieurs sens :*

1 **introduction** *peut signifier* **introduction**

2 **introduction** *peut signifier* **présentation** (d'une personne à une autre)

invade /ɪnˈveɪd/ **envahir**

invader /ɪnˈveɪdəʳ/ **envahisseur**

invalid *se prononce de deux façons et a des sens différents selon la prononciation :*

/ˈɪnvəlɪd/ (l'accent est sur la première syllabe in-)

> C'est un NOM :

invalid *signifie* **invalide** *ou* **malade**

/ɪnˈvælɪd/ (l'accent est sur la deuxième syllabe -va-)

> C'est un ADJECTIF :

invalid *signifie* **non valide**

invaluable /ɪnˈvæljʊəbl/ **précieux**

invent /ɪnˈvent/ **inventer**

inventor /ɪnˈventəʳ/ **inventeur**

invert /ɪnˈvɜːt/ **inverser** *ou* **intervertir**

inverted commas /ɪnˌvɜːtɪd ˈkɒməz/ **guillemets**

▷ The word is in inverted commas. Le mot est entre guillemets.

invest /ɪnˈvest/ **investir**

investigate /ɪnˈvestɪgeɪt/ **enquêter sur**

investigation /ɪnˌvestɪˈgeɪʃən/ **enquête** (policière)

investment /ɪnˈvestmənt/ **investissement**

invitation /ˌɪnvɪˈteɪʃən/ **invitation**

▷ The entry is by invitation only. L'entrée n'est possible que sur invitation.

invite /ɪnˈvaɪt/ **inviter**

► **invite** somebody **to dinner inviter** quelqu'un **à dîner**

invoice /ˈɪnvɔɪs/ **facture**

involve /ɪnˈvɒlv/ *a plusieurs sens :*

1 ► **involve** something **impliquer** quelque chose *ou* **nécessiter** quelque chose

▷ There's a lot of work involved. Cela implique beaucoup de travail.

2 ► **get involved in** something *peut signifier* **s'engager dans** quelque chose

3 ► **get involved in** something *peut signifier* **se laisser entraîner dans** quelque chose

inwards /ˈɪnwədz/ **vers l'intérieur**

Ireland /ˈaɪələnd/ **Irlande**

> En général, en anglais, on ne met pas d'article défini devant les noms de pays et de continents.

Irish /ˈaɪərɪʃ/ **irlandais** *ou* **Irlandais**
► **The Irish** **les Irlandais**

> En anglais, les adjectifs de nationalité et les noms de langues s'écrivent avec une majuscule.

Irishman /ˈaɪərɪʃmən/ **Irlandais**

Irishwoman /ˈaɪərɪʃˈwʊmən/ **Irlandaise**

iron /ˈaɪən/ *a plusieurs catégories grammaticales et plusieurs sens :*

> Ce mot peut être un NOM :

1 **iron** *peut signifier* **fer** (le métal)

2 **iron** *peut signifier* **fer à repasser**

> Ce mot peut être un ADJECTIF :

iron *signifie* **en fer** *ou* **de fer**

> Ce mot peut être un VERBE :

iron *signifie* **repasser** (des vêtements, etc.)

ironic /aɪˈrɒnɪk/ **ironique**

ironing /ˈaɪənɪŋ/ **repassage**
► **do the ironing** **repasser**
► **ironing board** **planche à repasser**

> Ironing est aussi une forme du verbe iron :

▷ He was ironing his shirt. Il repassait sa chemise.

irony /ˈaɪərənɪ/ **ironie**

irregular /ɪˈregjʊləʳ/ **irrégulier**

irrelevant /ɪˈreləvənt/ *a plusieurs sens :*

1 **irrelevant** *peut signifier* **hors de propos**
▷ Your question is totally irrelevant. Votre question est complètement hors de propos.

2 **irrelevant** *peut signifier* **sans importance**
▷ The cost is irrelevant. Le coût n'a pas d'importance.

irritate /ˈɪrɪteɪt/ **irriter** *ou* **énerver**

irritating /ˈɪrɪteɪtɪŋ/ **irritant**

> Irritating est aussi une forme du verbe irritate :

▷ You're irritating me. Tu m'énerves.

is /ɪz/ *est la troisième personne du singulier du présent du verbe* be.
▷ He is French. Il est français.
▷ She is pretty. Elle est jolie.
▷ It is very important. C'est très important.

Islam /ˈɪzlɑːm/ **l'Islam**

Islamic /ɪzˈlæmɪk/ **islamique**

island /ˈaɪlənd/ **île**

isle /aɪl/ **île**

isn't /ˈɪznt/ *est la contraction de* is not.
▷ He isn't here. Il n'est pas là.
▷ She isn't very happy. Elle n'est pas très contente.
▷ It isn't fair. Ce n'est pas juste.

isolated /ˈaɪsəʊleɪtɪd/ **isolé** (= éloigné)

Israeli /ɪzˈreɪlɪ/ **Israélien** *ou* **israélien**

> En anglais, les adjectifs de nationalité commencent par une majuscule.

issue /ˈɪʃuː/ *a plusieurs catégories grammaticales et plusieurs sens :*

> Ce mot peut être un NOM :

1 **issue** *peut signifier* **question** *ou* **problème**
► **an important issue** **une question importante** *ou* **un problème important**

2 **issue** *peut signifier* **numéro** (d'un journal ou d'un magazine)

> Le mot anglais issue ne signifie pas « issue ».

> Ce mot peut être un VERBE :

1 ► **issue** something *peut signifier* **publier** quelque chose *ou* **émettre** quelque chose

2 ► **issue a statement** **faire une déclaration**

it /ɪt/ *a plusieurs sens :*

1 **it** *est le pronom personnel représentant les objets et les animaux non familiers :*
▷ I've lost my bag. Have you seen it? J'ai perdu mon sac. Tu l'as vu ?
▷ Give it to me! Donne-le-moi !
▷ He got off the horse and gave it a drink. Il est descendu du cheval et lui a donné à boire.
▷ Here's the bowl. Put the milk in it. Voici le bol. Mets le lait dedans.

2 **it** *sert de sujet aux tournures impersonnelles et de pronom démonstratif :*
▷ It's raining. Il pleut.
▷ It's three o'clock. Il est trois heures.
▷ It's Sunday. C'est dimanche.

▷ It isn't fair. Ce n'est pas juste.

▷ Who is it? Qui c'est ?

▷ It's me! C'est moi !

IT /'aɪ'tiː/ **informatique**

▷ She's in IT. Elle est informaticienne.

> ℹ IT est l'abréviation de information technology.

Italian /ɪ'tæljən/ **italien** *ou* **Italien**

> ℹ En anglais, les adjectifs de nationalité et les noms de langues s'écrivent avec une majuscule.

italics /ɪ'tælɪks/

► **in italics en italique**

Italy /'ɪtəlɪ/ **Italie**

> ℹ En général, en anglais, on ne met pas d'article défini devant les noms de pays et de continents.

itch /ɪtʃ/ *a plusieurs catégories grammaticales et plusieurs sens :*

> Ce mot peut être un NOM :

itch *signifie* **démangeaison**

> Ce mot peut être un VERBE :

1 itch *signifie* **avoir des démangeaisons**

▷ My back itches. Mon dos me démange.

2 ► **be itching to do** something **mourir d'envie de faire** quelque chose

it'd /'ɪtd/ *est la contraction de* **it had** *ou* **it would.**

▷ It'd (= it had) gone. C'était parti.

▷ It'd (= it would) be a good idea. Ce serait une bonne idée.

item /'aɪtəm/ **article** (= objet)

► **an item of clothing un vêtement**

itinerary /aɪ'tɪnərərɪ/ **itinéraire**

it'll /'ɪtl/ *est la contraction de* it will.

▷ It'll be too late. Ce sera trop tard.

its /ɪts/ *est l'adjectif possessif qui s'applique à une chose ou à un animal. Il correspond à* **son, sa, ses** *en français.*

▷ Its lid has fallen off. Son couvercle est tombé.

▷ Its ears are very long. Ses oreilles sont très longues.

▷ The dog has hurt its paw. Le chien s'est blessé la patte.

> ℹ En anglais, on emploie l'adjectif possessif (my, her, his, its, etc.) et non pas l'article défini (the) avant une partie du corps quand c'est le complément d'objet.

> Ne pas confondre its (= son, sa, ses) et it's (contraction de it is ou de it has).

it's /ɪts/ *est la contraction de* it is *ou* it has.

▷ It's (= it is) not fair. Ce n'est pas juste.

▷ It's (= it has) changed. Ça a changé.

> Ne pas confondre it's (contraction de it is ou de it has) et its (son, sa, ses).

itself /ɪt'self/ *a plusieurs sens :*

1 itself est le pronom personnel complément d'un verbe réfléchi qu'on emploie pour un objet ou un animal :

▷ The cat was washing itself. Le chat se lavait.

2 itself peut suivre une préposition :

▷ The team is proud of itself. L'équipe est fière d'elle.

▷ The door closed by itself. La porte s'est fermée toute seule.

I've /aɪv/ *est la contraction de* I have.

▷ I've forgotten his name. J'ai oublié son nom.

ivory /'aɪvərɪ/ **ivoire**

ivy /'aɪvɪ/ **lierre**

IWB /'aɪˌdʌbljuː'biː/ **TBI**

> ℹ IWB est l'abréviation de Interactive Whiteboard.

Jj

La lettre J se prononce /dʒei/ en anglais.
J rime avec day, stay et play.

jack /dʒæk/ *a plusieurs sens :*

1 jack *peut signifier* **cric** (= pour réparer les pneus)

2 jack *peut signifier* **valet** (= carte à jouer)

jacket /'dʒækɪt/ **veste** *ou* **blouson**

► jacket potato **pomme de terre en robe des champs**

jackpot /'dʒækpɒt/ **gros lot**

jail /dʒeɪl/ *a plusieurs catégories grammaticales :*

> Ce mot peut être un NOM :

jail *signifie* **prison**

> Ce mot peut être un VERBE :

► jail somebody **mettre** quelqu'un **en prison**

jam /dʒæm/ *a plusieurs catégories grammaticales et plusieurs sens :*

> Ce mot peut être un NOM :

1 jam *peut signifier* **confiture**

► jam jar **pot à confiture**

2 jam *peut signifier* **embouteillage**

> Ce mot peut être un VERBE TRANSITIF :

1 ► jam something *peut signifier* **bloquer** quelque chose *ou* **coincer** quelque chose

2 ► jam something *peut signifier* **encombrer** quelque chose

3 ► jam something into something **entasser** quelque chose **dans** quelque chose *ou* **fourrer** quelque chose **dans** quelque chose

> Ce mot peut être un VERBE INTRANSITIF :

jam *signifie* **se coincer** *ou* **se bloquer**

January /'dʒænjʊərɪ/ **janvier**

i En anglais, les noms de mois commencent toujours par une majuscule.

Japan /dʒə'pæn/ **Japon**

i En général, en anglais, on ne met pas d'article défini devant les noms de pays et de continents.

Japanese /ˌdʒæpə'niːz/ **japonais** *ou* **Japonais**

► the Japanese **les Japonais**

i En anglais, les adjectifs de nationalité et les noms de langues s'écrivent avec une majuscule.

jar /dʒɑːʳ/ **bocal** *ou* **pot**

javelin /'dʒævlɪn/ **javelot**

jaw /dʒɔː/ **mâchoire**

jealous /'dʒeləs/ **jaloux**

jealousy /'dʒeləsɪ/ **jalousie**

jeans /dʒiːnz/ **jean**

► a pair of jeans **un jean**

jello /'dʒeləʊ/ **gelée** (de fruits)

Ce mot est américain.

jelly /'dʒelɪ/ **gelée**

En américain, ce mot signifie « confiture ».

jellyfish /'dʒelɪfɪʃ/ **méduse**

jersey /'dʒɜːzɪ/ **pull**

jetlag /'dʒetlæg/ **fatigue due au décalage horaire**

jetty /'dʒetɪ/ **jetée**

Jew /dʒuː/ **Juif**

jewel /ˈdʒuːəl/ **bijou**

jeweller /ˈdʒuːələʳ/ **bijoutier**
► jeweller's *ou* jeweller's shop **bijouterie**

> En anglais américain, ce mot s'écrit avec un seul l : jeweler.

jewellery /ˈdʒuːəlrɪ/ **bijoux**
► a piece of jewellery **un bijou**

> ℹ Jewellery est non dénombrable : il ne peut pas se mettre au pluriel, ni s'employer avec l'article a.

> En anglais américain, ce mot s'écrit jewelry.

Jewish /ˈdʒuːɪʃ/ **juif**

> ℹ En anglais, les adjectifs de religion s'écrivent avec une majuscule.

jigsaw /ˈdʒɪgˌsɔː/ **puzzle**

job /dʒɒb/ **emploi** *ou* **travail**
▷ He hasn't got a job. Il est sans emploi.
▷ That's not my job. Ce n'est pas mon travail.
▷ He made a good job of it. Il a fait du bon travail.

jobless /ˈdʒɒbləs/ **sans emploi**

jock /dʒɒk/ **sportif**

> Ce mot est américain.

jog /dʒɒg/ *a plusieurs catégories grammaticales et plusieurs sens :*

> Ce mot peut être un NOM :

► go for a jog **aller faire un jogging**

> Ce mot peut être un VERBE TRANSITIF :

► jog somebody's memory **rafraîchir la mémoire de** quelqu'un

> Ce mot peut être un VERBE INTRANSITIF :

jog *signifie* **faire du jogging**

jogging /ˈdʒɒgɪŋ/ **jogging** (= activité)
► go jogging **faire du jogging**
► jogging suit **jogging** (= survêtement)

join /dʒɔɪn/ *a plusieurs catégories grammaticales et plusieurs sens :*

> Ce mot peut être un VERBE TRANSITIF :

1 ► join two things *ou* join two things together **joindre deux choses** *ou* **relier deux choses**

2 ► join somebody **rejoindre** quelqu'un
▷ Would you like to join us for dinner? Voulez-vous venir dîner avec nous ?

3 ► join something *peut signifier* **adhérer à** quelque chose (un club, un parti politique) *ou* **devenir membre de** quelque chose (un organisme, une équipe)
► join the army **s'engager dans l'armée**

> Ce mot peut être un VERBE INTRANSITIF :

1 join *peut signifier* **se rejoindre**

2 join *peut signifier* **adhérer** *ou* **devenir membre**

3 ► join in **participer**

> Ce mot peut être un NOM :

join *signifie* **raccord**

joiner /ˈdʒɔɪnəʳ/ **menuisier**

joint /dʒɔɪnt/ *a plusieurs catégories grammaticales :*

> Ce mot peut être un NOM :

1 joint *peut signifier* **articulation** (entre deux os)

2 joint *peut signifier* **rôti** (= morceau de viande)

> Ce mot peut être un ADJECTIF :

joint *signifie* **commun** *ou* **collectif**
▷ It has to be a joint decision. Il faut que ce soit une décision prise en commun.

joke /dʒəʊk/ *a plusieurs catégories grammaticales :*

> Ce mot peut être un NOM :

joke *signifie* **plaisanterie** *ou* **blague**

> Ce mot peut être un VERBE :

joke *signifie* **plaisanter**

jolly /ˈdʒɒlɪ/ **enjoué**

Jordan /ˈdʒɔːdn/ **Jordanie**

> ℹ En général, en anglais, on n'emploie pas d'article défini devant les noms de pays et de continents.

journal /ˈdʒɜːnl/ *a plusieurs sens :*

1 journal *peut signifier* **revue** (= périodique)

2 journal *peut signifier* **journal intime**

journalist /ˈdʒɜːnəlɪst/ **journaliste**

journey /ˈdʒɜːnɪ/ **voyage** *ou* **trajet**
► go on a journey **partir en voyage**

> Journey ne signifie pas « journée ».

joy /dʒɔɪ/ **joie**

joystick /ˈdʒɔɪstɪk/ **manette** (de jeu vidéo)

judge /dʒʌdʒ/ *a plusieurs catégories grammaticales :*

> Ce mot peut être un NOM :

judge *signifie* **juge**

> Ce mot peut être un VERBE :

judge *signifie* **juger**

judgement, judgment /ˈdʒʌdʒmənt/ **jugement**

jug /dʒʌg/ **pot** *ou* **pichet** *ou* **carafe**

juggle /ˈdʒʌgl/ **jongler**

juice /dʒuːs/ **jus**

► **fruit juice** **jus de fruits**

juicy /ˈdʒuːsɪ/ **juteux**

July /dʒuːˈlaɪ/ **juillet**

ℹ En anglais, les noms de mois s'écrivent toujours avec une majuscule.

jumble /ˈdʒʌmbl/ *a plusieurs catégories grammaticales et plusieurs sens :*

> Ce mot peut être un NOM :

1 **jumble** *signifie* **fouillis**

2 ► *En Grande-Bretagne,* **jumble sale** *signifie* **vente de charité**

> Ce mot peut être un VERBE :

► **jumble things** *ou* **jumble things up** **mélanger des choses**

jump /dʒʌmp/ *a plusieurs catégories grammaticales et plusieurs sens :*

> Ce mot peut être un NOM :

1 **jump** *peut signifier* **saut** *ou* **bond**

2 **jump** *peut signifier* **obstacle** (dans une course)

> Ce mot peut être un VERBE INTRANSITIF :

jump *signifie* **sauter** *ou* **sursauter**

▷ The noise made me jump. Le bruit m'a fait peur.

> Ce mot peut être un VERBE TRANSITIF :

► **jump** something **sauter** quelque chose

jumper /ˈdʒʌmpəʳ/ *a plusieurs sens :*

1 *En anglais britannique,* **jumper** *signifie* **pullover**

2 *En anglais américain,* **jumper** *signifie* **robe chasuble**

June /dʒuːn/ **juin**

ℹ En anglais, les noms de mois s'écrivent toujours avec une majuscule.

junior /ˈdʒuːnɪəʳ/ *a plusieurs catégories grammaticales et plusieurs sens :*

> Ce mot peut être un ADJECTIF :

1 **junior** *peut signifier* **jeune**

2 **junior** *peut signifier* **subalterne**

3 *En sport,* **junior** *signifie* **junior**

> Ce mot peut être un NOM :

1 **junior** *peut signifier* **cadet**

2 *En sport,* **junior** *signifie* **junior**

3 *En anglais britannique,* **junior** *signifie* **élève du primaire**

4 *En anglais américain,* **a junior** *est* **un élève ou un étudiant d'avant-dernière année**

junk /dʒʌŋk/ *a plusieurs sens :*

1 **junk** *peut signifier* **bric-à-brac**

► **junk shop** **brocante**

2 **junk** *peut signifier* **choses sans valeur**

3 ► **junk food** *signifie* **nourriture de mauvaise qualité**

just /dʒʌst/ *a plusieurs catégories grammaticales et plusieurs sens :*

> Ce mot peut être un ADVERBE :

1 **just** *peut avoir le sens de* **tout à fait** *ou* **exactement**

▷ It's just what I wanted. C'est exactement ce que je voulais.

▷ You're just in time. Tu arrives juste à temps.

▷ It's just as big as mine. C'est tout aussi grand que le mien.

2 **just** *peut avoir le sens de* **un petit peu** *ou* **juste**

▷ It was just before Easter. C'était juste avant Pâques.

▷ It's just after the church. C'est juste après l'église.

▷ It cost just over 10 euros. Cela coûtait un peu plus de 10 euros.

3 **just** *peut avoir le sens de* **simplement**

▷ I just want to see him. Je veux simplement le voir.

▷ It's just a rumour. Ce n'est qu'une rumeur.

4 **just** *peut avoir le sens de* **à peine**

▷ I could only just hear him. Je l'entendais à peine.

▷ He only just caught the train. Il a eu son train de justesse.

5 **just** *peut avoir le sens de* **maintenant** *ou* **à l'instant**

▷ He arrived just as I was leaving. Il est arrivé au moment où je partais.

▷ She was just about to go. Elle était sur le point de partir.

6 ► **have just...** *est employé pour parler de ce qu'on* **vient de faire**

▷ She has just left. Elle vient de partir.

▷ I had just gone to bed. Je venais de me coucher.

> Ce mot peut être un ADJECTIF :

just *signifie* **juste** *ou* **équitable**

justify /ˈdʒʌstɪfaɪ/ **justifier**

Kk

La lettre K se prononce /keɪ/ en anglais.
K rime avec day, stay et play.

kangaroo /ˌkæŋgəˈruː/ **kangourou**

karaoke /ˌkɑːrɪˈəʊkɪ/ **karaoké**

► karaoke machine **karaoké**

keen /kiːn/ *a plusieurs sens :*

1 keen *peut signifier* **enthousiaste**

► be keen on something **être passionné de** quelque chose

► be keen to do something **tenir à faire** quelque chose

2 keen *peut signifier* **vif** (en parlant d'un désir, d'un intérêt, etc.).

keep /kiːp/ *a plusieurs catégories grammaticales et plusieurs sens :*

> Ce mot peut être un VERBE TRANSITIF :

1 ► keep something *peut signifier* **garder** quelque chose

▷ You can keep the pen. Tu peux garder le stylo.

▷ You must keep it in a cold place. Il faut le garder au froid.

2 ► keep somebody *peut signifier* **retenir** quelqu'un

► keep somebody waiting **faire attendre** quelqu'un

► keep somebody from doing something **empêcher** quelqu'un **de faire** quelque chose

3 ► keep something from somebody **cacher** quelque chose **à** quelqu'un

4 ► keep somebody *peut signifier* **subvenir aux besoins de** quelqu'un

5 ► keep something *peut signifier* **tenir** quelque chose (un journal, un magasin, une promesse)

6 ► keep animals **élever des animaux**

> Ce mot peut être un VERBE INTRANSITIF :

1 ► keep doing something **continuer de faire** quelque chose

▷ She kept working. Elle a continué de travailler.

▷ He keeps asking me questions. Il n'arrête pas de me poser des questions.

2 keep *peut signifier* **se conserver**

▷ Eat it now, it doesn't keep. Mangez-le tout de suite, ça ne se conserve pas.

3 keep *peut être suivi d'un adjectif :*

► keep warm **se tenir au chaud**

► keep quiet **se taire**

► keep calm **rester calme**

Phrasal verbs

Le verbe keep peut être suivi d'une préposition, telle que on ou up, et dans ce cas, il peut avoir des sens différents. C'est ce qu'on appelle, en anglais, un « phrasal verb ».

KEEP ON

► keep on **continuer**

► keep on doing something **continuer à faire** quelque chose

KEEP OUT

▷ Keep out! Défense d'entrer !

KEEP UP

► keep up with somebody **aller aussi vite que** quelqu'un *ou* **se maintenir au niveau de** quelqu'un

▷ I can't keep up with you. Je ne peux pas te suivre.

keep-fit /kiːpˈfɪt/ **gymnastique d'entretien**

kennel /ˈkenl/ **niche** (d'un chien)

► kennels **chenil**

kept /kept/ *est le prétérit et le participe passé du verbe keep.*

▷ I kept a seat for you. Je t'ai gardé une place.

▷ He has kept the letter. Il a gardé la lettre.

kerb /kɜːb/ **bord du trottoir**

En anglais américain, ce mot s'écrit curb.

kettle /'ketl/ **bouilloire**

key /kiː/ *a plusieurs sens :*

1 **key** *peut signifier* **clé**

► **key ring porte-clés**

2 **key** *peut signifier* **touche** (d'un clavier)

keyboard /'kiːbɔːd/ **clavier**

keyhole /'kiːhəʊl/ **trou de serrure**

keypad /'kiːpæd/ **pavé numérique**

kick /kɪk/ *a plusieurs catégories grammaticales :*

> Ce mot peut être un NOM :

kick *signifie* **coup de pied**

> Ce mot peut être un VERBE :

► **kick** somebody **donner un coup de pied à** quelqu'un

► **kick a ball taper dans un ballon**

▷ She kicked the ball over the fence. Elle a envoyé le ballon au-dessus de la clôture.

kid /kɪd/ *a plusieurs catégories grammaticales et plusieurs sens :*

> Ce mot peut être un NOM :

1 **kid** *peut signifier* **enfant**

2 **kid** *peut signifier* **chevreau**

> Ce mot peut être un VERBE :

kid *signifie* **plaisanter**

▷ I was only kidding! J'ai dit ça pour plaisanter !

kidnap /'kɪdnæp/ **kidnapper**

kidney /'kɪdnɪ/ **rein** *ou* **rognon**

kill /kɪl/ **tuer**

killer /'kɪləʳ/ **assassin** *ou* **tueur**

kind /kaɪnd/ *a plusieurs catégories grammaticales :*

> Ce mot peut être un NOM :

kind *signifie* **genre** *ou* **type** *ou* **sorte**

▷ What kind of car is it? Qu'est-ce que c'est comme voiture ?

> Ce mot peut être un ADJECTIF :

kind *signifie* **gentil** *ou* **aimable**

► **be kind to** somebody **être gentil avec** quelqu'un

kindergarten /'kɪndəˌgɑːtn/ **jardin d'enfants**

kindly /'kaɪndlɪ/ **gentiment**

kindness /'kaɪndnɪs/ **gentillesse**

king /kɪŋ/ **roi**

kingdom /'kɪŋdəm/ **royaume**

kiosk /'kiːɒsk/ *a plusieurs sens :*

1 **kiosk** *peut signifier* **kiosque**

2 **kiosk** *peut signifier* **cabine téléphonique**

Au sens de « cabine téléphonique », **kiosk** n'est pas employé en anglais américain : aux États-Unis, on dit **booth**.

kiss /kɪs/ *a plusieurs catégories grammaticales :*

> Ce mot peut être un NOM :

kiss *signifie* **baiser**

> Ce mot peut être un VERBE TRANSITIF :

► **kiss** somebody **embrasser** quelqu'un

> Ce mot peut être un VERBE INTRANSITIF :

kiss *signifie* **s'embrasser**

kit /kɪt/ *a plusieurs sens :*

1 **kit** *peut signifier* **trousse**

2 **kit** *peut signifier* **affaires** (pour jouer au sport)

► **football kit affaires de football**

3 **kit** *peut signifier* **kit**

kitchen /'kɪtʃɪn/ **cuisine** (= la pièce où l'on fait la cuisine)

kite /kaɪt/ **cerf-volant**

kitten /'kɪtn/ **chaton**

knee /niː/ **genou**

kneel /niːl/ **s'agenouiller** *ou* **être agenouillé**

► **kneel down s'agenouiller**

knelt /nelt/ *est le prétérit et le participe passé du verbe* **kneel**.

▷ He knelt down. Il s'est agenouillé.

knew /njuː/ *est le prétérit du verbe* **know**.

▷ He knew what he wanted. Il savait ce qu'il voulait.

knickers /'nɪkəz/ *a plusieurs sens :*

1 *En anglais britannique,* **knickers** *signifie* **petite culotte**

► **a pair of knickers une culotte**

2 *En anglais américain,* **knickers** *signifie* **pantalon de golf**

knife /naɪf/ **couteau**

knight /naɪt/ *a plusieurs sens :*

1 **knight** *peut signifier* **chevalier**

2 *Aux échecs,* **knight** *signifie* **cavalier**

knit /nɪt/ **tricoter**

knives /naɪvz/ *est le pluriel du mot* **knife**.

► **knives and forks couteaux et fourchettes**

knob /nɒb/ **bouton** (d'un tiroir, d'une porte, d'un appareil)

knock /nɒk/ *a plusieurs catégories grammaticales :*

> Ce mot peut être un NOM :

knock *signifie* **coup** (= action de frapper)

> Ce mot peut être un VERBE TRANSITIF :

► knock something **frapper** quelque chose

▷ He knocked the lamp off the table. Il a fait tomber la lampe de la table.

▷ She knocked her head on the shelf. Elle s'est cogné la tête contre l'étagère.

> Ce mot peut être un VERBE INTRANSITIF :

knock *signifie* **frapper**

► knock at the door *ou* knock on the door **frapper à la porte**

Phrasal verbs

Le verbe knock peut être suivi d'une préposition, telle que down ou out, et dans ce cas, il peut avoir des sens différents. C'est ce qu'on appelle, en anglais, un « phrasal verb ».

KNOCK DOWN

► knock somebody down **renverser** quelqu'un

► knock a building down **démolir un bâtiment**

KNOCK OUT

► knock somebody out *peut signifier* **assommer** quelqu'un *ou* **mettre** quelqu'un **KO**

► knock somebody out *peut signifier* **éliminer** quelqu'un (d'une compétition)

KNOCK OVER

► knock somebody *ou* something over **renverser** quelqu'un *ou* quelque chose

knot /nɒt/ **nœud**

► tie a knot **faire un nœud**

know /nəʊ/ *a plusieurs catégories grammaticales :*

> Ce mot peut être un VERBE TRANSITIF :

► know something **savoir** quelque chose *ou* **connaître** quelque chose

► know somebody **connaître** quelqu'un

▷ He knows how to drive. Il sait conduire.

▷ I don't know what to do. Je ne sais pas quoi faire.

▷ I'll let you know next week. Je te le dirai la semaine prochaine.

> Ce mot peut être un VERBE INTRANSITIF :

know *signifie* **savoir**

► know about something **être au courant de** quelque chose *ou* **s'y connaître en** quelque chose

▷ She doesn't know about the meeting. Elle n'est pas au courant de la réunion.

▷ She knows about computers. Elle s'y connaît en informatique.

know-how /'nəʊhaʊ/ **savoir-faire**

knowledge /'nɒlɪdʒ/ **connaissance** *ou* **connaissances**

ℹ Knowledge est non dénombrable : il ne peut pas se mettre au pluriel, ni s'employer avec l'article a.

knowledgeable /'nɒlɪdʒəbl/ **cultivé**

► be knowledgeable about something **s'y connaître en** quleque chose

known /nəʊn/ *est le participe passé du verbe* know.

▷ I have known him for a long time. Je le connais depuis longtemps.

▷ If I had known you were coming... Si j'avais su que tu venais...

knuckle /'nʌkl/ **articulation du doigt**

Korea /kə'rɪə/ **Corée**

ℹ En général, en anglais, on n'emploie pas d'article défini devant les noms de pays et de continents.

Korean /kə'rɪən/ **Coréen** *ou* **coréen**

Ll

La lettre L se prononce /el/ en anglais comme en français.

lab /læb/ **laboratoire**

> ℹ Lab est l'abréviation du mot laboratory.

label /ˈleɪbl/ *a plusieurs catégories grammaticales :*

> Ce mot peut être un NOM :

label *signifie* **étiquette**

> Ce mot peut être un VERBE :

► label something **étiqueter** quelque chose

labor /ˈleɪbəʳ/ *est l'orthographe américaine du mot* labour.

laboratory /ləˈbɒrətərɪ/ **laboratoire**

labour /ˈleɪbəʳ/ *a plusieurs catégories grammaticales et plusieurs sens :*

> Ce mot peut être un NOM :

labour *signifie* **travail** *ou* **main-d'œuvre**

► the Labour party **le parti travailliste**

> Ce mot peut être un VERBE :

labour *signifie* **travailler dur**

lace /leɪs/ *a plusieurs catégories grammaticales et plusieurs sens :*

> Ce mot peut être un NOM :

1 lace *peut signifier* **dentelle**

2 lace *peut signifier* **lacet** (de chaussure)

> Ce mot peut être un VERBE :

► lace something **lacer** quelque chose

lack /læk/ *a plusieurs catégories grammaticales et plusieurs sens :*

> Ce mot peut être un NOM :

lack *signifie* **manque**

> Ce mot peut être un VERBE TRANSITIF :

► lack something **manquer de** quelque chose

> Ce mot peut être un VERBE INTRANSITIF :

1 ► be lacking **manquer** *ou* **faire défaut**

2 ► be lacking in something **manquer de** quelque chose

lad /læd/ **garçon**

ladder /ˈlædəʳ/ **échelle**

ladies /ˈleɪdɪz/ *est le pluriel de* lady.

► ladies (en anglais britannique) *ou* ladies' room (en anglais américain) **toilettes pour dames**

ladle /ˈleɪdl/ **louche**

lady /ˈleɪdɪ/ **dame**

ladybird /ˈleɪdɪbɜːd/ **coccinelle** (en anglais britannique)

ladybug /ˈleɪdɪbʌg/ **coccinelle** (en anglais américain)

lager /ˈlɑːgəʳ/ **bière blonde**

laid /leɪd/ *est le prétérit et le participe passé du verbe* lay.

▷ She laid the blanket on the ground. Elle a étalé la couverture par terre.

▷ He has laid the table. Il a mis la table.

lain /leɪn/ *est le participe passé du verbe* lie.

▷ The dog had lain there for hours. Le chien était resté couché là pendant des heures.

lake /leɪk/ **lac**

lamb /læm/ **agneau**

lame /leɪm/ **boiteux**

▷ He's lame. Il boite.

lamp /læmp/ **lampe**

lamppost /ˈlæmppəʊst/ **réverbère**

lampshade /ˈlæmpʃeɪd/ **abat-jour**

land /lænd/ *a plusieurs catégories grammaticales et plusieurs sens :*

> Ce mot peut être un NOM :

1 land *peut signifier* **terre**

► on dry land **sur la terre ferme**

▷ He travelled by land. Il a voyagé par voie de terre.

2 land *peut signifier* **terres** *ou* **terrain**

► a piece of land **un terrain**

3 land *peut signifier* **pays**

► a foreign land **un pays étranger**

> Ce mot peut être un VERBE INTRANSITIF :

1 land *peut signifier* **atterrir**

2 land *peut signifier* **retomber**

► land on something **retomber sur** quelque chose *ou* **tomber sur** quelque chose

▷ The cat landed on its feet. Le chat est retombé sur ses pattes.

> Ce mot peut être un VERBE TRANSITIF :

► land a plane **poser un avion**

landing /'lændɪŋ/ *a plusieurs sens :*

1 landing *peut signifier* **palier**

2 landing *peut signifier* **atterrissage**

3 landing *peut signifier* **débarquement**

i Landing est aussi une forme du verbe land :

▷ The plane was landing. L'avion atterrissait.

landlady /'lænd,leɪdɪ/ **propriétaire** (= femme qui loue à des locataires un appartement ou une maison)

landlord /'lænd,lɔ:d/ **propriétaire** (= homme qui loue à des locataires un appartement ou une maison)

landmark /'lændmɑ:k/ **point de repère**

landowner /'lændəʊnəʳ/ **propriétaire terrien**

landscape /'lænd,skeɪp/ **paysage**

lane /leɪn/ *a plusieurs sens :*

1 lane *peut signifier* **petite route** *ou* **ruelle**

2 lane *peut signifier* **voie** (= partie d'une route)

► the left-hand lane **la voie de gauche**

language /'læŋgwɪdʒ/ **langue** *ou* **langage**

▷ Watch your language! Surveille ton langage !

lap /læp/ *a plusieurs sens :*

1 lap *peut signifier* **genoux**

▷ He sat on her lap. Il s'est assis sur ses genoux.

2 *En sport,* lap *signifie* **tour de piste** *ou* **longueur** (dans une piscine)

lapel /lə'pel/ **revers** (de veston)

laptop /'læptɒp/ **ordinateur portable**

lard /lɑ:d/ **saindoux**

En anglais, lard ne signifie pas « lard ».

larder /'lɑ:dəʳ/ **garde-manger**

large /lɑ:dʒ/ **grand** *ou* **important**

En anglais, large ne signifie pas « large ».

largely /'lɑ:dʒlɪ/ **en grande partie**

Largely ne signifie pas « largement ».

last /lɑ:st/ *a plusieurs catégories grammaticales et plusieurs sens :*

> Ce mot peut être un ADJECTIF :

last *signifie* **dernier**

► at the last minute **à la dernière minute**

► last week **la semaine dernière**

► last night **hier soir**

► last name **nom de famille**

> Ce mot peut être un ADVERBE :

1 last *peut signifier* **la dernière fois**

▷ When did you last see him? Quand est-ce que tu l'as vu pour la dernière fois ?

2 last *peut signifier* **en dernier**

▷ He came last. Il est arrivé en dernier.

> Ce mot peut être un NOM :

► the last **le dernier**

► the last but one **l'avant-dernier**

► the week before last **il y a deux semaines**

► the night before last **avant-hier soir**

► at last! **enfin !**

> Ce mot peut être un VERBE :

last *signifie* **durer**

▷ How long did the concert last? Le concert a duré combien de temps ?

lastly /'lɑ:stlɪ/ **enfin** *ou* **finalement**

late /leɪt/ *a plusieurs sens :*

1 late *peut signifier* **en retard**

▷ I'm sorry I'm late. Je suis désolé d'être en retard.

▷ She was 10 minutes late. Elle avait 10 minutes de retard.

2 late *peut signifier* **tard**

▷ It's getting late. Il se fait tard.

► late at night **tard dans la soirée**

► too late **trop tard**

3 late *sert à décrire ce qui se passe vers la fin d'une période :*

► in late July *ou* late in July **fin juillet**

► in the late afternoon *ou* late in the afternoon **en fin d'après-midi**

lately /ˈleɪtlɪ/ **dernièrement** *ou* **ces derniers temps**

later /ˈleɪtəʳ/ *a plusieurs catégories grammaticales :*

> Ce mot peut être un ADVERBE :

later *signifie* **plus tard**

▷ See you later! À plus tard !

► later on **plus tard**

► sooner or later **tôt ou tard**

> Ce mot peut être un ADJECTIF :

later *signifie* **ultérieur**

latest /ˈleɪtɪst/ *a plusieurs catégories grammaticales :*

> Ce mot peut être un ADJECTIF :

latest *signifie* **dernier**

► the latest technology **le dernier cri de la technologie**

> Ce mot peut être un NOM :

► at the latest **au plus tard**

Latin America /ˈlætɪn əˈmerɪkə/ **Amérique latine**

ℹ En général, en anglais, on n'emploie pas d'article défini devant les noms de pays et de continents.

Latin-American /ˈlætɪn əˈmerɪkən/ **Latino-Américain** *ou* **latino-américain**

ℹ En anglais, les adjectifs de nationalité commencent par une majuscule.

latter /ˈlætəʳ/ **dernier** *ou* **deuxième** (de deux choses dont on parle)

► the former..., the latter... **le premier..., le dernier...**

laugh /lɑːf/ *a plusieurs catégories grammaticales :*

> Ce mot peut être un NOM :

laugh *signifie* **rire**

> Ce mot peut être un VERBE :

laugh *signifie* **rire**

► laugh at something *ou* laugh about something **rire de** quelque chose

► laugh at somebody **rire de** quelqu'un *ou* **se moquer de** quelqu'un

laughter /ˈlɑːftəʳ/ **rires**

launch /lɔːntʃ/ *a plusieurs catégories grammaticales et plusieurs sens :*

> Ce mot peut être un NOM :

1 launch *peut signifier* **lancement** (d'un produit, d'un bateau, d'un vaisseau spatial)

► launch pad **rampe de lancement**

2 launch *peut signifier* **bateau à moteur**

> Ce mot peut être un VERBE :

► launch something **lancer** quelque chose (un produit, un bateau, un vaisseau spatial)

launderette /ˌlɔːndəˈret/ **laverie automatique**

Laundromat® /ˈlɔːndrəmæt/ **laverie automatique**

laundry /ˈlɔːndrɪ/ *a plusieurs sens :*

1 laundry *peut signifier* **linge**

► laundry basket **panier à linge**

► do the laundry **faire la lessive**

2 laundry *peut signifier* **blanchisserie**

lavatory /ˈlævətrɪ/ **toilettes**

lavender /ˈlævɪndəʳ/ **lavande**

law /lɔː/ *a plusieurs sens :*

1 law *peut signifier* **loi**

▷ It's against the law. C'est contraire à la loi.

2 law *peut signifier* **droit** (= système légal)

▷ He's studying law. Il fait des études de droit.

lawn /lɔːn/ **pelouse**

lawnmower /ˈlɔːnməʊəʳ/ **tondeuse à gazon**

lawyer /ˈlɔːjəʳ/ **avocat** *ou* **juriste**

lay /leɪ/ *a plusieurs sens :*

1 ► lay something somewhere **poser** quelque chose **quelque part**

▷ He laid the book on the table. Il a posé le livre sur la table.

2 ► lay an egg **pondre un œuf**

► lay the table **mettre la table**

► lay a trap **tendre un piège**

Phrasal verbs

Le verbe lay *peut être suivi d'une préposition, telle que* down *ou* out*, et dans ce cas, il peut avoir des sens différents. C'est ce qu'on appelle, en anglais, un « phrasal verb ».*

LAY DOWN

► lay something down *peut signifier* poser quelque chose

► lay something down *peut signifier* établir quelque chose (des règles ou des conditions, par exemple)

LAY OFF

► lay somebody off licencier quelqu'un

LAY OUT

► lay something out *peut signifier* disposer quelque chose

► lay something out *peut signifier* étaler quelque chose

► lay something out *peut signifier* concevoir quelque chose

Lay est aussi le prétérit du verbe intransitif lie :

▷ She lay on the floor. Elle s'est allongée par terre.

layer /'leɪəʳ/ **couche** (de peinture, de poussière, etc.)

layout /'leɪaʊt/ **agencement** *ou* **disposition** *ou* **mise en page**

lazier /'leɪzɪəʳ/ *est le comparatif de* lazy.

▷ He's even lazier than you. Il est encore plus paresseux que toi.

laziest /'leɪzɪɪst/ *est le superlatif de* lazy.

▷ He's the laziest boy I know. C'est le garçon le plus paresseux que je connaisse.

lazy /'leɪzɪ/ **paresseux**

lead *se prononce de deux façons et a des sens différents selon la prononciation :*

/led/ (le ea se prononce comme le e de bed)

> Ce mot peut être un NOM :

1 lead *peut signifier* **plomb**

2 lead *peut signifier* **mine** (d'un crayon)

> Ce mot peut être un ADJECTIF :

lead *signifie* **en plomb**

/li:d/ (le ea se prononce comme le ee de week)

> Ce mot peut être un NOM :

1 lead *peut signifier* **avance** (dans une course)

► be in the lead **mener** *ou* **être en tête**

▷ He has a 2-metre lead. Il a 2 mètres d'avance.

2 lead *peut signifier* **laisse** (pour tenir un chien)

3 lead *peut signifier* **piste** (dans une enquête)

4 lead *peut signifier* **rôle principal** (dans un film ou dans une pièce de théâtre)

► lead singer **chanteur principal**

5 lead *peut signifier* **fil** (électrique)

> Ce mot peut être un VERBE TRANSITIF :

1 ► lead somebody *peut signifier* **conduire** quelqu'un *ou* **guider** quelqu'un

2 ► lead something *peut signifier* **être à la tête de** quelque chose (un défilé, un groupe, le gouvernement)

3 ► lead something *peut signifier* **mener** (sa vie ou une enquête)

▷ He led an interesting life. Il a mené une vie intéressante.

4 ► lead somebody to do something **amener** quelqu'un **à faire** quelque chose

5 ► lead the way **montrer le chemin**

> Ce mot peut être un VERBE INTRANSITIF :

1 lead *peut signifier* **mener** (dans un match) *ou* **être en tête** (dans une course)

2 lead *peut signifier* **aller devant** *ou* **montrer le chemin**

3 ► lead somewhere **mener quelque part**

▷ This road leads to my house. Cette route mène à ma maison.

4 ► lead to something **aboutir à** quelque chose

leader /'li:dəʳ/ **chef** *ou* **dirigeant** *ou* **leader** *ou* **premier** (dans une course)

lead-free /led'fri:/ **sans plomb**

leading /'li:dɪŋ/ *a plusieurs sens :*

1 leading *peut signifier* **principal** *ou* **important**

▷ It is one of Europe's leading industries. C'est une des principales industries européennes.

2 leading *peut signifier* **en tête de course** *ou* **en tête de classement**

i Leading est aussi une forme du verbe lead :

▷ He was leading the way. Il montrait le chemin.

leaf /li:f/ **feuille**

leaflet /'li:flət/ **prospectus**

league /li:g/ *a plusieurs sens :*

1 league *peut signifier* **ligue**

2 *En sport,* league *signifie* **championnat**

leak /li:k/ *a plusieurs catégories grammaticales :*

> Ce mot peut être un NOM :

leak *signifie* **fuite** (= écoulement d'eau, de gaz, etc.)

> Ce mot peut être un VERBE INTRANSITIF :

leak *signifie* **fuir** (= laisser échapper de l'eau) *ou* **prendre l'eau**

lean /liːn/ *a plusieurs catégories grammaticales et plusieurs sens :*

> Ce mot peut être un ADJECTIF :

lean *signifie* **mince** *ou* **maigre**

> Ce mot peut être un VERBE INTRANSITIF :

1 lean *peut signifier* **pencher** (en parlant d'un mur, d'un bâtiment, d'un véhicule)

► **lean forward** **se pencher en avant**

► **lean back** **se pencher en arrière**

2 ► **lean against** something **s'appuyer contre** quelque chose *ou* **s'adosser à** quelque chose

► **lean on** something **s'appuyer sur** quelque chose

> Ce mot peut être un VERBE TRANSITIF :

► **lean** something **against** something **appuyer** quelque chose **contre** quelque chose

leant /lent/ *est le prétérit et le participe passé du verbe* lean.

▷ He leant forward. Il s'est penché en avant.

▷ She had leant her bike against the wall. Elle avait appuyé son vélo contre le mur.

leap /liːp/ *a plusieurs catégories grammaticales et plusieurs sens :*

> Ce mot peut être un NOM :

1 leap *signifie* **bond** (= saut)

2 ► **leap year** **année bissextile**

> Ce mot peut être un VERBE :

leap *signifie* **bondir** *ou* **sauter** *ou* **faire un bond**

leapfrog /ˈliːpˌfrɒg/ **saute-mouton**

leapt /lept/ *est le prétérit et le participe passé du verbe* leap.

▷ The dog leapt into my arms. Le chien a sauté dans mes bras.

learn /lɜːn/ **apprendre**

► **learn how to do** something **apprendre à faire** quelque chose

learner /ˈlɜːnə^{r}/ **personne qui apprend**

► **learner driver** **apprenti conducteur**

learnt /lɜːnt/ *est le prétérit et le participe passé du verbe* learn.

▷ What have you learnt today? Qu'avez-vous appris aujourd'hui ?

lease /liːs/ *a plusieurs catégories grammaticales :*

> Ce mot peut être un NOM :

lease *signifie* **bail**

> Ce mot peut être un VERBE :

► **lease** something **louer** quelque chose

leash /liːʃ/ **laisse** (pour tenir un chien)

least /liːst/ **le moins** *ou* **le moins de**

▷ She had the least money. Elle avait le moins d'argent.

▷ He ate the least. C'est lui qui a mangé le moins.

▷ It was the least expensive. C'était le moins cher.

▷ I don't have the least idea. Je n'en ai pas la moindre idée.

► **at least** **au moins**

► **not in the least** **pas du tout**

leather /ˈleðə^{r}/ **cuir**

leave /liːv/ *a plusieurs catégories grammaticales et plusieurs sens :*

> Ce mot peut être un VERBE TRANSITIF :

1 ► **leave** somebody *ou* something *peut signifier* **laisser** quelqu'un *ou* quelque chose

▷ He left a message for you. Il t'a laissé un message.

▷ Leave him alone! Laisse-le tranquille !

2 ► **leave** somebody *ou* something *peut signifier* **quitter** quelqu'un *ou* quelque chose

▷ She left home. Elle a quitté la maison.

3 ► **leave** something *peut signifier* **oublier** quelque chose

▷ I left my handbag on the bus. J'ai oublié mon sac dans le bus.

> Ce mot peut être un VERBE INTRANSITIF :

leave *signifie* **partir**

> Ce mot peut être un NOM :

leave *signifie* **congé**

Phrasal verbs

Le verbe leave *peut être suivi d'une préposition, telle que* behind *ou* out, *et dans ce cas, il peut avoir des sens différents. C'est ce qu'on appelle, en anglais, un « phrasal verb ».*

LEAVE BEHIND

► **leave** something **behind** **laisser** quelque chose (à la maison) *ou* **oublier** quelque chose

LEAVE ON

► **leave** something **on** *peut signifier* **garder** quelque chose (= ne pas enlever un vêtement)

► **leave** something **on** *peut signifier* **laisser** quelque chose **allumé** (une lampe) *ou* **laisser** quelque chose **ouvert** (un robinet, le chauffage)

LEAVE OUT

► **leave** something **out** **oublier** quelque chose *ou* **omettre** quelque chose

► **leave** somebody **out** **oublier** quelqu'un *ou* **tenir** quelqu'un **à l'écart**

leaves /liːvz/ *a plusieurs sens :*

1 **leaves** *peut être le pluriel du nom* **leaf.**

▷ The leaves fell off the tree. Les feuilles sont tombées de l'arbre.

2 **leaves** *peut être la troisième personne du singulier du présent du verbe* **leave.**

▷ He leaves at 6 o'clock in the morning. Il part à 6 heures du matin.

Lebanese /ˌlebəˈniːz/ **libanais**

Lebanon /ˈlebənən/ **Liban**

> ℹ En général, en anglais, on n'emploie pas d'article défini devant les noms de pays et de continents.

lecture /ˈlektʃəʳ/ *a plusieurs catégories grammaticales et plusieurs sens :*

> Ce mot peut être un NOM :

1 **lecture** *peut signifier* **conférence** (où quelqu'un parle d'un sujet en public)

2 *À l'université,* **lecture** *signifie* **cours magistral**

> Ce mot peut être un VERBE INTRANSITIF :

lecture *signifie* **faire une conférence** *ou* **faire un cours magistral**

> Ce mot peut être un VERBE TRANSITIF :

► **lecture somebody réprimander** quelqu'un

> En anglais, lecture ne signifie pas « lecture ».

led /led/ *est le prétérit et le participe passé du verbe* **lead.**

▷ He led me upstairs. Il m'a mené en haut.

▷ He has led them to safety. Il les a menés en lieu sûr.

leek /liːk/ **poireau**

left /left/ *a plusieurs catégories grammaticales et plusieurs sens :*

> Ce mot peut être un NOM :

left *signifie* **gauche**

► **on the left** *ou* **to the left à gauche**

> Ce mot peut être un ADVERBE :

left *signifie* **à gauche**

▷ Turn left here. Tournez à gauche ici.

> Ce mot peut être un ADJECTIF :

1 **left** *signifie* **gauche**

▷ My left leg hurts. J'ai mal à la jambe gauche.

2 ► **be left rester**

▷ How much is left? Il en reste combien ?

▷ There are two pieces of cake left. Il reste deux morceaux de gâteau.

▷ I don't have any money left. Il ne me reste plus d'argent.

> ℹ **Left** est aussi le prétérit et le participe passé du verbe **leave** :

▷ She left me a message. Elle m'a laissé un message.

▷ She has left home. Elle a quitté la maison.

left-hand /leftˈhænd/ **de gauche**

▷ It's on the left-hand page. C'est sur la page de gauche.

▷ On the left-hand side. À gauche.

left-handed /leftˈhændɪd/ **gaucher**

left-luggage office /leftˈlʌgɪdʒˌɒfɪs/ **consigne** (où on peut déposer les bagages)

> On ne dit pas left-luggage office en anglais américain : aux États-Unis, on dit checkroom.

leftovers /ˈleftəʊvəz/ **restes** (d'un repas)

leg /leg/ *a plusieurs sens :*

1 **leg** *peut signifier* **jambe** *ou* **patte** (d'un animal) *ou* **pied** (d'un meuble)

► **pull somebody's leg faire marcher** quelqu'un

2 **leg** *peut signifier* **gigot** (d'agneau) *ou* **cuisse** (de poulet, de grenouille)

legal /ˈliːgəl/ **légal** *ou* **juridique**

legend /ˈledʒənd/ **légende** (= conte)

legendary /ˈledʒəndərɪ/ **légendaire**

leggings /ˈlegɪŋz/ **caleçon (long)**

legible /ˈledʒəbl/ **lisible**

legislate /ˈledʒɪsleɪt/ **légiférer**

legislation /ˌledʒɪsˈleɪʃn/ **législation** *ou* **loi**

► **a piece of legislation une loi**

legitimate /lɪˈdʒɪtɪmɪt/ **légitime**

leisure /ˈleʒəʳ/ **loisir** *ou* **temps libre**

► **leisure centre centre de loisirs**

lemon /ˈlemən/ **citron**

lemonade /ˌleməˈneɪd/ **citronnade** *ou* **limonade**

lend /lend/ **prêter**

length /leŋθ/ *a plusieurs sens :*

1 **length** *peut signifier* **longueur**

▷ What length is it? C'est de quelle longueur ?

▷ It's 5 metres in length. Ça fait 5 mètres de long.

2 length *peut signifier* **durée**

3 length *peut signifier* **morceau** (de corde, de bois, de tissu)

4 ► go to great lengths to do something **se donner beaucoup de mal pour faire** quelque chose

lengthen /'leŋθən/ *a plusieurs catégories grammaticales :*

> Ce mot peut être un VERBE TRANSITIF :

► lengthen something **rallonger** quelque chose

> Ce mot peut être un VERBE INTRANSITIF :

lengthen *signifie* **s'allonger** *ou* **rallonger**

lenient /'liːnɪənt/ **indulgent**

lens /lenz/ **lentille** (d'un téléscope ou lentille de contact) *ou* **verre** (de lunettes) *ou* **objectif** (d'un appareil-photo)

Lent /lent/ **carême**

lent /lent/ *est le prétérit et le participe passé du verbe* lend.

▷ He lent me some money. Il m'a prêté de l'argent.

▷ She has lent him a book. Elle lui a prêté un livre.

lentil /'lentl/ **lentille** (= légume sec)

Leo /'liːəʊ/ **Lion** (= signe du zodiaque)

leopard /'lepəd/ **léopard**

less /les/ **moins** *ou* **moins de**

▷ He has less money than me. Il a moins d'argent que moi.

▷ There is less and less time. Il y a de moins en moins de temps.

▷ He has even less than me. Il en a encore moins que moi.

▷ The less you work, the less you earn. Moins tu travailles, moins tu qaqnes.

lessen /'lesn/ **diminuer**

lesson /'lesn/ **leçon**

let /let/ *a plusieurs sens :*

1 ► let somebody do something **laisser** quelqu'un **faire** quelque chose

▷ He won't let me go out. Il ne me laissera pas sortir.

► let somebody know something **dire** quelque chose **à** quelqu'un

▷ I'll let you know next week. Je te le dirai la semaine prochaine.

2 ► let go **lâcher prise**

► let go of somebody *ou* something **lâcher** quelqu'un *ou* quelque chose

3 ► let's *et* let me *sont employés avec d'autres verbes pour former l'impératif :*

▷ Let's go! Allons-y !

▷ Let's not talk about it. N'en parlons pas.

▷ Let me see that. Faites voir.

4 ► let something **louer** quelque chose

Phrasal verbs

Le verbe let *peut être suivi d'une préposition, telle que* down *ou* out*, et dans ce cas, il peut avoir des sens différents. C'est ce qu'on appelle, en anglais, un « phrasal verb ».*

LET DOWN

► let somebody down **décevoir** quelqu'un

LET IN

► let somebody in **laisser entrer** quelqu'un

LET OFF

► let something off **faire exploser** quelque chose

► let somebody off **ne pas punir** quelqu'un

► let somebody off something **dispenser** quelqu'un **de** quelque chose

LET OUT

► let somebody out **laisser sortir** quelqu'un *ou* **relâcher** quelqu'un

► let out a scream **laisser échapper un cri**

LET PAST

► let somebody past **laisser passer** quelqu'un

lethal /'liːθəl/ **mortel**

let's /lets/ *est employé avec d'autres verbes pour former l'impératif.*

▷ Let's go! Allons-y !

letter /'letəʳ/ **lettre**

letterbox /'letəbɒks/ **boîte aux lettres**

lettuce /'letɪs/ **laitue**

level /'levl/ *a plusieurs catégories grammaticales et plusieurs sens :*

> Ce mot peut être un NOM :

level *signifie* **niveau**

► level crossing **passage à niveau**

> Ce mot peut être un ADJECTIF :

1 level *peut signifier* **plat**

2 level *peut signifier* **à la même hauteur**

3 level *peut signifier* **à égalité**

lever /ˈliːvəʳ/ **levier** *ou* **manette**

liar /ˈlaɪəʳ/ **menteur**

liberate /ˈlɪbəreɪt/ **libérer**

liberty /ˈlɪbətɪ/ **liberté**

Libra /ˈliːbrə/ **Balance** (= signe du zodiaque)

librarian /laɪˈbrɛərɪən/ **bibliothécaire**

library /ˈlaɪbrərɪ/ **bibliothèque**

> Library ne signifie pas « librairie ».

licence /ˈlaɪsəns/ *a plusieurs sens :*

1 **licence** *peut signifier* **permis**
► **driving licence** **permis de conduire**

2 **licence** *peut signifier* **licence** (pour tenir un commerce)

> En anglais américain, ce mot s'écrit license.

license /ˈlaɪsəns/ *a plusieurs catégories grammaticales :*

> Ce mot peut être un VERBE :

► **be licensed** **avoir un permis**

> Ce mot peut être un NOM :

license est l'orthographe américaine du mot licence.

lick /lɪk/ **lécher**

licorice /ˈlɪkərɪs/ **réglisse**

lid /lɪd/ **couvercle**

lie /laɪ/ *a plusieurs catégories grammaticales et plusieurs sens :*

> Ce mot peut être un NOM :

lie *signifie* **mensonge**
► **tell lies** **dire des mensonges**

> Ce mot peut être un VERBE INTRANSITIF :

1 **lie** *peut signifier* **mentir**

2 ► **lie** *ou* **lie down** *peut signifier* **s'allonger**
▷ He lay down on the bed. Il s'est allongé sur le lit.

3 ► **be lying** *ou* **be lying down** **être allongé**
▷ She was lying on the floor. Elle était allongée par terre.

4 **lie** *peut signifier* **être** *ou* **se trouver**
▷ Her books were lying on the floor. Ses livres étaient par terre.
▷ The town lies in a valley. La ville se trouve dans une vallée.

> **i** Lorsque lie signifie « mentir », le prétérit et le participe passé du verbe est lied (you lied to me, you have lied to me). Dans les autres sens du verbe, le prétérit est lay (I lay down to sleep) et le participe passé est lain (he had lain down).

> Il ne faut pas confondre les verbes lie et lay. Lay est le prétérit du verbe intransitif lie, mais aussi un verbe transitif à part (I lay down « je me suis allongé » ; lay the book down « pose le livre » ; I laid the book down « j'ai posé le livre »).

life /laɪf/ **vie**
► **life jacket** **gilet de sauvetage**

lifebelt /ˈlaɪfbelt/ **bouée de sauvetage**

lifeboat /ˈlaɪfbəʊt/ **canot de sauvetage**

lifeguard /ˈlaɪfgɑːd/ **maître nageur-sauveteur**

lifestyle /ˈlaɪfstaɪl/ **style de vie**

lifetime /ˈlaɪftaɪm/ **vie**

lift /lɪft/ *a plusieurs catégories grammaticales et plusieurs sens :*

> Ce mot peut être un NOM :

1 **lift** *peut signifier* **ascenseur**

> Dans ce sens, lift n'est pas employé en anglais américain : aux États-Unis, on dit elevator.

2 ► **give somebody a lift** **emmener** quelqu'un **en voiture** *ou* **prendre** quelqu'un **en voiture**

> Ce mot peut être un VERBE TRANSITIF :

► **lift something** *ou* **lift something up** **lever** quelque chose *ou* **soulever** quelque chose
► **lift somebody** *ou* **lift somebody up** **soulever** quelqu'un

lift-off /ˈlɪftɒf/ **décollage** (d'un vaisseau spatial)

light /laɪt/ *a plusieurs catégories grammaticales et plusieurs sens :*

> Ce mot peut être un NOM :

1 **light** *peut signifier* **lumière**
▷ There isn't much light. Il n'y a pas beaucoup de lumière.
▷ He turned the light on. Il a allumé la lumière.
► **light bulb** **ampoule**
► **light switch** **interrupteur**

2 **light** *peut signifier* **feu** (d'un véhicule, d'un vélo) *ou* **phare** (d'une voiture)

3 **light** *peut signifier* **feu** (de signalisation)
▷ The lights are red. Le feu est rouge.
▷ I went through a red light. J'ai grillé un feu rouge.

4 **light** *peut signifier* **feu** (pour allumer une cigarette)
▷ Have you got a light? Est-ce que vous avez du feu ?
► **set light to** something **mettre le feu à** quelque chose

5 **light** *est employé dans les expressions suivantes :*
► **come to light** **être dévoilé** *ou* **être découvert**
► **see** something **in a different light** **voir** quelque chose **sous un jour différent**

> Ce mot peut être un ADJECTIF :

1 **light** *peut signifier* **clair** (= qui n'est pas sombre ou qui n'est pas foncé)
▷ It's a very light room. C'est une pièce très claire.
▷ Her eyes are light blue. Ses yeux sont bleu clair.
▷ It's getting light. Il commence à faire jour.

2 **light** *peut signifier* **léger**
▷ These cases are quite light. Ces valises sont assez légères.

> Ce mot peut être un VERBE :

1 ► **light** something *peut signifier* **allumer** quelque chose (une cigarette, un feu, une bougie)

2 ► **light** something *peut signifier* **éclairer** quelque chose

lighter
/ˈlaɪtə^{r}/ **briquet**

ℹ Lighter est aussi le comparatif de l'adjectif light :

▷ The cases are lighter now. Les valises sont plus légères maintenant.

lighthouse
/ˈlaɪthaʊs/ **phare**

lighting
/ˈlaɪtɪŋ/ **éclairage**

ℹ Lighting est aussi une forme du verbe light :

▷ Just as he was lighting his cigarette... Au moment où il allumait sa cigarette...

lightning
/ˈlaɪtnɪŋ/ **éclair** (pendant un orage)
► **a flash of lightning** **un éclair**

ℹ Lightning est non dénombrable : il ne peut pas se mettre au pluriel, ni s'employer avec l'article a.

like
/laɪk/ *a plusieurs catégories grammaticales et plusieurs sens :*

> Ce mot peut être une PRÉPOSITION :

1 **like** *peut signifier* **comme**
▷ Your dress is like mine. Ta robe est comme la mienne.
► **look like** somebody *ou* something **ressembler à** quelqu'un *ou* quelque chose

2 **like** *est employé pour demander une description de quelqu'un ou de quelque chose :*
▷ What is she like? Elle est comment ?
▷ What's the weather like? Quel temps fait-il ?

> Ce mot peut être un VERBE :

1 ► **like** somebody *ou* something **aimer** quelqu'un *ou* quelque chose
▷ I don't like him. Je ne l'aime pas.
▷ I like oysters. J'aime les huîtres.
▷ She likes dancing. Elle aime danser.
▷ He likes to get up early. Il aime bien se lever tôt.

2 **like** *peut signifier* **vouloir**
▷ You can do what you like. Tu peux faire ce que tu veux.

3 ► **would like** *exprime la volonté ou le souhait*
▷ I'd like a cup of tea. Je voudrais une tasse de thé.
▷ I'd like to go. Je voudrais partir.
▷ I'd like you to come with me. Je voudrais que tu viennes avec moi.
▷ Would you like something to eat? Voulez-vous manger quelque chose ?

likelihood
/ˈlaɪklɪhʊd/ **probabilité**

likely
/ˈlaɪklɪ/ *a plusieurs catégories grammaticales et plusieurs sens :*

> Ce mot peut être un ADJECTIF :

likely *signifie* **probable**
▷ That's not very likely. C'est peu probable.
▷ She's likely to fail. Elle risque d'échouer.
▷ He's likely to win. Il a de fortes chances de gagner.

> Ce mot peut être un ADVERBE :

likely *signifie* **probablement**
► **very likely** *ou* **most likely** **très probablement**

likewise
/ˈlaɪkwaɪz/ **de la même façon**

lilac
/ˈlaɪlək/ **lilas**

lilies
/ˈlɪlɪz/ *est le pluriel de* lily.

lily
/ˈlɪlɪ/ **lys**

limb
/lɪm/ **membre** (= bras, jambe, etc.)

lime
/laɪm/ *a plusieurs sens :*

1 **lime** *peut signifier* **citron vert**

2 **lime** *peut signifier* **tilleul** (l'arbre)

limestone
/ˈlaɪmstəʊn/ **calcaire**

limit
/ˈlɪmɪt/ *a plusieurs catégories grammaticales :*

> Ce mot peut être un NOM :

limit *signifie* **limite**

> Ce mot peut être un VERBE :

► limit something **limiter** quelque chose

limp /lɪmp/ *a plusieurs catégories grammaticales :*

> Ce mot peut être un ADJECTIF :

limp *signifie* **mou**

> Ce mot peut être un NOM :

► have a limp **boiter**

> Ce mot peut être un VERBE :

limp *signifie* **boiter**

line /laɪn/ *a plusieurs catégories grammaticales et plusieurs sens :*

> Ce mot peut être un NOM :

1 line *peut signifier* **ligne**

2 line *peut signifier* **rangée** *ou* **file**

3 line *peut signifier* **file d'attente** *ou* **queue**

► wait in line **faire la queue**

4 line *peut signifier* **ride**

5 line *peut signifier* **corde**

► washing line **corde à linge**

> Ce mot peut être un VERBE :

1 ► line something *peut signifier* **doubler** quelque chose (des vêtements) *ou* **tapisser** quelque chose (un tiroir, une boîte)

2 ► be lined with something **être bordé de** quelque chose

▷ The avenue was lined with trees. L'avenue était bordée d'arbres.

3 ► line up **faire la queue**

linen /ˈlɪnɪn/ **lin** (le tissu) *ou* **linge**

liner /ˈlaɪnəʳ/ **paquebot**

linger /ˈlɪŋgəʳ/ *a plusieurs sens :*

1 linger *peut signifier* **s'attarder**

2 linger *peut signifier* **persister** (en parlant d'une odeur, d'une douleur) *ou* **subsister** (en parlant d'un doute, d'un souvenir)

link /lɪŋk/ *a plusieurs catégories grammaticales et plusieurs sens :*

> Ce mot peut être un NOM :

1 link *peut signifier* **lien** (= rapport)

2 link *peut signifier* **maillon**

> Ce mot peut être un VERBE :

► link something **lier** quelque chose *ou* **relier** quelque chose

lion /ˈlaɪən/ **lion**

lip /lɪp/ **lèvre**

lip-read /ˈlɪpriːd/ **lire sur les lèvres**

lipstick /ˈlɪpstɪk/ **rouge à lèvres**

liquid /ˈlɪkwɪd/ **liquide**

liquor /ˈlɪkəʳ/ **alcool**

liquorice /ˈlɪkərɪs/ **réglisse**

lisp /lɪsp/ *a plusieurs catégories grammaticales :*

> Ce mot peut être un NOM :

lisp *signifie* **zézaiement**

► have a lisp **zézayer**

> Ce mot peut être un VERBE :

lisp *signifie* **zézayer**

list /lɪst/ *a plusieurs catégories grammaticales :*

> Ce mot peut être un NOM :

list *signifie* **liste**

> Ce mot peut être un VERBE :

► list something **faire la liste de** quelque chose *ou* **énumérer** quelque chose

listen /ˈlɪsn/ **écouter**

► listen to somebody *ou* something **écouter** quelqu'un *ou* quelque chose

listener /ˈlɪsnəʳ/ **auditeur**

lit /lɪt/ *est le prétérit et le participe passé du verbe* light.

▷ He lit his cigarette. Il a allumé sa cigarette.

▷ I have lit the fire. J'ai allumé le feu.

liter /ˈliːtəʳ/ *est l'orthographe américaine du mot* litre.

literal /ˈlɪtərəl/ **littéral**

literally /ˈlɪtərəlɪ/ **littéralement**

literature /ˈlɪtərɪtʃəʳ/ **littérature**

litre /ˈliːtəʳ/ **litre**

En anglais américain, ce mot s'écrit liter.

litter /ˈlɪtəʳ/ *a plusieurs catégories grammaticales et plusieurs sens :*

> Ce mot peut être un NOM :

1 litter *peut signifier* **détritus** *ou* **ordures** *ou* **vieux papiers**

► litter bin **poubelle**

Litter n'est pas employé en anglais américain : aux États-Unis, on dit trash.

2 **litter** *peut signifier* **portée** (de petits animaux)

3 **litter** *peut signifier* **litière** (pour chats)

> Ce mot peut être un VERBE :

► **be littered with** something **être jonché de** quelque chose

little /ˈlɪtl/ *a plusieurs sens :*

1 **little** *peut signifier* **petit**

▷ It's a little dog. C'est un petit chien.

2 **little** *peut signifier* **peu de**

▷ There is little hope. Il y a peu d'espoir.

▷ He has very little money. Il a très peu d'argent.

3 **little** *peut signifier* **peu** *ou* **pas beaucoup** *ou* **pas grand-chose**

▷ He ate little. Il a peu mangé.

4 ► **a little un peu** *ou* **un peu de**

▷ He has a little money left. Il lui reste un peu d'argent.

▷ It's a little better. C'est un peu mieux.

ℹ Little est employé devant les noms indénombrables (little money, a little milk). Devant les noms dénombrables, il faut employer few (few people, few books).

live *se prononce de deux façons et a des sens différents selon la prononciation :*

/lɪv/ (le i se prononce comme dans le mot big)

> Ce mot peut être un VERBE INTRANSITIF :

1 **live** *peut signifier* **vivre**

2 **live** *peut signifier* **habiter**

▷ Where do you live? Où habitez-vous ?

> Ce mot peut être un VERBE TRANSITIF :

► **live** something **vivre** quelque chose

► **live a quiet life mener une vie tranquille**

/laɪv/ (le i se prononce comme dans le mot like)

> Ce mot peut être un ADJECTIF :

1 **live** *peut signifier* **vivant** (= en vie)

2 **live** *peut signifier* **en direct** (en parlant d'une émission ou d'un concert)

3 **live** *peut signifier* **sous tension**

lively /ˈlaɪvlɪ/ **plein de vie** *ou* **vivant** *ou* **animé**

liven /ˈlaɪvn/

► **liven** something **up animer** quelque chose

liver /ˈlɪvəʳ/ **foie**

lives *se prononce de deux façons et a des catégories grammaticales différentes selon la prononciation :*

/lɪvz/ (le i se prononce comme dans le mot ill)

> lives est la troisième personne du singulier du présent du verbe live :

▷ She lives in Rome. Elle habite à Rome.

/laɪvz/ (le i se prononce comme dans le mot fire)

> lives est le pluriel du nom life :

▷ A cat has nine lives. Un chat a neuf vies.

living /ˈlɪvɪŋ/ *a plusieurs catégories grammaticales :*

> Ce mot peut être un ADJECTIF :

living *signifie* **vivant**

> Ce mot peut être un NOM :

► **earn a living** *ou* **make a living gagner sa vie**

► **living room salon** *ou* **salle de séjour**

ℹ Living est aussi une forme du verbe live :

▷ I was living in Athens at the time. J'habitais Athènes à cette époque.

lizard /ˈlɪzəd/ **lézard**

load /ləʊd/ *a plusieurs catégories grammaticales et plusieurs sens :*

> Ce mot peut être un NOM :

1 **load** *peut signifier* **chargement** *ou* **charge**

2 ► **a load of...** *ou* **loads of... un tas de...** *ou* **des tas de...**

▷ He had loads of presents. Il a eu des tas de cadeaux.

Dans ce sens, load est un mot familier, c'est-à-dire un mot qu'on évite d'employer quand on parle à quelqu'un qu'on ne connaît pas bien ou quand on écrit.

> Ce mot peut être un VERBE :

► **load** something **with... charger** quelque chose **de...**

loaf /ləʊf/ **pain**

► **a loaf of bread un pain**

loan /ləʊn/ *a plusieurs catégories grammaticales :*

> Ce mot peut être un NOM :

loan *signifie* **prêt** *ou* **emprunt**

> Ce mot peut être un VERBE :

► **loan** something **to** somebody **prêter** quelque chose **à** quelqu'un

loaves /ləʊvz/ *est le pluriel du mot* loaf.

▷ I bought two loaves of bread. J'ai acheté deux pains.

lobby /ˈlɒbɪ/ *a plusieurs sens :*

1 **lobby** *peut signifier* **hall** *ou* **vestibule**

2 **lobby** *peut signifier* **lobby** *ou* **groupe de pression**

lobster /ˈlɒbstəʳ/ **homard** *ou* **langouste**

local /ˈləʊkəl/ *a plusieurs catégories grammaticales et plusieurs sens :*

> Ce mot peut être un ADJECTIF :

1 **local** *peut signifier* **local**

2 **local** *peut signifier* **du quartier**

► **the local shops** **les magasins du quartier**

> Ce mot peut être un NOM :

local *peut signifier* **personne du coin**

► **the locals** **les gens du coin**

locate /ləʊˈkeɪt/ *a plusieurs sens :*

1 ► **locate something** *peut signifier* **retrouver** quelque chose

2 ► **locate something** *peut signifier* **situer** quelque chose *ou* **localiser** quelque chose

► **be located** **être situé**

location /ləʊˈkeɪʃən/ **emplacement**

En anglais, **location** ne signifie pas « location ».

lock /lɒk/ *a plusieurs catégories grammaticales et plusieurs sens :*

> Ce mot peut être un NOM :

1 **lock** *peut signifier* **serrure**

2 **lock** *peut signifier* **antivol**

3 **lock** *peut signifier* **écluse**

4 **lock** *peut signifier* **mèche** (de cheveux)

> Ce mot peut être un VERBE TRANSITIF :

► **lock something** **fermer** quelque chose **à clé**

Phrasal verbs

Le verbe **lock** *peut être suivi d'une préposition, telle que* **in** *ou* **up**, *et dans ce cas, il peut avoir des sens différents. C'est ce qu'on appelle, en anglais, un « phrasal verb ».*

LOCK IN

► **lock somebody in** **enfermer** quelqu'un

LOCK OUT

► **lock somebody out** *peut signifier* **mettre** quelqu'un **à la porte**

► **lock somebody out** *peut signifier* **enfermer** quelqu'un **dehors**

▷ I've locked myself out. Je me suis enfermé dehors.

LOCK UP

► **lock somebody up** **mettre** quelqu'un **sous les verrous** *ou* **interner** quelqu'un

► **lock something up** **mettre** quelque chose **sous clé** (des objets de valeur) *ou* **fermer** quelque chose **à clé** (une maison, un appartement)

locker /ˈlɒkəʳ/ **casier** (qui ferme à clé)

► **locker room** **vestiaire**

locust /ˈləʊkəst/ **criquet**

lodger /ˈlɒdʒəʳ/ **locataire**

loft /lɒft/ **grenier**

log /lɒg/ *a plusieurs catégories grammaticales et plusieurs sens :*

> Ce mot peut être un NOM :

1 **log** *peut signifier* **bûche**

2 **log** *peut signifier* **journal de bord**

> Ce mot peut être un VERBE :

1 ► *En informatique,* **log in** *ou* **log on** *signifie* **se connecter**

2 ► *En informatique,* **log off** *ou* **log out** *signifie* **se déconnecter**

logic /ˈlɒdʒɪk/ **logique** (nom)

▷ I don't understand your logic. Je ne comprends pas ta logique.

logical /ˈlɒdʒɪkəl/ **logique** (adjectif)

▷ It's logical! C'est logique !

lollipop /ˈlɒlɪpɒp/ **sucette**

i On appelle **lollipop lady** et **lollipop man** les personnes chargées d'aider les écoliers à traverser la rue à proximité d'une école. Leur panneau rond indiquant « stop » rappelle par sa forme les sucettes.

lolly /ˈlɒlɪ/ **sucette glacée**

London /ˈlʌndən/ **Londres**

Londoner /ˈlʌndənəʳ/ **Londonien**

lone /ləʊn/ **isolé** *ou* **solitaire**

loneliness /ˈləʊnlɪnɪs/ **solitude**

lonely /ˈləʊnlɪ/ **isolé** *ou* **solitaire**

► **be lonely** *ou* **feel lonely** **se sentir seul**

long /lɒŋ/ *a plusieurs catégories grammaticales et plusieurs sens :*

> Ce mot peut être un ADJECTIF :

long *signifie* **long**

▷ The rope is 4 metres long. La corde fait 4 mètres de long.

▷ It's a long way. C'est loin.

► **a long time** **longtemps**

▷ She has been a teacher for a long time. Elle est professeur depuis longtemps.

▷ She took a long time to decide. Elle a mis du temps pour se décider.

> Ce mot peut être un ADVERBE :

1 **long** *signifie* **longtemps**

▷ He didn't stay long. Il n'est pas resté longtemps.

▷ I won't be long. Je n'en ai pas pour longtemps.

► **long ago** il y a longtemps

► **how long?** *sert à poser des questions sur la durée de quelque chose.*

▷ How long has he been here? Depuis combien de temps est-il ici ?

▷ How long will it take? Combien de temps faudra-t-il ?

2 ► **as long as** à condition que

▷ You can borrow it as long as you give it back. Tu peux l'emprunter à condition que tu me le rendes.

> Ce mot peut être un VERBE :

► **long for** something **avoir très envie de** quelque chose *ou* **rêver de** quelque chose

► **long to do** something **avoir très envie de faire** quelque chose *ou* **rêver de faire** quelque chose

longer /'lɒŋgə'/ *est le comparatif de* long.

► **get longer** *ou* **grow longer** **s'allonger** (en parlant d'une queue, des jours, etc.) *ou* **pousser** (en parlant des cheveux, de plantes, etc.)

► **no longer** **ne... plus**

▷ She no longer lives here. Elle n'habite plus ici.

▷ I can't wait any longer. Je ne peux pas attendre plus longtemps.

loo /lu:/ **toilettes**

Le mot loo n'est pas employé aux États-Unis : en anglais américain, on dit **bathroom**.

look /lʊk/ *a plusieurs catégories grammaticales et plusieurs sens :*

> Ce mot peut être un NOM :

1 **look** *peut signifier* **regard**

► **take a look at** something *ou* **have a look at** something **regarder** quelque chose *ou* **jeter un coup d'œil à** quelque chose

► **have a look for** something **chercher** quelque chose

2 **look** *peut signifier* **air** (= aspect)

▷ She has a sad look about her. Elle a l'air triste.

3 **look** *peut signifier* **look** *ou* **style**

> Ce mot peut être un VERBE :

1 **look** *peut signifier* **regarder**

▷ Look what he's done! Regarde ce qu'il a fait !

2 **look** *peut signifier* **chercher**

▷ I looked everywhere. J'ai cherché partout.

Phrasal verbs

Le verbe look *peut être suivi d'une préposition, telle que* for *ou* up*, et dans ce cas, il peut avoir des sens différents. C'est ce qu'on appelle, en anglais, un « phrasal verb ».*

LOOK AFTER

► **look after** somebody *ou* something **s'occuper de** quelqu'un *ou* quelque chose

LOOK AT

► **look at** somebody *ou* something *peut signifier* **regarder** quelqu'un *ou* quelque chose

► **look at** somebody *ou* something *peut signifier* **examiner** quelqu'un *ou* quelque chose

LOOK FOR

► **look for** somebody *ou* something **chercher** quelqu'un *ou* quelque chose

LOOK FORWARD TO

► **look forward to** something **attendre** quelque chose **avec impatience**

► **look forward to doing** something **attendre de faire** quelque chose **avec impatience**

LOOK ROUND

► **look round** *peut signifier* **regarder autour de soi**

► **look round** *peut signifier* **se retourner** (pour voir)

► **look round** something **faire le tour de** quelque chose *ou* **visiter** quelque chose

LOOK UP

► **look up** *peut signifier* **lever les yeux** *ou* **regarder en haut**

► **look up** *peut signifier* **améliorer** *ou* **reprendre**

► **look** something **up** **chercher** quelque chose (dans un dictionnaire, par exemple)

3 **look** *peut signifier* **avoir l'air**

▷ You look tired. Tu as l'air fatigué.

▷ He looks well. Il a bonne mine.

4 ► **look like** **ressembler à**

▷ She looks like her mother. Elle ressemble à sa mère.

loop /lu:p/ **boucle**

loose /lu:s/ *a plusieurs sens :*

1 **loose** *peut signifier* **desserré** *ou* **branlant**

► **come loose** **se desserrer** *ou* **être branlant** *ou* **se défaire**

2 **loose** *peut signifier* **ample** *ou* **large** (en parlant d'un vêtement)

3 **loose** *peut signifier* **en liberté** (en parlant des animaux)

4 **loose** *peut signifier* **en vrac** (en parlant de produits alimentaires)

loosen /'luːsn/

► loosen something **desserrer** quelque chose *ou* **relâcher** quelque chose

loot /luːt/ *a plusieurs catégories grammaticales :*

> Ce mot peut être un NOM :

loot *signifie* **butin**

> Ce mot peut être un VERBE :

► loot something **piller** quelque chose

lopsided /'lɒp'saɪdɪd/ **de travers**

lord /lɔːd/ *a plusieurs sens :*

1 lord *peut signifier* **seigneur**

► the Lord **le Seigneur**

► the Lord's prayer **le Notre-Père**

2 lord *peut signifier* **lord**

lorries /'lɒrɪz/ *est le pluriel de* lorry.

lorry /'lɒrɪ/ **camion**

► lorry driver **camionneur**

Le mot lorry n'est pas employé aux États-Unis : en anglais américain, on dit truck.

lose /luːz/ **perdre**

loser /'luːzə^r/ **perdant**

loss /lɒs/ **perte**

lost /lɒst/ **perdu**

► get lost **se perdre**

▷ I got lost. Je me suis perdu.

▷ The letter got lost in the post. La lettre a été égarée par la Poste.

► lost property office (en anglais britannique) *ou* lost and found office (en anglais américain) **bureau des objets trouvés**

ℹ Lost est aussi le prétérit et le participe passé du verbe lose :

▷ He lost his backpack. Il a perdu son sac à dos.

lot /lɒt/ *a plusieurs sens :*

1 ► a lot **beaucoup**

▷ He cried a lot. Il a beaucoup pleuré.

▷ I feel a lot better. Je me sens beaucoup mieux.

2 ► a lot of **beaucoup de**

▷ She has a lot of money. Elle a beaucoup d'argent.

▷ There are quite a lot of people. Il y a beaucoup de gens.

3 ► lots **beaucoup**

▷ There's lots to do. Il y a beaucoup à faire.

4 ► lots of **beaucoup de** *ou* **plein de**

▷ There are lots of cars. Il y a beaucoup de voitures.

▷ We have lots of time. Nous avons beaucoup de temps.

5 lot *peut signifier* **lot** (à une vente aux enchères)

lottery /'lɒtərɪ/ **loterie**

► lottery ticket **billet de loterie**

loud /laʊd/ *a plusieurs catégories grammaticales et plusieurs sens :*

> Ce mot peut être un ADJECTIF :

1 loud *peut signifier* **fort** (en parlant d'une voix, une musique, la radio, etc.) *ou* **bruyant** *ou* **grand** (en parlant d'un bruit, un cri)

2 loud *peut signifier* **voyant** (en parlant des couleurs, de vêtements)

> Ce mot peut être un ADVERBE :

loud *signifie* **fort**

▷ They were talking very loud. Ils parlaient très fort.

▷ He said it out loud. Il l'a dit tout haut.

louder /'laʊdə^r/ *est le comparatif de* loud.

▷ Can you talk a bit louder please? Pouvez-vous parler plus fort, s'il vous plaît ?

loudest /'laʊdɪst/ *est le superlatif de* loud.

▷ Sally song the loudest. C'est Sally qui a chanté le plus fort.

loudly /'laʊdlɪ/ **fort** *ou* **d'une voix forte** *ou* **bruyamment**

loudspeaker /ˌlaʊd'spiːkə^r/ **enceinte** (de chaîne hi-fi)

lounge /laʊndʒ/ **salon** (dans une maison) *ou* **salle d'embarquement**

louse /laʊs/ **pou**

lousy /'laʊzɪ/ *a plusieurs sens :*

1 lousy *peut signifier* **infect** (nourriture, temps)

▷ The sandwich was lousy. Le sandwich était infect.

2 lousy *peut signifier* **nul** (film, livre)

▷ He's a lousy teacher. C'est un prof nul.

love /lʌv/ *a plusieurs catégories grammaticales et plusieurs sens :*

> Ce mot peut être un NOM :

1 love *peut signifier* **amour**

► be in love **être amoureux**

► fall in love **tomber amoureux**

▷ She's in love with him. Elle est amoureuse de lui.

► love affair **liaison amoureuse**

► love letter **lettre d'amour**

2 love *sert de formule de fin dans une lettre et correspond à* **bises** *ou* **affectueusement**

3 *En tennis,* love *signifie* **zéro**

> Ce mot peut être un VERBE :

1 ► love somebody **aimer** quelqu'un
▷ They love each other. Ils s'aiment.

2 ► love something **aimer beaucoup** quelque chose *ou* **adorer** quelque chose
► love doing something **adorer faire** quelque chose

lovely /'lʌvlɪ/ **beau** *ou* **merveilleux** *ou* **excellent**
▷ They had a lovely time. Ils se sont bien amusés.

lover /'lʌvə^{r}/ *a plusieurs sens :*

1 lover *peut signifier* **amant**

2 lover *peut signifier* **amateur** (= personne qui aime beaucoup quelque chose)
▷ He's an animal lover. Il aime les animaux.

low /ləʊ/ *a plusieurs catégories grammaticales et plusieurs sens :*

> Ce mot peut être un ADJECTIF :

1 low *peut signifier* **bas** (= peu élevé, pas fort)

2 low *peut signifier* **déprimé**
▷ I'm feeling low. Je suis déprimé.

> Ce mot peut être un ADVERBE :

low *signifie* **bas**
► turn something down low **baisser** quelque chose (les lumières, la musique)

low-cut /ləʊ'kʌt/ **décolleté**

lower /'ləʊə^{r}/ *a plusieurs catégories grammaticales :*

> Ce mot peut être un ADJECTIF :

lower *signifie* **inférieur**

> Ce mot peut être un VERBE :

► lower something **baisser** quelque chose

ℹ Lower est aussi le comparatif de l'adjectif et de l'adverbe low :

▷ Put the picture lower down. Mets le tableau plus bas.

lowest /'ləʊɪst/ *est le superlatif de* low.
▷ The lowest temperatures. Les températures les plus basses.

low-fat /ləʊ'fæt/ **allégé** (en parlant des aliments)

lozenge /'lɒzɪndʒ/ *a plusieurs sens :*

1 lozenge *peut signifier* **losange**

2 lozenge *peut signifier* **pastille (pour la gorge)**

luck /lʌk/ **chance** (= sort favorable)
► good luck **chance**
▷ Good luck! Bonne chance !
► bad luck **malchance**
▷ Bad luck! Pas de chance !

luckier /'lʌkɪə^{r}/ *est le comparatif de* lucky.
▷ You're luckier than me. Tu as plus de chance que moi.

luckiest /'lʌkɪɪst/ *est le superlatif de* lucky.
▷ She was the luckiest girl. C'est elle qui a eu le plus de chance.

luckily /'lʌkɪlɪ/ **heureusement**

lucky /'lʌkɪ/
► be lucky **avoir de la chance**
► lucky charm **porte-bonheur**

luggage /'lʌgɪdʒ/ **bagages**
► luggage rack **porte-bagages**

ℹ Luggage est indénombrable : il ne peut pas se mettre au pluriel, ni s'employer avec l'article a.

lukewarm /'lu:kwɔ:m/ **tiède**

lullaby /'lʌləbaɪ/ **berceuse** (= chanson)

lump /lʌmp/ *a plusieurs sens :*

1 lump *peut signifier* **morceau**

2 lump *peut signifier* **grumeau**

3 lump *peut signifier* **grosseur** (sous la peau)

lunatic /'lu:nətɪk/ **fou**

En anglais, lunatic ne signifie pas « lunatique ».

lunch /lʌntʃ/ **déjeuner** (= le repas)
► have lunch **déjeuner** (= manger)

lunchtime /'lʌntʃtaɪm/ **l'heure du déjeuner**

lung /lʌŋ/ **poumon**

luxurious /lʌg'zjʊərɪəs/ **luxueux**

luxury /'lʌkʃərɪ/ **luxe**

lying /'laɪɪŋ/ *est une forme du verbe* lie *et a plusieurs sens :*

1 ► be lying *ou* be lying down **être allongé**
▷ She was lying on the floor. Elle était allongée par terre.

2 ► be lying *peut signifier* **mentir**
▷ You're lying. Tu mens.

lyrics /'lɪrɪks/ **paroles** (d'une chanson)

Mm

La lettre M se prononce /em/ en anglais comme en français.

machine /məˈʃiːn/ **machine**

► machine gun **mitrailleuse**

machinery /məˈʃiːnərɪ/ **machines**

► a piece of machinery **une machine**

ℹ Machinery est non dénombrable : il ne peut pas se mettre au pluriel, ni s'employer avec l'article a.

mad /mæd/ *a plusieurs sens :*

1 mad *peut signifier* **fou**

► go mad **devenir fou**

► drive somebody mad **rendre** quelqu'un **fou**

► mad cow disease **maladie de la vache folle**

► be mad about somebody *ou* something **être fou de** quelqu'un *ou* quelque chose

2 mad *peut signifier* **furieux**

► be mad at somebody **être furieux contre** quelqu'un

made /meɪd/ *est le prétérit et le participe passé du verbe* make.

▷ I made a cake yesterday. J'ai fait un gâteau hier.

▷ She has made three mistakes. Elle a fait trois erreurs.

made-up /meɪdˈʌp/ *a plusieurs sens :*

1 made-up *peut signifier* **inventé**

2 made-up *peut signifier* **maquillé**

madness /ˈmædnɪs/ **folie**

maggot /ˈmægət/ **asticot**

magic /ˈmædʒɪk/ *a plusieurs catégories grammaticales :*

> Ce mot peut être un NOM :

magic *signifie* **magie**

> Ce mot peut être un ADJECTIF :

magic *signifie* **magique**

magical /ˈmædʒɪkəl/ **magique**

magician /məˈdʒɪʃən/ **magicien**

magnet /ˈmægnɪt/ **aimant**

magnetic /mægˈnetɪk/ **magnétique**

magnificent /mægˈnɪfɪsənt/ **magnifique**

magnify /ˈmægnɪfaɪ/ **grossir** (une image) *ou* **amplifier** (un son)

magnifying glass /ˈmægnɪfaɪɪŋ glɑːs/ **loupe**

magpie /ˈmægpaɪ/ **pie**

maid /meɪd/ **femme de chambre**

maiden name /ˈmeɪdn neɪm/ **nom de jeune fille**

mail /meɪl/ *a plusieurs catégories grammaticales et plusieurs sens :*

> Ce mot peut être un NOM :

1 mail *peut signifier* **poste** (= système de distribution de courrier)

► by mail **par la poste**

2 mail *peut signifier* **courrier** *ou* **courrier électronique**

> Ce mot peut être un VERBE :

1 ► mail something **envoyer** quelque chose (par la poste ou par courrier électronique)

2 ► mail somebody **envoyer un e-mail à** quelqu'un

mailbox /ˈmeɪlbɒks/ **boîte aux lettres**

mailman /ˈmeɪlmæn/ **facteur**

Mailman est un mot américain : en anglais britannique, on dit postman.

main /meɪn/ **principal**

► **main course** **plat principal**

► **main road** **grande route**

► **main street** **rue principale**

mainly /ˈmeɪnlɪ/ **surtout**

maintain /meɪnˈteɪn/ *a plusieurs sens :*

1 ► **maintain** something *peut signifier* **maintenir** quelque chose

2 ► **maintain** something *peut signifier* **entretenir** quelque chose

3 ► **maintain that...** **maintenir que...**

maintenance /ˈmeɪntɪnəns/ **entretien** (= le fait d'entretenir quelque chose)

maize /meɪz/ **maïs**

Maize désigne le maïs en anglais britannique. En anglais américain on dit **corn**.

major /ˈmeɪdʒəʳ/ *a plusieurs catégories grammaticales et plusieurs sens :*

> Ce mot peut être un ADJECTIF :

1 **major** *peut signifier* **majeur**

2 **major** *peut signifier* **principal**

> Ce mot peut être un NOM :

major *signifie* **commandant**

majority /məˈdʒɒrɪtɪ/ **majorité**

make /meɪk/ *a plusieurs catégories grammaticales et plusieurs sens :*

> Ce mot peut être un NOM :

make *signifie* **marque**

▷ What make is that car? De quelle marque est cette voiture ?

> Ce mot peut être un VERBE :

1 ► **make** something *peut signifier* **faire** quelque chose

▷ I've made the bed. J'ai fait le lit.

▷ He made a mistake. Il a fait une erreur.

▷ Don't make so much noise. Ne faites pas autant de bruit.

2 **make** *peut être suivi d'un adjectif :*

► **make** somebody **happy** **rendre** quelqu'un **heureux**

► **make** somebody **jealous** **rendre** quelqu'un **jaloux**

► **make** somebody **hungry** **donner faim à** quelqu'un

► **make** something **worse** **aggraver** quelque chose

3 ► **make money** **gagner de l'argent**

▷ He makes 300 euros a week. Il gagne 300 euros par semaine.

4 ► **make** somebody **do** something **faire faire** quelque chose **à** quelqu'un *ou* **obliger** quelqu'un **à faire** quelque chose

▷ She made me forget my problems. Elle m'a fait oublier mes problèmes.

▷ It made me laugh. Ça m'a fait rire.

▷ They made me do it. Ils m'ont obligé à le faire.

5 **make** *est employé dans les expressions suivantes :*

► **make do** **se débrouiller**

► **make do with** something **se contenter de** quelque chose

► **make it** **venir** *ou* **arriver à temps** *ou* **réussir**

▷ She can't make it. Elle ne peut pas venir.

▷ He made it in time. Il est arrivé à temps.

▷ She's made it! Elle a réussi !

Phrasal verbs

Le verbe **make** *peut être suivi d'une préposition, telle que* **for** *ou* **up**, *et dans ce cas, il peut avoir des sens différents. C'est ce qu'on appelle, en anglais, un « phrasal verb ».*

MAKE FOR

► **make for** something **se diriger vers** quelque chose

MAKE UP

► **make up** *peut signifier* **se réconcilier**

► **make up** *peut signifier* **se maquiller**

► **make** something **up** **inventer** quelque chose

► **be made up of...** **être composé de...**

MAKE UP FOR

► **make up for** something **compenser** quelque chose

make-up /ˈmeɪkʌp/ **maquillage**

male /meɪl/ **mâle**

malicious /məˈlɪʃəs/ **méchant** *ou* **malveillant**

En anglais, **malicious** ne signifie pas « malicieux ».

mall /mæl/ **centre commercial**

Ce mot est employé surtout en anglais américain : en anglais britannique, on dit **shopping centre**.

mammal /ˈmæməl/ **mammifère**

man /mæn/ **homme**

manage /ˈmænɪdʒ/ *a plusieurs catégories grammaticales et plusieurs sens :*

> Ce mot peut être un VERBE TRANSITIF :

1 ► **manage** something **gérer** quelque chose

2 ► **manage to do something** arriver à faire quelque chose

> Ce mot peut être un VERBE INTRANSITIF :

manage *signifie* **se débrouiller**

management /'mænɪdʒmənt/ *a plusieurs sens :*

1 **management** *peut signifier* **gestion**

2 **management** *peut signifier* **direction** (= l'ensemble des directeurs)

manager /'mænɪdʒəʳ/ **directeur** *ou* **gérant** *ou* **manager**

managing director /ˌmænɪdʒɪŋ daɪ'rektəʳ/ **directeur général** *ou* P.-D.G.

Ce mot n'est pas employé en anglais américain : aux États-Unis, on dit chief executive officer.

mane /meɪn/ **crinière**

maneuver /mə'nu:vəʳ/ *est l'orthographe américaine du mot* manoeuvre.

mango /'mæŋgəʊ/ **mangue**

manicure /'mænɪˌkjʊəʳ/ *a plusieurs catégories grammaticales :*

> Ce mot peut être un NOM :

manicure *signifie* **manucure**

> Ce mot peut être un VERBE :

► **manicure one's nails** se faire les ongles

Attention à l'orthographe du mot anglais manicure.

manipulate /mə'nɪpjʊleɪt/ **manipuler**

mankind /mæn'kaɪnd/ **l'humanité**

man-made /mæn'meɪd/ **synthétique** *ou* **artificiel**

manner /'mænəʳ/ **manière**

► **in this manner** de cette manière

► **good manners** bonnes manières

► **bad manners** mauvaises manières

manoeuvre /mə'nu:vəʳ/ *a plusieurs catégories grammaticales :*

> Ce mot peut être un NOM :

manoeuvre *signifie* **manœuvre**

> Ce mot peut être un VERBE :

manoeuvre *signifie* **manœuvrer**

En anglais américain, ce mot s'écrit maneuver.

manor /'mænəʳ/ **manoir**

mansion /'mænʃən/ **hôtel particulier** *ou* **manoir**

manslaughter /'mænslɔ:təʳ/ **homicide**

mantelpiece /'mæntlpi:s/

▷ It's on the mantelpiece. C'est sur la cheminée.

manual /'mænjʊəl/ **manuel**

manufacture /ˌmænjʊ'fæktʃəʳ/ **fabriquer**

manufacturer /ˌmænjʊ'fæktʃərəʳ/ **fabricant**

manure /mə'njʊəʳ/ **fumier**

many /'menɪ/ **beaucoup** *ou* **beaucoup de**

▷ There aren't many flowers. Il n'y a pas beaucoup de fleurs.

▷ Do you have many customers? Est-ce que vous avez beaucoup de clients ?

► **how many** combien

▷ How many plates are there? Il y a combien d'assiettes ?

► **too many** trop

▷ There are too many. Il y en a trop.

i Many s'emploie avec des noms dénombrables au pluriel (many people, many things). Avec les noms non dénombrables, on emploie much (much time, much money).

map /mæp/ **carte** *ou* **plan** (d'une ville, d'un pays, etc.)

maple /'meɪpl/ **érable**

► **maple syrup** sirop d'érable

marble /'mɑ:bl/ *a plusieurs sens :*

1 **marble** *peut signifier* **marbre**

2 **marble** *peut signifier* **bille** (pour jouer aux billes)

March /mɑ:tʃ/ **mars**

En anglais, les noms de mois commencent par une majuscule.

march /mɑ:tʃ/ *a plusieurs catégories grammaticales et plusieurs sens :*

> Ce mot peut être un NOM :

march *signifie* **marche** (de soldats ou pour manifester)

> Ce mot peut être un VERBE :

1 **march** *peut signifier* **marcher au pas**

2 **march** *peut signifier* **manifester**

mare /meəʳ/ **jument**

En anglais, mare ne signifie pas « mare ».

margin /'mɑːdʒɪn/ **marge**

mark /mɑːk/ *a plusieurs catégories grammaticales et plusieurs sens :*

> Ce mot peut être un NOM :

1 **mark** *peut signifier* **marque** (= signe)

2 **mark** *peut signifier* **tache**

3 **mark** *peut signifier* **note** (pour un devoir, un examen)

> Ce mot peut être un VERBE :

1 ► **mark** something *peut signifier* **marquer** quelque chose

2 ► **mark** something *peut signifier* **tacher** quelque chose

3 ► **mark** something *peut signifier* **corriger** quelque chose (un examen, par exemple)

marker pen /'mɑːkəʳ/ **marqueur**

market /'mɑːkɪt/ *a plusieurs catégories grammaticales :*

> Ce mot peut être un NOM :

market *signifie* **marché**

> Ce mot peut être un VERBE :

► **market** something **commercialiser** quelque chose

marmalade /'mɑːməleɪd/ **confiture d'agrumes**

▷ orange marmalade confiture d'oranges.

marquee /mɑː'kiː/ **grande tente**

marriage /'mærɪdʒ/ **mariage**

ℹ Attention à l'orthographe du mot anglais marriage.

married /'mærɪd/ **marié**

► **get married** **se marier**

ℹ Married est aussi le prétérit et le participe passé du verbe marry :

▷ She married a millionaire. Elle a épousé un millionnaire.

marrow /'mærəʊ/ *a plusieurs sens :*

1 **marrow** *peut signifier* **moelle**

2 **marrow** *peut signifier* **courge**

marry /'mærɪ/ *a plusieurs catégories grammaticales et plusieurs sens :*

> Ce mot peut être un VERBE TRANSITIF :

1 ► **marry** somebody *peut signifier* **épouser** quelqu'un

2 ► **marry** somebody *peut signifier* **marier** quelqu'un

> Ce mot peut être un VERBE INTRANSITIF :

marry *signifie* **se marier**

marsh /mɑːʃ/ **marais**

martial /'mɑːʃəl/ **martial** *ou* **militaire**

► **martial arts** **les arts martiaux**

Martian /'mɑːʃən/ **Martien**

marvel /'mɑːvəl/ **merveille**

marvellous /'mɑːvələs/ **merveilleux**

En anglais américain, ce mot s'écrit marvelous.

marzipan /'mɑːzɪˌpæn/ **pâte d'amandes**

masculine /'mæskjʊlɪn/ **masculin**

mash /mæʃ/ **réduire en purée**

► **mashed potatoes** **purée de pommes de terre**

mask /mɑːsk/ *a plusieurs catégories grammaticales :*

> Ce mot peut être un NOM :

mask *signifie* **masque**

> Ce mot peut être un VERBE :

► **mask** something **masquer** quelque chose

mass /mæs/ *a plusieurs sens :*

1 **mass** *peut signifier* **masse**

► **masses of...** **des masses de...**

2 **mass** *peut signifier* **messe**

massacre /'mæsəkəʳ/ *a plusieurs catégories grammaticales :*

> Ce mot peut être un NOM :

massacre *signifie* **massacre**

> Ce mot peut être un VERBE :

► **massacre** somebody **massacrer** quelqu'un

massage /'mæsɑːʒ/ *a plusieurs catégories grammaticales :*

> Ce mot peut être un NOM :

massage *signifie* **massage**

> Ce mot peut être un VERBE :

► **massage** something **masser** quelque chose

massive /'mæsɪv/ **énorme**

mast /mɑːst/ **mât** *ou* **pylône**

master /'mɑːstəʳ/ *a plusieurs catégories grammaticales et plusieurs sens :*

> Ce mot peut être un NOM :

1 **master** *signifie* **maître**

2 ► **master's degree** **maîtrise** (= diplôme)

> Ce mot peut être un VERBE :

1 ► **master** something *peut signifier* **maîtriser** quelque chose

2 ► **master** something *peut signifier* **surmonter** quelque chose

masterpiece /'mɑːstəpiːs/ **chef-d'œuvre**

mat /mæt/ *a plusieurs sens :*

1 **mat** *peut signifier* **tapis** *ou* **paillasson**

2 **mat** *peut signifier* **dessous-de-plat** *ou* **set de table**

match /mætʃ/ *a plusieurs catégories grammaticales et plusieurs sens :*

> Ce mot peut être un NOM :

1 **match** *peut signifier* **match**

2 **match** *peut signifier* **allumette**

> Ce mot peut être un VERBE TRANSITIF :

1 ► **match** something **être assorti à** quelque chose *ou* **aller bien avec** quelque chose

2 ► **match** somebody **égaler** quelqu'un

> Ce mot peut être un VERBE INTRANSITIF :

match *signifie* **être assortis** *ou* **aller bien ensemble**

matchbox /'mætʃbɒks/ **boîte d'allumettes**

matching /'mætʃɪŋ/ **assorti**

matchstick /'mætʃstɪk/ **allumette**

material /mə'tɪərɪəl/ *a plusieurs catégories grammaticales et plusieurs sens :*

> Ce mot peut être un NOM :

1 **material** *peut signifier* **matière** *ou* **matériau**

2 **material** *peut signifier* **tissu**

3 **material** *peut signifier* **documentation**

> Ce mot peut être un ADJECTIF :

material *signifie* **matériel**

materialistic /məˌtɪərɪə'lɪstɪk/ **matérialiste**

math /mæθ/ **maths (en anglais américain)**

mathematics /ˌmæθə'mætɪks/ **mathématiques**

maths /mæθs/ **maths**

> En anglais américain, on dit math.

matter /'mætəʳ/ *a plusieurs catégories grammaticales et plusieurs sens :*

> Ce mot peut être un NOM :

1 **matter** *peut signifier* **matière** (= substance)

2 **matter** *peut signifier* **affaire** *ou* **question**

▷ It's a matter of life and death. C'est une question de vie ou de mort.

3 ► **the matter** *peut signifier* **le problème**

▷ There's something the matter. Il y a un problème.

▷ What's the matter? Qu'est-ce qu'il y a ?

▷ What's the matter with her? Qu'est-ce qu'elle a ?

▷ What's the matter with his leg? Qu'est-ce qu'il a à la jambe ?

4 ► **no matter** **peu importe**

▷ No matter what he does. Quoi qu'il fasse.

> Ce mot peut être un VERBE :

matter *signifie* **avoir de l'importance**

▷ It doesn't matter. Ça n'a pas d'importance *ou* Ça ne fait rien.

▷ It doesn't matter what you do. Peu importe ce que tu fais.

mattress /'mætrɪs/ **matelas**

mature /mə'tjʊəʳ/ *a plusieurs catégories grammaticales :*

> Ce mot peut être un ADJECTIF :

mature *signifie* **mûr**

> Ce mot peut être un VERBE :

mature *signifie* **mûrir**

May /meɪ/ **mai**

> i En anglais, les noms de mois commencent par une majuscule.

> i Regardez aussi le mot suivant, may.

may /meɪ/ *a plusieurs sens :*

> i May est un verbe modal.
> Ces verbes s'emploient avant la forme infinitive d'autres verbes (par exemple, you may go now).
> Ils ne prennent pas de -s final à la troisième personne du singulier (he may, she may, it may).
> À la différence d'autres verbes, les formes négatives et interrogatives ne se construisent pas avec do (on dit par exemple may I go? et he may not come).
> Ils n'ont pas de forme infinitive ni de participe présent ou passé.

1 **may** *sert à exprimer la* **possibilité**

▷ He may come. Il va peut-être venir.

▷ It may rain. Il va peut-être pleuvoir.

▷ I may have left it in the bus. Je l'ai peut-être oublié dans le bus.

2 **may** *sert à donner ou à demander la* **permission**

▷ May I come in? Je peux entrer ?

▷ You may leave. Vous pouvez partir.

▷ May I help you? Est-ce que je peux vous aider ? *ou* (dans un magasin) Vous désirez ?

ℹ Regardez aussi le mot précédent, May.

maybe /ˈmeɪbiː/ **peut-être**

mayor /mɛəʳ/ **maire**

maze /meɪz/ **labyrinthe**

me /miː/ **me** *ou* **moi**
▷ Can you see me? Est-ce que tu me vois ?
▷ He gave me some money. Il m'a donné de l'argent.
▷ Look at me! Regarde-moi !

meadow /ˈmedəʊ/ **pré**

meal /miːl/ **repas**

mealtime /ˈmiːltaɪm/ **heure du repas**

mean /miːn/ *a plusieurs catégories grammaticales et plusieurs sens :*

> Ce mot peut être un VERBE :

1 ► **mean** something **vouloir dire** quelque chose *ou* **signifier** quelque chose
▷ What does this mean? Qu'est-ce que ça veut dire ?

2 ► **mean to do** something **avoir l'intention de faire** quelque chose
▷ I didn't mean to do it. Je ne l'ai pas fait exprès.

3 **mean** *sert à dire qu'on est sérieux à propos de quelque chose :*
▷ Do you really mean it? Tu es sérieux ?
▷ I mean it. Je suis sérieux.

> Ce mot peut être un ADJECTIF :

mean *signifie* **mesquin** *ou* **avare** *ou* **méchant**

meaning /ˈmiːnɪŋ/ **sens** *ou* **signification**

means /miːnz/ **moyen** (= procédé qui permet de parvenir à ce qu'on veut) *ou* **moyens** (= de l'argent)
► **a means of doing** something **un moyen de faire** quelque chose

ℹ Means est aussi une forme du verbe mean :

▷ This means that we will be late. Ça veut dire qu'on sera en retard.

meant /ment/ *est le prétérit et le participe passé du verbe* mean.
▷ I meant to tell you. J'avais l'intention de te le dire.
► **be meant for** somebody *ou* something **être destiné à** quelqu'un *ou* quelque chose
► **be meant to do** something **être censé faire** quelque chose

meantime /ˈmiːntaɪm/
► **in the meantime** **pendant ce temps** *ou* **en attendant**

meanwhile /ˈmiːnwaɪl/ **pendant ce temps** *ou* **en attendant**

measles /ˈmiːzlz/ **rougeole**

measure /ˈmeʒəʳ/ *a plusieurs catégories grammaticales :*

> Ce mot peut être un NOM :

measure *signifie* **mesure**

> Ce mot peut être un VERBE :

measure *signifie* **mesurer**

measurements /ˈmeʒəmənts/ **mesures**

meat /miːt/ **viande**

mechanic /mɪˈkænɪk/ **mécanicien**

mechanical /mɪˈkænɪkəl/ **mécanique** *ou* **machinal**

mechanism /ˈmekənɪzəm/ **mécanisme**

medal /ˈmedl/ **médaille**

meddle /ˈmedl/ *a plusieurs sens :*

1 ► **meddle in** something **se mêler de** quelque chose

2 ► **meddle with** something **toucher à** quelque chose

media /ˈmiːdɪə/
► **the media** **les médias**

medical /ˈmedɪkəl/ *a plusieurs catégories grammaticales :*

> Ce mot peut être un ADJECTIF :

medical *signifie* **médical**

> Ce mot peut être un NOM :

medical *signifie* **examen médical**

medicine /ˈmedsn/ *a plusieurs sens :*

1 **medicine** *peut signifier* **médecine**

2 **medicine** *peut signifier* **médicament**
► **medicine cabinet** **armoire à pharmacie**

ℹ Attention à l'orthographe du mot anglais medicine.

meditate /ˈmedɪteɪt/ **méditer**

Mediterranean /ˌmedɪtəˈreɪnɪən/ **méditerranéen**
► **the Mediterranean** **la Méditerranée**

medium /ˈmiːdɪəm/ *a plusieurs catégories grammaticales et plusieurs sens :*

> Ce mot peut être un NOM :

1 **medium** *peut signifier* **moyen**

2 **medium** *peut signifier* **médium**

> Ce mot peut être un ADJECTIF :

medium *signifie* **moyen**

medium-sized /ˌmiːdɪəm'saɪzd/ **de taille moyenne**

meet /miːt/ *a plusieurs catégories grammaticales et plusieurs sens :*

> Ce mot peut être un VERBE TRANSITIF :

1 ► **meet** somebody *peut signifier* **rencontrer** quelqu'un *ou* **retrouver** quelqu'un

▷ I met him last year. Je l'ai rencontré l'année dernière.

▷ I'll meet you at the cinema. Je te retrouverai au cinéma.

2 **meet** *est employé lorsqu'on fait les* **présentations**

▷ Fred, I'd like you to meet Mrs Jones. Fred, je vous présente Mme Jones.

▷ Pleased to meet you! Enchanté !

3 ► **meet** somebody *peut signifier* **aller chercher** quelqu'un *ou* **venir chercher** quelqu'un

▷ He met me at the station. Il est venu me chercher à la gare.

4 ► **meet** something *peut signifier* **répondre à** quelque chose *ou* **satisfaire** quelque chose (une demande, des besoins)

5 ► **meet** something *peut signifier* **payer** *ou* **régler** (les factures, par exemple), *ou* **prendre en charge** (les frais)

> Ce mot peut être un VERBE INTRANSITIF :

1 **meet** *peut signifier* **se rencontrer** *ou* **se retrouver**

2 **meet** *peut signifier* **se croiser** (en parlant de rues, de lignes)

meeting /'miːtɪŋ/ **réunion** *ou* **rencontre** *ou* **rendez-vous**

ℹ Meeting est aussi une forme du verbe meet :

▷ We're meeting at the cinema. On se retrouve au cinéma.

megabyte /'megəˌbaɪt/ **méga-octet**

melt /melt/ **fondre** *ou* **faire fondre**

member /'membəʳ/ **membre**

► **member of parliament** **député**

memento /mə'mentəʊ/ **souvenir** (= objet)

memorial /mɪ'mɔːrɪəl/ **monument**

memorize /'meməraɪz/ **mémoriser**

memory /'memərɪ/ *a plusieurs sens :*

1 **memory** *peut signifier* **mémoire**

▷ She has a good memory. Elle a une bonne mémoire.

2 **memory** *peut signifier* **souvenir**

▷ I have happy memories of my grandfather. J'ai de bons souvenirs de mon grand-père.

men /men/ *est le pluriel du mot* man.

► **men's room** **toilettes pour hommes**

menace /'menɪs/ *a plusieurs catégories grammaticales :*

> Ce mot peut être un NOM :

menace *signifie* **menace**

> Ce mot peut être un VERBE :

menace *signifie* **menacer**

mend /mend/ **réparer** *ou* **raccommoder**

mention /'menʃən/ *a plusieurs catégories grammaticales :*

> Ce mot peut être un NOM :

mention *signifie* **mention** (= le fait de mentionner quelque chose)

> Ce mot peut être un VERBE :

► **mention** something **mentionner** quelque chose

▷ Don't mention it! Je vous en prie !

menu /'menjuː/ **menu**

► **on the menu** **au menu**

► **menu bar** **barre de menu**

mercy /'mɜːsɪ/ **pitié**

► **have mercy on** somebody **avoir pitié de** quelqu'un

► **be at** somebody**'s mercy** **être à la merci de** quelqu'un

merely /'mɪəlɪ/ **simplement**

merge /mɜːdʒ/ **fusionner**

merger /'mɜːdʒəʳ/ **fusion** (de deux sociétés)

merit /'merɪt/ *a plusieurs catégories grammaticales :*

> Ce mot peut être un NOM :

merit *signifie* **mérite**

> Ce mot peut être un VERBE :

► **merit** something **mériter** quelque chose

mermaid /'mɜːmeɪd/ **sirène** (= être imaginaire)

merry /'merɪ/ **joyeux**

▷ Merry Christmas! Joyeux Noël !

merry-go-round /'merɪgəʊˌraʊnd/ **manège**

mess /mes/ *a plusieurs catégories grammaticales et plusieurs sens :*

> Ce mot peut être un NOM :

1 mess *peut signifier* **désordre** *ou* **fouillis**

▷ The kitchen was in a mess. La cuisine était en désordre.

▷ She made a mess in the kitchen. Elle a mis du désordre dans la cuisine.

▷ He looked a mess. Il était dans un bel état.

2 mess *peut signifier* **gâchis**

▷ I've made a mess of things. J'ai tout gâché.

> Ce mot peut être un VERBE :

1 ► mess about *ou* mess around **faire l'imbécile** *ou* **perdre son temps**

2 ► mess something up **salir** quelque chose *ou* **mettre** quelque chose **en désordre** *ou* **gâcher** quelque chose

messenger /'mesɪndʒəʳ/ **messager**

messy /'mesɪ/ **désordonné** *ou* **sale**

met /met/ *est le prétérit et le participe passé du verbe* meet.

▷ I met him yesterday. Je l'ai rencontré hier.

▷ Have you met my brother? Est-ce que tu as rencontré mon frère ?

metal /'metl/ *a plusieurs catégories grammaticales :*

> Ce mot peut être un NOM :

metal *signifie* **métal**

> Ce mot peut être un ADJECTIF :

metal *signifie* **en métal**

meter /'miːtəʳ/ *a plusieurs sens :*

1 meter *peut signifier* **compteur**

► parking meter **parcmètre**

2 Meter *est aussi l'orthographe américaine du mot* metre.

method /'meθəd/ **méthode**

methodical /mɪ'θɒdɪkəl/ **méthodique**

metre /'miːtəʳ/ **mètre**

En anglais américain, ce mot s'écrit meter.

Mexican /'meksɪkən/ **mexicain** *ou* **Mexicain**

Mexico /'meksɪkəʊ/ **Mexique**

► Mexico City **Mexico**

i En général, en anglais, on n'emploie pas d'article défini devant les noms de pays et de continents.

miaow /miː'aʊ/ *a plusieurs catégories grammaticales :*

> Ce mot peut être un NOM :

miaow *signifie* **miaou**

> Ce mot peut être un VERBE :

miaow *signifie* **miauler**

mice /maɪs/ *est le pluriel du mot* mouse.

▷ Our cat catches mice. Notre chat attrape des souris.

microchip /'maɪkrəʊˌtʃɪp/ **puce électronique**

microphone /'maɪkrəʊˌfəʊn/ **micro**

microscope /'maɪkrəʊskəʊp/ **microscope**

microwave /'maɪkrəʊˌweɪv/ *a plusieurs catégories grammaticales et plusieurs sens :*

> Ce mot peut être un NOM :

microwave *signifie* **four à micro-ondes**

> Ce mot peut être un VERBE :

► microwave something **faire cuire** quelque chose **au micro-ondes**

mid /mɪd/ *est un préfixe qui signifie* **au milieu de**

► mid-morning **au milieu de la matinée**

► in mid-July **à la mi-juillet**

midday /ˌmɪd'deɪ/ **midi**

► at midday **à midi**

middle /'mɪdl/ *a plusieurs catégories grammaticales et plusieurs sens :*

> Ce mot peut être un NOM :

middle *signifie* **milieu** (= centre)

> Ce mot peut être un ADJECTIF :

1 middle *signifie* **du milieu**

2 ► the Middle Ages **le Moyen Âge**

► the middle classes **les classes moyennes**

► the Middle East **le Moyen-Orient**

► middle name **deuxième prénom**

middle-aged /ˌmɪdl'eɪdʒd/ **d'un certain âge**

middle-class /ˌmɪdl'klɑːs/ **bourgeois**

midnight /'mɪdnaɪt/ **minuit**

► at midnight **à minuit**

midst /mɪdst/

► in the midst of **au milieu de** *ou* **parmi**

midsummer /'mɪdˌsʌməʳ/ **cœur de l'été**

midweek /ˌmɪd'wiːk/ **en milieu de semaine**

midwife /'mɪdwaɪf/ **sage-femme**

might /maɪt/ *a plusieurs catégories grammaticales et plusieurs sens :*

> Ce mot peut être un VERBE :

Might est un verbe modal.
Ces verbes s'emploient avant la forme infinitive d'autres verbes (par exemple, you might be right). Ils ne prennent pas de -s final à la troisième personne du singulier (he might, she might, it might).
À la différence d'autres verbes, les formes négatives et interrogatives ne se construisent pas avec do (on dit par exemple might I help? et he might not come).
Ils n'ont pas de forme infinitive ni de participe présent ou passé.

1 **might** *sert à exprimer la* **possibilité**
▷ He might be right. Il a peut-être raison.
▷ She might have forgotten. Elle a peut-être oublié.
▷ I might go to Greece. J'irai peut-être en Grèce.

2 **might** *sert à faire des* **suggestions**
▷ It might be better to tell him. Il vaut peut-être mieux le lui dire.
▷ You might try phoning her. Vous pourriez toujours essayer de l'appeler.

> Ce mot peut être un NOM :

might *signifie* **force**
► with all one's might **de toutes ses forces**

mighty /'maɪtɪ/ **puissant**

migrate /maɪ'greɪt/ **migrer**

mike /maɪk/ **micro**

mild /maɪld/ **doux** *ou* **léger**

mile /maɪl/ *est une unité de mesure qui correspond à 1 609 mètres.*

military /'mɪlɪtərɪ/ **militaire** *(adjectif)*

milk /mɪlk/ *a plusieurs catégories grammaticales :*

> Ce mot peut être un NOM :

milk *signifie* **lait**
► milk chocolate **chocolat au lait**
► milk teeth **dents de lait**

> Ce mot peut être un VERBE :

► milk a cow **traire une vache**

milkman /'mɪlkmən/ **laitier**

milky /'mɪlkɪ/ *a plusieurs sens :*

1 **milky** *peut signifier* **laiteux**

2 **milky** *peut signifier* **avec beaucoup de lait** (un café, par exemple)

3 ► the Milky Way **la Voie lactée**

mill /mɪl/ **moulin**

millennium /mɪ'lenɪəm/ **millénaire**

Attention à l'orthographe du mot anglais millennium.

million /'mɪljən/ **million**
► millions of... **des millions de...**

mime /maɪm/ *a plusieurs catégories grammaticales :*

> Ce mot peut être un NOM :

mime *signifie* **mime**

> Ce mot peut être un VERBE :

mime *signifie* **mimer**

mimic /'mɪmɪk/ *a plusieurs catégories grammaticales :*

> Ce mot peut être un NOM :

mimic *signifie* **imitateur**

> Ce mot peut être un VERBE :

► mimic somebody **imiter** quelqu'un

Le mot anglais mimic ne signifie pas « mimique ».

mince /mɪns/ *a plusieurs catégories grammaticales :*

> Ce mot peut être un NOM :

mince *signifie* **viande hachée**

Dans ce sens, le mot mince n'est pas employé en anglais américain : aux États-Unis, on dit ground meat ou mincemeat.

> Ce mot peut être un VERBE :

► mince something **hacher** quelque chose

Le mot anglais mince ne signifie pas « mince ».

mincemeat /'mɪnsmiːt/ *a plusieurs sens :*

1 *En anglais britannique,* mincemeat *est un hachis de fruits secs, de pommes et d'épices employé en pâtisserie.*

2 *En anglais américain,* mincemeat *signifie* **viande hachée**

mind /maɪnd/ *a plusieurs catégories grammaticales et plusieurs sens :*

> Ce mot peut être un NOM :

1 **mind** *peut signifier* **esprit** (= pensée)
► state of mind **état d'esprit**
► come to mind **venir à l'esprit**
► have something on one's mind **avoir l'esprit préoccupé**
► make up one's mind **se décider**
► read somebody's mind **lire dans les pensées de** quelqu'un

2 ► change one's mind **changer d'avis**

> Ce mot peut être un VERBE :

1 **mind** *est employé pour dire si quelque chose vous dérange ou pour demander poliment quelque chose :*

▷ I don't mind getting up early. Ça ne me dérange pas de me lever tôt.

▷ I don't mind what we do. Peu m'importe ce qu'on fait.

▷ I don't mind. Ça m'est égal.

▷ Do you mind if I smoke? Ça vous ennuie si je fume ?

▷ Would you mind opening the window? Est-ce que ça vous ennuierait d'ouvrir la fenêtre ?

▷ Never mind! Ne t'en fais pas ! *ou* Ça ne fait rien !

2 **mind** *est employé à l'impératif pour dire de faire attention à quelque chose*

▷ Mind your head! Attention à la tête !

▷ Mind your language! Surveille ton langage !

mine /maɪn/ *a plusieurs catégories grammaticales :*

> Ce mot peut être un PRONOM :

mine *est le pronom possessif de la première personne du singulier, et correspond à* **le mien, la mienne** *ou* **les miens, les miennes**

▷ Which book is mine? Lequel de ces livres est le mien ?

▷ His car is old, mine is new. Sa voiture est vieille, la mienne est neuve.

▷ He's a friend of mine. C'est un ami à moi.

> Ce mot peut être un NOM :

mine *signifie* **mine**

► gold mine **mine d'or**

minefield /'maɪnfiːld/ **champ de mines**

miner /'maɪnəʳ/ **mineur** (= ouvrier qui travaille dans une mine)

mineral /'mɪnərəl/ **minéral**

► mineral water **eau minérale**

miniskirt /'mɪnɪˌskɜːt/ **minijupe**

minister /'mɪnɪstəʳ/ *a plusieurs sens :*

1 **minister** *peut signifier* **ministre**

2 **minister** *peut signifier* **pasteur**

ministry /'mɪnɪstrɪ/ **ministère**

mink /mɪŋk/ **vison**

minor /'maɪnəʳ/ **mineur**

minorities /maɪ'nɒrɪtɪz/ *est le pluriel de* minority.

minority /maɪ'nɒrɪtɪ/ **minorité**

mint /mɪnt/ **menthe** *ou* **bonbon à la menthe**

minus /'maɪnəs/ **moins** (en mathématiques et concernant les températures)

▷ 10 minus 2 equals 8. 10 moins 2 égalent 8.

minute *se prononce de deux façons et a des sens différents selon la prononciation :*

/'mɪnɪt/ (l'accent est sur la première syllabe min-, et minute rime avec sit).

> C'est un NOM :

minute *signifie* **minute**

► minute hand **grande aiguille** (d'une horloge, d'une montre)

/maɪ'njuːt/ (l'accent est sur la deuxième syllabe -ute, et minute rime avec boot).

> C'est un ADJECTIF :

minute *signifie* **minuscule**

miracle /'mɪrəkl/ **miracle**

mirror /'mɪrəʳ/ **miroir**

misbehave /'mɪsbɪ'heɪv/ **se conduire mal**

miscarriage /'mɪs'kærɪdʒ/ **fausse couche**

mischief /'mɪstʃɪf/ **malice**

mischievous /'mɪstʃɪvəs/ **malicieux** *ou* **espiègle**

miser /'maɪzəʳ/ **avare** (= personne avare)

miserable /'mɪzərəbl/ **malheureux** *ou* **misérable**

misery /'mɪzərɪ/ **souffrance** *ou* **tristesse** *ou* **misère**

misfortune /mɪs'fɔːtʃən/ **malheur** *ou* **malchance**

mishap /'mɪshæp/ **mésaventure**

misjudge /'mɪs'dʒʌdʒ/ *a plusieurs sens :*

1 ► misjudge something **mal évaluer** quelque chose

2 ► misjudge somebody **se méprendre sur** quelqu'un

mislaid /mɪs'leɪd/ *est le prétérit et le participe passé du verbe* mislay.

▷ She mislaid her keys. Elle a égaré ses clés.

mislay /ˌmɪs'leɪ/ **égarer**

mislead /ˌmɪs'liːd/ **induire en erreur**

misleading /ˌmɪsˈliːdɪŋ/ **trompeur**

ℹ Misleading est aussi une forme du verbe mislead :

▷ He was misleading me. Il m'induisait en erreur.

misled /ˌmɪsˈlæd/ *est le prétérit et le participe passé du verbe* mislead.

▷ He misled me. Il m'a induit en erreur.

misprint /ˈmɪsprɪnt/ **faute d'impression**

miss /mɪs/ *a plusieurs catégories grammaticales et plusieurs sens :*

> Ce mot peut être un VERBE TRANSITIF :

1 ► miss something *peut signifier* **manquer** quelque chose *ou* **rater** quelque chose

▷ I missed my train. J'ai raté mon train.

2 miss *est employé pour dire que quelqu'un ou un endroit vous* **manque**

▷ I miss you. Tu me manques.

▷ She misses London. Londres lui manque.

3 ► miss something out **omettre** quelque chose

> Ce mot peut être un VERBE INTRANSITIF :

miss *signifie* **rater**

> Ce mot peut être un NOM :

Miss *signifie* **Mademoiselle**

missing /ˈmɪsɪŋ/ *a plusieurs sens :*

1 ► be missing *peut signifier* **avoir disparu**

▷ It's gone missing. Il a disparu.

2 ► be missing *peut signifier* **manquer**

▷ There's nothing missing. Il n'y a rien qui manque.

3 missing *peut signifier* **porté disparu**

ℹ Missing est aussi une forme du verbe miss :

▷ I'm missing her. Elle me manque.

mist /mɪst/ **brume**

mistake /mɪsˈteɪk/ *a plusieurs catégories grammaticales et plusieurs sens :*

> Ce mot peut être un NOM :

mistake *signifie* **erreur**

► by mistake **par erreur**

► make a mistake **faire une erreur** *ou* **se tromper**

> Ce mot peut être un VERBE :

1 ► mistake something **mal comprendre** quelque chose *ou* **se méprendre sur** quelque chose

2 ► mistake something for... **prendre** quelque chose **pour...**

mistaken /mɪsˈteɪkən/ *a plusieurs sens :*

1 ► be mistaken about something **se tromper à propos de** quelque chose

2 mistaken *peut signifier* **erroné**

ℹ Mistaken est aussi le participe passé du verbe mistake :

▷ He must have mistaken you for somebody else. Il a dû te prendre pour quelqu'un d'autre.

mister /ˈmɪstəʳ/ **monsieur**

mistletoe /ˈmɪsltəʊ/ **gui**

mistook /mɪsˈtʊk/ *est le prétérit du verbe* mistake.

▷ I mistook you for somebody else. Je vous ai pris pour quelqu'un d'autre.

mistreat /ˌmɪsˈtriːt/ **maltraiter**

mistress /ˈmɪstrɪs/ **maîtresse**

misty /ˈmɪstɪ/ **brumeux**

misunderstand /ˈmɪsʌndəˈstænd/ **mal comprendre**

misunderstanding /ˈmɪsʌndəˈstændɪŋ/ **malentendu**

misunderstood /ˈmɪsʌndəˈstʊd/ *est le prétérit et le participe passé du verbe* misunderstand.

▷ I misunderstood the instructions. J'ai mal compris les instructions.

mix /mɪks/ *a plusieurs catégories grammaticales et plusieurs sens :*

> Ce mot peut être un NOM :

mix *signifie* **mélange**

> Ce mot peut être un VERBE TRANSITIF :

► mix something **mélanger** quelque chose

mixed /mɪkst/ **mixte** *ou* **mélangé**

ℹ Mixed est aussi le prétérit et le participe passé du verbe mix :

▷ He mixed the colours. Il a mélangé les couleurs.

mixture /ˈmɪkstʃəʳ/ **mélange**

mix-up /ˈmɪksʌp/ **confusion**

moan /məʊn/ *a plusieurs catégories grammaticales et plusieurs sens :*

> Ce mot peut être un NOM :

moan *signifie* **gémissement**

> Ce mot peut être un VERBE :

moan *signifie* **gémir** *ou* **se plaindre**

moat /məʊt/ **douves**

mobile /'məʊbaɪl/ *a plusieurs catégories grammaticales et plusieurs sens :*

> Ce mot peut être un ADJECTIF :

mobile *signifie* **mobile**

► mobile phone **téléphone portable**

> Ce mot peut être un NOM :

1 mobile *peut signifier* **téléphone portable**

2 mobile *peut signifier* **mobile**

mock /mɒk/ *a plusieurs catégories grammaticales :*

> Ce mot peut être un VERBE :

► mock somebody *ou* something **se moquer de** quelqu'un *ou* quelque chose

> Ce mot peut être un ADJECTIF :

mock *signifie* **faux** *ou* **simulé**

► mock exam **examen blanc**

model /'mɒdl/ *a plusieurs catégories grammaticales et plusieurs sens :*

> Ce mot peut être un NOM :

1 model *peut signifier* **modèle**

2 model *peut signifier* **mannequin**

3 model *peut signifier* **modèle réduit**

> Ce mot peut être un ADJECTIF :

model *signifie* **modèle** (époux, enfant, conduite)

> Ce mot peut être un VERBE TRANSITIF :

► model something on... **modeler** quelque chose **sur...**

moderate *se prononce de deux façons différentes et a plusieurs sens selon la prononciation :*

/'mɒdərət/ (rime avec cut).

> C'est un ADJECTIF :

moderate *signifie* **modéré**

/'mɒdəreɪt/ (rime avec late).

> C'est un VERBE :

moderate *signifie* **modérer**

moderation /ˌmɒdə'reɪʃən/

► in moderation **avec modération**

modern /'mɒdən/ **moderne**

► modern languages **les langues vivantes**

modernize /'mɒdənaɪz/ **moderniser**

modest /'mɒdɪst/ **modeste**

modesty /'mɒdɪstɪ/ **modestie**

modified /'mɒdɪfaɪd/ *est une forme du verbe* modify.

modifies /'mɒdɪfaɪz/ *est une forme du verbe* modify.

modify /'mɒdɪfaɪ/ **modifier**

moist /mɔɪst/ *a plusieurs sens :*

1 moist *peut signifier* **humide**

2 moist *peut signifier* **moelleux** (en parlant d'un gâteau)

moisture /'mɔɪstʃər/ **humidité**

moisturizer /'mɔɪstʃəraɪzər/ **lait hydratant** *ou* **crème hydratante**

mold /məʊld/ *est l'orthographe américaine du mot* mould.

moldy /'məʊldɪ/ *est l'orthographe américaine du mot* mouldy.

mole /məʊl/ *a plusieurs sens :*

1 mole *peut signifier* **grain de beauté**

2 mole *peut signifier* **taupe**

molehill /'məʊlhɪl/ **taupinière**

molt /məʊlt/ *est l'orthographe américaine du verbe* moult.

mom /mɒm/ **maman**

> Le mot mom est américain : en anglais britannique, on dit mum.

moment /'məʊmənt/ **moment** *ou* **instant**

► at the moment **en ce moment**

► at any moment **d'un moment à l'autre**

▷ Wait a moment! Attendez un instant !

▷ Just a moment! Un instant !

momentary /'məʊməntərɪ/ **momentané** *ou* **passager**

momentous /məʊ'mentəs/ **très important**

mommy /'mɒmɪ/ **maman**

> Le mot mommy est américain : en anglais britannique, on dit mummy.

monastery /'mɒnəstərɪ/ **monastère**

Monday /'mʌndɪ/ **lundi**

▷ I saw him on Monday. Je l'ai vu lundi.

▷ Let's meet on Monday morning. Retrouvons-nous lundi matin.

▷ I play football on Mondays. Je joue au football le lundi.

> ℹ En anglais, les noms des jours de la semaine commencent par une majuscule.

money /'mʌnɪ/ **argent** (pièces de monnaie, billets de banque)

► make money **gagner de l'argent**

► money belt **banane** (= ceinture-portefeuille)

moneybox /'mʌnɪbɒks/ **tirelire**

mongrel /'mʌŋgrəl/ **chien bâtard**

monitor /'mɒnɪtəʳ/ *a plusieurs catégories grammaticales et plusieurs sens :*

> Ce mot peut être un NOM :

monitor *signifie* **moniteur** (= appareil avec écran)

> Ce mot peut être un VERBE :

1 ► monitor something **contrôler** quelque chose

2 ► monitor somebody **suivre** quelqu'un **de près** (pour le surveiller)

monk /mʌŋk/ **moine**

monkey /'mʌŋkɪ/ **singe**

monopoly /mə'nɒpəlɪ/ **monopole**

monotonous /mə'nɒtənəs/ **monotone**

monster /'mɒnstəʳ/ **monstre**

month /mʌnθ/ **mois**

monthly /'mʌnθlɪ/ *a plusieurs catégories grammaticales :*

> Ce mot peut être un NOM et un ADJECTIF :

monthly *signifie* **mensuel**

> Ce mot peut être un ADVERBE :

monthly *signifie* **mensuellement** *ou* **tous les mois**

monument /'mɒnjʊmənt/ **monument**

moo /mu:/ **meugler**

▷ Moo! Meuh !

mood /mu:d/ **humeur**

▷ She's in a bad mood *ou* She's in a mood. Elle est de mauvaise humeur.

▷ I'm in a good mood. Je suis de bonne humeur.

▷ Are you in the mood for a dance? Est-ce que tu as envie de danser ?

moody /'mu:dɪ/ *a plusieurs sens :*

1 moody *peut signifier* **de mauvaise humeur**

2 moody *peut signifier* **lunatique**

moon /mu:n/ **lune**

moonlight /'mu:nlaɪt/ **clair de lune**

moor /mʊəʳ/ *a plusieurs catégories grammaticales :*

> Ce mot peut être un NOM :

moor *signifie* **lande**

> Ce mot peut être un VERBE TRANSITIF :

► moor a boat **amarrer un bateau**

moose /mu:s/ **orignal** *ou* **élan** (= animal)

mop /mɒp/ *a plusieurs catégories grammaticales et plusieurs sens :*

> Ce mot peut être un NOM :

mop *signifie* **balai à franges**

> Ce mot peut être un VERBE :

1 ► mop the floor **laver le sol**

2 ► mop one's brow **s'éponger le front**

3 ► mop something up **éponger** quelque chose

moped /'məʊped/ **vélomoteur**

moral /'mɒrəl/ *a plusieurs catégories grammaticales et plusieurs sens :*

> Ce mot peut être un ADJECTIF :

moral *signifie* **moral**

> Ce mot peut être un NOM :

1 moral *signifie* **morale** (d'une histoire)

2 ► morals **moralité**

morale /mɒ'rɑ:l/ **moral**

▷ His morale was very low. Il avait le moral très bas.

more /mɔ:ʳ/ *a plusieurs catégories grammaticales et plusieurs sens :*

> Ce mot peut être un ADVERBE :

more *signifie* **plus**

▷ It's more difficult. C'est plus difficile.

▷ I'll come more often. Je viendrai plus souvent.

▷ It's even more expensive. C'est encore plus cher.

▷ It gets more and more dangerous. Ça devient de plus en plus dangereux.

▷ She works more than he does. Elle travaille plus que lui.

► more or less **plus ou moins**

► not... any more **ne... plus**

▷ I don't want any more. Je n'en veux plus.

► once more **encore une fois** *ou* **une fois de plus**

> Ce mot peut être un ADJECTIF :

1 more *peut signifier* **plus de** *ou* **davantage de**

▷ There are a lot more cars. Il y a beaucoup plus de voitures.

▷ He has more money than you do. Il a plus d'argent que toi.

▷ There's no more bread. Il n'y a plus de pain.

2 more *peut signifier* **encore de**

▷ I bought some more books. J'ai acheté encore quelques livres.

▷ I'd like some more tea. Je voudrais encore du thé.

> Ce mot peut être un PRONOM :

more *signifie* **plus**

▷ I need a bit more. Il m'en faut un peu plus.

▷ I haven't got any more. Je n'en ai plus.

moreover /mɔː'rəʊvəʳ/ **de plus**

morning /'mɔːnɪŋ/ **matin** *ou* **matinée**

► in the morning **le matin**

► at six o'clock in the morning **à six heures du matin**

▷ Good morning! Bonjour !

Moroccan /mə'rɒkən/ **Marocain** *ou* **marocain**

ℹ En anglais, les adjectifs de nationalité commencent par une majuscule.

Morocco /mə'rɒkəʊ/ **Maroc**

ℹ En général, en anglais, on n'emploie pas d'article défini devant les noms de pays et de continents.

mortal /'mɔːtl/ **mortel**

mosaic /məʊ'zeɪɪk/ **mosaïque**

Moslem /'mɒzləm/ **musulman**

mosque /mɒsk/ **mosquée**

mosquito /mɒs'kiːtəʊ/ **moustique**

moss /mɒs/ **mousse** (= plante)

most /məʊst/ *a plusieurs catégories grammaticales et plusieurs sens :*

> Ce mot peut être un ADVERBE :

1 ► the most... **le plus...**

▷ It's the most beautiful city in the world. C'est la plus belle ville du monde.

2 most *peut signifier* **très**

▷ He's most unhappy. Il est très malheureux.

> Ce mot peut être un ADJECTIF :

1 ► the most **le plus de**

▷ She has the most money. C'est elle qui a le plus d'argent.

2 most *peut signifier* **la plupart de**

▷ Most people have a car. La plupart des gens ont une voiture.

> Ce mot peut être un PRONOM :

1 ► the most **le plus**

▷ He has the most. C'est lui qui en a le plus.

2 most *peut signifier* **la plupart**

▷ Most of them are English. La plupart d'entre eux sont des Anglais.

3 ► make the most of something **profiter au maximum de** quelque chose *ou* **tirer le meilleur parti de** quelque chose

mostly /'məʊstlɪ/ **surtout** *ou* **pour la plupart** *ou* **en général**

moth /mɒθ/ **papillon de nuit** *ou* **mite**

mother /'mʌðəʳ/ **mère**

► Mother's Day **fête des mères**

mother-in-law /'mʌðərɪnlɔː/ **belle-mère**

motion /'məʊʃən/ *a plusieurs catégories grammaticales et plusieurs sens :*

> Ce mot peut être un NOM :

1 motion *peut signifier* **mouvement**

► set something in motion **mettre** quelque chose **en marche**

2 motion *peut signifier* **motion**

> Ce mot peut être un VERBE :

► motion to somebody **faire signe à** quelqu'un

motivate /'məʊtɪveɪt/ **motiver**

motive /'məʊtɪv/ **motif** *ou* **mobile** (= raison d'agir)

motor /'məʊtəʳ/ **moteur**

► motor racing **course automobile**

motorbike /'məʊtəbaɪk/ **moto**

motorboat /'məʊtəbəʊt/ **bateau à moteur**

motorcycle /'məʊtəsaɪkl/ **moto**

motorcyclist /'məʊtəsaɪklɪst/ **motard**

motorist /'məʊtərɪst/ **automobiliste**

motorway /'məʊtəweɪ/ **autoroute**

Motorway est un mot britannique : aux États-Unis, on dit freeway.

motto /'mɒtəʊ/ **devise**

mould /məʊld/ *a plusieurs catégories grammaticales et plusieurs sens :*

> Ce mot peut être un NOM :

1 mould *peut signifier* **moule** (pour faire des moulages)

2 mould *peut signifier* **moisissure**

> Ce mot peut être un VERBE :

► mould something **mouler** quelque chose

En anglais américain, ce mot s'écrit mold.

mouldy /ˈməʊldɪ/ **moisi**

► go mouldy **moisir**

En anglais américain, ce mot s'écrit moldy.

mound /maʊnd/ **petite colline** *ou* **tas** *ou* **monceau**

mount /maʊnt/ *a plusieurs catégories grammaticales et plusieurs sens :*

> Ce mot peut être un NOM :

1 mount *peut signifier* **mont** (= montagne)

2 mount *peut signifier* **monture** (= cheval)

> Ce mot peut être un VERBE TRANSITIF :

1 ► mount something *peut signifier* **monter** quelque chose (une campagne, une opération, par exemple)

2 ► mount something *peut signifier* **monter sur** quelque chose

mountain /ˈmaʊntɪn/ **montagne**

► mountain bike **VTT** (= vélo tout terrain)

► go mountain biking **faire du VTT**

mountaineer /ˌmaʊntɪˈnɪəʳ/ **alpiniste**

mountaineering /ˌmaʊntɪˈnɪərɪŋ/ **alpinisme**

mourn /mɔːn/ **être en deuil**

mourning /ˈmɔːnɪŋ/ **deuil**

mouse /maʊs/ **souris**

► mouse mat *ou* mouse pad **tapis de souris**

mousetrap /ˈmaʊstræp/ **souricière**

mousse /muːs/ **mousse** (= dessert)

mouth /maʊθ/ *a plusieurs sens :*

1 mouth *peut signifier* **bouche**

2 mouth *peut signifier* **entrée** (d'une grotte) *ou* **embouchure** (d'une rivière)

mouthful /ˈmaʊθfʊl/ **bouchée** *ou* **gorgée**

mouthwash /ˈmaʊθwɒʃ/ **bain de bouche**

move /muːv/ *a plusieurs catégories grammaticales et plusieurs sens :*

> Ce mot peut être un NOM :

1 move *peut signifier* **mouvement**

2 move *peut signifier* **déménagement**

3 move *peut signifier* **coup** *ou* **tour** (dans les jeux)

▷ It's your move. C'est à toi de jouer.

> Ce mot peut être un VERBE TRANSITIF :

1 ► move something *peut signifier* **déplacer** quelque chose *ou* **bouger** quelque chose

2 ► move somebody *peut signifier* **émouvoir** quelqu'un

3 ► move house **déménager**

> Ce mot peut être un VERBE INTRANSITIF :

1 move *peut signifier* **bouger**

2 move *peut signifier* **déménager**

3 move *peut signifier* **agir**

4 move *peut signifier* **jouer** (dans un jeu d'échecs, etc.)

Phrasal verbs

Le verbe move peut être suivi d'une préposition, telle que away ou in, et dans ce cas, il peut avoir des sens différents. C'est ce qu'on appelle, en anglais, un « phrasal verb ».

MOVE AWAY

► move away *peut signifier* **partir**

► move away *peut signifier* **déménager**

► move somebody *ou* something away **éloigner** quelqu'un *ou* quelque chose

MOVE IN

► move in **emménager**

MOVE OUT

► move out **déménager**

movement /ˈmuːvmənt/ **mouvement**

movie /ˈmuːvɪ/ **film**

► movie star **vedette de cinéma**

moving /ˈmuːvɪŋ/ *a plusieurs sens :*

1 moving *peut signifier* **émouvant**

2 moving *peut signifier* **en marche** (en parlant d'un véhicule)

ℹ Moving est aussi une forme du verbe move :

▷ They are moving house. Ils déménagent.

mow /məʊ/ **tondre** (le gazon)

mower /ˈməʊəʳ/ **tondeuse à gazon**

mown /məʊn/ *est le participe passé du verbe mow.*

► I have just mown the lawn **je viens de tondre le gazon**

MP /emˈpiː/ **député**

ℹ MP est l'abréviation de member of parliament.

MP3 /ˌempiːˈθriː/ **MP3**

► MP3 player **lecteur MP3**

Mr /ˈmɪstəʳ/ **M.** *ou* **Monsieur**

► Mr Brown **M. Brown**

Mrs /'mɪsɪz/ **Mme** *ou* **Madame**
► Mrs Brown **Mme Brown**

Ms /məz/ **Mme** *ou* **Mlle**

much /mʌtʃ/ **beaucoup** *ou* **beaucoup de**
▷ He doesn't talk much. Il ne parle pas beaucoup.
▷ Thank you very much. Merci beaucoup.
▷ It's much bigger. C'est beaucoup plus grand.
▷ I haven't got much time. Je n'ai pas beaucoup de temps.
► how much **combien** *ou* **combien de**
▷ How much is it? C'est combien ?
▷ How much money have you got? Tu as combien d'argent ?
► too much **trop** *ou* **trop de**
▷ He smokes too much. Il fume trop.
▷ There's too much milk in my coffee. Il y a trop de lait dans mon café.

mud /mʌd/ **boue**

muddy /'mʌdɪ/ **couvert de boue**

mug /mʌg/ *a plusieurs catégories grammaticales :*
> Ce mot peut être un NOM :
mug *signifie* **grande tasse**
> Ce mot peut être un VERBE :
► mug somebody **agresser** quelqu'un

multimedia /'mʌltɪ'mi:dɪə/ **multimédia**

multiply /'mʌltɪplaɪ/ **multiplier** *ou* **se multiplier**

mum /mʌm/ **maman**

Mum n'est pas employé en anglais américain : aux États-Unis on dit mom.

mumble /'mʌmbl/ **marmonner**

mummy /'mʌmɪ/ *a plusieurs sens :*
1 mummy *peut signifier* **maman**
2 mummy *peut signifier* **momie**

Au sens de « maman », mummy n'est pas employé en anglais américain : aux États-Unis, on dit mommy.

munch /mʌntʃ/ **croquer**

mural /'mjʊərəl/ **peinture murale**

murder /'mɜ:də^r/ *a plusieurs catégories grammaticales :*
> Ce mot peut être un NOM :
murder *signifie* **meurtre** *ou* **assassinat**
> Ce mot peut être un VERBE :
► murder somebody **assassiner** quelqu'un

murderer /'mɜ:dərə^r/ **meurtrier** *ou* **assassin**

murmur /'mɜ:mə^r/ *a plusieurs catégories grammaticales et plusieurs sens :*
> Ce mot peut être un NOM :
murmur *signifie* **murmure**
> Ce mot peut être un VERBE :
murmur *signifie* **murmurer**

muscular /'mʌskjʊlə^r/ *a plusieurs sens :*
1 muscular *peut signifier* **musclé**
2 muscular *peut signifier* **musculaire**

museum /mju:'zɪəm/ **musée**

mushroom /'mʌʃrʊm/ **champignon**

music /'mju:zɪk/ **musique**

musical /'mju:zɪkəl/ *a plusieurs catégories grammaticales :*
> Ce mot peut être un NOM :
musical *signifie* **comédie musicale**
> Ce mot peut être un ADJECTIF :
musical *signifie* **musical**

musician /mju:'zɪʃən/ **musicien**

Muslim /'mʊzlɪm/ **musulman**

mussel /'mʌsl/ **moule** (= coquillage)

must /mʌst/ *a plusieurs sens :*

i Must est un verbe modal.
Ces verbes s'emploient avant la forme infinitive d'autres verbes (par exemple, I must go).
Ils ne prennent pas de -s final à la troisième personne du singulier (he must, she must, it must).
À la différence d'autres verbes, les formes négatives et interrogatives ne se construisent pas avec do (on dit par exemple must you go? et you mustn't tell him).
Ils n'ont pas de forme infinitive ni de participe présent ou passé.

1 must *sert à exprimer l'obligation*
▷ I must go. Il faut que je m'en aille *ou* Je dois partir.
▷ You must tell me the truth. Il faut que tu me dises la vérité.
2 ► must not *ou* mustn't *sert à exprimer l'interdiction*
▷ You mustn't tell anybody. Il ne faut le dire à personne.

3 **must** *sert dans les invitations et les suggestions*

▷ You must come to dinner. Venez dîner.

▷ You must be careful. Faites attention.

4 **must** *sert à exprimer une supposition ou une forte probabilité*

▷ She must be right. Elle doit avoir raison.

▷ I must have left it at home. J'ai dû l'oublier à la maison.

mustard /'mʌstəd/ **moutarde**

mustn't /'mʌsnt/ *est la contraction de* must not *et sert à exprimer l'interdiction*

▷ You mustn't go. Il ne faut pas que tu partes.

mute /mjuːt/ **muet**

mutter /'mʌtəʳ/ **marmonner**

mutual /'mjuːtjʊəl/ *a plusieurs sens :*

1 **mutual** *peut signifier* **mutuel** *ou* **réciproque**

2 **mutual** *peut signifier* **commun** (des amis, des intérêts communs, par exemple)

muzzle /'mʌzl/ *a plusieurs catégories grammaticales et plusieurs sens :*

> Ce mot peut être un NOM :

1 **muzzle** *peut signifier* **museau**

2 **muzzle** *peut signifier* **muselière**

> Ce mot peut être un VERBE :

► **muzzle** something **museler** quelque chose

my /maɪ/ *est la première personne du singulier de l'adjectif possessif, et correspond à* **mon, ma, mes**

▷ My brother is a doctor. Mon frère est médecin.

▷ My mother lives in Italy. Ma mère habite en Italie.

▷ My books are on the table. Mes livres sont sur la table.

▷ I washed my hair. Je me suis lavé les cheveux.

myself /maɪ'self/ *a plusieurs sens :*

1 **myself** *est le pronom personnel de la première personne du singulier, complément d'un verbe réfléchi :*

▷ I enjoyed myself. Je me suis bien amusé.

▷ I cut myself. Je me suis coupé.

2 **myself** *peut signifier* **moi-même**

▷ I did it myself. Je l'ai fait moi-même.

3 **myself** *peut suivre une préposition et correspond à* **moi**

▷ I'm pleased with myself. Je suis content de moi.

▷ I was all by myself. J'étais tout seul.

mysteries /'mɪstərɪz/ *est le pluriel de* mystery.

mysterious /mɪs'tɪərɪəs/ **mystérieux**

mystery /'mɪstərɪ/ **mystère**

myth /mɪθ/ **mythe**

Nn

La lettre N se prononce /en/ en anglais comme en français.

nail /neɪl/ *a plusieurs catégories grammaticales et plusieurs sens :*

> Ce mot peut être un NOM :

1 **nail** *peut signifier* **ongle**
- ► **nail file** lime à ongles
- ► **nail polish** vernis à ongles
- ► **nail varnish** vernis à ongles

2 **nail** *peut signifier* **clou**

> Ce mot peut être un VERBE :

- ► **nail** something **clouer** quelque chose

naïve /naɪ'iːv/ **naïf**

naked /'neɪkɪd/ **nu**

name /neɪm/ *a plusieurs catégories grammaticales et plusieurs sens :*

> Ce mot peut être un NOM :

1 **name** *peut signifier* **nom**
- ▷ What's your name? Comment vous appelez-vous ?
- ► **call** somebody **names** **traiter** quelqu'un **de tous les noms**

2 **name** *peut signifier* **réputation**
- ▷ They've got a very good name. Ils ont une très bonne réputation.

> Ce mot peut être un VERBE :

name *signifier* **nommer**

nanny /'nænɪ/ **nurse** *ou* **nourrice**

nap /næp/ **sieste**
- ► **have a nap** **faire une sieste**

napkin /'næpkɪn/ **serviette**

nappies /'næpɪz/ *est le pluriel de* nappy.

nappy /'næpɪ/ **couche** (pour bébés)

Ce mot n'est pas employé en anglais américain : aux États-Unis, on dit diaper.

narrow /'nærəʊ/ **étroit**

narrow-minded /'nærəʊˌmaɪndɪd/ **borné**

nasty /'nɑːstɪ/ *a plusieurs sens :*

1 **nasty** *peut signifier* **méchant**
- ► **be nasty to** somebody **être méchant avec** quelqu'un

2 **nasty** *peut signifier* **mauvais** (odeur, goût, surprise) *ou* **désagréable** (expérience, sentiment)

3 **nasty** *peut signifier* **grave** (accident) *ou* **vilain** (blessure)

nationalities /ˌnæʃə'nælɪtɪz/ *est le pluriel de* nationality.

nationality /ˌnæʃə'nælɪtɪ/ **nationalité**

native /'neɪtɪv/ *a plusieurs catégories grammaticales et plusieurs sens :*

> Ce mot peut être un ADJECTIF :

1 **native** *peut signifier* **natal** (pays, région)

2 **native** *peut signifier* **maternel** (langue)

3 **native** *peut signifier* **indigène** (plante, animal)

> Ce mot peut être un NOM :

native *signifie* **autochtone** *ou* **indigène**

NATO /'neɪtəʊ/ **OTAN**

ℹ NATO est l'abréviation de North Atlantic Treaty Organization.

natural /'nætʃrəl/ **naturel**

naturally /'nætʃrəlɪ/ **naturellement**

naughty /'nɔːtɪ/ **méchant** *ou* **vilain**

nausea /'nɔːsɪə/ **nausée**

nauseating /'nɔːsɪeɪtɪŋ/ **écœurant**

nauseous /'nɔːsɪəs/
► **feel nauseous** **avoir mal au cœur** *ou* **avoir envie de vomir**

navel /'neɪvəl/ **nombril**

navy /'neɪvɪ/ *a plusieurs catégories grammaticales :*
> Ce mot peut être un NOM :

► **the navy** **la marine**
> Ce mot peut être un ADJECTIF :

► **navy blue** **bleu marine**

near /nɪə^r/ *a plusieurs catégories grammaticales et plusieurs sens :*
> Ce mot peut être un ADVERBE :

near *signifie* **tout près**
▷ They live very near. Ils habitent tout près.
> Ce mot peut être une PRÉPOSITION :

near *signifie* **près de**
▷ Is it near here? C'est près d'ici ?
▷ Don't come near me! Ne vous approchez pas de moi !
> Ce mot peut être un ADJECTIF :

near *signifie* **proche**
► **in the near future** **dans un avenir proche**

nearby /ˌnɪə'baɪ/ **tout près**

nearly /'nɪəlɪ/ **presque**
▷ It's nearly finished. C'est presque fini.
▷ She nearly fell. Elle a failli tomber.

neat /niːt/ *a plusieurs sens :*
1 **neat** *peut signifier* **bien rangé** *ou* **soigné**
2 **neat** *peut signifier* **habile** *ou* **ingénieux** (plan, solution)
3 **neat** *peut signifier* **sans eau** *ou* **pur** (alcool)
4 **neat** *peut signifier* **super** *ou* **génial** *en anglais américain.*

neatly /'niːtlɪ/ **soigneusement**

necessarily /'nesɪsərɪlɪ/ **nécessairement**
► **not necessarily** **pas forcément**

necessary /'nesɪsərɪ/ **nécessaire**

neck /nek/ *a plusieurs sens :*
1 **neck** *peut signifier* **cou**
2 **neck** *peut signifier* **encolure**
3 **neck** *peut signifier* **goulot**
4 **neck** *peut signifier* **manche** (de guitare, de violon)

necklace /'neklɪs/ **collier**

necktie /'nektaɪ/ **cravate**

nectarine /'nektərɪn/ **nectarine**

need /niːd/ *a plusieurs catégories grammaticales et plusieurs sens :*
> Ce mot peut être un VERBE :

1 ► **need** something **avoir besoin de** quelque chose
▷ He needs help. Il a besoin d'aide.
▷ She doesn't need any money. Elle n'a pas besoin d'argent.
▷ Do you need anything? Tu as besoin de quelque chose ?
▷ That's just what I need. C'est exactement ce qu'il me faut.
▷ My car needs cleaning *ou* my car needs to be cleaned. Ma voiture a besoin d'être nettoyée.

2 ► **need to...** **être obligé de...**
▷ You don't need to wait. Tu n'es pas obligé d'attendre.
▷ He didn't need to go. Il n'était pas obligé d'y aller.

3 ► **needn't** *exprime le* **manque d'obligation**
▷ You needn't wait. Ce n'est pas la peine d'attendre.
▷ He needn't have gone. Ce n'était pas la peine qu'il y aille.
> Ce mot peut être un NOM :

need *signifie* **besoin**
▷ There's no need to wait. Ce n'est pas la peine d'attendre.

needle /'niːdl/ **aiguille**
► **knitting needle** **aiguille à tricoter**

needless /'niːdlɪs/ **inutile**

needn't /'niːdnt/ *regardez* need.

needy /'niːdɪ/ *a plusieurs sens :*
1 **needy** *peut signifier* **nécessiteux**
2 **needy** *peut signifier* **en manque d'affection**

negative /'negətɪv/ **négatif**

neglect /nɪ'glekt/ *a plusieurs catégories grammaticales et plusieurs sens :*
> Ce mot peut être un VERBE :

1 ► **neglect** somebody **ne pas s'occuper de** quelqu'un
2 ► **neglect** something **ne pas entretenir** quelque chose *ou* **négliger** quelque chose
> Ce mot peut être un NOM :

neglect *signifie* **manque d'entretien** *ou* **manque de soin**

negotiate /nɪ'gəʊʃɪeɪt/ **négocier**

ℹ Attention à l'orthographe du mot anglais negotiate.

negotiation /nɪˌgəʊʃɪ'eɪʃən/ **négociation**

Attention à l'orthographe du mot anglais negotiation.

neigh /neɪ/ *a plusieurs catégories grammaticales :*

> Ce mot peut être un NOM :

neigh *signifie* **hennissement**

> Ce mot peut être un VERBE :

neigh *signifie* **hennir**

neighbour /'neɪbəʳ/ **voisin**

En anglais américain, ce mot s'écrit neighbor.

neighbourhood /'neɪbəhʊd/ **quartier** *ou* **voisinage**

En anglais américain, ce mot s'écrit neighborhood.

neighbouring /'neɪbərɪŋ/ **voisin**

▷ The neighbouring streets are blocked. Les rues voisines sont embouteillées.

En anglais américain, ce mot s'écrit neighboring.

neither /'naɪðəʳ/ *a plusieurs catégories grammaticales :*

> Ce mot peut être un ADVERBE :

► neither... nor... **ni... ni...**

▷ She can neither sing nor dance. Elle ne sait ni chanter, ni danser.

> Ce mot peut être une CONJONCTION :

neither *signifie* **non plus**

▷ I don't want it and neither does he. Je ne le veux pas et lui non plus.

> Ce mot peut être un ADJECTIF :

neither *signifie* **aucun des deux**

▷ Neither child is ready. Aucun des deux enfants n'est prêt.

> Ce mot peut être un PRONOM :

neither *signifie* **ni l'un ni l'autre**

▷ Neither of them is ready. Ni l'un ni l'autre n'est prêt.

nephew /'nefju:/ **neveu**

nerd /nɜ:d/ *a plusieurs sens :*

1 nerd *peut signifier* **ringard** *ou* **pauvre type**

2 nerd *peut signifier* **fou** (= enthousiaste)

▷ He's a computer nerd. C'est un fou d'informatique.

Nerd est un mot familier, c'est-à-dire un mot qu'on évite d'employer quand on parle à quelqu'un qu'on ne connaît pas bien ou quand on écrit.

nerve /nɜ:v/ *a plusieurs sens :*

1 nerve *peut signifier* **nerf** (dans le corps)

▷ It's getting on my nerves. Ça me tape sur les nerfs.

2 nerve *peut signifier* **courage** *ou* **sang-froid**

▷ She lost her nerve. Le courage lui a manqué.

3 nerve *peut signifier* **culot**

▷ What a nerve! Quel culot !

▷ You've got a nerve! Tu as du culot !

nerve-racking /'nɜ:vrækɪŋ/ **éprouvant**

nervous /'nɜ:vəs/ **nerveux**

► feel nervous **être nerveux** *ou* **avoir le trac**

► be nervous about something **appréhender** quelque chose

► nervous breakdown **dépression nerveuse**

nest /nest/ **nid**

net /net/ *a plusieurs catégories grammaticales et plusieurs sens :*

> Ce mot peut être un NOM :

1 net *peut signifier* **filet**

2 ► the Net **le Net** (= Internet)

> Ce mot peut être un ADJECTIF :

net *signifie* **net** (prix, salaire)

Netherlands /'neðələndz/

► the Netherlands **les Pays-Bas**

nettle /'netl/ **ortie**

network /'netwɜ:k/ **réseau**

▷ There are a lot of social networks. Il y a beaucoup de réseaux sociaux.

► network provider **fournisseur d'accès à Internet**

neurotic /njʊ'rɒtɪk/ **névrosé**

neutral /'nju:trəl/ **neutre**

never /'nevəʳ/ **ne... jamais**

▷ He never drinks wine. Il ne boit jamais de vin.

▷ I've never been to China. Je ne suis jamais allé en Chine.

▷ I never want to see you again! Je ne veux plus jamais te revoir !

never-ending /'nevəʳ'endɪŋ/ **interminable**

nevertheless /ˌnevəðə'les/ **néanmoins**

new /nju:/ **nouveau** *ou* **neuf**

▷ He's got a new car. Il a une nouvelle voiture *ou* il a une voiture neuve.

▷ It's as good as new. C'est comme neuf.

newborn /ˈnjuːbɔːn/ **nouveau-né**

newcomer /ˈnjuːkʌməʳ/ **nouveau venu**

news /njuːz/ *a plusieurs sens :*

1 news *peut signifier* **nouvelles**

► a piece of news **une nouvelle**

▷ That's good news! C'est une bonne nouvelle !

2 news *peut signifier* **informations**

► a news item **une information**

▷ He's watching the news. Il regarde les informations.

newsagent /ˈnjuːzˌeidʒənt/ **marchand de journaux**

Newsagent n'est pas employé en anglais américain : aux États-Unis, on dit newsdealer.

newsdealer /ˈnjuːzdiːləʳ/ **marchand de journaux**

Newsdealer est un mot américain : en anglais britannique, on dit newsagent.

newsgroup /ˈnjuːzgruːp/ **forum de discussion** (sur Internet)

newsletter /ˈnjuːzletəʳ/ **bulletin**

newspaper /ˈnjuːzˌpeɪpəʳ/ **journal** (= publication qui donne les informations)

► daily newspaper **quotidien**

newsreader /ˈnjuːzriːdəʳ/ **présentateur (de journal)**

New Year /ˈnjuːˈjɪəʳ/ **nouvel an**

► Happy New Year! **Bonne année !**

► New Year's Day **jour de l'an**

► New Year's Eve **la Saint-Sylvestre**

New Zealand /njuːˈziːlənd/ **Nouvelle-Zélande**

ℹ En anglais, on n'emploie pas d'article défini devant les noms de pays et de continents.

New Zealander /njuːˈziːləndəʳ/ **Néo-Zélandais** (= personne)

next /nekst/ *a plusieurs catégories grammaticales et plusieurs sens :*

> Ce mot peut être un ADJECTIF :

1 next *peut signifier* **prochain**

▷ I'll take the next train. Je prendrai le prochain train.

▷ He's next on the list. Il est le prochain sur la liste.

► next Sunday **dimanche prochain**

► next week **la semaine prochaine**

► the next day **le lendemain**

► the day after next **le surlendemain**

2 next *peut signifier* **suivant**

▷ It's on the next page. C'est sur la page suivante.

3 next *peut signifier* **d'à côté**

▷ He's in the next room. Il est dans la chambre d'à côté.

> Ce mot peut être un ADVERBE :

1 next *peut signifier* **ensuite**

▷ What happened next? Qu'est-ce qui s'est passé ensuite ?

2 next *peut signifier* **la prochaine fois**

▷ Tell him when you next see him. Dis-le-lui quand tu le verras la prochaine fois.

3 next *est employé avec les superlatifs :*

▷ He's the next tallest after me. Il est le plus grand après moi.

4 ► next to **à côté de**

▷ Come and sit next to me. Viens t'asseoir à côté de moi.

next door /ˈneksˈdɔːʳ/ *a plusieurs catégories grammaticales :*

> Ce mot peut être un ADVERBE :

next door *signifie* **à côté**

▷ She lives next door. Elle habite à côté.

▷ They live next door to each other. Ils sont voisins.

> Ce mot peut être un ADJECTIF :

next-door *signifie* **d'à côté**

► next-door neighbour **voisin d'à côté**

NGO /ˌendʒiːˈəʊ/ **ONG**

ℹ NGO est l'abréviation de non-governmental organization.

nibble /ˈnɪbl/ **grignoter** *ou* **mordiller**

nice /naɪs/ *a plusieurs sens :*

1 nice *peut signifier* **bon** *ou* **beau** *ou* **agréable**

▷ That smells nice. Ça sent bon.

▷ The weather's nice. Il fait beau.

▷ You look nice. Tu es très élégant.

▷ It would be nice to go for a walk. Ce serait bien d'aller se promener.

▷ Nice to meet you! Enchanté !

▷ Have a nice day! Bonne journée !

2 nice *peut signifier* **sympathique** *ou* **gentil**

▷ She's very nice. Elle est très sympathique.

▷ He was very nice to me. Il était très gentil avec moi.

▷ It's nice of you to help us. C'est gentil de ta part de nous aider.

nice-looking /naɪsˈlʊkɪŋ/ **beau**

nicely /'naɪslɪ/ *a plusieurs sens :*

1 nicely *peut signifier* **bien**

▷ She always dresses nicely. Elle est toujours bien habillée.

2 nicely *peut signifier* **poliment**

nickel /'nɪkl/ *a plusieurs sens :*

1 nickel *peut signifier* **nickel**

2 *Au Canada et aux États-Unis,* nickel *signifie* **pièce de cinq cents**

nickname /'nɪkneɪm/ **surnom** *ou* **diminutif**

niece /niːs/ **nièce**

night /naɪt/ **nuit** *ou* **soir**

► all night **toute la nuit**

► at night **la nuit**

► last night **la nuit dernière** *ou* **hier soir**

▷ I couldn't sleep last night. Je n'ai pas pu dormir la nuit dernière.

▷ I went out last night. Je suis sorti hier soir.

► have a late night **se coucher tard**

nightclub /'naɪtklʌb/ **boîte de nuit**

nightie /'naɪtɪ/ **chemise de nuit**

nightingale /'naɪtɪŋgeɪl/ **rossignol**

nightmare /'naɪtmεəʳ/ **cauchemar**

night-time /'naɪttaɪm/ **nuit**

nil /nɪl/ **zéro**

nimble /'nɪmbl/ **agile**

nine /naɪn/ **neuf**

▷ He is nine. Il a neuf ans.

▷ There are nine of us. Nous sommes neuf.

▷ It's nine o'clock. Il est neuf heures.

nineteen /'naɪn'tiːn/ **dix-neuf**

▷ She's nineteen. Elle a dix-neuf ans.

▷ There are nineteen of us. Nous sommes dix-neuf.

nineteenth /'naɪn'tiːnθ/ **dix-neuvième**

► the nineteenth of May *ou* May the nineteenth **le dix-neuf mai**

nineties /'naɪntɪz/

▷ She's in her nineties. Elle a au moins 90 ans.

▷ The record came out in the nineties. Le disque est sorti dans les années 90.

ninetieth /'naɪntɪɪθ/ **quatre-vingt-dixième**

ninety /'naɪntɪ/ **quatre-vingt-dix**

▷ He's ninety. Il a quatre-vingt-dix ans.

ninth /naɪnθ/ **neuvième**

► the ninth of June *ou* June the ninth **le neuf juin**

nip /nɪp/ *a plusieurs catégories grammaticales et plusieurs sens :*

> Ce mot peut être un NOM :

1 nip *peut signifier* **pinçon**

2 nip *peut signifier* **morsure**

> Ce mot peut être un VERBE :

1 ► nip somebody *peut signifier* **pincer** quelqu'un

2 ► nip somebody *peut signifier* **mordre** quelqu'un

nipple /'nɪpl/ **mamelon**

nitrogen /'naɪtrədʒən/ **azote**

no /nəʊ/ *a plusieurs sens :*

1 no *peut signifier* **non**

▷ No thanks! Non merci !

2 no *peut signifier* **pas de** *ou* **aucun**

▷ We have no bread. Nous n'avons pas de pain.

▷ There is no hope. Il n'y a aucun espoir.

3 no *est employé avec un gérondif pour dire que quelque chose est* **interdit**

▷ No smoking. Défense de fumer.

▷ No parking. Stationnement interdit.

4 no *est employé avec les* **comparatifs**

▷ He's no more intelligent than you. Il n'est pas plus intelligent que toi.

▷ She's no better. Elle ne va pas mieux.

5 ► no one **personne**

▷ No one saw me. Personne ne m'a vu.

nobody /'nəʊbədɪ/ **personne**

▷ Nobody phoned. Personne n'a appelé.

▷ Nobody wants it. Personne ne le veut.

nod /nɒd/ *a plusieurs catégories grammaticales et plusieurs sens :*

> Ce mot peut être un VERBE TRANSITIF :

► nod one's head **faire un signe de la tête**

> Ce mot peut être un VERBE INTRANSITIF :

1 nod *signifie* **faire un signe de la tête**

2 ► nod to somebody **saluer** quelqu'un **d'un signe de tête**

noise /nɔɪz/ **bruit**

► make a noise **faire du bruit**

noisier /'nɔɪzɪəʳ/ *est le comparatif de* noisy.

▷ It's much noisier. C'est beaucoup plus bruyant.

noisiest /'nɔɪzɪɪst/ *est le superlatif de* noisy.

▷ This is the noisiest machine. C'est la machine la plus bruyante.

noisy /'nɔɪzɪ/ **bruyant**

none /nʌn/ *a plusieurs sens :*

1 *Avec un nom pluriel,* none *signifie* **aucun**

▷ None of the boys came. Aucun des garçons n'est venu.

▷ None of them came. Aucun d'entre eux n'est venu.

2 none *est employé avec les noms indénombrables :*

▷ None of the money is mine. Pas un centime de cet argent n'est à moi.

▷ There's none left. Il n'en reste plus.

▷ None of it was true. Il n'y avait rien de vrai.

nonetheless /ˌnʌnðə'les/ **néanmoins**

nonsense /'nɒnsəns/ **absurdités**

▷ That's nonsense! C'est absurde !

▷ He's talking nonsense. Il dit n'importe quoi.

nonsmoker /'nɒn'sməʊkəʳ/ **non-fumeur**

non-smoking /'nɒn'sməʊkɪŋ/ **non-fumeur**

nonstop /ˌnɒn'stɒp/ *a plusieurs catégories grammaticales et plusieurs sens :*

> Ce mot peut être un ADJECTIF :

1 nonstop *peut signifier* **direct** *ou* **sans escale** (en parlant d'un vol)

2 nonstop *peut signifier* **continu** *ou* **continuel**

> Ce mot peut être un ADVERBE :

nonstop *signifie* **sans arrêt**

noodles /'nuːdlz/ **nouilles**

noon /nuːn/ **midi**

► at noon **à midi**

no one /'nəʊ wʌn/ **personne**

▷ No one phoned. Personne n'a appelé.

▷ No one wants it. Personne ne le veut.

nor /nɔːʳ/ *a plusieurs sens :*

1 ► neither... nor... **ni... ni...**

▷ He has neither the time nor the money. Il n'a ni le temps, ni l'argent.

2 nor *peut signifier* **non plus**

▷ She doesn't want and nor do I. Elle ne le veut pas et moi non plus.

norm /nɔːm/ **norme**

normal /'nɔːməl/ **normal**

► return to normal **revenir à la normale**

normally /'nɔːməlɪ/ *a plusieurs sens :*

1 normally *peut signifier* **normalement**

▷ The trains are running normally. Les trains circulent normalement.

2 normally *peut signifier* **d'habitude** *ou* **habituellement**

▷ He normally arrives at about 10 o'clock. D'habitude, il arrive vers 10 heures.

north /nɔːθ/ **nord**

► the north wind **le vent du nord**

► north of... **au nord de...**

► go north **aller vers le nord**

► North Africa **l'Afrique du Nord**

► North America **l'Amérique du Nord**

► the North Pole **le pôle Nord**

► the North Sea **la mer du Nord**

northern /'nɔːðən/ **du nord**

► Northern Ireland **l'Irlande du Nord**

Norway /'nɔːweɪ/ **Norvège**

ℹ En règle générale, en anglais, on n'emploie pas d'article défini devant les noms de pays et de continents.

Norwegian /nɔː'wiːdʒən/ **Norvégien** *ou* **norvégien**

ℹ En anglais, les adjectifs de nationalité et les noms de langues s'écrivent avec une majuscule.

nose /nəʊz/ **nez**

nosebleed /'nəʊzbliːd/ **saignement de nez**

► have a nosebleed **saigner du nez**

nosey /'nəʊzɪ/ **curieux** *ou* **fouineur**

no-smoking /nəʊ'sməʊkɪŋ/ **non-fumeur**

nostalgia /nɒs'tældʒɪə/ **nostalgie**

nostalgic /nɒs'tældʒɪk/ **nostalgique**

nostril /'nɒstrəl/ **narine**

nosy /'nəʊzɪ/ **curieux** *ou* **fouineur**

not /nɒt/ *est employé pour former le négatif en anglais :*

ℹ Quand not s'emploie avec les verbes auxiliaires, on le trouve souvent sous sa forme contractée attaché au verbe : is not devient isn't, are not devient aren't, was not devient wasn't, do not devient don't, did not devient didn't, could not devient couldn't, etc.

▷ I'm not coming. Je ne viens pas.

▷ It's not mine *ou* it isn't mine. Ce n'est pas à moi.

▷ I hope not. J'espère que non.

▷ Are you hungry? – Not at all. Est-ce que tu as faim ? – Pas du tout.

▷ Thank you very much ? – Not at all. Merci beaucoup. – Je vous en prie.

► not always **pas toujours**

► not any more **plus** *ou* **plus maintenant**

note /nəʊt/ *a plusieurs catégories grammaticales et plusieurs sens :*

> Ce mot peut être un NOM :

1 note *peut signifier* **note**

► make a note of something **prendre** quelque chose **en note**

2 note *peut signifier* **mot** (= petite lettre)

3 note *peut signifier* **billet** (de banque)

> Ce mot peut être un VERBE :

1 ► note something *ou* note something down **noter** quelque chose

2 ► note that... **constater que...**

notebook /ˈnəʊtbʊk/ **cahier** *ou* **calepin** *ou* **bloc-notes**

notepad /ˈnəʊtpæd/ **bloc-notes**

notepaper /ˈnəʊtpeɪpə^{r}/ **papier à lettres**

nothing /ˈnʌθɪŋ/ **rien**

▷ Nothing happened. Il ne s'est rien passé.

▷ I've got nothing to do. Je n'ai rien à faire.

▷ We can do nothing about it. On n'y peut rien.

▷ I got it for nothing. Je l'ai eu pour rien.

notice /ˈnəʊtɪs/ *a plusieurs catégories grammaticales et plusieurs sens :*

> Ce mot peut être un NOM :

1 notice *peut signifier* **affiche** *ou* **pancarte**

► notice board **pancarte** *ou* **panneau d'affichage**

2 ► take notice of somebody *ou* something **prêter attention à** quelqu'un *ou* quelque chose

▷ Don't take any notice. Ne fais pas attention.

3 notice *peut signifier* **préavis**

► at short notice **dans un bref délai**

4 ► hand in one's notice **donner sa démission**

> Ce mot peut être un VERBE :

► notice somebody *ou* something **remarquer** quelqu'un *ou* quelque chose

notorious /nəʊˈtɔːrɪəs/ **tristement célèbre**

nought /nɔːt/ **zéro**

nourish /ˈnʌrɪʃ/ **nourrir**

ℹ Attention à l'orthographe du mot anglais nourish.

nourishing /ˈnʌrɪʃɪŋ/ **nourrissant**

ℹ Attention à l'orthographe du mot anglais nourishing.

novel /ˈnɒvəl/ *a plusieurs catégories grammaticales :*

> Ce mot peut être un NOM :

novel *signifie* **roman**

► detective novel **roman policier**

> Ce mot peut être un ADJECTIF :

novel *signifie* **original**

novelist /ˈnɒvəlɪst/ **romancier**

novelties /ˈnɒvəltɪz/ *est le pluriel de* novelty.

novelty /ˈnɒvəltɪ/ **nouveauté** *ou* **gadget**

November /nəʊˈvembə^{r}/ **novembre**

► November the first *ou* the first of November **le premier novembre**

ℹ En anglais, les noms de mois commencent par une majuscule.

now /naʊ/ **maintenant**

▷ What are you doing now? Qu'est-ce que tu fais maintenant ?

▷ I'll do it now. Je le ferai tout de suite.

► from now on **dès maintenant**

► up until now **jusqu'à présent**

► every now and then *ou* now and again **de temps en temps**

nowadays /ˈnaʊədeɪz/ **de nos jours** *ou* **ces jours-ci**

nowhere /ˈnəʊwɛə^{r}/ **nulle part**

▷ She has nowhere to go. Elle n'a nulle part où aller.

▷ There's nowhere to sit. Il n'y a pas d'endroit pour s'asseoir.

nuclear /ˈnjuːklɪə^{r}/ **nucléaire**

► nuclear power **l'énergie nucléaire**

► nuclear weapons **les armes nucléaires**

nude /njuːd/ **nu**

nudge /nʌdʒ/ **donner un coup de coude à**

nugget /ˈnʌgɪt/ **pépite**

nuisance /ˈnjuːsns/ *a plusieurs sens :*

► be a nuisance **être agaçant** *ou* **être ennuyeux**

▷ It's a nuisance that she can't come. C'est ennuyeux qu'elle ne puisse pas venir.

▷ What a nuisance! Que c'est agaçant !

Le mot anglais **nuisance** ne signifie pas « nuisances ».

numb /nʌm/ engourdi

► **go numb** s'engourdir

► **be numb with cold** être transi de froid

number /'nʌmbəʳ/ nombre *ou* chiffre *ou* numéro

► **a number of...** un certain nombre de...

► **get the wrong number** se tromper de numéro

► **number plate** plaque d'immatriculation

Number plate n'est pas employé en anglais américain : aux États-Unis, on dit **license plate**.

numerous /'nju:mərəs/ nombreux

nun /nʌn/ religieuse

nurse /nɜ:s/ *a plusieurs catégories grammaticales et plusieurs sens :*

> Ce mot peut être un NOM :

nurse *signifie* **infirmier** *ou* **infirmière**

> Ce mot peut être un VERBE :

► **nurse somebody** soigner quelqu'un

nurseries /'nɜ:sərɪz/ *est le pluriel de* **nursery**.

nursery /'nɜ:sərɪ/ garderie *ou* crèche

► **nursery rhyme** comptine

► **nursery school** école maternelle

nut /nʌt/ *a plusieurs sens :*

1 **nut** *peut signifier tout type de fruit à coque :* **noix** *ou* **noisette** *ou* **amande** *ou* **cacahouète**, *etc.*

2 **nut** *peut signifier* **écrou**

nutcracker /'nʌtkrækəʳ/ casse-noix *ou* casse-noisette

nutmeg /'nʌtmeg/ noix de muscade

Oo

La lettre O se prononce /əʊ/ en anglais.
O rime avec go, Joe et no.

oak /əʊk/ **chêne**

oar /ɔːʳ/ **rame** *ou* **aviron**

oath /əʊθ/ **serment**

► take an oath **faire un serment**

oats /əʊts/ **avoine**

obedient /əˈbiːdɪənt/ **obéissant**

obey /əˈbeɪ/ **obéir** *ou* **obéir à**

object *se prononce de deux façons différentes et a des sens différents selon la prononciation :*

/ˈɒbdʒekt/ (l'accent tonique est sur la première syllabe ob-)

> C'est un NOM :

1 object *peut signifier* **objet**

2 object *peut signifier* **but** *ou* **objectif**

▷ He has no object in life. Il n'a aucun but dans la vie.

/əbˈdʒekt/ (l'accent tonique est sur la deuxième syllabe -ject)

> C'est un VERBE :

object *signifie* **soulever des objections**

► object to something **faire objection à** quelque chose *ou* **s'opposer à** quelque chose

objective /əbˈdʒektɪv/ **objectif**

obligatory /ɒˈblɪgətərɪ/ **obligatoire**

oblige /əˈblaɪdʒ/ **obliger**

► be obliged to do something **être obligé de faire** quelque chose

oblong /ˈɒblɒŋ/ *a plusieurs catégories grammaticales :*

> Ce mot peut être un NOM :

oblong *signifie* **rectangle**

> Ce mot peut être un ADJECTIF :

oblong *signifie* **rectangulaire**

obnoxious /əbˈnɒkʃəs/ **odieux**

oboe /ˈəʊbəʊ/ **hautbois**

obscure /əbˈskjʊəʳ/ *a plusieurs catégories grammaticales :*

> Ce mot peut être un ADJECTIF :

obscure *signifie* **obscur**

> Ce mot peut être un VERBE :

► obscure something **cacher** quelque chose

observant /əbˈzɜːvənt/ **observateur**

observatory /əbˈzɜːvətrɪ/ **observatoire**

observe /əbˈzɜːv/ *a plusieurs sens :*

1 ► observe somebody *ou* something *peut signifier* **observer** quelqu'un *ou* quelque chose

2 ► observe something *peut signifier* **respecter** quelque chose (des règles, des coutumes, par exemple)

observer /əbˈzɜːvəʳ/ **observateur**

obsess /əbˈses/ **obséder**

► be obsessed with somebody *ou* something **être obsédé par** quelqu'un *ou* quelque chose

obstinate /ˈɒbstɪnɪt/ **obstiné**

obstruct /əbˈstrʌkt/ *a plusieurs sens :*

1 ► obstruct something *peut signifier* **obstruer** quelque chose *ou* **boucher** quelque chose

2 ► obstruct somebody *ou* something *peut signifier* **gêner** quelqu'un *ou* **entraver** quelque chose

obtain /əbˈteɪn/ **obtenir**

obvious /ˈɒbvɪəs/ **évident**

obviously /ˈɒbvɪəslɪ/ *a plusieurs sens : -*

1 **obviously** *peut signifier* **évidemment** *ou* **bien sûr**

2 **obviously** *peut signifier* **visiblement** (triste, heureux, fâché, etc.)

occasion /əˈkeɪʒən/ *a plusieurs sens :*

1 **occasion** *peut signifier* **occasion**

► **on several occasions** **à plusieurs reprises**

2 **occasion** *peut signifier* **événement**

► **a big occasion** **un grand événement**

occasional /əˈkeɪʒənl/ **intermittent** (des averses, de la pluie, par exemple)

ℹ Attention à l'orthographe du mot anglais occasional.

occasionally /əˈkeɪʒnəlɪ/ **parfois** *ou* **de temps en temps**

ℹ Attention à l'orthographe du mot anglais occasionally.

occupation /ˌɒkjʊˈpeɪʃən/ *a plusieurs sens :*

1 **occupation** *peut signifier* **profession** *ou* **métier**

▷ He is a plumber by occupation. Il est plombier de métier.

2 **occupation** *peut signifier* **occupation**

occupied /ˈɒkjʊpaɪd/ *a plusieurs sens :*

1 **occupied** *peut signifier* **habité**

2 **occupied** *peut signifier* **occupé**

ℹ Occupied est aussi le prétérit et le participe passé du verbe occupy :

▷ The enemy occupied this town during the war. L'ennemi a occupé cette ville pendant la guerre.

occupy /ˈɒkjʊpaɪ/ **occuper**

► **occupy oneself** **s'occuper**

occur /əˈkɜːʳ/ *a plusieurs sens :*

1 **occur** *peut signifier* **se produire** *ou* **arriver**

▷ It never occurred before. Cela n'était jamais arrivé.

2 ► **occur to somebody** **venir à l'esprit de** quelqu'un

▷ The thought would never occur to me. Ça ne me viendrait jamais à l'idée.

ocean /ˈəʊʃən/ **océan**

o'clock /əˈklɒk/ *est employé pour dire l'heure :*

▷ It's three o'clock. Il est trois heures.

▷ It's three o'clock in the morning. Il est trois heures du matin.

October /ɒkˈtəʊbəʳ/ **octobre**

ℹ En anglais, les noms de mois commencent par une majuscule.

octopus /ˈɒktəpəs/ **pieuvre** *ou* **poulpe**

odd /ɒd/ *a plusieurs sens :*

1 **odd** *peut signifier* **bizarre** *ou* **étrange**

2 **odd** *peut signifier* **impair** (en parlant d'un nombre)

3 **odd** *peut signifier* **dépareillé** (en parlant d'une chaussette, d'un gant, par exemple)

► **the odd one out** **l'exception**

odds /ɒdz/ *a plusieurs sens :*

1 ► **the odds** *peut signifier* **la cote** (dans les paris)

2 ► **the odds** *peut signifier* **les chances**

▷ The odds are against him. Il n'a pratiquement aucune chance.

odour /ˈəʊdəʳ/ **odeur**

En anglais américain, ce mot s'écrit odor.

of /ɒv, əv/ *a plusieurs sens :*

1 **of** *peut signifier* **de**

► **the capital of France** **la capitale de la France**

► **a cup of tea** **une tasse de thé**

► **a friend of mine** **un de mes amis**

► **a kilo of apples** **un kilo de pommes**

2 **of** *sert à dire en quelle* **matière** *quelque chose est fait :*

► **a ring of gold** **une bague en or**

► **a dress made of wool** **une robe en laine**

3 **of** *peut être suivi d'un pronom personnel complément d'objet* (of it, of them, of us) *et peut correspondre au pronom personnel « en » :*

▷ I am sure of it. J'en suis sûr.

▷ There's a lot of it. Il y en a beaucoup.

▷ There are five of them. Ils sont cinq *ou* Il y en a cinq.

4 **of** *est employé dans les* **dates**

► **the fourth of June** **le quatre juin**

5 *En anglais américain,* **of** *est employé lorsqu'on dit* **l'heure**

▷ It's a quarter of seven. Il est sept heures moins le quart.

En anglais britannique, on dit a quarter to seven.

off /ɒf/ *a plusieurs catégories grammaticales et plusieurs sens :*

> Ce mot peut être une PRÉPOSITION :

1 **off** *peut signifier* **de**

▷ They jumped off the wall. Ils ont sauté du mur.

▷ She fell off her bicycle. Elle est tombée de son vélo.

▷ He got off the bus. Il est descendu du bus.

2 off *peut signifier* **absent de**

▷ He's off school. Il est absent de l'école.

▷ She's off work. Elle n'est pas au travail.

> Ce mot peut être un ADVERBE :

1 off *est employé pour dire que quelque chose est à une certaine* **distance** *dans l'espace ou dans le temps :*

▷ The town is 5 kilometres off. La ville est à 5 kilomètres.

▷ It isn't far off. Ce n'est pas loin.

▷ It's two days off. C'est dans deux jours.

2 ► be off *signifie* **partir** *ou* **s'en aller**

▷ I'm off. Je m'en vais.

3 off *est employé pour parler de* **jours de congé**

▷ I'm taking a day off. Je prends un jour de congé.

4 off *est employé pour dire qu'on* **enlève** *quelque chose :*

▷ She took her coat off. Elle a enlevé son manteau.

5 off *est employé pour parler de* **réductions**

▷ There's 20% off. Il y a 20% de remise.

> Ce mot peut être un ADJECTIF :

1 off *peut signifier* **éteint** (en parlant d'une lumière, de la télévision, etc.) *ou* **coupé** (en parlant d'un moteur, de l'électricité)

▷ The lights are off. Les lumières sont éteintes.

2 off *peut signifier* **en congé** *ou* **absent**

▷ I'm off until Tuesday. Je suis en congé jusqu'à mardi.

3 off *peut signifier* **avarié** *ou* **tourné**

▷ This milk is off. Ce lait a tourné.

offence /ə'fens/ *a plusieurs sens :*

1 offence *peut signifier* **délit**

► commit an offence **commettre un délit**

2 ► take offence **s'offenser**

▷ He took offence at what I said. Il a mal pris ce que j'ai dit.

En anglais américain, ce mot s'écrit offense.

offend /ə'fend/ **offenser**

► be offended **s'offenser**

offender /ə'fendə^{r}/ **délinquant** *ou* **coupable**

offense /ə'fens/ *est l'orthographe américaine du mot* offence.

offensive /ə'fensɪv/ *a plusieurs catégories grammaticales et plusieurs sens :*

> Ce mot peut être un ADJECTIF :

1 offensive *peut signifier* **choquant** *ou* **désobligeant**

2 offensive *peut signifier* **offensif**

> Ce mot peut être un NOM :

offensive *signifie* **offensive**

offer /'ɒfə^{r}/ *a plusieurs catégories grammaticales et plusieurs sens :*

> Ce mot peut être un NOM :

1 offer *peut signifier* **offre**

2 ► on offer **en promotion**

> Ce mot peut être un VERBE :

► offer somebody something *ou* offer something to somebody **proposer** quelque chose à quelqu'un

► offer to do something **proposer de faire** quelque chose

office /'ɒfɪs/ **bureau**

officer /'ɒfɪsə^{r}/ **officier**

► police officer **policier**

official /ə'fɪʃəl/ *a plusieurs catégories grammaticales :*

> Ce mot peut être un ADJECTIF :

official *signifie* **officiel**

> Ce mot peut être un NOM :

official *signifie* **fonctionnaire**

offside /'ɒf'saɪd/ **hors-jeu**

often /'ɒfən/ **souvent**

▷ I often go to the park. Je vais souvent au parc.

▷ How often do you see her? Tu la vois tous les combien ?

► every so often **de temps en temps**

oil /ɔɪl/ *a plusieurs catégories grammaticales et plusieurs sens :*

> Ce mot peut être un NOM :

1 oil *peut signifier* **huile**

2 oil *peut signifier* **pétrole**

► oil well **puits de pétrole**

3 oil *peut signifier* **mazout**

> Ce mot peut être un VERBE :

► oil something **lubrifier** quelque chose

ointment /'ɔɪntmənt/ **pommade**

OK /'əʊ'keɪ/ *a plusieurs sens :*

▷ Are you OK? Ça va ?

▷ I'm OK. Ça va.

▷ Is everything OK? Tout va bien ?

▷ That's OK by me! D'accord !

▷ OK! D'accord !

okay /'əʊ'keɪ/ *est une autre façon d'écrire le mot anglais* OK.

old /əʊld/ *a plusieurs sens :*

1 old *peut signifier* **vieux**

▷ He's an old man. C'est un vieil homme.

▷ It's an old car. C'est une vieille voiture.

► get old *ou* get older **vieillir**

► old age **vieillesse**

► old age pensioner **retraité**

► old people's home **maison de retraite**

2 old *peut signifier* **ancien**

▷ That is our old house. C'est notre ancienne maison.

► in the old days **autrefois**

3 old *sert à dire* **quel âge on a**

▷ How old are you? Quel âge as-tu ?

▷ I'm nineteen years old. J'ai dix-neuf ans.

older /'əʊldəʳ/ *est le comparatif du mot* old.

▷ She's older than me. Elle est plus âgée que moi.

► get older **vieillir**

oldest /'əʊldɪst/ *est le superlatif du mot* old.

▷ It's the oldest church in America. C'est l'église la plus ancienne d'Amérique.

old-fashioned /'əʊld'fæʃnd/ **démodé**

olive /'ɒlɪv/ **olive**

► olive oil **huile d'olive**

Olympic /əʊ'lɪmpɪk/ **olympique**

► the Olympic Games **les jeux Olympiques**

on /ɒn/ *a plusieurs catégories grammaticales et plusieurs sens :*

> Ce mot peut être une PRÉPOSITION :

1 on *indique la position et peut signifier* **sur**

▷ The book is on the table. Le livre est sur la table.

▷ She was sitting on a chair. Elle était assise sur une chaise.

► on the wall **au mur** *ou* **sur le mur**

► on the ceiling **au plafond**

► on the left **à gauche**

► on the other side of the road **de l'autre côté de la rue**

2 on *peut indiquer un moyen de transport*

▷ They came on the bus. Ils sont venus en bus.

▷ She went to London on the train. Elle est allée à Londres par le train.

▷ I went on foot. Je suis allée à pied.

3 on *peut indiquer un jour*

▷ I'm leaving on Monday. Je pars lundi.

▷ He phones me on Mondays. Il m'appelle le lundi.

▷ My birthday is on 17 May. Mon anniversaire est le 17 mai.

4 on *peut indiquer un moyen de communication*

► on television **à la télévision**

► on the radio **à la radio**

► on the telephone **au téléphone**

5 on *peut indiquer un* **sujet**

► a book on astrology **un livre sur l'astrologie**

6 on *peut indiquer ce qu'on consomme*

▷ He's on drugs. Il se drogue.

▷ She's on a diet. Elle suit un régime.

7 on *peut indiquer le fait d'être membre de quelque chose :*

▷ She's on the team. Elle fait partie de l'équipe.

▷ Who is on the committee? Qui sont les membres du comité ?

8 on *peut indiquer un instrument de musique*

► play something on the piano **jouer** quelque chose **au piano**

> Ce mot peut être un ADVERBE :

1 on *peut être employé avec des verbes tels que* **put** *ou* **have** *pour dire* **mettre** *ou* **porter**

▷ Put the lid on. Mets le couvercle.

▷ She had a skirt on. Elle portait une jupe.

2 on *peut indiquer la continuation*

▷ They walked on. Ils ont continué.

▷ She kept on reading. Elle a continué à lire.

3 on *est employé dans les expressions de temps :*

► from now on **désormais**

► from then on **à partir de ce moment-là**

> Ce mot peut être un ADJECTIF :

1 on *peut signifier* **en marche** *ou* **allumé**

▷ The radio was on. La radio était allumée.

2 on *peut indiquer ce qui passe au cinéma ou à la télévision :*

▷ What's on at the cinema? Qu'est-ce qui se joue au cinéma ?

once /wʌns/ *a plusieurs sens :*

1 once *peut signifier* **une fois**

► once a day **une fois par jour**

► once again **encore une fois**

► once or twice **une ou deux fois**

2 once *peut signifier* **autrefois**

3 once *est employé dans les expressions suivantes :*

► at once **immédiatement**

► all at once **tout à coup**

► once upon a time there was... **il était une fois...**

one /wʌn/ *a plusieurs sens :*

1 one *peut signifier* **un**

▷ He is one year old. Il a un an.

▷ It's one o'clock. Il est une heure.

▷ One of my friends is getting married. Un de mes amis va se marier.
▷ Those cakes look nice – can I have one? Ces gâteaux ont l'air bons – est-ce que je peux en prendre un ?
▷ Which one do you want? Lequel voulez-vous ?
▷ I want that one. Je veux celui-là.
► one another **l'un l'autre**
▷ They love one another. Ils s'aiment.

2 one *peut signifier* **seul** *ou* **unique**
▷ She's the one person that knows. C'est la seule à le savoir.
▷ It's my one ambition. C'est mon unique ambition.

3 one *peut signifier* **on**
▷ One never knows. On ne sait jamais.

one's /wʌnz/ *est l'adjectif possessif du pronom* one.
► keep one's promise **tenir sa promesse**

oneself /wʌn'self/ *a plusieurs sens :*

1 oneself *est le pronom personnel de la troisième personne du singulier, complément d'un verbe réfléchi :*
► enjoy oneself **s'amuser**
► cut oneself **se couper**

2 oneself *peut signifier* **soi-même**
► do something oneself **faire** quelque chose **soi-même**

3 oneself *peut suivre une préposition et correspond à* **soi**
► pleased with oneself **content de soi**
► by oneself **tout seul**

one-way street /ˌwɒnweɪ'striːt/ **rue à sens unique**

ongoing /'ɒngəʊɪŋ/ **en cours**

onion /'ʌnjən/ **oignon**

on-line /ɒn'laɪn/ **en ligne**
► go on-line **se connecter**

only /'əʊnlɪ/ *a plusieurs catégories grammaticales et plusieurs sens :*

> Ce mot peut être un ADJECTIF :

only *signifie* **seul** *ou* **unique**
▷ It's the only pen I have. C'est le seul stylo que j'aie.
▷ She's the only one I love. C'est la seule que j'aime.
▷ He's an only child. C'est un enfant unique.

> Ce mot peut être un ADVERBE :

1 only *peut correspondre à* **ne... que**
▷ He only eats fish. Il ne mange que du poisson.
▷ It's only five o'clock. Il n'est que cinq heures.

2 ► not only **non seulement**
▷ Not only is he rich, he's handsome too. Non seulement il est riche, mais en plus il est beau.

3 ► only just *est employé dans les expressions suivantes :*
▷ He has only just left. Il vient tout juste de partir.
▷ I only just caught the bus. J'ai eu le bus, mais de justesse.

> Ce mot peut être une CONJONCTION :

only *signifie* **seulement**
▷ She wants to come, only she's ill. Elle veut venir, seulement elle est malade.
► if only **si seulement**
▷ If only I were rich. Si seulement j'étais riche.

onto /'ɒntʊ/ **sur**
▷ He jumped onto the bed. Il a sauté sur le lit.
▷ She threw it onto the pile. Elle l'a jeté sur le tas.

onwards /'ɒnwədz/ *a plusieurs sens :*

1 onwards *peut décrire une* **progression** *ou une* **continuation**
► continue onwards **continuer** *ou* **avancer**
► move onwards **aller de l'avant**

2 onwards est employé dans les expressions de temps :
► from now onwards **désormais**
► from today onwards **à partir d'aujourd'hui**

open /'əʊpən/ *a plusieurs catégories grammaticales et plusieurs sens :*

> Ce mot peut être un ADJECTIF :

1 open *peut signifier* **ouvert**
▷ Are the shops open? Est-ce que les magasins sont ouverts ?

2 open *peut signifier* **découvert** (en parlant d'une voiture, par exemple)

3 ► in the open air **en plein air** *ou* **au grand air**

> Ce mot peut être un NOM :

► out in the open **dehors** *ou* **en plein air** *ou* **au grand air**

> Ce mot peut être un VERBE TRANSITIF :

1 ► open something *peut signifier* **ouvrir** quelque chose

2 ► open something *peut signifier* **inaugurer** quelque chose

> Ce mot peut être un VERBE INTRANSITIF :

open *signifie* **ouvrir** *ou* **s'ouvrir**

opening /'əʊpnɪŋ/ *a plusieurs sens :*

1 opening *peut signifier* **ouverture**

► opening hours heures d'ouverture

2 opening *peut signifier* **inauguration**

3 opening *peut signifier* **débouché** *ou* **occasion**

4 opening *peut signifier* **trou**

ℹ Opening est aussi une forme du verbe open :

▷ She was opening the window. Elle ouvrait la fenêtre.

openly /'əʊpənlɪ/ **ouvertement**

openness /'əʊpnnɪs/ **franchise**

opera /'ɒpərə/ **opéra**

► opera house **opéra**

► opera singer **chanteur d'opéra** *ou* **chanteuse d'opéra**

operate /'ɒpəreɪt/ *a plusieurs catégories grammaticales et plusieurs sens :*

> Ce mot peut être un VERBE INTRANSITIF :

1 operate *peut signifier* **opérer**

► operate on somebody **opérer** quelqu'un

2 operate *peut signifier* **fonctionner**

> Ce mot peut être un VERBE TRANSITIF :

► operate something **faire fonctionner** quelque chose

operation /,ɒpə'reɪʃən/ *a plusieurs sens :*

1 operation *peut signifier* **opération**

► have an operation **se faire opérer**

2 operation *peut signifier* **fonctionnement**

► be in operation **fonctionner**

operator /'ɒpəreɪtə^r/ **opérateur**

opinion /ə'pɪnjən/ **opinion** *ou* **avis**

► in my opinion **à mon avis**

► opinion poll **sondage d'opinion**

opponent /ə'pəʊnənt/ **adversaire**

opportunity /,ɒpə'tju:nɪtɪ/ **occasion** *ou* **chance**

► have the opportunity to do something **avoir l'occasion de faire** quelque chose

oppose /ə'pəʊz/ **s'opposer à**

opposed /ə'pəʊzd/ **opposé**

▷ I'm opposed to it. Je suis contre.

opposite /'ɒpəzɪt/ *a plusieurs catégories grammaticales et plusieurs sens :*

> Ce mot peut être un ADJECTIF :

1 opposite *peut signifier* **opposé**

► in the opposite direction **dans la direction opposée**

2 opposite *peut signifier* **d'en face**

► the building opposite **l'immeuble d'en face**

> Ce mot peut être un ADVERBE :

opposite *signifie* **en face**

▷ They live opposite. Ils habitent en face.

> Ce mot peut être une PRÉPOSITION :

opposite *signifie* **en face de**

▷ He was sitting opposite me. Il était assis en face de moi.

> Ce mot peut être un NOM :

opposite *signifie* **contraire**

optician /ɒp'tɪʃən/ **opticien**

optimist /'ɒptɪmɪst/ **optimiste** (= personne optimiste)

optimistic /,ɒptɪ'mɪstɪk/ **optimiste** (adjectif)

option /'ɒpʃən/ **option** *ou* **choix**

▷ We have no option. Nous n'avons pas le choix.

optional /'ɒpʃənəl/ **facultatif**

or /ɔ:^r/ *a plusieurs sens :*

1 or *peut signifier* **ou**

▷ Do you want tea or coffee? Tu veux du thé ou du café ?

2 or *peut signifier* **ni**

▷ She can't read or write. Elle ne sait ni lire, ni écrire.

3 or *peut signifier* **sinon**

▷ Be careful or you'll cut yourself. Fais attention, sinon tu vas te couper.

oral /'ɔ:rəl/ **oral**

orally /'ɔ:rəlɪ/ **oralement**

orange /'ɒrɪndʒ/ **orange**

► orange juice **jus d'orange**

orchard /'ɔ:tʃəd/ **verger**

orchestra /'ɔ:kɪstrə/ **orchestre** (classique)

orchid /'ɔ:kɪd/ **orchidée**

ordeal /ɔ:'di:l/ **épreuve** (= souffrance)

order /'ɔ:də^r/ *a plusieurs catégories grammaticales et plusieurs sens :*

> Ce mot peut être un NOM :

1 order *peut signifier* **ordre**

► give somebody an order **donner un ordre** à quelqu'un

► keep order **maintenir l'ordre** *ou* **maintenir la discipline**

▷ The names were in alphabetical order. Les noms étaient dans l'ordre alphabétique.

▷ The pages were out of order. Les pages n'étaient pas dans le bon ordre.

▷ The machine is out of order. La machine est en panne.

2 order *peut signifier* **commande**

► order form **bulletin de commande**

3 ► in order to **pour**

▷ She came in order to talk to him. Elle est venue pour lui parler.

> Ce mot peut être un VERBE :

1 ► order somebody to do something **ordonner** à quelqu'un **de faire** quelque chose

2 ► order something **commander** quelque chose

ordinary /'ɔːdnrɪ/ **ordinaire**

► be out of the ordinary **sortir de l'ordinaire**

ore /ɔː'/ **minerai**

oregano /ˌɒrɪ'gɑːnəʊ/ **origan**

organ /'ɔːgən/ *a plusieurs sens :*

1 organ *peut signifier* **organe**

2 organ *peut signifier* **orgue**

organic /ɔː'gænɪk/ *a plusieurs sens :*

1 organic *peut signifier* **organique**

2 organic *peut signifier* **biologique** (en parlant de produits, d'une ferme, etc.)

organisation *ou* **organization** /ˌɔːgənaɪ'zeɪʃən/ **organisation**

organise *ou* **organize** /'ɔːgənaɪz/ **organiser**

► get organised **s'organiser**

organiser *ou* **organizer** /'ɔːgənaɪzə'/ *a plusieurs sens :*

1 organiser *peut signifier* **organisateur** (= personne)

2 organiser *peut signifier* **organiseur** (électronique)

origin /'ɒrɪdʒɪn/ **origine**

original /ə'rɪdʒɪnl/ *a plusieurs sens :*

1 original *peut signifier* **original**

▷ It's not a very original idea. Ce n'est pas une idée très originale.

2 original *peut signifier* **originel** *ou* **premier**

▷ They are the original inhabitants of the island. Ce sont les premiers habitants de l'île.

originally /ə'rɪdʒənəlɪ/ **à l'origine**

originate /ə'rɪdʒɪneɪt/ *a plusieurs sens :*

1 ► originate from *peut signifier* **être originaire de**

2 ► originate from *peut signifier* **provenir de**

ornament /'ɔːnəmənt/ **bibelot** *ou* **objet décoratif**

ℹ Attention à l'orthographe du mot anglais ornament.

ornamental /ˌɔːnə'mentl/ **décoratif**

orphan /'ɔːfən/ **orphelin**

orphanage /'ɔːfənɪdʒ/ **orphelinat**

ostrich /'ɒstrɪtʃ/ **autruche**

other /'ʌðə'/ *a plusieurs sens :*

1 other *peut signifier* **autre**

▷ The other one is mine. L'autre est à moi.

▷ The other children left. Les autres enfants sont partis.

▷ He was here the other day. Il était là l'autre jour.

▷ Where are the others? Où sont les autres ?

2 ► other than that **à part ça**

▷ There's no one here other than Fred. Il n'y a personne à part Fred.

otherwise /'ʌðəwaɪz/ *a plusieurs sens :*

1 otherwise *peut signifier* **autrement**

▷ She couldn't do otherwise. Elle ne pouvait pas faire autrement.

2 otherwise *peut signifier* **sinon**

▷ Leave now, otherwise you'll be late. Pars maintenant, sinon tu vas être en retard.

otter /'ɒtə'/ **loutre**

ouch! /aʊtʃ/ **aïe !**

ought /ɔːt/ *a plusieurs sens :*

ℹ Ought est ce qu'on appelle en anglais un « modal verb » (verbe modal). Il précède la forme infinitive (avec to) d'autres verbes (you ought to go now). Il ne prend pas de s à la troisième personne du singulier (he ought to, she ought to, it ought to). Il n'a ni forme infinitive, ni participe présent, ni participe passé.

1 ought *peut indiquer* **l'obligation**

▷ I ought to write to her. Je devrais lui écrire.

▷ You ought to have phoned him. Tu aurais dû lui téléphoner.

2 ought *peut indiquer la* **probabilité**

▷ He ought to pass his exams. Il devrait réussir ses examens.

▷ They ought to arrive soon. Ils devraient bientôt arriver.

ounce /aʊns/ **once** (= 28,35 grammes)

our /'aʊə'/ **notre** *ou* **nos**

▷ Our brother is a doctor. Notre frère est médecin.

▷ Our books are on the table. Nos livres sont sur la table.

▷ We washed our hands. Nous nous sommes lavé les mains.

ours /'aʊəz/ **le nôtre** *ou* **la nôtre** *ou* **les nôtres**

▷ Which books are ours? Lesquels de ces livres sont les nôtres ?

▷ Their car is old, ours is new. Leur voiture est vieille, la nôtre est neuve.

▷ He is a friend of ours. C'est un ami à nous.

ourselves /ˌaʊə'selvz/ *a plusieurs sens :*

1 ourselves *est le pronom personnel de la première personne du pluriel, complément d'un verbe réfléchi :*

▷ We enjoyed ourselves. Nous nous sommes amusés.

2 ourselves *peut signifier* **nous-mêmes**

▷ We did it ourselves. Nous l'avons fait nous-mêmes.

3 ourselves *peut suivre une préposition et correspond à* **nous**

▷ We are pleased with ourselves. Nous sommes contents de nous.

▷ We were by ourselves. Nous étions seuls.

out /aʊt/ *a plusieurs catégories grammaticales et plusieurs sens :*

> Ce mot peut être un ADVERBE :

1 out *peut signifier* **dehors**

▷ It's cold out. Il fait froid dehors.

2 out *peut signifier* **sorti**

▷ Mary's out. Mary est sortie.

3 out *peut signifier* **éteint**

▷ The lights were out. Les lumières étaient éteintes.

4 ► be out *peut signifier* **être en fleur** (en parlant d'arbres ou de buissons) *ou* **briller** (en parlant du soleil)

> Ce mot peut être une PRÉPOSITION :

1 ► out of *peut indiquer un* **mouvement en dehors** *d'un endroit :*

▷ He walked out of the house. Il est sorti de la maison.

▷ She ran out of the shop. Elle est sortie du magasin en courant.

2 ► out of *peut indiquer la* **provenance** *de quelque chose :*

▷ He took the knife out of the drawer. Il a pris le couteau dans le tiroir.

▷ She tore the page out of the book. Elle a arraché la page du livre.

3 ► out of *peut indiquer la* **matière** *dont quelque chose est fait :*

▷ It is made out of wood. C'est en bois.

4 ► be out of something *peut signifier* **n'avoir plus de** quelque chose

▷ We're out of sugar. Nous n'avons plus de sucre.

5 ► out of *peut signifier* **à l'abri de**

▷ They were out of the wind. Ils étaient à l'abri du vent.

6 ► out of *est employé pour indiquer des* **proportions**

► one person out of ten **une personne sur dix**

outclass /aʊt'klɑːs/ **surclasser** *ou* **surpasser**

outcome /'aʊtkʌm/ **issue** *ou* **résultat**

outdated /aʊt'deɪtɪd/ **démodé**

outdoor /'aʊtdɔː^{r}/ **en plein air** *ou* **de plein air**

▷ He likes the outdoor life. Il aime la vie au grand air.

outdoors /'aʊt'dɔːz/ **dehors**

► go outdoors **sortir**

► sleep outdoors **dormir à la belle étoile**

outer /'aʊtə^{r}/ **extérieur**

► outer space **l'espace**

outfit /'aʊtfɪt/ **tenue**

outgoing /aʊtgəʊɪŋ/ **extraverti**

outing /'aʊtɪŋ/ **sortie** (= petit voyage)

outlaw /'aʊtlɔː/ **hors-la-loi**

outline /'aʊtlaɪn/ *a plusieurs sens :*

1 outline *peut signifier* **silhouette** (= contour)

2 outline *peut signifier* **grandes lignes** (d'un plan, d'un projet)

out-of-date /'aʊtəv'deɪt/ **périmé** *ou* **démodé**

outplay /aʊt'pleɪ/ **dominer**

outrageous /aʊt'reɪdʒəs/ *a plusieurs sens :*

1 outrageous *peut signifier* **scandaleux**

2 outrageous *peut signifier* **extravagant**

outside /'aʊt'saɪd/ *a plusieurs catégories grammaticales et plusieurs sens :*

> Ce mot peut être un NOM :

outside *signifie* **extérieur**

> Ce mot peut être un ADJECTIF :

outside *signifie* **extérieur** *ou* **externe**

> Ce mot peut être une PRÉPOSITION :

outside *signifie* **à l'extérieur de** *ou* **en dehors de**

> Ce mot peut être un ADVERBE :

outside *signifie* **dehors**

► look outside **regarder dehors**

► go outside **sortir**

outskirts /'aʊtskɜːts/ **périphérie** (d'une ville)

outstanding /aʊt'stændɪŋ/ **remarquable**

outwards /'aʊtwədz/ **vers l'extérieur**

outwit /aʊt'wɪt/ **surpasser** *ou* **se montrer plus malin que**

oval /'əʊvəl/ **ovale**

ℹ Attention à l'orthographe du mot anglais oval.

oven /'ʌvn/ **four**

over /'əʊvəʳ/ *a plusieurs catégories grammaticales et plusieurs sens :*

> Ce mot peut être une PRÉPOSITION :

1 over *peut signifier* **au-dessus de**

▷ There's a painting over the shelf. Il y a un tableau au-dessus de l'étagère.

2 over *peut signifier* **par-dessus**

▷ She wore a jacket over her dress. Elle portait une veste par-dessus sa robe.

▷ The ball went over the wall. La balle est passée par-dessus le mur.

3 over *peut indiquer le fait de* **traverser** *quelque chose ou de se trouver* **de l'autre côté** *de quelque chose.*

► cross over the road **traverser la rue**

▷ They live over the road. Ils habitent en face.

4 over *peut signifier* **plus de**

▷ It costs over 20 euros. Ça coûte plus de 20 euros.

▷ This book is for children over 8. Ce livre est destiné aux enfants de plus de 8 ans.

5 over *peut signifier* **pendant**

▷ I'll do it over the weekend. Je le ferai pendant le week-end.

> Ce mot peut être un ADVERBE :

► over here **par ici**

► over there **là-bas**

> Ce mot peut être un ADJECTIF :

over *signifie* **fini** *ou* **terminé**

▷ The party's over. La fête est finie.

▷ I'm glad it's all over. Je suis content que ça soit fini.

overall /'əʊvərɔːl/ *a plusieurs catégories grammaticales :*

> Ce mot peut être un ADJECTIF :

overall *signifie* **d'ensemble** (idée, vue)

> Ce mot peut être un ADVERBE :

overall *signifie* **dans l'ensemble**

overalls /'əʊvərɔːlz/ **bleu de travail** *ou* **combinaison**

► a pair of overalls **un bleu de travail** *ou* **une combinaison**

overcame /əʊvə'keɪm/ *est le prétérit du verbe* overcome.

▷ She overcame the difficulties. Elle a surmonté les difficultés.

overcast /'əʊvəˌkɑːst/ **couvert**

overcoat /'əʊvəkəʊt/ **manteau**

overcome /ˌəʊvə'kʌm/ *a plusieurs sens :*

1 ► overcome something **surmonter** quelque chose (une difficulté, un obstacle, etc.)

2 ► be overcome **être accablé**

► be overcome with grief **succomber à la douleur**

overcrowded /əʊvə'kraʊdɪd/ **surpeuplé** *ou* **bondé**

overexcited /əʊvərɪk'saɪtɪd/ **surexcité**

overflow /ˌəʊvə'fləʊ/ **déborder**

overlap /'əʊvəlæp/ **se chevaucher**

overload /ˌəʊvə'ləʊd/ **surcharger**

overlook /ˌəʊvə'lʊk/ *a plusieurs sens :*

1 ► overlook something *peut signifier* **donner sur** quelque chose

2 ► overlook something *peut signifier* **oublier** quelque chose

overnight /ˌəʊvə'naɪt/ *a plusieurs catégories grammaticales :*

> Ce mot peut être un ADJECTIF :

overnight *signifie* **de nuit** (vol, trajet)

> Ce mot peut être un ADVERBE :

1 overnight *peut signifier* **pendant la nuit** *ou* **de nuit**

▷ We drove overnight. Nous avons roulé de nuit.

2 overnight *peut signifier* **du jour au lendemain**

▷ The town had changed overnight. La ville avait changé du jour au lendemain.

overseas /'əʊvə'siːz/ *a plusieurs catégories grammaticales :*

> Ce mot peut être un ADJECTIF :

overseas *signifie* **étranger**

> Ce mot peut être un ADVERBE :

overseas *signifie* **à l'étranger**

oversleep /əʊvə'sliːp/ **se réveiller trop tard**

overslept /əʊvə'slept/ *est le prétérit et le participe passé du verbe* oversleep.

▷ I overslept this morning. Je me suis réveillé trop tard ce matin.

overtake /ˌəʊvə'teɪk/ **dépasser** *ou* **doubler**

overtaken /ˌəʊvə'teɪkən/ *est le participe passé du verbe* overtake.

▷ They've overtaken us! Ils nous ont dépassés !

overtime /'əʊvətaɪm/ *a plusieurs sens :*

1 overtime *peut signifier* **heures supplémentaires**

2 *En américain,* overtime *signifie* **prolongations** *(en sport)*

overtook /ˌəʊvə'tʊk/ *est le prétérit du verbe* overtake.

▷ They overtook us on the motorway. Ils nous ont dépassés sur l'autoroute.

overweight /ˌəʊvə'weɪt/ **trop gros**

overwhelm /ˌəʊvə'welm/ *a plusieurs sens :*

1 overwhelm somebody *peut signifier* **accabler quelqu'un**

2 overwhelm somebody *peut signifier* **écraser quelqu'un** (un ennemi, un adversaire)

owe /əʊ/ **devoir**

► owe something to somebody *ou* owe somebody something **devoir** quelque chose à quelqu'un

owl /aʊl/ **chouette** *ou* **hibou**

own /əʊn/ *a plusieurs catégories grammaticales :*

> Ce mot peut être un ADJECTIF ou un PRONOM :

own *signifie* **propre** (= personnel)

▷ She has her own car. Elle a sa propre voiture.

▷ I saw it with my own eyes. Je l'ai vu de mes propres yeux.

▷ He's got his own. Il a le sien.

► be on one's own **être tout seul**

► get one's own back **prendre sa revanche**

> Ce mot peut être un VERBE :

► own something **posséder** quelque chose

owner /'əʊnə^r/ **propriétaire**

ox /ɒks/ **bœuf**

oxen /ɒksən/ *est le pluriel de* ox.

oxygen /'ɒksɪdʒən/ **oxygène**

oyster /'ɔɪstə^r/ **huître**

oz once

ℹ oz est l'abréviation de ounce(s).

ozone layer /'əʊzəʊn ˌleɪə^r/ **couche d'ozone**

Pp

La lettre P se prononce /piː/ en anglais.
P rime avec free, knee et tea.

pace /peɪs/ *a plusieurs catégories grammaticales et plusieurs sens :*

> Ce mot peut être un NOM :

1 pace *peut signifier* **pas**

▷ He took two paces forward. Il a fait deux pas en avant.

2 pace *peut signifier* **rythme** *ou* **allure**

► do something at one's own pace **faire quelque chose à son propre rythme**

> Ce mot peut être un VERBE :

► pace up and down **faire les cent pas**

Pacific /pəˈsɪfɪk/ **Pacifique**

pack /pæk/ *a plusieurs catégories grammaticales et plusieurs sens :*

> Ce mot peut être un NOM :

1 pack *peut signifier* **paquet** *ou* **pack** (de bières, de lait)

2 pack *peut signifier* **groupe** *ou* **bande** (de voleurs)

3 pack *peut signifier* **meute** (de loups)

4 pack *peut signifier* **jeu** (de cartes)

5 pack *peut signifier* **sac à dos**

> Ce mot peut être un VERBE TRANSITIF :

► pack something *peut signifier* **emballer** quelque chose

► pack one's bags *ou* pack one's things **faire ses bagages**

> Ce mot peut être un VERBE INTRANSITIF :

pack *signifie* **faire ses bagages**

package /ˈpækɪdʒ/ *a plusieurs sens :*

1 package *peut signifier* **paquet**

2 package *peut signifier* **ensemble** (de mesures)

► package tour **voyage organisé**

packed /pækt/ **bondé**

ℹ Packed est aussi le prétérit et le participe passé du verbe pack :

▷ I packed my bags. J'ai fait mes bagages.
▷ Have you packed? As-tu fait tes bagages ?

packet /ˈpækɪt/ **paquet**

pad /pæd/ **bloc-notes**

padded /ˈpædɪd/ **rembourré**

paddle /ˈpædl/ *a plusieurs catégories grammaticales et plusieurs sens :*

> Ce mot peut être un NOM :

paddle *signifie* **pagaie**

> Ce mot peut être un VERBE :

1 paddle *peut signifier* **barboter**

2 paddle *peut signifier* **pagayer**

padlock /ˈpædlɒk/ *a plusieurs catégories grammaticales :*

> Ce mot peut être un NOM :

padlock *signifie* **cadenas**

> Ce mot peut être un VERBE :

► padlock something **cadenasser** quelque chose

page /peɪdʒ/ *a plusieurs catégories grammaticales :*

> Ce mot peut être un NOM :

page *signifie* **page**

> Ce mot peut être un VERBE :

► page somebody **faire appeler** quelqu'un (dans un aéroport, par exemple)

paid /peɪd/ *est le prétérit et le participe passé du verbe* pay.

▷ I paid with my credit card. J'ai payé avec ma carte de crédit.
▷ Have you paid? As-tu payé ?

pail /peɪl/ **seau**

pain /peɪn/ **douleur**

► be in pain **souffrir**

painful /'peɪnfʊl/ **douloureux** *ou* **pénible**

painkiller /'peɪnˌkɪlər/ **analgésique**

paint /peɪnt/ *a plusieurs catégories grammaticales :*

> Ce mot peut être un NOM :

paint *signifie* **peinture** (= la matière)

> Ce mot peut être un VERBE :

paint *signifie* **peindre**

paintbrush /'peɪntbrʌʃ/ **pinceau**

painter /'peɪntər/ **peintre**

painting /'peɪntɪŋ/ *a plusieurs sens :*

1 painting *peut signifier* **la peinture** (= l'activité)

2 painting *peut signifier* **tableau** (= œuvre d'art)

Painting est aussi une forme du verbe paint :

▷ She was painting the wall. Elle peignait le mur.

pair /pɛər/ **paire**

► a pair of scissors **une paire de ciseaux**
► a pair of trousers **un pantalon**
► in pairs **à deux** *ou* **par deux**

pajamas /pə'dʒɑːməz/ **pyjama**

► a pair of pajamas **un pyjama**

Pajamas est l'orthographe américaine de pyjamas.

Pakistani /ˌpɑːkɪs'tɑːnɪ/ **Pakistanais** *ou* **pakistanais**

En anglais, les adjectifs de nationalité commencent par une majuscule.

pal /pæl/ **copain**

Pal est un mot familier, c'est-à-dire un mot qu'on évite d'employer quand on parle à quelqu'un qu'on ne connaît pas bien ou quand on écrit.

palace /'pælɪs/ **palais** (= château)

palate /'pælɪt/ **palais** (dans la bouche)

pale /peɪl/ **pâle**

► go pale **pâlir**

Palestinian /ˌpæləs'tɪnɪən/ **Palestinien** *ou* **palestinien**

En anglais, les adjectifs de nationalité commencent par une majuscule.

palm /pɑːm/ *a plusieurs sens :*

1 palm *peut signifier* **paume**

2 palm *peut signifier* **palmier**

palmtop /'pɑːmtɒp/ **ordinateur de poche**

pamphlet /'pæmflɪt/ **brochure**

pan /pæn/ *a plusieurs sens :*

1 pan *peut signifier* **casserole**

2 *En anglais américain,* pan *peut signifier* **moule à gâteau**

pancake /'pænkeɪk/ **crêpe**

panda /'pændə/ **panda**

pane /peɪn/ **vitre** *ou* **carreau**

panel /'pænəl/ *a plusieurs sens :*

1 panel *peut signifier* **panneau** (de bois)

2 panel *peut signifier* **invités** (dans une émission)

3 panel *peut signifier* **jury**

panic /'pænɪk/ *a plusieurs catégories grammaticales :*

> Ce mot peut être un NOM :

panic *signifie* **panique**

> Ce mot peut être un VERBE :

panic *signifie* **paniquer**

pant /pænt/ **haleter**

panther /'pænθər/ **panthère**

panties /'pæntɪz/ **slip** *ou* **culotte**

► a pair of panties **un slip** *ou* **une culotte**

pantomime /'pæntəmaɪm/ **spectacle de Noël pour enfants**

pants /pænts/ *a plusieurs sens :*

1 *En anglais britannique,* pants *signifie* **slip** *ou* **culotte**

► a pair of pants **un slip**

2 *En anglais américain,* pants *signifie* **pantalon**

► a pair of pants **un pantalon**

pantyhose /'pæntɪhəʊz/ **collant** (= vêtement)

paper /'peɪpər/ *a plusieurs sens :*

1 paper *peut signifier* **papier**

► a piece of paper **un morceau de papier**
► paper bag **sac en papier**

2 paper *peut signifier* **journal** (= quotidien)

► read the paper **lire le journal**

paperback /'peɪpəbæk/ **livre de poche**

paperclip /'peɪpəklɪp/ **trombone** (pour attacher les papiers)

parachute /'pærəʃuːt/ *a plusieurs catégories grammaticales :*

> Ce mot peut être un NOM :

parachute *signifie* **parachute**

> Ce mot peut être un VERBE INTRANSITIF :

parachute *signifie* **descendre en parachute**

> Ce mot peut être un VERBE TRANSITIF :

parachute *signifie* **parachuter**

parade /pə'reɪd/ **défilé**

paradise /'pærədaɪs/ **paradis**

ℹ Attention à l'orthographe du mot anglais paradise.

paraglider /'pærəˌglaɪdəʳ/ **parapente** (parachute)

paragliding /'pærəˌglaɪdɪŋ/ **parapente** (activité)

► go paragliding **faire du parapente**

paragraph /'pærəgrɑːf/ **paragraphe**

ℹ Attention à l'orthographe du mot anglais paragraph.

parallel /'pærəlel/ **parallèle**

ℹ Attention à l'orthographe du mot anglais parallel.

paralyse *ou* **paralyze** /'pærəlaɪz/ **paralyser**

paranoid /'pærənɔɪd/ **paranoïaque**

parasol /'pærəˌsɒl/ **parasol**

parcel /'pɑːsəl/ **colis**

pardon /'pɑːdən/ *a plusieurs catégories grammaticales et plusieurs sens :*

> Ce mot peut être un NOM :

pardon *signifie* **pardon**

> Ce mot peut être un VERBE :

► pardon somebody **pardonner** quelqu'un

▷ Pardon me! Excusez-moi !

park /pɑːk/ *a plusieurs catégories grammaticales :*

> Ce mot peut être un NOM :

park *signifie* **parc**

> Ce mot peut être un VERBE INTRANSITIF :

park *signifie* **stationner**

> Ce mot peut être un VERBE TRANSITIF :

► park a car **garer une voiture**

parking /'pɑːkɪŋ/ **stationnement**

▷ "No parking". « Défense de stationner ».

► parking meter **parcmètre**

► parking space **place pour se garer**

► parking ticket **contravention** *ou* **P.-V**

ℹ Parking est aussi une forme du verbe park :

▷ He was parking the car. Il garait la voiture.

Le mot anglais parking ne signifie pas « parking ».

parliament /'pɑːləmənt/ **parlement**

parrot /'pærət/ **perroquet**

parsley /'pɑːslɪ/ **persil**

parsnip /'pɑːsnɪp/ **panais**

part /pɑːt/ *a plusieurs catégories grammaticales et plusieurs sens :*

> Ce mot peut être un NOM :

1 part *peut signifier* **partie**

► be part of something **faire partie de** quelque chose

2 part *peut signifier* **pièce** (d'une machine, d'une voiture)

► spare part **pièce détachée**

3 part *peut signifier* **rôle** (dans une pièce de théâtre, dans une affaire)

► take part in something **participer à** quelque chose

4 part *peut signifier* **épisode** (d'une émission)

5 *En anglais américain,* part *peut signifier* **raie** (dans les cheveux)

En anglais britannique « raie dans les cheveux » se dit parting.

> Ce mot peut être un VERBE :

part *signifie* **se quitter** *ou* **se séparer**

▷ They parted friends. Ils se sont quittés bons amis.

participate /pɑː'tɪsɪpeɪt/ **participer**

► participate in something **participer à** quelque chose

particle /'pɑːtɪkl/ **particule**

particular /pə'tɪkjʊləʳ/ *a plusieurs catégories grammaticales et plusieurs sens :*

> Ce mot peut être un ADJECTIF :

1 particular *peut signifier* **particulier**

► in particular **en particulier**

2 particular *peut signifier* **exigeant**

> Ce mot peut être un NOM :

► particulars **détails** *ou* **renseignements** *ou* **coordonnées** (d'une personne)

particularly /pə'tɪkjʊləlɪ/ **particulièrement**

parties /'pɑːtɪz/ *est le pluriel de* party.

parting /'pɑːtɪŋ/ raie (dans les cheveux)

Au sens de « raie dans les cheveux », le mot parting n'est pas employé en anglais américain. Aux États-Unis, « raie » se dit part.

Parting est aussi une forme du verbe part :

▷ Just as they were parting... Au moment où ils se quittaient...

partly /'pɑːtlɪ/ en partie

partner /'pɑːtnəʳ/ partenaire *ou* associé *ou* compagnon

Attention à l'orthographe du mot anglais partner.

partridge /'pɑːtrɪdʒ/ perdrix *ou* perdreau

part-time /'pɑːt'taɪm/ à temps partiel

party /'pɑːtɪ/ *a plusieurs sens :*

1 party *peut signifier* **fête** *ou* **soirée**

► birthday party **fête d'anniversaire**

2 party *peut signifier* **parti** (politique)

3 party *peut signifier* **groupe** (de voyageurs)

pass /pɑːs/ *a plusieurs catégories grammaticales et plusieurs sens :*

> Ce mot peut être un NOM :

1 pass *peut signifier* **laissez-passer**

2 pass *peut signifier* **carte d'abonnement**

3 pass *peut signifier* **col** (de montagne)

4 pass *peut signifier* **mention passable** (à un examen)

5 *En sport,* pass *signifie* **passe**

> Ce mot peut être un VERBE INTRANSITIF :

1 pass *peut signifier* **passer**

▷ She let me pass. Elle m'a laissé passer.

▷ The time passed quickly. Le temps est passé vite.

2 pass *peut signifier* **doubler** *ou* **dépasser**

3 pass *peut signifier* **être reçu** (à un examen)

> Ce mot peut être un VERBE TRANSITIF :

1 ► pass something *peut signifier* **passer** quelque chose

► pass something to somebody **passer** quelque chose à quelqu'un

▷ Pass the salt, please. Passez-moi le sel, s'il vous plaît.

2 ► pass something *ou* somebody *peut signifier* **passer devant** quelque chose *ou* quelqu'un

3 ► pass somebody *peut signifier* **doubler** quelqu'un

4 ► pass somebody *peut signifier* **croiser** quelqu'un

5 ► pass an exam **réussir un examen**

Attention ! Pass an exam ne signifie pas « passer un examen ».

6 ► pass a candidate **recevoir un candidat** *ou* **admettre un candidat**

7 ► pass a law **adopter une loi**

Phrasal verbs

Le verbe pass *peut être suivi d'une préposition, telle que* by *ou* out, *et dans ce cas, il peut avoir des sens différents. C'est ce qu'on appelle, en anglais, un « phrasal verb ».*

PASS BY

► pass by passer devant

PASS ON

► pass something on faire passer quelque chose

► pass a message on transmettre un message

PASS OUT

► pass out perdre connaissance

PASS ROUND

► pass something round faire passer quelque chose

passage /'pæsɪdʒ/ *a plusieurs sens :*

1 passage *peut signifier* **passage**

2 passage *peut signifier* **couloir**

passenger /'pæsndʒəʳ/ passager

passer-by /'pɑːsə'baɪ/ passant (= piéton)

passionate /'pæʃənɪt/ passionné

Attention à l'orthographe du mot passionate.

passive /'pæsɪv/ passif

passport /'pɑːspɔːt/ passeport

Attention à l'orthographe du mot anglais passport.

password /'pɑːswɜːd/ mot de passe

past /pɑːst/ *a plusieurs catégories grammaticales et plusieurs sens :*

> Ce mot peut être un NOM :

► the past **le passé**

► in the past **dans le passé** *ou* **autrefois**

> Ce mot peut être un ADJECTIF :

past *signifie* **dernier**

► the past few days **ces derniers jours**

> Ce mot peut être une PRÉPOSITION :

1 past *peut signifier* **devant**

▷ He walked past the house. Il est passé devant la maison.

2 past *peut signifier* **au-delà de** *ou* **après**

▷ Our house is just past the church. Notre maison se trouve juste après l'église.

3 *En anglais britannique,* past *est employé dans les expressions de temps :*

▷ It is half past four. Il est quatre heures et demie.

▷ It is five past ten. Il est dix heures cinq.

En anglais américain, on dit after : it's half after four, it's five after ten.

pasta /'pæstə/ **pâtes**

paste /peɪst/ *a plusieurs catégories grammaticales et plusieurs sens :*

> Ce mot peut être un NOM :

1 paste *peut signifier* **pâte** (= substance pâteuse)

2 paste *peut signifier* **pâté**

3 paste *peut signifier* **colle**

> Ce mot peut être un VERBE :

► paste something **coller** quelque chose

pastime /'pɑːstaɪm/ **passe-temps**

pastries /'peɪstrɪz/ *est le pluriel de* **pastry** (= pâtisserie).

pastry /'peɪstrɪ/ *a plusieurs sens :*

1 pastry *peut signifier* **pâte** (à tarte)

2 pastry *peut signifier* **pâtisserie** (= gâteau)

pat /pæt/ *a plusieurs catégories grammaticales et plusieurs sens :*

> Ce mot peut être un NOM :

pat *signifie* **petite tape** *ou* **caresse**

▷ I gave the dog a pat. J'ai caressé le chien.

> Ce mot peut être un VERBE :

1 ► pat something **tapoter** quelque chose

2 ► pat an animal **caresser un animal**

patch /pætʃ/ *a plusieurs catégories grammaticales et plusieurs sens :*

> Ce mot peut être un NOM :

1 patch *peut signifier* **pièce** (de tissu)

2 patch *peut signifier* **bandeau** (sur l'œil)

3 patch *peut signifier* **tache** (de couleur)

4 patch *peut signifier* **parcelle** (de terre) *ou* **carré** (de légumes)

> Ce mot peut être un VERBE :

► patch something **rapiécer** quelque chose

path /pɑːθ/ **sentier** *ou* **chemin**

pathetic /pə'θetɪk/ **pitoyable**

patrol /pə'trəʊl/ *a plusieurs catégories grammaticales :*

> Ce mot peut être un NOM :

patrol *signifie* **patrouille**

► patrol car **voiture de police**

> Ce mot peut être un VERBE :

patrol *signifie* **patrouiller**

pattern /'pætən/ **motif** (= dessin)

pause /pɔːz/ *a plusieurs catégories grammaticales et plusieurs sens :*

> Ce mot peut être un NOM :

pause *signifie* **pause**

> Ce mot peut être un VERBE :

1 pause *peut signifier* **marquer une pause**

2 pause *peut signifier* **s'arrêter**

pavement /'peɪvmənt/ **trottoir**

Ce mot n'est pas employé en anglais américain : aux États-Unis, on dit sidewalk.

paw /pɔː/ **patte**

pawn /pɔːn/ *a plusieurs catégories grammaticales :*

> Ce mot peut être un NOM :

pawn *signifie* **pion**

> Ce mot peut être un VERBE :

► pawn something **mettre** quelque chose **en gage**

pay /peɪ/ *a plusieurs catégories grammaticales et plusieurs sens :*

> Ce mot peut être un NOM :

pay *signifie* **salaire** *ou* **paie**

> Ce mot peut être un VERBE TRANSITIF :

1 ► pay somebody **payer** quelqu'un

▷ He paid 20 euros for that shirt. Il a payé cette chemise 20 euros.

2 ► pay attention to somebody *ou* something **prêter attention à** quelqu'un *ou* quelque chose

3 ► pay somebody a visit **rendre visite à** quelqu'un

> Ce mot peut être un VERBE INTRANSITIF :

pay *signifie* **payer**

Phrasal verbs

Le verbe pay *peut être suivi d'une préposition, telle que* back *ou* off*, et dans ce cas, il peut avoir des sens différents. C'est ce qu'on appelle, en anglais, un « phrasal verb ».*

PAY BACK

► pay somebody back rembourser quelqu'un

PAY OFF

► pay something off rembourser quelque chose

payment /ˈpeɪmənt/ **paiement**

pay phone /ˈpeɪfəʊn/ **téléphone public**

PC /piːˈsiː/ *a plusieurs sens :*

1 **PC** *peut signifier* **PC** (au sens d'ordinateur)

i PC est l'abréviation de personal computer.

2 **PC** *peut signifier* **politiquement correct**

i PC est l'abréviation de politically correct.

PE /piːˈiː/ **EPS**

i PE est l'abréviation de physical education.

pea /piː/ **petit pois**

peace /piːs/ *a plusieurs sens :*

1 **peace** *peut signifier* **paix**

► **at peace en paix**

2 **peace** *peut signifier* **calme** *ou* **tranquillité**

▷ I want some peace and quiet. J'ai besoin d'un peu de calme.

peaceful /ˈpiːsfʊl/ **paisible** *ou* **calme** *ou* **pacifique**

peach /piːtʃ/ **pêche** (= fruit)

peacock /ˈpiːkɒk/ **paon**

peak /piːk/ *a plusieurs sens :*

1 **peak** *peut signifier* **sommet**

2 **peak** *peut signifier* **visière** (d'une casquette)

peanut /ˈpiːnʌt/ **cacahuète**

pear /pɛəʳ/ **poire**

Ne pas confondre pear avec peer.

pearl /pɜːl/ **perle**

pebble /ˈpebl/ **galet**

pecan /pɪˈkæn/ **noix de pécan**

peck /pek/ *a plusieurs catégories grammaticales et plusieurs sens :*

> Ce mot peut être un NOM :

1 **peck** *peut signifier* **coup de bec**

2 **peck** *peut signifier* **bise**

> Ce mot peut être un VERBE TRANSITIF :

► peck something **donner un coup de bec à** quelque chose

peculiar /pɪˈkjuːlɪəʳ/ **bizarre**

pedal /ˈpedl/ *a plusieurs catégories grammaticales :*

> Ce mot peut être un NOM :

pedal *signifie* **pédale**

> Ce mot peut être un VERBE :

pedal *signifie* **pédaler**

pedestrian /pɪˈdestrɪən/ **piéton**

► pedestrian crossing **passage clouté**

pee /piː/ **faire pipi**

Pee est un mot familier, c'est-à-dire un mot qu'on évite d'employer quand on parle à quelqu'un qu'on ne connaît pas bien ou quand on écrit.

peel /piːl/ *a plusieurs catégories grammaticales et plusieurs sens :*

> Ce mot peut être un NOM :

peel *signifie* **épluchure** *ou* **écorce**

> Ce mot peut être un VERBE TRANSITIF :

► peel something **éplucher** quelque chose *ou* **peler** quelque chose

> Ce mot peut être un VERBE INTRANSITIF :

1 **peel** *peut signifier* **s'écailler**

2 **peel** *peut signifier* **peler**

peep /piːp/ *a plusieurs catégories grammaticales :*

> Ce mot peut être un NOM :

peep *signifie* **coup d'œil**

> Ce mot peut être un VERBE :

peep *signifie* **jeter un coup d'œil furtif**

peer /pɪəʳ/ *a plusieurs catégories grammaticales :*

> Ce mot peut être un NOM :

peer *signifie* **pair** (= personne)

> Ce mot peut être un VERBE :

► peer at somebody *ou* something **scruter** quelqu'un *ou* quelque chose

Ne pas confondre peer avec pear.

peg /peg/ *a plusieurs sens :*

1 **peg** *peut signifier* **patère** (pour accrocher un vêtement)

2 **peg** *peut signifier* **piquet** (pour une tente)

3 *En anglais britannique,* **peg** *peut signifier* **pince à linge**

> En anglais américain, pour dire « pince à linge », on dit clothes-pin.

pen /pen/ *a plusieurs sens :*

1 **pen** *peut signifier* **stylo**

► **pen friend** *ou* **pen pal** **correspondant**

2 **pen** *peut signifier* **enclos** (pour animaux)

penalties /'penəlti:z/ *est le pluriel de* penalty.

penalty /'penəltɪ/ *a plusieurs sens :*

1 **penalty** *peut signifier* **peine** *ou* **pénalité**

2 *En sport,* **penalty** *signifie* **penalty** (en football) *ou* **pénalité** (en rugby)

pence /pens/ *est le pluriel de* penny

▷ It cost ten pence. Cela a coûté dix pence.

pencil /'pensl/ **crayon**

► **pencil case** **trousse** (d'écolier)

► **pencil sharpener** **taille-crayon**

pendant /'pendənt/ **pendentif**

penguin /'peŋgwɪn/ **pingouin**, **manchot**

penknife /'pennaɪf/ **canif**

pennies /'penɪz/ *est le pluriel de* penny.

penny /'penɪ/ **penny** (pièce de monnaie)

> Le pluriel de penny est pence quand on parle d'une somme spécifique (20 pence, 50 pence). Quand on parle des pièces en tant qu'objets, le pluriel est pennies (a handful of pennies, a bag of pennies).

pension /'penʃən/ **pension** *ou* **retraite**

▷ He gets a pension. Il touche une retraite.

> En anglais, pension ne signifie « pension » ni dans le sens d'hôtel ni dans celui d'école.

pensioner /'penʃənəʳ/ **retraité**

> Pensioner ne signifie pas « pensionnaire ».

people /'pi:pl/ *a plusieurs sens :*

1 **people** *peut signifier* **gens** *ou* **personnes**

► **old people** **les personnes âgées**

► **young people** **les jeunes**

▷ They are nice people. Ce sont des gens sympathiques.

▷ There were a lot of people. Il y avait beaucoup de monde.

2 **people** *peut signifier* **peuple** (d'un pays)

pepper /'pepəʳ/ *a plusieurs sens :*

1 **pepper** *peut signifier* **poivre**

2 **pepper** *peut signifier* **poivron**

peppermint /'pepəmɪnt/ *a plusieurs sens :*

1 **peppermint** *peut signifier* **bonbon à la menthe**

2 **peppermint** *peut signifier* **menthe poivrée**

per /pɜ:ʳ/ *sert à indiquer un prix ou un taux*

▷ It costs 10 euros per person. Ça coûte 10 euros par personne.

▷ I earn 5 euros per hour. Je gagne 5 euros de l'heure.

▷ We were doing 70 kilometres per hour. On faisait du 70 kilomètres / heure.

perceive /pə'sɪ:v/ **percevoir**

per cent /pə'sent/ **pour cent**

percentage /pə'sentɪdʒ/ **pourcentage**

perfect *se prononce de deux façons et a des sens différents selon la prononciation :*

/'pɜ:fekt/ (l'accent est sur la première syllabe per-)

> C'est un ADJECTIF :

perfect *signifie* **parfait**

/pə'fekt/ (l'accent est sur la deuxième syllabe -fect)

> C'est un VERBE :

► **perfect something** **perfectionner** quelque chose

perfectly /'pɜ:fektlɪ/ **parfaitement**

perform /pə'fɔ:m/ *a plusieurs catégories grammaticales et plusieurs sens :*

> Ce mot peut être un VERBE TRANSITIF :

1 ► **perform something** *peut signifier* **exécuter** quelque chose *ou* **accomplir** quelque chose (une tâche, un devoir)

2 ► **perform something** *peut signifier* **interpréter** quelque chose (une pièce de théâtre, un ballet, etc.)

> Ce mot peut être un VERBE INTRANSITIF :

perform *signifie* **jouer** (en parlant d'un musicien, d'un comédien, d'une équipe) *ou* **chanter** *ou* **danser**

performance /pə'fɔ:məns/ *a plusieurs sens :*

1 **performance** *peut signifier* **représentation** (= spectacle)

2 **performance** *peut signifier* **interprétation** (d'un rôle, d'un morceau)

3 **performance** *peut signifier* **performance**

performer /pə'fɔːməʳ/ **artiste** (= comédien, musicien, etc.)

perfume /'pɜːfjuːm/ **parfum**

perhaps /pə'hæps/ **peut-être**

period /'pɪərɪəd/ *a plusieurs sens :*

1 **period** *peut signifier* **période**

2 *À l'école,* **period** *peut signifier* **heure de cours**

3 **period** *peut signifier* **règles** (= menstruation)

4 *En anglais américain,* **period** *peut signifier* **point** (= ponctuation)

En anglais britannique, pour dire « point », on dit **full stop**.

perm /pɜːm/ *a plusieurs catégories grammaticales :*

> Ce mot peut être un NOM :

perm *signifie* **permanente** (= coiffure)

> Ce mot peut être un VERBE :

► **perm somebody's hair** **faire une permanente à** quelqu'un

► **have one's hair permed** **se faire faire une permanente**

permanent /'pɜːmənənt/ **permanent**

► **permanent contract** **contrat à durée indéterminée**

permission /pə'mɪʃən/ **autorisation**

permit *se prononce de deux façons et a des sens différents selon la prononciation :*

/'pɜːmɪt/ (l'accent est sur la première syllabe per-)

> C'est un NOM :

permit *signifie* **permis**

/pə'mɪt/ (l'accent est sur la deuxième syllabe -mit)

> C'est un VERBE :

permit *signifie* **permettre**

perpendicular /ˌpɜːpən'dɪkjʊləʳ/ **perpendiculaire**

person /'pɜːsn/ **personne**

personal /'pɜːsnl/ **personnel** (= privé)

► **personal computer** **ordinateur personnel**

► **personal stereo** **baladeur**

Attention à l'orthographe du mot **personal**.

personality /ˌpɜːsə'nælɪtɪ/ **personnalité**

Attention à l'orthographe du mot **personality**.

personally /'pɜːsnəlɪ/ **personnellement**

Attention à l'orthographe du mot **personally**.

personnel /ˌpɜːsə'nel/ **personnel** (= employés)

persuade /pə'sweɪd/ **persuader**

pessimist /'pesɪmɪst/ **pessimiste** (= personne pessimiste)

pessimistic /ˌpesɪ'mɪstɪk/ **pessimiste** (adjectif)

pest /pest/ *a plusieurs sens :*

1 **pest** *peut signifier* **insecte nuisible** *ou* **animal nuisible**

2 **pest** *peut signifier* **personne agaçante**

pester /'pestəʳ/ **harceler**

pet /pet/ *a plusieurs sens :*

1 **pet** *peut signifier* **animal de compagnie**

► **pet rabbit** **lapin** (qu'on garde comme animal de compagnie)

2 **pet** *peut signifier* **chouchou** (du professeur)

petal /'petl/ **pétale**

petrol /'petrəl/ **essence**

► **petrol station** **station-service**

Ce mot n'est pas employé en anglais américain : aux États-Unis, on dit **gas**.

Petrol ne signifie pas « pétrole ».

petty /'petɪ/ *a plusieurs sens :*

1 **petty** *peut signifier* **mesquin**

2 **petty** *peut signifier* **sans importance** *ou* **insignifiant**

pharmacies /'fɑːməsiːz/ *est le pluriel de* **pharmacy**.

pharmacist /'fɑːməsɪst/ **pharmacien**

pharmacy /'fɑːməsɪ/ **pharmacie**

pheasant /'feznt/ **faisan**

phenomena /fɪ'nɒmɪnə/ *est le pluriel du mot* **phenomenon**.

phenomenon /fɪ'nɒmɪnən/ **phénomène**

phew! /fjuː/ **ouf !**

philosopher /fɪ'lɒsəfəʳ/ **philosophe** (= personne)

philosophical /ˌfɪlə'sɒfɪkəl/ *a plusieurs sens :*

1 philosophical *peut signifier* **philosophique**

2 philosophical *peut signifier* **philosophe** (adjectif)

philosophy /fɪ'lɒsəfɪ/ **philosophie**

phone /fəʊn/ *a plusieurs catégories grammaticales :*

> Ce mot peut être un NOM :

phone *signifie* **téléphone**

▷ He's on the phone. Il est au téléphone.

► phone bill **facture de téléphone**

► phone book **annuaire**

► phone booth **cabine téléphonique**

► phone call **appel téléphonique**

► phone number **numéro de téléphone**

> Ce mot peut être un VERBE TRANSITIF :

► phone somebody **téléphoner à** quelqu'un

► phone somebody back **rappeler** quelqu'un

phonecard /'fəunkɑːd/ **carte de téléphone**

photo /'fəʊtəʊ/ **photo**

▷ Are you in the photo? Es-tu sur la photo ?

► take a photo **prendre** *ou* **faire une photo**

► photo booth **photomaton®**

photocopier /'fəʊtəʊˌkɒpɪəʳ/ **photocopieuse**

photocopy /'fəʊtəʊˌkɒpɪ/ *a plusieurs catégories grammaticales :*

> Ce mot peut être un NOM :

photocopy *signifie* **photocopie**

> Ce mot peut être un VERBE :

► photocopy something **photocopier** quelque chose

photograph /'fəʊtəgræf/ *a plusieurs catégories grammaticales :*

> Ce mot peut être un NOM :

photograph *signifie* **photo** (image)

► take a photograph **prendre une photo**

> Ce mot peut être un VERBE :

► photograph somebody *ou* something **photographier** quelqu'un *ou* quelque chose

Ne pas confondre photograph (= photo, image), photographer (= photographe) et photography (= photographie au sens d'activité).

photographer /fə'tɒgrəfəʳ/ **photographe**

Ne pas confondre photograph (= photo, image), photographer (= photographe) et photography (= photographie au sens d'activité).

photography /fə'tɒgrəfɪ/ **photographie** (= activité)

Ne pas confondre photograph (= photo, image), photographer (= photographe) et photography (= photographie au sens d'activité).

phrasebook /'freɪzbʊk/ **guide de conversation**

physical /'fɪzɪkəl/ **physique** (adjectif)

physics /'fɪzɪks/ **physique** (= science)

pianist /'pɪənɪst/ **pianiste**

piano /'pjɑːnəʊ/ **piano**

► play the piano **jouer du piano**

pick /pɪk/ *a plusieurs catégories grammaticales et plusieurs sens :*

> Ce mot peut être un NOM :

1 pick *peut signifier* **pioche** *ou* **pic** (= outil)

2 ► Take your pick! **Choisissez !**

> Ce mot peut être un VERBE TRANSITIF :

1 ► pick somebody *ou* something *peut signifier* **choisir** quelqu'un *ou* quelque chose

2 ► pick something *peut signifier* **cueillir** quelque chose

3 ► pick something off the ground **ramasser** quelque chose **par terre**

4 ► pick a fight **chercher la bagarre**

Phrasal verbs

Le verbe pick *peut être suivi d'une préposition, telle que* out *ou* up, *et dans ce cas, il peut avoir des sens différents. C'est ce qu'on appelle, en anglais, un « phrasal verb ».*

PICK OUT

► pick somebody *ou* something out *peut signifier* **choisir** quelqu'un *ou* quelque chose

► pick somebody *ou* something out *peut signifier* **repérer** quelqu'un *ou* quelque chose

PICK UP

► pick something up *peut signifier* **ramasser** quelque chose *ou* **prendre** quelque chose

► pick somebody up *peut signifier* **relever** quelqu'un *ou* **prendre** quelqu'un **dans ses bras**

► pick somebody up *peut signifier* **chercher** quelqu'un (en voiture)

► pick something up *peut signifier* **apprendre** quelque chose (une langue, une information)

5 ► pick one's nose se mettre les doigts dans le nez

6 ► pick somebody's pocket faire les poches à quelqu'un

picnic /ˈpɪknɪk/ *a plusieurs catégories grammaticales :*

> Ce mot peut être un NOM :

picnic *signifie* pique-nique

> Ce mot peut être un VERBE :

picnic *signifie* pique-niquer

picture /ˈpɪktʃəʳ/ *a plusieurs catégories grammaticales :*

> Ce mot peut être un NOM :

picture *signifie* image *ou* tableau (= peinture) *ou* dessin *ou* photo

► take a picture of prendre en photo

> Ce mot peut être un VERBE :

► picture something s'imaginer quelque chose

pie /paɪ/ tourte *ou* tarte

piece /piːs/ *a plusieurs sens :*

1 piece *peut signifier* morceau

► a piece of paper un morceau de papier

► a piece of string un bout de ficelle

► in pieces en morceaux

► fall to pieces tomber en morceaux

► take something to pieces démonter quelque chose.

2 piece *est souvent employé avec les noms indénombrables et n'a pas d'équivalent en français :*

► a piece of advice un conseil

► a piece of furniture un meuble

► a piece of fruit un fruit

3 piece *peut signifier* pièce (= un objet, une partie de quelque chose, une pièce de monnaie)

pier /pɪəʳ/ jetée (en bord de mer)

pierce /pɪəs/ percer *ou* transpercer

pierced /pɪəst/ percé *ou* transpercé

► have pierced ears avoir les oreilles percées

ℹ Pierced est aussi le prétérit et le participe passé du verbe pierce :

▷ The bullet pierced his arm. La balle lui a transpercé le bras.

piercing /ˈpɪəsɪŋ/ *a plusieurs catégories grammaticales et plusieurs sens :*

> Ce mot peut être un ADJECTIF :

piercing *signifie* perçant *ou* pénétrant

▷ He has piercing blue eyes. Il a des yeux bleus perçants.

> Ce mot peut être un NOM :

(body) piercing *signifie* piercing

► get a piercing (done) se faire faire un piercing

pig /pɪg/ cochon

pigeon /ˈpɪdʒən/ pigeon

piggyback /ˈpɪgɪˌbæk/ *a plusieurs catégories grammaticales :*

> Ce mot peut être un ADVERBE :

piggyback *signifie* sur le dos

> Ce mot peut être un NOM :

► give somebody a piggyback porter quelqu'un sur son dos

piggy bank /ˈpɪgɪbæŋk/ tirelire (en forme de petit cochon)

piglet /ˈpɪglɪt/ porcelet

pigsty /ˈpɪgstaɪ/ porcherie

pigtail /ˈpɪgteɪl/ natte (= tresse)

pile /paɪl/ *a plusieurs catégories grammaticales et plusieurs sens :*

> Ce mot peut être un NOM :

pile *signifie* tas *ou* pile

► piles of... des tas de...

> Ce mot peut être un VERBE TRANSITIF :

► pile something up empiler quelque chose *ou* entasser quelque chose

> Ce mot peut être un VERBE INTRANSITIF :

► pile up s'entasser *ou* s'accumuler

pilgrim /ˈpɪlgrɪm/ pèlerin

pill /pɪl/ pilule

pillar /ˈpɪləʳ/ pilier

pillow /ˈpɪləʊ/ oreiller

pillowcase /ˈpɪləʊkeɪs/ taie d'oreiller

pilot /ˈpaɪlət/ pilote

ℹ Attention à l'orthographe du mot anglais pilot.

pimple /ˈpɪmpl/ bouton (sur la peau)

pin /pɪn/ *a plusieurs catégories grammaticales et plusieurs sens :*

> Ce mot peut être un NOM :

1 pin *peut signifier* épingle

2 pin *peut signifier* punaise (pour accrocher quelque chose)

3 ► have pins and needles avoir des fourmis

4 ► PIN number code confidentiel

PIN est l'abréviation de personal identification number.

> Ce mot peut être un VERBE :

1 ► pin something to something *peut signifier* **épingler** quelque chose **à** quelque chose

2 ► pin something to the wall **fixer** quelque chose **au mur avec une punaise**

3 ► pin two things together **attacher deux choses avec une épingle**

pinball /'pɪnbɔːl/ **flipper**

pinch /pɪntʃ/ *a plusieurs catégories grammaticales et plusieurs sens :*

> Ce mot peut être un NOM :

pinch *signifie* **pincée**

► a pinch of salt **une pincée de sel**

> Ce mot peut être un VERBE :

1 ► pinch somebody *peut signifier* **pincer** quelqu'un

2 ► pinch something **voler** quelque chose

Au sens de « voler », pinch est un mot familier, c'est-à-dire un mot qu'on évite d'employer quand on parle à quelqu'un qu'on ne connaît pas bien ou quand on écrit.

pine /paɪn/ **pin**

► pine cone **pomme de pin**

pineapple /'paɪnˌæpl/ **ananas**

pink /pɪŋk/ **rose** (= couleur)

pint /paɪnt/ **pinte** (unité de mesure qui correspond à peu près à un demi-litre)

ℹ En anglais britannique, pint est souvent utilisé pour signifier « bière » et let's go for a pint est l'équivalent de « allons prendre un pot ».

pioneer /ˌpaɪə'nɪəʳ/ **pionnier**

pip /pɪp/ **pépin**

pipe /paɪp/ **tuyau** *ou* **pipe**

piracy /'paɪərəsɪ/ *a plusieurs sens :*

1 piracy *peut signifier* **piraterie**

2 piracy *peut signifier* **piratage** (de film, logiciel , musique)

pirate /'paɪərɪt/ **pirate**

Pisces /'paɪsiːz/ **Poissons** (= signe du zodiaque)

pistachio /pɪs'tɑːʃɪəʊ/ **pistache**

pistol /'pɪstl/ **pistolet**

pit /pɪt/ *a plusieurs sens :*

1 pit *peut signifier* **fosse**

2 pit *peut signifier* **mine** (de charbon, par exemple)

3 pit *peut signifier* **trou**

4 pit *peut signifier* **creux** (de l'estomac)

5 *En anglais américain,* pit *peut signifier* **noyau** (d'un fruit)

pitch /pɪtʃ/ *a plusieurs catégories grammaticales et plusieurs sens :*

> Ce mot peut être un NOM :

1 pitch *peut signifier* **lancer** (d'une balle)

2 pitch *peut signifier* **ton** *ou* **hauteur** (d'une voix, d'un son)

3 pitch *peut signifier* **terrain** (de football, de cricket, etc.)

> Ce mot peut être un VERBE :

1 pitch *peut signifier* **lancer** *ou* **jeter**

2 pitch *peut signifier* **dresser** *ou* **monter** (une tente)

pity /'pɪtɪ/ *a plusieurs catégories grammaticales et plusieurs sens :*

> Ce mot peut être un NOM :

1 pity *peut signifier* **pitié**

► take pity on somebody **avoir pitié de** quelqu'un

2 pity *peut signifier* **dommage** (= chose regrettable)

▷ What a pity! Quel dommage !

> Ce mot peut être un VERBE :

► pity somebody **plaindre** quelqu'un

place /pleɪs/ *a plusieurs catégories grammaticales et plusieurs sens :*

> Ce mot peut être un NOM :

1 place *peut signifier* **endroit** *ou* **lieu**

2 place *peut signifier* **place**

► in your place... **à ta place...**

► take somebody's place **prendre la place** de quelqu'un

► be in place **être à sa place** *ou* **être en place**

► be out of place **ne pas être à sa place** *ou* **être déplacé**

3 ► at somebody's place **chez** quelqu'un

▷ Come round to my place. Viens chez moi.

4 ► take place **avoir lieu**

5 ► in the first place **d'abord**

> Ce mot peut être un VERBE :

► place something **placer** quelque chose *ou* **mettre** quelque chose

plague /pleɪg/ **peste** *ou* **fléau**

plain /pleɪn/ *a plusieurs catégories grammaticales et plusieurs sens :*

> Ce mot peut être un NOM :

plain *signifie* **plaine**

> Ce mot peut être un ADJECTIF :

1 plain *peut signifier* **clair** *ou* **évident**
▷ It's plain that he doesn't like it. Il est évident que cela ne lui plaît pas.

2 plain *peut signifier* **simple** (en parlant de nourriture)

3 plain *peut signifier* **uni** (en parlant d'un tissu, d'une couleur)

4 ► plain chocolate **chocolat noir**

plait /plæt/ *a plusieurs catégories grammaticales :*

> Ce mot peut être un NOM :

plait *signifie* **tresse** (de cheveux)

> Ce mot peut être un VERBE :

► plait something **tresser** quelque chose
► plait one's hair **se faire des tresses**

plan /plæn/ *a plusieurs catégories grammaticales et plusieurs sens :*

> Ce mot peut être un NOM :

plan *signifie* **plan** *ou* **projet**

> Ce mot peut être un VERBE :

1 ► plan something *peut signifier* **planifier** quelque chose *ou* **préparer** quelque chose **à l'avance** *ou* **organiser** quelque chose

2 ► plan something *peut signifier* **projeter** quelque chose
► plan to do something **projeter de faire** quelque chose *ou* **avoir l'intention de faire** quelque chose

plane /pleɪn/ *a plusieurs sens :*

1 plane *peut signifier* **avion**

2 plane *peut signifier* **rabot**

3 plane *peut signifier* **platane**

planet /'plænɪt/ **planète**

plank /plæŋk/ **planche** (de bois)

plant /plɑːnt/ *a plusieurs catégories grammaticales et plusieurs sens :*

> Ce mot peut être un NOM :

1 plant *peut signifier* **plante**

2 plant *peut signifier* **usine**

> Ce mot peut être un VERBE :

► plant something **planter** quelque chose

plaster /'plɑːstəʳ/ *a plusieurs sens :*

1 plaster *peut signifier* **plâtre**
▷ He has a leg in plaster. Il a une jambe dans le plâtre.

2 plaster *peut signifier* **pansement adhésif**

plastic /'plæstɪk/ *a plusieurs catégories grammaticales :*

> Ce mot peut être un NOM :

plastic *signifie* **plastique**

> Ce mot peut être un ADJECTIF :

plastic *signifie* **en plastique**
► plastic bag **sac en plastique**
► plastic surgery **chirurgie esthétique**

plate /pleɪt/ *a plusieurs sens :*

1 plate *peut signifier* **assiette**

2 plate *peut signifier* **plaque** (au mur)
► number plate **plaque d'immatriculation**

platform /'plætfɔːm/ *a plusieurs sens :*

1 platform *peut signifier* **plateforme** *ou* **estrade** *ou* **tribune**

2 platform *peut signifier* **quai** (de gare)

3 ► platform shoes **chaussures à semelles compensées**

platinum /'plætɪnəm/ **platine** (= métal)

play /pleɪ/ *a plusieurs catégories grammaticales et plusieurs sens :*

> Ce mot peut être un NOM :

1 play *peut signifier* **pièce de théâtre**

2 play *peut signifier* **le jeu**

> Ce mot peut être un VERBE TRANSITIF :

1 ► play something *peut signifier* **jouer à** quelque chose (un sport, un jeu de société, par exemple)

2 ► play something *peut signifier* **jouer de** quelque chose (un instrument de musique)

3 ► play something *peut signifier* **jouer** quelque chose (une carte, un pion, un rôle dans une pièce de théâtre)

4 ► play something *peut signifier* **passer** quelque chose (un disque, un CD, par exemple)

> Ce mot peut être un VERBE INTRANSITIF :

play *signifie* **jouer**

player /'pleɪəʳ/ *a plusieurs sens :*

1 player *peut signifier* **joueur** (= personne)
▷ He's a very good player. C'est un excellent joueur.

2 player *peut signifier* **lecteur** (de CD, de DVD, de MP3)

playful /'pleɪfʊl/ **joueur** (adjectif)

playground /'pleɪgraʊnd/ **cour de recréation**

playschool /'pleɪskuːl/ **garderie**

playtime /'pleɪtaɪm/ **récréation**

playwright /'pleɪraɪt/ **dramaturge**

pleasant /'pleznt/ **agréable**

please /pliːz/ *a plusieurs catégories grammaticales :*

> Ce mot peut être un ADVERBE :

please *signifie* **s'il vous plaît** *ou* **s'il te plaît**

> Ce mot peut être un VERBE TRANSITIF :

► please somebody **faire plaisir à** quelqu'un

> Ce mot peut être un VERBE INTRANSITIF :

please *signifie* **plaire**

► do as you please **fais comme tu veux**

pleased /pliːzd/ **content**

► be pleased with... **être content de...**

ℹ Pleased est aussi le prétérit et le participe passé du verbe please :

▷ It pleased him. Ça lui a fait plaisir.

pleasure /ˈpleʒəʳ/ **plaisir**

► It's a pleasure! *ou* My pleasure! **Je vous en prie !**

pleat /pliːt/ *a plusieurs catégories grammaticales :*

> Ce mot peut être un NOM :

pleat *signifie* **pli** (dans un vêtement)

> Ce mot peut être un VERBE :

► pleat something **plisser** quelque chose

plenty /ˈplentɪ/ **abondance**

► plenty of... **beaucoup de**

▷ We have plenty of time. Nous avons beaucoup de temps *ou* Nous avons largement le temps.

pliers /ˈplaɪəz/ **pince**

plimsoll /ˈplɪmsəl/ **tennis** (= chaussure)

Ce mot n'est pas employé en anglais américain : aux États-Unis, on dit tennis shoe.

plot /plɒt/ *a plusieurs catégories grammaticales et plusieurs sens :*

> Ce mot peut être un NOM :

1 plot *peut signifier* **complot**

2 plot *peut signifier* **intrigue** (d'une histoire)

3 plot *peut signifier* **terrain**

> Ce mot peut être un VERBE TRANSITIF :

1 ► plot something *peut signifier* **comploter** quelque chose

2 ► plot something *peut signifier* **déterminer** quelque chose (une route, une trajectoire, par exemple)

> Ce mot peut être un VERBE INTRANSITIF :

plot *signifie* **comploter**

plough /plaʊ/ *a plusieurs catégories grammaticales :*

> Ce mot peut être un NOM :

plough *signifie* **charrue**

> Ce mot peut être un VERBE :

► plough the fields **labourer les champs**

En anglais américain, ce mot s'écrit plow.

plow /plaʊ/ *est l'orthographe américaine du mot* plough.

pluck /plʌk/ *a plusieurs sens :*

1 ► pluck something *peut signifier* **cueillir** quelque chose

2 ► pluck something *peut signifier* **pincer** quelque chose (les cordes d'un instrument)

3 ► pluck a chicken **plumer une volaille**

4 ► pluck one's eyebrows **s'épiler les sourcils**

5 ► pluck up the courage to do something **trouver le courage de faire** quelque chose

plug /plʌg/ *a plusieurs catégories grammaticales et plusieurs sens :*

> Ce mot peut être un NOM :

1 plug *peut signifier* **prise de courant**

2 plug *peut signifier* **bonde** (de lavabo, de baignoire)

> Ce mot peut être un VERBE :

► plug something in **brancher** quelque chose (un appareil électrique)

plum /plʌm/ **prune**

plumber /ˈplʌməʳ/ **plombier**

plump /plʌmp/ **potelé**

plural /ˈplʊərəl/ **pluriel**

pm /piːem/ **de l'après-midi**

▷ It's 4 pm. Il est 4 heures de l'après-midi *ou* Il est 16 heures.

ℹ pm est l'abréviation de post meridiem, qui signifie « après-midi » en latin.

poach /pəʊtʃ/ *a plusieurs sens :*

1 ► poach something *peut signifier* **pocher** quelque chose

► poached egg **œuf poché**

2 ► poach something *peut signifier* **braconner** quelque chose

poacher /ˈpəʊtʃəʳ/ **braconnier**

pocket /ˈpɒkɪt/ **poche**

► pocket money **argent de poche**

poem /ˈpəʊɪm/ **poème**

poet /ˈpəʊɪt/ **poète**

poetry /ˈpəʊɪtrɪ/ **poésie** (= poésie en général)

point /pɔɪnt/ *a plusieurs catégories grammaticales et plusieurs sens :*

> Ce mot peut être un NOM :

1 point *peut signifier* **point**
► point of view **point de vue**

2 point *peut signifier* **virgule** (décimale)
▷ Five point three. Cinq virgule trois.

3 point *peut signifier* **pointe** (d'un couteau, d'une aiguille, d'un crayon, etc.)

4 point *peut signifier* **moment**
► at this point **à ce moment-là**

5 point *peut signifier* **objet** *ou* **but**
▷ What was the point of his call? Quelle était la raison de son appel ?
▷ What's the point of going? À quoi bon y aller ?
▷ There's no point waiting. Ça ne sert à rien d'attendre.

> Ce mot peut être un VERBE TRANSITIF :

1 ► point something at somebody **braquer** quelque chose **sur** quelqu'un *ou* **pointer** quelque chose **sur** quelqu'un

2 ► point something out *peut signifier* **indiquer** quelque chose

3 ► point something out *peut signifier* **signaler** quelque chose

4 ► point out that... **faire remarquer que...**

> Ce mot peut être un VERBE INTRANSITIF :

point *signifie* **montrer du doigt**
► point at something **montrer** quelque chose **du doigt**

pointed /'pɔɪntɪd/ **pointu**

pointless /'pɔɪntlɪs/ **inutile**

poison /'pɔɪzn/ *a plusieurs catégories grammaticales et plusieurs sens :*

> Ce mot peut être un NOM :

poison *signifie* **poison**

> Ce mot peut être un VERBE :

1 ► poison somebody **empoisonner** quelqu'un

2 ► poison something **contaminer** quelque chose

poisonous /'pɔɪznəs/ **venimeux** *ou* **vénéneux** *ou* **toxique**

poke /pəʊk/ *a plusieurs sens :*

1 ► poke somebody *peut signifier* **pousser** quelqu'un
▷ He poked me in the eye. Il m'a donné un coup dans l'œil.

2 ► poke something *peut signifier* **donner un coup dans** quelque chose

3 ► poke something into something **enfoncer** quelque chose **dans** quelque chose

4 ► poke the fire **tisonner le feu**

poker /'pəʊkəʳ/ *a plusieurs sens :*

1 poker *peut signifier* **tisonnier**

2 poker *peut signifier* **poker**

Poland /'pəʊlənd/ **Pologne**

ℹ En général, en anglais, on n'emploie pas d'article défini devant les noms de pays et de continents.

polar /'pəʊləʳ/ **polaire**
► polar bear **ours polaire**

Pole /pəʊl/ **Polonais**

ℹ Regardez aussi le mot suivant, pole.

pole /pəʊl/ *a plusieurs sens :*

1 pole *peut signifier* **pôle**

2 pole *peut signifier* **poteau**

3 *En ski,* pole *signifie* **bâton**

ℹ Regardez aussi le mot précédent, Pole.

police /pə'liːs/ **police**
► police officer **policier**
► police station **commissariat de police**

policeman /pə'liːsmən/ **agent de police**

policewoman /pə'liːsˌwʊmən/ **femme agent de police**

policies /'pɒlɪsɪz/ *est le pluriel de* policy.

policy /'pɒlɪsɪ/ *a plusieurs sens :*

1 policy *peut signifier* **politique** (= stratégie)

2 policy *peut signifier* **police** (d'assurance)

Polish /'pəʊlɪʃ/ *a plusieurs catégories grammaticales et plusieurs sens :*

> Ce mot peut être un NOM :

1 Polish *peut signifier* **polonais** (la langue)

2 ► the Polish **les Polonais**

> Ce mot peut être un ADJECTIF :

Polish *signifie* **polonais**

ℹ En anglais, les adjectifs de nationalité et les noms de langues s'écrivent avec une majuscule.

ℹ Regardez aussi le mot suivant, polish.

polish /'pɒlɪʃ/ *a plusieurs catégories grammaticales et plusieurs sens :*

> Ce mot peut être un NOM :

1 polish *peut signifier* **cirage** (produit pour les chaussures) *ou* **cire** (produit pour le bois)

2 ► **give** something **a polish** **cirer** quelque chose *ou* **astiquer** quelque chose *ou* **faire briller** quelque chose

> Ce mot peut être un VERBE :

► **polish** something **cirer** quelque chose *ou* **astiquer** quelque chose *ou* **faire briller** quelque chose

ℹ Regardez aussi le mot précédent, Polish.

polite /pə'laɪt/ **poli**

politely /pə'laɪtlɪ/ **poliment**

political /pə'lɪtɪkəl/ **politique**

politician /ˌpɒlɪ'tɪʃən/ **homme politique** *ou* **femme politique**

politics /'pɒlɪtɪks/ **la politique**

poll /pəʊl/ *a plusieurs sens :*

1 **poll** *peut signifier* **vote** *ou* **scrutin**

▷ She got 20% of the poll. Elle a obtenu 20% des votes.

2 **poll** *peut signifier* **sondage**

► **opinion poll** **sondage d'opinion**

pollute /pə'luːt/ **polluer**

polo-neck /'pəʊləʊ nek/ **col roulé**

polythene bag /ˌpɒlɪθiːn 'bæg/ **sac en plastique**

pond /pɒnd/ **mare** *ou* **bassin**

ponies /'pəʊnɪz/ *est le pluriel de* pony.

pony /'pəʊnɪ/ **poney**

► **pony trekking** **randonnée à cheval**

ponytail /'pəʊnɪteɪl/ **queue de cheval**

poodle /'puːdl/ **caniche**

pool /puːl/ *a plusieurs sens :*

1 **pool** *peut signifier* **mare** *ou* **flaque**

2 **pool** *peut signifier* **piscine**

ℹ On dit aussi swimming pool.

3 **pool** *peut signifier* **billard américain**

poor /pɔː^{r}/ *a plusieurs catégories grammaticales et plusieurs sens :*

> Ce mot peut être un ADJECTIF :

1 **poor** *peut signifier* **pauvre**

2 **poor** *peut signifier* **mauvais** *ou* **médiocre**

▷ He got poor results. Il a obtenu de mauvais résultats.

> Ce mot peut être un NOM :

► **the poor** **les pauvres**

pop /pɒp/ *a plusieurs catégories grammaticales et plusieurs sens :*

> Ce mot peut être un NOM :

1 **pop** *peut signifier* **musique pop**

2 **pop** *peut signifier* **boisson gazeuse**

3 **pop** *peut signifier* **pan !** (= bruit sec)

> Ce mot peut être un VERBE TRANSITIF :

► **pop** something **crever** quelque chose (un ballon, par exemple)

> Ce mot peut être un VERBE INTRANSITIF :

1 **pop** *peut signifier* **éclater** (en parlant d'un ballon, par exemple) *ou* **sauter** (en parlant d'un bouchon)

2 ► **pop in and see** somebody **faire une petite visite chez** quelqu'un

► **pop into town** **faire un saut en ville**

Dans ce sens, pop est familier : c'est un mot qu'on évite d'employer quand on parle à quelqu'un qu'on ne connaît pas bien ou quand on écrit.

pope /pəʊp/ **pape**

poppies /'pɒpɪz/ *est le pluriel de* poppy.

poppy /'pɒpɪ/ **pavot** *ou* **coquelicot**

popular /'pɒpjʊlə^{r}/ **populaire**

pork /pɔːk/ **porc**

► **pork pie** **pâté en croûte**

port /pɔːt/ *a plusieurs sens :*

1 **port** *peut signifier* **port**

2 **port** *peut signifier* **porto**

portal /'pɔːtl/ **portail** (sur Internet)

porter /'pɔːtə^{r}/ *a plusieurs sens :*

1 **porter** *peut signifier* **porteur**

2 *En anglais britannique,* **porter** *peut signifier* **portier**

En anglais américain, pour dire « portier », on dit doorman.

portion /'pɔːʃən/ **portion** *ou* **partie**

Portuguese /ˌpɔːtjʊ'giːz/ **Portugais** *ou* **portugais**

ℹ En anglais, les adjectifs de nationalité et les noms de langues commencent par une majuscule.

posh /pɒʃ/ *a plusieurs sens :*

1 **posh** *peut signifier* **chic**

2 **posh** *peut signifier* **snob** *ou* **huppé**

> **Posh** est un mot familier, c'est-à-dire un mot qu'on évite d'employer quand on parle à quelqu'un qu'on ne connaît pas bien ou quand on écrit.

position /pəˈzɪʃən/ *a plusieurs catégories grammaticales et plusieurs sens :*

> Ce mot peut être un NOM :

1 **position** *peut signifier* **position**

2 **position** *peut signifier* **poste** *ou* **emploi**

> Ce mot peut être un VERBE :

1 ► **position** something *peut signifier* **placer** quelque chose *ou* **mettre** quelque chose **en position**

2 ► **position** something *peut signifier* **positionner** quelque chose

positive /ˈpɒzɪtɪv/ *a plusieurs sens :*

1 **positive** *peut signifier* **positif**

2 **positive** *peut signifier* **réel** (en parlant d'un changement, d'une amélioration, d'un avantage, etc.)

3 **positive** *peut signifier* **certain** *ou* **sûr**

▷ I'm absolutely positive I put it back. Je suis absolument sûr de l'avoir remis à sa place.

possess /pəˈzes/ **posséder**

possessive /pəˈzesɪv/ **possessif**

possibility /ˌpɒsəˈbɪlɪtɪ/ **possibilité**

possible /ˈpɒsəbl/ **possible**

► **as soon as possible** **dès que possible**

possibly /ˈpɒsəblɪ/ **peut-être**

post /pəʊst/ *a plusieurs catégories grammaticales et plusieurs sens :*

> Ce mot peut être un NOM :

1 ► **post** *peut signifier* **poste**

► **send** something **by post** **envoyer** quelque chose **par la poste**

► **post office** **poste** (= bureau de poste)

2 **post** *peut signifier* **courrier**

▷ Has the post come? Est-ce que le courrier est arrivé ?

3 **post** *peut signifier* **post** (sur Internet)

▷ I sent you a post. Je t'ai envoyé un post.

4 **post** *peut signifier* **poste** (au sens d'un emploi)

5 **post** *peut signifier* **poteau**

> Ce mot peut être un VERBE :

► **post** something **poster** quelque chose

postage /ˈpəʊstɪdʒ/ **tarif postal** *ou* **affranchissement**

postbox /ˈpəʊstbɒks/ **boîte aux lettres**

> Ce mot n'est pas employé en anglais américain. Aux États-Unis, on dit **mailbox**.

postcard /ˈpəʊstkɑːd/ **carte postale**

postcode /ˈpəʊstkəʊd/ **code postal**

> Ce mot n'est pas employé en anglais américain. Aux États-Unis, on dit **zipcode**.

poster /ˈpəʊstəʳ/ **affiche**

postman /ˈpəʊstmən/ **facteur** (= personne qui distribue le courrier)

postpone /pəʊstˈpəʊn/ **reporter** *ou* **remettre**

postwoman /ˈpəʊstˌwʊmən/ **factrice**

pot /pɒt/ *a plusieurs sens :*

1 **pot** *peut signifier* **pot** (de peinture, de confiture, pour plantes)

2 **pot** *peut signifier* **marmite** *ou* **casserole**

3 **pot** *peut signifier* **théière** *ou* **cafetière**

potato /pəˈteɪtəʊ/ **pomme de terre**

► **potato peeler** **épluche-légumes**

potatoes /pəˈteɪtəʊz/ *est le pluriel de* **potato**.

pottery /ˈpɒtərɪ/ **poterie** (= art, atelier) *ou* **poteries** (= objets)

► **a piece of pottery** **une poterie**

poultry /ˈpəʊltrɪ/ **volaille**

pound /paʊnd/ *a plusieurs sens :*

1 **pound** *peut signifier* **livre sterling**

▷ Steve gave me a pound. Steve ma donné une livre.

2 **pound** *peut signifier* **livre** (= unité de mesure qui correspond à 453,6 grammes)

▷ I'd like a pound of sausages, please. Je voudrais une livre de saucisses, s'il vous plaît.

pour /pɔːʳ/ *a plusieurs catégories grammaticales et plusieurs sens :*

> Ce mot peut être un VERBE TRANSITIF :

► **pour** something **verser** quelque chose (en parlant d'un liquide)

> Ce mot peut être un VERBE INTRANSITIF :

1 **pour** *peut signifier* **couler à flots**

2 ► **it's pouring** **il pleut des cordes**

Phrasal verbs

Le verbe pour *peut être suivi d'une préposition, telle que* away *ou* in*, et dans ce cas, il peut avoir des sens différents. C'est ce qu'on appelle, en anglais, un « phrasal verb ».*

POUR AWAY

► pour something away **vider quelque chose** (en parlant d'un liquide)

POUR IN

► pour in **affluer** (en parlant des gens, du courrier, etc.)

POUR OUT

► pour something out *peut signifier* **verser quelque chose** *ou* **servir quelque chose**

► pour something out *peut signifier* **vider quelque chose** (en parlant d'un liquide)

pout /paʊt/ **faire la moue**

poverty /'pɒvətɪ/ **pauvreté**

powder /'paʊdə^r/ **poudre**

power /'paʊə^r/ *a plusieurs sens :*

1 power *peut signifier* **pouvoir** *ou* **puissance** *ou* **force**

► be in power **être au pouvoir**

► come to power **accéder au pouvoir**

2 power *peut signifier* **énergie** *ou* **électricité** *ou* **courant**

► power cut **coupure de courant**

► power station **centrale électrique**

powerboat /'paʊəbəʊt/ **hors-bord**

powerful /'paʊəfʊl/ **puissant** *ou* **fort**

practical /'præktɪkəl/ *a plusieurs catégories grammaticales et plusieurs sens :*

> Ce mot peut être un ADJECTIF :

1 practical *peut signifier* **pratique**

2 practical *peut signifier* **réalisable** (en parlant d'une idée, d'un projet)

3 ► practical joke **farce** (= tour qu'on joue à quelqu'un)

> Ce mot peut être un NOM :

practical *signifie* **épreuve pratique**

practically /'præktɪklɪ/ **pratiquement**

practice /'præktɪs/ *a plusieurs sens :*

1 *En sport,* practice *peut signifier* **entraînement**

2 *En musique,* practice *peut signifier* **répétition**

3 practice *peut signifier* **pratique**

► theory and practice **la théorie et la pratique**

► put something into practice **mettre quelque chose en pratique**

4 practice *peut signifier* **cabinet** (d'un médecin, d'avocats)

practise /'præktɪs/ *a plusieurs catégories grammaticales et plusieurs sens :*

> Ce mot peut être un VERBE TRANSITIF :

1 ► practise something *peut signifier* **s'entraîner à quelque chose**

2 ► practise something *peut signifier* **pratiquer quelque chose** (une religion, une habitude, par exemple)

3 ► practise something *peut signifier* **exercer quelque chose** (la médecine, la profession d'avocat, par exemple)

> Ce mot peut être un VERBE INTRANSITIF :

1 practise *peut signifier* **s'entraîner** *ou* **s'exercer**

2 practise *peut signifier* **exercer** (en parlant d'un médecin ou un avocat)

En anglais américain, ce verbe s'écrit practice.

praise /preɪz/ *a plusieurs catégories grammaticales :*

> Ce mot peut être un NOM :

praise *signifie* **éloges** *ou* **louanges**

> Ce mot peut être un VERBE :

► praise somebody *ou* something **louer quelqu'un** *ou* **quelque chose**

pram /præm/ **landau**

Ce mot n'est pas employé en anglais américain : aux États-Unis, pour dire « landau », on dit baby carriage.

prank /præŋk/ **farce** (= tour qu'on joue à quelqu'un)

prawn /prɔːn/ **crevette rose**

pray /preɪ/ **prier**

prayer /prɛə^r/ **prière**

preach /priːtʃ/ **prêcher**

precede /prɪ'siːd/ **précéder**

precious /'preʃəs/ **précieux**

precise /prɪ'saɪs/ **précis** *ou* **exact**

Precise n'est jamais un verbe en anglais !

precisely /prɪ'saɪslɪ/ précisement *ou* exactement

predict /prɪ'dɪkt/ prédire

predictable /prɪ'dɪktəbl/ prévisible

prefer /prɪ'fɜːʳ/ préférer
▷ I prefer swimming to skiing. Je préfère la natation au ski.

preferably /'prefərəblɪ/ de préférence

pregnancy /'pregnənsɪ/ grossesse

pregnant /'pregnənt/ enceinte

prehistoric /'priːhɪs'tɒrɪk/ préhistorique

prejudice /'predʒʊdɪs/ préjugé *ou* préjugés
▷ He has a prejudice against her. Il a un préjugé contre elle.

prejudiced /'predʒʊdɪst/ plein de préjugés
► be prejudiced against somebody avoir des préjugés contre quelqu'un

premature /'premətʃʊəʳ/ prématuré

premises /'premɪsɪz/ lieux *ou* locaux
► on the premises sur place

preparation /ˌprepə'reɪʃən/ préparation
► preparations préparatifs
► make preparations for... faire les préparatifs de...

prepare /prɪ'pɛəʳ/ *a plusieurs catégories grammaticales :*

> Ce mot peut être un VERBE TRANSITIF :

► prepare something préparer quelque chose

> Ce mot peut être un VERBE INTRANSITIF :

► prepare for something se préparer pour quelque chose *ou* se préparer à quelque chose
► prepare to do something se préparer à faire quelque chose

prepared /prɪ'pɛəd/ *a plusieurs sens :*

1 prepared *peut signifier* préparé à l'avance

2 prepared *peut signifier* prêt
► be prepared to do something être prêt à faire quelque chose

ℹ Prepared est aussi le prétérit et le participe passé du verbe prepare :

▷ Dad prepared the meal. Papa a préparé le repas.

prescribe /prɪs'kraɪb/ prescrire

prescription /prɪs'krɪpʃən/ ordonnance

present *se prononce de deux façons et a des sens différents selon la prononciation :*

🔊 /'preznt/ (l'accent est sur la première syllabe pre-)

> Ce mot peut être un NOM :

1 ► the present le présent
► at present actuellement *ou* en ce moment

2 present *peut signifier* cadeau

> Ce mot peut être un ADJECTIF :

1 present *peut signifier* actuel

2 present *peut signifier* présent (= pas absent)
► be present at something assister à quelque chose

🔊 /prɪ'zent/ (l'accent est sur la deuxième syllabe -sent)

> C'est un VERBE :

► present something présenter quelque chose

presenter /prɪ'zentəʳ/ présentateur

preservation /ˌprezə'veɪʃən/ sauvegarde *ou* conservation *ou* maintien

preserve /prɪ'zɜːv/ conserver *ou* maintenir

press /pres/ *a plusieurs catégories grammaticales et plusieurs sens :*

> Ce mot peut être un NOM :

press *signifie* presse

> Ce mot peut être un VERBE TRANSITIF :

► press something appuyer sur quelque chose
▷ Press the red button. Appuyez sur le bouton rouge.

press-up /'presʌp/ traction (= exercice au sol)

pressure /'preʃəʳ/ pression
► put pressure on somebody faire pression sur quelqu'un

pretend /prɪ'tend/ faire semblant
► pretend to do something faire semblant de faire quelque chose

prettier /'prɪtɪəʳ/ *est le comparatif de* pretty.
▷ She's prettier than her sister. Elle est plus jolie que sa sœur.

prettiest /'prɪtɪɪst/ *est le superlatif de* pretty.
▷ This is the prettiest ring. C'est la plus jolie bague.

pretty /'prɪtɪ/ *a plusieurs catégories grammaticales :*

> Ce mot peut être un ADJECTIF :

pretty *signifie* joli

> Ce mot peut être un ADVERBE :

pretty *signifie* **assez**

▷ It's pretty cold today. Il fait assez froid aujourd'hui.

prevent /prɪ'vent/ **empêcher**

► prevent somebody from doing something **empêcher** quelqu'un **de faire** quelque chose

previous /'priːvɪəs/ **précédent**

previously /'priːvɪəslɪ/ **auparavant**

prey /preɪ/ **proie**

► bird of prey **oiseau de proie**

price /praɪs/ **prix** (= coût)

priceless /'praɪsləs/ **d'une valeur inestimable**

prick /prɪk/ *a plusieurs catégories grammaticales :*

> Ce mot peut être un NOM :

prick *signifie* **piqûre**

> Ce mot peut être un VERBE :

► prick somebody *ou* something **piquer** quelqu'un *ou* quelque chose

pride /praɪd/ **fierté**

priest /priːst/ **prêtre**

primary /'praɪmərɪ/ **primaire**

► primary school **école primaire**

prime /praɪm/ *a plusieurs catégories grammaticales et plusieurs sens :*

> Ce mot peut être un ADJECTIF :

prime *signifie* **premier**

► prime minister **Premier ministre**

> Ce mot peut être un NOM :

► be in one's prime **être dans la fleur de l'âge**

primitive /'prɪmɪtɪv/ **primitif**

primrose /'prɪmrəʊz/ **primevère**

prince /prɪns/ **prince**

► Prince Charles **le prince Charles**

princess /prɪn'ses/ **princesse**

► Princess Anne **la princesse Anne**

principal /'prɪnsɪpəl/ *a plusieurs catégories grammaticales :*

> Ce mot peut être un ADJECTIF :

principal *signifie* **principal**

> Ce mot peut être un NOM :

principal *signifie* **directeur** (d'école)

principle /'prɪnsəpl/ **principe**

print /prɪnt/ *a plusieurs catégories grammaticales et plusieurs sens :*

> Ce mot peut être un NOM :

1 print *peut signifier* **empreinte**

2 print *peut signifier* **caractères** (imprimés)

3 print *peut signifier* **imprimé** (= tissu)

4 print *peut signifier* **photo**

> Ce mot peut être un VERBE :

► print something **imprimer** quelque chose

printer /'prɪntəʳ/ *a plusieurs sens :*

1 printer *peut signifier* **imprimante**

2 printer *peut signifier* **imprimeur**

printout /'prɪntaʊt/ **sortie papier**

► do a printout of something **imprimer** quelque chose

prior /'praɪəʳ/ **préalable**

priority /praɪ'ɒrɪtɪ/ **priorité**

prison /'prɪzn/ **prison**

► prison sentence **peine de prison**

prisoner /'prɪznəʳ/ **prisonnier**

privacy /'prɪvəsɪ/ **vie privée** *ou* **intimité**

▷ There is no privacy in these flats. On ne peut avoir aucune vie privée dans ces appartements.

private /'praɪvɪt/ **privé** *ou* **personnel**

► in private **en privé**

privilege /'prɪvɪlɪdʒ/ *a plusieurs catégories grammaticales :*

> Ce mot peut être un NOM :

privilege *signifie* **privilège**

> Ce mot peut être un VERBE :

► privilege somebody *ou* something **privilégier** quelqu'un *ou* quelque chose

prize /praɪz/ **prix** (= récompense)

prize-giving /'praɪz,gɪvɪŋ/ **distribution des prix**

prizewinner /'praɪz,wɪnəʳ/ **lauréat** *ou* **gagnant**

probability /,prɒbə'bɪlɪtɪ/ **probabilité**

probably /'prɒbəblɪ/ **probablement**

problem /'prɒbləm/ **problème**

proceed /prə'sɪːd/ **avancer** *ou* **poursuivre**

▷ We can now proceed with the experiment. Nous pouvons maintenant poursuivre l'expérience.

process /'prəʊses/ *a plusieurs catégories grammaticales et plusieurs sens :*

> Ce mot peut être un NOM :

1 **process** *peut signifier* **processus**

► **be in the process of doing** something **être en train de faire** quelque chose

2 **process** *peut signifier* **procédé**

> Ce mot peut être un VERBE :

► **process** something **traiter** quelque chose (des données, des matières premières)

produce *se prononce de deux façons et a des sens différents selon la prononciation :*

/'prɒdju:s/ (l'accent est sur la première syllabe pro-)

> C'est un NOM :

produce *signifie* **produits**

/prə'dju:s/ (l'accent est sur la deuxième syllabe -duce)

> C'est un VERBE :

► **produce** something **produire** quelque chose

producer /prə'dju:sə^r/ **producteur** (de marchandises, de films) *ou* **metteur en scène**

product /'prɒdʌkt/ **produit**

professional /prə'feʃənl/ **professionnel**

> **i** Attention à l'orthographe du mot anglais professional.

professor /prə'fesə^r/ **professeur** (d'université)

profile /'prəʊfaɪl/ **profil**

> **i** Attention à l'orthographe du mot anglais profile.

profit /'prɒfɪt/ *a plusieurs catégories grammaticales :*

> Ce mot peut être un NOM :

profit *signifie* **profit** *ou* **bénéfice**

► **make a profit** **faire un bénéfice**

> Ce mot peut être un VERBE :

► **profit from** something **tirer profit de** quelque chose

profitable /'prɒfɪtəbl/ **rentable** *ou* **fructueux** *ou* **profitable**

profound /prə'faʊnd/ **profond**

program /'prəʊgræm/ *a plusieurs catégories grammaticales :*

> Ce mot peut être un NOM :

En informatique, **program** *signifie* **programme**

> Ce mot peut être un VERBE :

En informatique, **program something** *signifie* **programmer quelque chose**

> **i** Program est aussi l'orthographe américaine du mot programme.

programme /'prəʊgræm/ *a plusieurs catégories grammaticales et plusieurs sens :*

> Ce mot peut être un NOM :

1 **programme** *peut signifier* **programme** (= emploi du temps, guide)

2 **programme** *peut signifier* **émission** (à la télévision, à la radio)

> Ce mot peut être un VERBE :

► **programme** something **programmer** quelque chose

> En anglais américain, ce mot s'écrit program.

progress *se prononce de deux façons et a des sens différents selon la prononciation :*

/'prəʊgres/ (l'accent est sur la première syllabe pro-)

> C'est un NOM :

progress *signifie* **progrès**

► **in progress** **en cours**

► **make progress** **faire des progrès** *ou* **progresser**

/prə'gres/ (l'accent est sur la deuxième syllabe -gress)

> C'est un VERBE :

progress *signifie* **faire des progrès** *ou* **progresser** *ou* **avancer**

progressive /prə'gresɪv/ *a plusieurs sens :*

1 **progressive** *peut signifier* **progressif** (mouvement, impôt)

2 **progressive** *peut signifier* **progressiste** (politique, politicien)

prohibit /prə'hɪbɪt/ **interdire**

► **smoking is prohibited** **il est interdit de fumer**

project *se prononce de deux façons et a des sens différents selon la prononciation :*

/'prɒdʒekt/ (l'accent est sur la première syllabe pro-)

> C'est un NOM :

1 **project** *peut signifier* **projet** *ou* **plan**

2 **project** *peut signifier* **dossier** (d'écolier ou d'étudiant)

/prə'dʒekt/ (l'accent est sur la deuxième syllabe -ject)

> C'est un VERBE :

► **project** something **projeter** quelque chose

projector /prəˈdʒektəʳ/ **projecteur**

promise /ˈprɒmɪs/ *a plusieurs catégories grammaticales :*

> Ce mot peut être un NOM :

promise *signifie* **promesse**

► **keep one's promise** **tenir sa promesse**

> Ce mot peut être un VERBE :

promise *signifie* **promettre**

► **promise to do** something **promettre de faire** quelque chose

promising /ˈprɒmɪsɪŋ/ **prometteur**

promote /prəˈməʊt/ **promouvoir**

promotion /prəˈməʊʃən/ **promotion** (professionnelle)

prompt /prɒmpt/ *a plusieurs catégories grammaticales et plusieurs sens :*

> Ce mot peut être un ADJECTIF :

prompt *signifie* **rapide** *ou* **ponctuel**

> Ce mot peut être un VERBE :

► **prompt** somebody **to do** something **inciter** quelqu'un **à faire** quelque chose

pronounce /prəˈnaʊns/ **prononcer**

pronunciation /prəˌnʌnsɪˈeɪʃən/ **prononciation**

Attention à l'orthographe du mot anglais **pronunciation**.

proof /pruːf/ **preuve**

prop /prɒp/ *a plusieurs catégories grammaticales et plusieurs sens :*

> Ce mot peut être un NOM :

1 **prop** *peut signifier* **support** *ou* **étai**

2 *Au théâtre,* **prop** *peut signifier* **accessoire**

> Ce mot peut être un VERBE :

1 ► **prop** something **against** something **appuyer** quelque chose **contre** quelque chose

2 ► **prop** something **up** **étayer** quelque chose *ou* **soutenir** quelque chose

propeller /prəˈpeləʳ/ **hélice** (d'un avion, d'un bateau)

proper /ˈprɒpəʳ/ **correct** *ou* **bon** *ou* **convenable**

Le mot anglais **proper** ne signifie pas « propre ».

properly /ˈprɒpəlɪ/ **correctement** *ou* **convenablement**

property /ˈprɒpətɪ/ *a plusieurs sens :*

1 **property** *peut signifier* **biens**

► **personal property** **biens personnels**

2 **property** *peut signifier* **biens immobiliers**

3 **property** *peut signifier* **propriété**

proposal /prəˈpəʊzl/ *a plusieurs sens :*

1 **proposal** *peut signifier* **proposition**

2 **proposal** *peut signifier* **demande en mariage**

propose /prəˈpəʊz/ *a plusieurs catégories grammaticales et plusieurs sens :*

> Ce mot peut être un VERBE TRANSITIF :

► **propose** something **proposer** quelque chose

> Ce mot peut être un VERBE INTRANSITIF :

propose *signifie* **faire une demande en mariage**

► **propose to** somebody **demander** quelqu'un **en mariage**

prosecute /ˈprɒsɪkjuːt/ **poursuivre en justice**

prospect /ˈprɒspekt/ *a plusieurs sens :*

1 **prospect** *peut signifier* **espoir** *ou* **chance**

2 **prospect** *peut signifier* **perspective**

► **prospects** **perspectives d'avenir**

protect /prəˈtekt/ **protéger**

protection /prəˈtekʃən/ **protection**

protest *se prononce de deux façons et a des sens différents selon la prononciation :*

/ˈprəʊtest/ (l'accent est sur la première syllabe **pro-**)

> Ce mot peut être un NOM :

1 **protest** *peut signifier* **protestation**

2 **protest** *peut signifier* **manifestation** (= marche)

/prəˈtest/ (l'accent est sur la deuxième syllabe **-test**)

> Ce mot peut être un VERBE :

protest *signifie* **protester**

protester /prəˈtestəʳ/ **manifestant**

proud /praʊd/ **fier**

prove /pruːv/ **prouver**

proverb /ˈprɒvɜːb/ **proverbe**

provide /prəˈvaɪd/ **fournir**

► **provide** somebody **with** something **fournir** quelque chose **à** quelqu'un

► **provide for** somebody **subvenir aux besoins de** quelqu'un

provided /prə'vaɪdɪd/ à condition que

► We'll have a picnic provided it doesn't rain. On va faire un pique-nique à condition qu'il ne pleuve pas

ℹ Provided est aussi le prétérit et le participe passé du verbe provide :

▷ Who provided the champagne? Qui a fourni le champagne ?

providing /prə'vaɪdɪŋ/ à condition que

► We'll have a picnic providing it doesn't rain. On va faire un pique-nique à condition qu'il ne pleuve pas

ℹ Providing est aussi le participe présent du verbe provide :

▷ Who is providing the cake? Qui fournit le gâteau ?

provoke /prə'vəʊk/ provoquer

prowl /praʊl/ rôder

prune /pruːn/ *a plusieurs catégories grammaticales :*

> Ce mot peut être un NOM :

prune *signifie* **pruneau**

En anglais, prune ne signifie pas « prune ».

> Ce mot peut être un VERBE :

► prune something **tailler** quelque chose (un arbre, un buisson)

psychiatrist /saɪ'kaɪətrɪst/ psychiatre

psychological /ˌsaɪkə'lɒdʒɪkəl/ psychologique

psychologist /saɪ'kɒlədʒɪst/ psychologue

public /'pʌblɪk/ *a plusieurs catégories grammaticales et plusieurs sens :*

> Ce mot peut être un NOM :

public *signifie* **public**

► the general public **le grand public**

> Ce mot peut être un ADJECTIF :

1 public *peut signifier* **public**

► public transport **transports en commun**

2 public *peut signifier* **municipal**

► the public library **la bibliothèque municipale**

3 *En anglais britannique,* public school *signifie* **école privée**

En anglais américain, public school *signifie* **école publique**

publicity /pʌb'lɪsɪtɪ/ publicité

publish /'pʌblɪʃ/ publier

publisher /'pʌblɪʃə^r/ éditeur

publishing /'pʌblɪʃɪŋ/ l'édition

pudding /'pʊdɪŋ/ dessert

▷ What's for pudding? Qu'est-ce qu'il y a comme dessert ?

► Christmas pudding **pudding de Noël**

puddle /'pʌdl/ flaque (d'eau)

pull /pʊl/ *a plusieurs catégories grammaticales et plusieurs sens :*

> Ce mot peut être un NOM :

► give something a pull **tirer sur** quelque chose

> Ce mot peut être un VERBE TRANSITIF :

1 ► pull something *peut signifier* **tirer** quelque chose

2 ► pull something *peut signifier* **se déchirer** quelque chose (un muscle, un ligament, par exemple)

3 ► pull the trigger **appuyer sur la gâchette**

> Ce mot peut être un VERBE INTRANSITIF :

pull *signifie* **tirer**

Phrasal verbs

Le verbe pull *peut être suivi d'une préposition, telle que* down *ou* up*, et dans ce cas, il peut avoir des sens différents. C'est ce qu'on appelle, en anglais, un « phrasal verb ».*

PULL APART

► pull something apart **démonter** quelque chose *ou* **mettre** quelque chose **en pièces**

PULL DOWN

► pull something down *peut signifier* **démolir** quelque chose

► pull something down *peut signifier* **baisser** quelque chose (un store, des rideaux, un pantalon, etc.)

PULL OFF

► pull something off *peut signifier* **enlever** quelque chose (des gants, un manteau, etc.)

► pull something off *peut signifier* **réussir** quelque chose

PULL OUT

► pull something out *peut signifier* **arracher** quelque chose

► pull something out *peut signifier* **sortir** quelque chose

PULL UP

► pull something up **remonter** quelque chose (des chaussettes ou un pantalon, par exemple)

pullover /'pʊlˌəʊvə^r/ pull

pulse /pʌls/ pouls

pump /pʌmp/ *a plusieurs catégories grammaticales et plusieurs sens :*

> Ce mot peut être un NOM :

1 **pump** *peut signifier* **pompe**

2 ► **pumps** *peut signifier* **escarpins** *ou* **chaussures de tennis**

> Ce mot peut être un VERBE :

1 ► **pump** something **pomper** quelque chose

2 ► **pump** something **up** **gonfler** quelque chose

pumpkin /ˈpʌmpkɪn/ **citrouille**

punch /pʌntʃ/ *a plusieurs catégories grammaticales et plusieurs sens :*

> Ce mot peut être un NOM :

1 **punch** *peut signifier* **coup de poing**

2 **punch** *peut signifier* **punch** (= boisson)

3 **punch** *peut signifier* **poinçonneuse**

> Ce mot peut être un VERBE :

1 ► **punch** somebody **donner un coup de poing à** quelqu'un

2 ► **punch** something **poinçonner** quelque chose

punctual /ˈpʌŋktjʊəl/ **ponctuel**

punctuation /ˌpʌŋktjʊˈeɪʃən/ **ponctuation**

► **punctuation mark** **signe de ponctuation**

puncture /ˈpʌŋktʃə^{r}/ *a plusieurs catégories grammaticales :*

> Ce mot peut être un NOM :

puncture *signifie* **crevaison**

▷ He's got a puncture. Il a un pneu crevé.

> Ce mot peut être un VERBE :

► **puncture** something **crever** quelque chose

punish /ˈpʌnɪʃ/ **punir**

punishment /ˈpʌnɪʃmənt/ **punition**

pupil /ˈpjuːpl/ *a plusieurs sens :*

1 **pupil** *peut signifier* **pupille** (de l'œil)

2 **pupil** *peut signifier* **élève**

puppet /ˈpʌpɪt/ **marionnette**

puppies /ˈpʌpɪz/ *est le pluriel de* puppy.

puppy /ˈpʌpɪ/ **chiot**

purchase /ˈpɜːtʃɪs/ *a plusieurs catégories grammaticales :*

> Ce mot peut être un NOM :

purchase *signifie* **achat**

> Ce mot peut être un VERBE :

► **purchase** something **acheter** quelque chose

pure /pjʊə^{r}/ **pur**

purer /pjʊərə^{r}/ *est le comparatif de* pure.

▷ It's much purer. C'est beaucoup plus pur.

purest /pjʊərɪst/ *est le superlatif de* pure.

▷ This is the purest water. C'est l'eau la plus pure.

purple /ˈpɜːpl/ **violet**

purpose /ˈpɜːpəs/ **but**

► **do** something **on purpose** **faire** quelque chose **exprès**

purr /pɜː^{r}/ *a plusieurs catégories grammaticales :*

> Ce mot peut être un NOM :

purr *signifie* **ronronnement**

> Ce mot peut être un VERBE :

purr *signifie* **ronronner**

purse /pɜːs/ *a plusieurs sens :*

1 *En anglais britannique,* **purse** *signifie* **porte-monnaie**

> En anglais américain, pour dire « porte-monnaie », on dit coin purse.

2 *En anglais américain,* **purse** *signifie* **sac à main**

> En anglais britannique, pour dire « sac à main », on dit handbag.

pursue /pəˈsjuː/ **poursuivre**

push /pʊʃ/ *a plusieurs catégories grammaticales et plusieurs sens :*

> Ce mot peut être un NOM :

push *signifie* **poussée**

► **give** somebody **a push** **pousser** quelqu'un

> Ce mot peut être un VERBE :

1 ► **push** somebody *ou* something **pousser** quelqu'un *ou* quelque chose

► **push** somebody **out of the way** **écarter** quelqu'un

2 ► **push a button** **appuyer sur un bouton**

Phrasal verbs

Le verbe push *peut être suivi d'une préposition, telle que* away *ou* over, *et dans ce cas, il peut avoir des sens différents. C'est ce qu'on appelle, en anglais, un « phrasal verb ».*

PUSH AWAY

► **push** somebody *ou* something **away** **repousser** quelqu'un *ou* quelque chose

PUSH OVER

► **push** something **over** *signifie* **renverser** quelque chose

► **push** somebody **over** *signifie* **faire tomber** quelqu'un

pushchair /ˈpʊʃtʃɛə^{r}/ **poussette**

Ce mot n'est pas employé en anglais américain : aux États-Unis, on dit stroller.

put /pʊt/ *a plusieurs sens :*

1 **put** *peut signifier* **mettre**

▷ He put the knife in the drawer. Il a mis le couteau dans le tiroir.

▷ I'll put the bottle on the table. Je vais mettre la bouteille sur la table.

▷ She put an advertisement in the paper. Elle a mis une annonce dans le journal.

▷ They put him in prison. On l'a mis en prison.

2 ► **put** something *peut signifier* **dire** quelque chose

▷ I don't know how to put it. Je ne sais pas comment le dire.

3 ► **put** something **to** somebody **présenter** quelque chose **à** quelqu'un

Phrasal verbs

Le verbe put peut être suivi d'une préposition, telle que off ou on, et dans ce cas, il peut avoir des sens différents. C'est ce qu'on appelle, en anglais, un « phrasal verb ».

PUT AWAY

► put something away **ranger** quelque chose

PUT BACK

► put something back *peut signifier* **remettre** quelque chose **à sa place**

► put something back *peut signifier* **retarder** quelque chose (une montre, une horloge)

PUT DOWN

► put something down *peut signifier* **poser** quelque chose

► put something down *peut signifier* **noter** quelque chose

PUT OFF

► put something off *peut signifier* **remettre** quelque chose **à plus tard** *ou* **repousser** quelque chose

► put something off *peut signifier* **éteindre** quelque chose (la télévision, la radio, etc.)

► put somebody off *peut signifier* **dissuader** quelqu'un

► put somebody off *peut signifier* **dégoûter** quelqu'un

► put somebody off *peut signifier* **déconcerter** quelqu'un

PUT ON

► put something on *peut signifier* **mettre** quelque chose (des vêtements, des lunettes par exemple)

► put something on *peut signifier* **allumer** quelque chose (la télévision, la radio, etc.)

► put on weight **prendre du poids**

PUT OUT

► put something out *peut signifier* **sortir** quelque chose *ou* **mettre** quelque chose **dehors**

► put something out *peut signifier* **éteindre** quelque chose (un feu, une cigarette)

► put somebody out **déranger** quelqu'un

PUT UP

► put something up *peut signifier* **ériger** quelque chose *ou* **dresser** quelque chose (une tente, une barrière)

► put something up *peut signifier* **afficher** quelque chose *ou* **accrocher** quelque chose (au mur, au tableau)

► put one's hand up **lever la main**

► put something up *peut signifier* **augmenter** quelque chose (les prix, le loyer, etc.)

► put somebody up **héberger** quelqu'un *ou* **loger** quelqu'un

PUT UP WITH

► put up with somebody *ou* something **supporter** quelqu'un *ou* quelque chose

puzzle /ˈpʌzl/ *a plusieurs catégories grammaticales et plusieurs sens :*

> Ce mot peut être un NOM :

1 **puzzle** *peut signifier* **casse-tête** *ou* **devinette**

► crossword puzzle **mots croisés**

► jigsaw puzzle **puzzle**

2 **puzzle** *peut signifier* **énigme** *ou* **mystère**

> Ce mot peut être un VERBE :

► **puzzle** somebody **rendre** quelqu'un **perplexe**

puzzled /ˈpʌzld/ **perplexe**

► be puzzled **être perplexe**

ℹ Puzzled est aussi le prétérit et le participe passé du verbe puzzle :

▷ It puzzled me. Ça m'a laissé perplexe.

pyjamas /pɪˈdʒɑːməz/ **pyjama**

► a pair of pyjamas **un pyjama**

En anglais américain, ce mot s'écrit pajamas.

Qq

La lettre Q se prononce /kjuː/ en anglais.
Q rime avec **stew, few** et **you.**

quack /kwæk/ *a plusieurs catégories grammaticales :*

> Ce mot peut être un NOM :

quack *signifie* **coin-coin**

> Ce mot peut être un VERBE :

quack *signifie* **faire coin-coin**

qualification /ˌkwɒlɪfɪˈkeɪʃən/ *a plusieurs sens :*

1 qualification *peut signifier* **diplôme**

2 qualification *peut signifier* **compétence**

qualified /ˈkwɒlɪfaɪd/ **qualifié** *ou* **diplômé**

ℹ Qualified est aussi le prétérit et le participe passé du verbe qualify :

▷ He qualified as a lawyer. Il a obtenu son diplôme d'avocat.

qualify /ˈkwɒlɪfaɪ/ *a plusieurs sens :*

1 qualify *peut signifier* **obtenir son diplôme**

► qualify as a doctor **obtenir son diplôme de médecin**

2 qualify *peut signifier* **remplir les conditions requises**

3 *En sport,* qualify *signifie* **se qualifier**

qualities /ˈkwɒlɪtɪz/ *est le pluriel de* quality.

quality /ˈkwɒlɪtɪ/ **qualité**

quantities /ˈkwɒntɪtɪz/ *est le pluriel de* quantity.

quantity /ˈkwɒntɪtɪ/ **quantité**

quarrel /ˈkwɒrəl/ *a plusieurs catégories grammaticales :*

> Ce mot peut être un NOM :

quarrel *signifie* **querelle**

> Ce mot peut être un VERBE :

quarrel *signifie* **se disputer**

ℹ Attention à l'orthographe du mot anglais quarrel.

quarries /ˈkwɒrɪz/ *est le pluriel de* quarry.

quarry /ˈkwɒrɪ/ **carrière** (= mine)

quarter /ˈkwɔːtəʳ/ *a plusieurs sens :*

1 quarter *peut signifier* **quart**

► a quarter of an hour **un quart d'heure**

► a quarter past two (en anglais britannique) *ou* a quarter after two (en anglais américain) **deux heures et quart**

► quarter final **quart de finale**

2 quarter *peut signifier* **quartier**

3 *En anglais américain,* quarter *peut signifier* **pièce de 25 cents**

quarterly /ˈkwɔːtəlɪ/ **trimestriel**

quay /kiː/ **quai**

queasy /ˈkwiːzɪ/ **nauséeux**

queen /kwiːn/ **reine**

► Queen Elizabeth **la reine Élisabeth**

queer /kwɪəʳ/ **bizarre**

queries /ˈkwɪərɪz/ *est le pluriel de* query.

query /ˈkwɪərɪ/ *a plusieurs catégories grammaticales :*

> Ce mot peut être un NOM :

query *signifie* **question** *ou* **requête**

> Ce mot peut être un VERBE :

► query something **mettre** quelque chose **en doute**

question /ˈkwestʃən/ *a plusieurs catégories grammaticales et plusieurs sens :*

> Ce mot peut être un NOM :

question *signifie* **question**

► ask somebody a question **poser une question à** quelqu'un

► question mark **point d'interrogation**

> Ce mot peut être un VERBE :

1 ► **question** somebody **interroger** quelqu'un

2 ► **question** something **remettre** quelque chose **en question**

queue /kjuː/ *a plusieurs catégories grammaticales :*

> Ce mot peut être un NOM :

queue *signifie* **queue** *ou* **file d'attente**

> Ce mot peut être un VERBE :

queue *signifie* **faire la queue**

Queue n'est pas employé en anglais américain : aux États-Unis, « une queue » se dit a line et « faire la queue » se dit wait in line.

quick /kwɪk/ *a plusieurs catégories grammaticales et plusieurs sens :*

> Ce mot peut être un ADJECTIF :

1 **quick** *peut signifier* **rapide**

2 **quick** *peut signifier* **vif** (= intelligent)

> Ce mot peut être un ADVERBE :

quick *signifie* **vite**

▷ Come quick! Venez vite !

quickly /ˈkwɪklɪ/ **vite** *ou* **rapidement**

quid /kwɪd/ **livre (sterling)**

▷ It cost me ten quid. Ça m'a coûté dix livres.

Ce mot est familier et s'emploie toujours au singulier.

quiet /ˈkwaɪət/ *a plusieurs catégories grammaticales et plusieurs sens :*

> Ce mot peut être un ADJECTIF :

1 **quiet** *peut signifier* **tranquille** *ou* **calme**

► **a quiet voice une voix basse**

2 **quiet** *peut signifier* **silencieux**

▷ Be quiet! Silence !

▷ They kept quiet. Ils ont gardé le silence.

▷ He went quiet. Il s'est tu.

3 ► **keep** something **quiet garder** quelque chose **secret**

> Ce mot peut être un NOM :

1 **quiet** *peut signifier* **silence**

2 **quiet** *peut signifier* **calme**

quieter /ˈkwaɪətəʳ/ *est le comparatif de* quiet.

▷ It's quieter now that they're gone. C'est plus calme maintenant qu'ils sont partis.

quietest /ˈkwaɪətɪst/ *est le superlatif de* quiet.

▷ This is one of the quietest streets in town. C'est une des rues les plus tranquilles de la ville.

quietly /ˈkwaɪətlɪ/ **doucement** *ou* **sans bruit**

quilt /kwɪlt/ **édredon** *ou* **couette**

quit /kwɪt/ *a plusieurs catégories grammaticales et plusieurs sens :*

> Ce mot peut être un VERBE TRANSITIF :

1 ► **quit** something **quitter** quelque chose

2 ► **quit doing** something **arrêter de faire** quelque chose

> Ce mot peut être un VERBE INTRANSITIF :

1 **quit** *peut signifier* **abandonner**

2 **quit** *peut signifier* **démissionner**

quite /kwaɪt/ *a plusieurs sens :*

1 **quite** *peut signifier* **tout à fait**

▷ You're quite right. Vous avez tout à fait raison.

► **not quite pas tout à fait**

2 **quite** *peut signifier* **assez**

▷ I waited quite a long time. J'ai attendu assez longtemps.

▷ This coffee is quite strong. Ce café est assez fort.

quiz /kwɪz/ *a plusieurs sens :*

1 **quiz** *peut signifier* **quiz**

2 *En anglais américain,* **quiz** *peut signifier* **interrogation** (à l'école)

En anglais britannique, on dit test.

quotation /kwəʊˈteɪʃən/ **citation**

► **quotation marks guillemets**

quote /kwəʊt/ *a plusieurs catégories grammaticales et plusieurs sens :*

> Ce mot peut être un VERBE :

► **quote** somebody *ou* something **citer** quelqu'un *ou* quelque chose

> Ce mot peut être un NOM :

quote *signifie* **citation**

▷ Do you know any quotes from Shakespeare? Connais-tu des citations de Shakespeare ?

Rr

La lettre **R** se prononce /ɑː^{r}/ en anglais.
R rime avec **star**, **bar** et **far**.

rabbit /'ræbɪt/ **lapin**

rabies /'reɪbiːz/ **rage** (= maladie)

race /reɪs/ *a plusieurs catégories grammaticales et plusieurs sens :*

> Ce mot peut être un NOM :

1 **race** *peut signifier* **course** (= compétition)

2 **race** *peut signifier* **race**

> Ce mot peut être un VERBE TRANSITIF :

► **race** somebody **faire la course avec quelqu'un**

> Ce mot peut être un VERBE INTRANSITIF :

1 **race** *peut signifier* **courir** (dans une compétition)

► **race each other** **faire la course**

2 ► **race in** **entrer à toute allure**

► **race out** **sortir à toute allure**

racecourse /'reɪskɔːs/ **champ de courses**

racehorse /'reɪshɔːs/ **cheval de course**

racetrack /'reɪstræk/ **champ de courses**

racing /'reɪsɪŋ/ **les courses** (= compétition)

► **racing car** **voiture de course**

► **racing driver** **coureur automobile**

ℹ Racing est aussi le participe présent du verbe race :

▷ They were racing each other. Ils faisaient la course.

racism /'reɪsɪzəm/ **racisme**

racist /'reɪsɪst/ **raciste**

rack /ræk/ *a plusieurs sens :*

1 **rack** *peut signifier* **casier** (pour bouteilles)

2 **rack** *peut signifier* **porte-bagages**

3 **rack** *peut signifier* **égouttoir**

racket /'rækɪt/ *a plusieurs sens :*

1 **racket** *peut signifier* **raquette**

2 **racket** *peut signifier* **vacarme**

3 **racket** *peut signifier* **trafic** (de drogue, etc.)

radiator /'reɪdɪeɪtə^{r}/ **radiateur**

radio /'reɪdɪəʊ/ **radio**

► **on the radio** **à la radio**

► **radio alarm** **radio-réveil**

► **radio station** **station de radio**

radish /'rædɪʃ/ **radis**

raffle /'ræfl/ **tombola**

raft /rɑːft/ **radeau**

rag /ræg/ **chiffon**

rage /reɪdʒ/

► **in a rage** **furieux**

raid /reɪd/ *a plusieurs sens :*

1 **raid** *peut signifier* **descente de police**

2 **raid** *peut signifier* **hold-up**

rail /reɪl/ *a plusieurs sens :*

1 **rail** *peut signifier* **rail**

► **by rail** **en train**

2 **rail** *peut signifier* **rampe** *ou* **garde-fou**

railing /'reɪlɪŋ/ *a plusieurs sens :*

1 **railing** *peut signifier* **garde-fou**

2 **railing** *peut signifier* **grille**

railroad /'reɪlrəʊd/ **chemin de fer**

Railroad est un mot américain : en anglais britannique on dit railway.

railway /'reɪlweɪ/ **chemin de fer**
► railway station **gare**

Railway n'est pas employé en anglais américain : aux États-Unis, on dit railroad.

rain /reɪn/ *a plusieurs catégories grammaticales :*
> Ce mot peut être un NOM :
rain *signifie* **pluie**
> Ce mot peut être un VERBE :
rain *signifie* **pleuvoir**
► it's raining **il pleut**

rainbow /'reɪnbəʊ/ **arc-en-ciel**

raincoat /'reɪnkəʊt/ **imperméable**

raindrop /'reɪndrɒp/ **goutte de pluie**

rainforest /'reɪnfɒrɪst/ **forêt tropicale**

rainy /'reɪnɪ/ **pluvieux**

raise /reɪz/ *a plusieurs catégories grammaticales et plusieurs sens :*
> Ce mot peut être un VERBE :
1 ► raise something *peut signifier* **lever** quelque chose (le bras, la jambe, un objet)
2 ► raise something *peut signifier* **augmenter** quelque chose (les prix, les salaires, le volume)
► raise one's voice **parler plus fort**
3 ► raise something *peut signifier* **élever** quelque chose (une famille, des animaux)
4 ► raise something *peut signifier* **soulever** quelque chose (des problèmes, des questions)
5 ► raise money **se procurer de l'argent** *ou* **collecter des fonds**
> Ce mot peut être un NOM :
En anglais américain, raise *signifie* **augmentation de salaire**

En anglais britannique « augmentation de salaire » se dit rise.

raisin /'reɪzən/ **raisin sec**

Le mot anglais raisin ne signifie pas raisin.

rake /reɪk/ **râteau**

rally /'rælɪ/ **rassemblement** (= manifestation) *ou* **rallye**

ramp /ræmp/ *a plusieurs sens :*
1 ramp *peut signifier* **rampe (d'accès)**
2 ramp *peut signifier* **ralentisseur**

ran /ræn/ *est le prétérit du verbe* run.
▷ She ran to catch the bus. Elle a couru pour attraper le bus.

random /'rændəm/ **aléatoire**
► at random **au hasard**

rang /ræŋ/ *est le prétérit du verbe* ring.
▷ He rang the doorbell. Il a sonné à la porte.

range /reɪndʒ/ *a plusieurs catégories grammaticales et plusieurs sens :*
> Ce mot peut être un NOM :
1 range *peut signifier* **gamme** (de produits, de sujets, de couleurs) *ou* **éventail** (de prix, d'activités)
► a wide range of... **un grand choix de...**
2 range *peut signifier* **portée** (d'un téléscope, d'un missile)
► be out of range **être hors de portée**
3 range *peut signifier* **chaîne** (de montagnes)
> Ce mot peut être un VERBE :
► range from... to... **varier de... à...**

ranger /'reɪndʒə^r/ **garde forestier**

rank /ræŋk/ **rang** *ou* **grade** (de militaire, de policier)

ransom /'rænsəm/ **rançon**

rape /reɪp/ *a plusieurs catégories grammaticales et plusieurs sens :*
> Ce mot peut être un NOM :
1 rape *peut signifier* **viol**
2 rape *peut signifier* **colza**
> Ce mot peut être un VERBE :
► rape somebody **violer** quelqu'un

rapist /'reɪpɪst/ **violeur**

rapper /'ræpə^r/ **rappeur**

rare /rɛə^r/ *a plusieurs sens :*
1 rare *peut signifier* **rare**
2 rare *peut signifier* **saignant** (en parlant de la cuisson d'une viande)

rarely /'rɛəlɪ/ **rarement**

rash /ræʃ/ *a plusieurs catégories grammaticales :*
> Ce mot peut être un NOM :
rash *signifie* **boutons** (sur la peau)
> Ce mot peut être un ADJECTIF :
rash *signifie* **imprudent**

raspberry /'rɑːzbərɪ/ **framboise**

rat /ræt/ **rat**

rate /reɪt/ *a plusieurs sens :*
1 rate *peut signifier* **taux**

2 **rate** *peut signifier* **vitesse**
► **at this rate** **à ce train-là**
► **at any rate** **en tout cas**

3 **rate** *peut signifier* **tarif**

rather /'rɑːðəʳ/ *a plusieurs sens :*

1 **rather** *peut signifier* **plutôt**
▷ It's rather expensive. C'est plutôt cher.

2 ► **rather than** **plutôt que**
▷ He left rather than wait. Il est parti plutôt que d'attendre.

3 ► **would rather** *est employé pour parler des* **préférences**
▷ I would rather go to the cinema. Je préférerais aller au cinéma.
▷ Would you rather stay here? Est-ce que tu préférerais rester là ?

ℹ Would rather se contracte souvent en -'d rather : I'd rather wait, he'd rather you came, etc.

ratio /'reɪʃɪəʊ/ **proportion** *ou* **rapport**

rattle /'rætl/ *a plusieurs catégories grammaticales et plusieurs sens :*

> Ce mot peut être un NOM :

1 **rattle** *peut signifier* **cliquetis** *ou* **bruit de ferraille**

2 **rattle** *peut signifier* **hochet**

> Ce mot peut être un VERBE INTRANSITIF :

1 **rattle** *peut signifier* **cliqueter** *ou* **faire un bruit de ferraille**

2 **rattle** *peut signifier* **s'entrechoquer**

> Ce mot peut être un VERBE TRANSITIF :

► **rattle** something **agiter** quelque chose

rattlesnake /'rætlsneɪk/ **serpent à sonnette**

raven /'reɪvn/ **corbeau**

raw /rɔː/ **cru** (= pas cuit) *ou* **brut** (= pas traité)
► **raw materials** **matières premières**

ray /reɪ/ **rayon**

razor /'reɪzəʳ/ **rasoir**

reach /riːtʃ/ *a plusieurs catégories grammaticales et plusieurs sens :*

> Ce mot peut être un NOM :

► **within reach** **à portée**
► **out of reach** **hors de portée**

> Ce mot peut être un VERBE TRANSITIF :

1 ► **reach** something *peut signifier* **atteindre** quelque chose

2 ► **reach** something *peut signifier* **parvenir à** quelque chose (un accord, une décision)

> Ce mot peut être un VERBE INTRANSITIF :

► **reach out** **tendre le bras**
► **reach for** something **tendre le bras pour prendre** quelque chose

react /riː'ækt/ **réagir**

reaction /riː'ækʃən/ **réaction**

read /riːd/ *a plusieurs catégories grammaticales et plusieurs sens :*

> Ce mot peut être un VERBE INTRANSITIF :

read *signifie* **lire**

> Ce mot peut être un VERBE TRANSITIF :

1 ► **read** something *peut signifier* **lire** quelque chose
► **read** something **out** **lire** quelque chose **à haute voix**
► **read** somebody**'s palm** **lire les lignes de la main à** quelqu'un

2 ► **read** something *peut signifier* **indiquer** quelque chose *(en parlant d'un thermomètre, par exemple)*

read *est aussi le prétérit et le participe passé du verbe* read. *Dans ce cas il se prononce* /red/.
▷ Danny read a book about planes. Danny a lu un livre sur les avions.
▷ Have you read the paper this morning? As-tu lu le journal ce matin ?

reader /'riːdəʳ/ **lecteur**

reading /'riːdɪŋ/ **lecture**

ℹ Reading est aussi une forme du verbe read :

▷ She was reading a comic. Elle lisait une BD.

ready /'redɪ/ **prêt**
► **be ready to do** something **être prêt à faire** quelque chose
► **get ready** **se préparer**
▷ Ready, steady, go! À vos marques, prêts, partez !

ready-made /'redɪmeɪd/ **tout fait**

real /rɪəl/ **vrai** *ou* **véritable** *ou* **réel**
► **in real life** **dans la réalité**
▷ Is it real leather? Est-ce du cuir véritable ?

realise /'rɪəlaɪz/ *est une autre façon d'écrire* realize.

reality /rɪ'ælɪtɪ/ **réalité**

realize /'rɪəlaɪz/ *a plusieurs sens :*

1 ► **realize** something *peut signifier* **se rendre compte de** quelque chose
▷ I realized it was raining. Je me suis rendu compte qu'il pleuvait.

2 ► **realize** something *peut signifier* **réaliser** quelque chose (une ambition, un rêve)

▷ My worst fears were realized. Mes pires craintes se sont réalisées.

really /'rɪəlɪ/ **vraiment**

realm /relm/ **royaume**

rear /rɪəʳ/ *a plusieurs catégories grammaticales et plusieurs sens :*

> Ce mot peut être un NOM :

rear *signifie* **arrière**

► **at the rear à l'arrière**

> Ce mot peut être un ADJECTIF :

rear *signifie* **de derrière** *ou* **arrière**

> Ce mot peut être un VERBE TRANSITIF :

► **rear** something **élever** quelque chose (une famille, des animaux)

> Ce mot peut être un VERBE INTRANSITIF :

rear *signifie* **se cabrer** (en parlant d'un cheval)

reason /'riːzn/ *a plusieurs catégories grammaticales :*

> Ce mot peut être un NOM :

reason *signifie* **raison**

> Ce mot peut être un VERBE :

reason *signifie* **raisonner**

reasonable /'riːznəbl/ **raisonnable**

reasonably /'riːznəblɪ/ *a plusieurs sens :*

1 reasonably *peut signifier* **assez**

2 reasonably *peut signifier* **raisonnablement**

reasoning /'riːznɪŋ/ **raisonnement**

reassure /ˌriːə'ʃʊəʳ/ **rassurer**

rebel *se prononce de deux façons et a des catégories grammaticales différentes selon la prononciation :*

/'rebl/ (l'accent est sur la première syllabe re-)

> C'est un NOM :

rebel *signifie* **rebelle**

/rɪ'bel/ (l'accent est sur la deuxième syllabe -bel)

> C'est un VERBE :

rebel *signifie* **se rebeller**

reboot /ˌriː'buːt/ **redémarrer** (un ordinateur)

recall /rɪ'kɔːl/ *a plusieurs sens :*

1 ► **recall** something *peut signifier* **se souvenir de** quelque chose

► **recall that... se rappeler que...**

2 ► **recall** something *peut signifier* **rappeler** quelque chose

receipt /rɪ'siːt/ **reçu** *ou* **ticket de caisse**

receive /rɪ'siːv/ **recevoir**

receiver /rɪ'siːvəʳ/ **combiné** (de téléphone)

recent /'riːsənt/ **récent**

recently /'riːsəntlɪ/ **récemment**

reception /rɪ'sepʃən/ **réception** *ou* **accueil**

► **reception desk réception** (dans un hôtel)

recipe /'resɪpɪ/ **recette** (de cuisine)

reckon /'rekən/ *a plusieurs sens :*

1 ► **reckon** something **calculer** quelque chose

2 ► **reckon that... estimer que...** *ou* **penser que...**

recognition /ˌrekəg'nɪʃən/ **reconnaissance**

recognize /'rekəgnaɪz/ **reconnaître**

recommend /ˌrekə'mend/ **recommander**

record *se prononce de deux façons et a des sens différents selon la prononciation :*

/'rekɔːd/ (l'accent est sur la première syllabe re-)

> C'est un NOM :

1 record *peut signifier* **disque** (= enregistrement)

► **record player platine disque**

2 record *peut signifier* **rapport** *ou* **dossier**

► **criminal record casier judiciaire**

3 record *peut signifier* **record**

► **break a record battre un record**

/rɪ'kɔːd/ (l'accent est sur la deuxième syllabe -cord)

> C'est un VERBE :

1 ► **record** something *peut signifier* **enregistrer** quelque chose

2 ► **record** something *peut signifier* **noter** quelque chose

recorder /rɪ'kɔːdəʳ/ *a plusieurs sens :*

1 recorder *peut signifier* **flûte à bec**

2 ► **cassette recorder magnétophone à cassettes**

► **video recorder magnétoscope**

recording /rɪ'kɔːdɪŋ/ **enregistrement**

ℹ Recording est aussi une forme du verbe record :

▷ I'm recording a film. J'enregistre un film.

recover /rɪ'kʌvəʳ/ *a plusieurs catégories grammaticales et plusieurs sens :*

> Ce mot peut être un VERBE INTRANSITIF :

recover *signifie* **se remettre** *ou* **se rétablir**

> Ce mot peut être un VERBE TRANSITIF :

1 ► **recover** something **retrouver** quelque chose

2 ► **recover one's strength** **reprendre des forces**

recovery /rɪ'kʌvərɪ/ *a plusieurs sens :*

1 **recovery** *peut signifier* **guérison** *ou* **rétablissement**

2 **recovery** *peut signifier* **récupération**

recruit /rɪ'kruːt/ *a plusieurs catégories grammaticales :*

> Ce mot peut être un NOM :

recruit *signifie* **recrue**

> Ce mot peut être un VERBE :

► **recruit** somebody **recruter** quelqu'un

recycle /ˌriː'saɪkl/ **recycler**

recycling /ˌriː'saɪklɪŋ/ **recyclage**

ℹ Recycling est aussi une forme du verbe recycle :

▷ We're recycling a lot of glass. Nous recyclons beaucoup de verre.

red /red/ *a plusieurs sens :*

1 **red** *peut signifier* **rouge**

► **go red** *ou* **turn red** **rougir**

► **the Red Cross** **la Croix-Rouge**

2 **red** *peut signifier* **roux** (en parlant de cheveux)

redcurrant /red'kʌrənt/ **groseille rouge**

red-haired /'redhɛəʳd/ **rouquin**

reduce /rɪ'djuːs/ **réduire**

reduction /rɪ'dʌkʃən/ **réduction**

redundant /rɪ'dʌndənt/

► **be made redundant** **être licencié**

reef /riːf/ **récif**

refer /rɪ'fɜːʳ/ *a plusieurs sens :*

1 ► **refer to** something *peut signifier* **faire référence à** quelque chose

2 ► **refer to** something *peut signifier* **se référer à** quelque chose

referee /ˌrefə'riː/ **arbitre**

reference /'refrəns/ **référence** *ou* **allusion**

▷ No reference was made to his illness. On n'a fait aucune allusion à sa maladie.

▷ I need references to apply for the job. J'ai besoin de références pour ma candidature.

refine /rɪ'faɪn/ *a plusieurs sens :*

1 ► **refine** something *peut signifier* **raffiner** quelque chose

2 ► **refine** something *peut signifier* **peaufiner** quelque chose

reflect /rɪ'flekt/ *a plusieurs catégories grammaticales :*

> Ce mot peut être un VERBE TRANSITIF :

► **reflect** something **refléter** quelque chose

> Ce mot peut être un VERBE INTRANSITIF :

reflect *signifie* **réfléchir**

reflection /rɪ'flekʃən/ *a plusieurs sens :*

1 **reflection** *peut signifier* **reflet** *ou* **image**

▷ He saw his reflection in the pool. Il a vu son reflet dans la mare.

2 **reflection** *peut signifier* **réflexion**

► **on reflection** **réflexion faite**

ℹ Attention à l'orthographe du mot anglais reflection.

reflex /'riːfleks/ **réflexe**

reform /rɪ'fɔːm/ *a plusieurs catégories grammaticales et plusieurs sens :*

> Ce mot peut être un NOM :

reform *signifie* **réforme**

> Ce mot peut être un VERBE :

1 ► **reform** something **réformer** quelque chose

2 ► **reform** somebody **changer** quelqu'un

refresh /rɪ'freʃ/ **rafraîchir** *ou* **revigorer**

▷ Refresh your screen. Rafraîchis ton écran.

▷ I feel refreshed. Je me sens revigoré.

refreshing /rɪ'freʃɪŋ/ **rafraîchissant**

refreshments /rɪ'freʃmənts/ **rafraîchissements**

refrigerator /rɪ'frɪdʒəreɪtəʳ/ **réfrigérateur**

refugee /ˌrefjʊ'dʒiː/ **réfugié**

refund *se prononce de deux façons et a des catégories grammaticales différentes selon la prononciation :*

🔊 /'riːfʌnd/ (l'accent est sur la première syllabe re-)

> C'est un NOM :

refund *signifie* **remboursement**

🔊 /rɪ'fʌnd/ (l'accent est sur la deuxième syllabe -fund)

> C'est un VERBE :

► **refund** something **rembourser** quelque chose

refusal /rɪ'fju:zəl/ **refus**

refuse *se prononce de deux façons et a des sens différents selon la prononciation :*

/'refju:s/ (l'accent est sur la première syllabe re-, et le s est celui de sea).

> C'est un NOM :

refuse *signifie* **ordures** *ou* **déchets**

/rɪ'fju:z/ (l'accent est sur la deuxième syllabe -fuse, et le s se prononce comme un z).

> C'est un VERBE :

refuse *signifie* **refuser**

► refuse to do something **refuser de faire** quelque chose

regal /'ri:gəl/ **royal**

En anglais, regal ne signifie pas « régal ».

regard /rɪ'gɑ:d/ *a plusieurs catégories grammaticales et plusieurs sens :*

> Ce mot peut être un NOM :

1 regard *peut signifier* **estime** *ou* **respect**

2 ► with regards **meilleurs souvenirs** (à la fin d'une lettre, par exemple)

> Ce mot peut être un VERBE :

► regard somebody *ou* something as... **considérer** quelqu'un *ou* quelque chose **comme...**

region /'ri:dʒən/ **région**

► in the regions **en province**

register /'redʒɪstə^r/ *a plusieurs catégories grammaticales et plusieurs sens :*

> Ce mot peut être un NOM :

register *peut signifier* **registre**

> Ce mot peut être un VERBE TRANSITIF :

1 ► register something *peut signifier* **déclarer** quelque chose (une naissance, un mariage, un décès)

2 ► register something *peut signifier* **indiquer** quelque chose (en parlant d'un appareil)

3 ► register something *peut signifier* **remarquer** quelque chose

> Ce mot peut être un VERBE INTRANSITIF :

1 register *peut signifier* **s'inscrire** (pour des cours, pour voter)

2 register *peut signifier* **signer le registre** (dans un hôtel)

registration /ˌredʒɪ'streɪʃən/ **inscription**

► registration book **carte grise** (d'un véhicule)

► registration number **numéro d'immatriculation**

regret /rɪ'gret/ *a plusieurs catégories grammaticales :*

> Ce mot peut être un NOM :

regret *signifie* **regret**

> Ce mot peut être un VERBE :

► regret something **regretter** quelque chose

regular /'regjələ^r/ *a plusieurs sens :*

1 regular *peut signifier* **régulier**

2 regular *peut signifier* **habituel**

► a regular customer **un habitué** (dans un magasin)

3 *En anglais américain,* regular *peut signifier* **normal** (en parlant de la taille d'un produit)

regularly /'regjələlɪ/ **régulièrement**

regulate /'regjəleɪt/ **régler** *ou* **réguler**

regulations /ˌregjə'leɪʃənz/ **règlements**

rehearsal /rɪ'hɜ:səl/ **répétition** (pour une pièce de théâtre)

rehearse /rɪ'hɜ:s/ **répéter** (pour une pièce de théâtre)

reign /reɪn/ *a plusieurs catégories grammaticales :*

> Ce mot peut être un NOM :

reign *signifie* **règne**

> Ce mot peut être un VERBE :

reign *signifie* **régner**

rein /reɪn/ **rêne**

reindeer /'reɪndɪə^r/ **renne**

reinforce /ˌri:ɪn'fɔ:s/ **renforcer**

reject /rɪ'dʒekt/ **rejeter** *ou* **refuser**

rejection /rɪ'dʒekʃən/ **rejet**

rejoice /rɪ'dʒɔɪs/ **se réjouir**

related /rɪ'leɪtɪd/ *a plusieurs sens :*

1 related *peut signifier* **apparenté**

▷ He's related to Tom. Il est parent de Tom.

2 related *peut signifier* **lié**

relation /rɪ'leɪʃən/ *a plusieurs sens :*

1 relation *peut signifier* **parent** (= personne de la famille)

▷ All my relations were there. Toute ma famille était là.

2 relation *peut signifier* **rapport** (= lien)

3 ► relations *peut signifier* **relations**

relationship /rɪ'leɪʃənʃɪp/ *a plusieurs sens :*

1 relationship *peut signifier* **liens de parenté**

2 relationship *peut signifier* **rapport** (= lien)

3 relationship *peut signifier* **relations**

relative /'relətɪv/ *a plusieurs catégories grammaticales :*

> Ce mot peut être un NOM :

relative *signifie* **parent** (= personne de la famille)

> Ce mot peut être un ADJECTIF :

relative *signifie* **relatif**

relax /rɪ'læks/ *a plusieurs catégories grammaticales :*

> Ce mot peut être un VERBE TRANSITIF :

► relax somebody **détendre** quelqu'un

> Ce mot peut être un VERBE INTRANSITIF :

relax *signifie* **se détendre**

relaxed /rɪ'lækst/ **détendu**

ℹ Relaxed est aussi le prétérit et le participe passé du verbe relax :

▷ I relaxed in the bath. Je me suis détendu dans le bain.

relaxing /rɪ'læksɪŋ/ **reposant** *ou* **relaxant**

ℹ Relaxing est aussi une forme du verbe relax :

▷ She was relaxing in the bath. Elle se détendait dans le bain.

release /rɪ'li:s/ *a plusieurs catégories grammaticales et plusieurs sens :*

> Ce mot peut être un NOM :

1 release *peut signifier* **libération**

2 release *peut signifier* **sortie** (d'un film, d'un disque)

► a new release **un nouveau film** *ou* **un nouvel album**

> Ce mot peut être un VERBE :

1 ► release somebody *peut signifier* **libérer** quelqu'un

2 ► release something *peut signifier* **lâcher** quelque chose

3 ► release something *peut signifier* **sortir** quelque chose (un film, un album)

relevant /'reləvənt/ **pertinent**

reliable /rɪ'laɪəbl/ **fiable**

relied /rɪ'laɪd/ *est le prétérit et le participe passé du verbe* rely.

▷ I relied on my father. Je comptais sur mon père.

relief /rɪ'li:f/ *a plusieurs sens :*

1 relief *peut signifier* **soulagement**

2 relief *peut signifier* **aide** *ou* **secours**

relies /rɪ'laɪz/ *est la troisième personne du singulier du verbe* rely.

▷ She relies on her sister. Elle compte sur sa sœur.

relieve /rɪ'li:v/ *a plusieurs sens :*

1 ► relieve somebody *ou* something *peut signifier* **soulager** quelqu'un *ou* quelque chose

2 ► relieve somebody *peut signifier* **relayer** quelqu'un

3 ► relieve somebody *peut signifier* **secourir** quelqu'un

relieved /rɪ'li:vd/ **soulagé**

ℹ Relieved est aussi le prétérit et le participe passé du verbe relieve :

▷ The medicine relieved the pain. Le médicament a soulagé la douleur.

religion /rɪ'lɪdʒən/ **religion**

religious /rɪ'lɪdʒəs/ **religieux**

reluctant /rɪ'lʌktənt/ **réticent** *ou* **peu enthousiaste**

reluctantly /rɪ'lʌktəntlɪ/ **à contrecœur**

rely /rɪ'laɪ/ *a plusieurs sens :*

1 ► rely on somebody *peut signifier* **compter sur** quelqu'un

2 ► rely on somebody *peut signifier* **dépendre de** quelqu'un (pour vivre)

remain /rɪ'meɪn/ **rester**

remainder /rɪ'meɪndəʳ/ **reste**

remark /rɪ'mɑ:k/ *a plusieurs catégories grammaticales :*

> Ce mot peut être un NOM :

remark *signifie* **remarque** *ou* **observation**

> Ce mot peut être un VERBE :

► remark that... **remarquer que...** *ou* **faire remarquer que...**

remarkable /rɪ'mɑ:kəbl/ **remarquable**

remedy /'remədɪ/ **remède**

remember /rɪ'membəʳ/ *a plusieurs catégories grammaticales :*

> Ce mot peut être un VERBE TRANSITIF :

► remember something **se souvenir de** quelque chose

> Ce mot peut être un VERBE INTRANSITIF :

remember *signifie* **se souvenir** *ou* **se rappeler**

remind /rɪˈmaɪnd/ **rappeler**

► **remind** somebody **to do** something **rappeler à** quelqu'un **de faire** quelque chose

remorse /rɪˈmɔːs/ **remords**

remote /rɪˈməʊt/ *a plusieurs sens :*

1 **remote** *peut signifier* **éloigné** *ou* **lointain** *ou* **isolé**

2 **remote** *peut signifier* **distant** (= froid ou réservé)

3 **remote** *peut signifier* **vague** (en parlant de chances, de possibilités, de ressemblance)

4 ► **remote control** **télécommande**

remove /rɪˈmuːv/ *a plusieurs sens :*

1 ► **remove** something *peut signifier* **enlever** quelque chose

2 ► **remove** something *peut signifier* **supprimer** quelque chose

3 ► **remove** something *peut signifier* **écarter** quelque chose

renew /rɪˈnjuː/ **renouveler**

renewable /rɪˈnjuːəbl/ **renouvelable**

renovate /ˈrenəʊveɪt/ **rénover** *ou* **restaurer**

renowned /rɪˈnaʊnd/ **renommé**

rent /rent/ *a plusieurs catégories grammaticales :*

> Ce mot peut être un NOM :

rent *signifie* **loyer**

> Ce mot peut être un VERBE :

► **rent** something *ou* **rent** something **out** **louer** quelque chose

En anglais, **rent** ne signifie pas « rente ».

repair /rɪˈpɛəʳ/ *a plusieurs catégories grammaticales :*

> Ce mot peut être un NOM :

repair *signifie* **réparation**

> Ce mot peut être un VERBE :

► **repair** something **réparer** quelque chose

repay /riːˈpeɪ/ **rembourser**

repeat /rɪˈpiːt/ **répéter**

► **repeat a year** (à l'école) **redoubler**

repeatedly /rɪˈpiːtɪdlɪ/ **à plusieurs reprises**

repetition /ˌrepɪˈtɪʃən/ **répétition**

replace /rɪˈpleɪs/ *a plusieurs sens :*

1 ► **replace** something *peut signifier* **remettre** quelque chose **à sa place**

2 ► **replace** somebody *ou* something *peut signifier* **remplacer** quelqu'un *ou* quelque chose

replacement /rɪˈpleɪsmənt/ *a plusieurs sens :*

1 **replacement** *peut signifier* **remplacement**

► **replacement part** **pièce de rechange**

2 **replacement** *peut signifier* **remplaçant** (= personne)

replica /ˈreplɪkə/ **copie exacte** *ou* **réplique**

replied /rɪˈplaɪd/ *est le prétérit et le participe passé du verbe* **reply**.

▷ They haven't replied yet. Ils n'ont pas encore répondu.

replies /rɪˈplaɪz/ *est le pluriel du nom* **reply**, *et la troisième personne du singulier au présent du verbe* **reply**.

▷ We got three replies. Nous avons eu trois réponses.

▷ She always replies in French. Elle répond toujours en français.

reply /rɪˈplaɪ/ *a plusieurs catégories grammaticales :*

> Ce mot peut être un NOM :

reply *signifie* **réponse**

> Ce mot peut être un VERBE :

reply *signifie* **répondre**

report /rɪˈpɔːt/ *a plusieurs catégories grammaticales et plusieurs sens :*

> Ce mot peut être un NOM :

1 **report** *peut signifier* **rapport** *ou* **compte rendu**

2 **report** *peut signifier* **reportage**

3 *En anglais britannique,* **report** *peut signifier* **bulletin scolaire**

En anglais américain, pour dire « bulletin scolaire », on dit **report card**.

> Ce mot peut être un VERBE TRANSITIF :

1 ► **report** something *peut signifier* **rapporter** quelque chose (= rendre compte de quelque chose)

2 ► **report** something *peut signifier* **signaler** quelque chose (un accident, un crime, un suspect)

3 ► **report** somebody **dénoncer** quelqu'un

> Ce mot peut être un VERBE INTRANSITIF :

1 **report** *peut signifier* **faire un rapport**

2 ► **report to** somebody *peut signifier* **être sous les ordres de** quelqu'un

3 ► **report to somebody** *peut signifier* **se présenter à** quelqu'un

reporter /rɪ'pɔːtəʳ/ **journaliste** *ou* **reporter**

represent /ˌreprɪ'zent/ **représenter**

representative /ˌreprɪ'zentətɪv/ *a plusieurs catégories grammaticales :*

> Ce mot peut être un NOM :

representative *signifie* **représentant**

> Ce mot peut être un ADJECTIF :

representative *signifie* **représentatif**

reproach /rɪ'prəʊtʃ/ *a plusieurs catégories grammaticales :*

> Ce mot peut être un NOM :

reproach *signifie* **reproche**

> Ce mot peut être un VERBE :

► **reproach somebody** **faire des reproches à** quelqu'un

reproduce /ˌriːprə'djuːs/ *a plusieurs catégories grammaticales :*

> Ce mot peut être un VERBE TRANSITIF :

► **reproduce something** **reproduire** quelque chose

> Ce mot peut être un VERBE INTRANSITIF :

reproduce *signifie* **se reproduire**

reptile /'reptaɪl/ **reptile**

republic /rɪ'pʌblɪk/ **république**

repulsive /rɪ'pʌlsɪv/ **repoussant**

reputation /ˌrepjʊ'teɪʃən/ **réputation**

request /rɪ'kwest/ *a plusieurs catégories grammaticales :*

> Ce mot peut être un NOM :

request *signifie* **demande**

> Ce mot peut être un VERBE :

► **request something** **demander** quelque chose

► **request somebody to do something** **demander à** quelqu'un **de faire** quelque chose

require /rɪ'kwaɪəʳ/ *a plusieurs sens :*

1 ► **require something** *peut signifier* **avoir besoin de** quelque chose

2 ► **require something** *peut signifier* **exiger** quelque chose

requirement /rɪ'kwaɪəmənt/ **besoin**

▷ What are the job requirements? Quelles sont les compétences requises pour ce poste ?

rescue /'reskjuː/ *a plusieurs catégories grammaticales :*

> Ce mot peut être un NOM :

rescue *peut signifier* **secours** *ou* **sauvetage**

► **rescue worker** **secouriste** *ou* **sauveteur**

> Ce mot peut être un VERBE :

► **rescue somebody** **sauver** quelqu'un *ou* **secourir** quelqu'un

research /rɪ'sɜːtʃ/ *a plusieurs catégories grammaticales :*

> Ce mot peut être un NOM :

research *signifie* **recherche** *ou* **recherches**

> Ce mot peut être un VERBE :

► **research something** **faire des recherches sur** quelque chose

resemble /rɪ'zembl/ **ressembler à**

ℹ Attention à l'orthographe du mot anglais **resemble**.

reservation /ˌrezə'veɪʃən/ *a plusieurs sens :*

1 **reservation** *peut signifier* **réservation**

► **make a reservation** **réserver**

2 **reservation** *peut signifier* **réserve** (= territoire protégé)

3 ► **reservations** *peut signifier* **réserves** (= doutes)

reserve /rɪ'zɜːv/ *a plusieurs catégories grammaticales et plusieurs sens :*

> Ce mot peut être un VERBE :

► **reserve something** **réserver** quelque chose

> Ce mot peut être un NOM :

1 **reserve** *peut signifier* **réserve**

2 *En sport,* **reserve** *signifie* **remplaçant**

residence /'rezɪdəns/ **résidence**

► **residence permit** **carte de séjour**

resident /'rezɪdənt/ **résident**

resign /rɪ'zaɪn/ *a plusieurs sens :*

1 **resign** *signifie* **démissionner**

2 ► **resign oneself to something** **se résigner à** quelque chose

resignation /ˌrezɪg'neɪʃən/ *a plusieurs sens :*

1 **resignation** *peut signifier* **démission**

2 **resignation** *peut signifier* **résignation**

resist /rɪ'zɪst/ **résister à**

resolve /rɪ'zɒlv/ **résoudre**

resort /rɪ'zɔːt/ *a plusieurs catégories grammaticales et plusieurs sens :*

> Ce mot peut être un NOM :

1 **resort** *peut signifier* **recours**
► **as a last resort** **en dernier recours**

2 **resort** *peut signifier* **station balnéaire**
► **ski resort** **station de ski**

> Ce mot peut être un VERBE :

► **resort to** something **avoir recours à** quelque chose

resource /rɪ'sɔːs/ **ressource**

Attention à l'orthographe du mot anglais resource.

respect /rɪ'spekt/ *a plusieurs catégories grammaticales et plusieurs sens :*

> Ce mot peut être un NOM :

1 **respect** *peut signifier* **respect**

2 ► **in many respects** **à bien des égards**
► **in some respects** **à certains égards**

> Ce mot peut être un VERBE :

► **respect** somebody *ou* something **respecter** quelqu'un *ou* quelque chose

respectful /rɪ'spektfʊl/ **respectueux**

respond /rɪ'spɒnd/ **répondre**

response /rɪ'spɒns/ **réponse**

responsibility /rɪˌspɒnsə'bɪlɪtɪ/ **responsabilité**

Attention à l'orthographe du mot anglais responsibility.

responsible /rɪ'spɒnsəbl/ **responsable**

Attention à l'orthographe du mot anglais responsible.

rest /rest/ *a plusieurs catégories grammaticales et plusieurs sens :*

> Ce mot peut être un NOM :

1 **rest** *peut signifier* **repos**
► **have a rest** **se reposer**

2 **rest** *peut signifier* **reste**
► **the rest of the story** **le reste de l'histoire**
► **the rest of the people** **les autres personnes**

> Ce mot peut être un VERBE INTRANSITIF :

1 **rest** *peut signifier* **se reposer**

2 ► **rest against** something **s'appuyer contre** quelque chose *ou* **être appuyé contre** quelque chose

> Ce mot peut être un VERBE TRANSITIF :

► **rest** something **against** something **appuyer** quelque chose **contre** quelque chose

restart /ˌriː'stɑːt/ *a plusieurs sens :*

1 **restart** *peut signifier* **reprendre** *ou* **recommencer** (une activité)

2 **restart** *peut signifier* **remettre en marche** (une machine)

restless /'restlɪs/ **agité**

restore /rɪ'stɔːʳ/ **rendre** *ou* **rétablir** *ou* **restaurer**

restrain /rɪ'streɪn/ **retenir**

restrict /rɪ'strɪkt/ **restreindre** *ou* **limiter**
▷ Visiting is restricted to one hour per day. Les visites sont limitées à une heure par jour.

result /rɪ'zʌlt/ *a plusieurs catégories grammaticales :*

> Ce mot peut être un NOM :

result *signifie* **résultat**

> Ce mot peut être un VERBE :

result *signifie* **résulter**
► **result in** something **aboutir à** quelque chose *ou* **entraîner** quelque chose

resume /rɪ'zjuːm/ **reprendre**

En anglais, resume ne signifie pas « résumer ».

retain /rɪ'teɪn/ **conserver**

retire /rɪ'taɪəʳ/ **prendre sa retraite** *ou* **se retirer**

retired /rɪ'taɪəd/ **retraité** *ou* **à la retraite**

Retired est aussi le prétérit et le participe passé du verbe retire :

▷ He retired last year. Il a pris sa retraite l'année dernière.

retirement /rɪ'taɪəmənt/ **retraite** (après la fin de l'activité professionnelle)

retreat /rɪ'triːt/ *a plusieurs catégories grammaticales :*

> Ce mot peut être un NOM :

retreat *signifie* **retraite** (d'une armée)

> Ce mot peut être un VERBE :

retreat *signifie* **battre en retraite**

return /rɪ'tɜːn/ *a plusieurs catégories grammaticales et plusieurs sens :*

> Ce mot peut être un VERBE INTRANSITIF :

return *signifie* **revenir** *ou* **retourner**

> Ce mot peut être un VERBE TRANSITIF :

1 ► **return something** *peut signifier* **rendre** quelque chose *ou* **rapporter** quelque chose

2 ► **return something** *peut signifier* **renvoyer** quelque chose

> Ce mot peut être un NOM :

1 **return** *peut signifier* **retour**
► **return match** **match retour**
► **in return** **en échange**
▷ What did you get in return? Qu'as-tu eu en échange ?

2 **return** *peut signifier* **billet aller-retour**

reunion /rɪ'juːnjən/ **réunion** (de famille)

reveal /rɪ'viːl/ **révéler**

revenge /rɪ'vendʒ/ **vengeance**

reverse /rɪ'vɜːs/ *a plusieurs catégories grammaticales et plusieurs sens :*

> Ce mot peut être un NOM :

1 ► **the reverse** **le contraire**

2 **reverse** *peut signifier* **marche arrière**
▷ He put the car in reverse. Il s'est mis en marche arrière.

> Ce mot peut être un ADJECTIF :

reverse *signifie* **inverse**
► **in reverse order** **dans l'ordre inverse**

> Ce mot peut être un VERBE :

1 ► **reverse something** *peut signifier* **renverser** quelque chose

2 ► **reverse a car** **faire marche arrière**

review /rɪ'vjuː/ *a plusieurs catégories grammaticales et plusieurs sens :*

> Ce mot peut être un NOM :

1 **review** *peut signifier* **examen** (d'une situation) *ou* **révision** (de salaire, de prix, etc.)

2 **review** *peut signifier* **critique** (d'un film, d'une pièce de théâtre, d'un livre)

> Ce mot peut être un VERBE :

1 ► **review something** *peut signifier* **passer** quelque chose **en revue**

2 ► **review something** *peut signifier* **critiquer** quelque chose

revise /rɪ'vaɪz/ **réviser**

revision /rɪ'vɪʒən/ **révision**
► **do one's revision** (élève) **faire** ses **révisions**

revive /rɪ'vaɪv/ *a plusieurs sens :*

1 ► **revive somebody** **réanimer** quelqu'un

2 ► **revive something** **raviver** quelque chose *ou* **relancer** quelque chose

revolt /rɪ'vəʊlt/ *a plusieurs catégories grammaticales :*

> Ce mot peut être un NOM :

revolt *signifie* **révolte**

> Ce mot peut être un VERBE INTRANSITIF :

revolt *signifie* **se révolter**

> Ce mot peut être un VERBE TRANSITIF :

► **revolt somebody** **révolter** quelqu'un

revolting /rɪ'vəʊltɪŋ/ **révoltant** *ou* **dégoûtant**

revolve /rɪ'vɒlv/ **tourner**

reward /rɪ'wɔːd/ *a plusieurs catégories grammaticales :*

> Ce mot peut être un NOM :

reward *signifie* **récompense**

> Ce mot peut être un VERBE :

► **reward somebody** **récompenser** quelqu'un

rewind /ˌriː'waɪnd/ **rembobiner**

rheumatism /'ruːmətɪzəm/ **rhumatisme**

rhinoceros /raɪ'nɒsərəs/ **rhinocéros**

> ℹ L'abréviation **rhino** /'raɪnəʊ/ est très courante.

rhyme /raɪm/ *a plusieurs catégories grammaticales et plusieurs sens :*

> Ce mot peut être un NOM :

rhyme *signifie* **rime** *ou* **poème**

> Ce mot peut être un VERBE :

rhyme *signifie* **rimer**

rhythm /'rɪðəm/ **rythme**

> ℹ Attention à l'orthographe du mot anglais **rhythm**.

rib /rɪb/ **côte** (= os)

ribbon /'rɪbən/ **ruban**

rice /raɪs/ **riz**

rich /rɪtʃ/ **riche**
► **the rich** **les riches**
► **riches** **la richesse**

rickety /'rɪkɪtɪ/ **branlant** *ou* **bancal**

rid /rɪd/
► **get rid of something** **se débarrasser de** quelque chose

ridden /'rɪdn/ *est le participe passé du verbe* **ride**.
▷ Have you ever ridden a horse? Est-ce que tu es déjà monté à cheval ?

riddle /'rɪdl/ **devinette** *ou* **énigme**

ride /raɪd/ *a plusieurs catégories grammaticales et plusieurs sens :*

> Ce mot peut être un NOM :

ride *signifie* **promenade** *ou* **tour**

► go for a ride **faire une promenade à cheval** *ou* **faire un tour à vélo** *ou* **faire un tour en voiture**

> Ce mot peut être un VERBE TRANSITIF :

► ride a horse **monter à cheval**

► ride a bike **faire du vélo**

> Ce mot peut être un VERBE INTRANSITIF :

1 ride *peut signifier* **monter à cheval** *ou* **faire du cheval**

2 ride *peut signifier* **aller à cheval** *ou* **aller à vélo** *ou* **aller en moto**

► ride on the bus **prendre le bus**

rider /ˈraɪdəʳ/ **cavalier** *ou* **jockey**

ridiculous /rɪˈdɪkjʊləs/ **ridicule**

riding /ˈraɪdɪŋ/ **équitation**

► riding school **centre équestre**

ℹ Riding est aussi le participe présent du verbe ride :

▷ She was riding a bike. Elle était à vélo.

rifle /ˈraɪfl/ **fusil**

right /raɪt/ *a plusieurs catégories grammaticales et plusieurs sens :*

> Ce mot peut être un ADJECTIF :

1 right *peut signifier* **bien** (= convenable)

▷ It isn't right to lie. Ce n'est pas bien de mentir.

2 right *peut signifier* **juste** *ou* **exact** *ou* **bon**

▷ What's the right time? Quelle est l'heure exacte ?

▷ Is it the right size? Est-ce que c'est la bonne taille ?

3 ► be right *peut signifier* **avoir raison**

▷ You're right. Tu as raison.

▷ He was right to leave. Il a eu raison de partir.

4 ► put something right **corriger** quelque chose *ou* **redresser** quelque chose

5 right *peut signifier* **qui convient**

▷ They are not the right shoes for walking. Ce ne sont pas des chaussures qui conviennent pour la randonnée.

► do something the right way **faire** quelque chose **comme il faut**

6 right *peut signifier* **droit** (= le contraire de gauche)

► on the right hand **à droite**

► right angle **angle droit**

> Ce mot peut être un ADVERBE :

1 right *peut signifier* **droit** (= en ligne droite) *ou* **directement**

▷ It's right in front of you. C'est droit devant toi.

▷ He went right home. Il est rentré directement.

► right away **tout de suite**

► right now **tout de suite**

► right in the middle **en plein milieu**

► right at the end **tout au bout**

2 right *peut signifier* **bien** *ou* **juste**

▷ He guessed right. Il a deviné juste.

3 right *peut signifier* **à droite**

▷ Turn right at the end of the street. Tournez à droite au bout de la rue.

> Ce mot peut être un NOM :

1 right *peut signifier* **bien**

► right and wrong **le bien et le mal**

2 right *peut signifier* **droit** (à quelque chose ou de faire quelque chose)

► human rights **les droits de l'homme**

► right of way **droit de passage** *ou* **priorité** (sur la route)

3 right *peut signifier* **droite**

► on the right **à droite**

right-hand /ˈraɪthænd/ **de droite**

► the right-hand side **le côté droit**

right-handed /raɪtˈhændəd/ **droitier**

rim /rɪm/ **bord** (d'un récipient, d'un cratère)

rind /raɪnd/ *a plusieurs sens :*

1 rind *peut signifier* **croûte** (de fromage)

2 rind *peut signifier* **peau** *ou* **zeste** (d'orange, de citron)

ring /rɪŋ/ *a plusieurs catégories grammaticales et plusieurs sens :*

> Ce mot peut être un NOM :

1 ring *peut signifier* **bague**

► wedding ring **alliance**

2 ring *peut signifier* **anneau** *ou* **cercle**

3 ring *peut signifier* **réseau** (d'espions, de criminels)

4 ring *peut signifier* **piste** (de cirque)

5 *En boxe,* ring *signifie* **ring**

6 ring *peut signifier* **coup de fil**

► give somebody a ring **passer un coup de fil à** quelqu'un

> Ce mot peut être un VERBE TRANSITIF :

1 ► ring somebody *ou* ring somebody up **téléphoner à** quelqu'un

2 ► ring something **faire sonner** quelque chose

▷ He rang the doorbell. Il a sonné à la porte.

> Ce mot peut être un VERBE INTRANSITIF :

1 **ring** *peut signifier* **téléphoner**

2 **ring** *peut signifier* **sonner**

rink /rɪŋk/ **patinoire ou piste** (de patinage)

rinse /rɪns/ **rincer**

ℹ Attention à l'orthographe du mot anglais rinse.

riot /'raɪət/ *a plusieurs catégories grammaticales :*

> Ce mot peut être un NOM :

riot *signifie* **émeute**

> Ce mot peut être un VERBE :

riot *signifie* **faire une émeute**

rioter /'raɪətə^{r}/ **émeutier**

rip /rɪp/ *a plusieurs catégories grammaticales :*

> Ce mot peut être un NOM :

rip *signifie* **déchirure**

> Ce mot peut être un VERBE TRANSITIF :

► **rip** something **déchirer** quelque chose

> Ce mot peut être un VERBE INTRANSITIF :

rip *signifie* **se déchirer**

ripe /raɪp/ **mûr**

ripen /'raɪpən/ **mûrir**

rise /raɪz/ *a plusieurs catégories grammaticales et plusieurs sens :*

> Ce mot peut être un NOM :

1 **rise** *peut signifier* **augmentation** *ou* **hausse**

2 *En anglais britannique,* **rise** *peut signifier* **augmentation de salaire**

En anglais américain, pour dire « augmentation de salaire », on dit raise.

3 ► **give rise to** something **donner lieu à** quelque chose

> Ce mot peut être un VERBE :

1 **rise** *peut signifier* **monter** *ou* **s'élever**

2 **rise** *peut signifier* **augmenter**

3 **rise** *peut signifier* **se lever**

risen /'rɪzn/ *est le participe passé du verbe* rise.

▷ Prices have risen recently. Les prix ont augmenté récemment.

risk /rɪsk/ *a plusieurs catégories grammaticales :*

> Ce mot peut être un NOM :

risk *signifie* **risque**

► **at risk en danger**

> Ce mot peut être un VERBE :

► **risk** something **risquer** quelque chose

risky /'rɪskɪ/ **risqué**

ritual /'rɪtjʊəl/ **rituel**

river /'rɪvə^{r}/ **rivière** *ou* **fleuve**

riverbank /'rɪvəbæŋk/ **berge** *ou* **rive**

Riviera /ˌrɪvɪ'ɛərə/

► **the French Riviera la Côte d'Azur**

road /rəʊd/ **route**

► **road sign panneau de signalisation**

roadworks /'rəʊdwɜːk/ **travaux** (d'entretien des routes)

roam /rəʊm/ **errer**

roar /rɔː^{r}/ *a plusieurs catégories grammaticales et plusieurs sens :*

> Ce mot peut être un NOM :

roar *signifie* **rugissement** *ou* **vrombissement**

> Ce mot peut être un VERBE :

roar *signifie* **rugir** *ou* **vrombir**

roast /rəʊst/ *a plusieurs catégories grammaticales :*

> Ce mot peut être un NOM ou un ADJECTIF :

roast *signifie* **rôti**

> Ce mot peut être un VERBE :

► **roast** something **rôtir** quelque chose *ou* **faire rôtir** quelque chose

rob /rɒb/ *a plusieurs sens :*

1 ► **rob** somebody **voler** quelqu'un

2 ► **rob** something **dévaliser** quelque chose (une banque, un magasin)

robber /'rɒbə^{r}/ **voleur**

robbery /'rɒbərɪ/ **vol** (= délit)

robe /rəʊb/ *a plusieurs sens :*

1 **robe** *peut signifier* **robe** (de magistrat ou d'universitaire)

2 *En anglais américain,* **robe** *peut signifier* **peignoir**

En anglais britannique, « peignoir » se dit dressing gown.

rock /rɒk/ *a plusieurs catégories grammaticales et plusieurs sens :*

> Ce mot peut être un NOM :

1 **rock** *peut signifier* **rocher** *ou* **roche**

► **rock-climbing escalade**

2 *En musique,* **rock** *signifie* **rock**

> Ce mot peut être un VERBE TRANSITIF :

1 ► **rock** somebody **bercer** quelqu'un

2 ► **rock** something *peut signifier* **balancer** quelque chose

3 ► **rock** something *peut signifier* **secouer** quelque chose *ou* **ébranler** quelque chose

> Ce mot peut être un VERBE INTRANSITIF :

1 **rock** *peut signifier* **se balancer**

2 **rock** *peut signifier* **chanceler**

rocket /'rɒkɪt/ **fusée**

rod /rɒd/ **tige** (de métal) *ou* **baguette** (en bois) *ou* **canne à pêche**

rode /rəʊd/ *est le prétérit du verbe* ride.

▷ He rode to school on his bike. Il est allé à l'école à vélo.

rodent /'rəʊdənt/ **rongeur**

roll /rəʊl/ *a plusieurs catégories grammaticales et plusieurs sens :*

> Ce mot peut être un NOM :

1 **roll** *peut signifier* **rouleau** (de papier peint, de tissu)

► **roll of film** **pellicule**

2 **roll** *peut signifier* **petit pain**

3 **roll** *peut signifier* **roulement** (de tonnerre, de tambour)

> Ce mot peut être un VERBE INTRANSITIF :

roll *signifie* **rouler**

> Ce mot peut être un VERBE TRANSITIF :

► **roll** something **rouler** quelque chose *ou* **faire rouler** quelque chose

Phrasal verbs

Le verbe roll *peut être suivi d'une préposition, telle que* over *ou* up*, et dans ce cas, il peut avoir des sens différents. C'est ce qu'on appelle, en anglais, un « phrasal verb ».*

ROLL OVER

► **roll over** se retourner

ROLL UP

► **roll** something **up** rouler quelque chose

► **roll up one's sleeves** retrousser ses manches

roller /'rəʊləʳ/ *a plusieurs sens :*

1 **roller** *peut signifier* **rouleau** (compresseur ou à peinture)

2 **roller** *peut signifier* **bigoudi**

En anglais, roller ne signifie pas « roller ».

rollerblades /'rəʊləbleɪdz/ **rollers** (= patins en ligne)

rollerblading /'rəʊləˌbleɪdɪŋ/ **roller** (= activité)

► **go rollerblading** **faire du roller**

rollercoaster /'rəʊləˌkəʊstəʳ/ **montagnes russes**

roller skates /'rəʊləˌskeɪts/ **patins à roulettes**

roller-skating /'rəʊləˌskeɪtɪŋ/ **patin à roulettes** (= activité)

► **go roller-skating** **faire du patin à roulettes**

romance /rəʊ'mæns/ *a plusieurs sens :*

1 **romance** *peut signifier* **histoire d'amour**

2 **romance** *peut signifier* **charme** (d'un mode de vie, d'un endroit)

Romania /rəʊ'meɪnɪə/ **Roumanie**

Romanian /rəʊ'meɪnɪən/ **roumain** *ou* **Roumain**

romantic /rəʊ'mæntɪk/ **romantique**

roof /ru:f/ **toit**

room /ru:m/ *a plusieurs sens :*

1 **room** *peut signifier* **pièce** (dans une maison, dans un appartement) *ou* **chambre**

2 **room** *peut signifier* **place** (= espace)

► **make room for** somebody *ou* something **faire de la place pour** quelqu'un *ou* quelque chose

root /ru:t/ **racine**

rope /rəʊp/ **corde**

rosary /'rəʊzərɪ/ **chapelet**

rose /rəʊz/ **rose** (= plante et couleur)

ℹ Rose est aussi le prétérit du verbe rise :

▷ The temperature rose. La température a augmenté.

rosemary /'rəʊzmərɪ/ **romarin**

rosy /'rəʊzɪ/ **rose** (= de couleur rose)

rot /rɒt/ *a plusieurs catégories grammaticales :*

> Ce mot peut être un NOM :

rot *signifie* **pourriture**

> Ce mot peut être un VERBE :

rot *signifie* **pourrir**

rotate /rəʊ'teɪt/ **tourner** *ou* **faire tourner**

rotten /'rɒtn/ **pourri**

rough /rʌf/ *a plusieurs sens :*

1 rough *peut signifier* **rêche** *ou* **rugueux**

2 rough *peut signifier* **agité** (en parlant de la mer)

3 rough *peut signifier* **rude** (en parlant de manières, d'une personne)

4 rough *peut signifier* **dur** (en parlant de la vie)

5 rough *peut signifier* **approximatif**

► a rough sketch **une ébauche**

roughly /'rʌflɪ/ *a plusieurs sens :*

1 roughly *peut signifier* **grossièrement**

2 roughly *peut signifier* **brutalement**

3 roughly *peut signifier* **à peu près**

round /raʊnd/ *a plusieurs catégories grammaticales et plusieurs sens :*

> Ce mot peut être un ADJECTIF :

round *signifie* **rond**

> Ce mot peut être un ADVERBE :

1 ► all round **tout autour**

▷ There were trees all round. Il y avait des arbres tout autour.

2 ► go round **faire le tour** *ou* **tourner**

3 ► go round and round **tourner**

4 ► round about **à peu près** *ou* **environ**

5 ► ask somebody round **inviter** quelqu'un **chez soi**

▷ Come round and see us. Passe nous voir.

> Ce mot peut être une PRÉPOSITION :

1 round *signifie* **autour de**

▷ They were sitting round the table. Ils étaient assis autour de la table.

2 ► go round something **a plusieurs sens**

▷ He had to go round the table. Il a dû contourner la table.

▷ We went round the museum. Nous avons fait le tour du musée.

▷ They went round the corner. Ils ont tourné le coin de la rue.

Round est employé en tant qu'adverbe et préposition en anglais britannique seulement : en anglais américain, on dit around.

> Ce mot peut être un NOM :

round *signifie* **partie** (de golf, de cartes, d'une compétition) *ou* **round** (en boxe) *ou* **tournée** (de boissons)

► a round of applause **une salve d'applaudissements**

roundabout /'raʊndəbaʊt/ *a plusieurs sens :*

1 roundabout *peut signifier* **manège** (= attraction)

2 roundabout *peut signifier* **rond-point**

Roundabout n'est pas employé en anglais américain : aux États-Unis, « manège » se dit carousel et « rond-point » se dit traffic circle.

route /ru:t/ **itinéraire**

routine /ru:'ti:n/ *a plusieurs catégories grammaticales :*

> Ce mot peut être un NOM :

routine *signifie* **routine**

> Ce mot peut être un ADJECTIF :

routine *signifie* **de routine**

row *se prononce de deux façons et a des catégories grammaticales et des sens différents selon la prononciation :*

/rəʊ/ (row rime avec go et also)

> Ce mot peut être un NOM :

row *peut signifier* **rang** *ou* **rangée**

▷ They were sitting in a row. Ils étaient assis en rang.

► three times in a row **trois fois de suite**

> Ce mot peut être un VERBE :

row *signifie* **ramer**

▷ He rowed the boat across the river. Il a traversé la rivière à la rame.

/raʊ/ (row rime avec how et now)

> C'est un NOM :

row *signifie* **dispute** *ou* **querelle**

► have a row **se disputer**

rowing /'rəʊɪŋ/ **canotage** *ou* **aviron** (= activité)

► go rowing **faire du canotage** *ou* **faire de l'aviron**

► rowing boat **bateau à rames**

ℹ Rowing est aussi une forme du verbe row :

▷ He was rowing the boat across the bay. Il traversait la baie à la rame.

royal /'rɔɪəl/ **royal**

► royal blue **bleu roi**

rub /rʌb/ *a plusieurs catégories grammaticales :*

> Ce mot peut être un VERBE TRANSITIF :

► rub something **frotter** quelque chose

▷ He rubbed his eyes. Il s'est frotté les yeux.

> Ce mot peut être un VERBE INTRANSITIF :

rub *signifie* **frotter**

Phrasal verbs

Le verbe rub *peut être suivi d'une préposition, telle que* in *ou* out, *et dans ce cas, il peut avoir des sens différents. C'est ce qu'on appelle, en anglais, un « phrasal verb ».*

RUB IN

► rub something in faire pénétrer quelque chose (en frottant)

RUB OUT

► rub something out effacer quelque chose

rubber /ˈrʌbəʳ/ *a plusieurs catégories grammaticales et plusieurs sens :*

> Ce mot peut être un NOM :

1 rubber *peut signifier* **caoutchouc**

2 *En anglais britannique,* rubber *peut signifier* **gomme**

> Ce mot peut être un ADJECTIF :

rubber *signifie* **en caoutchouc** *ou* **de caoutchouc**

► a rubber band **un élastique**

rubbish /ˈrʌbɪʃ/ *a plusieurs sens :*

1 rubbish *peut signifier* **détritus** *ou* **ordures**

► rubbish bin **poubelle**

Rubbish n'est pas employé en anglais américain : aux États-Unis, « ordures » se dit garbage ou trash.

2 rubbish *peut être employé pour dire que quelque chose est* **très mauvais** *ou* **très bête**

▷ The film was rubbish. Le film était nul.

▷ You're talking rubbish. Tu dis des bêtises.

Dans ce dernier sens, rubbish est un mot familier, c'est-à-dire un mot qu'on évite d'employer quand on parle à quelqu'un qu'on ne connaît pas bien ou quand on écrit.

rubies /ˈruːbɪz/ *est le pluriel de* ruby.

ruby /ˈruːbɪ/ **rubis**

rucksack /ˈrʌksæk/ **sac à dos**

rudder /ˈrʌdəʳ/ **gouvernail**

rude /ruːd/ **impoli** *ou* **grossier**

Le mot anglais rude ne signifie pas « rude ».

rug /rʌg/ *a plusieurs sens :*

1 rug *peut signifier* **petit tapis**

2 rug *peut signifier* **couverture**

rugby /ˈrʌgbɪ/ **rugby**

► rugby league **rugby à treize**

► rugby player **joueur de rugby**

► rugby union **rugby à quinze**

ruin /ˈruːɪn/ *a plusieurs catégories grammaticales et plusieurs sens :*

> Ce mot peut être un NOM :

ruin *signifie* **ruine**

> Ce mot peut être un VERBE :

1 ► ruin somebody *ou* something *peut signifier* **ruiner** quelqu'un *ou* quelque chose

2 ► ruin something *peut signifier* **abîmer** quelque chose

rule /ruːl/ *a plusieurs catégories grammaticales et plusieurs sens :*

> Ce mot peut être un NOM :

rule *signifie* **règle** *ou* **règlement**

► as a rule **en règle générale**

> Ce mot peut être un VERBE TRANSITIF :

► rule a country **gouverner un pays**

> Ce mot peut être un VERBE INTRANSITIF :

rule *signifie* **régner**

ruler /ˈruːləʳ/ *a plusieurs sens :*

1 ruler *peut signifier* **souverain** *ou* **chef d'État**

2 ruler *peut signifier* **règle** (= instrument servant à mesurer)

rum /rʌm/ **rhum**

rumble /ˈrʌmbl/ *a plusieurs catégories grammaticales et plusieurs sens :*

> Ce mot peut être un NOM :

rumble *signifie* **grondement** (de tonnerre) *ou* **gargouillement** (de l'estomac)

> Ce mot peut être un VERBE :

rumble *signifie* **gronder** (en parlant du tonnerre) *ou* **gargouiller** (en parlant de l'estomac)

rumour /ˈruːməʳ/ **rumeur**

En anglais américain, ce mot s'écrit rumor.

run /rʌn/ *a plusieurs catégories grammaticales et plusieurs sens :*

> Ce mot peut être un VERBE INTRANSITIF :

1 run *peut signifier* **courir**

▷ He ran down the road. Il a descendu la rue en courant.

2 run *peut signifier* **passer**

▷ The road runs past the church. La rue passe devant l'église.

3 run *peut signifier* **couler**

▷ My nose is running. J'ai le nez qui coule.

4 run *peut signifier* **marcher** (en parlant d'une machine ou d'une usine) *ou* **tourner** (en parlant d'un moteur)

▷ The car runs on gas. La voiture marche au gaz.

5 **run** *peut signifier* **être candidat**

▷ He's running for president. Il est candidat à la présidence.

6 **run** *peut signifier* **assurer le service** (en parlant des transports en commun)

▷ The train is running late. Le train est en retard.

> Ce mot peut être un VERBE TRANSITIF :

1 ► **run** something *peut signifier* **courir** quelque chose (une course, une distance, un risque)

2 ► **run** something *peut signifier* **diriger** quelque chose (une entreprise) *ou* **tenir** quelque chose (un magasin ou un hôtel)

3 ► **run** something *peut signifier* **faire marcher** quelque chose

4 ► **run** something *peut signifier* **faire couler** quelque chose (un bain, de l'eau)

> Ce mot peut être un NOM :

1 **run** *signifie* **course** (à pied)

► **go for a run** **aller courir**

2 ► **in the long run** **à long terme**

Phrasal verbs

Le verbe run *peut être suivi d'une préposition, telle que* away *ou* over*, et dans ce cas, il peut avoir des sens différents. C'est ce qu'on appelle, en anglais, un « phrasal verb ».*

RUN AWAY

► run away **s'enfuir** *ou* **se sauver**

RUN OUT

► run out *peut signifier* **expirer** (en parlant d'un contrat, d'un passeport, etc.)

► run out *peut signifier* **être épuisé** (en parlant de provisions, d'aliments, etc.)

▷ Time is running out. Il ne reste plus beaucoup de temps.

RUN OUT OF

► run out of something **être à court de** quelque chose *ou* **être à bout de** quelque chose

▷ We've run out of petrol. Nous sommes en panne d'essence.

RUN OVER

► run somebody *ou* something over **écraser** quelqu'un *ou* quelque chose (en voiture)

rung /rʌŋ/ **barreau** (d'une échelle)

ℹ Rung est aussi le participe passé du verbe ring :

▷ He has rung three times this morning. Il a appelé trois fois ce matin.

runner /ˈrʌnəʳ/ **coureur**

runner beans /ˈrʌnəbiːnz/ **haricots verts**

runner-up /ˈrʌnərˈʌp/ **second** (= personne qui arrive en seconde place dans une course)

running /ˈrʌnɪŋ/ *a plusieurs catégories grammaticales et plusieurs sens :*

> Ce mot peut être un NOM :

1 **running** *peut signifier* **course** (à pied)

► **running shoes** **chaussures de course**

2 **running** *peut signifier* **direction** *ou* **gestion** (d'une entreprise)

> Ce mot peut être un ADJECTIF :

1 ► **running water** **de l'eau courante**

2 **running** *peut signifier* **de suite**

► **three days running** **trois jours de suite**

ℹ Running est aussi une forme du verbe run :

▷ She was running towards me. Elle courait vers moi.

runway /ˈrʌnweɪ/ **piste** (dans un aéroport)

rush /rʌʃ/ *a plusieurs catégories grammaticales et plusieurs sens :*

> Ce mot peut être un NOM :

rush *signifie* **précipitation**

► **the gold rush** **la ruée vers l'or**

► **be in a rush** **être pressé**

► **rush hour** **heures de pointe**

> Ce mot peut être un VERBE INTRANSITIF :

rush *signifie* **se précipiter**

▷ He rushed out. Il est sorti précipitamment.

> Ce mot peut être un VERBE TRANSITIF :

► **rush** something **faire** quelque chose **à la hâte** *ou* **expédier** quelque chose

► **rush** somebody **to hospital** **transporter** quelqu'un **d'urgence à l'hôpital**

Russia /ˈrʌʃə/ **Russie**

ℹ En général, en anglais, on n'emploie pas d'article défini devant les noms de pays et de continents.

Russian /ˈrʌʃən/ **russe** *ou* **Russe**

ℹ En anglais, les adjectifs de nationalité et les noms de langues commencent par une majuscule.

rust /rʌst/ **rouille**

rusty /ˈrʌstɪ/ **rouillé**

rye /raɪ/ **seigle**

Ss

La lettre S se prononce /es/ en anglais, comme en français.

sack /sæk/ *a plusieurs catégories grammaticales et plusieurs sens :*

> Ce mot peut être un NOM :

1 sack *signifie* **sac** (à pommes de terre, à charbon)

2 ► give someone the sack **licencier** quelqu'un

> Ce mot peut être un VERBE :

► sack somebody **licencier** quelqu'un

sacred /'seɪkrɪd/ **sacré**

sacrifice /'sækrɪfaɪs/ *a plusieurs catégories grammaticales :*

> Ce mot peut être un NOM :

sacrifice *signifie* **sacrifice**

> Ce mot peut être un VERBE :

sacrifice *signifie* **sacrifier**

sad /sæd/ **triste**

saddle /'sædl/ **selle**

sadly /'sædlɪ/ *a plusieurs sens :*

1 sadly *peut signifier* **tristement**

▷ 'I never met her', he said sadly. «Je ne l'ai jamais rencontrée», dit-il tristement.

2 sadly *peut signifier* **malheureusement**

▷ Sadly for him, it's too late. Malheureusement pour lui, il est trop tard.

sadness /'sædnɪs/ **tristesse**

safe /seɪf/ *a plusieurs catégories grammaticales et plusieurs sens :*

> Ce mot peut être un ADJECTIF :

1 safe *peut signifier* **sûr** *ou* **sans danger**

▷ He put the money in a safe place. Il a mis l'argent en lieu sûr.

2 safe *peut signifier* **en sécurité** *ou* **hors de danger**

► safe and sound **sain et sauf**

> Ce mot peut être un NOM :

safe *signifie* **coffre-fort**

safety /'seɪftɪ/ **sécurité**

► safety belt **ceinture de sécurité**

► safety pin **épingle à nourrice**

Sagittarius /ˌsædʒɪ'tɛərɪəs/ **Sagittaire**

said /sed/ *est le prétérit et le participe passé du verbe* say.

▷ I said that I wanted to go. J'ai dit que je voulais partir.

▷ He has said yes. Il a dit oui.

sail /seɪl/ *a plusieurs catégories grammaticales et plusieurs sens :*

> Ce mot peut être un NOM :

sail *peut signifier* **voile** (d'un bateau)

► set sail **prendre la mer**

► go for a sail **faire un tour en bateau**

> Ce mot peut être un VERBE TRANSITIF :

► sail a boat **piloter un bateau**

> Ce mot peut être un VERBE INTRANSITIF :

1 sail *peut signifier* **faire de la voile**

2 sail *peut signifier* **aller en bateau**

▷ She sailed round the world. Elle a fait le tour du monde en bateau.

sailboard /'seɪlbɔːd/ **planche à voile**

sailboat /'seɪlbəʊt/ **voilier**

Sailboat est un mot américain : en anglais britannique on dit sailing boat.

sailing /'seɪlɪŋ/ **la voile** (activité)

► go sailing **faire de la voile**

► sailing boat **voilier**

Sailing boat n'est pas employé en anglais américain : aux États-Unis, on dit sailboat.

ℹ Sailing est aussi une forme du verbe sail :

▷ We're sailing to Casablanca. Nous allons à Casablanca en bateau.

sailor /'seɪləʳ/ **marin**

saint /seɪnt/ **saint**
► saint's day **fête**

sake /seɪk/
► for the sake of... **pour...**
▷ Do it for my sake. Fais-le pour moi.

salad /'sæləd/ **salade**
► salad bowl **saladier**
► salad dressing **vinaigrette**

salary /'sælərɪ/ **salaire**

sale /seɪl/ *a plusieurs sens :*
1 sale *peut signifier* **vente**
► for sale **à vendre**
2 sale *peut signifier* **soldes**

salesman /'seɪlzmən/ **vendeur** *ou* **représentant** (de commerce)

saleswoman /'seɪlzwʊmən/ **vendeuse** *ou* **représentante** (de commerce)

saliva /sə'laɪvə/ **salive**

salmon /'sæmən/ **saumon**

salt /sɒlt/ **sel**
► salt water **eau salée**

salty /'sɒltɪ/ **salé**

salute /sə'luːt/ *a plusieurs catégories grammaticales :*
> Ce mot peut être un NOM :
salute *signifie* **salut** (militaire)
> Ce mot peut être un VERBE :
salute *signifie* **saluer**

same /seɪm/ **même**
▷ They are the same size. Ils sont de la même taille.
▷ Your bag is the same as mine. Ton sac est le même que le mien.
► at the same time **en même temps**
► all the same **quand même**
▷ It's all the same to me. Ça m'est égal.

sample /'sɑːmpl/ *a plusieurs catégories grammaticales :*
> Ce mot peut être un NOM :
sample *signifie* **échantillon**
> Ce mot peut être un VERBE :
► sample something **goûter** quelque chose

sand /sænd/ *a plusieurs catégories grammaticales :*
> Ce mot peut être un NOM :
sand *signifie* **sable**
► sand castle **château de sable**
> Ce mot peut être un VERBE :
► sand something **poncer** quelque chose

sandal /'sændl/ **sandale**

sandpaper /'sænd,peɪpəʳ/ **papier de verre**

sandpit /'sændpɪt/ **bac à sable**

sandy /'sændɪ/ *a plusieurs sens :*
1 sandy *peut signifier* **de sable** *ou* **sableux**
2 sandy *peut signifier* **couleur sable**

sane /seɪn/ **sain d'esprit**

sang /sæŋ/ *est le prétérit du verbe* sing.
▷ He sang an old song. Il a chanté une vieille chanson.

sanitary /'sænɪtərɪ/ **sanitaire** *ou* **hygiénique**
► sanitary towel *ou* sanitary napkin **serviette hygiénique**

Sanitary napkin n'est employé qu'en anglais américain.

sanity /'sænɪtɪ/ **santé mentale**

sank /sæŋk/ *est le prétérit du verbe* sink.
▷ The boat sank. Le bateau a coulé.

Santa Claus /,sæntə'klɔːz/ **le père Noël**

sapphire /'sæfaɪəʳ/ **saphir**

sat /sæt/ *est le prétérit et le participe passé du verbe* sit.
▷ She sat down. Elle s'est assise.

satchel /'sætʃəl/ **cartable**

satellite /'sætəlaɪt/ **satellite**
► satellite dish **antenne parabolique**
► satellite television **télévision par satellite**

satisfactory /,sætɪs'fæktərɪ/ **satisfaisant**

satisfied /'sætɪsfaɪd/ **satisfait**

ℹ Satisfied est aussi le prétérit et le participe passé du verbe satisfy :

▷ That satisfied my curiosity. Cela a satisfait ma curiosité.

satisfy /'sætɪsfaɪ/ **satisfaire**

satisfying /'sætɪsfaɪɪŋ/ **satisfaisant**

Saturday /'sætədɪ/ **samedi**
► on Saturday **samedi**
► on Saturday morning **samedi matin**
► on Saturdays **le samedi**

ℹ En anglais, les noms de jours de la semaine commencent toujours par une majuscule.

saucepan /'sɔːspən/ **casserole**

saucer /'sɔːsəʳ/ **soucoupe**

Saudi Arabia /'saʊdɪ ə'reɪbɪə/ **Arabie saoudite**

ℹ En général, en anglais, on n'emploie pas d'article défini devant les noms de pays et de continents.

sausage /'sɒsɪdʒ/ **saucisse** *ou* **saucisson**

save /seɪv/ *a plusieurs catégories grammaticales et plusieurs sens :*

> Ce mot peut être un VERBE TRANSITIF :

1 ► save somebody *ou* something *peut signifier* **sauver** quelqu'un *ou* quelque chose

2 ► save something *peut signifier* **garder** quelque chose (des aliments, une place)

3 ► save money **mettre de l'argent de côté** *ou* **économiser de l'argent**

4 ► save time **gagner du temps**

5 ► save a file *signifie* **sauvegarder un fichier** *ou* **enregistrer un fichier**

6 ► save a goal *signifie* **arrêter un tir** (en football)

> Ce mot peut être un VERBE INTRANSITIF :

► save up **mettre de l'argent de côté**
▷ We're saving up to buy a car. Nous mettons de l'argent de côté pour acheter une voiture.

savings /'seɪvɪŋz/ **économies**

savoury /'seɪvərɪ/ **salé** (par opposition à sucré)

En anglais américain, ce mot s'écrit savory.

saw /sɔː/ *a plusieurs catégories grammaticales :*

> Ce mot peut être un NOM :

saw *signifie* **scie**

> Ce mot peut être un VERBE :

► saw something **scier** quelque chose

ℹ Saw est aussi le prétérit du verbe see :

▷ I saw him yesterday. Je l'ai vu hier.

sawn /sɔːn/ *est le participe passé du verbe* saw.
▷ Dad has sawn the plank in two. Papa a scié la planche en deux.

saxophone /'sæksəfəʊn/ **saxophone**
► play the saxophone **jouer du saxophone**

say /seɪ/ **dire**
▷ What did you say? Qu'est-ce que tu as dit ?
▷ I said I was hungry. J'ai dit que j'avais faim.
► let's say... **supposons que...**

saying /'seɪɪŋ/ **dicton**

ℹ Saying est aussi une forme du verbe say :

▷ What is he saying? Qu'est-ce qu'il dit ?

scab /skæb/ **croûte** (d'une blessure)

scaffolding /'skæfəldɪŋ/ **échafaudage**

scale /skeɪl/ *a plusieurs sens :*

1 scale *peut signifier* **échelle** (= dimension, gradation)
► on a large scale **à grande échelle**

2 *En musique,* scale *signifie* **gamme**

3 scale *peut signifier* **écaille** (de poisson)

4 ► scales *peut signifier* **balance (pour se peser)**

scallop /'skɒləp/ **coquille Saint-Jacques**

scalp /skælp/ **cuir chevelu**

scan /skæn/ *a plusieurs catégories grammaticales et plusieurs sens :*

> Ce mot peut être un NOM :

scan *peut signifier* **échographie** *ou* **scanner**

> Ce mot peut être un VERBE :

1 ► scan something *peut signifier* **parcourir** quelque chose (= regarder rapidement)

2 ► scan something *peut signifier* **scruter** quelque chose

3 ► scan something *peut signifier* **balayer** quelque chose (au radar)

4 ► scan something *signifie* **scanner** quelque chose

scandal /'skændl/ **scandale**

scandalous /'skændələs/ **scandaleux**

scanner /'skænəʳ/ **scanner** (= appareil) *ou* **lecteur optique**

scar /skɑːʳ/ **cicatrice**

scarce /skɛəs/ **rare**

scarcely /'skɛəslɪ/ **à peine**

scare /skɛəʳ/ *a plusieurs catégories grammaticales et plusieurs sens :*

> Ce mot peut être un NOM :

scare *signifie* **alerte**

► bomb scare **alerte à la bombe**

> Ce mot peut être un VERBE :

1 ► scare somebody **faire peur à** quelqu'un *ou* **effrayer** quelqu'un

2 ► scare somebody away *ou* scare somebody off **faire fuir** quelqu'un

scarecrow /'skɛəkrəʊ/ **épouvantail**

scared /skɛəd/ **effrayé**

► be scared **avoir peur**

▷ He's scared of spiders. Il a peur des araignées.

ℹ Scared est aussi le prétérit et le participe passé du verbe scare :

▷ You scared me! Tu m'as fait peur !

scarf /skɑːf/ **écharpe** *ou* **foulard**

scarlet /'skɑːlɪt/ **écarlate**

scarves /skɑːvz/ *est le pluriel de* scarf.

scary /'skɛərɪ/ **effrayant**

scatter /'skætəʳ/ *a plusieurs catégories grammaticales :*

> Ce mot peut être un VERBE TRANSITIF :

► scatter something **éparpiller** quelque chose

> Ce mot peut être un VERBE INTRANSITIF :

scatter *signifie* **se disperser** (en parlant d'une foule, des animaux)

scene /siːn/ *a plusieurs sens :*

1 scene *peut signifier* **scène** (dans une pièce de théâtre, un film)

► behind the scenes **dans les coulisses**

2 scene *peut signifier* **spectacle** *ou* **vue**

3 ► the scene of the crime **le lieu du crime**

scenery /'siːnərɪ/ *a plusieurs sens :*

1 scenery *peut signifier* **paysage**

2 *Au théâtre,* scenery *signifie* **décor**

scent /sent/ **parfum** *ou* **odeur**

scented /'sentɪd/ **parfumé**

schedule /'ʃedjuːl/ *a plusieurs catégories grammaticales et plusieurs sens :*

> Ce mot peut être un NOM :

1 schedule *peut signifier* **programme** (de travail)

► be behind schedule **être en retard**

2 schedule *peut signifier* **horaire**

> Ce mot peut être un VERBE :

schedule something **prévoir quelque chose**

scheme /skiːm/ **plan** *ou* **projet**

► colour scheme **combinaison de couleurs**

school /skuːl/ *a plusieurs sens :*

1 school *peut signifier* **école** *ou* **lycée** *ou* **collège**

2 school *peut signifier* **faculté** (à l'université)

3 *En anglais américain,* school *peut signifier* **université**

schoolbag /'skuːlbæg/ **cartable**

schoolbook /'skuːlbʊk/ **livre de classe**

schoolchildren /'skuːltʃɪldrən/ **élèves** *ou* **écoliers**

schoolfriend /'skuːlfrend/ **camarade de classe**

schoolmate /'skuːlmeɪt/ **camarade de classe**

schoolteacher /'skuːlˌtiːtʃəʳ/ **professeur**

schoolwork /'skuːlwɜːk/ **travail scolaire**

scientific /ˌsaɪən'tɪfɪk/ **scientifique** (adjectif)

scientist /'saɪəntɪst/ **scientifique** (= personne)

scissors /'sɪzəʳz/ **ciseaux**

scold /skəʊld/ **réprimander**

scoop /skuːp/ *a plusieurs catégories grammaticales et plusieurs sens :*

> Ce mot peut être un NOM :

1 scoop *peut signifier* **mesure** (= récipient) *ou* **pelle**

2 scoop *peut signifier* **cuiller à glace**

3 scoop *peut signifier* **boule** (de glace)

4 scoop *peut signifier* **scoop**

> Ce mot peut être un VERBE :

► scoop something out **vider** quelque chose *ou* **évider** quelque chose

scooter /'skuːtəʳ/ **scooter** *ou* **trottinette**

scope /skəʊp/ *a plusieurs sens :*

1 scope est employé pour indiquer l'étendue ou la portée de quelque chose.

▷ The scope of the disaster. L'étendue du désastre.

▷ It's within the scope of the agreement. C'est prévu dans l'accord.

2 scope *est employé pour parler des possibilités qu'offre une situation.*

▷ There's plenty of scope for improvement. Des améliorations sont tout à fait possibles.

▷ I'd like a job with more scope. Je voudrais un travail offrant davantage de possibilités.

score /skɔːʳ/ *a plusieurs catégories grammaticales et plusieurs sens :*

> Ce mot peut être un NOM :

1 *En sport,* score *signifie* **score**

2 score *peut signifier* **note** (pour un travail, à un test)

3 score *peut signifier* **partition** (musicale) *ou* **musique** (de film)

> Ce mot peut être un VERBE TRANSITIF :

► score something **marquer** quelque chose (des points, un but)

> Ce mot peut être un VERBE INTRANSITIF :

score *signifie* **marquer un point** *ou* **marquer un but**

scoreboard /ˈskɔːbɔːd/ **tableau d'affichage** (des scores)

scorn /ˈskɔːn/ *a plusieurs catégories grammaticales et plusieurs sens :*

> Ce mot peut être un NOM :

scorn *signifie* **mépris**

> Ce mot peut être un VERBE :

scorn *signifie* **mépriser**

scornful /ˈskɔːnfʊl/ **méprisant**

Scorpio /ˈskɔːpɪəʊ/ **Scorpion** (= signe du zodiaque)

Scot /skɒt/ **Écossais**

Scotland /ˈskɒtlənd/ **Écosse**

ℹ En général, en anglais, on n'emploie pas d'article défini devant les noms de pays et de continents.

Scots /skɒts/ **Écossais**

ℹ En anglais, les adjectifs de nationalité et les noms de langues commencent par une majuscule.

Scottish /ˈskɒtɪʃ/ **écossais**

ℹ En anglais, les adjectifs de nationalité commencent par une majuscule.

scout /skaʊt/ **éclaireur** *ou* **scout**

scowl /skaʊl/ *a plusieurs catégories grammaticales :*

> Ce mot peut être un NOM :

scowl *signifie* **air renfrogné**

> Ce mot peut être un VERBE :

► scowl at somebody **jeter un regard noir à** quelqu'un

scrambled eggs /ˌskræmbld ˈegz/ **œufs brouillés**

scrap /skræp/ *a plusieurs catégories grammaticales et plusieurs sens :*

> Ce mot peut être un NOM :

1 scrap *peut signifier* **bout** (de papier, de tissu) *ou* **bribe** (de conversation, d'information)

► scraps **restes** (d'un repas)

2 scrap *peut signifier* **ferraille**

► scrap dealer **ferrailleur**

> Ce mot peut être un VERBE :

► scrap something **se débarrasser de** quelque chose

scrapbook /ˈskræpbʊk/ **album** (de coupures de journaux, etc.)

scrape /skreɪp/ **érafler** *ou* **égratigner** *ou* **gratter**

scratch /skrætʃ/ *a plusieurs catégories grammaticales et plusieurs sens :*

> Ce mot peut être un NOM :

1 scratch *signifie* **égratignure** *ou* **éraflure** *ou* **rayure**

2 ► start from scratch **partir de zéro**

> Ce mot peut être un VERBE TRANSITIF :

scratch *signifie* **griffer** *ou* **égratigner** *ou* **érafler** *ou* **rayer** *ou* **gratter**

▷ She scratched her head. Elle s'est gratté la tête.

> Ce mot peut être un VERBE INTRANSITIF :

scratch *signifie* **gratter**

scream /skriːm/ *a plusieurs catégories grammaticales :*

> Ce mot peut être un NOM :

scream *signifie* **cri perçant** *ou* **hurlement**

> Ce mot peut être un VERBE :

scream *signifie* **crier** *ou* **hurler**

► scream with laughter **rire aux éclats**

screen /skriːn/ *a plusieurs catégories grammaticales et plusieurs sens :*

> Ce mot peut être un NOM :

1 screen *peut signifier* **écran**

2 screen *peut signifier* **paravent**

► screen saver **économiseur d'écran**

> Ce mot peut être un VERBE :

1 ► screen somebody *ou* something *peut signifier* **masquer** quelqu'un *ou* quelque chose

2 ► screen somebody *ou* something *peut signifier* **protéger** quelqu'un *ou* quelque chose

3 ► screen a film **projeter un film**

screenplay /ˈskriːnpleɪ/ **scénario**

screw /skruː/ *a plusieurs catégories grammaticales et plusieurs sens :*

> Ce mot peut être un NOM :

screw *signifie* **vis**

> Ce mot peut être un VERBE TRANSITIF :

1 ► screw something to something **visser** quelque chose **sur** quelque chose *ou* **à** quelque chose

2 ► screw something **up** **froisser** quelque chose *ou* **chiffonner** quelque chose

screwdriver /'skruːˌdraɪvəʳ/ **tournevis**

scribble /'skrɪbl/ **gribouiller** *ou* **griffonner**

script /skrɪpt/ **scénario** (d'un film, d'une pièce de théâtre)

scroll /skrəʊl/ *a plusieurs catégories grammaticales :*

> Ce mot peut être un NOM :

scroll *signifie* **rouleau** (de parchemin)

> Ce mot peut être un VERBE :

En informatique, ► scroll something *signifie* **faire défiler** quelque chose

scrub /skrʌb/ **laver à la brosse** *ou* **frotter** *ou* **récurer**

scrubbing brush /'skrʌbɪŋbrʌʃ/ **brosse à récurer**

scruffy /'skrʌfɪ/ **débraillé**

scrum /skrʌm/ **mêlée** (en rugby)

scruple /'skruːpl/ **scrupule**

scuba-diving /'skuːbə'daɪvɪŋ/ **plongée sous-marine**

► go scuba-diving **faire de la plongée sous-marine**

sculpt /skʌlpt/ **sculpter**

sculptor /'skʌlptəʳ/ **sculpteur**

sea /siː/ **mer**

▷ They live in a house by the sea. Ils habitent une maison au bord de la mer.

▷ They travelled by sea. Ils ont voyagé par mer.

► sea front **front de mer**

► sea shell **coquillage**

seafood /'siːfuːd/ **fruits de mer**

seagull /'siːgʌl/ **mouette**

seal /siːl/ *a plusieurs catégories grammaticales et plusieurs sens :*

> Ce mot peut être un NOM :

1 seal *peut signifier* **phoque**

2 seal *peut signifier* **sceau** *ou* **cachet**

> Ce mot peut être un VERBE :

1 ► seal something *peut signifier* **fermer** quelque chose *ou* **coller** quelque chose (une enveloppe par exemple)

2 ► seal something *peut signifier* **sceller** quelque chose *ou* **cacheter** quelque chose

3 ► seal something *peut signifier* **fermer** quelque chose **hermétiquement**

4 ► seal something *peut signifier* **boucher** quelque chose

seam /siːm/ **couture** (= bords cousus)

search /sɜːtʃ/ *a plusieurs catégories grammaticales et plusieurs sens :*

> Ce mot peut être un NOM :

1 search *peut signifier* **fouille**

2 search *peut signifier* **recherche** *ou* **recherches**

► search engine **moteur de recherche**

► search party **équipe de secours**

> Ce mot peut être un VERBE TRANSITIF :

1 ► search somebody *ou* something *peut signifier* **fouiller** quelqu'un *ou* quelque chose

2 ► search something *peut signifier* **examiner** quelque chose **attentivement** (un plan, une page)

3 ► search something *peut signifier* **rechercher dans** quelque chose (un fichier informatique)

> Ce mot peut être un VERBE INTRANSITIF :

search *signifie* **chercher**

► search for something **chercher** quelque chose *ou* (en informatique) **rechercher** quelque chose

searchlight /'sɜːtʃlaɪt/ **projecteur** (= spot)

seashore /'siːʃɔːʳ/ **rivage** *ou* **plage**

seasick /'siːsɪk/

► be seasick *ou* feel seasick **avoir le mal de mer**

seaside /'siːsaɪd/ **bord de la mer**

► at the seaside *ou* by the seaside **au bord de la mer**

season /'siːzn/ *a plusieurs catégories grammaticales :*

> Ce mot peut être un NOM :

season *signifie* **saison**

► in season **de saison**

► **out of season** hors saison *ou* hors de saison

► **season ticket** carte d'abonnement

> Ce mot peut être un VERBE :

► **season** something **assaisonner** quelque chose

seasoning /'si:znɪŋ/ **assaisonnement**

seat /si:t/ *a plusieurs catégories grammaticales et plusieurs sens :*

> Ce mot peut être un NOM :

1 **seat** *peut signifier* **siège** *ou* **fauteuil**

► **seat belt** **ceinture de sécurité**

2 **seat** *peut signifier* **place** (assise)

> Ce mot peut être un VERBE :

► **seat** somebody **faire asseoir** quelqu'un *ou* **placer** quelqu'un

seaweed /'si:wi:d/ **algues**

second /'sekənd/ *a plusieurs catégories grammaticales et plusieurs sens :*

> Ce mot peut être un NOM :

1 **second** *peut signifier* **seconde**

▷ Wait a second! Une seconde !

2 **second** *peut signifier* **deuxième** *ou* **second**

► **the second of May** *ou* **May the second** **le deux mai**

3 ► **seconds** *peut signifier* **articles de second choix**

4 ► **have seconds** *peut signifier* **en reprendre** (à un repas)

> Ce mot peut être un ADJECTIF ou un ADVERBE :

second *signifie* **deuxième** *ou* **second**

▷ She came second. Elle est arrivée deuxième.

secondary /'sekəndərɪ/ **secondaire**

second-class /'sekənd'klɑ:s/ *a plusieurs sens :*

1 ► **second-class ticket** **billet de seconde classe**

2 ► **second-class mail** **courrier à tarif réduit**

3 **second-class** *peut signifier* **de qualité inférieure**

secondhand /'sekənd'hænd/ **d'occasion** *ou* **de seconde main**

► **secondhand shop** **magasin d'occasion**

secondly /'sekəndlɪ/ **deuxièmement**

secretary /'sekrətrɪ/ **secrétaire**

secretive /'si:krətɪv/ **secret** (adjectif) *ou* **mystérieux**

► **be secretive about** something **faire mystère de** quelque chose

section /'sekʃən/ **section** *ou* **partie** *ou* **tronçon** (d'un tuyau, d'une rue, d'une rivière) *ou* **passage** (dans un livre)

sector /'sektə^r/ **secteur**

secure /sɪ'kjʊə^r/ *a plusieurs catégories grammaticales et plusieurs sens :*

> Ce mot peut être un ADJECTIF :

1 **secure** *peut signifier* **sûr** *ou* **en sécurité**

2 **secure** *peut signifier* **sécurisant**

3 **secure** *peut signifier* **solide** *ou* **stable**

> Ce mot peut être un VERBE :

1 ► **secure** something *peut signifier* **bien attacher** quelque chose *ou* **bien fermer** quelque chose

2 ► **secure** something *peut signifier* **protéger** quelque chose

3 ► **secure** something *peut signifier* **obtenir** quelque chose

security /sɪ'kjʊərɪtɪ/ **sécurité**

seduce /sɪ'dju:s/ **séduire**

see /si:/ *a plusieurs catégories grammaticales et plusieurs sens :*

> Ce mot peut être un VERBE TRANSITIF :

1 ► **see** somebody *ou* something *peut signifier* **voir** quelqu'un *ou* quelque chose

▷ Can you see him? Tu le vois ?

▷ I can't see her. Je ne la vois pas.

▷ She came to see me. Elle est venue me voir.

▷ See you! Salut !

▷ See you soon! À bientôt !

▷ See you later! À tout à l'heure !

▷ See you on Sunday! À dimanche !

2 ► **see** somebody **to the door** **raccompagner** quelqu'un **jusqu'à la porte**

▷ He saw me to the station. Il m'a accompagné à la gare.

3 ► **see that...** *peut signifier* **s'assurer que...**

> Ce mot peut être un VERBE INTRANSITIF :

see *signifie* **voir**

▷ I can't see. Je n'y vois rien.

▷ I'll go and see. Je vais voir.

Phrasal verbs

Le verbe see *peut être suivi d'une préposition, telle que* off *ou* to*, et dans ce cas, il peut avoir des sens différents. C'est ce qu'on appelle, en anglais, un « phrasal verb ».*

SEE OFF

► see somebody off accompagner quelqu'un (pour dire au revoir)

SEE OUT

► see somebody out raccompagner quelqu'un jusqu'à la porte

SEE TO

► see to something s'occuper de quelque chose

seed /siːd/ **graine** *ou* **pépin**

seedy /'siːdɪ/ *a plusieurs sens :*

1 seedy *peut signifier* **miteux** *ou* **minable**

2 seedy *peut signifier* **mal fichu**

▷ I'm feeling seedy. Je suis mal fichu.

seek /siːk/ **chercher**

seem /siːm/ **sembler**

▷ She seems tired. Elle a l'air fatiguée.

▷ It seems he has left. Il semble qu'il soit parti.

▷ It seems to me that she's right. Il me semble qu'elle a raison.

seen /siːn/ *est le participe passé du verbe* see.

▷ Have you seen John? As-tu vu John ?

seesaw /'siːsɔː/ **bascule** (pour enfants)

see-through /'siːθruː/ **transparent**

seize /siːz/ **saisir**

seldom /'seldəm/ **rarement**

select /sɪ'lekt/ **sélectionner** *ou* **choisir**

selection /sɪ'lekʃən/ **sélection** *ou* **choix**

self confidence /self'kɒnfɪdəns/ **confiance en soi**

self-confident /self'kɒnfɪdənt/ **sûr de soi**

self-control /selfkən'trəʊl/ **sang-froid** *ou* **maîtrise de soi**

self-defence /ˌselfdɪ'fens/ **autodéfense**

selfish /'selfɪʃ/ **égoïste**

selfishness /'selfɪʃnɪs/ **égoïsme**

self-service /self'sɜːvɪs/ **libre-service**

sell /sel/ **vendre**

▷ I'm going to sell him my car. Je vais lui vendre ma voiture.

▷ He sold it for 30 euros. Il l'a vendu 30 euros.

sell-by date /'selbaɪˌdeɪt/ **date limite de vente**

Sellotape® /'seləteɪp/ **ruban adhésif**

> Ce mot n'est pas employé en anglais américain : aux États-Unis, pour dire « ruban adhésif », on dit Scotch® tape.

semester /sɪ'mestəʳ/ **semestre**

semicolon /ˌsemɪ'kəʊlən/ **point-virgule**

semi-detached (house) /ˌsemɪdɪ'tætʃt/ **maison jumelle** (mitoyenne d'un côté)

semifinal /ˌsemɪ'faɪnl/ **demi-finale**

semi-skimmed /'semɪˌskɪmt/ **demi-écrémé**

senator /'senɪtəʳ/ **sénateur**

send /send/ **envoyer**

▷ I sent him a letter. Je lui ai envoyé une lettre.

▷ Send him my love. Embrasse-le de ma part.

► send somebody to sleep **endormir quelqu'un**

Phrasal verbs

Le verbe send *peut être suivi d'une préposition, telle que* back *ou* for*, et dans ce cas, il peut avoir des sens différents. C'est ce qu'on appelle, en anglais, un « phrasal verb ».*

SEND BACK

► send something back renvoyer quelque chose

SEND FOR

► send for somebody appeler quelqu'un *ou* faire appeler quelqu'un (la police ou un médecin, par exemple)

► send for something commander quelque chose par correspondance

SEND IN

► send something in envoyer quelque chose (un rapport, une lettre de candidature, etc.)

SEND OFF

► send something off expédier quelque chose *ou* envoyer quelque chose

► *En sport,* send somebody off *signifie* expulser quelqu'un

sender /'sendəʳ/ **expéditeur**

senior /'siːnɪə^{r}/ *a plusieurs catégories grammaticales et plusieurs sens :*

> Ce mot peut être un ADJECTIF :

1. senior *peut signifier* **de grade supérieur** *ou* **haut placé**
2. senior *peut signifier* **plus âgé**
   ► senior citizen **personne du troisième âge**

> Ce mot peut être un NOM :

1. senior *peut signifier* **aîné**
2. *En anglais britannique,* senior *peut signifier* **élève dans les grandes classes**
3. *En anglais américain,* senior *peut signifier* **élève de terminale** *ou* **étudiant de licence**

sensational /sen'seɪʃənl/ **sensationnel**

Attention à l'orthographe du mot anglais sensational.

sense /sens/ *a plusieurs catégories grammaticales et plusieurs sens :*

> Ce mot peut être un NOM :

1. sense *peut signifier* **sens**
   ► sense of direction **sens de l'orientation**
   ► sense of humour **sens de l'humour**
   ► sense of smell **odorat**
   ▷ The words don't make sense. Les mots n'ont pas de sens.
   ▷ What he did doesn't make sense. Ce qu'il a fait n'est pas logique.
2. sense *peut signifier* **sentiment**
3. sense *peut signifier* **bon sens**

> Ce mot peut être un VERBE :

► sense something **sentir** quelque chose *ou* **pressentir** quelque chose

sensible /'sensəbl/ *a plusieurs sens :*

1. sensible *peut signifier* **raisonnable** *ou* **sensé**
2. sensible *peut signifier* **pratique**

En anglais, sensible ne signifie pas « sensible ».

sensitive /'sensɪtɪv/ *a plusieurs sens :*

1. sensitive *peut signifier* **sensible**
2. sensitive *peut signifier* **susceptible** (= qui se vexe facilement)

sent /sent/ *est le prétérit et le participe passé du verbe* send.

▷ She sent him a present. Elle lui a envoyé un cadeau.
▷ Mark has sent postcards to all his friends. Mark a envoyé des cartes postales à tous ses amis.

sentence /'sentəns/ *a plusieurs catégories grammaticales et plusieurs sens :*

> Ce mot peut être un NOM :

1. sentence *peut signifier* **phrase**
2. sentence *peut signifier* **condamnation**
   ► a prison sentence **une peine de prison**

> Ce mot peut être un VERBE :

► sentence somebody to... **condamner** quelqu'un **à...**
▷ He was sentenced to death. Il a été condamné à la peine de mort.

sentry /'sentrɪ/ **sentinelle**

separate *se prononce de deux façons et a des sens différents selon la prononciation :*

/'seprət/ (la fin ressemble au -ut de shut)

> Ce mot peut être un ADJECTIF :

separate *signifie* **séparé** *ou* **différent**

/'sepəreɪt/ (la fin rime avec late)

> Ce mot peut être un VERBE TRANSITIF :

separate *signifie* **séparer**

> Ce mot peut être un VERBE INTRANSITIF :

separate *signifie* **se séparer**

separately /'seprətlɪ/ **séparément**

September /sep'tembə^{r}/ **septembre**

En anglais, les noms de mois commencent par une majuscule.

sequin /'siːkwɪn/ **paillette**

serene /sə'riːn/ **serein**

sergeant /'sɑːdʒənt/ **sergent** *ou* **brigadier** (= policier)

serial /'sɪərɪəl/ **feuilleton**

series /'sɪərɪz/ **série**

serious /'sɪərɪəs/ **sérieux** *ou* **grave**

▷ I'm quite serious. Je suis très sérieux.
▷ The patient's condition is serious. Le patient est dans un état grave.

seriously /'sɪərɪəslɪ/ **sérieusement** *ou* **gravement**

► take something seriously **prendre** quelque chose **au sérieux**

servant /'sɜːvənt/ **domestique**

serve /sɜːv/ *a plusieurs catégories grammaticales et plusieurs sens :*

> Ce mot peut être un VERBE :

1. serve *signifie* **servir**
2. ► it serves you right **c'est bien fait pour toi**

> Ce mot peut être un NOM :

En tennis, serve *signifie* **service**

server /'sɜːvəʳ/ **serveur** (= ordinateur)

service /'sɜːvɪs/ *a plusieurs sens :*

1 service *peut signfier* **service**

▷ Service is included. Le service est compris.

► service station **station-service**

2 ► service provider *signifie* **fournisseur d'accès**

3 service *peut signifier* **révision** (d'une voiture)

4 service *peut signifer* **office** (religieux)

serving /'sɜːvɪŋ/ **portion**

► serving dish **plat de service**

► serving spoon **grande cuillère** (pour servir)

ℹ Serving est aussi une forme du verbe serve :

▷ He was serving the guests. Il servait les invités.

session /'seʃən/ **séance**

set /set/ *a plusieurs catégories grammaticales et plusieurs sens :*

> Ce mot peut être un NOM :

1 set *peut signifier* **jeu** (de clés, d'outils, etc.) *ou* **série** (de casseroles par exemple)

2 set *peut signifier* **bande** *ou* **groupe** (de personnes)

3 set *peut signifier* **poste de télévision**

4 set *peut signifier* **plateau** (d'un tournage) *ou* **décor** (de théâtre)

5 *En tennis,* set *signifie* **set**

> Ce mot peut être un ADJECTIF :

1 set *peut signifier* **fixe** *ou* **figé**

► set expression **expression figée**

2 set *peut signifier* **prêt**

▷ We're all set! On est prêts !

> Ce mot peut être un VERBE TRANSITIF :

1 ► set something *peut signifier* **poser** quelque chose

▷ She set the vase on the table. Elle a posé le vase sur la table.

2 ► set something *peut signifier* **régler** quelque chose (une horloge, un mécanisme)

▷ Have you set the alarm? As-tu mis le réveil ?

Phrasal verbs

Le verbe set *peut être suivi d'une préposition, telle que* about *ou* up*, et dans ce cas, il peut avoir des sens différents. C'est ce qu'on appelle, en anglais, un « phrasal verb ».*

SET ABOUT

► set about something **se mettre à** quelque chose

SET ASIDE

► set something aside **mettre** quelque chose **de côté**

SET DOWN

► set something down *peut signifier* **poser** quelque chose

► set something down *peut signifier* **noter** quelque chose

SET OFF

► set off **se mettre en route**

► set something off *peut signifier* **faire exploser** quelque chose (une bombe) *ou* **faire partir** quelque chose (des feux d'artifice)

► set something off *peut signifier* **déclencher** quelque chose

► set something off *peut signifier* **mettre** quelque chose **en valeur**

SET OUT

► set out **partir**

► set out to do something **tenter de faire** quelque chose

► set something out *peut signifier* **disposer** quelque chose

► set something out *peut signifier* **exposer** quelque chose

SET UP

► set something up *peut signifier* **mettre** quelque chose **en place**

► set something up *peut signifier* **créer** quelque chose *ou* **fonder** quelque chose

► set something up *peut signifier* **organiser** quelque chose

3 ► set something *peut signifier* **fixer** quelque chose (une date, un délai, une limite)

▷ I want to have a party but I haven't set a date yet. Je veux faire une fête mais je n'ai pas encore fixé la date.

4 ► set something *peut signifier* **donner** quelque chose (une tâche, des devoirs, un exemple)

▷ The teacher set us some homework. Le prof nous a donné des devoirs.

5 ► be set somewhere **se passer quelque part** (en parlant d'une histoire, d'un film)

▷ The film is set in Paris. Le film se passe à Paris.

6 Set *est employé dans les expressions suivantes :*

► set something in motion **mettre** quelque chose **en marche**

► set something on fire **mettre le feu à** quelque chose

► set the table **mettre la table**

► set a record **établir un record**

► set a trap **tendre un piège**

> Ce mot peut être un VERBE INTRANSITIF :

1 set *peut signifier* **se coucher** (en parlant du soleil)

2 set *peut signifier* **se ressouder** (en parlant d'une fracture)

3 set *peut signifier* **prendre** (en parlant de gelée ou de ciment)

settee /se'tiː/ **canapé** (= meuble)

setting /'setɪŋ/ *a plusieurs sens :*

1 setting *peut signifier* **cadre** (= décor)

2 setting *peut signifier* **réglage** (d'un mécanisme)

ℹ Setting est aussi une forme du verbe set :

▷ The sun was setting. Le soleil se couchait.

settle /'setl/ *a plusieurs catégories grammaticales et plusieurs sens :*

> Ce mot peut être un VERBE TRANSITIF :

► settle something *peut signifier* **régler** quelque chose (une question, une querelle, une facture)

> Ce mot peut être un VERBE INTRANSITIF :

1 settle *peut signifier* **s'installer** (dans une nouvelle résidence, dans un fauteuil)

2 settle *peut signifier* **se déposer** (en parlant de poussière)

3 settle *peut signifier* **se poser** (en parlant d'un insecte, d'un oiseau)

Phrasal verbs

Le verbe settle peut être suivi d'une préposition, telle que down ou on, et dans ce cas, il peut avoir des sens différents. C'est ce qu'on appelle, en anglais, un « phrasal verb ».

SETTLE DOWN

► settle down *peut signifier* s'installer

► settle down *peut signifier* se calmer

SETTLE ON

► settle on something se décider pour quelque chose

SETTLE UP

► settle up régler la note

settlement /'setlmənt/ *a plusieurs sens :*

1 settlement *peut signifier* **accord**

2 settlement *peut signifier* **colonie**

seven /'sevn/ **sept**

▷ He is seven. Il a sept ans.

▷ There are seven of us. Nous sommes sept.

▷ It's seven o'clock. Il est sept heures.

seventeen /ˌsevn'tiːn/ **dix-sept**

▷ She is seventeen. Elle a dix-sept ans.

▷ There are seventeen of us. Nous sommes dix-sept.

seventeenth /ˌsevn'tiːnθ/ **dix-septième**

► the seventeenth of May *ou* May the seventeenth **le dix-sept mai**

seventh /'sevnθ/ **septième**

► the seventh of May *ou* May the seventh **le sept mai**

seventies /'sevntɪz/

▷ He's in his seventies. Il a plus de soixante-dix ans.

► the seventies **les années soixante-dix**

seventieth /'sevntɪɪθ/ **soixante-dixième**

seventy /'sevntɪ/ **soixante-dix**

▷ He's seventy. Il a soixante-dix ans.

▷ There are seventy of them. Ils sont soixante-dix.

sever /'sevə^r/ **couper** *ou* **rompre**

several /'sevrəl/ **plusieurs**

severe /sɪ'vɪə^r/ **sévère** *ou* **grave** *ou* **sérieux** *ou* **intense**

sew /səʊ/ **coudre**

sewage /'sjuːɪdʒ/ **eaux usées**

sewer /'sjʊə^r/ **égout**

sewing /'səʊɪŋ/ **couture** (= l'activité de la couture)

► sewing machine **machine à coudre**

ℹ Sewing est aussi une forme du verbe sew :

▷ She was sewing a button on the shirt. Elle cousait un bouton sur la chemise.

sewn /səʊn/ *est le participe passé du verbe sew.*

▷ I've sewn a patch on my jeans. J'ai cousu une pièce à mon jean.

sex /seks/ **sexe**

► have sex with somebody **avoir des rapports sexuels avec** quelqu'un

► sex education **éducation sexuelle**

sexist /'seksɪst/ **sexiste**

sh! /ʃ/ **chut !**

shabby /'ʃæbɪ/ **miteux**

shade /ʃeɪd/ *a plusieurs catégories grammaticales et plusieurs sens :*

> Ce mot peut être un NOM :

1 **shade** *peut signifier* **ombre**
▷ She was sitting in the shade. Elle était assise à l'ombre.

2 **shade** *peut signifier* **abat-jour**

3 **shade** *peut signifier* **ton** (d'une couleur)

> Ce mot peut être un VERBE :

► **shade one's eyes** **s'abriter les yeux de la main**

shadow /'ʃædəʊ/ **ombre**

shady /'ʃeɪdɪ/ **ombragé**

shaggy /'ʃægɪ/ **hirsute** (= qui a beaucoup de poils longs)

shake /ʃeɪk/ *a plusieurs catégories grammaticales et plusieurs sens :*

> Ce mot peut être un NOM :

1 ► **give** something **a shake** **secouer** quelque chose

2 **shake** *peut signifier* **milk-shake**

> Ce mot peut être un VERBE TRANSITIF :

1 **shake** *peut signifier* **secouer** *ou* **agiter**
▷ He shook his head. Il a secoué la tête.
▷ Shake the bottle well before serving. Bien agiter la bouteille avant de servir.

2 ► **shake** somebody**'s hand** **serrer la main à** quelqu'un
► **shake hands** **se serrer la main**

> Ce mot peut être un VERBE INTRANSITIF :

shake *signifie* **trembler**

shaken /'ʃeɪkən/ *est le participe passé du verbe* shake.
▷ Have you shaken the bottle? As-tu secoué la bouteille ?

shaky /'ʃeɪkɪ/ **tremblant**

shall /ʃæl/ *a plusieurs sens :*

1 **shall** + *base verbale s'emploie pour former le futur à la première personne :*
▷ I shall phone you tomorrow. Je t'appellerai demain.
▷ We shall be there at 6 o'clock. Nous serons là à 6 heures.

2 **shall I?** *et* **shall we?** *s'emploient pour formuler des suggestions*
▷ Shall I close the window? Veux-tu que je ferme la fenêtre ?
▷ Shall we go out tonight? On sort ce soir ?

shallot /ʃə'lɒt/ **échalote**

shallow /'ʃæləʊ/ **peu profond** *ou* **superficiel**
▷ It's quite shallow. Ce n'est pas très profond.

shame /ʃeɪm/ *a plusieurs sens :*

1 **shame** *peut signifier* **honte**
► **put** somebody **to shame** **faire honte à** quelqu'un

2 **shame** *peut signifier* **dommage**
▷ What a shame! Quel dommage !

shampoo /ʃæm'pu:/ *a plusieurs catégories grammaticales :*

> Ce mot peut être un NOM :

shampoo *signifie* **shampooing**

> Ce mot peut être un VERBE :

► **shampoo** something **shampouiner** quelque chose

shandy /'ʃændɪ/ **panaché** (bière et limonade)

shan't /ʃɑ:nt/ *est la contraction de* shall not.
▷ I shan't tell you. Je ne te le dirai pas.

shape /ʃeɪp/ *a plusieurs catégories grammaticales :*

> Ce mot peut être un NOM :

shape *signifie* **forme**
► **take shape** **prendre forme**
► **be out of shape** **être déformé** (en parlant d'un vêtement ou d'un objet) *ou* **ne pas être en forme** (en parlant d'une personne)

> Ce mot peut être un VERBE :

shape something **façonner quelque chose** *ou* **former quelque chose**

share /ʃɛəʳ/ *a plusieurs catégories grammaticales et plusieurs sens :*

> Ce mot peut être un NOM :

1 **share** *peut signifier* **part**

2 ► **shares** *peut signifier* **actions** (en Bourse)

> Ce mot peut être un VERBE :

share *signifie* **partager**

shark /ʃɑ:k/ **requin**

sharp /ʃɑːp/ *a plusieurs catégories grammaticales et plusieurs sens :*

> Ce mot peut être un ADJECTIF :

1 sharp *peut signifier* **bien aiguisé** *ou* **tranchant** *ou* **bien taillé**

2 sharp *peut signifier* **net** (en parlant d'un contraste, d'une silhouette, d'une différence)

3 sharp *peut signifier* **vif** (en parlant de l'esprit, de l'intelligence, d'une personne, d'une douleur)

4 sharp *peut signifier* **brusque** (en parlant d'un changement, d'une baisse, d'une augmentation)

5 sharp *peut signifier* **âcre** *ou* **âpre**

> Ce mot peut être un ADVERBE :

1 ► at 5 o'clock sharp **à 5 heures pile**

2 *En musique,* sharp *signifie* **trop haut** (= chanter, jouer trop haut)

sharpen /ˈʃɑːpən/ **aiguiser** (un couteau, un outil) *ou* **tailler** (un crayon)

shatter /ˈʃætəʳ/ *a plusieurs catégories grammaticales et plusieurs sens :*

> Ce mot peut être un VERBE TRANSITIF :

1 ► shatter something *peut signifier* **fracasser** quelque chose

2 ► shatter something *peut signifier* **briser** quelque chose (la foi, l'espoir, les rêves, etc.)

> Ce mot peut être un VERBE INTRANSITIF :

shatter *signifie* **se fracasser** *ou* **voler en éclats**

shave /ʃeɪv/ *a plusieurs catégories grammaticales :*

> Ce mot peut être un NOM :

► have a shave **se raser**

> Ce mot peut être un VERBE :

shave *signifie* **raser** *ou* **se raser**

shaver /ˈʃeɪvəʳ/ **rasoir électrique**

shaving cream /ˈʃeɪvɪŋkriːm/ **crème à raser**

shaving foam /ˈʃeɪvɪŋfəʊm/ **mousse à raser**

shawl /ʃɔːl/ **châle**

she /ʃiː/ **elle**

▷ She's a teacher. Elle est professeur.

En anglais, le pronom personnel she est employé pour les personnes et les animaux familiers. Pour les objets et les animaux non familiers, on emploie le pronom neutre it.

shed /ʃed/ **cabane** *ou* **remise** *ou* **hangar**

she'd /ʃiːd/ *est la contraction de* she had *ou* she would.

▷ She'd (= she had) finished. Elle avait fini.

▷ She'd (= she would) like to come. Elle aimerait venir.

sheep /ʃiːp/ **mouton**

sheepdog /ˈʃiːpdɒg/ **chien de berger**

sheepskin /ˈʃiːpskɪn/ **peau de mouton**

sheer /ʃɪəʳ/ *a plusieurs sens :*

1 sheer *peut signifier* **pur** (en parlant de panique, de bonheur, de terreur, de stupidité, etc.)

2 sheer *peut signifier* **abrupt** *ou* **à pic** (en parlant d'une pente)

sheet /ʃiːt/ *a plusieurs sens :*

1 sheet *peut signifier* **drap**

2 sheet *peut signifier* **feuille** (de papier)

3 sheet *peut signifier* **plaque** (de métal, de glace, de verre)

shelf /ʃelf/ **étagère** *ou* **rayon**

▷ David put up a shelf in his bedroom. David a monté une étagère dans sa chambre.

shell /ʃel/ *a plusieurs catégories grammaticales et plusieurs sens :*

> Ce mot peut être un NOM :

1 shell *peut signifier* **coquille** *ou* **carapace**

2 shell *peut signifier* **coquillage**

3 shell *peut signifier* **obus**

> Ce mot peut être un VERBE :

1 ► shell something *peut signifier* **bombarder** quelque chose

2 ► shell something *peut signifier* **décortiquer** quelque chose

she'll /ʃiːl/ *est la contraction de* she will.

▷ She'll finish tomorrow. Elle finira demain.

shellfish /ˈʃelfɪʃ/ **crustacé** *ou* **coquillage**

▷ I don't like shellfish. Je n'aime pas les fruits de mer.

shelter /ˈʃeltəʳ/ *a plusieurs catégories grammaticales et plusieurs sens :*

> Ce mot peut être un NOM :

shelter *signifie* **abri**

> Ce mot peut être un VERBE TRANSITIF :

► shelter somebody **abriter** quelqu'un *ou* **donner asile à** quelqu'un

> Ce mot peut être un VERBE INTRANSITIF :

shelter *signifie* **s'abriter** *ou* **se mettre à l'abri**

sheltered /ˈʃeltəd/ **abrité** *ou* **protégé**

ℹ Sheltered est aussi le prétérit et le participe passé du verbe shelter :

▷ She sheltered from the wind. Elle s'est mise à l'abri du vent.

shelves /ʃelvz/ *est le pluriel de* shelf.

shepherd /ˈʃepəd/ **berger**

she's /ʃiːz/ *est la contraction de* she is *et* she has.

▷ She's (= she is) unhappy. Elle est malheureuse.

▷ She's (= she has) finished. Elle a fini.

shield /ʃiːld/ **écran** *ou* **bouclier**

shift /ʃɪft/ *a plusieurs catégories grammaticales et plusieurs sens :*

> Ce mot peut être un NOM :

1 shift *peut signifier* **changement**

2 shift *peut signifier* **poste** (= période de travail ou équipe de travailleurs)

> Ce mot peut être un VERBE TRANSITIF :

► shift something **déplacer** quelque chose

> Ce mot peut être un VERBE INTRANSITIF :

shift *signifie* **se déplacer**

shin /ʃɪn/ **tibia**

shine /ʃaɪn/ *a plusieurs catégories grammaticales et plusieurs sens :*

> Ce mot peut être un NOM :

shine *signifie* **éclat**

> Ce mot peut être un VERBE TRANSITIF :

1 ► shine something **faire briller** quelque chose

2 ► shine a light on something **braquer une lampe sur** quelque chose

> Ce mot peut être un VERBE INTRANSITIF :

shine *signifie* **briller**

► shine on something **éclairer** quelque chose *ou* **illuminer** quelque chose

shiny /ˈʃaɪnɪ/ **brillant**

ship /ʃɪp/ **bateau** *ou* **navire**

shipwreck /ˈʃɪprek/ **naufrage** *ou* **épave**

shipwrecked /ˈʃɪprekt/

► be shipwrecked **faire naufrage**

shirt /ʃɜːt/ **chemise**

shiver /ˈʃɪvəʳ/ *a plusieurs catégories grammaticales :*

> Ce mot peut être un NOM :

shiver *signifie* **frisson**

> Ce mot peut être un VERBE :

shiver *signifie* **frissonner**

shock /ʃɒk/ *a plusieurs catégories grammaticales et plusieurs sens :*

> Ce mot peut être un NOM :

1 shock *peut signifier* **choc**

► be in shock **être en état de choc**

► get a shock **avoir un choc**

2 shock *peut signifier* **décharge électrique**

> Ce mot peut être un VERBE :

► shock somebody **choquer** quelqu'un

shocked /ʃɒkt/ **choqué**

ℹ Shocked est aussi le prétérit et le participe passé du verbe shock :

▷ It shocked me. Ça m'a choqué.

shocking /ˈʃɒkɪŋ/ **scandaleux** *ou* **épouvantable**

ℹ Shocking est aussi une forme du verbe shock :

▷ He likes shocking people. Il aime bien choquer les gens.

shoe /ʃuː/ **chaussure**

► shoe size **pointure**

► shoe polish **cirage**

shoelace /ˈʃuːleɪs/ **lacet**

shone /ʃɒn/ *est le prétérit et le participe passé du verbe* shine.

▷ Her eyes shone. Ses yeux brillaient.

shook /ʃʊk/ *est le prétérit du verbe* shake.

▷ The ground shook. La terre a tremblé.

▷ They shook hands. Ils se sont serré la main.

shoot /ʃuːt/ *a plusieurs catégories grammaticales et plusieurs sens :*

> Ce mot peut être un NOM :

shoot *signifie* **pousse** (= jeune plante)

> Ce mot peut être un VERBE TRANSITIF :

1 ► shoot somebody **tirer sur** quelqu'un

▷ He was shot in the leg. Il a reçu une balle dans la jambe.

2 ► shoot a film **tourner un film**

> Ce mot peut être un VERBE INTRANSITIF :

1 shoot *peut signifier* **tirer** (avec une arme)

► shoot at somebody *ou* something **tirer sur** quelqu'un *ou* quelque chose

2 shoot *est employé pour décrire un mouvement rapide*

▷ He shot past. Il est passé en flèche.

3 *Au cinéma,* shoot *signifie* **tourner**

4 *En football,* shoot *signifie* **tirer** *ou* **shooter**

Phrasal verbs

Le verbe shoot *peut être suivi d'une préposition, telle que* down *ou* up*, et dans ce cas, il peut avoir des sens différents. C'est ce qu'on appelle, en anglais, un « phrasal verb ».*

SHOOT DOWN

► shoot somebody down **abattre quelqu'un**

SHOOT UP

► shoot up *peut signifier* **pousser vite**

► shoot up *peut signifier* **monter en flèche**

shop /ʃɒp/ *a plusieurs catégories grammaticales :*

> Ce mot peut être un NOM :

shop *signifie* **magasin** *ou* **boutique**

► shop assistant **vendeur**

► shop window **vitrine**

> Ce mot peut être un VERBE :

shop *signifie* **faire ses courses**

► go shopping **aller faire les courses** *ou* **les magasins**

shopkeeper /ˈʃɒpˌkiːpəʳ/ **commerçant**

shoplifting /ˈʃɒpˌlɪftɪŋ/ **vol à l'étalage**

shopping /ˈʃɒpɪŋ/ **achats** *ou* **courses**

► shopping bag **sac à provisions**

► shopping centre **centre commercial**

► shopping trolley **caddie®**

ℹ Shopping est aussi une forme du verbe shop :

▷ He loves shopping. Il adore faire les magasins.

shore /ʃɔːʳ/ **rivage** *ou* **rive** *ou* **plage**

► on shore **à terre**

short /ʃɔːt/ *a plusieurs catégories grammaticales et plusieurs sens :*

> Ce mot peut être un ADJECTIF :

1 short *peut signifier* **court**

► a short cut **un raccourci**

2 short *peut signifier* **bref**

► in short... **bref...**

3 short *peut signifier* **petit**

4 ► be short of something **manquer de** quelque chose

5 ► be short for something **être le diminutif de** quelque chose *ou* **être l'abréviation de** quelque chose

> Ce mot peut être un ADVERBE :

1 ► cut something short **écourter** quelque chose *ou* **couper court à** quelque chose

► run short of something **se trouver à court de** quelque chose

2 ► stop short **s'arrêter net**

shortage /ˈʃɔːtɪdʒ/ **manque**

shortbread /ˈʃɔːtbred/ **sablé** (= biscuit)

shortcut /ˈʃɔːtkʌt/ **raccourci**

shorten /ˈʃɔːtn/ **raccourcir**

shortly /ˈʃɔːtlɪ/ **bientôt**

shorts /ʃɔːts/ **short**

► a pair of shorts **un short**

short-sighted /ʃɔːtˈsaɪtɪd/ **myope**

shot /ʃɒt/ *a plusieurs sens :*

1 shot *peut signifier* **coup de feu**

2 shot *peut signifier* **tir** (en football ou hockey) *ou* **coup** (en tennis ou golf)

3 shot *peut signifier* **photo** *ou* **plan** (dans un film)

4 shot *peut signifier* **piqûre**

ℹ Shot est aussi le prétérit et le participe passé du verbe shoot :

▷ He shot the bird. Il a tué l'oiseau d'une balle.

▷ I've been shot. On m'a tiré dessus.

shotgun /ˈʃɒtgʌn/ **fusil de chasse**

should /ʃʊd/ *a plusieurs sens :*

ℹ Should est ce qu'on appelle, en anglais, un « modal verb » (verbe modal). Il précède la forme infinitive de base d'autres verbes (you should go now) ; il ne prend pas de s final à la troisième personne du singulier (he should, she should, it should) ; à la différence d'autres verbes, les formes négatives et interrogatives ne se construisent pas avec do (should I go? you should not) ; il n'a ni forme infinitive, ni participe présent, ni participe passé.

1 should *sert à exprimer une obligation ou un devoir*

▷ You should go and see him. Tu devrais aller le voir.

▷ We should leave. Nous devrions partir.

▷ You shouldn't smoke. Tu ne devrais pas fumer.

2 should *sert à demander un conseil*

▷ Should I write to her? Est-ce que je dois lui écrire ?

▷ What should I do? Qu'est-ce que je dois faire ?

3 should *sert à indiquer la probabilité*

▷ She should finish today. Elle devrait terminer aujourd'hui.

4 should have *sert à exprimer un regret ou un reproche*

▷ I should have told him. J'aurais dû lui dire.

▷ You should have helped him. Tu aurais dû l'aider.

5 **should** *sert à former le conditionnel*

▷ I should love to come. J'aimerais bien venir.

▷ If they invited me, I should go. S'ils m'invitaient, j'irais.

shoulder /'ʃəʊldəʳ/ **épaule**

► shoulder bag **sac à bandoulière**

► shoulder blade **omoplate**

► shoulder strap **bretelle** *ou* **bandoulière**

shouldn't /'ʃʊdnt/ *est la contraction de* should not.

▷ I shouldn't tell you. Je ne devrais pas te le dire.

▷ You shouldn't have gone. Tu n'aurais pas dû y aller.

shout /ʃaʊt/ *a plusieurs catégories grammaticales :*

> Ce mot peut être un NOM :

shout *signifie* **cri**

> Ce mot peut être un VERBE :

shout *signifie* **crier**

► shout at somebody **crier contre** quelqu'un

shove /ʃʌv/ **pousser**

shovel /'ʃʌvl/ **pelle**

show /ʃəʊ/ *a plusieurs catégories grammaticales et plusieurs sens :*

> Ce mot peut être un NOM :

1 show *peut signifier* **spectacle** (pièce de théâtre, concert, etc.)

2 show *peut signifier* **séance** (de cinéma)

3 show *peut signifier* **exposition** *ou* **foire** *ou* **salon**

► on show **exposé**

> Ce mot peut être un VERBE TRANSITIF :

1 ► show something *peut signifier* **montrer** quelque chose *ou* **exposer** quelque chose

2 ► show something *peut signifier* **faire preuve de** quelque chose (d'un talent, d'une qualité)

3 ► show something *peut signifier* **indiquer** quelque chose (en parlant d'une horloge, d'un cadran)

4 ► show somebody to their seat **placer** quelqu'un (dans un restaurant, dans un théâtre, etc.)

► show somebody into a room **faire entrer** quelqu'un **dans une pièce**

► show somebody to the door **reconduire** quelqu'un **à la porte**

> Ce mot peut être un VERBE INTRANSITIF :

show *signifie* **être visible** *ou* **se voir**

▷ Does the stain show? Est-ce que la tache se voit ?

Phrasal verbs

Le verbe show *peut être suivi d'une préposition, telle que* off *ou* up, *et dans ce cas, il peut avoir des sens différents. C'est ce qu'on appelle, en anglais, un « phrasal verb ».*

SHOW OFF

► show off **faire l'intéressant** *ou* **frimer**

► show something off **faire étalage de** quelque chose

SHOW UP

► show up *peut signifier* **être visible**

▷ It showed up on the screen. C'était visible à l'écran.

► show up *peut signifier* **venir**

▷ He didn't show up. Il n'est pas venu.

► show somebody up **faire honte à** quelqu'un

shower /'ʃaʊəʳ/ *a plusieurs catégories grammaticales et plusieurs sens :*

> Ce mot peut être un NOM :

1 shower *peut signifier* **douche**

► have a shower **prendre une douche**

2 shower *peut signifier* **averse**

> Ce mot peut être un VERBE TRANSITIF :

► shower somebody with something **couvrir** quelqu'un **de** quelque chose (de cadeaux, de louanges)

> Ce mot peut être un VERBE INTRANSITIF :

shower *signifie* **se doucher**

showing /'ʃəʊɪŋ/ **séance** (au cinéma)

shown /ʃəʊn/ *est le participe passé du verbe* show.

▷ Has he shown you his photos? Est-ce qu'il t'a montré ses photos ?

shrank /ʃræŋk/ *est le prétérit du verbe* shrink.

▷ My trousers shrank in the wash. Mon pantalon a rétréci au lavage.

shred /ʃred/ *a plusieurs catégories grammaticales et plusieurs sens :*

> Ce mot peut être un NOM :

1 shred *peut signifier* **lambeau** (de tissu, de papier)

2 shred *peut signifier* **parcelle** (de vérité, de preuve)

> Ce mot peut être un VERBE :

1 ► shred something *peut signifier* **déchiqueter** quelque chose

2 ► shred something *peut signifier* **râper** quelque chose

shrewd /ʃruːd/ **astucieux** *ou* **perspicace**

shriek /ʃriːk/ *a plusieurs catégories grammaticales :*

> Ce mot peut être un NOM :

shriek *signifie* **hurlement**

> Ce mot peut être un VERBE :

shriek *signifie* **hurler**

shrimp /ʃrɪmp/ **crevette**

shrine /ʃraɪn/ **lieu saint**

shrink /ʃrɪŋk/ **rétrécir** *ou* **rapetisser** *ou* **diminuer**

► **shrink away from** somebody *ou* something **reculer devant** quelqu'un *ou* quelque chose

shrub /ʃrʌb/ **arbuste**

shrug /ʃrʌg/

► **shrug one's shoulders hausser les épaules**

shrunk /ʃrʌŋk/ *est le participe passé du verbe* shrink.

▷ My jumper has shrunk. Mon pull a rétréci.

shudder /'ʃʌdəʳ/ *a plusieurs catégories grammaticales et plusieurs sens :*

> Ce mot peut être un NOM :

1 shudder *peut signifier* **frisson** *ou* **frémissement**

2 shudder *peut signifier* **vibration**

> Ce mot peut être un VERBE :

shudder *signifie* **frissonner** *ou* **frémir** *ou* **vibrer**

shuffle /'ʃʌfl/ *a plusieurs sens :*

1 ► **shuffle the cards battre les cartes**

2 ► **shuffle one's feet traîner les pieds**

shush! /'ʃʊʃ/ **chut !**

shut /ʃʌt/ *a plusieurs catégories grammaticales et plusieurs sens :*

> Ce mot peut être un ADJECTIF :

shut *signifie* **fermé**

> Ce mot peut être un VERBE :

shut *signifie* **fermer**

Phrasal verbs

Le verbe shut *peut être suivi d'une préposition, telle que* away *ou* up*, et dans ce cas, il peut avoir des sens différents. C'est ce qu'on appelle, en anglais, un « phrasal verb ».*

SHUT AWAY

► **shut** somebody **away enfermer** quelqu'un

► **shut** something **away mettre** quelque chose sous clé

SHUT DOWN

► **shut down fermer définitivement**

SHUT UP

► **shut up se taire**

▷ Shut up! Tais-toi !

► **shut** somebody **up faire taire** quelqu'un

shutters /'ʃʌtəz/ **volets**

shuttle /'ʃʌtl/ **navette**

shuttlecock /'ʃʌtlkɒk/ **volant** (de badminton)

shy /ʃaɪ/ **timide**

sick /sɪk/ *a plusieurs sens :*

1 sick *peut signifier* **malade**

► **be sick être malade**

2 ► **be sick** *peut signifier* **vomir** *en anglais britannique*

► **feel sick avoir mal au cœur** *ou* **avoir envie de vomir**

> En anglais américain, « vomir » se dit vomit et « avoir mal au cœur » se dit feel nauseous.

3 ► **be sick of** somebody *ou* something **en avoir assez de** quelqu'un *ou* quelque chose

▷ I'm sick and tired of his attitude. J'en ai plus qu'assez de son attitude.

4 sick *peut signifier* **malsain** *ou* **de mauvais goût**

▷ That's sick humour. C'est de l'humour de mauvais goût.

sickly /'sɪklɪ/ **mal en point**

sickness /'sɪknɪs/ **maladie**

sickroom /'sɪkrʊm/ **infirmerie** (à l'école)

side /saɪd/ *a plusieurs catégories grammaticales et plusieurs sens :*

> Ce mot peut être un NOM :

1 side *peut signifier* **côté**

► **at my side** *ou* **by my side à mes côtés**

► **side by side côte à côte**

► **on the other side de l'autre côté**

2 side *peut signifier* **face** (d'un disque)

3 side *peut signifier* **bord** (d'une route, d'une rivière)

4 side *peut signifier* **équipe** (sportive) *ou* **camp**

▷ He's on our side. Il est dans notre camp.

► **take sides prendre position**

> Ce mot peut être un ADJECTIF :

1 ► **side effect effet secondaire**

2 ► **side street petite rue** *ou* **rue transversale**

sideboard /'saɪdbɔːd/ **buffet**

sidewalk /'saɪdwɔːk/ **trottoir**

> Sidewalk est un mot américain : en anglais britannique on dit pavement.

sideways /'saɪdweɪz/ **de côté**

sieve /sɪv/ *a plusieurs catégories grammaticales :*

> Ce mot peut être un NOM :

sieve *signifie* **tamis** *ou* **passoire**

> Ce mot peut être un VERBE :

► **sieve** something **tamiser** quelque chose *ou* **passer** quelque chose

sigh /saɪ/ *a plusieurs catégories grammaticales :*

> Ce mot peut être un NOM :

sigh *signifie* **soupir**

> Ce mot peut être un VERBE :

sigh *signifie* **soupirer** *ou* **pousser un soupir**

sight /saɪt/ *a plusieurs sens :*

1 sight *peut signifier* **vue**

► at first sight **à première vue**

► out of sight **hors de vue**

► catch sight of somebody *ou* something **apercevoir** quelqu'un *ou* quelque chose

► lose sight of somebody *ou* something **perdre** quelqu'un *ou* quelque chose **de vue**

2 sight *peut signifier* **spectacle**

▷ It was a horrible sight. C'était un spectacle horrible.

3 ► see the sights **visiter les attractions touristiques**

sightseeing /'saɪtsiːɪŋ/ **tourisme**

► go sightseeing **faire du tourisme**

sign /saɪn/ *a plusieurs catégories grammaticales et plusieurs sens :*

> Ce mot peut être un NOM :

1 sign *peut signifier* **signe**

2 sign *peut signifier* **panneau** *ou* **enseigne**

> Ce mot peut être un VERBE :

1 sign *signifie* **signer**

2 ► sign up **s'inscrire** (pour des cours) *ou* **s'engager** (dans l'armée)

signal /'sɪgnl/ *a plusieurs catégories grammaticales et plusieurs sens :*

> Ce mot peut être un NOM :

signal *signifie* **signal**

> Ce mot peut être un VERBE TRANSITIF :

► signal something **indiquer** quelque chose

> Ce mot peut être un VERBE INTRANSITIF :

► signal to somebody **faire signe à** quelqu'un

significant /sɪg'nɪfɪkənt/ **important** *ou* **significatif** *ou* **considérable**

signpost /'saɪnpəʊst/ **poteau indicateur**

silence /'saɪləns/ *a plusieurs catégories grammaticales :*

> Ce mot peut être un NOM :

silence *signifie* **silence**

> Ce mot peut être un VERBE :

► silence somebody **faire taire** quelqu'un *ou* **réduire** quelqu'un **au silence**

silent /'saɪlənt/ **silencieux** *ou* **muet** (en parlant d'un film muet)

silicon chip /ˌsɪlɪkən 'tʃɪp/ **puce électronique**

silk /sɪlk/ **soie**

silky /'sɪlkɪ/ **soyeux**

silly /'sɪlɪ/ **stupide** *ou* **bête**

silver /'sɪlvəʳ/ *a plusieurs catégories grammaticales et plusieurs sens :*

> Ce mot peut être un NOM :

silver *signifie* **argent** (= métal) *ou* **argenterie**

> Ce mot peut être un ADJECTIF :

silver *signifie* **argenté** *ou* **en argent** *ou* **d'argent**

similar /'sɪmɪləʳ/ **semblable**

similarity /ˌsɪmɪ'lærɪtɪ/ **ressemblance**

simplicity /sɪm'plɪsɪtɪ/ **simplicité**

simplify /'sɪmplɪfaɪ/ **simplifier**

simply /'sɪmplɪ/ **simplement**

sin /sɪn/ *a plusieurs catégories grammaticales :*

> Ce mot peut être un NOM :

sin *signifie* **péché**

> Ce mot peut être un VERBE :

sin *signifie* **pécher** (= commettre un péché)

since /sɪns/ *a plusieurs sens :*

1 since *peut signifier* **depuis** *ou* **depuis que**

▷ I have been here since 9 o'clock. Je suis là depuis 9 heures.

▷ He hasn't seen her since yesterday. Il ne l'a pas vue depuis hier.

▷ I've lived here since I was born. J'habite ici depuis ma naissance.

▷ I haven't seen him since we met in Paris. Je ne l'ai pas vu depuis que nous nous sommes rencontrés à Paris.

2 since *peut signifier* **puisque**

▷ Since they're late, we'll start without them. Puisqu'ils sont en retard, on commencera sans eux.

sing /sɪŋ/ **chanter**

singe /sɪndʒ/ **brûler légèrement**

singer /'sɪŋəʳ/ **chanteur**

single /ˈsɪŋgl/ *a plusieurs catégories grammaticales et plusieurs sens :*

> Ce mot peut être un ADJECTIF :

1 **single** *peut signifier* **seul**
▷ There's not a single biscuit left. Il ne reste pas un seul biscuit.

2 **single** *peut signifier* **célibataire**
► **single parent** **père célibataire** *ou* **mère célibataire**

3 **single** *peut signifier* **pour une personne** (en parlant d'une chambre, d'un lit, d'un drap)

> Ce mot peut être un NOM :

1 **single** *peut signifier* **single** (= CD avec une seule chanson)

2 **single** *peut signifier* **aller simple**

singlet /ˈsɪŋglɪt/ **débardeur**

singular /ˈsɪŋgjʊləʳ/ **singulier**

sinister /ˈsɪnɪstəʳ/ **sinistre**

sink /sɪŋk/ *a plusieurs catégories grammaticales et plusieurs sens :*

> Ce mot peut être un NOM :

sink *signifie* **évier** *ou* **lavabo**

> Ce mot peut être un VERBE :

1 **sink** *peut signifier* **couler**

2 **sink** *peut signifier* **s'affaisser** (en parlant d'un terrain) *ou* **baisser** (en parlant de la température, d'un niveau, des prix, etc.)

3 ► **sink into** something **sombrer dans** quelque chose

sip /sɪp/ *a plusieurs catégories grammaticales :*

> Ce mot peut être un NOM :

sip *signifie* **petite gorgée**

> Ce mot peut être un VERBE :

► **sip** something **boire** quelque chose **à petites gorgées**

sir /sɜːʳ/ **monsieur**

siren /ˈsaɪərən/ **sirène**

sister /ˈsɪstəʳ/ **sœur**

sister-in-law /ˈsɪstərɪnlɔː/ **belle-sœur**

sit /sɪt/ *a plusieurs catégories grammaticales et plusieurs sens :*

> Ce mot peut être un VERBE INTRANSITIF :

1 **sit** *peut signifier* **s'asseoir**
▷ They were sitting on the floor. Ils étaient assis par terre.
▷ Sit still! Tiens-toi tranquille !

2 **sit** *peut signifier* **siéger** (en parlant d'un comité, d'une assemblée)

> Ce mot peut être un VERBE TRANSITIF :

► **sit an exam** *signifie* **passer un examen** *en anglais britannique*

Phrasal verbs

Le verbe sit *peut être suivi d'une préposition, telle que* down *ou* up*, et dans ce cas, il peut avoir des sens différents. C'est ce qu'on appelle, en anglais, un « phrasal verb ».*

SIT DOWN

► **sit down** **s'asseoir**
► **be sitting down** **être assis**

SIT UP

► **sit up** *peut signifier* **se redresser**
► **sit up** *peut signifier* **veiller** *ou* **se coucher tard**

site /saɪt/ **site** *ou* **emplacement** *ou* **chantier**

sitting room /ˈsɪtɪŋruːm/ **salon** (dans une maison ou un appartement)

situated /ˈsɪtjʊeɪtɪd/ **situé**

situation /ˌsɪtjʊˈeɪʃən/ **situation**

six /sɪks/ **six**
▷ She's six. Elle a six ans.
▷ It's six o'clock. Il est six heures.
▷ There are six of us. Nous sommes six.

sixteen /ˈsɪksˈtiːn/ **seize**
▷ He's sixteen. Il a seize ans.
▷ There are sixteen of us. Nous sommes seize.

sixteenth /ˈsɪksˈtiːnθ/ **seizième**
► **the sixteenth of June** *ou* **June the sixteenth** **le seize juin**

sixth /sɪksθ/ **sixième**
► **the sixth of June** *ou* **June the sixth** **le six juin**

sixties /ˈsɪkstɪz/
▷ She's in her sixties. Elle a plus de soixante ans.
► **the sixties** **les années soixante**

sixtieth /ˈsɪkstɪɪθ/ **soixantième**

sixty /ˈsɪkstɪ/ **soixante**
▷ She's sixty. Elle a soixante ans.
▷ There are sixty of us. Nous sommes soixante.

size /saɪz/ **taille** *ou* **dimensions** *ou* **étendue**

skate /skeɪt/ *a plusieurs catégories grammaticales et plusieurs sens :*

> Ce mot peut être un NOM :

skate *signifie* **patin**

> Ce mot peut être un VERBE :

skate *signifie* **patiner** *ou* **faire du patin à glace** *ou* **faire du patin à roulettes**

skateboard /'skeɪtbɔːd/ **skateboard** *ou* **planche à roulettes**

skating /'skeɪtɪŋ/ **patinage**

► **go skating** **faire du patin à glace** *ou* **faire du patin à roulettes**

► **skating rink** **patinoire**

ℹ Skating est aussi une forme du verbe skate :

▷ They were skating on the lake. Ils patinaient sur le lac.

skeleton /'skelɪtn/ **squelette**

sketch /sketʃ/ *a plusieurs catégories grammaticales et plusieurs sens :*

> Ce mot peut être un NOM :

1 **sketch** *peut signifier* **croquis** *ou* **esquisse**

2 **sketch** *peut signifier* **sketch**

> Ce mot peut être un VERBE :

► **sketch** something **faire un croquis de** quelque chose

skewer /'skjʊəʳ/ **brochette**

ski /skiː/ *a plusieurs catégories grammaticales :*

> Ce mot peut être un NOM :

ski *signifie* **ski**

► **ski lift** **télésiège**

> Ce mot peut être un VERBE :

ski *signifie* **faire du ski** *ou* **skier**

skid /skɪd/ **déraper**

skiing /'skiːɪŋ/ **ski** (= l'activité)

► **go skiing** **faire du ski**

ℹ Skiing est aussi une forme du verbe ski :

▷ Have you ever been skiing? Avez-vous déjà fait du ski ?

skilful /'skɪlfʊl/ **habile** *ou* **adroit**

En anglais américain, ce mot s'écrit skillful.

skill /skɪl/ *a plusieurs sens :*

1 **skill** *peut signifier* **habileté** *ou* **adresse**

2 **skill** *peut signifier* **technique**

skilled /skɪld/ **qualifié** *ou* **habile** *ou* **adroit**

skillful /'skɪlfʊl/ *est l'orthographe américaine du mot* skilful.

skimmed milk /skɪmd'mɪlk/ **lait écrémé**

skin /skɪn/ **peau**

skinny /'skɪnɪ/ **maigre**

skip /skɪp/ *a plusieurs catégories grammaticales et plusieurs sens :*

> Ce mot peut être un VERBE INTRANSITIF :

1 **skip** *peut signifier* **sautiller**

2 **skip** *peut signifier* **sauter à la corde**

> Ce mot peut être un VERBE TRANSITIF :

► **skip** something **sauter** quelque chose (= l'omettre)

► **skip school** **sécher les cours**

skirt /skɜːt/ **jupe**

skull /skʌl/ **crâne**

sky /skaɪ/ **ciel**

skydiving /'skaɪdaɪvɪŋ/ **parachutisme** (en chute libre)

► **go skydiving** **faire du parachutisme**

skyscraper /'skaɪskreɪpəʳ/ **gratte-ciel**

slam /slæm/ **claquer** (en parlant d'une porte)

slang /slæŋ/ **argot**

slap /slæp/ *a plusieurs catégories grammaticales :*

> Ce mot peut être un NOM :

slap *signifie* **claque** *ou* **gifle**

> Ce mot peut être un VERBE :

► **slap** somebody **gifler** quelqu'un

slash /slæʃ/ *a plusieurs catégories grammaticales et plusieurs sens :*

> Ce mot peut être un NOM :

1 **slash** *peut signifier* **entaille**

2 **slash** *peut signifier* **barre oblique**

> Ce mot peut être un VERBE :

► **slash** something **entailler** quelque chose

slate /sleɪt/ **ardoise**

slaughter /'slɔːtəʳ/ *a plusieurs catégories grammaticales et plusieurs sens :*

> Ce mot peut être un NOM :

1 **slaughter** *peut signifier* **massacre**

2 **slaughter** *peut signifier* **abattage** (d'animal de boucherie)

> Ce mot peut être un VERBE :

1 ► **slaughter** somebody **massacrer** quelqu'un

2 ► **slaughter an animal** **abattre un animal**

slave /sleɪv/ **esclave**

slavery /'sleɪvərɪ/ **esclavage**

sled /sled/ **traîneau** *ou* **luge**

sledge /sledʒ/ **traîneau** *ou* **luge**

sleep /sli:p/ *a plusieurs catégories grammaticales et plusieurs sens :*

> Ce mot peut être un NOM :

sleep *signifie* **sommeil**

► **go to sleep** **s'endormir**

> Ce mot peut être un VERBE :

sleep *signifie* **dormir**

► **sleep with** somebody **coucher** avec quelqu'un

► **sleep in** **faire la grasse matinée**

sleeping bag /'sli:pɪŋbæg/ **sac de couchage**

sleeping pill /'sli:pɪŋpɪl/ **somnifère**

sleepwalk /'sli:pwɔ:k/ **être somnambule**

sleepy /'sli:pɪ/ **endormi**

► **feel sleepy** **avoir sommeil**

sleet /sli:t/ **neige fondue**

sleeve /sli:v/ **manche** (de vêtement)

sleigh /sleɪ/ **traîneau**

slender /'slendəʳ/ **mince**

slept /slept/ *est le prétérit et le participe passé du verbe* **sleep**.

▷ I slept well. J'ai bien dormi.

▷ He has slept in. Il a fait la grasse matinée.

slice /slaɪs/ *a plusieurs catégories grammaticales et plusieurs sens :*

> Ce mot peut être un NOM :

1 **slice** *peut signifier* **tranche**

2 **slice** *peut signifier* **partie** *ou* **part**

> Ce mot peut être un VERBE :

► **slice** something **couper** quelque chose **en tranches**

slid /slɪd/ *est le prétérit et le participe passé du verbe* **slide**.

▷ He slid down the bannisters. Il est descendu en glissant sur la rampe.

slide /slaɪd/ *a plusieurs catégories grammaticales et plusieurs sens :*

> Ce mot peut être un NOM :

1 **slide** *peut signifier* **toboggan**

2 **slide** *peut signifier* **diapositive**

3 **slide** *peut signifier* **barrette**

> Ce mot peut être un VERBE :

slide *signifie* **glisser**

slight /slaɪt/ **léger**

slightest /slaɪtɪst/

▷ I don't have the slightest idea. Je n'en ai pas la moindre idée.

▷ I don't mind in the slightest. Ça ne me dérange pas du tout.

slightly /'slaɪtlɪ/ **légèrement**

slim /slɪm/ *a plusieurs catégories grammaticales et plusieurs sens :*

> Ce mot peut être un ADJECTIF :

1 **slim** *peut signifier* **mince**

2 **slim** *peut signifier* **faible** (en parlant de chances, de possibilités)

> Ce mot peut être un VERBE :

slim *signifie* **maigrir** *ou* **faire un régime**

sling /slɪŋ/ *a plusieurs sens :*

1 **sling** *peut signifier* **fronde**

2 **sling** *peut signifier* **écharpe** (pour un bras cassé)

slip /slɪp/ *a plusieurs catégories grammaticales et plusieurs sens :*

> Ce mot peut être un NOM :

1 **slip** *peut signifier* **erreur**

2 **slip** *peut signifier* **combinaison** (= vêtement)

Le mot anglais **slip** ne signifie pas **slip**.

> Ce mot peut être un VERBE :

1 **slip** *signifie* **glisser**

2 ► **slip** something **on** **enfiler** quelque chose

► **slip** something **off** **enlever** quelque chose

3 ► **slip out** **sortir discrètement**

slipper /'slɪpəʳ/ **pantoufle** *ou* **chausson**

slippery /'slɪpərɪ/ **glissant**

slobber /'slɒbəʳ/ **baver**

slope /sləʊp/ *a plusieurs catégories grammaticales et plusieurs sens :*

> Ce mot peut être un NOM :

slope *signifie* **pente** *ou* **côte** *ou* **piste** (de ski)

> Ce mot peut être un VERBE :

slope *signifie* **être en pente** *ou* **pencher**

slot /slɒt/ *a plusieurs sens :*

1 slot *peut signifier* **fente**

► slot machine **machine à sous** *ou* **distributeur automatique**

2 slot *peut signifier* **rainure**

3 slot *peut signifier* **créneau** (= plage, tranche horaire)

slow /sləʊ/ *a plusieurs catégories grammaticales et plusieurs sens :*

> Ce mot peut être un ADJECTIF :

1 slow *peut signifier* **lent**

► in slow motion **au ralenti**

2 ► be slow *peut signifier* **retarder** (en parlant d'une montre)

> Ce mot peut être un ADVERBE :

slow *signifie* **lentement**

> Ce mot peut être un VERBE :

► slow down **ralentir**

slowly /'sləʊlɪ/ **lentement**

slug /slʌg/ **limace**

slum /slʌm/ **quartier pauvre**

sly /slaɪ/ **rusé** *ou* **sournois**

smack /smæk/ *a plusieurs catégories grammaticales :*

> Ce mot peut être un NOM :

smack *signifie* **tape** *ou* **gifle** *ou* **claque**

> Ce mot peut être un VERBE :

► smack somebody **donner une tape** à quelqu'un *ou* **donner une claque** à quelqu'un *ou* **gifler** quelqu'un

small /smɔːl/ **petit**

smaller /'smɔːləʳ/ *est le comparatif de* small.

▷ Their house is smaller than ours. Leur maison est plus petite que la nôtre.

► get smaller **diminuer** (en parlant d'une quantité) *ou* **rapetisser** (en parlant d'un objet)

smallest /'smɔːlɪst/ *est le superlatif de* small.

▷ Give me the smallest piece. Donne-moi le plus petit morceau.

smart /smɑːt/ *a plusieurs sens :*

1 smart *peut signifier* **chic** *ou* **élégant** *ou* **à la mode**

2 smart *peut signifier* **intelligent**

smash /smæʃ/ *a plusieurs catégories grammaticales et plusieurs sens :*

> Ce mot peut être un VERBE TRANSITIF :

► smash something **casser** quelque chose *ou* **fracasser** quelque chose

> Ce mot peut être un VERBE INTRANSITIF :

smash *signifie* **se briser**

smell /smel/ *a plusieurs catégories grammaticales et plusieurs sens :*

> Ce mot peut être un NOM :

smell *signifie* **odeur**

> Ce mot peut être un VERBE TRANSITIF :

► smell something **sentir** quelque chose

> Ce mot peut être un VERBE INTRANSITIF :

1 smell *peut signifier* **sentir**

▷ It smells of chocolate. Ça sent le chocolat.

2 smell *peut signifier* **sentir mauvais** *ou* **puer**

smelly /'smelɪ/

► be smelly **sentir mauvais**

smelt /smelt/ *est le prétérit et le participe passé du verbe* smell.

▷ It smelt of roses. Ça sentait la rose.

smile /smaɪl/ *a plusieurs catégories grammaticales :*

> Ce mot peut être un NOM :

smile *signifie* **sourire**

> Ce mot peut être un VERBE :

smile *signifie* **sourire**

► smile at somebody **sourire à** quelqu'un

smoke /sməʊk/ *a plusieurs catégories grammaticales :*

> Ce mot peut être un NOM :

smoke *signifie* **fumée**

> Ce mot peut être un VERBE :

smoke *signifie* **fumer**

smoking /'sməʊkɪŋ/

▷ Smoking is bad for you. Fumer est mauvais pour la santé.

▷ "No smoking" 'Défense de fumer'.

ℹ Smoking est aussi une forme du verbe smoke :

▷ He was smoking a cigar. Il fumait un cigare.

Le mot anglais smoking ne signifie pas « smoking ».

smooth /smuːð/ *a plusieurs sens :*

1 **smooth** *peut signifier* **lisse** *ou* **onctueux** *ou* **moelleux**

2 **smooth** *peut signifier* **régulier** (en parlant d'un mouvement, de la respiration)

3 **smooth** *peut signifier* **sans problème** (en parlant d'un vol, d'une opération)

smother /ˈsmʌðəʳ/ **étouffer**

smuggle /ˈsmʌgl/ **passer en fraude** *ou* **passer en contrebande**

smuggler /ˈsmʌgləʳ/ **contrebandier**

snack /snæk/ **casse-croûte**

snail /sneɪl/ **escargot**

snake /sneɪk/ **serpent**

snap /snæp/ *a plusieurs catégories grammaticales et plusieurs sens :*

> Ce mot peut être un NOM :

1 **snap** *peut signifier* **claquement** (des doigts) *ou* **craquement** (de brindilles)

2 **snap** *peut signifier* **photo**

> Ce mot peut être un VERBE TRANSITIF :

1 ► **snap** something **casser** quelque chose **net**

2 ► **snap one's fingers** **faire claquer ses doigts**

> Ce mot peut être un VERBE INTRANSITIF :

1 **snap** *signifie* **se casser net**

2 ► **snap at** somebody *peut signifier* **essayer de mordre** quelqu'un (en parlant d'un chien)

3 ► **snap at** somebody *peut signifier* **parler à** quelqu'un **d'un ton brusque**

snapshot /ˈsnæpʃɒt/ **photo**

snarl /snɑːl/ **gronder** (en parlant d'un animal)

snatch /snætʃ/ **saisir**

sneak /sniːk/ *est employé pour parler de* **mouvements furtifs**

► **sneak in** **entrer furtivement**

► **sneak out** **sortir furtivement**

► **sneak away** **s'éclipser**

sneakers /ˈsniːkəz/ **baskets** *ou* **tennis** (= chaussures)

sneeze /sniːz/ *a plusieurs catégories grammaticales :*

> Ce mot peut être un NOM :

sneeze *signifie* **éternuement**

> Ce mot peut être un VERBE :

sneeze *signifie* **éternuer**

sniff /snɪf/ **renifler**

snigger /ˈsnɪgəʳ/ **ricaner**

snip /snɪp/ **couper** (avec des ciseaux)

sniper /ˈsnaɪpəʳ/ **tireur isolé**

snobbish /ˈsnɒbɪʃ/ **snob** (adjectif)

snooze /snuːz/ *a plusieurs catégories grammaticales :*

> Ce mot peut être un NOM :

snooze *signifie* **petit somme**

> Ce mot peut être un VERBE :

snooze *signifie* **faire un petit somme**

snore /snɔːʳ/ *a plusieurs catégories grammaticales :*

> Ce mot peut être un NOM :

snore *signifie* **ronflement**

> Ce mot peut être un VERBE :

snore *signifie* **ronfler**

snorkel /ˈsnɔːkl/ *a plusieurs catégories grammaticales :*

> Ce mot peut être un NOM :

snorkel *signifie* **tuba** (de nageur)

> Ce mot peut être un VERBE :

snorkel *signifie* **faire de la plongée avec un masque et un tuba**

snout /snaʊt/ **museau** *ou* **groin**

snow /snəʊ/ *a plusieurs catégories grammaticales :*

> Ce mot peut être un NOM :

snow *signifie* **neige**

> Ce mot peut être un VERBE :

snow *signifie* **neiger**

▷ It's snowing. Il neige.

snowball /ˈsnəʊbɔːl/ **boule de neige**

snowflake /ˈsnəʊfleɪk/ **flocon de neige**

snowman /ˈsnəʊmæn/ **bonhomme de neige**

snowplough /ˈsnəʊplaʊ/ **chasse-neige**

snowshoe /ˈsnəʊʃuː/ **raquette**

snowstorm /ˈsnəʊstɔːm/ **tempête de neige**

so /səʊ/ *a plusieurs sens :*

1 **so** *peut signifier* **si** *ou* **tellement**

▷ It's so easy! C'est si facile !

▷ I'm so happy! Je suis tellement heureux !

▷ She was running so fast that I couldn't catch her up. Elle courait si vite que je n'arrivais pas à la rattraper.

2 ► so much *ou* so many **tant de** *ou* **autant**
▷ He has so much money! Il a tant d'argent !
▷ I have never seen so many people. Je n'ai jamais vu autant de monde.

3 so *peut signifier* **alors** *ou* **donc**
▷ So where have you been? Alors, tu étais où ?
▷ He was tired so he went to bed. Il était fatigué, alors il est allé se coucher.
▷ So what? Et alors ?

4 so *peut signifier* **aussi**
▷ So do I. Moi aussi.
▷ He speaks English and so does she. Il parle anglais et elle aussi.

5 ► so that **pour que**
▷ She gave it to me so that I could read it. Elle me l'a donné pour que je le lise.

6 so peut servir à remplacer une phrase ou un mot :
▷ I think so. Je crois que oui.
▷ I don't think so. Je crois que non.
▷ I told you so. Je te l'avais bien dit.

soak /səʊk/ *a plusieurs sens :*

1 ► soak something **faire tremper** quelque chose

2 ► soak in **pénétrer** (en parlant d'un liquide)

3 ► soak something up **absorber** quelque chose

soaked /səʊkt/ **trempé**
► be soaked through **être trempé**

ℹ Soaked est aussi le prétérit et le participe passé du verbe soak :

▷ She soaked the bread in some milk. Elle a trempé le pain dans du lait.

soaking /'səʊkɪŋ/ **trempé**
► be soaking wet **être trempé**

ℹ Soaking est aussi le participe présent du verbe soak :

▷ He was soaking his shirt. Il faisait tremper sa chemise.

soap /səʊp/ **savon**
► soap opera **feuilleton**

soar /sɔːʳ/ *a plusieurs sens :*

1 soar *peut signifier* **s'élever dans les airs** *ou* **voler**

2 soar *peut signifier* **monter en flèche**

sob /sɒb/ *a plusieurs catégories grammaticales :*

> Ce mot peut être un NOM :

sob *signifie* **sanglot**

> Ce mot peut être un VERBE :

sob *signifie* **sangloter**

sober /'səʊbəʳ/ *a plusieurs sens :*

1 sober *peut signifier* **pas ivre**

2 sober *peut signifier* **sérieux**

3 sober *peut signifier* **sobre**

so-called /səʊkɔːld/ **soi-disant**

soccer /'sɒkəʳ/ **football**

sociable /'səʊʃəbl/ **sociable**

social /'səʊʃəl/ **social**
► social security **aide sociale**
► social worker **assistant social** *ou* **assistante sociale**

socialist /'səʊʃəlɪst/ **socialist**

society /sə'saɪətɪ/ **société** *ou* **association** *ou* **club**

sock /sɒk/ **chaussette**

soda /'səʊdə/ *a plusieurs sens :*

1 soda *peut signifier* **eau de Seltz**

2 soda *peut signifier* **boisson gazeuse** *en américain*

3 soda *peut signifier* **soude**

sofa /'səʊfə/ **canapé**
► sofa bed **canapé-lit**

soft /sɒft/ *a plusieurs sens :*

1 soft *peut signifier* **mou**

2 soft *peut signifier* **doux** (en parlant d'un tissu, de la peau, d'une lumière, d'une musique)

3 soft *peut signifier* **indulgent**

4 ► soft drink **boisson non alcoolisée**

soften /'sɒfn/ **ramollir** *ou* **adoucir** *ou* **assouplir**

softly /'sɒftlɪ/ **doucement** *ou* **légèrement**

software /'sɒft,wɛəʳ/ **logiciels**
► a piece of software **un logiciel**

soggy /'sɒgɪ/ **trempé** *ou* **détrempé**

soil /sɔɪl/ *a plusieurs catégories grammaticales :*

> Ce mot peut être un NOM :

soil *signifie* **terre** *ou* **sol**

> Ce mot peut être un VERBE :

► soil something **salir** quelque chose

solar /'səʊləʳ/ **solaire**

sold /səʊld/ *est le prétérit et le participe passé du verbe* sell.

▷ I sold my car last week. J'ai vendu ma voiture la semaine dernière.

▷ He has sold his house. Il a vendu sa maison.

soldier /'səʊldʒə^r/ **soldat**

sole /səʊl/ *a plusieurs catégories grammaticales et plusieurs sens :*

> Ce mot peut être un NOM :

1 sole *peut signifier* **semelle**

2 sole *peut signifier* **plante** (du pied)

3 sole *peut signifier* **sole** (= poisson)

> Ce mot peut être un ADJECTIF :

1 sole *peut signifier* **seul** *ou* **unique**

2 sole *peut signifier* **exclusif**

solemn /'sɒləm/ **solennel**

solicitor /sə'lɪsɪtə^r/ **avocat** *ou* **notaire**

solid /'sɒlɪd/ *a plusieurs sens :*

1 solid *peut signifier* **solide**

2 solid *peut signifier* **massif** (en parlant d'or, de marbre, etc.)

solitary /'sɒlɪtərɪ/ **solitaire**

solitude /'sɒlɪtju:d/ **solitude**

solution /sə'lu:ʃən/ **solution**

solve /sɒlv/ **résoudre**

some /sʌm/ *a plusieurs sens :*

1 some *peut signifier* **du** *ou* **de la** *ou* **des**

▷ Would you like some tea? Voulez-vous du thé ?

▷ There is some cream left. Il reste de la crème.

▷ There is some water in the jug. Il y a de l'eau dans la carafe.

▷ He bought some cakes. Il a acheté des gâteaux.

2 some *peut signifier* **certains** *ou* **certaines**

▷ Some children like it. Certains enfants l'aiment.

▷ Some flowers don't smell. Certaines fleurs n'ont pas d'odeur.

▷ Some of my friends are married. Certains de mes amis sont mariés.

3 some *peut signifier* **quelques-uns** *ou* **quelques-unes**

▷ He still has some. Il en a encore quelques-uns.

4 some *peut signifier* **en**

▷ Can I have some? Est-ce que je peux en prendre ?

5 some *peut signifier* **une partie** *ou* **un peu**

▷ Put some of the milk in a jug. Versez une partie du lait dans un pot.

▷ You can have some of this bread. Tu peux prendre un peu de ce pain.

somebody /'sʌmbədɪ/ **quelqu'un**

► somebody else **quelqu'un d'autre**

somehow /'sʌmhaʊ/ **d'une manière ou d'une autre**

someone /'sʌmwʌn/ **quelqu'un**

► someone else **quelqu'un d'autre**

someplace /'sʌmpleɪs/ **quelque part**

► someplace else **ailleurs**

Someplace est un mot américain : en anglais britannique on dit somewhere.

something /'sʌmθɪŋ/ **quelque chose**

► something else **quelque chose d'autre**

sometimes /'sʌmtaɪmz/ **quelquefois** *ou* **parfois**

somewhat /'sʌmwɒt/ **quelque peu**

somewhere /'sʌmwəæ^r/ **quelque part**

► somewhere else **ailleurs**

son /sʌn/ **fils**

song /sɒŋ/ **chanson**

son-in-law /'sʌnɪnlɔ:/ **gendre** *ou* **beau-fils**

soon /su:n/ *a plusieurs sens :*

1 soon *peut signifier* **bientôt**

▷ See you soon! À bientôt !

2 soon *peut signifier* **tôt**

▷ He left too soon. Il est parti trop tôt.

► as soon as **dès que**

▷ I'll come as soon as I can. Je viens dès que je peux.

sooner /'su:nə^r/ *a plusieurs sens :*

1 sooner *peut signifier* **plus tôt**

▷ The sooner the better! Le plus tôt sera le mieux !

► sooner or later **tôt ou tard**

2 sooner *est employé pour parler de préférences*

▷ I'd sooner leave now. Je préférerais partir maintenant.

soot /sʊt/ **suie**

soothe /su:ð/ **calmer**

soothing /'su:ðɪŋ/ **apaisant**

sophisticated /sə'fɪstɪkeɪtɪd/ **sophistiqué** *ou* **raffiné**

sore /sɔːʳ/ *a plusieurs catégories grammaticales :*

> Ce mot peut être un ADJECTIF :

sore *signifie* **douloureux**

> Ce mot peut être un NOM :

sore *signifie* **plaie**

sorrow /'sɒrəʊ/ **peine** *ou* **chagrin**

sorry /'sɒrɪ/ *est employé pour exprimer le regret ou l'excuse*

▷ I'm sorry. Je suis désolé.

▷ I'm sorry about the noise. Excusez-moi pour le bruit.

▷ I'm sorry to disturb you. Excusez-moi de vous déranger.

▷ She was sorry you didn't come. Elle regrettait que tu ne sois pas venu.

► feel sorry for somebody **plaindre** quelqu'un

sort /sɔːt/ *a plusieurs catégories grammaticales et plusieurs sens :*

> Ce mot peut être un NOM :

sort *signifie* **sorte** *ou* **genre**

▷ There are all sorts of people here. Il y a des gens de toutes sortes ici.

> Ce mot peut être un VERBE :

1 ► sort something **trier** quelque chose

2 ► sort something **out** *peut signifier* **mettre de l'ordre dans** quelque chose

3 ► sort something **out** *peut signifier* **régler** quelque chose (un problème, des difficultés)

sought /sɔːt/ *est le prétérit et le participe passé du verbe* seek.

▷ They sought to harm us. Ils cherchaient à nous faire du mal.

soul /səʊl/ *a plusieurs sens :*

1 soul *peut signifier* **âme**

2 soul *peut signifier* **musique soul**

sound /saʊnd/ *a plusieurs catégories grammaticales et plusieurs sens :*

> Ce mot peut être un NOM :

sound *signifie* **son** *ou* **bruit**

> Ce mot peut être un VERBE :

1 sound *peut signifier* **sembler**

▷ That sounds interesting. Ça semble intéressant.

2 sound *peut signifier* **sonner** *ou* **retentir**

> Ce mot peut être un ADJECTIF :

sound *signifie* **sain** *ou* **solide** *ou* **sensé**

> Ce mot peut être un ADVERBE :

► be sound asleep **dormir à poings fermés**

soundproof /'saʊndpruːf/ **insonorisé**

soundtrack /'saʊndtræk/ **bande-son**

soup /suːp/ **soupe** *ou* **potage**

sour /'saʊəʳ/ **aigre**

source /sɔːs/ **source**

south /saʊθ/ **sud**

► the south wind **le vent du sud**

► south of... **au sud de...**

► go south **aller vers le sud**

► South Africa **l'Afrique du Sud**

► South African **sud-africain** *ou* **Sud-Africain**

► South America **l'Amérique du Sud**

► South American **sud-américain** *ou* **Sud-Américain**

► the South Pole **le pôle Sud**

southern /'sʌðən/ **du sud** *ou* **sud**

souvenir /ˌsuːvə'nɪəʳ/ **souvenir** (= objet qu'on rapporte d'un voyage)

sow *se prononce de deux façons et a des sens et des catégories grammaticales différents selon la prononciation :*

/saʊ/ (la fin se prononce comme la fin de how)

> C'est un NOM :

sow *signifie* **truie**

/səʊ/ (la fin se prononce comme so)

> C'est un VERBE :

sow *signifie* **semer**

sown /səʊn/ *est le participe passé du verbe* sow.

▷ These flowers were sown last spring. Ces fleurs ont été semées le printemps dernier.

soy /sɔɪ/ *est l'orthographe américaine du mot* soya.

soya /'sɔɪə/ **soja**

► soya sauce **sauce soja**

space /speɪs/ *a plusieurs sens :*

1 space *peut signifier* **espace**

2 space *peut signifier* **place** (pour mettre quelque chose)

▷ It takes up a lot of space. Ça prend beaucoup de place.

spaceship /'speɪsʃɪp/ **vaisseau spatial**

spacesuit /'speɪssuːt/ **combinaison spatiale**

spacious /'speɪʃəs/ **spacieux**

spade /speɪd/ *a plusieurs sens :*

1 **spade** *peut signifier* **bêche** *ou* **pelle**

2 **spade** *peut signifier* **pique** (= couleur d'une carte à jouer)

Spain /speɪn/ **Espagne**

> ℹ En général, en anglais, on n'emploie pas d'article défini devant les noms de pays et de continents.

Spaniard /'spænjəd/ **Espagnol**

spaniel /'spænjəl/ **épagneul**

Spanish /'spænɪʃ/ **espagnol** *ou* **Espagnol**

> ℹ En anglais, les adjectifs de nationalité et les noms de langues s'écrivent avec une majuscule.

spare /spɛəʳ/ *a plusieurs catégories grammaticales et plusieurs sens :*

> Ce mot peut être un ADJECTIF :

1 **spare** *peut signifier* **de rechange** *ou* **de réserve**

► **spare part** **pièce de rechange**

► **spare room** **chambre d'amis**

► **spare tyre** **roue de secours**

2 **spare** *peut signifier* **disponible** *ou* **libre**

► **spare time** **temps libre**

> Ce mot peut être un NOM :

spare *signifie* **pièce de rechange**

> Ce mot peut être un VERBE :

1 **spare** *sert à exprimer le fait qu'on peut se passer de quelque chose ou que l'on a quelque chose en trop, que l'on peut éventuellement donner*

▷ Can you spare me some money? Est-ce que tu aurais de l'argent à me passer ?

▷ I can't spare the time. Je n'ai pas le temps.

▷ I have an hour to spare. J'ai une heure de libre.

2 ► **spare** somebody **épargner** quelqu'un

spark /spɑːk/ **étincelle**

sparkle /'spɑːkl/ *a plusieurs catégories grammaticales :*

> Ce mot peut être un NOM :

sparkle *signifie* **scintillement** *ou* **étincelle**

> Ce mot peut être un VERBE :

sparkle *signifie* **scintiller** *ou* **étinceler**

sparkling /'spɑːklɪŋ/ **pétillant** *ou* **gazeux**

> ℹ Sparkling est aussi une forme du verbe sparkle :

▷ The diamond was sparkling in the sun. Le diamant scintillait au soleil.

sparrow /'spærəʊ/ **moineau**

spat /spæt/ *est le prétérit et le participe passé du verbe* spit.

▷ He spat it out. Il l'a recraché.

speak /spiːk/ **parler**

▷ He's not speaking to her. Il ne lui parle pas.

▷ Who's speaking? Qui est à l'appareil ?

speaker /'spiːkəʳ/ *a plusieurs sens :*

1 **speaker** *peut signifier* **personne qui parle**

► **English speaker** **personne qui parle anglais**

2 **speaker** *peut signifier* **orateur**

3 **speaker** *peut signifier* **enceinte** (de chaîne hi-fi)

spear /spɪəʳ/ **lance**

special /'speʃəl/ *a plusieurs sens :*

1 **special** *peut signifier* **spécial**

► **nothing special** **rien de spécial**

► **special effects** **effets spéciaux**

2 **special** *peut signifier* **particulier** (en parlant d'une attention, d'un effort, d'un intérêt)

> Attention ! Special ne signifie pas spécial au sens de « bizarre, étrange ».

specialist /'speʃəlɪst/ **spécialiste**

speciality /ˌspeʃɪ'ælɪtɪ/ **spécialité**

specially /'speʃəlɪ/ **spécialement** *ou* **particulièrement**

species /'spiːʃiːz/ **espèce** (animale ou végétale)

specific /spə'sɪfɪk/ **précis** *ou* **spécifique**

speck /spek/ *a plusieurs sens :*

1 **speck** *peut signifier* **petite tache**

2 **speck** *peut signifier* **grain** (de poussière)

speckled /'spekld/ **tacheté**

spectacle /'spektəkl/ *a plusieurs sens :*

1 **spectacle** *signifie* **spectacle**

2 ► **spectacles** *signifie* **lunettes** *en anglais britannique*

spectacular /spek'tækjʊləʳ/ **spectaculaire**

spectator /spek'teɪtəʳ/ **spectateur**

sped /sped/ *est le prétérit et le participe passé du verbe* speed.

▷ He sped down the street. Il a descendu la rue à toute vitesse.

speech /spiːtʃ/ *a plusieurs sens :*

1 **speech** *peut signifier* **discours**

▷ He made a speech. Il a fait un discours.

2 **speech** *peut signifier* **parole** (= faculté de parler)

3 **speech** *peut signifier* **façon de parler**

speed /spiːd/ *a plusieurs catégories grammaticales et plusieurs sens :*

> Ce mot peut être un NOM :

speed *signifie* **vitesse** *ou* **rapidité**

► **speed limit** **limitation de vitesse**

▷ He broke the speed limit. Il a fait un excès de vitesse.

> Ce mot peut être un VERBE :

1 ► **speed along** **aller à toute vitesse**

▷ He sped past. Il est passé à toute vitesse.

2 **speed** *peut signifier* **conduire trop vite**

3 ► **speed up** **accélérer**

speedboat /ˈspiːdbəʊt/ **hors-bord**

speedometer /spɪˈdɒmɪtəʳ/ **compteur de vitesse**

spell /spel/ *a plusieurs catégories grammaticales et plusieurs sens :*

> Ce mot peut être un NOM :

1 **spell** *peut signifier* **sortilège** *ou* **formule magique**

► **cast a spell on** somebody **jeter un sort à** quelqu'un

2 **spell** *peut signifier* **période de temps**

> Ce mot peut être un VERBE :

► **spell** something **écrire** quelque chose *ou* **épeler** quelque chose

▷ How do you spell it? Comment ça s'écrit ?

spellbound /ˈspelbaʊnd/ **envoûté**

spelling /ˈspelɪŋ/ **orthographe**

spelt /spelt/ *est le prétérit et le participe passé du verbe* spell.

▷ You spelt it wrong. Tu l'as mal écrit.

spend /spend/ *a plusieurs sens :*

1 ► **spend money** **dépenser de l'argent**

2 ► **spend time** **passer du temps**

▷ She spent all day gardening. Elle a passé toute la journée à faire du jardinage.

spent /spent/ *est le prétérit et le participe passé du verbe* spend.

▷ I spent the night at a friend's house. J'ai passé la nuit chez un ami.

▷ He has spent all his money. Il a dépensé tout son argent.

spice /spaɪs/ **épice**

spicy /ˈspaɪsɪ/ **épicé**

spider /ˈspaɪdəʳ/ **araignée**

spike /spaɪk/ **pointe**

spill /spɪl/ *a plusieurs catégories grammaticales et plusieurs sens :*

> Ce mot peut être un VERBE TRANSITIF :

► **spill** something **renverser** quelque chose

> Ce mot peut être un VERBE INTRANSITIF :

spill *signifie* **se répandre**

spilt /spɪlt/ *est le prétérit et le participe passé du verbe* spill.

▷ I spilt the milk. J'ai renversé le lait.

spin /spɪn/ *a plusieurs catégories grammaticales et plusieurs sens :*

> Ce mot peut être un VERBE TRANSITIF :

1 ► **spin** something *peut signifier* **faire tourner** quelque chose

2 ► **spin** something *peut signifier* **essorer** quelque chose **à la machine**

3 ► **spin** something *peut signifier* **filer** quelque chose (la laine, un tissu)

> Ce mot peut être un VERBE INTRANSITIF :

spin *signifie* **tourner** *ou* **tournoyer**

▷ My head is spinning. J'ai la tête qui tourne.

spinach /ˈspɪnɪtʃ/ **épinards**

spine /spaɪn/ *a plusieurs sens :*

1 **spine** *peut signifier* **colonne vertébrale**

2 **spine** *peut signifier* **dos** (d'un livre)

3 **spine** *peut signifier* **épine**

spiral /ˈspaɪərəl/ *a plusieurs catégories grammaticales :*

> Ce mot peut être un NOM :

spiral *signifie* **spirale**

> Ce mot peut être un ADJECTIF :

spiral *signifie* **en spirale**

► **spiral staircase** **escalier en colimaçon**

> Ce mot peut être un VERBE :

spiral *signifie* **monter en spirale**

spire /ˈspaɪəʳ/ **flèche** (d'une église)

spirit /ˈspɪrɪt/ *a plusieurs sens :*

1 **spirit** *peut signifier* **esprit**

2 **spirit** *peut signifier* **courage** *ou* **énergie**

► **be in good spirits** **avoir le moral**

3 ► **spirits** *peut signifier* **spiritueux** (= boissons alcoolisées)

spit /spɪt/ *a plusieurs catégories grammaticales et plusieurs sens :*

> Ce mot peut être un NOM :

1 **spit** *peut signifier* **crachat** *ou* **salive**

2 **spit** *peut signifier* **broche** (pour cuire la viande)

> Ce mot peut être un VERBE :

1 **spit** *signifie* **cracher**

2 ► **spit** something **out** **recracher** quelque chose

spite /spaɪt/ **rancune** *ou* **méchanceté**

► **in spite of...** **malgré...**

spiteful /ˈspaɪtfʊl/ **malveillant**

splash /splæʃ/ *a plusieurs catégories grammaticales et plusieurs sens :*

> Ce mot peut être un NOM :

splash *peut signifier* **éclaboussure**

► **splash!** **plouf !**

> Ce mot peut être un VERBE TRANSITIF :

splash *signifie* **éclabousser**

splendid /ˈsplendɪd/ **splendide** *ou* **merveilleux**

splinter /ˈsplɪntəʳ/ **éclat** (de verre, de bois) *ou* **écharde**

split /splɪt/ *a plusieurs catégories grammaticales et plusieurs sens :*

> Ce mot peut être un NOM :

1 **split** *peut signifier* **fente** *ou* **déchirure**

2 **split** *peut signifier* **division** *ou* **scission** (dans un parti politique, par exemple)

3 ► **do the splits** **faire le grand écart**

> Ce mot peut être un VERBE TRANSITIF :

1 ► **split** something *peut signifier* **fendre** quelque chose *ou* **déchirer** quelque chose

2 ► **split** something *peut signifier* **diviser** quelque chose

3 ► **split** something *peut signifier* **partager** quelque chose

> Ce mot peut être un VERBE INTRANSITIF :

1 **split** *peut signifier* **se fendre** *ou* **se déchirer**

2 **split** *peut signifier* **se diviser**

3 ► **split up** **se séparer**

spoil /spɔɪl/ *a plusieurs sens :*

1 ► **spoil** something *peut signifier* **abîmer** quelque chose

2 ► **spoil** something *peut signifier* **gâcher** quelque chose *ou* **gâter** quelque chose

3 ► **spoil** somebody **gâter** quelqu'un

spoilt /spɔɪlt/ **gâté**

► **a spoilt child** **un enfant gâté**

ℹ **Spoilt est aussi le prétérit et le participe passé du verbe spoil :**

▷ I spoilt my dress. J'ai abîmé ma robe.

spoke /spəʊk/ **rayon** (d'une roue)

ℹ **Spoke est aussi le prétérit du verbe speak :**

▷ I spoke to him yesterday. Je lui ai parlé hier.

spoken /ˈspəʊkən/ *est le participe passé du verbe* speak.

▷ Have you spoken to him? Est-ce que tu lui as parlé ?

spokesman /ˈspəʊksmən/ **porte-parole** (homme)

spokesperson /ˈspəʊksˌpɜːsən/ **porte-parole**

spokeswoman /ˈspəʊksˌwʊmən/ **porte-parole** (femme)

sponge /spʌndʒ/ *a plusieurs catégories grammaticales et plusieurs sens :*

> Ce mot peut être un NOM :

1 **sponge** *peut signifier* **éponge**

► **sponge bag** **trousse de toilette**

2 **sponge** *peut signifier* **gâteau de Savoie**

> Ce mot peut être un VERBE :

► **sponge** something **éponger** quelque chose

sponsor /ˈspɒnsəʳ/ *a plusieurs catégories grammaticales :*

> Ce mot peut être un NOM :

sponsor *signifie* **sponsor** *ou* **parrain**

> Ce mot peut être un VERBE :

► **sponsor** something **sponsoriser** quelque chose *ou* **parrainer** quelque chose

spontaneous /spɒnˈteɪnɪəs/ **spontané**

spooky /ˈspuːkɪ/ **sinistre**

spoon /spuːn/ **cuillère**

spoonful /ˈspuːnfʊl/ **cuillerée**

sport /spɔːt/ **sport**

► **sports car** **voiture de sport**

► **sports ground** **terrain de sport**

sportsman /ˈspɔːtsmən/ **sportif** (= athlète)

sportswear /ˈspɔːtsweəʳ/ **vêtements de sport**

sportswoman /ˈspɔːtswʊmən/ **sportive** (= athlète)

spot /spɒt/ *a plusieurs catégories grammaticales et plusieurs sens :*

> Ce mot peut être un NOM :

1 spot *peut signifier* **tache**

2 spot *peut signifier* **pois** (sur un tissu) *ou* **point** (sur un dé)

3 spot *peut signifier* **goutte**

4 spot *peut signifier* **bouton** (sur la peau)

5 spot *peut signifier* **endroit**

► on the spot **sur place**

► do something on the spot **faire** quelque chose **sur-le-champ**

> Ce mot peut être un VERBE :

► spot something **apercevoir** quelque chose

spotless /'spɒtlɪs/ **très propre**

spotlight /'spɒtlaɪt/ **projecteur** *ou* **spot**

spouse /spaʊz/ **époux** *ou* **épouse**

spout /spaʊt/ **bec** (d'une théière, d'un pot)

sprain /spreɪn/ *a plusieurs catégories grammaticales :*

> Ce mot peut être un NOM :

sprain *signifie* **entorse**

> Ce mot peut être un VERBE :

► sprain one's ankle **se faire une entorse à la cheville** *ou* **se fouler la cheville**

sprang /spræŋ/ *est le prétérit du verbe* spring.

▷ He sprang to his feet. Il s'est levé d'un bond.

spray /spreɪ/ *a plusieurs catégories grammaticales et plusieurs sens :*

> Ce mot peut être un NOM :

spray *signifie* **bombe aérosol** *ou* **vaporisateur** *ou* **pulvérisateur**

> Ce mot peut être un VERBE :

► spray something **vaporiser** quelque chose *ou* **pulvériser** quelque chose

spread /spred/ *a plusieurs catégories grammaticales et plusieurs sens :*

> Ce mot peut être un NOM :

1 spread *peut signifier* **propagation** *ou* **diffusion**

2 spread *peut signifier* **pâte à tartiner**

> Ce mot peut être un VERBE TRANSITIF :

1 ► spread something *ou* spread something out *peut signifier* **étendre** quelque chose *ou* **étaler** quelque chose (une carte, une couverture)

2 ► spread something *ou* spread something out *peut signifier* **écarter** quelque chose (les doigts, les bras, les jambes)

3 ► spread something *peut signifier* **étaler** quelque chose

4 ► spread something *peut signifier* **répandre** quelque chose *ou* **propager** quelque chose

> Ce mot peut être un VERBE INTRANSITIF :

1 spread *peut signifier* **s'étendre** *ou* **s'étaler**

2 spread *peut signifier* **se répandre** *ou* **se propager**

spring /sprɪŋ/ *a plusieurs catégories grammaticales et plusieurs sens :*

> Ce mot peut être un NOM :

1 spring *peut signifier* **printemps**

► in spring **au printemps**

2 spring *peut signifier* **bond**

3 spring *peut signifier* **ressort**

4 spring *peut signifier* **source** (d'eau)

> Ce mot peut être un VERBE :

1 spring *signifie* **bondir**

► spring to one's feet **se lever d'un bond**

2 ► spring from... **venir de...**

3 ► spring up **surgir**

springboard /'sprɪŋbɔːd/ **tremplin**

spring-cleaning /sprɪŋ'kliːnɪŋ/ **grand nettoyage de printemps**

springtime /'sprɪŋtaɪm/ **printemps**

sprinkle /'sprɪŋkl/ **asperger** *ou* **saupoudrer**

sprouts /spraʊts/ **choux de Bruxelles**

sprung /sprʌŋ/ *est le participe passé du verbe* spring.

spun /spʌn/ *est le prétérit et le participe passé du verbe* spin.

▷ The dancer spun round. Le danseur tournoyait.

spur /spɜːʳ/ **éperon**

► on the spur of the moment **sous l'impulsion du moment**

spy /spaɪ/ *a plusieurs catégories grammaticales :*

> Ce mot peut être un NOM :

spy *signifie* **espion**

> Ce mot peut être un VERBE :

spy *signifie* **espionner** *ou* **faire de l'espionnage**

squad /skwɒd/ **escouade** *ou* **équipe**

squadron /'skwɒdrən/ **escadron** *ou* **escadrille**

squander /'skwɒndəʳ/ **gaspiller**

square /skwɛəʳ/ *a plusieurs catégories grammaticales et plusieurs sens :*

> Ce mot peut être un NOM :

1 square *peut signifier* **carré**

2 square *peut signifier* **place** (dans une ville ou un village)

> Ce mot peut être un ADJECTIF :

square *signifie* **carré**

► 5 square metres **5 mètres carrés**

squash /skwɒʃ/ *a plusieurs catégories grammaticales et plusieurs sens :*

> Ce mot peut être un NOM :

1 squash *peut signifier* **squash**

2 ► orange squash *signifie* **orangeade** *en anglais britannique*

3 *En anglais américain,* squash *peut signifier* **courge**

> Ce mot peut être un VERBE :

► squash something **écraser** quelque chose

squat /skwɒt/ *a plusieurs catégories grammaticales et plusieurs sens :*

> Ce mot peut être un VERBE :

1 squat *peut signifier* **s'accroupir**

2 squat *peut signifier* **squatter**

> Ce mot peut être un NOM :

squat *signifie* **squat**

squeak /skwiːk/ *a plusieurs catégories grammaticales et plusieurs sens :*

> Ce mot peut être un NOM :

1 squeak *peut signifier* **glapissement** *ou* **couinement**

2 squeak *peut signifier* **grincement**

> Ce mot peut être un VERBE :

1 squeak *peut signifier* **couiner**

2 squeak *peut signifier* **grincer**

squeeze /skwiːz/ *a plusieurs sens :*

1 ► squeeze something **presser** quelque chose *ou* **serrer** quelque chose

2 ► squeeze something out of... **exprimer** quelque chose **de...**

3 ► squeeze something into... **entasser** quelque chose **dans...**

squid /skwɪd/ **calamar**

squint /skwɪnt/ **loucher** *ou* **plisser les yeux**

squirrel /ˈskwɪrəl/ **écureuil**

St *est l'abréviation de* Saint *et de* Street.

stab /stæb/ **poignarder**

stable /ˈsteɪbl/ *a plusieurs catégories grammaticales :*

> Ce mot peut être un NOM :

stable *signifie* **écurie**

> Ce mot peut être un ADJECTIF :

stable *signifie* **stable**

stack /stæk/ *a plusieurs catégories grammaticales :*

> Ce mot peut être un NOM :

stack *signifie* **tas**

> Ce mot peut être un VERBE :

► stack something *ou* stack something up **entasser** quelque chose

stadium /ˈsteɪdɪəm/ **stade**

staff /stɑːf/ **personnel** (= employés)

stag /stæg/ **cerf**

stage /steɪdʒ/ *a plusieurs sens :*

1 stage *peut signifier* **scène** (d'un théâtre)

► on stage **sur scène**

2 stage *peut signifier* **estrade**

3 stage *peut signifier* **étape** *ou* **phase** *ou* **stade**

► at this stage **à ce stade**

Le mot anglais stage ne signifie pas « stage ».

stagger /ˈstægəʳ/ *a plusieurs catégories grammaticales et plusieurs sens :*

> Ce mot peut être un VERBE INTRANSITIF :

stagger *signifie* **chanceler** *ou* **tituber**

> Ce mot peut être un VERBE TRANSITIF :

► stagger somebody **stupéfier** quelqu'un

stain /steɪn/ *a plusieurs catégories grammaticales :*

> Ce mot peut être un NOM :

stain *signifie* **tache**

> Ce mot peut être un VERBE :

► stain something **tacher** quelque chose

stained-glass window /ˌsteɪndglɑːs ˈwɪndəʊ/ **vitrail**

stainless steel /ˌsteɪnləs ˈstiːl/ **acier inoxydable**

stair /stɛəʳ/ **marche** (d'un escalier)

► stairs **escalier**

staircase /ˈstɛəkeɪs/ **escalier**

stake /steɪk/ *a plusieurs sens :*

1 stake *peut signifier* **pieu** *ou* **poteau**

2 stake *peut signifier* **enjeu**

► be at stake **être en jeu**

stale /steɪl/ **rassis** *ou* **pas frais**

stalk /stɔːk/ **tige** (d'une fleur) *ou* **queue** (d'un fruit)

stall /stɔːl/ **étal** (au marché)

stamina /ˈstæmɪnə/ **endurance**

stammer /ˈstæməʳ/ *a plusieurs catégories grammaticales :*

> Ce mot peut être un NOM :

stammer *signifie* **bégaiement**

► have a stammer **bégayer**

> Ce mot peut être un VERBE :

stammer *signifie* **bégayer**

stamp /stæmp/ *a plusieurs catégories grammaticales et plusieurs sens :*

> Ce mot peut être un NOM :

1 stamp *peut signifier* **timbre**

2 stamp *peut signifier* **tampon**

> Ce mot peut être un VERBE :

1 ► stamp one's foot **taper du pied**

2 ► stamp something **tamponner** quelque chose

3 ► stamp an envelope **affranchir une enveloppe**

stand /stænd/ *a plusieurs catégories grammaticales et plusieurs sens :*

> Ce mot peut être un NOM :

1 stand *peut signifier* **position** (= point de vue)

► take a stand **prendre position**

2 stand *peut signifier* **stand**

3 stand *peut signifier* **kiosque** (à journaux)

4 stand *peut signifier* **guéridon** *ou* **pied de lampe**

5 stand *peut signifier* **tribune** (sur un terrain de sport)

> Ce mot peut être un VERBE INTRANSITIF :

1 stand *peut signifier* **se lever**

▷ He stood when she came in. Il s'est levé quand elle est entrée.

2 stand *peut signifier* **être debout** *ou* **se tenir debout**

▷ He was standing at the bar. Il se tenait debout au bar.

3 stand *peut signifier* **se trouver** *ou* **être**

▷ The house stood at the end of the street. La maison se trouvait au bout de la rue.

> Ce mot peut être un VERBE TRANSITIF :

1 ► stand something *peut signifier* **mettre** quelque chose

▷ Stand the ladder against the wall. Mets l'échelle contre le mur.

2 ► stand something *peut signifier* **supporter** quelque chose

▷ I can't stand spinach. Je ne supporte pas les épinards.

▷ She can't stand waiting. Elle ne supporte pas d'attendre.

Phrasal verbs

Le verbe stand peut être suivi d'une préposition, telle que back ou up, et dans ce cas, il peut avoir des sens différents. C'est ce qu'on appelle, en anglais, un « phrasal verb ».

STAND BACK

► stand back **reculer**

STAND FOR

► stand for something *peut signifier* **représenter** quelque chose (= signifer)

▷ What do those letters stand for? Que représentent ces lettres ?

► stand for something *peut signifier* **supporter** quelque chose *ou* **tolérer** quelque chose

▷ I won't stand for such behaviour. Je ne tolérerai pas un tel comportement.

STAND IN FOR

► stand in for somebody **remplacer** quelqu'un

STAND OUT

► stand out **ressortir** (= être visible)

▷ It really stands out on the page. Ça ressort bien sur la page.

STAND UP

► stand up **se lever**

► be standing up **être debout** *ou* **se tenir debout**

► stand something up **mettre** quelque chose **debout**

STAND UP FOR

► stand up for somebody **défendre** quelqu'un

standard /ˈstændəd/ *a plusieurs catégories grammaticales et plusieurs sens :*

> Ce mot peut être un NOM :

1 standard *peut signifier* **norme** *ou* **critère**

2 standard *peut signifier* **niveau**

► standard of living **niveau de vie**

3 ► standards *peut signifier* **valeurs** (= principes moraux)

> Ce mot peut être un ADJECTIF :

standard *peut signifier* **normal** *ou* **standard**

standstill /ˈstændstɪl/

► come to a standstill **s'arrêter** *ou* **s'immobiliser**

stank /stæŋk/ *est le prétérit du verbe* stink.

▷ It really stank in the shed. Ça sentait vraiment mauvais dans la cabane.

Stanley knife® /ˈstænliːnaɪf/ **cutter**

staple /'steɪpl/ *a plusieurs catégories grammaticales :*

> Ce mot peut être un NOM :

staple *signifie* **agrafe**

> Ce mot peut être un VERBE :

► **staple** something **agrafer** quelque chose

stapler /'steɪpləʳ/ **agrafeuse**

star /stɑːʳ/ *a plusieurs catégories grammaticales et plusieurs sens :*

> Ce mot peut être un NOM :

1 **star** *peut signifier* **étoile**

2 **star** *peut signifier* **vedette** (= célébrité)

> Ce mot peut être un VERBE :

star *signifie* **être la vedette**

stare /stɛəʳ/ *a plusieurs catégories grammaticales :*

> Ce mot peut être un NOM :

stare *signifie* **regard fixe**

> Ce mot peut être un VERBE :

► **stare at** somebody *ou* something **regarder** quelqu'un *ou* quelque chose **fixement**

starfish /'stɑːfɪʃ/ **étoile de mer**

stark naked /stɑːk 'neɪkɪd/ **complètement nu**

starring /'stɑːrɪŋ/ *est un mot qu'on emploie pour parler de la vedette d'un film :*

▷ We went to see a film starring Tom Cruise. Nous sommes allés voir un film avec Tom Cruise dans le rôle principal.

start /stɑːt/ *a plusieurs catégories grammaticales et plusieurs sens :*

> Ce mot peut être un NOM :

1 **start** *peut signifier* **début**

2 **start** *peut signifier* **départ** (d'une course)

3 **start** *peut signifier* **sursaut**

> Ce mot peut être un VERBE TRANSITIF :

1 ► **start** something *peut signifier* **commencer** quelque chose

► **start doing** something *ou* **start to do** something **commencer à faire** quelque chose

2 ► **start** something *peut signifier* **mettre** quelque chose **en marche**

3 ► **start** something *peut signifier* **entamer** quelque chose (une bouteille, un paquet, etc.)

4 ► **start** something *peut signifier* **déclencher** quelque chose

> Ce mot peut être un VERBE INTRANSITIF :

1 **start** *peut signifier* **commencer**

▷ He started again. Il a recommencé.

2 **start** *peut signifier* **partir**

3 **start** *peut signifier* **démarrer**

4 **start** *peut signifier* **sursauter**

starter /'stɑːtəʳ/ *a plusieurs sens :*

1 *En anglais britannique,* **starter** *peut signifier* **hors-d'œuvre**

2 **starter** *peut signifier* **démarreur**

3 **starter** *peut signifier* **starter**

startle /'stɑːtl/ **faire sursauter**

starve /stɑːv/ *a plusieurs catégories grammaticales et plusieurs sens :*

> Ce mot peut être un VERBE TRANSITIF :

► **starve** somebody **affamer** quelqu'un

> Ce mot peut être un VERBE INTRANSITIF :

starve *signifie* **être affamé**

► **starve to death** **mourir de faim**

state /steɪt/ *a plusieurs catégories grammaticales et plusieurs sens :*

> Ce mot peut être un NOM :

state *signifie* **État**

► **the States** **les États-Unis**

> Ce mot peut être un VERBE :

► **state** something **préciser** quelque chose

► **state that...** **déclarer que...**

statement /'steɪtmənt/ *a plusieurs sens :*

1 **statement** *peut signifier* **déclaration**

2 **statement** *peut signifier* **relevé de compte bancaire**

station /'steɪʃən/ *a plusieurs sens :*

1 **station** *peut signifier* **gare**

► **bus station** **gare routière**

2 **station** *peut signifier* **station** (de radio) *ou* **chaîne** (de télévision)

3 **station** *peut signifier* **commissariat** (de police)

stationary /'steɪʃənərɪ/ **immobile**

Ne confondez pas stationary avec stationery.

stationer's /'steɪʃənəz/ **papeterie** (= magasin)

stationery /'steɪʃənərɪ/ **papeterie** (= articles en papier) *ou* **fournitures de bureau**

Ne confondez pas stationery avec stationary.

statistics /stə'tɪstɪks/ **statistiques**

status /'steɪtəs/ **statut** *ou* **prestige**

stay /steɪ/ *a plusieurs catégories grammaticales et plusieurs sens :*

> Ce mot peut être un NOM :

stay *signifie* **séjour**

> Ce mot peut être un VERBE :

1 **stay** *peut signifier* **rester**

2 ► **stay with** somebody **loger chez** quelqu'un

▷ I'm staying at a hotel. Je loge à l'hôtel.

3 **stay** *peut signifier* **passer quelques jours**

▷ She came to stay for a week. Elle est venue passer une semaine.

Phrasal verbs

Le verbe stay *peut être suivi d'une préposition, telle que* in *ou* up*, et dans ce cas, il peut avoir des sens différents. C'est ce qu'on appelle, en anglais, un « phrasal verb ».*

STAY IN

► **stay in** rester à la maison *ou* ne pas sortir

STAY OUT

► **stay out** ne pas rentrer

STAY UP

► **stay up** veiller *ou* se coucher tard

steady /'stedɪ/ *a plusieurs catégories grammaticales et plusieurs sens :*

> Ce mot peut être un ADJECTIF :

1 **steady** *peut signifier* **régulier**

▷ He has a steady income. Il a des revenus réguliers.

2 **steady** *peut signifier* **stable** (en parlant d'un meuble, des prix, d'une situation)

> Ce mot peut être un VERBE :

1 ► **steady** something **stabiliser** quelque chose *ou* **maintenir** quelque chose

2 ► **steady** somebody **calmer** quelqu'un

steal /stiːl/ **voler** (= prendre)

stealthy /'stelθɪ/ **furtif**

steam /stiːm/ **vapeur**

steel /stiːl/ **acier**

steep /stiːp/ *a plusieurs sens :*

1 **steep** *peut signifier* **raide** *ou* **abrupt** (en parlant d'une falaise, d'une pente, d'un escalier, etc.)

2 **steep** *peut signifier* **fort** (en parlant d'une augmentation ou d'une baisse)

steeple /'stiːpl/ **clocher**

steer /stɪə^r/ **piloter** *ou* **conduire** *ou* **diriger**

steering wheel /'stɪərɪŋwiːl/ **volant** (d'une voiture)

stem /stem/ **tige** (d'une plante) *ou* **queue** (d'un fruit)

stencil /'stensl/ **pochoir**

step /step/ *a plusieurs catégories grammaticales et plusieurs sens :*

> Ce mot peut être un NOM :

1 **step** *peut signifier* **pas** (= enjambée)

2 **step** *peut signifier* **marche** (d'escalier)

3 **step** *peut signifier* **étape**

► **step by step** **petit à petit**

4 **step** *peut signifier* **mesure**

► **take steps** **prendre des mesures**

> Ce mot peut être un VERBE :

► **step in** something **marcher dans** quelque chose

► **step on** something **marcher sur** quelque chose

► **step back** **faire un pas en arrière**

► **step forward** **faire un pas en avant**

stepbrother /'stepˌbrʌðə^r/ **demi-frère**

stepdaughter /'stepˌdɔːtə^r/ **belle-fille** (fille du conjoint)

stepfather /'stepˌfɑːðə^r/ **beau-père** (= mari de la mère)

stepladder /'stepˌlædə^r/ **escabeau**

stepmother /'stepˌmʌðə^r/ **belle-mère** (= femme du père)

stepsister /'stepˌsɪstə^r/ **demi-sœur**

stepson /'stepsʌn/ **beau-fils** (fils du conjoint)

stereo /'stɪərɪəʊ/ *a plusieurs sens :*

1 **stereo** *peut signifier* **stéréo**

2 **stereo** *peut signifier* **chaîne stéréo**

stern /stɜːn/ *a plusieurs catégories grammaticales :*

> Ce mot peut être un NOM :

stern *signifie* **arrière** (d'un bateau)

> Ce mot peut être un ADJECTIF :

stern *signifie* **sévère**

stew /stjuː/ **ragoût**

stick /stɪk/ *a plusieurs catégories grammaticales et plusieurs sens :*

> Ce mot peut être un NOM :

stick *signifie* **bâton** *ou* **canne**

> Ce mot peut être un VERBE TRANSITIF :

1 ► **stick** something *peut signifier* **coller** quelque chose

▷ I'm going to stick these photos in an album. Je vais coller ces photos dans un album.

► **stick** something **back on** **recoller** quelque chose

2 ► **stick** something *peut signifier* **planter** quelque chose

▷ He stuck a knife in the wall. Il a planté un couteau dans le mur.

3 ► **stick** something *peut signifier* **mettre** quelque chose

▷ Stick your clothes in this cupboard. Mets tes vêtements dans ce placard.

> Ce mot peut être un VERBE INTRANSITIF :

1 **stick** *peut signifier* **coller** *ou* **se coller**

2 **stick** *peut signifier* **se coincer**

Phrasal verbs

Le verbe **stick** *peut être suivi d'une préposition, telle que* **out** *ou* **up**, *et dans ce cas, il peut avoir des sens différents. C'est ce qu'on appelle, en anglais, un « phrasal verb ».*

STICK OUT

► **stick one's tongue out** tirer la langue

► **stick one's hand out** tendre la main

STICK UP

► **stick** something **up** afficher quelque chose

► **stick up one's hand** lever la main

STICK UP FOR

► **stick up for** somebody défendre quelqu'un

sticker /'stɪkəʳ/ **autocollant**

sticky /'stɪkɪ/ **collant** *ou* **gluant** *ou* **adhésif**

stiff /stɪf/ **raide**

► **be bored stiff** **s'ennuyer à mourir**

► **be scared stiff** **être mort de trouille**

stiffen /'stɪfn/ *a plusieurs catégories grammaticales et plusieurs sens :*

> Ce mot peut être un VERBE TRANSITIF :

► **stiffen** something **raidir** quelque chose

> Ce mot peut être un VERBE INTRANSITIF :

stiffen *signifie* **se raidir** *ou* **se durcir**

stifle /'staɪfl/ **étouffer**

still /stɪl/ *a plusieurs catégories grammaticales et plusieurs sens :*

> Ce mot peut être un ADVERBE :

still *signifie* **encore** *ou* **toujours** (indiquant la continuation)

▷ I still haven't finished. Je n'ai pas encore fini.

▷ He's still sleeping. Il dort toujours.

▷ We still have time. Nous avons encore le temps.

> Ce mot peut être un ADJECTIF :

1 **still** *peut signifier* **immobile**

► **keep still** **ne pas bouger**

2 **still** *peut signifier* **calme**

3 **still** *peut signifier* **non gazeux** *ou* **non pétillant** (en parlant de vin)

► **still water** **eau plate**

stilts /stɪlts/ **échasses**

stimulate /'stɪmjʊleɪt/ **stimuler**

sting /stɪŋ/ *a plusieurs catégories grammaticales et plusieurs sens :*

> Ce mot peut être un NOM :

1 **sting** *peut signifier* **piqûre**

2 **sting** *peut signifier* **dard** (d'un insecte)

> Ce mot peut être un VERBE :

sting *signifie* **piquer**

stinging nettle /'stɪŋɪŋ ˌnetl/ **ortie**

stink /stɪŋk/ *a plusieurs catégories grammaticales :*

> Ce mot peut être un NOM :

stink *signifie* **mauvaise odeur**

> Ce mot peut être un VERBE :

stink *signifie* **sentir très mauvais**

stir /stɜːʳ/ *a plusieurs catégories grammaticales et plusieurs sens :*

> Ce mot peut être un VERBE TRANSITIF :

► **stir** something **remuer** quelque chose

> Ce mot peut être un VERBE INTRANSITIF :

stir *signifie* **bouger**

stirrup /'stɪrəp/ **étrier**

stitch /stɪtʃ/ *a plusieurs catégories grammaticales et plusieurs sens :*

> Ce mot peut être un NOM :

1 **stitch** *peut signifier* **point** (en couture) *ou* **maille** (en tricot) *ou* **point de suture**

2 **stitch** *peut signifier* **point de côté**

> Ce mot peut être un VERBE :

► **stitch** something **coudre** quelque chose

stock /stɒk/ *a plusieurs catégories grammaticales et plusieurs sens :*

> Ce mot peut être un NOM :

1 **stock** *peut signifier* **réserve** *ou* **stock**

► **in stock** **en stock**

► **out of stock** **épuisé**

2 **stock** *peut signifier* **valeurs** (financières)

► **stocks and shares titres**

► **the stock exchange** *ou* **the stock market** **la Bourse**

3 **stock** *peut signifier* **bouillon**

> Ce mot peut être un VERBE :

1 ► **stock** something **avoir** quelque chose *ou* **vendre** quelque chose (en parlant d'un commerçant)

▷ Do you stock sleeping bags? Avez-vous des sacs de couchage ?

2 ► **stock up with** something **s'approvisionner en** quelque chose

stockings /'stɒkɪŋz/ **bas** (= collants)

stole /stəʊl/ *est le prétérit du verbe* steal.

▷ He stole my bicycle. Il m'a volé mon vélo.

stolen /'stəʊlən/ *est le participe passé du verbe* steal.

▷ Someone has stolen his wallet. On lui a volé son portefeuille.

stomach /'stʌmək/ **estomac** *ou* **ventre**

► **have stomach ache avoir mal au ventre**

stone /stəʊn/ *a plusieurs sens :*

1 **stone** *peut signifier* **pierre**

► **a stone wall un mur en pierre**

2 **stone** *peut signifier* **caillou**

3 **stone** *peut signifier* **noyau** (d'un fruit)

4 *En anglais britannique,* **stone** *est une unité de mesure qui correspond à 6,35 kg. Ce mot est généralement invariable.*

▷ I weigh six stone. Je pèse 38 kilos.

stood /stʊd/ *est le prétérit et le participe passé du verbe* stand.

▷ She stood up. Elle s'est levée.

▷ He has always stood up for me. Il m'a toujours défendu.

stool /stu:l/ **tabouret**

stoop /stu:p/ *a plusieurs sens :*

1 **stoop** *peut signifier* **avoir le dos voûté**

2 **stoop** *peut signifier* **se pencher** *ou* **s'abaisser**

stop /stɒp/ *a plusieurs catégories grammaticales et plusieurs sens :*

> Ce mot peut être un NOM :

stop *signifie* **arrêt**

► **come to a stop s'arrêter**

► **put a stop to** something **mettre fin à** quelque chose

> Ce mot peut être un VERBE TRANSITIF :

1 ► **stop** something *peut signifier* **arrêter** quelque chose

2 ► **stop** something *peut signifier* **mettre fin à** quelque chose

3 ► **stop** somebody **doing** something **empêcher** quelqu'un **de faire** quelque chose

> Ce mot peut être un VERBE INTRANSITIF :

stop *signifie* **s'arrêter** *ou* **cesser** *ou* **se terminer**

stopwatch /'stɒpwɒtʃ/ **chronomètre**

store /stɔ:ʳ/ *a plusieurs catégories grammaticales et plusieurs sens :*

> Ce mot peut être un NOM :

1 **store** *peut signifier* **magasin**

2 **store** *peut signifier* **provision** (= stock)

3 **store** *peut signifier* **réserve** (= entrepôt)

> Ce mot peut être un VERBE :

► **store** something **stocker** quelque chose

En anglais, **store** ne signifie pas « store ».

storey /'stɔ:rɪ/ **étage**

En anglais américain, ce mot s'écrit **story**.

stork /stɔ:k/ **cigogne**

storm /stɔ:m/ **orage** *ou* **tempête**

stormy /'stɔ:mɪ/ **orageux**

story /'stɔ:rɪ/ *a plusieurs sens :*

1 **story** *peut signifier* **histoire** (= récit)

2 **story** *peut signifier* **article** (de presse)

3 *En anglais américain,* **story** *peut signifier* **étage**

Au sens d'étage, ce mot s'écrit **storey** en anglais britannique.

stove /stəʊv/ **cuisinière** (= appareil de cuisine) *ou* **poêle** (= appareil de chauffage)

straight /streɪt/ *a plusieurs catégories grammaticales et plusieurs sens :*

> Ce mot peut être un ADJECTIF :

1 **straight** *peut signifier* **droit** (= sans courbure) *ou* **raide** (en parlant des cheveux)

2 **straight** *peut signifier* **franc** *ou* **honnête**

> Ce mot peut être un ADVERBE :

1 **straight** *peut signifier* **droit** (marcher, se tenir, pousser droit)

▷ Sit up straight! Redresse-toi !

2 **straight** *peut signifier* **directement**

▷ Go straight home. Rentre directement chez toi.

3 **straight** *peut être suivi d'une préposition :*
► **straight ahead** tout droit
► **straight away** tout de suite
► **straight off** tout de suite
► **straight on** tout droit
► **straight out** sans hésiter *ou* franchement

straighten /'streɪtn/ redresser *ou* ajuster

straightforward /ˌstreɪt'fɔːwəd/ *a plusieurs sens :*

1 **straightforward** *peut signifier* simple

2 **straightforward** *peut signifier* franc *ou* honnête

strain /streɪn/ *a plusieurs catégories grammaticales et plusieurs sens :*

> Ce mot peut être un NOM :

1 **strain** *peut signifier* tension *ou* stress

2 **strain** *peut signifier* effort physique

3 **strain** *peut signifier* foulure

> Ce mot peut être un VERBE :

1 ► **strain something** *peut signifier* froisser quelque chose (un muscle) *ou* fouler quelque chose
► **strain one's eyes** s'abîmer les yeux

2 ► **strain something** *peut signifier* mettre quelque chose à rude épreuve

3 ► **strain something** *peut signifier* passer quelque chose (un liquide) *ou* égoutter quelque chose

strainer /'streɪnəʳ/ passoire

strange /streɪndʒ/ *a plusieurs sens :*

1 **strange** *peut signifier* étrange *ou* bizarre

2 **strange** *peut signifier* inconnu *ou* qu'on ne connaît pas
▷ It's not easy to make friends in a strange town. Ce n'est pas facile de se faire des amis dans une ville qu'on ne connaît pas.

stranger /'streɪndʒəʳ/ étranger *ou* inconnu

strangest /'streɪndʒɪst/ *est le superlatif de* strange.
▷ That's the strangest dog I've ever seen. C'est le chien le plus bizarre que j'aie jamais vu.

strangle /'stræŋgl/ étrangler

strap /stræp/ *a plusieurs sens :*

1 **strap** *peut signifier* lanière *ou* sangle *ou* courroie

2 **strap** *peut signifier* bandoulière (de sac) *ou* bretelle (d'un vêtement)

3 **strap** *peut signifier* bracelet (de montre)

strategies /'strætɪdʒɪz/ *est le pluriel de* strategy.

strategy /'strætɪdʒɪ/ stratégie

straw /strɔː/ paille

strawberries /'strɔːbərɪz/ *est le pluriel de* strawberry.

strawberry /'strɔːbərɪ/ fraise

stray /streɪ/ *a plusieurs catégories grammaticales et plusieurs sens :*

> Ce mot peut être un ADJECTIF :

1 **stray** *peut signifier* errant (en parlant d'un animal)

2 **stray** *peut signifier* perdu (en parlant d'une balle)

> Ce mot peut être un VERBE :

stray *signifie* s'égarer *ou* errer

streak /striːk/ *a plusieurs catégories grammaticales et plusieurs sens :*

> Ce mot peut être un NOM :

1 **streak** *peut signifier* raie *ou* bande

2 **streak** *peut signifier* côté (quand on parle de la personnalité de quelqu'un)
▷ He's got a nasty streak. Il a un côté méchant.

> Ce mot peut être un VERBE :

1 ► **streak something** strier quelque chose

2 ► **have one's hair streaked** se faire faire des mèches

stream /striːm/ *a plusieurs catégories grammaticales et plusieurs sens :*

> Ce mot peut être un NOM :

1 **stream** *peut signifier* ruisseau

2 **stream** *peut signifier* flot (d'eau, de lumière)

> Ce mot peut être un VERBE :

1 **stream** *peut signifier* ruisseler

2 ► **stream in** entrer à flots
► **stream out** sortir à flots

street /striːt/ rue

streetlamp /'striːtlæmp/ lampadaire (de rue)

streetlight /'striːtlaɪt/ lampadaire (de rue)

strength /streŋθ/ force *ou* solidité

strengthen /'streŋθən/ renforcer *ou* fortifier

stress /stres/ *a plusieurs catégories grammaticales et plusieurs sens :*

> Ce mot peut être un NOM :

1 **stress** *peut signifier* stress
► **be under stress** être stressé

2 **stress** *peut signifier* **insistance**
► **lay stress on** something **insister sur** quelque chose
> Ce mot peut être un VERBE :
► **stress** something **insister sur** quelque chose

stressful /'stresfʊl/ **stressant**

stretch /stretʃ/ *a plusieurs catégories grammaticales et plusieurs sens :*
> Ce mot peut être un NOM :
1 **stretch** *peut signifier* **période**
2 **stretch** *peut signifier* **étendue** (de terre, d'eau) *ou* **partie** (d'une rue, d'une rivière)
> Ce mot peut être un VERBE TRANSITIF :
1 ► **stretch** something *peut signifier* **tendre** quelque chose *ou* **étirer** quelque chose
2 ► **stretch** something *peut signifier* **allonger** quelque chose (le bras, la jambe)
> Ce mot peut être un VERBE INTRANSITIF :
1 **stretch** *peut signifier* **s'étirer**
2 **stretch** *peut signifier* **s'étendre**
3 **stretch** *peut signifier* **s'allonger** *ou* **s'élargir**

stretcher /'stretʃəʳ/ **brancard**

strict /strɪkt/ **strict**

strictly /'strɪktlɪ/ **strictement**
► **strictly speaking à strictement parler**

stride /straɪd/ *a plusieurs catégories grammaticales :*
> Ce mot peut être un NOM :
stride *signifie* **grand pas** *ou* **enjambée**
> Ce mot peut être un VERBE :
► **stride along avancer à grands pas**

strike /straɪk/ *a plusieurs catégories grammaticales et plusieurs sens :*
> Ce mot peut être un NOM :
1 **strike** *peut signifier* **grève**
► **go on strike se mettre en grève**
2 **strike** *peut signifier* **attaque**
> Ce mot peut être un VERBE TRANSITIF :
1 ► **strike** somebody *ou* something *peut signifier* **frapper** quelqu'un *ou* quelque chose
► **be struck by** something **être frappé par** quelque chose
2 ► **strike a match frotter une allumette**
3 ► **strike** somebody *peut signifier* **venir à l'esprit de** quelqu'un
▷ It strikes me as odd. Ça me semble bizarre.
> Ce mot peut être un VERBE INTRANSITIF :
1 **strike** *peut signifier* **frapper** *ou* **attaquer**
2 **strike** *peut signifier* **sonner** (en parlant d'une horloge)

string /strɪŋ/ *a plusieurs sens :*
1 **string** *peut signifier* **ficelle**
► **a piece of string un bout de ficelle**
2 **string** *peut signifier* **corde** (d'une raquette, d'un instrument de musique)
3 **string** *peut signifier* **rang** (de perles)
4 **string** *peut signifier* **série** *ou* **suite**

strip /strɪp/ *a plusieurs catégories grammaticales et plusieurs sens :*
> Ce mot peut être un NOM :
strip *signifie* **bande** (de tissu, de papier, de cuir)
> Ce mot peut être un VERBE TRANSITIF :
1 **strip somebody** *peut signifier* **déshabiller quelqu'un**
2 ► **strip** somebody **of** something **dépouiller** quelqu'un **de** quelque chose
3 ► **strip** something *peut signifier* **vider** quelque chose (une maison, une pièce)
4 ► **strip** something *peut signifier* **enlever** quelque chose (du papier peint, de la peinture)
> Ce mot peut être un VERBE INTRANSITIF :
strip *signifie* **se déshabiller**

stripe /straɪp/ **rayure**

striped /straɪpt/ **à rayures**

strode /strəʊd/ *est le prétérit du verbe* stride.
▷ They strode along. Ils avançaient à grands pas.

stroke /strəʊk/ *a plusieurs catégories grammaticales et plusieurs sens :*
> Ce mot peut être un NOM :
1 **stroke** *peut signifier* **trait** (de crayon, de stylo)
2 **stroke** *peut signifier* **attaque** (cérébrale)
▷ He had a stroke. Il a eu une attaque.
3 ► **a stroke of luck un coup de chance**
> Ce mot peut être un VERBE :
► **stroke** somebody *ou* something **caresser** quelqu'un *ou* quelque chose

stroll /strəʊl/ *a plusieurs catégories grammaticales :*
> Ce mot peut être un NOM :
stroll *signifie* **petite promenade**
> Ce mot peut être un VERBE :
stroll *signifie* **se promener**

stroller /'strəʊləʳ/ **poussette**

Stroller est un mot américain : en anglais britannique, on dit pushchair.

strong /strɒŋ/ **fort** *ou* **solide** *ou* **robuste**

strongbox /'strɒŋbɒks/ **coffre-fort**

stronger /strɒŋgəʳ/ *est le comparatif de* strong.

▷ I'm stronger than you. Je suis plus fort que toi.

strongest /strɒŋgɪst/ *est le superlatif de* strong.

▷ He's the strongest boy in the class. C'est le garçon le plus fort de la classe.

strongly /'strɒŋlɪ/ **fortement**

strong-minded /'strɒŋ,maɪndɪd/ **résolu**

strongroom /'strɒŋrʊm/ **chambre forte**

struck /strʌk/ *est le prétérit et le participe passé du verbe* strike.

▷ He struck his fist on the table. Il a frappé du poing sur la table.

struggle /'strʌgl/ *a plusieurs catégories grammaticales et plusieurs sens :*

> Ce mot peut être un NOM :

struggle *signifie* **lutte** *ou* **bagarre**

> Ce mot peut être un VERBE :

1 struggle *peut signifier* **lutter**

2 ► struggle to do something **se démener pour faire** quelque chose

3 struggle *peut signifier* **se débattre** *ou* **se battre**

stub /stʌb/ *a plusieurs catégories grammaticales et plusieurs sens :*

> Ce mot peut être un NOM :

1 stub *peut signifier* **mégot**

2 stub *peut signifier* **talon** (de chèque, de ticket)

> Ce mot peut être un VERBE :

1 ► stub one's toe **se cogner le doigt de pied**

2 ► stub a cigarette out **écraser une cigarette**

stubble /'stʌbl/ *a plusieurs sens :*

1 stubble *peut signifier* **barbe de plusieurs jours**

2 stubble *peut signifier* **chaume** (dans les champs)

stubborn /'stʌbən/ **têtu** *ou* **obstiné**

stuck /stʌk/ **coincé** *ou* **bloqué**

ℹ Stuck est aussi le prétérit et le participe passé du verbe stick :

▷ I stuck my hand in my pocket. J'ai mis la main dans ma poche.

student /'stju:dənt/ **étudiant** *ou* **étudiante**

studied /'stʌdɪd/ *est le prétérit et le participe passé du verbe* study :

▷ He studied law. Il a fait des études de droit.

studies /'stʌdɪz/ *a plusieurs sens :*

1 studies *est le pluriel de* study.

▷ Several studies have been made of this animal. Plusieurs études de cet animal ont été faites.

2 studies est la troisième personne du singulier du verbe study, au présent.

▷ She studies English at university. Elle étudie l'anglais à la fac.

studio /'stju:dɪəʊ/ **atelier** (d'artiste) *ou* **studio**

study /'stʌdɪ/ *a plusieurs catégories grammaticales et plusieurs sens :*

> Ce mot peut être un NOM :

1 study *peut signifier* **étude**

2 study *peut signifier* **bureau** (= pièce dans une maison)

> Ce mot peut être un VERBE :

study *signifie* **étudier** *ou* **faire des études**

stuff /stʌf/ *a plusieurs catégories grammaticales et plusieurs sens :*

> Ce mot peut être un NOM :

1 stuff *peut signifier* **trucs** *ou* **affaires**

▷ Bring all your stuff. Apporte toutes tes affaires.

2 stuff *peut signifier* **truc** *ou* **substance**

▷ What's that stuff on your trousers? C'est quoi ce truc sur ton pantalon ?

> Ce mot peut être un VERBE :

1 ► stuff something **rembourrer** *ou* **farcir** quelque chose

2 ► stuff something with... **remplir** quelque chose **de...**

3 ► stuff something into... **fourrer** quelque chose **dans...**

stuffing /'stʌfɪŋ/ *a plusieurs sens :*

1 stuffing *peut signifier* **rembourrage** (d'un coussin, d'un fauteuil)

2 stuffing *peut signifier* **farce** (en cuisine)

stuffy /'stʌfɪ/ **mal aéré**

stumble /'stʌmbl/ **trébucher**

stun /stʌn/ **étourdir** *ou* **abasourdir**

stung /stʌŋ/ *est le participe passé du verbe* sting.

▷ I've been stung by a bee. Une abeille m'a piqué.

stunning /'stʌnɪŋ/ **superbe** *ou* **formidable** *ou* **stupéfiant**

stunt /stʌnt/ *a plusieurs sens :*

1 stunt *peut signifier* **cascade** (dans un film)

2 stunt *peut signifier* **coup publicitaire**

stuntman /'stʌntmæn/ **cascadeur**

stupid /'stjuːpɪd/ **stupide** *ou* **bête**

sturdy /'stɜːdɪ/ **solide** *ou* **robuste**

stutter /'stʌtəʳ/ *a plusieurs catégories grammaticales :*

> Ce mot peut être un NOM :

stutter *signifie* **bégaiement**

► have a stutter **bégayer**

> Ce mot peut être un VERBE :

stutter *signifie* **bégayer**

style /staɪl/ *a plusieurs sens :*

1 style *peut signifier* **style**

2 style *peut signifier* **modèle** *ou* **genre**

3 style *peut signifier* **classe** *ou* **élégance**

stylish /'staɪlɪʃ/ **chic**

subject *se prononce de deux façons différentes et a des sens différents selon la prononciation :*

/'sʌbdʒekt/ (l'accent est sur la première syllabe sub-)

> Ce mot peut être un NOM :

1 subject *peut signifier* **sujet**

2 subject *peut signifier* **matière** (à l'école ou à l'université)

> Ce mot peut être un ADJECTIF :

► be subject to something **être sujet à** quelque chose *ou* **être soumis à** quelque chose

/səb'dʒekt/ (l'accent est sur la deuxième syllabe -ject)

> C'est un VERBE :

► subject somebody to something **faire subir** quelque chose **à** quelqu'un

submarine /sʌbmə'riːn/ **sous-marin**

submit /səb'mɪt/ **soumettre** *ou* **se soumettre**

subscribe /səb'skraɪb/ **s'abonner** *ou* **être abonné**

subscription /səb'skrɪpʃən/ **abonnement**

► take out a subscription to **s'abonner à**

subsequent /'sʌbsɪkwənt/ **ultérieur**

subsidy /'sʌbsɪdɪ/ **subvention**

substance /'sʌbstəns/ **substance**

substantial /səb'stænʃəl/ **important** *ou* **solide** *ou* **substantiel**

substitute /'sʌbstɪtjuːt/ *a plusieurs catégories grammaticales et plusieurs sens :*

> Ce mot peut être un NOM :

1 substitute *peut signifier* **remplaçant**

2 substitute *peut signifier* **produit de substitution**

> Ce mot peut être un VERBE :

► substitute something for something **substituer** quelque chose **à** quelque chose

subtitles /'sʌbˌtaɪtlz/ **sous-titres**

subtle /'sʌtl/ **subtil**

subtract /səb'trækt/ **soustraire**

▷ If you subtract 2 from 6, you get 4. Si tu soustrais 2 à 6, tu obtiens 4.

suburb /'sʌbɜːb/ **banlieue**

suburban /sə'bɜːbən/ **de banlieue**

subway /'sʌbweɪ/ *a plusieurs sens :*

1 subway *peut signifier* **passage souterrain**

2 subway *peut signifier* **métro**

succeed /sək'siːd/ **réussir**

► succeed in doing something **réussir à faire** quelque chose

success /sək'ses/ **succès**

successful /sək'sesfʊl/ **couronné de succès** *ou* **à succès** *ou* **qui a du succès**

► be successful in something *ou* at something **réussir** quelque chose

successfully /sək'sesfəlɪ/ **avec succès**

such /sʌtʃ/ *a plusieurs sens :*

1 such *peut signifier* **tel**

▷ Such a book is hard to find. Un tel livre est dur à trouver.

▷ Such cases are rare. De tels cas sont rares.

► such as **tel que**

2 such *peut signifier* **si** *ou* **tellement**

▷ It has been such a long time. Ça fait si longtemps.

▷ I was in such pain. Je souffrais tellement.

▷ He's such a nice man. Il est tellement gentil.

3 such *peut signifier* **aussi**

▷ I haven't read such a good book in years. Je n'ai pas lu un aussi bon livre depuis des années.

suck /sʌk/ **sucer** *ou* **aspirer**

sudden /'sʌdn/ **soudain** (adjectif)

► all of a sudden **tout à coup**

suddenly /ˈsʌdnlɪ/ **tout à coup** *ou* **soudainement**

sue /suː/ **poursuivre en justice**

suede /sweɪd/ **daim** (= cuir)

suffer /ˈsʌfəʳ/ *a plusieurs catégories grammaticales et plusieurs sens :*

> Ce mot peut être un VERBE TRANSITIF :

1 ► **suffer** something *peut signifier* **souffrir de** quelque chose

2 ► **suffer** something *peut signifier* **subir** quelque chose

> Ce mot peut être un VERBE :

suffer *signifie* **souffrir**

► **suffer from** something **souffrir de** quelque chose

suffering /ˈsʌfərɪŋ/ **souffrance**

ℹ Suffering est aussi une forme du verbe suffer :

▷ He's suffering. Il souffre.

sufficient /səˈfɪʃənt/ **suffisant**

suffocate /ˈsʌfəkeɪt/ **étouffer**

sugar /ˈʃʊgəʳ/ **sucre**

sugared almond /ˈʃʊgəd ˈɑːmənd/ **dragée**

suggest /səˈdʒest/ **suggérer**

suicide /ˈsʊɪsaɪd/ **suicide**

► **commit suicide** **se suicider**

suit /suːt/ *a plusieurs catégories grammaticales et plusieurs sens :*

> Ce mot peut être un NOM :

suit *signifie* **costume** *ou* **tailleur**

> Ce mot peut être un VERBE :

1 ► **suit** somebody *peut signifier* **aller à** quelqu'un

▷ That colour doesn't suit you. Cette couleur ne te va pas.

2 ► **suit** somebody *peut signifier* **convenir à** quelqu'un

▷ Does tomorrow suit you? Est-ce que demain te convient ?

suitable /ˈsuːtəbl/ **convenable**

▷ It's not suitable. Ça ne convient pas.

suitcase /ˈsuːtkeɪs/ **valise**

suite /swiːt/ *a plusieurs sens :*

1 **suite** *peut signifier* **suite** (dans un hôtel)

2 **suite** *peut signifier* **meubles de salon**

sulk /sʌlk/ **bouder**

sum /sʌm/ *a plusieurs catégories grammaticales et plusieurs sens :*

> Ce mot peut être un NOM :

1 **sum** *peut signifier* **somme**

2 **sum** *peut signifier* **calcul**

> Ce mot peut être un VERBE :

► **sum** something **up** **résumer** quelque chose

summarize /ˈsʌməraɪz/ **résumer**

summary /ˈsʌmərɪ/ **résumé**

summer /ˈsʌməʳ/ **été**

► **summer holidays** **grandes vacances**

summertime /ˈsʌmətaɪm/ **été**

summit /ˈsʌmɪt/ **sommet**

summon /ˈsʌmən/ **appeler** *ou* **convoquer**

sun /sʌn/ **soleil**

► **sun cream** *ou* **sun lotion** **crème solaire**

sunbathe /ˈsʌnbeɪð/ **se faire bronzer**

sunblock /ˈsʌnblɒk/ **écran total**

sunburn /ˈsʌnbɜːn/ **coup de soleil**

sunburned /ˈsʌnbɜːnd/ **brûlé par le soleil**

► **get sunburned** **prendre un coup de soleil**

Sunday /ˈsʌnd(e)ɪ/ **dimanche**

► **on Sunday** **dimanche**

► **on Sunday morning** **dimanche matin**

► **on Sundays** **le dimanche**

ℹ En anglais, les noms des jours de la semaine commencent toujours par une majuscule.

sundial /ˈsʌndaɪəl/ **cadran solaire**

sunflower /ˈsʌnˌflaʊəʳ/ **tournesol**

sung /sʌŋ/ *est le participe passé du verbe* sing.

▷ I have never sung in English. Je n'ai jamais chanté en anglais.

sunglasses /ˈsʌnˌglɑːsɪz/ **lunettes de soleil**

sunk /sʌŋk/ *est le participe passé du verbe* sink.

▷ The boat has sunk. Le bateau a coulé.

sunlight /ˈsʌnlaɪt/ **lumière du soleil**

sunny /'sʌnɪ/ ensoleillé

sunrise /'sʌnraɪz/ lever de soleil

sunroof /'sʌnru:f/ toit ouvrant

sunscreen /'sʌnskri:n/ écran solaire

sunset /'sʌnset/ coucher de soleil

sunshine /'sʌnʃaɪn/ lumière du soleil
► **in the sunshine** au soleil

sunstroke /'sʌnstrəʊk/ insolation

suntan /'sʌntæn/ bronzage
► **suntan cream** *ou* **suntan lotion** crème solaire

superb /su:'pɜ:b/ superbe

superior /sʊ'pɪərɪəʳ/ supérieur

supermarket /'su:pəˌmɑ:kɪt/ supermarché

supernatural /ˌsu:pə'nætʃərəl/ surnaturel

supervisor /'su:pəvaɪzəʳ/ surveillant

supper /'sʌpəʳ/ dîner

supple /'sʌpl/ souple

supply /sə'plaɪ/ *a plusieurs catégories grammaticales et plusieurs sens :*

> Ce mot peut être un NOM :

1 **supply** *peut signifier* provision *ou* réserve
► **supplies** provisions *ou* vivres
► **supply teacher** (professeur) remplaçant

2 ► **supply and demand** l'offre et la demande

> Ce mot peut être un VERBE :

► **supply** somebody **with** something fournir quelqu'un en quelque chose

support /sə'pɔ:t/ *a plusieurs catégories grammaticales et plusieurs sens :*

> Ce mot peut être un NOM :

1 **support** *peut signifier* appui *ou* soutien

2 **support** *peut signifier* support

> Ce mot peut être un VERBE :

1 ► **support** somebody *ou* something *peut signifier* soutenir quelqu'un *ou* quelque chose

2 ► **support** somebody *ou* something *peut signifier* être pour quelqu'un *ou* quelque chose
► **support a team** être supporter d'une équipe

3 ► **support** somebody *peut signifier* subvenir aux besoins de quelqu'un

En anglais, le verbe **support** ne signifie pas « supporter ».

suppose /sə'pəʊz/ supposer
▷ I suppose so. Je suppose que oui.
▷ I suppose not. Je suppose que non.

supposed /sə'pəʊzd/ présumé *ou* prétendu
► **be supposed to do** something être censé faire quelque chose

Supposed est aussi le prétérit et le participe passé du verbe **suppose** :

▷ I supposed it was true. J'ai supposé que c'était vrai.

suppress /sə'pres/ réprimer *ou* supprimer

sure /ʃʊəʳ/ sûr
▷ I'm sure he'll come. Je suis sûr qu'il viendra.
▷ I'm not sure when he's coming. Je ne sais pas trop quand il viendra.
▷ He's very sure of himself. Il est très sûr de lui.
► **make sure that...** s'assurer que... *ou* vérifier que...
► **for sure** sans aucun doute

surely /'ʃʊəlɪ/ sûrement

surf /sɜ:f/ surfer

surface /'sɜ:fɪs/ *a plusieurs catégories grammaticales et plusieurs sens :*

> Ce mot peut être un NOM :

surface *signifie* surface
► **on the surface** à première vue

> Ce mot peut être un VERBE :

surface *peut signifier* remonter à la surface

surfboard /'sɜ:fbɔ:d/ planche de surf

surfer /'sɜ:fəʳ/ *a plusieurs sens :*

1 **surfer** *peut signifier* surfeur

2 **surfer** *peut signifier* internaute

surfing /'sɜ:fɪŋ/ surf
► **go surfing** faire du surf

surgeon /'sɜ:dʒən/ chirurgien

surgery /'sɜ:dʒərɪ/ *a plusieurs sens :*

1 **surgery** *peut signifier* chirurgie

2 *En anglais britannique,* **surgery** *peut signifier* cabinet (médical ou dentaire)

surgical /'sɜ:dʒɪkəl/ chirurgical

surname /'sɜ:neɪm/ nom de famille

surprise /sə'praɪz/ *a plusieurs catégories grammaticales :*

> Ce mot peut être un NOM :

surprise *signifie* **surprise**

> Ce mot peut être un VERBE :

► **surprise** somebody **surprendre** quelqu'un

surprised /sə'praɪzd/ **surpris**

ℹ Surprised est aussi le prétérit et le participe passé du verbe surprise :

▷ It really surprised me. Ça m'a vraiment surpris.

surprising /sə'praɪzɪŋ/ **surprenant**

ℹ Surprising est aussi une forme du verbe surprise :

▷ He likes surprising people. Il aime bien surprendre les gens.

surrender /sə'rendə^r/ *a plusieurs catégories grammaticales et plusieurs sens :*

> Ce mot peut être un NOM :

surrender *signifie* **reddition** *ou* **capitulation**

> Ce mot peut être un VERBE :

surrender *signifie* **se rendre** (= capituler)

surround /sə'raʊnd/ **entourer**

surroundings /sə'raʊndɪŋz/ **environs** *ou* **cadre**

survey *se prononce de deux façons et a des catégories grammaticales et des sens différents selon la prononciation :*

🔊 /'sɜːveɪ/ (l'accent est sur la première syllabe sur-)

> C'est un NOM :

1 **survey** *peut signifier* **étude** *ou* **sondage**

2 **survey** *peut signifier* **levé** (du terrain) *ou* **expertise** (d'une maison)

🔊 /sə'veɪ/ (l'accent est sur la deuxième syllabe -vey)

> C'est un VERBE :

1 ► **survey** something *peut signifier* **passer** quelque chose **en revue** *ou* **contempler** quelque chose

2 ► **survey** something *peut signifier* **faire une étude de** quelque chose

3 ► **survey** something *peut signifier* **expertiser** quelque chose

survival /sə'vaɪvəl/ **survie**

survive /sə'vaɪv/ **survivre** *ou* **survivre à**

survivor /sə'vaɪvə^r/ **survivant**

suspect *se prononce de deux façons et a des sens différents selon la prononciation :*

🔊 /'sʌspekt/ (l'accent est sur la première syllabe sus-)

> Ce mot peut être un NOM ou un ADJECTIF :

suspect *signifie* **suspect**

🔊 /səs'pekt/ (l'accent est sur la deuxième syllabe -pect)

> C'est un VERBE :

1 ► **suspect** somebody *ou* something *peut signifier* **soupçonner** quelqu'un *ou* quelque chose

2 ► **suspect** something *peut signifier* **se douter de** quelque chose

suspend /səs'pend/ **suspendre**

suspicion /səs'pɪʃən/ **soupçon**

suspicious /səs'pɪʃəs/ *a plusieurs sens :*

1 **suspicious** *peut signifier* **méfiant**

► **be suspicious of** somebody *ou* something **se méfier de** quelqu'un *ou* quelque chose

2 **suspicious** *peut signifier* **suspect**

swallow /'swɒləʊ/ *a plusieurs catégories grammaticales :*

> Ce mot peut être un NOM :

swallow *signifie* **hirondelle**

> Ce mot peut être un VERBE :

swallow *signifie* **avaler**

swam /swæm/ *est le prétérit du verbe* swim.

▷ She swam across the river. Elle a traversé la rivière à la nage.

swamp /swɒmp/ **marais** *ou* **marécage**

swan /swɒn/ **cygne**

swap /swɒp/ **échanger**

sway /sweɪ/ **se balancer** *ou* **osciller**

swear /swɛə^r/ **jurer**

swearword /'swɛəwɜːd/ **gros mot**

sweat /swet/ *a plusieurs catégories grammaticales :*

> Ce mot peut être un NOM :

sweat *signifie* **sueur**

> Ce mot peut être un VERBE :

sweat *signifie* **suer**

sweater /'swetə^r/ **pullover**

sweatsuit /'swetsuːt/ **survêtement**

Sweatsuit est un mot américain : en anglais britannique, on dit tracksuit.

sweaty /'swetɪ/ moite *ou* en sueur

Swede /swiːd/ Suédois (= personne)

Sweden /'swiːdən/ Suède

> ℹ En général, en anglais, on n'emploie pas d'article défini devant les noms de pays et de continents.

Swedish /'swiːdɪʃ/ suédois

> ℹ En anglais, les adjectifs de nationalité et les noms de langues commencent par une majuscule.

sweep /swiːp/ balayer

► **sweep a chimney** ramoner une cheminée

sweet /swiːt/ *a plusieurs catégories grammaticales et plusieurs sens :*

> Ce mot peut être un NOM :

1 **sweet** *peut signifier* **bonbon** *en anglais britannique*

2 **sweet** *peut signifier* **dessert** *en anglais britannique*

> Aux États-Unis, « bonbon » se dit candy et « dessert » se dit dessert.

> Ce mot peut être un ADJECTIF :

1 **sweet** *peut signifier* **sucré** *ou* **doux**

► **have a sweet tooth** aimer les sucreries

2 **sweet** *peut signifier* **gentil** *ou* **mignon**

sweetcorn /'swiːtkɔːn/ maïs

sweeten /'swiːtn/ sucrer

sweetener /'swiːtnəʳ/ édulcorant

swell /swel/ enfler *ou* se gonfler

swelling /'swelɪŋ/ enflure

swept /swept/ *est le prétérit et le participe passé du verbe* sweep.

▷ He swept the floor. Il a balayé par terre.

swift /swɪft/ rapide

swim /swɪm/ *a plusieurs catégories grammaticales et plusieurs sens :*

> Ce mot peut être un NOM :

► **go for a swim** aller se baigner *ou* aller à la piscine

> Ce mot peut être un VERBE :

swim *signifie* **nager**

swimming /'swɪmɪŋ/ natation

► **go swimming** aller se baigner *ou* aller à la piscine

► **swimming costume** maillot de bain

► **swimming pool** piscine

► **swimming trunks** maillot de bain (pour homme)

> ℹ Swimming est aussi une forme du verbe swim :

▷ She was swimming in the lake. Elle nageait dans le lac.

swimsuit /'swɪmsuːt/ maillot de bain

swindle /'swɪndl/ *a plusieurs catégories grammaticales :*

> Ce mot peut être un NOM :

swindle *signifie* **escroquerie**

> Ce mot peut être un VERBE :

► **swindle** somebody **escroquer** quelqu'un

swing /swɪŋ/ *a plusieurs catégories grammaticales et plusieurs sens :*

> Ce mot peut être un NOM :

1 **swing** *peut signifier* **balançoire**

2 **swing** *peut signifier* **balancement** *ou* **oscillation**

3 **swing** *peut signifier* **revirement** (dans l'opinion)

> Ce mot peut être un VERBE INTRANSITIF :

1 **swing** *peut signifier* **se balancer** *ou* **osciller**

2 **swing** *peut signifier* **virer**

▷ He swung round. Il s'est retourné.

> Ce mot peut être un VERBE TRANSITIF :

► **swing** something **balancer** quelque chose

Swiss /swɪs/ suisse *ou* Suisse

► **the Swiss** les Suisses

> En anglais, les adjectifs de nationalité commencent par une majuscule.

switch /swɪtʃ/ *a plusieurs catégories grammaticales et plusieurs sens :*

> Ce mot peut être un NOM :

1 **switch** *peut signifier* **interrupteur**

2 **switch** *peut signifier* **changement** *ou* **revirement**

> Ce mot peut être un VERBE :

► **switch** something **échanger** quelque chose

► **switch** something **round changer** quelque chose **de place**

Phrasal verbs

Le verbe switch *peut être suivi d'une préposition, telle que* on *ou* over*, et dans ce cas, il peut avoir des sens différents. C'est ce qu'on appelle, en anglais, un « phrasal verb ».*

SWITCH OFF

► switch something off éteindre quelque chose

SWITCH ON

► switch something on allumer quelque chose

SWITCH OVER

► switch over changer de chaîne

switchboard /'swɪtʃbɔːd/ **standard** (téléphonique)

Switzerland /'swɪtsələnd/ **Suisse**

ℹ En général, en anglais, on n'emploie pas d'article défini devant les noms de pays et de continents.

swollen /'swəʊlən/ **enflé** *ou* **gonflé**

ℹ Swollen est aussi le participe passé du verbe swell :

▷ Her face has swollen up. Son visage a gonflé.

swop /swɒp/ **échanger**

sword /sɔːd/ **épée**

swordfish /'sɔːdfɪʃ/ **espadon**

swore /swɔːʳ/ *est le prétérit du verbe* swear.

▷ He swore never to do it again. Il a juré de ne plus jamais recommencer.

sworn /swɔːn/ *est le participe passé du verbe* swear.

▷ I could have sworn it was you. J'aurais juré que c'était toi.

swum /swʌm/ *est le participe passé du verbe* swim.

▷ He has swum across the Channel twice. Il a traversé deux fois la Manche à la nage.

swung /swʌŋ/ *est le prétérit et le participe passé du verbe* swing.

▷ He swung round when I spoke. Il s'est retourné quand j'ai parlé.

symbol /'sɪmbəl/ **symbole**

symmetrical /sɪ'metrɪkəl/ **symétrique**

ℹ Attention à l'orthographe du mot anglais symmetrical.

symmetry /'sɪmɪtrɪ/ **symétrie**

ℹ Attention à l'orthographe du mot anglais symmetry.

sympathetic /ˌsɪmpə'θetɪk/ **compatissant**

► sympathetic to... **favorable à...**

En anglais, sympathetic ne signifie pas « sympathique ».

sympathise *ou* **sympathize** /'sɪmpəθaɪz/ **compatir**

En anglais, sympathise ne signifie pas « sympathiser ».

sympathy /'sɪmpəθɪ/ **compassion** *ou* **solidarité**

En anglais, sympathy ne signifie pas « sympathie ».

symphony /'sɪmfənɪ/ **symphonie**

syringe /sɪ'rɪndʒ/ **seringue**

syrup /'sɪrəp/ **sirop**

system /'sɪstəm/ *a plusieurs sens :*

1 system *peut signifier* **système**

2 system *peut signifier* **réseau**

3 system *peut signifier* **organisme** (= le corps)

Tt

La lettre T se prononce /tiː/ en anglais.
T se prononce exactement comme le mot **tea**.

tab /tæb/ *a plusieurs sens :*

1 **tab** *peut signifier* **étiquette** (sur vêtement)

2 **tab** *peut signifier* **onglet** (de livre, de fichier informatique)

table /ˈteɪbl/ **table**

► lay the table **mettre la table**

► table tennis **ping-pong**

tablecloth /ˈteɪblklɒθ/ **nappe**

tablemat /ˈteɪblmæt/ **dessous-de-plat**

tablespoon /ˈteɪblspuːn/ **grande cuillère**

tablet /ˈtæblɪt/ **comprimé**

tackle /ˈtækl/ *a plusieurs catégories grammaticales et plusieurs sens :*

> Ce mot peut être un NOM :

1 **tackle** *peut signifier* **équipement** *ou* **matériel**

► fishing tackle **matériel de pêche**

2 **tackle** *peut signifier* **tacle** (en football) *ou* **plaquage** (en rugby)

> Ce mot peut être un VERBE :

1 ► **tackle** somebody *peut signifier* **tacler** quelqu'un *ou* **plaquer** quelqu'un

2 ► **tackle** somebody *peut signifier* **saisir** quelqu'un **à bras-le-corps**

3 ► **tackle** something **s'attaquer à** quelque chose

tadpole /ˈtædpəʊl/ **têtard**

tag /tæg/ *a plusieurs sens :*

1 **tag** *peut signifier* **étiquette** (sur vêtement)

2 **tag** *peut signifier* **onglet** (de fichier informatique)

3 **tag** *peut signifier* **tag** (= graffiti)

▷ The wall was covered in tags. Le mur était couvert de tags.

4 **tag** *peut signifier* **question-tag**

tail /teɪl/ **queue** (d'animal, d'avion)

► heads or tails? **pile ou face ?**

tailor /ˈteɪləʳ/ **tailleur** (= personne)

take /teɪk/ *a plusieurs sens :*

1 ► **take** somebody *ou* something *peut signifier* **prendre** quelqu'un *ou* quelque chose

▷ She took him by the hand. Elle l'a pris par la main.

▷ He took the book from the shelf. Il a pris le livre sur l'étagère.

▷ He's taking French lessons. Il prend des cours de français.

▷ I always take the bus. Je prends toujours le bus.

▷ Is this seat taken? Est-ce que cette place est prise ?

2 ► **take** somebody *peut signifier* **emmener** quelqu'un

▷ He took me to the cinema. Il m'a emmené au cinéma.

3 ► **take** something *peut signifier* **porter** quelque chose *ou* **emporter** quelque chose *ou* **apporter** quelque chose

▷ Don't forget to take an umbrella. N'oublie pas d'emporter un parapluie.

▷ She took him some flowers. Elle lui a apporté des fleurs.

4 ► take an exam **passer un examen**

5 ► **take** something *peut signifier* **supporter** quelque chose

▷ She can't take being criticized. Elle ne supporte pas qu'on la critique.

6 ► **take** something *peut signifier* **demander** quelque chose (= nécessiter)

▷ It takes a lot of courage. Ça demande beaucoup de courage.

7 take *est employé pour parler de la taille des vêtements et correspond à* **faire**

▷ I take a size 38. Je fais du 38.

Phrasal verbs

Le verbe take peut être suivi d'une préposition, telle que away ou out, et dans ce cas, il peut avoir des sens différents. C'est ce qu'on appelle, en anglais, un « phrasal verb ».

TAKE AFTER

► take after somebody **ressembler à** quelqu'un

TAKE AWAY

► take something away *peut signifier* **emporter** quelque chose

► take something away *peut signifier* **soustraire** quelque chose (en mathématiques)

► take something away from somebody **enlever** quelque chose **à** quelqu'un

► take somebody away **emmener** quelqu'un

TAKE BACK

► take something back **rendre** quelque chose *ou* **rapporter** quelque chose

► take somebody back *peut signifier* **reprendre** quelqu'un

► take somebody back *peut signifier* **raccompagner** quelqu'un

TAKE DOWN

► take something down *peut signifier* **descendre** quelque chose *ou* **baisser** quelque chose

► take something down *peut signifier* **démonter** quelque chose

► take something down *peut signifier* **noter** quelque chose

TAKE IN

► take something in *peut signifier* **comprendre** quelque chose

► take somebody in *peut signifier* **tromper** quelqu'un

► take somebody in *peut signifier* **recueillir** quelqu'un

TAKE OFF

► take off **décoller** (en parlant d'un avion)

► take something off **enlever** quelque chose

TAKE OUT

► take somebody out **sortir** quelqu'un *ou* **emmener** quelqu'un

▷ He took me out to dinner. Il m'a emmené dîner.

► take something out **sortir** quelque chose *ou* **prendre** quelque chose

▷ She took the knife out of the drawer. Elle a pris le couteau dans le tiroir.

TAKE OVER

► take over something **prendre le contrôle de** quelque chose

TAKE UP

► take up something *peut signifier* **se mettre à** quelque chose (un passe-temps)

► take up something *peut signifier* **prendre** quelque chose *ou* **occuper** quelque chose (du temps, de l'argent, de l'espace)

takeaway /'teɪkəweɪ/ *a plusieurs sens :*

1 takeaway *peut signifier* **magasin de plats à emporter**

2 takeaway *peut signifier* **repas à emporter**

Takeaway n'est pas employé en anglais américain : aux États-Unis, on dit takeout.

taken /'teɪkən/ *est le participe passé du verbe* take.

▷ I have taken the last cake. J'ai pris le dernier gâteau.

takeoff /'teɪkɒf/ **décollage**

takeout /'teɪkaʊt/ *a plusieurs sens :*

1 takeout *peut signifier* **magasin de plats à emporter**

2 takeout *peut signifier* **repas à emporter**

Takeout est un mot américain : en anglais britannique, on dit takeaway.

takeover /'teɪkəʊvə^r/ **rachat** (d'une entreprise)

talcum powder /'tælkəm,paʊdə^r/ **talc**

tale /teɪl/ **histoire** (= récit)

talented /'tæləntɪd/ **doué**

talk /tɔːk/ *a plusieurs catégories grammaticales et plusieurs sens :*

> Ce mot peut être un NOM :

1 talk *signifie* **conversation** *ou* **discussion** *ou* **exposé**

► have a talk **avoir une discussion**

► give a talk **faire un exposé**

2 ► talks **négociations** *ou* **pourparlers**

> Ce mot peut être un VERBE :

1 talk *signifie* **parler**

► talk to somebody about something **parler à** quelqu'un **de** quelque chose

▷ He was talking to himself. Il se parlait à lui-même.

2 ► talk somebody into doing something **persuader** quelqu'un **de faire** quelque chose

► talk somebody out of doing something **dissuader** quelqu'un **de faire** quelque chose

talkative /'tɔːkətɪv/ **bavard**

tall /tɔːl/ **haut** *ou* **grand**

▷ How tall is he? Combien mesure-t-il ?

▷ He's six feet tall. Il mesure un mètre quatre-vingts.

tame /teɪm/ *a plusieurs catégories grammaticales :*

> Ce mot peut être un ADJECTIF :

tame *signifie* **apprivoisé**

> Ce mot peut être un VERBE :

► tame an animal **apprivoiser un animal**

tan /tæn/ *a plusieurs catégories grammaticales :*

> Ce mot peut être un NOM :

tan *signifie* **bronzage**

> Ce mot peut être un VERBE :

tan *signifie* **bronzer**

> Ce mot peut être un ADJECTIF :

tan *signifie* **brun clair**

tangerine /ˌtændʒəˈriːn/ **mandarine**

tangle /ˈtæŋgl/ *a plusieurs catégories grammaticales et plusieurs sens :*

> Ce mot peut être un NOM :

tangle *peut signifier* **enchevêtrement**

► get into a tangle **s'emmêler**

> Ce mot peut être un VERBE :

► tangle something up **emmêler** quelque chose

► get tangled up **s'emmêler**

tank /tæŋk/ *a plusieurs sens :*

1 tank *peut signifier* **réservoir** (= récipient)

► fish tank **aquarium**

2 tank *peut signifier* **char d'assaut**

tanned /tænd/ **bronzé**

Tanned est aussi le prétérit et le participe passé du verbe tan :

▷ He tanned easily. Il bronzait facilement.

tantrum /ˈtæntrəm/ **crise de colère**

► have a tantrum **piquer une colère**

tap /tæp/ *a plusieurs catégories grammaticales et plusieurs sens :*

> Ce mot peut être un NOM :

1 tap *peut signifier* **robinet**

► tap water **eau du robinet**

Tap n'est pas employé en anglais américain : aux États-Unis, pour dire « robinet », on dit faucet.

2 tap *peut signifier* **petite tape** *ou* **petit coup**

> Ce mot peut être un VERBE :

► tap something **taper** quelque chose *ou* **tapoter** quelque chose

▷ He was tapping his feet. Il tapait du pied.

tap-dancing /ˈtæpdaːnsɪŋ/ **claquettes**

tape /teɪp/ *a plusieurs catégories grammaticales et plusieurs sens :*

> Ce mot peut être un NOM :

1 tape *peut signifier* **cassette** (audio ou vidéo)

► tape deck **platine cassette**

► tape recorder **magnétophone**

2 tape *peut signifier* **bande magnétique**

3 tape *peut signifier* **ruban** (en tissu ou adhésif)

► tape measure **mètre à ruban**

> Ce mot peut être un VERBE :

1 ► tape something *peut signifier* **enregistrer** quelque chose

2 ► tape something *peut signifier* **scotcher** quelque chose

tapestry /ˈtæpɪstrɪ/ **tapisserie**

tar /tɑːʳ/ **goudron**

target /ˈtɑːgɪt/ *a plusieurs catégories grammaticales et plusieurs sens :*

> Ce mot peut être un NOM :

target *signifie* **cible** *ou* **objectif**

> Ce mot peut être un VERBE :

► target something **viser** quelque chose *ou* **cibler** quelque chose

tarragon /ˈtærəgən/ **estragon**

tart /tɑːt/ *a plusieurs catégories grammaticales :*

> Ce mot peut être un NOM :

tart *signifie* **tarte**

> Ce mot peut être un ADJECTIF :

tart *signifie* **acide**

task /tɑːsk/ **tâche**

taste /teɪst/ *a plusieurs catégories grammaticales et plusieurs sens :*

> Ce mot peut être un NOM :

taste *signifie* **goût**

> Ce mot peut être un VERBE TRANSITIF :

1 ► taste something *peut signifier* **sentir le goût de** quelque chose

2 ► taste something *peut signifier* **goûter** quelque chose *ou* **goûter à** quelque chose

> Ce mot peut être un VERBE INTRANSITIF :

► taste of something **avoir un goût de** quelque chose

▷ It tastes nice. C'est bon.

▷ It tastes horrible. C'est infect.

tasteless /'teɪstləs/ *a plusieurs sens :*

1 **tasteless** *peut signifier* **de mauvais goût**

2 **tasteless** *peut signifier* **fade**

tasty /'teɪstɪ/ **savoureux**

tattoo /tə'tu:/ **tatouage**

taught /tɔ:t/ *est le prétérit et le participe passé du verbe* teach.

▷ Mr. Thomas taught English at our school. M. Thomas a enseigné l'anglais dans notre collège.

Taurus /'tɔ:rəs/ **Taureau** (= signe du zodiaque)

taut /tɔ:t/ **tendu** (muscle, corde, peau)

tax /tæks/ *a plusieurs catégories grammaticales et plusieurs sens :*

> Ce mot peut être un NOM :

tax *signifie* **taxe** *ou* **impôt**

> Ce mot peut être un VERBE :

1 ► **tax** something *peut signifier* **taxer** quelque chose

2 ► **tax** somebody *ou* something *peut signifier* **imposer** quelqu'un (= obliger quelqu'un à payer des impôts) *ou* **imposer** quelque chose (= créer un impôt sur quelque chose)

taxi /'tæksɪ/ **taxi**

► **taxi driver** **chauffeur de taxi**

► **taxi rank** **station de taxis**

tea /ti:/ **thé**

► **tea bag** **sachet de thé**

► **tea towel** **torchon** (pour la vaisselle)

teach /ti:tʃ/ **enseigner**

► **teach** somebody **how to do** something **apprendre à** quelqu'un **à faire** quelque chose

► **teach** somebody something **apprendre** quelque chose **à** quelqu'un

teacher /'ti:tʃəʳ/ **professeur** *ou* **enseignant**

teacup /'ti:kʌp/ **tasse à thé**

team /ti:m/ **équipe**

teapot /'ti:pɒt/ **théière**

tear *se prononce de deux façons et a des sens différents selon la prononciation :*

/tɪəʳ/ (tear rime avec beer et here)

> C'est un NOM :

tear *signifie* **larme**

► **burst into tears** **fondre en larmes**

/tɛəʳ/ (tear rime avec hair et there)

> Ce mot peut être un NOM :

tear *signifie* **déchirure**

> Ce mot peut être un VERBE TRANSITIF :

1 ► **tear** something **déchirer** quelque chose

2 ► **tear** something **from** somebody **arracher** quelque chose **à** quelqu'un

> Ce mot peut être un VERBE INTRANSITIF :

tear *signifie* **se déchirer**

Phrasal verbs

Le verbe tear *peut être suivi d'une préposition, telle que* out *ou* up, *et dans ce cas, il peut avoir des sens différents. C'est ce qu'on appelle, en anglais, un « phrasal verb ».*

TEAR DOWN

► **tear** something **down** **arracher** quelque chose (une affiche, par exemple) *ou* **démolir** quelque chose

TEAR OUT

► **tear** something **out** **arracher** quelque chose

TEAR UP

► **tear** something **up** **déchirer** quelque chose

teardrop /'tɪədrɒp/ **larme**

tease /ti:z/ **taquiner**

teaspoon /'ti:spu:n/ **petite cuillère**

technical /'teknɪkəl/ **technique** (adjectif)

technician /tek'nɪʃən/ **technicien**

technique /tek'ni:k/ **technique** (nom)

technological /,teknə'lɒdʒɪkəl/ **technologique**

technology /tek'nɒlədʒɪ/ **technologie**

teddy /'tedɪ/ **nounours** *ou* **ours en peluche**

i On dit aussi teddy bear.

tedious /'ti:dɪəs/ **ennuyeux**

teen /ti:n/ **pour ados** (magazine, film) *ou* **des ados** (style, mode)

teenager /'ti:n,eɪdʒəʳ/ **adolescent**

teens /ti:nz/ **adolescence**

▷ He's in his teens. Il est adolescent.

teeth /ti:θ/ *est le pluriel du mot* tooth.

► **clean one's teeth** **se laver les dents**

telephone /'telɪfəʊn/ *a plusieurs catégories grammaticales :*

> Ce mot peut être un NOM :

telephone *signifie* **téléphone**

► **telephone book** **annuaire**

► **telephone booth** *ou* **telephone box** **cabine téléphonique**

► **telephone directory** **annuaire**

► **telephone number** **numéro de téléphone**

> Ce mot peut être un VERBE :

► **telephone** somebody **téléphoner à** quelqu'un

tell /tel/ *a plusieurs sens :*

1 ► **tell** somebody something **dire** quelque chose **à** quelqu'un

► **tell** somebody **to do** something **dire à** quelqu'un **de faire** quelque chose

▷ You must tell the truth. Il faut que tu dises la vérité.

▷ Tell me what happened. Dis-moi ce qui s'est passé.

▷ He told me to come. Il m'a dit de venir.

▷ He told me not to come. Il m'a dit de ne pas venir.

▷ She told us that she didn't want to go. Elle nous a dit qu'elle ne voulait pas y aller.

2 ► **tell** somebody **a story** **raconter une histoire à** quelqu'un

3 ► **tell** somebody **about** something **parler à** quelqu'un **de** quelque chose *ou* **raconter** quelque chose **à** quelqu'un

▷ He told me about his new job. Il m'a parlé de son nouveau poste.

4 **can tell** *ou (au passé)* **could tell** *est employé pour parler de choses qui sont* **évidentes** *ou* **visibles**

▷ You can tell she's clever. On voit qu'elle est intelligente.

▷ I could tell he was lying. Je voyais bien qu'il mentait.

5 ► **tell apart** **distinguer**

▷ I can't tell them apart. Je ne peux pas les distinguer l'un de l'autre.

6 ► **tell** somebody **off** **gronder** quelqu'un

telly /'telɪ/ **télé**

> **Telly** est un mot familier, c'est-à-dire un mot qu'on évite d'employer quand on parle à quelqu'un qu'on ne connaît pas bien ou quand on écrit.

temper /'tempəʳ/ **humeur**

► **be in a temper** **être en colère**

► **lose one's temper** **se mettre en colère**

temperature /'temprɪtʃəʳ/ **température**

► **have a temperature** **avoir de la température** *ou* **avoir de la fièvre**

temple /'templ/ *a plusieurs sens :*

1 **temple** *peut signifier* **temple**

2 **temple** *peut signifier* **tempe** (= partie de la tête)

temporary /'tempərərɪ/ **temporaire** *ou* **provisoire**

tempt /tempt/ **tenter**

tempting /'temptɪŋ/ **tentant**

ten /ten/ **dix**

▷ She's ten. Elle a dix ans.

▷ It's ten o'clock. Il est dix heures.

▷ There are ten of us. Nous sommes dix.

tenant /'tenənt/ **locataire**

tend /tend/

► **tend to do** something **avoir tendance à faire** quelque chose

tendency /'tendənsɪ/ **tendance**

tender /'tendəʳ/ *a plusieurs sens :*

1 **tender** *peut signifier* **tendre**

2 **tender** *peut signifier* **sensible**

tennis /'tenɪs/ **tennis** (= jeu)

► **tennis ball** **balle de tennis**

► **tennis court** **court de tennis**

► **tennis player** **joueur de tennis**

► **tennis racket** **raquette de tennis**

tense /tens/ *a plusieurs catégories grammaticales et plusieurs sens :*

> Ce mot peut être un NOM :

tense *signifie* **temps** (de verbe)

► **the present tense** **le présent**

> Ce mot peut être un ADJECTIF :

tense *signifie* **tendu**

tent /tent/ **tente**

tenth /tenθ/ **dixième**

► **the tenth of May** *ou* **May the tenth** **le dix mai**

term /tɜːm/ *a plusieurs sens :*

1 **term** *peut signifier* **trimestre**

2 **term** *peut signifier* **terme** (= mot)

3 ► **in the long term** **à long terme**

► **in the short term** **à court terme**

4 ► **terms** *peut signifier* **conditions** *ou* **termes** (d'un accord, d'un contrat)

5 ► **come to terms with** something **accepter** quelque chose

terminal /'tɜːmɪnl/ *a plusieurs catégories grammaticales et plusieurs sens :*

> Ce mot peut être un NOM :

1 **terminal** *peut signifier* **aérogare**

2 **terminal** *peut signifier* **terminus**

3 *En informatique,* **terminal** *signifie* **terminal**

> Ce mot peut être un ADJECTIF :

terminal *peut signifier* **en phase terminale** (en parlant d'une maladie)

terrace /'terəs/ *a plusieurs sens :*

1 **terrace** *peut signifier* **terrasse**

2 *En anglais britannique,* **terrace** *peut signifier* **rangée de maisons**

terrible /'terəbl/ **terrible** *ou* **affreux** *ou* **épouvantable**

Ne pas confondre **terrible** et « terrific ».

terrific /tə'rɪfɪk/ *a plusieurs sens :*

1 **terrific** *peut signifier* **énorme** (taille, quantité, plaisir) *ou* **épouvantable** (douleur, chaleur, bruit)

2 **terrific** *peut signifier* **super** *ou* **formidable**

terrified /'terɪfaɪd/ **terrifié**

► **be terrified of** somebody *ou* something **avoir très peur de** quelqu'un *ou* quelque chose

terrifying /'terɪfaɪɪŋ/ **terrifiant**

territories /'terɪtərɪz/ *est le pluriel de* **territory.**

territory /'terɪtərɪ/ **territoire**

terror /'terəʳ/ **terreur**

terrorist /'terərɪst/ **terroriste**

test /test/ *a plusieurs catégories grammaticales et plusieurs sens :*

> Ce mot peut être un NOM :

1 **test** *peut signifier* **interrogation écrite** *ou* **interrogation orale**

► **driving test** **examen du permis de conduire**

2 **test** *peut signifier* **test**

3 **test** *peut signifier* **essai** (d'un produit, d'une voiture)

4 **test** *peut signifier* **examen** (des yeux) *ou* **analyse** (du sang, des urines)

5 **test** *peut signifier* **épreuve** (de force, de résistance, de caractère)

► **put** somebody **to the test** **mettre** quelqu'un **à l'épreuve**

> Ce mot peut être un VERBE :

1 ► **test** somebody *ou* something *peut signifier* **tester** quelqu'un *ou* quelque chose

2 ► **test** something *peut signifier* **faire un examen de** quelque chose *ou* **faire une analyse de** quelque chose

3 ► **test** somebody *peut signifier* **mettre** quelqu'un **à l'épreuve**

testify /'testɪfaɪ/ **témoigner**

testimony /'testɪmənɪ/ **témoignage**

text /tekst/ *a plusieurs catégories grammaticales :*

> Ce mot peut être un NOM :

1 **text** *peut signifier* **texte**

2 **text** *peut signifier* **SMS**

i On dit aussi **text message.**

> Ce mot peut être un VERBE :

text *signifie* **envoyer un SMS à**

textbook /'tekstbʊk/ **manuel scolaire**

Thames /temz/ **Tamise**

than /ðæn/ *sert à faire des* **comparaisons**

▷ He has more than me. Il a plus que moi.

▷ She is taller than her mother. Elle est plus grande que sa mère.

▷ There are more than 20. Il y en a plus de 20.

▷ It weighs less than one kilogramme. Ça pèse moins d'un kilogramme.

thank /θæŋk/ **remercier**

▷ Thank you. Merci.

▷ No thank you. Non merci.

▷ Thank you very much. Merci beaucoup.

▷ Thank you for coming. Merci d'être venu.

thankful /'θæŋkfʊl/ **reconnaissant**

thanks /θæŋks/ **remerciements**

▷ Thanks! Merci !

▷ Thanks a lot! Merci beaucoup !

► **thanks to...** **grâce à...**

that /ðæt/ *a plusieurs catégories grammaticales et plusieurs fonctions :*

> That peut être un ADJECTIF ou un PRONOM DÉMONSTRATIF, et sert à désigner quelque chose ou quelqu'un :

▷ What's that noise? Qu'est-ce que c'est que ce bruit ?

▷ Who's that man? Qui est cet homme ?

▷ That woman is my aunt. Cette femme est ma tante.

▷ I want that book, not this one. Je veux ce livre-là, pas celui-ci.

▷ Give me that one. Donnez-moi celui-là.

▷ Who's that? Qui c'est ?

▷ What's that? Qu'est-ce que c'est ?

▷ That depends. Ça dépend.

i Comparez this (employé pour désigner quelque chose de relativement proche) et that (employé pour désigner quelque chose de relativement éloigné).

> That peut être un PRONOM RELATIF :

Il peut alors correspondre au français **qui** *ou* **que.**

▷ The woman that spoke to me. La dame qui m'a parlé.

▷ The book that I read. Le livre que j'ai lu.

> That peut être un PRONOM RELATIF :

Il peut alors correspondre au français **lequel** *ou* **laquelle** *ou* **lesquels** *ou* **lesquelles.**

▷ The pen that she is writing with. Le stylo avec lequel elle écrit.

▷ The woman that I danced with. La femme avec laquelle j'ai dansé.

▷ The children that I spoke to. Les enfants auxquels j'ai parlé.

> That peut être une CONJONCTION :

Il correspond au français **que.**

▷ I told him that I would be late. Je lui avais dit que je serais en retard.

▷ He said that he liked it. Il a dit qu'il l'aimait bien.

> That peut être un ADVERBE :

Il correspond au français **si** *ou* **aussi.**

▷ It's not that bad. Ce n'est pas si mal que ça.

thaw /θɔː/ **fondre** *ou* **dégeler** *ou* **décongeler**

the /ðiː, ðə/ **le** *ou* **la** *ou* **les**

theatre /ˈθɪətəʳ/ **théâtre**

En anglais américain, ce mot s'écrit theater.

theft /θeft/ **vol** (= délit)

their /ðɛəʳ/ **leur** *ou* **leurs**

▷ Their brother is a doctor. Leur frère est médecin.

▷ Their children are all married. Leurs enfants sont tous mariés.

▷ They washed their hands. Ils se sont lavé les mains.

theirs /ðɛəz/ **le leur** *ou* **la leur** *ou* **les leurs**

▷ Our garden is big, theirs is small. Notre jardin est grand, le leur est petit.

▷ Our car is smaller than theirs. Notre voiture est plus petite que la leur.

them /ðem/ *est le pronom personnel de la troisième personne du pluriel, complément d'objet direct ou indirect :*

▷ I can see them. Je les vois.

▷ I sent them a letter. Je leur ai envoyé une lettre.

▷ She gave it to them. Elle le leur a donné.

▷ It's for them. Ceci est pour eux.

themselves /ðəmˈselvz/ *a plusieurs sens :*

1 **themselves** *est le pronom personnel de la troisième personne du pluriel, complément d'un verbe réfléchi :*

▷ They enjoyed themselves. Ils se sont amusés.

▷ They cut themselves. Il se sont coupés.

2 **themselves** *peut signifier* **eux-mêmes** *ou* **elles-mêmes**

▷ They did it themselves. Ils l'ont fait eux-mêmes.

then /ðen/ *a plusieurs sens :*

1 **then** *peut signifier* **à cette époque-là**

▷ We lived in London then. Nous habitions à Londres à cette époque-là.

2 **then** *peut signifier* **puis** *ou* **ensuite**

▷ She came in then sat down. Elle est entrée, puis elle s'est assise.

▷ And then he went home. Et ensuite, il est rentré.

3 **then** *peut signifier* **alors** (= dans ce cas)

▷ Well then, we'll have to try again. Eh bien alors, il faut réessayer.

theoretical /θɪəˈretɪkəl/ **théorique**

theories /ˈθɪərɪz/ *est le pluriel de* theory.

theory /ˈθɪərɪ/ **théorie**

therapy /ˈθerəpɪ/ **thérapie**

there /ðɛəʳ/ *a plusieurs sens :*

1 **there** *peut signifier* **là**

▷ Put it there. Mets-le là.

▷ It's over there. C'est là-bas.

▷ I've been there twice. J'y suis allé deux fois.

2 ► **there is...** *ou* **there are...** *peut signifier* **il y a...**

▷ There is some bread on the table. Il y a du pain sur la table.

▷ There are some apples in the kitchen. Il y a des pommes dans la cuisine.

▷ There will be a storm tonight. Il va y avoir un orage ce soir.

3 ► **there is...** *ou* **there are...** *peut signifier* **voilà...**

▷ There is my uncle! Voilà mon oncle !

▷ There are my books. Voilà mes livres.

thereby /ðɛəˈbaɪ/ **ainsi**

therefore /ˈðɛəfɔːʳ/ **donc** *ou* **par conséquent**

there's /ðɛəz/ *est la contraction de* there is.

▷ There's a lot to do. Il y a beaucoup à faire.

▷ There's Mary. Voilà Mary.

thermometer /θəˈmɒmɪtəʳ/ **thermomètre**

Thermos flask® /ˈθɜːməsˌflɑːsk/ **thermos®**

these /ðiːz/ *sert à* désigner *plusieurs choses ou plusieurs personnes :*

> These peut être un ADJECTIF DÉMONSTRATIF :

▷ These books are mine. Ces livres sont à moi.

▷ Whose are these shoes? À qui sont ces chaussures ?

▷ I prefer these photos. Je préfère ces photos-ci.

> These peut être un PRONOM DÉMONSTRATIF :

▷ What are these? Qu'est-ce que c'est ?

▷ These are my books. Voici mes livres.

▷ Do you want these or those? Est-ce que tu veux ceux-ci ou ceux-là ?

ℹ Comparez these (employé pour désigner quelque chose de relativement proche) et those (employé pour désigner quelque chose de relativement éloigné).

thesis /ˈθiːsɪs/ **thèse**

they /ðeɪ/ **ils** *ou* **elles**

▷ They have two children. Ils ont deux enfants.

▷ The girls were hungry, so they ate some cakes. Les filles avaient faim, donc elles ont mangé des gâteaux.

▷ We bought some wine, but they didn't. Nous avons acheté du vin, mais pas eux.

they'd /ðeɪd/ *est la contraction de* they had *ou* they would.

▷ They'd (= they had) finished already. Ils avaient déjà fini.

▷ If they wanted to, they'd (= they would) come. S'ils voulaient, ils viendraient.

they'll /ðeɪl/ *est la contraction de* they will.

▷ They'll be here tonight. Ils seront là ce soir.

they're /ðɛəʳ/ *est la contraction de* they are.

▷ They're not ready. Ils ne sont pas prêts.

they've /ðeɪv/ *est la contraction de* they have.

▷ They've forgotten. Ils ont oublié.

thick /θɪk/ **épais**

▷ It is 2 cm thick. Il fait 2 cm d'épaisseur.

thicken /ˈθɪkən/ **épaissir** *ou* **s'épaissir**

thickness /ˈθɪknəs/ **épaisseur**

thief /θiːf/ **voleur**

thieves /θiːvz/ *est le pluriel de* thief.

thigh /θaɪ/ **cuisse**

thin /θɪn/ *a plusieurs sens :*

1 thin *peut signifier* **maigre** *ou* **mince**

2 thin *peut signifier* **léger** (en parlant d'un tissu, d'un vêtement)

3 thin *peut signifier* **peu épais**

thing /θɪŋ/ *a plusieurs sens :*

1 thing *peut signifier* **chose**

▷ I've got things to do. J'ai des choses à faire.

2 things *peut signifier* **affaires**

▷ Put your things in the cupboard. Mets tes affaires dans le placard.

think /θɪŋk/ *a plusieurs sens :*

1 think *peut signifier* **penser**

▷ What are you thinking about? À quoi penses-tu ?

▷ I was thinking of you. Je pensais à toi.

▷ What do you think of his new record? Que penses-tu de son nouveau disque ?

2 think *peut signifier* **réfléchir**

▷ Let me think. Laisse-moi réfléchir.

3 think *peut signifier* **croire**

► think that... **croire que...**

▷ I think I'll go to bed. Je crois que je vais aller me coucher.

▷ I don't think he'll come. Je ne crois pas qu'il viendra.

▷ I think so. Je crois que oui.

▷ I don't think so. Je crois que non.

4 think *peut signifier* **imaginer**

▷ Think what we could do! Imagine ce qu'on pourrait faire !

thinner /ˈθɪnəʳ/ *est le comparatif de* thin.

▷ He's thinner now. Il est plus mince maintenant.

► get thinner **maigrir**

thinnest /ˈθɪnɪst/ *est le superlatif de* thin.

▷ That's the thinnest cat I've ever seen. C'est le chat le plus maigre que j'aie jamais vu.

third /θɜːd/ **troisième**

► the third of November *ou* November the third **le trois novembre**

► the Third World **le tiers-monde**

thirst /θɜːst/ **soif**

thirsty /ˈθɜːstɪ/ **assoiffé**

▷ I'm thirsty. J'ai soif.

thirteen /θɜː'tiːn/ **treize**

▷ She's thirteen. Elle a treize ans.

▷ There are thirteen of us. Nous sommes treize.

thirteenth /'θɜːtiːnθ/ **treizième**

► **the thirteenth of June** *ou* **June the thirteenth le treize juin**

thirties /'θɜːtɪz/

▷ It was built in the thirties. Cela a été construit dans les années 30.

▷ She's in her thirties. Elle a entre trente et quarante ans.

thirtieth /'θɜːtɪɪθ/ **trentième**

► **the thirtieth of June** *ou* **June the thirtieth le trente juin**

thirty /'θɜːtɪ/ **trente**

▷ He's thirty. Il a trente ans.

▷ There are thirty of us. Nous sommes trente.

this /ðɪs/ *sert à* **désigner** *quelque chose ou quelqu'un :*

> Ce mot peut être un ADJECTIF DÉMONSTRATIF :

▷ This book is mine. Ce livre est à moi.

▷ I'm staying in this hotel. Je loge dans cet hôtel.

▷ Whose is this car? Elle est à qui, cette voiture ?

▷ I prefer this photo. Je préfère cette photo-ci.

▷ I like this one. J'aime celui-ci.

> Ce mot peut être un PRONOM DÉMONSTRATIF :

▷ What is this? Qu'est-ce que c'est ?

▷ Whose is this? À qui appartient ceci ?

► **this is** *sert à* **présenter** quelqu'un *ou à* **désigner** quelqu'un *ou* quelque chose

▷ This is my father. Je vous présente mon père *ou* C'est mon père (sur une photo, par exemple).

▷ This is the kitchen. Voici la cuisine.

ℹ Comparez this (employé pour désigner quelque chose de relativement proche) et that (employé pour désigner quelque chose de relativement éloigné).

thistle /'θɪsl/ **chardon**

thorn /θɔːn/ **épine**

thorough /'θʌrə/ *a plusieurs sens :*

1 **thorough** *peut signifier* **méthodique** (en parlant d'une personne)

2 **thorough** *peut signifier* **approfondi** (en parlant de connaissances, de travail, de recherches)

3 **thorough** *peut signifier* **complet**

thoroughly /'θʌrəlɪ/ **à fond** *ou* **complètement** *ou* **tout à fait**

those /ðəʊz/ *sert à* **désigner** *plusieurs choses ou plusieurs personnes :*

> Ce mot peut être un ADJECTIF DÉMONSTRATIF :

▷ Those cakes are delicious. Ces gâteaux sont délicieux.

▷ Those people are very nice. Ces gens sont très sympas.

▷ I'll take those shoes instead of these. Je prendrai ces chaussures-là au lieu de celles-ci.

> Ce mot peut être un PRONOM DÉMONSTRATIF :

▷ What are those? Qu'est-ce que c'est ?

▷ Those are mine. Ce sont les miens.

▷ I prefer these to those. Je préfère ceux-ci à ceux-là.

▷ Which shoes do you want? – I want those. Quelles chaussures voulez-vous ? – Je veux celles-là.

ℹ Comparez these (employé pour désigner quelque chose de relativement proche) et those (employé pour désigner quelque chose de relativement éloigné).

though /ðəʊ/ *a plusieurs sens :*

1 **though** *peut signifier* **bien que** *ou* **quoique**

▷ Though I like him, he sometimes annoys me. Quoique je l'aime bien, il m'énerve parfois.

2 **though** *peut signifier* **pourtant** *ou* **cependant**

▷ It's not cold though. Il ne fait pas froid pourtant.

thought /θɔːt/ **pensée** *ou* **réflexion** *ou* **idée**

ℹ Thought est aussi le prétérit et le participe passé du verbe think :

▷ I thought he had left. Je croyais qu'il était parti.

▷ Have you thought about it? Est-ce que tu y as pensé ?

thoughtful /'θɔːtfʊl/ *a plusieurs sens :*

1 **thoughtful** *peut signifier* **pensif**

2 **thoughtful** *peut signifier* **prévenant** *ou* **attentionné**

thoughtless /'θɔːtlɪs/ **pas très gentil**

thousand /'θaʊzənd/ **mille**

► **thousands of... des milliers de...**

thousandth /'θaʊzəntθ/ **millième**

thread /θred/ **fil**

threat /θret/ **menace**

threaten /'θretn/ **menacer**

three /θriː/ **trois**

▷ He's three. Il a trois ans.

▷ There are three of us. Nous sommes trois.

▷ It's three o'clock. Il est trois heures.

three-dimensional /ˌθriːdaɪ'menʃənl/ **à trois dimensions**

three-quarters /ˌθriː'kwɔːtəz/ **trois quarts**

► **three-quarters of an hour** **trois quarts d'heure**

threshold /'θreʃhəʊld/ **seuil**

threw /θruː/ *est le prétérit du verbe* throw.

▷ He threw the ball to me. Il m'a lancé le ballon.

thrill /θrɪl/ **plaisir intense**

► **get a thrill out of doing** something **se procurer des sensations fortes en faisant** quelque chose

thrilled /θrɪld/ **ravi**

thrilling /'θrɪlɪŋ/ **excitant**

throat /θrəʊt/ **gorge**

throne /θrəʊn/ **trône**

through /θruː/ *a plusieurs catégories grammaticales et plusieurs sens :*

> Ce mot peut être une PRÉPOSITION :

1 through *peut signifier* **à travers**

▷ You can see through the curtain. On voit à travers le rideau.

▷ The nail went through his shoe. Le clou est passé à travers sa chaussure.

▷ She drove through the forest. Elle a traversé la forêt en voiture.

2 through *peut signifier* **par**

▷ He came in through the door. Il est entré par la porte.

▷ He looked through the window. Il regardait par la fenêtre.

3 through *peut signifier* **pendant**

▷ She slept through the whole film. Elle a dormi pendant tout le film.

> Ce mot peut être un ADVERBE :

1 ► **let** somebody **through** **laisser passer** quelqu'un

2 ► **be wet through** *ou* **be soaked through** **être trempé**

throw /θrəʊ/ *a plusieurs catégories grammaticales et plusieurs sens :*

> Ce mot peut être un VERBE :

1 ► **throw** something **jeter** quelque chose *ou* **lancer** quelque chose

▷ He threw the ball to her. Il lui a lancé le ballon.

▷ They were throwing stones at the cat. Ils jetaient des cailloux au chat.

2 ► **throw** somebody *peut signifier* **désarçonner** quelqu'un (un jockey, un cavalier)

3 ► **throw** somebody *peut signifier* **déconcerter** quelqu'un

Phrasal verbs

Le verbe throw *peut être suivi d'une préposition, telle que* away *ou* up, *et dans ce cas, il peut avoir des sens différents. C'est ce qu'on appelle, en anglais, un « phrasal verb ».*

THROW AWAY

► throw something away *peut signifier* **jeter** quelque chose (= mettre à la poubelle)

► throw something away *peut signifier* **gaspiller** quelque chose

THROW OUT

► throw something out **jeter** quelque chose (= mettre à la poubelle)

► throw somebody out **mettre** quelqu'un **à la porte**

THROW UP

► throw up **vomir**

► throw something up **lancer** quelque chose **en l'air**

> Ce mot peut être un NOM :

throw *signifie* **jet** *ou* **lancement**

thrown /θrəʊn/ *est le participe passé du verbe* throw.

▷ I have thrown my old clothes away. J'ai jeté mes vieux vêtements.

thud /θʌd/ **bruit sourd**

thug /θʌg/ **voyou**

thumb /θʌm/ **pouce**

thump /θʌmp/ *a plusieurs catégories grammaticales et plusieurs sens :*

> Ce mot peut être un NOM :

1 thump *peut signifier* **grand coup** *ou* **coup de poing**

2 thump *peut signifier* **bruit sourd**

> Ce mot peut être un VERBE :

► **thump** somebody **donner un coup de poing à** quelqu'un

thunder /'θʌndəʳ/ **tonnerre**

thunderstorm /'θʌndəstɔːm/ **orage**

Thursday /'θɜːzd(e)ɪ/ **jeudi**

► **on Thursday jeudi**
► **on Thursday morning jeudi matin**
► **on Thursdays le jeudi**

ℹ En anglais, les noms de jours commencent par une majuscule.

thus /ðʌs/ **par conséquent** *ou* **ainsi**

thyme /taɪm/ **thym**

tick /tɪk/ *a plusieurs catégories grammaticales et plusieurs sens :*

> Ce mot peut être un NOM :

1 **tick** *peut signifier* **tic-tac** (d'une horloge)

2 ► **put a tick against** something **cocher** quelque chose

3 **tick** *peut signifier* **tique** (= insecte)

> Ce mot peut être un VERBE TRANSITIF :

► **tick** something **cocher** quelque chose

> Ce mot peut être un VERBE INTRANSITIF :

tick *signifie* **faire tic-tac**

ticket /'tɪkɪt/ *a plusieurs sens :*

1 **ticket** *peut signifier* **billet** *ou* **ticket**

► **ticket inspector contrôleur**
► **ticket office billetterie**

2 **ticket** *peut signifier* **étiquette**

3 **ticket** *peut signifier* **P.-V.** (= procès-verbal)

tickle /'tɪkl/ **chatouiller**

tide /taɪd/ **marée**

tidy /'taɪdɪ/ *a plusieurs catégories grammaticales et plusieurs sens :*

> Ce mot peut être un ADJECTIF :

1 **tidy** *peut signifier* **en ordre** *ou* **bien rangé**

2 **tidy** *peut signifier* **soigné** *ou* **ordonné** (en parlant d'une personne)

> Ce mot peut être un VERBE :

► **tidy** something *ou* **tidy** something **up** **mettre de l'ordre dans** *ou* **ranger** quelque chose

► **tidy one's hair arranger sa coiffure**

tie /taɪ/ *a plusieurs catégories grammaticales et plusieurs sens :*

> Ce mot peut être un NOM :

1 **tie** *peut signifier* **cravate**

2 **tie** *peut signifier* **lien**

3 **tie** *peut signifier* **attache**

4 *En sport,* **tie** *signifie* **égalité de points**

> Ce mot peut être un VERBE TRANSITIF :

1 ► **tie** something *ou* **tie** something **up** *peut signifier* **attacher** quelque chose

2 ► **tie** something *peut signifier* **nouer** quelque chose

▷ He tied a knot in his handkerchief. Il a fait un nœud à son mouchoir.

3 ► **be tied to** something **être lié** *ou* **attaché à** quelque chose

> Ce mot peut être un VERBE INTRANSITIF :

tie *signifie* **faire match nul** *ou* **être ex æquo**

tiger /'taɪgəʳ/ **tigre**

tight /taɪt/ *a plusieurs catégories grammaticales et plusieurs sens :*

> Ce mot peut être un ADJECTIF :

1 **tight** *peut signifier* **serré**

▷ These trousers are much too tight. Ce pantalon est beaucoup trop serré.

2 **tight** *peut signifier* **tendu** (en parlant d'une corde, d'une ficelle)

3 **tight** *peut signifier* **strict** (en parlant de sécurité, d'un contrôle)

> Ce mot peut être un ADVERBE :

tight *signifie* **fermement** (tenir, attacher) *ou* **très fort** (serrer)

▷ Hold on tight! Accroche-toi !

tighten /'taɪtn/ *a plusieurs sens :*

1 ► **tighten** something *peut signifier* **resserrer** quelque chose

2 ► **tighten** something *peut signifier* **tendre** quelque chose (une corde)

3 ► **tighten** something *peut signifier* **renforcer** quelque chose (la sécurité, un contrôle)

tightly /'taɪtlɪ/ **fermement** *ou* **bien fort**

tights /taɪts/ **collant**

► **a pair of tights un collant**

tile /taɪl/ **tuile** *ou* **carreau** (sur le sol, un mur, par exemple)

till /tɪl/ *a plusieurs catégories grammaticales :*

> Ce mot peut être un NOM :

till *peut signifier* **caisse** (dans un magasin)

> Ce mot peut être un ADVERBE :

1. till *signifie* **jusqu'à** *ou* **jusqu'à ce que**

   ▷ He'll be here till Sunday. Il sera là jusqu'à dimanche.

   ▷ Wait till I get back. Attends que je revienne.

2. *Dans les tournures négatives,* till *signifie* **avant** *ou* **avant que**

   ▷ It won't be ready till tomorrow. Ça ne sera pas prêt avant demain.

   ▷ Don't go till I get back. Ne pars pas avant mon retour.

tilt /tɪlt/ **pencher** *ou* **incliner**

time /taɪm/ *a plusieurs catégories grammaticales et plusieurs sens :*

> Ce mot peut être un NOM :

1. time *peut signifier* **temps**

   ▷ I haven't got time to do it. Je n'ai pas le temps de le faire.

   ▷ It took a long time to prepare it. Ça a été long à préparer.

   ▷ He took his time. Il a pris son temps.

   ▷ She works full time. Elle travaille à plein temps.

   ▷ It's about time he left. Il est grand temps qu'il parte.

   ► all the time **tout le temps**

   ► a long time **longtemps**

   ► at the same time **en même temps**

   ► from time to time **de temps en temps**

   ► most of the time **la plupart du temps**

   ► in next to no time **en un rien de temps**

   ► time limit **délai**

2. time *peut signifier* **heure**

   ▷ What time is it? Quelle heure est-il ?

   ▷ It's time for bed. C'est l'heure d'aller se coucher.

   ► on time **à l'heure**

3. time *peut signifier* **époque**

   ► at that time **à cette époque**

   ► in medieval times **à l'époque médiévale**

4. time *peut signifier* **moment**

   ► at times **par moments**

5. time *peut signifier* **fois**

   ► the first time **la première fois**

   ► the last time **la dernière fois**

   ► the next time **la prochaine fois**

   ► four times a year **quatre fois par an**

6. ► have a good time **s'amuser**

> Ce mot peut être un VERBE :

► time somebody *ou* something **chronométrer** quelqu'un *ou* quelque chose

timer /'taɪmə^r/ **minuteur**

timetable /'taɪmteɪbl/ **horaire** (de bus, de trains) *ou* **emploi du temps**

tin /tɪn/ *a plusieurs sens :*

1. tin *peut signifier* **étain**
2. tin *peut signifier* **boîte** (en métal)
3. *En anglais britannique,* tin *peut signifier* **boîte de conserve**

   ► tin opener **ouvre-boîte**

En anglais américain, « boîte » se dit can et « ouvre-boîte » se dit can opener.

---

tinfoil /'tɪnfɔɪl/ **papier aluminium**

tinsel /'tɪnsəl/ **guirlandes de Noël**

tiny /'taɪnɪ/ **tout petit** *ou* **minuscule**

tip /tɪp/ *a plusieurs catégories grammaticales et plusieurs sens :*

> Ce mot peut être un NOM :

1. tip *peut signifier* **bout** *ou* **pointe**
2. tip *peut signifier* **pourboire**
3. tip *peut signifier* **conseil**
4. *En anglais britannique,* tip *peut signifier* **décharge** (d'ordures)

En anglais américain, « décharge à ordures » se dit dump.

> Ce mot peut être un VERBE TRANSITIF :

1. ► tip something up **pencher** quelque chose
2. ► tip something over **renverser** quelque chose
3. ► tip something into something **verser** quelque chose **dans** quelque chose
4. ► tip somebody **donner un pourboire à** quelqu'un

> Ce mot peut être un VERBE INTRANSITIF :

1. tip *peut signifier* **pencher** *ou* **s'incliner**
2. ► tip over **se renverser**

tiptoe /'tɪptəʊ/ *a plusieurs catégories grammaticales :*

> Ce mot peut être un NOM :

► on tiptoe **sur la pointe des pieds**

> Ce mot peut être un VERBE :

tiptoe *signifie* **marcher sur la pointe des pieds**

tire /'taɪə^r/ *a plusieurs catégories grammaticales :*

> Ce mot peut être un NOM :

En anglais américain, tire *signifie* **pneu**

En anglais britannique, ce mot s'écrit tyre.

> Ce mot peut être un VERBE TRANSITIF :

► tire somebody *ou* tire somebody out **fatiguer** quelqu'un

> Ce mot peut être un VERBE INTRANSITIF :

tire *signifie* **se fatiguer**

tired /'taɪəd/ **fatigué**

► get tired **se fatiguer**

► be tired of something **en avoir assez de** quelque chose

ℹ Tired est aussi le prétérit et le participe passé du verbe tire :

▷ The journey tired me out. Le voyage m'a fatigué.

tiring /'taɪərɪŋ/ **fatiguant**

ℹ Tiring est aussi une forme du verbe tire :

▷ You're tiring me out. Tu me fatigues.

tissue /'tɪʃuː/ *a plusieurs sens :*

1 tissue *peut signifier* **tissu** (dans le corps)

2 tissue *peut signifier* **mouchoir en papier**

3 ► tissue paper **papier de soie**

title /'taɪtl/ **titre**

to /tuː, tə/ *a plusieurs sens :*

1 to *indique le* **lieu où on va**

▷ She has gone to school. Elle est allée à l'école.

▷ We're going to Paris. Nous allons à Paris.

▷ They drove to Spain. Ils sont allés en Espagne en voiture.

▷ Let's go to the cinema. Allons au cinéma.

▷ He has gone to the doctor. Il est allé chez le médecin.

2 to *peut signifier* **vers**

▷ She turned to me. Elle s'est tournée vers moi.

3 to *peut signifier* **jusqu'à**

▷ He counted to ten. Il a compté jusqu'à dix.

► from... to... **de... à...**

4 to *sert à introduire un complément d'objet indirect :*

▷ He sent a letter to his mother. Il a envoyé une lettre à sa mère.

▷ I gave it to him. Je le lui ai donné.

5 to *indique l'appartenance :*

▷ It belongs to me. Ça m'appartient.

▷ Where is the key to the safe? Où est la clé du coffre ?

6 to *est employé pour dire l'heure :*

▷ It's twenty to five. Il est cinq heures moins vingt.

▷ It's quarter to ten. Il est dix heures moins le quart.

7 to *indique le but d'une action :*

▷ He did it to impress his friends. Il l'a fait pour impressionner ses amis.

8 to *précède un verbe à l'infinitif :*

▷ I want to help you. Je veux t'aider.

▷ He began to cry. Il s'est mis à pleurer.

▷ It's easy to do. C'est facile à faire.

▷ She told me to leave. Elle m'a dit de partir.

toad /təʊd/ **crapaud**

toadstool /'təʊdstuːl/ **champignon vénéneux**

toast /təʊst/ *a plusieurs sens :*

1 toast *peut signifier* **pain grillé**

► a piece of toast **un pain grillé**

2 toast *peut signifier* **toast**

► drink a toast to somebody **porter un toast à** quelqu'un

toasted /təʊstɪd/ **grillé**

► toasted cheese **toast au fromage**

toaster /'təʊstəʳ/ **grille-pain**

tobacco /tə'bækəʊ/ **tabac**

tobacconist's /tə'bækənɪsts/ **bureau de tabac**

toboggan /tə'bɒgən/ **luge**

today /tə'deɪ/ **aujourd'hui**

toddler /'tɒdləʳ/ **tout petit enfant**

toe /təʊ/ **orteil** *ou* **doigt de pied**

toenail /'təʊneɪl/ **ongle du pied**

toffee /'tɒfɪ/ **caramel**

together /tə'geðəʳ/ **ensemble** *ou* **en même temps**

toilet /'tɔɪlɪt/ **toilettes**

► toilet bag **trousse de toilette**

► toilet paper **papier hygiénique**

► toilet roll **rouleau de papier hygiénique**

toiletries /'tɔɪlɪtrɪz/ **articles de toilette**

token /'təʊkən/ *a plusieurs sens :*

1 token *peut signifier* **jeton**

2 token *peut signifier* **bon** (pour cadeaux)

told /təʊld/ *est le prétérit et le participe passé du verbe* tell.

▷ I told him the truth. Je lui ai dit la vérité.

▷ He has told me to wait. Il m'a dit d'attendre.

tolerant /'tɒlərənt/ **tolérant**

tolerate /'tɒləreɪt/ **tolérer**

toll /təʊl/ *a plusieurs sens :*

1 **toll** *peut signifier* **péage**

2 **toll** *peut signifier* **nombre de victimes**

▷ The war took a heavy toll. La guerre a fait beaucoup de victimes.

toll-free /'təʊlfriː/ **gratuit**

► **toll-free number** **numéro vert®**

tomato /tə'mɑːtəʊ/ **tomate**

tomb /tuːm/ **tombe**

tomboy /'tɒmbɔɪ/ **garçon manqué**

tombstone /'tuːmstəʊn/ **pierre tombale**

tomorrow /tə'mɒrəʊ/ **demain**

ton /tʌn/ **tonne**

tone /təʊn/ *a plusieurs catégories grammaticales et plusieurs sens :*

> Ce mot peut être un NOM :

1 **tone** *peut signifier* **ton**

2 **tone** *peut signifier* **tonalité**

> Ce mot peut être un VERBE :

1 ► **tone** something **down** **modérer** quelque chose

2 ► **tone** something **up** **tonifier** quelque chose

tongue /tʌŋ/ **langue** (= organe)

► **stick one's tongue out** **tirer la langue**

tonight /tə'naɪt/ **ce soir** *ou* **cette nuit**

tonsillitis /ˌtɒnsɪ'laɪtɪs/ **angine**

tonsils /'tɒnslz/ **amygdales**

too /tuː/ *a plusieurs sens :*

1 **too** *peut signifier* **trop**

▷ It's too difficult. C'est trop difficile.

► **too much** **trop** *ou* **trop de**

▷ I've eaten too much. J'ai trop mangé.

▷ He drank too much wine. Il a bu trop de vin.

► **too many** **trop** *ou* **trop de**

▷ You've given me too many. Tu m'en as donné trop.

▷ There are too many people. Il y a trop de gens.

2 **too** *peut signifier* **aussi**

▷ I want some too. J'en veux aussi.

took /tʊk/ *est le prétérit du verbe* take.

▷ It took three days. Ça a pris trois jours.

▷ Jim took the children to school. Jim a emmené les enfants à l'école.

tool /tuːl/ **outil**

tooth /tuːθ/ **dent**

toothache /'tuːθeɪk/ **mal de dents**

▷ I've got toothache. J'ai mal aux dents.

toothbrush /'tuːθbrʌʃ/ **brosse à dents**

toothpaste /'tuːθpeɪst/ **dentifrice**

toothpick /'tuːθpɪk/ **cure-dent**

top /tɒp/ *a plusieurs catégories grammaticales et plusieurs sens :*

> Ce mot peut être un NOM :

1 **top** *peut signifier* **haut** (d'un tas, de l'escalier, d'une échelle, etc.) *ou* **sommet** (d'une montagne, d'une colline) *ou* **tête** (de liste)

► **at the top of** **en haut de** *ou* **au sommet de** *ou* **en tête de**

► **on top** **dessus**

► **on top of** **sur**

▷ It's on top of the cupboard. C'est sur le placard.

2 **top** *peut signifier* **dessus** (d'une boîte, d'une table)

▷ The top of the box is damaged. Le dessus de la boîte est abîmé.

3 **top** *peut signifier* **couvercle** *ou* **bouchon** *ou* **capuchon**

▷ Can you take the top off this milk bottle for me? Tu peux m'enlever le bouchon de cette bouteille de lait ?

4 **top** *peut signifier* **haut** (= vêtement)

▷ Gemma was wearing a blue top. Gemma portait un haut bleu.

> Ce mot peut être un ADJECTIF :

1 **top** *peut signifier* **du haut** (étagère, tiroir, bouton) *ou* **dernier** (étage, marche)

▷ Your socks are in the top drawer. Tes chaussettes sont dans le tiroir du haut.

▷ They live on the top floor. Il habitent au dernier étage.

2 **top** *peut signifier* **grand** (sportif, artiste, etc.)

▷ He's a top rugby player. C'est un grand joueur de rugby.

topic /'tɒpɪk/ **sujet** *ou* **thème**

topical /'tɒpɪkəl/ **d'actualité**

topping /'tɒpɪŋ/ **garniture**

torch /tɔːtʃ/ **lampe de poche**

tore /'tɔːʳ/ *est le prétérit du verbe* tear.

▷ She tore her dress. Elle a déchiré sa robe.

Tories /'tɔːrɪz/ *est le pluriel de* Tory.

torn /tɔːn/ *est le participe passé du verbe* tear.

▷ I have torn the letter up. J'ai déchiré la lettre.

tortoise /'tɔːtəs/ **tortue**

torture /'tɔːtʃəʳ/ *a plusieurs catégories grammaticales :*

> Ce mot peut être un NOM :

torture *signifie* **torture**

> Ce mot peut être un VERBE :

► torture somebody **torturer** quelqu'un

Tory /'tɔːrɪ/ **conservateur** (en politique en Grande-Bretagne).

toss /tɒs/ *a plusieurs catégories grammaticales et plusieurs sens :*

> Ce mot peut être un VERBE TRANSITIF :

1 ► toss something *peut signifier* **jeter** quelque chose

2 ► toss a pancake **faire sauter une crêpe**

► toss a salad **remuer une salade**

3 ► toss a coin **jouer à pile ou face**

> Ce mot peut être un VERBE INTRANSITIF :

► toss and turn **se tourner et se retourner** (en dormant)

total /'təʊtl/ **total**

totally /'təʊtəlɪ/ **complètement** *ou* **totalement**

touch /tʌtʃ/ *a plusieurs catégories grammaticales et plusieurs sens :*

> Ce mot peut être un NOM :

1 touch *peut signifier* **contact**

► be in touch with somebody **être en contact avec** quelqu'un

► get in touch with somebody **prendre contact avec** quelqu'un

► keep in touch with somebody **rester en contact avec** quelqu'un

► lose touch with somebody **perdre le contact avec** quelqu'un

2 touch *peut signifier* **touche**

► the finishing touch **la touche finale**

► a touch of... **une touche de...**

> Ce mot peut être un VERBE TRANSITIF :

► touch somebody *ou* something **toucher** quelqu'un *ou* quelque chose

> Ce mot peut être un VERBE INTRANSITIF :

touch *signifie* **se toucher**

touchy /'tʌtʃɪ/ *a plusieurs sens :*

1 touchy *peut signifier* **susceptible**

▷ He's a bit touchy about his education. Il est un peu susceptible à propos de son éducation.

2 touchy *peut signifier* **délicat**

▷ It's a very touchy subject. C'est un sujet très délicat.

3 touchy *peut signifier* **qui aime le contact physique**

tough /tʌf/ *a plusieurs sens :*

1 tough *peut signifier* **solide**

▷ These toys are very tough. Ces jouets sont très solides.

2 tough *peut signifier* **coriace**

▷ My steak is really tough! Mon steak est vraiment coriace !

3 tough *peut signifier* **difficile**

▷ This is a tough question. C'est une question difficile.

4 tough *peut signifier* **strict** *ou* **sévère**

▷ They've taken tough measures to combat terrorism. Ils ont pris des mesures sévères pour combattre le terrorisme.

tour /'tʊəʳ/ *a plusieurs catégories grammaticales et plusieurs sens :*

> Ce mot peut être un NOM :

1 tour *peut signifier* **voyage** *ou* **visite**

▷ We went on a tour of the museum. Nous avons visité le musée.

► tour guide **guide**

2 tour *peut signifier* **tournée** (de musiciens, de comédiens)

> Ce mot peut être un VERBE :

► tour something **visiter** quelque chose

tourism /'tʊərɪzəm/ **tourisme**

tourist /'tʊərɪst/ **touriste**

► tourist office **office de tourisme**

tournament /'tʊənəmənt/ **tournoi**

tow /təʊ/ **remorquer**

towards /tə'wɔːdz/ **vers** *ou* **envers**

towel /'taʊəl/ **serviette** (de toilette) *ou* **torchon** (pour la vaisselle)

tower /'taʊəʳ/ **tour** (= construction, immeuble)

town /taʊn/ **ville**

► town centre **centre-ville**

► town hall **mairie**

toxic /'tɒksɪk/ **toxique**

toy /tɔɪ/ **jouet**

toyshop /'tɔɪʃɒp/ **magasin de jouets**

trace /treɪs/ *a plusieurs catégories grammaticales et plusieurs sens :*

> Ce mot peut être un NOM :

trace *signifie* **trace**

> Ce mot peut être un VERBE :

1 ► trace somebody *ou* something *peut signifier* **retrouver** quelqu'un *ou* quelque chose

2 ► trace something *peut signifier* **tracer** quelque chose

3 ► trace something *peut signifier* **décalquer** quelque chose

tracing paper /'treɪsɪŋ ˌpeɪpə^{r}/ **papier calque**

track /træk/ *a plusieurs catégories grammaticales et plusieurs sens :*

> Ce mot peut être un NOM :

1 track *peut signifier* **trace** (d'un animal ou d'une personne)

2 track *peut signifier* **sentier** *ou* **piste**

3 track *peut signifier* **voie ferrée**

4 track *peut signifier* **morceau** (sur un CD, un disque)

5 track *est employé dans les expressions suivantes :*

► keep track of something **rester au courant de** quelque chose

► keep track of somebody **rester en contact avec** quelqu'un

► lose track of something **ne plus être au courant de** quelque chose

► lose track of time **perdre la notion du temps**

► lose track of somebody **perdre** quelqu'un **de vue**

> Ce mot peut être un VERBE :

► track somebody *ou* something **suivre la trace de** quelqu'un *ou* quelque chose

tracksuit /'træksu:t/ **survêtement**

Tracksuit n'est pas employé en anglais américain : aux États-Unis, on dit sweatsuit.

tractor /'træktə^{r}/ **tracteur**

trade /treɪd/ *a plusieurs catégories grammaticales et plusieurs sens :*

> Ce mot peut être un NOM :

1 trade *peut signifier* **commerce**

2 trade *peut signifier* **métier**

► trade union **syndicat**

> Ce mot peut être un VERBE TRANSITIF :

► trade something for something **échanger** quelque chose **contre** quelque chose

> Ce mot peut être un VERBE INTRANSITIF :

1 trade *peut signifier* **faire du commerce**

2 trade *peut signifier* **échanger**

trademark /'treɪdmɑ:k/ **marque de fabrique**

trader /'treɪdə^{r}/ **commerçant**

tradesman /'treɪdzmən/ **commerçant**

tradition /trə'dɪʃən/ **tradition**

traditional /trə'dɪʃənl/ **traditionnel**

ℹ Attention à l'orthographe du mot anglais traditional.

traffic /'træfɪk/ *a plusieurs sens :*

1 traffic *peut signifier* **circulation** (sur les routes)

► traffic jam **embouteillage**

► traffic lights **feux** *ou* **feu de signalisation**

2 traffic *peut signifier* **trafic** (= commerce illégal)

ℹ Attention à l'orthographe du mot anglais traffic.

trafficking /'træfɪkɪŋ/ **trafic**

▷ Il a été impliqué dans du trafic d'armes. He was involved in arms trafficking.

tragedies /'trædʒɪdɪz/ *est le pluriel de* tragedy.

tragedy /'trædʒɪdɪ/ **tragédie**

tragic /'trædʒɪk/ **tragique**

trail /treɪl/ *a plusieurs sens :*

1 trail *peut signifier* **trace** *ou* **piste** (d'une personne, d'un animal)

2 trail *peut signifier* **traînée** (de sang, de fumée)

3 trail *peut signifier* **sentier** *ou* **chemin**

trailer /'treɪlə^{r}/ *a plusieurs sens :*

1 trailer *peut signifier* **remorque**

2 trailer *peut signifier* **caravane**

3 trailer *peut signifier* **bande-annonce**

train /treɪn/ *a plusieurs catégories grammaticales et plusieurs sens :*

> Ce mot peut être un NOM :

1 train *peut signifier* **train**

2 train *peut signifier* **traîne** (d'une robe)

> Ce mot peut être un VERBE TRANSITIF :

► train somebody **former** quelqu'un *ou* **entraîner** quelqu'un

> Ce mot peut être un VERBE INTRANSITIF :

train *signifie* **suivre une formation** *ou* **s'entraîner**

trainee /treɪ'niː/ **stagiaire** *ou* **apprenti**

trainer /'treɪnəʳ/ **entraîneur**

trainers /'treɪnəz/ **tennis** (= chaussures) *ou* **baskets**

Trainers n'est pas employé en anglais américain : aux États-Unis, on dit running shoes.

training /'treɪnɪŋ/ *a plusieurs sens :*

1 training *peut signifier* **formation**

► training course **stage de formation**

2 training *peut signifier* **entraînement**

► training session **séance d'entraînement**

traitor /'treɪtəʳ/ **traître**

tram /træm/ **tramway**

tramp /træmp/ **clochard**

trample /'træmpl/ **piétiner**

trampoline /'træmpəlɪn/ **trampoline**

transfer *se prononce de deux façons différentes et a des sens différents selon la prononciation :*

/'trɑːnsfɜːʳ/ (l'accent est sur la première syllabe trans-)

> C'est un NOM :

1 transfer *peut signifier* **transfert**

2 transfer *peut signifier* **virement** (d'argent)

3 transfer *peut signifier* **décalcomanie**

/trɑːns'fɜːʳ/ (l'accent est sur la deuxième syllabe -fer)

> C'est un VERBE :

1 ► transfer somebody *ou* something **transférer** quelqu'un *ou* quelque chose

2 ► transfer money **virer de l'argent**

transform /træns'fɔːm/ **transformer**

transgenic /trænz'dʒenɪk/ **transgénique**

translate /trænz'leɪt/ **traduire**

translation /trænz'leɪʃən/ **traduction**

translator /trænz'leɪtəʳ/ **traducteur** *ou* **traductrice**

transmit /trænz'mɪt/ **transmettre**

transmitter /trænz'mɪtəʳ/ **émetteur**

transparent /træns'pærənt/ **transparent**

transplant *se prononce de deux façons et a des catégories grammaticales différentes selon la prononciation :*

/'trænsplɑːnt/ (l'accent est sur la première syllabe trans-)

> C'est un NOM :

transplant *signifie* **transplantation**

/træns'plɑːnt/ (l'accent est sur la deuxième syllabe -plant)

> C'est un VERBE :

► transplant something **transplanter** quelque chose

transport *se prononce de deux façons et a des catégories grammaticales différentes selon la prononciation :*

/'trænspɔːt/ (l'accent est sur la première syllabe trans-)

> C'est un NOM :

transport *signifie* **transport**

/træns'pɔːt/ (l'accent est sur la deuxième syllabe -port)

> C'est un VERBE :

► transport somebody *ou* something **transporter** quelqu'un *ou* quelque chose

trap /træp/ *a plusieurs catégories grammaticales et plusieurs sens :*

> Ce mot peut être un NOM :

trap *signifie* **piège**

► set a trap for somebody **tendre un piège** à quelqu'un

> Ce mot peut être un VERBE :

1 ► trap somebody *ou* something *peut signifier* **piéger** quelqu'un *ou* quelque chose

2 ► trap somebody *ou* something *peut signifier* **coincer** quelqu'un *ou* quelque chose

trash /træʃ/ *a plusieurs sens :*

1 *En anglais américain,* trash *peut signifier* **ordures**

► trash can **poubelle**

En anglais britannique, « ordures » se dit rubbish et « poubelle » se dit rubbish bin.

2 trash *est employé pour parler de quelque chose qui est très mauvais ou inutile :*

▷ This book is trash. Ce livre est nul.

Dans ce dernier sens, trash est un mot familier, c'est-à-dire un mot qu'on évite d'employer quand on parle à quelqu'un qu'on ne connaît pas bien ou quand on écrit.

travel /'trævl/ *a plusieurs catégories grammaticales et plusieurs sens :*

> Ce mot peut être un NOM :

travel *signifie* **les voyages**

► travel agency **agence de voyages**

► travel agent **agent de voyages**

> Ce mot peut être un VERBE INTRANSITIF :

1 **travel** *peut signifier* **voyager**

► **travel round the world faire le tour du monde**

2 **travel** *peut signifier* **aller** *ou* **se déplacer**

> Ce mot peut être un VERBE TRANSITIF :

travel *signifie* **parcourir**

▷ They travelled 300 km. Ils ont parcouru 300 km.

traveller /'trævləʳ/ **voyageur**

En anglais américain, ce mot s'écrit traveler.

► **traveller's cheque chèque de voyage**

tray /treɪ/ **plateau** (pour servir)

tread /tred/ **marcher**

► **tread on** something **marcher sur** quelque chose

treasure /'treʒəʳ/ **trésor**

► **treasure hunt chasse au trésor**

treat /triːt/ *a plusieurs catégories grammaticales et plusieurs sens :*

> Ce mot peut être un NOM :

treat *peut signifier* **cadeau**

► **give** somebody **a treat faire plaisir à** quelqu'un

> Ce mot peut être un VERBE :

1 ► **treat** somebody *ou* something **traiter** quelqu'un *ou* quelque chose

▷ They treated us very well. Ils nous ont très bien traités.

2 ► **treat** somebody **to** something **offrir** quelque chose **à** quelqu'un

▷ I'll treat you to an ice cream. Je t'offre une glace.

treaties /'triːtɪz/ *est le pluriel de* treaty.

treatment /'triːtmənt/ **traitement**

treaty /'triːtɪ/ **traité**

tree /triː/ **arbre**

► **tree trunk tronc d'arbre**

tremble /'trembl/ **trembler**

tremendous /trə'mendəs/ **énorme** *ou* **terrible** *ou* **formidable**

trend /trend/ **tendance** *ou* **mode**

► **set a trend lancer une mode**

trendy /'trendɪ/ **branché** *ou* **à la mode**

trial /'traɪəl/ *a plusieurs sens :*

1 **trial** *peut signifier* **procès** (judiciaire)

► **go on trial passer en jugement**

2 **trial** *peut signifier* **essai** (d'un produit, d'un employé)

3 **trial** *peut signifier* **épreuve** (= moment pénible)

triangle /'traɪæŋgl/ **triangle**

tribe /traɪb/ **tribu**

tribute /'trɪbjuːt/ **hommage**

► **pay tribute to** somebody **rendre hommage à** quelqu'un

trick /trɪk/ *a plusieurs catégories grammaticales et plusieurs sens :*

> Ce mot peut être un NOM :

1 **trick** *peut signifier* **tour** (pour tromper quelqu'un, ou tour de passe-passe)

► **play a trick on** somebody **jouer un tour à** quelqu'un

► **trick question question-piège**

2 **trick** *peut signifier* **truc** *ou* **astuce** (pour faire quelque chose de difficile)

> Ce mot peut être un VERBE :

► **trick** somebody **duper** quelqu'un *ou* **rouler** quelqu'un

trickle /'trɪkl/ *a plusieurs catégories grammaticales :*

> Ce mot peut être un NOM :

trickle *signifie* **filet** (de sang, d'eau)

> Ce mot peut être un VERBE :

trickle *peut signifier* **tomber goutte à goutte** *ou* **dégouliner**

tried /traɪd/ *est le prétérit et le participe passé de* try.

▷ I tried to phone. J'ai essayé d'appeler.

▷ You haven't tried these chocolates. Vous n'avez pas essayé ces chocolats.

tries /traɪz/ *a plusieurs sens :*

1 **tries** *est le pluriel de* try.

▷ He had three tries. Il a fait trois essais.

2 **tries** *est la troisième personne du singulier du présent du verbe* try.

▷ She always tries to phone at the weekend. Elle essaie toujours d'appeler pendant le week-end.

trigger /'trɪgəʳ/ *a plusieurs catégories grammaticales :*

> Ce mot peut être un NOM :

trigger *signifie* **détente** (d'une arme à feu)

► **pull the trigger appuyer sur la détente**

> Ce mot peut être un VERBE :

► **trigger** something *ou* **trigger** something **off déclencher** quelque chose

trim /trɪm/ *a plusieurs catégories grammaticales et plusieurs sens :*

> Ce mot peut être un NOM :

trim *signifie* **coupe d'entretien** (des cheveux)

> Ce mot peut être un VERBE :

1 ► **trim** something *peut signifier* **couper** quelque chose *ou* **tailler** quelque chose

2 ► **trim** something *peut signifier* **décorer** quelque chose

trip /trɪp/ *a plusieurs catégories grammaticales et plusieurs sens :*

> Ce mot peut être un NOM :

trip *signifie* **voyage** *ou* **excursion**

> Ce mot peut être un VERBE INTRANSITIF :

trip *signifie* **trébucher**

> Ce mot peut être un VERBE TRANSITIF :

► **trip** somebody **faire trébucher** quelqu'un *ou* **faire un croche-pied à** quelqu'un

triumph /'traɪʌmf/ *a plusieurs catégories grammaticales :*

> Ce mot peut être un NOM :

triumph *signifie* **triomphe**

> Ce mot peut être un VERBE :

triumph *signifie* **triompher**

trivial /'trɪvɪəl/ **insignifiant**

trod /trɒd/ *est le prétérit du verbe* tread.

▷ He trod on my toes. Il m'a marché sur les pieds.

trodden /'trɒdn/ *est le participe passé du verbe* tread.

▷ You've trodden in something. Tu as marché dans quelque chose.

trolley /'trɒlɪ/ **chariot**

troops /truːps/ **troupes**

trophies /'trəʊfɪz/ *est le pluriel de* trophy.

trophy /'trəʊfɪ/ **trophée**

trot /trɒt/ *a plusieurs catégories grammaticales :*

> Ce mot peut être un NOM :

trot *signifie* **trot**

> Ce mot peut être un VERBE :

trot *signifie* **trotter**

trouble /'trʌbl/ *a plusieurs catégories grammaticales et plusieurs sens :*

> Ce mot peut être un NOM :

1 **trouble** *peut signifier* **ennuis**

► **be in trouble** **avoir des ennuis**

► **get into trouble** **s'attirer des ennuis**

► **make trouble** **causer des ennuis**

2 **trouble** *peut signifier* **mal** *ou* **peine**

► **take the trouble to do** something **se donner la peine de faire** quelque chose

► **have trouble doing** something **avoir du mal à faire** quelque chose

3 **trouble** *peut signifier* **problème**

► **the trouble is...** **le problème, c'est que...**

> Ce mot peut être un VERBE :

1 ► **trouble** somebody *peut signifier* **inquiéter** quelqu'un *ou* **troubler** quelqu'un

2 ► **trouble** somebody *peut signifier* **déranger** quelqu'un

▷ I'm sorry to trouble you. Désolé de vous déranger.

trousers /'traʊzəz/ **pantalon**

► **a pair of trousers** **un pantalon**

> Trousers est peu employé en anglais américain : aux États-Unis, on dit pants.

trout /traʊt/ **truite**

truant /'trʊənt/

► **play truant** **faire l'école buissonnière**

truck /trʌk/ **camion**

► **truck driver** **camionneur**

true /truː/ **vrai** *ou* **véritable**

► **come true** **se réaliser** (en parlant d'un rêve)

trumpet /'trʌmpɪt/ **trompette**

trunk /trʌŋk/ *a plusieurs sens :*

1 **trunk** *peut signifier* **tronc** (d'arbre, de personne)

2 **trunk** *peut signifier* **trompe** (d'éléphant)

3 **trunk** *peut signifier* **malle**

4 *En anglais américain,* **trunk** *peut signifier* **coffre** (de voiture)

> En anglais britannique, « coffre de voiture » se dit boot.

5 ► **trunks** *peut signifier* **maillot de bain** (d'homme)

trust /trʌst/ *a plusieurs catégories grammaticales et plusieurs sens :*

> Ce mot peut être un NOM :

trust *signifie* **confiance** (en quelqu'un)

> Ce mot peut être un VERBE :

1 ► **trust** somebody **avoir confiance en** quelqu'un *ou* **se fier à** quelqu'un

2 ► **trust** somebody **with** something **confier** quelque chose **à** quelqu'un

trustworthy /'trʌstˌwɜːðɪ/ **fiable**

truth /truːθ/ **vérité**

► **tell the truth dire la vérité**

try /traɪ/ *a plusieurs catégories grammaticales et plusieurs sens :*

> Ce mot peut être un NOM :

try *signifie* **essai** *ou* **tentative**

> Ce mot peut être un VERBE :

1 ► **try** something *peut signifier* **essayer** quelque chose

► **try to do** something **essayer de faire** quelque chose

▷ Try and come tonight. Essaie de venir ce soir.

2 ► **try** something *peut signifier* **goûter** quelque chose

3 ► **try** something *peut signifier* **mettre** quelque chose **à l'épreuve** *ou* **tester** quelque chose

4 ► **try** something **on essayer** quelque chose (un vêtement, des chaussures)

5 ► **try** somebody **juger** quelqu'un (dans un tribunal)

tub /tʌb/ *a plusieurs sens :*

1 **tub** *peut signifier* **bac** (d'eau, de fleurs) *ou* **pot** (de crème, de glace)

2 **tub** *peut signifier* **baignoire**

tube /tjuːb/ *a plusieurs sens :*

1 **tube** *peut signifier* **tube**

2 ► **the tube** *signifie* **le métro** *en anglais britannique*

En anglais américain on dit the subway.

Tuesday /'tjuːzd(e)ɪ/ **mardi**

► **on Tuesday mardi**

► **on Tuesday morning mardi matin**

► **on Tuesdays le mardi**

ℹ En anglais, les noms de jours de la semaine commencent par une majuscule.

tumble dryer /'tʌmbəl'draɪəʳ/ **sèche-linge** *ou* **séchoir**

tummy /'tʌmɪ/ **ventre**

tumour /'tjuːməʳ/ **tumeur**

tuna /'tjuːnə/ **thon**

tune /tjuːn/ *a plusieurs catégories grammaticales et plusieurs sens :*

> Ce mot peut être un NOM :

1 **tune** *peut signifier* **air** (d'une chanson)

2 ► **be in tune être accordé** (en parlant d'un instrument) *ou* **chanter juste**

► **be out of tune être désaccordé** *ou* **chanter faux**

> Ce mot peut être un VERBE :

1 ► **tune an instrument accorder un instrument**

2 ► **tune a radio régler une radio**

Tunisia /tjuː'nɪzɪə/ **Tunisie**

Tunisian /tjuː'nɪzɪən/ **tunisien** *ou* **Tunisien**

Turkey /'tɜːkɪ/ **Turquie**

ℹ En général, en anglais, on n'emploie pas d'article défini devant les noms de pays et de continents.

turkey /'tɜːkɪ/ **dinde**

Turkish /'tɜːkɪʃ/ **turc**

► **the Turkish les Turcs**

ℹ En anglais, les adjectifs de nationalité et les noms de langues commencent par une majuscule.

turn /tɜːn/ *a plusieurs catégories grammaticales et plusieurs sens :*

> Ce mot peut être un NOM :

1 **turn** *peut signifier* **tour** (dans un jeu, dans une queue)

► **take it in turns to do** something **faire** quelque chose **à tour de rôle**

2 **turn** *peut signifier* **virage** *ou* **tournant**

Phrasal verbs

Le verbe turn *peut être suivi d'une préposition, telle que* back *ou* up*, et dans ce cas, il peut avoir des sens différents. C'est ce qu'on appelle, en anglais, un « phrasal verb ».*

TURN AROUND

► **turn around se retourner**

► **turn** something **around tourner** quelque chose *ou* **retourner** quelque chose

TURN AWAY

► **turn away se détourner**

► **turn** somebody **away refuser l'entrée à** quelqu'un

TURN BACK

► **turn back rebrousser chemin**

TURN DOWN

► turn something down *peut signifier* **refuser** quelque chose

► turn something down *peut signifier* **baisser** quelque chose (la musique, le volume)

TURN OFF

► turn something off **éteindre** quelque chose (la lumière, la radio, la télé, etc.) *ou* **fermer** quelque chose (un robinet) *ou* **couper** quelque chose (l'électricité)

TURN ON

► turn something on **allumer** quelque chose (la lumière, la radio, la télé, etc.) *ou* **ouvrir** quelque chose (un robinet) *ou* **mettre** quelque chose **en marche** (un moteur, une machine)

TURN OUT

► turn something out *peut signifier* **éteindre** quelque chose (la lumière)

TURN OVER

► turn over *peut signifier* **se retourner** (une personne couchée, une voiture)

► turn over *peut signifier* **tourner la page**

► turn over *peut signifier* **changer de chaîne**

► turn something over **tourner** quelque chose *ou* **retourner** quelque chose

TURN ROUND

► turn round **se retourner**

► turn something round **tourner** quelque chose *ou* **retourner** quelque chose

TURN UP

► turn up **arriver**

► turn something up **monter** quelque chose (le volume) *ou* **mettre** quelque chose **plus fort** (la radio, la musique, la télé)

> Ce mot peut être un VERBE TRANSITIF :

1 ► turn something *peut signifier* **tourner** quelque chose *ou* **retourner** quelque chose

2 ► turn something into... **changer** quelque chose **en...**

> Ce mot peut être un VERBE INTRANSITIF :

1 turn *peut signifier* **tourner** *ou* **se tourner** *ou* **se retourner**

2 turn *peut signifier* **devenir**

▷ She turned pale. Elle est devenue pâle.

▷ He turned red. Il a rougi.

3 ► turn into... **se transformer en...** *ou* **se changer en...**

turning /'tɜːnɪŋ/ *a plusieurs sens :*

1 turning *peut signifier* **coude** (d'une route, d'une rivière)

► turning point **tournant** *ou* **moment décisif**

▷ He is at a turning point in his career. Il est à un tournant de sa carrière.

2 turning *peut signifier* **embranchement** (sur une route

turnip /'tɜːnɪp/ **navet**

turtle /'tɜːtl/ **tortue** (marine)

tutor /'tjuːtəʳ/ **professeur particulier**

tuxedo /tʌk'siːdəʊ/ **smoking**

TV /ˌtiː'viː/ **télé**

tweezers /'twiːzəz/ **pince à épiler**

twelfth /twelfθ/ **douzième**

► the twelfth of December *ou* December the twelfth **le douze décembre**

twelve /twelv/ **douze**

▷ He's twelve. Il a douze ans.

▷ It's twelve o'clock. Il est midi *ou* il est minuit.

▷ There are twelve of us. Nous sommes douze.

twenties /'twentɪz/

▷ It happened in the twenties. Ça s'est passé dans les années 20.

▷ He's in his twenties. Il a entre vingt et trente ans.

twentieth /'twentɪɪθ/ **vingtième**

► the twentieth of July *ou* July the twentieth **le vingt juillet**

twenty /'twentɪ/ **vingt**

▷ She's twenty. Elle a vingt ans.

▷ There are twenty of us. Nous sommes vingt.

▷ It's open twenty-four hours a day. C'est ouvert vingt-quatre heures sur vingt-quatre.

twice /twaɪs/ **deux fois**

twig /twɪg/ **brindille**

twilight /'twaɪlaɪt/ **crépuscule**

twin /twɪn/ **jumeau**

twinkle /'twɪŋkl/ **scintiller** *ou* **pétiller**

twirl /twɜːl/ **tournoyer**

twist /twɪst/ *a plusieurs catégories grammaticales et plusieurs sens :*

> Ce mot peut être un NOM :

1 twist *peut signifier* **tournant** (dans une rue)

2 twist *peut signifier* **tournure** (des événements) *ou* **tour** (dans une histoire)

> Ce mot peut être un VERBE TRANSITIF :

1 ► twist something *peut signifier* **tordre** quelque chose

2 ► **twist** something *peut signifier* **enrouler** quelque chose *ou* **entortiller** quelque chose

3 ► **twist** something *peut signifier* **tourner** quelque chose (une poignée, un couvercle, un capuchon)

4 ► **twist** something *peut signifier* **déformer** quelque chose

> Ce mot peut être un VERBE INTRANSITIF :

1 **twist** *peut signifier* **serpenter**

2 **twist** *peut signifier* **s'entortiller**

twitch /twɪtʃ/ *a plusieurs catégories grammaticales :*

> Ce mot peut être un NOM :

twitch *signifie* **tic**

> Ce mot peut être un VERBE :

twitch *signifie* **se contracter** (en parlant des muscles, des yeux, etc.)

two /tuː/ **deux**

▷ She's two. Elle a deux ans.

▷ It's two o'clock. Il est deux heures.

▷ There are two of us. Nous sommes deux.

type /taɪp/ *a plusieurs catégories grammaticales et plusieurs sens :*

> Ce mot peut être un NOM :

type *signifie* **genre** *ou* **sorte** *ou* **type**

> Ce mot peut être un VERBE :

type *signifie* **taper à la machine**

typewriter /ˈtaɪpraɪtəʳ/ **machine à écrire**

typical /ˈtɪpɪkəl/ **typique**

tyre /ˈtaɪəʳ/ **pneu**

En anglais américain, ce mot s'écrit tire.

Uu

La lettre U se prononce /juː/ en anglais.
U se prononce exactement comme le mot you.

UFO /ˌjuːeˈfəʊ/ **ovni**

ℹ UFO est l'abréviation de unidentified flying object.

uglier /ˈʌglɪəʳ/ *est le comparatif de* ugly.

▷ It's even uglier now. C'est encore plus laid maintenant.

ugliest /ˈʌglɪɪst/ *est le superlatif de* ugly.

▷ That's the ugliest dog I've ever seen. C'est le chien le plus laid que j'aie jamais vu.

ugly /ˈʌglɪ/ **laid** *ou* **vilain**

UK /juːˈkei/ **Royaume-Uni**

ℹ UK est l'abréviation de United Kingdom.

ultimate /ˈʌltɪmɪt/ *a plusieurs sens :*

1 ultimate *peut signifier* **final**

2 ultimate *peut signifier* **suprême**

umbrella /ʌmˈbrelə/ **parapluie** *ou* **parasol**

umpire /ˈʌmpaɪəʳ/ **arbitre**

UN /juːˈen/ **O.N.U**

ℹ UN est l'abréviation de United Nations.

unable /ˈʌnˈeɪbl/

► be unable to do something **ne pas pouvoir faire** quelque chose *ou* **être incapable de faire** quelque chose

unanimous /juːˈnænɪməs/ **unanime**

unavoidable /ˌʌnəˈvɔɪdəbl/ **inévitable**

unbearable /ʌnˈbɛərəbl/ **insupportable**

unbeatable /ˈʌnˈbiːtəbl/ **imbattable**

unbelievable /ˌʌnbɪˈliːvəbl/ **incroyable**

unblock /ˈʌnˈblɒk/ **déboucher** *ou* **dégager**

unbreakable /ˈʌnˈbreɪkəbl/ **incassable**

uncertain /ʌnˈsɜːtn/ **incertain**

uncle /ˈʌŋkl/ **oncle**

uncomfortable /ʌnˈkʌmfətəbl/ *a plusieurs sens :*

1 uncomfortable *peut signifier* **inconfortable**

2 uncomfortable *peut signifier* **mal à l'aise**

► be uncomfortable **être mal à l'aise**

uncommon /ʌnˈkɒmən/ **peu commun**

unconscious /ʌnˈkɒnʃəs/ *a plusieurs sens :*

1 unconscious *peut signifier* **sans connaissance**

► fall unconscious **perdre connaissance**

2 unconscious *peut signifier* **inconscient**

► be unconscious of something **ne pas être conscient de** quelque chose

uncontrollable /ˈʌnkənˈtrəʊləbl/ **incontrôlable**

uncover /ʌnˈkʌvəʳ/ **découvrir**

under /ˈʌndəʳ/ *a plusieurs catégories grammaticales et plusieurs sens :*

> Ce mot peut être une PRÉPOSITION :

1 under *peut signifier* **sous**

▷ The cat's under the table. Le chat est sous la table.

▷ It's under there. C'est là-dessous.

2 under *peut signifier* **moins de**

► children under 12 **les enfants de moins de 12 ans**

3 **under** *peut signifier* **selon**

► **under English law** **selon la législation anglaise**

> Ce mot peut être un ADVERBE :

1 **under** *peut signifier* **en dessous**

2 **under** *peut signifier* **moins**

▷ 10 euros and under. 10 euros et moins.

underage /ˌʌndər'eɪdʒ/ **mineur** (= qui n'a pas encore 18 ans)

underclothes /'ʌndəkləʊðz/ **sous-vêtements**

undergo /ˌʌndə'gəʊ/ **subir**

undergone /ˌʌndə'gɒn/ *est le participe passé du verbe* undergo.

▷ This school has undergone several changes. Cette école a subi plusieurs transformations.

undergraduate /ˌʌndə'grædjʊɪt/ **étudiant** (qui prépare la licence)

underground /'ʌndəgraʊnd/ *a plusieurs catégories grammaticales et plusieurs sens :*

> Ce mot peut être un NOM :

1 *En anglais britannique,* **underground** *peut signifier* **métro**

En anglais américain, on dit subway.

2 ► **the underground** *peut signifier* **la résistance**

> Ce mot peut être un ADJECTIF :

1 **underground** *peut signifier* **souterrain**

2 **underground** *peut signifier* **clandestin**

undergrowth /'ʌndəgrəʊθ/ **broussailles**

underline /ˌʌndə'laɪn/ **souligner**

underneath /'ʌndə'ni:θ/ *a plusieurs catégories grammaticales :*

> Ce mot peut être une PRÉPOSITION :

underneath *signifie* **sous** *ou* **au-dessous de**

▷ They were sitting underneath the tree. Ils étaient assis sous l'arbre.

> Ce mot peut être un ADVERBE :

underneath *signifie* **en dessous**

underpaid /ˌʌndə'peɪd/ **sous-payé**

underpants /'ʌndəpænts/ **slip**

► **a pair of underpants** **un slip**

undershirt /'ʌndəʃɜ:t/ **maillot de corps**

Undershirt est un mot américain : en anglais britannique on dit vest.

understand /ˌʌndə'stænd/ **comprendre**

▷ I don't understand. Je ne comprends pas.

understandable /ˌʌndə'stændəbl/ **compréhensible**

understanding /ˌʌndə'stændɪŋ/ *a plusieurs catégories grammaticales et plusieurs sens :*

> Ce mot peut être un NOM :

1 **understanding** *peut signifier* **compréhension**

2 **understanding** *peut signifier* **accord**

> Ce mot peut être un ADJECTIF :

understanding *signifie* **compréhensif**

understood /ˌʌndə'stʊd/ *est le prétérit et le participe passé du verbe* understand.

▷ I understood what you said. J'ai compris ce que tu m'as dit.

▷ He can't make himself understood. Il n'arrive pas à se faire comprendre.

undertake /ˌʌndə'teɪk/ **entreprendre**

underwater /'ʌndə'wɔ:tə^r/ *a plusieurs catégories grammaticales :*

> Ce mot peut être un ADJECTIF :

underwater *signifie* **sous-marin**

> Ce mot peut être un ADVERBE :

underwater *signifie* **sous l'eau**

underwear /'ʌndəwɛə^r/ **sous-vêtements**

underwent /ˌʌndə'went/ *est le prétérit du verbe* undergo.

▷ The school underwent many changes. L'école a subi de nombreuses transformations.

undo /'ʌn'du:/ **défaire**

undone /'ʌn'dʌn/ **défait**

► **come undone** **se défaire**

undress /ʌn'dres/ **déshabiller** *ou* **se déshabiller**

► **get undressed** **se déshabiller**

uneasy /ʌn'i:zɪ/ **mal à l'aise** *ou* **gêné**

▷ I feel uneasy about the situation. Cette situation me met mal à l'aise.

unemployed /'ʌnɪm'plɔɪd/ *a plusieurs catégories grammaticales :*

> Ce mot peut être un ADJECTIF :

unemployed *signifie* **sans emploi** *ou* **au chômage**

> Ce mot peut être un NOM :

► **the unemployed** les chômeurs

unemployment /ˈʌnɪmˈplɔɪmənt/ chômage

uneven /ˈʌnˈiːvən/ inégal *ou* accidenté

unexpected /ˈʌnɪksˈpektɪd/ inattendu

unexpectedly /ˈʌnɪksˈpektɪdlɪ/ de façon inattendue

unfair /ˈʌnˈfɛəʳ/ injuste

unfairly /ˈʌnˈfɛəlɪ/ injustement

unfaithful /ˈʌnˈfeɪθfʊl/ infidèle

unfamiliar /ˈʌnfəˈmɪljəʳ/ inconnu

unfashionable /ˈʌnˈfæʃnəbl/ démodé

unfasten /ˈʌnˈfɑːsn/ défaire

unfinished /ˈʌnˈfɪnɪʃt/ inachevé

unfit /ˈʌnˈfɪt/ *a plusieurs sens :*

1 unfit *peut signifier* en mauvaise condition physique

2 unfit *peut signifier* inapte

unfold /ʌnˈfəʊld/

► **unfold something** déplier quelque chose

unforeseeable /ˈʌnfɔːˈsiːəbl/ imprévisible

unforgettable /ˈʌnfəˈgetəbl/ inoubliable

unfortunate /ʌnˈfɔːtʃənət/ malheureux *ou* malchanceux

unfortunately /ʌnˈfɔːtʃənətlɪ/ malheureusement

unfriendly /ˈʌnˈfrendlɪ/ hostile *ou* inamical

ungrateful /ʌnˈgreɪtfʊl/ ingrat

unhappier /ʌnˈhæpɪəʳ/ *est le comparatif de* unhappy.

▷ Does she seem unhappier to you? Est-ce qu'elle te semble plus malheureuse ?

unhappiest /ʌnˈhæpɪɪst/ *est le superlatif de* unhappy.

▷ It was the unhappiest time of my life. C'était la période la plus malheureuse de ma vie.

unhappy /ʌnˈhæpɪ/ malheureux *ou* triste

unhealthy /ʌnˈhelθɪ/ *a plusieurs sens :*

1 unhealthy *peut signifier* en mauvaise santé

2 unhealthy *peut signifier* malsain

unhygienic /ˈʌnhaɪˈdʒiːnɪk/ peu hygiénique

unidentified /ˈʌnaɪˈdentɪfaɪd/ non identifié

► **unidentified flying object** objet volant non identifié

uniform /ˈjuːnɪfɔːm/ uniforme

unimportant /ˈʌnɪmˈpɔːtənt/ sans importance

union /ˈjuːnjən/ *a plusieurs sens :*

1 union *peut signifier* union

2 union *peut signifier* syndicat

3 ► **the Union Jack** le drapeau du Royaume-Uni

unit /ˈjuːnɪt/ *a plusieurs sens :*

1 unit *peut signifier* unité

2 unit *peut signifier* élément

3 unit *peut signifier* service (des urgences, des soins intensifs)

unite /juːˈnaɪt/ unir *ou* s'unir

united /juːˈnaɪtɪd/ uni

► **the United Kingdom** le Royaume-Uni

► **the United Nations** les Nations Unies

► **the United States** les États-Unis

ℹ United est aussi le prétérit et le participe passé du verbe unite :

▷ The treaty united the two countries. Le traité a uni les deux pays.

universal /ˌjuːnɪˈvɜːsəl/ universel

universe /ˈjuːnɪvɜːs/ univers

university /ˌjuːnɪˈvɜːsɪtɪ/ université

unkind /ʌnˈkaɪnd/ méchant *ou* pas gentil

▷ He was really unkind to her. Il a été vraiment méchant avec elle.

unknown /ʌnˈnəʊn/ inconnu

unlawful /ʌnˈlɔːfʊl/ illégal

unleaded /ʌnˈledɪd/ sans plomb

unless /ənˈles/ à moins que

▷ We'll go for a picnic unless it rains. Nous irons faire un pique-nique, à moins qu'il ne pleuve.

▷ He won't go unless you do. Il n'ira que si tu y vas aussi.

unlike /ʌn'laɪk/ *a plusieurs sens :*

1 unlike *signifie* **contrairement à**

▷ Unlike you, I don't like oysters. Contrairement à toi, je n'aime pas les huîtres.

2 ► be unlike somebody *ou* something **ne pas ressembler à** quelqu'un *ou* quelque chose

unlikely /ʌn'laɪklɪ/ **improbable**

unload /ʌn'ləʊd/ **décharger**

unlock /ʌn'lɒk/ **ouvrir** (une porte qui est fermée à clé)

unlucky /ʌn'lʌkɪ/ *a plusieurs sens :*

1 unlucky *peut signifier* **malchanceux**

2 unlucky *peut signifier* **qui porte malheur**

unnatural /ʌn'nætʃrəl/ *a plusieurs sens :*

1 unnatural *peut signifier* **peu naturel**

2 unnatural *peut signifier* **anormal**

unnecessary /ʌn'nesɪsərɪ/ **inutile**

unofficial /ˌʌnə'fɪʃəl/ **non officiel**

unpack /ʌn'pæk/ *a plusieurs catégories grammaticales :*

> Ce mot peut être un VERBE TRANSITIF :

► unpack something **défaire** quelque chose (une valise) *ou* **déballer** quelque chose (des vêtements)

> Ce mot peut être un VERBE INTRANSITIF :

unpack *signifie* **défaire ses bagages**

unpleasant /ʌn'pleznt/ **désagréable**

unplug /ʌn'plʌg/ **débrancher**

unpopular /ʌn'pɒpjʊlə^r/ **impopulaire**

unpredictable /ˌʌnprɪ'dɪktəbl/ **imprévisible**

unreal /ʌn'rɪəl/ **irréel**

unrealistic /ˌʌnrɪə'lɪstɪk/ **irréaliste**

unreasonable /ʌn'riːznəbl/ **déraisonnable**

unreliable /ˌʌnrɪ'laɪəbl/ **peu fiable**

unroll /ˌʌn'rəʊl/ **dérouler**

unsafe /ˌʌn'seɪf/ **dangereux**

unsteady /ˌʌn'stedɪ/ *a plusieurs sens :*

1 unsteady *peut signifier* **instable** (en parlant d'une table, d'une échelle, d'une structure)

2 unsteady *peut signifier* **tremblant** (en parlant d'une main) *ou* **chancelant** (en parlant des jambes)

unsuccessful /ˌʌnsək'sesfʊl/ **infructueux**

► be unsuccessful **ne pas réussir**

unsuitable /ˌʌn'suːtəbl/ **inapproprié** *ou* **inconvenant**

▷ He is unsuitable for the post. Il ne convient pas pour ce poste.

unsure /ˌʌn'ʃʊə^r/ **peu sûr**

► be unsure of... *ou* be unsure about... **ne pas être sûr de...**

untidy /ʌn'taɪdɪ/ *a plusieurs sens :*

1 untidy *peut signifier* **en désordre** (en parlant d'une pièce, d'un bureau, de cheveux) *ou* **négligé** (en parlant d'une personne)

2 untidy *peut signifier* **désordonné**

untie /ʌn'taɪ/ **dénouer** *ou* **détacher**

until /ən'tɪl/ *a plusieurs sens :*

1 until *peut signifier* **jusqu'à** *ou* **jusqu'à ce que**

▷ Wait until tomorrow. Attends jusqu'à demain.

▷ Don't move until I get back. Ne bouge pas jusqu'à mon retour.

▷ I didn't know until now. Jusqu'à présent je ne le savais pas.

▷ I stayed until he had gone to sleep. Je suis resté jusqu'à ce qu'il soit endormi.

2 *Dans les tournures négatives,* until *signifie* **avant** *ou* **avant que**

▷ It won't be ready until tomorrow. Ca ne sera pas prêt avant demain.

▷ Don't go until I get back. Ne pars pas avant mon retour.

▷ She won't go until he has gone to sleep. Elle ne partira pas avant qu'il s'endorme.

untrue /ʌn'truː/ **faux**

unusual /ʌn'juːʒʊəl/ **peu commun** *ou* **inhabituel**

unusually /ʌn'juːʒʊəlɪ/ **exceptionnellement**

unveil /ʌn'veɪl/ **dévoiler**

unwell /ʌn'wel/ **souffrant**

▷ I feel unwell. Je ne me sens pas bien.

unwind /'ʌn'waɪnd/ *a plusieurs sens :*

1 unwind *peut signifier* **dérouler**

2 unwind *peut signifier* **se relaxer**

unwrap /ʌn'ræp/ **ouvrir** (un paquet, un cadeau)

unzip /'ʌn'zɪp/ *a plusieurs sens :*

1 unzip *peut signifier* **défaire la fermeture éclair® de**

▷ Can you unzip me? Peux-tu défaire ma fermeture éclair ?

2 unzip *peut signifier* **dézipper** (un fichier informatique)

up /ʌp/ *a plusieurs catégories grammaticales et plusieurs sens :*

> Ce mot peut être une PRÉPOSITION :

1 **up** *peut servir à indiquer une position en haut de quelque chose ou le fait de monter quelque chose :*

▷ The cat is up the tree. Le chat est dans l'arbre.

▷ He is up the ladder. Il est sur l'échelle.

▷ She climbed up the stairs. Elle a monté l'escalier.

2 **up** *peut signifier* **plus loin** *dans l'espace :*

▷ The shops are up the road. Les magasins sont plus loin dans la rue.

> Ce mot peut être un ADVERBE :

1 **up** *peut indiquer un* **mouvement vers le haut** *ou une* **position en haut**

▷ They live up in the mountains. Ils habitent dans les montagnes.

▷ She threw the ball up in the air. Elle a jeté le ballon en l'air.

▷ It's up there. C'est là-haut.

▷ Hands up! Haut les mains !

2 **up** *peut indiquer une* **augmentation**

▷ She put the volume up. Elle a augmenté le volume.

▷ Prices have gone up. Les prix ont augmenté.

3 ► **up to** *peut signifier* **jusqu'à**

▷ Up to now I didn't want to. Je n'ai pas voulu jusqu'à maintenant.

▷ The water came up to here. L'eau est montée jusqu'ici.

4 ► **be up to doing** something **être capable de faire** quelque chose

▷ Is he up to it? En est-il capable ?

5 ► **be up to** something *peut signifier* **mijoter** *ou* **fabriquer** quelque chose (= faire)

▷ What's he up to? Qu'est-ce qu'il fabrique ?

6 **up to** *peut indiquer qui doit faire quelque chose :*

▷ It's up to him to decide. C'est à lui de décider.

▷ It' not up to me to decide. Ce n'est pas à moi de décider.

▷ It's up to you. À vous de voir.

> Ce mot peut être un ADJECTIF :

► **be up** **être levé** *ou* **être debout**

▷ She was up early. Elle s'était levée tôt.

upbringing /'ʌpbrɪŋɪŋ/ **éducation** (= façon d'être élevé)

update /ʌp'deɪt/ **mettre à jour**

uphill /ʌp'hɪl/ *a plusieurs catégories grammaticales :*

> Ce mot peut être un ADJECTIF :

uphill *signifie* **qui monte**

> Ce mot peut être un ADVERBE :

► **go uphill** **monter**

upon /ə'pɒn/ **sur**

upper /'ʌpəʳ/ **supérieur**

upper-class /ʌpə'klɑːs/ **de la haute société**

upright /'ʌpraɪt/ **droit** (= vertical)

upset /ʌp'set/ *a plusieurs catégories grammaticales et plusieurs sens :*

> Ce mot peut être un VERBE :

1 ► **upset** somebody *signifie* **faire de la peine à** quelqu'un *ou* **vexer** quelqu'un

2 ► **upset** something *signifie* **bouleverser** quelque chose *ou* **renverser** quelque chose

> Ce mot peut être un ADJECTIF :

1 **upset** *signifie* **peiné** *ou* **vexé**

2 ► **have an upset stomach** **avoir l'estomac dérangé**

upside down /ʌpsaɪd'daʊn/ **à l'envers**

upstairs /ʌp'stɛəz/ *a plusieurs catégories grammaticales :*

> Ce mot peut être un ADVERBE :

upstairs *signifie* **en haut**

► **go upstairs** **monter**

> Ce mot peut être un ADJECTIF :

upstairs *signifie* **du dessus** *ou* **d'en haut**

▷ The upstairs neighbours are French. Les voisins du dessus sont français.

up-to-date /ˌʌptə'deɪt/ *a plusieurs sens :*

1 **up-to-date** *peut signifier* **moderne**

2 **up-to-date** *peut signifier* **à jour**

3 **up-to-date** *peut signifier* **au courant**

► **keep up-to-date with** something **se tenir au courant de** quelque chose

upward /'ʌpwəd/ **vers le haut**

upwards /'ʌpwədz/ **vers le haut**

urban /'ɜːbən/ **urbain**

urge /ɜːdʒ/ *a plusieurs catégories grammaticales :*

> Ce mot peut être un NOM :

urge *signifie* **forte envie**

► **have an urge to do** something **avoir une forte envie de faire** quelque chose

> Ce mot peut être un VERBE :

► **urge** somebody **to do** something **pousser** quelqu'un **à faire** quelque chose

US /juː'es/ *est l'abréviation de* United States.

us /ʌs/ **nous** (complément d'objet)
▷ He saw us. Il nous a vus.
▷ She gave it to us. Elle nous l'a donné.

USA /ju:es'eɪ/ *est l'abréviation de* United States of America.

use *se prononce de deux façons et a des catégories grammaticales et des sens différents selon la prononciation :*

/ju:s/ (le s se prononce comme le s de sea)
> C'est un NOM :

1 use *peut signifier* **utilisation** *ou* **emploi**
► make use of something **utiliser** quelque chose

2 use *peut signifier* **usage**

3 use *peut signifier* **utilité**
▷ It's no use. Ça ne sert à rien.

/ju:z/ (le s se prononce comme le z de zoo)
> C'est un VERBE :

1 ► use something **se servir de** quelque chose *ou* **utiliser** quelque chose *ou* **employer** quelque chose

2 ► use something up **épuiser** quelque chose *ou* **finir** quelque chose
▷ He used up all the money. Il a tout dépensé.

used /ju:zd/ **d'occasion**
► used cars **des voitures d'occasion**

ℹ Used est aussi le prétérit et le participe passé du verbe use :

▷ He used a new method. Il a utilisé une nouvelle méthode.
▷ I have used up all the milk. J'ai fini tout le lait.

used to /'ju:sttu:/ *a plusieurs sens :*

1 used to *exprime* **l'habitude** *qu'on a de faire quelque chose.*
► be used to doing something **avoir l'habitude de faire** quelque chose
▷ I'm used to getting up early. J'ai l'habitude de me lever tôt.
► be used to somebody *ou* something **être habitué à** quelqu'un *ou* quelque chose
► get used to something **s'habituer à** quelque chose
▷ You'll get used to it. Tu t'y habitueras.

2 used to *suivi de la base verbale sert à parler des habitudes dans le passé ou de quelque chose qui a duré dans le passé. Il correspond souvent à l'imparfait en français.*
▷ I used to live in Paris. J'habitais à Paris.
▷ She used to get up very late. Avant, elle se levait très tard.
▷ We used to go swimming every day. Nous allions nager tous les jours.

useful /'ju:sfʊl/ **utile**

useless /'ju:slɪs/ *a plusieurs sens :*

1 useless *peut signifier* **inutile**

2 useless *peut signifier* **nul**

user /'ju:zəʳ/ **utilisateur** *ou* **usager**

user-friendly /ju:zə'frendlɪ/ **facile à utiliser**

usual /'ju:ʒʊəl/ **habituel**
► as usual **comme d'habitude**

usually /'ju:ʒʊəlɪ/ **d'habitude**

utensil /ju:'tensl/ **ustensile**

utter /'ʌtəʳ/ *a plusieurs catégories grammaticales :*

> Ce mot peut être un ADJECTIF :
utter *signifie* **complet**

> Ce mot peut être un VERBE :
► utter something **dire** quelque chose

utterly /'ʌtəlɪ/ **complètement**

U-turn /'ju:tɜ:n/ **demi-tour**

Vv

La lettre V se prononce /viː/ en anglais
V rime avec free, knee et tea.

vacant /ˈveɪkənt/ *a plusieurs sens :*

1 vacant *peut signifier* **libre** (en parlant d'une chambre d'hôtel, d'une table, d'une place, de toilettes)

2 vacant *peut signifier* **vacant** (en parlant d'un poste)

3 vacant *peut signifier* **absent** (en parlant d'un air, d'un regard)

vacation /vəˈkeɪʃən/ **vacances**

► on vacation **en vacances**

> Vacation est un mot américain : en anglais britannique on dit holiday.

vaccinate /ˈvæksɪneɪt/ **vacciner**

vaccine /ˈvæksiːn/ **vaccin**

vacuum /ˈvækjʊm/ *a plusieurs catégories grammaticales et plusieurs sens :*

> Ce mot peut être un NOM :

1 vacuum *peut signifier* **vide**

2 vacuum *peut signifier* **aspirateur**

> ℹ On dit aussi vacuum cleaner.

> Ce mot peut être un VERBE :

vacuum *signifie* **passer l'aspirateur**

vain /veɪn/ *a plusieurs sens :*

1 vain *peut signifier* **vain**

► in vain **en vain** *ou* **pour rien**

2 vain *peut signifier* **vaniteux**

Valentine /ˈvæləntaɪn/

► Valentine card **carte de la Saint-Valentin**

► Valentine's Day **la Saint-Valentin**

valid /ˈvælɪd/ **valide** *ou* **valable**

valley /ˈvælɪ/ **vallée**

valuable /ˈvæljʊəbl/ *a plusieurs sens :*

1 valuable *peut signifier* **précieux** (conseil, temps, information)

2 valuable *peut signifier* **de valeur**

valuables /ˈvæljʊəblz/ **objets de valeur**

value /ˈvæljuː/ *a plusieurs catégories grammaticales et plusieurs sens :*

> Ce mot peut être un NOM :

value *signifie* **valeur**

> Ce mot peut être un VERBE :

► value something **apprécier** quelque chose

van /væn/ **camionnette**

vandal /ˈvændəl/ **vandale**

vandalism /ˈvændəlɪzəm/ **vandalisme**

vanilla /vəˈnɪlə/ **vanille**

► vanilla ice-cream **glace à la vanille**

vanish /ˈvænɪʃ/ **disparaître**

varied /ˈvɛərɪd/ **varié**

> ℹ Varied est aussi le prétérit et le participe passé du verbe vary :

▷ It varied a lot. Ça variait énormément.

varies /ˈvɛərɪz/ *est la troisième personne du singulier du verbe* vary *au présent.*

▷ It varies enormously. Ça varie énormément.

varieties /vəˈraɪətɪz/ *est le pluriel de* variety.

variety /vəˈraɪətɪ/ **variété**

various /ˈvɛərɪəs/ **divers**

varnish /'vɑːnɪʃ/ *a plusieurs catégories grammaticales :*

> Ce mot peut être un NOM :

varnish *signifie* **vernis**

> Ce mot peut être un VERBE :

► varnish something **vernir** quelque chose

vary /'vɛərɪ/ **varier**

vase /vɑːz/ **vase** (pour les fleurs)

vast /vɑːst/ **énorme**

VAT /viːeɪ'tiː/ **T.V.A.**

ℹ VAT est l'abréviation de value added tax.

VCR /ˌviːsiː'ɑː'/ **magnétoscope**

ℹ VCR est l'abréviation de video cassette recorder.

veal /viːl/ **veau**

vegan /'viːgən/ **végétalien**

vegetable /'vedʒtəbl/ *a plusieurs catégories grammaticales et plusieurs sens :*

> Ce mot peut être un NOM :

vegetable *signifie* **légume**

> Ce mot peut être un ADJECTIF :

1 vegetable *peut signifier* **végétal**

2 vegetable *peut signifier* **de légumes** *ou* **aux légumes**

► vegetable garden **jardin potager**

vegetarian /ˌvedʒɪ'tɛərɪən/ **végétarien**

vehicle /'viːɪkl/ **véhicule**

veil /veɪl/ *a plusieurs catégories grammaticales :*

> Ce mot peut être un NOM :

veil *signifie* **voile** (= morceau de tissu qui couvre le visage ou la tête)

> Ce mot peut être un VERBE :

► veil something **voiler** quelque chose

vein /veɪn/ **veine**

velvet /'velvɪt/ **velours**

vending machine /'vendɪŋ ˌməʃiːn/ **distributeur automatique**

venom /'venəm/ **venin**

venue /'venjuː/ **lieu**

verb /vɜːb/ **verbe**

verge /vɜːdʒ/ *a plusieurs sens :*

1 verge *peut signifier* **bord**

► be on the verge of doing something **être sur le point de faire** quelque chose

► on the verge of tears **au bord des larmes**

2 verge *peut signifier* **accotement**

En anglais, verge ne signifie pas « verge ».

versatile /'vɜːsətaɪl/ **aux talents variés** *ou* **polyvalent**

En anglais, versatile ne signifie pas « versatile ».

versus /'vɜːsəs/ **contre** (une équipe contre une autre, par exemple) *ou* **par opposition à**

very /'verɪ/ *a plusieurs catégories grammaticales et plusieurs sens :*

> Ce mot peut être un ADVERBE :

very *signifie* **très**

▷ She's very pretty. Elle est très jolie.

▷ I'm not very hungry. Je n'ai pas très faim.

► very much **beaucoup**

▷ I like it very much. Je l'aime beaucoup.

▷ Thank you very much. Merci beaucoup.

▷ He didn't eat very much. Il n'a pas mangé grand-chose.

> Ce mot peut être un ADJECTIF :

very *est employé pour insister sur quelque chose :*

▷ It's the very thing I need. C'est exactement ce qu'il me faut.

▷ It's at the very end of the garden. C'est tout au bout du jardin.

vessel /'vesl/ *a plusieurs sens :*

1 vessel *peut signifier* **navire**

2 vessel *peut signifier* **récipient**

vest /vest/ *a plusieurs sens :*

1 *En anglais britannique,* vest *signifie* **maillot de corps**

En anglais américain on dit undershirt.

2 *En anglais américain,* vest *signifie* **gilet**

En anglais britannique on dit waistcoat.

vet /vet/ **vétérinaire**

veteran /'vetərən/ **vétéran** *ou* **ancien combattant**

via /'vaɪə/ **en passant par**

▷ We went via London. Nous sommes passés par Londres.

vibrate /vaɪ'breɪt/ **vibrer**

vicar /'vɪkəʳ/ **pasteur**

vice /vaɪs/ *a plusieurs sens :*

1 vice *peut signifier* **vice**

2 vice *peut signifier* **étau**

vicious /'vɪʃəs/ **brutal** *ou* **méchant**

victim /'vɪktɪm/ **victime**

victories /'vɪktərɪz/ *est le pluriel de* victory.

victory /'vɪktərɪ/ **victoire**

video /'vɪdɪəʊ/ *a plusieurs catégories grammaticales et plusieurs sens :*

> Ce mot peut être un NOM :

1 video *peut signifier* **vidéo**

► video camera **caméra vidéo**

► video game **jeu vidéo**

► video player **magnétoscope**

► video recorder **magnétoscope**

► video shop **vidéoclub**

2 video *peut signifier* **magnétoscope**

3 video *peut signifier* **cassette vidéo**

> Ce mot peut être un VERBE :

1 ► video something *peut signifier* **enregistrer** quelque chose (sur magnétoscope)

2 ► video something *peut signifier* **filmer** quelque chose **en vidéo**

Vietnam /vjet'næm/ **Vietnam**

Vietnamese /ˌvjetnə'miːz/ **vietnamien** *ou* **Vietnamien**

view /vjuː/ *a plusieurs catégories grammaticales et plusieurs sens :*

> Ce mot peut être un NOM :

1 view *peut signifier* **vue**

2 view *peut signifier* **opinion**

► in my view **à mon avis**

> Ce mot peut être un VERBE :

► view something as... **considérer** quelque chose **comme...**

viewer /'vjuːəʳ/ *a plusieurs sens :*

1 viewer *peut signifier* **téléspectateur**

2 viewer *peut signifier* **visionneuse** (de diapositives)

viewpoint /'vjuːpɔɪnt/ **point de vue**

vigorous /'vɪgərəs/ **vigoureux** *ou* **énergique**

villain /'vɪlən/ **méchant** (dans un film, un livre) *ou* **traître** (dans une pièce de théâtre) *ou* **bandit**

vine /vaɪn/ **vigne** *ou* **plante grimpante**

vinegar /'vɪnɪgəʳ/ **vinaigre**

vineyard /'vɪnjəd/ **vignoble**

violate /'vaɪəleɪt/ **violer**

violence /'vaɪələns/ **violence**

violent /'vaɪələnt/ **violent**

violin /ˌvaɪə'lɪn/ **violon**

► play the violin **jouer du violon**

virgin /'vɜːdʒɪn/ **vierge**

Virgo /'vɜːgəʊ/ **Vierge** (signe du zodiaque)

virtual /'vɜːtjʊəl/ **quasi**

▷ It was a virtual failure. C'était un quasi-échec.

virtually /'vɜːtjʊəlɪ/ **pratiquement**

virtual reality /'vɜːtjʊəl riː'ælɪtɪ/ **réalité virtuelle**

virtue /'vɜːtjuː/ **vertu**

virus /'vaɪərəs/ **virus**

visible /'vɪzəbl/ **visible**

vision /'vɪʒən/ **vue** (= la faculté de la vue) *ou* **vision**

visit /'vɪzɪt/ *a plusieurs catégories grammaticales et plusieurs sens :*

> Ce mot peut être un NOM :

visit *signifie* **visite**

► pay somebody a visit **rendre visite à** quelqu'un

> Ce mot peut être un VERBE :

1 ► visit somebody **rendre visite à** quelqu'un

2 ► visit something **visiter** quelque chose

visitor /ˈvɪzɪtəʳ/ **invité** *ou* **visiteur**

▷ You have visitors. Vous avez de la visite.

visor /ˈvaɪzəʳ/ **visière**

visual /ˈvɪzjʊəl/ **visuel**

vital /ˈvaɪtl/ *a plusieurs sens :*

1 vital *peut signifier* **essentiel** *ou* **vital**

2 vital *peut signifier* **plein de vie** *ou* **plein de vitalité**

vitality /vaɪˈtælɪtɪ/ **vitalité**

vitamin /ˈvɪtəmɪn/ **vitamine**

vivacious /vɪˈveɪʃəs/ **plein de vivacité**

vivid /ˈvɪvɪd/ **vif** (en parlant de couleurs, de son imagination) *ou* **vivant** (en parlant d'une description) *ou* **net** (en parlant d'un souvenir)

vocabulary /vəʊˈkæbjʊlərɪ/ **vocabulaire**

voice /vɔɪs/ **voix**

► voice mail **messagerie vocale**

volcano /vɒlˈkeɪnəʊ/ **volcan**

volume /ˈvɒljuːm/ **volume**

voluntary /ˈvɒləntərɪ/ **volontaire** (adjectif) *ou* **bénévole** (adjectif)

volunteer /ˌvɒlənˈtɪəʳ/ *a plusieurs catégories grammaticales et plusieurs sens :*

> Ce mot peut être un NOM :

volunteer *signifie* **volontaire** *ou* **bénévole**

> Ce mot peut être un VERBE :

► volunteer for something **se proposer pour quelque chose**

vomit /ˈvɒmɪt/ **vomir**

vote /vəʊt/ *a plusieurs catégories grammaticales et plusieurs sens :*

> Ce mot peut être un NOM :

vote *peut signifier* **vote** *ou* **voix** (d'un électeur)

> Ce mot peut être un VERBE :

vote *signifie* **voter**

voter /ˈvəʊtəʳ/ **électeur**

voucher /ˈvaʊtʃəʳ/ **bon** (= papier qui donne droit à quelque chose)

vow /vaʊ/ *a plusieurs catégories grammaticales :*

> Ce mot peut être un NOM :

vow *signifie* **vœu** *ou* **serment**

> Ce mot peut être un VERBE :

► vow to do something **jurer de faire quelque chose**

vowel /ˈvaʊəl/ **voyelle**

vulgar /ˈvʌlgəʳ/ **vulgaire**

vulture /ˈvʌltʃəʳ/ **vautour**

Ww

La lettre W se prononce /'dʌbljʊ/ en anglais, comme s'il s'écrivait 'double you'.

wad /wɒd/ **tampon** (de tissu, de papier) *ou* **liasse** (de billets de banque)

waddle /'wɒdl/ **se dandiner**

wafer /'weɪfəʳ/ **gaufrette**

wag /wæg/ **remuer** (la queue)

wage /weɪdʒ/ **salaire**

wagon /'wægən/ *a plusieurs sens :*

1 wagon *peut signifier* **chariot** (tiré par des chevaux)

2 *En anglais britannique,* wagon *peut signifier* **wagon** (de marchandises)

> En anglais américain, pour dire « wagon de marchandises », on dit car.

wail /weɪl/ *a plusieurs catégories grammaticales et plusieurs sens :*

> Ce mot peut être un NOM :

wail *signifie* **gémissement** *ou* **hurlement** (d'une sirène)

> Ce mot peut être un VERBE :

wail *signifie* **gémir** *ou* **hurler** (en parlant d'une sirène)

waist /weɪst/ **taille** (= partie du corps ou partie d'un vêtement)

waistcoat /'weɪstkəʊt/ **gilet**

> Ce mot n'est pas employé en anglais américain : aux États-Unis, on dit vest.

wait /weɪt/ *a plusieurs catégories grammaticales et plusieurs sens :*

> Ce mot peut être un NOM :

wait *signifie* **attente**

> Ce mot peut être un VERBE :

1 wait *peut signifier* **attendre**

- ► wait for somebody *ou* something **attendre** quelqu'un *ou* quelque chose
- ► keep somebody waiting **faire attendre** quelqu'un

▷ I can't wait to see you! Je suis impatiente de te voir !

▷ Wait a minute! Un instant !

2 wait *peut signifier* **servir** (dans un restaurant ou café)

waiter /'weɪtəʳ/ **serveur**

waiting /'weɪtɪŋ/ **attente**

- ► waiting list **liste d'attente**
- ► waiting room **salle d'attente**

> ℹ Waiting est aussi une forme du verbe wait :

▷ I'm waiting for you. Je t'attends.

waitress /'weɪtrɪs/ **serveuse**

wake /weɪk/ *a plusieurs catégories grammaticales :*

> Ce mot peut être un VERBE TRANSITIF :

- ► wake somebody *ou* wake somebody up **réveiller** quelqu'un

> Ce mot peut être un VERBE INTRANSITIF :

- ► wake up **se réveiller**

Wales /weɪlz/ **pays de Galles**

> ℹ En général, en anglais, on n'emploie pas d'article défini devant les noms de pays et de continents.

walk /wɔːk/ *a plusieurs catégories grammaticales et plusieurs sens :*

> Ce mot peut être un NOM :

walk *signifie* **promenade** *ou* **randonnée**

► go for a walk **aller se promener**

► take the dog for a walk **promener le chien**

> Ce mot peut être un VERBE INTRANSITIF :

walk *peut signifier* **marcher** *ou* **aller à pied** *ou* **se promener**

► walk up and down **marcher de long en large**

▷ Let's walk to the station. Allons à la gare à pied.

> Ce mot peut être un VERBE TRANSITIF :

1 ► walk something *peut signifier* **faire** quelque chose **à pied**

▷ He walked ten kilometres. Il a fait dix kilomètres à pied.

2 ► walk the dog **promener le chien**

3 ► walk somebody home **raccompagner** quelqu'un

walker /'wɔːkəʳ/ **marcheur** *ou* **promeneur**

walkie-talkie /'wɔːkɪ'tɔːkɪ/ **talkie-walkie**

walking /'wɔːkɪŋ/ **marche à pied**

► walking boots **chaussures de marche**

► walking stick **canne**

ℹ Walking est aussi une forme du verbe walk :

▷ I was walking in the park. Je me promenais dans le parc.

Walkman® /'wɔːkmən/ **baladeur**

wall /wɔːl/ *a plusieurs sens :*

1 wall *peut signifier* **mur**

2 wall *peut signifier* **paroi** (d'une grotte, de l'estomac)

wallet /'wɒlɪt/ **portefeuille**

wallow /'wɒləʊ/ **se vautrer**

wallpaper /'wɔːlpeɪpəʳ/ **papier peint**

walnut /'wɔːlnʌt/ *a plusieurs sens :*

1 walnut *peut signifier* **noix**

2 walnut *peut signifier* **noyer** (= arbre, bois)

waltz /wɔːls/ *a plusieurs catégories grammaticales :*

> Ce mot peut être un NOM :

waltz *signifie* **valse**

> Ce mot peut être un VERBE :

waltz *signifie* **valser**

wand /wɒnd/ **baguette magique**

wander /'wɒndəʳ/ **errer** *ou* **flâner**

want /wɒnt/ *a plusieurs catégories grammaticales et plusieurs sens :*

> Ce mot peut être un VERBE :

► want something **vouloir** quelque chose *ou* **avoir envie de** quelque chose

► want to do something **vouloir faire** quelque chose *ou* **avoir envie de faire** quelque chose

▷ I want you to wait for me. Je veux que tu m'attendes.

> Ce mot peut être un NOM :

1 want *peut signifier* **manque**

2 want *peut signifier* **besoin**

wanted /'wɒntɪd/ **recherché** (en parlant d'un criminel)

▷ He's wanted by the police. Il est recherché par la police.

ℹ Wanted est aussi le prétérit et le participe passé du verbe want :

▷ I wanted to go. J'avais envie de partir.

war /wɔːʳ/ **guerre**

ward /wɔːd/ **salle** (d'hôpital)

warden /'wɔːdn/ **gardien**

wardrobe /'wɔːdrəʊb/ **armoire**

warehouse /'wɛəhaʊs/ **entrepôt**

warm /wɔːm/ *a plusieurs catégories grammaticales et plusieurs sens :*

> Ce mot peut être un ADJECTIF :

1 warm *peut signifier* **chaud**

► keep something warm **tenir** quelque chose **au chaud**

▷ It's nice and warm today. Il fait bon aujourd'hui.

2 warm *peut signifier* **chaleureux**

▷ They gave us a warm welcome. Ils nous ont réservé un accueil chaleureux.

> Ce mot peut être un VERBE :

1 ► warm something up **réchauffer** quelque chose *ou* **faire chauffer** quelque chose

2 ► warm up **se réchauffer** *ou* **chauffer** *ou* **s'échauffer**

warmth /wɔːmθ/ **chaleur**

warn /wɔːn/ avertir *ou* prévenir

► warn somebody not to do something déconseiller à quelqu'un de faire quelque chose

warning /'wɔːnɪŋ/ avertissement

ℹ Warning est aussi une forme du verbe warn :

▷ I'm warning you! Je te préviens !

warrior /'wɒrɪəʳ/ guerrier

wart /wɔːt/ verrue

wary /'wɛərɪ/ prudent

► be wary of somebody *ou* something se méfier de quelqu'un *ou* quelque chose

was /wɒz/ *est le prétérit du verbe* be.

▷ I was happy. J'étais heureuse.

▷ He was in a bad mood. Il était de mauvaise humeur.

▷ She was a teacher. Elle était professeur.

▷ It was a good idea. C'était une bonne idée.

wash /wɒʃ/ *a plusieurs catégories grammaticales et plusieurs sens :*

> Ce mot peut être un NOM :

► have a wash se laver

► give something a wash laver quelque chose

> Ce mot peut être un VERBE TRANSITIF :

► wash something laver quelque chose

▷ She washed her hands. Elle s'est lavé les mains.

▷ He's washing the dishes. Il fait la vaisselle.

Phrasal verbs

Le verbe wash *peut être suivi d'une préposition, telle que* away *ou* up, *et dans ce cas, il peut avoir des sens différents. C'est ce qu'on appelle, en anglais, un « phrasal verb ».*

WASH AWAY

► wash something away emporter quelque chose (en parlant des vagues, d'une inondation)

WASH UP

► *En anglais britannique,* wash up *signifie* faire la vaisselle

► *En anglais américain,* wash up *signifie* se laver

> Ce mot peut être un VERBE INTRANSITIF :

wash *signifie* se laver

washbasin /'wɒʃbeɪsn/ lavabo

washing /'wɒʃɪŋ/ lessive *ou* linge

► do the washing faire la lessive

► hang out the washing étendre le linge

► washing line corde à linge

► washing machine machine à laver (le linge)

► washing powder lessive (= poudre)

ℹ Washing est aussi le gérondif du verbe wash :

▷ I was washing my hair. Je me lavais les cheveux.

washing-up /ˌwɒʃɪŋ'ʌp/

► do the washing-up faire la vaisselle

► washing-up liquid liquide vaisselle

Washing-up n'est pas employé en anglais américain. Aux États-Unis, pour dire « faire la vaisselle », on dit wash the dishes, et pour dire « liquide vaisselle », on dit dish soap.

wasn't /'wɒznt/ *est la contraction de* was not.

▷ I wasn't there. Je n'étais pas là.

▷ He wasn't angry. Il n'était pas fâché.

▷ She wasn't at home. Elle n'était pas chez elle.

▷ It wasn't fair. Ce n'était pas juste.

wasp /wɒsp/ guêpe

waste /weɪst/ *a plusieurs catégories grammaticales et plusieurs sens :*

> Ce mot peut être un NOM :

1 waste *peut signifier* gaspillage

▷ It's a waste of time. C'est une perte de temps.

2 waste *peut signifier* déchets

> Ce mot peut être un VERBE :

► waste something gaspiller quelque chose

▷ You're wasting time. Tu perds du temps.

wastebasket /'weɪstbɑːskɪt/ corbeille à papier

wasteful /'weɪstfʊl/ gaspilleur *ou* peu économique

wastepaper basket /ˌweɪst'peɪpə ˌbɑːskɪt/ corbeille à papier

watch /wɒtʃ/ *a plusieurs catégories grammaticales et plusieurs sens :*

> Ce mot peut être un NOM :

1 watch *peut signifier* montre

► watch strap bracelet de montre

2 ► keep watch monter la garde

► keep watch on somebody *ou* something surveiller quelqu'un *ou* quelque chose

> Ce mot peut être un VERBE TRANSITIF :

1 ► watch somebody *ou* something *peut signifier* regarder quelqu'un *ou* quelque chose

2 ► watch somebody *ou* something *peut signifier* surveiller quelqu'un *ou* quelque chose

3 ► watch something *peut signifier* **faire attention à** quelque chose

> Ce mot peut être un VERBE INTRANSITIF :

watch *signifie* **regarder**

► Watch out! **Attention !**

watchdog /'wɒtʃdɒg/ **chien de garde**

watchman /'wɒtʃmən/ **gardien**

water /'wɔːtə^r/ *a plusieurs catégories grammaticales :*

> Ce mot peut être un NOM :

water *signifie* **eau**

► water bottle **gourde**

> Ce mot peut être un VERBE TRANSITIF :

► water something **arroser** quelque chose

> Ce mot peut être un VERBE INTRANSITIF :

▷ My mouth was watering J'en avais l'eau à la bouche.

▷ The onions are making my eyes water. Les oignons me font pleurer.

watercolour /'wɔːtəˌkʌlə^r/ **aquarelle**

En anglais américain, ce mot s'écrit watercolor.

watercress /'wɔːtəkres/ **cresson**

waterfall /'wɔːtəfɔːl/ **chute d'eau** *ou* **cascade**

watering can /'wɔːtərɪŋkæn/ **arrosoir**

watermelon /'wɔːtəmelən/ **pastèque**

waterproof /'wɔːtəpruːf/ **imperméable** *ou* **étanche**

water-skiing /'wɔːtəˌskiːɪŋ/ **ski nautique**

► go water-skiing **faire du ski nautique**

wave /weɪv/ *a plusieurs catégories grammaticales et plusieurs sens :*

> Ce mot peut être un NOM :

1 wave *peut signifier* **vague**

2 wave *peut signifier* **onde**

3 wave *peut signifier* **geste de la main**

▷ He gave us a wave. Il nous a fait signe de la main.

> Ce mot peut être un VERBE INTRANSITIF :

wave *peut signifier* **faire signe de la main**

► wave at somebody *ou* wave to somebody **saluer** quelqu'un **de la main** *ou* **faire signe à** quelqu'un

> Ce mot peut être un VERBE TRANSITIF :

► wave something **agiter** quelque chose

wavy /'weɪvɪ/ **ondulé**

wax /wæks/ **cire**

way /weɪ/ *a plusieurs sens :*

1 way *peut signifier* **façon** *ou* **manière**

▷ I'll do it my way. Je le ferai à ma façon.

► in the same way **de la même façon**

► in a way **d'une certaine façon**

► this way **comme ceci**

► that way **comme cela**

► do something the right way **bien faire** quelque chose

► do something the wrong way **mal faire** quelque chose

2 way *peut signifier* **moyen**

► find a way of doing something **trouver un moyen de faire** quelque chose

▷ There's no way of knowing. Il n'y a pas moyen de savoir.

3 way *peut signifier* **chemin**

► ask the way **demander son chemin**

► lose one's way **se perdre**

► on the way **en route**

▷ I'm on my way. J'arrive.

► the way in **l'entrée**

► the way out **la sortie**

► be in the way **gêner le passage**

► get out the way **s'écarter**

► keep out of somebody's way **éviter** quelqu'un

4 way *peut signifier* **direction** *ou* **sens**

▷ Which way did she go? Elle est partie dans quelle direction ?

▷ She went that way. Elle est partie par là.

▷ The station is this way. La gare est par ici.

► the right way up **dans le bon sens**

► the wrong way up **dans le mauvais sens**

▷ You've got your shirt on the wrong way round. Tu as mis ta chemise à l'envers.

5 way *peut servir à parler des distances*

▷ It's a long way. C'est loin.

▷ It's only a little way. C'est tout près.

▷ He went all the way on foot. Il a fait tout le trajet à pied.

6 way *est employé dans les expressions suivantes :*

► in some ways **à certains égards**

► in many ways **à bien des égards**

► by the way **à propos** *ou* **au fait**

► get one's own way **arriver à ses fins**

► give way **céder**

► go out of one's way to do something **se donner du mal pour faire** quelque chose

► make way **faire de la place** *ou* **ouvrir la voie**

► No way! **Pas question !**

► way of life **mode de vie**

we /wiː/ **nous**

weak /wiːk/ *a plusieurs sens :*

1 weak *peut signifier* **faible**

2 weak *peut signifier* **léger** (en parlant d'un café, d'un thé)

3 weak *peut signifier* **fragile**

weaken /'wiːkən/ **affaiblir** *ou* **fragiliser**

weakness /'wiːknəs/ *a plusieurs sens :*

1 weakness *peut signifier* **faiblesse** *ou* **fragilité**

2 weakness *peut signifier* **point faible**

wealth /welθ/ **richesse**

► a wealth of... **énormément de...**

wealthier /'welθɪəʳ/ *est le comparatif de* wealthy.

▷ He's wealthier than me. Il est plus riche que moi.

wealthiest /'welθɪɪst/ *est le superlatif de* wealthy.

▷ They're the wealthiest people in this town. Ce sont les gens les plus riches de cette ville.

wealthy /'welθɪ/ **riche**

weapon /'wepən/ **arme**

wear /wεəʳ/ *a plusieurs catégories grammaticales et plusieurs sens :*

> Ce mot peut être un NOM :

1 wear *peut signifier* **vêtements**

► beach wear **vêtements pour la plage**

2 wear *peut signifier* **usure**

► wear and tear **usure**

> Ce mot peut être un VERBE TRANSITIF :

1 ► wear something *peut signifier* **porter** quelque chose (des vêtements, des bijoux)

► wear make-up **se maquiller**

2 ► wear something *peut signifier* **user** quelque chose

> Ce mot peut être un VERBE INTRANSITIF :

wear *peut signifier* **s'user**

Phrasal verbs

Le verbe wear *peut être suivi d'une préposition, telle que* off *ou* out*, et dans ce cas, il peut avoir des sens différents. C'est ce qu'on appelle, en anglais, un « phrasal verb ».*

WEAR OFF

► wear off **s'effacer** *ou* **disparaître** (en parlant d'une douleur) *ou* **passer** (en parlant des sentiments)

WEAR OUT

► wear out **s'user**

► wear something out **user** quelque chose

► wear somebody out **épuiser** quelqu'un

weary /'wɪərɪ/ **fatigué**

weather /'weðəʳ/ **temps** (= météo)

▷ What's the weather like? Quel temps fait-il ?

▷ The weather's nice. Il fait beau.

► weather forecast **prévisions météorologiques**

► weather vane **girouette**

weave /wiːv/ **tisser**

web /web/ **toile** (d'araignée)

► the Web **le Web** *ou* **la Toile** (= Internet)

website /'websaɪt/ **site web**

webzine /'webziːn/ **webzine**

we'd /wiːd/ *est la contraction de* we had *ou* we would.

▷ We'd (= we had) forgotten. Nous avions oublié.

▷ If we left now, we'd (= we would) arrive on time. Si nous partions tout de suite, nous serions à l'heure.

wedding /'wedɪŋ/ **mariage**

► wedding anniversary **anniversaire de mariage**

► wedding dress **robe de mariée**

► wedding ring **alliance**

Wednesday /'wenzdeɪ/ **mercredi**

► on Wednesday **mercredi**

► on Wednesday morning **mercredi matin**

► on Wednesdays **le mercredi**

ℹ En anglais, les noms de jours de la semaine commencent par une majuscule.

weed /wiːd/ **mauvaise herbe**

week /wiːk/ **semaine**

weekday /'wiːkdeɪ/ **jour de semaine**

weekend /'wiːk'end/ **week-end**

► at the weekend **le week-end**

weep /wiːp/ **pleurer**

weigh /weɪ/ **peser**

weight /weɪt/ **poids**

► put on weight **prendre du poids**

► weight lifting **haltérophilie**

weird /wɪəd/ **bizarre**

welcome /'welkəm/ *a plusieurs catégories grammaticales et plusieurs sens :*

> Ce mot peut être un NOM :

welcome *signifie* **accueil**

> Ce mot peut être un ADJECTIF :

1 **welcome** *peut signifier* **bienvenu**

2 **welcome** *peut servir à inviter quelqu'un à faire quelque chose :*

▷ You're welcome to borrow it. N'hésitez pas à l'emprunter.

3 **welcome** *est employé en réponse aux remerciements*

▷ You're welcome! Je vous en prie !

> Ce mot peut être une EXCLAMATION :

welcome *signifie* **bienvenue**

▷ Welcome to our house! Bienvenue chez nous !

> Ce mot peut être un VERBE :

1 ► **welcome** somebody **accueillir** quelqu'un *ou* **souhaiter la bienvenue à** quelqu'un

2 ► **welcome** something **se réjouir de** quelque chose

welcoming /'welkəmɪŋ/ **accueillant**

welfare /'welfɛəʳ/ *a plusieurs sens :*

1 **welfare** *peut signifier* **bien-être**

2 **welfare** *peut signifier* **assistance sociale** *ou* **aide sociale**

well /wel/ *a plusieurs catégories grammaticales et plusieurs sens :*

> Ce mot peut être un ADJECTIF ou un ADVERBE :

1 **well** *signifie* **bien**

▷ How are you? – Very well, thank you. Comment allez-vous ? – Très bien, merci.

▷ I don't feel very well. Je ne me sens pas bien.

▷ Everything went well. Tout s'est bien passé.

▷ Well done! Bravo !

2 ► **as well** **aussi**

▷ I want some chocolate as well. Je veux du chocolat aussi.

► **as well as** **en plus de** *ou* **aussi bien que**

> Ce mot peut être un NOM :

well *signifie* **puits**

we'll /wiːl/ *est la contraction de* we will *ou* we shall.

▷ We'll be there soon. Nous serons bientôt arrivés.

well-behaved /ˌwelbɪ'heɪvd/ **sage** (= obéissant)

well-dressed /wel'drest/ **bien habillé**

wellingtons /'welɪŋtənz/ **bottes de caoutchouc**

> ℹ On dit aussi wellington boots.

well-known /wel'nəʊn/ **célèbre**

well-made /wel'meɪd/ **bien fait**

well-off /wel'ɒf/ **riche**

well-paid /wel'peɪd/ **bien payé**

Welsh /welʃ/ **gallois**

► **the Welsh** **les Gallois**

> ℹ En anglais, les adjectifs correspondant à des noms de nations et les noms de langues s'écrivent avec une majuscule.

Welshman /'welʃmən/ **Gallois**

Welshwoman /'welʃwʊmən/ **Galloise**

went /went/ *est le prétérit du verbe* go.

▷ I went for a walk. Je suis allé me promener.

▷ She went to London. Elle est allée à Londres.

wept /wept/ *est le prétérit et le participe passé du verbe* weep.

▷ He wept when I told him. Il a pleuré quand je le lui ai dit.

were /wɜːʳ/ *est le prétérit du verbe* be.

▷ We were late. Nous étions en retard.

▷ You were very patient. Vous étiez très patient.

▷ They were angry. Ils étaient en colère.

we're /wɪəʳ/ *est la contraction de* we are.

▷ We're very happy to be here. Nous sommes très contents d'être là.

weren't /wɜːnt/ *est la contraction de* were not.

▷ You weren't supposed to be there. Tu n'étais pas censé être là.

▷ We weren't very happy. Nous n'étions pas très contents.

▷ They weren't there. Ils n'étaient pas là.

west /west/ **ouest**

► **the west wind** **le vent de l'ouest**

► **west of...** **à l'ouest de...**

► **go west** **aller vers l'ouest**

► **the West** **l'Occident**

► **the West Indies** **les Antilles**

► **West Indian** **antillais** *ou* **Antillais**

western /'westən/ *a plusieurs catégories grammaticales et plusieurs sens :*

> Ce mot peut être un ADJECTIF :

western *signifie* **de l'ouest** *ou* **occidental**

> Ce mot peut être un NOM :

western *signifie* **western**

Westerner /'westənəʳ/ **Occidental**

wet /wet/ *a plusieurs catégories grammaticales et plusieurs sens :*

> Ce mot peut être un ADJECTIF :

1 wet *peut signifier* **mouillé**
- ► be wet through **être trempé**
- ► get wet **se mouiller**

2 wet *peut signifier* **frais** (en parlant d'encre, de peinture)

3 wet *peut signifier* **pluvieux**

> Ce mot peut être un VERBE :

- ► wet something **mouiller** quelque chose

wetsuit /'wetsu:t/ **combinaison de plongée**

we've /wi:v/ *est la contraction de* we have.
▷ We've finished. Nous avons fini.

whale /weɪl/ **baleine**

what /wɒt/ *a plusieurs sens :*

1 what *peut signifier* **quel**
▷ What is your name? Quel est votre nom ?
▷ What time is it? Quelle heure est-il ?
▷ What lovely flowers! Quelles jolies fleurs !
▷ What is her phone number? Quel est son numéro de téléphone ?

2 what *peut signifier* **qu'est-ce qui** *ou* **qu'est-ce que** *ou* **quoi**
▷ What happened? Qu'est-ce qui s'est passé ?
▷ What are you doing? Qu'est-ce que tu fais ?
▷ What are you talking about? De quoi parlez-vous ?
▷ What is that button for? À quoi sert ce bouton ?

3 what *peut signifier* **ce qui** *ou* **ce que**
▷ Tell me what happened. Dis-moi ce qui s'est passé.
▷ I wonder what he wants. Je me demande ce qu'il veut.
▷ What is surprising is that he came. Ce qui est étonnant est qu'il soit venu.
▷ I saw what you did. J'ai vu ce que tu as fait.

4 what *est employé dans les expressions suivantes :*
▷ What about the others? Et les autres ?
▷ What about going to the cinema? Et si on allait au cinéma ?
▷ What if he doesn't come? Et s'il ne vient pas ?
▷ What for? Pourquoi ?

whatever /wɒt'evəʳ/ *a plusieurs sens :*

1 whatever *peut signifier* **quel que soit**
- ► whatever the weather **quel que soit le temps**
- ► whatever colour **quelle que soit la couleur**

2 whatever *peut signifier* **tout ce que**
▷ I'll give you whatever you want. Je te donnerai tout ce que tu veux.

3 whatever *peut signifier* **quoi que**
▷ Whatever happens, we'll go. Quoi qu'il arrive, nous irons.
▷ Whatever he says, he's wrong. Quoi qu'il dise, il a tort.

wheat /wi:t/ **blé**

wheel /wi:l/ *a plusieurs sens :*

1 wheel *peut signifier* **roue**

2 wheel *peut signifier* **volant**

wheelbarrow /'wi:lbærəʊ/ **brouette**

wheelchair /'wi:ltʃɛəʳ/ **chaise roulante**

when /wen/ *a plusieurs sens :*

1 when *peut signifier* **quand**
▷ When are we going? Quand est-ce que nous partons ?
▷ Phone me when you arrive. Appelle-moi quand tu arrives.
▷ When I was young, I wanted to be a doctor. Quand j'étais petit, je voulais être médecin.
▷ When I have finished, I will go home. Quand j'aurai fini, je rentrerai.

2 when *peut signifier* **où** (= au moment où)
▷ The day when he arrived. Le jour où il est arrivé.

whenever /wen'evəʳ/ *a plusieurs sens :*

1 whenever *peut signifier* **quand**
▷ Come whenever you want. Viens quand tu veux.

2 whenever *peut signifier* **chaque fois que**
▷ Whenever I phone, he's out. Chaque fois que j'appelle, il est absent.

3 whenever *peut signifier* **n'importe quand**

where /wɛəʳ/ **où**
▷ Where is he? Où est il ?
▷ Where are you from? D'où venez-vous ?
▷ I can't see where it is. Je ne vois pas où c'est.

whereas /wɛər'æz/ **alors que** *ou* **tandis que**

wherever /wɛər'evəʳ/ *a plusieurs sens :*

1 wherever *peut signifier* **où** *ou* **où que**
▷ Put it wherever you want. Mets-le où tu veux.
▷ Wherever I go, he follows. Où que j'aille, il me suit.

2 wherever *peut signifier* **n'importe où**

whether /'weðəʳ/ *a plusieurs sens :*

1 **whether** *peut signifier* **si**

▷ I don't know whether it's true. Je ne sais pas si c'est vrai.

2 **whether** *peut signifier* **que**

▷ Whether you like it or not, I'm going. Que ça te plaise ou non, j'y vais.

which /wɪtʃ/ *a plusieurs sens :*

1 **which** *peut signifier* **quel**

▷ Which bag is yours? Quel sac est à toi ?

▷ I don't know which house is theirs. Je ne sais pas quelle maison est la leur.

2 **which** *peut signifier* **lequel**

▷ Which one do you want? Lequel veux-tu ?

▷ Which of these girls is your sister? Laquelle de ces filles est ta sœur ?

3 **which** *peut signifier* **qui** *ou* **que**

▷ The bag which is on the floor is mine. Le sac qui est par terre est le mien.

▷ The record which I bought is very good. Le disque que j'ai acheté est très bon.

4 **which** *peut signifier* **ce qui** *ou* **ce que**

▷ She said she was English, which isn't true. Elle a dit qu'elle était anglaise, ce qui n'est pas vrai.

▷ He said he was a doctor, which I don't believe. Il a dit qu'il était médecin, ce que je ne crois pas.

whichever /wɪtʃ'evəʳ/ *a plusieurs sens :*

1 **whichever** *peut signifier* **quel que soit**

▷ Whichever country you visit, it will be interesting. Quel que soit le pays que tu visites, ce sera intéressant.

2 **whichever** *peut signifier* **celui qui** *ou* **celui que**

▷ You can keep whichever one you prefer. Tu peux garder celui que tu préfères.

while /waɪl/ *a plusieurs catégories grammaticales et plusieurs sens :*

> Ce mot peut être une CONJONCTION :

1 **while** *peut signifier* **pendant que**

▷ She slept while I worked. Elle dormait pendant que je travaillais.

2 **while** *peut signifier* **en**

▷ I fell asleep while I was reading. Je me suis endormi en lisant.

3 **while** *peut signifier* **tant que**

▷ You can help me while you are here. Tu peux m'aider tant que tu es là.

4 **while** *peut signifier* **tandis que** *ou* **alors que**

▷ He's good at maths, while she's good at languages. Il est bon en maths, tandis qu'elle est bonne en langues.

> Ce mot peut être un NOM :

► **a while** **un moment** *ou* **quelque temps**

▷ Can you wait a while? Est-ce que tu peux attendre un moment ?

▷ It'll take a while. Ça va prendre quelque temps.

whimper /'wɪmpəʳ/ **gémir**

whine /wɪn/ **gémir**

whip /wɪp/ *a plusieurs catégories grammaticales :*

> Ce mot peut être un NOM :

whip *signifie* **fouet**

> Ce mot peut être un VERBE :

► **whip** somebody *ou* something **fouetter** quelqu'un *ou* quelque chose

whipped cream /wɪpt'kriːm/ **crème fouettée**

whisk /wɪsk/ *a plusieurs catégories grammaticales :*

> Ce mot peut être un NOM :

whisk *signifie* **fouet** *ou* **batteur à œufs**

> Ce mot peut être un VERBE :

► **whisk** something **battre** quelque chose **au fouet** (de la crème par exemple)

whisker /'wɪskəʳ/ **moustache** (d'un animal)

whisper /'wɪspəʳ/ *a plusieurs catégories grammaticales :*

> Ce mot peut être un NOM :

whisper *signifie* **chuchotement**

> Ce mot peut être un VERBE :

whisper *signifie* **chuchoter**

whistle /'wɪsl/ *a plusieurs catégories grammaticales et plusieurs sens :*

> Ce mot peut être un NOM :

1 **whistle** *peut signifier* **sifflement** *ou* **coup de sifflet**

2 **whistle** *peut signifier* **sifflet**

> Ce mot peut être un VERBE :

whistle *signifie* **siffler**

white /waɪt/ **blanc**

who /huː/ **qui**

▷ Who is it? Qui est-ce ?

▷ The man who she is talking to. L'homme à qui elle parle.

whole /həʊl/ *a plusieurs catégories grammaticales et plusieurs sens :*

> Ce mot peut être un ADJECTIF :

whole *peut signifier* **tout** *ou* **entier**

▷ I read the whole book. J'ai lu tout le livre.

▷ They stayed three whole weeks. Ils sont restés trois semaines entières.

▷ Do you want a whole orange, or just half? Tu veux une orange entière, ou juste une moitié ?

> Ce mot peut être un NOM :

1 ► the whole of... **tout...**

▷ The whole of Paris is talking about it. Tout Paris en parle.

2 ► on the whole **dans l'ensemble**

wholemeal /ˈhəʊlmiːl/ **complet** (en parlant de farine ou de pain)

whom /huːm/ **qui**

whose /huːz/ *a plusieurs sens :*

1 whose *peut signifier* **à qui** *ou* **de qui**

▷ Whose car is this? À qui est cette voiture ?

▷ Whose daughter is she? C'est la fille de qui ?

2 whose *peut signifier* **dont**

▷ The man whose daughter he married. L'homme dont il a épousé la fille.

why /waɪ/ **pourquoi**

▷ Why did you leave? Pourquoi es-tu parti ?

▷ Don't tell me why she came. Ne me dis pas pourquoi elle est venue.

▷ That's the reason why he left. C'est la raison pour laquelle il est parti.

wicked /ˈwɪkɪd/ **méchant**

wide /waɪd/ *a plusieurs catégories grammaticales et plusieurs sens :*

> Ce mot peut être un ADJECTIF :

1 wide *peut signifier* **large**

▷ How wide is the river? De quelle largeur est la rivière ?

▷ It's 20 metres wide. Ça fait 20 mètres de large.

2 wide *peut signifier* **grand** (en parlant d'un écart, d'une différence)

> Ce mot peut être un ADVERBE :

► wide awake **complètement réveillé**

► wide open **grand ouvert**

widen /ˈwaɪdn/ **élargir**

widespread /ˈwaɪdspred/ **répandu**

widow /ˈwɪdəʊ/ **veuve**

widower /ˈwɪdəʊəʳ/ **veuf**

width /wɪdθ/ **largeur**

wife /waɪf/ **femme**

wifi /ˈwaɪfaɪ/ **wifi**

wig /wɪg/ **perruque**

wild /waɪld/ *a plusieurs catégories grammaticales :*

> Ce mot peut être un ADJECTIF :

wild *signifie* **sauvage**

► wild flowers **fleurs sauvages**

> Ce mot peut être un NOM :

► in the wild **dans la nature** *ou* **à l'état sauvage**

wildlife /ˈwaɪldlaɪf/ **faune et flore**

will /wɪl/ *a plusieurs catégories grammaticales et plusieurs sens :*

> Ce mot peut être un VERBE :

ℹ Will est ce qu'on appelle en anglais un « modal verb » (= verbe modal). Il précède la forme infinitive de base d'autres verbes (he will come). Il ne prend pas de s final à la troisième personne du singulier (he will, she will, it will). À la différence d'autres verbes, les formes négatives et interrogatives ne se construisent pas avec do (will I go? you will not ou you won't). Il n'a ni forme infinitive, ni participe présent, ni participe passé.

1 will *sert à exprimer le* **futur**

▷ I'll (= I will) phone you tomorrow. Je t'appellerai demain.

▷ Will he come to the party? Est-ce qu'il va venir à la fête ?

▷ We won't (= will not) arrive on time. Nous n'arriverons pas à l'heure.

▷ When will he have finished? Quand est-ce qu'il aura fini ?

2 will *peut décrire une* **habitude**, *un* **état de fait** *ou une* **volonté**

▷ He will keep calling me. Il n'arrête pas de m'appeler.

▷ The car won't start. La voiture ne veut pas démarrer.

▷ He won't let me help him. Il ne veut pas que je l'aide.

▷ It won't stop raining. Il n'arrête pas de pleuvoir.

3 will *peut servir à formuler des propositions, des requêtes ou des ordres*

▷ Will you have some more coffee? Voulez-vous encore du café ?

▷ Will you help me? Veux-tu m'aider ?

▷ Will you be quiet! Veux-tu bien te taire !

> Ce mot peut être un NOM :

1 will *peut signifier* **volonté**

▷ I did it against my will. Je l'ai fait contre mon gré.

2 will *peut signifier* **testament**

▷ Has he made a will? Est-ce qu'il a fait un testament ?

willing /ˈwɪlɪŋ/

► be willing to do something **être prêt à faire** quelque chose

willingly /'wɪlɪŋlɪ/ **volontiers**

willow /'wɪləʊ/ **saule**

willpower /'wɪlpaʊəʳ/ **volonté**

wilt /wɪlt/ **se faner**

win /wɪn/ *a plusieurs catégories grammaticales :*

> Ce mot peut être un NOM :

win *signifie* **victoire**

> Ce mot peut être un VERBE :

win *signifie* **gagner**

wind *se prononce de deux façons et a des sens différents selon la prononciation :*

/wɪnd/ (le i est celui de big)

> C'est un NOM :

wind *signifie* **vent**

▷ The wind was blowing. Le vent soufflait.

/waɪnd/ (le i est celui de like)

> Ce mot peut être un VERBE TRANSITIF :

1 ► wind something *peut signifier* **enrouler** quelque chose

2 ► wind something up *peut signifier* **remonter** quelque chose (une montre, une horloge)

3 ► wind the window down **baisser la vitre**

4 ► wind the window up **remonter la vitre**

> Ce mot peut être un VERBE INTRANSITIF :

wind *signifie* **serpenter**

windmill /'wɪndmɪl/ **moulin à vent**

window /'wɪndəʊ/ **fenêtre** *ou* **vitre** (de voiture, de train) *ou* **vitrine** (de café, de magasin)

► window shopping **lèche-vitrines**

windscreen /'wɪndskriːn/ **pare-brise**

► windscreen wiper **essuie-glace**

Windscreen n'est pas employé en anglais américain : aux États-Unis, on dit windshield.

windshield /'wɪndʃiːld/ **pare-brise**

► windshield wiper **essuie-glace**

Windshield n'est pas employé en anglais britannique : en Grande-Bretagne, on dit windscreen.

windsurfing /'wɪndsɜːfɪŋ/ **planche à voile**

► go windsurfing **faire de la planche à voile**

windy /'wɪndɪ/ **venteux**

▷ It's windy today. Il y a du vent aujourd'hui.

wine /waɪn/ **vin**

wing /wɪŋ/ **aile**

► the wings **les coulisses** (dans un théâtre)

► wing mirror **rétroviseur latéral**

wink /wɪŋk/ *a plusieurs catégories grammaticales :*

> Ce mot peut être un NOM :

wink *signifie* **clin d'œil**

> Ce mot peut être un VERBE :

► wink at somebody **faire un clin d'œil à** quelqu'un

winner /'wɪnəʳ/ **vainqueur** *ou* **gagnant**

winning /'wɪnɪŋ/ **gagnant**

winter /'wɪntəʳ/ **hiver**

► in the winter *ou* in winter **en hiver**

wipe /waɪp/ *a plusieurs catégories grammaticales et plusieurs sens :*

> Ce mot peut être un NOM :

► give something a wipe **essuyer** quelque chose

> Ce mot peut être un VERBE :

1 ► wipe something *peut signifier* **essuyer** quelque chose

► wipe one's nose **se moucher**

2 ► wipe something *peut signifier* **effacer** quelque chose (une cassette, une disquette)

3 ► wipe something out **anéantir** quelque chose

wire /'waɪəʳ/ **fil** (= câble)

wisdom /'wɪzdəm/ **sagesse**

► wisdom tooth **dent de sagesse**

wise /waɪz/ **sage**

wish /wɪʃ/ *a plusieurs catégories grammaticales et plusieurs sens :*

> Ce mot peut être un NOM :

wish *signifie* **souhait** *ou* **désir** *ou* **vœu**

► best wishes **meilleurs vœux**

> Ce mot peut être un VERBE TRANSITIF :

1 ► wish to do something **souhaiter faire** quelque chose *ou* **désirer faire** quelque chose

▷ I wish we could stay here! Si seulement nous pouvions rester là !

▷ I wish she hadn't come. Je regrette qu'elle soit venue.

2 ► wish somebody something **souhaiter** quelque chose **à** quelqu'un

> Ce mot peut être un VERBE INTRANSITIF :

wish *signifie* **faire un vœu**

► wish for something **souhaiter** quelque chose

wit /wɪt/ **esprit** (au sens d'humour)

witch /wɪtʃ/ **sorcière**

with /wɪð/ *a plusieurs sens :*

1 with *peut signifier* **avec**

▷ She came with me. Elle est venue avec moi.

▷ He had an argument with his parents. Il s'est disputé avec ses parents.

2 with *peut signifier* **chez**

▷ He lives with his aunt. Il habite chez sa tante.

3 with *peut servir à dire qu'on a quelque chose sur soi :*

▷ I don't have any money with me. Je n'ai pas d'argent sur moi.

4 with *est employé dans les descriptions :*

▷ The girl with the blue eyes. La fille aux yeux bleus.

5 with *peut servir à introduire une cause*

▷ She was shaking with fear. Elle tremblait de peur.

withdraw /wɪθ'drɔː/ **retirer** *ou* **se retirer**

withdrawal /wɪθ'drɔːəl/ **retrait**

withdrawn /wɪθ'drɔːn/ *est le participe passé du verbe* withdraw.

▷ I've withdrawn £300 from my bank account. J'ai retiré 300 livres de mon compte en banque.

within /wɪð'ɪn/ **à l'intérieur de** *ou* **dans**

▷ You must use it within twenty-four hours. Il faut l'utiliser dans les vingt-quatre heures.

▷ It's within walking distance. On peut y aller à pied.

without /wɪð'aʊt/ **sans**

witness /'wɪtnɪs/ *a plusieurs catégories grammaticales :*

> Ce mot peut être un NOM :

witness *signifie* **témoin**

> Ce mot peut être un VERBE :

► witness something **être témoin de** quelque chose

witty /'wɪtɪ/ **plein d'humour**

wives /waɪvz/ *est le pluriel du mot* wife.

wizard /'wɪzəd/ **magicien**

wobble /'wɒbl/ **trembler** *ou* **branler** *ou* **vaciller**

woke /wəʊk/ *est le prétérit du verbe* wake.

▷ She woke up early. Elle s'est réveillée tôt.

woken /'wəʊkn/ *est le participe passé du verbe* wake.

▷ He has woken up. Il s'est réveillé.

wolf /wʊlf/ **loup**

wolves /wʊlvz/ *est le pluriel de* wolf.

woman /'wʊmən/ **femme**

womb /wuːm/ **utérus**

women /'wɪmɪn/ *est le pluriel de* woman.

won /wʌn/ *est le prétérit et le participe passé du verbe* win.

▷ He won the game. Il a gagné la partie.

▷ I have won a prize. J'ai gagné un prix.

wonder /'wʌndə^r/ *a plusieurs catégories grammaticales et plusieurs sens :*

> Ce mot peut être un NOM :

1 wonder *peut signifier* **émerveillement** *ou* **étonnement**

2 wonder *peut signifier* **merveille**

> Ce mot peut être un VERBE :

wonder *signifie* **se demander**

▷ I wonder if Susan will be there. Je me demande si Susan sera là.

wonderful /'wʌndəfʊl/ **merveilleux**

won't /wəʊnt/ *est la contraction de* will not.

▷ I won't go tomorrow. Je n'irai pas demain.

▷ The engine won't start. Le moteur ne veut pas démarrer.

wood /wʊd/ **bois**

wooden /'wʊdn/ **en bois** *ou* **de bois**

woodpecker /'wʊdpekə^r/ **pic** (= oiseau)

wool /wʊl/ **laine**

woollen /'wʊlən/ **en laine**

En anglais américain, ce mot s'écrit woolen.

word /wɜːd/ **mot** *ou* **parole**

► have a word with somebody **parler à** quelqu'un

▷ He gave me his word. Il m'a donné sa parole.

word processor /ˈwɜːdˌprəʊsesəʳ/ **traitement de texte**

wore /wɔːʳ/ *est le prétérit du verbe* wear.

▷ He wore a pink jacket. Il portait une veste rose.

work /wɜːk/ *a plusieurs catégories grammaticales et plusieurs sens :*

> Ce mot peut être un NOM :

1 work *peut signifier* **travail**

► go to work **aller au travail**

► start work **se mettre au travail**

► at work **au travail**

► out of work **au chômage**

2 work *peut signifier* **œuvre** *ou* **ouvrage**

► a work of art **une œuvre d'art**

> Ce mot peut être un VERBE INTRANSITIF :

1 work *peut signifier* **travailler**

2 work *peut signifier* **marcher** (= fonctionner ou réussir)

> Ce mot peut être un VERBE TRANSITIF :

1 ► work something **actionner** quelque chose *ou* **faire marcher** quelque chose

2 ► work something out **trouver** quelque chose (une solution, une réponse) *ou* **résoudre** quelque chose (un problème)

worker /ˈwɜːkəʳ/ **travailleur**

working /ˈwɜːkɪŋ/ *a plusieurs sens :* working *peut signifier* **de travail** (vêtements, heures, journée) *ou* **actif** (population, vie)

► the working class **la classe ouvrière**

ℹ Working est aussi une forme du verbe work :

▷ James is working hard. James travaille dur.
▷ My watch isn't working. Ma montre ne marche pas.

workman /ˈwɜːkmən/ **ouvrier**

worksheet /ˈwɜːkʃiːt/ **feuille d'exercices**

workshop /ˈwɜːkʃɒp/ **atelier**

workstation /ˈwɜːkˌsteɪʃən/ **poste de travail**

world /wɜːld/ **monde**

► all over the world **dans le monde entier**

► the World Cup **la Coupe du monde**

► world record **record du monde**

► World War I **la Première Guerre mondiale**

► World War II **la Deuxième Guerre mondiale**

► the World Wide Web **le Web** *ou* **la Toile** (= Internet)

worldwide /wɜːldˈwaɪd/ *a plusieurs catégories grammaticales :*

> Ce mot peut être un ADJECTIF :

worldwide *signifie* **mondial**

> Ce mot peut être un ADVERBE :

worldwide *signifie* **dans le monde entier** *ou* **globalement**

worm /wɜːm/ **ver**

worn /wɔːn/ **usé**

ℹ Worn est aussi le participe passé du verbe wear :

▷ Have you ever worn a ring? As-tu déjà porté une bague ?

worn-out /wɔːnˈaʊt/ **complètement usé** *ou* **épuisé**

worried /ˈwʌrɪd/ **inquiet**

► be worried about somebody *ou* something **s'inquiéter pour** quelqu'un *ou* **s'inquiéter de** quelque chose

ℹ Worried est aussi le prétérit et le participe passé du verbe worry :

▷ The delay worried him. Le retard l'inquiétait.

worries /ˈwʌrɪz/ *a plusieurs sens :*

1 worries *est le pluriel de* worry.

▷ They have a lot of worries. Ils ont beaucoup de soucis.

2 worries *est la troisième personne du singulier du verbe* worry *au présent.*

▷ She worries all the time. Elle s'inquiète tout le temps.

worry /ˈwʌrɪ/ *a plusieurs catégories grammaticales :*

> Ce mot peut être un NOM :

worry *signifie* **souci**

> Ce mot peut être un VERBE INTRANSITIF :

worry *signifie* **se faire du souci** *ou* **s'inquiéter**

> Ce mot peut être un VERBE TRANSITIF :

► worry somebody **inquiéter** quelqu'un

worrying /ˈwʌrɪɪŋ/ **inquiétant**

worse /wɜːs/ *a plusieurs sens :*

1 worse *peut signifier* **pire**

▷ It's worse than before. C'est pire qu'avant.

► get worse **empirer**

2 **worse** *peut signifier* **plus mal**

▷ I feel worse today. Je me sens plus mal aujourd'hui.

▷ She plays worse than I do. Elle joue plus mal que moi.

> ℹ Worse est le comparatif de bad.

worsen /ˈwɜːsn/ **empirer**

worship /ˈwɜːʃɪp/ **adorer** (au sens religieux)

worst /wɜːst/ *a plusieurs sens :*

1 **worst** *peut signifier* **le pire** *ou* **le plus mauvais**

▷ It's the worst book I've ever read. C'est le plus mauvais livre que j'aie jamais lu.

▷ It's the worst possible place to hide it. C'est le pire endroit pour le cacher.

► **at worst au pire**

2 **worst** *peut signifier* **le plus mal**

▷ They all play badly, but he plays worst of all. Ils jouent tous mal, mais c'est lui qui joue le plus mal de tous.

> ℹ Worst est le superlatif de bad.

worth /wɜːθ/ *a plusieurs catégories grammaticales et plusieurs sens :*

> Ce mot peut être un NOM :

worth *signifie* **valeur**

▷ She bought £20 worth of flowers. Elle a acheté pour 20 livres de fleurs.

> Ce mot peut être un ADJECTIF :

1 ► **be worth** something **valoir** quelque chose

▷ How much is it worth? Ça vaut combien ?

2 ► **be worth doing valoir la peine**

▷ It's worth it. Ça vaut la peine.

▷ It's worth a visit. Ça vaut la visite.

worthless /ˈwɜːθlɪs/ **sans valeur**

worthwhile /wɜːθˈwaɪl/

► **be worthwhile valoir la peine**

would /wʊd/ *a plusieurs sens :*

> ℹ Would est ce qu'on appelle en anglais un « modal verb » (= verbe modal). Il précède la forme infinitive de base d'autres verbes (you would leave). Il ne prend pas de s final à la troisième personne du singulier (he would, she would, it would). À la différence d'autres verbes, les formes négatives et interrogatives ne se construisent pas avec do (would you like? you would not ou you wouldn't). Il n'a ni forme infinitive, ni participe présent, ni participe passé.

1 **would** *sert à former le* **conditionnel**

▷ I would help you if you asked. Je t'aiderais si tu me le demandais.

▷ He wouldn't be happy here. Il ne serait pas heureux ici.

▷ It would be better to write. Ce serait mieux d'écrire.

2 **would** *remplace* **will** *dans le discours indirect :*

▷ He said he would come. Il a dit qu'il viendrait.

3 **would** *peut servir à formuler des propositions et des requêtes*

▷ Would you like something to drink? Voulez-vous quelque chose à boire ?

▷ Would you open the window, please? Voulez-vous ouvrir la fenêtre, s'il vous plaît ?

4 **would** *peut décrire une* **habitude** *dans le passé et correspond à l'imparfait en français :*

▷ He would always get up early. Il se levait toujours de bonne heure.

5 **would** *peut exprimer la* **volonté de faire** *quelque chose :*

▷ He wouldn't help me. Il ne voulait pas m'aider.

▷ The window wouldn't open. La fenêtre ne voulait pas s'ouvrir.

wouldn't /ˈwʊdnt/ *est la contraction de* **would not**.

▷ I wouldn't go if I were you. À ta place, je n'irais pas.

wound *se prononce de deux façons et a des sens différents selon la prononciation :*

🔊 /wuːnd/ (le ou se prononce comme le oo de food et soon)

> Ce mot peut être un NOM :

wound *signifie* **blessure**

> Ce mot peut être un VERBE :

► **wound** somebody **blesser** quelqu'un

🔊 /waʊnd/ (le ou se prononce comme le ow de down et town)

> C'est un VERBE :

wound *est le prétérit et le participe passé du verbe* **wind**.

▷ I wound up the clock. J'ai remonté l'horloge.

wove /wəʊv/ *est le prétérit du verbe* **weave**.

▷ They wove lovely fabrics. Ils ont tissé de très beaux tissus.

woven /ˈwəʊvən/ *est le participe passé du verbe* **weave**.

▷ He has woven a rug. Il a tissé un tapis.

wow! /waʊ/ **oh là là !**

wrap /ræp/ *a plusieurs sens :*

1 ► **wrap** something *ou* **wrap** something **up envelopper** quelque chose *ou* **emballer** quelque chose

2 ► **wrap** something **round** something **enrouler** quelque chose **autour de** quelque chose

wrapper /'ræpə^{r}/ **papier** (de bonbon, de confiserie)

wrapping paper /'ræpɪŋ ˌpeɪpə^{r}/ **papier d'emballage** *ou* **papier cadeau**

wreck /rek/ *a plusieurs catégories grammaticales et plusieurs sens :*

> Ce mot peut être un NOM :

wreck *signifie* **épave** *ou* **naufrage**

> Ce mot peut être un VERBE :

1 ► **wreck** something *peut signifier* **détruire** quelque chose *ou* **ruiner** quelque chose

2 ► **wreck** something *peut signifier* **provoquer le naufrage de** quelque chose

wrestle /'resl/ *a plusieurs sens :*

1 ► **wrestle with** somebody *ou* something **lutter contre** quelqu'un *ou* quelque chose

2 *En sport,* **wrestle** *signifie* **catcher**

wrestler /'reslə^{r}/ **lutteur** *ou* **catcheur**

wrestling /'reslɪŋ/ **catch**

ℹ **Wrestling** est aussi une forme du verbe **wrestle** :

▷ He was wrestling with the burglar. Il luttait contre le cambrioleur.

wretched /'retʃɪd/ **misérable**

wriggle /'rɪgl/ **se tortiller** *ou* **s'agiter** *ou* **gigoter**

wring /rɪŋ/ **essorer** *ou* **tordre**

wrinkle /'rɪŋkl/ **ride** *ou* **pli**

wrist /rɪst/ **poignet**

write /raɪt/ *a plusieurs catégories grammaticales et plusieurs sens :*

> Ce mot peut être un VERBE INTRANSITIF :

write *signifie* **écrire**

► **write to** somebody **écrire à** quelqu'un

► **write back** **répondre** (par écrit)

> Ce mot peut être un VERBE TRANSITIF :

1 ► **write** something **écrire** quelque chose

► **write** something **down** **noter** quelque chose

2 ► **write** somebody *signifie* **écrire à** quelqu'un *en anglais américain*

writer /'raɪtə^{r}/ **écrivain** *ou* **auteur**

writhe /raɪð/ **se tordre**

writing /'raɪtɪŋ/ **écriture**

► **writing paper** **papier à lettres**

ℹ **Writing** est aussi une forme du verbe **write** :

▷ Jerry is writing a letter. Jerry écrit une lettre.

▷ Who are you writing to? À qui écris-tu ?

written /'rɪtn/ *est le participe passé du verbe* **write**.

▷ I have written her a letter. Je lui ai écrit une lettre.

► **written paper** *ou* **test** **épreuve écrite**

wrong /rɒŋ/ *a plusieurs catégories grammaticales et plusieurs sens :*

> Ce mot peut être un ADJECTIF :

1 ► **be wrong** *peut signifier* **avoir tort** *ou* **se tromper**

▷ You were wrong to tell him. Tu avais tort de lui dire.

▷ You're wrong about him. Tu te trompes sur son compte.

2 **wrong** *peut signifier* **faux** *ou* **mauvais**

▷ He got on the wrong train. Il est monté dans le mauvais train.

▷ It was the wrong key. Ce n'était pas la bonne clé.

▷ He went the wrong way. Il s'est trompé de chemin.

▷ I got the answer wrong. Je n'ai pas donné la bonne réponse.

3 **wrong** *est employé pour parler de* **ce qui ne va pas**

▷ There's something wrong. Il y a quelque chose qui ne va pas.

▷ What's wrong? Qu'est-ce qui ne va pas ?

▷ What's wrong with you? Qu'est-ce que tu as ?

4 **wrong** *peut signifier* **mal**

▷ It's wrong to steal. C'est mal de voler.

▷ I haven't done anything wrong. Je n'ai rien fait de mal.

> Ce mot peut être un ADVERBE :

► **go wrong** **faire une erreur** (dans ses calculs) *ou* **mal tourner** (en parlant d'une situation, de projets) *ou* **ne plus fonctionner** (en parlant d'une machine)

> Ce mot peut être un NOM :

wrong *signifie* **mal**

► **right and wrong** **le bien et le mal**

wrongly /'rɒŋlɪ/ **mal** (répondre, deviner, traduire, écrire mal) *ou* **à tort** (emprisonner, accuser à tort)

wrote /rəʊt/ *est le prétérit du verbe* **write**.

▷ He wrote to his uncle. Il a écrit à son oncle.

wrung /x/ *est le prétérit et le participe passé du verbe* **wring**.

▷ He wrung the towel. Il a essoré la serviette.

Xx

La lettre X se prononce /eks/ en anglais.
X rime avec sex et necks.

xenophobic /ˌzenəˈfəʊbɪk/ **xénophobe**

Xmas /ˈkrɪsməs/ **Noël**

ℹ Ce mot est l'abréviation de Christmas.

X-ray /ˈeksˌreɪ/ *a plusieurs catégories grammaticales et plusieurs sens :*

> Ce mot peut être un NOM :

1 X-ray *peut signifier* **radiographie**

2 X-ray *peut signifier* **rayon X**

> Ce mot peut être un VERBE :

► X-ray something **radiographier** quelque chose.

Yy

La lettre Y se prononce /wai/ en anglais.
Y rime avec spy, fly et cry.

yacht /jɒt/ **yacht** *ou* **voilier**

yard /jɑːd/ *a plusieurs sens :*

1 yard *peut signifier* **cour** (de ferme, d'école)

2 yard *est une unité de mesure qui correspond à 91,44 cm.*

3 *En anglais américain,* yard *peut signifier* **jardin**

yawn /jɔːn/ *a plusieurs catégories grammaticales :*

> Ce mot peut être un NOM :

yawn *signifie* **bâillement**

> Ce mot peut être un VERBE :

yawn *signifie* **bâiller**

year /jɪəʳ/ **an** *ou* **année**

▷ He's nine years old. Il a neuf ans.

► next year **l'an prochain** *ou* **l'année prochaine**

► last year **l'an dernier** *ou* **l'année dernière**

► this year **cette année**

► every year **tous les ans** *ou* **chaque année**

yearly /'jɪəlɪ/ *a plusieurs catégories grammaticales :*

> Ce mot peut être un ADJECTIF :

yearly *signifie* **annuel**

> Ce mot peut être un ADVERBE :

yearly *signifie* **annuellement** *ou* **chaque année**

yeast /jiːst/ **levure**

yell /jel/ *a plusieurs catégories grammaticales :*

> Ce mot peut être un NOM :

yell *signifie* **hurlement**

> Ce mot peut être un VERBE :

yell *signifie* **hurler**

yellow /'jeləʊ/ **jaune**

yes /jes/ **oui**

yesterday /'jestədeɪ/ **hier**

► the day before yesterday **avant-hier**

yet /jet/ *a plusieurs catégories grammaticales et plusieurs sens :*

> Ce mot peut être un ADVERBE :

1 yet *peut signifier* **encore**

▷ I haven't finished yet. Je n'ai pas encore fini.

► not yet **pas encore**

► yet again **encore une fois**

► yet another **encore un**

2 yet *peut signifier* **déjà**

▷ Have you had dinner yet? Est-ce que tu as déjà dîné ?

3 yet *peut signifier* **jusqu'ici**

▷ It's the best yet. Jusqu'ici, c'est le mieux.

> Ce mot peut être une CONJONCTION :

yet *signifie* **pourtant**

▷ He was tired, and yet he still came. Il était fatigué, et pourtant il est venu.

yoga /'jəʊgə/ **yoga**

yoghurt *ou* **yogurt** /'jəʊgət/ **yaourt**

yolk /jəʊk/ **jaune d'œuf**

yoo-hoo! /'juːhuː/ **ohé !**

you /juː/ *a plusieurs sens :*

1 you *est le pronom personnel de la deuxième personne, sujet* **(tu** *et* **vous)** *et complément* **(te** *et* **vous)**

▷ You are my best friend. Tu es mon meilleur ami.

▷ Could you tell me where the bank is? Pouvez-vous me dire où est la banque ?

▷ You have all got it wrong. Vous vous êtes tous trompés.

▷ I gave it to you. Je te l'ai donné.

▷ After you. Après vous.

> ℹ En anglais, you sert pour le singulier et pour le pluriel, et on ne fait pas la différence entre le « tu » familier et le « vous » de politesse.

2 you *peut servir à parler des gens en général et correspond à* **on**

▷ You never know. On ne sait jamais.

you'd /juːd/ *est la contraction de* you had *ou de* you would.

▷ You'd (= you had) already left when I phoned. Tu étais déjà parti quand j'ai téléphoné.

▷ If you went to Paris, you'd (= you would) probably visit the Louvre. Si tu allais à Paris, tu visiterais certainement le Louvre.

you'll /juːl/ *est la contraction de* you will.

▷ You'll be late. Tu seras en retard.

young /jʌŋ/ **jeune** (adjectif)

► young people **les jeunes**

younger /'jʌŋgəʳ/ *est le comparatif de* young.

▷ He's younger than me. Il est plus jeune que moi.

youngest /'jʌŋgɪst/ *est le superlatif de* young.

▷ He's the youngest. C'est lui le plus jeune.

youngster /'jʌŋstəʳ/ **enfant**

your /jʊəʳ/ **ton** *ou* **ta** *ou* **tes** *ou* **votre** *ou* **vos**

▷ Your brother is younger than mine. Ton / votre frère est plus jeune que le mien.

▷ Your books are on the table. Tes / vos livres sont sur la table.

▷ Your car is ready. Ta / votre voiture est prête.

▷ Are you going to wash your hair? Tu vas te laver les cheveux ? / Vous allez vous laver les cheveux ?

you're /jʊəʳ/ *est la contraction de* you are.

▷ You're late. Tu es en retard.

yours /jʊəz/ **le tien** *ou* **la tienne** *ou* **les tiens** *ou* **les tiennes** *ou* **le vôtre** *ou* **la vôtre** *ou* **les vôtres**

▷ Which book is yours? Lequel de ces livres est le tien / le vôtre ?

▷ My car is old, yours is new. Ma voiture est vieille, la tienne / la vôtre est neuve.

▷ Are these books yours? Est-ce que ces livres sont les vôtres / les tiens ?

yourself /jʊə'self/ *a plusieurs sens :*

1 yourself *est le pronom personnel de la deuxième personne du singulier, complément d'un verbe réfléchi :*

▷ Did you enjoy yourself? Est-ce que tu t'es amusé ? / Est-ce que vous vous êtes amusé ?

▷ You've cut yourself. Tu t'es coupé. / Vous vous êtes coupé.

2 yourself *peut signifier* **toi-même** *ou* **vous-même**

▷ You did it yourself. Tu l'as fait toi-même. / Vous l'avez fait vous-même.

3 yourself *peut suivre une préposition :*

▷ You look pleased with yourself. Tu sembles content de toi. / Vous semblez content de vous.

yourselves /jʊə'selvz/ *a plusieurs sens :*

1 yourselves *est le pronom personnel de la deuxième personne du pluriel, complément d'un verbe réfléchi :*

▷ Did you enjoy yourselves? Est-ce que vous vous êtes amusés ?

2 yourselves *peut signifier* **vous-mêmes**

▷ You did it yourselves. Vous l'avez fait vous-mêmes.

3 yourselves *peut suivre une préposition :*

▷ You look pleased with yourselves. Vous semblez contents de vous.

youth /juːθ/ *a plusieurs sens :*

1 youth *peut signifier* **jeunesse**

2 youth *peut signifier* **jeune** (= une personne jeune)

► youth club **centre de jeunes**

► youth hostel **auberge de jeunesse**

you've /juːv/ *est la contraction de* you have.

▷ You've told me already. Tu me l'as déjà dit.

yuck! /jʌk/ **beurk !**

yum! /jʌm/ **miam !**

yummy! /'jʌmɪ/ **miam !**

Zz

La lettre Z se prononce /zed/ en anglais britannique, comme en français.
En anglais américain, elle se prononce /ziː/, qui rime avec tea.

zebra /ˈzebrə/ **zèbre**

► zebra crossing **passage pour piétons**

Zebra crossing n'est pas employé en anglais américain : aux États-Unis, on dit pedestrian crossing.

zigzag /ˈzɪgzæg/ *a plusieurs catégories grammaticales :*

> Ce mot peut être un NOM :

zigzag *signifie* **zigzag**

> Ce mot peut être un VERBE :

zigzag *signifie* **zigzaguer**

zip /zɪp/ *a plusieurs catégories grammaticales :*

> Ce mot peut être un NOM :

zip *signifie* **fermeture éclair®**

Zip n'est pas employé en anglais américain : aux États-Unis, on dit zipper.

> Ce mot peut être un VERBE :

► zip something up **fermer** quelque chose **avec une fermeture éclair®**

zip code /ˈzɪpkəʊd/ **code postal**

Zip code est un mot américain : en anglais britannique on dit postcode.

zipper /ˈzɪpəʳ/ **fermeture éclair®**

Zipper est un mot américain : en anglais britannique on dit zip.

zodiac /ˈzəʊdɪæk/ **zodiaque**

zucchini /zuːˈkiːnɪ/ **courgette**

Zucchini est un mot américain ; en anglais britannique on dit courgette.

TABLE DES MATIÈRES

MIXTE
Papier issu de
sources responsables
FSC® C022030

Achevé d'imprimer en Italie par Grafica Veneta S.p.A. en avril 2019
N° d'éditeur : 10250004 - Dépôt légal : Mai 2018

Barrow
Prudhoe Bay
Inuvik
Russia
Arctic Circle
Anadyr'
Nome
Alaska
Fairbanks
CANADA
Provideniya
Whitehorse
Valdez
Anchorage
Bethel
Juneau
Ketchikan
Gulf of Alaska
ALEUTIAN ISLANDS

Mid
Isla
(U

Regina
Seattle
Winnipeg
Olympia
WASHINGTON
MONTANA
NORTH DAKOTA
Salem
Helena
Bismarck
MINNESO
OREGON
IDAHO
St.Paul
Boise
SOUTH DAKOTA
Pierre
WYOMING
40
IOV
Cheyenne
NEBRASKA
Sacramento
Carson City
Salt Lake City
Des M
Lincoln
NEVADA
San Francisco
UTAH
Denver
COLORADO
Topeka
CALIFORNIA
KANSAS
Las Vegas
Los Angeles
Santa Fe
OKLAHOMA
ARIZONA
Oklahoma city
Phoenix
NEW MEXICO
Mexicali
Dallas
TEXAS
Austin
North Pacific Ocean
Hermosillo
Houston
Chihuahua
MEXICO
Monterrey